Langohr-Plato
Betriebliche Altersversorgung
6. Auflage

Langohr-Plato

Betriebliche Altersversorgung

von

Rechtsanwalt Dr. Uwe Langohr-Plato

6., überarbeitete und erweiterte Auflage

ZAP Verlag 2013

Zitiervorschlag: *Langohr-Plato*, Betriebliche Altersversorgung, Rn. ...

Bibliografische Information der Deutschen Nationalbibliothek

Die Deutsche Nationalbibliothek verzeichnet diese Publikation in der Deutschen Nationalbibliografie; detaillierte bibliografische Daten sind im Internet über http://dnb.d-nb.de abrufbar.

ISBN 978-3-89655-700-1

www.wolterskluwer.de
www.zap-verlag.de

Alle Rechte vorbehalten.
© 2013 Wolters Kluwer Deutschland GmbH, Luxemburger Straße 449, 50939 Köln.
ZAP – eine Marke von Wolters Kluwer Deutschland GmbH.

Das Werk einschließlich aller seiner Teile ist urheberrechtlich geschützt. Jede Verwertung außerhalb der engen Grenzen des Urheberrechtsgesetzes ist ohne Zustimmung des Verlages unzulässig und strafbar. Das gilt insbesondere für Vervielfältigungen, Übersetzungen, Mikroverfilmungen und die Einspeicherung und Verarbeitung in elektronischen Systemen.

Verlag und Autor übernehmen keine Haftung für inhaltliche oder drucktechnische Fehler.

Umschlagkonzeption: Martina Busch, Grafikdesign, Homburg-Kirrberg
Druck und Weiterverarbeitung: Druckerei Skleniarz, Krakau, Polen

Gedruckt auf säurefreiem, alterungsbeständigem und chlorfreiem Papier.

Vorwort

Die betriebliche Altersversorgung ist eine äußerst komplexe, mehrdimensional geprägte Rechtsmaterie. Die sich aus einer betrieblichen Versorgungsverpflichtung oder einem betrieblichen Versorgungssystem ergebenden rechtlichen und tatsächlichen Konsequenzen setzen eine umfangreiche Kenntnis arbeits-, steuer-, sozialversicherungs-, bilanz-, versicherungs- und europarechtlicher Vorschriften ebenso voraus, wie ein Verständnis für betriebswirtschaftliche sowie sozial- und personalpolitische Zusammenhänge. Hinzu kommt, dass das Betriebsrentenrecht seit seinem Inkrafttreten vor fast 40 Jahren durch eine Vielzahl von Gesetzesänderungen einem steten Wandel unterliegt und in dieser Zeit durch eine umfangreiche Rechtsprechung nachhaltig geprägt worden ist.

Seit der letzten Auflage hat sich zwar der Gesetzgeber mit Neuregelungen weitestgehend zurückgehalten. Dafür hat es aber wesentliche Weiterentwicklungen des Betriebsrentenrechts durch vielfältige Rechtsprechung gegeben. Exemplarisch sei insoweit nur auf folgende Themen hingewiesen:

– Unisex-Tarife und betriebliche Altersversorgung sowie sonstige Gleichbehandlungsthemen;
– Inhaltliche Verschärfung an die Anpassungsprüfung (»Regelanpassung«) gem. § 16 BetrAVG und deren Dokumentation (Darlegungspflicht des ArbG);
– Inhalt und Umfang des Verschaffungsanspruchs nach § 1 Abs. 1 S. 3 BetrAVG;
– qualitative Präzisierung bei Besitzstandsfragen und hinsichtlich der Anforderungen an eine verschlechternde Neuordnung;
– Auslegung von Versorgungsvereinbarungen im Zusammenhang mit der Regelaltersgrenze
– Verzichtsproblematik bei der Versorgung von Gesellschafter-Geschäftsführern.

Die sechste Auflage berücksichtigt diese Rechtsprechung ebenso, wie die in der Zwischenzeit veröffentlichte neue Fachliteratur. Zur Erleichterung der Umsetzung in der Praxis wird die theoretische Darstellung wieder durch zahlreiche Text- und Berechnungsbeispiele sowie durch umfangreiche Arbeits- und Beratungshilfen ergänzt. Das bereits in den Vorauflagen enthaltene Rechtsprechungslexikon ist erweitert und auf den aktuellen Stand fortgeschrieben worden.

Das Handbuch richtet sich wie schon die Vorauflagen nicht nur als juristischer Ratgeber an betriebsrentenrechtlich interessierte Anwälte und Richter, sondern wendet sich gleichermaßen an alle anderen mit der Durchführung und Betreuung betrieblicher Versorgungssysteme befassten Personenkreise. Hierzu zählen u. a. Steuerberater, Personalleiter, versicherungsmathematische Gutachter, Finanzdienstleister sowie Mitarbeiter von im Bereich der betrieblichen Altersversorgung tätigen Versicherungsunternehmen.

Allen Beteiligten, die mich bei der Erstellung der 6. Auflage unterstützt haben, sei an dieser Stelle ganz herzlich gedankt. Dieser Dank gilt insbesondere den Mitarbeitern des Verlages LexisNexis für die technische Umsetzung sowie meiner Frau Martina, die mich wie bei den Vorauflagen erneut bei der Rechtsprechungsrecherche und redaktionellen Umsetzung wesentlich unterstützt und mir durch ihre ruhige und ordnende Art den Rücken frei gehalten hat. Bedanken möchte ich mich aber auch bei all denjenigen Kollegen und Geschäftspartnern, die mich mit Anregungen und Hinweisen konstruktiv unterstützt und auf praxisrelevante Themen hingewiesen haben. Viele Ideen, die in diese Auflage eingeflossen sind, sind im fachlich kollegialen Dialog entstanden. Dies gilt insbesondere für die konstruktive Unterstützung durch Frau Rechtsanwältin Yvonne Sopora für ihre Anregungen zum Kapitel Versorgungsausgleich und Herrn Rechtsanwalt Niclas Bamberg der sichergestellt hat, dass die Darstellung der steuerrechtlichen Rahmenbedingungen auf dem aktuellsten Rechtsstand erfolgt ist.

Köln, Januar 2013   Dr. Uwe Langohr-Plato

Inhaltsverzeichnis

Inhaltsverzeichnis

Vorwort		V
Inhaltsverzeichnis		VII
Abkürzungsverzeichnis		XVII
Literaturverzeichnis		XXIII

A.	**Allgemeine Grundlagen**		**1**
I.	Entwicklung und Bedeutung betrieblicher Versorgungsleistungen		1
II.	Begriff und Rechtsnatur der betrieblichen Altersversorgung		5
	1.	Kennzeichnende Merkmale der betrieblichen Altersversorgung	5
	2.	Ausgestaltung betrieblicher Versorgungsleistungen	6
		a) Leistungen zur Altersversorgung	7
		b) Leistungen für den Fall der Invalidität	9
		c) Leistungen an Hinterbliebene	12
	3.	Leistungszweck	16
	4.	Bindung an das Arbeitsverhältnis	17
	5.	Abgrenzung zu anderen Arbeitgeberleistungen	17
	6.	Auslegungsgrundsätze	18
	7.	Rechtsnatur betrieblicher Versorgungsleistungen	19
III.	Durchführungswege der betrieblichen Altersversorgung		20
	1.	Unmittelbare Versorgungszusagen	20
		a) Passivierungspflicht/Passivierungswahlrecht	21
		b) Grundsätze der Rückstellungsbildung	22
		c) Auswirkungen durch das BilMoG	24
		d) Liquiditätsaspekte	27
		e) Betriebswirtschaftliche Aspekte	27
		f) Empfehlungen für den Arbeitgeber	28
		g) Konsequenzen für den Versorgungsberechtigten	29
	2.	Direktversicherungen	29
	3.	Pensionskassen	32
	4.	Unterstützungskassen	35
		a) Arbeitsrechtliche Besonderheiten	35
		b) Steuerrechtliche Rahmenbedingungen	36
		c) Konsequenzen für den Versorgungsberechtigten	41
	5.	Pensionsfonds	41
		a) Pensionsfonds im Aufsichtsrecht	41
		b) Pensionsfonds im Betriebsrentenrecht	44
		c) Pensionsfonds im Steuer- und Sozialversicherungsrecht	45
IV.	Anspruchsgrundlagen		48
	1.	Tarifvertrag	49
	2.	Betriebsvereinbarung	49
	3.	Sprecherausschussgesetz	50
	4.	Individual-/Einzelzusage	50
	5.	Gesamtzusage	51

Inhaltsverzeichnis

	6.	Vertragliche Einheitsregelung		52
	7.	Allgemeine arbeitsrechtliche Rechtsgrundsätze		52
		a)	Betriebliche Übung	52
		b)	Gleichbehandlungsgrundsatz	54

V. **Versorgungskonzepte** 55
    1. Gesamtversorgung 55
        a) Anrechnungssystem 56
        b) Limitierungssystem 56
        c) Vorteile/Nachteile 56
    2. Festrentenzusage 56
    3. Gehaltsabhängige Zusagen 58
        a) Endgehaltsplan 58
        b) Durchschnittsgehaltsplan 59
        c) Renten-Eckwertsystem 59
    4. Beitragsorientierte Versorgungspläne 60
    5. Bausteinsysteme 60
    6. Besonderheiten bei Teilzeitbeschäftigung 61

B. **Regelungsbereich des Betriebsrentengesetzes** 63

I. **Durchführung der betrieblichen Altersversorgung (§§ 1 bis 4a BetrAVG)** 63
    1. Zusage des Arbeitgebers auf betriebliche Altersversorgung (§ 1 Abs. 1 BetrAVG) 63
    2. Gestaltungs- und Finanzierungsformen (§ 1 Abs. 2 BetrAVG) 64
        a) Beitragsorientierte Leistungszusagen (§ 1 Abs. 2 Nr. 1 BetrAVG) 64
        b) Beitragszusage mit Mindestleistung (§ 1 Abs. 2 Nr. 2 BetrAVG) 64
        c) Entgeltumwandlung (§ 1 Abs. 2 Nr. 3 BetrAVG) 69
        d) Eigenbeiträge (§ 1 Abs. 2 Nr. 4 BetrAVG) 75
    3. Rechtsanspruch auf Entgeltumwandlung (§ 1a BetrAVG) 76
    4. Recht auf Fortsetzung der Versicherung oder Versorgung mit eigenen Beiträgen bei entgeltfreiem Arbeitsverhältnis (§ 1a Abs. 4 BetrAVG) 78
        a) Voraussetzungen 78
        b) Rechtsfolgen 79
        c) Inkrafttreten 80
    5. Unverfallbarkeit (§ 1b BetrAVG) 80
        a) Gesetzliche Unverfallbarkeitsfristen 80
        b) Besonderheiten bei der Direktversicherung 84
        c) Besonderheiten bei Pensions- und Unterstützungskassen 85
        d) Wartezeiten und Vorschaltzeiten 85
        e) Aufklärungspflichten 87
    6. Höhe der unverfallbaren Anwartschaft (§ 2 BetrAVG) 87
        a) Ratierliches Berechnungsverfahren/Quotierungsprinzip 87
        b) Versicherungsvertragliche Lösung: Voraussetzungen und Rechtsfolgen .. 92
        c) Veränderungssperre 96
        d) Sonderregelungen bei der Entgeltumwandlung und bei beitragsorientierten Leistungszusagen 96
        e) Sonderregelung für Beitragszusagen mit Mindestleistung 97
        f) Auskunftspflichten 99
    7. Abfindungsverbot (§ 3 BetrAVG) 99
        a) Rechtliche Rahmenbedingungen für Abfindungsvereinbarungen 100

		b)	Einbeziehung laufender Renten in das Abfindungsverbot	100
		c)	Zulässige Abfindungsmöglichkeiten	100
		d)	Abgrenzung Abfindung/Kapitalwahlrecht	102
		e)	Ermittlung des Abfindungsbetrages und Auszahlungsmodalitäten	102
		f)	Rechtsfolgen eines Verstoßes gegen das Abfindungsverbot	104
		g)	Besteuerung der Abfindungszahlung	104
		h)	Sozialversicherungsrechtliche Konsequenzen der Abfindung	108
	8.		Übertragung unverfallbarer Anwartschaften (§ 4 BetrAVG)	108
		a)	Übernahme von Zusagen durch Folgearbeitgeber (§ 4 Abs. 2 Nr. 1 BetrAVG)	108
		b)	Portabilität	109
		c)	Übertragung im Fall der Unternehmensliquidation	115
		d)	Rechtsfolgen bei Verstößen gegen das Übertragungsverbot	119
		e)	Übertragungen auf den Pensionsfonds	119
		f)	Sonstige Handlungsalternativen	121
	9.		Auskunftsansprüche des Versorgungsberechtigten (§ 4a BetrAVG)	126
		a)	Allgemeiner Informationsanspruch (§ 4a Abs. 1 Nr. 1 BetrAVG)	126
		b)	Informationen im Zusammenhang mit der Portabilität (§ 4a Abs. 1 Nr. 2 und Abs. 2 BetrAVG)	129
II.	**Auszehrungs- und Anrechnungsverbot (§ 5 BetrAVG)**			130
	1.		Inhalt und Umfang des gesetzlichen Auszehrungsverbots	131
	2.		Inhalt und Umfang des gesetzlichen Anrechnungsverbots	131
III.	**Vorzeitiger Bezug von Altersleistungen (§ 6 BetrAVG)**			134
	1.		Leistungsvoraussetzungen	135
	2.		Leistungsumfang	136
		a)	Pensionskassen und Direktversicherungen	136
		b)	Pensionsfonds	137
		c)	Pensionszusagen und Unterstützungskassen	137
		d)	Berechnungsgrundsätze	137
		e)	Berechnungsbesonderheiten bei für Männer und Frauen unterschiedlichen Altersgrenzen	140
		f)	Korrektur von Berechnungsfehlern	141
	3.		Berechnungsbeispiele	142
	4.		Besonderheiten bei der Beitragszusage mit Mindestleistung	142
	5.		Besonderheiten bei Gesamtversorgungssystemen	143
IV.	**Gesetzliche Insolvenzsicherung (§§ 7 bis 15 BetrAVG)**			145
	1.		Voraussetzungen des gesetzlichen Insolvenzschutzes	146
	2.		Insolvenzsicherungspflichtige Durchführungswege	147
		a)	Pensionszusagen und Unterstützungskassen	147
		b)	Pensionskassen	148
		c)	Direktversicherungen	148
		d)	Pensionsfonds	150
	3.		Insolvenzgesicherte Versorgungsleistungen und -anwartschaften	150
		a)	Versorgungsleistungen	151
		b)	Haftung des PSV für rückständige Rentenansprüche	151
		c)	Versorgungsanwartschaften	152
		d)	Besonderheiten bei der Direktversicherung	155
		e)	Besonderheiten beim Pensionsfonds	156

Inhaltsverzeichnis

		f) Sachleistungen und Nutzungsrechte	156
	4.	Persönlicher Geltungsbereich	156
	5.	Leistungsbegrenzungen und -ausschlüsse	157
		a) Leistungshöchstgrenze	157
		b) Anzurechnende Leistungen	159
		c) Leistungsausschlüsse	159
		d) Katastrophenfall	161
		e) Vertikale und horizontale Leistungsübernahme	161
		f) Besserungsklausel	162
		g) Abfindung von Wertsteigerungen nach Insolvenzeröffnung	162
		h) Besonderheiten bei der Entgeltumwandlung	162
	6.	Insolvenzrechtliche Flankierung der Portabilität	164
	7.	Übertragung der Leistungspflicht und Abfindung (§ 8 BetrAVG)	165
	8.	Anspruchs- und Vermögensübergang (§ 9 BetrAVG)	166
	9.	Finanzierung der Insolvenzsicherung (§ 10 BetrAVG)	168
		a) Beitragspflicht	168
		b) Finanzierungsverfahren	169
		c) Beitragsbemessungsgrundlage und Beitragsfeststellungsverfahren	170
	10.	Mitteilungs- und Mitwirkungspflichten	172
		a) Erstmalige Anmeldung der Versorgungsverpflichtungen	172
		b) Periodische Mitteilungen	173
		c) Mitteilungen im Insolvenzfall	173
		d) Ordnungswidrigkeiten/Schadensersatz	173
		e) Datenschutz	174
V.	Anpassungsprüfung (§ 16 BetrAVG)		174
	1.	Prüfungspflicht	174
	2.	Prüfungszeitpunkt und Prüfungszeitraum	177
	3.	Anpassungsmaßstab	180
	4.	Nachholende und nachträgliche Anpassung	184
	5.	Gesamtversorgungsbetrachtung	187
	6.	Wahrung der Belange des Versorgungsempfängers: Inflationsausgleich und Nettolohnbegrenzung	187
	7.	Wirtschaftliche Lage des Arbeitgebers	191
	8.	Anpassungsprüfung bei Rentner- und Abwicklungsgesellschaften	196
	9.	Anpassungsprüfung im Konzern	197
	10.	Anpassung nach Unternehmensverschmelzung	200
	11.	Besonderheiten bei Versorgungskartellen	201
	12.	Rentenanpassung bei der Insolvenz des Arbeitgebers	202
	13.	Anpassung und Mitbestimmung	203
	14.	Information gegenüber Betriebsrentnern, Darlegungs- und Beweislast	203
	15.	Unterlassene Prüfungen	205
	16.	Verjährung	205
	17.	Vertragliche Anpassungsverpflichtungen	206
	18.	Betriebliche Übung und Anpassung	207
	19.	Prozessuale Besonderheiten	209
VI.	Persönlicher Geltungsbereich (§ 17 BetrAVG)		209
	1.	Arbeitnehmerbegriff	209
	2.	Kausalität zwischen Zusage und Arbeitsverhältnis	211
	3.	Öffentlicher Dienst	211

	4. Tarifliche Sonderrechte, Tariföffnungsklausel und Tarifvorbehalt.	212
VII.	Grundsätze der betrieblichen Altersversorgung im öffentlichen Dienst (§ 18 BetrAVG).	214
	1. Mitgliedschaftsvoraussetzungen.	215
	2. Grundlagen des Leistungsrechts	215
	3. Riester-Rente und Entgeltumwandlung.	216
	4. Übergangsregelungen	217
	5. Finanzierung und Besteuerung der Versorgungsleistungen.	217
	6. Zusatzversorgung und Unverfallbarkeit.	218
	7. Portabilität in der Zusatzversorgung	219
VIII.	Steuer- und sozialversicherungsrechtliche Rahmenbedingungen.	219
	1. Steuerrechtliche Rahmenbedingungen.	219
	a) Generelle steuerrechtliche Voraussetzungen für die Anerkennung betrieblicher Versorgungsleistungen.	220
	b) Lohnsteuerliche Behandlung des Finanzierungsaufwands.	222
	c) Besteuerung der Leistungen der betrieblichen Altersversorgung.	227
	2. Die staatlich geförderte Eigenvorsorge (§§ 10a, 79 ff. EStG) i. R. d. betrieblichen Altersversorgung (§ 1a BetrAVG)	232
	3. Sozialversicherungsrechtliche Aspekte	234
	a) Arbeitgeberfinanzierte betriebliche Versorgungsleistungen	234
	b) Arbeitnehmerfinanzierte betriebliche Versorgungsleistungen (Entgeltumwandlung).	235
	c) Alternative Finanzierungsform – »Entgeltumwidmung«.	236
	d) Beitragspflicht in der KVdR für betriebliche Versorgungsleistungen.	239
	e) Änderungen im Bereich der Pflegeversicherung.	243
	f) Betriebliche Altersversorgung und Arbeitslosigkeit.	244
IX.	Betriebliche Altersversorgung in den neuen Bundesländern	244
	1. Anordnung 54.	245
	2. Geltung des Betriebsrentengesetzes	245
	a) Arbeitsrechtliche Wirksamkeit von sog. Altzusagen	246
	b) Besonderheiten bei sog. Neuzusagen	246
	c) Sachlicher Anwendungsbereich des BetrAVG.	247
X.	Sonstige allgemeine rechtliche Rahmenbedingungen.	247
	1. Rechtsgeschäftlicher Verzicht.	247
	2. Pfändungsschutz	248
	3. Aufrechnung.	249
	4. Verjährung	249
	5. Verwirkung.	250
	6. Ausschlussfristen	251
	7. Schadensersatz.	252
	8. Datenschutz	252
	9. Prozessuale Besonderheiten	253
C.	Spezialfragen.	255
I.	Gleichbehandlungsgrundsatz und betriebliche Altersversorgung.	255

Inhaltsverzeichnis

	1.	Rechtsgrundlagen		256
	2.	Fallgestaltungen		259
		a)	Einbeziehung von Teilzeitbeschäftigten	259
		b)	Arbeits- und steuerrechtliche Auswirkungen des Witwerrenten-Urteils	262
		c)	Unterschiedliche Altersgrenzen	262
		d)	Einbeziehung geringfügig und/oder befristet beschäftigter Arbeitnehmer	266
		e)	Ausschließliche Versorgung leitender Mitarbeiter	269
		f)	Gleichbehandlung von Arbeitern und Angestellten	269
		g)	Gleichbehandlung von Innendienst- und Außendienstmitarbeitern	270
		h)	Einbeziehung im Ausland beschäftigter Mitarbeiter	271
		i)	Gleichbehandlung bei tarifvertraglich geregelten Versorgungsleistungen	272
		j)	Unterschiedliche Höchsteintritts- bzw. Aufnahmealter	272
		k)	Leistungs- und/oder Beitragsidentität (»Unisex-Tarife«)	273
		l)	Zulässigkeit von Junktim-Klauseln	276
		m)	Nichtberücksichtigung von Kindererziehungszeiten	276
		n)	Darlegungs- und Beweislastfragen	277
	3.	Auswirkungen durch das Allgemeine Gleichbehandlungsgesetz (AGG)		277
		a)	Allgemeine Konsequenzen aus dem AGG	278
		b)	Auswirkungen auf die betriebliche Altersversorgung	278
		c)	Systematische Unterschiede zwischen Gleichbehandlung und Diskriminierungsschutz	279
		d)	Inhaltliche Besonderheiten bei den Diskriminierungstatbeständen	279
		e)	Konkrete Fallgestaltungen	280
II.	Widerruf, Einschränkung und Neuordnung betrieblicher Versorgungszusagen			283
	1.	Schließung eines betrieblichen Versorgungswerkes		283
		a)	Stichtagsregelungen und Gleichbehandlungsgrundsatz	283
		b)	Mitbestimmungsfragen	284
	2.	Einschränkende Neuordnung		285
		a)	Rechtsgrundlage der Versorgungsordnung	286
		b)	Widerrufsmöglichkeiten	292
		c)	Eingriffsumfang	297
		d)	Rechtsfolgen der Neuordnung	311
		e)	Leitsätze zur Neuordnung	312
		f)	Konzernrechtliche Aspekte der Neuordnung	313
		g)	Mitbestimmungsfragen	314
III.	Mitbestimmung des Betriebsrates			315
	1.	Die gesetzlichen Mitbestimmungstatbestände		315
	2.	Umfang des Mitbestimmungsrechts		315
	3.	Mitbestimmungsverfahren		318
	4.	Rechtsfolgen bei Verletzung der gesetzlichen Mitbestimmungsrechte		320
IV.	Betriebliche Altersversorgung beim Betriebsübergang, Unternehmensverkauf und im Fall der Unternehmensumwandlung			320
	1.	Rechtsfolgen des § 613a BGB		320
		a)	Übertragung der Versorgungsverbindlichkeiten auf den Betriebserwerber	321
		b)	Sonderfall: Unterstützungskasse, Pensionskasse und Pensionsfonds	323
		c)	Übernahme von Versorgungsanwartschaften	324

	d)	Informationspflichten	325
	e)	Konkurrenz bestehender Versorgungssysteme	325
	f)	Nachhaftung des Betriebsveräußerers	327
	g)	Betriebsübergang bei Insolvenz	328
2.		Konsequenzen eines Unternehmensverkaufs	328
3.		Gestaltungsmöglichkeiten nach dem Umwandlungsrecht	329
	a)	Umwandlungsrecht und Betriebsübergang	329
	b)	Umwandlungsrecht und Betriebsrentengesetz	330
	c)	Gläubigerschutz und Haftungsfragen	335

V. Nachhaftung persönlich haftender Arbeitgeber ... 338
1. Allgemeine Haftungsgrundsätze nach früherem Recht ... 338
2. Grenzen der richterlichen Rechtsfortbildung ... 339
3. Neuregelung durch das Nachhaftungsbegrenzungsgesetz ... 340
4. Übergangsregelungen ... 341

VI. Betriebliche Altersversorgung im Versorgungsausgleich ... 342
1. Gesetzliche Grundlagen ... 342
   - a) Halbteilungsgrundsatz ... 343
   - b) Auszugleichende Anrechte ... 343
   - c) Bestimmung von Ehezeitanteil und Ausgleichswert ... 344
   - d) Grundsätze des Wertausgleichs ... 345
   - e) Ausschluss des Versorgungsausgleichs ... 348
   - f) Verfahrensfragen ... 349
   - g) Übergangsregelungen ... 350
2. Konsequenzen für Arbeitgeber und Versorgungsträger ... 350
   - a) Festlegung von Bewertungsmethode und Prämissen ... 350
   - b) Entscheidung zur internen oder externen Teilung ... 351

VII. Versorgung besonderer Personenkreise ... 351
1. Gesellschafter-Geschäftsführer von Kapitalgesellschaften ... 351
   - a) Arbeitsrechtliche Besonderheiten ... 352
   - b) Inhaltliche Ausgestaltung der Versorgungsregelung ... 353
   - c) Unverfallbarkeit ... 356
   - d) Insolvenzsicherung ... 357
   - e) Steuerrechtliche Zulässigkeitsvoraussetzungen für unmittelbare Versorgungszusagen ... 361
2. Gesellschafter-Geschäftsführer von Personengesellschaften ... 388
   - a) Sonderfall: GmbH & Co. KG ... 389
   - b) Umwandlungsfälle ... 389
3. Mitarbeitende Ehegatten ... 390
   - a) Pensionszusagen ... 391
   - b) Direktversicherungen ... 393
   - c) Pensionskassen, Unterstützungskassen und Pensionsfonds ... 393

D. Rechtsprechungslexikon ... 395

Abfindung ... 411
Anpassung ... 416
Anrechnung ... 437

Inhaltsverzeichnis

Auslegungsregeln	443
Ausschlussfristen	452
Auszehrungsverbot	453
Begriffsbestimmungen	454
Betriebliche Übung	457
Betriebsübergang	460
Betriebszugehörigkeit	466
Blankettzusagen	467
Direktversicherung	468
Ehegattenversorgung	477
Einigungsstelle	479
Entgeltumwandlung	480
Erziehungsurlaub	483
Flexible Altersgrenze	484
Geltungsbereich	495
Gesellschafter-Geschäftsführer-Versorgung	495
Gleichbehandlung	518
Härtefallregelung	546
Hinterbliebenenversorgung	546
Hinweis- und Auskunftspflichten	551
Insolvenzsicherung	553
Invalidenversorgung	580
Krankenversicherung der Rentner	583
Limitierungsklauseln	585
Mitbestimmung	586
Nachhaftung	593
Neue Bundesländer	594
Pfändungsschutz	596
Prozessrecht	597
Schadensersatz	599
Sozialversicherungsrecht	602
Steuerrecht	604
Tarifrecht	608
Teilrente	609
Übernahme von Versorgungsverpflichtungen	610
Umwandlungsrecht	611
Unterstützungskasse	612
Unverfallbarkeit	617
Verdeckte Gewinnausschüttung	624
Verjährung	625
Verpfändung	626
Verschaffungsanspruch	627
Versorgungsausgleich	630
Verzicht	633
Vordienstzeiten	634
Vorschaltzeit	635
Wartezeit	636
Wegfall der Geschäftsgrundlage	638
Wettbewerbsverbot	639
Widerruf	639
Zusatzversorgung im öffentlichen Dienst	673

E.	Arbeits- und Beratungshilfen	677
I.	Checkliste/Kriterien: Auswahl des »geeigneten« Durchführungsweges zur Umsetzung der betrieblichen Altersversorgung	678
II.	Aufbau/Checkliste: Versorgungsordnung für einen leistungsorientierten Versorgungsplan	678
III.	Muster: Versorgungsordnung (arbeitgeberfinanzierte Gesamtzusage; dienstzeit- und gehaltsabhängiges Renteneckwertsystem)	681
IV.	Muster: Pensionszusage (Einzelzusage)	688
V.	Verpfändungsvereinbarung	691
VI.	Muster: Direktversicherung (arbeitgeberfinanzierte Versicherungszusage)	692
VII.	Muster: Direktversicherung (arbeitnehmerfinanzierte Versicherungszusage; Entgeltumwandlung)	694
VIII.	Muster: Unterstützungskasse (Satzung einer Firmen-Unterstützungskasse)	696
IX.	Muster: Unterstützungskasse (Leistungsplan, Festrentenzusage)	701
X.	Muster: Pensionskasse (Satzung einer Firmen-Pensionskasse)	706
XI.	Checkliste: Pensionsfonds (Gründung)	713
XII.	Muster: Entgeltumwandlung (Rahmenrichtlinie)	714
XIII.	Muster: Entgeltumwandlungsvereinbarung	716
XIV.	Muster: Unverfallbarkeitsbescheinigung (positiv)	716
XV.	Muster: Unverfallbarkeitsbescheinigung (negativ)	717
XVI.	Muster: Abfindungsvereinbarung (unverfallbare Anwartschaft)	718
XVII.	Muster: Mitteilungsschreiben zur Anpassungsprüfung gem. § 16 BetrAVG	719
	1. Nettolohnlimitierung	719
	2. Anpassungsverzicht	720
	3. Widerspruchsbescheid	721
XVIII.	Muster: Schließungsbeschluss für ein betriebliches Versorgungssystem	722
XIX.	Muster: Ablösende Betriebsvereinbarung	722
XX.	Muster: Kündigung einer Betriebsvereinbarung	723
XXI.	Merkblätter des Pensions-Sicherungs-Vereins	723
F.	Gesetzestexte	727
	BetrAVG (Auszug)	727
	EStG (Auszug)	747
	BMF-Schreiben vom 31.03.2010 (Auszug)	841
	Altersvorsorgeverträge-Zertifizierungsgesetz (AltZertG)	868
	KStG (Auszug)	878
	KStDV 1994 (Auszug)	886
	SGB IV (Auszug)	887
	SGB V (Auszug)	889
	SvEV (Auszug)	890
	VAG (Auszug)	892
	BGB (Auszug)	900
	HGB (Auszug)	901
	EGHGB (Auszug)	911
	Allgemeines Gleichbehandlungsgesetz (AGG)	914
	VersAusglG (Auszug)	925
	FamFG (Auszug)	934
	Stichwortverzeichnis	937

Abkürzungsverzeichnis

a.	auch
a. A.	andere Ansicht
a. a. O.	am angegebenen Ort
ABA	Arbeitsgemeinschaft für betriebliche Altersversorgung
Abs.	Absatz
Abschn.	Abschnitt
a. F.	alte Fassung
AGG	Allgemeines Gleichbehandlungsgesetz
AIB	Allgemeine Versicherungsbedingungen für die Insolvenzsicherung der betrieblichen Altersversorgung
AktG	Aktiengesetz
AltEinkG	Alterseinkünftegesetz
AltZertG	Altersvorsorgeverträge-Zertifizierungsgesetz
Anm.	Anmerkung
AnwBl.	Anwaltsblatt (Zs.)
AO	Abgabenordnung
AO 54	Anordnung des Ministers für Arbeit zur Einführung einer Zusatzrentenversorgung für die Arbeiter und Angestellten in den wichtigsten volkseigenen Betrieben vom 09.03.1954
AP	Arbeitsrechtliche Praxis; Nachschlagewerk des BAG
APS	Ascheid/Preis/Schmidt, Kündigungsrecht, Großkommentar zum gesamten Recht der Beendigung von Arbeitsverhältnissen
ArbG	Arbeitsgericht oder Arbeitgeber
ArbN	Arbeitnehmer
ArbPlSchG	Arbeitsplatzschutzgesetz
ArbR	Arbeitsrecht
ArbRHandb.	Arbeitsrechts-Handbuch
ArbuR	Arbeit und Recht (Zs.)
ArEV	Arbeitsentgeltverordnung
ART	Allgemeiner rechtlicher Teil
Art.	Artikel
ATV	Tarifvertrag Altersversorgung
ATV-K	Tarifvertrag über die zusätzliche Altersvorsorge der Beschäftigten des öffentlichen Dienstes (Altersvorsorge-TV-Kommunal)
AuA	Arbeit und Arbeitsrecht (Zs.)
Aufl.	Auflage
AuR	Arbeit und Recht (Zs.)
AVG	Angestelltenversicherungsgesetz
AVmEG	Altersvermögensergänzungsgesetz
AVmG	Altersvermögensgesetz
Az.	Aktenzeichen
BaFin	Bundesanstalt für Finanzdienstleistungsaufsicht
BAG	Bundesarbeitsgericht
BAGE	Entscheidungen des Bundesarbeitsgerichts
BAT	Bundesangestellten-Tarifvertrag
BAV	Betriebliche Altersversorgung
BB	Betriebs Berater (Zs.)
BBG	Beitragsbemessungsgrenze
BdF	Bundesminister der Finanzen
BDSG	Bundesdatenschutzgesetz
BErzGG	Bundeserziehungsgeldgesetz
BeschFG	Beschäftigungsförderungsgesetz
BetrAV	Betriebliche Altersversorgung (Zs.)

XVII

Abkürzungsverzeichnis

BetrAVG	Gesetz zur Verbesserung der betrieblichen Altersversorgung (Betriebsrentengesetz)
BewG	Bewertungsgesetz
BFH	Bundesfinanzhof
BFHE	Sammlung der Entscheidungen des BFH
BFH/NV	Sammlung amtlich nicht veröffentlichter Entscheidungen des BFH
BGB	Bürgerliches Gesetzbuch
BGBl.	Bundesgesetzblatt
BGH	Bundesgerichtshof
BGHZ	Entscheidungen des Bundesgerichtshofes in Zivilsachen
BilMoG	Bilanzrechtsmodernisierungsgesetz
BKKG	Bundeskindergeldgesetz
BMF	Bundesministerium der Finanzen
BSG	Bundessozialgericht
bspw.	beispielsweise
BStBl.	Bundessteuerblatt
BT	Bundestag
BU	Berufsunfähigkeit
BVerfG	Bundesverfassungsgericht
BVerwG	Bundesverwaltungsgericht
bzgl.	bezüglich
bzw.	beziehungsweise
ca.	circa
CTA	Contractual Trust Arrangement
DB	Der Betrieb (Zs.)
DDR	Deutsche Demokratische Republik
ders.	derselbe
d. h.	das heißt
Diss.	Dissertation
Drucks.	Drucksache
DStR	Deutsches Steuerrecht (Zs.)
DStRE	DStR-Entscheidungsdienst (Zs.)
DZWiR	Deutsche Zeitschrift für Wirtschaftsrecht
€	Euro
EFG	Entscheidungssammlung der Finanzgerichte
EG	Europäische Gemeinschaft
EGHGB	Einführungsgesetz zum Handelsgesetzbuch
EGInsO	Einführungsgesetz zur Insolvenzordnung
EGV	EG-Vertrag
EheRG	Erstes Gesetz zur Reform des Ehe- und Familienrechts
Einl.	Einleitung
ErbStG	Erbschaftsteuer- und Schenkungsteuergesetz
ErfK	Erfurter Kommentar zum Arbeitsrecht
EStG	Einkommensteuergesetz
EStR	Einkommensteuer-Richtlinien
EU	Erwerbsunfähigkeit
EuGH	Europäischer Gerichtshof
EuZW	Europäische Zeitschrift für Wirtschaftsrecht
e. V.	eingetragener Verein
EV	Einigungsvertrag
evtl.	eventuell
EWiR	Entscheidungen zum Wirtschaftsrecht (Zs.)
EzA	Entscheidungssammlung zum Arbeitsrecht
EzA-SD	EzA-Schnelldienst; Arbeitsrechtliche Sofortinformation Entscheidungssammlung zum Arbeitsrecht (Zs.)

Abkürzungsverzeichnis

FA	Fachanwalt Arbeitsrecht (Zs.)
FamG	Familiengericht
FamFG	Gesetz über das Verfahren in Familiensachen und in den Angelegenheiten der freiwilligen Gerichtsbarkeit
FamRZ	Zeitschrift für das gesamte Familienrecht
f.	folgende
ff.	fortfolgende
FG	Finanzgericht
FR	Finanzrundschau (Zs.)
GDV	Gesamtverband der Deutschen Versicherungswirtschaft e. V.
gem.	gemäß
GenG	Genossenschaftsgesetz
GG	Grundgesetz
GGF	Gesellschafter-Geschäftsführer
ggf.	Gegebenenfalls
GK-BUrlG	Gemeinschaftskommentar zum Bundesurlaubsgesetz
GmbH	Gesellschaft mit beschränkter Haftung
GmbHG	Gesetz betreffend die Gesellschaften mit beschränkter Haftung
GmbHR	GmbH-Rundschau (Zs.)
grds.	Grundsätzlich
gRV	gesetzliche Rentenversicherung
GS	Großer Senat
Halbs.	Halbsatz
HFA	Hauptfachausschuss der Wirtschaftsprüfer
HFR	Höchstrichterliche Finanzrechtsprechung (Entscheidungssammlung)
HGB	Handelsgesetzbuch
HK	Handkommentar
h. M.	herrschende Meinung
Hrsg.	Herausgeber
HwB AR	Handwörterbuch des Arbeitsrechts
HZvNG	Hüttenknappschaftliches-Zusatzversicherungs-Neuregelungs-Gesetz
i. d. R.	in der Regel
IDW	Institut der Wirtschaftsprüfer
ifo	Institut für Wirtschaftsforschung
IFRS	International Financial Reporting Standards (Internationale Rechnungslegung)
i. H. d.	in Höhe der/des
i. H. v.	in Höhe von
INF	Die Information über Steuer und Wirtschaft (Zs.)
inkl.	inklusive
insbes.	insbesondere
InsO	Insolvenzordnung
i. R. d.	im Rahmen des/der
i. R. v.	im Rahmen von
i. S. d.	im Sinne des/der
i. S. v.	im Sinne von
i. Ü.	im Übrigen
i. V. m.	in Verbindung mit
JW	Juristische Woche (Zs.)
Kap.	Kapitel
KG	Kommanditgesellschaft
KGaA	Kommanditgesellschaft auf Aktien
KO	Konkursordnung

Abkürzungsverzeichnis

KR	Gemeinschaftskommentar zum Kündigungsschutzgesetz und zu sonstigen kündigungsschutzrechtlichen Vorschriften
KSchG	Kündigungsschutzgesetz
KStDV	Körperschaftsteuer-Durchführungsverordnung
KStG	Körperschaftsteuergesetz
KStR	Körperschaftsteuer-Richtlinien
KTS	Zeitschrift für Insolvenzrecht (Zs.)
KVdR	Krankenversicherung der Rentner
LAG	Landesarbeitsgericht
LG	Landgericht
LNR	LexisNexis Recht (Online Datenbank)
LO 1985	Leistungsordnung Bochumer Verband
LohnFG	Lohnfortzahlungsgesetz
LPartG	Lebenspartnerschaftsgesetz
LS	Leitsatz
LSG	Landessozialgericht
LStDV	Lohnsteuer-Durchführungsverordnung
LStR	Lohnsteuer-Richtlinien
max.	maximal
MDR	Monatsschrift für Deutsches Recht (Zs.)
MSchG	Mutterschutzgesetz
MTA	Manteltarifvertrag
MünchKomm	Münchener Kommentar
m. w. N.	mit weiteren Nachweisen
NachhBG	Nachhaftungsbegrenzungsgesetz
NachwG	Nachweisgesetz
NJW	Neue Juristische Wochenschrift (Zs.)
NJW-RR	NJW-Rechtsprechungs-Report Zivilrecht (Zs.)
n. F.	neue Fassung
Nr.	Nummer
n. v.	nicht veröffentlicht
NVwZ	Neue Zeitschrift für Verwaltungsrecht
NWB	Neue Wirtschafts-Briefe (Zs.)
NZA	Neue Zeitschrift für Arbeits- und Sozialrecht
NZA-RR	NZA-Rechtsprechungs-Report Arbeitsrecht
NZI	Neue Zeitschrift für das Recht der Insolvenz und Sanierung
NZS	Neue Zeitschrift für Sozialrecht
OFD	Oberfinanzdirektion
OHG	offene Handelsgesellschaft
o. Verf.	ohne Verfasser
OVG	Oberverwaltungsgericht
p.a.	per annum
PersR	Der Personalrat (Zs.)
phG	persönlich haftender Gesellschafter
PSV	Pensions-Sicherungs-Verein
PSVaG	Pensions-Sicherungs-Verein auf Gegenseitigkeit
PUC	Projected Unit Credit
RdA	Recht der Arbeit (Zs.)
Rev.-Az.	Revision Aktenzeichen
rkr.???	rechtskräftig
Rn.	Randnummer
RÜG	Rentenüberleitungsgesetz

Abkürzungsverzeichnis

RVO	Reichsversicherungsordnung
S.	Seite
s.	siehe
SAE	Sammlung Arbeitsrechtlicher Entscheidungen (Zs.)
SG	Sozialgericht
SGB	Sozialgesetzbuch
s. o.	siehe oben
sog.	sogenannte /r /s
SprAuG	Sprecherausschussgesetz
st. Rspr.	ständige Rechtsprechung
StÄndG	Steueränderungsgesetz
StBereinG	Steuerbereinigungsgesetz
Stbg	Die Steuerberatung (Zs.)
StR	Steuerrecht
StuB	Steuer- und Bilanzpraxis (Zs.)
s. u.	siehe unten
SvEV	Sozialversicherungsentgeltverordnung
SVG	Soldatenversorgungsgesetz
TV-EUmw/VKA	Tarifvertrag zur Entgeltumwandlung für Arbeitnehmer/-innen im kommunalen öffentlichen Dienst
TVG	Tarifvertragsgesetz
TzBfG	Teilzeit- und Befristungsgesetz
u. a.	unter anderem
UmwG	Umwandlungsgesetz
UmwStG	Umwandlungssteuergesetz
Urt.	Urteil
US-GAPP	United States Generally Accepted Accounting Principles (US-amerikanische Rechnungslegungsvorschriften)
u. U.	unter Umständen
v.	vom
VAG	Versicherungsaufsichtsgesetz
VAHRG	Gesetz zur Regelung von Härten im Versorgungsausgleich
VAÜG	Versorgungs-Überleitungsgesetz
VAwMG	Gesetz über weitere Maßnahmen auf dem Gebiet des Versorgungsausgleichs
VBL	Versorgungsanstalt des Bundes und der Länder
Verf.	Verfasser
VersAusglG	Gesetz zur Strukturreform des Versorgungsausgleichs
VersR	Zeitschrift für Versicherungsrecht, Haftungs- und Schadensrecht
VersTV	Versorgungs-Tarifvertrag
VersTV EZV-O	Versorgungs-Tarifvertrag zur Einführung der Zusatzversorgung-Ost
VersW	Versicherungswirtschaft (Zs.)
VG	Verwaltungsgericht
vGA	verdeckte Gewinnausschüttung
vgl.	vergleiche
VO	Versorgungsordnung
VVaG	Versicherungsverein auf Gegenseitigkeit
VVG	Versicherungsvertragsgesetz
VwVfG	Verwaltungsverfahrensgesetz
ZAP	Zeitschrift für die Anwaltspraxis
z. B.	zum Beispiel
ZfA	Zeitschrift für Arbeitsrecht
ZGR	Zeitschrift für Unternehmens- und Gesellschaftsrecht
ZHR	Zeitschrift für das gesamte Handels- und Wirtschaftsrecht

Abkürzungsverzeichnis

Ziff.	Ziffer
ZIP	Zeitschrift für Wirtschaftsrecht
ZivildienstG	Zivildienstgesetz
Zs.	Zeitschrift
z. T.	zum Teil
ZTR	Zeitschrift für Tarifrecht
ZVK	Zusatzversorgungskasse
zVv	Zur Veröffentlichung vorgesehen
zzgl.	zuzüglich

Literaturverzeichnis

Ahrend/Förster/Rößler	Steuerrecht der betrieblichen Altersversorgung mit arbeitsrechtlicher Grundlegung Loseblattsammlung, 4. Aufl., Köln 1995, Stand 2011
Andresen/Förster/Rößler/Rühmann	Arbeitsrecht der betrieblichen Altersversorgung Loseblattsammlung, 1. Aufl., Köln 1999, Stand 2011
Arbeitsgemeinschaft für betriebliche Altersversorgung (Hrsg.)	Handbuch der betrieblichen Altersversorgung Loseblattsammlung, 8. Aufl., Wiesbaden, Stand 2011
ders.	Betriebliche Altersversorgung in Europa aus deutscher Sicht Heidelberg 1997
ders.	Thesen der aba zur Integration von Beitragszusagen in das BetrAVG BetrAV 1997, S. 318
Arens/Wichert/Weisemann/Andermann	Abbau betrieblicher Sozialleistungen Bonn 2004
Arnold	Übergang von Pensionsverbindlichkeiten im Lichte der Änderung des Umwandlungsgesetzes DB 2008, S. 986
Bauer/Lingemann	Das neue Umwandlungsrecht und seine arbeitsrechtlichen Auswirkungen NZA 1994, S. 1057
Bepler	Diskriminierungsverbot im Betriebsrentenrecht FS R. Höfer zum 70. Geburtstag, München 2011
Berenz	Insolvenzsicherung der betrieblichen Altersversorgung: Systematik des Anspruchsübergangs nach § 9 Abs. 2 BetrAVG auf den PSV DB 2004, S. 1098
ders.	Der Schutz des PSVaG gemäß § 7 Abs. 5 BetrAVG vor missbräuchlicher Inanspruchnahme seiner Leistungen FS Kemper, München 2005, S. 5
ders.	Übergang des Vermögens einer Unterstützungskasse auf den PSVaG bei Insolvenz des Trägerunternehmens DB 2006, S. 1006
Berger/Kiefer/Langenbrinck	Betriebliche Altersversorgung im öffentlichen Dienst Loseblatt-Ausg., Stand Juli 2007, München
Birk	Pflicht zu Unisextarifen in der betrieblichen Altersversorgung – auch für die Vergangenheit? BetrAV 2012, S. 7
Blomeyer	Insolvenzsicherung für Versorgungsanwartschaften vor Eintritt der gesetzlichen Unverfallbarkeit DB 1977, S. 586
ders.	Kündigung und Neuabschluss einer Betriebsvereinbarung über teilmitbestimmungspflichtige Sozialleistungen DB 1985, S. 2506
ders.	Nachwirkung und Weitergeltung abgelaufener Betriebsvereinbarungen über „freiwillige" Sozialleistungen DB 1990, S. 173
ders.	Neueste arbeitsrechtliche Entwicklungen im Betriebsrentenrecht BetrAV 1997, S. 249
ders.	Flexibilisierung des Betriebsrentenrechts durch Beitragszusagen DB 1997, S. 1921

Literaturverzeichnis

ders.	Beitragsversprechen in Pensionszusagen und bei Unterstützungskassen BetrAV 1998, S. 124
ders.	Rechtsfragen der Entgeltumwandlung und Lösungsansätze NZA 2000, S. 281
ders.	Neue arbeitsrechtliche Rahmenbedingungen für die Betriebsrente BetrAV 2001, S. 430
ders.	Der Entgeltumwandlungsanspruch des Arbeitnehmers in individual- und kollektivrechtlicher Sicht DB 2001, S. 1413
Blomeyer/Rolfs/Otto	Betriebsrentengesetz 5. Aufl., München 2010
Blumenstein	Änderung des Gesetzes zur Verbesserung der betrieblichen Altersversorgung im Rahmen des Entwurfes eines Alterseinkünftegesetzes BetrAV 2004, S. 236
Blumenstein/Krekeler	Auswirkungen des neuen Betriebsrentenrechts auf die Praxis DB 1998, S. 2600
Blümke/Langohr-Plato/Teslau	Die Renaissance der betrieblichen Altersversorgung 2. Aufl., Köln 2002
Bode/Grabner/May	Teuerungsanpassung der Betriebsrenten in 2001 DB 2001, S. 198
Boecken	Der Übergang von Arbeitsverhältnissen bei Spaltung nach dem neuen Umwandlungsrecht ZIP 1994, S. 1087
Boehringer	Einführung der Zusatzversorgung für die Arbeitnehmer des öffentlichen Dienstes in den neuen Bundesländern BetrAVG 1996, S. 221
Borchardt	Die Rechtsprechung des EuGH auf dem Prüfstand BetrAV 1993, S. 1
Braun	Besonderheiten bei Abfindungen aus betrieblicher Altersversorgung NJW 1983, S. 1590
Cisch	Neue Bundesländer: Pensionsrückstellungen für Zusatzrenten aufgrund der Anordnung v. 9.3.1954 DB 1991, S. 2301
Cisch/Bleeck	Rechtsprechung des BAG zur betrieblichen Altersversorgung in den Jahren 2005/2006 BB 2006, S. 2815
Cisch/Kruip	Die Auswirkungen der Anhebung der Altersgrenzen in der gesetzlichen Rentenversicherung auf die betriebliche Altersversorgung BB 2007, S. 1162
de Groot	Der deutsche Pensionsfonds als Instrument der betrieblichen Altersversorgung im Spannungsfeld zwischen Betriebsrenten- und Versicherungsrecht Diss., München 2009
Derleder	Ist der Übergang der Arbeitnehmerrechte bei der Betriebsveräußerung im Konkurs ausgeschlossen? AuR 1976, S. 129
Dieterich	Aktuelle Rechtsprechung des BAG zur betrieblichen Altersversorgung NZA 1987, S. 545
Diller	Zillmern: In München steht's jetzt 1:1! NZA 2008, S. 338
Doetsch	Erhaltung der Gestaltungsfreiheit bei der betrieblichen Altersversorgung DB 1993, S. 981

ders.	Steuerliche Anerkennung von Pensionszusagen gegenüber GmbH-Gesellschafter-Geschäftsführern BB 1994, S. 327
ders.	Möglichkeiten der Differenzierung bei der betrieblichen Altersversorgung BetrAV 1997, S. 25
ders.	Auskunfts- und Informationspflichten von Arbeitgeber und externem Versorgungsträger bei der betrieblichen Altersversorgung BetrAV 2003, S. 48
Doetsch/Förster/Rühmann	Änderungen des Betriebsrentengesetzes durch das Rentenreformgesetz 1999 DB 1998, S. 258
Doetsch/Lenz	Versorgungszusagen an Gesellschafter-Geschäftsführer und Vorstände 8. Aufl., Karlsruhe 2011
Doetsch/Oecking/Rath/ Reichenbach/Riehl/Veit	Betriebliche Altersversorgung – Ein praktischer Leitfaden Freiburg 2008
Engbroks	Ermittlung des ehezeitbezogenen Ausgleichswertes BetrAV 2008, 438
Engbroks/Heubeck	Aktuarielle Aspekte zum Übertragungswert und zum ehezeitbezogenen Ausgleichswert BetrAV 2009, 16
Erfurter Kommentar	Erfurter Kommentar zum Arbeitsrecht 12. Auflage, München 2012
Everhardt	Die Bedeutung des § 613a BGB für die Insolvenzsicherung der betrieblichen Altersversorgung BB 1976, S. 1611
ders.	Der Geltungsbereich des Betriebsrentengesetzes im Hinblick auf die Insolvenzsicherung für Geschäftsleiter-Pensionen BB 1981, S. 681
ders.	Schuldübernahme von Ruhegeldverbindlichkeiten BB 1982, S. 314
ders.	Insolvenzschutz für durch den Arbeitgeber zugesagte Altersversorgung aus Gehaltsumwandlung? DB 1994, S. 780
ders.	Insolvenzschutz für Direktversicherungen mit unwiderruflichem Bezugsrecht bei verringerter Versicherungsleistung wegen Prämienrückständen DB 1994, S. 1470
Fischer/Meyer	Privatrechtlicher Insolvenzschutz für Arbeitnehmeransprüche aus deferred compensation DB 2000, S. 1861
Flecken	Die DDR-Anordnung über die Zusatzrentenversorgung 1954 - eine Form der betrieblichen Altersversorgung BetrAV 1990, S. 213
Förster	Ausgliederung von Pensionsverpflichtungen auf eine Pensionsgesellschaft BetrAV 2001, S. 133
Förster/Cisch/Karst	Gesetz zur Verbesserung der betrieblichen Altersversorgung 13. Aufl., München 2012
Förster/Cisch	Die Änderungen im Betriebsrentengesetz durch das Alterseinkünftegesetz und deren Bedeutung für die Praxis BB 2004, S. 2126
dies.	Rechtsprechung des Bundesarbeitsgerichts zur betrieblichen Altersversorgung im Jahr 2004 BB 2005, S. 773

Literaturverzeichnis

Förster/Heger	Pensionszusagen an Gesellschafter-Geschäftsführer – Ausgestaltungskriterien in der Diskussion DStR 1994, S. 507
dies.	Zum Versorgungsniveau bei Gesellschafter-Geschäftsführern von Kapitalgesellschaften DStR 1996, S. 408
Frielingsdorf	Zur Problematik der Wertsicherungsklauseln DB 1982, S. 789
Förster/Rühmann/ Recktenwald	Auswirkungen des Altersvermögensgesetzes auf die betriebliche Altersversorgung BB 2001, S. 1406
Giloy	Aktuelle Fragen zur Direktversicherung BetrAV 1985, S. 4
Gohdes/Haferstock/Schmidt	Pensionsfonds nach dem AVmG aus heutiger Sicht DB 2001, S. 1558
Gosch	Neuere Rechtsprechung des BFH zur betrieblichen Altersversorgung BetrAV 1994, S. 268
ders.	Neuere Rechtsprechung des Bundesfinanzhofs zu Sonderzusagen der betrieblichen Altersversorgung BB 1996, S. 1689
ders.	Neuere Rechtsprechung des Bundesfinanzhofs zu den Gesellschafter-Geschäftsführern BetrAV 2002, S. 754
Grabner	Entgeltumwandlung in der betrieblichen Altersversorgung BetrAV 2003, S. 17
Grabner/Bode	Betriebliche Altersversorgung aus Entgeldumwandlung DB 2001, S. 481
Griebeling	Abänderung von Versorgungszusagen NZA 1989, Beil. 3, S. 26
ders.	Die Änderung und Ablösung betrieblicher Versorgungszusagen ZIP 1993, S. 1055
Gumpert	Mitbestimmung bei betrieblicher Altersversorgung in Form von Ruhegeldzusagen und Direktversicherungen? BB 1976, S. 605
Günther	Die betriebliche Altersversorgung für Gesellschafter-Geschäftsführer einer GmbH AnwBl. 1991, S. 400
Haack	Das neue Nachhaftungsbegrenzungsgesetz NWB 1994, F. 18, S. 3325
Hahne	Versorgungsausgleich für Betriebsrente: Was ist – was kommt? BetrAV 2008, S. 425
Hanau	Die Mitbestimmung in der betrieblichen Altersversorgung nach der neueren Rechtsprechung des Bundesarbeitsgerichts BB 1976, S. 91
ders.	Arbeitsrecht und Mitbestimmung in Umwandlung und Fusion ZGR 1990, S. 548
ders.	Die Neuregelung der betrieblichen Altersversorgung BetrAV 2002, S. 621
Hanau/Arteaga/Rieble/Veit	Gehaltsumwandlung zur betrieblichen Altersversorgung 2. Aufl., Köln, 2006
dies.	Pensions-Sondervermögen und betriebliche Altersversorgung BB 1997, Beilage Nr. 17

Literaturverzeichnis

Hanau/Preis	Der Übergang von der Gesamtversorgung zu einer von der Sozialversicherung abgekoppelten Betriebsrente RdA 1988, S. 65
dies.	Beschränkung und Rückwirkung neuer Rechtsprechung zur Gleichberechtigung im Recht der betrieblichen Altersversorgung DB 1991, S. 1276
Heidenhain	Sonderrechtsnachfolge bei der Spaltung ZIP 1995, S. 801
Heiss	Gläubigerschutz bei der Unternehmensspaltung DZWiR 1993, S. 12
Heissmann	Zur Frage des Entgeltcharakters betrieblicher Ruhegeldverpflichtungen RdA 1957, S. 251
Heither, F. H.	Aktuelle Rechtsprechung zu Fragen der betrieblichen Altersversorgung bei individualrechtlicher Ausgestaltung DB 1991, S. 165
ders.	Die Rechtsprechung des BAG zur Beteiligung des Betriebsrats bei der Ausgestaltung der betrieblichen Altersversorgung DB 1991, S. 700
Heither, U.	Ergänzende Altersvorsorge durch Direktversicherung nach Entgeltumwandlung Diss., Berlin 1998
Hennerkes/Binz/Rauser	Zur Übernahme von Ruhegeldverbindlichkeiten bei Unternehmensveräußerung und Betriebsaufspaltung BB 1982, S. 930
Hennrichs	Zum Formwechsel und zur Spaltung nach dem neuen Umwandlungsgesetz ZIP 1995, S. 794
Hess	Die Betriebsmittelveräußerung des Konkursverwalters als Veräußerung im Sinne des § 613 a BGB DB 1976, S. 1154
Heubeck	Die Altersversorgung der Geschäftsführer bei GmbH und GmbH & Co. 3. Aufl., Köln 1991
ders.	Betriebsrentenrecht in: Picot, Unternehmenskauf und Restrukturierung, München 1998
Hilger	Das betriebliche Ruhegeld Heidelberg 1959
Hill	Das neue Umwandlungsrecht und seine Auswirkungen auf die betriebliche Altersversorgung BetrAV 1995, S. 114
Höfer	Gesetz zur Verbesserung der betrieblichen Altersversorgung Band I (Arbeitsrecht) Loseblattsammlung, 11. Aufl., München, Stand 2010
ders	Gesetz zur Verbesserung der betrieblichen Altersversorgung Band II (Steuerrecht) Loseblattsammlung, 9. Aufl., München, Stand 2012
ders.	Die Besteuerung der betrieblichen Altersversorgung von Kapitalgesellschaftern München 1996
ders.	Pensionsrückstellungen und angemessenes Versorgungsniveau BB 1996, S. 41

Literaturverzeichnis

ders.	Die Neuregelung des Betriebsrentenrechts durch das Altersvermögensgesetz (AVmG) DB 2001, S. 1145
ders.	Die Neuregelung des Betriebsrentengesetzes durch das Alterseinkünftegesetz DB 2004, S. 1426
ders.	Auswirkungen des Verbots der geschlechtsspezifischen Tarifierung auf die betriebliche Altersversorgung BetrAV 2011, S. 586
Höfer/Küpper	Zur Geltung des Betriebsrentengesetzes in den neuen Bundesländern DB 1991, S. 1569
Höfer/Witt/Kuchem	Die Anpassung betrieblicher Versorgungsregelungen an die neuen Altersgrenzen in der gesetzlichen Rentenversicherung BB 2007, S. 1445
Homberg	Arbeitnehmerfinanzierte Pensionszusagen als Gestaltungsform einer aufgeschobenen Vergütung Stbg. 1996, S. 516
Hoppenrath/Berenz	Das neue Finanzierungsverfahren des PSVaG DB 2007, S. 630
Huber/Burg	Herausforderungen des neuen Versorgungsausgleichs für Betriebsrentensysteme BB 2009, S. 2535
ifo-Institut für Wirtschaftsforschung	Betriebliche Altersversorgung - Sechstes Forschungsvorhaben zur Situation und Entwicklung der betrieblichen Altersversorgung München, 1993
ders.	Betriebliche Altersversorgung - Siebtes Forschungsvorhaben zur Situation und Entwicklung der betriebliche Altersversorgung München, 1996
Karst/Paulweber	Wandel der Unverfallbarkeitssystematik in der betrieblichen Altersversorgung für beitragsorientierte Zusagen mit variablen Überschussanteilen BB 2005, S. 1498
Kemper	Neuordnung der Berufs- und Erwerbsfähigkeit – Auswirkungen auf die Invalidenrente in der betrieblichen Altersversorgung BetrAV 1998, S. 289
Kemper/Kisters-Kölkes	Arbeitsrechtliche Grundzüge der betrieblichen Altersversorgung 6. Aufl., München 2011
Kemper/Kisters-Kölkes/ Berenz/Huber	BetrAVG 5. Aufl., München 2012
Kisters-Kölkes	Informationspflichten beim Betriebsübergang FS Kemper, München 2005, S. 227
Kock/Otto	Die Übertragung einer Direktzusage analog § 4 Abs. 3 BetrAVG BB 2004, S. 1162
Kolvenbach/Langohr-Plato	Deferred Compensation: Altersversorgung gegen Verzicht auf Bezüge Teil I, INF 1995, S. 651 Teil II, INF 1995, S. 685
dies.	Outsourcing betrieblicher Versorgungsverpflichtungen PersW 1999, S. 32
Kolvenbach/Sartoris	Bilanzielle Auslagerung von Pensionsverpflichtungen 2. Aufl., Stuttgart 2009
Körber	Rahmenbedingungen für die betriebliche Direktversicherung nach dem Einigungsvertrag BetrAV 1991, S.7

Langohr-Plato	Entscheidungsdokumentation zur Gesellschafter-Geschäftsführer-Versorgung 3. Auflage, Köln, 2006
ders.	Nachhaftungsbegrenzung und betriebliche Altersversorgung BB 1990, S. 486
ders.	Einführung des Betriebsrentengesetzes in den neuen Bundesländern zum 1.1.1992 ZAP-DDR, 1991, Fach 17, S. 77
ders.	Gleichbehandlungsgrundsatz und betriebliche Altersversorgung MDR 1992, S. 838
ders.	Aktuelle Tendenzen der Finanzverwaltung bei der Prüfung von Pensionszusagen an GmbH-Gesellschafter-Geschäftsführer GmbHR 1992, S. 597
ders.	Steuerbegünstigte Abfindungsregelungen bei Auflösung des Dienstverhältnisses ZAP 1992, Fach 20, S. 109
ders.	Betriebsübergang - Voraussetzungen, Rechtsfolgen, Sonderfälle ZAP 1993, Fach 17, S. 203
ders.	Europäisierung des deutschen Arbeitsrechts durch den EuGH ZAP 1993, Fach 17, S. 213
ders.	Die Direktversicherung in der aktuellen Entwicklung des Insolvenzrechts DB 1994, S. 325
ders.	Die rückgedeckte Unterstützungskasse als soziale Einrichtung Stbg. 1994, S. 321
ders.	Tendenzen zum Gleichbehandlungsgrundsatz in der betrieblichen Altersversorgung Teil (1), MDR 1994, S. 19 Teil (2), MDR 1994, S. 119
ders.	Rechtliche Rahmenbedingungen bei Eingriffen in betriebliche Rentensysteme MDR 1994, S. 853
ders.	Auswirkungen des europarechtlichen Lohngleichheitsgrundsatzes auf das deutsche Betriebsrentenrecht EuZW 1995, S. 239
ders.	Gleichbehandlung in der betrieblichen Altersversorgung MDR 1995, S. 649
ders.	Pensionszusagen an GmbH-Gesellschafter-Geschäftsführer Teil I, INF 1995, S. 171 Teil II, INF 1995, S. 206
ders.	Umwandlung und Nachhaftung: neue rechtliche Aspekte in der betrieblichen Altersversorgung MDR 1996, S. 325
ders.	Betriebliche Altersversorgung am Scheideweg - Zur Zukunft betrieblicher Versorgungsleistungen FR 1996, S. 229
ders.	Beratungsempfehlungen zur Angemessenheit der Bezüge geschäftsführender Gesellschafter nach der neueren BFH-Rechtsprechung INF 1996, S. 141
ders.	Betriebliche Altersversorgung in den neuen Bundesländern ZAP-Ost 1997, Fach 17, S. 257
ders.	Die rechtlichen Rahmenbedingungen von Ehegatten-Arbeitsverhältnissen ZAP 1997, Fach 20, S. 307

Literaturverzeichnis

ders.	Die rechtlichen Rahmenbedingungen der Anpassungsprüfung laufender Betriebsrenten nach § 16 BetrAVG BB 1997, S. 1635
ders.	Pensionszusagen an Gesellschafter-Geschäftsführer von Kapitalgesellschaften Stbg. 1997, S. 535
ders.	Steuerrechtliche Besonderheiten beim Gehaltsverzicht des GmbH-Gesellschafter-Geschäftsführers ZAP 1998, Fach 15, S. 249
ders.	Änderungen im Bereich der betrieblichen Altersversorgung ZAP 1998, Fach 17, S. 449
ders.	Die Novellierung des Betriebsrentengesetzes – Konsequenzen für die betriebliche Praxis INF 1998, S. 592
ders.	Die Direktversicherung in der aktuellen Rechtswicklung BetrAV 1999, S. 4
ders.	Aktuelle steuerrechtliche Entwicklungen im Bereich der Gesellschafter-Geschäftsführer-Versorgung StuB 2000, S. 1023
ders.	Die Abfindung betrieblicher Versorgungsansprüche unter besonderer Berücksichtigung von GmbH-Gesellschafter-Geschäftsführern INF 2001, S. 257
ders.	Die betriebliche Altersversorgung (beherrschender) Gesellschafter-Geschäftsführer und ihre Konsequenzen für den Sonderausgabenvorwegabzug INF 2002, S. 648
ders.	Arbeits- und steuerrechtliche Einzelfragen zur betrieblichen Altersversorgung durch Entgeltumwandlung INF 2003, S. 414
ders.	Umsetzung der europäischen Antidiskriminierungsrichtlinien BetrAV 2006, S.451
ders.	„Entgeltumwidmung" als Alternative zur Entgeltumwandlung? NZA 2007, S. 75
ders.	Auswirkungen der EuGH-Entscheidung zu Unisex-Tarifen auf rückgedeckte Unterstützungskassen BetrAV 2012, S. 292
Langohr-Plato/Bamberg	Gesellschafter-Geschäftsführer-Versorgung: aktuelle Aspekte zu Verzicht und Auslagerung BetrAV 2010, S. 730
Langohr-Plato/Teslau	Das Verpfändungsmodell: Privatrechtliche Insolvenz-Sicherung durch Verpfändung einer Rückdeckungsversicherung INF 1999, S. 400
dies.	Die Beitragszusage mit Mindestleistung DB 2003, S. 661
dies.	Das Alterseinkünftegesetz und seine arbeitsrechtlichen Konsequenzen für die betriebliche Altersversorgung Teil I: NZA 2004, S. 1297 Teil II: NZA 2004, S. 1354
dies.	Beitragsorientierte Leistungszusagen versus Beitragszusagen mit Mindestleistung – der Versuch einer Abgrenzung BetrAV 2006, S. 503

Löwisch	Regelung der betrieblichen Altersversorgung in Richtlinien nach § 28 SprAuG BetrAV 1990, S. 222
Ludewig/Kube	Zur Berücksichtigung einer angemessenen Eigenkapitalverzinsung und der Ertragssteuern im Rahmen der Anpassungsprüfung nach § 16 BetrAVG DB 1998, S. 1725
Lutter	Die GmbH-Novelle und ihre Bedeutung für die GmbH, die GmbH & Co. KG und die Aktiengesellschaft DB 1980, S. 1317
Martens	Zur Haftung des Erwerbers bei Betriebsveräußerung durch den Konkursverwalter nach § 613 a BGB, insbesondere für Versorgungsanwartschaften DB 1977, S. 495
Meier/Bätzel	Auslagerung von Pensionsrückstellungen auf einen Pensionsfonds DB 2004, S. 1437
Meier/Recktenwald	Finanzierungsstrategien für Verpflichtungen zur betrieblichen Altersversorgung BB 2007, S. 708
Meissner	Vom alten zum neuen Versorgungsausgleich VersW 2009, S. 1191
Merten/Baumeister	Der neue Versorgungsausgleich in der betrieblichen Altersversorgung DB 2009, S. 957
Müller	Ökonomische Betrachtung der Rentenanpassung in der betrieblichen Altersversorgung BetrAV 2006, S. 358
Niemeyer	Rahmenbedingungen für die betriebliche Direktversicherung nach dem Einigungsvertrag BetrAV 1991, S.9
Niermann	Alterseinkünftegesetz – Die steuerlichen Änderungen in der betrieblichen Altersversorgung DB 2004, S. 1449
Ott	Das neue Umwandlungs- und Umwandlungssteuerrecht INF 1995, S. 143
Petersen/Bechtoldt/Birkel	Teuerungsanpassung der Betriebsrenten in 2012 DB 2012, 230
Plagemann	Beitragspflicht von Betriebsrenten BetrAV 2012, 330
Reich	Beitragsfreiheit in der Sozialversicherung bei privat fortgeführten Direktversicherungen und Pensionskassenversorgungen VersR 2011, 454
Reichel/Schmandt	Betriebliche Altersversorgung bei Unternehmenskauf und Umstrukturierung München 2006
Reichenbach/Grüneklee	Betriebliche Altersversorgung - Zeitgemäße Weiterentwicklung der Nettolohnobergrenze im Rahmen von § 16 BetrAVG DB 2006, S. 446
Reichold	Das neue Nachhaftungsgesetz NJW 1994, S. 1617
Reinecke	Neue Rechtsprechung des Bundesarbeitsgerichts zum Betriebsrentenrecht DB 2002, S. 2117
ders.	Betriebliche Übung in der Betrieblichen Altersversorgung BB 2004, S. 1625

Literaturverzeichnis

ders.	Hinweis-, Aufklärungs- und Beratungspflichten im Betriebsrentenrecht RdA 2005, S. 129 = BetrAV 2005, S. 614
ders.	Schutz des Arbeitnehmers im Betriebsrentenrecht: Informationspflichten des Arbeitgebers und Kontrolle von Versorgungsvereinbarungen DB 2006, S. 555
ders.	Betriebliche Altersversorgung: Invalidenversorgung – Ein Rechtsprechungsbericht DB 2010, S. 2167
ders.	Betriebliche Altersversorgung: Wechsel des Durchführungswegs gegen den Willen des Arbeitnehmers? DB 2010, S. 2392
ders.	Diskriminierungsverbote und Gleichbehandlungsgebote in der betrieblichen Altersversorgung, insbesondere Unisex BetrAV 2012, S. 402
Richardi	Übergang von Arbeitsverhältnissen bei Zwangsvollstreckungsmaßnahmen im Rahmen einer Konkursabwicklung RdA 1976, S. 56
Riedel	§ 613 a BGB und die Betriebsveräußerung durch den Konkursverwalter NJW 1975, S. 765
Riemer	Fragen zur steuerlichen Praxis der betrieblichen Altersversorgung BetrAV 2000, S. 425
Riewe	Privatrechtlicher Insolvenzschutz in der betrieblichen Altersversorgung DB 2010, S. 784
Risthaus	Die Änderungen in der privaten Altersversorgung durch das Alterseinkünftegesetz DB 2004, S. 1329 u. 1383
Rolfs	Die betriebliche Altersversorgung beim Betriebsübergang BetrAV 2008, S. 468
ders.	„Für die betriebliche Altersvorsorge gilt das Betriebsrentengesetz" - Über das schwierige Verhältnis von AGG und BetrAVG NZA 2008, 553
ders.	Auswirkungen der „Rente mit 67" auf betriebliche Versorgungssysteme NZA 2011, S. 540
Rolfs/Binz	EuGH erzwingt ab Ende 2012 Unisex-Tarife in allen neuen Versicherungsverträgen VersR 2011, S. 714
Rößler	Entwicklungen und Tendenzen zur steuerrechtlichen Behandlung der Direktversicherung BetrAV 1981, S. 7
ders.	Einzelfragen zur steuerrechtlichen Behandlung der Direktversicherung BetrAV 1983, S. 16
Rößler/Doetsch/Heger	Auslagerung von Pensionsverpflichtungen im Rahmen einer Bilanzierung gemäß SFAS bzw. IAS BB 1999, S. 2498
Roßmanith	Die Kündigung von Betriebsvereinbarungen über betriebliche Altersversorgung DB 1999, S. 634
Sasdrich/Wirth	Betriebliche Altersversorgung gestärkt BetrAV 2001, S. 401
Schipp	Zusagen auf betriebliches Ruhegeld nach dem System des BetrAVG BetrAV 2012, S. 378

Schmahl/Neubauer	Erfolge mit deferred compensation Personalführung 1994, S. 298
Schmidt, K.	Grundzüge der GmbH-Novelle NJW 1980, S. 1769
Schmidt, K.	Gläubigerschutz bei der Unternehmensspaltung - Zum Referentenentwurf eines Umwandlungsgesetzes ZGR 1993, S. 366
Schnitker/Grau	Neue Rahmenbedingungen für das Recht der betrieblichen Altersversorgung durch das Alterseinkünftegesetz NJW 2005, S. 10
Schöne	Auf- und Abspaltung nach den §§ 123 ff. UmwG - ein Überblick unter Berücksichtigung der Rechtslage für die GmbH ZAP 1995, F. 15, S. 157
Schulin	Änderungen von betrieblichen Ruhegeldzusagen DB 1984, Beilage Nr. 10
Schumann	Dynamisierte Anpassung von Betriebsrenten – unvermeidbare Last für den Arbeitgeber ZIP 1985, S. 841
ders.	Wie sicher ist die Betriebsrente? Teil I: DB 1990, S. 2118 Teil II: DB 1990, S. 2165
Schwark/Raulf	Beitragszusage mit Mindestleistung bei Direktzusagen in der betrieblichen Altersversorgung BetrAV 2003, S. 307
Schwedhelm/Streck/Mack	Die Spaltung der GmbH nach neuem Umwandlungsrecht (I) GmbHR 1995, S. 7
Schwintowski	Rechtliche Grenzen bei Tarifwahl und Tarifwechsel für die Entgeltumwandlung VuR 2003, 327
Seibert	Nachhaftungsbegrenzungsgesetz, Haftungsklarheit für den Mittelstand DB 1994, S. 461
Spitaler/Niemann	Die Angemessenheit der Bezüge geschäftsführender Gesellschafter einer GmbH 5. Aufl., Köln 1988
Steinmeyer	Betriebliche Altersversorgung und Arbeitsverhältnis München 1991
ders.	Private und betriebliche Altersversorgung zwischen Sicherheit und Selbstverantwortung NJW 2004, Beilage zu Heft 27, S. 30
ders.	Die Anpassung von Gesamtversorgungssystemen bei sinkendem Leistungsniveau der gesetzlichen Rentenversicherung RdA 2005, S. 345
Straub	Die Sozialversicherung des GmbH-Geschäftsführers DB 1992, S. 1087
Stuhrmann	Arbeitsverhältnisse zwischen Ehegatten NWB 1990, Fach 3, S. 7607
Teichmann	Die Spaltung von Rechtsträgern als Akt der Vermögensübertragung ZGR 1993, S. 396
Temming	Unisex-Tarife in der betrieblichen Altersversorgung? Zu den Auswirkungen des EuGH-Urteils „Test-Achats" BetrAV 2012, S. 391

Literaturverzeichnis

Tenbrock	Die betriebliche Altersversorgung im Betriebsübergang bei konkurrierenden Versorgungszusagen Diss., Verlag Peter Lang, Frankfurt a.M., 2006
Uebelhack	Betriebliche Altersversorgung und Wegfall der Geschäftsgrundlage Diss., Verlag Peter Lang, Mannheim, 1995
Ulmer/Wiesner	Die Haftung ausgeschiedener Gesellschafter aus Dauerschuldverhältnissen ZHR 1980, S. 393
Weigel	Rechtliche und wirtschaftliche Aspekte des Pensionsfonds nach deutschem Recht Karlsruhe, 2002
Wellisch/Bleckmann	Schuldbeitritt und unmittelbare Pensionsverpflichtungen BetrAV 2006, S. 142
Westhoff	Die Änderung in der Versorgungsform in der betrieblichen Altersversorgung RdA 1979, S. 412
Wiele	Die Würfel sind noch nicht gefallen! Entgeltumwandlung und Zillmerung in der betrieblichen Altersversorgung VersW 2008, S. 382
Willemsen	Arbeitsrechtliche Aspekte der Reform des Umwandlungsrechts RdA 1993, S. 133, 137
Willemsen	Arbeitsrecht im Umwandlungsgesetz NZA 1996, S. 791
Wlotzke	Arbeitsrechtliche Aspekte des neuen Umwandlungsrechts DB 1995, S. 40
Wochinger	Pensionszusagen an Gesellschafter-Geschäftsführer von Kapitalgesellschaften BetrAV 1999, S. 86
Wohlleben	Neuregelungen zur Insolvenzsicherung der Betriebsrenten DB1998, S.1230

A. Allgemeine Grundlagen

Literatur:

Ahrend/Förster/Rößler, Steuerrecht der betrieblichen Altersversorgung mit arbeitsrechtlicher Grundlegung, 4. Aufl., Köln, Stand 2011; *Förster/Cisch/Karst*, Gesetz zur Verbesserung der betrieblichen Altersversorgung, 13. Aufl., München 2012; *Andresen/Förster/Rößler/Rühmann*, Arbeitsrecht der betrieblichen Altersversorgung, 1. Aufl., Köln Stand 2011; *Arbeitsgemeinschaft für betriebliche Altersversorgung* (Hrsg.), Handbuch der betrieblichen Altersversorgung, 8. Aufl., Wiesbaden 2008; *Blomeyer/Rolfs/Otto*, Gesetz zur Verbesserung der betrieblichen Altersversorgung, 5. Aufl., München 2010; *Hanau/Arteaga/Rieble/Veit*, Entgeltumwandlung, 2. Aufl., Köln 2006; *Höfer*, Gesetz zur Verbesserung der betrieblichen Altersversorgung, Bd. I (Arbeitsrecht), 11. Aufl., München, Stand 2010, Bd. II (Steuerrecht), 9. Aufl., München, Stand 2012; *Kemper/Kisters-Kölkes*, Arbeitsrechtliche Grundzüge der betrieblichen Altersversorgung, 6. Aufl., München 2011; *Kemper/Kisters-Kölkes/Berenz/Huber*, BetrAVG, 5. Aufl., München 2012; *Steinmeyer*, Betriebliche Altersversorgung und Arbeitsverhältnis, München 1991.

I. Entwicklung und Bedeutung betrieblicher Versorgungsleistungen

Betriebliche Leistungen zur Alterssicherung sind grds. **freiwillige Sozialleistungen** der Arbeitgeber. Ihre Existenz ist älter als das System der gesetzlichen Sozialversicherung in Deutschland. Bereits rund 40 Jahre bevor 1891 die gesetzliche Invalidenversicherung eingeführt wurde, hatten Großunternehmen wie z. B. die Gutehoffnungshütte (1850), Krupp/F. Henschel (1858), Siemens (1872), Hoechst (1882) oder die Dresdner Bank (1890) die Notwendigkeit erkannt, eigene Sozialleistungen für ihre Arbeitnehmer gewähren zu müssen (*Blomeyer/Rolfs/Otto, BetrAVG, Einl. Rn. 1; Steinmeyer, S. 11*). Basis dieser betrieblichen Versorgungsidee war damals allerdings noch eine rein patriarchalische Philosophie ohne gesetzliche Reglementierungen. Diese wurden zumindest für den arbeitsrechtlichen Bereich erstmalig mit dem **Gesetz zur Verbesserung der betrieblichen Altersversorgung (Betriebsrentengesetz/BetrAVG) v. 19.12.1974** normiert. Dieses Gesetz galt bis 1999 unverändert und wurde seither durch diverse Neuregelungen, u. a. durch:

- Art. 8 des Rentenreformgesetzes 1999 v. 16.12.1997 (*BGBl. I, S. 2998*),
- Art. 91 EGInsO v. 05.10.1994 (*BGBl. I, S. 2911*),
- Art. 15 des Steuerbereinigungsgesetzes 1999 v. 22.12.1999 (*BGBl. I, S. 2601*),
- das Erste Gesetz zur Änderung des Gesetzes zur Verbesserung der betrieblichen Altersversorgung v. 21.12.2000 (*BGBl. I, S. 1914*),
- Art. 9 des Altersvermögensgesetzes v. 26.06.2001 (*BGBl. I, S. 1310*),
- Art. 8 des Alterseinkünftegesetzes v. 05.07.2004 (*BGBl. I, S. 1427*) und
- das 2. Gesetz zur Änderung des Betriebsrentengesetzes und anderer Gesetze vom 02.12.2006 (*BGBl. I, S. 2742*)

modifiziert.

A. Allgemeine Grundlagen

Historischer Überblick

1850	Gute Hoffnungshütte
1858	Krupp/Friedrich Henschel
1882	Farbwerke Höchst
1890	Dresdner Bank
1891	Einführung der ges. Invaliditäts- und Alterssicherung für Arbeiter
1911	Einbeziehung der Angestellten in die allgemeine Sozialversicherung
1934	Erste ges. Reglementierung bei Pensionskassen; Gründung von Unterstützungskassen
1948	Währungsreform - Pensionszusagen (wie ges. Renten) 1:1 - Pensionskassen 10:1
1957	Rentenreform: Abkehr von Existenz- zur Lebensstandsicherung
1974	Gesetz zur Verbesserung der betr. Altersversorgung
1999	Insolvenzrechtsreform: 1. BetrAVG-Novelle
2001	AVmG: 2. BetrAVG-Novelle
2002	Hüttenknappschaftliches Zusatzversorgungs-NeuregelungsG
2005	AltEinkG: 3. BetrAVG-Novelle
2006	Änderung PSV Finanzierung AGG
2007	Verlängerung SV-Freiheit bei Entgeltumwandlung; erneute Verkürzung Unverfallbarkeitsfrist
2009	BilMoG, Reform des Versorgungsausgleichs

2 Mit der Kodifizierung gesetzlicher **Mindestnormen** (u. a. Unverfallbarkeit, Insolvenzsicherung und Anpassungsprüfung) sollte der Inhalt der betrieblichen Altersversorgung »berechtigten sozialpolitischen Interessen« angepasst werden (*BT-Drucks. 7/1281, S. 19; vgl. auch BAG, 30.11.1982 – 3 AZR 1266/79, BB 1983, 904 = DB 1983, 999 = AuR 1983, 91*). Durch das Betriebsrentengesetz sowie durch die nachfolgende BAG- und EuGH-Rechtsprechung (insb. zum Besitzstandsschutz und zum Gleichbehandlungsgrundsatz) ist somit in erster Linie die Rechtsposition derjenigen Arbeitnehmer in Deutschland, die über eine betriebliche Altersversorgung verfügen, erheblich verbessert worden. Demgegenüber ist jedoch mit diesem Gesetz eine wesentliche Verbreitung betrieblicher Versorgungszusagen zunächst nicht eingetreten. Während in den ersten Jahren nach dem Inkrafttreten des Gesetzes noch eine geringfügige Ausweitung betrieblicher Versorgungszusagen feststellbar war, trat im weiteren Verlauf eine deutliche Stagnation ein. Mitte 1984 betrug der Anteil der versorgungsberechtigten Arbeitnehmer in der Industrie ca. 72 % und im Handel ca. 26 %. Nach einer im Jahr 1990 durchgeführten statistischen Untersuchung haben sich diese Zahlen kaum verändert, wobei im Bereich der Industrie allerdings bereits ein leichter Rückgang auf 70 % notiert wurde. Dieser Trend hat sich nach einer weiteren statistischen Studie aus dem Jahr 1993 fortgesetzt und verstärkt. Danach ist der Verbreitungsgrad der betrieblichen Altersversorgung in der Industrie nach Unternehmen (64 %) ggü. 1990 zwar konstant geblieben, nach Beschäftigten jedoch auf 66 % weiter abgesunken (*Langohr-Plato, FR 1996, 229 [230]*).

3 Erst bedingt durch den 2001 eingeführten Rechtsanspruch auf Entgeltumwandlung ist wieder ein positiver Trend bei der Verbreitung betrieblicher Versorgungsleistungen festzustellen. Nach einer Untersuchung von Infratest Sozialforschung aus dem Jahr 2003 (*ausführliche Darstellung der Untersuchungsergebnisse in BetrAV 2003, 745 ff.*) verfügen rund 44 % aller Männer und 39 % aller Frauen in der Privatwirtschaft (Industrie und Handel) über eine betriebliche Altersversorgung. Nahezu jeder dritter Arbeitgeber in der Privatwirtschaft verfügt über ein betriebliches Versorgungssystem. Bezogen auf den Vergleichszeitraum Dezember 2001 bis März 2003 hat Infratest einen Zuwachs von 10 % bei der Verbreitung betrieblicher Versorgungszusagen bezogen auf alle Arbeitnehmer in der Privatwirtschaft ermittelt.

4 Insb. die seit Anfang der 80er-Jahre zunehmend eingetretenen Verschlechterungen der wirtschaftlichen Rahmenbedingungen haben viele Unternehmen veranlasst, ihre Versorgungswerke für den Neuzugang zu schließen und/oder im Wege der einschränkenden Neuordnung den Dotierungsrahmen

I. Entwicklung und Bedeutung betrieblicher Versorgungsleistungen A.

zu reduzieren. Dessen ungeachtet belaufen sich die **Deckungsmittel** der betrieblichen Altersversorgung auf rund 482,9 Mrd. € (s. u. Grafik Deckungsmittel) und der jährliche Aufwand der Unternehmen für die betrieblichen Versorgungsverpflichtungen auf ca. 50 – 55 Mrd. €.

5

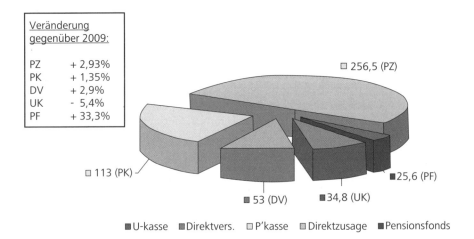

*) Quelle: Schwind, aba Jahrestagung 2012, BetrAV 2012, S. 363

Hiervon entfallen rund 40 % als Baraufwand auf Versorgungsleistungen an die Betriebsrentner; der Rest findet sich als Finanzierungsaufwand in den Bilanzen der Unternehmen wieder. Als Prozentsatz der Lohnsumme ausgedrückt entspricht der jährliche Versorgungsaufwand im Mittel rund 9 %. Die genannten Zahlen beschränken sich auf den Bereich der Privatwirtschaft. Nicht erfasst sind der gesamte Block der **Zusatzversorgung** für Angestellte im öffentlichen Dienst sowie die **Beamtenpensionen**, die im Regelfall ohne jegliche Vorausfinanzierung durch direkte Zahlungen zulasten der öffentlichen Haushalte finanziert werden.

6

Dem Aufwand der Arbeitgeber steht der **Versorgungsbedarf** der Arbeitnehmer ggü., der sich in Deutschland aus dem sog. **Drei-Säulen-Konzept** ergibt. Danach setzt sich die Altersversorgung aus den drei Säulen gesetzliche Rentenversicherung, betriebliche Altersversorgung und der privaten Eigenvorsorge zusammen. Dieses dreigliedrige Alterssicherungssystem soll dem Arbeitnehmer eine **Vollversorgung** ermöglichen, die dem Arbeitnehmer ein Versorgungsniveau auf der Basis seines im aktiven Erwerbsleben erzielten Lebensstandards gewährt.

7

Maßstab für den **Versorgungsbedarf** des Arbeitnehmers ist somit das letzte Netto-Aktiveinkommen. Unter Bedarfsgesichtspunkten kann davon ausgegangen werden, dass die Aufrechterhaltung des erreichten Lebensstandards im Ruhestand auch schon dann erreicht wird, wenn die Netto-Versorgungsbezüge das letzte Netto-Aktiveinkommen nicht ganz erreichen. Der Wegfall berufsbedingter Aufwendungen, dringenden Anschaffungsbedarfs oder der Ausbildungskosten für Kinder werden dabei ebenso zur Begründung herangezogen wie der Konsumverzicht zur Ansparung einer privaten Eigenvorsorge. Diese Aufwendungen entfallen mit der Pensionierung, sodass eine »**Gesamtversorgung**« von 80 – 90 % des letzten Netto-Aktiveinkommens aus allen drei Versorgungssäulen als erstrebenswertes und bedarfsgerechtes **Versorgungsziel** anzusehen ist (*Ahrend/Förster/Rühmann*,

8

3

BetrAVG, § 1 Rn. 53 ff.; Höfer, BetrAVG, Bd. I [ArbR], ART Rn. 12; Langohr-Plato, INF 1995, 172). Daraus ergibt sich folgende Kalkulation:

letzte Netto-Aktivbezüge

./.Renten der gesetzlichen Rentenversicherung (netto)

./. Eigenvorsorge und berufsbedingte Aufwendungen (netto)

= Obergrenze des Netto-Versorgungsbedarfs für betriebliche Versorgungsleistungen

9   Bei Einführung des Betriebsrentengesetzes ist daher auch der Gesetzgeber davon ausgegangen, »dass betriebliche Altersversorgung einem großen Teil der Arbeitnehmer eine wertvolle und notwendige **Ergänzung** der durch die Sozialversicherung gewährten Alterssicherung bietet« (*BT-Drucks. 7/1281, S. 19*). Diese Annahme basierte auf der Erkenntnis, dass die Leistungen aus der gesetzlichen Rentenversicherung unter Berücksichtigung der Beiträge zur Krankenversicherung der Rentner regelmäßig nur zwischen 40 und 50 % der vor Rentenbeginn zuletzt bezogenen Bruttogehälter lagen und folglich den Versorgungsbedarf der Rentner nur teilweise abdecken konnten (*Förster/Cisch/Karst, BetrAVG, Einf. Rn. 6 ff.*). Aus Sicht einer nach Steuern betrachteten **Nettoversorgung** ergab sich ein **Versorgungsniveau** von max. 65 – 70 % des letzten Nettoaktiveneinkommens (*vgl. den Rentenanpassungsbericht des Jahres 1990, BT-Drucks. 11/1540, Teil A, S. 13 ff., 125 f.*) Dieses Versorgungsniveau war zudem für Arbeitnehmer mit Bezügen oberhalb der Beitragsbemessungsgrenze (BBG) zur gesetzlichen Rentenversicherung aufgrund der Tatsache, dass diese Bezugsteile nicht rentensteigernd berücksichtigt werden, nicht erreichbar. Dies führt bei Eintritt des Versorgungsfalls zu einer **Versorgungslücke**, die nur durch zusätzliche Vorsorgemaßnahmen der betrieblichen und privaten Vorsorge geschlossen werden kann. Diese Versorgungslücke ist seit den 90er-Jahren u. a. durch die Maßnahmen in der Rentenreform 1992 sowie die jüngsten Regelungen zur Sicherstellung der Liquidität der gesetzlichen Rentenversicherung (Anhebung der Altersgrenzen, Kürzung der Anrechnung von Ausbildungs- und Studienzeiten) und die dadurch bedingten Eingriffe in das Leistungsniveau der gesetzlichen Rentenversicherung noch weiter gestiegen. Dies bedeutet aber zugleich, dass die Ergänzungsfunktion betrieblicher Versorgungsleistungen für die Arbeitnehmer zunehmend an Bedeutung gewinnt.

10 Die **durchschnittliche** monatliche **Betriebsrente** lag 2008 bei ca. 410,00 € (*vgl.: Höfer, Bd. I – ArbR, ART, Rdn. 12*). Die Unterschiede zwischen Männern und Frauen und zwischen Ost und West sind dabei allerdings erheblich. So erhalten die männlichen Betriebsrentenempfänger eine durchschnittliche Rente von 473,00 € pro Monat. Die weiblichen Betriebsrentenempfänger erhalten lediglich eine durchschnittliche Betriebsrente von monatlich 313,00 €. Mit durchschnittlich 411,00 € pro Monat liegt die westdeutsche Betriebsrente fast doppel so hoch wie in Ostdeutschland (214,00 € monatlich). (*Quelle: DIA, http://www.dia-vorsorge.de – Rubrik »Infopool Betriebliche Altersversorgung«*), wobei allerdings gravierende firmen- und branchenspezifische Abweichungen festzustellen sind.

11 Die betriebliche Alterssicherung ist damit im deutschen Drei-Säulen-Modell nach wie vor das Sicherungssystem mit dem geringsten Finanzvolumen. Insgesamt wurden im Jahr 2011 rund 23,24 Mrd. € an Betriebsrenten ausgezahlt. Das ist gut ein Drittel der Auszahlungen privater Lebensversicherer und ca. 9 % der Auszahlungen der gesetzlichen Rentenversicherung, die im Jahr 2011 Leistungen i. H. v. 255,634 Mrd. € erbracht hat. (*Quelle: Sozialbericht 2011*).

Die Zusatzversorgung im Öffentlichen Dienst gewährte im Jahr 2011 Leistungen in Höhe von 10,89 Mrd. €. Gegenüber dem Jahr 1991 bedeutet dies einen Anstieg um rund 83 %.

12 Bereits in der **Koalitionsvereinbarung** zu Beginn der 13. Legislaturperiode im November 1994 hat die damalige Bundesregierung zur Förderung und Fortentwicklung der betrieblichen Altersversorgung Folgendes vereinbart:

> »Die Rahmenbedingungen der betrieblichen Altersversorgung sollen verbessert werden, damit die betriebliche Altersversorgung weiterhin einen wichtigen Beitrag zur Alterssicherung leisten kann und um den Anreiz zu verstärken, auch zukünftig neue Betriebsrentenzusagen zu geben.«

Diesen Handlungsauftrag hat der Gesetzgeber versucht, insb. durch zwei Novellierungen des BetrAVG zu realisieren: zum einen durch die zum 01.01.1999 in Kraft getretene 1. BetrAVG-Novelle (Art. 8 des Rentenreformgesetzes 1999 v. 16.12.1997, Art. 91 EG InsO v. 05.10.1994 und Art. 15 des St.BereinigungsG 1999 vom 22.12.1999) sowie durch die i. R. d. Verabschiedung des Altersvermögensgesetzes erfolgte 2. BetrAVG-Novelle (Art. 7 AVmG vom 11.05.2001). Auch das zum 01.01.2005 in Kraft getretene Alterseinkünftegesetz (AltEinkG) mit den darin enthaltenen Regelungen zur Portabilität wird vom Gesetzgeber unter dem Aspekt »Anreizfunktion« für weitere Maßnahmen zur betrieblichen Altersversorgung gesehen.

Gerade der im Altersvermögensgesetz verankerte Rechtsanspruch auf Entgeltumwandlung und die dadurch losgetretene Welle an tarifvertraglichen Vereinbarungen zur arbeitnehmerfinanzierten betrieblichen Altersversorgung haben (*s. o. Rdn. 2*) eine Trendwende eingeläutet und erste wichtige Schritte hin zu einer Stärkung der betrieblichen Altersversorgung gemacht. **13**

Inwieweit durch die weiteren Neuregelungen im Alterseinkünftegesetz die betriebliche Altersversorgung tatsächlich von der betrieblichen Praxis so akzeptiert wird, dass hierdurch eine erhebliche Verbreitung dieser Form der Alterssicherung erreicht werden kann, bleibt der zukünftigen Entwicklung vorbehalten. **14**

Angesichts der Tatsache, dass das Leistungsniveau in der gesetzlichen Rentenversicherung noch über die bisherigen Maßnahmen weiter eingeschränkt wird, ist ein weiterer Ausbau betrieblicher Versorgungsleistungen unverzichtbar (*vgl. auch Steinmeyer, NJW 2004, Beilage zu Heft 27, 30 ff.*). **15**

II. Begriff und Rechtsnatur der betrieblichen Altersversorgung

Nach der gesetzlichen Regelung in **§ 1 Abs. 1 Satz 1 BetrAVG** wird betriebliche Altersversorgung als **Leistungen der Alters-, Invaliditäts- oder Hinterbliebenenversorgung** definiert, die einem **Arbeitnehmer aus Anlass seines Arbeitsverhältnisses** zugesagt worden sind. Diese arbeitsrechtliche Definition des Begriffs der betrieblichen Altersversorgung und die darin abschließend aufgestellten Voraussetzungen (*BAG, 28.10.2008 – 3 AZR 317/07, BetrAV 2009, 370*) sind mangels anderweitiger Definition auch für das Steuerrecht maßgeblich. **16**

Der **Begriff der betrieblichen Altersversorgung** erstreckt sich somit auf bestimmte biometrische Risiken wie **Alter, Langlebigkeit, Tod und Invalidität**. Er umfasst dagegen nicht andere Lebensrisiken wie z. B. Krankheitsrisiken. Irrelevant ist, ob Geld- oder Sachleistungen erbracht werden, und ob diese einmalig oder laufend oder in sonstigen Zeitabständen gezahlt werden (*grundlegend: BAG, 12.12.2006 – 3 AZR 475/05 u. 3 AZR 476/05, DB 2007, 2043; vgl. a.: Reinecke, DB 2007, 2836*). **17**

1. Kennzeichnende Merkmale der betrieblichen Altersversorgung

Zu den Merkmalen einer betrieblichen Altersversorgung gehören somit das **Versprechen einer Leistung** zum **Zweck der Versorgung**, ein das Versprechen auslösendes **biologisches Ereignis** wie Alter, Invalidität oder Tod sowie die **Zusage** an einen **Arbeitnehmer** durch einen **Arbeitgeber aus Anlass des Arbeitsverhältnisses** (*BAG, 26.04.1988 – 3 AZR 411/86, BB 1988, 1671 = DB 1988, 1019 = NZA 1989, 182; BAG, 08.05.1990 – 3 AZR 121/89, BB 1990, 2410 = DB 1990, 2375 = NZA 1990, 931; Schipp, BetrAV 2012, 378*). **18**

Das BAG stellt hinsichtlich des Versorgungszwecks im Wesentlichen auf den **Zeitpunkt des Eintritts in den Ruhestand** als rein formales Kriterium ab und qualifiziert alle nach diesem Zeitpunkt gezahlten Leistungen als betriebliche Altersversorgung. Nach Ansicht des BAG erfüllen alle Leistungen einen Versorgungszweck, die den Lebensstandard des Versorgungsberechtigten im Versorgungsfall dauerhaft oder auch nur zeitlich befristet verbessern sollen (*BAG, 28.10.2008 – 3 AZR 317/07, BetrAV 2009, 370; vgl. a.: Cisch/Bleeck, BB 2009, S. 1070*). **19**

Neben den vorgenannten, abschließend aufgezählten Merkmalen (*BAG, 28.10.2008 – 3 AZR 317/07, BetrAV 2009, 370*) existieren **keine weiteren einschränkenden**, ungeschriebenen **20**

Tatbestandsmerkmale. Insb. ist es nicht erforderlich, dass es sich bei der betrieblichen Versorgungsleistung um eine »zusätzlich zum Barlohn entrichtete, freiwillige Arbeitgeberleistung« handeln muss (*vgl. BAG, 26.06.1990 – 3 AZR 641/88, BB 1991, 482 = DB 1990, 2475 = ZAP 1991, Fach 17 R, S. 13 m. Anm. Langohr-Plato; BAG, 10.03.1992 – 3 AZR 153/91, BB 1992, 2008 = DB 1993, 490 = NZA 1992, 25; BAG, 10.08.1993 – 3 AZR 69/83, BB 1994, 360 = DB 1994, 539 = NZA 1994, 757; Heither, DB 1991, 165*). Das **Motiv** des Arbeitgebers **für die Zusageerteilung** ist damit für die rechtliche Qualifizierung betrieblicher Versorgungsleistungen nach § 1 BetrAVG **irrelevant**. Damit fallen auch alle durch einen vom Mitarbeiter erklärten **Gehaltsverzicht** finanzierten Versorgungsleistungen unter den Begriff der betrieblichen Altersversorgung und damit auch unter den Schutz des Betriebsrentengesetzes (*Heither, DB 1991, 165*). Die Parteien des Arbeitsverhältnisses können nämlich selbst entscheiden, ob und in welchem Umfang eine vereinbarte Vergütung als **Barlohn** oder als **Versorgungslohn** ausbezahlt werden soll. Mithin sind Barlohn und Versorgungslohn austauschbare Vergütungsbestandteile, sodass die rechtliche Qualifikation einer Vergütung als betriebliche Altersversorgung nicht von den Anlässen und Gründen abhängt, die zu der konkreten Zusagegestaltung geführt haben. Gerade im Interesse der Rechtssicherheit ist in diesem Zusammenhang eine **formalrechtliche Abgrenzung** zwingend notwendig (*BAG, 26.06.1990 – 3 AZR 641/88, BB 1991, 482 = DB 1990, 2475 = ZAP 1991, Fach 17 R, S. 13*).

21 Dies hat der Gesetzgeber bereits mit der BetrAVG-Novelle 1999 in dem 1999 neu eingeführten § 1 Abs. 5 BetrAVG so auch ausdrücklich klargestellt und mit der aktuellen Fassung von § 1 Abs. 2 Nr. 3 BetrAVG nochmals bestätigt. Demnach wird eine durch Entgeltumwandlung finanzierte betriebliche Altersversorgung – egal über welchen Durchführungsweg sie letztendlich umgesetzt wird – vom Anwendungsbereich des BetrAVG erfasst.

22 Die **Einordnung einer zugesagten Leistung** des Arbeitgebers als Leistung der betrieblichen Altersversorgung ist eine **Rechtsfrage**. Die rechtlichen Konsequenzen dieser Einordnung stehen nicht zur Disposition der Vertragsparteien, die nur den Vertragsinhalt festlegen können. Bei der rechtlichen Würdigung des Vertragsinhaltes kommt es dann entscheidend nur auf eine objektive Wertung und nicht auf subjektive Vorstellungen an (*BAG, 08.05.1990 – 3 AZR 121/89, BB 1990, 2410 = DB 1990, 2375 = NZA 1990, 931*). Irrelevant ist demnach auch die Bezeichnung einer Leistung durch die Vertragsparteien (*BAG v. 28.10.2008 – 3 AZR 317/07 – BetrAV 2009, 370 = DB 2009, 1714 = NZA 2009, 844*).

2. Ausgestaltung betrieblicher Versorgungsleistungen

23 Für die Gewährung betrieblicher Versorgungsleistungen gilt generell der **Grundsatz der Vertragsfreiheit.** Das Betriebsrentengesetz enthält als **Arbeitnehmerschutzgesetz** zwar einige einschränkende Regelungen (z. B. Unverfallbarkeit, Auszehrungs-, Anrechnungs- und Abfindungsverbot, Anpassungsprüfung), die der Arbeitgeber beachten muss, wenn er sich einmal zur Zusage entsprechender Leistungen entschlossen hat, und von denen nach § 17 Abs. 3 Satz 3 BetrAVG auch **nicht zuungunsten** des Arbeitnehmers, und zwar auch nicht mit dessen Zustimmung, **abgewichen** werden darf. Darüber hinaus sind jedoch nur solche Vereinbarungen unzulässig, die entweder gegen ein gesetzliches Verbot (§ 134 BGB) oder gegen die guten Sitten (§ 138 BGB) verstoßen.

Der Abschluss eines **Tatsachenvergleichs** über die tatsächlichen Voraussetzungen eines Anspruchs auf betriebliche Versorgungsleistungen wird durch die Regeln des BetrAVG nicht ausgeschlossen (*BAG, 18.12.1984 – 3 AZR 125/84, BB 1985, 1603 = DB 1985, 1949 = NZA 1986, 95; BAG, 23.08.1994 – 3 AZR 825/93, DB 1995, 52*).

24 I. Ü. empfiehlt es sich, den Inhalt und Umfang betrieblicher Versorgungsleistungen so genau wie möglich zu erfassen und bei der vertraglichen Ausgestaltung betrieblicher Versorgungsordnung **Auslegungsvarianten** zu vermeiden. Im Zweifelsfall gilt nämlich die sog. »**Unklarheitenregel**«, nach der der Arbeitgeber bei mehrdeutigen Verträgen die für ihn ungünstigere Auslegungsmöglichkeit gegen sich gelten lassen muss, wenn er ein entsprechendes Vertrauen bei seinen Arbeitnehmern erweckt hat (*BAG, 25.05.1973 – 3 AZR 405/72, BB 1973, 1171 = DB 1973, 1355 = NJW 1973, 1948; BAG,*

II. Begriff und Rechtsnatur der betrieblichen Altersversorgung

25.09.1979 – 3 AZR 1096/77, BB 1979, 784 = DB 1979, 1182; BAG, 16.03.1982 – 3 AZR 843/79, BB 1982, 1940 = DB 1982, 1728; Höfer, BetrAVG, Bd. I [ArbR], ART Rn. 225, 808 f.).

a) Leistungen zur Altersversorgung

Voraussetzung für die Gewährung von Leistungen der **Altersversorgung** ist u. a. regelmäßig das altersbedingte Ausscheiden aus dem Erwerbsleben bei Erreichen einer bestimmten **Altersgrenze**, i. d. R. des 65. (künftig des 67.) Lebensjahres.

Hinsichtlich der Festlegung dieser Altersgrenze steht den Vertragsparteien ein gewisser Handlungsspielraum zu. Es ist durchaus zulässig, ein **geringeres Lebensalter** als das 65. (67.) Lebensjahr als »feste Altersgrenze« vorzusehen *(BAG, 24.06.1986 – 3 AZR 645/84, BAGE 52, 226, zu III 1 b der Gründe = DB 1987, 587 = BB 1987, 1041 = NZA 1987, 309).* Diese frühere feste Altersgrenze ist allerdings strikt von der flexiblen Altersgrenze des § 6 Satz 1 BetrAVG zu unterscheiden *(BAG, 17.09.2008 – 3 AZR 865/06, BetrAV 2009, 165 = NZA 2009, 440).*

Die »**feste Altersgrenze**« bezeichnet den Zeitpunkt, zu dem nach der Versorgungszusage im Regelfall – und zwar unabhängig von den Voraussetzungen des § 6 BetrAVG – mit einer Inanspruchnahme der Betriebsrente und einem altersbedingten Ausscheiden aus dem Berufs- und Erwerbsleben zu rechnen ist. Nicht erforderlich ist, dass das Ende des Arbeitsverhältnisses von vornherein bindend festgelegt wird *(BAG, 12.11.1985 – 3 AZR 606/83, BAGE 50, 130, zu I 1 der Gründe = BetrAV 1986, 189 = DB 1986, 1981 = NZA 1986, 607; BAG, 17.09.2008 – 3 AZR 865/06, BetrAV 2009, 165 = NZA 2009, 440).*

Es ist **unschädlich**, wenn der Arbeitnehmer über diese Altersgrenze hinaus weiter arbeiten und sogar noch **zusätzliche Steigerungsraten** erdienen kann *(BAG, 12.11.1985 – 3 AZR 606/83, BAGE 50, 130, zu I 1 der Gründe = BetrAV 1986, 189 = DB 1986, 1981 = NZA 1986, 607).* Dies gilt auch steuerrechtlich entsprechend *(BMF-Schreiben v. 05.02.2008 – IV C 8 – S 2222/07/0003 bzw. IV C 5 – S 2333/07/0003 unter Rn. 185).*

Gegen die **Festlegung einer festen Altersgrenze von 60 Jahren** bestehen nach Auffassung des BAG regelmäßig keine Bedenken *(BAG, 24.06.1986 – 3 AZR 645/84, BAGE 52, 226, zu III der Gründe = DB 1987, 587 = BB 1987, 1041 = NZA 1987, 309; BAG, 17.09.2008 – 3 AZR 865/06, BetrAV 2009, 165 = NZA 2009, 440).* Da das **BAG** in seiner Entscheidung vom 17.09.2008 ausdrücklich auch auf die **Neufassung von § 2 Abs. 1 BetrAVG** und die darin angesprochene Regelaltersgrenze in der gesetzlichen Rentenversicherung (sukzessive Anhebung auf das 67. Lebensjahr) Bezug nimmt, ist die Annahme gerechtfertigt, dass das BAG aus arbeitsrechtlicher Sicht auch künftig eine feste Altersgrenze ab dem 60. Lebensjahr tolerieren wird.

Für **Versorgungszusagen**, die **nach dem 31.12.2011** erteilt werden, sieht das BMF-Schreiben v. 05.02.2008 *(IV C 8 – S 2222/07/0003; IV C 5 – S 2333/07/0003)* zur steuerlichen Förderung der privaten Altersvorsorge und betrieblichen Altersversorgung allerdings vor, dass eine steuerrechtlich anzuerkennende betriebliche Altersversorgung nur noch dann vorliegt, wenn für die frühestmögliche Rentenzahlung eine **Altersgrenze von 62 Jahren** vereinbart worden ist. Damit soll die vom Gesetzgeber verabschiedete Anhebung des Renteneintrittsalters in der gesetzlichen Rentenversicherung auf das 67. Lebensjahr entsprechend bei der frühest möglichen Altersgrenze in der betrieblichen Altersversorgung »nachvollzogen« werden.

Mithin kann es zu einer **Divergenz** zwischen arbeitsrechtlicher Zulässigkeit und steuerrechtlicher Anerkennung kommen, wenn der Arbeitgeber auch künftig eine feste Altersgrenze 60 in seinen Versorgungsplänen vorsieht.

Entscheidend für die Beantwortung der Frage, ob es sich um Leistungen der betrieblichen Altersversorgung handelt, ist allein der **Inhalt der Versorgungszusage** und nicht die spätere tatsächliche Entwicklung. Es kommt also nicht darauf an, ob der Arbeitnehmer, wenn er denn gesetzlich versichert ist, zum vorgesehenen Zeitpunkt die gesetzliche Altersrente in Anspruch nimmt oder

Arbeitslosengeld beantragt oder aber weiter arbeitet *(BAG, 12.11.1985 – 3 AZR 606/83, BAGE 50, 130, zu I 1 der Gründe)*. Nur für den Fall der vorgezogenen Inanspruchnahme der Betriebsrente nach § 6 BetrAVG ist der Bezug der gesetzlichen Altersrente Voraussetzung.

33 Die in einer Versorgungszusage enthaltene feste Altersgrenze kann auch nicht durch aus Anlass der Beendigung des Arbeitsverhältnisses getroffene Vereinbarungen abgeändert werden. So ist anerkannt, dass die **feste Altersgrenze durch einen Aufhebungsvertrag nicht mehr herabgesetzt werden kann** *(BAG, 14.12.1999 – 3 AZR 684/98, AP BetrAVG § 7 Nr. 97 = EzA BetrAVG § 7 Nr. 63, zu II 2 a der Gründe; 20.11.2001 – 3 AZR 28/01, AP BetrAVG § 3 Nr. 12 = EzA BetrAVG § 3 Nr. 8, zu II 2 d der Gründe)*. Ebenso wenig können aus Anlass der Beendigung des Arbeitsverhältnisses getroffene Vereinbarungen dahin ausgelegt werden, dass die feste Altersgrenze heraufgesetzt wird oder nunmehr das 65. Lebensjahr bzw. die gesetzliche Regelaltersgrenze maßgebend sein soll *(BAG, 17.09.2008 – 3 AZR 865/06, BetrAV 2009, 165 = NZA 2009, 440)*.

34 Der bei der Festlegung der Altersgrenze zur Anwendung kommende **Grundsatz der Vertragsfreiheit** wird allerdings begrenzt durch den Gleichbehandlungsgrundsatz (gleiche Altersgrenzen für männliche und weibliche Arbeitnehmer) sowie die anhand objektiver Kriterien vorzunehmende Ausfüllung des Begriffs der betrieblichen Altersversorgung.

Danach wird eine **Altersgrenze** von **60 Jahren** regelmäßig nicht unterschritten werden dürfen, es sei denn, dass für eine niedrigere Altersgrenze sachliche Gründe vorliegen *(vgl. BGH, 16.03.1981 – II ZR 222/79, BB 1981, 1524 = DB 1981, 1561 = NJW 1981, 2410; BAG, 02.08.1983 – 3 AZR 370/81, BB 1984, 1047 = DB 1984, 1201; BAG, 28.01.1986 – 3 AZR 312/84, BB 1987, 690 = DB 1987, 52 = NZA 1987, 126; BAG, 26.04.1986 – 3 AZR 411/86, BB 1988, 1672 = DB 1988, 2007; Blomeyer/Rolfs/Otto, BetrAVG, § 1 Rn. 20; Höfer, BetrAVG, Bd. I [ArbR], ART Rn. 30)*.

35 Überbrückungshilfen bis zum Erreichen eines in der Versorgungszusage festgelegten Versorgungsfalles »Alter« sind keine Leistungen der betrieblichen Altersversorgung i. S. d. Betriebsrentengesetzes, selbst wenn sie in der Zusage als Ruhegehälter bezeichnet worden sind *(BAG v. 28.10.2008 – 3 AZR 317/07 – BetrAV 2009, 370)*. Mithin entfällt für derartige Leistungen auch der gesetzliche Insolvenzschutz *(BAG, 03.11.1998 – 3 AZR 454/97, BB 1999, 905 = NZA 1999, 594 = ZIP 1999, 1145; Berenz in Kemper/Kisters-Kölkes/Berenz/Huber, § 7 Rdn. 13 ff.)*.

36 Für eine Zuordnung zum Bereich der betrieblichen Altersversorgung ist nach ständiger Rechtsprechung des BAG entscheidend, dass die zugesagten Leistungen zur »**Alterssicherung**« bestimmt sind. Die Leistung muss also gerade dazu dienen, die Versorgung des Arbeitnehmers nach seinem Ausscheiden aus dem Erwerbs- oder Berufsleben sicherzustellen. Aus dieser allgemeinen Begriffsbestimmung des BAG lässt sich zwar kein fester Zeitpunkt bestimmen, etwa der der Vollendung des 65. Lebensjahres, von dem an betriebliche Versorgungsleistungen überhaupt nur in Betracht kommen. Die Wahl einer früheren Altersgrenze muss jedoch auf sachlichen, nicht außerhalb des Arbeitsverhältnisses liegenden Gründen beruhen. Auch bei der Wahl einer früheren Altersgrenze muss der Zweck gewahrt bleiben, dass die Versorgungsleistung dazu dienen soll, einem aus dem aktiven Arbeitsleben ausscheidenden Arbeitnehmer bei der Sicherung des Lebensstandards im Alter zu helfen. Dies ist regelmäßig nur bei der Festlegung einer Altersgrenze der Fall, die auch nach der allgemeinen Verkehrsanschauung als Beginn des Ruhestandes gilt. Ausgehend von diesen Grundüberlegungen hat das BAG Überbrückungsleistungen oder Überbrückungshilfen stets aus dem Schutzbereich des BetrAVG ausgenommen *(so bereits BAG, 28.01.1986 – 3 AZR 312/84, BB 1987, 690 = DB 1987, 52 = NZA 1987, 126)*. Solche Leistungen dienen lediglich dazu, den Übergang in einen anderen Beruf oder in den Ruhestand zu erleichtern und sind selbst dann nicht als betriebliche Altersversorgung zu qualifizieren, wenn sie sich der Höhe nach an einer in Aussicht gestellten Betriebsrente orientieren.

37 Von einer **Überbrückungshilfe** und nicht einer Leistung der betrieblichen Altersversorgung ist auch auszugehen, wenn die betreffenden Zahlungen zwar nur für den Fall versprochen werden, dass das Arbeitsverhältnis nach Vollendung des 60. Lebensjahres des Arbeitnehmers aufgehoben worden ist, zugleich aber unter die Bedingung gestellt werden, dass das Arbeitsverhältnis unter Mitwirkung des

Arbeitgebers aufgelöst wurde und die Leistungen davon abhängig sind, dass der Arbeitnehmer keine anderweitigen Lohn-/Gehaltszahlungen bezieht (*BAG, 03.11.1998 – 3 AZR 454/97, BB 1999, 905 = NZA 1999, 594 = ZIP 1999, 1145*).

Keine Überbrückungshilfe ist dagegen ein z. B. in den ersten drei Monaten nach Pensionierung gewährter sog. **Übergangszuschuss** der neben dem Ruhegehalt gezahlt wird und im Ergebnis dazu führt, dass der Betriebsrentner in diesem Zeitraum eine Zahlung in Höhe seines letzten Gehaltes erhält. Ein derartiger, nach Rentenbeginn gezahlter Übergangszuschuss ist eine Leistung der betrieblichen Altersversorgung. Weder dient der Übergangszuschuss der Überbrückung einer Arbeitslosigkeit noch der Erleichterung eines Wechsels des Arbeitsplatzes, da er den Eintritt in den Ruhestand voraussetzt. Ungeachtet der vielleicht missverständlichen Bezeichnung der Leistung als »Übergangszuschuss« besteht der Zweck der Zusage ausschließlich in der Versorgung des Leistungsempfängers bei Eintritt in den Ruhestand (*BAG, 18.03.2003 – 3 AZR 315/02, DB 2004, 1624*). 38

b) Leistungen für den Fall der Invalidität

Das Arbeitsrecht kennt keinen eigenständigen Begriff der **Invalidität**. Daher wird dieser Begriff auch im Arbeitsrecht regelmäßig i. S. d. sozialversicherungsrechtlichen Definition verstanden und angewandt (*BAG, 19.04.1983 – 3 AZR 4/81, AuR 1983, 312 = BetrAV 1984, 44 = BB 1984, 279 = DB 1983, 2255 = NJW 1983, 2959; BAG, 24.06.1998 – 3 AZR 288/97, DB 1998, 1969; Kemper in Kemper/Kisters-Kölkes/Berenz/Huber, § 1 Rdn. 57 ff.; Reinecke, DB 2010, 2167*). Abzustellen ist folglich auf die entsprechenden aktuellen sozialrechtlichen Begriffsdefinitionen der Erwerbs- bzw. Berufsunfähigkeit. Nach § 44 SGB VI ist **Erwerbsunfähigkeit** zu bejahen, wenn ein Arbeitnehmer nicht mehr in der Lage ist, eine Erwerbstätigkeit auszuüben oder er durch seine Erwerbstätigkeit nur noch geringe Einkünfte erzielen kann. Gem. § 43 SGB VI liegt eine **Berufsunfähigkeit** dann vor, wenn der Arbeitnehmer nicht mehr in der Lage ist, zu 50 % eine Tätigkeit in seiner Berufsgruppe, in der er bislang tätig war, auszuüben. Soweit eine Versorgungsordnung ohne jegliche weitere Differenzierung nur auf den »Invaliditätsfall« abstellt, so werden hiervon sowohl Erwerbs- als auch Berufsunfähigkeit erfasst (*Blomeyer/Rolfs/Otto, BetrAVG, § 1 Rn. 23 ff., Anh. § 1 Rn. 173 ff.*). 39

Durch das Gesetz zur Reform der Renten wegen verminderter Erwerbsfähigkeit v. 20.12.2000 (*BGBl. I 2000, S. 1827*) wurde das System der Invalidenrente mit Wirkung ab 01.01.2001 umfassend geändert. Die bisherigen Renten wegen Berufs- oder Erwerbsunfähigkeit sind durch eine zweistufige Erwerbsminderungsrente ersetzt worden, die grds. nur befristet gewährt wird. Dies führt in vielen Fällen zu einer Verschlechterung der Versorgung aus der gesetzlichen Rentenversicherung. 40

Nach dem neuen Recht ist für die Bewilligung einer Rente allein ausschlaggebend, in welchem Umfang der Versicherte in einem beliebigen Beruf erwerbstätig sein kann. Wenn die verbliebene Erwerbsfähigkeit auf dem allgemeinen Arbeitsmarkt auf einen Wert zwischen drei und sechs Stunden pro Tag herabgesunken ist, besteht ein Anspruch auf eine halbe Erwerbsminderungsrente. Die volle Erwerbsminderungsrente kann erst beansprucht werden, wenn das Restleistungsvermögen weniger als drei Stunden täglich beträgt. Die volle Erwerbsminderungsrente kann auch beansprucht werden, wenn der Versicherte trotz eines Restleistungsvermögens von drei bis sechs Stunden wegen der konkreten Arbeitsmarktsituation arbeitslos ist. Nach dem neuen Recht spielt es jedoch generell keine Rolle, welchen Beruf der Versicherte erlernt und bislang ausgeübt hat. Der Versicherte kann also auf jede andere und damit auch auf eine nicht gleichwertige Tätigkeit verwiesen werden. 41

Im Vergleich zur bisherigen Berufsunfähigkeitsrente führt die halbe Erwerbsminderungsrente zu einem durchschnittlichen Rentendefizit von 26 %. Die volle Erwerbsminderungsrente liegt durchschnittlich 2 % unter der früheren Erwerbsunfähigkeitsrente.

Versicherte, die bei Inkrafttreten der Reform am 01.01.2001 mindestens 40 Jahre alt waren, erhalten die halbe Erwerbsminderungsrente, wenn sie ihren bisherigen Beruf nur noch zwischen drei und sechs Stunden ausüben können. Der Verweis auf eine andere beliebige Tätigkeit ist also ausgeschlossen.

Betrachtet man diese Regelungen aus der gesetzlichen Rentenversicherungen, so stellt sich die Frage, ob seit dem 01.01.2001 die nunmehrigen Begriffe der teilweisen oder vollen Erwerbsminderung oder die bisherigen Begriffe der Berufsunfähigkeits- bzw. Erwerbsunfähigkeitsrente zugrunde zu legen sind.

42 Insoweit geht die Rechtsprechung des BAG wie oben (*Rdn. 39*) dargestellt grds. davon aus, dass für den Fall, dass der Arbeitgeber eine Rente wegen Berufsunfähigkeit zusagt, ohne die Berufsunfähigkeit zu definieren, i. d. R. der sozialversicherungsrechtliche Begriff gelten soll. Dies gilt nach der Rechtsprechung auch insoweit, als in der gesetzlichen Rentenversicherung die Berufsunfähigkeit von den Verhältnissen auf dem Arbeitsmarkt abhängt. Eine ausschließlich medizinische Betrachtung der Berufsunfähigkeit scheidet jedenfalls dann aus, wenn die Versorgungszusage nach dem Bekanntwerden der Beschlüsse des Großen Senats des BSG v. 11.12.1969 (*GS 4169, BSGE 30, 167 und GS 2168, BSGE 30, 192*) erteilt wurde (*BAG, 14.12.1999 – 3 AZR 742/98, BB 2001, 366 = DB 2001, 823*).

Die Rechtsprechung sagt jedoch nichts darüber aus, welchen Anspruch der Arbeitnehmer bei einer materiellen Änderung der Vorschriften in der gesetzlichen Rentenversicherung hat.

43 Diesbezüglich findet sich in der Literatur eine Ansicht, die unter Heranziehung der genannten Rechtsprechung immer auf den bei Eintritt der »Berufsunfähigkeit« maßgeblichen gesetzlichen Begriff abstellen will (*vgl. u. a. Höfer, BetrAVG, Bd. I [ArbR], ART Rn. 857ff.; Kemper in Kemper/Kisters-Kölkes/Berenz/Huber, § 1 Rdn. 58ff.*).

Wird in einer Versorgungszusage auf den Invaliditätsbegriff in der gesetzlichen Rentenversicherung Bezug genommen oder sich an diesen Begriff angelehnt, so führt nach dieser Ansicht eine Neuregelung dazu, dass ab deren Geltung die neuen sozialversicherungsrechtlichen Tatbestände auch für die betriebliche Altersversorgung maßgeblich sind. Dies soll nicht nur bei Versorgungszusagen, die nach Inkrafttreten der Neuregelung in der gesetzlichen Rentenversicherung erteilt werden, gelten, sondern auch für »Altzusagen«. Bei »Neuzusagen« soll diese Konsequenz auch eintreten, wenn man »aus Versehen« die bisherigen Begriffe noch weiter verwendet (*Kemper in Kemper/Kisters-Kölkes/Berenz/Huber, § 1 Rdn. 61*).

44 Auch wenn für diese Ansicht mit dem seitens des Arbeitgebers gewünschten Gleichklangs von betrieblicher Altersversorgung und gesetzlicher Rentenversicherung gute Gründe sprechen, ist diese Auffassung nicht zwingend. Man könnte genauso argumentieren, dass immer der bei Erteilung der Zusage zugrunde liegende Begriff der Berufsunfähigkeit maßgeblich ist, damit der Arbeitnehmer sich auf die ggf. zu erwartenden Ansprüche einstellen und erforderlichenfalls privat ergänzenden Schutz erreichen kann.

Für die letztgenannte Ansicht spricht auch die Argumentation, dass dem Arbeitnehmer bei einer Verschlechterung des gesetzlichen Begriffs bei wirtschaftlicher Betrachtung eine Art »Besitzstand« entzogen würde. Der Arbeitnehmer, bei dem der Versorgungsfall der »Invalidität« noch vor Änderung des Begriffs in der gesetzlichen Rentenversicherung eingetreten ist, erhielte mehr als der Arbeitnehmer, bei dem der Versorgungsfall erst nach der Änderung eintritt.

Demgegenüber könnte man argumentieren, dass von Anfang an nur eine Leistung im Versorgungsfall »Invalidität« nach der jeweils bei Eintritt des Versorgungsfalls geltenden Definition zugesagt worden ist. Insoweit stellt sich dann allerdings die Frage, ob die in der Ruhegeldordnung verwendeten Formulierungen einen solchen Willen auch ausreichend zum Ausdruck bringen, oder ob nicht Unklarheiten vorliegen, die zulasten des Arbeitgebers gehen.

45 Gleichwohl wird man mit der zuerst genannten Auffassung auf den Invaliditätsbegriff bei **Eintritt des Versorgungsfalls** abstellen können. Für diese Ansicht spricht nämlich insbes. die zitierte und in ihrer bisherigen Tendenz eindeutige BAG-Rechtsprechung. Insoweit wird man auch evtl. für den Arbeitnehmer schlechtere Regelungen akzeptieren müssen. Entsprechende Invaliditätsregelungen sind damit als eine »dynamische Verweisung« zu interpretieren.

II. Begriff und Rechtsnatur der betrieblichen Altersversorgung A.

Bei diesen »Altzusagen« wird man die bisherigen Begriffe Berufs- und Erwerbsunfähigkeit im Wege der Auslegung transformieren müssen in den neuen Begriff der Erwerbsminderung. Nach dieser Transformation dürfte es sachgerecht sein, die bisherige Berufsunfähigkeit auszulegen i. S. d. neuen »teilweisen Erwerbsminderung«. Die bisherige Erwerbsunfähigkeit wird i. S. d. neuen »vollen Erwerbsminderung« auszulegen sein (*so auch: Reinecke, DB 2010, 2167*). 46

Aufgrund der damit verbundenen materiellen Eingriffe in den Leistungsumfang der Anwartschaften auf Invalidenrente und der dem Arbeitgeber nach wie vor nach dem Grundsatz der Vertragsfreiheit (*grundlegend hierzu Höfer, BetrAVG, Bd. I [ArbR], ART Rn. 641 ff.*) verbleibenden Möglichkeit, eine eigenständige Definition des Invaliditätsbegriffs in der Versorgungsordnung ausdrücklich zu verankern, ist eine entsprechende inhaltliche Präzisierung der Versorgungsverpflichtung zu überdenken. Dies gilt insbes. dann und dort, wo die Verpflichtung, Invaliditätsleistungen zu erbringen, bereits durch entsprechende Kapitalverwendung (z. B. Rückdeckungsversicherungen) aus- bzw. vorfinanziert worden ist. In diesen Fällen empfiehlt es sich, den von den Versicherern in ihren Versicherungsbedingungen zugrunde gelegten Invaliditätsbegriff in die Versorgungszusage zu übernehmen. 47

Verwendet eine »Altzusage« als Invaliditätsbegriff die bisherige Berufs- oder Erwerbsunfähigkeit oder eine »Neuzusage« die teilweise oder volle Erwerbsminderung, so löst auch eine »Zeitrente« in der gesetzlichen Rentenversicherung einen Leistungsfall aus, weil auch bei einer Zeitrente der Invaliditätsbegriff erfüllt ist. 48

Da im Gegensatz zur bisherigen Rechtslage die gesetzliche Rentenversicherung Erwerbsminderungsrente nur noch als Zeitrenten gewährt, sollte allerdings vertraglich ausgeschlossen werden, dass während eines bestehenden Arbeitsverhältnisses, auch wenn es ruht oder Teilzeitarbeit ausgeübt wird, eine betriebliche Invaliditätsleistung erbracht wird. Dies kann dadurch erfolgen, dass man – wie auch bei den Leistungsvoraussetzungen für eine Altersrente üblich – als zusätzliche Anspruchsvoraussetzung die formelle Beendigung des Arbeitsverhältnisses vorsieht. Dann wird ein Leistungsfall nur ausgelöst durch eine Invalidität auf Zeit, wenn das Arbeitsverhältnis auch tatsächlich beendet wird. 49

Im Rahmen einer Vereinbarung über eine Invaliditätsversorgung ist es nicht zu beanstanden, wenn der Arbeitgeber zwischen einer beruflich und privat bedingten Invalidität differenziert. Dies kann z. B. durch den Verzicht von **Wartezeiten** oder die **Gewährung von Zurechnungszeiten** (analog zur gesetzlichen Rentenversicherung) bei beruflich bedingter Invalidität geschehen. Zu beanstanden ist es aber auch nicht, wenn der Arbeitgeber nach den Regelungen der Versorgungsordnung Invaliditätsleistungen nur nach Vollendung eines bestimmten **Mindestalters** (*BAG, 20.10.1987 – 3 AZR 208/86, BB 1988, 836 = DB 1988, 815 = NZA 1988, 394*) oder nach **Beendigung der Pflicht zur Lohnfortzahlung** erbringen muss (*BAG, 06.06.1989 – 3 AZR 401/87, BB 1989, 2119 = DB 1989, 2618 = NZA 1990, 147*). 50

Die Gewährung der Invalidenversorgung kann bei der arbeitgeberfinanzierten Altersversorgung zudem von weiteren zusätzlichen Leistungsvoraussetzungen abhängig gemacht werden. Typisch sind die Beendigung des Arbeitsverhältnisses generell oder aufgrund der Invalidität, der Bezug einer gesetzlichen Invalidenrente sowie die Vorlage eines die Invalidität bescheinigenden amtsärztlichen Attestes. Je nach Gestaltung werden diese zusätzlichen Bedingungen als echte Anspruchsvoraussetzung oder als bloße Fälligkeitsvereinbarung zu bewerten sein (*ausführlich hierzu: Reinecke, DB 2010 2168 ff.*). 50a

Eine Anspruchsvoraussetzung, die die Gewährung der Invalidenrente an den Bestand des Arbeitsverhältnisses beim versorgungsverpflichteten Arbeitgeber knüpft, ist allerdings nach § 134 BGB nichtig, da die insoweit gesetzlich zwingenden Regelung der Unverfallbarkeit betriebsrentenrechtlicher Ansprüche beim Ausscheiden des Mitarbeiters nicht abbedungen werden kann. Die Unverfallbarkeit erfasst nämlich nicht nur die Anwartschaft auf Altersrente, sondern auch die vorzeitigen Versorgungsfälle Invalidität und Tod (*BAG v. 24.6.1998 – 3 AZR 288/97, BAGE 89, 180 = DB 1998, 1969; BAG v. 20.11.2001 – 3 AZR 550/00, DB 2002, 1510; Reinecke, DB 2010, 2169*).

c) Leistungen an Hinterbliebene

51 Als Hinterbliebene werden regelmäßig die auch in der gesetzlichen Rentenversicherung versorgten Hinterbliebenen vorgesehen. Dies sind die Witwe bzw. der Witwer, Kinder i. S. d. § 32 Abs. 3 und Abs. 4 Satz 1 Nr. 1 bis Nr. 3 EStG, frühere Ehegatten und unter bestimmten Voraussetzungen auch Lebenspartner bzw. Lebensgefährten. Letztendlich ist diese Eingrenzung auf den Kreis der auch sozialversicherungsrechtlich versorgten Hinterbliebenen **arbeitsrechtlich** nicht zwingend (*vgl. Kemper, in: Kemper/Kisters-Kölkes/Berenz/Huber, § 1 Rn. 65, der insoweit auf den Grundsatz der Vertragsfreiheit abstellt; a. A. Blomeyer/Rolfs/Otto, § 1 Rn. 27, die sich an den Regelungen der §§ 46 ff. SGB VI orientieren*). Maßgeblich ist vielmehr nach Ansicht der Rechtsprechung der »Versorgungscharakter« der Zusage (*BAG, 19.09.2006 – 1 ABR 58/05, EzA BetrVG 2001 § 77 Nr. 16; BAG, 18.11.2008 – 3 AZR 277/07, BetrAV 2009, 167 = DB 2009, 294 = NZA-RR 2009, 153*). Voraussetzung ist danach immer ein typisches Versorgungsinteresse ggü. der i. R. d. Hinterbliebenenversorgung begünstigten Person.

52 Ob eine betriebliche Hinterbliebenenversorgung außerhalb des in der gesetzlichen Rentenversicherung anerkannten Personenkreises steuerlich anzuerkennen ist oder nicht, ist für die arbeitsrechtliche Wirksamkeit der Vereinbarung ohne Bedeutung. Mit anderen Worten: auch eine steuerrechtlich nicht anzuerkennende Hinterbliebenenversorgung kann unter den genannten Voraussetzungen arbeitsrechtlich bindend sein (*so auch: Kemper, in: Kemper/Kisters-Kölkes/Berenz/Huber, § 1 Rn. 68*).

53 Die Versorgungsleistung darf allerdings nicht vererblich gestaltet werden. **Betriebliche Altersversorgung** ist kein Sparvertrag, sondern **Risikoabsicherung**. Dies gilt insb. auch für die Hinterbliebenenversorgung (*BAG, 18.11.2008 – 3 AZR 277/07, BetrAV 2009, 167 = DB 2009, 294 = NZA-RR 2009, 153*).

54 Da der Arbeitgeber i. R. d. betrieblichen Altersversorgung nicht verpflichtet ist, überhaupt eine Hinterbliebenenversorgung anzubieten (*vgl. BAG, 12.06.2007 – 3 AZR 14/06, zu II 3 a cc (2) der Gründe, BAGE 123, 72 = BetrAV 2007, 668 = DB 2007, 2722 = NZA-RR 2007, 650*), ist es rechtlich auch nicht zu beanstanden, wenn der Arbeitgeber den Kreis der berechtigten Hinterbliebenen ggü. dem gesetzlich Möglichen einschränkt. Dies gilt auch im Fall Entgeltumwandlung (*BAG, 18.11.2008 – 3 AZR 277/07, BetrAV 2009, 167 = DB 2009, 294 = NZA-RR 2009, 153*).

Hinterbliebenenleistungen an **Witwen/Witwer** werden in aller Regel i. H. v. 60 % der erdienten oder erdienbaren Anwartschaft auf Altersversorgung gewährt. Lediglich in älteren Versorgungsordnungen findet man vereinzelt noch einen Versorgungsgrad von 50 %.

55 Soweit **Waisenrenten** zugesagt sind, wird die Dauer des Rentenbezuges i. d. R. analog zum Bezug des gesetzlichen Kindergeldes bis zum 18., bei einer Berufsausbildung bis max. zum 25. Lebensjahr begrenzt (analog § 32 EStG).

Im Hinblick auf die durch das **Jahressteuergesetz 2007** erfolgte Absenkung des Höchstalters für die Gewährung von Waisenrenten (früher galt ein Höchstalter von 27 Jahren) empfiehlt es sich, die Vereinbarung von Waisenrenten »abstrakt« zu gestalten, d. h. nicht auf ein bestimmtes Endalter, sondern auf die insoweit maßgebliche Regelung in § 32 EStG zu verweisen. Da das BMF-Schreiben v. 17.11.2004 allerdings ausdrücklich nur auf Kinder i.s.d § 32 Abs. 3 und Abs. 4 Satz 1 Nr. 1 bis Nr. 3 EStG verweist und gerade nicht den gesamten § 32 EStG in Bezug nimmt, sollte auch nur diese konkrete Inbezugnahme erfolgen. Anderenfalls würde auch § 32 Abs. 4 Satz 2 bis 9 EStG gelten. Dies wiederum würde dazu führen, dass eine Zahlung von Waisengeld davon abhängig gemacht würde, dass der Waise eine bestimmte Grenze von eigenen Einkünften oder Bezügen nicht überschreitet.

▶ Formulierungsbeispiel: Waisenrente

Eine Waisenrente wird nur bis zum vollendeten 18. Lebensjahr gezahlt, darüber hinaus nur solange, wie das Kind noch in der Schul- oder Berufsausbildung steht und i. Ü. die gesetzlichen Voraussetzungen für die Gewährung von Kindergeld nach § 32 Abs. 3 und Abs. 4 Satz 1 Nr. 1 bis Nr. 3 EStG erfüllt sind.

II. Begriff und Rechtsnatur der betrieblichen Altersversorgung

Die Absenkung des zeitlichen Begrenzungsrahmens von Waisenrentenzahlungen gilt für alle Versorgungszusagen, die nach dem 31.12.2006 erteilt worden sind (*BMF-Schreiben v. 04.10.2006 – IV C 5 – S 2333 – 116/06, BetrAV 2006, 754*).

Die Höhe von betrieblichen Waisenrenten beträgt im Normalfall 10 % (Halbwaisen) bzw. 20 % (Vollwaisen) der erdienten bzw. erdienbaren Altersrente. Witwen-/Witwerrenten und Waisenrenten werden zudem regelmäßig dadurch begrenzt, dass sie zusammen nicht mehr als 100 % der zugesagten Altersrente ausmachen dürfen.

Rechtsdogmatisch gesehen ist die Zusage auf Hinterbliebenenversorgung ein **Vertrag zugunsten Dritter**. Versprechensempfänger ist allerdings ausschließlich der Arbeitnehmer. Seine Hinterbliebenen sind lediglich Begünstigte, die erst mit seinem Tod ein Recht auf die versprochene Leistung erwerben (*BAG, 26.08.1997 – 3 AZR 235/96, BAGE 86, 216 [219]; BAG, 21.11.2000 – 3 AZR 91/00, DB 2001, 2455*). Bis zu diesem Zeitpunkt haben sie keine gefestigte Rechtsstellung. Dies hat dann auch zur Konsequenz, dass weder die Einschränkung oder Änderung des begünstigten Personenkreises noch die Aufstockung der eigenen Versorgung des Arbeitnehmers gegen einen teilweisen oder vollständigen Verzicht auf Hinterbliebenenversorgung der Zustimmung der Hinterbliebenen bedürfen (*BAG, 21.11.2000 – 3 AZR 91/00, DB 2001, 2455; vgl. ferner Blomeyer/Rolfs/Otto, BetrAVG, Anh. § 1 Rn. 188; Höfer, BetrAVG, Bd. I [ArbR], ART Rn. 883*).

Die Gewährung einer Hinterbliebenenversorgung kann davon abhängig gemacht werden, dass die Ehe des versorgungsberechtigten Arbeitnehmers im Zeitpunkt seines Todes bereits einen bestimmten Zeitraum bestanden hat und vor der Pensionierung bzw. vor Vollendung eines bestimmten Alters geschlossen worden ist (sog. **Spätehenklausel**; *vgl. u. a. BVerfG, 11.09.1979 – 1 BvR 92/79, AP Nr. 182 zu § 242 BGB Ruhegehalt; BAG, 18.07.1972 – 3 AZR 472/71, BB 1972, 1372 = DB 1972, 2067; BAG, 11.08.1987 – 3 AZR 6/86, BB 1988, 834 = DB 1988, 347 = NZA 1988, 158; BAG, 09.11.1978 – 3 AZR 784/77, BB 1979, 273 = DB 1979, 410*). Hierdurch wird ein Leistungsausschluss bei »**Versorgungsehen**« bzw. »bei Verdacht einer Versorgungsehe« zugelassen (*BAG, 04.07.1989 – 3 AZR 772/87, BB 1990, 494 = DB 1989, 2435 = NZA 1990, 273*). Ein Leistungsausschluss ist ferner zulässig bei einer erheblichen **Altersdifferenz** zwischen den Eheleuten (*BAG, 09.11.1978 – 3 AZR 784/77, BB 1979, 273 = DB 1979, 410*) sowie für den Fall des **Getrenntlebens** im Zeitpunkt des Todesfalls des Versorgungsberechtigten (*BVerfG, 29.02.1980 – 1 BvR 1231/79, AP Nr. 183a zu § 242 BGB Ruhegehalt; BAG, 06.09.1979 – 3 AZR 358/78, BB 1979, 1719 = DB 1980, 112; Höfer, BetrAVG, Bd. I [ArbR], ART Rn. 901 ff.*).

Aus § 1 Abs. 1 BetrAVG ergibt sich zudem kein Anspruch darauf, dass auch Angehörige bei der Hinterbliebenenversorgung berücksichtigt werden, die erst nach Beendigung des Arbeitsverhältnisses diesen Status erlangt haben. Es ist zulässig, den Umfang der Hinterbliebenenversorgung dem Grunde nach auf die während des Bestehens des Arbeitsverhältnisses existierenden Angehörigen zu begrenzen. Dies hat letztendlich auch das BAG bestätigt, das die Revision gegen ein entsprechendes Urteil des LAG (*03.11.1999 – 8 Sa 1808/98, DB 2001, 712*) zurückgewiesen hat (*BAG, 19.12.2000 – 3 AZR 186/00, DB 2001, 2303*).

Zulässig sind außerdem sog. **Wiederverheiratungsklauseln**, die einen Wegfall der Hinterbliebenenrente bei Wiederverheiratung des überlebenden Ehegatten entfallen lassen (*Blomeyer/Rolfs/Otto, BetrAVG, Anh. § 1 Rn. 205; Höfer, BetrAVG, Bd. I [ArbR], ART Rn. 898 f.*). Dagegen verstößt eine Klausel, die eine **Waisenrente** bei Heirat des Waisen entfallen lässt, gegen Art. 6 GG (*LAG Hamm, 20.05.1980 – 6 Sa 177/80, BB 1981, 54 = DB 1980, 1550; Höfer, BetrAVG, Bd. I [ArbR], ART Rn. 649*).

Sind **beide Ehepartner beim selben Arbeitgeber beschäftigt**, so darf nicht einer von der betrieblichen Altersversorgung ausgeschlossen werden, weil er nach dem anderen eine Hinterbliebenenversorgung erhält (*BAG, 10.01.1989 – 3 AZR 308/87, BB 1989, 1556 = DB 1989, 1472 = NZA 1989, 683*). Dies hat zur Konsequenz, dass der Versorgungsberechtigte ggf. einen eigenen Anspruch auf Altersrente und einen zusätzlichen, aus der Versorgungszusage an seinen Ehegatten abgeleiteten

Anspruch auf Hinterbliebenenrente hat. Eine Situation, die auch dann eintrifft, wenn beide Ehepartner bei verschiedenen Arbeitgebern arbeiten und ein jeder Begünstigter eines betrieblichen Versorgungssystems ist.

61 Rechtlich bedenklich sind in betrieblichen Versorgungswerken auch die in allgemeinen Versicherungsverträgen gem. § 169 VVG üblichen »**Selbstmordklauseln**« (*vgl. die Bedenken bei BAG, 12.02.1975 – 4 AZR 205/74, RdA 1975, 207 = BB 1975, 651; BAG, 29.01.1991 – 3 AZR 85/90, AP Nr. 13 zu § 1 BetrAVG Hinterbliebenenversorgung; a. A. LAG Rheinland-Pfalz, 16.09.1996 – 6 Sa 267/96, DB 1997, 1140; Blomeyer/Rolfs/Otto, BetrAVG, Anh. § 1 Rn. 190; Höfer, BetrAVG, Bd. I [ArbR], ART Rn. 893 f.*). Gegen ihre Zulässigkeit spricht insbes. das mit dem **Entgeltprinzip** (*s. u. Rdn. 85*) verbundene Wesen betrieblicher Versorgungsleistungen als Gegenleistung für erbrachte Betriebstreue, da auch im Fall der Selbsttötung der verstorbene Mitarbeiter seine Gegenleistung zumindest in der Vergangenheit vollständig erbracht hat und von daher auch ein Widerruf der Versorgungszusage regelmäßig unzulässig wäre. Andererseits beruhen betriebliche Versorgungsleistungen auf dem Grundsatz der Freiwilligkeit und damit auf dem Grundsatz der Vertragsfreiheit. Ist aber der Arbeitgeber grds. in der Entscheidung frei, ob er neben einer Altersversorgung zugleich auch eine Hinterbliebenenversorgung gewährt, so kann er auch deren Ausgestaltung und Leistungsvoraussetzungen i. R. d. Gleichbehandlungsgrundsatzes und der allgemeinen Billigkeitsgrundsätze (§§ 242, 315 BGB) grds. frei gestalten (*LAG Rheinland-Pfalz, 16.09.1996 – 6 Sa 267/96, DB 1997, 1140*). Dies könnte dafür sprechen, dass es zulässig ist, die Selbsttötung anders zu behandeln als sonstige Versorgungstatbestände. Letztendlich wird man diesbezüglich im konkreten Einzelfall (z. B. Selbsttötung nach langer Betriebszugehörigkeit bei schwerer Krankheit) eine nach Billigkeitserwägungen zu treffende Einzelfallentscheidung vornehmen bzw. den Versorgungsanspruch über eine in Versorgungsordnungen regelmäßig anzutreffende allgemeine **Härtefallklausel** prüfen müssen (*vgl. auch Höfer, BetrAVG, Bd. I [ArbR], ART Rn. 895*). Von daher empfiehlt sich eine Regelung, die
– einen Selbstmord nicht generell als Ausschlusstatbestand für eine Hinterbliebenenversorgung definiert,
– den Zeitfaktor zwischen Zusageerteilung und Todesfall berücksichtigt,
– eine Einzel- bzw. Härtefallentscheidung zulässt.

62 ▶ **Formulierungsbeispiel: Ausschluss von Versorgungsleistungen**

Bei Selbsttötung vor Ablauf von drei Jahren seit Zusageerteilung/Aufnahme in den Kreis der Versorgungsberechtigten besteht ein Anspruch auf Hinterbliebenenversorgung nur dann, wenn nachgewiesen wird, dass die Tat in einem die freie Willensbestimmung ausschließenden Zustand krankhafter Störung der Geistestätigkeit begangen worden ist. I. Ü. behält sich der Arbeitgeber/die Unterstützungskasse/die Pensionskasse im Einzelfall eine nach allgemeinen Billigkeitskriterien sowie unter Berücksichtigung des Grundsatzes von Treu und Glauben zu treffende Entscheidung vor.

63 Fraglich ist vielfach auch, ob neben den klassischen Hinterbliebenen, den überlebenden Ehegatten und Kindern, auch ein **nichtehelicher Lebensgefährte** Begünstigter eines betrieblichen Versorgungsversprechens sein kann. Im Gegensatz zum Begriff des »Angehörigen«, der in § 15 AO enumerativ definiert wird, fehlt nämlich im Steuerrecht eine entsprechende Definition des »Hinterbliebenen«. Da sich außereheliche Lebensgemeinschaften in der Rechtsüberzeugung durchzusetzen beginnen, wird das Arbeitsrecht – auch im Hinblick auf den zur Anwendung kommenden **Grundsatz der Vertragsfreiheit** – nicht umhin können, derartige zwischenmenschliche Lebensbeziehungen **anzuerkennen** (*Doetsch, BB 1994, 327, 331 f.; Höfer, BetrAVG, Bd. I [ArbR], ART Rn. 905*), wenn sie eine gewisse **Beständigkeit** erlangt haben und in rechtlich relevanter Weise in Erscheinung getreten sind (*BAG, 16.08.1983 – 3 AZR 34/81, BB 1984, 1168 = DB 1984, 887 = NJW 1984, 1712; LAG Hamm, 13.08.1996 – 6 Sa 1638/95, DB 1996, 1986; Blomeyer/Rolfs/Otto, BetrAVG, Anh. § 1 Rn. 211*). Insoweit wird man die Grundsätze der BGH-Rechtsprechung (*vgl. u. a. BGH, 10.11.1982 – IVa ZR 83/81, DB 1983, 712 = NJW 1983, 674 m. w. N.*) zur Anerkennung letztwilliger Verfügungen bei nichtehelichen Lebensgemeinschaften entsprechend anwenden müssen (*BAG, 16.08.1983 – 3 AZR 34/81, BB 1984, 1168 = DB 1984, 887 = NJW 1984, 1712*). Eine Hinterbliebenenversorgung zugunsten eines nichtehelichen Lebensgefährten ist danach arbeitsrechtlich dann unzulässig, wenn sie

II. Begriff und Rechtsnatur der betrieblichen Altersversorgung A.

i. S. v. § 138 BGB gegen die guten Sitten verstößt (*Blomeyer/Rolfs/Otto, BetrAVG, Anh. § 1 Rn. 211; Höfer, BetrAVG, Bd. I [ArbR], ART Rn. 648, 907*). Dies ist z. B. dann der Fall, wenn durch die konkrete Zusagegestaltung Ansprüche eines noch lebenden Ehegatten beeinträchtigt werden (*BAG, 16.08.1983 – 3 AZR 34/81, BB 1984, 1168 = DB 1984, 887 = NJW 1984, 1712*).

Im Hinblick auf die steuerliche Beurteilung von Versorgungszusagen ist insoweit jedoch das derzeit maßgebliche BMF-Schreiben v. 05.08.2002 (*IV C 4 – S 2222 – 295/02 – BetrAV 2002, 539ff.*) zu berücksichtigen. Als Hinterbliebene gelten danach nur die Witwe bzw. der Witwer, Kinder i. S. d. § 32 Abs. 3 und Abs. 4 Satz 1 Nr. 1 bis Nr. 3 EStG, der frühere Ehegatte und in Einzelfällen auch der Lebensgefährte. 64

Wann ein entsprechender Einzelfall gegeben ist, wird durch Verweis auf das BMF-Schreiben v. 25.07.2002 (*IV A 6 – S 2176 – 28/2, BetrAV 2002, 653 = DB 2002, 1690*) geregelt. Danach ist Voraussetzung für die steuerliche Anerkennung einer Zusage von Hinterbliebenenleistungen an Lebensgefährten, dass eine betriebliche Veranlassung der Hinterbliebenenzusage und die Wahrscheinlichkeit der Inanspruchnahme des Arbeitgebers aus der Verpflichtung gegeben sind. Anhaltspunkte für das Vorliegen dieser Voraussetzungen sind nach dem BMF-Schreiben die von dem Lebenspartner schriftlich bestätigte Kenntnisnahme der in Aussicht gestellten Versorgungsleistungen, eine zivilrechtliche Unterhaltspflicht des Arbeitnehmers ggü. dem Lebenspartner oder eine gemeinsame Haushaltsführung. Weitere Voraussetzung ist die namentliche Benennung des Lebenspartners in der schriftlich erteilten Zusage mit Anschrift und Geburtsdatum.

Der Begriff des **Lebenspartners** ist dabei als Oberbegriff zu verstehen, der auch die **gleichgeschlechtliche Lebenspartnerschaft** mit erfasst. Ob eine gleichgeschlechtliche Lebenspartnerschaft nach dem Partnerschaftsgesetz formal eingetragen worden ist oder nicht, ist dabei zunächst unerheblich. Bei eingetragenen Lebenspartnerschaften ist allerdings die Besonderheit zu berücksichtigen, dass die Partner untereinander nach § 5 des Lebenspartnerschaftsgesetzes zum Unterhalt verpflichtet sind. Von daher liegt eine der zivilrechtlichen Ehe vergleichbare Situation vor, sodass insoweit auch eine Hinterbliebenenversorgung ohne Weiteres möglich sein muss. 65

Nach bislang herrschender Ansicht entsprachen registrierte Lebenspartnerschaften nicht dem üblichen Hinterbliebenenbegriff (*Blomeyer/Otto, BetrAVG, Anh. § 1 Rn. 185*). Eine Einbeziehung des eingetragenen Lebenspartners in die betriebliche Hinterbliebenenversorgung setzte danach die Einigung mit dem Arbeitgeber voraus. Zwingende Gründe dafür, dem gleichgeschlechtlichen Lebenspartner die Hinterbliebenenversorgung der betrieblichen Altersversorgung zu gewähren, lagen nach dieser Auffassung allerdings nicht vor (*Höfer, BetrAVG, Bd. I [ArbR] Rn. 908*). Zur Begründung wurde angeführt, dass der Gesetzgeber (ursprünglich) die eingetragene Lebenspartnerschaft ausdrücklich nicht der Ehe gleichgestellt habe (*Höfer, BetrAVG, Bd. I [ArbR], ART Rn. 908; BT-Drucks. 14/3751 v. 04.07.2000, S. 1*). Die eingetragene Lebenspartnerschaft sei vielmehr ein neues, eigenständiges Rechtsinstitut, das künftig neben der Ehe bestehen werde (*Höfer, BetrAVG, Bd. I [ArbR], ART Rn. 908*).

Diese Auffassung dürfte durch das Gesetz zur Überarbeitung des Lebenspartnerschaftsgesetzes vom 15.12.2004 (*BGBl. 2004 I, S. 3396 ff.*) als zwischenzeitlich überholt anzusehen sein. Die zum 01.01.2005 in Kraft getretene Novelle des Lebenspartnerschaftsgesetzes sieht eine Angleichung des Rechts der Lebenspartnerschaft an das Recht der Ehe, insbes. die Übernahme des ehelichen Güterrechts, die weitgehende Angleichung des Unterhaltsrechts, die Einführung des Versorgungsausgleichs sowie die Einbeziehung der Lebenspartner in die gesetzliche Hinterbliebenenversorgung (vgl. hierzu Art. 3 des Gesetzes zur Überarbeitung des Lebenspartnerschaftsgesetzes) vor. Damit gibt es mit Wirkung zum 01.01.2005 keinen sachlichen Grund mehr, der gem. Art. 3 Abs. 1 und Abs. 3 GG eine Ungleichbehandlung von Ehepartnern und eingetragenen Lebenspartnerschaften i. R. d. betrieblichen Hinterbliebenenversorgung rechtfertigen könnte. Dies gilt unabhängig davon, ob der Arbeitgeber eine entsprechende Änderung der jeweiligen Versorgungszusage vornimmt.

66 Handelt es sich dagegen um eine andere Form der nichtehelichen Lebensgemeinschaft, so sind für die Anerkennung einer Hinterbliebenenversorgung die im BMF-Schreiben v. 25.07.2002 aufgestellten Kriterien zwingend zu erfüllen.

67 Keine betriebliche Altersversorgung liegt nach dem BMF-Schreiben v. 05.08.2002 vor, wenn zwischen Arbeitnehmer und Arbeitgeber die Vererblichkeit von Anwartschaften vereinbart ist. Ein erweiterter Personenkreis ist nur bei der Direktversicherung zugelassen. Hier können die Beiträge bei Benennung eines beliebigen Bezugsberechtigten für den Fall des Todes des Arbeitnehmers nach § 40b EStG pauschal versteuert werden. Dies gilt auch für die »Riester«-Förderung nach §§ 10a, 79 ff. EStG.

68 Auch Vereinbarungen, nach denen Arbeitslohn gutgeschrieben und ohne Abdeckung eines biometrischen Risikos zu einem späteren Zeitpunkt (z. B. bei Ausscheiden aus dem Dienstverhältnis) ggf. mit Wertsteigerung ausgezahlt wird, sind nicht dem Bereich der betrieblichen Altersversorgung zuzuordnen. Gleiches gilt, wenn von vornherein eine Abfindung der Versorgungsanwartschaft, z. B. zu einem bestimmten Zeitpunkt oder bei Vorliegen bestimmter Voraussetzungen, vereinbart ist und dadurch nicht mehr von der Absicherung eines biometrischen Risikos ausgegangen werden kann.

69 Der Arbeitgeber ist nicht verpflichtet, alle **biologischen Risiken** abzusichern. § 1 BetrAVG enthält nach seinem ausdrücklichen Wortlaut eine alternative Aufzählung der absicherbaren biometrischen Risiken (*Blomeyer/Rolfs/Otto, BetrAVG, § 1 Rn. 12*). Der Arbeitgeber kann daher seine Zusage auch auf einzelne dieser gesetzlich definierten Risiken (z. B. Alter und Tod) beschränken und andere Risiken (z. B. eine Invalidenversorgung) gänzlich ausschließen (*BAG, 09.11.1978 – 3 AZR 784/77, BB 1979, 273 = DB 1979, 410 = AuR 1979, 283*). Der Arbeitgeber kann jedoch nicht den Kreis der Versorgungsfälle auf andere als in § 1 BetrAVG genannte biologische Risiken ausdehnen. So ist z. B. die Absicherung des »**Pflegefalls**« oder lang andauernder Krankheit keine betriebliche Altersversorgung i. S. d. gesetzlichen Definition (*BAG, 12.12.2006 – 3 AZR 475/05 u. 3 AZR 476/05, DB 2007, 2043; vgl. a.: Reinecke, DB 2007, 2836; BMF, 09.09.1996 – IV B 2 – S 2176 – 68/96, BB 1996, 2243 = DB 1996, 2103*).

70 Betriebliche Versorgungsleistungen werden regelmäßig als Geldleistungen in Form laufender **Renten** oder einmaliger **Kapitalzahlungen** (*BAG, 30.09.1986 – 3 AZR 22/85, BB 1987, 1390 = DB 1987, 1304 = NZA 1987, 456*) erbracht. Aber auch **Sach-** (z. B. Deputate) und **Nutzungsrechte** (z. B. Werkswohnung) können unter den Begriff der betrieblichen Altersversorgung subsumiert werden, wenn sie dem ehemaligen Mitarbeiter unter Versorgungsaspekten auch nach seiner aktiven Dienstzeit weiter gewährt werden (*BAG, 11.08.1981 – 3 AZR 395/80, BB 1981, 1835 = DB 1981, 2331 = SAE 1983, 29; BAG, 02.12.1986 – 3 AZR 123/86, BB 1987, 1461 = DB 1987, 1442 = NZA 1987, 555; LAG Düsseldorf, 05.05.1977 – 14 Sa 1374/76, DB 1977, 2054; Blomeyer/Rolfs/Otto, BetrAVG, Anh. § 1 Rn. 212; Höfer, BetrAVG, Bd. I [ArbR], ART Rn. 45 ff.; Reinecke, DB 2007, 2836*).

71 Es ist nicht erforderlich, dass der Arbeitgeber die zugesagten Versorgungsleistungen selbst erbringt. Er kann die eingegangene Leistungsverpflichtung auch auf einen Dritten (Lebensversicherung, Pensions- oder Unterstützungskasse) übertragen. Wird für die Ausgestaltung der betrieblichen Altersversorgung ein entsprechender externer, **mittelbarer** Durchführungsweg gewählt, so ist der Arbeitgeber verpflichtet, deren Finanzierung sicherzustellen. Bei Eintritt des abgesicherten Versorgungsfalls muss die externe Versorgungseinrichtung also über die zur Erfüllung der Leistungsverpflichtung erforderlichen Mittel verfügen können.

3. Leistungszweck

72 Schließlich ist es unerheblich, welche Gründe den Arbeitgeber veranlasst haben, die Versorgung zu versprechen. Entscheidend ist allein der Zweck der versprochenen Leistung und nicht der Grund des Versprechens (*vgl. schon BAG, 08.12.1977 – 3 AZR 324/76, AP Nr. 10 zu § 61 KO, zu 2b der Gründe*). Es ist nicht ungewöhnlich, dass ein Arbeitgeber mit der Zusage einer Altersversorgung eigene wirtschaftliche oder personalpolitische Ziele verfolgt. Auch wenn Betriebsrenten versprochen

werden, um einen Arbeitnehmer zu gewinnen oder von einer Kündigung abzuhalten, sind sie Leistungen der betrieblichen Altersversorgung. Sie können deshalb nicht etwa als »**Handgelder**« oder »**Bleibeprämien**« angesehen werden. Ebenso wenig wird eine für die Zeit des Ruhestandes zugesagte Leistung zu einer Kündigungsabfindung, weil der Arbeitgeber sie versprochen hat, um den Arbeitnehmer zur Aufgabe seines Arbeitsplatzes zu bewegen (*BAG, 08.05.1990 – 3 AZR 121/88, AuR 1990, 361 = BetrAV 1991, 18 = BB 1990, 2410 = DB 1990, 2375 = NZA 1990, 931*).

4. Bindung an das Arbeitsverhältnis

Die Altersversorgung muss weiter aus Anlass des Arbeitsverhältnisses versprochen worden sein. Zwischen Zusage und Arbeitsverhältnis muss also ein kausaler Sachzusammenhang bestehen (*BAG, 08.05.1990 – 3 AZR 121/88, AuR 1990, 361 = BetrAV 1991, 18 = BB 1990, 2410 = DB 1990, 2375 = NZA 1990, 931; BAG, 08.05.1990 – 3 AZR 121/88, AuR 1990, 361 = BetrAV 1991, 18 = BB 1990, 2410 = DB 1990, 2375 = NZA 1990, 931*). Nicht erforderlich ist, dass die Zusage im Hinblick auf die Begründung oder die Fortdauer des Arbeitsverhältnisses erfolgt. Selbst eine nach Beendigung des Arbeitsverhältnisses versprochene Rente kann betriebliche Altersversorgung sein (*BAG, 08.05.1990 – 3 AZR 121/88, AuR 1990, 361 = BetrAV 1991, 18 = BB 1990, 2410 = DB 1990, 2375 = NZA 1990, 931; Blomeyer/Rolfs/Otto, BetrAVG, § 1 Rn. 31*). Der notwendige Bezug zum Arbeitsverhältnis dient nur dazu, Ruhegeldversprechen abzugrenzen, die auf verwandtschaftlichen, freundschaftlichen oder sonstigen Beziehungen beruhen, die nichts mit einem Arbeitsverhältnis zu tun haben.

73

Gerade die weite Formulierung »aus Anlass des Arbeitsverhältnisses« – im Gegensatz zu einer denkbaren engeren Formulierung wie z. B. »im Rahmen eines bestehenden Arbeitsverhältnisses« – verdeutlicht also, dass die Zusage nicht zwingend während des Arbeitsverhältnisses erfolgt sein muss. Die Zusage kann sowohl vor Beginn des Arbeitsverhältnisses als auch nach dessen Beendigung erteilt werden (*BAG, 08.05.1990 – 3 AZR 121/88, AuR 1990, 361 = BetrAV 1991, 18 = BB 1990, 2410 = DB 1990, 2375 = NZA 1990, 931; Blomeyer/Rolfs/Otto, BetrAVG, § 1 Rn. 31*).

74

I. Ü. gehört es nicht zu den Merkmalen der betrieblichen Altersversorgung, dass diese in Erwartung erst künftig zu erbringender Betriebstreue versprochen werden muss. Das mag zwar im Regelfall zutreffen, dem Betriebsrentengesetz ist das aber nicht zu entnehmen. Der Gesichtspunkt der Belohnung schon erbrachter Betriebstreue mag bei der Abgrenzung von Sonderformen des Arbeitsentgelts eine Rolle spielen (*vgl. BAG, 30.10.1980 – 3 AZR 805/79, BAGE 34, 242*). Eine betriebliche Altersversorgung kann aber selbst dann Gegenstand des Leistungsversprechens sein, wenn der Arbeitgeber die Rente unabhängig von einer schon erbrachten oder noch zu erbringenden Betriebstreue zusagt.

75

5. Abgrenzung zu anderen Arbeitgeberleistungen

Leistungen, die generell nur in Notfällen gewährt werden sollen (**Notfallleistungen**) dienen i. d. R. nicht der Versorgung und sind nicht von einem biologischen Ereignis, sondern einer finanziellen Notlage abhängig. Sie dienen damit nicht der Versorgung des Arbeitnehmers und werden nicht von § 1 BetrAVG erfasst (*BAG, 25.10.1994 – 3 AZR 279/94, BB 1995, 573 = NZA 1995, 373 = AuR 1995, 103*). Gleiches gilt grds. für **Übergangsgelder**, die als Überbrückungshilfe den Wechsel des Arbeitsplatzes oder den Eintritt in den Ruhestand erleichtern sollen. Hier wird in aller Regel eine Abfindung für den Verlust des Arbeitsplatzes und damit keine Versorgungsleistung i. S. v. § 1 BetrAVG vorliegen (*BAG, 10.03.1992 – 3 AZR 153/91, BB 1992, 2008 = DB 1993, 490 = NZA 1992, 25; BAG, 10.08.1993 – 3 AZR 69/83, BB 1994, 360 = BetrAV 1994, 53 = NZA 1994, 757; Blomeyer/Rolfs/Otto, BetrAVG, § 1 Rn. 68; Höfer, BetrAVG, Bd. I [ArbR], ART Rn. 79f.*).

76

Leistungen der **Vermögensbildung** sind Ausfluss der staatlichen Eigentumspolitik. Ein Versorgungszweck ist damit nicht unmittelbar verbunden. Dies folgt schon daraus, dass die Leistungen der Vermögensbildung nach einem bestimmten Fristablauf fällig und verfügbar werden, also nicht vom Eintritt eines biologischen Risikos abhängig sind. Dies hat zur Konsequenz, dass für derartige Leistungen das BetrAVG nicht zur Anwendung kommt (*LAG Hamm, 06.04.1982 – 6 Sa 412/81,*

77

DB 1981, 1900; Förster/Cisch/Karst, BetrAVG, § 1 Anm. 36; Höfer, BetrAVG, Bd. I [ArbR], ART Rn. 89 ff.).

78 Fraglich ist insoweit, ob eine Versorgungszusage mit einem berechenbaren Gesamtvolumen den Regelungen des BetrAVG einschließlich des gesetzlichen Insolvenzschutzes unterfällt, wenn z. B. die zugesagten Leistungen im Fall des Todes des Arbeitnehmers an dessen Erben ausgezahlt werden (*so noch BAG, 30.10.1980 – 3 AZR 805/79, BAGE 34, 242; BAG, 30.09.1986 – 3 AZR 22/85, BAGE 53, 131*). In einer solchen Zusagegestaltung könnte nach Ansicht des BAG nämlich auch eine Form der »**arbeitgeberfinanzierten Vermögensbildung in Arbeitnehmerhand**« liegen, die als solche gerade nicht die Begriffsmerkmale der betrieblichen Altersversorgung erfüllt (*BAG, 18.03.2003 – 3 AZR 313/02, BB 2004, 269 = AP Nr. 108 zu § 7 BetrAVG*).

79 Entsprechendes gilt auch für **Treueprämien** und **Jubiläumszuwendungen**, die regelmäßig keinem Versorgungszweck dienen und damit keine Leistungen der betrieblichen Altersversorgung darstellen (*Förster/Cisch/Karst, BetrAVG, § 1 Anm. 44; Blomeyer/Rolfs/Otto, BetrAVG, § 1 Rn. 57 und 66; Höfer, BetrAVG, Bd. I [ArbR], ART Rn. 68 ff.*).

80 Dagegen erfüllen Leistungen, die der Arbeitgeber einem ausscheidenden Mitarbeiter gewährt, um eine durch das vorzeitige Ausscheiden entstehende Versorgungslücke abzumildern, den Begriff der betrieblichen Altersversorgung. Hierbei handelt es sich selbst dann um Leistungen zum Zweck der Altersversorgung, wenn die Leistungszusage erstmals im Aufhebungsvertrag vereinbart wird (*BAG, 08.05.1990 – 3 AZR 121/89, BB 1990, 2410 = DB 1990, 2375 = NZA 1990, 931*).

6. Auslegungsgrundsätze

81 Soweit **Versorgungsregelungen kollektiv ausgestaltet** sind, handelt es sich dabei um arbeitgeberseitig gestellte, für eine Vielzahl von Fällen geltende Vertragsbedingungen. Ihre Auslegung unterliegt damit als typischer Vertrag der unbeschränkten gerichtlichen Kontrolle. Heranzuziehen sind dabei die für die Auslegung von allgemeinen Geschäftsbedingungen entwickelten Grundsätze, da der Arbeitgeber grds. – für die Arbeitnehmer auch ersichtlich – **inhaltsgleiche Vereinbarungen** mit allen Arbeitnehmern treffen will.

82 **Allgemeine Geschäftsbedingungen** sind nach ihrem objektiven Inhalt und typischen Sinn einheitlich so auszulegen, wie sie von verständigen und redlichen Vertragspartnern unter Abwägung der Interessen der normalerweise beteiligten Verkehrskreise verstanden werden. Dabei sind nicht die Möglichkeiten des konkreten, sondern die eines durchschnittlichen Vertragspartners des Verwenders zugrunde zu legen. Maßgebend sind die Verständnismöglichkeiten des typischerweise bei Verträgen der geregelten Art zu erwartenden nicht rechtskundigen Vertragspartners. Ausgangspunkt ist dabei in erster Linie der Vertragswortlaut. Ist dieser nicht eindeutig, kommt es für die Auslegung entscheidend darauf an, wie der Vertragstext aus der Sicht der typischerweise an Geschäften dieser Art beteiligten Verkehrskreise zu verstehen ist, wobei der Vertragswille verständiger und redlicher Vertragspartner beachtet werden muss. Von Bedeutung sind zudem der von den Arbeitsvertragsparteien verfolgte Regelungszweck sowie die Interessenlage der Beteiligten (*BAG, 19.03.2008 – 5 AZR 429/07 – zu II 2 a und b der Gründe m. w. N., DB 2008, 1975 = NZA 2008, 757; BAG, 18.11.2008 – 3 AZR 277/07, BetrAV 2009, 167 = DB 2009, 294 = NZA-RR 2009, 153*).

83 Soweit die Regelungen arbeitgeberseitig einseitig vorgegeben wurden, gilt auch die **Unklarheitenregel gem. § 305c BGB**, und zwar unabhängig davon, ob die maßgeblichen Versorgungsvereinbarungen vor Inkrafttreten des Schuldrechtsmodernisierungsgesetzes zustande kamen oder erst zu einem späteren Zeitpunkt (*vgl. BAG, 12.12.2006 – 3 AZR 388/05, zu B II 3 e der Gründe, AP BetrAVG § 1 Zusatzversorgungskassen Nr. 67 = EzA BetrAVG § 1 Zusatzversorgung Nr. 18; BAG, 18.11.2008 – 3 AZR 277/07, BetrAV 2009, 167 = DB 2009, 294 = NZA-RR 2009, 153*).

84 Auf diese Unklarheitenregelung kann allerdings nur dann zurückgegriffen werden, wenn trotz der Ausschöpfung anerkannter Auslegungsmethoden nicht behebbare Zweifel verbleiben (*BAG, 17.01.2006 – 9 AZR 41/05, zu A III 2 b dd (2) der Gründe, BAGE 116, 366 = NZA 2006, 923 = BB*

2006, 2532 = DB 2007, 403; BAG, 18.11.2008 – 3 AZR 277/07, BetrAV 2009, 167 = DB 2009, 294 = NZA-RR 2009, 153). Dieser Grundsatz gilt auch für die Auslegung individuell vereinbarter Versorgungszusagen.

7. Rechtsnatur betrieblicher Versorgungsleistungen

In der Vergangenheit war die Rechtsnatur betrieblicher Versorgungsleistungen lange umstritten. Ursprünglich hatte das Reichsarbeitsgericht betriebliche Versorgungsleistungen als »**nachträgliche Vergütung für die Gesamtheit der in der Vergangenheit gewährten Dienstleistungen**« qualifiziert (*RAG, 09.11.1932 – RAG 293/32, ARS 16, 281, [283]*). Demgegenüber wurde unter nationalsozialistischer Auffassung, und hier insbes. im Hinblick auf die in § 2 Abs. 2 des Gesetzes zur Ordnung der nationalen Arbeit v. 20.01.1934 (*RGBl. I, S. 45*) normierte Pflicht, »dass der Führer des Betriebs für das Wohl der Gefolgschaft zu sorgen habe«, die Verpflichtung zur Gewährung betrieblicher Versorgungsleistungen der **Fürsorgepflicht** des Arbeitgebers zugeordnet (*LAG Dortmund, 22.06.1937 – 12 Sa 152/36, ARS 30, 44 [46]; RAG, 19.01.1938 – RAG 153/37, ARS 33, 172;* vgl. ferner die Nachweise bei *Blomeyer/Rolfs/Otto, BetrAVG, Einl. Rn. 31 ff.* sowie bei *Steinmeyer, S. 15 ff.*). 85

Auch nach dem Ende der nationalsozialistischen Ära war es lange Zeit streitig, ob den Leistungen der betriebliche Altersversorgung **Entgeltcharakter**, **Fürsorgecharakter** oder **Versorgungscharakter** beizumessen sei. Die Rechtsprechung des BAG hat diese Frage lange Zeit offengelassen und später zunächst die These vom **Doppelcharakter** der betrieblichen Altersversorgung vertreten, wonach betriebliche Versorgungsleistungen sowohl unter Fürsorge- als auch Entgeltaspekten zu bewerten seien (*BAG, 10.02.1968 – 3 AZR 4/67, AP Nr. 2 zu § 119 BGB; BAG, 12.02.1971 – 3 AZR 83/70, AP Nr. 3 zu § 242 BGB Ruhegehalt-Unterstützungskassen;* vgl. ferner *Heissmann, RdA 1957, 251 ff.; Hilger, S. 23 ff.; Steinmeyer, S. 18 ff., 37 ff.*). Das betriebliche Ruhegeld ist danach aber in jedem Fall **Gegenleistung** aus dem Arbeitsvertrag und damit auch eine **besondere Art der Vergütung** für die vom Arbeitnehmer erbrachte **Betriebstreue** (*BAG, 12.02.1971 – 3 AZR 83/70, AP Nr. 3 zu § 242 BGB Ruhegehalt-Unterstützungskassen*). Vor diesem Hintergrund ist aus heutiger Sicht der **Entgeltcharakter** betrieblicher Versorgungsleistungen in Rechtsprechung (*vgl. u. a. BAG, 10.03.1972 – 3 AZR 278/71, BB 1972, 1005 = DB 1972, 1486; BAG, 30.03.1973 – 3 AZR 26/72, BB 1973, 522 = DB 1973, 773; BAG, 16.12.1976 – 3 AZR 7671/75, BB 1977, 146 = DB 1977, 169; BAG, 17.01.1980 – 3 AZR 614/78, BB 1980, 263 = DB 1980, 306; BAG, 28.09.1981 – 3 AZR 181/80, BB 1982, 1303 = DB 1982, 126; BAG, 17.04.1985 – 3 AZR 72/83, BB 1986, 1159 = DB 1986, 228; BAG, 05.09.1989 – 3 AZR 575/88, DB 1989, 2615 = BB 1989, 2400 m. Anm. Höfer/Reiners*) und Literatur (*vgl. u. a. Blomeyer/Rolfs/Otto, BetrAVG, Einl. Rn. 32 f.; Grabner/Bode, DB 2001, 481; Höfer, BetrAVG, Bd. I [ArbR], ART Rn. 57 ff.*) unbestritten und auch vom BVerfG anerkannt (*BVerfG, 19.10.1983 – 2 BvR 298/81, BB 1984, 341 = DB 1984, 190*). 86

Zu beachten ist allerdings, dass betriebliche Versorgungsleistungen **zweckgebunden** gewährt werden. Sie können – im Gegensatz zum in aller Regel monatlich fällig werdenden aktuellen Gehalt – nur bei Eintritt eines vorher definierten Versorgungsfalls vom Arbeitnehmer verlangt werden. Betriebliche Altersversorgung ist daher ein **aufgeschobenes Entgelt** für die Summe der während der Betriebszugehörigkeit vom Arbeitnehmer geleisteten Dienste und steht als solches in einem vertraglichen **Austauschverhältnis**, d. h. sie ist die Gegenleistung für die vom Arbeitnehmer durch seine Betriebstreue erbrachte Vorleistung. Dies hat dann auch rechtliche Konsequenzen für den **Bestandsschutz** betrieblicher Versorgungszusagen. Das Äquivalenzverhältnis von Leistung und Gegenleistung würde nämlich erheblich gestört, wenn man dem Arbeitgeber als Schuldner der betrieblichen Versorgungsleistung unter erleichterten Rahmenbedingungen einen einseitigen Ausstieg aus seiner Zahlungsverpflichtung ermöglichen würde. Alles andere käme einer entschädigungslosen Enteignung gleich. Vor diesem Hintergrund sind auch die gesetzlichen Regelungen zur Unverfallbarkeit (§§ 1, 2 BetrAVG), zum Auszehrungsverbot (§ 5 Abs. 1 BetrAVG), zum Insolvenzschutz (§§ 7 ff. BetrAVG) und zur Anpassungsprüfung (§ 16 BetrAVG) zu verstehen. Der hieraus abgeleitete generelle Bestandsschutz betrieblicher Versorgungsversprechen hat zur Folge, dass eine Einschränkung oder gar ein vollständiger Entzug der einmal zugesagten Versorgungsleistung nur in Ausnahmefällen zulässig 87 ist (*vgl. hierzu die ausführliche Darstellung unter Rdn. 1485 ff.*). Der Arbeitnehmer hat durch seine Betriebstreue seine vertraglich geschuldete Vorleistung erbracht, er darf daher auch auf die Erfüllung des Versorgungsversprechens vertrauen.

88 Ferner ist zu beachten, dass durch die erteilte Versorgungszusage ein sog. **Versorgungsvertragsverhältnis** begründet wird, das auch nach Beendigung des Arbeitsverhältnisses fortbesteht und zu entsprechenden, nachwirkenden korrespondierenden Rechten (Versorgungsansprüche) und Pflichten (Verschaffungsanspruch) der Arbeitsvertragsparteien führt.

III. Durchführungswege der betrieblichen Altersversorgung

89 Betriebliche Altersversorgung ist ein arbeitsvertragliches Leistungsversprechen des Arbeitgebers. Basis für sämtliche Ansprüche des Versorgungsberechtigten ist somit das (ehemalige) Arbeitsverhältnis. Im Rahmen dieses **Versorgungsverhältnisses** wird insbes. festgelegt, welche Versorgungsleistungen dem Versorgungsberechtigten gewährt werden (Leistungsumfang), unter welchen Voraussetzungen diese Leistungen fällig werden (Leistungsvoraussetzungen) und wer im Ergebnis den finanziellen Aufwand für den Aufbau der Versorgungsanwartschaften/-leistungen trägt: der Arbeitgeber oder – im Fall der Entgeltumwandlung – der Arbeitnehmer. Zur Abwicklung des Versorgungsversprechens stehen dem Arbeitgeber nach der gesetzlichen Definition in § 1 BetrAVG insgesamt fünf verschiedene **Durchführungswege/Gestaltungsoptionen** zur Verfügung, und zwar die
– unmittelbare Versorgungszusage (§ 1b Abs. 1 BetrAVG),
– Direktversicherung (§ 1b Abs. 2 BetrAVG),
– Pensionskasse (§ 1b Abs. 3 BetrAVG),
– Unterstützungskasse (§ 1b Abs. 4 BetrAVG) sowie der
– Pensionsfonds (§ 1b Abs. 3 BetrAVG).

Sie unterscheiden sich deutlich in ihren institutionellen, versicherungstechnischen, versicherungsrechtlichen, steuerlichen und arbeitsrechtlichen Rahmenbedingungen.

90 Mit Ausnahme der Direktzusage greift der Arbeitgeber dabei auf einen externen Versorgungsträger zurück. Dadurch entstehen Rechtsbeziehungen zwischen drei Parteien: Arbeitnehmer, Arbeitgeber und Versorgungsträger. Zwischen Arbeitgeber und Versorgungsträger entsteht das sog. **Deckungsverhältnis**, in dem die Aufbringung der Beiträge sowie die Rahmenbedingungen der Leistungserbringung durch den Versorgungsträger geregelt werden. Da der Versorgungsträger die Leistungen direkt an den Arbeitnehmer auszahlt, entsteht insoweit ein **Zuwendungsverhältnis**.

91 Durch den über das Altersvermögensgesetz eingefügten § 1 Abs. 1 Satz 3 BetrAVG wird klargestellt, dass das Versorgungsversprechen des Arbeitgebers unabhängig von der Leistungsfähigkeit des Versorgungsträgers stets eine arbeitsrechtliche Grundverpflichtung zur Erbringung der zugesagten Leistung enthält. Dies gilt auch dann, wenn der Arbeitgeber in der Zusage auf die Leistungen des Versorgungsträgers verweist. Kann der Versorgungsträger die zugesagte Leistung nicht aus eigenen Mitteln erbringen, muss der Arbeitgeber für die Erfüllung der Versorgungszusage einstehen (sog. **Verschaffungsanspruch**).

1. Unmittelbare Versorgungszusagen

92 Am weitesten verbreitet ist die unmittelbare Versorgungszusage, auch Direktzusage oder Pensionszusage genannt, die dem Arbeitnehmer im Regelfall einen unmittelbaren Rechtsanspruch gegen den Arbeitgeber auf Zahlung der zugesagten Versorgungsleistungen einräumt. Mit Erteilung der Pensionszusage übernimmt der Arbeitgeber die Verpflichtung, dem Versorgungsberechtigten im Versorgungsfall (Alter, Invalidität, Tod) die jeweils zugesagten Leistungen zu verschaffen, § 1 Abs. 1 Satz 3 BetrAVG.

III. Durchführungswege der betrieblichen Altersversorgung A.

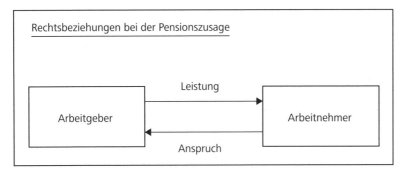

Diese Rechtsbeziehungen werden auch nicht dadurch beeinflusst, dass der Arbeitgeber einen Dritten (z. B. Bochumer-/Essener-Verband) mit der technischen Abwicklung der Auszahlung der Betriebsrenten beauftragt.

Sofern die Pensionszusage ohne Rechtsanspruch ausgestaltet sein sollte, was ein für die betriebliche Praxis eher atypischer Fall ist, hätte dies zur Konsequenz, dass der Arbeitgeber für die sich hieraus ergebenden Versorgungsverpflichtungen keine Pensionsrückstellungen nach § 6a Abs. 1 Nr. 3 EStG bilden dürfte, obwohl er arbeitsrechtlich auch bei einer solchen Vertragskonstruktion letztendlich für die Erfüllung des Versorgungsversprechens haftet. Die ohne Rechtsanspruch erteilte Versorgungszusage ist nämlich unter arbeitsrechtlichen Aspekten nichts anderes als ein an sachliche Widerrufsgründe gebundenes Widerrufsrecht. 93

In rechtlicher Hinsicht ist die Pensionszusage der konstruktiv einfachste der im BetrAVG geregelten Durchführungswege, da sich sämtliche Rechte und Pflichten aus der Versorgungsvereinbarung auf der Ebene des zwischen Arbeitgeber und Versorgungsberechtigten bestehenden Arbeitsverhältnisses abspielen. Außerdem gibt es unter dem Aspekt der »Finanzierungs-Flexibilität« keinerlei Restriktionen wie bei den anderen Durchführungswegen der betrieblichen Altersversorgung. Der Arbeitgeber muss nur die Zahlung der zugesagten Versorgungsleistungen bei Eintritt des Versorgungsfalls sicherstellen. Ob, wann und wie er diese Verpflichtung vorfinanziert, bleibt letztendlich ihm überlassen. 94

Dagegen ist die Pensionszusage unter betriebswirtschaftlichen Aspekten – im Hinblick auf die nachfolgend beschriebenen steuerlichen Passivierungsmöglichkeiten des tatsächlich bestehenden wirtschaftlichen Verpflichtungsumfangs – nur unbefriedigend ausgestaltet. Dies gilt insbes. bzgl. des zugrunde gelegten Rechnungszinses und der anzuwendenden Sterbetafeln. Dies hat zur Konsequenz, dass der in der Steuerbilanz zum Rentenbeginn ausgewiesene steuerliche Barwert im Regelfall nicht ausreicht, um die Versorgungsverpflichtung zu finanzieren. 95

a) Passivierungspflicht/Passivierungswahlrecht

Nach § 249 HGB müssen für unmittelbare Pensionszusagen grds. Rückstellungen in der Handelsbilanz und nach dem Grundsatz der Maßgeblichkeit der handelsrechtlichen **Passivierungspflicht** entsprechende Pensionsrückstellungen auch in der Steuerbilanz ausgewiesen werden, und zwar gem. § 6a EStG unter den dort genannten Voraussetzungen (*Meier/Recktenwald, BB 2007, 709*). Diese Passivierungspflicht gilt allerdings nur für solche Versorgungsverpflichtungen, die nach dem 31.12.1986 (= im Bilanzrichtliniengesetz 1986 festgelegter Stichtag) erteilt worden sind. Bei zuvor, d. h. vor dem 01.01.1987 erteilten Versorgungszusagen gilt gem. Art. 28 Abs. 1 EG-HGB nach wie vor das **Passivierungswahlrecht**, das sich auch auf alle späteren Erhöhungen der vor dem 01.01.1987 erteilten Pensionszusage bezieht. Der Arbeitgeber kann in diesen Fällen Pensionsrückstellungen bilden, ist hierzu aber nicht gezwungen. Wurden dementsprechend Zuführungen zur Pensionsrückstellung unterlassen, so dürfen sie erst bei Eintritt des Versorgungsfalls oder in dem Zeitpunkt nachgeholt werden, in dem der Versorgungsberechtigte mit einer unverfallbaren Versorgungsanwartschaft aus dem Unternehmen ausscheidet (sog. **Nachholungsverbot**). Allerdings müssen Kapitalgesellschaften **Fehlbeträge**, die sich aus der Nichtpassivierung oder nicht vollständigen Passivierung 96 von Versorgungspflichten ergeben, gem. Art. 28 Abs. 2 EG-HGB im Anhang zur Handelsbilanz **offenlegen**. Die bilanziellen Belastungen des Arbeitgebers steigen hierdurch nicht an; er muss lediglich eine vorhandene finanzielle Verpflichtung offen legen, was allenfalls die Kreditwürdigkeit des Unternehmens tangieren kann.

b) Grundsätze der Rückstellungsbildung

97 Die »Pensionsrückstellung« belastet die Passivseite der Bilanz. Sie wird durch jährliche »Zuführungen« bis zum Altersrentenbeginn allmählich aufgebaut. Diese Zuführungen mindern als buchmäßiger Aufwand den Gewinn des Unternehmens. Die Summe aller Zuführungen zur Pensionsrückstellung (Teilwert) ergibt den bei Altersrentenbeginn voraussichtlichen Kapitalbetrag für die lebenslängliche Zahlung der zugesagten Altersrente (*ausführlich hierzu Ahrend/Förster/Rößler, 2. Teil Rn. 131 ff.; Höfer, BetrAVG, Bd. II [StR] Rn. 197 ff.; vgl. ferner Meier/Recktenwald, BB 2007, 709*). Dabei ist aber zu beachten, dass die Pensionsrückstellung lediglich die Offenlegung einer eingegangenen Verpflichtung ist und nicht als Kapital bewertet werden darf, das bei Eintritt des Versorgungsfalls tatsächlich zur Auszahlung zur Verfügung bereitsteht. Vielmehr ist die Finanzierung der Versorgungsleistung völlig von der Rückstellungsbildung zu trennen; diese muss auf andere Weise, z. B. aus der Unternehmenssubstanz oder durch externe Finanzierung (Rückdeckungsversicherung, Wertpapierdepot etc.) erfolgen.

98 Pensionsrückstellungen sind bei **Altzusagen**, d. h. bei einer Zusageerteilung vor dem 01.01.2001, erstmals für das Jahr der Zusageerteilung zu bilden gewesen, frühestens jedoch für das Jahr, bis zu dessen Mitte der Versorgungsberechtigte das 30. Lebensjahr vollendet, § 6a EStG.

Die Pensionsrückstellungen dürfen höchstens mit dem nach versicherungsmathematischen Grundsätzen zu berechnenden Teilwert der Versorgungsverpflichtung angesetzt werden. Wurde eine »Altzusage« erst nach Diensteintritt erteilt, so sind für die nach Alter 30 bis zum Zusagejahr zurückgelegten Dienstjahre die »unterlassenen« Pensionsrückstellungen entweder in einem einmaligen Betrag zu passivieren oder gleichmäßig auf das Jahr der Zusage und die beiden Folgejahre zu verteilen.

99 Im Rahmen diverser Gesetzesänderungen ist diese Altersgrenze bei ab dem 01.01.2009 erteilten arbeitgeberfinanzierten Zusagen mehrfach abgesenkt worden. Aktuell liegt die Altersgrenze bei 27 Jahren. Im Fall einer Entgeltumwandlung wird für die Rückstellungsbildung sogar gänzlich auf eine Altersgrenze verzichtet. Hier kann also vom ersten Tag der Entgeltumwandlung an eine steuerliche Finanzierung vorgenommen werden.

Für die Entgeltumwandlung gilt zudem eine weitere Modifikation. Die Rückstellung ist hier alternativ nach dem Teilwertverfahren oder dem Barwertverfahren zu berechnen; der sich dabei ergebende höhere Betrag ist als Rückstellungsbetrag in der Bilanz zu passivieren (*vgl. auch Förster/Rühmann/Recktenwald, BB 2001, 1408*).

100 Daneben ist die **steuerliche Anerkennung** der gebildeten Pensionsrückstellung von diversen zusätzlichen Kriterien abhängig.

101 Zunächst einmal setzt die Rückstellungsbildung zwingend die schriftliche Dokumentation (Schriftform) der Pensionszusage sowie ihrer wesentlichen inhaltlichen Parameter voraus. So muss die Pensionszusage eindeutige Angaben zu Art, Form, Voraussetzungen und Höhe der in Aussicht gestellten künftigen Versorgungsleistungen enthalten (§ 6a Abs. 1 Nr. 3 EStG).

102 Ferner werden Pensionsrückstellungen nur für solche Zusagen anerkannt, deren Höhe sich auf max. 75 % der letzten Aktivbezüge (Kappungsgrenze; Stichwort »**Überversorgung**«) beläuft. Wird eine dem Wert nach höhere Zusage erteilt, ist der 75 % der letzten Aktivbezüge übersteigende Teil der Pensionszusage nicht rückstellungsfähig (*BFH, 17.05.1995 – I R 16/94, BFHE 178, 134 = BB 1995, 2053 = DB 1995, 1992*).

103 Darüber hinaus erkennt die Finanzverwaltung das Vorliegen einer rückstellungsfähigen betrieblichen Altersversorgung regelmäßig nur dann an, wenn das Arbeitsverhältnis im Zeitpunkt des

III. Durchführungswege der betrieblichen Altersversorgung   A.

Eintritts des Versorgungsfalls formal beendet ist. Danach dürfen für eine Versorgungsleistung, die neben einem laufenden Gehalt fällig werden kann, keine Pensionsrückstellungen gebildet werden (*BFH, 02.12.1992 – I R 54/91, BFHE 170, 119 = BStBl. II 1993, S. 311 = BetrAV 1993, 230 = BB 1993, 849 = DB 1993, 715 = GmbHR 1993, 232; BMF-Schreiben v. 11.11.1999 – IV C 2 – S 2176 – 102/99, DB 1999, 2385 Rn. 2*). Etwas anderes gilt nur dann, wenn der Versorgungsberechtigte über das vereinbarte Pensionierungsalter (= regelmäßig 65. Lebensjahr) hinaus weiter für das Unternehmen tätig ist und dann neben dem Gehalt die vereinbarte Altersrente erhält.

Die Pensionsrückstellung ist ab Rentenbeginn wieder sukzessive, bei Fortfall der Verpflichtung (z. B. Verzicht oder mangels vorhandener Leistungsempfänger) in einem Betrag **Gewinn erhöhend** aufzulösen.   104

Im Versorgungsfall vor Altersrentenbeginn (Tod/Invalidität) ist die Pensionsrückstellung, sofern sie eine entsprechende Zusage auf Invaliden- oder Hinterbliebenenrente enthält, grds. auf den Barwert der sofort beginnenden Invaliden- bzw. Hinterbliebenenrente aufzufüllen (*vgl. auch Höfer, BetrAVG, Bd. II [StR] Rn. 209*). Dieses sog. **Bilanzsprungrisiko** kann bei einer bestehenden Passivierungspflicht zu einer bilanziellen Überschuldung und damit zum Konkurs des Unternehmens führen, wenn nicht das entsprechende Versorgungskapital durch eine Versicherung, deren Wert und Auszahlungen bilanziell zu aktivieren wären, abgesichert ist. Beruht allerdings die Versorgungsleistung auf einer Zusage, die vor dem 01.01.1987 erteilt worden ist, so gilt auch hier das oben dargestellte Passivierungswahlrecht, sodass die Gesellschaft hier die Auffüllung der Pensionsrückstellung (Teilwert) auf den vollen Rentenbarwert in der Handels- und Steuerbilanz nicht nachvollziehen muss. Das Bilanzsprungrisiko realisiert sich dann »nur« im Anhang zur Handelsbilanz, in der die volle Rentenverpflichtung ausgewiesen werden muss.   105

Durch die Bildung von Pensionsrückstellungen verbleiben dem Unternehmen nicht gezahlte Steuern i. H. d. geltenden Ertrags- und Vermögensteuersätze (i. d. R. mehr als 60 % der Rückstellungsbeträge), d. h. das Unternehmen erhält zusätzliche Liquidität in Form gestundeter bzw. ersparter Steuern.   106

Grundlage der Berechnung von Pensionsrückstellungen sind sowohl für die Handels- als auch für die Steuerbilanz die »anerkannten Regeln der Versicherungsmathematik«. Darüber hinausgehende zwingende Berechnungsgrundlagen enthält nur § 6a EStG für die Steuerbilanz, so z. B. das Mindestalter von 30 (28) Jahren oder den anzuwendenden Rechnungszinsfuß von 6 %.   107

Zu den wesentlichen Kriterien der anerkannten Regeln der Versicherungsmathematik gehören die Statistiken über die Sterbens- und Invaliditätswahrscheinlichkeiten der versorgungsberechtigten Mitarbeiter, die in Deutschland mit ausdrücklicher Anerkennung durch die Finanzverwaltung in Form der jeweiligen »Heubeck'schen Richttafeln« verwendet werden.   108

Diese zuletzt im November 2010 überarbeiteten Richttafeln von Prof. Dr. Klaus Heubeck sind zuletzt mit Modifizierung in der Fluktuationsauswirkung an die aktuellen statistischen Erkenntnisse angepasst worden (Richttafeln 2005G). Hierbei wurde insbes. das statistische Datenmaterial der gesetzlichen Rentenversicherungsträger herangezogen und ausgewertet.

Das BMF hat mit Schreiben v. 31.12.1998 (*IV C 2 – S 2176 – 25/98, DB 1999, 24 = StuB 1999, 93*) die Heubeck'schen Richttafeln als mit den versicherungsmathematischen Grundsätzen des § 6a EStG vereinbar anerkannt und diese Entscheidung zuletzt mit Schreiben v. 16.12.2005 (*IV B 2 – S 2176 – 106/05*) mit Verweis auf die aktuellen Richttafeln bestätigt.   109

Als Ergänzung sieht § 6a Abs. 4 EStG nunmehr vor, dass der sich aus der Anwendung neuer oder geänderter biometrischer Rechnungsgrundlagen nach § 6a Abs. 3 EStG ergebende Mehrbetrag nicht in einem Einmalbetrag der Pensionsrückstellung nach § 6a Abs. 4 Satz 1 EStG zuzuführen ist, sondern auf eine angemessene Zeitspanne von mindestens drei Wirtschaftsjahren gleichmäßig verteilt werden kann. Dementsprechend sieht der Gesetzgeber in der Neufassung von § 52 EStG vor, dass die 1998 veröffentlichten neuen oder geänderten biometrischen Rechnungsgrundlagen erstmals für

A.	Allgemeine Grundlagen

das Wirtschaftsjahr anzuwenden sind, das nach dem 31.12.1998 geendet hat; entsprechend sind die aktuellen Richttafeln mit Ausnahme einer genaueren individuellen Bewertung i. S. d. BMF-Schreibens v. 09.12.2011 zur Anerkennung unternehmensspezifischer und modifizierter biometrischer Rechnungsgrundlagen (*IV C 6 – S 2176/07/10004:001*) anzuwenden.

110 § 52 EStG schränkt zudem die zuvor beschriebene Verteilungsmöglichkeit dergestalt ein, dass die Verteilung für den sich aus der erstmaligen Anwendung der 98er-Richttafeln ergebenden Mehraufwand zwingend auf die Jahre 1999 bis 2001 zu gleichen Teilen vorzunehmen ist.

111 In handelsrechtlicher Hinsicht ist nach den Grundsätzen des Bilanzrichtliniengesetzes grds. davon auszugehen, dass die neuen Richttafeln als aktuelle und bekannte Rechnungsgrundlagen bereits bei der Berechnung der Pensionsrückstellungen für die 98er-Bilanz zu berücksichtigen waren. Dies hat in einer ersten Stellungnahme so auch ausdrücklich der Hauptfachausschuss der Wirtschaftsprüfer (HFA) bestätigt. Wörtlich heißt es in dieser Stellungnahme (*HFA-Fachnachrichten 10/98*):

> »Nach Auffassung des HFA sind aufgrund der geänderten biometrischen Grundlagen notwendige Erhöhungen der Pensionsrückstellungen zum 31.12.1998 vollständig ergebniswirksam zu berücksichtigen. Eine mehrperiodige Verteilung der Rückstellungszuführung kommt nicht in Betracht.«

112 Hinsichtlich der Zulässigkeit einer mehrperiodigen Verteilung des Erhöhungsbetrages hat der HFA allerdings in seiner Sitzung vom 16.11.1998 eine modifizierte Auffassung vertreten (*DB 1998, 2383*). Danach hat die Anpassung an die neuen Richttafeln stufenweise über einen Zeitraum von max. vier Jahren (1998 bis 2001) erfolgen. Im Ergebnis führt diese Regelung dazu, dass der Übergang auf die neuen Richttafeln sowohl in der Steuer-, als auch in der Handelsbilanz spätestens bis zum 31.12.2001 gleichermaßen vollzogen ist.

c) Auswirkungen durch das BilMoG

113 Im April 2009 ist das **Bilanzrechtsmodernisierungsgesetz (BilMoG)** in Kraft getreten, das die umfangreichste Änderung des deutschen Bilanzrechts seit dem Bilanzrichtliniengesetz von 1986 beinhaltet.

114 Bislang wurde die handelsrechtliche Bewertung von Pensionsrückstellungen weitgehend von den steuerlichen Bewertungsvorschriften des § 6a EStG bestimmt. Die steuerlichen Vorgaben des Einkommensteuergesetzes weisen die realen Verpflichtungen des Arbeitgebers aus einer Versorgungsverpflichtung jedoch nicht vollständig aus. Dies liegt zum einen an dem statischen Abzinsungssatz von 6 % und zum anderen am strengen Stichtagsprinzip, das eine Berücksichtigung zukünftiger Entwicklungen verweigert, soweit sie am Bilanzstichtag noch nicht unwiderruflich feststehen.

115 ▶ **Beispiel:**

> Das Unternehmen U hat einem 40-jährigen Mitarbeiter eine Pensionszusage i. H. v. monatlich 1.000,00 € Alters- und Invalidenrente sowie 60 % Witwenrente erteilt. Hierfür weist das U in seiner **Steuerbilanz** des Jahres 2009 einen gemäß den steuerlichen Vorschriften auf der Basis eines Rechnungszinses von 6 % berechneten Teilwert von 20.732,00 € aus. In der **Handelsbilanz** des gleichen Jahres berechnet U auf Anraten des Wirtschaftsprüfers die Pensionsverpflichtung mit einem Rechnungszins von 4,5 %. Die Pensionsrückstellung für die gleiche Verpflichtung beträgt danach 29.819,00 €. Unterstellt man zusätzlich eine Rentendynamik von jährlich 2 %, so beläuft sich die Pensionsrückstellung auf 37.724,00 €. Dies entspricht einer Erhöhung ggü. dem steuerlich anzusetzenden Wert i. H. v. 82 %.

116 Eine solche realitätsnahe Bewertung der Versorgungsverpflichtung war auch in der Vergangenheit grds. schon möglich. Aus Vereinfachungsgründen (Verzicht auf zwei Rückstellungsberechnungen und auf unterschiedliche Bilanzen) wurde aber in vielen Fällen der steuerliche Teilwert unverändert auch in der Handelsbilanz ausgewiesen (sog. »**umgekehrte Maßgeblichkeit**«). Für Geschäftsjahre, die nach dem 31.12.2009 begonnen haben, ist diese umgekehrte Maßgeblichkeit jedoch

aufgehoben. Es gelten für die Handelsbilanz nunmehr zwingend die neuen, vom Steuerrecht abweichenden Bewertungsvorschriften des BilMoG.

Die **Bewertung von Pensionsrückstellungen** ist danach mit dem nach vernünftiger kaufmännischer Bewertung erforderlichen Erfüllungsbetrag anzusetzen. Es müssen Trendannahmen berücksichtigt werden, welche Einfluss auf die Höhe der zugesagten Pensionsleistung haben. Bei Rentenverpflichtungen muss aufgrund der gesetzlich festgelegten Rentenanpassung (§ 16 BetrAVG) immer eine Rentendynamik berücksichtigt werden, bei gehaltsabhängigen Pensionszusagen immer ein Gehaltstrend. 117

Des Weiteren müssen Pensionsrückstellungen mit einer Restlaufzeit von mehr als einem Jahr mit einem durch den Gesetzgeber definierten Rechnungszins abgezinst werden. Dieser Zins wird von der Deutschen Bundesbank monatlich bekannt gegeben. Die Systematik und Bemessungsgrundlage für die **Zinsbestimmung** werden zukünftig in einer Rechtsverordnung geregelt. 118

Der jeweils **maßgebliche Zinssatz** ist nicht stichtagsbezogen und im Gegensatz zum steuerlichen Rechnungszins auch nicht statisch, sondern ergibt sich aus dem **Durchschnitt der letzten sieben Jahre**. Somit können zufallsbedingte Schwankungen des Zinssatzes abgemildert werden. Für Pensionsrückstellungen und ähnlich langfristige Verpflichtungen (z. B. Wertkonten) kann pauschal eine Restlaufzeit von fünfzehn Jahren angenommen werden. Die Erleichterung führt dazu, dass bestehende Pensionsrückstellungen grds. mit einem einheitlichen Rechnungszins abgezinst werden können. Nach den aktuellen Gegebenheiten beträgt der nach BilMoG anzuwendende Rechnungszins für Pensionsrückstellung ca. 5,3 %. 119

Das BilMoG schreibt keine verbindlich anzuwendende Bewertungsmethode vor. So kann auch weiterhin das Teilwertverfahren als Bewertungsverfahren für die Pensionsrückstellungen angewendet werden. Allerdings muss dann für die Handelsbilanz der Teilwert unter Berücksichtigung von Trendannahmen gebildet und mit dem anzuwendenden Rechnungszins abgezinst werden. Darüber hinaus kommt aber auch die in der internationalen Rechnungslegung verwendete **Projected-Unit-Credit-Methode (PUC-Methode)** in Betracht.

Die Bewertungsmethode spielt bei der Umstellung von der »alten« Rückstellungsbewertung auf die »neue« Bewertung eine Rolle. Denn aufgrund der unterschiedlichen Aufwandsverteilungsmechanismen ist bei aktiven Anwärtern i. d. R. der Anstieg des Teilwerts nach § 6a EStG auf den »BilMoG-Teilwert« größer als beim Wechsel auf die »PUC-Methode«. Da der Anstieg der Pensionsrückstellung einen bilanziellen Aufwand darstellt, der das handelsbilanzielle Jahresergebnis belastet, könnte eine Umstellung des Bewertungsverfahrens eine Option sein, um den außerordentlichen Aufwand zu minimieren. Der testierende Wirtschaftsprüfer muss der Umstellung des Bewertungsverfahrens jedoch zustimmen, da diese dem Grundsatz der Bewertungsstetigkeit entgegensteht. 120

Für die außerordentlichen Zuführungen zur Pensionsrückstellung aufgrund der Bewertungsveränderungen hat das BilMoG eine **Übergangsregelung von max. 15 Geschäftsjahren** vorgesehen (s. a. § 67 Abs. 1 EGHGB). Dabei muss jährlich mindestens ein Fünfzehntel des Zuführungsbetrags zugeführt werden. Höhere Zuführungen sind möglich und bedingen eine kürzere Verteilungsdauer. 121

Durch den Anstieg der Pensionsrückstellungen kommt es in der HGB-Bilanz zu einer Eigenkapitalminderung, wenn dem Aufwand aus der Zuführung keine Erträge entgegenstehen. 122

In einigen Fällen kann es auch zu einer **Auflösung von Pensionsrückstellungen** aufgrund der Bewertungsveränderungen kommen. Hier darf dann auf eine Auflösung verzichtet werden, wenn in den folgenden Geschäftsjahren Zuführungen i. H. d. Auflösung erforderlich sind. 123

Darüber hinaus besteht nach dem BilMoG erstmals die Möglichkeit, in der Handelsbilanz Finanzinstrumente unter gewissen Voraussetzungen mit der Pensionsrückstellung zu saldieren. Dafür muss das Vermögen dem Zugriff aller Gläubiger entzogen sein und ausschließlich der Erfüllung von Schulden aus Altersversorgungsverpflichtungen (oder vergleichbar langfristig fälligen Verpflichtungen) dienen. Die Saldierung von »Planvermögen« und Pensionsverpflichtungen ist aus der 124 internationalen Rechnungslegung bekannt und führt dazu, dass nur noch der Saldo aus dem »Planvermögen« und der Pensionsrückstellung in der Bilanz auszuweisen ist. Übersteigt das Vermögen die Pensionsrückstellung, ist ein Aktivposten (»**Aktiver Unterschiedsbetrag aus Vermögensverrechnung**«) auszuweisen.

125 Das »Planvermögen« ist zum Zeitwert zu bewerten. Damit ist sichergestellt, dass sowohl das Vermögen als auch die Pensionsrückstellung mit ähnlichen Bewertungsmaßstäben bemessen werden und ein realistischer Ausweis der durch das Unternehmen unmittelbar zu tragenden Pensionsverpflichtung gezeigt wird.

126 Verpfändete Rückdeckungsversicherungen (ohne Rückkaufsrecht) und Treuhandkonstruktionen (**Contractual Trust Arrangement** – CTA) erfüllen die vom Gesetzgeber definierten Voraussetzungen.

127 Im Fall einer an den Versorgungsberechtigten verpfändeten **Rückdeckungsversicherung** wird der Aktivwert der Versicherung nicht mehr auf der Aktivseite angesetzt, sondern von der Pensionsrückstellung abgezogen. Die gleichzeitige Auslagerung biometrischer Risiken aus dem Unternehmen ist ein zusätzliches Argument für die Ausfinanzierung der Versorgungsverpflichtung über Rückdeckungsversicherungen. Da es sich lediglich um ein Finanzierungsprodukt handelt, muss die arbeitsrechtliche Pensionszusage nicht angepasst werden. Lediglich für das zu bestellende Pfandrecht ist die Zustimmung des Versorgungsberechtigten erforderlich.

128 Bei größeren Beständen kommt die Einrichtung eines **CTA**s oder der Beitritt zu einem Gruppen-CTA in Betracht. Ein CTA ist eine vertragliche Treuhandkonstruktion, die die Zweckbindung des Vermögens und den Insolvenzschutz gewährleistet. Die Zweckbindung und Insolvenzsicherung durch den Treuhänder führt dazu, dass das CTA-Vermögen von der Pensionsrückstellung in Abzug gebracht werden kann. Die Einrichtung eines eigenen CTAs ist mit einem höheren Einrichtungsaufwand verbunden. Es unterscheidet sich von einem Gruppen-CTA in der Weise, dass die Vermögensanlage völlig flexibel gestaltet werden kann. Neben klassischen Finanzanlagen können auch immaterielle Vermögensgegenstände eingebracht werden. Das CTA kann – für die Begünstigten lohnsteuerfrei – in unbegrenzter Höhe dotiert werden. Durch ein Asset-Liability-Management lässt sich ein dauerhafter Null-Saldo aus Pensionsrückstellung und Vermögen in der Handelsbilanz darstellen. Durch die Zeitwertbewertung des Vermögens im CTA lassen sich zusätzlich steuerfrei stille Reserven heben. Da das CTA aus der internationalen Rechnungslegung (IFRS) bekannt ist und auch dort zu einer Saldierung führt, ist es besonders für Unternehmen interessant, die einen Konzernabschluss nach IFRS erstellen. Die Auslagerung biometrischer Risiken lässt sich mit einem CTA jedoch nicht erreichen.

129 Es könnten aber auch andere Vermögensgegenstände des Unternehmens, die dem Zugriff aller Gläubiger entzogen wurden als »Planvermögen« anerkannt werden, da die zwingende Voraussetzung der Übertragung des Vermögens auf einen unabhängigen Rechtsträger nicht definiert wird. Ein Beispiel für zweckgebundenes Vermögen wäre ein an die Versorgungsberechtigten verpfändetes Fondsdepot. In jedem Fall ist mit dem Wirtschaftsprüfer abzustimmen, ob die Voraussetzungen für eine Saldierung auch aus dessen Sicht gegeben sind.

130 Das BilMoG erfordert zudem **umfangreiche Angaben** zu den Pensionsverpflichtungen im Anhang zur Handelsbilanz. Dies betrifft insb.
 – das angewendete versicherungsmathematische Berechnungsverfahren (Teilwertverfahren oder PUC-Methode),
 – die grundlegenden Annahmen der Berechnung, wie den Zinssatz, die erwarteten Lohn- und Gehaltssteigerungen sowie sonstige Trendannahmen,
 – die zugrunde gelegten Sterbetafeln.

Bei Anwendung des Saldierungsgebots sind darüber hinaus noch anzugeben
 – die Anschaffungskosten und der beizulegende Zeitwert der verrechneten Vermögensgegenstände,

- der Erfüllungsbetrag der verrechneten Schulden; dies ist die Pensionsrückstellung,
- die verrechneten Aufwendungen und Erträge.

Aufgrund der Tatsache, dass das BilMoG nur die Rechnungsgrundlagen für die Handelsbilanz regelt und eine entsprechende steuerliche Begleitung fehlt, müssen Unternehmen, die ihre betriebliche Altersversorgung über unmittelbare Versorgungszusagen durchführen, ab 2010 in jedem Fall mindestens zwei Wertansätze für die Pensionsverpflichtungen ermitteln und dementsprechend zwei unterschiedliche Bilanzen – Handels- und Steuerbilanz – erstellen. Bilanziert das Unternehmen auch noch nach internationalem Recht (z. B. IFRS oder US-GAPP) kommt sogar noch ein dritter Bewertungsansatz und eine dritte Bilanz hinzu. 131

d) Liquiditätsaspekte

Eine finanzielle Belastung (Liquiditätsabfluss) aus den Versorgungsverpflichtungen beginnt erst dann, wenn ein **Versorgungsfall** (Tod, Invalidität, Pensionierung) eintritt, also erst, wenn die Leistungen tatsächlich erbracht werden müssen. 132

Zur Absicherung dieser innerbetrieblichen Pensionsverpflichtungen kann der Arbeitgeber »**Rückdeckungsversicherungen**« abschließen und so die betriebsfremden Risiken (vorzeitiger Tod, Invalidität) vom Unternehmen auf einen externen Risikoträger verlagern. Gleichzeitig wird das Unternehmen in die Lage versetzt, auch bei Liquiditätsschwierigkeiten die zugesagten Leistungen erfüllen zu können.

Für den Fall, dass der Arbeitgeber die erteilte Zusage über eine Rückdeckungsversicherung finanziert, stellen die zu leistenden Beiträge des Arbeitgebers lediglich einen sog. **Aktivtausch** dar. Die Beitragszahlung an das Versicherungsunternehmen beeinträchtigt jedoch den o. g. Finanzierungseffekt der Pensionsrückstellung, da die Aktivwerte der Rückdeckungsversicherungen zu berücksichtigen sind.

e) Betriebswirtschaftliche Aspekte

Mit einer **Direktzusage** geht der Arbeitgeber eine aufschiebend bedingte Verbindlichkeit ggü. seinen Mitarbeitern ein. Diese muss das Unternehmen (*s. o. Rdn. 96 ff.*) in Form einer Rückstellung in der Bilanz ausweisen. Pensionsrückstellungen sind ihrem Wesen nach Rückstellungen für ungewisse Verbindlichkeiten i. S. v. § 249 HGB. Damit ist die Pensionsrückstellung dem **Fremdkapital** zuzurechnen und wirkt damit grds. **eigenkapitalmindernd**. Ob es durch die Zusage einer betrieblichen Altersversorgung letztendlich zu einer Eigenkapitalerhöhung (entspricht einer Erhöhung des Unternehmensvermögens) oder zu einer Eigenkapitalminderung (entspricht einer Vermögensminderung) kommt, hängt von dem Saldo aus Fremdkapitalminderbestand und Höhe der Pensionsrückstellung ab. 133

Allerdings muss man aber auch beachten, dass durch die Bildung von Pensionsrückstellungen dem Unternehmen nicht gezahlte Steuern i. H. d. geltenden Ertrags- und Vermögensteuersätze (i. d. R. mehr als 60 % der Rückstellungsbeträge) verbleiben, d. h. das Unternehmen erhält zusätzliche Liquidität in Form gestundeter bzw. ersparter Steuern (**Steuerstundungseffekt**). 134

Die interne Finanzierung der Pensionsverpflichtungen über Pensionsrückstellungen bei dem Durchführungsweg Direktzusage wird unter dem oben unter Rdn. 97 dargestellten Aspekt der »**Bilanzverlängerung**« (Bilanzverlängerung auf der Passivseite durch Pensionsrückstellungen führt im Vergleich zu einer rückstellungsbereinigten Bilanz i. d. R. zu verschlechterten Bilanzkennzahlen) bzw. im Hinblick auf eine unzureichende Absicherung der Versorgungsverpflichtungen auf der Aktivseite zunehmend von Rating-Agenturen und aufgrund der Basel-II-Anforderungen der Kreditinstitute kritisch gesehen. Vor diesem Hintergrund sind Pensionszusagen zuletzt in die Diskussion geraten. Insbes. Rating-Agenturen und Banken neigen dazu, derartige Systeme aufgrund ihrer bilanziellen Konsequenzen negativ zu bewerten. 135

136 Insoweit muss man allerdings beachten, dass die Pensionsrückstellung zwar bilanzsystematisch dem Fremdkapital zuzurechnen ist, aber als Fremdkapital sui generis nicht mit sonstigem Fremdkapital wie z. B. Bankkrediten gleichgestellt werden kann. Pensionsrückstellungen unterscheiden sich nämlich in wesentlichen Punkten von anderem Fremdkapital:
- Die Mittel werden dem Unternehmen nicht von außen wie bei einer Kreditaufnahme »fremd« zugeführt, sondern im Unternehmen während der aktiven Dienstzeit der Versorgungsberechtigten erwirtschaftet.
- Die Konditionen dieses Fremdkapitals sind über die gesamte Laufzeit stabil und die Tilgungsdauer ist auf mehrere Jahrzehnte angelegt.
- Weder die versorgungsberechtigten Arbeitnehmer, noch die Betriebsrentner haben als Gläubiger des Unternehmens unter Hinweis auf die Kapitalgabe einen Einfluss auf die Geschäftspolitik des Unternehmens. Sie können auch keine Sondertilgung verlangen oder den Kredit vorzeitig kündigen.
- Bei schlechter wirtschaftlicher Lage des Unternehmens kann das Volumen der Versorgungsverbindlichkeiten i. R. d. von der Rechtsprechung gesetzten Grenzen (Besitzstandsschutz bei einschränkender Neuordnung) angepasst, sprich reduziert werden.

Mithin ist eine unreflektierte Gleichstellung weder sachgerecht noch zwingend.

137 Obwohl Pensionsrückstellungen eindeutig dem Fremdkapital zuzuordnen sind, wirken sie als langfristig verfügbares Kapital bis zur Fälligkeit der zugesagten Versorgungsleistungen wie Eigenkapital und bewirken erhebliche Innenfinanzierungseffekte. Sie verbessern damit die langfristige Kapitalausstattung des Unternehmens und tragen zur Investitionsfestigkeit bei.

138 Die Bildung von Pensionsrückstellungen führt zu einem planmäßigen Kapitalaufbau ohne Liquiditätsabfluss. Die späteren Rentenzahlungen sind naturgemäß vom Unternehmen aufzubringen. Wie bei der Bedienung anderen Fremdkapitals gehört zu Pensionsverpflichtungen daher eine mittelfristige Liquiditätsplanung und -vorsorge. Eine insoweit gewünschte versorgungsspezifische Kapitaldeckung der Verpflichtungen kann flexibel und unternehmensindividuell erreicht werden.

139 In der Direktzusage besteht die größte Flexibilität, um die leistungssystematische Ausgestaltung der Versorgungszusage nach den speziellen Bedürfnissen des Unternehmens bzw. des Versorgungsberechtigten auszurichten. Insbes. hat der Arbeitgeber die Möglichkeit frei zu entscheiden, zu welchem Zeitpunkt er mit der (Vor-) Finanzierung der Versorgungsverpflichtungen beginnt. Er kann hiermit bereits bei Zusageerteilung anfangen und kontinuierlich sowie planmäßig Versorgungskapital aufbauen, er kann zu jedem Zeitpunkt bei entsprechender Liquidität bestimmte Verpflichtungen ganz oder teilweise ausfinanzieren (ertragsabhängige Finanzierung) oder erst bei Rentenbeginn das erforderliche einmalige oder laufende Versorgungskapital aus dem Cash-Flow des Unternehmens zur Verfügung stellen.

140 Eine Direktzusage bietet damit im Ergebnis – betriebswirtschaftlich betrachtet – die größten Gestaltungsfreiräume innerhalb der betrieblichen Altersversorgung. Mit diesen Freiräumen sind jedoch auch – im Vergleich zu den übrigen Durchführungswegen – die größten möglichen Risiken verbunden, die allerdings bei entsprechender Planung beherrschbar sind.

f) Empfehlungen für den Arbeitgeber

141 Aufgrund der neuen handelsrechtlichen Bilanzierungsvorschriften (BilMOG) stellt sich für die Unternehmen die grundsätzliche Frage, wie man das Versorgungssystem zukunftssicher für das Unternehmen und für die Arbeitnehmer gestalten und dennoch den personalpolitischen und betriebswirtschaftlichen Zielsetzungen des Unternehmens gerecht werden kann. Durch eine rechtzeitige Beantwortung dieser Frage und die Umsetzung daraus resultierender Handlungsanforderungen können Auswirkungen des BilMoG auf die Bilanzpolitik des Unternehmend begrenzt bzw. optimiert werden.

III. Durchführungswege der betrieblichen Altersversorgung   A.

Die Ausfinanzierung der Pensionsverpflichtungen über externe saldierungsfähige Finanzanlagen (**plan assets**) kann optimal mit dem Ziel der Verbesserung der Bilanzstruktur und der modernen Leistungsplangestaltung verbunden werden. Neben den handels- und arbeitsrechtrechtlichen Auswirkungen müssen dabei aber immer auch die steuerrechtlichen Auswirkungen untersucht und berücksichtigt werden. Aus diesem Grund ist die rechtzeitige Einbindung des Steuerberaters in den Beratungsprozess dringend zu empfehlen. 142

g) Konsequenzen für den Versorgungsberechtigten

Für den Arbeitnehmer hat die Versorgungszusage während seiner aktiven Dienstzeit keine steuerlichen Auswirkungen. Insbes. löst die Pensionszusage bis zur Fälligkeit einer Leistung keine Steuerpflicht beim Versorgungsberechtigten aus. Die Zuführungen des Arbeitgebers zu den Pensionsrückstellungen stellen keinen Lohnzufluss dar und unterliegen daher nicht der Lohnsteuer. Die späteren Leistungen (Rente oder Kapital) sind vom Versorgungsempfänger allerdings als nachträgliche Einkünfte aus nicht selbstständiger Arbeit gem. § 19 Abs. 1 Satz 1 Nr. 2 EStG in voller Höhe lohnsteuerpflichtig. Der Versorgungsfreibetrag gem. § 19 Abs. 2 Satz 1 EStG und Arbeitnehmer-Pauschbetrag nach § 9a Nr. 1 EStG können dabei geltend gemacht werden. Bei einer Kapitalleistung kann ggf. die zusätzliche steuerliche Vergünstigung des § 34 EStG zur Milderung der Progression im Auszahlungsjahr in Anspruch genommen werden. Mit den Neuerungen des AltEinkG seit dem 01.01.2005 werden die steuerlichen Freibeträge in der Leistungsphase allerdings langfristig bis 2040 abgeschmolzen. 143

Steuerliche Förderung	Sozialversicherungsbeiträge Anwartschaftsphase		Steuerliche Veranlagung	Sozialversicherungsbeiträge Leistungsphase
Versorgungsaufwand steuerfrei ohne Höchstgrenze	AG-finanziert	Beitragsfrei	§ 19 Abs. 2 EStG:	voller Beitrag zur Kranken- und Pflegeversicherung
	AN-finanziert	beitragsfrei bis 4 % BBG	Leistungen voll steuerpflichtig,	
			./. Versorgungsfreibetrag,	
			./. Zuschlag zum Versorgungsfreibetrag,	
			./. Arbeitnehmer- Werbungskosten- Pauschbetrag	

144

Übersicht: Steuerliche und beitragsrechtliche Behandlung der unmittelbaren Pensionszusage beim Arbeitnehmer (ab 01.01.2005)

2. Direktversicherungen

Im Fall der Direktversicherung schließt der Arbeitgeber als Versicherungsnehmer bei einer der Versicherungsaufsicht (Finanz- und Missbrauchsaufsicht; seit dem 01.07.1994 keine Tarifgenehmigung mehr erforderlich) unterliegenden Lebensversicherungsgesellschaft eine Versicherung auf das Leben des Arbeitnehmers ab. Den Arbeitnehmern oder deren Hinterbliebenen wird ganz oder teilweise das Bezugsrecht aus dem Versicherungsvertrag eingeräumt, sodass ihnen ein unmittelbarer Leistungsanspruch gegen den Versicherer zusteht. Die Versicherungsprämien sind regelmäßig vom **Versicherungsnehmer**, d. h. dem **Arbeitgeber**, zu erbringen; es ist aber auch eine Eigenbeteiligung der Arbeitnehmer (Gehaltsumwandlung) zulässig. 145

Zwischen Arbeitgeber, Versicherungsunternehmen und Arbeitnehmer besteht ein Dreiecksverhältnis: Das Versicherungsverhältnis zwischen Arbeitgeber und Versicherer (Vertrag zugunsten Dritter), das Bezugsrechtsverhältnis zwischen Arbeitnehmer und Versicherer und das Versorgungsverhältnis zwischen Arbeitgeber und Arbeitnehmer. Das Versorgungsverhältnis liegt dem Versicherungsverhältnis als arbeitsrechtliches Valutaverhältnis zugrunde. 146

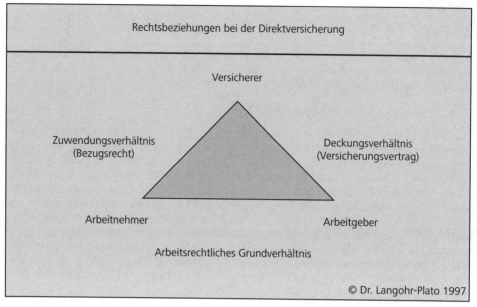

147 Die vom Unternehmen gezahlten Versicherungsprämien sind als Betriebsausgaben absetzbar, § 4 Abs. 4 EStG.

148 Nach § 4b Satz 1 EStG ist der Versicherungsanspruch aus einer Direktversicherung, die von einem Steuerpflichtigen aus betrieblichem Anlass abgeschlossen wird, dem Betriebsvermögen nicht zuzurechnen, soweit am Schluss des Wirtschaftsjahres hinsichtlich der Leistungen des Versicherers die Person, auf deren Leben die Lebensversicherung abgeschlossen ist, oder ihre Hinterbliebenen bezugsberechtigt sind. Der Anspruch aus der Versicherung ist demnach vom Arbeitgeber als Versicherungsnehmer in seiner Bilanz auch nicht zu aktivieren.

149 Beim Arbeitnehmer fand bis 2005 grds. eine vorgelagerte Besteuerung statt, da Beiträge für Direktversicherungen nach § 2 Abs. 2 Nr. 3 LStDV lohnsteuerpflichtigen Arbeitslohn (Zukunftssicherung) darstellen. Bei vor 2005 abgeschlossenen Verträgen kann unter bestimmten Voraussetzungen und bei Ausübung des Wahlrechts nach §§ 52 Abs. 6 und 52a EStG die vorgelagerte Besteuerung über § 40b Abs. 1 EStG a. F., der einen Pauschalsteuersatz von 20 % (zzgl. pauschale Kirchensteuer i. H. v. 7 % sowie Solidaritätszuschlag) vorsieht, vorgenommen werden, wobei Beiträge bis zu einer Höhe von 1.752,00 € p.a. pauschal besteuert werden können. Einzelne Versicherungsbeträge können sogar bis zu einem Höchstbetrag von 2.148,00 € p.a. pauschal besteuert werden, wenn mehrere Direktversicherungsverträge z. B. in einem Gruppenvertrag zusammengefasst werden und der Durchschnittsbetrag aller Versicherten 1.752,00 € nicht übersteigt. Die pauschale, vorgelagerte Besteuerung führt dazu, dass Kapitalzahlungen aus Direktversicherungen bei Einhaltung gewisser Voraussetzungen i. d. R. steuerfrei bleiben (§ 20 Abs. 1 Nr. 6 EStG) und Rentenleistungen nur mit dem sog. Ertragsanteil besteuert werden (§ 22 Nr. 1 Satz 3 Buchst. a) bb) EStG), z. B. 18 % bei Rentenbeginn im Alter 65.

150 Nach dem BFH-Urt. v. 02.07.1997 (*II R 43/94, BB 1997, 1781*) sind laufende und einmalige Leistungen aus Direktversicherungen auf den besonderen Versorgungsfreibetrag gem. § 17 ErbStG anzurechnen.

151 § 40b Abs. 2 EStG sieht darüber hinaus eine besondere Vergünstigung vor für Prämien zu einer Direktversicherung, die anlässlich der Beendigung eines Dienstverhältnisses – frühestens 3 Monate vor der Beendigung – gezahlt werden (**Vervielfältigungsregelung**). Nach dieser Regelung vervielfältigt sich die Pauschalierungshöchstgrenze von 1.752,00 € mit der Anzahl der Kalenderjahre, in denen

III. Durchführungswege der betrieblichen Altersversorgung — A.

das Dienstverhältnis des versorgungsberechtigten Arbeitnehmers zu dem betreffenden Unternehmen bestanden hat. Von diesem Betrag sind die pauschal besteuerten Prämien abzuziehen, die das Unternehmen im Kalenderjahr des Ausscheidens und in den sechs vorangegangenen Kalenderjahren erbracht hat. Diese Regelung gilt zumindest für entsprechende Verträge, die bis zum 31.12.2004 abgeschlossen werden (*zu den Konsequenzen, die sich aus der ab dem 01.01.2005 geltenden neuen Vervielfältigungsregelung nach § 3 Nr. 63 Satz 3 EStG ergeben, vgl. die Ausführungen unter Rdn. 1203 ff.*).

Die Vervielfältigungsregelung kann bei planmäßiger Pensionierung zum Zuge kommen, sie kann jedoch auch bei vorzeitiger Auflösung des Dienstverhältnisses angewendet werden. In letzterem Fall können Verluste aus der betrieblichen Altersversorgung durch Anwendung der Vervielfältigungsregelung aufgefangen werden.

152 Der einmalige Prämienaufwand für eine solche Direktversicherung kann aus Teilen von den i. d. R. gewährten – nicht steuerfreien – Abfindungen oder gem. Absch. 129 Abs. 12 Satz 2 EStG aus regulären Gehaltsteilen, Sonderzahlungen oder Tantiemen finanziert werden, wodurch der individuelle Steuersatz auf den pauschalen Steuersatz reduziert und damit eine erhebliche Steuerersparnis erzielt wird (*ausführlich hierzu Langohr-Plato, ZAP, Fach 20, S. 109 [113 f.]*).

153 Nach § 40b Abs. 2 Satz 3 EStG müssen die Beiträge im Rahmen einer Vervielfältigungsregelung »**aus Anlass der Beendigung**« des Dienstverhältnisses erbracht werden. Die Zahlung muss also in einem sachlichen Zusammenhang mit der Beendigung des Dienstverhältnisses stehen. Frühester Zeitpunkt für die Anwendung der Vervielfältigungsregelung ist nach Abschnitt 129 Abs. 12 Satz 1 LStR 1996 ein Zeitraum von 3 Monaten vor Beendigung des Dienstverhältnisses.

Bis zu welchem Zeitpunkt die Vervielfältigungsregelung **spätestens** durchgeführt worden sein muss, ist dagegen weder im Gesetz noch in den Steuerrichtlinien oder Durchführungsverordnungen geregelt.

154 Nach einer Verfügung der OFD Köln v. 04.06.1980 (*S 2373 – 18 – St 122*) ist in diesem Zusammenhang die Frage des zeitlichen Zusammenhangs zwischen der Beitragsleistung durch den Arbeitgeber und der Beendigung des Arbeitsverhältnisses wie folgt zu beantworten:

> »Beiträge des Arbeitgebers für eine Direktversicherung des Arbeitnehmers ... die aus Anlass der Beendigung des Dienstverhältnisses erbracht werden, sind nach § 40b EStG begünstigt, wenn sie vom Zeitpunkt der Kündigung oder einer einvernehmlichen Aufhebung des Arbeitsvertrages an geleistet werden. Eine andere zeitliche Begrenzung ist nicht gegeben.«

Nach dieser Ansicht existiert also keine weitere zeitliche Begrenzung, sodass die Anwendung der Vervielfältigungsregelung auch noch Jahre nach der Beendigung des Dienstverhältnisses angewandt werden könnte (*im Ergebnis zustimmend Ahrend/Förster/Rößler, Steuerrecht der betrieblichen Altersversorgung, 4. Teil Rn. 301; Giloy, BetrAV 1985, 4; Rößler, BetrAV 1981, 7; Rößler, BetrAV 1983, 16*).

155 Diese Auffassung ist in der Praxis nicht unumstritten. So will Höfer eine angemessene Grenze bei drei Jahren nach Beendigung des Dienstverhältnisses ziehen (*Höfer, BetrAVG, Bd. II [StR] Rn. 1856*). Für eine solche zeitliche Begrenzung bzw. die zeitliche Festlegung von drei Jahren gibt es aber keine logisch zwingende Begründung. Letztendlich kann hierzu nur die für das Unternehmen zuständige Finanzverwaltung Rechtssicherheit verschaffen.

▶ **Hinweis:**
> Zu empfehlen ist daher, eine Anfrage auf verbindliche Auskunft, die mit dem Hinweis auf die veröffentlichte Ansicht der OFD Köln begründet werden sollte.

Steuerliche Förderung	Sozialversicherungsbeiträge Anwartschaftsphase		Steuerliche Veranlagung	Sozialversicherungsbeiträge Leistungsphase
§ 3 Nr. 63 EStG:	AG-finanziert	beitragsfrei bis 4 % BBG	§ 22 Nr. 5 EStG:	voller Beitrag zur Kranken- und Pflegeversicherung

steuerfrei, wenn	AN-finanziert	beitragsfrei	Leistung voll steuerpflichtig,
≤ 4 % BBG		bis 4 % BBG	
zzgl. 1800,00 €			./. Werbungskosten-Pauschbetrag,
			./. Sonderausgaben-Pauschbetrag,
			./. Altersentlastungsbetrag

Übersicht: Steuerliche und beitragsrechtliche Behandlung der Direktversicherung beim Arbeitnehmer (Neuverträge ab 01.01.2005)

3. Pensionskassen

156 Pensionskassen existieren in Deutschland bereits seit Mitte des 19. Jahrhunderts und wurden ursprünglich als rein unternehmens-/konzerninterne Selbsthilfe- bzw. Sozialeinrichtungen gegründet, die ausschließlich Leistungen der betrieblichen Altersversorgung gewährten. Im Gegensatz zu den immer schon einheitlichen Rahmenbedingungen unterliegenden Lebensversicherungsunternehmen waren Pensionskassen traditionell sehr flexibel, auf die jeweiligen Unternehmensbedürfnisse abgestellte und damit sehr individuelle Konstrukte. Gleichwohl sind Pensionskassen seit je her aufsichtspflichtige und von der BaFin beaufsichtigte Lebensversicherungsunternehmen, jedoch – historisch bedingt – mit teilweise spezifischen Ausprägungen. Eine dieser Besonderheiten ist z. B. die in der Vergangenheit ausschließlich vorzufindende Rechtsform eines »Versicherungsvereins auf Gegenseitigkeit« (§ 7 Abs. 1 VAG).

156a Erst durch die sog. »versicherungsaufsichtsrechtliche Deregulierung« hat sich das Erscheinungsbild der Pensionskassen modifiziert und gewandelt. Seit 2002 findet man in der Praxis immer mehr überbetriebliche Pensionskassen sowie Produktanbieter-Pensionskassen, die sich nicht auf ein Unternehmen oder einen Konzern beschränken, sondern wie ein Lebensversicherer der Allgemeinheit als Durchführungsweg der betrieblichen Altersversorgung zur Verfügung stehen. Dies impliziert zugleich einen einem Lebensversicherer identischen Marktauftritt, also inklusive Produktvertrieb. Insofern liegt es dann auch nahe, dass derartige »offene« Pensionskassen in aller Regel als Aktiengesellschaft (AG) fungieren. Zwingend ist dies aber nicht: es gibt auch überbetriebliche Pensionskassen, die sich für die Rechtsform eines Versicherungsvereins auf Gegenseitigkeit und damit für die Regulierung entschieden haben.

Der wesentliche Unterschied zwischen den regulierten (VVaG) und den deregulierten (AG) Pensionskassen liegt zum einen darin, dass regulierte Pensionskassen wesentlich freier in der Verwendung ihrer Rechnungsgrundlagen sind als deregulierte Pensionskassen, die an den gesetzlichen Höchstrechnungszins und die Lebensversicherer-Sterbetafeln zwingend gebunden sind. Zum anderen unterscheiden sie sich in ihrer haftungsrechtlichen Ausgestaltung im Fall ihrer Insolvenz: deregulierte Pensionskassen können (wichtig: kein gesetzlicher Zwang, sondern Wahlrecht!!) dem Sicherungsfonds der Versicherungswirtschaft, der Protektor Lebensversicherungs-AG, beitreten und damit eine eventuelle Insolvenz außerhalb der Pensionskasse abwickeln. Regulierte Pensionskassen können nicht Mitglied der Protektor AG werden. Sie haben mit der sog. »Sanierungsklausel« ein internes Verfahren zur Bewältigung einer drohenden oder eingetretenen Insolvenz.

156b Die Sanierungsklausel gewährt der Pensionskasse im Fall eines (letztendlich zur ihrer Insolvenz führenden) bilanziellen Fehlbetrages das Recht,
– ihre Beiträge der Mitglieder zu erhöhen, oder
– die Beitragszahlungsdauer zu verlängern oder
– die Versicherungsleistungen herabzusetzen oder
– Änderungen der genannten Art gleichzeitig vorzunehmen,

wenn der Fehlbetrag nicht durch die gebildete Verlustrücklage oder zulasten der Rückstellung für Beitragsrückerstattungen ausgeglichen werden kann. Die entsprechende Maßnahme kann allerdings nicht einseitig von der Pensionskasse durchgeführt werden, sondern bedarf eines Beschlusses der Vertreterversammlung, der Zustimmung des (Vermögens-) Treuhänders sowie der Genehmigung der Aufsichtsbehörde (BaFin).

Eine inhaltlich vergleichbare Sanierungsklausel existiert für Lebensversicherungen und deregulierte Pensionskassen nicht. Gleichwohl ist auch bei diesen Einrichtungen eine vergleichbare Sanierung möglich, und zwar auf gesetzlicher Grundlage. Nach § 89 Abs. 2 VAG kann nämlich die BaFin zur Vermeidung einer Insolvenz (bei unveränderter Pflicht zur Prämienfortzahlung) »die Verpflichtungen eines Lebensversicherungsunternehmens aus seinen Versicherungen dem Vermögensstand entsprechend herabsetzen« und damit eine Sanierung durchführen.

Durch Erwerb der Mitgliedschaft in einer Pensionskasse erlangt der Arbeitnehmer einen **Rechtsanspruch** auf Leistungen dieser Versorgungseinrichtung. Deswegen unterliegen die Pensionskassen als Versicherungsunternehmen der Überwachung durch die Bundesanstalt für Finanzdienstleistungen (BaFin), die die Betriebserlaubnis u. a. davon abhängig macht, dass eine Risikogemeinschaft von mindestens 200 versicherten Personen entsteht. 157

Pensionskassen können **privat-** oder auf **öffentlich-rechtlicher Grundlage** errichtet werden. Öffentlich-rechtlich ausgestaltete Pensionskassen sind insbes. die Versorgungsanstalt des Bundes und der Länder (VBL) sowie die einzelnen kommunalen Zusatzversorgungskassen (ZVK) des öffentlichen Dienstes. 158

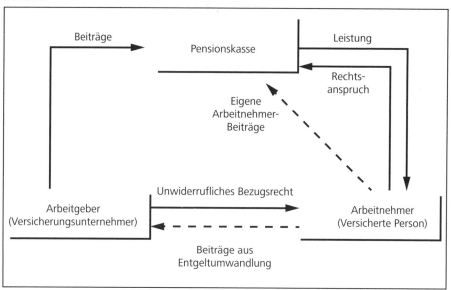

Abb.: Rechtsbeziehungen bei der Pensionskasse

Pensionskassen finanzieren sich in der Hauptsache aus Beiträgen der Trägerunternehmen, aber auch – und dies unterscheidet sie von Pensionszusagen und Unterstützungskassen – aus Beiträgen der versorgungsberechtigten Arbeitnehmer. 159

Die Zuwendungen des Arbeitgebers an die Pensionskasse stellen Betriebsausgaben dar (§ 4c Abs. 1 EStG), soweit sie auf einer in der Satzung oder im Geschäftsplan der Kasse festgelegten Verpflichtung oder auf einer Anordnung der Versicherungsaufsichtsbehörde beruhen oder der Abdeckung von Fehlbeträgen bei der Kasse dienen. Zuwendungen in diesem Sinne dürfen nach § 4c Abs. 2 EStG allerdings dann nicht als Betriebsausgaben abgezogen werden, soweit die Leistungen der Kasse, wenn sie vom Trägerunternehmen unmittelbar erbracht würden, bei diesem nicht betrieblich veranlasst wären.

160 Ein Bilanzausweis beim Arbeitgeber entfällt wegen des Rechtsanspruchs der Arbeitnehmer ggü. der Pensionskasse.

161 Zuwendungen an eine Pensionskasse waren ebenso wie Beiträge an eine Direktversicherung vor 2002 steuerpflichtiger Arbeitslohn, da die Zuwendungen gem. § 2 Abs. 2 Nr. 3 LStDV als Ausgaben galten, die geleistet würden, um einen Arbeitnehmer oder eine diesem nahestehende Person für den Fall der Krankheit, des Unfalls, der Invalidität, des Alters oder des Todes sicherzustellen (sog. Zukunftssicherungsleistungen).

162 Seit dem 01.01.2002 wird gem. § 3 Nr. 63 EStG eine begrenzte Lohnsteuerfreiheit gewährt. Beiträge, die der Arbeitgeber an eine Pensionskasse zahlt, sind bis zu 4 % der jeweiligen Beitragsbemessungsgrenze einkommensteuerfrei. Dabei sind arbeitgeber- und arbeitnehmerfinanzierte Beiträge zusammenzurechnen. Bei Altverträgen vor 2005 können die Beiträge, die diese Grenze übersteigen, noch im Rahmen von § 40b EStG a. F. pauschal versteuert werden. Für Neuverträge ab 2005 gilt § 3 Nr. 63 EStG mit der Maßgabe, dass das Gesamtvolumen wie bei der Direktversicherung um zusätzliche 1.800,00 € erhöht wird. Darüber hinausgehende Beiträge an eine Pensionskasse sind individuell zu versteuern.

163 Bei der steuerlichen Behandlung der Leistungen aus einer Pensionskasse wird danach unterschieden, ob die entsprechenden Beiträge in der Anwartschaftsphase steuerpflichtig oder steuerfrei waren. Nach § 3 Nr. 63 EStG steuerfreie Beiträge (oder Beiträge, die nach §§ 10a, 79 ff. EStG gefördert wurden), sind nach § 22 Nr. 5 EStG i. V. m. §§ 9a Satz 1 Nr. 2, 24a EStG in der Leistungsphase unbeschränkt steuerpflichtig. Sind die früheren Beiträge dagegen besteuert worden, d. h. wurden sie entweder individuell versteuert oder sind sie nach § 40b EStG a. F. pauschal besteuert worden, so sind die späteren Rentenleistungen aus einer Pensionskasse als sonstige Einkünfte nach § 22 Nr. 1 Satz 3 Buchst. a) bb) EStG wieder nur mit dem Ertragsanteil zu besteuern.

164

Steuerliche Förderung	Sozialversicherungsbeiträge Anwartschaftsphase		Steuerliche Veranlagung	Sozialversicherungsbeiträge Leistungsphase
§ 3 Nr. 63 EStG: steuerfrei, wenn ≤ 4 % BBG zzgl. 1800,00 €	AG-finanziert	beitragsfrei bis 4 % BBG	§ 22 Nr. 5 EStG: Leistung voll steuerpflichtig, ./. Werbungskosten-Pauschbetrag, ./. Sonderausgaben-Pauschbetrag, ./. Altersentlastungsbetrag	voller Beitrag zur Kranken- und Pflegeversicherung
	AN-finanziert	beitragsfrei bis 4 % BBG		

Übersicht: Steuerliche und beitragsrechtliche Behandlung der Pensionskasse beim Arbeitnehmer (Neuverträge ab 01.01.2005)

165 In arbeitsrechtlicher Hinsicht ist auch hierbei zu beachten, dass sich die rechtliche Verpflichtung zur Gewährung der zugesagten betrieblichen Versorgungsleistungen aus dem arbeitsvertraglichen Grundverhältnis ergibt. I. Ü. besteht ein zur Direktversicherung vergleichbares Dreiecksverhältnis zwischen Arbeitgeber, Pensionskasse und Mitarbeiter. Der wesentliche Unterschied zur Direktversicherung liegt jedoch darin, dass der versorgungsberechtigte Mitarbeiter als Mitglied der Pensionskasse selbst Versicherungsnehmer wird, sodass sein Bezugsrecht auf die versicherten Leistungen stets unwiderruflich ausgestaltet ist.

166 Die Versicherungsnehmerstellung des Arbeitnehmers ist allerdings kein konstitutives Merkmal einer Pensionskasse. Lediglich bei dem in der Vergangenheit üblichen Fall einer betrieblichen bzw. konzerneigenen Pensionskasse in Form eines Versicherungsvereins auf Gegenseitigkeit (VVaG) war dies

bislang so. Abhängig von den gesetzlichen Regelungen zum VVaG im Versicherungsaufsichtsgesetz (VAG) ist es jedoch zwingend, dass die Mitglieder einer Pensionskasse auch die Versicherungsnehmerstellung innehaben. Hier besteht also in gewissem Rahmen eine zwingende Verknüpfung.

4. Unterstützungskassen

Die Unterstützungskasse ist eine rechtsfähige Versorgungseinrichtung, die auf ihre Leistungen keinen Rechtsanspruch gewährt (§ 1b Abs. 4 BetrAVG). 167

Der Arbeitgeber kann eine Unterstützungskasse als rechtsfähige, **rechtlich selbstständige Versorgungseinrichtung** (Firmen oder Konzern-Unterstützungskasse) in der Rechtsform eines eingetragenen Vereins, einer GmbH oder aber auch einer Stiftung (*Höfer, BetrAVG, Bd. I [ArbR], ART Rn. 193; Kemper/Kisters-Kölkes, Rn. 83*) gründen oder sich einer sog. überbetrieblichen Unterstützungskasse (Gruppen-Unterstützungskasse, i.d.R. von der Versicherungswirtschaft angeboten und auch verwaltet) anschließen, deren ausschließlicher Zweck die Durchführung der betrieblichen Versorgung ist. Durch Aufnahme in die Unterstützungskasse werden den Arbeitnehmern Versorgungsleistungen versprochen, die von der Unterstützungskasse zu zahlen, aber von dem Trägerunternehmen durch freiwillige Zuwendungen zu finanzieren sind. 168

a) Arbeitsrechtliche Besonderheiten

Bei der Versorgung über eine Unterstützungskasse handelt es sich um eine Altersversorgung in Form einer sog. **mittelbaren Versorgungszusage** des Arbeitgebers. 169

Die Unterstützungskasse darf kraft gesetzlicher Definition (§ 1b Abs. 4 BetrAVG) allerdings **keinen Rechtsanspruch** auf die zugesagten Leistungen gewähren. Nur bei freiwilliger Leistungsgewährung unterliegt sie nicht der Versicherungsaufsicht sowie der persönlichen Steuerpflicht. Nach der Rechtsprechung des BAG (*BAG, 17.05.1973 – 3 AZR 381/72, BB 1973, 1308 = DB 1973, 1704 = NJW 1973, 1946; BAG, 28.04.1977 – 3 AZR 300/76, BB 1977, 1202 = DB 1977, 1656 = AuR 1978, 123; BAG, 28.11.1989 – 3 AZR 818/87, BB 1990, 1067 = DB 1990, 938 = NZA 1990, 557*) ist dieser Ausschluss des Rechtsanspruchs aber nahezu bedeutungslos geworden; es besteht vielmehr ein **faktischer Anspruch** auf die zugesagten Leistungen (*vgl. auch Kemper/Kisters-Kölkes, Rn. 85*). Diese Rechtsauffassung ist zwischenzeitlich auch vom BVerfG im Hinblick auf den **Entgeltcharakter** betrieblicher Versorgungsleistungen ausdrücklich anerkannt worden (*BVerfG, 14.01.1987 – 1 BvR 1052/79, BB 1987, 616 = DB 1987, 638 = NJW 1987, 1689*). 170

Das bedeutet, dass der Arbeitgeber für den Fall der Leistungsunfähigkeit oder -unwilligkeit der Unterstützungskasse für die Erfüllung der zugesagten Leistungen haftet, sodass die Verpflichtungen aus einer Unterstützungskassenzusage und einer unmittelbaren Pensionszusage in ihrer Rechtswirkung nahezu gleichgestellt sind. Diese faktische Gleichstellung wird noch dadurch verstärkt, dass der Gesetzgeber die Durchführungswege Pensionszusage und Unterstützungskasse hinsichtlich der wesentlichen Arbeitnehmerschutzrechte – gesetzliche Unverfallbarkeit, gesetzlicher Insolvenzschutz und Anpassungsprüfung – völlig identisch behandelt.

Dies hat ferner zur Konsequenz, dass der Arbeitnehmer zunächst nur von der Unterstützungskasse als originärem Versorgungsschuldner Leistungen zu erwarten hat und nur bei deren Leistungsunfähigkeit bzw. -unwilligkeit an den Arbeitgeber herantreten und diesen aus der arbeitsvertraglichen Grundverpflichtung auf Erfüllung des Versorgungsversprechens in Anspruch nehmen kann (sog. Subsidiärhaftung des Arbeitgebers, *vgl. BAG, 03.02.1987 – 3 AZR 208/85, BB 1987, 2307; BAG, 11.02.1992 – 3 AZR 138/91, DB 1992, 1937; Höfer, BetrAVG, Bd. I [ArbR], ART Rn. 199*). Auch für den Durchführungsweg der Unterstützungskasse greift somit der in § 1 Abs. 1 BetrAVG normierte sog. Verschaffungsanspruch; dieser ist letztendlich nur eine Bestätigung der von der Rechtsprechung bereits festgestellten Haftungsverhältnisse durch den Gesetzgeber.

Weitere Konsequenz ist, dass Arbeitgeber und Unterstützungskasse als sog. »Gesamtschuldner« i.S.v. § 421 BGB für die zugesagten Versorgungsleistungen haften. Wird die Versorgungszusage 171 über eine Unterstützungskasse abgewickelt, so ist diese zunächst Anspruchsgegner des Versorgungsberechtigten. Daneben bleibt aber auch der Arbeitgeber Versorgungsschuldner. Er ist – wie ausgeführt – aus dem arbeitsrechtlichen Grundverhältnis verpflichtet, die geschuldete Versorgung zu leisten und dem Arbeitnehmer eine der Versorgungszusage entsprechende Versorgung zu verschaffen *(vgl. BAG, 31.07.2007 – 3 AZR 373/06, BAGE 123, 307 = BetrAV 2008, 416; BAG, 18.11.2008 – 3 AZR 417/07, BetrAV 2009, 264 = DB 2009, 1079 = LNR 2008, 30845)*. Das gilt jedenfalls dann, wenn die Unterstützungskasse sich weigert, weitere Leistungen zu erbringen.

172 Die Subsidiärhaftung des Arbeitgebers greift auch dann ein, wenn er als **Trägerunternehmen** aus der Unterstützungskasse **ausscheidet**, da in diesem Fall zwar die Leistungspflicht der Unterstützungskasse endet, von diesem Ausscheiden allerdings seine Leistungsversprechen ggü. den Arbeitnehmern nicht berührt werden *(BAG, 03.02.1987 – 3 AZR 208/85, BB 1987, 2307 = DB 1987, 2414 = AuR 1987, 377)*.

173 Eine Gruppenunterstützungskasse, die das satzungsmäßige Ziel verfolgt, Arbeitnehmer ihrer Trägerunternehmen zu versorgen, muss die entsprechenden Renten nämlich nur solange zahlen, wie die Arbeitgeber der versorgungsberechtigten Arbeitnehmer zu ihren Trägerunternehmen gehören. Scheidet ein Arbeitgeber aus dem Kreis der Trägerunternehmen aus, so muss er die laufenden Rentenzahlungen anstelle der Gruppenunterstützungskasse selbst übernehmen. Konsequenz ist also, dass ab dem Zeitpunkt des Ausscheidens der Arbeitgeber selbst und damit unmittelbar für die Erfüllung der zugesagten Versorgungsverpflichtungen haftet *(BAG, 03.02.1987 – 3 AZR 208/85, BB 1987, 2307 = DB 1987, 2414 = AuR 1987, 377)*. Die Unterstützungskasse muss keine Zahlungen mehr an die Arbeitnehmer eines ehemaligen Trägerunternehmens zahlen *(vgl. BAG, 22.10.1991 – 3 AZR 486/90, DB 1992, 2095; BAG, 11.02.1992 – 3 AZR 138/91, DB 1992, 1937)*.

174 Diese Rechtsfolge gilt auch für den Fall eines Betriebsübergangs nach § 613a BGB, wenn der neue Arbeitgeber nicht ebenfalls Trägerunternehmen der beim abgebenden Unternehmen bestehenden Unterstützungskasse wird *(BAG, 15.03.1979 – 3 AZR 859/77, DB 1979, 1462)*.

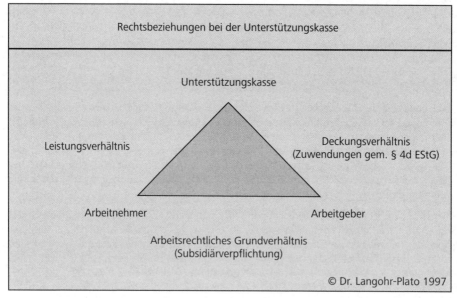

b) Steuerrechtliche Rahmenbedingungen

175 Die Unterstützungskasse wird in § 1 Abs. 4 BetrAVG als »rechtsfähige Versorgungseinrichtung« definiert, »die auf ihre Leistungen keinen Rechtsanspruch gewährt«. Diese arbeitsrechtliche Definition ist auch steuerrechtlich verbindlich, da das Steuerrecht selbst keine eigene Begriffsbestimmung

der Unterstützungskasse enthält. Dies gilt auch für die körperschaftsteuerrechtlich zu beurteilende Frage der Steuerfreiheit bzw. Steuerpflicht des Vermögens der Unterstützungskasse nach § 5 KStG, dessen Regelungsumfang in der Praxis vielfach verkannt wird. Die steuerrechtlichen Rahmenbedingungen der Unterstützungskassenversorgung reduzieren sich nicht auf die in § 4d EStG normierten Zuwendungsvoraussetzungen, sondern werden durch die »sozialen Auflagen« des § 5 KStG ergänzt.

Hinsichtlich der steuerlichen Behandlung eines betrieblichen Versorgungskonzeptes, das die Gewährung seiner Versorgungsleistungen über eine Unterstützungskasse abwickelt, sind in steuerrechtlicher Hinsicht folglich drei verschiedene Ebenen mit unterschiedlicher Relevanz zu berücksichtigen: 176
- die steuerliche Behandlung der Zuwendungen des Arbeitgebers an die Unterstützungskasse als Betriebsausgaben (§ 4d EStG),
- die Steuerfreiheit des Vermögens der Unterstützungskasse (§ 5 KStG) sowie
- die Besteuerung der Versorgungsleistungen beim Leistungsempfänger als nachträgliche Einkünfte aus nicht selbstständiger Arbeit (§ 19 Abs. 1 Satz 1 Nr. 2 EStG).

Die Leistungen der Unterstützungskasse werden aus den Zuwendungen des Arbeitgebers (Liquiditätsabfluss) finanziert. Diese Zuwendungen sind gem. § 4d EStG beim Trägerunternehmen in unterschiedlicher Höhe **Betriebsausgaben**, und zwar je nachdem, ob die Unterstützungskasse zur Absicherung der Versorgungsleistungen Rückdeckungsversicherungen abschließt oder nicht (*ausführlich hierzu Ahrend/Förster/Rößler, Steuerrecht der Betrieblichen Altersversorgung, 3. Teil Rn. 145 ff.; Höfer, BetrAVG, Bd. II [StR] Rn. 944 ff.*). 177

Sofern der Leistungsplan der Unterstützungskasse lebenslänglich laufende Leistungen vorsieht, kann das Trägerunternehmen gem. § 4d Abs. 1 Nr. 1 EStG folgende Beträge (Zuwendungen) als Betriebsausgaben abziehen, soweit die Leistungen der Kasse, wenn sie vom Trägerunternehmen unmittelbar erbracht würden, bei diesem betrieblich veranlasst wären: 178
- Für jeden Leistungsempfänger während der Zeit des Rentenbezuges einmalig oder in mehreren Raten insgesamt das Deckungskapital für die laufenden Leistungen; dieses wird ermittelt durch Multiplikation der Jahresrente mit dem altersabhängigen Faktor nach der Tabelle in Anlage 1 zum EStG. Dabei wird das bei Rentenbeginn erreichte Alter zugrunde gelegt.
Leistungsempfänger im Sinne dieser Bestimmung ist jeder ehemalige Arbeitnehmer bzw. jeder Hinterbliebene eines ehemaligen Arbeitnehmers des Trägerunternehmens, der von der Unterstützungskasse bereits Leistungen erhält.
Dem ehemaligen Arbeitnehmer gleichgestellt sind Personen, denen aus Anlass ihrer ehemaligen Tätigkeit für das Trägerunternehmen Versorgungsleistungen zugesagt worden sind, z. B. Handelsvertreter, Steuerberater, RA (§ 17 Abs. 1 Satz 2 BetrAVG).
- Für jeden Leistungsanwärter 25 % der jährlichen Versorgungsleistungen, die der Leistungsanwärter oder dessen Hinterbliebene erhalten können. Leistungsanwärter im Sinne dieser Bestimmung ist jeder Arbeitnehmer oder ehemalige Arbeitnehmer des Trägerunternehmens, der von der Unterstützungskasse schriftlich zugesagte Leistungen erhalten kann und das 30. Lebensjahr vollendet hat.
Alternativ darf auch der Durchschnittsbetrag der im Wirtschaftsjahr an die Leistungsempfänger tatsächlich gezahlten Leistungen zugrunde gelegt werden; dann sind als Leistungsanwärter aber nur die Arbeitnehmer zu berücksichtigen, die das 50. Lebensjahr vollendet haben.
Den Arbeitnehmern oder ehemaligen Arbeitnehmern stehen andere Personen gleich, denen aus Anlass ihrer Tätigkeit für das Trägerunternehmen schriftlich Versorgungsleistungen zugesagt worden sind.
Falls die Unterstützungskasse nach ihrem Leistungsplan ausschließlich Invaliden- oder nur Hinterbliebenenversorgung gewährt, reduziert sich der genannte Satz von 25 % auf 6 %.
Die Zuwendungen gelten für das Trägerunternehmen nur solange als steuermindernder Aufwand, wie das Vermögen der Unterstützungskasse das »zulässige Kassenvermögen« **nicht** übersteigt. Dieses ist gem. § 4d EStG die Summe aus dem Deckungskapital für alle am Schluss des Wirtschaftsjahres laufenden Leistungen und dem 8-fachen der nach § 4d Abs. 1 Nr. 1 Buchst. b) EStG abzugsfähigen Zuwendungen.

Diese Bestimmungen bewirken, dass einer reservepolsterfinanzierten Unterstützungskasse nur etwa 20% der zur Finanzierung der Altersrente erforderlichen Mittel bis zum Rentenbeginn zugeführt werden können (*ausführlich hierzu Ahrend/Förster/Rößler, Steuerrecht der Betrieblichen Altersversorgung, 3. Teil Rn. 175 ff.; Höfer, BetrAVG, Bd. II [StR] Rn. 1076 ff.*). Die Ausfinanzierung der Versorgungsverpflichtung muss dann bei bzw. nach Eintritt des Versorgungsfalls erfolgen.

179 Soweit die Rückdeckung (**rückgedeckte Unterstützungskasse**) praktiziert wird, wird der steuerlich begünstigte Dotierungsrahmen erheblich erweitert und eine 100%ige Vorfinanzierung der Versorgungsverpflichtungen ermöglicht. Die Unterstützungskasse kann die zukünftigen Versorgungsverpflichtungen – soweit die Mitarbeiter das 27. Lebensjahr vollendet haben – in vollem Umfang durch den Abschluss eines Versicherungsvertrages auf das Leben der Versorgungsberechtigten gegen **laufende und der Höhe nach gleich bleibende oder steigende Prämien** (§ 4d Abs. Nr. 1 Buchst. c) EStG) vorfinanzieren, während für bereits laufende Versorgungsverpflichtungen auch eine Finanzierung über Einmalprämienversicherungen zulässig ist (R 4d Abs. 7 EStR 2005). Bei einer derartigen Rückdeckungskonzeption ist die Unterstützungskasse Versicherungsnehmer, Prämienzahler und Bezugsberechtigter in einer Person. Durch den Abschluss derartiger Versicherungsverträge entstehen also keinerlei Rechtsbeziehungen zwischen dem Versicherer und dem Trägerunternehmen bzw. den versorgungsberechtigten Mitarbeitern.

180 Im Fall der Entgeltumwandlung entfällt die Altersgrenze völlig. Damit können auch jüngere Arbeitnehmer im Wege der Entgeltumwandlung eine betriebliche Altersversorgung über eine Unterstützungskasse aufbauen.

Die Versicherungen werden von der Unterstützungskasse (diese ist Versicherungsnehmer) als sog. **kongruente Rückdeckungsversicherungen** (*vgl. auch Höfer, BetrAVG, Bd. II [StR] Rn. 1198 ff.*) abgeschlossen, sodass die garantierten Versicherungsleistungen sowohl art- (Rente/Kapital) als auch wertmäßig den nach der Versorgungsvereinbarung über die Unterstützungskasse zugesagten Versorgungsleistungen entsprechen.

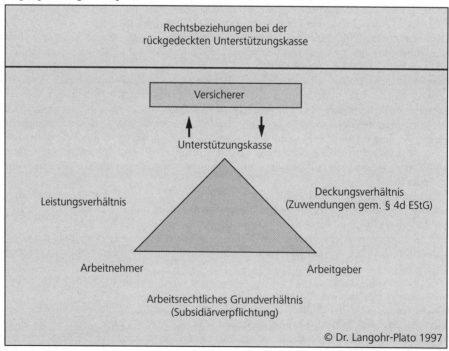

III. Durchführungswege der betrieblichen Altersversorgung   A.

Als Leistungsempfänger der Unterstützungskasse im steuerlichen Sinne kommen grds. alle Personen in Betracht, »denen die Leistungen der Kasse zugute kommen oder zugute kommen sollen« (§ 5 Abs. 1 Nr. 3 Buchst. a) Satz 1 KStG). Der Kreis der Leistungsempfänger wird jedoch für die Steuerbefreiung der Unterstützungskasse eingegrenzt. Voraussetzung hierfür ist u. a. nach § 5 Abs. 1 Nr. 3 Buchst. a) EStG, dass sich die Leistungen der Kasse auf folgende Personen beschränken: 181
- Zugehörige oder frühere Zugehörige einzelner oder mehrerer wirtschaftlicher Geschäftsbetriebe,
- Zugehörige oder frühere Zugehörige von Wohlfahrtsverbänden oder
- Arbeitnehmer sonstiger Körperschaften, Personenvereinigungen und Vermögensmassen i. S. d. §§ 1 und 2 KStG.

Durch diese Reglementierung wird die sog. Betriebsbezogenheit der Unterstützungskasse angesprochen und zu einer Grundvoraussetzung für die Steuerfreiheit der Unterstützungskasse gemacht (*vgl. Ahrend/Förster/Rößler, 3. Teil Rn. 545 f.*). Leistungsempfänger dürfen daher nur Personen sein, die in einer Beziehung zu dem Träger der Kasse stehen oder gestanden haben oder Hinterbliebene solcher Personen sind. 182

Dem Begriff des wirtschaftlichen Geschäftsbetriebs im vorgenannten Sinne entspricht im Verhältnis zur Unterstützungskasse der Begriff des Trägerunternehmens. Mit dem Hinweis auf mehrere Geschäftsbetriebe ist die Vielzahl von Trägerunternehmen bei Gruppen- bzw. Konzern-Unterstützungskassen angesprochen. Trägerunternehmen kann jedes Unternehmen sein oder werden, das die Unterstützungskasse errichtet und/oder finanziert. 183

Nach der gesetzlichen Definition des § 4d Abs. 1 Satz 1 EStG 1975 ist Trägerunternehmen jedes Unternehmen, das die Zuwendung leistet. Das Trägerunternehmen muss folglich weder an der Gründung der Unterstützungskasse beteiligt gewesen noch deren Gesellschafter oder Mitglied sein (*BFH, 05.11.1992 – I R 61/89, DB 1993, 663; Abschnitt 27a Abs. 10 EStR 1990*). Die Trägereigenschaft ist daher auch schon dann zu bejahen, wenn die Kassenleistungen vom Unternehmen seinen Arbeitnehmern versprochen werden und die Kasse dieses Leistungsversprechen im Verhältnis zum Unternehmen und zum Begünstigten erfüllen will (*BFH, 05.11.1992 – I R 61/89, DB 1993, 663*). 184

Besondere Bedeutung kommt darüber hinaus dem Körperschaftsteuerrecht zu, das unter bestimmten, gesetzlich in § 5 KStG definierten Voraussetzungen die Steuerfreiheit der Unterstützungskasse und damit die Steuerfreiheit des in der Unterstützungskasse vorhandenen Vermögens einschließlich seiner Erträge garantiert. Maßgeblich ist insoweit, dass die Unterstützungskasse dauerhaft ihren Charakter als »**Sozialeinrichtung**« wahrt (*ausführlich hierzu Langohr-Plato, Stbg. 1994, 321*). 185

Die Beurteilung, ob eine Unterstützungskasse eine soziale Einrichtung i. S. d. Körperschaftsteuerrechts ist, unterliegt nicht dem subjektiven Empfinden der handelnden Parteien, sondern ist an objektive, gesetzlich normierte Kriterien gebunden, die in den §§ 1 bis 3 KStDV 1994 abschließend normiert sind. Von daher besteht für die Finanzverwaltung bei einer entsprechenden Überprüfung der Unterstützungskasse auch kein Ermessensspielraum. Nur wenn die gesetzlich geregelten Voraussetzungen auch tatsächlich erfüllt werden, ist die Unterstützungskasse steuerbefreit. Verstößt die Unterstützungskasse auch nur gegen eine der ihren Sozialcharakter regelnden Auflagen, so führt dies zwingend zur vollen Steuerpflicht des Kassenvermögens. 186

Insoweit sind folgende Bedingungen zu erfüllen: 187
- Die **Mehrzahl der Leistungsempfänger** darf sich nicht aus dem Unternehmer bzw. den Gesellschaftern und deren Angehörigen zusammensetzen, § 1 Nr. 1 KStDV 1994. Damit scheidet die Unterstützungskasse als Versorgungsmedium aus, sofern im Trägerunternehmen ausschließlich der Gesellschafter (-Geschäftsführer) und/oder dessen Familienangehörige (mitarbeitende Ehegatten/Kinder) versorgt werden soll. Nur bei einer überwiegenden Mit-Versorgung familienfremder Mitarbeiter kann somit der Inhaber des Trägerunternehmens über die Unterstützungskasse versorgt werden.
Hinsichtlich des Verhältnisses zwischen Arbeitnehmern und Unternehmern ist nicht nur auf das Kopf-Verhältnis abzustellen, sondern auch die Höhe der beiden Personengruppen zugesagten

A. Allgemeine Grundlagen

Versorgungsleistungen zu berücksichtigen (*BFH, 29.03.1970 – I R 73/68, BB 1970, 656 = DB 1970, 1007*). Letztendlich wird die Grenze für eine unangemessen hohe bzw. einseitig bevorzugte Versorgung des Unternehmers an der allgemeinen Missbrauchsregelung des § 42 AO zu prüfen sein.

- Zur Erlangung und Erhaltung der Steuerbefreiung muss die Unterstützungskasse zudem sicherstellen, dass ihr Vermögen und ihre Einkünfte ausschließlich, unmittelbar und auf Dauer für die Zwecke der Kasse gesichert sind. Diese **Zweckbindung** muss sich gem. § 5 Abs. 1 Nr. 3 Buchst. c) KStG sowohl aus der Satzung als auch aus der tatsächlichen Geschäftsführung ergeben.

Durch diese Zweckbindung soll verhindert werden, dass der Unterstützungskasse aus rein steuerlichen Erwägungen heraus Beträge zugewendet werden, um sie dort »steuerfrei« zu parken und sie bei Bedarf wieder an das Unternehmen zurück zu übertragen. Damit soll eine Vermögensverlagerung ausgeschlossen werden, die nicht durch die sozialen Aufgaben der Kasse geboten sind, sondern im Wesentlichen aus steuerlichen Gründen vorgenommen werden. Es soll also eine willkürliche, aus rein steuerlichen Aspekten erfolgte Vermögensverlagerung vermieden werden (*Ahrend/Förster/Rößler, BetrAVG, 3. Teil Rn. 603; Höfer, BetrAVG, Bd. II [StR] Rn. 2172*).

Die Zweckbindung soll nach § 5 Abs. 1 Nr. 3 Buchst. c) KStG nach »Satzung und tatsächlicher Durchführung« gesichert sein. Eine ausdrückliche Satzungsbestimmung ist jedoch entbehrlich, wenn der begünstigte Zweck abschließend in der Satzung geregelt ist und sich aus der Satzung unmissverständlich ergibt, welche Leistungen von der Kasse erbracht werden.

- Die **Vermögensverwendung** ist für den Fall der **Liquidation** gesetzeskonform zu regeln und darf nur den Leistungsempfängern bzw. deren Angehörigen zugutekommen oder zugunsten gemeinnütziger oder mildtätiger Zwecke verwendet werden, § 1 Nr. 2 KStDV 1994.

Der Umfang dieser oft nur als »redaktionellen Maßnahmen« verkannten Anforderung wird in der Praxis regelmäßig unterschätzt. So genügt es jedenfalls nicht, wenn die Satzung/der Gesellschaftsvertrag sich lediglich auf die allgemeine Bestimmung beschränkt, dass zur Verteilung des Vermögens die Zustimmung der Finanzverwaltung erforderlich ist, oder das Vermögen nach einem vom Vorstand bzw. der Gesellschafterversammlung zu fassenden Beschluss zu steuerlich anerkannten mildtätigen bzw. gemeinnützigen Zwecken zu verwenden ist. Erforderlich ist vielmehr, dass die gemeinnützige oder mildtätige Einrichtung, an die ein evtl. verbleibendes Kassenvermögen verteilt werden soll, bereits in der Satzung exakt und verbindlich benannt wird (*BFH, 20.09.1967 – I 62/63, BB 1969, 530; Langohr-Plato, Stbg. 1994, 322; vgl. ferner § 61 AO*).

- Die Leistungsempfänger dürfen gem. § 1 Nr. 3 KStDV 1994 i. V. m. § 3 Nr. 1 KStDV 1994 weder zu laufenden Beiträgen noch zu sonstigen Zuschüssen verpflichtet werden.

- Den Leistungsempfängern oder den Arbeitnehmer-Vertretungen des Trägerunternehmens muss satzungsgemäß und tatsächlich ein Recht zur **beratenden Mitwirkung** an der Vermögensverwaltung eingeräumt werden, § 1 Nr. 3 KStDV 1994 i. V. m. § 3 Nr. 2 KStDV 1994 (*vgl. auch BFH, 24.06.1981 – I R 147/78, BB 1981, 1757; BFH, 10.06.1987 – I R 253/83, BB 1987, 2431 = DB 1987, 2441*). Dabei ist die beratende Mitwirkung nicht i. S. e. Genehmigungsvorbehaltes zu verstehen, sondern gewährt lediglich ein Informationsrecht mit Gelegenheit zur Stellungnahme (*Langohr-Plato, Stbg. 1994, 322*).

Die Mitwirkung kann auch von den Arbeitnehmervertretungen wahrgenommen werden (*Ahrend/Förster/Rößler, BetrAVG, 3. Teil Rn. 610*).

Der BFH hat dieses Mitwirkungsrecht allerdings dahin gehend präzisiert, dass die Vertreter der Leistungsempfänger die »Gesamtheit der Betriebszugehörigen repräsentieren und von diesen mittelbar oder unmittelbar gewählt werden müssen«. Eine Abordnung bzw. Bestimmung der mitwirkungsberechtigten Vertreter durch den Arbeitgeber ist nicht zulässig (*BFH, 24.06.1981 – I R 147/78, BB 1981, 1757; BFH, 10.06.1987 – I R 253/83, BetrAV 1988, 75; BFH, 18.07.1990 – I R 22-23/87, BetrAV 1991, 24; Ahrend/Förster/Rößler, BetrAVG, 3. Teil Rn. 611; Langohr-Plato, Stbg. 1994, 322*). Diese Voraussetzung ist aber gerade dann nicht erfüllt, wenn die Repräsentanten der Versorgungsberechtigten letztendlich von der Geschäftsleitung des Trägerunternehmens bestimmt werden (*vgl. auch BFH, 10.06.1987 – I R 253/83, BetrAV 1988, 75*).

Ein Verstoß gegen das Mitwirkungsrecht, das strikt vom arbeitsrechtlichen Mitbestimmungsrecht

nach § 87 Abs. 1 Nr. 8 bzw. Nr. 10 BetrVG zu trennen ist, hat den **Verlust der Steuerfreiheit der Kasse** zur Folge (*Langohr-Plato, Stbg. 1994, 322f.*).
- Die zugesagten Leistungen dürfen in Abhängigkeit von der Anzahl der versorgten Mitarbeiter bestimmte, in § 2 KStDV 1994 genau definierte **Leistungsgrenzen** nicht überschreiten. Immer zulässig ist danach derzeit eine Zusage über eine monatliche Altersrente von bis zu **2.147,42 €**.

c) Konsequenzen für den Versorgungsberechtigten

Aufgrund des fehlenden Rechtsanspruchs des Arbeitnehmers ggü. der Unterstützungskasse führen die Zuwendungen des Arbeitgebers an die Unterstützungskasse beim Arbeitnehmer nicht zum Zufluss von Arbeitslohn und damit zu keiner Lohnbesteuerung.

188

Die späteren Leistungen der Unterstützungskasse unterliegen aber genauso wie die Leistungen aus einer Direktzusage als nachträgliche Einkünfte aus nicht selbstständiger Arbeit gem. § 19 Abs. 1 Satz 1 Nr. 2 EStG (*unter Berücksichtigung der o. g. Rdn. 143 Freibeträge*) in vollem Umfang der ESt.

Steuerliche Förderung	Sozialversicherungsbeiträge Anwartschaftsphase		Steuerliche Veranlagung	Sozialversicherungsbeiträge Leistungsphase
Zuwendung steuerfrei ohne Höchstgrenze, aber Beachtung von § 3 KStDV 1994	AG-finanziert	beitragsfrei	§ 19 Abs. 2 EStG: Leistung voll steuerpflichtig, ./. Versorgungsfreibetrag, ./. Zuschlag zum Versorgungsfreibetrag, ./. Arbeitnehmer-Werbungskosten-Pauschbetrag	voller Beitrag zur Kranken- und Pflegeversicherung
	AN-finanziert	beitragsfrei bis 4 % BBG		

Übersicht: Steuerliche und beitragsrechtliche Behandlung der Unterstützungskasse (ab 01.01.2005)

5. Pensionsfonds

Mit der BetrAVG-Novelle 2001 ist in § 1b Abs. 3 BetrAVG der Pensionsfonds als 5. Durchführungsweg der betrieblichen Altersversorgung installiert worden (*ausführlich zur Entstehungsgeschichte: de Groot, S. 3ff.*). Der Pensionsfonds ist wie eine Pensionskasse eine rechtlich selbstständige Einrichtung, die gegen Zahlung von Beiträgen betriebliche Altersversorgung für den Arbeitgeber durchführt. Der Pensionsfonds findet seine Ausprägung in einem neuen Abschnitt des Versicherungsaufsichtsgesetzes (§§ 112 ff. VAG), dem novellierten BetrAVG sowie in flankierenden steuerrechtlichen Bestimmungen im EStG.

189

Pensionsfonds sollen nach dem Willen des Gesetzgebers auf der Basis einer liberaleren Kapitalanlage als bei den »klassischen« Durchführungswegen ein zusätzliches Angebot an Arbeitgeber und Arbeitnehmer für die Durchführung der betrieblichen Altersversorgung sein, das zudem die Möglichkeit bietet, die Vorteile der unterschiedlichen steuerlichen Förderungen zu nutzen.

a) Pensionsfonds im Aufsichtsrecht

Der Gesetzgeber hat den Pensionsfonds als im Grundsatz versicherungsförmigen Durchführungsweg ausgestaltet, der im Wege des Kapitaldeckungsverfahrens das Risiko der Langlebigkeit sowie ggf. auch das Risiko der Invalidität oder der Hinterbliebenenversorgung und bei laufenden Renten auch das Kapitalanlagerisiko absichert. Das Gesetz sieht deshalb vor, Pensionsfonds weitgehend wie Versicherungsunternehmen zu behandeln (*vgl.a.: de Groot, S. 25f.*) und überträgt die Aufsicht der BaFin.

190

aa) Definition von Pensionsfonds und Pensionsplan

In § 112 Abs. 1 VAG sind die Begriffe Pensionsfonds und Pensionsplan definiert.

191

A. Allgemeine Grundlagen

- Der Pensionsfonds ist danach eine rechtsfähige Vereinigung in Form einer Aktiengesellschaft (AG) oder eines Pensionsfondsvereins auf Gegenseitigkeit (PfVaG), §§ 112 Abs. 1, 113 Abs. 2 Nr. 3 VAG. Für den Pensionsfonds i. S. d. § 112 Abs. 1 VAG gelten gem. § 113 Abs. 1 VAG die auf Lebensversicherungsunternehmen anzuwendenden Vorschriften des VAG, soweit das VAG keine abweichenden Regelungen oder Maßgaben enthält. Für PfVaG gelten gem. § 113 Abs. 2 Nr. 3 VAG zusätzlich die Vorschriften über Versicherungsvereine auf Gegenseitigkeit entsprechend, soweit nichts anderes bestimmt ist. Pensionsfonds bedürfen zum Geschäftsbetrieb der Erlaubnis der BaFin, § 112 Abs. 2 VAG (*vgl.a.: de Groot, S. 25 f.*).

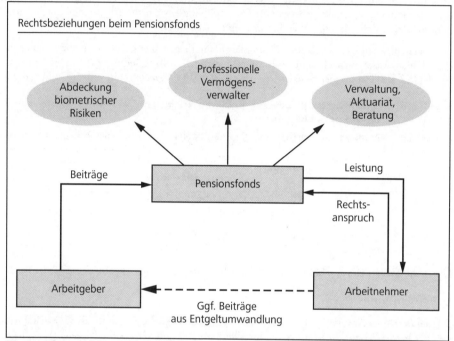

- Pensionspläne sind die i. R. d. Geschäftsplans ausgestalteten Bedingungen zur planmäßigen Leistungserbringung im Versorgungsfall.
- Der Pensionsfonds erbringt beitragsbezogen mit der Zusage einer Mindestleistung oder leistungsbezogen ausschließlich Altersversorgungsleistungen (ggf. auch in Form der Invaliditäts- oder Hinterbliebenenversorgung) für einen oder mehrere Arbeitgeber zugunsten von Arbeitnehmern, § 112 Abs. 1 Satz 1 Nr. 1 VAG. Dementsprechend sind auch die Pensionspläne entweder beitragsbezogen mit der Zusage einer Mindestleistung oder leistungsbezogen ausgestaltet, § 112 Abs. 1 Satz 4 Nr. 1 und Nr. 2 VAG (*de Groot, S. 26*).

Im Fall des Pensionsplans »**Beitragszusage**« ist die Höhe der Beiträge während der Ansparphase dem absoluten Betrag nach oder in Abhängigkeit von einer objektiven Bemessungsgrundlage (z. B. Monatseinkommen, Gewinn des Unternehmens) festgelegt; eine Ablaufleistung über die Mindestleistung hinaus ist jedoch nicht garantiert.

Die Mindestleistung i. R. d. Beitragszusage bedeutet, dass dem Arbeitnehmer im Versorgungsfall für die Altersversorgungsleistung zumindest die Summe der zu seinen Gunsten dem Pensionsplan zugeführten Beiträge, soweit sie nicht rechnungsmäßig für einen biometrischen Risikoausgleich verbraucht wurden, zur Verfügung steht.

Der Arbeitnehmer trägt das eigentliche Anlagerisiko. Die aus dem Pensionsplan dem Arbeitnehmer ggü. resultierende (und für den Pensionsfonds zu bilanzierende) Verpflichtung kann daher nur aus dem aktuellen Markt-/Zeitwert des auf die ihm zurechenbare Beitragsleistung entfallenden Anteils am Vermögen des Pensionsfonds bestehen.

Im Fall des Pensionsplans »**Leistungszusage**« ist eine bestimmte monatliche Altersleistung

garantiert. Sofern sich die zur Erfüllung dieser Leistung vereinbarten Zuführungen (Pensionsfondsbeiträge) wegen Veränderungen der ursprünglichen Kalkulationsgrundlagen als nicht mehr angemessen erweisen, sind sie den veränderten Verhältnissen anzupassen.
- Pensionsfonds sind verpflichtet, zugunsten des Arbeitnehmers die Altersversorgungsleistung in jedem Fall als lebenslange Altersrente zu erbringen, § 112 Abs. 1 Satz 2 Nr. 4 VAG (*ausführlich hierzu: de Groot, S. 53 ff.*).
- Sowohl bei Leistungszusagen als auch bei Beitragszusagen können entsprechend arbeitsrechtlicher Vorschriften zusätzliche Zuwendungen des Arbeitgebers an den Pensionsfonds in der Ansparphase erforderlich werden, z. B. weil die versprochene Leistung bei der Leistungszusage oder die Mindestleistung bei der Beitragszusage durch die bisherigen Pensionsfondsbeiträge nicht finanziert wurden. Fraglich erscheint jedoch, ob diese »Nachschusspflicht« sich auf die Fälle von geänderten biometrischen Rechnungsgrundlagen beschränkt, oder ob auch das vollständige Kapitalanlagerisiko in der Ansparphase letztlich auf den Arbeitgeber abgewälzt werden kann. Die Gesetzesbegründung geht offensichtlich davon aus, dass das Kapitalanlagerisiko regelmäßig bei laufenden Renten beim Pensionsfonds liegt, und bei leistungsbezogenen Pensionsplänen für den Teil der Leistung, für den bereits Beiträge entrichtet wurden, liegen kann.
- Die Vorschrift des § 113 Abs. 2 Nr. 4 VAG sieht vor, dass anstelle der Verbraucherinformation in der Lebensversicherung eine Unterrichtung des Arbeitnehmers nach § 10a VAG i. V. m. Anlage Teil D zum VAG Abschnitt III zu erfolgen hat. Im Wesentlichen beinhalten die Informationen, die dem Versorgungsanwärter jährlich zu erteilen sind, Angaben zum Pensionsfonds selbst, zu der voraussichtlichen Höhe der dem Versorgungsanwärter zustehenden Leistungen, den geltenden Steuerregelungen, zur wirtschaftlichen Situation des Pensionsfonds sowie zu den Anlagemöglichkeiten und der Struktur des Anlagenportfolios, den Anlagerisiken und Kosten, sofern es sich um Beitragszusagen handelt. Versorgungsempfänger erhalten angemessene Informationen über die Versorgungsleistungen und die Zahlungsmodalitäten.
- I. R. d. 7. VAG-Novelle v. 08.07.2005 ist die **Kalkulationsfreiheit** des Pensionsfonds in der Rentenphase zudem deutlich ausgeweitet worden. Durch die Neuregelung in § 112c VAG kann der Pensionsfonds nämlich nunmehr von dem gesetzlich vorgeschriebenen Rechnungszinssatz bei der Kalkulation von Einmalbeiträgen abweichen und damit z. B. die für die Ablösung von Versorgungsverpflichtungen notwendigen Einmalbeiträge an der Höhe der nach internationalen Rechnungslegungsvorschriften (IFRS oder US-GAAP) gebildeten Pensionsrückstellungen orientieren. Mit dieser Regelung wird somit erstmals eine liquiditätsschonende Ablösung bestehender Pensionsverpflichtungen für laufende Renten durch den Pensionsfonds ermöglicht. Im Gegenzug muss der Arbeitgeber eine Nachschussverpflichtung akzeptieren, die dann eintritt, wenn aufgrund einer ungünstigen Renditeentwicklung das Pensionsfondsvermögen entgegen der der Kalkulation zugrunde liegenden Erwartung nicht ausreicht, um die Versorgungsverpflichtungen vollständig erfüllen zu können.

bb) Anlage und Aufsicht

Beim Pensionsfonds kann nicht nur die Kapitalanlage, sondern auch die Versicherung durch Dritte erfolgen. Durch Liberalisierung von Anlageschutzregelungen bekommt er größere Anlagefreiheiten, die sich grds. nach dem Vorsichtsprinzip und allgemeinen Regelungen zur Streuung, Mischung und dem Grundsatz der Erfüllbarkeit von Verpflichtungen richten werden. Damit soll nach den Vorstellungen des Gesetzgebers bereits eine Anpassung an den Vorschlag für eine Richtlinie des Europäischen Parlaments und des Rates über Tätigkeiten von Einrichtungen der betrieblichen Altersversorgung vorgenommen und im europäischen Wettbewerb ein europataugliches Instrument zur kapitalgedeckten betrieblichen Altersversorgung angeboten werden. 192

Die Vorschrift des § 115 Abs. 1 VAG sieht in Bezug auf die Vermögensanlage vor, dass Pensionsfonds unter Berücksichtigung der jeweiligen Pensionspläne Deckungsstöcke zu bilden haben. Die Bestände eines Deckungsstocks und des übrigen gebundenen Vermögens (gebundenes Vermögen) sind in einer der Art und Dauer der zu erbringenden Altersversorgung entsprechenden Weise unter Berücksichtigung der Festlegungen des jeweiligen Pensionsplans so anzulegen, dass möglichst große 193

Sicherheit und Rentabilität bei ausreichender Liquidität des Pensionsfonds unter Wahrung angemessener Mischung und Streuung insgesamt erreicht wird.

194 Mit der größeren Freiheit der Vermögensanlage ist für den Pensionsfonds die Verpflichtung verbunden, ein internationalen Standards entsprechendes Risiko-Management einzurichten, um die Anlagestrategie auf das Profil der Verpflichtungen ggü. Versorgungsanwärtern bzw. Rentnern abzustimmen. In § 115 Abs. 3 VAG ist bestimmt, dass die Pensionsfonds verpflichtet sind, jährlich, nach einer wesentlichen Änderung der Anlagepolitik zudem unverzüglich, ihre Anlagepolitik ggü. der BaFin darzulegen. Hierzu haben sie eine Erklärung über die Grundsätze der Anlagepolitik zu übersenden, die Angaben über das Verfahren zur Risikobewertung und zum Risiko-Management sowie zur Strategie in Bezug auf den jeweiligen Pensionsplan, insbes. die Aufteilung der Vermögenswerte je nach Art und Dauer der Altersversorgungsleistungen enthält.

195 Um die Sicherheit der für die Vermögensanwärter angelegten Gelder zu gewährleisten, werden Geschäftsbetrieb und die Ausstattung mit Eigenkapital (Solvabilität) durch die BaFin überwacht, vgl. § 114 VAG.

Die Einzelheiten in Bezug auf die aufsichtsrechtliche Behandlung von Pensionsfonds, insbes. hinsichtlich der Vermögensanlage, der Solvabilität und der Berechnung der Deckungsrückstellung sind per Rechtsverordnungen geregelt worden.

196 Die Verordnungsermächtigung in § 114 Abs. 2 VAG zur Kapitalausstattung besagt, dass das BMF zur Sicherstellung einer ausreichenden Solvabilität von Pensionsfonds ermächtigt wird, Vorschriften über die Berechnung und die Höhe der Solvabilitätsspanne unter Berücksichtigung der Einstandspflicht des Arbeitgebers gem. § 1 Abs. 1 Satz 3 BetrAVG, über den für Pensionsfonds maßgeblichen Mindestbetrag des Garantiefonds und darüber, was als Eigenmittel i. S. v. § 114 Abs. 1 VAG anzusehen ist und in welchem Umfang sie auf die Solvabilitätsspanne angerechnet werden dürfen, zu erlassen.

197 I. R. d. Verordnungsermächtigung nach § 115 Abs. 2 VAG zur Sicherstellung der dauernden Erfüllbarkeit des jeweiligen Pensionsplans ist zunächst erwähnenswert, dass dort nicht auf die mit Wirkung zum 01.01.2002 aufgehobene Vorschrift des § 54a VAG, sondern auf die Anlageformen des Art. 21 der Dritten Richtlinie Lebensversicherung verwiesen wird. Die Ermächtigung der Bundesregierung zum Erlass der Verordnung beinhaltet insbes. quantitative und qualitative Vorgaben nach Maßgabe des Art. 21 der Dritten Richtlinie Lebensversicherung zur Anlage des gebundenen Vermögens, zu seiner Kongruenz und Belegenheit sowie Einschränkungen der Anlage beim Trägerunternehmen. Die dauernde Erfüllbarkeit eines Pensionsplans kann auch bei einer vorübergehenden Unterdeckung als gewährleistet angesehen werden, wenn diese 5 % des Betrages der Rückstellungen nicht übersteigt und die Belange der Versorgungsanwärter und -empfänger gewährleistet sind. Zur Absicherung der vollständigen Bedeckung der Rückstellungen ist eine Vereinbarung zwischen Arbeitgeber und Pensionsfonds erforderlich, die der Genehmigung der BaFin bedarf. Die Genehmigung ist zu erteilen, wenn durch den Arbeitgeber die Erfüllung der Nachschusspflicht zur vollständigen Deckung der Rückstellungen durch Bürgschaft oder Garantie eines geeigneten Kreditinstituts oder in anderer geeigneter Weise sichergestellt ist. Der Pensionsfonds hat dem PSVaG die Vereinbarung unverzüglich zur Kenntnis zu geben.

198 Die weiteren Verordnungsermächtigungen betreffen die Berechnung der Deckungsrückstellung (§ 116 VAG) sowie sonstige Vorschriften des VAG (vgl. § 118 VAG).

b) Pensionsfonds im Betriebsrentenrecht

199 Der Pensionsfonds als fünfter Durchführungsweg ist eine rechtsfähige Versorgungseinrichtung, die dem Arbeitnehmer oder seinen Hinterbliebenen einen eigenen, unmittelbaren Rechtsanspruch gegen den Pensionsfonds gewährt.

III. Durchführungswege der betrieblichen Altersversorgung A.

Über den Pensionsfonds können sowohl (beitragsorientierte) Leistungszusagen als auch Beitragszusagen mit Mindestleistungen abgebildet werden. Interessant ist im Zusammenhang mit der Beitragszusage mit Mindestleistung insbes. die Möglichkeit der flexiblen Gestaltung von Beiträgen. So ist es z. B. denkbar, dass sich der Arbeitgeber verpflichtet, einen bestimmten Teil des Betriebsergebnisses pro Geschäftsjahr in den Pensionsfonds einzuzahlen. Damit ist der Pensionsfonds auf der einen Seite planungssicher aber auch flexibel. 200

Wegen der weiteren Einzelheiten zu den Zusagearten und zum Pensionsfonds wird auf die nachfolgende Kommentierung des BetrAVG verwiesen. 201

c) Pensionsfonds im Steuer- und Sozialversicherungsrecht

I. R. d. BetrAVG-Novelle 2001 sind v. a. ein Großteil der Vorschriften über die steuerliche und sozialversicherungsrechtliche Behandlung der betrieblichen Altersversorgung geändert worden. Diese Änderungen betreffen auch den neu eingeführten Pensionsfonds. 202

aa) Pensionsfonds aus Sicht des Arbeitgebers

Für den Arbeitgeber ist v. a. die Frage der Betriebsausgaben im Hinblick auf die steuerliche Behandlung von Pensionsfonds von Interesse. 203

Für den Arbeitgeber stellen die Beiträge zum Pensionsfonds nach § 4e Abs. 1 EStG Betriebsausgaben dar, soweit sie auf einer festgelegten Verpflichtung beruhen oder der Abdeckung von Fehlbeträgen bei dem Pensionsfonds dienen (*de Groot*, S. 85). Gem. § 4e Abs. 2 EStG dürfen Pensionsfondsbeiträge nicht als Betriebsausgaben abgezogen werden, soweit die Leistungen des Fonds, wenn sie vom Trägerunternehmen unmittelbar erbracht würden, bei diesem nicht betrieblich veranlasst wären. Die Vorschrift ist erstmals anzuwenden für das Wirtschaftsjahr, das nach dem 31.12.2001 endet. 204

Gem. § 4e Abs. 3 EStG kann der Steuerpflichtige zudem auf Antrag die insgesamt erforderlichen Leistungen an einen Pensionsfonds zur teilweisen oder vollständigen Übernahme einer bestehenden Versorgungsverpflichtung oder Versorgungsanwartschaft durch den Pensionsfonds erst in den dem Wirtschaftsjahr der Übertragung folgenden zehn Wirtschaftsjahren gleichmäßig verteilt als Betriebsausgaben abziehen. Der Antrag ist unwiderruflich; der jeweilige Rechtsnachfolger ist an den Antrag gebunden. Ist eine Pensionsrückstellung nach § 6a EStG Gewinn erhöhend aufzulösen, ist Satz 1 mit der Maßgabe anzuwenden, dass die Leistungen an den Pensionsfonds im Wirtschaftsjahr der Übertragung i. H. d. aufgelösten Rückstellung als Betriebsausgaben abgezogen werden können; der die aufgelöste Rückstellung übersteigende Betrag ist in den dem Wirtschaftsjahr der Übertragung folgenden zehn Wirtschaftsjahren gleichmäßig verteilt als Betriebsausgaben abzuziehen.

Nach Auffassung der Finanzverwaltung (*BMF-Schreiben v. 26.10.2006 – IV B 2 – S2144 – 57/06, DB 2006, 2432*) erfasst die Übertragungsmöglichkeit nach § 3 Nr. 66 EStG allerdings nur den sog. **Past-Service**. D. h. es kann nur der bis zum Übertragungszeitpunkt erdiente und ratierlich zu berechnende Teil der Anwartschaft auf den Pensionsfonds steuerfrei überführt werden. Zukünftig noch zu erdienende Teile der Anwartschaft können über den Pensionsfonds ausschließlich nur über die auf 4 % der BBG p.a. begrenzte laufende Dotierung nach § 3 Nr. 63 EStG abgewickelt werden. 205

Dies hat zur Konsequenz, dass durch entsprechende Übertragungsmaßnahmen unmittelbar in den ebenfalls nach § 3 Nr. 63 EStG bestehenden steuerfreien Dotierungsrahmen der Entgeltumwandlung eingegriffen wird: jeder vom Arbeitgeber zur Ausfinanzierung von Pensionsverpflichtungen gezahlte Beitrag reduziert damit für den Arbeitnehmer die Möglichkeit, selbst im Wege der Entgeltumwandlung steuerfrei eine betriebliche Altersversorgung nach § 3 Nr. 63 EStG aufzubauen. Im Extremfall – Arbeitgeberbeitrag = 4 % der BBG – ist eine steuerbefreite Entgeltumwandlung nach § 3 Nr. 63 EStG völlig ausgeschlossen. Um hier nicht die Entgeltumwandlung völlig ins Leere laufen zu lassen, müsste der Arbeitgeber einen zweiten Durchführungsweg akzeptieren: über den Pensionsfonds wird die ehemalige Pensionszusage finanziert und für die Entgeltumwandlung weicht man auf die Unterstützungskasse aus, die ja nicht in den Anwendungsbereich des § 3 Nr. 63 EStG fällt, gleichwohl aber – in unbegrenzter Höhe – als steuerbefreite Versorgungseinrichtung steuerfreie Dotierungen erlaubt.

Aus der Unwiderruflichkeit des Antrags nach § 4e EStG folgt die Finanzverwaltung zudem, dass der Antrag auch nur einheitlich für sämtliche Leistungen zur Übernahme einer Versorgungsverpflichtung oder Versorgungsanwartschaft gestellt werden kann (*BMF-Schreiben v. 26.10.2006 – IV B 2 – S2144 – 57/06, DB 2006, 2432*). Das hat zur Konsequenz, dass auch nachträgliche Zahlungen des Arbeitgebers, die im Fall einer Unterdeckung der übertragenen Versorgungsverpflichtungen durch den im Übernahmezeitpunkt geleisteten Einmalbeitrag erforderlich werden, ebenfalls über zehn Jahre verteilt als Betriebsausgaben geltend gemacht werden müssen. Wurden dagegen die erstmaligen Aufwendungen im vollen Umfang als Gewinn mindernd deklariert, so ist eine Verteilung eventueller Nachschusszahlungen auf zehn Jahre durch den Arbeitgeber nicht möglich.

Diese Konsequenz zeigt, dass man bei der Übertragung von Pensionszusagen auf den Pensionsfonds sowie der Wahl der Kapitalanlage und deren Kalkulationsgrundlagen besondere Umsicht walten lassen muss.

206 § 4e Abs. 3 Satz 3 EStG gilt entsprechend, wenn es im Zuge der Leistungen des Arbeitgebers an den Pensionsfonds zu Vermögensübertragungen einer Unterstützungskasse an den Arbeitgeber kommt.

207 Werden Zuwendungen zur Unterstützungskasse zur Übertragung von Versorgungsverpflichtungen von dieser auf einen Pensionsfonds erbracht, so können abweichend von § 4d Abs. 1 Satz 1 Nr. 1 Satz 1 Buchst. d) und Abs. 2 EStG auf Antrag die insgesamt erforderlichen Zuwendungen an die Unterstützungskasse für den Betrag, den die Kasse an einen Pensionsfonds zahlt, der eine ihr obliegende Versorgungsverpflichtung ganz oder teilweise übernommen hat, nicht im Wirtschaftsjahr der Zuwendung, sondern erst in den dem Wirtschaftsjahr der Zuwendung folgenden zehn Wirtschaftsjahren gleichmäßig verteilt als Betriebsausgaben abgezogen werden. Der Antrag ist unwiderruflich; der jeweilige Rechtsnachfolger ist an den Antrag gebunden.

bb) Pensionsfonds aus Sicht des Arbeitnehmers

208 Für den Arbeitnehmer ist die steuerliche und sozialversicherungsrechtliche Situation insbes. im Hinblick auf die Leistungen des Pensionsfonds von Bedeutung. V. a. die neuen Fördermöglichkeiten waren nach der Gesetzesbegründung einer der wesentlichen Gründe für die Einführung des Pensionsfonds. I. R. d. Pensionsfonds können mehrere der vorgesehenen Förderwege genutzt werden. Jeder Pensionsfondsbeitrag kann jedoch nur einmal gefördert werden.

(1) Förderung nach § 3 Nr. 63 EStG

209 Nach § 3 Nr. 63 EStG sind Beiträge aus dem ersten Dienstverhältnis an einen Pensionsfonds steuerfrei, soweit sie insgesamt im Kalenderjahr 4 % der Renten-BBG nicht übersteigen.

Die Steuerfreiheit setzt ein bestehendes (erstes) Dienstverhältnis voraus. Begünstigt sind nach der Gesetzesbegründung Arbeitgeberbeiträge i. S. d. § 1 Abs. 2 BetrAVG. Danach spielt es keine Rolle, ob die (Arbeitgeber-) Beiträge auch wirtschaftlich durch den Arbeitgeber oder durch den Arbeitnehmer über den Weg der Entgeltumwandlung finanziert werden.

210 In der Rentenbezugsphase unterliegen die Leistungen aus dem Pensionsfonds der Besteuerung nach § 22 Nr. 5 EStG. Sie werden als sonstige Einkünfte besteuert und unterliegen als solche der vollen (nachgelagerten) Besteuerung, sofern sie auf Beiträgen beruhen, die nach § 3 Nr. 63 EStG von der ESt befreit waren.

Anders als Renten aus Pensionszusagen oder Unterstützungskassen erhält der Arbeitnehmer nicht den Arbeitnehmer-Pauschbetrag aus § 9a Nr. 1 EStG von 920,00 €, sondern nur einen Pauschbetrag von 102,00 € aus § 9a Nr. 3 EStG. Darüber hinaus kommt dem Versorgungsempfänger nicht der Versorgungsfreibetrag des § 19 Abs. 2 EStG (40 % der Rente, max. 3.072,00 € p.a.) zugute.

III. Durchführungswege der betrieblichen Altersversorgung A.

Die Vorschrift des § 3 Nr. 63 EStG gilt nach deren Satz 2 nicht für Beiträge an eine Zusatzversorgungseinrichtung für eine betriebliche Altersversorgung i. S. d. § 10a Abs. 1 Satz 4 EStG oder soweit der Arbeitnehmer nach § 1a Abs. 3 BetrAVG verlangt hat, dass die Voraussetzungen für eine Förderung nach §§ 10a, 79 ff. EStG erfüllt werden.

Arbeitgeberfinanzierte Beiträge an einen Pensionsfonds sind gem. § 2 Abs. 2 Nr. 5 ArEV ab 2002 bis zu 4 % der Renten-BBG beitragsfrei. Bei Entgeltumwandlungen besteht seit 2009 Beitragspflicht zur Sozialversicherung. In einer Übergangszeit von 2002 bis 2008 sind die Beiträge an einen Pensionsfonds i. R. d. Entgeltumwandlung bis zu 4 % der Renten-BBG beitragsfrei geblieben. 211

(2) Förderung nach § 10a EStG

Zusätzlich kann – ebenso wie bei Direktversicherungen und Pensionskassen – i. R. d. neuen Förderung nach § 10a EStG eine Zulage bzw. Sonderausgabenabzug geltend gemacht werden, wenn die Beiträge zum Pensionsfonds individuell versteuert und ggf. verbeitragt werden. Der Pensionsfonds bzw. die vorgesehenen Leistungen müssen darüber hinaus die festgelegten Förderkriterien (lebenslange, mindestens gleichbleibende Leistungen, garantierter Kapitalerhalt) erfüllen. 212

In der Rentenbezugsphase unterliegen die Leistungen aus dem Pensionsfonds der vollen nachgelagerten Besteuerung nach § 22 Nr. 5 EStG.

Keine Besteuerung der Leistungen aus einem Pensionsfonds erfolgt, soweit diese auf Beiträgen beruhen, für welche die Förderung nach § 10a EStG oder die besondere Steuerfreistellung des § 3 Nr. 63 EStG nicht in Anspruch genommen wurde oder werden konnte.

Steuerliche Förderung	Sozialversicherungsbeiträge Anwartschaftsphase		Steuerliche Veranlagung	Sozialversicherungsbeiträge Leistungsphase
§ 3 Nr. 63 EStG: steuerfrei, wenn ≤ 4 % BBG zzgl. 1800,00 €	AG-finanziert	beitragsfrei bis 4 % BBG	§ 22 Nr. 5 EStG: Leistungen voll steuerpflichtig,	voller Beitrag zur Kranken- und Pflegeversicherung
	AN-finanziert	beitragsfrei bis 4 % BBG	./. Werbungskosten-Pauschbetrag,	
			./. Sonderausgaben-Pauschbetrag,	
			./. Altersentlastungsbetrag	

213

Übersicht: Steuerliche und beitragsrechtliche Behandlung beim Pensionsfonds (ab 01.01.2005)

cc) Übertragung von Anwartschaften aus Direktzusage oder Unterstützungskasse

Die Übertragung von Versorgungsverpflichtungen oder Versorgungsanwartschaften aus Direktzusagen des Arbeitgebers oder aus Unterstützungskassen auf die neu eingeführten Pensionsfonds i. S. d. BetrAVG führt nach Maßgabe der Ausnahmevorschrift des § 3 Nr. 66 EStG nicht zu steuerpflichtigem Arbeitslohn, obwohl der Arbeitnehmer einen Rechtsanspruch auf die Versorgungsleistungen erwirbt. Grund hierfür ist laut Gesetzgeber, dass die Versorgungsleistungen des Pensionsfonds als sonstige Einkünfte nach § 22 Nr. 5 EStG der vollen Besteuerung unterliegen. 214

Laut Gesetzesbegründung hat der Gesetzgeber aus Vereinfachungsgründen darauf verzichtet, die i. R. d. Pensionszusage oder Unterstützungskasse geltende Besteuerung als Arbeitslohn gem. § 19 EStG beizubehalten. Für Fälle, in denen der Steuerpflichtige aus einem Pensionsfonds Einnahmen erzielt, die auf einer Pensionszusage oder einer Zusage über eine Unterstützungskasse beruhen und bereits vor dem 01.01.2002 zu entsprechenden Leistungen geführt hatten, verbleibt es bei den bisherigen Pauschbeträgen der §§ 9a Satz 1 Nr. 1, 19 Abs. 2 EStG, vgl. Übergangsregelung des § 52 Abs. 34b EStG. 215

216 Diese Übergangsregelung ist im Jahressteuergesetz 2007 dergestalt abgeändert worden, dass nach dem nunmehr maßgeblichen § 52 Abs. 34c EStG alle Leistungsempfänger, die bereits vor der Übertragung ihrer Versorgungsansprüche auf den Pensionsfonds Leistungen erhalten haben, die o.g. Frei- bzw. Pauschbeträge weiterhin nutzen können.

217 Dies eröffnet insbes. für Unternehmen, die sich am internationalen Kapitalmarkt finanzieren, die Möglichkeit, über die Auslagerung von Pensionsrückstellungen und die damit verbundene Verbesserung ihrer Eigenkapitalrelationen günstigere Finanzierungskonditionen zu erhalten. Dies hat vor dem Hintergrund der Internationalisierung der Rechnungslegungsstandards für viele Unternehmen eine besondere Bedeutung. Für die Arbeitnehmer ist damit der Vorteil verbunden, dass sie einen Rechtsanspruch ggü. dem Pensionsfonds erhalten. Darüber hinaus können Sie auf diesem Wege die Förderung nach § 10a EStG erlangen.

218 **Voraussetzung für die Steuerfreiheit** der Beiträge für den Arbeitnehmer ist nach § 3 Nr. 63 EStG, dass ein Antrag nach § 4d Abs. 3 EStG oder § 4e Abs. 3 EStG *(s. o. Rdn. 204)* gestellt worden ist.

219 Die Sozialversicherungsfreiheit der Leistungen eines Arbeitgebers oder einer Unterstützungskasse an einen Pensionsfonds zur Übernahme bestehender Versorgungsverpflichtungen oder -anwartschaften durch den Pensionsfonds ist nach § 2 Abs. 2 Nr. 6 Arbeitsentgeltverordnung (ArEV) auf den nach § 3 Nr. 66 EStG steuerfreien Betrag beschränkt.

220 Arbeitsrechtlich stellt eine derartige Übertragung eine Schuldübernahme dar, die den Regeln des § 4 BetrAVG i. V. m. §§ 415 ff. BGB folgt. Dies führt nach der derzeitigen Gesetzeslage dazu, dass eine solche Übertragung nur im laufenden Arbeitsverhältnis zulässig ist *(vgl. hierzu Rdn. 524 ff.)*. Hinsichtlich der übrigen Versorgungsverpflichtungen bzw. -anwartschaften fehlt es an der arbeitsrechtlichen Zulässigkeit für die Übertragung; § 3 Nr. 66 EStG läuft insoweit ins Leere. Damit ist die steuerliche Übertragungsmöglichkeit für die Praxis nur eingeschränkt möglich.

IV. Anspruchsgrundlagen

221 Der Anspruch des Arbeitnehmers auf Zahlung betrieblicher Versorgungsleistungen bedarf stets einer besonderen Rechts-/Anspruchsgrundlage, dem **Versorgungsversprechen**. Eine entsprechende **Rechtspflicht** zur Gewährung betrieblicher Versorgungsleistungen besteht in Deutschland – mit Ausnahme im Bereich der Entgeltumwandlung und des hierzu mit Wirkung vom 01.01.2002 an eingeführten »Obligatoriums« *(Rechtsanspruch auf Entgeltumwandlung, s. u. Rdn. 351 ff.)* – **kraft Gesetzes nicht**. Insb. ist auch die allgemeine **Fürsorgepflicht** des Arbeitgebers keine ausreichende Rechtsgrundlage *(so bereits BGH, 08.12.1954 – II ZR 281/53, BB 1955, 166 = DB 1955, 118; BAG, 13.07.1956 – 1 AZR 492/54, BAGE 4, 360)*.

222 Das Wesen der betrieblichen Altersversorgung als »**freiwillige Sozialleistung**« wird auch nicht durch das Betriebsrentengesetz eingeschränkt. Der Arbeitgeber ist nach wie vor nicht verpflichtet, seinen Mitarbeitern eine von ihm selbst, d. h. arbeitgeberfinanzierte betriebliche Altersversorgung zu gewähren. Das BetrAVG stellt nur einen gesetzlichen **Mindeststandard** dar, der **zwingend** zu beachten ist, wenn Versorgungszusagen erteilt worden sind, regelt also nur bestimmte Rahmenbedingungen der Ausgestaltung bestehender Versorgungszusagen *(Höfer, BetrAVG, Bd. I [ArbR], ART Rn. 52; Langohr-Plato, MDR 1994, 853 [854])*. Das BetrAVG begründet somit keine Versorgungsverpflichtungen, sondern setzt deren Existenz voraus.

223 Vielmehr beruht die Zahlungspflicht des Arbeitgebers entweder auf einer **kollektivrechtlichen Vereinbarung** (Tarifvertrag, Betriebsvereinbarung, Richtlinien und Vereinbarungen nach dem Sprecherausschussgesetz), einem **individualrechtlichen Vertrag** (Einzelzusage, Gesamtzusage, vertragliche Einheitsregelung) oder einem **allgemeinen arbeitsrechtlichen Rechtsgrundsatz** (Gleichbehandlung, betriebliche Übung), und kann ausdrücklich oder stillschweigend begründet werden *(Höfer, BetrAVG, Bd. I [ArbR], ART Rn. 207; Langohr-Plato, MDR 1994, 853 [854]; Tenbrock, S. 5)*.

IV. Anspruchsgrundlagen

1. Tarifvertrag

Grds. ist ein Tarifvertrag geeignet, Ansprüche auf betriebliche Versorgungsleistungen zu begründen (*Kemper/Kisters-Kölkes, Rn. 143; Tenbrock, S. 6 ff.*). Tarifverträge zur Begründung und Gestaltung betrieblicher Versorgungsleistungen spielten in der Vergangenheit bei der arbeitgeberfinanzierten betrieblichen Altersversorgung allerdings nur eine untergeordnete Bedeutung (*Tenbrock, S. 7*) und sind in der Privatwirtschaft als Verbandstarifvertrag nur für den Bereich der Bauwirtschaft, im Pressewesen sowie im Bäcker- und Lackierergewerbe bekannt. Darüber hinaus ist die Zusatzversorgung der Kirchen und des öffentlichen Dienstes tarifvertraglich geregelt. — 224

Nach dem im Altersvermögensgesetz verankerten Rechtsanspruch auf Entgeltumwandlung (§ 1a BetrAVG) und dem gleichzeitig in § 17 Abs. 5 BetrAVG für Entgeltumwandlungsvereinbarungen normierten Tarifvorbehalt sind allerdings eine Vielzahl von sog. **Versorgungstarifverträgen** zur näheren Ausgestaltung und Umsetzung dieses Rechtsanspruchs auf Entgeltumwandlung vereinbart worden. — 225

Für diese Tarifverträge gilt das **allgemeine Tarifvertragsrecht**, d. h. insb. das Tarifvertragsgesetz (TVG). Danach haben Tarifverträge **normative Wirkung**, wirken also unmittelbar und zwingend zwischen den Tarifvertragsparteien (§ 4 TVG), ohne jedoch Inhalt des individuellen Arbeitsvertrages zu werden. Eine **Änderung** eines tarifvertraglich geregelten Versorgungswerkes ist nur über die Kündigung des bestehenden und den Abschluss eines neuen Tarifvertrages zu realisieren. — 226

Durch einen Tarifvertrag kann nach § 17 Abs. 3 BetrAVG von einigen Mindestnormen des BetrAVG auch zulasten des **Arbeitnehmers abgewichen** werden, und zwar bei der Berechnung der Höhe unverfallbarer Anwartschaften nach § 2 BetrAVG (nicht aber bei den Unverfallbarkeitsfristen gem. § 1 Abs. 1 BetrAVG), bei der Abfindung und Übertragung betrieblicher Versorgungsanwartschaften (§§ 3, 4 BetrAVG) beim Auszehrungs- und Anrechnungsverbot (§ 5 BetrAVG) sowie bei der Anpassungsprüfung (§ 16 BetrAVG). — 227

Inhalte von Tarifverträgen unterliegen grds. nur einer eingeschränkten Rechtskontrolle durch die ArbG. Insb. dürfen Tarifverträge nicht gegen zwingendes Gesetzesrecht verstoßen und müssen sich am Grundgesetz und den darin verankerten Grundsätzen (Treu und Glauben, gute Sitten etc.) messen lassen. Eine Billigkeitskontrolle findet dagegen nicht statt (*Tenbrock, S. 7*). — 228

2. Betriebsvereinbarung

In der Praxis häufiger vorzufinden sind dagegen Versorgungsregelungen, die auf einer Betriebsvereinbarung basieren. Auf den Abschluss einer solchen Betriebsvereinbarung hat der Betriebsrat allerdings keinen Rechtsanspruch soweit es um die grundsätzliche Frage der Einführung betrieblicher Versorgungsleistungen geht. Die Einführung von Leistungen der betrieblichen Altersversorgung gehört ebenso zur **freiwilligen** Mitbestimmung i. S. v. § 88 BetrVG wie die Auswahl des begünstigten Personenkreises, die Wahl des Durchführungsweges und die Festsetzung des finanziellen Umfangs (**Dotierungsrahmen**) der Versorgungsansprüche. Demgegenüber unterliegt die darüber hinausgehende konkrete Ausgestaltung des Versorgungswerkes (Verteilung des Dotierungsrahmens) der Mitbestimmung des Betriebsrates nach § 87 Abs. 1 Nr. 8 oder Nr. 10 BetrVG (*ausführlich hierzu unter Rdn. 1653 ff.; vgl. auch Tenbrock, S. 46 ff.*). — 229

Durch den Abschluss einer Betriebsvereinbarung kann allerdings nicht in bereits bestehende günstigere individual-rechtliche Ansprüche der versorgungsberechtigten Arbeitnehmer eingegriffen werden, um diese zu beschränken. Dagegen sind auch nach Abschluss einer Betriebsvereinbarung günstigere individualvertragliche Abreden zulässig. Insoweit gilt das sog. **Günstigkeitsprinzip** (*BAG, 16.09.1986 – GS 1/82, BB 1987, 265 = DB 1987, 383 = NZA 1987, 168*). — 230

Soweit die Versorgungsansprüche des Arbeitnehmers auf individual-rechtlichen Grundlagen mit kollektivem Bezug (Gesamtzusage bzw. vertragliche Einheitsregelung) beruhen, können diese Ansprüche durch eine **nachfolgende Betriebsvereinbarung** in den Grenzen von Recht und Billigkeit — 231

A. Allgemeine Grundlagen

abgeändert werden, wenn die Neuregelung insgesamt bei kollektiver Betrachtung (**kollektiver Günstigkeitsvergleich**) nicht ungünstiger (**umstrukturierende Neuordnung**) ist (*BAG, 16.09.1986 – GS 1/82, BB 1987, 265 = DB 1987, 383 = NZA 1987, 168; ausführlich hierzu unter Rdn. 1513 ff.*). Das bedeutet, das der bisherige **Dotierungsrahmen** grds. nicht angetastet werden darf (*Langohr-Plato, MDR 1994, 853 [854 f.]*). Demgegenüber ist eine **verschlechternde Betriebsvereinbarung** nur zulässig, wenn die Gesamtzusage bzw. vertragliche Einheitsregelung **betriebsvereinbarungsoffen** ist, d. h. den Vorbehalt enthält, dass die Versorgungsordnung »durch eine nachfolgende Betriebsvereinbarung auch zum Nachteil der Versorgungsberechtigten abgeändert werden kann« (*BAG, 16.09.1986 – GS 1/82, BB 1987, 265 = DB 1987, 383 = NZA 1987, 168; Doetsch, DB 1993, 981, 985; Langohr-Plato, MDR 1994, 854 f.*).

232 ▶ **Formulierungsbeispiel: Betriebsvereinbarungsoffenheit**

Die vorliegende Versorgungsordnung kann durch eine nachfolgende Betriebsvereinbarung abgelöst und abgeändert werden, und zwar auch zum Nachteil der versorgungsberechtigten Mitarbeiter.

3. Sprecherausschussgesetz

233 Seit dem 01.01.1989 regelt das Sprecherausschussgesetz (SprAuG) die **kollektivrechtliche Interessenvertretung** derjenigen **leitenden Angestellten**, die nach § 5 Abs. 3 BetrVG von der Vertretung durch den Betriebsrat ausgeschlossen sind. Die Wahrnehmung eigener Interessen durch den einzelnen leitenden Angestellten selbst wird durch diese gesetzliche Interessenvertretung allerdings nicht ausgeschlossen, § 25 Abs. 1 Satz 2 SprAuG.

234 Der Sprecherausschuss kann mit dem Arbeitgeber gem. § 28 SprAuG **Richtlinien** und **Vereinbarungen** über den Inhalt der Arbeitsverhältnisse leitender Angestellter und damit auch über deren betriebliche Altersversorgung (*Löwisch, BetrAV 1990, 222*) treffen. Hierbei handelt es sich allerdings um keine erzwingbare Mitbestimmung (*Löwisch, SprAuG, § 28 Rn. 1*), sondern um einen auf dem Grundsatz der vertrauensvollen Zusammenarbeit (§ 2 SprAuG) basierenden **Gestaltungsfreiraum** der Verhandlungsparteien (*Tenbrock, S. 82 f.*).

Darüber hinaus hat der Arbeitgeber den Sprecherausschuss gem. § 30 Nr. 1 SprAuG rechtzeitig über Änderungen der Gehaltsgestaltung zu unterrichten und diese mit ihm zu beraten. Dieses **Mitwirkungsrecht** umfasst auch die Neu-/Umgestaltung betrieblicher Versorgungsregelungen (*Löwisch, SprAuG, § 30 Rn. 5*).

Richtlinien und Vereinbarungen nach dem SprAuG unterliegen ebenso wie Betriebsvereinbarungen der **gerichtlichen Billigkeitskontrolle**.

4. Individual-/Einzelzusage

235 Bei der Individual- bzw. Einzelzusage handelt es sich um einen **Vertrag**, der nach den allgemeinen zivilrechtlichen Grundlagen (§§ 145 ff. BGB) durch **Angebot** des Arbeitgebers und **Annahme** durch den versorgungsberechtigten Arbeitnehmer rechtswirksam zustande kommt. Dabei kann die Annahmeerklärung nach § 151 BGB auch **stillschweigend** erfolgen, da durch die Gewährung betrieblicher Versorgungsleistungen der Arbeitnehmer ausschließlich begünstigt wird (*BAG, 12.06.1957 – 4 AZR 5/55, RdA 1958, 38*). Für die **Auslegung** streitiger Vertragsbestimmungen gelten die §§ 133, 157, 242 BGB. Danach sind der übereinstimmende Wille der Vertragsparteien sowie der Grundsatz von Treu und Glauben die maßgeblichen Auslegungsmaßstäbe.

236 Die Einzelvereinbarung kann im Arbeitsvertrag selbst oder in einem gesonderten Dokument (Pensionszusage) enthalten sein. Versorgungszusagen bedürfen allerdings **nicht** zwingend der **Schriftform**. Auch lediglich mündlich erklärte Versorgungsversprechen führen zu einer arbeitsrechtlich wirksamen Versorgungsverpflichtung. Das bei unmittelbaren Versorgungszusagen steuerrechtlich gem. § 6a Abs. 1 Nr. 3 EStG nur dann Pensionsrückstellungen in der Steuerbilanz gebildet werden können, wenn die Zusage schriftlich erteilt worden ist (*vgl. Rdn. 97 ff.*), ist in arbeitsrechtlicher

IV. Anspruchsgrundlagen A.

Hinsicht irrelevant (*BAG, 10.03.1972 – 3 AZR 278/71, BB 1972, 1005 = DB 1972, 1486 = MDR 1972, 899; BAG, 05.02.1981 – 3 AZR 748/79, BB 1981, 1708*). Unter dem Aspekt der **Rechtssicherheit** und aus **Beweisgründen** ist aber eine schriftliche Fixierung der für die betriebliche Altersversorgung maßgeblichen Rahmenbedingungen (Leistungsarten, Leistungshöhe, Leistungsvoraussetzungen etc.) in jedem Fall zu empfehlen (*so auch Höfer, BetrAVG, Bd. I [ArbR], ART Rn. 219*).

Hinzu kommt, dass nach dem seit dem 20.07.1995 geltenden **Nachweisgesetz** (NachwG) der Arbeitgeber verpflichtet ist, die wesentlichen Vertragsbedingungen des Arbeitsverhältnisses schriftlich niederzulegen und in unterschriebener Form dem Arbeitnehmer auszuhändigen. 237

Zu den gesetzlich geforderten Mindestangaben gehört gem. § 2 Abs. 1 Nr. 5 NachwG auch die **Zusammensetzung des Arbeitsentgelts**, das nach heute allgemein geltender Auffassung (*BAG, 10.03.1972 – 3 AZR 278/71, BB 1972, 1005 = DB 1972, 1486 = SAE 1972, 193; BAG, 30.03.1973 – 3 AZR 26/72, BB 1973, 522 = DB 1973, 773 = NJW 1973, 959; BAG, 16.12.1976 – 3 AZR 761/75, BB 1977, 146 = DB 1977, 169; BGH, 28.09.1981 – II ZR 181/80, BB 1982, 1303 = DB 1982, 126; Blomeyer/Rolfs/Otto, BetrAVG, Einl. Rn. 28 ff.; Doetsch, BetrAV, S. 48; Langohr-Plato, MDR 1994, 853 [854]*) auch betriebliche Versorgungsleistungen umfasst. 238

Dies hat zur Konsequenz, dass dem Mitarbeiter ein Anspruch auf schriftliche Abfassung seiner Versorgungszusage zusteht. Ist die konkrete Versorgung durch kollektivrechtliche Vereinbarung (z. B. Tarifvertrag oder Betriebsvereinbarung) geregelt, so genügt auch ein schriftlicher Hinweis auf diese Regelungen, § 2 Abs. 3 NachwG. Nicht ausreichend ist dagegen die bloße Einstellung der Versorgungsordnung in das betriebliche Intranet. § 2 Abs. 1 Satz 3 NachwG schließt nämlich einen derartigen Nachweis in elektronischer Form ausdrücklich aus (*vgl. auch Doetsch, BetrAV, S. 48*).

Kommt der Arbeitgeber dieser Pflicht nicht nach, ist der Arbeitsvertrag gleichwohl wirksam. Es liegt allerdings eine Pflichtverletzung vor, die unter den Voraussetzungen des § 280 Abs. 1 BGB ggf. einen Anspruch auf Schadensersatz auslösen kann (*so auch Doetsch, BetrAV, S. 48*). 239

Soweit es vor diesem Hintergrund zu Streitigkeiten über Inhalt und Umfang bzw. die Auslegung eines Versorgungsversprechens kommt, gilt nach allgemeiner Ansicht die sog. **Unklarheitenregelung** (analog § 5 AGBG). Danach gehen im Interesse des Arbeitnehmerschutzes Unklarheiten in der Versorgungszusage grds. **zulasten des Arbeitgebers** (*BAG, 25.10.1983 – 3 AZR 357/81, BB 1984, 213 = DB 1984, 193; BAG, 27.09.1987 – 3 AZR 248/86, LNR 1987, 15140; Höfer, BetrAVG, Bd. I [ArbR], ART Rn. 225, 808 f.; Tenbrock, S. 84*). Unter **Vertrauensschutzaspekten** ist nämlich in besonderem Maße darauf zu achten, dass die Versorgungsordnung mit **äußerster Sorgfalt** erstellt (*BAG, 25.05.1973 – 3 AZR 405/72, BB 1973, 1171 = DB 1973, 2147*) und der versorgungsberechtigte Arbeitnehmer **eindeutig** und **unmissverständlich** über seine hieraus abgeleitete Rechtsstellung unterrichtet wird (*BAG, 25.01.1979 – 3 AZR 1096/77, BB 1979, 784 = DB 1979, 1183 = AuR 1980, 183*). 240

5. Gesamtzusage

Der Arbeitgeber kann seinen Willen, unter bestimmten, näher geregelten Voraussetzungen Versorgungsleistungen zu gewähren, auch durch eine einseitige Erklärung an die **gesamte Belegschaft** zum Ausdruck bringen. Auch bei einer derartigen **Gesamtzusage** werden **vertragliche Ansprüche** begründet. Erforderlich ist dabei, dass das Leistungsversprechen der gesamten Belegschaft gegenüber bekannt gemacht wird. Akte der internen Willensbildung reichen hierzu nicht aus (*vgl.: BAG v. 22.12.2009 – 3 AZR 136/08 – DB 2010, 1074*). Die Bekanntmachung erfolgt daher in aller Regel durch Rundschreiben oder durch Aushang am Schwarzen Brett. Eine ausdrückliche Vertragsannahme durch den einzelnen Arbeitnehmer wird hierbei nicht erwartet und ist auch nicht erforderlich (*BAG v. 22.12.2009 – 3 AZR 136/08 – DB 2010, 1074; BAG v. 4.6.2008 – 4 AZR 421/07 – AP BGB § 151 Nr. 4; Förster/Cisch/Karst, BetrAVG, § 1 Anm. 104*). Gesamtzusagen werden bereits dann wirksam, wenn der einzelne Arbeitnehmer durch die Form der Bekanntgabe typischerweise in die 241

Lage versetzt wird, von der Erklärung Kenntnis zu nehmen (*BAG v. 11.12.2007 – 1 AZR 953/06 – DB 2008, 1215*).

Das in der Gesamtzusage liegende Angebot wird über § 151 BGB ergänzender Inhalt des Arbeitsvertrages (*BAG, 16.09.1986 – GS 1/82 – BAGE 53, 42, 55; zuletzt BAG, 10.12.2002 – 3 AZR 671/01, NZA 2003, 1360, zu I 1 der Gründe*).

242 Gesamtzusagen sind von ihrer Systematik her eine **Bündelung gleichlautender Einzelzusagen**, für deren Behandlung (Vertragsbegründung, Auslegung, Billigkeitskontrolle etc.) die allgemeinen Grundsätze des Individualvertragsrechts gelten (*BAG, 16.09.1986 – GS 1/82, BB 1987, 265 = DB 1987, 383 = NZA 1987, 168*).

243 Im Hinblick auf ihren **kollektiven Einschlag** ergeben sich für Gesamtzusagen jedoch Besonderheiten bei der Kollision mit echten kollektivrechtlichen Versorgungsvereinbarungen, und zwar insb. im Zusammenhang mit der Zulässigkeit sog. ablösender Betriebsvereinbarungen. So können Individualzusagen grds. nur durch eine **Änderungskündigung** zum Nachteil der Versorgungsberechtigten abgeändert werden, wohingegen bei Gesamtzusagen auch eine nachfolgende Betriebsvereinbarung zulässig ist, sofern die Gesamtzusage den ausdrücklichen **Vorbehalt der Betriebsvereinbarungsoffenheit** enthält (*vgl. hierzu Rdn. 1516 ff.*).

6. Vertragliche Einheitsregelung

244 Bei einer **vertraglichen Einheitsregelung** schließt der Arbeitgeber mit allen bzw. einer Vielzahl von Mitarbeitern inhaltlich gleichlautende Versorgungsvereinbarungen. Die vertragliche Einheitsregelung ist demnach ebenso wie die Gesamtzusage eine Bündelung vieler Versorgungsvereinbarungen unter dem Dach einer einheitlichen Versorgungssystematik. Die sich hieraus ergebenden Versorgungsansprüche sind **vertraglicher Natur** (*BAG, 16.09.1986 – GS 1/82, BB 1987, 265 = DB 1987, 383 = NZA 1987, 168*). Einen **kollektivrechtlichen Charakter** wird der vertraglichen Einheitsregelung nur dann beigemessen, wenn ein solcher kollektivrechtlicher Bezug für die Arbeitnehmer erkennbar ist (*BAG, 16.09.1986 – GS 1/82, BB 1987, 265 = DB 1987, 383 = NZA 1987, 168, unter C II 4d der Gründe*). Nur dann gelten bzgl. ihrer Abänderbarkeit die bei der Gesamtzusage dargestellten Besonderheiten (*s. o. Rdn. 243*); ansonsten unterliegt sie wie alle Individualvereinbarungen dem allgemeinen Kündigungsschutz, d. h. als Änderungsakt ist eine Änderungskündigung erforderlich (*Langohr-Plato, MDR 1994, 853 [854 f.]*).

7. Allgemeine arbeitsrechtliche Rechtsgrundsätze

a) Betriebliche Übung

245 Vertragliche Ansprüche individual-rechtlicher Natur liegen auch dann vor, wenn sich der Arbeitnehmer zur Begründung seines Versorgungsanspruchs auf eine **betriebliche Übung** berufen kann (*BAG v. 16.2.2010 – 3 AZR 118/08 – DB 2010, 1947 = NZA 2011, 104; Reinecke, DB 2007, 2837*). Hierbei handelt es sich nach allgemeiner Ansicht in Rechtsprechung (*BAG, 16.09.1986 – GS 1/82, BB 1987, 265 = BB 1987, 265 = DB 1987, 383 = NZA 1987, 168*) und Literatur (*Blomeyer/Rolfs/Otto, BetrAVG, Anh. § 1 Rn. 17 ff.; Höfer, BetrAVG, Bd. I [ArbR], ART Rn. 238; Reinecke, BB 2004, 1625; Tenbrock, S. 88 ff.*) um einen **stillschweigend** zustande gekommenen Vertrag bzw. eine **Vertrauenshaftung**.

246 Als Anspruchsgrundlage ist die betriebliche Übung in § 1b Abs. 1 Satz 4 BetrAVG ausdrücklich aufgeführt. Danach steht der Verpflichtung aus einer ausdrücklichen Versorgungszusage eine auf betrieblicher Übung beruhende Versorgungsverpflichtung gleich.

247 Ein auf einer betrieblichen Übung begründeter Rechtsanspruch setzt eine **regelmäßige Wiederholung gleichförmiger Verhaltensweisen** im Betrieb voraus, die denjenigen, der sich gleichmäßig verhält, ggü. seinen Vertragspartnern rechtlich bindet (*BAG, 04.09.1985 – 7 AZR 262/83, DB 1986, 1627; LAG Köln, 17.01.1985 – 8 Sa 1019/84, Rev. nicht zugelassen, BB 1985, 664*). Eine

entsprechende betriebliche Übung hinsichtlich der Gewährung betrieblicher Versorgungsleistungen wird dann bejaht, wenn ein verständiger Arbeitnehmer nach Treu und Glauben mit Rücksicht auf die Verkehrssitte aus dem Verhalten des Arbeitgebers schließen durfte, dass er wie andere Arbeitnehmer des Betriebes ebenfalls betriebliche Versorgungsleistungen erhalten werde (*BAG, 29.10.1985 – 3 AZR 462/83, DB 1986, 2189 = NZA 1986, 786*). Dies ist z. B. dann der Fall, wenn ein Arbeitgeber jahrelang ein **13. Ruhegehalt** (Weihnachtsgeld) zahlt, das in der Versorgungsordnung nicht vorgesehen ist (*Reinecke, BB 2004, 1626 f.*). Die Versorgungsberechtigten erwerben dann kraft betrieblicher Übung eine entsprechende Versorgungsanwartschaft, und zwar bereits vor Eintritt des Versorgungsfalls (*BAG, 30.10.1984 – 3 AZR 236/82, BB 1985, 1605 = DB 1985, 1747 = NZA 1985, 531; BAG v. 16.2.2010 – 3 AZR 118/08 – DB 2010, 1947 = NZA 2011, 104*), mit der Folge, dass sich der Arbeitgeber von dieser Verpflichtung nicht mehr einseitig lossagen kann (*BAG v. 26.3.1997 – 10 AZR 612/96 – AP BGB § 242 Betriebliche Übung Nr. 50 = EzA BGB § 242 Betriebliche Übung Nr. 38; BAG v. 16.2.2010 – 3 AZR 118/08 – DB 2010, 1947 = NZA 2011, 104*).

Versorgungspflichten aus einer betrieblichen Übung kann der Arbeitgeber sowohl während des Arbeitsverhältnisses gegenüber den Versorgungsanwärtern als auch nach Eintritt des Versorgungsfalles gegenüber den Versorgungsempfängern eingehen (*BAG, 31.7.2007 – 3 AZR 189/06, AP BGB § 242 Betriebliche Übung Nr. 79*), etwa dadurch, dass im Versorgungsfall an die ausgeschiedenen Arbeitnehmer Leistungen erbracht werden (*vgl. BAG, 12.12.2006 – 3 AZR 475/05, AiB 2008, 114*). Begründet der Arbeitgeber durch die wiederholte Gewährung von Leistungen an Versorgungsempfänger eine betriebliche Übung, können die aktiven Arbeitnehmer, die unter Geltung dieser Übung im Betrieb arbeiteten, darauf vertrauen, dass die Übung nach Eintritt des Versorgungsfalles fortgeführt wird (*vgl. BAG, 12.12.2006 – 3 AZR 475/05, AiB 2008, 114.; BAG, 16.2.2010 – 3 AZR 118/08, DB 2010, 1947 = NZA 2011, 104*).

Besteht die betriebliche Übung bereits bei Eintritt des Mitarbeiters in das Unternehmen, so entsteht deren **Bindungswirkung** mit Aufnahme des Arbeitsverhältnisses; ist sie jünger, so beginnt die entsprechende Bindungswirkung mit dem Zeitpunkt der Entstehung der betrieblichen Übung (*LAG Köln, 17.01.1985 – 8 Sa 1019/84, BB 1985, 664; Förster/Cisch/Karst, BetrAVG, § 1 Anm. 109 f.*). 248

Liegt bei einer Versorgungszusage aufgrund betrieblicher Übung die betriebliche Übung gerade darin, dass die Höhe der Betriebsrente am Ende des Arbeitsverhältnisses vom Arbeitgeber festgelegt wird, dann kann der Arbeitnehmer eine Bestimmung der Rentenhöhe nach **billigem Ermessen** gem. § 315 Abs. 1 BGB erwarten. Bei der Ausübung des billigen Ermessens ist jedenfalls im Arbeitsrecht erforderlich, dass frühere Rentenfestsetzungsmodalitäten in ähnlichen Fällen berücksichtigt werden (*LAG Köln, 26.03.1986 – 7 Sa 597/85, BB 1986, 2064*). 249

Eine betriebliche Übung, wonach alle Arbeitnehmer innerhalb bestimmter Fristen übereinstimmende schriftliche Versorgungszusagen erhalten, begründet eine Versorgungsanwartschaft und setzt die Unverfallbarkeitsfristen des § 1 Abs. 1 BetrAVG in Lauf. Ob und wann die schriftliche Zusage im Einzelfall erteilt wird, ist rechtlich unerheblich (*BAG, 29.10.1985 – 3 AZR 462/83, BB 1986, 1647 = DB 1986, 2189*). 250

Eine Versorgungsverpflichtung aus betrieblicher Übung kann allerdings nur dann angenommen werden, wenn die umstrittene Leistung nicht bereits anderweitig individual- oder kollektivrechtlich geregelt ist (vgl. für den Fall des Zusatzurlaubs an Jubilare *BAG, 27.06.1985 – 6 AZR 392/81, DB 1986, 596*). Durch den Abschluss einer **unwirksamen Betriebsvereinbarung** wird **keine betriebliche Übung** begründet, wenn und solange der Arbeitgeber rechtsirrtümlich unterstellte, zu einer Leistung entsprechend dem Regelungsinhalt und -umfang der Betriebsvereinbarung verpflichtet zu sein (*BAG, 13.08.1980 – 5 AZR 325/78, BB 1981, 551 = DB 1981, 274*). 251

Ein durch betriebliche Übung begründeter Anspruch auf Zahlung betrieblicher Altersversorgung kann nicht durch eine gegenläufige betriebliche Übung wieder beseitigt werden (*BAG, 16.2.2010 – 3 AZR 118/08, DB 2010, 1947 = NZA 2011, 104*). Nach der früheren BAG-Rechtsprechung konnte eine betriebliche Übung im laufenden Arbeitsverhältnis grds. durch eine geänderte betriebliche 251a

Übung beendet werden (*letztmalig BAG, 28.5.2008 – 10 AZR 274/07, AP BGB § 242 Betriebliche Übung Nr. 80 = EzA BGB 2002 § 242 Betriebliche Übung Nr. 8*). Dies galt allerdings nicht für den Bereich der betrieblichen Altersversorgung.

Das Arbeitsverhältnis, für welches das BAG das Institut der gegenläufigen Übung entwickelt hat, ist durch den Austausch von Leistung und Gegenleistung geprägt. Der Arbeitgeber ist verpflichtet, die vertraglich geregelte Arbeitsleistung des Arbeitnehmers zu vergüten (§ 612 Abs. 1 BGB). Bei einem Rechtsverhältnis, das auf einem Geben und Nehmen beruht, mag der Gedanke, eine Partei werde einer Vertragsänderung, wenn sie sie verhindern wolle, widersprechen, nicht von vornherein von der Hand zu weisen sein. Anders ist dies bei einem Rechtsverhältnis wie dem Versorgungsverhältnis. Dieses wird durch die einseitige Leistungspflicht des Versorgungsschuldners geprägt. Den Versorgungsempfänger treffen keine primären Leistungspflichten. Die unterschiedliche Struktur der Rechtsbeziehung verbietet es, den Rechtsgedanken der gegenläufigen Übung auf das Betriebsrentenrecht zu übertragen.

Im Übrigen hat der 10. Senat des BAG seine bisherige Rechtsprechung in der Entscheidung vom 18. März 2009 *(10 AZR 281/08 – AP BGB § 242 Betriebliche Übung Nr. 83 = EzA BGB 2002 § 242 Betriebliche Übung Nr. 9)* ausdrücklich aufgegeben.

Ein durch betriebliche Übung begründeter Anspruch auf Zahlung betrieblicher Altersversorgung kann daher nur – soweit ein ausdrücklicher Widerrufsvorbehalt fehlt – einvernehmlich, d. h. nur mit Zustimmung des Versorgungsberechtigten abgeändert oder beseitigt werden.

b) Gleichbehandlungsgrundsatz

252 Versorgungsansprüche der Arbeitnehmer können sich ferner auch aus dem **arbeitsrechtlichen Gleichbehandlungsgrundsatz** ergeben, der als Anspruchsgrundlage ebenfalls in § 1b Abs. 1 Satz 4 BetrAVG ausdrücklich erwähnt wird. Danach ist es dem Arbeitgeber **untersagt**, »in seinem Betrieb Einzelne oder Gruppen von Arbeitnehmern **ohne sachlichen Grund** von allgemein begünstigenden Regelungen im Arbeitsverhältnis **auszuschließen** und **schlechter zu stellen**« (*BAG, 27.07.1988 – 5 AZR 244/87, BB 1988, 2178 = DB 1988, 2519*).

253 Darüber hinaus kommen als Anspruchsgrundlagen für eine Gleichbehandlung bei der Gewährung betrieblicher Versorgungsleistungen (*ausführlich hierzu Langohr-Plato, MDR 1992, 838 ff.; vgl. ferner Rdn. 1349 ff.*) in Betracht:

Art. 119 EGV	**Europarechtlicher Lohngleichheitsgrundsatz** (gleiches Entgelt für Männer und Frauen) incl. der hierzu ergangenen Gleichbehandlungsrichtlinien (*vgl. hierzu Langohr-Plato, ZAP 1993, Fach 17, S. 213 [216 f.]; ders., MDR 1995, 649 ff.*). Art. 119 EGV ist zwischenzeitlich durch den Vertrag von Amsterdam v. 02.10.1997 in Art. 141 EGV überführt worden.
Art. 3 Abs. 1 GG	Gleichheitsgrundsatz
Art. 3 Abs. 2 GG	Gleichberechtigungsgrundsatz
Art. 3 Abs. 3 GG	Benachteiligungs-/Diskriminierungsverbot
§ 75 Abs. 1 BetrVG	betriebsverfassungsrechtliches Diskriminierungsverbot
§ 2 Abs. 1 BeschFG	Verbot der unterschiedlichen Behandlung teilzeitbeschäftigter Arbeitnehmer
§ 611a BGB	sog. Gleichbehandlungsgesetz v. 13.08.1980 (*BGBl. I 1980, S. 1308*) bzw. 24.06.1994 (*BGBl. I 1994, S. 1406*).

254 Die sich hieraus ergebenden Spezialfragen im Bereich der betrieblichen Altersversorgung u. a. im Bereich der **Leistungsvoraussetzungen** (Altersgrenze), des **Leistungsumfangs** (Witwen-/Witwerrente) und des **begünstigten Personenkreises** (Teilzeitbeschäftigte; geringfügig Beschäftigte; Heimarbeiter; allgemeine Abgrenzung bestimmter Personengruppen) werden an anderer Stelle (*s. u. Rdn. 1349 ff.*) ausführlich behandelt.

V. Versorgungskonzepte

Das Betriebsrentengesetz hat mit seinen Bestimmungen lediglich für erteilte Versorgungsversprechen einen gesetzlichen Mindeststandard geregelt (§ 17 Abs. 3 BetrAVG). Daher besteht weder eine Verpflichtung zur Gewährung betrieblicher Versorgungsleistungen, noch eine über die allgemeinen arbeitsrechtlichen Rahmenbedingungen hinausgehender gesetzlicher Zwang hinsichtlich der materiellen Ausgestaltung betrieblicher Versorgungssysteme. Dies gilt sowohl für die Art der zugesagten Leistungen (Rente oder Kapital), die abgesicherten Risiken (Alter und/oder Tod und/oder Invalidität) und die Höhe der zugesagten Leistungen. Damit gilt – i. R. d. Gleichbehandlungsgrundsatzes (*vgl. hierzu Rdn. 1349 ff.*) und unter Wahrung der Mitbestimmungsrechte nach dem Betriebsverfassungsgesetz (*vgl. hierzu Rdn. 1653 ff.*) – insb. hinsichtlich der Bestimmung der Leistungshöhe, der sog. **Rentenformel** der allgemeine Grundsatz der **Vertragsfreiheit**.

255

Die Gestaltung der betrieblichen Altersversorgung hängt daher letztendlich maßgeblich von den mit der Gewährung betrieblicher Versorgungsleistungen verbundenen individuellen Zielsetzungen des jeweiligen Arbeitgebers ab. Da die Entscheidung über die Gewährung betrieblicher Versorgungsleistungen i. d. R. sehr langfristige Auswirkungen auf die finanzielle Situation des Unternehmens (bilanzielle Auswirkungen, Liquidität, Finanzplanung etc.) hat, ist insoweit eine sorgfältige Vorbereitung und Abwägung der Rahmenbedingungen erforderlich.

256

Dem Aufwand des Arbeitgebers steht dabei der individuelle **Versorgungsbedarf** der Arbeitnehmer ggü., der sich in Deutschland aus dem sog. **Drei-Säulen-Konzept** ergibt. Danach setzt sich die Altersversorgung aus den drei Säulen gesetzliche Rentenversicherung, betriebliche Altersversorgung und private Vorsorge zusammen. Dieses dreigliedrige Alterssicherungssystem soll dem Arbeitnehmer eine Vollversorgung auch im Ruhestand ermöglichen, wobei ein Versorgungsniveau auf der Basis des im aktiven Erwerbsleben erzielten Lebensstandards angestrebt werden soll.

257

Vor diesem Hintergrund findet sich in der Praxis eine Vielzahl unterschiedlicher Versorgungskonzepte.

1. Gesamtversorgung

Ausgehend vom sog. **Drei-Säulen-Konzept** (*s. o. Rdn. 7 ff.*) wurden in der Vergangenheit betriebliche Versorgungssysteme vielfach als Ergänzung zur gesetzlichen Rentenversicherung konzipiert. Diese **Ergänzungsfunktion** war regelmäßig so ausgestaltet, dass zum selben Zeitpunkt, unter denselben Leistungsvoraussetzungen und bei Eintritt identischer biologischer Versorgungsrisiken wie in der gesetzlichen Rentenversicherung die vom Arbeitgeber zugesagte Versorgungsleistung fällig wurde. Daneben wurde die Konzeption einer bedarfsgerechten Altersversorgung von der Höhe der staatlichen Beamtenversorgung beeinflusst. Vor diesem Hintergrund ist es nicht verwunderlich, dass viele Versorgungsordnungen, insb. bei Unternehmen, die dem öffentlichen Dienst nahe stehen, die Höhe ihrer Versorgungsleistungen unmittelbar mit den Leistungen der gesetzlichen Rentenversicherung gekoppelt haben. Entsprechende Rentenformeln, die eine bestimmte Leistungshöhe, i. d. R. 75 % des letzten Bruttogehalts, unter Berücksichtigung der individuellen Ansprüche aus der gesetzlichen Rentenversicherung gewähren, werden allgemein als »Gesamtversorgungssysteme« bezeichnet.

258

Gesamtversorgungssysteme sind **bedarfsorientiert** ausgerichtet. Die betriebliche Altersversorgung hat dabei den Sinn und Zweck, die **Versorgungslücke** zwischen dem zuletzt als Aktiver bezogenem Einkommen und den Leistungen aus der gesetzlichen Rentenversicherung aufzufüllen bzw. zu schließen.

259

Derartige Gesamtversorgungssysteme findet man in der Praxis in zwei verschiedenen Ausgestaltungen vor, den sog. **Anrechnungssystemen** sowie den sog. **Limitierungssystemen**.

260

a) Anrechnungssystem

261 Bei einem Anrechnungssystem wird die Sozialversicherungsrente auf die nach einem bestimmten Leistungsschema zu berechnende Betriebsrente angerechnet.

▶ **Beispiel:**

> Die Firma gewährt ihren Mitarbeitern betriebliche Versorgungsleistungen (Alters-, Invaliden- und eine 60%ige Hinterbliebenenrente, deren Höhe sich aus einem pauschalen Grundbetrag (15%) nach Ablauf der vereinbarten Wartezeit (fünf Jahre) und darüber hinausgehenden dienstzeitabhängigen Steigerungsbeträgen (2% pro Jahr) bezogen auf ein definiertes Gehalt zusammensetzt. Angerechnet werden max. 35 Dienstjahre, sodass die erreichbare Anwartschaft auf Altersrente nach mindestens 35 Dienstjahren 75% des definierten Gehalts (letzte Aktivbezüge) beträgt.
>
> Auf den sich danach ergebenden Rentenbetrag wird die aus der gesetzlichen Rentenversicherung gezahlte Rente angerechnet, d.h. der Aufwand des Arbeitgebers mindert sich in dem Umfang, in dem der Betriebsrentner anderweitige gesetzliche Renten erhält. Insgesamt gesehen erhält der Versorgungsberechtigte aus beiden Rentenbezugsquellen nach 35 Dienstjahren eine Gesamtversorgung von 75% der letzten Aktivenbezüge, die bei nur 25 Dienstjahren lediglich 55% (20 × 2% zzgl. 15% Grundbetrag) beträgt.

b) Limitierungssystem

262 Bei einem Limitierungssystem wird die sich aus Betriebsrente und Sozialversicherungsrente zusammensetzende Gesamtversorgung auf einen bestimmten Prozentsatz (z.B. 75%) des letzten Brutto- oder Nettogehalts begrenzt. Im Gegensatz zur Anrechnung, die stets zu einer Reduktion der Betriebsrente führt, erfolgt beim Limitierungsverfahren eine Reduktion der Betriebsrente nur dann, wenn diese zusammen mit der Sozialversicherungsrente den in der Versorgungsordnung vorgegebenen Grenzwert (75%) übersteigt.

c) Vorteile/Nachteile

263 Der Vorteil derartiger Gesamtversorgungssysteme liegt eindeutig aufseiten des Arbeitnehmers, der im Versorgungsfall eine relativ hohe Absicherung garantiert bekommt.

Demgegenüber trägt der Arbeitgeber das alleinige und volle Nachfinanzierungsrisiko, das sich dann realisiert, wenn die bei Erteilung der Versorgungszusage prognostizierten Werte der anzurechnenden bzw. zu berücksichtigenden Sozialversicherungsrente niedriger ausfallen als erwartet. So haben die in der jüngeren Vergangenheit vom Gesetzgeber vorgenommenen Eingriffe in das gesetzliche Sozialversicherungssystem stets zu einer Reduktion der Rentenhöhe geführt. Jeder Euro, den der Arbeitnehmer aber aus der gesetzlichen Rentenversicherung weniger erhält, muss bei einem Gesamtversorgungssystem vom Arbeitgeber übernommen werden. Die hieraus resultierende **Kalkulationsunsicherheit** hinsichtlich der mit einem derartigen Versorgungssystem verbundenen und vom Unternehmen nicht beeinflussbaren Kosten hat dazu geführt, dass viele Gesamtversorgungssysteme zwischenzeitlich umstrukturiert worden sind und eine Neueinrichtung eines Gesamtversorgungssystems nicht empfehlenswert ist.

2. Festrentenzusage

264 Bei einer Festrentenzusage wird dem versorgungsberechtigten Mitarbeiter ein **Festbetrag** als Versorgungsleistung zugesagt, und zwar regelmäßig in Form einer fest definierten monatlichen Rente i.H.v. z.B. 100,00 €. Unter die Festrentenzusage wird man auch noch dienstzeitabhängige, aber ansonsten nicht dynamische Steigerungsbeträge subsumieren können, also eine Zusage die pro anrechnungsfähigem Dienstjahr einen Rentensteigerungsbetrag von z.B. 10,00 € gewährt.

265 Derartige Festrentenzusagen sind vielfach nicht bedarfsgerecht und berücksichtigen – zumindest bei der Grundform eines dienstzeitunabhängigen Festbetragssystems – weder die Betriebstreue

V. Versorgungskonzepte

A.

des Mitarbeiters, noch seine individuelle Tätigkeit im bzw. Leistung für das Unternehmen. Hinzu kommt, dass der Arbeitnehmer bei derartigen starren Festbetragsregelungen bereits in der Anwartschaftsphase, bedingt durch die allgemeine Inflation, einen erheblichen Wertverlust seiner Altersversorgung in Kauf nehmen muss. Demgegenüber weiß der Arbeitnehmer aber auch von Anfang an genau, welche Versorgungsleistung er bei Alter, Invalidität bzw. seine Familie im Todesfall erwarten kann, sodass er die Versorgungsleistungen des Arbeitgebers bei seiner individuellen Versorgungsplanung entsprechend berücksichtigen kann.

Aus Arbeitgebersicht gewährleisten Festrentenzusagen dem Unternehmen eine langfristige **Kalkulationssicherheit** hinsichtlich des mit einer solchen Zusage verbundenen Finanzierungsbedarfs. Die Leistungen hängen nicht von externen Faktoren ab, auf die der Arbeitgeber keinen Einfluss hat. Als statisches Versorgungssystem unterliegt die Festrentenzusage damit keiner Eigendynamik. Verbesserungen der Leistungsstruktur liegen in der alleinigen Entscheidungsfreiheit des Arbeitgebers, und zwar sowohl hinsichtlich des Zeitpunkts der Anhebung des Leistungsniveaus, als auch bzgl. seines finanziellen Umfangs. 266

Vor diesem Hintergrund wird in der Praxis gerne auf sog. **Rentengruppenpläne** zurückgegriffen, die neben der Einordnung des Mitarbeiters in bestimmte Gehalts- oder Tarifgruppen auch die Dienstzugehörigkeit und damit die tatsächlich erbrachte Betriebstreue berücksichtigen können, wobei jeder definierten Gruppe ein unterschiedlicher Nominalbetrag zugeordnet wird.

▶ Beispiel: Gruppenbildung nach Gehaltsstufen

Versorgungsgruppe	Gehaltsstufe in €	Monatliche Altersrente pro Dienstjahr in Euro
1	bis 1.500,00	5,00
2	1.501,00 bis 2.000,00	6,25
3	2.001,00 bis 2.500,00	7,50
4	2.501,00 bis 3.000,00	9,00
5	3.001,00 bis 3.500,00	10,50
6	3.501,00 bis 4.250,00	12,00
7	4.251,00 bis 5.000,00	14,00
8	5.001,00 bis BBG	16,00
9	oberhalb BBG	19,00

Bei einer Gruppenbildung nach Tarifgruppen wird einfach die Gehaltsstufentabelle im vorstehenden Beispiel durch die Tarifgruppen des maßgeblichen Tarifvertrages ausgetauscht. 267

Neben der bereits erwähnten Kalkulationssicherheit bietet ein solcher Rentengruppenplan den Vorteil, dass aus Anlass seiner von Zeit zu Zeit erfolgten Leistungsanpassungen das soziale Engagement des Unternehmens gegenüber seinen Mitarbeitern herausgestellt (**Sozial-Marketing**) und damit gleichzeitig zur **Mitarbeitermotivation** beigetragen werden kann. 268

Jedoch ist zu beachten, dass bei einer derartigen Einteilung leicht eine Vielzahl von Rentengruppen mit ggf. recht hohen Nominalbeträgen in den Endstufen entstehen können, was im Endeffekt dem Arbeitgeber unter Kostenaspekten eine spätere Anpassung der Nominalbeträge u. U. nicht gerade erleichtert. Werden aber solche Anpassungen nicht vorgenommen, so hat dies zur Konsequenz, dass die Mitarbeiter bedingt durch ihre Gehaltsentwicklung und Karriere langfristig betrachtet in eine der höchsten Versorgungsstufen hineinwachsen, zumal Gehaltssteigerungen sich stets auf die gesamte Dienstzeit auswirken und so die betriebliche Altersversorgung umso mehr aufwerten, je näher sie zur Pensionierung hin erfolgen. 269

3. Gehaltsabhängige Zusagen

270 Zusagen, die an das Gehalt des Versorgungsberechtigten gekoppelt werden, vermeiden die inflationsbedingte Auszehrung der Versorgungsanwartschaft. Bei derartigen gehaltsabhängigen Zusagen ist unter dem Aspekt der Rechtssicherheit und Rechtsklarheit stets besonders darauf zu achten, dass das **pensionsfähige Gehalt** exakt definiert wird. Regelmäßig wird man als pensionsfähige Bezüge nur die nicht variablen Geldleistungen (Grundgehalt zzgl. Urlaubs- und Weihnachtsgeld), d. h. ohne Gratifikationen, Tantiemen, Zuschüsse, Sachbezüge und ähnliche Vergütungsbestandteile in eine solche Versorgungsformel einbeziehen. Aber auch hier gilt der Grundsatz der Vertragsfreiheit, sodass es den Vertragsparteien obliegt, wie sie die Versorgungsformel gestalten und welche Gehaltsbestandteile sie hierbei berücksichtigen wollen.

▶ Hinweis:

Stellt also eine Versorgungsvereinbarung lediglich pauschal auf das steuerpflichtige Bruttogehalt ab, so kann z. B. auch die Stellung eines Firmenwagens beim versorgungsfähigen Gehalt zu berücksichtigen sein *(BAG, 21.08.2001 – 3 AZR 746/00, NZA 2002, 394)*.

In der Praxis kommen gehaltsabhängigen Versorgungssysteme überwiegend als End- oder Durchschnittsgehaltspläne, teilweise aber auch als Renten-Eckwertssysteme vor.

a) Endgehaltsplan

271 Beim Endgehaltsplan richtet sich die Höhe der Versorgungsleistungen nach einem bestimmten Prozentsatz, ggf. nach Dienstjahren gestaffelt, des bei Eintritt des Versorgungsfalls zuletzt bezogenen Gehalts.

▶ Beispiel für eine endgehaltsbezogene Rentenformel:

Rente = Gehalt × x % (× Dienstjahre)

*Um Missverständnisse zu vermeiden, sind die Rechenzeichen in den Formeln und Berechnungsbeispielen nicht kursiv gesetzt. Dies gilt für das gesamte Werk.

272 Der wesentliche Vorteil des Endgehaltsplans liegt in der kontinuierlichen Sicherstellung des angestrebten Versorgungsniveaus. Von daher finden wir derartige Rentenformeln insb. bei solchen Personenkreisen, die ein bestimmtes Versorgungsniveau erreichen wollen und bei denen eine Anpassung der Versorgungsleistungen u. U. auf steuerrechtliche Restriktionen stößt. Bestes Beispiel hierfür sind die Gesellschafter-Geschäftsführer, die unter Berücksichtigung der steuerrechtlichen Grundsätze zum Nachholungsverbot, zur Erdienbarkeit und zur 75%-Grenze *(ausführlich hierzu unter Rdn. 1888ff.)* nur einen eingeschränkten Gestaltungsspielraum bei der Festsetzung ihrer Altersversorgung und deren späteren Anpassung haben.

273 Demgegenüber muss man bei solchen Systemen berücksichtigen, dass eine automatische Indexierung der Versorgungsanwartschaft über die Gehaltssteigerung erfolgt, die der Arbeitgeber zumindest im Tariflohnbereich nicht kalkulieren und steuern kann. Dies bedingt zugleich einen stetig ansteigenden Nachfinanzierungsbedarf.

Endgehaltspläne sind zudem stark karrierelastig und berücksichtigen nicht die individuell unterschiedliche Entwicklung des Versorgungsberechtigten. Der erst kurz vor Pensionierung beförderte Mitarbeiter wird, was die Höhe der Versorgung anbelangt, einem Mitarbeiter gleichgestellt, der von Anfang an mit dem gleichen Gehalt eingestellt worden ist. Anderseits erleidet derjenige Mitarbeiter Verluste hinsichtlich seiner Altersversorgung, der gegen Ende seiner Tätigkeit von einer Vollzeit- auf eine Teilzeitbeschäftigung umwechselt.

V. Versorgungskonzepte A.

b) Durchschnittsgehaltsplan

Die individuellen Ungerechtigkeiten des Endgehaltsplans vermeidet der Durchschnittsgehaltsplan, bei dem sich die Versorgungsleistungen nach einem bestimmten Prozentsatz, ggf. nach Dienstjahren gestaffelt, des durchschnittlich während einer bestimmten Periode (z. B. der letzten zehn Jahre) oder der gesamten Dienstzeit bezogenen Gehalts richtet. 274

▶ **Beispiel für eine durchschnittsgehaltsbezogene Rentenformel:**
Rente = $\sum \text{Gehalt}(j) \times x\%$

Mit einer auf das Durchschnittsentgelt abgestellten Rentenformel wird zudem die Eigendynamik der Leistungsentwicklung erheblich eingegrenzt, sodass auch das Nachfinanzierungsrisiko vermindert wird. 275

Wer sich allerdings für einen Durchschnittsgehaltsplan entscheidet, muss sich auch über den damit verbundenen erheblichen **administrativen Aufwand** bewusst sein, der daraus resultiert, dass bei diesem System die historische Gehaltsentwicklung dokumentiert werden muss. 276

c) Renten-Eckwertsystem

Beim Renten-Eckwertsystem werden die Versorgungsleistungen über verschiedene Faktoren definiert, die miteinander zu multiplizieren sind. Maßgeblich für die Rentenformel ist dabei neben einem fest definierten **Eckwert** und der anrechnungsfähigen **Dienstzeit** eine **individuelle Verdienstrelation**, die sich aus dem Verhältnis des individuellen Einkommens zu einer festgelegten Einkommensbasis (Beitragsbemessungsgrenze der gesetzlichen Rentenversicherung, Tarifecklohn etc.) ergibt. 277

▶ **Beispiel für eine Rentenformel eines Renten-Eckwertsystems:**
$$\text{Rente} = \frac{\text{individuelles Gehalt}}{\text{Einkommensbasis}} \times \text{Dienstjahre} \times \text{Eckwert}$$

Die Festlegung des Eckwertes kann hierbei z. B. in Anbindung an die Beitragsbemessungsgrenze der gesetzlichen Rentenversicherung (2007 = 5.250,00 €), einer vorgestellten Zielrente im Alter 65 (z. B. 15 % des Einkommens) und der max. anrechenbaren Dienstjahre (z. B. 40 Jahre) nach folgender Formel ermittelt werden: 278

▶ **Beispiel für Festlegung des Renten-Eckwerts (2007):**
$$\text{Eckwert} = \frac{5.250{,}00\ € \times 15\%}{40\ \text{Dienstjahre}} = 19{,}69\ €$$

Hieraus lässt sich dann die individuelle monatliche Versorgungsleistung berechnen.

▶ **Beispiel 1 für eine Rentenberechnung nach dem Renten-Eckwertsystem:**

Einkommen < Einkommensbasis (z. B. 3.000,00 €)
$$\text{Rente} = \frac{3.000{,}00\ €}{5.250{,}00\ €} \times 40 \times 19{,}69 = 450{,}05\ €$$

▶ **Beispiel 2 für eine Rentenberechnung nach dem Renten-Eckwertsystem:**

Einkommen > Einkommensbasis (z. B. 5.500,00 €); Bezügeteile oberhalb der BBG werden als Ausgleich dafür, dass diese Bezügeteile in der gRV nicht berücksichtigt werden, zweifach gewertet.
$$\text{Rente} = \frac{5.250{,}00\ € + 2 \times 250{,}00\ €}{5.250{,}00\ €} \times 40 \times 19{,}69 = 862{,}61\ €$$

279 Das Renten-Eckwertsystem ist in administrativer Hinsicht durchaus als pflegeleicht zu bezeichnen. Insb. ist keine aufwendige Dokumentation von Gehältern wie beim Durchschnittsgehaltsplan bzw. Einteilung von Rentengruppen wie beim Rentengruppenplan erforderlich. Lediglich der vorgegebene Eckwert ist von Zeit zu Zeit an veränderte Verhältnisse anzupassen, sofern man ihn nicht durch Inbezugnahme auf die jeweilige Einkommensbasis (BBG, Tarifecklohn) dynamisiert.

4. Beitragsorientierte Versorgungspläne

280 Das Betriebsrentengesetz, aber auch die zu den einzelnen Durchführungswegen der betrieblichen Altersversorgung geregelten steuerrechtlichen Rahmenbedingungen gehen grds. von leistungsorientierten Versorgungsleistungen aus. Dies zeigt sich insb. im Zusammenhang mit der Unverfallbarkeit (*s. u. Rdn. 372ff.*) und dem gesetzlichen Insolvenzschutz (*s. u. Rdn. 748ff.*), die die Aufrechterhaltung bzw. den Insolvenzschutz unverfallbarer Anwartschaften regeln und dabei zwangsläufig von einer zu sichernden (zukünftigen) Leistung ausgehen.

Derartige gehaltsabhängige Zusagen haben allerdings den Nachteil, dass sie für den Arbeitgeber zu starken finanziellen Belastungen führen, denn durch Tarifsteigerungen oder individuelle Gehaltserhöhungen (infolge von Karrieresprüngen) steigt nicht nur für künftige Dienstzeiten der Versorgungsaufwand, sondern es wird auch für alle bereits zurückgelegten Dienstzeiten eine Erhöhung der Rentenanwartschaft bewirkt (sog. **past service**).

281 Ein echtes Beitragsprimat, d. h. eine Versorgungsverpflichtung des Arbeitgebers, das sich ausschließlich auf die Bereitstellung zur Finanzierung nicht garantierter Versorgungsleistungen beschränkt, ist nach dem derzeitigen Regelungscharakter des Betriebsrentengesetzes nicht möglich. Gleichwohl ist aber vielfach ein Interesse der Arbeitgeber festzustellen, unter den erwähnten Kalkulations- und Sicherheitsaspekten, den mit der Altersversorgung verbundenen Aufwand vorgeben zu können.

282 Dies hat in der Praxis zu sog. **beitragsorientierten Versorgungssystemen (defined contributions)** geführt, bei denen ein fest definierter (fiktiver) Versorgungsaufwand (z. B. jährlich 2 % des insgesamt bezogenen Bruttoarbeitslohnes) i. d. R. abhängig vom jeweiligen Alter des Begünstigten versicherungsmathematisch wertgleich in einen **Versorgungsbaustein** umgerechnet wird. Die späteren Versorgungsleistungen ergeben sich dann aus der Summe der einzelnen Jahresbausteine als Kapital- oder Rentenleistung.

Insb. gilt dies für die Direktversicherung, bei der viele Versorgungspläne von einem i. R. d. pauschalierungsfähigen Höchstbeträge (§ 40b EStG) gebildeten Beitragsgruppenplan geprägt werden, bei denen also der Arbeitgeber in Abhängigkeit von Gehaltsgruppen oder funktionaler Einordnung (z. B. Geschäftsführung, Direktoren, Prokuristen, AT-Mitarbeiter, Tarifangestellte) unterschiedliche Beitragszuwendungen vorgibt, sei es als Festbetrag oder als fester Prozentsatz des Einkommens.

Aber auch die im Zuge des Altersvermögensgesetzes etablierte **Beitragszusage mit Mindestleistung** fällt unter den Oberbegriff der Leistungszusage (*ausführlich hierzu unter Rdn. 294ff.*).

5. Bausteinsysteme

283 Im Rahmen eines leistungsorientierten Bausteinsystems wird für den Mitarbeiter in jedem Jahr der anrechnungsfähigen Dienstzeit eine Leistung in Form eines Versorgungsbausteins ermittelt. Dieser Baustein kann entweder als fester Euro-Betrag oder als Prozentsatz in Abhängigkeit vom Einkommen im jeweils anrechnungsfähigen Dienstjahr zugesagt werden. Veränderungen wie z. B. Erhöhungen des Einkommens wirken lediglich auf zukünftige Versorgungsbausteine, sodass eine jederzeitige Kalkulierbarkeit sichergestellt ist. Bei Eintritt eines Versorgungsfalls erhält der Mitarbeiter die Summe der erworbenen Versorgungsbausteine als Kapital- oder Rentenleistung.

284 Im Fall eines beitragsorientierten Bausteinmodells gewährt das Unternehmen entweder einen festen Euro-Betrag oder einen Prozentsatz des jeweiligen Einkommens als Beitrag für eine betriebliche Altersversorgung. Im Gegensatz zum leistungsorientierten Bausteinsystem wird hierbei der Aufwand

V. Versorgungskonzepte

für die betriebliche Altersversorgung definiert und daraus die Versorgungsleistungen abgeleitet. Die Ableitung erfolgt nach versicherungsmathematischen Grundsätzen mittels einer Faktorentabelle oder eines Versicherungstarifes. Bei Eintritt eines Versorgungsfalles steht ebenfalls die Summe der Versorgungsbausteine als Versorgungsleistung zur Verfügung. Als besonderes vorteilhaft erweist sich die problemlose Einbindung der betrieblichen Altersversorgung in eine Gesamtvergütungsbetrachtung, was u. a. im Fall von Gehaltsverhandlungen von Bedeutung sein kann.

Sowohl das leistungsorientierte als auch das beitragsorientierte Bausteinsystem können ohne Weiteres auf flexible Beschäftigungen (z. B. Wechsel von Voll- zu Teilzeitbeschäftigung) reagieren und eröffnen die Möglichkeit, z. B. als Leistungsanreiz in ertragstarken Jahren Zusatzversorgungsbausteine zu gewähren. 285

Beide Systeme schaffen damit klar kalkulierbare Rahmenbedingungen für die Finanzierung der betrieblichen Versorgungsverpflichtungen und erhalten dem Arbeitgeber ein Höchstmaß an Steuerungsmöglichkeiten. 286

6. Besonderheiten bei Teilzeitbeschäftigung

Viele Versorgungsregelungen berücksichtigen nicht, dass auch das Arbeitsleben eines Mitarbeiters individuellen Schwankungen unterworfen ist. Dies gilt u. a. für das individuelle Arbeitszeitverhalten. So ist ein Wechsel von Vollzeit- in Teilzeitbeschäftigung – oder umgekehrt – je nach den persönlichen Verhältnissen nichts Ungewöhnliches. Unterschiedliche Beschäftigungsgrade während eines Arbeitsverhältnisses führen aber bei ausschließlich am Endgehalt oder ausschließlich an der Dienstzeit orientierten Versorgungsformeln zu Ungerechtigkeiten. So wird es einem Mitarbeiter, der stets in einem Vollzeitarbeitsverhältnis beschäftigt war, nur schwer zu erklären sein, warum er bei einem dienstzeitabhängigen System die gleiche Betriebsrente erhält, wie ein Mitarbeiter, der bei der gleichen Anzahl von Dienstjahren ständig nur teilzeitbeschäftigt war. Genauso ungerecht ist es, einen Mitarbeiter im Rahmen eines endgehaltsabhängigen Versorgungssystems zu bestrafen/begünstigen, der aus persönlichen Gründen seine Arbeitszeit kurz vor Eintritt des Versorgungsfalles reduziert/erhöht hat und aufgrund dessen seine Altersversorgung auf einer niedrigeren/höheren Bemessungsgrundlage erhält. 287

Insoweit verlangt die Rechtsprechung auch entsprechende Korrekturen, die ggf. im Wege der ergänzenden Vertragsauslegung in die Versorgungszusage interpretiert werden. Konsequenterweise sollte daher die Teilzeitbeschäftigung bzw. wechselnde unterschiedliche Arbeitszeiten entsprechend ihrem tatsächlichen Anteil an der individuellen Lebensarbeitszeit des Mitarbeiters bewertet und ein **individueller Beschäftigungsgrad** über die gesamte Dienstzeit als Korrekturfaktor für die Versorgungsformel ermittelt werden. Zulässig wäre es aber auch, von dem durchschnittlichen Beschäftigungsgrad der letzten fünf oder zehn Jahre auszugehen (*BAG, 03.11.1998 – 3 AZR 432/97, BB 1999, 1334 = DB 1999, 1809; BAG, 27.09.1983 – 3 AZR 297/81, BB 1984, 1430 = DB 1984, 1940*). 288

▶ Beispiel für eine Beschäftigungsgradformel:

$$\text{Korrekturfaktor} = \frac{\text{individuelle Arbeitszeit p.a.} \times \text{Dienstjahre}}{\text{mögliche Arbeitszeit eines Vollzeitbeschäftigten}}$$

Hat also ein Arbeitnehmer zu Beginn seiner Tätigkeit 20 Jahre als Halbtagsbeschäftigter gearbeitet, ist dann für zehn Jahre auf Vollzeitbeschäftigung umgestiegen, um schließlich in den letzten fünf Jahren vor Pensionierung seine Arbeitszeit auf 30 % zu reduzieren, so hätte dies nach vorstehender Formel folgende Auswirkungen:

$$\text{Korrekturfaktor} = \frac{(20 \times 50\%) + (10 \times 100\%) + (5 \times 30\%)}{35 \times 100\%} = \frac{2.150\%}{3.500\%} = 61{,}4\%$$

Die sich nach der allgemeinen Rentenformel des entsprechenden Versorgungssystems für einen vollzeitbeschäftigten Mitarbeiter ergebende Rente würde demnach mit dem Korrekturfaktor

61,4 % modifiziert, sodass der betreffende Mitarbeiter 61,4 % der Rente eines vollzeitbeschäftigten Mitarbeiters erhalten würde.

B. Regelungsbereich des Betriebsrentengesetzes

Das BetrAVG ist in den letzten Jahren mehrfach überarbeitet und inhaltlich modifiziert worden (insb. durch das Rentenreformgesetz 1999; das Altersvermögensgesetz und das Alterseinkünftegesetz). Dabei sind nicht nur neue Regelungen (z. B. Rechtsanspruch auf Entgeltumwandlung und Portabilität) eingeführt worden, sondern auch bestehende Regelungen mit Wirkung ab Inkrafttreten und somit nur für die Zukunft geändert worden. Dies hat zur Konsequenz, dass für die Praxis nicht nur die jeweils aktuell geltende Gesetzesfassung maßgeblich ist. So kann es u. U. auf die im Zeitpunkt der Beendigung des Arbeitsverhältnisses maßgebliche Rechtslage (z. B. Erfüllung der Unverfallbarkeitsfrist) ankommen. Andere Gesetzesänderungen betreffen dagegen nur Zusagen, die nach Inkrafttreten der entsprechenden Gesetzesänderung erteilt worden sind (z. B. die vertragliche Dynamisierung laufender Renten zur Vermeidung der Anpassungsprüfungspflicht). Gleichwohl wird aus Gründen der Übersichtlichkeit nachfolgend von einer Darstellung der früheren Rechtslage abgesehen. I. R. d. nachfolgenden Gesetzeskommentierung werden daher nur noch die aktuellen gesetzlichen Bestimmungen erläutert.

289

Soweit im konkreten Einzelfall die frühere Rechtslage noch von praktischer Bedeutung sein sollte, wird auf die Vorauflagen verwiesen.

I. Durchführung der betrieblichen Altersversorgung (§§ 1 bis 4a BetrAVG)

1. Zusage des Arbeitgebers auf betriebliche Altersversorgung (§ 1 Abs. 1 BetrAVG)

§ 1 Abs. 1 BetrAVG regelt neben der gesetzliche Definition des Begriffs der betrieblichen Altersversorgung (*s. o. Rdn. 16*) den sog. »**arbeitsrechtlichen Verschaffungsanspruch**«. Gemäß § 1 Abs. 1 Satz 3 BetrAVG hat der Arbeitgeber für die Erfüllung der von ihm zugesagten Leistungen auch dann einzustehen, wenn die Durchführung der betrieblichen Altersversorgung nicht unmittelbar über ihn erfolgt.

290

Diese Bestimmung, die durch das Altersvermögensgesetz (AVmG) vom 26. Juni 2001 in das BetrAVG eingefügt wurde, basiert auf der ständigen Rechtsprechung des BAG, wonach im Betriebsrentenrecht stets zwischen der arbeitsrechtlichen Grundverpflichtung und den Durchführungswegen zu unterscheiden und der eingeschaltete externe Versorgungsträger seiner Funktion nach nur ein Instrument des Arbeitgebers zur Erfüllung seiner arbeitsrechtlichen Versorgungspflichten ist (*vgl. u. a.: BAG, 19.6.2012 – 3 AZR 408/10, BetrAV 2012, 710; BAG, 29.8.2000 – 3 AZR 201/00, EzA BetrAVG § 1 Zusatzversorgung Nr. 12; BAG, 14.12.1999 – 3 AZR 713/98, BAGE 93, 105; BAG, 07.03.1995 – 3 AZR 282/94, BAGE 79, 236*).

Wird die geschuldete Versorgung nicht auf dem vorgesehenen Durchführungsweg erbracht, so hat der Arbeitgeber dem Arbeitnehmer im Versorgungsfall erforderlichenfalls aus seinem eigenen Vermögen die Versorgungsleistungen zu verschaffen, die er dem Arbeitnehmer versprochen hat. Er hat demnach gleichwertige Leistungen zu erbringen (*BAG, 22.12.2009 – 3 AZR 136/08, DB 2010, 1074; BAG, 12.6.2007 – 3 AZR 186/06, BAGE 123, 82 = DB 2008, 2034*). Nach dem betriebsrentenrechtlichen System führt diese Einstandspflicht des Arbeitgebers nicht lediglich zu Schadensersatz-, sondern zu Erfüllungsansprüchen der versorgungsberechtigten Arbeitnehmer.

Diese Rechtsprechung hat der Gesetzgeber mit der Neufassung des § 1 BetrAVG durch das AVmG aufgegriffen. Ausweislich der amtlichen Gesetzesbegründung sollte »lediglich aus Gründen der Klarstellung ausdrücklich geregelt« werden, »dass unabhängig von der Durchführungsform der betrieblichen Altersversorgung immer eine arbeitsrechtliche ›Grundverpflichtung‹ des Arbeitgebers zur Erbringung der zugesagten Leistungen besteht« (*BT-Drucks. 14/4595 S. 67*).

Damit hat der Gesetzgeber klargestellt, dass der Arbeitgeber sich seiner Verpflichtungen aus der Versorgungszusage nicht dadurch entledigen kann, dass er betriebliche Altersversorgung über einen externen Versorgungsträger durchführt. Ihn trifft insoweit vielmehr eine Einstandspflicht, nach der er dem Arbeitnehmer im Versorgungsfall die zugesagten Leistungen ggf. zu verschaffen hat.

Letztendlich haftet damit der Arbeitgeber für die Solvenz des Versorgungsträgers, aber auch z. B. dann, wenn der Versorgungsberechtigte aufgrund von Satzungsbestimmungen des Versorgungsträgers bei diesem nicht (nach) versichert werden kann (*BAG, 22.12.2009 – 3 AZR 136/08, DB 2010, 1074; BAG, 13.11.2007 – 3 AZR 191/06, BAGE 125, 1 = DB 2008, 1506*).

291 Nach § 1 Abs. 1 BetrAVG ist demnach betriebsrentenrechtlich zu unterscheiden zwischen
– der Versorgungszusage *(Satz 1)*,
– der Bestimmung des internen oder externen Durchführungsweges *(Satz 2)* und
– dem aus der Einstandspflicht *(Satz 3)* folgenden Verschaffungsanspruch als Erfüllungsanspruch.

Der Verschaffungsanspruch richtet sich mithin darauf, eine Lücke zu schließen, die sich zwischen der Versorgungszusage einerseits und der Ausgestaltung des Durchführungsweges andererseits ergeben kann. Die Einstandspflicht betrifft zum einen Fälle, in denen die für die Durchführung der Versorgungszusage vom Arbeitgeber mit dem Versorgungsträger getroffene Regelung hinter den Verpflichtungen des Arbeitgebers gegenüber dem Versorgungsempfänger zurückbleibt. Sie ist zudem gegeben, wenn der externe Versorgungsträger die Betriebsrentenansprüche aus anderen Gründen nicht erfüllt. Die Einstandspflicht stellt somit sicher, dass bei Schwierigkeiten im Durchführungsweg gleichwohl der Versorgungszusage entsprechende Leistungen erbracht werden (*BAG, 12.06.2007 – 3 AZR 186/06, BAGE 123, 82*).

Diese Einstandspflicht steht nicht zur Disposition des Arbeitgebers und kann daher – wie sich aus § 17 Abs. 3 Satz 3 BetrAVG ergibt – nicht zulasten des Versorgungsberechtigten vertraglich ausgeschlossen werden. Auch eine dynamische Verweisung auf Satzung und/oder Leistungsbestimmungen eines externen Versorgungsträgers kann deshalb ein akzessorisches Recht des Arbeitgebers zur Kürzung laufender Leistungen der betrieblichen Altersversorgung nicht begründen (*BAG, 19.6.2012 – 3 AZR 408/10, BetrAV 2012, 710*).

2. Gestaltungs- und Finanzierungsformen (§ 1 Abs. 2 BetrAVG)

292 § 1 Abs. 2 BetrAVG regelt zum einen zwei weitere Gestaltungsformen, die neben der in § 1 Abs. 1 BetrAVG geregelten Leistungszusage des Arbeitgebers ebenfalls den Begriff der betrieblichen Altersversorgung erfüllen. Hierbei handelt es sich um die **beitragsorientierte Leistungszusage** sowie die **Beitragszusage mit Mindestleistung**. Darüber erklärt § 1 Abs. 2 das BetrAVG auch dann für anwendbar, wenn die Altersversorgung nicht unmittelbar vom Arbeitgeber sondern im Wege der **Entgeltumwandlung** oder – unter bestimmten Voraussetzungen durch **Eigenbeiträge** des Mitarbeiters finanziert worden ist.

a) Beitragsorientierte Leistungszusagen (§ 1 Abs. 2 Nr. 1 BetrAVG)

293 Gem. § 1 Abs. 2 Nr. 1 BetrAVG wird auch eine beitragsorientierte Leistungszusage, d. h. eine Zusage, bei der sich die Höhe der Versorgungsleistungen aus einem zuvor definierten Versorgungsbeitrag ableitet, als betriebliche Altersversorgung ausdrücklich anerkannt. Eine nähere Definition dieser neuen Zusageform fehlt dagegen im Gesetz (*vgl. auch Karst/Paulweber, BB 2005, 1499*). Sie wird sich daher nur in Abgrenzung zu den übrigen Zusageformen, insb. in Abgrenzung zur Beitragszusage mit Mindestleistung ergeben können (*vgl. auch Hanau/Arteaga/Rieble/Veit, Rn. 512 ff.*). Wesentlich ist zunächst einmal festzustellen, dass die beitragsorientierte Leistungszusage bei allen fünf im BetrAVG geregelten Durchführungswegen der betrieblichen Altersversorgung umsetzbar ist (*Langohr-Plato/Teslau, BetrAV 2006, 503; Schipp, BetrAV 2012, 380*).

b) Beitragszusage mit Mindestleistung (§ 1 Abs. 2 Nr. 2 BetrAVG)

294 Im Gegensatz zur beitragsorientierten Leistungszusage ist die Beitragszusage mit Mindestleistung nach dem ausdrücklichen Wortlaut des Gesetzes auf die versicherungsförmigen Durchführungswege

(Direktversicherung, Pensionskasse, Pensionsfonds) beschränkt. Bei der Beitragszusage mit Mindestleistung steht dem Arbeitnehmer im Versorgungsfall das ihm aufgrund der Beitragszusage planmäßig zuzurechnende Versorgungskapital, mindestens aber die Summe der zugesagten Beiträge, soweit sie nicht rechnungsmäßig für einen biometrischen Risikoausgleich verbraucht werden, zu.

Mit dieser Leistungsform erhält der Arbeitgeber eine Möglichkeit, seine Haftung nach § 1 Abs. 1 BetrAVG letztendlich auf die Gewährung der zugesagten Beiträge zu beschränken. Lediglich über die »**Mindestleistungsgarantie**«, d. h. die Verpflichtung, die Summe der zugesagten Beiträge (Nominalwerterhalt) bei Eintritt des Versorgungsfalls als Versorgungskapital zur Verfügung stellen zu müssen, verbleibt ein entsprechendes Restanlagerisiko beim Arbeitgeber (*vgl. auch Förster/Rühmann/Recktenwald, BB 2001, 1406; Höfer, DB 2001, 1145*). Dieser wird also nicht von seiner Leistungspflicht befreit, sondern übernimmt eine »Null-Zins-Garantie« für den von ihm gezahlten Versorgungsbeitrag (*so auch Gohdes/Haferstock/Schmidt, DB 2001, 1558, 1561; Langohr-Plato/Teslau, DB 2003, 661; Hanau/Arteaga/Rieble/Veit, Rn. 524*). 295

▶ Beispiel:

Die X-AG hat für ihre Mitarbeiter einen betriebsinternen Pensionsfonds eingerichtet und gewährt den Mitarbeitern eine Beitragszusage mit Mindestleistung. Für den 45-jährigen Abteilungsleiter A soll bis zum Rentenbeginn, der nach Vollendung des 65. Lebensjahres vorgesehen ist, jährlich ein Beitrag i. H. v. 10.000,00 € in den Fonds eingezahlt werden. In der Summe bedeutet dies nach 20 Jahren ein Mindestversorgungskapital von 200.000,00 €. Hiervon abzuziehen sind die Beiträge für die Tragung der biometrischen Risiken, die hier mit 15 % (= 30.000,00 €) angesetzt werden sollen. Mithin verbleibt eine vom Arbeitgeber zu garantierende Mindestleistung von 170.000,00 €. Verfügt der Pensionsfonds nun aufgrund einer schlechten Kapitalanlage nur über 150.000,00 €, so haftet der Arbeitgeber für den Differenzbetrag von 20.000,00 €.

Die von der Praxis, insb. den Arbeitgebern geforderte »reine« Beitragszusage (*vgl. u. a. aba, BetrAV 1997, 318, Nr. 1; Blomeyer, BetrAV 1997, 250; Blomeyer, DB 1997, 1921 ff.; Blomeyer, BetrAV 1998, 124; Hanau/Arteaga, BB 1997, Beilage 17, 5*), also eine Zusage, bei der sich die Haftung des Arbeitgebers ausschließlich auf die Beitragszahlung erstrecken und das Kapitalanlagerisiko in vollem Umfang, d. h. inklusive der Kapitalerhaltungsgarantie, auf den Versorgungsberechtigten verlagert werden sollte, hat der Gesetzgeber somit nicht in voller Konsequenz umgesetzt, sondern die neu eingeführte Beitragszusage mit dem »Pferdefuß« der Mindestleistung verknüpft. Blomeyer (*BetrAV 2001, 430 ff.*) spricht in diesem Zusammenhang von einer »Gazelle mit Klumpfuss« und einer Konterkarierung des Begriffs der Beitragszusage. 296

Gleichwohl ist eine solche **reine Beitragszusage** zwischen den Arbeitsvertragsparteien vereinbar und rechtlich ohne weiteres zulässig. Konsequenz ist allerdings, dass eine solche reine Beitragszusage dann nicht in den Anwendungsbereich des BetrAVG fällt, also insb. die Regeln zur gesetzlichen Unverfallbarkeit, zum gesetzlichen Insolvenzschutz und zur Anpassungsprüfung keine Anwendung finden. Mit ihr werden keine künftigen Versorgungsleistungen versprochen, wie dies § 1 Abs. 1 Satz 1 BetrAVG verlangt, sondern nur zusätzliche Zahlungen während des aktiven Arbeitslebens, die vergleichbar vermögenswirksamen Leistungen zur Bildung von Vermögen oder von Versorgungsanwartschaften an Dritte auszuzahlen sind und bei denen der Arbeitnehmer das Anlage- und Insolvenzrisiko trägt (*BAG, 07.09.2004 – 3 AZR 550/03, BAGE 112, 1 = BetrAV 2005, 201 = NZA 2005, 1239 = LNR 2004, 27216; BAG, 13.11.2007 – 3 AZR 635/06, LNR 2007, 45713*). 297

Die amtliche Begründung des Gesetzgebers zur Beitragszusage mit Mindestleistung ist insgesamt recht dürftig ausgefallen. Sie stellt nur die Einführung einer neuen Zusageform fest und führt i. Ü. aus, dass die sich aus der Beitragszusage ergebende Leistung erst im Versorgungsfall ermittelt werden kann. Als Mindestleistung ergebe sich aber im Versorgungsfall aufgrund der Beitragszusage ein planmäßig zuzurechnendes Versorgungskapital. Mindestens sei aber immer die Summe der eingezahlten Beiträge in ihrem Nominalwert, d. h. unverzinst auszuzahlen. Da die Summe der gezahlten 298

Beiträge garantiert werden müsse, handele es sich insoweit um eine Leistungszusage (*BT-Drucks. 14/5150 v. 25.01.2002, S. 42*).

299 Im Vordergrund steht somit nicht der Begriff der »Beitragszusage«, sondern der der »**Mindestleistung**«. Die Zusageart der Beitragszusage mit Mindestleistung stellt somit einen Unterfall der Leistungszusage dar.

300 Darüber hinaus findet sich nur noch im Zusammenhang mit der Einführung des Pensionsfonds ein Hinweis auf die mit der Beitragszusage mit Mindestleistung beabsichtigten Gestaltungsvarianten. Danach soll die Beitragszusage mit Mindestleistung eine »erhöhte Kalkulationssicherheit« für den Arbeitgeber bieten und so zu einer »Erhöhung der Attraktivität der betrieblichen Altersversorgung insb. auch bei kleinen und mittelgroßen Arbeitgebern beitragen und damit die Breitenwirkung der betrieblichen Altersversorgung erheblich erweitern«. Auch die »**flexible Gestaltung von Beiträgen**« soll möglich sein. So sei es denkbar, dass sich der Arbeitgeber verpflichte, einen bestimmten Teil des Betriebsergebnisses pro Geschäftsjahr in den Pensionsfonds einzuzahlen. Damit sei der Pensionsfonds einerseits planungssicher, andererseits aber auch flexibel (*BT-Drucks. 14/5150 v. 25.01.2001, S. 44*).

301 Die Beitragszusage mit Mindestleistung ist auch i. R. d. Entgeltumwandlung zulässig, wie sich aus § 16 Abs. 3 Nr. 3 BetrAVG ergibt (*Blomeyer, DB 2001, 1413; Höfer, DB 2001, 1146; Langohr-Plato/Teslau, DB 2003, 663*).

302 Die Beitragszusage mit Mindestleistung erfasst dagegen aufgrund der enumerativen und abschließenden Aufzählung in § 1 Abs. 2 Nr. 2 BetrAVG **nicht** die Durchführungswege der Pensionszusage und der Unterstützungskasse (*ausführlich hierzu Langohr-Plato/Teslau, BetrAV 2006, 503 ff.; vgl. auch Huber, in: Kemper/Kisters-Kölkes/Berenz/Huber, BetrAVG, § 1 Rn. 458; Blomeyer/Rolfs/Otto, BetrAVG, § 1 Rn. 92; Hanau/Arteaga/Rieble/Veit, Rn. 523; Karst/Paulweber, BB 2005, 1499 f.; Langohr-Plato/Teslau, BetrAV 2003, 523; Reinecke, DB 2006, 561; Schwark/Raulf, BetrAV 2003, 307; Sasdrich/Wirth, BetrAV 2001, 401; a. A. allein wohl nur Höfer, BetrAVG, Bd. I [ArbR], § 1 Rn. 2538 ff.*). Dies ist im Hinblick auf die für diese Leistungsform anwendbare Sonderregelung des § 2 Abs. 5b BetrAVG (*vgl. hierzu Rdn. 460 ff.*) von besonderer Bedeutung.

303 Darüber hinaus ist die Anwendbarkeit der Beitragszusage mit Mindestleistung auch bei den Durchführungswegen der Pensionskasse und der Direktversicherung zweifelhaft (*a. A. Höfer, DB 2001, 1145*). Zwar werden diese Durchführungswege in § 1 Abs. 2 Nr. 2 BetrAVG ausdrücklich als Medium für die Beitragszusage mit Mindestleistung angeführt.

▶ Hinweis:

Allerdings ist zu beachten, dass es sich bei diesen Durchführungswegen um Lebensversicherungsprodukte handelt, die im Hinblick auf die im VAG zwingend vorgeschriebene Mindestverzinsung immer eine bestimmte Garantieleistung versprechen. Diese Garantieleistung kann im Einzelfall höher oder niedriger sein, als die Summe der eingezahlten Beiträge.

304 Vor diesem Hintergrund wird sich der Anwendungsbereich der Beitragszusage mit Mindestgarantie im Wesentlichen auf den neuen Durchführungsweg Pensionsfonds fokussieren (*Hanau/Arteaga/Rieble/Veit, Rn. 527; Hanau, BetrAV 2002, 622*).

aa) Umfang der Mindestleistungsgarantie

305 Die Beitragszusage mit Mindestleistung wird v. a. unter dem Gesichtspunkt eines **reduzierten Haftungsrisikos des Arbeitgebers** diskutiert. Insoweit wird v. a. auf die Mindestleistung und die damit korrespondierende (teilweise) Übertragung des Kapitalanlagerisikos auf den Arbeitnehmer abgestellt. Diese Garantie des Nominalwerterhalts stellt jedoch nur einen Teil der Verpflichtungen des Arbeitgebers dar, die dieser mit der Erteilung einer Beitragszusage mit Mindestleistung eingeht. Nach § 1 Abs. 2 Nr. 2 BetrAVG besteht die Verpflichtung des Arbeitgebers zum einen in der Zahlung von Beiträgen zur Finanzierung von Leistungen der betrieblichen Altersversorgung an einen

I. Durchführung der betrieblichen Altersversorgung (§§ 1 bis 4a BetrAVG)   B.

Pensionsfonds, eine Pensionskasse oder eine Direktversicherung. Zum anderen verpflichtet sich der Arbeitgeber auch dazu, das planmäßig zuzurechnende Versorgungskapital für Leistungen zur Altersversorgung zur Verfügung zu stellen.

Der diesbezügliche **Umfang der Verpflichtung des Arbeitgebers** ist zweistufig gestaltet. In der ersten Stufe beinhaltet das Versorgungskapital die Beiträge und die daraus erzielten Erträge. Die Mindestleistung kommt erst in der zweiten Stufe zum Zuge, nämlich dann, wenn keine Erträge vorhanden sind oder – z. B. durch eine riskante Kapitalanlage – die eingezahlten Beiträge ganz oder teilweise vernichtet worden sind (»negative Kapitalrendite«). Den Arbeitgeber trifft dann eine entsprechende Auffüllhaftung (*Hanau/Arteaga/Rieble/Veit*, Rn. 524). 306

Fraglich ist insoweit, ob und wenn ja in welchem Umfang die vorzeitigen Risiken Tod und Invalidität in die **Mindestleistungsgarantie** einzubeziehen sind. Nach dem eindeutigen Wortlaut von § 1 Abs. 2 Nr. 2 BetrAVG erstreckt sich die Mindestleistungsgarantie ausdrücklich nur auf die Gewährung von »Leistungen zur Altersversorgung«. Demgegenüber hat der Gesetzgeber in § 1 Abs. 2 Nr. 1 BetrAVG bei der Definition der beitragsorientierten Leistungszusage ausdrücklich die Gewährung einer Anwartschaft auf »Alters-, Invaliditäts- oder Hinterbliebenenversorgung« vorgesehen. Berücksichtigt man ferner, dass der Gesetzestext im Folgenden als Mindestleistung die Summe der zugesagten Beiträge abzgl. des für den biometrischen Risikoausgleichs verbrauchten Kostenanteils definiert, wird deutlich, dass insoweit nur Altersversorgungsleistungen im engeren Sinne, d. h. ohne die Absicherung der vorzeitigen Risiken gemeint sein können. Andernfalls wäre ein Abzug für die Finanzierung dieser Risiken nicht erforderlich gewesen. Mithin erstreckt sich die **gesetzliche Pflicht zur Gewährung einer Mindestleistung** bei dieser Zusageform grds. nur auf die Zusage von Leistungen für das Risiko »**Alter**« (so auch *Kemper/Kisters-Kölkes*, Rn. 55; *Langohr-Plato/Teslau*, DB 2003, 662). 307

Die Mindestleistungsgarantie bei Eintritt des Versorgungsfalls »Alter« besteht auch in den Fällen, in denen zuvor der Versorgungsfall »Invalidität« eingetreten ist, wenn die Invaliditätsleistung bedingungsgemäß bzw. planmäßig spätestens bei Fälligkeit der vorgesehenen Altersversorgung endet. 308

Etwas anderes gilt, wenn nach der Versorgungsregelung der Eintritt des Versorgungsfalls Invalidität zu einer **lebenslangen Invaliditätsrente** führt und eine Altersleistung infolgedessen nicht fällig wird. In diesem Fall bezieht sich die Mindestleistungsgarantie auf die bis zum Eintritt des Versorgungsfalls Invalidität gezahlten Beiträge; die Mindestleistung muss zum Zeitpunkt des Eintritts des Versorgungsfalls Invalidität zur Verfügung stehen. Angesichts des Fehlens einer »echten« Altersleistung bei einer solchen Zusagegestaltung könnten jedoch Bedenken im Hinblick auf deren Zulässigkeit bestehen, weil die Legaldefinition die Altersleistung als Hauptmerkmal der Beitragszusage mit Mindestleistung ausgestaltet hat. Allerdings stellt eine lebenslange Invaliditätsrente spätestens mit Erreichen der üblichen Altersgrenze, also des 65. Lebensjahres, wirtschaftlich eine Altersleistung dar. Dies gilt jedenfalls, wenn ab diesem Zeitpunkt der Wegfall der Invalidität nicht mehr zu einer Einstellung der Leistungen führt. Derartige Zusagegestaltungen dürften zulässig sein. 309

bb) Ausgestaltung der Altersleistung

Die Altersleistung kann als lebenslange Rente oder – in den Durchführungswegen Direktversicherung und Pensionskasse – einmalige Kapitalzahlung erfolgen (*Langohr-Plato/Teslau*, DB 2003, 662 m. w. N.). Im Durchführungsweg Pensionsfonds kann die Leistung im Versorgungsfall Alter nach § 112 Abs. 1 Nr. 4 des Versicherungsaufsichtsgesetzes (VAG) nur als lebenslange Altersrente oder in Form eines Auszahlungsplans mit anschließender Restverrentung gem. § 1 Abs. 1 Satz 1 Nr. 5 des Altersvorsorgeverträge-Zertifizierungsgesetzes (AltZertG) erbracht werden. Die genannte Regelung des VAG hindert jedoch nicht die Abfindung von Versorgungsanwartschaften, soweit die Voraussetzungen des § 3 BetrAVG vorliegen, und von laufenden Altersrenten. 310

cc) Ausgestaltung der Leistungen bei Eintritt vorzeitiger Risiken

311 Zunächst bleibt festzuhalten, dass es möglich ist, die Risiken Invalidität und Tod vertraglich in Form einer Beitragszusage mit Mindestleistung zu kleiden. Dies folgt schon aus der gesetzlichen Definition dieser Zusageart, in der die vorzeitigen Risiken ausdrücklich genannt sind.

312 Die konkrete Ausgestaltung kann z. B. in der Weise erfolgen, dass man für den Eintritt dieser Risiken die Zusage so gestaltet, dass die bis zum Risikoeintritt angesammelten Beiträge inklusive evtl. vorhandener Zinserträge an den Versorgungsberechtigten bzw. dessen Hinterbliebene ausgeschüttet werden, sei es in Form einer Verrentung des vorhandenen Kapitals oder einer einmaligen Kapitalzahlung. Tritt allerdings der Versorgungsfall in zeitlicher Nähe zur Zusageerteilung ein, ist eine solche Versorgung mangels entsprechender Beitragszahlungen nicht gerade attraktiv. Dieses Problem besteht nicht, wenn man z. B. die Zusage so gestaltet, dass von den Beiträgen zu dem Versorgungsträger ein Teil der Beiträge zum Abschluss von (einjährigen) Risikolebensversicherungen und/oder selbstständigen Berufsunfähigkeitsversicherungen verwendet wird. Aus einer solchen Gestaltung folgt eine andere Einschränkung des Schutzes bei Eintritt vorzeitiger Risiken dadurch, dass ein Schutz bei Eintritt der vorzeitigen Risiken Tod und Invalidität nur für die Dauer der Beitragszahlung besteht. In beiden Fällen stellt sich die Frage nach der Attraktivität und demzufolge nach dem Verbreitungsgrad des so gestalteten Schutzes bei Eintritt vorzeitiger Risiken.

dd) Umfang des arbeitsvertraglichen Verschaffungsanspruchs des Arbeitnehmers

313 Eine weitere Frage stellt sich im Zusammenhang mit dem Verschaffungsanspruch des Arbeitnehmers ggü. dem Arbeitgeber. Gem. § 1 Abs. 1 Satz 3 BetrAVG steht der Arbeitgeber für die Erfüllung der von ihm zugesagten Versorgungsleistungen ein, hat also dem Versorgungsberechtigten die zugesagte Versorgung zu verschaffen. Entsprechend den dargestellten Verpflichtungen des Arbeitgebers, die dieser bei Erteilung einer Beitragszusage mit Mindestleistung eingeht, erstreckt sich dieser Verschaffungsanspruch bei dieser Zusageart nicht nur auf die Gewährung der Mindestleistung, sondern gemäß der ausdrücklichen Erwähnung in der gesetzlichen Definition des § 1 Abs. 2 Nr. 2 BetrAVG auch auf die tatsächlich erzielten/erwirtschafteten und bei Eintritt des Versorgungsfalls (noch) vorhandenen Erträge (*Förster/Cisch/Karst, BetrAVG, § 1 Rn. 79; Kemper/Kisters-Kölkes, Rn. 172.; Langohr-Plato/Teslau, DB 2003, 662 f.*).

314 Zwar übernimmt der Arbeitgeber keine Garantie für eine bestimmte Verzinsung, gleichwohl werden die erzielten Erträge Bestandteil des Versorgungskapitals, das bei der Leistungsberechnung im Versorgungsfall heranzuziehen und das dem Versorgungsberechtigten zu beschaffen ist. Es ist also zu differenzieren zwischen der Haftung des Arbeitgebers für den Nominalwerterhalt und dem Verschaffungsanspruch des Arbeitnehmers. Letzterer kann über die gesetzliche Einstandspflicht des Arbeitgebers hinausgehen. Die Beitragserhaltungsgarantie ist somit nicht in jedem Fall eine Limitierung des gesetzlichen Verschaffungsanspruchs. Nur dann, wenn keine oder eine negative Verzinsung bei Eintritt des Versorgungsfalls festgestellt wird, begrenzt die Beitragserhaltungsgarantie die Haftung des Arbeitgebers auf die tatsächlich an den Versorgungsträger geflossenen Beitrag.

315 In diesem Zusammenhang wird die Auffassung vertreten, dass der **Umfang der Verpflichtungen des Arbeitgebers** bei der Beitragszusage mit Mindestleistung entsprechende Auswirkungen auf die Reichweite des Verschaffungsanspruchs des Arbeitnehmers aus § 1 Abs. 1 Satz 3 BetrAVG habe (*Weigel, S. 22 f.*). Danach steht der Arbeitgeber nur für die Erfüllung der von ihm »zugesagten« Leistungen ein. Da nach dem Wortlaut des § 1 Abs. 2 Nr. 2 BetrAVG nur die Beitragszahlung und das Zurverfügungstellen des planmäßigen Versorgungskapitals seitens des Arbeitgebers geschuldet wird, habe der Arbeitgeber mit der Rentenphase nichts zu tun. Für die Leistungsphase bestehe keine Subsidiärhaftung des Arbeitgebers. Diese Ansicht hätte zur Folge, dass der Arbeitnehmer neben dem Kapitalanlagerisiko auch das Risiko der Insolvenz und anderweitig begründeter Nichtzahlungen des Versorgungsträgers tragen würde, und zwar auch soweit die Versorgungsleistungen auf der Mindestleistung beruhen. Ein Schutz über den PSVaG in dem insolvenzgeschützten Durchführungsweg

Pensionsfonds bestünde nicht, da der gesetzliche Insolvenzschutz die Arbeitnehmer bei Insolvenz des Arbeitgebers schützt und nicht bei Insolvenz des Versorgungsträgers.

Ob der Gesetzgeber diese – vom Wortlaut des Gesetzes gedeckte – Auffassung ebenfalls vertreten hat, geht aus den Gesetzesbegründungen nicht hervor. Die damit verbundenen Konsequenzen bedeuten jedoch eine Abkehr von dem Gedanken des Arbeitnehmerschutzes als einer der ursprünglichen Hauptzielsetzungen des Gesetzes (*Förster/Cisch/Karst, BetrAVG, Einführung Rn. 22, 25ff.; Langohr-Plato/Teslau, DB 2003, 663*). Andererseits ergibt sich die gleiche Konsequenz, wenn der Arbeitgeber in den Durchführungswegen Direktversicherung und Pensionskasse nach Ausscheiden des Arbeitnehmers aus seinen Diensten mit einer unverfallbaren Anwartschaft die sog. versicherungsvertragliche Lösung wählt. Auch hier hat der Gesetzgeber dem Arbeitgeber die Möglichkeit eröffnet, die Ansprüche des vorzeitig ausscheidenden Arbeitnehmers auf die von dem Versicherer aufgrund des Versicherungsvertrages zu erbringende Versicherungsleistung zu beschränken (*Förster/Cisch/Karst, BetrAVG, § 2 Rn. 22*). 316

c) Entgeltumwandlung (§ 1 Abs. 2 Nr. 3 BetrAVG)

§ 1 Abs. 2 Nr. 3 BetrAVG enthält die **Legaldefinition** des Begriffs der **Entgeltumwandlung**, die für alle fünf im BetrAVG geregelten Durchführungswege der betrieblichen Altersversorgung – Pensionszusage, Direktversicherung, Pensionskasse, Unterstützungskasse sowie den Pensionsfonds – gilt. 317

aa) Arbeitsrechtliche Voraussetzungen der Entgeltumwandlung

Im Rahmen einer Entgeltumwandlung vereinbaren die Arbeitsvertragsparteien, dass der Anspruch auf Barauszahlung des vereinbarten Gehalts endgültig untergeht und durch eine Anwartschaft auf betriebliche Versorgungsleistung(en) ersetzt wird (*vgl.: BAG, 26.06.1990 – 3 AZR 641/88, BAGE 65, 215 = NZA 1991, 144 = NJW 1991, 717 = BB 1991, 482 = DB 1990, 2475 = BetrAV 1991, 67; BAG, 17.10.1995 – 3 AZR 622/94, NZA-RR 1996, 343 = BetrAV 1996, 288; BAG, 15.09.2009 – 3 AZR 17/09, BetrAV 2009, 671 = BB 2009, 2085*). Nach der gesetzlichen Definition in § 1 Abs. 1 Nr. 2 BetrAVG setzt eine rechtlich zulässige Entgeltumwandlung dabei voraus, dass »**künftige Entgeltansprüche** in eine **wertgleiche Anwartschaft** auf Versorgungsleistungen umgewandelt werden«. 318

(1) Wertgleichheit von Entgeltumwandlung und Versorgungsversprechen

Was unter den Tatbestandsmerkmalen »künftige Entgeltansprüche« bzw. »wertgleiche Anwartschaft« zu verstehen ist, regelt das BetrAVG allerdings nicht näher. Dies lässt aber durchaus den Schluss zu, dass der Entgeltbegriff keinen gesetzlichen Einschränkungen unterliegt und sich auf alle denkbaren Vergütungsformen erstreckt, d. h. nicht nur Barvergütungen (Gehalt, Urlaubsgeld, Weihnachtsgeld, Tantiemen, Sonderzahlungen, Zuschläge etc.), sondern auch Sachleistungen umfasst (*vgl. hierzu Hanau/Arteaga/Rieble/Veit, Rn. 69ff.*). 319

I. R. d. Aspektes »**Wertgleichheit**« richten sich die Fragen in der Praxis in aller Regel nach der anzuwendenden Berechnungsmethode und der Einbeziehung von Kosten. Da betriebliche Altersversorgung sehr stark von versicherungsmathematischen Rahmenbedingungen geprägt ist, liegt es nahe, auch im Bereich der Entgeltumwandlung von einer versicherungsmathematischen Äquivalenz auszugehen (*so Blomeyer, DB 2001, 1414; vgl. auch Grabner/Bode, DB 2001, 481; Langohr-Plato, INF 2003, 414*). Zwingend ist dies aber nicht. Denkbar ist auch eine rein arbeitsvertragliche Äquivalenz (*vgl. Doetsch/Förster/Rühmann, DB 1998, 258; Diller, NZA 2008, 339*), wobei sich Arbeitgeber und Arbeitnehmer über die Rahmenbedingungen der Umrechnungsmethode einigen und insoweit die Regelungsbefugnis der Vertragsparteien nur durch § 242 BGB sowie gesetzlich zwingende Verbote begrenzt wird. So würde z. B. eine Abwälzung der PSV-Beiträge auf den Arbeitnehmer, die auch bei einer Entgeltumwandlung ggf. zu entrichten sind, gegen zwingende gesetzliche Regeln verstoßen. § 10 BetrAVG normiert nämlich insoweit eine alleinige und ausschließliche Beitragspflicht des Arbeitgebers, von der gem. § 17 Abs. 3 BetrAVG nicht zum Nachteil des Arbeitnehmers abgewichen 320 werden darf. Entgegenstehende Vereinbarungen – allerdings nicht die Entgeltumwandlungsvereinbarung an sich – sind nach § 134 BGB nichtig.

321 Soweit das LAG München in seiner Entscheidung v. 15.03.2007 (*4 Sa 1152/06, DB 2007, 1143*) im Fall einer konkret festgestellten fehlenden Wertgleichheit (im entschiedenen Fall waren bei einer vorzeitigen Auflösung des Arbeitsverhältnisses nach knapp 3-jähriger Laufzeit einer über eine rückgedeckte Unterstützungskasse abgewickelten Entgeltumwandlung von 6.320,00 € eingezahlten Beiträgen lediglich 639,00 € als Rückkaufswert vorhanden) die gesamte Entgeltumwandlungsvereinbarung als nichtig bewertet hat, geht diese Rechtsfolge weit über das Ziel hinaus. Die Frage der Wertgleichheit ist eine Frage der Äquivalenz von Leistung und Gegenleistung. Äquivalenzstörungen führen aber nicht zur Nichtigkeit der Zusage insgesamt, sondern lediglich dazu, dass der Arbeitgeber verpflichtet ist, die Störung zu beseitigen und dem Mitarbeiter eine wertgleiche Versorgung zu verschaffen (*vgl. auch ErfK/Steinmeyer, § 1 BetrAVG Rn. 25 und 27; Rieble, BetrAV 2001, 584*). Nicht umsonst hat der Gesetzgeber in § 1 Abs. 1 BetrAVG einen entsprechenden Verschaffungsanspruch normiert. Würde man diesen Verschaffungsanspruch im Fall fehlender Wertgleichheit negieren, so würde man dem Versorgungsberechtigten nämlich den Schutzzweck des BetrAVG vorenthalten. Man stelle sich insoweit nur einmal vor, dass die fehlende Wertgleichheit erst im Rahmen einer Insolvenz des Arbeitgebers aufgedeckt wird und aufgrund der vom LAG München unterstellten Nichtigkeit der Entgeltumwandlungsvereinbarung dem Versorgungsberechtigten der gesetzliche Insolvenzschutz nach den §§ 7 ff. BetrAVG zu versagen wäre. Oder aber bei Eintritt eines abgesicherten biometrischen Risikos – z. B. bei Eintritt von Invalidität – sich der Arbeitgeber mit Hinblick auf die Nichtigkeit seiner Leistungspflicht entziehen und den Mitarbeiter auf die Rückabwicklung der Entgeltumwandlung verweisen könnte. Allein diese beiden Beispiele verdeutlichen, dass bei fehlender Wertgleichheit die Nichtigkeit der gesamten Entgeltumwandlungsvereinbarung fehl am Platze ist (*so auch: Diller, NZA 2008, 340*) und die festgestellte Leistungsstörung richtigerweise durch Verschaffung einer störungsfreien, d. h. wertgleichen Versorgung zu beheben ist.

322 Unabhängig davon ist die Frage zu beantworten, ob die im vom LAG München im konkret entschiedenen Fall festgestellte Ursache für die Leistungsstörung – die sog. Zillmerung von Lebensversicherungsverträgen – rechtlich zu beanstanden ist (*vgl. hierzu etwa Reinecke, RdA 2005, 129 ff. und DB 2006, 562*). Bei dieser sog. **Zillmerung** verrechnet der Lebensversicherer – vereinfacht dargestellt – zunächst einmal die an ihn gezahlten Beiträge mit der von ihm gezahlten Provision. Erst wenn die gezahlte Provision durch Prämieneingänge ausgeglichen ist, führt die Beitragszahlung zum Aufbau von Deckungskapital im Versicherungsvertrag. Von daher kann es durchaus passieren, dass bei einem frühzeitigen Rückkauf der Versicherung, z. B. in den ersten beiden Jahren nach Vertragsabschluss, sogar ein negatives Deckungskapital vorhanden ist, in jedem Fall aber – wie der dem Urteil des LAG München zugrunde liegende Sachverhalt zeigt – das vorhandene Deckungskapital deutlich unter den eingezahlten Beiträgen liegt. Dieses nach dem Mathematiker Zillmer benannte Finanzierungsverfahren hat das LAG München in seiner Urteilsbegründung sowohl als Verstoß gegen das **Wertgleichheitsgebot** nach § 1 Abs. 2 Nr. 3 BetrAVG als auch als unangemessene Klausel i. S. v. § 307 BGB und Verstoß gegen die Grundgedanken der in § 4 BetrAVG normierten Portabilität gewertet und damit die Zillmerung generell als im Bereich der Entgeltumwandlung für nichtig erklärt.

Gegen diese weitreichende Auffassung des LAG München sprechen bereits die gesetzlichen Regelungen zur Entgeltumwandlung. Nach § 1a Abs. 3 BetrAVG kann der Arbeitnehmer im Rahmen seines Anspruchs auf Entgeltumwandlung nämlich verlangen, dass die Voraussetzungen für eine Förderung nach §§ 10a, 82 Abs. 2 EStG erfüllt werden, wenn die betriebliche Altersversorgung über einen Pensionsfonds, eine Pensionskasse oder eine Direktversicherung durchgeführt wird. Für diese sog. Riesterverträge regelt § 1 Abs. 1 Nr. 8 AltZertG die Zulässigkeit der Verteilung der in Ansatz gebrachten Abschluss- und Vertriebskosten (Provisionen) über einen Zeitraum von 5 Jahren in gleichmäßigen Jahresbeiträgen, soweit sie nicht als Vomhundertsatz von den Altersvorsorgebeiträgen abgezogen werden. Darüber hinaus hat der Gesetzgeber i. R. d. VVG Reform durch die Neuregelung des § 169 Abs. 3 VVG und die dort ausdrücklich vorgesehene Verteilung der Abschlusskosten auf mindestens 5 Jahre die **Zillmerung** grds. als zulässiges Verfahren bestätigt.

In dieser Verteilungsformel liegt auch keine unangemessene Benachteiligung i. S. v. § 307 Abs. 2 Nr. 1   323
BGB (*BAG, 15.09.2009 – 3 AZR 17/09 – BetrAV 2009, 671 = BB 2009, 2085*). Sowohl die Normierung einer sofortigen Unverfallbarkeit bei auf Entgeltumwandlung basierenden Versorgungssystemen, als auch das **Wertgleichheitsgebot** erfordern zwar, dass dem Versorgungsberechtigten im Fall eines vorzeitigen Ausscheidens aus dem Arbeitsverhältnis eine Versorgungsanwartschaft mit einem wirtschaftlich adäquatem Wert erhalten bleiben muss. Ohne eine solche Werthaltigkeit könnte die Unverfallbarkeit, aber auch das Recht auf Entgeltumwandlung nachhaltig ausgehöhlt werden (*BAG, 15.09.2009 – 3 AZR 17/09, BetrAV 2009, 671 = BB 2009, 2085*). Andererseits erkennt aber auch das BAG an, dass es sachgerecht und angemessen ist, die im Rahmen einer versicherungsförmigen Durchführung der betrieblichen Altersversorgung anfallenden Abschluss- und Vertriebskosten dem bezugsberechtigten Arbeitnehmer aufzuerlegen (*BAG, 15.09.2009 – 3 AZR 17/09, BetrAV 2009, 671 = BB 2009, 2085*). Insoweit wird es vom BAG als ausreichend anerkannt, wenn die Verteilung dieser Kosten entsprechend § 169 Abs. 3 VVG auf mindestens 5 Jahre erfolgt (*BAG, 15.09.2009 – 3 AZR 17/09, BetrAV 2009, 671 = BB 2009, 2085*).

Auch die vom LAG München zitierte neuere Rechtsprechung des BGH und des BVerfG verbietet   324
die **Zillmerung** nicht. Zum einen wird in dem Urteil des BVerfG v. 26.07.2005 (*1 BvR 80/95, NJW 2005, 2376 = BetrAV 2005, 583*) sowie in dem Urteil des BGH v. 12.10.2005 (*IV ZR 162/03, DB 2005, 2686 = NJW 2005, 3559*) gerade die grundsätzliche Zulässigkeit der Zillmerung bejaht (*vgl. a.: Wiele, VersW 2008, S. 382 f.*). Insb. hat der BGH nicht festgestellt, dass das Zillmerverfahren nicht i. S. d. § 307 BGB als materiell unangemessene Benachteiligung anzusehen ist. Zum anderen verkennt das LAG München, dass es sich nicht um einen privaten Lebensversicherungsvertrag handelt, der zwischen einem Versorgungsberechtigten und dem Versicherer abgeschlossen wurde, sondern um eine arbeitsrechtliche Vereinbarung zwischen Versorgungsberechtigtem und Arbeitgeber über eine Versorgungszusage gegen Entgeltumwandlung. Die Finanzierung der Versorgungszusage erfolgte über eine Unterstützungskasse, die sich ihrerseits einer Rückdeckungsversicherung bedient. Soweit das LAG München von einer – aus den zitierten Entscheidungen des BVerfG und des BGH gerade nicht folgenden – rechtlichen Unzulässigkeit der gezillmerten Rückdeckungsversicherung ausgeht, würde die Unwirksamkeit des Versicherungsvertrages an dem Bestehen der Versorgungszusage zunächst nichts ändern, sondern letztlich – wie ausgeführt – in einem **Verschaffungsanspruch** gegen den Arbeitgeber münden.

Letztendlich ist zudem noch zu berücksichtigen, dass sich das Zillmerungsverfahren nur bei einer zeitlich sehr nah am Abschluss des Versicherungsvertrages liegenden Auflösung des Versicherungsvertrages so nachteilig wie im vom LAG München entschiedenen Sachverhalt auswirkt. Mit zunehmender Vertragslaufzeit reduziert sich die Differenz zwischen gezahlten Prämien und vorhandenem Deckungskapital deutlich und verändert sich zugunsten eines zunehmenden Deckungskapitals. Kommt es – und das ist in einer Vielzahl der Fälle gelebte Praxis – erst gar nicht zur vorzeitigen Auflösung des Versicherungsvertrages, sondern wird dieser durch Eintritt des abgesicherten biometrischen Risikos beendet, dann ist in der ex post Betrachtung ein gezillmerter Lebensversicherungsvertrag regelmäßig sogar günstiger als ein ungezillmerter Vertrag, da er zu einer höheren Ablaufleistung führt. Auch dies spricht gegen eine generelle, den konkreten Lebenssachverhalt nicht berücksichtigende Nichtigkeit von entsprechenden Entgeltumwandlungsvereinbarungen, bei deren Finanzierung ein gezillmerter Lebensversicherungsvertrag verwendet wird.

Im Ergebnis kann damit im Zusammenhang mit der Verwendung gezillmerter Lebensversicherungs-   325
verträge allenfalls die Frage der Wertgleichheit im konkreten Einzelfall ernsthaft diskutiert werden. Ungeachtet der Frage, welche der gegensätzlichen Auffassungen man in diesen Punkten vertritt, wäre auch bei – unterstellter – fehlender Wertgleichheit oder einer Unzulässigkeit einer solchen Zillmerungsregelung nach § 307 Abs. 1 BGB nicht von einer Unzulässigkeit der Entgeltumwandlungsvereinbarung, sondern allenfalls von einem Erfüllungsanspruch auf eine wertgleiche Leistung auszugehen. Maßgeblich sind insoweit die tatsächlichen Gegebenheiten im konkreten Einzelfall. Bspw. dürfte für die Vielzahl der betriebstreuen Mitarbeiter die Diskussion um die Entscheidung des LAG München irrelevant sein. Von daher ist eine auf gezillmerten Lebensversicherungstarifen

basierende Versicherungslösung im Bereich der Entgeltumwandlung grds. nicht als unzulässig und erst recht nicht als nichtig zu bewerten (*zustimmend: Wiele, VersW 2008, S. 382*).

326 Von daher ist die Wertgleichheitsforderung in § 1 Abs. 2 Nr. 3 BetrAVG kein definitorischer Bestandteil des Begriffs der betrieblichen Altersversorgung bzw. der Entgeltumwandlung, sondern »lediglich« ein auf **Wertgleichheit** gerichtetes Gebot, dass die Wirksamkeit der getroffenen Vereinbarung dem Grunde nach nicht tangiert, sondern ausschließlich im Zusammenhang mit der Höhe des als Äquivalent für die Entgeltumwandlung vereinbarten Anwartschaftsrechts relevant ist (*so ausdrücklich: BAG, 15.09.2009 – 3 AZR 17/09, BetrAV 2009, 671 = BB 2009, 2085; vgl. a.: Andresen/Förster/Rößler/Rühmann, Teil 4 A, Rn. 179; Blomeyer/Rolfs/Otto, § 1 Rn. 145 ff. u. 195; Höfer, BetrAVG, ArbR, § 1 Rn. 2565*).

327 Eine der Höhe nach dem Wertgleichheitsgebot des § 1 Abs. 2 Nr. 3 BetrAVG nicht entsprechende Versorgungsvereinbarung steht somit der Wirksamkeit der Versorgungsvereinbarung an sich nicht entgegen, und führt weder zu einem Erfüllungsanspruch hinsichtlich des umgewandelten Entgelts noch zu einem Schadensersatzanspruch, sondern zu einem Anspruch auf Verschaffung einer wertgleichen Versorgungszusage und damit zu einem entsprechenden **Auffüllungsanspruch** auf eine wertgleiche Versorgung (*BAG, 15.09.2009 – 3 AZR 17/09, BetrAV 2009, 671 = BB 2009, 2085; Hanau/Arteaga/Rieble/Veit, Teil A, Rn. 271; Höfer, BetrAVG, Bd. I – ArbR., § 1 Rn. 2565; Reinecke, DB 2006, 555*).

328 Bei der **Beitragszusage mit Mindestleistung** wird im Durchführungsweg Pensionsfonds eine Vereinbarung i. R. d. Pensionsplangestaltung für zulässig erachtet, wonach der PSV-Beitrag vom Pensionsfonds aus den tatsächlich erzielten Erträgen des Fondsvermögens abgeführt werden kann (*ausführlich hierzu Langohr-Plato/Teslau, BB 2003, 661*). Insoweit gilt aber auch, dass eine Heranziehung der vertraglich garantierten Mindestleistung für die Bezahlung der PSV-Beiträge unzulässig ist.

Dieses Verbot gilt allerdings nicht für sonstige, mit der Durchführung und Abwicklung betrieblicher Versorgungsleistungen verbundener Verwaltungskosten (*a. A. Hanau/Arteaga/Rieble/Veit, Rn. 110, die den Einbehalt von Verwaltungskosten generell verneinen und als Kosten der arbeitgebereigenen Personalkosten ansehen, die vom Arbeitgeber selbst zu tragen sind*). Eine somit grds. zulässige Abwälzung dieser Kosten auf den Arbeitnehmer wird sich allerdings an den Grundsätzen von Treu und Glauben, dem Verhältnismäßigkeitsgrundsatz sowie einer allgemeinen Missbrauchskontrolle messen lassen müssen. Danach wird es u. a. erforderlich sein, bei einer Kostenverteilung zulasten des Arbeitnehmers auch eventuelle Ersparnisse des Arbeitgebers (z. B. ersparte Sozialversicherungsbeiträge) zu berücksichtigen und dem Arbeitnehmer gutzuschreiben. Jedenfalls unterliegen die entsprechenden arbeitsvertraglichen Vereinbarungen zumindest einer Rechts- und Billigkeitskontrolle durch die ArbG (*Langohr-Plato, INF 2003, 415*).

329 Darüber hinaus ist für die Frage der Wertgleichheit ein objektiver Maßstab an die Bewertung von umgewandeltem Entgelt und dafür erteilten Versorgungszusagen erforderlich (*Hanau/Arteaga/Rieble/Veit, Rn. 100*). Insoweit ist bzgl. der Wertgleichheit nach dem jeweiligen Zusagetyp – Leistungszusage, beitragsorientierte Leistungszusage oder Beitragszusage mit Mindestleistung – zu differenzieren (*Hanau/Arteaga/Rieble/Veit, Rn. 104 f.*):
– Verpflichtet sich der Arbeitgeber, dem Versorgungsberechtigten im Rahmen einer **Leistungszusage** eine exakt definierte Versorgungs- oder Versicherungsleistung zu verschaffen, so ergibt sich die Wertgleichheit im Rahmen einer versicherungsmathematischen Äquivalenzbetrachtung.
– Bei der **beitragsorientierten Leistungszusage** folgt die Wertgleichheit bereits aus der Einzahlung des im konkreten Fall maßgeblichen und zuvor vereinbarten Beitrags als Grundlage für die daraus zu ermittelnde Versorgungsleistung (*vgl. a.: Diller, NZA 2008, 339; Reich/Rutzmoser, DB 2007, 2314; Jäger, BetrAV 2006, 518 ff.*). Hier verbietet sich der Vergleich von eingezahlten Beiträgen und versicherter Leistung allein schon deshalb, weil der Versicherer nicht nur Abschlusskosten hat, die auch bei einem ungezillmerten Vertrag aus den gezahlten Prämien getilgt werden, sondern auch ein Risiko zu tragen hat, das Kosten verursacht, die nur durch einen Teil der Prämienzahlung finanziert werden können. Eine Gleichung nach der Formel »Summe der gezahlten

Prämien = Mindestrückkaufwert« ist daher bei der beitragsorientierten Leistungszusage völlig verfehlt (*im Ergebnis zustimmend: Diller, NZA 2008, 339; Cisch/Kruip, NZA 2007, 788*).
- Im Fall einer **Beitragszusage mit Mindestleistung** ist die Wertgleichheit bereits dadurch gewahrt, dass der Arbeitgeber nur zur Aufrechterhaltung des eingebrachten (umgewandelten) Entgelts verpflichtet ist.

(2) Umwandlung künftiger Entgeltansprüche

Hinsichtlich des Tatbestandsmerkmals »**künftige**« Entgeltansprüche ist fraglich, bis zu welchem Zeitpunkt Entgelt umgewandelt werden kann. Nach dem hierzu bislang einzigen vorliegenden höchstrichterlichen Urteil setzt eine Entgeltumwandlung i. S. d. § 1 Abs. 5 BetrAVG a. F. insoweit voraus, dass im Umwandlungszeitpunkt bereits eine Rechtsgrundlage für den betroffenen Entgeltanspruch bestand (*BAG, 08.06.1999 – 3 AZR 136/98, DB 1999, 2069 = BB 1999, 2195 = NZA 1999, 1103; vgl. ferner Hanau/Arteaga/Rieble/Veit, Rn. 84ff.*).

330

Das BAG führt allerdings nur aus, dass eine bloße Chance auf einen höheren Verdienst, letztendlich also eine in Aussicht gestellte Gehaltserhöhung, nicht ausreicht, um einen künftigen Entgeltanspruch annehmen zu können. Mit anderen Worten geht das BAG davon aus, dass eine Entgeltumwandlung nur in den Fällen unter das BetrAVG zu subsumieren ist, in denen im Umwandlungszeitpunkt bereits eine Rechtsgrundlage für den betroffenen Entgeltanspruch bestanden hat (*Blomeyer, DB 2001, 1413; Doetsch/Förster/Rühmann, DB 1998, 258; Höfer, BetrAVG, Bd. I [ArbR], § 1 Rn. 2558 ff.; Wohlleben, DB 1998, 1230*).

Betroffen von § 1 Abs. 2 Nr. 2 BetrAVG sind somit nur solche Entgeltansprüche, die im Zeitpunkt der Entgeltumwandlung zwar auf einer individual- oder kollektivrechtlichen Vereinbarung beruhen, aber in diesem Zeitpunkt **noch nicht erdient** und damit auch **noch nicht fällig** sind (*Blomeyer, DB 20001, 1413; Blomeyer/Rolfs/Otto, BetrAVG, § 1 Rn. 117 ff.; Höfer, BetrAVG, Bd. I [ArbR], § 1 Rn. 2558 ff.*).

331

Eine entsprechende Definition findet man auch in der steuerrechtlich maßgeblichen Verlautbarung der Finanzverwaltung, die insoweit im BMF-Schreiben v. 05.08.2002 (IV C 4 – S 2222 – 295/02; IV C 5 – S 2333 – 154/02, zur Veröffentlichung im BStBl. vorgesehen) aus Vereinfachungsgründen die Herabsetzung von Arbeitslohn (laufender Arbeitslohn, Einmal- und Sonderzahlungen) zugunsten einer betrieblichen Altersversorgung auch dann als Entgeltumwandlung steuerlich anerkennt, wenn die Gehaltsänderungsvereinbarung bereits erdiente, aber noch nicht fällige Anteile umfasst. Dies gilt auch dann, wenn eine Einmal-Sonderzahlung, wie in aller Regel Tantiemen, einen Zeitraum von mehr als einem Jahr betrifft.

332

Infrage kommen also grds. alle Vergütungsbestandteile, die noch nicht die Unternehmenssphäre in Richtung auf die Privatsphäre des Arbeitnehmers verlassen haben, d. h. zukünftige monatliche Gehaltszahlungen sowie variable Vergütungen wie Tantiemen, erfolgsabhängige Bezüge etc., die jährlich neu festgelegt werden bzw. sich nach jährlich schwankenden Maßstäben ergeben, soweit sich der Verzicht lediglich auf künftige Abrechnungsperioden erstreckt. Fraglich ist somit im Einzelfall, wann der Anspruch auf z. B. Zahlung von Weihnachtsgeld erdient wird. Dies wiederum hängt entscheidend davon ab, welche rechtliche Qualität dem jeweiligen Zahlungsanspruch beizumessen ist (*grundlegend hierzu Küttner, Stichwort: Weihnachtsgeld*).

333

Über diese Voraussetzung, dass der Zeitraum, für den die umzuwandelnde Vergütung gezahlt wird, noch nicht begonnen haben darf, hinaus bestehen keine einschränkenden Anforderungen an den Inhalt einer Entgeltumwandlungsvereinbarung (*grundlegend Hanau/Arteaga/Rieble/Veit, Rn. 69 ff.*). Es können laufende Bezüge oder auch Sonderzahlungen umgewandelt werden. Der Gehaltsverzicht des Arbeitnehmers kann einmalig, befristet oder unbefristet erfolgen. Auch bestehen keine Vorgaben, in welcher Höhe der Gehaltsverzicht zu erklären ist.

334

Demnach können also zukünftige monatliche Gehaltsansprüche, für welche die Arbeitsleistung als Gegenleistung noch nicht erbracht ist und welche noch nicht fällig sind, Gegenstand einer

335

Entgeltumwandlungsvereinbarung sein. Mangels bestehender gesetzlicher Vorgaben für die Höhe einer anzuerkennenden Gehaltsumwandlung kann folglich auch auf einen Teil des Gehalts eines bestimmten Monats verzichtet werden. Da alleinige Voraussetzung einer wirksamen Umwandlung ist, dass der umzuwandelnde Anspruch noch nicht erdient und fällig ist, und da i. Ü. eine inhaltliche Gestaltungsfreiheit der Arbeitsvertragsparteien besteht, kann die Vereinbarung der Umwandlung von Gehaltsteilen, die z. B. dem nicht umwandlungsfähigen Weihnachtsgeld oder der bereits erdienten Tantieme der Höhe nach entsprechen, zulässigerweise vereinbart werden. Eine Umgehung der Vorschriften, die einer zulässigen Umwandlung von bereits erdienten Sonderzahlungen entgegenstehen, ist vor dem Hintergrund, dass sowohl laufende Bezüge als auch Sonderzahlungen umgewandelt werden können, nicht gegeben.

336 Mit Schreiben v. 14.12.2001 (*IV C 5 – S 2333 – 115/01, n. v.*) hat das BMF seine Auffassung allerdings insoweit modifiziert, als zukünftig die Umwandlung von Einmal- und Sonderzahlungen (z. B. Urlaubs- und Weihnachtsgeld, Tantiemen des laufenden Jahres) zugunsten der betrieblichen Altersversorgung auch dann steuerfrei anzuerkennen sein soll, wenn die Gehaltsänderungsvereinbarung bereits erdiente, aber noch nicht fällig gewordene Anteile umfasst. Dies gilt seit dem 01.01.2002 und für alle Durchführungswege der betrieblichen Altersversorgung.

337 Seit dem Jahr 2002 kann somit ohne steuerlich negative Auswirkungen zu jedem Zeitpunkt des Kalenderjahres eine Entgeltumwandlungsvereinbarung unter Einbeziehung des ganzen, laufenden Jahres geschlossen werden. Dies gilt sowohl für die bereits bisher nachgelagert besteuerten Durchführungswege (Direktzusage und Unterstützungskasse) als auch für die Durchführungswege Direktversicherung, Pensionskasse und Pensionsfonds, für die verschiedene steuerliche Vergünstigungen (§§ 3 Nr. 63, 10a bzw. 40b EStG – je nach Tatbestand der einzelnen Vorschrift) genutzt werden können.

338 Damit ist die im BMF-Schreiben v. 04.02.2000 (*IV c 5 – S 2333 – 11/00, BetrAV 2000, 123*) getroffenen Aussage überholt, dass Vereinbarungen zwischen Arbeitgeber und Arbeitnehmer über die Herabsetzung der Arbeitslohnansprüche, die für die betriebliche Altersversorgung verwandt werden sollen, (nur) dann nicht zum Zufluss des Teils des Arbeitslohns führen, wenn es sich um Arbeitslohnansprüche handelt, die dem Grunde nach rechtlich noch nicht entstanden sind (künftiger Arbeitslohn).

339 ▶ Hinweis:

Zu beachten ist ferner § 4 TVG, der nur bei Regelungen aufgrund eines (Firmen-) Tarifvertrages oder auf der Grundlage einer tariflichen Öffnungsklausel i. S. v. § 4 Abs. 3 TVG eine entsprechende Umwandlung von Tarifgehältern als rechtlich unbedenklich zulässt (*Heither, S. 82 ff.*). Dies hat der Gesetzgeber auch so gesehen und bei der Neuregelung in § 17 Abs. 5 BetrAVG (s. *hierzu die Ausführungen unter Rdn. 1130*) einen entsprechenden Tarifvorrang aufgenommen.

(3) Aufklärungspflichten

340 Grds. ist der Arbeitgeber zunächst einmal (nur) zur richtigen und vollständigen Darstellung des Versorgungssystems und seiner Leistungsvoraussetzungen verpflichtet. Dies gilt auch für die Entgeltumwandlung (*BAG, 18.11.2008 – 3 AZR 277/07, BetrAV 2009, 167 = DB 2009, 294 = NZA-RR 2009, 153*) Im Einzelfall kann allerdings dann eine **besondere Informationspflicht** bzgl. bestimmter Rechtslagen oder drohender Rechtsbeeinträchtigungen zu bejahen sein, wenn hierfür nicht nur ein erkennbares Informationsbedürfnis des Versorgungsberechtigten und eine Beratungsmöglichkeit des Arbeitgebers bestehen, sondern wenn darüber hinaus besondere Umstände vorliegen und eine umfassende Interessenabwägung dies gebieten. Dies ist jedenfalls dann nicht der Fall, wenn die Leistungsvoraussetzungen eindeutig und unmissverständlich geregelt sind.

341 Insoweit gilt vielmehr der Grundsatz, dass es alleinige Angelegenheit des Arbeitnehmers ist, sich über die möglichen rechtlichen Konsequenzen seiner vertraglichen Vereinbarungen Klarheit zu verschaffen. Hierzu gehört auch das eventuelle **Verfallrisiko** aus einer betrieblichen Entgeltumwandlung,

das z. B. sich dann realisieren kann, wenn im Todesfall des Mitarbeiters kein versorgungsberechtigter Hinterbliebener (mehr) vorhanden ist (*BAG, 18.11.2008 – 3 AZR 277/07, BetrAV 2009, 167 = DB 2009, 294 = NZA-RR 2009, 153*). Dieses Verlustrisiko ist bei der betrieblichen Altersversorgung ebenso wie in der gesetzlichen Rentenversicherung und anders als bei einem Sparvorgang systemimmanent.

Regelmäßig wird der Arbeitnehmer daher nicht darauf vertrauen können, dass der Arbeitgeber – gerade im Rahmen einer kollektiven Regelung zur betrieblichen Altersversorgung – die individuellen Versorgungsinteressen des einzelnen Mitarbeiters berücksichtigen und diesen vor im Einzelfall ggf. nachteiligen Folgen bewahren will (*vgl. a.: BAG, 03.07.1990 – 3 AZR 382/99, NZA 1990, 971*). Hierzu ist der Arbeitgeber regelmäßig auch gar nicht in der Lage, weil die individuelle Versorgungssituation des einzelnen Mitarbeiters nicht nur von dessen Familienstand, sondern auch von individuellen steuerlichen Rahmenbedingungen abhängig ist. Eine individuelle Vorteilhaftigkeit bezogen auf die Versorgungssituation des einzelnen Mitarbeiters mit daraus abzuleitenden Informationspflichten ist dem Arbeitgeber im Regelfall daher gar nicht möglich.

342

bb) Steuerrechtliche Rahmenbedingungen

Zunächst einmal muss die Entgeltumwandlung die allgemeinen, an die steuerliche Anerkennung einer betrieblichen Altersversorgung zu stellenden Anforderungen erfüllen. Hierzu gehören insb. die Beachtung des **Mindestalters von 60 (künftig 62) Jahren für den Bezug der Altersrente** sowie das **Verbot der Vererbbarkeit** und den insoweit steuerrechtlich geltenden eingeschränkten Hinterbliebenenbegriff (*vgl. hierzu die ausführliche Darstellung unter Rdn. 1180*). Darüber hinaus sind die folgenden Besonderheiten zu beachten.

343

Eine Entgeltumwandlungsvereinbarung wird auch dann steuerlich anerkannt, wenn der bisherige ungekürzte Arbeitslohn, also das Entgelt vor Umwandlung (= **Schattengehalt**) auch nach der Umwandlung als Bemessungsgrundlage für künftige Gehaltserhöhungen oder sonstige gehaltsabhängige Arbeitgeberleistungen (Tantieme, Weihnachtsgeld, betriebliche Altersversorgung etc.) herangezogen wird. Steuerlich unschädlich ist ebenfalls die Vereinbarung einer zeitlichen Begrenzung der Entgeltumwandlung (im Extremfall begrenzt auf einen Zahlungstermin) oder der jederzeitigen einseitigen Abänderbarkeit der Umwandlungsvereinbarung durch den Arbeitnehmer.

344

Diese Regelungen, die in der anfänglichen Diskussion in der Finanzverwaltung nicht unumstritten waren, sind aus praktischer Sicht nur zu begrüßen. Gerade die Anerkennung des Schattengehalts ist aus arbeitsrechtlicher und personalpolitischer Sicht zwingende Voraussetzung für die Akzeptanz von Entgeltumwandlungskonzepten. Der umwandlungsbereite Mitarbeiter will nämlich gerade nur einen exakt bestimmten Teil seines Gehalts, der dann in eine wertgleiche Altersversorgung umgerechnet werden kann, aufwenden. Müsste er allerdings diesen »Gehaltsverzicht« konsequent durchziehen, so würde er nicht nur sein Gehalt reduzieren, sondern zugleich auch alle anderen jetzigen und zukünftigen gehaltsabhängigen Arbeitgeberleistungen. Dies hätte zur Konsequenz, dass der tatsächliche Betrag der Entgeltumwandlung in vielen Fällen überhaupt nicht berechnet werden könnte oder spätestens bei jeder Gehaltserhöhung nachkalkuliert werden müsste, sodass jegliche Basis für die Bestimmung einer wertgleichen Altersversorgung fehlen würde. Arbeitsrechtlich ist die Vereinbarung eines derartigen Schattengehalts daher allein schon unter dem arbeitsrechtlichen Aspekt der »Wertgleichheit« der aus Entgeltumwandlung finanzierten Versorgungszusage zwingend zu vereinbaren (*so ausdrücklich Reinecke, DB 2006, 562; vgl. ferner Blomeyer, NZA 2000, 288; Hanau/Arteaga/Rieble/Veit, Rn. 174*). Das von der Finanzverwaltung nunmehr ausdrücklich akzeptierte Schattengehalt wird daher praktischen Belangen gerecht, fördert die Akzeptanz der Entgeltumwandlung und ermöglicht damit eine rasche Verbreitung dieses neuen Versorgungskonzeptes.

345

d) Eigenbeiträge (§ 1 Abs. 2 Nr. 4 BetrAVG)

Nach § 1 Abs. 2 Nr. 4 BetrAVG liegt betriebliche Altersversorgung auch dann vor, wenn der Arbeitnehmer sog. **echte Eigenbeiträge** aus seinem Arbeitsentgelt an einen Pensionsfonds, eine

346

Pensionskasse oder eine Direktversicherung leistet. Voraussetzung für eine Wertung als betriebliche Altersversorgung ist jedoch, dass die Zusage des Arbeitgebers auch die Leistungen aus diesen Beiträgen umfasst (sog. **Umfassungszusage**). Dies ergibt sich ausdrücklich aus dem insoweit eindeutigen Wortlaut von § 1 Abs. 2 Nr. 4 BetrAVG.

347 Das Erfordernis einer Umfassungszusage hat zur Folge, dass die Wertung der durch **Arbeitnehmer-Eigenbeiträge** aufgebauten Altersversorgung als private oder betriebliche Versorgung ausschließlich in der Hand des Arbeitgebers liegt. Auch wenn für die durch Eigenbeiträge finanzierte kapitalgedeckte betriebliche Altersversorgung die Regelungen für Entgeltumwandlungen nach § 1 Abs. 2 Nr. 4 BetrAVG entsprechend gelten, besteht deshalb kein Anspruch des Arbeitnehmers auf eine durch Eigenbeiträge aufgebaute Altersversorgung.

348 Bei der **Abgrenzung der Entgeltumwandlung von den echten Arbeitnehmer-Eigenbeiträgen** ist zudem zu berücksichtigen, dass es sich bei der Entgeltumwandlung grds. um Beiträge des Arbeitgebers handelt; der Arbeitgeber ist somit der Beitragsschuldner. Demgegenüber handelt es sich bei echten Arbeitnehmer-Eigenbeiträgen um Beiträge des Arbeitnehmers; demzufolge ist der Arbeitnehmer auch Beitragsschuldner. Unerheblich ist bei der Abgrenzung, wer tatsächlich die Beiträge an den Versorgungsträger abführt.

349 Bei der Entgeltumwandlung werden die Beiträge entweder aus dem unversteuerten bzw. pauschal versteuerten Einkommen des Arbeitnehmers (§§ 3 Nr. 63, 40b EStG) oder aus dem versteuerten Einkommen des Arbeitnehmers (§§ 10a, 79 ff. EStG) geleistet. Bei den Arbeitnehmer-Eigenbeiträgen sind die Beiträge hingegen zwangsläufig aus dem versteuerten Einkommen des Arbeitnehmers zu leisten, sodass lediglich eine Riester-Förderung nach §§ 10a, 79 ff. EStG in Betracht kommt. Eine steuerliche Förderung nach § 3 Nr. 63 EStG oder nach § 40b EStG ist hingegen ausgeschlossen.

350 Des Weiteren ist zu berücksichtigen, dass der Tarifvorbehalt nach § 17 Abs. 5 BetrAVG bei Aufbau einer Altersversorgung durch echte Arbeitnehmer-Eigenbeiträge keine Anwendung findet. Dies ergibt sich ausdrücklich aus der Gesetzesbegründung zu Art. 3 Nr. 1 HZvNG. Arbeitgeber und Arbeitnehmer können damit unabhängig von einer Tarifbindung den Aufbau einer betrieblichen Altersversorgung vereinbaren, wenn sie sich auf die Verwendung echter Eigenbeiträge verständigen. Damit ist z. B. der Abschluss einer riestergeförderten Direktversicherung auch dann möglich, wenn der geltende Tarifvertrag dies nicht oder nur mit Einschränkungen vorsieht. Insb. im öffentlichen Dienst können daher Arbeitgeber und Beschäftigte den Abschluss einer mit Eigenbeiträgen finanzierten Direktversicherung der privaten Versicherungswirtschaft vereinbaren. Bei der auf diesem Weg finanzierten riestergeförderten Direktversicherung können Arbeitgeber und Arbeitnehmer eine sog. **Lohnverwendungsabrede** abschließen, mit der der Arbeitnehmer den Arbeitgeber ermächtigt, Teile des Lohns unmittelbar an den Versorgungsträger abzuführen. Durch Zahlung an den Versorgungsträger wird in diesem Fall der Lohnanspruch des Arbeitgebers erfüllt, § 362 Abs. 2 BGB.

3. Rechtsanspruch auf Entgeltumwandlung (§ 1a BetrAVG)

351 Durch die Vorschrift des § 1a BetrAVG wird ein **einklagbarer Rechtsanspruch** der Arbeitnehmer auf betriebliche Altersversorgung durch Entgeltumwandlung begründet.

352 Danach kann der Arbeitnehmer vom Arbeitgeber verlangen, dass von seinen künftigen Entgeltansprüchen bis zu 4 % der jeweiligen Beitragsbemessungsgrenze in der gesetzlichen Rentenversicherung der Arbeiter und Angestellten durch Entgeltumwandlung für den Aufbau einer betrieblichen Altersversorgung verwendet werden. Insoweit gilt eine einheitliche Beitragsbemessungsgrenze (West) für die alten und die neuen Bundesländer. Würde für die neuen Bundesländer eine andere Beitragsbemessungsgrenze gelten, müsste dies ausdrücklich aufgeführt werden. Ist im Gesetz lediglich die Beitragsbemessungsgrenze erwähnt, ist damit immer West gemeint.

353 Der Anspruch besteht auch bei Teilzeitbeschäftigten i. H. v. 4 % der Beitragsbemessungsgrenze. Ansonsten würde das Gesetz ausdrücklich etwas anderes vorsehen. Der Höhe nach ist der Anspruch somit unabhängig vom individuellen Gehalt.

I. Durchführung der betrieblichen Altersversorgung (§§ 1 bis 4a BetrAVG)

Die Durchführung des Anspruchs auf Entgeltumwandlung ist durch eine Vereinbarung zwischen den Vertragsparteien zu regeln. Insoweit können alle fünf im Betriebsrentengesetz normierten Durchführungswege als zu vereinbarende Durchführungswege von den Vertragsparteien im Rahmen dieser Vereinbarung ausgewählt werden. Es besteht allerdings ein »**Wahlvorrecht**« des Arbeitgebers: Ist der Arbeitgeber zu einer Durchführung über einen Pensionsfonds oder eine Pensionskasse bereit, ist die Entgeltumwandlung dort durchzuführen. Ist dies nicht der Fall und kommt auch keine Einigung über einen anderen Durchführungsweg zustande, kann der Arbeitnehmer verlangen, dass eine Direktversicherung abgeschlossen wird.

▶ Hinweis:

Dem Arbeitgeber steht als Vertragspartner eines externen Versorgungsträgers (überbetriebliche Versorgungseinrichtung oder Lebensversicherung) das Recht zu, sich diesen Vertragspartner auszusuchen. Der Arbeitnehmer hat insoweit kein eigenes Bestimmungsrecht und muss die Wahl des Arbeitgebers grds. hinnehmen. Der Arbeitgeber hat jedoch seine Wahl nach billigem Ermessen i. R. d. § 315 BGB auszuüben. Seine Auswahl des Vertragspartners unterliegt der Inhaltskontrolle durch die Gerichte.

Wenn der Arbeitnehmer seinen Rechtsanspruch auf Entgeltumwandlung geltend machen will, muss er jährlich einen Betrag i. H. v. mindestens einem Hundertsechzigstel der Bezugsgröße für die gesetzliche Rentenversicherung (Bezugsgröße in 2013: 32.340,00 € West, Beitrag = 203,00 €) in betriebliche Altersversorgung umwandeln. Maßgeblich für die Höhe des Anspruchs auf Entgeltumwandlung ist die Beitragsbemessungsgrenze West (*so auch Huber, in: Kemper/Kisters-Kölkes/Berenz/Huber, BetrAVG, § 1a Rn. 17; ErfK/Steinmeyer, § 1a BetrAVG Rn. 5; Kemper/Kisters-Kölkes, Rn. 533; BMF-Schreiben v. 05.08.2002, BStBl. I, S. 767, Rn. 162; a. A. PSV in Merkblatt 300/M12, Ziff. 3.1.2, der für seine insolvenzrechtliche Haftung auf die für den Versorgungsberechtigten jeweils maßgebliche Bezugsgröße West oder Ost abstellt, aber auch Hanau/Arteaga/Rieble/Veit, Rn. 198*).

Der Anspruch besteht seit dem 01.01.2002 und – im Gegensatz zur Förderung nach § 10a EStG – von Anfang an i. H. v. bis zu 4 % der Beitragsbemessungsgrenze und unabhängig vom individuellen Gehalt.

Nach § 1a Abs. 3 BetrAVG kann der Arbeitnehmer zusätzlich verlangen, dass Leistungen zugesagt werden, die den Voraussetzungen für eine Förderung nach §§ 10a, 82 Abs. 2 EStG entsprechen, wenn die Versorgung über einen Pensionsfonds, eine Pensionskasse oder eine Direktversicherung durchgeführt wird. Nach § 82 Abs. 2 EStG ist für eine Förderung nach diesen Vorschriften eine individuelle Versteuerung der Beiträge durch den Arbeitnehmer erforderlich. Dies hat wiederum eine Beitragspflicht in der Sozialversicherung nach den allgemeinen Regeln zur Folge.

▶ Hinweis:

Gem. § 1a Abs. 2 BetrAVG schränken Zusagen auf betriebliche Altersversorgung aus Entgeltumwandlung, die vor dem Inkrafttreten des neuen Gesetzes erteilt worden sind, den Anspruch auf Entgeltumwandlung entsprechend ihrem bestehenden Umfang (»Soweit ... bestehen ...«) ein.

Das hat z. B. im Fall einer bereits bestehenden und aus einer Entgeltumwandlung finanzierten Direktversicherung mit dem derzeit höchstzulässigen pauschalierungsfähigen Beitrag von 1.752,00 € zur Konsequenz, dass der Mitarbeiter nur noch die Differenz zwischen Direktversicherungsbeitrag und 4 % der Beitragsbemessungsgrenze (in 2013 = 2.784 €), d. h. 1.032 € im Rahmen seines Rechtsanspruchs auf Entgeltumwandlung zum Aufbau einer weiteren, zusätzlichen betrieblichen Altersversorgung verwenden kann.

Die Vorschrift ist zum 01.01.2002 in Kraft getreten; seit diesem Datum kann der Anspruch auf Entgeltumwandlung geltend gemacht werden.

Eine Einschränkung erfährt der Rechtsanspruch auf Entgeltumwandlung allerdings durch § 17 Abs. 5 BetrAVG. Danach kann für Tariflohn nur dann eine Entgeltumwandlung vereinbart werden, soweit dies durch einen Tarifvertrag vorgesehen (tarifvertraglicher Anspruch auf Entgeltumwandlung) oder durch Tarifvertrag zugelassen (sog. **Öffnungsklausel**) ist (*ausführlich hierzu Hanau/Arteaga/Rieble/Veit, Rn. 354 ff.*). Die Regelung gilt nur für Entgeltumwandlungen, die auf Neuzusagen beruhen (§ 30h BetrAVG). Sie ist mit der Verkündung des Gesetzes in Kraft getreten. Entgeltumwandlungen im Bereich außer- bzw. übertariflicher Bezüge sind von dieser Einschränkung nicht betroffen.

4. Recht auf Fortsetzung der Versicherung oder Versorgung mit eigenen Beiträgen bei entgeltfreiem Arbeitsverhältnis (§ 1a Abs. 4 BetrAVG)

362 Gem. § 1a Abs. 4 BetrAVG hat der Arbeitnehmer das Recht, die Versicherung oder Versorgung mit eigenen Beiträgen fortzusetzen, wenn er bei fortbestehendem Arbeitsverhältnis kein Entgelt erhält. Der Arbeitgeber steht auch für die Leistungen aus diesen Beiträgen ein; einer ausdrücklichen Umfassungszusage wie bei § 1 Abs. 4 BetrAVG bedarf es hierfür nicht. Die Regelungen über Entgeltumwandlung gelten entsprechend.

Der Gesetzgeber will damit die betriebliche Altersversorgung während Beschäftigungszeiten ohne Arbeitsentgelt verbessern. Besonders während der Elternzeit, aber z. B. auch während des Krankengeldbezuges oder bei befristeter Erwerbsminderung könne kein Arbeitsentgelt für Ansprüche auf betriebliche Altersversorgung eingesetzt werden. Da die Elternzeit weit überwiegend von Frauen in Anspruch genommen werde, ging diese Lücke in der betrieblichen Zusatzversorgung bislang hauptsächlich zu ihren Lasten. Damit ist sichergestellt, dass der Arbeitnehmer während dieser Zeiten seine Betriebsrente weiter fortführen kann und die bereits bestehende Versorgungszusage des Arbeitgebers auch diese Zahlungen mit umfasst (*BT-Drucks. 15/2150, S. 52 unter Allgemeines und zu Nr. 2*).

a) Voraussetzungen

363 Anwendung findet die Vorschrift auf Versorgungszusagen, die auf **Entgeltumwandlung** i. S. v. § 1 Abs. 2 Nr. 3 BetrAVG oder **Eigenbeiträgen** i. S. v. § 1 Abs. 2 Nr. 4 BetrAVG beruhen. Kein Recht auf Fortsetzung mit eigenen Beiträgen in entgeltfreien Zeiten hat der Arbeitnehmer i. R. d. arbeitgeberfinanzierten betrieblichen Altersversorgung (*vgl. auch Höfer, DB 2004, 1426*). Letzteres ergibt sich aus der Gesetzessystematik. Die Regelung ist Teil des § 1a BetrAVG. Dieser befasst sich jedoch ausschließlich mit dem Anspruch auf betriebliche Altersversorgung durch Entgeltumwandlung. Auf Versorgungszusagen durch Eigenbeiträge i. S. d. § 1 Abs. 2 Nr. 4 BetrAVG findet die Vorschrift wegen der dort gesetzlich angeordneten entsprechenden Geltung der Regelungen über Entgeltumwandlung Anwendung.

364 Aus der Stellung der Vorschrift im Gesetz kann weiter hergeleitet werden, dass das Recht auf Fortsetzung mit eigenen Beiträgen in entgeltfreien Zeiten nur insoweit besteht, als die Entgeltumwandlung auf dem gesetzlichen Anspruch des § 1a Abs. 1 Satz 1 BetrAVG beruht. Damit besteht nach der Gesetzessystematik ein Anspruch auf die Entrichtung von eigenen Beiträgen in entgeltfreien Zeiten nur bis max. 4 % der jeweiligen Beitragsbemessungsgrenze in der Rentenversicherung der Arbeiter und Angestellten. Anderenfalls hätte der Gesetzgeber die Regelung in § 1b Abs. 5 BetrAVG als neue Nr. 4 treffen müssen. Ob diese **Höchstbegrenzung** dem Willen des Gesetzgebers entspricht, scheint zweifelhaft. Die Gesetzesbegründung spricht allgemein über »*Entgeltumwandlung gem. § 1 Abs. 2 Nr. 3 BetrAVG*« und »*Eigenbeiträge gem. § 1 Abs. 2 Nr. 4 BetrAVG*«. Klarheit wird man folglich erst durch die Rechtsprechung erhalten. In jedem Fall ist auf freiwilliger Basis jederzeit eine Fortführung mit Eigenbeiträgen in unbegrenzter Höhe möglich.

365 Angesichts der Tatsache, dass Entgeltumwandlung über alle fünf im BetrAVG geregelten Durchführungswege praktiziert werden kann, müsste konsequenterweise auch in allen fünf Durchführungswegen eine Fortführung mit eigenen Beiträgen möglich sein. Dem steht allerdings der Wortlaut des Gesetzes entgegen, der von einer Fortführung »*der Versicherung oder Versorgung*« spricht. Danach ist der Anspruch auf Fortführung mit Eigenbeiträgen auf die externen Durchführungswege Direktversicherung, Pensionskasse oder Pensionsfonds begrenzt (*so Blumenstein, BetrAV 2004, 236 [237]*).

I. Durchführung der betrieblichen Altersversorgung (§§ 1 bis 4a BetrAVG) B.

Hintergrund für eine derartige Begrenzung dürfte sein, dass der Gesetzgeber davon ausgeht, dass nur in diesen externen Durchführungswegen eine »Beitragszahlung« erfolgt. Angesichts der in der Praxis durchaus verbreiteten – durch Lebensversicherungen – rückgedeckten unmittelbaren Versorgungszusagen oder Unterstützungskassenzusagen ist dies jedoch nicht einsichtig (*vgl. Blumenstein, BetrAV 2004, 236 [237]; Höfer DB 2004, 1426*), zumal auch in den Durchführungswegen Pensionszusage und Unterstützungskasse eine durch Entgeltumwandlung finanzierte betriebliche Altersversorgung möglich ist. Von daher hätte der Gesetzgeber konsequenterweise auch in diesen Durchführungswegen eine Fortführung mit eigenen Beiträgen möglich machen müssen.

Da in § 1a Abs. 4 BetrAVG nur ein Recht des Arbeitnehmers auf Fortsetzung mit eigenen Beiträgen normiert ist, muss dieser als weitere Voraussetzung die Fortsetzung auch tatsächlich verlangen. Verpflichteter und damit Adressat des Verlangens ist allein der Arbeitgeber und nicht der Versorgungsträger. 366

b) Rechtsfolgen

Rechtsfolge eines entsprechenden Verlangens des Arbeitnehmers ist, dass auch insoweit eine Versorgungszusage des Arbeitgebers besteht, als die Leistungen des Versorgungsträgers auf eigenen Beiträgen des Arbeitnehmers in entgeltfreien Zeiten beruhen. Nach § 1a Abs. 4 Satz 2 BetrAVG steht der Arbeitgeber nämlich auch für die Leistungen aus diesen Beiträgen ein. Bei der Regelung handelt es sich somit um einen gesetzlich angeordneten Fall der Umfassungszusage (vgl. § 1 Abs. 2 Nr. 4 Satz 1 BetrAVG). Hintergrund ist nach Ansicht des Gesetzgebers der enge Bezug der Ansprüche aus diesen Eigenbeiträgen zum bestehenden Beschäftigungsverhältnis (*BT-Drucks. 15/2150, S. 52 zu Nr. 2*). Der Arbeitgeber hat auch dafür zu sorgen, dass der von ihm gewählte Versorgungsträger die Fortsetzung mit eigenen Beiträgen des Arbeitnehmers ermöglicht. Der Arbeitnehmer hat die Beiträge zu entrichten. 367

Grds. ist es zu begrüßen, wenn der Arbeitnehmer die Möglichkeit erhält, Versorgungslücken zu schließen, die durch entgeltfreie Zeiten entstehen. Rechtssystematisch ist es jedoch bedenklich, wenn für die daraus resultierenden Leistungen die Qualifizierung als betriebliche Altersversorgung und damit eine Einstandspflicht des Arbeitgebers gesetzlich angeordnet wird (*so auch Blumenstein, BetrAV 2004, 236 [237]; vgl. auch Höfer DB 2004, 1426*). 368

In sog. **mischfinanzierten Versorgungssystemen** (die in der Praxis häufig bei betrieblichen Pensionskassen zu finden sind) stellt sich die Frage, ob nicht der Arbeitgeber aus Praktikabilitätsgesichtspunkten auf freiwilliger Basis die Fortsetzung mit eigenen Beiträgen auch insoweit zulassen sollte, als die Versorgungszusage arbeitgeberfinanziert ist. Ob die auf freiwillig zugelassenen eigenen Beiträgen beruhenden Leistungen von der Versorgungszusage des Arbeitgebers umfasst sind, richtet sich nach der allgemeinen Vorschrift des § 1 Abs. 2 Nr. 4 BetrAVG. Dabei wird sich der Arbeitgeber insb. die Frage stellen müssen, ob eine eventuelle Umfassung angesichts der Beaufsichtigung der Versorgungsträger in den Durchführungswegen Direktversicherung, Pensionskasse und Pensionsfonds durch die Bundesanstalt für Finanzdienstleistungsaufsicht und der konkreten Ausgestaltung der Versicherung oder Versorgung wirklich mit untragbaren Risiken verbunden ist. 369

In diesem Zusammenhang ist auch zu beachten, dass nach § 30e Abs. 2 Satz 1 BetrAVG dem Arbeitnehmer im Durchführungsweg Pensionskasse ein Recht auf Fortsetzung mit eigenen Beiträgen (nur) nach Ausscheiden nicht eingeräumt werden muss, wenn die Leistungen der betrieblichen Altersversorgung durch Beiträge der Arbeitnehmer und Arbeitgeber gemeinsam finanziert und die Versorgungszusagen als beitragsorientierte Leistungszusagen oder als Leistungszusagen durchgeführt werden. Eine entsprechende Regelung für die Fortsetzung mit eigenen Beiträgen in lediglich entgeltfreien Zeiten existiert nicht. Es ist nicht einsichtig, warum der Gesetzgeber in diesen Fällen zwischen dem Recht auf Fortsetzung mit eigenen Beiträgen nach Ausscheiden und demjenigen in entgeltfreien Zeiten unterscheidet. 370

c) Inkrafttreten

371 Die Vorschrift des § 1a Abs. 4 BetrAVG ist zum 01.01.2005 in Kraft getreten. Übergangsregelungen für ältere Versorgungszusagen existieren nicht.

5. Unverfallbarkeit (§ 1b BetrAVG)

372 Im Zeitraum zwischen der Erteilung der Versorgungszusage und dem Eintritt eines durch die Versorgungszusage abgesicherten Versorgungsfalls besteht eine sog. **Versorgungsanwartschaft**. Sie ist ein **aufschiebend bedingter Versorgungsanspruch**, der mit Eintritt des Versorgungsfalls zum Vollrecht erstarkt (*Höfer, BetrAVG, Bd. I [ArbR], ART Rn. 973*). Diese Versorgungsanwartschaft genießt unter bestimmten Voraussetzungen den besonderen Schutz von Rechtsprechung und Gesetz.

a) Gesetzliche Unverfallbarkeitsfristen

373 Seit dem 01.01.2001 gibt es nur noch eine vom Bestand der Zusage, d. h. von der Zusagedauer abhängige Unverfallbarkeitsfrist. Zu unterscheiden ist allerdings die Unverfallbarkeit bei arbeitgeberfinanzierten Zusagen und bei Entgeltumwandlungsvereinbarungen

aa) Arbeitgeberfinanzierte Zusagen

374 Bei der arbeitgeberfinanzierten betrieblichen Altersversorgung ist die Unverfallbarkeitsfrist von 10 auf 5 Jahre verkürzt und gleichzeitig die ebenfalls maßgebliche Altersgrenze (seit dem 01.01.2009) auf 25 Jahre herabgesetzt worden. Gesetzliche Unverfallbarkeit tritt somit dann ein, wenn das Arbeitsverhältnis vor Eintritt des Versorgungsfalls, jedoch nach Vollendung des 25. Lebensjahres endet und die Versorgungszusage zu diesem Zeitpunkt mindestens 5 Jahre bestanden hat. Diese Regelung gilt allerdings nur für solche Zusagen, die erstmals nach dem 31.12.2000 erteilt worden sind.

375 Gem. § 30f BetrAVG besteht für **Altzusagen**, d. h. für solche Zusagen, die vor dem 01.01.2001 erteilt worden sind, eine Übergangsregelung. Für diese Altzusagen gelten die bisherigen Unverfallbarkeitsfristen mit der Maßgabe weiter, dass die entsprechenden Versorgungsanwartschaften auch dann erhalten bleiben, wenn die Zusage ab dem Inkrafttreten der BetrAVG-Novelle 5 Jahre bestanden hat und bei Beendigung des Arbeitsverhältnisses das 30. Lebensjahr vollendet ist. Für bestehende Zusagen wird also der 01.01.2001 als neuer Zusagezeitpunkt fingiert, sodass – sofern das 30. Lebensjahr vollendet ist – alle Altzusagen spätestens im Jahr 2006 unverfallbar geworden sind.

376 Der Eintritt der gesetzlichen Unverfallbarkeit ist ausschließlich abhängig von der **Beendigung des Arbeitsverhältnisses** und von der **Erfüllung** der im Gesetz genannten **Fristen**. Auf welcher **Rechtsgrundlage** die Versorgungszusage beruht ist hierfür ebenso **irrelevant** wie der **Grund** aus dem das Arbeitsverhältnis beendet worden ist. Die gesetzlichen Unverfallbarkeitsfristen erfassen somit nicht nur die Beendigung des Arbeitsverhältnisses aufgrund einer **Arbeitgeberkündigung**, sondern auch die **einvernehmliche Beendigung** des Arbeitsverhältnisses (Fristablauf, Aufhebungsvertrag) sowie die **Eigenkündigung** durch den Arbeitnehmer (*vgl. auch Blomeyer/Rolfs/Otto, BetrAVG, § 1b Rn. 80; Höfer, BetrAVG, Bd. I [ArbR], § 1b Rn. 2946*).

(1) Beendigung des Arbeitsverhältnisses

377 Die Beendigung des Arbeitsverhältnisses ist Bestandteil der gesetzlichen Unverfallbarkeitsdefinition und damit tatbestandliche Voraussetzung für die Unverfallbarkeit. Ohne Ausscheiden aus dem Unternehmen gibt es keine Unverfallbarkeit – selbst die sofortige Unverfallbarkeit für Entgeltumwandlungen gem. § 1b Abs. 5 BetrAVG steht unter der Bedingung, dass das Arbeitsverhältnis vor Eintritt des Versorgungsfalls endet.

378 Wird das Arbeitsverhältnis beendet, ohne dass die vorgenannten Unverfallbarkeitsvoraussetzungen erfüllt sind, so **verfällt die Versorgungsanwartschaft endgültig** und ohne sonstigen Wertausgleich, sofern die Vertragsparteien nicht zugunsten des Mitarbeiters eine entsprechende Sonderregelung treffen. Derartige **Sonderregelungen**, die **zugunsten** des Versorgungsberechtigten eine von § 1b

BetrAVG abweichende Regelung hinsichtlich der Aufrechterhaltung von Versorgungsanwartschaften bestimmen, sind nach § 17 Abs. 3 Satz 3 BetrAVG ohne Weiteres zulässig (*Höfer, BetrAVG, Bd. I [ArbR], § 1b Rn. 2688*), unterliegen als solche vom Gesetz abweichende Vereinbarungen allerdings nicht dem gesetzlichen Insolvenzschutz.

(2) Vollendung des 25. Lebensjahres

Unabhängig von der Dauer der tatsächlich zurückgelegten Dienstzeit, scheidet eine Unverfallbarkeit nach § 1b BetrAVG dann aus, wenn das Arbeitsverhältnis des Mitarbeiters **vor Vollendung des 25. Lebensjahres** beendet wird. 379

Inwieweit diese rein **personengebundene** Voraussetzung mit dem **Entgeltcharakter** (*vgl. hierzu Rdn. 65 ff.*) der betrieblichen Altersversorgung und dem **Lohngleichheitsgebot** vereinbar ist erscheint höchst fraglich. Zwar hat die Rechtsprechung in dieser Regelung **keine mittelbare Frauendiskriminierung** und damit auch keinen Verstoß gegen das Grundgesetz und gegen Art. 119 EWG-Vertrag gesehen (*LAG Hamm, 19.12.1989 – 6 Sa 115/89, BB 1990, 496 = DB 1990, 590*). Dieses Ergebnis wird für die Frage der mittelbaren Diskriminierung auch durch statistische Untersuchungen belegt, die im Zusammenhang mit der Altersgrenze 35 **keine signifikante Schlechterstellung** weiblicher Mitarbeiter ergeben haben (*vgl. die Nachweise bei Beyer, BB 1994, 657 sowie bei ifo, Betriebliche Altersversorgung 1993, 25 ff. und 1996, 18 f.*). Die Bedenken ergeben sich vielmehr im Hinblick auf die Tatsache, dass geschlechtsunabhängig betrachtet eine **zeitlich identische Tätigkeit** nach Vollendung des 25. Lebensjahres einen **besseren gesetzlichen Schutz** ggü. einer vor Vollendung des 25. Lebensjahres abgeleisteten Dienstzeit genießt. 380

(3) Zusagedauer

Neben der Vollendung des 25. Lebensjahres setzt die Unverfallbarkeit eine mindestens **5-jährige Existenz** der Versorgungszusage bis zur Beendigung des Arbeitsverhältnisses voraus. 381

Diese 5-Jahres-Frist beginnt mit dem **Abschluss der Versorgungsvereinbarung**. Soweit die Versorgungsverpflichtungen ausschließlich vom Arbeitgeber finanziert werden, kommt der Versorgungsvertrag nach § 151 BGB ohne ausdrückliche Annahmeerklärung bereits mit dem Zugang des Versorgungsversprechens beim Arbeitnehmer zustande. Dies gilt auch für Gesamtzusagen (*Förster/Cisch/Karst, BetrAVG, § 1b Anm. 9*). 382

Beruht der Anspruch auf die Versorgungsleistung auf einer **kollektivrechtlichen Vereinbarung** (Betriebsvereinbarung, Tarifvertrag), so ist grds. deren **Inkrafttreten** für den Fristbeginn maßgeblich, frühestens jedoch der **Beginn des Arbeitsverhältnisses** des versorgungsberechtigten Mitarbeiters (*Förster/Cisch/Karst, BetrAVG, § 1b Anm. 9; Höfer, BetrAVG, ArbR, § 1b Rn. 2771 ff.*). 383

Ist Anspruchsgrundlage für die Versorgungsleistungen eine **betriebliche Übung**, so beginnt die Frist frühestens mit der Aufnahme der Tätigkeit für das zusagende Unternehmen bzw. in dem Zeitpunkt, in dem der Arbeitgeber nicht mehr frei über das »ob« der Leistungsgewährung entscheiden und der Mitarbeiter aufgrund des bisherigen Verhaltens seines Arbeitgebers auf eine auch zukünftige Gewährung betrieblicher Versorgungsleistungen vertrauen kann (*BAG, 05.02.1971 – 3 AZR 28/70, BB 1971, 822 = DB 1971, 1117 = NJW 1971, 1422; BAG, 19.06.1980 – 3 AZR 958/79, BB 1981, 911 = DB 1981, 431 = AuR 1981, 91; BAG, 29.10.1985 – 3 AZR 462/83, BB 1986, 1647 = DB 1986, 2189 = NZA 1986, 786; LAG Köln, 17.01.1985 – 8 Sa 1019/84, BB 1985, 664 = NZA 1985, 398; Höfer, BetrAVG, Bd. I [ArbR], § 1b Rn. 2767 ff.*). 384

Bei einer auf dem **Gleichbehandlungsgrundsatz** beruhenden Verpflichtung zur Gewährung betrieblicher Versorgungsleistungen ist für den Fristbeginn der Zeitpunkt maßgeblich, in dem der Arbeitgeber den Tatbestand der unzulässigen Differenzierung gesetzt hat (*Blomeyer/Rolfs/Otto, BetrAVG, § 1b Rn. 34; Höfer, BetrAVG, Bd. I [ArbR], § 1b Rn. 2770*). Dies kann im Einzelfall zu einer **unbegrenzten Rückwirkung** der Einbeziehung bislang nicht begünstigter Mitarbeiter führen (*BAG, 14.10.1986 – 3 AZR 66/83, BB 1987, 829 = DB 1987, 994 = NZA 1987, 445 = NJW 1987, 2183*). 385

386 Unabhängig von den einzelnen Begründungsakten einer betrieblichen Versorgungsverpflichtung steht es den Vertragsparteien frei, vertraglich einen früheren, d. h. vor dem Inkrafttreten der Versorgungsvereinbarung bzw. dem Beginn des Arbeitsverhältnisses liegenden Zusagezeitpunkt zu fingieren. Wird eine solche **Vordienstzeit** angerechnet, so wirkt sie sich im Zweifel nicht nur auf den Zusagezeitpunkt, sondern auch auf die anzurechnende Betriebszugehörigkeit aus (*BAG, 16.03.1982 – 3 AZR 843/79, BB 1982, 1490 = DB 1982, 1728 = AuR 1982, 291; BAG, 06.03.1984 – 3 AZR 82/82, BB 1984, 2004 = DB 1984, 2516 = NZA 1984, 356; BAG, 27.02.1990 – 3 AZR 213/88, BB 1990, 1706 = DB 1990, 1870 = NZA 1990, 689*).

387 Werden dem versorgungsberechtigten Arbeitnehmer im Laufe seiner Tätigkeit für ein und dasselbe Unternehmen **verschiedene Versorgungszusagen** erteilt, so ist hinsichtlich der Unverfallbarkeitsfrist eine **differenzierte Bewertung** erforderlich: Stehen die Zusagen ersichtlich in keinem **inneren Zusammenhang**, so ist die später erteilte Zusage nicht als **Änderung der bestehenden Zusage** i. S. v. § 1b Abs. 1 Satz 3 BetrAVG zu bewerten. In einem solchen Fall beginnt die Zusagefrist für das später erteilte Versorgungsversprechen neu und damit **unabhängig** von der bestehenden und möglicherweise bereits unverfallbaren Versorgungsanwartschaft zu laufen (*BAG, 28.04.1992 – 3 AZR 354/91, BetrAV 1992, 229; Förster/Cisch/Karst, BetrAVG, § 1b Anm. 23 f.*). Um diese Rechtsfolge zu erreichen ist ein **ausdrücklicher Hinweis**, »dass die neue Zusage in keinem unmittelbaren sachlichen Zusammenhang zu bereits existierenden Versorgungsversprechen steht und völlig unabhängig von bereits existierenden Versorgungsversprechen erteilt wird« zu empfehlen, damit der Arbeitnehmer nicht auf ein »Durchlaufen« der Unverfallbarkeitsfrist vertrauen kann. Sinnvollerweise ist dieser Hinweis um den Zusatz zu erweitern, dass die Unverfallbarkeitsfrist für die neue Zusage mit deren Erteilung zu laufen beginnt.

388 ▶ **Formulierungsbeispiel: Fehlender Sachzusammenhang bei mehreren Zusagen**

»Die vorliegende Versorgungszusage steht in keinem unmittelbaren sachlichen oder rechtlichen Zusammenhang zu etwa schon bestehenden oder künftigen Versorgungszusagen und wird unabhängig von derartigen weiteren Zusagen erteilt. Rechte, Anwartschaften und Unverfallbarkeitsfristen aus verschiedenen Versorgungszusagen sind daher ausschließlich nach dem Inhalt der jeweiligen Versorgungszusage zu beurteilen.«

389 Werden dagegen im Laufe des Arbeitsverhältnisses lediglich die **Leistungsbeträge** einer Versorgungszusage **erhöht**, so liegt nach der Theorie von der **Einheit der Versorgungszusage (Einheitstheorie)** eine Änderung i. S. v. § 1b Abs. 1 Satz 3 BetrAVG vor, die **keine neue Unverfallbarkeitsfrist** in Lauf setzt. Der Eintritt der Unverfallbarkeit richtet sich dann nach dem zeitlichen Bestand der ursprünglichen Versorgungszusage (*BAG, 12.02.1981 – 3 AZR 163/80, BB 1981, 1338 = DB 1981, 1622 = NJW 1982, 463; BAG, 28.04.1981 – 3 AZR 184/80, BB 1982, 677 = DB 1982, 856 = AuR 1982, 163*). Eine solche reine **Leistungserhöhung** ist auch dann anzunehmen, wenn anstelle der Erhöhung einer bereits bestehenden Direktversicherung ein weiterer Direktversicherungsvertrag abgeschlossen wird (*BAG, 12.02.1981 – 3 AZR 163/80, BB 1981, 1338 = DB 1981, 1622 = NJW 1982, 463; Höfer, BetrAVG, Bd. I [ArbR], § 1b Rn. 2790*) oder wenn bei der Zuschaltung eines anderen Durchführungsweges eine **Gesamtpension (Einheit der Versorgungszusagen)** im Wege der Anrechnung des ursprünglichen Versorgungsversprechens zugesagt wird (*BAG, 28.04.1981 – 3 AZR 184/80, BB 1982, 677 = DB 1982, 856 = AuR 1982, 163; Höfer, BetrAVG, Bd. I [ArbR], § 1b Rn. 2785 ff.*).

390 Die 5-Jahres-Frist muss in vollem Umfang erfüllt sein, um die Unverfallbarkeit begründen zu können. Ein Unterschreiten der Frist auch nur um einen Tag verhindert das Entstehen einer unverfallbaren Anwartschaft (*BAG, 07.08.1975 – 3 AZR 12/75, BB 1975, 1437 = DB 1975, 2088 = AuR 1976, 29; BAG, 29.03.1983 – 3 AZR 26/81, BB 1983, 2119 = DB 1983, 1879 = AuR 1983, 248; Förster/Cisch/Karst, BetrAVG, § 1b Anm. 13*).

390a Soweit hinsichtlich der Unverfallbarkeit dem Grunde nach auf den Bestand der Zusage abgestellt wird, ist die Zeit der ununterbrochenen Tätigkeit für das die Zusage versprechende Unternehmen und damit der rechtliche Bestand des Arbeitsverhältnisses maßgeblich. Dies hat zur Konsequenz, dass auch solche Zeiten der Betriebszugehörigkeit auf die Unverfallbarkeitsfrist anzurechnen sind, in

I. Durchführung der betrieblichen Altersversorgung (§§ 1 bis 4a BetrAVG) B.

denen die Pflichten aus dem Arbeitsverhältnis kraft Gesetzes oder vertraglicher Vereinbarung ruhen (z. B. Elternzeit, Wehr- und Ersatzdienst, Krankheit, unbezahlter Urlaub) ohne dass hierdurch das Arbeitsverhältnis selbst unterbrochen oder beendet wird.

Im Rahmen der Berechnung des Wertes einer unverfallbaren Versorgungsanwartschaft (Unverfallbarkeit der Höhe nach) ist der Arbeitgeber dagegen nach dem vom BAG in den Vordergrund gestellten Grundsatz »ohne Arbeit kein Entgelt« nicht daran gehindert, nicht entgeltpflichtige Dienstzeiten bei einer dienstzeitabhängigen oder beitragsorientierten Versorgungszusage als anrechnungsfähige bzw. leistungssteigernde Dienstzeiten auszuklammern. Allerdings ist eine solche Nichtberücksichtigung nur dann rechtlich zulässig, wenn sie in der maßgeblichen Versorgungsvereinbarung ausdrücklich geregelt ist. Ohne eine solche ausdrückliche Regelung sind auch entgeltfreie Dienstzeiten grds. leistungssteigernd zu berücksichtigen (*BAG, 15.02.1994 – 3 AZR 708/93 – NZA 1994, 794; BAG, 20.04.2010 – 3 AZR 370/08 – BAGE 134, 71 = NZA 2010, 1188*).

Für die **Fristberechnung** gelten die allgemeinen zivilrechtlichen Bestimmungen der §§ 187 ff. BGB. Wird der Mitarbeiter durch seine Anstellung in ein bereits bestehendes Versorgungswerk aufgenommen, ist für die Unverfallbarkeitsfrist der vertraglich vereinbarte Beginn des Arbeitsverhältnisses für die Feststellung des Fristbeginns maßgeblich, und zwar unabhängig davon, ob und ggf. wie lange der Mitarbeiter an diesem Tag tatsächlich gearbeitet hat. Es entspricht der ganz herrschenden Auffassung in Rechtsprechung und Literatur, im Arbeitsrecht bei Fristberechnungen den ersten Arbeitstag des Arbeitsverhältnisses, d. h. den Tag der ersten geschuldeten Arbeitsleistung, nach § 187 Abs. 2 BGB mit einzurechnen (*so schon LAG Berlin, 23.11.1927 – 103 S 279/27, JW 1928, 299; ArbG Freiburg, 13.07.1954 – II Ca 756/54, NJW 1954, 1704; LAG Frankfurt am Main, 18.08.1964 – 5 Sa 577/63, DB 1965, 1863; LAG Sachsen-Anhalt, 28.09.1998 – 10 Sa 1224/97, LNR 1998, 16582*). 391

Wird also ein Mitarbeiter mit Wirkung vom 01.01. eines Jahres angestellt, so beginnt die Unverfallbarkeitsfrist bereits an diesem Tag zu laufen, und zwar unbeschadet der Tatsache, dass dieser Tag als gesetzlicher Feiertag im Konzern arbeitsfrei ist, die tatsächliche Arbeitsaufnahme also frühestens am 02.01. erfolgt. 392

Bei dieser Fallkonstellation endet dann die Unverfallbarkeitsfrist gem. § 188 Abs. 2 BGB mit dem Ablauf desjenigen Tages des letzten Jahres, welcher dem Tag vorangeht, der durch seine Benennung dem Anfangstag der Frist entspricht. Das bedeutet, dass ein Mitarbeiter, der sein von einer Versorgungszusage begleitetes Arbeitsverhältnis am 01.01.2009 begonnen hat, **mit Ablauf** des 31.12.2013 mit einer gesetzlich unverfallbaren Versorgungsanwartschaft aus dem Unternehmen ausscheidet (*so jedenfalls die überwiegende Ansicht in der Lit., vgl. u. a. Andresen/Förster/Rößler/Rühmann, Arbeitsrecht der bAV, Teil 10 A Rn. 375; Förster/Cisch/Karst, BetrAVG, § 1 b Anm. 13; Ahrend/Förster/Rößler, Steuerrecht der bAV, 1. Teil Rn. 980; Kemper, in: Kemper/Kisters-Kölkes/Berenz/Huber, BetrAVG, § 1 b Anm. 30; vgl. ferner BAG, 19.04.1983 – 3 AZR 24/81, das unter Ziff. III.1 der Entscheidungsgründe für die alten Unverfallbarkeitsfristen bei einem Diensteintritt am 01.01.1970 und einer Beendigung des Arbeitsverhältnisses am 31.12.1979 eine ununterbrochene Betriebszugehörigkeit von 10 Jahren festgestellt hat, die im entschiedenen Sachverhalt als Fristvoraussetzung für den Abschluss einer Direktversicherung normiert war*). 393

Die vorgenannte Berechnungsmethode entspricht auch der Verwaltungspraxis des PSV, der i. R. d. Prüfung seines gesetzlichen Haftungseintritts die Unverfallbarkeit ebenfalls entsprechend der vorgenannten Methode berechnet, bei einem Dienstbeginn am 01.01. eines Jahres die Unverfallbarkeit also mit Ablauf des 31.12. des fünften Dienstjahres als eingetreten bewertet (*vgl. PSV-Merkblatt 300/M 12 Ziff. 5.2.2*). 394

Demgegenüber gelangt Rolfs bei gleicher Ausgangslage – Fristberechnung nach §§ 187 Abs. 2, 188 Abs. 2 BGB – zu dem Ergebnis, dass die Unverfallbarkeitsfrist bei einem Dienstbeginn am 01.01.2005 mit Ablauf des 31.12.2009, d. h. um 24.00 Uhr endet, »sodass die Zusage noch nicht unverfallbar ist, wenn der Arbeitnehmer **mit dem** 31.12.2009 ausscheidet« (*Blomeyer/Rolfs/Otto, BetrAVG, § 1 b Rn. 68*). Dies würde bedeuten, dass der Mitarbeiter im vorgenannten Beispiel nach 395 dem 31.12.2009 ausscheiden müsste. Ein derartiges Ergebnis ist allerdings weder sachgerecht, noch rechtssystematisch zu begründen. Konsequenz wäre nämlich, dass die vom Gesetzgeber ohne Ansehen von Person und Titel des Versorgungsberechtigten einheitlich normierte Unverfallbarkeitsfrist von derzeit 5 Jahren gerade nicht mehr eine über alle Arbeitsverhältnisse einheitliche Frist, sondern von der im Einzelfall vertraglich fixierten Kündigungsfrist abhängig wäre und damit je nach Einzelfallgestaltung »mittelbar« zu unterschiedlichen Unverfallbarkeitsfristen führen würde. Kündigungen werden nämlich regelmäßig zum Monats-, Quartals- oder Jahresende und nicht zum Monatsanfang ausgesprochen. Hat ein Mitarbeiter mit Diensteintritt und Zusagebeginn 01.01.2005 eine vertragliche Kündigungsfrist von z. B. 6 Wochen zum Quartal, so könnte er nach der Ansicht von Rolfs sein Arbeitsverhältnis frühestens zum 31.03.2010 kündigen, um mit einer unverfallbaren Anwartschaft auszuscheiden. Ein Mitarbeiter mit einer Kündigungsfrist von einem Jahr zum Jahresende könnte sein Arbeitsverhältnis dagegen erst zum 31.12.2010 kündigen, wenn er nicht seiner Versorgungsanwartschaft verlustig werden will. Gerade dieses Beispiel zeigt, dass eine solche Berechnung der Unverfallbarkeitsfrist zu nicht sachgerechten Ergebnissen führt und damit abzulehnen ist.

396 Unabhängig von den einzelnen Begründungsakten einer betrieblichen Versorgungsverpflichtung steht es den Vertragsparteien frei, vertraglich einen früheren, d. h. vor dem Inkrafttreten der Versorgungsvereinbarung bzw. dem Beginn des Arbeitsverhältnisses liegenden Zusagezeitpunkt zu fingieren. Wird eine solche **Vordienstzeit** angerechnet, so wirkt sie sich im Zweifel nicht nur auf den Zusagezeitpunkt, sondern auch auf die anzurechnende Betriebszugehörigkeit aus (BAG, 16.03.1982, BB 1982, 1490; BAG, 06.03.1984, NZA 1984, 356; BAG, 27.02.1990, NZA 1990, 689).

bb) Unverfallbarkeit bei Entgeltumwandlung

397 Für Entgeltumwandlungsmodelle ist in § 1b Abs. 5 BetrAVG die gesetzliche Unverfallbarkeit ab Beginn normiert.

Für aus Entgeltumwandlung finanzierte Altzusagen gilt die gleiche Übergangsregelung wie für die arbeitgeberfinanzierte betriebliche Altersversorgung. Gem. § 30f Satz 2 BetrAVG findet § 1b Abs. 5 BetrAVG für Anwartschaften aus Zusagen, die vor dem 01.01.2001 erteilt worden sind, keine Anwendung.

398 Die Vorschriften über die Unverfallbarkeitsfristen sind rückwirkend zum 01.01.2001 in Kraft getreten und erfassen somit auch solche Zusagen, die im Jahr 2001 vor Verkündung des Gesetzes und damit noch im rechtlichen Anwendungsbereich des BetrAVG a. F. erteilt worden sind.

b) Besonderheiten bei der Direktversicherung

399 Hat ein Arbeitnehmer, dem eine betriebliche Altersversorgung in Form einer Direktversicherung zugesagt worden ist, die gesetzlichen Unverfallbarkeitsfristen erfüllt, so hat dies nach § 1b Abs. 2 BetrAVG folgende Konsequenzen:
– Die **Bezugsberechtigung** des Direktversicherungsvertrages darf gem. § 1b Abs. 2 Satz 1 BetrAVG vom Arbeitgeber arbeitsvertraglich nicht mehr widerrufen werden. Insoweit ist allerdings zu beachten, dass dieses arbeitsrechtliche Widerrufsverbot versicherungsvertraglich keine Bedeutung hat und nicht automatisch zu einer Änderung des versicherungsvertraglich vereinbarten Bezugsrechts führt. Die in § 1b Abs. 2 BetrAVG normierte Verpflichtung hat also ausschließlich arbeitsrechtliche Konsequenzen und nicht die Rechtsqualität eines versicherungsvertraglich vereinbarten unwiderruflichen Bezugsrechts (*Kemper in Kemper//Kisters-Kölkes/Berenz/Huber* § 1b, Rn. 126). Widerruft der Arbeitgeber gleichwohl aufgrund seiner versicherungsvertraglichen Legitimation ggü. dem Versicherer die Bezugsberechtigung, so ist dieser Widerruf versicherungsvertraglich wirksam (*BAG, 08.06.1993 – 3 AZR 670/92, BAGE 73, 209; BAG, 13.11.2007 – 3 AZR 635/06, LNR 2007, 45713*). In diesem Fall macht sich der Arbeitgeber dem Arbeitnehmer ggü. allerdings u. U. **schadensersatzpflichtig** (*BAG, 28.07.1987 – 3 AZR 694/85, DB 1988, 507 = NZA 1988, 159 = AuR 1988, 57; Förster/Cisch/Karst, BetrAVG, § 1b Anm. 38; Blomeyer/Rolfs/Otto, BetrAVG, § 1b Rn. 215; Höfer, BetrAVG, Bd. I [ArbR], § 1b Rn. 2984 ff., 3004 ff.; Kemper*

in Kemper//Kisters-Kölkes/Berenz/Huber § 1b, Rn. 127).
Dieses Widerrufsverbot erstreckt sich auch auf die bis zur Beendigung des Arbeitsverhältnisses im Versicherungsvertrag erwirtschafteten **Überschussanteile**, wohingegen die nach der Beendigung des Arbeitsverhältnisses erwirtschafteten Überschussanteile durchaus vom Arbeitgeber für eigene Zwecke verwertet werden, sodass insoweit ein Bezugsrechtswiderruf zulässig ist (*BAG, 29.07.1986 – 3 AZR 15/85, BB 1987, 692 = DB 1987, 743; Höfer, BetrAVG, Bd. I [ArbR], § 1b Rn. 2991, § 2 Rn. 3182 ff.*).
Wird das Bezugsrecht aus einer Direktversicherung arbeitsvertragswidrig widerrufen, ist der Versorgungsberechtigte im Wege der Naturalrestitution (§ 249 Abs. 1 BGB) so zu stellen, wie er ohne den Widerruf des Bezugsrechts stünde. Dann erhielte er im Versorgungsfall die Leistungen aus dem Versicherungsvertrag. Ein Schadensersatzanspruch ist daher auf diese entgangenen Leistungen und nicht auf Rückzahlung der gezahlten Versicherungsbeiträge oder auf Zahlung des Rückkaufwertes gerichtet (*BAG, 18.09.2012 – 3 AZR 176/10, BetrAV 2012, 716*).

– Hat der Arbeitgeber die Versicherung beliehen, verpfändet oder abgetreten, also über den Wert der Versicherung **wirtschaftlich verfügt**, so ist der Arbeitgeber nach § 2 Abs. 2 Satz 3 BetrAVG verpflichtet, diese Verfügungen **rückgängig zu machen**. Ist dies – aus welchen Gründen auch immer – nicht möglich, so ist der Arbeitgeber im Wege der Naturalrestitution (§ 249 BGB) **schadensersatzpflichtig** und muss den Arbeitnehmer so stellen, als ob die wirtschaftliche Verfügung nicht erfolgt wäre (*Höfer, BetrAVG, Bd. I [ArbR], § 1b Rn. 3004 ff.*).

– Werden bei einer betrieblichen Altersversorgung in Form einer Direktversicherung die Prämien der Versicherung vereinbarungsgemäß anstelle einer Vergütung gezahlt (Versicherung nach **Gehaltsumwandlung**), so war bereits in der Vergangenheit regelmäßig davon auszugehen, dass der Arbeitgeber dem Arbeitnehmer eine von vornherein unentziehbare Rechtsposition einräumen und damit die Unverfallbarkeit der Anwartschaft zusagen wollte (*BAG, 08.06.1993 – 3 AZR 670/92, BB 1994, 73 = DB 1993, 2538 = MDR 1994, 1130 = NZA 1994, 507 = ZAP 1994, Fach 17 R, S. 61 m. Anm. Langohr-Plato*). Dies hat der Gesetzgeber nunmehr so auch ausdrücklich in § 1b Abs. 5 BetrAVG geregelt.

c) Besonderheiten bei Pensions- und Unterstützungskassen

Wird die betriebliche Altersversorgung über eine **Pensionskasse** abgewickelt, ist der Arbeitnehmer stets selbst Bezugsberechtigter der in der Pensionskasse versicherten Versorgungsleistungen. Nach § 1b Abs. 3 BetrAVG gelten für das Entstehen einer unverfallbaren Versorgungsanwartschaft die Voraussetzungen von **§ 1b Abs. 1 BetrAVG** entsprechend. Zu beachten ist allerdings, dass ein eventueller Eigenbeitrag des Versorgungsberechtigten stets in vollem Umfang erhalten bleibt.

Die über eine **Unterstützungskasse** zugesagten Versorgungsleistungen werden hinsichtlich ihrer Unverfallbarkeit nach § 1b Abs. 4 BetrAVG unmittelbaren Versorgungszusagen gleichgestellt. Die Versorgungszusage gilt dabei in dem Zeitpunkt als erteilt, von dem an der Arbeitnehmer zum **Kreis der Begünstigten** der Unterstützungskasse gehört. Insoweit sind die Bestimmungen der Satzung der Unterstützungskasse maßgeblich.

d) Wartezeiten und Vorschaltzeiten

Eine Vielzahl insb. älterer Versorgungszusagen steht unter dem Vorbehalt der Erfüllung sog. **Wartezeiten** bzw. **Vorschaltzeiten**, d.h. der Anspruch auf die Versorgungsleistung entsteht frühestens mit Ablauf dieser Fristen. Insoweit sind die als **Anspruchsvoraussetzungen** ausgestalteten Warte- und Vorschaltzeiten streng von den Unverfallbarkeitsfristen zu unterscheiden (*vgl. auch BGH, 25.01.1993 – II ZR 45/92, BB 1993; 679 = ZIP 1993, 379; Förster/Cisch/Karst, BetrAVG, § 1b Anm. 11 und 17.*).

Eine **Wartezeit** ist eine vom Arbeitgeber privatautonom festgelegte Mindestbeschäftigungszeit, die ein Arbeitnehmer nach dem Willen des Arbeitgebers im Beschäftigungsverhältnis zurückgelegt haben muss, um überhaupt den zugesagten Betriebsrentenanspruch erwerben zu können. Der Arbeitgeber kann Inhalt und Umfang einer solchen Wartezeit frei festlegen, soweit er damit nicht gegen höherrangiges Recht verstößt (*BAG, 24.02.2004 – 3 AZR 5/03, DB 2004, 1158; Förster/Cisch, BB 2005, 774*).

404 Dem **Grundsatz der Vertragsfreiheit** folgend, können Wartezeiten somit **uneingeschränkt** vereinbart werden. So hat die Rechtsprechung Wartezeiten mit einer **über die** Dauer der gesetzlichen **Unverfallbarkeitsfristen** hinausgehenden Laufzeit von bislang **bis zu 35 Jahren** nicht als unbillige Regelung oder gar Knebelung des Arbeitnehmers gewertet (*BAG, 09.03.1982 – 3 AZR 389/79, BB 1982, 1733 = DB 1982, 2089 = AuR 1982, 291; LAG Frankfurt am Main, 20.04.1988 – 8 Sa 923/87, BB 1988, 2179 = DB 1988, 2650; LAG Köln, 10.11.1992 – 4 Sa 238/92, LAGE Nr. 14 zu § 1 BetrAVG; Förster/Cisch/Karst, BetrAVG, § 1b Anm. 18; Höfer, BetrAVG, Bd. I [ArbR], § 1b Rn. 2965f.*). In diesen Fällen kann allerdings die Wartezeit nach § 1b Abs. 1 Satz 5 BetrAVG auch **außerhalb des Arbeitsverhältnisses** und auch noch nach Eintritt des Versorgungsfalls erfüllt werden (*BAG, 14.01.1986 – 3 AZR 473/84, BB 1986, 2340 = DB 1986, 2551 = NZA 1986, 782; BAG, 18.03.1986 – 3 AZR 641/84, BB 1986, 1577 = DB 1986, 1930 = NZA 1986, 715; BAG, 28.02.1989 – 3 AZR 470/87, BB 1989, 1348 = DB 1989, 1579 = NZA 1989, 676; Förster/Cisch/Karst, BetrAVG, § 1b Anm. 18; Höfer, BetrAVG, Bd. I [ArbR], § 1b Rn. 2967*).

405 Moderne Versorgungszusagen gehen allerdings immer mehr zu einer **verkürzten Wartezeit** von max. 3 bis 5 Jahren über, wobei – unter sozialen Aspekten – vielfach auf die Erfüllung der **Wartezeit** gänzlich **verzichtet** wird, wenn der Eintritt des Versorgungsfalls auf einer berufsbedingten Krankheit oder einem Berufsunfall beruht.

406 Im Gegensatz zur Wartezeit, die eine bereits bestehende Versorgungszusage voraussetzt, bezweckt die sog. **Vorschaltzeit**, dass erst nach Ablauf einer bestimmten Frist die Versorgungszusage formell wirksam erteilt werden soll. Dies hätte unmittelbare Konsequenzen für den Beginn der Zusagedauer und damit auch für den Beginn der Unverfallbarkeitsfristen. Durch eine entsprechende vertragliche Gestaltung könnte sogar der gesetzliche Unverfallbarkeitsschutz völlig umgangen werden. Um derartige missbräuchliche Gestaltungsvarianten auszuschließen, hat die Rechtsprechung eine entsprechende »**Zusage auf den Abschluss einer zukünftigen Versorgungszusage**« stets selbst als Versorgungszusage i. S. v. § 1 BetrAVG a. F. gewertet, wenn dem Arbeitgeber nach Ablauf der vereinbarten Vorschaltzeit **kein Entscheidungsspielraum** mehr über den Inhalt und Umfang der zu erteilenden Versorgungszusage verbleibt (*BAG, 13.07.1978 – 3 AZR 278/77, BB 1979, 477 = DB 1979, 551 = AuR 1979, 218; BAG, 20.03.1980 – 3 AZR 697/78, BB 1980, 1048 = DB 1980, 1352 = NJW 1980, 2428; BAG, 21.08.1980 – 3 AZR 143/80, BB 1981, 671 = DB 1981, 430 = NJW 1981, 1855; BAG, 15.12.1981 – 3 AZR 1100/78, BB 1982, 1488 = DB 1982, 855 = AuR 1982, 163; BGH, 04.05.1981 – II ZR 100/80, BetrAV 1981, 178 = DB 1981, 1716 = NJW 1981, 2409; BAG, 24.02.2004 – 3 AZR 5/03, DB 2004, 1158; Förster/Cisch, BB 2005, 774*).

407 In diesen Fällen, in denen die Zusageerteilung ausschließlich vom Ablauf einer bestimmten Frist abhängt, wirkt sich die Vorschaltzeit also lediglich wie eine Wartezeit aus. Die **förmliche Erteilung** der Versorgungszusage nach Ablauf der Mindestdienstzeit ist daher für den Zeitpunkt der Unverfallbarkeit **ohne** jegliche **Bedeutung** (*BAG, 07.07.1977 – 3 AZR 572/76, BB 1977, 1305 = DB 1977, 1704 = NJW 1977, 2376; Förster/Cisch/Karst, BetrAVG, § 1b Anm. 11*). Dies gilt auch für Versorgungszusagen, die über eine **Unterstützungskasse** gewährt werden (*BAG, 13.07.1978 – 3 AZR 278/77, BB 1979, 477 = DB 1979, 551 = AuR 1979, 218; BAG, 20.03.1980 – 3 AZR 697/78, BB 1980, 1048 = DB 1980, 1352 = NJW 1980, 2428*).

408 Etwas anderes gilt allerdings dann, wenn die Erteilung der Versorgungszusage nicht vom Ablauf einer bestimmten Frist, sondern vom im Zeitpunkt der Ankündigung einer Zusageerteilung noch **ungewissen Erreichen** einer bestimmten **Funktion** oder **Position** abhängig gemacht wird. Eine solche **status- bzw. funktionsbezogene Aufnahmevoraussetzung** stellt **keine Vorschaltzeit** i. S. d. vorgenannten Rechtsprechung dar, da dem Arbeitgeber seine Entscheidungsfreiheit über die Erteilung der Versorgungszusage verbleibt. Der Arbeitgeber hat es allein in der Hand, das ob und den Zeitpunkt einer entsprechenden Beförderung zu bestimmen und damit die Versorgungszusage zu gewähren. Für die Unverfallbarkeitsfrist ist damit in derartigen Fallkonstellationen auf die formelle

Zusageerteilung abzustellen *(BAG, 20.04.1982 – 3 AZR 1118/79, BB 1982, 1426 = DB 1982, 1879 = NJW 1983, 414)*.

Hat der Arbeitgeber seinen Mitarbeitern zwar die Erteilung von Versorgungszusagen angekündigt, diese Ankündigung jedoch hinsichtlich Leistungsumfang und Leistungsvoraussetzungen nicht konkretisiert, liegt eine sog. **Blankettzusage** vor. Diese ist nach § 315 BGB i. R. d. Billigkeit zu konkretisieren, ggf. durch richterlichen Entscheid *(BAG, 13.03.1975 – 3 AZR 446/74, BB 1975, 1113 = DB 1975, 1563 = AuR 1975, 378; BAG, 23.11.1978, BB 1979, 273 = DB 1979, 364 = AuR 1979, 316; BAG, 19.06.1980 – 3 AZR 958/79, BB 1981, 911 = DB 1981, 431 = AuR 1981, 81; BAG, 19.11.2002 – 3 AZR 406/01, EZA § 1 BetrAVG Nr. 85; Höfer, BetrAVG, Bd. I [ArbR], ART Rn. 216)*. Bei einer solchen Blankettzusage beginnt die Unverfallbarkeitsfrist ebenso wie bei der Vorschaltzeit nicht bei der späteren Konkretisierung, sondern bereits mit der **Ankündigung des Versorgungsversprechens** *(BAG, 23.11.1978 – 3 AZR 708/77, BB 1979, 273 = DB 1979, 364 = AuR 1979, 316; Förster/Cisch/Karst, BetrAVG, § 1 Anm. 113; Höfer, BetrAVG, Bd. I [ArbR], § 1b Rn. 2742)*.

409

e) Aufklärungspflichten

Im Zusammenhang mit der Beendigung eines Arbeitsverhältnisses besteht für den Arbeitgeber grds. **keine Aufklärungspflicht** bzgl. eines möglichen Verlustes der betrieblichen Versorgungsanwartschaften aufgrund der Nichterreichung der gesetzlichen Unverfallbarkeitsfristen *(Höfer, BetrAVG, Bd. I [ArbR], § 1b Rn. 2714)*. Vielmehr ist **es alleinige Angelegenheit des Arbeitnehmers**, sich über die möglichen **rechtlichen Konsequenzen** der Beendigung des Arbeitsverhältnisses **Klarheit zu verschaffen**. Dies gilt auch dann, wenn die Unverfallbarkeitsfristen nur knapp verfehlt werden *(so bereits BAG, 07.08.1975 – 3 AZR 12/75, BB 1975, 1437 = DB 1975, 2088 = AuR 1976, 29)*. Eine Ausnahme besteht allenfalls dann, wenn der Arbeitgeber in **treuwidriger** Weise die Erfüllung der Unverfallbarkeitsfrist verhindert *(BAG, 07.08.1975 – 3 AZR 12/75, BB 1975, 1437 = DB 1975, 2088 = AuR 1976, 29)*, oder wenn der Arbeitnehmer aufgrund besonderer Umstände darauf **vertrauen** kann, dass der Arbeitgeber bei einer vorzeitigen Beendigung des Arbeitsverhältnisses auch die Interessen des Arbeitnehmers wahren und in redlicher Weise vor unbedachten nachteiligen Folgen des vorzeitigen Ausscheidens u. a. auch im Hinblick auf seine betriebliche Altersversorgung bewahren wird *(BAG, 03.07.1990 – 3 AZR 382/89, BB 1990, 142 = DB 1990, 2431 = NZA 1990, 971)*.

410

6. Höhe der unverfallbaren Anwartschaft (§ 2 BetrAVG)

Arbeitnehmer die vor Eintritt eines durch ihre Versorgungszusage abgesicherten Versorgungsfalls aus dem Unternehmen ausscheiden, haben aufgrund dieses **vorzeitigen Ausscheidens** konsequenterweise auch keinen Anspruch auf eine Versorgungsleistung in voller Höhe. Vielmehr steht den Versorgungsberechtigten in einem solchen Fall nur eine **Teilleistung** zu, deren Höhe sich ausschließlich aus den in § 2 BetrAVG für alle Durchführungswege normierten **zwingenden** gesetzlichen **Berechnungsgrundsätzen** ergibt. Bei dieser Berechnungsvorschrift handelt es sich, wie bei allen anderen Vorschriften des BetrAVG auch, um eine **Mindeststandardnorm**, sodass abweichende Vereinbarungen zugunsten des Versorgungsberechtigten stets zulässig sind *(BAG, 21.06.1979 – 3 AZR 806/78, BB 1979, 1663 = DB 1979, 2431 = AuR 1980, 90; BAG, 04.10.1994 – 3 AZR 215/94, NZA 1995, 788; Förster/Cisch/Karst, BetrAVG, § 2 Anm. 1)*.

411

a) Ratierliches Berechnungsverfahren/Quotierungsprinzip

Gem. § 2 Abs. 1 BetrAVG hat der mit einer gesetzlich unverfallbaren Versorgungsanwartschaft ausgeschiedene Mitarbeiter einen zukünftig fällig werdenden Versorgungsanspruch i.H.e. **ratierlich** zu berechnenden **Anteils** der ihm **ohne das vorherige Ausscheiden zustehenden Versorgungsleistung**. Diese zunächst einmal **für unmittelbare Versorgungszusagen** geltende Berechnungsvorschrift gilt gem. § 2 Abs. 4 BetrAVG für **Unterstützungskassen** entsprechend.

412

aa) Berechnungsgrundsätze

413 Nach diesem auch als »**pro rata temporis-Verfahren**« oder »**m/n-tel-Verfahren**« bezeichneten **Quotierungsprinzip** ist die bis zum Ausscheiden **tatsächlich zurückgelegte Dienstzeit** (= »m«) zu der bis zur vertraglich normierten festen Altersgrenze **möglichen Dienstzeit** (= »n«) ins Verhältnis zu setzen. Mithin ist zunächst die Höhe der Versorgungsleistung zu ermitteln, die sich bei einem fiktiven Fortbestand des beendeten Arbeitsverhältnisses bis zum Erreichen der Altersgrenze ergeben hätte. Dieser hypothetische Rentenwert ist dann entsprechend um die nicht abgeleisteten Dienstzeiten zu kürzen. Dies geschieht dadurch, dass man den Quotienten zwischen tatsächlicher und möglicher Betriebszugehörigkeit (»m/n«) bildet und anschließend die hypothetisch erreichbare Versorgungsleistung mit diesem »**Unverfallbarkeitsfaktor**« kürzt *(vgl. auch BAG, 12.11.1991 – 3 AZR 520/90, BB 1992, 360 = DB 1992, 638 = NZA 1992, 466; Förster/Cisch/Karst, BetrAVG, § 2 Anm. 3f.).* Maßgeblich für die Höhe der unverfallbaren Versorgungsanwartschaft ist somit folgende **Formel**:

$$\frac{\text{tatsächlich erreichte Betriebszugehörigkeit (m)}}{\text{bis zur Altersgrenze mögliche Betriebszugehörigkeit (n)}} = \% \text{ der Versorgung}$$

414 Der Unverfallbarkeitsfaktor ist grds. **taggenau** zu berechnen. Die Rechtsprechung akzeptiert allerdings auch eine Berechnung der Dienstzeiten nach vollendeten Monaten *(BAG, 22.02.1983 – 3 AZR 546/80, BB 1983, 1668 = DB 1983, 2254 = NJW 1984, 996).*

415 Bei der Berechnung der **erdienbaren Versorgungsanwartschaft** bleiben Änderungen der Bemessungsgrundlage, die nach dem Ausscheiden des Versorgungsberechtigten eintreten, nach § 2 Abs. 5 BetrAVG unberücksichtigt (**Veränderungssperre**). Die erdienbare Versorgungsleistung ist also auf der Basis der im **Zeitpunkt des Ausscheidens aktuellen Bemessungsfaktoren** (ruhegeldfähiges Einkommen) zu ermitteln. Dies hat insb. zur Konsequenz, dass sich eine gehaltsabhängige und damit dynamisch gestaltete Versorgungsanwartschaft (**Endgehalts-** oder **Durchschnittsgehaltsplan**) in einen **statischen** unverfallbaren **Anwartschaftswert** umwandelt. Demgegenüber ist bei einer rein dienstzeitabhängigen Versorgungsformel die unverfallbare Anwartschaft auf der Basis der bis zum vereinbarten Pensionsalter erdienbaren Versorgungsleistung zu berechnen, und zwar inklusive möglicher, aber erst nach dem Ausscheiden einsetzender Steigerungsbeträge (z. B. dienstzeitabhängig gestaffelte Steigerungsbeträge). Das hat zur Konsequenz, dass der Versorgungsberechtigte bei der Berechnung seiner unverfallbaren Versorgungsanwartschaft auch an einer entsprechenden Dynamik partizipiert.

416 Diese Berechnungsgrundsätze gelten auch bei einem sog. **Gesamtversorgungssystem** oder **Limitierungssystem**, bei dem die Höhe der Versorgungsleistung unter Anrechnung der gesetzlichen Sozialversicherungsrente ermittelt wird. Hinsichtlich der Hochrechnung der fiktiven Sozialversicherungsrente sind dabei nach § 2 Abs. 5 Satz 2 BetrAVG zwei Berechnungsverfahren zulässig: das **steuerliche Näherungsverfahren** sowie die **individuelle**, auf eine fiktive Beitragszahlung abgestellte **Hochrechnung** *(BAG, 12.11.1991 – 3 AZR 520/90, BB 1992, 360 = DB 1992, 638 = NZA 1992, 466; Förster/Cisch/Karst, BetrAVG, § 2 Anm. 6).*

417 Die dem **steuerlichen Näherungsverfahren** zugrunde liegende Berechnungsmethode wird durch die Finanzverwaltung vorgegeben *(vgl. hierzu BMF, 5.5.2008 – IV B 2 – S 2176/07/003 – BetrAV 2008,374; Höfer, BetrAVG, Bd. I [ArbR], § 2 Rn. 3373ff.).*

418 Soweit die Versorgungszusage lediglich einen Hinweis auf die »anzurechnende Sozialversicherungsrente« enthält, so ist dieser Hinweis im Zweifel als der Betrag der **Bruttorente** auszulegen. Der Arbeitnehmer kann also nicht ohne entsprechende vertragliche Grundlage beanspruchen, dass bei der Ermittlung des anzurechnenden Rentenbetrages Abschläge, u. a. i. H. d. Beitrages zur Krankenversicherung der Rentner, zu berücksichtigen sind *(BAG, 10.03.1992 – 3 AZR 352/91, BB 1992, 1432 = DB 1993, 283 = NZA 1992, 935; BAG, 06.04.1993 – 3 AZR 527/92, BetrAV 1993, 27; Förster/Cisch/Karst, BetrAVG, § 2 Anm. 6).*

I. Durchführung der betrieblichen Altersversorgung (§§ 1 bis 4a BetrAVG) B.

Bei einer in der Versorgungszusage enthaltenen **Höchstbegrenzungsklausel** bzw. **Gesamtversorgungsobergrenze** ist nach den von der Rechtsprechung aufgestellten Auslegungsregeln die erreichbare Versorgungsleistung unter Berücksichtigung der Begrenzungsklausel zu ermitteln *(BAG, 12.11.1991 – 3 AZR 520/90, BB 1992, 360 = DB 1992, 638 = NZA 1992)*. Der sich danach ergebende Wert ist dann nochmals ratierlich zu kürzen *(BAG, 25.10.1983 – 3 AZR 357/81, BB 1984, 213 = DB 1984, 193 = AuR 1984, 53)*. 419

Das nach § 2 BetrAVG vorgeschriebene Berechnungsverfahren gilt nicht nur für die Ermittlung der unverfallbaren Anwartschaft auf Altersversorgung, sondern entsprechend auch für die sonstigen Versorgungsleistungen (**Invaliden-** und **Hinterbliebenenversorgung**) und ist sowohl für Renten- wie auch für Kapitalzusagen zugrunde zu legen. Die gesetzlich unverfallbare Versorgungsanwartschaft auf Invaliditäts- oder Hinterbliebenenversorgung ist der Höhe nach jedoch gem. § 2 Abs. 1 Satz 2 BetrAVG auf den Wert **begrenzt**, der sich bei einem fiktiven Eintritt des entsprechenden Versorgungsfalls im Zeitpunkt des Ausscheidens ergeben hätte. Durch diese Begrenzung soll erreicht werden, dass der mit einer unverfallbaren Anwartschaft ausgeschiedene Mitarbeiter nicht ggü. einem bis zum Eintritt des Versorgungsfalls im Unternehmen verbleibenden Mitarbeiter besser gestellt wird *(BT-Drucks. 7/1281, Teil B zu § 2 BetrAVG, S. 25; vgl. auch Förster/Cisch/Karst, BetrAVG, § 2 Anm. 11; Höfer, BetrAVG, Bd. I [ArbR], § 2 Rn. 3134)*. 420

bb) Altersgrenze

Maßgebliche **Bezugsgröße für die Ermittlung der Unverfallbarkeit** ist – wie ausgeführt – neben dem Unverfallbarkeitsquotienten die bis zum Eintritt des Versorgungsfalls erreichbare Versorgungsleistung. Dieser fiktive Endanspruch hängt beim Versorgungsfall Alter davon ab, zu welchem Zeitpunkt (Altersgrenze) die zugesagte Versorgungsleistung fällig wird. Insoweit sind verschiedene Gestaltungsvarianten in der Praxis vorzufinden: 421

Sofern in der Versorgungsvereinbarung eine **feste Altersgrenze** definiert ist, in der Vergangenheit war dies in den meisten Fällen die Vollendung des 65. Lebensjahres, frühestens jedoch die Vollendung des 60. Lebensjahres, ist diese feste Altersgrenze für die Unverfallbarkeitsberechnung maßgeblich *(Kisters-Kölkes in Kemper/Kisters-Kölkes/Berenz/Huber, § 2 Rn. 29 f.; Cisch/Kruip, BB 2007, 1162 f.; Höfer/Witt/Kuchem, BB 2007, 1450)*. 422

Enthält die Versorgungsvereinbarung **keine Regelung** einer festen Altersgrenze, so war bis Ende 2007 zwingend die Vollendung des 65. Lebensjahres als maßgebliche Altersgrenze anzusetzen. Dies ergab sich aus dem Wortlaut von § 2 Abs. 1 Satz 1 BetrAVG, wonach der Unverfallbarkeitsquotient hinsichtlich der max. erreichbaren Betriebszugehörigkeit durch die Vollendung des 65. Lebensjahres begrenzt wurde. Durch das am 01.02.2008 in Kraft getretene RV-Rentenanpassungsgesetz ist § 2 Abs. 1 BetrAVG allerdings dahin gehend abgeändert worden, dass die feste Altersgrenze 65 durch die sog. »**Regelaltersgrenze**« in der gesetzlichen Rentenversicherung abgelöst worden ist. Damit wird – soweit die Versorgungsvereinbarung keine ausdrückliche feste Altersgrenze normiert – die für die Unverfallbarkeitsberechnung maßgebliche Altersgrenze ab 2012 bis 2029 stufenweise – analog zur Anhebung der Altersgrenze in der gesetzlichen Rentenweise (bis 2024 in Ein-Monats-Schritten und ab 2024 in Zwei-Monats-Schritten) auf das 67. Lebensjahr angehoben. 423

Umstritten war bislang allerdings die Frage, wie sich die Anhebung der Regelaltersgrenze in der gesetzlichen Rentenversicherung und die dementsprechende redaktionelle Anpassung von § 2 Abs. 1 BetrAVG auf solche Versorgungsordnungen auswirkt, die das 65. Lebensjahr als feste Altersgrenze definiert haben. 424

Teilweise wird unter Hinweis auf den eindeutigen Wortlaut der Versorgungsordnung die Auffassung vertreten, dass die Anhebung der Regelaltersgrenze in der gesetzlichen Rentenversicherung in der betrieblichen Altersversorgung nicht automatisch dazu führe, dass sich beim Quotierungsverfahren die mögliche Betriebszugehörigkeitsdauer verlängere *(Kisters-Kölkes in Kemper/Kisters-Kölkes/Berenz/Huber BetrAVG 4. Aufl. § 2 Rn. 32; ErfK/Steinmeyer § 2 BetrAVG Rn. 5; Rolfs, NZA 2011, 540 f.)*.

Demgegenüber geht die Gegenauffassung davon aus, dass die Auslegung der Versorgungszusage regelmäßig zu einem »Mitwandern« der Altersgrenze führt und die Benennung der Vollendung des 65. Lebensjahres somit eine dynamische Verweisung auf die Regelaltersgrenze in der gesetzlichen Rentenversicherung darstellt *(so: Höfer, BetrAVG, Bd I – ArbR, Rn. 3119.5 ff.; Höfer/Witt/Kuchem BB 2007, 1445, 1450; Cisch/Kruip BB 2007, 1162, 1168).*

Das BAG hat sich in seiner Entscheidung vom 15.05.2012 (*3 AZR 11/10, DB 2012, 1756 = NZA-RR 2012, 433*) der Ansicht angeschlossen, dass die Festlegung einer festen Altersgrenze 65 in einer betrieblichen Versorgungsordnung grundsätzlich als dynamische Verweisung auf die jeweils geltende Altersgrenze in der gesetzlichen Rentenversicherung anzusehen ist.

425 Angesichts der Tatsache, dass die Regelaltersgrenze in der gesetzlichen Rentenversicherung bereits seit 1916 durchgehend bei der Vollendung des 65. Lebensjahres lag, gab es nach Ansicht des BAG für Arbeitgeber bei der Abfassung von Versorgungsordnungen keine Veranlassung zu abweichenden Formulierungen, wenn an die in der Sozialversicherung geltende Altersgrenze von 65 Jahren angeknüpft wurde. Bei der Frage, ob die Versorgungsordnung einen früheren Zeitpunkt als die Regelaltersgrenze vorsieht, ist zudem auf den Zeitpunkt der Erteilung der Versorgungszusage abzustellen. Auf der Basis der vor Inkrafttreten des RV-Altersgrenzenanpassungsgesetzes gültigen Rechtslage enthielten derartige Versorgungsordnungen aber gerade keinen früheren Zeitpunkt als die Regelaltersgrenze. Gerade bei Gesamtversorgungssystemen wird man im Wege der Auslegung regelmäßig nicht zu dem Ergebnis kommen, dass der Arbeitgeber die Betriebsrente bereits zu einem Zeitpunkt zahlen will, in dem eine Rente aus der gesetzlichen Rentenversicherung noch nicht beansprucht und damit auch nicht angerechnet werden kann. Das entspricht auch dem im Rahmen der Änderung des § 2 Abs. 1 BetrAVG zum Ausdruck gebrachten gesetzgeberischen Willen, wonach die Anhebung der gesetzlichen Altersgrenzen in der gesetzlichen Rentenversicherung auch in den Systemen der betrieblichen Altersversorgung nachvollzogen werden soll *(vgl. die Gesetzesbegründung BT-Drucks. 16/3794 S. 31).*

426 Zuletzt spricht auch der Umstand, dass die vom Arbeitgeber zu erbringende betriebliche Altersversorgung als Gegenleistung für die gesamte Betriebszugehörigkeit zwischen dem Beginn des Arbeitsverhältnisses und dem Erreichen der festen Altersgrenze aufgefasst wird *(vgl. BAG, 19.07.2011 – 3 AZR 434/09, EzA BetrAVG § 7 Nr. 76)*, für eine solche Auslegung. Der Altersgrenze der Vollendung des 65. Lebensjahres liegt der Gedanke zugrunde, dass zu diesem Zeitpunkt der Arbeitnehmer regelmäßig seine ungekürzte Altersrente aus der gesetzlichen Sozialversicherung bezieht und das Arbeitsverhältnis zu diesem Zeitpunkt enden wird. Es liegt darin folglich eine Anlehnung an die im gesetzlichen Rentenversicherungsrecht bestehende Altersgrenze (*BAG, 15.05.2012 – 3 AZR 11/10, DB 2012, 1756 = NZA-RR 2012, 433*).

427 Die Regelaltersgrenze gilt somit erst recht für diejenigen Versorgungsvereinbarungen, in denen hinsichtlich der Fälligkeit der betrieblichen Altersrente auf die (jeweils) geltende Altersgrenze in der gesetzlichen Rentenversicherung verwiesen wird *(so auch: Höfer/Witt/Kuchem, BB 2007, 1450).*

428 Eine Anpassung für den Neuzugang ist unter dem Aspekt der Stichtagsregelung *(vgl. hierzu Rdn. 1491)* jederzeit durch Abänderung der Versorgungsvereinbarung möglich.

cc) Berechnungsbeispiele

429 Den nachfolgenden Beispielen liegt folgende einheitliche Ausgangssituation zugrunde:

Arbeitnehmer A ist im Alter 25 in das Unternehmen eingetreten. Die Versorgungsordnung sieht als feste Altersgrenze die Vollendung des 65. Lebensjahres vor. Die Beendigung seiner Tätigkeit erfolgt im 47. Lebensjahr. Zu diesem Zeitpunkt betrug sein monatliches Gehalt 5000,00 €. Für die Berechnung der unverfallbaren Anwartschaft auf Invalidenrente wird ein Eintritt der Invalidität im Alter 52 unterstellt.

Aufgrund dieser Ausgangswerte ergibt sich unter Zugrundelegung der dargestellten **ratierlichen Berechnungsformel** ein **Unverfallbarkeitsquotient** von 22 tatsächlich erbrachten Dienstjahren zu 40

I. Durchführung der betrieblichen Altersversorgung (§§ 1 bis 4a BetrAVG) B.

möglichen Dienstjahren. Das entspricht einem für alle Anwartschaftswerte maßgeblichen **Unverfallbarkeitsfaktor** von 55%.

▶ **Beispiel 1: Festrentensystem**

Rentenformel	10,00 € pro Dienstjahr	
Erdienbare Anwartschaft bis zum 65. Lebensjahr	40 × 10,00 € =	400,00 €
Unverfallbare Anwartschaft auf Altersrente	400,00 € × 55% =	220,00 €
Invalidenrente im Alter 52	27 × 10,00 € =	270,00 €
Unverfallbare Anwartschaft auf Invalidenrente	270,00 € × 55% =	148,50 €

▶ **Beispiel 2: Endgehaltsplan**

Rentenformel	30% des letzten pensionsfähigen Gehalts	
Erdienbare Anwartschaft bis zum 65. Lebensjahr	30% × 5.000,00 € =	1.500,00 €
Unverfallbare Anwartschaft auf Altersrente	1.500,00 € × 55% =	825,00 €
Invalidenrente im Alter 52	30% × 5.000,00 € =	1.500,00 €
Unverfallbare Anwartschaft auf Invalidenrente	1.500,00 € × 55% =	825,00 €

▶ **Beispiel 3: Dienstzeit- und gehaltsabhängiges System**

Rentenformel	0,8% des letzten pensionsfähigen Gehalts pro anrechnungsfähigem Dienstjahr (max. 35 Dienstjahre)	
Erdienbare Anwartschaft bis zum 65. Lebensjahr	(35 × 0,8%) × 5.000,00 € =	1.400,00 €
Unverfallbare Anwartschaft auf Altersrente	1.400,00 € × 55% =	770,00 €
Invalidenrente im Alter 52	(27 × 0,8%) × 5.000,00 € =	1.080,00 €
Unverfallbare Anwartschaft auf Invalidenrente	1.080,00 € × 55% =	594,00 €

▶ **Beispiel 4: Gesamtversorgungssystem**

Rentenformel	2,5% des letzten pensionsfähigen Gehalts pro anrechnungsfähigem Dienstjahr bis max. 75% nach 30 Dienstjahren unter Anrechnung der Sozialversicherungsrente	
	(30 × 2,5%) × 5.000,00 € =	3.750,00 €
Sozialversicherungsrente nach dem steuerlichen Näherungsverfahren (mB × Vj × St)	5.000,00 € × 45 × 1,1% =	2.475,00 €
Erdienbare Anwartschaft bis zum 65. Lebensjahr unter Berücksichtigung der Sozialversicherungsrente	3.750,00 € − 2.475,00 € =	1.275,00 €
Unverfallbare Anwartschaft auf Altersrente	1.275,00 € × 55,% =	701,25 €
Invalidenrente im Alter 52 ohne Berücksichtigung der Sozialversicherungsrente	(27 × 2,5%) × 5.000,00 € =	3.375,00 €

Sozialversicherungsrente im Alter 52 und unter Berücksichtigung der **Zurechnungszeit** bis zum Alter 55 nach dem steuerlichen Näherungsverfahren (mB × Vj × St)	5.000,00 € × 35 × 1,1 % =	1.925,00 €
Invalidenrente im Alter 52 unter Berücksichtigung der Sozialversicherungsrente	3.375,00 € − 1.925,00 € =	1.450,00 €
Unverfallbare Anwartschaft auf Invalidenrente	1.450,00 € × 55,% =	797,50 €

b) Versicherungsvertragliche Lösung: Voraussetzungen und Rechtsfolgen

430 Für **Direktversicherungen** und bei **Pensionskassen** sieht § 2 BetrAVG neben dem ratierlichen Berechnungsverfahren zur Ermittlung der unverfallbaren Versorgungsanwartschaft **alternativ** eine **versicherungsvertragliche Abwicklung** der unverfallbaren Versorgungsanwartschaft vor. Nach dieser sog. **versicherungsvertraglichen Lösung** kann der Arbeitnehmer unter bestimmten Voraussetzungen, nämlich der im Gesetz vorgesehenen Erfüllung bestimmter »**sozialer Auflagen**«, auf **Verlangen des Arbeitgebers** auf die vom Versicherer aufgrund des Versicherungsvertrages zu erbringende Versicherungsleistung verwiesen werden.

431 Nach § 2 Abs. 2 Satz 2 BetrAVG ist hierfür bei einer **Direktversicherung** erforderlich, dass
- spätestens **nach 3 Monaten** seit dem Ausscheiden des Arbeitnehmers das **Bezugsrecht unwiderruflich** ist und eine **wirtschaftliche Beeinträchtigung** des Versicherungsvertrages (Beleihung, Verpfändung, Abtretung) durch den Arbeitgeber **rückgängig** gemacht worden ist und auch **keine Betragsrückstände** vorliegen,
- vom Beginn der Versicherung, frühestens jedoch vom Beginn der Betriebszugehörigkeit an, nach dem Versicherungsvertrag die **Überschussanteile ausschließlich** nur **zur Verbesserung der Versicherungsleistung** (= Leistungserhöhung) verwendet worden sind **und**
- der ausgeschiedene Arbeitnehmer nach dem Versicherungsvertrag das **Recht zur Fortsetzung** der Versicherung **mit eigenen Beiträgen** hat.

432 Problematisch kann diese versicherungsvertragliche Lösung v. a. im Hinblick auf die zweite Auflage, der ausschließlichen Verwendung der Gewinnanteile zur Leistungserhöhung, sein. Die Lebensversicherung kennt nämlich unterschiedliche Formen der Gewinnverwendung. Von daher ist vor dem Hintergrund von § 2 Abs. 2 Satz 2 BetrAVG besonders sorgfältig zu prüfen, ob der jeweilige Versicherungsvertrag im vorzeitigen Ausscheidefall eine versicherungsvertragliche Lösung überhaupt zulässt. Dies ist z. B. bei dem System der »**Sofortgewinnverrechnung**« nicht der Fall *(vgl. auch Höfer, BetrAVG, Bd. I [ArbR], § 2 Rn. 3244)*. Bei dieser Art der Gewinnverwendung wird im Hinblick auf die kalkulierten Gewinne von Beginn an ein Nachlass auf die zu zahlende Prämie gewährt, was zu einer sofort erhöhten Versicherungsleistung führt. Die dabei entstehende Finanzierungslücke wird in einer versicherungsinternen Abrechnung aus der beim Lebensversicherungsunternehmen zu bildenden Rückstellung für Beitragsrückerstattungen entnommen, die ihrerseits wiederum aus den später anfallenden Überschussanteilen ausgeglichen wird, was im Lichte des § 2 Abs. 2 Satz 2 BetrAVG gerade zu einem Fehlgebrauch der Gewinne führt.

433 Gleiches gilt für solche Gruppen- oder Kollektivverträge, bei denen der Lebensversicherer mit technischen Durchschnittsprämien kalkuliert, da in diesen Fällen keine individualisierbaren Überschussanteile anfallen, die dem einzelnen Versorgungsberechtigten zugerechnet werden können. Vielmehr sind bei derartigen Vertragsgestaltungen die Überschussanteile bereits bei der Berechnung der Durchschnittsprämie »verbraucht« worden *(Förster/Cisch/Karst, BetrAVG, § 2 Rn. 21)*.

434 Ferner verstoßen alle übrigen Verrechnungsmethoden, die letztendlich dazu führen, dass die Überschussanteile unmittelbar oder mittelbar dem Arbeitgeber zufließen gegen die zweite soziale Auflage. Hierzu zählen u. a. Barausschüttungen und die Verrechnung anfallender Gewinne mit fällig werdenden weiteren Beitragszahlungen *(so ausdrücklich die Gesetzesbegründung in BT-Drucks. 7/1281, Teil B, S. 25)* sowie die Abkürzung des vereinbarten Prämienzahlungszeitraums, wenn nicht zugleich der Versicherungsschutz erhöht oder der Fälligkeitszeitpunkt vorgezogen wird *(Höfer, BetrAVG, Bd. I [ArbR], § 2 Rn. 3243)*.

Werden die o. g. sozialen Auflagen nicht bzw. nicht fristgerecht erfüllt, erlischt das **Wahlrecht** des Arbeitgebers. Es bleibt dann bei dem ratierlichen Berechnungsverfahren nach § 2 Abs. 1 BetrAVG. Soweit der Wert der unverfallbaren Versorgungsanwartschaft durch den Versicherungsvertrag nicht ausfinanziert ist, steht dem Arbeitnehmer i. H. d. Differenz gem. § 2 Abs. 2 Satz 1 BetrAVG ein entsprechender **Ergänzungsanspruch** unmittelbar gegen den Arbeitgeber zu *(vgl. auch Förster/Cisch/Karst, BetrAVG, § 2 Anm. 28)*. Enthält die Versorgungszusage eine Regelung, wonach die Überschussanteile aus dem abgeschlossenen Versicherungsvertrag zur Leistungserhöhung verwendet werden sollen, so ist das **bis zum** Ausscheiden erwirtschaftete Gewinnguthaben bei der ratierlichen Berechnung der Versorgungsanwartschaft ungekürzt zu berücksichtigen. Demgegenüber hat der Arbeitnehmer keinen Anspruch auf die nach Beendigung seines Arbeitsverhältnisses noch anfallenden Gewinnanteile *(BAG, 29.07.1986 – 3 AZR 15/85, BB 1987, 692 = DB 1987, 743 = AuR 1987, 148)*.

435

Die Ausübung des Wahlrechts ist ein **einseitiges**, vom Arbeitnehmer nicht beeinflussbares **Gestaltungsrecht** des Arbeitgebers. Hat sich der Arbeitgeber für die versicherungsvertragliche Lösung entschieden, so ist der Arbeitnehmer an diese Entscheidung gebunden.

436

Darüber hinaus unterliegt der Arbeitnehmer nach § 2 Abs. 2 Satz 3 bis Satz 6 BetrAVG hinsichtlich der durch **Beiträge** des **Arbeitgebers finanzierten Versicherungsleistung** bestimmten, gesetzlich zwingenden **Verfügungsbeschränkungen**. Insb. ist es dem Arbeitnehmer nach Durchführung der versicherungsvertraglichen Lösung verwehrt, vor Eintritt eines Versorgungsfalls den Versicherungsvertrag zu beleihen, zu verpfänden, abzutreten oder das Versicherungskapital (Rückkaufswert) durch Kündigung des Versicherungsvertrages in Anspruch zu nehmen. Eine **Kündigung der Direktversicherung** durch den Arbeitnehmer hat deren Umwandlung in eine **prämienfreie Versicherung** zur Konsequenz *(Förster/Cisch/Karst, BetrAVG, § 2 Anm. 26; Höfer, BetrAVG, Bd. I [ArbR], § 2 Rn. 3274)*.

437

Gem. § 2 Abs. 2 Satz 7 BetrAVG ist allerdings auch nach Ausübung der versicherungsvertraglichen Lösung eine Abfindung von Anwartschaften und laufenden Leistungen durch den Arbeitgeber bzw. mit dessen Zustimmung unter den in § 3 genannten engen Voraussetzungen noch möglich *(vgl. a.: Kisters-Kölkes in Kemper/Kisters-Kölkes/Berenz/Huber, § 2 Rdn. 153)*. Dadurch soll ein unverhältnismäßiger Aufwand durch »**Mini-Renten**« vermieden werden. Dies gilt gem. § 2 Abs. 3 BetrAVG auch für Pensionskassenzusagen.

438

Ein **Verstoß** gegen die Verfügungsbeschränkungen führt nach § 134 **BGB** zur **Nichtigkeit** der entsprechenden Verfügung. Leistet der Versicherer gleichwohl Zahlungen aus dem Versicherungsvertrag, so wird der Arbeitgeber hierdurch nicht von seiner Leistungsverpflichtung befreit *(Kisters-Kölkes in Kemper/Kisters-Kölkes/Berenz/Huber, § 2 Rdn. 152)*.

439

Sofern der Versorgungsberechtigte die Direktversicherung nach Umsetzung der versicherungsvertraglichen Lösung durch einen späteren Folgearbeitgeber fortsetzen lassen will, kann zu dieser Fortsetzung der Versicherer seine Zustimmung regelmäßig nicht verweigern.

440

Zwar ist die **Vertragsfortführung** rechtlich als Schuldübernahme i. S. v. § 415 BGB einzuordnen, die eine Genehmigung des Versicherers grds. voraussetzt. Allerdings darf der Versicherer seine Zustimmung zur Vertragsübernahme nicht von Bedingungen abhängig machen, z. B. dass der neue Arbeitgeber eine Garantiezusage gem. § 1 Abs. 2 Nr. 2 BetrAVG abgibt, wenn zuvor nur eine beitragsorientierte Leistungszusage vereinbart war. Der Versicherer ist nämlich mit dem früheren Arbeitgeber des Versorgungsberechtigten einen diesen begünstigenden Versicherungsvertrag eingegangen, der seiner Natur nach wegen seiner Anbindung an eine betriebliche Altersversorgung und des grds. nicht auszuschließenden Stellenwechsels bereits auf einen möglichen Wechsel in der Stellung des Versicherungsnehmers angelegt war *(Blomeyer/Otto, BetrAVG, § 2 Rn. 226 f.)*. Damit steht die Zustimmung des Versicherers zu einer Vertragsübernahme bei Eingehung eines neuen Beschäftigungsverhältnisses nicht mehr in dessen freien Belieben. Seiner grds. Vertragsfreiheit hat er sich

441

schon durch den Abschluss des Versicherungsvertrages mit dem früheren Arbeitgeber begeben. Insoweit reicht der Verweis auf die Möglichkeit des Versorgungsberechtigten, das Vertragsverhältnis mit eigenen Mitteln oder beitragsfrei fortzusetzen, nicht aus, einen angemessenen Interessenausgleich für den Fall des Wechsels im Arbeitsverhältnis sicher zu stellen *(OLG Karlsruhe, 12.02.2006 – 12 U 246/05, NZA-RR 2006, 318)*.

Insoweit ist insb. zu berücksichtigen, dass sowohl die »in den ersten Jahren« wegen des Abzugs von Abschlusskosten stark eingeschränkte Kapitalbildung, als auch der Umstand, dass der Versorgungsberechtigte außerplanmäßig mit (weiteren) Kosten für seine Altersversorgung belastet würde, wenn er allein auf die Fortführung der Versicherung mit eigenen Beiträgen verwiesen wäre, einen unbilligen Nachteil für den Versorgungsberechtigten bedeuten würden. Nach dem gerade im Versicherungsverhältnis bedeutsamen **Grundsatz von Treu und Glauben** kann der Versicherer einer Vertragsübernahme durch den neuen Arbeitgeber seine Zustimmung daher nur dann versagen, wenn er in erheblichen Umfang in seinen eigenen Interessen beeinträchtigt würde *(OLG Karlsruhe, 12.02.2006 – 12 U 246/05, NZA-RR 2006, 318)*.

442 Die Berechnung einer von einer **Pensionskasse** aufrechtzuerhaltenden unverfallbaren Anwartschaft erfolgt gem. § 2 Abs. 3 BetrAVG weitestgehend nach den gleichen Berechnungsvorschriften wie bei der Direktversicherung. Da die Pensionskasse ein Lebensversicherungsunternehmen ist, ist auch bei ihr ein Wahlrecht in Form einer versicherungsvertraglichen Abwicklung möglich. Die versicherungsvertragliche Lösung bei der Pensionskasse unterscheidet sich von der bei der Direktversicherung nur insoweit, als bei Pensionskassen ein Bezugsrecht des Arbeitgebers von vornherein ausgeschlossen ist und eine wirtschaftliche Beeinträchtigung der Versicherungsverträge durch Beleihung, Verpfändung oder Abtretung grds. ausgeschlossen ist und damit die erste soziale Auflage i. S. v. § 2 Abs. 2 Satz 2 BetrAVG entfällt.

443 Ein weiterer Unterschied besteht hinsichtlich der **Verwendung der Gewinnanteile** aus dem Versicherungsvertrag. Bei der Pensionskasse ist die entsprechende soziale Auflage gem. § 2 Abs. 3 Satz 2 Nr. 1 BetrAVG auch dann gewahrt, wenn anstelle der Verwendung der Gewinnanteile zur Leistungserhöhung die **Versorgungsanwartschaften** des Arbeitnehmers während seiner Tätigkeit entsprechend der Entwicklung seines Arbeitsentgelts **dynamisiert** worden sind. Eine entsprechende Dynamisierung ist allerdings nur für Einkommensbestandteile bis zur Beitragsbemessungsgrenze der gesetzlichen Rentenversicherung erforderlich. I. Ü. ist es nicht zwingend erforderlich, dass die Versorgungsanwartschaft beständig mit dem gleichen Prozentsatz und zum selben Zeitpunkt wie das Arbeitsentgelt dynamisiert wird. Zulässig sind vielmehr auch sog. **halbdynamische Versorgungszusagen**, bei denen den Arbeitnehmern bei Eintritt des Versorgungsfalls ein bestimmter Prozentsatz ihres zuletzt bezogenen pensionsfähigen Gehalts zugesichert wird *(Förster/Cisch/Karst, BetrAVG, § 2 Anm. 29 ff.)*

444 Rechtsfolge der Anwendung der versicherungsvertraglichen Lösung ist das Untergehen des bislang ggü. dem Arbeitgeber bestehenden Verschaffungsanspruchs. Nach dem Wortlaut von § 2 Abs. 2 Satz 2 BetrAVG tritt nämlich die Leistung aus dem Versicherungsvertrag »an die Stelle der Ansprüche nach Satz 1«, d. h. an die Stelle der Ansprüche aus dem Quotierungsverfahren. Durch die Beschränkung auf die Ansprüche aus dem Versicherungsvertrag wird sichergestellt, dass ggü. dem Arbeitgeber keine weiteren Ansprüche mehr bestehen. Ersetzt somit die versicherungsvertragliche Lösung und damit der Anspruch gegen den Lebensversicherer den bisher ggü. dem Arbeitgeber bestehenden Verschaffungsanspruch, so hat dies zur Konsequenz, dass der Anspruch ggü. dem Arbeitgeber untergeht. Wird dann, d. h. nach Ausübung der versicherungsvertraglichen Lösung, die Versicherung von einem neuen Arbeitgeber fortgeführt, fehlt es an einer zu übernehmenden Altzusage. Die Fortführung wäre dann konsequenterweise auch steuerrechtlich als Neuzusage zu bewerten, sodass hierfür eine Pauschalbesteuerung nach § 40 b EStG nicht mehr möglich wäre, sondern die Regelung des § 3 Nr. 63 EStG zur Anwendung käme.

Aus arbeitsrechtlicher Sicht ist die Annahme einer Neuzusage auch logisch zwingend. Dies wird insb. im Fall einer arbeitgeberfinanzierten Direktversicherung deutlich. Der Folgearbeitgeber wird

I. Durchführung der betrieblichen Altersversorgung (§§ 1 bis 4a BetrAVG) B.

nämlich regelmäßig kein Interesse daran haben, für seinen Arbeitgeberbeitrag eine sofortige Unverfallbarkeit zu akzeptieren. Dies wäre aber die Rechtsfolge, wenn man zur Fortführung einer Altzusage gelangen würde, da dann die Unverfallbarkeitsfrist durchlaufen würde.

Nicht nachvollziehbar ist daher die von Rolfs vertretene Auffassung *(Blomeyer/Rolfs/Otto, BetrAVG, § 2 Rn. 235)*. Blomeyer geht zwar zu Recht davon aus, dass durch die versicherungsvertragliche Lösung der Rechtscharakter der betrieblichen Altersversorgung nicht untergeht. Das dies aber zu einer weiterhin bestehenden Haftung des Arbeitgebers führt, die sich auch noch auf die Anpassungsprüfung nach § 16 BetrAVG erstrecken soll, steht im Widerspruch zu § 16 BetrAVG. Nach § 16 Abs. 3 Nr. 2 BetrAVG entfällt nämlich eine Anpassungsprüfungspflicht bei der Direktversicherung, wenn ab Rentenbeginn sämtliche auf den Vertrag entfallenden Überschussanteile zur Leistungserhöhung verwendet werden. Da diese Überschussverwendung aber auch zwingende Voraussetzung für die versicherungsvertragliche Lösung ist, kann nach einer rechtmäßigen Durchführung dieser versicherungsvertraglichen Lösung keine Anpassungsprüfungspflicht mehr bestehen. Darüber hinaus spricht Rolfs an anderer Stelle *(Blomeyer/Rolfs/Otto, BetrAVG, § 2 Rn. 185)* selbst – zutreffend – von einer »**vollständigen Enthaftung**« des Arbeitgebers nach Durchführung der versicherungsvertraglichen Lösung *(zustimmend Kisters-Kölkes, in: Kemper/Kisters-Kölkes/Berenz/Huber, BetrAVG, § 2 Rn. 123, die davon spricht, dass auf den Arbeitgeber keine Ansprüche mehr zukommen können, die ihn zur Erfüllung der Leistung aus eigenen Mitteln zwingen).*

445

In arbeitsrechtlicher Hinsicht bleibt somit festzuhalten, dass der Arbeitgeber mit Ausübung des gesetzlichen Wahlrechts zugunsten der versicherungsvertraglichen Lösung aus dem ursprünglichen Haftungsverhältnis mit dem Arbeitnehmer ausscheidet und insoweit als Versorgungsschuldner durch den Lebensversicherer ersetzt wird. Dennoch bleibt für diese Versicherung der Charakter der betrieblichen Altersversorgung erhalten.

446

Geht somit die bestehende (Alt-) Zusage i. R. d. versicherungsvertraglichen Lösung nach arbeitsrechtlicher Bewertung unter, so stellt sich gleichwohl die Frage, ob daraus zwingend der Schluss zu ziehen ist, dass dann die Fortführung durch den Folgearbeitgeber **steuerrechtlich** zwingend eine Neuzusage sein muss.

447

Der BMF geht in seinem Schreiben v. 17.11.2004 *(IV C 4 – S 2222 – 177/04 bzw. IV C 5 – S 2333 – 269/04, BetrAV 2004, 745)* zwar bei seiner Abgrenzung von Alt- und Neuzusage »grds. von der zu einem Rechtsanspruch führenden **arbeitsrechtlichen** bzw. **betriebsrentenrechtlichen Verpflichtungserklärung** des Arbeitgebers« aus. Dieser Grundsatz wird dann allerdings durch einen nicht abschließenden Katalog von Einzelheiten näher präzisiert und modifiziert, wobei einzelne Fallgestaltungen abweichend vom Arbeitsrecht definiert werden. So ist z. B. die in Rn. 203 des BMF-Schreibens unter dem Grundsatz der Einheit der Versorgung aufgeführte Ergänzung einer arbeitgeberfinanzierten Versorgung durch eine Entgeltumwandlung nach arbeitsrechtlichen Maßstäben nicht zwingend eine einheitliche Zusage, sondern wird regelmäßig als zwei unabhängig voneinander einrichtbare Zusagen gesehen. Demgegenüber ist die in Rn. 204 des BMF-Schreibens als Neuzusage definierte Beitragserhöhung zur Absicherung eines neuen, zusätzlichen biometrischen Risikos arbeitsrechtlich als Erhöhung einer bestehenden Zusage zu bewerten. Diese Beispiele verdeutlichen, dass die arbeitsrechtliche Bewertung einer Zusage zwar ein Indiz für die Abgrenzung Alt-/Neuzusage sein kann, gleichwohl aber die oben vorgenommene arbeitsrechtliche Bewertung der versicherungsvertraglichen Lösung – Beendigung der bislang bestehenden Zusage – nicht zwangsläufig auch steuerrechtlich zu einer Neuzusage führen muss.

Insb. wird man berücksichtigen müssen, dass die versicherungsvertragliche Lösung die ratierlich berechnete Anwartschaft »wirtschaftlich ersetzen« soll. Zu einer wirtschaftlichen Betrachtung gehört aber auch die steuerliche Behandlung. Das vom Gesetzgeber zur Verfügung gestellte Wahlverfahren sollte unter administrativen und haftungsrechtlichen Aspekten *(vgl. Berenz, Gesetzesmaterialien, S. 99 ff.)* eine praxisnahe Lösung für Direktversicherungen, nicht aber eine Änderung von Besteuerungsgrundsätzen herbeiführen. Geht man von diesem gesetzgeberischen Grundgedanken aus, dann ist es **steuerrechtlich** durchaus **gerechtfertigt**, die auch nach Durchführung der versicherungsvertraglichen Lösung vom Folgearbeitgeber weiter finanzierte Direktversicherung insgesamt als eine **Zusage** anzusehen und damit auch künftig der **Pauschalbesteuerung nach § 40b EStG** zu unterwerfen.

c) Veränderungssperre

448 Gem. § 2 Abs. 5 BetrAVG bleiben bei der Berechnung der unverfallbaren Versorgungsanwartschaft **Veränderungen** der **Versorgungsregelung** und der **Bemessungsgrundlagen** für die Leistungen der betrieblichen Altersversorgung, soweit sie nach dem Ausscheiden eintreten außer Betracht (sog. **Konstanz der Bemessungsgrundlagen**). Dies gilt auch für die Bemessungsgrundlagen anderer Versorgungsbezüge, die bei der Berechnung der Versorgungsleistungen zu berücksichtigen sind.

449 Die unverfallbare Versorgungsanwartschaft wird damit von dynamischen Bezugsgrößen (Gehaltstrend) abgekoppelt und in eine statische Versorgungsanwartschaft umgewandelt *(Höfer, BetrAVG, Bd. I [ArbR], § 2 Rn. 3340 ff.).*

450 Bei Berücksichtigung der gesetzlichen Rentenversicherung kann das steuerliche Näherungsverfahren angewendet werden, wenn nicht der Arbeitnehmer seine tatsächlichen Entgeltpunkte nachweist, § 2 Abs. 5 Satz 2 BetrAVG.

d) Sonderregelungen bei der Entgeltumwandlung und bei beitragsorientierten Leistungszusagen

451 Wird die Altersversorgung durch eine Entgeltumwandlung finanziert oder liegt ihr eine beitragsorientierte Leistungszusage zugrunde, so gilt für die Durchführungswege der unmittelbaren Versorgungszusage, des Pensionsfonds und der Unterstützungskasse – aber auch nur für diese Durchführungswege – die Sonderregelung des § 2 Abs. 5a BetrAVG, der insoweit das Quotierungsverfahren verdrängt und als Sonderrecht (»lex specialis«) diesem vorgeht *(Hanau/Arteaga/Rieble/Veit, Rn. 570; Langohr-Plato/Teslau, BetrAV 2006, 507)*. Danach ist die sog. »**finanzierte**« **Anwartschaft** zu bestimmen.

452 Damit wird im Bereich der Entgeltumwandlung und der beitragsorientierten Leistungszusage das bisher geltende Quotierungsprinzip (m/n-tel-Verfahren) abgelöst und durch die »finanzierte Anwartschaft« (= erreichte Anwartschaft aus den Finanzierungsbeiträgen) ersetzt. Dabei enthält die Vorschrift des § 2 Abs. 5a BetrAVG keine eigene Berechnungsformel für die finanzierte Anwartschaft. Vielmehr wird insoweit durch den Gesetzestext auf die zur Berechnung der Leistung im Versorgungsfall in der konkreten Versorgungszusage existierende Formel abgestellt *(Langohr-Plato/Teslau, BetrAV 2006, 507)*. Die finanzierte Anwartschaft stellt eine Teilmenge des für den Versorgungsfall berechneten Anspruchs dar. Die Teilmenge besteht in der vom Zeitpunkt der Zusage auf betriebliche Altersversorgung bis zum Ausscheiden des Arbeitnehmers durch entsprechende Beitragszahlungen erreichten Anwartschaft.

453 Die Formulierung in § 2 Abs. 5a BetrAVG der »erreichten« Anwartschaft führt nicht in allen Fällen zu eindeutige Antworten. Probleme ergeben sich, wenn der Arbeitgeber seine Versorgungszusage bei einem Versicherer rückdeckt oder wenn die Unterstützungskasse eine solche Rückdeckungsversicherung abschließt. Es stellt sich als Erstes die Frage, ob Arbeitgeber und Arbeitnehmer vereinbaren können, dass als »erreicht« gilt, was im Ausscheidezeitpunkt in der Rückdeckungsversicherung zur Verfügung steht. Damit könnte der Arbeitgeber in seiner Versorgungszusage die Höhe der Anwartschaft bei Ausscheiden auf den in der Rückdeckungsversicherung vorhandenen Betrag begrenzen, wenn er eine kongruent rückgedeckte Versicherung abschließt. Ob eine solche Abrede arbeitsrechtlich zulässig ist, ist rechtlich nicht geklärt. Für diese Ansicht spricht, dass der Gesetzgeber in der Vorschrift lediglich davon spricht, dass der Anspruch auf die bis zum Ausscheiden erreichte Anwartschaft aus den bis dahin umgewandelten Entgeltbestandteilen begrenzt ist. Ob sich diese Auffassung in der Praxis durchsetzen wird, bleibt abzuwarten *(Langohr-Plato, INF 2003, 418)*.

I. Durchführung der betrieblichen Altersversorgung (§§ 1 bis 4a BetrAVG) B.

Zahlt der Arbeitgeber allerdings nicht die vereinbarten Prämien an den Versicherer, wird man schon aus Gründen der Wertgleichheit davon ausgehen müssen, das für die Ermittlung der finanzierten Anwartschaft nicht auf die tatsächlich geleisteten Beiträge, sondern auf die nach der Vereinbarung zwischen Arbeitgeber und Versorgungsberechtigtem bis zum Ausscheiden geschuldeten Beiträge abzustellen ist *(so auch Blomeyer/Rolfs/Otto, BetrAVG, § 2 Rn. 473; Hanau/Arteaga/Rieble/Veit, Rn. 571).* 454

Scheidet der Arbeitnehmer vorzeitig aus, kann – insb. bei Zusage von Berufsunfähigkeitsleistungen – der Fall eintreten, dass die Rückdeckungsversicherung nichts oder weniger zur Verfügung stellt, als der Arbeitnehmer an Beiträgen für seine Altersversorgung umgewandelt hat. An diesem Ergebnis ändert sich auch nicht deshalb etwas, weil der Arbeitgeber nach § 1 Abs. 2 BetrAVG dem Arbeitnehmer im Fall der Entgeltumwandlung eine wertgleiche Anwartschaft zur Verfügung zu stellen hat. Die Tatsache, dass Versicherer Kosten für den Versicherungsvertrag erheben und dass je nach Versicherer das Überschussverfahren bei der Kalkulation variiert, sodass sich die Leistungen und die Deckungsmittel je nach der Wahl des Rückdeckungsversicherers unterscheiden, kollidiert nicht mit dem Wertgleichheitsgebot. Diese unterschiedlichen Konditionen gelten auch bei Direktversicherungen und privaten Lebensversicherungen. 455

Die Grenze des Gebots, die erreichte Anwartschaft (§ 2 Abs. 5a BetrAVG) zur Verfügung zu stellen, liegt in der Vorschrift des § 242 BGB (Treu und Glauben). In extremen Fallkonstellationen kann ein hoher Entgeltumwandlungsbetrag wegen der Kürze der Vertragsdauer einen extrem niedrigen Rückkaufswert ergeben. Hier gebietet der Grundsatz von Treu und Glauben, die Anwartschaft durch den Arbeitgeber als Versorgungsschuldner – entsprechend dem Wertgleichheitsgebot – anzuheben *(Langohr-Plato, INF 2003, 418 f.).* 456

Entscheidend ist die Differenz zwischen den umgewandelten Entgeltbestandteilen und dem in der Rückdeckungsversicherung vorhandenen Betrag v. a. bei **Arbeitgeberwechsel**. Denn zukünftig haben Arbeitnehmer ggü. dem Arbeitgeber einen Anspruch darauf, dass der Arbeitgeber die Versorgungszusage auf den neuen Arbeitgeber überträgt (vgl. § 4 Abs. 4 BetrAVG). Scheidet der Arbeitnehmer dagegen aus, ohne dass er bei dem neuen Arbeitgeber die Versorgungszusage fortführen will, bleibt die Anwartschaft bis zum Eintritt des Versorgungsfalls beim alten Arbeitgeber erhalten. Ein Rückkaufswert würde dann nicht in Anspruch genommen werden. 457

In den Durchführungswegen **Direktversicherung** und **Pensionskasse** gelten auch im Bereich der Entgeltumwandlung sowie bei der beitragsorientierten Leistungszusage die oben beschriebenen Vorschriften, was regelmäßig zur Anwendung der versicherungsvertraglichen Lösung führt *(vgl. auch Hanau/Arteaga/Rieble/Veit, Rn. 579).* 458

Die Vorschrift des § 1b Abs. 5 Satz 1 Nr. 1 BetrAVG enthält darüber hinaus in den Durchführungswegen **Direktversicherung**, **Pensionskasse** und **Pensionsfonds** eine Aussage, die auf die Höhe der unverfallbaren Anwartschaft Auswirkungen haben kann. Danach dürfen im Fall der Entgeltumwandlung die Überschüsse nur zur Verbesserung der Leistung verwendet werden. 459

e) Sonderregelung für Beitragszusagen mit Mindestleistung

Bei einer Beitragszusage mit Mindestleistung trägt im Wesentlichen der **Arbeitnehmer das Kapitalanlagerisiko** *(Langohr-Plato/Teslau, BetrAV 2006, 507)*; eine Mindestleistung erhält er jedoch in jedem Fall. Dies gilt ebenso für die Höhe der unverfallbaren Anwartschaft. Für die Höhe der unverfallbaren Anwartschaft bei einer Beitragszusage mit Mindestleistung enthält § 2 Abs. 5b BetrAVG eine alle anderen Berechnungsmethoden verdrängende Spezialvorschrift. Da eine Beitragszusage mit Mindestleistung nach § 1 Abs. 2 Nr. 2 BetrAVG nur in den Durchführungswegen Pensionsfonds, Direktversicherung und Pensionskasse erteilt werden kann, kann folglich § 2 Abs. 5b BetrAVG auch nur im Rahmen dieser Durchführungswege Anwendung finden. 460

Dementsprechend wird auch die Sonderregelung für Entgeltumwandlungszusagen und beitragsorientierte Leistungszusagen (§ 2 Abs. 5a BetrAVG) durch die Spezialvorschrift des § 2 Abs. 5b BetrAVG verdrängt, wenn eine Beitragszusage mit Mindestleistung erteilt wird *(Blomeyer/Rolfs/* 461

Otto, § 2 Rn. 480; Hanau/Arteaga/Rieble/Veit, Rn. 593). Die Zulässigkeit einer Entgeltumwandlung in Form einer Beitragszusage mit Mindestleistung ergibt sich aus § 16 Abs. 3 Nr. 3 BetrAVG *(vgl. auch Blomeyer DB 2001, 1413; Höfer, DB 2001, 1146).*

462 Nach § 2 Abs. 5b BetrAVG beschränkt sich bei der Beitragszusage mit Mindestleistung im Fall des **Ausscheidens** die Anwartschaft auf das dem Arbeitnehmer planmäßig zuzurechnende Versorgungskapital auf der Grundlage der bis zu seinem Ausscheiden geleisteten Beiträge (Beiträge und die daraus erzielten Erträge), mindestens die Summe der bis dahin zugesagten Beiträge, soweit sie nicht rechnungsmäßig für einen biometrischen Risikoausgleich verbraucht wurden. Dem Arbeitnehmer stehen also im Fall des Ausscheidens mindestens die eingezahlten Beiträge zur Verfügung. Diese bleiben bis zum Ausscheiden als Versorgungsanwartschaft erhalten.

463 Die Garantie der bis zum Ausscheiden zugesagten Beiträge bezieht sich allerdings nur auf den Zeitpunkt des Eintritts des Versorgungsfalls. Bis dahin bleibt die Anwartschaft erhalten. Die Anwartschaft nimmt am Wertzuwachs teil, kann andererseits aber auch in dieser Zeit (das gilt für den Durchführungsweg des Pensionsfonds) im Wert sinken. Zum Zeitpunkt des Versorgungsfalls muss dann der Arbeitgeber aber mindestens die bis zum Ausscheiden zugesagten Beiträge dem Arbeitnehmer auszahlen. Das ergibt sich aus der Vorschrift des § 2 Abs. 5b BetrAVG i. V. m. § 2 Abs. 1 BetrAVG.

464 Die Regelung hat zur Folge, dass der Arbeitnehmer – anders als bei den übrigen Zusagearten – auch im Fall des vorzeitigen Ausscheidens die Höhe der unverfallbaren Anwartschaft erst bei Eintritt des Versorgungsfalls bestimmen kann. In das planmäßig zuzurechnende Versorgungskapital sind alle Erträge, d. h. auch die zwischen Ausscheiden und Eintritt des Versorgungsfalls erzielten Erträge einzubeziehen. Der Versorgungsträger bzw. über den bereits erläuterten Verschaffungsanspruch letztlich der Arbeitgeber haften also auch bei vorzeitigem Ausscheiden des Arbeitnehmers mit einer unverfallbaren Anwartschaft i. H. d. tatsächlich erzielten/erwirtschafteten und bei Eintritt des Versorgungsfalls (noch) vorhandenen Erträge *(Kisters-Kölkes, in: Kemper/Kisters-Kölkes/Berenz/Huber, BetrAVG, § 2 Rn. 197; Langohr-Plato/Teslau, DB 2003, 663; Langohr-Plato/Teslau, BetrAV 2006, 507).*

465 Für die Durchführungswege Pensionskasse und Direktversicherung wird dies jedoch kaum praktische Bedeutung haben, da insoweit die Möglichkeit der versicherungsvertraglichen Lösung besteht und folglich der Arbeitgeber über diese Durchführungswege eine Beitragszusage mit Mindestleistung kaum erteilen wird.

466 Die vorstehend dargestellte Regelung zur Höhe der unverfallbaren Anwartschaft bei der Beitragszusage mit Mindestleistung tritt nach § 2 Abs. 5b BetrAVG an die Stelle der Ansprüche nach § 2 Abs. 2, Abs. 3, Abs. 3a und Abs. 5a BetrAVG. Das hat in den Durchführungswegen Direktversicherung und Pensionskasse zur Folge, dass der Arbeitgeber bei vorzeitigem Ausscheiden des Arbeitnehmers mit einer unverfallbaren Anwartschaft seine aus der arbeitsrechtlichen Versorgungszusage bestehenden Verpflichtungen nicht auf den Versorgungsträger Pensionskasse oder Lebensversicherung abwälzen kann (vgl. § 2 Abs. 2 und Abs. 3 BetrAVG).

467 Fraglich ist jedoch, ob damit auch die mit der sog. **versicherungsvertraglichen Lösung** verbundene Übertragung der Versicherungsnehmerstellung auf den Arbeitnehmer bei der Beitragszusage mit Mindestleistung ausgeschlossen ist. Dies hätte zur Konsequenz, dass der Arbeitgeber nach wie vor Vertragspartner der Pensionskasse oder Lebensversicherung wäre. Der mit der Versicherungsnehmerstellung verbundene Verwaltungsaufwand verbliebe beim Arbeitgeber.

468 Der Wortlaut des § 2 Abs. 5b BetrAVG kann so verstanden werden, dass die Regelungen des § 2 Abs. 2, Abs. 3, Abs. 3a und Abs. 5a BetrAVG vollständig ersetzt werden *(Hanau/Arteaga/Rieble/Veit, Rn. 598; Langohr-Plato/Teslau, DB 2003, 661 ff.; ErfK/Steinmeyer, § 2 BetrAVG Rn. 54).* Aufgrund der Formulierung, dass die Regelung des § 2 Abs. 5b BetrAVG an die Stelle der »Ansprüche« nach den vorgenannten Absätzen tritt, wird man aber auch vertreten können, dass nach dem Wortlaut nur eine anderweitige Regelung zur Höhe der unverfallbaren Anwartschaft getroffen werden, nicht aber das Verfahren der Übertragung der Versicherungsnehmerstellung abgeschafft werden sollte. Eine

solche Sichtweise würde auch einem der Beweggründe für die Beitragszusage mit Mindestleistung, der Vermeidung von Aufwand und Risiken für den Arbeitgeber, entsprechen.

Die letztgenannte Auffassung hätte jedoch zur Folge, dass der Arbeitgeber mangels Versicherungsnehmerstellung keine Kenntnis von den erzielten und vorhandenen Erträgen hätte. Die Höhe des gegen ihn gerichteten Verschaffungsanspruchs könnte er nicht bestimmen. Dies gilt umso mehr, wenn der Lebensversicherer oder die Pensionskasse die Mindestleistungspflicht im Innenverhältnis zum Arbeitgeber nicht übernommen hat und insoweit eine Nachschusspflicht des Arbeitgebers besteht. 469

Gegen die Möglichkeit der Übertragung der Versicherungsnehmerstellung spricht weiter, dass in § 2 Abs. 2 BetrAVG mit der gleichen Formulierung wie in § 2 Abs. 5b BetrAVG (»An die Stelle der Ansprüche nach Abs. ... tritt ...«) die – vollständige – Beseitigung des sog. **Quotierungsprinzips** geregelt wurde. 470

Konsequenzen haben die unterschiedlichen Ansichten v. a. deswegen, weil nur dann, wenn die Übertragung der Versicherungsnehmerstellung auf den Arbeitnehmer bei dessen Ausscheiden nach § 2 Abs. 2 BetrAVG nicht durch § 2 Abs. 5b BetrAVG ausgeschlossen ist, die gesetzlichen Verfügungsbeschränkungen des § 2 Abs. 2 Satz 4 bis Satz 6 BetrAVG gelten können. Nur dann ist der Arbeitgeber vor eventuellen doppelten Inanspruchnahmen wirksam geschützt *(Langohr-Plato/Teslau, DB 2003, 663 f.)*. 471

Angesichts dieser mit einer Übertragung der Versicherungsnehmerstellung verbundenen Risiken werden sich die Arbeitgeber die Frage stellen müssen, ob sie bis zu einer Klärung der Rechtslage eine solche beim Ausscheiden des Arbeitnehmers mit einer unverfallbaren Anwartschaft wirklich durchführen sollten. 472

f) Auskunftspflichten

Der Arbeitgeber oder sonstige Versorgungsträger ist nach altem Recht (§ 2 Abs. 6 BetrAVG a. F.) verpflichtet gewesen, dem ausgeschiedenen Mitarbeiter eine **Auskunft** darüber zu erteilen, **ob** er die Voraussetzungen für eine unverfallbare betriebliche Altersversorgung erfüllt hat und **in welcher Höhe** er Versorgungsleistungen bei Erreichen der in der Versorgungszusage vereinbarten festen Altersgrenze beanspruchen kann. Auf Erteilung dieser Auskunft hatte der ausgeschiedene Mitarbeiter einen einklagbaren **Rechtsanspruch**. 473

Dieses allgemeine Auskunftsrecht bestand allerdings nur bis zum 31.12.2004. § 2 Abs. 6 BetrAVG ist mit Wirkung v. 01.01.2005 durch einen weiter gehenden Auskunftsanspruch in § 4a BetrAVG ersetzt worden *(vgl. insoweit auch die Ausführungen unter Rdn. 639 ff.)*. 474

7. Abfindungsverbot (§ 3 BetrAVG)

Gesetzlich unverfallbare Anwartschaften können nach § 3 BetrAVG nur unter sehr restriktiven Voraussetzungen abgefunden werden. 475

Der rechtsdogmatisch als Verbotsnorm ausgestaltete § 3 BetrAVG ist durch die i. R. d. Alterseinkünftegesetzes zum 01.01.2005 erfolgte Neuregelung erheblich verschärft worden. Die bereits zuvor nur eingeschränkt bestehenden Abfindungsmöglichkeiten sind dabei weiter reduziert worden. In der Gesetzesbegründung wird hierzu die »unbestritten zunehmende Bedeutung von Betriebsrenten für die Alterssicherung« angeführt, aufgrund derer den »Beschäftigten Anwartschaften auf betriebliche Altersversorgung bis zum Rentenbeginn und laufende Betriebsrenten bis zum Lebensende erhalten bleiben sollen« *(BT-Drucks. 15/2150, S. 52 zu Nr. 4)*. Die betriebliche Altersversorgung soll also vor einem vorzeitigen Konsum bewahrt werden *(Höfer, DB 2004, 1426)*.

a) Rechtliche Rahmenbedingungen für Abfindungsvereinbarungen

476 Die bisherige dreistufige Abfindungsmöglichkeit für sog. **Bagatellanwartschaften** (*vgl. hierzu die Vorauflage, Rdn. 443ff.*) ist i. R. d. Änderungen durch das Alterseinkünftegesetz aufgegeben worden. Erhalten bleibt lediglich die erste der bisherigen Stufen. Demnach liegt eine abfindbare Bagatellanwartschaft nur noch dann vor, wenn die beim Erreichen der vereinbarten Altersgrenze zu zahlende monatliche Altersrente 1% bzw. bei Kapitalleistungen 120% der monatlichen Bezugsgröße gem. § 18 SGB IV nicht überschreitet. Ausgehend von der 2013 geltenden aktuellen Bezugsgröße sind damit nur noch Rentenanwartschaften bis max. monatlich 26,95 € (22,75 € in den neuen Bundesländern) bzw. Kapitalleistungen bis max. 3.234,00 € (2.730,00 € in den neuen Bundesländer) abfindbar. Weiter gehende Abfindungsmöglichkeiten bestehen nicht mehr.

477 Liegt die Anwartschaft unterhalb der vorgenannten Bagatellgrenze, kann der Arbeitgeber diese einseitig abfinden. Eine Zustimmungspflicht des Arbeitnehmers besteht nicht, und zwar auch dann nicht, wenn die Zusage auf einer Entgeltumwandlungsvereinbarung beruht. Entgegen der bisherigen Regelung in § 3 Abs. 1 Satz 3 Nr. 4 BetrAVG kann der Versorgungsberechtigte somit im Fall der Entgeltumwandlung zur »Aufgabe« seiner Versorgungsansprüche gezwungen werden (*Hanau/Arteaga/Rieble/Veit, Rn. 606*).

478 Als Kompensation für diese zwangsweise Abfindung enthält § 3 Abs. 2 Satz 3 BetrAVG nunmehr einen gesetzlich zwingenden **Vorrang des Rechtsanspruchs auf Portabilität**. Danach ist die Abfindung durch den Arbeitgeber dann unzulässig, wenn der Arbeitnehmer von seinem Recht auf Übertragung der Anwartschaft (§ 4 Abs. 3 BetrAVG) Gebrauch macht (*vgl. auch Hanau/Arteaga/Rieble/Veit, Rn. 607; Langohr-Plato/Teslau, NZA 2004, 1299*).

b) Einbeziehung laufender Renten in das Abfindungsverbot

479 **Nach Eintritt des Versorgungsfalls** war bis Ende 2004 eine Abfindung stets zulässig (*Förster/Cisch/Karst, BetrAVG, § 3 Anm. 3; Blomeyer/Rolfs/Otto, BetrAVG, § 3 Rn. 29; Braun, NJW 1983, 1590; Hanau/Arteaga/Rieble/Veit, Rn. 612*).

480 Die neuen Rahmenbedingungen für die Abfindbarkeit von Versorgungsanwartschaften gelten gem. §§ 3 Abs. 1, 30g Abs. 2 BetrAVG entsprechend für die Abfindbarkeit laufender Leistungen, die erstmals nach dem 31.12.2004 zur Auszahlung gelangen. Damit wird das Abfindungsverbot nunmehr erstmals auch auf **laufende Rentenzahlungen** ausgedehnt. Lediglich bereits vor dem 01.01.2005 erstmals gezahlte Renten können nach wie vor in unbegrenzter Höhe abgefunden werden. Um eine abfindbare »Altrente« handelt es sich auch dann, wenn eine bereits vor dem 01.01.2005 gezahlte Altersrente durch den Tod des Versorgungsberechtigten endet und nach dem 01.01.2005 dann erstmalig eine Hinterbliebenenrente fällig wird. Als aus dem Anspruch auf Altersrente abgeleitete Versorgungsleistung muss die Hinterbliebenenrente das Schicksal der ursprünglich gezahlten Altersrente teilen. War diese abfindbar, ist auch die Hinterbliebenenrente abfindbar.

I. Ü. können nur noch Bagatellrenten in dem oben dargestellten Umfang abgefunden werden.

c) Zulässige Abfindungsmöglichkeiten

481 § 3 Abs. 1 BetrAVG erfasst nur **gesetzlich unverfallbare Anwartschaften**, die **bei Beendigung des Arbeitsverhältnisses** aufrechtzuerhalten sind. Dies ermöglicht zunächst einmal die Abfindung noch **verfallbarer** Versorgungsanwartschaften sowie von Anwartschaften, die nach der vorgesetzlichen Rechtsprechung des BAG unverfallbar geworden sind. Darüber hinaus können Anwartschaften, deren Unverfallbarkeit auf einer **vertraglichen Vereinbarung** beruhen solange abgefunden werden, wie die gesetzliche Unverfallbarkeitsfrist noch nicht erfüllt ist.

482 Darüber hinaus besteht die Möglichkeit, Versorgungsanwartschaften **im laufenden Arbeitsverhältnis** abzufinden oder auf sie ganz oder teilweise zu verzichten, wenn die Abfindung bzw. der Verzicht »nicht im zeitlichen oder sachlichen Zusammenhang mit dessen Beendigung« erfolgt (*so ausdrücklich die amtliche Begründung des Gesetzgebers, vgl. BT-Drucks. 15/2150, S. 52 zu Nr. 4; vgl. ferner*

BAG, 14.8.1990 – 3 AZR 301/89, DB 1991, 501 = NZA 1991, 174 = MDR 1991, 181; BAG, 21.01.2003 – 3 AZR 30/02, DB 2003, 2130; Förster/Cisch/Karst, BetrAVG, § 3 Anm. 7; Blumenstein, BetrAV 2004, 237). Ein solch zeitlicher oder sachlicher Zusammenhang ist immer dann zu bejahen, wenn die Abfindung nach Ausspruch der Kündigung des Arbeitsvertrages (*so schon BAG, 22.09.1987 – 3 AZR – 194/86, BAGE 56, 148 = DB 1988, 656 = BB 1988, 831; vgl. auch BAG, 11.12.2001 – 3 AZR 334/00, DB 2002, 2335; Blomeyer/Rolfs/Otto, BetrAVG, § 3 Rn. 23*) oder nach Beantragung der Altersrente aus der gesetzlichen Rentenversicherung vereinbart wird.

Liegt ein solcher zeitlicher oder sachlicher Zusammenhang nicht vor, ist insoweit ferner ein ggf. nach § 77 Abs. 4 Satz 1 BetrVG bestehendes Zustimmungsrecht des Betriebsrats zu beachten, wenn die Versorgungszusage auf einer Betriebsvereinbarung beruht (*vgl. auch BAG, 21.01.2003 – 3 AZR 30/02, DB 2003, 2130*). **483**

Ferner kann nach wie vor eine Abfindung auf Verlangen des Versorgungsberechtigten erfolgen, wenn dem Arbeitnehmer die Beiträge zur Sozialversicherung erstattet worden sind (§ 3 Abs. 3 BetrAVG). Eine Änderung ist allerdings in diesem Zusammenhang insoweit erfolgt, als die bisherige Zustimmungspflicht des Arbeitgebers – bislang war eine vertragliche Vereinbarung erforderlich – wegfällt, der Arbeitgeber zukünftig allein aufgrund des **Verlangens des Mitarbeiters** zur Abfindung verpflichtet ist. Insoweit sieht das Gesetz keinen Überforderungsschutz für den Arbeitgeber vor, d. h. der Arbeitgeber ist unabhängig von seiner wirtschaftlichen Lage gesetzlich zwingend verpflichtet, den entsprechenden Abfindungsanspruch des Versorgungsberechtigten zu erfüllen, und zwar auch dann, wenn z. B. infolge von Massenentlassungen oder eines Sozialplans eine Vielzahl ausländischer Mitarbeiter diesen Anspruch geltend macht und durch die Erfüllung dieser Ansprüche eine Insolvenzgefahr entstehen oder verstärkt werden kann. **484**

Darüber hinaus kann gem. § 3 Abs. 4 BetrAVG weiterhin der Teil der Anwartschaft, der während eines Insolvenzverfahrens erdient worden ist, ohne Zustimmung des Arbeitnehmers abgefunden werden, wenn die Betriebstätigkeit vollständig eingestellt und das Unternehmen liquidiert wird. **485**

Diese Abfindungsmöglichkeit ist nicht auf die sog. Bagatellanwartschaften i. S. v. § 3 Abs. 2 BetrAVG beschränkt, sodass dem Insolvenzverwalter ein der Höhe nach unbegrenztes einseitiges Abfindungsrecht zusteht (*vgl. BAG, 22.12.2009 – 3 AZR 814/07, DB 2010, 1018*).

Die Ausübung des Abfindungsrechts durch den Insolvenzverwalter verstößt auch nicht gegen die Grundsätze von Treu und Glauben. Insbesondere kann der Insolvenzverwalter nicht gezwungen werden, rechtlich zulässige Abfindungen zu unterlassen und die Versorgung durch Übertragung auf eine sog. »Liquidationsversicherung« (§ 4 Abs. 4 BetrAVG) zugunsten des Versorgungsberechtigten aufrechtzuerhalten. § 3 Abs. 4 BetrAVG ermöglicht dem Insolvenzverwalter gerade eine masseschonende Abfindung und schützt ihn damit vor einer ggf. kostenintensiven Übertragung der Versorgungsverpflichtung auf einen Lebensversicherer oder auf eine Pensionskasse (*vgl. BAG, 22.12.2009 – 3 AZR 814/07, DB 2010, 1018*).

Eine gesetzlich zulässige Abfindung setzt – mit Ausnahme der nach § 3 Abs. 1 Satz 2 und Abs. 4 BetrAVG bestehenden einseitigen Abfindungsmöglichkeiten – in jedem Fall eine **Zustimmung** des Mitarbeiters voraus, kann also nicht einseitig vom Arbeitgeber durchgeführt werden. Auf den Abschluss einer entsprechenden Abfindungsvereinbarung besteht für die Vertragsparteien **kein Rechtsanspruch** (*LAG Düsseldorf, 13.06.1989 – 3 Sa 449/89, BetrAV 1989, 179*). **486**

Zu beachten ist bei allen Abfindungen, die nach den vorstehenden Ausführungen eine Vereinbarung zwischen Arbeitgeber und Arbeitnehmer voraussetzen, dass diese Vereinbarung nicht nur die Höhe der zu zahlenden Abfindung regeln, sondern auch eine Bestimmung darüber enthalten sollte, welche der Vertragsparteien die auf die Abfindung ggf. zu zahlenden Lohnsteuern und Sozialversicherungsabgaben zu tragen hat. **487**

Ein **gerichtlicher Vergleich** über die **tatsächlichen Voraussetzungen** eines Versorgungsanspruchs verstößt nicht gegen zwingende Grundsätze des Betriebsrentengesetzes, insb. nicht gegen § 3 BetrAVG. **488**

Dies gilt auch für eine Vereinbarung nach der keine Versorgungsansprüche zwischen den ehemaligen Vertragsparteien bestehen (*BAG, 18.12.1984 – 3 AZR 125/84, BB 1985, 1603 = DB 1985, 1949 = NZA 1986, 95; BAG, 23.08.1994 – 3 AZR 825/93, DB 1995, 52 = NZA 1995, 421*).

489 Von einem solchen Tatsachenvergleich streng zu unterscheiden ist die **allgemeine Ausgleichsquittung** im Rahmen eines gerichtlichen Vergleichs über die Beendigung des Arbeitsverhältnisses, mit der beide Seiten erklären, dass mit Erfüllung des Vergleichs sämtliche Ansprüche aus dem beendeten Arbeitsverhältnis abgegolten sind. Eine solche Ausgleichsklausel **enthält generell keinen Verzicht** des Arbeitnehmers auf seine Ansprüche aus betrieblicher Altersversorgung, und zwar unabhängig von der Höhe einer in der Aufhebungsvereinbarung ausgehandelten Abfindungszahlung. Eine andere Annahme ist nur dann gerechtfertigt, wenn der Verzicht des Arbeitnehmers auf seine Versorgungsansprüche rechtlich zulässig war, in der Ausgleichsklausel der Verzicht auf die betrieblichen Versorgungsansprüche **ausdrücklich geregelt** und vor Abschluss des Vergleichs ausdrücklich **erörtert** worden ist (*BAG, 09.11.1973 – 3 AZR 66/73, BB 1974, 280 = DB 1974, 487 = AuR 1974, 155; BAG, 27.02.1990 – 3 AZR 213/88, BB 1990, 1706 = DB 1990, 1870 = NZA 1990, 689; LAG Hamm, 30.10.1979 – 6 Sa 91/79, DB 1980, 113 = BetrAVG 1980, 209*).

490 Diese Auslegungsregelung, wonach Ausgleichsklauseln in Aufhebungsverträgen im Zweifel Ansprüche auf betriebliche Altersversorgung nicht umfassen, ist auch dann anzuwenden, wenn der Anspruch auf betriebliche Altersversorgung auf einem sog. **Verschaffungsanspruch** gegen den Arbeitgeber beruht, der Arbeitgeber die Altersversorgung also als Schadensersatz für ein nicht eingehaltenes Versorgungsversprechen schuldet. Ein solcher Verschaffungsanspruch tritt an die Stelle des Versorgungsanspruchs, der ohne die zum Schadensersatz verpflichtende Handlung des Arbeitgebers entstanden wäre. Er hat die gleiche wesentliche Bedeutung für die wirtschaftliche Absicherung des Arbeitnehmers im Alter wie der originär geschuldete Anspruch auf Erfüllung der Versorgungsverbindlichkeit. Es kann daher nicht ohne Weiteres davon ausgegangen werden, dass ein Arbeitnehmer durch Abschluss eines Aufhebungsvertrages mit Ausgleichsklausel auch auf einen solchen Anspruch verzichten will (*BAG, 17.10.2000 – 3 AZR 69/99, DB 2001, 391 = BB 2001, 315 = ZIP 2001, 168*).

491 Eine Versorgungsanwartschaft, die nach § 3 Abs. 1 BetrAVG dem Abfindungsverbot unterliegt, kann auch nicht wirksam erlassen werden. § 3 BetrAVG erfasst damit nicht nur **Abfindungs-**, sondern auch **Erlassverträge** und **Verzichtsvereinbarungen** (*BAG, 22.09.1987 – 3 AZR 194/86, BB 1988, 831 = DB 1988, 656 = NZA 1988, 470; BAG, 11.12.2001 – 3 AZR 334/00, DB 2002, 2335; Förster/Cisch/Karst, BetrAVG, § 3 Anm. 9; Hanau/Arteaga/Rieble/Veit, Rn. 617*).

d) Abgrenzung Abfindung/Kapitalwahlrecht

492 § 3 BetrAVG regelt »**einmalige Abfindungen**«. Nach allgemeinem Sprachgebrauch ist unter einer Abfindung die »Entschädigung für die Aufgabe einer Rechtsposition« zu verstehen, d. h. rechtlich handelt es sich um einen Änderungsvertrag zwischen Arbeitgeber und Versorgungsberechtigtem (*so auch Blomeyer/Rolfs/Otto, BetrAVG, § 3 Rn. 7*). Demgegenüber handelt es sich bei der Ausübung eines in der Versorgungsordnung, die grds. Rentenzahlungen als Versorgungsleistungen vorsieht, vereinbarten Kapitalwahlrechts (»**Optionsrecht**«) um die Erfüllung einer – wahlweise geschuldeten – Versorgungsleistung. Die Erfüllung einer vertraglichen Verpflichtung ist aber keine Abfindung, sodass insoweit § 3 BetrAVG keine Anwendung findet (*zustimmend LAG Hannover, 09.12.2008 – 11 Sa 1580/07 B, juris Datenbank; LAG Hessen, 23.09.1998 – 8 Sa 1410/97, NZA-RR 1999, 497; Höfer, BetrAVG, Bd. I [ArbR], § 3 Rn. 3571; Hanau/Arteaga/Rieble/Veit, Rn. 613; Langohr-Plato/Teslau, NZA 2004, 1300*).

e) Ermittlung des Abfindungsbetrages und Auszahlungsmodalitäten

493 Für Abfindungen, die **nach dem 31.12.2004** gezahlt werden, verweist § 3 Abs. 5 BetrAVG auf § 4 Abs. 5 BetrAVG. Für die Berechnung künftiger Abfindungen gelten danach die Regelungen zur Ermittlung des »**Übertragungswertes**« im Fall der Übertragung einer Versorgungsanwartschaft bei Beendigung des Arbeitsverhältnisses (Portabilität) gem. § 4 Abs. 5 BetrAVG entsprechend.

I. Durchführung der betrieblichen Altersversorgung (§§ 1 bis 4a BetrAVG) B.

Verstößt die Abfindungsvereinbarung gegen die gesetzlich vorgegebene Berechnungsvorschrift zum Nachteil des Arbeitnehmers, ist die Vereinbarung **hinsichtlich der Höhe** des festgelegten Abfindungsbetrages **unwirksam**. Aufgrund der nach wie vor rechtsgültigen Abfindungsvereinbarung dem Grunde nach hat der Arbeitnehmer einen Anspruch auf **Ausgleich der Differenz** zwischen dem gezahlten und dem gesetzlich geschuldeten Abfindungsbetrag (*BAG, 30.9.1986 – 3 AZR 22/85, BAGE 53, 131 = NZA 1987, 456 = DB 1987, 1304*).

494

Werden – soweit heute noch zulässig – bereits laufende Versorgungsleistungen abgefunden, so stellt sich zudem die Frage, ob bei der Berechnung des Abfindungsbetrages die zukünftigen nach § 16 Abs. 1 und Abs. 2 BetrAVG ggf. erforderlichen Anpassungen mit in die Berechnung einzubeziehen sind.

495

Das **BAG** hat sich bislang mit dieser Frage nicht beschäftigt. Allerdings existiert eine Entscheidung des **BGH** (*08.01.1981 – VI ZR 128/79, BB 1981, 455*) zur Frage der Kapitalisierung einer Schadensersatzrente nach § 843 Abs. 3 BGB. Danach sind bei einer Abfindung eines (Schadensersatz-) Rentenanspruchs zukünftige Entwicklungen wie z. B. die künftige Geldentwertung zu berücksichtigen.

Ausgehend von diesem Urteil vertritt Höfer (*BetrAVG, Bd. I [ArbR], § 16 Rn. 5129ff.*) die Auffassung, dass auch bei der Abfindung einer bereits laufenden Betriebsrente die künftige Geldentwertung zu berücksichtigen und damit § 16 BetrAVG entsprechend anzuwenden ist. Der BGH habe in den Entscheidungsgründen ausdrücklich auf die Durchbrechung des Nominalprinzips im Bereich der »Unterhalts- und Versorgungsleistungen« hingewiesen. Daraus könne geschlossen werden, dass der BGH bei einer Versorgungsleistung grds. nicht anders entschieden hätte. Die Vergleichbarkeit ergebe sich auch daraus, dass sowohl im Fall des § 16 Abs. 1 und Abs. 2 BetrAVG als auch bei § 843 Abs. 3 BGB der Verpflichtete durch die Kapitalisierung einen erheblichen Geldbetrag verliere, dessen Nutzungsverlust durch die Abzinsung der ursprünglich geschuldeten Rentenraten ausgeglichen werde. Die Barwertberechnung des § 3 Abs. 2 Satz 1 BetrAVG sei nicht zwingend auf die Berechnung der Abfindung von bereits laufenden Versorgungsleistungen anzuwenden, da sie sich auf unverfallbare Anwartschaften beziehe. Somit könne daraus ebenfalls nicht geschlossen werden, dass zukünftige Anpassungen nicht zu berücksichtigen seien, da auch im Fall von unverfallbaren Anwartschaften diese im späteren Versorgungsfall gem. § 16 Abs. 1 und Abs. 2 BetrAVG anzupassen seien.

496

Demgegenüber hält Rolfs (*BetrAVG, § 16 Rn. 40*) eine Einkalkulierung von zukünftigen Anpassungen nach § 16 BetrAVG für nicht geboten. Das Urteil des BGH könne für eine solche Analogie nicht herangezogen werden, da die Sachverhalte nicht vergleichbar seien und den entscheidenden Vorschriften (§ 16 BetrAVG und § 843 Abs. 3 BGB) unterschiedliche Normzwecke zugrunde lägen. Während bei der Kapitalisierung der Schadensersatzrente die Berechnungsfaktoren nach den Besonderheiten des konkreten Falls (Entwicklung der künftigen Lebensumstände des Verletzten wie z. B. Gehaltssteigerungen, steuerliche Auswirkungen, Lebenserwartung) bestimmt werden müssen, sehe § 3 Abs. 2 Satz 1 BetrAVG eine versicherungsmathematische Barwertberechnung vor, die eine Berücksichtigung später fälliger Ansprüche nicht kenne. Ferner solle § 16 Abs. 1 und Abs. 2 BetrAVG zwischen Verpflichtetem und Berechtigtem einen billigen Ausgleich bilden. Demgegenüber ziele § 843 Abs. 3 BGB auf einen vollständigen Ersatz des eingetretenen Schadens. Die Tatsache, dass der Arbeitgeber den Verzinsungseffekt des ausgezahlten Gesamtbetrages nicht mehr wahrnehmen kann, sei im Hinblick auf § 16 BetrAVG beachtlich, nicht aber unbedingt im Hinblick auf § 843 Abs. 3 BGB.

497

Dieser Auffassung ist zuzustimmen. Insb. ist zu berücksichtigen, dass im Fall der Betriebsrente die für die Abfindung aufrechtzuerhaltender Anwartschaften geltende Vorschrift des § 3 Abs. 2 BetrAVG entsprechend auch auf laufende Versorgungsleistungen anzuwenden ist. I. R. d. Barwertberechnung nach § 3 Abs. 2 BetrAVG werden künftige Anpassungsleistungen jedoch nicht berücksichtigt. Eine Einkalkulierung zukünftiger Anpassungen ist auch deshalb nicht erforderlich, da der Versorgungsempfänger nach Auszahlung des Kapitals selbst die Möglichkeit hat, dieses ertragsbringend anzulegen (*zustimmend Andresen/Förster/Rößler/Rühmann, Arbeitsrecht der BAV, Teil 11 B Rn. 400*). Die von Höfer vertretene Auffassung verkennt insoweit insb., dass § 16 Abs. 1 BetrAVG

498

nur eine Prüfungspflicht und gerade keine Anpassungspflicht statuiert. Vor diesem Hintergrund sind künftige Anpassungsverpflichtungen überhaupt nicht kalkulierbar. Die sich aus der Nettolohnentwicklung und/oder Berücksichtigung der wirtschaftlichen Lage des Arbeitgebers ergebenden Beschränkungen der Anpassungsprüfungspflicht (*s. u. Rdn. 960*) können im Rahmen einer Abfindungskalkulation überhaupt nicht prognostiziert werden, sodass eine Einbeziehung einer »eventuellen« Anpassungsverpflichtung überhaupt nicht praktikabel ist.

f) Rechtsfolgen eines Verstoßes gegen das Abfindungsverbot

499 Eine gegen § 3 BetrAVG verstoßende Abfindung betrieblicher Versorgungsanwartschaften ist nach **§ 134 BGB nichtig** (*BAG, 22.03.1983 – 3 AZR 499/80, BB 1984, 1168 = DB 1984, 727 = NJW 1984, 1783; Förster/Cisch/Karst, BetrAVG, § 3 Anm. 23; Blomeyer/Rolfs/Otto, BetrAVG, § 3 Rn. 40ff.; Braun, NJW 1983, 1591; Höfer, BetrAVG, Bd. I [ArbR], § 3 Rn. 3629ff.*). Dies hat zur Konsequenz, dass mit der Abfindungszahlung die Versorgungsverpflichtung **nicht** nach § 362 BGB im Wege der Erfüllung **entfällt**, sondern der Versorgungsberechtigte bzw. seine Hinterbliebenen bei Eintritt des Versorgungsfalls die Versorgungsleistung »noch einmal« beanspruchen können. In diesem Fall muss der Arbeitgeber damit rechnen, dass seinem grds. bestehenden **Bereicherungsanspruch** nach § 812 Abs. 1 BGB der **Arglisteinwand** nach § 817 Satz 2 BGB entgegengehalten werden kann und der Arbeitgeber somit ohne Verrechnungsmöglichkeit mit der bereits geleisteten Abfindungszahlung zur nochmaligen Zahlung der Versorgungsleistung verpflichtet ist (*Förster/Cisch/Karst, BetrAVG, § 3 Anm. 23; Ahrend/Förster/Rößler, 1. Teil Rn. 1325; Blomeyer/Rolfs/Otto, BetrAVG, § 3 Rn. 43; Braun, NJW 1983, 1591; Höfer, BetrAVG, Bd. I [ArbR], § 3 Rn. 3634.; Langohr-Plato, ZAP 1992, Fach 20, S. 114*).

500 Im Streitfall kann die Höhe der Abfindungszahlung grds. durch einen **gerichtlichen Vergleich** festgelegt werden (*BAG, 18.12.1984 – 3 AZR 125/84, BB 1985, 1603 = DB 1985, 1949 = NZA 1986, 95; BAG, 23.08.1994 – 3 AZR 825/93, DB 1995, 52 = NZA 1995, 421*). Sieht ein solcher Vergleich allerdings einen Kapitalbetrag vor, der ohne ersichtlichem Grund nur einem geringfügigen Bruchteil der zeitanteilig erdienten Versorgungsanwartschaft entspricht, so kann aus diesem **groben Missverhältnis** ein **Verstoß gegen die guten Sitten** gefolgert werden, mit der Konsequenz der **Nichtigkeit** des Vergleichs nach § 138 BGB (*BAG, 30.07.1985 – 3 AZR 401/83, BB 1986, 531 = NZA 1986, 519*).

g) Besteuerung der Abfindungszahlung

501 **Kapitalabfindungen** aus unmittelbaren Pensionszusagen und Unterstützungskassenzusagen sind **steuerpflichtiger Arbeitslohn aus nicht selbstständiger Tätigkeit** gem. § 19 Abs. 1 Nr. 2 EStG. Daher unterliegen sie beim Arbeitnehmer, ebenso wie laufende Versorgungsleistungen aus diesen Durchführungswegen der betrieblichen Altersversorgung, grds. der **individuellen Lohn- bzw. ESt** (*Braun, NJW 1983, 1593*).

▶ Hinweis:

Die geltenden Steuerfreibeträge (§ 3 Nr. 9 EStG) und Abfindungsbegünstigungen (§ 34 Abs. 1, Abs. 2 Nr. 4 EStG) sind zu beachten.

502 Die **Besteuerung** der Abfindungszahlung obliegt, sofern keine anderweitige Vereinbarung getroffen worden ist, grds. dem Versorgungsberechtigten (*BAG, 30.10.1980 – 3 AZR 364/79, BB 1981, 555 = DB 1981, 699 = NJW 1981, 1632; Langohr-Plato, INF 2001, 259*).

503 Sofern der Abfindungszahlung eine **Direktversicherung** oder **Pensionskassenzusage** zugrunde liegt, bei der bereits während der aktiven Dienstzeit eine Besteuerung der Beiträge erfolgt (**vorgelagerte Besteuerung**), entfällt grds. eine **Lohn- bzw. Einkommensbesteuerung** des Abfindungsbetrages. Besteuert werden hier nur in Form der Kapitalertragsteuer die rechnungs- und außerrechnungsmäßigen Zinsen gem. der §§ 43 Abs. 1, 20 Abs. 1 EStG (*Braun, NJW 1983, 1593*).

aa) Steuerliche Anerkennung der Abfindungsvereinbarung

Grds. muss die Finanzverwaltung arbeitsrechtlich zulässige Abfindungsvereinbarungen anerkennen und darauf das geltende Steuerrecht anwenden. Eine Ausnahme besteht insoweit lediglich hinsichtlich der einem **beherrschenden Gesellschafter-Geschäftsführer** gezahlten **Abfindung**. Hier ist unter dem Aspekt der »**verdeckten Gewinnausschüttung**« (§ 8 Abs. 3 Satz 2 KStG) eine missbräuchliche Gestaltung auszuschließen (*vgl. hierzu die ausführliche Darstellung bei Rdn. 2031 ff.*). 504

Darüber hinaus prüft die Finanzverwaltung bereits in einer Versorgungsordnung geregelte Abfindungsmöglichkeiten unter ertragsteuerlichen Gesichtspunkten als »steuerschädlichen Widerrufsvorbehalt« und erkennt Pensionsrückstellungen nur dann an, wenn das Berechnungsverfahren zur Bestimmung der Abfindungshöhe bereits ebenfalls in der Versorgungszusage unmittelbar, präzise, eindeutig und schriftlich definiert ist (*BMF-Schreiben v. 04.06.2005 – IV B 2 – S 2176 – 10/05*). 505

▶ Hinweis:

Es werden nur solche Abfindungsvereinbarungen ggü. aktiven Mitarbeitern ertragsteuerlich anerkannt, bei denen sich der Abfindungsbetrag nach dem Barwert der vollen künftigen Pensionsleistungen ergibt. Das Gleiche gilt für arbeitsrechtlich zulässige Abfindungen unverfallbarer Versorgungsanwartschaften ausgeschiedener Mitarbeiter und laufender Renten.

Eine Abfindung, die nur i. H. d. in der Steuerbilanz nach § 6a EStG gebildeten Teilwerts oder der nach § 2 Abs. 1 BetrAVG quotierten Anwartschaft gewährt werden soll, ist danach steuerschädlich. Damit geht die Finanzverwaltung weit über die arbeitsrechtliche Regelung der Abfindungshöhe hinaus, die bei unmittelbaren Versorgungszusagen auf den Barwert der nach § 2 BetrAVG bemessenen und damit auf den Barwert einer quotierten Anwartschaft abstellt. 506

Diese Grundsätze sind nach dem zitierten BMF-Schreiben für noch alle **offenen Vorgänge** anzuwenden. Unter Vertrauensschutzaspekten hat die Finanzverwaltung jedoch für solche Zusagen, die bis zum Tag der Veröffentlichung dieses Schreibens im BStBl. erteilt worden sind, eine **Anpassungsfrist bis zum 31.12.2005** zugestanden. Seit dem 01.01.2006 besteht daher keine Möglichkeit mehr, die steuerlichen Sanktionen (Nichtanerkennung der Rückstellungen) zu verhindern. 507

bb) Vervielfältigungsregelung

§ 40b EStG sieht als besondere Vergünstigung bei Direktversicherungen, die aus Anlass der Beendigung eines Dienstverhältnisses bis zum 31.12.2004 abgeschlossen worden sind, vor, dass sich die Pauschalierungshöchstgrenze von derzeit 1.752,00 € mit der Anzahl der Kalenderjahre, in denen das Dienstverhältnis des versorgungsberechtigten Arbeitnehmers zu dem betreffenden Unternehmen bestanden hat, vervielfältigt wird. Von diesem Betrag sind allerdings die pauschal besteuerten Prämien abzuziehen, die das Unternehmen im Kalenderjahr des Ausscheidens und in den 6 vorangegangenen Kalenderjahren erbracht hat. 508

▶ Beispiel:

Nach 30 Dienstjahren soll im Laufe des Jahres 2009 das Arbeitsverhältnis beendet werden. Es ergibt sich dann ein pauschalierungsfähiger Betrag i. H. v. 30 × 1.752,00 € = 52.560,00 €. Hat für den betreffenden Mitarbeiter vor Beendigung des Dienstverhältnisses noch keine Direktversicherung bestanden, so bleibt es bei diesem Betrag. Hat der Mitarbeiter bereits eine Direktversicherung, so sind die in den letzten 7 Jahren tatsächlich pauschal besteuerten Direktversicherungsbeiträge abzuziehen. Unterstellt man hier einen Fall, in dem die Höchstbeträge (seit 1997 lag dieser bei 3.408,00 DM bzw. 1.752,00 €) immer voll ausgeschöpft worden sind, so ergibt sich ein Abzugsposten von 12.264,00 € (7 × 1.752,00 €), sodass dann immerhin noch 40.296,00 € mit dem Pauschalsteuersatz begünstigt in eine Direktversicherung eingezahlt werden könnten.

Die mit der Vervielfältigung einhergehende pauschale Versteuerung ist allerdings nur dann eine Vergünstigung, wenn der Steuerpflichtige keine niedrigen Steuersätze beanspruchen kann. Insoweit 509 sind die mit dem Steuerentlastungsgesetz 1999/2000/2002 verabschiedeten Neuregelungen zu berücksichtigen, die zu erheblichen Einschränkungen bei den früher bei Abfindungszahlungen gewährten steuerlichen Vergünstigungen geführt haben.

510 Die Vervielfältigungsmöglichkeit nach § 40b EStG gilt unzweifelhaft für entsprechende Vereinbarungen, die bis zum 31.12.2004 getroffen und umgesetzt worden sind. Mit Wirkung v. 01.01.2005 ist die Möglichkeit der Pauschalierung nach § 40b EStG allerdings für neu abgeschlossene Direktversicherungsverträge entfallen. Stattdessen gilt seit diesem Zeitpunkt eine neue, sich dann nach § 3 Nr. 63 Satz 3 EStG richtende Vervielfältigungsregelung (*ausführlich hierzu unter Rdn. 1203*). Darüber hinaus kann die Vervielfältigungsregelung nach § 40b EStG zukünftig auch dann noch angewendet werden, wenn der Arbeitnehmer bei einem Ausscheiden nach dem 31.12.2004 eine bis zum 31.12.2004 abgeschlossene Direktversicherung vorweisen kann (*vgl. die Nachweise unter Rdn. 1189*).

cc) Steuerfreibeträge (§ 3 Nr. 9 EStG)

511 Die bis 2005 geltende Steuerermäßigung für aus Anlass der Beendigung des Arbeitsverhältnisses erfolgte Abfindungszahlungen nach § 3 Nr. 9 EStG (vgl. hierzu die 4. Auflage Rn. 471 ff.) ist seit dem Veranlagungszeitraum 2006 entfallen. Mithin können entsprechende Abfindungszahlungen, zu denen auch Abfindungen betrieblicher Versorgungsansprüche gehören konnten, nicht mehr um einen Steuerfreibetrag (gestaffelt nach Alter und Betriebszugehörigkeit von 7.200,00 € bis 11.000,00 €) gekürzt werden.

dd) Steuerermäßigung nach der sog. Fünftelungsregelung (§ 34 Abs. 3 EStG)

512 Die an den Versorgungsberechtigten zulässigerweise ausgezahlte Abfindung unterliegt somit grds. in voller Höhe der individuellen Besteuerung. Es erfolgt lediglich eine Steuerbegünstigung nach der sog. **Fünftelungsregelung** des § 34 Abs. 3 EStG, d. h. die Steuer für die Abfindung wird nach den für Einmalzahlungen geltenden Grundsätzen ermittelt. Danach erfolgt die Besteuerung zwar zum »normalen« individuellen Steuersatz, jedoch unter Abmilderung der Steuerprogression nach der sog. »**Fünftelungsregelung**«. Für die Berechnung der Steuer auf den zu versteuernden Abfindungsbetrag wird der Abfindungsbetrag durch fünf dividiert und dann dem zu versteuernden Einkommen hinzugerechnet. Der sich danach ergebende Steuersatz wird auf den gesamten zu versteuernden Betrag angewendet. Bei diesem Verfahren handelt es sich also lediglich um eine rechnerische Verteilung; die Abfindung ist somit in dem Jahr zu versteuern, in dem sie dem Arbeitnehmer zufließt.

513 Voraussetzung für die Anwendung dieser Sonderregelungen ist entweder das Vorliegen einer »**Vergütung für mehrjährige Tätigkeit**« (§§ 24 Nr. 1, 34 Abs. 2 Nr. 2 und Nr. 4 EStG i. V. m. § 34 Abs. 1 EStG) oder einer »**Entschädigung**« (§ 24 Nr. 1a EStG).

514 Die Abfindung von **Versorgungsleistungen** stellt grds. eine Vergütung für eine mehrjährige Tätigkeit dar (*Doetsch, S. 91*).

515 Eine **Entschädigung** wird allerdings nur dann bejaht, wenn durch die Abfindungszahlung ein Schaden ausgeglichen werden soll, der durch den Verlust von Einnahmen entstanden ist bzw. zukünftig entstehen wird. Dabei darf die Zahlung nicht in Erfüllung eines gesetzlichen oder vertraglichen Anspruchs des Empfängers erfolgen, sondern muss stets auf einer »**neuen Rechtsgrundlage**« beruhen (*BFH, 07.03.1995 – XI R 54/94, GmbHR 1995, 688*). Ist somit bereits in der die Versorgungszusage regelnden vertraglichen Vereinbarung ein »Kapitalwahlrecht«, d. h. die Befugnis des Arbeitgebers geregelt, bei Beendigung des Dienstverhältnisses bzw. bei Eintritt des Versorgungsfalls die zugesagte Versorgungsleistung bzw. die bislang erdiente Versorgungsanwartschaft durch eine einmalige Kapitalzahlung abzufinden, so erfolgt diese Abfindungszahlung gerade nicht aus Anlass der Beendigung des Arbeitsverhältnisses, sondern aufgrund der bei Zusageerteilung getroffenen vertraglichen Vereinbarung. Das Recht, die Versorgungszusagen durch eine einmalige Kapitalzahlung abzugelten, steht hier dem Arbeitgeber nach dem Inhalt der Versorgungszusage von Anfang an zu, sodass die Ausübung des Kapitalwahlrechts nicht zu einer neuen Rechtsgrundlage für die Abfindungszahlung führt (*BFH, 16.04.1980 – VI R 86/77, BStBl. II 1980, S. 393*).

Sofern also die Entschädigungsleistung auf einer neuen Rechtsgrundlage beruht, ist es nach der Rechtsprechung des BFH seit der Entscheidung v. 20.07.1978 (*IV R 43/74, BStBl. II 1979, S. 9*) für die Anwendung von § 24 Nr. 1 EStG nicht mehr erforderlich, dass es sich bei der Entschädigung ausschließlich um eine Leistung ohne oder gegen den Willen des Steuerpflichtigen handeln muss (*BFH, 11.12.1970 – VI R 218/66, BStBl. II 1971, S. 266*). Eine Entschädigung i. S. v. § 24 Nr. 1 EStG liegt nach heutiger BFH-Rechtsprechung vielmehr auch dann vor, wenn der Steuerpflichtige an der Herbeiführung des Schadens zwar mitwirkte, dabei aber unter einem »erheblichen rechtlichem, wirtschaftlichen oder tatsächlichem Druck« des Arbeitgebers handelte (*BMF-Schreiben v. 21.01.1987 – IV B 4 – S 2258 – 4/87, DB 1987, 513*). Damit ist der Begriff der Entschädigung i. S. v. § 24 Nr. 1 EStG im Wesentlichen mit dem Abfindungsbegriff i. S. v. § 3 Nr. 9 EStG identisch; d. h. immer wenn eine Abfindung nach § 3 Nr. 9 EStG vorliegt, ist die den steuerfreien Höchstbetrag übersteigende Abfindungsleistung nach §§ 24 Nr. 1, 34 Abs. 1 und Abs. 2 EStG steuerbegünstigt.

Voraussetzung für die Steuerermäßigung ist nach § 34 Abs. 1 EStG weiterhin das **Vorliegen von außerordentlichen Einkünften**. Folglich sind Entschädigungen nur dann steuerbegünstigt, wenn es sich um eine Zusammenballung von Einkünften handelt, die bei normalem Geschehensablauf auf mehrere Jahre verteilt zugeflossen wären. Dies ist bei einer Kapitalabfindung einer Versorgungszusage durch einen Einmalbetrag zu bejahen, sodass hier der ermäßigte Steuersatz zur Anwendung kommt. Dabei spielt es keine Rolle, ob bereits laufende Versorgungsleistungen oder unverfallbare und verfallbare Anwartschaften bei fortbestehendem Arbeitsverhältnis abgefunden werden.

Letztendlich spielt die Entschädigungsfrage heute keine so große Rolle mehr, da der mit ihr früher verbundene Vorteil der Besteuerung mit dem halben Durchschnittssteuersatz nicht mehr existiert und auch bei Entschädigungen nur die bereits im Zusammenhang mit der »Vergütung für mehrjährige Tätigkeit« bejahte Fünftelungsregelung zur Anwendung gelangt. Damit führt die Annahme einer Entschädigung zu keiner steuerlichen Besserstellung.

▶ Beispiel für die Berechnung der Steuer nach der Fünftelungsregelung:

Der Arbeitnehmer erhält eine einmalige Kapitalabfindung von 125.000,00 €. Dieser Betrag wird durch 5 dividiert, der sich danach ergebende Betrag (vorliegend = 25.000,00 €) als Bemessungsgrundlage genommen und die sich hieraus ergebende Steuerlast mit 5 multipliziert, sodass die Versteuerung im aktuellen Veranlagungszeitraum erfolgt (die Steuer auf 5 × 25.000,00 € ist geringer als auf 1 × 125.000,00 €).

Das Interessante an dieser Regelung ist, dass die auf die Einkünfte aus mehrjähriger Tätigkeit entfallende ESt umso geringer ist, je niedriger die nach dem geltenden Steuertarif zu versteuernden Gesamteinkünfte sind.

▶ Hinweis:

Wer die Möglichkeit hat, den Zeitpunkt des Zuflusses der Abfindungszahlung zu beeinflussen, sollte Wert darauf legen, dass die Auszahlung zu einem Zeitpunkt erfolgt, in dem die sonstigen Einkünfte möglichst gering sind, am günstigsten wäre, es liegen gar keine oder negative sonstige Einkünfte vor. Vor diesem Hintergrund ist bei Abfindungen, die aus Anlass der Beendigung der aktiven Dienstzeit gezahlt werden, eine Fälligkeitsvereinbarung zu empfehlen, wonach die Auszahlung des Abfindungsbetrages »erst zum 01.01. des auf die Pensionierung folgenden Jahres« erfolgen soll, da durch den Wegfall des Aktiveneinkommens vielfach der individuelle Steuersatz erheblich gesenkt wird.

Abfindungen von Versorgungsansprüchen sind Einkünfte, die eine Entlohnung für mehrere Jahre darstellen, wobei es sich um Vorauszahlungen oder um eine nachträgliche Entlohnung handeln kann, sodass § 34 Abs. 1 EStG stets zur Anwendung kommt (*BFH, 23.07.1974 – VI R 116/72, BStBl. II 1976, S. 694*).

h) Sozialversicherungsrechtliche Konsequenzen der Abfindung

521 Waren bis zum 31.12.2003 Kapitalleistungen (ausgenommen Abfindungen für bereits erworbene Ansprüche auf Betriebsrenten) keine beitragspflichtigen Einnahmen, während laufende Rentenzahlungen zu den beitragspflichtigen Versorgungsbezügen zählten, wurde die Beitragspflicht von Versorgungsbezügen nach § 229 Abs. 1 Satz 3 SGB V mit Wirkung v. 01.01.2004 dahin gehend erweitert, dass eine Beitragspflicht nicht nur für »nicht regelmäßige Leistungen« besteht, »die an die Stelle der Versorgungsbezüge treten« (= Kapitalabfindung), sondern auch wenn »eine solche Leistung vor Eintritt des Versorgungsfalls vereinbart oder zugesagt worden ist«.

522 Durch die Neuregelung des § 229 SGB V unterliegen damit seit dem 01.01.2004 insb. alle Leistungen der betrieblichen Altersversorgung der Beitragspflicht, unabhängig von ihrem Durchführungsweg oder ihrer Zahlungsform (Rentenzahlung, Kapitalleistung oder Kapitalabfindung), sofern die Leistungen im Zusammenhang mit einer früheren beruflichen Tätigkeit erworben worden sind *(Gemeinsames Rundschreiben der Spitzenorganisation der Sozialversicherung v. 17.03.2004)*.

Beitragspflichtig sind auch Übergangsgelder, Überbrückungsgelder, Ausgleichszahlungen, Gnadenbezüge etc., soweit sie im Anschluss an das Arbeitsverhältnis und anstelle der Betriebsrente gewährt werden; diese Leistungen werden allerdings nur bis zur Höhe der später einsetzenden Betriebsrente verbeitragt *(Gemeinsames Rundschreiben der Spitzenorganisation der Sozialversicherung v. 17.03.2004)*.

523 Für Kapitalleistungen beträgt der Beitragssatz 1/120 der Leistung als monatlicher Zahlbetrag der Versorgungsbezüge, längstens jedoch für 120 Monate. Dies entspricht einer rechnerischen Verteilung der Kapitalzahlung auf einen Zeitraum von 10 Jahren.

8. Übertragung unverfallbarer Anwartschaften (§ 4 BetrAVG)

524 Das Betriebsrentengesetz regelte ursprünglich in § 4 BetrAVG die Möglichkeit der haftungsbefreienden Schuldübernahme (lex specialis zu § 414 ff. BGB) von Versorgungsverpflichtungen ggü. mit unverfallbarer Versorgungsanwartschaft ausgeschiedenen Mitarbeitern durch Dritte, die Übernahme von Versorgungsanwartschaften und –verpflichtungen im Fall der Unternehmensliquidation sowie eine Übertragungspflicht des Arbeitgebers bei entsprechendem Verlangen des Arbeitnehmers im Fall der Entgeltumwandlung. Trotz dieses auf den ersten Blick umfangreichen Gestaltungsspielraums ist § 4 BetrAVG rechtsdogmatisch – wie § 3 BetrAVG – eine Verbotsnorm, die nur ausnahmsweise, nämlich in den im Gesetz explizit geregelten Fällen, einen Schuldnerwechsel zulässt. Diese Möglichkeiten sind durch das Alterseinkünftegesetz völlig neu strukturiert und durch die Möglichkeit der Übertragung eines »Übertragungswertes« vom alten auf einen neuen Arbeitgeber (Portabilität) erweitert worden.

a) Übernahme von Zusagen durch Folgearbeitgeber (§ 4 Abs. 2 Nr. 1 BetrAVG)

525 Nach § 4 Abs. 2 Nr. 1 BetrAVG ist nach wie vor die Übernahme der Versorgungsverpflichtung durch den Folgearbeitgeber im Wege der **haftungsbefreienden Schuldübernahme** *(vgl. insoweit auch Schnitker/Grau, NJW 2005, 10; Langohr-Plato/Teslau, NZA 2004, 1301)* zulässig. Dies hat zur Konsequenz, dass der Folgearbeitgeber vollinhaltlich in die Rechte und Pflichten aus der bestehenden Versorgungsverpflichtung eintritt und eine inhaltliche Änderung der bestehenden Versorgungsverpflichtung nicht erfolgt. Erforderlich ist hierzu ein entsprechendes **Einvernehmen aller Beteiligten**, d. h. der übereinstimmende und vertraglich dokumentierte Wille des bisherigen Arbeitgebers, einen der Versorgungszusage entsprechenden Vermögenswert übertragen zu wollen, des neuen Arbeitgebers, die Zusage unverändert übernehmen zu wollen und die Zustimmung des den Arbeitgeber wechselnden Mitarbeiters zu diesem Vorgang.

526 Nicht erforderlich ist, dass die Versorgungszusage künftig im gleichen Durchführungsweg fortgeführt wird. Der neue Arbeitgeber kann die Zusage durchaus auch über einen anderen Durchführungsweg gestalten. § 4 BetrAVG **reglementiert nur** den **Wechsel des Versorgungsschuldners**.

I. Durchführung der betrieblichen Altersversorgung (§§ 1 bis 4a BetrAVG)　　　　　　B.

Insoweit ist auf den in § 1 Abs. 1 BetrAVG normierten Verschaffungsanspruch abzustellen. Ein Wechsel des Durchführungsweges ist – und das hat der Gesetzgeber in der Gesetzesbegründung zu § 4 BetrAVG ausdrücklich klargestellt (*BT-Drucks. 15/2150, S. 53 zu Nr. 5; vgl. auch Blumenstein, BetrAV 2004, 1427; Kock/Otto, BB 2004, 1167; Förster/Cisch, BB 2004, 2126; Schnitker/Grau, NJW 2005, 12*) – nicht unter § 4 BetrAVG subsumierbar. Ob für einen solchen Wechsel des Durchführungsweges eine Zustimmung des Mitarbeiters erforderlich ist, hängt davon ab, ob der Durchführungsweg ebenfalls inhaltlicher Bestandteil des Versorgungsversprechens geworden ist oder nicht. Beschränkt sich das Versorgungsversprechen nicht nur auf die Definition einer Versorgungsleistung und/oder eines zur Finanzierung einer Versorgungsleistung bestimmten Beitrags, sondern erstreckt sich das Versorgungsversprechen auch auf die Durchführung der Versorgung über einen bestimmten Durchführungsweg, dann ist der Arbeitgeber verpflichtet, diesen Durchführungsweg einzuhalten (*BAG, 12.06.2007 – 3 AZR 186/06, BAGE 123, 82 = BB 2007, 2410 = DB 2008, 2034 = BetrAV 2008, 625 = NZA-RR 2008, 537; BAG, 17.06.2008 – 3 AZR 254/07, DB 2008, 2491 und 3 AZR 553/06 – AP Nr. 55 zu § 133 BGB; Reinecke, DB 2010, 2392 f.*). Dies gilt auch für den Fall der Schuld befreienden Haftungsübernahme i. S. v. § 4 Abs. 2 Nr. 1 BetrAVG.

Im Gegensatz zur ursprünglichen Regelung erlaubt § 4 BetrAVG nunmehr nur noch die haftungsbefreiende Schuldübernahme durch den neuen Arbeitgeber. Die ursprünglich vorgesehenen weiteren Übernahmemöglichkeiten durch eine Pensionskasse, eine Lebensversicherung oder einen öffentlich-rechtlichen Versorgungsträger wurden gestrichen und sind somit – jedenfalls mit haftungsbefreiender Wirkung – nicht mehr möglich (*Kock/Otto, BB 2004, 1167*). Diese Streichung von Übernahmemöglichkeiten ist letztendlich nicht zu beanstanden, da diese im Hinblick auf ihre lohnsteuerlichen Konsequenzen einerseits (unmittelbarer Lohnzufluss bei Übernahme durch Pensionskasse oder Lebensversicherung) und Renditeaspekte (Übernahme durch öffentlich-rechtliche Versorgungsträger) andererseits in der bisherigen betrieblichen Praxis keine Bedeutung hatten. 527

b) Portabilität

Im Mittelpunkt von § 4 BetrAVG steht die sog. **Portabilität**. Damit wird das Ziel verfolgt, die Mobilität der Arbeitnehmer zu fördern und die Ansprüche der Versorgungsberechtigten möglichst auf nur einen Versorgungsträger zu konzentrieren (*Blumenstein, BetrAV 2004, 237; Höfer, DB 2004, 1427; Förster/Cisch, BB 2004, 2126*). 528

Im Gegensatz zu der auch weiterhin möglichen Übernahme der Versorgungszusage durch den neuen Arbeitgeber, also der »Weitergabe« der vertraglichen Verpflichtungen des alten Arbeitgebers im Wege der Einzelrechtsnachfolge und damit der rechtlichen Haftung für Inhalt und Umfang dieser Zusage (»haftungsbefreiende Übernahme«), wird bei der Portabilität nicht die Versorgungszusage selbst, sondern »**nur**« **deren Wert übertragen**. Dieser Wert wird als »Initialbaustein« oder Einmalprämie in das Versorgungssystem des neuen Arbeitgebers eingebracht. Der »**Übertragungswert**« spiegelt den Gegenwert der unverfallbaren Anwartschaft wider; er kann vom neuen Arbeitgeber zur Finanzierung eines völlig anderen Versorgungsplans verwendet werden. Eine **inhaltliche Identität** von Leistungsarten, Leistungsumfang und/oder Leistungsvoraussetzungen ist somit **nicht erforderlich** (*so auch Höfer, DB 2004, 1427; Schnitker/Grau, NJW 2005, 11*). 529

Die Portabilität führt also zum rechtlichen Untergang der ursprünglichen Versorgungsverpflichtung beim alten Arbeitgeber (vgl. § 4 Abs. 6 BetrAVG) und zur Erteilung einer von der **ursprünglichen Zusage (haftungs-) rechtlich unabhängigen Neuzusage**, auf die die Regelungen zur Entgeltumwandlung entsprechend Anwendung finden, § 4 Abs. 2 Nr. 2 BetrAVG. 530

Der Gesetzgeber folgt damit der Erkenntnis, dass unter haftungsrechtlichen Erwägungen die Übertragung von Versorgungsrisiken – die auch in der Vergangenheit allenfalls bei einem Arbeitsplatzwechsel innerhalb eines Konzerns Relevanz erlangt hat – kaum praktikabel ist. Nur ganz wenige Arbeitgeber dürften ein Interesse daran haben, sich auf inhaltliche Vertragsrisiken und ggf. auch administrative Aufwendungen einzulassen, die sie nicht selbst beeinflusst haben (*so auch Höfer, DB 2004, 1427*). Diese Risikosituation entfällt dann, wenn sich die Haftung des neuen Arbeitgebers – wie 531 bei der Portabilität geregelt – nur auf die dem Übertragungswert entsprechende Erteilung einer wertgleichen Neuzusage beschränkt, denn die Rahmenbedingungen dieser Neuzusage (Inhalt und Umfang der Zusage, Verwaltungsaufwand) kann der neue Arbeitgeber selbst bestimmen.

aa) Freiwillige Portabilität

532 § 4 Abs. 2 Nr. 2 BetrAVG regelt zunächst den Grundsatz der **freiwilligen**, d. h. **einvernehmlich** zwischen altem Arbeitgeber, neuem Arbeitgeber und Versorgungsberechtigtem vereinbarten **Portabilität**. Danach ist arbeitsrechtlich die Portabilität zwischen allen fünf Durchführungswegen der betrieblichen Altersversorgung vereinbar, d. h. die beim alten Arbeitgeber bestehende Versorgungszusage kann grds. unabhängig vom bisherigen Durchführungsweg in jeden vom neuen Arbeitgeber vorgegebenen Durchführungsweg nach dessen Spielregeln »portiert« werden.

533 Insoweit obliegt es dem Versorgungsberechtigten selbst, zu entscheiden, ob eine solche Übertragung für ihn sinnvoll ist oder nicht. Hat z. B. die Versorgung beim alten Arbeitgeber eine Absicherung für den Fall der Invalidität beinhaltet, ggf. mit einer leistungsmäßig attraktiven Zurechnung von Dienstzeiten, und bietet der neue Arbeitgeber dagegen nur eine Alters- und Hinterbliebenenversorgung ohne jegliche Invaliditätsabsicherung an, so ist dies nur eine graduale Verschiebung des Leistungsplans. Bei identischem Barwert sind beide Versorgungspläne gleichwertig, d. h. der versicherungsmathematische Wert der Versorgung wird nicht verändert, sondern nur die inhaltliche Ausgestaltung der Zusage. Sollte er diese inhaltliche Änderung ggü. seiner alten Zusage nicht für attraktiv erachten, so kann er die Portabilität dadurch ausschließen, dass er einer solchen Übertragung die erforderliche Zustimmung verweigert. Dies hätte dann zur Konsequenz, dass seine unverfallbare Anwartschaft vollumfänglich beim alten Arbeitgeber verbleibt und die durch die Portabilität beabsichtigte Konzentration der Altersversorgungsansprüche auf den aktuellen Arbeitgeber gerade nicht eintritt.

bb) Rechtsanspruch auf Portabilität

534 Der Rechtsanspruch des Arbeitnehmers auf Portabilität ist in § 4 Abs. 3 BetrAVG geregelt. Verpflichtet sind auf der einen Seite der ehemalige Arbeitgeber oder der bisherige Versorgungsträger und auf der anderen Seite der neue Arbeitgeber.

535 Grds. muss der **ehemalige Arbeitgeber** den Übertragungswert (s. *hierzu unten Rdn. 548 ff.*) auf den neuen Arbeitgeber übertragen. Der Anspruch richtet sich gegen den **Versorgungsträger**, wenn der ehemalige Arbeitgeber die versicherungsvertragliche Lösung nach § 2 Abs. 2 Satz 2 oder Abs. 3 Satz 2 BetrAVG gewählt hat oder soweit der Arbeitnehmer die Versicherung oder Versorgung mit eigenen Beiträgen fortgesetzt hat (§ 4 Abs. 3 Satz 2 BetrAVG). Nach Ansicht des Gesetzgebers würde das Recht des Arbeitnehmers ohne diese Verpflichtung der Versorgungsträger praktisch ins Leere laufen (*BT-Drucks. 15/2150, S. 53 zu Nr. 5*).

536 Korrespondierend zur Pflicht des alten Arbeitgebers, den Kapitalwert zu übertragen, wird der **neue Arbeitgeber** gem. § 4 Abs. 3 Satz 3 BetrAVG verpflichtet, eine dem Übertragungswert wertgleiche Zusage zu erteilen und über einen Pensionsfonds, eine Pensionskasse oder eine Direktversicherung durchzuführen. Eine Fortführung über eine unmittelbare Pensionszusage oder eine Unterstützungskasse ist also i. R. d. Rechtsanspruchs auf Portabilität nicht möglich und damit nur über die freiwillige Portabilität arbeitsrechtlich realisierbar.

537 Um den alten Arbeitgeber und den aufnehmenden Arbeitgeber sowie die beteiligten Versorgungseinrichtungen nicht zu überfordern, gilt das Recht auf Übertragung nicht uneingeschränkt (*BT-Drucks. 15/2150, S. 53 zu Nr. 5*).

538 Der Arbeitnehmer muss ggü. dem ehemaligen Arbeitgeber oder dem Versorgungsträger das **Verlangen** auf Übertragung erklären; diese Erklärung kann er nur innerhalb einer **Frist von einem Jahr** nach Beendigung des Arbeitsverhältnisses abgeben. Diese Einschränkung dient der Rechtsklarheit und Planungssicherheit für die beteiligten Arbeitgeber und Versorgungsträger (*BT-Drucks. 15/2150, S. 54 zu Nr. 6*).

I. Durchführung der betrieblichen Altersversorgung (§§ 1 bis 4a BetrAVG)   B.

Weiter ist Voraussetzung, dass die betriebliche Altersversorgung beim ehemaligen Arbeitgeber über einen **Pensionsfonds**, eine **Pensionskasse** oder eine **Direktversicherung** durchgeführt worden ist. In den Durchführungswegen unmittelbare Versorgungszusage und Unterstützungskasse besteht kein Rechtsanspruch auf Portabilität. **539**

Das Recht auf Übertragung besteht darüber hinaus nur, wenn der Übertragungswert die **Beitragsbemessungsgrenze** in der Rentenversicherung der Arbeiter und Angestellten (BBG) nicht übersteigt. Es gilt insoweit immer die BBG-West (2013: 69.600,00 €). Wird diese Grenze überschritten besteht kein Recht auf auch nur teilweise Mitnahme; dies würde nach der Gesetzesbegründung dem Grundgedanken der Portabilität widersprechen, Anwartschaften zu bündeln und nicht weiter aufzuteilen (*BT-Drucks. 15/2150, S. 54 zu Nr. 6*), d. h. der Konzentration der Versorgungsanwartschaften auf ein »Altersvorsorgekonto«. Ob damit für den ehemaligen Arbeitgeber und den Versorgungsträger ein Überforderungsschutz erreicht wird, ist angesichts der möglichen Häufung von Übertragungsfällen bei Massenentlassungen infolge etwa von Betriebsstilllegungen zweifelhaft (*vgl. auch Höfer, DB 2004, 1426 [1428]; Förster/Cisch, BB 2004, 2128; Langohr-Plato/Teslau, NZA 2004, 1354*). **540**

Rechtsfolge des Anspruchs auf Portabilität ist, dass der bisherige Arbeitgeber oder der Versorgungsträger nach dem Gesetzeswortlaut den Übertragungswert auf den neuen Arbeitgeber übertragen muss (§ 4 Abs. 3 Satz 1 BetrAVG). Soweit – zumindest für die freiwillige Übertragung – vertreten wird, auch eine unentgeltliche Übertragung sei zulässig, wenn nur sichergestellt sei, dass der neue Arbeitgeber eine Versorgungszusage erteilt, deren Wert dem Übertragungswert entspricht (*Höfer, DB 2004, 1426 [1427]*), entspricht dies zwar möglicherweise praktischen Bedürfnissen, nicht aber dem Gesetzeswortlaut. Überdies ist auf die mit einer unentgeltlichen Übertragung verbundenen praktischen Probleme hinzuweisen. Für den bisherigen Arbeitgeber stellt sich bei einer solchen unentgeltlichen Übertragung die Frage, wann seine Verpflichtung aus der Versorgungszusage erlischt. § 4 Abs. 6 BetrAVG stellt insoweit auf die vollständige **Übertragung des Übertragungswertes** ab. Geht man davon aus, dass eine unentgeltliche Übertragung von der gesetzlichen Regelung gedeckt ist, wird man stattdessen auf die Erteilung der Versorgungszusage durch den Folgearbeitgeber bzw. den Abschluss des neuen Versicherungs- oder Versorgungsvertrages abstellen müssen. Insoweit besteht für den alten Arbeitgeber das Problem der Nachprüfbarkeit. Hält man die unentgeltliche Übertragung für unvereinbar mit der gesetzlichen Regelung, wird das Ziel der endgültigen Enthaftung des bisherigen Arbeitgebers nicht erreicht. **541**

Zulässig dürfte dagegen die ebenfalls vorgeschlagene Lösung sein, dass der neue Arbeitgeber in die Stellung des Versicherungsnehmers in den Durchführungswegen Pensionskasse und Direktversicherung oder Versorgungsnehmers beim Pensionsfonds eintritt (*Höfer, DB 2004, 1426 [1428]*), da auf diesem Wege ebenfalls ein dem Übertragungswert entsprechendes Vermögen auf den neuen Arbeitgeber übergeht. **542**

Der neue Arbeitgeber ist nach § 4 Abs. 3 Satz 3 BetrAVG verpflichtet, eine dem Übertragungswert **wertgleiche Zusage** zu erteilen. Dem wird nach hier vertretener Ansicht grds. Genüge getan, wenn der an den Versorgungsträger des neuen Arbeitgebers gezahlte Beitrag dem Übertragungswert entspricht (*vgl. Blomeyer/Rolfs/Otto, BetrAVG, § 4 Rn. 133 ff.*). I. Ü. wird man den Begriff »wertgleich« in derselben Weise definieren können wie i. R. d. Legaldefinition der Entgeltumwandlung in § 1 Abs. 2 Nr. 3 BetrAVG (*vgl. hierzu Huber, in: Kemper/Kisters-Kölkes/Berenz/Huber, BetrAVG, § 1 Rn. 485 ff.; Blomeyer/Rolfs/Otto, BetrAVG, § 4 Rn. 133 ff.*). **543**

Die neu zu erteilende Versorgungszusage muss nach § 4 Abs. 3 Satz 3 BetrAVG ebenfalls wieder über einen der **externen Durchführungswege** Pensionsfonds, Pensionskasse oder Direktversicherung durchgeführt werden. Hinsichtlich der Auswahl des konkreten Versorgungsträgers, der Wahl der Zusageart und der von der Zusage umfassten Versorgungsfälle etc. ist der **neue Arbeitgeber** in seiner Entscheidung grds. **frei** (*so auch Höfer, DB 2004, 1426 [1427]*). Es gelten insoweit keine Besonderheiten ggü. der bisherigen Rechtsprechung und Literatur (*vgl. u. a. BAG, 29.07.2003 – 3 ABR 34/02; Huber, in: Kemper/Kisters-Kölkes/Berenz/Huber, BetrAVG, § 1a Rn. 14*). **544**

545 Für die **neue Anwartschaft** gelten die Regelungen über Entgeltumwandlung entsprechend (§ 4 Abs. 3 Satz 4 BetrAVG). Das bedeutet u. a., dass § 1b Abs. 5 BetrAVG mit den dortigen besonderen Schutzvorschriften für den Arbeitnehmer sowie die Sonderregelungen des § 16 Abs. 5 BetrAVG zur Anpassung laufender Leistungen Anwendung finden. V. a. erreicht der Gesetzgeber auf diese Weise, dass eine sofortige gesetzliche Unverfallbarkeit der Anwartschaft und damit – in den Durchführungswegen Pensionsfonds und ggf. Direktversicherung – ein entsprechender gesetzlicher Insolvenzschutz nach Maßgabe der §§ 7 ff. BetrAVG erreicht wird. Entgegen der Ansicht von Höfer (*DB 2004, 1426 [1428]*), nach dem eine gesetzlich unverfallbare Anwartschaft diesen Status durch die Übertragung ohnehin nicht verlieren soll, ist die Geltung der Regelungen über die Entgeltumwandlung zur Erreichung dieses Ziels auch erforderlich. Die beim ehemaligen Arbeitgeber bestehende Versorgungszusage erlischt durch die Übertragung; damit existiert auch keine gesetzlich unverfallbare Anwartschaft mehr. Der neue Arbeitgeber erteilt eine neue Zusage. Der Grundsatz der Einheit der Versorgungszusage kann hier angesichts der eindeutigen gesetzlichen Regelung keine Anwendung finden.

546 Schließlich ist die **Abfindung** von Anwartschaften auf Leistungen der betrieblichen Altersversorgung gem. § 3 Abs. 2 Satz 3 BetrAVG ausgeschlossen, wenn der Arbeitnehmer von seinem Recht auf Übertragung der Anwartschaft Gebrauch macht.

547 Soweit angesichts der Einführung des Rechtsanspruchs auf Portabilität und der damit für den neuen Arbeitgeber verbundenen Konsequenzen ein Auskunftsanspruch eines potenziellen Arbeitgebers ggü. dem Bewerber über das Bestehen eines Übertragungsanspruchs gem. § 4 Abs. 3 BetrAVG behauptet wird (*Höfer, DB 2004, 1426 [1428]*), erscheint dies angesichts der Intention des Gesetzgebers und der Rechtsprechung den Informationsrechten des Arbeitgebers ggü. Bewerbern zweifelhaft.

Nach § 30b BetrAVG gilt die Regelung zum Rechtsanspruch auf Portabilität nur für Zusagen, die nach dem 31.12.2004 erteilt wurden.

cc) Bestimmung des Übertragungswertes

548 Der zentrale Begriff i. R. d. Portabilität ist der sog. **Übertragungswert**. Dieser ist in § 4 Abs. 5 BetrAVG definiert. Dabei wird zwischen den Durchführungswegen unmittelbare Versorgungszusage und Unterstützungskasse einerseits und Direktversicherung, Pensionskasse und Pensionsfonds andererseits unterschieden.

(1) Unmittelbare Versorgungszusage und Unterstützungskasse

549 Gem. § 4 Abs. 5 Satz 1 BetrAVG entspricht der **Übertragungswert** bei einer unmittelbar über den Arbeitgeber oder über eine Unterstützungskasse durchgeführten betrieblichen Altersversorgung dem **Barwert** der nach § 2 BetrAVG bemessenen künftigen Versorgungsleistung **im Zeitpunkt der Übertragung**; bei der Berechnung des Barwertes sind die Rechnungsgrundlagen sowie die anerkannten Regeln der Versicherungsmathematik maßgebend.

550 Nach der Gesetzesbegründung entspricht der **Berechnungsmodus** der **Kapitalabfindungsberechnung** gem. § 3 Abs. 2 BetrAVG a. F. Maßgebend sei danach der Barwert der nach § 2 BetrAVG ermittelten Anwartschaft. Nicht möglich sei es folglich, den Übertragungswert an der vom Arbeitgeber gebildeten Pensionsrückstellung (Teilwert gem. § 6a EStG) bzw. bei Unterstützungskassen an dem steuerlich zulässigen Reservepolster (§ 4d EStG) auszurichten (*BT-Drucks. 15/2150, S. 53 f. zu Nr. 5*).

551 Soweit in der Literatur Probleme darin gesehen werden, dass in der Vorschrift nicht mehr ausdrücklich auf den »bei der jeweiligen Form der betrieblichen Altersversorgung vorgeschriebenen Rechnungszinsfuß« abgestellt wird (*Höfer, DB 2004, 1426 [1428 f.]*), ist dem zuzugeben, dass der Gesetzeswortlaut insoweit nicht eindeutig ist und damit die Rechtssicherheit leiden könnte. Derzeit wird man angesichts des in der Gesetzesbegründung klar zum Ausdruck kommenden Willens des

Gesetzgebers jedoch noch vertreten können, dass wie bisher bei § 3 Abs. 2 BetrAVG a. F. zu verfahren ist (*vgl. auch Förster/Cisch, BB 2004, 2129; Schnitker/Grau, NJW 2005, 13*).

Den Parteien die Wahl des Rechnungszinsfußes zu überlassen, erscheint i. R. d. allgemeinen Vertragsfreiheit nicht ausgeschlossen. Dies gilt v. a. dann, wenn man sich insoweit einer wirtschaftlichen Betrachtung anschließt und die Verpflichtung mit einem »realen« Zinssatz – analog zur internationalen Bewertung – und damit unabhängig vom Durchführungsweg bewertet. Damit würde man zugleich das nur schwer verständliche Ergebnis eines je nach Durchführungsweg unterschiedlichen Wertes erhalten, den man zwangsläufig erhält, wenn man ein und denselben Nominalbetrag einmal mit 6 % (Pensionszusage) und einmal mit 5,5 % (Unterstützungskasse) ermittelt. Diese Rechnungszinssätze sind fiskalisch bedingt gewesen und geben keine Auskunft über die am Wertgleichheitsgebot zu messende arbeitsrechtliche Verpflichtung. 552

Nicht nachvollziehbar ist insoweit auch die Forderung von Höfer, dass der neue Arbeitgeber bei Erteilung der Versorgungszusage denselben Zinssatz zugrunde legen muss wie der bisherige Arbeitgeber (*Höfer, DB 2004, 1426 [1428]*). Der bisherige Arbeitgeber legt den Übertragungswert einseitig nach Maßgabe der gesetzlichen Bestimmungen fest. Der Übertragungswert wird als Beitrag in das neue Versorgungssystem geleistet und führt zu einer entsprechenden Anwartschaft auf Leistungen der betrieblichen Altersversorgung. Wie die neue Versorgungszusage ausgestaltet ist, obliegt grds. allein dem neuen Arbeitgeber. Er muss lediglich eine dem Übertragungswert wertgleiche Zusage erteilen (*BT-Drucks. 15/2150, S. 53 f. zu Nr. 5*). 553

(2) Direktversicherung, Pensionskasse und Pensionsfonds

Gem. § 4 Abs. 5 Satz 2 BetrAVG entspricht der **Übertragungswert** in den Durchführungswegen Direktversicherung, Pensionskasse und Pensionsfonds dem **gebildeten Kapital im Zeitpunkt der Übertragung**. 554

Nach der Gesetzesbegründung werden die erworbenen Anwartschaften i. R. d. kapitalgedeckten betrieblichen Altersversorgung somit ebenso behandelt wie die Beiträge zur privaten zusätzlichen Altersversorgung im Fall des Anbieterwechsels (s. § 1 Abs. 1 Satz 1 Nr. 10 AltZertG). Auszugehen sei also von dem gesamten Wert des den Arbeitnehmer begünstigenden Vertrages. Bei fondsgebundenen oder sog. Hybrid-Verträgen könne dies der anteilige Wert der für den Arbeitnehmer erworbenen Fondsanteile sein. Bei versicherungsförmig durchgeführten Verträgen sei vom Zeitwert der Versicherung einschließlich der Überschuss- und Schlussüberschussanteile ohne Abzüge auszugehen. Die Berechnung des Zeitwertes richte sich nach § 169 Abs. 3 VVG; anders als beim Rückkaufswert seien bei der Ermittlung des gebildeten Kapitals Abzüge nach § 169 Abs. 5 VVG demnach nicht zulässig. (*BT-Drucks. 15/2150, S. 53 f. zu Nr. 5, wo allerdings noch auf die seinerzeit geltende Fassung von § 176 VVG Bezug genommen wird*). 555

Vor diesem Hintergrund wird die Ansicht vertreten, dass der Übertragungswert nach der Gesetzesbegründung den nicht um Stornoabzüge geschmälerten Deckungsmitteln des bisherigen Versorgungsträgers entspricht. Auch solle der sog. **Schlussüberschussanteil**, der im Zeitpunkt der Übertragung vorhanden sei, nicht mehr reduziert werden dürfen, sondern dem Übertragungswert zuzuschlagen sein. Dies werfe versicherungsaufsichtsrechtliche Fragen auf, denn der im Übertragungszeitpunkt festgestellte Überschussanteil sei i. d. R. nicht garantiert (*Höfer, DB 2004, 1426 [1428]; vgl. auch Blumenstein, BetrAV 2004, 236 [239]*). 556

Die zentrale Frage im Zusammenhang mit der Definition des Übertragungswertes in den Durchführungswegen Direktversicherung, Pensionskasse und Pensionsfonds ist, wer eventuelle negative Folgen, die aus der vorzeitigen Auflösung des betroffenen Versicherungs- oder Versorgungsvertrages resultieren können, zu tragen hat. Nach hier vertretener Ansicht muss dies der die Übertragung verlangende Arbeitnehmer als Verursacher der vorzeitigen Auflösung sein. 557

Die Berücksichtigung möglicher negativer Folgen des Übertragungsvorganges bei der Ermittlung des Übertragungswertes ist von der Vorschrift des § 4 Abs. 5 Satz 2 BetrAVG gedeckt. Dies gilt 558 insb., soweit in der **Gesetzesbegründung** für die versicherungsförmig durchgeführten Verträge auf den Zeitwertbegriff des § 176 Abs. 3 VVG verwiesen wird. Bei der Bestimmung des Zeitwertes sind nach den »anerkannten Regeln der Versicherungsmathematik« einerseits alle künftigen Prämien und andererseits alle zukünftigen Leistungen aus dem Versicherungsvertrag, zu deren Erbringung der Versicherer nachträglich verpflichtet ist, einzubeziehen und in Anlehnung an § 9 BewG alle Umstände zu berücksichtigen, die den Zeitwert beeinflussen wie etwa Kapitalmarktsituation und Sterblichkeitsrisiko.

559 Abweichungen von dieser Regel können u. a. erforderlich werden, wenn sich ein Zeitwert ergäbe, dessen Herausgabe in voller Höhe den Interessen der im Bestand verbleibenden Versicherten zuwiderläuft (z. B. bei einer seit Vertragsschluss eingetretenen Verschlechterung der Risikosituation).

560 Durch die **Berechnung nach Zeitwert** soll sichergestellt werden, dass der Begünstigte den »echten« Wert der Versicherung mit den entsprechenden Gewinnanteilen erhält (*Prölss/Martin, VVG, § 176 Rn. 4; vgl. auch Römer/Langheid, VVG, § 176 Rn. 7*). Damit besteht bereits bei der Ermittlung des Zeitwertes die Möglichkeit einer Marktwertadjustierung aufgrund einer veränderten Kapitalmarktsituation, einer Risikoadjustierung aufgrund einer eventuellen risikomäßigen Verschlechterung des verbleibenden Versichertenkollektivs bei Übertragung (z. B. kollektiv kalkulierte Hinterbliebenenanwartschaften) und (folglich) des Ansetzens eines angemessenen Beitrags zur Sicherstellung eines für die verbleibenden Versicherten kostenneutralen Übertragungsvorganges.

561 Der **Gesetzeswortlaut** spricht nicht gegen ein solches Verständnis des Übertragungswertes. Das »gebildete Kapital im Zeitpunkt der Übertragung« lässt die Auslegung zu, dass als gebildet bspw. nur das Kapital anzusehen ist, welches nach Maßgabe des Versicherungs- oder Versorgungsvertrages bei vorzeitiger Auflösung der Versicherung oder Versorgung zur Verfügung steht. Vom Wortlaut gedeckt wäre damit auch die Auslegung, dass das gebildete Kapital der bisherigen Regelung des § 3 Abs. 2 Satz 2 BetrAVG a. F. entspricht, die vom geschäftsplanmäßigen Deckungskapital oder dem Zeitwert nach § 176 Abs. 3 VVG ausgeht.

562 Das hier vertretene Ergebnis dürfte auch dem **Sinn und Zweck des Gesetzes** entsprechen, der nach hiesiger Ansicht darin besteht, einen Übertragungswert zu definieren, der den Interessen aller Beteiligten gerecht wird. Dabei sind insb. die Interessen der betriebstreuen Arbeitnehmer mit denen der Arbeitnehmer in Einklang zu bringen bzw. gegeneinander abzuwägen, die ihren Anspruch auf Übertragung geltend machen. Schließlich spricht auch die **Gesetzessystematik** nicht gegen die hier vertretene Ansicht. Das Betriebsrentengesetz enthält grds. nur die Regelung des arbeitsrechtlichen Grundverhältnisses. Versicherungs- oder versorgungsvertragliche Regelungen werden – von Ausnahmen abgesehen (vgl. § 2 Abs. 2 Satz 4 bis Satz 6 BetrAVG) nicht getroffen. Hieraus kann abgeleitet werden, dass durch das BetrAVG der Inhalt des jeweiligen Versicherungs- bzw. Versorgungsvertrages nicht abweichend vom VVG oder den sonst maßgeblichen Bestimmungen geregelt werden soll.

563 In der Praxis werden die Arbeitgeber sich hinsichtlich der Definition des Übertragungswertes auf den jeweiligen Versorgungsträger verlassen. Diese werden v. a. unter Beteiligung der verantwortlichen Aktuare den Begriff des gebildeten Kapitals mit Leben füllen. Die vorstehenden Überlegungen sind möglicherweise ein erster Ansatz für sachgerechte Lösungen.

Die **Definition des Übertragungswertes** hat für die versicherungsförmigen Durchführungswege zur Folge, dass sich der Übertragungswert auch dann nach dem gebildeten Kapital im Zeitpunkt der Übertragung richtet, wenn nicht die versicherungsvertragliche Lösung durchgeführt wurde, sondern das in § 2 Abs. 1 BetrAVG geregelte **m/n-tel-Prinzip** Anwendung findet (*so auch Höfer, DB 2004, 1426 [1428]*). Dies ergibt sich aus dem insoweit eindeutigen Wortlaut des § 4 Abs. 5 Satz 2 BetrAVG.

564 Die sich aus der sog. **Zillmerung** ggf. ergebenden Probleme für den Übertragungswert, die z. B. dann auftreten können, wenn der Übertragungswert (deutlich) unter dem Betrag der im Rahmen einer Entgeltumwandlung in das Versorgungssystem investierten Beträge liegt, beruhen nicht auf den Vorschriften zur Ermittlung des Übertragungswertes, sondern auf der grundlegenden Frage der

dd) Steuerliche Flankierung der Portabilität

Durch entsprechende Regelungen in § 3 Nr. 55 EStG wird unter den dort genannten Voraussetzungen sichergestellt, dass die Zahlung des Übertragungswertes nach § 4 Abs. 5 EStG lohnsteuerfrei erfolgt (*zu den Voraussetzungen und Restriktionen des § 3 Nr. 55 EStG s. Rdn. 1213*).

565

c) Übertragung im Fall der Unternehmensliquidation

Mit dem zum 01.01.2000 in Kraft getretenen Steuerbereinigungsgesetz 1999 (Art. 1 und 15 StBereinG) ist für den Fall der Unternehmensliquidation eine auch steuerlich flankierte Übertragungsmöglichkeit auf eine Direktversicherung oder Pensionskasse durch eine entsprechende Neuregelung des § 4 Abs. 3 BetrAVG umgesetzt worden, der folgende Fassung hat:

566

> »Wird die Betriebstätigkeit eingestellt und das Unternehmen liquidiert, kann eine Zusage von einer Pensionskasse oder einem Unternehmen der Lebensversicherung ohne Zustimmung des Arbeitnehmers oder Versorgungsempfängers übernommen werden, wenn sichergestellt ist, dass die Überschussanteile ab Rentenbeginn entsprechend § 16 Abs. 3 Nr. 2 verwendet werden. § 2 Abs. 2 Satz 4 bis Satz 6 gilt entsprechend.«

§ 4 Abs. 4 BetrAVG ermöglicht somit, dass im Fall der Einstellung der Betriebstätigkeit und Unternehmensliquidation jede vom Arbeitgeber erteilte Versorgungszusage, d. h. der entsprechende Verschaffungsanspruch und damit unabhängig vom jeweiligen Durchführungsweg von einer Pensionskasse oder einem Lebensversicherungsunternehmen übernommen werden kann. Voraussetzung für die Übertragung der Versorgungsverpflichtung gem. dieser Sonderregelung ist »lediglich«, dass die Betriebstätigkeit eingestellt wird und das Unternehmen liquidiert wird.

567

Bei der »Liquidation« handelt es sich um einen gesetzlichen Begriff, der rechtsformspezifisch ausgeprägt ist. So regeln die §§ 145 ff. HGB die Liquidation für die OHG und für die KG. Das AktG spricht zwar nicht von der Liquidation, es behandelt jedoch den gleichen Tatbestand in seinen Vorschriften zur Abwicklung. Das GmbHG spricht wieder von der Liquidation. Unter **Liquidation** versteht man die »**Verflüssigung« der Besitzposten des Unternehmens, nachdem seine Auflösung beschlossen wurde** (*Höfer, BetrAVG, Bd. I [ArbR], § 4 Rn. 3748*).

568

Einstellung der Betriebstätigkeit bedeutet die Beendigung der laufenden Geschäfte des Unternehmens i. S. d. HGB bzw. AktG oder GmbHG. In der Praxis werden die Einstellung der Betriebstätigkeit und die Liquidation Hand in Hand gehen. Man wird davon ausgehen können, dass die Betriebstätigkeit dann eingestellt ist, wenn die Liquidatoren die laufenden Geschäfte beendet haben (*Höfer, BetrAVG, Bd. I [ArbR], § 4 Rn. 3748*).

569

Ausreichend ist dabei, dass die entsprechenden **Liquidations- bzw. Einstellungsbeschlüsse** gefasst sind. Nicht Voraussetzung ist dagegen die vollständige Abwicklung selbst, da ansonsten die Gesellschaft handlungsunfähig wäre (*Andresen/Förster/Rößler/Rühmann, BetrAVG, ArbR, Teil 14A Rn. 382*).

570

aa) Besonderheiten bei der Liquidation ausländischer Unternehmen

Fraglich ist in diesem Zusammenhang, ob die Vorschrift ebenfalls Anwendung findet für den Fall, dass ein **ausländisches Unternehmen** seine Betriebsstätte oder eine Zweigniederlassung in Deutschland schließt. Dabei ist die Fragestellung auf die Fälle begrenzt, in denen gemäß Rechtswahl der Parteien oder nach Art. 30 EGBGB das BetrAVG überhaupt Anwendung findet.

571

Es kommt insoweit maßgeblich auf die Auslegung der Formulierung »und das Unternehmen liquidiert« an.

572

Hinsichtlich des **Wortlauts** ist aufgrund der Formulierung davon auszugehen, dass lediglich die komplette Liquidation eines Unternehmens im handels- bzw. gesellschaftsrechtlichen Sinn damit gemeint sein dürfte und nicht die Aufhebung einer Zweigniederlassung. Dies begegnet insoweit keinen

573

Bedenken, soweit man davon ausgeht, dass lediglich Unternehmen mit Hauptsitz in Deutschland von der Regelung des § 4 Abs. 4 BetrAVG betroffen sind.

574 Mangels eigener Rechtspersönlichkeit einer unselbstständigen Niederlassung eines ausländischen Unternehmens muss und kann diese unselbstständige Niederlassung nicht im handelsrechtlichen Sinne liquidiert werden (*Kock/Otto, BB 2004, 1162 [1163]*).

575 Fraglich ist also, ob der Gesetzgeber auch diesen Fall bedacht hat, und § 4 Abs. 4 BetrAVG auch auf die Liquidation derartiger ausländische Unternehmen Anwendung findet.

576 Aus der **Entstehungsgeschichte** des Gesetzes heraus ergeben sich keine konkreten Argumente hinsichtlich der Auslegung der Formulierung. Vielmehr spricht einiges dafür, dass der Fall des ausländischen Arbeitgebers nicht bedacht wurde. Erreicht werden sollte mit der Vorschrift bzw. der Vorgänger-Regelung der Liquidations-Unterstützungskasse, dass die Liquidation von Unternehmen erleichtert und somit ein Hemmnis für die betriebliche Altersversorgung aus Sicht von Unternehmen (Unmöglichkeit der Liquidation) beseitigt wird.

577 **Sinn und Zweck** der Vorschrift und auch der Vorgänger-Regelung ist es, die Hemmnisse für die betriebliche Altersversorgung zu beseitigen und damit deren Verbreitung zu fördern. Folglich war einmal Ziel der Gesetzesänderungen, Unternehmensliquidationen außerhalb der Insolvenz zu erleichtern bzw. zu ermöglichen. Unternehmer sollten nicht mit Blick auf den Zwang zur Aufrechterhaltung von Rentnergesellschaften bei Bestehen einer betrieblichen Altersversorgung von der Einrichtung einer solchen abgehalten werden. Darüber dürfte die konkrete Ausgestaltung der Regelung auch zum Inhalt haben, einen Insolvenzschutz des Arbeitnehmers außerhalb des Schutzes durch den PSV zu erreichen, und damit auch den PSV davor zu schützen, dass er von den betroffenen Versorgungsberechtigten in Anspruch genommen wird. Schließlich wird mit der Liquidation des Unternehmens eine Beitragszahlung an den PSV unmöglich. Betrachtet man den Sinn und Zweck im Hinblick auf die konkrete Ausgestaltung des § 4 Abs. 4 BetrAVG, so spricht einiges dafür, auch die Fälle der Aufhebung einer deutschen Zweigniederlassung eines ausländischen Unternehmens als »Liquidation des Unternehmens« i. S. d. § 4 Abs. 4 BetrAVG zu verstehen (*zustimmend Kock/Otto, BB 2004, 1162 ff.*).

578 Aus der **Stellung der Regelung** als Abs. 4 des § 4 BetrAVG lässt sich möglicherweise weiter der Wille des Gesetzgebers dahin gehend ableiten, dass der ggü. den allgemeinen Vorschriften über die Schuldübernahme (§§ 414 ff. BGB) erreichte stärkere Schutz der Versorgungsberechtigten aber v. a. auch des PSVaG aus § 4 Abs. 1 und Abs. 2 BetrAVG auch i. R. d. Unternehmensliquidation außerhalb der Insolvenz gem. § 4 Abs. 4 BetrAVG erhalten bleiben soll. Die bisherige Haftungsmasse soll also zugunsten des Versorgungsberechtigten erhalten bleiben, sodass sich das Insolvenzrisiko zumindest nicht vergrößert (*Blomeyer, BetrAVG, § 2 Rn. 4*). Darüber hinaus soll § 4 BetrAVG aufgrund des systematischen Zusammenhangs mit § 7 BetrAVG v. a. eine Übertragung der Versorgungsverbindlichkeit auf Dritte, für die kein Insolvenzschutz nach § 7 BetrAVG besteht, grds. ausschließen. Beide Ziele werden für den Fall der klassischen Unternehmensliquidation durch § 4 Abs. 4 BetrAVG erreicht. Beachtenswert ist in diesem Zusammenhang aber auch, dass von § 4 BetrAVG nicht der gesetzliche Übergang einer Verpflichtung infolge Gesamtrechtsnachfolge erfasst ist, durch die die Haftungsmasse nicht verkürzt wird (*vgl. Blomeyer, BetrAVG, § 4 Rn. 11*). Aus dem zuletzt Gesagten könnte man zunächst herleiten, dass in dem geschilderten Fall der ausländische Arbeitgeber als Rechtssubjekt nicht erlischt. Allerdings entspricht die Aufhebung der deutschen Zweigniederlassung in diesem Fall faktisch und wirtschaftlich der Liquidation des Unternehmens. Auch wenn es gem. Art. 30 EGBGB zur Anwendbarkeit deutschen Rechts und damit des BetrAVG kommt, führt die Tatsache, dass das ausländische Unternehmen als Versorgungsschuldner in Deutschland weder für den Versorgungsberechtigten hinsichtlich der Leistungen aus der betrieblichen Altersversorgung noch für den PSVaG hinsichtlich der Beiträge greifbar sein wird, zu den gleichen unerwünschten Folgen wie im Fall der Unternehmensliquidation eines deutschen Unternehmens. Dementsprechend ließe sich aus der Systematik durchaus der Wille des Gesetzgebers herleiten, auch diese Fälle von § 4 Abs. 4 BetrAVG als erfasst anzusehen.

Im **Ergebnis** wird man festhalten können, dass einiges dafür spricht, den Fall der Aufhebung einer deutschen Zweigniederlassung eines ausländischen Unternehmens als »Liquidation« i. S. d. § 4 Abs. 4 BetrAVG anzusehen (*zustimmend Kock/Otto, BB 2004, 1162 ff.*). 579

Unabhängig von der vorgenommenen Bewertung kommt man aber auch im Wege der **ergänzenden Auslegung** zum gleichen Ergebnis. Die Auslegung eines Gesetzes kann auch zu einer Ergänzung des Gesetzes führen, sofern das Gesetz unvollständig ist, also eine Lücke enthält. Eine solche Lücke kann darauf beruhen, dass der Gesetzgeber eine bestimmte Frage im Gesetz bewusst nicht geregelt oder bei der Schaffung des Gesetzes einen Umstand (unbewusst) nicht bedacht hat. 580

Es spricht einiges dafür, dass der Gesetzgeber – sofern er den Fall nicht ohnehin als Unternehmensliquidation ansieht – bei Erlass des Gesetzes die vorliegende Fallgestaltung nicht bzw. nicht richtig in seine Willensbildung mit aufgenommen hat. Denn ansonsten hätten hinsichtlich des im Rahmen von § 4 BetrAVG angestrebten Schutzes sowohl des jeweiligen Versorgungsberechtigten als auch des PSVaG wegen des faktischen Verlustes des Versorgungsschuldners bzw. Beitragszahlers ebenfalls Regelungen getroffen werden müssen. Es besteht also eine **Lücke**, die durch ergänzende Auslegung zu schließen ist. 581

Diese Auslegung hat im Wege der Ausfüllung der Lücke aus dem Geist des Gesetzes zu geschehen. Es stellt sich also die Frage, wie der Gesetzgeber das Problem geregelt hätte. Insoweit ist zunächst zu bedenken, dass in dem angesprochenen Fall das ausländische Unternehmen als Arbeitgeber wohl genauso wenig an der Einrichtung einer betrieblichen Altersversorgung gehindert werden soll wie ein deutsches Unternehmen. Weiter ist die Problematik, dass für ein ausländisches Unternehmen mit deutschen Arbeitnehmern nach wie vor Versorgungsverhältnisse bestehen, bei korrektem Verhalten des Arbeitgebers praktisch mit der Konsequenz verbunden, dass der ausländische Unternehmer seine Tätigkeit in Deutschland nicht beenden kann. Dies entspricht aber faktisch dem Fall der sog. **Rentnergesellschaft**. Für diesen Fall ist der § 4 Abs. 4 BetrAVG aber gerade in das Gesetz aufgenommen worden. Hieraus kann man schließen, dass der Gesetzgeber den in Rede stehenden Fall ebenso gelöst hätte wie den Fall der Unternehmensliquidation nach § 4 Abs. 4 BetrAVG. Mithin wäre auch eine analoge Anwendung von § 4 Abs. 4 BetrAVG auf den Fall der »Liquidation« einer unselbstständigen Niederlassung eines ausländischen Unternehmens gerechtfertigt (*vgl. auch Kock/Otto, BB 2004, 1162 ff.*). 582

bb) Steuerrechtliche Flankierung

In steuerlicher Hinsicht wird die Regelung des § 4 Abs. 4 BetrAVG durch eine entsprechende Änderung in § 3 Nr. 65 EStG flankiert. Danach werden die Beiträge »eines Arbeitgebers oder einer Unterstützungskasse zur Übernahme von Versorgungsleistungen oder unverfallbaren Versorgungsanwartschaften durch eine Pensionskasse oder ein Unternehmen der Lebensversicherung in den in § 4 Abs. 4 BetrAVG bezeichneten Fällen« ausdrücklich **steuerfrei** gestellt, d. h. sie werden beim Arbeitnehmer lohnsteuerlich nicht berücksichtigt. Erst die von der Pensionskasse bzw. dem Lebensversicherer gewährten späteren Versorgungsleistungen sind danach lohnsteuerpflichtig. 583

Mit dieser auch steuerlich durchdachten und konsequent umgesetzten Neuregelung ermöglicht der Gesetzgeber nunmehr im Fall der Unternehmensliquidation eine vollständige und damit an den tatsächlichen praktischen Erfordernissen orientierte Ausfinanzierung sämtlicher Versorgungsverpflichtungen einschließlich noch nicht fälliger, aber gesetzlich unverfallbarer Versorgungsanwartschaften und führt zugleich die nachgelagerte Besteuerung für diesen Sondertatbestand auch bei Direktversicherungen und Pensionskassen ein. 584

Fraglich könnte jedoch die Anwendung dieser Gestaltungsmöglichkeit für die einem beherrschenden Gesellschafter-Geschäftsführer erteilte Versorgungszusage sein. Die steuerfreie Übertragung von Versorgungsleistungen nach § 3 Nr. 65 EStG ist nämlich ausdrücklich auf die in § 4 Abs. 4 BetrAVG geregelten Fälle beschränkt. Dies hat zur Konsequenz, dass § 3 Nr. 65 EStG grds. auch nur im Geltungsbereich des § 4 Abs. 4 BetrAVG Anwendung findet. § 4 BetrAVG ist allerdings auf 585 beherrschende Gesellschafter-Geschäftsführer, die nicht dem Schutzbereich des BetrAVG unterfallen (*vgl. Rdn. 1112ff.*), nicht anwendbar, sodass in diesen Fällen auch die Anwendbarkeit von § 3 Nr. 65 EStG grds. zu verneinen wäre.

586 Eine so weitgehende Rechtsfolge hat die Finanzverwaltung ursprünglich nicht angenommen. In seinem Schreiben v. 02.01.2001 (*IV C 5 – S 2333 – 53/00, n. v.*) hat das BMF noch wie folgt differenziert:

§ 4 Abs. 4 BetrAVG hat zum Ziel, die vollständige Liquidation eines Unternehmens zu ermöglichen. Die Vorschrift soll verhindern, dass Unternehmen nur deshalb weitergeführt werden müssen, weil noch Versorgungsleistungen zu erbringen sind. Deshalb wird auch eine Übertragung gegen den Willen des Versorgungsberechtigten zugelassen. Diese Situation ist allerdings bei einem beherrschenden Gesellschafter-Geschäftsführer regelmäßig nicht gegeben. Der beherrschende Gesellschafter-Geschäftsführer bestimmt nämlich regelmäßig selbst, ob das Unternehmen liquidiert wird. Entscheidet er sich für die Liquidation, liegt es in seinem eigenen Interesse, die ihm zustehende Versorgungsanwartschaft auf einen anderen Versorgungsträger zu übertragen oder sich diese sogar abfinden zu lassen. Für diesen Fall bedarf es keiner Einbeziehung des beherrschenden Gesellschafter-Geschäftsführers in den Anwendungsbereich des § 4 Abs. 4 BetrAVG, sodass insoweit auch die Anwendung des § 3 Nr. 65 EStG ausscheidet.

587 Etwas anderes soll allerdings im Fall der **Insolvenz** gelten, wenn das Insolvenzverfahren eröffnet ist und der Insolvenzverwalter die Liquidation des Unternehmens anstreben muss. In diesem Fall erkennt die Finanzverwaltung die Anwendbarkeit der § 3 Nr. 65 EStG, § 4 Abs. 4 BetrAVG mit der Begründung an, dass der beherrschende Gesellschafter-Geschäftsführer im Insolvenzverfahren keine Verfügungsmacht über das Unternehmen mehr hat. Sofern das Insolvenzverfahren zur Liquidation des Unternehmens führt, wird die Liquidation vom Insolvenzverwalter durchgeführt. Dieser hat ein berechtigtes Interesse an einer vollständigen Liquidation des Unternehmens. Würde man in dieser Situation eine Anwendung des § 4 Abs. 4 BetrAVG verweigern, so hätte dies zur Konsequenz, dass der Gesellschafter-Geschäftsführer bei mangelnder Kooperationsbereitschaft die Liquidation des Unternehmens boykottieren könnte und das Unternehmen ausschließlich wegen dessen Versorgungsverpflichtung fortgeführt werden müsste. Eine solche Situation soll aber gerade durch § 4 Abs. 4 BetrAVG verhindert werden. Mithin sei § 4 Abs. 4 BetrAVG im Fall der insolvenzbedingten Unternehmensliquidation ausnahmsweise auch auf den beherrschenden Gesellschafter-Geschäftsführer anwendbar.

588 Mit Schreiben v. 07.11.2001 (*S 2121 – 8a – V B 3, DB 2001, 2423*) hat das Finanzministerium NRW als erstes Landesministerium allerdings zu erkennen gegeben, dass man auf fiskalischer Seite bereit ist, § 4 Abs. 4 BetrAVG **ohne jegliche Einschränkung** auch auf beherrschende Gesellschafter-Geschäftsführer anzuwenden. Diese Auffassung, die nunmehr auch in die Lohnsteuerrichtlinien 2004 (R 27 Abs. 1 LStR 2004) eingearbeitet worden ist (s. *die Ausführungen bei Niermann, Änderungen im Bereich der Arbeitnehmerbesteuerung durch die LStR 2004, DB 2003, 2244 unter Ziff. 2*), kann inzwischen als **allgemeingültig** festgestellt werden.

589 Auf dieser Linie liegt auch die Entscheidung des BFH v. 04.09.2002 (*XI R 53/01, BB 2003, 83*), wonach die Zahlung einer Abfindung, die der Gesellschafter-Geschäftsführer anlässlich der Liquidation der GmbH erhält, durchaus als Entschädigung i. S. d. § 24 Nr. 1 Buchst. a) EStG angesehen werden kann. Die gesetzlich geforderte Zwangssituation kann nach Ansicht des BFH im Allgemeinen dann bejaht werden, wenn auch ein gesellschaftsfremder Unternehmer im Hinblick auf die wirtschaftliche Situation der Gesellschaft die Liquidation beschlossen hätte.

590 Sowohl für den Fall der Übertragung nach § 4 Abs. 4 BetrAVG als auch für die Abfindungsvariante lässt sich somit die Tendenz feststellen, dass die Unternehmensliquidation nicht durch steuerliche Restriktionen erschwert werden soll.

I. Durchführung der betrieblichen Altersversorgung (§§ 1 bis 4a BetrAVG) B.

d) Rechtsfolgen bei Verstößen gegen das Übertragungsverbot

Verstößt dagegen die Übertragungsvereinbarung gegen § 4 BetrAVG ist sie in vollem Umfang nach § 134 BGB **nichtig** (*Förster/Cisch/Karst, BetrAVG, § 4 Anm. 33*). Bei Eintritt des Versorgungsfalls kann der Versorgungsberechtigte daher den ursprünglichen Schuldner, d. h. seinen früheren Arbeitgeber bzgl. seiner Versorgungsansprüche in Anspruch nehmen. 591

e) Übertragungen auf den Pensionsfonds

Bemerkenswert an der Novellierung des § 4 BetrAVG durch das Altersvermögensgesetzes war zunächst einmal, dass eine bestimmte Änderung, die ursprünglich im Gesetzgebungsverfahren vorgesehen war, letztlich nicht erfolgt ist. Entgegen dem noch vom Bundestag am 26.01.2001 beschlossenen und vom Bundesrat abgelehnten Gesetzestext ist nach dem dann verabschiedeten Gesetz eine Übertragung im Wege der Schuldübernahme nach § 4 Abs. 1 BetrAVG a. F. bzw. im Fall der Liquidation nach § 4 Abs. 3 BetrAVG a. F. auf den Pensionsfonds nicht möglich. Es fehlte sogar an einer Vorschrift zur Übertragung von Versorgungsanwartschaften eines Pensionsfonds auf einen anderen Pensionsfonds analog zur Unterstützungskasse gem. § 4 Abs. 2 BetrAVG a. F. 592

Damit ist nach dem reinen Wortlaut der Vorschrift die Schuldübernahme von Versorgungsverpflichtungen durch einen Pensionsfonds im Anwendungsbereich des § 4 BetrAVG gänzlich ausgeschlossen. 593

Problematisch ist dieses Ergebnis im Zusammenhang mit der in § 3 Nr. 66 EStG vorgesehenen Möglichkeit zur steuerfreien Übertragung von Leistungen eines Arbeitgebers oder einer Unterstützungskasse an einen Pensionsfonds zur Übernahme bestehender Versorgungsverpflichtungen oder Versorgungsanwartschaften durch den Pensionsfonds gewesen. Da im Anwendungsbereich des § 4 BetrAVG nach dem Vorhergesagten eine Schuldübernahme und damit jegliche – auch eine steuerfreie – Übertragung auf den Pensionsfonds ausgeschlossen ist, würde die Vorschrift des § 3 Nr. 66 EStG insoweit ins Leere laufen. Fraglich war daher, ob Möglichkeiten der Übertragung außerhalb des Anwendungsbereichs des § 4 BetrAVG bestehen. 594

Der Anwendungsbereich des § 4 BetrAVG umfasste nach seinem früheren Wortlaut zunächst nur mit einer unverfallbaren Anwartschaft ausgeschiedene Versorgungsberechtigte. Über seinen Wortlaut hinaus erfasste das Übertragungsverbot nach der Rechtsprechung aber auch die nach Eintritt des Versorgungsfalls fälligen Versorgungsansprüche der Betriebsrentner (*BAG, 26.06.1980 – 3 AZR 156/79, BB 1980, 1641 = DB 1980, 2141; BAG, 17.03.1987 – 3 AZR 605/85, BB 1987, 2233 = DB 1988, 122*). 595

Nur in den im Gesetz enumerativ, d. h. abschließend aufgezählten Ausnahmetatbeständen ist hier eine Übertragung zulässig. Ursprünglich war im Gesetzgebungsverfahren vorgesehen, in § 4 Abs. 1 BetrAVG auch den Pensionsfonds als übernahmefähigen Versorgungsträger einzufügen. Diese Regelung ist allerdings im Vermittlungsausschussverfahren wieder gestrichen worden. Dies verdeutlicht, dass der Gesetzgeber bewusst den Pensionsfonds als Übertragungsträger ausgeschlossen hat. Danach wäre eine Übertragung auf einen Pensionsfonds arbeitsrechtlich nur im laufenden Arbeitsverhältnis möglich, da insoweit keine arbeitsrechtliche Übertragung, sondern nur ein Wechsel des Durchführungsweges vorliegt, auf den § 4 BetrAVG keine Anwendung findet. 596

Soweit das BAG in seiner Entscheidung vom 14.12.1999 (*3 AZR 675/98, DB 2000, 1719 = BB 2000, 1892 m. Hinweis auf Andresen/Förster/Rühmann, Arbeitsrecht der betrieblichen Altersversorgung, Teil 1, Kap. 4 A Rn. 75*) in einem obiter dictum angedeutet hat, dass der Schutzbereich des § 4 BetrAVG ggf. auch auf das laufende Arbeitsverhältnis anzuwenden ist (*so auch Höfer, BetrAVG, Bd. I [ArbR], § 4 Rn. 3661*), kann dem nicht gefolgt werden. 597

Bezieht sich dies auf einen vom Arbeitgeber beabsichtigten **Wechsel des Durchführungsweges**, widerspricht sie der Rechtsprechung des BAG, wonach der Arbeitgeber ohne Beachtung von Mitbestimmungsrechten, nicht nur die Wahl, sondern auch den Wechsel des Durchführungsweges 598 bestimmen kann (*vgl. BAG, 12.06.1975 – 3 ABR 137/73, BB 1975, 1064 = AuR 1975, 377*). Zum anderen verschlechtert sich bei einer wertgleichen Übertragung aufgrund der nach wie vor unverändert bestehenden **Grundverpflichtung** des Arbeitgebers aus dem Arbeitsverhältnis die Rechtsposition des Arbeitnehmers ebenso wenig, wie das wirtschaftliche Risiko des PSV, der nach wie vor für die Insolvenz des gleichen Arbeitgebers haftet.

599 Das Übertragungsverbot des § 4 BetrAVG dient nämlich nicht in erster Linie der Erhaltung des gesetzlichen Insolvenzschutzes, sondern bezweckt vorrangig die Sicherung der Haftungsmasse. Insoweit dient das Übertragungsverbot dem Schutz des PSV vor unerwünschten bzw. außerplanmäßigen Haftungsrisiken (*BAG, 17.03.1987 – 3 AZR 605/85, BB 1987, 2233 = DB 1988, 122 = NZA 1988, 21; Blomeyer/Rolfs/Otto, BetrAVG, § 4 Rn. 3; Höfer, BetrAVG, Bd. I [ArbR], § 4 Rn. 3645*).

600 Dieses Risiko besteht allerdings bei einem Wechsel des Durchführungsweges nicht, da hier nach wie vor der gleiche Arbeitgeber für die Erfüllung der Versorgungsverbindlichkeiten haftet. Gerade der vom Gesetzgeber neu in § 1 Abs. 1 BetrAVG aufgenommene Verschaffungsanspruch verdeutlicht, dass die letztendliche Haftung für die Erfüllung der Versorgungsverbindlichkeiten nicht beim Versorgungsträger, sondern beim Arbeitgeber liegt. Bleibt dessen Identität gewahrt, bedeutet ein Austausch des Versorgungsträgers weder für den Versorgungsgläubiger (Arbeitnehmer) noch für den PSV als Träger der gesetzlichen Insolvenzsicherung ein zusätzliches Risiko.

601 Vor diesem Hintergrund hat der Gesetzgeber i. R. d. durch das AltEinkG bedingten **weiteren Novellierung** des § 4 BetrAVG ausdrücklich klargestellt, dass der Wechsel des Durchführungsweges, bei dem nach wie vor der ursprüngliche Versorgungsschuldner als Schuldner des arbeitsrechtlichen Verschaffungsanspruchs erhalten bleibt, vom Anwendungsbereich nicht erfasst wird (*BT-Drucks. 15/2150, S. 92*). § 4 BetrAVG verbietet damit nur eine Schuldübernahme durch andere als die im Gesetz genannten Versorgungsträger.

602 Mithin ist auch ein Wechsel des Durchführungsweges bei Betriebsrentnern und mit unverfallbarer Versorgungsanwartschaft Ausgeschiedenen zulässig. Auch ggü. diesem Personenkreis bleibt nach wie vor der ursprüngliche Arbeitgeber in der Haftung bzgl. der Erfüllung der zugesagten Versorgungsleistungen (§ 1 Abs. 2 Satz 3 BetrAVG) sowie hinsichtlich der dem PSV geschuldeten Insolvenzsicherungsbeiträge.

603 Als Lösungsmöglichkeit wäre i. R. d. weiteren Entwicklung jedoch auch zu prüfen, ob insoweit nicht im Rahmen von Tarifverträgen zur betrieblichen Altersversorgung eine Abweichung von der Vorschrift des § 4 BetrAVG zulässig ist, nach welcher die Übertragung auf einen Pensionsfonds im Anwendungsbereich des § 3 Nr. 66 EStG in jedem Fall zugelassen wird. Die Vorschrift des § 17 Abs. 3 BetrAVG ermöglicht grds. Abweichungen von § 4 BetrAVG.

aa) Mittelbare Übertragung (»Anrechnungsverfahren«)

604 Soweit also eine unmittelbare Übertragung der Versorgungsverpflichtungen auf einen Pensionsfonds ausscheidet, ist nunmehr zu prüfen, ob man insoweit nicht auf anderem Wege das gewünschte Übertragungsziel erreichen kann.

605 Zu denken ist insoweit insb. an eine lediglich mittelbare Übertragung nach dem sog. **Anrechnungsverfahren.**

606 Bei diesem Anrechnungsverfahren erhält der Versorgungsberechtigte eine identische, d. h. inhaltsgleiche Versorgungszusage über einen anderen Versorgungsträger – hier den Pensionsfonds. Die aus dieser neuen Zusage fließenden Leistungen werden vollinhaltlich auf die bestehende Pensionszusage angerechnet. Zivilrechtlich entsteht durch diese Anrechnung beim Versorgungsberechtigten kein höherer Anspruch als durch die bislang existierende Versorgungszusage. Die alte Zusage entfällt allerdings nicht, sondern tritt haftungsrechtlich in den Hintergrund. Sie erlangt nur noch dann Bedeutung, wenn die neue Zusage – aus welchen Gründen auch immer – den Wert der alten Zusage im Zeitablauf unterschreiten sollte.

I. Durchführung der betrieblichen Altersversorgung (§§ 1 bis 4a BetrAVG)   B.

Letztendlich ist dieses Anrechnungsmodell somit eine Art »Gesamtschuldverhältnis mit interner Haftungsfreistellung der alten Versorgungsverpflichtung«, die den Arbeitgeber als bisherigen Schuldner nicht aus seiner Verpflichtung zur Verschaffung der zugesagten Altersversorgung entlässt, die aber – wirtschaftlich betrachtet – einen Wechsel des Primärschuldners zum Ziel hat. Damit geht sie über eine bloße Erfüllungsübernahme hinaus, die nach den Grundsätzen von § 329 BGB nur im Innenverhältnis zwischen Pensionsfonds und Arbeitgeber wirken und dem Versorgungsberechtigten keine eigenen unmittelbaren Ansprüche gegen den Pensionsfonds einräumen würde. Die zivilrechtliche Zulässigkeit einer solchen Schuldübernahmevereinbarung folgt aus § 311 Abs. 1 BGB n. F. (= § 305 BGB a. F.). Danach kann eine Schuldnermehrheit mit abgestufter Leistungspflicht entstehen, sodass der Pensionsfonds in erster Linie die Schuld erfüllt. Der Arbeitgeber bleibt zwar Schuldner und in der Mithaftung, tritt aber im Außenverhältnis ggü. dem Versorgungsberechtigten und dessen Zugriffsmöglichkeit zurück und kann nur dann noch unmittelbar in Anspruch genommen werden, wenn der Pensionsfonds nicht bzw. nicht ausreichend leistet. 607

Eine derartige Gestaltung ist keine Umgehung des in § 4 BetrAVG normierten Übertragungsverbotes (, da – wie ausgeführt – der Arbeitgeber von seiner originären Verpflichtung, dem Verschaffungsanspruch aus § 1 Abs. 1 BetrAVG, nicht – wie es die Fälle des § 4 Abs. 1 BGB vorsehen – rechtlich enthaftet wird. 608

Diese Übertragung würde somit zwar keine rechtliche Enthaftung des Arbeitgebers herbeiführen, aber de facto das Haftungsrisiko des Arbeitgebers i. R. d. tatsächlich über den Pensionsfonds erfolgten Finanzierung (ggf. auf Null) reduzieren. 609

bb) Steuerrechtliche Restriktionen

Fraglich könnte sein, ob eine solche nur »mittelbare« Übertragung überhaupt den Anforderungen des **Übertragungsbegriffs** in § 3 Nr. 66 EStG genügt, oder ob diese steuerliche Übertragungsmöglichkeit nicht vielmehr zwingend eine Übertragung i. S. v. § 4 BetrAVG voraussetzt. 610

§ 3 Nr. 66 EStG selbst spricht nur von der »Übernahme bestehender Versorgungsverpflichtungen«. Eine Bezugnahme auf das BetrAVG im Allgemeinen oder § 4 BetrAVG im Besonderen findet sich dort nicht. Auch aus den Gesetzesmaterialien ergibt sich keine derartige Einschränkung des Übernahmebegriffs. Vergleicht man dagegen § 3 Nr. 66 EStG mit der Steuerbefreiungsvorschrift des § 3 Nr. 65 Satz 2 EStG, der die Steuerfreistellung der Beiträge für eine Liquidationsversicherung ausdrücklich von einer Übernahme von Versorgungsleistungen i. R. d. »in § 4 Abs. 3 BetrAVG bezeichneten Fällen« abhängig macht und damit für diesen Spezialfall den Übernahmebegriff bzw. die Übernahmemodalitäten des BetrAVG voraussetzt (nur deshalb war ja auch eine Sonderregelung des Fiskus für die Anwendbarkeit der Steuerbefreiungsvorschrift auf beherrschende Gesellschafter-Geschäftsführer, die nicht in den Anwendungsbereich des BetrAVG fallen, erforderlich, *vgl. BMF-Schreiben v. 07.11.2001 – DB 2001, 2423*), so wird man im Umkehrschluss davon ausgehen können, dass im Rahmen von § 3 Nr. 66 EStG die Steuerbefreiung nicht davon abhängig ist, das eine Übernahme nach dem BetrAVG vorliegt. Steuerrechtlich ist somit § 4 BetrAVG für die Anwendbarkeit von § 3 Nr. 66 EStG unbeachtlich, sodass steuerrechtlich das hier beschriebene Anrechnungsverfahren die Voraussetzungen des § 3 Nr. 66 EStG erfüllt und nicht zu beanstanden ist. 611

f) Sonstige Handlungsalternativen

Im Hinblick auf die somit nur sehr eingeschränkt bestehenden Übertragungsmöglichkeiten sind in der Vergangenheit vielfach beabsichtigte Übertragungen von Versorgungsverpflichtungen an den aufgezeigten gesetzlichen Rahmenbedingungen gescheitert. Dabei kommt noch hinzu, dass auch i. R. d. rechtlich zulässigen Übertragungsmöglichkeiten steuerliche Restriktionen bestehen, die die Übertragung unattraktiv machen. So ist z. B. die Übertragung auf einen Lebensversicherer im Regelfall in voller Höhe nach dem lohnsteuerlichen Zuflussprinzip im Zeitpunkt der Übertragung ebenso mit dem individuellen Steuersatz – bezogen auf den Barwert der übertragenen Verpflichtungen – zu 612 versteuern (*Meier/Bätzel, DB 2004, 1438*), wie eine nach Rentenbeginn an sich zulässige Abfindung der Versorgungsleistungen durch Auszahlung eines einmaligen Barkapitals.

613 Die sich hieraus ergebenden zusätzlichen finanziellen Belastungen haben insb. im Zusammenhang mit beabsichtigten Unternehmensliquidationen, die erst dann abgeschlossen werden können, wenn das zu liquidierende Unternehmen keinerlei Verbindlichkeiten mehr hat, dazu geführt, dass die Liquidation nicht durchgeführt wurde. So existiert heute eine Vielzahl von reinen »Rentnergesellschaften« bei denen nur Versorgungsverbindlichkeiten verwaltet und abgewickelt werden. Erst wenn der letzte Betriebsrentner gestorben ist und damit dann keine Verbindlichkeit besteht, können diese Gesellschaften liquidiert werden. Vor diesem Hintergrund findet man in der Praxis die folgenden Lösungsansätze.

aa) Schuldbeitritt

614 Neben der Schuldübernahme kommt auch ein **Schuldbeitritt** in Betracht, der dem Versorgungsberechtigten einen **zusätzlichen Schuldner** verschafft (*vgl. auch Höfer, BetrAVG, Bd. I [ArbR], § 4 Rn. 3668; Tenbrock, S. 120 f.; Wellisch/Bleckmann, BetrAV 2006, 143; Schmitz/Wilhelm, in: Kolvenbach/Sartoris, S. 178 ff.*). Dieser Schulbeitritt fällt, da der zusätzliche Schuldner nicht Arbeitgeber des Versorgungsberechtigten wird, nicht unter den Anwendungsbereich von § 4 BetrAVG, sondern richtet sich ausschließlich nach den allgemeinen zivilrechtlichen Bestimmungen der §§ 414 ff. BGB.

615 Der Schuldbeitritt ist somit nach dem BetrAVG rechtlich unbedenklich umsetzbar (*BAG, 04.08.1981 – 3 AZR 441/80, BB 1982, 51 = DB 1981, 2544; BAG, 12.12.1989 – 3 AZR 540/88, BB 1990, 857 = DB 1990, 895 = ZIP 1990, 735*).

616 Im Verhältnis zum Versorgungsberechtigten, der hinsichtlich des Schuldbeitritts **keinen gesetzlichen Insolvenzschutz** genießt, bleibt dabei die Haftung des Arbeitgebers bestehen (*BAG, 17.03.1987 – 3 AZR 605/85, BB 1987, 2233 = DB 1988, 122 = NZA 1988, 21; Höfer, BetrAVG, Bd. I [ArbR], § 4 Rn. 3668 f.; Wellisch/Bleckmann, BetrAV 2006, 143*).

617 Im Fall des Schuldbeitritts erhält der Versorgungsberechtigte also neben seinem Arbeitgeber einen weiteren, zusätzlichen Versorgungsschuldner, den er bei Eintritt des Versorgungsfalls auf Erfüllung des Versorgungsversprechens in Anspruch nehmen kann (Gesamtschuld bzw. sog. **kumulative Schuldübernahme** gem. § 421 ff. BGB; *vgl. hierzu auch Andresen/Förster/Rößler/Rühmann, BetrAVG [ArbR], Teil 14A Rn. 25; Schmitz/Wilhelm, in: Kolvenbach/Sartoris, S. 179*).

618 Aus dieser vertraglichen Besserstellung des Versorgungsberechtigten folgt kein lohnsteuerlich relevanter Lohnzufluss, da sich an der zugrunde liegenden Versorgungsverpflichtung weder vom Inhalt noch vom Umfang her etwas geändert hat (*so auch Förster, BetrAV 2001, 133 [136]; Schmitz/Wilhelm, in: Kolvenbach/Sartoris, S. 194*).

619 Soweit der Schuldbeitretende, der sinnvollerweise zugleich auch die Administration und das Asset-Management des Versorgungswerkes übernimmt, und in diesem Zusammenhang den Arbeitgeber – gegen Zahlung eines entsprechenden Übernahmepreises oder Abtretung entsprechender Rückdeckungsversicherungen – im Innenverhältnis von den Leistungsansprüchen der Versorgungsberechtigten in vollem Umfang freistellt (Schuldbeitritt mit haftungsbefreiender Erfüllungsübernahme), führt dies zu einer bilanziellen Verlagerung der Rückstellungen aus der **Handelsbilanz** des Arbeitgebers in die Handelsbilanz des Schuldbeitretenden (*Kolvenbach/Langohr-Plato, PersW 1999, 32 ff.; Förster, BetrAV 2001, 133 [136]*). Beim Arbeitgeber, der im Außenverhältnis nach wie vor haftet, darf auf die Bilanzierung der Versorgungsverpflichtung nämlich dann verzichtet werden, wenn seine Inanspruchnahme so gut wie ausgeschlossen ist (*vgl. Adler/Düring/Schmaltz, § 249 HGB Rn. 101 f.*). Diese Voraussetzung ist beim Schuldbeitritt mit interner Haftungsfreistellung bei wirtschaftlicher Betrachtung erfüllt, sodass bereits gebildete Rückstellungen zu »entpassivieren« sind (*vgl. auch Hennerkes/Binz/Rauser, BB 1982, 930 [934]; Adler/Düring/Schmaltz, § 249 HGB Rn. 92; FN-IDW (HFA) 1996, 528 [529]; Wellisch/Bleckmann, BetrAV 2006, 144*). Faktisch führt diese

bilanzielle **Enthaftung** auch zu einer weitestgehenden **wirtschaftlichen Enthaftung** (*Förster, BetrAV 2001, 133 [136]*).

Wegen des bislang geltenden Maßgeblichkeitsgrundsatzes der Handelsbilanz für die Steuerbilanz müssten die Pensionsverpflichtungen nach erfolgtem Schuldbeitritt auch in der Steuerbilanz des Arbeitgebers nicht mehr zu passivieren sein (*so auch Schmitz/Wilhelm, in: Kolvenbach/Sartoris, S. 184Wellisch/Bleckmann, BetrAV 2006, 144*). 620

I. R. d. BMF-Schreibens v. 16.12.2005 (*IV B 2 – S 2176 – 103/05, BetrAV 2006, 69*) hat die Finanzverwaltung allerdings eine gegenteilige Auffassung vertreten. Danach führt ein solcher Schuldbeitritt gerade nicht zu einer steuerbilanziellen Enthaftung. Vielmehr muss nach Ansicht des BMF im Fall des Schuldbeitritts der Arbeitgeber weiterhin Rückstellungen nach § 6a EStG bilden und den Freistellungsanspruch gegen den Schuldbeitretenden aktivieren. Der Schuldbeitritt führt daher nicht zu einer rechtlichen Enthaftung, sondern – ähnlich wie bei einer Rückdeckungsversicherung – nur zu einer wirtschaftlichen Verlagerung des Finanzierungsvorgangs und damit lediglich zu einem Aktivtausch (*vgl. auch Förster, BetrAV 2001, 133 [136]*). 621

Diese Auffassung hat der BFH allerdings in seiner Entscheidung vom 26.4.2012 (*Az.: IV R 43/09 – DStR 2012/1128*) mit dem Argument verworfen, dass die Inanspruchnahme des ursprünglichen Versorgungsschuldners jedenfalls bei einer gleichzeitig vereinbarten internen Haftungsfreistellung durch den Schuldbeitretenden nicht (mehr) wahrscheinlich ist. 621a

Die Verpflichtung des Arbeitgebers, seinen Mitarbeitern künftig Versorgungsleistungen zu erbringen, ist eine ungewisse Verbindlichkeit (§ 249 Abs. 1 Satz 1 HGB). Eine Rückstellung darf dafür nur gebildet werden, wenn aus der Sicht des Bilanzstichtags eine Inanspruchnahme wahrscheinlich ist. Daher kommt die Passivierung der Pensionsverpflichtungen wegen des Schuldbeitritts nicht in Betracht, wenn es an der Wahrscheinlichkeit der Inanspruchnahme fehlt. Zwar schuldet der Arbeitgeber auch nach erfolgtem Schuldbeitritt den Versorgungsberechtigten gegenüber weiterhin künftige Versorgungsleistungen; eine Inanspruchnahme ist jedoch infolge des Schuldbeitritts eines Dritten nicht (mehr) wahrscheinlich, wenn nach dem im Innenverhältnis der Gesamtgläubiger getroffenen Vereinbarungen allein der (leistungsfähige) Dritte künftig zu den Versorgungsleistungen verpflichtet ist. Dann sind die Pensionsrückstellungen vom Schuldbeitretenden und nicht mehr vom Arbeitgeber zu passivieren (*BFH, 28.04.2012 – IV R 43/09, DStR 2012/1128*).

Einen Freistellungsanspruch gegen den Schuldbeitretenden muss der Arbeitgeber auch nicht aktivieren. Denn die Verpflichtung des Schuldbeitretenden zur Freistellung des Arbeitgebers, falls dieser künftig aus den Pensionsverpflichtungen in Anspruch genommen werden sollte, ist beim Arbeitgeber schon deshalb kein bilanzierungsfähiges Wirtschaftsgut, weil bereits die künftige Inanspruchnahme aus den Pensionsverpflichtungen ungewiss und für deren Passivierung nicht hinreichend wahrscheinlich ist. Der wirtschaftliche Wert der Ansprüche, die die Arbeitnehmer aus dem Schuldbeitritt haben, spiegelt sich bilanziell allein darin wider, dass die ungewisse Verbindlichkeit aus den Pensionszusagen nicht mehr als Passivposten auszuweisen ist (*BFH, 28.04.2012 – IV R 43/09, DStR 2012/1128*).

Die handelsbilanzielle Enthaftung gilt immer dann, wenn die dem Schuldbeitretenden überlassenen Vermögenswerte als **plan assets** zu qualifizieren sind (was zumindest bei Verpfändung der dem Schuldbeitretenden überlassenen/abgetretenen Finanzierungsmittel, z. B. Rückdeckungsversicherungen, der Fall ist) auch für die internationale Bilanz (IAS/FAS/US-GAPP). 622

▶ Hinweis:

Es ist in diesem Zusammenhang aber in jedem Fall zu empfehlen, entsprechende Maßnahmen frühzeitig, d. h. vor Umsetzung eines Schuldbeitritts mit dem Wirtschaftsprüfer abzustimmen.

Der Arbeitgeber bleibt allerdings auch nach erfolgtem Schuldbeitritt durch einen Dritten gem. § 11 BetrAVG im Außenverhältnis verpflichtet, die übernommenen Versorgungsverpflichtungen beim Pensions-Sicherungs-Verein (PSV) zu melden und entsprechende Insolvenzsicherungsbeiträge an 623 den PSV zu zahlen. Er kann allenfalls die administrative Abwicklung mit dem PSV auf den Dritten übertragen.

624 Der Schuldbeitritt ist eine unternehmerische Entscheidung, die **keiner Zustimmung der Mitarbeiter** bedarf. Soweit es bei der Umsetzung zu einer Finanzierung der Versorgungsverpflichtungen über den Abschluss von Lebensversicherungsverträgen kommt, ist allerdings die Einwilligung des Versorgungsberechtigten als versicherte Person nach § 159 VVG erforderlich.

625 Ein solcher Schuldbeitritt ist jedenfalls dann kein aufsichtspflichtiges Versicherungsgeschäft, wenn der Schuld beitretende Dritte seine übernommene Haftung durch den Abschluss von Rückdeckungsversicherungen absichert und seine Haftung auf das übernommene Vermögen bzw. auf die Leistungen aus der Rückdeckungsversicherung beschränkt (*so auch Förster, BetrAV 2001, 133 [136]; Schmitz/Wilhelm, in: Kolvenbach/Sartoris, S. 194 ff.*).

bb) Treuhandkonzept (Contractual Trust Arrangement/CTA)

626 Bei dieser Variante werden unmittelbare Versorgungsverpflichtungen einschließlich der ihrem Wert entsprechenden finanziellen Mittel treuhänderisch auf einen **externen Rechtsträger** (e.V. oder GmbH) übertragen, der die vollständige Administration und das Asset-Management des Versorgungswerkes übernimmt. Neben der reinen »Verwaltungstreuhand« existiert auch die sog. »Sicherungs- oder doppelseitige Treuhand«. Zur insolvenzrechtlichen Absicherung der Versorgungsberechtigten wird hierbei der Anspruch des Arbeitgebers gegen den Treuhänder auf Rückübertragung des Treuhandvermögens an die Versorgungsberechtigten verpfändet (*ausführlich hierzu Scheithauer/Sartoris, in: Kolvenbach/Sartoris, S. 318 ff.; vgl. ferner Förster, BetrAV 2001, 133 [135]; Rößler/Doetsch/Heger, BB 1999, 2498 [2502 ff.]*).

Letztendlich bleibt auch bei dieser Variante die arbeitsrechtliche Haftung für die Erfüllung der Versorgungsverpflichtungen beim Arbeitgeber bestehen.

627 Werden die finanziellen Mittel an einen Treuhänder derart ausgelagert, dass eine zweckfremde Nutzung durch den Arbeitgeber ausgeschlossen ist, so hat dieses Konzept die Konsequenz, dass nach internationalen Bilanzierungsgrundsätzen (IFRS bzw. FAS) für diese unmittelbaren Pensionszusagen die entsprechenden Passiva (Pensionsrückstellungen) mit dem Treuhandvermögen (plan assets) zu verrechnen/zu saldieren sind, sodass in der Handelsbilanz keine Rückstellungen ausgewiesen werden (*Meier/Bätzel, DB 2004, 1439*). Dagegen sind in der deutschen Handelsbilanz nach wie vor Rückstellungen mindestens in der nach § 6a EStG vorgeschriebenen Höhe zu passivieren und das Treuhandvermögen – allerdings mit den Anschaffungskosten, d.h. nach dem Niederstwertprinzip – als Vermögen des Arbeitgebers zu aktivieren. Mithin ist das Treuhandkonzept im Wesentlichen für nach internationalen Rechnungslegungsvorschriften bilanzierende Unternehmen vorteilhaft.

628 Sowohl die Einrichtung der Treuhand als auch die Anlage des Treuhandvermögens können **ohne Zustimmung der Versorgungsberechtigten** und ohne aufsichtsrechtliche Begleitung vorgenommen werden.

629 Steuerlich ist noch zu beachten, dass eine Auslagerung von Vermögensmitteln auf einen Treuhänder nur wirtschaftlich, nicht aber rechtlich erfolgt und daher weiterhin die Bilanzierung der Aktivwerte unverändert beim Unternehmen verbleibt.

cc) Übertragung von Rentnerbeständen auf eine Unterstützungskasse

630 Da eine Übernahme unmittelbarer Versorgungszusagen durch Unterstützungskassen wegen des fehlenden Rechtsanspruchs nach § 4 BetrAVG ausgeschlossen ist, kann allenfalls eine »wirtschaftliche« Übertragung im Wege des sog. **Anrechnungsverfahrens** durchgeführt werden (*s. o. Rdn. 604 ff.*).

631 Bei diesem Anrechnungsverfahren erhält der Versorgungsberechtigte eine identische, d.h. inhaltsgleiche Versorgungszusage über eine Unterstützungskasse. Die aus dieser neuen Zusage (als Vertrag zugunsten Dritter **nicht zustimmungspflichtig**) fließenden Leistungen werden vollinhaltlich auf die

bestehende Pensionszusage angerechnet. Zivilrechtlich entsteht durch diese Anrechnung beim Versorgungsberechtigten kein höherer Anspruch als durch die bislang existierende Versorgungszusage. Die alte Zusage entfällt allerdings nicht, sondern tritt haftungsrechtlich in den Hintergrund. Sie erlangt nur noch dann Bedeutung, wenn die neue Zusage – aus welchen Gründen auch immer – den Wert der alten Zusage im Zeitablauf unterschreiten sollte. Letztendlich ist dieses Anrechnungsmodell eine Art »Gesamtschuldverhältnis mit interner Haftungsfreistellung der alten Versorgungsverpflichtung«.

632 Eine derartige Gestaltung ist keine Umgehung des in § 4 BetrAVG normierten Übertragungsverbotes, da – wie ausgeführt – der Arbeitgeber von seiner originären Verpflichtung, dem Verschaffungsanspruch aus § 1 Abs. 1 BetrAVG, nicht – wie es die Fälle des § 4 Abs. 1 BGB vorsehen – rechtlich enthaftet wird.

633 Interessant ist diese Alternative v. a. in **bilanzieller Hinsicht**, wenn mit Übertragung der Versorgungsverpflichtung auf die Unterstützungskasse die bislang gebildeten Pensionsrückstellungen Gewinn erhöhend aufgelöst werden können.

▶ Hinweis:

Insoweit empfiehlt sich allerdings eine steuerliche Anrufungsauskunft und eine Prüfung, ob die verbleibende Subsidiärhaftung in der HGB-Bilanz nicht bilanzierungspflichtig ist. Damit würde auch der von den Banken im Hinblick auf die EG-Richtlinie »Basel II« geforderten Bilanzverkürzung Rechnung getragen.

634 Dieses Modell kann bei entsprechender Vertragsgestaltung auch zu einer Bilanzverkürzung nach US-GAAP bzw. IAS führen (*Koch, in: Kolvenbach/Sartoris, S. 276 ff.*). Bei internationaler Rechnungslegung wird eine Rückdeckungsversicherung als sog. **plan asset** und damit ggü. der Pensionsrückstellung als saldierungsfähig angesehen, wenn die Rückdeckungsversicherung an den Versorgungsberechtigten verpfändet ist. Dies gilt auch für Rückdeckungsversicherungen einer Unterstützungskasse: Zum einen ist aufgrund des bestehenden steuerrechtlichen Beleihungsverbotes (nach § 4d Abs. 1 Nr. 1 Buchst. c) Satz 4 EStG wird der Betriebsausgabenabzug für die Zuwendungen an die Unterstützungskasse verweigert, wenn die Rückdeckungsversicherung zur Besicherung eines Darlehens verwendet wird) ein Rückfluss des zur Altersversorgung zweckgebundenen Kassenvermögens an den Arbeitgeber gesetzlich ausgeschlossen. Zum anderen könnte man auch hier – sofern überhaupt erforderlich – die von der Unterstützungskasse abgeschlossenen Rückdeckungsversicherungen an die Versorgungsberechtigten verpfänden. Eine solche Verpfändung wird auch steuerlich anerkannt.

635 Die Übertragung kann nicht nur auf eine rückgedeckte Unterstützungskasse erfolgen, sondern auch auf der Basis der Zuwendungsregelung (»Vervielfältiger«) gem. Anlage 1 zum EStG auf eine **pauschal dotierte Kasse**. Die Aussagen zur Verpfändung gelten analog.

▶ Hinweis:

Bei dieser Variante kann das Kassenvermögen der Unterstützungskasse unterhalb der erreichten handelsrechtlichen Rückstellung für die Direktzusage liegen. Eine vollständige Auflösung der handelsbilanziell gebildeten Rückstellungen kann in dieser Situation möglicherweise nicht erfolgen (*Sartoris, in: Kolvenbach/Sartoris, S. 291 f.*).

dd) Abspaltung

636 Hiernach erfolgt eine (partielle) **Gesamtrechtsnachfolge** nach dem Umwandlungsgesetz (UmwG) in Form der **Abspaltung** oder **Ausgliederung**. Nach dem 1995 in Kraft getretenen neuen Umwandlungsrecht kann der übertragende Rechtsträger das Vermögen bzw. Teile des Vermögens seines Unternehmens auf den übernehmenden Rechtsträger auf vertraglicher Basis nach freiem Ermessen zuordnen und damit eine Sonderrechtsnachfolge in Form einer partiellen Gesamtrechtsnachfolge bewirken.

637 Grundlage dieser freien Zuordnung ist der **Spaltungs- und Übernahmevertrag** gem. § 126 UmwG bzw. der **Spaltungsplan** gem. § 136 UmwG bei der Spaltung zur Neugründung. Dementsprechend ist in diesem Zusammenhang auch weder die Zustimmung der Versorgungsberechtigten noch des PSV erforderlich. Die Grenzen der freien Zuordnung der Verbindlichkeiten aus betrieblicher Altersversorgung ergeben sich allenfalls aus dem Grundsatz der Verhältnismäßigkeit. Insoweit ist zumindest auf eine angemessene Kapitalausstattung der inaktiven Gesellschaft zu achten.

638 Gem. § 134 Abs. 3 UmwG sind Ansprüche der Arbeitnehmer (hierzu zählen laut § 134 Abs. 2 UmwG auch explizit Versorgungsansprüche) von Rechtsträgern, die ihr Vermögen im Wesentlichen auf einen oder mehrere neue Rechtsträger übertragen, besonders geschützt. D. h. die gesamtschuldnerische Haftung aller an der Übertragung beteiligten Rechtsträger erhöht sich von 5 auf 10 Jahre (*ausführlich hierzu unter Rdn. 1754 ff.*).

9. Auskunftsansprüche des Versorgungsberechtigten (§ 4a BetrAVG)

639 Ursprünglich bestand gem. § 2 Abs. 6 BetrAVG für den ausscheidenden Arbeitnehmer lediglich ein auf die Mitteilung beschränktes **Auskunftsrecht**, ob und ggf. in welcher Höhe für ihn eine unverfallbare Versorgungsanwartschaft existiert. Dieser Auskunftsanspruch richtet sich also neben der Feststellung des Erreichens bzw. Nicht-Erreichens der Unverfallbarkeitsfrist nur auf die bei Erreichung der in der Versorgungsordnung vorgesehenen festen Altersgrenze zu erwartenden Altersversorgung. Dieses inhaltlich beschränkte Auskunftsrecht ist i. R. d. Novellierung des BetrAVG durch das AltEinkG entfallen und durch einen weiter gehenden Auskunftsanspruch in § 4a BetrAVG ersetzt worden.

640 So ist der Arbeitgeber bzw. der Versorgungsträger nunmehr nicht erst bei Beendigung des Arbeitsverhältnisses, sondern bereits im laufenden Arbeitsverhältnis verpflichtet, dem Arbeitnehmer bei einem **berechtigten Interesse** auf dessen Verlangen hin schriftliche Informationen über seine betriebliche Altersversorgung zu erteilen. Die gesetzliche Informationspflicht ist also kein zwingender Automatismus, sondern setzt immer ein entsprechend begründetes Begehren des Mitarbeiters voraus.

641 Die Auskunftsverpflichtung erstreckt sich nach § 4a Abs. 1 BetrAVG sowohl darauf, »*in welcher Höhe aus der bisher erworbenen unverfallbaren Anwartschaft bei Erreichen der in der Versorgungsregelung vorgesehen Altersgrenze ein Anspruch auf Altersversorgung besteht*« (Nr. 1) als auch auf die »*Höhe des Übertragungswertes*« nach § 4 Abs. 5 BetrAVG (Nr. 2), sofern ein Anspruch auf Übertragung gem. § 4 Abs. 3 BetrAVG besteht.

a) Allgemeiner Informationsanspruch (§ 4a Abs. 1 Nr. 1 BetrAVG)

642 Soweit der Gesetzgeber in § 4a Abs. 1 Nr. 1 BetrAVG ein Informationsrecht hinsichtlich der bisher erworbenen »unverfallbaren Anwartschaft« statuiert und gleichzeitig diesen Auskunftsanspruch bereits im laufenden Arbeitsverhältnis zulässt, ist ihm ein »lapsus linguae« unterlaufen. Nach der allgemeinen Definition setzt der Begriff der Unverfallbarkeit nämlich neben dem Erreichen eines Mindestalters und dem Erfüllen der Unverfallbarkeitsfrist auch das Ausscheiden aus dem Unternehmen voraus. Im laufenden Arbeitsverhältnis gibt es also keine unverfallbaren Anwartschaften, sondern nur Bedingungen, die man erfüllen kann, mit der Konsequenz, dass beim Ausscheiden aus dem Unternehmen aufgrund des Bedingungseintritts dann die Unverfallbarkeit festzustellen ist. Insoweit ist das Gesetz also dahin gehend (ergänzend) auszulegen, dass diese Bedingungen bei einer fiktiv unterstellten Beendigung des Arbeitsverhältnisses erfüllt sein müssen, es sich also um einen Fall der Entgeltumwandlung (sofortige Unverfallbarkeit) handelt oder aber die sonstigen Fristen (Mindestalter, Zusagedauer, Betriebszugehörigkeit) erfüllt sind (*vgl. auch Höfer, DB 2004, 1429*). Sind diese Bedingungen nicht erfüllt, so wäre ein berechtigtes Interesse grds. zu verweigern, da der Mitarbeiter keinen Anspruch auf Aufrechterhaltung oder Übertragung seiner Versorgungsanwartschaft hätte.

643 Eine Ausnahme besteht allerdings dann, wenn der Mitarbeiter seinen Auskunftsanspruch in unmittelbarem Zusammenhang mit einer **konkret beabsichtigten Beendigung** des Arbeitsverhältnisses

I. Durchführung der betrieblichen Altersversorgung (§§ 1 bis 4a BetrAVG)

geltend macht und bis zur beabsichtigten Beendigung des Arbeitsverhältnisses die Unverfallbarkeitsfristen erfüllen kann.

Darüber hinaus liegt nach der Gesetzesbegründung ein **berechtigtes Interesse** aber immer dann und damit auch vor Erfüllung der Unverfallbarkeitsfristen vor, wenn der Mitarbeiter beabsichtigt, eine **ergänzende Eigenvorsorge** zu betreiben *(BT-Drucks. 15/2150, S. 54 zu Nr. 6)* und die begehrte Information benötigt, um seinen Versorgungsbedarf zu eruieren *(Höfer, DB 2004, 1429)*.

644

Fraglich kann insoweit aber sein, wie oft bzw. in welchen Zeitabständen ein Mitarbeiter sein Informationsrecht geltend machen kann. Versendet z. B. ein (über-) betriebliches Versorgungswerk unter Transparenzaspekten einen jährlichen Leistungsausweis oder Kontoauszug über den aktuellen Stand der betrieblichen Altersversorgung, so dürfte dem vorstehend genannten Informationsbedürfnis eigentlich genüge getan sein *(vgl. auch Blumenstein, BetrAV 2004, 239)*. Für ein berechtigtes Interesse an einer weiteren Information müssten dann zusätzliche Argumente vorgebracht werden, z. B. dass bestimmte entscheidungsrelevante Angaben in dem Standard-Leistungsausweis nicht enthalten sind oder sich die individuelle Versorgungssituation des Mitarbeiters (z. B. nach Heirat) maßgeblich geändert hat.

645

Diese gesetzliche Auskunftspflicht beschränkt sich ihrem Wortlaut nach ausschließlich auf eine Mitteilung der zu erwartenden **Altersrente**; eine Auskunftspflicht über die Höhe der zu erwartenden Leistungen bei Eintritt eines sonstigen nach der Versorgungsordnung abgesicherten Versorgungsfalls (vorzeitige Altersrente, Invalidität oder Tod) besteht dagegen nicht *(Höfer, BetrAVG, Bd. I [ArbR], § 4a Rn. 3827)*.

646

Sind bei der Berechnung der Anwartschaft Renten der gesetzlichen Rentenversicherung zu berücksichtigen, so kann nach § 2 Abs. 5 Satz 2 BetrAVG das bei der Berechnung von Pensionsrückstellungen allgemein zulässige Verfahren (sog. **Näherungsverfahren**) zugrunde gelegt werden, wenn nicht der ausgeschiedene Arbeitnehmer die Anzahl der im Zeitpunkt des Ausscheidens erreichten Entgeltpunkte nachweist.

647

Weder der Arbeitgeber noch die ausgeschiedenen Arbeitnehmer können das Näherungsverfahren gegen den Willen ihres Vertragspartners durchsetzen *(BAG, 09.12.1997 – 3 AZR 695/96, BB 1998, 1537 = BetrAV 1998, 220)*.

648

Wenn der Arbeitnehmer die Anzahl der im Zeitpunkt seines Ausscheidens erreichten sozialversicherungsrechtlichen Entgeltpunkte nachweist, darf der Arbeitgeber das Näherungsverfahren nicht mehr anwenden.

649

Soweit der Arbeitnehmer diesen Nachweis nicht erbringt, steht dem Arbeitgeber ein Wahlrecht zu, das er gem. § 315 BGB nach billigem Ermessen ausüben muss *(BAG, 09.12.1997 – 3 AZR 695/96, BB 1998, 1537 = BetrAV 1998, 220)*.

650

Hat der Arbeitgeber die individuelle Berechnung gewählt, so trifft den Arbeitnehmer die arbeitsvertragliche Nebenpflicht, dem Arbeitgeber die benötigten sozialversicherungsrechtlichen Unterlagen auf dessen Kosten zu beschaffen. Solange der Arbeitnehmer dieser Pflicht nicht nachkommt, kann der Arbeitgeber die Auskunft nach § 2 Abs. 6 BetrAVG verweigern.

651

Die nach § 2 Abs. 6 BetrAVG a. F. vom Arbeitgeber dem ausgeschiedenen Mitarbeiter pflichtgemäß erteilte Auskunft über den Umfang einer unverfallbaren Anwartschaft ist **kein** abstraktes oder deklaratorisches **Schuldanerkenntnis**, sondern hat lediglich einen **informatorischen Aussagegehalt** hinsichtlich eines erloschenen oder fortbestehenden Schuldverhältnisses *(BAG, 09.12.1997 – 3 AZR 695/96, BB 1998, 1537 = DB 1998, 2331 m. w. N.; Doetsch, BetrAV 2003, 50 f.; Höfer, BetrAVG, Bd. I [ArbR], § 4a Rn. 3849 ff.)*.

652

Dies gilt auch für den nunmehr in § 4a BetrAVG geregelten Auskunftsanspruch *(BAG, 23.08.2011 – 3 AZR 669/09, NZA-RR 2012, 268)*. Bei der Auskunft nach § 4a Abs. 1 Nr. 1 BetrAVG handelt es sich um eine reine Wissenserklärung, die dem Arbeitnehmer Klarheit über die Höhe der zu

653

erwartenden Betriebsrente verschaffen soll *(BAG, 17.06.2003 – 3 AZR 462/02, EzA BetrAVG § 2 Nr. 20; BAG, 23.08.2011 – 3 AZR 669/09, NZA-RR 2012, 268).*

Entsprechend ihrem Zweck muss die Auskunft so ausgestaltet sein, dass der Arbeitnehmer sie überprüfen kann. Die Bemessungsgrundlagen und der Rechenweg sind so genau zu bezeichnen, dass der Arbeitnehmer die Berechnung nachvollziehen kann *(BAG, 09.12.1997 – 3 AZR 695/96, BAGE 87, 250; BAG, 23.08.2011 – 3 AZR 669/09, NZA-RR 2012, 268).* Die Auskunft dient nicht dazu, einen Streit über den Inhalt des Versorgungsanspruchs zu beseitigen. Sie soll lediglich Meinungsverschiedenheiten über die Berechnungsgrundlagen aufdecken und dem Arbeitnehmer Gelegenheit geben, derartige Streitigkeiten noch vor dem Eintritt des Versorgungsfalls durch eine entsprechende Feststellungsklage zu beseitigen. Eine Klage auf Erteilung einer anderen Auskunft ist dazu nicht geeignet *(BAG, 09.12.1997 – 3 AZR 695/96, BAGE 87, 250; BAG, 23.08.2011 – 3 AZR 669/09, NZA-RR 2012, 268).*

654 Der Arbeitgeber ist nicht an den Inhalt der Auskunft gebunden. Erteilt der Arbeitgeber jedoch eine **inhaltlich falsche, unvollständige und/oder in sonstiger Weise irreführende Auskunft** und richtet der Arbeitnehmer im Vertrauen auf die Richtigkeit der Auskunft die Planung seiner Altersversorgung ein, indem er z. B. weitere private Vorsorgemaßnahmen unterlässt, so kann dies ggf. einen **Schadensersatzanspruch** des Arbeitnehmers begründen *(BAG, 08.11.1983 – 3 AZR 511/81, BB 1984, 601 = DB 1984, 836 = AuR 1984, 120; BAG, 12.03.1991 – 3 AZR 86/90, BetrAV 1992, 49 = ZIP 1991, 1446; BAG, 20.11.2000 – 3 AZR 13/00, DB 2002, 227 = NZA 2002, 618 = BetrAV 2001, 683; BAG, 17.10.2000 – 3 AZR 605/99, BB 2001, 315 = DB 2001, 391; LAG Frankfurt am Main, 22.08.2001 – 8 Sa 146/00, BB 2002, 416; Doetsch, BetrAV 2003, 51).*

Daher kann der Arbeitgeber bei der Erteilung der Auskunft so lange von den seiner Ansicht nach geltenden Berechnungsgrundlagen ausgehen, bis die Geltung anderweitiger Bestimmungen rechtskräftig festgestellt ist oder über sie zwischen den Parteien Einigkeit erzielt wurde. Bei Streitigkeiten über die Höhe der Verpflichtung ist der Arbeitnehmer gehalten, solange der Versorgungsfall noch nicht eingetreten ist, im Wege der Feststellungsklage seine Rechte zu verfolgen *(BAG, 09.12.1997 – 3 AZR 695/96, BAGE 87, 250).*

655 Im Zusammenhang mit der Auskunftserteilung ist es fraglich, ob die Auskunftspflicht eine Bringschuld des Arbeitgebers oder eine Holschuld des Arbeitnehmers ist. Da der Gesetzgeber die Auskunftspflicht weder mit besonderen Formerfordernissen noch mit einer Fristsetzung verknüpft hat, wird man zugunsten des Arbeitgebers davon ausgehen können, dass er seiner Auskunftspflicht nur **auf Nachfrage** seitens des Arbeitnehmers nachkommen muss. Dies gilt erst recht nach der Verlagerung des Auskunftsanspruchs von § 2 BetrAVG nach § 4a BetrAVG, der den Nachweis eines berechtigten Interesses durch den auskunftsberechtigten Arbeitnehmer verlangt *(Blomeyer/Rolfs/Otto, § 4a Rdn. 26).*

656 Verweigert der Arbeitgeber die Auskunftserteilung, so kann der Arbeitnehmer die begehrte Auskunft im Wege der **Leistungsklage** erstreiten *(BAG, 18.03.1986 – 3 AZR 641/84, BB 1986, 1577 = DB 1986, 1930 = NZA 1986, 715; LAG Berlin, 27.11.1978 – 9 Sa 47/78, BB 1979, 940 = BetrAV 1979, 166; LAG Hamm, 07.03.1989 – 6 Sa 270/88, BB 1989, 1412 = DB 1989, 1141 = ZIP 1989, 1215; Blomeyer/Rolfs/Otto, BetrAVG, § 4a Rn. 54).*

657 Darüber hinaus gibt es keine Verpflichtung des Arbeitgebers zur unaufgeforderten Unterrichtung über die betriebsrentenrechtlichen Konsequenzen bei vorzeitigem Ausscheiden. Jeder Vertragspartner hat grds. selbst für die Wahrnehmung seiner Interessen zu sorgen. Dies hat zur Konsequenz, dass sich der Arbeitnehmer selbst vor Abschluss eines Aufhebungsvertrages Klarheit über die damit einhergehenden rechtlichen Konsequenzen, insb. auch die Konsequenzen für seine betriebliche Altersversorgung verschaffen muss *(BAG, 11.12.2001 – 3 AZR 339/00, DB 2002, 2387).* Eine andere Beurteilung kann sich allenfalls bei Beendigung des Arbeitsverhältnisses auf Wunsch des Arbeitgebers oder bei außergewöhnlich hohen drohenden Versorgungseinbußen im Einzelfall und nach einer insoweit umfassenden Interessenabwägung ergeben *(BAG, 11.12.2001 – 3 AZR 339/00, DB 2002, 2387)*.

Allgemeine im Gesetz nicht näher geregelte Hinweis- und Aufklärungspflichten beruhen somit immer auf den besonderen Umständen des Einzelfalls und sind das Ergebnis einer umfassenden Interessenabwägung.   658

b) Informationen im Zusammenhang mit der Portabilität (§ 4a Abs. 1 Nr. 2 und Abs. 2 BetrAVG)

§ 4a Abs. 1 Nr. 2 BetrAVG regelt die Verpflichtung des **alten Arbeitgebers**, dem Mitarbeiter auf dessen Verlangen hin den Wert der Anwartschaft im Fall einer Übertragung nach § 4 Abs. 3 BetrAVG mitzuteilen. Durch den ausdrücklichen Hinweis auf § 4 Abs. 3 BetrAVG ist klargestellt, dass sich diese Informationspflicht nur auf den Rechtsanspruch auf Übertragung/Portabilität erstreckt und sich nicht auf freiwillig vereinbarte Übertragungen bezieht.   659

In unmittelbarem sachlichem Zusammenhang mit dieser ggü. dem alten Arbeitgeber bestehenden Auskunftspflicht ist der sich gegen den **neuen Arbeitgeber** bzw. dessen **Versorgungsträger** nach § 4 Abs. 2 BetrAVG richtende Informationsanspruch zu sehen. Danach haben der neue Arbeitgeber bzw. dessen Versorgungsträger dem Versorgungsberechtigten »*auf dessen Verlangen schriftlich mitzuteilen, in welcher Höhe aus dem Übertragungswert ein Anspruch auf Altersversorgung und ob eine Invaliditäts- oder Hinterbliebenenversorgung bestehen würde*«.   660

Dieser gegen den neuen Arbeitgeber bzw. dessen Versorgungsträger gerichtete Informationsanspruch macht eigentlich nur dann Sinn, wenn der Mitarbeiter vorher Kenntnis davon hat, mit welchem Übertragungswert er in das Versorgungssystem des neuen Arbeitgebers »einsteigen« kann. Allerdings muss der Versorgungsberechtigte für sich selbst entscheiden, ob er überhaupt von seinem Anspruch auf Portabilität Gebrauch machen will. Diese Entscheidung wird er regelmäßig nur aufgrund einer »Günstigerprüfung« treffen können, d. h. er wird das Leistungsspektrum der Versorgung beim alten Arbeitgeber mit dem des neuen Versorgungssystems vergleichen müssen. Deshalb muss er grds. den Wert der bisherigen Altersversorgung ebenso kennen, wie den Inhalt und die Konditionen (Kalkulationsgrundlagen) der neuen Versorgungszusage.   661

▶ Hinweis:

Zu beachten ist insoweit, dass der Gesetzgeber den neuen Arbeitgeber bzw. dessen Versorgungsträger nur hinsichtlich der Altersleistung verpflichtet hat, auch deren aus dem Übertragungswert finanzierte Höhe betragsmäßig anzugeben. Dahingegen genügt für die Versorgungsfälle Invalidität und Tod der bloße Hinweis darauf, ob diese Risiken über das neue Versorgungssystem abgesichert sind oder nicht. Eine wertmäßige Darstellung der ggf. zu zahlenden Versorgungsleistungen ist insoweit nicht erforderlich.

Dem Versorgungsberechtigten wird somit nur ein **eingeschränktes Informationsrecht** zugestanden, das viel Raum für ergänzende Fragen lässt, auf deren Beantwortung der Versorgungsberechtigte aber keinen rechtlich einklagbaren Anspruch hat *(so auch Höfer, DB 2004, 1429)*. Angesichts der zunehmenden rechtlichen und tatsächlichen Komplexität betrieblicher Versorgungssysteme und der Tatsache, dass sich viele dieser Fragen nur schwerlich im Selbststudium der Versorgungsordnungen beantworten lassen, werden sich die Unternehmen mit einer Vielzahl von Fragen konfrontiert sehen (z. B. über Zurechnungszeiten bei der Bemessung einer Invaliditätsversorgung, das Abstellen auf die erdiente oder erdienbare Anwartschaft auf Altersrente für die Höhe von Invaliditäts- oder Hinterbliebenenleistungen, die Einbeziehung von Lebenspartnern in den Hinterbliebenenschutz). Hier wird die Praxis praktikable Lösungen zwischen dem durchaus nachvollziehbaren Interesse der Versorgungsberechtigten an umfassender Information und einem noch handhabbaren administrativen Aufwand beim Arbeitgeber und dessen Versorgungsträger finden müssen.   662

663 Soweit Höfer *(DB 2004, 1429 unter Ziff. V letzter Abs.)* insoweit die Gefahr einer Überprüfung der Rechtmäßigkeit von Übertragungen als nicht gering einschätzt, mag diese Gefahr de facto ggf. bestehen. In rechtlicher Hinsicht wäre diese Gefahr jedoch nur dann von Bedeutung, wenn eine über § 4a BetrAVG hinausgehende allgemeine Informationspflicht bestehen würde.

664 Doetsch *(BetrAV 2003, 49 unter Ziff. 3)* bejaht unter dem Hinweis auf die arbeitsrechtliche **Fürsorgepflicht** eine solche allgemeine Informationspflicht dort, »wo die Höhe der späteren Versorgungsleistungen nicht aus der Zusage selbst ablesbar ist bzw. über freiwillige Standmitteilungen bekannt wird«. Die Fürsorgepflicht verpflichte den Arbeitgeber in diesen Fällen jedenfalls zu solchen Auskünften, »die der Arbeitnehmer zur Wahrung seiner Vermögensinteressen (wozu auch eine Vorsorgeplanung gehört) benötigt und auch nicht in anderer Weise auf leichtere Art und Weise erhalten kann und die keine übermäßigen Kosten auslösen«.

665 Unabhängig davon, ob eine solche allgemeine aus dem Fürsorgeprinzip abgeleitete Informationspflicht vorvertraglich überhaupt besteht – im Fall des § 4 Abs. 2 BetrAVG geht es um Informationspflichten des künftigen Arbeitgebers – ist jedenfalls für den Bereich der betrieblichen Altersversorgung festzustellen, dass hier der Gesetzgeber **besondere Auskunftsrechte** in § 4a BetrAVG **spezialgesetzlich geregelt** hat. Wenn der Gesetzgeber diese Auskunftsrechte inhaltlich beschränkt, vorliegend auf die Höhe der Altersleistung sowie die Existenz einer Absicherung vorzeitiger Risikofälle, dann bleibt für eine weiter gehende allgemeine bzw. allumfassende Auskunftspflicht kein Raum. Würde eine solche allgemeine Auskunftspflicht bestehen, hätte es nämlich keiner besonderen Regelung in § 4a BetrAVG bedurft. Von daher spricht die Tatsache der konkreten Ausgestaltung von § 4a BetrAVG vielmehr dafür, dass der Gesetzgeber eine über die dort normierten Auskunfts- und Informationspflichten hinausgehende Mitteilungspflicht nicht beabsichtigt hat. Mithin bleibt es der Entscheidung des Arbeitgebers im jeweiligen Einzelfall vorbehalten, ob und inwieweit er freiwillig einem über den Regelungsinhalt des § 4a BetrAVG hinausgehenden Auskunftsbegehren des Versorgungsberechtigten nachkommen will.

666 Erteilt der künftige Arbeitgeber oder dessen Versorgungsträger eine solche freiwillige Auskunft, so muss er sich allerdings die daraus resultierenden **Haftungsrisiken** vergegenwärtigen. Derartige Auskünfte sind zwar nur reine informatorische Wissenserklärungen und keine Willenserklärungen, stellen also kein deklaratorisches Schuldanerkenntnis dar *(Doetsch, BetrAV 2003, 50f.)*. Gleichwohl kann eine inhaltlich fehlerhafte, unvollständige und/oder in sonstiger Weise irreführende Auskunft zum Schadensersatz führen *(Doetsch, BetrAV 2003, 51; Förster/Cisch, BB 2004, 2131)*.

II. Auszehrungs- und Anrechnungsverbot (§ 5 BetrAVG)

667 § 5 BetrAVG **schränkt** in zweifacher Weise, nämlich durch das in § 5 Abs. 1 BetrAVG normierte **Auszehrungsverbot** und das nach § 5 Abs. 2 BetrAVG bestehende **Anrechnungsverbot**, die **Vertragsfreiheit** der Parteien **ein**.

668 Beide Verbotsnormen haben ihre rechtliche Grundlage in dem von der Rechtsprechung entwickelten **Entgeltcharakter** betrieblicher Versorgungsleistungen und dem sich daraus ergebenden **Bestands- und Vertrauensschutz** *(vgl. auch Ahrend/Förster/Rößler, Steuerrecht der betrieblichen Altersversorgung, 1. Teil Rn. 1430; Blomeyer/Rolfs/Otto, BetrAVG, § 5 Rn. 2)*. Sie gelten grds. für alle fünf Durchführungswege der betrieblichen Altersversorgung, wirken sich in der Praxis jedoch nur bei solchen Versorgungssystemen aus, die eine Gesamtversorgung vorsehen (**Gesamtversorgungssysteme**), d. h. die vom Arbeitgeber zu erbringende Versorgungsleistung dem Grunde und der Höhe nach unter Anrechnung anderer Versorgungsbezüge definieren oder limitieren *(vgl. Förster/Cisch/Karst, BetrAVG, § 5 Anm. 2; Ahrend/Förster/Rößler, 1. Teil Rn. 1430; Höfer, BetrAVG, Bd. I [ArbR], § 5 Rn. 3866 f.; Kisters-Kölkes, in: Kemper/Kisters-Kölkes/Berenz/Huber, § 5 Rn. 1)*.

669 Das gesetzliche Auszehrungs- und Anrechnungsverbot bezieht sich ausdrücklich nur auf den Zeitpunkt der **erstmaligen Festsetzung** der betrieblichen Versorgungsleistung und auf deren **Bestand nach Eintritt des Versorgungsfalls**. Damit sind die Verbotsnormen nicht in der Anwartschaftsphase

II. Auszehrungs- und Anrechnungsverbot (§ 5 BetrAVG)   B.

zu berücksichtigen, sodass aufgrund entsprechend vereinbarter Anrechnungs- und Limitierungsklauseln bei Rentenbeginn eine »**Nullleistung**« erzielt werden kann, d. h. ein Rentenanspruch erst gar nicht entsteht. *(LAG Hamm, 23.11.1977 – 11 Sa 953/77, DB 1978, 304 = BetrAV 1978, 63; LAG Düsseldorf, 07.05.1980 – 16 Sa 29/80, DB 1980, 2090; a. A. Höfer, BetrAVG, Bd. I [ArbR], § 5 Rn. 3879, der in einer auszehrungsbedingten Nullleistung einen Verstoß gegen Treu und Glauben sowie allgemeine Vertrauensschutzaspekte sieht).*

1. Inhalt und Umfang des gesetzlichen Auszehrungsverbots

Nach § 5 Abs. 1 BetrAVG dürfen die **bei Eintritt des Versorgungsfalls festgesetzten Leistungen** der betrieblichen Altersversorgung **nicht** mehr dadurch **gemindert** oder **entzogen** werden, dass sich **anderweitige Versorgungsbezüge** aus wirtschaftlichen Gründen erhöhen. 670

Anderweitige Versorgungsleistungen sind alle **gesetzlichen Versorgungsleistungen** sowie **betrieblichen Versorgungsleistungen**, die von einem anderen Arbeitgeber erbracht werden *(Förster/Cisch/Karst, BetrAVG, § 5 Anm. 8; Blomeyer/Rolfs/Otto, BetrAVG, § 5 Rn. 18 ff.; Kisters-Kölkes, in: Kemper/Kisters-Kölkes/Berenz/Huber, § 5 Rn. 7)*. Im Ergebnis wird durch das Auszehrungsverbot ein **Bestandsschutz** hinsichtlich des betragsmäßigen Wertes der **ersten Betriebsrentenzahlung** erreicht. 671

Bei einem **Gesamtversorgungssystem** dürfen die Leistungen der betrieblichen Altersversorgung auch dann nicht den bei Eintritt des Versorgungsfalls erstmals ermittelten Rentenbetrag unterschreiten, wenn die Gesamtversorgung selbst **dynamisch** ausgestaltet ist *(BAG, 13.07.1978 – 3 AZR 873/77, BB 1978, 1620 = DB 1978, 2274 = NJW 1979, 831)*. 672

Gem. § 18 Abs. 1 BetrAVG gilt das Auszehrungsverbot nicht für die in den Zusatzversorgungskassen des öffentlichen Dienstes pflichtversorgten **Mitarbeiter des öffentlichen Dienstes**, die einen Anspruch auf eine dynamische Gesamtversorgung haben *(vgl. auch BAG, 28.06.1983 – 3 AZR 94/81, BB 1983, 1989 = DB 1983, 2786 = AuR 1983, 379)*. 673

Das Auszehrungsverbot greift nur bei einer Erhöhung der anderweitigen Versorgungsbezüge an die **wirtschaftliche Entwicklung** ein. Erfasst werden hierdurch in erster Linie sämtliche **Erhöhungen der Sozialversicherungsrenten** aufgrund der jeweiligen Rentenanpassungsgesetze *(Förster/Cisch/Karst, BetrAVG, § 5 Anm. 9)*. Demgegenüber dürfen nicht aufgrund einer Anpassung an die wirtschaftliche Entwicklung bedingte Leistungserhöhungen, z. B. bei der Umstellung von einer Berufs- auf eine Erwerbsunfähigkeits- oder Altersrente, ohne Verstoß gegen das betriebsrentenrechtliche Auszehrungsverbot leistungsmindernd berücksichtigt werden *(Höfer, BetrAVG, Bd. I [ArbR], § 5 Rn. 4001)*. 674

Soweit die Vertragsparteien eine gegen § 5 Abs. 1 BetrAVG verstoßende Auszehrungsklausel vereinbaren, ist diese nach § 134 BGB **nichtig**. 675

2. Inhalt und Umfang des gesetzlichen Anrechnungsverbots

Gem. § 5 Abs. 2 BetrAVG dürfen Leistungen der betrieblichen Altersversorgung durch eine **Anrechnung** oder Berücksichtigung **anderer Versorgungsbezüge**, soweit diese **auf eigenen Beiträgen des Versorgungsberechtigten** beruhen, **nicht gekürzt** werden. Damit soll erreicht werden, dass sich der Arbeitgeber nicht durch eine **Eigenvorsorge** des Arbeitnehmers seiner Versorgungsverpflichtung entledigen kann *(so bereits BAG, 26.10.1973 – 3 AZR 377/72, BB 1974, 696 = DB 1974, 294 = AuR 1974, 124; vgl. auch Blomeyer/Rolfs/Otto, BetrAVG, § 5 Rn. 47)*. 676

Voraussetzung für eine **zulässige Anrechnung** anderweitiger Versorgungsbezüge ist zunächst einmal eine entsprechende **ausdrückliche, eindeutige** und **unmissverständliche** Anrechnungsklausel in der individual- oder kollektivrechtlich vereinbarten Versorgungszusage. Fehlt eine solche Anrechnungsklausel, ist die Anrechnung auch nicht zulässig. § 5 Abs. 2 BetrAVG enthält insoweit kein gesetzliches Anrechnungsrecht, sondern regelt nur die rechtlichen Rahmenbedingungen für eine vertraglich zulässige Anrechnungsvereinbarung *(BAG, 10.08.1982 – 3 AZR 334/79, BB 1983, 578 = DB 1982,* 677

2627 = AuR 1983, 58; BAG, 16.08.1988 – 3 AZR 183/87, BB 1989, 153 = DB 1989, 279 = NZA 1989, 180; BAG, 05.09.1989 – 3 AZR 654/87, BB 1990, 143 = DB 1990, 1143 = NZA 1990, 269; BAG, 10.08.1993 – 3 AZR 69/93, BB 1994, 360 = DB 1994, 539 = NZA 1994, 757; Förster/Cisch/Karst, BetrAVG, § 5 Anm. 10; Höfer, BetrAVG, Bd. I [ArbR], § 5 Rn. 3891; Kisters-Kölkes, in: Kemper/Kisters-Kölkes/Berenz/Huber, § 5 Rn. 19).

678 ▶ Formulierungsbeispiel: Anrechnungsklausel

1. Soweit sich Versorgungsempfänger (ehemalige Mitarbeiter) durch das Eingehen von Dienstverhältnissen oder durch regelmäßige geschäftliche oder berufliche Tätigkeit vor Erreichen der Altersgrenze bzw. vor Inanspruchnahme der vorgezogenen Altersrente Einnahmen verschaffen, werden diese vom Unternehmen auf die betrieblichen Versorgungsleistungen angerechnet. Der Versorgungsberechtigte ist verpflichtet, die anzurechnenden Einkünfte eines jeden Jahres bis zum ..... des Folgejahres dem Unternehmen durch Vorlage entsprechender Nachweise mitzuteilen.
2. Ist die Invalidität oder der Tod eines Mitarbeiters auf das schadensersatzpflichtige Verhalten eines Dritten zurückzuführen, so werden die dem Mitarbeiter oder seinen Hinterbliebenen zustehenden Schadensersatzansprüche auf die betrieblichen Versorgungsleistungen angerechnet. Der Mitarbeiter kann die Anrechnung vermeiden, wenn er die Ersatzansprüche an das Unternehmen abtritt.
3. Auf die Versorgungsleistungen werden Leistungen einer befreienden Lebensversicherung angerechnet, wenn die Beiträge hierzu mindestens zur Hälfte vom Arbeitgeber mitfinanziert worden sind. Dabei werden Kapitalleistungen nach den im jeweiligen Zeitpunkt geltenden versicherungsmathematischen Grundlagen mit einem Rechnungszins von derzeit 6%, Richttafeln Klaus Heubeck, in eine Versorgungsrente umgerechnet.

(Formulierungsalternative:

Auf die Leistungen nach dieser Versorgungszusage werden keine anderweitigen Leistungen angerechnet. Dieser Anrechnungsausschluss gilt insbesondere für Leistungen der deutschen oder einer ausländischen gesetzlichen Rentenversicherung. Soweit der Versorgungsberechtigte betriebliche Versorgungsleistungen aus einem früheren Arbeitsverhältnis erhält, bleiben diese ebenfalls unberücksichtigt).

679 Angerechnet werden dürfen aber nur solche Versorgungsbezüge, soweit sie nicht auf eigenen Beiträgen des Versorgungsberechtigten beruhen. Aus der Formulierung »soweit« ergibt sich, dass eine **teilweise Anrechnung** zulässig ist, nämlich i. H. d. der Arbeitgeberbeteiligung entsprechenden Anteils (*Blomeyer/Rolfs/Otto, BetrAVG, § 5 Rn. 60ff.; Höfer, BetrAVG, Bd. I [ArbR], § 5 Rn. 3910*). Dieser Arbeitgeberanteil ist, soweit eine eindeutige Verifizierung der daraus resultierenden Versorgungsleistung nicht möglich ist, nach versicherungsmathematischen Grundsätzen zu berechnen.

680 Eine **Ausnahme** von diesem Anrechnungsverbot gilt gem. § 5 Abs. 2 Satz 2 BetrAVG für **Renten aus der gesetzlichen Sozialversicherung**. Diese Renten dürfen, soweit sie auf **Pflichtbeiträgen** beruhen, **in voller Höhe angerechnet** werden (*Förster/Cisch/Karst, BetrAVG, § 5 Anm. 17*), da andernfalls **Gesamtversorgungssysteme** nicht realisierbar wären. Der Teil der gesetzlichen Altersrente, der auf einer **Höherversicherung** basiert, fällt dagegen nicht unter diese Ausnahmeregelung, da die Höherversicherung nicht auf Pflichtbeiträgen beruht. Eine Anrechnung der Höherversicherung ist daher nur in dem Umfang zulässig, wie sich der Arbeitgeber an den Beiträgen hierzu beteiligt hat (*Blomeyer/Rolfs/Otto, BetrAVG, § 5 Rn. 93ff.; Höfer, BetrAVG, Bd. I [ArbR], § 5 Rn. 3915f.*).

681 Das Anrechnungsverbot gilt ferner nicht für solche Versorgungsbezüge, die **mindestens zur Hälfte auf Beiträgen oder Zuschüssen des Arbeitgebers** beruhen (*vgl. auch BAG, 19.02.1976 – 3 AZR 215/75, BB 1976, 841 = DB 1976, 1237 = AuR 1976, 282*). Dies ist insb. bei **befreienden Lebensversicherungen** und den **berufsständischen Versorgungswerken** regelmäßig der Fall. Wird aus der befreienden Lebensversicherung ein Kapitalbetrag fällig, so ist dieser zu verrenten. Hierzu besteht hinsichtlich der für die Anrechnung erforderlichen ausdrücklichen Regelung in der Versorgungsordnung eine **Wahlmöglichkeit** zwischen der **versicherungsmathematischen Verrentung** des tatsächlich in der befreienden Lebensversicherung erzielten Kapitalbetrages oder der Berechnung einer **fiktiven**, auf entsprechenden Beitragszahlungen beruhenden **Sozialversicherungsrente** (*BAG, 16.12.1986 – 3 AZR 631/84, LNR 1986, 13821; BAG, 17.10.1989 – 3 AZR 788/87, LNR 1989, 14486; LAG Hessen, 09.11.1990 – 9 Sa 514/89, BB 1991, 143; Höfer, BetrAVG, Bd. I [ArbR], § 5 Rn. 3931ff.*).

II. Auszehrungs- und Anrechnungsverbot (§ 5 BetrAVG)   B.

Soweit andere Versorgungsbezüge anrechenbar sind, bezieht sich die Anrechnungsmöglichkeit **im Zweifel**, d. h. soweit sich aus der Versorgungsordnung nicht eindeutig und unmissverständlich eine Anrechnung des Nettoversorgungsbetrages ergibt, auf den **Bruttobetrag** der gezahlten anderweitigen Versorgungsbezüge. Der von dem Versorgungsträger einzubehaltende **Beitrag zur Krankenversicherung der Rentner** bleibt dann ohne Einfluss auf die Höhe der Gesamtversorgung (*BAG, 10.03.1992 – 3 AZR 352/91, BB 1992, 1432 = DB 1993, 283 = NZA 1992, 935*). 682

Angerechnet werden dürfen auch **ausländische Sozialversicherungsrenten**, falls diese Renten auf einer gesetzlichen Pflichtversicherung beruhen, dienstzeit- und beitragsabhängig gestaltet sind und je zur Hälfte durch Arbeitgeber- und Arbeitnehmerbeiträge finanziert worden sind (*BAG, 27.11.1984 – 3 AZR 436/81, BB 1985, 1795 = DB 1985, 2698 = NZA 1985, 665; BAG, 24.04.1990 – 3 AZR 309/88, BB 1990, 1776 = DB 1990, 2172 = NZA 1990, 936; Förster/Cisch/Karst, BetrAVG, § 5 Anm. 19; Höfer, BetrAVG, Bd. I [ArbR], § 5 Rn. 3911 f.; Kisters-Kölkes, in: Kemper/Kisters-Kölkes/Berenz/Huber, § 5 Rn. 25*). 683

Eine Sonderstellung bei der Anrechnung anderweitiger Versorgungsbezüge nehmen die **gesetzlichen Unfallrenten** ein. Hier ist eine Anrechnung unter **Gleichbehandlungsaspekten** nur dann zulässig, wenn und soweit die Rente einen erlittenen Verdienstausfall bzw. eine Verdienstminderung ausgleichen soll. Wird die Unfallrente dagegen als Ausgleich für immaterielle Schäden oder sonstige Einbußen gezahlt, ist eine Anrechnung nach ständiger Rechtsprechung untersagt (*vgl. u. a. BAG, 19.07.1983 – 3 AZR 241/82, BB 1983, 1474 = DB 1983, 1659 = NJW 1984, 83; BAG, 02.02.1988 – 3 AZR 115/86, BB 1988, 1396 = DB 1988, 1273 = NZA 1988, 611; BAG, 23.02.1988 – 3 AZR 100/86, BB 1988, 1394 = DB 1988, 1274 = NZA 1988, 609; BAG, 06.06.1989 – 3 AZR 668/87, BB 1989, 2119 = DB 1990, 435 = NZA 1990, 274*). 684

Obwohl nicht ausdrücklich in § 5 Abs. 2 BetrAVG angesprochen, sind anderweitige **Erwerbseinkünfte**, die der Versorgungsbeschäftigte nach Eintritt des Versorgungsfalls aufgrund einer freiberuflichen Tätigkeit oder eines zulässigen Nebenverdienstes in einem neuen Arbeitsverhältnis erzielt, grds. auf die betriebliche Versorgungsleistung anrechenbar, soweit hierfür eine vertragliche Rechtsgrundlage in der Versorgungsordnung existiert. Entsprechendes gilt für die Anrechnung von Karenzentschädigungszahlungen aus einem nachvertraglichen Wettbewerbsverbot (*vgl. BAG, 26.02.1985 – 3 AZR 162/84, BB 1985, 1467 = DB 1985, 2053 = NZA 1985, 809; BAG, 09.07.1991 – 3 AZR 337/90, BB 1991, 2164 = DB 1991, 2447 = NZA 1992, 65*). 685

Voll angerechnet werden können ebenfalls **Versorgungsleistungen fremder Arbeitgeber**, soweit die Arbeitgeberbeteiligung an der Finanzierung der Versorgungsbezüge mindestens hälftig war (*BAG, 20.11.1990 – 3 AZR 31/90, BB 1991, 1718 = DB 1991, 1839 = NZA 1991, 850; Blomeyer/Rolfs/Otto, BetrAVG, § 5 Rn. 163*). Bei einer Arbeitgeberbeteiligung von unter 50 % – z. B. im Rahmen einer Direktversicherungs- oder Pensionskassenversorgung – ist nur der auf den Arbeitgeberanteil beruhende Versorgungsbetrag anrechenbar. In diesem Zusammenhang ist allerdings zusätzlich die sich aus § 2 Abs. 5 Satz 4 BetrAVG ergebende **Restriktion** zu berücksichtigen (*Blomeyer/Rolfs/Otto, BetrAVG, § 5 Rn. 165*). Danach darf eine aufrechtzuerhaltende unverfallbare Versorgungsanwartschaft nicht um solche Versorgungsbezüge gekürzt werden, die der Arbeitnehmer nach seinem Ausscheiden erwirbt. Dies hat zur Konsequenz, dass bei einem anderen Arbeitgeber erworbene Versorgungsansprüche nur dann angerechnet werden dürfen, wenn sie **vor der Erteilung** der mit einer entsprechenden Anrechnungsklausel versehenen Versorgungszusage erworben worden sind (*vgl. auch Förster/Cisch/Karst, BetrAVG, § 5 Anm. 13; Höfer, BetrAVG, Bd. I [ArbR], § 5 Rn. 3965*). 686

Eine Besonderheit besteht zudem noch bei den **Ausgleichsansprüchen** von **Handelsvertretern**. Diese entstehen nach § 89b Abs. 1 Nr. 3 HGB grds. nur, wenn und soweit dies unter Berücksichtigung aller Umstände der Billigkeit entspricht, wobei i. R. d. Billigkeitserwägungen insb. Ansprüche aus einer betrieblichen Altersversorgung zu berücksichtigen sind. Die Existenz einer betrieblichen Altersversorgung ist somit sowohl dem Grunde als auch der Höhe nach für den Umfang des Ausgleichsanspruchs maßgeblich. Dies hat zur Konsequenz, dass der Ausgleichsanspruch insoweit überhaupt nicht entsteht, als der kapitalisierte Wert der betrieblichen Versorgungsleistungen den 687

B. Regelungsbereich des Betriebsrentengesetzes

Ausgleichsanspruch überschreitet (*BGH, 23.05.1966 – VII ZR 268/64, BetrAV 1966, 140 = BB 1966, 794 = DB 1966, 1130; BGH, 18.02.1982 – I ZR 20/80, BetrAV 1982, 217 = DB 1982, 1269; BGH, 17.11.1983 – I ZR 139/81, BetrAV 1984, 53 = BB 1984, 168 = DB 1984, 556; Förster/Cisch/Karst, BetrAVG, § 5 Anm. 21*). Insoweit bedarf es noch nicht einmal einer ausdrücklichen Anrechnungsklausel; ein entsprechender klarstellender Hinweis in der einem Handelsvertreter erteilten Versorgungszusage ist dennoch unter dem Aspekt der Rechtssicherheit in jedem Fall zu empfehlen. Es erfolgt hier also eine »umgekehrte Anrechnung«, d. h. die betriebliche Altersversorgung wird auf den Ausgleichsanspruch angerechnet und nicht umgekehrt.

688 Deckt der Kapitalwert der Altersversorgung den Ausgleichsanspruch nur teilweise ab, verbleibt dem Handelsvertreter der Differenzbetrag als Ausgleichsanspruch. Dabei kommt es nicht darauf an, ob das vertretene Unternehmen selbst Versorgungsschuldner ist (unmittelbare Versorgungszusage) oder die zugesagten Versorgungsleistungen über einen externen Versorgungsträger (Unterstützungskasse, Pensionskasse oder Lebensversicherer) erbracht werden. Unerheblich ist auch, in welchem Umfang die Versorgungsleistungen nach Eintritt des Versorgungsfalls tatsächlich erbracht werden. Stirbt der Handelsvertreter schon kurz nach Fälligkeit der Altersrente, lebt der durch die Anrechnung des Kapitalwertes untergegangene Ausgleichsanspruch des Handelsvertreters nicht wieder auf. Die Hinterbliebenen können somit keine über eine eventuell mitvereinbarte Hinterbliebenenrente hinausgehenden weiteren Ansprüche geltend machen, und zwar auch dann nicht, wenn die tatsächlich gezahlten Rentenleistungen in keinem adäquaten Gegenwert zu dem untergegangenen Ausgleichsanspruch stehen (*BGH, 17.11.1983 – I ZR 139/81, BetrAV 1984, 53 = BB 1984, 168 = DB 1984, 556*). Demgegenüber trägt das vertretene Unternehmen das Risiko der Langlebigkeit des Handelsvertreters, muss also die Betriebsrente auch dann noch zahlen, wenn diese den Gegenwert des Ausgleichsanspruchs bereits ausgeschöpft hat.

689 Soweit dem Handelsvertreter infolge vorzeitiger Beendigung seines Vertragsverhältnisses aus der betrieblichen Altersversorgung nur eine **unverfallbare Versorgungsanwartschaft** zusteht, die erst zu einem späteren Zeitpunkt fällig wird als der Ausgleichsanspruch, ist der anzurechnende Kapitalwert dieser Versorgungsleistung, der auf den Ausscheidezeitpunkt **abgezinste Barwert der unverfallbaren Anwartschaft** (*BGH, 17.11.1983 – I ZR 139/81, BetrAV 1984, 53 = BB 1984, 168 = DB 1984, 556*).

690 Etwas anderes gilt nur dann, wenn zwischen dem Ausscheidezeitpunkt und der vorgesehenen Altersgrenze ein längerer Zeitraum liegt, da dann zwischen Ausgleichszahlung und betrieblicher Altersversorgung keine »funktionale Verwandtschaft« mehr besteht und die Ausgleichszahlung eine über die Alterssicherung hinausgehende Existenzabsicherung verfolgt. Von daher hat die Rechtsprechung eine Anrechnung der betrieblichen Altersversorgung auf den Ausgleichsanspruch bei einer Zeitspanne von z. B. 13 Jahren (*OLG Köln, 19.09.1996 – 18 U 14/96, VersR 1997, 615*) bzw. 21 Jahren (*BGH, 23.02.1994 – VIII ZR 94/93, BB 1994, 594 = DB 1994, 881*) nicht akzeptiert. Dies gilt zumindest dann, wenn keine ausdrückliche Anrechnungsklausel zwischen den Vertragsparteien vereinbart worden ist (*BGH, 23.02.1994 – VIII ZR 94/93, BB 1994, 594 = DB 1994, 881; Höfer, BetrAVG, Bd. I [ArbR], § 5 Rn. 3991*).

III. Vorzeitiger Bezug von Altersleistungen (§ 6 BetrAVG)

691 Gem. § 6 Satz 1 BetrAVG sind einem Arbeitnehmer, der die **Altersrente aus der gesetzlichen Rentenversicherung in voller Höhe** in Anspruch nimmt, auf sein Verlangen nach Erfüllung der Wartezeit und sonstiger Leistungsvoraussetzungen auch die zugesagten Leistungen aus der betrieblichen Altersversorgung zu gewähren. Der Gesetzgeber koppelt also den Bezug der betrieblichen Altersrente an den Bezug einer **Vollrente** aus der gesetzlichen Rentenversicherung und trägt damit der Intention eines flexiblen Übergangs in den Ruhestand, der in der gesetzlichen Rentenversicherung seit 1972 (*Gesetz v. 16.10.1972, BGBl. I, S. 1965*) verfolgt wird, Rechnung. Durch das Rentenreformgesetz 1992 vom 18.12.1989 (*BGBl. I., S. 2261*) wirkt sich der Zusammenhang zwischen dem vorzeitigen

III. Vorzeitiger Bezug von Altersleistungen (§ 6 BetrAVG)   B.

Bezug gesetzlicher und betrieblicher Leistungen der Altersversorgung über § 6 BetrAVG unmittelbar auf die betriebliche Altersversorgung aus.

Soweit sich hieraus unterschiedliche Altersgrenzen für männliche und weibliche Versorgungsberechtigte ergeben, führt dies nicht zu einem Verstoß gegen das aus Art. 119 EG-Vertrag abgeleitete **europarechtliche Lohngleichheitsgebot**. Dieser Lohngleichheitsgrundsatz verbietet nur unterschiedliche Altersgrenzen, die unmittelbar auf vertraglichen Versorgungsvereinbarungen beruhen. § 6 BetrAVG steht jedoch nicht zur Disposition der Vertragsparteien, sondern ist eine gesetzlich zwingende Regelungsvorgabe, die als solche durch Art. 6 Abs. 3 des Abkommens über die Sozialpolitik v. 07.02.1992 *(Maastrichter Verträge, ABl. EG Nr. C 191/92)* i. V. m. Art. 3 Abs. 2 GG zulässig ist. Danach sind die Mitgliedstaaten durch den europarechtlichen Lohngleichheitsgrundsatz nicht daran gehindert, zur Erleichterung der Berufstätigkeit der Frauen oder zur Verhinderung bzw. zum Ausgleich von Benachteiligungen in ihrer beruflichen Laufbahn **spezifische Vergünstigungen** beizubehalten oder zu beschließen.

692

1. Leistungsvoraussetzungen

Generelle Voraussetzung für den Bezug einer vorzeitigen betrieblichen Altersversorgungsleistung ist die Inanspruchnahme einer **gesetzlichen Vollrente**. Der entsprechende Hinweis im Gesetz auf den Bezug der gesetzlichen Altersrente »in voller Höhe« hat zur Konsequenz, dass beim Bezug einer **gesetzlichen Teilrente** nach § 42 SGB VI **kein gesetzlicher Anspruch auf eine betriebliche Teilrente** entsteht *(Kisters-Kölkes, in: Kemper/Kisters-Kölkes, Berenz/Huber, § 6 Rn. 6)*. Den Vertragsparteien steht es allerdings frei, über den Mindestschutz des Betriebsrentengesetzes hinaus im Rahmen einer Versorgungsordnung auch eine betriebliche Teilrente als Versorgungsleistung zu vereinbaren und damit entsprechende **vertragliche Leistungsansprüche** zu begründen. Demgegenüber ist die mit versicherungsmathematischen Abschlägen belegte vorgezogene gesetzliche Altersrente eine Vollrente i. S. v. § 6 BetrAVG.

693

§ 6 BetrAVG regelt nur die Pflicht zur Gewährung vorzeitiger betrieblicher Altersversorgungsleistungen bei Bezug einer vorzeitigen Altersrente aus der gesetzlichen Rentenversicherung. Damit werden vom Anwendungsbereich des § 6 BetrAVG auch nur solche Mitarbeiter erfasst, die in der deutschen gesetzlichen Rentenversicherung **versichert** sind. Versorgungsberechtigte, die nicht der gesetzlichen Rentenversicherung der BRD unterfallen, haben folglich **keinen gesetzlichen Anspruch** auf eine vorgezogene betriebliche Altersrente *(Kisters-Kölkes, in: Kemper/Kisters-Kölkes, Berenz/Huber, § 6 Rn. 8)*.

694

Dies gilt auch für die Versorgungsberechtigten, die sich durch den Abschluss einer **befreienden Lebensversicherung** von der gesetzlichen Sozialversicherungspflicht »freigekauft« haben *(vgl. auch LAG Rheinland-Pfalz, 24.07.1990 – 3 Sa 254/90, BetrAV 1991, 44 = NZA 1991, 939; Förster/Cisch/Karst, BetrAVG, § 6 Anm. 10; Höfer, BetrAVG, Bd. I [ArbR], § 6 Rn. 4132)* oder die Mitglied in einem **berufsständischen Versorgungswerk** sind.

695

▶ Hinweis:

Um diesem Personenkreis gleichwohl einen flexiblen Übergang in den Ruhestand ermöglichen zu können, empfiehlt es sich, in der Versorgungsordnung entsprechende Regelungen aufzunehmen, die einen **vertraglichen Anspruch** auf eine vorgezogene Betriebsrente begründen. Insoweit kann auf das Ausscheiden des Versorgungsberechtigten und der fiktiven Prüfung eines bei bestehender Pflichtversicherung gegebenen gesetzlichen Leistungsanspruchs abgestellt werden.

Weitere Voraussetzungen für den Bezug der vorgezogenen betrieblichen Altersrente ist die Erfüllung einer in der Versorgungsordnung evtl. vorgesehenen **Wartezeit** sowie der sonstigen **allgemeinen Leistungsvoraussetzungen**. § 6 BetrAVG führt zwar zu einer vorzeitigen Fälligkeit der zugesagten Versorgungsleistungen, schränkt i. Ü. aber nicht die vertraglichen Anspruchsvoraussetzungen ein. Der Arbeitnehmer kann diese Anspruchsvoraussetzungen, und zwar auch eine vereinbarte Wartezeit, auch nach seinem vorzeitigen Ausscheiden aus dem Arbeitsverhältnis, d. h. **außerhalb des**

696

Unternehmens erfüllen *(BAG, 28.02.1989 – 3 AZR 470/87, BB 1989, 1348 = DB 1989, 1579 = NZA 1989, 676; Kisters-Kölkes, in: Kemper/Kisters-Kölkes, Berenz/Huber, § 6 Rn. 18).*

697 Der Anspruch auf die vorzeitige betriebliche Altersversorgung ist von einem ausdrücklichen **Leistungsbegehren des Arbeitnehmers** (»auf sein Verlangen«) abhängig. Erforderlich ist somit ein entsprechender **Antrag** des Versorgungsberechtigten ggü. dem Arbeitgeber bzw. dem die Versorgung durchführenden selbstständigen Versorgungsträger (Unterstützungskasse, Pensionskasse, Lebensversicherer). Ist der Arbeitgeber zwischenzeitlich insolvent geworden, ist der Anspruch gegen den PSV zu richten *(BGH, 09.06.1980 – II ZR 255/78, BB 1980, 1215 = DB 1980, 1588 = NJW 1980, 2257).*

698 Eine bestimmt **Form** oder **Frist** für den Leistungsantrag des Arbeitnehmers ist nicht erforderlich *(BGH, 09.06.1980 – II ZR 255/78, BB 1980, 1215 = DB 1980, 1588 = NJW 1980, 2257; Kisters-Kölkes, in: Kemper/Kisters-Kölkes, Berenz/Huber, § 6 Rn. 23).* Allerdings ist der Arbeitnehmer verpflichtet, die Anspruchsvoraussetzungen für die vorgezogene Leistungsgewährung nachzuweisen. Hierzu ist im Regelfall die Vorlage eines die gesetzliche Rentenzahlung bestätigenden Rentenbescheides des Sozialversicherungsträgers erforderlich *(vgl. Andresen/Förster/Rößler/Rühmann, Arbeitsrecht der betrieblichen Altersversorgung, Teil 9 A Rn. 565 ff.; Blomeyer/Rolfs/Otto, BetrAVG, § 6 Rn. 47; Höfer; BetrAVG, Bd. I [ArbR], § 6 Rn. 4086 ff.).*

699 Der Anspruch auf die vorgezogene betriebliche Altersversorgung besteht gem. § 6 Satz 2 BetrAVG nur, **wenn** und **solange** die vorgezogene Altersrente aus der gesetzlichen Rentenversicherung bezogen wird. Diese Regelung hat v. a. Bedeutung für eine nach Rentenbeginn ausgeübte Erwerbstätigkeit. Werden durch das hierbei erzielte Einkommen die in § 34 SGB VI geregelten gesetzlichen Hinzuverdienstgrenzen überschritten, so entfällt der Anspruch auf die vorgezogene gesetzliche Altersrente. In einem solchen Fall **kann** dann der Arbeitgeber auch die Zahlung der vorgezogenen betrieblichen Altersrente ebenso einstellen, wie bei der Umstellung der vorgezogenen gesetzlichen Altersrente auf eine gesetzliche Teilrente. Diese Rechtsfolge ist – ausgehend von der Verwendung der Möglichkeitsform »kann« – allerdings nicht zwingend; vielmehr steht hier dem Arbeitgeber bzw. dem Versorgungsträger ein entsprechendes **Wahlrecht** zu.

2. Leistungsumfang

700 § 6 BetrAVG regelt einen Versorgungsfall kraft Gesetzes. Dabei beschränkt sich die gesetzliche Bestimmung allerdings auf die Regelung des Anspruchs **dem Grunde nach**. Über die **Höhe** des Anspruchs auf vorzeitige betriebliche Altersversorgung oder die zu ihrer Leistungsberechnung anzuwendenden Methode hat der Gesetzgeber bewusst **keine Regelungen** getroffen, sondern dies grds. der Disposition der Vertragsparteien überlassen *(so auch BAG, 23.01.2001 – 3 AZR 164/00, DB 2001, 1887 = ZIP 2001, 1971).*

a) Pensionskassen und Direktversicherungen

701 Soweit betriebliche Versorgungsleistungen über eine **Pensionskasse** erbracht werden, sind die vorgezogenen Versorgungsleistungen allerdings der Höhe nach auf das für den einzelnen Versorgungsberechtigten zum Zeitpunkt des Abrufs **vorhandenen Deckungsmittel** beschränkt *(vgl. Rundschreiben des Bundesaufsichtsamtes für das Versicherungswesen Nr. 5/72 v. 28.11.1972, VerBAV 1972, 321; Höfer, BetrAVG, Bd. I [ArbR], § 6 Rn. 4225 ff.).* Entsprechendes gilt für **Direktversicherungen**, bei denen sich die Höhe der vorgezogenen Versorgungsleistungen nach dem jeweiligen Geschäftsplan des Versicherers regelmäßig auf das **geschäftsplanmäßige Deckungskapital** ohne Stornoabschläge beschränkt *(vgl. Bundesaufsichtsamt für das Versicherungswesen, VerBAV 1979, 346; Förster/Cisch/Karst, BetrAVG, § 6 Anm. 14; Blomeyer/Rolfs/Otto, BetrAVG, § 6 Rn. 164 f.; Höfer, BetrAVG, Bd. I [ArbR], § 6 Rn. 4218; Kisters-Kölkes, in: Kemper/Kisters-Kölkes, Berenz/Huber, § 6 Rn. 81).*

III. Vorzeitiger Bezug von Altersleistungen (§ 6 BetrAVG)

b) Pensionsfonds

Beim **Pensionsfonds** ist insoweit hinsichtlich der inhaltlichen Ausgestaltung zu differenzieren: Werden über den Pensionsfonds **Leistungszusagen** mit versicherungsförmiger Garantie i. S. v. § 112 Abs. 1 Satz 1 Nr. 2 VAG gewährt, gelten die vorstehenden Ausführungen zur Direktversicherung entsprechend (*Blomeyer/Rolfs/Otto, BetrAVG, § 6 Rn. 178 f.; Höfer, BetrAVG, Bd. I [ArbR], § 6 Rn. 4230*). Wird die Versorgung jedoch in Form einer **Beitragszusage mit Mindestleistung** umgesetzt, ist der Wert der für den Versorgungsberechtigten bis zum vorgesehenen Rentenbeginn reservierten Deckungsmittel maßgeblich. Bei einer Kapitalzusage ist dem Versorgungsberechtigten dieser Wert zu gewähren. Bei Rentenzusagen ist dieser Wert nach versicherungsmathematischen Grundsätzen zu verrenten (*Höfer, BetrAVG, Bd. I [ArbR], § 6 Rn. 4231*).

702

c) Pensionszusagen und Unterstützungskassen

Ausgehend von der Tatsache, dass durch die vorgezogene Altersrente einerseits die **tatsächliche Dienstzeit** und damit die Betriebstreue des Versorgungsberechtigten **reduziert** und andererseits die **Rentenlaufzeit** entsprechend **verlängert** wird, ist als Ausgleich hierfür bei unmittelbaren **Pensionszusagen** und **Unterstützungskassenzusagen** allgemein die Zulässigkeit von **Leistungskürzungen** anerkannt (*vgl. Förster/Cisch/Karst, BetrAVG, § 1 Anm. 14 f.; Blomeyer/Rolfs/Otto, BetrAVG, § 6 Rn. 90 ff.; Höfer, BetrAVG, Bd. I [ArbR], § 6 Rn. 4209 ff.*).

703

d) Berechnungsgrundsätze

Soweit die Vertragsparteien individual- oder kollektivrechtliche entsprechende Leistungskürzungen vereinbaren, unterliegen diese Vereinbarungen den **Grundsätzen von Recht und Billigkeit** (*BAG, 20.04.1982 – 3 AZR 1137/79, BB 1982, 1795 = DB 1982, 1830 = NJW 1982, 1015*). Unbillige Leistungskürzungen sind gem. § 315 Abs. 3 BGB unwirksam (*BAG, 01.06.1978 – 3 AZR 216/77, BB 1979, 789 = DB 1978, 1793 = NJW 1979, 124*).

704

Kürzungen bei der Inanspruchnahme der vorgezogenen betrieblichen Altersversorgung entsprechen den Grundsätzen von Recht und Billigkeit, wenn hierdurch lediglich der durch die vorzeitige Inanspruchnahme bedingte **finanzielle Mehraufwand** des Arbeitgebers **ausgeglichen** wird (*BAG, 01.06.1978 – 3 AZR 216/77, BB 1979, 789 = DB 1978, 1793 = NJW 1979, 124*). Zu berücksichtigen sind dabei neben der **verkürzten Betriebszugehörigkeit** und der **verlängerten Rentenlaufzeit** auch die **Zinsverluste** aufgrund des vorzeitigen Abrufs der betrieblichen Versorgungsleistung und die Zusatzbelastungen aus der **Anpassungsprüfung** nach § 16 BetrAVG (*vgl. Förster/Cisch/Karst, BetrAVG, § 6 Anm. 15; Blomeyer/Rolfs/Otto, BetrAVG, § 6 Rn. 91; Höfer, BetrAVG, Bd. I [ArbR], § 6 Rn. 4209 ff.*). Danach sind in der Vergangenheit solche Kürzungsregelungen anerkannt worden, die entweder auf den zum Zeitpunkt des Ausscheidens **erdienten Anspruch** abstellen oder einen **versicherungsmathematischen Abschlag** in der Größenordnung von **0,3 bis 0,7 %** pro Monat der vorgezogenen Inanspruchnahme vorsehen (*BAG, 20.04.1982 – 3 AZR 1137/79, BB 1982, 1795 = DB 1982, 1830 = NJW 1982, 1015; BAG, 26.03.1985 – 3 AZR 236/83, BB 1986, 877 = DB 1985, 2617 = NZA 1986, 232; BAG, 25.02.1986 – 3 AZR 485/84, BB 1987, 199 = DB 1987, 53 = NZA 1987, 199; BAG, 13.03.1990 – 3 AZR 338/89, BB 1990, 480 = DB 1990, 1619 = NZA 1990, 692; BAG, 23.05.2000 – 3 AZR 228/99, BB 2001, 154; BAG, 23.01.2001 – 3 AZR 164/00, DB 2001, 1887 = ZIP 2001, 1971; ArbG Ludwigshafen/Mainz, 06.05.1976 – 6 Ca 95/76 M, BB 1976, 975 = DB 1976, 1630; ArbG Köln, 24.04.1979 – 1 Ca 1170/79, BB 1979, 1096; Ahrend/Förster/Rößler, 1. Teil Rn. 1585; Blomeyer/Rolfs/Otto, BetrAVG, § 6 Rn. 120 f.; Höfer, BetrAVG, Bd. I [ArbR], § 6 Rn. 4238; Kisters-Kölkes, in: Kemper/Kisters-Kölkes/Berenz/Huber, § 6 Rn. 64*). Aktuell geht das BAG allerdings davon aus, dass versicherungsmathematische Abschläge nur **bis max. 0,5 %** pro Monat der vorgezogenen Inanspruchnahme billigem Ermessen entsprechen (*vgl. u. a.: BAG, 18.11.2003 – 3 AZR 517/02, BAGE 108, 323; BAG, 17.08.2004 – 3 AZR 318/03, BAGE 111, 319; BAG, 23.03.2004 – 3 AZR 279/03, AP BetrAVG § 1 Berechnung Nr. 28; BAG, 29.04.2008 – 3 AZR 266/06, NZA 2008, 1417; BAG, 17.06.2008 – 3 AZR 783/06, NZA 2008, 1208; vgl.a.: Förster/Cisch/Karst, BetrAVG, § 6 Anm. 18 f.*).

705

706 Zulässig sind ferner solche Regelungen, die hinsichtlich der Höhe der nach § 6 BetrAVG zu zahlenden vorgezogenen Altersrente auf das ratierliche Berechnungsverfahren gem. § 2 BetrAVG abstellen (*BAG, 01.06.1978 – 3 AZR 216/77, BB 1979, 789 = DB 1978, 1793 = NJW 1979, 124*). Die versicherungsmathematischen Abschläge können auch **zusätzlich** zu der dienstzeitabhängigen ratierlichen Kürzung nach § 2 BetrAVG vereinbart werden (*BAG, 23.01.2001 – 3 AZR 164/00, DB 2001, 1887 = ZIP 2001, 1971; Höfer, BetrAVG, Bd. I [ArbR], § 6 Rn. 4238*).

707 Demgegenüber sind solche Regelungen unzulässig, die über einen Ausgleich der finanziellen Mehrbelastungen des Arbeitgebers hinaus durch überhöhte Abschläge zu einer **Aushöhlung** des vom Arbeitnehmer erworbenen **Besitzstandes** führen. Insb. wird sich der Arbeitgeber in diesem Zusammenhang nicht darauf berufen können, dass er nicht rechtzeitig für eine entsprechende Finanzierung der Versorgungsverpflichtung vorgesorgt hat bzw. hinsichtlich der vor Erteilung einer Versorgungszusage zurückgelegten Dienstzeiten (past service) und der sich daraus ergebenden relativ hohen Anwartschaften nicht habe ausfinanzieren können. Die **nicht erfolgte Finanzierung** ist zumindest bei **leistungsorientierten** Versorgungsplänen **kein rechtlich billigenswerter Grund**, die vorgezogene Altersversorgung auf die vorhandenen Finanzierungsmittel zu beschränken (*so auch Höfer, BetrAVG, Bd. I [ArbR], § 6 Rn. 4221* für den Fall einer nach dem ratierlichen Berechnungsverfahren aufrechterhaltenen unverfallbaren Direktversicherungsanwartschaft).

708 Die Höhe der vorgezogenen betrieblichen Altersversorgung und damit auch die Art und Weise der Berechnung eventueller Leistungskürzungen muss in der **Versorgungsordnung ausdrücklich** geregelt werden, wobei die bei kollektivrechtlich geregelten Versorgungsordnungen bestehenden **zwingenden Mitbestimmungsrechte** des Betriebsrates (*BAG, 01.06.1978 – 3 AZR 216/77, BB 1978, 1312 = DB 1978, 1713 = NJW 1979, 124*) gewahrt werden müssen. Fehlt es an einer solchen ausdrücklichen Kürzungsregelung, so ist der Arbeitgeber nach der ständigen Rechtsprechung des BAG nur zu einer unter entsprechender Anwendung der Berechnungsgrundsätze des § 2 BetrAVG **dienstzeitabhängigen ratierlichen** Kürzung berechtigt, da mit einer solchen Mindestkürzung der Arbeitnehmer generell rechnen muss (*BAG, 01.06.1978 – 3 AZR 216/77, BB 1979, 789 = DB 1978, 1793 = NJW 1979, 124; BAG, 11.09.1980 – 3 AZR 185/80, BB 1981, 737 = DB 1981, 944*). Dagegen sind alle anderen Kürzungsmethoden nur bei ausdrücklicher Vereinbarung in der Versorgungsordnung zulässig (*BAG, 11.09.1980 – 3 AZR 185/80, BB 1981, 737 = DB 1981, 944; BAG, 13.03.1990 – 3 AZR 338/89, BB 1991, 480 = DB 1990, 1619 = NZA 1990, 692*).

709 Die vorstehend genannten Grundsätze zur Berechnung der Höhe einer vorgezogenen betrieblichen Altersgrenze gelten grds. auch für den mit einer **unverfallbaren Versorgungsanwartschaft** ausgeschiedenen Versorgungsberechtigten. Macht dieser von seinem Anspruch auf Zahlung einer vorgezogenen Altersrente Gebrauch, so kam es auf der Grundlage der bisherigen Rechtsprechung zu einer **doppelten Kürzung**. Dabei wurde zunächst fiktiv die Höhe der vorgezogenen Altersrente bei unterstelltem Verbleib im Unternehmen berechnet, d. h. ggf. unter Berücksichtigung dienstzeitabhängiger und versicherungsmathematischer Abschläge. Der Wert dieses Rentenbetrages wurde dann nochmals mit dem beim Ausscheiden des Mitarbeiters ermittelten Unverfallbarkeitsquotienten gekürzt (*BAG, 13.03.1990 – 3 AZR 338/89, BB 1991, 480 = DB 1990, 1619 = NZA 1990, 692; BAG, 12.03.1991 – 3 AZR 102/90, BB 1991, 1420 = DB 1991, 1784 = NZA 1991, 771; Förster/Cisch/Karst, BetrAVG, § 6 Anm. 23; Ahrend/Förster/Rößler, 1. Teil Rn. 1596; Höfer, BetrAVG, Bd. I [ArbR], § 6 Rn. 4277 ff.*).

710 Der 3. Senat des BAG hat diese Rechtsprechung allerdings aufgegeben bzw. modifiziert (*BAG, 23.01.2001 – 3 AZR 164/00, DB 2001, 1887 = ZIP 2001, 1971; vgl. auch BAG, 18.11.2003 – 3 AZR 517/02, BB 2004, 1455*). Diese Änderung wird damit begründet, dass der vorzeitige Ruhestand kein Versorgungsfall i. S. v. § 2 Abs. 1 BetrAVG ist und diese Vorschrift keinerlei Regelung für die Berechnung einer vorgezogenen Altersrente enthält. Nach den Überlegungen des BAG muss die Höhe der vorgezogenen Betriebsrente den allgemeinen Grundsätzen des BetrAVG entnommen werden. Dabei ist davon auszugehen, dass in der Versorgungsordnung die vom Arbeitgeber zu erbringende Versorgungsleistung nach Höhe, erstmaliger Fälligkeit und Bezugsdauer ebenso privatautonom und

III. Vorzeitiger Bezug von Altersleistungen (§ 6 BetrAVG)

maßgeblich festgelegt wird, wie die Gegenleistung, die der Arbeitnehmer hierfür erbringen muss. In das so festgelegte Äquivalenzverhältnis wird durch die vorgezogene Inanspruchnahme der Betriebsrente eingegriffen. Zum einen erbringt der Mitarbeiter nicht die volle, bis zur festen Altersgrenze von ihm erwartete Betriebstreue. Zum anderen muss der Arbeitgeber die Rente früher und länger zahlen, was zu entsprechenden Mehrkosten führt.

Insoweit soll es allerdings ausreichend sein, die durch die vorzeitige Renteninanspruchnahme ausgelöste finanzielle Mehrbelastung allein mithilfe eines in der Versorgungsordnung festzulegenden versicherungsmathematischen Abschlags auszugleichen, der die zeitliche Mehrbelastung des Arbeitgebers zu der allgemeinen Lebenserwartung seiner Betriebsrentner ins Verhältnis setzt. Damit soll – nach Ansicht des BAG – das komplizierte doppelte ratierliche Berechnungsverfahren durch ein einfacheres versicherungsmathematisches Berechnungsverfahren ersetzt werden (*BAG, 21.03.2000 – 3 AZR 93/99, BetrAV 2001, 190*). 711

Dies hat zur Konsequenz, dass zukünftig zum Ausgleich für den vorzeitigen Rentenbezug nur noch die beiden folgenden Berechnungsmethoden anerkannt werden (*BAG, 23.01.2001 – 3 AZR 164/00, DB 2001, 1887 = ZIP 2001, 1971*). 712

Die bis zum vorzeitigen Ausscheiden erdiente Versorgungsanwartschaft ist in entsprechender Anwendung von § 2 BetrAVG ausgehend von der Vollrente bis zum Erreichen der festen Altersgrenze zu ermitteln. Im Hinblick auf dessen frühere und längere Inanspruchnahme der Betriebsrente kann das Erdiente im zweiten Rechenschritt gekürzt werden, wobei ein versicherungsmathematischer Abschlag dem Aspekt der vorgezogenen Inanspruchnahme am ehesten entspricht. 713

Ist eine solche Kürzung in der Versorgungsordnung nicht vorgesehen, kann grds. auch die fehlende Betriebstreue zwischen dem vorzeitigen Ruhestand und dem Erreichen der festen Altersgrenze ein zweites Mal als sog. untechnischer versicherungsmathematischer Abschlag leistungsmindernd berücksichtigt werden. Insoweit bleibt es also bei der bisherigen Rechtsprechung. 714

Enthält die Versorgungsordnung allerdings die Möglichkeit eines versicherungsmathematischen Abschlags, ist eine zweite ratierliche Kürzung zukünftig nicht mehr zulässig. Die Änderung der Rechtsprechung erstreckt sich somit nur auf die Fälle, in denen die Versorgungsordnung einen versicherungsmathematischen Abschlag enthält (*BAG, 23.01.2001 – 3 AZR 164/00, DB 2001, 1887 = ZIP 2001, 1971; BAG, 24.07.2001 – 3 AZR 567/00, BAGE 98, 212 = DB 2002, 588 = BB 2002, 997 = BetrAV 2002, 409; BAG, 18.11.2003 – 3 AZR 517/02, BB 2004, 1455*). 715

Eine Ausnahme gilt nur dann, wenn sich die doppelte ratierliche Kürzung aus einem auf die Versorgungszusage anwendbaren Tarifvertrag ergibt, da insoweit § 17 Abs. 3 BetrAVG abweichende, auch die Rechtssituation der Versorgungsberechtigten verschlechternde Rahmenbedingungen erlaubt (*BAG, 24.07.2001 – 3 AZR 681/00, BAGE 98, 234 = BB 2002, 997 = DB 2002, 590 = BetrAV 2002, 413; BAG, 18.11.2003 – 3 AZR 517/02, BB 2004, 1455*). 716

Soweit aufgrund eines **Insolvenzfalls** i. S. v. § 7 Abs. 1 BetrAVG der **PSV** in die Versorgungsverpflichtungen eintritt, gelten die folgenden Besonderheiten. 717

Der **PSV** haftet in **vollem Umfang** für die bereits **laufenden Rentenzahlungen**. Dies gilt auch für bereits laufende vorgezogene Altersrenten. Diese können vom PSV nicht mehr nachträglich durch vom Arbeitgeber nicht angewandte Reduktionsfaktoren gekürzt werden (*BAG, 20.04.1982 – 3 AZR 1137/79, BB 1982, 1795 = DB 1982, 1830 = NJW 1982, 1015; Höfer, BetrAVG, Bd. [ArbR], § 6 Rn. 4290*). 718

Im Rahmen seiner Haftung nach § 7 Abs. 2 BetrAVG für **unverfallbare Versorgungsanwartschaften** ist der **PSV** zunächst einmal an die Regelungen in der jeweiligen **Versorgungsordnung gebunden**, und damit auch an eine in der Versorgungsordnung wirksam vereinbarte Berechnungsmethode zur Ermittlung vorgezogener Altersrenten (*BAG, 20.04.1982 – 3 AZR 1137/79, BB 1982, 1795 = DB 1982, 1830 = NJW 1982, 1015*). Enthält die Versorgungsordnung keine entsprechende Berechnungsvorschrift, so gestaltet der PSV mit Billigung der Rechtsprechung das **Berechnungsverfahren** 719 wie folgt: Ausgangsfaktor ist die im Zeitpunkt der vorzeitigen Inanspruchnahme **leistungsplanmäßig erreichte Altersversorgung**, die dann mit einem **Reduktionsfaktor** von 0,5 % pro Monat der vorgezogenen Inanspruchnahme gekürzt wird (*vgl. § 4 Abs. 2a und Abs. 2b der Allgemeinen Versicherungsbedingungen für die Insolvenzsicherung der betrieblichen Altersversorgung [AIB]; BAG, 20.04.1982 – 3 AZR 1137/79, BB 1982, 1795 = DB 1982, 1830 = NJW 1982, 1015*).

e) Berechnungsbesonderheiten bei für Männer und Frauen unterschiedlichen Altersgrenzen

720 Verstößt eine Versorgungsordnung gegen Art. 141 EG-Vertrag, weil sie für Männer (65) und Frauen (60) unterschiedliche Altersgrenzen vorsieht und dementsprechend auch die Versorgungsanwartschaft für Männer und Frauen unterschiedlich berechnet und nur Frauen erlaubt, ohne Abschläge mit Vollendung des 60. Lebensjahres aus dem Arbeitsverhältnis auszuscheiden, so stellt sich die Frage, wie die sich aus dieser Ungleichbehandlung ergebenden rechtlichen Konsequenzen (*vgl. hierzu die ausführliche Darstellung unter Rdn. 1387 ff.*) i. R. d. o. g. Berechnungsmodalitäten zur Ermittlung der Höhe der vorgezogen in Anspruch genommenen Altersrente zu berücksichtigen sind.

721 Die unmittelbare Wirkung von Art. 141 EG-Vertrag kann ausgehend vom **Barber-Urteil** (*EuGH, 17.05.1990, Rs. C – 262/88, NZA 1990, 775*) und der nachfolgenden Rechtsprechung nur für solche Versorgungsleistungen geltend gemacht werden, die für Beschäftigungszeiten nach dem 17.05.1990, dem Tag des Erlasses des sog. Barber-Urteils geschuldet werden (*EuGH, 14.12.1993, Rs. C – 110/91 [Moroni], NZA 1994, 165; BAG, 18.03.1997 – 3 AZR 759/95, DB 1997, 1475; BAG, 03.06.1997 – 3 AZR 910/95, BB 1997, 1694 = DB 1997, 1778*). Folglich sind Männer nach europäischem Recht bei einer sie hinsichtlich des Zeitpunktes des Rentenzugangs benachteiligenden Betriebsrentenregelung nur für die Zeit ab dem 18.05.1990 so zu behandeln, als gelte auch für sie das (günstigere) Rentenzugangsalter für Frauen. Aus Beschäftigungszeiten vor dem 18.05.1990 können sich dagegen unterschiedlich hohe Teilansprüche für Betriebsrenten von Männern und Frauen ergeben.

722 Bei der **Errechnung** der durch die Beschäftigungszeiten vor und nach dem 17.05.1990 erdienten Teilrenten stellt sich daher im Zusammenhang mit § 6 BetrAVG das Problem, wie die nach Vollendung des 60. Lebensjahres vom Versorgungsanwärter geleistete Beschäftigungszeit zu bewerten ist. Die Kürzung der unverfallbaren Anwartschaft des vorzeitig ausscheidenden Arbeitnehmers darf nur im Verhältnis der erbrachten zur rechtlich möglichen Betriebstreue erfolgen. Üblicherweise wird unter Beachtung der Barber-Rechtsprechung die Teilrente für die Zeit bis zum 17.05.1990 deshalb so errechnet, dass die Monate vom Beginn des Arbeitsverhältnisses bis zur Vollendung des 65. Lebensjahres ins Verhältnis gesetzt werden zur Anzahl der Monate vom Beginn des Arbeitsverhältnisses bis zum Mai 1990, während für die Teilrente für die Zeit nach dem 17.05.1990 die Monate vom Beginn des Arbeitsverhältnisses bis zur Vollendung des 60. Lebensjahres zu der Anzahl der Monate vom Juni 1990 bis zum Ausscheiden aus dem Arbeitsverhältnis in Bezug gesetzt werden.

723 Bei unmodifizierter Anwendung dieser Berechnungsmethode auf alle denkbaren Fallkonstellationen würde die von einem Anwärter nach Vollendung des 60. Lebensjahres erbrachte **Betriebstreue** gänzlich außer Betracht bleiben. Dies ist für die durch die Beschäftigung ab dem 17.05.1990 erdiente Teilrente, bei deren Berechnung abweichend von der gleichheitswidrigen Versorgungsordnung auf die Vollendung des 60. Lebensjahres abgestellt wird, systemkonform. Nach der gesetzlichen Grundregel wirken sich nämlich Beschäftigungszeiten, die über den von der Versorgungsordnung zugrunde gelegten Stichtag hinaus erbracht werden, weder steigernd noch mindernd auf die Betriebsrente aus, sondern bleiben schlicht unberücksichtigt.

724 Werden jedoch bei der Teilrente, die durch die Beschäftigungszeiten bis zum 17.05.1990 erdient worden ist, die Beschäftigungszeiten nach Vollendung des 60. Lebensjahres nicht berücksichtigt, führt dies zu einer Kürzung der unverfallbaren Anwartschaft, die über die durch § 2 BetrAVG vorgesehene hinausgeht. Dann bleibt letztlich für diesen Teilanspruch die vom Anwärter zwischen der Vollendung des 60. und des 65. Lebensjahres und damit entsprechend der ursprünglichen Intention der Versorgungsordnung geleistete Betriebstreue unberücksichtigt (*vgl. auch LAG Hannover, 10.11.2006 – 10 Sa 546/06 B, jurisPR-ArbR 14/2007 Anm. 4 m. Anm. Langohr-Plato*).

III. Vorzeitiger Bezug von Altersleistungen (§ 6 BetrAVG)

Denkbar wäre es, diesen Nachteil dadurch auszugleichen, dass man bei der Berechnung der zweiten Teilrente sowohl im Divisor als auch im Multiplikator die tatsächliche Betriebszugehörigkeit ab dem 17.05.1990 einsetzt. Diese Berechnung führt jedoch zu einer Verzerrung, wenn die Versorgungsordnung zusätzlich versicherungsmathematische Abschläge vorsieht, da diese nur von der ersten, nicht aber von der zweiten Teilrente vorzunehmen sind, gerade letztere sich aber durch vorgenannte Berechnungsweise durch Zeiten, die an sich nur für die erste Teilrente maßgeblich sind, erhöht.

725

Bei der Berechnung der Teilrente für die Zeit bis zum 17.05.1990 bietet es sich daher an, die tatsächliche Beschäftigungszeit fiktiv um die Zeit, die der Anwärter nach Vollendung des 60. Lebensjahres noch im Arbeitsverhältnis gestanden hat, zu erhöhen. Dadurch wird die vom Anwärter nach Vollendung des 60. Lebensjahres erwiesene **Betriebstreue** in dem Zeitraum rechnerisch berücksichtigt, für den sie sich auswirken muss (*so auch LAG Hannover, 10.11.2006 – 10 Sa 546/06 B, jurisPR-ArbR 14/2007 Anm. 4 m. Anm. Langohr-Plato*).

726

Zusätzlich ist dann ggf. in einem zweiten Rechenschritt die durch die Beschäftigung in der Zeit bis zum 17.05.1990 erdiente Teilrente für jeden Monat des vorzeitigen Bezuges der Betriebsrente um den in der Versorgungsordnung vereinbarten versicherungsmathematischen Abschlag zu kürzen. Durch diese weitere Kürzung soll ein Ausgleich dafür geschaffen werden, dass der Anwärter das bis zum vorzeitigen Ausscheiden Erdiente nicht erst ab Erreichen der festen Altersgrenze von 65, sondern bereits vorher verlangt (*BAG, 18.11.2003 – 3 AZR 517/02, BAGE 108, 323 = BetrAV 2004, 556 = BB 2004, 1455 = DB 2004, 1375*). Wegen des **Gebots der Entgeltgleichheit** kann der Abschlag allerdings wiederum nur bei der bis zum 17.05.1990 erdienten Teilrente vorgenommen werden.

727

f) Korrektur von Berechnungsfehlern

Berechnet der Arbeitgeber die von ihm zu zahlende Versorgungsleistung zunächst fehlerhaft, weil er sich über die im Rahmen von § 6 BetrAVG zu berücksichtigenden Berechnungsmodalitäten irrt, kann er diesen Fehler zumindest für die Zukunft korrigieren. Auf eine Fortführung dieser fehlerhaften Berechnungsweise hat der Arbeitnehmer keinen Anspruch (*vgl. LAG Köln, 12.10.2011 – 9 Sa 1459/10, juris PR-ArbR 23/2012 Anm. 6 Langohr-Plato; LAG Köln, 03.08.2011 – 3 Sa 1301/10, AuA 2011, 726*); der Arbeitgeber schuldet somit nur die sich aus der Versorgungsordnung – ggf. i. V. m. den Regelungen des BetrAVG – tatsächlich ergebende Versorgungsleistung. Die Korrektur muss allerdings unverzüglich erfolgen, da andernfalls die Gefahr besteht, dass er in Kenntnis seines Fehlers und damit bewusst eine überhöhte Leistung gewährt und dann tatsächlich ein entsprechender Vertrauenstatbestand aufseiten des Betriebsrentners geschaffen werden kann.

727a

Insbesondere liegt bei einer aufgrund irrtümlich überhöhten Rentenzahlung keine anspruchsbegründende betriebliche Übung vor. Nach der ständigen Rechtsprechung des Bundesarbeitsgerichts ist unter einer betrieblichen Übung die regelmäßige Wiederholung bestimmter Verhaltensweisen des Arbeitgebers zu verstehen, aus denen die Arbeitnehmer schließen können, ihnen solle eine Leistung oder Vergünstigung auf Dauer gewährt werden. Aus diesem als Vertragsangebot zu wertenden Verhalten des Arbeitgebers, das von den Arbeitnehmern in aller Regel stillschweigend angenommen wird, erwachsen vertragliche Ansprüche auf die üblich gewordenen Leistungen. Entscheidend ist dabei nicht der Verpflichtungswille, sondern wie der Erklärungsempfänger die Erklärung oder das Verhalten des Arbeitgebers nach Treu und Glauben unter Berücksichtigung aller Begleitumstände verstehen musste und durfte (*vgl. BAG, 24.03.2010 – 10 AZR 43/09, EzA § 242 BGB 2002 Betriebliche Übung Nr. 13 m. w. N.*). Nimmt der Arbeitgeber irrtümlich an, zur Leistung verpflichtet zu sein und zahlt deshalb über mehrere Jahre hinweg eine zusätzliche Leistung und erkennt der Arbeitnehmer, dass der Arbeitgeber sich lediglich gesetzeskonform verhalten will, entsteht kein Anspruch für die Zukunft (*BAG, 28.06.2005 – 1 AZR 213/04, AP Nr. 25 zu § 77 BetrVG 1972 Betriebsvereinbarung*). Für eine betriebliche Übung muss der Arbeitnehmer also Anhaltspunkte für eine bewusste überobligationsmäßige Zahlung des Arbeitgebers darlegen (*BAG, 24.03.2010 – 10 AZR 43/09, NZA 2010, 759*).

3. Berechnungsbeispiele

728 Den nachfolgenden Beispielen liegt folgende einheitliche Ausgangssituation zugrunde:

Die Versorgungsordnung der Muster-GmbH sieht eine dienstzeitabhängige Altersrente von 10,00 € pro Dienstjahr bei max. 40 anrechenbaren Dienstjahren vor. Bei vorzeitiger Inanspruchnahme der Altersrente erfolgt neben der ratierlichen Kürzung nach § 2 BetrAVG eine zusätzliche versicherungsmathematische Kürzung um 0,3 % pro Monat der vorgezogenen Inanspruchnahme.

▶ **Beispiel 1:**

Arbeitnehmer A ist mit 15 Jahren als Lehrling in die Firma eingetreten und beabsichtigt, mit Vollendung des 63. Lebensjahres, d.h. nach **48 Dienstjahren** (Dj.) in den vorzeitigen Ruhestand zu treten.

Aufgrund seiner langen Dienstzugehörigkeit hat A die max. Versorgungsanwartschaft von 40 × 10,00 € = **400,00 €** erreicht.

Diese Versorgungsanwartschaft ist nun zunächst **ratierlich** gem. § 2 BetrAVG, d. h. im Verhältnis von tatsächlicher (= 48 Dj.) zu möglicher (= 50 Dj.) Dienstzeit (= 48/50 = 96 %) zu kürzen. Danach ergibt sich ein Wert von **384,00 €** (= 400,00 € × 96 %).

Dieser Wert wird nunmehr nochmals, nämlich **versicherungsmathematisch** um 0,3 % pro Monat der vorgezogenen Inanspruchnahme gekürzt. Bei 2 Jahren entspricht dies einem Kürzungsfaktor von 24 × 0,3 = 7,2 %, sodass sich der Betrag der vorgezogenen Altersrente auf **356,35 €** (= 384,00 € × 92,8 %) reduziert.

▶ **Beispiel 2:**

Arbeitnehmer B ist im Alter 50 nach **20-jähriger Dienstzeit** aus dem Unternehmen ausgeschieden und begehrt im Alter 63 seine vorgezogene Betriebsrente.

Im Zeitpunkt seines Ausscheidens hatte B eine **unverfallbare Versorgungsanwartschaft** i. S. v. § 1 BetrAVG erworben. Der gem. § 2 BetrAVG ratierlich im Verhältnis von tatsächlicher (= 20 Dj.) zu möglicher (= 35 Dj.) Dienstzeit zu berechnende **Unverfallbarkeitsquotient** (20/35) beläuft sich auf **57,14 %**, was bezogen auf die bis zum 65. Lebensjahr erdienbare Höchstanwartschaft von **350,00 €** (= 35 × 10,00 €) einer unverfallbaren Altersrentenanwartschaft ab dem 65. Lebensjahr i. H. v. **200,00 €** (= 350,00 € × 57,14 %) entspricht.

Diese Versorgungsanwartschaft ist anders als in der Darstellung in der 1. Aufl. bei der Inanspruchnahme der vorgezogenen Altersrente nach § 6 BetrAVG nicht mehr unter der fiktiven Annahme einer Weiterbeschäftigung bis zur Inanspruchnahme der vorgezogenen Altersrente zunächst ratierlich gem. § 2 BetrAVG neu zu berechnen. Vielmehr wird der Wert der unverfallbaren Anwartschaft nur um den in der Versorgungsordnung geregelten **versicherungsmathematischen Abschlag** von 0,3 % pro Monat der vorgezogenen Inanspruchnahme gekürzt. Bei 2 Jahren entspricht dies einem Kürzungsfaktor von 24 × 0,3 = 7,2 %, sodass sich der Betrag der vorgezogenen Altersrente auf **185,60 €** (= 200,00 € × 92,8 %) reduziert.

Bei Anwendung der früheren Rechtsprechung, d. h. der doppelten ratierlichen Kürzung, hätte sich nur ein Betrag von **175,00 €** ergeben (vgl. das Beispiel in der 1. Aufl. unter Rdn. 258).

4. Besonderheiten bei der Beitragszusage mit Mindestleistung

729 Bei der **Beitragszusage mit Mindestleistung** stellt sich die Frage, ob die oben dargestellten Erwägungen zur Kürzung der zugesagten Versorgungsleistung (*s. o. Rdn. 704*) überhaupt einschlägig sind bzw. entsprechend herangezogen werden können.

730 Die Beitragszusage mit Mindestleistung stellt in ihrem Haftungsvolumen nur auf die Summe der gezahlten bzw. zugesagten Beiträge und der daraus erzielten Erträge ab, verpflichtet den Arbeitgeber also nur zur Gewährung einer am tatsächlichen Finanzierungszeitraum orientierten Versorgungsleistung. Die Dauer der Betriebszugehörigkeit hat für die Leistungsbemessung keinerlei Relevanz. Ist die **kürzere Dienstzeit** aber bereits durch die Definition der Mindestleistung (gezahlte Beiträge abzgl. Risikobeiträge) berücksichtigt, dann kann eine verkürzte Betriebszugehörigkeit auch kein Argument für eine Leistungskürzung bei vorzeitiger Inanspruchnahme der Altersrente sein (*Langohr-Plato/Teslau, DB 2003, 664*).

Die durch die vorgezogene Inanspruchnahme bedingte **verlängerte Rentenlaufzeit** führt auch nicht zu einer finanziellen Mehrbelastung des Arbeitgebers, wenn bei der Beitragszusage mit Mindestleistung nur die bis zum Ausscheiden geschuldete Beitragssumme nach den bei Eintritt des Versorgungsfalls maßgeblichen Rechnungsgrundlagen verrentet wird. Das sich aus der Mindestleistung ergebende Versorgungskapital ist also bereits dadurch reduziert, dass die bis zur Vollendung des vereinbarten Rentenalters noch fehlenden Dienstzeiten nicht beitragserhöhend berücksichtigt werden, der Versorgungsberechtigte also im Hinblick auf das insoweit »fehlende« Versorgungskapital eine bereits »gekürzte« Betriebsrente erhält. Mithin wirkt sich die vorzeitige Inanspruchnahme der Altersrente für den Arbeitgeber belastungsneutral aus. Dies gilt jedenfalls dann, wenn die maßgeblichen Verrentungsfaktoren erst zum Zeitpunkt der Inanspruchnahme festgelegt werden. 731

Möglich ist allenfalls die Kürzung wegen der **höheren Zinslast** aus der vorzeitigen Zahlung, da der Arbeitgeber – bzw. der mittelbare Versorgungsträger – das geschuldete Versorgungskapital früher als vereinbart zur Verfügung stellen muss und dadurch ggf. einen (Zins-) Nachteil erleidet. Arbeitsrechtlich ist die Altersleistung – ggf. auf Basis der bloßen Mindestleistung – erst zum Eintritt des Versorgungsfalls zur Verfügung zu stellen. Folglich wird bzw. kann der mittelbare Versorgungsträger seine Kalkulation in der Weise vornehmen, dass er die Erreichung der Mindestleistung genau für den vereinbarten Eintritt des Versorgungsfalls Alter – also zum Zeitpunkt des Erreichens der festen Altersgrenze – sicherstellt. Ist auf diese Weise kalkuliert worden, hat der mittelbare Versorgungsträger bei vorgezogener Inanspruchnahme einen Zinsausfall. Diesen muss er weitergeben können. 732

Hinsichtlich der **Höhe und Berechnung des Abschlags** wird man auf die bisherige Rechtsprechung zur Leistungszusage (*s. o. Rdn. 705*) Bezug nehmen können. 733

Ungeachtet der Frage nach der Richtigkeit der Berechnungsmethode wird man hinsichtlich der **Höhe** der vorgezogenen Altersleistung die unter dem Aspekt der Wertgleichheit und des Grundsatzes von Treu und Glauben (§ 242 BGB) bestehenden Grenzen zu beachten haben. 734

5. Besonderheiten bei Gesamtversorgungssystemen

Kommt aufgrund des Fehlens jeglicher Kürzungsregelungen in der zu beurteilenden Versorgungsordnung lediglich eine im Wege der ergänzenden Vertragsauslegung begründete ratierliche Kürzung in Betracht, so ergeben sich zusätzliche Probleme, wenn die Versorgungsordnung als Gesamtversorgungssystem ausgestaltet ist. 735

Im Rahmen derartiger **Gesamtversorgungssysteme** wird die Höhe der vom Arbeitgeber zu leistenden Betriebsrente unmittelbar mit anderen Versorgungsleistungen (insb. mit Leistungen der gesetzlichen Rentenversicherung) verknüpft. Die vom Arbeitgeber zu erbringende Versorgungsleistung ist dabei unmittelbar abhängig von der Höhe der gesetzlichen Sozialversicherungsrente. Arbeitnehmer, die die gesetzliche Rente vorzeitig in Anspruch nehmen, reduzieren ihre gesetzlichen Rentenversicherungsansprüche erheblich. Einerseits erhalten sie aufgrund der verkürzten Beitragszeit weniger Entgeltpunkte in der gesetzlichen Rentenversicherung. Andererseits wird der bereits dadurch verkürzte Rentenanspruch durch die zusätzlichen versicherungsmathematischen Abschläge von 0,3 % pro Monat der vorgezogenen Inanspruchnahme weiter reduziert. Fraglich ist daher, wie sich die Auswirkungen dieser Reduktion in einem Gesamtversorgungssystem bei der Berechnung der vorgezogenen Altersrente ausgleichen lassen. 736

Ist die konkrete Versorgungsregelung als **Limitierungssystem** ausgestaltet, so hängt die Höhe der vorgezogenen Altersrente maßgeblich von der Durchführung der Limitierung ab. Erfolgt die 737

Berechnung der vorgezogenen Altersrente so, dass zunächst die nach der Versorgungsordnung erreichbare Altersrente ratierlich quotiert und erst danach die Limitierungsgrenze berücksichtigt wird, so ergibt sich ein höherer Anspruch, als wenn man zunächst die erreichbare Altersrente berechnet, diese ggf. auf den Limitierungswert reduziert und erst dann die ratierliche Kürzung vornimmt. Welche der beiden Methoden im konkreten Einzelfall anzuwenden ist, hing in der Vergangenheit entscheidend davon ab, welchen Sinn und Zweck die zu beurteilende Limitierungsklausel verfolgte. Das BAG hat insoweit zwischen **Berechnungsfaktoren** und **Begrenzungsfaktoren** (*grundlegend BAG, 10.01.1984 – 3 AZR 411/81, DB 1984, 2255*) differenziert.

738 Handelte es sich bei der maßgeblichen Limitierungsklausel um eine **Berechnungsvorschrift**, so war immer zunächst die Gesamtversorgung zu berechnen, diese an dem vereinbarten Limit zu messen und erst danach die ratierliche Kürzung vorzunehmen (»**Erst limitieren, dann quotieren!**«).

739 Handelte es sich dagegen um eine **Begrenzungsregelung**, die von der eigentlichen Rentenberechnung unabhängig und letztendlich nur dann zu beachten war, wenn das vorgesehene Limit überschritten wurde (»Ausschluss einer unerwünschten Überversorgung«), so blieb der Limitierungswert bei der Berechnung der vorgezogenen Altersrente zunächst unberücksichtigt. Nur dann, wenn die ratierlich gekürzte Altersrente zuzüglich der gesetzlichen Sozialversicherungsrente das Limit überstieg, konnte dann nochmals auf das Limit gekürzt werden (»**Erst quotieren, dann limitieren!**«, *BAG, 25.10.1983 – 3 AZR 357/81, DB 1984, 193*).

740 Unklarheiten bzgl der insoweit erforderlichen Auslegung der konkreten Versorgungsregelung gingen dabei nach der **Unklarheitenregelung des BAG** stets zulasten des Arbeitgebers (*BAG, 25.10.1983 – 3 AZR 357/81, DB 1984, 193*). Im Zweifel legte das BAG eine Limitierungsklausel als Begrenzungsregelung aus (*vgl. u. a. BAG, 24.06.1986 – 3 AZR 630/84, DB 1987, 691; BAG, 08.05.1990 – 3 AZR 341/88, DB 1991, 99*).

741 Diese vom BAG vorgenommene Differenzierung zwischen Berechnungs- und Begrenzungsregelungen ist von der Literatur überwiegend als unpraktikabel und i. Ü. auch als unbillig angesehen worden, weil die grds. Annahme einer Begrenzungsklausel nicht erbrachte Betriebstreue honoriert und auch die nach § 2 Abs. 1 BetrAVG vorzunehmende ratierliche Berechnung im Zusammenhang mit der Unverfallbarkeit eine solche Differenzierung nicht vorsieht (*vgl. Förster/Cisch/Karst, BetrAVG, § 6 Rn. 22 ff.; Höfer, BetrAVG, Bd. I [ArbR], § 6 Rn. 4264 ff.*). Ist von einer Begrenzungsregelung auszugehen, so hat das dann anzuwendende Berechnungsverfahren zur Konsequenz, dass der Arbeitgeber die durch das vorzeitige Ausscheiden bedingte zusätzliche Versorgungslücke in der gesetzlichen Rentenversicherung (fehlende zusätzlicher Versicherungsjahre, versicherungsmathematische Abschläge bei vorzeitigem Bezug) voll ausgleichen muss.

742 In seiner Entscheidung vom 21.03.2006 (*3 AZR 374/05, BAGE 117, 268 = BetrAV 2006, 677 = DB 2006, 2354 = NZA 2006, 1220*) hat das BAG auf diese Kritik reagiert und seine **bisherige Auslegungsregelung revidiert**. Danach erkennt das BAG ausdrücklich an, dass Höchstbegrenzungsklauseln nicht oder jedenfalls nicht vorwiegend dazu dienen, eine Überversorgung zu verhindern. Sie könnten auch eine Aussage darüber treffen, welche Höchstrente bei Betriebstreue bis zur festen Altersgrenze angemessen sein soll. Dann sind sie Teil der Definition der Vollrente, wie sie bei einem Ausscheiden des Arbeitnehmers mit der festen Altersgrenze erreicht werden kann. In diesem Fall sei es sachgerecht, sie schon bei der Berücksichtigung des Ausgangspunktes für Kürzungen aufgrund vorzeitigen Ausscheidens und vorgezogener Inanspruchnahme von Betriebsrenten heranzuziehen.

743 ▶ Hinweis:

Unabhängig von dieser Rechtsprechungsänderung empfiehlt es sich aber immer, entsprechende Limitierungsregelungen klar und eindeutig abzufassen und dabei auch den Fall der vorgezogenen Altersrente und das hierbei anzuwendende Berechnungsverfahren explizit zu regeln. In allen Versorgungssystemen, in denen die vom Arbeitgeber tatsächlich zu zahlende Betriebsrente von der Höhe der tatsächlich gezahlten gesetzlichen Rente abhängt, sollte daher eine vertragliche Regelung enthalten sein, nach welchem Berechnungsverfahren die vorgezogene Altersrente zu ermitteln ist. Fehlende oder ungenaue Regelungen können sonst dazu führen, dass ein vorzeitig ausscheidender Mitarbeiter eine höhere Betriebsrente als ein bis zur Regelaltersgrenze betriebstreuer Mitarbeiter erhält (*Andresen/Förster/Rößler/Rühmann, Teil 9 A Rn. 1777*).

Bei der Normierung entsprechender Kürzungsklauseln gilt der **Grundsatz der Vertragsfreiheit**, d. h. den Vertragsparteien (Arbeitgeber, einzelner Mitarbeiter bzw. bei kollektiven Systemen Betriebsrat) steht ein entsprechend großer Gestaltungsspielraum zu, solange die vereinbarten Kürzungsregeln den allgemeinen Grundsätzen von Recht und Billigkeit sowie der Verhältnismäßigkeit entsprechen, rechtzeitig vor dem Ausscheiden des Mitarbeiters vereinbart werden und für den Versorgungsberechtigten klar, eindeutig und nachvollziehbar sind.

744

Soll dabei die Reduktion der gesetzlichen Sozialversicherungsrente nicht zu einer Erhöhung der vom Arbeitgeber zu erbringenden Versorgungsleistungen führen, kann man z. B. vereinbaren, dass die vorzeitige Sozialversicherungsrente fiktiv auf den Rentenversicherungsanspruch bei Vollendung des 65. Lebensjahres hochgerechnet wird, und zwar entweder anhand des konkreten Rentenversicherungsverlaufs des Versorgungsberechtigten oder aber durch eine pauschale Berücksichtigung der fehlenden Versicherungsjahre (*Andresen/Förster/Rößler/Rühmann, Teil 9 A Rn. 1779; Höfer, BetrAVG, Bd. I [ArbR] § 6 Rn. 4263*).

745

Eine andere Möglichkeit der Berücksichtigung der verringerten Ansprüche aus der Sozialversicherung wäre eine Erhöhung der versicherungsmathematischen Abschläge bei der Berechnung der Betriebsrente. Insoweit ist es nicht zu beanstanden, die sonst üblichen Abschläge von 0,3 bis 0,5 % pro Monat der vorgezogenen Inanspruchnahme auf bis zu 0,7 % zu erhöhen (*Ahrend/Förster/Rößler, Teil 1 Rn. 1585*).

746

▶ Hinweis:

747

Wichtig ist nur, dass eine solche **konkrete Kürzungsregelung** auch tatsächlich vereinbart wird. Ist dies nicht der Fall, bleibt es bei der dargestellten Auslegung durch das BAG.

IV. Gesetzliche Insolvenzsicherung (§§ 7 bis 15 BetrAVG)

Die in den §§ 7 bis 15 BetrAVG geregelte Insolvenzsicherung betrieblicher Versorgungsansprüche und -anwartschaften ist eine **gesetzliche Pflichtversicherung**, die die versorgungsberechtigten Arbeitnehmer und Betriebsrentner **in der Insolvenz des Arbeitgebers** ggü. anderen Gläubigern **privilegiert** und dadurch vor einem insolvenzbedingten Verlust ihrer (zukünftigen) betrieblichen Versorgungsleistungen schützt.

748

Mit Eintritt eines der in § 7 BetrAVG geregelten Insolvenzsicherungsfälle findet ein **Schuldnerwechsel** aufseiten des Leistungsverpflichteten statt und es wird ein **gesetzliches Schuldverhältnis** zwischen dem Pensions-Sicherungs-Verein (**PSV**) als Träger der gesetzlichen Insolvenzsicherung (§ 14 Abs. 1 BetrAVG) und den Versorgungsberechtigten begründet *Berenz, in: Kemper/Kisters-Kölkes/Berenz/Huber, BetrAVG, § 7 Rn. 3*).

749

Dieses Schuldverhältnis bezieht sich allerdings nur auf den Teilaspekt »betriebliche Altersversorgung«. Nur dieser Bestandteil des Arbeitsvertrages geht auf den PSV über, nicht dagegen die gesamte Rechtsstellung des Versorgungsberechtigten (*Blomeyer/Rolfs/Otto, BetrAVG, § 9 Rn. 31; Höfer, BetrAVG, Bd. I [ArbR], § 9 Rn. 4684*).

750

Der PSV wurde am 07.10.1974 durch die Bundesvereinigung der Arbeitgeberverbände, den Bundesverband der Deutschen Industrie und den Verband der Lebensversicherungsunternehmen in der Rechtsform eines **privatrechtlichen Versicherungsvereins auf Gegenseitigkeit** (VVaG) gegründet und hat seinen **Sitz** in 50996 Köln, Bahnstr. 6.

751

B. Regelungsbereich des Betriebsrentengesetzes

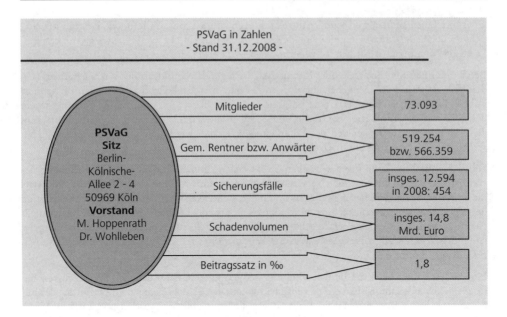

1. Voraussetzungen des gesetzlichen Insolvenzschutzes

752 Eine **Eintrittspflicht** des PSV kommt nur in den in § 7 Abs. 1 Satz 1, Satz 4 Nr. 1 bis Nr. 3 BetrAVG ausdrücklich und **abschließend normierten** folgenden **vier Sicherungsfällen** in Betracht:
- Eröffnung des Insolvenzverfahrens über das Vermögen des Arbeitgebers. Maßgeblich sind hier die in der Insolvenzordnung (InsO) geregelten sachlichen und formellen Insolvenzvoraussetzungen. Maßgeblicher Zeitpunkt für die Eintrittspflicht des PSV ist gem. § 27 InsO der Tag, der sich aus dem gerichtlichen Eröffnungsbeschluss ergibt.
- Abweisung des Antrags auf Insolvenzeröffnung mangels Masse. Zeitpunkt des Sicherungsfalls ist hier der Zeitpunkt der Verkündung des Beschlusses nach § 26 InsO.
- Außergerichtlicher Vergleich des Arbeitgebers mit seinen Gläubigern nach vorausgegangener Zahlungseinstellung i. S. d. InsO, wenn ihm der PSV zustimmt. Der PSV kann allerdings nicht zur Zustimmung gezwungen werden, und zwar auch nicht im Klagewege *(Höfer, BetrAVG, Bd. I [ArbR], § 7 Rn. 4359).*
Zeitpunkt des Sicherungsfalls ist nach dem Wortlaut des Gesetzes, der Zeitpunkt, in dem der außergerichtliche Vergleich von allen Beteiligten vereinbart wird. Um den Versorgungsberechtigten nicht durch zeitlich bedingte Verzögerungen beim Vergleichsabschluss zu benachteiligen, hat sich der PSV gem. § 3 Abs. 3 seiner Allgemeinen Versicherungsbedingungen für die Insolvenzsicherung der betrieblichen Altersversorgung (AIB) bereit erklärt, den Zeitpunkt als maßgeblichen Insolvenzstichtag anzuerkennen, an dem der **Arbeitgeber seine Zahlungsunfähigkeit** seinen sämtlichen Gläubigern ggü. **mitgeteilt** hat. Diese für die Rentenempfänger ggü. der gesetzlichen Regelung günstigere Bestimmung des Insolvenzstichtags ist vom BAG ausdrücklich als zulässig anerkannt worden *(BAG, 14.12.1993 – 3 AZR 618/93, BB 1994, 652 = DB 1994, 686 = NZA 1994, 554; vgl. auch Höfer, BetrAVG, Bd. I [ArbR], § 7 Rn. 4366).*
- Vollständige Beendigung der Betriebstätigkeit im Geltungsbereich des Betriebsrentengesetzes, wenn ein Antrag auf Insolvenzeröffnung nicht gestellt worden ist und ein Insolvenzverfahren offensichtlich mangels Masse nicht in Betracht kommt.
Da den Versorgungsberechtigten eine Prüfung der gesetzlichen Voraussetzungen nicht zugemutet werden kann, ist – soweit äußere Tatsachen einen entsprechenden, auf eine Masseunzulänglichkeit hinweisenden Eindruck begründen – der **PSV** einzuschalten. Dieser muss dann als Auffangstation die **Interessen der Versorgungsberechtigten** wahrnehmen *(BAG, 11.09.1980 – 3 AZR*

544/79, BB 1981, 792 = DB 1981, 1141 = AuR 1981, 123; BAG, 20.11.1984 – 3 AZR 444/82, BB 1985, 1072 = DB 1985, 1479 = AuR 1985, 228).
- Der früher ebenfalls geltende Insolvenzgrund der Kürzung oder Einstellung von Versorgungsleistungen wegen wirtschaftlicher Notlage des Arbeitgebers ist durch die BetrAVG-Novelle zum 01.01.1999 gestrichen worden.

Vor dem Hintergrund einer bzgl. der Anerkennung eines Widerrufs von Versorgungsleistungen äußerst restriktiven Rechtsprechung sowie des von ihr hergestellten untrennbaren Zusammenhangs zwischen dem Widerrufsrecht einerseits und der gleichzeitigen Übernahme des widerrufenen Anwartschaftsteils durch den PSV andererseits (*vgl. u. a. BAG, 06.12.1979 – 3 AZR 274/78, BB 1980, 992 = DB 1980, 1172 = NJW 1980, 2589; BAG, 26.06.1980 – 3 AZR 156/79, BB 1980, 1641 = DB 1980, 2041 = NJW 1981, 189; BAG, 20.01.1987 – 3 AZR 313/85, BB 1987, 2307 = DB 1987, 1947 = NZA 1987, 664*) hat der einseitige Widerruf durch den Arbeitgeber wegen wirtschaftlicher Notlage in der Vergangenheit auch nur eine untergeordnete Bedeutung erlangt (*vgl. die Nachweise bei Langohr-Plato, DB 1994, 325 f.*). Die Streichung der wirtschaftlichen Notlage als Sicherungsfall berührt somit keine gravierenden praktischen Belange, zumal dem Arbeitgeber im Fall einer solchen Notlage nach wie vor die Möglichkeit offen steht, sich im Wege des außergerichtlichen Vergleichs oder des neuen Insolvenzverfahrens der Versorgungsverpflichtungen zu entledigen. 753

Entscheidungsrelevant für die Eintrittspflicht des PSV ist stets die Insolvenz des Arbeitgebers; eine gleichzeitige **Insolvenz des Versorgungsträgers ist nicht erforderlich**. Dies gilt insbes. dann, wenn die betriebliche Altersversorgung über eine aus dem Unternehmen **ausgegliederte, juristisch selbstständige** und mit entsprechendem, im Zeitpunkt der Insolvenz ggf. sogar noch in ausreichendem Maße zur Erfüllung der bestehenden Versorgungsverpflichtungen vorhandenem Vermögen ausgestattete und damit **leistungsfähige** Versorgungseinrichtung wie z. B. eine **Unterstützungskasse** durchgeführt wird (*BAG, 12.02.1991 – 3 AZR 30/90, BB 1991, 1420 = DB 1991, 1735 = NZA 1991, 723; Förster/Cisch/Karst, BetrAVG, § 7 Anm. 9; Höfer, BetrAVG, Bd. I [ArbR], § 7 Rn. 4432 f.*). 754

2. Insolvenzsicherungspflichtige Durchführungswege

Insolvenzsicherungspflichtig sind **nicht alle** Durchführungswege der betrieblichen Altersversorgung. Ausgehend von dem je nach Durchführungsweg unterschiedlichen **Insolvenzrisiko** hat der Gesetzgeber nur dort eine gesetzliche Insolvenzsicherung vorgesehen, wo eine **Gefährdung der Deckungsmittel** (*vgl. auch Höfer, BetrAVG, Bd. I [ArbR], § 7 Rn. 4394*) zur Erfüllung der betrieblichen Altersversorgungsverpflichtungen dem Grunde nach überhaupt eintreten kann. Dies hat u. a. auch dazu geführt, dass nicht insolvenzfähige Arbeitgeber im öffentlichen Dienst generell vom gesetzlichen Insolvenzschutz befreit worden sind. 755

Nach § 17 Abs. 2 BetrAVG gelten nämlich die §§ 7 bis 15 BetrAVG weder für Bund, Länder und Gemeinden noch für Körperschaften, Stiftungen und Anstalten des öffentlichen Rechts, bei denen das Insolvenzverfahren nicht zulässig ist. Bei Bund, Ländern und Gemeinden ist ein Insolvenzverfahren generell ausgeschlossen, da sie nicht insolvenzfähig sind. Bei Körperschaften, Stiftungen und Anstalten des öffentlichen Rechts ist im Einzelfall zu prüfen, ob das Insolvenzverfahren unzulässig ist. Insoweit ist entscheidend, ob entsprechende landesrechtliche Vorschriften existieren, die die Eröffnung des Insolvenzverfahrens ggü. diesen Organen ausschließen, wie dieses in NRW (und z. B. auch in Baden-Württemberg, Rheinland-Pfalz, Niedersachsen, Hessen, Bayern und Schleswig-Holstein) der Fall ist. 756

a) Pensionszusagen und Unterstützungskassen

Vor diesem Hintergrund unterliegen **unmittelbare Pensionszusagen** und Versorgungszusagen, die über **Unterstützungskassen** finanziert werden, nach § 7 Abs. 2 BetrAVG **generell** und **uneingeschränkt** der **gesetzlichen Insolvenzsicherung** (*vgl. auch Förster/Cisch/Karst, BetrAVG, § 7 Anm. 18; Höfer, BetrAVG, Bd. I [ArbR], § 7 Rn. 4397, 4429*), und zwar unabhängig davon, ob die Versorgungsverpflichtungen z. B. durch den Abschluss von Rückdeckungsversicherungen vorfinanziert sind oder 757 nicht (*BAG, 25.08.2010 – 8 C 40/90, DB 2011, 181; BAG, 25.08.2010 – 8 C 23/09, DB 2011, 184; Höfer, BetrAVG, Bd. I [ArbR], § 7 Rn. 4399f., 4430*).

b) Pensionskassen

758   Demgegenüber hat der Gesetzgeber Versorgungszusagen, die über **Pensionskassen** abgewickelt werden, nicht in den gesetzlichen Insolvenzschutz aufgenommen. Der **generelle Ausschluss** für solche Versorgungszusagen (*vgl. auch Förster/Cisch/Karst, BetrAVG, § 7 Anm. 18*) wird damit begründet, dass es sich bei Pensionskassen um **externe Versorgungseinrichtungen** in Form von Versicherungsgesellschaften handelt, die als solche bei der Anlage ihres Vermögens den strengen **aufsichtsrechtlichen Anforderungen** der BaFin unterliegen (*vgl. Höfer, BetrAVG, Bd. I [ArbR], § 7 Rn. 4436*).

c) Direktversicherungen

759   Komplizierter ist die Rechtslage bei der **Direktversicherung**. Dies hängt im Wesentlichen mit den unterschiedlichen Gestaltungsmöglichkeiten hinsichtlich des **Bezugsrechts** der versicherten Leistungen zusammen. Immer dann, wenn dieses Bezugsrecht **unwiderruflich** ausgestaltet ist **und** die Ansprüche aus der Direktversicherung **nicht** durch Beleihung, Verpfändung oder Abtretung **wirtschaftlich beeinträchtigt** sind, ist die Rechtsposition des versorgungsberechtigten Arbeitnehmers umfassend und uneinschränkbar geschützt (*Höfer, BetrAVG, Bd. I [ArbR], § 7 Rn. 4407*), sodass ein gesetzlicher Insolvenzschutz nicht erforderlich ist. Ist dagegen das Bezugsrecht der Direktversicherung zugunsten des Mitarbeiters nur **widerruflich** ausgestaltet **oder** sind die Ansprüche aus dem Direktversicherungsvertrag **beliehen**, **verpfändet** bzw. **abgetreten**, so ist der gesetzliche **Insolvenzschutz zwingend erforderlich**.

760   Die Frage, ob die Rechte aus einer vom Arbeitgeber zugunsten des Arbeitnehmers abgeschlossenen Direktversicherung in der Insolvenz des Arbeitgebers der Masse zustehen oder ob der Arbeitnehmer ein Aussonderungsrecht nach § 47 InsO hat, ist allein nach der versicherungsrechtlichen Lage zu beantworten. Für das Verhältnis zwischen dem Arbeitgeber und der Versicherung kommt es grundsätzlich nicht darauf an, welche Befugnisse dem Arbeitgeber – und im Fall seiner Insolvenz dem Verwalter – im Versorgungsverhältnis zum Arbeitnehmer zustehen. Dies kann dazu führen, dass der Arbeitgeber bzw. der Insolvenzverwalter aus dem Versicherungsvertrag abgeleitete Rechte versicherungsrechtlich ausüben kann, obwohl er dies arbeitsrechtlich im Verhältnis zum Arbeitnehmer nicht darf (*BAG, 18.09.2012 – 3 AZR 176/10, BetrAV 2012, 716*).

Versicherungsrechtlich ist in diesem Fall die Ausübung wirksam. Im Versorgungsverhältnis können jedoch Ansprüche des Arbeitnehmers, insbesondere Schadensersatzansprüche entstehen (*st. Rspr., vgl. etwa BAG, 19.04.2011 – 3 AZR 267/09, AP BetrAVG § 1 Lebensversicherung Nr. 32; 15.06.2010 – 3 AZR 334/06, BAGE 134, 372; BGH, 19.06.1996 – IV ZR 243/95, AP BetrAVG § 1 Lebensversicherung Nr. 25*).

761   Somit richtet es sich allein nach der versicherungsrechtlichen Lage, ob die Rechte an der Versicherung zum Vermögen des Arbeitgebers gehören, in dessen Rechtsposition der Insolvenzverwalter nach § 80 Abs. 1 InsO bei Insolvenzeröffnung eintritt (*st. Rspr., zuletzt BAG, 15.06.2010 – 3 AZR 334/06, BAGE 134, 372; 31.07.2007 – 3 AZR 446/05, NZA-RR 2008, 32; 08.06.1999 – 3 AZR 136/98, BAGE 92, 1; ebenso: BGH, 18.07. 2002 – IX ZR 264/01, DB 2002, 2104; BVerwG, 28.06.1994 – 1 C 20.92, BVerwGE 96, 160*). Insoweit unterscheidet das BAG drei Fallkonstellationen (*BAG, 18.09.2012 – 3 AZR 176/10, BetrAV 2012, 716*):

– Hat der Arbeitgeber als Versicherungsnehmer dem Arbeitnehmer als Versichertem lediglich ein widerrufliches Bezugsrecht im Versicherungsfall eingeräumt – was nach § 159 VVG der gesetzliche Normalfall ist –, kann er die bezugsberechtigte Person jederzeit ersetzen. Der Versicherte hat vorher lediglich eine Hoffnung auf die später fällig werdende Leistung. In der Insolvenz fallen die Rechte aus der Lebensversicherung deshalb in das Vermögen des Arbeitgebers und gehören zur Insolvenzmasse.

IV. Gesetzliche Insolvenzsicherung (§§ 7 bis 15 BetrAVG) B.

– Räumt der Arbeitgeber als Versicherungsnehmer dem Arbeitnehmer als Versichertem dagegen abweichend vom gesetzlichen Normalfall ein unwiderrufliches Bezugsrecht ein, stehen die Rechte aus dem Versicherungsvertrag von vornherein dem Arbeitnehmer zu (*so bereits: BGH, 17.02.1966 – II ZR 286/63, BGHZ 45, 162*). *Mit der Unwiderruflichkeit erhält das Bezugsrecht dingliche Wirkung* (*BGH, 19.06.1996 – IV ZR 243/95, AP BetrAVG § 1 Lebensversicherung Nr. 25*). Insolvenzrechtlich hat dies zur Folge, dass die Rechte aus dem Versicherungsvertrag von diesem Zeitpunkt an nicht mehr zum Vermögen des Arbeitgebers und damit auch nicht mehr zur Insolvenzmasse gehören. Sie stehen vielmehr dem Arbeitnehmer zu, der deshalb ein Aussonderungsrecht hat (*BAG, 26.06.1990 – 3 AZR 651/88, BAGE 65, 208; 26.06.1990 – 3 AZR 2/89, EzA KO § 43 Nr. 1*).

– Hat der Arbeitgeber dem Arbeitnehmer im Versicherungsvertrag ein unwiderrufliches Bezugsrecht eingeräumt, dieses jedoch unter bestimmten Voraussetzungen mit einem Widerrufsvorbehalt versehen – sog. eingeschränkt unwiderrufliches Bezugsrecht –, so ist zu unterscheiden: Wenn die Voraussetzungen des Widerrufsvorbehalts vorliegen, bleibt das Widerrufsrecht erhalten. Das Bezugsrecht kann dann widerrufen werden. Der Insolvenzverwalter kann von der Widerrufsmöglichkeit Gebrauch machen mit der Folge, dass der Rückkaufswert der Masse zusteht (*BAG, 08.06.1999 – 3 AZR 136/98, BAGE 92, 1*). Sind die Voraussetzungen des Vorbehalts demgegenüber nicht gegeben, kann das Bezugsrecht nicht widerrufen werden (*BAG, 26.06.1990 – 3 AZR 651/88, BAGE 65, 208; 26.06.1990 – 3 AZR 2/89, EzA KO § 43 Nr. 1*). Die Rechte aus dem Versicherungsvertrag gehören dann zum Vermögen des Arbeitnehmers und nicht zur Masse. Der Arbeitnehmer hat dann ein Aussonderungsrecht.

Diese Grundsätze gelten auch dann, wenn der Direktversicherung arbeitsrechtlich eine Entgeltumwandlung zugrunde liegt, für die die Neuregelung über die sofortige gesetzliche Unverfallbarkeit noch nicht anwendbar ist, weil die Versorgungszusage vor dem 1.1.2001 erteilt wurde (§ 1b Abs. 5, § 30f Abs. 1 Satz 2 iVm. Satz 1 BetrAVG), oder wenn die Rentenanwartschaft arbeitsvertraglich unverfallbar ist. Auch bei einer derartigen Fallgestaltung liegt kein Treuhandverhältnis vor, aufgrund dessen die Rechte aus dem Versicherungsvertrag vom sonstigen Vermögen des Arbeitgebers ausreichend getrennt wären, um sie nicht der Masse zuzuordnen (*vgl. BAG, 18.09.2012 – 3 AZR 176/10, BetrAV 2012, 716; BAG, 15.06.2010 – 3 AZR 334/06, BAGE 134, 372; 17.10.1995 – 3 AZR 622/94, EzA BetrAVG § 1 Lebensversicherung Nr. 7*). 762

nicht besetzt 763–769

Obwohl es sich ebenfalls um eine der Beleihung vergleichbare wirtschaftliche Beeinträchtigung handelt, wird der **Prämienverzug** bzw. **Prämienrückstand** des Arbeitgebers und die daraus **resultierende beitragsgeschädigte Direktversicherung** nach einer nicht unumstrittenen Ansicht des BAG mangels ausdrücklicher Regelung im BetrAVG **nicht** vom gesetzlichen Insolvenzschutz **erfasst** (*vgl. BAG, 17.11.1992 – 3 AZR 51/92, BB 1993, 943 = DB 1993, 986 = NJW 1994, 276 = NZA 1993, 843; Everhardt, DB 1994, 1470 ff. sowie die detaillierte Kritik bei Langohr-Plato, DB 1994, 325 [327 ff.]; vgl. ferner die Ansichten bei Förster/Cisch/Karst, BetrAVG, § 7 Anm. 22; Blomeyer, BetrAVG, § 7 Rn. 64; Höfer, BetrAVG, Bd. I [ArbR], § 7 Rn. 4413 ff.*). 770

Da der Gesetzgeber diese in der Literatur diskutierte Thematik gekannt hat, aber gleichwohl weder in der BetrAVG-Novelle 1999 noch in der BetrAVG-Novelle 2001 einen entsprechenden Regelungsbedarf erkannt hat, muss man davon ausgehen, dass eine entsprechende Ausdehnung des Insolvenzschutzes auch bewusst nicht gewollt war. Damit steht aber auch fest, dass der Beitragsrückstand bei der Direktversicherung zu einem echten, weil gesetzlich nicht erfassten, Insolvenzrisiko für den Versorgungsberechtigten führt (*Langohr-Plato, BetrAV 1999, 7*). 771

Zur Vermeidung dieses Insolvenzrisikos bietet sich eine **Beleihung der Direktversicherung** an. Ein solches »Policendarlehen« verschafft dem Arbeitgeber die für die weitere Prämienzahlung erforderliche Liquidität und führt automatisch zum gesetzlichen Insolvenzschutz, da die Beleihung als »wirtschaftliche Beeinträchtigung« der Versicherung vom Anwendungsbereich des gesetzlichen Insolvenzschutzes – wie dargestellt – ausdrücklich erfasst wird. 772

773 ▶ **Hinweis:**

Zu beachten ist insoweit, dass im Fall eines Beitragsrückstands den Versicherer eine Informationspflicht ggü. den Versorgungsberechtigten trifft, dieser also die organisatorischen Voraussetzungen treffen muss, um den Versorgungsberechtigten über einen »Störfall« im Versicherungsvertragsverhältnis in Kenntnis setzen zu können (gefestigte Rechtsprechung, *vgl. u. a. BAG, 17.11.1992 – 3 AZR 51/92, BB 1993, 943 = DB 1993, 986 = NJW 1994, 276 = NZA 1993, 843; OLG Düsseldorf, 17.12.2004 – 4 U 78/02, NJW-RR 2003, 1539 = BB 2003, 2019; vgl. ferner Reinecke, BetrAV 2005, 622; Reinecke, DB 2006, 558; Doetsch, BetrAV 2003, 53*). Der Versicherer ist also grds. gezwungen, die Anschriften sämtlicher Versorgungsberechtigten zu archivieren, um diese Verpflichtung erfüllen zu können. Allerdings sollte es unter pragmatischen Aspekten auch zulässig sein, wenn der Versicherer seine Informationspflicht dadurch erfüllt, dass er die Versorgungsberechtigten über die ihm bekannte Anschrift des Arbeitgebers anschreibt.

774 Da die geplante größere Anlagefreiheit bei Pensionsfonds nicht nur für Beitragszusagen mit Mindestleistung sondern auch für Leistungszusagen gilt, ist der mit der BetrAVG-Novelle 2001 in das Gesetz eingeführte Pensionsfonds als Durchführungsweg – unabhängig von der Zusageart – ebenfalls dem gesetzlichen Insolvenzschutz unterstellt worden.

d) Pensionsfonds

775 Hinsichtlich des zum 01.01.2002 i. R. d. Altersvermögensgesetzes neu eingeführten fünften Durchführungsweges »**Pensionsfonds**« hat der Gesetzgeber zwar eine dem Grunde nach bestehende Gefährdung der Deckungsmittel angenommen (*kritisch hierzu: Höfer BetrAVG, Bd. I [ArbR], § 7 Rn. 4443 ff.*) und den Pensionsfonds als insolvenzsicherungspflichtigen Durchführungsweg in § 7 Abs. 1 Satz 2 Nr. 2 BetrAVG ausdrücklich aufgenommen. Jedoch wird hinsichtlich der Beitragsbemessungsgrundlage allerdings – entgegen der zunächst vorgesehenen gesetzlichen Regelung in § 10 Abs. 3 Nr. 4 BetrAVG – nach einer entsprechenden Gesetzesänderung i. R. d. Hüttenknappschaftlichen Zusatzversicherungs-Neuregelungsgesetzes (*HZvNG, 21.06.2002, BStBl. I 2002, S. 2167*) – nur ein reduzierter Betrag i. H. v. 20% der normalen, für unmittelbare Pensionszusagen geltenden Bemessungsgrundlage verlangt.

3. Insolvenzgesicherte Versorgungsleistungen und -anwartschaften

776 Der gesetzliche Insolvenzschutz erstreckt sich nach § 7 Abs. 1 BetrAVG auf bereits **fällige Versorgungsleistungen** und gem. § 7 Abs. 2 BetrAVG auf **unverfallbare Versorgungsanwartschaften**.

777 Der Insolvenzschutz ist allerdings für Versorgungsempfänger und Versorgungsanwärter unterschiedlich ausgestaltet. Versorgungsempfänger haben gegen den Träger der Insolvenzsicherung einen Anspruch i. H. d. Leistung, die der Arbeitgeber aufgrund der Versorgungszusage zu erbringen hätte (§ 7 Abs. 1 Satz 1 BetrAVG). Arbeitnehmer, die bei Eintritt des Sicherungsfalles noch keinen Anspruch auf Leistungen der betrieblichen Altersversorgung, sondern nur eine nach § 1b BetrAVG unverfallbare Versorgungsanwartschaft haben, erhalten später bei Eintritt des Versorgungsfalles vom PSV die zeitanteilig bis zum Eintritt des Sicherungsfalles erdiente Betriebsrente (§ 7 Abs. 2 Satz 1, 3 BetrAVG). **Beide Anspruchsgrundlagen schließen einander aus** (*BAG, 17.09.2008 – 3 AZR 865/06, BetrAV 2009, 165 = NZA 2009, 440*).

778 Die Arbeitnehmer, die bei Eintritt des Sicherungsfalles nur im Besitz einer Anwartschaft sind, haben die schwächere Rechtsposition. Sie genießen auch einen entsprechend geringeren Insolvenzschutz. Sie haben die von ihnen erwarteten Voraussetzungen für den Erwerb der Ansprüche noch nicht erfüllt.

779 Ein Arbeitnehmer, der im Zeitpunkt der Eröffnung des Insolvenzverfahrens alle Voraussetzungen für einen Anspruch auf eine Altersrente erfüllt hat, ist Versorgungsempfänger i. S. d. § 7 Abs. 1 BetrAVG. Er hat die vom Arbeitgeber erwartete Arbeitsleistung und Betriebstreue für die zugesagte Betriebsrente bereits erbracht (*vgl. auch BAG, 26.01.1999 – 3 AZR 464/97, BAGE 91, 1, zu I 2 der Gründe*

IV. Gesetzliche Insolvenzsicherung (§§ 7 bis 15 BetrAVG) B.

= DB 1999, 1563 = NZA 1999, 711; BAG, 21.01.2003 – 3 AZR 121/02, BAGE 104, 256, zu I der Gründe = BB 2004, 334 = DB 2003, 2711 = NZA 2004, 152).

a) Versorgungsleistungen

Die **Versorgungsempfänger** sind vom PSV so zu stellen, als wenn der Sicherungsfall nicht eingetreten wäre. Der PSV ist also verpflichtet, **laufende Versorgungsleistungen** sowie **einmalige Kapitalzahlungen** in dem Umfang zu übernehmen, wie sie sich aus dem Inhalt der Versorgungszusage des Arbeitgebers ergeben (*BAG, 22.11.1994 – 3 AZR 767/93, BB 1995, 679 = DB 1995, 582 = NZA 1995, 887 = ZAP 1995, Fach 17 R, S. 127 m. Anm. Langohr-Plato; Förster/Cisch/Karst, BetrAVG, § 7 Anm. 19*). Die Einstandspflicht des PSV erstreckt sich demnach auch auf eine **vertraglich zugesicherte Rentendynamik** (*BAG, 03.08.1978 – 3 AZR 19/77, BB 1978, 1571 = DB 1978, 2127 = NJW 1979, 446; BAG, 03.02.1987 – 3 AZR 330/85, BB 1987, 1673 = DB 1987, 2046 = NZA 1987, 666; BAG, 15.02.1994 – 3 AZR 705/93, BB 1994, 1222 = NZA 1994, 943; BAG, 22.11.1994 – 3 AZR 767/93, NZA 1995, 887 = ZAP 1995, Fach 17 R, S. 127 m. Anm. Langohr-Plato*). Dagegen wird die gesetzliche Anpassungsverpflichtung nach § 16 BetrAVG vom Insolvenzschutz nicht erfasst, da der PSV die Versorgungsleistungen nicht in der Funktion als Arbeitgeber übernimmt (*BAG, 22.03.1983 – 3 AZR 574/81, BB 1983, 1730 = DB 1983, 1982 = NJW 1983, 2902; BAG, 05.10.1993 – 3 AZR 698/92, BB 1994, 864 = DB 1994, 687 = NZA 1994, 459 = NJW 1994, 1894; Höfer, BetrAVG, Bd. I [ArbR], § 7 Rn. 4453*).

780

Versorgungsempfänger ist auch derjenige Versorgungsberechtigte, der zwar alle Leistungsvoraussetzungen erfüllt hat, aber im Zeitpunkt der Insolvenz noch keine Versorgungsleistungen bezieht, z. B. bei erst rückwirkend festgestellter Invalidität (*BAG, 26.01.1999 – 3 AZR 464/97, E-BetrAV Insolvenzsicherung 140*).

781

Im Gegensatz zu § 7 Abs. 2 BetrAVG, der PSV-Haftung für Versorgungsanwartschaften, differenziert das Gesetz hinsichtlich bereits laufender Versorgungsleistungen nicht danach, ob diese auf einer gesetzlich unverfallbaren oder verfallbaren Versorgungsanwartschaft beruhen. Dies hat zur Konsequenz, dass der PSV unabhängig von der Erfüllung der Unverfallbarkeitsfristen in § 1b Abs. 1 BetrAVG für bereits laufende Betriebsrenten dem Grunde nach immer haftet (*vgl. Blomeyer/Rolfs/Otto, § 7 Rn. 25; Blomeyer, DB 1977, 586; Höfer, BetrAVG, Bd. I [ArbR], § 7 Rn. 4329*). Mithin sind auch solche Betriebsrenten vom PSV zu übernehmen, die erst bei Pensionierung erteilt werden, für die also überhaupt keine Anwartschaftsphase existiert hat.

782

Bei den Versorgungsempfängern kommt es somit nach § 7 Abs. 1 BetrAVG ohne Einschränkung – abgesehen von den Fällen des Versicherungsmissbrauchs i. S. d. § 7 Abs. 5 BetrAVG – auf die getroffenen Versorgungsvereinbarungen an.

783

b) Haftung des PSV für rückständige Rentenansprüche

Neben den laufenden Versorgungsleistungen übernimmt der PSV für einen Zeitraum von **12 Monaten** vor dem Insolvenzstichtag auch die Zahlung **rückständiger Versorgungsansprüche** (*vor dem 01.01.2009 betrug diese Frist max. 6 Monate, vgl. hierzu auch die insoweit maßgebliche Rspr.: BVerfG, 10.04.1981 – 1 BvR 992/80, BB 1981, 1276 = BetrAV 1981, 177; BGH, 14.07.1980 – II ZR 106/79, BB 1980, 1377 = DB 1980, 1992 = NJW 1980, 2468; BAG, 30.10.1980 – 3 AZR 805/79, BB 1981, 1153 = DB 1981, 644 = NJW 1981, 1470; BAG, 22.11.1994 – 3 AZR 767/93, NZA 1995, 887*).

784

Der PSV haftet somit auch für Betriebsrenten, die vor dem Insolvenzstichtag fällig geworden sind, soweit diese für einen Zeitraum von max. 12 Monaten vor dem Sicherungsfall geschuldet werden. Diese Haftung hat die Rechtsprechung ursprünglich aus einer Analogie zu §§ 59 Abs. 1 Nr. 3, 61 Abs. 1 Nr. 1 KO abgeleitet (*BAG, 30.10.1980 – 3 AZR 805/79, DB 1981, 644*). Zwischenzeitlich ist diese Haftungserweiterung in das novellierte BetrAVG integriert worden, § 7 Abs. 1a Satz 2 BetrAVG.

785

786 ▶ **Hinweis:**

Zu beachten ist dabei allerdings, dass der für den Haftungseintritt des PSV maßgebliche Zeitpunkt nicht derjenige ist, in dem der Antrag auf Eröffnung eines Insolvenzverfahrens gestellt wird. Maßgeblich ist vielmehr erst der Zeitpunkt, in dem das Gericht über diesen Antrag entscheidet (= gerichtlicher Eröffnungsbeschluss). Die sich hieraus ergebende Problematik soll das nachfolgende Beispiel verdeutlichen.

▶ **Beispiel:**

Der Geschäftsführer der X-GmbH, die die Zahlung ihrer Betriebsrenten bereits mit Ablauf des Jahres **2011** eingestellt hat, stellt am **05.08.2012** beim zuständigen Amtsgericht (AG) den Antrag auf Eröffnung des Insolvenzverfahrens. Das AG bestimmt nunmehr einen Sachverständigen (SV), der die wirtschaftliche Lage der GmbH prüfen soll. Aufgrund von Arbeitsüberlastung und Krankheit kommt der SV erst im November dazu, sein Gutachten abzufassen. Das Gutachten geht am 07.12.2012 beim AG ein. Der Richter weist daraufhin mit Beschl. v. **10.01.2013** die Eröffnung des Insolvenzverfahrens mangels Masse ab. Der Anspruch gegen den PSV entsteht gem. der gesetzlichen Regelung in § 7 Abs. 1a Satz 2 BetrAVG im Folgemonat, d.h. erst im **Februar 2013**.

787 In diesem Fall haftet der PSV für alle Rentenzahlungen ab Februar 2013 sowie für die seit Februar 2012 (= 12-Monats-Zeitraum) rückständigen Renten. Für die im Januar 2012 nicht gezahlten Rentenbeträge haftet der PSV dagegen nicht. Insoweit erleidet der Betriebsrentner also – bedingt durch die Abweisung des Verfahrens mangels Masse – einen endgültigen Forderungsausfall. Bei Durchführung eines Insolvenzverfahrens könnten die rückständigen und vom PSV nicht übernommenen Rentenansprüche lediglich als normale Insolvenzforderung geltend gemacht werden.

788 Letztendlich verdeutlicht das Beispiel aber auch, dass das Risiko des Betriebsrentners vom vielfach doch recht willkürlichen Zeitablauf (Sichtung der Unterlagen, Arbeitsüberlastung, Urlaub, Krankheit etc.) abhängt. Hätte der Sachverständige seine Stellungnahme noch im Oktober abgegeben und das AG seinen Beschluss noch im Dezember verkündet, so hätte der PSV sämtliche rückständigen Rentenzahlungen ausgleichen müssen.

789 Die hieraus resultierenden Risiken für den Versorgungsberechtigten hat der Gesetzgeber durch die **Ausdehnung der Haftungsfrist** des PSV **auf 12 Monate** ggü. der bis zum 31.12.2009 geltenden Frist von 6 Monaten allerdings deutlich minimiert.

c) Versorgungsanwartschaften

790 Neben den bereits fälligen Versorgungsleistungen sind auch **unverfallbare Versorgungsanwartschaften** i. S. v. § 1b Abs. 1 Satz 1 BetrAVG gegen eine Insolvenz des Arbeitgebers gesichert, und zwar unabhängig davon, ob der Versorgungsberechtigte im Zeitpunkt der Insolvenz bereits aus dem Unternehmen ausgeschieden war, oder erst infolge der Insolvenz sein Arbeitsverhältnis beendet wird.

791 Neben den gesetzlich unverfallbaren Versorgungsanwartschaften erstreckt sich der gesetzliche Insolvenzschutz **kraft Richterrechts** nach ständiger höchstrichterlicher Rechtsprechung auch auf die vorgesetzlichen, für unverfallbar erklärten Versorgungsanwartschaften aus rechtsverbindlichen, d. h. mit einem **Rechtsanspruch** ausgestatteten Versorgungszusagen (*vgl. u. a. BVerfG, 10.03.1988 – 1 BvR 1118/86, BB 1988, 2469; BVerfG, 10.03.1988 – 1 BvR 894/87, BB 1988, 2469 = SAE 1989, 57; BVerfG, 10.03.1988 – 1 BvR 915/87, AP Nr. 38a zu § 7 BetrAVG; BGH, 16.06.1980 – II ZR 195/79, BB 1980, 1425 = DB 1980, 1991 = NJW 1980, 2471; BGH, 16.03.1981 – II ZR 222/79, BB 1981, 1524 = DB 1981, 1561 = NJW 1981, 2410; BGH, 07.07.1986 – II ZR 238/75, BB 1987, 199 = DB 1986, 2339 = MDR 1987, 121; BAG, 16.10.1980 – 3 AZR 1/80, BB 1981, 850 = DB 1981, 644 = AuR 1981, 122; BAG, 20.01.1987 – 3 AZR 313/85, BB 1987, 2307 = DB 1987, 1947 = NZA 1987, 664 = NJW 1988, 1044*). Etwas anderes gilt allerdings für eine **Unterstützungskassenversorgung** im Hinblick auf den satzungsmäßigen Ausschluss des Rechtsanspruchs. Aufgrund der sich

IV. Gesetzliche Insolvenzsicherung (§§ 7 bis 15 BetrAVG)   B.

aus dem fehlenden Rechtsanspruch ergebenden Unverbindlichkeit der Versorgungszusage genießen diese »Altfälle« **keinen gesetzlichen Insolvenzschutz** nach den Vorschriften des BetrAVG (*BVerfG, 19.10.1983 – 2 BvR 298/81, BB 1984, 341 = DB 1984, 190 = NJW 1984, 476*).

Dagegen werden vom gesetzlichen Insolvenzschutz solche Anwartschaften **nicht erfasst**, die lediglich aufgrund **einer vertraglichen Vereinbarung** zwischen Arbeitgeber und Arbeitnehmer für unverfallbar bestimmt worden sind, zum Insolvenzstichtag aber noch nicht die Unverfallbarkeitsfristen des § 1b Abs. 1 BetrAVG erfüllen (*BAG, 03.08.1978 – 3 AZR 19/77, BB 1978, 1571 = DB 1978, 2127 = NJW 1979, 446; BAG, 22.02.2000 – 3 AZR 4/99, EzA BetrAVG § 1 Nr. 72, zu I der Gründe m. w. N.; Förster/Cisch/Karst, BetrAVG, § 7 Anm. 25; Blomeyer/Rolfs/Otto, BetrAVG, § 7 Rn. 136; Höfer, BetrAVG, Bd. I [ArbR], § 7 Rn. 4331*). Er steht nicht zur Disposition der Vertragsparteien (*BAG v. 14.12.1999 – 3 AZR 684/98 – DB 2000, 2536*). 792

Eine Ausnahme gilt nur dann, wenn die Vertragsparteien sog. **Vordienstzeiten anrechnen** wollen, sofern diese Vordienstzeiten **unmittelbar** an das aktuelle Arbeitsverhältnis **heranreichen** und selbst von einer **Versorgungszusage begleitet** worden sind, die ihrerseits noch **nicht gesetzlich unverfallbar** geworden ist (*BAG, 03.08.1978 – 3 AZR 19/77, BB 1978, 1571 = DB 1978, 2127 = NJW 1979, 446; BAG, 11.01.1983 – 3 AZR 212/80, BB 1984, 65 = DB 1984, 195 = NJW 1984, 1199; BAG, 19.07.1983 – 3 AZR 397/81, DB 1983, 2255 = BetrAV 1984, 74; BAG, 26.09.1989 – 3 AZR 814/87, BB 1990, 636 = DB 1990, 383 = NZA 1990, 348; BAG, 26.09.1989 – 3 AZR 815/87, DB 1990, 284 = NZA 1990, 189 = SAE 1991, 43; BAG, 28.03.1995 – 3 AZR 496/94, BB 1995, 2326 = DB 1995, 1867 = NZA 1996, 258; Förster/Cisch/Karst, BetrAVG, § 7 Anm. 25; Höfer, BetrAVG, Bd. I [ArbR], § 7 Rn. 4468*). 793

Darüber hinaus muss die Anrechnungsvereinbarung in unmittelbarer enger zeitlicher Nähe zum Abschluss des neuen Arbeitsverhältnisses rechtswirksam abgeschlossen werden. Vergeht daher geraume Zeit zwischen dem Eintritt in ein neues Arbeitsverhältnis und der anschließenden Zusage der Anrechnung von Vordienstzeiten, so ist davon auszugehen, dass die ursprüngliche Versorgungszusage durch einen Austritt aus dem alten Arbeitsverhältnis vor Eintritt der Unverfallbarkeit endgültig erloschen ist, zumal der Insolvenzschutz jedenfalls nicht rückwirkend wieder hergestellt werden kann. Ist eine verfallbare Versorgungsanwartschaft aus einem früheren Arbeitsverhältnis schon geraume Zeit erloschen, kann die Anrechnung der entsprechenden Betriebszugehörigkeit zwar zu einer den neuen Arbeitgeber bindenden Unverfallbarkeit, nicht aber zum Insolvenzschutz der neuen Versorgungsanwartschaft führen (*BAG, 11.01.1983 – 3 AZR 212/80, NJW 1984, 1199*). 794

Ein solcher zu großer zeitlicher Abstand ist von der Rechtsprechung bereits bei einer Zeitdauer von knapp 7 Wochen (*BAG, 22.02.2000 – 3 AZR 4/99, NZA 2001, 1310 ff.*) und erst recht bei einer zeitlichen Diskrepanz von 4 Monaten (*BAG, 11.01.1983 – 3 AZR 212/80, NJW 1984, 1199 ff.*) angenommen worden. 795

Wollen die Arbeitsvertragsparteien im Zusammenhang mit der Gewährung betrieblicher Versorgungsleistungen anrechnen, so ist dies mit bindender Wirkung ggü. dem PSV also nur dann möglich, wenn 796
a) die anzurechnenden Vordienstzeiten unmittelbar an das aktuelle Arbeitsverhältnis heranreichen, und
b) das alte Arbeitsverhältnis ebenfalls von einer Versorgungszusage begleitet war, und
c) beim alten Arbeitgeber keine gesetzlich unverfallbare Anwartschaft vorliegt, und
d) die Anrechnungsvereinbarung in enger zeitlicher Nähe zum Abschluss des neuen Arbeitsverhältnisses erfolgt.

Fehlt es auch nur an einer dieser Voraussetzungen, ist die Vereinbarung ggü. dem PSV nicht bindend. 797

Ferner ist im Interesse der Rechtssicherheit auf eine klare und eindeutige inhaltliche Ausgestaltung der Vereinbarung zu achten. Dabei sollte auch explizit geregelt werden, ob sich die Anrechnung der 798

Vordienstzeiten nur auf die Unverfallbarkeitsfrist oder auch – bei dienstzeitabhängigen Versorgungssystemen – auf die Höhe der erreichbaren Altersversorgung erstrecken soll.

799 Des Weiteren erstreckt sich der gesetzliche Insolvenzschutz ggf. auch auf die Vereinbarung der Anrechnung sog. **Nachdienstzeiten**, d. h. solcher Zeiten, die nach einem vorzeitigen Ausscheiden aus dem Unternehmen weiterhin als leistungserhöhende Dienstzeiten berücksichtigt werden sollen (*BAG, 10.03.1992 – 3 AZR 140/91, BB 1992, 2220 = DB 1992, 2251 = NZA 1992, 932; Förster/Cisch/Karst, BetrAVG, § 7 Anm. 26*).

800 Das BAG hat allerdings in seinem Urt. v. 10.03.1992 (*3 AZR 140/91, BAGE 70, 19*) die vertragliche Anrechnung von Nachdienstzeiten auch mit Bindung für den PSV nur unter ganz bestimmten **engen Voraussetzungen** anerkannt. Nach dieser Entscheidung muss »der gesetzliche Insolvenzschutz jedenfalls dann eingreifen, wenn der Arbeitgeber eine Nachdienstzeit anerkennt, um beim Arbeitnehmer ohne weitere Versorgungseinbußen den Versorgungsfall der vorgezogenen Altersrente in der gesetzlichen Rentenversicherung herbeizuführen«. Eine Vereinbarung über ein ruhendes (aber weiterhin bestehendes) Arbeitsverhältnis erschien den Parteien im damaligen Rechtsstreit nur deshalb ungeeignet, weil der Versorgungsfall und der Beginn der vorgezogenen Rente in der gesetzlichen Rentenversicherung die vorherige Arbeitslosigkeit des Klägers voraussetzten (§ 25 Abs. 2 AVG, § 1248 Abs. 2 RVO).

Nach Auffassung des BAG wäre es nicht einsichtig, den gesetzlichen Insolvenzschutz teilweise zu versagen, obwohl das Arbeitsverhältnis nur im Hinblick auf die Gesetzeslage in der gesetzlichen Rentenversicherung vorzeitig beendet werden musste. Bei einer solchen Fallgestaltung muss der PSV die Anrechnung einer fiktiven Zurechnungszeit hinnehmen (*BAG, 10.03.1992 – 3 AZR 140/91, BAGE 70, 19*). Nur unter Berücksichtigung derartiger Besonderheiten hat es der Senat für gerechtfertigt gehalten, eine vom Arbeitgeber angerechnete fiktive Dienstzeit nicht anders zu behandeln als ein fortbestehendes Arbeitsverhältnis. Ob und inwieweit die Anrechnung von Nachdienstzeiten generell eine darüber hinausgehende Bedeutung erlangen können, hat das BAG damals ausdrücklich offen gelassen.

801 Generell wird man aber davon ausgehen müssen, dass das BAG nur in **vergleichbaren Ausnahmesituationen** eine den PSV **bindende Anrechnung von Nachdienstzeiten** anerkennen wird. Wird z. B. nicht notgedrungen von einer Ruhensvereinbarung abgesehen, sondern entspricht die Beendigung der arbeitsvertraglichen Beziehung vielmehr dem Regelungswillen und der Interessenlage der Vertragsparteien, ist also Ziel eines Aufhebungsvertrages nicht die Überleitung in den Ruhestand, sondern in erster Linie die Trennung und sind dementsprechend die im Aufhebungsvertrag vereinbarten Arbeitgeberleistungen der Preis für das Ausscheiden des Mitarbeiters, dann gibt es keinen stichhaltigen Grund dafür, die Einstandspflicht des PSV und der von ihm repräsentierten Solidargemeinschaft wegen einer derartigen Leistung auszuweiten (*so ausdrücklich BAG, 30.05.2006 – 3 AZR 205/05, DB 2007, 1987 = LNR 2006, 30786*).

802 Der **Umfang des gesetzlichen Insolvenzschutzes** bei unverfallbaren Anwartschaften knüpft allerdings nicht, wie bei den laufenden Versorgungsleistungen, an die Zusage des früheren Arbeitgebers, sondern ausschließlich an die **gesetzlichen Vorschriften** an. § 7 Abs. 2 BetrAVG schreibt insoweit bestimmte Berechnungsgrundsätze vor, die nicht zur Disposition der Vertrags-, Betriebs- und Tarifpartner stehen (*BAG, 04.04.2000 – 3 AZR 458/98, BB 2000, 883 = DB 2000, 774*). Die Insolvenzsicherung ist auf den gesetzlichen Mindestschutz unverfallbarer Versorgungsanwartschaften beschränkt. § 7 Abs. 2 BetrAVG enthält **keine Öffnungsklausel** für günstigere Versorgungsvereinbarungen (*BAG, 21.01.2003 – 3 AZR 121/02, BAGE 104, 256, zu I der Gründe = DB 2003, 2711 = BB 2004, 334 = NZA 2004, 152*). Dieser begrenzte Insolvenzschutz für Versorgungsanwärter ist auch verfassungsrechtlich nicht zu beanstanden (*BAG, 04.04.2000 – 3 AZR 458/98, BB 2000, 883 = DB 2000, 774; BAG, 20.06.2000 – 3 AZR 872/98, KTS 2002, 163, zu 2 der Gründe*).

803 **Maßgebliche Berechnungsvorschriften** sind insoweit **§ 2 Abs. 1, Abs. 2** und **Abs. 5 BetrAVG** (*BAG, 22.11.1994 – 3 AZR 767/93, NZA 1995, 887 = ZAP 1995, Fach 17 R, S. 127 m. Anm. Langohr-Plato;*

IV. Gesetzliche Insolvenzsicherung (§§ 7 bis 15 BetrAVG)   **B.**

BAG, 14.12.1999 – 3 AZR 684/98, DB 2000, 2536), wobei lediglich die bis zum Eintritt des Sicherungsfalls zurückgelegten Dienstzeiten ratierlich berücksichtigt werden (*Höfer, BetrAVG, Bd. I [ArbR], § 7 Rn. 4459*). Diese Regelung beschränkt somit die Insolvenzsicherung auf den gesetzlichen Mindestschutz unverfallbarer Versorgungsanwartschaften (*BAG, 14.12.1999 – 3 AZR 684/98, DB 2000, 2536*).

Für den Umfang der insolvenzgeschützten Anwartschaft kommt es damit auf die **Verhältnisse zum Zeitpunkt der Insolvenz** an. Bei der ratierlichen Berechnung der auf den Insolvenzstichtag abgestellten Anwartschaft ist von einem unveränderten Fortbestand des Arbeitsverhältnisses und seiner Bemessungsgrundlagen auszugehen. **Veränderungen nach Eintritt der Insolvenz** sind für den Umfang des Insolvenzschutzes **unerheblich** (*BAG, 12.03.1991 – 3 AZR 63/90, BB 1991, 2532 = DB 1991, 2552 = NZA 1992, 132*). Die **zwingend** wirkende **Veränderungssperre** des § 2 Abs. 5 BetrAVG, die **künftig ungewisse Ereignisse** aus der Berechnung der insolvenzgeschützten Anwartschaft ausschließt, hat zur Konsequenz, dass auch eine **einzelvertraglich** vereinbarte Anwartschafts- und/oder Renten**dynamik** nach **variablen Bezugsgrößen** (z. B. Spannungs- oder Indexklauseln) vom PSV **nicht zu übernehmen** ist (*BAG, 18.04.1989 – 3 AZR 299/87, BB 1989, 1984 = DB 1989, 1876 = NZA 1989, 845; BAG, 22.11.1994 – 3 AZR 767/93, NZA 1995, 887 = ZAP 1995, Fach 17 R, S. 127 m. Anm. Langohr-Plato; BAG, 04.04.2000 – 3 AZR 458/98, BetrAV 2001, 685*).   804

Diese Veränderungssperre ist nicht auf den Zeitraum zwischen Insolvenzeröffnung und Eintritt des Versorgungsfalls beschränkt. Auch Änderungen der Bemessungsgrundlage **nach Eintritt** des **Versorgungsfalls** sind für die Berechnung des Teilanspruchs ggü. dem PSV unbeachtlich (*BAG, 22.11.1994 – 3 AZR 767/93, NZA 1995, 887 = ZAP 1995, Fach 17 R, S. 127 m. Anm. Langohr-Plato*). Folglich sind die **Bemessungsgrundlagen endgültig** in der Höhe **festgeschrieben**, wie sie im Insolvenzfall bestanden.   805

▶ Hinweis: 806

> Allerdings ist die Veränderungssperre des § 2 Abs. 5 BetrAVG nur bei **variablen Dynamiksätzen** anwendbar, da deren künftige Veränderungen beim Insolvenzeintritt nicht bekannt und damit für den Haftungsumfang des PSV auch nicht **berechenbar** sind. Etwas anderes muss jedoch bei einer vertraglich vereinbarten **festen Dynamik (volldynamische Zusage)** gelten, bei der sich die Versorgungsverpflichtung jährlich um einen exakt definierten und damit bestimmten Prozentsatz erhöht. In einem solchen Fall ist die Dynamik Bestandteil der Bemessungsgröße selbst und ändert sich zukünftig nicht mehr; die zukünftige Entwicklung der Versorgungsverpflichtung ist somit auch für den PSV im Zeitpunkt seiner Haftungsübernahme in vollem Umfang berechenbar und kalkulierbar, sodass § 2 Abs. 5 BetrAVG nicht tangiert wird (*Langohr-Plato in Anm. zu BAG, 22.11.1994 – 3 AZR 767/93, NZA 1995, 887 = ZAP 1995, Fach 17 R, S. 128*).

Soweit die Versorgungszusage aufgrund einer **einschränkenden Neuordnung** vor Eintritt der Insolvenz zum Nachteil der Versorgungsberechtigten abgeändert worden ist, hat der PSV als **Mindestanwartschaft** in jedem Fall die bis zum Neuordnungsstichtag auf der Basis der alten Versorgungsordnung **erdiente** Versorgungsanwartschaft abzusichern (*BAG, 22.09.1987 – 3 AZR 662/85, DB 1988, 291 = NZA 1988, 732 = SAE 1989, 79; BAG, 21.01.1992 – 3 AZR 21/91, BB 1992, 860 = DB 1992, 1051 = NZA 1992, 659; Höfer, BetrAVG, Bd. I [ArbR], § 7 Rn. 4461 ff.*).   807

d) Besonderheiten bei der Direktversicherung

Wird die betriebliche Altersversorgung über eine Direktversicherung, d. h. einen externen Lebensversicherer durchgeführt, so ist dieser infolge der Regelungen im **Deckungsverhältnis** nur verpflichtet, dem Versorgungsberechtigten diejenige Versorgungsleistung zu gewähren, die nach dem Versicherungsvertrag geschuldet wird. Vor diesem Hintergrund hat der Gesetzgeber auch den Insolvenzschutz besonders ausgestaltet.   808

Gem. § 7 Abs. 2 Satz 3 BetrAVG richtet sich die Einstandspflicht des PSV grds. nach § 2 Abs. 2 Satz 2 BetrAVG. Anders als der Arbeitgeber kann der PSV jedoch weder auf das Quotierungsverfahren   809 noch auf die sog. **versicherungsrechtliche Lösung** (*vgl. hierzu die Ausführungen unter Rdn. 384 ff.*) zurückgreifen (*Höfer, BetrAVG, Bd. I [ArbR], § 7 Rn. 4478*). Der PSV ist vielmehr nur verpflichtet, dem Versorgungsberechtigten den **versicherungsvertraglichen Soll-Wert** (*Blomeyer/Rolfs/Otto, BetrAVG, § 7 Rn. 225 f.; Höfer, BetrAVG, Bd. I [ArbR], § 7 Rn. 4478*) zu verschaffen, d. h. einen Ausgleich dafür zu schaffen, dass der tatsächlich vorhandene Wert des Versicherungsvertrages aufgrund einer wirtschaftlichen Verfügung des Arbeitgebers von dem vereinbarten und damit geschuldeten Wert abweicht.

e) Besonderheiten beim Pensionsfonds

810 Es besteht gem. § 7 Abs. 1 Nr. 2 BetrAVG für Leistungsempfänger und gem. § 7 Abs. 2 BetrAVG für Versorgungsberechtigte mit gesetzlich unverfallbaren Anwartschaften bei Eintritt eines Sicherungsfalls Schutz über den PSVaG. Der Umfang des Insolvenzschutzes bei dem Pensionsfonds entspricht für Versorgungsempfänger dem Umfang bei der Unterstützungskasse. Für Versorgungsanwärter mit unverfallbarer Anwartschaft gelten hinsichtlich der Höhe des Anspruchs ggü. dem PSVaG die Bestimmungen für unmittelbare Versorgungszusagen entsprechend; bei Beitragszusagen mit Mindestleistung gilt für die Höhe des Anspruchs § 2 Abs. 5b BetrAVG.

f) Sachleistungen und Nutzungsrechte

811 Versorgungsleistungen in Form von **Sachleistungen** oder **Nutzungsrechten** werden vom PSV durch entsprechende finanzielle Leistungen abgegolten (*vgl. auch Höfer, BetrAVG, Bd. I [ArbR], § 7 Rn. 4448*).

4. Persönlicher Geltungsbereich

812 In persönlicher Hinsicht richtet sich der Anwendungsbereich des gesetzlichen Insolvenzschutzes grds. nach den allgemeinen Bestimmungen über die Anwendbarkeit des Betriebsrentengesetzes. Insolvenzgesichert sind mithin stets die Versorgungsleistungen, die einem **Arbeitnehmer** i. S. v. § 17 Abs. 1 Satz 1 BetrAVG (*vgl. hierzu die Ausführungen unter Rdn. 1109 ff.*) zugesagt worden sind. Darüber hinaus werden über § 17 Abs. 1 Satz 2 BetrAVG auch die Versorgungsleistungen derjenigen **Personen** vom gesetzlichen Insolvenzschutz erfasst, die zwar keine Arbeitnehmer i. S. d. gesetzlichen Definition sind, **denen** aber die **Versorgungsleistungen aus Anlass ihrer Tätigkeit für das** zusagende – »nicht eigene« – Unternehmen (*vgl. hierzu die Ausführungen unter Rdn. 1111 ff.*) **gewährt** worden sind.

813 Damit ist eine **Einstandspflicht des PSV** immer dann **ausgeschlossen**, wenn der Versorgungsberechtigte als Einzelkaufmann, persönlich haftender Gesellschafter einer Personengesellschaft, Alleingesellschafter einer Kapitalgesellschaft oder Mehrheitsgesellschafter einer Personen- oder Kapitalgesellschaft, kurz als **Unternehmer** für das zusagende Unternehmen tätig geworden ist (*vgl. OLG Köln, 14.05.1987 – 14 U 24/86, BB 1987, 1393; Förster/Cisch/Karst, BetrAVG, § 7 Anm. 30 f.; Langohr-Plato, INF 1995, 207; PSV-Merkblatt 300/M1/3.91*).

814 Eine Ausnahme besteht nur für den **echten Minderheitsgesellschafter**, der aufgrund seiner geringen Kapitalbeteiligung und des sich daraus abzuleitenden unmaßgeblichen Stimmrechts keinen Einfluss auf das Unternehmen ausüben kann. Für diesen Minderheitsgesellschafter muss im Insolvenzfall der PSV in die Verpflichtung zur Leistungsgewährung eintreten (*BGH, 28.04.1980 – II ZR 254/78, BB 1980, 1046 = DB 1980, 1434 = MDR 1980, 737; BGH, 14.07.1980 – II ZR 224/79, BB 1980, 1527 = DB 1980, 1993; BGH, 25.09.1989 – II ZR 259/88, DB 1989, 2425 = MDR 1990, 137 = NJW 1990, 49; Everhardt, BB 1981, 681*). Eine echte Minderheitsbeteiligung liegt allerdings dann nicht vor, wenn mehrere Minderheitsgesellschafter gemeinsam eine Mehrheitsbeteiligung halten, wobei in diesem Fall im Zusammenhang mit der Gewährung betrieblicher Versorgungsleistungen regelmäßig gleichgerichtete Interessen unterstellt werden (*BGH, 09.06.1980 – II ZR 255/78, BB 1980, 1215 = DB 1980, 1588 = MDR 1980, 688 = NJW 1980, 2257*).

IV. Gesetzliche Insolvenzsicherung (§§ 7 bis 15 BetrAVG)   B.

Bei einem **Wechsel von der Arbeitnehmer- in die Unternehmerstellung** oder umgekehrt ist der nach § 7 BetrAVG insolvenzgesicherte Teil der betrieblichen Altersversorgung nach dem Verhältnis der Zeiträume zu berechnen, in denen der Versorgungsberechtigte in der einen und in der anderen Funktion tätig gewesen ist. Dementsprechend ist die Versorgungsleistung **anteilig zu kürzen**; die Haftung des PSV erstreckt sich nur auf den während der Zeiten als Arbeitnehmer erdienten Teil der Versorgungsleistung (*BGH, 09.06.1980 – II ZR 255/78, BB 1980, 1215 = DB 1980, 1588 = MDR 1980, 688 = NJW 1980, 2257; BGH, 02.04.1990 – II ZR 156/89, BetrAV 1990, 206 = NJW-RR 1990, 800*). Ein etwaiger Einfluss zeitweiliger Unternehmerstellung auf Art und Höhe der versprochenen Versorgungsleistungen ist nur insoweit von Bedeutung, als die vertraglich geschuldete Versorgungsleistung für die Bemessung des Anspruchs gegen den PSV ggf. insoweit zu kürzen sein kann, als sie über den Rahmen dessen hinausgeht, was auch bei einem Nichtunternehmer wirtschaftlich vernünftig und angemessen gewesen wäre (*BGH, 14.07.1980 – II ZR 224/79, BB 1980, 1527 = DB 1980, 1993 = MDR 1981, 29*).

815

5. Leistungsbegrenzungen und -ausschlüsse

a) Leistungshöchstgrenze

Gem. § 7 Abs. 3 Satz 1 BetrAVG ist die Einstandspflicht des PSV **begrenzt** auf einen **Höchstbetrag**. Danach beträgt der Maximalanspruch gegen den PSV das **3-fache** der im Zeitpunkt der ersten Rentenfälligkeit geltenden **monatlichen Bezugsgröße** nach § 18 SGB IV. Bei einer für 2013 festgelegten Bezugsgröße von 2.695,00 € (West) bzw. 2.275,00 € (Ost) ergibt sich somit für die Einstandspflicht des PSV eine Obergrenze von monatlich 8.085,00 € (West) bzw. 6.825,00 € (Ost).

816

Hat der Versorgungsberechtigte statt einer monatlichen Rente eine einmalige **Kapitalleistung** zugesagt bekommen, so ist diese i. R. d. Höchstbegrenzungsermittlung gem. § 7 Abs. 3 Satz 2 BetrAVG mit einem **Verrentungsfaktor 10** in eine entsprechende, anhand der Begrenzungsklausel überprüfbare laufende Rentenleistung **umzurechnen**. Bei Kapitalzahlungen ermitteln sich die Höchstgrenzen des gesetzlichen Insolvenzschutzes demnach aus dem 120-fachen Wert der vorgenannten monatlichen Rentenbeträge, d. h. sie belaufen sich im Jahr 2013 auf 970.200,00 € (alte Bundesländer) bzw. 819.000,00 € (neue Bundesländer).

817

Diese Haftungsbegrenzung gilt unabhängig davon, ob es sich um eine arbeitgeberfinanzierte Altersversorgung handelt, oder um eine solche, die auf einer Entgeltumwandlung beruht. Eine zunächst vorgesehene entsprechende Differenzierung bei der Haftungsbegrenzung (*s. hierzu die Ausführungen in der 2. Aufl., Rn. 522, vgl. ferner Langohr-Plato, INF 2003, 419*) hat der Gesetzgeber i. R. d. HZvNG vom 21.06.2002 wieder abgeschafft und damit die insoweit geltenden Begrenzungen der Einstandspflicht des PSV i. R. d. Entgeltumwandlung aufgehoben.

818

Die vorstehenden Höchstgrenzen gelten zudem nicht nur für die Altersversorgung, sondern für **jede Art von Versorgungsleistung**. Das hat zur Konsequenz, dass auch für die Hinterbliebenenrente grds. auf den Zeitpunkt der ersten Fälligkeit der vom PSV geschuldeten Versicherungsleistung abzustellen ist (*so auch Blomeyer/Rolfs/Otto, BetrAVG, § 7 Rn. 268*). Insoweit ist wie folgt zu differenzieren:

819

Für den Fall, dass im Zeitpunkt der Insolvenz eine Hinterbliebenenversorgung bereits fällig war, erfasst der gegen den PSV gerichtete Versicherungsanspruch den Betrag der an den Hinterbliebenen gezahlten Versorgungsleistung. Dieser Betrag ist lediglich an den Höchstgrenzen von § 7 Abs. 3 BetrAVG zu messen (*Andresen/Förster/Rößler/Rühmann, BetrAVG, ArbR, Teil 13 A Rn. 808; Blomeyer/Rolfs/Otto, BetrAVG, § 7 Rn. 268; Höfer, BetrAVG, Bd. I [ArbR], § 7 Rn. 4508*).

820

Verstirbt der originär Versorgungsberechtigte dagegen erst nach Eintritt der Insolvenz und damit auch nach Eintritt der Haftung des PSV und löst damit erst den Versorgungsfall Hinterbliebenenrente aus, so wird dadurch der gegen den PSV gerichtete Versicherungsanspruch dem Grunde nach nicht verändert. Die Hinterbliebenenrente begründet nämlich als aus der Altersversorgung

821

abgeleitetes Recht keinen neuen Anspruch, sondern richtet sich nach der weiterhin maßgeblichen originären Zusage des Arbeitgebers.

822 Nach § 7 Abs. 1 Satz 1 BetrAVG hat der PSV im Sicherungsfall dem aus der unmittelbaren Versorgungszusage berechtigten (Haupt-) Versorgungsempfänger oder seinen Hinterbliebenen die Versicherungsleistungen in der Höhe zu erbringen, die der Arbeitgeber aufgrund seiner Versorgungszusage zu erbringen gehabt hätte. Dieser gesetzliche Versicherungsanspruch knüpft also grds. ohne Einschränkung an den Versorgungsanspruch an, wie er sich aus der Versorgungsvereinbarung ergibt (*BGH, 21.03.1983 – II ZR 174/82, ZIP 1983, 847; BGH, 11.10.2004 – II ZR 369/02, BB 2004, 2639 = FamRZ 2005, 103 = MDR 2005, 293 = BetrAV 2005, 196; vgl. auch BAG, 30.08.1979 – 3 AZR 381/78, ZIP 1980, 49*).

823 **Berechnungsgrundlage** für den Umfang des Versicherungsanspruchs des Hinterbliebenen ist danach auch hier der in der Versorgungszusage – als ein Prozentsatz der Primärversorgungsleistung – definierte Hinterbliebenenversorgungsanspruch ggü. dem Versorgungsschuldner. Erst die solchermaßen nach § 7 Abs. 1 Satz 1 BetrAVG ermittelte, für den Träger der Insolvenzsicherung verbindliche und nunmehr grds. in dieser Höhe von ihm zu erbringende Hinterbliebenenleistung wird – in einem zweiten Schritt – nach § 7 Abs. 3 BetrAVG als (Versicherungs-) »Anspruch auf laufende Leistungen« begrenzt auf höchstens das 3-fache der im Zeitpunkt der ersten Fälligkeit maßgeblichen Bezugsgröße i. S. v. § 18 SGB IV (*BGH, 11.10.2004 – II ZR 369/02, BetrAV 2005, 196; vgl. auch Höfer, BetrAVG Bd. I [ArbR], § 7 Rn. 4509 f.; insoweit auch Blomeyer/Rolfs/Otto, BetrAVG, § 7 Rn. 268; a. A. Berenz, in: Kemper/Kisters-Kölkes/Berenz/Huber, BetrAVG, § 7 Rn. 139*).

824 Mit dieser nach Ansicht des BGH **eindeutigen Gesetzesregelung** ist ein Vorgehen nicht vereinbar, das im Fall des Todes des Hauptversorgungsempfängers den bereits nach § 7 Abs. 3 BetrAVG gekürzten Primäranspruch zum Ausgangswert der Berechnung der Hinterbliebenenleistung machen will (*BGH, 11.10.2004 – II ZR 369/02, BetrAV 2005, 196*).

▶ Beispiel:

Im Insolvenzzeitpunkt (2013) beläuft sich die gezahlte Altersrente auf 9.000,00 €. Der PSV übernimmt von diesem Betrag aufgrund der gesetzlichen Haftungsbegrenzung nur einen Betrag von 8.085,00 €. Verstirbt der Versorgungsberechtigte, so wird bei einer vertraglich vorgesehenen Hinterbliebenenrente von 60 % die vom PSV zu leistende Hinterbliebenenrente ausgehend von der ungekürzten Altersrente berechnet, d. h. 60 % von 9.000,00 € = 5.400,00 €. Da dieser Betrag unterhalb der Haftungsbegrenzung des § 7 Abs. 3 BetrAVG liegt, kommt die Hinterbliebenenrente ungekürzt zur Auszahlung.

Nach der vom PSV früher vertretenen Rechtsauffassung wäre nur eine Hinterbliebenenrente i. H. v. 4.851,00 € (= 60 % von 8.085,00 €) gezahlt worden.

825 Rechtlich relevant wird die Frage der Haftungsbegrenzung nach § 7 Abs. 3 BetrAVG aber auch dann, wenn der Versorgungsberechtigte **mehrere Ansprüche** gegen den PSV geltend macht. Dies kann z. B. dann der Fall sein, wenn er von einem insolventen Arbeitgeber Versorgungsversprechen über verschiedene insolvenzgeschützte Durchführungswege erhalten hat, oder er auf Versorgungsversprechen mehrerer insolventer Arbeitgeber zurückgreifen kann. Ausgehend vom Normzweck des gesetzlichen Insolvenzschutzes wird man hier eine **Addition** sämtlicher insolvenzgeschützter Rechte vornehmen. Andernfalls würde derjenige Arbeitnehmer begünstigt, dessen betriebliche Altersversorgung auf verschiedene Durchführungswege verteilt würde, was Manipulationen Tür und Tor öffnen würde. Auch würde bei gleich hoher Gesamtversorgung derjenige Mitarbeiter benachteiligt, der betriebstreu geblieben ist und seine Altersversorgung aus nur einem Arbeitsverhältnis ableitet, während der fluktuationsfreudige Arbeitnehmer insoweit die Haftungshöchstgrenzen umgehen könnte. Von daher ist der Gesamtwert aller insolvenzgeschützten Versorgungsrechte an der Haftungsgrenze des § 7 Abs. 3 BetrAVG zu messen, um eine letztendlich rein zufallsbedingte »Überversorgung« des Versorgungsberechtigten zu vermeiden (*so auch Andresen/Förster/Rößler/Rühmann,*

BetrAVG, ArbR, Teil 13 A Rn. 810; Blomeyer/Rolfs/Otto, BetrAVG, § 7 Rn. 261; Höfer, BetrAVG, Bd. I [ArbR], § 7 Rn. 4511).

Demgegenüber vertritt der PSV ausgehend von dem Wortlaut der Haftungsregelung in § 7 Abs. 3 Satz 1 BetrAVG, die auf »einen« Anspruch und nicht auf »den Anspruch gegen den PSV« abstellt und die in § 7 Abs. 1 bzw. Abs. 2 BetrAVG von der Insolvenz »des Arbeitgebers/Trägerunternehmens« spricht, die Auffassung, dass insoweit auf »**den jeweiligen Arbeitgeber**« bzw. »**die jeweilige Zusage**« abzustellen ist (so ausdrücklich Berenz, in: *Kemper/Kisters-Kölkes/Berenz/Huber, BetrAVG, § 7 Rn. 131 f.*). 826

Dies hätte zur Konsequenz, dass grds. die dem Mitarbeiter von seinen im Arbeitsleben von mehreren Arbeitgebern erteilten Versorgungszusagen grds. isoliert zu bewerten wären. 827

▶ Beispiel:

Versorgungsberechtigter A war während seiner aktiven Dienstzeit sowohl bei der A-AG, der X-GmbH als auch der Y-GmbH beschäftigt und bezieht als Betriebsrentner von jeder dieser Gesellschaft betriebliche Versorgungsbezüge. Die Summe der monatlichen Versorgungsbezüge beläuft sich auf 15.000,00 €, verteilt auf A-AG (5.000,00 €), X-GmbH (3.000,00 €) und Y-GmbH (7.000,00 €). Da keine der »Teilrenten« die Haftungsgrenze von 8.085,00 € übersteigt, müsste der PSV nach der von ihm vertretenen Auffassung im Fall der Insolvenz aller drei genannten Gesellschaften die Haftung für den vollen Rentenbetrag (15.000,00 €) übernehmen.

Würde sich die Verteilung der Gesamtrente dagegen wie folgt darstellen: A-AG (9.000,00 €), X-GmbH (3.500,00 €) und Y-GmbH (2.500,00 €), so würde die Rente der A-AG auf 8.085,00 € gekürzt. Die übrigen Renten würden ungekürzt vom PSV übernommen; der gesetzliche Insolvenzschutz beliefe sich damit auf insgesamt 14.085,00 €.

Mit der herrschenden Literaturauffassung käme man hier in beiden Beispielsvarianten nur zu einem gesetzlichen Insolvenzschutz i. H. v. 8.085,00 €, da nach dieser Literaturmeinung die Summe aller insolvenzgeschützten Rechte an der Haftungsgrenze zu messen wäre.

b) Anzurechnende Leistungen

Gem. § 7 Abs. 4 BetrAVG tritt eine **Anspruchsminderung** insoweit ein, wie der Arbeitgeber oder ein sonstiger Versorgungsträger die Versorgungsleistungen erbringt oder in den Sicherungsfällen des gerichtlichen bzw. außergerichtlichen Vergleichs oder beim Widerruf wegen wirtschaftlicher Notlage auch nach Eintritt des Sicherungsfalls noch zu erbringen hat und hierdurch eine **Erfüllung der Versorgungsverpflichtung** i. S. v. § 362 BGB eintritt. Da nach § 9 Abs. 2 BetrAVG alle Ansprüche auf den PSV übergehen, kommen Leistungen aus der Verwertung von Sicherheiten durch den Versorgungsempfänger nur insofern in Betracht, wie es sich um nicht akzessorische Sicherungsmittel handelt (*Förster/Cisch/Karst, BetrAVG, § 7 Anm. 35*). 828

c) Leistungsausschlüsse

Gem. § 7 Abs. 5 Satz 1 BetrAVG besteht ein **Haftungsausschluss** des PSV für den Fall einer **rechtsmissbräuchlichen Inanspruchnahme**. Dem PSV obliegt dabei nach den **allgemeinen** zivilprozessualen **Beweisregeln** grds. die Pflicht, den Missbrauchstatbestand sowie die Missbrauchsabsicht nachzuweisen, wobei sich die Nachweispflicht auch auf ein **kollusives Zusammenwirken** von Arbeitnehmer und Arbeitgeber erstreckt (*BAG, 29.11.1988 – 3 AZR 184/77, BB 1989, 1558 = DB 1989, 786 = NZA 1989, 426; BAG, 26.06.1990 – 3 AZR 641/88, BB 1991, 482 = DB 1990, 2475 = NZA 1991, 144 = NJW 1991, 717; Höfer, BetrAVG, Bd. I [ArbR], § 7 Rn. 4544; Berenz, in: FS für Kemper, S. 13*). Der Arbeitnehmer muss also zumindest in der Lage gewesen sein, den rechtsmissbräuchlichen Zweck der Versorgungsmaßnahme erkennen zu können. Diese Voraussetzung liegt dann vor, wenn sich dem Versorgungsberechtigten die Erkenntnis aufdrängen musste, der Arbeitgeber werde im Hinblick auf die konkrete wirtschaftliche Lage des Unternehmens die erteilte Versorgungszusage 829 nicht ernsthaft erfüllen können (*BAG, 19.02.2002 – 3 AZR 137/01, DB 2002, 2115; Berenz, in: FS für Kemper, S. 13*).

830 Die Umstände des konkreten Einzelfalls müssen insgesamt die Annahme rechtfertigen, dass die Inanspruchnahme des PSV der **alleinige oder überwiegende Zweck** der Versorgungszusage bzw. ihrer Verbesserung gewesen ist (*BAG, 08.05.1990 – 3 AZR 121/89, BB 1990, 2410 = DB 1990, 2375 = NZA 1990, 931; Höfer, BetrAVG, Bd. I [ArbR], § 7 Rn. 4543*).

831 § 7 Abs. 5 Satz 1 BetrAVG erfasst auch rechtsmissbräuchliche Verbesserungen im Zusammenhang mit einer nach § 16 BetrAVG durchgeführten **Anpassung laufender Rentenleistungen**, d. h. solche Anpassungen, die über die Erfüllung der aus § 16 BetrAVG folgenden rechtlichen Verpflichtung hinaus erfolgen (*Förster/Cisch/Karst, BetrAVG, § 7 Anm. 36; Berenz, in: FS für Kemper, S. 12*). Insoweit gesteht die Rechtsprechung dem Arbeitgeber einen **weiten Ermessensspielraum** zu (*vgl. BAG, 29.11.1988 – 3 AZR 184/87, BB 1989, 1558 = DB 1989, 786 = NZA 1989, 426; BAG, 08.05.1990 – 3 AZR 121/89, BB 1990, 2410 = DB 1990, 2375 = NZA 1990, 931; BAG, 26.04.1994 – 3 AZR 981/93, BB 1994, 1789 = NZA 1995, 73 = ZIP 1994, 1369; Blomeyer/Rolfs/Otto, BetrAVG, § 7 Rn. 285; Höfer, BetrAVG, Bd. I [ArbR], § 7 Rn. 4565*).

832 Eine unangemessen hohe Versorgungsverpflichtung, geschäftliche oder verwandtschaftliche Verbindungen zwischen Versorgungsberechtigtem und Arbeitgeber sowie die wirtschaftliche Lage des Arbeitgebers bei Erteilung oder Verbesserung der Versorgungszusage können **Indizien** einer rechtsmissbräuchlichen Gestaltung zulasten des PSV sein (*vgl. Förster/Cisch/Karst, BetrAVG, § 7 Anm. 36*). Um dem PSV insoweit seine Nachweispflichten zu erleichtern, sieht § 7 BetrAVG zwei **Beweiserleichterungen** vor.

833 Zunächst einmal besteht nach § 7 Abs. 5 Satz 2 BetrAVG eine **widerlegbare Missbrauchsvermutung**, wenn bei der Erteilung oder Verbesserung einer Versorgungszusage im Hinblick auf die **wirtschaftliche Lage** des Arbeitgebers zu erwarten ist, dass die Zusage nicht erfüllt werden kann (*Berenz, in: FS für Kemper, S. 14; Höfer, BetrAVG, Bd. I [ArbR], § 7 Rn. 4555 ff.*). Dann obliegt es dem Versorgungsberechtigten nachzuweisen, dass der Zweck der Zusageerteilung bzw. -verbesserung nicht auf eine Inanspruchnahme des PSV gerichtet war (*BAG, 29.11.1988 – 3 AZR 184/87, BB 1989, 1558 = DB 1989, 786 = NZA 1989, 426; Höfer, BetrAVG, Bd. I [ArbR], § 7 Rn. 4555*).

834 Eine bloß **schlechte wirtschaftliche Lage** im Zeitpunkt der Zusageerteilung bzw. ihrer Verbesserung **indiziert** allerdings einen **Versicherungsmissbrauch nicht** (*vgl. BAG, 29.11.1988 – 3 AZR 184/87, BB 1989, 1558 = DB 1989, 786 = NZA 1989, 426; BAG, 08.05.1990 – 3 AZR 121/89, BB 1990, 2410 = DB 1990, 2375 = NZA 1990, 931; BAG, 10.03.1992 – 3 AZR 140/91, BB 1992, 2220 = DB 1992, 2251 = NZA 1992, 932*).

835 Die widerlegbare Vermutung des § 7 Abs. 5 Satz 2 BetrAVG greift i. Ü. mangels ausdrücklicher Erwähnung im Gesetz auch nicht bei der **wirtschaftlichen Verwertung einer Direktversicherung**, d. h. bei deren Beleihung, Abtretung oder Verpfändung ein (*BAG, 26.06.1990 – 3 AZR 641/88, BB 1992, 1553 = DB 1990, 2475 = NZA 1991, 144; Höfer, BetrAVG, Bd. I [ArbR], § 7 Rn. 4556*).

836 Darüber hinaus enthält § 7 Abs. 5 Satz 3 BetrAVG unabhängig von einer tatsächlichen Missbrauchsabsicht der Vertragsparteien eine **unwiderlegbare Missbrauchsvermutung** (*BAG, 24.06.1986 – 3 AZR 645/84, DB 1987, 587; Berenz, in: FS für Kemper, S. 18*) für Verbesserungen von Versorgungszusagen, die **innerhalb der letzten beiden Jahre vor Eintritt des Sicherungsfalls** erfolgt sind. Dieser **absolute Haftungsausschluss** gilt also auch dann, wenn den Vertragsparteien der Nachweis gelingt, ohne Missbrauchsabsicht gehandelt zu haben (*Langohr-Plato, INF 2003, 419*).

837 Der Verbesserung einer bestehenden Zusage steht insoweit auch die **erstmalige Erteilung einer Zusage** im Rahmen dieser Zwei-Jahres-Frist gleich (*Berenz, in: FS für Kemper, S. 16*), sofern die Zusageerteilung nicht i. R. d. gesetzlich zwingenden Rechtsanspruchs auf Entgeltumwandlung und unter Beachtung einer Beitragsmaximierung von 4 % der Beitragsbemessungsgrenze (§ 7 Abs. 5 Satz 3 Nr. 1 BetrAVG) oder i. R. d. gesetzlichen Anspruchs auf Portabilität erfolgt und der Übertragungswert die

IV. Gesetzliche Insolvenzsicherung (§§ 7 bis 15 BetrAVG) B.

Beitragsbemessungsgrenze in der allgemeinen Rentenversicherung nicht übersteigt (§ 7 Abs. 5 Satz 3 Nr. 2 BetrAVG).

Der Haftungsausschluss gilt zudem insbes. auch für Rentenanpassungen nach § 16 BetrAVG, sofern es sich nicht um eine »automatische« oder »planmäßige«, d. h. vertraglich vereinbarte Rentenanpassung handelt (*BAG, 26.04.1994 – 3 AZR 981/93, BB 1994, 1789 = NZA 1995, 73 = ZIP 1994, 1369*). Dagegen gilt die unwiderlegbare Missbrauchsvermutung **nicht** bei Steigerungen der Bemessungsgrundlage (*z. B. »ruhegeldfähiges Endgehalt«, vgl. BAG, 20.07.1993 – 3 AZR 99/93, BB 1994, 220 = DB 1994, 151 = NZA 1994, 121 = NJW 1994, 2373*) sowie im Fall der Beleihung einer Direktversicherung durch den Arbeitgeber (*BAG, 26.06.1990 – 3 AZR 641/88, BB 1991, 482 = DB 1990, 2475 = NZA 1991, 144 = NJW 1991, 717*), und zwar auch dann nicht, wenn das Bezugsrecht unwiderruflich ausgestaltet war (*BAG, 17.10.1995 – 3 AZR 420/94, BB 1996, 1389 = DB 1996, 1426 = ZIP 1995, 111*). 838

d) Katastrophenfall

Schließlich kann die Einstandspflicht des PSV mit Zustimmung der BaFin nach billigem Ermessen eingeschränkt werden, wenn der Sicherungsfall auf kriegerische Ereignisse, innere Unruhen, Naturkatastrophen oder Kernenergie zurückzuführen ist. 839

e) Vertikale und horizontale Leistungsübernahme

Nach dem bis Ende 1998 geltenden Recht wurden im Rahmen eines Vergleichs die Versorgungsansprüche »**vertikal**« aufgeteilt: Der Arbeitgeber oder sonstige Träger der betrieblichen Altersversorgung übernahm die Versorgungsleistungen i. H. d. Vergleichsquote und der **PSV haftete** lediglich für die **Ausfallquote**. 840

Die Insolvenzrechtsreform ermöglicht für den Fall, dass im Insolvenzverfahren ein Insolvenzplan erstellt wird, der die Fortführung des Unternehmens vorsieht, neben der bisherigen vertikalen Aufteilung auch eine »**horizontale Verteilung**« der Versorgungsansprüche. Diese horizontale Verteilung führt dazu, dass der **PSV** die Leistungen der betrieblichen Altersversorgung (nur) für einen **bestimmten Zeitraum**, dafür aber **in voller Höhe** übernimmt. **Nach Ablauf** des vereinbarten Zeitraums wird der PSV von der übernommenen Leistungsverpflichtung **freigestellt**; die Versorgungsleistungen sind dann wieder uneingeschränkt vom Arbeitgeber zu tragen. 841

Zunächst einmal bedeutet die horizontale Aufteilung für das Unternehmen, dem durch den Insolvenzplan die Möglichkeit zur Sanierung geboten wird, eine spürbare **Liquiditätshilfe**, da der Versorgungsschuldner für einen begrenzten Zeitraum von allen Versorgungsleistungen freigestellt wird. Der PSV hat den administrativen Vorteil, dass er nach Ablauf der vereinbarten Leistungsfrist sowohl von den laufenden Rentenzahlungen als auch von den unverfallbaren Anwartschaften freigestellt wird. Zugleich wird vermieden, dass nach einer erfolgreichen Sanierung die Arbeitnehmer und Betriebsrentner des sanierten Unternehmens weiterhin noch vom PSV bedient werden müssen, obgleich der eigentliche Versorgungsschuldner, das sanierte Unternehmen, längst wieder in der Lage wäre, die Versorgungsleistungen selbst in voller Höhe zu erbringen. 842

Das **Risiko** einer solchen horizontalen Aufteilung für den PSV liegt darin, dass die vom Insolvenzplan erwartete **Sanierung** des Unternehmens **misslingen** kann und das Unternehmen in einem weiteren Insolvenzverfahren liquidiert wird. Dann haftet der PSV über den zunächst vereinbarten Zeitraum hinaus zeitlich unbegrenzt für sämtliche Versorgungsverbindlichkeiten in voller Höhe. 843

Lediglich für den Fall, dass **innerhalb von drei Jahren** nach der Aufhebung des Insolvenzverfahrens ein Antrag auf Eröffnung eines neuen Insolvenzverfahrens über das Vermögen des Arbeitgebers gestellt wird, sieht die Insolvenzrechtsreform eine **Erstattungsmöglichkeit** bzgl. der vom PSV erbrachten Leistungen vor, sofern im ursprünglichen Insolvenzplan nichts anderes geregelt ist. 844

f) Besserungsklausel

845 Nicht alle Sicherungsfälle haben die Liquidation des Unternehmens zur Folge. Gerade der gerichtliche und außergerichtliche Vergleich werden i. d. R. zu dem Zweck abgeschlossen, eine **Sanierung** des Unternehmens zu ermöglichen. Die Insolvenzrechtsreform verlangt daher im Insolvenzplan zwingend eine Besserungsklausel, wonach bei einer **nachhaltigen Besserung der wirtschaftlichen Lage** des Arbeitgebers die vom Träger der Insolvenzsicherung zu erbringenden Leistungen ganz oder z. T. wieder vom Arbeitgeber oder sonstigen Träger der Versorgung übernommen werden muss. Enthält der Insolvenzplan keine entsprechende Vereinbarung, ohne dass dies durch besondere Umstände gerechtfertigt ist, so hat das Insolvenzgericht den Plan **von Amts wegen zurückzuweisen.**

g) Abfindung von Wertsteigerungen nach Insolvenzeröffnung

846 Ohne Zustimmung des Arbeitnehmers sind gem. § 3 Abs. 1 Satz 4 BetrAVG solche Versorgungsanwartschaften abfindbar, die auf **Wertsteigerungen nach der Eröffnung** des Insolvenzverfahrens beruhen, wenn das Unternehmen seine **Betriebstätigkeit vollständig eingestellt** hat und das Unternehmen **liquidiert** wird (*vgl. auch: BAG, 22.12.2009 – 3 AZR 814/07, DB 2010, 1018*).

847 Nach dem bisherigen Recht und der ständigen Rechtsprechung des BAG (*vgl. u. a. BAG, 12.12.1989 – 3 AZR 540/88, BB 1990, 857 = DB 1990, 895 = NZA 1990, 475; BAG, 15.01.1991 – 3 AZR 478/89, BB 1991, 1343 = DB 1991, 1579 = NZA 1991, 465; vgl. auch Höfer, BetrAVG, Bd. I [ArbR], § 7 Rn. 4459 ff., 4469*) ist bei der Berechnung des Anwartschaftswertes, den der PSV nach § 7 Abs. 2 BetrAVG zu übernehmen hat, auf den Tag des Eintritts des Sicherungsfalls (z. B. Insolvenzeröffnung) abzustellen. Wertsteigerungen der Anwartschaft, die z. B. nach der Eröffnung des Insolvenzverfahrens bis zu dessen Abschluss erdient werden, bleiben dagegen unberücksichtigt und werden somit nicht von der Einstandspflicht des PSV erfasst. Vielmehr sind sie als Masseschuld ggü. der Insolvenzmasse geltend zu machen (*BAG, 22.12.2009 – 3 AZR 814/07, DB 2010, 1018*), was die Liquidation des insolventen Unternehmens teilweise erheblich erschwert.

Durch die Abfindungsmöglichkeit dieser »Restanwartschaften« durch den Insolvenzverwalter wird die Liquidation im Insolvenzverfahren also erleichtert. Diese Abfindungsmöglichkeit ist nämlich nicht auf die sog. Bagatellanwartschaften i. S. v. § 3 Abs. 2 BetrAVG beschränkt, sodass dem Insolvenzverwalter ein der Höhe nach unbegrenztes einseitiges Abfindungsrecht zusteht (*vgl. BAG, 22.12.2009 – 3 AZR 814/07, DB 2010, 1018*).

Die Ausübung des Abfindungsrechts durch den Insolvenzverwalter verstößt auch nicht gegen die Grundsätze von Treu und Glauben. Insbesondere kann der Insolvenzverwalter nicht gezwungen werden, rechtlich zulässige Abfindungen zu unterlassen und die Versorgung durch Übertragung auf eine sog. »Liquidationsversicherung« (§ 4 Abs. 4 BetrAVG) zugunsten des Versorgungsberechtigten aufrechtzuerhalten. § 3 Abs. 4 BetrAVG ermöglicht dem Insolvenzverwalter gerade eine masseschonende Abfindung und schützt ihn damit vor einer ggf. kostenintensiven Übertragung der Versorgungsverpflichtung auf einen Lebensversicherer oder auf eine Pensionskasse (*vgl. BAG, 22.12.2009 – 3 AZR 814/07, DB 2010, 1018*).

h) Besonderheiten bei der Entgeltumwandlung

848 Hinsichtlich solcher Versorgungszusagen, die im Wege der Entgeltumwandlung finanziert werden, ist in 2-facher Hinsicht zu differenzieren, einerseits nach dem Zeitpunkt der Zusageerteilung und andererseits nach der Zusageart (*vgl. auch Berenz, in: Kemper/Kisters-Kölkes/Berenz/Huber, BetrAVG, § 7 Rn. 110 ff.*).

849 Wurde die Entgeltumwandlung vor 2002 vereinbart, gilt bei **Leistungszusagen** und **beitragsorientierten Leistungszusagen**, die als unmittelbare Pensionszusage oder über eine Unterstützungskasse gewährt werden, für die Berechnung insolvenzgeschützter Versorgungsanwartschaften das ratierliche Berechnungsverfahren nach § 2 Abs. 1 BetrAVG. I. R. d. Direktversicherung gelten ebenfalls die gleichen Modalitäten wie bei der arbeitgeberfinanzierten Direktversicherung.

IV. Gesetzliche Insolvenzsicherung (§§ 7 bis 15 BetrAVG)   B.

Für Neuzusagen, d. h. für solche Entgeltumwandlungsverträge, die ab dem 01.01.2002 vereinbart worden sind, gilt bei **Leistungszusagen** und **beitragsorientierten Leistungszusagen** § 7 Abs. 2 Satz 3 BetrAVG i. V. m. § 2 Abs. 5a BetrAVG. Danach ist für den Umfang des gesetzlichen Insolvenzschutzes die »finanzierte Anwartschaft« maßgeblich, d. h. die vom Zeitpunkt der Zusageerteilung bis zum Eintritt des Sicherungsfalls erreichte Anwartschaft auf Leistungen aus den bis dahin umgewandelten Entgeltbestandteilen. Diese Berechnungsvorschrift kann auch durch Vereinbarung zwischen Arbeitgeber und Arbeitnehmer für Altzusagen (Zusageerteilung vor 2001) übernommen werden. An eine solche Vereinbarung wäre auch der PSV gebunden (*Berenz, in: Kemper/Kisters-Kölkes/Berenz/Huber, BetrAVG, § 7 Rn. 113*). 850

Für **Pensionsfondszusagen** gelten die vorstehenden Aussagen zur »Neuzusage« entsprechend. Da Pensionsfondszusagen erst mit Wirkung frühestens ab 2002 erteilt werden konnten, gibt es hier keine »Altzusagen«, sodass insoweit ausschließlich auf § 2 Abs. 5a BetrAVG abzustellen ist. 851

Bei einer **Beitragszusage mit Mindestleistung**, die unter insolvenzrechtlichen Aspekten nur beim Pensionsfonds und (eingeschränkt) bei der Direktversicherung relevant ist (Pensionskassen unterliegen nicht dem Insolvenzschutz und bei Pensionszusagen und Unterstützungskassen ist die Beitragszusage mit Mindestleistung kraft gesetzlicher Definition nicht umsetzbar), richtet sich die Berechnung der insolvenzgeschützten Anwartschaft nach § 7 Abs. 2 Satz 5 BetrAVG i. V. m. § 2 Abs. 5b BetrAVG. Maßgeblich wäre somit insoweit das planmäßig zuzurechnende Versorgungskapital auf der Grundlage der bis zum Eintritt des Sicherungsfalls geleisteten Beiträge (Beiträge **und** die bis zum Eintritt des Sicherungsfalls erzielten Erträge), mindestens die Summe der bis dahin zugesagten Beiträge, soweit sie nicht rechnungsmäßig für einen biometrischen Risikoausgleich verbraucht wurden (Mindestleistung). 852

Gleichwohl soll nach einer Auffassung bei Beitragszusagen mit Mindestleistung der Insolvenzschutz bei Versorgungsanwartschaften auf die Mindestleistung beschränkt sein (*Berenz, in: Kemper/Kisters-Kölkes/Berenz/Huber, BetrAVG, § 7 Rn. 122 f.*). 853

Einer anderen Auffassung zufolge sind jedoch bei Versorgungsanwartschaften auch die erzielten Erträge vom gesetzlichen Insolvenzschutz des PSVaG umfasst (*ErfK/Steinmeyer, § 7 BetrAVG Rn. 54; Langohr-Plato/Teslau DB 2003, 665*). 854

Der **PSVaG** geht in seinem hierzu veröffentlichten Merkblatt 300/M 14 davon aus, dass **Insolvenzschutz besteht** bei 855
– Ansprüchen von Versorgungsempfängern grds. i. H. d. Mindestleistungsrente. Dies ergebe sich aus der Verrentung der bis zum Eintritt des Versorgungsfalls oder vorherigen Austritt zugesagten Beiträge, soweit sie nicht rechnungsmäßig für einen biometrischen Risikoausgleich verbraucht wurden, § 7 Abs. 1 Satz 2 Nr. 2 i. V. m. § 1 Abs. 2 Nr. 2 BetrAVG. Die Verrentungsgrundsätze ergeben sich nach Ansicht des PSVaG aus der Versorgungsregelung. Bei (Teil-) Kapitalleistungen sollen die vorgenannten Grundsätze entsprechend gelten.
– gesetzlich unverfallbaren Anwartschaften i. H. d. Summe der bis zum Sicherungsfall oder vorherigen Austritt zugesagten Beiträge, soweit sie nicht rechnungsmäßig für einen biometrischen Risikoausgleich verbraucht wurden, § 7 Abs. 2 Satz 5 Halbs. 2 i. V. m. § 2 Abs. 5b BetrAVG.

Enthalte die Versorgungszusage eine über § 1 Abs. 2 Nr. 2 BetrAVG hinausgehende Verpflichtung – bspw. einen Garantiezins – erstrecke sich der Insolvenzschutz auch darauf. Im Zusammenhang mit dem in § 9 Abs. 3a BetrAVG i. V. m. § 9 Abs. 3 BetrAVG geregelten Übergang des Vermögens des Pensionsfonds auf den PSVaG erklärt dieser, dass der die Eintrittspflicht des PSVaG übersteigende Vermögensteil zur Erhöhung der laufenden Leistungen und der unverfallbaren Anwartschaften zu verwerten sei. 856

Nach Ansicht des Verfassers beschränkt sich der Insolvenzschutz nicht auf die Mindestleistung, sondern bezieht auch die tatsächlich erzielten/erwirtschafteten und bei Eintritt des Versorgungsfalls (noch) vorhandenen Erträge mit ein. Dies ergibt sich für Versorgungsanwartschaften aus § 7 Abs. 2 Satz 5 BetrAVG, der auf § 2 Abs. 5b BetrAVG verweist. Versorgungsempfänger haben nach § 7 Abs. 1 857

Satz 1 BetrAVG gegen den Träger der Insolvenzsicherung einen Anspruch i. H. d. Leistung, die der Arbeitgeber aufgrund der Versorgungszusage zu erbringen hätte, wenn der Sicherungsfall nicht eingetreten wäre. Die Leistung besteht nach § 1 Abs. 2 Nr. 2 BetrAVG in dem Zur-Verfügung-Stellen des dem Versorgungsempfänger planmäßig zuzurechnenden Versorgungskapitals: zu diesem gehören auch die tatsächlich erzielten/erwirtschafteten und bei Eintritt des Versorgungsfalls (noch) vorhandenen Erträge. Ein Widerspruch zu den Ausführungen zur Beitragsbemessungsgrundlage besteht nicht, da eine Haftung des PSVaG nur i. H. d. Mindestleistung besteht und nur tatsächliche Erträge geschuldet werden. Hiervon geht offenbar auch der PSVaG aus, wie sich aus dessen Ausführungen zum Vermögensübergang ergibt.

858 Zu beachten ist ferner § 7 Abs. 5 BetrAVG. Da Entgeltumwandlungszusagen seit Einführung des Rechtsanspruchs auf Entgeltumwandlung durch das AVmG zum 01.01.2002 gem. § 2 Abs. 5 BetrAVG ab dem Zeitpunkt der Zusageerteilung gesetzlich unverfallbar sind, bestimmt § 7 Abs. 2 BetrAVG auch, dass diese Ansprüche künftig ab Beginn insolvenzgesichert sind.

859 Dieser Anspruch wird allerdings durch die Vorschrift des § 7 Abs. 5 Satz 3 BetrAVG dahin gehend eingeschränkt, dass der **Insolvenzschutz erst zwei Jahre nach Erteilung der Zusage** einsetzt (*so auch Blomeyer, DB 2001, 1414; Höfer, DB 2001, 1148*). Nach der Vorschrift werden Verbesserungen der Versorgungszusagen bei der Bemessung der Leistungen des PSVaG nicht berücksichtigt, soweit sie in den beiden letzten Jahren vor dem Eintritt des Sicherungsfalls vereinbart worden sind. Es handelt sich um eine **unwiderlegbare Vermutung** (*BAG, 26.04.1994 – 3 AZR 981/93, BB 1994, 1798 = DB 1994, 1831; Blomeyer/Rolfs/Otto, BetrAVG, § 7 Rn. 296*). Als Verbesserung gilt nach der Rechtsprechung auch die erstmalige Erteilung einer Zusage (*BAG, 24.11.1998 – 3 AZR 423/97, DB 1999, 914*).

860 Diese gesetzliche Vermutung gilt allerdings nicht für ab dem 01.01.2002 gegebene Zusagen, soweit bei Entgeltumwandlungen Beträge von bis zu 4 % der Beitragsbemessungsgrenze in der Rentenversicherung der Arbeiter und Angestellten für eine betriebliche Altersversorgung verwendet werden, § 7 Abs. 5 Satz 3 Halbs. 2 BetrAVG. Daraus ergeben sich folgende Konsequenzen:

861 Soweit bei **Altzusagen** (Zusageerteilung vor dem 01.01.2002) lediglich eine vertragliche Unverfallbarkeit bestand, spielt § 7 Abs. 5 BetrAVG keine Rolle, da der PSV nur für gesetzlich unverfallbare, nicht aber für vertraglich unverfallbare Versorgungsanwartschaften haftet.

862 Bei **Neuzusagen** (Zusageerteilung nach dem 31.12.2001) gilt zwar generell eine gesetzliche Unverfallbarkeit vom ersten Tag an. Damit korrespondiert allerdings der gesetzliche Insolvenzschutz nur eingeschränkt, nämlich nur insoweit, als es sich um eine Entgeltumwandlung mit einem maximalen Beitrags-/Finanzierungsvolumen von 4 % der Beitragsbemessungsgrenze handelt.

863 Werden mehr als 4 % der Beitragsbemessungsgrenze vom Versorgungsberechtigten umgewandelt, so unterliegt der Teil der Versorgungsanwartschaft, der aus dem oberhalb von 4 % der Beitragsbemessungsgrenze liegenden Beitrags-/Finanzierungsvolumen finanziert worden ist, dem Anwendungsbereich von § 7 Abs. 5 Satz 3 Halbs. 1 BetrAVG. Für diesen Teil der Anwartschaft greift somit der gesetzliche Insolvenzschutz erst nach Ablauf von zwei Jahren seit Zusageerteilung (*Langohr-Plato, INF 2003, 419*).

864 In derartigen Fällen wird man zur Insolvenzsicherung auf die inzwischen bewährten Instrumente des **privatrechtlichen Insolvenzschutzes** (»*Verpfändungsmodelle*«, *vgl. hierzu die Ausführungen unter Rdn. 1821*) zurückgreifen müssen.

6. Insolvenzrechtliche Flankierung der Portabilität

865 I. R. d. durch das Alterseinkünftegesetz vorgenommenen Einführung eines Rechtsanspruchs auf **Portabilität** (*vgl. hierzu die Ausführungen unter Rdn. 534 ff.*) wird diese neue Möglichkeit zur Übertragung eines Versorgungswertes auch insolvenzrechtlich flankiert. Nach der ausdrücklichen Gesetzesbegründung ist der Gesetzgeber davon ausgegangen, dass »die neuen Möglichkeiten zur Portabilität

praktisch nur dann genutzt werden, wenn sichergestellt ist, dass das übertragene Betriebsrentenkapital des Arbeitnehmers beim neuen Arbeitgeber von Anfang an insolvenzgeschützt ist«.

Ein solcher **sofortiger Insolvenzschutz** könnte angesichts der Tatsache, dass für die Portabilität die Regelungen zur Entgeltumwandlung entsprechend anzuwenden sind und für die vom neuen Arbeitgeber aufgrund der Einbringung eines Übertragungswertes zu erteilende neue Versorgungszusage demgemäß eine sofortige Unverfallbarkeit gem. § 1b Abs. 5 BetrAVG besteht, im Hinblick auf die in § 7 Abs. 5 Satz 3 BetrAVG enthaltene unwiderlegbare Missbrauchsvermutung fraglich sein. Danach besteht nämlich grds. für Versorgungszusagen in den ersten beiden Jahren ihrer Existenz kein gesetzlicher Insolvenzschutz (s. *hierzu Rdn. 836 ff.*). 866

Eine **Ausnahme** von dieser **Missbrauchsvermutung** hat der Gesetzgeber bislang nur für den Fall der Entgeltumwandlung geregelt, diese Ausnahme aber auf Neuzusagen ab dem 01.01.2002 sowie der Höhe nach auf die Leistungen beschränkt, die aus einer Entgeltumwandlung bis max. 4 % der Beitragsbemessungsgrenze finanziert werden (*ausführlich hierzu Berenz, in: Kemper/Kisters-Kölkes/Berenz/Huber, BetrAVG, § 7 Rn. 168 ff.*). Diese Begrenzung ist für Zwecke der Portabilität völlig unzureichend und könnte dazu führen, dass die aus einer Portabilität heraus finanzierte neue Versorgungszusage regelmäßig in den ersten beiden Jahren nicht unter den gesetzlichen Insolvenzschutz fallen würde. 867

Vor diesem Hintergrund hat der Gesetzgeber § 7 Abs. 5 Satz 3 BetrAVG um eine **zweite Ausnahmeregelung** erweitert. Danach gilt die unwiderlegbare Missbrauchsvermutung auch nicht »für im Rahmen von Übertragungen gegebene Zusagen, soweit der Übertragungswert die Beitragsbemessungsgrenze in der Rentenversicherung der Arbeiter und Angestellten nicht übersteigt«. 868

Die Formulierung dieser Ausnahmeregelung spricht nur von Übertragungen im Allgemeinen. Da kein ausdrücklicher Bezug auf Übertragungen i. S. v. § 4 Abs. 3 BetrAVG (= Rechtsanspruch auf Portabilität) erfolgt ist, erfasst der Ausnahmetatbestand auch solche Übertragungen, die auf freiwilliger Basis erfolgt sind. Dem steht auch nicht entgegen, dass der sofortige Insolvenzschutz zur Eindämmung der Haftungsrisiken des PSV und besseren Kalkulation (*BT-Drucks. 15/2150, S. 54 zu Nr. 7*) der Höhe nach auf den Betrag begrenzt worden ist, der auch den Rechtsanspruch auf Übertragung begrenzt. Eine ähnliche Regelung findet sich bereits im ersten Ausnahmetatbestand zur Entgeltumwandlung. Auch dort wird die Ausnahmeregelung zwar der Höhe nach, nicht aber zugleich auch auf die tatbestandlichen Voraussetzungen des Rechtsanspruchs auf Entgeltumwandlung begrenzt. Für die Anwendung der in § 7 Abs. 5 Satz 3 BetrAVG normierten Ausnahmeregelungen kommt es daher nur auf die Einhaltung der jeweils maßgeblichen Grenzwerte an (*so ausdrücklich für die 4 %-Grenze Berenz, in: Kemper/Kisters-Kölkes/Berenz/Huber, BetrAVG, § 7 Rn. 170 ff.*). 869

Übersteigt der Übertragungswert den vorgenannten Grenzwert (aktueller Betrag in 2013 = 69.600,00 €), kann/sollte dieser Mehrbetrag privatrechtlich gegen Insolvenz abgesichert werden (*ausführlich zu Maßnahmen der privatrechtlichen Insolvenzsicherung Langohr-Plato/Teslau, INF 1999, 400*). 870

7. Übertragung der Leistungspflicht und Abfindung (§ 8 BetrAVG)

Sofern die betriebliche Altersversorgung über den Durchführungsweg **Pensionsfonds** abgewickelt wird, besteht im Fall der Insolvenz des Arbeitgebers gem. § 8 Abs. 1a BetrAVG die Möglichkeit, unter bestimmten Voraussetzungen die an sich bestehende Einstandspflicht des PSV auf den Pensionsfonds zu übertragen und die betrieblichen Versorgungsleistungen unmittelbar vom Pensionsfonds erfüllen zu lassen. Dies setzt neben der Darlegung des Pensionsfonds, dass die dauernde Erfüllbarkeit der zugesagten Versorgungsleistungen sichergestellt ist und dies durch eine Genehmigung der Aufsichtsbehörde (Bundesanstalt für Finanzdienstleistungsaufsicht [BAFin]) dokumentiert wird, einen entsprechenden Antrag des Pensionsfonds ggü. der BAFin voraus. Dieser Antrag war bislang an eine Antragsfrist von einem Monat nach Eintritt des Sicherungsfalls gebunden, die sich in der 871

Praxis als völlig unzureichend herausgestellt hat. Von daher hat der Gesetzgeber die **Frist** i. R. d. Alterseinkünftegesetzes nunmehr auf **3 Monate** verlängert.

872 Entsprechend der Einschränkungen der arbeitgeberseitigen Abfindungsmöglichkeiten in § 3 BetrAVG sind zudem auch die Abfindungsmöglichkeiten durch den PSV in § 8 Abs. 2 BetrAVG angepasst worden.

8. Anspruchs- und Vermögensübergang (§ 9 BetrAVG)

873 Gem. § 9 Abs. 2 BetrAVG gehen die Ansprüche und Anwartschaften der Versorgungsberechtigten gegen den Arbeitgeber auf Leistungen der betrieblichen Altersversorgung, die einen Anspruch gegen den Träger der Insolvenzsicherung begründen, im Insolvenzfall auf den PSV über. Dieser **gesetzliche Forderungsübergang** hat zur Folge, dass alle im Insolvenzverfahren noch verwertbaren Forderungsrechte der Versorgungsberechtigten auf den PSV übergehen (*vgl. auch Berenz, DB 2004, 1098 ff.*).

874 Der Forderungsübergang reicht allerdings nicht weiter, als die gesetzliche Insolvenzsicherung. Soweit der PSV also nicht haftet, verbleiben die entsprechenden Versorgungsansprüche beim Versorgungsberechtigten, der diese Ansprüche dann ggü. dem Arbeitgeber bzw. ggü. der Insolvenzmasse geltend machen muss (*BAG, 09.11.1999 – 3 AZR 361/98, DB 2001, 932; Berenz, DB 2004, 1098*).

875 Der gesetzliche Forderungsübergang schafft aber auch eine **endgültige Rechtszuweisung** (*Förster/Cisch/Karst, BetrAVG, § 9 Anm. 4 f.*). Das bedeutet für die nicht auf eine Liquidation des Unternehmens gerichteten Insolvenzfälle des gerichtlichen und außergerichtlichen Vergleichs, dass die Einstandspflicht des PSV nicht mit der beabsichtigten Sanierung wieder endet und nach erfolgter Sanierung die Leistungsverpflichtung des Arbeitgebers wieder auflebt. Vielmehr bleibt der PSV auf Dauer Leistungsschuldner des Versorgungsberechtigten (*BAG, 12.04.1983 – 3 AZR 607/80, BB 1983, 2055 = DB 1983, 1826 = AuR 1983, 248; Berenz, DB 2004, 1098*).

876 Dieses gesetzliche Schuldverhältnis bezieht sich allerdings nur auf den Teilaspekt »**betriebliche Altersversorgung**«. Nur dieser Bestandteil des Arbeitsvertragsverhältnisses geht auf den PSV über, nicht dagegen die gesamte Rechtsstellung des Versorgungsberechtigten (*Blomeyer/Rolfs/Otto, BetrAVG, § 9 Rn. 31; Höfer, BetrAVG, Bd. I [ArbR], § 9 Rn. 4684*).

877 Aufgrund des Forderungsübergangs nimmt der PSV als neuer Gläubiger der Versorgungsansprüche am Insolvenzverfahren gegen das Vermögen des Arbeitgebers teil, wobei sich allerdings an der Rangstellung der Versorgungsansprüche nichts ändert. Dies gilt insbes. für **rückständige Versorgungsansprüche** aus dem Zeitraum von 6 Monaten vor der Insolvenz, die auch nach dem Forderungsübergang auf den PSV weiterhin **Masseschulden** i. S. v. § 55 InsO bleiben (*vgl. zum alten Recht gem. § 59 Abs. 1 Nr. 3 Buchst. d) KO BAG, 06.09.1988 – 3 AZR 141/87, BB 1988, 2392 = DB 1988, 2649 = NZA 1989, 143 = NJW 1989, 1627*).

878 Der gesetzliche Forderungsübergang erfasst auch sämtliche **akzessorische Sicherungsrechte**, wie z. B. Pfandrechte oder Ansprüche aus Bürgschaften (*BGH, 13.05.1993 – IX ZR 166/92, NJW 1993, 2935 = ZIP 1993, 903; Blomeyer/Rolfs/Otto, BetrAVG, § 9 Rn. 45; Höfer, BetrAVG, Bd. I [ArbR], § 9 Rn. 4685*) sowie Forderungen gegen Dritte aus einem **Schuldbeitritt** (*BAG, 12.12.1989 – 3 AZR 540/88, BB 1990, 857 = DB 1990, 895 = NZA 1990, 475; Berenz, DB 2004, 1099; Berenz, in: Kemper/Kisters-Kölkes/Berenz/Huber, BetrAVG, § 9 Rn. 14 f.; Schmitz/Wilhelm, in: Kolvenbach/Sartoris, S. 181*) und gegen ausgeschiedene ehemals persönlich haftende Gesellschafter oder Einzelunternehmer, sofern diese nicht nach den Regelungen des Nachhaftungsbegrenzungsgesetzes (*vgl. hierzu Rdn. 1759 ff.*) aus der Haftung entlassen sind (*BAG, 23.01.1990 – 3 AZR 171/88, BB 1990, 2412 = DB 1990, 1466 = NZA 1990, 685*).

879 Im Fall einer treuhänderischen Absicherung der Versorgungsansprüche (**CTA – Contractual Trust Arrangement**) gehen entweder die Pfandrechte der Versorgungsberechtigten an dem Rückübertragungsanspruch der auf die Treuhand übertragenen Vermögensgegenstände oder aber – im Fall der

IV. Gesetzliche Insolvenzsicherung (§§ 7 bis 15 BetrAVG)

sog. **doppelseitigen Treuhand** – das eigenständige Leistungsrecht des Versorgungsberechtigten ggü. dem Treuhänder auf den PSV über (*Berenz, DB 2004, 1099f.*)

Gem. § 9 Abs. 2 Satz 2 BetrAVG kann der Forderungsübergang **nicht zum Nachteil** der Versorgungsberechtigten geltend gemacht werden. Diese Regelung ist insbes. im Zusammenhang mit **akzessorischen Sicherungsrechten**, die dem Versorgungsberechtigten gewährt werden (z. B. verpfändete Rückdeckungsversicherung) und im Sicherungsfall auf den PSV übergehen, von Bedeutung. Hat die vom PSV gesicherte Versorgungsleistung z. B. einen die Haftungshöchstgrenzen des PSV übersteigenden Wert, so darf der PSV die Sicherungsrechte nach dieser Vorschrift nur **insoweit verwenden**, als er sie zur **Finanzierung** seiner Übernahmeverpflichtung tatsächlich **benötigt** (*vgl. auch Berenz, DB 2004, 1099; Blomeyer/Rolfs/Otto, BetrAVG, § 9 Rn. 65; Höfer, BetrAVG, Bd. I [ArbR], § 9 Rn. 4708*). Einen evtl. danach verbleibenden Überschuss (bei kapitalisierbaren Sicherungsrechten) muss er an den durch das Sicherungsrecht Begünstigten auskehren bzw. das Sicherungsrecht an den Versorgungsberechtigten rückabtreten, damit dieser dann seine Restforderung ggü. dem Arbeitgeber, Insolvenzverwalter oder einen mithaftenden Dritten geltend machen kann (*BAG, 12.04.1983 – 3 AZR 607/80, BB 1983, 2055 = DB 1983, 1826; BGH, 08.03.1982 – II ZR 86/81, BB 1982, 1014 = DB 1982, 1105; Blomeyer/Rolfs/Otto, BetrAVG, § 9 Rn. 69; Höfer, BetrAVG, Bd. I [ArbR] Rn. 4711*). 880

Darüber hinaus besteht auch die Möglichkeit, dass der PSV dem Versorgungsberechtigten eine Ermächtigung zur Prozessführung im eigenen Namen (**Prozessstandschaft**) einräumt (*Höfer, BetrAVG, Bd. I [ArbR], § 9 Rn. 4711*). 881

In diesem Zusammenhang ist eine **individuelle**, d. h. auf den einzelnen Versorgungsberechtigten abgestellte **Betrachtungsweise** geboten. Der PSV kann also einen im Einzelfall vorhandenen Überschuss aus einem solchen Sicherungsrecht nicht dazu verwenden, um eine Unterdeckung bei einem anderen Versorgungsberechtigten aus dem gleichen Sicherungsfall auszugleichen. 882

Insoweit ist auch eine sog. »**Excedentenversicherung**«, bei der nur der Teil einer Versorgungszusage durch eine verpfändete Rückdeckungsversicherung abgesichert wird, der die Haftungsgrenze des PSV übersteigt, zulässig. Der Versorgungsberechtigte hat also immer dann, wenn in der Insolvenz des Arbeitgebers ein Teil seiner Versorgungsansprüche vom PSV nicht abgesichert wird, hinsichtlich dieses »Ausfalls« den ersten Zugriff auf das Sicherungsrecht (*so auch Berenz, DB 2004, 1099f.*). Erst danach kann der PSV den Übergang des Sicherungsrechts zu seinen Gunsten geltend machen. 883

▶ Beispiel:

> A hat eine Versorgungszusage über 10.000,00 € monatliche Altersrente. I. H. v. 3.000,00 € hat der Arbeitgeber eine Rückdeckungsversicherung abgeschlossen und an A verpfändet. Tritt die Insolvenz des Arbeitgebers im Jahr 2013 ein, so haftet der PSV nur für eine Rente i. H. v. monatlich 8.085,00 €. I. H. v. 1.915,00 € ist der Versorgungsanspruch des A nicht durch den PSV gesichert. Diesen Ausfallbetrag erhält A aber von der Rückdeckungsversicherung. Nur ein Betrag i. H. v. 1.085,00 € fließt demnach aus der Versicherung an den PSV.

Für den Fall, dass die betriebliche Altersversorgung über eine **Unterstützungskasse** durchgeführt wird, sieht § 9 Abs. 3 BetrAVG einen **Vermögensübergang** vor, wenn die Insolvenz zur Liquidation des Unternehmens führt. Ist dies nicht der Fall, muss das Vermögen der Unterstützungskasse zur Erfüllung der fortbestehenden Versorgungsverpflichtungen erhalten bleiben (*Berenz, DB 2006, 1006; Höfer, BetrAVG, Bd. I [ArbR], § 9 Rn. 4719*). Der PSV versteht sich insoweit selbst als eine Art »Clearingstelle« (*so ausdrücklich Berenz, DB 2006, 1006*). 884

Der Vermögensübergang erfolgt selbst dann, wenn die Unterstützungskasse im Zeitpunkt der Insolvenz des Arbeitgebers weder vermögenslos noch zahlungsunfähig ist (*BAG, 12.02.1991 – 3 AZR 30/90, BB 1991, 1420 = DB 1991, 1735 = NZA 1991, 723; Berenz, DB 2006, 1006*) und erfasst auch deren **Verpflichtungen** (*Förster/Cisch/Karst, BetrAVG, § 9 Anm. 8; Höfer, BetrAVG, Bd. I [ArbR], § 9 Rn. 4723f.*) sowie **Darlehensforderungen** der Unterstützungskasse gegen ihr Trägerunternehmen 885

(*BAG, 06.10.1992 – 3 AZR 41/92, BB 1993, 368 = DB 1993, 987 = NZA 1993, 455; Höfer, BetrAVG, Bd. I [ArbR], § 9 Rn. 4723*).

886 Gem. § 9 Abs. 3 Satz 2 BetrAVG hat der PSV für den Fall, dass das übernommene Kassenvermögen den Barwert der vom PSV zu sichernden Ansprüche und Anwartschaften übersteigt, dieses überschießende Vermögen entsprechend der Satzung der Unterstützungskasse zu verwenden. Es kann damit – eine entsprechende Satzungsregelung vorausgesetzt – dem Zugriff der übrigen Konkursgläubiger entzogen werden (*BAG, 06.10.1992 – 3 AZR 41/92, DB 1991, 1735; Berenz, DB 2006, 1007*). Durch eine entsprechende Satzungsregelung kann der PSV also »gezwungen« werden, außerhalb des ansonsten geltenden Haftungsrechts in den §§ 7 ff. BetrAVG z. B. die Anpassung laufender Renten oder aber auch eine Leistungsgewährung an Mitarbeiter, die mit verfallbarer Anwartschaft ausgeschieden sind, vorzunehmen (*so auch Berenz, DB 2006, 1007*).

887 Ist der PSVaG zu Leistungen verpflichtet, die ohne Eintritt des Sicherungsfalls ein **Pensionsfonds** erbringen würde, so geht wie bei der Unterstützungskasse grds. das diesbezügliche Vermögen des Pensionsfonds einschließlich der Verbindlichkeiten auf den PSVaG über. Gem. § 9 Abs. 3a BetrAVG findet die diesbezügliche Vorschrift des § 9 Abs. 3 BetrAVG zur Unterstützungskasse allerdings nur dann entsprechende Anwendung, wenn die zuständige Aufsichtsbehörde nicht eine Genehmigung zur Übertragung der Leistungspflicht des PSVaG auf den Pensionsfonds erteilt.

888 Bei dieser in § 8 Abs. 1a BetrAVG geregelten **Übertragung der Leistungspflicht** handelt es sich um einen Anspruch des Pensionsfonds ggü. dem PSVaG, wonach der PSVaG die gegen ihn gerichteten Ansprüche auf den Pensionsfonds, dessen Trägerunternehmen die Eintrittspflicht nach § 7 BetrAVG ausgelöst hat, übertragen muss. Im Rahmen dieser Übertragung verpflichtet sich der Pensionsfonds ggü. dem PSVaG, die an sich vom PSVaG zu zahlenden Leistungen zu erbringen; die nach § 7 BetrAVG Berechtigten erhalten insoweit einen unmittelbaren Anspruch gegen den Pensionsfonds. Voraussetzung für die Übertragung ist eine Genehmigung der zuständigen Aufsichtsbehörde (BaFin). Die Genehmigung kann von der BaFin nur erteilt werden, wenn durch Auflagen der BaFin die dauernde Erfüllbarkeit der Leistungen aus dem Pensionsplan sichergestellt werden kann. Die Genehmigung der Aufsichtsbehörde kann der Pensionsfonds nur innerhalb eines Monats nach Eintritt des Versicherungsfalls beantragen.

889 Wird die Genehmigung erteilt und der Arbeitgeber nach Durchführung des Insolvenzverfahrens liquidiert, entsteht insoweit ein »herrenloser« Pensionsfonds; ein Trägerunternehmen ist entgegen der sonstigen Konstruktion des Pensionsfonds nicht existent.

890 Gem. § 9 Abs. 3 BetrAVG übernimmt der PSV im Fall der Insolvenz eines Arbeitgebers, der seine betriebliche Altersversorgung über eine Unterstützungskasse abwickelt, das Vermögen der Unterstützungskasse einschließlich etwaiger Verbindlichkeiten. Aufgrund dieses gesetzlichen Vermögensübergangs tritt bei der Unterstützungskasse Vermögenslosigkeit ein, die bei Firmen- bzw. Einzelunterstützungskassen zu deren satzungsgemäßen Auflösung führt. Bei einer Gruppen- bzw. überbetrieblichen Unterstützungskasse führt die Insolvenz des Trägerunternehmens (=Arbeitgebers) dazu, dass der PSV nur einen Zahlungsanspruch gegen die Unterstützungskasse auf den Teil des Kassenvermögens hat, der auf das insolvente Unternehmen entfällt. In einem solchen Fall kommt es somit nicht zu einem gesetzlichen Vermögensübergang (*so auch Berenz, DB 2006, 1008*).

9. Finanzierung der Insolvenzsicherung (§ 10 BetrAVG)

a) Beitragspflicht

891 Die Finanzierung der Insolvenzsicherung erfolgt nach § 10 BetrAVG **ausschließlich** durch **Beitragszahlungen der Arbeitgeber** als Solidargemeinschaft, und zwar nur derjenigen Arbeitgeber, die selbst eine insolvenzsicherungspflichtige betriebliche Altersversorgung in ihrem Unternehmen installiert haben. Sie ist als **gesetzliche Pflichtversicherung** ausgestaltet. Die Beitragsverpflichtung ist **öffentlich-rechtlicher** Natur. Der PSV wird als **beliehenes Unternehmen** hoheitlich tätig, das seine

IV. Gesetzliche Insolvenzsicherung (§§ 7 bis 15 BetrAVG)   B.

vollstreckungsfähigen Beitragsbescheide in der Rechtsform von **Verwaltungsakten** erlässt, deren Inhalts- und Rechtskontrolle durch die **VerwG** erfolgt (*Förster/Cisch/Karst, BetrAVG, § 10 Anm. 2; Höfer, BetrAVG, Bd. I [ArbR], § 10 Rn. 4748 ff.; Berenz, in: Kemper/Kisters-Kölkes/Berenz/Huber, BetrAVG, § 10 Rn. 19 ff.*).

b) Finanzierungsverfahren

Mit dem Zweiten Gesetz zur Änderung des Betriebsrentengesetzes und anderer Gesetze (*BGBl. I 2006, S. 2742*) ist das Finanzierungsverfahren der gesetzlichen Insolvenzsicherung modifiziert und zum 01.01.2007 auf ein **kapitalgedecktes Verfahren** umgestellt worden (*ausführlich hierzu Hoppenrath/Berenz, DB 2007, 630 ff.*). 892

aa) Finanzierung der Insolvenzsicherung

Im Wesentlichen ergibt sich aus der Gesetzesänderung eine Umstellung vom früheren Umlage- (*vgl. hierzu die 4. Aufl., Rn. 867 ff.*) auf ein Kapitalisierungsverfahren. Gem. § 10 Abs. 2 BetrAVG müssen die Insolvenzsicherungsbeiträge folgende Komponenten abdecken: 893
– den Barwert der Leistungsansprüche von Insolvenzen im laufenden Jahr,
– den Barwert von insolvenzsicherungspflichtigen Anwartschaften aus Insolvenzen im laufenden Jahr (= Differenz des Barwerts der Anwartschaften von insolventen Unternehmen zum Barwert der Anwartschaften des Vorjahres),
– Verwaltungs- und sonstige Kosten des PSVaG,
– Zuführungen an den Ausgleichsfonds des PSVaG (diese werden von der Bundesanstalt für Finanzdienstleistungsaufsicht festgelegt).

Im Gegensatz zum früheren Umlageverfahren werden somit Anwartschaften vom PSVaG bereits in dem Zeitpunkt ausfinanziert, in dem der Sicherungsfall (Insolvenz) eingetreten ist. Der Barwert der laufenden Leistungen und Anwartschaften wird unter Zugrundelegung der Heubeck-Richttafeln 2005G ermittelt. 894

Bei der **Abzinsung** kommen unterschiedliche Rechnungszinssätze zur Anwendung: 895
– Für laufende Leistungen gilt der Zinssatz gem. § 65 VAG, der auch für Lebensversicherung gilt. Dieser Zinssatz beläuft sich aktuell auf 2,25 %.
– Für Anwartschaften ist der Zins um 1/3 höher als der Rechnungszins gem. § 65 VAG. Derzeit beträgt er 3,00 %.

bb) Nachfinanzierung von »Altlasten«

Da die frühere Finanzierungssystematik über das Umlageverfahren keine Kapitalisierung von Anwartschaften vorsah, musste im neuen Finanzierungsverfahren eine Regelung gefunden werden, die die Nachfinanzierung dieser »Altlasten« ermöglicht. Zur Nachfinanzierung wird also ein Zusatzbeitrag erhoben. Hierzu ist im Gesetz die Aufnahme eines neuen § 30i BetrAVG enthalten. In Abs. 1 dieser Vorschrift wird der Umfang dieser Altlasten definiert. Es handelt sich um die zu sichernden Anwartschaften aus bis zum 31.12.2005 eingetretenen Insolvenzen. Gem. § 30i BetrAVG sind von der Nachfinanzierung die Arbeitgeber betroffen, die für Wirtschaftsjahre, die in 2004 endeten, dem PSVaG in 2005 die Beitragsbemessungsgrundlage meldeten. 896

Die Erhebung des entsprechenden Einmalbetrages zur Nachfinanzierung der »Altlasten« verletzt weder den Gleichheitssatz noch das rechtsstaatliche Rückwirkungsverbot (*BVerwG, 15.09.2010 – 8 C 35/90, DB 2011, 121*).

cc) Berechnung des Nachfinanzierungsbetrages

Zunächst wird der Barwert der noch nicht ausfinanzierten Anwartschaften aus bereits eingetretenen Insolvenzen ermittelt. Als **Berechnungsstichtag** wurde hierfür der **31.12.2005** festgelegt. Gem. § 30i Abs. 1 letzter Satz BetrAVG wird der Barwert mit einem Zinssatz von 3,67 % p.a. ermittelt. Dieser 897

Barwert wird auf die zahlungspflichtigen Unternehmen umgelegt. Basis hierfür ist die Bemessungsgrundlage, die in 2005 gemeldet wurde.

898 Aus den Unterlagen des PSVaG (*http://www.psvag.de, Rubrik: Fakten und Zahlen*) ergibt sich ein Barwert für die »Altlasten« i. H. v. 2,2 Mrd. €. Setzt man diese Summe ins Verhältnis zur Beitragsbemessungsgrundlage des Jahres 2005 (= 251 Mrd. €), ergibt sich ein zusätzlicher Beitragssatz von rund 0,9 %. Die Zahllast ergibt sich damit aus der Multiplikation der individuellen Beitragsbemessungsgrundlage, die ein Arbeitgeber in 2005 gemeldet hat, mit dem o. g. zusätzlichen Beitragssatz.

899 Bei den genannten Zahlen (Beitragssatz) handelt es sich um vorläufige Beträge. Der PSVaG wird jedem Unternehmen einen **gesonderten** und **einmaligen Beitragsbescheid für die Nachfinanzierung** zukommen lassen.

▶ Beispiel:

Ein Arbeitgeber hat seinen Mitarbeitern Leistungen der betrieblichen Altersversorgung über eine unmittelbare Pensionszusage versprochen. Im Jahr 2005 hat das Unternehmen dem PSVaG eine Beitragsbemessungsgrundlage von 5 Mio. € gemeldet. Die Beitragsbemessungsgrundlage ergibt sich aus den Bilanzwerten zum 31.12.2004 (Bilanzstichtag) und betrifft die laufenden Leistungen, gesetzlich unverfallbaren Anwartschaften Ausgeschiedener und die Anwartschaften Aktiver, bei denen die Fristen der gesetzlichen Unverfallbarkeit erreicht sind.

Zusätzlich zu den bisherigen und künftigen Beiträgen ergibt sich zur Nachfinanzierung der »Altlasten« folgender Betrag:

5 Mio. € × 0,9 % = 45.000,00 €

900 Der Nachzahlungsbetrag ist **grds. in 15 Jahresraten**, beginnend am 31.03.2007 fällig. Abweichend davon kann der Arbeitgeber die Nachfinanzierung auch in einem Betrag zahlen. Sofern die Raten 50,00 € nicht überschreiten, erhebt der PSVaG den Nachfinanzierungsbetrag in jedem Fall in einer Summe.

dd) Handelsbilanzrechtliche Auswirkungen

901 Für die zu erwartenden Beiträge zwecks Finanzierung von Anwartschaften, die der PSVaG bereits übernommen aber noch nicht ausfinanziert hat, kann ein Unternehmen bislang eine Rückstellung bilden.

902 Durch die Veränderung der Beitragsfinanzierung ist davon auszugehen, dass die Grundlage für die Bildung der Rückstellung entfällt und diese aufzulösen ist.

903 Sofern das bilanzierende Unternehmen von einer Nachfinanzierungsverpflichtung betroffen ist und diese ratierlich zahlt, kann hierfür von einer Verbindlichkeit ausgegangen werden, da sowohl der Betrag (Nachfinanzierungsbetrag und Rate) als auch die Fälligkeitszeitpunkte (2007 bis 2021) bekannt sind. Die Verbindlichkeit ist entsprechend zu **passivieren**.

ee) Steuerbilanzielle Auswirkungen

904 Die Finanzverwaltung hat die Bildung einer Rückstellung für ungedeckte Anwartschaften, die vom PSVaG übernommen wurden, nicht anerkannt. Grundlage hierfür ist ein Urteil des BFH v. 13.11.1991 (*I R 102/88, DB 1992, 867*). Für den **Nachfinanzierungsbetrag** ist auch für die Steuerbilanz von einer **Verbindlichkeit** auszugehen.

c) Beitragsbemessungsgrundlage und Beitragsfeststellungsverfahren

905 Das BetrAVG regelt in § 10 Abs. 3 BetrAVG die Berechnungsgrundlagen (**Beitragsbemessungsgrundlage**) für die Beitragsfeststellung und das Beitragsfeststellungsverfahren. In der Praxis wird die Beitragsbemessungsgrundlage durch ein **versicherungsmathematisches Gutachten** berechnet

IV. Gesetzliche Insolvenzsicherung (§§ 7 bis 15 BetrAVG) B.

(*ausführlich hierzu Höfer, BetrAVG, Bd. I [ArbR], § 10 Rn. 4756ff.*) und dem PSV vom Arbeitgeber übermittelt. Auf der Basis dieser Bemessungsgrundlage erlässt dann der PSV seinen Beitragsbescheid. Diese Grundsätze gelten auch für den in das Gesetz neu integrierten Pensionsfonds, allerdings mit der Einschränkung, dass für den Pensionsfonds eine reduzierte Beitragsbemessungsgrundlage (20 % des Betrages für eine entsprechende unmittelbare Pensionszusage) gesetzlich normiert worden ist, § 10 Abs. 3 Nr. 4 BetrAVG.

Hinsichtlich der Ermittlung der Beitragsbemessungsgrundlage kann die Haftungshöchstgrenze nach § 7 Abs. 3 BetrAVG als »**Kappungsgrenze**« berücksichtigt werden. Der Arbeitgeber ist nicht in jedem Fall verpflichtet, die Beitragsbemessungsgrundlage auf der Basis der vollen zugesagten Versorgungsleistung zu ermitteln. Übersteigt die Zusage die Haftungshöchstgrenze nach § 7 Abs. 3 BetrAVG so steht dem Arbeitgeber ein **Wahlrecht** hinsichtlich der anzusetzenden Beitragsbemessungsgrundlage zu. Er kann die Beitragsbemessungsgrundlage auf der Basis der »gekappten« Versorgung (Beitragsbemessungsgrundlage = Haftungshöchstgrenze) berechnen, er kann aber auch – freiwillig – weiterhin die volle Zusage melden, umso den durch eine entsprechende Selektion ggf. entstehenden Verwaltungsaufwand zu vermeiden (*Berenz, in: Kemper/Kisters-Kölkes/Berenz/Huber, BetrAVG, § 10 Rn. 99; PSV Merkblatt 300/M 13, Ziff. 2*).

906

Auf der Basis der vom Arbeitgeber gemeldeten Beitragsbemessungsgrundlage erlässt dann der PSV einen entsprechenden Beitragsbescheid als öffentlich-rechtlichen Verwaltungsakt. Frühestens mit Erlass dieses Beitragsbescheids wird der Beitragsanspruch des PSV, spätestens jedoch am Ende eines Kalenderjahrs, **fällig** (*OVG Nordrhein-Westfalen, 25.09.1992 – 13 A 1394/91, DB 1993, 46*).

907

Bis zum 01.01.1999 enthielt das BetrAVG weder für die Festsetzung der Ansprüche des PSV auf Beitragszahlung (Festsetzungsverjährung), noch für die Zahlung dieser Beiträge oder die Erstattung zu Unrecht gezahlter Beiträge (Zahlungsverjährung) eine spezielle Verjährungsregelung. Das BVerwG hat diese Regelungslücke in analoger Anwendung der Vorschriften der Abgabenordnung (§§ 169, 228 ff. AO) geschlossen (*BVerwG, 04.10.1994 – 1 C 41/92, BB 1995, 573 = DB 1995, 484 = NJW 1995, 1913; VG Schleswig-Holstein, 10.10.1990 – 12 A 52/89, ZIP 1990, 1606*). Dies hatte zur Folge, dass die Verjährung anspruchsvernichtend und nicht nur auf Einrede hin beachtlich war.

908

Zum 01.01.1999 ist allerdings mit § 10a BetrAVG eine **spezialgesetzliche Verjährungsvorschrift** in das BetrAVG eingeführt worden, die in ihrem Abs. 4 ausdrücklich auf die Verjährung die Anwendbarkeit der Vorschriften des BGB normiert. Damit entfällt seit dem 01.01.1999 die Berücksichtigung der Verjährung von Amts wegen.

909

Zu beachten ist außerdem, dass der an den PSV gezahlte Beitrag auf der Basis der vom Arbeitgeber eigenverantwortlich ermittelten Bemessungsgrundlage berechnet und dann aufgrund eines öffentlich rechtlichen Verwaltungsaktes, des entsprechenden Beitragsbescheids des PSV, und damit mit Rechtsgrund gezahlt worden ist. Eine Erstattung – auch bei einem rechtswidrig erhobenen Beitrag – setzt daher eine Aufhebung des ursprünglichen Verwaltungsaktes voraus, d. h. der PSV muss auf der Basis einer neuen, korrigierten Meldung des Arbeitgebers einen neuen Beitragsbescheid erlassen (*Berenz, in: Kemper/Kisters-Kölkes/Berenz/Huber, BetrAVG, § 10a Rn. 15; Höfer, BetrAVG, Bd. I [ArbR], § 10a Rn. 4966*). Hierzu ist der PSV jederzeit nach den §§ 48 ff. VwVfG legitimiert, und zwar auch mit Wirkung für die Vergangenheit. Der Arbeitgeber hat jedoch keinen Rechtsanspruch auf Rücknahme des Beitragsbescheides gegen den PSV, sondern nur einen Anspruch auf ermessensfehlerfreie Entscheidung über den Erstattungsanspruch.

910

Dieser »Aufhebungsbescheid« führt zugleich zu einer Neufestsetzung des geschuldeten Beitrags und ist dann die Rechtsgrundlage für die Erstattung evtl. zu viel gezahlter Beiträge.

911

Lehnt der PSV eine begehrte Erstattung ab, so muss die Erstattung nach Durchführung eines Widerspruchsverfahrens notfalls im Wege der **Leistungsklage** vor den VG eingeklagt werden. Der Erstattungsanspruch wird dann erst mit rechtskräftiger Entscheidung des Gerichts fällig (*Berenz, in: Kemper/Kisters-Kölkes/Berenz/Huber, BetrAVG, § 10a Rn. 18*).

912

913 Aufgrund einer internen Verwaltungsanweisung des PSV (*Höfer*, BetrAVG, Bd. I [ArbR], § 10a Rn. 4969) erstattet der PSV unabhängig von der Anfechtbarkeit des zugrunde liegenden Beitragsbescheids innerhalb von sechs Jahren seit Erlass des Beitragsbescheids, soweit die entsprechende Veranlagung zur Beitragszahlung vom Arbeitgeber nicht vorsätzlich oder grob fahrlässig erwirkt worden ist. Insoweit lehnt man sich an die entsprechende Regelung in § 48 Abs. 2 VwVfG an.

914 Konsequenz eines Verstoßes gegen die Beitragszahlungspflicht des Arbeitgebers ist im Regelfall – soweit der Verstoß nicht auf einer unterbliebenen Anmeldung sicherungspflichtiger betrieblicher Versorgungszusagen beruht – das zivilprozessuale **Zwangsvollstreckungsverfahren**. Hierzu wird der mit der Vollstreckungsklausel versehene Beitragsbescheid an das nach den Vorschriften der ZPO zuständige Vollstreckungsorgan übersandt. Dies ist der am Sitz des für den Beitragsschuldner zuständigen AG tätige Gerichtsvollzieher.

915 Die **Beitragszahlung** ist dagegen **keine Anspruchsvoraussetzung** für die **Eintrittspflicht** des PSV. Auch bei **unterlassener** oder **rückständiger Beitragszahlung besteht** somit der **gesetzliche Insolvenzschutz** (BAG, 22.09.1987 – 3 AZR 662/85, DB 1988, 291 = NZA 1988, 732; *Förster/Cisch/Karst*, BetrAVG, § 7 Anm. 6).

916 Dagegen kann **allein** die **Beitragszahlung** an den PSV **keinen Leistungsanspruch** gegen den PSV **begründen**, wenn die zugrunde liegende Versorgungszusage nicht in den sachlichen und persönlichen Anwendungsbereich des Gesetzes fällt (BGH, 16.02.1981 – II ZR 95/80, BB 1981, 615 = BetrAV 1981, 58; BGH, 04.05.1981 – II ZR 100/80, BB 1981, 1276 = DB 1981, 1716; BGH, 01.06.1981 – II ZR 140/80, ZIP 1981, 892; *Förster/Cisch/Karst*, BetrAVG, § 7 Anm. 6; *Höfer*, BetrAVG, Bd. I [ArbR], § 7 Rn. 4585).

10. Mitteilungs- und Mitwirkungspflichten

a) Erstmalige Anmeldung der Versorgungsverpflichtungen

917 Gem. § 11 Abs. 1 BetrAVG hat jeder **Arbeitgeber**, der seinen Mitarbeitern eine insolvenzsicherungspflichtige betriebliche Altersversorgung gewährt, **innerhalb** einer Frist **von 3 Monaten nach Zusageerteilung** Inhalt und Umfang der insolvenzsicherungspflichtigen Versorgungsverpflichtung dem PSV mitzuteilen. Da sich die gesetzliche Insolvenzsicherung allerdings nur auf laufende Versorgungsverpflichtungen und unverfallbare Versorgungsanwartschaften erstreckt, verlangt der PSV aus Praktikabilitätsgründen **entgegen dem gesetzlichen Wortlaut** eine Anmeldung von Versorgungsanwartschaften **erst mit Erfüllung der gesetzlichen Unverfallbarkeitsfristen** (PSV-Merkblatt 210/M 21/10.88 unter Ziff. 2.1; vgl. auch *Förster/Cisch/Karst*, BetrAVG, § 11 Anm. 1; *Höfer*, BetrAVG, Bd. I [ArbR], § 11 Rn. 4989).

918 Zur Erfüllung dieser Melde- und Informationspflichten sind bei einer mittelbar durchgeführten betrieblichen Altersversorgung aber auch die Versorgungsträger (Pensionsfonds, Unterstützungskasse, Pensionskasse und Lebensversicherer) gem. § 11 Abs. 1 Satz 2 BetrAVG verpflichtet, die zur Durchführung der Insolvenzsicherung erforderlichen Auskünfte zu erteilen und entsprechende Unterlagen mit den hierfür maßgeblichen Informationen zur Verfügung zu stellen. Diese Pflicht gilt unabhängig davon, ob es sich um ein betriebliches oder überbetriebliches Versorgungswerk (z. B. Gruppen-Unterstützungskasse) handelt.

919 Zur Durchsetzung dieser Pflicht kann der PSV – sofern ihm diese Unterlagen nicht freiwillig vom Arbeitgeber oder Versorgungsträger verschafft werden – auch ggü. dem Versorgungsträger einen entsprechenden Verwaltungsakt erlassen (BVerwG, 22.11.1994 – I C 22/92, NZA 1995, 374; VG Hamburg, 01.10.2009 – 9 K 24/07, DB 2009, 2604; *Berenz*, in: Kemper/Kisters-Kölkes/Berenz/Huber, BetrAVG, § 11 Rn. 31).

IV. Gesetzliche Insolvenzsicherung (§§ 7 bis 15 BetrAVG) B.

b) Periodische Mitteilungen

Der Arbeitgeber, der dem PSV insolvenzsicherungspflichtige Versorgungsverpflichtungen einmal mitgeteilt hat, ist gem. § 11 Abs. 2 BetrAVG ab diesem Zeitpunkt zu **periodischen Mitteilung** verpflichtet. Danach hat der Arbeitgeber **jährlich** bis spätestens zum 30.09. die für die Ermittlung des PSV-Beitrags maßgebliche **Bemessungsgrundlage** mitzuteilen und durch ein **versicherungsmathematisches Gutachten** zu belegen. 920

c) Mitteilungen im Insolvenzfall

Gem. § 9 Abs. 1 Satz 1 BetrAVG ist der **PSV** verpflichtet, den Versorgungsberechtigten bei Eintritt des Sicherungsfalls **schriftlich** die **Höhe** ihrer Versorgungsleistungen bzw. Versorgungsanwartschaften **mitzuteilen**. Unterbleibt diese Mitteilung, so muss der Versorgungsberechtigte seine Ansprüche binnen einer Frist von einem Jahr nach Eintritt des Sicherungsfalls beim PSV anmelden. 921

Im **Insolvenzfall** bestehen zudem gem. § 11 Abs. 3 bis Abs. 5 BetrAVG für alle Beteiligte, d. h. für den Arbeitgeber, den Versorgungsträger, die Versorgungsberechtigten sowie insbes. für den Insolvenzverwalter umfangreiche **Aufklärungs- und Mitteilungspflichten** ggü. dem PSV. Diese Mitteilungspflichten beschränken sich allerdings auf die für die Insolvenzabwicklung maßgeblichen **Tatsachen** (*vgl. Höfer, BetrAVG, Bd. I [ArbR], § 11 Rn. 5017, 5020*); eine **rechtliche Würdigung**, insbes. eine Prüfung der den Insolvenzschutz begründenden Voraussetzungen des Betriebsrentengesetzes, wird dabei von den meldepflichtigen Personen **nicht verlangt**. Diese obliegt ausschließlich dem PSV, der seine Einstandspflicht überprüfen, feststellen und ggf. eine Ablehnung ggü. dem Versorgungsberechtigten begründen muss. 922

Der PSV ist nach § 11 Abs. 7 BetrAVG berechtigt die für ihn erforderlichen Informationen ausschließlich durch von ihm vorgegebene Vordrucke einzuholen und in anderer Form erfolgte Mitteilungen als unzulässig zurückzuweisen (*Höfer, BetrAVG, Bd. I [ArbR], § 11 Rn. 5037*). Insoweit unterliegen die Beteiligten also einem **Formularzwang**, dessen Nichtbeachtung dazu führt, dass die gesetzlich zwingende Mitteilungspflicht nicht oder nicht fristgerecht erfüllt worden ist (*Blomeyer/Rolfs/Otto, BetrAVG, § 11 Rn. 24; Höfer, BetrAVG, Bd. I [ArbR], § 11 Rn. 5037*). 923

Nach Eintritt eines gesetzlichen Insolvenzfalls (§ 7 Abs. 1 BetrAVG) ist der PSV als Träger der gesetzlichen Insolvenzsicherung nach § 9 Abs. 1 Satz 1 BetrAVG verpflichtet, dem Versorgungsberechtigten die ihm zustehenden Versorgungsansprüche oder -anwartschaften schriftlich mitzuteilen. Unterbleibt diese Mitteilung, so sind nicht nur Ansprüche, sondern auch Anwartschaften spätestens ein Jahr nach dem Sicherungsfall vom Versorgungsberechtigten anzumelden, § 9 Abs. 1 Satz 2 BetrAVG (»*Ausschlussfrist*«, *vgl. BAG, 21.03.2000 – 3 AZR 72/99, BB 2000, 1356 = DB 2000, 1236 = ZIP 2000, 935*). Auf den Eintritt des Versorgungsfalls kommt es dabei nicht an. 924

Hat der Versorgungsberechtigte vom PSV einen Anwartschaftsausweis erhalten, so ist der PSV nur durch die allgemeinen Verjährungsvorschriften (§ 196 Abs. 1 Nr. 8, Nr. 9 BGB) vor der Geltendmachung von Ansprüchen für lange zurückliegende Zeiträume geschützt. 925

d) Ordnungswidrigkeiten/Schadensersatz

Die Mitteilungspflichten sind durch § 12 BetrAVG sanktioniert. Danach werden Verstöße gegen die Mitteilungspflichten des § 11 BetrAVG als **Ordnungswidrigkeit** mit einer **Geldbuße** bis zu 2.500,00 € geahndet. Zudem kommt, da § 11 BetrAVG ein Schutzgesetz i. S. v. § 823 Abs. 2 BGB ist (*vgl. AG Stuttgart, 29.04.1986 – 1 C 14356/85, DB 1987, 692; Blomeyer/Rolfs/Otto, BetrAVG, § 11 Rn. 89; Höfer, BetrAVG, Bd. I [ArbR], § 11 Rn. 5038*), auch ein entsprechender **Schadensersatzanspruch** des PSV in Betracht 926

Darüber hinaus kann sich der **Insolvenzverwalter** bei unterlassenen oder fehlerhaften Mitteilungen auch nach § 60 InsO **persönlich haftbar** machen (*vgl. auch Blomeyer/Rolfs/Otto, BetrAVG, § 11 Rn. 94; Höfer, BetrAVG, Bd. I [ArbR], § 11 Rn. 5022*). 927

e) Datenschutz

928 Die dem PSV mitgeteilten Daten unterliegen gem. § 15 BetrAVG in vollem Umfang der **Geheimhaltung**. Ein Verstoß gegen diese gesetzliche Geheimhaltungspflicht kann zu einem Schadensersatzanspruch nach § 823 Abs. 2 BGB führen.

V. Anpassungsprüfung (§ 16 BetrAVG)

929 Gem. § 16 BetrAVG hat der Arbeitgeber alle drei Jahre eine **Anpassung der laufenden Leistungen** zu prüfen und darüber nach **billigem Ermessen** zu entscheiden. Dabei sind einerseits die **Belange des Versorgungsempfängers** und andererseits die **wirtschaftliche Lage** des Arbeitgebers zu berücksichtigen.

930 Im Rahmen dieser Interessenabwägung ist allerdings nach jüngerer Rechtsprechung zu beachten, dass die Anpassungsprüfung nicht lediglich eine mehr oder weniger große Chance für den Betriebsrentner auf einen eventuellen Inflationsausgleich gewährt (*so noch: BAG, 25.04.2006 – 3 AZR 50/05, DB 2007, 580 = NZA-RR 2007, 310*), sondern dass die **Anpassung der »Regelfall«** und die Nichtanpassung die »Ausnahme« ist (*vgl. u. a. BAG, 11.03.2008 – 3 AZR 358/06, DB 2008, 2369 = NZA 2009, 790; BAG, 10.02.2009 – 3 AZR 727/07, BAGE 129, 292 = NZA 2010, 95 = DB 2009, 2554; BAG, 26.05.2009 – 3 AZR 369/07, BAGE 131, 50 = BetrAV 2009, 762 = NZA 2010, 641 = DB 2009, 2384 = ZIP 2009, 2166*). Solange und soweit also der Arbeitgeber leistungsfähig ist, muss er die gesetzlich vorgesehene Anpassung vornehmen (*BAG, 10.02.2009 – 3 AZR 727/07, BAGE 129, 292 = NZA 2010, 95 = DB 2009, 2554*).

931 Kaum ein anderer Paragraf des Betriebsrentengesetzes hat den Arbeitgebern entsprechende unkalkulierbare zusätzliche finanzielle Belastungen auferlegt und zugleich für eine enorme Rechtsunsicherheit gesorgt wie die Anpassungsprüfungsverpflichtung nach § 16 BetrAVG. Die Tatsache, dass die Arbeitgeber »nur« zu einer Prüfung einer eventuellen Anpassung der Betriebsrenten und nicht unmittelbar zu einer Anpassung selbst verpflichtet werden, ist vielfach verkannt worden. Hinzu kommt, dass der Gesetzgeber es ursprünglich lediglich bei der Normierung der abstrakten Anpassungsprüfungsverpflichtung hat bewenden lassen, ohne konkrete Prüfungskriterien hierfür aufzustellen. Insoweit war die Rechtsprechung mehrfach gezwungen, sich eingehend mit der Auslegung und inhaltlichen Konkretisierung von § 16 BetrAVG zu befassen (*vgl. hierzu die ausführliche Auflistung in der Rechtsprechungsdokumentation, Teil D Rdn. 2112 ff.*). Aus dieser vielfältigen Rechtsprechung haben sich für die gesetzliche Anpassungsprüfungsverpflichtung die folgende Grundsätze herauskristallisiert, die i. R. d. seit 1999 erfolgten Gesetzesnovellen zum größten Teil in das Gesetz implementiert worden sind.

1. Prüfungspflicht

932 Nach § 16 BetrAVG trifft die Anpassungsprüfungs- und Entscheidungspflicht **ausschließlich** den **Arbeitgeber** als Schuldner der Versorgungsleistungen, und zwar auch dann, wenn die Durchführung der betrieblichen Altersversorgung nicht über eine unmittelbare Pensionszusage, sondern im Wege der Direktversicherung oder durch Zuschaltung einer Pensions- bzw. Unterstützungskasse oder eines Pensionsfonds extern erfolgt, d. h. die Finanzierung aus dem Unternehmen ausgelagert wird (*Andresen/Förster/Rößler/Rühmann, Teil 11 B Rn. 1615; Huber, in: Kemper/Kisters-Kölkes/Berenz/Huber, § 16 Rn. 10, 18; Förster/Cisch/Karst, BetrAVG, § 16 Rn. 4; Höfer, Bd. I – ArbR, § 16 Rn. 5369*).

933 **Arbeitgeber** i. S. d. Regelung ist, wer dem Versorgungsempfänger aus der ursprünglichen erteilten Zusage verpflichtet ist (*Kemper/Kisters-Kölkes, Rn. 453*). Geht ein Arbeitsverhältnis im Wege eines Betriebsübergangs auf einen Betriebserwerber über, ist dieser Arbeitgeber i. S. v. § 16 BetrAVG (*BAG, 21.02.2006 – 3 AZR 216/05, BAGE 117, 112 = ZIP 2006, 1742 = BetrAV 2006, 684 = BB 2006, 2694 = NZA 2007, 931; Huber, in: Kemper/Kisters-Kölkes/Berenz/Huber BetrAVG, § 16 Rn. 10, 14*).

934 Aufgrund dieser gesetzlich zwingenden Verpflichtung muss der Arbeitgeber die Anpassungsprüfung in jedem Fall vornehmen, d. h. auch ohne entsprechenden Antrag des Betriebsrentners (*zu*

den Konsequenzen einer unterlassenen bzw. nicht ordnungsgemäß durchgeführten Anpassungsprüfung s. Rdn. 1086).

Der Arbeitgeber hat seine Entscheidung nach dem Wortlaut von § 16 Abs. 1 Satz 1 BetrAVG nach billigem Ermessen zu treffen. Die Anpassungsentscheidung ist also eine **Billigkeitsentscheidung**. Dies hat zur Konsequenz, dass der zur Ermessensausübung verpflichtete Arbeitgeber einen Entscheidungsspielraum hat, der nur durch den allgemeinen Rechtsbegriff der Billigkeit eingegrenzt wird. Die den Gerichten zustehende Prüfkompetenz bzgl. der Rechtmäßigkeit der vom Arbeitgeber getroffenen Anpassungsentscheidung beschränkt sich daher nur darauf, ob die Grenzen billigen Ermessens überschritten sind. 935

Da sich die Ermessensentscheidung im Rahmen von § 16 Abs. 1 BetrAVG sowohl auf die Anpassungsprüfung als auch auf die Anpassungsentscheidung des Arbeitgebers erstreckt (*Höfer, BetrAVG, Bd. I [ArbR] § 16 Rn. 5353*), bezieht sich der Ermessensspielraum des Arbeitgebers sowohl auf den **Prüfvorgang**, also die Prüfungsparameter, als auch auf die **Ermessensentscheidung** selbst. 936

Die Verpflichtung zur Anpassungsprüfung trifft grds. nicht den **Pensions-Sicherungs-Verein** (PSV), der als Träger der gesetzlichen Insolvenzsicherung bei einer Insolvenz des Arbeitgebers (*vgl. auch Rdn. 749 und 780*) zwar die Versorgungsverpflichtungen kraft Gesetzes übernimmt, aber durch diese Übernahme keine Arbeitgeberfunktion erhält (*BAG, 22.03.1983 – 3 AZR 574/81, BB 1983, 1730 = DB 1983, 1982 = NJW 1983, 2902; LAG Düsseldorf/Köln, 27.05.1981 – 2 Sa 144/81, BB 1981, 1220 = DB 1981, 1471; Langohr-Plato, BB 1997, 1634*). 937

Eine Überprüfungspflicht besteht zudem nur für **laufende Leistungen** (= regelmäßig wiederkehrende Leistungen) der betrieblichen Altersversorgung, und zwar unabhängig von ihrer Art und Güte. Neben Altersrenten unterliegen damit auch Hinterbliebenen- und Invalidenrenten, ggf. sogar auch laufende Sachleistungen (Deputate), der Anpassungsüberprüfung. Dagegen sind Kapitalzusagen und sonstige Einmalzahlungen (z. B. Abfindungen) ebenso wenig einer Anpassungsprüfung zu unterziehen wie Versorgungsanwartschaften, selbst wenn sie unverfallbar geworden sind (*vgl. BAG, 15.09.1977 – 3 AZR 654/76, BB 1977, 1550 = DB 1977, 1903 = NJW 1977, 2370*). 938

Seit der BetrAVG-Novelle 1999 sieht § 16 Abs. 2 BetrAVG zudem vor, dass die Anpassungsprüfungsverpflichtung als erfüllt gilt, wenn die Anpassung mindestens i. H. d. Inflationsausgleichs erfolgt oder der Nettolohnentwicklung vergleichbarer aktiver Arbeitnehmer des Unternehmens im Prüfungszeitraum entspricht. 939

Die Anpassungsprüfungsverpflichtung **entfällt** nach § 16 Abs. 3 BetrAVG sogar gänzlich, wenn sich der Arbeitgeber **vertraglich** verpflichtet hat, die laufenden Renten **jährlich** um wenigstens 1 % anzupassen oder aber – bei Direktversicherungen und Pensionskassenzusagen – ab Rentenbeginn sämtliche **Überschussanteile** ausschließlich zur Rentenerhöhung verwendet werden. Gerade letztere Regelung müsste die Bereitschaft zur Gewährung von Rentendirektversicherungen steigern können, und zwar zumindest im Bereich der Gehaltsumwandlung und dort auch unter Einschluss des Invaliditätsrisikos, da das bisherige Kalkulationsrisiko einer möglichen Rentenanpassung durch die Neuregelung vollkommen entschärft wird. Bei diesem Durchführungsweg hat der Arbeitgeber zukünftig gerade die von ihm immer wieder geforderte Kalkulations- und Planungssicherheit, da er seine Verpflichtung auf die Gewährung der Versicherungsprämie beschränken kann. 940

Nicht jede Form der Überschussverwendung zugunsten des Versorgungsempfängers genügt allerdings den Anforderungen des § 16 Abs. 3 Nr. 2 BetrAVG. Nur diejenigen Überschussverwendungsformen ermöglichen eine Abwahl der Anpassungsprüfungspflicht, die auch **tatsächlich** eine Erhöhung der laufenden Leistungen bewirken (*Höfer, BetrAVG, Bd. I [ArbR], § 16 Rn. 5452 und 5461 ff.*). Höfer stellt damit maßgeblich auf den Begriff der »Erhöhung« ab und begründet die Forderung nach einer laufenden Erhöhung mit dem Gesetzeszweck, ein Surrogat für die periodische Anpassungsprüfung nach § 16 Abs. 1 BetrAVG zu liefern (*so auch Blumenstein/Krekeler, DB 1998, 2605*). 941

942 Andresen/Förster/Rößler/Rühmann weisen zwar auf entsprechende Bedenken hin (*BetrAVG, Teil 11 B Rn. 1846*), halten aber ebenso wie Doetsch/Förster/Rühmann (*DB 1998, 262*) das Problem im Hinblick auf die ebenfalls mögliche 1 %ige Anpassungsgarantie und die dabei bestehende Verrechnungsmöglichkeit mit den tatsächlichen Gewinnen der Direktversicherung nicht für praxisrelevant. Dabei wird allerdings nicht ausreichend berücksichtigt, dass die 1 %-Regelung nur für Neuzusagen ab dem 01.01.1999 gilt und die Gewinnweitergabe gerade für den Altbestand die eigentlich einzig umsetzbare »Enthaftungsvariante« ist.

943 Kommt es aufgrund der konkreten Situation gar nicht zu einer **Überschussbeteiligung**, so kann eine solche auch nicht »verwendet« werden. Arbeitsrechtlich besteht hier kein Problem für den Arbeitgeber, da nach der gesetzlichen Vorschrift nur die auf den Rentenbestand entfallenden – d. h. **tatsächlich entstandenen** – Überschussanteile in der dort beschriebenen Weise verwendet werden müssen. Dass es möglicherweise – mangels einer entsprechenden Garantie – gar keine Überschüsse zu verteilen gibt, ist dem Gesetzgeber bewusst gewesen. Folglich bedarf es grds. keiner weiter gehenden Maßnahmen in der Situation, dass keine Überschussanteile anfallen. Etwas anderes könnte nur gelten, wenn das Geschäft der Lebensversicherung teilweise eingestellt wird und aufgrund dessen dauerhaft und v. a. unabhängig vom Kapitalmarkt keine Überschussbeteiligung anfällt. In diesem theoretischen Fall ist eine einzelfallbezogene neue Prüfung erforderlich.

944 Fällt jedoch eine Überschussbeteiligung an, so ist diese nach dem Gesetzeswortlaut »zur Erhöhung« der laufenden Leistungen zu verwenden. Hierdurch schränkt der Gesetzgeber die Möglichkeiten der **Überschussverwendung** ein. Dies hat zur Folge, dass eine Überschussverwendung, die nicht zu einer jährlichen Erhöhung der laufenden Leistung führt, ggf. zu Ansprüchen des Arbeitnehmers gegen den Arbeitgeber führen kann. Konsequenz einer vom Gesetz nicht akzeptierten Überschussverwendung wäre, dass die Pflicht des Arbeitgebers zur Anpassungsprüfung nicht entfällt und der Arbeitgeber folglich eine Anpassung nach § 16 Abs. 1 BetrAVG schuldet, auf welche allenfalls die bisherigen Erhöhungen durch die Überschussverwendung angerechnet werden können.

945 Die vorgenannten Änderungen gelten gem. dem neu eingeführten § 30c BetrAVG allerdings nur für Neuzusagen ab dem 01.01.1999 bzw. Anpassungsprüfungszeitpunkte nach dem 01.01.1999 und entfalten damit keine Wirkung für bereits laufende Renten bzw. vergangene Anpassungsprüfungen. Lediglich die für Direktversicherungen und Pensionskassen im Hinblick auf die »Mitgabe« der Überschussanteile bedingte Sonderregelung gilt auch für bereits bestehende Versorgungsvereinbarungen, die über diese Durchführungswege abgewickelt werden.

946 Fraglich ist allerdings, ob im Rahmen einer Neuordnung der betrieblichen Altersversorgung, die Regelung des § 16 Abs. 3 Nr. 1 BetrAVG auch für Altzusagen vereinbart werden kann oder einer solchen Regelung die Vorschrift des § 30c BetrAVG entgegensteht.

947 Insoweit wird man mit der **herrschenden Auffassung** (*Andresen/Förster/Rößler/Rühmann, Teil 11 B Rn. 1825 f; Höfer, BetrAVG, BetrAVG, Bd. I [ArbR], § 16 Rn. 5439 ff.; Förster/Cisch/Karst, BetrAVG, § 16 Rn. 56; Kemper/Kisters-Kölkes, Rn. 498 ff.*) davon ausgehen müssen, dass der Zeitpunkt der Erteilung der Versorgungszusage bei bestehenden Zusagen nicht durch eine Änderung der Leistungsvoraussetzungen oder der Leistungshöhe auf einen Tag nach dem 31.12.1998 verlegt werden kann. Insoweit gilt das **Prinzip der Einheit** der **Versorgungszusage** analog. Der Grundsatz der Einheitlichkeit der Versorgung kann auch dann Geltung haben, wenn neben die ursprünglich erteilte Versorgungszusage eine neue Versorgungszusage tritt; erforderlich ist ein – in derartigen Fällen meist vorliegender – sachlicher Zusammenhang zwischen der alten und der neu erteilten Versorgungszusage. Läge allerdings kein sachlicher Zusammenhang vor, könnte für die neue Versorgungszusage die Mindestanpassung des § 16 Abs. 3 Nr. 1 BetrAVG gewählt werden.

948 Dies soll nach einer Auffassung der Fall sein, wenn sich nachweisen lässt, dass der Arbeitgeber eine derartige Zusage nur erteilt hat, weil er für den Aufstockungsbetrag von der Vorschrift des § 16 Abs. 3 Nr. 1 BetrAVG Gebrauch machen wollte. In diesem Fall werde man zwei getrennte

V. Anpassungsprüfung (§ 16 BetrAVG) B.

Versorgungszusagen annehmen können, da der sachliche Zusammenhang zwischen Alt- und Neuzusage fehle (*Kemper/Kisters-Kölkes, Rn. 499*).

Von einem Umgehungstatbestand wird man jedoch ausgehen müssen, wenn Arbeitgeber und Arbeitnehmer bzw. Betriebsrat vereinbaren, dass die vor 1999 erteilte Versorgungszusage ersatzlos untergehen soll, und dann für die Zukunft eine neue Versorgungszusage unter Einbezug einer Mindestanpassung gem. § 16 Abs. 3 Nr. 1 BetrAVG erteilt wird. Folge einer Umgehung ist, dass die Anpassungsprüfungspflicht nicht abgewählt ist; sie gilt voll und ganz weiter (*Höfer, BetrAVG, Bd. I [ArbR], § 16 Rn. 5444*). 949

Die mit der BetrAVG-Novelle 2001 mit Wirkung zum 01.01.2002 neu eingefügte Regelung des § 16 Abs. 3 Nr. 3 BetrAVG bestimmt ferner, dass die Pflicht zur Anpassungsprüfung auch dann entfällt, wenn eine Beitragszusage mit Mindestleistung erteilt wurde. Dies gilt auch im Fall der Entgeltumwandlung. Darüber hinaus entfällt durch § 16 Abs. 3 Nr. 3 Halbs. 2 BetrAVG, der die Nichtanwendung des § 16 Abs. 5 BetrAVG für die Beitragszusage mit Mindestleistung bestimmt, in den Durchführungswegen Pensionskasse und Direktversicherung auch die Notwendigkeit der Verwendung der Überschüsse nur zur Leistungserhöhung. Ob Letzteres auch gilt, wenn die Beitragszusage mit Mindestleistung aufgrund einer Entgeltumwandlung erteilt wird, ist angesichts der Vorschrift des § 1b Abs. 5 BetrAVG mehr als fraglich (*vgl. Blümke/Langohr-Plato/Teslau, S. 19*). 950

Darüber hinaus wird in § 16 Abs. 6 BetrAVG festgehalten, dass monatliche Raten im Rahmen eines nach § 10a EStG steuerlich geförderten Auszahlungsplans nicht als laufende Leistungen i. S. v. § 167 BetrAVG gelten und damit auch nicht der Anpassungspflicht unterliegen. 951

Schließlich wird mit der Neuregelung des § 16 Abs. 5 BetrAVG aus der bisherigen Kann-Bestimmung im Bereich der Entgeltumwandlung eine gesetzliche Verpflichtung, sofern nicht eine Beitragszusage mit Mindestleistung vorliegt. Das bedeutet, dass der Arbeitgeber die Altersrente zwingend um 1 % p.a. bzw. – bei Pensionskassen und Direktversicherung – durch Weitergabe sämtlicher Überschussanteile ab Rentenbeginn dynamisieren muss. 952

Die Vorschrift gilt gem. § 30c Abs. 5 BetrAVG nur für **laufende Leistungen**, die auf Zusagen beruhen, die nach dem 31.12.2000 erteilt werden. 953

Die Regelungen des § 30c Abs. 5 und Abs. 6 BetrAVG sind rückwirkend zum 01.01.2001 in Kraft getreten. 954

2. Prüfungszeitpunkt und Prüfungszeitraum

Die Anpassungsprüfung hat **alle 3 Jahre** ab Rentenbeginn zu erfolgen. 955

Die Regelung in § 16 BetrAVG über Anpassungsprüfungen und -entscheidungen im 3-Jahres-Zeitraum zwingt nicht zu starren, individuellen Prüfungsterminen. Der Arbeitgeber kann die in einem Jahr fällig werdenden Anpassungsprüfungen **gebündelt** zu einem bestimmten Zeitpunkt innerhalb oder am Ende des Jahres vornehmen (*BAG, 01.07.1976 – 3 AZR 37/76, BB 1976, 1129 = DB 1976, 1724; BAG, 28.04.1992 – 3 AZR 142/91, BB 1992, 2152 = DB 1992, 2401 = NZA 1993, 69; BAG, 21.08.2001 – 3 AZR 589/00, BAGE 98, 353 = BB 2002, 1271 = DB 2002, 1331 = NZA 2003, 561; BAG, 18.02.2003 – 3 AZR 172/02, BAGE 105, 77 = BB 2003, 2293 = DB 2003, 2606; BAG, 30.08.2005 – 3 AZR 395/04, BAGE 115, 353 = DB 2006, 732 = BetrAV 2006, 290 = BB 2006, 1228 = DB 2006, 732 = NZA-RR 2006, 485; Höfer, BetrAVG, Bd. I [ArbR], § 16 Rn. 5147 ff.; Blomeyer/Rolfs/Otto, BetrAVG, § 16 Rn. 75; Arens, in: Arens/Wichert/Weisemann/Andermann, § 4 Rn. 135*). Eine derartige Bündelung vermeidet unverhältnismäßigen Verwaltungsaufwand und beeinträchtigt die Interessen der Betriebsrentner nur geringfügig. Auch in der gesetzlichen Rentenversicherung werden die Renten unabhängig vom individuellen Rentenbeginn einheitlich am selben Stichtag angehoben (§ 65 SGB VI). Der Betriebsrentner erleidet hierdurch eine maximale Verzögerung von 11 Monaten bei der ersten Anpassung. Die Folgeprüfungen werden dann turnusgemäß im 3-Jahres-Rhythmus durchgeführt. 956

957 Teilweise wird auch vertreten, der Prüfungszeitpunkt könne vom Arbeitgeber für alle Mitarbeiter – unabhängig vom Jahr des Rentenbeginns – auf ein Jahr zusammengefasst werden (*Förster/Cisch/ Karst, BetrAVG, § 16 Rn. 9*). Dies könnte in der Weise geschehen, dass z. B. für einen Rentenbeginn die Anpassungsprüfung statt nach 3 Jahren ab Rentenbeginn bereits nach 2 Jahren ab Rentenbeginn erfolge und nach diesem ersten Anpassungsprüfungstermin der 3-jährige Turnus ganz normal eingehalten werde. Im Folgejahr würde für die in diesem Jahr liegenden Rentenbeginne die erste Anpassungsprüfung bereits nach einem Jahr ab Rentenbeginn erfolgen. Entsprechend wäre dann bei den folgenden Jahrgängen zu verfahren. Einigkeit besteht im Hinblick auf diese Verfahrensweise dahin gehend, dass Anpassungen aufgrund der vorgezogenen Anpassungsprüfungen als zusätzliche vertragliche Anpassung zulässig sind und auf eventuelle gesetzliche Anpassungen angerechnet werden können (*vgl. u. a. Blomeyer/Rolfs/Otto, BetrAVG, § 16 Rn. 75 sowie die Ausführungen unter Rdn. 1043 ff.*).

958 Fraglich ist allerdings, ob das beschriebene Verfahren zu einer **Verschiebung des gesetzlichen Anpassungsprüfungszeitpunktes** führt.

959 Nach einer Auffassung ist es zulässig, den **Prüfungszeitraum zu verkürzen**. Ein Vorziehen der Anpassungsprüfung könne auf dem berechtigten Wunsch des Arbeitgebers beruhen, alle Versorgungsleistungen jeweils in einem festen einheitlichen 3-Jahres-Rhythmus zu überprüfen. Dabei komme die Verkürzung des Zeitraums regelmäßig nur bei **erstmaliger** Anpassungsprüfung in Betracht. Danach erfolgen die Pflichtprüfungstermine im gesetzlichen 3-Jahres-Rhythmus.

Grds. geht nach dieser Auffassung die gesamte Entwertung der Versorgungsleistungen in die Anpassungsprüfung ein. Eine Benachteiligung der Versorgungsempfänger liegt nicht vor. Ist der Prüfungszeitraum verkürzt worden, besteht ein Anspruch auf eine erneute Anpassungsprüfung erst nach Ablauf von 3 Jahren, berechnet auf den Zeitpunkt der tatsächlichen Durchführung der Anpassungsprüfung. Die Verkürzung des Prüfungszeitraums nach den vorgenannten Maßstäben ist danach zulässig, es sei denn, sie würde sich als rechtsmissbräuchlich darstellen. Dies könne insb. dann der Fall sein, wenn bei sich abzeichnender spürbarer Verbesserung der wirtschaftlichen Lage die Anpassungsprüfung in ein davor liegendes Wirtschaftsjahr vorverlegt werde und die Anhebung der laufenden Leistungen unter Hinweis auf die wirtschaftliche Lage des Arbeitgebers versagt werde (*Andresen/Förster/Rößler/Rühmann, Teil 11 B Rn. 780*).

960 Auch nach Ansicht des **BAG** ist eine solche **Bündelung zulässig** und führt auch zu einer Verlegung des gesetzlichen Anpassungsprüfungstermins. Wenn der Arbeitgeber die erste Anpassung vorverlege und daran die 3-Jahres-Frist knüpfe, bringe dies dem einzelnen Versorgungsempfänger – auf die gesamte Laufzeit der Betriebsrente gesehen – mehr Vor- als Nachteile. Ein gemeinsamer Anpassungsstichtag, der nicht nur der Verwaltungsvereinfachung diene, sondern bei der gebotenen Gesamtbetrachtung den Versorgungsempfänger begünstige, widerspreche nicht den Grundprinzipien von § 16 BetrAVG. Durch den gemeinsamen Anpassungsstichtag könne sich zwar die erste Anpassung je nach Zeitpunkt des Versorgungsfalls auch verzögern, jedoch höchstens um 6 Monate. Dies sei nach der bisherigen Rechtsprechung zur Bündelung von Anpassungsentscheidungen nicht zu beanstanden (*BAG, 30.08.2005 – 3 AZR 395/04, BAGE 115, 353 = DB 2006, 732 = BetrAV 2006, 290 = BB 2006, 1228 = NZA-RR 2006, 485*).

Das BAG akzeptiert insoweit auch eine erst im Zeitablauf erfolgte Umstellung des Prüfungstermins auf einen gebündelten einheitlichen Termin. Der Betriebsrentner kann also aus einer zuvor anderen Vorgehensweise im Unternehmen keinen Besitzstand auf künftige Prüfungstermine ableiten, sondern muss – unter den genannten Voraussetzungen – eine entsprechende Änderung des Prüfungstermins hinnehmen (*BAG, 11.10.2011 – 3 AZR 732/09, BetrAV 2012, 172 = NZA 2012, 337*).

961 Eine noch weiter gehende Auffassung (*Schumann, ZIP 1985, 847 f.*), die jedoch mit der herrschenden Auffassung im Hinblick auf das Benachteiligungsverbot des § 17 BetrAVG abzulehnen ist (*vgl. u. a. Andresen/Förster/Rößler/Rühmann, Teil 11 B, Rn. 780*), will sogar unabhängig vom Rentenbeginn alle Rentner im 3-Jahres-Rhythmus in der Weise prüfen, dass im Extremfall erst nach 6 Jahren eine erstmalige Anpassungsprüfung stattfinden würde. Diese Ansicht wird allerdings durch die zitierte

V. Anpassungsprüfung (§ 16 BetrAVG) B.

BAG-Rechtsprechung (*BAG, 28.04.1992 – 3 AZR 142/91, BB 1992, 2152 = DB 1992, 2401 = NZA 1993, 69*), die eine Bündelung mit dem Argument bejaht, dass die erste Anpassung auf max. 3 Jahre und 11 Monate hinausgeschoben wird, nicht gedeckt.

Soweit eine freiwillige Prüfung vorliegt, kann diese nicht den gesetzlichen Prüfungsrhythmus verschieben (*Blomeyer/Rolfs/Otto, BetrAVG, § 16 Rn. 76; Höfer, BetrAVG, Bd. I [ArbR], § 16 Rn. 5150; Kemper/Kisters-Kölkes, Rn. 456*). 962

Für **Altrenten**, d. h. vor 1972 erstmalig gewährte laufende Leistungen, liegt nach der Rechtsprechung des BAG und des BGH die erste gesetzliche Pflichtprüfung im Jahr 1975. Die gesetzlichen Folgepflichtprüfungen bauen dann im 3-Jahres-Turnus auf diesem Jahr auf, liegen also im Jahr 1978, 1981 etc. Für den ersten Prüfungstermin hat das BAG eine Verschiebung als zulässig erachtet. Diese – v. a. aus Gründen der Arbeitsbewältigung – zugestandene Variabilität beim ersten Anpassungsprüfungstermin verschiebt jedoch nicht den auf dem Jahr 1975 aufbauenden Turnus der Pflichtfolgeprüfungen (*vgl. Höfer, BetrAVG, Bd. I [ArbR], § 16 Rn. 5155 m. w. N.*). Es handelt sich für die sog. Altrenten also um einen **festen Anpassungsrhythmus** (*Andresen/Förster/Rößler/Rühmann, Teil 11 B, Rn. 790 f.*). 963

Kommt der Arbeitgeber seiner Prüfungsverpflichtung nicht nach oder verzögert er die Prüfung über einen tolerierbaren Zeitpunkt hinaus, kann er sich **regresspflichtig** machen (*BAG, 16.12.1976 – 3 AZR 795/75, BB 1977, 96 = DB 1977, 115*). 964

§ 16 Abs. 1 BetrAVG normiert einen **3-jährigen Turnus** für die **Anpassungsprüfung** des Arbeitgebers und damit den Prüfungstermin fest. Dagegen fehlt in beiden Vorschriften eine eindeutige Aussage zum **maßgeblichen Prüfungszeitraum**. Nach Ansicht des BAG ergibt sich aus dem Zweck des § 16 BetrAVG, dass sich der Anpassungsbedarf nicht nur nach dem in den letzten 3 Jahren eingetretenen Kaufkraftverlust richtet. Das Betriebsrentengesetz wolle eine Auszehrung der Betriebsrenten vermeiden. Da die »Belange der Versorgungsberechtigten« in der Wiederherstellung des ursprünglich vorausgesetzten Verhältnisses von Leistung und Gegenleistung bestünden, sei der volle nicht gedeckte Anpassungsbedarf zu ermitteln. Er bestehe in der seit Rentenbeginn eingetretenen Teuerung, soweit sie nicht durch vorhergehende Anpassungen ausgeglichen worden sei (*BAG, 21.08.2001 – 3 AZR 589/00, BAGE 98, 349 [352] m. w. N.; LArbG Düsseldorf, 10.10.2011 – 14 Sa 651/11, juris Datenbank*). Dementsprechend hatte das BAG bereits im Urt. v. 28.04.1992 (*3 AZR 142/91, BAGE 70, 137 [142 ff.]*) als Prüfungszeitraum die gesamte Zeit vom Rentenbeginn bis zum Anpassungsstichtag angesehen (*vgl. ferner: BAG, 30.08.2005 – 3 AZR 395/04, BAGE 115, 353 = BetrAV 2006, 290 = NZA-RR 2006, 485; BAG, 31.07.2007 – 3 AZR 810/05, BAGE 123, 319 = BetrAV 2007, 101 = DB 2008, 135; BAG, 10.02.2009 – 3 AZR 610/07, NZA-RR 2010, 42; BAG, 19.06.2012 – 3 AZR 464/11, BetrAV 2012, 529 = NZA 2012, 1291*). Für die Ermittlung des Nettolohnanstiegs (*s. u. Rdn. 985*) gilt daher nichts anderes (*BAG, 19.06.2012 – 3 AZR 464/11, BetrAV 2012, 529 = NZA 2012, 1291; BAG, 30.08.2005 – 3 AZR 395/04, BAGE 115, 353 = BetrAV 2006, 290 = NZA-RR 2006, 485; LArbG Düsseldorf, 10.10.2011 – 14 Sa 651/11, juris Datenbank*). 965

Der zwischenzeitlich neu gefasste § 16 BetrAVG enthält keine abweichende Begriffsbestimmung. Auch aus § 16 Abs. 4 Satz 1 BetrAVG lasse sich keine Veränderung des Prüfungszeitraums entnehmen. Nach dieser Vorschrift ist der Arbeitgeber zur nachholenden Anpassung dann nicht verpflichtet, wenn die Anpassung zu Recht ganz oder teilweise unterblieben ist. Eine nachholende Anpassung i. S. d. § 16 Abs. 4 Satz 1 BetrAVG liegt nach Ansicht des BAG jedoch nur dann vor, wenn der Arbeitgeber wegen der wirtschaftlichen Lage seines Unternehmens die Belange der Versorgungsempfänger nicht oder nur teilweise berücksichtigt hat und die dadurch entstehende Lücke bei späteren Anpassungsentscheidungen geschlossen wird (*BAG, 21.08.2001 – 3 AZR 589/00, BAGE 98, 349 [353]*). Auch § 16 Abs. 4 Satz 2 BetrAVG stelle auf den Zusammenhang zwischen nachholender Anpassung und wirtschaftlicher Lage ab. Nach dieser Vorschrift gilt eine Anpassung als zu Recht unterblieben, wenn der Arbeitgeber den Versorgungsempfänger die wirtschaftliche Lage des Unternehmens schriftlich dargelegt, der Versorgungsempfänger nicht binnen drei Kalendermonaten nach Zugang der Mitteilung schriftlich widersprochen hat und auf die Rechtsfolgen eines nicht 966 fristgemäßen Widerspruchs hingewiesen wurde. Soweit eine Anpassung wegen der wirtschaftlichen Lage des Arbeitgebers zu Recht unterblieben ist und nach § 16 Abs. 4 BetrAVG i. V. m. der Übergangsregelung des § 30c Abs. 2 BetrAVG bei späteren Anpassungen nicht mehr nachgeholt werden muss, dürfen nach der Entscheidung des BAG sowohl der damals zu verzeichnete Anstieg des Verbraucherpreisindexes als auch die damals zu verzeichnenden Reallohnerhöhungen bei den späteren Anpassungsentscheidungen unberücksichtigt bleiben (*BAG, 19.06.2012 – 3 AZR 464/11 – BetrAV 2012, 529 = NZA 2012, 1291*).

Der so zu bestimmende Prüfungszeitraum steht auch nicht zur Disposition des Arbeitgebers (*BAG, 19.06.2012 – 3 AZR 464/11, BetrAV 2012, 529 = NZA 2012, 1291; LArbG Düsseldorf, 10.10.2011 – 14 Sa 651/11, juris Datenbank; LArbG Rheinland- Pfalz, 27.01.2012 – 6 Sa 520/11, juris Datenbank*).

Legt der Arbeitgeber seiner Anpassungsprüfung einen fehlerhaften Prüfungszeitraum zugrunde, so führt dies grundsätzlich zur Unwirksamkeit der Anpassungsentscheidung (*LArbG Köln, 13.04.2012 – 5 Sa 354/11, juris Datenbank*). Diese hat jedoch nicht zwingend einen Anspruch des Betriebsrentners auf Anpassung seiner Rente zur Folge. Dies ist nur dann der Fall, wenn die Anpassungsentscheidung auch inhaltlich ermessens- bzw. rechtsfehlerhaft ist. Maßgeblich ist somit allein, ob der Arbeitgeber entsprechende Gründe darlegen kann, die ihn zur Nichtanpassung berechtigen, sodass die Nichtanpassung im Ergebnis zu Recht unterblieben ist (*BAG, 30.08.2005 – 3 AZR 395/04, BAGE 115, 353 = BetrAV 2006, 290 = NZA-RR 2006, 485; BAG, 20.05.2003 – 3 AZR 179/02, AP Nr. 1 zu § 1 BetrAVG Auslegung = NZA 2004, 944; BAG, 23.05.2000 – 3 AZR 103/99, NZA 2001, 1076*). Diese Gründe kann er auch in einem dem (fehlerhaften) Anpassungsprüfungsverfahren nachfolgenden Gerichtsverfahren »nachholen« (*LArbG Köln, 13.04.2012 – 5 Sa 354/11, juris Datenbank; LArbG Stuttgart, 26.10.2011 – 19 Sa 13/11, juris Datenbank*).

3. Anpassungsmaßstab

967 Gem. § 16 Abs. 2 Nr. 1 BetrAVG gilt die Anpassungsprüfungspflicht als erfüllt, wenn die Anpassung nicht geringer ist als der Anstieg entweder des Verbraucherpreisindexes für Deutschland oder der Nettolöhne vergleichbarer Arbeitnehmergruppen des Unternehmens im Prüfungszeitraum. Die in § 16 BetrAVG enthaltene Anpassungsprüfungsverpflichtung geht somit – mit einer Verzögerung von drei Jahren – von einer kaufkraftstabilen Erhaltung der Betriebsrenten aus.

968 Grundlage hierfür ist folgende **Berechnungsformel**:

$$\frac{\text{Preisindex der Lebenshaltungskosten am Anpassungsstichtag}}{\text{Preisindex für die Lebenshaltungskosten 3 Jahre zuvor}} \times 100 - 100 = x\,\%$$

969 Die entsprechenden **statistischen Werte** sind allgemein zugängliche und i. S. v. § 291 ZPO auch offenkundige Tatsachen (*BGH, 04.05.1990 – V ZR 21/89, NJW 1990, 2620, 2622; BGH, 24.04.1992 – V ZR 52/91, NJW 1992, 2088*). Sie ergeben sich aus den laufenden Berichten des Statistischen Bundesamtes und werden speziell für die Betriebsrentenanpassung von der Fachliteratur jährlich aufbereitet und aktualisiert (*zuletzt Petersen/Bechtoldt/Birkel DB 2012, 230.*).

970 Auf der Grundlage dieser Veröffentlichungen ergeben sich ausgehend vom sog. **Warenkorb** nach den aktuellen Verhältnissen des Jahres 2005 folgende **Monatswerte** und daraus abgeleitete **Anpassungsraten** im 3-Jahres-Zeitraum:

Jahr		Preisindex (2005 =100)	Anpassungsrate in 3 J. in %
		Deutschland	Deutschland
2003	Jan	96,4	4,7
	Febr.	96,9	5,0
	März	97,0	5,1

V. Anpassungsprüfung (§ 16 BetrAVG) B.

Jahr		Preisindex (2005 =100) Deutschland	Anpassungsrate in 3 J. in % Deutschland
	April	96,7	4,8
	Mai	96,5	4,7
	Juni	96,8	4,5
	Juli	97,0	4,3
	Aug.	97,0	4,5
	Sept.	96,9	4,2
	Okt.	96,9	4,3
	Nov.	96,7	4,0
	Dez.	97,4	3,8
2004	Jan	97,5	4,4
	Febr.	97,7	3,9
	März	98,0	4,3
	April	98,3	4,5
	Mai	98,5	4,0
	Juni	98,5	3,8
	Juli	98,7	3,9
	Aug.	98,9	4,3
	Sept.	98,6	4,0
	Okt.	98,8	4,4
	Nov.	98,5	4,3
	Dez.	99,6	4,5
2005	Jan	98,9	3,7
	Febr.	99,3	3,8
	März	99,8	4,1
	April	99,5	3,7
	Mai	99,7	4,0
	Juni	99,8	4,1
	Juli	100,3	4,4
	Aug.	100,4	4,7
	Sept.	100,5	4,8
	Okt.	100,6	5,0
	Nov.	100,2	4,9
	Dez.	101,0	5,1
2006	Jan	100,7	4,5
	Febr.	101,1	4,3
	März	101,1	4,2
	April	101,5	5,0
	Mai	101,5	5,2

Jahr		Preisindex (2005 =100) Deutschland	Anpassungsrate in 3 J. in % Deutschland
	Juni	101,7	5,1
	Juli	102,1	5,3
	Aug.	101,9	5,1
	Sept.	101,5	4,7
	Okt.	101,7	5,0
	Nov.	101,7	5,2
	Dez.	102,4	5,1
2007	Jan	102,4	5,0
	Febr.	102,9	5,3
	März	103,1	5,2
	April	103,6	5,4
	Mai	103,6	5,2
	Juni	103,6	5,2
	Juli	104,2	5,6
	Aug.	104,1	5,3
	Sept.	104,2	5,7
	Okt.	104,5	5,8
	Nov.	105,0	6,6
	Dez.	105,6	6,0
2008	Jan	105,3	6,5
	Febr.	105,8	6,5
	März	106,3	6,5
	April	106,1	6,6
	Mai	106,7	7,0
	Juni	107,0	7,2
	Juli	107,6	7,3
	Aug.	107,3	6,9
	Sept.	107,2	6,7
	Okt.	107,0	6,4
	Nov.	106,5	6,3
	Dez.	106,8	5,7
2009	Jan	106,3	5,6
	Febr.	106,9	5,7
	März	106,8	5,6
	April	106,8	5,2
	Mai	106,7	5,1
	Juni	107,1	5,3
	Juli	107,1	4,9

V. Anpassungsprüfung (§ 16 BetrAVG) B.

Jahr		Preisindex (2005 =100) Deutschland	Anpassungsrate in 3 J. in % Deutschland
	Aug.	107,3	5,3
	Sept.	106,9	5,3
	Okt.	107,0	5,2
	Nov.	106,9	5,1
	Dez.	107,8	5,3
2010	Jan.	107,1	4,6
	Febr.	107,5	4,5
	März	108,0	4,8
	April	107,9	4,2
	Mai	108,0	4,2
	Juni	108,1	4,3
	Juli	108,4	4,0
	Aug.	108,4	4,1
	Sept.	108,3	3,9
	Okt.	108,4	3,7
	Nov.	108,5	3,3
	Dez.	109,6	3,8
2011	Jan.	109,2	3,7
	Febr.	109,8	3,8
	März	110,3	3,8
	April	110,5	4,1
	Mai	110,5	3,6
	Juni	110,6	3,4
	Juli	111,0	3,1
	Aug.	111,0	3,4
	Sept.	111,1	3,6
	Okt.	111,1	3,8
	Nov.	111,1	4,3
	Dez.	111,9	4,7
2012	Jan.	111,5	4,4
	Febr.	112,3	5,6
	März	112,6	5,3
	April	112,8	5,6
	Mai	112,6	5,4
	Juni	112,5	5,4
	Juli	112,9	5,4
	Aug.	113,3	5,8
	Sept.	113,3	6,6

Jahr	Preisindex (2005 =100)	Anpassungsrate in 3 J. in %
	Deutschland	Deutschland
Okt.	113,3	6,0
Nov.	113,2	5,8
Dez.	114,1	6,7

Der Verbraucherpreisindex wird im Abstand von 5 Jahren einer turnusmäßigen Überarbeitung unterzogen. Ab Berichtsmonat Januar 2013 erfolgt demgemäß die Umstellung von der bisherigen Basis 2005 auf das Basisjahr 2010. Damit verbunden ist eine Neuberechnung der Ergebnisse ab Januar 2010. Die entsprechenden neuen Werte können auf den Internetseiten des statistischen Bundesamtes (*www.statistischesbundesamt.de*) ab Ende Februar 2013 abgerufen werden.

971 Nach der Übergangsregelung in § 30c Abs. 4 BetrAVG gilt dieser Index für die Erfüllung der Anpassungsprüfungspflicht für Zeiträume vor dem 01.01.2003 mit der Maßgabe, dass an die Stelle des Verbraucherpreisindexes für Deutschland der frühere Preisindex für die Lebenshaltung von Vier-Personen-Haushalten von Arbeitern und Angestellten mit mittlerem Einkommen (*vgl. hierzu die Vorauflage, Rn. 942f.*) weiterhin Geltung behält. Dies bedeutet, dass für Prüfungszeiträume, welche den 01.01.2003 überlappen, eine entsprechend modifizierte Berechnungsformel zur Bestimmung des Preisanstiegs erforderlich ist (*vgl. Bode/Grabner/May, DB 2004, 252 ff.*).

Im Rahmen dieser sog »Splittingmethode« ist zunächst die Inflation bis zum 31.12.2002 nach dem früheren Lebenshaltungskostenindexes (LHI) und sodann für die Zeit ab dem 1.1.2003 die Preissteigerung auf der Basis des nunmehr geltenden Verbraucherpreisindexes (VPI) zu ermitteln (*vgl. u. a.: BAG, 21.07.2007 – 3 AZR 810/05, BAGE 123, 319 = BetrAV 2007, 101; LArbG Düsseldorf, 10.10.2011 – 14 Sa 651/11, juris Datenbank; LArbG München, 28.02.2007 – 5 Sa 879/06, juris Datenbank*). Anschließend sind die beiden Prozentsätze zu verknüpfen (*vgl. etwa: Petersen/Bechthold/Krazeisen, BetrAV 2009, 94; Huber in Kemper/Kisters-Kölkes u. a., § 16 Rdn. 42f.*).

972 In methodischer Hinsicht ist zwingend darauf zu achten, dass bei der Ermittlung des Kaufkraftverlustes auf die in der einschlägigen Fachpresse veröffentlichten **Indexwerte der Monate** abzustellen ist, die dem erstmaligen Rentenbezug und den jeweiligen Anpassungsstichtagen unmittelbar vorausgehen. Nur auf diesem Weg ist der gebotene volle Kaufkraftausgleich sichergestellt (*BAG, 30.08.2005 – 3 AZR 395/04, BAGE 115, 353 = DB 2006, 732 = BetrAV 2006, 290 = BB 2006, 1228 = NZA-RR 2006, 485*). Ein Abstellen auf Jahresdurchschnittswerte ist daher nicht zulässig. Diese Durchschnittsberechnung kann nämlich dazu führen, dass der tatsächliche Kaufkraftverlust bis zum Anpassungsstichtag nicht vollständig ausgeglichen wird. Je mehr der Kaufkraftverlust in der zweiten Jahreshälfte im Vergleich zur ersten Jahreshälfte ansteigt, desto größer wird die Lücke. Zudem liegen die Durchschnittswerte für das laufende Kalenderjahr später vor als die Indexwerte für den dem Anpassungsstichtag unmittelbar vorausgehenden Kalendermonat (*BAG, 30.08.2005 – 3 AZR 395/04, BAGE 115, 353 = DB 2006, 732 = BetrAV 2006, 290 = BB 2006, 1228 = NZA-RR 2006, 485*).

4. Nachholende und nachträgliche Anpassung

973 Wurde in der Vergangenheit kein voller Geldwertausgleich gewährt, ist bei Folgeprüfungen der Kaufkraftverlust seit Rentenbeginn zu berücksichtigen (**nachholende Anpassung**). Das folgt aus dem Zweck des § 16 BetrAVG. Diese Bestimmung soll durch den Ausgleich des Kaufkraftverlustes dazu beitragen, die Gleichwertigkeit von Leistung und Gegenleistung für die Dauer des Rentenbezugs aufrechtzuerhalten. Der Arbeitnehmer kann aufgrund der von ihm bereits erbrachten Leistung erwarten, dass ihm der volle wirtschaftliche Wert der Gegenleistung erhalten bleibt (*BAG, 28.04.1992 – 3 AZR 142/91, BB 1992, 2152 = NZA 1993, 69 = MDR 1993, 208 m. Anm. Langohr-Plato, 209f.; BAG, 28.04.1992 – 3 AZR 244/91, BB 1992, 2292 = NZA 1993, 72 = MDR 1993, 358 = ZAP 1992, Fach 17 R, S. 37 m. Anm. Langohr-Plato; BAG, 28.04.1992 – 3 AZR 356/91, BB*

V. Anpassungsprüfung (§ 16 BetrAVG)   B.

1992, 2296 = DB 1993, 282 = NZA 1993, 74; BAG, 17.04.1996 – 3 AZR 56/95, BetrAV 1996, 322; Langohr-Plato, BB 1997, 1635).

Allerdings muss dann aber auch eine frühere, über den Kaufkraftverlust hinausgehende Anpassung in den Folgejahren ebenfalls berücksichtigt werden. Hat also der Arbeitgeber in Jahren extrem guter Ertragslage **freiwillig Anpassungen** vorgenommen, die über den Inflationsausgleich hinausgingen, so kann er diese »Überzahlungen« in Jahren schlechterer Ertragslage auf den dann auszugleichenden Kaufkraftverlust anrechnen und eine entsprechend geminderte Anpassung vornehmen. Entsprechendes gilt auch für eine bereits in der Versorgungszusage **vertraglich vereinbarte** garantierte **Rentenindexierung** (*BAG, 01.07.1976 – 3 AZR 791/75, BB 1976, 1029 = DB 1976, 1435; Höfer, BetrAVG, Bd. I [ArbR], § 16 Rn. 5152ff., 5374ff.*). Es kommt nämlich – wie das BAG festgestellt hat – nur darauf an, dass die Inflation seit Rentenbeginn an ausgeglichen wird. Damit ist für jeden Prüfungsstichtag die Rentenhöhe auf der Basis der vom Rentenbeginn an eingetretenen Inflation zu ermitteln, und zwar ohne Berücksichtigung der zwischenzeitlich erfolgten bzw. nicht erfolgten Anpassungen. Aus der Differenz der so ermittelten »inflationsneutral fortgeschriebenen Rente« zur zuletzt gezahlten Rente ergibt sich dann der aktuelle Anpassungsbedarf des Betriebsrentners (*Arens, in: Arens/Wichert/Weisemann/Andermann, § 4 Rn. 168*). 974

Der Anspruch auf eine nachholende Anpassung entfällt jedoch unter den nach der Betriebsrentennovelle in § 16 Abs. 4 BetrAVG normierten Rahmenbedingungen; gem. § 30c Abs. 1 BetrAVG allerdings nur für solche Anpassungsentscheidungen, die nach dem 01.01.1999 zu Recht erfolgt sind. 975

Voraussetzung ist danach, dass der Arbeitgeber dem Versorgungsempfänger die Lage des Unternehmens schriftlich darlegt, sodass dieser ein ihm dann zustehendes **Widerspruchsrecht** innerhalb einer 3-monatigen Widerspruchsfrist ausüben kann. 976

Fraglich sind allerdings die inhaltlichen Anforderungen an diese Mitteilungspflicht und damit deren rechtliche Einordnung. Hat die Mitteilung nur deklaratorische (die Anpassung ist »auch dann« zu Recht unterblieben) oder aber konstitutive (»nur dann« zu Recht unterblieben) Wirkung? Von der Antwort hängt ab, ob im Streitfall den Gerichten nur eine Missbrauchs- oder eine volle Inhaltskontrolle zusteht. Der Gesetzgeber hat es jedenfalls bewusst unterlassen, die Anforderungen an die Detailliertheit der schriftlichen Darlegung der wirtschaftlichen Lage des Arbeitgebers näher zu präzisieren. Dies spricht dafür, dass dem Arbeitgeber insoweit ein Ermessensspielraum zugestanden werden kann, der jedoch durch die bisherige BAG-Rechtsprechung bereits begrenzt ist. Danach ist der Arbeitgeber verpflichtet, dem Versorgungsempfänger die »maßgeblichen Gründe« für die unterlassene Anpassung mitzuteilen, die einem verständigen Rentner erlauben, die Entscheidung nachzuvollziehen (*vgl. u. a. BAG, 17.04.1996 – 3 AZR 56/95, BB 1996, 2573; LAG Hamm, 22.09.2009 – 9 Sa 280/09, juris Datenbank; vgl. auch Höfer, BetrAVG, Bd. I [ArbR], § 16 Rn. 5356ff.; Blumenstein/Krekeler, DB 1998, 2600 [2606]; Doetsch/Förster/Rühmann, DB 1998, 258 [263]; Langohr-Plato, ZAP, Fach 17, S. 449 [453]; ders., INF 1998, 592 [594]*). 977

Diese Regelung entfaltet allerdings gem. § 30c BetrAVG nur für Anpassungsprüfungszeitpunkte ab dem 01.01.1999 Wirkung. Dies hat zur Konsequenz, dass der bis zum Jahresende 1998 aufgelaufene »Anpassungsstau« aus früheren Anpassungsentscheidungen auch über den 01.01.1999 hinaus bei zukünftigen Anpassungsprüfungen immer mit berücksichtigt werden muss. 978

Von der nachholenden Anpassung zu unterscheiden ist die **nachträgliche Anpassung**. Durch eine nachträgliche Anpassung soll die Betriebsrente bezogen auf einen früheren Anpassungsstichtag unter Berücksichtigung der damaligen wirtschaftlichen Lage des Unternehmens erhöht werden (*vgl. hierzu BAG, 17.04.1996 – 3 AZR 56/95, BB 1996, 2573 = DB 1996, 2496 = BetrAV 1996, 322*). Dieser Anspruch ist vom Anspruch auf die einzelnen erhöhten Rentenraten zu unterscheiden. Hierbei ist Folgendes zu beachten: 979

- Die streitbeendende Wirkung einer früheren, nicht gerügten Anpassungsentscheidung begrenzt die Verpflichtung zu nachträglichen Anpassungen. Wenn der Versorgungsempfänger die Anpassungsentscheidung seines Arbeitgebers für **fehlerhaft** hält, muss er dies vor dem nächsten

Anpassungsstichtag dem Arbeitgeber ggü. zumindest außergerichtlich geltend machen und dabei seine Beanstandung so konkret wie möglich präzisieren. Nur die konkret gerügten Aspekte werden auf eine fehlerhafte Entscheidung hin geprüft. Vergessene Kritikpunkte können nur bis zur nächsten Anpassungsprüfung »nachgeschoben« werden.

– Mit dem nächsten Anpassungsstichtag entsteht ein **neuer Anspruch** auf Anpassungsprüfung und Anpassungsentscheidung, sodass in diesem Zeitpunkt der Anspruch auf Korrektur einer früheren Anpassungsentscheidung erlischt *(BAG, 17.04.1996 – 3 AZR 56/95, BetrAV 1996, 322; BAG, 18.02.2003 – 3 AZR 172/02, BB 2003, 2292; BAG, 17.08.2004 – 3 AZR 367/03, DB 2005, 732 = NZA-RR 2005, 672)* und ein entsprechendes Klagerecht verwirkt wird *(BAG, 25.04.2006 – 3 AZR 372/05, BB 2006, 2645 = DB 2006, 2527; BAG, 21.08.2007 – 3 AZR 330/06, NZA 2007, 2720)*. Dies ergibt sich unmittelbar aus der § 16 BetrAVG zu entnehmenden Befriedungsfunktion *(BAG, 10.02.2009 – 3 AZR 610/07, NZA-RR 2010, 42)*. Ein Rückgriff auf § 242 BGB und den darin verankerten Rechtsgrundsatz der Verwirkung bedarf es daher nicht.

Der Arbeitgeber kann nämlich erwarten, dass der Versorgungsberechtigte nach einer ausdrücklichen Anpassungsentscheidung deren vermeintliche Fehlerhaftigkeit nicht nur rechtzeitig rügt, sondern im Anschluss an den Rügezeitraum binnen dreier Jahre gerichtlich vorgeht. Während Interessen des Betriebsrentners insoweit i. d. R. nicht entgegenstehen, hat der versorgungspflichtige Arbeitgeber ein erhebliches Interesse an der Klärung seiner Anpassungspflichten, zumal die weiteren Rentenerhöhungen auf den früheren Anpassungen aufbauen und eine zuverlässige Grundlage für die Kalkulation des Versorgungsaufwands sowie für die Beurteilung der wirtschaftlichen Lage des Unternehmens benötigt wird *(BAG, 25.04.2006 – 3 AZR 372/05, BB 2006, 2645 = DB 2006, 2527)*.

Die dargestellte Konsequenz der Rügefrist verletzt weder das durch Art 14 Abs. 1 GG geschützte Eigentum des Arbeitnehmers, noch erschwert die Rügefrist den Zugang zu den Gerichten in unzumutbarer Weise. Die aus § 16 Abs. 4 BetrAVG abzuleitende Rügefrist ist integraler Bestandteil des Anpassungsanspruchs und stellt zumindest eine zulässige Inhaltsbestimmung i. S. v. Art. 14 Abs. 1 Satz 2 GG dar *(BAG, 10.02.2009 – 3 AZR 610/07, NZA-RR 2010, 42)*.

Das Vorliegen eines widerspruchsfähigen und mit Rechtsmittelbelehrung versehenen Bescheides über die erfolgte Anpassungsprüfung bedarf es insoweit nicht. § 16 Abs. 4 BetrAVG und die normierten Voraussetzungen für eine »zu Recht unterbliebene Anpassung« gelten nur für den Anspruch auf nachholende Anpassung und sind i. R. d. Anspruchs auf nachträgliche Anpassung nicht anwendbar.

– Hat der Arbeitgeber bis zum nächsten Anpassungsstichtag die Betriebsrente weder erhöht, noch sich zur Anpassung ausdrücklich geäußert, so hat er damit stillschweigend erklärt, dass er zum fraglichen Anpassungszeitpunkt **keine Rentenindexierung** vornimmt. Die Erklärung des Versorgungsschuldners, nicht anpassen zu wollen, gilt nach Ablauf von drei Jahren ab Anpassungstermin als abgegeben. Der versorgungsberechtigte Betriebsrentner kann die stillschweigend abgelehnte Anpassungsentscheidung in einem solchen Fall bis zum übernächsten Anpassungstermin ggü. dem Arbeitgeber oder gerichtlich rügen *(BAG, 17.04.1996 – 3 AZR 56/95, BetrAV 1996, 322; BAG, 18.02.2003 – 3 AZR 172/02, BB 2003, 2292)*.

– Nach Ablauf der Rügefrist muss der Versorgungsberechtigte gegen seinen früheren Arbeitgeber Klage erheben. Die Klage anderer Versorgungsberechtigter verhindert eine Verwirkung des Klagerechts grds. nicht, es sei denn, es wurde eine Musterprozessvereinbarung geschlossen oder der Versorgungsberechtigte wies seinen früheren Arbeitgeber darauf hin, er wolle die Klärung bestimmter Rechtsfragen in einem von Dritten geführten Rechtsstreit abwarten *(BAG, 21.08.2007 – 3 AZR 330/06, NZA 2007, 2720)*.

– Der Klage muss eine außergerichtliche Rüge nicht zwingend vorausgehen. Es genügt, dass die Rügefrist eingehalten ist *(BAG, 21.08.2007 – 3 AZR 330/06, NZA 2007, 2720)*.

980 Der Betriebsrentner ist also in jedem Fall gezwungen, will er keine Ansprüche **verwirken**, rechtzeitig sein Anpassungsbegehren ggü. dem Arbeitgeber geltend zu machen; die Anpassung von Betriebsrenten wird damit quasi zur »**Holschuld**«. Die vom BAG aufgestellten »Spielregeln« tragen zwar

V. Anpassungsprüfung (§ 16 BetrAVG)　　　　　　　　　　　　　　　　　　　　B.

nach Zeitablauf zur Rechtssicherheit bei. Allerdings darf man nicht verkennen, dass durch diese »Spielregeln« letztendlich auch die mutwillig unterlassene Anpassungsprüfung nach Zeitablauf legitimiert wird.

Die in der Vergangenheit getroffenen Entscheidungen haben mithin nur insoweit streitbeendenden Charakter, als mit ihnen die in der Vergangenheit liegenden Zeiträume beurteilt wurden und die Entscheidungen sachlich berechtigt waren und nicht angegriffen wurden (*BAG, 17.04.1996 – 3 AZR 56/95, BB 1996, 2573 = DB 1996, 2496 = BetrAV 1996, 322 [325]*). 981

5. Gesamtversorgungsbetrachtung

Die Dynamisierung der gesetzlichen Sozialversicherungsrenten hat bei der Anpassungsprüfung und -entscheidung unberücksichtigt zu bleiben. Dagegen können frühere, auf freiwilliger Basis erfolgte Rentenanpassungen bei der Anpassungsprüfung nach § 16 BetrAVG angerechnet werden (*BAG, 15.09.1977 – 3 AZR 654/76, BB 1977, 1550 = DB 1977, 1903 = NJW 1977, 2370; BAG, 17.01.1980 – 3 AZR 1018/78, BB 1980, 419; BAG, 28.04.1992 – 3 AZR 356/91, BB 1992, 2296 = DB 1993, 282 = NZA 1993, 74; Langohr-Plato, BB 1997, 1635*). 982

6. Wahrung der Belange des Versorgungsempfängers: Inflationsausgleich und Nettolohnbegrenzung

Die Belange des Versorgungsempfängers werden durch den Anpassungsbedarf bestimmt (*BAG, 23.01.2001 – 3 AZR 287/00, BB 2001, 2325; BAG, 18.02.2003 – 3 AZR 172/02, BB 2003, 2292*) und sind gem. § 16 Abs. 2 Nr. 1 BetrAVG immer dann ausreichend gewahrt, wenn der Kaufkraftverlust der Versorgungsleistungen ausgeglichen wird (*Blomeyer/Rolfs/Otto, BetrAVG, § 16 Rn. 130 ff.; Steinmeyer, S. 151*). 983

Nach den eingangs zitierten Urteilen des BAG (*s. die Nachweise unter Rdn. 932*) ist hier davon auszugehen, dass der Arbeitgeber grds. zur Anhebung der Betriebsrenten i. H. d. eingetretenen vollen Verteuerung verpflichtet ist. 984

Allerdings ist hierbei auch die Entwicklung der Reallöhne zu berücksichtigen. Erhält die aktive Belegschaft infolge einer ggü. der Preisentwicklung geringeren Nettolohnsteigerung keinen vollen Kaufkraftausgleich, so müssen sich auch die Betriebsrentner mit einer entsprechend geringeren Rentenanpassung begnügen (= *reallohnbezogene Obergrenze* ; vgl. *BAG, 11.08.1981 – 3 AZR 395/80, BB 1981, 1835 = DB 1981, 2331 = NJW 1982, 957; BAG, 14.02.1989 – 3 AZR 313/87, BB 1989, 1554 = DB 1989, 1422 = NZA 1989, 675; Langohr-Plato, BB 1997, 1636; Steinmeyer, S. 152 f.*). 985

§ 16 Abs. 2 Nr. 2 BetrAVG stellt insoweit auf die Nettolöhne »vergleichbarer Arbeitnehmergruppen des Unternehmens« ab. Das bedeutet zunächst einmal, dass nicht die individuellen Einkommens- und Vermögensverhältnisse des jeweiligen Arbeitnehmers maßgeblich sind. Abzustellen ist vielmehr auf die Durchschnittsverdienste innerhalb eines Unternehmens bzw. auf einen typischen Teil der Belegschaft des Unternehmens (*vgl. BAG, 30.03.1973 – 3 AZR 26/72, BB 1973, 522 = DB 1973, 773 = NJW 1973, 959; BAG, 31.01.1984 – 3 AZR 514/81, BB 1984, 2270 = DB 1984, 1833 = NZA 1984, 357*). 986

Wie dieser Vergleich exakt vorzunehmen ist, ist durch den Gesetzgeber, der die Begrenzung der Nettolohnlimitierung i. R. d. BetrAVG-Novelle 1999 in § 16 Abs. 2 Nr. 2 BetrAVG aufgenommen hat, nicht weiter geregelt worden. 987

Nach **Sinn und Zweck** der reallohnbezogenen Obergrenze sind grds. sämtliche Vergütungsbestandteile der maßgeblichen Beschäftigten zu berücksichtigen (*BAG, 17.08.2004 – 3 AZR 367/03, DB 2005, 732*). Denn der Lebensstandard der Aktiven hängt vom Gesamtverdienst ab. Verschiebungen zwischen den Entgeltbestandteilen spielen keine Rolle (*BAG, 09.11.1999 – 3 AZR 432/98, BAGE 92, 358 [376] = NZA 2001, 221*). Art und Zahlungsweise der Vergütungen sind dabei ebenso unerheblich wie ein Freiwilligkeitsvorbehalt. Solange freiwillige Leistungen erbracht werden, handelt es 988 sich nämlich um verfügbares Einkommen. Nicht nur monatliche, sondern auch jährliche Zahlungen beeinflussen den Lebensstandard.

989 Die Bemessungsgrundlagen der Vergütungen sind ebenfalls irrelevant. Dementsprechend sind zeit-, leistungs- und ergebnisbezogene Entgeltbestandteile gleichermaßen zu berücksichtigen. Einmalige Leistungen, die mit Sicherheit über einen längeren Zeitraum nicht mehr anfallen können (z. B. Jubiläumszuwendungen), können, müssen jedoch nicht unberücksichtigt bleiben.

990 Ob und in welchem Umfang eine **Entgeltumwandlung** i. R. d. Ermittlung der Nettolohnentwicklung berücksichtigungsfähig ist, ist ebenfalls noch nicht abschließend geklärt. In einzelnen Literaturmeinungen (*vgl. u. a.: Reichenbach/Grüneklee, DB 2006, 446ff.; Müller, BetrAV 2006, 360f. sowie – allerdings ohne nähere Begründung – Höfer, BetrAVG, Bd. I – ArbR, Rn. 5195.2*) wird der Begriff des Nettolohns entsprechend weit ausgelegt und auch die »schleichende Entwertung der Nettolöhne durch die erhöhten Vorsorgeaufwendungen des Arbeitnehmers zur Kompensation von Einbußen in der gesetzlichen Rentenversicherung« i. R. d. Bestimmung der Nettolohnentwicklung adäquat berücksichtigt. Nach dieser Ansicht sind sowohl die Beiträge für eine »Riester-Rente«, als auch eine Entgeltumwandlung wie eine fiktive Erhöhung der Sozialversicherungsbeiträge zu bewerten und vom Bruttolohn in Abzug zu bringen.

991 Diese **extensive Auslegung des Nettolohnbegriffs** findet allerdings weder in der Rechtsprechung des BAG noch in § 16 BetrAVG eine Grundlage (*so auch: Cisch/Bleeck, BB 2006, 2824*). Sie liefe zudem darauf hinaus, dass man ausschließlich zum Zwecke der Reduzierung des gesetzlichen Anpassungsmaßstabes fiktiv ein Obligatorium zur Eigenvorsorge unterstellt, dass zum einen de facto weder bei Riester-Produkten, noch i. R. d. Entgeltumwandlung besteht und zum anderen auch von den Arbeitgebern nicht gewollt ist. Von daher wäre es auch höchst widersprüchlich, wenn man einerseits als Arbeitgeber gegen entsprechende Obligatorien argumentiert, andererseits dann aber im Rahmen von § 16 BetrAVG ein solches Obligatorium zur Reduzierung der Nettolöhne unterstellen will. Letztendlich wird man daher ein durch Eigenvorsorge reduziertes Nettolohnniveau allenfalls dort argumentativ bejahen können, wo eine tarifvertragliche Pflicht zur Entgeltumwandlung besteht und dementsprechend auch im zur Anpassungsprüfung verpflichteten Unternehmen eine 100 %ige Durchdringungsquote besteht.

992 Für die Bestimmung des i.R.v. § 16 BetrAVG maßgeblichen Nettolohnanstiegs sind daher grds. nur die Parameter zur Ermittlung der Lohnsteuerbelastung (Lohn- und Kirchensteuer, Solidaritätszuschlag) und Sozialabgaben (Beitragssätze und Beitragsbemessungsgrenzen, Arbeitnehmerbeitrag zur Renten-, Kranken-, Arbeitslosen- und Pflegeversicherung) heranzuziehen (*so auch: Petersen/Bechtoldt/Krazeisen, DB 2009, 230; Cisch/Bleeck, BB 2006, 2824*).

993 Hinsichtlich der i. R. d. Vergleichs erforderlichen **Gruppenbildung** gesteht das BAG dem Arbeitgeber einen weitgehenden Entscheidungsspielraum zu. Danach genügt es, wenn der Arbeitgeber klare, verdienstgruppenbezogene Abgrenzungskriterien vorsieht (*BAG, 23.05.2000 – 3 AZR 103/99, DB 2001, 2506*).

994 Im Hinblick auf die vergleichbare **Nettolohnentwicklung** hat der Gesetzgeber angesichts der verwendeten Wortwahl (Pluralform »Arbeitnehmergruppen«) dem Arbeitgeber ebenfalls einen weiten Ermessensspielraum eingeräumt (*vgl. Förster/Cisch/Karst, BetrAVG, § 16 Rn. 16; Blomeyer/Rolfs/Otto, BetrAVG, § 16 Rn. 140ff.*). Danach dürfte es zulässig sein, eine grobe, aber auch eine feine Gruppeneinteilung nach sachlichen Kriterien vorzunehmen. Die Vergleichsgruppen dürften dabei sowohl auf das Gesamtunternehmen, als auch auf den einzelnen Betrieb bezogen definierbar sein. Sollte keine vergleichbare Arbeitgebergruppe im Unternehmen vorhanden sein, wird man auch auf die Nettolohnentwicklung aller im Unternehmen beschäftigter Aktiver abstellen können.

995 Differenziert man bei der Ermittlung der Nettoeinkommensentwicklung nicht bzw. nicht fein genug nach Belegschaftsgruppen, so kann dies zu entsprechenden Vor- oder Nachteilen für den Versorgungsberechtigten führen, da für ihn dann auch die Nettoeinkommensentwicklung von solchen aktiven Belegschaftsgruppen berücksichtigt wird, zu denen er als Aktiver nicht gehört hat.

V. Anpassungsprüfung (§ 16 BetrAVG) B.

Entscheidend ist daher stets, dass der gewählte Ansatz plausibel und sachlich gerechtfertigt, und damit nicht willkürlich ist (*vgl. auch Förster/Cisch/Karst, BetrAVG, § 16 Rn. 16*).

Auch die **dogmatische Rechtfertigung** der reallohnbezogenen Obergrenze als Begrenzung der Belange des Betriebsrentners spricht dafür, dass diese Begrenzung nicht pauschal, sondern dem Billigkeitsgrundsatz folgend möglichst individuell anzuwenden ist (*so auch Blomeyer/Rolfs/Otto, BetrAVG, § 16 Rn. 145*). Deshalb sind weder der allgemeine Durchschnittsverdienst aller deutschen Arbeitnehmer (*so aber Höfer, BetrAVG, Bd. I [ArbR], § 16 Rn. 5195*) noch die durchschnittlichen tariflichen Lohn- und Gehaltssteigerungen zugrunde zu legen. Da der Betriebsrentner Mitglied der Belegschaft des Unternehmens gewesen ist, muss auf die Gehaltsentwicklung dieser Belegschaft bzw. einer typischen Belegschaftsgruppe des Unternehmens, in dem der Betriebsrentner beschäftigt gewesen ist, abgestellt werden. Nur eine solche eingeschränkte, individualisierte Vergleichsbasis entspricht der geforderten Billigkeitsprüfung (*ebenso Blomeyer/Rolfs/Otto, BetrAVG, § 16 Rn. 145 f.*). Dies folgt auch unter dem Aspekt, dass die Nettolohnlimitierung i. R. d. Belange des Versorgungsempfängers zu berücksichtigen ist und gerade nicht einen Teilaspekt der wirtschaftlichen Lage des Arbeitgebers darstellt. Billigkeitsentscheidungen sind stets individual bezogene Entscheidungen (*Blomeyer/Rolfs/Otto, BetrAVG, § 16 Rn. 145*). 996

Darüber hinaus spricht ferner die Tatsache, dass »der Arbeitgeber« gem. § 16 BetrAVG zur Anpassung(sprüfung) verpflichtet ist, dafür, dass grds. nicht auf den Konzern abzustellen ist, sondern auf das konkrete Arbeitgeberunternehmen. 997

Dies hat aber zur Konsequenz, dass eine pauschale und möglicherweise auch konzernweite Berücksichtigung der Nettolohnentwicklung nur dort zulässig sein kann, wo 998
– keine individualisierte Gruppenbildung möglich ist und
– sich sowohl die Gehaltsentwicklung der Aktiven als auch die Regelungen zur betrieblichen Altersversorgung nach einheitlichen Kriterien bestimmen oder
– sonstige beachtenswerte Gründe vorliegen.

In diese Richtung geht auch die Rechtsprechung des **BAG**, nach der § 16 Abs. 2 Nr. 2 BetrAVG eine konzernweit ermittelte, einheitliche reallohnbezogene Obergrenze nicht verbietet. Diese Vorschrift zwinge die Arbeitgeber nicht zu einer unternehmensbezogenen Bildung vergleichbarer Arbeitnehmergruppen, sondern verschaffe den Arbeitgebern erhöhte Rechtssicherheit, wenn sie den vom Gesetzgeber ausdrücklich gebilligten Weg beschreiten. Die Formulierung »gilt als erfüllt« bringe zum Ausdruck, dass es keiner weiteren Prüfung mehr bedürfe, wenn die gesetzlichen Vorgaben eingehalten werden. Das heiße jedoch nicht, dass andere Berechnungsmethoden ermessensfehlerhaft seien. Entscheide sich der Arbeitgeber für eine andere Berechnungsart, so sei noch eine Billigkeitskontrolle erforderlich. Diese sei mit Prozessrisiken verbunden (*BAG, 09.11.1999 – 3 AZR 432/98, BAGE 92, 358 [375] = NZA 2001, 221; BAG, 20.05.2003 – 3 AZR 179/02, AP BetrAVG § 1 Auslegung Nr. 1, zu II 3 a der Gründe = NZA 2004, 944; BAG, 30.08.2005 – 3 AZR 395/04, BAGE 115, 353 = DB 2006, 732 = BetrAV 2006, 290 = BB 2006, 1228 = NZA-RR 2006, 485*). 999

Eine Abweichung von der im Gesetz vorgesehenen und für interessengerecht erachteten Berechnungsmethode bedarf nach Ansicht des BAG jedoch einer **tragfähigen Begründung**. An sie dürften wegen des weiten Ermessensspielraums des Arbeitgebers keine zu hohen Anforderungen gestellt werden. Bei der Bewertung eines von § 16 Abs. 2 Nr. 2 BetrAVG abweichenden Anpassungsmodells sei von wesentlicher Bedeutung, inwieweit es sich in die Gesamtkonzeption des Versorgungswerks einfüge und den Interessen der Versorgungsempfänger Rechnung trage. Die Vorteile und Nachteile seien nicht punktuell zu einem einzelnen Anpassungsstichtag, sondern langfristig und generalisierend festzustellen. Da bei einer unternehmensübergreifenden reallohnbezogenen Obergrenze sowohl Risiken wie Chancen sinken würden, werde es sich häufig um eine ausgewogene interessengerechte Lösung handeln (*BAG, 09.11.1999 – 3 AZR 432/98, BAGE 92, 358 [375] = NZA 2001, 221; BAG, 20.05. 2003 – 3 AZR 179/02, AP BetrAVG § 1 Auslegung Nr. 1, zu II 3 a der Gründe = NZA 2004, 944; BAG, 30.8.2005 – 3 AZR 395/04, BAGE 115, 353 = DB 2006, 732 = BetrAV 2006, 290 = BB 2006, 1228 = NZA-RR 2006, 485*). 1000

1001 Auch bei einer **konzernweiten reallohnbezogenen Obergrenze** entspreche es dem Leitbild des § 16 Abs. 2 Nr. 2 BetrAVG, nicht auf die gesamte Belegschaft, sondern auf eine Gruppe von Arbeitnehmern abzustellen, die mit dem Versorgungsempfänger vergleichbar sei. Die Begründung muss klar sein. Sie könne z. B. auf verdienstbezogenen Kriterien bezogen sein. Weist eine Mitarbeitergruppe z. B. eine eigenständige Vergütungsentwicklung auf, kann diese laut BAG gesondert betrachtet werden. Soweit eine konzernweite Anpassungsentscheidung für eine bestimmte Mitarbeitergruppe, wie z. B. die Organe der Konzerngesellschaften gelten soll, müsste nach den Ausführungen des BAG konsequenterweise auch ihre Vergütungsentwicklung berücksichtigt werden. Ihre Nichtberücksichtigung ist laut BAG jedoch für die Anpassung der Betriebsrenten von Nichtorganmitgliedern unschädlich, wenn dadurch die Höhe der erforderlichen Anpassungen nicht beeinflusst wird, z. B. wegen der verhältnismäßig geringen Zahl der Organmitglieder. Falls der Arbeitgeber für die früheren Organmitglieder eine gesonderte Anpassungsentscheidung trifft, ist laut BAG auch deren reallohnbezogene Obergrenze gesondert zu ermitteln. Die Organmitglieder spielten dann für die reallohnbezogene Obergrenze der Betriebsrenten früherer Arbeitnehmer keine Rolle (*BAG, 30.08.2005 – 3 AZR 395/04, BAGE 115, 353 = DB 2006, 732 = BetrAV 2006, 290 = BB 2006, 1228 = NZA-RR 2006, 485*).

1002 Lediglich ausnahmsweise hat das BAG sogar eine **konzernübergreifende, branchenweite einheitliche Betrachtung** der Nettolohnentwicklung zugelassen (*BAG, 27.08.1996, 3 AZR 466/99 – DB 1997, 633 unter Ziff. II 1 der Begründung*). Zu berücksichtigen ist dabei allerdings, dass Grundlage der BAG Entscheidung eine von § 16 BetrAVG abgekoppelte Sonderregelung in der Leistungsordnung des **Bochumer Verbandes** war. Im Gegensatz zu § 16 BetrAVG, der auf die wirtschaftliche Lage des einzelnen Arbeitgebers abstellt, verlangt die Leistungsordnung des Bochumer Verbandes eine unternehmens- und konzernübergreifende Anpassungsentscheidung nach einheitlichen, allgemeinen Kriterien. Dies hat das BAG in dem zitierten Urteil nur unter der Bedingung zugelassen, dass die Anpassungsentscheidung nach dieser Satzungsregelung nicht schlechter ausfällt als nach § 16 BetrAVG (*vgl. BAG, 20.05.2003 – 3 AZR 179/02, NZA 2004, 944, m. w. N.*).

1003 Zu beachten ist insoweit ferner, dass das »**Versorgungs- bzw. Konditionenkartell**« des Bochumer Verbandes (Ähnliches gilt auch für den »Essener Verband«) »für die erfassten außertariflichen Angestellten eine Ordnungsfunktion entfalten, vergleichbar der, die Tarifverträge für andere Arbeitnehmer entfalten« soll (*so BAG, 27.08.1996 – 3 AZR 466/95, DB 1997, 633 unter Ziff. I 3c der Begründung*). In diesem Zusammenhang berücksichtigt das BAG zudem, dass die Leistungsordnung des Bochumer Verbandes nach »Branchen« (Bergwerksunternehmen des Steinkohlebergbaus und anderen Unternehmen und Vereinigungen) differenziert und deren Besonderheiten berücksichtigt. Dies bedeutet aber, dass einerseits der Bochumer Verband keine einheitliche Anpassung bei allen Mitgliedsunternehmen vorsieht und andererseits eine einheitliche Anpassungsentscheidung nur dort zugelassen wird, wo vergleichbare Sachverhalte zugrunde liegen. Dieser vergleichbare Sachverhalt wird in dem zitierten BAG-Urteil in den einem Tarifvertrag vergleichbaren einheitlichen Gehalts- und Versorgungsstrukturen bei einer vergleichbaren Personengruppe – außertarifliche Angestellte – gesehen.

1004 Die Prüfung der reallohnbezogenen Obergrenze erfordert also regelmäßig eine weitestgehend typisierte Gruppenbildung.

1005 I. R. d. **Nettolohnlimitierung** ist der Arbeitgeber, der sich auf diese Anpassungsbegrenzung berufen will, nach den allgemeinen Prozessregeln für die Darlegungs- und Beweislast also verpflichtet, darzulegen,
– welche Vergleichsgruppen er gebildet hat,
– welche sachlichen Gründe für diese Gruppenbildung bestehen,
– sowie welche Nettolohnsteigerungen in dieser Vergleichsgruppe erzielt wurden, und zwar unter Darlegung des insoweit angewandten Berechnungsverfahrens.

1006 Diese reallohnbezogene Anpassungsentwicklung muss auch im Rahmen einer sog. **nachholenden Anpassung** maßgeblich sein. Die entsprechende Anwendung der BAG-Rechtsprechung zur

Limitierung der Rentenanpassung ist insoweit nur logisch konsequent. Wenn nämlich einerseits die Inflation seit Rentenbeginn berücksichtigt werden muss, ist andererseits auch die **Nettolohnentwicklung seit Rentenbeginn** i. R. d. jeweiligen Anpassungsprüfung zu berücksichtigen. Eine Rentenindexierung unterhalb der Inflationsentwicklung ist daher nur bei einer dauerhaft niedrigeren Nettolohnentwicklung möglich. Dies hat zwischenzeitlich so auch das BAG bestätigt (*BAG, 01.08.2001 – 3 AZR 589/00, BB 2002, 1271 = DB 2002, 1331*).

Sofern die Nettolohnentwicklung zu einer effektiven Gehaltsreduktion geführt hat (**negative Nettolohnentwicklung**), kann dies allerdings nicht zu einem Eingriff in den gezahlten Rentenbetrag führen. Eine entsprechende Reduzierung laufender Renten verbietet sich vor dem Hintergrund der ständigen Rechtsprechung des BAG zum Besitzstandsschutz und der damit verbundenen Eigentumsgarantie, die einen Eingriff in bereits laufende Rentenverpflichtungen untersagt (*vgl. u. a. BAG, 17.04.1985 – 3 AZR 72/83, BB 1986, 1159; BAG, 22.05.1990 – 3 AZR 128/89, BB 1990, 2047; BAG, 17.11.1992 – 3 AZR 76/92, NZA 1993, 939*). Dies ergibt sich letztendlich auch aus dem gesetzlichen Insolvenzschutz, wonach selbst bei einer Insolvenz des Arbeitgebers der PSV die zuletzt gezahlte Rente in voller Höhe weiter zahlen muss.

1007

Letztendlich ist festzuhalten, dass ein Versorgungsempfänger **keinen Anspruch** auf höhere Anpassung seiner laufenden Leistung hat, wenn die vom Versorgungsschuldner zur Ermittlung der reallohnbezogenen Obergrenze angewandte Berechnungsmethode zwar unzulänglich ist, sich die aufgetretenen Fehler aber auf die Höhe der Anpassung nicht auswirken. Entscheidend ist, ob die Leistungsbestimmung im Ergebnis der **Billigkeit** entspricht (*BAG, 23.05.2000 – 3 AZR 103/99, AP BetrAVG § 16 Nr. 44 = EzA BetrAVG § 16 Nr. 36, zu 2 b der Gründe = DB 2001, 2506; BAG, 20.05.2003 – 3 AZR 179/02, AP BetrAVG § 1 Auslegung Nr. 1, zu II 8 der Gründe = NZA 2004, 944*).

1008

7. Wirtschaftliche Lage des Arbeitgebers

Die Anpassungsprüfung findet nicht einseitig und nicht ausschließlich zur Wahrung der Belange der Versorgungsempfänger statt. Vielmehr sind im Rahmen einer Interessenabwägung auch wirtschaftliche Aspekte des Arbeitgebers zu berücksichtigen. Vorrangig geht es dabei um die Erhaltung und gesunde **Weiterentwicklung**, d. h. die **Wettbewerbsfähigkeit**, des Unternehmens sowie die **Substanzerhaltung** des **Unternehmens** und der **Arbeitsplätze** (*vgl. BAG, 15.09.1977 – 3 AZR 654/76, BB 1977, 1550 = DB 1977, 1903 = NJW 1977, 2370; BAG, 17.01.1980 – 3 AZR 1107/87, BB 1980, 417; BAG, 23.04.1985 – 3 AZR 156/83, BB 1985, 1731 = DB 1985, 1642 = NZA 1985, 496; BAG, 23.01.2001 – 3 AZR 287/00, BB 2001, 2325 [2327]; BAG, 18.02.2003 – 3 AZR 172/02, BB 2003, 2292; BAG, 29.09.2010 – 3 AZR 427/08, DB 2011, 362; Langohr-Plato, BB 1997, 1636; Arens, in: Arens/Wichert/Weisemann/Andermann, § 4 Rn. 184*). Die Anpassung der Betriebsrenten an die Kaufkraftentwicklung kann also ganz oder teilweise unterbleiben, wenn und soweit hierdurch eine übermäßige Belastung des Unternehmens verursacht würde.

1009

Die Berücksichtigung des Kriteriums der wirtschaftlichen Lage des Arbeitgebers ist allerdings nicht mit der wirtschaftlichen Notlage i. S. v. § 7 Abs. 1 Satz 3 Nr. 5 BetrAVG a. F. gleichzusetzen, die bis 1999 den Arbeitgeber zum Widerruf seiner Versorgungszusage legitimiert und den gesetzlichen Insolvenzschutz auslöst hat. Als übermäßig ist vielmehr nur eine solche Belastung zu werten, die es mit einiger Wahrscheinlichkeit unmöglich macht, den Teuerungsausgleich aus dem Wertzuwachs des Unternehmens und seinen Erträgen in der Zeit nach dem Anpassungsstichtag aufzubringen (*BAG v. 29.09.2010 – 3 AZR 427/08 – DB 2011, 362*). Die dazu erforderliche betriebswirtschaftliche Bewertung muss auf die Unternehmensentwicklung vor dem Anpassungsstichtag gestützt – Maßstab sind insoweit die letzten 3 Jahre vor dem Prüfungsstichtag – und durch anerkannte betriebswirtschaftliche Methoden im jeweiligen Einzelfall ermittelt werden und auch eine Prognose für die Zukunft enthalten (*BAG, 17.10.1995 – 3 AZR 881/94, BB 1996, 1388; BAG, 17.04.1996 – 3 AZR 56/95, BB 1996, 2573 = DB 1996, 2496 = BetrAV 1996, 322*).

1010

Mithin ist nicht nur eine Beurteilung der wirtschaftlichen Entwicklung in der Vergangenheit erforderlich, sondern auch eine **prognostizierte Zukunftsbetrachtung** (*vgl. BAG, 23.04.1985 – 3 AZR*

1011

156/83, BB 1985, 1731 = DB 1985, 1642). Auch hinsichtlich dieser Zukunftsprognose ist auf einen Zeitraum von drei Jahren, d. h. bis zum nächsten Anpassungsprüfungstermin, abzustellen (*LAG Berlin, 06.01.1986 – 12 Sa 37/85, NZA 1986, 525; Blomeyer/Rolfs/Otto, BetrAVG, § 16 Rn. 171; Höfer, BetrAVG, Bd. I [ArbR], § 16 Rn. 5295*). D. h. Bewertungszeitraum sind die drei Jahre vor und die drei Jahre nach dem Anpassungsprüfungsstichtag.

1012 Die Rechtsprechung begnügt sich insoweit nicht mit isolierten Aussagen über die Entwicklung der Auftragslage, die Rentabilität, den Investitionsbedarf oder den handelsrechtlichen Gewinn bzw. Steuerbilanzgewinn, sondern verlangt eine **vollständige** und **lückenlose Darstellung** der wirtschaftlichen Situation eines Unternehmens.

1013 Die **handelsrechtlichen Jahresabschlüsse** wie Bilanzen, Gewinn- und Verlustrechnungen sowie Geschäftsberichte bilden allerdings eine geeignete Grundlage für die Prognosebetrachtung (*Arens, in: Arens/Wichert/Weisemann/Andermann, § 4 Rn. 192*).

1014 Maßgeblich ist insoweit die wirtschaftliche Entwicklung des Unternehmens in der Zeit vor dem Anpassungsstichtag, soweit daraus Schlüsse für die weitere Entwicklung des Unternehmens gezogen werden können. Ein Zeitraum von unter drei Jahren wird dabei von der Rechtsprechung als nicht repräsentativ für eine einigermaßen zuverlässige Prognose angesehen (*vgl. BAG, 17.04.1996 – 3 AZR 56/95, DB 1996, 2496*).

Da den Betriebsrentnern ein zeitlich fixierter Anspruch auf die Anpassungsprüfung und -entscheidung nach § 16 BetrAVG zusteht, sind sowohl der Anpassungsprüfung durch den Arbeitgeber, als auch seiner darauf beruhenden Entscheidung die Verhältnisse zugrunde zu legen, die an dem Tag geherrscht haben, an dem der Anspruch auf die Anpassungsprüfung und -entscheidung fällig geworden ist (*vgl. u. a.: BAG, 01.07.1976 – 3 AZR 791/75, NJW 1976, 1861; BAG, 01.07.1976 – 3 AZR 37/76, BetrAV 1976, 174; BAG, 13.12.2005 – 3 AZR 217/05, NZA 2007/39*). Maßgeblich sind somit die Verhältnisse zum jeweiligen Anpassungsstichtag. Dies sind die Verhältnisse der letzten drei vollen Kalenderjahre vor dem jeweils aktuellen Anpassungsprüfungsstichtag. Erfolgt die Anpassungsprüfung unterjährig, findet somit das Jahr in dem die Anpassungsprüfung stattfindet nur im Rahmen der Zukunftsprognose Berücksichtigung (*vgl.: LArbG Köln, 20.01.2011 – 13 Sa 611/10, juris Datenbank*).

Insoweit ist auch zu berücksichtigen, dass die Bilanz für das laufende Kalenderjahr erst im folgenden Jahr, in aller Regel zum Ende des ersten Quartals festgestellt wird. Würde der Arbeitgeber hinsichtlich der Anpassungsprüfung bis zu diesem Zeitpunkt mit seiner Anpassungsentscheidung abwarten, würde er sich wegen einer verzögerten Durchführung der Anpassungsprüfungspflicht gegenüber den von der Anpassungsprüfung erfassten Betriebsrentnern schadensersatzpflichtig (*vgl. hierzu: BAG, 28.10.2008 – 3 AZR 171/07, NZA-RR 2009, 499*) machen. Nur bei einer Verzögerung der Anpassungsprüfung sind somit die nach dem maßgeblichen Prüfungsstichtag eingetretenen tatsächlichen Veränderungen mit zu berücksichtigen (*Blomeyer/Rolfs/Otto § 16 Rn. 82*).

1015 Nicht vorhersehbare, neue Rahmenbedingungen und sonstige unerwartete, spätere Veränderungen der wirtschaftlichen Verhältnisse des Unternehmens bleiben unberücksichtigt. Die tatsächliche wirtschaftliche Entwicklung nach dem Anpassungsstichtag kann allerdings eine frühere Prognose bestätigen oder entkräften.

Ferner sind i. R. d. Prognosebetrachtung folgende Faktoren zu berücksichtigen (*grundlegend hierzu BAG, 17.04.1996 – 3 AZR 56/95, DB 1996, 2496*):
- Der am Anpassungsstichtag absehbare **Investitionsbedarf**, auch für Rationalisierungen und die Erneuerung von Betriebsmitteln, ist zu berücksichtigen.
- **Scheingewinne** bleiben unberücksichtigt.
- Die **Betriebssteuern** verringern die verwendungsfähigen Mittel. Bei den Steuern von Einkommen ist zu beachten, dass nach einer Anpassungsentscheidung die Rentenerhöhungen den steuerpflichtigen Gewinn verringern.

- Eine angemessene **Eigenkapitalverzinsung** ist i. d. R. nötig. Dabei kann grds. auf die bei festverzinslichen Wertpapieren langfristig erzielbare Verzinsung abgestellt und ein Risikozuschlag eingeräumt werden (*BAG, 23.04.1985 – 3 AZR 156/83, BB 1985, 1731 = DB 1985, 1642; BAG, 14.02.1989 – 3 AZR 191/87, BB 1989, 1348 = DB 1989, 1471; BAG, 17.04.1996 – 3 AZR 56/95, BetrAV 1996, 322 [326] m. w. N.; BAG, 18.02.2003 – 3 AZR 172/02, BB 2003, 2292; ArbG Siegburg, 12.03.1996 – 5 Ca 1295/92, DB 1996, 1731; Ahrend/Förster/Rößler, Steuerrecht der betrieblichen Altersversorgung, 1. Teil Rn. 1930; Höfer, BetrAVG, Bd. I [ArbR], § 16 Rn. 5301 ff.*)
- Soweit Gesellschafter einer GmbH als Geschäftsführer tätig sind, kann dafür eine angemessene Vergütung angesetzt werden. Der **Unternehmerlohn** darf das bei Fremdgeschäftsführern Übliche nicht überschreiten.

nicht besetzt   **1016**

Der BAG-Rechtsprechung ist deutlich die Tendenz zu entnehmen, der Erhaltung der Arbeitsplätze   **1017**
Vorrang vor dem Anpassungsbegehren der Betriebsrentner einzuräumen (*so ausdrücklich BAG, 17.04.1996 – 3 AZR 56/95, BB 1996, 2573 = DB 1996, 2496 = BetrAV 1996, 322 [325] m. w. N.*). Damit wird der **Substanzerhaltung** des Unternehmens eine Vorrangstellung eingeräumt. Das »lebende« Unternehmen als Ertragsfaktor sowie eine sachgerechte Entlohnungspolitik für die noch am Produktionsprozess beteiligten Arbeitnehmer bilden eine wesentliche Grundlage für die Erwirtschaftung der zugesagten betrieblichen Versorgungsleistungen. Da sich auf lange Sicht nur ein Unternehmen, das Gewinne erwirtschaftet, im Wettbewerb behaupten kann, ist eine angemessene **Eigenkapitalverzinsung** und Eigenkapitalausstattung i. d. R. unerlässlich (*BAG, 23.04.1985 – 3 AZR 156/83, BB 1985, 1731 = DB 1985, 1642 = NZA 1985, 496; BAG, 14.02.1989 – 3 AZR 191/87, BB 1989, 1902 = DB 1989, 1471 = NZA 1989, 844; BAG, 17.04.1996 – 3 AZR 56/95, BB 1996, 2573 = DB 1996, 2496 = BetrAV 1996, 322 [326]; BAG, 23.01.2001 – 3 AZR 287/00, BB 2001, 2325 [2326 ff.]; BAG v. 29.09.2010 – 3 AZR 427/08 – DB 2011, 362; Ahrend/Förster/Rößler, 1. Teil Rn. 1930; Höfer, BetrAVG, Bd. I [ArbR], § 16 Rn. 5301 ff.; Langohr-Plato, BB 1997, 1636*).

Die **Wettbewerbsfähigkeit** des Unternehmens darf also durch eine Anpassungsverpflichtung nicht   **1018**
gefährdet werden. Insoweit ist zu beachten, dass eine entsprechende Gefährdung nicht nur dann vorliegt, wenn keine angemessene Eigenkapitalrendite erzielt wird, sondern auch dann, wenn das Unternehmen nicht über genügend Eigenkapital verfügt. Auch insoweit gilt, dass das Unternehmen die Anpassung nicht aus seiner Substanz finanzieren muss (*BAG, 23.01.2001 – 3 AZR 287/00, BB 2001, 2325; BAG, 18.02.2003 – 3 AZR 172/02, BB 2003, 2292 = DB 2003, 2606; BAG, 29.09.2010 – 3 AZR 427/08, DB 2011, 362*).

Das BAG hat in diversen Urteilen präzisiert, was unter einer »**angemessenen Eigenkapitalverzinsung**«   **1019**
zu verstehen ist (*BAG, 23.05.2000 – 3 AZR 146/99, BB 2000, 1248 und 3 AZR 83/99, BetrAV 2001, 685*). Bei der Berechnung der Eigenkapitalverzinsung ist einerseits auf die Höhe des Eigenkapitals, andererseits auf das erzielte Betriebsergebnis abzustellen. Ausgangspunkt der Überlegungen des BAG ist dabei die **handelsrechtliche Definition** des Eigenkapitalbegriffs in § 266 Abs. 3a HGB. Danach richtet sich die Höhe des Eigenkapitals nicht nur nach dem Stammkapital und den Gewinnrücklagen, sondern auch nach Gewinnrücklagen, Gewinn-/Verlustvortrag und Jahresüberschuss/Jahresfehlbetrag. Insoweit ist das Eigenkapital vom Fremdkapital abzugrenzen (*BAG, 23.05.2000 – 3 AZR 146/99, DB 2001, 2255*). Bei der Feststellung des Eigenkapitals und der Ermittlung des Betriebsergebnisses ist von den handelsrechtlichen Jahresabschlüssen, insb. Bilanzen sowie Gewinn- und Verlustrechnungen, auszugehen, die einen geeigneten »Einstieg« zur Feststellung des erzielten Betriebsergebnisses bilden. Sie sind jedoch nicht unbesehen zu übernehmen. Betriebswirtschaftlich gebotene Korrekturen bei Sondereinflüssen (außerplanmäßige Erträge/Verluste) sind vorzunehmen. Dies gilt sowohl für die in den Bilanzen enthaltenen Scheingewinne als auch für betriebswirtschaftlich überhöhte Abschreibungen (*vgl. auch BAG, 23.05.2000 – 3 AZR 146/99, DB 2001, 2255; BAG, 23.01.2001 – 3 AZR 287/00, BB 2001, 2325*).

Es müssen jedoch ausreichende Anhaltspunkte dafür vorliegen, dass derartige Korrekturen überhaupt erforderlich sind (*BAG, 23.01.2001 – 3 AZR 287/00, BB 2001, 2325*) und einen für die   **1020**

Anpassungsentscheidung erheblichen Umfang haben können. Davon zu unterscheiden ist die Frage, ob die Jahresabschlüsse handelsrechtlich ordnungsgemäß erstellt worden sind. Soweit der Betriebsrentner die Fehlerhaftigkeit testierter Jahresabschlüsse geltend machen will, hat er die seiner Ansicht nach unterlaufenen Fehler näher zu bezeichnen. Hat er die ordnungsgemäße Erstellung der Jahresabschlüsse substantiiert bestritten, so hat der Arbeitgeber vorzutragen und unter Beweis zu stellen, weshalb die Jahresabschlüsse insoweit nicht zu beanstanden sind (*BAG, 18.02.2003 – 3 AZR 172/02, BAGE 105, 77 = BB 2003, 2293 = DB 2003, 2606*).

1021 **Unzureichendes Eigenkapital** beeinflusst nicht nur das Unternehmensergebnis (Zinsen für zusätzlich erforderliche Fremdmittel) und die Liquidität, sondern auch die Fähigkeit, Krisen zu bewältigen und Verluste zu verkraften. Dieses Recht auf eine entsprechende Risikovorsorge wird vom BAG ausdrücklich anerkannt (*BAG, 23.05.2000 – 3 AZR 83/99, BetrAV 2001, 685; BAG, 23.01.2001 – 3 AZR 287/00, BB 2001, 2325 [2327]*).

1022 Insoweit ist auf die wirtschaftliche Leistungsfähigkeit des Unternehmens nach seiner **gesamtwirtschaftlichen Situation** zum Anpassungsstichtag (*BAG, 18.02.2003 – 3 AZR 172/02, BB 2003, 2292*) abzustellen. Die zu erwartenden Überschüsse sind dabei nur ein Kriterium. Erwirtschaftet ein Unternehmen nach einer Verlustphase wieder Gewinne, so bedeutet dies noch nicht, dass die zurückliegenden wirtschaftlichen Schwierigkeiten keine Spuren hinterlassen haben. Die Betriebsergebnisse können nicht losgelöst von der Eigenkapitalausstattung und dem Investitionsbedarf betrachtet werden. Insb. ist zu berücksichtigen, dass Substanzeinbußen eine gesunde wirtschaftliche Entwicklung des Unternehmens und damit auch den Fortbestand von Arbeitsplätzen gefährden können. Ein Verlustvortrag ist entsprechend seinen unterschiedlichen Zwecken differenziert zu behandeln. Er führt u. a. dazu, dass ein Teil der späteren Gewinne nicht versteuert werden muss. Soweit es jedoch bei der Anpassungsentscheidung auf die Höhe des Eigenkapitals ankommt, gewinnt der Verlustvortrag, der zu einer Reduktion des Eigenkapitals führt, auch betriebsrentenrechtlich an Bedeutung (*BAG, 23.05.2000 – 3 AZR 83/99, BetrAV 2001, 685*). Trotz positiver Betriebsergebnisse kann die Eigenkapitalausstattung nämlich im Hinblick auf früher eingetretene Substanzeinbußen unzureichend sein und deshalb die für eine Rentenanpassung erforderliche Belastbarkeit des Unternehmens nach wie vor zu verneinen sein. Der Arbeitgeber kann daher in einer solchen Situation die Rentenanpassung verweigern, wenn er davon ausgehen kann, dass der Eigenkapitalmangel jedenfalls bis zum nächsten Anpassungsstichtag fortbesteht (*BAG, 23 01.2001 – 3 AZR 287/00, BB 2001, 2325*).

1023 Der Arbeitgeber hat also nach einer **Eigenkapitalauszehrung** grds. das Recht, sich für eine möglichst bald wieder herbeigeführte ausreichende Eigenkapitalausstattung zu entscheiden und bis dahin von Rentenanpassungen Abstand zu nehmen. Bei einer unzureichenden Eigenkapitalausstattung muss verlorene Vermögenssubstanz wieder aufgebaut werden können. Dieser Substanzaufbau geht einem Anpassungsbegehren der Betriebsrentner daher vor (*BAG, 18.02.2003 – 3 AZR 172/02, BB 2003, 2292 = DB 2003, 2606; Arens, in: Arens/Wichert/Weisemann/Andermann, § 4 Rn. 121 ff.*).

1024 Dies gilt jedenfalls dann, wenn das Eigenkapital unter das gezeichnete Kapital (§ 272 Abs. 1 Satz 1 HGB, § 42 Abs. 1 GmbHG) absinkt, die Gesellschafter daraufhin eine Kapitalrücklage bilden und die anschließend erzielten Gewinne nicht ausschütten, sondern zur Verbesserung der Eigenkapitalausstattung verwenden (*BAG, 23.01.2001 – 3 AZR 287/00, BB 2001, 2325; BAG, 18.02.2003 – 3 AZR 172/02, BB 2003, 2292 = DB 2003, 2606; LAG Hamm, 22.09.2009 – 9 Sa 280/09, juris Datenbank.*).

1025 Darüber hinaus ist ebenfalls zu berücksichtigen, ob die **Versorgungsverpflichtungen** des Arbeitgebers vollständig in der **Bilanz ausgewiesen** sind. Ob der Arbeitgeber die Versorgungsleistungen selbst erbringt oder z. B. eine Unterstützungskasse einschaltet, spielt insoweit für seine Versorgungspflicht keine entscheidende Rolle. Eine Inanspruchnahme des Arbeitgebers ist nur insoweit ausgeschlossen, als die Unterstützungskasse über ausreichende eigene Mittel verfügt. Bei einer unzureichenden Ausstattung der Unterstützungskasse hat der Arbeitgeber selbst einzustehen. Dies wird durch die Neuregelung in § 1 Abs. 1 Satz 3 BetrAVG sogar ausdrücklich hervorgehoben. Für die wirtschaftliche Leistungsfähigkeit des Arbeitgebers spielt es daher i. R. d. Angemessenheitsprüfung nach § 16 BetrAVG

V. Anpassungsprüfung (§ 16 BetrAVG)   B.

keine Rolle, ob Rückstellungen nach den Vorschriften des Handels- und Steuerrechts unterbleiben dürfen. Einem verständigen Kaufmann kann nicht angesonnen werden, später benötigtes Kapital zusätzlich auszugeben (*BAG, 23.05.2000 – 3 AZR 83/99, BetrAV 2001, 685*). Mithin sind auch bilanziell nicht ausgewiesene Versorgungsverpflichtungen bzw. bilanzielle Unterdeckungen zugunsten des Arbeitgebers zu berücksichtigen.

Dann aber ist es auch gerechtfertigt, die ausgewiesenen Versorgungsverpflichtungen nach betriebswirtschaftlich »richtigen« Bewertungsansätzen zu quantifizieren, d. h. bei der Bewertung der Versorgungsverpflichtungen nicht auf den handels- bzw. steuerrechtlichen Teilwert nach § 6a EStG abzustellen (s. *hierzu oben Rdn. 97 ff.*), sondern entsprechend realistische Bewertungen, wie sie z. B. das internationale Bewertungsrecht (IAS, US-GAAP) vornimmt, zugrunde zu legen. 1026

Eine »angemessene Verzinsung« des Eigenkapitals besteht aus der für festverzinsliche Wertpapiere langfristig erzielbaren Verzinsung (**Basiszins**) und einem Zuschlag für das Risiko, dem das im Unternehmen investierte Kapital ausgesetzt ist. Als Basiszins ist die bei fest verzinslichen Wertpapieren langfristig erzielbare Verzinsung anzusehen. Dies ist die Umlaufrendite öffentlicher Anleihen, wobei man auf Zeiträume von zehn bis zu 20 Jahren abstellen kann (*vgl. zu diesem Vergleichsansatz IDW-Standard, IDW S 1, Tz. 126; Förster/Weppler, BB 2006, S. 773 ff. sowie Ludewig/Kube, DB 1998, 1725 [1727]*). Sie kann den Veröffentlichungen des Statistischen Bundesamtes entnommen werden. Der **Risikozuschlag** beträgt i. R. d. § 16 BetrAVG einheitlich 2 % (*BAG, 23.05.2000 – 3 AZR 146/99, BB 2000, 1248; BAG, 23.01.2001 – 3 AZR 287/00, BB 2001, 2325 [2326]; BAG, 18.02.2003 – 3 AZR 172/02, BB 2003, 2292 = DB 2003, 2606*). Das BAG ist sich bei dieser Festlegung bewusst gewesen, dass es sich dabei um eine willkürliche Festlegung handelt, die allerdings dem Ziel einer einfachen und der Rechtssicherheit dienenden Handhabung der Anpassungsprüfung dient. 1027

Dem **Arbeitgeber** obliegt hinsichtlich der Darstellung seiner wirtschaftlichen Lage die **volle Darlegungs- und Beweislast** (*BAG, 23.04.1985 – 3 AZR 548/82, BAGE 48, 284; LAG Hamm, 22.09.2009 – 9 Sa 280/09, juris Datenbank*). Als ausreichend substantiierter Sachvortrag genügt insoweit zunächst die schriftlich erläuterte Vorlage der testierten Bilanzen nebst Gewinn- und Verlustrechnungen der vergangenen drei Jahre zzgl. der Prognose für die kommenden drei Jahre. 1028

Der Arbeitgeber kann seiner Darlegungs- und Beweislast aber auch durch ein entsprechendes, seine wirtschaftliche Lage prüfendes Gutachten eines Wirtschaftsprüfers nachkommen. Ein solches **WP-Gutachten** ist auch kein Parteigutachten im eigentlichen Sinne, sondern als neutrales Gutachten eines zur unabhängigen Bewertung standesrechtlich verpflichteten Wirtschaftsprüfers jederzeit auch prozessual geeignetes Beweismittel. Hierzu hat z. B. das LAG Rheinland-Pfalz in seiner Entscheidung vom 22.05.2006 (*7 Sa 87/06 – n. v.*) ausdrücklich ausgeführt, »dass es nicht nachzuvollziehen sei, welchen weiteren Aufwand der zur Anpassungsprüfung verpflichtete Arbeitgeber eigentlich noch betreiben soll, wenn er schon das Gutachten eines unparteiischen und vereidigten Wirtschaftsprüfers einholt, um seine Entscheidung nach Maßgabe der gesetzlichen Kriterien durchzuführen«. 1029

Dem ist an Eindeutigkeit nichts hinzuzufügen; der Arbeitgeber könnte die entsprechenden Berechnungen ja auch anhand der ihm vorliegenden Bilanzen und Planungsunterlagen selbst durchführen. Ein bloßes Bestreiten der gutachterlichen Ausführungen durch den Versorgungsempfänger mit Nichtwissen reicht daher nicht aus, Inhalt und Qualität des WP-Gutachtens in Zweifel zu ziehen. Dieser ist dann schon gezwungen, den Inhalt des Gutachtens substantiiert zu bestreiten. 1030

Sofern der Arbeitgeber seiner Darlegungslast in einem eventuellen Gerichtsverfahren nur durch die Veröffentlichung von betrieblichen Interna und Geschäftsgeheimnissen genügen kann, ist er vom Gericht mit den Mitteln des Prozessrechts (Ausschluss der Öffentlichkeit gem. § 52 ArbGG, § 172 GVG; strafbewehrte Schweigegebote gem. § 174 Abs. 2 GVG) vor nachteiligen Auswirkungen zu schützen (*BAG, 23.04.1985 – 3 AZR 548/82, BB 1985, 1470 = DB 1985, 1645 = NZA 1985, 499*). 1031

Ist aufgrund einer **nachholenden Anpassung** (*s. o. Rdn. 973*) nicht nur der Kaufkraftverlust der letzten drei Jahre, sondern für einen darüber hinausgehenden Zeitraum auszugleichen, kann ein voller Ausgleich den Arbeitgeber wirtschaftlich überfordern. Die wirtschaftliche Leistungsfähigkeit des 1032

Arbeitgebers ist daher in Fällen der nachholenden Anpassung besonders sorgfältig zu prüfen. Sofern die wirtschaftliche Lage des Arbeitgebers nur eine teilweise Anpassung zulässt, steht dem Arbeitgeber bei der Verteilung des Anpassungsbudgets ein gewisser **Ermessensspielraum** zur Verfügung. Es entspricht insoweit den Grundsätzen billigen Ermessens, wenn der Arbeitgeber die vorhandenen finanziellen Mittel entweder

– zur anteilsmäßigen Befriedigung des Anpassungsbedarfs mit einer einheitlichen Quote,
– zur vorrangigen Schließung länger zurückliegender Versorgungslücken oder
– zunächst zur Erfüllung des Anpassungsbedarfs der letzten drei Jahre verwendet (*BAG, 17.04.1996 – 3 AZR 56/95, BB 1996, 2573 = DB 1996, 2496 = BetrAV 1996, 322*).

8. Anpassungsprüfung bei Rentner- und Abwicklungsgesellschaften

1033 Auch das Unternehmen, das seine unternehmerische Tätigkeit eingestellt hat und dessen einzig verbleibender Gesellschaftszweck die Abwicklung seiner Versorgungsverbindlichkeiten ist (**Rentner- bzw. Abwicklungsgesellschaft**), hat eine Anpassung der Betriebsrenten zu prüfen und hierüber nach billigem Ermessen zu entscheiden (*BAG, 23.10.1996 – 3 AZR 514/95, BB 1998, 111; Arens, in: Arens/Wichert/Weisemann/Andermann, § 4 Rn. 237; Huber, in: Kemper/Kisters-Kölkes/Berenz/Huber, BetrAVG, § 16 Rn. 88 f.; Kemper/Kisters-Kölkes, Rn. 479*).

1034 Zur Finanzierung des Anpassungsbedarfs sind aber nur die aus der Verzinsung des Deckungskapitals erzielten Erträge und Wertsteigerungen aus dem Vermögen zu berücksichtigen, das zum Zeitpunkt der Liquidation für Versorgungszwecke vorgesehen war. Ein Eingriff in die **Vermögenssubstanz** ist dem Versorgungsschuldner nicht zuzumuten (*BAG, 25.06.2002 – 3 AZR 226/01, BetrAV 2003, 271; Förster/Cisch/Karst, BetrAVG, § 16 Rn. 49; Blomeyer/Rolfs/Otto, BetrAVG, § 16 Rn. 167 ff.; Huber, in: Kemper/Kisters-Kölkes/Berenz/Huber, BetrAVG, § 16 Rn. 70 f.*). Dies gilt allerdings **nur für die Anpassungsbelastungen**. Die Zahlung der bislang gezahlten Betriebsrenten selbst sind dagegen aus der Vermögenssubstanz zu erbringen (*BAG, 09.11.1999 – 3 AZR 420/98, DB 2000, 1867 = ZIP 2000, 1505*).

1035 Grds. gilt auch bei einer Rentner- oder Abwicklungsgesellschaft, dass dem Versorgungsschuldner eine **angemessene Eigenkapitalverzinsung** verbleiben muss. Diese ist allerdings nur mit dem **Basiszins** (= Umlaufrendite festverzinslicher Wertpapiere) anzusetzen; ein Risikozuschlag kommt in diesen Fällen nicht in Betracht, da das in der Rentner- bzw. Abwicklungsgesellschaft vorhandene Eigenkapital keinem erhöhten unternehmerischen Risiko mehr ausgesetzt ist (*BAG, 09.11.1999 – 3 AZR 420/98, DB 2000, 1867 = ZIP 2000, 1505; Förster/Cisch/Karst, BetrAVG, § 16 Rn. 49; Arens, in: Arens/Wichert/Weisemann/Andermann, § 4 Rn. 237; Huber, in: Kemper/Kisters-Kölkes/Berenz/Huber, BetrAVG, § 16 Rn. 88 f; Blomeyer/Rolfs/Otto, BetrAVG, § 16 Rn. 230*).

1036 Für die Finanzierung der Anpassungslasten ist darüber hinaus der zu erzielende Vermögensertrag auch nur um die Verzinsung des von der Rentnergesellschaft übernommenen und ihr verbliebenen Eigenkapitals zu mindern. Gebotene Rückstellungen reduzieren das Eigenkapital. Zum maßgeblichen Eigenkapital zählt daher nicht das zur Begleichung der Versorgungsverbindlichkeiten erforderliche Kapital. Soweit hieraus Erträge erwirtschaftet werden, sind sie in vollem Umfang zur Finanzierung der Anpassungslast heranzuziehen (*BAG, 09.11.1999 – 3 AZR 420/98, DB 2000, 1867 = ZIP 2000, 1505*).

1037 Ist die Rentnergesellschaft im Wege einer umwandlungsrechtlichen Ausgliederung entstanden, so trifft den versorgungspflichtigen Arbeitgeber die arbeitsvertragliche Nebenpflicht, die Gesellschaft, auf die Versorgungsverbindlichkeiten ausgegliedert werden, so auszustatten, dass sie nicht nur die laufenden Betriebsrenten zahlen kann, sondern auch zu den gesetzlich vorgesehenen Anpassungen in der Lage ist (*BAG, 11.03.2008 – 3 AZR 358/06, DB 2008, S. 2369 ff.*). Erfolgt eine entsprechende Kapitalausstattung nicht, macht sich der ausgliedernde Arbeitgeber ggf. schadensersatzpflichtig (*ausführlich hierzu unten Rdn. 1744 ff.*).

9. Anpassungsprüfung im Konzern

Grds. ist nach dem eindeutigen Wortlaut des § 16 BetrAVG nur auf die wirtschaftliche Lage des konkret zur Anpassungsprüfung verpflichteten Arbeitgebers abzustellen, also des ehemaligen Arbeitgebers, mit dem der Rentner seinen Arbeitsvertrag abgeschlossen hatte (*BAG v. 29.09.2010 – 3 AZR 427/08 – DB 2011, 362*). Dies ist das **einzelne Konzernunternehmen** und nicht etwa der Konzern insgesamt oder ein den ehemaligen Arbeitgeber beherrschendes Konzernunternehmen. Die Konzernverbindung allein beeinflusst weder die Selbstständigkeit der beteiligten Unternehmen noch ändert sich hierdurch die Trennung der jeweiligen Vermögensmassen (*BAG, 04.10.1994 – 3 AZR 910/93, DB 1995, 528; BAG, 29.09.2010 – 3 AZR 427/08 – DB 2011, 362*).

1038

Die wirtschaftliche Lage eines Unternehmens lässt sich allerdings nur bei einer **Gesamtbetrachtung** aller die wirtschaftliche Lage beeinflussenden Faktoren umfassend beurteilen. Das hat bei konzernverbundenen Unternehmen zur Folge, dass nicht nur die wirtschaftlichen Verhältnisse des einzelnen Betriebes, sondern die Vermögensverhältnisse der Konzernobergesellschaft zu prüfen sind, wenn ein Beherrschungs- oder ein Gewinnabführungsvertrag besteht (*Huber, in: Kemper/Kisters-Kölkes/Berenz/Huber, BetrAVG, § 16 Rn. 81 f.*). Das gilt auch dann, wenn die Konzernobergesellschaft ihren Sitz im Ausland hat (*BAG, 14.02.1989 – 3 AZR 191/87, BB 1989, 1902 = DB 1989, 1471 = NZA 1989, 844; BAG, 28.04.1992 – 3 AZR 244/91, BB 1992, 2292 = DB 1992, 2402 = NZA 1993, 72*).

1039

Die **Existenz eines Beherrschungsvertrages** rechtfertigt somit ohne weitere Voraussetzungen einen sog. Berechnungsdurchgriff (*BAG, 14.12.1993 – 3 AZR 519/93, NZA 1994, 551 = BB 1994, 1428 = DB 1994, 1147; BAG, 04.10.1994 – 3 AZR 910/93, BAGE 78, 87 = NZA 1995, 368 = BB 1995, 777 = DB 1995, 528 = BetrAV 1995, 86; BAG, 18.02.2003 – 3 AZR 172/02, BAGE 105, 72 = BB 2003, 2292 = DB 2003, 2606; BAG, 26.05.2009 – 3 AZR 369/07, BAGE 131, 50 = BetrAV 2009, 762 = NZA 2010, 641*).

1040

Eine Ausnahme besteht insoweit jedoch für den Fall, dass das in Anspruch genommene Unternehmen entweder wirtschaftlich unbeeinflusst handeln konnte oder trotz der wirtschaftlichen Einbindung in den Konzern so gehandelt hat, wie es unter Wahrung der eigenen Interessen als selbstständige Gesellschaft gehandelt hätte (*BAG, 14.02.1989 – 3 AZR 191/87, BB 1989, 1902 = DB 1989, 1471 = NZA 1989, 844*).

1041

Darüber hinaus kann eine solche enge wirtschaftliche Verknüpfung auch ohne Abschluss eines solchen Ergebnisabführungsvertrages vorliegen, nämlich dann, wenn es sich um einen **qualifiziert faktischen Konzern** handelt. Voraussetzung ist, dass das herrschende Unternehmen die Geschäfte des beherrschten Unternehmens dauernd und umfassend geführt hat (*BAG, 28.04.1992 – 3 AZR 244/91, BB 1992, 2292 = DB 1992, 2402 = NZA 1993, 72; BAG, 14.12.1993 – 3 AZR 519/93, BB 1994, 1428 = DB 1994, 1147 = ZIP 1994, 729; BAG, 04.10.1994 – 3 AZR 910/93, BB 1995, 777 = DB 1995, 528; BAG, 17.04.1996 – 3 AZR 56/95, BB 1996, 2573 = DB 1996, 2496 = BetrAV 1996, 322; BAG v. 29.09.2010 – 3 AZR 427/08 – DB 2011, 362*).

1042

Nach der Rechtsprechung kommt es somit ausschließlich auf die wirtschaftliche Lage des ehemaligen Arbeitgebers an, wenn das in Anspruch genommene Unternehmen entweder wirtschaftlich unbeeinflusst handeln konnte oder trotz der wirtschaftlichen Einbindung in den Konzern so gehandelt hat, wie es unter Wahrung der eigenen Interessen als selbstständige Gesellschaft gehandelt hätte (*BAG, 14.02.1989 – 3 AZR 191/87, NZA 1989, 844*).

1043

Von daher scheidet ein Berechnungsdurchgriff im Regelfall bei der Übernahme bereits notleidender Unternehmen aus.

Zu dem bloßen Konzernsachverhalt müssen also weitere Umstände hinzutreten, die eine »nicht angemessene Rücksichtnahme auf die Belange der abhängigen Gesellschaft« und damit eine »nachteilige Einflussnahme« auf die abhängige Gesellschaft dokumentieren können, dass durch diese Maßnahmen die eine Anpassung ausschließende wirtschaftliche Lage des Arbeitgebers verursacht worden ist (*BAG, 04.10.1994 – 3 AZR 910/93, BB 1995, 777 = DB 1995, 528; BAG v. 29.09.2010 – 3 AZR*

1044

427/08 – DB 2011, 362). Es gibt weder einen allgemeinen Erfahrungssatz, dass ein Allein- oder Mehrheitsgesellschafter einer Kapitalgesellschaft deren Geschäfte umfassend und nachhaltig führt, noch einen allgemeinen Erfahrungssatz, dass die wirtschaftliche Lage eines konzernverbundenen Unternehmens in der Regel durch die nachteilige, im Konzerninteresse erfolgte Vermögensverschiebungen beeinträchtigt wird (*so ausdrücklich*: BAG, 29.09.2010 – *3 AZR 427/08, DB 2011, 362*).

1045 Ist also demnach ein mit der Leitungsmacht der Obergesellschaft begründeter **Berechnungsdurchgriff** von »**Unten nach Oben**« anerkannt, stellt sich weiterhin die Frage, ob diese Grundsätze auch umgekehrt gelten, wenn der an sich zur Anpassungsprüfung verpflichtete Arbeitgeber wirtschaftlich zu einer Anpassung in der Lage wäre, die Konzernobergesellschaft bzw. der restliche Gesamtkonzern dagegen eine solche aus wirtschaftlichen Gründen ablehnen könnte.

1046 Das BAG geht in seinen Urteilen davon aus, dass die Konzernverbindung verschiedener Gesellschaften allein an der Selbstständigkeit dieser beteiligten juristischen Personen sowie an der Trennung der jeweiligen Vermögensmassen nichts ändere. Der Arbeitnehmer solle durch das Konzernarbeitsrecht nicht besser gestellt werden, als er stehen würde, wenn sein Arbeitgeberunternehmen konzernunabhängig wäre. Daher dürfe ein Berechnungsdurchgriff nur dann infrage kommen, wenn sich eine **konzerntypische Gefahr** für das Arbeitgeberunternehmen und damit für den Arbeitnehmer verwirklicht habe. Dies sei insb. bei Vorteilsverschiebungen innerhalb eines Konzerns gegeben (*BAG, 04.10.1994 – 3 AZR 910/93, DB 1995, 528*).

1047 Dieser Berechnungsdurchgriff gilt folglich grds. nicht »umgekehrt«. Steht also das konkrete Konzernunternehmen gut da, ist eine positive Anpassungsentscheidung selbst dann zumutbar und erforderlich, wenn der Gesamtkonzern oder auch nur die Obergesellschaft wirtschaftliche Schwierigkeiten haben sollte.

1048 Ein »**Berechnungsdurchgriff zulasten des Versorgungsberechtigten**« scheitert bereits an den gesetzlichen Bestimmungen der Regelung in § 16, 17 Abs. 3 BetrAVG. Gem. § 17 Abs. 3 Satz 3 BetrAVG kann von der Regelung in § 16 BetrAVG nicht zuungunsten des Arbeitnehmers abgewichen werden, d. h. eine Änderung der Regelung in § 16 BetrAVG ist nur zugunsten des Arbeitnehmers möglich – sieht man von der Fallgestaltung in § 17 Abs. 3 Satz 1 und 2 BetrAVG ab. Ein Berechnungsdurchgriff zulasten des Versorgungsberechtigten würde somit gegen die insoweit eindeutige Regelung des § 17 Abs. 3 BetrAVG verstoßen und damit »contra legem« erfolgen. Eine solche Rechtsfortbildung und Auslegung contra legem ist aber schon nach der verfassungsgerichtlichen Rechtsprechung (*BVerfG 9, 286, 303 und 59, 231, 267 und 15, 126, 144 bis 145*) unvereinbar mit dem Grundsatz der richterlichen Gesetzesbindung, sieht man einmal von den insoweit nicht in Betracht kommenden Fallgestaltungen legislatorischen Unrechts oder den Sachverhalten ab, in denen der Gesetzgeber seinem Regelungsauftrag nicht nachgekommen ist und daher das Gesetz deshalb eine Lücke aufweist (*dazu BVerfG 13, 153, 164*), wobei eine Lücke jedoch nicht deshalb angenommen werden kann, weil sie zu einem rechtspolitisch wünschenswerten Ergebnis führt.

1049 Die Regelung in den §§ 16, 17 Abs. 3 BetrAVG ist jedoch nicht lückenhaft sondern stellt gerade im Interesse der Rechtssicherheit auf den Vertragsarbeitgeber als Anpassungsschuldner ab und lässt bei der Bestimmung dieses Vertragsarbeitgebers gerade nur eine Regelung zugunsten des Arbeitnehmers zu. Diese gesetzliche Ausgangslage i. V. m. dem Rechtsgedanken des § 162 BGB – Begegnung der konzerntypischen Gefahr der Verlagerung der Haftungsmasse – war gerade einer der Gründe dafür, die dazu führten, dass das BAG den genannten Berechnungsdurchgriff zugunsten der Arbeitnehmer unter den dort genannten strengen Voraussetzungen anerkannt hat (*vgl. insb. BAG, 04.10.1994 – 3 AZR 910/93*). Ein solcher Berechnungsdurchgriff zulasten der Arbeitnehmer scheitert daher an der dargestellten gesetzlichen Regelung (*LAG Düsseldorf, 22.08.2007 – 4 Sa 1097/07, LNR 2007, 38550; BAG, 10.02.2009 – 3 AZR 727/07, BAGE 129, 292 = NZA 2010, 95*).

1050 Von einem Berechnungsdurchgriff ist die allerdings Frage zu unterscheiden, wie sich finanzielle, technische, organisatorische oder sonstige **Verflechtungen** auf die wirtschaftliche Lage des versorgungspflichtigen Arbeitgebers auswirken. Auch ohne Einbindung in einen Konzern können

V. Anpassungsprüfung (§ 16 BetrAVG) B.

Abhängigkeiten bestehen und sich dadurch externe Krisen auf die Belastbarkeit des Versorgungsschuldners auswirken, wie etwa in der Zuliefererindustrie (*BAG, 10.02.2009 – 3 AZR 727/07, BAGE 129, 292 = NZA 2010, 95*). Ob und inwieweit sich durch Entwicklungen außerhalb des Unternehmens dessen wirtschaftliche Lage verschlechtern kann, hängt zum einen davon ab, in welchem Umfang das Unternehmen derartigen Einflüssen ausgesetzt ist. Zum anderen kommt es darauf an, wie rasch und effektiv der Versorgungsschuldner auf negative Entwicklungen außerhalb seines Unternehmens reagieren kann. Diese Überlegungen gelten auch für Abhängigkeiten in einem Konzern.

Selbst wenn eine solche »**Schicksalsgemeinschaft**« im konkreten Einzelfall besteht, rechtfertigen die damit verbundenen abstrakten Gefahren die Ablehnung einer Betriebsrentenanpassung für sich allein noch nicht. Am Anpassungsstichtag muss sich vielmehr bereits konkret abzeichnen, dass wegen der bestehenden konzerninternen Abhängigkeiten eine wirtschaftliche Krise des Konzerns auf das Unternehmen des anpassungsverpflichteten Arbeitgebers »durchschlägt«, und zwar in einem solchen Umfang, dass dieses Unternehmen durch eine Anpassung der Betriebsrenten überfordert wird (*BAG, 10.02.2009 – 3 AZR 727/0,. BAGE 129, 292 = NZA 2010, 95*). 1051

Lediglich ausnahmsweise hat das BAG sogar eine konzernübergreifende, branchenweite einheitliche Betrachtung der Nettolohnentwicklung zugelassen (*BAG, 27.08.1996 – 3 AZR 466/99, DB 1997, 633 unter Ziff. II 1 der Begründung*). Zu berücksichtigen ist dabei allerdings, dass Grundlage der BAG-Entscheidung eine von § 16 BetrAVG abgekoppelte Sonderregelung in der Leistungsordnung des **Bochumer Verbandes** war. Im Gegensatz zu § 16 BetrAVG, der auf die wirtschaftliche Lage des einzelnen Arbeitgebers abstellt, verlangt die Leistungsordnung des Bochumer Verbandes eine unternehmens- und konzernübergreifende Anpassungsentscheidung nach einheitlichen, allgemeinen Kriterien. Dies hat das BAG in dem zitierten Urteil nur unter der Bedingung zugelassen, dass die Anpassungsentscheidung nach dieser Satzungsregelung nicht schlechter ausfällt als nach § 16 BetrAVG. 1052

Legt man diesen Grundgedanken in einem Fall zugrunde, in dem das herrschende Unternehmen wirtschaftlich so angeschlagen ist, dass bei einem Berechnungsdurchgriff eine Anpassung unterbleiben könnte, und das Arbeitgeberunternehmen wegen seiner guten wirtschaftlichen Lage ohne Berechnungsdurchgriff anpassen müsste, so wird man ein Abstellen auf die Konzernobergesellschaft allenfalls dann annehmen können, wenn sich eine konzerntypische Gefahr für die Obergesellschaft verwirklicht hat, wenn also die schlechte wirtschaftliche Lage der Konzernobergesellschaft z. B. durch eine Unterstützung des Arbeitgeberunternehmens entstanden ist und das Arbeitgeberunternehmen ohne die Unterstützung nicht hätte anpassen müssen. Soweit die wirtschaftliche Lage des Arbeitgeberunternehmens und der Konzernobergesellschaft nicht voneinander abhängen, darf der Arbeitnehmer spiegelbildlich zu dem oben angesprochenen »Besserstellungsverbot« auch nicht schlechter gestellt werden als er stünde, wenn sein Arbeitgeberunternehmen konzernunabhängig wäre. 1053

Sofern keine konzerntypische Gefahrensituation festgestellt werden kann, kommt ein Haftungsdurchgriff im Konzern nur noch dann in Betracht, wenn ein Konzernunternehmen die Erfüllung der vom Arbeitgeberunternehmen geschuldeten Renten **zugesagt** oder durch anderweitiges Verhalten einen entsprechenden **Vertrauenstatbestand begründet** hat (*vgl. auch Huber, in: Kemper/Kisters-Kölkes/Berenz/Huber, BetrAVG, § 16 Rn. 79 m. w. N.*). 1054

Hat eine zu einem Berechnungsdurchgriff führende konzerntypische Gefahrensituation vorgelegen und wird diese beendet, z. B. durch Kündigung oder Aufhebung des Beherrschungsvertrages, so hat das vormals herrschende Unternehmen das abhängige Unternehmen grds. finanziell so auszustatten, dass dieses künftig zur Anpassung der Betriebsrenten wirtschaftlich in der Lage ist (*BAG, 26.05.2009 – 3 AZR 369/07, BAGE 131, 50 = NZA 2010, 641 = BetrAV 2009, 762*). Das BAG will hierdurch eine planmäßige Herbeiführung der Nichtanpassung durch gesellschaftsrechtliche Umstrukturierungen und/oder Vermögenstransaktionen verhindern. Insoweit zieht das BAG eine Parallele zur Ausgliederung einer Gesellschaft, auf die Versorgungsverbindlichkeiten übertragen werden (sog. »**Rentnergesellschaft**«, s. *hierzu Rdn. 1744 ff.*). Die Verletzung dieser Pflicht zur ausreichenden finanziellen Ausstattung der ursprünglich abhängigen Gesellschaft kann 1055

199

zu Schadensersatzansprüchen der Versorgungsberechtigten ggü. dem ursprünglich herrschenden Unternehmen führen (*BAG, 26.05.2009 – 3 AZR 369/07, BAGE 131, 50 = NZA 2010, 641 = BetrAV 2009, 762*).

1056 Die Voraussetzungen für einen Berechnungsdurchgriff im Konzern hat der Betriebsrentner darzulegen und im Streitfall zu beweisen (*BAG, 18.02.2003 – 3 AZR 172/02, BAGE 105, 77 = BB 2003, 2293 = DB 2003, 2606; BAG, 25.04.2006 – 3 AZR 50/05, DB 2007, 580; LArbG Stuttgart v. 3.09.2010 – 17 Sa 58/09 – juris Datenbank*). Der Betriebsrentner kann von eventuellen Schwierigkeiten, die diese Darlegung mit sich bringt, nicht grundsätzlich entlastet werden. Insbesondere gibt es weder einen allgemeinen Erfahrungssatz, dass die wirtschaftliche Lage eines konzernabhängigen Unternehmens regelmäßig durch nachteilige, im Konzerninteresse erfolgende Vorteilsverschiebungen beeinträchtigt wird, noch einen allgemeinen Erfahrungssatz, dass die Allein- oder Mehrheitsgesellschafterin einer Kapitalgesellschaft deren Geschäfte umfassend und nachhaltig führt. Dem Betriebsrentner können aber Erleichterungen bei der Darlegungslast zugutekommen. Er darf sich aber nicht auf bloße Vermutungen beschränken, sondern muss wenigstens konkrete Tatsachen vortragen, die greifbare Anhaltspunkte für einen Berechnungsdurchgriff liefern (*so ausdrücklich BAG, 18.02.2003 – 3 AZR 172/02, BAGE 105, 77 = BB 2003, 2293 = DB 2003, 2606; BAG, 25.04.2006 – 3 AZR 50/05, DB 2007, 580; LAG Köln, 08.06.2007 – 11 Sa 235/07, LNR 2007, 50798; LArbG Stuttgart, 03.09.2010 – 17 Sa 58/09, juris Datenbank*).

10. Anpassung nach Unternehmensverschmelzung

1057 Wird das Unternehmen des zur Anpassungsprüfung verpflichteten Arbeitgebers nach Rentenbeginn mit einem anderen Unternehmen in der Weise verschmolzen, dass dessen Vermögen als Ganzes auf den ehemaligen Arbeitgeber übertragen wird (§ 2 Nr. 1 UmwG), stellt sich die Frage nach den Auswirkungen dieser Verschmelzung auf die Berücksichtigung der i.R.v. § 16 BetrAVG zu prüfenden wirtschaftlichen Lage des Anpassungsschuldners.

1058 Zunächst einmal führt die Verschmelzung zu keiner Änderung des im Gesetz verankerten Grundsatzes, dass Schuldner eines etwaigen Anspruchs auf Anpassung der Betriebsrente nach § 16 Abs. 1 BetrAVG immer das **ehemalige Arbeitgeberunternehmen** ist. Würde man nach der Verschmelzung weiterhin zwischen den verschmolzenen Unternehmen differenzieren und solange unterschiedliche Anpassungsentscheidungen treffen wollen, wie Leistungsbeiträge der Ursprungsunternehmen noch voneinander unterschieden werden können, so hätte dies zur Konsequenz, dass man auf die Verhältnisse eines in dieser Form nicht mehr existierenden Unternehmens abstellen würde. § 16 BetrAVG sieht eine solche fiktive Fortschreibung früherer gesellschaftsrechtlicher Verhältnisse aber nicht vor. Für eine entsprechende Rechtsfortbildung gibt es auch keine tragfähige Grundlage. Die Rechtsprechung des Senats zur Anpassung von Betriebsrenten im Konzern (*s. o. Rdn. 930 ff.*) kann schon deshalb nicht herangezogen werden, weil die verschmolzenen Unternehmen keinen Konzern bilden, sondern die beiden ursprünglich selbstständigen Unternehmen zu einem Unternehmen verschmolzen wurden. Auf die Motive für die Verschmelzung und darauf, ob sie auch dann stattgefunden hätte, wenn die sich aus § 16 BetrAVG ergebenden Rechtsfolgen vorausgesehen worden wären, kommt es nicht an (*BAG, 31.07.2007 – 3 AZR 810/05 – BAGE 123, 319 = DB 2008, 135 =BetrAV 2007, 101*).

1059 Hinsichtlich der weiteren Voraussetzungen für die Anpassungsprüfung kommt es daher auf die wirtschaftliche Entwicklung der beiden ursprünglich selbstständigen Unternehmen bis zur Verschmelzung an. Auf die wirtschaftliche Entwicklung des ursprünglich vor der Verschmelzung existierenden Arbeitgeberunternehmens kommt es ausnahmsweise nur dann alleine an, wenn bis zum Anpassungsstichtag die Eintragung der Verschmelzung nicht im Handelsregister eingetragen worden ist und auch nicht mit großer Wahrscheinlichkeit mit der Eintragung gerechnet werden konnte. Die Darlegungs- und Beweislast dafür liegt beim Arbeitgeber. Bestanden keine ernsthaften Eintragungshindernisse, ist die Verschmelzung bei der Prognose zu berücksichtigen. Es kommt dann darauf an, ob aufgrund der wirtschaftlichen Entwicklung der beiden ursprünglich selbstständigen

Unternehmen am Anpassungsstichtag damit zu rechnen war, dass der Arbeitgeber den Teuerungsausgleich aus den zu erwartenden Unternehmenserträgen und den verfügbaren Wertzuwächsen des verschmolzenen Unternehmens aufbringen kann (*BAG, 31.07.2007 – 3 AZR 810/05, LNR 2007, 42665*).

11. Besonderheiten bei Versorgungskartellen

Bei den sog. **Konditionenkartellen** bzw. **Richtlinienverbänden** – »**Essener Verband**« und »**Bochumer Verband**« – handelt es sich um Zusammenschlüsse von Unternehmen, die im Wesentlichen den Zweck verfolgen, die Rahmenbedingungen für die betriebliche Altersversorgung einheitlich zu gestalten und zu koordinieren. Sie werden nicht selbst Träger der betrieblichen Altersversorgung, sondern geben durch entsprechende Leistungsordnungen nur deren Rahmen vor. I. R. d. Anpassung laufender Betriebsrentenzahlungen, die auf einer solchen einheitlichen Leistungsordnung basieren, billigt das BAG in ständiger Rechtsprechung eine einheitliche, d. h. **unternehmensübergreifende Anpassungsentscheidung** für alle verbandsangehörigen Unternehmen, allerdings nur unter der Prämisse, dass hierdurch nicht vom gesetzlichen Mindestschutz des § 16 BetrAVG abgewichen wird (*BAG, 27.08.1996 – 3 AZR 466/99, DB 1997, 633; BAG, 20.05.2003 – 3 AZR 179/02, AP Nr. 1 zu § 1 BetrAVG Auslegung*).

1060

Fraglich ist allerdings, wie eine solche unternehmensübergreifende Anpassungsentscheidung mit dem in § 16 BetrAVG normierten Prüfkriterium der »wirtschaftlichen Lage« in Einklang zu bringen ist, d. h. inwieweit die Anpassungsentscheidung des Vorstandes des Kartells – wie in Satzung und Leistungsordnung vorgesehen – Bindungswirkung für jedes einzelne Unternehmen entfaltet. § 16 Abs. 1 BetrAVG verlangt nämlich insoweit grds. eine individuelle Betrachtungsweise des einzelnen Arbeitgebers, der für sein Unternehmen die Anpassungsprüfung vorzunehmen hat. Es kommt also auf seine (individuelle) wirtschaftliche Lage an.

1061

Das bedeutet im Rahmen eines Konditionenkartells, dass eine einheitliche Geltung der Anpassungsentscheidung nur dann durchsetzbar ist, wenn sie sich nur nach der **Geldentwertungsrate** und nicht auch noch an der wirtschaftlichen Lage des einzelnen Arbeitgebers orientiert. Soll wegen der wirtschaftlichen Lage eine Anpassung unterhalb der Geldentwertungsrate vorgenommen werden, so kann Maßstab nur der Arbeitgeber sein, dessen wirtschaftliche Situation unter den Mitgliedern am besten ist. Das Recht, sich auf die eigene wirtschaftliche Lage zu berufen, wäre somit Unternehmen, die sich in einer schlechten wirtschaftlichen Situation befinden und von daher – bei isolierter Betrachtungsweise – berechtigt wären, von einer Anpassung Abstand zu nehmen, versagt.

1062

Eine uneingeschränkte Bindungswirkung an die Anpassungsentscheidung des Konditionenkartells ist somit aus Sicht der Versorgungsberechtigten zwar ggü. der Regelung des § 16 BetrAVG mindestens gleichwertig. Für die betroffenen Arbeitgeber bedeutet diese Bindungswirkung jedoch eine ggf. deutliche Schlechterstellung. Gerade vor dem Hintergrund der aktuellen wirtschaftlichen Situation in Deutschland, die durch eine hohe Anzahl von Insolvenzen, den immer mehr steigenden Abbau von Arbeitsplätzen und wirtschaftlicher Rezession geprägt ist, gibt es nämlich keinen einheitlichen wirtschaftlichen Rahmen mehr, wie es ihn vergleichsweise bei Gründung des Bochumer Verbandes gegeben hat. Hätte man insoweit noch die Möglichkeit, sich an einem wie auch immer zu definierenden durchschnittlichen wirtschaftlichen Branchenwachstum zu orientieren, so könnte dies zumindest eine teilweise Entlastung von Arbeitgebern mit schlechten wirtschaftlichen Rahmenbedingungen bedeuten. Aber allein ein solches Abstellen auf einen durchschnittlichen Maßstab ist nach den gesetzlichen Regeln des § 16 BetrAVG zumindest für die Mitarbeiter unzulässig, die bei einem Arbeitgeber tätig sind, der aufgrund seiner wirtschaftlichen Rahmendaten den vollen Inflationsausgleich gewähren muss.

1063

Wenn dann ertragsschwächere Unternehmen die gleichen Anpassungslasten tragen müssen, wie Unternehmen mit einer guten Ertragslage, und sich nicht unter Berufung auf ihre individuelle Situation »entlasten« können, dann wird sowohl das Konditionenkartell als solches, das einen einheitlichen betriebsrentenrechtlichen Rahmen schaffen will, aber uneinheitliche wirtschaftliche

1064

Rahmenbedingungen toleriert, als auch das Anpassungssystem nach § 16 BetrAVG ad absurdum geführt und letztendlich durch eine solche, am besten Level orientierte Anpassungsentscheidung zugleich auch in die nach Art 12 GG grundgesetzlich geschützte Unternehmenssubstanz eingegriffen.

1065 Auch von daher müsste im Rahmen eines Konditionenkartells eine differenzierte Betrachtungsweise und damit die Rücksichtnahme auf wirtschaftliche Notlagen möglich sein. Es bleibt daher zu hoffen, dass angesichts dieser veränderten Rahmenbedingungen die Rechtsprechung ihre bisherige, die einheitliche Anpassungsentscheidung billigende Haltung, überdenkt.

1066 I. Ü. gelten aber die von der Rechtsprechung zu § 16 BetrAVG entwickelten Grundsätze **zum Anpassungsprüfungsverfahren** uneingeschränkt für die Versorgungszusagen von der Leistungsordnung des Bochumer Verbandes erfassten Versorgungszusagen. Dies gilt insb. für die Bestimmung des Prüfungszeitraums, die Berechnung des Anpassungsbedarfs sowie die Ermittlung der Reallohnobergrenze.

1067 **Satzung** und **Leistungsordnung** des Konditionenkartells dürfen nicht vom **gesetzlichen Mindestschutz** des § 16 BetrAVG abweichen (§ 17 Abs. 3 BetrAVG). Zwar ist die Anpassungsentscheidung nach »billigem Ermessen« zu treffen. I. R. d. damit eröffneten Gestaltungsspielraums dürfen die Besonderheiten des Versorgungssystems und insb. das Vereinheitlichungsziel eines Konditionenkartells berücksichtigt werden. Vor- und Nachteile sind nicht punktuell zu einem einzelnen Anpassungsstichtag, sondern langfristig und generalisierend festzustellen (*BAG, 09.11.1999 – 3 AZR 432/98, BAGE 92, 358 [375]; BAG, 20.05.2003 – 3 AZR 179/02, AP BetrAVG § 1 Auslegung Nr. 1, zu II 3b der Gründe; BAG, 25.04.2006 – 3 AZR 159/05, DB 2006, 2639*). Der von § 16 BetrAVG sowohl für den Anpassungsbedarf wie die reallohnbezogene Obergrenze vorgegebene Prüfungszeitraum ist jedoch zwingend und steht nicht zur Disposition des Arbeitgebers (*BAG, 30.08.2005 – 3 AZR 395/04, BAGE 115, 353 DB 2006, 732 = BetrAV 2006, 290 = BB 2006, 1228 = DB 2006, 732 = NZA-RR 2006, 485; BAG, 25.04.2006 – 3 AZR 159/05, DB 2006, 2639*).

1068 Anders als nach § 16 BetrAVG ist im Konditionenkartell für die Ermittlung des Anpassungsbedarfs allerdings nicht auf den individuellen Rentenbeginn des einzelnen Betriebsrentners abzustellen. Die Versorgungsregelungen, z. B. des Bochumer Verbandes, sehen eine zeitlich aufeinander abgestimmte Anpassung sowohl der laufenden Betriebsrenten als auch der Versorgungsanwartschaften vor. Damit wird die von § 16 BetrAVG angestrebte **Werterhaltung** nicht nur erreicht, sondern sogar auf das Anwartschaftsstadium ausgedehnt (*BAG, 20.05. 2003 – 3 AZR 179/02, AP BetrAVG § 1 Auslegung Nr. 1, zu II 4 der Gründe; BAG, 25.04.2006 – 3 AZR 159/05, DB 2006, 2639*). Dies führt dazu, dass für den maßgeblichen Anpassungszeitraum auf die vom Konditionenkartell für die Anpassungen zugrunde gelegten Stichtage abzustellen ist, die somit auch vor dem tatsächlichen Rentenbeginn liegen können. Das gilt jedenfalls für die bis zum Versorgungsfall betriebstreuen Arbeitnehmer (*BAG, 25.04.2006 – 3 AZR 159/05, DB 2006, 2639*).

12. Rentenanpassung bei der Insolvenz des Arbeitgebers

1069 Mit der Insolvenz des Arbeitgebers geht die Verpflichtung zur Zahlung der Betriebsrenten gem. §§ 7 ff. BetrAVG auf den Pensions-Sicherungs-Verein (PSV) über. Dieser gesetzliche Insolvenzschutz erfasst allerdings nur den Anspruch auf die zugesagte Rente, dagegen nicht den sich aus § 16 BetrAVG ergebenden gesetzlichen Anspruch auf die Rentenanpassungsprüfung. § 16 BetrAVG verpflichtet nur die **Arbeitgeber**, dagegen nicht den PSV. Der insolvenzgeschützte Arbeitnehmer soll auch nicht besser gestellt werden als derjenige Versorgungsberechtigte, der in einem wirtschaftlich schwachen Unternehmen beschäftigt wird und aufgrund der wirtschaftlichen Situation keine Anpassung erhält (*vgl. BAG, 22.03.1983 – 3 AZR 574/81, BB 1983, 1730 = DB 1983, 1982 = NJW 1983, 2902*).

1070 Allerdings ist der PSV nach § 7 Abs. 1 BetrAVG verpflichtet, die Versorgungsberechtigten so zu stellen, wie dies ohne Eintritt des Insolvenzfalls vom Arbeitgeber geschehen wäre. Der PSV muss also eine **vertraglich vereinbarte Rentendynamik** übernehmen, soweit der Insolvenzfall einen

Betriebsrentner trifft (*BAG, 03.08.1978 – 3 AZR 19/77, BB 1978, 1571 = DB 1978, 2127 = NJW 1979, 446; BAG, 15.02.1994 – 3 AZR 705/93, BB 1994, 1222 = NZA 1994, 943; LAG Köln, 15.06.1988 – 2 Sa 357/88, BB 1989, 357*).

Demgegenüber hat das BAG (*BAG, 22.11.1994 – 3 AZR 767/93 – BAGE 78, 279 = BetrAV 1995, 85 = NZA 1995, 887*) die **Haftung des PSV** ggü. **Versorgungsanwärtern** dahin gehend **beschränkt**, dass nach § 7 Abs. 2 Satz 3 BetrAVG i. V. m. § 2 Abs. 1, Abs. 2 und Abs. 5 BetrAVG Veränderungen der Bemessungsgrundlage, die nach dem Insolvenzfall eintreten, für den Haftungsumfang des PSV unerheblich sind. Danach ist eine vertraglich versprochene Anpassung von Rentenanwartschaften nach **variablen Bezugsgrößen nicht insolvenzgesichert**.

Das BAG **differenziert** somit beim Haftungsumfang des PSV für die von ihm kraft Gesetzes zu übernehmenden Versorgungsverpflichtungen einerseits nach dem **Status** des Versorgungsberechtigten im Zeitpunkt der Insolvenzeröffnung und andererseits nach der **Qualität** einer vorhandenen **vertraglichen** Anpassungsverpflichtung. Bei **Betriebsrentnern**, die bereits laufende Leistungen vom nunmehr insolventen Arbeitgeber erhalten haben, richtet sich die Haftung des PSV vollinhaltlich nach der vertraglich vereinbarten Versorgungsverpflichtung. Eine hierin vereinbarte, von § 16 BetrAVG abweichende dynamische Anpassung der Betriebsrente hat auch der PSV zu erfüllen.

Dagegen beschränkt sich die Haftung des PSV bei Ansprüchen von **Versorgungsanwärtern** auf den gesetzlich festgelegten Rahmen, der in § 2 Abs. 5 BetrAVG eine **Veränderungssperre** enthält. Diese Veränderungssperre gilt aber nur für solche Indexierungsvereinbarungen, deren künftige Veränderung bei Eintritt des Insolvenzfalls nicht bekannt und auch nicht berechenbar ist. Damit werden von der Veränderungssperre nur **variable** Dynamikklauseln erfasst, nicht dagegen eine **fest vereinbarte Dynamik**, bei der die zukünftigen Rentenerhöhungen bereits aus der Versorgungszusage (x % der Vorjahresrente) entnommen werden können, sodass der Verpflichtungsumfang jederzeit kalkulierbar ist.

13. Anpassung und Mitbestimmung

Bei der Entscheidungsfindung über eine eventuelle Anpassung sind **keine Mitbestimmungsrechte des Betriebsrates** zu berücksichtigen, da dem Betriebsrat für bereits beendete Arbeitsverhältnisse und damit für den gesamten Rentnerbestand keinerlei Vertretungsbefugnis zusteht (§§ 5, 7 BetrVG). Dem Betriebsrat fehlt somit für eine Interessenvertretung der Betriebsrentner jegliche Legitimationsbefugnis (*BAG, 18.05.1977 – 3 AZR 371/76, BB 1977, 1353 = DB 1977, 1655; Blomeyer/Rolfs/Otto, BetrAVG, § 16 Rn. 257 ff.; Höfer, BetrAVG, Bd. I [ArbR], § 16 Rn. 5364 ff.; Arens, in: Arens/Wichert/Weisemann/Andermann, § 4 Rn. 259*). Der Betriebsrat kann sich noch nicht einmal auf eine Informationspflicht des Arbeitgebers i. S. v. § 80 BetrVG berufen, da die Betriebsrentner keine »im Betrieb tätige Personen« sind.

Aufgrund der fehlenden Legitimation des Betriebsrates ist auch eine **freiwillige Betriebsvereinbarung** nach § 88 BetrAVG über die Beteiligung des Betriebsrates an der Anpassungsprüfung und -entscheidung grds. **ausgeschlossen**. Soweit hierbei allerdings eine für die Betriebsrentner günstige Entscheidung getroffen wird, handelt es sich um einen nach § 328 BGB zulässigen **Vertrag zugunsten Dritter** (*so auch Höfer, BetrAVG, Bd. I [ArbR], § 16 Rn. 5368*).

14. Information gegenüber Betriebsrentnern, Darlegungs- und Beweislast

Gem. § 16 Abs. 4 BetrAVG liegt eine zu Recht unterbliebene Anpassung nur dann vor, wenn der Arbeitgeber dem Versorgungsempfänger die wirtschaftliche Lage des Unternehmens schriftlich dargelegt und mit einer Rechtsmittelbelehrung hinsichtlich eines innerhalb von einer Frist von 3 Monaten einzulegenden möglichen Widerspruchs versehen hat.

Diese Vorschrift gilt sowohl für den Ausschluss der nachholenden, als auch den Ausschluss der nachträglichen Anpassung (*LAG Hamm, 22.09.2009 – 9 Sa 280/09, juris Datenbank*).

1078 In welchem Umfang und mit welchem Detaillierungsgrad der Arbeitgeber diese Darlegungspflicht zu erfüllen hat, ergibt sich allerdings nicht aus dem Gesetz. Aus der Gesetzesbegründung zu § 16 Abs. 4 BetrAVG (*BT-Drucks. 13/8011, S. 209 f.*) ergibt sich aber, dass die Information an den Versorgungsempfänger die »maßgebenden Gründe für die Nichtanpassung« enthalten muss, damit »der Versorgungsempfänger die Entscheidung des Arbeitgebers nachvollziehen kann«. Insoweit ist zwar grds. eine **kurze zusammenfassende Darstellung der Ist-Situation** ausreichend. Diese muss allerdings auch eine Prognose hinsichtlich der künftigen Entwicklung der wirtschaftlichen Lage des Arbeitgebers bezogen auf seine Ertragslage und seine Eigenkapitalrendite enthalten und so verständlich erfolgen, dass es dem Versorgungsempfänger ermöglicht wird, ggf. unter Hinzuziehung sachkundiger Beratung die Anpassungsentscheidung inhaltlich nachzuvollziehen. (*BAG v. 11.10.2011 – 3 AZR 732/09 – NZA 2012, 337 = BetrAV 2012, 172; LAG Hamm, 22.09.2009 – 9 Sa 280/09, juris Datenbank; Blomeyer/Rolfs/Otto, § 16 Rn. 103*).

1078a Die Fiktion der zu Recht unterbliebenen Anpassung tritt somit nur dann ein, wenn sich der schriftlichen Information des Arbeitgebers entnehmen lässt, aufgrund welcher Umstände davon auszugehen ist, dass das Unternehmen voraussichtlich nicht in der Lage sein wird, die Anpassungen zu leisten. Die Darstellung der wirtschaftlichen Lage im Unterrichtungsschreiben des Arbeitgebers muss so detailliert sein, dass der Versorgungsempfänger allein durch diese Unterrichtung in die Lage versetzt wird, die Entscheidung des Arbeitgebers auf ihre Plausibilität hin zu überprüfen.

Die Ausführungen des Arbeitgebers zur wirtschaftlichen Lage müssen, wie die Verwendung des Wortes »darlegen« in § 16 Abs. 4 Satz 2 BetrAVG verdeutlicht, eine ausführliche Erläuterung bzw. Erklärung zur wirtschaftlichen Lage enthalten. Der Arbeitgeber ist daher gehalten, dem Versorgungsempfänger die voraussichtliche Entwicklung der Eigenkapitalverzinsung und der Eigenkapitalausstattung so detailliert darzustellen, dass der Versorgungsempfänger nachvollziehen kann, weshalb die Anpassung seiner Betriebsrente unterblieben ist.

Zwar sind an den Inhalt des Schreibens nach § 16 Abs. 4 Satz 2 BetrAVG keine zu hohen Anforderungen zu stellen *(so auch Rolfs, in: Blomeyer/Rolfs/Otto, BetrAVG, § 16 Rn. 103),* insbesondere bedarf es keiner so detaillierten Darlegung der wirtschaftlichen Lage, wie sie zu der gerichtlichen Überprüfung einer Anpassungsentscheidung nach § 16 Abs. 1 BetrAVG notwendig ist. Auch ist nicht erforderlich, dass der Arbeitgeber dem Versorgungsempfänger die Bilanzen insgesamt oder sogar darüber hinausgehende Erläuterungen derselben zur Verfügung stellt. Die Information muss jedoch so beschaffen sein, dass der Versorgungsempfänger allein auf ihrer Grundlage in die Lage versetzt wird, die Entscheidung des Arbeitgebers nachzuvollziehen. Um dem Versorgungsempfänger dies zu ermöglichen, müssen die mitgeteilten Daten so aussagekräftig sein, dass der Versorgungsempfänger die Anpassungsentscheidung des Arbeitgebers auf Plausibilität prüfen kann.

Daraus ergibt sich für den inhaltlichen Umfang der Anpassungsmitteilung folgende Konsequenz:

1078b Anknüpfend an die Rechtsprechung des Bundesarbeitsgerichts zu § 16 BetrAVG, wonach für eine zuverlässige Prognose zur wirtschaftlichen Belastbarkeit die bisherige Entwicklung über einen längeren repräsentativen Zeitraum von in der Regel mindestens drei Jahren auszuwerten ist, muss der Arbeitgeber im Mitteilungsschreiben **die sich aus den Bilanzen der letzten drei Jahre ergebenden Daten zum Eigenkapital und zur Berechnung der Eigenkapitalverzinsung für jedes zur Prognoseerstellung herangezogene Jahr angeben**. Das bedeutet, dass der Arbeitgeber für die seiner Prognose zugrunde gelegten Jahre **das jeweils durchschnittliche Eigenkapital und dessen Verzinsung** auf der Basis der handelsrechtlichen Jahresabschlüsse mitteilt. Wird die fehlende Anpassungsmöglichkeit auf eine nach Auffassung des Arbeitgebers zu erwartende zu geringe Eigenkapitalverzinsung gestützt, so muss er die seiner Prognose zur wirtschaftlichen Belastbarkeit zugrunde liegenden Überlegungen im Unterrichtungsschreiben offenlegen. Nur so wird der Versorgungsempfänger durch die Unterrichtung des Arbeitgebers in die Lage versetzt, dessen Entscheidung zur Nichtanpassung der Betriebsrente nachzuvollziehen.

Von daher ist eine bloße Mitteilung von Prüfungsergebnissen nicht ausreichend.

V. Anpassungsprüfung (§ 16 BetrAVG)

Im Rahmen einer prozessualen Auseinandersetzung über die Rechtmäßigkeit einer Anpassungsprüfungsentscheidung, insb. über die Verweigerung einer Anpassung, ist der versorgungspflichtige Arbeitgeber dafür darlegungs- und beweispflichtig, dass die der Nichtanpassung zugrunde liegende Bewertung der wirtschaftlichen Lage einschließlich der Prognose hinsichtlich der künftigen Entwicklung des Unternehmens vertretbar war und die getroffene Anpassungsentscheidung damit billigem Ermessen entsprach (*BAG, 10.02.2009 – 3 AZR 727/07, DB 2009, 2554 = ZIP 2009, 2213 = BetrAV 2009, 174 = AuA 2009, 175*). Die Darlegungs- und Beweislast erstreckt sich auf alle die Anpassungsentscheidung beeinflussenden Umstände. Bei dem Anpassungskriterium »wirtschaftliche Lage« kommt hinzu, dass Sachvortrag und Beweisangebote i. d. R. von der Partei zu verlangen sind, die über die maßgeblichen Umstände Auskunft geben kann und über die entsprechenden Beweismittel verfügt. Dieser Grundsatz gilt v. a. dann, wenn es auf die besonderen Interessen einer Partei oder deren Vermögensverhältnisse ankommt. Nur der Arbeitgeber kennt die wirtschaftliche Situation seines Unternehmens im Einzelnen, während den Versorgungsempfängern im Allgemeinen ausreichende Kenntnisse hierüber fehlen (*BAG, 10.02.2009 – 3 AZR 727/07, DB 2009, 2554 = ZIP 2009, 2213 = BetrAV 2009, 174 = AuA 2009, 175*).

1079

In formaler Hinsicht sind die zivilrechtlichen Formerfordernisse der §§ 125 ff. BGB zu berücksichtigen. Enthält eine gesetzliche Regelung – wie vorliegend § 16 Abs. 4 Satz 2 BetrAVG – ein Schriftformerfordernis, so ist grds. nach § 126 Abs. 1 BGB das entsprechende Dokument von seinem Aussteller **eigenhändig** durch Namensunterschrift oder mittels notariell beglaubigten Handzeichens zu unterzeichnen. Lediglich bei maschinell erstellten Behördenschreiben (Verwaltungsakten) ist § 126 BGB nicht anwendbar, sodass dort eine Unterschrift entbehrlich ist (§ 37 Abs. 5 VwVfG).

1080

Da es sich bei der Mitteilung über die Anpassungsprüfung nicht um einen behördlichen Verwaltungsakt handelt, sind somit in jedem Fall die zivilrechtlichen Formerfordernisse der §§ 125 ff. BGB zu beachten. Das bedeutet, dass die Mitteilung mit einer Unterschrift zu versehen ist. Fraglich kann insoweit nur sein, ob das strenge Formerfordernis der eigenhändigen Unterschrift des § 126 BGB maßgeblich ist, oder ob sich der Arbeitgeber auf die Formerleichterung des § 126b BGB berufen kann, der u. a. eine **Unterschrift per Faksimile** oder eine eingescannte Unterschrift ausreichen lässt.

1081

nicht besetzt

1082–1085

15. Unterlassene Prüfungen

Kommt der Arbeitgeber seiner Anpassungsprüfungspflicht nicht nach oder trifft er eine unbillige/willkürliche Entscheidung, so kann der Betriebsrentner eine gerichtliche Entscheidung herbeiführen. In diesem Fall hat das Gericht eine Entscheidung nach **billigem Ermessen** i. S. v. § 315 BGB zu treffen (*BAG, 17.04.1996 – 3 AZR 56/95, BB 1996, 2573 = DB 1996, 2496 = BetrAV 1996, 322 [324]*). Das Gericht hat dann das »Letztentscheidungsrecht«. Das Urteil ist ein **Gestaltungsurteil** (*Langohr-Plato, BB 1997, 1637*).

1086

16. Verjährung

Die Verjährungsfrist für die dem Arbeitgeber obliegende Rechtspflicht zur **Anpassungsprüfung** und -entscheidung, die dem **Rentenstammrecht** zuzurechnen ist, beträgt **30 Jahre** (*Langohr-Plato, BB 1997, 1638*). Diese lange Verjährungsfrist ist durch die zum 01.01.2002 in Kraft getretene Schuldrechtsreform nicht beseitigt, sondern durch die mit dieser Schuldrechtsform in den neu in das BetrAVG integrierten § 18a BetrAVG sogar ausdrücklich manifestiert worden. Dagegen unterliegen **laufende Rentenleistungen** und damit auch der jeweilige **Anpassungsbetrag** der kurzen, **3-jährigen Verjährungsfrist** gem. § 18a Satz 2 BetrAVG, §§ 195, 197 Abs. 2 BGB. Gem. § 201 BGB beginnt dabei die Verjährungsfrist am Ende des Kalenderjahres, in dem die jeweiligen monatlichen Versorgungsleistungen fällig werden.

1087

Für monatliche Rentenraten, die vor dem 01.01.2002 fällig geworden sind, gilt allerdings nach wie vor die frühere 2- bzw. 4-jährige Unverfallbarkeitsfrist (s. *Rdn. 1324 ff.*).

1088

1089 Die kurze Verjährungsfrist gilt auch dann, wenn der Arbeitgeber eine Anpassungsprüfung gänzlich unterlässt oder seine Entscheidung nicht billigem Ermessen entspricht. Der Verjährungsbeginn wird in diesen Fällen auch nicht dadurch gehemmt, dass der Arbeitgeber es unterlässt, dem Versorgungsempfänger das Ergebnis seiner Anpassungsprüfung und -entscheidung mitzuteilen (*LAG Hamm, 19.03.1991 – 6 Sa 697/90, BB 1991, 1126 = NZA 1991, 938*).

17. Vertragliche Anpassungsverpflichtungen

1090 § 16 BetrAVG hindert den Arbeitgeber nicht daran, sich vertraglich zu einem bestimmten Anpassungsmodus zu verpflichten. Eine entsprechende vertraglich geregelte Rentenindexierung ist als **garantierte Mindestanpassung** zu werten.

§ 16 Abs. 3 Nr. 1 BetrAVG ermöglicht dem Arbeitgeber insoweit sogar ausdrücklich, sich durch eine entsprechende Garantieanpassung i. H. v. 1 % p.a. vollständig von der Anpassungsprüfungspflicht zu befreien (*s. o. Rdn. 940*). Dieser Befreiungstatbestand gilt gem. § 30c Abs. 1 BetrAVG allerdings nur für laufende Leistungen, die auf Zusagen beruhen, die erstmals nach dem 31.12. 1998 erteilt wurden. Es kommt somit nicht darauf an, ob die 1 %-Anpassung nach dem 31. Dezember 1998 vereinbart wurde oder der Versorgungsberechtigte zum Zeitpunkt des Inkrafttretens von § 30c Abs. 1 BetrAVG am 1. Januar 1999 bereits laufende Leistungen der betrieblichen Altersversorgung bezog. Maßgeblich ist insoweit allein das Datum, an dem die Versorgungszusage vereinbart worden ist (*BAG, 28.06.2011 – 3 AZR 282/09, BetrAV 2011, 739*).

1091 ▶ Hinweis:

> Im Hinblick auf die Gestaltung einer Bestimmung zur 1 %igen Mindestanpassung sollte für den Fall, dass ggf. auch höhere Anpassungen gewährt werden sollen, darauf geachtet werden, dass diese höheren Anpassungen eine freiwillige Leistung darstellen, die keinen Anspruch auf höhere Anpassungen in der Zukunft geben und darüber hinaus auf spätere zugesagte Mindest-Anpassungen (i. H. v. 1 %) angerechnet werden können.

1092 Folgende Anpassungsvereinbarungen kommen in Betracht:
- **Volldynamische Rentenzusage**, die eine Rentensteigerung i.H.e. bestimmten Prozentsatzes der jeweiligen Vorjahresrente vorsieht.

1093 ▶ Formulierungsbeispiel: Volldynamische Rentenzusage

> Die zugesagten Versorgungsleistungen erhöhen sich nach Eintritt des Versorgungsfalls um 2 % der Vorjahresrente. Stichtag der Rentenanpassung ist jeweils der 1. Juli eines jeden Jahres.

- **Wertsicherungs-** oder **Indexklauseln** bestimmen die Höhe der zu zahlenden Betriebsrente in Abhängigkeit von dem Wert anderer Bezugsgrößen wie Realgütern (z. B. Goldpreisentwicklung), Leistungen (z. B. Mietzinssteigerung) oder eines Lebenshaltungsindexes.

1094 ▶ Formulierungsbeispiel: Wertsicherungs- und Indexklausel

> Die zugesagten Versorgungsleistungen verändern sich nach Eintritt des Versorgungsfalls jeweils zum 01.01. eines Folgejahres entsprechend der Entwicklung des Verbraucherpreisindexes für Deutschland.

Derartige Wertsicherungs- und Indexklauseln waren nach § 3 Währungsgesetz i. V. m. § 49 Abs. 2 Außenwirtschaftsgesetz bislang generell genehmigungspflichtig (*Langohr-Plato, BB 1997, 1639*). Die Genehmigung war bei der Deutschen Bundesbank über die örtlich zuständige Landeszentralbank einzuholen.

Nachdem § 3 Währungsgesetz durch das Euro-Einführungsgesetz aufgehoben worden ist, sieht das neue Preisangaben- und Preisklauselgesetz eine Genehmigungspflicht nur noch dann vor, wenn es sich um eine **automatisch wirkende** Wertsicherungs- oder Indexklausel handelt. Zuständige Genehmigungsbehörde ist das Bundesamt für Wirtschaft (*Arens, in: Arens/Wichert/Weisemann/Andermann, § 4 Rn. 118*).

- **Spannungsklauseln** liegen vor, wenn sich die Höhe der betrieblichen Versorgungsleistung in Anlehnung an entsprechende Versorgungsleistungen aus anderen Bereichen ergeben, insb. die Anpassung entsprechend der Gehaltsentwicklung der Beamtenbesoldung, Angestelltengehälter, Pensionen oder Renten der Sozialversicherung vorgenommen werden soll.

▶ Formulierungsbeispiel: Spannungsklausel 1095

Die zugesagten Versorgungsleistungen verändern sich nach Eintritt des Versorgungsfalls im gleichen Verhältnis und zum gleichen Zeitpunkt, wie sich das monatliche Grundgehalt eines verheirateten Bundesbeamten der Besoldungsgruppe A 13 in der höchsten Dienstaltersstufe verändert.

Derartige Klauseln waren in der Vergangenheit dann genehmigungsfrei, wenn die Gleichläufigkeit gewährleistet war, sich also neben Erhöhungen auch Reduzierungen der benannten Vergleichsgröße auswirken sollten (*BGH, 17.09.1954 – V ZR 79/53, BGHZ 14, 306 = NJW 1954, 1684; BGH, 01.04.1968 – II ZR 123/66, DB 1968, 1453; Frielingsdorf, DB 1982, 790 f.*). Durch entsprechende Neuregelung im Zusammenhang mit dem Euro-Einführungsgesetz sind durch eine Rechtsverordnung zum Preisangabe- und Preisklauselgesetz Spannungsklauseln nunmehr generell von einer Genehmigungspflicht ausgenommen (*Arens, in: Arens/Wichert/Weisemann/Andermann, § 4 Rn. 119 f.*).

Verweisen Spannungsklauseln auf beamtenrechtliche Versorgungs- bzw. Besoldungsbestimmungen und sehen sie vor, dass sich die betrieblichen Versorgungsansprüche in der Höhe nach dem »Grundgehalt einer bestimmten beamtenrechtlichen Besoldungsgruppe« richten, dann sind die **jährlichen Sonderzuwendungen** (insb. Weihnachtszuwendungen) bei der Berechnung der Betriebsrentenhöhe mit zu berücksichtigen und führen zu einer erhöhten bzw. zusätzlichen Versorgungsleistung (*BAG, 10.01.1975 – 3 AZR 70/74, BB 1975, 970 = DB 1975, 1368; BAG, 20.10.1975 – 3 AZR 555/74, BB 1976, 137 = DB 1976, 200; Langohr-Plato, BB 1997, 1639*).

- Gelegentlich findet man in Versorgungsordnungen auch bloße **Absichtserklärungen** des Arbeitgebers normiert, das betriebliche Versorgungswerk veränderten wirtschaftlichen Verhältnissen anzupassen.

▶ Formulierungsbeispiel: Entwicklungs- bzw. Loyalitätsklausel 1096

Der Arbeitgeber verpflichtet sich, nach billigem Ermessen eine Anpassung der laufenden Versorgungsleistungen zu überprüfen, wenn der Anstieg der Lebenshaltungskosten eines Vier-Personen-Arbeitnehmer-Haushalts mit mittlerem Einkommen über einen Zeitraum von drei Jahren hinweg 5 % übersteigt.

Derartige **Entwicklungs-** bzw. **Loyalitätsklauseln** entsprechen im Regelfall der gesetzlichen Anpassungsprüfungsverpflichtung gem. § 16 BetrAVG und sind ohne Weiteres zulässig. Hieraus ergeben sich aber keine über § 16 BetrAVG hinausgehenden Ansprüche der Betriebsrentner.

Freiwillig erfolgte Anpassungen können auf die gesetzliche Anpassungsprüfung nach § 16 BetrAVG angerechnet werden (*BAG, 15.09.1977 – 3 AZR 654/76, BB 1977, 1550 = DB 1977, 1903 = NJW 1977, 2370; BAG, 17.01.1980 – 3 AZR 1018/78, BB 1980, 419; BAG, 03.02.1987 – 3 AZR 330/85, BB 1987, 1673 = DB 1987, 2046; BAG, 28.04.1992 – 3 AZR 356/91, BB 1992, 2296 = DB 1993, 282 = NZA 1993, 74; Höfer, BetrAVG, Bd. I [ArbR], § 16 Rn. 5381; Langohr-Plato, BB 1997, 1635*). Dies gilt auch für eine dem Betriebsrentner einmalig gewährte Kapitalzahlung. 1097

18. Betriebliche Übung und Anpassung

Fraglich ist, ob frühere Anpassungsentscheidungen, die bspw. eine volle Anpassung vorgesehen haben, obwohl eine Anpassung aufgrund der wirtschaftlichen Lage des Arbeitgebers hätte unterbleiben können, dazu führen können, dass die Anpassung(sprüfung) auch in Folgeprüfungen ohne Berücksichtigung der wirtschaftlichen Lage des Arbeitgebers und/oder der Nettolohnentwicklung erfolgen muss. 1098

1099 Insoweit ist zunächst festzuhalten, dass zu jedem Anpassungsprüfungsstichtag die wirtschaftliche Lage des Arbeitgebers **neu beurteilt** werden muss. Ist eine zum vorangegangenen Anpassungsprüfungszeitpunkt bestehende schlechte wirtschaftliche Lage des Arbeitgebers, die bei dieser vorangegangenen Anpassungsprüfung außer Betracht geblieben ist, zum folgenden Anpassungsprüfungszeitpunkt nicht mehr gegeben, kann die früher bestehende Situation ohnehin nicht mehr berücksichtigt werden.

1100 Besteht die schlechte wirtschaftliche Lage beim folgenden Anpassungsprüfungstermin nach wie vor, stellt sich die Frage, ob aus dem Gesichtspunkt der **betrieblichen Übung** diese unberücksichtigt bleiben muss.

1101 Grds. kann eine Versorgungsverpflichtung auch durch betriebliche Übung im Hinblick auf § 16 BetrAVG erhöht werden, im Ergebnis durch die regelmäßige Wiederholung gleichförmiger Verhaltensweisen im Betrieb, die denjenigen, der sich gleichförmig verhält ggü. seinen Vertragspartnern rechtlich bindet. Eine solche Verpflichtung kommt nur in Betracht, wenn mit dem Arbeitnehmer keine ausdrückliche individual-rechtliche Vereinbarung getroffen wird, d. h. auch, wenn die Leistung bzw. Zusage des Arbeitgebers über bestehende Vereinbarungen hinaus geht (*vgl. Blomeyer/Rolfs/Otto, BetrAVG, Anh. § 1 Rn. 17ff. m. w. N. und § 16 Rn. 252ff.*).

1102 Zur Feststellung der Bindung an eine betriebliche Übung ist zunächst der Gegenstand der betreffenden Übung zu klären. Entscheidend ist, ob sie dem Arbeitgeber einen **Entscheidungsspielraum** belässt (*vgl. Blomeyer/Rolfs/Otto, BetrAVG, § 16 Rn. 253*). Im vorgenannten Fall kommt als Gegenstand der betrieblichen Übung die Anpassung ohne Berücksichtigung der wirtschaftlichen Lage des Arbeitgebers in Betracht.

1103 Insoweit wird vertreten, dass ein Anspruch aus betrieblicher Übung auf eine Fortsetzung einer solchen »Prüfungsübung« bestehen kann, wenn der Arbeitgeber über einen längeren Zeitraum hinweg stets den vollen Teuerungsausgleich ohne Rücksicht auf seine (schlechte) wirtschaftliche Lage gewährt hat. Es könne in diesem Fall bei Rentnern und Anwärtern ein Vertrauen darauf entstanden sein, dass diese Übung auch fortgesetzt werde. Es handele sich hierbei um eine freiwillige Aufstockung der betrieblichen Altersversorgung, die nach den allgemeinen Grundsätzen zu beurteilen sei. Neben dem entstandenen Vertrauen muss der Bindungswille des Arbeitgebers deutlichen Ausdruck gefunden haben; dies ist z. B. nicht der Fall, wenn ein ausdrücklicher Vorbehalt der Freiwilligkeit und des mangelnden Fortsetzungswillens gemacht worden sei. Fehle ein solcher Vorbehalt wird man davon ausgehen können, dass der Vertrauenstatbestand erst dann entstanden ist, wenn der Arbeitgeber in **drei aufeinanderfolgenden Jahren** (Anpassungsprüfungsterminen) **vorbehaltlos** eine höhere Anpassung gewährt hat, als sie nach dem Gesetz und Rechtsprechung zu gewähren ist (*Blomeyer/Rolfs/Otto, BetrAVG, § 16 Rn. 254f.*).

1104 Demgegenüber geht eine andere Auffassung davon aus, dass **jede Anpassungsprüfung** und -entscheidung aus § 16 BetrAVG eine **Ermessensentscheidung** beinhalte, die gewisse Freiräume eröffne. Diese würde unzulässig eingeschränkt und es käme zu einem, gerade mit § 16 BetrAVG nicht beabsichtigten Anpassungsautomatismus, wenn nicht zu jedem Prüfungstermin das Ermessen neu ausgeschöpft werden könne (*Höfer, BetrAVG, Bd. I [ArbR], § 16 Rn. 5350ff. m. w. N.*).

1105 An ein bestimmtes Prüfverfahren ist der Arbeitgeber daher nicht gebunden. Wenn bislang die Teuerung immer ausgeglichen worden ist, so kann der Arbeitgeber bei Folgeprüfungen dennoch die mögliche Begrenzung auf die Nettoeinkommensentwicklung vornehmen und/oder seine wirtschaftliche Lage beachten. Ein **gleichmäßiges Anpassungsverhalten** kann somit **keine betriebliche Übung** bewirken. Vielmehr steht das Anpassungsverhalten unter dem gesetzlichen Vorbehalt einer Methodenvielfalt.

1106 Eine betriebliche Übung entsteht daher nur dann, wenn der Arbeitgeber zu erkennen gibt, dass er unabhängig von § 16 BetrAVG einen bestimmten Anpassungsmodus regelmäßig anwenden wird. Dies dürfte jedoch in der Praxis ein absoluter Ausnahmefall sein, dessen Vorliegen nur unter Würdigung aller Umstände des Einzelfalls festgestellt werden kann (*BAG, 03.12.1985 – 3 AZR 577/83,*

BB 1986, 2340 = DB 1986, 2551; BAG, 03.02.1987 – 3 AZR 330/85, BB 1987, 1673 = DB 1987, 2046; Blomeyer/Rolfs/Otto, BetrAVG, § 16 Rn. 255; Höfer, BetrAVG, Bd. I [ArbR], § 16 Rn. 5350 ff.).

19. Prozessuale Besonderheiten

Die auf Anpassung der Betriebsrente gerichtete Klage ist nur dann zulässig, wenn sie dem Bestimmtheitserfordernis des § 253 Abs. 2 Nr. 2 ZPO genügt. Ein bezifferter Leistungsantrag ist insoweit dann nicht erforderlich, wenn das Gericht den zu zahlenden Betrag nach § 315 Abs. 3 Satz 2 BGB rechtsgestaltend bestimmt. § 16 BetrAVG räumt dem Arbeitgeber ein Leistungsbestimmungsrecht ein. Der Versorgungsempfänger kann die Anpassungsentscheidung des Arbeitgebers in entsprechender Anwendung des § 315 Abs. 3 Satz 2 BGB durch das Gericht überprüfen lassen *(BAG, 17.10.1995 – 3 AZR 881/94, BAGE 81, 167, zu I 2 der Gründe m. w. N.)*. Mit der Angabe des anspruchsbegründenden Sachverhalts und eines Mindestbetrages wird dem Bestimmtheitsgebot des § 253 Abs. 2 Nr. 2 ZPO entsprochen. I. d. R. sollte allerdings der geltend gemachte Inflationsausgleich berechenbar sein und dann auch entsprechend im Klageantrag geltend gemacht werden.

1107

Gegenstand des Klageantrags ist nur der geltend gemachte Erhöhungsbetrag und nicht die unter Berücksichtigung der geltend gemachten Anpassung berechnete künftige Rente, da i. H. d. aktuell gezahlten Rente die Forderung des Betriebsrentners bereits erfüllt wird. Eine nur auf den Erhöhungsbetrag gerichtete Klage ist zulässig. Es handelt sich um eine Klage auf wiederkehrende Leistungen i. S. d. § 258 ZPO. Bei wiederkehrenden Leistungen, die – wie Betriebsrentenansprüche – von keiner Gegenleistung abhängen, können grundsätzlich auch künftig fällig werdende Teilbeträge eingeklagt werden. Im Gegensatz zu § 259 ZPO muss nicht die Besorgnis bestehen, dass der Schuldner sich der rechtzeitigen Leistung entziehen wird *(BAG, 11.10.2011 – 3 AZR 527/09, NZA 2012, 454 = BetrAV 2012, 267; BAG, 19.06.2012 – 3 AZR 408/10, BetrAV 2012, 710).*

1108

Der Anspruch auf Prozesszinsen entsteht gem. § 291 Satz 1 HS. 2 BGB frühestens ab der Fälligkeit der Forderung. Gleiches gilt für Verzugszinsen, da Verzug erst ab Fälligkeit eintreten kann. Die Fälligkeit der Anpassungsforderung des Klägers tritt nicht vor der Rechtskraft des Urteils ein. Leistungen, die nach billigem Ermessen zu bestimmen sind, werden bei gerichtlicher Bestimmung erst aufgrund eines rechtskräftigen Gestaltungsurteils nach § 315 Abs. 3 BGB fällig. Dazu gehören auch die aufgrund einer Anpassungsentscheidung nach § 16 Abs. 1 und Abs. 2 BetrAVG zu gewährenden Leistungen *(BAG, 28.06.2011 – 3 AZR 859/09, NZA 2011, 1285; BAG, 11.10.2011 – 3 AZR 527/09, NZA 2012, 454 = BetrAV 2012, 26).*

1108a

VI. Persönlicher Geltungsbereich (§ 17 BetrAVG)

1. Arbeitnehmerbegriff

Das Betriebsrentengesetz ist ein **Arbeitnehmerschutzgesetz** *(Huber, in: Kemper/Kisters-Kölkes/Berenz/Huber, § 17 Rn. 1)*. Als solches erstreckt sich sein persönlicher Geltungsbereich in erster Linie auf Arbeitnehmer, wobei § 17 Abs. 1 BetrAVG eine eigenständige **Definition des Arbeitnehmerbegriffs** enthält. Danach sind Arbeitnehmer im betriebsrentenrechtlichen Sinne alle Arbeiter und Angestellte einschließlich der zu ihrer Berufsausbildung Beschäftigten. Nach der gesetzlichen Regelung in § 17 Abs. 1 BetrAVG steht ein Berufsausbildungsverhältnis ausdrücklich einem Arbeitsverhältnis gleich. Mithin werden vom Betriebsrentengesetz alle in einer **abhängigen Tätigkeit** Beschäftigten erfasst, deren Tätigkeit auf einem Dienst- oder Anstellungsverhältnis beruht. Dies sind neben den von § 5 Abs. 1 ArbGG erfassten Arbeitnehmern auch alle Heimarbeiter, Hausgewerbetreibende und selbstständige Handelsvertreter, die als Ein-Firmenvertreter mit geringen Einkünften tätig sind *(vgl. auch Förster/Cisch/Karst, BetrAVG, § 17 Anm. 3; Blomeyer/Rolfs/Otto, BetrAVG, § 17 Rn. 8 ff.; Huber, in: Kemper/Kisters-Kölkes/Berenz/Huber, § 17 Rn. 2; Höfer, BetrAVG, Bd. I [ArbR], § 17 Rn. 5570 ff.).*

1109

Lediglich für den nach § 1a BetrAVG bestehenden Rechtsanspruch auf Entgeltumwandlung, der als Ausgleich für Einschnitte im Leistungsniveau der gesetzlichen Rentenversicherung i. R. d. BetrAVG-Novelle 2001 in das Gesetz eingeführt worden ist, gilt ein modifizierter Arbeitnehmerbegriff. § 17

1110

Abs. 1 Satz 3 BetrAVG bestimmt mit Wirkung vom 01.01.2002, dass der Anspruch auf Entgeltumwandlung nach § 1a Abs. 1 BetrAVG nur den Arbeitnehmern zusteht, die in der gesetzlichen Rentenversicherung pflichtversichert sind. Ansonsten bleibt der Arbeitnehmerbegriff in seiner bisherigen Definition erhalten. Bedeutung hat dies für alle nicht in der gesetzlichen Rentenversicherung pflichtversicherten Arbeitnehmer. Sie können keinen Rechtsanspruch auf betriebliche Altersversorgung geltend machen. Dies gilt insb. für Mitarbeiter, die in einem berufsständischen Versorgungswerk versichert sind.

1111 Darüber hinaus findet gem. § 17 Abs. 1 Satz 2 BetrAVG das Gesetz aber auch **auf Nichtarbeitnehmer** Anwendung, sofern ihnen vom Arbeitgeber finanzierte betriebliche Versorgungsleistungen **aus Anlass ihrer Tätigkeit für ein fremdes, nicht eigenes Unternehmen** zugesagt worden sind. Entgegen dem ersten Eindruck, dass über diese Generalklausel alle für ein Unternehmen in irgendeiner Art und Weise tätigen Personen erfasst werden könnten, muss die Vorschrift nach ihrem Sinn und Zweck **einschränkend** ausgelegt werden (*so auch Höfer, BetrAVG, Bd. I [ArbR], § 17 Rn. 5555f.*).

1112 Versorgungsleistungen eines Unternehmens sind danach nur dann in den Schutzbereich des Betriebsrentengesetzes einzubeziehen, wenn sie als Entgelt für eine einem **fremden Unternehmen** ggü. erbrachte Tätigkeit gewährt werden. Damit unterfallen **selbstständige Unternehmer** (u. a. Einzelkaufleute, Gesellschafter von Personengesellschaften, persönlich haftende Gesellschafter einer KG) und solche **Gesellschafter** eines Unternehmens nicht dem Schutz des Betriebsrentengesetzes, die das Unternehmen kraft ihrer Kapitalanteile oder aufgrund sonstiger Leitungsmacht führen, und zwar unabhängig davon wie ihre Tätigkeit für das Unternehmen steuer- und sozialversicherungsrechtlich zu bewerten ist. Diese Personen werden nicht für ein fremdes, sondern für ihr eigenes Unternehmen tätig (*Förster/Cisch/Karst, BetrAVG, § 17 Anm. 5; Höfer, BetrAVG, Bd. I [ArbR], § 17 Rn. 5557*).

1113 Demnach erfasst § 17 Abs. 1 Satz 2 BetrAVG in erster Linie **arbeitnehmerähnliche** Personen, aber auch Handelsvertreter, Versicherungsvertreter und die nicht beteiligten Organe einer Kapitalgesellschaft, d. h. die Vorstände und rein angestellten Geschäftsführer, sowie freiberuflich Tätige (*BGH, 13.07.2006 – IX ZR 90/05, DB 2006, 1951; Huber, in: Kemper/Kisters-Kölkes/Berenz/Huber, § 17 Rn. 3; Förster/Cisch/Karst, BetrAVG, § 17 Anm. 2*). Hinsichtlich der **Freiberufler** ist allerdings zu berücksichtigen, dass hier – unabhängig von der Anwendbarkeit des Betriebsrentengesetzes – **standesrechtliche Restriktionen** hinsichtlich der Gewährung betrieblicher Versorgungszusagen durch vom Freiberufler betreute Unternehmen bestehen können. So sieht z. B. die Berufsordnung der Wirtschaftsprüfer ein ausdrückliches Verbot der Entgegennahme betrieblicher Versorgungszusagen vor, da durch entsprechende Versorgungszusagen die Unabhängigkeit des Wirtschaftsprüfers bei seiner Berufsausübung als nicht mehr gewährleistet angesehen wird.

1114 Inwieweit der Schutz des Betriebsrentengesetzes für **Gesellschafter-Geschäftsführer** einer Kapitalgesellschaft gilt (*vgl. u. a. BGH, 25.09.1989 – II ZR 259/88, MDR 1990, 137 = NJW 1990, 49; BGH, 28.01.1991 – II ZR 29/90, DB 1991, 1231 = MDR 1991, 608 = NJW-RR 1991, 746*), muss demnach im konkreten Einzelfall anhand der jeweiligen Beteiligungsverhältnisse, Stimmrechte und faktischen Einflussnahme geprüft werden. Die dabei zu beachtenden sonstigen arbeits- und steuerrechtlichen Rahmenbedingungen sind an anderer Stelle ausführlich dargestellt (*vgl. Rdn. 1840ff.*).

1115 Wechselt der Versorgungsberechtigte im Laufe seiner Tätigkeit für ein Unternehmen aus der gesetzlich geschützten Arbeitnehmerposition in eine vom Betriebsrentengesetz nicht erfasste Unternehmerstellung oder umgekehrt (**Statuswechsel**), so ist eine ihm erteilte Versorgungszusage entsprechend in einen geschützten und einen ungeschützten Teil aufzuspalten. Unabhängig vom Status des Versorgungsberechtigten beim Eintritt des Versorgungsfalls unterfallen die Zeiten als Arbeitnehmer dem Betriebsrentengesetz und werden bei den Unverfallbarkeitsfristen sowohl hinsichtlich der Zusagedauer als auch i. R. d. Betriebszugehörigkeit mitberücksichtigt (*BGH, 28.04.1980 – II ZR 254/78, BB 1980, 1046 = DB 1980, 1434 = NJW 1980, 2254; BGH, 09.06.1980 – II ZR 255/78, BB 1980, 1215 = DB 1980, 1588 = NJW 1980, 2257; BGH, 16.06.1980 – II ZR 185/79, BB 1980, 1425 = DB 1980, 1991 = NJW 1980, 2471; BGH, 14.07.1980 – II ZR 106/79, BB 1980, 1425 = DB 1980, 1991 = NJW 1980, 2471; BGH, 16.02.1981 – II ZR 95/80, BB 1981, 615 = BetrAV 1981, 58;*

BGH, 25.09.1989 – II ZR 259/88, DB 1989, 2425 = MDR 1990, 320). Allein der auf diese Zeiten entfallende Anwartschaftswert unterliegt dem gesetzlichen Insolvenzschutz.

Der Ausschluss einer betrieblichen Versorgungszusage aus dem Anwendungsbereich des Betriebsrentengesetzes führt allerdings nicht zu deren arbeits- und zivilrechtlichen Unwirksamkeit. Vielmehr können auch vom Betriebsrentengesetz nicht erfasste Personen rechtswirksam eine betriebliche Altersversorgung erhalten. Soweit auf diese Zusagen dann das Betriebsrentengesetz keine Anwendung findet, können seine wesentlichen Bestimmungen wie z. B. zur Unverfallbarkeit oder zur Anpassungsprüfung zum Inhalt einer entsprechenden **vertraglichen Versorgungsvereinbarung** gemacht werden. Lediglich der gesetzliche Insolvenzschutz kann privatrechtlich nicht herbeigeführt werden, da eine entsprechende Vereinbarung als **Vertrag zulasten Dritter** nicht zulässig ist (*vgl. auch Höfer, BetrAVG, Bd. I [ArbR], § 17 Rn. 5668*).

1116

2. Kausalität zwischen Zusage und Arbeitsverhältnis

Gem. § 1 Abs. 1 Satz 1 BetrAVG liegt eine betriebliche Altersversorgung iSd. Betriebsrentengesetzes nur dann vor, wenn dem Arbeitnehmer Versorgungsleistungen »aus Anlass seines Arbeitsverhältnisses« zugesagt werden. Auch der in § 17 Abs. 1 BetrAVG normierte persönliche Geltungsbereich des Betriebsrentengesetzes verlangt für die Anwendbarkeit des Gesetzes auf Personen, die nicht Arbeitnehmer sind, dass sie Versorgungsleistungen »aus Anlass« ihrer Tätigkeit für ein Unternehmen erhalten haben. Aus anderen Gründen erteilte Versorgungszusagen werden nicht durch das Betriebsrentengesetz geschützt (*BAG, 19.1.2010 – 3 AZR 42/08, DB 2010, 1411*). Daraus folgt zwingend ein ursächlicher Zusammenhang zwischen der Zusageerteilung und dem Arbeits-/Beschäftigungsverhältnis des Versorgungsberechtigten als tatbestandliche Voraussetzung für die Anwendbarkeit des Betriebsrentengesetzes. Erforderlich ist dabei eine Kausalitätsprüfung, die alle Umstände des Einzelfalls berücksichtigt (*BAG, 19.01.2010 – 3 AZR 42/08, DB 2010, 1411*).

1116a

Sagt ein Unternehmen z. B. allen Geschäftsführern, aber auch nur diesen eine betriebliche Versorgung zu, so ist dies ein Indiz dafür, dass die Zusage nicht »aus Anlass« des Arbeitsverhältnisses bzw. »aus Anlass« der Tätigkeit für das Unternehmen erteilt worden ist. Dies gilt insbesondere dann, wenn es nur wenige Gesellschafter gibt (*BAG, 19.01.2010 – 3 AZR 42/08, DB 2010, 1411*). Ferner kommt es darauf an, ob die zugesagte Versorgung nach Inhalt, Art und Umfang auch bei Fremdkräften wirtschaftlich vernünftig und üblich gewesen wäre und die wirtschaftliche Leistungsfähigkeit des Unternehmens nicht überfordert hätte (*»arbeitsrechtlicher Fremdvergleich«* in Analogie zum körperschaftsteuerlichen Fremdvergleich beim Gesellschafter-Geschäftsführer, *vgl. hierzu unten Rdn. 1959*). Dabei kann es auch entscheidungsrelevant sein, ob eine bereits während des Beschäftigungsverhältnisses zu finanzierende Direktversicherung oder eine unmittelbare Pensionszusage vorliegt, bei der die Belastungen für das Unternehmen erst bei Eintritt des Versorgungsfalls entstehen (*BAG, 19.01.2010 – 3 AZR 42/08, DB 2010, 1411; BAG, 25.01.2000 – 3 AZR 769/98, DB 2001, 2102*).

3. Öffentlicher Dienst

Gem. § 17 Abs. 2 BetrAVG gelten die in §§ 7 bis 15 BetrAVG geregelten Bestimmungen zum **gesetzlichen Insolvenzschutz** nicht für die Mitarbeiter des öffentlichen Dienstes soweit sie bei einer **Gebietskörperschaft** (Bund, Bundesländer und Gemeinden) oder einer Körperschaft, Stiftung bzw. Anstalt des öffentlichen Rechts, bei der eine **Insolvenz nicht zulässig** ist, angestellt sind. Diesen Arbeitgebern gleichgestellt sind solche juristische Personen des öffentlichen Rechts, bei denen der Bund, das Land oder die Gemeinde kraft Gesetzes die Zahlungsunfähigkeit sichert (z. B. kommunale Sparkassen und Landesbanken, AOK in NRW, Versicherungskammern). In allen anderen Fällen greift auch im öffentlichen Dienst der gesetzliche Insolvenzschutz ein. Dies gilt insb. für die in der Rechtsform einer AG oder GmbH betriebenen Unternehmen (z. B. im Bereich Verkehr und Entsorgung), bei denen die Gebietskörperschaft alleiniger Anteilseigner oder Mehrheitsgesellschafter ist.

1117

Berücksichtigt man ferner, dass gem. § 18 Abs. 1 BetrAVG die gesetzlichen Regelungen zur **Unverfallbarkeit**, zum **Auszehrungsverbot** und zur **Anpassungsprüfungspflicht** für die Mitarbeiter

1118

des öffentlichen Dienstes **nicht gelten**, so hat das BetrAVG im öffentlichen Dienst nur einen sehr **begrenzten Anwendungsbereich**, der sich im Wesentlichen auf die in § 1 BetrAVG geregelte Unverfallbarkeit betrieblicher Versorgungsanwartschaften dem Grunde nach beschränkt. I. Ü. regelt sich die betriebliche Altersversorgung des öffentlichen Dienstes nach dem **Satzungsrecht** diverser **Zusatzversorgungskassen**. Die sich hieraus ergebenden Besonderheiten werden im nachfolgenden Kapitel (*Rdn. 1137ff.*) dargestellt.

4. Tarifliche Sonderrechte, Tariföffnungsklausel und Tarifvorbehalt

1119 Gem. § 17 Abs. 3 Satz 1 BetrAVG kann von den gesetzlichen Regelungen der §§ 1a, 2 bis 5, 16, 27 und 28 BetrAVG, d. h. insb. den gesetzlichen Regelungen zur **Unverfallbarkeit**, zum **Auszehrungsverbot** und zur **Anpassungsprüfungspflicht**, nur in Tarifverträgen abgewichen werden. I. Ü., d. h. durch Individual- oder Betriebsvereinbarung, darf gem. § 17 Abs. 1 Satz 3 BetrAVG von den Bestimmungen des BetrAVG nur zugunsten des Versorgungsberechtigten abgewichen werden.

1120 Die Abweichung gilt zunächst nur für die **tarifgebundenen Arbeitgeber** und **Arbeitnehmer**. Sie kann im Wege der Allgemeinverbindlichkeitserklärung nach § 5 TVG auch für nicht tarifgebundene Arbeitnehmer und Arbeitgeber Anwendung finden. Außerdem gelten gem. § 17 Abs. 3 Satz 2 BetrAVG die Abweichungen auch zwischen nicht tarifgebundenen Arbeitgebern und Arbeitnehmern, wenn zwischen diesen die Geltung der einschlägigen tariflichen Regelung vereinbart ist. Dies ist möglich im Wege der einzelvertraglichen Übernahme sowie aufgrund betrieblicher Übung, nicht jedoch durch Betriebsvereinbarung. Grds. nicht möglich ist die Übernahme einer tarifvertraglichen Regelung in ein Unternehmen, das nicht dem tariflichen Geltungsbereich unterliegt.

1121 I. R. d. Vereinbarung kann zudem grds. nur die gesamte tarifliche Regelung hinsichtlich der betrieblichen Altersversorgung übernommen werden. Eine Übernahme nur der für den Arbeitnehmer ungünstigen Abweichungen ist nicht zulässig (*so auch Höfer, BetrAVG, Bd. I [ArbR], § 17 Rn. 5657*).

1122 In allen anderen Fällen kann gem. § 17 Abs. 3 Satz 3 BetrAVG nach dem Gesetzeswortlaut nicht zuungunsten des Arbeitnehmers abgewichen werden.

1123 Die vorgestellten Grundsätze gelten auch für **außertarifliche** und **leitende Angestellte**. Da mit wenigen Ausnahmen für leitende Angestellte keine Tarifverträge bestehen, können nach dem Gesetzeswortlaut Abweichungen zuungunsten dieses Personenkreises nur dann vereinbart werden, wenn bereits ein Tarifvertrag für die übrigen Arbeitnehmer existiert und dessen Geltung individuell vereinbart wird.

1124 Dieses Ergebnis kann man wegen geringerer Schutzbedürftigkeit des Personenkreises infrage stellen, wenn und soweit überhaupt möglich lediglich für einzelne außertarifliche Angestellte und/oder leitende Angestellte eine betriebliche Altersversorgung existiert bzw. nur für diese von den Vorschriften des BetrAVG abgewichen werden soll. Andererseits fallen auch diese Gruppen unter den Schutz des BetrAVG. Das BetrAVG lässt Abweichungen zuungunsten des Arbeitnehmers nur zu, wenn dies in einem Tarifvertrag vereinbart ist. Die Öffnungsklausel beruht auf der Vorstellung, Tarifvertragsparteien seien einander gleichstarke Partner im Aushandeln arbeitsvertraglicher Bedingungen, sodass staatlicher Schutz des Arbeitnehmers entbehrlich ist. Außertarifliche Angestellte und leitende Angestellte wird man dagegen nicht als gleichstarke Partner des Arbeitgebers ansehen können, die des Schutzes durch das BetrAVG nicht bedürfen. Dementsprechend wird man auch nicht im Wege der entsprechenden Anwendung eine Abweichung durch bloße Vereinbarung mit dem außertariflichen bzw. leitenden Angestellten zulassen können.

1125 Konsequenz der gesetzlichen Regelung ist also, dass die als **zwingende Mindestschutznormen** ausgestalteten Vorschriften des BetrAVG außerhalb des Tarifvertragsrechts generell **unabdingbar** sind und nicht zum Nachteil der Versorgungsberechtigten abgeändert werden können, und zwar auch nicht mit deren Einverständnis.

VI. Persönlicher Geltungsbereich (§ 17 BetrAVG)   B.

Eine **Ausnahme** gilt allenfalls für **Organe von Gesellschaften** (GmbH-Geschäftsführer, Vorstände einer AG). Diese sind zwar keine Arbeitnehmer. Gleichwohl gilt ist für sie, solange sie keine beherrschende Stellung im Unternehmen innehaben das BetrAVG gem. § 17 Abs. 1 Satz 2 BetrAVG und damit auch das in § 17 Abs. 3 Satz 3 BetrAVG enthaltene Verschlechterungsverbot. Andernfalls würde der Schutz des BetrAVG ins Leere laufen, wenn durch einfache vertragliche Vereinbarung die zwingend vorgeschriebenen Schutzmechanismen des Gesetzes abbedungen und damit ausgehebelt werden könnten (*BGH, 29.05.2000 – II ZR 380/98, BetrAV 2000, 488 = NZA 2001, 266; BGH, 03.07.2000 – II ZR 381/98, NZA 2001, 612; Blomeyer/Rolfs/Otto, § 17 Rn. 210; Höfer, BetrAVG, Bd. I – ArbR, § 17 Rn. 5666*). 1126

Zu berücksichtigen ist aber, dass bei **Organmitgliedern** in vielen Fällen und im Gegensatz zu Arbeitnehmern bei der Aushandlung ihrer Arbeitsverträge und ihrer Versorgungsvereinbarungen **keine Verhandlungsunterlegenheit** festzustellen ist. Es wäre allerdings verfehlt, aus einer im Einzelfall ggf. vorliegenden Chancengleichheit gleich auf eine vollständige Abbedingbarkeit der im BetrAVG normierten Vorschriften zu schließen. Abweichende Regelungen werden daher von der Rechtsprechung nur insoweit anerkannt, als sie unter Zugrundelegung eines tatsächlich erfolgten Verhandlungsprozesses zu insgesamt angemessenen und verhältnismäßigen Ergebnissen führen. Einzelvertragliche Abänderungen des BetrAVG dürfen daher nicht den Rahmen sprengen, den Gesetz und Rechtsprechung für tarifvertragliche Änderungen i.R.v. § 17 Abs. 1 Satz 1 BetrAVG gesetzt haben (*BAG, 21.04.2009 – 3 AZR 285/07, ArbR 2009, 142*). 1127

Ergibt eine Überprüfung einer vertraglich vom BetrAVG abweichenden Versorgungsvereinbarung eine Benachteiligung des Versorgungsberechtigten, so ist die entsprechende, den Versorgungsberechtigten benachteiligende Regelung gem. § 134 BGB nichtig (*Förster/Cisch/Karst, BetrAVG, § 17 Anm. 22; Höfer, BetrAVG, Bd. I [ArbR], § 17 Rn. 5667*) und wird durch die entsprechende gesetzliche Bestimmung ersetzt (*Blomeyer/Rolf/Otto, BetrAVG, § 17 Rn. 213; Höfer, BetrAVG, Bd. I [ArbR], § 17 Rn. 5667*). 1128

Eine den Versorgungsberechtigten ggü. den Bestimmungen des BetrAVG **begünstigende Regelung**, z. B. die vertragliche Verkürzung der Unverfallbarkeitsfrist, eine über das ratierliche Berechnungsverfahren des § 2 BetrAVG hinausgehende Regelung zur Höhe der unverfallbaren Anwartschaft oder eine vertragliche Rentenanpassungsverpflichtung, ist dagegen jederzeit **zulässig**. Auch ein über den gesetzlichen Insolvenzschutz hinausgehender privatrechtlicher Insolvenzschutz ist zulässig, soweit er nicht zulasten des PSV, sondern z. B. über die Verpfändung einer Rückdeckungsversicherung, gestaltet wird (*vgl. auch die Ausführungen unter Rdn. 1821 ff.*). 1129

§ 17 Abs. 5 BetrAVG sieht zudem vor, dass für Tariflohn nur dann eine Entgeltumwandlung vereinbart werden kann, soweit dies durch einen Tarifvertrag vorgesehen (tarifvertraglicher Anspruch auf Entgeltumwandlung) oder durch Tarifvertrag zugelassen (sog. Öffnungsklausel) ist. 1130

Die Vorschrift § 17 Abs. 5 BetrAVG gilt nach § 30h BetrAVG für Entgeltumwandlungen, die auf Zusagen beruhen, die nach dem 29.06.2001 erteilt worden sind. 1131

Damit ist seit dem 30.06.2001 eine Zusageerteilung i. R. d. Entgeltumwandlung – insb. im Durchführungsweg der Direktversicherung – ohne entsprechende tarifvertragliche »Genehmigung« nicht mehr möglich, soweit auf Tarifentgelt verzichtet bzw. Tarifentgelt umgewandelt wird. 1132

§ 30h BetrAVG stellt auf die einzelne Entgeltumwandlungsvereinbarung zwischen Arbeitgeber und Arbeitnehmer ab. **Relevantes Datum** ist die **Zusageerteilung**. Eine solche ist i. d. R. mit Abschluss der Entgeltumwandlungsvereinbarung erteilt. Je nach Inhalt der Vereinbarung kann dies auch ein späterer Zeitpunkt sein. Zu beachten sind insb. eventuelle aufschiebende Bedingungen (z. B. Zusageerteilung nur bei Abschluss der Direkt- oder Rückdeckungsversicherung), die den Zeitpunkt der Zusageerteilung nach hinten verschieben können. 1133

Nicht möglich ist es daher, auf das Datum abzustellen, seit dem eine kollektive Regelung etwa in Gestalt einer Betriebsvereinbarung existiert, die den Rahmen für die einzelne Entgeltumwandlung 1134 beschreibt. Auch in diesen Fällen wird eine Zusage regelmäßig frühestens mit Abschluss der Entgeltverzichtsvereinbarung zwischen Arbeitgeber und Arbeitnehmer erteilt.

1135 Darüber hinaus ist im Bereich von sog. **Einmal-Verzichtsvereinbarungen** (Bausteinsysteme mit jährlich neuem Verzicht) fraglich, ob für das Datum der Zusageerteilung die jeweilige – z. B. jährliche – Verzichtsvereinbarung maßgeblich ist. Damit könnte ein solches System im Tariflohnbereich für Zusagen ab dem obigen Stichtag nur noch mit einer entsprechenden tariflichen Regelung fortgesetzt werden. Vielmehr wird man darüber nachzudenken haben, ob nicht mit Hinweis auf die sog. Einheitstheorie die Gegenauffassung vertreten werden und demnach ein solches System unabhängig von einer tarifvertraglichen Öffnungsklausel fortgesetzt werden kann. Insoweit wird es jedoch auf den konkreten Einzelfall ankommen.

1136 Soweit Tarifvertragsparteien einen detaillierten **Tarifvertrag zur betrieblichen Altersversorgung gegen Entgeltumwandlung** abschließen wollen, können sie wie bisher i. R. d. § 17 Abs. 3 BetrAVG von einigen Vorschriften des BetrAVG auch zuungunsten der Arbeitnehmer abweichen. Insoweit sind jedoch die von der Rechtsprechung hierzu festgelegten Grundsätze zu beachten, wonach eine völlige Aushöhlung der gesetzlichen Regelungen und der darin zum Ausdruck kommenden Wertordnung unzulässig ist (*BVerfG, 15.07.1998 – 1 BvR 1544/89, ArbuR 1999, 147; Blomeyer, DB 2001, 1416; Höfer, BetrAVG, Bd. I [ArbR], Rn. 5651*). Im Ergebnis führt diese Regelung aber zu einem sehr weiten Gestaltungsspielraum der Tarifvertragsparteien (*vgl. auch die ausführliche systematische Abhandlung bei Schliemann, BetrAV 2001, 732 und Steinmeyer, BetrAV 2001, 727*), da diese es letztendlich in der Hand haben, ob eine Entgeltumwandlung überhaupt in den tarifgebundenen Unternehmen realisiert werden kann. Angesichts der Tatsache, dass kein Zwang zum Abschluss von Versorgungstarifverträgen besteht, die Tarifvertragsparteien also durch bloßes Nichtstun die Entgeltumwandlung verhindern und damit die vom Gesetzgeber beabsichtigte Förderung der betrieblichen Altersversorgung durch Entgeltumwandlung aushebeln können, ist jeder Tarifvertrag, der eine Entgeltumwandlung ermöglicht, für die Arbeitnehmer günstiger, als ein nicht existenter Tarifvertrag. Von daher dürfte es auch zulässig sein, über § 17 Abs. 5 BetrAVG i. V. m. § 17 Abs. 3 BetrAVG sehr weit in den Regelungsbereich des gesetzlichen Rechtsanspruchs auf Entgeltumwandlung einzugreifen und z. B. die umwandlungsfähigen Beträge zu reduzieren oder zu erhöhen, die steuerliche Förderung nach § 10a EStG aus der betrieblichen Altersversorgung auszuschließen und auf die Privatvorsorge zu verlagern oder auch steuerlich nicht geförderte Durchführungswege wie die Pensionszusage oder die Unterstützungskasse für die Entgeltumwandlung vorzusehen.

VII. Grundsätze der betrieblichen Altersversorgung im öffentlichen Dienst (§ 18 BetrAVG)

Literatur:
Berger/Kiefer/Langenbrinck, Betriebliche Altersversorgung im öffentlichen Dienst, Loseblatt-Ausg. München.

1137 Die Altersversorgung der Mitarbeiter des öffentlichen Dienstes erfolgt über Zusatzversorgungskassen, die regelmäßig als Pensionskassen in der Rechtsform einer **Anstalt des öffentlichen Rechts** geführt werden. Hierbei handelt es sich zum einen um die Versorgungsanstalt des Bundes und der Länder (VBL) und zum anderen um eine Vielzahl kommunaler Zusatzversorgungskassen (ZVK).

1138 Die Zusatzversorgung des öffentlichen Dienstes ist eine Sonderform der betrieblichen Altersversorgung. Mit rund 4,3 Mio. Pflichtversicherten erfasst dieses System 13 % der erwerbstätigen Menschen in Deutschland. Die Leistungen der Zusatzversorgung im öffentlichen Dienst betrugen 2011 rund 10,9 Mrd. €, womit die Versorgung an fünfter Stelle der Leistungsträger der Alterssicherung in Deutschland steht. Größte Zusatzversorgungseinrichtung des öffentlichen Dienstes ist die Versorgungsanstalt des Bundes und der Länder (VBL) in Karlsruhe mit knapp 5.400 beteiligten Arbeitgebern, knapp 4,3 Mio. Pflichtversicherten und nahezu 1,2 Mio. Rentnern.

VII. Grundsätze der betrieblichen Altersversorgung im öffentlichen Dienst (§ 18 BetrAVG)　　B.

Das Leistungsrecht, d. h. Leistungsvoraussetzungen und Leistungsumfang, dieser Versorgungseinrichtungen ist identisch und zeichnet sich durch ein Verbundsystem aus, nach dem Versicherungszeiten aufgrund Vereinbarung zwischen den einzelnen Zusatzversorgungskassen übertragen bzw. aufeinander angerechnet werden können. Ausgehend von diesem einheitlichen rechtlichen Rahmen beschränken sich die nachfolgenden Ausführungen auf die Satzungsbestimmungen der VBL. 　1139

1. Mitgliedschaftsvoraussetzungen

Jeder Arbeitnehmer 　1140
– des Bundes, der Länder, der Gemeinden und sonstiger Gebietskörperschaften,
– einer juristischen Person des öffentlichen Rechts, die das Tarifrecht des öffentlichen Dienstes anwendet,
– sowie eines Arbeitgebers, der das Tarifrecht des öffentlichen Dienstes anwendet und an dem juristische Personen des öffentlichen Rechts überwiegend beteiligt sind oder maßgeblichen Einfluss ausüben,

ist grds. in der VBL **pflichtversichert**, sofern er das 17. Lebensjahr vollendet hat und er die Wartezeit von 60 Umlagemonaten bis zur Vollendung des 65. Lebensjahres erfüllen kann.

Rechtliche Grundlage der Zusatzversorgung sind die Tarifverträge vom 01.03.2002, nämlich **ATV** 　1141
und **ATV-K**. Entsprechende Regelungen gibt es im besonderen Arbeitsrecht der Kirchen sowie bei den großen Arbeitgebern, z. B. aus dem Bereich der Sozialversicherung, die eigene Tarifverträge mit entsprechendem Inhalt abgeschlossen haben. I. Ü. ergibt sich der Verschaffungsanspruch aus einzelnen Haustarifverträgen, aus Betriebsvereinbarungen oder aus Arbeitsverträgen, die eine Verweisung oder eine ausdrückliche Erwähnung einer Versicherungspflicht bei der VBL oder einer vergleichbaren Zusatzversorgungseinrichtung enthalten. Beispielhaft sei hier der § 46 des Bundes-Angestelltentarifvertrages (BAT) erwähnt, der davon spricht, dass der Angestellte Anspruch auf Versicherung unter eigener Beteiligung zum Zwecke einer zusätzlichen Alters- und Hinterbliebenenversorgung nach Maßgabe eines besonderen Tarifvertrages hat. Die Rechtsprechung hat dieses Rechtsverhältnis i. R. d. Arbeitsvertrages als Rechtsanspruch auf Verschaffung der Zusatzversorgung eingeordnet.

Diesen Verschaffungsanspruch erfüllt der Arbeitgeber dadurch, dass er bei einer Zusatzversorgungseinrichtung beteiligt ist, bei der er den pflichtversicherten Arbeitnehmer zur Pflichtversicherung anmeldet und die Umlagen und ggf. weitere Finanzierungsbeiträge entrichtet. 　1142

I. R. d. Satzungsbestimmungen ist für die beteiligten Unternehmen eine **Austrittsmöglichkeit** für den Fall einer **Privatisierung** des Unternehmens geregelt. Danach hat das ausscheidende Unternehmen nach erfolgter Kündigung der Mitgliedschaft für die von der Zusatzversorgungskasse zu erfüllenden Versorgungsverpflichtungen für die im Zeitpunkt des Austritts laufenden Renten und die zukünftig fällig werdenden Zahlungsverpflichtungen ggü. bereits mit unverfallbaren Anwartschaften ausgeschiedenen Versorgungsberechtigten sowie für deren Hinterbliebene durch eine **Ausgleichszahlung** i. H. d. »**Gegenwertes**« zu erstatten. Dieser Gegenwert ist nach versicherungsmathematischen Grundsätzen auf der Basis eines Rechnungszinses von 5,5 % zu ermitteln. 　1143

2. Grundlagen des Leistungsrechts

Die **Finanzierung** der Versorgungsleistungen erfolgte bis Ende 2001 ausschließlich durch die Arbeitgeber im Rahmen eines **Umlageverfahrens** (*vgl. hierzu die Ausführungen in der 2. Aufl. unter Rn. 679 ff.*). Die Höhe dieser Umlage belief sich auf 4,8 % des zusatzversorgungspflichtigen Entgelts (= steuerpflichtiger Arbeitslohn). 　1144

Nach dem Altersvorsorgeplan 2001 und dem Tarifvertrag Altersversorgung (ATV) v. 01.03.2002 ist das frühere Gesamtversorgungssystem rückwirkend zum 31.12.2000 geschlossen und durch ein sog. **Versorgungspunktemodell** ersetzt worden. 　1145

1146 Nach dem Versorgungspunktemodell wird eine Leistung zugesagt, die sich ergeben würde, wenn eine Gesamtbeitragsleistung von 4 % des zusatzversorgungspflichtigen Entgelts vollständig in ein kapitalgedecktes System eingezahlt würde. Aus diesem fiktiven Beitrag werden dann unter Anwendung einer versicherungsmathematisch ermittelten Transformationstabelle aus dem Verhältnis zwischen dem individuellen zusatzversorgungspflichtigen Jahresentgelt und einem versicherungsmathematisch festgelegten Referenzentgelt unter Berücksichtigung eines Altersfaktors für jedes Versicherungsjahr Versorgungspunkte nach folgender Formel ermittelt:

$$\text{Versorgungspunkte} = \frac{\text{Entgelt des Versicherten}}{\text{Referenzentgelt}} \times \text{Altersfaktor}$$

Diese Versorgungspunkte werden in der Anwartschaftszeit mit einem Garantiezins von 3,25 % verzinst.

1147 Bei Eintritt des Versicherungsfalls wird die Summe aller Versorgungspunkte mit einem Messbetrag i. H. v. 0,4 % des monatlichen Referenzentgelts multipliziert. Die monatliche Zusatzrente der VBL bei Eintritt des Versicherungsfalls ergibt sich somit nach folgender Formel:

monatliche Zusatzrente = Summe aller Versorgungspunkte × Messbetrag

1148 Die ermittelte Rente wird beginnend mit dem Jahr 2002 jeweils zum 01.07. eines Jahres mit 1 % dynamisiert. Durch das neue Versorgungspunktemodell wird also eine unabhängig von den Bezugssystemen der Beamtenversorgung und der gesetzlichen Rentenversicherung berechnete Versorgungsleistung gezahlt.

1149 Die **Versicherungsfälle** entsprechen wie bisher denen in der gesetzlichen Rentenversicherung (Alters-, Erwerbsminderungs- oder Hinterbliebenenrente). In Fällen der teilweisen Erwerbsminderung wird lediglich die Hälfte des Betrages gezahlt, der bei voller Erwerbsminderung zustünde. Für jeden Monat der vorzeitigen Inanspruchnahme verringert sich die Rente um 0,3 %, insgesamt jedoch nicht um mehr als 10,8 %.

1150 In dem Punktemodell finden diverse soziale Komponenten besondere Berücksichtigung, wie z. B. Zurechnungszeiten bei Erwerbsminderungs- und Hinterbliebenenrenten, Kindererziehungszeiten oder Übergangsregelungen (Mindestversorgungsniveau) für Geringverdiener mit einer Mindestpflichtversicherungszeit von 20 Jahren bei einem monatlichen Verdienst von weniger als 3.600,00 DM brutto. Die Entgelte aus Altersteilzeit werden weiterhin mit 90 % des vor Beginn der Altersteilzeit maßgebenden Wertes zugrunde gelegt.

3. Riester-Rente und Entgeltumwandlung

1151 Die Schließung des an der Beamtenversorgung orientierten Gesamtversorgungssystems eröffnet den Mitarbeitern des öffentlichen Dienstes zugleich die Möglichkeit, im Wege der privaten Eigenvorsorge eine zusätzliche kapitalgedeckte Altersversorgung durch eigene Beiträge unter Inanspruchnahme der steuerlichen Förderung nach § 10a EStG (sog. **Riester-Rente**) aufzubauen.

1152 Durch den »Tarifvertrag zur Entgeltumwandlung für Arbeitnehmer im kommunalen öffentlichen Dienst« (**TV-EUmw/VKA**) vom 18.02.2003 ist den Beschäftigten im kommunalen öffentlichen Dienst zudem die Möglichkeit eröffnet worden, eine zusätzliche betriebliche Altersversorgung im Wege der Entgeltumwandlung aufzubauen.

1153 Im Bereich von Bund und Ländern ist die Entgeltumwandlung derzeit noch ausgeschlossen, da insoweit noch ein entsprechender Tarifvertrag als Rechtsgrundlage für die Entgeltumwandlung fehlt. Die Tarifvertragsparteien haben jedoch vereinbart, Verhandlungen zu einer tarifvertraglichen Regelung der Entgeltumwandlung aufzunehmen.

4. Übergangsregelungen

Das Übergangsrecht nach dem Altersvorsorgeplan 2001 sieht zum einen vor, dass die laufenden Renten als Besitzstandsrenten weitergezahlt werden. Zum anderen wurden die Anwartschaften der Arbeitnehmer zum 01.01.2002 (ohne Fortführung des bisherigen Gesamtversorgungssystems) vollständig in das Punktemodell übergeleitet.

1154

I. R. d. Systemwechsels sind vier Personengruppen zu unterscheiden:

1155

– Rentenberechtigte mit einem Rentenbeginn bis spätestens 01.01.2002 (**Besitzstandsrentner**): die Höhe der laufenden Renten und Ausgleichsbeträge werden zum Stichtag 31.12.2001 festgestellt und als Besitzstandsrenten weitergezahlt. Wie auch bei den vom 01.01.2002 an gewährten Zugangsrenten werden diese Besitzstandsrenten zukünftig jeweils zum 01.07. eines Jahres bis zum Jahr 2007 mit 1 % dynamisiert. Dabei sind die Ausgleichsbeträge nach bisherigem Recht i. H. d. Dynamisierungsgewinns weiter abzubauen.
– Pflichtversicherte Arbeitnehmer im Tarifgebiet West, die am 01.01.2002 das 55. Lebensjahr vollendet haben (**rentennahe Jahrgänge**) oder die im Jahr 2001 das 55. Lebensjahr vollendet und vor Inkrafttreten des Altersvorsorgeplans 2001 Altersteilzeit bzw. Vorruhestand vereinbart haben: in diesen Fällen ist auf der Grundlage der am 31.12.2000 geltenden Satzung unter Berücksichtigung der am 31.12.2001 maßgeblichen Bemessungsgrößen einmalig die individuell bestimmte Versorgungsrente des Beschäftigten im Alter von grds. 63 Jahren als Ausgangswert zu ermitteln. Sowohl die Mindestgesamtversorgung als auch die Regelung über einen Mindestbetrag nach § 44a VBL-Satzung sind zu berücksichtigen. Für die anzurechnende gesetzliche Rente sind die persönlichen Daten des Versicherten maßgeblich. Von diesem Ausgangswert ist die vom 01.01.2002 an nach dem Punktemodell noch zu erwerbende Zusatzrente abzuziehen. Die Differenz wird als Besitzstand in Versorgungspunkte umgerechnet. Bei Eintritt des Versicherungsfalls werden die vom 01.01.2002 an zusätzlich erworbenen Versorgungspunkte addiert. Aus der Summe aller Versorgungspunkte ergibt sich die Zusatzrente.
– Pflichtversicherte Arbeitnehmer im Tarifgebiet West, die am 01.01.2002 das 55. Lebensjahr noch nicht vollendet haben, sowie pflichtversicherte Arbeitnehmer im Tarifgebiet Ost: die Anwartschaften dieser Versicherten sind nach Maßgabe des § 18 Abs. 2 BetrAVG zum Stichtag 31.12.2001 zu ermitteln, in Versorgungspunkte umzurechnen und entsprechend in das Punktemodell zu transferieren.
– Ehemalige Arbeitnehmer, die am 01.01.2002 nicht mehr pflichtversichert sind, jedoch die Wartezeit erfüllt haben: hier werden die Anwartschaften entsprechend der bisher maßgeblichen Rentenberechnung (§ 44 VBL-Satzung bzw. § 18 Abs. 2 BetrAVG) festgestellt und in das Punktemodell transferiert.

5. Finanzierung und Besteuerung der Versorgungsleistungen

Seit dem 01.01.2002 an beträgt der **Umlagesatz** im Abrechnungsverband West (**alte Bundesländer**) 7,86 % des zusatzversorgungspflichtigen Entgelts.

1156

Davon tragen die **Arbeitgeber** den bisherigen Anteil von **6,45 %** des zusatzversorgungspflichtigen Entgelts. Diese Umlage hat der Arbeitgeber bis zu einem Betrag von 92,03 € (entspricht 180,00 DM) monatlich pauschal zu versteuern. Der vom **Arbeitnehmer** zu tragende Beitrag zur Umlage wird von 1,25 % auf **1,41 %** des zusatzversorgungspflichtigen Entgelts angehoben.

1157

Die Finanzierung des **Abrechnungsverbands Ost** wird seit dem 1. Januar 2004 schrittweise von dem Umlageverfahren auf ein kapitalgedecktes System übergeleitet. Neben einer Umlage in Höhe von einem Prozent des zusatzversorgungspflichtigen Entgelts werden hierzu zusätzliche Beiträge im Kapitaldeckungsverfahren erhoben, die von Arbeitgeber und Arbeitnehmer je zur Hälfte zu tragen sind. Seit 1. Januar 2004 zahlen die Arbeitgeber deshalb zusätzlich zur Umlage einen Beitrag in Höhe von einem Prozent des zusatzversorgungspflichtigen Entgelts (0,5 Prozent Arbeitgeberanteil und 0,5 Prozent Arbeitnehmeranteil). Nachdem der Bemessungssatz Ost ab 1. Januar 2008 auf 100 Prozent des Westeinkommens angeglichen wurde, erhöht sich für die Entgeltgruppen 1-9 der Beitrag zum

1158

Kapitaldeckungsverfahren für Arbeitgeber und Arbeitnehmer von jeweils 0,5 auf nunmehr 2,0 Prozent. Für die Entgeltgruppen 10-15 verbleibt es bei jeweils 0,5 Prozent.

1159 Der beteiligte **Arbeitgeber** ist **Schuldner** der gesamten Umlage und überweist sowohl den von ihm zu tragenden Anteil an der Umlage als auch den Umlage-Beitrag Ost der pflichtversicherten Arbeitnehmer an die VBL. Den Arbeitnehmeranteil an der Umlage kann der Beteiligte aufgrund tarif- bzw. arbeitsvertraglicher Regelung vom Beschäftigten einbehalten.

1160 **Umlagen** sind Aufwendungen des Arbeitgebers für die Zukunftssicherung des Arbeitnehmers. Sie sind als steuerpflichtiger Arbeitslohn des Beschäftigten nach § 19 Abs. 1 Satz 1 Nr. 3 EStG zu versteuern. Allerdings werden **seit 2008** die Umlagen mit dem ebenfalls mit dem Jahressteuergesetz 2007 eingeführten neuen § 3 Nr. 56 EStG betragsmäßig **begrenzt steuerfrei** gestellt. Die Steuerfreiheit beträgt zunächst max. 1% und erhöht sich ab 01.01.2014 auf 2%, ab 01.01.2020 auf 3% und ab 01.01.2025 auf 4% der Beitragsbemessungsgrenze in der allgemeinen Rentenversicherung. Beiträge nach § 3 Nr. 63 EStG – auch solche aus einer Entgeltumwandlung – werden allerdings hierauf angerechnet.

1161 Soweit die Umlagen nicht steuerfrei nach § 3 Nr. 56 EStG gestellt werden, können sie weiterhin i. R. d. Pauschalversteuerung nach § 40b Abs.1 EStG versteuert werden. Darüber hinausgehende Umlagezahlungen müssen wie bisher vom Arbeitnehmer mit dem individuellen Steuersatz versteuert werden.

1162 Die Umlage ist durch den Arbeitgeber auch weiterhin bis zu einem Betrag von 89,48 € monatlich pauschal zu versteuern. Eine Anhebung der Pauschalsteuergrenze auf 92,03 € erfolgt hier nicht.

1163 Eine Ausnahme gilt für Versicherungen von Arbeitnehmern, deren zusatzversorgungspflichtiges Entgelt sich nach einem Wechsel auf einen Arbeitsplatz im Beitrittsgebiet bei demselben Arbeitgeber weiterhin nach einem für das Tarifgebiet West geltenden Tarifvertrag bemisst (§ 76 Abs. 4 Satz 3 VBL-Satzung). Diese pflichtversicherten Arbeitnehmer haben wie die Arbeitnehmer im Abrechnungsverband West den erhöhten Eigenbeitrag zur Umlage (1,41%) zu tragen, unterliegen aber auch der angehobenen Pauschalsteuergrenze von 92,03 €.

1164 Die **Versteuerung** der im Leistungsfall ausgezahlten **Renten** erfolgt gem. § 22 EStG mit dem sog. **Ertragsanteil**, sofern und soweit die Finanzierung durch pauschal besteuerte Umlagen erfolgte.

1165 Soweit die Zusatzversorgung im Wege der **Kapitaldeckung** finanziert wird, sind die hierzu geleisteten **Beiträge** und **Zusatzbeiträge** nach § 19 Abs.1 Satz 1 Nr. 3 EStG steuerpflichtige Einnahmen aus nicht selbstständiger Arbeit. Sie unterfallen aber der **Steuerprivilegierung** nach § 3 Nr. 63 EStG, d. h. sie sind bis zu 4% der aktuellen Beitragsbemessungsgrenze steuerfrei. Dieser Grenzbetrag kann seit dem 01.01.2005 für neue Versorgungszusagen um 1.800,00 € erhöht werden.

Die aus der kapitalgedeckten Zusatzversorgung (steuerfreie Umlagen und/oder steuerfreie Beiträge) **gezahlten Versorgungsleistungen** die mit steuerfreien Beiträgen oder ab 01.01.2008 mit steuerfreien Umlagen finanziert wurden, unterliegen der **vollen individuellen Besteuerung**.

6. Zusatzversorgung und Unverfallbarkeit

1166 Die ursprüngliche Regelung zur Berechnung unverfallbarer Versorgungsanwartschaften aus der Zusatzversorgung, die Gewährung einer der beitragsfreien Versicherung entsprechenden sog. **Versicherungsrente**, ist durch Beschl. des BVerfG v. 15.07.1998 (*1 BvR 1554/89 u. a. BVerfGE 98, 365 = NZA 1999, 194 = NVwZ 1999, 519 = BetrAV 1999, 27 = ArbuR 1999, 147 = FamRZ 1999, 279 = VersR 1999, 600*) unter dem Aspekt der Gleichbehandlung für **verfassungswidrig** erklärt worden.

1167 Bei dieser Versicherungsrente handelte es sich in Abweichung von § 2 BetrAVG nicht um die ratierlich berechnete Anwartschaft, sondern um **den versicherungsmathematischen Gegenwert** der gezahlten Beiträge bzw. des den früheren Beiträgen entsprechenden Anteils der Umlage ähnlich der Verrentung von Lebensversicherungsansprüchen (*ausführlich hierzu die 1. Aufl. unter Rn. 408 ff.*). Da dieses Berechnungsverfahren im Regelfall im Vergleich zum Quotierungsverfahren nach § 2 Abs. 1 BetrAVG zu erheblich niedrigeren Anwartschaftswerten führt, verstößt es gegen den allgemeinen Gleichheitsgrundsatz.

Darüber hinaus führte die Berechnungsformel in § 18 Abs. 2 BetrAVG a. F. zu einer Gleichbehandlung unterschiedlich hoher Versorgungsversprechen mit der Konsequenz, dass ausscheidende Mitarbeiter mit hohen Versorgungszusagen ggü. anderen Mitarbeitern mit nicht so hohen Versorgungszusagen benachteiligt wurden. In der damit verbundenen »Entwertung« der nach § 18 BetrAVG aufrechtzuerhaltenen Versorgungsanwartschaft hat das BVerfG zudem auch einen unzulässigen Eingriff in die durch Art. 12 Abs. 1 GG geschützte freie Wahl des Arbeitsplatzes gesehen. Der Schutzbereich von Art. 12 Abs. 1 GG erstreckt sich nämlich auch auf einen qualitativen Verfall von betrieblichen Versorgungsleistungen. Der Umfang der Sicherung erdienter Versorgungsanwartschaften beeinflusst nämlich regelmäßig in nicht unerheblicher Weise die Entscheidung des Arbeitnehmers über einen Arbeitsplatzwechsel.

1168

Der Gesetzgeber hat auf diese Entscheidung mit dem »Ersten Gesetz zur Änderung des Gesetzes zur Verbesserung der betrieblichen Altersversorgung« vom 21.12.2000 (*BGBl. I 2000, S. 1914*) reagiert. Dieses Gesetz bestand ausschließlich in einer Änderung von § 18 BetrAVG und hat zur Folge, dass die öffentlich rechtliche Zusatzversorgung für unverfallbare Versorgungsanwartschaften seit dem **01.01.2001 höhere Leistungen** gewähren. Dies gilt gemäß der Übergangsregelung in § 30d BetrAVG auch dann, wenn der Mitarbeiter bereits vor diesem Zeitpunkt sein Arbeitsverhältnis beendet hat.

1169

Die aufrechtzuerhaltene Anwartschaft beträgt nach dieser Neuregelung für jedes Jahr der aufgrund des Arbeitsverhältnisses bestehenden Pflichtversicherung 2,25 %, max. jedoch 100 % der Leistung, die dem Arbeitnehmer bei Verbleib im Arbeitsverhältnis als Voll-Leistung (höchstmöglicher Versorgungssatz) zugestanden hätte.

1170

Damit werden die bei einer Zusatzversorgung versicherten Mitarbeiter des öffentlichen Dienstes den mit einer unverfallbaren Anwartschaft aus einem privatwirtschaftlichen Versorgungssystem ausgeschiedenen Mitarbeitern weitestgehend gleichgestellt (*so auch Förster/Rühmann/Cisch, § 18 Anm. 4*).

1171

7. Portabilität in der Zusatzversorgung

Die in § 4 BetrAVG normierte Portabilität gesetzlich unverfallbarer Versorgungsanwartschaften gilt grds. auch im Bereich der **öffentlich-rechtlichen Zusatzversorgung**. Eine Ausnahme gilt gem. § 18 Abs. 1 BetrAVG nur für den Fall, wenn das Versorgungsversprechen ganz oder teilweise umlage- oder haushaltsfinanziert ist. Bei allen kapitalgedeckten Zusatzversorgungssystemen ist somit § 4 BetrAVG uneingeschränkt anwendbar, d. h. das insoweit auch der Rechtsanspruch auf Portabilität greift.

1172

VIII. Steuer- und sozialversicherungsrechtliche Rahmenbedingungen

Literatur:

Ahrend/Förster/Rößler, Steuerrecht der betrieblichen Altersversorgung mit arbeitsrechtlicher Grundlegung, 4. Aufl., Köln 1995, Loseblattsammlung, Stand 2011; *Höfer*, BetrAVG, Bd. II (Steuerrecht), 9. Aufl. München 2012, Loseblattsammlung.

1. Steuerrechtliche Rahmenbedingungen

Das Betriebsrentengesetz enthielt ursprünglich nicht nur arbeitsrechtliche Rahmenbedingungen, die bei der Gewährung betrieblicher Versorgungsleistungen zwingend zu beachten sind, sondern normierte in den §§ 19 bis 25 BetrAVG, **steuerrechtlich flankierende Maßnahmen** (*vgl. hierzu BT-Drucks. 7/1281, S. 19*), die auf die einzelnen der in § 1b BetrAVG genannten Durchführungswege der betrieblichen Altersversorgung und deren Finanzierungskonzepte zugeschnitten gewesen sind. Diese steuerrechtlichen Vorschriften waren als **Anreiz** für die Gewährung betrieblicher

1173

B. Regelungsbereich des Betriebsrentengesetzes

Versorgungsleistungen gedacht und sollten auf der steuerlichen Seite beim Arbeitgeber für einen gewissen **Ausgleich** der durch die arbeitsrechtlich festgeschriebenen Verpflichtungen (Aufrechterhaltung unverfallbarer Anwartschaften, Insolvenzsicherung, Anpassungsprüfung) bedingten finanziellen Zusatzkosten dienen. Zwischenzeitlich sind die §§ 19 bis 25 BetrAVG aus dem Betriebsrentengesetz entfallen. Die entsprechenden steuerrechtlichen Regelungen sind nun unmittelbar in den steuergesetzlichen Spezialregelungen, insb. im EStG, zu finden.

1174 Neben der einkommensteuerrechtlichen Behandlung der finanziellen **Arbeitgeberaufwendungen** als **Betriebsausgaben** bei Pensionskassen (§ 4c EStG), Unterstützungskassen (§ 4d EStG) und Pensionsfonds (§ 4e EStG) sowie der **bilanziellen** Berücksichtigung unmittelbarer Pensionszusagen als **Passivwert** in Form von Pensionsrückstellungen (§ 6a EStG) wurde für die **Lohnbesteuerung** der Arbeitgeber- und Arbeitnehmeraufwendungen zu Pensionskassen und Direktversicherungen eine Sondervergünstigung in Form einer einkommensunabhängigen **Pauschalbesteuerung** (§ 40b EStG) geschaffen. Letztere gilt jedoch nur für Aufwendungen in einem begrenzten Umfang von derzeit jährlich 1.752,00 € und dies nach den Änderungen durch das Alterseinkünftegesetz auch nur für solche Verträge, die bis zum 31.12.2004 abgeschlossen werden. Für sog. »Neuverträge«, d. h. solche Verträge, die ab dem 01.01.2005 abgeschlossen worden sind, gilt dann die bereits mit dem Altersvermögensgesetz (AVmG) installierte Regelung des § 3 Nr. 63 EStG, wonach Beiträge bis zu 4 % der Beitragsbemessungsgrenze zzgl. eines Betrags von 1.800,00 € steuerfrei gestellt werden.

1175 Die genannten Bestimmungen des Einkommensteuergesetzes werden noch durch diverse **Richtlinien, Verordnungen** und Verwaltungsschreiben der Finanzbehörden ergänzt, die die einzelnen Rahmenbedingungen und den steuerrechtlich zulässigen Umfang betrieblicher Versorgungsleistungen präzisieren, um so einem steuerlichen Gestaltungsmissbrauch entgegenzuwirken (*vgl. insb. BMF-Schreiben v. 31.03.2010 – IV C 3 – S 2222/09/10041, IV C 5 – 2333/070003 zur steuerlichen Förderung der privaten Altersvorsorge und betrieblichen Altersversorgung*).

1176 Soweit die vorgenannten steuerrechtlichen Bestimmungen für die arbeitsrechtliche Gestaltung betrieblicher Versorgungsleistungen wesentlich sind, finden sich entsprechende Ausführungen jeweils im Zusammenhang mit den einzelnen Durchführungswegen sowie mit speziellen Fragestellungen (*vgl. u. a. Rdn. 97 ff., 147 ff., 158 ff., 175 ff., 202 ff., 501 ff., 1888 ff.*). Nachfolgend erfolgt daher nur ein Überblick über die wesentlichen Grundlagen der steuerlichen Behandlung betrieblicher Versorgungsleistungen und ihrer Finanzierung (*auf die ausführliche steuerrechtliche Spezialkommentierung des Betriebsrentengesetzes bei Ahrend/Förster/Rößler und Höfer sowie die entsprechende Kommentierung und Fachliteratur zu den jeweils maßgeblichen Steuervorschriften wird ergänzend verwiesen*).

a) Generelle steuerrechtliche Voraussetzungen für die Anerkennung betrieblicher Versorgungsleistungen

1177 Zusagen auf Leistungen der betrieblichen Altersversorgung haben abhängig vom gewählten Durchführungsweg steuerliche Auswirkungen sowohl aufseiten des Arbeitgebers als auch aufseiten des Arbeitnehmers. Das Steuerrecht der betrieblichen Altersversorgung wird insoweit vorwiegend durch die Normen des **Einkommens- und Körperschaftsteuergesetzes** sowie durch diverse Schreiben des BMF (**BMF-Schreiben**) bestimmt. Durch diese BMF-Schreiben konnten bereits in der Vergangenheit eine Vielzahl offener steuerrechtlicher Grundsatz- und Zweifelsfragen gelöst und damit in weiten Bereichen Rechtssicherheit für die Praxis geschaffen werden. Die infolge der vielfältigen gesetzlichen Neuregelungen entstandenen offenen Fragen hat das BMF zuletzt mit Schreiben v. *31.03.2010 (IV C 3 – S 2222/09/10041, IV C 5 – 2333/070003)* aufgegriffen und aus Sicht der Finanzverwaltung kommentiert. Dass nicht alle Zweifelsfragen ausgeräumt werden konnten, ergibt sich zwangsläufig aus der Komplexität der Materie sowie der Tatsache, dass viele der Antworten gleich wieder neue Fragen aufgeworfen haben. Hier wird die Praxis akzeptable Lösungen finden oder aber durch die Rechtsprechung herbeiführen müssen.

VIII. Steuer- und sozialversicherungsrechtliche Rahmenbedingungen B.

aa) Versorgungsfall Alter

Das BMF hatte bereits mit Schreiben v. 05.08.2002 (*IV C 4 – S 2222 – 295/02 und IV C 5 – S 2333 – 154/02, BStBl. I 2002, S. 767 = BetrAV 2002, 539 ff.*) klargestellt, dass als Untergrenze für betriebliche Altersversorgungsleistungen bei altersbedingtem Ausscheiden aus dem Erwerbsleben im Regelfall das 60. Lebensjahr gilt und nur in Ausnahmefällen bei besonderen Berufsgruppen, bei denen sich die Üblichkeit von Versorgungsleistungen bereits vor **Vollendung des 60. Lebensjahres** aus Gesetz, Tarifvertrag oder Betriebsvereinbarung ergibt (z. B. bei Piloten), betriebliche Altersversorgungsleistungen vor dem 60. Lebensjahr gewährt werden können. Insoweit es aus steuerlicher Sicht unschädlich, wenn der Arbeitnehmer im Zeitpunkt der Auszahlung das 60. Lebensjahr vollendet, aber die berufliche Tätigkeit noch nicht beendet habe (*bestätigt durch: Rn. 249 im BMF-Schreiben v. 31.03.2010 – 31.03.2010 – IV C 3 – S 2222/09/10041, IV C 5 – 2333/070003*). 1178

Vor dem Hintergrund der künftigen Anhebung der Regelaltersgrenze in der gesetzlichen Rentenversicherung auf das 67. Lebensjahr verlangt die Finanzverwaltung für Versorgungszusagen, die nach dem 31.12.2011 erteilt werden, eine Anhebung der Altersgrenze für den erstmaligen Bezug betrieblicher Versorgungsleistungen auf das 62. Lebensjahr (*Rn. 249 im BMF-Schreiben v. 31.03.2010 – IV C 3 – S 2222/09/10041, IV C 5 – 2333/070003*). 1179

bb) Hinterbliebenenbegriff

Die Finanzverwaltung (*Rn. 250 im BMF-Schreiben v. 31.03.2010 – IV C 3 – S 2222/09/10041, IV C 5 – 2333/070003*) erkennt eine Hinterbliebenenversorgung im steuerlichen Sinne nur noch dann an, wenn die zugesagten Versorgungsleistungen ausschließlich an folgenden Personenkreis gewährt werden: 1180
– die Witwe des Arbeitnehmers oder den Witwer der Arbeitnehmerin,
– die Kinder i. S. d. § 32 Abs. 3 und Abs. 4 Satz 1 Nr. 1 bis Nr. 3 und Abs. 5 EStG,
– Pflegekind/Stiefkind oder sog. faktisches Stiefkind bei Bestätigung des Kindschaftsverhältnisses spätestens zum Zeitpunkt der Auszahlung,
– Enkelkind bei dauerhafter Aufnahme und Versorgung im Haushalt der Großeltern,
– den früheren Ehegatten,
– den eingetragenen Lebenspartner
– oder die Lebensgefährtin/den Lebensgefährten.

Der Arbeitgeber hat bei Erteilung oder Änderung der Versorgungszusage diese so zu gestalten, dass die genannten Voraussetzungen für den persönlichen Geltungsbereich der Hinterbliebenenversorgung erfüllt werden. Ob dagegen im konkreten Einzelfall eine persönliche Bezugsberechtigung für die zugesagte Hinterbliebenenleistung gegeben ist, muss der Arbeitgeber bzw. der Versorgungsträger erst im Zeitpunkt der ersten Fälligkeit einer Hinterbliebenenleistung feststellen. 1181

Der Begriff des/der Lebensgefährten/in wird von der Finanzverwaltung weit gefasst und erstreckt sich auch auf die gleichgeschlechtliche Lebenspartnerschaft (*Rn. 250 im BMF-Schreiben v. 31.03.2010 – IV C 3 – S 2222/09/10041, IV C 5 – 2333/070003*). Handelt es sich um eine eingetragene Lebenspartnerschaft, so führt bereits die gesetzlich bestehende Unterhaltsverpflichtung zur steuerlichen Anerkennung einer betrieblichen Hinterbliebenenversorgung. 1182

Handelt es sich dagegen um eine nicht eingetragene Form der nicht ehelichen Lebensgemeinschaft, kommt es nach dem BMF-Schreiben v. 25.07.2002 (*IV A 6 – S 2176 – 28/02, BStBl. I 2002, S. 706 = BetrAV 2002, 653*), auf das im BMF-Schreiben v. 31.03.2010 Bezug genommen wird, entscheidend auf die **betriebliche Veranlassung** dieser Zusage auf Hinterbliebenenleistungen und die Wahrscheinlichkeit der Inanspruchnahme aus der Verpflichtung unter Berücksichtigung der Umstände des jeweiligen Einzelfalls an. Das BMF fordert insoweit als Mindestvoraussetzung die **namentliche Benennung des versorgungsberechtigten Lebenspartners** mit Anschrift und Geburtsdatum in der schriftlich erteilten Zusage. Zusätzlich müssen jedoch weitere Anhaltspunkte vorliegen, soll die Hinterbliebenenversorgung steuerlich anerkannt werden. Hierzu zählen bspw. eine schriftlich bestätigte Kenntnisnahme der in Aussicht gestellten Versorgungsleistungen durch den Lebensgefährten, eine 1183 zivilrechtliche Unterhaltspflicht des Arbeitnehmers ggü. dem Lebenspartner oder eine gemeinsame Haushaltsführung.

1184 Bereits mit BMF-Schreiben v. 08.01.2003 (*IV A 2 – S 2723 – 3/02, BStBl. I 2003, S. 93 = BetrAV 2003, 61*) wurde weiterhin klargestellt, dass die oben definierten Lebensgefährten auch unter den Begriff des »**Angehörigen**« i. S. d. § 5 Abs. 1 Nr. 3 KStG fallen und damit Leistungsempfänger einer Pensions- oder Unterstützungskasse sein können.

1185 Lediglich die Möglichkeit, ein einmaliges **angemessenes Sterbegeld** an Personen außerhalb des o. g. engen Hinterbliebenenkreises zu zahlen, führt nicht zur Versagung der Anerkennung als betriebliche Altersversorgung. Als der Höhe nach »angemessen« wird in Anlehnung an § 2 KStDV 2000 (7.669,00 €) allgemein ein Betrag i. H. v. 8.000,00 € gewertet.

1186 Ferner ist zu beachten, dass eine Hinterbliebenenversorgung zugunsten von **Kindern** (Waisenrenten) nach der ausdrücklichen Inbezugnahme von § 32 Abs. 3 und Abs. 4 Satz 1 bis Satz 3 EStG ebenfalls nur eingeschränkt zulässig ist. Danach dürfen Versorgungsleistungen an Waisen grds. nur bis zur Vollendung des 18. Lebensjahres gewährt werden. Ausnahmsweise ist darüber hinaus im Fall von Arbeitslosigkeit eine Leistungsgewährung bis zur Vollendung des 21. Lebensjahres oder bei einer noch andauernden Berufs- oder Schulausbildung (insb. Studium) bis zum 25. Lebensjahr zulässig (*vgl. auch die Hinweise unter Rdn. 55*). Nach Vollendung des 25. Lebensjahres kommt eine Waisenversorgung nur noch bei behinderten Kindern in Betracht.

1187 Die Anerkennung einer Versorgungsleistung als betriebliche Altersversorgung wird von der Finanzverwaltung immer dann versagt, wenn eine **Vererblichkeit von Versorgungsanwartschaften** unmittelbar oder auch nur mittelbar vereinbart worden ist (*Rn. 252 im BMF-Schreiben v. 31.03.2010 – IV C 3 – S 2222/09/10041, IV C 5 – 2333/070003*).

b) Lohnsteuerliche Behandlung des Finanzierungsaufwands

1188 Wird die betriebliche Altersversorgung über den Durchführungsweg einer unmittelbaren Versorgungszusage oder einer Unterstützungskasse gewährt, so sind die hierfür in der Anwartschaftsphase getätigten **Finanzierungsaufwände** (Zuführungen zur Pensionsrückstellung, Zuwendungen an die Unterstützungskasse) **kein lohnsteuerlich relevanter Vorgang**. Vielmehr fließen dem Versorgungsberechtigten (erst) die späteren Versorgungsleistungen als steuerpflichtiges Entgelt i. S. v. 19 Abs. 1 Satz 1 Nr. 2 EStG zu.

1189 Erfolgt dagegen die betriebliche Altersversorgung über einen sog. »**versicherungsförmigen**« **Durchführungsweg**, d. h. über eine Direktversicherung, eine Pensionskasse oder einen Pensionsfonds, so ist der Beitrag, der an diese Durchführungswege zur Finanzierung der späteren Versorgungsleistung gezahlt wird, grds. steuerpflichtiger Arbeitslohn, der allerdings unter gewissen Voraussetzungen steuerlich privilegiert ist. Insoweit ist auf die Pauschalbesteuerung nach § 40b EStG, die für bestimmte Zusagen nach wie vor Anwendung findet, ebenso hinzuweisen, wie auf die – in bestimmten Grenzen bestehende – Befreiung von der Lohnsteuerpflicht nach § 3 Nr. 63 EStG.

1190 Am 11.06.2004 ist das Alterseinkünftegesetz (AltEinkG) verabschiedet worden, das zum 01.01.2005 in Kraft getreten ist. Wesentliches Ziel der gesetzlichen Neuregelungen ist es u. a. gewesen, die ursprünglich bestehende systematisch unterschiedliche Besteuerung i. R. d. fünf Durchführungswege der betrieblichen Altersversorgung zu vereinheitlichen. Zur Umsetzung dieses Vorhabens erfolgte parallel zum Vorgehen im Bereich der gesetzlichen Rentenversicherung eine Umstellung auf eine dauerhaft nachgelagerte Besteuerung. Von den Änderungen i. R. d. AltEinkG weitestgehend nicht betroffen sind damit die bereits immer schon vollständig nachgelagert besteuerten Durchführungswege der unmittelbaren Versorgungszusage und Unterstützungskasse. Für diese gibt es lediglich Änderungen im Bereich des ehemaligen Versorgungsfreibetrages und des Arbeitnehmer-Pauschbetrages (s. *hierzu Rdn. 1222 ff.*).

aa) Wegfall des § 40b EStG für kapitalgedeckte Systeme

Die Möglichkeit der Inanspruchnahme einer vorgelagerten Pauschalversteuerung ist durch die i. R. d. AltEinkG erfolgte Änderung des § 40b EStG erheblich eingeschränkt worden. Nach dem Wortlaut des § 40b EStG kann der Arbeitgeber zukünftig nur noch die Lohnsteuer von Zuwendungen, die im Rahmen eines ersten Dienstverhältnisses zum Aufbau einer nicht kapitalgedeckten betrieblichen Altersversorgung an eine Pensionskasse geleistet werden, mit einem Pauschsteuersatz von 20 % erheben. Hierunter fällt insb. die umlagefinanzierte Zusatzversorgung im öffentlichen Dienst (VBL bzw. Zusatzversorgungskassen). Die bisherige Möglichkeit einer Pauschalversteuerung für Beiträge, die zum Aufbau einer kapitalgedeckten Pensionskasse oder an eine Direktversicherung geleistet werden, entfällt – vorbehaltlich der Übergangsregelung (*vgl. Rdn. 1209 ff.*) – seit 2005 damit vollständig.

1191

bb) Ausweitung des § 3 Nr. 63 EStG

Als Ersatz für den Wegfall der Pauschalbesteuerung von Beiträgen für Direktversicherungs- und kapitalgedeckte Pensionskassenzusagen wird die ursprünglich auf 4 % der Beitragsbemessungsgrenze in der gesetzlichen Rentenversicherung der Arbeiter und Angestellten (BBG West) begrenzte Steuerfreiheit für Beiträge des Arbeitgebers aus einem ersten Dienstverhältnis an eine Pensionskasse oder einen Pensionsfonds (§ 3 Nr. 63 EStG a. F.) um einen festen Betrag i. H. v. 1.800,00 € im Kalenderjahr erhöht, sofern es sich um eine Versorgungszusage handelt, die nach dem 31.12.2004 erteilt wurde (§ 3 Nr. 63 Satz 3 EStG).

1192

Allerdings unterliegen diese 1.800,00 € anders als bisher die Beiträge nach § 40b EStG a. F., sofern sie aus Sonderzahlungen stammen, nunmehr vollständig der **Sozialabgabenpflicht** (s. a. § 14 Abs. 1 S. 2 SGB IV i. V. m. § 1 Abs. 1 Nr. 9 der Verordnung über die sozialversicherungsrechtliche Beurteilung von Zuwendungen des Arbeitgebers als Arbeitsentgelt (SvEV). Damit erfolgt die Kompensation des Wegfalls des § 40b EStG a. F. nur teilweise, nämlich allein steuerlich.

1193

Gleichzeitig ist die Direktversicherung in den Anwendungsbereich des § 3 Nr. 63 EStG einbezogen worden, wodurch auch deren Leistungen der nachgelagerten Besteuerung gem. § 22 Nr. 5 EStG unterliegen.

1194

(1) Grundsätzliche Voraussetzungen der steuerfreien Dotierung nach § 3 Nr. 63 EStG

Die Steuerfreiheit des § 3 Nr. 63 EStG wird seit 2005 in allen drei versicherungsförmigen Durchführungswegen (Direktversicherung, Pensionskasse und Pensionsfonds) auf solche Versorgungszusagen in einem ersten Dienstverhältnis beschränkt, bei der eine Auszahlung der zugesagten Alters-, Invaliditäts- oder Hinterbliebenenversorgungsleistungen in Form einer **lebenslangen Rente** (wobei bis zu 12 Monatsbeträge zusammengefasst werden können) oder **eines Auszahlungsplans mit Restverrentung** ab dem 85. Lebensjahr vorgesehen ist.

1195

Neben der Rentenzahlung sind wegen der Bezugnahme auf den i. R. d. AltEinkG ebenfalls neu gefassten § 1 Abs. 1 Satz 1 Nr. 4 AltZertG auch eine **Teilkapitalauszahlung von bis zu 30 %** des zu Beginn der Auszahlungsphase zur Verfügung stehenden Kapitals sowie die gesonderte Auszahlung der in der Auszahlungsphase anfallenden Zinsen und Erträge möglich. Ebenso besteht die Möglichkeit der Abfindung von sog. **Kleinbetragsrenten** i. S. d. § 93 Abs. 3 EStG, die auch ohne Verstoß gegen das erweiterte Abfindungsverbot des § 3 BetrAVG durchführbar ist, da insoweit die gleichen betragsmäßigen Grenzen gelten.

1196

Aus der Begründung des Finanzausschusses des Bundestages zum AltEinkG (*BT-Drucks. 15/2150, S. 32*) ergibt sich zudem, dass die **Einräumung eines Kapitalwahlrechts** für die Steuerfreiheit der Beiträge unschädlich ist, solange daneben eine der genannten lebenslangen Altersversorgungsleistungen vorgesehen ist. Da eine vollständige Kapitalzahlung als Altersleistung allerdings im Fall des Pensionsfonds wegen der Bestimmung des § 112 VAG nicht möglich erscheint, dürfte die Kapitaloption nur für Direktversicherungen und Pensionskassen Wirkung entfalten. Ob und wie sich die derzeit von der Bundesanstalt für Finanzdienstleistungsaufsicht (BAFin) geforderte sog.

1197

B. Regelungsbereich des Betriebsrentengesetzes

Antiselektionsfrist für Pensionskassen, die eine Ausübung des Kapitalwahlrechts mindestens 3 Jahre vor Rentenbeginn verlangt, mit der Steuerfreiheit der Beiträge auch nach Ausübung des Wahlrechts vereinbaren lässt, bleibt abzuwarten.

1198 Sofern das Wahlrecht ausgeübt wird und eine Kapitalauszahlung erfolgt, unterliegt diese der Besteuerung des § 22 Nr. 5 EStG. Die früher geltende Regelung, wonach derartige Kapitalauszahlungen einschließlich der angesammelten Erträge nach einer Vertragslaufzeit von mindestens 12 Jahren und einer Beitragszeit von mindestens 5 Jahren nicht besteuert werden, greift in diesen Fällen folglich nicht mehr (*Rn. 329 im BMF-Schreiben v. 31.03.2010 – IV C 3 – S 2222/09/10041, IV C 5 – 2333/070003*).

1199 Der **steuerfreie Höchstbetrag** des § 3 Nr. 63 EStG wird zunächst durch rein arbeitgeberfinanzierte Beiträge reduziert. Nur wenn dieser hierdurch nicht ausgeschöpft wird, sind die auf einer Entgeltumwandlung des Arbeitnehmers beruhenden Beiträge zu berücksichtigen (*vgl. Niermann, DB 2004, 1450*).

(2) Voraussetzungen für die Inanspruchnahme des Erhöhungsbetrages nach § 3 Nr. 63 Satz 3 EStG

1200 Gem. § 3 Nr. 63 Satz 3 EStG kann der steuerfreie Erhöhungsbetrag von 1.800,00 € nur für Beiträge in Anspruch genommen werden, die aufgrund einer Versorgungszusage geleistet werden, die nach dem 31.12.2004 erteilt worden ist.

(3) Arbeitgeberbezogene Betrachtung i. R. d. § 3 Nr. 63 EStG

1201 Die ursprünglich auf das Kalenderjahr bezogene Gewährung der Steuerfreiheit von Beiträgen i. R. d. § 3 Nr. 63 EStG wird seit dem 01.01.2005 auf eine **arbeitgeberbezogene Betrachtung** umgestellt. Somit kann ein Arbeitnehmer, der im laufenden Kalenderjahr sein erstes Dienstverhältnis wechselt, den steuerfreien Betrag des § 3 Nr. 63 EStG erneut in Anspruch nehmen.

1202 Die Inanspruchnahme der steuerfreien Dotierung ist dabei nicht auf die 4 %-BBG-Grenze beschränkt, sondern umfasst mangels einer entsprechenden Einschränkung im Wortlaut des Gesetzes auch den pauschalen Zusatzbetrag von 1.800,00 € (*so auch Niermann, DB 2004, 1451*). Aus Sicht des Gesetzgebers kann diese Kumulierung im Hinblick auf die nachgelagerte Besteuerung hingenommen werden (*vgl. BT-Drucks. 15/2150, S. 32f.*). Die Mehrfachgewährung der Steuerfreiheit wird allerdings nicht durch das Sozialversicherungsrecht flankiert. Hier bleibt es bei der bisherigen Beschränkung der Beitragsfreiheit auf insgesamt 4 % der BBG je Kalenderjahr (§ 1 Abs. 1 Nr. 9 SvEV).

(4) Vervielfältigungsregelung

1203 Aufgrund des Wegfalls des § 40b EStG a. F. und damit auch der Vervielfältigungsregelung in § 40b Abs. 2 Satz 3 und Satz 4 EStG a. F. für Direktversicherungen und kapitalgedeckte Pensionskassen sieht § 3 Nr. 63 Satz 4 EStG eine neue Vervielfältigungsregelung vor. Nach der ausdrücklichen Gesetzesbegründung haben die Beteiligten (Arbeitgeber und Arbeitnehmer) danach die Möglichkeit, **Abfindungszahlungen** oder **Wertguthaben aus Arbeitszeitkonten** steuerfrei für den Aufbau einer kapitalgedeckten betrieblichen Altersversorgung zu verwenden (*vgl. BT-Drucks. 15/2150, S. 33*).

1204 Aus Anlass der Beendigung des Dienstverhältnisses geleistete Beiträge an einen Pensionsfonds, eine Pensionskasse oder eine Direktversicherung sind steuerfrei, soweit sie 1.800,00 € vervielfältigt mit der Anzahl der Kalenderjahre, in denen das Dienstverhältnis bestanden hat, nicht übersteigen. Abzuziehen sind allerdings die in dem Jahr, in dem das Dienstverhältnis beendet wird und den vorangegangenen 6 Jahren nach § 3 Nr. 63 EStG bereits geleisteten steuerfreien Beträge. Hierzu zählen aufgrund der Bezugnahme auf Satz 1 und Satz 3 des § 3 Nr. 63 EStG in Satz 4 der Vorschrift sowohl die Beiträge i. R. d. 4 % BBG-Grenze als auch die zusätzlichen Beiträge bis zu 1.800,00 €. Da nach § 3 Nr. 63 Satz 4 EStG bei der Ermittlung sowohl des Vervielfältigungs- als auch des

Anrechnungsbetrages Kalenderjahre vor 2005 jeweils nicht zu berücksichtigen sind (vgl. § 3 Nr. 63 Satz 4, letzter Halbs. EStG), entfaltet die neue Vervielfältigungsregelung in den Jahren bis 2022 nur eine eingeschränkte Wirkung (*vgl. a.: Doetsch/Oecking u. a., S. 73*).

Die **Anwendbarkeit** der Vervielfältigungsregelung hängt davon ab, dass die Beiträge aus Anlass der Beendigung des Dienstverhältnisses erbracht werden. Dieser ursächliche Zusammenhang gilt als gegeben, wenn sich ein zeitlicher Zusammenhang zwischen dem Ausscheiden des Arbeitnehmers und der Beitragsleistung ergibt. 1205

Die Finanzverwaltung erkennt insoweit einen ursächlichen Zusammenhang an, wenn der Beitrag bis zu 3 Monate vor der Auflösung des Dienstverhältnisses geleistet wird (vgl. R 129 Abs. 11 LStR 2005, allerdings zur Vervielfältigung nach § 40b EStG a. F.). 1206

Nach Ansicht von Niermann (*DB 2004, 1452*) kann die Vervielfältigungsregelung im Einzelfall auch bereits angewendet werden, wenn in anderer Weise glaubhaft dargelegt wird, dass die Beitragsleistung im Hinblick auf das Ausscheiden des Arbeitnehmers aus dem Dienstverhältnis erfolgt. Im Fall einer Entgeltumwandlung kann die Vervielfältigungsregelung nach Auflösung des Dienstverhältnisses ohne zeitliche Begrenzung vorgenommen werden, wenn die Umwandlung spätestens bis zum Zeitpunkt der Auflösung des Dienstverhältnisses vereinbart wird (vgl. R 129 Abs. 11 LStR 2005, allerdings zur Vervielfältigung nach § 40b EStG a. F.). 1207

Die Vervielfältigungsregelung gilt jedoch nach einem Urteil des BFH (*18.12.1987 – VI R 204/83, DB 1989, 840; allerdings noch zu § 40b EStG a. F.*) jedenfalls dann nicht, wenn der Arbeitgeber Beiträge für zurückliegende Jahre bei fortbestehendem Arbeitsverhältnis nachzuzahlen hat. 1208

cc) Fortbestehende Direktversicherungen und Pensionskassenzusagen

Gem. § 52 Abs. 52b EStG ist § 40b Abs. 1 und Abs. 2 EStG in der bisher geltenden Fassung weiter anzuwenden auf Beiträge für eine Direktversicherung des Arbeitnehmers und Zuwendungen an eine Pensionskasse, die aufgrund einer Versorgungszusage geleistet werden, die vor dem 01.01.2005 erteilt wurde (sog. **Altfälle**). Diese dem Grundsatz des Vertrauensschutzes Rechnung tragende Norm ermöglicht es, die Lohnsteuerpauschalierung nach § 40b EStG a. F. grds. für alle Altfälle zu erhalten. 1209

Erfüllt die bestehende, vor dem 01.01.2005 erteilte Direktversicherungszusage allerdings die Voraussetzungen des neuen § 3 Nr. 63 EStG, ist die Pauschalierungsmöglichkeit für diese Beiträge ab Inkrafttreten der Neuregelung am 01.01.2005 nur anzuwenden, wenn der Arbeitnehmer für diese Beiträge ggü. seinem Arbeitgeber auf die Steuerfreiheit nach § 3 Nr. 63 EStG verzichtet hat (§ 52 Abs. 52b Satz 2 EStG i. V. m. § 52 Abs. 6 EStG). Dieser Verzicht gilt für die Dauer des Dienstverhältnisses und musste spätestens bis zum 30.06.2005 erklärt werden. 1210

dd) Besonderheiten bei Pensionskassen

Eine entsprechende **Verzichtsregelung für Beiträge an Pensionskassen** existiert nicht und erscheint auch entbehrlich, da es bereits nach dem alten Recht in diesen Fällen zu einer Pauschalversteuerung nach § 40b EStG a. F. nur dann kommen konnte, wenn die Summe der nach § 3 Nr. 63 EStG steuerfreien Beiträge und der Beiträge, die gem. § 3 Nr. 63 Satz 2 EStG wegen der Ausübung des Wahlrechts nach § 1a Abs. 3 BetrAVG individuell versteuert würden, den Höchstbetrag des § 3 Nr. 63 EStG (4 % der BBG) überstieg (*vgl. a. BMF-Schreiben v. 05.08.2002 – IV C 4 – S 2222 – 295/02, BetrAV 2002, 539 unter Rn. 176*). 1211

Im Ergebnis können damit aufgrund einer vor dem 01.01.2005 erteilten Versorgungszusage geleistete Beiträge zugunsten einer kapitalgedeckten Pensionskasse, die zumindest im Hinblick auf die Beiträge nach § 3 Nr. 63 Satz 1 EStG eine Auszahlung der Versorgungsleistungen in Form einer lebenslangen Altersrente oder eines Auszahlungsplans mit Restverrentung vorsieht, die Steuervorteile nach § 3 Nr. 63 Satz 1 EStG und § 40b EStG a. F. weiterhin kumuliert in Anspruch genommen wurden. 1212

ee) Steuerrechtliche Flankierung der Portabilität (§ 3 Nr. 55 EStG)

1213 Gem. § 3 Nr. 55 EStG ist der nach § 4 Abs. 5 BetrAVG geleistete **Übertragungswert steuerfrei**, wenn die betriebliche Altersversorgung beim ehemaligen und neuen Arbeitgeber über einen Pensionsfonds, eine Pensionskasse oder ein Unternehmen der Lebensversicherung durchgeführt wird. Gleiches gilt, wenn der Übertragungswert vom ehemaligen Arbeitgeber oder von einer Unterstützungskasse an den neuen Arbeitgeber oder eine andere Unterstützungskasse geleistet wird.

1214 In steuerrechtlicher Hinsicht wird die Portabilität folglich dadurch flankiert, dass § 3 Nr. 55 EStG die Übertragung des Übertragungswertes i. S. d. § 4 Abs. 5 BetrAVG (*s. o. Rdn. 548 ff.*) vom alten auf den neuen Arbeitgeber lohnsteuerfrei erfolgen lässt. Damit wird sichergestellt, dass aus der Portabilität keine steuerlichen Nachteile für den Versorgungsberechtigten entstehen.

1215 Zu beachten ist dabei allerdings, dass diese steuerliche Flankierung insoweit nur eingeschränkt gilt, als die Übertragung von einem externen (Pensionsfonds, Pensionskasse oder Direktversicherung) auf einen externen Durchführungsweg oder von einem internen (Pensionszusage oder Unterstützungskasse) auf einen internen Durchführungsweg erfolgt. Damit sind »**Über-Kreuz-Übertragungen**« von einem internen auf einen externen Durchführungsweg oder umgekehrt **steuerlich nicht privilegiert**. In diesen Fällen gelten die allgemeinen steuerlichen Grundsätze (*vgl. hierzu die Bsp. bei Niermann, DB 2004, 1457 f*).

1216 Ferner stellt sich die Frage der generellen steuerlichen Zulässigkeit einer **Übertragung auf eine Unterstützungskasse**. Diese ist zwar nach § 3 Nr. 55 EStG grds. steuerfrei möglich, wenn der Übertragungswert aus einer Pensionszusage oder Unterstützungskassenzusage des früheren Arbeitgebers geleistet wird. Zudem wird durch die Einfügung des »Übertragungswertes nach § 4 Abs. 5 BetrAVG« in den Zuwendungstatbestand des § 4d Abs. 1 Nr. 1 Buchst. d) EStG die Portabilität auch ertragsteuerlich, d. h. bezogen auf den Betriebsausgabenabzug für die Zuwendung des Übertragungswertes an die aufnehmende Unterstützungskasse entsprechend flankiert.

1217 Fraglich ist allerdings, ob sich durch die Änderung in §§ 3 Nr. 55 und 4d EStG zugleich auch – zumindest konkludent – der Schluss ziehen lässt, dass der Steuergesetzgeber eine entsprechende Übertragungsmöglichkeit generell steuerlich ermöglichen wollte und damit auch körperschaftsteuerlich keine Beschränkungen für die Portabilität bestehen. Ist also sichergestellt, dass die Übertragung des Übertragungswertes weder bei der abgebenden Unterstützungskasse ein Verstoß gegen das körperschaftsteuerliche »Zweckbindungsgebot« ist noch bei der aufnehmenden Unterstützungskasse als »steuerschädliche Einmalprämie« behandelt wird und folglich keine Überdotierung bei der aufnehmenden Unterstützungskasse eintreten kann (Problem der Identität von tatsächlichem und zulässigem Kassenvermögen)?

1218 Insoweit ist davon auszugehen, dass § 4d EStG die steuerlich zu beachtenden Rahmenbedingungen bei der Finanzierung einer vom Arbeitgeber neu erteilten Versorgungszusage regelt. Zwar führt die Portabilität arbeitsrechtlich dazu, dass der neue Arbeitgeber nicht mehr die alte Zusage übernimmt, sondern auf der Basis des übertragenen Wertes arbeitsrechtlich eine neue Zusage erteilt.

1219 Diese neue Zusage hat ihren Rechtsgrund aber in einer früheren Zusage, sodass es sich trotz formaljuristisch neuer Zusageerteilung steuerlich um die »Fortsetzung« einer alten Zusage »in einem neuen Gewand« handelt. Angesichts der Tatsache, dass die Portabilität auf das ausdrückliche Bestreben des Gesetzgebers zurückzuführen ist, nicht nur das Arbeitsverhältnis an sich, sondern auch die betriebliche Altersversorgung »mobil« gestalten zu können und Hemmnisse für diese Mobilität abzubauen, sind die gesetzlichen Änderungen im Arbeits- (§ 4 BetrAVG) und Steuerrecht (§§ 3 Nr. 55, 4d EStG) daher im Wege der Auslegung nach dem Willen des Gesetzgebers so zu verstehen, dass eine zulässige Portabilität nicht über die Hintertür des Körperschaftsteuerrechts behindert oder gar unmöglich gemacht wird.

1220 Demzufolge hat das **Körperschaftsteuerrecht** im Wege der Auslegung dem **Einkommensteuerrecht zu folgen**, sodass die Übertragung des Übertragungswertes keine unter dem Zweckbindungsgebot steuerschädliche Verwendung darstellt und dieser Übertragungswert sowohl beim tatsächlichen wie auch beim zulässigen Kassenvermögen zu berücksichtigen sein müsste.

Um eine Rückabwicklung der steuerlichen Behandlung der Beitragsleistungen an einen Pensionsfonds, eine Pensionskasse oder eine Direktversicherung vor der Übertragung (Steuerfreiheit nach § 3 Nr. 63 EStG, Besteuerung nach § 40b EStG a. F. oder individuelle Versteuerung) zu verhindern, wird gleichzeitig vergleichbar mit der Regelung des § 3 Nr. 65 EStG, in § 3 Nr. 55 Satz 3 EStG festgelegt, dass die (Versorgungs-) Leistungen des neuen Arbeitgebers, der Unterstützungskasse, des Pensionsfonds, der Pensionskasse oder des Unternehmens der Lebensversicherung aufgrund des Betrages i. H. d. Übertragungswertes zu den Einkünften gehören, zu denen die Leistungen gehören würden, wenn die Übertragung i. S. d. Betriebsrentengesetzes nicht stattgefunden hätte. Im Ergebnis bleibt damit für die Besteuerung dieser Versorgungsleistungen die steuerliche Behandlung der Beiträge vor der Übertragung maßgebend. 1221

c) Besteuerung der Leistungen der betrieblichen Altersversorgung

Bei der Besteuerung der Leistungen der betrieblichen Altersversorgung wird entsprechend dem langfristig zu vollziehenden Systemwechsel mit dem Übergang zur nachgelagerten Besteuerung bei der Basisversorgung (gesetzliche Rentenversicherung und private Leibrentenversicherung, sog. **Rürup-Rente**) ebenfalls langfristig eine vollständige nachgelagerte Besteuerung angestrebt. 1222

Hierzu werden die bereits nachgelagert besteuerten, aber hinsichtlich der bestehenden Freibetragsregelungen systematisch bislang unterschiedlich behandelten Leistungen aus den Durchführungswegen unmittelbare Versorgungszusage und Unterstützungskasse, die als Einkünfte aus nicht selbstständiger Arbeit nach § 19 Abs. 2 EStG besteuert werden, sowie entsprechende Leistungen aus den externen Durchführungswegen Direktversicherung, Pensionskasse und Pensionsfonds, welche als sonstige Einkünfte nach § 22 Nr. 5 EStG besteuert werden, künftig langfristig ebenfalls dahin gehend vereinheitlicht, dass die jeweils hierfür einschlägigen Freibetragsregelungen, nämlich der 1223
— **Versorgungsfreibetrag** gem. § 19 Abs. 2 Nr. 2 EStG bei Leistungen aus Direktzusagen und Unterstützungskassen bzw. der
— **Altersentlastungsbetrag** gem. § 24a EStG bei Leistungen aus Direktversicherung, Pensionskasse und Pensionsfonds
langfristig bis zum Jahr 2040 vollständig abgeschmolzen werden. Dabei entspricht die jährliche Absenkung des Vomhundertsatzes dieser Freibeträge gerade dem Umfang, in dem der Besteuerungsanteil der ersten Schicht der Altersversorgung (Basisversorgung bzw. »Rürup-Rente«) steigt. Gleichzeitig wird auch der **Pauschbetrag für Werbungskosten** gem. § 9a EStG, der für alle Arten von Versorgungsbezügen gilt, vereinheitlicht.

Wie bereits bei der Besteuerung von Leistungen aus der Basisversorgung wird auch bei der betrieblichen Altersversorgung das sog. **Kohorten-Prinzip** eingeführt, d. h. der zum Zeitpunkt des Versorgungsbeginns ermittelte Freibetrag (Versorgungsfreibetrag und Zuschlag zum Versorgungsfreibetrag einerseits sowie Altersentlastungsbetrag andererseits) wird während des gesamten Leistungsbezugs festgeschrieben. 1224

aa) Versorgungsfreibetrag und Zuschlag zum Versorgungsfreibetrag

Versorgungsbezüge aus Direktzusagen und Unterstützungskassen gehören steuersystematisch gem. § 19 Abs. 1 Satz 1 EStG zu den Einkünften aus nicht selbstständiger Arbeit, unabhängig davon, ob es sich um laufende Leistungen oder einmalige Bezüge handelt, § 19 Abs. 1 Satz 2 EStG. Hiervon bleibt allerdings ein bestimmter Anteil, ein Versorgungsfreibetrag und ein Zuschlag zum Versorgungsfreibetrag – als Ausgleich für die Ermäßigung des Arbeitnehmer-Pauschbetrages – steuerfrei, § 19 Abs. 2 Satz 1 EStG. 1225

Versorgungsfreibetrag inklusive Zuschlag zum Versorgungsfreibetrag werden – wie bisher – bei Versorgungsbezügen aus betrieblicher Altersversorgung grds. gewährt, wobei Bezüge wegen Erreichens einer Altersgrenze vor Vollendung des 63. Lebensjahres bzw. bei Schwerbehinderten des 60. 1226

Lebensjahres nicht als Versorgungsbezüge gelten. Dies bedeutet, dass z. B. bei Altersrentenbeginn wegen Altersteilzeitarbeit oder Arbeitslosigkeit im Alter 60 zwar Versorgungsfreibetrag und Zuschlag zum Versorgungsfreibetrag ermittelt und festgeschrieben werden, jedoch erst wenn das 63. Lebensjahr vollendet wird, tritt eine (evtl. anteilige) steuerliche Begünstigung ein, § 19 Abs. 2 Satz 2 Nr. 2 EStG.

1227 So beträgt z. B. bei Versorgungsbeginn bis 2005 der Versorgungsfreibetrag 40 % der Versorgungsbezüge, max. 3.000,00 € sowie der Zuschlag zum Versorgungsfreibetrag 900,00 € p.a. Danach vermindert sich im Zeitraum 2006 bis 2020 der vorgenannte Prozentsatz in Schritten von 1,6 %-Punkten, der Höchstbetrag um 120,00 € sowie der Zuschlag um 36,00 € p.a. und anschließend im Zeitraum 2021 bis 2040 in Schritten von 0,8 %-Punkten bzw. 60,00 € sowie 18,00 € p.a. Bei Versorgungsbeginn etwa im Jahr 2015 beträgt der Versorgungsfreibetrag 24 % der Versorgungsbezüge, max. 1.800,00 € sowie der Zuschlag zum Versorgungsfreibetrag 540,00 € p.a.; bei Versorgungsbeginn ab dem Jahr 2040 sind diese Freibeträge schließlich vollständig abgeschmolzen, § 19 Abs. 2 Satz 3 EStG.

1228 **Bemessungsgrundlage für den Versorgungsfreibetrag** ist bei Versorgungsbeginn vor 2005 das 12-fache des Versorgungsbezuges für Januar 2005, ansonsten das 12-fache des Versorgungsbezuges für den ersten Bezugsmonat, jeweils zuzüglich voraussichtlicher rechtsverbindlich zugesagter Sonderzahlungen im Kalenderjahr, § 19 Abs. 2 Satz 4 EStG.

1229 Der **Zuschlag zum Versorgungsfreibetrag** ist nur bis zur Höhe der um den Versorgungsfreibetrag verminderten Bemessungsgrundlage zu berücksichtigen; damit wird verhindert, dass sich durch den Zuschlag negative Einkünfte ergeben, § 19 Abs. 2 Satz 5 EStG.

1230 Bestehen **mehrere Versorgungsbezüge** mit unterschiedlichem Bezugsbeginn, so bestimmen sich der insgesamt berücksichtigungsfähige Höchstbetrag des Versorgungsfreibetrages – nicht aber der maßgebliche Vomhundertsatz – und der Zuschlag zum Versorgungsfreibetrag nach dem Jahr des Beginns des ersten Versorgungsbezuges; d. h. bei späterem Bezug einer zweiten Versorgungsleistung, werden zwar die gleichen Höchstbeträge berücksichtigt, welche auf Grundlage des Zeitpunkts des Bezuges der ersten Versorgungsleistung bestimmt wurden, der Vomhundertsatz für die zweite Leistung richtet sich allerdings nach dem Zeitpunkt des Bezuges der zweiten Versorgungsleistung, § 19 Abs. 2 Satz 6 EStG.

1231 Folgt ein **Hinterbliebenenbezug** einem Versorgungsbezug, so bestimmen sich Vomhundertsatz, Höchstbetrag des Versorgungsfreibetrages sowie Zuschlag zum Versorgungsfreibetrag für den Hinterbliebenenbezug nach dem Jahr des Beginns des Versorgungsbezuges des ursprünglich Begünstigten (Anknüpfen an die bisherige Kohorte); fraglich ist, wie in den Fällen zu verfahren sein wird, wenn die Voraussetzungen der Sätze 6 und 7 des § 19 Abs. 2 EStG kumulativ vorliegen, d. h. z. B. eine Altersleistung sowie eine Hinterbliebenenleistung bezogen wird, § 19 Abs. 2 Satz 7 EStG.

1232 Die nach Maßgabe der vorstehend beschriebenen Bestimmungen ermittelten Versorgungsfreibetrag und Zuschlag zum Versorgungsfreibetrag werden während der gesamten Laufzeit des Versorgungsbezuges »eingefroren«. Regelmäßige Anpassungen der Versorgungsbezüge führen nicht zu einer Neuberechnung. Abweichend hiervon sind Versorgungsfreibetrag und Zuschlag zum Versorgungsfreibetrag neu zu berechnen, wenn sich der Versorgungsbezug substanziell ändert, z. B. wegen Anwendung von Anrechnungs-, Ruhens-, Erhöhungs- oder Kürzungsregelungen erhöht oder vermindert. In diesen Fällen sind die Freibeträge mit der geänderten Bemessungsgrundlage neu zu berechnen, § 19 Abs. 2 Satz 8 bis Satz 11 EStG.

1233 Schließlich werden Versorgungsfreibetrag und Zuschlag zum Versorgungsfreibetrag für jeden vollen Kalendermonat, für den keine Versorgungsbezüge gezahlt werden, um je ein Zwölftel vermindert. Dies kann meines Erachtens grds. nur für Versorgungsbezüge in Form von laufenden Leistungen gelten, nicht aber für einmalige Kapitalleistungen, § 19 Abs. 2 Satz 12 EStG.

bb) Pauschbetrag für Werbungskosten

Der Pauschbetrag für Werbungskosten (für Versorgungsbezüge i. S. d. § 19 Abs. 2 EStG) wird dem entsprechenden Freibetrag (für Einnahmen i. S. d. § 22 Nr. 5 EStG) angeglichen und einheitlich auf 102,00 € p.a. abgesenkt, § 9a Satz 1 Nr. 1 Buchst. b) und Nr. 3 EStG.   1234

Um die hierdurch entstehende erhebliche steuerliche Beeinträchtigung der Leistungen aus den Durchführungswegen unmittelbare Versorgungszusage und Unterstützungskasse abzumildern (der bisherige Arbeitnehmer-Pauschbetrag gem. § 9a Satz 1 Nr. 1 EStG a. F. hat für das Jahr 2004 noch 920,00 € betragen), wird allerdings seit dem Jahr 2005 ein Zuschlag zum Versorgungsfreibetrag in § 19 Abs. 2 Nr. 2 EStG eingeführt, der beginnend im Jahr 2005 i. H. v. 900,00 € gewährt wird und langfristig bis zum Jahr 2040 wieder vollständig abgeschmolzen wird.   1235

Der Pauschbetrag nach § 9a Satz 1 Nr. 1 Buchst. b) EStG darf (zur Vermeidung negativer Einkünfte) nur bis zur Höhe der um den Versorgungsfreibetrag einschließlich des Zuschlags zum Versorgungsfreibetrag (§ 19 Abs. 2 EStG) geminderten Einnahmen, derjenige nach § 9a Satz 1 Nr. 3 EStG nur bis zur Höhe der Einnahmen abgezogen werden, § 9a Satz 2 EStG.   1236

cc) Altersentlastungsbetrag

Der Altersentlastungsbetrag ist ein bis zu einem Höchstbetrag im Kalenderjahr gewährter Vomhundertsatz der Einkünfte, die nicht aus nicht selbstständiger Arbeit stammen und auch keine Einkünfte aus Leibrenten i. S. d. § 22 Nr. 1 Satz 3 Buchst. a) EStG (Basisversorgung, ertragsanteilsbesteuerte private und/oder betriebliche Leistungen) sind, d. h. für nach § 22 Nr. 5 EStG besteuerte Leistungen aus einer Direktversicherung, Pensionskasse oder einem Pensionsfonds anzusetzen. Der Altersentlastungsbetrag wird erstmals in dem Kalenderjahr gewährt, das auf die Vollendung des 64. Lebensjahres des Begünstigten folgt. Bei Zusammenveranlagung von Ehegatten sind die vorstehenden Bestimmungen für jeden Ehegatten gesondert anzuwenden, § 24a Satz 1 bis Satz 4 EStG.   1237

Bei Vorliegen der Voraussetzungen von § 24a Satz 3 EStG im Jahr 2005 beträgt der Altersentlastungsbetrag 40 % der Einkünfte, max. 1.900,00 € p.a. Danach vermindert sich in den ersten 15 Jahren nach der Neuregelung der Prozentsatz wieder in Schritten von 1,6 %-Punkten sowie der Höchstbetrag um 76,00 € und anschließend in den folgenden 20 Jahren bis 2040 in Schritten von 0,8 %-Punkten bzw. 38,00 €. Bei Versorgungsbeginn (frühestens nach Vollendung des 64. Lebensjahres) etwa im Jahr 2015 beträgt der Altersentlastungsbetrag 24 % der Versorgungsbezüge, max. 1.140,00 €; bei Versorgungsbeginn ab dem Jahr 2040 ist der Altersentlastungsbetrag vollständig abgeschmolzen, § 24a Satz 5 EStG.   1238

Sowohl der Prozentsatz als auch der Höchstbetrag des Altersentlastungsbetrages werden für die Dauer des Leistungsbezuges festgeschrieben. Anders allerdings als beim Versorgungsfreibetrag nach § 19 Abs. 2 EStG können Veränderungen der Einkünfte, zu denen z. B. auch Einkünfte aus Kapitalvermögen und aus Vermietung und Verpachtung zählen, dazu führen, dass in der Folgezeit höhere oder auch niedrigere Altersentlastungsbeträge in Ansatz gebracht werden können bzw. müssen.   1239

dd) Rentenbezugsmitteilungen

In § 22a Abs. 1 EStG wurde eine neue Regelung aufgenommen, die besondere »Mitteilungspflichtige«, nämlich   1240
– Träger der gesetzlichen Rentenversicherung und der landwirtschaftlichen Alterskassen,
– berufsständische Versorgungseinrichtungen (§ 6 Abs. 1 Nr. 1 SGB VI),
– **Pensionskassen, Pensionsfonds, Versicherungsunternehmen,**
– Unternehmen, die Verträge nach § 10 Abs. 1 Nr. 2 Buchst. b) EStG anbieten (»Rürup-Rente«),
– Anbieter von Altersvorsorgeverträgen i. S. d. § 80 EStG (»Riester-Rente«),
zur Angabe von Daten (**Rentenbezugsmitteilungen**) an die zentrale Stelle i. S. d. § 81 EStG (Deutsche Rentenversicherung Bund) bis zum 31.05. des Folgejahres des Leistungsbezuges auffordert.

1241 Mitzuteilen sind insb.:
- Identifikationsnummer (§ 139b AO), Familienname, Vorname, Geburtsdatum und -ort des Leistungsempfängers,
- je gesondert der Betrag der Leibrenten und anderer Leistungen i. S. d.
  - § 22 Nr. 1 Satz 3 Buchst. a) Doppelbuchst. aa) EStG (Renten der Basisversorgung),
  - § 22 Nr. 1 Satz 3 Buchst. a) Doppelbuchst. bb) EStG (Ertragsanteilbesteuerte, auch abgekürzte Renten),
  - § 22 Nr. 5 EStG (nachgelagert besteuerte Betriebs- und Riester-Renten),
- Zeitpunkt des Beginns und Endes des jeweiligen Leistungsbezuges (bei Folgerenten nach dem 31.12.2004 ist auch die Laufzeit der vorhergehenden Rente mitzuteilen),
- Bezeichnung und Anschrift des Mitteilungspflichtigen,
- die Beiträge i. S. d. § 10 Abs. 1 Nr. 3a Satz 1 und 2 und Buchst. b) EStG, soweit diese vom Mitteilungspflichtigen an die Träger der gesetzlichen Kranken- und Pflegeversicherung abgeführt werden,
- die dem Leistungsempfänger zustehenden Beitragszuschüsse nach § 106 SGB IV.

1241a Weitere – hier für die betriebliche Altersversorgung aufgeführten – Einzelheiten der mitteilungsbedürftigen Sachverhalte sind durch das BMF im BMF-Schreiben v. 31.03.2010 (IV C 3 – S 2222/09/10041, IV C 5 – 2333/070003) auf Grundlage der jeweiligen gesetzlichen Vorschrift wie folgt beschrieben:
- gem. § 22 Nr. 5 S. 1 EStG für die **volle Besteuerung** von Leistungen aus einem Altersvorsorgevertrag, einem Pensionsfonds, einer Pensionskasse (inkl. Versorgungsausgleichskasse) oder aus einer Direktversicherung, die auf gefördertem Kapital beruhen (*Rn. 124 und 334 im BMF-Schreiben v. 31.03.2010 – IV C 3 – S 2222/09/10041, IV C 5 – 2333/070003*),
- gem. § 22 Nr. 5 S. 1 EStG i. V. m. § 52 Abs. 34c EStG für die **volle, aber unter Anwendung der §§ 9a S. 1 Nr. 1 und 19 Abs. 2 EStG erfolgende Besteuerung** von Leistungen aus einem Pensionsfonds, wenn die Versorgungsleistungen aus einer Direktzusage/Unterstützungskasse steuerfrei nach § 3 Nr. 66 EStG auf den Pensionsfonds übertragen wurden (*Rn. 340 und 341 im BMF-Schreiben v. 31.03.2010 – IV C 3 – S 2222/09/10041, IV C 5 – 2333/070003*),
- gem. § 22 Nr. 5 S. 2a EStG i. V. m. § 22 Nr. 1 S. 3a Doppelbuchstabe aa EStG für die **Besteuerung des Besteuerungsanteils (Kohorte)** von Leistungen aus einem Pensionsfonds, einer Pensionskasse (inkl. Versorgungsausgleichskasse) oder aus einer Direktversicherung (Neuzusage), die auf nicht gefördertem Kapital beruhen und bei denen die Voraussetzungen der Basisrente erfüllt sind (*Rn. 332 im BMF-Schreiben v. 31.03.2010 – IV C 3 – S 2222/09/10041, IV C 5 – 2333/070003*),
- gem. § 22 Nr. 5 S. 2a EStG i. V. m. § 22 Nr. 1 S. 3a Doppelbuchstabe bb EStG (und ggf. i. V. m. § 55 Abs. 1 Nr. 1 EStDV) für die **Besteuerung des Ertragsanteils** von lebenslangen Leibrenten aus einem Altersvorsorgevertrag, einem Pensionsfonds, einer Pensionskasse (inkl. Versorgungsausgleichskasse) oder einer Direktversicherung (Alt- oder Neuzusage), die auf nicht gefördertem Kapital beruht und bei der die Voraussetzungen der Basis-Rente nicht erfüllt sind (bei Neuzusage) (*Rn. 130, 331 und 332 im BMF-Schreiben v. 31.03.2010 – IV C 3 – S 2222/09/10041, IV C 5 – 2333/070003*),
- gem. § 22 Nr. 5 S. 2a EStG i. V. m. § 22 Nr. 1 S. 3a Doppelbuchstabe bb S. 5 EStG i. V. m. § 55 Abs. 2 EStDV (und ggf. i. V. m. § 55 Abs. 1 Nr. 1 EStDV) für die **Besteuerung des Ertragsanteils nach § 55 Abs. 2 EStDV** von abgekürzten Leibrenten aus einem Altersvorsorgevertrag, einem Pensionsfonds, einer Pensionskasse (inkl. Versorgungsausgleichskasse) oder einer Direktversicherung (Alt- oder Neuzusage), die auf nicht gefördertem Kapital beruht und bei der die Voraussetzungen der Basis-Rente sind nicht erfüllt sind (bei Neuzusage) (*Rn. 130, 331 und 332 im BMF-Schreiben v. 31.03.2010 – IV C 3 – S 2222/09/10041, IV C 5 – 2333/070003*),
- gem. § 22 Nr. 5 S. 2b EStG i. V. m. § 20 Abs. 1 Nr. 6 EStG (und ggf. i. V. m. § 52 Abs. 36 S. 5 EStG) für die **Besteuerung der rechnungsmäßigen und außerrechnungsmäßigen Zinsen (bei Altverträgen vor dem 01.01.2005)** und für die **Besteuerung des Unterschiedsbetrags zwischen der Versicherungsleistung und der auf sie entrichteten Beiträge (bei Auszahlung nach dem

VIII. Steuer- und sozialversicherungsrechtliche Rahmenbedingungen B.

60./62. Lebensjahr und Laufzeit von mindestens 12 Jahren mit der Hälfte dieses Unterschiedbetrags) bei/von »anderen« Leistungen (insbesondere Kapitalauszahlungen) aus einem Altersvorsorgevertrag in Form eines Versicherungsvertrages, einem Pensionsfonds, einer Pensionskasse (inkl. Versorgungsausgleichskasse) oder einer Direktversicherung, die auf nicht gefördertem Kapital beruhen (*Rn. 131 und 333 im BMF-Schreiben v. 31.03.2010 – IV C 3 – S 2222/09/10041, IV C 5 – 2333/070003*),

– gem. § 22 Nr. 5 S. 3 EStG i. V. m. § 22 Nr. 5 S. 2a i. V. m. § 22 Nr. 1 S. 3a Doppelbuchstabe bb EStG (und ggf. i. V. m. § 55 Abs. 1 Nr. 1 EStDV) für die **Besteuerung des Ertragsanteils** von lebenslangen Leibrenten bei steuerschädlicher Verwendung des ausgezahlten Altersvorsorgevermögens gem. § 93 Abs. 1 S. 1 und 2 EStG ohne Erfüllung der Voraussetzungen der Basisrente (*Rn. 186, 347, 130, 331, und 332 im BMF-Schreiben v. 31.03.2010 – IV C 3 – S 2222/09/10041, IV C 5 – 2333/070003*),

– gem. § 22 Nr. 5 S. 3 EStG i. V. m. § 22 Nr. 5 S. 2a i. V. m. § 22 Nr. 1 S. 3a Doppelbuchstabe bb S. 5 EStG i. V. m. § 55 Abs. 2 EStDV (und ggfs. i. V. m. § 55 Abs. 1 Nr. 1 EStDV) für die **Besteuerung des Ertragsanteils gem. § 55 Abs. 2 EStDV** von lebenslangen Leibrenten bei steuerschädlicher Verwendung des ausgezahlten Altersvorsorgevermögens gem. § 93 Abs. 1 S. 1 und 2 EStG ohne Erfüllung der Voraussetzungen der Basisrente (*Rn. 186, 347, 130, 331, und 332 im BMF-Schreiben v. 31.03.2010 – IV C 3 – S 2222/09/10041, IV C 5 – 2333/070003*),

– gem. § 22 Nr. 5 S. 3 EStG i. V. m. § 22 Nr. 5 S. 2b i. V. m. § 20 Abs. 1 Nr. 6 EStG (und ggf. i. V. m. § 52 Abs. 36 S. 5 EStG) für die **Besteuerung der rechnungsmäßigen und außerrechnungsmäßigen Zinsen (bei Altverträgen vor dem 01.01.2005) und für die Besteuerung des Unterschiedsbetrags zwischen der Versicherungsleistung und der auf sie entrichteten Beiträge (bei Auszahlung nach dem 60./62. Lebensjahr und Laufzeit von mindestens 12 Jahren mit der Hälfte dieses Unterschiedbetrags)** bei/von »anderen« geförderten Leistungen (insbesondere Kapitalauszahlung) aus einem Altersvorsorgevertrag, einem Pensionsfonds, einer Pensionskasse (inkl. Versorgungsausgleichskasse) oder einer Direktversicherung, die steuerschädlich gem. § 93 Abs. 1 S. 1 und 2 EStG ohne Erfüllung der Voraussetzungen der Basisrente verwendet worden sind (*Rn. 186, 347, 131 und 333 im BMF-Schreiben v. 31.03.2010 – IV C 3 – S 2222/09/10041, IV C 5 – 2333/070003*).

Die Datenübermittlung hat – wie bereits bei der Riester-Rente – auf amtlich vorgeschriebenen Datenträgern (oder per DfÜ) zu erfolgen. Die näheren Umstände des § 150 Abs. 6 AO sind zu beachten. **1242**

Da der Mitteilungspflichtige die Identifikationsnummer des Leistungsempfängers i. d. R. nicht kennt, wird letzterer in § 22a Abs. 2 EStG verpflichtet, diese mitzuteilen. Sofern er dieser Verpflichtung nicht nachkommt, übermittelt das Bundesamt für Finanzen die Identifikationsnummer auf entsprechende Anfrage des Mitteilungspflichtigen. Es dürfen dabei nur die in § 139b Abs. 3 AO genannten Daten des Leistungsempfängers übermittelt werden, soweit sie dem Mitteilungspflichtigen bekannt sind. Die Identifikationsnummer darf durch den Mitteilungspflichtigen nur verwendet werden, soweit dies für die Erfüllung der Mitteilungspflicht nach § 22a Abs. 1 Satz 1 EStG erforderlich ist. Eine zweckwidrige Verwendung ohne Zustimmung des Leistungsempfängers wird gem. § 50f EStG als Steuerordnungswidrigkeit mit einem Bußgeld bis zu 10.000,00 € geahndet, § 22a Abs. 2 Satz 1 bis Satz 4 EStG. **1243**

Der Mitteilungspflichtige hat den Leistungsempfänger darüber zu informieren, dass die bezogenen Leistungen der zentralen Stelle mitgeteilt wurden, § 22a Abs. 3 EStG. **1244**

In den Übergangsvorschriften ist gem. § 52 Abs. 38a EStG geregelt, dass das Bundesamt für Finanzen den Zeitpunkt der erstmaligen Übermittlung von Rentenbezugsmitteilungen durch ein im Bundessteuerblatt zu veröffentlichendes Schreiben mitteilen kann. **1245**

2. Die staatlich geförderte Eigenvorsorge (§§ 10a, 79 ff. EStG) i. R. d. betrieblichen Altersversorgung (§ 1a BetrAVG)

1246 Der Gesetzgeber hat im Jahr 2001 verschiedene Gesetzesvorhaben realisiert, die die rechtlichen Rahmenbedingungen der Altersversorgung generell und der betriebliche Altersversorgung speziell maßgeblich verändert haben.

1247 Mit dem bereits am 01.01.2001 in Kraft getretenen Gesetz zur Reform der Renten wegen verminderter Erwerbsfähigkeit wurde die Invaliditätsversorgung vollständig neu gestaltet. Mit dem Altersvermögensergänzungsgesetz (AVmEG) v. 26.03.2001 wurden erhebliche Eingriffe in das Leistungsniveau der gesetzlichen Rentenversicherung (Absenkung des Niveaus der Altersrente, Neustrukturierung des Hinterbliebenenrechts) vorgenommen. Das Altersvermögensgesetz (AVmG – BGBl. I 2001, S. 1310) v. 29.06.2001 vollendet vorerst die Vorstellungen des Gesetzgebers, der mit diesen gesamten Gesetzesvorhaben auf eine Strukturverschiebung von der umlagenfinanzierten gesetzlichen hin zur kapitalgedeckten privaten und betrieblichen Altersversorgung abzielt.

1248 Zentraler Bestandteil der Reform sind die i. R. d. AVmG als Ausgleich für die Leistungskürzungen in der gesetzlichen Rentenversicherung eingeführten Vorschriften zur staatlich geförderten Einführung einer zusätzlichen kapitalgedeckten Altersversorgung. Die Förderung erfolgt über eine staatliche Altersvorsorgezulage (Grundzulage mit Kinderzulage) bzw. – sofern dies für den Steuerpflichtigen günstiger ist – durch den Abzug als Sonderausgaben.

1249 Das Verfahren entspricht der Regelung bei Kindergeld/Kinderfreibetrag. § 10a EStG enthält die Regelungen zum Sonderausgabenabzug. Die Regelungen zur Zulage sind in einem neuen Abschnitt XI des EStG (§§ 79 bis 99 EStG) aufgenommen worden. Die Regelungen werden ergänzt durch die Regelungen des Altersvorsorgeverträge-Zertifizierungsgesetzes (AltZertG), in dem die Kriterien für förderfähige Altersvorsorgeverträge enthalten sind. Die Regelungen zur Besteuerung der Leistungen sind in § 22 Nr. 5 EStG enthalten.

1250 Zum Kreis der **begünstigten Personen** gehören alle Steuerpflichtigen, die Pflichtbeiträge zur gesetzlichen Rentenversicherung zahlen. Damit sind ein Großteil der Selbstständigen, Rentner und freiwillig Versicherten von der Förderung ausgeschlossen. Dies gilt auch für Personen, die in einer berufsständischen Versorgungseinrichtung pflichtversichert sind.

1251 Dagegen sind **Beamte** aufgrund der zwischenzeitlich erfolgten ausdrücklichen Erfassung in § 10a Abs. 1 Nr. 1 EStG (»Empfänger von Besoldung nach dem Bundesbesoldungsgesetz«) sowie Angestellte im öffentlichen Dienst, die in einer Zusatzversorgungseinrichtung (VBL oder ZVK) pflichtversichert sind, nach der Änderung der Systematik der Zusatzversorgung im öffentlichen Dienst (Abkoppelung von der Gesamtversorgungssystematik) nicht mehr von der Förderung ausgenommen. Durch die Schließung des an der Beamtenversorgung orientierten Gesamtversorgungssystems wird den in der Zusatzversorgung versicherten Arbeitnehmern nunmehr die Möglichkeit eröffnet, im Wege der privaten Eigenvorsorge eine zusätzliche kapitalgedeckte Altersversorgung durch eigene Beiträge unter Inanspruchnahme der steuerlichen Förderung nach § 10a EStG aufzubauen.

1252 Die **max. Höhe der staatlichen Grundzulage** steigt von jährlich 38,00 € im Jahr 2002 in Zwei-Jahres-Schritten auf jährlich 154,00 € ab 2008. Im Fall der Zusammenveranlagung von Ehegatten steht die Grundzulage jedem gesondert zu, sofern beide Ehepartner eigenständige Altersversorgungsverträge erwerben, auch wenn nur ein Ehepartner steuer- und sozialversicherungspflichtige Einnahmen hat. Die max. Höhe der staatlichen Kinderzulage steigt parallel hierzu für jedes Kind von jährlich 46,00 € im Jahr 2002 auf 185,00 € ab dem Jahr 2008. Für ab dem 01.01.2008 geborene Kinder erhöht sich die Kinderzulage auf 300,00 € jährlich. Die Zulagenförderung ist auf max. zwei Altersvorsorgeverträge einschließlich betrieblicher Altersvorsorge beschränkt. Das Verfahren der Festsetzung und Abwicklung der Zulage erfolgt zentral durch die Deutsche Rentenversicherung Bund.

1253 Möglich und im Einzelfall günstiger kann der **Sonderausgabenabzug** für entsprechende Versorgungsbeiträge des Pflichtversicherten sein. Der steuerlich abziehbare Betrag inklusive Zulagen beträgt seit 2008 max. 2.100,00 €. Der Sonderausgabenabzug steht beschränkt Steuerpflichtigen nicht zu.

Die **volle Förderung** steht unter der Bedingung, dass der Pflichtversicherte einen jährlichen **Mindesteigenbeitrag** leistet, der zusammen mit der Altersvorsorgezulage (Grundzulage und Kinderzulage) seit 2008 4 % beträgt. Wird der Mindesteigenbeitrag nicht in voller Höhe erbracht, so wird die Zulage anteilig gekürzt. Unabhängig davon muss abhängig im jeweiligen Kalenderjahr ein Sockelbetrag von (seit 2005 vereinheitlicht) 60,00 € gezahlt werden, um überhaupt eine Zulage zu erhalten. Ein nicht pflichtversicherter Ehegatte hat Anspruch auf eine ungekürzte Zulage, wenn der pflichtversicherte Ehegatte seinen Mindesteigenbeitrag unter Berücksichtigung der beiden Ehegatten zustehenden Zulagen erbracht hat. Für den Sonderausgabenabzug ist kein Mindesteigenbetrag erforderlich. 1254

Entscheidend für die staatliche Förderung ist, dass der Pflichtversicherte die Beiträge (Mindesteigenbeitrag und staatliche Zulage) in ein Altersversorgungssystem zahlt, das, soweit es sich um einen privaten Altersversorgungsvertrag handelt, nach dem Altersvorsorgeverträge-Zertifizierungsgesetz (AltZertG) zertifiziert ist. Einige hervorzuhebende **Bedingungen für die Zertifizierung des privaten Versorgungsvertrages** sind, dass die Auszahlung in Form einer lebenslangen gleichbleibenden oder steigenden monatlichen Leibrente oder in Form eines Auszahlungsplans mit ggf. zusätzlichen variablen Teilraten und unmittelbar anschließender Teilkapitalverrentung gestaltet sein muss, die Leistungen nicht vor Vollendung des 60. Lebensjahres oder vor Beginn einer Altersrente aus der gesetzlichen Rentenversicherung erbracht werden, und der Vertragsanbieter zusagt, dass zu Beginn der Auszahlungsphase mindestens die eingezahlten Beträge einschließlich der zur Hinterbliebenenabsicherung verwendeten Beiträge für die Auszahlungsphase zur Verfügung stehen. Die Beitragserhaltungsgarantie gilt nicht für Beitragsanteile, die zur Absicherung der verminderten Erwerbsfähigkeit verwendet werden, soweit sie 15 % der Gesamtbeiträge nicht übersteigen. 1255

Anbieter eines zertifizierbaren Altersversorgungsvertrages können nur Lebensversicherungsunternehmen, Kreditinstitute und Kapitalgesellschaften im Inland sowie vergleichbare Unternehmen im Ausland sein. 1256

Staatlich gefördert werden in diesem Zusammenhang auch Aufwendungen in ein betriebliches Pensionsfonds-, Pensionskassen- und/oder Direktversicherungssystem, sofern die Beiträge aus individuell versteuertem Einkommen erbracht werden und die Auszahlung ebenfalls nur in Form einer lebenslangen gleichbleibenden oder steigenden monatlichen Leibrente oder in Form eines Auszahlungsplans mit ggf. zusätzlichen variablen Teilraten und unmittelbar anschließender Teilkapitalverrentung erfolgt. 1257

Von besonderer Bedeutung ist insoweit, dass den Arbeitnehmern mit Wirkung vom 01.01.2002 an nicht nur ein **einklagbarer Rechtsanspruch auf betriebliche Altersversorgung** in Form von Entgeltumwandlung zugestanden wird (§ 1a Abs. 1 BetrAVG). Vielmehr kann der Arbeitnehmer nach § 1a Abs. 3 BetrAVG von seinem Arbeitgeber auch verlangen, dass bei einer Umsetzung dieses Rechtsanspruchs über einen Pensionsfonds, eine Pensionskasse oder eine Direktversicherung die dann zu erteilende Versorgungszusage so gestaltet wird, dass der Arbeitnehmer die steuerliche Förderung nach §§ 10a, 82 Abs. 2 EStG in Anspruch nehmen kann. 1258

§ 1a BetrAVG ist damit die Schnittstelle zwischen privater und betrieblicher Altersversorgung und ermöglicht die ansonsten nur für private Vorsorge vorgesehene steuerliche Förderung auch im Bereich der betrieblichen Altersversorgung. 1259

Eine Zertifizierung von Verträgen ist im Bereich der betrieblichen Altersversorgung allerdings nicht erforderlich. Die nach § 10a EStG geförderte betriebliche Altersversorgung muss lediglich das Kriterium der lebenslangen Rentenzahlung erfüllen (§ 82 Abs. 2 EStG); Kapitalzusagen werden also auch im Bereich der betrieblichen Altersversorgung steuerlich nicht gefördert. Darüber hinaus ist zu beachten, dass die nach § 10a EStG zulässige steuerliche Förderung des Wohnungseigentums in Form des »Entnahmemodells« nur für private Altersvorsorgeverträge gilt und damit im Bereich der 1260 betrieblichen Altersversorgung nicht anwendbar ist (§ 1 Abs. 1 Nr. 10 Buchst. c) AltZertG, § 92a EStG).

	1. Säule	2. Säule	3. Säule
	Basisversorgung (»Rürup-Rente«)	Betriebliche Altersversorgung (»Eichel-Förderung«)	Private Vorsorge (»Riester-Rente«)
Max. steuerliche Förderung der Aufwendungen	20.000,00 € (hiervon 70% in 2010, steigend um 2% p.a. bis 2025)./. AG-Anteil gRV	4% der BBG	2.100,00 €
Besteuerung der Leistungen	nachgelagert (60% in 2010, steigend um 2% p.a. bis 2020, um 1% p.a. bis 2040)	nachgelagert (in voller Höhe)	nachgelagert (in voller Höhe)
Versorgungsarten	Rente	Rente mit Kapitalwahlrecht Auszahlungsplan Teilauszahlung	Rente Auszahlungsplan Teilauszahlung
Hinterbliebenenbegriff	eingeschränkt (nur Ehegatte und leibliche Kinder)	erweitert (Ehegatte, Lebensgefährte, Kinder)	eingeschränkt (nur Ehegatte und leibliche Kinder)

Übersicht: Die verschiedenen steuerlichen Fördermöglichkeiten im Vergleich

3. Sozialversicherungsrechtliche Aspekte

a) Arbeitgeberfinanzierte betriebliche Versorgungsleistungen

1261 Für **arbeitgeberfinanzierte** betriebliche Altersversorgung gilt seit dem 01.01.2002 i. R. d. steuerlichen Obergrenzen vom Grundsatz her Beitragsfreiheit, und zwar **ohne zeitliche Limitierung**, d. h. im Einzelnen:
- Für die Durchführungswege Direktzusage und Unterstützungskasse verbleibt es bei der generellen Beitragsfreiheit ohne eine Begrenzung der Höhe nach.
- Bedingt durch die Änderungen durch das AltEinkG besteht seit dem 01.01.2005 Steuerfreiheit für Zuwendungen an Pensionskassen und Pensionsfonds allerdings nur unter der Voraussetzung, dass die zugesagten Alters-, Invaliditäts- oder Hinterbliebenenversorgungsleistungen in Form einer lebenslangen Rente oder eines Auszahlungsplans mit Restverrentung ab dem 85. Lebensjahr (§ 1 Abs. 1 Satz 1 Nr. 4 AltZertG) geleistet werden.
Mit Wirkung seit dem 01.01.2005 gilt Gleiches auch für steuerfreie Zuwendungen für Direktversicherungen nach § 3 Nr. 63 EStG n. F. bis zu 4 % der Renten-BBG. Für den darüber hinaus steuerfreien Erhöhungsbetrag nach § 3 Nr. 63 EStG n. F. i. H. v. 1.800,00 € besteht allerdings volle Beitragspflicht zur Sozialversicherung.
Soweit Zuwendungen an eine Direktversicherung entweder aufgrund des Verzichts des Arbeitnehmers auf die ab 01.01.2005 geltende Steuerfreiheit nach § 3 Nr. 63 EStG n. F. oder weil die Direktversicherung die Voraussetzungen für die Steuerfreiheit nach § 3 Nr. 3 EStG n. F. nicht erfüllt auch nach dem 31.12.2004 nach § 40b EStG pauschal versteuert werden, bleiben diese bis zu 1.752,00 € bzw. max. 2.148,00 € beitragsfrei, sofern die Zuwendungen zusätzlich zum Arbeitsentgelt bezahlt werden. Gleiches gilt für pauschal versteuerte Zuwendungen an Pensionskassen, soweit die Zuwendungen über 4 % der Renten-BBG betragen.
- Die Sozialversicherungsfreiheit der Leistungen eines Arbeitgebers oder einer Unterstützungskasse an einen Pensionsfonds zur Übernahme bestehender Versorgungsverpflichtungen oder

-anwartschaften durch den Pensionsfonds ist auf den nach § 3 Nr. 66 EStG steuerfreien Betrag beschränkt.

b) Arbeitnehmerfinanzierte betriebliche Versorgungsleistungen (Entgeltumwandlung)

Für vom Mitarbeiter wirtschaftlich selbst, d. h. im Wege der **Entgeltumwandlung** finanzierte betriebliche Altersversorgung gilt grds. bereits heute Beitragspflicht zur Sozialversicherung. Ausnahmsweise gelten im Rahmen einer Übergangsregelung folgende zu einer entsprechend befristeten Beitragsfreiheit führenden Sonderregelungen:

1262

– Für Entgeltumwandlungen in den Durchführungswegen Direktzusage und Unterstützungskasse besteht gem. §§ 115, 14 Abs. 1 Satz 2 SGB IV Beitragsfreiheit, soweit die Entgeltbestandteile 4 % der jeweiligen Renten-BBG nicht übersteigen.
– Entgeltumwandlungen zugunsten einer Pensionskasse oder eines Pensionsfonds sind nach § 1 Abs. 1 Satz 1 Nr. 9 SvEV ebenfalls bis zu einer Höhe von 4 % der jeweiligen Renten-BBG beitragsfrei, sofern es sich insoweit um steuerfreie Zuwendungen nach § 3 Nr. 63 EStG handelt.
– Mit Wirkung seit dem 01.01.2005 gilt Gleiches auch für nach § 3 Nr. 63 EStG n. F. steuerfreie Zuwendungen an eine Direktversicherung.
– Auch nach dem 01.01.2005 verbleibt es für die Durchführungswege Direktversicherung und Pensionskasse für pauschal versteuerte Einmal- oder Sonderzahlungen bei der Beitragsfreiheit i. H. v. 1.752,00 € bzw. max. 2.148,00 € (Umkehrschluss aus § 1 Abs. 1 Satz 1 Nr. 4a SvEV in der ab dem 01.01.2009 geltenden Fassung). Entgeltumwandlungen von laufendem Entgelt sind auch nach 2001 trotz der möglichen Pauschalversteuerung weiterhin beitragspflichtig.

Da die zuvor genannten Tatbestände in unterschiedlichen gesetzlichen Regelungen behandelt werden und zwischen diesen Vorschriften keinerlei Verknüpfung besteht, insb. nicht dergestalt, dass eine gemeinsame Obergrenze für eine beitragsfreie Entgeltumwandlung unabhängig vom jeweiligen Durchführungswege festgelegt worden ist, sind die Regelungen auch unabhängig voneinander, und damit auch additiv anwendbar. Dies führt z. B. dazu, dass ein Arbeitnehmer zunächst bis zu max. 4 % der BBG (= 2.784,00 € im Jahr 2013) in den Durchführungswegen unmittelbare Versorgungszusage und/oder Unterstützungskasse umwandeln kann. Zusätzlich sind folgende beitragsfreien Umwandlungsoptionen realisierbar, wobei sich die weitere beitragsfreie Umwandlungssumme seit dem 01.01.2005 danach richtet, ob die Besteuerung der Zuwendungen nach § 3 Nr. 63 EStG n. F. oder § 40b EStG erfolgt:

1263

– Zusätzlich zu der beitragsfreien Umwandlungssumme für die Durchführungswege unmittelbare Versorgungszusage und/oder Unterstützungskasse können in den Durchführungswegen Pensionsfonds, Pensionskasse und/oder Direktversicherung unter den Voraussetzungen des § 3 Nr. 63 EStG n. F. bis zu max. 4 % der BBG (= 2.784,00 € im Jahr 2013) sozialversicherungsbeitragsfrei umgewandelt werden.
– Soweit eine Direktversicherung die Voraussetzungen des § 3 Nr. 63 EStG n. F. nicht erfüllt oder der Arbeitnehmer auf die Steuerfreiheit nach § 3 Nr. 63 EStG n. F. verzichtet, können zusätzlich zu der beitragsfreien Umwandlungssumme i. R. d. unmittelbaren Versorgungszusage und/ oder Unterstützungskasse sowie in Ergänzung zu einer beitragsfreien Umwandlung bis zu 4 % der Renten-BBG über die Durchführungswege Pensionsfonds und/oder Pensionskasse, – sofern die Beitragszahlung aus Einmal- oder Sonderzahlungen erfolgt – noch bis zu 1.752,00 € bzw. max. 2.148,00 € sozialversicherungsbeitragsfrei umgewandelt werden. Damit ergibt sich in dieser Kombination eine max. Umwandlungssumme von 7.716,00 € (Summe aus 2.784,00 € + 2.784,00 € + 2.148,00 €).
– Die gleiche max. Umwandlungssumme von 7.716,00 € ergibt sich, wenn neben der beitragsfreien Umwandlung über die Durchführungswege unmittelbare Versorgungszusage und/oder Unterstützungskasse i. H. v. insgesamt 4 % der Renten-BBG und über die nach § 3 Nr. 63 EStG steuerfreie Umwandlung i. H. v. 4 % der Renten-BBG über den Durchführungsweg Pensionskasse ein zusätzlicher Beitrag von bis zu 1.752,00 € bzw. max. 2.148,00 € zugunsten einer – pauschal versteuerten – Pensionskasse nach § 40b EStG umgewandelt werden.

1264 Soweit die Kombination der gewählten Durchführungswege eine Pauschalversteuerung nach § 40b EStG nicht vorsieht, ergibt sich durch das AltEinkG damit im Ergebnis eine Verringerung des sozialversicherungsbeitragsfreien Dotierungsrahmens um die in § 40b EStG genannten Obergrenzen von 1.752,00 € bzw. max. 2.148,00 €. Hintergrund ist, dass die als Kompensation für den Wegfall der Pauschalversteuerung gedachte Aufstockung des steuerfreien Erhöhungsbetrages nach § 3 Nr. 63 EStG i. H. v. 1.800,00 € nicht zugleich sozialversicherungsbeitragsrechtlich umgesetzt wurde.

1265 Die ursprünglich bis zum 31.12.2008 befristete **Beitragsfreistellung der Entgeltumwandlung** ist zwischenzeitlich vom Gesetzgeber (*Gesetz zur Förderung der zusätzlichen Altersversorgung und zur Änderung des SGB III« v. 10.12.2007, BGBl. I 2007, 2838*) **aufgegeben** worden. Eine erneute Befristung bzw. Fristverlängerung ist durch den Gesetzgeber nicht erfolgt. Das bedeutet, dass auch über den 01.01.2009 hinaus Zahlungen, mit denen eine Entgeltumwandlungsvereinbarung finanziert wird, in dem zuvor beschriebenen Umfang beitragsfrei bleiben.

c) Alternative Finanzierungsform – »Entgeltumwidmung«

1266 Sofern z. B. im Hinblick auf die Höhe des vom Arbeitnehmer an sich i. R. d. Entgeltumwandlung eingebrachten Entgelts eine »Verbeitragung« der Aufwendungen für die betriebliche Altersversorgung eintreten würde, lässt sich diese Konsequenz nur dann vermeiden, wenn **rechtlich** keine Entgeltumwandlung sondern echter Arbeitgeberaufwand vorliegt. Hierzu werden die Arbeitgeber allerdings nur dann bereit sein, wenn dieser Versorgungsaufwand **wirtschaftlich** nicht zu einer Erhöhung der Lohn(neben)kosten führt. Es gilt also eine Finanzierungsform zu finden, bei der der Versorgungsbeitrag letztendlich wirtschaftlich vom Arbeitnehmer finanziert wird, ohne dass dies zu einer Entgeltumwandlung im rechtlichen Sinne führt, d. h. die begrifflichen Voraussetzungen der Entgeltumwandlung dürfen nicht erfüllt werden.

1267 Begrifflich setzt die **Entgeltumwandlung**, d. h. die Umwandlung »künftiger Entgeltansprüche« voraus, dass der Mitarbeiter bereits einen (vertraglichen) Anspruch auf Zahlung einer bestimmten Vergütung hat, der dann durch die Entgeltumwandlung reduziert wird (*BAG, 08.06.1999 – 3 AZR 136/98, BB 1999, 2195 = DB 1999 = NZA 1999, 1103, 2069; Hanau/Arteaga/Rieble/Veit, S. 38 Rn. 119; Grabner, BetrAV 2003, 17*). Dabei wird dann im Regelfall auch nur der Anspruch auf Auszahlung der Barvergütung in Versorgungslohn umgewandelt, nicht aber gänzlich auf das umgewandelte Entgelt verzichtet.

1268 Demgegenüber reicht eine bloße Chance auf einen höheren Verdienst, z. B. eine lediglich in Aussicht gestellte Gehaltserhöhung, nicht aus, um einen künftigen Entgeltanspruch i. S. d. gesetzlichen Definition der Entgeltumwandlung gem. § 1a Abs. 1 BetrAVG annehmen zu können (*so ausdrücklich BAG, 08.06.1999 – 3 AZR 136/98, BB 1999, 2195 = DB 1999, 2069 = NZA 1999, 1103; Blomeyer/Rolfs/Otto, § 1 Rn. 115; Blumenstein/Krekeler, DB 1998, 2600; Wohlleben, DB 1998, 1231*).

1269 Wenn also eine lediglich in Aussicht gestellte und noch nicht vertraglich vereinbarte Gehaltserhöhung oder Sonderzahlung von vornherein in einen entsprechenden Versorgungsbeitrag »umgewidmet« und dann als solcher vom Arbeitgeber geleistet wird – insoweit kann man also von einer »**unechten Entgeltumwandlung**« (*so z. B. Hanau/Arteaga/Rieble/Veit, S. 38 Rn. 119 ff. und Blomeyer/Rolfs/Otto, § 1 Rn. 115*) oder »**Entgeltumwidmung**« sprechen – dann hat dies zur Konsequenz, dass eine aus einer solchen Entgeltumwidmung finanzierte betriebliche Altersversorgung nicht als Entgeltumwandlung, sondern als echter arbeitgeberfinanzierter Versorgungsbeitrag zu qualifizieren ist (*Hanau/Arteaga/Rieble/Veit, S. 38 Rn. 123*), der auch nach 2008 nicht der Beitragspflicht zur Sozialversicherung unterfällt.

1270 Grundlage für die im Einzelfall nicht immer leichte **Abgrenzung** (*vgl. hierzu die diversen Fallkonstellationen bei Grabner, BetrAV 2003, 23 f.*) ist die **rechtliche Differenzierung** zwischen bestehenden Ansprüchen und »Nicht-Ansprüchen« und damit die vermögensrechtliche Zuordnung der im jeweiligen Einzelfall vorliegenden rechtlichen Vertragskonstruktion (*Blomeyer/Rolfs/Otto, § 1 Rn. 115*). Auf die Motivation der Beteiligten oder den Anlass für die Zusageerteilung kommt es dabei gerade nicht an (*BAG, 08.05.1990 – 3 AZR 121/89, DB 1990, 2375 = BetrAV 1991, 18; Blomeyer/Rolfs/ Otto, § 1 Rn. 115*).

Bei der entsprechenden **Vertragsgestaltung** ist allerdings darauf zu achten, dass diese nicht von der Rechtsprechung oder Betriebsprüfung der Sozialversicherungsträger als unzulässiger Umgehungstatbestand bewertet und dann doch als Entgeltumwandlung eingestuft werden kann (*so z. B. Grabner, BetrAV 2003, 23 für den Fall des zeitlichen Zusammenfalls der Reduktion einer kollektivrechtlich geschuldeten Barvergütung bei gleichzeitiger Gewährung einer arbeitgeberfinanzierter Altersversorgung im Umfang der zuvor ersparten Barvergütung*). Als Indiz für eine solche Umgehung könnte zudem die ansonsten nur bei der Entgeltumwandlung gesetzlich zwingend vorgesehene vertragliche Vereinbarung einer sofortigen Unverfallbarkeit angesehen werden. Umgekehrt spricht für die Annahme einer arbeitgeberfinanzierten Altersversorgung die in der Zusage normierte Geltung der gesetzlichen Unverfallbarkeitsfristen (*vgl. auch Hanau/Arteaga/Rieble/Veit, S. 40, Rn. 123*). 1271

Insoweit bietet es sich an, die Entgeltumwidmung i. S. d. o. g. Definition ausschließlich auf noch **nicht vertraglich festgelegte Sonderzahlungen und Gehaltserhöhungen** zu beschränken. Sofern bereits mit Rechtsanspruch gezahlte Vergütungen wirtschaftlich zur Finanzierung der betrieblichen Altersversorgung herangezogen werden sollen, müsste zunächst die Rechtsgrundlage für den entsprechenden Vergütungsanspruch geändert bzw. entzogen und dann, d. h. zeitlich nachfolgend, ein im gleichen finanziellen Umfang zu erteilendes Versorgungsversprechen vereinbart werden (*vgl. hierzu auch das Beispiel bei Hanau/Arteaga/Rieble/Veit, S. 39 Rn. 121*). 1272

▶ Beispiel 1: 1273

Mitarbeiter A soll eine einmalige Sonderzahlung (Leistungsprämie) i. H. v. 5.000,00 € erhalten. Statt einer Barauszahlung vereinbart er mit seinem Arbeitgeber eine aus einem Einmalbeitrag von 5.000,00 € finanzierte Pensionszusage (beitragsorientierte Leistungszusage). Es liegt keine Entgeltumwandlung, sondern eine Entgeltumwidmung vor, da A noch keinen rechtlichen Anspruch auf die Sonderzahlung hatte.

▶ Beispiel 2:

Mitarbeiter B soll neben der tarifvertraglich geregelten Gehaltserhöhung von 3 % zusätzlich eine außertarifliche Gehaltserhöhung von weiteren 2 % erhalten. B möchte statt der Gehaltserhöhungen lieber eine betriebliche Altersversorgung vereinbaren. Die Nutzung der tariflich bereits festgelegten Gehaltserhöhung von 3 % wäre eine Entgeltumwandlung, da B hierauf bereits mit Abschluss des Tarifvertrages einen Rechtsanspruch hat. Sie wäre zudem gem. § 17 Abs. 5 BetrAVG auch nur bei Vorliegen einer entsprechenden tarifvertraglichen Regelung (Versorgungstarifvertrag oder tarifvertragliche Öffnungsklausel) zulässig. Dagegen kann die vertraglich noch nicht vereinbarte außertarifliche Gehaltserhöhung in eine entsprechende beitragsorientierte Leistungszusage umgewidmet werden.

▶ Beispiel 3:

Die Mitarbeiter der Firma C erhalten ein tarifliches Urlaubsgeld i. H. v. 500,00 €. Man beabsichtigt eine betriebliche Altersversorgung mit einem Versorgungsbeitrag von 250,00 € einzuführen, der letztendlich wirtschaftlich von den Mitarbeitern finanziert werden soll.

▶ Variante 1:

Der Tarifvertrag erlaubt die Finanzierung einer betrieblichen Altersversorgung aus dem Urlaubsgeld bis zum Maximalbetrag von 500,00 €. Bei entsprechender Umsetzung liegt eine ab 2009 beitragspflichtige Entgeltumwandlung vor.

▶ **Variante 2:**

Die Tarifvertragsparteien ändern den Tarifvertrag dahin gehend ab, dass künftig nur noch ein reduziertes Urlaubsgeld von 250,00 € gezahlt wird. Der Rechtsanspruch der Mitarbeiter reduziert sich also entsprechend. In einem weiteren, neuen Tarifvertrag wird eine tarifliche Altersversorgung vereinbart, die den Arbeitgeber verpflichtet, jährlich 250,00 € in ein betriebliches Versorgungswerk zu zahlen. Hierbei handelt es sich um einen echten Arbeitgeberbeitrag.

1274 Wie die vorstehenden Beispiele (*vgl. hierzu auch die bei Grabner, BetrAV 2003, 23 f. aufgeführten Fallbeispiele*) zeigen, ist die **Abgrenzung zwischen Entgeltumwandlung und Entgeltumwidmung** im Einzelfall nicht einfach bzw. eindeutig vorzunehmen. Bereits leichte Nuancen in der Vertragsgestaltung oder im tatsächlichen Geschehensablauf reichen aus, um das Ergebnis der Abgrenzung in die eine oder die andere Richtung tendieren zu lassen.

1275 ▶ **Hinweis:**

Da der Mitarbeiter bei der Entgeltumwidmung keinen Rechtsanspruch auf eine in Aussicht gestellte Gehaltserhöhung hat, kann diese konsequenterweise auch nicht als Bemessungsgrundlage für künftige Gehaltserhöhungen oder sonstige entgeltabhängige Vergütungsbestandteile (z. B. Urlaubs- und Weihnachtsgeld, betriebliche Altersversorgung, Jubiläumszahlungen etc.) herangezogen werden. Insoweit müssen sich die Vertragsparteien daher überlegen, ob und ggf. wie sie diese Nachteile anderweitig ausgleichen.

1276 Die vertragliche Vereinbarung eines **Schattengehalts**, wie sie bei der Entgeltumwandlung allein schon unter dem arbeitsrechtlichen Aspekt der »Wertgleichheit« zwingend ist (*so ausdrücklich Reinecke, DB 2006, 562*), könnte allerdings als Indiz für eine Entgeltumwandlung und damit als Umgehungstatbestand gewertet werden. In jedem Fall ist der Mitarbeiter über die wirtschaftlichen Konsequenzen einer Entgeltumwidmung durch den Arbeitgeber aufzuklären.

1277 Des Weiteren ist bei der Einführung von Entgeltumwidmungsmodellen der **allgemeine Gleichbehandlungsgrundsatz** zu beachten. Dies bedeutet, dass der Arbeitgeber ein entsprechendes Angebot zur Entgeltumwidmung im Regelfall auch allen infrage kommenden und vergleichbaren Mitarbeitern, z. B. allen leitenden Angestellten oder allen außertariflichen Angestellten, unterbreiten muss und dieses Angebot i. d. R. nicht auf einige wenige Mitarbeiter beschränken kann.

1278 So stellt sich die Frage, wie der Fall zu beurteilen ist, wenn in einer Firma z. B. drei Prokuristen (A, B, C) eine aus Entgeltumwidmung finanzierte betriebliche Versorgungszusage (also arbeitgeberfinanziert) erhalten, zwei weitere Prokuristen (D, E) dagegen eine entsprechende Gehaltserhöhung. Unterstellt man hier, dass die Motive für die jeweilige Maßnahme nicht generell festgeschrieben worden sind, könnten zunächst A, B und C unter dem Aspekt der Gleichbehandlung den Arbeitgeber auf zusätzliche Gehaltserhöhung in Anspruch nehmen und anschließend D und E die arbeitgeberfinanzierte betriebliche Altersversorgung zusätzlich verlangen. Dieses Problem der »doppelten Gleichbehandlung« lässt sich nur dadurch eingrenzen, dass arbeitgeberseitig eindeutig eine alle betroffenen Mitarbeiter gleichbehandelnde »**Gesamtvergütung**« (sog. **Cafeteria-Modelle**) dokumentiert wird. Aber auch dann wird man im Einzelfall prüfen müssen, ob der Disposition des Mitarbeiters eine anstehende Erhöhung der bestehenden Gesamtvergütung zugrunde liegt, oder ob diese Disposition im Rahmen eines bereits feststehenden Gesamtvergütungsrahmens erfolgt. Letzteres wäre dann nämlich wiederum eine Entgeltumwandlung (*so auch Grabner, BetrAV 2003, 24*). Auch ein solches Cafeteria-Modell verschafft somit keine eindeutige Abgrenzung und Rechtssicherheit (*Hanau/Arteaga/Rieble/Veit, S. 41 Rn. 126*).

▶ **Hinweis:**

Daher sollte bei entsprechenden Vertragsgestaltungen immer eine juristische Qualitätssicherung erfolgen.

d) Beitragspflicht in der KVdR für betriebliche Versorgungsleistungen

Durch das Gesetz zur Modernisierung der gesetzlichen Krankenversicherung (GKV-Modernisierungsgesetz v. 14.11.2003 (*BGBl I, S. 2190*) sind zum 01.01.2004 folgende, für die betriebliche Altersversorgung relevanten Änderungen in Kraft getreten: 1279

- Nach **§ 248 Satz 1 SGB V** gilt künftig für die Bemessung der Beiträge aus Versorgungsbezügen, d. h. für alle laufenden betrieblichen Alters-, Invaliden- und Hinterbliebenenrenten, der **volle** allgemeine Beitragssatz der jeweiligen Krankenkasse (statt bislang des halben Beitragssatzes). Lediglich Leistungen aus der betrieblichen Altersversorgung bis zu einer Bagatellgrenze i. H. v. 1/20 der Bezugsgröße nach § 18 SGB IV werden von der Verbeitragung ausgenommen, § 226 Abs. 2 SGB V i. V. m. § 18 SGB IV. Dies entspricht im Jahr 2013 einem monatlichen Rentenbetrag von 134,75 € (West u. Ost) bzw. bei Kapitalleistungen einem Betrag von max. 16.170,- € (West u. Ost), die beitragsfrei bleiben.
- Der volle allgemeine Beitragssatz ist künftig auch von freiwillig versicherten Mitgliedern der gesetzlichen Krankenversicherung für Versorgungsbezüge einschließlich der Leistungen der betrieblichen Altersversorgung zu zahlen. Hintergrund ist, dass nach § 240 Abs. 2 SGB V die Satzung der Krankenkasse freiwillig Versicherte bei der Beitragsbemessung mindestens so zu behandeln hat wie einen vergleichbaren versicherungspflichtigen Beschäftigten.
- Nach **§ 229 Abs. 1 Satz 3 SGB V** wurden bislang bei der Beitragsbemessung aus Versorgungsbezügen, d. h. insb. auch aus Leistungen der betrieblichen Altersversorgung, nur **Kapitalabfindungen** berücksichtigt, die nach Beginn der Rentenzahlungen vereinbart werden. Beitragsfrei waren bislang also **Kapitalleistungen**, die bereits vor Eintritt des Versorgungsfalls zugesagt wurden. Mit der Gesetzesänderung wurde § 229 Abs. 1 Satz 3 SGB V dahin gehend erweitert, dass eine Beitragspflicht nicht nur für »nicht regelmäßige Leistungen« besteht, »die an die Stelle der Versorgungsbezüge treten« (= Kapitalabfindung), sondern auch wenn »eine solche Leistung vor Eintritt des Versorgungsfalls vereinbart oder zugesagt worden ist«.

Durch die Neuregelung des § 229 SGB V unterliegen somit seit dem 01.01.2004 insb. **alle Leistungen der betrieblichen Altersversorgung der Beitragspflicht**, unabhängig von ihrem Durchführungsweg oder ihrer Zahlungsform (Rentenzahlung, Kapitalleistung oder Kapitalabfindung), sofern die Leistungen im Zusammenhang mit einer früheren beruflichen Tätigkeit erworben worden sind (*st. Rspr. des BSG, z. B. 06.02.1992 – 12 RK 37/91, BSGE 70, 105 und 26.03.1996 – 12 RK 21/95, DB 1996, 1829 = NZA 1997, 119 = VersR 1997,1423*). 1280

Hierzu gehören ferner: 1281
- Übergangsgelder,
- Überbrückungsgelder,
- Ausgleichszahlungen,
- Gnadenbezüge etc.,

soweit sie im Anschluss an das Arbeitsverhältnis und anstelle der Betriebsrente gewährt werden sowie Leistungen aus befreienden Lebensversicherungen.

Die sog. Riester-Rente nach §§ 10a, 79 ff. EStG ist dagegen gänzlich der privaten Eigenvorsorge zuzurechnen und gehört nicht zu den beitragspflichtigen Versorgungsbezügen (*Gemeinsame Verlautbarung der Spitzenverbände der Krankenkassen v. 14.02.2004*). 1282

Beitragsfrei sind somit nur noch solche Einnahmen, die nicht unmittelbar auf ein früheres Beschäftigungsverhältnis oder auf eine frühere Erwerbstätigkeit zurückzuführen sind (*z. B. Einnahmen aufgrund betriebsfremder privater Eigenvorsorge, Einnahmen aus privatem Vermögen, vgl. BSG, 30.03.1995 – 12 RK 29/94, DStR 1995, 1766; BSG, 26.03.1996 – 12 RK 21/95 = DB 1996, 1829*). 1283

Ein **Zusammenhang mit der beruflichen Tätigkeit** ist bei Leistungen aus einer Direktversicherung oder im Rahmen einer Pensionszusage generell und bei den Leistungen der betrieblichen Altersversorgung in Form der Unterstützungskassen-, Pensionskassen- und Pensionsfondsversorgung üblicherweise gegeben (*Gemeinsame Verlautbarung der Spitzenverbände der Krankenkassen v.14.02.2004*). 1284

Umgekehrt besteht ein solcher Zusammenhang mit dem Berufsleben nicht, wenn der Arbeitgeber weder Zuschüsse noch Aufwendungen leistet und auch auf sonstige Weise nicht bei der Verschaffung der Altersversorgung eingebunden war *(Gemeinsame Verlautbarung der Spitzenverbände der Krankenkassen v. 14.02.2004)*.

1285 Die Beitragspflicht von Versorgungsbezügen in Form von Kapitalleistungen gilt für alle Versorgungszusagen – auch in laufenden Verträgen – bei denen der Versicherungsfall (Versorgungsfall) nach dem 31.12.2003 eingetreten ist; dabei ist nicht von Bedeutung, wann die Auszahlung der Kapitalleistung erfolgt *(Verlautbarung der Spitzenverbände der Krankenkassen v. 12.02.2004)*.

Für Versorgungsbezüge gilt gem. § 248 SGB V seit dem 01.01.2004 der volle allgemeine Beitragssatz, den der Versorgungsberechtigte nach § 250 SGB V allein zu tragen hat. Der Beitragssatz für Kapitalleistungen beträgt 1/120 der Leistung als monatlicher Zahlbetrag der Versorgungsbezüge, längstens jedoch für 120 Monate. Bei einer Kapitalzahlung von 120.000,00 € und einem – individuellen – Beitragssatz zur Krankenversicherung von z. B. 15,5 % führt dies zu einem monatlichen Beitrag von 155,00 €.

1286 Was die Verbeitragung von Kapitalleistungen der betrieblichen Altersversorgung anbelangt, sind die Spitzenverbände der Krankenkassen in Anlehnung an die Rechtsprechung des BSG ursprünglich davon ausgegangen, dass die Kapitalleistung in voller Höhe auch dann zu verbeitragen ist, wenn die Direktversicherung, Pensionskasse oder der Pensionsfonds nach dem Ausscheiden des Arbeitnehmers mit privaten Beiträgen fortgeführt wird.

§ 229 Abs. 1 SGB-V regelt die Verbeitragung von Leistungen der betrieblichen Altersversorgung in Bezug auf die gesetzliche Kranken- und Pflegeversicherung. Danach müssen die in der gesetzlichen Kranken- und Pflegeversicherung Pflichtversicherten den vollen Beitragssatz für Renten aus betrieblicher Altersversorgung zahlen. Dies gelte entsprechend auch für Kapitalleistungen aus einer betrieblichen Altersversorgung, und zwar auch dann, wenn der Versicherungsvertrag nach dem Ausscheiden des Arbeitnehmers mit privaten Beiträgen fortgeführt wird.

Diese Beitragspflicht wurde mit einem sog. »**Grundsatz der Unteilbarkeit von Betriebsrenten**« begründet. Eine Aufteilung der Kapitalleistung in Beiträge, die sich dem Beschäftigungsverhältnis zuordnen lassen und in Beiträge, die aufgrund einer freiwilligen Fortsetzung des Versicherungsvertrages geleistet worden sind, wurde nicht akzeptiert. Ungeachtet ihrer Finanzierungsmodalität würden die Leistungen einen institutionellen Bezug zur betrieblichen Altersversorgung aufweisen und seien daher vollständig zur Beitragsbemessung heranzuziehen *(vgl. BSG, 12.12.2007 – B 12/ KR 6/06, BetrAV 2008, 715 und B 12/KR 2/07, JurionRS 2007, 45704; BSG, 25.04.2007 – B 12 KR 25/05 R, NZA 2007, 1040)*.

1287 Das SG Düsseldorf ist eines der ersten erstinstanzlichen Gerichte gewesen, das sich mit seiner Entscheidung vom 18.09.2008 (*S 8 KR 82/05, JurionRS 2008, 29482*) gegen diese Verwaltungsauffassung und bisherige höchstrichterliche Rechtsprechung gewendet hat und hinsichtlich der Frage einer teilweise privat finanzierten Direktversicherung zu einer differenzierten Betrachtung gekommen ist. Nach Auffassung des SG Düsseldorf stellen die Leistungen einer Direktversicherung, soweit sie aus privaten Mitteln des Versicherten nach Beendigung des Arbeitsverhältnisses finanziert worden sind, keine Versorgungsbezüge aus einem Arbeitsverhältnis bzw. Rente der betrieblichen Altersversorgung i. S. d. § 229 Abs. 1 SGB V dar.

1288 Unter Berücksichtigung von Art. 3 GG erschien es dem Gericht nicht mehr gerechtfertigt bzw. war kein ausreichend sachlicher Grund dafür ersichtlich, dass die vom Versicherten selbst als Versicherungsnehmer erwirtschaftete (anteilige) Kapitalleistung anders zu behandeln ist als ausschließlich privat abgeschlossene und bediente Lebensversicherungsverträge, deren Erträge nicht zur Beitragszahlung heranzuziehen sind. Nach Beendigung des Arbeitsverhältnisses ist der Arbeitgeber nicht mehr an der Abwicklung des Versicherungsvertrages beteiligt und auch die dem Arbeitnehmer zuvor zugekommenen Vergünstigungen wie z. B. die Pauschalversteuerung und möglicherweise auch eine Sozialversicherungsbeitragsfreiheit von Bruttoeinkommensanteilen (z. B. Umwandlung von

VIII. Steuer- und sozialversicherungsrechtliche Rahmenbedingungen B.

Sonderzahlungen wie Weihnachts- oder Urlaubsgeld) kommen ihm nicht mehr zugute. Der alleinige, **bloß mittelbare und geringfügigere Vorteil**, der dem Arbeitnehmer dadurch zukommt, dass er bei angenommenen Vertragsabschlüssen zu den späteren Zeitpunkten als Privatperson z. B. aufgrund einer kürzeren Vertragsdauer und ggf. fortgeschrittenen Alters nicht mehr dieselben günstigen Konditionen wie zum Beginn der Vertragslaufzeit hätte erhalten können, erschien dem Gericht nicht als derart schwerwiegender Unterschied, der berechtigte, diese Kapitalleistungsanteile als betriebliche Altersvorsorge zu behandeln. Denn die etwaigen Vorteile haben ihre Ursache nicht im Umstand der ehemaligen Beteiligung des Arbeitgebers am Vertrag, sondern allein in Umständen, die auch die Vertragsbedingungen von rein privat durchgeführten Lebensversicherungen bestimmen. So bleibt dem Arbeitnehmer z. B. der günstige Status als Beteiligter an einem Gruppenversicherungsvertrag nach dem Ausscheiden aus dem Beschäftigungsverhältnis nicht mehr erhalten (*SG Düsseldorf, 18.09.2008 – S 8 KR 82/05, JurionRS 2008, 29482*).

Darüber hinaus ist hinsichtlich der selbst als Versicherungsnehmer erwirtschafteten Kapitalleistungen zu berücksichtigen, dass der vom BSG typisierend geforderte **institutionelle Zusammenhang zwischen der Erwerbstätigkeit und der Altersversorgung** (*vgl. BSG, 12.12.2007 – B 12 KR 6/06 R, BetrAV 2008, 715*) gerade nicht gegeben ist. Denn bei Lebensversicherungsgesellschaften, bei denen der Arbeitgeber eine Direktversicherung für seine Mitarbeiter abschließt handelt es sich in aller Regel um rein private AG und nicht um Einrichtungen der betrieblichen Altersversorgung (Ausnahme: betriebliche Pensionskassen). Unter Berücksichtigung dieses Umstandes muss die Leistung aus der Lebensversicherung ihren Charakter als Versorgungsbezug auch nach den vom BSG selbst beschriebenen Abgrenzungsmerkmalen verlieren, wenn sie weder von einer Einrichtung der betrieblichen Altersversorgung gezahlt wird, noch auf irgendwie geartete Leistungen des Arbeitgebers als Versicherungsnehmer zurückzuführen sind. Sie können den Charakter als Versorgungsbezug auch bei Eigenleistungen des Arbeitnehmers nur so lange behalten, als es sich unter Beteiligung des Arbeitgebers um eine Direktversicherung i. S. d. § 1 Abs. 2 BetrAVG handelt. Dies ist für Zeiträume nach Beendigung des Arbeitsverhältnisses jedoch nicht der Fall, es sei denn die Versicherung wird nicht privat, sondern durch einen Folgearbeitgeber fortgeführt. Im letzteren Fall wäre eine Verbeitragung der späteren Kapitalzahlung dann aber wieder konsequent, da diese Leistung dann wieder aus einem (neuen) Arbeitsverhältnis herrührt.

1289

Mittlerweile ist diese Rechtsauffassung durch zwei Entscheidungen des BVerfG (*06.09.2010 – 1 BvR 739/08, VersR 2011, 416 = NZS 2011, 463 und 28.09.2010 – 1 BvR 1660/08, VersR 2011, 417 = DB 2010, 2343 = NZS 2011, 539*) im Wesentlichen bestätigt worden. Das BVerfG differenziert insoweit danach, wer nach der Beendigung des Arbeitsverhältnisses die Versicherungsnehmerstellung (VN-Stellung) innehat und kommt für den Fall, dass die VN-Stellung auf den Arbeitnehmer übertragen worden ist, für die den privat entrichteten Beiträgen entsprechenden Versicherungsleistungen zu einer Beitragsfreiheit.

1289a

Das BVerfG geht dabei davon aus, dass im Fall eines Wechsels der VN-Stellung, eine Beitragsbelastung der Leistungen, die mit privaten Beitragszahlungen finanziert worden sind, nicht verfassungskonform ist (*Beschl. v. 28.09.2010 – 1 BvR 1660/08, VersR 2011, 417 = DB 2010, 2343 = NZS 2011, 539*). Das BVerfG stellt insoweit maßgeblich darauf ab, dass die bei der Auslegung des § 229 Abs. 1 Nr. 5 SGB V vorgenommene Typisierung durch die Krankenversicherungsträger zu einem mit Art. 3 Abs. 1 GG unvereinbaren Ergebnis führen kann, wenn die Leistungen ihren betrieblichen Bezug verloren haben. Nach § 229 Abs. 1 Nr. 5 SGB V gelten die Renten der betrieblichen Altersversorgung als der Rente vergleichbare Einnahmen. Es verstoße nach Auffassung des Gerichts gegen den Gleichheitsgrundsatz, wenn Leistungen, die auf Beitragszahlungen beruhen, die der Versicherte nach Ausscheiden aus dem Arbeitsverhältnis auf einen auf ihn als Versicherungsnehmer lautenden Vertrag als betriebliche Altersversorgung erhält, zu Beiträgen der Krankenversicherung der Rentner herangezogen werden, obwohl der Gesetzgeber Leistungen privater Lebensversicherungsunternehmen pflichtversicherter Rentner dieser Beitragszahlungspflicht nicht unterwirft. Mit der Festlegung der Versicherungsnehmerstellung liege ein formal einfach zu handhabendes Kriterium vor, das ohne Rücksicht auf arbeitsrechtliche Absprachen eine Differenzierung zwischen betrieblicher von privater

B. Regelungsbereich des Betriebsrentengesetzes

Vorsorge erlaube. Einzahlungen auf private Lebensversicherungsverträge dürfen nicht alleine deshalb der Beitragspflicht Pflichtversicherter unterworfen werden, weil die Verträge ursprünglich vom Arbeitgeber des Bezugsberechtigten abgeschlossen worden sind und damit dem Regelwerk des Betriebsrentenrechts unterlagen, wenn sie bedingt durch den Wechsel der VN-Stellung danach vollständig den betrieblichen Bezug verloren haben und ohne Probleme in einen betrieblichen und einen privaten Teil der Auszahlung getrennt werden können.

Bleibt dagegen der Arbeitgeber Versicherungsnehmer, so sei auch hinsichtlich der Eigenbeiträge der Bezug zum beendeten Arbeitsverhältnis nach wie vor gegeben. Der ausgeschiedene Arbeitnehmer habe den institutionellen Rahmen des Betriebsrentengesetzes genutzt, um die betrieblich begründete Direktversicherung innerhalb der dort geregelten Voraussetzungen fortzuführen. Damit wären auch die aus den Eigenbeiträgen finanzierten weiteren Erträge aus dem Versicherungsvertrag als beitragspflichtige Versorgungsleistungen zu qualifizieren, sodass die Beitragspflicht verfassungsrechtlich nicht zu beanstanden sei. Demgemäß hat das Gericht die Verfassungsbeschwerde in diesem Fall nicht zur Entscheidung angenommen (*Beschl. v. 06.09.2010 – 1 BvR 739/08, VersR 2011, 416 = NZS 2011, 463*).

Unberücksichtigt bleibt der Umstand, dass die Versorgungsbezüge bereits aus dem zu Sozialversicherungsbeiträgen herangezogenem Arbeitsentgelt finanziert worden sind. Nach Auffassung des Gerichts können die für das Steuerrecht geltenden Grundsätze des Verbots der Doppelbesteuerung nicht auf die Finanzierung der gesetzlichen Krankenversicherungssysteme entsprechend angewendet werden, weil hierfür andere Grundsätze gelten (*Beschl. v. 06.09.2010 – 1 BvR 739/08, VersR 2011, 416 = NZS 2011, 463*).

1289b Die Entscheidungen schaffen durch das Abstellen auf das Kriterium der Versicherungsnehmerstellung einen klaren, eindeutigen und einfach handhabbaren Rechtsrahmen zur Beurteilung der Beitragszahlungsverpflichtung. Dies gilt zumindest für die Durchführungswege der Direktversicherung und der Pensionskasse bei denen ein Wechsel der VN-Stellung rechtlich möglich ist. Etwas anderes gilt für den Pensionsfonds. Zwar besteht auch bei diesem Versorgungsträger im Fall einer durch Entgeltumwandlung finanzierten betrieblichen Altersversorgung nach § 1b Abs. 5 Nr. 2 BetrAVG ein Rechtsanspruch darauf, diese nach seinem Ausscheiden mit eigenen Beiträgen fortzuführen. Allerdings hat der Gesetzgeber hier – anders als bei Direktversicherung und Pensionskasse – keine § 2 Abs. 2 und 3 BetrAVG vergleichbare versicherungsvertragliche Lösung normiert, sodass beim Pensionsfonds ein Wechsel der VN-Stellung auf den ausgeschiedenen Mitarbeiter rechtlich nicht realisierbar ist. Damit stehen auf den Pensionsfonds erfolgte Beitragszahlungen immer in einem beruflichen Bezug zum Arbeitsverhältnis mit der Folge, dass diese immer in die Beitragsbemessung zur Krankenversicherung der Rentner fallen.

1289c Diese Abgrenzung ist zwischenzeitlich für den Durchführungsweg Direktversicherung auch vom BSG übernommen worden (Urt. v. *30.03.2011 – B 12 KR 24/09 R, SGB 2011, 266 und B 12 KR 16/10 R, DB Beilage 2011, 133*). Das Landessozialgericht Baden-Württemberg verlangt für das Herauslösen der Direktversicherung aus dem institutionellen Rahmen der betrieblichen Altersversorgung allerdings unter anderem die Vergabe einer neuen Versicherungsnummer durch den Versorgungsträger (*Urt. v. 01.03.2011 – L 11 KR 2421/09, BetrAV 2011, 576*).

Die vom BVerfG beurteilten Sachverhalte bezogen sich auf Kapitalzahlungen der betrieblichen Altersversorgung. Gleichwohl sprechen keine Gründe dagegen, die vom BVerfG vorgenommene Differenzierung auch auf Rentenzahlungen zu erstrecken. Hierfür spricht bereits, dass die die Kapitalzahlung auf der Basis der 1/120 tel-Regelung ähnlich wie eine Rente verbeitragt wird.

Aufgrund der vom BVerfG vorgenommenen Differenzierung haben es die Arbeitsvertragsparteien selbst in der Hand, bei Beendigung des Arbeitsverhältnisses durch eine entsprechende vertragliche Ausgestaltung der versicherungsvertraglichen Lösung eine Verbeitragung der durch künftige private Beitragszahlungen erwirtschafteten Erträge aus dem Versicherungsvertrag zu verhindern: sie müssen nur sicherstellen, dass es zu einem Wechsel der Versicherungsnehmerstellung vom Arbeitgeber auf den Arbeitnehmer kommt.

Die vom BVerfG vorgenommene Abgrenzung ist zwischenzeitlich für den Durchführungsweg Direktversicherung auch vom BSG übernommen worden (*Urt. v. 30.03.2011 – B 12 KR 24/09 R und B 12 KR 16/10 R*).

Soweit der GKV-Spitzenverband der Krankenkassen unter Hinweis auf die aktuelle Rechtsprechung von BVerfG und BSG und die dort vorgenommene Differenzierung nur auf den Durchführungsweg der Direktversicherung beschränkt und bei Pensionskassen die bisherige Verwaltungspraxis der Krankenkassen – uneingeschränkte Verbeitragung – fortführen will (*Rundschreiben 2010/581 vom 02.12.2010; Rundschreiben 2011/419 vom 30.08.2011*), vermag dies nicht zu überzeugen. Zwar hat die Rechtsprechung tatsächlich – weil sie auch nur darüber zu entscheiden und keinen Fall zur Pensionskasse zu entscheiden hatte – nur die Rechtslage bei der Direktversicherung beurteilt. Allerdings muss man berücksichtigen, dass Pensionskassen betriebsrentenrechtlich, steuerrechtlich und auch aufsichtsrechtlich nahezu identischen Regularien unterliegen, sodass eine unterschiedliche Behandlung im Sozialversicherungsrecht nicht zwangsläufig gegeben sein muss. Mag man bei regulierten (Firmen-) Pensionskassen klassischer Herkunft (VVaG) noch mit dem Argument der gesetzlichen Definition als Einrichtung der betrieblichen Altersversorgung (*vgl. hierzu Reich, VersR 2011, 456*) bzw. als betriebliche Sozialeinrichtung (§ 87 Abs. 1 Nr. 8 BetrVG) einen Ansatz für eine unterschiedliche Behandlung ggf. finden können, so muss dieses Argument aber bei den neuen Produktanbieter-Pensionskassen versagen, die wie ein »normales« Lebensversicherungsunternehmen und damit identisch wie eine Direktversicherung agieren. Viel bedeutsamer ist allerdings, dass das BVerfG seine Abgrenzung im Wesentlichen an der Frage der Versicherungsnehmerstellung vornimmt. Diese Abgrenzung lässt sich aber in vollem Umfang auch auf die Pensionskasse – und zwar sowohl auf regulierte wie auch auf deregulierte Pensionskassen übertragen. Auch bei der Pensionskasse greift für private Beitragszahlungen nach Beendigung des Arbeitsverhältnisses der betriebsrentenrechtliche Verschaffungsanspruch nach § 1 Abs. 1 Satz 3 BetrAVG und damit die Einstandspflicht des Arbeitgebers gerade nicht, sodass hier die Herauslösung des Versicherungsvertragsverhältnisses aus der betrieblichen und betriebsrentenrechtlichen Sphäre evident ist. Mithin muss man bei entsprechender vertraglicher Ausgestaltung der VN-Stellung auch bei der Pensionskasse zu einer Beitragsfreiheit der Versicherungsleistung kommen, die auf eigenen Beiträgen des Mitarbeiters nach Beendigung des Arbeitsverhältnisses beruht. (*im Ergebnis zustimmend: Plagemann, BetrAV 2012, 333; Reich, VersR 2011, 456*).

1289d

Letztendlich wird diese Frage nur durch die Gerichte geklärt werden können. Bis zu einer gerichtlichen Klärung sollte man die Versicherten, die ihre betriebliche Altersversorgung über eine Pensionskasse erhalten, auf die insoweit noch »offene« Rechtslage hinweisen. Gleichzeitig sollten die Versicherten die Möglichkeit in Betracht ziehen, unter Bezugnahme auf die Rechtsprechung zur Direktversicherung und die insoweit analoge Sachlage **vorsorglich einen Einspruch gegen entsprechende Leistungsbescheide der Krankenkassen einzulegen.**

Die Beitragsabführung hinsichtlich Versorgungsrenten erfolgt bei **versicherungspflichtigen Rentnern** durch Einbehalt der Beiträge durch die Zahlstelle der Versorgungsbezüge und Abführung an die zuständige Krankenkasse. Bei Versorgungsbezügen in Form von Kapitalleistungen ist dagegen der Versicherte für die Beitragsabführung selbst verantwortlich. **Freiwillig Versicherte** oder Versicherungspflichtige, die keine gesetzliche Rente beziehen, sind generell selbst zur Beitragsabführung verpflichtet. Die tatsächliche Beitragszahlung wird durch umfassende Meldepflichten sowohl der Zahlstelle als auch des Versorgungsempfängers in der Praxis sichergestellt, §§ 202, 205 SGB IV.

1290

e) Änderungen im Bereich der Pflegeversicherung

Durch das Zweite **Gesetz zur Änderung des Sechsten Buches Sozialgesetzbuch und anderer Gesetze** vom 30.12.2003 (*BGBl. I, S. 3013 ff.*) sind Rentner seit dem 01.04.2004 verpflichtet, den Beitrag zur Pflegeversicherung aus der gesetzlichen Rente allein zu tragen. Darüber hinaus vergrößert

1291

sich die Belastung der versicherungspflichtigen Rentner dadurch, dass Versorgungsbezüge in Form von Kapitalleistungen aufgrund ihrer – durch das GKV-Modernisierungsgesetz eingeführten – Beitragspflicht in der gesetzlichen Krankenversicherung nunmehr auch – voll – pflegeversicherungspflichtig sind.

f) Betriebliche Altersversorgung und Arbeitslosigkeit

1292 Wesentlicher Bestandteil der Arbeitsmarktreform war u. a. die Zusammenlegung von Arbeitslosen- und Sozialhilfe zum neuen ALG II zum 01.01.2005. I. R. d. Bedürftigkeitsprüfung für das ALG II ist zunächst eigenes Vermögen zu verwerten, soweit es die nachfolgenden Freibeträge (§ 12 SGB II) übersteigt.

1293 Zunächst gibt es einen vor der Verwertung geschützten **Grundfreibetrag** von mindestens 3.100,00 € bis max. – je nach Altersgrenze – zwischen 9.750,00 € und 10.050,00 € (150,00 € pro Lebensjahr). Die Werte gelten jeweils für den erwerbsfähigen Hilfsbedürftigen und dessen Partner, d. h. verdoppeln sich also ggf.

1294 Zusätzlich zu dem Vermögens-Grundfreibetrag steht jedem erwerbsfähigen Hilfebedürftigen ein Freibetrag in Höhe von 750,00 € je vollendetem Lebensjahr für die Private Altersvorsorge zu, maximal jedoch – je nach Altersgrenze zwischen 48.750,00 € und 50.250,00 €. Voraussetzung ist allerdings, dass die Verwertung der Anlage vor Eintritt in den Ruhestand vertraglich unwiderruflich ausgeschlossen ist. Auch ein Rückkauf, eine Kündigung oder eine Beleihung darf nicht möglich sein. Ein Ausschluss der Verwertung vor dem 60. Lebensjahr reicht aus.

Frei sind auch Betriebsrenten, wenn sie ausschließlich arbeitgeberfinanziert sind und eine Verfügung vor dem Eintritt des Versorgungsfalles ausgeschlossen ist.

1295 Zu den **nicht verwertbaren Altersvorsorgeansprüchen** zählen damit:
– Anwartschaften der betrieblichen Altersversorgung,
– Ansprüche staatlich geförderter Vorsorge, d. h. aus Riester-Verträgen,
– Ansprüche aus der sog. Basisversorgung nach § 10 Abs. 1 Nr. 2 Buchst. b) EStG n. F.

1296 Damit erfährt die betriebliche Altersversorgung neben der Riester-Rente – jedenfalls im Fall von Arbeitslosigkeit – eine Privilegierung ggü. der privaten Altersvorsorge.

IX. Betriebliche Altersversorgung in den neuen Bundesländern

1297 **Grundlage für die Alterssicherung** der »Werktätigen« in der ehemaligen DDR war die **Pflichtversicherung in der gesetzlichen Rentenversicherung.** Diese Pflichtversicherung konnte allerdings angesichts einer seit 1947 bis zur Herstellung der sog. Wirtschafts-, Währungs- und Sozialunion am 01.07.1990 unverändert bestehenden Beitragsbemessungsgrenze von 600,00 DM und einem durchschnittlichen Monatsverdienst von zuletzt rund 1300,00 DM (*vgl. Flecken, BetrAV 1990, 213*) bei Weitem keine ausreichende Alterssicherung bieten. Deshalb wurde die gesetzliche Pflichtversicherung 1971 um eine **freiwillige Zusatzrentenversicherung** für Werktätige mit einem Gehalt von über 600,00 DM monatlich eingeführt. Daneben gab es daher eine Vielzahl von ergänzenden **Zusatzversorgungseinrichtungen** im Regelfall für besonders qualifizierte Berufsschichten, die sog. Altersversorgung der Intelligenz, sowie für die Mitarbeiter innerhalb der Parteiorganisationen (*vgl. Flecken, BetrAV 1990, 213*).

1298 Die betriebliche Altersversorgung im klassischen westdeutschen Verständnis hat in den Betrieben der ehemaligen DDR dagegen nur eine **untergeordnete Rolle** gespielt (*vgl. Höfer, BetrAVG, Bd. I [ArbR], ART Rn. 1463ff.*). Lediglich einige wenige Unternehmen, die bereits vor der Gründung der DDR existierten (z. B. die Carl Zeiss-Stiftung in Jena), haben über **traditionell** bestehende betriebliche Versorgungssysteme verfügt und diese in der DDR fortgeführt. Auch nach der Wiedervereinigung hat sich an dieser Situation bislang nicht viel geändert. Allenfalls solche Unternehmen, die von westdeutschen Firmen ausgegliedert oder neu gegründet worden sind, haben einen dort bestehenden

Versorgungsstandard übernommen, zumeist allerdings auch nur zum Zwecke der Besitzstandswahrung, wenn bislang bereits versorgte westdeutsche Mitarbeiter in den Osten gewechselt sind.

1. Anordnung 54

Eine Besonderheit im Versorgungssystem der ehemaligen DDR stellte die sog. **Anordnung 54** (AO 54) dar. Diese »Anordnung des Ministers für Arbeit zur Einführung einer Zusatzrentenversorgung für die Arbeiter und Angestellten in den wichtigsten volkseigenen Betrieben« v. 09.03.1954 (*DDR-GBl. I, S. 301* = *BfA-Broschüre »Rentenversicherung im Beitrittsgebiet«, 1991, Nr. 34*) erfasste rund **350 Betriebe** mit ca. **400.000** berechtigten **Werktätigen** der ehemaligen DDR. Das Niveau der reinen Altersrenten aus dieser AO 54 war relativ und auch absolut sehr gering und belief sich unter der Voraussetzung einer mindestens 20-jährigen Betriebszugehörigkeit auf 5 % des monatlichen Nettodurchschnittsverdienstes der letzten fünf Jahre vor dem Ausscheiden, mindestens aber auf 10,00 DM. Die durchschnittlichen Leistungen beliefen sich auf Beträge zwischen 20,00 und 50,00 DM monatlich (*vgl. Flecken, BetrAV 1990, 213; Höfer, BetrAVG, Bd. I [ArbR], ART Rn. 1466*).

1299

Nach dem Einigungsvertrag (EV) sollte diese **AO 54** nur bis zum **31.12.1991 anwendbar** sein (*vgl. Anlage II, Kapitel VIII, Sachgebiet H, Abschnitt III, Nr. 4 Buchst. a EV = BGBl. II 1990, S. 885, 1214*). Die AO 54 wurde im EV aber auch nicht der gesetzlichen Sozialversicherung zugeordnet und in sie übergeleitet (*vgl. Langohr-Plato, ZAP-DDR, 1991, Fach 17, S. 80; Langohr-Plato, ZAP-Ost, 1997, Fach 17, S. 257 f.*). Dieser Umstand hat in Rechtsprechung und Literatur zu einem **Meinungsstreit** über die **rechtliche Zuordnung** der Leistungen aus der AO 54 als Leistungen der **betrieblichen Altersversorgung** (*so u. a. LAG Berlin, 14.01.1993 – 14 TA 18/92, AuA 1993, 381 = DB 1993, 1983; Cisch, DB 1991, 2301; Höfer/Küpper, DB 1991, 1571; Langohr-Plato, ZAP-DDR 1991, Fach 17, S. 80*) oder als Leistungen der **gesetzlichen Rentenversicherung** (*so u. a. LAG Berlin, 26.08.1992 – 8 TA 4/92, BB 1992, 2224 = BetrAV 1993, 27; Flecken, BetrAVG 1990, 214; Niemeyer, BetrAVG 1991, 9*) geführt.

1300

Zwischenzeitlich hat das BAG nicht nur entschieden, dass die Leistungen der AO 54 der **betrieblichen Altersversorgung** zuzuordnen sind und deshalb Streitigkeiten über eine Leistungspflicht und den Leistungsumfang aus der AO 54 der **Arbeitsgerichtsbarkeit** unterfallen (*BAG, 29.04.1994 – 3 AZB 18/93, BB 1994, 1082 = DB 1994, 1247 = NZA 1994, 862*), sondern in verschiedenen Folgefällen auch die im EV auf den 31.12.1991 vorgenommene **zeitliche Einschränkung** der Anwendbarkeit der AO 54 konkretisiert. Danach ist die entsprechende Regelung im EV dahin auszulegen, dass zwar **nach dem 31.12.1991 Versorgungsrechte** nach der AO 54 nicht mehr **entstehen** sollen. Wer bis zu diesem Zeitpunkt noch keinen **Anspruch** auf Zusatzversorgung erworben hat, kann ihn auch in der Folgezeit nicht mehr erwerben. **Wer dagegen bereits einen Anspruch auf Zusatzrente erworben hatte, der behält ihn auch** (*BAG, 27.2.1996 – 3 AZR 242/95, BetrAV 1996, 260; BAG, 17.12.1996 – 3 AZR 800/95, 3 AZR 882/95 und 3 AZR 787/95, Pressemitteilung des BAG Nr. 51/96 = BB 1997, 101*).

1301

2. Geltung des Betriebsrentengesetzes

Im Zuge der im EV vom 31.08.1990 mit der ehemaligen DDR angestrebten Schaffung einer **einheitlichen Rechtsordnung** für das vereinheitlichte Deutschland sind auch die §§ 1 bis 18 des Betriebsrentengesetzes vom 19.12.1974 auf das Gebiet der neuen Bundesländer übertragen worden (*Kapitel VIII, Sachgebiet A, Abschnitt III, Nr. 16 EV = BGBl. II 1990, S. 885 [1024]*). Allerdings erfolgte die Überleitung erst mit **Wirkung ab** dem **01.01.1992** und auch nur für **nach dem 31.12.1991 erteilte Versorgungszusagen**.

1302

Diese zeitlich beschränkte Anwendbarkeit des BetrAVG hat der Gesetzgeber im Wesentlichen damit begründet, dass »unkalkulierbare Risiken aus bestehenden Versorgungszusagen« (*Erläuterungen v. 10.09.1990, BT-Drucks. 11/7817, S. 138*), insb. für den Pensions-Sicherungs-Verein (PSV) als Träger der in den §§ 7 bis 15 BetrAVG normierten gesetzlichen Insolvenzsicherung durch die zum damaligen Zeitpunkt unüberschaubare wirtschaftliche Situation der Betriebe in den neuen

1303

Bundesländern und ihrer dadurch nicht bewertbaren Solvenz, vermieden werden sollten (vgl. auch Höfer/Küpper, DB 1991, 1569; Körber, BetrAV 1991, 7; Langohr-Plato, ZAP-DDR 1991, Fach 17, S. 77; Langohr-Plato, ZAP-Ost 1997, Fach 17, S. 258; Niemeyer, BetrAV 1991, 9).

a) Arbeitsrechtliche Wirksamkeit von sog. Altzusagen

1304 Im Zusammenhang mit der zeitlichen Restriktion im Einigungsvertrag ist in der Literatur die Ansicht vertreten worden, dass unabhängig von dem nicht anwendbaren Regelungsbereich des BetrAVG in jedem Fall die vorgesetzliche Rechtsprechung des BAG u. a. zur Unverfallbarkeit, zur Rentenindexierung und zum Besitzstandsschutz zu berücksichtigen sind (vgl. u. a. Langohr-Plato, ZAP-DDR 1991, Fach 17, S. 78; ders., RHB-BAV, 2.Aufl., Rn. 428 m. w. N.).

1305 Dieser Ansicht ist das BAG allerdings nicht gefolgt. Sowohl für die Frage der Rentenindexierung (*Urt. v. 24.03.1998 – 3 AZR 778/96, BB 1998, 1485*) als auch für den Bereich der Unverfallbarkeit (*Urt. v. 27.02.1996 – 3 AZR 242/95, BetrAV 1996, 122 bzw. Urt. v. 17.12.1996 – 3 AZR 800/95, DB 1997, 1187*) hat das BAG ausdrücklich festgestellt, dass die auf § 242 BGB beruhende vorgesetzliche Rechtsprechung ihre konkrete gesetzliche Ausprägung in den entsprechenden Regelungen des BetrAVG gefunden hat. Eine Anwendung des § 242 BGB ist danach wegen der besonderen Bestimmungen im EV (*vgl. Anlage I Kap. VIII Sachgebiet A Abschnitt III Nr. 16 EV*) ausgeschlossen.

b) Besonderheiten bei sog. Neuzusagen

1306 Soweit Versorgungszusagen in den neuen Bundesländern per 01.01.1992 oder zu einem späteren Zeitpunkt **erstmalig erteilt** oder aber vor diesem Zeitpunkt bereits erteilte Zusagen nach dem 01.01.1992 **ausdrücklich bestätigt** worden sind, gilt das BetrAVG mit folgender Maßgabe:
– Eine Zusage ist in diesem Sinne nur dann »neu« erteilt, wenn Ansprüche auf Leistungen der betrieblichen Altersversorgung einzelvertraglich begründet werden oder kollektivvertraglich entstehen. Dies setzt eine neue Verpflichtung voraus. Die bloße Erfüllung einer vorher entstandenen Rechtspflicht reicht ebenso wenig aus wie die Beschreibung der Folgen einer bestehenden Rechtslage, auch wenn die daraus folgenden Verpflichtungen den Versorgungsschuldner kraft Rechtsnachfolge binden (*BAG, 29.01.2008 – 3 AZR 522/06, BetrAV 2008, 627; BAG, 24.3.1998 – 3 AZR 778/96, BAGE 88, 205*).
– Soweit es für den Eintritt der **gesetzlichen Unverfallbarkeit** nach § 1 BetrAVG auf den **Bestand der Versorgungszusage** ankommt, ist nach dem maßgeblichen Sinn und Zweck der Überleitungsvorschrift im EV auf den **01.01.1992** oder das **Datum** der **späteren Erteilung der Zusage** abzustellen, da nach dem EV in den neuen Bundesländern keine Versorgungszusagen vor diesem Datum in den Anwendungsbereich des BetrAVG fallen (*vgl. Körber, BetrAV 1991, 7; Langohr-Plato, ZAP-DDR 1991, Fach 17, S. 79; Langohr-Plato, ZAP-Ost 1997, Fach 17, S. 259*).
– Soweit es dagegen i. R. d. zweiten Unverfallbarkeitsvariante nach § 1 Abs. 1 BetrAVG (zwölf Jahre Betriebszugehörigkeit und drei Jahre Bestand der Versorgungszusage) auf die **Betriebszugehörigkeit** ankommt, enthält der EV in den die Überleitung des BetrAVG regelnden Bestimmungen keinerlei entsprechende Ausführungen, sodass auch **Dienstzeiten, die vor dem 01.01.1992** in der ehemaligen DDR abgeleistet wurden, anzurechnen sind, da der nunmehr geltende § 1 BetrAVG insoweit ganz allgemein auf den Diensteintritt und nicht auf das Datum der Anwendbarkeit des BetrAVG abstellt (*vgl. BAG, 19.12.2000 – 3 AZR 451/99, BAGE 97, 1 = DB 2001, 2407 = BB 2002, 363 = NZA 2002, 615; Langohr-Plato, ZAP-DDR 1991, Fach 17, S. 79*). Dies hat zur Konsequenz, dass die **gesetzliche Unverfallbarkeit** frühestens zum **01.01.1995** eingetreten ist, wenn der Mitarbeiter zu diesem Zeitpunkt eine mindestens 12-jährige Betriebszugehörigkeit nachweisen konnte.
– Hinsichtlich des **gesetzlichen Insolvenzschutzes** ist die »**Jahresfrist**« nach § 7 Abs. 5 Satz 3 BetrAVG zu beachten. Danach greift der gesetzliche Insolvenzschutz zur Vermeidung eines rechtsmissbräuchlichen Verhaltens unabhängig von einem entsprechenden Missbrauchsnachweis nicht ein, wenn die Versorgungszusage erst in den letzten beiden Jahren (bis 1999 innerhalb des letzten Jahres) vor Eintritt des Sicherungsfalls erteilt worden ist (*vgl. insoweit BAG,*

26.04.1994 – 3 AZR 981/91, BB 1994, 1789 = DB 1994, 1831; LG Köln, 24.05.1978 – 74 O 25/78, BB 1978, 1118). Folglich kommen **Haftungsübernahmen** durch den **PSV** erst für Insolvenzfälle **nach dem 01.01.1993** in Betracht (*Langohr-Plato, ZAP-DDR 1991, Fach 17, S. 79; Langohr-Plato, ZAP-Ost 1997, Fach 17, S. 259 f.*).

c) Sachlicher Anwendungsbereich des BetrAVG

Das BetrAVG erfasst alle von den in den neuen Bundesländern ansässigen Unternehmen nach dem 01.01.1992 erteilten oder bestätigten Versorgungszusagen. Demgegenüber sind die vielzähligen und vielfältigen **Zusatz-** und **Sonderversorgungssysteme** der ehemaligen DDR aus dem Anwendungsbereich des BetrAVG auszuschließen. Für diese Versorgungssysteme hat sowohl der EV (*Anlage II, Kap. VIII, Sachgebiet H, Abschnitt III Nr. 9 EV = BGBl. II 1990, S. 885, 1215*) als auch das **Rentenüberleitungsgesetz** (RÜG) v. 25.07.1991 (*BGBl. I, S. 1606*) eine Sonderregelung vorgesehen, wonach diese als sachlich der Rentenversicherung nahestehenden Versorgungssysteme zum 01.01.1992 in die gesetzliche Rentenversicherung übergeleitet worden sind. Die Rechte und Pflichten der Versorgungsberechtigten aus diesen Sondersystemen sind seit diesem Zeitpunkt nach den Regelungen des **SGB-VI** zu beurteilen.

1307

X. Sonstige allgemeine rechtliche Rahmenbedingungen

Das Betriebsrentengesetz wurde mit dem gesetzgeberischen Willen installiert, »durch gesetzliche **Mindestnormen** den Inhalt der betrieblichen Altersversorgung berechtigten sozialpolitischen Forderungen« anzupassen (*BT-Drucks. 7/1281, S. 19; vgl. auch BAG, 30.11.1982 – 3 AZR 1266/79, BB 1983, 904 = DB 1983, 999 = AuR 1983, 91 unter B II 2c der Gründe*). Neben diesen spezialgesetzlichen Rahmenbedingungen wird die betriebliche Altersversorgung aber noch durch diverse allgemeine rechtliche und prozessuale Rahmenbedingungen beeinflusst, die von den Vertragsparteien zu beachten sind.

1308

1. Rechtsgeschäftlicher Verzicht

Die Möglichkeiten zur Aufhebung einer Versorgungszusage sind sowohl durch den Gesetzgeber als auch durch die Rechtsprechung erheblich eingeschränkt worden. Dies gilt nicht nur für die Eingriffsmöglichkeiten des Arbeitgebers (*vgl. hierzu die ausführliche Darstellung unter Rdn. 1485 ff.*), sondern auch für entsprechende **Verfügungen** des Arbeitnehmers. Verzichts-, Aufhebungs-, Abfindungs- oder Erlassverträge werden in ihrer Rechtswirksamkeit durch die **zwingenden** Regelungen des Betriebsrentengesetzes beschränkt.

1309

Nach § 3 BetrAVG sind **Abfindung** und **Verzicht** auf eine gesetzlich unverfallbare Anwartschaft nur aufgrund von Tarifverträgen und i. Ü. nur im fortbestehenden Arbeitsverhältnis zulässig. Daraus leitet die Rechtsprechung ab, dass ein Arbeitnehmer auf eine Versorgungsanwartschaft, die schon nicht abgefunden werden darf, erst recht nicht verzichten kann (*BAG, 22.09.1987 – 3 AZR 194/86, BB 1988, 831 = DB 1988, 656 = NZA 1988, 470*).

1310

Dies gilt auch für sog. allgemeine **Ausgleichsquittungen**, bei denen im Rahmen eines Vergleichs die Erklärung abgegeben wird, dass alle Ansprüche aus dem Arbeitsverhältnis endgültig erledigt sind, und zwar auch dann, wenn die Vereinbarung im Rahmen eines gerichtlichen Aufhebungsvergleichs protokolliert wird (*BAG, 09.11.1973 – 3 AZR 66/73, BB 1974, 280 = DB 1974, 487; BAG, 03.05.1983 – 3 AZR 1263/79, DB 1983, 1559 = NJW 1983, 2283; BAG, 20.10.1987 – 3 AZR 200/86, BB 1988, 837 = DB 1988, 655 = NZA 1988, 396; BAG, 27.02.1990 – 3 AZR 213/88, BB 1990, 1706 = DB 1990, 1870 = NZA 1990, 689; LAG Hamm, 30.10.1979 – 6 Sa 91/79, BB 1980, 113; Höfer, BetrAVG, Bd. I [ArbR], ART Rn. 332*). Etwas anderes kann – unter Berücksichtigung der von § 3 BetrAVG gesetzten Grenzen – allenfalls dann gelten, wenn der Verzicht des Arbeitnehmers auf seine Versorgungsansprüche vor Abschluss des Vergleichs oder vor Unterzeichnung der Ausgleichsquittung ausführlich erörtert worden ist (*LAG Hamm, 30.10.1979 – 6 Sa 91/79, BB*

1311

1980, 113) und/oder im Vergleich bzw. der Ausgleichsquittung expressis verbis aufgeführt ist (*BAG, 09.11.1973 – 3 AZR 66/73, BB 1974, 280 = DB 1974, 487*).

1312 Diese Auslegungsregelung, wonach Ausgleichsklauseln in Aufhebungsverträgen im Zweifel Ansprüche auf betriebliche Altersversorgung nicht umfassen, ist auch dann anzuwenden, wenn der Anspruch auf betriebliche Altersversorgung auf einem sog. Verschaffungsanspruch gegen den Arbeitgeber beruht, der Arbeitgeber die Altersversorgung also als Schadensersatz für ein nicht eingehaltenes Versorgungsversprechen schuldet. Ein solcher Verschaffungsanspruch tritt an die Stelle des Versorgungsanspruchs, der ohne die zum Schadensersatz verpflichtende Handlung des Arbeitgebers entstanden wäre. Er hat die gleiche wesentliche Bedeutung für die wirtschaftliche Absicherung des Arbeitnehmers im Alter wie der originär geschuldete Anspruch auf Erfüllung der Versorgungsverbindlichkeit. Es kann daher nicht ohne Weiteres davon ausgegangen werden, dass ein Arbeitnehmer durch Abschluss eines Aufhebungsvertrages mit Ausgleichsklausel auch auf einen solchen Anspruch verzichten will (*BAG, 17.10.2000 – 3 AZR 69/99, BB 2001, 315 = DB 2001, 391*).

1313 Wird gleichwohl ein entsprechender Verzicht vereinbart, so ist die Vereinbarung insoweit nach § 134 BGB **nichtig**.

1314 Abfindungs- und Erlassverträge werden auch des Öfteren im Zusammenhang mit einem **Betriebsübergang** vereinbart. Soweit eine solche Vereinbarung gegen die zwingenden Rechtsfolgen des § 613a BGB verstößt, führt dies ebenfalls zur Nichtigkeit (*ausführlich hierzu unter Rdn. 1688*).

2. Pfändungsschutz

1315 Die Forderung eines Arbeitnehmers gegen seinen Arbeitgeber auf Gehaltszahlung unterliegt – wie jede andere Geldforderung auch – der Zwangsvollstreckung gem. §§ 829 ff. ZPO.

1316 Insoweit besteht allerdings die Besonderheit, dass Gehaltsforderungen nicht uneingeschränkt in vollem Umfang gepfändet und überwiesen werden können, sondern dass für sie die Pfändungsschutzvorschriften der §§ 850 ff. ZPO zu beachten sind. Dies gilt auch für Leistungsansprüche aus betrieblicher Altersversorgung.

1317 Betriebliche Versorgungsleistungen unterfallen nämlich wie der Gehaltsanspruch und sonstige vom Arbeitgeber gezahlte Vergütungen dem gesetzlichen Pfändungsschutz des § 850 Abs. 2 Satz 1 ZPO und sind daher nur pfändbar, soweit der Leistungsumfang die in § 850c ZPO festgelegten **Pfändungsfreigrenzen** übersteigt (*vgl. auch: BAG, 17.02.1998 – 3 AZR 611/97, DB 1998, 1039; Höfer, BetrAVG, Bd. I [ArbR], ART Rn. 996*). Dies gilt auch für solche Versorgungsleistungen, die an **Organmitglieder** einer **Kapitalgesellschaft** oder deren Hinterbliebene gezahlt werden, und zwar selbst dann, wenn diese geringfügig am Kapital der Gesellschaft beteiligt sind (*BGH, 08.12.1977 – II ZR 219/75, BB 1978, 275 = DB 1978, 482 = NJW 1978, 756*).

1318 Arbeitseinkommen gem. § 850 Abs. 2 ZPO ist jedoch nur das **laufende Entgelt**. Hierunter fällt dagegen nicht der Beitrag, den ein Arbeitgeber zur Finanzierung einer betrieblichen Altersversorgung aufwendet. Insoweit bestehen keine Ansprüche des Arbeitnehmers gegen den Arbeitgeber auf Arbeitseinkommen i. S. v. § 850 Abs. 2 ZPO. Von daher sind diese Beiträge auch nicht bei der Berechnung des der Pfändung unterliegenden Lohnanspruchs zu berücksichtigen (*BAG, 17.02.1998 – 3 AZR 611/97, DB 1998, 1039*).

1319 Etwas anderes gilt nur dann, wenn die betriebliche Altersversorgung durch **Entgeltverzicht** finanziert wird und die Vereinbarung über diesen Entgeltverzicht gem. § 138 BGB nichtig ist. Dies kann z. B. dann der Fall sein, wenn sich der Arbeitnehmer mit dem Entgeltverzicht vorsätzlich einer Unterhaltspflicht ggü. seinen minderjährigen Kindern, seiner Ehefrau oder sonstigen unterhaltsberechtigten Personen entziehen will. In einem solchen Fall besteht der Anspruch auf den Barlohn anstelle des Versorgungslohns fort, und das ursprüngliche, d. h. das ungekürzte Einkommen des Arbeitnehmers kann zur Berechnung des pfändbaren Teils herangezogen werden.

In dem Umfang, wie betriebliche Versorgungsleistungen dem gesetzlichen Pfändungsschutz unterfallen, können sie vom Versorgungsberechtigten auch **nicht abgetreten** oder **verpfändet** werden, §§ 400, 1274 Abs. 2 BGB. 1320

Versorgungsanwartschaften auf zukünftig fällig werdende Leistungen sind allerdings – entgegen der noch in den Vorauflagen vertretenen Auffassung – als »**zukünftige Forderungen**« pfändbar. Dies gilt zumindest für versicherungsförmig ausgestaltete Versorgungen wie die Direktversicherung. Einer solchen Pfändung steht auch nicht das in § 2 Abs. 2 Satz 4 BetrAVG normierte Abtretungs- und Beleihungsverbot unverfallbarer Versorgungsanwartschaften entgegen (*BGH, 23.10.2008 – VII ZB 16/08, NJW-RR 2009, 211; BGH, 11.11.2010 – VII ZB 87/09, BetrAV 2011, 104 = DB 2010, 2799 = NJW-RR 2011, 283 = VersR 2011, 371 = ZIP 2011, 350*). 1321

§ 2 Abs. 2 Satz 4 BetrAVG schließt zwar aus, dass der ausgeschiedene Arbeitnehmer die geschützten Ansprüche aus dem Versicherungsvertrag vor Eintritt des Versicherungsfalles abtritt oder beleiht. Die bestehende Anwartschaft soll zur Wahrung des Versorgungszwecks aufrechterhalten bleiben. Insbesondere soll verhindert werden, dass der Arbeitnehmer die Anwartschaft liquidiert und für andere Zwecke verwendet. Der Versorgungszweck der Anwartschaften soll möglichst lückenlos erhalten bleiben und gesichert werden (*vgl. auch: Blomeyer/Rolfs/Otto, BetrAVG, § 2 Rn. 260, unter Hinweis auf die Gesetzesmaterialien*). Entsprechend dem **Verfügungsverbot** ist die Versorgungsanwartschaft gemäß § 851 Abs. 1 ZPO daher grundsätzlich auch vor Pfändungen geschützt (*Blomeyer/Rolfs/Otto, BetrAVG, § 2 Rn. 267*).

Die **Verfügungsbeschränkung** und der daraus resultierende Pfändungsschutz gelten jedoch nicht für den Leistungsanspruch auf Zahlung der Versicherungssumme bei Eintritt des Versicherungsfalls (*BGH, 23.10.2008 – VII ZB 16/08, NJW-RR 2009, 211*). Der zukünftige Anspruch des Schuldners auf Auszahlung der Versicherungssumme aus dem Lebensversicherungsvertrag kann daher gepfändet und dem Gläubiger zur Einziehung überwiesen werden.

Zulässig ist zudem eine bedingte, auf eine zukünftig rechtswirksam werdende Pfandrechtsbestellung gerichtete rechtsgeschäftliche Vereinbarung. In diesem Fall entsteht das Pfandrecht automatisch mit der Fälligkeit des Anspruchs auf die Versorgungsleistung.

Dagegen ist die **Abtretung** einer **Versorgungsanwartschaft** als Abtretung einer künftigen Forderung ohne Weiteres zulässig. 1322

3. Aufrechnung

Soweit die betrieblichen Versorgungsleistungen nicht der Pfändung unterliegen, ist nach § 394 Satz 1 BGB auch eine **Aufrechnung** des Arbeitgebers nicht zulässig. Dies gilt grds. auch bei der Aufrechnung mit **Schadensersatzforderungen** des Arbeitgebers aufgrund eines vorsätzlichen deliktischen Handelns des Arbeitnehmers. Die betriebliche Altersversorgung kann in ihrer Funktion als Sozialleistung nicht dazu dienen, schnell und einfach einen Schadensersatzanspruch des Arbeitgebers zu befriedigen. Stehen dem Arbeitgeber entsprechende Ersatzansprüche zu, so ist er insoweit auf die gesetzlichen Klagemöglichkeiten unter Beachtung des Pfändungsschutzes, eines eventuellen mitwirkenden eigenen Verschuldens sowie den Rechtsprechungsgrundsätzen zur beschränkten Arbeitnehmerhaftung zu verweisen (*BAG, 08.05.1990 – 3 AZR 152/88, DB 1990, 2173 = NZA 1990, 807; LAG Hamm, 07.02.1989 – 6 Sa 1160/88, DB 1989, 787; Langohr-Plato, MDR 1994, 857*). 1323

4. Verjährung

Der Grundanspruch auf die Zahlung betrieblicher Versorgungsleistungen, das sog. **Rentenstammrecht** unterliegt der **regelmäßigen Verjährungsfrist** und verjährt gem. § 18a Satz 1 BetrAVG nach **30 Jahren** (*noch zu § 195 BGB: BAG, 27.02.1990 – 3 AZR 213/88, BB 1990, 1706 = DB 1990, 1870 = NZA 1990, 689; Blomeyer/Rolfs/Otto, BetrAVG, § 18a Rn. 3; Höfer, BetrAVG, Bd. I [ArbR], ART Rn. 991, § 18a Rn. 5685*). Die regelmäßige 30-jährige Verjährungsfrist gilt auch für Zusagen auf einmalige **Kapitalleistungen** (*Blomeyer/Rolfs/Otto, BetrAVG, § 18a Rn. 3; Höfer, BetrAVG, Bd. I* 1324

[ArbR], § 18a Rn. 5685), für die im **Konkursverfahren** kapitalisierten Versorgungsleistungen (*BAG, 07.11.1989 – 3 AZR 48/88, BB 1990, 561 = DB 1990, 539 = NZA 1990, 524*), für die kapitalisierte **Abfindung** betrieblicher Versorgungsleistungen (*BAG, 28.03.1968 – 3 AZR 54/67, BB 1968, 950 = DB 1968, 1406*) sowie für den jeweiligen **Anspruch auf Anpassungsprüfung** nach § 16 BetrAVG (*BAG, 17.08.2004 – 3 AZR 367/03, DB 2005, 732; Blomeyer/Rolfs/Otto, BetrAVG, § 18a Rn. 3*). Diese lange Verjährungsfrist ist durch die zum 01.01.2002 in Kraft getretene Schuldrechtsreform nicht beseitigt, sondern durch den mit dieser Schuldrechtsform neu in das BetrAVG integrierten § 18a Satz 1 sogar ausdrücklich manifestiert worden. Diese Vorschrift ist allerdings gem. § 17 Abs. 3 BetrAVG **tarifdispositiv**. Damit können die Tarifvertragsparteien insoweit eine abweichende Frist vereinbaren, diese Frist also auch verkürzen.

1325 Die 30-jährige Verjährungsfrist gilt nicht nur für das **Stammrecht** auf Leistungen aus einer betrieblichen Altersversorgung, sondern auch für den **Verschaffungsanspruch** gem. § 1 Abs. 1 Satz 3 BetrAVG. Dies gilt auch dann, wenn im konkreten Einzelfall dieser Verschaffungsanspruch auf einer Missachtung des Gleichbehandlungsgrundsatzes durch den Arbeitgeber beruht (*so auch LAG Hamburg, 25.10.2004 – 4 Sa 31/03, n. v.; ErfK/Steinmeyer, BetrAVG, § 18a Rn. 2*).

1326 Demgegenüber verjährten bis zum 31.12.2001 die **einzelnen Rentenraten** und damit auch die nach § 16 BetrAVG zu erhöhende Rentenrate gem. § 196 Abs. 1 Nr. 8 BGB innerhalb von **zwei Jahren** seit Fälligkeit soweit sie einem **Arbeitnehmer** geschuldet wurde (*st. Rspr., vgl. u. a. BAG, 08.05.1956 – 3 AZR 65/54, BB 1956, 465 = DB 1956, 479; BAG, 10.05.1955 – 3 AZR 7/54, BB 1955, 998 = DB 1955, 483; BAG, 29.07.1966 – 3 AZR 20/66, BB 1966, 1397 = DB 1966, 1936*). Die kurze Verjährungsfrist gilt auch dann, wenn der Arbeitgeber die Entscheidung über eine Anpassungsprüfung nach § 16 BetrAVG überhaupt nicht durchgeführt oder eine Mitteilung über das Ergebnis seiner Anpassungsprüfung dem Betriebsrentner ggü. unterlassen hat (*LAG Hamm, 19.03.1991 – 6 Sa 697/89, BB 1991, 1126 = DB 1991, 1121 = NZA 1991, 938*).

1327 Ist der Versorgungsempfänger ein ehemaliges **Organmitglied** des die Versorgungsleistung gewährenden Unternehmens oder als **selbstständiger Handelsvertreter** für dieses Unternehmen tätig gewesen, so belief sich die Verjährungsfrist bis zum 31.12.2001 gem. der § 197 BGB, § 88 HGB auf **vier Jahre** (*BGH, 07.12.1961 – II ZR 117/60, BB 1962, 72 = NJW 1962, 340; BGH, 14.05.1964 – II ZR 191/61, NJW 1964, 1620*).

1328 Diese für Arbeitnehmer und Organe unterschiedlichen kurzen Verjährungsfristen sind allerdings entsprechend der zum 01.01.2002 in Kraft getretenen Schuldrechtsreform nach § 18a Satz 2 BetrAVG, Art. 229 § 5 EGBGB auf **drei Jahre** (§§ 195, 197 Abs. 2 BGB n. F.) vereinheitlicht worden. Für monatliche Rentenraten, die vor dem 01.01.2002 fällig geworden sind, gilt allerdings nach wie vor die alte 2- bzw. 4-jährige Unverfallbarkeitsfrist.

1329 Gem. § 201 BGB beginnt die Verjährungsfrist am Ende des Kalenderjahres, in dem die jeweilige monatliche Rentenrate fällig wird.

1330 Eine Sonderregelung gilt allerdings für **Direktversicherungen** und **Pensionskassen**. Hier regeln sich Beginn und Dauer der Verjährung nicht nach BGB-Vorschriften, sondern nach den im Versicherungsvertragsgesetz (VVG) geregelten Sondervorschriften (*vgl. auch Andresen/Förster/Rößler/Rühmann, BetrAVG, ArbR, Teil 11 D Rn. 79*). Die Verjährungsfrist beträgt danach unabhängig vom Status des Versorgungsberechtigten und unabhängig von der Abgrenzung Stammrecht/Rentenrate **fünf Jahre**, § 12 Abs. 1 VVG und beginnt gem. § 12 Abs. 1 Satz 2 VVG mit dem Schluss des Jahres, in dem die Versicherungsleistung erstmals beansprucht werden kann.

5. Verwirkung

1331 Die Verwirkung ist ein Sonderfall der unzulässigen Rechtsausübung *(§ 242 BGB)*. Es ist nicht Zweck der Verwirkung, Schuldnern, denen gegenüber Gläubiger ihre Rechte längere Zeit nicht geltend gemacht haben, von ihrer Pflicht zur Leistung vorzeitig zu befreien. Deshalb kann allein der Zeitablauf die Verwirkung eines Rechts nicht rechtfertigen. Zu dem **Zeitmoment** müssen vielmehr besondere Umstände sowohl im Verhalten des Berechtigten als auch des Verpflichteten hinzutreten (*Umstandsmoment*), die es rechtfertigen, die späte Geltendmachung des Rechts als mit Treu und Glauben unvereinbar und für den Verpflichteten als unzumutbar anzusehen. Der Berechtigte muss unter Umständen untätig geblieben sein, die den Eindruck erwecken konnten, dass er sein Recht nicht mehr geltend machen wolle, sodass der Verpflichtete sich darauf einstellen durfte, nicht mehr in Anspruch genommen zu werden. Durch die Verwirkung wird die illoyal verspätete Geltendmachung von Rechten ausgeschlossen. Sie dient dem Vertrauensschutz (*vgl. BAG, 20.04.2010 – 3 AZR 225/08, AP BetrAVG § 1 Nr. 63; BAG, 28.06.2011 – 3 AZR 448/09, juris PR-ArbR 7/2012 Anm. 5 Langohr-Plato*).

Eine Verwirkung des Zahlungsanspruchs auf die betriebliche Versorgungsleistung wird aufgrund der relativ kurzen Verjährungsfristen als Sonderfall der unzulässigen Rechtsausübung daher nur in **Ausnahmefällen** überhaupt in Betracht kommen (*vgl. auch BAG, 12.12.1989 – 3 AZR 540/88, BB 1990, 857 = DB 1990, 895 = NZA 1990, 475; BAG, 15.09.1992 – 3 AZR 438/91, AuR 1994, 74; Blomeyer/Rolfs/Otto, BetrAVG, Anh. § 1 Rn. 686 f.; Höfer, BetrAVG, Bd. I [ArbR], ART Rn. 992 f.*). Voraussetzung ist hierfür, dass der Versorgungsberechtigte bei seinem früheren Arbeitgeber einen **Vertrauenstatbestand** dahin gehend erweckt hat, dass er das Rentenstammrecht nicht mehr geltend machen werde und es dem Arbeitgeber auch **unzumutbar** ist, sich hierauf noch einzulassen.

Das insoweit maßgebliche Zeitmoment kann frühestens mit der Entstehung bzw. Fälligkeit des Anspruchs ausgelöst werden. Nach ständiger Rechtsprechung scheidet eine Verwirkung von vornherein aus, solange das geltend gemachte Recht noch nicht besteht. Das **Zeitmoment** beginnt daher nicht vor Fälligkeit der sich aus dem Rentenstammrecht ergebenden Leistungen (*vgl. BAG, 20.04.2010 – 3 AZR 225/08, AP BetrAVG § 1 Nr. 63; BAG, 28.06.2011 – 3 AZR 448/09 – juris PR-ArbR 7/2012 Anm. 5 Langohr-Plato*). Von daher ist ein Arbeitnehmer nicht verpflichtet, die Höhe seiner Versorgungsansprüche bereits während des bestehenden Arbeitsverhältnisses geltend zu machen oder gar im Wege einer Feststellungsklage gerichtlich klären zu lassen.

6. Ausschlussfristen

Tarifliche Ausschlussfristen als allgemein gehaltene Ausschlussklauseln umfassen regelmäßig **nicht** das **Ruhegeldstammrecht**, da es nicht zu den schnell nach Beendigung des Arbeitsverhältnisses zu klärenden Ansprüchen gehört (*Blomeyer/Rolfs/Otto, BetrAVG, Anh. § 1 Rn. 696 f.; Höfer, BetrAVG, Bd. [ArbR], ART Rn. 991*), keinen Fälligkeitszeitpunkt kennt und hinsichtlich des tatsächlichen Leistungsumfangs oftmals (bei unverfallbaren Anwartschaften) auch erst bei Eintritt des Versorgungsfalls exakt bestimmt werden kann (*BAG, 26.11.1971 – 3 AZR 86/71, DB 1972, 587 = BetrVG 1972, 163; BAG, 12.01.1974 – 3 AZR 114/73, BB 1974, 370 = DB 1974, 680; BAG, 13.07.1978 – 3 AZR 278/77, BB 1979, 477 = DB 1979, 551; BAG, 15.03.1979 – 3 AZR 859/77, BB 1979, 1455 = DB 1979, 1462 = NJW 1979, 2533; BAG, 14.10.1998 – 3 AZR 377/97, DB 1999, 1808 = NZA 1999, 876; Andresen/Förster/Rößler/Rühmann; BetrAVG, ArbR, Teil 11 D Rn. 100 f.*). 1332

Hinsichtlich der einzelnen Betriebsrentenrate ist deren Einbeziehung in tarifliche Ausschlussklauseln je nach Inhalt und Umfang der Ausschlussklausel unterschiedlich zu beurteilen und durch **Auslegung** zu ermitteln (*BAG, 29.03.1983 – 3 AZR 537/80, BB 1984, 274 = AuR 1983, 379; BAG, 19.07.1983 – 3 AZR 250/81, BB 1983, 1989 = DB 1983, 2786 = NJW 1984, 751; BAG, 27.02.1990 – 3 AZR 216/88, DB 1990, 1572 = NZA 1990, 627; Höfer, BetrAVG, Bd. I [ArbR], ART Rn. 991*). 1333

Voraussetzung für die Einbeziehung betrieblicher Versorgungsleistungen in eine solche Ausschlussklausel ist dabei stets, dass dies **eindeutig und unmissverständlich** im Tarifvertrag geregelt ist (*BAG, 13.07.1978 – 3 AZR 278/77, BB 1979, 477 = DB 1979, 551; BAG, 19.07.1983 – 3 AZR 250/81, BB 1983, 1989 = DB 1983, 2786 = NJW 1984, 751; BAG, 27.02.1990 – 3 AZR 216/88, DB 1990, 1572 = NZA 1990, 627*). 1334

7. Schadensersatz

1335 Schadensersatzansprüche im Bereich der betrieblichen Altersversorgung kommen insb. bei der Verletzung **vertraglicher Nebenpflichten** in Betracht. Dies gilt besonders dann, wenn der Arbeitgeber seinen Mitarbeiter nicht oder nicht ausreichend über die Möglichkeit einer ggf. auch rückwirkenden Teilnahme an einem betrieblichen Versorgungswerk **informiert** hat und deshalb eine Anmeldung zum Versorgungswerk unterblieben ist (*BAG, 13.12.1988 – 3 AZR 252/87, BB 1989, 1274 = DB 1989, 1527; BAG, 17.12.1991 – 3 AZR 44/91, BB 1992, 2081 = DB 1992, 1938; Höfer, BetrAVG, Bd. I [ArbR], ART Rn. 121*).

1336 Darüber hinaus kommen **Schadensersatzansprüche** dann in Betracht, wenn der Arbeitgeber bei externer Durchführung der betrieblichen Altersversorgung eine Dotierung/Finanzierung der Versorgungsverpflichtung unterlässt und es dadurch zu **Leistungseinbußen** kommt. Dies ist insb. dann der Fall, wenn zugesagte Beiträge nicht oder nicht rechtzeitig an eine Pensionskasse oder Direktversicherung abgeführt werden. In diesem Fall reduziert sich automatisch der versicherungsvertragliche Leistungsumfang. Der versorgungsberechtigte Arbeitnehmer hat dann im Wege der **Naturalrestitution** einen Anspruch darauf, so gestellt zu werden, als ob die geschuldeten Beiträge vertragsgemäß entrichtet worden wären (*BAG, 29.11.1979 – 3 AZR 289/78, VersR 1980, 757; BAG, 28.07.1987 – 3 AZR 694/87, DB 1988, 507 = NZA 1988, 159; vgl. auch Höfer, BetrAVG, Bd. I [ArbR], § 1b Rn. 3004*).

8. Datenschutz

1337 Das Bundesdatenschutzgesetz (BDSG) enthält zwar keine spezifischen Regelungen zum Datenschutz im Arbeitsverhältnis. Die Vorschriften der §§ 27 ff. BDSG über die Verarbeitung durch nicht-öffentliche Stellen für eigene Zwecke gelten jedoch auch für Arbeitsverhältnisse. Danach ist die **Verarbeitung**, d. h. die Speicherung, Übermittlung oder Veränderung **personenbezogener Arbeitnehmerdaten grds. verboten**, auch wenn sie im konkreten Einzelfall keine Verletzung des Persönlichkeitsrechts darstellt. Erlaubt ist die Datenverarbeitung daher nur, wenn ein **gesetzlicher Erlaubnistatbestand** (§§ 28 bis 30 BDSG) vorliegt. Dies ist u. a. i. R. d. Zweckbestimmung des Arbeitsverhältnisses, aber auch zur Wahrung berechtigter Arbeitgeberinteressen der Fall, soweit dadurch keine schutzwürdigen Belange der Arbeitnehmer beeinträchtigt werden.

1338 I. R. d. **administrativen Abwicklung** betrieblicher Versorgungswerke ist vielfach ein **Datentransfer** aus dem Unternehmen heraus an dritte Stellen **zwingend erforderlich**. So sind z. B. Versorgungsverpflichtungen bilanziell zu erfassen, was je nach Durchführungsweg unterschiedliche versicherungsmathematische Bewertungsansätze erfordert. Diese Bilanzwerte sind im Regelfall durch ein entsprechendes versicherungsmathematisches Gutachten eines unabhängigen Sachverständigen zu belegen. Hierzu müssen entsprechende, individualisierte personenbezogene Daten wie Alter, Diensteintritt, Gehalt etc. vorliegen. Ferner werden **externe Gutachter/Berater** für die Ermittlung der Bemessungsgrundlage für den Beitrag zur gesetzlichen Insolvenzsicherung sowie das hierfür erforderliche PSV-Testat, für die Ermittlung unverfallbarer Anwartschaften, die Berechnung von Versorgungsleistungen bei Rentenbeginn oder im Zusammenhang mit einem Versorgungsausgleich benötigt. Darüber hinaus gehen immer mehr Unternehmen dazu über, den gesamten mit einem betrieblichen Versorgungswerk verbundenen administrativen Aufwand (u. a. die sehr umfangreiche und kostenintensive Rentnerverwaltung) auf **externe Dienstleister** auszulagern. Um diesen Datentransfer ggü. den betroffenen Mitarbeitern rechtfertigen zu können, sollte in die Versorgungsordnung oder Versorgungszusage eine entsprechende **Datenschutzklausel** integriert werden.

1339 ▶ Formulierungsbeispiel: Datenschutzklausel

Das betriebliche Versorgungswerk wird von einem unabhängigen Sachverständigen (versicherungsmathematischen Gutachter) beraten und betreut. Dieser Gutachter speichert die zur Erfüllung seines Auftrages benötigten personenbezogenen Daten der Versorgungsanwärter und Leistungsempfänger. Hierbei handelt es sich ausschließlich um solche Daten, die zur Erstellung bilanzieller Gutachten, zur Berechnung der dem Pensions-Sicherungs-Verein (PSV) mitzuteilenden Bemessungsgrundlage für die

9. Prozessuale Besonderheiten

Für **sämtliche** Rechtsstreitigkeiten, die das Ruhestandsverhältnis betreffen, sind die **Arbeitsgerichte** zuständig (*BAG, 27.10.1967 – 5 AZR 578/59, BB 1961, 98 = DB 1961, 71*). Dies gilt gemäß § 2 Abs. 1 Nr. 5 ArbGG auch für Streitigkeiten mit dem PSV in seiner Funktion als Träger der gesetzlichen Insolvenzsicherung. Einzige **Ausnahme** sind Rechtsstreitigkeiten mit solchen Sozialeinrichtungen, die in der Rechtsform einer **Anstalt des öffentlichen Rechts** betrieben werde, wie z. B. die Versorgungsanstalt der Deutschen Bundespost (*BAG, 28.04.1981 – 3 AZR 255/80, BB 1981, 1529 = DB 1981, 2234; BAG, 11.11.1986 – 3 AZR 228/86, BB 1987, 1394 = DB 1987, 1596; BAG, 12.02.1991 – 3 AZR 30/90, BB 1991, 1420 = DB 1991, 1735 = NZA 1991, 723; BAG, 06.10.1992 – 3 AZR 41/92, BB 1993, 368 = DB 1993, 987 = NZA 1993, 455*). 1340

Ist ein Arbeitnehmer gleichzeitig **Organ** des Arbeitgebers (z. B. Geschäftsführer oder Vorstand), so kann auch der Rechtsweg zu den Zivilgerichten eröffnet sein. Die Zuständigkeitsfrage ist dann danach zu beurteilen, welche Rechtsbeziehungen für die Versorgungszusage bestimmend waren. Wurde die Zusage nur im Hinblick auf das Arbeitsverhältnis erteilt, so sind die ArbG zuständig. 1341

Nichtarbeitnehmer i. S. v. § 17 Abs. 1 Satz 2 BetrAVG müssen ihre Ansprüche vor den **Zivilgerichten** durchsetzen. 1342

Für Streitigkeiten zwischen **Arbeitgeber** und dem **PSV** hinsichtlich der Beitragspflicht, der Höhe der an den PSV zu entrichtenden Umlage sowie der sich aus den §§ 10, 11 BetrAVG ergebenden Mitteilungs- und Auskunftspflichten des Arbeitgebers ggü. dem PSV ist der Rechtsweg zu den **Verwaltungsgerichten** gegeben (*BayVGH, 05.02.1982 – 5 B 81 A.691, BB 1983, 199; Blomeyer/Rolfs/Otto, BetrAVG, § 10 Rn. 45 ff.*). Der PSV wird insoweit als beliehenes Unternehmen hoheitlich tätig. 1343

Der **Streitwert** der Ruhegeldfeststellungsklage sowie einer Klage auf zukünftige Gewährung betrieblicher Versorgungsleistungen gegen den PSV ist nach § 12 Abs. 7 ArbGG auf den **3-fachen Jahresbetrag** des streitigen Rentenbetrages festzusetzen (*BGH, 07.07.1980 – II ZR 255/78, BB 1980, 1271 = DB 1980, 2081*). 1344

Maßgeblich ist somit nicht der tatsächliche Betrag der Versorgungsleistung, sondern nur der vom Arbeitgeber bzw. der von diesem eingeschalteten Versorgungseinrichtung bzw. dem PSV bestrittene Rentenbetrag. Folglich richtet sich der Streitwert einer Klage auf Rentenanpassung auch nur nach dem 3-fachen Jahresbetrag des vom Betriebsrentner geltend gemachten, über die tatsächlich erfolgte Rentenanpassung hinausgehenden Anpassungsbedarfs. 1345

Eine **Feststellungsklage** gegen den **PSV** als Träger der gesetzlichen Insolvenzsicherung ist nicht allein deshalb unzulässig, weil auch eine Zahlungsklage möglich wäre (*BAG, 22.09.1987 – 3 AZR 662/85, BB 1988, 412 = DB 1988, 291*). Wird durch die Feststellungsklage der Rechtsstreit insgesamt geklärt, so ist die Feststellungsklage zuzulassen (*BAG, 08.05.1984 – 3 AZR 68/82, BB 1984, 2194 = DB 1984, 2517 = NZA 1985, 155*). 1346

Sofern zwischen **Arbeitgeber** und **Arbeitnehmer** das Bestehen eines Versorgungsanspruchs streitig ist, kann der Arbeitnehmer seinen vermeintlichen Anspruch auch vor Eintritt eines Versorgungsfalls ebenfalls im Wege der **Feststellungsklage** geltend machen. Dies gilt insb. auch für die Geltendmachung des sog. **Verschaffungsanspruchs** (*vgl. u. a. BAG, 07.03.1995 – 3 AZR 282/94, BB 1995, 2217 = DB 1995, 2090 = BetrAV 1996, 122; BAG, 16.01.1996 – 3 AZR 767/94, BB 1996, 1225 = DB 1996, 939; BAG, 27.02.1996 – 3 AZR 886/94, BB 1996, 593 = DB 1996, 1827; BAG, 13.05.1997 – 3 AZR 66/96, DB 1997, 2627*). Der versorgungsberechtigte Arbeitnehmer hat nämlich ein berechtigtes Interesse an einer alsbaldigen Feststellung des Bestehens, Inhalts und Umfangs seiner Versorgungsrechte. Wenn der Arbeitgeber die geltend gemachten Versorgungsansprüche bestreitet, ist das betriebsrentenrechtliche Rechtsverhältnis durch eine tatsächliche Unsicherheit 1347 gefährdet, die eine alsbaldige Klärung rechtfertigt. Der Arbeitnehmer kann in einer solchen Situation nicht auf eine nach Eintritt des Versorgungsfalls mögliche Leistungsklage verwiesen werden. Außerdem hängt es von dem Bestehen und dem Inhalt der Versorgungsrechte ab, in welchem Umfang ggf. eine Versorgungslücke aufseiten des Arbeitnehmers existiert. Der Arbeitnehmer muss daher die Möglichkeit haben, sich rechtzeitig einen adäquaten Ausgleich verschaffen zu können. Eine erst im Versorgungsfall herbeigeführte rechtliche Möglichkeit würde diese Kompensationsmöglichkeit verhindern (*so auch BAG, 27.01.1998 – 3 AZR 444/96, BB 1998, 2424 = DB 1998, 1671 = BetrAV 1998, 219*). Ein Vorrang der Leistungsklage ggü. der Feststellungsklage besteht somit nicht, zumal die Feststellungsklage auch zur Klärung der grundsätzlichen Haftung des Arbeitgebers ausreicht (*vgl. BAG, 12.03.1996 – 3 AZR 993/94, DB 1996, 2085*).

1348 Dieses **frühzeitige Feststellungsinteresse** besteht auch ggü. dem **PSV**. Der BGH bejaht insoweit bereits vor Eintritt eines Sicherungsfalls i. S. v. § 7 Abs. 1 BetrAVG ein feststellungsfähiges »bedingtes« Rechtsverhältnis i. S. v. § 256 Abs. 1 ZPO (*BGH, 25.10.2004 – II ZR 413/02, DB 2005, 1227*). Rechtsverhältnis i. S. d. Vorschrift sind nicht nur bereits bestehende konkret rechtlich geregelte Beziehungen zwischen natürlichen oder juristischen Personen, sondern auch solche Beziehungen, die als Rechtsfolge künftig hieraus erwachsen (können). Damit können auch bedingte Rechtsbeziehungen, d. h. solche Rechtsbeziehungen Gegenstand einer Feststellungsklage sein, bei denen eine Verbindlichkeit zwar noch nicht entstanden ist, aber für deren späteren Eintritt – hier die mögliche Insolvenz des Arbeitgebers – der Grund derart festgelegt ist, dass die Entstehung der Verbindlichkeit quasi »automatisch« – hier kraft gesetzlicher Regelung – erfolgt. Aufgrund des zwingenden Charakters des im BetrAVG geregelten gesetzlichen Insolvenzschutzes ist die hierdurch geschaffene Rechtsposition des Versorgungsberechtigten bereits vor Eintritt des Sicherungsfalls jedenfalls dann unentziehbar, wenn der Versorgungsberechtigte die sonstigen zu einer Haftung des PSV führenden Voraussetzungen (Erfüllung der Unverfallbarkeitsfristen) erfüllt. Dann muss es ihm aber auch möglich sein, die sich daraus ergebende Haftung des PSV gerichtlich feststellen zu lassen (*vgl. auch Blomeyer/Rolfs/Otto, BetrAVG, § 7 Rn. 317 ff.*).

C. Spezialfragen

I. Gleichbehandlungsgrundsatz und betriebliche Altersversorgung

Versorgungsansprüche gegen den Arbeitgeber, d. h. Ansprüche auf Zahlung betrieblicher Versorgungsleistungen können sich unabhängig vom Bestehen einzelvertraglicher oder kollektivrechtlicher Anspruchsgrundlagen auch aus dem arbeitsrechtlichen **Gleichbehandlungsgrundsatz/Grundsatz der Lohngleichheit** ergeben. Dies hat der Gesetzgeber bei der Einführung des Betriebsrentengesetzes mit einem entsprechenden Hinweis in § 1 Abs. 1 Satz 4 BetrAVG a. F. (= § 1b Abs. 1 Satz 4 BetrAVG) ausdrücklich auch berücksichtigt. Danach stehen der Verpflichtung aus einer Versorgungszusage auch solche Versorgungsverpflichtungen gleich, die auf betrieblicher Übung oder dem Grundsatz der Gleichbehandlung beruhen. Im Bereich des Betriebsrentenrechts hat der allgemeine arbeitsrechtliche Gleichbehandlungsgrundsatz damit kraft Gesetzes anspruchsbegründende Wirkung (*vgl. BAG, 10.12.2002 – 3 AZR 3/02, BAGE 104, 205; 16.02.2010 – 3 AZR 216/09, Rn. 56, AP BetrVG 1972 § 77 Betriebsvereinbarung Nr. 50 = EzA BetrAVG § 1 Gleichbehandlung Nr. 35; BAG, 28.06.2011 – 3 AZR 448/09 – JurionRS 2011, 26018*). 1349

Der arbeitsrechtliche Gleichbehandlungsgrundsatz ist die privatrechtliche Ausprägung des Gleichheitssatzes, Art. 3 Abs. 1 GG. Er verbietet sowohl die **sachfremde Schlechterstellung** einzelner Arbeitnehmer in vergleichbarer Lage als auch eine **sachfremde Gruppenbildung** (*st. Rspr., vgl. u. a. BAG, 13.02.2002 – 5 AZR 713/00, AP BGB § 242 Gleichbehandlung Nr. 184 = EzA BGB § 242 Gleichbehandlung Nr. 87 m. w. N.; BAG, 21.08.2007 – 3 AZR 269/06, BAGE 124, 22; BAG, 28.06.2011 – 3 AZR 448/09, JurionRS 2011, 26018*). Die Differenzierungsgründe, d. h. die Gründe für die Ungleichbehandlung, müssen auf vernünftigen, einleuchtenden Erwägungen beruhen und dürfen nicht gegen verfassungsrechtliche oder sonstige übergeordnete Wertentscheidungen verstoßen (*BAG, 18.09.2001 – 3 AZR 656/00, BAGE 99, 53*). 1350

Eine Gruppenbildung liegt vor, wenn für verschiedene Arbeitnehmergruppen unterschiedliche Leistungen vorgesehen werden. Dann verlangt der Gleichbehandlungsgrundsatz, dass diese Unterscheidung sachlich gerechtfertigt ist. Eine sachverhaltsbezogene Ungleichbehandlung verstößt erst dann gegen den allgemeinen Gleichheitssatz, wenn sie willkürlich ist, weil sich ein vernünftiger Grund für die Differenzierung nicht finden lässt. Dagegen ist bei einer personenbezogenen Ungleichbehandlung der Gleichheitssatz bereits dann verletzt, wenn eine Gruppe anders behandelt wird, obwohl zwischen beiden Gruppen keine Unterschiede von solcher Art und solchem Gewicht bestehen, dass sie die Ungleichbehandlung rechtfertigen können (*vgl. BAG, 18.09.2007 – 3 AZR 639/06, BAGE 124, 71; BAG, 16.02.2010 – 3 AZR 216/09, AP BetrVG 1972 § 77 Betriebsvereinbarung Nr. 50 = EzA BetrAVG § 1 Gleichbehandlung Nr. 35*). 1350a

Maßgeblich für die Beurteilung, ob für die unterschiedliche Behandlung ein hinreichender Sachgrund besteht, ist vor allem der **Regelungszweck**. Dieser muss die Gruppenbildung rechtfertigen (*vgl. BAG, 18.09.2007 – 3 AZR 639/06, BAGE 124, 71; BAG, 16.02.2010 – 3 AZR 216/09, AP BetrVG 1972 § 77 Betriebsvereinbarung Nr. 50 = EzA BetrAVG § 1 Gleichbehandlung Nr. 35*). Gerechtfertigt ist danach eine Gruppenbildung, wenn sie einem legitimen Zweck dient und zur Erreichung dieses Zwecks erforderlich und angemessen ist (*vgl. BAG, 13.04.2011 – 10 AZR 88/10, DB 2011, 1923*). Der Differenzierungsgrund muss die in der Regelung getroffene Rechtsfolge tragen. Wird eine zunächst im Wesentlichen gleichbehandelte Gruppe nachträglich aufgespalten, bedarf es zur Rechtfertigung der Gruppenbildung besonderer, aus dem Zweck der Versorgungsleistungen bestimmbarer Gründe (*vgl. BAG, 14.06.1983 – 3 AZR 565/81, BAGE 44, 61*).

Sind die Gründe für die unterschiedliche Behandlung nicht ohne Weiteres erkennbar, ist der Arbeitgeber verpflichtet, diese offenzulegen und jedenfalls im Rechtsstreit mit einem benachteiligten Arbeitnehmer so substantiiert darzutun, dass beurteilt werden kann, ob die Gruppenbildung sachlichen Kriterien entspricht (*vgl. BAG, 12.10.2005 – 10 AZR 640/04 – zu II 2 der Gründe, BAGE 116, 136*).

Geschieht dies nicht oder ist die unterschiedliche Behandlung nach dem vom Arbeitgeber vorgetragenen Zweck der Leistung sachlich nicht gerechtfertigt, kann die benachteiligte Arbeitnehmergruppe verlangen, nach Maßgabe der begünstigten Arbeitnehmergruppe behandelt zu werden *(vgl. BAG, 11.12.2007 – 3 AZR 249/06, BAGE 125, 133; BAG, 28.06.2011 – 3 AZR 448/09, JurionRS 2011, 26018)*.

1351 Insoweit gilt ganz allgemein das Verbot, einen Arbeitnehmer bei der Einbeziehung in ein betriebliches Versorgungswerk sowie hinsichtlich Inhalt und Umfang der gewährten Versorgungsleistungen zu benachteiligen *(vgl. auch Doetsch, BetrAV 1997, 25)*.

1352 Der Gleichbehandlungsgrundsatz verbietet allerdings nicht die Begünstigung einzelner Arbeitnehmer. Das Gebot der Gleichbehandlung greift vielmehr erst dann ein, wenn der Arbeitgeber nach bestimmten generalisierenden Prinzipien Leistungen gewährt *(BAG, 19.08.1992 – 5 AZR 513/91, BB 1992, 2431 = NJW 1993, 679 = NZA 1993, 171 = DB 1993, 539)*. Der aus der Summe individuell zugesagter Rentenleistungen ermittelte mathematische Durchschnittswert ersetzt eine solche Regel nicht.

1353 Voraussetzung für die Anwendung des Gleichbehandlungsgrundsatzes ist also stets die Existenz einer **generellen Versorgungsordnung**, die eine Mehrzahl von Mitarbeitern nach **abstrakten Kriterien** begünstigt. Die Pflicht zur Gleichbehandlung besteht insoweit bereits dann, wenn der Arbeitgeber die Leistungen nach einem **erkennbaren und generalisierenden Prinzip** gewährt, d. h. wenn er bestimmte Voraussetzungen oder einen bestimmten Zweck festlegt. Gewährt er die Leistung nicht allen Arbeitnehmern, bei denen die von ihm gesetzten Kriterien zutreffen, so liegt ein Verstoß gegen den Gleichbehandlungsgrundsatz auch vor, wenn die Zahl der begünstigenden Arbeitnehmer kleiner ist als die der Mitarbeiter, die sich mit ihnen vergleichen. Ist die Anzahl der begünstigten Mitarbeiter im Verhältnis zur Gesamtzahl der betroffenen Mitarbeiter allerdings sehr gering (< 5 %), ist ein Verstoß unter dem Aspekt der Gleichbehandlung regelmäßig zu verneinen *(BAG, 13.02.2002 – 5 AZR 713/00, DB 2002, 1381 = NZA 2003, 215)*.

1354 Insoweit ist allerdings auch zu beachten, dass selbst dann, wenn i. R. d. tatsächlichen Gewährung der Altersversorgung kein generalisierendes Prinzip des Arbeitgebers erkennbar ist, der arbeitsrechtliche Gleichbehandlungsgrundsatz gleichwohl bereits dann anwendbar ist, wenn i. R. d. Aufnahme in die betriebliche Altersversorgung nicht nur einzelne Arbeitnehmer bessergestellt werden *(BAG, 12.03.1993 – 5 AZR 513/91, DB 1993, 539 f.)*. Andernfalls wäre der Arbeitgeber im Vorteil, der von vornherein keine allgemeinen Grundsätze aufstellt, sondern nach seinem eigenen Gutdünken verfährt.

Dagegen können echte **individuelle**, d. h. im Einzelfall erteilte Versorgungszusagen kein Recht zur Gleichbehandlung begründen *(BAG, 25.05.2004 – 3 AZR 15/03, BetrAV 2005, 199)*.

1355 Ferner ist zu beachten, dass der Gleichbehandlungsgrundsatz regelmäßig nicht konzern- sondern **unternehmensbezogen** zu bewerten ist *(BAG, 22.08.2006 – 3 AZR 319/05, DB 2007, 639; BAG, 20.08.1986 – 4 AZR 272/85, BAGE 52, 380, 391; BAG, 04.10.1994 – 3 AZR 910/93, BAGE 78, 87, zu B II 3 der Gründe; BAG, 17.11.1998 – 1 AZR 147/98, AP BGB § 242 Gleichbehandlung Nr. 162 = EzA BGB § 242 Gleichbehandlung Nr. 79)*. Eine unternehmensübergreifende Anwendung des Gleichbehandlungsgrundsatzes kommt lediglich dann in Betracht, wenn der Arbeitgeber Sozialleistungen üblicherweise konzerneinheitlich erbringt *(BAG, 22.08.2006 – 3 AZR 319/05, DB 2007, 639)*.

1. Rechtsgrundlagen

1356 Ausgangspunkt der juristischen Diskussion zum arbeitsrechtlichen Gleichbehandlungsgrundsatz im Bereich der betrieblichen Altersversorgung war neben verschiedenen Entscheidungen zur Einbeziehung von **Teilzeitbeschäftigten** *(EuGH, 13.05.1986 – Rs. 170/84 [Bilka], BB 1986, 1509 = DB 1986, 1525 = NJW 1986, 3020; BAG, 06.04.1982 – 3 AZR 134/79, BB 1982, 1176 = DB 1982, 1466 = NJW 1982, 2013; BAG, 14.10.1986 – 3 AZR 66/83, BB 1987, 829 = NZA 1987,*

I. Gleichbehandlungsgrundsatz und betriebliche Altersversorgung   C.

445 = NJW 1987, 2183; BAG, 14.03.1989 – 3 AZR 490/87, BB 1989, 2115 = DB 1989, 2336 = NZA 1990, 25; BAG, 23.01.1990 – 3 AZR 58/88, BB 1990, 1202 = DB 1990, 1620 = NZA 1990, 778) insb. das sog. **Witwerrenten-Urteil** des BAG *(05.09.1989 – 3 AZR 575/88, BB 1989, 2400 = DB 1989, 2615 = NZA 1990, 271 = NJW 1990, 1008)*. Alle diese Entscheidungen, also sowohl die nationalen, auf Art. 3 GG beruhenden BAG-Urteile als auch die aus Art. 141 EGV (entspricht inhaltlich dem früheren Art. 119 a. F.) abgeleiteten Entscheidungen des EuGH gehen von dem Gedanken aus, dass dem Arbeitgeber die **Ungleichbehandlung von Männern und Frauen bei der Lohngestaltung** verboten ist.

Dieser **Lohngleichheitsgrundsatz** ist von der Rechtsprechung als arbeitsrechtliches Äquivalent für den in **Art. 3 GG** enthaltenen **Gleichbehandlungsgrundsatz** entwickelt worden und hat sich zwischenzeitlich in einer Vielzahl arbeitsrechtlicher Gesetze niedergeschlagen. So hat der Gesetzgeber in **§ 1b Abs. 1 Satz 3 BetrAVG** den Gleichbehandlungsgrundsatz ausdrücklich als Anspruchsgrundlage für die Gewährung betrieblicher Versorgungsleistungen aufgeführt. Ferner verbietet das in **§ 75 Abs. 1 BetrVG** normierte **Differenzierungsverbot** als weitere gesetzliche Ausgestaltung des Gleichbehandlungsgrundsatzes eine willkürliche und damit sachfremde Schlechterstellung einzelner Arbeitnehmer, und zwar u. a. insb. auch wegen ihres Geschlechtes. Darüber hinaus hat die EG ihre Mitgliedsstaaten verpflichtet, die Gleichstellung von Männern und Frauen im Arbeitsleben gesetzlich zu regeln. Diese Umsetzung in nationales Recht erfolgte in der BRD durch das **Gesetz über die Gleichbehandlung von Männern und Frauen am Arbeitsplatz** vom 13.08.1980 *(BGBl. I 1980, S. 1308)*, mit dem der gleichlautende – mittlerweile aber durch das AGG abgelöste – **§ 611a BGB** in das Bürgerliche Gesetzbuch integriert worden ist. Daneben konkretisiert **§ 4 TzBfG** das Gebot der Gleichbehandlung im Rahmen von Teilzeitarbeitsverhältnissen *(BAG, 28.07.1992 – 3 AZR 173/92, BB 1993, 437 = NZA 1993, 215 = NJW 1993, 874 = ZAP 1993, Fach 17 R, S. 45 m. Anm. Langohr-Plato)*.   1357

BAG und EuGH haben zudem in ständiger Rechtsprechung den **Entgeltcharakter** betrieblicher Versorgungsleistungen betont und bestätigt *(vgl. u. a. BAG, 10.03.1972 – 3 AZR 278/71, BB 1972, 1005 = DB 1972, 1486 = MDR 1972, 899; EuGH, 13.05.1986 – Rs. 170/84 [Bilka], BB 1986, 1509 = DB 1986, 1525 = NJW 1986, 3020; EuGH, 17.05.1990 – Rs. C-262/88 [Barber], DB 1990, 1824 = NJW 1990, 203 = NZA 1990, 771)*. Damit ist der Gleichbehandlungsgrundsatz bei der Gewährung betrieblicher Versorgungsleistungen stets zu berücksichtigen.   1358

Inhaltlich wird der arbeitsrechtliche Gleichbehandlungsgrundsatz vom **Grundsatz der Gleichberechtigung** (Art. 3 Abs. 2 GG) und vom **Benachteiligungsverbot** (Art. 3 Abs. 3 GG) geprägt *(so bereits BAG, 11.09.1974 – 5 AZR 567/73, DB 1975, 551)*.   1359

Führt ein Arbeitgeber freiwillige Zulagen, insb. betriebliche Versorgungsleistungen ein, so muss er also die Leistungsvoraussetzungen so **abgrenzen**, dass sie **nicht sachwidrig** oder **willkürlich** einen Teil der Arbeitnehmer von diesen Leistungen ausschließen. Das bedeutet allerdings nicht, dass es dem Arbeitgeber untersagt ist, seine Arbeitnehmer in mehrere, **objektiv abgrenzbare Gruppen** einzuteilen und entweder nur einigen der Gruppen Versorgungsleistungen zu gewähren oder aber die Versorgungsleistungen innerhalb der Gruppenkonstruktion zu **differenzieren**. Der Gleichbehandlungsgrundsatz erfordert lediglich, dass die Entscheidung **sachlich gerechtfertigt** ist. Der Arbeitgeber kann somit z. B. die Stellung im Unternehmen und/oder die Dauer der Betriebszugehörigkeit als Abgrenzungskriterien für die Gewährung und Bemessung betrieblicher Versorgungsleistungen berücksichtigen *(vgl. auch Ahrend/Förster/Rößler, 1. Teil Rn. 196; Doetsch, BetrAV 1997, 25 f.; Höfer, BetrAVG, Bd. I [ArbR], ART Rn. 246 ff., 659 ff.; Langohr-Plato, MDR 1992, 838; Langohr-Plato, MDR 1995, 649)*.   1360

Der oder die Zwecke, die eine unterschiedliche Behandlung bei der Gewährung betrieblicher Versorgungsleistungen rechtfertigen sollen, müssen unter den Gesichtspunkten der Rechtssicherheit sowie der Transparenz des innerbetrieblichen Lohngefüges **aus der Versorgungsordnung erkennbar** sein *(Doetsch, BetrAV 1997, 26)*. Ist der Grund der Differenzierung nicht ohne Weiteres aus der Versorgungsordnung nachvollziehbar, so muss ihn der Arbeitgeber spätestens dann offen legen,   1361 wenn ein bei der Leistungsgewährung benachteiligter Mitarbeiter Gleichbehandlung verlangt (*BAG, 20.07.1993 – 3 AZR 52/93, BB 1993, 2456 = DB 1994, 102 = NZA 1994, 125*).

1362 Als eine der zentralen Grundregeln des europäischen Gemeinschaftsrechts eröffnet zudem **Art. 141 EG-Vertrag** (Art. 141 EGV ist i. R. d. Vertrages von Amsterdam v. 02.10.1997 inhaltsgleich aus Art. 119 EGV a. F. übernommen worden) den Arbeitnehmern als **unmittelbar geltende Gemeinschaftsnorm** ein **subjektives Recht** auf gleichen Lohn bei gleicher Arbeit, das vor den nationalen Rechten einklagbar ist (*Borchardt, BetrAV 1993, 4; Langohr-Plato, MDR 1994, 19*). Dabei verpflichtet Art. 141 EG-Vertrag nicht nur die Mitgliedstaaten, für die Lohngleichheit Sorge zu tragen, sondern **bindet** auch unmittelbar die **Tarifvertragsparteien**, soweit es sich um eine geschlechtsspezifische Lohngestaltungsfrage handelt (*EuGH, 27.06.1990 – Rs. C-33/89 [Kowalska], DB 1991, 100 = NZA 1990, 771*).

1363 Ursprünglich unbekannt war dem deutschen Arbeitsrecht die aus **Art. 141 EG-Vertrag** abgeleitete sog. **mittelbare Diskriminierung**, die z. B. dann vorliegt,
– wenn die betreffende Regelung oder Maßnahme zwar unterschiedslos auf Männer oder Frauen anzuwenden ist, diese aber für das eine oder andere Geschlecht wesentlich nachteiligere Wirkungen entfaltet, und
– wenn diese nachteiligen Wirkungen auf dem Geschlecht oder der Geschlechtsrolle beruhen (*vgl. EuGH, 13.05.1986 – Rs. 170/84 [Bilka], BB 1986, 1509 = DB 1986, 1525 = NJW 1986, 3020; Höfer, BetrAVG, Bd. 1 [ArbR], ART Rn. 777 ff.; Langohr-Plato, MDR 1995, 650*).

1364 Das in Art. 141 EG-Vertrag normierte **Diskriminierungsverbot** kann also auch bei einer **geschlechtsneutral** formulierten Versorgungsregelung verletzt sein, wenn in ihrer faktischen Anwendung Angehörige des einen Geschlechts ggü. denen des anderen Geschlechts wesentlich benachteiligt werden (*Langohr-Plato, MDR 1992, 838*).

1365 Liegt ein solcher Tatbestand vor, wird die Diskriminierung **widerlegbar vermutet**. Der Arbeitgeber ist dann gezwungen, die diskriminierende Maßnahme durch objektive Gründe zu rechtfertigen (*BAG, 23.02.1992 – 4 AZR 30/92, BB 1993, 650*). Dabei ist eine unterschiedliche geschlechterbezogene Lohngestaltung nur dann **objektiv gerechtfertigt**, wenn die unterschiedliche Behandlung einem **realen Bedürfnis** des Arbeitgebers dient, für die Erreichung der unternehmerischen Ziele **geeignet** und nach dem **Verhältnismäßigkeitsgrundsatz** erforderlich ist (*EuGH, 13.05.1986 – Rs. 170/84 [Bilka], BB 1986, 1509 = DB 1986, 1525 = NJW 1986, 3020; BAG, 23.01.1990 – 3 AZR 58/88, NZA 1990, 778 = DB 1990, 1620 m. w. N.; Langohr-Plato, MDR 1994, 119; ders., MDR 1995, 650*).

1366 Für die Gleichbehandlung haftet nicht nur der Arbeitgeber, sondern auch – bei mittelbaren Versorgungszusagen – der Versorgungsträger. Diese »Mithaftung« hat der EuGH für den Fall einer deutschen Pensionskasse entschieden, und zwar auch dann, wenn den Versorgungsberechtigten ggü. ihren unmittelbaren Versorgungsschuldnern, den Arbeitgebern als Parteien der Arbeitsverträge, ein insolvenzgeschützter, die Diskriminierung ausschließender Anspruch zusteht (*EuGH, 09.10.2001 – C-379/99 [RS Menauer], BB 2001, 2322 = NZA 2001, 1301; vgl. auch BAG, 19.11.2002 – 3 AZR 631/97, BB 2003, 370 = DB 2003, 398*).

1367 Begründet wird dies damit, dass diejenigen, die mit der Verwaltung eines Betriebsrentensystems betraut sind, Leistungen zu erbringen haben, die ein Entgelt i. S. v. Art. 141 EGV darstellen. Folglich hätten sie auch den in dieser Vorschrift niedergelegten Grundsatz des gleichen Entgelts ungeachtet ihrer Rechtsform und unabhängig davon zu beachten, in welcher Weise sie mit der Verwaltung dieses Rentensystems betraut sind (*EuGH, 09.10.2001 – C-379/99 [RS Menauer], BB 2001, 2322 = NZA 2001, 1301*).

1368 Diese Aussage führt dazu, dass die Rechtsprechung des EuGH nicht nur für die Pensionskasse sondern für sämtliche externen Versorgungsträger Anwendung findet.

Dies gilt nach dem EuGH sogar für treuhänderisch ausgestaltete Systeme. Insoweit führt der EuGH aus, dass die Treuhänder, obwohl am Arbeitsverhältnis nicht beteiligt, mit Erbringung von Leistungen betraut seien, die dadurch ihren Charakter als Entgelt i. S. v. Art. 141 EG-Vertrag nicht verlieren würden, und dass Sie deshalb verpflichtet seien, alles in ihrer Zuständigkeit liegende zu tun, um die Einhaltung des Grundsatzes der Gleichbehandlung auf diesem Gebiet sicherzustellen (*EuGH, 09.10.2001 – C-379/99 [RS Menauer], BB 2001, 2322 = NZA 2001, 1301*). 1369

Dass hier bspw. für die unter der Aufsicht der Bündnisanstalt für Finanzdienstleistungsaufsicht (BaFin) stehenden externen Versorgungsträger Lebensversicherung, Pensionskasse und Pensionsfonds vertragsrechtliche und aufsichtsrechtliche Probleme resultieren, spielt nach dem EuGH keine Rolle. Diese Gesellschaften sind unabhängig von der Zulässigkeit im aufsichtsrechtlichen Sinne oder vertragsrechtlicher Bedenken verpflichtet, die Grundsätze der Gleichbehandlung zu beachten. Dies gilt auch, wenn der verletzte Grundsatz in der ursprünglichen Kalkulation eines Tarifs nicht berücksichtigt wurde. 1370

Der EuGH führt hierzu aus, eine Beschränkung auf den unmittelbar versorgungsverpflichteten Arbeitgeber würde die praktische Wirksamkeit des Art. 141 EG-Vertrag schmälern. Sie sei darüber hinaus **umso weniger** vereinbar mit dieser Vorschrift, als die fragliche Diskriminierung, die im Ausgangsverfahren auf der Satzung der Einrichtung beruhen kann, die mit der Erbringung der Leistungen betraut ist und die daher insb. in den Augen eines Anspruchsberechtigten als der normale Schuldner der betreffenden Leistung erscheine (*EuGH, 09.10.2001 – C-379/99, BB 2001, 2322 = NZA 2001, 1301, unter Ziff. 31 der Urteilsbegründung*). 1371

Diese Formulierung lässt erkennen, dass der EuGH nicht unterscheidet, ob der Verstoß gegen Art. 141 EG-Vertrag auf der Gestaltung des konkreten Tarifs bzw. Pensionsplans etc. beruht oder aber möglicherweise darauf, dass der Arbeitgeber bestimmte Personen erst gar nicht bei dem externen Versorgungsträger angemeldet hat. Dies führt dazu, dass eventuelle arbeitsrechtliche Regelungen, etwa in Betriebsvereinbarungen, wonach Teilzeitbeschäftigte (i. d. R. Frauen) ausgeschlossen sind, dennoch zu einem Risiko- und Haftungspotenzial der externen Versorgungsträger führen. 1372

Ein Verstoß gegen den arbeitsrechtlichen Gleichbehandlungsgrundsatz hat die **Nichtigkeit** der diskriminierenden Regelung nach § 134 BGB zur Folge (*vgl. auch Langohr-Plato, MDR 1994, 119*). Dies führt allerdings nicht zur Unwirksamkeit der Versorgungsordnung insgesamt, sondern hat zur Konsequenz, dass an die Stelle der gleichheitswidrigen Versorgungsvereinbarung die gesetzliche Regelung tritt (*BAG, 05.09.1989 – 3 AZR 575/88, BB 1989, 2400 = DB 1989, 2615 = NZA 1990, 271 m. w. N.*). Der benachteiligte Mitarbeiter hat also einen entsprechenden **Erfüllungs- bzw. Verschaffungsanspruch** darauf, so gestellt zu werden, wie die von der Versorgungsordnung begünstigten Mitarbeiter (*BAG, 28.07.1992 – 3 AZR 173/92, ZAP 1993, Fach 17 R, S. 45 m. Anm. Langohr-Plato = NJW 1993, 874 = NZA 1993, 215*). Dem benachteiligten Mitarbeiter steht also nicht nur ein Schadensersatzanspruch, sondern ein vertraglicher Erfüllungsanspruch zu, der ggf. vom Arbeitgeber selbst zu erbringen ist (*BAG, 07.03.1995 – 3 AZR 282/94, BB 1995, 2217 = DB 1995, 2020 = NZA 1996, 48*). 1373

2. Fallgestaltungen

a) Einbeziehung von Teilzeitbeschäftigten

Eine Diskriminierung teilzeitbeschäftigter Arbeitnehmer allein wegen ihrer Teilzeitbeschäftigung ist – unabhängig von einem Verstoß gegen sonstige Rechtsnormen – bereits nach **§ 4 Abs. 1 TzBfG** unzulässig (*BAG, 29.08.1989 – 3 AZR 370/88, BB 1989, 2116 = DB 1989, 2338; BAG, 28.07.1992 – 3 AZR 173/92, DB 1993, 169 = NZA 1993, 215 = NJW 1993, 874 = ZAP 1993, Fach 17 R, S. 45 m. Anm. Langohr-Plato*) und regelmäßig als mittelbare Diskriminierung zu werten, wenn diese Maßnahme einen wesentlich höheren Prozentsatz weiblicher als männlicher Arbeitnehmer trifft und nicht durch sachliche Gründe gerechtfertigt ist (*EuGH, 10.02.2000 – Rs. C-50/96, Rs. C-270/97 und Rs. C-271/97, BetrAV 2000, 385 ff.*). 1374

C. Spezialfragen

1375 **Sachliche Gründe**, die eine Differenzierung bei der Einbeziehung teilzeitbeschäftigter Arbeitnehmer in ein betriebliches Versorgungswerk rechtfertigen könnten, müssen anderer Art sein, also z. B. auf Arbeitsleistung, Qualifikation, Berufserfahrung, unterschiedlichen Anforderungen am Arbeitsplatz, hierarchischer oder Gehaltsgruppen-Einstufung beruhen (*BAG, 28.07.1992 – 3 AZR 173/92, DB 1993, 169 = NZA 1993, 215 = NJW 1993, 874 = ZAP 1993, Fach 17 R, S. 45 m. Anm. Langohr-Plato; Förster/Cisch/Karst, BetrAVG, § 1 Anm. 116 u. 121 ff.; Blomeyer/Rolfs/Otto, BetrAVG, Anh. § 1 Rn. 57*).

1376 Teilzeitbeschäftigte Arbeitnehmer können allerdings nur eine ihrem **zeitlichen Anteil** der Arbeitsleistung an der Vollzeit **entsprechende** Teilversorgung verlangen (*BAG, 13.12.1994 – 3 AZR 367/94, DB 1995, 931 = ZIP 1995, 667*). Eine am tatsächlichen **Beschäftigungsgrad** orientierte Versorgungsleistung ist daher nicht zu beanstanden (*BAG, 27.07.1988 – 5 AZR 244/87, BB 1988, 2178 = DB 1988, 2519; Kemper, in: Kemper/Kisters-Kölkes/Berenz/Huber, § 1 Rn. 179*). Im Hinblick auf den administrativen Aufwand einer solchen, nach dem individuellen Beschäftigungsgrad berechneten Versorgungsleistung wird auch eine Gruppenbildung gebilligt. Insoweit ist die Unterteilung in **voll-, überhalbzeitig** und **unterhalbzeitig Beschäftigte** mit dem arbeitsrechtlichen Gleichbehandlungsgrundsatz und dem Lohngleichheitsgebot des Art. 141 EG-Vertrag vereinbar (*BAG, 05.10.1993 – 3 AZR 695/92, DB 1994, 739 = NZA 1994, 315 = MDR 1994, 490*).

1377 Bei der Gestaltung von Versorgungsregelungen ist es aber nicht nur unter dem Aspekt der arbeitsrechtlichen Gleichbehandlung notwendig, eine entsprechende Regelung zur Behandlung teilzeitbeschäftigter Arbeitnehmer in die Versorgungsordnung aufzunehmen. Diese Notwendigkeit ergibt sich zudem auch unter dem Aspekt der nach dem **Rentenreformgesetz 1992** zulässigen Inanspruchnahme von sog. **Teilrenten**. Macht nämlich eine Versorgungsordnung die Höhe der Betriebsrente von den letzten Bezügen (sog. **Endgehaltsplan**) abhängig, so muss sie auch den Fall regeln, dass ein Arbeitnehmer in den Jahren vor dem Ruhestand **zwischen Voll- und Teilzeitbeschäftigung** wechselt. Ist dies nicht der Fall, so ist die entsprechende Vertragslücke im Wege der **ergänzenden Vertragsauslegung** zu schließen. Für diesen Fall kann eine **Durchschnittsberechnung** der ruhegeldfähigen Bezüge in Betracht kommen (*BAG, 27.09.1983 – 3 AZR 297/81, BB 1984, 1430 = DB 1984, 1940 = AuR 1984, 313*). Eine mögliche Lösungsformel könnte hier in der **zeitanteiligen Bewertung** der geleisteten Teilzeitarbeit zu einer fiktiven unterstellten Vollzeitarbeit gesehen werden. Dabei sollte allerdings die gesamte Dienstzeit berücksichtigt und nicht etwa auf einen durchschnittlichen Beschäftigungsgrad z. B. der letzten zehn Dienstjahre abgestellt werden, was rechtlich allerdings auch nicht zu beanstanden wäre (*vgl. BAG, 27.09.1983 – 3 AZR 297/81, BB 1984, 1430 = DB 1984, 1940 = AuR 1984, 313*).

1378 Allerdings liegt ein Verstoß gegen das Diskriminierungsverbot nur dann vor, wenn die sich de facto ergebende Schlechterstellung eines Geschlechts sich nicht durch **objektive Gründe der Lohnpolitik** rechtfertigen lässt (*EuGH, 13.05.1986 – Rs. 170/84 [Bilka], BB 1986, 1509 = DB 1986, 1525 = NJW 1986, 3020; BAG, 14.03.1989 – 3 AZR 490/87, BB 1989, 2115 = DB 1989, 2336 = NZA 1990, 25 = NJW 1990, 68*). **Zulässig** wäre demnach ein **Ausschluss** von Teilzeitbeschäftigten, wenn hierdurch eine generelle und geschlechtsunabhängige Reduzierung der Teilzeitarbeit vor dem Hintergrund unverhältnismäßig hoher Personal- und Allgemeinkosten erreicht werden soll und der Ausschluss hierzu unter Berücksichtigung des Lohngleichheitsgrundsatzes als geeignet, verhältnismäßig und erforderlich anzusehen ist. Insoweit ist der Arbeitgeber verpflichtet, Tatsachen vorzutragen und zu beweisen, die diese unterschiedliche Behandlung rechtfertigen (*vgl. auch Langohr-Plato, MDR 1992, 839*).

1379 In praktischer Hinsicht bedeutet dies, dass der gänzliche Ausschluss von Teilzeitbeschäftigten aus einem betrieblichen Versorgungswerk kaum zu rechtfertigen ist. **Halbzeitbeschäftigte** (*BAG, 29.08.1989 – 3 AZR 370/88, BB 1989, 2116 = DB 1989, 2338 = NZA 1990, 37*) und **Teilzeitbeschäftigte** mit einer **30-stündigen** wöchentlichen Arbeitszeit (*BAG, 23.01.1990 – 3 AZR 58/88, BB 1990, 1202 = DB 1990, 1620 = NZA 1990, 778*) sind jedenfalls in einem betrieblichen Versorgungswerk aufzunehmen. Dies folgt letztlich auch aus § 4 Abs. 1 TzBfG, wonach der Arbeitgeber einen Teilzeitbeschäftigten nicht wegen seiner Teilzeitarbeit ggü. vollzeitlich beschäftigten Arbeitnehmern unterschiedlich behandeln darf, es sei denn, dass sachliche Gründe eine unterschiedliche Behandlung rechtfertigen. Dieses Verbot unterschiedlicher Behandlung gilt auch ggü. teilzeitbeschäftigten Arbeitnehmern, die in **unterschiedlichem zeitlichen Umfang** beschäftigt werden (etwa unter oder über 50 % der regelmäßigen Wochenarbeitszeit). Auch für unterschiedliche Behandlung dieser Arbeitnehmer bei der Gewährung betrieblicher Versorgungsleistungen sind daher sachliche Gründe erforderlich (*BAG, 29.08.1989 – 3 AZR 370/88, BB 1989, 2116 = DB 1989, 2338 = NZA 1990, 37*).

Verstößt eine betriebliche Versorgungsordnung gegen das Lohngleichheitsgebot, weil sie teilzeitbeschäftigte Arbeitnehmer von der Versorgung ausschließt, so sind nicht die gesamte Versorgungsordnung, sondern nur die ausschließenden, **diskriminierenden Bestimmungen nichtig** (*BAG, 14.03.1989 – 3 AZR 490/87, BB 1989, 2115 = DB 1989, 2336 = NZA 1990, 25 = NJW 1990, 68; BAG, 23.01.1990 – 3 AZR 58/88, BB 1990, 1202 = DB 1990, 1620 = NZA 1990, 778; BAG, 20.11.1990 – 3 AZR 613/89, BB 1991, 1570 = DB 1991, 1330 = NZA 1991, 635 = NJW 1991, 2927*). 1380

Diese Nichtigkeit gilt auch unbegrenzt **rückwirkend**, d. h. vom Inkrafttreten der Versorgungsordnung an. Die betroffenen Mitarbeiter brauchen den Verstoß gegen das Lohngleichheitsgebot auch nicht zeitweilig hinzunehmen. Für den Arbeitgeber besteht insoweit **keine Anpassungsfrist zur Beseitigung der mittelbaren Diskriminierung**. Weder das Recht der Europäischen Gemeinschaften noch das aus Art. 20 Abs. 3 GG abgeleitete Rechtsstaatsprinzip oder die Grundsätze zum Wegfall der Geschäftsgrundlage bzw. Vertrauensschutzaspekte können einen solchen Anspruch begründen. Mit der Erkenntnis, dass auch eine mittelbare Diskriminierung unzulässig ist, wird kein neues (Richter-) Recht kreiert, sondern nur dem nach Art. 141 EG-Vertrag bzw. Art. 3 Abs. 2 GG bestehenden Lohngleichheitsgebot Geltung verschafft. Darin besteht kein Verstoß gegen das sich aus dem Rechtsstaatsprinzip ergebende Rückwirkungsverbot (*BAG, 20.11.1990 – 3 AZR 613/89, BB 1991, 1570 = DB 1991, 1330 = NZA 1991, 635 = NJW 1991, 2927; BVerfG, 28.09.1992 – 1 BvR 496/87, NZA 1993, 213*). 1381

Dies hat letztendlich auch der EuGH so ausdrücklich anerkannt. Sofern nationale Vorschriften existieren, in denen ein Gleichbehandlungsgrundsatz enthalten ist, aufgrund dessen alle teilzeitbeschäftigten Arbeitnehmer einen Anspruch auf rückwirkenden Anschluss an ein Betriebsrentensystem und auf Gewährung einer Rente haben, sind diese nationalen Vorschriften maßgeblich. Vorschriften des EG-Vertrages einschließlich der beigefügten Protokolle sowie in vergangenen Urteilen des EuGH aufgestellte Formeln zur Begrenzung der Rückwirkung (vgl. Barber-Urteil, Defrenne II-Urteil) stehen der vorrangigen Anwendung des nationalen Rechts vor dem Gemeinschaftsrecht nicht entgegen. Die **Vorrangigkeit des nationalen Rechts** begründet der EuGH mit einem Verweis auf das von der Europäischen Gemeinschaft verfolgte Ziel, den Grundsatz des gleichen Entgelts für Männer und Frauen zu verwirklichen. Diesem Ziel komme eine hohe Bedeutung zu, und es sei die Aufgabe des EuGH zu seiner Verwirklichung beizutragen. Für den Bereich der BRD folgt der Anspruch auf rückwirkende Gleichbehandlung der teilzeit- und der vollzeitbeschäftigten Arbeitnehmer aus Art. 3 GG, § 612 Abs. 3 BGB »a. F.« und § 4 Abs. 1 TzBfG (*EuGH, 10.02.2000 – Rs. C-50/96, Rs. C-270/97 und Rs. C-271/97, BetrAV 2000, 385 ff.*). 1382

Ist der Arbeitgeber aufgrund einer Verletzung des Gleichbehandlungsgrundsatzes verpflichtet, dem betroffenen teilzeitbeschäftigten Mitarbeiter nachträglich eine gleichwertige Altersversorgung zu verschaffen und kann der Arbeitnehmer nach den allgemeinen Satzungsbestimmungen der Versorgungseinrichtung nicht aufgenommen und/oder nachversichert werden, so muss der Arbeitgeber für diese Altersversorgung, die sich insoweit dann als unmittelbare Pensionszusage darstellt, selbst eintreten (*BAG, 28.07.1992 – 3 AZR 173/92, DB 1993, 169 = NZA 1993, 215 = NJW 1993, 874 = ZAP 1993, Fach 17 R, S. 45 m. Anm. Langohr-Plato; BAG, 07.03.1995 – 3 AZR 282/94, BB 1995, 2217 = DB 1995, 2020 = RdA 1995, 377*). Der Inhalt der zugesagten Versorgung lässt sich nämlich 1383 nicht auf die bloße Durchführungsform reduzieren. Der Arbeitnehmer hat vielmehr einen sog. **Verschaffungsanspruch** auf die zugesagte Versorgungsleistung (*Langohr-Plato, MDR 1994, 120*).

1384 Zulässig ist allerdings der Ausschluss lediglich **befristet beschäftigter Arbeitnehmer** (*BAG, 13.12.1994 – 3 AZR 367/94, NZA 1995, 886*). Dies kann allerdings nur i. R. d. arbeitgeberfinanzierten betrieblichen Altersversorgung uneingeschränkt gelten. Sofern der befristet beschäftigte Mitarbeiter in der gesetzlichen Rentenversicherung pflichtversichert ist, wird man auch ihm den Rechtsanspruch auf Entgeltumwandlung nach § 1a BetrAVG zugestehen müssen, da § 1a BetrAVG den Rechtsanspruch nur an die gesetzliche Pflichtversicherung anknüpft und nicht an ein unbefristetes Beschäftigungsverhältnis. Gleiches gilt für geringfügig beschäftigte Arbeitnehmer, die für die Sozialversicherungspflicht optiert haben.

b) Arbeits- und steuerrechtliche Auswirkungen des Witwerrenten-Urteils

1385 Der Gleichbehandlungsgrundsatz verpflichtet den Arbeitgeber, beim Tod einer weiblichen Arbeitnehmerin dem **überlebenden Ehegatten** eine **Witwerrente** zu zahlen, wenn die betriebliche Versorgungsregelung im umgekehrten Fall eine **Witwenrente** vorsieht. Dies ist zunächst lediglich ein redaktionelles Problem, d. h. die Versorgungsordnung ist durch eine redaktionelle Überarbeitung entsprechend zu berichten. Die für den Arbeitgeber unliebsame Konsequenz liegt darin, dass das BAG den Arbeitgebern **keine Übergangsfrist** für die Einführung einer Witwerrente zugebilligt hat (*so noch LAG Hamburg, 11.01.1984 – 4 Sa 113/83, DB 1984, 1202; LAG Hamm, 25.01.1983 – 6 Sa 1410/82, BB 1983, 508*), wie sie z. B. der Gesetzgeber der gesetzlichen Rentenversicherung einräumt, sondern Ansprüche auf Witwerrente auch für die **Vergangenheit** bestehen. Ferner wird der Arbeitgeber dadurch finanziell mehr belastet, dass das BAG in dem sog. Witwerrenten-Urteil ausgeführt hat, dass die »**Kostenneutralität**« als solche kein rechtlich anzuerkennender Grund sei, bei der nunmehr gebotenen Einführung und Umsetzung der Witwerrente das Versorgungsniveau zu verschlechtern (*BAG, 05.09.1989 – 3 AZR 575/89, BB 1989, 2400 = DB 1989, 2615 = NZA 1990, 271*). Das bedeutet, dass bei der Einführung der Witwerrente die vom Arbeitnehmer erworbenen Besitzstände nicht gekürzt werden dürfen. Mithin führt das Witwerrenten-Urteil unweigerlich zu einer **Erhöhung des Dotierungsrahmens**.

1386 In steuerlicher Sicht ist in diesem Zusammenhang auf einen Erlass der Finanzverwaltung, das BMF-Schreiben v. 26.11.1990 (*IV B 2 – S. 2176 – 60/90, BetrAV 1990, 266*), hinzuweisen, wonach **Pensionsrückstellungen** gem. § 6a EStG für Witwerrenten nur dann steuerlich anerkannt werden, wenn die Witwerrente in der Versorgungsordnung ausdrücklich als Versorgungsleistung erteilt ist. Auch hier ist das **Schriftformerfordernis** somit zwingende Voraussetzung für die steuerliche Anerkennung der Pensionsrückstellungen. Allein die arbeitsrechtliche Verpflichtung nach dem Witwerrenten-Urteil des BAG und der insoweit zugrunde liegende Gleichbehandlungsgrundsatz reichen nicht als Rechtsgrundlage für eine entsprechende Rückstellungsbildung aus. In einem ergänzenden Schreiben v. 13.12.1990 (*IV B 2 – S. 2176 – 67/90, BetrAV 1991, 17*) hat der BMF unter Vereinfachungsaspekten anerkannt, dass die Schriftform hinsichtlich der Einführung der Witwerrenten bei weiblichen Ausgeschiedenen und Rentnerinnen auch dann gewahrt ist, wenn eine entsprechende Vereinbarung für die aktive Belegschaft getroffen worden ist (*vgl. hierzu auch Langohr-Plato, MDR 1992, 839*).

c) Unterschiedliche Altersgrenzen

1387 In seiner für die Altersgrenzenproblematik grds. Entscheidung im »Barber-Urteil« (*EuGH, 17.05.1990 – Rs. C-262/88, DB 1990, 1824 = NZA 1990, 775 = NJW 1991, 2204*) hat der EuGH zunächst nochmals ausdrücklich bestätigt, dass die aufgrund eines privaten Betriebsrentensystems gezahlten Renten in den Anwendungsbereich des **Art. 141 EG-Vertrag** fallen. Dies gilt auch für solche Versorgungssysteme, die – wie in Deutschland – ihre Leistungen als Ergänzung zur gesetzlichen Sozialversicherung und unter den entsprechenden Leistungsvoraussetzungen wie die gesetzliche Rentenversicherung erbringen (*EuGH, 14.12.1993 – Rs. C-110/91 [Moroni], DB 1994, 228 = NJW 1994, 645 = NZA 1994, 165*).

Nach dieser Vorschrift ist jegliche **Diskriminierung** zwischen Männern und Frauen hinsichtlich des **Arbeitsentgelts unzulässig.** 1388

In der konkreten Entscheidung hatte der EuGH zu beurteilen, ob dieses Diskriminierungsverbot auch auf **unterschiedliche Bezugszeitpunkte** für betriebliche Versorgungsleistungen anzuwenden ist. Diese Frage hat der EuGH eindeutig dahin gehend beantwortet, dass ein Verstoß gegen Art. 141 EG-Vertrag auch dann vorliegt, wenn für eine betriebliche Versorgungsleistung **eine nach dem Geschlecht unterschiedliche Altersvoraussetzung** in der betrieblichen Versorgungsordnung definiert ist, und zwar **unabhängig davon**, ob ein derartiges unterschiedliches Rentenalter für Männer und Frauen dem jeweiligen **nationalen gesetzlichen Altersrentensystem** entspricht. 1389

Versorgungsordnungen, die unterschiedliche feste Altersgrenzen für Männer (65 Jahre) und Frauen (60 Jahre) vorsehen, verstoßen somit gegen Art. 141 EG-Vertrag (*vgl. auch BAG, 18.03.1997 – 3 AZR 759/95, DB 1997, 1475; BAG, 03.06.1997 – 3 AZR 910/95, BB 1997, 1694 = DB 1997, 1778*). Das hat zur Konsequenz, dass der insoweit diskriminierte männliche Mitarbeiter entgegen der Versorgungsordnung seine betriebliche Altersversorgung bereits ab Vollendung des 60. Lebensjahres **unter den gleichen Voraussetzungen** und **Bedingungen** beanspruchen und einklagen kann, wie sie den Frauen gewährt werden. Da die Frauen regelmäßig ihre Rente im Alter 60 **ohne Kürzung durch einen versicherungsmathematischen Abschlag** erhalten, bedeutet das Barber-Urteil nichts weiter, als dass auch die Männer mit Vollendung des 60. Lebensjahres eine **ungekürzte Altersrente** beanspruchen können (*vgl. auch BAG, 03.06.1997 – 3 AZR 910/95, BB 1997, 1694 = DB 1997, 1778; Hanau/Preis, DB 1991, 1276, 1279; Langohr-Plato, MDR 1992, 840*). 1390

Selbst in den Fällen, in denen die Versorgungsordnung als zusätzliche Voraussetzung die Inanspruchnahme der gesetzlichen Altersrente vorsieht, besteht vor dem Hintergrund der im Rentenreformgesetz 1992 vorgesehenen Übergangsregelungen bis zur endgültigen Vereinheitlichung der Regelaltersgrenze 65 im Jahr 2012 und der sich daraus noch auf Jahre hinausziehenden unterschiedlichen Rentenbezugszeitpunkte für Männer und Frauen ein akuter Handlungsbedarf, da der EuGH ausdrücklich aus der Existenz unterschiedlicher Altersgrenzen in der gesetzlichen Rentenversicherung nicht die Berechtigung unterschiedlicher Altersgrenzen in betrieblichen Versorgungssystemen folgert. Zwar hat das BAG insoweit entschieden, dass Versorgungsordnungen mit unterschiedlichen Rentenzugangsaltern für Männer und Frauen zurzeit noch nicht gegen Art. 3 Abs. 3 GG verstoßen. Vielmehr dürfen nach Art. 3 Abs. 2 GG für eine **Übergangszeit** die bisher für Frauen bestehenden Nachteile in der beruflichen Entwicklung durch die Festsetzung eines früheren Rentenalters ausgeglichen werden (*vgl. BAG, 18.03.1997 – 3 AZR 759/95, DB 1997, 1475; BAG, 03.06.1997 – 3 AZR 910/95, BB 1997, 1694 = DB 1997, 1778*). Das BAG hat aber auch deutlich gemacht, dass Art. 3 GG durch die **übergeordnete Vorschrift** des Art. 141 EG-Vertrag verdrängt wird. Das gilt sowohl für die Berechnung einer Invalidenrente, die nach einer fiktiven Altersrente zu berechnen ist, als auch für die Berechnung des Unverfallbarkeitsfaktors nach § 2 Abs. 1 BetrAVG, jedoch auch nach der Rechtsprechung des BAG nur für die nach dem 17.05.1990 zurückgelegten Dienstzeiten (*BAG, 03.06.1997 – 3 AZR 910/95, BB 1997, 1694 = DB 1997, 1778*). 1391

Hinsichtlich möglicher Lösungsansätze für diese Problematik ist zunächst einmal festzustellen, dass der EuGH eine **unbeschränkte Rückwirkung** seiner Entscheidung nicht judiziert hat. Vielmehr wirkt sich die Entscheidung aus Gründen der **Rechtssicherheit** und des **finanziellen Gleichgewichts** privater Betriebsrentensysteme grds. nur für **zukünftige Dienstzeiten**, d. h. für nach der Verkündung des EuGH-Urteils im Fall Barber vom **17.05.1990** abgeleisteten Dienstzeiten aus (*EuGH, 06.10.1993 – Rs. C– 109/91 [Ten Oever], BB 1993, 2132 = DB 1993, 2132 = NZA 1993, 1125; EuGH, 14.12.1993 – Rs. C-110/91 [Moroni], DB 1994, 228 = NZA 1994, 165 = NJW 1994, 645; vgl. auch Langohr-Plato, EuZW 1995, 241 f.; Langohr-Plato, MDR 1995, 650 f.*). 1392

Zwar gilt der europäische Lohngleichheitsgrundsatz seit der Existenz von Art. 141 EG-Vertrag und damit seit dem 25.03.1957. Da der **Grundsatz des Vertrauensschutzes** aber ebenfalls und zwar sowohl im nationalen Recht als auch im Recht der Europäischen Gemeinschaft als allgemeiner Rechtsgrundsatz anerkannt ist, stellte sich für den EuGH zwingend die Frage nach einer zeitlichen 1393

Begrenzung seiner Rechtsprechung. Fakt ist zunächst einmal, dass die Anpassung von Versorgungsregelungen, die bislang auf unterschiedlichen Altersgrenzen basieren, wirtschaftliche wie rechtliche Probleme aufwirft. Fakt ist aber auch, dass die bislang praktizierte Ungleichbehandlung sich an entsprechenden gesetzlichen Normen der gesetzlichen Rentenversicherung orientiert hat, auf deren rechtlichen Bestand auch im Arbeitsrecht bislang jeder vertraut hat. Neue Rechtsentwicklungen sollten daher nur mit Wirkung **für die Zukunft** Anwendung finden (*so auch Hanau/Preis, DB 1991, 1280 ff.*). Dies hat der EuGH so auch in verschiedenen Folgeverfahren bestätigt (*vgl. u. a. EuGH, 06.10.1993 – Rs. C-109/91 [Ten Oever], BB 1993, 2132 = DB 1993, 2132 = NZA 1993, 1125; EuGH, 14.12.1993 – Rs. C-110/91 [Moroni], DB 1994, 228 = NZA 1994, 165 = NJW 1994, 645*).

1394 Insoweit besteht der EuGH allerdings dann auf einer **unverzüglichen, unbedingten** und **vollständigen Umsetzung** des Lohngleichheitsgebots und **lehnt** jegliche weiter gehenden **Übergangsregelungen** ausdrücklich **ab** (*EuGH, 28.09.1994 – Rs. C-408/92 [Smith], BB 1994, 2139 = DB 1994, 2086 = NJW 1995, 123 = NZA 1994, 1126; EuGH, 28.09.1994 – Rs. C-200/91 [Coloroll], DB 1994, 2091 = NJW 1995, 117 = NZA 1994, 1073; EuGH, 28.09.1994 – Rs. C-28/93 [Van der Akker], DB 1994, 2088 = BetrAV 1994, 257*). Damit wird auch einer möglichen Anpassung der Altersgrenzen an die Übergangsregelung in der gesetzlichen Rentenversicherung entsprechend der Altersgrenzenanhebung im **Rentenreformgesetz 1992** eindeutig eine Absage erteilt (*so auch Langohr-Plato, EuZW 1995, 242*).

1395 Betriebliche Versorgungsordnungen müssen somit für Dienstzeiten ab dem 17.05.1990 eine für männliche und weibliche Mitarbeiter **einheitliche Altersgrenze** vorsehen. Die Heraufsetzung des Rentenbezugsalters für Frauen auf das Endalter 65 ist allerdings für diese im Allgemeinen eine verschlechternde Regelung, die nach der Rechtsprechung des BAG zur verschlechternden Neuordnung von Betriebsrentensystemen (*BAG, 17.03.87 – 3 AZR 64/84, BB 1987, 1673 = DB 1987, 1639 = NZA 1987, 855*) nur in wenigen Ausnahmefällen und dann auch nur unter den besonderen Voraussetzungen nach der Rechtsprechung zur sog. 3-Stufen-Theorie (*vgl. hierzu auch Hanau/Preis, RdA 1988, 69 ff.; Langohr-Plato, MDR 1994, 853, 854 ff. sowie die Ausführungen unter Rdn. 1580 ff.*) zulässig wäre. Gleichwohl sollte eine entsprechende Heraufsetzung des Rentenbezugsalters für Frauen auf das 65. Lebensjahr das Ziel jeglicher Änderungsvorschläge sein. Ob dieses Ziel im Einzelfall de facto auch erreichbar ist, hängt von der jeweiligen Gestaltung des Versorgungswerkes ab; **Musterlösungen**, die für jedes oder zumindest für eine Vielzahl von Versorgungswerken zutreffen, **gibt es nicht**. Vielmehr muss anhand der individuellen Versorgungsordnung geprüft werden, ob hierzu ein entsprechender Handlungsspielraum besteht.

1396 Dabei ist allerdings zu berücksichtigen, dass man in der Praxis eine Vielzahl unterschiedlichster Gestaltungsmöglichkeiten vorfindet, die nicht nur einen ebensolchen unterschiedlichen Handlungsbedarf erfordern, sondern bei denen auch durch die individuelle Problemstellung unterschiedlich hohe Schwierigkeitsgrade zu bewältigen sind.

1397 Als Beispiel sei hier eine Versorgungsordnung angeführt, die auf einem **dienstzeitabhängigen Versorgungssystem** beruht und die für die vorgezogene Inanspruchnahme der Altersrente **keine versicherungsmathematischen Abschläge** vorsieht. Hier würde die Hinausschiebung des Rentenbezugszeitpunktes zugleich durch die Anrechnung weiterer Dienstjahre zu einer Erhöhung der Rentenanwartschaft und damit auch zu einer Besserstellung der weiblichen Mitarbeiter führen. Soweit bei einer vorgezogenen Inanspruchnahme der Altersrente eine m/n-tel-Kürzung zu einem geringeren Rentenwert als die Inanspruchnahme einer Vollrente im Alter 60 führen würde, ließe sich eine solche Benachteiligung durch Übergangsregelungen bzw. Einzelfallregelungen (Härtefall) auffangen.

1398 Sind dagegen – und das wäre das andere Extrem – **gehaltsabhängige Versorgungsleistungen** verbunden **mit** auf die erreichte Rente abgestellten **versicherungsmathematischen Abschlägen** für die Inanspruchnahme vorgezogener Altersrenten zugesagt, so führt eine Heraufsetzung des Rentenbezugsalters für Frauen stets zu einer Verschlechterung für die weiblichen Mitarbeiter. D. h., gerade die vor Jahren allseits geforderte Einführung der versicherungsmathematischen Abschläge wird nunmehr

I. Gleichbehandlungsgrundsatz und betriebliche Altersversorgung C.

zum Bumerang bzw. zum eigentlichen Problem der Aufarbeitung bisher unterschiedlicher Altersgrenzen. Ebenso problematisch ist eine Festrentenzusage oder auch eine dynamische aber auf z. B. 30 anrechnungsfähige Dienstjahre limitierte Zusage, die bei einer Verlängerung der Lebensarbeitszeit keine Steigerung der Versorgungsanwartschaft mehr zulässt. Auch hier würde eine Heraufsetzung der Altersgrenze zu einem unmittelbaren Verlust für die weiblichen Mitarbeiter führen.

Für die **Ermittlung** der zukünftigen **Versorgungsleistungen** sowie für unverfallbare **Anwartschaften** ergibt sich in diesen Fällen somit ein sehr komplexes, nach den einzelnen Beschäftigungszeiträumen zu differenzierendes **Berechnungsverfahren**: 1399

– Für **Dienstzeiten bis zum 17.05.1990** ist der Anwartschaftswert entsprechend der ratierlichen Berechnungsmethode gem. § 2 BetrAVG auf der Basis der bis dahin geltenden unterschiedlichen Altersgrenzen zu ermitteln.
– Für **Dienstzeiten zwischen dem 17.05.1990 und einer** später erfolgten **Vereinheitlichung der Altersgrenzen** wird der Anwartschaftswert entsprechend der ratierlichen Berechnungsmethode gem. § 2 BetrAVG auf der Basis des günstigeren Endalters für i. d. R. weibliche Mitarbeiter und damit ohne versicherungsmathematische Abschläge berechnet.
– Für **Dienstzeiten nach der Vereinheitlichung der Altersgrenzen** wird der Anwartschaftswert entsprechend der ratierlichen Berechnungsmethode gem. § 2 BetrAVG auf der Basis des nunmehr einheitlichen Endalters berechnet.

Die **Addition** sämtlicher Anwartschaftswerte ergibt dann die **Gesamtanwartschaft**, die als Rente auszuzahlen bzw. als unverfallbare Versorgungsanwartschaft aufrechtzuerhalten ist. Hinsichtlich deren **Fälligkeit** ist zu beachten, dass die einzelnen Teilbeträge jeweils entsprechend dem für ihre Berechnung maßgeblichen Rentenalter und damit ggf. zu **unterschiedlichen Zeitpunkten** fällig werden. 1400

Dasselbe gilt, wenn die betriebliche Versorgungsordnung zwar dasselbe Rentenzugangsalter für Männer und Frauen festlegt, für den Fall der vorgezogenen Inanspruchnahme der Betriebsrente vor Erreichen dieser festen Altersgrenze aber für Frauen niedrigere – versicherungsmathematische – Abschläge als für Männer vorsieht (*BAG, 23.09.2003 – 3 AZR 304/02, BAG-Datenbank*). 1401

So wie es vorübergehend nicht gegen Diskriminierungsverbote verstößt, für Frauen ein früheres Renteneintrittsalter als für Männer vorzusehen, ist es nach Ansicht des BAG auch statthaft, den früheren Rentenzugang für Frauen durch niedrigere Abschläge in geringerem Umfang zu erschweren als bei Männern, soweit sich diese Ungleichbehandlung entsprechend den Vorgaben des EuGH nur auf die Beschäftigungszeiten bis zum 17.05.1990 beschränkt (*BAG, 23.09.2003 – 3 AZR 304/02, BAGE 107, 358 – 369 = DB 2004, 2645 f.*). 1402

Sofern bei der Überprüfung einer Versorgungsordnung, z. B. im Rahmen einer Neuordnung, eine bestehende Ungleichbehandlung beseitigt werden soll, ist zur Vermeidung unnötiger Kosten für den Arbeitgeber zu überprüfen, ob die Verletzung der Gleichbehandlungspflicht ggf. nur eine begrenzte Rückwirkung hat. Ist dies der Fall, kann durch eine nur »teilweise« Beseitigung der Ungleichbehandlung bzw. Diskriminierung der Aufwand des Arbeitgebers auf das Notwendige begrenzt werden. 1403

▶ Hinweis: 1404

> Zu beachten ist dabei, dass die Rechtsprechung hinsichtlich der Rückwirkung bei der Verletzung der Gleichbehandlungspflicht je nach den Einzelheiten des konkreten Falls zu unterschiedlichen Ergebnissen kommt. Diese können von einer unbegrenzten Rückwirkung bis zu einer Rückwirkung zu bestimmten Daten wie z. B. 08.04.1976 (*EuGH-Urt. in Sachen Defrenne II – Rs. C-43/75, Slg. 1976, 455*) oder 17.05.1990 (*EuGH-Urt. in Sachen Barber – Rs. C-262/88, DB 1990, 1824 = NZA 1990, 775 = NJW 1991, 2204*) reichen. Überdies ist zu beachten, dass die Frage der Rückwirkung noch nicht die Frage nach der Verjährung von Ansprüchen auf Leistungen der betrieblichen Altersversorgung beantwortet.

C. Spezialfragen

d) Einbeziehung geringfügig und/oder befristet beschäftigter Arbeitnehmer

1405 Bei der Erstellung von arbeitgeberfinanzierten Versorgungsordnungen besteht vielfach der Wunsch, den Kreis der Versorgungsberechtigten möglichst weit einzuschränken. Zulässigerweise dürfen Mitarbeiter, die in einem gekündigten Arbeitsverhältnis stehen, ausgeschlossen werden. Fraglich ist, ob auch Personen, die als Aushilfe tätig sind, ausgeschlossen werden können. Üblicherweise geschieht dies.

1406 Noch nicht abschließend geklärt ist die Behandlung **geringfügig beschäftigter Arbeitnehmer**, bei denen nach § 8 SGB IV **keine gesetzliche Versicherungspflicht** besteht (*vgl. auch Doetsch, BetrAV 1997, 28*). Lediglich für den Bereich des öffentlichen Dienstes hat das BAG entschieden, dass der Ausschluss geringfügig Beschäftigter i. S. v. § 8 SGB IV von der Zusatzversorgung im Hinblick auf die bei **Gesamtversorgungssystemen** übliche Verzahnung der Leistungsvoraussetzungen mit den sozialversicherungsrechtlichen Rahmenbedingungen zulässig ist (*BAG, 27.02.1996 – 3 AZR 886/94, BB 1996, 1561 = DB 1996, 1827 = NZA 1996, 992; BAG, 12.03.1996 – 3 AZR 993/94, DB 1996, 2085 = NZA 1996, 939*).

1407 Hinsichtlich einer Übertragung dieser Rechtsprechung auf den privatwirtschaftlichen Bereich wird man allerdings berücksichtigen müssen, dass die Rechtsprechung die jeweiligen Regelungen in der nationalen gesetzlichen Rentenversicherung in Bezug auf betriebsrentenrechtliche Rahmenbedingungen sowohl bei der Einführung der Witwerrente als auch im Zusammenhang mit der Vereinheitlichung der Altersgrenzen ausdrücklich nicht als berücksichtigungsfähig bewertet hat (*vgl. u. a. EuGH, 17.05.1990 – Rs. C 262/88 [Barber], DB 1990, 1824 = NJW 1991, 2204 = NZA 1990, 775*), sodass die sozialversicherungsrechtliche Behandlung dieser Personengruppe zumindest in solchen Versorgungssystemen allein nicht maßgeblich sein kann, denen kein Gesamtversorgungssystem zugrunde liegt (*vgl. auch Förster/Cisch/Karst, BetrAVG, § 1 Anm. 151 f.; Doetsch, BetrAV 1997, 28*).

1408 Ergibt sich durch **Zusammenrechnung verschiedener geringfügiger Beschäftigungsverhältnisse** gem. § 8 Abs. 2 SGB IV eine **Versicherungspflicht** in der gesetzlichen Rentenversicherung, so ist der Arbeitnehmer in jedem Fall in das betriebliche Versorgungswerk zu integrieren (*BAG, 16.03.1993 – 3 AZR 389/92, BB 1993, 1738 = DB 1993, 1927 = NZA 1993, 942; BAG, 07.03.1995 – 3 AZR 282/94, BB 1995, 2217 = DB 1995, 2020 = RdA 1955, 377; BAG, 16.01.1996 – 3 AZR 767/94, BB 1996, 1225 = DB 1996, 939 = NJW 1996, 2052*). Ist dies satzungsrechtlich nicht möglich, haftet auch hier der Arbeitgeber **unmittelbar** für die Erfüllung der aus dem Gleichbehandlungsgrundsatz abgeleiteten Versorgungsverpflichtung (*BAG, 07.03.1995 – 3 AZR 282/94, BB 1995, 2217 = DB 1995, 2020 = RdA 1995, 377*).

1409 Soweit der geringfügig beschäftigte Arbeitnehmer sozialversicherungspflichtig ist, kann ihm der nach § 1a BetrAVG bestehende Rechtsanspruch auf Entgeltumwandlung nicht versagt werden.

1410 Gegen den generellen Ausschluss von geringfügig Beschäftigten mit einem regelmäßigen Arbeitsentgelt von weniger als 400,00 € bestehen zudem insb. seit Inkrafttreten des Teilzeit- und Befristungsgesetzes am 01.01.2001 Bedenken (*vgl. auch Höfer, BetrAVG, Bd. I [ArbR], ART Rn. 702*). Damit stellt sich die Frage, wie die o. g. geringfügigen Beschäftigungen von Aushilfstätigkeiten abzugrenzen sind.

aa) Geringfügige Beschäftigung nach § 8 Abs. 1 Nr. 1 und Nr. 2 SGB IV

1411 Das Sozialversicherungsrecht regelt in § 8 SGB IV die geringfügige Beschäftigung, die alternativ als geringfügig entlohnte oder kurzfristige Beschäftigung wie folgt ausgestaltet werden kann:
– Beschäftigungen mit einem regelmäßigen Arbeitsentgelt von weniger als 400,00 €: sog. **geringfügig entlohnte Beschäftigung** (§ 8 Abs. 1 Nr. 1 SGB IV),
– zeit- oder zweckbefristete Beschäftigungen für max. 2 Monate bzw. 50 Arbeitstage innerhalb eines Jahres, es sei denn die Beschäftigung wird berufsmäßig ausgeübt und ihr Entgelt beträgt mehr als 400,00 € im Monat: sog. **kurzfristige Beschäftigung oder Aushilfstätigkeit** (§ 8 Abs. 1 Nr. 2 SGB IV).

I. Gleichbehandlungsgrundsatz und betriebliche Altersversorgung   C.

Eine **berufsmäßige Beschäftigung** und damit keine kurzfristige Aushilfstätigkeit liegt vor, wenn die Beschäftigung bspw. zur Überbrückung der Zeit bis zur Begründung einer dauerhaften Beschäftigung ausgeübt wird. Aushilfstätigkeiten von Schülern, Studenten während der Semesterferien, Rentnern und Hausfrauen werden i. d. R. nicht berufsmäßig ausgeübt. 1412

In beiden Fällen der geringfügigen Beschäftigung nach § 8 Abs. 1 Nr. 1 oder Nr. 2 SGB IV besteht **Versicherungsfreiheit** in der Kranken-, Pflege-, Renten- und Arbeitslosenversicherung, § 7 SGB V, § 5 Abs. 2 SGB VI, § 27 Abs. 2 SGB III. Nur bei einer geringfügig entlohnten Beschäftigung nach § 8 Abs. 1 Nr. 1 SGB IV kann der Arbeitnehmer allerdings auf die Versicherungsfreiheit in der gesetzlichen Rentenversicherung nach § 5 Abs. 2 Satz 2 SGB VI verzichten. 1413

Trotz Versicherungsfreiheit hat der Arbeitgeber für geringfügig entlohnte Beschäftigte nach § 8 Abs. 1 Nr. 1 SGB IV einen Beitrag von 11 % des Arbeitentgelts an die Krankenversicherung (§§ 249, 249b SGB V) und i. H. v. 12 % an die Rentenversicherung (§ 172 Abs. 3 SGB VI) zu zahlen. Die Beitragspflicht gilt also nicht für kurzfristig beschäftigte Aushilfen nach § 8 Abs. 1 Nr. 2 SGB IV. Soweit der geringfügig entlohnte Beschäftigte auf die **Versicherungsfreiheit verzichtet**, beträgt der Arbeitgeberanteil zur Rentenversicherung weiterhin 12 %; der Arbeitnehmeranteil entspricht der Differenz von 12 % zum aktuellen vollen Beitragssatz, § 168 Abs. 1 Nr. 1 Buchst. a) SGB VI. 1414

bb) Ausschluss von geringfügig entlohnten Beschäftigten nach § 8 Abs. 1 Nr. 1 SGB IV

Unstreitig können geringfügig entlohnte Beschäftigte, die auf ihre Versicherungsfreiheit in der Rentenversicherung nach § 5 Abs. 2 Satz 2 SGB VI verzichtet haben, nicht vom Teilnehmerkreis einer Versorgungsordnung ausgeschlossen werden (*Höfer*, BetrAVG, Bd. I [ArbR], ART Rn. 702). Dies gilt auch für den Anspruch auf Entgeltumwandlung nach § 1a BetrAVG, soweit der geringfügig entlohnte Arbeitnehmer versicherungspflichtig ist. 1415

Noch nicht abschließend geklärt ist die Behandlung von geringfügig entlohnten Beschäftigten, bei denen **keine gesetzliche Versicherungspflicht** besteht. 1416

Nach § 2 Abs. 2 TzBfG ist auch ein Arbeitnehmer teilzeitbeschäftigt, der eine geringfügig entlohnte Beschäftigung nach § 8 Abs. 1 Nr. 1 SGB IV ausübt. Das TzBfG differenziert damit nicht zwischen versicherungspflichtigen und versicherungsfreien kurzzeitig geringfügig entlohnten Beschäftigten. Ein teilzeitbeschäftigter Arbeitnehmer darf sodann nach § 4 Abs. 1 Satz 1 TzBfG wegen der Teilzeitarbeit nicht schlechter behandelt werden als ein vergleichbarer vollzeitbeschäftigter Arbeitnehmer, es sei denn, dass **sachliche Gründe** eine unterschiedliche Behandlung rechtfertigen. Dabei ist nach § 4 Abs. 1 Satz 2 TzBfG einem teilzeitbeschäftigten Arbeitnehmer Arbeitsentgelt oder eine andere teilbare geldwerte Leistung mindestens in dem Umfang zu gewähren, der dem Anteil seiner Arbeitszeit an der Arbeitszeit eines vergleichbaren vollzeitbeschäftigten Arbeitnehmers entspricht. 1417

Mithin ist kein sachlicher Grund erkennbar, der einen Ausschluss von versicherungsfreien geringfügig entlohnten Beschäftigten nach § 8 Abs. 1 Nr. 1 SGB IV von der betrieblichen Altersversorgung rechtfertigen würde. Insb. ist der vom BAG für den Bereich des öffentlichen Dienstes vorgetragene »Erst-Recht-Schluss«, dass ein versicherungsfrei geringfügig entlohnter Beschäftigter keinen Anspruch auf die Zusatzrente habe, da er auch keine Sozialversicherungsrente fordern könne (*BAG, 27.02.1996 – 3 AZR 886/94, BB 1996, 1561*), allenfalls im Rahmen eines Gesamtversorgungssystems, nicht aber für den privatwirtschaftlichen Bereich plausibel. 1418

cc) Ausschluss von kurzfristig geringfügig Beschäftigten nach § 8 Abs. 1 Nr. 2 SGB IV

Bei einem Ausschluss von Aushilfen aus dem Teilnehmerkreis einer arbeitgeberfinanzierten Versorgungsordnung ist zu beachten, dass befristet beschäftigte Arbeitnehmer nach § 4 TzBfG nicht diskriminiert werden dürfen, es sei denn die Ungleichbehandlung im Vergleich zu unbefristet Beschäftigten ist durch sachliche Gründe gerechtfertigt. Aus dem Umstand, dass nach § 14 Abs. 2 TzBfG bereits eine kalendermäßige Befristung von bis zu 2 Jahren auch ohne sachlichen Grund 1419 gerechtfertigt ist, folgert Höfer, dass für eine Ungleichbehandlung bei Befristungen bis zu zwei Jahren kein sachlicher Grund vorliegen müsse (*Höfer, BetrAVG, Bd. I [ArbR], ART Rn. 716*).

1420 Dieser Erst-Recht-Schluss würde jedoch im Ergebnis jede Form der Ungleichbehandlung rechtfertigen, was dem allgemeinen arbeitsrechtlichen Gleichbehandlungsgrundsatz widerspricht. Im Hinblick auf die gesetzlichen Unverfallbarkeitsfristen des BetrAVG sowie den bei Aushilfen zu vernachlässigenden Aspekt der Betriebstreue verstößt ein Ausschluss von kurzfristig beschäftigten Aushilfen von der betrieblichen Altersversorgung somit nicht gegen das Diskriminierungsverbot des § 4 TzBfG. Hinzu kommt, dass für Aushilfen – wie oben unter Rdn. 1413 dargestellt – nicht die Möglichkeit existiert, auf die Versicherungsfreiheit in der Rentenversicherung zu verzichten, sodass bei einem Ausschluss von Aushilfen nur die Wertungen der Sozialversicherung nachvollzogen werden.

1421 ▶ Hinweis:

Im Ergebnis empfiehlt es sich daher, geringfügig entlohnte Beschäftigte nach § 8 Abs. 1 Nr. 1 SGB IV unabhängig von der Frage, ob sie auf die Versicherungsfreiheit verzichtet haben, in den Teilnehmerkreis der Versorgungsberechtigten einzubeziehen.

1422 Der **Ausschluss** von kurzfristig geringfügig beschäftigten Aushilfen nach § 8 Abs. 1 Nr. 2 SGB IV von der Teilnahme an einer arbeitgeberfinanzierten betrieblichen Altersversorgung ist dagegen **zulässig**.

dd) Ausschluss von befristet Beschäftigten

1423 Ein Ausschluss befristet beschäftigter Arbeitnehmer ist nach dem Diskriminierungsverbot aus § 4 Abs. 2 TzBfG vom 01.01.2001 unzulässig (*Blomeyer/Rolfs/Otto, Anh. § 1 Rdn. 59*). § 4 Abs. 2 TzBfG hat folgenden Wortlaut:

»Ein befristet beschäftigter Arbeitnehmer darf wegen der Befristung des Arbeitsvertrages nicht schlechter behandelt werden als ein vergleichbarer unbefristet beschäftigter Arbeitnehmer, es sei denn, dass sachliche Gründe eine unterschiedliche Behandlung rechtfertigen. Einem befristet beschäftigten Arbeitnehmer ist Arbeitsentgelt oder eine andere teilbare geldwerte Leistung, die für einen bestimmten Bemessungszeitraum gewährt wird, mindestens in dem Umfang zu gewähren, der dem Anteil seiner Beschäftigungsdauer am Bemessungszeitraum entspricht. Sind bestimmte Beschäftigungsbedingungen von der Dauer des Bestehens des Arbeitsverhältnisses in demselben Betrieb oder Unternehmen abhängig, so sind für befristet beschäftigte Arbeitnehmer dieselben Zeiten zu berücksichtigen wie für unbefristet beschäftigte Arbeitnehmer, es sei denn, dass eine unterschiedliche Berücksichtigung aus sachlichen Gründen gerechtfertigt ist.«

1424 Wie bereits oben unter Rdn. 1419 bei der Frage des Ausschlusses von befristet beschäftigten Aushilfen folgert Höfer aus dem Umstand, dass nach § 14 Abs. 2 TzBfG bereits eine kalendermäßige Befristung von bis zu zwei Jahren auch ohne sachlichen Grund gerechtfertigt ist, dass für eine Ungleichbehandlung bei Befristungen bis zu zwei Jahren kein sachlicher Grund vorliegen müsse (*Höfer, BetrAVG, Bd. I [ArbR], ART Rn. 716*). Dieser Erst-Recht-Schluss würde jedoch im Ergebnis jede Form der Ungleichbehandlung rechtfertigen und widerspricht damit dem allgemeinen arbeitsrechtlichen Gleichbehandlungsgrundsatz.

1425 Soweit zum Mitarbeiterkreis Personen gehören, die für eine geringere Dauer als die Unverfallbarkeitsfrist von fünf Jahren befristet eingestellt werden, ist die Vereinbarung einer Wartezeit von bis zu fünf Jahren empfehlenswert. Ein Verstoß gegen den Gleichbehandlungsgrundsatz liegt dabei nicht vor, da von der Wartefrist befristet wie unbefristet beschäftigte Mitarbeiter gleichermaßen betroffen sind.

1426 Ein **Ausschluss** befristet Beschäftigter aus einer arbeitgeberfinanzierten Versorgungsordnung ist damit **unzulässig** (*Blomeyer/Rolfs/Otto, Anh. § 1 Rdn. 59*).

e) Ausschließliche Versorgung leitender Mitarbeiter

Eine Versorgungsordnung, die ausschließlich für Mitarbeiter in leitender Position gilt, verstößt nicht gegen den Gleichbehandlungsgrundsatz. Sie verletzt weder das verfassungsrechtliche Gleichberechtigungsprinzip noch das europarechtliche Lohngleichheitsgebot aus Art. 141 EG-Vertrag. Dies gilt auch dann, wenn sie unverhältnismäßig mehr Männer als Frauen begünstigt, weil Frauen nur in geringer Anzahl als Führungskräfte im Unternehmen vertreten sind. Insoweit steht es dem Arbeitgeber frei, anhand objektiver Kriterien den von den betrieblichen Versorgungsleistungen begünstigten Mitarbeiterkreis zu bestimmen (*BAG, 11.11.1986 – 3 ABR 74/85, BB 1987, 1116 = DB 1987, 994 = NZA 1987, 449; Förster/Cisch/Karst, BetrAVG, § 1 Anm. 121 f.*). 1427

f) Gleichbehandlung von Arbeitern und Angestellten

Der arbeitsrechtliche Gleichbehandlungsgrundsatz verbietet dem Arbeitgeber, seine Arbeitnehmer oder Gruppen seiner Arbeitnehmer, die sich in einer vergleichbaren Lage befinden, ungleich zu behandeln. Insoweit ist nicht nur die willkürliche Schlechterstellung einzelner Mitarbeiter innerhalb einer Arbeitnehmergruppe, sondern auch eine **sachfremde Gruppenbildung** gleichheitswidrig (*vgl. u. a. BAG, 27.07.1988 – 5 AZR 244/87, BB 1988, 2178 = ArbuR 1988, 384; BAG, 12.11.1991 – 3 AZR 489/90, DB 1992, 1432 = BB 1992, 1358 = NZA 1992, 837; BAG, 17.02.1998 – 3 AZR 587/96, BAGE 88, 32 = DB 1998, 1239 = BB 1998, 1267 = NZA 1998, 782 = ZIP 1998, 1449 = BetrAV 1998, 216 = VersR 1998, 1445; Förster/Cisch/Karst, § 1 Rn. 156; Kemper, in: Kemper/Kisters-Kölkes/Berenz/Huber, § 1 Rn. 181*). 1428

Nach der ständigen Rechtsprechung des BAG darf der Arbeitgeber in einer betrieblichen Versorgungsregelung bei einem typischerweise unterschiedlichen Versorgungsbedarf zwar einzelne Arbeitnehmergruppen ungleich behandeln. Der Arbeitgeber kann deshalb eine Arbeitnehmergruppe von der betrieblichen Altersversorgung ausschließen, die ein erheblich höheres Einkommen als die in das Versorgungswerk einbezogene Gruppe erzielt (*vgl. nur BAG, 09.12.1997 – 3 AZR 66/96, NZA 1997, 1294 = DB 1997, 2627*). Der Gleichbehandlungsgrundsatz verbietet es allerdings dem Arbeitgeber, sachfremde Unterscheidungen zwischen Arbeitnehmern in vergleichbarer Lage vorzunehmen (*BAG, 25.02.1999 – 3 AZR 113/97, BAGE 91, 73*). Für die vorgenommene Abgrenzung der verschiedenen Gruppen muss es billigenswerte Gründe geben (*BAG, 10.12.2002 – 3 AZR 3/02, BAGE 104, 205 = DB 2003, 2018 = BetrAV 2003, 554 = NZA 2004, 321 mit weiteren Hinweisen auf die Rspr.*). 1429

Billigenswert sind dabei nur solche **Differenzierungsgründe**, die unter Berücksichtigung der Besonderheiten der jeweiligen Leistung auf vernünftigen, einleuchtenden Erwägungen beruhen und gegen keine verfassungsrechtlichen oder sonstigen übergeordneten Wertentscheidungen verstoßen.

Eine **Ungleichbehandlung von Arbeitern und Angestellten** in der betrieblichen Altersversorgung, die ausschließlich und allein mit ihrem verschiedenen Status begründet wird, ist daher im Hinblick auf die Tatsache, dass auch in anderen Rechtsfragen (Urlaub, Kündigungsfristen, Gratifikationen, Lohnfortzahlung im Krankheitsfall) diese beiden Gruppen gleichbehandelt werden müssen (*grundlegend hierzu BVerfG, 16.11.1982 – 1 BvL 16/75 und 1 BvL 36/79, BVerfGE 62, 256 und BVerfG, 30.05.1990 – 1 BvL 2/83, BVerfGE 82, 126*), auch bei der Gewährung betrieblicher Versorgungsleistungen nicht zulässig (*Förster/Cisch/Karst, BetrAVG, § 1 Anm. 156ff.; Doetsch, BetrAV 1997, 28; Höfer, BetrAVG, Bd. I [ArbR], ART Rn. 685 f.*). 1430

Zwar kann der Arbeitgeber durchaus mit sachlichen Gründen unterschiedliche Arbeitnehmergruppen unterschiedlich behandeln. Hierbei können z. B. die unterschiedliche Mobilität oder der häufigere bzw. einfachere Wechsel bestimmter Arbeitnehmergruppen ebenso wie die leichtere Neubeschäftigung im Grundsatz geeignet sein, einen billigenswerten Grund für eine Ungleichbehandlung zu schaffen (*vgl. BAG, 10.12.2002 – 3 AZR 3/02, BAGE 104, 205 = DB 2003, 2018 = BetrAV 2003, 554 = NZA 2004, 321*). 1431

Allerdings greifen diese Kriterien der Sache nach im Verhältnis der Gruppe der Arbeiter zu der der Angestellten nicht (mehr) durch. Mit diesen Differenzierungsgründen hat sich das BVerfG in seiner 1432

Entscheidung vom 16.11.1982 (*1 BvL 16/75 und 1 BvL 36/79, BVerfGE 62, 256*) zu § 622 BGB a. F. ausführlich auseinandergesetzt und festgestellt, dass diese Gründe eine Differenzierung zwischen Arbeitern und Angestellten gerade nicht rechtfertigen können. Sachliche Gründe, die somit eine Ungleichbehandlung von Arbeitnehmergruppen rechtfertigen können, müssen daher solche Gründe sein, die über eine rein statusbezogene Argumentation hinausgehen.

1433 Dies hat das BAG in seinem Urt. v. 10.12.2002 (*3 AZR 3/02, DB 2003, 2018*) auch so ausdrücklich bestätigt. Allerdings genießen Arbeitgeber insoweit einen Vertrauensschutz, als eine bis zum 30.06.1993 erfolgte Ungleichbehandlung vom BAG nicht beanstandet wird. Begründet wird dieser Vertrauensschutz mit dem Beschl. des BVerfG v. 30.05.1990 (*1 BvL 2/83, BVerfGE 82, 126ff.*), in dem das BVerfG eine an dem Status Arbeiter/Angestellte ausgerichtete Differenzierung noch für verfassungskonform erachtet hatte. Hinsichtlich der unterschiedlichen gesetzlichen Kündigungsfristen sah das Verfassungsgericht jedoch keine ausreichenden zusätzlichen Gründe, die diese Differenzierung rechtfertigen konnten und forderte den Gesetzgeber auf, diese grundrechtswidrige Ungleichbehandlung bis zum 30.06.1993 zu beseitigen. Aufgrund dessen ist seit dem 01.07.1993 die Gleichbehandlung von Arbeitern und Angestellten in allen arbeitsrechtlich relevanten Bereichen (u. a. Kündigungsfristen, Urlaubsanspruch, Entgeltfortzahlung im Krankheitsfall oder Sonderzahlungen) und damit auch in der betriebliche Altersversorgung zu beachten.

1434 Dies hat für die Praxis zur Konsequenz, dass in den Fällen, in denen sich die Versorgung von Arbeitern und Angestellten bislang nach unterschiedlichen Rahmenbedingungen gerichtet hat, für die Berechnung der benachteiligten Gruppe – i. d. R. die Arbeiter – eine differenzierte Anspruchsberechnung zu erfolgen hat. Für Dienstzeiten bis zum 30.06.1993 ist ein ratierlicher Anwartschaftswert auf der Basis der vereinbarten (ungleich behandelnden) Versorgungsordnung zu ermitteln. Für Dienstzeiten ab dem 01.07.1993 ist dann ein zweiter ratierlicher Anwartschaftsbetrag auf der Basis der günstigeren – i. d. R. für Angestellte geltenden Versorgungsregelung – zu berechnen.

1435 Der von Schumann vertretenen Ansicht (*vgl. Anm. zum BAG-Urt. v. 10.12.2002 in DB 2003, 2020*), den Vertrauensschutz der Versorgungsschuldner bereits ab dem 01.10.1980 bzw. spätestens ab dem 25.01.1984 zu kappen, kann nicht gefolgt werden. Zwar hat das BAG bereits mit Urt. v. 05.03.1980 (*5 AZR 881/78, DB 1980, 1650*) im Zusammenhang mit der Gewährung von Weihnachtsgratifikationen ausgeführt, dass eine insoweit vorgenommene Differenzierung zwischen Arbeitern und Angestellten i. d. R. gegen den Gleichbehandlungsgrundsatz verstößt und damit erste »Signale« für die weiter gehende Umsetzung der Gleichstellung von Arbeitern und Angestellten gesetzt. Demgegenüber ist aber zu berücksichtigen, dass die in diversen Gesetzen verankerten Unterschiede zwischen Arbeitern und Angestellten erst im Laufe der 90er-Jahre beseitigt worden sind. Vor diesem Hintergrund hat das BAG zu Recht den zeitlichen Rahmen für den den Versorgungsträgern zu gewährenden Vertrauensschutz weit ausgelegt und an die dem Gesetzgeber bis zum 30.06.1993 eingeräumte »Anpassungsfrist« für die Beseitigung der gesetzlichen Ungleichbehandlung von Arbeitern und Angestellten im Bereich der arbeitsrechtlichen Kündigungsfristen (*BVerfG, 30.05.1990 – 1 BvL 2/83, DB 1990, 1565*) geknüpft.

g) Gleichbehandlung von Innendienst- und Außendienstmitarbeitern

1436 Das BAG hat in seiner bisherigen Rechtsprechung zu Fragen der Gleichbehandlung bei Mitarbeitern des Innen- bzw. des Außendienstes, die **unterschiedliche Art der Arbeitsleistung** und **-vergütung** ausdrücklich als **sachlich rechtfertigendes Abgrenzungskriterium** anerkennt (*vgl. a.: Kemper, in: Kemper/Kisters-Kölkes/Berenz/Huber, § 1 Rn. 182*).

1437 Das BAG hat in diesem Zusammenhang stets darauf verwiesen, dass eine unterschiedliche Behandlung bei der Gewährung betrieblicher Versorgungsleistungen aus betrieblichen Gründen (nachvollziehbar unterschiedliches Interesse an fortdauernder Betriebstreue der jeweiligen Arbeitnehmergruppen) oder aus sozialen Gründen (typischerweise unterschiedlicher Versorgungsbedarf) sachlich gerechtfertigt sein kann (*vgl. u. a. BAG, 09.12.1997 – 3 AZR 661/96, DB 1998, 1823 = ZIP 1998, 1545 = BB 1998, 2114 = NZA 1998, 1173 = VersR 1998, 1576, zu B II 2 der Gründe*).

Wenn es nach Ansicht des BAG sogar zulässig sein kann, Außendienstmitarbeiter aufgrund der unterschiedlichen Art der Arbeitsleistung und der besonderen Vergütungsstruktur aus einer ansonsten allen Innendienstmitarbeitern gewährten arbeitgeberfinanzierten betrieblichen Altersversorgung vollständig auszuschließen (*so ausdrücklich BAG, 09.12.1997 – 3 AZR 661/96, DB 1998, 1823 in LS 3*), muss dies erst recht für ein nach Innendienst- und Außendienstmitarbeitern differenzierendes Versorgungssystem gelten (*so BAG, 20.07.2004 – 3 AZR 316/03 und 552/03, AP Nr. 48 und 49 zu § 5 BetrAVG*). 1438

Insoweit ist es auch nicht zu beanstanden, wenn **variable Vergütungen** und/oder **Provisionen** nicht zur Berechnung der Versorgungsleistungen herangezogen werden. In aller Regel ist der Gleichbehandlungsgrundsatz zwar auch bei der Ermittlung der für die Berechnung einer Betriebsrente maßgeblichen Bemessungsgrundlage (rentenfähiges Gehalt) zu berücksichtigen. Einzelne Lohnbestandteile können allerdings unberücksichtigt bleiben, wenn dies durch sachliche Gründe gerechtfertigt ist. So ist es durchaus gestaltbar, den Versorgungsbedarf so zu definieren, dass nur das Festgehalt und nicht auch variable Bezüge zum rentenfähigen Gehalt gehören. Der Ausschluss variabler Bezüge kann auch durch Gründe der Klarheit und einfacheren Handhabung gerechtfertigt sein (*BAG, 17.02.1998 – 3 AZR 578/96, DB 1998, 1239 = BB 1998, 1267 = BetrAV 1998, 216*). 1439

h) Einbeziehung im Ausland beschäftigter Mitarbeiter

Beschäftigt ein Unternehmen nicht nur Mitarbeiter in Deutschland, sondern auch **deutsche Mitarbeiter im Ausland**, so stellt sich die Frage, ob diese von der deutschen betrieblichen Altersversorgung ausgeschlossen werden können, wenn ihre Arbeitsverträge wesentlich von denen der in Deutschland beschäftigten Mitarbeiter abweichen und insb. eine deutlich höhere Vergütung vorsehen. 1440

In seiner Entscheidung vom 21.08.2007 (*3 AZR 269/06, BB 2007, 2576 = NJW spezial 2007, 548 = EzA-SD 2007, Nr. 23, 11-14*) hat das BAG das Argument, dass zu Auslandsmitarbeitern eine weniger enge Bindung als zu den Inlandsmitarbeitern bestehe, weil deren Arbeitsverhältnisse jeweils projektbezogen und befristet waren, nicht als ausreichenden sachlichen Grund für eine entsprechende Differenzierung anerkannt. 1441

Zwar ist in der Rechtsprechung des BAG anerkannt, dass der besondere Wert der Betriebszugehörigkeit einer bestimmten Arbeitnehmergruppe ein zulässiger Differenzierungsgrund sein kann. Der Arbeitgeber darf aus seiner Sicht besonders wichtige Arbeitnehmer **durch die Zusage von Versorgungsleistungen enger an sein Unternehmen binden**. Seine Einschätzung muss allerdings nachvollziehbar sein. Die Abgrenzung der Versorgungsberechtigten muss auf die Bedeutung der ausgeübten Tätigkeiten für das Unternehmen zugeschnitten sein (*BAG, 18.11.2003 – 3 AZR 655/02, NZA 2004, 1296*). 1442

Jedenfalls ist die Differenzierung zwischen inländischen und im Ausland tätigen Arbeitnehmern dann nicht gerechtfertigt, wenn der Arbeitgeber im Ausland bewusst auf deutsche Arbeitnehmer insb. in Leitungsfunktionen zurückgreift. Gerade diese sind, da sie nicht erst vor Ort angelernt werden müssen, für eine erfolgreiche Arbeit des Arbeitgebers im Ausland, d. h. vor Ort, von maßgeblicher Bedeutung. Insb. Mitarbeiter, die an ganz unterschiedlichen Orten und in ganz unterschiedlichen Projekten in Leitungsfunktionen tätig sind, gehören zu dem für ein international tätiges Unternehmen wichtigen Personal. Zu berücksichtigen ist, dass eine Einarbeitung und Anleitung von Personal im Ausland stets mit größeren Schwierigkeiten verbunden ist und es deshalb im wohlverstandenen Interesse des Arbeitgebers liegt, hierfür auf bekannte und bewährte Mitarbeiter zurückzugreifen und sich deren Erfahrung zunutze machen zu können. Dies schließt es aus, dass der Arbeitgeber an der Betriebszugehörigkeit der Gruppe der deutschen Auslandsmitarbeiter ein geringeres Interesse hat als an der Betriebszugehörigkeit von im Inland tätigen Mitarbeitern, die einfache Tätigkeiten ausüben und deshalb ohne Weiteres ersetzbar sind (*so ausdrücklich: BAG, 21.08.2007 – 3 AZR 269/06, BB 2007, 2576 = NJW spezial 2007, 548 = EzA-SD 2007, Nr. 23, 11-14*). 1443

1444 Ein **rechtlich anzuerkennender Differenzierungsgrund** liegt allerdings dann vor, wenn der Auslandsmitarbeiter nach einem Vergütungssystem vergütet wird, das sich grds. von dem der Inlandsmitarbeiter unterscheidet. Unterschiedliche Vergütungssysteme können den Ausschluss von Versorgungsleistungen nämlich dann rechtfertigen, wenn die ausgeschlossene Arbeitnehmergruppe durchschnittlich eine erheblich höhere Vergütung als die begünstigte Arbeitnehmergruppe erhält (*BAG, 21.08.2007 – 3 AZR 269/06, BB 2007, 2576 = NJW spezial 2007, 548 = EzA-SD 2007, Nr. 23, 11-14*).

1445 Dass Auslands- und Inlandsmitarbeiter nach erheblich unterschiedlichen Systemen vergütet werden, ist nachvollziehbar und einleuchtend. Der Arbeitgeber trägt mit einer solchen Differenzierung dem Umstand Rechnung, dass die Auslandsmitarbeiter an völlig unterschiedlichen Orten mit höchst unterschiedlichen Anforderungen, aber auch völlig unterschiedlichen Lebenshaltungskosten zum Einsatz kommen. Damit kann der Arbeitgeber mit guten Gründen davon ausgehen, dass das Interesse der Auslandsmitarbeiter eher dahin geht, eine **deutlich höhere** als die in Deutschland übliche **Vergütung** zu erhalten und über deren Verwendung selbst zu bestimmen (*BAG, 21.08.2007 – 3 AZR 269/06, BB 2007, 2576 = NJW spezial 2007, 548 = EzA-SD 2007, Nr. 23, 11-14*).

i) Gleichbehandlung bei tarifvertraglich geregelten Versorgungsleistungen

1446 Nicht tarifgebundene Arbeitnehmer haben keinen Anspruch auf Verschaffung einer tariflichen Altersversorgung, wenn sie es ablehnen, die übrigen tariflichen Bedingungen für ihr Arbeitsverhältnis zu übernehmen und auf einer außertariflichen Vergütung bestehen (*BAG, 25.02.1999 – 3 AZR 113/97, BB 1999, 2143 = DB 1999, 1912 = NZA 1999, 986*).

1447 Demnach ist die Geltung eines Tarifvertrages ein die Ungleichbehandlung rechtfertigender sachlicher Grund. Es ist nicht zu akzeptieren, dass Arbeitnehmer einerseits einseitig von einer tariflichen Vergünstigung partizipieren wollen, andererseits aber auf einer außertariflichen Vergütung bestehen. Vielmehr darf der Arbeitgeber die Gewährung einer betrieblichen Altersversorgung davon abhängig machen, dass die Mitarbeiter alle Bedingungen eines Tarifvertrages akzeptieren. Mithin ist es dem Arbeitgeber nicht untersagt, bei der Gewährung betrieblicher Versorgungsleistungen zwischen tarifgebundenen und nicht tarifgebundenen Mitarbeitern zu differenzieren.

j) Unterschiedliche Höchsteintritts- bzw. Aufnahmealter

1448 Eine arbeitgeberfinanzierte Versorgungsordnung, die eine Gewährung betrieblicher Versorgungsleistungen davon abhängig macht, dass bei Beginn des Arbeitsverhältnisses ein bestimmtes **Höchsteintrittsalter** noch nicht überschritten war, verstößt nicht gegen den Gleichbehandlungsgrundsatz (*BAG, 14.01.1986 – 3 AZR 456/84, BB 1987, 1535 = DB 1986, 2237 = NZA 1987, 23; Blomeyer/Rolfs/Otto, BetrAVG, Anh. § 1 Rdn. 46; Kemper, in: Kemper/Kisters-Kölkes/Berenz/Huber, BetrAVG, § 1 Rdn. 220; Doetsch, BetrAV 1997, 28 f.*). Demgegenüber gilt der Rechtsanspruch auf Entgeltumwandlung altersunabhängig, sodass der Arbeitgeber auch einen ggf. erst im rentennahen Alter gestellten Anspruch seines Mitarbeiters erfüllen muss.

Unzulässig ist dagegen eine Versorgungsregelung mit für männliche und weibliche Arbeitnehmer **differenzierten Höchsteintrittsaltern** und sich daraus ergebenden unterschiedlichen **anrechnungsfähigen Dienstzeiten** (*BAG, 31.08.1978 – 3 AZR 313/77, BB 1979, 890 = DB 1979, 553 = NJW 1979, 2223; Höfer, BetrAVG, Bd. I [ArbR], ART Rn. 758 f.*).

Im Übrigen wird man hinsichtlich der einzelnen Zusagearten differenzieren müssen. Bei einer beitragsorientierten Leistungszusage und bei einer Beitragszusage mit Mindestleistung dürfte sich nur schwerlich eine sachliche Rechtfertigung für den Ausschluss älterer Mitarbeiter finden lassen (*so auch: Rolfs, NZA 2008, 556*).

Dagegen ist eine Begrenzung bei echten Leistungszusagen nach wie vor zulässig (*Rolfs, NZA 2008, 556*), soweit ein solcher Ausschluss nicht unverhältnismäßig ist. Unverhältnismäßigkeit wurde in der Rechtsprechung z. B. bei einem Höchsteintrittsalter von 45 Jahren (*LArbG Stuttgart, 23.11.2011 – 2*

I. Gleichbehandlungsgrundsatz und betriebliche Altersversorgung　　　　　　　　　　C.

Sa 77/11, AuA 2012, 176) bzw. von 50 Jahren (*LArbG Düsseldorf, 29.02.2012 – 12 Sa 1430/11, ArbRB 2012, 237*). *Rolfs* (NZA 2008, 556) hält eine Höchsteintrittsalter von 55 Jahren für zulässig.

k) Leistungs- und/oder Beitragsidentität (»Unisex-Tarife«)

In seiner Entscheidung vom 01.03.2011 (*Rs. C-236/09, BetrAV 2011, 168*) hat der EuGH die in Art. 5 der Dienstleistungsrichtlinie 2004/113/EG enthaltene Ausnahmeregelung für die Gestaltung von Versicherungstarifen mit Wirkung ab dem 21.12.2012 für ungültig erklärt. Begründet wird dies im Wesentlichen damit, dass eine zeitlich unbegrenzte geschlechtsspezifisch unterschiedliche Prämienkalkulation gegen das in Art. 21 und 23 der EU-Grundrechtscharta zwingende Verbot der Diskriminierung wegen des Geschlechts verstößt. Art. 5 RiLi 2004/113/EG ist als Ausnahmeregelung ausgestaltet und sollte gerade keine unbefristete Ungleichbehandlung ermöglichen. Fraglich ist, ob und wie sich dieses Urteil für die betriebliche Altersversorgung auswirkt.

1449

In der betrieblichen Altersversorgung ist zunächst einmal strikt zwischen dem arbeitsvertraglichen (betriebsrentenrechtlichen) Grundverhältnis und einem daneben ggf. bestehenden Versicherungsvertragsverhältnis zu differenzieren. Vor diesem Hintergrund ist zunächst einmal festzustellen, dass sich das EuGH-Urt. v. 01.03.2011 ausschließlich mit dem Versicherungsvertragsverhältnis und der hierfür bislang geltenden Richtlinie 2004/113/EG befasst; Ausführungen zur betrieblichen Altersversorgung enthält das Urteil nicht. Ob und ggf. wie sich das Urteil in der betrieblichen Altersversorgung auswirkt, ist derzeit noch nicht abschließend geklärt (*vgl. den Diskussionsstand bei Birk, BetrAV 2012, 7; Langohr-Plato, BetrAV 2012, 292; Temming, BetrAV 2012, 391; Reinecke, BetrAV 2012, 402*). Hier bleibt die weitere Rechtsprechung und Rechtsentwicklung abzuwarten. Es ist allerdings davon auszugehen, dass künftig bei versicherungsförmig ausgestalteten betrieblichen Versorgungssystemen sowie bei Berechnungen, die auf versicherungsmathematischer Grundlage erfolgen (z. B. Abfindungsbeträge, Übertragungswert, Versorgungsausgleich), eine geschlechtsspezifische Differenzierung nicht mehr zulässig ist (*vgl. hierzu: Langohr-Plato, BetrAV 2012, 292, 294; Reinecke, BetrAV 2012, 407*).

1450

Zwar hat sich das EuGH-Urteil vom 01.03.2011 tatsächlich ausschließlich nur mit dem Versicherungsvertragsverhältnis und der hierfür bislang geltenden Dienstleistungsrichtlinie 2004/113/EG befasst; Ausführungen zur betrieblichen Altersversorgung enthält dieses Urteil nicht.

1451

Gleichwohl wird man aber davon ausgehen müssen, dass der EuGH bei einer Überprüfung der für betriebliche Versorgungssysteme geltenden speziellen Lohngleichheitsrichtlinie 2006/54/EG, die in ihrem Art. 9 Abs. 1 h, j eine bis auf die zeitliche Befristung zu Art. 5 Abs. 2 der Dienstleistungsrichtlinie analoge Ausnahmeregelung enthält, die gleichen Prüfungsmaßstäbe wie bei der Dienstleistungsrichtlinie anlegen wird und dann wohl zwangsläufig ebenfalls zu einem Verstoß gegen Art. 21 und 23 der EU-Grundrechtscharta gelangen wird (*so auch: Reinecke, BetrAV 2012, 407; Bepler, FS Höfer, S. 11*). Wenn vom EuGH schon die Verlängerung einer zeitlich befristeten Ausnahmeregelung als dauerhafte Manifestierung einer Ungleichbehandlung gewertet wird, dann muss eine von Anfang an unbefristete Ungleichbehandlung erst recht als mit der Grundrechtscharta unvereinbar bewertet werden.

Hinzu kommt, dass es sachlich kaum nachvollziehbar wäre, wenn man die Forderung zur Gleichbehandlung bei der Prämienkalkulation von Versicherungstarifen ausschließlich auf private (Lebens-) Versicherungsverträge erstrecken würde, aber bei einem inhaltsgleichen Lebensversicherungsvertrag, der als betriebliche Altersversorgung abgeschlossen wird, weiterhin geschlechtsspezifisch unterschiedliche Kalkulationsgrundlagen zulassen würde (*so auch: Birk, BetrAV 2012, 8*). Gerade die Vergangenheit hat gezeigt, dass der EuGH im Rahmen der Gleichbehandlung nicht zwischen gesetzlicher, privater und/oder betrieblicher Altersversorgung differenziert, sondern insoweit von einheitlichen, wenn nicht sogar schärferen Bewertungsmaßstäben für die betriebliche Altersversorgung ausgeht. Beispielhaft sei hier nur die Rechtsprechung zur einheitlichen Altersgrenze für Männer und Frauen genannt (*vgl. u. a.: EuGH, 17.05.1990 – Rs. C-262/88 – Barber – NZA 1990, 775; EuGH,*

C. Spezialfragen

06.10.1993 – Rs. C-109/91 – *Ten Oever* – NZA 1993, 1125; EuGH, 14.12.1993 – Rs. C-110/91 – *Moroni* – NZA 1994, 165).

Von daher wird man davon ausgehen müssen, dass sich die im Unisex-Urteil dokumentierte grundlegende Rechtsauffassung des EuGH zur Vereinbarkeit von Regelungen, die beim Abschluss von Versicherungsverträgen dauerhaft zu einer Ungleichbehandlung zwischen Männern und Frauen führen, ganz allgemein nicht mit der europäischen Grundrechtscharta vereinbar sind und somit hiervon auch die betriebliche Altersversorgung betroffen ist.

1451a Die sich daraus für die betriebliche Altersversorgung in Deutschland ergebenden Konsequenzen können nicht pauschal bewertet werden. Dazu ist die betriebliche Altersversorgung in Deutschland viel zu vielseitig. Man wird folglich hinsichtlich der unterschiedlichen Durchführungswege, hinsichtlich der jeweiligen Zusageart sowie hinsichtlich der Finanzierungsform differenzieren müssen.

– **Besonderheiten bei den Durchführungswegen**
Beim Durchführungsweg Pensionskasse unterliegt ggf. bereits das betriebsrentenrechtliche Grundverhältnis der Dienstleistungsrichtlinie 2004/113/EG, wenn der Arbeitnehmer als unmittelbarer Vertragspartner gegenüber der Pensionskasse agiert, wie dies bei vielen Firmen-Pensionskassen der Fall ist (*zustimmend: Reinecke, BetrAV 2012, 407*).

Ist dagegen der Arbeitgeber oder wie bei der rückgedeckten Unterstützungskasse der Versorgungsträger Vertragspartner eines Versicherers und damit Versicherungsnehmer, ist auf das in diesen Fällen zugrunde liegende arbeits-/betriebsrentenrechtliche Grundverhältnis ausschließlich die Lohngleichheitsrichtlinie 2006/54/EG – ergänzt um die arbeitsrechtlichen Bestimmungen des AGG – anzuwenden (*so auch: Birk, BetrAV 2012, S. 8*).

– **Differenzierung hinsichtlich der Zusageart**
1451b Bei der reinen Leistungszusage spielt die Frage der Finanzierung keine Rolle, von daher ist dort für Unisex kein Anwendungsbereich.

Die bei der Gewährung betrieblicher Versorgungsleistungen vom Arbeitgeber zu berücksichtigende Gleichbehandlung bezieht sich auf die zugesagte Versorgungsverpflichtung. Hat also der Arbeitgeber seinen Mitarbeitern im Rahmen einer Leistungszusage eine bestimmte Versorgungsleistung versprochen, muss (»nur«) diese Leistung dem Grundsatz der Lohngleichheit entsprechen. Wie der Arbeitgeber diese Leistung finanziert, ist dagegen nicht Gegenstand des Gleichbehandlungsgrundsatzes. Dann kann bei einer inhaltlich identischen arbeitsvertraglichen Leistungszusage über eine rückgedeckte und damit versicherungsförmig finanzierte Unterstützungskasse keine andere Versorgungsleistung zu gewähren sein, als bei einer nicht versicherungsförmig finanzierten sog. reservepolsterdotierten Unterstützungskasse. Gleiches gilt auch im Verhältnis rückgedeckter/nicht rückgedeckter Pensionszusage, soweit diese auf einer Leistungszusage beruht.

Nicht zu beanstanden ist daher ein nach dem Geschlecht unterschiedlicher Finanzierungsaufwand für die für beide Geschlechter im Rahmen einer Leistungszusage im identischen Umfang zugesagten Versorgungsleistungen (*so schon: EuGH, 22.12.1993 – Rs. C-152/91 – Neath – DB 1994, 484*).

Etwas anderes gilt jedoch dann, wenn der Versorgungsordnung ein an einem ebenfalls zugesagten Versorgungsbeitrag orientiertes Leistungsversprechen zugrunde liegt, wie dies bei der beitragsorientierten Leistungszusage oder der Beitragszusage mit Mindestleistung der Fall ist. In beiden Fällen wird die vom Arbeitgeber zu gewährende Versorgungsleistung von einem zuvor definierten Versorgungsbeitrag abgeleitet, sodass nicht nur die Versorgungsleistung selbst, sondern auch der zu ihrer Finanzierung aufgewendete Versorgungsbeitrag Entgeltcharakter hat. Dies hat zur Konsequenz, dass nicht nur die Versorgungsleistung, sondern auch der Versorgungsbeitrag der Gleichbehandlung unterfällt. Dann kann aber unter Gleichbehandlungsaspekten aus einem gleichen Beitrag keine unterschiedliche Leistung folgen bzw. eine identische Versorgungsleistung nicht auf unterschiedlichen Beiträgen beruhen, sodass hier m.E. Unisex-Tarife zwingend zur Anwendung kommen müssen.

Art. 20 Abs. 2 AGG, der auf Art. 5 Abs. 2 der Dienstleistungsrichtlinie 2004/113/EG beruht, kann auch nicht als Rechtfertigung für eine entsprechende Ungleichbehandlung herangezogen werden, da diese Vorschrift nur privatrechtliche Versicherungen erfasst und gerade nicht für das Arbeitsverhältnis gilt. Zudem ist diese europarechtliche Ausnahmeregelung mit Wirkung ab dem 21.12.2012 unwirksam, was auch auf das AGG durchschlägt und zur Unwirksamkeit der in Art. 20 Abs. 2 AGG normierten nationalen Ausnahmeregelung führt (*vgl. a.: Bepler, FS Höfer, S. 11; Birk, BetrAV 2012, 9; Rolfs/Binz, VersR 2011, 716*). Der Gesetzgeber wird daher diesen Ausnahmetatbestand – um einen europarechtswidrigen Zustand zu vermeiden – im Rahmen einer Gesetzesänderung ersatzlos streichen. Dies führt dazu, dass im Versicherungsvertragsverhältnis § 19 Abs. 1 AGG zur Anwendung kommt, der eine Differenzierung wegen des Geschlechts verbietet.

Die für betriebliche Versorgungssysteme europarechtlich bislang geltende Ausnahmeregelung der Lohngleichheits-RiLi ist vom deutschen Gesetzgeber nicht als Rechtfertigungsgrund im AGG umgesetzt worden, sodass das AGG – mit Ausnahme des Sonderfalls zwingender beruflicher Anforderungen in Art 8 AGG – keinerlei Rechtfertigung für eine geschlechtsbedingte Ungleichbehandlung bietet (*so auch Birk, BetrAV 2012, 9*).

Mithin bleibt festzuhalten, dass bei beitragsorientierten Leistungszusagen und bei Beitragszusagen mit Mindestleistung das Unisex-Gebot zu beachten ist.

– **Sonstige Besonderheiten**
Soweit ein Versorgungssystem mit Arbeitnehmerbeiträgen, die Bestandteil deren Entgelts sind, finanziert wird, ist jegliche geschlechtsspezifische Differenzierung unzulässig. Hinsichtlich dieser Arbeitnehmerbeiträge ist eine »absolute Gleichbehandlung« sowohl auf der Beitrags- als auch auf der Leistungsseite zu gewährleisten (*EuGH, 28.09.1994 – Rs. C-200/91 – Coloroll – BetrAV 1994, 243*). Für die **Entgeltumwandlung** ist somit bereits seit dem EuGH-Urteil in Sachen Coloroll zwingend Unisex zu beachten.

1451c

Gleiches muss gelten, wenn die Finanzierung mit **Eigenbeiträgen** (§ 1 Abs. 2 Nr. 4 BetrAVG) des Mitarbeiters, also aus dessen Nettoeinkünften finanziert worden ist.

Ergänzend sei darauf hingewiesen, dass der Rechtsanspruch auf Entgeltumwandlung nach § 1a Abs. 3 BetrAVG mit dem Anspruch des Mitarbeiters verbunden ist, dass die betriebliche Altersversorgung, wenn sie über einen versicherungsförmigen Durchführungsweg abgewickelt wird, »Riester-förderfähig« ausgestaltet wird. Im Rahmen der Riester-Förderung sind aber zwingend Unisex-Tarife anzuwenden.

Sonderfälle wie die Berechnung von **Abfindungsbeträgen** und **Übertragungswerten**, die nach §§ 3, 4 Abs. 5 BetrAVG auf der Basis der anerkannten Regeln der Versicherungsmathematik zu berechnen sind, sind künftig ebenfalls an der Unisex-Entscheidung auszurichten. Hier darf es für Männer und Frauen bei ansonsten identischen Rahmenbedingungen keine unterschiedlichen Werte geben. Gleiches gilt auch für die Berechnung des **Ausgleichsbetrages** im Rahmen einer **Ehescheidung** (*so auch: Höfer, BetrAV 2011, 588*).

Bei Anwendung der **versicherungsvertraglichen Lösung** mit Wechsel der Versicherungsnehmereigenschaft auf den Arbeitnehmer wird der Arbeitnehmer unmittelbar Vertragspartner des Versicherungsunternehmens. Von diesem Zeitpunkt an unterliegt der Vertrag der Dienstleistungsrichtlinie. Insoweit ist darauf zu achten, dass durch den Wechsel kein neuer Vertrag ausgelöst wird. Dies ist nach der Interpretation der Kommission zumindest dann nicht der Fall, wenn die versicherungsvertragliche Lösung bereits in der ursprünglichen Zusage verankert war und der Versicherungsnehmerwechsel keiner erneuten Vereinbarung bedurfte. ist dies nicht der Fall, sind auch auf diesen Vertrag die Unisex-Anforderungen anzuwenden.

C. Spezialfragen

l) Zulässigkeit von Junktim-Klauseln

1452 Zur Frage der arbeitsrechtlichen Zulässigkeit von sog. **Junktim-Klauseln**, d. h. solchen Aufnahmevoraussetzungen, die eine Leistungsgewährung von einer **Eigenbeteiligung** des Mitarbeiters abhängig machen, liegt bislang **keinerlei Judikatur** vor.

1453 Insoweit wird man allerdings davon ausgehen können, dass eine mit einer solchen Junktim-Klausel verbundene **Förderung der Eigenvorsorge** der Arbeitnehmer eine i. R. d. grds. bestehenden Vertragsfreiheit vom Versorgungszweck her zu billigende Gruppenbildung darstellt und folglich mit dem Lohngleichheitsgrundsatz vereinbar ist (*vgl. auch Doetsch, BetrAV 1997, 27 f.*). Angesichts der in den letzten Jahren zunehmenden Abwertung der gesetzlichen Rentenversicherung ist es dem Arbeitgeber nämlich nicht zumutbar, die hierdurch bedingte »Versorgungslücke« allein durch eine von ihm finanzierte betriebliche Altersversorgung zu schließen. Es muss daher auch im Arbeitgeberinteresse liegen, die Eigenverantwortung des Arbeitnehmers für seine Alterssicherung zu stärken. Letztendlich wird die Ungleichbehandlung auch nicht unmittelbar vom Arbeitgeber bewirkt, sondern beruht auf der **eigenen, freiwilligen Entscheidung** des Arbeitnehmers unter den vom Arbeitgeber vorgegebenen Rahmenbedingungen am Versorgungssystem teilzunehmen oder nicht.

1454 Es ist jedoch darauf zu achten, dass die Höhe der geforderten Arbeitnehmerbeteiligung **nicht rechtsmissbräuchlich** (§ 242 BGB) ist und zu einem faktischen Ausschluss der Mehrzahl der Mitarbeiter führt. Ein insoweit »utopischer« Beteiligungswert würde nämlich den Versorgungszweck der Förderung der Eigenbeteiligung nicht nur gefährden, sondern zugleich auch als willkürliches Abgrenzungskriterium und nicht ernsthaft gewolltes Motiv entlarven.

1455 Derartige »**matching-contribution-Konzepte**« sind i. Ü. ein sowohl im europäischen Ausland als auch in den USA sehr häufig praktiziertes und dort auch rechtlich anerkanntes Versorgungsmodell (*Doetsch, BetrAV 1997, 27*).

m) Nichtberücksichtigung von Kindererziehungszeiten

1455a Der Ausschluss von Kindererziehungszeiten bei der Berechnung der Anwartschafts- bzw. Leistungshöhe einer betrieblichen Versorgungszusage stellt weder nach primärem europäischem Gemeinschaftsrecht noch nach deutschem Verfassungsrecht eine mittelbare Diskriminierung wegen des Geschlechts dar (*BAG, 20.04.2010 – 3 AZR 370/08, BAGE 134, 71 = NZA 2010, 1188*).

Es entspricht ständiger Rechtsprechung von BAG und EuGH, dass das beim Erziehungsurlaub kraft Gesetzes eintretende Ruhen des Arbeitsverhältnisses objektiv eine Anspruchsminderung rechtfertigt (*EuGH, 21.10.1999 – C-333/97 – [Lewen] Slg. 1999, I-7243 [Weihnachtsgratifikation]; BAG, 10.11.1994 – 6 AZR 486/94, BAGE 78, 264 [Übergangsgeld]; 24.05.1995 – 10 AZR 619/94 – zu II 4 der Gründe, AP BGB § 611 Gratifikation Nr. 175 [tarifliche Sonderzahlung]; 18.06.1997 – 4 AZR 647/95, EzA EWG-Vertrag Art. 119 Nr. 49 [Bewährungszeit]; 12.01. 2000 – 10 AZR 840/98, EzA BGB § 611 Gratifikation, Prämie Nr. 158 [Weihnachtsgratifikation]; 4.12. 2002 – 10 AZR 138/02, AP BGB § 611 Gratifikation Nr. 245; 15.04. 2003 – 9 AZR 137/02, BAGE 106, 22 [tarifliches Urlaubsgeld]; 21.05.2008 – 5 AZR 187/07, BAGE 126, 375 [tarifliche Betriebszugehörigkeitszulage]*). Ist der Arbeitgeber von der Verpflichtung zur Zahlung des Arbeitsentgelts befreit, weil das Arbeitsverhältnis ruht, ist er auch nicht gehalten, direkt oder indirekt zusätzliche Leistungen zu erbringen (*BAG, 18.06.1997 – 4 AZR 647/95, EzA EWG-Vertrag Art. 119 Nr. 49*). Der Unterschied zwischen einem ruhenden und einem nicht ruhenden Arbeitsverhältnis ist so gewichtig, dass er eine unterschiedliche Behandlung nicht nur beim eigentlichen Arbeitsentgelt, sondern auch bei der Gewährung zusätzlicher Leistungen zum Arbeitsentgelt rechtfertigt (*BAG, 10.11.1994 – 6 AZR 486/94, BAGE 78, 264; BAG, 20.04.2010 – 3 AZR 370/08, BAGE 134, 71 = NZA 2010, 1188*).

Für die Betriebsrente hat daher der Arbeitgeber seit dem BAG-Urteil vom 15.02.1994 (*Az.: 3 AZR 708/93 – BAGE 76, 1*) die Möglichkeit, Zeiten des Erziehungsurlaubs oder anderer nicht entgeltpflichtiger Dienstzeiten nicht als leistungssteigernd zu berücksichtigen. Er kann sich zur Rechtfertigung seiner Leistungsgestaltung auf ein wirkliches Bedürfnis berufen und die Höhe seiner

Zuwendungen davon abhängig machen, dass der Arbeitnehmer ihm die nach dem Arbeitsvertrag geschuldete Leistung erbringt, also tatsächlich arbeitet. So, wie das Arbeitsverhältnis im Ganzen ruhe, kann der Arbeitgeber seine Aufwendungen für zusätzliche Entgeltleistungen ebenfalls »ruhen« lassen (*BAG, 10.11.1994 – 6 AZR 486/94, BAGE 78, 264; BAG, 20.04.2010 – 3 AZR 370/08, BAGE 134, 71 = NZA 2010, 1188*). Voraussetzung ist allerdings eine entsprechende ausdrückliche Regelung der Nichtanrechnung entgeltfreier Dienstzeiten für die Leistungsberechnung in der maßgeblichen Versorgungsvereinbarung (*BAG, 15.02.1994 – 3 AZR 708/93, BAGE 76, 1*).

n) Darlegungs- und Beweislastfragen

Für das Vorliegen der Voraussetzungen des arbeitsrechtlichen Gleichbehandlungsgrundsatzes ist zunächst einmal der Arbeitnehmer nach den allgemeinen Regeln darlegungs- und beweisbelastet. Da der Arbeitnehmer meist aber keinen Einblick in eine vom Arbeitgeber vorgenommene Gruppenbildung und die hinter einer solchen Gruppenbildung stehenden Differenzierungskriterien hat, gilt eine **sachgerecht abgestufte Darlegungs- und Beweislast** (*BAG, 19.08.1992 – 5 AZR 513/91, BB 1992, 2431 = NJW 1993, 679 = NZA 1993, 171 = DB 1993, 539; BAG, 12.11.1991 – 3 AZR 489/90, DB 1992, 1432 = BB 1992, 1358 = NZA 1992, 837*). 1456

Danach reicht es aus, wenn der Arbeitnehmer im Rahmen seiner Darlegungslast zunächst vorträgt, dass der Arbeitgeber in seinem Unternehmen bestimmte Leistungen nach abstrakten Regelungen gewährt und hierbei den Arbeitnehmer von diesen Leistungen ausschließt. Hierauf ist es Sache des Arbeitgebers, darzulegen, wie sich der begünstigte Personenkreis zusammensetzt und warum der klagende Arbeitnehmer keine Leistungen erhält. Dem Arbeitgeber obliegt es ferner, den in Anspruch genommenen Sachgrund für die Ungleichbehandlung offenzulegen (*BAG, 12.11.1991 – 3 AZR 489/90, DB 1992, 1432 = BB 1992, 1358 = NZA 1992, 837*). Erst auf diesen konkreten Vortrag des Arbeitgebers hin hat sich der Arbeitnehmer seinerseits durch konkreten Tatsachenvortrag zu den vom Arbeitgeber behaupteten Kriterien über die Abgrenzung der Gruppen zu äußern. Dabei kann er einen Verstoß gegen den Gleichbehandlungsgrundsatz damit begründen, dass die Gruppen nicht sachgerecht abgegrenzt worden seien oder auch darlegen, dass er zu dem begünstigten Personenkreis gehöre (*BAG, 12.11.1991 – 3 AZR 489/90, DB 1992, 1432 = BB 1992, 1358 = NZA 1992, 837; vgl. auch LAG Hamm, 11.12.2003 – 8 Sa 1204/03 LAGReport 2004, 266; LAG Hamburg, 25.10.2004 – 4 Sa 31/03, n. v.*). 1457

Der vom Arbeitgeber als Argument für eine vorgenommene Differenzierung geltend gemachte sachlich rechtfertigende Differenzierungsgrund muss sich nicht aus der Versorgungsordnung selbst ergeben. Zwar hat das BAG noch in seiner Entscheidung vom 19.03.2002 (*3 AZR 229/01, JurionRS 2002, 26481, zu B II 2 der Gründe*) diese Forderung ausdrücklich erhoben; allerdings hat das BAG bereits in seinem Urt. v. 18.11.2003 (*3 AZR 655/02, NZA 2004, 1296, zu B II 1 a der Gründe*) formuliert, die Differenzierungsgründe müssten mit dem Inhalt der Versorgungsregelungen übereinstimmen; der Arbeitgeber müsse sich an die von ihm behaupteten **Ordnungsgrundsätze** halten. Diese Anforderungen sind durch das Urteil des BAG vom 15.02.2005 (*3 AZR 237/04, DB 2005, 1228 = NZA 2005, 1208 = AP Nr 30 zu § 1 BetrAVG Berechnung, zu II 1 der Gründe*) dahin gehend konkretisiert worden, dass die Versorgungsordnung nicht im Widerspruch zu dem geltend gemachten Differenzierungsgrund stehen darf. Dies reicht aus. Die Antwort auf die Frage, ob der arbeitsrechtliche Gleichbehandlungsgrundsatz verletzt ist, hängt nicht davon ab, ob die Gründe für eine Differenzierung in einer Versorgungsordnung genannt sind, sondern davon, ob die Ungleichbehandlung in der Sache gerechtfertigt ist (*BAG, 21.08.2007 – 3 AZR 269/06, BB 2007, 2576 = NJW spezial 2007, 548 = EzA-SD 2007, Nr. 23, 11-14*). 1458

3. Auswirkungen durch das Allgemeine Gleichbehandlungsgesetz (AGG)

Die EU hat seit dem Jahre 2000 insgesamt vier Richtlinien erlassen (*ausführlich hierzu Langohr-Plato, BetrAV 2006, 451ff.*), die sich mit Fragen des Diskriminierungsschutzes befassen. Diese sog. **Antidiskriminierungsrichtlinien** verpflichten die BRD zur Transformation der darin niedergelegten Vorgaben in innerstaatliches Recht. 1459

C. Spezialfragen

1460 Mit dem Allgemeinen Gleichbehandlungsgesetz (**AGG**) v. 18.08.2006 (*BGBl. I, S. 1897*) hat der Gesetzgeber versucht, die sich aus diesen europarechtlichen Vorgaben ergebenden Konsequenzen für einen umfassenden Diskriminierungsschutz umzusetzen. Dabei geht das AGG allerdings weit über die europarechtlichen Vorgaben hinaus. Ziel des Gesetzes ist es, Benachteiligungen
- aus Gründen der Rasse oder wegen der ethischen Herkunft,
- des Geschlechts,
- der Religion oder Weltanschauung,
- einer Behinderung,
- des Alters oder
- der sexuellen Identität

zu verhindern oder zu beseitigen (§ 1 AGG). Neben einigen anderen Bereichen wird durch dieses Gesetz v. a. das **Arbeitsrecht** berührt. Das Gesetz gilt hier für alle Arbeitnehmer, Auszubildenden und arbeitnehmerähnlichen Personen sowie Bewerber. Für den Arbeitgeber bedeutet dies, dass er seine personalpolitischen Entscheidungen mit rationalen Kriterien begründen, auf etwaige Verstöße gegen die Diskriminierungsverbote prüfen und den Entscheidungsprozess dokumentieren muss.

a) Allgemeine Konsequenzen aus dem AGG

1461 Beschäftigte, die von einer Diskriminierung betroffen sind, haben folgende Rechte: Sie können sich bei den zuständigen Stellen (z. B. beim Arbeitgeber, einem Vorgesetzten oder der Arbeitnehmervertretung) **beschweren** (§ 13 AGG); Benachteiligte haben zudem einen Anspruch auf **Ersatz** des ihnen entstanden materiellen und immateriellen **Schadens** (§ 15 AGG).

Diese Rechte sind als **individuelle Ansprüche** der Beschäftigten ausgestaltet, die notfalls vor dem ArbG eingeklagt werden können. Im Interesse der Rechtsicherheit soll der Beschäftigte etwaige Ansprüche innerhalb von **3 Monaten seit Kenntnis** von der Diskriminierung geltend machen müssen. Der Benachteiligte entscheidet also selbst, ob und wie er seine Rechte verfolgt. Betroffene Arbeitnehmer können sich aber auch an den Betriebsrat wenden. Dieser hat bei Verstößen des Arbeitgebers gegen das Benachteiligungsverbot ebenso ein gesetzliches Klagerecht, wie eine im Betrieb vertretene Gewerkschaft (§ 17 Abs. 2 AGG).

1462 Entsprechend den Vorgaben der europäischen Richtlinien erleichtert das Gesetz die Rechtsverfolgung wie folgt:

In Analogie zu § 611a Abs. 1 Satz 3 BGB ist eine **Beweiserleichterung** vorgesehen. Wenn Tatsachen glaubhaft gemacht werden können, die eine Benachteiligung wegen eines im Gesetz genannten Merkmals vermuten lassen, kehrt sich die Beweislast um. Dann muss die andere Seite (also z. B. der Arbeitgeber) beweisen, dass die unterschiedliche Behandlung erlaubt war.

Die Richtlinien schreiben außerdem vor, dass Verbänden, die sich für die Interessen Benachteiligter (**Antidiskriminierungsverbände**) einsetzen, Beteiligungsrechte einzuräumen sind. Ihnen werden deshalb die Rechtsberatung und die Vertretung vor Gericht in Verfahren ohne Anwaltszwang gestattet. Die Bundesländer sollen zudem für Diskriminierungsklagen ein obligatorisches außergerichtliches Schlichtungsverfahren zur Entlastung der Gerichte einführen können. Solche obligatorischen Schlichtungen nach § 15a EGZPO sind bereits heute in vielen Bundesländern, z. B. für Ehrverletzungsklagen, vorgesehen.

b) Auswirkungen auf die betriebliche Altersversorgung

1463 Das BAG hat im Rahmen seiner Entscheidung vom 11.12.2007 (*3 AZR 249/06, BAGE 125, 133 = BetrAV 2008, 413 = BB 2008, 557 = DB 2008, 766 = NZA 2008, 532*) erstmals seit Inkrafttreten des AGG höchstrichterlich zu der Frage Stellung bezogen, ob die Regelungen des **AGG** auch im **Bereich der betrieblichen Altersversorgung Anwendung finden**.

1464 Diese Frage wurde in der Literatur zunächst kontrovers diskutiert (*vgl. u. a.: Kemper/Kisters-Kölkes, Arbeitsrechtliche Grundzüge der betrieblichen Altersversorgung, 4. Aufl. 2007, Rn. 79; Langohr-Plato,*

I. Gleichbehandlungsgrundsatz und betriebliche Altersversorgung C.

Betriebliche Altersversorgung, 4. Aufl. 2007, Rn. 1437; Thüsing, BetrAV 2006, S. 704; Rolfs, NZA 2008, 553 ff.), da der gesetzliche **Verweis in § 2 Abs. 2 Satz 2 AGG** auf die Geltung des BetrAVG Anlass zu **unterschiedlichen Interpretationen** gab.

Das BAG hat in der zitierten Entscheidung eindeutig festgestellt, dass dieser Verweis auf das BetrAVG lediglich als **Kollisionsregel** zwischen beiden Gesetzen zu werten ist. Das bedeutet konkret, dass das BetrAVG als lex specialis die Regelungen des AGG verdrängt. Soweit sich aus den Bestimmungen des Betriebsrentengesetzes Anknüpfungen an die vom AGG erfassten Merkmale, z. B. Alter ergeben, soll es hierbei verbleiben *(so auch bestätigt durch BAG, 14.01.2009 – 3 AZR 20/07, BetrAV 2009, 259 = BB 2009, 954 = DB 2009, 1545 = NZA 2009, 489; BAG v. 17.4.2012 – 3 AZR 481/10 – NZA 2012, 929)*. Das Betriebsrentengesetz enthält solche Vorschriften z. B. hinsichtlich der Unverfallbarkeit der Betriebsrente und indem es eine feste Altersgrenze voraussetzt. Enthält das Betriebsrentengesetz hingegen keine speziellen Bestimmungen hinsichtlich der vom AGG erfassten Merkmale, findet das AGG uneingeschränkt Anwendung *(BAG v. 20.04.2010 – 3 AZR 509/08 – BAGE 134, 89 = NZA 2011/1092 = BetrAV 2010, 798)*.

1465

Insoweit ist allerdings festzustellen, dass das BetrAVG selbst keinerlei Regelungen zum Diskriminierungsschutz enthält. Lediglich in § 1b Abs. 1 Satz 4 BetrAVG ist festgehalten, dass eine Verpflichtung zur Gewährung betrieblicher Versorgungsleistungen auch auf dem Grundsatz der Gleichbehandlung beruhen kann. Konkret formulierte Benachteiligungsverbote, wie sie die Gesetzesbegründung zum AGG vermuten lässt, enthält das BetrAVG dagegen nicht.

1466

Unabhängig von dieser rechtssystematischen Fragestellung wird sich die betriebliche Altersversorgung aber nicht dem Diskriminierungsschutz verschließen können. Dies folgt allein schon aus der Tatsache, dass – wie dargestellt – der EuGH von einem allgemeinen Rechtsgrundsatz des Diskriminierungsverbots ausgeht. Es stellt sich daher die Frage, unter welchen Aspekten die o. g. Diskriminierungsmerkmale im Bereich der betrieblichen Altersversorgung Handlungsrelevanz auslösen können.

1467

c) Systematische Unterschiede zwischen Gleichbehandlung und Diskriminierungsschutz

Im Unterschied zu den bislang in der betrieblichen Altersversorgung diskutierten und von den Gerichten entschiedenen Gleichbehandlungsthemen hat der europarechtliche Antidiskriminierungsschutz eine neue, andere und v. a. weiter gehende inhaltliche Qualität.

1468

Der Gleichbehandlungsgrundsatz verbietet nämlich gerade nicht die Begünstigung einzelner Arbeitnehmer. Das Gebot der Gleichbehandlung greift vielmehr erst dann ein, wenn der Arbeitgeber nach bestimmten generalisierenden Prinzipien Leistungen gewährt. Voraussetzung für die Anwendung des Gleichbehandlungsgrundsatzes im Bereich der betrieblichen Altersversorgung ist also stets die Existenz einer **generellen Versorgungsordnung**, die eine Mehrzahl von Mitarbeitern nach abstrakten Kriterien begünstigt *(s. o. Rdn. 1353 ff.)*.

1469

Demgegenüber stellen die einzelnen Diskriminierungstatbestände des **AGG** gerade nicht auf die Bildung von Gruppen als Vergleichsmaßstab ab, sondern statuieren **individuelle Schutzansprüche**. Das bedeutet, dass auch der »Einzelne« ein Recht auf Diskriminierungsschutz hat, sofern nicht das Gesetz selbst eine unterschiedliche Behandlung ausdrücklich zulässt.

1470

d) Inhaltliche Besonderheiten bei den Diskriminierungstatbeständen

Hinsichtlich der einzelnen Diskriminierungstatbestände sind zudem folgende relevanten inhaltlichen Besonderheiten zu beachten:
– Das Merkmal »**Rasse**« bzw. »**ethnische Herkunft**« ist von der Antirassismusrichtlinie 2000/43/EG *(RL v. 29.06.2000 – ABl. EG Nr. L 180 S. 22)* vorgegeben und soll einen möglichst lückenlosen Schutz vor ethnisch motivierten Benachteiligungen gewähren bzw. eine konsequente Bekämpfung rassistischer Tendenzen bewirken. Erfasst werden damit alle Benachteiligungen aufgrund der Rasse, der Hautfarbe, der Abstammung, des nationalen Ursprungs oder des Volkstums.

1471

C. Spezialfragen

- Der Begriff der »**Behinderung**« entspricht den gesetzlichen Definitionen in § 2 Abs. 1 Satz 1 SGB IX und § 3 BGG. Danach sind Menschen behindert, wenn »ihre körperliche Funktion, geistige Fähigkeit oder seelische Gesundheit mit hoher Wahrscheinlichkeit länger als 6 Monate von dem für das Lebensalter typischen Zustand abweichen und daher ihre Teilhabe am Leben in der Gesellschaft beeinträchtigt ist«. Mit dieser Definition der (einfachen) Behinderung wird ein weitaus größerer Personenkreis erfasst, als dies z. B. beim bislang bestehenden Schwerbehindertenschutz nach § 81 Abs. 2 SGB IX der Fall ist.
- Der Begriff der »**sexuellen Identität**« entspricht dem gleichlautenden Benachteiligungsverbot in § 75 Abs. 1 BetrVG und erfasst homosexuelle Männer und Frauen sowie bisexuelle, transsexuelle oder zwischengeschlechtliche Menschen.
- Im Bereich der Altersdiskriminierung wird das »**konkrete Lebensalter**« vor einer ungerechtfertigten unterschiedlichen Behandlung geschützt. Dieser Tatbestand erstreckt sich somit nicht nur auf den Schutz älterer Menschen, sondern schützt grds. jedes Alter vor Diskriminierung.

e) Konkrete Fallgestaltungen

1472 Die im Bereich der betrieblichen Altersversorgung ggf. diskriminierenden Fallgestaltungen können heute noch nicht abschließend benannt und eingeschätzt werden. Zu hinterfragen sind u. a.:
- die Altersgrenze 30 in der gesetzlichen Unverfallbarkeitsfrist des § 1b BetrAVG,
- Gewährung eines Abfindungsrechts für ausländische Arbeitnehmer bei der Erstattung der Beiträge zur gesetzlichen Rentenversicherung als Diskriminierung inländischer Arbeitnehmer (§ 3 Abs. 3 BetrAVG),
- Höchstaufnahmealter für die Einbeziehung in betriebliche Versorgungssysteme,
- altersabhängige Limitierungsklauseln bei den anrechnungsfähigen Dienstjahren,
- Spätehen- und Altersdifferenzklauseln bei der Hinterbliebenenversorgung,
- Ausschluss behinderter (nicht versicherbarer) Mitarbeiter bei der Gewährung von Versorgungsleistungen für das biometrische Risiko »Alter«,

1473 Ob die einzelnen genannten Fallgestaltungen **tatsächlich diskriminierend** sind, und wenn ja, ob es hierfür eine sachliche Rechtfertigung gibt, wird letztendlich durch die Gerichte entschieden werden müssen.

aa) Unverfallbarkeitsfrist und Altersdiskriminierung

1474 Hinsichtlich der Frage der **Vereinbarkeit des Mindestalters** in der gesetzlichen Unverfallbarkeitsfrist hat das BAG bereits mit Urteil v. 18.10.2005 (*3 AZR 506/04, DB 2006, 1014*) eine Diskriminierung verneint. Nach dieser noch zum alten Unverfallbarkeitsrecht ergangenen Entscheidung stellt die gesetzliche Mindestaltersgrenze von 35 Jahren des § 1 Abs. 1 Satz 1 BetrAVG a. F. keine unmittelbare Geschlechterdiskriminierung dar, da allein auf das Alter bei Ausscheiden, nicht aber auf geschlechtsbezogene Merkmale abgestellt wird (*so auch: BAG v. 9.10.2012 – 3 AZR 477/10 – juris Datenbank*). Mangels hinreichender tatsächlicher Anhaltspunkte hat das BAG in seiner Entscheidung auch keine mittelbare Diskriminierungswirkung des § 1 Abs. 1 Satz 1 BetrAVG a. F. feststellen können.

1475 Unabhängig davon wäre eine **mittelbare Diskriminierung** nach Ansicht des BAG aber auch durch sachlich einleuchtende Gründe gerechtfertigt. Für die ungleiche Behandlung der unter und über 35-Jährigen gab es nach dem vom Gesetzgeber verfolgten Regelungsziel objektive Gründe, die nichts mit der Geschlechtszugehörigkeit der benachteiligten Arbeitnehmer zu tun haben. Insoweit hebt das BAG insb. auf das Thema **Fluktuationsschutz** ab.

Die mit dem Betriebsrentengesetz eingeführten gesetzlichen Grenzen der Verfallbarkeit sind Vorschriften, die zugunsten der Arbeitnehmer in das Gesetz aufgenommen wurden und die Vertragsfreiheit der Parteien beschränken. Damit wurde nach Ansicht des BAG auch die Mobilität der Arbeitnehmer gefördert. Die in § 1 Abs. 1 BetrAVG a. F. enthaltene Mindestaltersgrenze sei – wie die Mindestbeschäftigungszeit – insoweit das Ergebnis eines Kompromisses zwischen Sozialschutz und Berufsfreiheit der Arbeitnehmer einerseits sowie der unternehmerischen Freiheit und dem

Bindungsinteresse des Arbeitgebers andererseits (*so auch: BAG, 09.10.2012 – 3 AZR 477/10, JurionRS 2012, 29205*).

Dabei habe der historische Gesetzgeber berücksichtigt, dass die Fluktuationsrate bis zum Lebensalter von 35 Jahren erfahrungsgemäß noch sehr hoch war (*vgl. BT-Drucks. 7/2843 S. 7*). Die Einführung des Mindestalters für eine Unverfallbarkeit trug daher den betrieblichen und wirtschaftlichen Interessen des Arbeitgebers Rechnung, wobei der Gesetzgeber bei der Gestaltung von einer eingeschränkten Schutzbedürftigkeit des Arbeitnehmers in jungen Jahren ausgegangen ist. In einem jüngeren Lebensalter sei es leichter möglich, Verluste von Anwartschaften anderweitig auszugleichen. Vor diesem Hintergrund stellte die Altersgrenze von 35 Jahren ein geeignetes und angemessenes Mittel dar, die betriebliche Altersversorgung zu fördern und die Arbeitgeber nicht durch eine uneingeschränkte Unverfallbarkeit von der Gewährung derartiger Leistungen überhaupt abzuschrecken. Mit dem Betriebsrentengesetz sollte der soziale Schutz unter Beachtung des rechtlich und tatsächlich Möglichen ausgedehnt werden. Der Gesetzgeber habe die Unverfallbarkeit von persönlichen und sachlichen, geschlechtsneutralen Merkmalen abhängig gemacht, die das Interesse der Arbeitgeber an langer Betriebstreue, wirtschaftlicher Gestaltungsfreiheit und begrenzter finanzieller Belastung berücksichtigen (*so auch: BAG, 09.10.2012 – 3 AZR 477/10, JurionRS 2012, 29205*).

Die Entscheidung ist eine konsequente Fortführung bzw. Umsetzung der bisherigen höchstrichterlichen und europarechtlichen Rechtsprechung zur mittelbaren Geschlechterdiskriminierung und unter diesem Aspekt auch richtig. Ob allerdings die in der deutschen Unverfallbarkeitsfrist enthaltene Mindestaltersgrenze insgesamt rechtlich unbedenklich ist, lässt sich daraus nicht zwingend ableiten. Das Gericht hat in der konkreten Entscheidung seine Prüfung dieser Altersgrenze ausschließlich nur auf die Frage der Geschlechterdiskriminierung beschränkt. Die ggf. viel bedeutsamere Frage einer sog. **Altersdiskriminierung** ist dagegen nicht behandelt worden.

1476

Es stellt sich daher die Frage, ob die durch die hier maßgebliche Altersgrenze feststellbare Diskriminierung junger Arbeitnehmer, die ggü. älteren Mitarbeitern eine ggf. wesentlich längere Dienstzeit ableisten müssen, bevor sie eine gesetzlich unverfallbare Anwartschaft auf betriebliche Altersversorgung erlangen können, sachlich gerechtfertigt ist bzw. ob die vorliegend für die Geschlechterdiskriminierung vom BAG aufgeführten sachlichen Gründe auch auf die Altersdiskriminierung übertragen werden können.

1477

Angesichts der in der derzeit auf EU-Ebene diskutierten sog. **Portabilitätsrichtlinie** vorgesehen Altersgrenze von 21 Jahren dürfte ein Alterskriterium für die Unverfallbarkeit nicht per se unzulässig sein. Gleichzeitig ist aber auch schon die Tendenz abzusehen, dass eine solche Altersgrenze unter dem Aspekt der Altersdiskriminierung ebenso wie unter Mobilitätsaspekten deutlich unter der früheren deutschen Grenze von 35 Jahren und auch deutlich unter der aktuell in § 1b Abs. 1 BetrAVG normierten Altersgrenze von 25 Jahren zu finden sein wird.

bb) Unzulässigkeit von Altersdifferenzklauseln

In einem weiteren Verfahren hatte das BAG die Wirksamkeit einer sog. »Altersdifferenzklausel« zu prüfen, d.h. einer Regelung, die die **vollständige Kürzung** (= Wegfall) **der Hinterbliebenenrente** vorsah, wenn der überlebende Ehegatte mehr als 15 Jahre jünger war als der verstorbene Ehegatte. Obwohl das BAG im Zusammenhang mit sog. »Spätehenklauseln«, d. h. Regelungen, die eine Hinterbliebenenrente versagen, wenn die Ehe nach einem bestimmten Alter geschlossen wurde und/ oder bis zum Tod des Versorgungsberechtigten nicht eine bestimmte Zeit bestanden hat, der Ansicht ist, dass eine derartige »Spätehenklausel« nach deutschem Recht zulässig ist und keine Altersdiskriminierung darstelle (*BAG, 28.07.2005 – 3 AZR 457/04, BB 2007, 672 = BetrAV 2006, 584*), hat es die vergleichbare Fragestellung der Altersdifferenzklausel dem EuGH zur Entscheidung vorgelegt (*BAG, 27.06.2006 – 3 AZR 352/05 (A), BAGE 118, 340 = DB 2006, 2524 = NZA 2006, 1276 = BetrAV 2006, 776-781*).

1478

C. Spezialfragen

1479 Der EuGH hat hierzu in seiner Entscheidung vom 23.09.2008 (*Rs. Bartsch – C-427/06, BB 2008, 2353*) festgestellt, dass derartige Klauseln, sofern sie vor Inkrafttreten des AGG vereinbart worden sind, weiterhin als zulässig erachtet werden können. Damit hat der EuGH deutlich gemacht, dass die vom EuGH vertretene Zulässigkeit nur für Altzusagen gilt, d. h. für solche Zusagen, die vor Inkrafttreten des AGG vereinbart worden sind. Die Entscheidung enthält damit keinerlei Aussage hinsichtlich der Beurteilung der Diskriminierungsfrage für Neuzusagen. Vor diesem Hintergrund bleibt die weitere Entwicklung in der Rechtsprechung zu dieser Thematik abzuwarten (*vgl. insoweit auch: Reinecke, BetrAV 2012, 409*).

Nach einer Entscheidung des BAG vom 20.04.2010 (*3 AZR 509/08, BAGE 134, 89 = NZA 2011/1092 = BetrAV 2010, 798*) ist es zulässig, wenn eine Versorgungszusage den Anspruch auf Witwen-/Witwerversorgung davon abhängig macht, dass die Ehe vor dem (vorzeitigen) Ausscheiden aus dem Arbeitsverhältnis geschlossen wurde. Eine solche Regelung ist keine unzulässige Benachteiligung/Diskriminierung wegen des Alters oder des Geschlechts.

1480 Interessant ist zudem die Frage, inwiefern sich Arbeitnehmer künftig bei der Geltendmachung von Benachteiligungen, die grds. eines der in § 1 AGG genannten Merkmale betreffen, auf die Vorschriften der §§ 15 und 22 AGG berufen können, wenn sie Ansprüche nach dem BetrAVG geltend machen. Denn das BetrAVG enthält selbst keine Regelungen zum Schadensersatz und zur Beweislastverteilung.

cc) Einbeziehung von (gleichgeschlechtlichen) Lebenspartnern in eine betriebliche Hinterbliebenenversorgung

1481 Das BAG hat sich mit seiner Entscheidung vom 14.01.2009 (*3 AZR 20/07, BetrAV 2009, 259 = BB 2009, 954 = DB 2009, 1545 = NZA 2009, 489*) – obwohl es im konkreten Fall im Ergebnis einen Anspruch des Klägers verneint hat – vor dem Hintergrund der Maruko-Entscheidung des EuGH (*Urt. v. 01.04.2008 – C-267/06, BetrAV 2008, 305*) gegen die bisherige Rechtsprechung (*vgl. u. a.: BAG, 26.10.2006 – 6 AZR 307/06, BAGE 120, 55 = NZA 2007, 1179; BGH, 14.02.2007 – IV ZR 267/04, NJW-RR 2007, 1441; BVerwG, 25.07.2007 – 6 C 27.06, BVerwGE 129, 129*) gestellt, die bislang gleichgeschlechtlichen Partnern die für Ehegatten vorgesehenen Leistungen i.d.R verweigert hat. Grundlage hierfür ist die Auffassung des 3. Senats, wonach die Situation eingetragener Lebenspartner und Ehegatten seit Inkrafttreten des reformierten Lebenspartnerschaftsgesetzes weitgehend vergleichbar sei.

1482 Seit der Einführung des »**Gesetz zur Überarbeitung des Lebenspartnerschaftsrechts**« zum 01.01.2005 und des darin normierten Anspruchs auf Versorgungsausgleich für eingetragene Lebenspartner wird in der gesetzlichen Rentenversicherung die eingetragene Lebenspartnerschaft der Ehe gleichgestellt. Damit hat der Gesetzgeber nach Ansicht des BAG rechtlich eine vergleichbare Situation auch hinsichtlich der im Arbeitsverhältnis zugesagten Hinterbliebenenversorgung geschaffen.

1483 Daraus folgt: Überlebende eingetragene Lebenspartner haben in gleichem Maße wie überlebende Ehegatten Anspruch auf Hinterbliebenenversorgung. Voraussetzung ist, dass am 01.01.2005 noch ein Rechtsverhältnis zwischen dem Versorgungsberechtigten und dem Versorgungsschuldner bestanden hat. Insoweit ist es ausreichend, wenn der Arbeitnehmer mit Betriebsrentenansprüchen oder einer unverfallbaren Versorgungsanwartschaft ausgeschieden ist und das damit begründete versorgungsrechtliche **Dauerschuldverhältnis** bei oder nach Inkrafttreten des AGG noch besteht (*so ausdrücklich: BAG, 15.09.2009 – 3 AZR 294/09, NZA 2010, 216*).

1484 Das BVerfG hat mit Beschl. v. 07.07.2009 (*Az.: 1 BvR 1164/07, DB 2009, 2441*) hinsichtlich der Zusatzversorgung im öffentlichen Dienst (VBL) ebenfalls entschieden, dass eine Ungleichbehandlung von Ehe und eingetragener Lebenspartnerschaft im Bereich der betrieblichen Hinterbliebenenversorgung mit Art. 3 Abs. 1 GG unvereinbar ist und dem Entgeltcharakter der betrieblichen Altersversorgung widerspricht. Hinsichtlich des zur Prüfung anstehenden möglichen Differenzierungsgrundes ist insoweit ein strenger Prüfungsmaßstab geboten. Jedenfalls rechtfertigt der bloße Verweis auf den grundgesetzlich normierten Schutz der Ehe (Art. 6 Abs. 1 GG) nicht eine solche

Differenzierung zwischen diesen beiden Lebensformen, zumal die eingetragene Lebenspartnerschaft nach dem geregelten Lebenssachverhalt und den mit den gesetzlich normierten Regelungen zur Lebenspartnerschaft verfolgten Zielen – zumindest was die gegenseitigen Unterhaltspflichten und den Versorgungsbedarf anbelangt – der Ehe vergleichbar ist. Aus dem grundgesetzlichen Schutz der Ehe lässt sich somit kein Gebot herleiten, andere Lebens- und Partnerschaftsformen mit geringeren Rechten als in der Ehe auszugestalten (*BVerfG, 07.07.2009 – 1 BvR 1164/07*).

Konsequenz ist, dass Arbeitgeber im Rahmen ihrer betrieblichen Versorgungswerke zusätzliche finanziellen Belastungen tragen müssen, da sich der Kreis der begünstigten Hinterbliebenen durch die nach der höchstrichterlichen Rechtsprechung von BAG und BVerfG künftig zwingende Einbeziehung von (gleichgeschlechtlichen) Lebenspartnern entsprechend erweitert.

II. Widerruf, Einschränkung und Neuordnung betrieblicher Versorgungszusagen

Viele Unternehmen, die in den Zeiten starken Wirtschaftswachstums und Arbeitskräftemangels eine Vielzahl freiwilliger Sozialleistungen (z. B. Gratifikationen, Jubiläumszuwendungen, betriebliche Versorgungsleistungen) eingeführt haben, sind heute unter veränderten wirtschaftlichen und rechtlichen Rahmenbedingungen gezwungen, die entsprechenden betrieblichen Entscheidungsfelder einer **Überprüfung** zu unterziehen. 1485

Gerade im Bereich der betrieblichen Altersversorgung hat die Einführung des Betriebsrentengesetzes (BetrAVG) den Unternehmen erhebliche und zu Beginn der 70er-Jahre nicht vorhersehbare **finanzielle Mehrbelastungen** auferlegt, die insb. durch die nachfolgende Arbeitsrechtsprechung zudem noch erheblich verstärkt worden sind. Hervorzuheben sei hier nur die Anpassung laufender Renten (§ 16 BetrAVG), Unverfallbarkeit betrieblicher Versorgungsanwartschaften (§§ 1 bis 4 BetrAVG), flexible Altersgrenze (§ 6 BetrAVG), Insolvenzsicherung (§§ 7 bis 15 BetrAVG), Gleichbehandlung der Geschlechter (Witwerrente/Altersgrenze), Ausdehnung der Versorgungszusagen auf Teilzeitbeschäftigte, Durchgriffshaftung bei Unterstützungskassen, Nachhaftung persönlich haftender Gesellschafter oder die Passivierungspflicht von Pensionsrückstellungen bei unmittelbaren Pensionszusagen durch das Bilanzrichtliniengesetz 1986. 1486

Neben diesen rechtlichen Änderungen sind viele Unternehmen gleichzeitig von einer **veränderten Wirtschaftslage** betroffen worden, z. B. durch nachlassende Ertragslage, sinkende Nachfrage, Personalabbau, steigende Lohnkosten und/oder Sanierung, Vergleich und Teilkonkurs. 1487

Vor dem Hintergrund dieser Änderungen rechtlicher und wirtschaftlicher Rahmenbedingungen versuchen die Arbeitgeber immer wieder, ihr jeweiliges **betriebliches Versorgungssystem** den geänderten Umständen **anzupassen**. Angesichts dieser Entwicklung nimmt die Rechtsprechung zum **Bestandsschutz** (Besitzstandsschutz) betrieblicher Versorgungszusagen für die Entscheidungen der Arbeitgeber zunehmend eine zentrale Bedeutung ein. 1488

Nachfolgend soll daher aufgezeigt werden, ob, in welchem Umfang und unter welchen Voraussetzungen **Eingriffe** des Arbeitgebers in ein bestehendes Versorgungssystem überhaupt **zulässig** sind. 1489

1. Schließung eines betrieblichen Versorgungswerkes

Der einfachste und naheliegendste Eingriff in ein betriebliches Versorgungswerk ist dessen **Schließung**. Konsequenz hieraus ist, dass neu eintretende Mitarbeiter keinerlei Versorgungsansprüche mehr erwerben können. Dagegen bleibt die Versorgungsordnung für bereits vor der Schließung eingestellte Mitarbeiter in vollem Umfang bestehen. 1490

a) Stichtagsregelungen und Gleichbehandlungsgrundsatz

Eine Versorgungszusage, die hinsichtlich der Leistungsgewährung bzw. eines Leistungsausschlusses auf einer »**Stichtagsregelung**« basiert, ist zulässig, wenn sie dem »**Gleichbehandlungsgrundsatz**« entspricht (*vgl. u. a. BAG, 06.06.1974 – 3 AZR 44/74, BB 1974, 1165 = DB 1974, 1822 = NJW 1975,* 1491

78; BAG, 08.12.1977 – 3 AZR 530/76, BB 1978, 558 = DB 1978, 991 = AuR 1978, 344; BAG, 11.09.1980 – 3 AZR 606/78, BB 1981, 851 = DB 1981, 943 = NJW 1981, 2773; Höfer, BetrAVG, Bd. I [ArbR], ART Rn. 666ff.; Hanau, BB 1976, 91; Gumpert, BB 1976, 605), also grds. durch **sachliche Gründe** legitimiert werden kann.

1492 Sachliche Gründe müssen allerdings dann **nicht** vorliegen, wenn sich der Arbeitgeber entschließt, das bestehende Versorgungswerk für den Zugang von Arbeitnehmern zu **schließen**, und für diese entweder gar keine oder eine wesentlich geringere betriebliche Altersversorgung vorzusehen (*BAG, 12.06.1975 – 3 ABR 13/74, BB 1975, 1062 = DB 1975, 1559; BAG, 12.06.1975 – 3 ABR 137/73, BB 1975, 1064 = AuR 1975, 377; BAG, 12.06.1975 – 3 ABR 66/74, BB 1975, 1065 = BetrAV 1975, 162; Höfer, BetrAVG, Bd. I [ArbR], ART Rn. 606; Langohr-Plato, MDR 1994, 853; Richardi, Anm. zu AP Nr. 1 § 87 BetrAVG 1972 – Altersversorgung; Westhoff, RdA 1979, 417*). Wollte man in diesem Zusammenhang eine Schließung des Versorgungswerkes aus Gründen der Gleichbehandlung für unzulässig erachten, könnte der Arbeitgeber sich nie mehr seiner Versorgungsverbindlichkeiten entledigen. Mit jedem Neueintritt würde er dann erneut zur Weitergewährung betrieblicher Versorgungsleistungen verpflichtet. Eine solche Endlosbindung würde die Vertragsfreiheit zu sehr einschränken und wird daher auch vom BAG nicht gefordert.

1493 Eine stichtagsbezogene Schließung und der daraus resultierende **Ausschluss neu eintretender Mitarbeiter** aus dem betrieblichen Versorgungswerk ist somit ohne Weiteres zulässig (*vgl. auch Kemper/Kisters-Kölkes, Rn. 618; Wichert, in: Arens/Wichert/Weisemann/Andermann, § 4 Rn. 9*) und wird nicht durch den Gleichbehandlungsgrundsatz eingeschränkt. Die gleichwohl bestehende unterschiedliche Absicherung der Mitarbeiter führt allerdings zu einer »Zweiklassengesellschaft« (versorgte/nicht versorgte Mitarbeiter) im Unternehmen und birgt natürlich »sozialen Zündstoff« in sich, der zu Spannungen innerhalb der Belegschaft führen kann. Hierbei handelt es sich allerdings nur um faktische Auswirkungen ohne rechtliche Relevanz. Der Arbeitgeber muss allerdings damit rechnen, dass das Thema – auch ohne rechtlich erzwingbar zu sein – im Forderungskatalog der Arbeitnehmervertreter immer wieder angesprochen werden wird.

b) Mitbestimmungsfragen

1494 Das Wesen der betrieblichen Altersversorgung als »**freiwillige Sozialleistung**« setzt der erzwingbaren **Mitbestimmung** Grenzen. Der Arbeitgeber ist nicht verpflichtet, seinen Arbeitnehmern eine betriebliche Altersversorgung zu gewähren. Das BetrAVG stellt insoweit nur gesetzliche Mindestanforderungen auf, die zu beachten sind, wenn eine Versorgungszusage erteilt worden ist, regelt also nur gewisse Rahmenbedingungen der Ausgestaltung bestehender Versorgungszusagen. Auch durch die Rechtsprechung wird der Arbeitgeber nicht zur Einführung betrieblicher Versorgungswerke gezwungen (*vgl. auch BAG, 12.06.1975 – 3 ABR 13/74, BB 1975, 1976 = DB 1975, 1559*).

1495 Auch das Betriebsverfassungsrecht lässt Raum für **mitbestimmungsfreie unternehmerische Grundsatzentscheidungen**. Insoweit ist es unerheblich, über welchen der im BetrAVG geregelten fünf Durchführungswege (Pensionszusage, Pensionskasse, Unterstützungskasse, Pensionsfonds oder Direktversicherung) die konkrete Versorgungsordnung abgewickelt wird. In jedem Fall verbleiben dem Arbeitgeber folgende Gestaltungs- und Entscheidungsfreiräume, in denen er ohne Mitbestimmung des Betriebsrates frei entscheiden kann.

1496 Der Arbeitgeber entscheidet frei darüber,
– **ob** er überhaupt eine betriebliche Altersversorgung einführt und hierfür finanzielle Mittel bereitstellt,
– in welchem finanziellen **Umfang** (**Dotierungsrahmen**) er Mittel bereitstellt,
– welchen **Durchführungsweg** er auswählt und
– welchen **Arbeitnehmerkreis** er versorgen will
(*BAG, 12.06.1975 – 3 ABR 137/73, BB 1975, 1064 = AuR 1975, 377; vgl. auch Heither, DB 1991, 700, 701; Kemper/Kisters-Kölkes, Rn. 690ff.; Langohr-Plato, MDR 1994, 853*).

II. Widerruf, Einschränkung und Neuordnung betrieblicher Versorgungszusagen C.

Diese Grundentscheidungen schränken die Mitbestimmungsrechte des Betriebsrates ein. Dessen Mitbestimmung ist auf einen Teilbereich, nämlich die Ausgestaltung der vom Arbeitgeber vorgegebenen Altersversorgung, beschränkt, soweit hierdurch nicht die zuvor genannten Gestaltungsspielräume des Arbeitgebers eingeschränkt werden. 1497

Die Entscheidungsfreiheit über das »ob« der Leistungsgewährung beinhaltet auch das Recht des Arbeitgebers, die Altersversorgung für den Neuzugang an Arbeitnehmern, also für neue Arbeitsverhältnisse, **einseitig** dahin gehend zu modifizieren, dass die betroffenen Mitarbeiter nicht mehr oder nur in einem eingeschränkten Umfang an der vorhandenen Altersversorgung partizipieren (*Höfer, BetrAVG, Bd. I [ArbR], ART Rn. 1032; Ahrend/Förster/Rößler, 1. Teil Rn. 465; Kemper, in: Kemper/Kisters-Kölkes/Berenz/Huber, § 1 Rn. 262*). 1498

Die stichtagsbezogene Schließung eines betrieblichen Versorgungswerkes vom Arbeitgeber kann folglich mitbestimmungsfrei und damit einseitig vollzogen werden (*Wichert, in: Arens/Wichert/Weisemann/Andermann, § 4 Rn. 11*). Die Schließung muss nur dokumentiert werden, damit sich neu eintretende Mitarbeiter nicht auf einen z. B. durch **betriebliche Übung** oder **Gleichbehandlung** bedingten **Vertrauenstatbestand** berufen können, der die Gewährung betrieblicher Versorgungsleistungen auch ihnen ggü. bindend macht. 1499

2. Einschränkende Neuordnung

Die betriebliche Altersversorgung gehört – wie bereits ausgeführt – zum Bereich der **freiwilligen** betrieblichen Sozialleistungen. Die Freiwilligkeit ihrer Einführung ist trotz der erheblichen Reglementierung durch die arbeits- und steuerrechtlichen Bestimmungen des BetrAVG sowie die zum Betriebsrentenrecht ergangene Rechtsprechung im Prinzip nicht aufgehoben worden. 1500

Vereinbarungen über die Verschlechterung oder gar Aufhebung von Versorgungszusagen sind daher im **fortbestehenden Arbeitsverhältnis** grds. nicht unzulässig (*BAG, 03.07.1990 – 3 AZR 382/89, BB 1990, 142 = DB 1990, 2431 = NZA 1990, 971; BAG, 14.08.1990 – 3 AZR 301/89, DB 1991, 501 = NZA 1991, 174*). 1501

Allerdings kann ein einmal freiwillig eingeführtes Versorgungswerk **nicht willkürlich** geändert, gekürzt oder gar völlig eingestellt werden. Der betrieblichen Altersversorgung ist nämlich nach der inzwischen gefestigten und ständigen Rechtsprechung des BAG (*grundlegend u. a. BAG, 10.03.1972 – 3 AZR 278/71, BB 1972, 1005 = DB 1972, 1486 = MDR 1972, 899; BAG, 30.03.1973 – 3 AZR 26/72, BB 1973, 522 = DB 1973, 773 = NJW 1973, 959; BAG, 16.12.1976 – 3 AZR 761/75, BB 1977, 146 = DB 1977, 169 = AuR 1977, 122; BAG, 17.01.1980 – 3 AZR 614/78, BB 1980, 263 = DB 1980, 306 = NJW 1980, 1181; BAG, 28.09.1981 – 3 AZR 181/80, BB 1982, 1303 = DB 1982, 126; BAG, 17.04.1985 – 3 AZR 72/83, BB 1986, 1159 = DB 1986, 228 = NZA 1986, 57; BAG, 05.09.1989 – 3 AZR 575/88, DB 1989, 2615 = BB 1989, 2400 m. Anm. Höfer/Reiners; Blomeyer/Rolfs/Otto, BetrAVG, Einl. Rn. 28 ff.; Höfer, BetrAVG, Bd. I [ArbR], ART Rn. 57 ff.; Tenbrock, S. 206*) **Entgeltcharakter** (s. hierzu auch die Ausführungen unter Rdn. 1415 ff.) beizumessen. 1502

Als eine derartige besondere Form der Vergütung ist eine einseitige Reduzierung des Versorgungsniveaus regelmäßig unzulässig. Vielmehr sind **vertragliche Beziehungen** sowohl auf **individualrechtlicher** (Arbeitsvertrag, Einzelvertrag, betriebliche Übung) als auch auf **kollektivrechtlicher** (Betriebsvereinbarung, Tarifvertrag) Ebene zu beachten. Zudem darf das **Mitbestimmungsrecht** des Betriebsrates nicht vernachlässigt werden, das im Wesentlichen bei der Gestaltung des betrieblichen Versorgungswerkes zum Zuge kommt. Dazu gehört insb. die **Gestaltung des Leistungsplans**, d. h. die Verteilung der vom Arbeitgeber zur Verfügung gestellten finanziellen Mittel. 1503

Die **formale Gestaltungsmöglichkeit** zur Änderung und zum Widerruf von Versorgungszusagen richtet sich somit in erster Linie nach dem jeweiligen **Verpflichtungstatbestand**. So ist ein einseitiger Widerruf von Versorgungsverpflichtungen im Hinblick darauf, dass der Widerruf ein einseitiges, individual-rechtliches Gestaltungsmittel ist, formaljuristisch auch nur im Bereich individual-rechtlich ausgestalteter Versorgungsvereinbarungen zulässig (*vgl. Blomeyer/Rolfs/Otto, BetrAVG,* 1504

Anh. § 1 Rn. 489 ff.). Bei kollektivrechtlich begründeten Versorgungsverpflichtungen ist demgegenüber die Möglichkeit der Kündigung dieser kollektivrechtlichen Vereinbarung zu prüfen (*BAG, 11.05.1999 – 3 AZR 21/98, BetrAV 2000, 210 = BB 2000, 517 = DB 2000, 525 = ZIP 2000, 421; BAG, 17.08.1999 – 3 ABR 55/98, NZA 2000, 498*).

1505 Werden die Beteiligungsrechte der Arbeitnehmervertretung nicht beachtet, ist die Änderungsmaßnahme bereits aus diesem Grund rechtlich unwirksam.

a) Rechtsgrundlage der Versorgungsordnung

1506 Die Verpflichtung zur Gewährung betrieblicher Versorgungsleistung beruht stets auf einer besonderen **Rechtsgrundlage**, der Versorgungszusage. Diese kann ausdrücklich oder stillschweigend (z. B. durch betriebliche Übung oder aufgrund des Gleichbehandlungsgrundsatzes) erfolgen und individual-rechtlich oder kollektivrechtlich begründet werden.

aa) Individual-rechtliche Versorgungszusagen

1507 Reine individual-rechtliche Versorgungszusagen sind nur einzelvertragliche Vereinbarungen über die Gewährung von betrieblichen Versorgungsleistungen (sog. **Einzelzusagen**) ohne jeglichen kollektiven Bezug. Sie wenden sich also ausschließlich an einzelne Versorgungsberechtigte und nicht an eine näher definierte Gruppe von Arbeitnehmern (*vgl. hierzu Höfer, BetrAVG, Bd. I [ArbR], ART Rn. 210 ff.*). Im Gegensatz zu ihrer Erteilung oder Verbesserung bedarf ein Eingriff in bestehende Einzelzusagen stets der **ausdrücklichen Zustimmung** des betroffenen Arbeitnehmers (*Griebeling, ZIP 1993, 1056; Höfer, BetrAVG, Bd. I [ArbR], ART Rn. 318 ff.; Langohr-Plato, MDR 1994, 854*). Die bloße Empfangsbestätigung des Änderungsangebotes und dessen Kenntnisnahme genügt nicht. Die Zustimmung kann der Arbeitgeber auch nicht durch den Hinweis herbeiführen, dass ein Schweigen des Arbeitnehmers zu der gewünschten Änderung als dessen Zustimmung gewertet wird. Vielmehr gilt das **Schweigen des Arbeitnehmers** grds. als **Ablehnung** der vom Arbeitgeber gewünschten Änderung (*st. Rspr., vgl. u. a. BAG, 08.07.1960 – 1 AZR 72/60, BB 1960, 942 = DB 1960, 1070; BAG, 17.07.1965 – 3 AZR 302/64, BB 1965, 1109 = DB 1965, 1445; BAG, 12.02.1985 – 3 AZR 183/83, BB 1985, 1668 = DB 1985, 2055*).

1508 Eine Ausnahme vom Grundsatz der ausdrücklichen Zustimmung gilt nach der Rechtsprechung des BAG allenfalls dann, wenn »**besondere Umstände** vorliegen, die nach Treu und Glauben keinen ausdrücklichen Widerspruch erwarten lassen« (*vgl. BAG, 12.02.1985 – 3 AZR 183/83, BB 1985, 1668 = DB 1985, 2055 = NZA 1986, 64*), so z. B. bei einem Personalleiter, der selbst als Verhandlungspartner für den Arbeitgeber Eingriffe in Versorgungsanwartschaften anderer Mitarbeiter durchgesetzt hat.

1509 Darüber hinaus muss sich nur der **Betriebsrentner unverzüglich erklären**, da sich bei ihm die geplanten Veränderungen **unmittelbar** und nicht erst in Zukunft **auswirken**. Von dem Versorgungsempfänger kann daher erwartet werden, dass er eine **Ablehnung** des Änderungsangebotes **ausdrücklich äußert**. Verzichtet er auf eine solche Ablehnungserklärung und nimmt er die dann vorgenommenen Eingriffe widerspruchslos hin, kann der Arbeitgeber ein **stillschweigendes Einverständnis** hierzu unterstellen (*Höfer, BetrAVG, Bd. I [ArbR], ART Rn. 323 m. w. N.; Langohr-Plato, MDR 1994, 854*).

1510 Verweigert der Arbeitnehmer die Zustimmung zu einer geplanten Verschlechterung seiner Versorgungszusage, kann der Arbeitgeber sein Ziel nur im Wege der **Änderungskündigung** des Arbeitsvertrages durchsetzen (*BAG, 16.09.1986 – GS 1/82, BB 1987, 265 = DB 1987, 383; Förster/Cisch/Karst, BetrAVG, § 1 Anm. 286, 296; Blomeyer/Rolfs/Otto, BetrAVG, Anh. § 1 Rn. 548; Höfer, BetrAVG, Bd. I [ArbR], ART Rn. 362 ff.*). Die Änderungskündigung beinhaltet im Gegensatz zur ordentlichen Kündigung ein Angebot zur Fortsetzung des Arbeitsverhältnisses unter veränderten Rahmenbedingungen. Lehnt der Arbeitnehmer dieses Angebot ab, ist sein Arbeitsverhältnis gekündigt. Es greifen jedoch auch hier die Schutzvorschriften des **Kündigungsschutzgesetzes** (soziale Rechtfertigung der Kündigung). Darüber hinaus sind die **Mitwirkungsrechte des Betriebsrates** nach § 102 BetrVG zu beachten. Hinzu kommt, dass die Änderungskündigung **nur ggü.** den noch **aktiven Versorgungsberechtigten** als Gestaltungsmittel angewandt werden kann, die mit unverfallbaren Anwartschaften ausgeschiedenen Mitarbeiter und die Betriebsrentner können hierüber also nicht zur Zustimmung gezwungen werden.

bb) Individual-rechtliche Versorgungszusagen mit kollektivrechtlichem Bezug

Bestehen für eine Vielzahl versorgungsberechtigter Arbeitnehmer gleichlautende, individual-rechtlich begründete Versorgungszusagen, sog. **Gesamtzusagen** bzw. **vertragliche Einheitsregelung** (*s. o. Rdn. 1567ff. und 1570*), scheitert die einzelvertragliche Änderung bereits unter praktischen Erwägungen, da es unwahrscheinlich ist, dass es dem Arbeitgeber gelingt, ausnahmslos jeden betroffenen Versorgungsberechtigten zur Zustimmung in die beabsichtigte Änderung zu bewegen (*Griebeling, ZIP 1993, 1056*). 1511

Eine durch Gesamtzusage oder vertragliche Einheitsregelung begründete und somit auf einzelvertraglicher Basis beruhende betriebliche Versorgungsordnung ist grds. gegen Verschlechterungen durch das **Günstigkeitsprinzip** geschützt (*BAG, 17.06.2003 – 3 ABR 43/02, DB 2004, 714*). Günstigere arbeitsvertragliche Regelungen bleiben daher auch dann, wenn sie auf einer Gesamtzusage oder vertraglichen Einheitsregelung beruhen, ggü. einer nachträglichen verschlechternden Betriebsvereinbarung wirksam (*BAG, 16.09.1986 – GS 1/82, DB 1986, 2027 m. w. N.*). 1512

Lediglich ausnahmsweise ist bei einer Gesamtzusage oder vertraglichen Einheitsregelung eine **Ablösung** durch eine »nachfolgende Betriebsvereinbarung« zulässig. Seit der Entscheidung des Großen Senats des BAG v. 16.09.1986 (*GS 1/82, BB 1987, 265 = DB 1987, 383 = NZA 1987, 168*) ist diese Gestaltungsmöglichkeit jedoch dahin gehend eingeschränkt, dass im Hinblick auf den kollektiven Bezug allgemeiner Arbeitsbedingungen ein sog. kollektiver **Günstigkeitsvergleich** (*ausführlich hierzu Tenbrock, S. 218 ff.*) vorgenommen werden muss. 1513

Hierbei unterscheidet der Große Senat zwischen **umstrukturierenden** und **verschlechternden Betriebsvereinbarungen**. Unter einer umstrukturierenden Betriebsvereinbarung versteht er eine Vereinbarung, »die im Vergleich zur vorhergehenden vertraglichen Einheitsregelung bei kollektiver Betrachtungsweise insgesamt für die Belegschaft nicht ungünstiger ist (**Günstigkeitsprinzip**)«. Das bedeutet, dass der bisherige Dotierungsrahmen nicht angetastet werden darf. Die umstrukturierende Betriebsvereinbarung kann somit lediglich **andere Verteilungsmaßstäbe** setzen und unpraktikable Regelungen auf den neuesten Stand bringen. Derartige umstrukturierende Betriebsvereinbarungen sind nicht zu beanstanden, wenn sie die Besitzstände der betroffenen Arbeitnehmer wahren und den Grundsätzen von Recht und Billigkeit entsprechen. 1514

Differenzierter ist die Rechtslage zu beurteilen, wenn durch eine neue **Betriebsvereinbarung** die bisher bestehende vertragliche Einheitsregelung insgesamt **verschlechtert** werden soll. Hierbei wird das Günstigkeitsprinzip im Allgemeinen verletzt. Ein derartiger Eingriff in ein bestehendes Versorgungswerk ist nur insoweit zulässig, als die vertragliche Rechtsposition in ihrem Bestand (noch) nicht geschützt ist. Eine entsprechend »schutzlose« Rechtsposition des Arbeitnehmers ist bei einer bereits bei Zusageerteilung vorbehaltenen späteren Ablösung ebenso anzunehmen wie bei einem späteren **Wegfall der** bei Zusageerteilung zugrunde gelegten **Geschäftsgrundlage** (*BAG, 26.04.1988 – 3 AZR 277/88, BB 1988, 2112 = DB 1988, 2311 = NZA 1989, 305; vgl. auch Hanau/Preis, RdA 1988, 69; Langohr-Plato, MDR 1994, 855*). Hiermit begrenzt das BAG die Regelungsbefugnis in Fällen »verschlechternder« Ablösungen auf Fallgestaltungen, in denen es dem Arbeitgeber **individualarbeitsrechtlich** erlaubt wäre, seine Versorgungszusage zu **widerrufen** oder eine Anpassung des Versorgungsversprechens an ein rechtlich oder wirtschaftlich verändertes Umfeld zu verlangen. Die Regelungsbefugnis wird damit im Wesentlichen auf den Fall der **wirtschaftlichen Notlage** beschränkt (*so auch Schumann, DB 1990, 2168; Langohr-Plato, MDR 1994, 855*). 1515

Allerdings können individual-rechtliche Versorgungszusagen mit kollektivem Bezug nur dann unter Kürzung des gesamten Dotierungsrahmens durch eine verschlechternde Betriebsvereinbarung 1516 modifiziert werden, wenn sie »**betriebsvereinbarungsoffen**« sind. Erforderlich ist also, dass die zu überarbeitende Versorgungsordnung den **Vorbehalt** enthält, dass eine spätere Betriebsvereinbarung den Vorrang haben soll (*BAG, 12.08.1982 – 6 AZR 1117/79, BB 1982, 2183 = DB 1982, 2298 = NJW 1983, 68; BAG, 16.09.1986 – GS 1/82, BB 1987, 265 = DB 1987, 383; Ahrend/Förster/Rößler, 1. Teil Rn. 623; Doetsch, DB 1993, 981, 985; Höfer, BetrAVG, Bd. I [ArbR], ART Rn. 348 ff.; Langohr-Plato, MDR 1994, 855*).

1517   Soweit ein solcher Vorbehalt fehlt, bleibt es bei den **individual-rechtlichen Gestaltungsmöglichkeiten** bzw. der nur **umstrukturierenden** Betriebsvereinbarung als Eingriffsmöglichkeit.

1518   Die Öffnungsklausel muss allerdings **nicht ausdrücklich**, d. h. schriftlich fixiert sein, sondern kann sich auch stillschweigend ergeben, wenn sich dies aus den »**entsprechenden Begleitumständen**« ergibt (*Doetsch, DB 1993, 981 [985] m. w. N.*). Der Rechtsprechung des BAG ist jedoch zu entnehmen, dass bei Fehlen eines ausdrücklichen Vorbehalts nicht ohne Weiteres von einer Betriebsvereinbarungsoffenheit ausgegangen werden kann. Das BAG hat bspw. das Vorliegen eines stillschweigenden Vorbehalts der Änderung durch nachfolgende Betriebsvereinbarung für den Fall angenommen, dass die vorangehende Norm (Gesamtzusage) den Hinweis enthält (bzw. mit dem Hinweis bekannt gegeben wurde), dass sie mit dem Betriebsrat abgestimmt ist (*BAG, 16.09.1986 – GS 1/82, DB 1987, 383*).

1519   Letztendlich stellt das BAG maßgeblich darauf ab, ob den Arbeitnehmern erkennbar war, dass der Arbeitgeber sich nicht verpflichten wollte, eine für alle Zeiten festgelegte Leistung zu erbringen. Insoweit soll allein die Tatsache, dass Versorgungsregelungen mit dem Betriebsrat »abgestimmt« waren, für den Versorgungsberechtigten bereits die Folgerung nahelegen, dass die vom Arbeitgeber zu erbringenden Versorgungsleistungen durch Mitwirkung des Betriebsrates umgestaltet werden können.

Das BAG neigt damit deutlich zu einer großzügigen Auslegung von Lebenssachverhalten zur Begründung stillschweigender Ablösungsvorbehalte. Gleichwohl ist auch für den Bereich der betrieblichen Altersversorgung davon auszugehen, dass eine Betriebsvereinbarungsoffenheit nicht generell, sondern nur auf der Basis bestimmter Anhaltspunkte anzunehmen ist.

1520   Auch leitende Angestellte i. S. v. § 5 Abs. 3f BetrVG können individual-rechtliche Versorgungszusagen mit kollektivrechtlichem Bezug besitzen, ihre Altersversorgung muss nicht notwendigerweise durch eine Individualzusage begründet sein. Liegt ein kollektivrechtlicher Bezug vor, kann die Regelung durch eine kollektivrechtliche Vereinbarung nach dem SprAuG abgelöst werden. Es gelten insoweit die gleichen Grundsätze wie für die ablösende Betriebsvereinbarung (*vgl. Höfer, BetrAVG, Bd. I [ArbR], ART Rn. 398 ff.*).

1521   Darüber hinaus bleibt dem Arbeitgeber als letzte Eingriffsmöglichkeit für die Reduzierung von Versorgungsanwartschaften noch die »**Änderungskündigung**« des Arbeitsvertrages gem. § 2 KSchG. Auf dieses Gestaltungsrecht ist der Arbeitgeber auch in den Fällen angewiesen, wenn z. B. leitende Mitarbeiter nicht von der Vertretungsmacht des Betriebsrates erfasst werden, Betriebsvereinbarungen für diesen Personenkreis also keine Bindungswirkung entfalten, oder wenn eine einzelvertraglich geregelte Zusage abgeändert werden soll (*Hanau/Preis, RdA 1988, 69; Schulin, DB 1984, Beilage Nr. 10, 4*). Die Änderungskündigung unterliegt allerdings den **Sonderregelungen** des **KSchG**, muss also unterschiedliche Kündigungsfristen sowie den besonderen Kündigungsschutz einzelner Arbeitnehmergruppen (Behinderte, werdende Mütter etc.) beachten. Dadurch wird die Erzielung einer betriebseinheitlichen Lösung erheblich erschwert.

cc) Kollektivrechtliche Zusagen

1522   Die Änderung tarifvertraglich geregelter, arbeitgeberfinanzierter Versorgungsleistungen ist bislang eher theoretischer Natur (*Griebeling, ZIP 1993, 1059*) gewesen, da insb. Firmentarifverträge, d. h. solche Tarifverträge, die die betriebliche Altersversorgung für nur ein Unternehmen regeln – im Gegensatz zur Umsetzung des Rechtsanspruchs auf Entgeltumwandlung – in der Vergangenheit nicht praktiziert worden sind. Überbetrieblich wirkende tarifvertragliche Regelungen zur betrieblichen

Altersversorgung waren ursprünglich ebenfalls nur in wenigen Bereichen vorzufinden, so z. B. im öffentlichen Dienst und in der Bauwirtschaft (*vgl. hierzu Ahrend/Förster/Rößler, 1. Teil Rn. 156*). Soweit derartige tarifvertragliche Regelungen bestehen, ist eine Änderung des Versorgungswerkes nur über die **Kündigung** des bestehenden und den Abschluss eines neuen **Tarifvertrages** realisierbar.

Soweit Versorgungsleistungen in Betriebsvereinbarungen normiert worden sind – was in der betrieblichen Praxis häufig vorzufinden ist – können Änderungen der bestehenden Betriebsvereinbarung entweder über den Weg der »**ablösenden Betriebsvereinbarung**« oder die »**Kündigung**« der bestehenden Betriebsvereinbarung bewirkt werden. 1523

Jede Betriebsvereinbarung kann nach Beendigung ihrer Laufzeit durch eine **abändernde Betriebsvereinbarung** abgelöst werden. Insoweit gilt die von der höchstrichterlichen Rechtsprechung seit Jahren gebilligte **Zeitkollisionsregelung**. Die ältere Norm wird durch die jüngere ersetzt (*BAG, 16.09.1986 – GS 1/82, BB 1987, 265 = DB 1987, 383; BAG, 17.03.1987 – 3 AZR 64/84, BB 1987, 1673 = DB 1987, 1639 = NZA 1987, 855; BAG, 22.05.1990 – 3 AZR 128/89, BB 1990, 2047 = DB 1990, 2174 = NZA 1990, 813; vgl. auch Dieterich, NZA 1987, 545, 549*). Die Rechtsprechung unterzieht allerdings die nachfolgende verschlechternde Betriebsvereinbarung stets einer sog. **Billigkeitskontrolle** (*BAG, 30.01.1970 – 3 AZR 44/68, BB 1970, 1097 = DB 1970, 1393 = NJW 1970, 1620; BAG, 14.11.1974 – 3 AZR 547/73, BB 1975, 374 = AuR 1975, 155; BAG, 18.05.1977 – 3 AZR 371/76, BB 1977, 1353 = DB 1977, 1655 = NJW 1977, 1982; BAG, 24.11.1977 – 3 AZR 732/76, BB 1978, 450 = DB 1978, 545 = MDR 1978, 434; BAG, 17.01.1980 – 3 AZR 456/78, BB 1980, 941 = DB 1980, 1399 = AuR 1980, 218; vgl. auch Griebeling, ZIP 1993, 1057; Höfer, BetrAVG, Bd. I [ArbR], ART Rn. 622 ff.; Langohr-Plato, MDR 1994, 855*). 1524

Die **Dienstvereinbarung** ist die »Betriebsvereinbarung im öffentlichen Dienst«. Von daher sind die von der Rechtsprechung des BAG entwickelten Rechtsgrundsätze zur Abänderbarkeit von Betriebsvereinbarungen über betriebliche Versorgungsleistungen entsprechend anzuwenden (*vgl. u. a. BAG, 17.11.1992 – 3 AZR 432/89, ZAP Fach 17 R, S. 49; BAG, 28.07.1998 – 3 AZR 357/97, DB 1999, 750*). 1525

(1) Die Rechtsprechung des BAG zu § 77 Abs. 6 BetrVG

Kommt es zu keiner Ablösung der bestehenden Betriebsvereinbarung, so bleibt dem Arbeitgeber nach § 77 Abs. 5 BetrVG die Möglichkeit der **Kündigung** der bisherigen Regelung (*BAG, 10.03.1992 – 3 AZR 54/91, NZA 1993, 234*), wobei diese Kündigung ohne Angabe von Kündigungsgründen erfolgen kann (*vgl. Blomeyer, DB 1985, 2506 ff. und DB 1990, 173*) und keiner inhaltlichen Kontrolle unterliegt. 1526

Dies gilt unabhängig vom Regelungsgegenstand, also auch dann, wenn es um eine betriebliche Altersversorgung geht (*BAG, 17.08.1999 – 3 ABR 55/98, BAGE 92, 203 = BetrAV 2000, 214 = BB 2000, 777 = DB 2000, 774 = NZA 2000, 498*). Das Betriebsverfassungsgesetz hat mit der uneingeschränkten Einräumung eines Kündigungsrechts in § 77 Abs. 5 BetrVG und der Bestimmung über die Nachwirkung in § 77 Abs. 6 BetrVG eine eigenständige Regelung zum Schutz anspruchsberechtigter Arbeitnehmer getroffen, die einer weiter gehenden allgemeinen Kündigungsmöglichkeit entgegensteht. 1527

Die Kündigung einer Betriebsvereinbarung über betriebliche Altersversorgung bewirkt daher nicht lediglich eine Schließung des Versorgungswerkes für die Zukunft. Auch Arbeitnehmer, die zum Zeitpunkt des Ausspruchs der Kündigung durch die Betriebsvereinbarung begünstigt wurden, sind von der Kündigung betroffen. 1528

Die gekündigte Betriebsvereinbarung entfaltet auch **keine Nachwirkung**, da ihre Fortgeltung durch den Betriebsrat nicht erzwingbar ist (*BAG, 09.02.1989 – 8 AZR 310/87, DB 1989, 2339; BAG, 11.05.1999 – 3 AZR 21/98, BetrAV 2000, 210 = BB 2000, 517 = DB 2000, 525 = ZIP 2000, 421; BAG, 17.08.1999 – 3 ABR 55/98, NZA 2000, 498*). 1529

1530 Nach der Rechtsprechung des BAG kann der Arbeitgeber nämlich **mitbestimmungsfrei** entscheiden, **ob** er überhaupt Leistungen der betrieblichen Altersversorgung gewähren will, **welcher Durchführungsweg** hierzu gewählt wird und **welcher Arbeitnehmerkreis** begünstigt werden soll (*grundlegend BAG, 12.06.1975 – 3 ABR 13/74, BB 1975, 1062 = DB 1975, 1559; BAG, 12.06.1975 – 3 ABR 137/73, BB 1975, 1064 = AuR 1975, 248; vgl. auch Heither, DB 1991, 700, 701; Langohr-Plato, MDR 1994, 853*).

1531 § 77 Abs. 6 BetrVG findet ebenfalls keine Anwendung (*BAG, 18.04.1989 – 3 AZR 688/87, BB 1990, 781 = DB 1989, 2232 = NZA 1990, 67*), sodass ein Mitbestimmungsrecht des Betriebsrates insoweit ausscheidet.

1532 Das Recht des Arbeitgebers, mitbestimmungsfrei über das »ob« einer betrieblichen Altersversorgung, d. h. über deren Einführung zu entscheiden, erfasst auch die mitbestimmungsfreie Entscheidungsbefugnis über deren Abschaffung.

(2) Rechtsfolgen der Kündigung einer Betriebsvereinbarung

1533 Das BAG unterscheidet allerdings zwischen der Kündbarkeit einer Betriebsvereinbarung und den **Rechtsfolgen einer Kündigung** (*BAG, 10.03.1992 – 3 AZR 54/91, NZA 1993, 234; BAG, 11.05.1999 – 3 AZR 21/98, BB 2000, 517; vgl. ferner Tenbrock, S. 273 f.*).

1534 Betriebsvereinbarungen über Leistungen der betrieblichen Altersversorgung unterscheiden sich nämlich von den Betriebsvereinbarungen über andere freiwillige Leistungen:

1535 Leistungen der betrieblichen Altersversorgung erhält der Arbeitnehmer erst, wenn er seinerseits vorgeleistet hat. Die Leistung, die durch Versorgung entgolten wird, ist die dem Arbeitgeber während der gesamten Dauer des Arbeitsverhältnisses erwiesene **Betriebstreue**, die Gesamtheit der ihm erbrachten Dienste. Die vom Arbeitgeber zugesagte Gegenleistung kann nicht wegfallen, ohne dass es dafür rechtlich billigenswerte Gründe gibt.

1536 Somit entfällt mit dem Wegfall der unmittelbaren und zwingenden Wirkung der gekündigten Betriebsvereinbarung die Rechtsgrundlage für die Entstehung von Versorgungsansprüchen für **alle** betriebsangehörigen Arbeitnehmer, die noch keinen Vollanspruch erdient haben. Auch für die betriebliche Altersversorgung gelten die Konsequenzen und Rechtsfolgen des Betriebsverfassungsgesetzes. Der Erwerb eines Anspruchs auf betriebliche Versorgungsleistungen setzt nämlich nach der Ansicht des BAG voraus, dass die Voraussetzungen unter der Geltung der Versorgungszusage erfüllt werden. Ist die Zusage jedoch durch Kündigung der Rechtsgrundlage »Betriebsvereinbarung« aufgehoben worden, können auch die dort aufgestellten Leistungsvoraussetzungen nicht mehr erfüllt werden.

1537 Die Wirkung der Kündigung einer Betriebsvereinbarung über betriebliche Altersversorgung ist allerdings mithilfe der Grundsätze des Vertrauensschutzes und der Verhältnismäßigkeit zu begrenzen. Deshalb werden die aufgrund einer Betriebsvereinbarung erworbenen **Besitzstände** der betroffenen Arbeitnehmer kraft Gesetzes nach den Grundsätzen der Verhältnismäßigkeit und des Vertrauensschutzes geschützt. Je stärker in Besitzstände und Erwerbschancen eingegriffen wird, desto gewichtiger müssen die Änderungsgründe sein.

1538 Dies hat zur Konsequenz, dass der Widerruf einer Betriebsvereinbarung über betriebliche Versorgungsleistungen nur in zukünftig erdienbare Rechtspositionen des Versorgungsberechtigten eingreifen kann und der bis zum Widerruf erdiente Besitzstand grds. aufrechtzuerhalten ist (*a. A. Roßmanith, DB 1999, 634 ff., der der Kündigung einer Betriebsvereinbarung nur eine der Schließung des Versorgungswerkes vergleichbare Rechtswirkung beimisst. Danach soll sie ausschließlich bewirken, dass neu eintretende Mitarbeiter aus ihr keine Rechte ableiten können*). Soweit hiernach Versorgungsbesitzstände unangetastet bleiben, ist deren Rechtsgrundlage weiterhin die gekündigte Betriebsvereinbarung (*BAG, 11.05.1999 – 3 AZR 21/98, BB 2000, 517; BAG, 17.08.1999 – 3 ABR 55/98, BAGE 92, 203 = BetrAV 2000, 214 = BB 2000, 777 = DB 2000, 774 = NZA 2000, 498*), die somit zumindest faktisch nachwirkt.

II. Widerruf, Einschränkung und Neuordnung betrieblicher Versorgungszusagen   C.

Soweit der Arbeitgeber mit der Kündigung »nur« erreichen will, dass die in der Vergangenheit erdienten Versorgungsanwartschaften weiter anwachsen, ist dies nur möglich, wenn die Kündigung durch sachlich-proportionale Gründe gerechtfertigt ist (*BAG, 17.08.1999 – 3 ABR 55/98, NZA 2000, 498*). Unter sachlich-proportionalen Gründen, die als Rechtfertigung für einen Eingriff in die Chance auf künftige Zuwächse ausreichen, versteht das BAG in ständiger Rechtsprechung willkürfreie, nachvollziehbare und anerkennenswerte Gründe, die auf einer wirtschaftlich ungünstigen Entwicklung des Unternehmens oder einer Fehlentwicklung des betrieblichen Versorgungswerks beruhen können (*BAG, 17.08.1999 – 3 ABR 55/98, NZA 2000, 498*).

Insoweit obliegt es dem Arbeitgeber darzulegen, inwieweit die Eingriffe in die betriebliche Altersversorgung in Bezug auf die eingetretene wirtschaftliche Situation verhältnismäßig sind. Diese Darlegungslast umfasst die Gesamtheit der Maßnahmen, die unter Berücksichtigung der wirtschaftlichen Lage die beabsichtigte Kosteneinsparung erzielen sollen. Der Eingriff in das betriebliche Versorgungswerk muss sich in ein nachvollziehbar auf eine Verbesserung der wirtschaftlichen Lage ausgerichtetes Gesamtkonzept einpassen.

Eine »willkürliche« Kündigung ist damit ausgeschlossen.

Die nach einer Kündigung der Betriebsvereinbarung verbleibenden Rechtspositionen genießen also unverändert den Schutz des § 77 Abs. 4 BetrVG.

(3) Prüfungsbefugnis des Betriebsrates

Der Betriebsrat ist allerdings befugt, im arbeitsgerichtlichen Beschlussverfahren feststellen zu lassen, welche Wirkungen die Kündigung hat und in welchem Umfang die Betriebsvereinbarung noch fort gilt. Das BAG ist zudem der Ansicht, dass die Entscheidung über einen solchen Antrag auch den Arbeitgeber und die betroffenen Arbeitnehmer im Verhältnis zueinander bindet. Eine konkrete Billigkeitskontrolle im Individualverfahren ist hierdurch jedoch nicht ausgeschlossen (*BAG, 17.08.1999 – 3 ABR 55/98, BAGE 92, 203 = BetrAV 2000, 214 = BB 2000, 777 = DB 2000, 774 = NZA 2000, 498*). 1539

(4) Erzwingbarkeit

Bei einer **ablösenden umstrukturierenden Betriebsvereinbarung**, die eine Änderung des Leistungsplans ohne Reduzierung des Dotierungsrahmens bewirkt, handelt es sich immer um einen **teilmitbestimmten Tatbestand**, da der konkrete Leistungsplan immer dem Mitbestimmungsrecht nach § 87 Abs. 1 Nr. 8 oder 10 BetrVG unterliegt. Insoweit können sowohl Arbeitgeber als auch Betriebsrat ein Einigungsstellenverfahren herbeiführen (*so auch: Kemper/Kisters-Kölkes, Rn. 627*). 1540

Soll dagegen eine **verschlechternde Neuordnung** durchgeführt werden, bei der zwangsläufig der Dotierungsrahmen reduziert wird, so kann diese Maßnahme nicht vom Arbeitgeber über ein Einigungsstellenverfahren erzwungen werden, da die Reduktion des Dotierungsrahmens ebenso wenig mitbestimmungspflichtig ist, wie seine Aufstellung (*Kemper/Kisters-Kölkes, Rn. 627*). Kommt es daher nicht zu einer ablösenden verschlechternden Betriebsvereinbarung hat der Arbeitgeber nur die Möglichkeit der Kündigung der Betriebsvereinbarung mit den hierzu dargestellten Konsequenzen. 1541

dd) Betriebliche Übung

Der Gesetzgeber hat in § 1b Abs. 1 Satz 3 BetrAVG die aufgrund **betrieblicher Übung** bestehenden Versorgungsansprüche den vertraglich begründeten Versorgungsverpflichtungen gleichgestellt. Schuldrechtlich wäre die aus einer betrieblichen Übung resultierende Versorgungsverpflichtung als **Gesamtzusage** zu bewerten, sodass für entsprechende Eingriffe in Versorgungsrechte die gleichen Grundsätze gelten wie bei den dargestellten Eingriffsmöglichkeiten bei Versorgungswerken, die auf vertraglichen Einheitsregelungen bzw. Gesamtzusagen basieren (*BAG, 18.03.2003 – 3 AZR 101/02, BB 2004, 945, 947; BAG, 21.08.1990 – 3 AZR 422/89, BB 1991, 1051 = DB 1991, 1632 = NZA 1991, 507*). 1542

291

b) Widerrufsmöglichkeiten

1543 Betriebliche Versorgungsleistungen stehen unter dem **Eigentumsschutz** von Art. 14 GG, d. h. auf ihren Bestand darf der Versorgungsberechtigte von dem Zeitpunkt an vertrauen, in dem die gesetzlichen **Unverfallbarkeitsfristen** (§ 1b BetrAVG) abgelaufen sind. Sobald also aus einem Versorgungsversprechen unverfallbare Versorgungsanwartschaften bestehen, ist eine einseitige, vom Arbeitgeber vorgenommene Änderung der Versorgungszusage entsprechend dem Rechtsgrundsatz »pacta sunt servanda« grds. ausgeschlossen. Dies gilt umso mehr, als nach der Rechtsprechung betrieblichen Versorgungsleistungen **Entgeltcharakter** beizumessen ist (*grundlegend u. a. BAG, 10.03.1972 – 3 AZR 278/71, BB 1972, 1005 = DB 1972, 1486 = MDR 1972, 899; BAG, 30.03.1973 – 3 AZR 26/72, BB 1973, 522 = DB 1973, 773 = NJW 1973, 959; BAG, 16.12.1976 – 3 AZR 761/75, BB 1977, 146 = DB 1977, 169 = AuR 1977, 122; BAG, 17.01.1980 – 3 AZR 614/78, BB 1980, 263 = DB 1980, 306 = NJW 1980, 1181; BAG, 28.09.1981 – 3 AZR 181/80, BB 1982, 1303 = DB 1982, 126; BAG, 17.04.1985 – 3 AZR 72/83, BB 1986, 1159 = DB 1986, 228 = AuR 1986, 57; BAG, 05.09.1989 – 3 AZR 575/88, DB 1989, 2615 = BB 1989, 2400 m. Anm. Höfer/Reiners; Blomeyer/ Rolfs/Otto, BetrAVG, Einl. Rn. 28 ff.; Höfer, BetrAVG, Bd. I [ArbR], ART Rn. 57 ff.*), die Betriebsrente somit als »**nachvertragliches Gehalt**« zu verstehen ist. Dann aber hat der Versorgungsberechtigte seine Leistung (= Arbeitsleistung) bereits erbracht, sodass sich der Arbeitgeber seiner Verpflichtung zur Gegenleistung (= Versorgungslohn) grds. nicht mehr entziehen kann (*BGH, 13.12.1999 – II ZR 152/98, ZIP 2000, 380; Langohr-Plato, MDR 1994, 854, 856*).

aa) Wegfall der Geschäftsgrundlage

1544 Ein **Widerruf** von Versorgungsleistungen kam – nach bisheriger Rechtsprechung – von daher vornehmlich nur bei einem **Wegfall der bei Zusageerteilung bestehenden Geschäftsgrundlage** in Betracht (*grundlegend BAG, 10.12.1971 – 3 AZR 190/71, BB 1972, 317 = DB 1972, 491 = NJW 1972, 733; BAG, 08.07.1972 – 3 AZR 481/71, BB 1972, 1409 = DB 1972, 2069*), wobei der Wegfall der Geschäftsgrundlage auf einer **wirtschaftlichen Notlage** beruhen musste.

1545 Diese wirtschaftliche Notlage war dem Sicherungsfall nach § 7 Abs. 1 Satz 3 Nr. 5 BetrAVG a. F. gleichzusetzen, sodass ein entsprechender Widerruf nur zulässig war, wenn die Belastungen des Arbeitgebers infolge der wirtschaftlichen Notlage so groß geworden waren, dass ihm als Schuldner der Versorgungszusage nicht zugemutet werden konnte, seine vertraglichen Verpflichtungen zu erfüllen (*BAG, 06.12.1979 – 3 AZR 274/78, BB 1980, 992 = DB 1980, 1172 = NJW 1980, 2598; BAG, 14.08.1980 – 3 AZR 437/79, BB 1981, 979 = DB 1981, 750 = AuR 1981, 122; BAG, 11.09.1980 – 3 AZR 544/79, BB 1981, 792 = DB 1981, 1141; BAG, 26.04.1988 – 3 AZR 277/87, BB 1988, 2112 = DB 1988, 2311 = NZA 1989, 305*). Dagegen reichten bloße sachliche Gründe nicht als Legitimation für einen Widerruf aus (*BAG, 26.04.1988 – 3 AZR 277/87, BB 1988, 2112 = DB 1988, 2311 = NZA 1989, 305*).

1546 Mit der Novellierung des BetrAVG zum 01.01.1999 ist der **Insolvenzsicherungsgrund** der wirtschaftlichen Notlage **entfallen**. Der PSV ist daher aufgrund dieser Einschränkung des Insolvenzschutzes nicht mehr für derartige »Notlagenfälle« einstandspflichtig (*nach früherem Recht konnte der Widerruf wegen wirtschaftlicher Notlage nur erfolgen, wenn der PSV die Haftung für die widerrufene Altersversorgung übernahm; vgl. hierzu BAG, 25.01.2000 – 3 AZR 862/98, juris Datenbank; Höfer, BetrAVG, Bd. I [ArbR], ART Rn. 474 ff.; Langohr-Plato, MDR 1994, 856*).

1547 Gerade vor diesem Hintergrund ist bereits im Gesetzgebungsverfahren die – von der Rechtsprechung (*vgl. hierzu BAG, 25.01.2000 – 3 AZR 862/98, JurionRS 2000, 22756; Reinecke, DB 2002, 2721 f.*) bislang noch nicht aufgegriffene – Frage nach der künftigen Zulässigkeit eines Widerrufs wegen wirtschaftlicher Notlage kontrovers diskutiert worden.

1548 So hat die **Bundesregierung** die Streichung des Sicherungsfalls »wirtschaftliche Notlage« u. a. damit begründet, dass als Folge der Streichung dieses Sicherungsfalls zugleich auch ein einseitiger Widerruf durch den Arbeitgeber mit der Begründung einer wirtschaftlichen Notlage nicht mehr möglich sei. Wörtlich heißt es hierzu in der amtlichen Begründung (*BT-Drucks. 12/3803, S. 121 ff.*):

»Durch den Wegfall des Sicherungsfalls ›wirtschaftliche Notlage‹ wird die Rechtsposition des Arbeitnehmers nicht verschlechtert. Denn aufgrund des von der Rechtsprechung hergestellten untrennbaren Zusammenhangs zwischen der Berechtigung zum Widerruf der Anwartschaft auf der einen und der gleichzeitigen Übernahme des widerrufenen Teils der Anwartschaft durch den PSV a.G. auf der anderen Seite ist mit der Streichung des Sicherungsfalls ›wirtschaftliche Notlage‹ auch ein einseitiger Widerruf der Anwartschaft durch den Arbeitgeber aufgrund einer wirtschaftlichen Notlage arbeitsrechtlich nicht mehr zulässig. Die Verweisung des Arbeitgebers auf den außergerichtlichen Vergleich oder das neue Insolvenzverfahren dürfte auch für ihn keine nachhaltige Beeinträchtigung darstellen .....«

Demgegenüber hat der **Bundesrat** die Ansicht vertreten, dass aufgrund der Streichung des Sicherungsfalls »wirtschaftliche Notlage« im Hinblick auf die Rechtsprechung des BAG vor Inkrafttreten des BetrAVG durchaus mit der Anerkennung eines einseitigen Widerrufsrechts durch die Gerichte zu rechnen sei. Wörtlich heißt es hierzu in der amtlichen Begründung (*BT-Drucks. 12/3803, S. 128f.*): 1549

»Die Behauptung ..., dass aufgrund der Rechtsprechung auch bei Streichung des Sicherungsfalls »wirtschaftliche Notlage« ein einseitiger Widerruf der Anwartschaft durch den Arbeitgeber aufgrund einer wirtschaftlichen Notlage arbeitsrechtlich nicht mehr zulässig sei, ist nicht nachzuvollziehen. Die Verknüpfung zulässiger Kürzung oder Einstellung von Versorgungsleistungen aufgrund »wirtschaftlicher Notlage« mit dem Insolvenzschutz wurde im Zuge der gesetzlichen Verbesserung der betrieblichen Altersversorgung durch die Vorschriften eingeführt, die nunmehr beseitigt werden sollen. ... Eine Streichung hätte die Wiederherstellung der Rechtslage vor Inkrafttreten des BetrAVG zur Folge. Bei dieser Rechtslage hatte das Bundesarbeitsgericht durchaus den einseitigen Widerruf durch den Arbeitgeber zugelassen (vgl. BAG, AP Nr. 154 zu § 242 BGB Ruhegehalt).«

Gleichwohl hat die Bundesregierung ihre Ansicht aufrechterhalten und dabei ergänzend darauf hingewiesen, dass der Widerruf wegen wirtschaftlicher Notlage in der Vergangenheit keine praktische Relevanz erfahren habe (*BT-Drucks. 12/3803, S. 121ff.*). So wurden nach einer offiziellen Statistik des PSV von den anerkannten Insolvenzfällen im Jahr 1990 nur zwei Fälle und im Jahr 1991 kein Fall mit einer wirtschaftlichen Notlage begründet. Zudem – so die Bundesregierung – habe die Rechtsprechung nach Inkrafttreten des BetrAVG die Anforderungen an einen Widerruf erheblich präzisiert und weiterentwickelt und gerade den sog. **Besitzstandsschutz** (*vgl. hierzu die noch folgenden Ausführungen unter Rdn. 1579ff.*) in den Vordergrund gestellt, sodass kaum ein Anwendungsfall vorstellbar sei, der – soweit eine wirtschaftliche Notlage positiv anzuerkennen sei – unter Zugrundelegung dieser restriktiven Rechtsprechung nicht zugleich in den **Sicherungsfall des außergerichtlichen Vergleichs** einmünde (*BT-Drucks. 12/3803, S. 137f.*). 1550

Vor diesem Hintergrund ist in wirtschaftlichen Krisensituationen ein **einseitiges Widerrufsrecht des Arbeitgebers nicht** mehr **zu bejahen** (*zustimmend BAG, 17.06.2003 – 3 AZR 396/02, AP Nr. 24 zu § 7 BetrAVG m. Anm. Langohr-Plato = BetrAV 2004, 82 = DB 2004, 324; vgl. ferner Andresen/Förster/Rößler/Rühmann, Teil 12 Rn. 376; Blomeyer/Rolfs/Otto, Anh. § 1 Rn. 524; Tenbrock, S. 209*). Das BetrAVG ist von seiner Gesamtkonzeption her ein Arbeitnehmerschutzgesetz. Gerade mit den Aspekten des Entgeltcharakters betrieblicher Versorgungsleistungen und deren Unverfallbarkeit wäre es unvereinbar, den Versorgungsberechtigten über eine einseitige Widerrufsmöglichkeit des Arbeitgebers, die keine Ersatzhaftung Dritter – hier des PSV – auslöst, schutzlos zu stellen. Gerade dies war aber (*s. o. Rdn. 1550*) nicht die Intention des Gesetzgebers. Selbst wenn man unter dem Aspekt des Grundsatzes der Vertragsfreiheit die vertragliche Vereinbarung eines entsprechenden Widerrufsvorbehaltes für zulässig erachtet (*so Höfer, BetrAVG, Bd. I [ArbR], § 7 Rn. 4387*), wird man aber in Anwendung der Rechtsgrundsätze von »Treu und Glauben« sowie des Verhältnismäßigkeitsgrundsatzes den Arbeitgeber verpflichten können und müssen, in einer solchen wirtschaftlichen Notlagensituation den Weg über den außergerichtlichen Vergleich zu gehen, um so den insoweit nach wie vor möglichen Insolvenzschutz für den Versorgungsberechtigten zu erlangen. 1551

Von daher ist insoweit der generelle Rechtsgrundsatz, dass fehlende wirtschaftliche Leistungsfähigkeit in aller Regel kein Grund dafür ist, sich von einer übernommenen Zahlungsverpflichtung zu lösen, auch im Betriebsrentenrecht wieder uneingeschränkt heranzuziehen (*so ausdrücklich BAG, 17.06.2003 – 3 AZR 396/02, AP Nr. 24 zu § 7 BetrAVG m. Anm. Langohr-Plato = BetrAV 2004, 82* 1552

= *DB 2004, 324; zustimmend BGH, 13.07.2006 – IX ZR 90/05, DB 2006, 1951 unter Rn. 25*). Das BAG differenziert insoweit somit nur zwischen wirtschaftlich noch existenten Unternehmen einerseits und insolventen Unternehmen andererseits. Wirtschaftliche »kranke« Unternehmen haben daher nur die Möglichkeit i. R. d. vom BAG aufgestellten sog. »3-Stufen-Theorie« eine verschlechternde Neuordnung der betrieblichen Altersversorgung mit dem Sozialpartner zu vereinbaren, oder den Weg über die Insolvenz zu gehen, um sich von eingegangenen Versorgungsverpflichtungen lösen zu können.

1553 Mithin kommt ein zum Widerruf rechtfertigender Eingriff in ein betriebliches Versorgungssystem nur unter dem Aspekt der **Äquivalenzstörung** in Betracht. Hierzu hat das BAG in seiner Entscheidung vom 19.02.2008 (*3 AZR 290/06, DB 2008, 1387*) allerdings die Anforderung an die Zulässigkeit eines solchen Widerrufs sehr hoch gesteckt: Danach kann eine Anpassung wegen Äquivalenzstörung nur dann verlangt werden, wenn der ursprüngliche Dotierungsrahmen aufgrund von Änderungen der Rechtslage um mehr als 50 % (sog. »Opfergrenze«) überschritten wird. Dies gilt jedenfalls dann, wenn es sich bei dem fraglichen Versorgungssystem um ein sog. »Gesamtversorgungssystem« handelt.

1554 Zusagen, die Betriebsrenten im Rahmen einer Gesamtversorgung an die Entwicklung der Einkünfte aktiver Arbeitnehmer anzubinden, sind ganz erheblichen Unsicherheiten ausgesetzt. Z. Zt. der Schaffung des Versorgungswerks ist nicht nur die allgemeine Vergütungsentwicklung ungewiss; Gesamtversorgungssysteme hängen notwendigerweise von der Entwicklung der Sozialgesetzgebung ab, sodass auch die Höhe der anrechenbaren Leistungen der gesetzlichen Sozialversicherung Schwankungen und sozialpolitischen Unwägbarkeiten unterliegt (*vgl. BAG, 09.07.1985 – 3 AZR 546/82, AP BetrAVG § 1 Ablösung Nr. 6 = EzA BetrAVG § 1 Nr. 37, zu I 2 b [1] der Gründe; 17.03.1987 – 3 AZR 64/84, BAGE 54, 261, zu II 3 c [3] der Gründe*). Dabei können sich die **Berechnungsfaktoren der Betriebsrente** sowohl zugunsten als auch zulasten des Arbeitgebers bzw. Rentners verändern. Vor diesem Hintergrund bringt ein Arbeitgeber, der eine betriebliche Altersversorgung zusagt, die von derart ungewissen Faktoren abhängen soll, zugleich zum Ausdruck, dass er dessen ungeachtet für ein bestimmtes Versorgungsniveau einstehen will. Dies stellt die Übernahme eines gesteigerten Risikos dar und kommt einem Garantieversprechen sehr nahe. Hiervon kann der Arbeitgeber sich nur unter besonders strengen Voraussetzungen lösen. Nur wenn die bei Schaffung des Versorgungswerks zugrunde gelegte Belastung um mehr als 50 % überschritten wird, ist das Gleichgewicht von Leistung und Gegenleistung so stark gestört, dass die Grenze des vom Arbeitgeber mit der Gesamtversorgungszusage übernommenen Risikos ebenfalls überschritten und sein Interesse auch nicht mehr annähernd gewahrt ist (*BAG, 19.02.2008 – 3 AZR 290/06, DB 2008, 1387*).

1555 Bei **kollektiven Gesamtzusagen** ist insoweit auf die Entwicklung der wirtschaftlichen Belastung in dem Zeitraum zwischen der Schaffung des Versorgungssystems und dem Zeitpunkt, zu dem eine Anpassung verlangt wird, abzustellen. Dies ist grds. unternehmensbezogen anhand eines Barwertvergleichs festzustellen (*BAG, 19.02.2008 – 3 AZR 290/06, DB 2008, 1387*).

1556 Von der Äquivalenzstörung abzugrenzen ist die sog. »**Zweckverfehlung**«, die dann vorliegt, wenn die unveränderte Anwendung der Versorgungszusage zu einer ggü. dem ursprünglichen Versorgungsziel planwidrig eintretenden Überversorgung führen würde (*ausführlich hierzu unten unter Rdn. 1587 ff.*).

bb) Treuepflichtverletzungen

1557 Ein möglicher Ausnahmefall, bei dem ein Widerruf oder eine Kürzung von Versorgungsleistungen nach der Rechtsprechung zulässig sein kann, ist unter bestimmten Voraussetzungen die **Treuepflichtverletzung** des Versorgungsberechtigten.

Mangels entsprechender gesetzlicher Regelungen hat das BAG seit seiner Entscheidung v. 18.10.1979 (*3 AZR 550/78, BB 1980, 470 = DB 1980, 500 = NJW 1980, 1127 = MDR 1980, 435*) in einer Vielzahl von weiteren Entscheidungen (*vgl. u. a. BAG, 19.06.1980 – 3 AZR 137/79, BB 1980, 1799*

= DB 1980, 2341 = NJW 1981, 188; BAG, 08.02.1983 – 3 AZR 10/81, BB 1983, 1100 = DB 1983, 1497 = NJW 1983, 2048; BAG, 08.05.1990 – 3 AZR 152/88, BB 1990, 1910 = DB 1990, 2173 = NZA 1990, 807; vgl. auch BGH, 13.12.1999 – II ZR 152/98, BB 2000, 2528) Grundsätze über den Widerruf von Versorgungszusagen wegen grober Treuepflichtverletzung des Arbeitnehmers aufgestellt.

Nach Ansicht des BAG führen die grundlegenden Wertentscheidungen des BetrAVG – Unverfallbarkeit, Auszehrungsverbot, Insolvenzsicherung, Einbeziehung der betrieblichen Versorgungsanwartschaft in den Versorgungsausgleich – zu einer starken **Verfestigung der Anwartschaften** als vom Arbeitnehmer kalkulierbares Äquivalent für die erbrachte Betriebstreue. 1558

Vor diesem Hintergrund kann ein auf ein treuwidriges Verhalten gestützter Widerruf von Versorgungsleistungen nur dann in Betracht kommen, wenn ein Festhalten des Arbeitnehmers an dem Versorgungsanspruch als **rechtsmissbräuchlich** zu werten ist. Der Einwand des Rechtsmissbrauchs ist nach der Rechtsprechung nur bei ungewöhnlich gravierenden Verstößen des Arbeitnehmers zulässig (*BGH, 22.06.1981 – II ZR 146/80, BB 1981, 1643 = DB 1981, 1971*), und das auch nur dann, wenn sich der Arbeitnehmer die Unverfallbarkeit der Anwartschaft erschlichen hat oder durch sein Fehlverhalten dem Arbeitgeber ein erheblicher und unübersehbarer Schaden zugefügt worden ist (*BAG, 11.05.1982 – 3 AZR 1239/79, BB 1983, 198 = DB 1982, 2411*), sodass sich die vom Arbeitnehmer erbrachte Betriebstreue rückwirkend betrachtet als wertlos erweist (*BAG, 08.05.1990 – 3 AZR 152/88, BB 1990, 1910 = DB 1990, 2173 = NZA 1990, 807*). 1559

Der Pensionsberechtigte muss also – mit anderen Worten – seine Pflichten in so grober Weise verletzt und seinem Dienstherrn einen so schweren, seine Existenz bedrohenden Schaden zugefügt haben, dass sich die in der Vergangenheit bewiesene Betriebstreue nachträglich als wertlos oder zumindest erheblich entwertet herausstellt (*BGH, 13.12.1999 – II ZR 152/98, ZIP 2000, 380; Blomeyer/Rolfs/Otto, Anh. § 1 Rn. 528 f.*). 1560

Eine derartige, einen Versorgungswiderruf rechtfertigende Treuepflichtverletzung des durch die Versorgungszusage Begünstigten hat die Rechtsprechung z. B. in einem Fall anerkannt, bei dem der Versorgungsberechtigte seinem Arbeitgeber, einer Bank, durch sein Verhalten, welches er trotz Beanstandungen nicht abgestellt hatte, einen Schaden von mehr als 26,6 Mio. DM (Eigenkapital der Bank ca. 22 Mio. DM) zugefügt hatte. Die Bank hätte normalerweise Konkurs anmelden müssen, wenn nicht andere Sicherungseinrichtungen vorhanden gewesen wären (*BGH, 13.12.1999 – II ZR 152/98, ZIP 2000, 380*). 1561

▶ Hinweis: 1562

Dabei ist zu beachten, dass ein Fehlverhalten, das eine **fristlose Kündigung** rechtfertigen würde, allein nicht den Widerruf einer Versorgungszusage rechtfertigen kann (*BAG, 08.02.1983 – 3 AZR 463/80, BB 1983, 1416 = DB 1983, 1770 = NJW 1984, 141; Höfer, BetrAVG, Bd. I [ArbR], ART Rn. 530*). Der Widerruf einer Versorgungszusage ist weder ein Mittel, pflichtwidriges Verhalten zu sanktionieren noch den pflichtwidrig handelnden Mitarbeiter zu disziplinieren. Hat sich der Arbeitnehmer die Versorgungsanwartschaft auf redliche Weise erdient, so kann er diese Anwartschaft nicht allein durch die Verletzung vertraglicher Pflichten verlieren (*BAG, 08.05.1990 – 3 AZR 152/88, BB 1990, 1910 = DB 1990, 2173 = NZA 1990, 807*).

Ebenfalls darf der Widerruf einer Versorgungszusage nicht zu einer **versteckten Konkurrenzklausel** führen (*Wichert, in: Arens/Wichert/Weisemann/Andermann, § 4 Rn. 21*) oder dazu dienen, schnell und einfach einen **Schadensersatzanspruch** des Arbeitgebers zu befriedigen. Stehen dem Arbeitgeber entsprechende Ersatzansprüche zu, so ist er insoweit auf die **gesetzlichen Klagemöglichkeiten** unter Beachtung des **Pfändungsschutzes**, eines evtl. mitwirkenden Verschuldens des Arbeitgebers sowie der beschränkten Arbeitnehmerhaftung zu verweisen (*BAG, 08.05.1990 – 3 AZR 152/88, BB 1990, 1910 = DB 1990, 2173 = NZA 1990, 807; LAG Hamm, 07.02.1989 – 6 Sa 1160/88, DB 1989, 788*). 1563

1564 Bei der Beurteilung des Arbeitnehmerfehlverhaltens sind somit weder die Schädigung als solche noch die Höhe des Schadens für sich allein maßgeblich. Entscheidend sind vielmehr die **konkreten Umstände** im jeweiligen Einzelfall, die insgesamt und im Zusammenhang zu würdigen sind (*Langohr-Plato, MDR 1994, 857*).

1565 Der Widerruf einer Versorgungszusage ist kein an eine bestimmte Frist gebundenes Gestaltungsrecht, sondern findet seine Grundlage in dem Einwand rechtsmissbräuchlichen Verhaltens, den der Verpflichtete dem Begehren des Versorgungsberechtigten mit Rücksicht auf dessen schwerwiegendes Fehlverhalten entgegensetzen kann (*BGH, 13.12.1999 – II ZR 152/98, BB 2000, 2518*). Allerdings steht es der Ausübung des Widerrufsrechts des Arbeitgebers entgegen, wenn sich das Verhalten des Arbeitgebers dahin gehend verstehen lässt, dass er den Verstoß gegen die Dienstpflichten und dessen Folgen nicht als so gravierend empfunden hat.

cc) Allgemeine Widerrufsvorbehalte

1566 Behält sich der Arbeitgeber vertraglich vor, seine Zusagen einzuschränken oder zu widerrufen, dann hat er nach geltendem Vertragsrecht auch die Möglichkeit, dieses Gestaltungsrecht auszuüben. Solche Regelungen sind von der Vertragsfreiheit gedeckt. In der betrieblichen Praxis finden sich zwei inhaltlich unterschiedlich ausgestaltete **Widerrufsvorbehalte**.

1567 Im ersten Fall – anzutreffen in vertraglichen Versorgungsordnungen wie in Betriebsvereinbarungen – wird beschrieben, unter welchen – strengen – Voraussetzungen die Lösung von eingegangenen Verpflichtungen zulässig ist, ohne steuerrechtliche Nachteile fürchten zu müssen. Der Ruhegeldsenat des BAG spricht von den sog. **steuerunschädlichen Vorbehalten**. Er geht davon aus, dass diese Vorbehalte rechtliche Bedingungen beschreiben, die ohnehin gelten, ein Anspruch nämlich dann nicht mehr durchgesetzt werden darf, wenn der Schuldner über eine Opfergrenze hinaus in Anspruch genommen würde (*BAG, 08.07.1972 – 3 AZR 481/71, BB 1972, 1409 = DB 1972, 2069; BAG, 02.08.1983 – 3 AZR 241/81, BB 1984, 144 = DB 1984, 137; BAG, 26.04.1988 – 3 AZR 277/87, BB 1988, 2112 = DB 1988, 2311; vgl. ferner Heither, DB 1991, 170; Wichert, in: Arens/Wichert/Weisemann/Andermann, § 4 Rn. 31*).

1568 Diese Vorbehalte wirken somit nur **deklaratorisch**, sie begründen kein eigenständiges Recht zum Widerruf (*BAG, 17.06.2003 – 3 AZR 396/02, BetrAV 2004, 82 = DB 2004, 324*).

1569 Der zweite Fall betrifft die Durchführung der betrieblichen Altersversorgung über eine Unterstützungskasse.

1570 Die **Unterstützungskasse** ist nach der gesetzlichen Definition in § 1b Abs. 4 Satz 1 BetrAVG eine rechtlich selbstständige, also rechtsfähige Versorgungseinrichtung, »**die auf ihre Leistungen keinen Rechtsanspruch gewährt**«.

1571 Was der Gesetzgeber bei der Schaffung des Betriebsrentengesetzes als geläufige Durchführungsform vorgefunden und in den definitorischen Merkmalen im Gesetz dargestellt hat, bedeutet in der (schon vorgesetzlichen) Auslegung des BAG aber nur, dass sich der Arbeitgeber das Recht vorbehält, die den Arbeitnehmern erteilten Zusagen aus »**sachlichen Gründen**« einzuschränken oder zu widerrufen (*BAG, 17.05.1973 – 3 AZR 381/72, BB 1973, 1309 = DB 1973, 1704 = NJW 1973, 1946; BAG, 17.04.1985 – 3 AZR 72/83, AuR 1986, 57 = BB 1986, 1159 = DB 1986, 228 = NZA 1986, 57; BAG, 18.04.1989 – 3 AZR 299/87, NZA 1989, 845; BAG, 26.08.1997 – 3 AZR 235/96, BB 1998, 1114; BAG, 17.11.1992 – 3 AZR 76/92, NZA 1993, 939; BVerfG, 19.10.1983 – 2 BvR 298/81, NJW 1984, 476*).

1572 Das BAG geht also entgegen dem Wortlaut des § 1b Abs. 4 Satz 1 BetrAVG davon aus, dass auch die Unterstützungskassenzusage einen **Rechtsanspruch** auf die zugesagte Leistung begründet (als Anspruch gegen den Arbeitgeber auf Verschaffung der zugesagten Leistungen), obwohl das Regelungswerk einen solchen rechtlich verbindlichen Anspruch (allerdings nur gegen die Versorgungseinrichtung selbst) gerade leugnet. Immerhin nimmt der Arbeitgeber eine Gestaltungsmöglichkeit wahr, die es ihm erlaubt, **flexibler** als bei Direktzusagen auf Änderungen der Rahmenbedingungen **zu reagieren**. Er darf einseitig **schon aus sachlichen Gründen** in die Rechte der begünstigten Arbeitnehmer eingreifen.

Dies bedeutet aber nicht, dass eine Unterstützungskassenversorgung jederzeit frei widerrufbar ist. So ist ein Widerruf wegen wirtschaftlicher Schwierigkeiten auch bei einer Unterstützungskassenversorgung durch den Arbeitgeber nur solange möglich und zulässig, wie es um ein sanierungsfähiges Unternehmen geht. Ist eine Sanierung nicht beabsichtigt, oder die Sanierung bereits gescheitert, scheidet ein »Sanierungsbeitrag« der Versorgungsberechtigten durch Reduzierung ihrer Versorgungsrechte aus *(BAG, 10.11.1981 – 3 AZR 1134/78, AP BetrAVG § 7 Widerruf Nr. 1; BAG, 29.09.2010 – 3 AZR 107/08, BetrAV 2011, 290 = NZA-RR 2011, 208)*. Dies gilt erst recht, wenn der Arbeitgeber insolvent ist. In diesem Fall brauchen die Versorgungsberechtigten nicht zur Befriedigung von Insolvenzgläubigern beizutragen *(BAG, 10.11.1981 – 3 AZR 1134/78, AP BetrAVG § 7 Widerruf Nr. 1; BAG, 29.09.2010 – 3 AZR 107/08, BetrAV 2011, 290 = NZA-RR 2011, 208)*.

Darüber hinaus ist auch bei der Unterstützungskasse ein Eingriff in gesetzlich unverfallbare Versorgungsanwartschaften und damit erst recht in bereits laufende Versorgungsleistungen unter jedem rechtlichen Gesichtspunkt ausgeschlossen *(vgl. BAG, 18.11. 2008 – 3 AZR 417/07, EzA BetrAVG § 7 Nr. 74; BAG, 29.09.2010 – 3 AZR 107/08, BetrAV 2011, 290 = NZA-RR 2011, 208)*.

dd) Steuerrechtliche Aspekte

Eine Pensionszusage, bei der die Versorgungsverpflichtung jederzeit, d. h. sowohl in der Anwartschaft- als auch in der Rentenphase i. H. d. nach § 6a Abs. 3 EStG gebildeten Teilwertes abgefunden bzw. widerrufen werden darf, steht nach Auffassung des BFH *(10.11.1998 – I R 49/97, DB 1999, 617)* unter einem gem. § 6a Abs. 1 Nr. 2 EStG steuerschädlichen Vorbehalt.

Nach dieser Vorschrift darf eine Pensionsrückstellung für unmittelbare Versorgungszusagen u. a. nur dann gebildet werden, wenn die zugrunde liegende Versorgungsvereinbarung keinen Vorbehalt enthält, wonach die Pensionsanwartschaft oder die Pensionsleistung gemindert oder entzogen werden kann. Die Rechtsprechung hat in diesem Zusammenhang immer wieder zwischen steuerschädlichen und steuerunschädlichen Vorbehalten differenziert. Ein dieser Rechtsprechung entsprechender enumerativer Katalog der steuerunschädlichen Vorbehalte ist in den Einkommensteuerrichtlinien (R 6a Abs. 4 EStR 2005) enthalten. Danach stehen der Bildung von Pensionsrückstellungen solche Vorbehalte nicht entgegen, die dem verpflichteten Arbeitgeber nur in den engen Grenzen des billigen Ermessens eine Reduktion oder gar einen vollständigen Entzug der zugesagten Versorgungsleistungen erlauben. Steuerschädlich ist demnach ein Vorbehalt dann, wenn die Versorgungsanwartschaft oder -leistung ohne sachlichen Grund, d. h. nach freiem Belieben des Arbeitgebers reduziert oder entzogen werden kann.

Erforderlich für die steuerliche Anerkennung einer Abfindungs- bzw. Widerrufsvereinbarung ist somit eine Gestaltung, die die Ausübung dieses Rechts an die Beachtung dieser Ermessensgrundsätze knüpft.

▶ Hinweis:

Von daher kann nur empfohlen werden, sich bei der Gestaltung von Vorbehalten in einer Versorgungsvereinbarung strikt an den Wortlaut der Mustervorbehalte der EStR zu halten, wenn man die steuerliche Anerkennung der Pensionsrückstellungen nicht gefährden will.

c) Eingriffsumfang

Ist somit ein Eingriff in das bestehende Versorgungssystem nach den vorstehenden Ausführungen über den **Widerruf** grds. **zulässig**, lässt sich daraus noch nichts über den **Eingriffsumfang** ableiten. Insoweit ist vielmehr neben dem **Eingriffsgrund** insb. auf den **Besitzstand** der Arbeitnehmer abzustellen.

1578 Der **Besitzstand** ist eine rechtliche Position des Arbeitnehmers, die auf Dauer angelegt ist, die also ungeachtet der weiteren Entwicklung im Zeitablauf fortbestehen soll, und die ohne rechtfertigenden Grund nicht wieder entzogen werden darf (*BAG, 22.09.1987 – 3 AZR 662/85, DB 1988, 291 = NZA 1988, 732*). Eine Verschlechterung einer Versorgungszusage ist demnach nur dann zulässig, wenn die bereits erworbenen Rechtspositionen der Versorgungsberechtigten angemessen berücksichtigt werden. Die jeweilige Neuordnung unterliegt damit einer **Rechts-** und **Billigkeitskontrolle** durch die Gerichte (*Hanau, RdA 1988, 69 ff.*).

aa) Besitzstandswahrung

1579 Der versorgungsrechtliche Besitzstandsschutz markiert sowohl die Wirkungen einer Kündigung der Versorgungsvereinbarung als auch die Untergrenze für eine künftige Neuregelung, und zwar unabhängig davon, ob die Neuregelung einvernehmlich erfolgt oder vor der Einigungsstelle oder gar im gerichtlichen Beschlussverfahren durchgesetzt wird.

1580 Das BAG (*vgl. u. a. BAG, 17.04.1985 – 3 AZR 72/83, BB 1986, 1159 = DB 1986, 228 = NZA 1986, 57; BAG, 22.05.1990 – 3 AZR 128/89, BB 1990, 2047 = DB 1990, 2174 = NZA 1990, 813; BAG, 17.11.1992 – 3 AZR 76/92, BB 1993, 1292 = DB 1993, 1241 = NZA 1993, 939; BAG, 18.03.2003 – 3 AZR 101/02, BB 2004, 945, 948; BAG, 10.09.2003 – 3 AZR 635/01, BB 2003, 2749 = DB 2003, 1525; BAG, 19.11.2002 – 3 AZR 167/02, BAGE 104, 1 = BetrAV 2003, 558 = DB 2003, 2131 = NZA 2004, 264; vgl. ferner Förster/Cisch/Karst, BetrAVG, § 1 Anm. 255 ff.; Heither, DB 1991, 700 [703 f.]; Schumann, DB 1990, 2165 f.; Tenbrock, S. 253 ff.*) hat in diesem Zusammenhang abstufende Kriterien (**3-Stufen-Theorie**) für den Eingriff in ein bestehendes betriebliches Versorgungswerk aufgestellt. Eine **ablösende, einschränkende Betriebsvereinbarung** ist danach darauf zu untersuchen, ob es im Hinblick auf den Grundsatz zum Vertrauensschutz und zur Verhältnismäßigkeit für sie einen der Intensität des Eingriffs in die bereits begründeten Besitzstände entsprechenden Rechtfertigungsgrund gibt. Je nachdem, ob die Neuregelung in bereits erdiente Besitzstände, in eine erdiente Dynamik oder in die eingeräumte Möglichkeit, noch dienstzeitabhängige Zuwächse zu erdienen, eingreifen will, bedarf es zu deren Rechtfertigung **zwingender** (erdienter Teilbetrag), **triftiger** (erdiente Dynamik) oder doch zumindest **sachlich-proportionaler** (noch nicht erdiente Steigerungsbeträge) Eingriffsgründe.

(1) Erdienter Teilbetrag

1581 Dieser Besitzstand kennzeichnet den Betrag, den der Arbeitnehmer beim Ausscheiden aus dem Arbeitsverhältnis mitnehmen und im späteren Versorgungsfall verlangen kann bzw. den der PSV im Insolvenzfall zu übernehmen hätte. Dieser unverfallbare und insolvenzgeschützte Teilbetrag ist gem. § 2 BetrAVG zeitanteilig zu berechnen und verändert sich nach dem Stichtag des Eingriffs bzw. der Neuregelung nicht mehr. Da dieser Teilanspruch voll mit Betriebstreue belegt ist, der Arbeitnehmer insoweit also seine Vorleistung vollständig erbracht hat, muss dieser Besitzstand besonders stark geschützt sein. Die Beseitigung würde rückwirkend schon verdientes Arbeitsentgelt entschädigungslos entziehen.

Dieser Besitzstand greift nicht nur bei halb- oder volldynamischen Versorgungszusagen, die nicht an eine Gesamtversorgung anknüpfen, sondern auch für die variable Entwicklung des Versorgungsbedarfs eines Gesamtversorgungssystems. Auch bei einem solchen, von der Entwicklung der gesetzlichen Rentenversicherung und/oder sonstiger externer Bezugsgrößen (z. B. Steuern) abhängigen Versorgungssystem ist zu berücksichtigen, dass der Arbeitnehmer für seine bereits vorgeleistete Betriebstreue nicht nur feste Steigerungsbeträge erhalten soll, sondern dass diese Anwartschaften auch den geänderten Verhältnissen (Anwachsen der Versorgungslücke durch Entwicklungen in der Rentenbiografie oder Sozialgesetzgebung) angepasst werden. Diese Wertsteigerung ist ebenfalls, soweit sie zeitlich auf den bereits erdienten Anwartschaftsteil entfällt, Bestandteil des erdienten Besitzstandes (*BAG, 17.03.1987 – 3 AZR 64/84, BB 1987, 1673 = DB 1987, 1639 = NZA 1987, 855*).

II. Widerruf, Einschränkung und Neuordnung betrieblicher Versorgungszusagen   C.

Hinsichtlich des Zeitpunkts für die Berechnung des erdienten Besitzstandes hat das BAG (*11.12.2001 – 3 AZR 512/00, BAGE 100, 76 = DB 2003, 293 = NZA 2003, 1414 = RdA 2004, 48; vgl. auch BAG, 18.09.2001 – 3 AZR 728/00, DB 2002, 1114*) in der Weise Stellung genommen, dass ein Besitzstand nur insoweit erdient und damit allenfalls bei Vorliegen zwingender Gründe entziehbar ist, als der Arbeitnehmer Beschäftigungszeiten im schutzwürdigen Vertrauen darauf zurückgelegt hat, dass die bisherige Versorgungsregelung fortbesteht. Das bedeutet, dass in engen Grenzen auch ein Widerruf mit Rückwirkung zulässig ist. Im Streitfall hatte die Gruppenunterstützungskasse bereits 1995 eine (weitere) schlechtere Neuregelung beschlossen und die Mitglieder zum »Beitritt« ermächtigt. Im Anschluss daran hatte es im Betrieb eine mehrjährige intensive Diskussion über die künftige Altersversorgung gegeben. 1997 war ein Einigungsstellenverfahren eingeleitet worden, dass am 23.01.1998 abgeschlossen wurde. Der Widerruf war im Februar 1998 rückwirkend zum 31.12.1997 erfolgt. Das BAG hat in dieser Rückwirkung keinen Eingriff in den erdienten Besitzstand gesehen. 1582

(2) Künftige Zuwächse (erdiente Dynamik/erdienbare Zuwachsraten)

Wer nur die Aussicht hat, seine Altersversorgung durch weitere Dienste zu steigern, kann nicht den gleichen Bestandsschutz erwarten wie derjenige, der das ihm Mögliche und von ihm Verlangte schon geleistet hat. Zuwächse können aber von **unterschiedlichen Bemessungsfaktoren** abhängig sein. Das BAG nimmt daher eine weitere Differenzierung vor. 1583

Ist der von der Kürzung betroffene Bemessungsfaktor **dienstzeitunabhängig**, z.B. das Endgehalt, dann kann man für eine bis zum Versorgungsfall wachsende Versorgung schon in der Vergangenheit Betriebstreue geleistet haben. Der Arbeitnehmer kann z.B. 20 Jahre Dienst erbracht und so eine bis zum Ruhestandsalter zeitanteilig berechenbare Quote vom Endgehalt erdient haben. Hierfür hat sich die Bezeichnung »**erdiente Dynamik**« eingebürgert. 1584

Ob ein Eingriff in eine »erdiente Dynamik« gegeben ist, lässt sich bei weiteren dienstzeitabhängigen Zuwächsen (z.B. weil der Versorgungsberechtigte auch von der schlechteren Neuregelung erfasst wird) regelmäßig erst im Zeitpunkt des Ausscheidens des Arbeitnehmers treffen. Zu vergleichen sind im Ausscheidenszeitpunkt der Versorgungsbesitzstand, den der Arbeitnehmer nach der neuen Versorgungsordnung erdient hat und der im Ablösezeitpunkt erdiente, aber nach Maßgabe der alten Versorgungsordnung dynamisierte Besitzstand. Ein Eingriff in eine erdiente Dynamik liegt nur dann und nur insoweit vor, als ersterer hinter letzterem zurückbleibt (*BAG, 11.12.2001 – 3 AZR 128/01, BetrAV 2003, 81 und 3 AZR 621/00 – n. V./BAG-Datenbank*).

Praktikabilitätserwägungen sprechen nach Reinecke (*DB 2002, 2721*) nicht entscheidend gegen die gefundene Lösung. Es treffe zwar zu, dass in diesen Fällen häufig erst bei Ausscheiden feststehen werde, ob die neue Versorgungsordnung in die erdiente Dynamik eingegriffen habe. Es könne aber schon vorher geklärt werden, ob ein – etwaiger – Eingriff in die erdiente Dynamik zulässig sei. Würden sachliche Gründe für Eingriffe in dienstzeitabhängige Zuwächse nicht bestritten, könne der Antrag dahin lauten, festzustellen, dass dem Arbeitnehmer zumindest der Betrag zustehe, der sich ergebe, wenn der im Ablösungszeitpunkt erdiente Besitzstand entsprechend der alten Versorgungsordnung dynamisiert werde, sich also z.B. auf der Basis des tatsächlichen Endgehalts errechne. Sollten derartige Unsicherheiten und daraus folgende Streitigkeiten vermieden werden, könne in die ablösende Versorgungsordnung auch von vornherein eine entsprechende Besitzstandsklausel aufgenommen werden. Schließlich spreche gegen das gefundene Ergebnis auch nicht der Umstand, dass die Betriebstreue nach dem Ablösungszeitpunkt nicht mehr (in demselben Ausmaß) steige, wie dies bei neu eintretenden Arbeitnehmern der Fall sei. Das sei hinzunehmen. Der Arbeitnehmer, der unter Geltung der alten und neuen Versorgungsordnung arbeite, habe zu keinem Zeitpunkt ein schützenswertes Vertrauen darauf gehabt, dass er den dynamisierten Besitzstand und zusätzlich die Steigerungsbeträge erhalte. Die durch Besitzstandswahrung verursachte Ungleichbehandlung sei in diesem Fall zulässig (*Reinecke, DB 2002, 2721 f.*).

C. Spezialfragen

1585 Der Bemessungsfaktor kann aber auch rein **dienstzeitabhängig** sein, etwa in einem jährlich erst zu erdienenden Festbetrag oder in einem jährlich anzurechnenden Prozentsatz von einem anderen Faktor, z. B. dem Endgehalt, bestehen. Auf die Berücksichtigung solcher Faktoren hat der Arbeitnehmer zwar einen Anspruch – die Berechnung ist ja zugesagt – aber dafür hat er **noch keine eigene Vorleistung** erbracht. Dieser Anspruch ist noch weniger bestandsgesichert als die zeitanteilig erdiente Dynamik. Hier werden allgemeine Lebensrisiken manifest.

bb) Eingriffsgrund

1586 Auch die Gründe, die Veranlassung geben, ein bestehendes Versorgungswerk zum Nachteil der Arbeitnehmer einzuschränken, können von ganz unterschiedlichem Gewicht sein. Ein Arbeitgeber kann vor dem wirtschaftlichen Ruin stehen, er kann aber auch »bloß« unternehmenspolitische Ziele verfolgen. Akzeptiert man, dass es sowohl **Besitzstände** als auch **Eingriffsgründe von unterschiedlicher Stärke** gibt, dann muss man auch anerkennen, dass der Eingriffsgrund umso gewichtiger sein muss, je stärker der Besitzstand ist, in den eingegriffen werden soll. Diese »**Je-Desto-Regel**« ist nichts anderes als die zivilrechtliche Ausprägung der Verfassungsgrundsätze der **Verhältnismäßigkeit** und des rechtsstaatlichen **Vertrauensschutzes** (*BAG, 23.10.1990 – 3 AZR 260/89, BB 1991, 699 = DB 1991, 449 = NZA 1991, 242*). Hiervon ausgehend unterscheidet die Rechtsprechung die verschiedenen Gewichte der Eingriffsgründe wie folgt (*vgl. u. a. BAG, 17.04.1985 – 3 AZR 72/83, BB 1986, 1159 = DB 1986, 228 = NZA 1986, 57; BAG, 17.03.1987 – 3 AZR 64/84, BB 1987, 1673 = DB 1987, 1639 = NZA 1987, 855; BAG, 18.04.1989 – 3 AZR 688/87, BB 1990, 781 = DB 1989, 2232 = NZA 1990, 67; BAG, 17.11.1992 – 3 AZR 76/92, BB 1993, 1292 = DB 1993, 1241 = NZA 1993, 939; vgl. auch Höfer, BetrAVG, Bd. I [ArbR], ART Rn. 569 ff.; Griebeling, ZIP 1993, 1055 [1059 f.]; Langohr-Plato, MDR 1994, 858*).

(1) Zwingender Grund

1587 Hierunter versteht das BAG die **schwersten** Gründe, die für einen Eingriff in bestehende Rechte infrage kommen. Bisher hat der Ruhegeldsenat zu zwei Fallvarianten Stellung genommen, die im Vertragsrecht auch ohne entsprechenden Vorbehalt die Lösung von eingegangenen Verpflichtungen erlauben, weil die **Geschäftsgrundlage** der Zusage **erschüttert** oder weggefallen ist: Der Fall der **schweren wirtschaftlichen Notlage** des Versorgungsschuldners und der Fall der **planwidrigen Überversorgung** (»Zweckverfehlung«) durch Änderung der Rahmenbedingungen. Einmal würde – ohne Entlastung – die Opfergrenze des Schuldners überschritten, im anderen Fall würde der mit der Zusage verfolgte Zweck, etwa die Erhaltung des bisherigen Lebensstandards im Ruhestand, massiv verfehlt.

1588 Die **planwidrige Überversorgung** ist ein relativer, sich auf die konkrete Versorgungsordnung erstreckender Begriff. Dabei sind nur die versorgungsfähigen Vergütungsbestandteile zu berücksichtigen (*BAG, 22.10.2002 – 3 AZR 496/01, AP Nr. 10 zu § 1 BetrAVG – Überversorgung*).

1589 Zur **Vermeidung** von planwidrigen Überversorgungen können bestehende **Obergrenzen** dahin gehend **reduziert** werden, dass die Betriebsrente zusammen mit einem anrechenbaren Teil der gesetzlichen Sozialversicherungsrente **100 % des letzten Nettoeinkommens** nicht übersteigen darf. Das Vertrauen der Versorgungsberechtigten darauf, eine höhere Gesamtversorgung erwarten zu können, ist **nicht schutzwürdig**. Insoweit billigt das BAG sogar **Eingriffe in bereits erdiente Anwartschaftswerte** und sogar **in den nach § 2 BetrAVG errechneten Teilbetrag** (*BAG, 08.12.1981 – 3 ABR 53/80, BB 1982, 186 = DB 1982, 336 = NJW 1982, 1416; BAG, 17.03.1987 – 3 AZR 64/84, BB 1987, 1673 = DB 1987, 1639 = NZA 1987, 855; zuletzt bestätigt durch zwei Entscheidungen, und zwar BAG, 23.10.1990 – 3 AZR 470/87, ZAP 1991, Fach 17 R, S. 23 f. m. Anm. Langohr-Plato und BAG, 23.10.1990 – 3 AZR 260/89, BB 1991, 699 = DB 1991, 449 = NZA 1991, 242; BAG, 13.11.2007 – 3 AZR 455/06, DB 2008, S. 995; vgl. ferner Hanau/Preis, RdA 1988, 83 ff.*). Sinn und Zweck der betrieblichen Altersversorgung ist nämlich nicht, dem Arbeitnehmer durch das Zusammenwirken von gesetzlicher und betrieblicher Altersversorgung zu höheren Bezügen im Ruhestand zu verhelfen als er sie während seiner aktiven Dienstzeit hatte.

II. Widerruf, Einschränkung und Neuordnung betrieblicher Versorgungszusagen   C.

Eine darüber hinausgehende Absenkung des Versorgungsniveaus auf z. B. 93,5 % der letzten Nettobezüge hat das BAG zwar in seinem Urt. v. 17.11.1992 (*3 AZR 432/89, ZAP 1993, Fach 17 R, S. 49 f. m. Anm. Langohr-Plato*) auch für zulässig erachtet. Dabei handelte es sich jedoch um einen »**Sonderfall**« (*Griebeling, ZIP 1993, 1061 in Fn. 35*) eines **öffentlich-rechtlichen** und damit zur sparsamen Haushaltsführung gesetzlich verpflichteten **Arbeitgebers** (*vgl. auch BAG, 25.05.2004 – 3 AZR 123/03, ZTR 2005, 263; BAG, 28.07.2005 – 3 AZR 549/04, JurionRS 2005, 26921*). In diesem Fall war die Rücknahme der Überversorgung schon deshalb gerechtfertigt, weil bereits die Zusage als solche vom BAG für rechtswidrig erachtet worden ist.

Die Zusage einer Überversorgung durch einen öffentlich-rechtlichen Arbeitgeber ist nämlich, anders als durch einen privaten Arbeitgeber, nicht gestattet und begründet kein schutzwürdiges Vertrauen der begünstigten Arbeitnehmer in den Fortbestand der Zusage (*BAG, 17.11.1992 – 3 AZR 432/89, ZAP Fach 17 R, S. 49*). Sie müssen sich entgegenhalten lassen, dass ihr Arbeitgeber den Grundsätzen sparsamer und wirtschaftlicher Haushaltsführung verpflichtet ist und daher hinnehmen, dass ihm die rechtliche Möglichkeit eingeräumt wird, Verstöße gegen diese Prinzipien zu korrigieren und in maßvoller Weise die erteilten Versorgungszusagen zurückzunehmen (*BAG, 03.09.1991 – 3 AZR 369/90, AuR 1992, 157 = BetrAV 1992, 175 = BB 1992, 572 = DB 1992, 994 = MDR 1992, 591 = NZA 1992, 515*). 1590

Dagegen unterliegt der private Arbeitgeber keinen entsprechenden gesetzlichen Sparzwängen und kann seine Prioritäten freisetzen. Diese Unterschiede rechtfertigen nach Ansicht des BAG eine Differenzierung zwischen privatrechtlicher und öffentlich-rechtlicher betrieblicher Altersversorgung. Insoweit bleibt es daher im privaten Arbeitsverhältnis in Zusammenhang mit einem überversorgungsbedingten Abbau der Versorgungsleistungen bei einer Limitierung auf 100 % des letzten Nettoeinkommens.

Eine die Anpassungsbefugnis begründende Überversorgung kann nach dem BAG aber auch dann vorliegen, wenn sich aus einer in der Versorgungszusage enthaltenen Gesamtversorgungsobergrenze oder einer Höchstbegrenzungsklausel ergibt, dass die Versorgungszusage nur einen unterhalb der letzten Nettoeinkünfte liegenden Versorgungsgrad angestrebt hat und dieser Versorgungsgrad nunmehr aufgrund der Änderungen insb. im Abgabenrecht planwidrig erheblich überschritten wird. In dem konkreten Fall war eine Rückführung der Gesamtversorgungsobergrenze auf 85 % der letzten Nettobezüge vom BAG anerkannt worden. Die mit der Sache befasste Einigungsstelle sei in ihrer Regelungskompetenz nicht auf eine Absenkung bis zu 100 % der letzten Nettoentgelte beschränkt gewesen. Es sei die typische Rechtsfolge des Wegfalls der Geschäftsgrundlage, dass die ursprünglichen rechtsgeschäftlichen Regelungen entsprechend dem damaligen Regelungsziel angepasst werden können. Dies seien 81 % der letzten Nettobezüge gewesen. Bei den von der Versorgungsordnung geschützten Mitarbeitern habe kein schützenswertes Vertrauen darauf entstehen können, dass sie in ihrem Berufsleben eine erheblich über diese Grenze hinausgehende Gesamtversorgung würden erreichen können. Wenn angesichts dessen die Einigungsstelle eine Gesamtversorgungsobergrenze von 85 % der letzten Nettobezüge festlege und darüber hinaus für rentennahe Jahrgänge den Eingriff erheblich mildernde Übergangsregelungen schaffe, reagiere sie verhältnismäßig auf den eingetretenen Wegfall der Geschäftsgrundlage und vermeide hiervon nicht gebotene soziale Härten (*BAG, 23.09.1997 – 3 ABR 85/96, DB 1998, 779*). 1591

Erforderlich ist also eine entsprechend **deutliche Abweichung** von den der ursprünglichen Versorgungsordnung zugrunde liegenden Umständen (*BAG, 13.11.2007 – 3 AZR 455/06, DB 2008, S. 995*). Liegt eine solche deutliche Abweichung vor, so ist dem Arbeitgeber eine Fortführung der ursprünglichen Zusage nicht mehr zumutbar. Dieser trägt zwar das Risiko, dass bei einer von ihm in der Versorgungsordnung festgelegten Bruttogesamtversorgungsobergrenze generell Abweichungen auftreten können. Er muss jedoch nicht hinnehmen, dass eine derartige Begrenzung überhaupt nicht mehr stattfindet und kann daher ein **einseitiges Leistungsbestimmungsrecht** zur Beseitigung dieser Abweichung **geltend machen**. Dieses ist nach billigem Ermessen auszuüben (*BAG, 13.11.2007 – 3 AZR 455/06, DB 2008, S. 995*). 1592

Diese Eingriffsmöglichkeit besteht allerdings nur für **planwidrig** (z. B. durch Änderungen in der gesetzlichen Rentenversicherung oder im Steuerrecht) eingetretene Überversorgungen. Versorgungszusagen, die von vornherein die Möglichkeit eröffnen, eine **Gesamtversorgung** zu erreichen, die **über die letzten effektiven Arbeitseinkünfte** hinausgeht und damit eine Vollversorgung überschreitet, können dagegen nicht im Nachhinein allein mit der Begründung eingeschränkt werden, es sei eine sozial unerwünschte Überversorgung eingetreten (*BAG, 23.10.1990 – 3 AZR 470/87, ZAP 1991, Fach 17 R, S. 23 f. m. Anm. Langohr-Plato*).

1593 Hinsichtlich der für die Feststellung einer planwidrigen Überversorgung notwendigen Ermittlung des Versorgungsziels kommt es, wenn die Versorgungszusage nicht auf einer individuellen Vereinbarung, sondern auf einer allgemeinen Versorgungsordnung beruht, auf den Zeitpunkt an, in dem das Versorgungssystem geschaffen wurde. Bei einer Gesamtzusage ist auf deren Erteilung und nicht auf den Beginn des einzelnen Arbeitsverhältnisses abzustellen (*BAG, 28.07.1998 – 3 AZR 100/98, DB 1999, 389; BAG, 22.10.2002 – 3 AZR 496/01, AP Nr. 10 zu § 1 BetrAVG Überversorgung; BAG, 13.11.2007 – 3 AZR 455/06, DB 2008, S. 994*).

1594 Zu beachten ist ferner, dass sich die Anpassungsregelungen beim Abbau einer planwidrigen Überversorgung an den Grundprinzipien der bisherigen Versorgungsordnung ausrichten müssen. Das Anpassungsrecht des Arbeitgebers dient nicht dazu, die Versorgungsordnung umzustrukturieren und veränderte Gerechtigkeitsvorstellungen zu verwirklichen. Billigte die Versorgungsordnung allen Versorgungsberechtigten unabhängig von ihrer Dienstzeit einen bestimmten Versorgungsgrad zu, darf eine neue nach Dienstzeit gestaffelte Gesamtversorgungsobergrenze bei Versorgungsberechtigten mit kürzerer Dienstzeit nicht zu einem geringeren Versorgungsgrad als ursprünglich vorgesehen führen (*BAG, 28.07.1998 – 3 AZR 357/97, DB 1999, 750*). Mithin darf durch das Anpassungsrecht nicht stärker in die geltende Versorgungsregelung eingegriffen werden, als es durch die Anpassung an die Grundlagen der ursprünglichen Vereinbarung geboten ist (*BAG, 13.11.2007 – 3 AZR 455/06, DB 2008, S. 995 m. w. N.*).

1595 Das Recht zum Abbau einer planwidrigen Überversorgung kann ggf. verwirkt sein, wenn der Arbeitgeber sein diesbezügliches Recht längere Zeit nicht ausgeübt hat und die betroffenen Arbeitnehmer nach dem früheren Verhalten des Arbeitgebers erwarten durften, das Recht werde nicht mehr geltend gemacht. Insoweit soll es unerheblich sein, wenn der Arbeitgeber erklärt hat, er beabsichtige, den Altbestand von Versorgungsberechtigten auch künftig zu schonen. Solche Erwartungen müssten nach Ansicht des BAG in rechtsverbindlicher Weise festgelegt werden, bei einer Betriebsvereinbarung etwa durch Ausschluss einer Kündigung. In dem konkreten Fall hatten die mehrfach mit der Überversorgung befassten Organe der Beklagten niemals zum Ausdruck gebracht, die Überversorgung werde endgültig hingenommen (*BAG, 28.07.1998 – 3 AZR 357/97, DB 1999, 751; vgl. auch BAG, 28.07.1998 – 3 AZR 100/98, DB 1999, 389*). In einem anderen Fall stand nach dem BAG der Anpassungsbefugnis der Einigungsstelle nicht entgegen, dass zwischen der Verkündung des Betriebsrentengesetzes und dem Spruch der Einigungsstelle im Jahr 1993 erhebliche Zeit verstrichen sei. In dem konkreten Fall hatten die Betriebspartner bereits seit Mitte der 80er-Jahre über eine Neuregelung verhandelt, nachdem das Versorgungswerk bereits im Jahr 1981 für neu eintretende Mitarbeiter geschlossen worden war (*BAG, 23.09.1997 – 3 ABR 85/96, DB 1998, 779*).

Allein die Tatsache, dass der Arbeitgeber längere Zeit nicht gegen die Überversorgung eingeschritten ist, rechtfertigt dagegen noch nicht die Annahme einer Verwirkung des Anpassungsrechts (*BAG, 22.10.2002 – 3 AZR 496/01, AP Nr. 10 zu § 1 BetrAVG Überversorgung*).

(2) Triftiger Grund

1596 Hierbei handelt es sich um eine Wortschöpfung des BVerfG (*19.10.1983 – 2 BvR 298/81, BB 1984, 341 und 1367 = DB 1984, 190 = NJW 1984, 476*). Welcher Grund ein triftiger ist, hat das BVerfG nicht näher ausgeführt, aber es hat deutlich gemacht, dass dieser Grund weniger gewichtig sein muss als der vorstehend beschriebene zwingende Grund. Der Ruhegeldsenat hat zunächst als triftigen

II. Widerruf, Einschränkung und Neuordnung betrieblicher Versorgungszusagen   C.

Grund anerkannt, dass die Versorgungslast **langfristig die Substanz des Unternehmens gefährden** würde (*BAG, 05.06.1984 – 3 AZR 33/84, BB 1984, 2067 = DB 1984, 2461 = NZA 1985, 22*).

Bei seinen Überlegungen zu einem solchen triftigen Grund wirtschaftlicher Art hat sich der Senat an seine Rechtsprechung zur »wirtschaftlichen Lage« des Arbeitgebers in § 16 BetrAVG angelehnt (*BAG, 05.06.1984 – 3 AZR 33/884, NZA 1985, 22*). Danach liegt ein triftiger Grund, der einen Eingriff in die erdiente Dynamik einer Versorgungszusage rechtfertigen kann, vor, wenn ein unveränderter Fortbestand des Versorgungswerkes langfristig zu einer Substanzgefährdung des Versorgungsschuldners führen würde. Dies ist insb. der Fall, wenn die Kosten des bisherigen Versorgungswerkes nicht mehr aus den Unternehmenserträgen und etwaigen Wertzuwächsen des Unternehmensvermögens erwirtschaftet werden können, sodass eine die Entwicklung des Unternehmens beeinträchtigende Substanzaufzehrung droht (*BAG, 11.12.2001 – 3 AZR 512/00, BAGE 100, 76 = DB 2003, 293 = NZA 2003, 1414 = RdA 2004, 48*). Wirtschaftliche Gründe fehlen, wenn bereits nach der vereinbarten Dynamisierungsregelung für eine dienstzeitunabhängige Dynamik bei einer langfristigen Substanzgefährdung des Unternehmens eine Erhöhung der Versorgungsanwartschaften unterbleiben darf (*BAG, 21.08.2001 – 3 ABR 44/00, DB 2002, 952*).

Als nicht durch die Versorgungslast beeinflussten triftigen Grund nicht wirtschaftlicher Art hat der Senat »**dringende betriebliche Bedürfnisse**« anerkannt, »wenn ohne Schmälerung des Gesamtaufwands für die Versorgung (individuelle) Leistungskürzungen durch Leistungsverbesserungen aufgewogen werden, die dazu dienen sollen, eine Verzerrung des Leistungsgefüges zu beseitigen« (*BAG, 11.09.1990 – 3 AZR 380/89, BB 1991, 72 = DB 1991, 503 = NZA 1991, 176*). Seine Überlegungen zum triftigen Grund nicht wirtschaftlicher Art sind beeinflusst von der »umstrukturierenden Betriebsvereinbarung« i. S. d. Beschl. des Großen Senats des BAG v. 16.09.1986 (*GS 1/82, BB 1987, 265 = DB 1987, 383 = NZA 1987, 168*). 1597

Dringende Gründe nicht wirtschaftlicher Art können einen Eingriff danach dann rechtfertigen, wenn ohne Schmälerung des Gesamtaufwands für die Versorgung Leistungskürzungen durch Verbesserungen des Versorgungsschutzes aufgewogen werden. Dabei ist die Zustimmung des Betriebsrates zu der Neuregelung ein wichtiges Indiz für die Ausgewogenheit der Neuregelung (*BAG, 17.11.1992 – 3 AZR 76/92, DB 1993, 1241*). Anerkannt wird in diesem Zusammenhang auch das Bestreben nach Vereinheitlichung bislang unterschiedlicher Versorgungsordnungen in einem Konzern (*BAG, 07.07.1992 – 3 AZR 522/91, DB 1992, 2451*). 1598

(3) Sachlicher Grund

Das BAG versteht hierunter **willkürfreie, nachvollziehbare** und **anerkennenswerte Erwägungen**, die darauf hinzielen, dienstzeitabhängige Zuwächse für die Zukunft neu zu regeln. Das kann eine **wirtschaftlich ungünstige Entwicklung** des Unternehmens sein, aber auch eine **Fehlentwicklung** der Versorgung. Grds. wird man hierunter **jede Änderung der Sach- und Rechtslage** erfassen können, die nach Einrichtung des betrieblichen Versorgungswerkes aufgetreten ist und einen Eingriff in das Leistungsniveau erforderlich macht (*BAG, 22.04.1986 – 3 AZR 496/83, DB 1986, 1526; Langohr-Plato, MDR 1994, 858*). 1599

Z. B. können die durch eine Renten- oder Steuerreform bedingten **finanziellen Mehrbelastungen** als sachliche, willkürfreie Gründe für einen Eingriff in die dritte Besitzstandsstufe herangezogen werden. Derartige wirtschaftliche Argumente hat die Rechtsprechung bislang stets insoweit als Rechtfertigungsgründe ausreichen lassen, als es sich um sehr **erhebliche** Mehrbelastungen durch nicht vorhersehbare, grundlegende Änderungen des Sozialversicherungs- und Steuerrechts gehandelt hat (*vgl. u. a. BAG, 22.04.1986 – 3 AZR 496/83, DB 1986, 1526; BAG, 18.04.1989 – 3 AZR 299/87, DB 1989, 1876; BAG, 23.09.1997 – 3 ABR 85/96, DB 1998, 779; BAG, 28.07.1998 – 3 AZR 357/97, DB 1999, 750, unter Ziff. II 1c der Gründe; BAG, 11.05.1999 – 3 AZR 21/98, DB 2000, 525; Höfer, BetrAVG, Bd. I [ArbR], ART Rn. 601*). Allein die Tatsache, dass im Rahmen eines Gesamtversorgungssystems der Arbeitgeber eine negative Entwicklung im Sozialversicherungsrecht durch eine erhöhte Betriebsrentenzahlung ausgleichen muss, reicht insoweit daher nicht aus. Hierbei handelt es sich nämlich nicht um eine atypische oder außergewöhnliche Zweckverfehlung, sondern um eine systemimmanente Entwicklung. Zum System der Gesamtversorgung gehört ja gerade, dass der Arbeitgeber jede nachteilige Veränderung in der Sozialversicherung ausgleichen muss.

1600 Darüber hinaus ist auch i. R. d. dritten Besitzstandsstufe der Grundsatz der **Verhältnismäßigkeit** zu beachten, d. h. dass der mildeste Eingriff gewählt werden muss, der zur Sanierung des Unternehmens erforderlich ist (*BAG, 08.07.1972 – 3 AZR 481/71, BB 1972, 1409; BAG, 22.04.1986 – 3 AZR 496/83, BB 1986, 1506 = DB 1986, 1526 = NZA 1986, 746; Blomeyer/Rolfs/Otto, BetrAVG, Anh. § 1 Rn. 632*).

1601 I. Ü. sind zur Korrektur besonderer individueller Härtefälle sog. Übergangsregelungen insb. für rentennahe Jahrgänge vorzusehen (*BAG, 17.03.1987 – 3 AZR 64/84, BetrAV 1987, 225; BAG, 17.11.1992 – 3 AZR 432/89, ZAP Fach 17 R, S. 49*), die in aller Regel keine Möglichkeit mehr haben, ihre individuelle Altersversorgungsplanung auf die geänderten Versorgungsbedingungen abzustellen. Dies wird von der Rechtsprechung im Rahmen einer konkreten Billigkeitskontrolle überprüft (*vgl. BAG, 08.12.1981 – ABR 53/80, BetrAV 1982, 45; BAG, 08.12.1981 – 3 AZR 518/80, BetrAV 1982, 46; BAG, 16.09.1986 – GS 1/82, DB 1987, 383; Höfer, BetrAVG, Bd. I [ArbR], ART Rn. 632f.*)

1602 Nach dem BAG (*18.09.2001 – 3 AZR 728/00, DB 2002, 1114*) sind bei einem Eingriff in dienstzeitabhängige Zuwächse die – hierfür ausreichenden – sachlich-proportionalen Gründe nachzuweisen; die Willkürfreiheit des Eingriffs ist zu belegen. Dafür wird regelmäßig der allgemeine Hinweis auf wirtschaftliche Schwierigkeiten nicht ausreichen. Diese sind im Einzelnen darzulegen. Anderweitige naheliegende Einsparmöglichkeiten müssen zumindest erwogen und ihre Unterlassung plausibel erklärt werden. Eines ausgewogenen Sanierungsplans bedarf es indes nicht. Es geht nicht um die Darlegung einer wirtschaftlichen Notlage, sondern um willkürfreie, nachvollziehbare und anerkennenswerte Eingriffsgründe, wie sie insb. bei einer wirtschaftlich ungünstigen Lage des Versorgungsschuldners oder bei einer Fehlentwicklung des betrieblichen Versorgungswerks typischerweise gegeben sind (*vgl. dazu BAG, 18.09.2001 – 3 AZR 728/00, NZA 02, 1164, 1168f.; LAG Berlin, 30.03.2004 – 3 Sa 1374/03, juris Datenbank*).

1603 Willkürfreiheit bedeutet, dass die Gründe nachvollziehbar erkennen lassen müssen, welche Umstände und Erwägungen zur Änderung der Versorgungszusage Anlass gegeben haben. Das Vertrauen der Arbeitnehmer in den Fortbestand der bisherigen Regelung darf nicht über Gebühr beeinträchtigt werden. Die sachlichen Gründe sind deshalb ggü. den schützenswerten Interessen des Arbeitnehmers abzuwägen (*vgl. BAG, 10.09.2002 – 3 AZR 635/01, BB 2003, 2749 = DB 2003, 1525*).

1604 Ein Eingriff in Zuwachsraten, die noch nicht erdient sind, ist daher dann sachlich gerechtfertigt, wenn auf die andauernde Verschlechterung der Ertragskraft mit einem Bündel von Maßnahmen reagiert wird und, nachdem diese Maßnahmen noch nicht ausreichend gegriffen haben, zur Kostensenkung auch das betriebliche Versorgungswerk herangezogen wird (*BAG, 11.05.1999 – 3 AZR 21/98, BAGE 91, 310 = BetrAV 2000, 210 = BB 2000, 516 = DB 2000, 525 = NZA 2000, 322*).

1605 Sachlich proportionale Gründe liegen bereits dann vor, wenn ein unabhängiger Sachverständiger Feststellungen getroffen hat, die einen dringenden Sanierungsbedarf begründen. Allenfalls offensichtliche und ergebnisrelevante Fehler oder die Erstellung der Bilanz entgegen den anerkannten Regeln können der Annahme entgegenstehen, ein Eingriff zu Sanierungszwecken sei nicht willkürlich erfolgt.

1606 Ferner ist das Ziel, ein vorhandenes Versorgungswerk auf bislang nicht erfasste Personengruppen und/oder Betriebsteile auszudehnen bzw. verschiedene Versorgungssysteme anzugleichen (sog. **Vereinheitlichungsinteresse**), ein kollektives Interesse der Gesamtbelegschaft, das bei einer gleichzeitigen Erweiterung des Dotierungsrahmens Eingriffe in künftige Zuwächse rechtfertigen und damit als sachlicher Grund i. S. d. 3-Stufen-Theorie infrage kommen kann (*so jedenfalls BAG, 08.12.1981 – 3 ABR 53/80, BB 1982, 186*). Aber auch insoweit ist im konkreten Einzelfall eine Prüfung der Verhältnismäßigkeit erforderlich. Nicht jede qualitative Verschlechterung des Versorgungswerkes kann mit dem Vereinheitlichungsinteresse gerechtfertigt werden (*BAG, 18.03.2003 – 3 AZR 101/02, BB 2004, 945, 947*).

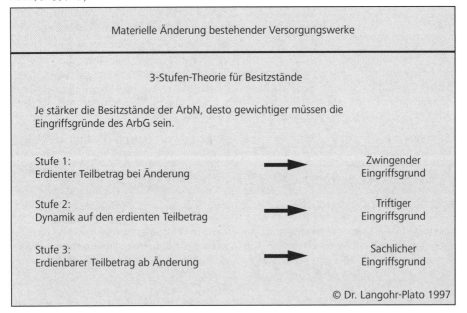

Bei allen Eingriffsgründen stellt sich zudem die Frage, welche Bedeutung eine etwaige Zustimmung des Betriebsrates zur Verschlechterung der Versorgungsordnung hat. In seinem Urt. v. 11.12.2001 (*3 AZR 621/00, BAG-Datenbank*) hat der 3. Senat des BAG seine ständige Rechtsprechung bestätigt, wonach die Zustimmung des Betriebsrates ein Anzeichen dafür sein kann, dass ein Bedürfnis für die Neuregelung besteht und die Neuregelung ausgewogen ist. In dem Streitfall enthielt die Präambel der abändernden Betriebsvereinbarung Formulierungen, wonach ausreichend triftige Gründe vorliegen und die Beibehaltung des alten Versorgungswerkes den Bestand der Organisation gefährden kann.

cc) Besonderheiten bei der inhaltlichen Umstellung von Versorgungsplänen

Das vom BAG aufgestellte 3-stufige-Prüfungsschema für verschlechternde Eingriffe in bestehende Versorgungssysteme ist für Eingriffe in die Höhe der Versorgungsanwartschaften entwickelt worden. Es lässt sich nach Auffassung des BAG auf andere Eingriffe in Versorgungsrechte wie beispielsweise die Änderungen von Anpassungsregelungen bei laufenden Betriebsrenten oder auf die Schaffung von Ausschlussstatbeständen für eine Hinterbliebenenversorgung *(vgl. BAG, 21.11.2000 – 3 AZR 91/00, AP BetrAVG § 1 Hinterbliebenenversorgung Nr. 21 = EzA BetrAVG § 1 Ablösung Nr. 26 m. w. N.)* oder auf Eingriffe in laufende Leistungen und Anpassungsregelungen *(vgl. BAG, 28.06.2011 – 3 AZR 282/09 – Rn. 38 ff., EzA BetrAVG § 16 Nr. 59)* nicht ohne Weiteres übertragen.

Ebenso wenig kann es für die Umstellung von einem Versprechen laufender Rentenleistungen auf ein Versprechen einer Kapitalleistung angewandt werden. Eine solche Umstellung für sich genommen stellt keinen Eingriff in die Höhe der Versorgungsanwartschaften dar. Gleichwohl ist die Zusage einer lebenslänglich laufenden Zahlung auch besitzstandsfähig. Laufende Rentenleistungen haben für den Arbeitnehmer eine besondere Wertigkeit. Hat der Arbeitgeber eine laufende Rentenzahlung zugesagt, so hat er damit zum Ausdruck gebracht, dass er das Langlebigkeitsrisiko mit allen für den Arbeitnehmer und ihn damit verbundenen Vor- und Nachteilen tragen will. Hierauf konnte sich der Arbeitnehmer verlassen. Durch den Wechsel von der Zusage laufender Rentenleistungen hin zu einer Zusage einer Kapitalleistung wird das Langlebigkeitsrisiko einseitig auf den betroffenen Arbeitnehmer verlagert. Außerdem lösen nur laufende Rentenleistungen eine Anpassungsprüfungspflicht nach § 16 BetrAVG aus, wodurch regelmäßig der Wert der Rente über die gesamte Rentenbezugsdauer erhalten bleibt. Zudem birgt der Wechsel von laufenden Rentenleistungen hin zur Kapitalleistung stets die Gefahr in sich, dass es aufgrund der Progressionswirkung zu einer höheren Steuerlast des Arbeitnehmers kommt. Dies gilt auch bei Leistung des Kapitalbetrages in Teilbeträgen, die dem Versorgungsberechtigten in mehreren Jahren zufließen.

Deshalb hat ein Arbeitgeber, der eine Zusage laufender Rentenleistungen vollständig durch die Zusage einer Kapitalleistung ersetzen will, diese Umstellung besonders zu rechtfertigen. Die Umstellung bedarf wegen der damit für den Arbeitnehmer verbundenen Nachteile einer eigenständigen Rechtfertigung anhand der Grundsätze des Vertrauensschutzes und der Verhältnismäßigkeit (*BAG, 17.05.2012 – 3 AZR 11/10, BetrAV 2012, 524 = NZA-RR 2012, 433*).

Die Umstellung von einer laufenden Leistung in eine Kapitalleistung bedarf auch dann einer Rechtfertigung, wenn das vom Arbeitgeber gezahlte Kapital bei einer statistischen Durchschnittsbetrachtung ausreichen würde, um durch Eigenvorsorge Einbußen bei der Altersversorgung zu vermeiden (*BAG, 17.05.2012 – 3 AZR 11/10, BetrAV 2012, 524 = NZA-RR 2012, 433*).

dd) Besonderheiten bei der Änderung tarifvertraglich normierter Versorgungssysteme

1608 Das vom BAG für die materielle Überprüfung von Eingriffen in Versorgungsanwartschaften mit der sog. **3-Stufen-Theorie** entwickelte Prüfungsschema kann nicht unbesehen auf Tarifverträge angewendet werden (*BAG, 25.05.2004 – 3 AZR 123/03, ZTR 2005, 263, zu B I 4 b bb (2) der Gründe; BAG, 28.07.2005 – 3 AZR 549/04, JurionRS 2005, 26921; BAG, 17.06.2008 – 3 AZR 409/06, DB 2008, 2314*). Die Tarifautonomie ist nämlich als Teil der Koalitionsfreiheit durch Art. 9 Abs. 3 GG verfassungsrechtlich geschützt (*BVerfG, 03.04.2001 – 1 BvL 32/97, BVerfGE 103, 293*). Den Tarifvertragsparteien steht daher bei der inhaltlichen Gestaltung ihrer Regelungen ein **Beurteilungs- und Ermessensspielraum** zu (*BAG, 14.10.2003 – 9 AZR 146/03, BAGE 108, 95; BAG, 17.06.2008 – 3 AZR 409/06, DB 2008, 2315*). Tarifverträge unterliegen deshalb keiner Billigkeitskontrolle. Die Gerichte haben sie nur daraufhin zu überprüfen, ob sie gegen das Grundgesetz oder anderes höherrangiges Recht verstoßen (*BAG, 24.08.1993 – 3 AZR 313/93, AP BetrAVG § 1 Ablösung Nr. 19 = EzA BetrAVG § 1 Ablösung Nr. 10, zu B II 2 der Gründe; BAG, v. 28.07.2005 – 3 AZR 549/04, JurionRS 2005, 26921; BAG, 17.06.2008 – 3 AZR 409/06, DB 2008, 2315*).

1609 Allerdings sind die Tarifvertragsparteien – ebenso wie der Gesetzgeber – an die aus dem in Art. 20 Abs. 3 GG normierten Rechtsstaatsprinzip folgenden Grundsätze des **Vertrauensschutzes** und der **Verhältnismäßigkeit** gebunden (*vgl. BAG, 26.08.1997 – 3 AZR 235/96, BAGE 86, 216, 223; BAG, 13.12.2005 – 3 AZR 478/04, DB 2006, 1013 = BetrAV 2006, 487; BAG, 17.06.2008 – 3 AZR 409/06, DB 2008, 2316*). Auch sonst werden belastende Tarifnormen nach den allgemeinen Prinzipien des Vertrauensschutzes und des darauf beruhenden Rückwirkungsverbotes überprüft (*vgl. BVerfG, 15.10.1996 – 1 BvL 44, 48/92, BVerfGE 95, 64; BAG, 15.11.2000 – 5 AZR 310/99, BAGE 96, 249, 252 f.; BAG, 16.07.1996 – 3 AZR 398/95, BAGE 83, 293, 297; BAG, 13.12.2005 – 3 AZR 478/04, DB 2006, 1013 = BetrAV 2006, 487*).

1610 Wie bei Eingriffen in laufende Versorgungsleistungen lassen sich insoweit die Gründe für die Veränderungen von Anwartschaften ausgeschiedener Arbeitnehmer nicht schematisch festlegen. Sie hängen von den Nachteilen ab, die künftigen Versorgungsberechtigten durch die konkrete Änderung entstehen (*BAG, 09.11.1999 – 3 AZR 432/98, BAGE 92, 358, 366*).

Zwar hat z. B. der ausgeschiedene, aber noch nicht betriebsrentenberechtigte ehemalige Arbeitnehmer eine »Versorgungsanwartschaft«. Diese ist aber nicht gegen Tarifänderungen geschützt (§ 17 Abs. 3 Satz 1 BetrAVG i. V. m. § 2 Abs. 5 BetrAVG). Der Gesetzgeber hat insoweit den Schutz für ausgeschiedene Arbeitnehmer dem Primat der Tarifautonomie untergeordnet (*BAG, 13.12.2005 – 3 AZR 478/04 – DB 2006, 1013 = BetrAV 2006, 487*).

Wird nicht in den erdienten Besitzstand einer Versorgungsanwartschaft eingegriffen und sind die Nachteile nicht schwerwiegend, so reichen **sachliche Gründe** aus. Diese können z. B. in der

Eindämmung von Überversorgungen, veränderten Gerechtigkeitsvorstellungen der Tarifvertragsparteien oder Veränderungen im Sozialversicherungsrecht bestehen (*BAG, 20.02.2001 – 3 AZR 515/99, EzA BetrAVG § 1 Ablösung Nr. 27, zu III 1 a, b der Gründe*). Damit reicht jeder sachliche Grund für einen Eingriff in tarifvertraglich normierte Versorgungsrechte aus.

Die Regelungsmacht der Tarifvertragsparteien erfasst auch die **Betriebsrentner**. Das folgt aus Art. 9 Abs. 3 GG, der in § 1 TVG lediglich aktualisiert wird (*BAG, 21.11.2006 – 3 AZR 309/05, NZA 2007, 1391; BAG, 27.02.2007 – 3 AZR 734/05, NZA 2007, 1371; BAG, 17.06.2008 – 3 AZR 409/06, DB 2008, 2314 ff.*). Insoweit gelten die vorstehenden Ausführungen zu Eingriffen in Versorgungsanwartschaften entsprechend. Auch hier ist das von der Rechtsprechung entwickelte dreistufige Prüfungsschema nicht auf tarifvertragliche Änderungen übertragbar. Die Tarifvertragsparteien sind jedoch bei Eingriffen in laufende Betriebsrenten an die Grundsätze des Vertrauensschutzes und der Verhältnismäßigkeit gebunden. Insoweit gilt:

1611

Eingriffe in laufende **Betriebsrenten** bedürfen besonderer rechtfertigender Gründe. Dabei ist das Interesse der Tarifvertragsparteien, die beanstandete Regelung auch auf Betriebsrentner anzuwenden, mit dem Interesse der Betriebsrentner am Fortbestand der bisherigen Regelung abzuwägen. Den Tarifvertragsparteien steht dabei ein Gestaltungsspielraum zu. In die zum Zeitpunkt des Versorgungsfalls geschuldete Ausgangsrente, die durch die Arbeitsleistung der Arbeitnehmer bereits verdient wurde, dürfen die Tarifvertragsparteien i. d. R. nicht eingreifen, soweit nicht bereits vor Entstehung des Anspruchs Anhaltspunkte dafür bestanden, dass die Tarifvertragsparteien verschlechternd eingreifen würden. Das BAG hat es in seiner Entscheidung vom 27.02.2007 (*3 AZR 734/05, NZA 2007, 1371*) ausdrücklich offen gelassen, wann eine Ausnahme von diesem Regelfall vorliegt. Eine solche wäre z. B. in Anlehnung an die Regeln über die Störung der Geschäftsgrundlage (§ 313 BGB) denkbar.

1612

ee) Einbeziehung verfallbarer Anwartschaften

Nach Auffassung des BAG ist es unerheblich, ob die zu schützende Anwartschaft bereits unverfallbar war. Auch erdiente aber noch **verfallbare Anwartschaften** genießen den Schutz der **ersten** (*BAG, 26.04.1988 – 3 AZR 277/87, BB 1988, 2112 = DB 1988, 2311 = NZA 1989, 305; Griebeling, NZA 1989, Beilage 3, 26, 32*) und **zweiten** (*BAG, 17.04.1985 – 3 AZR 72/83, BB 1986, 1159 = DB 1986, 228 = NZA 1986, 57; BAG, 26.04.1988 – 3 AZR 168/86, BB 1988, 2249 = DB 1988, 2411 = NZA 1989, 219; Höfer, BetrAVG, Bd. I [ArbR], ART Rn. 581*) **Besitzstandsstufe**. Auch verfallbare Anwartschaften dürfen daher nicht ohne entsprechende Rechtfertigung entzogen bzw. eingeschränkt werden (*Langohr-Plato, MDR 1994, 858*).

1613

ff) Eingriffsmöglichkeiten bei laufenden Betriebsrenten

Die detaillierten Grundsätze der BAG-Rechtsprechung zur einschränkenden Neuordnung betrieblicher Versorgungszusagen betreffen grds. nur die Änderung von **Betriebsrentenanwartschaften**.

1614

Mithin kommt das vom BAG entwickelte dreiteilige Prüfungsschema für Eingriffe in Versorgungsanwartschaften während des laufenden Arbeitsverhältnisses für Eingriffe nach dem Ausscheiden nicht in Betracht. Auch bei der Änderung bereits laufender Versorgungsleistungen ist es grds. nicht anzuwenden (*BAG, 13.12.2005 – 3 AZR 478/04, DB 2006, 1013 = BetrAV 2006, 487; BAG, 25.07.2000 – 3 AZR 676/99, AP BetrAVG § 1 Ablösung Nr. 31 = EzA BetrAVG § 1 Ablösung Nr. 25, zu I 2 c aa der Gründe; BAG, 23.09.1997 – 3 AZR 529/96, AP BetrAVG § 1 Ablösung Nr. 23 = EzA BetrAVG § 1 Ablösung Nr. 14, zu II 3 a der Gründe; BAG, 16.07.1996 – 3 AZR 398/95, BAGE 83, 293, 299 f.*).

1615

Ein Eingriff in die Rechte von Betriebsrentnern, die sich z. Zt. der beabsichtigten Neuordnung des Versorgungswerkes bereits im Ruhestand befinden und bereits Versorgungsleistungen beziehen, ist somit **grds. unzulässig**, da sie bereits die volle Gegenleistung für die zugesagte Betriebsrente erbracht haben (*vgl. BAG, 25.10.1988 – 3 AZR 483/86, DB 1989, 1195; so auch Höfer, BetrAVG, Bd. I [ArbR], ART Rn. 396; Wichert, in: Arens/Wichert/Weisemann/Andermann, § 4 Rn. 86*). Wenn schon

1616

für rentennahe Jahrgänge besondere Schutzmechanismen greifen, muss dies erst recht für bereits fällige Rentenzahlungen gelten, denn der Betriebsrentner hat ggü. dem rentennahen aktiven Versorgungsanwärter noch weniger Gestaltungsmöglichkeiten, um auf die veränderten Versorgungsbedingungen zu reagieren.

1617 Auch das BAG geht insoweit davon aus, dass bei Änderungen einer Versorgungsregelung nach Eintritt eines Versorgungsfalls auf die dem Prüfungsraster der 3-Stufen-Theorie zugrunde liegenden Prinzipien der **Verhältnismäßigkeit** und des **Vertrauensschutzes** zurückzugreifen ist (*vgl. u. a. BAG, 09.11.1999 – 3 AZR 432/98, BAGE 92, 358 [365 f.]; BAG, 21.11.2000 – 3 AZR 91/00, AP BetrAVG § 1 Hinterbliebenenversorgung Nr. 21 = EzA BetrAVG § 1 Ablösung Nr. 26, zu II 3 der Gründe m.w.N; BAG, 12.10.2004 – 3 AZR 557/03, BAGE 112, 155 = DB 2005, 783 = BB 2005, 945 = BetrAV 2005, 297 = NZA 2005, 580; BAG v. 28.6.2011 – 3 AZR 282/09 – BetrAV 2011, 739*). Dies führt dazu, dass nach Eintritt eines Versorgungsfalls i. d. R. nur noch geringfügige Verschlechterungen gerechtfertigt sein können (*BAG, 12.10.2004 – 3 AZR 557/03, BAGE 112, 155 = DB 2005, 783 = BB 2005, 945 = BetrAV 2005, 297 = NZA 2005, 580; BAG v. 28.6.2011 – 3 AZR 282/09 – BetrAV 2011, 739*).

Ein entsprechender Eingriff kann daher nur dann gebilligt werden, wenn dafür tragfähige Gründe vorliegen. Das bedeutet, dass nach Eintritt des Versorgungsfalls in der Regel nur noch geringfügige Verschlechterungen gerechtfertigt sein können. Auch für geringfügige Eingriffe bedarf es sachlich nachvollziehbarer, Willkür ausschließender Gründe. Liegt ein mehr als geringfügiger Eingriff vor, müssen darüber hinausgehende Gründe bestehen. Sie müssen die konkrete Verschlechterung der Versorgungsordnung ausnahmsweise unter Berücksichtigung des durch die Arbeitsleistung des Arbeitnehmers erworbenen Bestandsinteresses einerseits und der Schwere des Eingriffs andererseits aufgrund ganz erheblich überwiegender Interessen des Arbeitgebers tragen (*BAG, 28.6.2011 – 3 AZR 282/09, BetrAV 2011, 739*).

1618 Insb. kann die **Beseitigung einer rechtswidrigen Versorgungsregelung**, die z. B. auf einer Ungleichbehandlung beruht, nicht dazu führen, das Versorgungsniveau (teilweise) zu verschlechtern. Dies gilt selbst dann, wenn die Beseitigung der gleichheitswidrigen Regelung zu einer unvorhergesehenen, erheblichen, als Störung der Geschäftsgrundlage anzusehenden Mehrbelastung des Arbeitgebers führt. Auch in einem solchen Fall wäre nur eine angemessene Reaktion innerhalb der bestehenden Versorgungsstrukturen gerechtfertigt. Dabei müssten sich die auf eine Störung der Geschäftsgrundlage gestützten Änderungen an den Grundprinzipien der bisherigen Versorgungsordnung ausrichten. Lediglich die Störung darf beseitigt werden. Die Anpassung der Versorgungsregelungen darf nicht dazu dienen, die Versorgung umzustrukturieren und veränderte Gerechtigkeitsvorstellungen zu verwirklichen (*BAG, 28.07.1998 – 3 AZR 357/97, BAGE 89, 279, 293 m. w. N.; BAG, 12.10.2004 – 3 AZR 557/03, BAGE 112, 155 = DB 2005, 783 = BB 2005, 945 = BetrAV 2005, 297 = NZA 2005, 580*).

1619 Lediglich für den Fall einer **planwidrigen Überversorgung** hat die Rechtsprechung anerkannt, dass aufgrund eines fehlenden Vertrauensschutzes in eine übermäßige Versorgung, ein **Anpassungsrecht** des Arbeitgebers auch ggü. Betriebsrentnern bestehen kann (*BAG, 28.07.1998 – 3 AZR 357/97, DB 1999, 751; BAG, 24.08.1993 – 3 AZR 313/93, DB 1994, 891*).

Dieses Anpassungsrecht erlaubt allerdings nur einen Abbau der tatsächlich festgestellten Überversorgung, gestattet aber keine weiter gehenden Eingriffe in den Besitzstand, insb. keine allgemeine Umstrukturierung des Versorgungswerkes unter reinen Kostenaspekten (*BAG, 18.07.1977 – 3 AZR 371/76, BAGE 29, 169, 179; BAG, 09.07.1985 – 3 AZR 546/82, AP Nr. 6 zu § 1 BetrAVG-Ablösung; BAG, 28.07.1998 – 3 AZR 357/97, DB 1999, 751; Höfer, BetrAVG, Bd. I [ArbR], ART Rn. 446 f.*).

In dem dem Urt. v. 28.07.1998 (*3 AZR 357/97, DB 1999, 751*) zugrunde liegenden Sachverhalt hat das BAG sogar ausdrücklich einen Eingriff in den Besitzstand des Betriebsrentners nicht feststellen können, da hier der Arbeitgeber den Eingriff in die Rentendynamik durch die Zahlung eines Ausgleichsbetrages ausgeglichen und damit den Besitzstand aufrechterhalten hat. Gerade die

II. Widerruf, Einschränkung und Neuordnung betrieblicher Versorgungszusagen   C.

Feststellung, dass »in den Besitzstand der Betriebsrentner nicht eingegriffen wurde« zeigt aber, dass das BAG einen solchen Eingriff auch nicht toleriert hätte.

Dies gilt insb. auch für Eingriffe in ein »**Gesamtversorgungssystem**«, bei dem die Rechtsprechung ebenfalls nur den Abbau einer Überversorgung als rechtlich zulässigen Eingriffsgrund anerkannt hat. 1620

In seiner Entscheidung v. 16.07.1996 (*3 AZR 398/95, BB 1997, 632 = ZIP 1997, 428*) führt das BAG hierzu wörtlich aus:

> »...Außerdem verfügten die Rentner wegen ihrer günstigeren abgabenrechtlichen Situation auch noch über einen höheren Nettoanteil an den Lohnerhöhungen als die aktiven Arbeitnehmer. Damit führte ... (die Versorgungsregelung) verstärkt zu einer planwidrigen Überversorgung ... In diese absehbare Entwicklung konnten die Betriebsparteien eingreifen und die Anpassung auf eine Erhaltung der Kaufkraft beschränken.«

Gerade die Bezugnahme auf »diese absehbare Entwicklung« verdeutlicht, dass hier nur der Abbau der Überversorgung als einschränkende Maßnahme anerkannt wird. Dies wird zudem noch dadurch verdeutlicht, dass an anderer Stelle des Urteils das BAG ausführt:

> »Gegenüber der ursprünglichen Regelung ... ändert sich nichts an der Höhe der von einem Arbeitnehmer ... durch Betriebstreue erreichbaren Betriebsrente. Der aufgrund der ursprünglichen Versorgungszusage erreichbare Versorgungsgrad wird nicht verringert.«

Damit wird deutlich, dass der im Rahmen einer Gesamtversorgung zugesagte prozentuale Versorgungsgrad, den der Betriebsrentner bei Rentenbeginn erdient hat, nach Rentenbeginn nicht eingeschränkt werden darf.

Soweit mit einer geplanten Neuordnung zugleich auch ein Eingriff in eine vertraglich zugesagte **Rentendynamik** zukünftig erstmals fällig werdender Versorgungsleistungen verbunden ist, sind allerdings die konkretisierenden Grundsätze der 3-Stufen-Theorie nicht anzuwenden. Insoweit ist der Eingriff regelmäßig bereits dann gerechtfertigt und rechtswirksam, wenn es für ihn **sachlich nachvollziehbare** und eine **Willkür ausschließende Gründe** gibt (*BAG, 16.07.1996 – 3 AZR 398/95, BB 1997, 632 = DB 1997, 631*). Hierunter subsumiert das BAG neben dem Abbau einer Überversorgung u. a. auch eine sinnvollere Gestaltung des Verwaltungs- und Abwicklungsaufwandes, lässt also allein administrative Aspekte schon ausreichen (*BAG, 16.07.1996 – 3 AZR 398/95, BB 1997, 632 = DB 1997, 631 = ZIP 1997, 428*). 1621

Diese insoweit differenzierte Rechtsprechung zur einschränkenden Neuordnung eröffnet allerdings **keine generelle Möglichkeit**, in die vertraglich vereinbarte Dynamik bereits **laufender Rentenzahlung** einzugreifen. 1622

Soweit ggü. dem Betriebsrentner eine verschlechternde Neuordnung rechtlich zulässig ist, bedarf es hierzu grds. dessen **Zustimmung**. Voraussetzung ist also eine entsprechende Vereinbarung mit dem Betriebsrentner. Fraglich ist, ob allein schon aus Praktikabilitätsgründen die Einholung der Zustimmung einer Vielzahl von Betriebsrentnern durch eine entsprechende Betriebsvereinbarung mit dem Betriebsrat ersetzt werden kann. 1623

Die Betriebspartner können nach h. M. nicht in die Rechte derjenigen Mitarbeiter eingreifen, die bereits aus dem Unternehmen ausgeschieden sind (*st. Rspr. des BAG vgl. u. a. BAG, 28.07.1998 – 3 AZR 357/97, DB 1999, 750 m. w. N.; Höfer, BetrAVG, Bd. I [ArbR], ART Rn. 1028*). 1624

Auch wenn sich die Zuständigkeit des Betriebsrates nach der h. M. nicht auf die Betriebsrentner bezieht, kann sich die Verletzung des Mitbestimmungsrechts trotzdem auf die Rentner auswirken. Ist die Neuregelung ggü. den aktiven Mitarbeitern wegen einer Verletzung des Mitbestimmungsrechts unwirksam, führt dies entsprechend § 139 BGB zur vollständigen Unwirksamkeit der neuen Versorgungsordnung, und zwar auch ggü. den Betriebsrentnern (*BAG, 28.07.1998 – 3 AZR 357/97, DB 1999, 750*). 1625

Ein Einschnitt allein in die Versorgungsrechte der Arbeitnehmer, die bei Erlass der Neuregelung bereits mit einer unverfallbaren Versorgungsanwartschaft aus dem Unternehmen ausgeschieden sind 1626 oder bereits laufende Renten erhalten haben, ist weder mit dem Aspekt des Besitzstandsschutzes noch mit dem Gleichbehandlungsgrundsatz zu vereinbaren.

1627   Zumindest faktisch kann sich allerdings eine mittelbare Rechtswirkung aus den Mitbestimmungsrechten des Betriebsrates für die Betriebsrentner ergeben, wenn die Betriebsrentner über eine »**Jeweiligkeitsklausel**« an die jeweilige, mit dem Betriebsrat ausgehandelte Versorgungsordnung gebunden sind, sodass insoweit der Betriebsrat über sein Verhandlungsgeschick auch die Rechte der Betriebsrentner mitgestaltet (*so auch BAG, 24.08.1993 – 3 AZR 313/93, DB 1994, 891*). Nur so wird aber auch letztendlich eine einheitliche Behandlung von aktiven Mitarbeitern, ausgeschiedenen Versorgungsanwärtern und Betriebsrentnern erreicht.

1628   Eine solche Jeweiligkeitsklausel gilt nämlich auch über das Ende des Arbeitsverhältnisses hinaus (*Wichert, in: Arens/Wichert/Weisemann/Andermann, § 4 Rn. 90*). Der Arbeitgeber will Ruhestandsleistungen nach einheitlichen Regeln erbringen. Er will durch die Bezugnahme auf die jeweils geltenden kollektivrechtlichen Regelungen verhindern, dass die Rentner nach jeweils bei Eintritt in den Ruhestand unterschiedlichen kollektivrechtlichen Regelungen unterschiedlich behandelt werden. Auf die Frage der Kompetenz der Parteien einer Dienstvereinbarung zur Regelung von Ruhestandsverhältnissen kommt es in diesem Fall nicht an (*BAG, 23.09.1997 – 3 AZR 529/96, AP Nr 23 zu § 1 BetrAVG Ablösung = BB 1998, 326 = DB 1998, 318 = ZIP 1998, 517 = BetrAV 1998, 96 = NZA 1998, 541*). Eine Jeweiligkeitsklausel muss nicht ausdrücklich in den Arbeitsvertrag bzw. die Versorgungszusage aufgenommen sein, sondern kann sich aus dem Inhalt der Vereinbarung ergeben (*BAG, 23.09.1997 – 3 AZR 529/96, BetrAV 1998, 96 = NZA 1998, 541 = ZIP 1998, 517; vgl. auch die im konkreten Fall ablehnende Entscheidung des BAG, 25.10.1988 – 3 AZR 483/86, BAGE 60, 78 = BB 1989, 1548 = DB 1989, 1195 = NZA 1989, 1989*).

1629   Eine Jeweiligkeitsklausel kann auch zwischen dem Arbeitgeber und leitenden Angestellten vereinbart werden in der Form, dass die jeweils im Betrieb gültigen allgemeinen Versorgungsbestimmungen gelten. In diesem Fall muss der leitende Angestellte die im Rahmen einer ablösenden Betriebsvereinbarung geregelten Einschränkungen in Kauf nehmen, die die übrigen Arbeitnehmer des Betriebs hinnehmen müssen. Eine solche Vereinbarung verhindert eine unterschiedliche Behandlung einzelner Arbeitnehmergruppen (*BAG, 21.01.1992 – 3 AZR 21/91, BetrAV 1992, 199 = BB 1992, 860 = DB 1992, 1051 = NZA 1992, 659 = ZIP 1992, 637*).

1630   Soweit eine Betriebsvereinbarung auf die Leistungsrichtlinien einer Versorgungseinrichtung verweist, handelt es sich im Zweifel nicht um eine statische, sondern um eine **dynamische Verweisung** (*zur Auslegung von Verweisungsvereinbarungen vgl. u. a. BAG, 20.03.2001 – 3 AZR 260/00, EzA BetrAVG § 1 Beamtenversorgung Nr. 6, zu B I der Gründe; BAG, 11.11.2001 – 3 AZR 512/00, BAGE 100, 76, 85 = AP BetrAVG § 1 Ablösung Nr. 36 = EzA BetrAVG § 1 Ablösung Nr. 33; BAG, 12.10.2004 – 3 AZR 432/03, EzA § 1 BetrAVG Unterstützungskasse Nr. 13*). Die dynamische Verweisung ist sachgerecht und entspricht den Interessen sowohl des Arbeitgebers als auch der Arbeitnehmer am besten. I. d. R. wollen die Betriebspartner erreichen, dass die arbeitsrechtlichen Versorgungspflichten des Arbeitgebers mit der jeweiligen Leistungsordnung des Versorgungsträgers übereinstimmen. Eine Festschreibung bestimmter Leistungsrichtlinien und der damit verbundene Ausschluss der Ablösbarkeit bedürfen zumindest eines deutlichen Hinweises in der Betriebsvereinbarung (*BAG, 19.11.2002 – 3 AZR 406/01, EzA § 1 BetrAVG Nr. 85*).

1631   Eine Besonderheit gilt zudem bei **tarifvertraglich** begründeten Versorgungsleistungen. Hier erstreckt sich die Regelungsbefugnis der Tarifvertragsparteien auch auf Betriebsrentner (*BAG, 17.06.2008 – 3 AZR 409/06, DB 2008, 2314 ff.*). Allerdings haben die Betriebsrentner auch einen Anspruch darauf, an den tarifpolitischen Entscheidungsprozessen, soweit sie davon betroffen sind, ebenso mitzuwirken, wie die noch aktiven Gewerkschaftsmitglieder (*BAG, 17.06.2008 – 3 AZR 409/06, DB 2008, 2315*). I. Ü. sind hinsichtlich des Eingriffsumfangs wie bei aktiven Arbeitnehmern die Grundsätze des Vertrauensschutzes und der Verhältnismäßigkeit zu wahren (*s. o. Rdn. 1608 ff.*).

d) Rechtsfolgen der Neuordnung

Wenn ein Arbeitgeber im Zuge einer ablösenden Neuregelung des bei ihm bestehenden Versorgungswerkes einen bestimmten bis zur Ablösung erdienten Versorgungsbesitzstand als Mindestrente garantiert hat, darf er diese Mindestrente nach einem späteren Ausscheiden des begünstigten Arbeitnehmers vor Eintritt des Versorgungsfalls nicht mehr nach § 2 Abs. 1 BetrAVG zeitanteilig kürzen (*BAG, 22.11.1987 – 3 AZR 662/85, BAGE 56, 138; BAG, 21.03.2000 – 3 AZR 93/99, AP BetrAVG § 6 Nr. 25 = EzA BetrAVG § 6 Nr. 21; BAG, 18.03.2003 – 3 AZR 221/02, BB 2003, 2625 = DB 2003, 2794; BAG, 16.12.2003 – 3 AZR 39/03, BetrAV 2004, 278 = DB 2004, 1051*).

1632

Nach ständiger Rechtsprechung des BAG liegen nämlich Eingriffe in erdiente Besitzstände nur dann vor, wenn der Arbeitnehmer zum Zeitpunkt seines Ausscheidens aus dem Arbeitsverhältnis weniger erhält, als er bis zum Ablösungsstichtag erdient hatte; entsprechendes gilt für einen Eingriff in die erdiente Dynamik (*BAG, 11.12.2001 – 3 AZR 128/01, BAGE 100, 105; BAG, 10.09.2002 – 3 AZR 635/01, AP BetrAVG § 1 Ablösung Nr. 37 = EzA BetrAVG § 1 Ablösung Nr. 34; BAG, 18.02.2003 – 3 AZR 81/02, AP BetrAVG § 1 Ablösung Nr. 38 = EzA BetrAVG § 1 Ablösung Nr. 35*).

1633

Damit wird letztendlich die erdiente Anwartschaft der zur Feststellung eines Eingriffs in erdiente Besitzstände maßgebliche Faktor. Wenn Anhaltspunkte für einen darüber hinausgehenden Regelungswillen nicht bestehen, bedeutet die Garantie eines bestimmten Besitzstandes, dass der von einer solchen Zusage begünstigte Arbeitnehmer bei einem Ausscheiden vor Erreichen der Altersgrenze, aber nach dem Ablösungsstichtag zumindest das erhalten muss, was ihm zuvor garantiert worden war (*BAG, 16.12.2003 – 3 AZR 39/03, BetrAV 2004, 278 = DB 2004, 1051*).

1634

Dass der Besitzstand stets als Basisbetrag erhalten bleiben muss, auch wenn nach der ablösenden Neuregelung auf deren Grundlage weitere Rentenbausteine erdient werden können, ergibt sich aus einer Besitzstandsgarantie allerdings ohne entsprechende Regelung nicht (*BAG, 16.12.2003 – 3 AZR 39/03, BetrAV 2004, 278 = DB 2004, 1051*).

1635

In diesem Fall stellt die **Besitzstandsrente** lediglich einen Rechnungsposten bei der **Ermittlung der erreichbaren Anwartschaft** dar. Die Besitzstandsrente selbst wird dann bei der späteren Anwartschaftsberechnung nicht gekürzt, sondern nur der sich aus Besitzstandsrente und Steigerungsbeträgen errechnete Gesamtbetrag. Die sich daraus ergebende Anwartschaft ist mit dem garantierten Besitzstand zu vergleichen. Dieser darf nicht unterschritten werden (*BAG, 15.07.2008 – 3 AZR 669/06, NZA 2009, 1439 f.; BAG, 16.12.2003 – 3 AZR 39/03, BAGE 109, 121*).

1636

▶ Beispiel:

1637

A ist im Alter von 25 Jahren in das Unternehmen U eingetreten und hat eine endgehaltsabhängige Zusage erhalten. Im Alter von 45 wird das Versorgungswerk bei U aufgrund einer einschränkenden Neuordnung neu gestaltet. Danach werden den Versorgungsberechtigten pro Dienstjahr gehaltsabhängige Steigerungsbeträge als Rente zugesagt. Für die Mitarbeiter, die im Zeitpunkt der Neuordnung bereits im Unternehmen beschäftigt waren, wird auf der Basis der ursprünglichen Versorgungsordnung eine Besitzstandsrente definiert, die sich ab der Neuordnung um die Steigerungsbeträge nach der dann geltenden Versorgungsordnung (= 10,00 € pro Dienstjahr) erhöhen sollte. Für A ergibt sich eine Besitzstandsrente i. H. v. 500,00 € monatlich. Zzgl. der Steigerungsbeträge (20 Jahre à 10,00 € = 200,00 €) würde A zum Rentenbeginn im 65. Lebensjahr eine Vollrente i. H. v. 700,00 € erhalten.

Mit 55 Jahren scheidet A aus dem Unternehmen. Zu diesem Zeitpunkt ist die ihm zustehende unverfallbare Anwartschaft nach § 2 Abs. 1 BetrAVG wie folgt zu ermitteln:

(Besitzstandsrente + Steigerungsbeträge) x Zeitwertfaktor =

(500,00 € + 200,00 €) x 75 % = 525,00 €

Diese Berechnungsmethode entspricht der vom BAG in ständiger Rechtsprechung angewandten ergebnisbezogenen Betrachtungsweise (*vgl. u. a. BAG, 15.07.2008 – 3 AZR 669/06, NZA 2009,*

1638

1439f.; BAG, 11.12.2001 – 3 AZR 128/01, BAGE 100, 105 = BetrAV 2003, 81 = DB 2003, 214 = NZA 2003, 1407; BAG, 10.09.2002 – 3 AZR 635/01, BB 2003, 2749 = DB 2003, 1525).

1639 Im Regelfall, d. h. sofern nicht ausdrücklich etwas anderes vereinbart wird, ist somit davon auszugehen, dass auch nach einer Neuordnung der betrieblichen Altersversorgung eine einheitliche betriebliche Altersversorgung vorliegen soll. Die ermittelte Besitzstandsrente erhöht sich folglich durch die in der neu gefassten Versorgungsordnung vorgesehenen **Steigerungsbeträge**. Daraus ergibt sich, dass gerade nicht zwei getrennt zu betrachtende Rentenstämme geschaffen werden sollen.

1640 Insb. der **Gleichbehandlungsgrundsatz** kann nicht als Argument dafür herangezogen werden, dass der erdiente Besitzstand als gesonderter, zusätzlicher Rentenstamm geführt werden muss und dementsprechend bei einem vorzeitigen Ausscheiden des Versorgungsanwärters aus dem Arbeitsverhältnis nicht als Bestandteil der nach § 2 Abs. 1 BetrAVG ratierlich zu kürzenden Vollrente anzusehen ist (*BAG, 15.07.2008 – 3 AZR 669/06, NZA 2009, 1439f.; BAG, 10.09.2002 – 3 AZR 635/01, BB 2003, 2749 = DB 2003, 1525; vgl. auch: Engelstädter, FS Kemper S. 143, 147f.; Reinecke, BetrAV 2003, 25, 30; a. A. Schumann, EWiR 2003, 305f.; ders., DB 2003, 1527f.*). Dass die nach dem Ablösungszeitpunkt zurückgelegte weitere Betriebszugehörigkeit den Wert der Versorgungsanwartschaft wegen der Höhe des Besitzstandes nicht mehr in demselben Ausmaß steigert, wie dies bei neu eintretenden Arbeitnehmern der Fall ist, ist nach Ansicht des BAG unschädlich. Diese durch die Besitzstandswahrung verursachte Ungleichbehandlung ist sachlich gerechtfertigt (*BAG, 15.07.2008 – 3 AZR 669/06, NZA 2009, 1439f.*).

e) Leitsätze zur Neuordnung

1641 Aufgrund dieser von der Rechtsprechung normierten Besitzstandsregelung ergeben sich für die **praktische Durchführung** einschränkender Neuordnungskonzepte folgende Leitsätze (*vgl. hierzu Langohr-Plato, MDR 1994, 858f.*):
– Bei einer **Änderung von Leistungsrichtlinien** sind die **Argumente**, die für den Eingriff sprechen, gegen die Belange der versorgungsberechtigten Arbeitnehmer **abzuwägen**, in deren Rechtsposition eingegriffen werden soll. Dieser **abstrakten Billigkeitskontrolle** kann dann eine **konkrete Billigkeitskontrolle** folgen, was immer dann geschehen sollte, wenn die Neuregelung zwar insgesamt rechtmäßig erfolgt, jedoch **im Einzelfall** zu negativen Auswirkungen führt. In derartigen Fällen kann dann eine Korrektur durch die Einbeziehung von **Härteklauseln** geboten sein.
– Bereits **erdiente Versorgungsanwartschaften** (zeitanteilig erreichte Anwartschaften) sind grds. einer ablösenden oder zum Nachteil der Versorgungsberechtigten abändernden Betriebsvereinbarung entzogen. Dies muss dann erst recht auch für bereits **laufende Rentenverpflichtungen** gelten, da hier der Betriebsrentner seine Gegenleistung – Arbeitskraft und Betriebstreue – bereits vorgeleistet, d. h. in vollem Umfang erbracht hat. Insoweit bestand allerdings bis Ende 2004 die Möglichkeit der Abfindung, da das Abfindungsverbot des § 3 Abs. 1 BetrAVG a. F. nicht für bereits laufende Renten galt (*s. o. Rdn. 479ff.*).
– Soweit Anwartschaften auf betriebliche Versorgungsleistungen noch nicht erdient sind (zugesagte Steigerungsbeträge, für die die Leistungsvoraussetzungen noch nicht erfüllt sind), sind auch unter Berücksichtigung des **Vertrauensschutzes** der Versorgungsberechtigten nur »**weniger strenge Maßstäbe**« anzulegen. Ein Eingriff in dynamische Leistungsbeträge für zukünftige Dienstjahre ist regelmäßig dann nicht zu beanstanden, wenn das Änderungskonzept eine **Übergangsregelung** enthält, die die älteren Arbeitnehmer (**rentennahe Jahrgänge**) überhaupt nicht oder nur in Relation zu ihrem Lebensalter milder in die Kürzungen einbezieht.
– Zur Vermeidung von **planwidrigen Überversorgungen** können bestehende **Obergrenzen** dahin gehend **reduziert** werden, dass die Betriebsrente zusammen mit einem anrechenbaren Teil der gesetzlichen Sozialversicherungsrente **100 % des letzten Nettoeinkommens** nicht übersteigen darf.

1642 Im Hinblick auf die Gestaltung einer ablösenden Versorgungsordnung sind eine Vielzahl von Aspekten zu berücksichtigen. Sinnvoll ist zum einen eine konsequente Ausrichtung an den Zielen des Unternehmens bzw. Konzerns. Hier spielen finanz- und betriebswirtschaftliche, personalpolitische,

II. Widerruf, Einschränkung und Neuordnung betrieblicher Versorgungszusagen   C.

aktuarielle und rechtliche Themen eine große Rolle. Zum anderen besteht im Hinblick auf die rechtliche Gestaltung ein durch die Gesetzgebung und Rechtsprechung gezogener Rahmen, der beachtet werden muss.

f) Konzernrechtliche Aspekte der Neuordnung

Die vorstehenden Ausführungen gelten grds. auch bei der Neuordnung in einem konzernangehörigen Unternehmen. Es stellt sich dabei allerdings die Frage, von welcher Basis aus die Beurteilung der insoweit maßgeblichen wirtschaftlichen Leistungskraft aus zu erfolgen hat, ob also Gründe, die bei der Konzernmutter einen verschlechternden Eingriff in das Leistungsniveau rechtfertigen, unmittelbar auch bei der Konzerntochter zu berücksichtigen sind, oder ob es insoweit ausschließlich auf die wirtschaftliche Lage der Konzerntochter ankommt. 1643

Eine ähnliche Fragestellung – allerdings aus umgekehrter Sicht – ergibt sich im Zusammenhang mit der Anpassungsprüfungspflicht nach § 16 BetrAVG. In diesem Zusammenhang hat das BAG in ständiger Rechtsprechung (*s. o. die Ausführungen unter Rdn. 1038ff.*) entschieden, dass bei einer echten Konzernstruktur (Beherrschung- oder Gewinnabführungsvertrag), aber auch beim qualifiziert faktischen Konzern (bei nachweislicher dauerhafter und umfassender Einflussnahme auf die Geschäftsabläufe) eine »notleidende« Konzerntochter gleichwohl unter bestimmten Voraussetzungen die Betriebsrenten anpassen muss, wenn der Konzernmutter eine entsprechende wirtschaftlich Leistungsfähigkeit nachgewiesen werden kann (*vgl. u. a. BAG, 14.02.1989 – 3 AZR 191/87, BB 1989, 1902; BAG, 28.04.1992 – 3 AZR 244/91, BB 1992, 2402; BAG, 14.12.1993 – 3 AZR 519/93, BB 1994, 1428; BAG, 04.10.1994 – 3 AZR 910/93, BB 1995, 777; BAG, 17.04.1996 – 3 AZR 56/95, BB 1996, 2573*). Insoweit ist also ein mit der Leitungsmacht der Obergesellschaft begründeter Haftungsdurchgriff von »Unten nach Oben« anerkannt. 1644

Eine analoge konzernbezogene Betrachtungsweise muss man dann aber auch bei einer **einschränkenden Neuordnung** zulassen. Dies gilt jedenfalls dann, wenn der leistungsverpflichtete Arbeitgeber so eng mit der Konzernmutter verbunden ist, dass eine wirtschaftliche Notlage der Konzernobergesellschaft auch die derzeit noch leistungsfähige Tochtergesellschaft *gefährden kann (BAG, 25.01.2000 – 3 AZR 862/98, JurionRS 2000, 22756; im Ergebnis zustimmend Höfer, BetrAVG, Bd. I [ArbR], ART Rn. 459).* 1645

Vor diesem Hintergrund hat das BAG jedenfalls die Reduzierung einer über eine Unterstützungskasse gewährten Versorgungszusage mit der schlechten wirtschaftlichen Lage des Konzerns und nicht der konkreten wirtschaftlichen Situation der formalrechtlich als Arbeitgeber fungierenden Tochtergesellschaft akzeptiert (*BAG, 18.04.1989 – 3 AZR 299/87, BB 1989, 1984; BAG, 25.10.1988 – 3 AZR 64/87, BB 1989, 360; vgl. ferner Heither, DB 1991, 165, 170*). 1646

In dem konkreten Fall befand sich zwar der konkrete Arbeitgeber selbst z. Zt. der Änderung der Versorgungsordnung nicht in wirtschaftlichen Schwierigkeiten. Dennoch war der Arbeitgeber aus eigener Kraft nicht lebensfähig. Das in dem Verfahren betroffene Arbeitgeberunternehmen produzierte Geräte, die wiederum in die vom Konzern hergestellten Erzeugnisse eingingen. Das betroffene Unternehmen war aus diesen Gründen personell und organisatorisch eng in den Konzern eingebunden. Die organisatorische Struktur und wirtschaftliche Betätigung des Unternehmens war erkennbar speziell auf die Bedürfnisse des Konzerns zugeschnitten. Nach den Feststellungen des Berufungsgerichts drängte sich laut BAG der Schluss auf, dass das Unternehmen einer selbstständigen Betriebsabteilung glich. Dann muss laut BAG aber die wirtschaftliche Betrachtung eine einheitliche sein. Es gelte dann nichts anderes, als wenn unter der Geltung eines Gewinnabführungs- und Beherrschungsvertrages die Lage des Konzerns gut, die wirtschaftliche Lage des Einzelunternehmens aber schlecht sei (*BAG, 18.04.1989 – 3 AZR 299/87, BB 1989, 1984*).

In einem anderen Fall hat das BAG entschieden, dass eine wirtschaftliche Notlage des Mutterunternehmens dann zu einer wirtschaftlichen Notlage der Tochter führen kann, wenn die Versorgungsschuldnerin aufgrund einer durch Arbeitsteilung begründeten Abhängigkeit vom Mutterunternehmen 1647 bei dessen Konkurs oder Liquidation nicht mehr lebensfähig wäre. Dies gelte etwa für Serviceunternehmen, die bestimmte Dienstleistungen im Wesentlichen nur für den Konzern verrichten. Eine wirtschaftliche Notlage des Tochterunternehmens könne aufgrund der wirtschaftlichen Situation des Mutterunternehmens aber auch bei anderweitiger sehr enger wirtschaftlicher Verflechtung der beiden Unternehmen entstehen. Werde das Tochterunternehmen im Wesentlichen durch das Mutterunternehmen finanziert, würde beim Wegfall dieser Finanzierungsmöglichkeit ggf. verbunden mit der Pflicht zur Rückführung erhaltener Darlehen an das Mutterunternehmen mit hoher Wahrscheinlichkeit Insolvenz auch beim Tochterunternehmen eintreten (*BAG, 25.01.2000 – 3 AZR 862/98 – juris Datenbank*).

g) Mitbestimmungsfragen

1648 Nach einhelliger Auffassung von Rechtsprechung und Literatur ist die Beachtung **zwingender Mitbestimmungsrechte** des Betriebsrates Wirksamkeitsvoraussetzung für eine im individuellen Arbeitsverhältnis nachteilig wirkende Neuregelung (*grundlegend hierzu BAG, 26.04.1988 – 3 AZR 168/86, BB 1988, 2249 = DB 1988, 2411 = NZA 1989, 219; Wichert, in: Arens/Wichert/Weisemann/Andermann, § 4 Rn. 81*).

1649 Lediglich die Schließung oder die Teilschließung des betrieblichen Versorgungswerkes ist mitbestimmungsfrei. Der Arbeitgeber kann alle neu eintretenden Arbeitnehmer von der Versorgung ausschließen (*s. o. Rdn. 1494*). Der Betriebsrat kann die **Fortführung** eines Versorgungswerkes auch **nicht** aus Rechtsgründen **erzwingen** (*BAG, 16.02.1993 – 3 ABR 29/92, BB 1993, 1291 = DB 1993, 1240 = NZA 1993, 953*). Schließt der Arbeitgeber das Versorgungswerk also nur für die Zukunft, führt er es aber für die bisher begünstigten Arbeitnehmer unverändert weiter, so werden keine mitbestimmungspflichtigen Angelegenheiten i. S. v. § 87 Abs. 1 Nr. 8 oder Nr. 10 BetrVG berührt.

1650 Sobald der Arbeitgeber aber die Rechte der bisher begünstigten Arbeitnehmer beschneiden will, treten **Regelungsfragen** auf; die Zustimmung des Betriebsrates ist dann als Wirksamkeitsvoraussetzung unabdingbar. Einzige Ausnahme hiervon: Es bleibt kein Regelungsspielraum, d. h. es gibt keine verteilbaren Mittel mehr, über deren Verwendung unterschiedliche Regelungen denkbar wären (*BAG, 03.12.1991 – GS 2/90, ZIP 1992, 1095; BAG, 10.03.1992 – 3 AZR 221/91, BB 1992, 1431 = DB 1992, 1885 = NZA 1992, 949; BAG, 17.08.1999 – 3 ABR 55/98, DB 2000, 777*).

1651 In der betrieblichen Altersversorgung ist die Einnahme eines solchen Standpunktes für den Arbeitgeber zumindest riskant. Das BAG hat sogar in einer bloßen **Übergangsregelung** für rentennahe Jahrgänge einen **regelbaren** und deshalb **mitbestimmungspflichtigen** Tatbestand gesehen und als Folge der Verletzung des Mitbestimmungsrechts die gesamte Änderung des Versorgungswerkes als unwirksam betrachtet (*BAG, 10.03.1992 – 3 AZR 221/91, BB 1992, 1431 = DB 1992, 1885 = NZA 1992, 949*). Der Personalrat kann seine Mitbestimmungsrechte dann im arbeitsgerichtlichen Beschlussverfahren geltend machen, §§ 2a, 80 ff. ArbGG.

▶ Hinweis:

Derartige Fehler sind vermeidbar. Der Arbeitgeber sollte schon vorsorglich und v. a. rechtzeitig seinen Betriebsrat beteiligen und notwendige, wenn auch für die Arbeitnehmer u. U. schmerzliche Entscheidungen im wohlverstandenen Interesse aller Beteiligten nicht solchen Risiken aussetzen. Kommt eine **Einigung mit dem Betriebsrat** zustande, so spricht nach Auffassung des BAG viel für die Annahme, dass die **Regelung ausgewogen** ist (*BAG, 11.09.1990 – 3 AZR 380/90, BB 1991, 72 = DB 1991, 503 = NZA 1991, 176; BAG, 07.07.1992 – 3 AZR 522/91, BB 1992, 2224 = DB 1992, 2451 = NZA 1993, 179*).

1652 Kommt eine Einigung zwischen Betriebsrat und Arbeitgeber nicht zustande, entscheidet die **Einigungsstelle**.

III. Mitbestimmung des Betriebsrates

Mitbestimmungsrechte des Betriebsrates bei der Gewährung betrieblicher Versorgungsleistungen können sich aus § 87 BetrVG ergeben. Gem. § 87 Abs. 1 Nr. 8 BetrVG hat der Betriebsrat bei **Form, Ausgestaltung** und **Verwaltung** von **Sozialeinrichtungen**, deren Wirkungsbereich auf den Betrieb, das Unternehmen oder den Konzern beschränkt ist, ein **zwingendes** Mitbestimmungsrecht. Darüber hinaus besteht nach § 87 Abs. 1 Nr. 10 BetrVG ein zwingendes Mitbestimmungsrecht in allen Fragen der **betrieblichen Lohngestaltung**, insb. bei der Aufstellung von Entlohnungsgrundsätzen, der Einführung und Anwendung von neuen Entlohnungsmethoden sowie deren Änderung (*vgl. auch BAG, 12.06.1975 – 3 ABR 13/74, BB 1975, 1062 = DB 1975, 1559 = AuR 1975, 248; Höfer, BetrAVG, Bd. I [ArbR], ART Rn. 1010 ff.; Tenbrock, S. 74 ff.*).

1653

1. Die gesetzlichen Mitbestimmungstatbestände

Betriebliche Versorgungsleistungen sind zusätzliches **Entgelt** für eine vom Arbeitnehmer bereits erbrachte Betriebstreue (*vgl. Rdn. 85 ff.*) und unterliegen als solches grds. der Mitbestimmung nach § 87 Abs. 1 Nr. 10 BetrVG. Dies gilt insb. für **unmittelbare Pensionszusagen** und **Direktversicherungen**.

1654

Soweit die betriebliche Altersversorgung über eine **Unterstützungskasse** oder **Pensionskasse** erbracht wird, handelt es sich bei diesen Versorgungsinstitutionen um **Sozialeinrichtungen** i. S. v. § 87 Abs. 1 Nr. 8 BetrVG. Dagegen ist die vom Arbeitgeber zur Finanzierung einer betrieblichen Versorgungszusage abgeschlossene Rückdeckungsversicherung keine Sozialeinrichtung im Sinne dieser Vorschrift (*BAG, 16.02.1993 – 3 ABR 29/92, BB 1993, 1291 = DB 1993, 1240 = NZA 1993, 953; LAG Hamm, 08.05.2002 – 10 TaBV 132/01, NZA-RR 2003, 99*), sodass dem Betriebsrat auch kein Mitbestimmungsrecht bzgl. der Verwendung der in diesem Versicherungsvertrag erzielten Gewinnbeteiligung zusteht.

1655

Zu beachten ist ferner der auf das Unternehmen bzw. den Konzernverbund **beschränkte Anwendungsbereich** dieses Mitbestimmungsrechts. Zuständiges Mitbestimmungsorgan ist dann je nach dem Wirkungsbereich der zu treffenden Vereinbarung entweder der Betriebsrat, der Gesamtbetriebsrat oder der Konzernbetriebsrat.

1656

Sind dagegen verschiedene, voneinander unabhängige Unternehmen Mitglied bzw. Trägerunternehmen einer sog. **überbetrieblichen** Pensions- bzw. Unterstützungskasse, regelt sich die Mitbestimmung des Betriebsrates über das allgemeine Lohngestaltungs-Mitbestimmungsrecht nach § 87 Abs. 1 Nr. 8 BetrVG (*BAG, 22.04.1986 – 3 AZR 100/83, BB 1986, 1989 = DB 1986, 1343 = NZA 1986, 574*). Mitbestimmungspflichtiger Tatbestand ist dabei das **Abstimmungsverhalten** des Arbeitgebers in der Sozialeinrichtung (*BAG, 09.05.1989 – 3 AZR 439/88, BB 1989, 1982 = DB 1989, 2491 = NZA 1989, 889*).

1657

Inhaltlich besteht zwischen den beiden Mitbestimmungsnormen des § 87 Abs. 1 Nr. 8 und Nr. 10 BetrVG allerdings kein Unterschied (*BAG, 26.04.1988 – 3 AZR 168/86, BB 1988, 2249 = DB 1988, 2411 = AuR 1988, 348 = NZA 1989, 219*).

1658

2. Umfang des Mitbestimmungsrechts

Mitbestimmungsrechte des Betriebsrates beziehen sich zunächst einmal nur auf **Angelegenheiten mit kollektivem Bezug**. Die Vereinbarung einer echten Individualzusage, d. h. einer Regelung im Einzelfall, unterliegt daher nie dem gesetzlich zwingenden Mitbestimmungsrecht des Betriebsrates.

1659

Die Mitbestimmungsrechte des Betriebsrates finden ferner ihre Grenzen dort, wo gesetzliche oder tarifvertragliche Regelungen bestehen, § 87 Abs. 1 Satz 1 BetrVG. **Gesetzes-** und **Tarifrecht** haben somit eine **Vorrangstellung**.

1660

Das BAG hat darüber hinaus in seiner Rechtsprechung zu § 87 BetrVG den inhaltlichen Umfang des gesetzlichen Mitbestimmungsrechts **exakt abgegrenzt**. Ausgehend von der Tatsache, dass die

1661

C. Spezialfragen

Gewährung betrieblicher Versorgungsleistung in Deutschland auf **freiwilliger Basis** erfolgt, hat es dabei zugunsten des Arbeitgebers einen **mitbestimmungsfreien Gestaltungsspielraum** definiert, wonach der Arbeitgeber in 4-facher Hinsicht frei von Mitbestimmungszwängen entscheiden kann:
- nämlich **ob** er überhaupt finanzielle Mittel für ein betriebliches Versorgungssystem zur Verfügung stellen will,
- in welchem finanziellen **Umfang (Dotierungsrahmen)** er das tun will,
- welche Versorgungsform (**Durchführungsweg**) er wählen will
- und welchen **Arbeitnehmerkreis** er versorgen will

(*st. Rspr., vgl. u. a. BAG, 12.06.1975 – 3 ABR 137/73, BB 1975, 1064 = AuR 1975, 377; BAG, 12.06.1975 – 3 ABR 13/74, BB 1975, 1062 = DB 1975, 1559 = AuR 1975, 377; BAG, 12.06.1975 – 3 ABR 66/74, BB 1975, 1065 = AuR 1975, 377 = BetrAV 1975, 162; BAG, 18.03.1976 – 3 ABR 34/75, DB 1976, 683; BAG, 18.03.1976 – 3 ABR 32/75, BB 1976, 1175 = DB 1976, 1631 = AuR 1976; BAG, 26.04.1988 – 3 AZR 168/86 – DB 1988, 2411 = AuR 1988, 184 = NZA 1989, 219; BAG, 16.02.1993 – 3 ABR 29/92, BB 1993, 1291 = DB 1993, 1240 = NZA 1993, 953 = ZAP 1994, Fach 17 R, 59 m. Anm. Langohr-Plato; vgl. auch Kemper/Kisters-Kölkes, Rn. 687 ff.; Kemper, in: Kemper/Kisters-Kölkes/Berenz/Huber, § 1 Rn. 392 f.; Tenbrock, S. 46 ff.*).

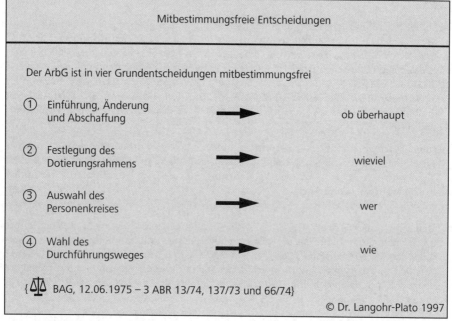

1662 **Nicht mitbestimmungspflichtig** sind ferner Entscheidungen des Arbeitgebers, die nicht die Lohngestaltung betreffen. Hierzu gehören u. a. der **Wechsel des Durchführungsweges** sowie die **Auswahl** und der **Wechsel des Versicherungsunternehmens** bei einer Direktversicherung (*BAG, 16.02.1993 – 3 ABR 29/92, BB 1993, 1291 = DB 1993, 1240 = NZA 1993, 953 = ZAP 1994, Fach 17 R, S. 59 m. Anm. Langohr-Plato; BAG, 29.07.2003 – 3 ABR 34/02, DB 2004, 883; LAG Hamm, 08.05.2002 – 10 TaBV 132/01, NZA-RR 2003, 99; Blomeyer/Rolfs/Otto, BetrAVG, Anh. § 1 Rn. 414; Kemper, in: Kemper/Kisters-Kölkes/Berenz/Huber, § 1 Rn. 392; Tenbrock, S. 54*).

1663 Die Wahl des Durchführungsweges und des Versorgungsträgers beeinflusst nicht nur den Finanzierungsaufwand, sondern auch die Haftungsrisiken des einstandspflichtigen Arbeitgebers. Der Arbeitgeber entscheidet daher auch mitbestimmungsfrei darüber, welche Risiken er selbst tragen und welche er in welchem Umfang extern absichern will (*BAG, 29.07.2003 – 3 ABR 34/02, DB 2004, 883; Blomeyer/Rolfs/Otto, BetrAVG, Anh. § 1 Rn. 416*). Dementsprechend legen sie auch fest, welche Versorgungsrisiken (Alter, Invalidität, Tod) sie abdecken wollen. Da die Entscheidung zwischen

Renten- und Kapitalzusagen sowohl den Zweck der Leistung als auch die übernommenen Risiken tangiert, ist auch diese Entscheidung grds. mitbestimmungsfrei. Etwas anderes gilt nur dann, wenn eine entsprechende tarifvertragliche Regelung besteht (*BAG, 29.07.2003 – 3 ABR 34/02, DB 2004, 883*).

Mitbestimmungsfrei ist ferner die Bestimmung der **abzusichernden Versorgungsrisiken**, d. h. der Arbeitgeber kann mitbestimmungsfrei entscheiden, ob er alle biometrischen Risiken (Alter, Tod und Invalidität) oder nur einzelne davon absichern will (*so auch Förster/Cisch, BB 2005, 781*). 1664

Im Bereich der **Entgeltumwandlung** bestehen Mitbestimmungsrechte nur sehr begrenzt, da die maßgeblichen Gestaltungsrechte hier im Wesentlichen beim einzelnen Arbeitnehmer liegen. Der »Dotierungsrahmen« wird bei der Entgeltumwandlung allein durch die Addition der von den einzelnen Arbeitnehmern festgelegten Entgeltumwandlungsbeträge bestimmt, sodass insoweit eine erzwingbare Mitbestimmung über Verteilungsgrundsätze innerhalb eines arbeitgeberseitigen Dotierungsrahmens grds. ausgeschlossen ist. Der jeweilige Arbeitnehmer entscheidet innerhalb seines gesetzlichen Anspruchs auf Entgeltumwandlung gem. § 1a BetrAVG autonom darüber, ob und ggf. in welchem finanziellen Umfang er zugunsten einer arbeitnehmerfinanzierten Altersversorgung auf eine Barlohnauszahlung verzichtet. Lediglich gewisse Rahmenbedingungen, wie z. B. die Wahl des Durchführungsweges oder des Leistungsumfangs können im Rahmen von freiwilligen Betriebsvereinbarungen dann noch geregelt werden. 1665

I. R. d. nach den vorstehenden Ausführungen feststehenden bzw. verbleibenden Gestaltungsspielraums ist der Arbeitgeber lediglich gem. § 75 Abs. 1 BetrVG an die **Grundsätze** von **Recht und Billigkeit** (*vgl. auch BAG, 12.06.1975 – 3 ABR 137/73, BB 1975, 1064 = AuR 1975, 377*) sowie an den **Gleichbehandlungsgrundsatz** gebunden. 1666

Die Auswahl findet also nicht im rechtsfreien Raum statt, sondern muss »nach billigem Ermessen« und damit gem. § 315 BGB erfolgen. Damit hat der Arbeitgeber bei der **Auswahl des Versorgungsträgers** einen Entscheidungsspielraum. Was »billigem Ermessen« entspricht, ist unter Berücksichtigung der Interessen beider Parteien und des in vergleichbaren Fällen Üblichen zu ermitteln. Abzustellen ist auf den Zeitpunkt der Entscheidung. Auch bei einer Entgeltumwandlung kann der Arbeitnehmer nicht die »absolut beste« Versorgungslösung erwarten, sondern nur eine solche »mittlerer Art und Güte«. Dabei muss der Arbeitgeber bei der Auswahl des Versorgungsträgers die nach § 276 BGB objektiv erforderliche Sorgfalt anwenden. Zu berücksichtigen sind jedoch auch die Umstände des konkreten Falls wie etwa Kosten-Nutzen-Aspekte und die Größe des Arbeitgeberunternehmens, von der abhängig gemacht werden kann, mit welchem Aufwand der Arbeitgeber die Auswahlentscheidung trifft. Der Arbeitgeber kann bei der Auswahlentscheidung eigene Interessen, wie z. B. Verwaltungsminimierung und gute Arbeitnehmerinformationen, berücksichtigen. Eine Pflichtverletzung ist allerdings dann anzunehmen, wenn der Arbeitgeber bei der Auswahl sachfremde, für den Arbeitnehmer nachteilige Auswahlkriterien anwendet, z. B. trotz entgegenstehender Möglichkeiten einen ungünstigen, unrabattierten Versorgungstarif auswählt, damit er selbst vom Vermittler an der Provision beteiligt wird (*Doetsch, BetrAV 2003, 48 m. w. N.*). 1667

In diesem Zusammenhang wird auch diskutiert, ob sog. **gezillmerte Tarife** zulässigerweise vom Arbeitgeber ausgewählt werden dürfen. Bei diesen Tarifen werden die Abschlusskosten, insb. ggf. fällige Provisionen, vorrangig aus den ersten Beiträgen gezahlt. Hieraus leitet eine Ansicht – zumindest für den Bereich der Pensionskassen – ab, dass ein Arbeitgeber mit der Wahl eines gezillmerten Tarifs seine Fürsorgepflicht ggü. den Arbeitnehmern verletzt und sich schadensersatzpflichtig macht (*Schwintowski, VuR 2003, 327*). 1668

Das gegen eine Zulässigkeit eingewandte angebliche Recht des Arbeitnehmers auf jederzeitige Flexibilität i. R. d. Entgeltumwandlung ist dem BetrAVG aber nicht zu entnehmen. Eine Entgeltumwandlung stellt eine Änderung des Arbeitsvertrages dar, welche grds. nur einvernehmlich in Betracht kommt. Der durch § 1a BetrAVG geregelte einseitige Anspruch des Arbeitnehmers auf Abschluss einer Entgeltumwandlungsvereinbarung macht hiervon nur im Hinblick auf das »Ob«

der Entgeltumwandlung und teilweise die Wahl des Durchführungsweges eine Ausnahme. Über die sonstigen Inhalte, insb. auch die Dauer der Bindung an die Entgeltumwandlungsvereinbarung, macht das Gesetz keine Vorgaben.

Soweit aus § 1a Abs. 1 Satz 5 BetrAVG gefolgert wird, dass der Arbeitnehmer gegen den Willen des Arbeitgebers das Recht hat, jährlich den Entgeltumwandlungsbetrag neu festzusetzen, findet diese Annahme ebenfalls keine Grundlage in der gesetzlichen Regelung. In der Vorschrift wird allein zum Schutz des Arbeitgebers klargestellt, dass der Arbeitnehmer über den Betrag der Entgeltumwandlung nicht jederzeit frei entscheiden kann, sondern unterjährig an einen festen Betrag gebunden ist. Aus dieser Vorschrift den Umkehrschluss zu ziehen, dass der Gesetzgeber dem Arbeitnehmer eine umfassende Flexibilität bei der Entgeltumwandlung einräumen wollte, ist zu weitgehend. Die im Gegenteil vom Gesetzgeber gewollte Langfristigkeit der betrieblichen Altersversorgung lässt sich auch durch einen Blick auf die steuerlichen Rahmenbedingungen entnehmen, die bspw. in der Unterstützungskasse laufende gleichbleibende oder steigende Beiträge verlangen. Betriebliche Altersversorgung ist gerade kein Sparvertrag, sondern auf die Absicherung biometrischer Risiken gerichtet. Eine solche Absicherung ist nur mit über einen längeren Zeitraum vereinbarten Beiträgen möglich. Schließlich hat der Gesetzgeber die Problematik durchaus gesehen, als er die versicherungsvertragliche Lösung des § 2 Abs. 2 BetrAVG für die Direktversicherung in Kenntnis der dortigen Zillmerung geschaffen hat.

1669   Gezillmerte Tarife sind daher sowohl bei Pensionskassen als auch bei Direktversicherungen **zulässig**, und zwar auch i. R. d. Entgeltumwandlung. Ihre Auswahl durch den Arbeitgeber verstößt damit nicht gegen billiges Ermessen (*zur Frage der Wertgleichheit bei gezillmerten Tarifen vgl. Rdn. 320 ff.*).

1670   Im Rahmen einer **einschränkenden Neuordnung** entscheidet allein der Arbeitgeber darüber, welche finanziellen Mittel (**Dotierungsrahmen**) er zukünftig für die betriebliche Altersversorgung seiner Mitarbeiter zur Verfügung stellt (*BAG, 10.03.1992 – 3 AZR 221/91, BB 1992, 1431 = DB 1992, 1885 = NZA 1992, 949*). Lediglich bei der Verteilung dieser Mittel (Verteilungsplan), der Art der Versorgungsleistung sowie den Leistungsvoraussetzungen, sprich bei der **inhaltlichen Gestaltung der Leistungsordnung**, besteht dann ein Mitbestimmungsrecht des Betriebsrates (*BAG, 18.03.1976 – 3 ABR 32/75, BB 1976, 1175 = DB 1976, 1631 = AuR 1976, 345; BAG, 13.07.1978 – 3 ABR 108/77, BB 1978, 1617 = DB 1978, 2129 = NJW 1979, 2534; BAG, 09.07.1985 – 3 AZR 546/82, BB 1986, 1088 = DB 1986, 1231 = NZA 1986, 517; BAG, 16.02.1993 – 3 ABR 29/92, BB 1993, 1291 = DB 1993, 1240 = NZA 1993, 953 = ZAP 1994, Fach 17 R, S. 59 m. Anm. Langohr-Plato*).

1671   Über die gesetzlich zwingenden Mitbestimmungsrechte des § 87 BetrVG hinaus steht es jedem Arbeitgeber frei, seine betriebliche Altersversorgung i. R. d. **freiwilligen Mitbestimmung** nach § 88 Nr. 2 BetrVG zu regeln.

1672   In **persönlicher Hinsicht** beschränkt sich die Mitbestimmungskompetenz des Betriebsrates auf die **aktiven Arbeitnehmer** i. S. v. § 5 Abs. 1 BetrVG. Dagegen hat der Betriebsrat **kein Vertretungsmandat** für die **Betriebsrentner** und die mit **unverfallbaren Anwartschaften ausgeschiedenen** ehemaligen Mitarbeiter des Unternehmens (*st. Rspr., vgl. u. a. BAG, 16.03.1956 – GS 1/55, NJW 1956, 1086 = BB 1956, 560 = DB 1956, 573; BAG, 25.10.1988 – 3 AZR 483/86, BB 1989, 1548 = DB 1989, 1195 = NZA 1989, 522*). Ferner werden die **leitenden Angestellten** i. S. v. § 5 Abs. 3 BetrVG sowie die Organe und Gesellschafter des Unternehmens von der Mitbestimmungskompetenz des Betriebsrates nicht erfasst.

3. Mitbestimmungsverfahren

1673   Hinsichtlich der Durchführung der innerbetrieblichen Mitbestimmung bestehen grds. keine Besonderheiten ggü. den übrigen Regelungstatbeständen des § 87 BetrVG. Erforderlich ist stets eine **Einigung** zwischen Arbeitgeber und Betriebsrat, die notfalls gem. § 87 Abs. 2 BetrVG im **Einigungsstellenverfahren** erwirkt werden muss (*Tenbrock, S. 69*).

III. Mitbestimmung des Betriebsrates C.

Wird die betriebliche Altersversorgung über eine rechtlich selbstständige Sozialeinrichtung i. S. v. § 87 Abs. 1 Nr. 8 BetrVG, d. h. über eine Unterstützungskasse oder eine Pensionskasse durchgeführt, bestehen insoweit Besonderheiten, als die Mitbestimmung des Betriebsrates in zwei Varianten ausgeübt werden kann (*vgl. hierzu BAG, 13.07.1978 – 3 ABR 108/77, BB 1978, 1617 = DB 1978, 2129 = NJW 1979, 2534; Höfer, BetrAVG, Bd. I [ArbR], ART Rn. 1120ff. m. w. N.; Tenbrock, S. 70*): 1674

Wenn nichts anderes vereinbart ist, müssen mitbestimmungspflichtige Fragen zunächst zwischen Arbeitgeber und Betriebsrat ausgehandelt werden, der Arbeitgeber hat dann dafür zu sorgen, dass seine Sozialeinrichtung die getroffene Regelung übernimmt (*sog.* ***zweistufige Lösung****, vgl. auch BAG, 08.12.1981 – 3 AZR 518/80, BB 1982, 246 = DB 1982, 336 = NJW 1982, 1773; Kemper/Kisters-Kölkes, Rn. 715*). 1675

Die Betriebspartner können aber auch vereinbaren, dass der Betriebsrat Vertreter in die Organe der Sozialeinrichtung entsendet und mitbestimmungsrechtliche Fragen nur noch in den paritätisch besetzten satzungsgemäß vorgeschriebenen Beschlussgremien (Vorstand, Beirat, Mitgliederversammlung etc.) der Sozialeinrichtung behandelt werden (sog. **organschaftliche Lösung**). 1676

Duldet der Betriebsrat jahrelang schweigend, dass ohne entsprechende Vereinbarung nach der organschaftlichen Lösung verfahren wird, so muss er das jahrelang praktizierte Verfahren bis zu einer Neuregelung gelten lassen, wenn er in den Entscheidungsgremien paritätisch vertreten war. Fehlt es dagegen an einer **paritätischen Besetzung** der Entscheidungsgremien der Sozialeinrichtung, kann der Betriebsrat jeden aktuellen Streitfall zum Anlass nehmen, unmittelbare Verhandlungen mit dem Arbeitgeber zu verlangen (*BAG, 13.07.1978 – 3 ABR 108/77, BB 1978, 1617 = DB 1978, 2129 = NJW 1979, 2534; Kemper/Kisters-Kölkes, Rn. 716f.*). 1677

Handelt es sich bei der mitbestimmten Sozialeinrichtung um eine **überbetriebliche** Versorgungseinrichtung, an der mehrere Trägerunternehmen beteiligt sind, kann die Verwirklichung der unternehmensbezogenen Mitbestimmung insoweit problematisch werden, als die Gremien der Versorgungskasse ihre Entscheidungen über Form, Ausgestaltung und Verwaltung der Sozialeinrichtung **mehrheitlich** treffen. Dieses Mehrheitsergebnis kann im Einzelfall dazu führen, dass die Interessen eines Trägerunternehmens nicht berücksichtigt werden. In diesen Fällen reduziert sich das gesetzliche Mitbestimmungsrecht nach § 87 Abs. 1 BetrVG auf das **Abstimmungsverhalten des Arbeitgebers** innerhalb der Entscheidungsgremien der Versorgungseinrichtung. Kann sich der Arbeitgeber dann mit seinem Votum gegen die Mehrheit der übrigen Entscheidungsträger nicht durchsetzen, ist gleichwohl das gesetzliche Mitbestimmungsrecht des Betriebsrates gewahrt, weil sich die Betriebsparteien mit dem Anschluss an die überbetriebliche Versorgungseinrichtung dem satzungsgemäß zustande gekommenen mehrheitlichen Entscheidungswillen unterworfen haben (*BAG, 22.04.1986 – 3 AZR 100/83, BB 1986, 1989 = DB 1986, 1343 = NZA 1986, 574; BAG, 09.05.1989 – 3 AZR 439/88, BB 1989, 1982 = DB 1989, 2491 = NZA 1989, 889*). 1678

Hat ein Unternehmen mehrere Betriebe, in denen unabhängig voneinander Betriebsräte existieren, so ist bei der Regelung mitbestimmungsrechtlicher Fragen aus dem Betriebsrentenrecht grds. der Betriebsrat des jeweiligen Betriebs zuständig (§ 1 BetrVG). Etwas anderes gilt nach § 50 Abs. 1 Satz 1 BetrVG allerdings dann, wenn in dem Unternehmen ein **Gesamtbetriebsrat** besteht und die zu regelnden Fragen das Gesamtunternehmen oder mehrere Betriebe des Gesamtunternehmens betreffen, sodass die konkrete Regelungsfrage nicht innerhalb der einzelnen Betriebe gelöst werden kann. Insoweit steht also das »Einheitsprinzip« einer unternehmens- bzw. konzernweiten Versorgungsordnung im Vordergrund. Etwas anderes wäre vielfach auch nicht mit dem Gleichbehandlungsgrundsatz zu vereinbaren. Hinzu kommt, dass auch unter administrativen, steuerrechtlichen und betriebswirtschaftlichen Aspekten eine unternehmens- bzw. konzerneinheitliche Abwicklung der betrieblichen Altersordnung nicht nur wünschenswert, sondern praktisch unabdingbar ist. Dies hat daher im Regelfall zwangsläufig die Zuständigkeit des Gesamtbetriebsrates, bzw. im Konzern die Zuständigkeit des **Konzernbetriebsrates** (§ 58 Abs. 1 BetrVG) zur Folge (*vgl. auch BAG, 19.03.1981 – 3 ABR 38/80, BB 1981, 1952 = DB 1981, 2181; BAG, 08.12.1981 – 3 ABR 53/80, BB 1982, 186 = DB 1982, 336*). 1679

4. Rechtsfolgen bei Verletzung der gesetzlichen Mitbestimmungsrechte

1680 Wird das gesetzlich zwingende Mitbestimmungsrecht nach § 87 Abs. 1 Nr. 8 bzw. Nr. 10 BetrVG vom Arbeitgeber nicht beachtet, kann der Betriebsrat aufgrund seines **Initiativrechts** seine Rechte im **Beschlussverfahren** (§§ 2a, 80 ff. ArbGG) vor dem zuständigen ArbG geltend machen.

1681 In materiell-rechtlicher Hinsicht hat der Verstoß gegen das zwingende Mitbestimmungsrecht des Betriebsrates grds. die **Unwirksamkeit** der jeweiligen Maßnahme zur Konsequenz (*Kemper/Kisters-Kölkes, Rn. 728; Tenbrock, S. 77 ff.*). Dies gilt für alle fünf Durchführungswege der betrieblichen Altersversorgung und damit auch für rechtliche selbstständige externe Versorgungseinrichtungen des Arbeitgebers (*BAG, 26.04.1988 – 3 AZR 168/86, BB 1988, 2249 = DB 1988, 2411 = NZA 1989, 219*). Eine Ausnahme besteht lediglich im Bereich überbetrieblicher Versorgungseinrichtungen, bei denen diese Unwirksamkeit nur dann eintritt, wenn sich feststellen lässt, dass eine Beachtung des Mitbestimmungsrechts für die betroffenen Arbeitnehmer die nachteilige Änderung von Leistungsrichtlinien ganz oder teilweise verhindert hätte (*BAG, 09.05.1989 – 3 AZR 439/88, BB 1989/1982 = DB 1989, 2491 = NZA 1989, 889; Höfer, BetrAVG, Bd. I [ArbR], ART Rn. 1157*).

IV. Betriebliche Altersversorgung beim Betriebsübergang, Unternehmensverkauf und im Fall der Unternehmensumwandlung

1. Rechtsfolgen des § 613a BGB

1682 Gem. § 613a Abs. 1 BGB liegt ein Betriebsübergang vor, wenn ein Betrieb oder Betriebsteil **durch Rechtsgeschäft** auf einen anderen Inhaber übergeht, d. h. wenn die Befugnis, den Betrieb im eigenen Namen zu leiten, hinsichtlich des ganzen Betriebs oder eines bestimmten, selbstständigen Betriebsteils auf einen Rechtsnachfolger überwechselt (sog. **Einzelrechtsnachfolge/Singularsukzession**). Hierbei wird der Betrieb oder Betriebsteil vom Inhaber (Veräußerer) **durch Rechtsgeschäft** auf einen neuen Inhaber (Erwerber) übertragen, z. B. durch Verkauf, Verpachtung, Vermietung oder Bestellung eines Nießbrauchs. Dies hat zugleich einen Übergang der im Zeitpunkt des Übergangs bestehenden Arbeitsverhältnisse zur Folge. Mit diesem Übergang der Arbeitsverhältnisse sind im Wesentlichen drei Schutzfunktionen verbunden:

— Im Vordergrund steht die sog. **Bestandsschutzfunktion**, d. h. der Schutz der einzelnen Arbeitnehmer durch Sicherung und Fortführung des Arbeitsverhältnisses im bisherigen Umfang. Auch die Arbeitsverträge leitender Angestellter werden hiervon erfasst (*vgl. Höfer, BetrAVG, Bd. I [ArbR], ART Rn. 1203; Langohr-Plato, ZAP 1993, Fach 17, S. 205*). Aufgrund der ausdrücklichen Beschränkung im Wortlaut des § 613a BGB auf den Übergang bestehender »Arbeitsverhältnisse« erstrecken sich die Rechtsfolgen des § 613a BGB ausschließlich nur auf Arbeiter, Angestellte und leitende Angestellte. Organmitglieder juristischer Personen, wie z. B. der Geschäftsführer einer GmbH oder der Vorstand einer AG, werden somit vom Anwendungsbereich des § 613a BGB nicht erfasst (*vgl. auch Reichel/Schmandt, S. 154 Rn. 46; Rolfs, BetrAV 2008, 468*).

— Ferner wird die Rechtsstellung und Kontinuität des amtierenden Betriebsrates bzw. des Sprecherausschusses durch den Betriebsübergang nicht beeinträchtigt, zumal die entsprechenden Sondervorschriften (§ 24 BetrVG, § 9 SprAuG) den Betriebsübergang nicht als Erlöschensgrund für die Mitgliedschaft im Betriebsrat bzw. Sprecherausschuss vorsehen (sog. **Mitbestimmungsfunktion**).

— Schließlich verfolgt § 613a BGB ebenso wie § 25 HGB auch haftungsrechtliche Ziele (sog. **Haftungsfunktion**).

1683 Die Arbeitsverhältnisse gehen somit auf einen Betriebserwerber in dem Zustand über, den sie zum Zeitpunkt des Betriebsübergangs haben (*vgl. BAG, 22.02.1978 – 5 AZR 800/76, AP BGB § 613a Nr. 11 = EzA BGB § 613a Nr. 18, zu 4 der Gründe*). Regelungen über die Neubegründung eines Arbeitsverhältnisses, die in innerem Zusammenhang mit dem übergehenden Arbeitsverhältnis stehen, entfalten damit Wirkung zulasten des Betriebserwerbers. Das entspricht dem o. g. Schutzzweck

IV. Betriebliche Altersversorgung bei Betriebsübergang/Unternehmensverkauf/-umwandlung C.

des § 613a BGB, der darauf abstellt, Arbeitnehmer dadurch zu schützen, dass Rechte gegen den Erwerber begründet werden (*vgl. zu diesem Schutzzweck BAG, 19.05.2005 – 3 AZR 649/03, AP BGB § 613a Nr. 283 = EzA BGB 2002 § 613a Nr. 33, zu B I 2 a cc der Gründe*).

Nicht erforderlich ist, dass das Arbeitsverhältnis im Zeitpunkt des Betriebsübergangs aktiv besteht. Die Rechtsfolgen des Betriebsübergangs erstrecken sich auch auf ruhende Arbeitsverhältnisse (*vgl.: Rolfs, BetrAV 2008, 468*). Dem Betrieb gehören daher auch solche Arbeitnehmer an, die zum Zeitpunkt des Betriebsübergangs **arbeitsunfähig krank** (*BAG, 21.02.2006 – 3 AZR 216/05, NZA 2007, 931 = BetrAV 2006, 684*), in der **Elternzeit** (*BAG, 02.12.1999 – 8 AZR 7976/08, NZA 2000, 369*) oder in der **Freistellungsphase eines Altersteilzeitvertrages** (*BAG, 31.01.2008 – 8 AZR 27/08, NZA 2008, 705*) sind. 1684

Arbeitsunfähigkeit beendet die Arbeitspflicht nicht. Sie führt nur dazu, dass die Ausübung der Pflicht unmöglich oder unzumutbar wird (§ 275 Abs. 1 und Abs. 3 BGB). Die Arbeitspflicht an sich und die Stelle ihrer Ausübung sind aber für die Zugehörigkeit des Arbeitnehmers zu einem Betrieb oder einer Betriebsabteilung entscheidend (*BAG, 25.09.2003 – 8 AZR 446/02, AP BGB § 613a Nr. 256*). 1685

Etwas anderes ergibt sich selbst dann nicht, wenn der Arbeitnehmer im Zeitpunkt des Betriebsübergangs möglicherweise bereits **erwerbsunfähig** war. Erwerbsunfähigkeit ist ein sozialrechtlicher Begriff, der sich nicht ohne Weiteres auf die arbeitsrechtlichen Beziehungen der Parteien auswirkt. Sie begründet nicht einmal notwendig die Arbeitsunfähigkeit (*vgl. BAG, 07.09.2004 – 9 AZR 587/03, EzA BUrlG § 7 Abgeltung Nr. 12, zu I 2 b bb (2) der Gründe*). 1686

a) Übertragung der Versorgungsverbindlichkeiten auf den Betriebserwerber

Mit erfolgtem Betriebsübergang tritt der neue Betriebsinhaber in die **Rechte und Pflichten** aus dem im Zeitpunkt des Übergangs bestehenden Arbeitsverhältnis ein, d. h. er erhält die volle **Arbeitgeberstellung**. Konsequenz hieraus ist auch die Fortgeltung der beim bisherigen Betriebsinhaber zurückgelegten Dienstzeiten (*vgl. auch Reichel/Schmandt, S. 154 Rn. 44*). Den Betriebserwerber treffen mithin alle Pflichten, die von der Dauer der Betriebszugehörigkeit abhängen, z. B. bei der Berechnung der Kündigungsfristen oder der **Warte- bzw. Unverfallbarkeitsfristen** im Rahmen betrieblicher Versorgungsleistungen (*vgl. auch Langohr-Plato, ZAP 1993, Fach 17, S. 206; Reichel/Schmandt, S. 154 Rn. 44; Rolfs, BetrAV 2008, 468*). Darüber hinaus haftet der Betriebserwerber ggü. den übernommenen Mitarbeitern auch für die sich aus der Anpassungsprüfungspflicht nach § 16 BetrAVG ggf. ergebenden Ansprüche auf Rentenerhöhung (*BAG, 21.02.2006 – 3 AZR 216/05, BAGE 117, 112 = ZIP 2006, 1742 = BetrAV 2006, 684 = BB 2006, 2694 = NZA 2007, 931*). 1687

Diese **Rechtsfolgen** können auch **nicht durch Vertrag** zwischen dem bisherigen Betriebsinhaber und dem Erwerber **ausgeschlossen** werden (*st. Rspr., vgl. u. a. BAG, 29.11.1988 – 3 AZR 250/87, BB 1989, 1140 = NZA 1989, 425*); ein solcher Vertrag wäre als Vertrag zulasten Dritter unwirksam und gem. § 134 BGB nichtig. § 613a BGB Abs. 4 Satz 1 BGB verbietet nach Auffassung des BAG (*20.07.1982 – 3 AZR 58/78, BB 1979, 1719 = DB 1979, 2431; 28.04.1987 – 3 AZR 75/86, BB 1988, 831 = DB 1988, 400 = ZIP 1988, 120; 12.05.1992 – 3 AZR 247/91, BB 1993, 145 = DB 1993, 145 = ZAP 1993, Fach 17 R, S. 43 f. m. Anm. Langohr-Plato; Rolfs, BetrAV 2008, 468*) neben der Kündigung auch **Aufhebungsverträge aus Anlass des Betriebsübergangs**, wenn sie vom Betriebsveräußerer oder -erwerber allein deshalb veranlasst werden, um dem bestehenden Kündigungsverbot auszuweichen. In dem als sog. **Lemgoer Modell** in die Rechtsgeschichte eingegangenen Fall hatte der Betriebserwerber den Arbeitnehmern des zu übernehmenden Unternehmens den Abschluss »neuer Arbeitsverträge« zugesichert, wenn sie ihre bestehenden Arbeitsverhältnisse kündigen würden (u. a. um eine Übernahme der bestehenden betrieblichen Altersversorgung auszuschließen). Auch für diesen Fall der sog. **Eigenkündigung** hat das BAG die Anwendung von § 613a BGB anerkannt, da das Vorgehen des Betriebserwerbers ausschließlich die Umgehung des durch § 613a BGB bezweckten Kündigungsschutzes verfolgte. 1688

1689 Zulässig wäre jedoch ein **Erlassvertrag** zwischen dem neuen Arbeitgeber und den übernommenen Arbeitnehmern z. B. bzgl. rückständiger Löhne. Gegenstand eines solchen Erlassvertrages können auch freiwillig gewährte Sozialleistungen sein, wenn hierfür ein **sachlicher Grund** besteht (*BAG, 17.01.1980 – 3 AZR 160/79, BB 1980, 319 = DB 1980, 308 = NJW 1980, 1124*). Ein entsprechender sachlicher Grund wäre zu bejahen, wenn durch den Erlass Arbeitsplätze erhalten werden können (*vgl. auch BAG, 18.08.1976 – 5 AZR 95/75, NJW 1977, 1168; BAG, 26.01.1977 – 5 AZR 302/75, NJW 1977, 1470; BAG, 29.10.1985 – 3 AZR 485/83, BB 1986, 1644 = DB 1986, 1779 = MDR 1986, 960*).

1690 Mit dem Übergang der Arbeitsverhältnisse auf den Betriebserwerber **enden** die **Arbeitsverhältnisse** zum bisherigen Arbeitgeber. Dieser **haftet** allein für Ansprüche aus bereits **fälligen Versorgungsleistungen** und solchen aus **unverfallbaren Versorgungsanwartschaften** ausgeschiedener Mitarbeiter, da insoweit keine übergangsfähigen Arbeitsverhältnisse mehr bestehen (*so auch Rolfs, BetrAV 2008, 469; Tenbrock, S. 100*).

1691 Dagegen wird der neue Inhaber mit dem Betriebsübergang zugleich auch **Schuldner** der mit den übernommenen Arbeitsverhältnissen zugleich übernommenen **Versorgungsverpflichtungen**. Durch den Betriebsübergang wird der **Inhalt** der Ruhegeldzusagen **nicht verändert**. Für den Erwerber besteht aber die Möglichkeit, im Rahmen einer Neuordnung den Leistungsplan für künftige Dienstjahre anders zu gestalten.

1692 Nach inzwischen gefestigter Rechtsprechung des BAG (*so z. B. 24.03.1977 – 3 AZR 649/76, BB 1977, 1202 = DB 1977, 1466 = NJW 1977, 1791; 11.11.1986 – 3 AZR 194/85, BB 1987, 1392 = DB 1987, 1696 = NZA 1987, 559; 24.03.1987 – 3 AZR 384/85, BB 1987, 2235 = DB 1988, 123*) sind vom Anwendungsbereich des § 613a BGB alle Rentner und Arbeitnehmer mit aufrechterhaltener unverfallbarer Anwartschaft ausgeschlossen, die zum Zeitpunkt des Betriebsübergangs das Unternehmen bereits verlassen haben. Das bedeutet aber, dass sowohl Pensionäre als auch ausgeschiedene Arbeitnehmer mit unverfallbarer Versorgungsanwartschaft ihre Ruhegeldansprüche nach wie vor ggü. dem Veräußerer geltend machen können, und zwar unabhängig davon, ob daneben auch der Erwerber aus anderen Rechtsgründen, z. B. wegen Firmenfortführung gem. § 25 HGB für die Ruhegeldverpflichtungen in Anspruch genommen werden kann.

1693 Zur Begründung hat das BAG auf den Zweck des Betriebsrentengesetzes verwiesen, das einen möglichst lückenlosen Insolvenzschutz habe schaffen wollen. Das BAG sieht es für gerechtfertigt an, **private Schuldübernahmen** von bereits entstandenen Ruhegeldverbindlichkeiten für ungültig zu erklären, wenn sie nicht durch in § 4 Abs. 1 BetrAVG genannte Versorgungsträger (z. B. Lebensversicherer) erfolgten oder wenn sie nicht vom Pensions-Sicherungs-Verein (PSV) gebilligt worden seien.

1694 Lässt sich auf der Grundlage der bisherigen Rechtsprechung somit bei Unternehmensveräußerungen auch keine rechtswirksame **befreiende Schuldübernahme** für die Zukunft mehr vereinbaren, so besteht doch noch nach wie vor die Möglichkeit, die Ruhegeldverbindlichkeiten zumindest mit steuerlicher Wirkung und in verwaltungsmäßiger Hinsicht auf den Betriebserwerber zu übertragen (*so auch: Rolfs, BetrAV 2008, 469*). Hierbei ist an eine private Schuldübernahme gem. §§ 414, 415 BGB sowie an den – im Gesetz nicht ausdrücklich geregelten – Fall des Schuldbeitritts (kumulative Schuldübernahme) zu denken. Die befreiende Schuldübernahme bedarf nach §§ 414, 415 BGB der Mitwirkung bzw. Zustimmung des Gläubigers, hier also des Versorgungsberechtigten. Dabei ist allerdings zweifelhaft, ob nicht der Wirksamkeit einer solchen Vereinbarung § 4 Abs. 1 Satz 2 BetrAVG entgegensteht.

1695 Für die **kumulative Schuldübernahme** bedarf es auch in den Fällen, in denen der Betriebserwerber bereits nach § 25 HGB für sämtliche Versorgungsverpflichtungen haftet, einer förmlichen Schuldbeitrittserklärung ggü. den nicht aktiven Pensionsberechtigten (Pensionäre und ausgeschiedene Arbeitnehmer mit unverfallbaren Anwartschaften). Das hängt damit zusammen, dass die Bildung von Pensionsrückstellungen mit steuerlicher Wirkung bei dem Betriebserwerber außer dem gegen ihn gerichteten Rechtsanspruch eine schriftlich erteilte Pensionszusage voraussetzt (§ 6a Abs. 1 Nr. 3

EStG). Es empfiehlt sich daher, eine besondere schriftliche Zusage an alle Pensionsberechtigten zu richten, in der außer der Höhe der Pension zugleich mitgeteilt wird, dass ein förmlicher Schuldbeitritt erfolgt ist.

▶ **Formulierungsbeispiel: Schuldbeitrittsvereinbarung im Zusammenhang mit einem Betriebsübergang** 1696

Wir dürfen Ihnen mitteilen, dass wir im Zusammenhang mit dem Übergang des Unternehmens der ..... GmbH (Betriebsübergang gem. § 613a BGB) mit Wirkung vom ..... auch einen förmlichen **Schuldbeitritt** zu den bestehenden und bei der ..... GmbH verbleibenden betrieblichen Versorgungsverpflichtungen (unverfallbare Anwartschaften, laufende Betriebsrenten) vereinbart haben, d. h., wir haften für diese Versorgungsverbindlichkeiten neben Ihrem früheren Arbeitgeber und übernehmen auch die administrative Abwicklung der Rentenauszahlung. Hierzu dürfen wir Sie bitten, nach Eintritt des Versorgungsfalls/zukünftig Ihre Lohnsteuerkarte an die Personalabteilung unseres Unternehmens zu übersenden.

Der Wert Ihrer unverfallbaren Anwartschaft/Die Höhe Ihrer Betriebsrente beträgt nach den uns erteilten Auskünften des versicherungsmathematischen Gutachters Ihres früheren Arbeitgebers ..... € und wird zukünftig, d. h. nach Eintritt des Versorgungsfalls/mit sofortiger Wirkung von uns auf das uns mitgeteilte Konto, Nr. ..... bei der .....-Bank, überwiesen.

Im Ergebnis bleibt der Betriebsveräußerer hiernach zwar in der (gesamtschuldnerischen) Haftung und damit für die Rentenempfänger und ausgeschiedenen Arbeitnehmer mit unverfallbarer Anwartschaft ggü. dem PSV formell melde- und beitragspflichtig, die Verwaltung und tatsächliche Abwicklung hat jedoch vertragsmäßig durch den Betriebserwerber zu erfolgen. Der Betriebserwerber ist berechtigt gem. § 6a EStG auch bzgl. dieses Personenkreises Pensionsrückstellungen im bisherigen Umfang zu bilden. 1697

b) Sonderfall: Unterstützungskasse, Pensionskasse und Pensionsfonds

Sollten die Versorgungsleistungen ursprünglich von einer **Unterstützungskasse** des Betriebsveräußerers erbracht werden, wird diese aber nicht zusammen mit dem Betrieb veräußert (ein automatischer Übergang z. B. kraft Gesetzes erfolgt nicht), so wird die Unterstützungskasse zur gleichen Zeit und im gleichen Umfang von der **Haftung frei** wie ihr Trägerunternehmen als Betriebsveräußerer (*BAG, 15.03.1979 – 3 AZR 859/77, BB 1979, 1455 = DB 1979, 1462 = NJW 1979, 2533; vgl. auch Reichel/Schmandt, S. 184, Rn. 152; Rolfs, BetrAV 2008, 471*). In diesem Fall hat der Betriebserwerber die Versorgungsverpflichtungen als unmittelbare Pensionszusagen fortzuführen, und zwar mit allen sich daraus ergebenden Konsequenzen, einschließlich deren Bilanzierung nach § 6 EStG. 1698

Eine gesetzliche Verpflichtung, bestehende Versorgungsverpflichtungen durch Mitgabe entsprechender Aktiva, insb. von Barmitteln, auszufinanzieren, besteht dabei nicht und folgt insb. auch nicht aus § 613a BGB. 1699

Vielmehr wird die betriebliche Altersversorgung i. R. d. Vertragsverhandlungen zu einem Betriebsübergang bei der Bestimmung des »Kaufpreises« als **preisrelevanter Faktor** berücksichtigt. Dieser Kaufpreis wird – verkürzt dargestellt – durch die Differenz zwischen Aktiva (insb. Betriebsvermögen) und Passiva (hierunter fallen v. a. die Versorgungsverpflichtungen) ermittelt. Im Ergebnis führt dies dazu, dass im Umfang bestehender Versorgungsverpflichtungen der zu zahlende Kaufpreis gemindert wird. Damit findet regelmäßig eine entsprechende Verrechnung statt.

Dies hat für den Betriebserwerber den Vorteil, dass sich der ggf. extern zu finanzierende Kaufpreis und damit die Finanzierungskosten des Betriebsübergangs verringern.

Im Gegenzug ist allerdings zu beachten, dass der Betriebserwerber die übergegangenen Versorgungsverpflichtungen bilanzieren, hierfür also in seiner Bilanz »**Pensionsrückstellungen**« bilden muss, die zu einer entsprechenden Bilanzverlängerung führen und – soweit sie nicht durch entsprechende Aktiva bedeckt sind – das Bilanzergebnis und Bilanzkennzahlen negativ beeinflussen (können).

1700 Wird dagegen die **Unterstützungskasse** aus Anlass des Betriebsübergangs vom Betriebserwerber **übernommen**, muss die Unterstützungskasse die Versorgungsansprüche der bereits **ausgeschiedenen Arbeitnehmer** weiter erfüllen. Der Betriebsveräußerer haftet allerdings nach wie vor dafür, dass der Unterstützungskasse die hier notwendigen finanziellen Mittel zugewendet werden (*BAG, 28.02.1989 – 3 AZR 29/88, BB 1989, 1557 = DB 1989, 1679 = NZA 1989, 681; vgl. auch Reichel/Schmandt, S. 185 Rn. 156*).

1701 Gewährt der Betriebserwerber im Rahmen eines bei ihm bereits bestehenden Versorgungswerkes betriebliche Versorgungsleistungen über eine Unterstützungskasse, so führt ein Betriebsübergang nicht dazu, dass diese Unterstützungskasse nunmehr Schuldnerin übernommener Versorgungsanwartschaften wird. Denn nach ihrer Bestimmung kann und muss sie nur diejenigen Leistungen erbringen, die sich aus ihrem **Leistungsplan** ergeben. Deshalb würde sie ihre satzungsmäßigen Rechte überschreiten, wollte sie Versorgungsansprüche erfüllen, in die ihr Trägerunternehmen aufgrund eines Betriebsübergangs eingetreten ist. Allerdings könnten durch eine entsprechende Satzungsänderung auch diese übernommenen Versorgungsverpflichtungen auf die Unterstützungskasse übertragen werden (*BAG, 30.08.1979 – 3 AZR 58/78, BB 1979, 1719 = DB 1979, 2431 = NJW 1980, 416*).

1702 Bei der Durchführung der betrieblichen Altersversorgung über eine **Pensionskasse oder einen Pensionsfonds** stellt sich zunächst die grds. Frage, ob der Erwerber auch Trägerunternehmen des externen Versorgungsträgers werden kann. Ist dies nicht der Fall, weil dies z. B. bei Firmen-Pensionskassen i. d. R. satzungsmäßig nicht vorgesehen ist, ändert dies nichts an der grds. Verpflichtung des Arbeitgebers, die beim Betriebsveräußerer bestehenden Versorgungsverpflichtungen vollinhaltlich zu übernehmen und **unmittelbar** zu erfüllen (*Höfer, BetrAVG, Bd. I [ArbR], ART Rn. 1275*). Dies hat zur Folge, dass sich die mittelbare Versorgung in eine unmittelbare Pensionszusage umwandelt, die ab dem Zeitpunkt des Betriebsübergangs beim Betriebserwerber dann auch gem. § 6a EStG zu bilanzieren ist. Alternativ wäre zwar auch eine Überführung in eine andere mittelbare Versorgung – Unterstützungskasse oder Direktversicherung – denkbar. Dies wird jedoch regelmäßig an steuerlichen Restriktionen (Verbot der Einmalprämienzuwendung bei rückgedeckten Unterstützungskassen, Höchstgrenzen für die Pauschalierung der Steuer nach § 40b EStG bei der Direktversicherung) scheitern.

c) Übernahme von Versorgungsanwartschaften

1703 Sowohl die vom Bestand der Zusage als auch die vom Beginn der Betriebszugehörigkeit abhängigen **Unverfallbarkeitsfristen** des § 1 Abs. 1 Satz 1 BetrAVG werden gem. § 1 Abs. 1 Satz 2 BetrAVG i. V. m. § 613a Abs. 1 BGB durch den Betriebsübergang **nicht unterbrochen**. Diese Rechtsfolge gilt für alle fünf Durchführungswege (Pensionszusage, Direktversicherung, Unterstützungskasse, Pensionskasse und Pensionsfonds) der betrieblichen Altersversorgung. **Verfallbare Anwartschaften** können nach dem Betriebsübergang daher noch zum **Vollrecht** erstarken (*Langohr-Plato, ZAP 1993, Fach 17, S. 209*).

Andererseits hat das BAG bereits früh erkannt, dass der Betriebserwerber bei einer von **ihm begründeten** Versorgungszusage nicht verpflichtet ist, in Bezug auf eine etwaige Wartezeit und die Höhe der Versorgungsleistungen diejenigen Beschäftigungszeiten anzurechnen, die der Arbeitnehmer bei dem Betriebsveräußerer verbracht hat (*BAG, 30.08.1979 – 3 AZR 58/75, BB 1979, 1719 = DB 1979, 2431 = NJW 1980, 416; vgl. auch BAG, 08.02.1983 – 3 AZR 229/81, BB 1984, 279 = DB 1984, 301 = NJW 1984, 1254*). Das BAG hebt dabei zu Recht hervor, dass § 613a BGB den bereits erworbenen Besitzstand der übernommenen Arbeitnehmer schützt, dass aber die Betriebszugehörigkeit für sich allein noch keine Rechte begründet.

1704 War die betriebliche Altersversorgung beim alten Arbeitgeber über eine **Betriebsvereinbarung** geregelt, wird die betriebliche Altersversorgung zum Inhalt des Arbeitsverhältnisses zwischen dem neuen Inhaber und dem Arbeitnehmer, § 613a Abs. 1 Satz 2 BGB. Die bestehenden Versorgungszusagen dürfen nicht vor Ablauf eines Jahres nach dem Zeitpunkt des Übergangs zum Nachteil des Arbeitnehmers geändert werden. Eine Verbesserung der Versorgungssituation ist allerdings immer zulässig.

IV. Betriebliche Altersversorgung bei Betriebsübergang/Unternehmensverkauf/-umwandlung   C.

Eine **Ausnahme** zu dieser grds. Transformation in das Individualarbeitsverhältnis besteht allerdings dann, wenn die Identität des Betriebs erhalten bleibt und aufgrund dessen die bestehende Betriebsvereinbarung unverändert fortgilt (*BAG, 27.07.1994 – 7 ABR 37/93, DB 1995, 431 = BB 1995, 570 = NZA 1995, 222*). In einem solchen Fall entfällt die Veränderungssperre von einem Jahr. Die bestehende Betriebsvereinbarung kann bereits kurze Zeit nach dem Betriebsübergang – unter Beachtung der Besitzstandsrechtsprechung (3-Stufen-Theorie) des BAG geändert werden.

1705

d) Informationspflichten

Gem. § 613a Abs. 5 BGB muss entweder der bisherige Arbeitgeber oder der neue Inhaber die von einem Übergang betroffenen Arbeitnehmer zwingend **vor dem Übergang** schriftlich über folgende Punkte informieren:
– den Zeitpunkt oder den geplanten Zeitpunkt des Übergangs,
– den Grund für den Übergang,
– die rechtlichen, wirtschaftlichen und sozialen Folgen des Übergangs für die Arbeitnehmer und
– die hinsichtlich der Arbeitnehmer in Aussicht genommenen Maßnahmen.

1706

Der Arbeitnehmer hat daraufhin das Recht, dem Übergang seines Arbeitsverhältnisses innerhalb eines Monats nach Zugang der Unterrichtung schriftlich zu widersprechen.

Die Informationsverpflichtung nach § 613a Abs. 5 BGB erstreckt sich nach einer weitverbreiteten Literaturansicht insb. auch auf die betriebliche Altersversorgung (*Reinecke, DB 2006, 557; Höfer, BetrAVG, Bd. I [ArbR], Rn. 1212; Kisters-Kölkes, in: FS Kemper, S. 227*). Inhalt dieser Informationspflicht ist es daher auch, dem Arbeitnehmer mitzuteilen, wie sich seine betriebliche Altersversorgung zukünftig gestaltet und unter welchen Rahmenbedingungen er künftig seinen Rechtsanspruch auf Entgeltumwandlung umsetzen kann.

1707

Demgegenüber ist das BAG der Auffassung, dass hinsichtlich der betrieblichen Altersversorgung **keine Informationspflichten nach § 613a Abs. 5 BGB** bestehen. Nach Ansicht des BAG sind die Voraussetzungen dieser Vorschrift gegeben, da Ansprüche aus betrieblicher Altersversorgung keine Folge des Übergangs sind, sondern bis zum Zeitpunkt des Übergangs ohne Rücksicht auf diesen entstehen. Ebenso wenig seien sie hinsichtlich der Arbeitnehmer in Aussicht genommene Maßnahmen, da sie unabhängig vom Handeln des Veräußerers oder des Erwerbers bestünden (*BAG, 22.05.2007 – 3 AZR 357/06, NZA 2007, 1285 und 3 AZR 834/05, NZA 2007, 1283; zustimmend: Rolfs, BetrAV 2008, 469*).

1708

e) Konkurrenz bestehender Versorgungssysteme

Die durch einen Betriebsübergang bedingte Übernahme eines beim übernommenen Unternehmen bestehenden betrieblichen Versorgungssystems kann nach der Übernahme zu unterschiedlichen Konsequenzen führen, je nachdem, ob das übernehmende Unternehmen ebenfalls seinen Mitarbeitern betriebliche Versorgungsleistungen gewährt oder nicht. Daneben ist auch der Fall denkbar, dass das übernommene Unternehmen keine betrieblichen Versorgungsleistungen gewährt hat, die übernommenen Arbeitnehmer aber nach dem Betriebsübergang in ein Unternehmen mit einem betrieblichen Versorgungssystem zu integrieren sind.

1709

aa) Nur beim Betriebsveräußerer existentes Versorgungssystem

Soweit lediglich beim Betriebsveräußerer ein betriebliches Versorgungssystem besteht, richten sich die rechtlichen Konsequenzen aus der Übernahme dieser Versorgungsleistungen ausschließlich nach den bereits dargestellten Rechtsfolgen des § 613a Abs. 1 Satz 1 BGB. Das bedeutet, dass der Betriebserwerber vollinhaltlich in die Rechte und Pflichten aus den beim Betriebsveräußerer erteilten Versorgungsverpflichtungen eintritt, und zwar unabhängig davon, ob die Versorgungsverpflichtung des Betriebsveräußerers auf einer individual-rechtlichen Rechtsgrundlage oder einer Betriebsvereinbarung beruht hat (*vgl. Höfer, BetrAVG, Bd. I [ArbR], ART Rn. 1219*).

1710

In derartigen Fällen ist der Betriebserwerber **nicht verpflichtet**, die übernommene Altersversorgung auf die bereits vor dem Betriebsübergang in seinem Unternehmen tätigen Arbeitnehmer **auszudehnen**.

bb) Nur beim Betriebserwerber existentes Versorgungssystem

1711 Besteht dagegen lediglich beim Betriebserwerber ein betriebliches Versorgungssystem, sind auch keine nach § 613a BGB fortbestehenden Versorgungsverpflichtungen vom Betriebserwerber zu übernehmen. Darüber hinaus haben die übernommenen Arbeitnehmer allein aus Anlass des Betriebsübergangs auch **keinen Anspruch** darauf, in das beim Betriebserwerber existierende Versorgungssystem integriert zu werden. Dieser Anspruch ergibt sich grds. auch nicht aus Gründen der Gleichbehandlung, da die Zugehörigkeit der übernommenen Mitarbeiter zu dem übernommenen Betrieb einen **sachlichen Rechtfertigungsgrund** für die Ungleichbehandlung darstellt (*so auch Tenbrock, S. 201*). Wenn das BAG bereits eine unterschiedliche Behandlung zwischen den Mitarbeitern verschiedener Betriebe eines Unternehmens akzeptiert (*BAG, 25.08.1976 – 5 AZR 788/75, BB 1977, 145 = DB 1977, 358*), dann muss dies erst recht für eine entsprechende Differenzierung im Zusammenhang mit einem Betriebsübergang gelten (*so auch Höfer, BetrAVG, Bd. I [ArbR], ART Rn. 1237*).

1712 Etwas anderes gilt nur dann, wenn die Mitarbeiter des übernommenen Betriebs **voll** in das Unternehmen des Betriebserwerbers **integriert** werden. In diesem Fall kommt es automatisch zu einer Aufnahme in das bestehende Versorgungswerk, sofern dieses nicht für den Neuzugang geschlossen ist (*vgl. auch Reichel/Schmandt, S. 159, Rn. 65*). Insoweit ist es nämlich unerheblich, ob ein Mitarbeiter aufgrund eines Arbeitsvertrages neu eingestellt oder ob sein bestehender Arbeitsvertrag kraft Gesetzes, nämlich nach § 613a BGB, vom Betriebserwerber übernommen wird. In beiden Fällen tritt der Arbeitnehmer unter den allgemeinen Aufnahmevoraussetzungen in das Versorgungswerk ein. Das bedeutet aber auch, dass der Betriebserwerber die **anrechnungsfähige Dienstzeit** bei den übernommenen Mitarbeitern auf die Zeiten nach dem Betriebsübergang begrenzen kann, und dass diese Dienstzeiten auch für die gesetzliche Unverfallbarkeitsfrist maßgeblich sind. Eine Anrechnung der Vordienstzeiten beim Betriebsveräußerer bedarf daher in jedem Fall einer ausdrücklichen Vereinbarung zwischen den neuen Arbeitsvertragsparteien.

cc) Konkurrenzverhältnis zwischen sowohl beim Betriebsveräußerer als auch beim Betriebserwerber bestehenden Versorgungssystem

1713 Soweit bei beiden Vertragsparteien des Betriebsübergangs, also sowohl beim Betriebsveräußerer als auch beim Betriebserwerber, betriebliche Versorgungssysteme bestehen, stellt sich die Frage nach dem Konkurrenzverhältnis nach erfolgtem Betriebsübergang. Grds. ist auch in einer solchen Situation zunächst einmal von der allgemeinen Rechtsfolge des § 613a BGB auszugehen, wonach der Betriebserwerber vollinhaltlich in die Rechte und Pflichten der übernommenen Arbeitsverhältnisse und der damit zugleich übernommenen Versorgungsverpflichtungen eintritt. Dabei gelten allerdings folgende Besonderheiten (*ausführlich hierzu Reichel/Schmandt, S. 171 ff.; Tenbrock, S. 199 ff.*):
– Werden die Mitarbeiter in das Unternehmen des Betriebserwerbers integriert (*s. o. Rdn. 1712*), stellt sich die Frage, ob sie neben den fortzuführenden ursprünglichen Versorgungsansprüchen **zusätzlich** auch noch Ansprüche aus dem Versorgungswerk des Betriebserwerbers erhalten oder ob lediglich die **bessere Versorgungsleistung** aus beiden Versorgungssystemen zur Auszahlung gelangen soll. Ein hieraus abgeleiteter **individueller Günstigkeitsvergleich** dürfte sich allerdings nicht nur auf die Höhe der zugesagten Versorgungsleistungen beschränken, sondern müsste auch eventuelle Unterschiede bei den abgesicherten biologischen Versorgungsfällen (welche Risiken werden überhaupt gesichert, Dauer der Leistungsgewährung etc.) sowie den allgemeinen und besonderen Leistungsvoraussetzungen (Wartezeiten, Zurechnungszeiten, Begriff der Berufs- bzw. Erwerbsunfähigkeit etc.) berücksichtigen. Dies kann gerade bei unterschiedlichen Versorgungssystemen zu erheblichen Komplikationen führen. Vor diesem Hintergrund ist eine eindeutige und unmissverständliche Regelung des Konkurrenzverhältnisses in jedem Fall zu

empfehlen, wobei der Leistungsumfang der übernommenen Versorgungsverpflichtungen nicht unterschritten werden darf.
- Beruhen beide Versorgungssysteme auf einer **Betriebsvereinbarung**, gilt allerdings nicht das Günstigkeitsprinzip. Vielmehr ist § 613a Abs. 1 Satz 3 BGB zu beachten. Nach dem in dieser Vorschrift geregelten **Ordnungsprinzip verdrängen** die Bestimmungen der Betriebsvereinbarung des Betriebserwerbers diejenigen der Betriebsvereinbarung des Betriebsveräußerers. Der Gesetzgeber hat hierbei die Erleichterung der Anpassung und Vereinheitlichung unterschiedlicher Betriebsnormen und Arbeitsbedingungen über die individuellen Arbeitnehmerrechte gesetzt (*vgl. auch BT-Drucks. 8/3317, S. 11*).
- Im Hinblick auf die Rechtsprechung des BAG zum **Bestandsschutz** betrieblicher Versorgungsrechte bei der einschränkenden Neuordnung von Versorgungssystemen (*vgl. hierzu die ausführliche Darstellung unter Rdn. 1579 ff.*) kann dieses Ordnungsprinzip i. R. d. betrieblichen Altersversorgung aber nicht uneingeschränkt zur Anwendung kommen. Vielmehr muss auch beim Betriebsübergang – wie bei der Neuordnung auch – der bis zum Betriebsübergang **erdiente Besitzstand** gewahrt werden. Das Ordnungsprinzip kann sich somit nur für die Zeiten nach dem Betriebsübergang auswirken. Dies hat zur Folge, dass entsprechend **dem ratierlichen Berechnungsverfahren** nach § 2 Abs. 1 BetrAVG die Dienstzeiten beim Betriebsveräußerer nach der »alten« Versorgungsordnung und die Dienstzeiten beim Betriebserwerber nach dessen Versorgungsordnung zu bewerten sind. Die sich aus dieser Berechnung ergebenden Anwartschaftswerte sind zu addieren und ergeben dann den vom Betriebserwerber geschuldeten Versorgungsbetrag.

f) Nachhaftung des Betriebsveräußerers

In **haftungsrechtlicher** Hinsicht hat das BAG in seinem Urt. v. 22.06.1978 (*3 AZR 832/76, BB 1978, 1418 = DB 1978, 1795; vgl. auch BAG, 15.03.1979 – 3 AZR 859/77, BB 1979, 1455 = DB 1979, 1462 = NJW 1979, 2533*) ausdrücklich klargestellt, dass der Betriebsveräußerer nur noch in den engen Grenzen des § 613a Abs. 2 BGB neben dem Erwerber in Anspruch genommen werden kann. Demnach haftet der Veräußerer nur noch für solche Versorgungsverpflichtungen, die vor dem Übergangszeitpunkt entstanden sind und vor Ablauf eines Jahres nach diesem Zeitpunkt fällig werden (*Tenbrock, S. 103 f.*). Eine **Nachhaftung** kommt mithin nur insoweit in Betracht, als sich im Übergangszeitpunkt vorhandene Anwartschaften (in der in diesem Zeitpunkt erdienten Höhe) innerhalb des folgenden Jahres mit Eintritt eines Versorgungsfalls in fällige Leistungsansprüche verwandeln. 1714

▶ Beispiel:

Ein am 01.01.1977 in die X-GmbH eingetretener Arbeitnehmer erhält ab 01.04.2007 wegen Erreichen der Altersgrenze eine monatliche Altersrente i. H. v. 500,00 €. Am 01.01.2007 ist die X-GmbH durch Rechtsgeschäft auf die Y-AG übertragen worden. Die am 01.01.2007 erdiente Anwartschaft des Mitarbeiters beträgt (quotiert nach der bis dahin zurückgelegten Dienstzeit) 360/363 von 500,00 € = 495,87 €. Der Betriebsveräußerer haftet neben dem Erwerber lediglich für die 9 Monatsrenten von April bis Dezember 2007 in vorbezeichneter Höhe, also für 9 × 495,87 € = 4.462,83 €. Nur dieser Zeitraum (max. 1 Jahr nach Betriebsübergang) wird von der Haftungsregel des § 613a Abs. 2 Satz 1 BGB erfasst.

Das vorstehende Beispiel zeigt zugleich, dass die Nachhaftung des Veräußerers bei **Rentenzusagen** im Gegensatz zu **Kapitalzusagen** nur ein vergleichsweise geringes Haftungsrisiko bedeutet. Auch hier kommt die Nachhaftung nur innerhalb eines Jahres nach dem Übergangszeitpunkt in Betracht; erfasst wird dabei aber nicht nur eine sich auf max. 12 Monate erstreckende Rentenzahlung, sondern der gesamte erdiente Kapitalbetrag. Wäre also in dem oben beschriebenen Musterfall statt einer Rente von 500,00 € eine dem Altersrentenbarwert entsprechende Kapitalzusage von 55.850,00 € erteilt worden, so würde sich die Nachhaftung auf einen Betrag von 360/363 von 55.850,00 € = 55.388,43 € erstrecken. 1715

g) Betriebsübergang bei Insolvenz

1716 Früher war es in Rechtsprechung (*vgl. u. a. LAG Düsseldorf, 30.12.1977 – 16 Sa 651/77, BB 1978, 614 = DB 1978, 702; ArbG Köln, 29.07.1977 – 14 Ca 3481/77, DB 1977, 2146; LAG Hamm, 28.03.1979 – 12 Sa 22/78, DB 1979, 1365*) und Literatur (*vgl. u. a. Riedel, NJW 1975, 765; Martens, DB 1977, 495; Derleder, AuR 1976, 129; Hess, DB 1976, 1154; Everhardt, BB 1976, 1611; Richardi, RdA 1976, 56*) heftig umstritten, ob § 613a BGB auch auf eine **Betriebsveräußerung nach Eröffnung des Insolvenzverfahrens** anzuwenden sei. Nachdem das BAG diese grds. Frage in seiner Entscheidung vom 15.11.1978 (*5 AZR 199/77, BB 1979, 735 = DB 1979, 702 = NJW 1979, 2634*) noch ausdrücklich offen gelassen hatte, hat es in seinem Urt. v. 17.01.1980 (*3 AZR 160/79, BB 1980, 319 = DB 1980, 308 = NJW 1980, 1124*) und seither in ständiger Rechtsprechung (*vgl. u. a. BAG, 13.11.1986 – 2 AZR 771/85, DB 1987, 990 = NZA 1987, 458; BAG, 28.04.1987 – 3 AZR 75/86, BB 1988, 831 = DB 1988, 400 = NZA 1988, 198; BAG, 04.07.1987 – 3 AZR 756/87, DB 1989, 2541*) die Anwendung des § 613a BGB bei einer Betriebsveräußerung in der Insolvenz bejaht, soweit es sich nicht um bei Insolvenzeröffnung bereits entstandene Ansprüche handelt. Insoweit haben die **Verteilungsgrundsätze des Insolvenzverfahrens Vorrang**.

1717 Diese Rechtsprechung ist insb. für Leistungen der betrieblichen Altersversorgung von Bedeutung. Der Betriebserwerber tritt zwar als solcher in die bestehenden Versorgungsanwartschaften ein, schuldet im Leistungsfall jedoch gleichwohl nicht deren volle Höhe. Soweit die Anwartschaft nämlich bei Insolvenzeröffnung bereits unverfallbar i. S. v. § 1 BetrAVG war, haftet hierfür der **Pensions-Sicherungs-Verein (PSV)** als Träger der **gesetzlichen Insolvenzsicherung** für den bis dahin zeitanteilig erdienten Teil nach Maßgabe von § 7 Abs. 2 BetrAVG. Die insolvenzrechtlichen Regelungen des Betriebsrentengesetzes sind somit **lex specialis** zu § 613a BGB. Der im Insolvenzverfahren die Arbeitsverhältnisse übernehmende Erwerber haftet daher nur insoweit, wie die bestehenden Ansprüche der Arbeitnehmer nicht im Insolvenzverfahren geltend gemacht werden können (*BAG, 29.10.1985 – 3 AZR 485/83, BB 1986, 1644 = DB 1986, 1779*), mithin also nur insoweit, als sie auf Beschäftigungszeiten nach dem Betriebsübergang beruhen (*BAG, 11.02.1992 – 3 AZR 117/91, BB 1992, 1648 = NJW 1993, 157 = NZA 1993, 20 = ZAP 1993, Fach 17 R, S. 41 m. Anm. Langohr-Plato*).

1718 Sofern die Anwartschaft des betroffenen Mitarbeiters im Zeitpunkt der Insolvenz noch nicht die gesetzlichen Unverfallbarkeitsfristen erfüllt hat und daher auch nicht vom PSV gesetzlich geschützt wird, muss der Arbeitnehmer den bis zur Insolvenzeröffnung erdienten Anwartschaftsbetrag zur Insolvenztabelle anmelden. Für den danach erdienten Teil haftet auch hier der Betriebserwerber (*vgl. auch Reichel/Schmandt, S. 195 Rn. 195*).

1719 Das BAG hat mit Urt. v. 28.04.1987 (*3 AZR 75/86, BB 1988, 831 = DB 1988, 400 = NZA 1988, 198*) zu dem Erwerb eines insolventen Unternehmens weiterhin festgestellt, dass die fristlose Kündigung der Arbeitnehmer oder die Vereinbarung von Auflösungsverträgen und der Abschluss neuer Arbeitsverträge mit dem Erwerber unwirksam sind, da hierin eine Umgehung des § 613a Abs. 4 Satz 1 BGB liegt. Sind unverfallbare Versorgungsanwartschaften betroffen, so liegt darüber hinaus ein Verstoß gegen § 4 Abs. 1 Satz 2 BetrAVG vor.

2. Konsequenzen eines Unternehmensverkaufs

1720 Ein Unternehmensverkauf (»share deal«) ist rechtlich als sog. **Gesamtrechtsnachfolge** zu qualifizieren, d. h. der Unternehmenskäufer tritt voll und ganz in sämtliche beim gekauften Unternehmen bestehenden Versorgungsverpflichtungen ein. Im Gegensatz zum Betriebsübergang nach § 613a BGB, der nur den Übergang der im Zeitpunkt des Übergangs bestehenden Arbeitsverhältnisse und damit auch nur die Übernahme der Versorgungsverpflichtungen der vorhandenen Versorgungsanwärter zur Folge hat, werden bei der Gesamtrechtsnachfolge somit auch die ggü. sämtlichen Betriebsrentnern und mit unverfallbarer Anwartschaft ausgeschiedenen ehemaligen Mitarbeitern bestehenden Versorgungsverpflichtungen übernommen (»**volle Haftungsübernahme**«).

IV. Betriebliche Altersversorgung bei Betriebsübergang/Unternehmensverkauf/-umwandlung   C.

Konsequenz ist somit die »unveränderte« Fortführung der bisherigen betrieblichen Altersversorgung beim neuen Unternehmensinhaber. Durch den Unternehmensverkauf werden Inhalt und Umfang der Ruhegeldzusagen nicht verändert.

3. Gestaltungsmöglichkeiten nach dem Umwandlungsrecht

Das Umwandlungsrecht basiert auf zwei Gesetzen, nämlich dem Gesetz zur Bereinigung des **Umwandlungsrechts** (*BGBl. I 1994, S. 3210*) sowie dem Gesetz zur Änderung des **Umwandlungssteuerrechts** (*BGBl. I 1994, S. 3267; BStBl. I 1994, S. 839*), deren Regelungen zum 01.01.1995 in Kraft getreten sind. 1721

Das Umwandlungsrecht bietet eine **einheitliche Modifizierung** der früher über verschiedene Gesetze (UmwG, AktG, KapErtrG, GenG, VAG) verstreuten Umwandlungsregelungen. Die mit dieser Zusammenführung einhergehende Flexibilisierung der Umwandlungsmöglichkeiten bietet den Unternehmen eine Vielzahl von Gestaltungsvariationen, um auf unterschiedliche, veränderte wirtschaftliche Rahmenbedingungen zu reagieren und die Unternehmensstruktur ohne steuerliche Nachteile diesen Veränderungen anzupassen. Im Wesentlichen handelt es sich dabei um vier Grundarten der Umwandlung (*ausführlich hierzu Ott, INF 1995, 143 ff.*): 1722
– **Verschmelzung** (§§ 2 bis 122 UmwG),
– **Spaltung** (§§ 123 bis 173 UmwG)
  mit ihren Unterformen:
  – Aufspaltung (§ 123 Abs. 1 UmwG),
  – Abspaltung (§ 123 Abs. 2 UmwG) und
  – Ausgliederung (§ 123 Abs. 3 UmwG),
– **Vermögensübertragung** (§§ 174 bis 189 UmwG) und
– **Rechtsformwechsel** (§§ 190 bis 304 UmwG).

Die haftungsrechtlichen Regelungen, die aufgrund des Nachhaftungsbegrenzungsgesetzes in das UmwG einzubringen waren, beschränken sich auf die in den §§ 45, 133, 157, 167, 173, 224, 237, 249 und 257 UmwG übernommenen Haftungsgrundsätze der §§ 159, 160 HGB (*vgl. Rdn. 1773 ff.*). Darüber hinaus ist aber von besonderem Interesse, welche Möglichkeiten und damit ggf. auch haftungsrechtlichen Konsequenzen die neuen Spaltungsmöglichkeiten für die betriebliche Altersversorgung mit sich bringen. 1723

a) Umwandlungsrecht und Betriebsübergang

Nach bisherigem Recht erfolgte die »**Abspaltung**« von Unternehmensteilen im Wege des Betriebsübergangs nach § 613a BGB mit der Konsequenz, dass die **bestehenden Arbeitsverhältnisse** auf den Erwerber mit allen Rechten und Pflichten **zwingend übergingen**, während die **Ruhestandsverhältnisse** beim »Alt-Arbeitgeber« ebenso verblieben wie die Haftung für Verbindlichkeiten aus beendeten Arbeitsverhältnissen. Der alte Arbeitgeber konnte sich also durch einen Betriebsübergang oder Teilbetriebsübergang **nicht** seinen bereits laufenden Rentenzahlungsverpflichtungen sowie seinen Verpflichtungen ggü. den mit unverfallbaren Anwartschaften ausgeschiedenen Mitarbeitern **entziehen**, während der Erwerber des Unternehmens in vollem Umfang in die Haftung für die betrieblichen Versorgungsversprechungen der übernommenen Mitarbeiter eintreten musste. 1724

Gem. § 324 UmwG bleibt diese **Haftungsaufteilung** des § 613a BGB von einer gesellschaftsrechtlichen Umwandlung grds. »**unberührt**«. Die **Dispositionsfreiheit** des Betriebsinhabers nach dem UmwG ist daher insoweit eingeschränkt, als die von § 613a BGB erfasste Übernahme der bestehenden Arbeitsverhältnisse zur Diskussion steht. Insoweit bleibt es also bei dem **zwingenden Recht** des § 613a BGB, d. h. die Voraussetzungen des § 613a BGB sind auch im Zusammenhang mit einer Unternehmensumwandlung selbstständig zu prüfen (*BAG, 25.02.2000 – 8 AZR 416/99, DB 2000, 1966; Bauer/Lingemann, NZA 1994, 1057, 1061; Boecken, ZIP 1994, 1087 [1089 ff.]; Hanau, ZGR 1990, 548 ff.; Hill, BetrAV 1995, 115; Langohr-Plato, MDR 1996, 328; Schöne, ZAP 1995, Fach 15, S. 160; Wlotzke, DB 1995, 40 [42]*). Die Anwendung des § 613a BGB bedeutet hier, dass es grds. 1725 nicht im Ermessen der Vertragsparteien steht, im Spaltungs- und Übernahmevertrag festzulegen, welche Arbeitsverhältnisse auf welchen neuen Rechtsträger übergehen. Vielmehr sind die Vertragsparteien **nur frei** festzulegen, welche Betriebe oder Betriebsteile auf den/die andere(n) Rechtsträger übertragen werden. **Die Arbeitsverhältnisse folgen dann dieser Entscheidung nach** (*Arnold, DB 2008, 986; Wlotzke, DB 1995, 42; Willemsen, RdA 1993, 133 [137]; im Ergebnis zustimmend auch Hill, BetrAV 1995, 115f.*). Gleichwohl ist zu beachten, dass nach dem neuen Spaltungsrecht der übertragende Rechtsträger das Vermögen seines Unternehmens auf die übernehmenden Rechtsträger auf vertraglicher Basis nach **freiem Ermessen** zuordnen kann und damit eine Sonderrechtsnachfolge in Form einer partiellen Gesamtrechtsnachfolge bewirkt (*Hill, BetrAV 1995, 114, 115; Ott, INF 1995, 145; Schöne, ZAP 1995, Fach 15, S. 157 [160f.]*). Grundlage dieser freien Zuordnung ist der **Spaltungs- und Übernahmevertrag** gem. § 126 UmwG bzw. der **Spaltungsplan** gem. § 136 UmwG bei der Spaltung zur Neugründung.

b) Umwandlungsrecht und Betriebsrentengesetz

1726 **Fraglich** ist somit, ob das neue Spaltungsrecht nunmehr auch eine **freie Zuordnung** der bestehenden Rentenverpflichtungen und der Verpflichtungen ggü. denjenigen Mitarbeitern, die beim übertragenden Rechtsträger mit einer unverfallbaren Anwartschaft ausgeschieden sind, zulässt.

1727 Wie bereits ausgeführt, wird dieser Personenkreis von § 613a BGB **nicht erfasst**. Einer Schuldübernahme i. S. d. §§ 414 ff. BGB steht § 4 BetrAVG ggü., der nur unter sehr engen Voraussetzungen eine Übertragung von Versorgungsverpflichtungen zulässt. Zulässig ist danach zwar die **Übertragung auf einen neuen Arbeitgeber**. Dies ist aber nicht das aus der Spaltung entstandene Unternehmen für den hier relevanten Personenkreis der Betriebsrentner und ausgeschiedenen Mitarbeiter.

1728 Nach inzwischen durch das BVerfG (*18.12.1987 – 1 BvR 1242/87, DB 1988, 1905 = BetrAV 1989, 67*) bestätigter Auffassung des BAG (*17.03.1987 – 3 AZR 605/85, BB 1987, 2233 = DB 1988, 122 = NZA 1988, 21*) soll eine Übertragung von Versorgungsverpflichtungen auch an andere als in § 4 BetrAVG aufgezählte Versorgungsträger zulässig sein, wenn der Pensions-Sicherungs-Verein (PSV) hierzu seine **Genehmigung** erteilt. Aufgrund verfassungsrechtlicher Bedenken sieht sich der PSV hierzu allerdings nicht in der Lage und verweigert kategorisch eine entsprechende Genehmigung (*PSV-Merkblatt 300/M 10/1.99*).

1729 Damit wird die Frage nach dem **Konkurrenzverhältnis** von § 4 BetrAVG und dem neuen Umwandlungsrecht aufgeworfen. Ein Lösungsansatz könnte hier § 132 Satz 1 UmwG bieten, wonach »allgemeine Vorschriften« unberührt bleiben, »welche die Übertragbarkeit eines bestimmten Gegenstandes ausschließen oder an bestimmte Voraussetzungen knüpfen oder nach denen die Übertragung eines bestimmten Gegenstandes einer staatlichen Genehmigung bedarf«. Es stellt sich daher die Frage, ob es sich bei § 4 BetrAVG um eine solche allgemeine Vorschrift i. S. v. § 132 UmwG handelt. Nur dann ist eine Übertragung von Versorgungsverpflichtungen im Rahmen eines Umwandlungsprozesses rechtlich zulässig.

1730 Mit der Regelung des § 132 UmwG soll verhindert werden, dass der mit einem Übertragungsverbot bei der Einzelübertragung bezweckte Schutz durch die partielle Gesamtrechtsnachfolge unterlaufen werden kann (*Limmer, Umwandlungsrecht, S. 209f.*). Dieser Schutzzweck führt unbestritten zu einer **Einschränkung der Spaltungsmöglichkeiten** (*Langohr-Plato, MDR 1996, 329; Teichmann, ZGR 1993, 396, 407*), was dann auch zu einer kontroversen Diskussion in der Literatur über die Reichweite des § 132 UmwG geführt hat (*vgl. u. a. Hill, BetrAV 1995, 116f.; Heidenhain, ZIP 1995, 801 [802ff.]; Hennrichs, ZIP 1995, 794 [797ff.]; Langohr-Plato, MDR 1996, 329; Schwedhelm/Streck/Mack, GmbHR 1995, 8 [9ff.]; Teichmann, ZGR 1993, 396 [406ff.]*).

1731 Jedenfalls kann das Argument, dass der Gesetzgeber mit dem neuen Umwandlungsrecht die Aufspaltung ermöglichen und nicht verhindern wollte, allein nicht ausreichen, um diese strittige Frage zu klären (*so aber Hill, BetrAVG 1995, 117*).

IV. Betriebliche Altersversorgung bei Betriebsübergang/Unternehmensverkauf/-umwandlung   C.

Dagegen ist entgegen der in der ersten Aufl. noch vertretenen Auffassung (*vgl. RHB-BAV, 1. Aufl., Rn. 636*) die von Hill (*BetrAV 1995, 117*) vorgenommene Differenzierung zwischen vertraglicher und gesetzlicher Schuldübernahme zu beachten. § 4 BetrAVG regelt tatbestandlich nur den Fall einer **vertraglichen** Schuldübernahme. Demgegenüber erfolgt der Übergang von Verbindlichkeiten bei einer Spaltung nach dem UmwG jedoch kraft **Gesetzes**. Auch die Tatsache, dass insoweit ein zivilrechtlicher Vertrag (Spaltungsvertrag) der Übertragung zugrunde liegt, ändert nichts daran, dass eine Anwendung des § 4 BetrAVG auf die Spaltung nach dem UmwG die Unterschiede zwischen Einzelrechts- und (partieller) Gesamtrechtsnachfolge nicht hinreichend berücksichtigen würde. Eine derartige Unterscheidung ist vom Gesetzgeber aber gewollt. In der Begründung zum Entwurf des UmwG wurde gerade die Tatsache, dass – im Gegensatz zur Einzelrechtsnachfolge – bei der Spaltung nach dem UmwG keine Zustimmung der Gläubiger erforderlich ist, als entscheidender Vorteil hervorgehoben (*vgl. Allgemeinen Teil der Begründung des RegE bei Schaumburg/Rödder, UmwG, S. 10 ff.*).   **1732**

Auch **Inhalt** und **Ratio** des Gesetzes sprechen gegen eine Einbeziehung des § 4 BetrAVG in den Regelungsbereich des § 132 UmwG.   **1733**

§ 132 UmwG verweist nicht auf § 4 BetrAVG. Die erstgenannte Bestimmung ordnet die Anwendung allgemeinen Rechts nur insoweit an, als es die Übertragbarkeit eines bestimmten Gegenstandes ausschließt oder sie an bestimmte Voraussetzungen knüpft. § 4 BetrAVG schließt aber weder die Übertragbarkeit von Versorgungsverbindlichkeiten aus noch knüpft er sie an bestimmte Voraussetzungen. Vielmehr wird allein die Übertragung im Wege der Einzelrechtsnachfolge an die Zustimmung der Versorgungsanwärter und des PSV gebunden (*BAG, 22.02.2005 – 3 AZR 499/03 (A), DB 2005, 954 m. w. N.*).

Darüber hinaus begründen die §§ 133, 134 UmwG zusammen mit § 22 UmwG ein in sich geschlossenes **Haftungssystem**, das als spezielles Regelwerk auch § 4 BetrAVG vorgeht. Die in diesen nach § 135 UmwG auch auf Ausgliederungen zur Neugründung anwendbaren Bestimmungen vorgesehene gesamtschuldnerische Haftung des übertragenden und des übernehmenden Rechtsträgers macht bei Betriebsrentenansprüchen nur dann Sinn, wenn der PSV und der Gläubiger keine Möglichkeit haben, mit der Verweigerung der Zustimmung den Übergang von Versorgungsverbindlichkeiten von vornherein zu verhindern. Es ist zwar richtig, dass mit dem Ausscheiden des bisherigen Versorgungsschuldners nach Ablauf der Zeit der gesamtschuldnerischen Haftung eine Minderung der Haftungsmasse verbunden sein kann und häufig verbunden sein wird. Dadurch kann es auch zu einer Gefährdung des Anpassungsanspruchs nach § 16 BetrAVG kommen. Der Gesetzgeber hat dieses Risiko jedoch gesehen und es bewusst bei der Neuregelung des Umwandlungsrechts ebenso in Kauf genommen wie bei den vergleichbaren Bestimmungen zur Begrenzung der Nachhaftung im Recht der Personengesellschaften. Schließlich zeigt § 134 Abs. 2 UmwG, dass Versorgungsverbindlichkeiten in das Haftungssystem der §§ 133 und 134 UmwG einbezogen sein und sich nicht nach den Sonderregeln des Betriebsrentenrechts richten sollten.   **1734**

Die Vorschriften über die Spaltung sehen zudem ausdrücklich auch die sog. **Aufspaltung** (vgl. § 123 Abs. 1 UmwG) vor. Dabei wird ein Rechtsträger in mehrere neue Rechtsträger »aufgeteilt«, wobei der ursprüngliche Rechtsträger erlischt. Diese Art der Spaltung wäre unmöglich, wenn bestehende Verbindlichkeiten nicht einem der übernehmenden Rechtsträger zugewiesen werden könnten. Man wird dem Gesetzgeber auch kaum unterstellen können, er habe die Problematik der betrieblichen Altersversorgung insoweit nicht erkannt. Gegen eine solche Unterstellung spricht nämlich die Regelung zum Gläubigerschutz in § 134 Abs. 2 UmwG, die gerade für den Fall betrieblicher Versorgungsleistungen eine Sonderhaftung begründet. Wenn dem Gesetzgeber aber die Problematik der betrieblichen Altersversorgung bei der Spaltung nicht nur bewusst, sondern im Zusammenhang mit dem Gläubigerschutz sogar eine Sonderregelung wert war, so hätte er die Norm des § 4 BetrAVG – unterstellt, sie hätte eine ggü. § 132 UmwG speziellere Wirkung – ausdrücklich erwähnen müssen (*vgl. hierzu Heubeck, in Picot, Unternehmenskauf und Restrukturierung*).   **1735**

I. Ü. verlangt auch die **Zwecksetzung** des § 132 UmwG nicht die Einbeziehung des § 4 BetrAVG. § 132 UmwG soll sicherstellen, dass durch die Spaltungsvorschriften zivilrechtliche   **1736**

Übertragungsbeschränkungen nicht umgangen werden. Diese Gefahr besteht jedoch bei § 4 BetrAVG – der die Arbeitnehmer und insb. den PSV vor Vermögenslosigkeit des Arbeitgebers schützen soll – insoweit nicht, als dass aufgrund der im UmwG für die Fälle der Spaltung vorgesehenen Haftungsnormen (vgl. §§ 133, 134 UmwG) bereits eine Regelung zum **Gläubigerschutz** getroffen wurde. Gem. § 134 Abs. 3 UmwG sind Ansprüche der Arbeitnehmer (hierzu zählen laut § 134 Abs. 2 UmwG auch explizit Versorgungsansprüche) von Rechtsträgern, die ihr Vermögen im Wesentlichen auf einen oder mehrere neue Rechtsträger übertragen, besonders geschützt. D. h. die Haftung aller, an der Übertragung beteiligten Rechtsträger erhöht sich von fünf auf zehn Jahre.

1737 Hintergrund des § 4 BetrAVG ist die Absicht, insb. den PSVaG vor Missbrauch zu schützen. Es soll vermieden werden, dass Versorgungsverpflichtungen auf Dritte übertragen werden, die nicht über die notwendige Bonität verfügen. Die Gefahr der Inanspruchnahme des PSVaG durch Insolvenz dieser neuen Versorgungsträger wird durch die Einschränkung des § 4 BetrAVG somit vermieden bzw. eingeschränkt.

1738 Diesem Schutzzweck dient § 134 Abs. 3 UmwG durch die **10-jährige gesamtschuldnerische Haftung aller Beteiligten** an der Umwandlung. Insoweit wird man davon ausgehen müssen, dass die Regelung des UmwG ggü. § 4 BetrAVG **lex speciales** sind (*Willemsen, NZA 1996, 791 [801]*) bzw. § 4 BetrAVG insoweit im Wege einer teleologischen Reduktion auf das Umwandlungsrecht nicht anwendbar ist.

1739 Dieses Ergebnis eröffnet i. Ü. auch nicht die Möglichkeit eines Spaltungsvertrages zulasten des PSV. Zwar mag insoweit für den PSV künftig ein größeres Haftungsrisiko bestehen, doch gilt dies auch für alle anderen Gläubiger einer Gesellschaft, die sich restrukturiert. Letztlich hat der Gesetzgeber insoweit eine Wertungsentscheidung zugunsten der Umwandlung und zulasten der Gläubiger einer sich spaltenden Gesellschaft getroffen. Diese Entscheidung ist hinzunehmen. I. Ü. ist der PSV zusätzlich durch den Grundsatz der Verhältnismäßigkeit geschützt. Erfolgt nämlich eine Zuweisung der Verbindlichkeiten aus betrieblicher Altersversorgung an eine Gesellschaft, die nicht über ausreichend Deckung durch Aktiva verfügt, so wird dem hierdurch unverhältnismäßig begünstigten, ursprünglichen Arbeitgeber die Berufung auf die Zuweisung verwehrt sein.

1740 Anzumerken ist in diesem Zusammenhang, dass mit Rücksicht auf den gerade zitierten Verhältnismäßigkeitsgrundsatz z. T. gefordert wird, die freie Zuordnung der Verbindlichkeiten aus betrieblicher Altersversorgung insoweit einzuschränken, als dass die Zuweisung der Versorgungsverhältnisse grds. entsprechend der früheren Betriebs(teil)zugehörigkeit erfolgen soll (so noch: *Blomeyer/Rolfs/Otto, BetrAVG, 4. Aufl., § 4 Rn. 37*). In der Sache liefe dies darauf hinaus, dass die zweckgerichtete Bildung von inaktiven Gesellschaften (Rentnergesellschaften) nicht ohne Weiteres möglich wäre. Demgegenüber ließe sich vertreten, dass die Bildung von inaktiven Gesellschaften durchaus kein neues Phänomen ist und von der Rechtsprechung grds. anerkannt ist (*vgl. LAG Hamm, 25.04.1995 – 6 Sa 1161/94, BB 1995, 1489*). Zulässig müsste die zielgerichtete Bildung solcher Rentnergesellschaften daher zumindest dann sein, wenn die inaktive Gesellschaft mit genügend Aktiva ausgestattet ist (*in diesem Sinne wohl auch Heubeck, in Picot, Unternehmenskauf und Restrukturierung, Rn. 109*). Es läge dann keine unverhältnismäßige Begünstigung der übertragenden Gesellschaft vor.

1741 Ein weiteres Argument, das gegen die Einbeziehung von § 4 BetrAVG in den Anwendungsbereich des § 132 UmwG spricht, ergibt sich aus den **Gestaltungsmöglichkeiten**, die das UmwG bietet. Laut § 126 UmwG ist eine Zuordnung von Gegenständen des Aktiv- und Passivvermögens auf Rechtsträger möglich, die an der Umwandlung beteiligt sind. Insofern bestünde theoretisch die Option, sämtliche Gegenstände des Aktiv- und des Passivvermögens des bisherigen Arbeitgebers, mit Ausnahme der Pensionsrückstellungen, des Eigenkapitals und Barvermögens i. H. d. Übernahmebetrages, auf einen anderen Rechtsträger zu übertragen. In diesem Fall verbliebe beim bisherigen Arbeitgeber folglich die Pensionsverpflichtung. Da diese allerdings nicht übertragen worden wäre, fände § 4 BetrAVG keine Anwendung, sodass eine Isolierung der Pensionsverpflichtungen i. R. d. Gestaltungsmöglichkeiten des UmwG realisierbar wäre.

IV. Betriebliche Altersversorgung bei Betriebsübergang/Unternehmensverkauf/-umwandlung   C.

Der Gesetzgeber hat diesen Meinungsstreit, den er selbst ausdrücklich als »Spaltungsbremse« bezeichnet hat (*BT-Drucks. 16/2919*) dadurch geklärt, dass er i. R. d. Zweiten Gesetzes zur Änderung des UmwG (*BGBl. I 2007, S. 542 v. 24.04.2007*) § 132 UmwG gestrichen hat. Damit ist nunmehr i. S. d. zuvor dargestellten herrschenden Literaturansicht klargestellt, dass § 4 BetrAVG einer freien Zuordnung von betrieblichen Versorgungsverpflichtungen im Rahmen einer Unternehmensaufspaltung/-abspaltung nach § 132 UmwG nicht entgegensteht (*so auch BAG, 22.02.2005 – 3 AZR 499/03 (A), DB 2005, 954; LAG Düsseldorf, 05.06.2003 – 11 (1) Sa 1/03, BB 2004, 1344*). § 4 BetrAVG ist daher ist **nur auf rechtsgeschäftliche Schuldübernahmen**, nicht auf partielle Gesamtrechtsnachfolgen anwendbar. 1742

Dementsprechend ist in diesem Zusammenhang auch weder die Zustimmung der Versorgungsberechtigten noch des PSV erforderlich (*so auch: Arnold, DB 2008, 987*). Die Grenzen der freien Zuordnung der Verbindlichkeiten aus betrieblicher Altersversorgung ergeben sich aus dem **Grundsatz der Verhältnismäßigkeit**. Insoweit ist zumindest auf eine angemessene Kapitalausstattung der inaktiven Gesellschaft zu achten. 1743

Die Übertragung von Versorgungsverbindlichkeiten durch Maßnahmen des Umwandlungsrechts kann – wenn von der Übertragung Betriebsrentner und mit unverfallbarer Anwartschaft ausgeschiedene ehemalige Mitarbeiter betroffen sind – auch nicht durch einen Widerspruch dieser betroffenen Versorgungsanwärter und/oder Versorgungsempfänger verhindert werden. Das **Umwandlungsrecht** kennt nämlich **kein Recht zum Widerspruch**, durch das ein Gläubiger den Übergang einer im Rahmen eines Spaltungsplans zugeordneten Verbindlichkeit auf eine neugegründete Gesellschaft verhindern könnte (*BAG, 22.02.2005 – 3 AZR 499/03 (A), DB 2005, 954*). 1744

Ein solches Recht kann insb. auch nicht unmittelbar oder in analoger Anwendung aus § 613a BGB hergeleitet werden. § 613a BGB ermöglicht einen solchen Widerspruch nur bei aktiven Mitarbeitern. Betriebsrentner und unverfallbar Ausgeschiedene sind aber zum Zeitpunkt der Ausgliederung nicht mehr Arbeitnehmer der ausgliedernden Gesellschaft. Es geht somit für diesen Personenkreis nicht um den Übergang des Arbeitsverhältnisses, sondern lediglich um den Wechsel des Schuldners eines Dauerschuldverhältnisses. § 613a BGB regelt einen solchen Übergang nicht. Weder gehen Versorgungsverbindlichkeiten im Fall eines Betriebsübergangs grds. nach § 613a Abs. 1 BGB auf einen Betriebserwerber über noch kann aus dem ursprünglich rechtsfortbildend entwickelten und heute in § 613a Abs. 6 BGB niedergelegten Recht zum Widerspruch gegen den Übergang des Arbeitsverhältnisses ein Widerspruchsrecht gegen den Wechsel eines Versorgungsschuldners aufgrund eines Spaltungsplans und der gesetzlich angeordneten Rechtsfolge der partiellen Gesamtrechtsnachfolge hergeleitet werden (*so auch: Arnold, DB 2008, S. 986*). Es handelt sich hier um gänzlich unterschiedliche Regelungsbereiche. Sie können auch keine entsprechende Anwendung von Normen aus dem einen in den anderen Regelungsbereich eröffnen (*BAG, 22.02.2005 – 3 AZR 499/03 (A), DB 2005, 954*).

Das **besondere Schutzbedürfnis der Versorgungsberechtigten** erfordert somit weder eine erweiternde Auslegung des § 613a BGB oder des § 4 BetrAVG noch eine einschränkende Auslegung der umwandlungsrechtlichen Vorschriften. Insoweit ist nämlich zu berücksichtigen, dass den versorgungspflichtigen Arbeitgeber die arbeitsvertragliche Nebenpflicht trifft, eine Rentnergesellschaft, auf die Versorgungsverbindlichkeiten ausgegliedert werden, so auszustatten, dass sie die laufenden Betriebsrenten zahlen kann und zusätzlich zu den gesetzlich vorgesehenen Anpassungen nach § 16 BetrAVG in der Lage ist (*BAG, 11.03.2008 – 3 AZR 358/06, BetrAV 2008, 800 = BB 2009, 329 = DB 2008, 2369 = NZA 2009, 790; vgl.a.: Bader/Ebert, DB 2006, 940; Buchner, in: FS Blomeyer 2003, 33, 43, 48; Griebeling/Bepler, in: FS Blomeyer 2003, 99, 112ff.; Klemm, BetrAV 2006, 54, 58; Langohr-Plato, NZA 2005, 968, 970; Louven/Wenig, BB 2006, 623f.; Sieger/Aleth, DB 2002, 1488, 1491f.*). 1745

Ausfluss dieser Nebenpflicht ist, dass der Arbeitgeber die im Zusammenhang mit dem Arbeitsverhältnis stehenden Interessen des Arbeitnehmers so zu wahren hat, wie dies unter Berücksichtigung der Interessen und Belange beider Vertragspartner sowie der anderen Arbeitnehmer nach Treu und Glauben verlangt werden kann. Diese **Rücksichtnahmepflicht** des Arbeitgebers gilt auch für die 1746

333

Vermögensinteressen der Arbeitnehmer (*vgl. u. a. BAG, 21.11.2000 – 3 AZR 13/00*, BetrAV 2001, 683 = NZA 2002, 618 *zu B 2 b der Gründe m. w. N.; BAG, 11.03.2008 – 3 AZR 358/06, BetrAV 2008, 800 = BB 2009, 329 = DB 2008, 2369 = NZA 2009, 790*). Die Vertragspartner haben einerseits alles zu unterlassen, was den Vertragszweck beeinträchtigen oder gefährden könnte, andererseits alles Notwendige zu tun, um den Leistungserfolg sicherzustellen (*vgl. u. a. BGH, 28.04.1982 – IVa ZR 8/81, NJW 1983, 998, zu 1 c der Gründe; BGH, 20.06.1989 – KZR 13/88, MDR 1990, 136, zu 2 a der Gründe m. w. N.*).

1747 Im Bereich der betrieblichen Altersversorgung gelten nicht geringere, sondern **gesteigerte Rücksichtnahmepflichten**. Dem erhöhten Schutzbedürfnis der Versorgungsberechtigten trägt auch das Betriebsrentengesetz Rechnung. Die Besonderheiten des Versorgungsverhältnisses und die gesetzlichen Wertentscheidungen wirken sich auf Inhalt und Umfang der arbeitsvertraglichen Nebenpflichten aus. Der versorgungspflichtige Arbeitgeber darf nicht durch Vermögenstransaktionen die Versorgung seiner Arbeitnehmer beeinträchtigen. Eine vertragliche Nebenpflicht des bisher versorgungspflichtigen Rechtsträgers zur hinreichenden Ausstattung der die Versorgungsverbindlichkeiten übernehmenden Gesellschaft ist interessengerecht und entspricht damit der Konzeption des Betriebsrentengesetzes (*BAG, 11.03.2008 – 3 AZR 358/06, BetrAV 2008, 800 = BB 2009, 329 = DB 2008, 2369 = NZA 2009, 790*).

1748 Die nach der Umwandlung versorgungspflichtige Gesellschaft ist nur dann ausreichend ausgestattet, wenn sie bei einer realistischen betriebswirtschaftlichen Betrachtung genügend leistungsfähig ist. Dabei sind der Zweck und die Wesensmerkmale einer betrieblichen Altersversorgung angemessen zu berücksichtigen. Das bedeutet, dass im Zeitpunkt der Eintragung der Umwandlung ins Handelsregister die Finanzierung der betrieblichen Altersversorgung **langfristig** gesichert sein muss. Ergebnisabführungsverträge, die zwar eine Verlustübernahme beinhalten, aber jederzeit gekündigt werden können, reichen dafür nicht aus (*BAG, 11.03.2008 – 3 AZR 358/06, BetrAV 2008, 800 = BB 2009, 329 = DB 2008, 2369 = NZA 2009, 790*). Der übertragende Rechtsträger kann die gebotene Absicherung der Versorgungsverbindlichkeiten aber nicht nur durch zusätzliches Kapital, sondern auch durch einen Schuldbeitritt oder ein Garantieversprechen herbeiführen.

1749 Grds. muss die Ausstattung der versorgungspflichtigen Gesellschaft nicht nur für die Erfüllung der zugesagten laufenden Betriebsrenten, sondern auch für Anpassungen nach § 16 BetrAVG ausreichen (*Buchner, in: FS Blomeyer 2003, 33, 43; Griebeling/Bepler, in: FS Blomeyer 2003, 99, 114*). Entscheidend sind auch hier die sich aus dem Betriebsrentengesetz ergebenden Wertungen (§§ 4, 16 BetrAVG).

1750 § 16 BetrAVG soll einer Entwertung der laufenden Betriebsrenten begegnen. Da jedoch auch den wirtschaftlichen Belangen des versorgungspflichtigen Unternehmens Rechnung zu tragen ist, trifft den Versorgungsschuldner zunächst nur eine Anpassungsprüfungspflicht. Der Anspruch des Versorgungsberechtigten auf Erhöhung seiner Betriebsrente hängt von der wirtschaftlichen Leistungsfähigkeit des Versorgungsschuldners ab. Nach der derzeitigen Rechtslage stellen künftige Anpassungen keine Verbindlichkeiten i. S. d. deutschen Handelsbilanzrechts dar und sind auch nach derzeitigen steuerrechtlichen Bestimmungen in der Steuerbilanz nicht zu berücksichtigen (*§ 6a Abs. 3 Nr. 1 Satz 4, Nr. 2 Halbs. 2 EStG; vgl. dazu BAG, 23.10.1996 – 3 AZR 514/95, BAGE 84, 246, zu II 1 b der Gründe*).

1751 Solange und soweit der Versorgungsschuldner jedoch leistungsfähig ist, hat er die gesetzlich vorgeschriebenen Anpassungen vorzunehmen. Dies gebietet der Zweck der Versorgungsleistung. **Die Nichtanpassung ist der Ausnahmefall.** Dieser Ausnahmefall darf nicht planmäßig herbeigeführt werden, insb. nicht durch unzulängliche Ausstattung der die Versorgungspflichten übernehmenden Gesellschaft. Selbst bei einer Einstellung der Betriebstätigkeit und einer Liquidation des Unternehmens will der Gesetzgeber schließlich eine schleichende Entwertung der Betriebsrenten verhindern und hat die entsprechenden Gestaltungsmöglichkeiten (*»Liquidationsversicherung«, s. o. Rdn. 566 ff.*) nur unter entsprechenden Voraussetzungen zugelassen.

IV. Betriebliche Altersversorgung bei Betriebsübergang/Unternehmensverkauf/-umwandlung   C.

Die Kaufkraftentwicklung ist der Ausgangspunkt für die Anpassungen nach § 16 Abs. 1 und 2 BetrAVG. Die für die Ausstattung der Rentnergesellschaft erforderliche Einschätzung der künftigen Kaufkraftverluste muss aus den Erfahrungen der Vergangenheit gewonnen werden. Der dabei zugrunde gelegte Zeitraum muss ausreichend lang sein, um kurzfristige Schwankungen auszugleichen und genügend aussagekräftig zu sein. Ausgehend von der durchschnittlichen Lebenserwartung nach Eintritt eines Versorgungsfalls hat das BAG einen Referenzzeitraum von 20 Kalenderjahren als sachgerecht empfunden (*BAG, 11.03.2008 – 3 AZR 358/06, BetrAV 2008, 800 = BB 2009, 329 = DB 2008, 2369 = NZA 2009, 790*). Auf die Zusammensetzung des Betriebsrentnerbestandes des einzelnen Unternehmens kommt es dabei nicht an. Ein einheitlicher Referenzzeitraum für alle Unternehmen dient der Rechtsklarheit (*BAG, 11.03.2008 – 3 AZR 358/06, BetrAV 2008, 800 = BB 2009, 329 = DB 2008, 2369 = NZA 2009, 790*). Das bedeutet: Die Rentnergesellschaft ist grds. so auszustatten, dass sie nicht nur die laufenden Betriebsrenten zahlen kann, sondern diese auch alle drei Jahre jeweils um den Prozentsatz erhöhen kann, der dem durchschnittlichen Kaufkraftschwund der letzten 20 Kalenderjahre entspricht.

1752

Die Verletzung der arbeitsvertraglichen Nebenpflicht zur ausreichenden Ausstattung der Rentnergesellschaft kann zu einem Schadensersatzanspruch gegen den übertragenden Rechtsträger nach §§ 280 Abs. 1 Satz 1, 241 Abs. 2, 31, 278 BGB führen (*BAG, 11.03.2008 – 3 AZR 358/06, BetrAV 2008, 800 = BB 2009, 329 = DB 2008, 2369 = NZA 2009, 790*). Sobald Anpassungen unterbleiben, können bestehende Schadensersatzansprüche im Wege der Leistungsklage gegen den übertragenden Rechtsträger durchgesetzt werden. Soweit eine bezifferte Leistungsklage noch nicht möglich ist, kann eine Feststellungsklage zulässig sein. Jedenfalls wenn greifbare Anhaltspunkte für eine unzureichende Ausstattung der Rentnergesellschaft bestehen, kommen Auskunftsansprüche in Betracht, und zwar nicht nur gegen die Rentnergesellschaft, sondern auch gegen den übertragenden Rechtsträger. Diesen treffen auch nach Übergang der Versorgungsverbindlichkeiten nachwirkende Pflichten (*BAG, 11.03.2008 – 3 AZR 358/06, BetrAV 2008, 800 = BB 2009, 329 = DB 2008, 2369 = NZA 2009, 790*).

1753

c) Gläubigerschutz und Haftungsfragen

Dem Gläubigerschutz kommt im Umwandlungsrecht eine zentrale Rolle zu (*vgl. hierzu die ausführlichen Darstellungen bei K. Schmidt, ZGR 1993, 366 ff.; Heiss, DZWIR 1993, 12*). Dies gilt insb. bei den einzelnen Spaltungsformen, bei denen die Haftungsmasse des alten Unternehmens grds. nach freiem Ermessen auf neue Unternehmen aufgeteilt werden kann. Im Rahmen dieser Vermögensverteilung kann den Gläubigern nämlich ein neuer Schuldner »aufgezwungen« werden, und zwar **ohne** dass der Gläubiger diesem Schuldnerwechsel **widersprechen** kann. Bleibt dagegen der übertragende Rechtsträger Schuldner des Gläubigers, so ist dessen Haftungsmasse durch das übertragene Vermögen gemindert.

1754

aa) Allgemeine Regeln zum Gläubigerschutz

Das UmwG enthält ein **eigenständiges Haftungskonzept** für grds. alle Gläubigergruppen (§§ 22, 133 UmwG), das der speziellen arbeitsrechtlichen Haftung nach § 613a Abs. 2 BGB als **Sonderrecht** vorgeht. Dies ist zwar nicht ausdrücklich so im Gesetz geregelt, ergibt sich aber mittelbar aus den §§ 324 und 133 UmwG, nach denen durch das Umwandlungsrecht nur § 613a Abs. 1 und Abs. 4 bis Abs. 6 BGB bzw. die §§ 25, 26 HGB als weitergeltendes Haftungsrecht ausdrücklich unberührt bleiben. Dann müssen aber die nicht genannten Haftungsvorschriften und damit auch § 613a Abs. 2 BGB durch die haftungsrechtlichen Regeln des Umwandlungsrechts verdrängt werden (*Hanau, ZGR 1990, 551; Langohr-Plato, MDR 1996, 329; Wlotzke, DB 1995, 43; a. A. Schöne, ZAP 1995, Fach 15, S. 171*). Demnach gelten folgende **Haftungsgrundsätze:**
– Im Fall einer **Verschmelzung** oder **Vermögensvollübertragung** haftet der übernehmende **Rechtsträger** für alle gegenwärtigen und künftigen Ansprüche der Arbeitnehmer aus deren Arbeitsverhältnissen, die auf ihn im Wege der Gesamtrechtsnachfolge übergegangen sind. Zusätzlich bestimmt § 133 Abs. 1 Satz 2 UmwG i. V. m. § 22 UmwG, dass Gläubigern hinsichtlich

1755

noch nicht fälliger Ansprüche, deren Gefährdung glaubhaft gemacht wird, **Sicherheit** zu leisten ist. Zu beachten ist insoweit, dass sich der Anspruch auf Sicherheitsleistung gem. § 133 Abs. 1 Satz 2 UmwG nicht gegen den ausgliedernden Rechtsträger, sondern lediglich gegen die aufnehmende Gesellschaft richtet.

Der Anspruch auf Sicherheitsleistung besteht nur, wenn der abzusichernde Anspruch zum Zeitpunkt der Eintragung der Ausgliederung im Handelsregister (§ 137 UmwG) bereits begründet ist (*Langohr-Plato, MDR 1996, 329*).

Dabei gelten nach überwiegender Meinung auch aufschiebend bedingte Forderungen schon als hinreichend begründet, sodass sie grds. in den Anwendungsbereich des § 22 UmwG fallen (*Langohr-Plato, MDR 1996, 329 m. w. N.*).

Versorgungsanwartschaften stellen mehrfach, insb. durch die Einhaltung von Betriebszugehörigkeitszeiten und den Eintritt eines Versorgungsfalls, bedingte Ansprüche des Arbeitnehmers auf Zahlung von Alters-, Invaliditäts- oder Hinterbliebenenversorgung dar. Dabei ist zwischen verfallbaren und unverfallbaren Versorgungsanwartschaften sowie bereits fälligen Versorgungsleistungen zu unterscheiden.

Ist der **Versorgungsanspruch** bereits durch Eintritt eines Versorgungsfalls **fällig** geworden, so ist allerdings zu beachten, dass für einen Anspruch auf Stellung einer Sicherheit kein Raum mehr besteht (§ 22 Abs. 1 Satz 1 UmwG). In diesem Fall ist der Arbeitnehmer darauf angewiesen, seinen Anspruch sogleich auf Auszahlung der Versorgungsleistungen zu richten.

Unverfallbare Versorgungsanwartschaften genießen den Insolvenzschutz der §§ 7 ff. BetrAVG durch den PSV, einen Versicherungsverein auf Gegenseitigkeit. Dieser Insolvenzschutz gilt ausweislich der Gesetzesbegründung (*BR-Drucks. 75/94, zit. nach BAG, ZIP 1997, 289, 295*) als hinreichende, den umwandlungsrechtlichen Sicherungsanspruch ausschließende Sicherung: Der Anspruch auf Sicherheitsleistung besteht nämlich gem. § 22 Abs. 2 UmwG dann nicht, wenn die Gläubiger im Insolvenzfall ein **Recht auf vorzugsweise Befriedigung** aus einer Deckungsmasse haben, die zu ihrem Schutz gesetzlich errichtet und staatlich überwacht ist. Diese Ausnahmeregelung wurde insb. im Hinblick auf den **gesetzlichen Insolvenzschutz** des Betriebsrentengesetzes (§§ 7 ff. BetrAVG) und die sich daraus im Insolvenzfall ergebende, **i. d. R. ausreichende Haftung des PSV** aufgenommen (*BR-Drucks. 75/94, S. 92; vgl. auch Hill, BetrAV 1995, 117; Langohr-Plato, MDR 1996, 329; Wlotzke, DB 1995, 43*).

Zu beachten ist in diesem Zusammenhang jedoch, dass der PSV **nicht für jede Verpflichtung** aus einem betrieblichen Versorgungsversprechen einzutreten hat. So haftet der PSV nicht für Zusagen an Unternehmer (insb. auch nicht für GGF von GmbH), nicht für Zusagen ab einer bestimmten Höhe (Haftungsgrenze ist die 3-fache Bezugsgröße gem. § 18 SGB IV), nicht für noch verfallbare Anwartschaften sowie nicht für die Rentenanpassung nach § 16 BetrAVG und für eine vertraglich vereinbarte Dynamik. Der zuletzt genannte Haftungsausschluss gilt allerdings nur für die im Insolvenzfall übernommenen Anwartschaften und nicht für die zu diesem Zeitpunkt bereits laufenden Rentenleistungen (*BAG, 22.11.1994 – 3 AZR 767/93, ZAP 1995, Fach 17 R, S. 127 f. m. Anm. Langohr-Plato; vgl. auch Rdn. 780 ff.*). Soweit hiernach der Insolvenzschutz des PSV nicht greift, wird man den versorgungsberechtigten Mitarbeitern und Betriebsrentnern den Anspruch auf Sicherheitsleistung nach § 22 UmwG gewähren müssen (*Hill, BetrAV 1995, 117; Langohr-Plato, MDR 1996, 329*). Diese Sicherheitsleistung kann aber auch in der Verschaffung eines privat-rechtlichen Insolvenzschutzes z. B. durch den Abschluss einer Rückdeckungsversicherung und deren Verpfändung erbracht werden.

- Bei **Spaltungen** und **Vermögensteilübertragungen** führt die Rechtsänderung unmittelbar zu einer Änderung der Haftungsmasse. Hier schreibt § 133 Abs. 1 UmwG eine **gesamtschuldnerische Haftung** der an der Spaltung oder Teilübertragung beteiligten Rechtsträger vor, und zwar für die vor der Spaltung oder Teilübertragung begründeten Verbindlichkeiten des übertragenden Rechtsträgers. Diese Haftung ist für den übernehmenden Rechtsträger jedoch gem. § 133 Abs. 3 UmwG insoweit begrenzt, als er – soweit ihm die Verbindlichkeiten im Spaltungs- und Übernahmevertrag nicht ausdrücklich zugewiesen worden sind – für diese Verbindlichkeiten nur haftet, wenn sie vor Ablauf von fünf Jahren nach der Spaltung fällig und entsprechende

IV. Betriebliche Altersversorgung bei Betriebsübergang/Unternehmensverkauf/-umwandlung   C.

Ansprüche gegen ihn gerichtlich geltend gemacht worden sind (**Enthaftung nach dem Vorbild des Nachhaftungsbegrenzungsgesetzes [NachhBG]**).
– Diese Nachhaftungsregelung hat der Gesetzgeber i. R. d. Zweiten Gesetzes zur Änderung des UmwG v. 31.01.2007 (*BT-Drucks. 16/4193*) erweitert. Danach ist die in § 133 Abs. 3 UmwG normierte Frist nunmehr auf 10 Jahre verlängert worden. § 133 Abs. 3 UmwG wurde um einen weiteren Satz ergänzt:
»Für vor dem Wirksamwerden der Spaltung begründete Versorgungsverpflichtungen aufgrund des Betriebsrentengesetzes beträgt die in Satz 1 genannte Frist zehn Jahre.«
Diese Änderung soll die Gläubiger von Versorgungsansprüchen nach dem Betriebsrentengesetz schützen. Die neu eingefügte Regelung stellt sicher, dass eine Gesellschaft, die solche Versorgungsansprüche im Wege der Spaltung auf eine andere Gesellschaft überträgt, für diese Verbindlichkeiten noch 10 Jahre nach Bekanntmachung der Eintragung der Spaltung gesamtschuldnerisch mithaftet (*BT-Drucks. 16/4193 v. 31.01.2007, S. 11*).

bb) Sonderhaftungsrecht für bestimmte Arbeitnehmeransprüche

Für den Fall der sog. **Betriebsaufspaltung** hat der Gesetzgeber in § 134 UmwG ein **Sonderhaftungsrecht** statuiert (*vgl. hierzu die Begr. zum RegE, BR-Drucks. 75/94, S. 71 sowie Bauer/Lingemann, NZA 1994, 1057, 1062*). Diese Betriebsaufspaltung, bei der sich das bisherige Unternehmen in eine Anlage- und eine Betriebsgesellschaft aufspaltet, führt in aller Regel zu einer erheblichen **Reduzierung der Haftungsmasse** der die Arbeitsverhältnisse übernehmenden Betriebsgesellschaft, da die Vermögenswerte in diesen Fällen nahezu vollständig auf die Anlagegesellschaft übertragen werden. Dieses »**Haftungsproblem**« verdeutlicht sich insb. im Zusammenhang mit der **Anpassungsprüfungspflicht** nach § 16 BetrAVG, bei der für die Betriebsrentner eine positive Entscheidung nur dann ergehen kann, wenn der Arbeitgeber, die Betriebsgesellschaft, über entsprechende Vermögenswerte verfügt (*vgl. hierzu die ausführliche Darstellung unter Rdn. 1009 ff.*).   1756

In diesem Zusammenhang muss dafür Sorge getragen werden, dass die aufnehmende Gesellschaft auch hinsichtlich einer etwaigen Anpassung der betrieblichen Altersversorgung kapitalmäßig hinreichend ausgestattet ist. Die Prüfungs- und Anpassungspflicht gem. § 16 BetrAVG obliegt nach der Umwandlung der abgespaltenen/ausgegliederten/aufgespaltenen Gesellschaft (*vgl. Blomeyer/Rolfs/Otto, BetrAVG, § 16 Rn. 57*). Man wird sich insoweit aber nicht auf den – ansonsten für Rentnergesellschaften anerkannten – Grundsatz berufen können, dass bei inaktiven Gesellschaften mangels Erträgen und Wertzuwachs keine Anpassung stattfinden muss (*vgl. hierzu BAG, 23.10.1996 – 3 AZR 514/95, BetrAV 1997, 203 = BB 1998, 111 = DB 1997, 1287 = ZIP 1997, 1303; LAG Hamm, 03.02.1998 – 6 Sa 727/96, DB 1998, 931 = BetrAV 1998, 225*). Soweit nämlich die Bildung der Rentnergesellschaft zielgerichtet erfolgt, darf die Spaltung des Unternehmens nicht dazu benutzt werden, die Betriebsrentner von der Anpassung gänzlich auszuschließen. Hier wird man eine zukünftige Anpassung prognostizieren und für eine dementsprechende Kapitalausstattung sorgen müssen. Im Ergebnis steht § 16 BetrAVG der Restrukturierung von Unternehmen aber nicht im Wege.

Um Manipulationen durch bewusste Vermögensverschiebungen vorzubeugen, hat der Gesetzgeber zudem in § 134 UmwG die **Mithaftung der Anlagegesellschaft** ggü. der ursprünglichen Haftungsregelung des § 133 UmwG, die eine Nachhaftung von lediglich fünf Jahren vorsah, ausgedehnt.   1757

Nach § 134 Abs. 1 UmwG erstreckt sich die **gesamtschuldnerische Haftung** der Anlagegesellschaft auch auf solche Forderungen der Arbeitnehmer der Betriebsgesellschaft, die **innerhalb von fünf Jahren** nach der Spaltung begründet werden und die auf einem Sozialplan oder Nachteilsausgleich (§§ 111 bis 113 BetrVG) beruhen. Nach § 134 Abs. 2 gilt diese gesamtschuldnerische Mithaftung zudem für solche Versorgungsverpflichtungen i. S. d. BetrAVG, die vor dem Wirksamwerden der Spaltung **begründet**, d. h. erteilt worden sind. In beiden Fällen wirkt die Mithaftung der Anlagegesellschaft jedoch nicht »endlos«, sondern wird gem. § 134 Abs. 3 UmwG i. V. m. § 133 Abs. 4 UmwG auf einen **Zeitraum von zehn Jahren** ab Spaltung **begrenzt**, erst zu diesem Zeitpunkt tritt die »**Enthaftung**« der Anlagegesellschaft ein.   1758

V. Nachhaftung persönlich haftender Arbeitgeber

1759 Die Bewertung von Haftungsrisiken ist gerade im Bereich der betrieblichen Altersversorgung für die zur Leistung verpflichteten Unternehmen und insb. bei Personengesellschaften auch für deren persönlich haftenden Gesellschafter im Hinblick auf die z. T. nicht unerheblichen finanziellen Verpflichtungen, die zur Erfüllung dieser Leistungszusagen erbracht werden müssen, von zentraler Relevanz. Dies gilt umso mehr, als in der Vergangenheit der tatsächliche Verpflichtungsumfang eines betrieblichen Versorgungswerkes zunächst durch das Betriebsrentengesetz mit der Normierung unverfallbarer Anwartschaften (§§ 1, 2 BetrAVG) und der Anpassungsprüfungspflicht (§ 16 BetrAVG) sowie durch die anschließende Rechtsprechung u. a. zum Gleichbehandlungsgrundsatz (Einbeziehung von Teilzeitbeschäftigten, Gewährung von Witwerrenten, Vereinheitlichung der Altersgrenzen für den Rentenbezug etc.) und zur nachholenden Anpassung nicht unerheblich ausgeweitet worden ist. Es verwundert daher nicht, wenn bei statistischen Erhebungen als Gründe für die Stagnation der betrieblichen Altersversorgung bzw. für erfolgte Leistungseinschränkungen bestehender Versorgungssysteme neben der ungünstigen wirtschaftlichen Entwicklung dieser durch Gesetzgebung und Rechtsprechung verschärfte Haftungsumfang und damit die Unkalkulierbarkeit des tatsächlich mit der Gewährung betrieblicher Versorgungsleistungen eingegangenen Leistungsumfangs verstärkt in den Vordergrund gestellt wird. Von daher sind Haftungsumfang und Haftungsrisiken gerade im Bereich der betrieblichen Altersversorgung stets von besonderer Bedeutung für die Entscheidungsfindung der Arbeitgeber für die zukünftige Gestaltung betrieblicher Versorgungswerke, und zwar sowohl im Bereich der Neueinführung von solchen Versorgungsleistungen, als auch bei der Überarbeitung bereits bestehender Versorgungssysteme.

Vor diesem Hintergrund ist auch das Ende 1993 verabschiedete **Nachhaftungsbegrenzungsgesetz** (NachhBG) zu würdigen.

1. Allgemeine Haftungsgrundsätze nach früherem Recht

1760 Nach der früheren, vorgesetzlichen Rechtslage war die »Nachhaftung« eines ausgeschiedenen, persönlich haftenden Gesellschafters einer Personengesellschaft nicht ausdrücklich geregelt. **Haftungsmaßstab** waren ausschließlich die im **HGB** normierten **Verjährungsbestimmungen**.

1761 Grundlage der Haftung von Komplementären einer KG, der persönlich haftenden Gesellschafter einer KG aA und der Gesellschafter einer OHG waren die §§ 105, 128, 161 Abs. 2 HGB, die eine **unbeschränkte**, sich auf das Privatvermögen der Gesellschafter erstreckende **Haftung** für alle Verbindlichkeiten der Gesellschaft statuierten.

1762 Diese persönliche unbeschränkte Haftung galt insb. auch bei **Dauerschuldverhältnissen** wie z. B. den Rentenzahlungsverpflichtungen aus einer betrieblichen Versorgungszusage (*Langohr-Plato, BB 1990, 486*). Die besondere Haftungsproblematik bestand allerdings darin, dass es sich bei einem Dauerschuldverhältnis nicht um ein einmaliges Ereignis handelt, sondern über einen längeren Zeitraum hinweg wiederkehrende Leistungen von beiden Vertragsparteien zu erbringen sind. Zwar enthielt § 159 HGB zum Schutze des ausgeschiedenen Gesellschafters eine **5-jährige Verjährungsfrist** für alle **bis zu seinem Ausscheiden begründeten** Verbindlichkeiten, was jedoch angesichts der Regelung der §§ 26 Abs. 2 Satz 2, 159 Abs. 3 HGB praktisch zu einer »**Endloshaftung**« des ausgeschiedenen Gesellschafters führte, da **Verjährungsbeginn** entsprechend der vorgenannten Bestimmungen die **Fälligkeit** der jeweiligen Teilleistung war. Dieser Zeitpunkt kann aber gerade bei Versorgungsverpflichtungen, die regelmäßig erst im Rentenalter des Versorgungsberechtigten fällig werden, in ferner Zukunft liegen, sodass der ausgeschiedene Gesellschafter u. U. noch lange nach seinem Ausscheiden für das Handeln anderer einstehen musste. Dies konnte sogar bis hin zu einer **persönlichen Haftung** seiner **Erben** führen.

1763 Entsprechende Befürchtungen wurden durch ein Urteil des BAG aus dem Jahr 1977 (*BAG, 21.07.1977 – 3 AZR 189/76, BB 1978, 156 = DB 1978, 303 = NJW 1978, 391*) noch verstärkt. In der betreffenden Entscheidung hatte das BAG zur Frage der Nachhaftung für künftig fällig werdenden Lohn eine sowohl **zeitlich als auch der Höhe nach unbegrenzte persönliche Nachhaftung** des ausgeschiedenen Personengesellschafters bestätigt.

Vor dem Hintergrund der durch dieses Urteil ausgelösten Nachhaftungsdiskussion (*vgl. insb. Ulmer/ Wiesner, ZHR 1980, 393 m. w. N.*) und unter Berücksichtigung der mit einer entsprechenden Nachhaftung einhergehenden finanziellen Auswirkungen haben sowohl das BAG (*BAG, 03.05.1983 – 3 AZR 1263/79, BB 1983, 1539 = DB 1983, 1559 = NJW 1983, 2283*) als auch der BGH (*BGH, 19.05.1983 – II ZR 207/81, BB 1983, 1714 = NJW 1983, 2914; BGH, 19.05.1983 – II ZR 49/82, BB 1983, 1369 = DB 1983, 1440 = NJW 1983, 2256; BGH, 19.05.1983 – II ZR 50/82, BB 1983, 1367 = DB 1983, 1437 = NJW 1983, 2254*) im Wege höchstrichterlicher Rechtsfortbildung zugunsten des ausgeschiedenen persönlich haftenden Gesellschafters die Nachhaftung auf eine neue Grundlage gestellt und trotz aller rechtsdogmatischer wie rechtssystematischer Bedenken die **generelle Wertung** des § 159 HGB auch auf arbeitsvertragliche Dauerschuldverhältnisse und damit auf betriebliche Versorgungsverpflichtungen übertragen.

Unter Abwägung der Interessen aller an der betrieblichen Altersversorgung Beteiligter (Arbeitgeber, Arbeitnehmer, Pensions-Sicherungs-Verein) wurde die einzig tragbare Lösung der Haftungsproblematik darin gesehen, § 159 HGB in der Weise anzuwenden, dass der ausgeschiedene Personengesellschafter **fünf Jahre nach seinem Ausscheiden** von dem **Risiko einer fortbestehenden Haftung freigestellt** wird (*BGH, 19.05.1983 – II ZR 50/82, BB 1983, 1367 = DB 1983, 1437 = NJW 1983, 2254 unter Ziff. 4 der Gründe*), d. h. eine Haftung für erst nach Ablauf dieser Frist fällig werdende Ansprüche entfällt.

Entsprechendes galt nach den Vorschriften des UmwG bei der **Umwandlung** einer Personengesellschaft oder eines einzelkaufmännischen Unternehmens in eine Kapitalgesellschaft auch für die Haftung des zum Aktionär oder GmbH-Gesellschafter gewordene bisher persönlich haftenden Gesellschafters oder Einzelkaufmannes.

2. Grenzen der richterlichen Rechtsfortbildung

Die vorstehend dargestellte Rechtsprechung fand nahezu einhelligen Anklang in der Praxis, brachte sie doch für den ausscheidenden persönlich haftenden Gesellschafter in vielen Fällen eine **klar definierte** und damit **kalkulierbare Haftungsbegrenzung**.

Die Rechtsprechung hatte aber auch bestimmte Fälle ausgeklammert bzw. offengelassen. So hat die Rechtsprechung die Nachhaftungsbegrenzung lediglich für die Haftung aus **fortbestehenden Arbeitsverhältnissen** bestätigt, es aber i. Ü. offengelassen, ob eine entsprechende »Enthaftung« auch dann eintritt, wenn ein Arbeitnehmer vor dem persönlich haftenden Gesellschafter oder innerhalb eines Zeitraums von fünf Jahren danach aus der Gesellschaft ausscheidet.

Ferner hat die höchstrichterliche Rechtsprechung die zeitliche Haftungsbegrenzung nicht auf die Fälle erstreckt, in denen bei der Umwandlung einer OHG bzw. KG in eine GmbH & Co. KG die persönlich haftenden Gesellschafter tatsächlich nicht aus der Gesellschaft ausgeschieden sind, sondern im Wege **gesellschaftsrechtlicher Umgestaltung** ihrer Position weiterhin als Gesellschafter der Komplementär-GmbH und/oder deren Geschäftsführer tätig werden. Sowohl das BAG als auch der BGH haben in den bereits zitierten Urteilen für derartige Fallkonstellationen eine unbegrenzte Nachhaftung für die in der Zeit der Tätigkeit als persönlich haftender Gesellschafter erteilten Versorgungszusagen angenommen, und zwar unabhängig davon, zu welchem Zeitpunkt bei dem Versorgungsberechtigten der Versorgungsfall eintritt.

Entsprechende Konsequenzen galten, wenn der **Inhaber eines Handelsgeschäftes** sein Unternehmen unter Fortführung der Firma an einen Dritten veräußerte. Auch in diesem Fall haftete der ehemalige Inhaber neben dem Erwerber unbegrenzt für die »Alt-Verbindlichkeiten« weiter (*BAG, 24.03.1987 – 3 AZR 384/85, BB 1987, 2235 = DB 1988, 123*).

C. Spezialfragen

1770 Darüber hinaus hatte es das BAG auch abgelehnt, die Nachhaftungsbegrenzung dann anzuwenden, wenn ein Einzelunternehmer in eine neu gegründete Gesellschaft (*BAG, 23.01.1990 – 3 AZR 171/88, BB 1990, 2412 = NZA 1990, 685; BAG, 29.01.1991 – 3 AZR 593/89, BB 1991, 1052 = DB 1991, 1330 = NZA 1991, 555*) eintritt.

1771 Bei den Fallkonstellationen
- Wechsel vom persönlich haftenden Gesellschafter zum geschäftsführenden Kommanditisten,
- Fortführung der Firma durch den Erwerber und
- Einbringung eines Einzelunternehmens in eine neu gegründete Gesellschaft

haftetetn nach früherer Rechtslage/Rechtsprechung die betroffenen »Alt-Gesellschafter« mit ihrem **Privatvermögen für alle Versorgungszusagen, die bis zum Wechsel ihrer Gesellschafterstellung begründet worden waren**, d.h. für alle bis zu diesem Zeitpunkt erteilten Versorgungszusagen.

1772 I.Ü. bestand eine unklare Rechtslage in den Fällen, in denen eine Personengesellschaft oder ein einzelkaufmännisches Unternehmen nach den Regeln des UmwG in eine Kapitalgesellschaft umgewandelt wurde. Sollte hier die Rechtsprechung zur Nachhaftungsbegrenzung analog gelten oder die »Endloshaftung« zur Anwendung gelangen?

3. Neuregelung durch das Nachhaftungsbegrenzungsgesetz

1773 Das Gesetz folgt im Wesentlichen dem von der Rechtsprechung in den Vordergrund gestellten Grundprinzip des § 159 HGB, wonach eine persönliche Haftung des Gesellschafters nach Ablauf einer Frist von fünf Jahren seit seinem Ausscheiden enden soll. Die ursprünglich als Verjährungsregelung ausgestaltete Haftungsbegrenzung wird daher rechtssystematisch beim Ausscheiden eines bislang persönlich haftenden Gesellschafters aus der Gesellschaft und dem einen Ausscheiden gleichgestellten Wechsel der Rechtsposition des Gesellschafters (§ 160 HGB) durch eine »**Ausschlussfrist**« ersetzt, während es bei der Auflösung der Gesellschaft (§ 159 HGB) bei der 5-jährigen **Sonderverjährung** und der hierzu ergangenen Rechtsprechung (*s. o. Rdn. 1762*) bleibt. Diese Differenzierung wird zutreffenderweise damit begründet, dass im Fall der Auflösung den Gläubigern die Gesellschaft selbst als Haftungssubjekt nicht mehr verbleibt (*vgl. Begründung, BT-Drucks. 12/1868, S. 7 sowie Reichold, NJW 1994, 1619; Seibert, DB 1994, 461; Haack, NWB 1994, Fach 18, S. 3325*).

1774 Die **Haftungsgrundsätze** des **§ 160 HGB** lassen sich wie folgt zusammenfassen:
- Gegenstand der Haftung sind **alle** Verbindlichkeiten der Gesellschaft, für die der persönlich haftende Gesellschafter aufgrund der gesetzlichen Haftungsanordnung des § 128 HGB mithaftet.
- Für Verbindlichkeiten der Gesellschaft, die nach seinem Ausscheiden entstehen, **haftet** der Gesellschafter (wie bisher) **nicht**.
- Für Verbindlichkeiten, die vorher entstanden sind (Altverbindlichkeiten), führt eine gesetzliche Ausschlussfrist zu einer »**Enthaftung**« nach fünf Jahren.
- Wird eine solche Verbindlichkeit erst nach fünf Jahren fällig (z.B. im Dauerschuldverhältnis betriebliche Altersversorgung die erste Rentenrate), so ist die **Haftung** des ausgeschiedenen Gesellschafters von vornherein **ausgeschlossen**.
- Wird die Verbindlichkeit zwischen Ausscheiden und Ablauf der 5-Jahres-Frist fällig, so **endet die Haftung mit Ablauf der Frist**. Der Gesellschafter haftet also nur für die bis zum Fristablauf fällig werdenden Verbindlichkeiten.
- In diesem Fall kann der Gläubiger allerdings die Enthaftung durch gerichtliche Geltendmachung (§ 204 BGB) des Anspruchs ausräumen.
- Die Ausschlussfrist beginnt mit dem Datum der **Eintragung des Ausscheidens** im Handelsregister zu laufen.

1775 Diese Haftungsgrundsätze gelten gem. § 160 Abs. 3 HGB entsprechend auch für den **Wechsel in die Kommanditistenstellung** und den **geschäftsführenden** und damit auf die Geschicke der Gesellschaft Einfluss nehmenden **Kommanditisten** (*vgl. hierzu Seibert, DB 1994, 462; Haack, NWB 1994, Fach 18, S. 3329*), gem. der §§ 26, 28 HGB für den **Veräußerer eines Handelsgeschäftes** bzw.

den Eintritt eines Dritten in das Geschäft eines Handelskaufmanns sowie gem. § 736 Abs. 2 BGB bei der sog. **GbR**.

I. Ü. werden parallel zum Nachhaftungsbegrenzungsgesetz die Vorschriften des **UmwG** (§§ 45, 133, 157, 167, 173, 224, 237, 249 und 257 UmwG) der Enthaftungsregelung des § 160 HGB angeglichen. Die Enthaftung gilt damit auch bei der Umwandlung einer Personengesellschaft in eine AG oder eine GmbH, und zwar ohne Rücksicht darauf, ob der ehemals persönlich haftende Gesellschafter Vorstand oder Geschäftsführer in der neuen Kapitalgesellschaft wird.

4. Übergangsregelungen

Das Nachhaftungsbegrenzungsgesetz gilt uneingeschränkt für die Verbindlichkeiten, die **nach dem 26.03.1994** (Inkrafttreten des Gesetzes) **entstanden** sind und wo der Wechsel der Gesellschafterstellung ebenfalls nach diesem Zeitpunkt eingetreten und in der dem jeweiligen Unternehmen entsprechenden Form (durch Eintragung in das Handelsregister bzw. durch Information der Gläubiger bei der GbR) **publiziert** worden ist. 1776

Sofern der Wechsel im Haftungsstatus zwar nach dem 26.03.1994 eingetreten ist, die entsprechenden Verbindlichkeiten allerdings bereits vor diesem Zeitpunkt begründet worden sind, enthält für diese Altverbindlichkeiten § 65a Abs. 2 UmwG i. d. F. des Nachhaftungsbegrenzungsgesetzes Übergangsregelungen, die den Art. 35 ff. EGHGB nachgebildet sind. § 319 Abs. 1 UmwG regelt insoweit ausdrücklich, dass die §§ 45, 133 Abs. 1, 3 bis 5, §§ 157, 167, 173, 224, 237, 249 und 257 UmwG auch auf vor dem 01.01.1995 entstandene Verbindlichkeiten anzuwenden sind, wenn 1777
1. die Umwandlung danach in das Register eingetragen wird und
2. die Verbindlichkeiten nicht später als vier Jahre nach dem Zeitpunkt, an dem die Eintragung der Umwandlung in das Register bekannt gemacht worden ist, fällig werden oder nach Inkrafttreten des Gesetzes zur zeitlichen Begrenzung der Nachhaftung von Gesellschaftern vom 18.03.1994 (BGBl. I S. 560) begründet worden sind.

Auf später fällig werdende und vor Inkrafttreten des Gesetzes zur zeitlichen Begrenzung der Nachhaftung von Gesellschaftern vom 18.03.1994 (*BGBl. I, S. 560*) entstandene Verbindlichkeiten sind die §§ 45, 49 Abs. 4, §§ 56, 56f Abs. 2, § 57 Abs. 2 und § 58 Abs. 2 des UmwG in der durch Art. 10 Abs. 8 des Gesetzes vom 19.12.1985 (*BGBl. I, S. 2355*) geänderten Fassung der Bekanntmachung vom 06.11.1969 (*BGBl. I, S. 2081*) mit der Maßgabe anwendbar, dass die Verjährungsfrist ein Jahr beträgt. In den Fällen, in denen das bisher geltende Recht eine Umwandlungsmöglichkeit nicht vorsah, verjähren die in Satz 2 genannten Verbindlichkeiten entsprechend den dort genannten Vorschriften. 1778

Diese auf den ersten Blick kompliziert gestalteten Übergangsvorschriften sollen den **Interessenkonflikt** zwischen den Gläubigern von Altverbindlichkeiten und dem ausgeschiedenen Gesellschafter lösen. So liegt das Interesse des ausgeschiedenen Gesellschafters, der zudem im Regelfall keinerlei Einflussnahmemöglichkeiten auf die Unternehmensleitung und damit auf Erfolg und Ertrag der Gesellschaft hat, vornehmlich in einer möglichst kurzfristigen und umfassenden Enthaftung. Demgegenüber musste der Gesetzgeber berücksichtigen, dass der **Übergang von der** bisherigen **Verjährungsfrist zur Ausschlussfrist** sich für die Gläubiger nachteilig auswirken und eine uneingeschränkte Rückwirkung des neuen Rechts auf bereits bestehende Altverbindlichkeiten in **eigentumsrechtlich geschützte Rechtspositionen** eingreifen kann (*vgl. BT-Drucks. 12/1868, S. 10 sowie Seibert, DB 1994, 464; Reichold, NJW 1994, 1621*). Sinn und Zweck der Übergangsregelungen ist es, hier einen Ausgleich der widerstreitenden Interessen unter Berücksichtigung »**des öffentlichen Interesses an der Herbeiführung einer alsbaldigen Rechtseinheit unter Beachtung des Grundsatzes der Verhältnismäßigkeit**« (*BT-Drucks. 12/1868, S. 10*) zu finden. 1779

Das Gesetz **differenziert** dabei zunächst zwischen **Altverbindlichkeiten im Allgemeinen** (Art. 35 EGHGB) und solchen aus **fortbestehenden Arbeitsverhältnissen** (Art. 36 EGHGB), wozu allerdings **nicht** die **Ruhestandsverhältnisse** zählen (*vgl. Reichold, NJW 1994, 1621*). Letztere fallen 1780 somit ebenso in den Anwendungsbereich von Art. 35 EGHGB wie die Verpflichtungen ggü. denjenigen Mitarbeitern, die im Zeitpunkt des Statuswechsels bereits mit **unverfallbaren Anwartschaften** aus den Unternehmen **ausgeschieden** waren (*Höfer*, BetrAVG, Bd. I [ArbR], ART Rn. 1335 ff.).

1781 Nach Art. 35 EGHGB hängt die Anwendbarkeit der Enthaftungsregelung des § 160 HGB davon ab, ob der Statuswechsel des ehemals persönlich haftenden Gesellschafters vor oder nach dem 26.03.1994 in das Handelsregister eingetragen worden ist. Erfolgte die Eintragung vor diesem Datum, so bleibt es bei der Anwendung des alten Rechts und der hierzu ergangenen richterrechtlichen Rechtsfortbildung.

1782 Nur in den Fällen, in denen die Eintragung des Statuswechsels nach dem 26.03.1994 erfolgt ist, ist § 160 HGB mit folgender **zusätzlicher Differenzierung** anwendbar:

1783 Der gesetzliche Übergang von der Verjährung, die an die Fälligkeit der Forderung anknüpft, zur Enthaftung, die vom Zeitpunkt des Statuswechsels des Gesellschafters abhängt, beeinträchtigt den Gläubiger der Gesellschaft dann nicht, wenn er in der Lage bleibt, **vor Inkrafttreten der Enthaftungsregeln entstandene Forderungen**, die nach bisherigem Recht erst in ferner Zukunft verjähren, **vor Eintritt der neuen Enthaftung geltend zu machen**. Vor diesem Hintergrund macht Art. 35 Nr. 2 EGHGB die Anwendung des § 160 HGB zusätzlich davon abhängig, dass die Verbindlichkeit **nicht später als vier Jahre nach der Eintragung des Statuswechsels fällig** wird. Auf später fällig werdende Verbindlichkeiten bleibt das bisherige Recht mit der Maßgabe anwendbar, dass sich die **Verjährungsfrist auf ein Jahr verkürzt**. Die Enthaftungsregelungen kommen somit einem persönlich haftenden Gesellschafter, der bereits vor dem Inkrafttreten des Nachhaftungsbegrenzungsgesetzes ausgeschieden oder in die Stellung eines geschäftsleitenden Kommanditisten gewechselt ist, nicht mehr zugute.

1784 Um hier einen gewissen Ausgleich herbeizuführen, hat der Gesetzgeber bei der Haftung für Verbindlichkeiten aus **fortbestehenden Arbeitsverhältnissen** im Rahmen von Art. 36 EGHGB die vorgenannten Haftungsgrundsätze nicht vollständig übernommen. Nach Art. 36 EGHGB wird die Enthaftung unabhängig vom Zeitpunkt der Eintragung des Statuswechsels gewährt. Maßgeblicher Zeitpunkt ist vielmehr das Inkrafttreten des Nachhaftungsbegrenzungsgesetzes und somit der 26.03.1994.

1785 Art. 37 EGHGB übernimmt die vorstehend dargestellten Haftungsgrundsätze des Übergangsrechts für die Enthaftung des Einzelkaufmanns (§§ 26, 28 Abs. 3 HGB), während das Umwandlungsrecht dieses Übergangsrecht – allerdings eingeschränkt auf Art. 35 EGHGB – für die Umwandlung einer Personengesellschaft bzw. eines einzelkaufmännischen in eine Kapitalgesellschaft nachbildet. Diese Einschränkung hat zur Konsequenz, dass bei diesen Umwandlungsfällen keine Ausnahmeregelung der Enthaftung für Altverbindlichkeiten aus fortbestehenden Arbeitsverhältnissen existiert.

VI. Betriebliche Altersversorgung im Versorgungsausgleich

Literatur:

Engbroks, Ermittlung des ehezeitbezogenen Ausgleichswertes, BetrAV 2008, 438; *Engbroks/Heubeck*, Aktuarielle Aspekte zum Übertragungswert und zum ehezeitbezogenen Ausgleichswert, BetrAV 2009, 16; *Hahne*, Versorgungsausgleich für Betriebsrente: Was ist – was kommt?, BetrAV 2008, 425; *Huber/Burg*, Herausforderungen des neuen Versorgungsausgleichs für Betriebsrentensysteme, BB 2009, 2535; *Meissner*, Vom alten zum neuen Versorgungsausgleich, VersW 2009, 119; *Merten/Baumeister*, Der neue Versorgungsausgleich in der betrieblichen Altersversorgung, DB 2009, 957.

1. Gesetzliche Grundlagen

1786 Das zum 01.09.2009 in Kraft getretene Gesetz zur **Strukturreform des Versorgungsausgleichs** vom 03.04.2009 (*BGBl. I 2009, S. 700*) hat das Versorgungsausgleichsrecht umfassend neu geregelt. Das zuvor zur Anwendung gekommene Gesetz zur Regelung von Härten im Versorgungsausgleich (VAHRG), das Versorgungs-Überleitungsgesetz (VAÜG) und die zur Ermittlung der

VI. Betriebliche Altersversorgung im Versorgungsausgleich   C.

auszugleichenden Rechte heranzuziehende Barwertverordnung sind ersatzlos entfallen (*zum früheren Recht vgl. die 4. Auflage, Rn. 1716 ff.*; *vgl. ferner: Hahne, BetrAV 2008, 425*).

Wesentliche Grundlage des neuen Versorgungsausgleichsrechts, das auch für die Auflösung eingetragener Lebenspartnerschaften Anwendung findet, ist die bislang in der Praxis eher ungewöhnliche wenn nicht gar ausgeschlossene (*vgl. hierzu die 4. Auflage, Rn. 1725*) **interne Realteilung betrieblicher Versorgungsanwartschaften und -ansprüche**, die künftig als Regelfall gesetzlich vorgegeben wird. Das Gesetz gilt für alle ab dem 01.09.2009 eingeleiteten Scheidungsverfahren. Ab diesem Zeitpunkt soll bereits i. R. d. Ehescheidung grds. jedes einzelne Versorgungsanrecht abschließend im jeweiligen Versorgungssystem geteilt werden. Gleiches gilt für im oder nach dem Zeitpunkt des Inkrafttretens abgetrennte, ausgesetzte oder ruhende Verfahren. Bereits vor dem 01.09.2009 eingeleitete Verfahren unterliegen dem neuen Recht, wenn bis zum 31.08.2010 im ersten Rechtszug keine Endentscheidung erlassen wurde.   1787

a) Halbteilungsgrundsatz

Gem. § 1 Abs. 1 VersAusglG sind künftig alle in der Ehezeit erworbenen Anteile von Anrechten (sog. »Ehezeitanteile«) jeweils zur Hälfte zwischen den geschiedenen Ehegatten aufzuteilen.   1788

Erfolgte früher eine Saldierung aller Anrechte (*vgl. hierzu: Hahne, BetrAV 2008, 425*) mit anschließendem Einmalausgleich – regelmäßig – über die gesetzliche Rentenversicherung, so ist nach neuem Recht **jede einzelne Anwartschaft im jeweiligen Versorgungssystem isoliert aufzuteilen** (*vgl. a.: Hahne, BetrAV 2008, 425; Merten/Baumeister, DB 2009, 957*). Von daher ist jeder Ehegatte hinsichtlich der von ihm selbst erworbenen Versorgungsanrechte ausgleichspflichtig und hinsichtlich der Anrechte seines geschiedenen Ehegatten ausgleichsberechtigt, § 1 Abs. 2 VersAusglG.   1789

b) Auszugleichende Anrechte

Nach § 2 VersAusglG sind alle **bestehenden Anwartschaften** auf Versorgungen und **Ansprüche auf laufende Versorgungen**, sofern sie durch Arbeit oder Vermögen geschaffen oder aufrechterhalten worden sind, der Absicherung im Alter oder bei Invalidität, insb. wegen verminderter Erwerbsfähigkeit, Berufs- oder Dienstunfähigkeit dienen und grds. eine Rentenzahlung vorsehen. Eine Ausnahme gilt gem. § 2 Abs. 2 Nr. 3 VersAusglG allerdings für die betriebliche Altersversorgung. Anwartschaften und Leistungen der betrieblichen Altersversorgung sind danach unabhängig von der Leistungsform auszugleichen, sodass insoweit nun auch Kapitalzusagen grds. im Rahmen des Versorgungsausgleichs ausgleichspflichtig sind (*Förster/Cisch/Karst, BetrAVG, Anhang Versorgungsausgleich Rdn. 6; Huber in Kemper/Kisters-Kölkes/Berenz/Huber, Anhang I Rdn. 7*).   1790

Zu beachten ist allerdings, dass § 2 Abs. 2 Nr. 3 VersAusglG nur solche Kapitalzahlungen erfasst, die dem Grunde nach auch durch den Anwendungsbereich des BetrAVG geschützt werden. Betriebliche Versorgungsleistungen z. B. an beherrschende Gesellschafter-Geschäftsführer einer GmbH unterliegen allerdings nicht dem Anwendungsbereich des BetrAVG. Kapitalzahlungen an diesen Personenkreis aus einer betrieblichen Altersversorgung fallen somit nicht in den Anwendungsbereich des neuen Versorgungsausgleichs (*so auch: Merten/Baumeister, DB 2009, 957*), ggf. werden diese im Rahmen des Zugewinnausgleiches berücksichtigt.   1791

Erfasst werden alle Durchführungswege der betrieblichen Altersversorgung, also neben der unmittelbaren Pensionszusage auch die mittelbaren Durchführungswege Direktversicherung, Pensionsfonds, Pensionskasse und Unterstützungskasse.   1792

Eine betriebliche Versorgungsanwartschaft ist gem. § 2 Abs. 3 VersAusglG auch dann auszugleichen, wenn am Ende der Ehezeit eine für das Anrecht maßgebliche Wartezeit, Mindestbeschäftigungszeit, Mindestversicherungszeit oder ähnliche zeitliche Voraussetzung noch nicht erfüllt ist. Demgegenüber ist allerdings die Erfüllung der im BetrAVG normierten **Unverfallbarkeitsfrist** gem. § 19 Abs. 1 i. V. m. Abs. 2 Nr. 1 VersAusglG zwingende Voraussetzung für die Ausgleichsfähigkeit des   1793

Versorgungsanrechts, da andernfalls kein ausgleichsfähiges Anrecht vorliegt (*vgl. a.: Merten/Baumeister, DB 2009, 957*).

1794 Für im Zeitpunkt der Scheidung noch nicht unverfallbare betriebliche Versorgungsansprüche besteht allerdings nach § 20 Abs. 1 VersAusglG die Möglichkeit eines **schuldrechtlichen Versorgungsausgleichs**. Dieser kann dann vom ausgleichsberechtigten Ehegatten verlangt werden, wenn der ausgleichsverpflichtete (ehemalige) Ehegatte aus dem im Versorgungsausgleichsverfahren nicht ausgeglichenen betrieblichen Versorgungsanrecht eine laufende Versorgung erhält und der Ausgleichsbetrag die Geringfügigkeitsgrenze des § 18 VersAusglG übersteigt. Danach soll ein Ausgleich unterbleiben, wenn der auszugleichende Rentenbetrag niedriger als 1 % der monatlichen Bezugsgröße nach § 18 SGB IV (2013 = 26,95 €) ist.

c) Bestimmung von Ehezeitanteil und Ausgleichswert

1795 Auszugleichen ist als sog. »Ehezeitanteil« der in der Ehezeit erworbene Anteil eines Versorgungsanrechts. Die Ermittlung dieses Ehezeitanteils hat nach § 5 Abs. 1 VersAusglG der **Versorgungsträger** auf der Basis der für das jeweilige Versorgungssystem maßgeblichen Bezugsgröße (Entgeltpunkte, Rentenbetrag oder Kapitalwert) vorzunehmen und nach § 5 Abs. 3 VersAusglG dem FamG dementsprechend einen Vorschlag für die Bestimmung des Ausgleichswertes zu unterbreiten. Hierbei stehen dem Versorgungsträger drei Möglichkeiten zur Verfügung: Die Teilung kann zum einen auf Grundlage eines vorhandenen Deckungskapitals erfolgen. Zum anderen kann die Halbteilung von Rentenbeträgen oder Bezugsgrößen vorgesehen werden. Alternativ besteht die Möglichkeit der Ermittlung gleich hoher Rentenbeträge nach dem vorhandenen Deckungskapital. Die Entscheidung, ob der Versorgungsträger die Rentenleistung oder den (Kapital-) Wert der Leistung teilen will, obliegt aufgrund der materiellen Auswirkungen der Teilung nach dem Willen des Gesetzgebers hierbei allein dem Versorgungsträger. Berechnet der Versorgungsträger den Ausgleichswert nicht als Kapitalwert sieht § 5 Abs. 3 VersAusglG vor, dass der Versorgungsträger einen sog. »korrespondierenden Kapitalwert« ermitteln und mitteilen muss. Maßgeblich für die Ermittlung dieses korrespondierenden Kapitalwertes ist § 47 VersAusglG. Danach handelt es sich bei dem korrespondierenden Kapitalwert um eine Hilfsgröße, die dem Betrag entspricht, der zum Ende der Ehezeit als Einmalbetrag/Einmalprämie aufzubringen wäre, um beim Versorgungsträger der ausgleichsverpflichteten Person für sie ein Versorgungsanrecht i. H. d. Ausgleichswertes zu begründen.

1796 **Maßgeblicher Zeitpunkt** für die Ermittlung des Ehezeitanteils ist gem. § 5 Abs. 2 VersAusglG das Ende der Ehezeit. Rechtliche oder tatsächliche Veränderungen die nach dem Ende der Ehezeit eintreten sind allerdings zu berücksichtigen, sofern und soweit sie auf den Ehezeitanteil zurückwirken. Hierzu zählen z. B. im laufenden Verfahren erfolgte Rentenerhöhungen nach § 16 BetrAVG.

1797 Ehezeit i. S. d. neuen Versorgungsausgleichsrechts ist gem. § 3 Abs. 1 VersAusglG der Zeitraum vom ersten Tag des Monats, in dem die Ehe geschlossen worden ist bis zum letzten Tag des Monats vor Zustellung des Scheidungsantrags. Eine zwischen den Eheleuten vollzogene Trennungszeit verkürzt somit nicht die für den Versorgungsausgleich maßgebliche Ehezeit. Vielmehr werden diese **Trennungszeiten** im Rahmen eines dienstzeitabhängigen betrieblichen Versorgungssystems leistungssteigernd berücksichtigt und erhöhen auch den Wert der auszugleichenden, zeitratierlich zu berechnenden Anwartschaft (*Huber/Burg, BB 2009, 2535*).

1798 Für Versorgungsanrechte i. S. d. Betriebsrentengesetzes gilt, sofern es sich nicht um Anrechte handelt, die bei einem Träger einer Zusatzversorgung des öffentlichen oder kirchlichen Dienstes bestehen, nach § 45 VersAusglG zudem folgende Besonderheit: der Versorgungsträger hat ein Wahlrecht dahin gehend, den Wert des auszugleichenden Anrechts entweder als **Rentenbetrag nach § 2 BetrAVG** (Höhe der unverfallbaren Anwartschaft) oder als **Kapitalbetrag nach § 4 Abs. 5 BetrAVG** (Übertragungswert) zu ermitteln.

1799 § 45 Abs. 1 Satz 2 VersAusglG fingiert insoweit eine Beendigung der Betriebszugehörigkeit des ausgleichspflichtigen Arbeitnehmers spätestens zum Ehezeitende. Der Wert des Ehezeitanteils ist gem.

VI. Betriebliche Altersversorgung im Versorgungsausgleich   C.

§ 45 Abs. 2 VersAusglG nach den Grundsätzen der unmittelbaren Bewertung zu ermitteln. Nur wenn dies nicht möglich sein sollte, ist eine zeitratierliche Berechnung durchzuführen. Hierzu ist der Wert des nach § 45 Abs. 1 VersAusglG ermittelten Versorgungsanrechts mit dem Quotienten zu multiplizieren, der aus der ehezeitlichen Betriebszugehörigkeit und der gesamten Betriebszugehörigkeit bis zum Ehezeitende zu bilden ist.

▶ Beispiel: 1800

A, der am 01.01.1990 in das Unternehmen U eingetreten ist, heiratet im Januar 2000. Im Oktober 2009 lässt er sich scheiden. Seine betriebliche Altersversorgung (bAV) wird im Monat nach Vollendung des 65. Lebensjahres (17.06.2025) fällig. Aus der arbeitgeberfinanzierten bAV ergibt sich eine der Teilung unterliegende Gesamtrente von monatlich 650,00 €. Aus einer zusätzlichen Entgeltumwandlung wird ein Übertragungswert von 122.000,00 € mitgeteilt.

Ausgleichswert/Ehezeitanteil

Betriebszugehörigkeit bis Ende Ehezeit (m1)	238 Monate
Betriebszugehörigkeit bis Altersgrenze (n1)	426 Monate
Quotient 1 (m1/n1)	55,87 %
Betriebszugehörigkeit in der Ehezeit (m2)	118 Monate
Betriebszugehörigkeit bis Ende Ehezeit (n2)	238 Monate
Quotient 2 (m2/n2)	49,58 %

Ehezeitanteil Rente:

650,00 € x (Q1 x Q2) =	180,05 €

Ehezeitanteil aus Entgeltumwandlung (Übertragungswert):

122.000,00 € x (Q1 x Q2) =	33.794,42 €
Ausgleichwert Rente	
180,05 € : 2	90,02 €
Ausgleichswert aus Entgeltumwandlung (Übertragungswert):	
122.000,00 € :2	16.897,21 €

d) Grundsätze des Wertausgleichs

Das neue Versorgungsausgleichsrecht geht künftig grds. nur noch von zwei Ausgleichsformen aus,   1801
nämlich der
- **internen Teilung**, §§ 10 bis 13 VersAusglG und der
- **externen Teilung**, §§ 14 bis 17 VersAusglG,

wobei die **interne Teilung als Regelfall** vorgesehen ist (vgl. a.: Meissner, VersW 2009, 1192; Förster/Cisch/Karst, BetrAVG, Anhang Versorgungsausgleich Rdn. 12; Huber, in: Kemper/Kisters-Kölkes/Berenz/Huber, Anhang I Rdn. 9). Die externe Teilung kommt daher nur ausnahmsweise unter den gesetzlich normierten Voraussetzungen zur Anwendung.

aa) Interne Teilung

Gem. § 10 Abs. 1 VersAusglG wird i. R. d. internen Teilung vom FamG für die ausgleichsberechtigte   1802
Person zulasten des Anrechts der ausgleichspflichtigen Person ein Anrecht i. H. d. Ausgleichswerts bei dem Versorgungsträger begründet, bei der das Anrecht der ausgleichspflichtigen Person besteht.

Der ausgleichsberechtigte Ehegatte erwirbt damit ein eigenes Anrecht im Versorgungssystem des ausgleichspflichtigen Ehegatten.

1803 Für betriebliche Versorgungsansprüche hat die interne Teilung nach § 12 VersAusglG zur **Konsequenz**, dass der ausgleichsberechtigte Ehegatte mit erfolgter Übertragung des Ausgleichswerts die Rechtsstellung eines ausgeschiedenen Arbeitnehmers i. S. d. BetrAVG gesetzlich zugewiesen bekommt und ab diesem Zeitpunkt wie ein ausgeschiedener Mitarbeiter vollinhaltlich dem Anwendungsbereich des BetrAVG unterfällt (*vgl. a.: Hahne, BetrAV 2008, 426; Meissner, VersW 2009, 1192; Merten/Baumeister, DB 2009, 959f.; Förster/Cisch/Karst, BetrAVG, Anhang Versorgungsausgleich Rdn. 12*). Damit ist sein neu begründetes Versorgungsanrecht ggf. gegen Insolvenz beim PSV zu sichern, sofern die Versorgung in einem insolvenzsicherungspflichtigen Durchführungsweg erfolgt. Ferner kommt die Anpassungsprüfungspflicht nach § 16 BetrAVG, aber auch das Abfindungsverbot gem. § 3 BetrAVG, der Anspruch auf Portabilität gem. § 4 BetrAVG und auf vorzeitige Altersleistung gem. § 6 BetrAVG sowie die Auskunftsansprüche nach § 4a BetrAVG zur Anwendung.

1804 Konsequenz ist aber auch, dass für Streitigkeiten zwischen ausgleichsberechtigten Ehegatten und Versorgungsträger die ArbG zuständig sind.

1805 Die inhaltlichen und qualitativen Anforderungen an die interne Teilung sind in § 11 VersAusglG normiert. Danach muss die interne Teilung die gleichwertige Teilhabe der Ehegatten an den in der Ehezeit erworbenen Versorgungsanrechten sicherstellen. Dies ist gewährleistet, wenn im Vergleich zum Anrecht des ausgleichspflichtigen Ehegatten
– für den ausgleichsberechtigten Ehegatten ein **eigenständiges** und entsprechend **gesichertes Versorgungsanrecht** (z. B. ein eigener Versicherungsvertrag mit eigenem Bezugsrecht, *vgl. a.: Meissner, VersW 2009, 1192*) übertragen wird,
– ein Versorgungsanrecht i. H. d. **Ausgleichswerts** mit vergleichbarer **Wertentwicklung** entsteht **und**
– der gleiche Risikoschutz gewährt wird.

1806 Hinsichtlich des zu gewährenden Risikoschutzes reicht es aber nach § 11 Abs. 1 Nr. 3 VersAusglG aus, wenn der Versorgungsträger den Risikoschutz auf eine zu gewährende Altersversorgung beschränkt, sofern er für das nicht abgesicherte Risiko (Invaliditäts- und/oder Hinterbliebenenversorgung) einen zusätzlichen Ausgleich bei der Altersversorgung schafft, letztendlich also das Anrecht auf Altersversorgung entsprechend erhöht. Die Beschränkung des Risikoschutzes steht im Ermessen des Versorgungsträgers. Gem. § 220 Abs. 4 FamFG ist er jedoch verpflichtet, die Ermittlung des Ausgleichswertes dem FamG **übersichtlich und nachvollziehbar** mitzuteilen und auf dessen Anforderung hin auch im Einzelnen zu erläutern. Unter diese Mitteilungs- und Erläuterungspflicht fällt auch die Darlegung einer finanziellen Kompensation eines nicht übernommenen Risikoschutzes.

1807 § 11 Abs. 2 VersAusglG regelt, dass für das Anrecht des ausgleichsberechtigten Ehegatten die Regelungen über das Anrecht des ausgleichsverpflichteten Ehegatten entsprechend gelten, sofern beim Versorgungsträger keine besonderen Regelungen über den Versorgungsausgleich bestehen. Es steht damit im Ermessen des jeweiligen Versorgungsträgers, seine Versorgungsregelungen auf das neue Versorgungsausgleichsrecht anzupassen.

1808 Die mit der internen Teilung verbundenen **Kosten** können, soweit sie angemessen sind, gem. § 13 VersAusglG jeweils hälftig mit den Versorgungsanrechten der beiden Ehegatten verrechnet werden. Hierunter fallen allerdings nur diejenigen Kosten, die durch die Teilung des Anrechts selbst und unmittelbar entstehen. Hierzu zählen nicht die für die Ermittlung des Ehezeitanteils anfallenden Kosten (*vgl. a.: Huber/Burg, BB 2009, 2539; Merten/Baumeister, DB 2009, 959*).

1809 Welche Kosten angemessen sind, regelt das Gesetz nicht. Die Angemessenheit der festgelegten Kosten unterliegt der familiengerichtlichen Kontrolle. Insoweit wird man allerdings – wie bereits im bisherigen Versorgungsausgleichsrecht – grds. von einem pauschalierten Kostenansatz von z. B. 2 bis 3 % des Ehezeitanteils bzw. des Deckungskapitals (*vgl.: Engbroks, BetrAV 2008, 440; Engbroks/Heubeck, BetrAV 2009, 20; Merten/Baumeister, DB 2009, 959*) ausgehen können. Ausnahmen wird

VI. Betriebliche Altersversorgung im Versorgungsausgleich C.

man allerdings dort machen müssen, wo auch ein pauschaler Ansatz zu unverhältnismäßig hohen Kosten führt, z. B. bei besonders langer Ehedauer oder besonders hohen auszugleichenden Versorgungsanrechten. Von daher bietet es sich an, neben einem pauschalen Kostensatz zusätzlich Ober- und Untergrenzen für die Kostenbelastung zu definieren (*so auch: Engbroks, BetrAV 2008, 440; Huber/Burg, BB 2009, 2539; Merten/Baumeister, DB 2009, 959*). Der Bundesgerichtshof hat hierzu in seiner Entscheidung vom 04.04.2012 (*XII ZB 310/11 – BetrAV 2012, 365*) ausgeführt, dass sich in Rechtsprechung und Literatur eine Tendenz abzeichne, im Fall einer Pauschalierung die Teilungskosten für jedes eigenständige Anrecht auf einen Höchstbetrag von 500,00 € zu begrenzen. Die Möglichkeit zur Pauschalierung der Teilungskosten kann die Angemessenheitsprüfung durch das Gericht jedoch dann nicht ersetzen, wenn der Versorgungsträger im konkreten Einzelfall höhere Teilungskosten ansetzt und diese auch durch entsprechende Nachweise belegt (*BGH, 04.04.2012 – XII ZB 310/11, BetrAV 2012, 365*).

bb) Externe Teilung

Im Fall einer externen Teilung begründet das FamG gem. § 14 Abs. 1 VersAusglG für den ausgleichsberechtigten Ehegatten zulasten des Anrechts des ausgleichspflichtigen Ehegatten ein Anrecht i. H. d. Ausgleichswertes **bei einem anderen Versorgungsträger** als demjenigen, bei dem das Anrecht des ausgleichspflichtigen Ehegatten besteht. 1810

Anders als bei der internen Teilung wird hier der ausgleichsberechtigte Ehegatte also nicht in das Versorgungssystem des ausgleichspflichtigen Ehegatten übernommen, sondern der Ausgleichsbetrag extern bei einem vom ausgleichsberechtigten Ehegatten vorgegebenen Versorgungsträger angelegt. 1811

§ 14 Abs. 2 VersAusglG lässt die externe Teilung ausnahmsweise aber nur in zwei Fällen zu: 1812
– Zunächst einmal besteht die Möglichkeit, dass sich der ausgleichsberechtigte Ehegatte mit dem Versorgungsträger des ausgleichspflichtigen Ehegatten auf die externe Teilung verständigt und diese hierzu eine entsprechende **Vereinbarung** abschließen, § 14 Abs. 1 Nr. 2 VersAusglG. Hinsichtlich Inhalt und Umfang dieser Vereinbarung enthält das Gesetz keine weiteren Anforderungen, insb. keine Mindest- und/oder Höchstgrenzen für den Ausgleichswert, sodass diese Vereinbarung in unbegrenzter Höhe zulässig ist (*Merten/Baumeister, DB 2009, 960*). Wichtig ist, dass der Versorgungsträger des ausgleichspflichtigen Ehegatten nicht zu einer externen Teilung und dem damit verbundenen Liquiditätsabfluss gezwungen werden kann.
– Daneben hat der **Versorgungsträger** des ausgleichspflichtigen Ehegatten einen **einseitig durchsetzbaren Anspruch** auf Durchführung der externen Teilung, wenn der Ausgleichswert, d. h. der hälftige Ehezeitanteil, des Anrechts bei einem Rentenbetrag die in § 14 Abs. 2 Nr. 2 VersAusglG normierte Bagatellgrenze von 2 % der monatlichen Bezugsgröße nach § 18 Abs. 1 SGB IV (2013 = 53,90 €) nicht übersteigt. Wird der Ausgleichswert als Kapitalbetrag ermittelt gilt als Bagatellgrenze ein Betrag von 240 % der monatlichen Bezugsgröße nach § 18 Abs. 1 SGB IV (2013 = 6.468,00 €). Diese Bagatellgrenzen gelten allerdings im Bereich der betrieblichen Altersversorgung nur für die versicherungsförmigen Durchführungswege Direktversicherung, Pensionskasse und Pensionsfonds. Wird die Versorgung über eine unmittelbare Pensionszusage oder eine Unterstützungskasse durchgeführt, so erhöht sich der Schwellenwert als Kapitalbetrag nach § 17 VersAusglG auf den Betrag der Beitragsbemessungsgrenze in der allgemeinen Rentenversicherung nach §§ 159, 160 SGB VI (2013 = 69.600,00 €).

Eine externe Teilung ist nach § 14 Abs. 5 VersAusglG allerdings dann unzulässig, wenn ein Versorgungsanrecht durch Beitragszahlung nicht mehr begründet werden kann. 1813

Die externe Teilung wird allerdings in beiden Fallvarianten erst durch eine entsprechende rechtskräftige Entscheidung des FamG vollzogen, das gem. § 14 Abs. 1 VersAusglG i. V. m. § 222 FamFG das neue Versorgungsanrecht i. R. d. externen Teilung bei einem externen Versorgungsträger begründet. 1814

Kommt es zur externen Teilung, hat der Versorgungsträger des ausgleichspflichtigen Ehegatten den Ausgleichswert gem. § 14 Abs. 4 VersAusglG als Kapitalbetrag an den externen Versorgungsträger 1815 zu zahlen. Dieser Betrag wird vom FamG gem. § 222 Abs. 3 FamFG in seiner Entscheidung über den Versorgungsausgleich festgesetzt.

1816 Aufgrund der Tatsache, dass der Gesetzgeber im Gegensatz zur internen Teilung (s. o. Rdn. 1802 ff.) bei der externen Teilung keine Regelung über die mit der Teilung verbundenen Kosten vorgesehen hat, folgt, dass die mit der externen Teilung verbundenen **Kosten** nicht umgelegt werden dürfen (*vgl.a.: Merten/Baumeister, DB 2009, 961*).

cc) Wahl der Zielversorgung

1817 Über den Zielversorgungsträger entscheidet der ausgleichsberechtigte Ehegatte, der bei der externen Teilung nach § 15 Abs. 1 VersAusglG wählen kann, ob für ihn ein bestehendes Versorgungsanrecht ausgebaut oder ein neues Versorgungsanrecht begründet werden soll. Voraussetzung ist nach § 15 Abs. 2 VersAusglG die **Angemessenheit** der gewählten Zielversorgung.

1818 Grds. kann also der ausgleichsberechtigte Ehegatte den Zielversorgungsträger **frei auswählen**. Dies hat den Vorteil, dass er ggf. seine Altersversorgung bei einem Versorgungsträger, z. B. seinem eigenen Arbeitgeber bündeln kann (*so auch: Merten/Baumeister, DB 2009, 960*). Voraussetzung hierfür ist die Zustimmung des neuen Versorgungsträgers, die der ausgleichsberechtigte Ehegatte dem FamG ggü. gem. § 222 Abs. 2 FamFG nachzuweisen hat.

1819 Der ausgleichsverpflichtete Ehegatte muss der Wahl der Zielversorgung gem. § 15 Abs. 3 VersAusglG allerdings dann zustimmen, wenn die Zahlung des Ausgleichsbetrages (= Kapitalbetrag nach § 14 Abs. 4 VersAusglG) bei ihm zu einer steuerpflichtigen Einnahme oder einer schädlichen Verwendung führen würde, die z. B. im Rahmen eines Riester-Vertrages die Rückzahlung steuerlicher Fördermittel (Riester-Förderung) zur Konsequenz hätte. Das Zustimmungserfordernis soll also verhindern, dass der ausgleichsberechtigte Ehegatte eine Wahl zulasten des ausgleichsverpflichteten Ehegatten treffen kann (*Merten/Baumeister, DB 2009, 960*).

1820 Eine angemessene und steuerlich nicht nachteilige Zielversorgung liegt gem. § 15 Abs. 4 VersAusglG immer dann vor, wenn ein Versorgungsanrecht in der gesetzlichen Rentenversicherung, i. S. d. Betriebsrentengesetzes oder eines nach dem Altersvorsorge-Zertifizierungsgesetz zertifizierten Vertrages (sog. »**Riester-Vertrag**«) eingeräumt, d. h. begründet oder erhöht wird. In allen anderen Fällen wäre eine detaillierte Angemessenheitsprüfung der gewählten Zielversorgung vorzunehmen.

dd) Versorgungsausgleichskasse

1821 Für den Fall, dass der ausgleichsberechtigte Ehegatte sein ihm obliegendes Wahlrecht nicht ausübt, sieht § 15 Abs. 5 Satz 1 VersAusglG grds. die gesetzliche Rentenversicherung als **Auffanglösung** vor, bei der dann ein entsprechendes Versorgungsanrecht durch das Gericht zu begründen ist. Sind allerdings Versorgungsanrechte aus einer betrieblichen Altersversorgung auszugleichen, ist in Abweichung von diesem Grundsatz nach § 15 Abs. 5 Satz 2 VersAusglG zwingend ein Anrecht bei der **Versorgungsausgleichskasse** zu begründen. Bei dieser Versorgungsausgleichskasse handelt es sich um eine Pensionskasse in der Rechtsform des Versicherungsvereins auf Gegenseitigkeit (VVaG), auf die das VAG Anwendung findet, die der staatlichen Aufsicht durch die BaFin unterliegt und durch ein Konsortium von Lebensversicherungsunternehmen getragen wird (*vgl. hierzu auch: Merten/Baumeister, DB 2009, 961*).

e) Ausschluss des Versorgungsausgleichs

1822 Gem. § 3 Abs. 3 VersAusglG findet bei einer Ehezeit von bis zu drei Jahren der Versorgungsausgleich nur statt, wenn ein Ehegatte dies beantragt.

1823 Gem. § 18 Abs. 1 u. 2 VersAusglG soll das FamG Versorgungsanrechte bei Geringfügigkeit nicht ausgleichen. **Geringfügigkeit** ist nach § 18 Abs. 3 VersAusglG dann gegeben, wenn der Wertunterschied zwischen auszugleichenden Rechten gleicher Art bzw. der Ausgleichswert bei einem Rentenbetrag als maßgeblicher Bezugsgröße max. 1% der Bezugsgröße nach §18 SGB IV und bei einem maßgeblichen Kapitalwert max. 120% der Bezugsgröße nach §18 SGB IV beträgt.

Ferner ist der Versorgungsausgleich nach §27 VersAusglG in Fällen grober Unbilligkeit ausgeschlossen, also wenn z. B. der ausgleichsberechtigte Ehegatte vorsätzlich einen Angriff auf Körper und/oder Gesundheit (z. B. schwere Körperverletzung, versuchter Totschlag/Mord) des ausgleichsverpflichteten Ehegatten vorgenommen hätte (*vgl.a.: Merten/Baumeister, DB 2009, 960*). 1824

Letztendlich können die Ehegatten jederzeit den Versorgungsausgleich i. R. d. ihnen nach §6 VersAusglG zustehenden Regelungsbefugnis ganz oder teilweise durch eine besondere Vereinbarung (Ehevertrag) ausschließen, in die Regelung der ehelichen Vermögensverhältnisse einbeziehen oder dem schuldrechtlichen Versorgungsausgleich vorbehalten. Die insoweit bislang nach §1408 Abs. 2 Satz 2 BGB zu beachtende 1-Jahres-Frist entfällt. Das FamG ist, soweit keine Wirksamkeits- und Durchsetzungshindernisse bestehen, an eine solche ehevertragliche Vereinbarung gebunden. 1825

Beachtung finden muss in diesem Zusammenhang jedoch das in §8 Abs. 2 VersAusglG geregelte Zustimmungserfordernis durch die betroffenen Versorgungsträger. Nur wenn der Ausgleich eines oder mehrerer Anrechte vollständig ausgeschlossen oder in den schuldrechtlichen Ausgleich verwiesen wird, ist eine Zustimmung der Versorgungsträger nicht erforderlich. Vereinbaren die Parteien eine vom Halbteilungsgrundsatz abweichende Aufteilung der Anrechte im Rahmen der Aufteilung der ehelichen Vermögensverhältnisse, ist die Zustimmung der Versorgungsträger erforderlich.

f) Verfahrensfragen

Der Versorgungsausgleich wird als sog. »**Scheidungsfolgesache**« vom FamG von Amts wegen i. R. d. Scheidungsverfahrens (Verbundverfahren) mitverhandelt und entschieden. §4 Abs. 1 VersAusglG normiert zunächst einmal ein umfassende Auskunftspflicht der Ehegatten über alle für den Versorgungsausgleich erforderlichen Informationen. Soweit die Ehegatten diese Informationen nicht selbst beibringen können, haben sie nach §4 Abs. 2 VersAusglG einen entsprechenden umfassenden Auskunftsanspruch ggü. den betroffenen Versorgungsträgern. 1826

Gem. §219 FamFG erhalten die Versorgungsträger des jeweils ausgleichspflichtigen Ehegatten sowie die künftigen Versorgungsträger für den ausgleichsberechtigten Ehegatten **Beteiligtenstatus**. Das hat zur Konsequenz, dass die Versorgungsträger in vollem Umfang die sich aus dem Status als Verfahrensbeteiligte ergebende Verfahrensrechte und -pflichten erfüllen müssen. Hierzu zählt neben umfangreichen Informations- und Auskunftspflichten zu Inhalt und Höhe der auszugleichenden Versorgungsanrechte insb. auch die Pflicht, ggf. durch persönliches Erscheinen am Versorgungsausgleichsverfahren teilzunehmen und Versorgungsrechte bzw. die Berechnung von Versorgungsanrechten persönlich zu erläutern. 1827

Das FamG entscheidet über den Versorgungsausgleich im Beschlussverfahren, §41 FamFG. Aus dem Beschluss muss zwingend hervorgehen, ob und wie der Versorgungsausgleich durchgeführt wird. Auch wenn ausnahmsweise der Versorgungsausgleich unter- oder dem schuldrechtlichen Versorgungsausgleich vorbehalten bleibt, muss dies nach §224 Abs. 3 FamFG ausdrücklich aus der Beschlussformel hervorgehen. Dies ermöglicht dem Versorgungsträger festzustellen, ob und in welchem Umfang er sich administrativ auf eine Teilung der Versorgung einstellen muss. Fühlt sich der Versorgungsträger durch den Beschluss in seinen Rechten verletzt, steht ihm als Rechtsmittel die Beschwerde gegen den Beschluss zur Verfügung, §59 Abs. 1 FamFG. 1828

Auch wenn im Scheidungsverfahren Rechtsmittelverzicht erklärt und die Entscheidung hinsichtlich der Scheidung bereits rechtskräftig wird, führt das Beschwerderecht der am Verfahren beteiligten Versorgungsträger dazu, dass Rechtskraft hinsichtlich des Versorgungsausgleichs unabhängig von der bereits bestehenden Rechtskraft der Scheidung erst nach Ablauf der Monatsfrist eintritt. Es erfolgt eine Rechtskraftmitteilung des Gerichtes, welche die Versorgungsträger i. d. R. abwarten, bevor eine Umsetzung der im Beschluss durchgeführten Teilung erfolgt.

g) Übergangsregelungen

1829   In Verfahren über den Versorgungsausgleich, die vor dem 01.09.2009 eingeleitet worden sind, ist gem. § 48 Abs. 1 VersAusglG weiterhin das bis zu diesem Zeitpunkt geltende materielle Recht und Verfahrensrecht anzuwenden.

1830   Abweichend hiervon ist gem. § 48 Abs. 3 VersAusglG in Versorgungsausgleichsverfahren, in denen am 31.08.2010 noch keine erstinstanzliche Endentscheidung vorliegt, ebenfalls das neue materielle Recht und Verfahrensrecht anzuwenden. Gleiches gilt für alle am bzw. nach dem 01.09.2009 abgetrennten, ausgesetzten oder zum Ruhen gebrachte Verfahren, § 48 Abs. 2 VersAusglG.

2. Konsequenzen für Arbeitgeber und Versorgungsträger

1831   War es in der Vergangenheit so, dass die Arbeitgeber und Versorgungsträger allenfalls Informationen über bestehende betriebliche Versorgungsanrechte an die FamG liefern mussten und i. Ü. weder mit der Berechnung von Ausgleichsbeträgen, noch mit der Verwaltung geteilter Versorgungsanrechte belastet waren, so wird dies künftig ein wesentlicher Bestandteil der betrieblichen Personalarbeit werden (*so auch: Merten/Baumeister, DB 2009, 961*). War bislang die Realteilung betrieblicher Versorgungsleistungen regelmäßig vertraglich ausgeschlossen (*Meissner, VersW 2009, 1191*), so wird diese Realteilung in Form der internen oder externen Teilung künftig der Regelfall. Über den rein administrativen Aufwand im Zusammenhang mit der Durchführung des Versorgungsausgleichs werden Arbeitgeber und Versorgungsträger zusätzlich durch die mit der internen Teilung zwingend verbundene Aufnahme des ausgleichsberechtigten Ehegatten als »**Quasi-Arbeitnehmer**« in ihr Versorgungssystem und dem sich daraus ergebenden zusätzlichen Verwaltungs- und Abwicklungsaufwand einschließlich der damit verbundenen weiteren Kosten (z. B. PSV-Beitrag, jährliche versicherungsmathematische Gutachten für Rückstellungsberechnung und PSV-Testat) belastet.

1832   Dies hat weitreichende Konsequenzen für den Arbeitgeber und deren mit der Durchführung der betrieblichen Altersversorgung beauftragten externen Versorgungsträger, und zwar unabhängig vom Durchführungsweg, der Finanzierungsform und der Zusagegestaltung.

1833   Gleichzeitig bietet das neue Versorgungsausgleichsrecht aber auch diverse Gestaltungsmöglichkeiten, die Arbeitgeber und Versorgungsträger zu ihrem Vorteil nutzen können.

1834   Haben die meisten Versorgungsordnungen in der Vergangenheit die Realteilung von betrieblichen Versorgungsanrechten ausdrücklich ausgeschlossen, so ist künftig ein solcher vertraglicher Ausschluss als Verstoß gegen zwingendes Gesetzesrecht unzulässig bzw. unwirksam. Dies bedeutet zunächst einmal, dass bestehende Versorgungsregelungen auf ihre Vereinbarkeit mit dem neuen Versorgungsausgleichsrecht hin zu überprüfen und ggf. abzuändern und an das neue Recht anzupassen sind.

1835   Insoweit bietet es sich an, eine sog. »**Teilungsordnung**«, d. h. solche Regeln zu vereinbaren, in denen die Durchführung künftiger Versorgungsausgleichsverfahren exakt festgehalten wird. Liegt eine solche Regelung nicht vor, wird das FamG immer eine interne Teilung beschließen, sofern im Verfahren nicht ausdrücklich ein abweichender Antrag gestellt wird. Der Arbeitgeber bzw. Versorgungsträger des ausgleichspflichtigen Ehegatten sollte sich daher bei Zeiten überlegen, ob und unter welchen Voraussetzungen er zu einer Vereinbarung über eine externe Teilung bereit ist. Dies hat, soweit der Arbeitgeber selbst z. B. über die unmittelbare Versorgungszusage Versorgungsträger ist, Auswirkungen auf seine Liquiditätsplanung und sollte von daher genau bedacht werden. Auf der anderen Seite vermeidet er durch die externe Teilung eine dauerhafte administrative Belastung seiner Personalabteilung mit der Betreuung und Abwicklung einer zusätzlichen Versorgungsverpflichtung.

a) Festlegung von Bewertungsmethode und Prämissen

1836   I. R. d. Teilungsordnung sollte insb. festgelegt werden, in welcher **Form der Ausgleichswert** berechnet werden soll (hälftige Zahlung der Rente oder des Kapitalbetrages) und wie und nach welchem

Verfahren der **Ausgleichswert** bestimmt wird (im Rahmen einer unmittelbaren oder zeitratierlichen Berechnung). Abhängig von der Wahl dieser Prämissen ergeben sich z. T. völlig unterschiedliche Auswirkungen auf die Finanzierung des jeweils zugrunde liegenden Versorgungssystems.

Schon unter administrativen Aspekten, aber auch aus Gründen der Gleichbehandlung ist ein einheitliches Verfahren geboten. Angesichts der komplexen aktuariellen Anforderungen an die Berechnung des Ausgleichswertes (*vgl. hierzu: Engbroks, BetrAV 2008, 438 u. Engbroks/Heubeck, BetrAV 2009, 16, 18 ff.*) wird man zudem die Einschaltung eines versicherungsmathematischen Gutachters/ Beraters regelmäßig nicht umgehen können.

1837

b) Entscheidung zur internen oder externen Teilung

Es empfiehlt sich zudem vorab zu regeln, wie man sich ggü. einer Anfrage auf externe Teilung verhält. Ist man generell bereit hierzu eine entsprechende Vereinbarung abzuschließen oder strebt man dies vielleicht sogar – trotz des damit verbundenen entsprechenden Liquiditätsabflusses – durch aktives Betreiben als Regelfall an.

1838

Für den Fall der internen Teilung bedarf es einer Entscheidung über die **Struktur der künftigen Altersversorgung** des ausgleichsberechtigten Ehegatten (*Engbroks, BetrAV 2008, 438*). Insoweit ist zu klären, ob man das Versorgungsanrecht inhaltsgleich, d. h. auch die biometrischen Risiken Invalidität und Tod ausgleichen, oder mit dem Ausgleichswert »nur« eine reine Altersleistung zugunsten des ausgleichsberechtigten Ehegatten absichern will. In diesem Zusammenhang ist zudem zu regeln, wie die Kürzung des Anrechts des ausgleichspflichtigen Ehegatten erfolgen soll. Auch hierbei kann über ein vollständiges Entfallen einer ggf. bestehenden Hinterbliebenenversorgung zugunsten einer geringeren Kürzung des Anrechts auf Altersrentenleistung erwogen werden. Ggf. sind bei einer solchen Entscheidung Mitbestimmungsrechte einer im Unternehmen bestehenden Arbeitnehmervertretung zu beachten. Auch eine Regelung über die Höhe der ggf. umzulegenden **Teilungskosten** ist zu treffen.

1839

VII. Versorgung besonderer Personenkreise

Literatur:

Doetsch/Lenz, Versorgungszusagen an Gesellschafter-Geschäftsführer und -Vorstände, 8. Aufl., Karlsruhe 2011; *Höfer*, Die Besteuerung der betrieblichen Altersversorgung von Kapitalgesellschaftern, 2. Aufl., München 2000; *Langohr-Plato*, Entscheidungsdokumentation zur Gesellschafter-Geschäftsführer-Versorgung, 3. Aufl., Köln 2006

1. Gesellschafter-Geschäftsführer von Kapitalgesellschaften

Die Einkünfte des Gesellschafter-Geschäftsführers einer GmbH (GGF) im Alter, bei Invalidität und für seine Hinterbliebenen könnten sich wie folgt zusammensetzen:
– Renten der gesetzlichen Rentenversicherung,
– Leistungen der betrieblichen Altersversorgung,
– Einkünfte aus privater Vorsorge.

1840

Dieses sog. **Drei-Säulen-Konzept**, das grds. für Arbeitnehmer gilt, ist auch für den GGF anwendbar. Für den GGF ergeben sich jedoch einige Besonderheiten in der gesetzlichen Rentenversicherung (*vgl. die umfassende Darstellung bei Langohr-Plato, S. 8 ff.; Straub, DB 1992, 1087*) sowie besondere steuerliche Vorteile, seine Altersversorgung durch die GmbH sicherstellen zu lassen.

Im Zivilrecht werden die Kapitalgesellschaft und ihre Gesellschafter jeweils als eigenständige Rechts- und Vermögenssubjekte behandelt. Das Steuerrecht folgt grds. diesen Wertungen des Zivilrechts. Die Kapitalgesellschaft und der dahinter stehende Gesellschafter sind jeweils selbstständige Steuersubjekte. Daher sind schuldrechtliche Leistungsbeziehungen (hier Arbeits- oder Dienstverträge) zwischen der Kapitalgesellschaft und dem Gesellschafter grds. auch steuerlich anzuerkennen. Sie

1841

führen auf der Ebene der Kapitalgesellschaft zu Betriebsausgaben, die den Unterschiedsbetrag i. S. d. § 4 Abs. 1 Satz 1 EStG mindern.

1842 Steuerlich wird allerdings geprüft, ob die Vereinbarung ganz oder teilweise durch das Gesellschaftsverhältnis veranlasst ist. Ist dies der Fall, führt die Vermögensminderung, die sich durch die Vereinbarung ergibt, in vollem Umfang zu einer verdeckten Gewinnausschüttung. Die Gewinnminderung, die auf dem durch das Gesellschaftsverhältnis veranlassten Teil der Vereinbarung beruht, ist außerhalb der Steuerbilanz dem Steuerbilanzgewinn i. R. d. Ermittlung des Einkommens hinzuzurechnen (§ 8 Abs. 3 Satz 2 KStG).

1843 Der GGF einer Kapitalgesellschaft (GmbH, AG, KG aA) hat nämlich im Gegensatz zum Einzelunternehmer und zum GGF einer Personengesellschaft grds. die Möglichkeit, sich über die Kapitalgesellschaft betriebliche Versorgungsleistungen (Alters-, Hinterbliebenen- und Invaliditätsversorgung) zusagen zu lassen. Steuerliche Vorteile (Bildung von Pensionsrückstellungen, Betriebsausgabenabzug für Prämien einer Rückdeckungsversicherung) machen diese Versorgungsmöglichkeit sowohl für die Gesellschaft als auch für den GGF interessant.

a) Arbeitsrechtliche Besonderheiten

1844 Betriebliche Altersversorgung ist in § 1 Abs. 1 BetrAVG definiert als Leistungen der Alters-, Invaliditäts- oder Hinterbliebenenversorgung, die einem Arbeitnehmer aus Anlass seines Arbeitsverhältnisses zugesagt worden sind. Über die in § 17 Abs. 1 Satz 2 BetrAVG getroffenen Abgrenzungskriterien wird der GmbH-Geschäftsführer vom persönlichen Geltungsbereich des Gesetzes erfasst, soweit ihm aus Anlass seiner Tätigkeit für ein Unternehmen eine betriebliche Versorgungszusage erteilt worden ist.

1845 Das Betriebsrentengesetz stellt ein **Arbeitnehmerschutzgesetz** dar, daher fällt der GGF einer GmbH oder einer GmbH & Co. KG nicht unter den Schutzzweck des Gesetzes, soweit die Versorgung aus dem eigenen Betrieb betroffen ist und er nicht nur »unbedeutend« beteiligt ist. Er ist **Unternehmer** i. S. d. Betriebsrentengesetzes (*Doetsch/Lenz, S. 21 f.; Blomeyer/Rolfs/Otto, § 17 Rn. 99 ff., 102 ff.; Andresen/Förster/Rößler/Rühmann, Teil 4 D Rn. 155 ff.; Langohr-Plato, S. 16*).

1846 Der BGH hat sich mit der Frage des persönlichen Geltungsbereichs des Betriebsrentengesetzes für GGF insb. unter dem Aspekt eines bestehenden gesetzlichen Insolvenzschutzes befasst (*BGH, 28.04.1980 – II ZR 254/78, BB 1980, 1046 = DB 1980, 1434 = NJW 1980, 2254; BGH, 09.06.1980 – II ZR 255/78, BB 1980, 1215 = DB 1980, 1588 = NJW 1980, 2257; BGH, 28.01.1991 – II ZR 29/90, DB 1991, 1231 = NJW RR 1991, 746*). In seinen Grundsatzentscheidungen hat der BGH die Unternehmereigenschaft für solche GGF angenommen, die nach der Stärke ihrer Kapitalbeteiligung und/oder einer Stimmrechtsbindung auf die Geschicke der Gesellschaft einen bestimmenden Einfluss ausüben können. Dieser bestimmende Einfluss ist bei geschäftsführenden Gesellschaftern mit einer nicht unbedeutenden Beteiligung gegeben, sofern sie entweder allein oder zusammen mit anderen Geschäftsführern über die Mehrheit des Kapitals oder der Stimmrechte verfügen (*vgl. insoweit auch BAG, 21.08.1990 – 3 AZR 429/89, DB 1991, 601; BAG, 25.01.2001 – 3 AZR 769/98, DB 2001, 2102 m.w.N*).

1847 Auch wenn die BGH-Entscheidung nur zur Frage der Insolvenzsicherung ergangen ist, so lassen sich die Ergebnisse auch auf die Frage des persönlichen Schutzzwecks des Betriebsrentengesetzes insgesamt übertragen.

> ▶ Hinweis:
>
> Verfügen also die aktiven Gesellschafter einer GmbH über die Mehrheit des Kapitals und/oder der Stimmrechte, so sind sie von dem persönlichen Geltungsbereich des Betriebsrentengesetzes ausgenommen.

Der (Gesellschafter-) Geschäftsführer unterliegt daher **nicht** den Bestimmungen des BetrAVG, wenn er

- die Mehrheit der Kapitalanteile und Stimmrechte hält (*BAG, 25.01.2001 – 3 AZR 769/98, NZA 2001, 959*);
- zwar über eine Minderheitsbeteiligung verfügt, jedoch aufgrund einer (z. B. im Gesellschaftsvertrag) festgelegten Stimmrechtsverteilung einen beherrschenden Einfluss ausüben kann (*BAG, 16.04.1997 – 3 AZR 869/95, NZA 1998, 101*) oder
- als ein Minderheitsgesellschafter unter mehreren, mit diesen zusammen über eine Mehrheit verfügt und somit gleich gerichtete Interessen zu bejahen sind (*Doetsch/Lenz S.22*).

Die Befreiung vom Selbstkontrahierungsverbot gem. § 181 BGB stellt ein starkes Indiz dafür dar, dass der GGF auch bei einer Minderheitsbeteiligung einen beherrschenden Einfluss ausüben kann.

Die Frage, wann eine Unternehmereigenschaft vorliegt, die zu einem Ausschluss des Versorgungsberechtigten aus dem Schutzzweck des Betriebsrentengesetzes führt, kann immer nur im **Einzelfall** entschieden werden. Der BGH hat bislang keine Beteiligungsgrenze gezogen, die als unbedeutend i. S. d. Anwendung des Betriebsrentengesetzes anzusehen ist. 1848

Zusätzlich ist auch die **Kausalität** zwischen Zusageerteilung und zugrunde liegendem Arbeitsverhältnis zu beachten. Das BetrAVG ist nur dann anwendbar, wenn die Zusage »aus Anlass« des Arbeitsverhältnisses erteilt worden ist. Die Anwendung des BetrAVG ist also auch dann zu verneinen, wenn die Zusage aufgrund familiärer Beziehungen veranlasst oder durch das Gesellschaftsverhältnis erfolgt ist. Sagt ein Unternehmen allen Gesellschaftern und nur ihnen eine Altersversorgung zu, so indiziert dies eine gesellschaftsrechtliche Veranlassung der Zusage, sodass das BetrAVG nicht anzuwenden ist (*BAG, 19.01.2010 – 3 AZR 42/08, NZA 2010, 1066; BAG, 19.01.2010 – 3 AZR 409/09, AP Nr. 62 zu § 1 BetrAVG*). 1848a

Sofern der GGF nicht in den Anwendungsbereich des Betriebsrentengesetzes fällt, ist es immer sinnvoll, bestimmte im Betriebsrentengesetz gesetzlich vorgeschriebene Schutzmechanismen vertraglich zu vereinbaren. Dies gilt insb. für die Unverfallbarkeit – und zwar sowohl hinsichtlich der Unverfallbarkeitsfristen, als auch hinsichtlich der Modalitäten für die Berechnung unverfallbarer Versorgungsanwartschaften. Enthält die dem beherrschenden GGF erteilte Versorgungszusage nämlich keine Regelung zur Unverfallbarkeit, so verfällt die Zusage bei vorzeitigem Ausscheiden (*Langohr-Plato, INF 2003, 257*). 1849

Angesichts der Tatsache, dass Geschäftsführerverträge vielfach befristet sind, ist es sowohl bei Gesellschafter-Geschäftsführern als auch bei Fremdgeschäftsführern regelmäßig üblich, vertragliche Unverfallbarkeitsfristen abweichend von den gesetzlich normierten Fristen zu vereinbaren. Insoweit werden überwiegend 3- bis 5-jährige Unverfallbarkeitsfristen als üblich und zulässig anerkannt (*Doetsch, BB 1994, 327, 331 m.w.N. zu einer entsprechenden Umfrage; Doetsch/Lenz, S.23 f. und 80 ff.; Förster/Heger, DStR 1994, 507; Höfer, Rn. 90*). 1850

▶ Hinweis:

Ebenso empfiehlt es sich, Regelungen zur vertraglichen Insolvenzsicherung (*vgl. hierzu nachfolgend Rdn. 1861 ff.*) und zur Rentenanpassung aufzunehmen, da andernfalls die Zusage im Insolvenzfall wertlos und im Rentenfall nicht dynamisiert wird.

b) Inhaltliche Ausgestaltung der Versorgungsregelung

Versorgungszusagen an Geschäftsführer können formaljuristisch unterschiedlich begründet werden. Vielfach finden sich bereits im Dienstvertrag des Geschäftsführers Passagen, die vollumfänglich dessen Versorgungssituation regeln. Alternativ dazu kommt auch eine gesonderte individualrechtliche Versorgungszusage als Ergänzung zum Dienstvertrag oder die Einbeziehung in eine im Unternehmen bestehende Versorgungsordnung in Betracht. Wichtig ist in allen Fällen darauf zu achten, dass die inhaltliche Ausgestaltung der Versorgungsleistungen, der Anspruchsvoraussetzungen und des Leistungsumfangs eindeutig geregelt ist und der besonderen Stellung des Geschäftsführers gerecht wird. 1850a

Ist der Anstellungsvertrag des Geschäftsführers z. B. befristet, so nutzt ihm der nach dem BetrAVG gewährte Unverfallbarkeitsschutz, der nach § 1b BetrAVG einen mindestens 5-jährigen Bestand der Versorgungszusage voraussetzt, nichts, wenn die Befristung drei Jahre beträgt und nach Ablauf dieser Frist der Vertrag nicht verlängert wird. Von daher sollte die dem Geschäftsführer zu erteilende Zusage vorab sorgfältig inhaltlich geprüft werden.

Dies gilt auch, wenn dem Geschäftsführer die Zusage über eine für alle Mitarbeiter des Unternehmens geltende und damit allgemein gültige Versorgungsordnung erteilt werden soll. Zwar liegt hier die inhaltliche Gestaltung der Versorgungsansprüche bereits vor. Gleichwohl empfiehlt sich auch bei dieser Fallgestaltung, ob nicht einzelne Komponenten einzelvertraglich abweichend geregelt werden sollen.

Wichtig ist insoweit, dass nach der Rechtsprechung des BAG derartige individual-rechtliche Regelungen bei einem Organ einer Gesellschaft u. U. auch zum Nachteil des Organs abweichend von den Schutzbestimmungen des BetrAVG erfolgen können (*vgl. BAG, 21.04.2009 – 3 AZR 285/07, NZA-RR 2010, 168*). Das Betriebsrentenrecht ist nämlich für Organmitglieder insoweit abdingbar, als den Tarifvertragsparteien nach § 17 Abs. 3 Satz 1 BetrAVG Abweichungen erlaubt sind und damit z. B. auch hinsichtlich der Gestaltung der Anpassung laufender Leistungen (§ 16 BetrAVG) oder der Definition der Höhe unverfallbarer Versorgungsanwartschaften (§ 2 BetrAVG).

Damit gilt für Fremdgeschäftsführer und nicht beherrschende Gesellschafter-Geschäftsführer der Schutz des Betriebsrentengesetzes nicht uneingeschränkt!

aa) Festlegung der versorgungsfähigen Bezüge

1851 Während für Fremdgeschäftsführer die Leistungssysteme so gestaltet werden sollten, dass sie jeweils rechtzeitig und ohne große Schwierigkeiten an nicht vorhersehbare Entwicklungen angepasst werden können (also möglichst keine Eigendynamik des Versorgungswerkes), können für GGF die Aktivbezüge als Bemessungsgrößen herangezogen werden. Durch die Anbindung der Pensionsanwartschaften an die Bezüge ergibt sich keine zusätzliche, extern beeinflusste Dynamik.

1852 Dabei sollte allerdings nach dem Entstehungscharakter der einzelnen Bezügeteile unterschieden werden. In Abhängigkeit von der Regelmäßigkeit der Bezügeteile kommt z. B. folgende Einteilung in Betracht:
- erfolgsunabhängige Bezüge,
- regelmäßige Sonderzahlungen, die nur bei besonders ungünstiger Ertragslage entfallen,
- Aufwandsentschädigungen im Zusammenhang mit dem Dienstverhältnis,
- erfolgsabhängige Bezüge (Gewinnanteile, Dividenden usw.),
- sonstige geldwerte Vorteile (Dienstwagen, Dienstwohnung usw.).

1853 Bei der Festlegung betrieblicher Versorgungsleistungen ist nun zu entscheiden, welche dieser Bezügeteile (die insgesamt das Berufseinkommen darstellen) als dauerhafte und den eigentlichen Lebensstandard bestimmende Einkünfte anzusehen sind. Man wird häufig dazu neigen, nur die in den beiden zuerst genannten Kategorien aufgeführten Bezügeteile als »regelmäßiges« Einkommen anzusehen.

bb) Berücksichtigung der Dienstzeit

1854 Die Dienstzeit als Geschäftsführer bis zum normalen Pensionsalter (das hier eher bei 65 und darüber anzusetzen sein wird) wird wegen der längeren Ausbildungszeiten nicht länger als z. B. 30 Jahre sein. Die Rentenformel sollte also den Endanspruch nach Ableistung einer Dienstzeit von 30 Jahren vorsehen. Für Eintrittsalter nach 35 sollten niedrigere erreichbare Altersrenten vorgesehen werden, hier können unverfallbare Anwartschaften aus Tätigkeiten bei Vorarbeitgebern unterstellt werden.

Von besonderer Bedeutung ist noch die Regelung des Mitnahmerechts (Unverfallbarkeit) bei vorzeitigem Ausscheiden, die insb. bei Fremdgeschäftsführern wegen der häufig auf drei bis fünf Jahre befristeten Dienstverträge mit kürzeren Fristen vorgesehen ist als sie vom Betriebsrentengesetz vorgegeben sind (vertragliche Unverfallbarkeit). Im fortgeschrittenen Alter (z. B. ab Alter 55) und nach wiederholter Verlängerung des Dienstvertrages wird häufig ein Überbrückungsgeld (i. H. d. zugesagten Altersrente) für den Fall vereinbart, dass der Dienstvertrag (nach Ablauf) vonseiten der GmbH nicht mehr verlängert wird und die Veranlassung hierfür nicht durch ein Fehlverhalten des Geschäftsführers ausgelöst wurde.

cc) Versorgungsziel

Die **Obergrenze** des **Netto-Versorgungsbedarfs** ergibt sich aus folgender Kalkulation: 1855

Letzte Netto-Aktiven-Bezüge
./. Renten der gesetzlichen Rentenversicherung (Netto)
./. Eigenvorsorge und berufsbedingte Aufwendungen (Netto)
= Obergrenze des Netto-Versorgungsbedarfs

Falls dieses Ziel erreicht wird, kann von einer »**Vollversorgung**« gesprochen werden.

Als **unteres Versorgungsziel** wird die Altersrente angesehen, die die Hälfte der in der gesetzlichen Rentenversicherung erreichbaren Leistungen beträgt, das sind 22,5 – 25 % der pensionsfähigen Bezüge. Besteht ausnahmsweise Sozialversicherungspflicht, so beschränkt sich die Versorgungszusage auf die Gehaltsteile oberhalb der Beitragsbemessungsgrenze in der gesetzlichen Rentenversicherung (BBG). 1856

Als **oberes Versorgungsziel** wird eine an die Versorgung im öffentlichen Dienst angelehnte Pensionszusage angesehen. Die Altersrente würde dann 75 % der »pensionsfähigen Bezüge« betragen. Hiervon geht auch der BFH aus, wenn er i. R. d. Angemessenheit eine über diesen Grenzwert hinausgehende Versorgung als »Überversorgung« nicht anerkennt (*BFH, 17.05.1995 – I R 16/94, DB 1995, 1992; BFH v. 31.03.2004 – I R 70/03, BFHE 178, 203; BFH v. 15.09.2004 – I R 62/03, BFHE 207, 443; BFH v. 28.04.2010 – I R 78/08, BFHE 229, 234 = BetrAV 2010, 583*). Bei Vorliegen der Sozialversicherungspflicht wäre auch hier die erreichbare Altersrente um die aus der gesetzlichen Rentenversicherung zu erwartenden Leistungen zu vermindern.

Vor diesem Hintergrund gilt für die Festlegung einer bedarfsgerechten Altersversorgung folgender Maßstab (*vgl. Langohr-Plato, S. 19 f.*): 1857
– **Unteres Versorgungsziel**:
 Die Altersrente beträgt pro Dienstjahr 0,75 % des über der BBG liegenden Teils der versorgungsfähigen Bezüge – insgesamt höchstens 22,5 %.
– **Oberes Versorgungsziel**:
 Die Altersrente beträgt pro Dienstjahr 1 % des unter der BBG zzgl. 2,5 % des über der BBG liegenden Teils der versorgungsfähigen Bezüge, insgesamt höchstens 30 bzw. 75 %.

Diese Versorgungsziele führen nach einer versorgungswirksamen Dienstzeit von 30 Jahren zu folgenden Altersrenten (jeweils in T-Euro; BBG 2013 = 69.600,00 € p.a.). 1858

Pensionsfähige Bezüge in 1000,00 € p.a.

	100	125	150	200	250
-/0,75 %	6.840	12.465	18.090	29.340	40.590
1 % /2,5 %	43.680	62.430	81.180	118.680	156.180

Die tatsächlich gewählte Rentenformel wird unter Berücksichtigung der unternehmensspezifischen Gegebenheiten irgendwo in dem breiten Feld zwischen unterem und oberem Versorgungsziel liegen, wobei die untere Grenze häufig aus Versorgungsgesichtspunkten überschritten und das obere Ziel aus Kosten- und Risikogründen i. d. R. nicht erreicht wird. 1859

1860 Für die bedarfsgerechte Gestaltung einer betrieblichen Versorgungszusage sind neben der »normalen« Altersrente auch noch die sonstigen Leistungselemente
- vorgezogene Altersrente,
- Invalidenrente bei Berufs- und/oder Erwerbsunfähigkeit,
- Hinterbliebenenrenten (Ehegatten-, Waisenrenten)

festzulegen.

c) Unverfallbarkeit

1860a Grundsätzlich ergibt sich für den Fremdgeschäftsführer und den nicht beherrschenden Gesellschafter-Geschäftsführer (GGF) die Unverfallbarkeit sowohl dem Grunde, als auch der Höhe nach aus den Regelungen in §§ 1b und 2 BetrAVG.

Gleichwohl kann eine vertragliche Besserstellung des Geschäftsführers sinnvoll sein, wenn dieser z. B. bei einem befristeten Anstellungsvertrag ansonsten nicht die Unverfallbarkeit innerhalb der ersten Amtsperiode erreichen kann. Insoweit ist dann nicht nur zu regeln, ob die gesetzliche Unverfallbarkeitsfrist verkürzt oder ganz entfallen soll. Wichtig ist, dass auch die Höhe der unverfallbaren Versorgungsanwartschaft exakt geregelt werden soll.

1860b ▶ **Formulierungsbeispiel für eine Verkürzung der Unverfallbarkeitsfrist:**

»Abweichend von § 1b Abs. 1 BetrAVG bleibt dem Geschäftsführer seine Anwartschaft auch dann erhalten, wenn bei Beendigung des Anstellungsvertrages – egal aus welchem Grunde die Beendigung erfolgt - die Versorgungszusage mindestens 3 Jahre bestanden hat, sofern die übrigen Voraussetzungen der Unverfallbarkeit nach § 1b BetrAVG (Anm.: Mindestalter 25 Jahre bei Ausscheiden) erfüllt sind. Wird das Arbeitsverhältnis vor Ablauf von 3 Jahre – egal von welcher Seite und aus welchem Grunde – gekündigt oder einvernehmlich beendet, so verfällt die Versorgungsanwartschaft ersatzlos. Hinsichtlich der Höhe der unverfallbaren Versorgungsanwartschaft gilt die gesetzliche Regelung gem. § 2 Abs. 1 BetrAVG.«

1860c ▶ **Formulierungsbeispiel für einen Verzicht auf die Unverfallbarkeitsfrist:**

»Abweichend von § 1b Abs. 1 BetrAVG wird dem Geschäftsführer auf die ihm erteilte Versorgungszusage eine sofort unverfallbare Versorgungsanwartschaft gewährt. Hinsichtlich der Höhe der unverfallbaren Versorgungsanwartschaft gilt die gesetzliche Regelung gem. § 2 Abs. 1 BetrAVG.«

1860d Enthält die Zusage keine Regelung der Unverfallbarkeit, so verfällt die Zusage bei einem Ausscheiden des beherrschenden GGF ersatzlos (*Langohr-Plato, INF 2003, 257*). Diese Fallkonstellation tritt z. B. dann ein, wenn das Anstellungsverhältnis des GGF insolvenzbedingt endet.

Bei der Abfassung einer vertraglichen Unverfallbarkeitsvereinbarung sind beim beherrschenden GGF allerdings neben den rein arbeitsrechtlichen Aspekten besondere **steuerliche Zulässigkeitsvoraussetzungen** zur Vermeidung einer **verdeckten Gewinnausschüttung** zu berücksichtigen. Die Vereinbarung darf im Fremdvergleich nicht zu einer Privilegierung des GGF gegenüber einem Fremdgeschäftsführer führen. Von daher ist man immer auf der sicheren Seite, wenn man die vertragliche Unverfallbarkeitsfrist analog zur gesetzlichen Regelung in § 1b BetrAVG gestaltet.

Beruht die Versorgungszusage auf einer Entgeltumwandlung, so gilt für Zusagen, die nach dem 31.12.2000 erteilt worden sind gemäß § 1b Abs. 5 BetrAVG eine sofortige Unverfallbarkeit. Unter dem Aspekt des Fremdvergleichs muss dies auch für die Entgeltumwandlung eines GGF gelten (*Doetsch/Lenz, S. 24; s. a. Rdn. 2024 f.*).

Im Rahmen der Vereinbarung über die Höhe der aufrechtzuerhaltenen unverfallbaren Anwartschaft sollte man sich ebenfalls am Betriebsrentengesetz orientieren. Dabei ist allerdings zu berücksichtigen, dass hier die Finanzverwaltung bei der Anwendung des ratierlichen Berechnungsverfahrens (m-/n-tel Verfahren) nicht auf das Verhältnis von tatsächlicher zu bis zum Rentenbeginn möglicher Dienstzeit abstellt, sondern auf das Verhältnis der ab Zusagebeginn erreichten bis zum

Altersrentenbeginn möglichen Dienstzeit abstellt (*ausführlich hierzu: Doetsch/Lenz, S. 24 u. S. 81 f.*). Dies führt im Ergebnis zu einer entsprechend niedrigeren unverfallbaren Anwartschaft.

d) Insolvenzsicherung

aa) Gesetzlicher Insolvenzschutz

Betriebliche Versorgungsmaßnahmen sind nach Erfüllung der gesetzlichen Unverfallbarkeitsfristen (s. *hierzu Rdn. 373 ff.*) für den Fall der Insolvenz des Unternehmens gesichert (und zwar i. H. d. unverfallbaren Anwartschaften). Grundlage für die Einbeziehung bzw. den Ausschluss der Altersversorgung eines Gesellschafter-Geschäftsführers in die **Insolvenzsicherung** ist wiederum **§ 17 BetrAVG**. 1861

Der Pensions-Sicherungs-Verein (PSVaG) – als die für die Durchführung der Insolvenzsicherung geschaffene Institution – hat auf der Basis der höchstrichterlichen Rechtsprechung (*vgl. u. a. BGH, 28.04.1980 – II ZR 254/78, DB 1980, 1434; BGH, 09.06.1980 – II ZR 255/78, DB 1980, 1588; BGH, 28.01.1991 – II ZR 29/90, DB 1991, 1231; BAG, 21.08.1990 – 3 AZR 429/89, DB 1991, 601; BAG, 16.04.1997 – 3 AZR 869/95, DB 1997, 2486; BAG, 25.01.2001 – 3 AZR 769/98, DB 2001, 2102 m.w.N*) in seinem Merkblatt 300/M1/1.05 die wesentlichen Kriterien für den Insolvenzschutz der Pensionszusagen an Gesellschafter und Mitglieder von Gesellschaftsorganen dargestellt. Zur Abgrenzung der Insolvenzsicherungspflicht kann auf das Steuer- und Sozialversicherungsrecht wegen der unterschiedlichen gesetzlichen Zielrichtungen nicht schematisch zurückgegriffen werden. Maßgeblich für den Insolvenzschutz sind der Inhalt der Pensionszusage sowie die tatsächliche und rechtliche Ausgestaltung des Beschäftigungsverhältnisses und des Gesellschaftsverhältnisses zum Zeitpunkt der Zusageerteilung im Einzelfall (*vgl. auch Höfer, Rn. 19 ff.*). 1862

Nach den Grundsätzen des PSVaG bestehen Insolvenzsicherungspflicht und -schutz für Organmitglieder einer GmbH, wenn deren Anteil am Kapital oder Stimmrecht ihnen keine Unternehmer- oder Mitunternehmerstellung einräumt; das gilt insb. dann, wenn die Anteile oder Stimmrechte des Geschäftsführers einer GmbH allein weniger als die Hälfte oder bei mehreren zusammengerechnet ggü. den nicht geschäftsführenden Gesellschaftern nicht mehr als die Hälfte betragen. 1863

Nicht insolvenzgesichert sind GGF, die die vorgenannten Voraussetzungen nicht erfüllen (z. B. drei mit jeweils 1/3 am Kapital beteiligte GGF) oder die aufgrund ihrer maßgebenden Geschäftsführungsbefugnis als eigenverantwortliche Leiter des Unternehmens anzusehen sind. 1864

Nach der Rechtsprechung des BGH (*28.01.1991 – II ZR 29/90, DB 1991, 1231 = MDR 1991, 608*), sind Versorgungsansprüche mehrheitlich beteiligter GGF allerdings dann insolvenzgesichert, wenn die Gesellschaftsbeteiligung treuhänderisch für Rechnung eines Dritten gehalten wird; das gilt auch, wenn die Ehefrau die Treugeberin ist und Anhaltspunkte fehlen, die die Annahme rechtfertigen könnten, deren Vermögen sei wirtschaftlich auch dem Ehemann zuzurechnen. 1865

Zusammenfassend lässt sich somit feststellen, dass nach der höchstrichterlichen Rechtsprechung von BGH und BAG sowie nach den Haftungsgrundsätzen des PSV, eine GGF-Versorgung dann nicht in den Anwendungsbereich des BetrAVG fällt, wenn 1866
1. der Geschäftsführer die Mehrheit (> 50%) der Kapitalanteile und Stimmrechte hält,
2. der Geschäftsführer nur über eine Minderheitsbeteiligung verfügt, jedoch aufgrund einer im Gesellschaftsvertrag oder anderer Weise festgelegten Stimmrechtsverteilung einen beherrschenden Einfluss ausüben kann (*vgl. auch BAG, 16.04.1997 – 3 AZR 869/95, DB 1997, 2486*) oder
3. der Geschäftsführer als Minderheitsgesellschafter (*Beteiligung >10% und 50%, vgl. BAG, 25.01.2001 – 3 AZR 769/98, DB 2001, 2104*) zusammen mit anderen Minderheits-Gesellschafter-Geschäftsführern über eine Stimmmehrheit verfügt. Insoweit ist aber zusätzlich zu berücksichtigen, dass bei dieser Fallkonstellation die GGF über »gleichgerichtete Interessen« verfügen müssen. Vor diesem Hintergrund sind Anteile von Familienangehörigen denen des geschäftsführenden Gesellschafters allerdings nicht ohne weiteres hinzuzurechnen, da es keinen Erfahrungssatz gibt, wonach Familienangehörige stets gleichgerichtete Interessen verfolgen (*so ausdrücklich BGH, 28.04.1980 – II ZR 254/78, DB 1980, 1434*).

1867 Außerdem ist zu beachten, dass eine betriebliche Altersversorgung nur dann dem Anwendungsbereich des Betriebsrentengesetzes und damit dem gesetzlichen Insolvenzschutz unterfällt, wenn die Versorgungszusage »aus Anlass« des Arbeitsverhältnisses bzw. der Tätigkeit für ein (fremdes) Unternehmen zugesagt worden ist. Zwischen Zusageerteilung und dem maßgeblichen Beschäftigungsverhältnis muss also ein **kausaler Zusammenhang** bestehen (*BAG, 25.01.2000 – 3 AZR 769/98, DB 2001, 2102, 2104*). Aus anderen Gründen erteilte Versorgungszusagen werden durch das Betriebsrentengesetz nicht geschützt (*vgl. BAG, 08.05.1990 – 3 AZR 121/89, DB 1990, 2375; BAG, 20.07.1993 – 3 AZR 99/93, BB 1994, 220 = DB 1994, 151 = ZIP 1994, 53; BAG, 25.01.2000 – 3 AZR 769/98, DB 2001, 2102*).

1868 Dies ist dann nicht der Fall, wenn eine GmbH nur ihren – ggf. auch nur minderbeiteiligten – Gesellschaftern eine Versorgung verspricht und wenn Art und Höhe dieser Versorgung bei Beschäftigten, die nicht Gesellschafter sind, wirtschaftlich nicht vertretbar sind (*so ausdrücklich BAG, 25.01.2000 – 3 AZR 769/98, DB 2001, 2102, 2104*).

1869 Soweit allein die Beteiligung an der Gesellschaft für die Erteilung des Versorgungsversprechens entscheidend ist, handelt es sich letztendlich um nicht insolvenzgeschützten »**Unternehmerlohn**«. Bei der entsprechenden Kausalitätsprüfung sind alle relevanten Umstände des Einzelfalls zu prüfen. Insoweit kommt es u. a. darauf an, ob die zugesagte Versorgung nach Art und Höhe auch bei Fremdkräften wirtschaftlich vernünftig und üblich gewesen wäre. Von daher wertet das BAG eine ausschließlich den Gesellschaftern zugebilligte Altersversorgung als Indiz für einen sachlichen Zusammenhang mit deren Gesellschafterstellung, und zwar völlig unabhängig vom Umfang ihrer Beteiligung am Gesellschaftskapital (*BAG, 25.01.2000 – 3 AZR 769/98, DB 2001, 2102*).

1870 Wenn nach den vorstehenden Grundsätzen für die GGF-Pensionszusage Insolvenzschutz besteht, so sind während der Aktivitätszeit aber nur Anwartschaften im Umfang des ratierlichen Anspruchs (zeitanteilig erdiente Anwartschaften bezogen auf den Insolvenzstichtag) insolvenzgeschützt. Außerdem beträgt der Maximalanspruch gegen den Träger der Insolvenzsicherung nach der geltenden Fassung von § 7 Abs. 3 Satz 1 BetrAVG das **3-fache** der im Zeitpunkt der ersten Rentenfälligkeit geltenden Bezugsgröße nach § 18 SGB-IV. Bei einer für 2013 festgelegten Bezugsgröße von 2.695,00 € (alte Bundesländer) bzw. 2.275,00 € (neue Bundesländer) ergibt sich somit für die Einstandspflicht des PSV eine Obergrenze von monatlich 8.085,00 € (alte Bundesländer) bzw. 6.825,00 € (neue Bundesländer).

1871 Dieser Betrag erscheint auf den ersten Blick – auch für GGF-Pensionen – ausreichend, es ist aber zu beachten, dass er nicht der Dynamisierung gem. § 16 BetrAVG unterliegt.

1872 Zahlt die GmbH für die Pensionszusage des GGF Beiträge an den PSVaG, ohne dass die Insolvenzsicherungsfähigkeit eindeutig geklärt wurde, so kann der PSVaG – trotz entgegengenommener Beiträge – im Insolvenzfall die gewünschten Leistungen bei fehlender Leistungspflicht versagen. Er muss lediglich die – rechtsirrtümlich erhobenen – Beiträge zurückerstatten, und das auch nur für einen auf 6 Jahre begrenzten Zeitraum. Selbst mit einer Auskunft des PSVaG, »er neige zu der Auffassung, die Versorgungszusage werde von der Insolvenzsicherung erfasst«, wird **kein** zur Leistung verpflichtender **Vertrauenstatbestand** geschaffen. Die tatsächliche Beitragsentrichtung stellt also keine ausreichende Grundlage für einen Leistungsanspruch dar.

bb) Sicherungsmöglichkeiten für nicht gesetzlich insolvenzgeschützte Pensionen

1873 Für den Fall, dass eine Insolvenzsicherung über den PSVaG nach den vorstehenden Ausführungen nicht möglich ist, bietet sich als Ausweg eine Lösung auf privatrechtlicher Basis an (*vgl. auch Doetsch/Lenz, S. 26 ff.; Höfer, Rn. 267 ff.; Langohr-Plato/Teslau, INF 1999, 400 ff.; Riewe, DB 2010, 784 ff.*). Die Gesellschaft schließt – zur Finanzierung der betrieblichen Versorgungszusage – eine Lebensversicherung (**Rückdeckungsversicherung**) ab und **verpfändet** diese für den Fall der Insolvenz des Unternehmens an den GGF.

Mit der Verpfändung der Rückdeckungsversicherung erwirbt der GGF das Recht, bei Pfandreife die Versicherungsleistung insoweit für sich in Anspruch zu nehmen, wie dies zur vollen Erfüllung seiner Pensionszusage erforderlich ist. Pfandreife bedeutet, dass die zu sichernde Forderung fällig geworden ist und der Pfandgläubiger (GGF) von der Gläubigerin (GmbH) die Leistung verlangen kann (*OLG Hamm, 12.05.1995 – 20 U 37/95, BB 1995, 2083; LG Frankfurt, 24.10.1995 – 2/14 O 199/95, EWiR § 7 BetrAVG 1/96, 8*). 1874

Das Pfandrecht ist ein **dingliches Sicherungsrecht**, das dem Gläubiger einer bereits fälligen Versorgungsleistung ein Verwertungsrecht an der verpfändeten Sache einräumt. Im Gegensatz zur Sicherungsabtretung eines Rechts, bei der der Gläubiger Inhaber des Rechts wird, bleibt bei der Verpfändung der Verpfänder (GmbH) Inhaber des Rechts, d. h. bei der Rückdeckungsversicherung Versicherungsnehmer und Bezugsberechtigter. Für das Pfandrecht besteht der Grundsatz der Akzessorietät (im bürgerlichen Recht die Abhängigkeit eines Nebenrechts von einem Hauptrecht), d. h. für die Begründung und das Fortbestehen des Pfandrechts muss eine zu sichernde Forderung (Pensionsanspruch) bestehen. Mit dem rechtlichen Schicksal dieser Forderung ist das Pfandrecht unumgänglich verbunden. Fällt z. B. die Forderung später weg, so erlischt auch wieder das Pfandrecht. 1875

Die Begründung eines Pfandrechts an einem Recht setzt eine entsprechende Vereinbarung zwischen dem Verpfänder (GmbH) und dem Pfandgläubiger (GGF) voraus. Hinsichtlich der Vertretung der GmbH gilt hierbei: 1876
– Existiert ein Aufsichtsrat (zwingend gegeben, wenn die Gesellschaft der Mitbestimmung unterliegt), so wird die GmbH ggü. ihren Geschäftsführern durch den Vorsitzenden des Aufsichtsrats vertreten.
– Ist kein Aufsichtsrat vorhanden, so wird die GmbH von den übrigen Gesellschaftern oder einem von ihnen Beauftragten vertreten.

Hinsichtlich der Verwertung des Pfandrechts ist zu unterscheiden, ob Pfandreife eingetreten ist oder nicht. Pfandreife bedeutet, dass die zu sichernde Forderung fällig geworden ist und der Pfandgläubiger von dem Verpfänder Leistungen verlangen kann. Vor Eintritt der Pfandreife hat der GGF nur eine **Versorgungsanwartschaft**, deren Erstarken zu einem **Versorgungsanspruch** aber noch vom Eintritt künftiger ungewisser Ereignisse (Versorgungsfall) abhängt. Damit waren Versorgungsanwartschaften nach bisherigem Konkursrecht nicht als betagte Ansprüche i. S. v. § 65 KO, sondern als **aufschiebend bedingte Verpflichtungen** i. S. v. § 67 KO zu bewerten. Forderungen unter einer aufschiebenden Bedingung berechtigten gem. § 67 KO allerdings nicht zur Abtretung, sondern nur zur (bevorzugten) **Sicherung**. Die auf den bedingten Anspruch entfallende Konkursdividende wurde bei der Verteilung zwar grds. berücksichtigt (§ 154 KO), aber zurückbehalten und anschließend hinterlegt (§§ 168 Nr. 2, 169 KO). 1877

Sofern also bei Konkurseintritt der Versorgungsfall noch nicht eingetreten war (**fehlende Pfandreife**), konnte der Pfandgläubiger aufgrund seines Sicherungsrechts **keine vorrangige Befriedigung** verlangen. Vielmehr stand dem Konkursverwalter das alleinige Verwertungsrecht an der Rückdeckungsversicherung zu, wobei er deren Wert allerdings zunächst nicht zur Konkursmasse ziehen durfte. Vielmehr musste er den für die Befriedigung der künftigen Versorgungsansprüche erforderlichen Betrag aus dem Erlös der Versicherungsforderung nach § 67 KO **vorrangig hinterlegen**. Trat der Versorgungsfall später nicht ein, oder ist bei Eintritt des Versorgungsfalls kein Versorgungsempfänger mehr vorhanden (Vorversterben des begünstigten Hinterbliebenen), könnte der Konkursverwalter den hinterlegten Betrag gem. § 166 KO zur **Nachtragsverteilung** verwenden (*BGH, 10.07.1997 – IX ZR 161/96, DB 1997, 2113 = ZAP 1998, Fach 15, S. 243 f. m. Anm. Langohr-Plato; Langohr-Plato/Teslau, INF 1999, 400 ff.; Fischer/Meyer, DB 2000, 1861*). 1878

Diese noch zum alten Konkursrecht ergangene Rechtsprechung ist zwischenzeitlich von den Instanzengerichten zum neuen Insolvenzrecht übernommen worden (*vgl. LG Tübingen, 17.11.2000 – 4 O 233/00, NZI 2001, 263*). 1879

C. Spezialfragen

1880 Die seit dem 01.01.1999 geltende neue **InsO** sieht allerdings in § 41 InsO vor, dass nicht fällige Forderungen als fällig fingiert werden, dass gem. § 191 InsO aufschiebend bedingte Forderungen zwar bei der Verteilung mit ihrem vollen Betrag berücksichtigt, aber nicht ausgezahlt sondern zurückbehalten werden, und dass im Insolvenzplanverfahren gem. § 217 InsO u. a. die Befriedigung der absonderungsberechtigten Gläubiger abweichend von den Vorschriften der InsO geregelt werden kann. Damit besteht grds. die Gefahr, dass i. R. d. Insolvenzplanverfahrens dem durch eine Verpfändung der Rückdeckungsversicherung hinsichtlich seiner betrieblichen Altersversorgung abgesicherten GGF die mit der Verpfändung beabsichtigte Schutzfunktion (teilweise) unterlaufen werden kann. Die Durchführung eines solchen Insolvenzplanverfahrens ist allerdings nicht obligatorisch und kann von jedem Gläubiger und somit auch vom versorgungsberechtigten GGF im Rahmen von § 251 InsO (Minderheitenschutz) verweigert werden.

1881 Der BGH hat unabhängig von dieser Neuregelung mit dieser Feststellung zugleich höchstrichterlich das »**Verpfändungsmodell**« als privatrechtliches Mittel zur Sicherung gesetzlich nicht insolvenzgeschützter betrieblicher Versorgungsrechte generell anerkannt (*BGH, 10.07.1997 – IX ZR 161/96, DB 1997, 2113 = ZAP 1998, Fach 15, S. 243 f. m. Anm. Langohr-Plato*), und zwar ausdrücklich auch für die Absicherung der einem beherrschenden GGF einer GmbH erteilten Pensionszusage. Hierzu der BGH wörtlich:

> »... verstößt das Bestreben eines Geschäftsführers, seine sachlich angemessene Versorgungsanwartschaft mit zulässigen Mitteln insolvenzfest zu sichern, nicht schon deswegen gegen den Konkurszweck, weil er zugleich mitbeherrschender Gesellschafter ist: Der Grundsatz der Gleichbehandlung aller Gläubiger verbietet es diesem Geschäftsführer nicht schlechthin, seinen Anspruch auf die geschuldete Gegenleistung für einen eigenen, gleichwertigen Einsatz rechtzeitig insolvenzfest zu sichern«.

1882 Nach Eintritt der Pfandreife ist der Pfandgläubiger zur alleinigen Verwertung berechtigt. Das Pfandrecht führt hier zu einem unmittelbaren **Absonderungsrecht** nach § 50 InsO (*Riewe, DB 2010, 785 f.*). Im Fall der Insolvenz der GmbH darf der Insolvenzverwalter erst dann tätig werden, wenn der Pfandgläubiger in einer ihm gesetzten Frist zur Verwertung der Rückdeckungsversicherung nicht tätig geworden ist. Der GGF kann verlangen, dass ihm der Insolvenzverwalter die Rechte aus dem Versicherungsvertrag in Höhe seiner Ansprüche (zeitanteilig gekürzte Leistungen) abtritt. Die Rückdeckungsversicherung kann auch durch Kündigung fällig gestellt werden. Der GGF kann sich dann seinen Anspruch aus dem Rückkaufswert auszahlen lassen.

1883 Aus steuerlicher Sicht ist die Verpfändung der Rückdeckungsversicherung unbedenklich. Die Referenten der Obersten Finanzbehörden des Bundes und der Länder haben bereits mit Schreiben des Bundesministers der Finanzen v. 16.04.1982 (*IV B 6 – S 2373 – 5/82, BB 1982, 849 = DB 1982, 880*) der Auffassung zugestimmt, dass ein lohnsteuerlicher Zufluss nicht angenommen wird, da der Arbeitnehmer bei einer Verpfändung im Gegensatz zur Abtretung gegenwärtig keine Rechte und Ansprüche erwirbt (*vgl. auch: R 40b.1 Abs. 3 LStR; Riewe, DB 2010, 785*).

▶ **Hinweis:**

> Die Pensionszusage mit Rückdeckungsversicherung eröffnet dem beherrschenden GGF also die problemgerechte Absicherung des Insolvenzrisikos für seine Altersversorgung. Für Fremdgeschäftsführer oder solche GGF, die dem Anwendungsbereich des BetrAVG unterfallen, erscheint diese Absicherung aber auch dort sinnvoll, wo noch keine gesetzliche Insolvenzsicherung gegeben ist (vor Erfüllung der Unverfallbarkeitsfristen) bzw. wo die Zusage die Haftungshöchstgrenzen des PSV übersteigt.
>
> Wichtig: Auch für die Verpfändung der Rückdeckungsversicherung ist zwingend ein Gesellschafterbeschluss erforderlich (*OLG Düsseldorf, 23.04.2009 – 6 U 58/08 – NRWE, ZInsO 2009, 1599*). Fehlt dieser, ist die Verpfändung unwirksam und der mit der Verpfändung beabsichtigte vertragliche Insolvenzschutz findet nicht statt!

1884 Diese Aussage dürfte auch angesichts des Urteils des BGH v. 07.04.2005 (*IX ZR 138/04, BetrAV 2005, 590 = DB 2005, 1453 = NZI 2005, 385 = NJW 2005, 2231 = VersR 2005, 923 = ZIP 2005,*

909) dem Grunde nach weiterhin zutreffend sein. Nach diesem Urteil hat der Insolvenzverwalter zwar **bis zur Pfandreife** das Verwertungsrecht, d. h. in diesem Zeitraum trifft er allein die Entscheidung, ob er die Versicherung kündigt, ohne einer Zustimmung des Versicherten zu bedürfen. Allerdings kann er den Rückkaufswert nicht zur Masse ziehen, sondern muss ihn nach wie vor zugunsten des Versicherten hinterlegen.

Das o. g. Urteil betrifft in erster Linie Fälle, in denen die Pfandreife noch nicht eingetreten ist, und hierbei auch nur solche Versorgungsberechtigte, die nicht unter den Anwendungsbereich des BetrAVG fallen, d. h. **ausschließlich beherrschende** GGF.

Dagegen ist das Urteil nicht unmittelbar auf die **Zeit nach Eintritt der Pfandreife** anzuwenden. Mit Eintritt der Pfandreife (üblicherweise bei Verzug des Arbeitgebers mit einer Leistung aus der Pensionszusage) liegt das Verwertungsrecht nach derzeit herrschender Ansicht (*vgl. u. a. LG Tübingen, 17.11.2000 – 4 O 233/00, NZI 2001, 263*) nach wie vor allein beim Pfandrechtsinhaber (GGF), d. h. dieser kann aufgrund des Pfandrechts die Leistung vom Versicherer verlangen.

1885

Ferner ist das Urteil auf alle unter das BetrAVG fallende Personen, also insb. Arbeitnehmer, nicht beteiligte Vorstände und Geschäftsführer und nicht beherrschende GGF nicht unmittelbar anzuwenden. Ob und welche Auswirkungen das Urteil in diesem Bereich hat, hängt davon ab, ob das BAG der Rechtsprechung des BGH folgt. Hierzu liegt bislang noch keine Entscheidung des BAG vor, steue Frage ist damit völlig offen.

Das BAG hat allerdings für den Anwendungsbereich des BetrAVG im Gegensatz zum BGH entschieden, dass sich mit Eröffnung des Insolvenzverfahrens der Anspruch auf künftige Rentenleistungen in einen bereits fälligen Auszahlungs-, d. h. Abfindungsanspruch umwandelt (*vgl. u. a. BAG, 07.11.1989 – 3 AZR 48/88, VersR 90, 761*). Fraglich ist insoweit, ob das BAG seine Rechtsprechung künftig ändern und an die des BGH anlehnen wird, und ob hinsichtlich der Frage über die Anwendbarkeit der Rechtsprechung des BGH oder die des BAG – auch zwischen den durch den PSVaG geschützten Anwartschaften und Leistungen einerseits und den nicht insolvenzgeschützten Anwartschaften/Leistungen andererseits zu differenzieren ist; hier bleibt die weitere Entwicklung abzuwarten.

1886

Die Versorgungszusage enthält i. d. R. neben der Berechtigtenrente (Alters-, Invalidenrente) auch eine Hinterbliebenenrente (Witwenrente). Ist die Ehefrau Alleinerbin des GGF, so geht das Pfandrecht beim Tod des Gesellschafter-Geschäftsführers im Wege der Erbfolge auf die Witwe über. Ist dagegen nicht die Ehefrau, sondern ein Kind Alleinerbe des Gesellschafter-Geschäftsführers (was häufig im Unternehmertestament mit dem Ziel der Unternehmensfortführung festgelegt ist), so reicht die Verpfändungsvereinbarung zwischen der GmbH und dem Gesellschafter-Geschäftsführer nicht aus. Das Pfandrecht würde in den Nachlass fallen und nach dem Grundsatz der Akzessorietät erlöschen (das Kind besitzt keine zu sichernde Forderung). Diese Rechtsfolge kann nur vermieden werden, indem eine zweite Verpfändungsvereinbarung zwischen der GmbH und der Ehefrau getroffen wird. Die Rangfolge der Pfandrechte richtet sich nach der Zeit der Bestellung, das vorrangige Pfandrecht des Gesellschafter-Geschäftsführers sollte also zeitlich früher bestellt werden. Für die Begründung des Pfandrechts ist es schließlich erforderlich, dass der Verpfänder (GmbH) dies dem Schuldner (Versicherer) anzeigt.

1887

e) Steuerrechtliche Zulässigkeitsvoraussetzungen für unmittelbare Versorgungszusagen

Pensionszusagen der GmbH ggü. ihren Gesellschafter-Geschäftsführern unterliegen körperschaftsteuerlich strengeren Rechtsgrundsätzen als Pensionsverpflichtungen ggü. Fremdgeschäftsführern. Damit soll der Doppelfunktion des GGF als Unternehmer einerseits und Angestellter seiner Gesellschaft andererseits Rechnung getragen werden. Aufgrund dieser Doppelfunktion befürchten nämlich Finanzverwaltung und Rechtsprechung, dass der GGF allein aus steuerlichen und bilanztechnischen Gründen den Zeitpunkt der Zusageerteilung (Einmalrückstellung in Jahren hoher Gewinne, Verzicht auf Zusage in Verlustjahren) und den Inhalt der Versorgungszusage (Leistungsumfang)

1888

willkürlich beeinflusst und so das steuerliche Einkommen des Unternehmens manipuliert. Dies gilt verstärkt nach der Änderung des Bewertungsverfahrens (Verankerung des Teilwertes in § 6a EStG durch das BetrAVG 1974), da die Ansätze zur Bewertung der Pensionsverpflichtungen erheblich flexibler sind, die Nachfinanzierung für zurückliegende Dienstjahre ermöglichen und somit eine stärkere Einflussnahme auf das steuerpflichtige Einkommen der GmbH zulassen.

1889 Damit die Pensionsrückstellungen für die einem GGF erteilte Pensionszusage von der Finanzverwaltung anerkannt wird und die für die Finanzierung dieser Zusage aufgewendeten Mittel als Betriebsausgaben abzugsfähig sind, muss die dem GGF erteilte Zusage **klar** und **eindeutig**, **ernsthaft** sowie **angemessen** sein.

1890 Die hierbei im Wesentlichen zu beachtenden Kriterien, die nachfolgend im Einzelnen dargestellt werden, sind allerdings keine gesetzlichen Tatbestandsmerkmale, die unabdingbar vorhanden sein oder fehlen müssen, damit die konkret zu beurteilende Pensionszusage steuerlich anerkannt werden kann oder nicht. Sie haben vielmehr nur indizielle Bedeutung (*BFH, 28.01.2004 – I R 21/03, BFHE 205, 186 = DStR 2004, 816 = BB 2004, 1329 = DB 2004, 1073 = GmbHR 2004, 804 m. w. N.*). Ob eine Pensionszusage unter dem Aspekt der verdeckten Gewinnausschüttung steuerlich anzuerkennen ist oder nicht, ist vielmehr immer anhand einer Gesamtwürdigung aller Umstände des konkreten Einzelfalls zu beurteilen.

1891 Damit steht i. R. d. GGF-Versorgung die körperschaftsteuerliche Sachverhaltsbeurteilung regelmäßig im Vordergrund der steuerlichen Prüfung. Unabhängig von diesen körperschaftsteuerlichen Anforderungen sind unter systematischen Aspekten Versorgungszusagen für GGF aber auch an den allgemeinen Voraussetzungen für die steuerliche Anerkennung von Pensionsrückstellungen zu messen und die bilanzsteuerlichen Zulässigkeitsvoraussetzungen von den körperschaftsteuerlichen Rahmenbegrenzungen abzugrenzen. Es ist also auch beim GGF zu prüfen, ob die allgemeinen und besonderen Grundsätze für die Rückstellungsbildung nach § 6a EStG berücksichtigt worden sind (*ausführlich hierzu Langohr-Plato, S. 30 ff.*).

aa) Bilanzsteuerliche Zulässigkeitsvoraussetzungen

1892 In bilanzieller Hinsicht ist zwischen den handelsbilanziellen Anforderungen, die durch das Bilanzrechtsmodernisierungsgesetz (BilMoG) vom 25.05.2009 modifiziert worden sind, und den in § 6a EStG geregelten steuerrechtlichen Voraussetzungen für die Bildung von Pensionsrückstellungen in der Steuerbilanz zu differenzieren.

1893 Für die steuerliche Bilanzierung galt bis zum Inkrafttreten des BilMoG die sog. (umgekehrte) Maßgeblichkeit der Handelsbilanz für die Steuerbilanz (*vgl. hierzu die Vorauflage unter Rn. 1893*). Bedingt durch das BilMoG ist aber die sog. »Einheitsbilanz« entfallen, sodass Steuerbilanz und Handelsbilanz durchaus unterschiedliche Werte für die Passivierung einer Pensionsverpflichtung ausweisen können (*vgl. hierzu auch Doetsch/Lenz S. 41*).

1894 Nach § 249 HGB besteht für unmittelbare Pensionszusagen eine **Passivierungspflicht**, die mit dem nach vernünftiger kaufmännischer Bewertung erforderlichen Erfüllungsbetrag in der Handelsbilanz auszuweisen ist (*vgl. hierzu die Ausführungen unter Rdn. 113 ff.*).

1895 Demgegenüber gilt für die steuerbilanzielle Bewertung das in § 6a EStG normierte sog. »Teilwertverfahren«. Darüber hinaus ist die steuerliche Anerkennung der zu bildenden Pensionsrückstellung insbesondere bei der Erteilung von Versorgungszusagen an GGF von diversen formellen (Schriftformerfordernis, formal wirksame Zusageerteilung, Selbstkontrahierungsverbot) und materiellen Kriterien (Verbot steuerschädlicher Vorbehalte, Unzulässigkeit einer Überversorgung) abhängig.

(1) Klarheit der Vereinbarung

1896 Die Pensionsverpflichtung einer Kapitalgesellschaft ggü. dem GGF setzt ein arbeitsrechtlich anerkanntes Dienstverhältnis und eine klare, eindeutige Vereinbarung voraus. **Unklarheiten** in den

VII. Versorgung besonderer Personenkreise   C.

Rechtsverhältnissen zwischen Gesellschaft und Gesellschafter gehen **zulasten der Steuerpflichtigen** (*so bereits BFH 11.10.1955 – I 47/55, BStBl. III, S. 397; vgl. auch Doetsch/Lenz, S. 59 ff.*).

Nach § 6a EStG ist für die Bildung von Pensionsrückstellungen zwingend **Schriftform** erforderlich. Das Schriftformerfordernis gilt auch bei der Rückstellungsbildung für zugesagte Witwerrenten. Diese Zahlungsverpflichtung ist nämlich nicht allein aufgrund ihrer arbeitsrechtlichen Verpflichtung rückstellungsfähig, sondern nur dann, wenn die Versorgungsleistung Witwerrente in der einzelnen Versorgungszusage auch tatsächlich schriftlich geregelt ist. Hierauf hat die Finanzverwaltung in zwei gesonderten Erlassen nochmals ausdrücklich hingewiesen (*BMF-Schreiben v. 26.11.1990, BetrAV 1990, 266 und v. 13.12.1990, BetrAV 1991, 17*).   1897

Darüber hinaus lässt eine schriftliche Vereinbarung zugleich den Schluss ihrer inhaltlichen Vollständigkeit zu, hat also in Streitfällen eine entsprechende **Indizwirkung**.   1898

Hinsichtlich des inhaltlichen Umfangs der schriftlich abzufassenden Versorgungszusage ist darauf zu achten, dass die Vereinbarung neben dem Zusagezeitpunkt eindeutige und präzise Angaben zu Art, Form, Voraussetzungen und Höhe der in Aussicht gestellten künftigen Leistungen enthalten muss (*BMF-Schreiben v. 28.08.2001 – IV A 6 – S 2176 – 27/01, BStBl. I 2001, S. 594 = BetrAV 2001, 639; vgl. auch R 6a Abs. 7 EStR 2005*). Sofern es zur eindeutigen Ermittlung der in Aussicht gestellten Leistungen erforderlich ist, sind zudem auch die für die versicherungsmathematische Ermittlung des Umfangs der Versorgungsleistungen erforderlichen Informationen wie z. B. der anzuwendende Rechnungszins oder anzuwendende biometrische Ausscheidewahrscheinlichkeiten schriftlich festzulegen (*BMF-Schreiben v. 28.08.2001 – IV A 6 – S 2176 – 27/01, BStBl. I 2001, S. 594 = BetrAV 2001, 639*). Sind diese Angaben nicht vorhanden, verweigert die Finanzverwaltung die Bildung von Pensionsrückstellungen in der Steuerbilanz (*BMF-Schreiben v. 28.08.2001 – IV A 6 – S 2176 – 27/01, BStBl. I 2001, S. 594 = BetrAV 2001, 639*).   1899

(2) Verbot des Selbstkontrahierens

Die Versorgungszusage stellt ebenso wie der Anstellungsvertrag eine Vereinbarung zwischen dem Unternehmen und seinem Geschäftsführer dar, d. h. der GGF tritt u. U. zugleich für sich selbst handelnd und als Vertreter des Unternehmens auf. Die zivil- und steuerrechtliche Rechtswirksamkeit der Pensionszusage setzt deshalb zwingend voraus, dass dem GGF im Gesellschaftsvertrag »Befreiung vom Verbot des Selbstkontrahierens (§ 181 BGB)« erteilt wird (*Heubeck, Rn. 140 ff.; Höfer, Rn. 33 ff.*). Die **Befreiung** ist eine in das Handelsregister **eintragungspflichtige Tatsache** (*BGH, 28.02.1983 – II ZB 8/82, DB 1983, 1192*).   1900

Dies gilt auch für GGF von Einmann-Gesellschaften, da sie gem. § 35 Abs. 4 GmbHG nicht vom Selbstkontrahierungsverbot ausgenommen sind (*Schmidt, NJW 1980, 1769; Lutter, DB 1980, 1317*).   1901

Liegt die Befreiung vom Verbot des Selbstkontrahierens zum Zeitpunkt der Zusageerteilung nicht vor, so ist das Rechtsgeschäft **schwebend unwirksam**. Eine nachträgliche Genehmigung wirkt zwar zivilrechtlich auf den Zeitpunkt der Vornahme des Rechtsgeschäfts zurück, entfaltet jedoch keine steuerliche Rückwirkung. Auch insoweit gilt der bereits beschriebene Grundsatz der Klarheit und Eindeutigkeit, d. h. auch die zur Befreiung vom Verbot des Selbstkontrahierens führende Vereinbarung muss in einer Weise erfolgen, dass der Abschluss dieser Vereinbarung und der Zeitpunkt des Abschlusses ggü. Dritten eindeutig nachgewiesen werden kann.   1902

(3) Zuständigkeit der Gesellschafterversammlung

Weiterhin ist darauf zu achten, dass die Pensionszusage durch das zuständige Gesellschaftsorgan **unterzeichnet** wird. Der Geschäftsführer einer GmbH hat nämlich eine Doppelfunktion inne. Zum einen ist er **Organ der Gesellschaft** und damit ihr gesetzlicher Vertreter, § 35 Abs. 1 GmbHG. Diese Organstellung wird dem Geschäftsführer durch die Bestellung (§ 6 GmbHG) verliehen. Zum anderen ist hiervon das **schuldrechtliche Dienstverhältnis** des Geschäftsführers zu unterscheiden, das   1903 seinen Niederschlag in seinem Anstellungsvertrag findet, der regelmäßig auch die vertraglichen Vereinbarungen für die Vergütung der Geschäftsführertätigkeit enthält.

1904 Die Bestellung des Geschäftsführers sowie der Abschluss als auch jede spätere Änderung, Kündigung und vertragliche Aufhebung seines Dienstvertrages fallen gem. § 46 Nr. 5 GmbHG in den **Zuständigkeitsbereich der Gesellschafter und erfordern damit grds. immer einen Gesellschafterbeschluss**, sofern nicht nach Gesetz oder Gesellschaftervertrag (Satzung) ein anderes Gesellschaftsorgan (z. B. Aufsichtsrat, Beirat, Geschäftsführer) hierfür zuständig ist. (*vgl. auch Höfer, Rn. 37*).

1905 Die mit einem unzuständigen bzw. nicht vollständig vertretenen Gesellschaftsorgan abgeschlossenen Vergütungsvereinbarungen des GGF sind daher nicht wirksam (*BGH, 25.03.1991 – II ZR 169/90, GmbHR 1991, 363*). Dies gilt auch für den Vergütungsbestandteil der betrieblichen Altersversorgung, mit der Konsequenz, dass die für eine unmittelbare Pensionszusage gem. § 6a EStG in der Bilanz eingestellten Pensionsrückstellungen als verdeckte Gewinnausschüttung zu werten sind. Von diesem Zustimmungserfordernis wird nicht nur die Erteilung der Zusage selbst erfasst. Auch die Verpfändung einer zur Finanzierung der Zusage abgeschlossenen Rückdeckungsversicherung erfordert grundsätzlich einen entsprechenden Gesellschafterbeschluss (*OLG Düsseldorf, 23.04.2009 – I-6 U 58/08 – NRWE, ZInsO 2009, 15512*).

1906 Mit Schreiben v. 16.05.1994 (*DB 1994, 1112*) hat der BMF darauf hingewiesen, dass dieses BGH-Urteil auch bei »Vereinbarungen über die Änderung der Bezüge« eines GGF anzuwenden ist. Damit werden von der BGH-Rechtsprechung auch die Erteilung und Änderung betrieblicher Versorgungsversprechen erfasst.

1907 Die Finanzverwaltung hat allerdings im Schreiben des BMF v. 21.12.1995 (*DB 1996, 17*) erklärt, dass sie aus einem entsprechenden Vertragsmangel für alle Wirtschaftsjahre, die vor dem 01.01.1997 enden, keine Konsequenzen ziehen wird. Nach Ablauf dieser Schonfrist ist die steuerliche Anerkennung der gebildeten Pensionsrückstellungen ohne entsprechende vertragliche Grundlage nicht mehr gegeben. Diese gelten dann als verdeckte Gewinnausschüttung. Seit dem 01.01.1997 werden entsprechend formungültige Versorgungsvereinbarungen von der Finanzverwaltung folglich nicht mehr anerkannt; eine Heilung für die Vergangenheit ist seither nicht mehr möglich.

▶ Hinweis:

Dabei ist zu beachten, dass das Erfordernis der Herbeiführung eines Gesellschafterbeschlusses i. S. v. § 48 GmbHG nicht nur für den GGF, sondern auch für den rein angestellten, d. h. kapitalmäßig nicht beteiligten Geschäftsführer sowie für die Einmann-GmbH gilt.

1908 Die Abhaltung einer förmlichen **Gesellschafterversammlung** ist dann **nicht erforderlich**, wenn die Zustimmung zur Erteilung bzw. Änderung der Versorgungszusage schriftlich von allen Gesellschaftern (schriftliches Umlaufverfahren) eingeholt worden ist, § 48 Abs. 2 GmbHG, sofern nicht aufgrund entsprechender Sonderregelungen im Gesellschaftsvertrag ein förmliches Beschlussverfahren ausdrücklich hierfür vorgesehen ist.

1909 Ergänzend ist noch darauf hinzuweisen, dass eine von der Gesellschafterversammlung wirksam beschlossene Änderung des Geschäftsführervertrages nicht zwingend zu einer schriftlichen Anpassung der geänderten Vertragspassage führen muss. Vielmehr ist der gefasste Gesellschafterbeschluss bereits für die Rechtsänderung ausreichend und bedarf keiner weiteren Umsetzung mehr, wenn der betroffene GGF an der Beschlussfassung mitgewirkt hat, da diese Mitwirkung zugleich als Annahme des auf eine entsprechende Vertragsänderung hin gerichteten Angebots zu interpretieren ist (*BFH, 11.12.1991 – I R 49/90, BB 1992, 1124*). Hinsichtlich der Beteiligung des GGF an der Beschlussfassung ist weder das Abstimmungsverbot nach § 47 Abs. 4 GmbHG, noch das Verbot der Selbstkontrahierung zu beachten (*Langohr-Plato, INF 1996, 143*).

Wird somit eine Versorgungszusage ohne die entsprechende Legitimation durch die Gesellschafterversammlung erteilt, so ergeben sich für den Versorgungsberechtigten folgende Konsequenzen (*vgl. auch Langohr-Plato, INF 1996, 141 ff.*):

Soweit zugunsten eines GGF eine **Direktversicherung** abgeschlossen worden ist, ist die arbeitsvertragliche Zusage auf Abschluss einer Direktversicherung im Hinblick auf den fehlenden Gesellschafterbeschluss zivilrechtlich schwebend unwirksam. Die gezahlten Versicherungsprämien sind als **verdeckte Gewinnausschüttung** und damit nicht als Gehaltszahlung zu behandeln, was eine Pauschalversteuerung nach § 40b EStG ausschließt und zu einer Versteuerung der entsprechenden Einkünfte aus Kapitalvermögen führt.

Bei einer dem GGF erteilten **Pensionszusage** führt der fehlende Gesellschafterbeschluss zur **gewinnerhöhenden Auflösung** der gebildeten Pensionsrückstellungen. Soweit dann später Versorgungsleistungen fällig werden, sind diese dann vom GGF als Einkünfte aus Kapitalvermögen zu versteuern.

Beim **nicht beteiligten Geschäftsführer** ergeben sich hinsichtlich einer bestehenden Direktversicherung keine Konsequenzen, da trotz schwebender Unwirksamkeit des zugrunde liegenden Versprechens die Versicherungsprämien zivil- wie auch steuerrechtlich als Arbeitslohn behandelt werden und damit gem. § 40b EStG **pauschalierungsfähig** bzw. gem. § 3 Nr. 63 EStG **steuerbefreit** bleiben.

Fraglich ist, welche steuerrechtlichen Auswirkungen die einem angestellten Geschäftsführer erteilte Pensionszusage hat, die nicht durch einen entsprechenden Gesellschafterbeschluss zivilrechtlich legitimiert ist. Insoweit ist zu befürchten, dass die bislang gebildeten Pensionsrückstellungen gewinnerhöhend aufzulösen sind, da die Bildung von Pensionsrückstellungen einer rechtsverbindlichen Verpflichtung bedarf (§ 6a Abs. 1 Nr. 1 EStG).

(4) Verbot steuerschädlicher Vorbehalte

In materieller Hinsicht darf die Versorgungszusage keine steuerschädlichen Vorbehalte enthalten, § 6a Abs. 1 Nr. 2 EStG.

Ein steuerschädlicher Vorbehalt i. S. d. vorgenannten Norm liegt dann vor, wenn der Arbeitgeber die Pensionszusage nach **freiem Belieben widerrufen** kann, R 41 6a Abs. 3 EStR 2005.

Danach führt ein entsprechender Vorbehalt nur dann zur Anerkennung der Pensionsrückstellung, wenn der vorbehaltene Widerruf nur bei wesentlicher oder nachhaltiger Änderung der maßgeblichen Verhältnisse und unter Berücksichtigung billigen Ermessens i. S. v. § 315 BGB, d. h. nur unter verständiger Abwägung der berechtigten Interessen des Pensionsberechtigten einerseits und des Unternehmens andererseits erfolgen kann (sog. **allgemeiner Widerrufsvorbehalt**).

Darüber hinaus wird in folgenden weiteren, enumerativ in R 6a Abs. 4 EStR 2005 und damit abschließend aufgeführten Sonderfällen ein sog. **spezieller Widerrufsvorbehalt** toleriert:
– wesentliche Verschlechterung der wirtschaftlichen Lage des Unternehmens,
– Änderung der gesetzlichen Rahmenbedingungen in der gesetzlichen Rentenversicherung,
– Änderung der steuerrechtlichen Behandlung der Aufwendungen für die Altersversorgung,
– persönliches Fehlverhalten des Versorgungsberechtigten (zur fristlosen Kündigung berechtigende Treuepflichtverletzung).

▶ Hinweis:

An dieser Stelle sei allerdings ausdrücklich darauf hingewiesen, dass die steuerliche Anerkennung derartiger Vorbehalte keinerlei Aussagekraft hinsichtlich ihrer zivilrechtlichen Wirksamkeit hat. Dies gilt insb. für den Widerruf wegen Treupflichtverletzung (*ausführlich hierzu die Ausführungen unter Rdn. 1422 ff.*).

Rechtsfolge eines solchen steuerschädlichen Vorbehalts wäre die vollständige Nichtanerkennung der gebildeten Pensionsrückstellung.

C. Spezialfragen

> **Hinweis:**
> Von daher empfiehlt es sich, evtl. in die Versorgungszusage aufzunehmende Vorbehalte streng an den in den EStR vorgesehenen sog. steuerunschädlichen Widerrufsvorbehalten zu orientieren.

1920 Dies gilt insb. auch für in Versorgungsverträgen geregelte »**Abfindungsklauseln**«. Grds. muss die Finanzverwaltung arbeitsrechtlich zulässige Abfindungsvereinbarungen anerkennen und darauf das geltende Steuerrecht anwenden. Eine Ausnahme besteht insoweit lediglich hinsichtlich der einem beherrschenden GGF gezahlten Abfindung. Hier ist unter dem Aspekt der »verdeckten Gewinnausschüttung« (§ 8 Abs. 3 Satz 2 KStG) eine missbräuchliche Gestaltung auszuschließen (s. *hierzu die ausführliche Darstellung unter Rdn. 2031 ff.*).

1921 Darüber hinaus prüft die Finanzverwaltung bereits in einer Versorgungsordnung geregelte Abfindungsmöglichkeiten unter ertragsteuerlichen Gesichtspunkten als »steuerschädlichen Widerrufsvorbehalt« und erkennt Pensionsrückstellungen nur dann an, wenn das Berechnungsverfahren zur Bestimmung der Abfindungshöhe bereits ebenfalls in der Versorgungszusage unmittelbar, präzise, und eindeutig schriftlich definiert ist (*BMF-Schreiben v. 04.06.2005 – IV B 2 – S 2176 – 10/05, GmbHR 12/2005, 796 = BStBl. I 2005, S. 619*). Es werden nur solche Abfindungsvereinbarungen ggü. aktiven Mitarbeitern ertragsteuerlich anerkannt, bei denen sich der Abfindungsbetrag nach dem Barwert der vollen künftigen Pensionsleistungen, d. h. unquotiert und damit inklusive der bis zum Rentenbeginn noch erreichbaren Steigerungen ergibt.

1922 Eine Abfindung, die diesen Wert unterschreitet, z. B. nur auf einen Wert i. H. d. in der Steuerbilanz nach § 6a EStG gebildeten Teilwerts oder der nach § 2 Abs. 1 BetrAVG quotierten Anwartschaft abstellt, ist danach steuerschädlich.

Das Gleiche gilt für arbeitsrechtlich zulässige Abfindungen unverfallbarer Versorgungsanwartschaften ausgeschiedener Mitarbeiter und laufender Renten. Insoweit werden entsprechende Abfindungsvereinbarungen nur anerkannt, wenn vertraglich als Abfindungsbetrag der Barwert der künftigen Pensionsleistungen gem. § 6a Abs. 3 Satz 2 Nr. 2 EStG vorgesehen ist. Dies ist bei unverfallbaren Anwartschaften der Barwert der nach § 2 BetrAVG quotierten Anwartschaft.

Damit setzt die Finanzverwaltung nunmehr das bislang unveröffentlichte BFH-Urteil v. 10.11.1998 (*I R 49/97, BStBl. II 2005, S. 261*) um.

1923 Die vorgenannten Grundsätze sind nach dem zitierten BMF-Schreiben für noch alle offenen Vorgänge anzuwenden. Unter Vertrauensschutzaspekten hat die Finanzverwaltung jedoch für solche Zusagen, die bis zum Tag der Veröffentlichung dieses Schreibens im BStBl. erteilt worden sind, eine Anpassungsfrist bis zum 31.12.2005 zugestanden. Nach Ablauf dieser Frist besteht keine Möglichkeit mehr, die steuerlichen Sanktionen (Nichtanerkennung der Rückstellungen insgesamt) zu verhindern.

> **Hinweis:**
> Vor diesem Hintergrund sollte jede Versorgungsordnung rechtzeitig daraufhin überprüft werden, ob sie eine Abfindungsklausel enthält und ob hierzu ein Anpassungsbedarf besteht.

(5) Unzulässigkeit einer Überversorgung

1924 In der Vergangenheit wurde die Frage, unter welchen Voraussetzungen und in welchem Umfang Arbeitgeberzuwendungen für eine betriebliche Altersversorgung erfolgswirksam bilanziell in Abzug gebracht werden können – sprich die steuerliche Anerkennung überdurchschnittlich hoher Versorgungszusagen – insb. im Zusammenhang mit der Frage der sog. Angemessenheit von Versorgungszusagen an GGF von Kapitalgesellschaften thematisiert (*vgl. hierzu die Darstellung in der 3. Aufl., Rn. 1695 ff.*). Insoweit hat die Finanzverwaltung regelmäßig die Ansicht vertreten, dass die GGF-Versorgung einen bestimmten Prozentsatz der Bezüge – 75 % **des letzten aktiven Einkommens** (analog zur Beamtenversorgung) – nicht übersteigen darf. Geschehe dies dennoch, liegt eine sog.

Überversorgung und damit regelmäßig auch eine **verdeckte Gewinnausschüttung** vor. Dieser Ansatz ist zwischenzeitlich vom BFH in verschiedenen Entscheidungen ausdrücklich bestätigt worden (*BFH, 17.05.1995 – I R 105/94, DB 1995, 2399; BFH, 17.05.1995 – I R 16/94, DB 1995, 1992; BFH, 17.05.1995 – I R 147/93, BB 1995, 2054; BFH, 28.04.2010 – I R 78/08, BFHE 229, 234 = BetrAV 2010, 583; vgl. auch Langohr-Plato, INF 1996, 141 [144 f.]*).

Hinsichtlich der steuerlichen Anerkennung von betrieblichen Versorgungsbezügen ihrer Höhe nach hat der BFH in diesen Urteilen lediglich rudimentäre Prüfungskriterien vorgegeben. Der BFH erkennt danach generell, d. h. nicht nur beim GGF, sondern auch bei Arbeitnehmern, Pensionsrückstellungen i. S. v. § 6a EStG nur insoweit an, als die zugesagte Endrente unter Berücksichtigung der Sozialversicherungsrente und einer ggf. bestehenden Direktversicherung im Verhältnis zu den am jeweiligen Bilanzstichtag aktuellen Aktivbezügen (Festgehalt ohne Tantieme) nicht zu einem Missverhältnis zwischen Versorgungszusage und Aktivgehalt (**Überversorgung**) führt (*BFH, 28.04.2010 – I R 78/08, BetrAV 2010, 583*). Insoweit erkennt der BFH einen Rentenanspruch i. H. v. 75 % der letzten Aktivbezüge ausdrücklich und als mit der bisherigen Rechtsprechung vereinbar an. 1925

Daraus folgert der BFH zugleich die Unzulässigkeit einer anstelle einer Gehaltszahlung ausschließlich gewährten Versorgungszusage. Der BFH sieht in der sog. **Nur-Pension** in jedem Fall ein Missverhältnis zwischen Aktivbezügen und Versorgungsleistung in Form einer »Überversorgung« i. H. v. 100 %. Diesem Urteil lag ein Sachverhalt zugrunde, bei dem die prüfende Finanzverwaltung eine Rückstellungsbildung für den 75 % eines fiktiv berechneten angemessenen Gehalts übersteigenden Anteil nicht, den bis zu diesem Grenzwert gebildeten Rückstellungsbetrag jedoch akzeptiert hatte (*BFH, 17.05.1995 – I R 16/94, BB 1995, 2053 = DB 1995, 1992; vgl. ferner: BFH, 28.04.2010 – I R 78/08, BetrAV 2010, 583.*). 1926

Hierzu führt der BFH aus: »Soweit diese Beurteilung (durch das FA) mit den obigen Ausführungen (zur Überversorgung i. H. v. 100 %) nicht übereinstimmt, ergeben sich daraus für den Steuerpflichtigen keine nachteiligen Folgen, weil insoweit das Verböserungsverbot eingreift (§§ 121, 96, Abs. 1 Satz 2 FGO)«.

Der Hinweis auf das **Verböserungsverbot** und die Überversorgung i. H. v. 100 % gibt zu erkennen, dass der BFH bei dieser Fallkonstellation die Pensionszusage bereits **dem Grunde nach** und damit insgesamt nicht billigt, was in vergleichbaren Fällen zu einer vollständigen Nichtanerkennung der gebildeten Rückstellungen führen würde. 1927

▶ Hinweis:

Diese Rechtsprechung hat zur Konsequenz, dass **neben der Pensionszusage immer auch eine Gehaltsvereinbarung getroffen werden muss**. Dabei ist es unzweifelhaft zulässig, wenn die Pensionszusage 75 % der tatsächlich gezahlten Barvergütung beträgt.

Die BFH-Rechtsprechung hat allerdings keine Antwort auf die Frage gegeben, welche Bezüge für die von ihr aufgestellte 75 %-Grenze zu berücksichtigen sind. 1928

Die Literatur hat im Zusammenhang mit der Angemessenheitsprüfung bei der GGF-Versorgung die Ansicht vertreten, dass man generell von der Gesamtvergütung zugunsten des beherrschenden GGF auszugehen habe und somit für die Bezügegrenze nicht nur auf die Barvergütung abstellen dürfe. Vielmehr müssten sämtliche Bezügeteile, d. h. auch die Sachbezüge (*Förster/Heger, DStR 1996, 408 [413]; Höfer, BB 1996, 41 [44]*), aber auch die fiktive Nettoprämie, d. h. die für den fiktiven Abschluss einer Rückdeckungsversicherung unterstellte Versicherungsprämie Berücksichtigung finden (*so ausdrücklich Höfer, BB 1996, 44; Gosch, BB 1996, 1692*). 1929

An die höchstrichterliche Rechtsprechung anknüpfend hat das BMF in seinem Schreiben v. 03.11.2004 (*IV B 2 – S 2176 – 13/04, BStBl. I 2004, S. 1045*) nunmehr umfassend und konkret zu der Frage der Vorwegnahme künftiger Einkommens- und Lohnentwicklungen durch überdurchschnittlich hohe Versorgungszusagen sowie deren **bilanzsteuerrechtlichen** Berücksichtigung Stellung bezogen. 1930

Grds. sind nach dem BMF-Schreiben überdurchschnittlich hohe Versorgungszusagen steuerrechtlich anzuerkennen, soweit die Zusagen betrieblich veranlasst sind und arbeitsrechtlich keine Reduzierung der Versorgungszusagen aufgrund planwidriger Überversorgung möglich ist (*Rn. 1 des BMF-Schreibens unter Hinweis auf die Urteile des BAG, 09.07.1985 – 3 AZR 546/82, BB 1986, 1088 und BAG, 28.07.1998 – 3 AZR 100/98, DB 1999, 389*).

1931 Das Merkmal der **betrieblichen Veranlassung** erfordert neben einem wirksamen Anstellungsvertrag eine klare und im Voraus gegebene schriftliche Zusage (§ 6a Abs. 1 Nr. 3 EStG, R 36 KStR 2004), die ernsthaft, erdienbar, finanzierbar und angemessen ist (vgl. R 38 KStR 2004).

1932 Darüber hinaus sind nach dem o. g. Grundsatz überdurchschnittlich hohe Zusagen grds. anzuerkennen, wenn sie arbeitsrechtlich nicht mit dem Hinweis auf eine planwidrige Überversorgung reduziert werden können. Steuerrechtlich liegt somit eine Überversorgung regelmäßig dann vor, wenn die 75 %-Grenze i. S. d. BFH-Rechtsprechung (*vgl. aus der jüngeren Rechtsprechung auch: BFH, 31.03.2004 – I R 70/03, DB 2004, 1647*) überschritten wird. Dies gilt unabhängig davon, ob die Versorgungsverpflichtung finanziert ist, d. h. auch dann, wenn zur Finanzierung der Versorgungsverpflichtung eine Rückdeckungsversicherung abgeschlossen worden ist und die Ansprüche aus dieser Versicherung an den Versorgungsberechtigten verpfändet worden sind (*Rn. 7 des BMF-Schreibens*).

1933 Ob danach eine Überversorgung vorliegt ist immer anhand der konkreten Umstände im jeweiligen Einzelfall festzustellen. Anhand objektiver Kriterien ist festzustellen, ob das überdurchschnittlich hohe Versorgungsniveau von vornherein beabsichtigt war oder ob hierdurch künftige Einkommens- und Lohnentwicklungen vorweggenommen werden sollten. Bei laufenden und bereits ausfinanzierten Versorgungsleistungen kommt eine Vorwegnahme künftiger Einkommens- und Lohnentwicklungen allerdings regelmäßig nicht in Betracht (*Rn. 6 des BMF-Schreibens*).

1934 Für die steuerliche Anerkennung kommt es künftig also **ausschließlich** nur noch auf die **Beachtung dieser 75 %-Grenze** an. Die bislang ebenfalls anwendbare und vielfach genutzte Vereinfachungsregel, nach der die Versorgungszusage dann steuerlich anzuerkennen war, wenn die laufenden Aufwendungen des Versorgungsverpflichteten für diese Zusage (= Arbeitgeber- und Arbeitnehmeranteil zur gesetzlichen Sozialversicherung zzgl. freiwillige Aufwendungen/Beiträge des Arbeitgebers für Zwecke der Altersversorgung) 30 % der Stichtagsbezüge nicht überstieg (*BFH, 08.10.1986 – I R 220/82, BStBl. II 1987, S. 205; BFH, 05.02.1987 – IV R 198/84, BStBl. II 1987, S. 557; BFH, 16.05.1995 – XI R 87/93, DB 1995, 2249 [2250]*), entfällt künftig. Diese Regel war letztmals für die Wirtschaftsjahre anzuwenden, die vor dem 01.01.2005 begonnen haben (*Rn. 23 des BMF-Schreibens*).

1935 Wichtig ist insoweit allerdings die Tatsache, dass das BMF-Schreiben im Zusammenhang mit der 75 %-Grenze ausdrücklich die Formulierung »**kann** ausgegangen« bzw. »**kann** anzunehmen sein« verwendet. Die Wahl des Wortes »kann« bedeutet keine ausschließliche und zwingende Bewertung eines Sachverhalts, sondern ist nur als Anhaltspunkt für eine vermutete Rechtsfolge zu verstehen. Ein Überschreiten der 75 %-Grenze ist somit nur ein »**Indiz**« für eine Überversorgung. Letztendlich kommt es immer darauf an, im konkreten Einzelfall die Vorwegnahme eines künftigen Einkommenstrends nachzuweisen.

1936 Im Zusammenhang mit den danach maßgeblichen **Berechnungsmodalitäten** ist für die Prüfung der 75 %-Grenze i. Ü. auf folgende Bezugsgrößen am Bilanzstichtag abzustellen:
– Verhältnisse am Bilanzstichtag (*Rn. 8 des BMF-Schreibens*),
– Bezüge des Versorgungsberechtigten (*Rn. 9 bis 11 des BMF-Schreibens*),
– zugesagte Versorgungsleistungen (*Rn. 12 bis 15 des BMF-Schreibens*),
– gehaltsabhängige Zusagen und Entgeltumwandlungen (*Rn. 16 bis 18 des BMF-Schreibens*),
– Wechsel Vollzeit-/Teilzeitbeschäftigungsverhältnis (*Rn. 19 des BMF-Schreibens*).

1937 Für die Höhe der insgesamt zugesagten Versorgungsleistungen und der Bezüge des Berechtigten sind die **Verhältnisse am Bilanzstichtag** maßgebend. Hat sich zu einem späteren Bilanzstichtag der Umfang der Stichtagsbezüge und/oder die Höhe der Ansprüche auf betriebliche Altersversorgung geändert, sind die geänderten Bezugsgrößen für diesen Bilanzstichtag zu berücksichtigen. Haben sich bspw. die laufenden Gehaltsansprüche des Berechtigten gemindert, gilt dies mit Ausnahme des Falls des Wechsels des Beschäftigungsgrades (*vgl. Rn. 19 des BMF-Schreibens*) unabhängig davon, welche Gründe für die Minderung der Ansprüche ausschlaggebend waren (*Rn. 8 des BMF-Schreibens*).

Als Bezüge des Versorgungsberechtigten sind **sämtliche Aktivbezüge** i. S. v. § 2 LStDV 2006 des Versorgungsberechtigten zu berücksichtigen. Dabei ist unerheblich, ob die Bezüge zu Versorgungsleistungen führen (*Rn. 9 des BMF-Schreibens*). Für mit unverfallbaren, bislang nicht ausfinanzierten Versorgungsansprüchen ausgeschiedenen Leistungsanwärter sind die fiktiven Aktivbezüge zugrunde zu legen, die der Berechtigte erhalten hätte, wenn er nicht vorzeitig das Unternehmen verlassen hätte (*Rn. 10 des BMF-Schreibens*). Dies bedeutet, dass letztmalig im Jahr des Ausscheidens mit unverfallbarer Anwartschaft oder des erstmaligen Leistungsbezuges eine Prüfung der 75 %-Grenze vorzunehmen ist. In den Folgejahren kann dann der volle Verpflichtungsumfang ertragsteuerlich berücksichtigt werden (*vgl. Rn. 6 des BMF-Schreibens*). 1938

Bei der Prüfung, ob eine Pensionszusage zu einer Überversorgung führt, ist nur auf die Vergütung abzustellen, die die Altersversorgung zusagende Gesellschaft dem GGF zahlt. Nicht zu berücksichtigen sind Gewinne, die der GGF aus einer weiteren neben der Geschäftsführertätigkeit ausgeübten selbstständigen oder gewerblichen Tätigkeit als Gesellschafter einer anderen Gesellschaft bezieht. Dies gilt selbst dann, wenn mit dieser Gesellschaft enge wirtschaftliche Beziehungen bestehen (*BFH, 18.12.2002 – I R 44/01, BFH/NV 2003, 945; BFH, 21.08.2007 – I B 69/07, BFH/NV 2007, 2278; BFH, 28.04.2010 – I R 78/08, BFHE 229, 234 = BetrAV 2010, 583*). 1938a

Soweit **variable Gehaltsbestandteile** (Tantiemen, Bonifikationen, Sachzuwendungen etc.) einzubeziehen sind, ist der Durchschnitt dieser Bezüge aus den letzten fünf Jahren maßgebend. 1939

Bei der Prüfung der 75 %-Grenze sind **sämtliche** am Bilanzstichtag vertraglich zugesagten **Altersversorgungsansprüche** unabhängig vom jeweiligen Durchführungsweg des Steuerpflichtigen im rechnerischen Pensionsalter einschließlich der zu erwartenden Rente aus der gesetzlichen Rentenversicherung maßgebend. **Fest zugesagte Erhöhungen** dieser Ansprüche während der Rentenlaufzeit zur Abgeltung von Verpflichtungen i. S. v. § 16 BetrAVG bleiben dabei außer Betracht, soweit die jährlichen Steigerungsraten 3 % nicht übersteigen (*vgl. BFH, 31.3.2004 – I R 79/03, DB 2004, 1647*). Dies gilt auch für Leistungen der Invaliditäts- und Hinterbliebenenversorgung (*Rn. 12 des BMF-Schreibens*). 1940

Bei **Beitragszusagen mit Mindestleistung** i. S. v. § 1 Abs. 2 Nr. 2 BetrAVG ist auf die Mindestleistung im rechnerischen Pensionsalter abzustellen (*Rn. 13 des BMF-Schreibens*). 1941

Sieht die Versorgungszusage anstelle von lebenslänglich laufenden Leistungen eine **einmalige Kapitalleistung** vor, gelten 10 % der Kapitalleistung als Jahresbetrag einer lebenslänglich laufenden Leistung (*analog § 4d Abs. 1 Satz 1 Nr. 1 Satz 7 EStG, Rn. 14 des BMF-Schreibens*). 1942

Für die Ermittlung der Höhe der zu erwartenden Rente aus der gesetzlichen Rentenversicherung kann das **steuerliche Näherungsverfahren** zur Berücksichtigung von Sozialversicherungsrenten bei der Ermittlung der als Betriebsausgaben abzugsfähigen Zuwendungen an Unterstützungskassen und bei der Bewertung von Pensionsverpflichtungen herangezogen werden (*vgl. BMF-Schreiben v. 05.10.2001, BStBl. I 2001, S. 661 mit späteren Änderungen*). Unabhängig davon kann im Einzelfall auch die nachgewiesene Höhe der zu erwartenden Sozialversicherungsrente angesetzt werden (*Rn. 15 des BMF-Schreibens*). 1943

Gehaltsabhängige Versorgungsleistungen, d. h. Zusagen, bei denen die zugesagten Leistungen ausschließlich von einem erreichbaren, festgelegten Prozentsatz des letzten Aktivlohns oder des Durchschnitts der letzten Aktivbezüge vor Eintritt des Versorgungsfalls abhängen (**Endgehaltsplan**) sowie **beitragsorientierte Versorgungszusagen** gem. § 1 Abs. 2 Nr. 1 BetrAVG verstoßen regelmäßig nicht gegen das Stichtagsprinzip (*Rn. 16 des BMF-Schreibens*). In diesen Fällen liegt demzufolge – unabhängig davon, ob die 75 %-Grenze überschritten wird oder nicht – grds. keine unzulässige Vorwegnahme künftiger Einkommens- und Lohnentwicklungen vor. 1944

1945 Wurden allerdings neben einem gehaltsabhängigen Bestandteil im vorstehend beschriebenen Sinn zusätzlich auch **Festbetragsleistungen** zugesagt, so sind die auf die gehaltsabhängigen Teile entfallenden Bezüge in die Ermittlung der 75%-Grenze einzubeziehen und anschließend von dem sich ergebenden Betrag abzusetzen (*Rn. 17 des BMF-Schreibens*).

1946 Versorgungsleistungen, die auf **Entgeltumwandlungen** beruhen, **können** ebenso wie die hierfür umgewandelten Entgeltbestandteile bei der Berechnung der 75%-Grenze – vorbehaltlich der Grundsätze über die steuerliche Anerkennung bei mitarbeitenden Ehegatten – unberücksichtigt bleiben.

1947 Das BMF lässt also ausdrücklich zu, dass die Entgeltumwandlung sowohl bei den zu berücksichtigenden versorgungsfähigen Bezügen, als auch bei der Ermittlung der anzurechnenden Versorgungsleistungen vollständig unberücksichtigt bleibt. Hierbei handelt es sich allerdings angesichts der Formulierung »... kann unberücksichtigt bleiben« um eine »**Wahlmöglichkeit**«. Nicht in jedem Fall ist die Nichtberücksichtigung für den Versorgungsberechtigten günstiger. Wenn z.B. die jährlichen Leistungen aus der Entgeltumwandlungszusage geringer sind als 75% des im Prüfungsjahres hierfür umgewandelten Betrages (was z.B. bei einmaligen Entgeltumwandlungen der Fall sein kann), ist es für den Steuerpflichtigen günstiger, die Leistungen aus der Entgeltumwandlungszusage sowie die hierfür umgewandelten Entgeltbestandteile bei Ermittlung der 75%-Grenze zu berücksichtigen.

1948 Dagegen kann ein GGF, der i.R.d. Angemessenheit seiner Gesamtbezüge zunächst sein Gehalt erhöht, über die anschließende Möglichkeit der laufenden Entgeltumwandlung gleich mehrere steuerliche Klippen umgehen. Zum einen reduziert er durch die nicht zu berücksichtigende Entgeltumwandlung das Problem einer ansonsten ggf. eintretenden Überversorgung. Zum anderen wird er für die Entgeltumwandlung auch die sofortige Unverfallbarkeit in Anspruch nehmen können und sich insoweit nicht auf die von der Finanzverwaltung bei arbeitgeberfinanzierten Versorgungszusagen geforderte Erdienbarkeitsfrist von zehn Jahren verweisen lassen müssen (*so jedoch auch für die Entgeltumwandlung BMF-Schreiben v. 09.12.2002 – IV A 2 – S 2742 – 68/02, BB 2002, 35; a.A. Gosch, BetrAV 2002, 759*). Es sei aber an dieser Stelle ausdrücklich darauf hingewiesen, dass das vorliegende BMF-Schreiben nur die Frage der bilanzsteuerlichen Behandlung überdurchschnittlich hoher Versorgungszusagen behandelt. Die in diesem Zusammenhang hier angesprochene Frage der Erdienbarkeit ist ein körperschaftsteuerliches Problem, das einer gesonderten Prüfung bedarf.

1949 Die zuvor dargestellte Berechnungsmethode geht von einem einheitlichen Beschäftigungsgrad während des gesamten Arbeitsverhältnisses aus. Wechselt z.B. der Mitarbeiter von Vollzeit auf Teilzeit oder umgekehrt hat dies unmittelbare Konsequenzen auf sein Gehaltsniveau. Für einen solchen **Wechsel des Beschäftigungsgrades** und der damit verbundenen Senkung oder Steigerung des Gehaltsniveaus ist daher eine Modifikation bei der Ermittlung der Überversorgung auf der Basis einer »pro rata temporis«-Methode erforderlich.

1950 Ist nach Durchführung der dargestellten Überversorgungsberechnung von einer **unzulässigen Vorwegnahme** künftiger Einkommens- und Lohnentwicklungen auszugehen – was in jedem Einzelfall anhand der konkreten Umstände zu prüfen ist, also nicht im Rahmen einer pauschalierenden bzw. generalisierenden Betrachtung unterstellt werden kann, ist die Verpflichtung beim Betriebsausgabenabzug nach § 4d EStG oder bei der Bewertung der Pensionsrückstellung nach § 6a EStG nur insoweit zu berücksichtigen, wie sie die 75%-Grenze nicht überschreitet (*Rn. 20 des BMF-Schreibens*).

1951 Für die mittelbaren Durchführungswege Direktversicherung, Pensionskasse und Pensionsfonds, für die in den §§ 4 Abs. 4, 4c, 4e EStG der jeweils zulässige Umfang des Betriebsausgabenabzugs geregelt ist, bestehen mit Ausnahme der Grundsätze über die steuerliche Anerkennung von Ehegatten-Arbeitsverhältnissen keine weiteren Beschränkungen (*Rn. 2 des BMF-Schreibens*).

1952 Für die Durchführungswege Unterstützungskasse und Pensionszusagen besteht dagegen nach § 4d Abs. 1 Satz 1 Nr. 1 Satz 1 Buchst. b) und c) EStG (für Unterstützungskassen) bzw. § 6a Abs. 3 Satz 2 Nr. 1 Satz 4 und Nr. 2 zweiter Teilsatz EStG (für Pensionszusagen) eine weiter gehende Einschränkung dergestalt, dass Zuwendungen an die Unterstützungskasse für Leistungsanwärter bzw.

Leistungsempfänger bzw. Veränderungen von Pensionszusagen nur nach den jeweiligen Verhältnissen am Schluss des Wirtschaftsjahres als Betriebsausgaben abgezogen werden können und damit
- Änderungen, die erst nach dem Bilanzstichtag wirksam werden, bei der Ermittlung der abzugsfähigen Zuwendungen an eine Unterstützungskasse bzw.
- Erhöhungen oder Verminderungen der Pensionsleistungen nach dem Schluss des Wirtschaftsjahres, die hinsichtlich des Zeitpunktes ihres Wirksamwerdens oder ihres Umfangs ungewiss sind, bei der Teilwertberechnung

erst berücksichtigt werden können, wenn sie feststehen bzw. eingetreten sind (*Rn. 3 und 4 des BMF-Schreibens*).

Eine Vorwegnahme künftiger Entwicklungen liegt allerdings nicht mehr vor, wenn der Versorgungsfall bereits eingetreten und aus der Versorgungszusage eine Versorgungsleistung gezahlt wird. Zwar ist § 6a Abs. 3 S. 2 Nr. 1 S.4 EStG auch in der Leistungsphase sinngemäß anzuwenden. Danach sind auch in der Leistungsphase künftige noch ungewisse Pensionssteigerungen oder -minderungen am Bilanzstichtag noch nicht zu berücksichtigen. Eine Pensionsrückstellung, die für eine bereits laufende Versorgungsleistung erteilt worden ist, die 75 % der letzten Aktivbezüge (inkl. einer ggf. gezahlten gesetzlichen Rente) übersteigt, nimmt aber nicht mehr an der künftigen Entwicklung der Aktivbezüge teil. Vielmehr steht in einem solchen Fall fest, dass die gezahlte Versorgungsleistung die zuletzt gezahlte Vergütung übersteigt. Das Gesetz geht insofern von der kapitalisierten Ausfinanzierung der Versorgung aus, sodass insoweit kein Verstoß gegen die Bilanzierungsvorschrift des § 6a EStG gegeben ist (*BFH, 28.04.2010 – I R 78/08, BFHE 229, 234 = BetrAV 2010, 583*). 1952a

bb) Körperschaftsteuerliche Rahmenbedingungen

Der GGF einer Kapitalgesellschaft hat – wie bereits ausgeführt – im Gegensatz zum Einzelunternehmer und zum GGF einer Personengesellschaft grds. die Möglichkeit, sich über die Kapitalgesellschaft betriebliche Versorgungsleistungen zusagen zu lassen. Die damit verbundenen steuerlichen Vorteile (Bildung von Pensionsrückstellungen, Betriebsausgabenabzug für Prämien einer Rückdeckungsversicherung) machen diese Versorgungsmöglichkeit sowohl für die Gesellschaft als auch für den GGF besonders interessant. 1953

Aufgrund der Doppelfunktion des GGF als Unternehmer einerseits und Angestellter seiner Gesellschaft andererseits unterstellen Finanzverwaltung und Rechtsprechung allerdings regelmäßig, dass der GGF allein aus diesen steuerlichen und bilanztechnischen Gründen den Zeitpunkt der Zusageerteilung und den Inhalt der Versorgungszusage willkürlich beeinflusst und so das steuerliche Einkommen des Unternehmens manipuliert. Damit die Pensionsrückstellungen für die einem GGF erteilte Pensionszusage nicht als **verdeckte Gewinnausschüttung** sanktioniert werden, muss die dem GGF erteilte Zusage diverse Voraussetzungen (*vgl. auch Langohr-Plato, Stbg. 2002, 458 ff.*) erfüllen. Diese Voraussetzungen hat insb. die Finanzverwaltung durch eine Vielzahl von Verwaltungsschreiben und Erlassen (*vgl. die Zusammenstellung bei Langohr-Plato, S. 165 ff.*) und einer ebensolchen Vielzahl von Kriterien – wie z.B. Angemessenheit, Erdienbarkeit, Ernsthaftigkeit oder Finanzierbarkeit – inhaltlich ausgestaltet. 1954

(1) Begriff und inhaltliche Abgrenzung der verdeckten Gewinnausschüttung (vGA)

Rechtsgrundlage für die restriktive Vorgehensweise der Finanzverwaltung ist § 8 Abs. 3 Satz 2 KStG i.V. m. Abschn. R 36 KStR 2004. Danach ist eine verdeckte Gewinnausschüttung (vGA) dann gegeben, wenn eine Kapitalgesellschaft einem Gesellschafter oder einer ihm nahestehenden Person einen Vermögensvorteil zuwendet, der nicht betrieblich, sondern **durch das Gesellschaftsverhältnis veranlasst** ist, sich auf die Höhe des Einkommens auswirkt und in keinem Zusammenhang mit einer offenen Ausschüttung steht. Dies ist insb. bei solchen Vergütungen der Fall, die ein **ordentlicher und gewissenhafter Geschäftsleiter** einer Person, die nicht Gesellschafter ist, unter sonst gleichen Umständen nicht gewährt hätte (*BFH, 24.04.2002 – I R 18/01, DB 2002, 1973; BFH, 19.03.1997 – I R 75/96, DB 1997, 1596; m. w. N.; vgl. auch: Doetsch/Lenz, S. 48 f.; Höfer, Rn. 192 f.*). 1955

1956 Das Vorliegen einer vGA ist dabei aus der Sicht eines **ordentlichen** und **gewissenhaften Geschäftsleiters** i. S. d. § 93 AktG bzw. § 43 Abs. 1 GmbHG zu bestimmen (*vgl. u. a.: BFH, 07.12.1988 – I R 25/82, BB 1989, 761 = DB 1989, 458; BFH, 16.12.1992 – I R 2/92, BB 1993, 918 = DB 1993, 913; BFH, 28.01.2004 – I R 21/03, BFHE 205, 186 = BB 2004, 1329 = DB 2004, 1073*). Dieser würde die Zuwendung eines Vermögensvorteils lediglich davon abhängig machen, dass der Leistungsempfänger eine Gegenleistung erbringt, die sich nach den für die Gesellschaft maßgeblichen Bewertungskriterien als mindestens gleichwertig darstellt. Entspricht das Vertragsverhältnis zwischen der Gesellschaft und dem Gesellschafter nicht dem unter Dritten üblichen, so schließt dieser Umstand allein eine betriebliche Veranlassung nicht aus. Die Unüblichkeit einer Vereinbarung ist aber ein Indiz für die mangelnde Ausgewogenheit der gegenseitigen Leistungen, sodass Anlass für eine gezielte inhaltliche Prüfung dieser Vereinbarung besteht.

1957 Bspw. besteht bei einer Invalidenrente von mehr als 100 % bzw. bei einer Witwen-/Witwerrente von mehr als 60 % der zugesagten Altersrente die Gefahr, dass die Finanzverwaltung dies als unüblich und somit als vGA ansieht. Der eine vGA darstellende unangemessene Teil der Gesamtbezüge eines GGF wird beim Unternehmen dem Gewinn des Wirtschaftsjahres wieder hinzugerechnet, dessen Gewinn er gemindert hat (§ 8 Abs. 1 Satz 2 KStG).

1958 Eine vGA setzt zudem voraus, dass die Unterschiedsbetragsminderung bei der Körperschaft die Eignung hat, beim Gesellschafter einen sonstigen Bezug i. S. d. § 20 Abs. 1 Nr. 2 Satz 2 EStG auszulösen. Beiträge, die eine GmbH für eine Lebensversicherung entrichtet, die sie zur Rückdeckung einer ihrem GGF zugesagten Pension abgeschlossen hat, stellen daher selbst dann keine vGA dar, wenn die Pensionszusage durch das Gesellschaftsverhältnis veranlasst ist (*BFH, 07.08.2002 – I R 2/02, BB 2002, 32*). Derartige Rückdeckungsversicherungen sollen nämlich das finanzielle Risiko der Gesellschaft aus einer erteilten Versorgungszusage absichern. Die Leistungen aus dieser Versicherung stehen rechtlich und wirtschaftlich der Gesellschaft zu und sind daher auch bei dieser bilanziell durch Aktivierung der Ansprüche gegen den Lebensversicherer zu erfassen (*BFH, 28.06.2000 – IV R 41/00, BFH/NV 2001, 1649 m. w. N.*). Der Abschluss der Rückdeckungsversicherung räumt also dem Gesellschafter keinerlei vermögensmäßig unmittelbar wirkenden Vorteil ein und ist eine allein im betrieblichen Interesse erfolgte Finanzierungsmaßnahme. Von daher ist es auch nur konsequent, die Versicherungsbeiträge – unabhängig von der steuerrechtlichen Zulässigkeit der Versorgungszusage – uneingeschränkt als Betriebsausgabe anzuerkennen (*BFH, 07.08.2002 – I R 2/02, BB 2002, 33; Gosch, BetrAV 2002, 759 f.*).

1959 Im Ergebnis lässt sich somit festhalten, dass eine vGA nur dann vorliegt, wenn im Rahmen eines internen oder externen »Fremdvergleichs« (*so auch Doetsch/Lenz, S. 72 ff.; Höfer, Rn. 85 ff., 127 f.; Langohr-Plato, StuB 2000, 1022*) festgestellt wird, dass eine mit dem GGF getroffene Vereinbarung den GGF ggü. vergleichbaren Dritten begünstigt. Dies bedeutet aber im Umkehrschluss – und das wird vielfach von der Finanzverwaltung gerne übersehen – dass eine vGA gerade dann nicht vorliegen kann, wenn der GGF genau die gleiche Vergütung oder Versorgung erhält, wie ein vergleichbarer Fremdgeschäftsführer. Insb. darf die Verwaltungspraxis zur vGA nicht dazu führen, dass der GGF ggü. Fremdgeschäftsführern benachteiligt wird, denn dann würde der Tatbestand der vGA, der ja zwingend eine Besserstellung voraussetzt, pervertiert.

1960 Akzeptiert man die vorgenannte Prämisse, dann ist ein vGA in all den Fällen nicht mehr möglich bzw. nur noch bei Vorliegen besonderer Umstände anzunehmen, wenn der GGF seine Zusage im Rahmen eines kollektiven Versorgungssystems erhalten hat, seine Zusage also identisch ist mit den Zusagen an alle übrigen Mitarbeiter. Wenn z. B. in einer GmbH ein dienstzeit- und gehaltsabhängiges Versorgungssystem besteht, wonach jeder Mitarbeiter pro Dienstjahr eine Versorgungsleistung i. H. v. 1 % seines letzten versorgungsfähigen Gehalts erhält, dann kann sich eine Beanstandung dieser Versorgungszusage beim GGF nicht aus der Zusage ableiten, da diese keine Vergünstigung ggü. den übrigen Mitarbeitern enthält. Allenfalls mittelbar – über ein unangemessen hohes Gehalt – kann sich in einem solchen Fall dann noch eine Beanstandung der zugesagten Versorgung ergeben.

Damit wird man das Problem der vGA in der Praxis auf **echte Einzel-** bzw. **Sonderzusagen** reduzieren können, d.h. auf solche Vereinbarungen, bei denen ausschließlich dem GGF eine in dieser Art gesonderte Versorgungsleistung zugesagt wird (*so bereits Langohr-Plato, StuB 2000, 1024*). Nur bei solchen Einzelzusagen stellt sich überhaupt die Frage nach der Üblichkeit und damit nach dem externen Fremdvergleich. 1961

Ferner ist zu berücksichtigen, dass § 8 Abs. 3 Satz 2 KStG als tatbestandliche Voraussetzung für die Annahme einer vGA lediglich den **Fremdvergleich** definiert. Die in der praktischen Anwendung dieser Norm von der Finanzverwaltung geprüften Kriterien wie z.B. Eindeutigkeit, Angemessenheit, Erdienbarkeit, Ernsthaftigkeit, Finanzierbarkeit oder Ablauf einer Probezeit sind dagegen keine gesetzlichen Tatbestandsmerkmale, die unabdingbar vorhanden oder fehlen müssen, damit die konkret zu beurteilende Versorgungszusage steuerlich anerkannt werden kann oder nicht. Sie können daher allenfalls indizielle Bedeutung haben (*so auch BFH, 28.01.2004 – I R 21/03, BFHE 205, 186 = BetrAV 2004, 675 m. Anm. Langohr-Plato*). Ob eine einem GGF erteilte Versorgungszusage unter dem Aspekt der vGA steuerlich anzuerkennen ist oder nicht, ist vielmehr immer anhand einer Gesamtwürdigung aller im konkreten Einzelfall maßgeblichen Umstände zu beurteilen. Insoweit sind die folgenden Kriterien zu berücksichtigen. 1962

Neben der objektiven Vermögensminderung setzt die vGA tatbestandlich grundsätzlich keine subjektiven Handlungserfordernisse voraus. Eine bestimmte Ausschüttungsabsicht und/oder eine ausdrückliche Vereinbarung zwischen Gesellschaft und GGF über die »verdeckte« Zuwendung sind somit nicht erforderlich (*BFH, 28.04.2008 – I R 67/06, BFHE 221, 201; BFH, 28.04.2010 – I R 78/08, BFHE 229, 234 = BetrAV 2010, 583*). Der beteiligte GGF muss weder den Tatbestand der vGA kennen, noch seine Versorgungsvereinbarung steuerrechtlich zutreffend würdigen. Allerdings ist auch bei einer vGA eine finale Ausrichtung bezüglich eines Zuwendungswillens erforderlich. Nur wenn festgestellt werden kann, dass die Vorteilsverschiebung von der Gesellschaft zugunsten des GGF aus gesellschaftlichen Gründen erfolgt ist – dies ist aber nach Ansicht des BFH der Regelfall – liegt eine vGA vor (*BFH, 28.04.2010 – I R 78/08, BetrAV 2010, 583*). 1962a

(2) Nachzahlungsverbot

Der GGF kann für die GmbH mehr oder weniger angemessen entgeltlich tätig sein. Um nachträgliche Gewinnmanipulationen auszuschalten, erkennen Rechtsprechung und Finanzverwaltung rückwirkend vereinbarte Vergütungen an den geschäftsführenden Gesellschafter im Grundsatz nicht an (*Doetsch/Lenz, S. 60 f.; Heubeck, Rn. 161 ff.; Höfer, Rn. 44 ff.; Langohr-Plato, INF 1995, 171 [173 f.] m.w.N.*). 1963

Das bedeutet, dass Pensionszusagen nur für künftige Dienstjahre erteilt bzw. erhöht werden dürfen. **Rückwirkend vereinbarte Vergütungen** sind **steuerlich unwirksam** und als verdeckte Gewinnausschüttung zu behandeln. Unter Vergütung ist die Gesamtausstattung (z.B. Aktivbezüge, Wert der Pensionszusage) des geschäftsführenden Gesellschafters zu verstehen. Das Nachzahlungsverbot gilt auch für Vergütungen, die nicht unangemessen hoch sind.

Bei der Beantwortung der Frage, ob der begünstigte GGF einen ins Gewicht fallenden Einfluss auf die Willensbildung der Gesellschaft i.S.d. Rechtsprechung des BFH über das Rückwirkungsverbot besitzt, ist die **Beteiligungsquote am Gesellschaftskapital** ein wichtiger, jedoch nicht immer allein entscheidender Umstand. 1964

Das Nachzahlungsverbot gilt nicht für einen **angestellten Geschäftsführer** ohne jegliche Beteiligung am Gesellschaftsvermögen, da er keinen unmittelbaren und entscheidenden Einfluss auf die Willensbildung der Gesellschaft ausüben kann. 1965

Ist der Geschäftsführer mit **weniger als 25%** am Gesellschaftsvermögen beteiligt, gilt das Nachzahlungsverbot i.a.R. nicht. Hier ist das Nachzahlungsverbot nur dann anwendbar, wenn im konkreten Einzelfall der GGF aufgrund besonderer Umstände trotz seiner geringen Beteiligung gleichwohl einen beherrschenden Einfluss auf die Willensbildung der Gesellschaft ausüben kann. 1966

Für einen GGF mit einer Gesellschaftsbeteiligung von **bis zu 50 %** ist das Nachzahlungsverbot ebenfalls nur bei Vorliegen besonderer Umstände anwendbar, z. B. wenn zwei mit je 50 % beteiligte GGF gleichgerichtete Interessen bzgl. eines höheren Einkommens verfolgen.

Bei einer Beteiligung von **mehr als 50 %** kommt das Nachzahlungsverbot allerdings stets zur Anwendung (*Langohr-Plato, INF 1995, 171 [173 f.]*).

1967 Damit Pensionszusagen bzw. Erhöhungen von Pensionszusagen **nicht** als verdeckte Gewinnausschüttungen qualifiziert werden können, sollten folgende Grundsätze beherzigt werden:
– Bei der Bemessung des Umfangs der Pensionszusage dürfen Dienstjahre bei der GmbH, die vor dem Zeitpunkt der Zusageerteilung liegen, nicht berücksichtigt werden.
– Das Nachzahlungsverbot wird verletzt, wenn nicht von vornherein feststeht, ob und in welcher Höhe eine Versorgungsleistung für den GGF gezahlt wird.
– Rechtzeitig vereinbarte, während der Anwartschaftszeit dynamisch gestaltete Pensionszusagen verstoßen nicht gegen das Nachzahlungsverbot.
– Rechtzeitig vereinbarte Anpassungsklauseln für laufende Renten verstoßen ebenfalls nicht gegen das Nachzahlungsverbot.

Steuerschädlich ist es in jedem Fall, wenn die Pensionszusage einem beherrschenden GGF erst im Zeitpunkt der Pensionierung oder danach erteilt wird.

1968 Aufgrund der bisherigen Rechtsprechung des BFH sind folgende Ausnahmen vom Nachzahlungsverbot zugelassen worden:
– Anpassung der laufenden Versorgungsleistungen aus sozialen Gründen (*BFH, 28.04.1982 – I R 51/76, BStBl. II, S. 612*),
– Anpassung einer Pensionszusage oder laufender Versorgungsbezüge bei wesentlich veränderten Rahmenbedingungen seit Erteilung der Zusage, wenn vergleichbare Zusagen ebenfalls angepasst werden (*BFH, 22.03.1972 – I R 117/70, BStBl. II, S. 501; BFH, 06.04.1979, BStBl. II, S. 687*),
– nachträgliche Vereinbarung einer Waisenrente im Zusammenhang mit deren genereller Einführung (*BFH, 20.03.1974 – I R 197/72, DB 1974, 1319*).

(3) Ernsthaftigkeit

1969 Pensionszusagen an GGF werden im Allgemeinen nur dann steuerlich anerkannt, wenn sie ernsthaft gemeint sind (R 38 KStR 2004). Die Möglichkeit der mangelnden Ernsthaftigkeit ist nach Auffassung der Finanzverwaltung bei Gesellschafter-Geschäftsführern – insb. bei beherrschenden – aufgrund ihres maßgeblichen Einflusses besonders groß.

1970 Im Zusammenhang mit dem Thema »Ernsthaftigkeit« sind folgende Aspekte von Bedeutung:

1971 Im Grunde genommen hat der GGF keine Veranlassung, auf die Zusage zu verzichten, denn in Anbetracht des niedrigen Versorgungsniveaus durch die geringen oder sogar fehlenden Ansprüche gegen die gesetzliche Rentenversicherung ist er geradezu auf die Schließung der Versorgungslücke durch die betriebliche Altersversorgung angewiesen.

1972 Der Abschluss einer **Rückdeckungsversicherung** ist i. Ü. ein eindeutiger Hinweis darauf, dass die zugesagten Leistungen tatsächlich in Anspruch genommen werden sollen (*BFH, 24.04.2002 – I R 18/01, DB 2002, 1973*). Mit der Erteilung der Pensionszusage geht die GmbH nämlich ein nicht unerhebliches Risiko ein. Der Eintritt eines vorzeitigen Versorgungsfalls (Tod, Invalidität) kann aufgrund der handelsrechtlichen Passivierungspflicht der Pensionsverpflichtungen (**Bilanzsprungrisiko**) u. U. zu einer sofortigen Überschuldung der GmbH führen und sie damit in ihrer Existenz gefährden (*vgl. hierzu auch den Aspekt der Finanzierbarkeit unter Rdn. 2008 ff.*).

1973 Ein Pensionsalter von weniger als 65 Jahren erkennt die Finanzverwaltung bei beherrschenden GGF i. d. R. nicht als ernsthaft an. Sie verlangt deshalb, für die Rückstellungsberechnung die vertraglich vorgesehene **Altersgrenze, mindestens** jedoch eine solche von **65 Jahren**, zugrunde zu legen. Für anerkannte Schwerbehinderte wird eine vertragliche Altersgrenze von mindestens 60 Jahren anerkannt (*BFH, 23.01.1991 – I R 113/88, BFHE 163, 207 = BB 1991, 587 = DB 1991, 785*).

(4) Angemessenheit der Gesamtbezüge

Die Gesamtbezüge eines GGF einer Kapitalgesellschaft, der selbst oder zusammen mit seinen Angehörigen oder sonst nahestehenden Personen **mit 25 % oder mehr** am Kapital der Gesellschaft beteiligt ist, werden grds. auf ihre Angemessenheit überprüft, dabei ist neben den Aktivbezügen (brutto) auch eine etwaige Pensionsverpflichtung einzubeziehen, wenn sie sich auf den Gewinn der Gesellschaft auswirkt. Wenn Pensionsrückstellungen gebildet werden, so trifft dies bereits während der Anwartschaftszeit zu, obwohl das Einkommen des Begünstigten noch nicht berührt wird. Ohne vorherige Rückstellungsbildung, also aus dem laufenden Ertrag geleistete Pensionszahlungen, sind erst nach Eintritt des Versorgungsfalls i. R. d. früheren Gesamtbezüge auf die Angemessenheit hin zu prüfen. | 1974

Die **Angemessenheitsprüfung** erstreckt sich einerseits auf die Frage der zulässigen Höhe der Gesamtvergütung, d. h. der Summe aller Vergütungsbestandteile (Gehalt, variable Vergütung, Sonderzahlungen, betriebliche Altersversorgung, Sachbezüge etc.). Andererseits wird aber auch die Angemessenheit einzelner Vergütungsbestandteile, insb. die Angemessenheit von Tantiemen und betrieblichen Versorgungsleistungen, noch einmal isoliert geprüft. Aus der Angemessenheit der betrieblichen Altersversorgung folgt also nicht zwingend die Angemessenheit der Gesamtbezüge, noch ist umgekehrt die Angemessenheit der Gesamtbezüge ein Indiz für die Angemessenheit betrieblicher Versorgungsleistungen.

In der Vergangenheit wurde von der Finanzverwaltung häufig der Grundsatz angewandt, dass die GGF-Pension einen bestimmten Prozentsatz der Bezüge (etwa 75 % des letzten aktiven Einkommens, Beamtenformel) nicht übersteigen darf. Dieser Ansatz ist zwischenzeitlich vom BFH unter ausdrücklicher Aufhebung seiner Rechtsprechung zur Anerkennung einer durch Barlohnverzicht aufgebesserten Versorgungszusage bestätigt worden (*BFH, 17.05.1995 – I R 147/93, BB 1995, 2054; vgl. auch Doetsch/Lenz, S. 91 ff.; Langohr-Plato, INF 1996, 141, 144 f.; Langohr-Plato, S. 58 f.*). Dies gilt zumindest für die Frage der bilanzsteuerlichen Zulässigkeit der Rückstellungsbildung nach § 6a EStG (*s. o. Rdn. 1924 ff.*). Inwieweit ein Überschreiten dieser 75 %-Grenze zugleich auch zur Annahme einer verdeckten Gewinnausschüttung führt, ist noch nicht abschließend geklärt, hier steht noch ein entsprechendes BMF-Schreiben aus. | 1975

In welcher Höhe Gesamtbezüge angemessen sind, ist unter **Berücksichtigung aller Umstände** des Betriebs sowie der Person und der Leistungen des GGF im Einzelfall zu schätzen (*ausführlich hierzu Spitaler/Niemann, S. 26 ff.*). Richtschnur sind dabei die Bezüge, die einem kapitalmäßig nicht beteiligten angestellten Geschäftsführer für die gleichen Leistungen zugebilligt würden. Zu den mit heranzuziehenden betrieblichen Faktoren (*vgl. hierzu die ausführliche Darstellung bei Spitaler/Niemann, S. 26 ff.*) gehören der Umsatz, die Ertragsaussichten, die Eigenkapitalverzinsung, die Anzahl der Beschäftigten und die Struktur der Top-Ebene, ohne dass es jedoch rechnerische Formeln zur Ermittlung der angemessenen Bezüge gäbe. Ein ganz wesentliches Prüfkriterium ist die Ertragslage des Unternehmens. Als Hilfsmittel der Angemessenheitsprüfung kommen **der äußere Betriebsvergleich** mit gleichartigen oder ähnlichen Betrieben sowie der **innere Betriebsvergleich** in Betracht. | 1976

Die **Bezüge mehrerer GGF** derselben Kapitalgesellschaft sind **gesondert für jeden** Geschäftsführer, die Bezüge eines in mehreren Kapitalgesellschaften tätigen GGF gesondert für jede Gesellschaft zu prüfen. Soweit die tatsächlichen Gesamtbezüge des geschäftsführenden Gesellschafters die angemessenen Bezüge wesentlich überschreiten, lösen sie die steuerlichen Folgen einer verdeckten Gewinnausschüttung aus und werden dem steuerlichen Gewinn des Wirtschaftsjahrs wieder zugerechnet, dessen Gewinn sie gemindert haben. Ob ein überhöhter Teil der Gesamtbezüge nur auf die Aktivvergütung oder nur auf die Pensionszusage oder auf beides anzurechnen ist, hängt von den Umständen des Einzelfalls ab. Insoweit steht dem steuerpflichtigen GGF ein Wahlrecht zwischen der Anrechnung bei der Aktivvergütung oder bei der Pensionszusage zu. | 1977

C.   Spezialfragen

1978 Unangemessen sind die Gesamtbezüge nur, wenn sie wesentlich über dem vom FA geschätzten Betrag liegen. Nur bei Vorliegen eines **krassen Missverhältnisses** zwischen Vergütung und Arbeitsleistung sind also Beanstandungen der Finanzbehörde hinsichtlich der materiellen Angemessenheit der Bezüge nach herrschender Ansicht vertretbar. Ein solches krasses Missverhältnis ist dann anzunehmen, wenn die Angemessenheitsgrenze um mehr als 20 % überschritten wird.

1979 Aufgrund der großen Bandbreite des Angemessenheitsspielraums ist im Einzelfall die Notwendigkeit einer individuellen Prüfung, z. B. im Rahmen eines sog. Angemessenheitsgutachtens, gegeben. Bei der Angemessenheitsprüfung ist die Pensionszusage i. R. d. Gesamtbezüge mit der »**fiktiven Jahresnettoprämie**« anzusetzen. Die fiktive Jahresnettoprämie ist die Prämie, die die GmbH für einen den zugesagten Leistungen entsprechenden Versicherungsvertrag an ein »gedachtes« Versicherungsunternehmen zahlen müsste, wobei der gem. § 6a EStG maßgebliche Rechnungszinsfuß von zurzeit 6 % angewendet wird und keine Kosten eingerechnet werden. Die fiktive Jahresnettoprämie ist im Allgemeinen unter Zugrundelegung des Alters bei Diensteintritt zu ermitteln. Bei beherrschenden GGF ist jedoch – als Folge des Nachzahlungsverbots – das Alter bei Zusageerteilung maßgebend, wobei dem Mindestalter von 30 Jahren – im Gegensatz zur Rückstellungsberechnung – keine Bedeutung zukommt. Die fiktive Jahresnettoprämie richtet sich weiterhin nach dem der Rückstellungsberechnung zugrunde liegenden Endalter. Das bedeutet, je später die Pensionszusage an einen beherrschenden GGF erteilt wird, umso »unangemessener« können die Gesamtbezüge werden, da sich mit zunehmendem Alter die fiktive Nettoprämie nicht unerheblich erhöht.

1980 Nach einem Urteil des BFH aus dem Jahr 2004 soll zudem zwischen der Höhe der zugesagten Altersversorgung und der Höhe einer gleichzeitig zugesagten Invalidenrente differenziert werden. Danach ist eine **dienstzeitunabhängige** Invaliditätsversorgung i. H. v. 75 % des Bruttogehalts (also entsprechend der für die Altersversorgung anerkannten Obergrenze) wegen ihrer generell vom BFH unterstellten **Unüblichkeit** die steuerliche Anerkennung zu versagen und die Versorgungszusage insoweit als verdeckte Gewinnausschüttung zu bewerten (*BFH, 28.01.2004 – I R 21/03, BFHE 205, 186 = DStR 2004, 816 = BB 2004, 1329 = DB 2004, 1073 = GmbHR 2004, 804*).

1981 Der BFH begründet diese ggü. der Altersrente einschränkende Betrachtung damit, dass eine Zusage, »*die den Wert einer fehlenden Anwartschaft auf gesetzliche Rentenleistungen ersetzt, steuerlich nur in jenem Umfang anzuerkennen ist, in welchem sie aus anderweitig ersparten gesetzlichen Arbeitgeberbeiträgen gespeist wird*«. Eine Invaliditätsrente, die sich von vornherein und ohne dienstzeitabhängige Abschläge ggü. der Altersrente auf 75 % der Bruttobezüge belaufen soll, werde dem nicht gerecht und sei daher überhöht (*BFH, 28.01.2004 – I R 21/03, BFHE 205, 186 = DStR 2004, 816 = BB 2004, 1329 = DB 2004, 1073 = GmbHR 2004, 804*).

1982 Diese Argumentation vermag insb. vor der aktuellen Situation in der gesetzlichen Rentenversicherung und dem seit Jahren dort vorgenommenen ständigen Leistungsabbau sowie der Novellierung des Betriebsrentenrechts durch das Alterseinkünftegesetz nicht zu überzeugen und ist zudem bereits im Ansatz rechtsdogmatisch fehlerhaft.

1983 Rechtsdogmatisch ist dem BFH vorzuwerfen, dass er sich nicht bzw. nicht intensiv genug mit den tatbestandlichen Voraussetzungen einer verdeckten Gewinnausschüttung auseinandersetzt. Zwar bemüht sich der BFH, ausgehend von § 8 Abs. 3 Satz 2 KStG und der Rechtsfigur eines ordentlichen und gewissenhaften Geschäftsleiters ausgehend, seine Argumentation zu entwickeln. Doch beim entscheidenden Kriterium – dem »Fremdvergleich« – patzt er dann. Anstatt sich damit auseinanderzusetzen, was denn in der betrieblichen Praxis üblich ist, unterstellt der BFH in einer pauschalierenden Annahme die Unüblichkeit einer dienstzeitunabhängigen Invaliditätsversorgung i. H. v. 75 % der Bruttobezüge.

1984 Dieser pauschalierenden Annahme stehen einer Vielzahl praktischer Beispiele ggü., in denen nicht nur bei Vorständen oder Geschäftsführern, sondern auch in der normalen Belegschaft Invaliditätszusagen in entsprechender Höhe der Altersrente oder i. H. d. erreichbaren Anwartschaft auf Altersrente oder aber unter Berücksichtigung von Zurechnungszeiten gewährt werden. Von daher kann eine dienstzeitunabhängige Invaliditätsversorgung vielleicht im Einzelfall unangemessen, aber keineswegs unter dem Aspekt des Fremdvergleichs unüblich sein.

Soweit der BFH in seiner Begründung auf Höfer verweist, handelt es sich bei dem Höfer-Zitat zudem auch um eine Aussage im Zusammenhang mit der ebenfalls nicht zu verallgemeinernden Sonderproblematik der Versorgung eines mitarbeitenden Ehegatten. 1985

Insb. aber der Hinweis des BFH auf die Abhängigkeit der Höhe einer steuerlich anzuerkennenden Invaliditätsversorgung zur gesetzlichen Rentenversicherung vermag nicht zu überzeugen. Angesichts des ständigen Abbaus des Leistungsspektrums und des Leistungsniveaus in der gesetzlichen Rentenversicherung müsste dies – bei konsequenter Anwendung der BFH-Argumentation – zwangsläufig auch zu einem Abbau betrieblicher Versorgungsleistungen führen. Das ist aber gerade nicht der Fall und vom Gesetzgeber auch so nicht gewollt. Vielmehr sollen die in den letzten Jahren vorgenommenen Einschränkungen in der gesetzlichen Rentenversicherung durch zusätzliche Maßnahmen in der betrieblichen Altersversorgung kompensiert werden. Gerade diese Kompensationsfunktion verdeutlicht, dass eine Koppelung der Leistungshöhe in der betrieblichen Altersversorgung an das Leistungsniveau in der gesetzlichen Rentenversicherung völlig verfehlt ist. Hinzu kommt, dass mit der BFH-Argumentation das Tatbestandsmerkmal des Fremdvergleichs insoweit völlig ad absurdum geführt wird, weil das, was auf Arbeitnehmerseite sozialpolitisch gewollt und steuerrechtlich gefördert wird, beim GGF unter dem Aspekt der Unüblichkeit nicht anerkannt werden soll. 1986

Unabhängig von dieser Kritik am BFH muss man sich unter dem Aspekt der »**Beraterhaftung**« allerdings mit dem Urteil in der Praxis auseinandersetzen und die sich aus dieser Rechtsprechung ergebenden Anforderungen bei der Gestaltung von Pensionszusagen berücksichtigen.

(5) Zeitpunkt der Zusageerteilung (Erdienbarkeit)

Besondere Aufmerksamkeit verdient das Urteil des BFH vom 21.12.1994 (*I R 98/93, BB 1995, 861 = DB 1995, 1005*), indem erstmals eine zeitliche Obergrenze für die Erteilung von Pensionszusagen an beherrschende GGF höchstrichterlich festgelegt worden ist. Nach Ansicht des BFH ist »die Zusage einer Pension an einen beherrschenden GGF dann eine verdeckte Gewinnausschüttung, wenn der Zeitraum zwischen dem Zeitpunkt der Zusage der Pension und dem vorgesehenen Zeitpunkt des Eintritts in den Ruhestand weniger als zehn Jahre beträgt«. Im Rahmen seiner Urteilsbegründung ergänzt der BFH diese **10-Jahres-Frist** um ein **Höchstalter** bei Zusageerteilung von **60 Jahren**. 1987

Diese Eckpunkte für die **Erdienbarkeit** einer betrieblichen Versorgungszusage eines GGF hat der BFH durch seine spätere Rechtsprechung mehrfach bestätigt, so u. a. durch das Urt. v. 05.04.1995 (*I R 138/93, BFHE 177, 427 = DB 1995, 1255*), in dem der BFH die einem beherrschenden GGF im Alter von 64 Jahren erstmals erteilte Pensionszusage als verdeckte Gewinnausschüttung behandelte, obwohl der Geschäftsführer (auch nach richterlicher Erkenntnis) noch rüstig und vertraglich eine aktive Dienstzeit bis zur Vollendung des 75. Lebensjahres vorgesehen war. Danach ist eine Zusageerteilung nach Vollendung des 60. Lebensjahres grds. ausgeschlossen. 1988

Der BFH hat dabei die Annahme einer verdeckten Gewinnausschüttung im Wesentlichen unter dem Aspekt der »Erdienbarkeit« im Hinblick auf das mit dem Alter steigende Risiko einer kurzfristigen Inanspruchnahme der Pension begründet. Die 10-Jahres-Frist entnimmt der BFH in analoger Anwendung der in § 1 BetrAVG geregelten Unverfallbarkeitsfrist, die er als generelle Zeitvorstellung des Gesetzgebers für die nicht mehr mögliche Entziehung von Versorgungsrechten durch den Arbeitgeber auf die Erdienbarkeit überträgt. 1989

In seinem Urt. v. 24.01.1996 (*I R 41/95, BB 1996, 1713 = DB 1996, 1853*) hat der BFH zudem ausdrücklich bestätigt, dass für den nicht beherrschenden GGF für die Erdienbarkeit der Versorgungszusage alternativ auch die zweite Unverfallbarkeitsfrist des § 1 BetrAVG a. F. gilt. Danach kann die Zusage auch dann erdient werden, wenn der Zeitraum zwischen Zusageerteilung und Rentenbeginn mindestens 3 Jahre beträgt und der GF eine Gesamt-Betriebszugehörigkeit von 12 Jahren erreichen kann. 1990

Diese Analogie ist zumindest im Hinblick auf die Nichtanwendbarkeit des BetrAVG auf beherrschende GGF rechtsdogmatisch höchst fragwürdig. Insb. verkennt der BFH dabei, dass die arbeitsrechtlichen Unverfallbarkeitsfristen nur für den Fall normiert sind, dass ein versorgungsberechtigter Arbeitnehmer **vor** Eintritt eines Versorgungsfalls aus dem Unternehmen ausscheidet. Wird das Arbeitsverhältnis durch Eintritt eines Versorgungsfalls, z. B. das Erreichen der vereinbarten Altersgrenze, beendet, so ist die Unverfallbarkeitsfrist nicht anwendbar. Dies hat zur Konsequenz, dass auch solche Zusagen unter den Anwendungsbereich des BetrAVG fallen, die erst kurz vor oder sogar erst im Zeitpunkt der Pensionierung erteilt werden. Auch derartige »Kurzläufer« unterliegen dem gesetzlichen Insolvenzschutz sowie der Anpassungsprüfungspflicht nach § 16 BetrAVG. Die Unverfallbarkeitsfristen sind somit keine arbeitsrechtlichen Erdienbarkeitsbestimmungen (*Langohr-Plato*, StuB 2000, 1023).

1991 Der BFH hat dementsprechend in seiner jüngeren Rechtsprechung auch deutlich gemacht, dass die Anerkennung von betrieblichen Versorgungsanwartschaften im Bereich der GGF-Versorgung kein bloßes mathematisches Rechenexempel ist und die arbeitsrechtlichen Unverfallbarkeitsfristen nicht pauschal im Verhältnis 1:1 auf das Steuerrecht übertragen werden können (*vgl. u. a. BFH, 22.01.2002 – I B 75/01, BFH/NV 2002, 952*). Insb. ist zu beachten, dass die Unverfallbarkeitsfristen arbeitsrechtliche Normen sind, denen steuerlich keine unmittelbare Relevanz zukommen kann (*so ausdrücklich Gosch, BetrAV 2002, 758*). Von daher können diese Fristen, für die i. R. d. steuerlichen Anerkennungsprüfung eine gesetzlich zwingende Vorgabe gerade nicht gegeben ist, nur als Indizien berücksichtigt werden. Dies hat aber wiederum zur Konsequenz, dass sich eine starre und schematische Anwendung dieser Fristen verbietet. Vielmehr handelt es sich um eine juristische Bewertung, die stets der Würdigung im Gesamtzusammenhang des Einzelfalls bedarf (*Gosch, BetrAV 2002, 758; vgl. aber auch BFH, 04.05.1998 – I B 131/97, BFH/NV 1998, 1350; BFH, 15.03.2000 – I R 40/99, BStBl. II 2000, S. 504*). Dies bedeutet, dass von den arbeitsrechtlichen Fristen i. R. d. steuerlichen Prüfung einzelfallgerechte Ausnahmen gemacht werden müssen.

1992 Gleichwohl müsste die Finanzverwaltung konsequenterweise in Anwendung der vorgenommenen Analogie zu den betriebsrentenrechtlichen Unverfallbarkeitsfristen nach der mit der BetrAVG-Novelle 2001 erfolgten Reduzierung dieser Fristen in § 1b BetrAVG die Erdienbarkeit einer GGF-Versorgung zukünftig, d. h. bei Zusageerteilungen ab dem 01.01.2001, bereits nach 5 Jahren bzw. im Fall der Entgeltumwandlung vom ersten Tag grds. anerkennen (*zustimmend Gosch, BetrAV 2002, 759; Doetsch/Lenz, S. 68 f.*). Dies gilt umso mehr als bereits der bisherigen Rechtsprechung des BFH die Tendenz zu entnehmen war, dass diese Erdienbarkeitsfristen nicht als starre, unveränderbare Mindestvoraussetzungen angesehen werden. So führt der BFH in seinem Urt. v. 04.05.1998 (*I R 131/97, BFH-NV 1998, 1530*) aus, dass den gesetzlichen Unverfallbarkeitsfristen des BetrAVG allenfalls eine Indizwirkung beigemessen werden könne, sodass es durchaus möglich sei, in Einzelfällen vertraglich kürzere Zeiträume bis zum Eintritt der Unverfallbarkeit zu vereinbaren.

1993 In ihrem BMF-Schreiben v. 09.12.2002 (*IV A 2 – S 2742 – 68/02, DB 2002, 2624*) gelangt die Finanzverwaltung zwar zu der Erkenntnis, dass die Vereinbarung einer sofortigen Unverfallbarkeit für sich genommen nicht als durch das Gesellschaftsverhältnis veranlasst anzusehen und damit steuerlich anzuerkennen ist, wenn es sich um »eine sofortige **ratierliche** Unverfallbarkeit handelt«. Ferner wird es von der Finanzverwaltung auch nicht beanstandet, wenn sich im Fall der Entgeltumwandlung die Unverfallbarkeit nach § 2 Abs. 5a BetrAVG richtet. Dies gilt allerdings nur für eine unter Beachtung der sonstigen steuerlichen Kriterien wirksam vereinbarte Versorgungszusage. Darüber hinaus ist die Finanzverwaltung zu einer Auflockerung ihrer Fristenbetrachtung nicht bereit. Sie will nach wie vor, d. h. trotz geänderter Unverfallbarkeitsfristen, auf ihren anhand der alten Unverfallbarkeitsfristen **definierten Erdienbarkeitsfristen** konsequent **festhalten** (*BMF-Schreiben v. 09.12.2002 – IV A 2 – S 2742 – 68/02, BB 2002, 35*).

Die Finanzverwaltung verweist dabei lediglich pauschal und ohne jegliche inhaltliche Begründung auf ihre bisherige Praxis, die in den BMF-Schreiben v. 01.08.1996 (*IV B 7 – S 2742 – 88/96, BStBl. I 1996, S. 1138*) bzw. v. 07.03.1997 (*IV B 7 – S2742 – 20/97, BStBl. I 1997, S. 637*) dokumentiert ist. Danach lehnen sich die Zeiträume, in denen sich der (beherrschende) GGF seine Ansprüche aus einer Versorgungszusage erdienen kann, an die bisherigen Unverfallbarkeitsfristen des BetrAVG in der bis Ende 2000 geltenden Fassung an. Diese Fristen sollen weiterhin zu beachten sein. Ein Unterschreiten dieser Fristen ist nach Ansicht des BMF als Indiz für eine im Gesellschaftsverhältnis bedingte Veranlassung und damit als verdeckte Gewinnausschüttung zu werten.

Ebenfalls noch nicht abschließend geklärt ist die Frage, ob diese Fristen nur bei der erstmaligen Erteilung einer Zusage oder aber auch bei Erhöhungen bereits bestehender Zusagen zu berücksichtigen sind. 1994

Nach einer von einem Vertreter der Finanzverwaltung in der Literatur vertretenen Auffassung soll eine gesonderte Erdienbarkeitsprüfung für eine Zusageerhöhung entbehrlich und eine solche Zusageerhöhung grds. nur innerhalb der Angemessenheitsprüfung zu berücksichtigen sein. Dies schließe jedoch eine Überprüfung ungewöhnlicher Zusageerhöhungen im Wege des Fremdvergleichs nicht aus (*Riemer, BetrAV 2000, 425 [426]*).

Dieser Ansicht kann nur zugestimmt werden, zumal sie auch arbeitsrechtlich konsequent ist. So vertritt nämlich das BAG unter dem Stichwort der »**Einheitstheorie**« in ständiger Rechtsprechung die Auffassung, dass die Erhöhung einer bereits bestehenden Versorgungszusage eine Änderung i. S. v. § 1 Abs. 1 Satz 2 BetrAVG darstellt, die keine neue Unverfallbarkeitsfrist in Gang setzt. Der arbeitsrechtliche Eintritt der Unverfallbarkeitsfrist richtet sich somit nach dem zeitlichen Bestand der ursprünglichen Versorgungszusage (*BAG, 12.02.1981 – 3 AZR 163/80, BB 1981, 1338; BAG, 28.04.1981 – 3 AZR 184/80, BB 1982, 677*). 1995

Wenn man schon die Erdienbarkeitsfristen in Analogie zu § 1 BetrAVG a. F. (§ 1b BetrAVG 2001) begründet, dann muss man konsequenterweise auch die Einheitstheorie entsprechend berücksichtigen, zumal man extreme bzw. unübliche Zusageerhöhungen über andere Prüfungspunkte wie z. B. Angemessenheit, Üblichkeit oder Fremdvergleich in den Griff bekommt (*Langohr-Plato, StuB 2000, 1022, 1024*). Es bleibt allerdings abzuwarten, ob sich die Finanzverwaltung dieser Auffassung auch offiziell, d. h. durch entsprechende schriftliche Äußerungen, anschließen wird. 1996

(6) Zusageerteilung und Wartezeit

Bei beherrschenden GGF wird von der Finanzverwaltung immer mehr der Aspekt der »**Üblichkeit**« von Versorgungsvereinbarungen bzw. deren Leistungsvoraussetzungen in den Vordergrund gestellt. Was üblich ist, wird dabei im Regelfall am Leitbild eines nicht an der Gesellschaft beteiligten Fremdgeschäftsführers (sog. **Fremdvergleich**) überprüft. Dabei wird auf die allgemeinen Sorgfaltspflichten eines gewissenhaften und ordentlichen Geschäftsleiters i. S. d. § 93 AktG bzw. § 43 Abs. 1 GmbHG abgestellt. 1997

Hinsichtlich der Gewährung von betrieblichen Versorgungsleistungen unterstellt die Finanzverwaltung oftmals in einer recht pauschalen Art und Weise eine Unüblichkeit, ohne die sich im Einzelfall ergebenden Probleme in angemessener Weise zu berücksichtigen. So wird z. B. »die Erteilung einer Pensionszusage **unmittelbar nach der Antragstellung** und **ohne** die unter Fremden **übliche Wartezeit** ... als in aller Regel nicht betrieblich, sondern durch das Gesellschaftsverhältnis veranlasst« bewertet (*so ausdrücklich bestätigt durch BFH, 28.01.2004 – I R 21/03, BFHR 205, 186 = BetrAV 2004, 675 m. Anm. Langohr-Plato*). 1998

Grds. ist hier zunächst einmal festzustellen, dass eine **dienstzeitunabhängige**, d. h. nicht an eine **Wartezeit** geknüpfte Invaliden- und/oder Hinterbliebenenversorgung arbeitsrechtlich gesehen **keinesfalls unüblich** ist. Sogar im Bereich angestellter, nicht am Unternehmen beteiligter Geschäftsführer und Angestellter geht heute eine weitverbreitete Tendenz dahin, in betrieblichen Versorgungsordnungen auf Wartezeiten bei vorzeitigen Versorgungsfällen gänzlich zu verzichten, zumindest dann, wenn der Todesfall bzw. die Invalidität beruflich bedingt (Berufsunfall, berufsbedingte Krankheit) sind. Die sich bei Verzicht auf eine Wartezeit ergebenden finanziellen Risiken werden dabei 1999 regelmäßig durch den Abschluss einer Rückdeckungsversicherung abgesichert, sodass sich das Risiko des Unternehmens auf die Zahlung der Versicherungsprämie reduziert.

2000 Berücksichtigt man ferner, dass Geschäftsführer oftmals nur für eine bestimmte Zeit bestellt werden (5-Jahres-Verträge), so sind dienstzeitunabhängige Versorgungszusagen sogar typisch und Wartezeitregelungen für diesen Personenkreis eher der Ausnahmefall.

2001 Vor diesem Hintergrund hat sich auch in Teilen der Finanzverwaltung die Auffassung durchgesetzt, dass auf die Vereinbarung einer Wartezeit verzichtet werden kann, wenn eine entsprechende Rückdeckungsversicherung für die Invaliditäts- und Hinterbliebenenversorgung abgeschlossen wird. Alternativ wird eine dienstzeitunabhängige Versorgungszusage auch dann anerkannt, wenn der die Zusage erhaltende GGF bereits mindestens fünf Jahre vor Zusageerteilung in der Kapitalgesellschaft oder im Fall der Einbringung, der Verschmelzung oder Betriebsaufspaltung bei deren Rechtsvorgängerin tätig war oder nachweislich eine entsprechende Qualifikation durch eine mindestens 5-jährige geschäftsleitende Tätigkeit in einem anderen Unternehmen erlangt hat.

2002 Gleichwohl will der BFH auf der Einhaltung einer angemessenen Wartezeit bestehen. In seinem Urt. v. 24.02.2002 (*I R 18/01, DB 2002, 1973; vgl. ferner Urt. v. 11.02.1998 – I R 73/97, DB 1998, 2094; BFH, 28.04.2010 – I R 78/08, BFHE 229, 234 = BetrAV 2010, 583*) führt er hierzu aus, dass ein ordentlicher und gewissenhafter Geschäftsleiter einer GmbH dem Geschäftsführer eine Pension erst dann zusagen wird, wenn er die **künftige wirtschaftliche Entwicklung** und damit die **künftige wirtschaftliche Leistungsfähigkeit** der GmbH zuverlässig abzuschätzen vermag. Dies sei im Regelfall bei einer 15 Monate nach Gründung einer GmbH erteilten Zusage mangels gesicherter Erkenntnisse über die künftige Ertragsentwicklung der GmbH nicht anzunehmen. Die Tatsache einer in diesem Zusammenhang abgeschlossenen Rückdeckungsversicherung kann dabei nach Ansicht des BFH allein nicht die Annahme rechtfertigen, ein ordentlicher und gewissenhafter Geschäftsleiter eines jungen Unternehmens hätte die Pension gleichermaßen einem Gesellschaftsfremden zugesagt.

2003 Mit Schreiben v. 14.05.1999 (*IV C 6 – S 2742 – 9/99, BetrAV 1999, 208*) hat das BMF **deutlich** hervorgehoben, dass die Erteilung einer Pensionszusage »unmittelbar nach der Anstellung und ohne die unter Fremden übliche Wartezeit i. d. R. nicht betrieblich, sondern durch das Gesellschaftsverhältnis veranlasst« sei. Dabei wird der Begriff der Wartezeit i. S. e. Probezeit interpretiert.

2004 Insoweit differenziert das BMF allerdings zwischen der Beurteilung der wirtschaftlichen Leistungsfähigkeit der GmbH einerseits und der persönlichen Leistungsfähigkeit des Gesellschafter-Geschäftsführers andererseits.

2005 Hinsichtlich der Beurteilung der **wirtschaftlichen Leistungsfähigkeit der GmbH** wird nach wie vor auf einen **5-jährigen Prüfungszeitraum** abgestellt. Lediglich für den Fall, dass die künftige wirtschaftliche Entwicklung aufgrund der bisherigen unternehmerischen Tätigkeit hinreichend deutlich abgeschätzt werden kann, wie z. B. in Fällen der Betriebsaufspaltung oder der Umwandlung eines Einzelunternehmens in eine Kapitalgesellschaft, soll auch ein kürzerer Prüfungszeitraum ausreichen können (*so mittlerweile auch BFH, 15.03.2000 – I R 40/99, BB 2000, 1504*). Entsprechendes gilt allerdings auch dann, wenn bisherige leitende Angestellte eines Unternehmens dieses im Wege eines Management-buy-out übernehmen und eine bereits zuvor bestehende Versorgung fortführen (*BFH, 24.04.2002 – I R 18/01, DB 2002, 1973*).

2006 Was die Beurteilung der **persönlichen Leistungsfähigkeit des Gesellschafter-Geschäftsführers** anbelangt, hält das BMF in dem vorgenannten Schreiben eine **Probezeit von 2 bis 3 Jahren** für ausreichend. Ausnahmen will man im Einzelfall dann zugestehen, wenn die Leistungsfähigkeit des Gesellschafter-Geschäftsführers aufgrund entsprechender Vortätigkeit beurteilt werden kann, insb. in dem bereits bei der wirtschaftlichen Leistungsfähigkeit der GmbH angesprochenen Fall der Unternehmensumwandlung (*vgl. auch BFH, 18.02.1999 – I R 51/98, DStR 1999, 631; BFH, 15.10.1997 – I R 42/97, BetrAV 1998, 88*).

Rechtsfolge eines Verstoßes gegen diese Probezeitbedingungen ist nach Auffassung des BFH die **dauerhafte Einstufung** der Pensionsrückstellung als vGA. Die Konsequenzen der vGA gelten somit nicht nur für die erstmalige Bildung der Pensionsrückstellung und den Zeitraum der erforderlichen angemessenen Wartezeit, sondern für alle nachfolgenden Rückstellungsbildungen (*BFH, 28.04.2010 – I R 78/08, BFHE 229, 234 = BetrAV 2010, 583*). Ausschlaggebend für die Beurteilung der köperschaftsteuerlichen Anerkennung der Pensionszusage ist ausschließlich die Situation im Zusagezeitpunkt, sodass die Anwartschaft auch nach Ablauf der angemessenen Probe- oder Karenzzeit nicht in eine steuerlich anzuerkennende Versorgungszusage »hineinwächst«. Der insoweit gegenteiligen Auffassung der Finanzverwaltung (*vgl. hierzu die Vorauflage, Rn. 2007; BMF-Schreiben v. 14.05.1999 – IV C 6 – S 2742 – 9/99, BetrAV 1999, 208; OFD Koblenz, Verf. v. 23.08.1999 – GmbHR 1999, 1267*) ist der BFH ausdrücklich nicht gefolgt (*BFH, 28.04.2010 – I R 78/08, BFHE 229, 234 = BetrAV 2010, 583*).

(7) Finanzierbarkeit

Die in R 36 KStR 2004 als steuerliche Voraussetzung benannte Finanzierbarkeit einer einem GGF erteilten Versorgungszusage wird dann verneint, »wenn bei einem unmittelbar nach dem Bilanzstichtag eintretenden Versorgungsfall der Barwert der künftigen Pensionsleistungen am Ende des Wirtschaftsjahres auch nach Berücksichtigung einer Rückdeckungsversicherung zu einer Überschuldung in der Bilanz führen würde«. Danach wäre eine frühzeitige Absicherung der Finanzierung einer einem GGF erteilten Pensionszusage zwingend erforderlich (*so auch BMF Schreiben v. 14.05.1999 – IV C 6 – S 2742 – 9/99, BStBl. I 1999, S. 512 = DB 1999, 1191; Doetsch/Lenz, S. 62 f.; Höfer, Rn. 70 ff.; Langohr-Plato, GmbHR 1992, 597; ders. INF 1995, 171, 174; Günther, AnwBl. 1991, 402; FG Düsseldorf, 04.07.1991 – 6 K 324/85, EFG 1992, 38*).

Dieser Ansicht ist der BFH nicht gefolgt. In seinem Urt. v. 20.12.2000 (*I R 15/00, DB 2001 1119*) hat der BFH im Rahmen einer ausdrücklichen Grundsatzentscheidung hinsichtlich der Beurteilung der Finanzierbarkeit einer Zusage zunächst einmal auf den **Zeitpunkt der Zusage** abgestellt (*so auch BFH, 08.11.2000 – I R 70/99, BB 2001 765*).

Selbst bei der Beurteilung der Finanzierbarkeit einer im Invaliditätsfall eintretenden Versorgungsverpflichtung ist danach unter steuerrechtlichen Aspekten nur deren im **Zusagezeitpunkt** gegebener versicherungsmathematische Barwert anzusetzen. Entgegen dem BMF-Schreiben v. 14.05.1999 (*BStBl. I 1999, S. 512*) kommt der BFH mit seiner Entscheidung somit zu der Auffassung, dass hinsichtlich der Beurteilung der Finanzierbarkeit nicht von demjenigen Wert auszugehen ist, der sich bei einem fiktiven Eintritt des Versorgungsfalls ergeben würde, sondern von dem zum Zeitpunkt der Zusage maßgeblichen Anwartschaftsbarwert i. S. v. § 6a Abs. 3 Satz 2 Nr. 2 EStG.

Eine Versorgungszusage ist demnach immer dann als finanzierbar anzusehen, wenn eine Passivierung des gegenwärtigen Barwerts der Versorgungsverpflichtung nicht zu einer Überschuldung der Gesellschaft führen würde. Der darüber hinausgehenden Berücksichtigung des »Bilanzsprungrisikos« bedarf es nach Auffassung des BFH nicht. Gleichwohl macht es unter betriebswirtschaftlichen Aspekten nach wie vor Sinn, sich mit diesem Risiko auseinanderzusetzen und entsprechende Vorsorgemaßnahmen zu treffen.

In seiner Grundsatzentscheidung hat der BFH sich außerdem damit beschäftigt, dass bei Zusagen, die sowohl eine Altersversorgung als auch vorzeitige Versorgungsfälle abdecken, die einzelnen Risiken, die gerade nicht als einheitliches Wirtschaftsgut betrachtet werden, getrennt voneinander zu bewerten sind. Die Folgen aus der BFH-Auffassung sind, dass eine Versorgungszusage auch dann, wenn sie in ihrer Gesamtheit nicht finanzierbar ist, gleichwohl ggf. zumindest teilweise steuerlich anerkannt werden kann. Eine verdeckte Gewinnausschüttung liegt dann nur in derjenigen Zuführung zur Pensionsrückstellung vor, die sich auf den nicht finanzierbaren Teil der Pensionsverpflichtung bezieht.

2013 Darüber hinaus kann nach Ansicht des BFH aus dem **Fehlen einer Rückdeckungsversicherung** für eine Pensionszusage allein nicht darauf geschlossen werden, dass die Zusage eine verdeckte Gewinnausschüttung ist. Vielmehr ist allein die Finanzierbarkeit der Versorgungsverpflichtungen maßgeblich, die auch durch andere Vermögenswerte sichergestellt werden kann (*BFH, 29.10.1997 – I R 52/97, BB 1998, 730; BFH, 11.02.1998 – I R 73/97, DB 1998, 2094; BFH 22.10.1998 – I R 29/98, BFH/NV 1999, 972*). Der Abschluss einer Rückdeckungsversicherung ist somit lediglich als Indiz für die Ernsthaftigkeit der Zusage zu werten. Darüber hinaus hat sie nach Ansicht des BFH im Rahmen von § 8 Abs. 3 Satz 2 KStG keinerlei Relevanz (*BFH, 24.04.2002 – I R 18/01, DB 2002, 1973; BFH, 15.10.1997 – I R 42/97, DB 1998, 652*).

2014 Bei der **Finanzierbarkeitsprüfung** sind daher alle materiellen und immateriellen Wirtschaftsgüter einschließlich ihrer stillen Reserven zu berücksichtigen. Ein selbst geschaffener Firmenwert bleibt dagegen außer Betracht (*Wochinger, BetrAV 1999, 86 [88]*).

2015 Ist die Finanzierbarkeit bei Zusageerteilung gewährleistet, verschlechtert sich dann allerdings die wirtschaftliche Lage derart, dass die Zusage nicht mehr erfüllt werden kann, kann die Zusage, soweit ihre Finanzierbarkeit entfällt, entsprechend reduziert werden. Andernfalls stellt sich die Frage, ob sie ab dem Zeitpunkt der Verschlechterung als verdeckte Gewinnausschüttung zu behandeln ist.

2016 Zwar führt auch nach Ansicht des BFH die spätere Aufrechterhaltung der Zusage nicht allein deshalb zu einer verdeckten Gewinnausschüttung, weil sich die wirtschaftlichen Verhältnisse der GmbH verschlechtert haben (*BFH, 08.11.2000 – I R 70/99, BB 2001, 765*). Insoweit ist nämlich zu berücksichtigen, dass der Zusageempfänger durch die wirksam erteilte Zusage eine Rechtsposition erlangt hat, die ihm die GmbH arbeits- und zivilrechtlich nicht ohne Weiteres entziehen kann. Sowohl der Widerruf als auch die Einschränkung einer Pensionszusage sind arbeits- und dienstvertraglich nur unter bestimmten Voraussetzungen möglich, die insb. auch im Verhältnis zu einem Fremdgeschäftsführer zwingend zu beachten sind. Für die Zusage an einen GGF kann nichts anderes gelten.

2017 Ein ordentlicher und gewissenhafter Geschäftsleiter wird nicht immer dann, wenn die Zuführung zu einer Pensionsrückstellung eine bilanzielle Überschuldung der GmbH bewirkt, sogleich die Zusage anpassen. Er darf i. d. R. zunächst abwarten, ob sich die wirtschaftliche Lage der Gesellschaft im weiteren Verlauf bessert und im Vertrauen hierauf die Zusage einstweilen unverändert lassen (*BFH, 08.11.2000 – I R 70/99, BB 2001, 765*).

2018 Gleichwohl kann eine Reduzierung der Versorgungsvereinbarung aber auch betrieblich veranlasst sein, wenn dadurch eine drohende Insolvenz abgewendet werden soll. Ein solcher Eingriff löst im Gegensatz zu einem gesellschaftsrechtlich veranlassten Verzicht (*s. u. Rdn. 2028*) keinen Zufluss i. H. d. Verzichtsbetrages beim GGF aus. Die bereits für die Versorgungszusage gebildete Pensionsrückstellung ist vielmehr i. H. d. Differenz zwischen dem Betrag der Rückstellung für die ursprüngliche Versorgungsverpflichtung und dem Rückstellungsbetrag für die reduzierte Versorgungsverpflichtung ertragswirksam, d. h. gewinnerhöhend aufzulösen.

2019 Sollte sich nach einer erfolgten Kürzung die wirtschaftliche Lage der Gesellschaft wieder bessern, kann die Zusage im Rahmen ihrer Finanzierbarkeit wieder erhöht werden, und zwar bis zur Höhe des ursprünglichen Versorgungsniveaus auch ohne erneute Erdienbarkeitsfrist.

(8) Unverfallbarkeitsvereinbarungen

2020 Sofern der GGF aufgrund seiner beherrschenden Stellung nicht in den Anwendungsbereich des BetrAVG fällt, stellt sich für ihn insb. die Frage nach einer vertraglichen Absicherung seiner betrieblichen Altersversorgung für den Fall des vorzeitigen Ausscheidens. Damit in einem solchen Fall seine Versorgung nicht verfällt, besteht ein berechtigtes Interesse an einer **vertraglich vereinbarten Unverfallbarkeitsregelung** (*s. hierzu die Ausführungen unter Rdn. 1621*).

2021 In steuerrechtlicher Hinsicht werden derartige Unverfallbarkeitsvereinbarungen von der Finanzverwaltung regelmäßig in einer recht pauschalen Art und Weise, insoweit als nicht unüblich bewertet,

VII. Versorgung besonderer Personenkreise

als »die Erteilung einer Pensionszusage unmittelbar nach der Anstellung und ohne die unter Fremden **übliche Wartezeit**... in aller Regel nicht betrieblich, sondern durch das Gesellschaftsverhältnis veranlasst ist« (*so z. B. BMF Schreiben, 14.05.1999 – IV C 6 – S 2742 – 9/99, BetrAV 1999, 208*). Hieraus hat die Finanzverwaltung in der Vergangenheit undifferenziert und in einer schablonenhaften Betrachtungsweise vielfach die Unzulässigkeit einer sofortigen Unverfallbarkeit abgeleitet (*vgl. auch Gosch, BetrAV 2002, 754 [758]; zur Kritik hinsichtlich der dogmatisch fehlerhaften Gleichsetzung von Wartezeit und Unverfallbarkeit s. Doetsch/Lenz, S. 80ff. sowie Höfer, Rn. 92ff.*).

Unter Berücksichtigung der BFH-Rechtsprechung, nach der die arbeitsrechtlichen Unverfallbarkeitsfristen nicht pauschal im Verhältnis 1:1 auf das Steuerrecht übertragen werden können (*vgl. u. a. BFH, 22.01.2002 – I B 75/01, BFH/NV 2002*) und stets eine Würdigung aller Umstände im Gesamtzusammenhang des konkreten Einzelfalls erforderlich ist (*BFH, 04.05.1998 – I B 131/97, BFH/NV 1998, 1350; BFH, 15.03.2000 – I R 40/99, BStBl. II 2000, S. 504*), gelangt die Finanzverwaltung im BMF-Schreiben v. 09.12.2002 (*IV A 2 – S 2742 – 68/02, DB 2002, 2624*) zu der Erkenntnis, dass die Vereinbarung einer sofortigen Unverfallbarkeit für sich genommen dann nicht als durch das Gesellschaftsverhältnis veranlasst anzusehen und damit steuerlich anzuerkennen ist, wenn es sich um »eine sofortige **ratierliche** Unverfallbarkeit handelt«. Ferner wird es von der Finanzverwaltung auch nicht beanstandet, wenn sich im Fall der Entgeltumwandlung die Unverfallbarkeit nach § 2 Abs. 5a BetrAVG richtet. 2022

Damit wird die sofortige Unverfallbarkeit steuerrechtlich »salonfähig« und die steuerliche Prüfung von der Fristenseite auf die inhaltliche Prüfung des durch die Unverfallbarkeit garantierten Wertes (Umfangs) der aufrechtzuerhaltenden Versorgungsanwartschaft verlagert und damit § 2 Abs. 1 BetrAVG inzidenter Prüfungsmaßstab der Finanzverwaltung. 2023

Der Schutzzweck des BetrAVG endet nämlich nicht bei der Normierung der Unverfallbarkeit bzw. Unverfallbarkeitsfristen, sondern regelt in § 2 BetrAVG auch ein **Berechnungsverfahren** für die Höhe der vom Arbeitgeber aufrechtzuerhaltenen Versorgungsanwartschaften (*ausführlich zu diesem Berechnungsverfahren oben Rdn. 412ff.*). 2024

Nur auf den nach § 2 Abs. 1 BetrAVG ratierlich gekürzten Wert der zugesagten Versorgungsleistungen hat ein Arbeitnehmer bei vorzeitigem Ausscheiden einen gesetzlichen Anspruch. Unter dem Aspekt des **Fremdvergleichs** bzw. der **Üblichkeit** will daher die Finanzverwaltung dieses Berechnungsschema auch auf die vertraglich gestaltete Unverfallbarkeit eines (beherrschenden) Gesellschafter-Geschäftsführers übertragen.

Diese Ansicht wird auch in der Literatur vertreten (*Doetsch/Lenz, S. 81ff.*). Für die Anwendung des **Quotierungsverfahrens** dürfte insb. der Aspekt des Fremdvergleichs zu Arbeitnehmern sprechen, da es in diesem Bereich zwar nicht ausgeschlossen, wohl aber im Regelfall nicht üblich ist, dem Versorgungsberechtigten einen ggü. der gesetzlichen Mindestregelung liegenden »Mehrwert« zu verschaffen. Von daher liegt tatsächlich die Vermutung nahe, dass eine über § 2 Abs. 1 BetrAVG hinausgehende vertragliche Unverfallbarkeit nicht durch das Arbeits-, sondern eher durch das Gesellschaftsverhältnis veranlasst ist, sodass die von der Finanzverwaltung geforderte ratierliche Unverfallbarkeit grds. nicht zu beanstanden ist. Gleichwohl muss im Einzelfall eine entsprechende Würdigung des Gesamtzusammenhangs erfolgen und auch die Möglichkeit von Ausnahmefällen zugestanden werden.

Eine solche Ausnahme gilt z. B. für den Fall der **Entgeltumwandlung**, was auch die Finanzverwaltung durch die Bezugnahme auf § 2 Abs. 5a BetrAVG zugesteht. Damit wird im Bereich der Entgeltumwandlung das bisher geltende Quotierungsprinzip abgelöst und durch die »**finanzierte Anwartschaft**« (= erreichte Anwartschaft aus den Finanzierungsbeiträgen) ersetzt (*vgl. hierzu auch die Ausführungen unter Rdn. 451ff.*).

Mithin steht dem GGF im Fall einer durch Entgeltumwandlung finanzierten Altersversorgung der volle durch ihn finanzierte Wert einschließlich der durch seine Finanzierungsbeiträge erwirtschafteten Gewinne (Zinsen, Überschussbeteiligung etc.) beim vorzeitigen Ausscheiden zu. 2025

2026 Sofern die Vereinbarung einer vertraglichen Unverfallbarkeit nach den vorstehenden Ausführungen steuerlich unwirksam ist – und das kann sich nur aus einer zugunsten des GGF vereinbarten Abweichung vom ratierlichen Berechnungsverfahren ergeben – liegt nach der Verlautbarung des BMF (*BMF-Schreiben v. 09.12.2002 – IV A 2 – S 2742 – 68/02, DB 2002, 2624*) bei einem vorzeitigen Ausscheiden des Versorgungsberechtigten eine verdeckte Gewinnausschüttung **insoweit** vor, als der Rückstellungsausweis den Betrag übersteigt, der sich bei einer sofortigen ratierlichen Unverfallbarkeit ergeben würde.

2027 Insoweit ist also festzuhalten, dass die Vereinbarung der vertraglichen Unverfallbarkeit nicht zur Unzulässigkeit der Versorgungszusage insgesamt führt, sondern sich erst im Zeitpunkt des vorzeitigen Ausscheidens steuerschädlich auswirkt und dieser Nachteil auch nur den über die normale (= ratierliche) Unverfallbarkeitsrückstellung hinausgehenden Rückstellungsbetrag als verdeckte Gewinnausschüttung erfasst. I.d.S. sind die Grundsätze des BMF-Schreibens v. 28.05.2002 (*IV A 2 – S 2742 – 32/02, BStBl. I 2002, S. 603*) heranzuziehen (*zum Prüfungsverfahren vgl. Gosch, BetrAV 2002, 754 ff.*).

(9) Verzicht auf Versorgungsleistungen

2028 Vor dem Hintergrund geänderter wirtschaftlicher Rahmenbedingungen aber auch im Hinblick auf eine unzureichende Finanzierung der betrieblichen Altersversorgung kann die Erfüllbarkeit der einem GGF erteilten Versorgungszusage der GmbH finanzielle Probleme bereiten. In dieser Situation stellt sich dem GGF bzw. der GmbH die Frage, ob diese Problematik über einen (Teil-) Verzicht gelöst werden kann. Konkret geht es darum, die Zusage an den GGF auf die bereits erdiente Anwartschaft zu beschränken (sog. »Einfrieren auf den Past Service«). Dies bedingt den Verzicht auf die in Zukunft bei unterstellter Fortsetzung der Tätigkeit als GGF noch erdienbaren Versorgungsanwartschaften, den sog. »Future Service«.

Die Zulässigkeit eines solchen (Teil-) Verzichts ist im Hinblick auf die mögliche steuerliche Konsequenz einer verdeckten Einlage in der Finanzverwaltung und Fachliteratur höchst kontrovers diskutiert worden (*vgl. zum Meinungsstreit die ausführliche Darstellung bei Langohr-Plato/Bamberg, BetrAV 2010, 730 ff. m.w.N.*).

Verzichtet nämlich ein Gesellschafter auf eine Pensionszusage ggü. seiner Kapitalgesellschaft, ohne dass dieser Verzicht betrieblich veranlasst ist, so war nämlich bereits nach bisheriger Rechtslage grds. eine **Einlage** i. H. d. Teilwerts der Pensionsanwartschaft anzunehmen und beim GGF grds. von einem Zufluss von Arbeitslohn auszugehen (*BFH, 09.06.1997 – GrS 1/94 – BetrAV 1998, 27*). Voraussetzung war allerdings, dass der Pensionsanspruch im Zeitpunkt des Verzichts noch werthaltig war (*BFH, 15.10.1997 – I R 58/93 – DB 1998, 346*). Gerade die Frage der Werthaltigkeit stand im Mittelpunkt der streitigen Diskussion (*Langohr-Plato/Bamberg, BetrAV 2010, 730 ff. m.w.N.*).

2029 Die Verzichts-Problematik ist zwischenzeitlich durch das BMF-Schreiben vom 14.08.2012 (*Az.: IV C 2 – S 2743/10/10001: 001, BetrAV 2012, 506*) geklärt worden. Danach sind für einen (Teil-) Verzicht folgende Grundsätze zu beachten:
– Grundsätzlich führt der durch das Gesellschaftsverhältnis veranlasste Verzicht eines GGF auf eine werthaltige Forderung gegenüber seiner Kapitalgesellschaft zu einer verdeckten Einlage nach 8 Abs. 3 S. 3 KStG in die Kapitalgesellschaft und zu einem Zufluss von Einnahmen beim GGF.
– Diese Grundsätze gelten auch bei einem Verzicht des GGF auf eine Pensionsanwartschaft.
– Für die Bewertung der verdeckten Einlage ist dabei auf den Teilwert der Pensionsanwartschaft des GGF abzustellen und nicht auf den gemäß 6a EStG ermittelten Teilwert der Pensionsverbindlichkeit der Kapitalgesellschaft (*ausführlich hierzu Langohr-Plato, ZAP 1998, Fach 15, S. 249 ff.*). Der Teilwert ist dabei unter Beachtung der allgemeinen Teilwertermittlungsgrundsätze im Zweifel nach den Wiederbeschaffungskosten zu ermitteln. Demnach kommt es darauf an, welchen Betrag der Versorgungsberechtigte zu dem Zeitpunkt des Verzichtes hätte aufwenden müssen, um eine gleich hohe Pensionsanwartschaft gegen einen vergleichbaren Schuldner zu erwerben. Dabei kann die Bonität des Forderungsschuldners berücksichtigt werden. Außerdem

kann von Bedeutung sein, ob die Pension unverfallbar ist oder ob sie voraussetzt, dass der Berechtigte bis zum Pensionsfall für den Verpflichteten nicht selbstständig tätig ist.
- Im Fall des vollständigen Verzichtes auf eine Pensionsanwartschaft vor Eintritt des Versorgungsfalles liegt eine verdeckte Einlage in Höhe des bis zum Verzichtszeitpunkt bereits erdienten Anteils des Versorgungsanspruches vor.
- Bei einem teilweisen Verzicht ist eine verdeckte Einlage insoweit anzunehmen, als dass der Barwert der bis zu dem Verzichtszeitpunkt bereits erdienten Versorgungsleistungen des GGF den Barwert der nach dem Teilverzicht noch verbleibenden Versorgungsleistungen übersteigt. Dies gilt unabhängig davon, ob sich die Verzichtsvereinbarung der Bezeichnung nach nur auf künftig noch zu erdienende Anwartschaften (sog. Future Service) bezieht oder ob es sich dabei um eine durch das Gesellschaftsverhältnis veranlasste Änderung einer Pensionszusage handelt, die mit einer Reduzierung der bisher zugesagten Versorgungsleistungen verbunden ist.
- Es wird nicht beanstandet, wenn als erdienter Teil der Versorgungsleistungen bei einer Leistungszusage an einen beherrschenden GGF der Teilanspruch aus den bisher zugesagten Versorgungsleistungen angesetzt wird, der dem Verhältnis der ab Erteilung der Pensionszusage bis zum Verzichtszeitpunkt abgeleisteten Dienstzeit (s) einerseits und der ab Erteilung der Pensionszusage bis zu der in der Pensionszusage vorgesehenen festen Altersgrenze (t) andererseits entspricht (zeitanteilig erdienter Anwartschaftsbarwert ab Pensionszusage – s/t). Bei einem nicht beherrschenden GGF ist insoweit nicht auf den Zeitpunkt der (erstmaligen) Erteilung einer Pensionszusage, sondern auf den Beginn des Dienstverhältnisses abzustellen (sog. m/n-Anwartschaftsbarwert).
- Wenn die nach Herabsetzung noch verbleibenden Versorgungsleistungen genau dem bereits erdienten Anteil entsprechen (und das ist z. B. bei einem richtig gestalteten Verzicht auf den Future Service regelmäßig der Fall), beträgt der Wert der verdeckten Einlage nach § 8 Abs. 3 S. 3 KStG Null Euro.
- Bei der Berechnung des Barwerts der bis zum Verzichtszeitpunkt erdienten sowie des Barwerts der danach herabgesetzten Pensionsanwartschaft sind die gleichen, im Verzichtszeitpunkt anerkannten Rechnungsgrundlagen und anerkannten Regeln der Versicherungsmathematik anzuwenden. Es wird dabei für den Barwertvergleich nicht beanstandet, wenn die Rechnungsgrundlagen verwendet werden, die am vorangegangenen Bilanzstichtag der steuerlichen Bewertung der Pensionsverpflichtung zugrunde lagen.

Sollte der Teilwert der Pensionsanwartschaft unter dem Buchwert der Pensionsanwartschaft liegen, so ergibt sich i. H. d. Differenzbetrages ein laufender Gewinn der Kapitalgesellschaft, der sachlich steuerpflichtig ist. Sollte der Teilwert der Pensionsanwartschaft über dem Buchwert der Pensionsanwartschaft liegen, so ist der Differenzbetrag zum Stichtag des Forderungsverzichts gleichzeitig als Aufwand der Kapitalgesellschaft und als Einlage zu behandeln.

(10) Abfindung von Versorgungsleistungen

Sofern der GGF als Unternehmer nicht dem Anwendungsbereich des BetrAVG unterfällt, unterliegt er auch nicht dem **Abfindungsverbot** des § 3 BetrAVG. Die GmbH kann ihm also arbeitsrechtlich zulässig seine Versorgungsanwartschaft jederzeit mit seiner Zustimmung abfinden.

Grds. muss die Finanzverwaltung eine arbeitsrechtlich zulässige Abfindungsvereinbarung anerkennen und darauf das geltende Steuerrecht anwenden. Eine Ausnahme besteht insoweit lediglich unter dem Aspekt der »verdeckten Gewinnausschüttung« (§ 8 Abs. 3 Satz 2 KStG), wonach eine missbräuchliche Gestaltung auszuschließen ist.

Problematisch können insb.
- die Abfindung verfallbarer Versorgungsanwartschaften sowie
- die Höhe des gezahlten Abfindungsbetrages

sein.

2034 Scheidet ein beherrschender GGF zu einem Zeitpunkt aus dem Unternehmen aus, in dem er – die Anwendbarkeit des BetrAVG einmal unterstellt – die gesetzlichen Unverfallbarkeitsfristen noch nicht erfüllt hat, so würde seine Versorgungsanwartschaft ersatzlos entfallen. Ausgehend von dem im Bereich der GGF-Versorgung dominanten Aspektes des »Fremdvergleichs« muss hier eine steuerliche Anerkennung der Abfindung versagt werden, weil ein ordentlicher und gewissenhafter Geschäftsleiter im Regelfall die verfallbare Versorgungsanwartschaft eines nicht beteiligten Geschäftsführers oder reinen Arbeitnehmers auch verfallen lassen würde. Eine gleichwohl, d. h. ohne jegliche rechtliche Verpflichtung gezahlte Abfindung wird daher regelmäßig in der Person des Gesellschafters bzw. dessen Gesellschafterstellung bedingt sein.

2035 So wird z. B. eine Pensionszusage, bei der die Versorgungsverpflichtung unter dem Vorbehalt einer jederzeitigen Abfindung steht und danach i. H. d. Teilwerts gem. § 6a Abs. 3 EStG abgefunden werden darf, nicht anerkannt, weil es sich bei einer solchen Regelung gem. § 6a Abs. 1 Nr. 2 EStG um einen steuerlich schädlichen Vorbehalt handelt (*BFH, 10.11.1998 – I R 49/97, INF 1999, 313; BFH, 28.04.2010 – I R 78/08, BFHE 229, 234 = BetrAV 2010, 583*).

2036 Für eine betriebliche Versorgungsverpflichtung dürfen nämlich nach § 6a EStG nur dann sog. Pensionsrückstellungen gebildet werden, wenn neben anderen, hier nicht interessierenden Voraussetzungen, die Zusage keinen Vorbehalt enthält, dass die Versorgungsverpflichtung gemindert oder entzogen werden kann oder sich ein solcher Vorbehalt nur auf die in R 6a Abs. 4 EStR 2005 definierten sog. steuerunschädlichen Vorbehalte beschränkt, bei denen nach allgemeinen Rechtsgrundsätzen und unter Beachtung billigen Ermessens ein (teilweiser) Widerruf der Versorgungsverpflichtung zulässig ist. Stellt allerdings der Vorbehalt den Widerruf in das ausschließliche Ermessen des zusagenden Arbeitgebers, ist also für den Widerruf kein sachlich rechtfertigender Grund erforderlich, so verstößt eine entsprechende Regelung gegen § 6a Abs. 1 Nr. 2 EStG.

2037 Hinsichtlich der Höhe der an den GGF gezahlten Abfindung wird – ebenfalls unter dem Aspekt des Fremdvergleichs – von der Rechtsprechung eine Anbindung an die Abfindungsregelung in § 3 Abs. 2 BetrAVG (a. F.) gefordert (*BFH, 10.11.1998 – I R 49/97, INF 1999, 313; FG Nürnberg, 09.11.1999 – I 332/97, GmbHR 2000, 189*).

2038 Unzulässig ist demnach eine Abfindungsvereinbarung, die sich an niedrigeren Werten orientiert, z. B. den steuerlichen Teilwert nach § 6a EStG (*BFH, 10.11.1998 – I R 49/97, INF 1999, 313*). Beachtlich ist dies insofern, als der BFH hier eingestehen muss, dass es sich bei dem Bewertungsverfahren nach § 6a EStG letztendlich um ein willkürliches Verfahren handelt, das nicht zu betriebswirtschaftlich korrekten Ergebnissen führt. Oder wie sollte sonst die Aussage zu verstehen sein, dass der nach § 6a EStG berechnete Abfindungsbetrag »dem Wert des Versorgungsversprechens nicht äquivalent ist« (*BFH, 10.11.1998 – I R 49/97, INF 1999, 313*).

2039 Abzustellen ist vielmehr auf den **Barwert der Versorgungsleistungen**, die der Arbeitgeber künftig ohne die Abfindung hätte aufbringen müssen. Nur dieser Ansatz ist mit der arbeitsrechtlichen Grundwertung des § 3 BetrAVG vereinbar.

2040 Ferner ist bei der Bemessung des Abfindungsbetrages auch § 2 BetrAVG zu berücksichtigen. Die Abfindungszahlung muss also exakt der sich aus der Gegenüberstellung von tatsächlicher zu möglicher Dienstzeit ergebenden unverfallbaren Anwartschaft entsprechen. Eine darüber hinausgehende Abfindung wird als im Fremdvergleich unüblich und damit als verdeckte Gewinnausschüttung angesehen (*FG Nürnberg, 09.11.1999 – I 332/97, GmbHR 2000, 189*).

cc) Betriebliche Altersversorgung und Vorwegabzug

2041 Bereits mit Urt. v. 16.10.2002 (*XI R 25/01, BFHE 200, 554 = BStBl. II 2004, S. 546 = BFH/NV 2003, 252 = BB 2003, 293 = NJW-RR 2003, 325 = NZA-RR 2003, 375*) hat der BFH entschieden, dass der **Vorwegabzug für Vorsorgeaufwendungen** eines Alleingesellschafters und Geschäftsführers einer GmbH nicht nach § 10 Abs. 3 Nr. 2 Satz 2 Buchst. a) EStG i. V. m. § 10c Abs. 3 Nr. 2 EStG zu kürzen ist, wenn die GmbH dem GGF eine betriebliche Altersversorgung zugesagt hat.

VII. Versorgung besonderer Personenkreise C.

Versicherungsbeiträge für betrieblich oder beruflich veranlasste Versicherungen der GmbH bzw. des 2042
GGF (z. B. Berufshaftpflichtversicherung, Bürohaftpflicht, Gebäudeversicherung) sind als Betriebsausgaben oder Werbungskosten ohne Einschränkung steuerlich abzugsfähig. Dient die Versicherung dagegen der privaten Vorsorge oder der Absicherung privater Risiken kommt lediglich ein der Höhe nach begrenzter Sonderausgabenabzug (»Vorwegabzug«) für bestimmte Versicherungen in Betracht.

§ 10 Abs. 2 EStG definiert im Rahmen einer »Ausschlussliste« die Voraussetzungen, unter denen 2043
Sonderausgaben in der Form von sog. **Vorsorgeaufwendungen** bei der Ermittlung des zu versteuernden/steuerpflichtigen Einkommens abgesetzt werden können (ausführlich hierzu *Langohr-Plato, INF 2002, 648 ff.*).

Mit der steuerlichen Privilegierung von Vorsorgeaufwendungen soll ein Anreiz zum Aufbau einer 2044
privaten (Alters-) Vorsorge geschaffen werden. Diese Anreizfunktion gilt allerdings nicht uneingeschränkt für alle steuerpflichtigen Personen, sondern wird durch § 10 Abs. 3 EStG eingeschränkt.

Danach ist nämlich der zusätzliche Sonderausgabenhöchstbetrag für Versicherungsbeiträge (sog. 2045
Vorwegabzug) um 16 % der Summe der Einnahmen aus nicht selbstständiger Arbeit zu kürzen, wenn für die Zukunftssicherung des Steuerpflichtigen Leistungen i. S. d. § 3 Nr. 62 EStG erbracht werden oder wenn der Steuerpflichtige zum Personenkreis des § 10c Abs. 3 Nr. 1 oder Nr. 2 EStG gehört. Zu diesem Personenkreis gehören
- nach Nr. 1 Arbeitnehmer, die während des ganzen oder eines Teils des Kalenderjahres in der gesetzlichen Rentenversicherung versicherungsfrei oder auf Antrag des Arbeitgebers von der Versicherungspflicht befreit waren, oder
- nach Nr. 2 Arbeitnehmer, die nicht der gesetzlichen Versicherungspflicht unterliegen und die im Zusammenhang mit einer ausgeübten Berufstätigkeit aufgrund vertraglicher Vereinbarungen Anwartschaftsrechte auf eine Altersversorgung ganz oder teilweise ohne eigene Beitragsleistung erworben haben.

Mithin ist der Vorwegabzug für Vorsorgeaufwendungen bei Geschäftsführern, die nicht der gesetz- 2046
lichen Rentenversicherungspflicht unterliegen nach § 10 Abs. 3 EStG zu kürzen, wenn sie Anwartschaftsrechte auf eine Altersversorgung ganz oder teilweise **ohne** eigene Beitragsleistung erworben haben.

Fraglich ist insoweit, wann ein GGF eine ihm erteilte Versorgungszusage ohne eigene Beitragsleis- 2047
tung erworben hat. Der BFH stellt insoweit darauf ab, dass zumindest der Alleingesellschafter eine ihm erteilte betriebliche Versorgungszusage im Hinblick auf deren Auswirkungen für den Jahresüberschuss des Unternehmens ausschließlich selbst finanziert, nämlich durch einen entsprechenden Verzicht auf Gewinnausschüttungen bzw. auf Auskehrung des Liquidationsgewinns.

Beitragsleistung i. S. v. § 10 Abs. 3 Nr. 2 EStG sei nicht nur die Zahlung an sich, sondern auch jede 2048
Minderung eines Vermögensanspruchs gegen Gewährung einer Versorgungszusage. In einem solchen Fall steht dem GGF der ungekürzte Vorwegabzug ebenso zu, wie im Fall einer durch Entgeltumwandlung finanzierten betrieblichen Altersversorgung (*vgl. auch Langohr-Plato, INF 2002, 651 m. w. N.*).

Nachdem die obersten Finanzbehörden des Bundes und der Länder nunmehr beschlossen haben, 2049
das BFH-Urteil v. 16.10.2002 im BStBl. II zu veröffentlichen und somit allgemein anzuwenden, sind die vorgenannten Grundsätze ab sofort **zwingend** von allen Finanzverwaltungen bei der Prüfung des Vorwegabzuges zu beachten.

Weiterhin war lange fraglich, ob die vorgenannten Grundsätze auch bei mehreren zu gleichen An- 2050
teilen am Kapital der Gesellschaft beteiligten Gesellschaftern anzuwenden und diesen der volle Vorwegabzug zu gewähren ist (*so jedenfalls Doetsch/Lenz, S. 130 ff., für den Fall, dass sich alle GGF eine Versorgungszusage erteilen*). Für die Kürzung des Vorweganspruchs spricht hier, dass sich der einzelne GGF seine Zusage nicht ausschließlich allein finanziert, sondern seine Zusage auch durch den Dividendenverzicht der anderen Gesellschafter mitfinanziert wird. Gleichwohl hat das FG München für

den Fall zweier je zu 50 % beteiligter GGF aktuell entschieden, dass vor dem Hintergrund gleichgerichteter Interessen bei der Zusageerteilung der Vorwegabzug nicht zu kürzen ist (*FG München, 23.07.2003 – 1 K 919/02 und 1 K 920/02, EFG 2003, 1614*).

2051 Der elfte Senat des BFH hat allerdings zwischenzeitlich in Fortführung seiner Entscheidung vom 16.10.2002 entschieden, dass auch bei einer jeweils 50 %igen Kapitalbeteiligung der ungekürzte Vorwegabzug für Vorsorgeaufwendungen jedenfalls dann zu gewähren ist, wenn beide zu gleichen Teilen beteiligte GGF auch die gleiche Altersversorgung erhalten (*BFH, 23.02.2005 – XI R 29/03, DStR 2005, 1177*).

2052 Seit dem 01.01.2005 ist zudem die durch das Alterseinkünftegesetz (AltEinkG) erfolgte **Neuregelung** von § 10c Abs. 3 Nr. 2 EStG zu beachten. Danach wird eine Kürzung der Vorsorgepauschale auch dann erfolgen, wenn die Altersabsicherung »durch Beiträge finanziert wird, die nach § 3 Nr. 63 EStG steuerfrei waren«. Angesichts der Tatsache, dass unter § 3 Nr. 63 EStG nicht nur arbeitgeberfinanzierte Beiträge fallen, sondern diese Norm auch die Entgeltumwandlung erfasst, steht derzeit noch nicht zweifelsfrei fest, ob steuerfreie Beiträge i. S. v. § 3 Nr. 63 EStG auch zu einer Kürzung des Höchstbetrages nach § 10 Abs. 3 EStG für Altersvorsorgeaufwendungen führen. § 10 Abs. 3 EStG in der Fassung des AltEinkG verlangt nämlich für seine Anwendung, dass die Altersvorsorgeaufwendungen »ganz oder teilweise ohne eigene Beitragsleistungen« des Steuerpflichtigen finanziert worden sind. Damit würde die Kürzung des Vorwegabzuges mehr oder weniger ins Leere laufen, da der Steuerpflichtige über den Nachweis der tatsächlich getätigten Aufwendungen und den Sonderausgabenabzug den ungekürzten Höchstbetrag geltend machen könnte (*ausführlich hierzu Risthaus, DB 2004, 1329 [1333f.]*). Insoweit bleibt eine Klärung durch die Finanzverwaltung bzw. die Gerichte abzuwarten.

2. Gesellschafter-Geschäftsführer von Personengesellschaften

2053 Die Altersversorgung eines Gesellschafter-Geschäftsführers einer Personengesellschaft (z. B. OHG, KG) ist durch betriebliche Maßnahmen nicht sinnvoll darzustellen.

Bis Anfang 1967 war es unter Beachtung bestimmter Voraussetzungen zwar noch zulässig, dass eine Personengesellschaft ihrem GGF eine Versorgungszusage mit steuerlicher Wirkung (Bildung von Pensionsrückstellungen) erteilte. Mit Urteil des BFH v. 16.02.1967 (*IV R 62/66, BStBl. III 1967, S. 222*) hat der BFH jedoch seine entsprechende Rechtsprechung aufgegeben und die Zulässigkeit der Rückstellungsbildung mit der Begründung verneint, dass die Versorgungszusage an den GGF einer Personengesellschaft als **Gewinnverteilungsabrede** zu qualifizieren sei. Dies lasse sich aus der einkommensteuerlichen Behandlung der Personengesellschaft, insb. aus § 15 Abs. 1 Nr. 2 EStG ableiten, wonach auch das einem geschäftsführenden Personengesellschafter gezahlte Gehalt als Vorweggewinn und damit als gewerbliche Einkünfte behandelt wird. Folglich ist der GGF einer Personengesellschaft einem Einzelunternehmer gleichzustellen (*vgl. auch BFH, 21.12.1972 – IV R 53/72, BStBl. II, S. 298; BFH, 08.01.1975 – I R 142/72, BStBl. II 1975, S. 437 = BB 1975, 546 = DB 1975, 768*). Dementsprechend ist dann auch in der Finanzverwaltung verfahren worden.

2054 Demgegenüber ist der BFH in seinem Urt. v. 02.12.1997 (*VIII R 15/96, DB 1998, S. 753*) davon ausgegangen, dass eine derartige Pensionszusage bei der Gesellschaft zwar zu einer zu passivierenden Pensionsrückstellung führt, der aber auf Gesellschafterebene eine korrespondierende Forderung gegenübersteht.

2055 In zwei weiteren Urteilen vom 14.02.2006 (*VIII R 40/03, DB 2006, 926*) und vom 30.03.2006 (*IV R 25/04, DB 2006, 1986*) hat der BFH dieses Verfahren dahin gehend konkretisiert, dass der zur Pensionsrückstellung korrespondierende Aktivposten ausschließlich in der Sonderbilanz des begünstigten Gesellschafters zu erfassen ist. Dieses Bilanzierungsverfahren gilt nach Ansicht des BFH auch rückwirkend für solche Zusagen, die bislang auf der Basis der früheren Verwaltungspraxis behandelt worden sind (*BFH, 30.03.2006 – a. a. O.*).

Das BMF hat in einem Schreiben v. 29.01.2008 (*IV B 2 – S 2176/07/0001, DB 2008, 320*) hierzu noch einmal klarstellend ausgeführt, dass für Zusagen einer Personengesellschaft an einen Gesellschafter zwar eine Pensionsrückstellung in der Gesellschaftsbilanz zu bilden ist, der daraus resultierende Aufwand und Ertrag jedoch über eine korrespondierende Bilanzierung in der Sonderbilanz des begünstigten Gesellschafters neutralisiert werden muss. Rückdeckungsversicherungen dürfen nicht aktiviert werden und ihre Prämien auch nicht als Betriebsausgabe abgesetzt werden. Um hohe außerordentliche steuerliche Belastungen durch die Neuregelung zu vermeiden, kann der betroffene Gesellschafter unter bestimmten Voraussetzungen eine Rücklage bilden und diese über 14 Jahre abbauen. 2056

Konsequenz ist, dass sich der Personengesellschafter keine Pensionszusage mit steuerlicher Wirkung erteilen kann. Auch nach dem Tod des GGF führt der begünstigte Hinterbliebene die Sonderbilanz des GGF fort. Die Bilanzposten sind allerdings ggf. anzupassen. 2057

Eine Übergangsregelung erlaubt, dass für Altzusagen (*Erteilung vor dem 31.12.2007*) die bisherige Bilanzierungspraxis (*z. B. keine Bilanzierung, oder Bilanzierung und anteilige Anrechnung in den Sonderbilanzen aller – nicht nur beim begünstigten – Gesellschafter*) auf entsprechenden Antrag hin zeitlich unbeschränkt beibehalten werden kann, wenn 2058
– die betreffende Gesellschaft bisher kontinuierlich in dieser Weise verfahren ist
– die Gesellschafter dies übereinstimmend ggü. dem FA schriftlich erklären.

a) Sonderfall: GmbH & Co. KG

Da die GmbH & Co. KG eine Personengesellschaft ist, gilt für den GGF einer GmbH & Co. KG grds. die gleiche Bilanzierungspraxis, wie zuvor für den Personengesellschafter dargestellt. Das bedeutet, dass auf Ebene der Komplementär-GmbH und des GGF eine korrespondierende Bilanzierung zu erfolgen hat. 2059

Durch eine von der Komplementär-GmbH gewährte Pensionszusage wird dagegen auf Gesellschaftsebene die Gesamthandelsbilanz der GmbH & Co. KG nicht berührt. 2060

b) Umwandlungsfälle

Wird ein bislang als **Kapitalgesellschaft** firmierendes Unternehmen in eine **Personengesellschaft** umgewandelt (Gesamtrechtsnachfolge, z. B. § 339 AktG, §§ 359, 360 AktG, §§ 1 bis 56 UmwG), so gelten hinsichtlich einer bereits bei der Kapitalgesellschaft erteilten Versorgungszusage folgende Grundsätze: 2061

Die bei der Kapitalgesellschaft zulässigerweise gebildete **Pensionsrückstellung** ist von der Personengesellschaft **nicht aufzulösen** (*BFH, 22.06.1977 – I R 8/75, BStBl. II, S. 798; BMF-Schreiben v. 12.04.1978 – IV B 7, S. 1978 – 18/78 – BStBl. I, S. 184*). Gleiches gilt, wenn ein bei einer Personengesellschaft beschäftigter **Arbeitnehmer** durch die Zuteilung von Gesellschaftsanteilen **Mitunternehmer** der Personengesellschaft wird. Die Pensionsrückstellung bleibt daher auch in der Steuerbilanz der Personengesellschaft »**dem Grunde nach**« bestehen und wird wie jede andere Pensionsrückstellung behandelt. 2062

Da in derartigen Umwandlungsfällen aber das **Dienstverhältnis** im steuerlichen Sinne endet, ist die Rückstellung für die aufrechtzuerhaltende Versorgungsanwartschaft mit dem Barwert der künftigen Versorgungsleistung (**Anwartschaftsbarwert**) zu bilden (§ 6a Abs. 3 Nr. 2 EStG). Dabei ist auf den in der »Arbeitnehmerzeit« erdienten ratierlichen Versorgungsanspruch abzustellen, d. h. die steuerliche Behandlung erfolgt in Analogie zum Ausscheiden eines Arbeitnehmers mit unverfallbarem Anspruch (§ 2 BetrAVG; *vgl. auch Langohr-Plato, Stbg. 1992, 311 f.; Langohr-Plato, S. 101*). 2063

Wird dagegen in umgekehrter Weise verfahren, wird also eine **Personengesellschaft** in eine **Kapitalgesellschaft** umgewandelt, so kann ab dem Zeitpunkt der Umwandlung dem GGF der Kapitalgesellschaft eine Pensionszusage mit steuerlicher Wirkung unter Beachtung der bereits an anderer 2064

Stelle (*Rdn. 1888 ff.*) erläuterten Kriterien erteilt werden. Als Finanzierungsbeginn für die Bildung der Pensionsrückstellung ist allerdings **nicht der Eintritt** des Gesellschafters in die frühere Personengesellschaft maßgeblich, sondern es ist vor dem Hintergrund der aus steuerlicher Sicht erfolgten Neubegründung eines Dienstverhältnisses auf den Umwandlungszeitpunkt, d. h. den **Gründungszeitpunkt** der Kapitalgesellschaft abzustellen (*Langohr-Plato, Stbg. 1992, 312; Langohr-Plato, S. 101*).

3. Mitarbeitende Ehegatten

2065 Arbeitsverhältnisse zwischen Ehegatten sind wegen ihrer steuerlichen Vorteile insb. in mittelständischen Unternehmen und in freiberuflichen Praxen ein weit verbreitetes und beliebtes Gestaltungsmittel. Der Arbeitgeber-Ehegatte kann die Gehaltszahlungen an seinen mitarbeitenden Ehegatten inklusive der Lohnnebenkosten (Sozialversicherungsbeitrag, Arbeitslosenversicherung, Krankenkasse) und sonstiger freiwilliger Sozialleistungen als **Betriebsausgabe** absetzen. Gewährt der Arbeitgeber-Ehegatte dem mitarbeitenden Ehegatten eine **betriebliche Altersversorgung**, so sind hierfür Pensionsrückstellungen nach §6a EStG zu bilden, sofern er sich hierzu einer unmittelbaren Pensionszusage bedient. Wird die Altersversorgung über eine Direktversicherung oder Unterstützungskasse gewährt, so sind die Auf- bzw. Zuwendungen hierfür als Betriebsausgabe ebenfalls **gewinnmindernd**.

2066 Aufseiten des Arbeitnehmer-Ehegatten sind die Lohnzahlungen zwar als Einkünfte aus nicht-selbstständiger Tätigkeit zu versteuern. Dafür kann der Arbeitnehmer-Ehegatte aber auch den Arbeitnehmer-Pauschbetrag beanspruchen und seine Aufwendungen im Zusammenhang mit dem Arbeitsverhältnis als Werbungskosten geltend machen.

2067 Das Motiv zum Abschluss eines Arbeitsverhältnisses ist für die steuerliche Anerkennung ohne Bedeutung, es kann also auch allein steuerlicher Natur sein. Die Vorteile eines Ehegatten-Arbeitsverhältnisses gehen aber noch weiter: der Arbeitnehmer-Ehegatte verschafft sich **eigene** gesetzliche und/ oder betriebliche **Versorgungsansprüche** und eigenständigen Krankenversicherungsschutz. Darüber hinaus unterläge ohne ein entsprechendes Arbeitsverhältnis die durch eine gleichwohl und dann unentgeltlich erfolgte Mitarbeit geschaffene Wertsteigerung des Unternehmens im Fall einer Insolvenz dem uneingeschränkten Gläubigerzugriff. Für eine unentgeltlich erbrachte Arbeitsleistung allein auf der Grundlage einer bestehenden Ehe würden im Fall der Ehescheidung auch keine Ausgleichsansprüche geltend gemacht werden können.

2068 Mithin sind neben der faktischen Notwendigkeit einer Mitarbeit des Ehegatten die sich bei Bestehen eines formell wirksamen Arbeitsvertrages steuer-, sozial- und zivilrechtlich ergebenden Rechtsfolgen für beide Vertragsparteien durchaus attraktiv.

2069 Im Rahmen eines steuerlich anzuerkennenden Ehegatten-Arbeitsvertrages (*vgl. hierzu die ausführliche Darstellung bei Langohr-Plato, ZAP 1997, Fach 20, S. 307 ff.*) kann dem Arbeitnehmer-Ehegatten auch eine Zusage auf Gewährung von **betrieblichen Versorgungsleistungen** erteilt werden (*BVerfG, 22.07.1970 – 1 BvR 285/66, 1 BvR 445/67, 1 BvR 192/69, BStBl. II, S. 652*). In arbeitsrechtlicher Hinsicht gelten hierfür die durch das BetrAVG gesetzten Rahmenbedingungen. Danach kommen als **Durchführungswege einer betrieblichen Altersversorgung** für das Ehegatten-Arbeitsverhältnis die
– unmittelbare Pensionszusage,
– Direktversicherung,
– der Pensionsfond oder die
– Versorgung über eine Pensions- oder Unterstützungskasse
in Betracht.

2070 In **steuerrechtlicher** Hinsicht gelten für die Anerkennung einer Versorgungszusage im Wesentlichen die Voraussetzungen wie für die Anerkennung des zugrunde liegenden Arbeitsvertrages:
– die Versorgungszusage muss **klar** und **eindeutig formuliert** sein,

- die **Ernsthaftigkeit** der Versorgungszusage muss gewahrt sein, d. h. die spätere Zahlung einer Versorgungsleistung muss ernsthaft gewollt sein,
- **Vereinbarung** und **Durchführbarkeit** müssen einem **Fremdvergleich** standhalten

(*BFH, 14.07.1989 – III R 97/86, BStBl. II 1989, S. 969 = BB 1989, 2080 = DB 1989, 2308; BFH, 16.05.1990 – X R 72/80, BStBl. II 1990, S. 1044; BFH, 10.03.1993 – I R 118/91, BStBl. II 1993, S. 604 = BetrAV 1994, 79*).

Darüber hinaus muss die Versorgungszusage **dem Grunde nach angemessen und üblich** sein (*BMF-Schreiben, 04.09.1984, IV B 1 – S 2176 – 85/84, BStBl. I 1984, S. 495; BFH, 08.10.1986 – I R 220/82, BStBl. II 1987, S. 205 = BB 1987, 387 = DB 1987, 1330; BFH, 16.05.1995 – XI R 87/93, DB 1995, 2249, 2250*). 2071

Sind diese Bedingungen erfüllt, so muss der Arbeitgeber im Rahmen einer unmittelbaren Pensionszusage **Rückstellungen nach § 6a EStG** bilden, die als Passivposten den steuerpflichtigen Unternehmensgewinn ohne jeglichen Liquiditätsverlust mindern. Bei Abschluss einer Direktversicherung oder Gewährung von Versorgungsleistungen über eine Pensionskasse, eine Unterstützungskasse oder einen Pensionsfonds ist der jeweilige **Aufwand** (*Versicherungsprämie gem. § 4b EStG, Zuwendungen gem. § 4c bzw. § 4d EStG, Beiträge gem. § 4e EStG*) als Betriebsausgabe abzugsfähig. 2072

a) Pensionszusagen

Inhalt einer Pensionszusage im Rahmen eines Ehegatten-Arbeitsverhältnisses bei einer Kapitalgesellschaft kann grds. jede Art von Alters-, Invaliditäts- und Hinterbliebenenversorgung sein. In einem **Einzelunternehmen** oder einer **freiberuflichen Praxis** kommt jedoch nur die Gewährung von Alters-, Invaliden- und Waisenversorgung in Betracht. Eine Zusage auf Gewährung von Witwen-/Witwerversorgung ist dagegen unzulässig, weil hier bei Eintritt des Versorgungsfalls Anspruch und Verpflichtung in einer Person, nämlich der des Arbeitgeber-Ehegatten, zusammenfallen. Soweit die Pensionszusage über eine Rückdeckungsversicherung abgesichert wird, können die Prämienzahlungen nur insoweit als Betriebsausgabe anerkannt werden, wie auch die Pensionszusage rückstellungsfähig ist, ggf. also auch nur unter Ausklammerung des Prämienanteils für die Witwen- bzw. Witwerrente. 2073

Wird die Versorgungszusage von einer **Personengesellschaft** erteilt, in der der Arbeitgeber-Ehegatte Gesellschafter ist, so ist auch die Anwartschaft auf Witwen- bzw. Witwerrente rückstellungsfähig (*BFH, 21.04.1988 – IV R 80/86, BStBl. II 1988, S. 883 = BB 1988, 2013 = DB 1988, 2131*). 2074

Darüber hinaus gelten folgende Besonderheiten: 2075

Eine ernsthafte und angemessene Pensionszusage an den Arbeitnehmer-Ehegatten kann regelmäßig unterstellt werden, wenn **familienfremden Arbeitnehmern** mit vergleichbaren Tätigkeits- und Leistungsmerkmalen oder mit einer dem Arbeitnehmer-Ehegatten ggü. geringer wertigen Tätigkeit
- eine entsprechende betriebliche Altersversorgung eingeräumt oder zumindest ernsthaft angeboten worden ist,
- sie im Zeitpunkt der Pensionszusage oder des entsprechenden Angebots dem Unternehmen des Arbeitgeber-Ehegatten nicht wesentlich länger angehört haben als der Arbeitnehmer-Ehegatte im Zeitpunkt der Erteilung seiner Pensionszusage und
- sie kein höheres Pensionierungsalter als der Arbeitnehmer-Ehegatte haben.

Die Pensionszusage muss also vollinhaltlich einem »**Fremdvergleich**« standhalten (*vgl. auch BFH, 30.03.1983 – I R 162/80, BStBl. II 1983, S. 500 = BB 1983, 1455 = DB 1983, 1686; BFH, 14.07.1989 – III R 97/86, BStBl. II 1989, S. 969 = BB 1989, 2080 = DB 1989, 2308; BFH, 10.03.1993 – I R 118/91, BStBl. II 1993, S. 604 = DB 1993, 1599 = BetrAV 1994, 79; BFH, 16.05.1995 – XI R 87/93, DB 1995, 2249, 2250*). Deswegen wird eine Pensionszusage an einen Arbeitnehmer-Ehegatten auch nicht anerkannt, wenn sie zu einem Lebensalter erteilt wird, zu dem einem familienfremden Arbeitnehmer keine Pensionszusage mehr erteilt würde (*BFH, 23.02.1984 – IV R 148/81, BStBl. II 1984, S. 551 = BB 1984, 1277 = DB 1984, 1556*). 2076

2077 Die steuerliche Anerkennung einer Pensionszusage an den Arbeitnehmer-Ehegatten setzt aber nicht voraus, dass alle Arbeitnehmer des Unternehmens eine Versorgungszusage erhalten. Es bleibt dem Arbeitgeber-Ehegatten i. R. d. **arbeitsrechtlichen Gleichbehandlungsgrundsatzes** unbenommen, den Kreis der Begünstigten einzugrenzen (*so auch BFH, 30.03.1983 – I R 162/80, BStBl. II 1983, S. 500 = DB 1983, 1686*). Der Arbeitnehmer-Ehegatte muss nur zum Kreis der Begünstigten (*z. B. den leitenden Angestellten*) gehören.

2078 Ist ein **Fremdvergleich** mangels vergleichbarer familienfremder Arbeitnehmer **nicht möglich**, so ist die Pensionszusage **nur dann angemessen**, wenn die zugesagten Leistungen der betrieblichen Altersversorgung zusammen mit der zu erwartenden gesetzlichen Sozialversicherungsrente **75 % des letzten** steuerlich anzuerkennenden **Brutto-Gehalts** des Arbeitnehmer-Ehegatten nicht übersteigen (*vgl. BFH, 15.07.1976 – I R 124/73, BStBl. II 1977, S. 112 = BB 1976, 1643 = DB 1977, 892; BFH, 26.10.1982 – VIII R 50/80, BStBl. II 1983, S. 209 = BB 1983, 481 = DB 1983, 639; BFH, 10.11.1982 – I R 135/80, BStBl. II 1983, S. 173 = BB 1983, 355 = DB 1983, 532; BFH, 08.10.1986 – I R 220/82, BStBl. II 1987, S. 205 = BB 1987, 387 = DB 1987, 207; BFH, 16.05.1995 – XI R 87/93, DB 1995, 2249, 2250*).

2079 Diese Grundsätze der **Überversorgung** gelten auch bei allen anderen Durchführungswegen und sind auch dann zu prüfen, wenn die Versorgungsleistung ganz oder teilweise durch eine **Eigenbeteiligung** (Barlohnumwandlung/Gehaltsverzicht) des versorgten Ehegatten mitfinanziert wird (*BFH, 11.09.1987 – III R 267/83, BFH/NV 1988, 225; BFH, 16.05.1995 – XI R 87/93, DB 1995, 2249, 2250*).

2080 Ein Ehegatten-Arbeitsverhältnis muss sich zudem daran messen lassen, ob die **einzelnen Lohnbestandteile** (Aktivbezüge und Altersversorgung) zueinander in etwa dem entsprechen, was bei der Vergütung familienfremder Mitarbeiter betriebsintern üblich ist (*BFH, 21.08.1984 – VIII R 106/81, BStBl. II 1985, S. 124 = BB 1985, 315 = DB 1985, 315*). Nicht nur die Höhe, sondern auch die **Zusammensetzung des Entgelts** wird steuerlich überprüft (*BFH, 16.05.1995 – XI R 87/93 – DB 1995, S. 2249, 2250*).

2081 Die **Ernsthaftigkeit** ist bei nicht realisierbarem Fremdvergleich dann als gegeben anzusehen, wenn nach Würdigung der Gesamtumstände eine hohe Wahrscheinlichkeit dafür spricht, dass der Steuerpflichtige auch einem familienfremden Arbeitnehmer mit den Funktions- und Tätigkeitsmerkmalen des mitarbeitenden Ehegatten die Zusage erteilt hätte (*Stuhrmann, NWB 1990, Fach 3, S. 7613*).

2082 Bei einer **Aushilfs- oder Kurzbeschäftigung** wird eine Pensionszusage an den mitarbeitenden Ehegatten von der Finanzverwaltung infolge ihrer **Unüblichkeit** nicht anerkannt (*vgl. BMF-Schreiben v. 09.01.1986, IV B 1 – S 2176 – 2/86, BStBl. I 1986, S. 7*). Dagegen ist im Rahmen einer **Teilzeitbeschäftigung** die Pensionszusage anzuerkennen, wenn auch anderen im Unternehmen beschäftigten Teilzeitmitarbeitern entsprechende Versorgungszusagen erteilt oder ernsthaft angeboten worden sind (*BMF-Schreiben v. 04.09.1984, IV B 1 – S 2176 – 85/84, BStBl. I 1984, S. 495, Ziff. I Abs. 3*).

2083 Die Anerkennung der Pensionszusage und damit die Zulässigkeit der Bildung von Pensionsrückstellungen ist ferner von dem Nachweis abhängig, dass der Arbeitgeber-Ehegatte aller Voraussicht nach auch **tatsächlich** aus der erteilten Pensionszusage **in Anspruch** genommen wird.

2084 Gerade bei Unternehmen, die nach Art und Größe weitgehend von der Arbeitskraft des Arbeitgeber-Ehegatten abhängen und bei denen daher die Vermutung besteht, dass mit der Beendigung der unternehmerischen Tätigkeit des Arbeitgeber-Ehegatten auch der mitarbeitende Ehegatte sein Arbeitsverhältnis beenden wird (z. B. bei Freiberuflern, Handwerkern, Einzelhändlern) und die Zahlung von Versorgungsleistungen dann entfällt, ist für die Anerkennung der Versorgungszusage zwingend der Nachweis der Sicherstellung der späteren Zahlung der zugesagten Versorgungsleistung erforderlich. Anhaltspunkte hierfür können
   – der Abschluss einer **Rückdeckungsversicherung** (*BFH, 15.07.1976 – I R 124/73, BStBl. II 1977, S. 112 = BB 1976, 1643 = DB 1977, 892; BMF-Schreiben v. 04.09.1984 – IV B 1 – S*

2176 – 85/84, BStBl. I 1984, S. 495 Ziff. 1 Abs. 5; Gosch, BetrAV 1994, 268 [271]; Stuhrmann, NWB 1990, Fach 3, S. 7614),
- die vertragliche Vereinbarung über die Leistung von Pensionszahlungen durch den Betriebsnachfolger oder
- für den Fall vorzeitiger Betriebsbeendigung die Vereinbarung einer Kapitalabfindung statt laufender Rentenzahlung (*vgl. auch BFH, 26.10.1982 – VIII R 50/80, BStBl. II 1983, S. 209 = BB 1983, 481 = DB 1983, 639*)

sein.

Dagegen ist die betriebliche Veranlassung einer Versorgungszusage zu verneinen, wenn der Arbeitnehmer-Ehegatte wesentlich jünger ist und folglich damit zu rechnen ist, dass das Unternehmen später von ihm selbst fortgeführt werden wird (*BFH, 29.05.1984 – VIII R 177/78, BStBl. II 1984, S. 661 = BB 1984, 1728 = DB 1984, 1963*). 2085

b) Direktversicherungen

Direktversicherungen zugunsten eines mitarbeitenden Ehegatten werden unter den gleichen Voraussetzungen anerkannt, die zur Anerkennung einer Pensionszusage erfüllt sein müssen (*vgl. BFH, 16.05.1995 – XI R 87/93, DB 1995, 2249, 2250*). Das bedeutet, dass auch hier 2086
- die Grundsätze der Ernsthaftigkeit, Eindeutigkeit und Klarheit der vertraglichen Vereinbarung gewahrt werden müssen,
- die Versicherung dem Grunde und der Höhe nach angemessen sein muss und dass
- der Arbeitnehmer-Ehegatte keiner Aushilfstätigkeit nachgeht.

Lediglich hinsichtlich der Ernsthaftigkeit sowie der Wahrscheinlichkeit der tatsächlichen Inanspruchnahme ergeben sich Abweichungen zur Pensionszusage, da hier bereits aufgrund des mit einem Dritten abgeschlossenen Versicherungsvertrages die Ernsthaftigkeit sowie Inhalt und Umfang der Versorgungsverpflichtung klar und eindeutig dokumentiert werden. 2087

I. Ü. kann auf die obigen Ausführungen zur Pensionszusage verwiesen werden. 2088

Die Prämien für eine Direktversicherung sind auch dann als **Betriebsausgabe** abziehbar, wenn die Versicherungsleistung beim Tod des Arbeitnehmer-Ehegatten ganz oder teilweise dem Arbeitgeber-Ehegatten zufließt (*BFH, 10.11.1982 – I R 135/80, BStBl. II 1983, S. 173 = BB 1983, 355 = DB 1983, 532; BFH, 21.08.1984 – VIII R 106/81, BStBl. II 1985, S. 124 = BB 1985, 315 = DB 1985, 315*). 2089

Für den Fall einer im Wege der Gehaltsumwandlung finanzierten Direktversicherung sind die vorstehenden Grundsätze ebenfalls in vollem Umfang zu beachten. 2090

c) Pensionskassen, Unterstützungskassen und Pensionsfonds

Die Ausführungen zur Anerkennung von Pensionszusagen und Direktversicherungen gelten sinngemäß auch bei einer Versorgung des mitarbeitenden Ehegatten über eine Pensions- bzw. Unterstützungskasse oder einen Pensionsfonds. Hinsichtlich der Versorgung über eine Unterstützungskasse ist allerdings noch zu berücksichtigen, dass diese als »soziale Einrichtung« nicht überwiegend der Versorgung des Unternehmers und seiner Angehörigen dienen darf, sondern vorrangig eine echte Mitarbeiterversorgung gewährleisten muss, § 5 Abs. 1 Nr. 3 Buchst. b) KStG, § 1 Nr. 1 KStDV 1994 (*ausführlich hierzu Langohr-Plato, Stbg. 1994, 321 f.*). 2091

D. Rechtsprechungslexikon

Inhaltsübersicht

(Leitsätze; nach Stichworten geordnet)

(die Zahlen hinter den Stichworten verweisen auf die Randnummern)

Abänderbarkeit vertraglicher Einheitsregelungen	2872
Abfindung	2092 ff.
– Abfindungsbetrag	2099
– Abfindungsverbot	2092, 2093, 2097, 2100, 2101, 2108, 2109
– Ansprüche aus AO 54	2104
– Ausgleichsquittung	2094
– Entgeltumwandlung	2111
– Insolvenzverfahren	2111a
– Sozialplan	2096
– Sozialversicherungspflicht	2106
– Steuerbegünstigung	2095, 2103
– Tarifbegünstigung	2102
– Tatsachenvergleich	2098
– Teilverzicht auf Versorgungsansprüche	2110
– Verrechnung mit Rente	2105, 2107
Anpassung	2112 ff.
– Abwicklungsgesellschaft	2146
– Anpassung durch Urteil	2149
– Anpassungsgarantie	2164d
– Anpassungsprüfung	2114, 2116, 2118, 2144, 2153, 2158, 2164e
– Berechnungsdurchgriff	2130, 2159
– Betriebliche Übung	2119, 2120
– Betriebsstilllegung	2131, 2138
– Betriebsübergang	2155
– Beweislast	2117, 2164f
– DDR-Beitritt	2136
– Eigenkapitalverzinsung	2141, 2142
– Gewerkschaft	2154
– Inflationsausgleich	2112
– Insolvenz	2129
– Konditionenkartell	2143, 2150, 2161
– Konzerngesellschaft	2121, 2125, 2128, 2130, 2163, 2164a, 2164b
– Korrektur	2162

D.

– Nachholende Anpassung	2124, 2125, 2126, 2151
– Nachträgliche Anpassung	2132, 2152, 2156, 2161, 2162
– Nettolohnlimitierung	2113, 2122
– Organmitglieder	2164
– Pensions-Sicherungs-Verein	2115, 2127, 2137
– Reallohnbezug	2140, 2142, 2145, 2147, 2150
– Rentnergesellschaft	2134, 2135, 2164, 2164c
– Ruhegeldanpassung	2133, 2139, 2143
– Unternehmensverschmelzung	2160
– Verjährung	2123
– Verwirkung	2157
– Wertzuwachs	2148
Anrechnung	2165 ff.
– Abgeordnetenpension	2188
– Anrechnungsklausel	2176
– Ausländische Rente	2178
– Auszehrungsverbot	2188b
– Besitzstandsschutz	2175
– Betriebsrente	2184, 2185
– Erwerbseinkünfte	2181
– Kinderzuschuss	2167, 2174
– Krankentagegeldversicherung	2170
– Lebensversicherung	2179
– Mitwirkungspflichten	2177
– Rentenversicherung	2182
– Teilzeitbeschäftigung	2186
– Unfallversicherung	2165, 2166, 2168, 2169, 2171, 2172
– Unfallwitwenrente	2173
– Versorgungsausgleich	2187
– Versorgungsbezüge	2180, 2183
– Witwenrente	2188a
Auslegungsregeln	2189 ff.
– Altersgrenze	2216, 2220d
– Altersteilzeit	2220c
– Arbeitnehmerüberlassung	2207
– Ausgleichsklauseln	2203
– Beitragsbemessungsgrenze	2220
– Beitragszusage	2214

– Betriebsvereinbarung	2201, 2215
– Brutto-/Nettozusage	2208
– Durchschnittsgehaltsplan	2202
– Dynamische Verweisung	2212
– Erledigungsklausel	2220a
– Höchstbegrenzungsklausel	2194, 2211
– Inbezugnahmeklausel	2209
– Jeweiligkeitsklausel	2195
– Pensionsfähiges Gehalt	2217
– Ruhegehaltsfähiges Einkommen	2213
– Ruhegeldfähige Bezüge	2191, 2193, 2206, 2210
– Übergangsbezüge	2218
– Unklarheitenregelung	2189, 2196
– Vermögenswirksame Leistungen	2190
– Versicherungsmathematische Abschläge	2220b
– Versorgungsausgleich	2205
– Versorgungsordnung	2219
– Versorgungsrichtlinien	2199
– Versorgungstarifvertrag	2200
– Versorgungsvereinbarung	2214
– Vorzeitige Altersrente	2192, 2197, 2198
– Willenserklärungen	2204
Ausschlussfristen	2221 ff.
– Betriebliche Altersversorgung	2221
– Tarifvertrag	2222, 2223
– Versorgungsansprüche	2224
Auszehrungsverbot	2225
– Abweichung	2225
Begriffsbestimmungen	2226 ff.
– Betriebliche Altersversorgung	2228, 2230, 2235a
– Entschädigungszahlungen	2229
– Gehaltsumwandlung	2231
– Gewinngutschriften	2227
– Krankenversicherungsbeitrag	2232
– Sachleistungen	2226, 2235b
– Überbrückungshilfe	2233
– Übergangsversorgung	2235

– Unterstützungshilfe	2234

Betriebliche Übung	2236 ff.
– 13. Ruhegehalt	2236
– Betriebsrentner	2243
– Öffentlicher Dienst	2239
– Rentnerweihnachtsgeld	2244, 2244a, 2244b
– Versorgungsordnung	2241
– Versorgungsverpflichtung	2237, 2230
– Voraussetzungen	2242
– Weihnachtsgratifikation	2240

Betriebsübergang	2245 ff.
– Auflösungsvertrag	2256
– Besitzstandswahrung	2263
– Eigenkündigung	2256
– Erlassvertrag	2259
– Haftung	245, 2255, 2257
– Haftungsbeschränkung	2258
– Insolvenz	2250, 2253, 2257, 2258, 2261
– Rentenanwartschaft	2265
– Unterstützungskasse	2246, 2248, 2249
– Unverfallbarkeitsfrist	2252, 2260, 2264
– Versorgungsanwartschaft	2266, 2267
– Versorgungsschuldner	2247, 2251, 2254
– Versorgungsverschaffungsanspruch	2262

Betriebsvereinbarung, tarifliche Alterssicherung	2867
Betriebszugehörigkeit	2268 ff.
– Konzerngesellschaft	2271
– Kurzfristige Unterbrechung	2270
– Unverfallbarkeitsfrist	2268
– Vorgründungs-GmbH	2269

Blankettzusagen	2272 ff.
– Ausfüllung	2272, 2273
– Betriebliche Übung	2274

Direktversicherung	2275 ff.
– Anfechtungsfrist	2296

– Beleihung	2284, 2285
– Eingeschränktes Bezugsrecht	2279, 2284, 2285
– Gewinnbeteiligung	2277
– Informationspflichten	2294, 2295
– Insolvenz	2278, 2282, 2283, 2291, 2292, 2293, 2298, 2299, 2299a, 2299d
– Insolvenzschutz	2280
– Insolvenzverwalter	2276, 2290
– Pfändbarkeit	2288, 2299c
– Steuern	2286, 2289
– Überschussanteile	2275, 2277, 2287
– Unverfallbarkeit	2275, 2279, 2281
– Vertragsübernahme	2297
– Widerruf des Bezugsrechts	2276, 2290, 2299b
Ehegattenversorgung	2300 ff.
– Direktversicherung	2305
– Fremdvergleich	2304
– Pensionszusage	2300, 2301, 2303, 2307
– Steuerrecht	2306
– Versorgungszusage	2304
– Verträge unter Angehörigen	2302
Einigungsstelle	2308 f.
– Überversorgung	2308
– Wegfall der Geschäftsgrundlage	2308
– Zuständigkeit	2309
Einheitsregelungen, Abänderbarkeit	2872
Entgeltumwandlung	2310 ff.
– Direktversicherungsprämien	2310, 2312
– Inhalt	2314
– Schadensersatz	2317
– Unwirksamkeit einer Entgeltumwandlungsvereinbarung	2316, 2320
– Wahlrecht	2315
– Widerruf im Konkurs	2311, 2313
– Zillmerung	2318, 2319
Erziehungsurlaub	2321 ff.

– Höhe der Betriebsrente	2321, 2322
– Versicherungsprämien	2323
Flexible Altersgrenze	2324 ff.
– Abschlag	2345
– Anwartschaft	2327, 2331, 2334, 2336, 2340
– Auslegungsregel	2330, 2337, 2338, 2342, 2351
– Berechnung	2324, 2325, 2337, 2338, 2350, 2352
– Betriebsratsbeteiligung	2325, 2328
– Einführung	2328
– Gleichbehandlungsgrundsatz	2341
– Insolvenzfall	2326, 2331
– Invalidität	2332
– Ratierliche Berechnung	2324, 2347
– Rentenversicherungsbefreiung	2335
– Tarifvertrag	2344
– Unverfallbarkeitsfrist	2329
– Versorgungsbesitzstand	2339
– Versorgungsfall	2333
– Vorzeitiges Ausscheiden	2343, 2346, 2348, 2349
Geltungsbereich	2355 f.
– Arbeitnehmerähnliche Personen	2355
– Freiberufler	2356
Gesellschafter-Geschäftsführer-Versorgung	2357 ff.
– Abfindung	2380, 2386, 2408, 2414, 2417, 2422, 2434a
– Ablösungsrecht	2403
– Aktiengesellschaft	2416
– Angemessenheit	2357, 2367, 2392, 2418, 2419
– Auslegung	2390
– Direktversicherung	2381, 2402
– Erdienbarkeit	2371, 2372, 2378, 2383, 2387, 2395, 2407, 2411, 2420
– Erdienbarkeitsfrist	2432, 2433
– Faktischer Geschäftsführer	2366
– Familiengesellschaft	2393, 2416
– Finanzierbarkeit	2397, 2400, 2404, 2413, 2424
– Forderungsverzicht	2375, 2377
– Fremdgeschäftsführer	2405

– Fremdvergleich	2367, 2378, 2394, 2409
– Hinterbliebenenversorgung	2396
– Insolvenzschutz	2373, 2374, 2388, 2394, 2398
– Invalidenrente	2423, 2434b
– Kommanditist	2388
– Management-buy-out	2410
– Nur-Pension	2369, 2428, 2434a
– Pensionsrückstellung	2359, 2360, 2367, 2424, 2425, 2426
– Probezeit	2378, 2389, 2410, 2421, 2428, 2430
– Rentenzahlung	2363
– Rückdeckungsversicherung	2372, 2376, 2378, 2381, 2385, 2412, 2424
– Schätzung	2358, 2418, 2419
– Selbstkontrahierungsverbot	2366
– Sonderausgaben	2401
– Sozialversicherungspflicht	2391, 2393, 2399, 2405, 2429
– Steuerbilanz	2379
– Überschuldungsbilanz	2413, 2424
– Überversorgung	2368, 2381, 2425, 2426, 2428
– Ungewisse Erhöhung	2367, 2370
– Unternehmensumwandlung	2378, 2389
– Unverfallbarkeitsfrist	2382, 2406
– Verdeckte Einlage	2375
– Verdeckte Gewinnausschüttung	2357, 2360, 2361, 2362, 2364, 2365, 2371, 2376, 2380, 2381, 2384, 2385, 2396, 2397, 2400, 2409, 2411, 2412, 2416, 2418, 2419, 2420, 2423, 2424, 2427
– Vorwegabzug	2401, 2402, 2415
– Widerruf der Pensionszusage	2434
– Zusage Altersrente	2431
Gleichbehandlung	2435 ff.
– Altersabstandsklausel	2508
– Altersgrenze	2435, 2443, 2453, 2465, 2467, 2485, 2499, 2500
– Anwendbarkeit AGG	2504
– Arbeiter	2491, 2495
– Außendienstmitarbeiter	2450, 2470, 2472, 2473
– Barber-Formel	2452, 2453, 2454, 2463, 2465, 2467, 2482, 2483
– Befristetes Arbeitsverhältnis	2457, 2496
– Betriebsrentensystem	2463

– Betriebsübergang	2498
– Deutsche Bundespost	2462, 2464
– Dienstzeit	2435
– Differenzierung von Versorgungsleistungen	2503
– Einbeziehung eingetragener Lebenspartner	2509, 2510
– Geringfügig Beschäftigte	2448, 2449, 2484
– Gesamtzusage	2511b
– Geschlecht	2435, 2437, 2438, 2439, 2440, 2442, 2444, 2445, 2446, 2452, 2454, 2465, 2467, 2482, 2486, 2490
– Gleichbehandlung von Ehe und eingetragener Lebenspartnerschaft	2511
– Gleichbehandlungsgrundsatz	2502
– Hinterbliebenenrente	2442, 2452, 2468, 2511d
– Höchsteintrittsalter	2436
– Individualleistungen	2492
– Kindererziehungszeiten	2511c
– Kranken- und Pflegebersicherungsbeitrag	2501
– Leitende Mitarbeiter	2439, 2472, 2493
– Lohngleichheitsgebot	2439, 2440, 2444, 2445, 2446, 2451, 2454, 2463
– Mittelbare Diskriminierung	2438, 2440, 2444, 2446
– Pensionskasse	2486, 2490, 2494
– Provision	2473
– Rentenzugangsalter	2465, 2467
– Sachliche Gründe	2447, 2449, 2455, 2456, 2458, 2459, 2470, 2472, 2473, 2487, 2488, 2492, 2493, 2497, 2499
– Schwerbehinderung	2485
– Sozialplan	2489
– Spätehenklausel	2497, 2511a
– Tarifvertrag	2441, 2459, 2460, 2462, 2478, 2484
– Teilzeitbeschäftigte	2437, 2438, 2440, 2441, 2444, 2446, 2447, 2451, 2455, 2458, 2461, 2462, 2466, 2469, 2471, 2474, 2476, 2480, 2481, 2482, 2483
– Unisex-Tarife	2511e
– Unverfallbarkeit	2443
– Unverfallbarkeitsfaktor	2467
– Verfallbarkeit	2475
– Vergleichsgruppe	2451, 2477, 2488
– Verteilungsermessen	2506
– Verschaffungsanspruch	2458, 2461, 2462, 2466, 2481

– Versicherungsmathematische Abschläge	2507
– Versicherungsmathematische Faktoren	2454, 2479
– Witwerrente	2490, 2505
– Zweites Arbeitsverhältnis	2454
Härtefallregelung	2512
– Rechtliche Bedeutung	2512
Hinterbliebenenversorgung	2513 ff.
– Altersdifferenzierung	2530
– Altersrente	2517
– Anerkennung der Hinterbliebeneneigenschaft	2531
– Beschränkung	2527, 2528, 2529
– Getrenntlebensklausel	2514
– Haupternährerklausel	2524, 2525
– Nichteheliche Lebensgemeinschaft	2515, 2520
– Sittenverstoß	2515
– Spätehenklausel	2513, 2523
– Umfang	2526
– Versorgungsehe	2516, 2518, 2520
– Wiederverheiratung	2521, 2522
– Witwerrente	2519
Hinweis- und Auskunftspflichten	2532 ff.
– Auflösungsvertrag	2533, 2535
– Öffentlicher Dienst	2534
– Schadensersatz	2532
– Schuldanerkenntnis	2532
– Voraussetzungen	2536
Insolvenzsicherung	2537 ff.
– Ablösende Betriebsvereinbarung	2566
– Altersdiskriminierung	2610h
– Angehörige	2582
– Anpassungsprüfung	2554, 2571
– Außergerichtlicher Vergleich	2592
– Berechnung	2563
– Beitragspflicht	2610d
– Betriebliche Übung	2550
– Betriebsrentner	2574, 2578

– Direktversicherung	2559, 2560, 2569, 2575
– Durchgriffshaftung	2591
– Dynamisierung	2572, 2597
– Feststellungsklage	2585, 2594
– Gehaltsumwandlung	2577
– Gruppen-Unterstützungskasse	2539, 2545, 2566, 2610a
– Insolvenzschutz	2610
– Klagewirkung	2558, 2586, 2597
– Kommanditist	2584
– Kommunaler Eigenbetrieb	2590
– Konzerngesellschaft	2547, 2553, 2570
– Masselosigkeit	2580
– Mehrseitiger Vertrag	2610f
– Missbrauchskontrolle	2554
– Mittelungspflicht	2610g
– Nachdienstzeiten	2608
– Pensions-Sicherungs-Verein	2538, 2542, 2543, 2547, 2550, 2556, 2558, 2570, 2571, 2578, 2579, 2580, 2581, 2585, 2586, 2587, 2588, 2592, 2596, 2604, 2606
– Pensionszusagen	2610b, 2610c
– Rentenerhöhung	2573
– Rückdeckungsversicherung	2610i
– Sicherheitsleistung	2576
– Spannenklausel	2550
– Statuswechsel	2576, 2589, 2591
– Technischer Rentner	2601
– Umfang	2545, 2546, 2593, 2594, 2602, 2603
– Unternehmereigenschaft	2540
– Unterstützungskasse	2555, 2561, 2568, 2607, 2610c, 2610e
– Unverfallbarkeit	2548, 2549, 2551, 2595, 2599, 2605
– Versicherungsmathematischer Abschlag	2552
– Versicherungsmissbrauch	2557, 2581, 2598, 2600
– Versorgungsempfänger	2583
– Verzinsung	2579
– Vordienstzeiten	2537, 2541, 2545
– Vorgezogenes Altersruhegeld	2552, 2567, 2609
– Widerrufliches Bezugsrecht	2562
– Wirtschaftliche Notlage	2564, 2570, 2578
Invalidenversorgung	2611 ff.

– Auflösungsvertrag	2612
– Berufsunfähigkeit	2619
– Doppelte Voraussetzung	2614, 2618
– Doppelversorgung	2616, 2617
– Erwerbsunfähigkeit	2613
– Folgearbeitgeber	2611
– Krankengeld	2615
– Unverfallbarkeit	2611, 2618
– Vorzeitiges Ausscheiden	2621, 2622
– Wartezeit	2620
Krankenversicherung der Rentner	2623 f.
– Betriebsrente	2624e
– Direktversicherung	2623, 2624a, 2624b, 2624c
– Hinterbliebenenrente	2624d
– Sozialplan	2624
Limitierungsklauseln	2625 f.
– Rentenberechnung	2625, 2626
Mitbestimmung	2627 ff.
– Betriebliche Übung	2644
– Externe Konzeption	2630
– Flexible Altersgrenze	2631
– Gesamtbetriebsrat	2634
– Gruppenkasse	2632, 2640
– Ruhestand	2637
– Überversorgung	2639
– Umfang	2627, 2633
– Unterstützungskasse	2628, 2629, 2633, 2635
– Versicherung	2636, 2642, 2643
– Verzicht	2638, 2641
Nachhaftung	2645 f.
– Erlöschen einer KG	2645
– Versorgungsansprüche	2646
Neue Bundesländer	2647 ff.
– Anordnung 54	2648. 2649, 2651, 2652, 2653
– Betriebsübernahme	2654

– Einzelvereinbarung	2649
– Geltung Betriebsrentengesetz	2655
– Insolvenzschutz	2647
– Rentenanpassung	2650
– Verjährung	2653
– Vordienstzeiten	2654
– Zusatzrente	2648, 2651, 2652, 2653
Pfändungsschutz	2656
– Direktversicherung	2656, 2656a
– Gehaltsumwandlung	2656
Prozessrecht	2657 ff.
– Beweislast	2660, 2661
– Erledigung	2658
– Feststellungsfähiges Rechtsverhältnis	2663
– Feststellungsinteresse	2657, 2659
– Rechtsweg	2662
Schadensersatz	2664 ff.
– Aufrechnung	2668
– Auskunftspflichten	2664, 2666, 2667
– Direktversicherung	2665
– Fehlerhafte Auskunft	2672, 2673
– Fürsorgepflichten	2670, 2674
– Mitteilungspflichten	2669
– Steuernachteile	2671
Sozialversicherungsrecht	2675
– Direktversicherung	2675a, 2675b, 2675c
– Hinterbliebenenversorgung	2675d
– Rückständige Beiträge	2675
Steuerrecht	2676 ff.
– 710 %-Grenze	2684
– Abfindung	2681, 2683
– Abfindungsvorbehalt	2678
– Beleihungsverbot	2680
– Betriebsausgabenabzug	2682, 2684
- Direktversicherung	2686a

– Kapitalzuführung	2679
– Kappungsgrenze	2676
– Nachholungsverbot	2676
– Rückdeckungsversicherung	2680
– Rückstellung	2677, 2684
– Schriftform	2685
– Schuldbeitritt	2686c
– Überversorgung	2686b
– Vorwegabzug	2686
Tarifrecht	2687 ff.
– Auszehrungsverbot	2688
– Nachwirkung	2687
– Regelungsbefugnis	2690a
– Tarifregelungsvorrang	2689
– Veränderungssperre	2690
Teilrente	2691
– Berechnung	2691
Teilwiderruf einer Unterstützungskassenversorgung	2874
Übernahme von Versorgungsverpflichtungen	2692 ff.
– Fehlender Insolvenzschutz	2693
– Übertragungsanspruch	2695
– Übertragungsverbot	2692, 2694
– Versicherungsbestand	2696
Umwandlungsrecht	2697 ff.
– Ausgliederung	2697, 2699
– Haftung	2697
– Spaltungsplan	22698
Unterstützungskasse	2700 ff.
– Bestandsschutz	2707, 2710
– Betriebsübergang	2702, 2703, 2704
– Dynamische Verweisung	2711b
– Freiwilligkeitsvorbehalt	2700, 2701, 2705, 2707, 2709, 2710, 2711
– Gruppenkasse	2706, 2708
– Insolvenzsicherung	2711d
– Rückgedeckte Unterstützungskasse	2711a

– Steuerrecht	2711c
– Subsidiärhaftung	2700
– Verschlechternder Eingriff	2710

Unverfallbarkeit	2712 ff
– Anwartschaftsberechnung	2722, 2726, 2733
– Bescheinigung	2729, 2731
– Betriebliche Übung	2719, 2720
– Betriebszugehörigkeit	2712, 2713, 2721
– Blankettzusagen	2716
– Direktversicherung	2724
– Fristablauf	2734
– Hinterbliebenenrente	2718
– Inkrafttreten des BetrAVG	2712, 2713, 2715
– Invaliditätsrente	2727
– Mindestalter	2730
– Näherungsverfahren	2725
– Neuzusage	2723
– Pensionserhöhung	2717, 2718
– Veränderungssperre	2732
- Verfassungsmäßigkeit	2734a

Verdeckte Gewinnausschüttung	2735 ff.
– Berechnungsfehler	2736
– Definition	2735
– Pensionszusage	2736, 2737
– Probezeit	2737

Verjährung	2738 ff.
– Anpassungsprüfung	2739
– AO 54	2742
– Erstattungsansprüche	2738
– Insolvenzsicherung	2740
– Rentenansprüche	2741

Verpfändung	2743 ff.
– Aufschiebende Bedingung	2743
– Rückdeckungsversicherung	2744, 2745, 2746

Verschaffungsanspruch	2747 ff.

– Ausgleichsklausel	2748, 2750b, 2750c
– Betriebsübergang	2749
– Einhaltung des Durchführungsweges	2750
– Umfang	2747, 2750a
Versorgungsausgleich	2751 ff.
– Ausgleichswert	2755b, 2755d, 2755f
– Betriebliches Ruhegeld	2753
– Ehezeitanteil	2751
– Fondsgebundene Zusagen	2755g
– externe Teilung	2755b, 2755e
– Gesamtversorgungssystem	2754
– Teilungskosten	2755c, 2755h, 2755 i
– Urteilstenor	2755a
– Weihnachtsgeld	2752
– Wiederverheiratungsklausel	2755
Verzicht	2756 f.
– Laufendes Arbeitsverhältnis	2756, 2757
Vordienstzeiten	2758 ff.
– Inkrafttreten des BetrAVG	2759
– Insolvenzschutz	2758, 2762
– Unverfallbarkeit	2760, 2761
Vorschaltzeit	2763 ff.
– Merkmale	2768
– Unterstützungskasse	2764, 2765
– Unverfallbarkeit	2763, 2764, 2765, 2766, 2767, 2768
Wartezeit	2769 ff.
– Erfüllbarkeit	2771, 2772, 2774
– Rechtliche Konsequenzen	2769
– Zulässige Dauer	2770, 2773
Wegfall der Geschäftsgrundlage	2775 ff.
– Gesamtversorgung	2777
– Rechtsänderung	2776
– Schwankungsrisiken	2775

Wettbewerbsverbot	2778
– Wirksamkeit	2778
Widerruf	2779 ff.
– 3-Stufen-Theorie	2796, 2801, 2817, 2876
– Äquivalenzstörung	2865
– Ablösung	2867, 2868, 2871
– Anwärtertod	2833
– Beamte	2827
– Bestandsschutz	2792, 2796, 2800, 2801, 2803, 2808, 2811, 2815, 2843, 2848, 2852, 2855
– Betriebsrat	2808, 2819, 2826
– Betriebsvereinbarung	2796, 2801, 2802, 2803, 2805, 2808, 2813, 2814, 2815, 2824, 2826, 2835, 2837, 2839, 2840, 2841, 2850, 2857
– Bezugsrecht	2825
– Direktversicherung	2797, 2817, 2820
– Einigungsstelle	2819
– Entgeltumwandlung	2841
– Feststellungsklage	2786
– Gesamtzusage	2802, 2819, 2835, 2839, 2845, 2853, 2862
– Günstigkeitsvergleich	2796, 2841, 2850
– Hinterbliebenenrente	2829, 2833, 2855
– Konditionenkartell	2823
– Konzernunternehmen	2834, 2838
– Nachwirkung	2801
– Nettolohnbezogene Obergrenze	2864
– Neuordnung	2794, 2843
– Öffentlicher Dienst	2807, 2810, 2853
– Pensions-Sicherungs-Verein	2782, 2786, 2795, 2799, 2851
– Pflichtverletzung	2783, 2785, 2788, 2789, 2830, 2832, 2856
– Rechtsmissbrauch	2842
– Regelungsbefugnis der Tarifvertragsparteien	2873
– Rentenzusage	2876a
– Sachliche Gründe	2793, 2804, 2811, 2813, 2818, 2828, 2840, 2843, 2847, 2947
– Spätehenklausel	2816
– Tariflicher Eingriff	2866
– Tarifvertrag	2812, 2853, 2858, 2859, 2861
– Teilwiderruf	2785, 2789, 2854, 2869, 2874

– Überversorgung	2805, 2806, 2807, 2810, 2812, 2819, 2821, 2822, 2828, 2844, 2853, 2870
– Unklarheitenregel	2847
– Unterstützungskasse	2781, 2790, 2792, 2793, 2799, 2800, 2808, 2811, 2836, 2843, 2854
– Unverfallbarkeit	2784, 2793, 2797, 2821, 2830, 2831, 2842
– Versorgungszusage ggü. ausgeschiedenem GmbH-Geschäftsführer	2875
– Versteuerung	2820, 2836
– Vertragliche Einheitsregelungen	2872
– Vertraglicher Vorbehalt	2798
– Wegfall der Geschäftsgrundlage	2819, 2820, 2821, 2844, 2849
– Weihnachtsgeld	2846
– Wiederaufleben	2787
– Wirtschaftliche Notlage	2779, 2780, 2782, 2784, 2786, 2787, 2795, 2798, 2805, 2834, 2838, 2849,
– Zahlungstermin	2818
– Zeitkollisionsregel	2796, 2804, 2811
– Zustimmung	2791

Zusatzversorgung im öffentlichen Dienst	2877 ff.
– Befristung	2878
– Deutsche Bundespost	2880
– Geringfügig Beschäftigte	2879, 2880
– Gleichbehandlung	2881
– Nachversicherung	2882
– Rentenberechnung	2883
– Schadensersatz	2877
– Steuerliche Nachteile	2882
– Versorgungsanstalt	2883
– Vordienstzeiten	2886
– Zusatzversorgungskasse	2884
– Zusatzversorgungspflichtiges Entgelt	2885

Abfindung

▶ **Abfindungsverbot** 2092

ArbG Köln, Urt. v. 18.09.1975 – 13/12 Ca 3848/75 Fundstellen: DB 1976, 252

Leitsätze:

1. Wenn in der Ruhegeldordnung die Auszahlung einer 10 Jahre oder länger bestehenden Versorgungsanwartschaft bei vorzeitigem Ausscheiden vorgesehen ist, so widerspricht dies dem Willen des Gesetzgebers und dem Sinn und Zweck des BetrAVG. Denn gemäß § 17 Abs. 3 BetrAVG

sind die §§ 2 – 5 BetrAVG **zwingendes Recht**, von denen nur durch Tarifvertrag abgewichen werden kann.
2. Aber auch allgemein ist eine **Abweichung nur zugunsten des Arbeitnehmers** möglich. Das Wort »zugunsten« kann nur so verstanden werden, dass eine echte Garantie gegeben ist, dass der ausgezahlte Betrag tatsächlich vom Arbeitnehmer als unwiderrufliche Altersversorgung angelegt wird. Dies kann bei einem bloßen Auszahlungsanspruch nicht bejaht werden.

2093 ▶ **Abfindungsverbot**

LAG Düsseldorf, Urt. v. 05.05.1977 – 14 Sa 1374/76 Fundstelle: DB 1977, 2054

Leitsatz:

§ 3 BetrAVG enthält ein **Abfindungsverbot** für unverfallbare Versorgungsanwartschaften, die 10 Jahre und länger bestehen.

2094 ▶ **Rechtswirkungen einer Ausgleichsquittung**

LAG Hamm, Urt. v. 30.10.1979 – 6 Sa 91/79 Fundstellen: BetrAV 1980, 209 = DB 1980, 113

Leitsatz:

Eine Ausgleichsklausel in gerichtlichen Vergleichen oder in Ausgleichsquittungen enthält **generell keinen Verzicht** des Arbeitnehmers **auf Ansprüche aus betrieblicher Altersversorgung**. Die Höhe der Zuwendung ist insoweit unbeachtlich.

2095 ▶ **Voraussetzungen einer steuerbegünstigten Abfindung von Versorgungsleistungen**

BFH, Urt. v. 16.04.1980 – VI R 86/77 Fundstellen: BFHE 130, 168 = BStBl. II 1980, 393 = BB 1980, 1195 = DB 1980, 1376 = BetrAV 1980, 217

Leitsatz:

Eine **steuerbegünstigte Entschädigung** nach § 24 Nr. 1 Buchst. a i. V. m. § 34 Abs. 1 und Abs. 2 EStG kann gegeben sein, wenn der Arbeitnehmer beim Auslaufen eines befristeten Arbeitsvertrages sich dem Verlangen des Arbeitgebers, in eine Kapitalisierung seines fortbestehenden Anspruchs auf laufende Versorgungsleistungen einzuwilligen, **praktisch nicht entziehen** kann.

2096 ▶ **Abfindung im Sozialplan**

BAG, Urt. v. 30.10.1980 – 3 AZR 364/79 Fundstellen: BB 1981, 555 = DB 1981, 699 = NJW 1981, 1632

Leitsatz:

Durch einen Sozialplan können unverfallbare Versorgungsanwartschaften **nicht** aufgehoben oder kapitalisiert werden.

2097 ▶ **Konsequenzen eines Verstoßes gegen das Abfindungsverbot**

BAG, Urt. v. 22.03.1983 – 3 AZR 499/80 Fundstellen: AuR 1984, 120 = BetrAV 1984, 178 = BB 1984, 1168 = DB 1984, 727 = NJW 1984, 1783

Leitsätze:

1. Eine Versorgungsregelung, wonach unverfallbare Versorgungsanwartschaften bei vorzeitiger Vertragsbeendigung ohne Rücksicht auf die Zusagedauer abzufinden sind, verstößt gegen das Abfindungsverbot des § 3 BetrAVG und ist **nichtig**.
2. Dies gilt auch dann, wenn die Abfindung so bemessen ist, dass sie den Barwert einer nach § 2 BetrAVG berechneten Teilrente übersteigt. In einem solchen Fall ist nicht ohne weiteres anzunehmen, dass die Parteien eine Begünstigung des Arbeitnehmers über die gesetzlich

gewährleistete Teilrente hinaus gewählt und neben der gesetzlich vorgeschriebenen Teilrente eine Teilabfindung vereinbart hätten, wenn ihnen die Unzulässigkeit ihrer Abfindungsregelung bewusst gewesen wäre.
3. Die unzulässige Abfindungsregelung wird durch die Teilrentenreglung des Betriebsrentengesetzes vollständig verdrängt.

▶ **Zulässigkeit eines gerichtlichen Tatsachenvergleichs** 2098

BAG, Urt. v. 18.12.1984 – 3 AZR 125/84 Fundstellen: AuR 1985, 369 = BetrAV 1985, 177 = BB 1985, 1603 = DB 1985, 1949 = NZA 1986, 95

Leitsatz:

Ein **gerichtlicher Vergleich** über **tatsächliche Voraussetzungen** eines Versorgungsanspruchs verstößt nicht gegen zwingende Grundsätze des Betriebsrentengesetzes. Auch eine Einigung, wonach keine Versorgungsrechte bestehen, wird weder durch § 17 Abs. 3 Satz 3 BetrAVG noch durch § 3 Abs. 1 BetrAVG verboten.

▶ **Anforderungen an den Abfindungsbetrag** 2099

BAG, Urt. v. 30.07.1985 – 3 AZR 401/83 Fundstellen: BetrAV 1986, 70 = BB 1986, 531 = NZA 1986, 519

Leitsatz:

Ein **Vergleich**, der die Abfindung einer Versorgungsanwartschaft durch einen Kapitalbetrag vorsieht, kann gegen die **guten Sitten verstoßen** und deshalb **nichtig** sein (§ 138 BGB), wenn ein **grobes Missverhältnis** des beiderseitigen Nachgebens besteht. Ein Indiz hierfür ist gegeben, wenn die Abfindungssumme nur einen geringfügigen Bruchteil des zeitanteilig erdienten Anwartschaftswertes bildet und für einen so weitgehenden Verzicht kein Grund ersichtlich ist.

▶ **Unzulässigkeit des Verzichts auf Versorgungsanwartschaften** 2100

BAG, Urt. v. 22.09.1987 – 3 AZR 194/86 Fundstellen: AuR 1988, 153 = BetrAV 1988, 179 = BB 1988, 831 = DB 1988, 656 = NZA 1988, 470

Leitsatz:

Eine Versorgungsanwartschaft, die gemäß § 3 Abs. 1 BetrAVG nicht abgefunden werden darf, kann nicht wirksam erlassen werden.

▶ **Abfindungsverbot** 2101

LAG Düsseldorf, Urt. v. 13.06.1989 – 3 Sa 449/89 Fundstelle: BetrAV 1989, 179

Leitsätze:

1. Auch wenn die Abfindung einer Versorgungsanwartschaft gemäß § 3 Abs. 1 Satz 1 BetrAVG möglich ist, muss neben dem Arbeitnehmer auch der Arbeitgeber der Abfindung **zustimmen**.
2. § 3 Abs. 1 BetrAVG begründet für den Arbeitnehmer **keinen** durchsetzbaren **Rechtsanspruch** auf Zustimmung des Arbeitgebers zur Abfindungszahlung.

▶ **Keine Tarifbegünstigung bei freiwilliger Umwandlung von Rentenansprüchen in Kapitalzahlung** 2102

BFH, Urt. v. 09.07.1992 – XI R 5/91 Fundstellen: BFHE 168, 338 = BStBl. II 1993, S. 27 = DB 1993, 257

D. Rechtsprechungslexikon

Leitsatz:

Eine Tarifbegünstigung für außerordentliche Einkünfte bei Umwandlung zukünftiger Pensionsansprüche in eine Abfindungszahlung ist nicht möglich, wenn die Vertragsänderung vom Berechtigten **aus freien Stücken** herbeigeführt wird.

2103 ▶ **Abfindungszahlung aus Anlass der GmbH-Veräußerung und Steuertarif**

BFH, Urt. v. 07.03.1995 – XI R 54/94 Fundstelle: BFH/NV 1995, 961

Leitsatz:

Beruht der Entschluss des GGF, auf seine betrieblichen Versorgungsansprüche gegen Gewährung eines Geldbetrages zu verzichten, um den **Verkauf der Geschäftsanteile** zu ermöglichen, auf seiner freien Entscheidung und ist er dabei keiner Zwangslage ausgesetzt, so ist eine Anwendung des **ermäßigten Steuersatzes** gemäß § 34 EStG **nicht gerechtfertigt**.

2104 ▶ **Bei Einzelvereinbarung kein Anspruch nach der AO 54**

LAG Brandenburg, Urt. v. 25.11.1997 – 2 Sa 407/97 Fundstellen: BetrAV 1998, 224 = AuA 1998, 179

Leitsätze (nicht amtlich):

1. Bei Unsicherheiten über das Bestehen eines betriebsrentenrechtlichen Versorgungsanspruchs ist auch eine vergleichsweise Einigung dahingehend statthaft, dass keine Versorgungsansprüche bestehen und eine entsprechende Abfindung gezahlt wird.
2. Wer eine Einzelvereinbarung unterschrieben und wie vereinbart Ausgleichsleistungen entgegengenommen hat, hat damit auf alle weiteren Ansprüche aus der AO 54 verzichtet. Die abgeschlossene Vereinbarung ist auch weder sittenwidrig noch nichtig.
3. Nur ausnahmsweise können ein besonders grobes Missverhältnis zwischen Leistung und Gegenleistung oder eine verwerfliche Gesinnung des Arbeitgebers bei Abschluss der Vereinbarung zu ihrer Nichtigkeit führen.

2105 ▶ **Verrechnung von Renten mit einer Abfindung nach KSchG**

BAG, Urt. v. 24.03.1998 – 3 AZR 800/96 Fundstellen: DB 1998, 1340 = BB 1998, 1423 = BetrAV 1998, 219

Leitsatz:

Vereinbarungen zwischen Arbeitgeber und Arbeitnehmer über die Verrechnung künftiger Rentenansprüche mit Ansprüchen auf eine Abfindung nach §§ 9, 10 KSchG sind **nichtig** (§ 3 BetrAVG, § 134 BGB). Der Arbeitnehmer kann im Versorgungsfall seine Betriebsrente **ungekürzt** verlangen.

2106 ▶ **Sozialversicherungspflicht für Abfindungen bei fortbestehendem Arbeitsvertrag**

BSG, Urt. v. 28.1.1999 – B 12 KR 6/98 R und B 12 KR 14/98 R Fundstelle: BB 1999, 1928

Leitsatz:

Abfindungen, die im Rahmen eines weiterbestehenden Arbeitsverhältnisses als Ausgleich für verschlechterte Arbeitsbedingungen gezahlt werden, sind sozialversicherungspflichtiges Arbeitsentgelt nach § 14 SGB IV. Die Rechtsprechung zur Beitragsfreiheit von Abfindungen wegen Beendigung des Arbeitsverhältnisses (vgl. BSG v. 21.2.1990 – 12 RK 20/88 – BB 1990, 1350) ist nicht übertragbar, da es an einer Zahlung für eine Zeit nach dem Ende der Beschäftigung und der Versicherungspflicht fehlt.

Abfindung

▶ **Betriebsrentenrechtliches Abfindungsverbot – Verrechnung** 2107

BAG, Urt. v. 17.10.2000 – 3 AZR 7/00 Fundstellen: DB 2001, 2201 = BB 2001, 2117

Leitsatz:

Soll die in einem Aufhebungsvertrag vereinbarte Abfindung für den Verlust des Arbeitsplatzes mit der bis zur Vollendung des 60. Lebensjahres entstehenden betrieblichen Invalidenrente verrechnet werden, so ist die in der Verrechnungsabrede enthaltene aufschiebend bedingte Tilgungsbestimmung wegen Verstoßes gegen § 3 Abs. 1 BetrAVG unwirksam. Dem Arbeitgeber kann jedoch nach § 812 Abs. 1 Satz 2 BGB ein Bereicherungsanspruch auf Rückzahlung der Abfindung zustehen. § 817 Satz 2 BGB schließt diesen Anspruch nicht aus.

▶ **Anwendungsbereich des Abfindungsverbots** 2108

BAG, Urt. v. 21.03.2000 – 3 AZR 127/99 Fundstellen: DB 2001, 2611 = NZA 2001, 1308

Leitsatz:

Das Abfindungsverbot des § 3 Abs. 1 BetrAVG setzt voraus, dass bei Beendigung des Arbeitsverhältnisses der Versorgungsfall noch nicht eingetreten und der Arbeitnehmer objektiv noch Versorgungsanwärter ist.

▶ **Abfindung oder Umgestaltung der Versorgung** 2109

BAG, Urt. v. 20.11.2001 – 3 AZR 28/01 Fundstellen: DB 2002, 2333 = BetrAV 2002, 718

Leitsätze:

1. Das Abfindungsverbot des § 3 BetrAVG ist nicht anwendbar, wenn die betriebliche Altersversorgung lediglich umgestaltet wird und die neuen Versorgungsleistungen wirtschaftlich gleichwertig sind. Dabei kommt es auf den durch Auslegung zu ermittelnden Inhalt der getroffenen Vereinbarung an.
2. § 3 BetrAVG führt nur zur Aufrechterhaltung der bei Abschluss des Abfindungsvertrages bereits bestehenden Versorgungsanwartschaften.

▶ **Zulässiger Teilverzicht auf Versorgungsansprüche nach Ausscheiden aus dem Unternehmen** 2110

LAG Köln, Urt. v. 08.06.2007 – 11 Sa 283/07 Fundstellen: JurionRS 2007, 36300

Leitsatz:

Bis zum 31.12.2004 konnten die Parteien eines beendeten Arbeitsverhältnisses in zulässiger Weise die Abänderung von bereits entstandenen Versorgungsansprüchen des Arbeitnehmers auch zu dessen Nachteil vereinbaren, sofern eine solche Vereinbarung nicht im Zusammenhang mit der Beendigung ihres Arbeitsverhältnisses stand.

▶ **Verfassungsmäßige Verpflichtung des Arbeitgebers zur Entgeltumwandlung** 2111

BAG, Urt. v. 12.06.2007 – 3 AZR 14/06 Fundstellen: AP Nr. 1 zu § 1a BetrAVG = BetrAV 2007, 668 = DB 2007, 2722 = EzA § 1a BetrAVG Nr. 2 = NZA-RR 2007, 650 = VersR 2008, 1137

Leitsatz:

Die sich aus dem Betriebsrentengesetz ergebende Pflicht zur Entgeltumwandlung ist mit dem Grundgesetz vereinbar.

Orientierungssatz des Autors:

Die Verpflichtung des Arbeitgebers zur Entgeltumwandlung nach § 1a BetrVG verstößt weder gegen Art. 12 Abs. 1 GG bzw. Art. 3 Abs. 2 GG noch gegen Art. 141 EG.

2111a ▶ **Zulässigkeit einer Abfindung bezüglich der im Insolvenzverfahren erdienten Anwartschaften**

BAG, Urt. v. 22.12.2009 – 3 AZR 814/07 Fundstellen: BAGE 133, 50 = NZA 2010, 568 = DB 2009, 1018 = ZIP 2010, 897

Leitsätze:

1. Kommt es während des Insolvenzverfahrens zu einem Betriebsübergang, hat der Insolvenzverwalter für die während des Insolvenzverfahrens erworbenen Anwartschaften all derjenigen einzustehen, die nach Eröffnung des Insolvenzverfahrens, aber vor dem Betriebsübergang ausgeschieden sind, oder die von einem Betriebsübergang nicht erfasst werden oder einem Betriebsübergang gemäß § 613a Abs. 6 BGB widersprochen haben. Diese Anwartschaften kann der Insolvenzverwalter unter den Voraussetzungen des § 3 Abs. 4 BetrAVG abfinden.
2. Für eine vollständige Einstellung der Betriebstätigkeit reicht es aus, wenn die Schuldnerin selbst keine gewerblichen oder freiberuflichen Tätigkeiten mehr entfaltet.

Anpassung

2112 ▶ **Maßgeblichkeit des Inflationsausgleichs**

BAG, Urt. v. 16.12.1976 – 3 AZR 795/75 Fundstellen: BB 1977, 96 = DB 1977, 115

Leitsatz:

Ansatzpunkt für die in § 16 vorgeschriebene Anpassung ist das Ausmaß der Verteuerung. Sie spiegelt sich wieder in dem Preisindex für die Lebenshaltung von 4-Personen-AN-Haushalten mit mittlerem Einkommen; Basisjahr 1970. Ein Abschlag in der Form eines Sockelprozentsatzes wegen normaler Teuerung ist ebensowenig berechtigt wie eine Bereinigung dieses Preisindexes aus Gründen der veränderten Einkommensverteilung.

2113 ▶ **Zulässigkeit einer Nettolohnlimitierung**

BAG, Urt. v. 11.08.1981 – 3 AZR 395/80 Fundstellen: AuR 1981, 351 = BetrAV 1981, 219 = BB 1981, 1835 = DB 1981, 2331 = NJW 1982, 957

Leitsätze:

1. Bei der dreijährigen Überprüfung der Betriebsrenten gemäß § 16 BetrAVG muss die **Dynamik der Sozialversicherungsrenten** grundsätzlich **außer Betracht** bleiben. Auch wenn sich das Verhältnis der Gesamtversorgung eines Rentners im Vergleich zu den Nettoverdiensten vergleichbarer Arbeitnehmer verbessert, reicht das allein nicht aus, um die Ablehnung des Teuerungsausgleichs zu rechtfertigen.
2. Wenn die aktive Belegschaft keinen vollen Teuerungsausgleich erhält, müssen sich auch die Betriebsrentner mit einer entsprechend geringeren Anpassungsrate begnügen. Deshalb widerspricht es nicht der Billigkeit, wenn der Arbeitgeber die durchschnittliche **Steigerungsrate der Nettolöhne** als Maßstab bei der Anpassung der Betriebsrenten verwendet.
3. Werden Betriebsrenten wegen einer **strukturellen Änderung** der Altersversorgung angehoben, so ist bei den folgenden Anpassungsprüfungen von dem erhöhten Betrag auszugehen. Der Arbeitgeber kann die Erhöhung dann nicht als vorweggenommenen Teuerungsausgleich behandeln.

2114 ▶ **Kriterien der Anpassungsprüfung**

LAG Köln, Urt. v. 15.09.1982 – 2 Sa 353/82 Fundstelle: DB 1983, 398

Leitsätze:

1. Die für das billige Ermessen maßgebenden Umstände sind nach dem Zeitpunkt zu beurteilen, in dem über die Anpassung zu entscheiden war.

2. **Betriebswirtschaftliche Kriterien**: Entwicklung des Gewinns, der Umsätze sowie der Rentabilität, wobei es sich um das Verhältnis von Gewinn und Umsatz oder Gewinn zum Eigenkapital oder Gesamtkapitaleinsatz handeln kann.
3. Es kommt auf die wirtschaftliche Situation an; diese muss zum Überprüfungszeitpunkt aber keineswegs eine wirtschaftliche Notlage sein. Bei der in § 16 BetrAVG vorgesehenen Berücksichtigung der wirtschaftlichen Lage des Arbeitgebers muss es für entscheidend angesehen werden, dass **vorrangig** der **Betrieb** und seine **Arbeitsplätze erhalten** bleiben. Es ist deshalb legitim, wenn der Arbeitgeber unter Hinweis auf die sich im April 1978 schon abzeichnende Verschlechterung der wirtschaftlichen Lage eine volle Anpassung der Betriebsrente verweigert.

▶ **Keine Anpassungsprüfung durch den PSV**   2115

BAG, Urt. v. 22.03.1983 – 3 AZR 574/81 Fundstellen: AuR 1983, 313 = BetrAV 1983, 207 = BB 1983, 1730 = DB 1983, 1982 = NJW 1983, 2902

Leitsatz:

Die Verpflichtung zur Anpassungsprüfung trifft nicht den Pensions-Sicherungs-Verein, der als Träger der gesetzlichen Insolvenzsicherung die Versorgungslast notleidender Unternehmen auffängt.

▶ **Zur wirtschaftlichen Lage des Arbeitgebers**   2116

BAG, Urt. v. 31.01.1984 – 3 AZR 514/81 Fundstellen: AuR 1984, 345 = BetrAV 1985, 21 = BB 1984, 2270 = DB 1984, 1833 = NJW 1985, 165 = NZA 1984, 357

Leitsätze:

1. Nach § 16 BetrAVG bilden »laufende Leistungen« der betrieblichen Altersversorgung den Gegenstand der Anpassungsprüfung. Das bedeutet nicht, dass auch der Teuerungsausgleich nur rentenförmig geleistet werden dürfte. Einmalige Zahlungen sind zulässig, wenn die wirtschaftliche Lage des Arbeitgebers eine Anpassung nur in dieser Form erlaubt.
2. Die **wirtschaftliche Lage des Arbeitgebers** lässt sich nicht beschränkt auf einen Stichtag erfassen. Die maßgeblichen Daten können nur **im Zeitablauf** gewürdigt werden. Hat der Arbeitgeber über Jahre hinweg erhebliche Verluste erlitten, oder sind durch **anhaltende wirtschaftliche Schwierigkeiten** sogar einschneidende **Sanierungsmaßnahmen** erforderlich geworden, dann können die Pensionäre keinen Teuerungsausgleich verlangen. Wirtschaftliche Lage im Sinne des § 16 BetrAVG erfordert **keine Notlage** wie bei § 7 BetrAVG.
3. Als **Belange des Versorgungsempfängers** dürfen nur solche Umstände berücksichtigt werden, die durch die Teuerung seit Eintritt des Versorgungsfalles bedingt sind. Besondere Verdienste oder persönliche Opfer während des aktiven Arbeitsverhältnisses müssen außer Betracht bleiben.

▶ **Nachweispflichten hinsichtlich der wirtschaftlichen Lage des Arbeitgebers**   2117

BAG, Urt. v. 23.04.1985 – 3 AZR 548/82 Fundstellen: AuR 1985, 228 = BetrAV 1985, 184 = BB 1985, 1470 = DB 1985, 1645 = NZA 1985, 499

Leitsätze:

1. Wird die Anpassung von Betriebsrenten nach § 16 BetrAVG mit der Begründung abgelehnt, sie würde zu einer **übermäßigen Belastung** führen, so trägt der **Arbeitgeber** insoweit die **Darlegungs- und Beweislast**.
2. Die Mitteilung von Verlusten, mit denen einzelne Handelsbilanzen oder Betriebsergebnisberechnungen abgeschlossen haben, reicht als Vortrag nicht aus. Solche Ergebnisse erlauben Rückschlüsse auf die wirtschaftliche Lage eines Unternehmens in der Regel nur in Verbindung mit den übrigen Bilanzdaten, also ihren Berechnungsgrundlagen.
3. Kann der Arbeitgeber seiner Darlegungslast nur genügen, indem er Betriebs- oder Geschäftsgeheimnisse preisgibt, muss ihn das Gericht mit den Mitteln des Prozessrechts schützen. In

Betracht kommen: Der zeitweise **Ausschluss der Öffentlichkeit** (§ 52 ArbGG, § 172 GVG) und **strafbewehrte Schweigegebote** (§ 174 Abs. 2 GVG).

2118 ▶ Zur wirtschaftlichen Lage des Arbeitgebers

BAG, Urt. v. 23.04.1985 – 3 AZR 156/83 Fundstellen: AuR 1985, 228 = BetrAV 1985, 180 = BB 1985, 1731 = DB 1985, 1642 = MDR 1985, 788 = NZA 1985, 496

Leitsätze:

1. Die Anpassung der Betriebsrenten an die Kaufkraftentwicklung kann nach § 16 BetrAVG ganz oder teilweise abgelehnt werden, wenn und soweit dadurch eine **übermäßige Belastung** des Unternehmens verursacht würde.
2. Als übermäßig ist die Belastung dann anzusehen, wenn es mit einiger Wahrscheinlichkeit unmöglich sein wird, den Teuerungsausgleich aus dem **Wertzuwachs** des Unternehmens und dessen **Erträgen** in der Zeit nach dem Anpassungsstichtag aufzubringen.
3. Die dazu erforderliche **Prognose** muss auf die **Unternehmensentwicklung der zurückliegenden Zeit** gestützt werden. Hat sich die Anpassungsentscheidung verzögert oder findet eine gerichtliche Nachprüfung statt, so darf die positive oder negative Entwicklung nach dem Anpassungsstichtag nicht außer Betracht bleiben.
4. Die Einschränkung des Personalbestandes erlaubt für sich betrachtet keine Voraussagen für die Unternehmensentwicklung. Ebenso können negative Bilanzergebnisse in einzelnen zurückliegenden Jahren nur in Verbindung mit anderen Daten aussagekräftig sein.
5. Soweit das Unternehmen **Versorgungsrückstellungen** in seiner Bilanz ausweist, sind die steuerlichen und wirtschaftlichen Vorteile, die sich auf diese Weise erzielen lassen, bei der Anpassungsprüfung zu berücksichtigen.

2119 ▶ Umfang einer Anpassungsverpflichtung kraft betrieblicher Übung

BAG, Urt. v. 03.12.1985 – 3 AZR 577/83 Fundstellen: AuR 1986, 348 = BetrAV 1986, 247 = BB 1986, 2340 = DB 1986, 2551 = NZA 1986, 787

Leitsätze:

1. Hat ein Arbeitgeber schon vor Inkrafttreten des § 16 BetrAVG in regelmäßigen Zeitabständen an die Lohn- oder Gehaltsentwicklung angepasst, obwohl seine Versorgungsordnung das nicht vorsah, so kann dadurch eine **betriebliche Übung** entstanden sein. Die daraus folgende **Bindung** geht jedoch im Zweifel **nicht weiter als** die Anpassungspflicht nach **§ 16 BetrAVG**, ist also von der wirtschaftlichen Lage des Unternehmens abhängig.
2. Gerät der Arbeitgeber in wirtschaftliche Schwierigkeiten, ist er an die bisher bestehende Anpassungsübung nicht mehr gebunden. Auch den PSV trifft keine Anpassungspflicht, wenn er die Erfüllung der Betriebsrenten in einem solchen Fall übernehmen muss.

2120 ▶ Umfang einer Anpassungsverpflichtung kraft betrieblicher Übung

BAG, Urt. v. 03.02.1987 – 3 AZR 330/85 Fundstellen: AuR 1987, 310 = BetrAV 1987, 228 = BB 1987, 1673 = DB 1987, 2046 = NZA 1987, 666

Leitsätze:

1. Überprüft ein Arbeitgeber die laufenden Rentenzahlungen in regelmäßigen Abständen, um sie an die Lohn- oder Gehaltsentwicklung anzupassen, obwohl seine Versorgungszusagen das nicht vorsehen, so kann dadurch eine **betriebliche Übung** entstehen (Bestätigung des Urteils vom 03.12.1985 – 3 AZR 577/83).
2. Wie weit die daraus folgenden **Pflichten** reichen, hängt von der Art der Anpassungspraxis ab:
   a) Ist es nur üblich, nach billigem Ermessen zu prüfen, ob eine Anpassung der Betriebsrenten möglich ist, so geht die **Anpassungspflicht nicht weiter als § 16 BetrAVG**. Das ist der **Regelfall**.

b) Denkbar ist aber auch, dass die Übung **ausnahmsweise** dahin geht, die Betriebsrenten unter feststehenden Voraussetzungen an bestimmte Bezugsgrößen anzupassen; in diesem Falle entsprechen die entstandenen Pflichten denjenigen einer **Spannenklausel**.
3. Im **Insolvenzfall** muss der Pensions-Sicherungs-Verein die Anpassungspflicht nur dann übernehmen, wenn diese auf einer Spannenklausel oder einer entsprechenden betrieblichen Übung beruht (ständige Rechtsprechung).

▶ **Zur wirtschaftlichen Lage einer Konzerngesellschaft** 2121

BAG, Urt. v. 14.02.1989 – 3 AZR 191/87 Fundstellen: AuR 1989, 257 = BetrAV 1989, 178 = BB 1989, 428 = DB 1989, 1471 = NZA 1989, 844

Leitsätze:

1. Bei der Beurteilung der **wirtschaftlichen Lage** des Unternehmens kommt es auf seine **Ertragskraft im ganzen** an. Der Arbeitgeber ist nicht schon dann zu einer Anpassung der Betriebsrenten verpflichtet, wenn einzelne positive Bilanzposten den Umfang der Anpassungslast übersteigen.
2. Wegen der wirtschaftlichen Verflechtung von Konzerngesellschaften kann es bei der Beurteilung der wirtschaftlichen Ertragskraft auf die **wirtschaftliche Lage des Konzerns** ankommen. Voraussetzung ist eine **enge wirtschaftliche Verknüpfung** der Unternehmen.
3. Besteht zwischen der Konzernobergesellschaft und dem in Anspruch genommenen Unternehmen ein **Beherrschungs- und Gewinnabführungsvertrag**, kommt es in der Regel auf die wirtschaftliche Lage der Konzernobergesellschaft an.
4. Das ist ausnahmsweise dann nicht der Fall, wenn das in Anspruch genommene Unternehmen entweder wirtschaftlich unbeeinflusst handeln konnte oder trotz der wirtschaftlichen Einbindung in den Konzern so gehandelt hat, wie es unter Wahrung der eigenen Interessen als selbständige Gesellschaft gehandelt hätte.

▶ **Reallohnbezogene Obergrenze (Nettolohnlimitierung)** 2122

BAG, Urt. v. 14.02.1989 – 3 AZR 313/87 Fundstellen: BetrAV 1989, 201 = BB 1989, 1554 = DB 1989, 1422 = MDR 1989, 849 = NZA 1989, 675

Leitsätze:

1. Bei der dreijährigen Überprüfung von Betriebsrenten gemäß § 16 BetrAVG widerspricht es nicht der Billigkeit, wenn der Arbeitgeber die Renten nur bis zur durchschnittlichen **Steigerungsrate der Reallöhne** der aktiven Arbeitnehmer anpasst. Die Belange der Versorgungsempfänger sind schon dann ausreichend berücksichtigt, wenn die Renten bis zur »**reallohnbezogenen Obergrenze**« angehoben werden.
2. Der Arbeitgeber ist **nicht verpflichtet**, bei der Anpassung auf die **individuelle Belastung** eines Rentners mit überdurchschnittlich hohen Steuern und mit einem Krankenkassenbeitrag Rücksicht zu nehmen.

▶ **Verjährung** 2123

LAG Hamm, Urt. v. 19.03.1991 – 6 Sa 697/90 Fundstellen: BetrAV 1991, 178 = BB 1991, 1126 = DB 1991, 1121 = NZA 1991, 938

Leitsätze:

1. Unterlässt es der Arbeitgeber, die laufenden Leistungen der betrieblichen Altersversorgung gemäß § 16 BetrAVG anzupassen oder widerspricht seine Entscheidung, nach der die Steigerung der Lebenshaltungskosten nicht voll ausgeglichen wird, billigem Ermessen, unterliegen die Ansprüche des Versorgungsempfängers auf Erhöhung der Betriebsrente der **zweijährigen Verjährung** nach § 196 Abs. 1 Nr. 8 BGB. Der Beginn der Verjährung wird nicht dadurch gehemmt, dass der Arbeitgeber es unterlässt, dem Versorgungsempfänger das Ergebnis der Anpassungsprüfung und -entscheidung mitzuteilen.

2. Zur Mitteilung und Begründung der Anpassungsentscheidung ist der Arbeitgeber nur aufgrund eines entsprechenden **Auskunftsbegehrens** des Versorgungsempfängers verpflichtet.

2124 ▶ Nachholende Anpassung von Betriebsrenten

BAG, Urt. v. 28.04.1992 – 3 AZR 142/91 Fundstellen: AuR 1992, 377 = BetrAV 1993, 222 = BB 1992, 2152 = DB 1992, 2401 = NZA 1993, 69

Leitsätze:

1. Der in § 16 BetrAVG für die Anpassung von Betriebsrenten vorgeschriebene Dreijahresturnus zwingt nicht zu starren, individuellen Prüfungsterminen. Der Arbeitgeber kann die in einem Jahr fälligen **Anpassungsprüfungen gebündelt** zu einem bestimmten Zeitpunkt innerhalb oder am Ende des Jahres vornehmen.
2. Wurde in der Vergangenheit kein voller Geldwertausgleich gewährt, ist bei Folgeprüfungen der **Kaufkraftverlust seit Rentenbeginn** und nicht erst seit den letzten drei Jahren zu berücksichtigen (**nachholende Anpassung**). Das folgt aus dem Zweck des § 16 BetrAVG. Diese Bestimmung soll durch den Ausgleich des Kaufkraftverlustes dazu beitragen, die Gleichwertigkeit von Leistung und Gegenleistung aufrechtzuerhalten. Der Arbeitnehmer kann aufgrund der zuvor erbrachten Leistungen erwarten, dass ihm der volle wirtschaftliche Wert der Gegenleistung während des Bezugs der Rente erhalten bleibt.
3. Die Anpassung von Betriebsrenten an die Kaufkraftentwicklung kann nach § 16 BetrAVG ganz oder teilweise abgelehnt werden, soweit das Unternehmen übermäßig belastet würde. Die Belastung ist übermäßig, wenn es mit einiger Wahrscheinlichkeit unmöglich sein wird, den Teuerungsausgleich aus dem **Wertzuwachs** des Unternehmens und dessen Erträgen in der Zeit nach dem Anpassungsstichtag aufzubringen (Bestätigung von BAGE 48, 272 = AP Nr. 17 zu § 16 BetrAVG).
4. Diese Grundsätze gelten auch, wenn der Arbeitgeber in der Vergangenheit keinen vollen Geldwertausgleich gewährt hat und deshalb eine nachholende Anpassung zu prüfen ist. Da in diesem Fall die Gefahr besteht, dass der Anpassungsstau den wirtschaftlich wieder gestärkten Arbeitgeber überfordert, ist seine **Leistungsfähigkeit besonders sorgfältig** zu prüfen.

2125 ▶ Nachholende Anpassung im Konzernunternehmen

BAG, Urt. v. 28.04.1992 – 3 AZR 244/91 Fundstellen: BetrAV 1993, 108 = BB 1992, 2292 = DB 1992, 2402 = MDR 1993, 358 = NZA 1993, 72

Leitsätze:

1. Bei der Anpassung von Betriebsrenten an die Kaufkraftentwicklung nach § 16 BetrAVG ist von einem Anpassungsbedarf in Höhe des **Kaufkraftverlustes seit Rentenbeginn** und nicht von einem Anpassungsbedarf lediglich der letzten drei Jahre auszugehen (Vgl. Urt. des Senats vom 28.4.1992 – 3 AZR 142/91).
2. Die Anpassung von Betriebsrenten kann ganz oder teilweise abgelehnt werden, soweit dadurch eine übermäßige Belastung des Unternehmens verursacht würde.
3. Wegen der wirtschaftlichen Verflechtung von Konzerngesellschaften kann es bei der Beurteilung der wirtschaftlichen Leistungsfähigkeit auf die **wirtschaftliche Lage des Konzerns** ankommen. Voraussetzung ist eine **enge wirtschaftliche Verknüpfung** der Unternehmen (Bestätigung von BAGE 61, 94 = AP Nr. 22 zu § 16 BetrAVG).
4. Eine solche enge wirtschaftliche Verknüpfung kann auch ohne Abschluss eines Beherrschungs- oder Gewinnabführungsvertrages bei einem **qualifiziert faktischen Konzern** vorliegen. Voraussetzung dafür ist, dass das herrschende Unternehmen die **Geschäfte** des beherrschten Unternehmens **dauernd** und **umfassend geführt** hat (im Anschluss an BGHZ 95, 330, 346 – Autokran; BGHZ 107, 7, 15 – Tiefbau und BGH, Urt. vom 23.9.1991 – II ZR 135/90 – Video – AP Nr. 1 zu § 303 AktG).

Anpassung   D.

▶ **Nachholende Anpassung von Betriebsrenten**   2126

   BAG, Urt. v. 28.04.1992 – 3 AZR 356/91 Fundstellen: AuR 1993, 27 = BetrAV 1993, 49 = BB 1992, 2296 = DB 1993, 282 = NZA 1993, 74

Leitsätze:

1. Bei der Anpassung von Betriebsrenten an die Kaufkraftentwicklung nach § 16 BetrAVG ist von einem Anpassungsbedarf in Höhe des **Kaufkraftverlustes seit Rentenbeginn** und nicht von einem Anpassungsbedarf lediglich der letzten drei Jahre auszugehen.
2. Der Anpassungsbedarf ist auch dann mit dem Kaufkraftverlust ab Rentenbeginn zu berechnen, wenn der Arbeitgeber die Betriebsrente zunächst stärker erhöht hatte, als er nach § 16 BetrAVG verpflichtet war. Der Arbeitnehmer kann nicht verlangen, dass die Teuerung auf der Grundlage einer überhöhten Rentenzahlung ausgeglichen wird.
3. Bei der ersten nach § 16 BetrAVG vorgeschriebenen Anpassung der betrieblichen Versorgungsleistung zum 1.1.1975 muss sich der Arbeitnehmer mit dem **hälftigen Ausgleich** des Kaufkraftverlustes begnügen. Für die nachfolgenden Anpassungsprüfungen entspricht die Anhebung der Pension im Umfang der seit 1.1.1975 eingetretenen Verteuerung billigem Ermessen im Sinne von § 16 BetrAVG.

▶ **Keine Anpassung durch den PSV**   2127

   BAG, Urteil vom 05.10.1993 – 3 AZR 698/92 Fundstellen: AuR 1994, 158 = BB 1994, 864 = DB 1994, 687 = MDR 1994, 1130 = NJW 1994, 1894 = NZA 1994, 459

Leitsätze:

1. Der Pensions-Sicherungs-Verein **ist grundsätzlich nicht verpflichtet**, laufende Renten an den Kaufkraftverlust anzupassen (Bestätigung der st. Rspr., vgl. BAGE 42, 117 = AP Nr. 14 zu § 16 BetrAVG; BAGE 54, 118 = AP Nr. 20 zu § 16 BetrAVG).
2. Eine **Anpassungspflicht** besteht nur, wenn der Arbeitgeber **nach dem Inhalt der Ruhegeldzusage** zur Anpassung verpflichtet war.

▶ **Anpassung der Betriebsrente im Konzern**   2128

   BAG, Urt. v. 14.12.1993 – 3 AZR 519/93 Fundstellen: AuR 1994, 242 = BetrAV 1994, 196 = BB 1994, 796 = DB 1994, 1147 = NZA 1994, 551

Leitsätze:

1. Der Arbeitgeber kann die Anpassung der Betriebsrenten an die Kaufkraftentwicklung nach § 16 BetrAVG ganz oder teilweise ablehnen, wenn und soweit dadurch eine übermäßige Belastung des Unternehmens verursacht würde. Übermäßig ist die Belastung dann, wenn es dem Unternehmen mit einiger Wahrscheinlichkeit unmöglich sein wird, den Teuerungsausgleich aus dem Wertzuwachs des Unternehmens und dessen Erträgen in der Zeit nach dem Anpassungsstichtag aufzubringen (st. Rspr. des Senats).
2. Wegen der wirtschaftlichen Verflechtung von Konzerngesellschaften kann es bei der wirtschaftlichen Leistungsfähigkeit auf die wirtschaftliche Lage des Konzerns ankommen. Voraussetzung ist eine enge wirtschaftliche Verknüpfung der Unternehmen (Bestätigung von BAGE 61, 94 = AP Nr. 22 zu § 16 BetrAVG).
3. Eine solche enge wirtschaftliche Verknüpfung kann auch ohne Abschluss eines Beherrschungs- oder Gewinnabführungsvertrages bei einem qualifiziert faktischen Konzern vorliegen. Voraussetzung dafür ist, dass das herrschende Unternehmen die Geschäfte des beherrschten Unternehmens dauernd und umfassend geführt und die Leitungsmacht in einer Weise ausgeübt hat, die keine angemessene Rücksicht auf die eigenen Belange der abhängigen Gesellschaft nimmt (im Anschluss an BGH Urteil vom 29.3.1993 – II ZR 265/91 – TBB – ZIP 1993, 589; zugleich Bestätigung des Urteils des Senats vom 28.4.1992 – 3 AZR 244/91 – AP Nr. 25 zu § 16 BetrAVG).

4. Eine mangelnde Rücksichtnahme auf die Belange der abhängigen Gesellschaft kann auch darin liegen, dass das herrschende Unternehmen das beherrschte Unternehmen veranlasst, gewinnbringende Geschäftsbereiche auszugliedern und zu verselbständigen. Dagegen ist der Vorwurf der mangelnden Rücksichtnahme auf die Interessen der abhängigen Gesellschaft nicht berechtigt, wenn ein bisher verlustreicher Geschäftsbetrieb ausgegliedert wird oder wenn neugebildete Gesellschaften zur Gewinnabführung an das den Geschäftsbereich abgebende Unternehmen verpflichtet werden.

2129 ▶ **Insolvenzschutz für Rentenanpassung**

BAG, Urt. v. 26.04.1994 – 3 AZR 981/93 Fundstellen: BetrAV 1994, 274 = BB 1994, 1789 = DB 1994, 1831

Leitsatz:

Rentenerhöhungen nach § 16 BetrAVG **im letzten Jahr vor Eintritt** des Insolvenzfalles nehmen am Versicherungsschutz **nicht** teil.

2130 ▶ **Betriebsrentenanpassung im Konzern**

BAG, Urt. v. 04.10.1994 – 3 AZR 910/93 Fundstellen: AuR 1995, 149 = BB 1995, 777 = DB 1995, 528 = NJW 1995, 2127 = NZA 1995, 368 = RdA 1995, 186

Leitsätze:

1. Der frühere Arbeitgeber ist Schuldner der Anpassungsverpflichtung nach § 16 BetrAVG. Die Anpassung der Betriebsrente an den eingetretenen Kaufkraftverlust ist dann geschuldet, wenn seine wirtschaftliche Lage es erlaubt. Ist der frühere Arbeitgeber aufgrund seiner wirtschaftlichen Lage nicht imstande, die Anpassungsraten aus den **Erträgen** und dem **Wertzuwachs** seines Unternehmens zu bestreiten, braucht er die Betriebsrenten nicht anzupassen.
2. Etwas anderes kann gelten, wenn der Versorgungsschuldner in einen Konzern eingebunden ist. In diesem Fall kann es ausnahmsweise auf die **wirtschaftliche Lage des herrschenden Unternehmens** ankommen. Bei der Anpassungsentscheidung nach § 16 BetrAVG ist dann auf die wirtschaftliche Lage dieses Unternehmens abzustellen (sog. **Berechnungsdurchgriff**).
3. Für einen solchen Berechnungsdurchgriff müssen zwei Voraussetzungen erfüllt sein:
   a) Zwischen dem Versorgungsschuldner und dem herrschenden Unternehmen muss eine **verdichtete Konzernverbindung** bestehen. Diese Voraussetzung ist erfüllt, wenn ein **Beherrschungs- oder Ergebnisabführungsvertrag** besteht. Es reicht aber auch aus, wenn ein Unternehmen die Geschäfte des Versorgungsschuldners **tatsächlich umfassend** und **nachhaltig führt**.
   b) Weiter ist für einen Berechnungsdurchgriff erforderlich, dass die Konzernleitungsmacht in einer Weise ausgeübt worden ist, die auf die Belange des abhängigen Tochterunternehmens keine angemessene Rücksicht genommen und so die mangelnde Leistungsfähigkeit des Versorgungsschuldners verursacht hat.
4. Bei der Beurteilung der wirtschaftlichen Lage des herrschenden Unternehmens im Wege des Berechnungsdurchgriffs kann auch die Konzernbindung dieses Unternehmens an eine weitere Konzernobergesellschaft von Bedeutung sein. Ergibt sich hieraus, dass die Betriebsrentner des Mutterunternehmens sich für einen Anpassungsanspruch auf einen Berechnungsdurchgriff zur Konzernobergesellschaft berufen könnten, kommt dies auch den Betriebsrentnern des Tochterunternehmens zugute (**doppelter Berechnungsdurchgriff**).

2131 ▶ **Rentenanpassung bei späterer Betriebsstilllegung**

BAG, Urt. v. 17.10.1995 – 3 AZR 881/94 Fundstellen: AuR 1996, 279 = BetrAV 1996, 259 = BB 1996, 1388 = DB 1996, 1425 = NZA 1996, 1038 = ZIP 1996, 1261

Leitsätze:
1. Der Arbeitgeber hat bei seiner Anpassungsentscheidung nach § 16 BetrAVG die **Belange der Versorgungsempfänger** und seine **eigene wirtschaftliche Lage** zu berücksichtigen. Er hat, ausgehend von den **Verhältnissen am Prüfungsstichtag** die voraussichtliche wirtschaftliche Entwicklung des Unternehmens und die Auswirkungen eines Teuerungsausgleichs abzuschätzen. Wirtschaftliche Daten nach dem Anpassungsstichtag sind nur insoweit von Bedeutung, als sie eine frühere Prognose bestätigen oder entkräften. Nicht vorhersehbare, veränderte Rahmenbedingungen oder spätere, zum Anpassungsstichtag noch nicht absehbare Betriebsstilllegungen spielen keine Rolle (Klarstellung zum Urteil des Senats vom 23. April 1985 – 3 AZR 156/83, BAGE 48, 272, 283 = AP Nr. 17 zu § 16 BetrAVG, zu III 1 der Gründe).
2. Bei einer auf § 16 BetrAVG gestützten Anpassungsklage ist **kein bezifferter Leistungsantrag** nötig. Dem Bestimmtheitsgebot des § 253 Abs. 2 Nr. 2 ZPO ist genügt, wenn der Kläger den anspruchsbegründenden Sachverhalt und einen Mindestbetrag der Anpassung angibt.
3. Die Klage auf Erhöhung der Betriebsrente ab einem bestimmten Tag beschränkt sich auf die zu diesem Zeitpunkt gebotene Anpassung. Wenn auch Anpassungen zu späteren Stichtagen in den Rechtsstreit einbezogen werden sollen, ist eine **Klageerweiterung** erforderlich.

▶ **Nachträgliche Anpassung der Betriebsrenten**   2132

BAG, Urt. v. 17.04.1996 – 3 AZR 56/95 Fundstellen: BetrAV 1996, 322 = BB 1996, 2573 = DB 1996, 2496

Leitsätze:
1. Der Senat hält an seiner Rechtsprechung zur **nachholenden Anpassung** fest (vgl. BAGE 70, 137, 141 ff. und BAGE 70, 158, 161 = AP Nr. 24 und 25 zu § 16 BetrAVG, jeweils zu II der Gründe, Urteil vom 28.4.1992 – 3 AZR 356/91 – AP Nr. 26 zu § 16 BetrAVG, zu II der Gründe). Die nachholende Anpassung betrifft die **Höhe des Versorgungsbedarfs** und besagt, dass – bezogen auf einen Anpassungstermin – nicht nur die Teuerung in den letzten drei Jahren, sondern der **Kaufkraftverlust seit Rentenbeginn** zu berücksichtigen ist.
2. Davon ist eine **nachträgliche Anpassung** zu unterscheiden. Durch eine nachträgliche Anpassung soll die Betriebsrente bezogen auf einen **früheren Anpassungsstichtag** unter Berücksichtigung der damaligen wirtschaftlichen Lage des Unternehmens erhöht werden.
   a) Wenn der Versorgungsempfänger die Anpassungsentscheidung des Arbeitgebers für unrichtig hält, muss er dies vor dem nächsten Anpassungsstichtag dem Arbeitgeber gegenüber wenigstens außergerichtlich geltend machen. Mit dem nächsten Anpassungsstichtag entsteht ein neuer Anspruch auf Anpassungsprüfung und -entscheidung. Der Anspruch auf Korrektur einer früheren Anpassungsentscheidung erlischt.
   b) Hat der Arbeitgeber bis zum nächsten Anpassungsstichtag die Betriebsrenten weder erhöht noch sich zur Anpassung ausdrücklich geäußert, so hat er damit **stillschweigend** erklärt, dass er zum zurückliegenden Anpassungsstichtag **keine Anpassung** vornimmt. Die Erklärung des Versorgungsschuldners, nicht anpassen zu wollen, gilt nach Ablauf von drei Jahren ab Anpassungstermin als abgegeben. Der Versorgungsberechtigte kann die stillschweigend abgegebene Anpassungsentscheidung bis zum **übernächsten** Anpassungstermin rügen.
3. Bei der Prüfung der wirtschaftlichen Lage des Unternehmens ist unter anderem zu berücksichtigen:
   a) Beurteilungsgrundlage für die erforderliche Prognose ist die wirtschaftliche Entwicklung des Unternehmens in der Zeit vor dem Anpassungsstichtag, soweit daraus Schlüsse für die weitere Entwicklung gezogen werden können. Nicht vorhersehbare, neue Rahmenbedingungen und sonstige unerwartete, spätere Veränderungen der wirtschaftlichen Verhältnisse des Unternehmens bleiben unberücksichtigt.
   b) Für eine einigermaßen zuverlässige Prognose muss die bisherige Entwicklung über einen längeren, repräsentativen Zeitraum von i. d. R. mindestens drei Jahren ausgewertet werden.

c) Der am Anpassungsstichtag absehbare Investitionsbedarf, auch für Rationalisierungen und die Erneuerung von Betriebsmitteln, ist zu berücksichtigen.
d) Scheingewinne bleiben unberücksichtigt.
e) Die Betriebssteuern verringern die verwendungsfähigen Mittel. Bei den Steuern von Einkommen ist zu beachten, dass nach einer Anpassungsentscheidung die Rentenerhöhungen den steuerpflichtigen Gewinn verringern.
f) Eine angemessene Eigenkapitalverzinsung ist i. d. R. nötig. Dabei kann grundsätzlich auf die bei festverzinslichen Wertpapieren langfristig erzielbare Verzinsung abgestellt und ein Risikozuschlag eingeräumt werden.
g) Soweit Gesellschafter einer GmbH als Geschäftsführer tätig sind, kann dafür eine angemessene Vergütung angesetzt werden. Der Unternehmerlohn darf das bei Fremdgeschäftsführern Übliche nicht überschreiten.

2133 ▶ Ruhegeldanpassung nach der Leistungsordnung des Bochumer Verbandes

BAG, Urt. v. 27.08.1996 – 3 AZR 466/95 Fundstellen: BetrAV 1997, 96 = BB 1997, 424 = DB 1997, 633

Leitsätze:

1. Weder die Satzung noch die Leistungsordnung 1985 (LO 1985) des Bochumer Verbandes schreiben eine für alle Mitgliedsunternehmen einheitliche Anpassung der laufenden Ruhegelder vor. Der Bochumer Verband darf **branchenweiten Unterschieden** bei der wirtschaftlichen Entwicklung und den Gehaltserhöhungen Rechnung tragen. Deshalb durfte er für die steinkohleproduzierenden Bergbauunternehmen einerseits und die übrigen Mitgliedsunternehmen andererseits unterschiedliche Anpassungssätze beschließen.
2. Für Ruhegeldanpassungen nach § 20 LO 1985 gilt die **reallohnbezogene Obergrenze**. Allerdings ist nach § 20 LO 1985 nicht auf die Gehaltsentwicklung im einzelnen Mitgliedsunternehmen, sondern im maßgeblichen Wirtschaftsbereich abzustellen.
3. Die LO 1985 hat die in der LO 1974 enthaltenen Regelungen über die Anpassung laufender Ruhegelder wirksam geändert. Wie gewichtig die Gründe für die Änderung der Anpassungsvorschriften sein müssen, hängt davon ab, wie einschneidend die Eingriffe sind. Danach genügten im vorliegenden Fall sachliche Gründe (Fortführung des Urteils vom 16. Juli 1996 – 3 AZR 398/95, zur Veröffentlichung bestimmt).
4. Ob bei nichtwirtschaftlichen sachlichen Gründen der sog. Dotierungsrahmen beibehalten werden muss, konnte offenbleiben. Das **Ausgabevolumen** kann jedenfalls dann **eingeschränkt** werden, wenn die Änderung der Versorgungsregelungen sowohl auf nichtwirtschaftlichen als auch auf wirtschaftlichen Gründen beruht.
5. Der Gleichbehandlungsgrundsatz gibt Betriebsrentnern keinen Anspruch darauf, dass sie den noch weiter aktiven und erst später in den Ruhestand tretenden Arbeitnehmern gleichgestellt werden. Der Versorgungsfall ist ein Einschnitt, auf den die Versorgungsordnung abstellen darf.

2134 ▶ Betriebsrentenanpassung durch Rentnergesellschaft

BAG, Urt. v. 23.10.1996 – 3 AZR 514/95 Fundstellen: BetrAV 1997, 203 = BB 1998, 111 = DB 1997, 1287 = ZIP 1997, 1303

Leitsätze:

1. Auch das Unternehmen, das liquidiert wurde und dessen einzig verbleibender Gesellschaftszweck die Abwicklung seiner Versorgungsverbindlichkeiten ist (Rentnergesellschaft), hat eine Anpassung der Betriebsrenten zu prüfen und hierüber nach billigem Ermessen zu entscheiden (§ 16 BetrAVG).
2. Es bleibt offen, ob bei einem solchen nicht mehr werbend tätigen Unternehmen zur Finanzierung der Anpassungslasten auch ein angemessener Eingriff in die Vermögenssubstanz geboten ist.

Anpassung   D.

3. Bei einer Anpassungsentscheidung nach § 16 BetrAVG kann es ausnahmsweise auf die wirtschaftliche Lage des herrschenden Unternehmens ankommen. Für einen solchen **Berechnungsdurchgriff** müssen zwei Voraussetzungen erfüllt sein: Zwischen dem Versorgungsschuldner und dem herrschenden Unternehmen muss ein **eine verdichtete Konzernverbindung** bestehen. Darüber hinaus muss die fehlende Anpassungsfähigkeit der Versorgungsschuldnerin darauf zurückzuführen sein, dass sich ein konzerntypisches Risiko realisiert hat; dies ist dann der Fall, wenn die Konzernleitungsmacht in einer Weise ausgeübt worden ist, die auf die Belange des abhängigen Tochterunternehmens keine angemessene Rücksicht genommen und so die mangelnde Leistungsfähigkeit der Versorgungsschuldnerin verursacht hat (Bestätigung von BAGE 78, 87 = AP Nr. 32 zu § 16 BetrAVG; Urteil vom 17. April 1996 – 3 AZR – 56/95 – AP Nr. 35 zu § 16 BetrAVG, auch zur Veröffentlichung in der Amtlichen Sammlung vorgesehen).

▶ Anpassung durch Rentnergesellschaft   2135

LAG Hamm, Urt. v. 03.02.1998 – 6 Sa 727/96 Fundstellen: DB 1998, 931 = BetrAV 1998, 225

Leitsätze:

1. Eine sog. Rentnergesellschaft, deren einziger Zweck in der Abwicklung von Leistungen der betrieblichen Altersversorgung besteht, hat gleichfalls eine Anpassung der Betriebsrenten zu prüfen und hierüber nach billigem Ermessen zu entscheiden. Zur Finanzierung des Anpassungsbedarfs sind die aus der **Verzinsung des Deckungskapitals erzielten Erträge** und auch die **Vermögenssubstanz** teilweise zu verwenden (Fortführung von BAG-Urteil vom 23.10.1996 – 3 AZR 514/95, DB 1997, S. 1287).
2. Inwieweit ein Eingriff in die Vermögenssubstanz zumutbar ist und der Billigkeit entspricht, richtet sich nach dem zum jeweiligen Anpassungsstichtag ermittelten Barwert sämtlicher Versorgungslasten. Wegen der nicht sicher vorausschaubaren **Zinsentwicklung** und etwaiger **Steigerungen der Lebenserwartung** ist die Abwicklungsgesellschaft berechtigt, von einem sich möglicherweise ergebenden Überschuss einen **angemessenen Reservebetrag zurückzuhalten** und nicht für die Anpassung bereitzustellen.

▶ Anpassung von Betriebsrenten im Beitrittsgebiet   2136

BAG, Urt. v. 24.03.1998 – 3 AZR 778/96 Fundstellen: BB 1998, 1485 = DB 1998, 1621 = AuA 1998, 318 = NZA 1991, 938

Leitsätze:

1. Das BetrAVG mit seiner Regelung über die Anpassung laufender Betriebsrenten (§ 16 BetrAVG) ist im Beitrittsgebiet nur anzuwenden, wenn die Zusagen auf Leistungen der betrieblichen Altersversorgung nach dem 31.12.1991 erteilt wurden.
2. Die Erteilung einer Zusage setzt bei vertraglicher Grundlage der Zusage den Abschluss eines Vertrages voraus. Die Erfüllung bereits entstandener Verpflichtung ist keine Begründung eines Anspruchs.
3. Für die bis zum 31.12.1991 erteilten Zusagen schließt der Einigungsvertrag (Anlage I Kap. VIII Sachgebiet A Abschnitt III Nr. 16) nicht nur eine auf § 16 BetrAVG, sondern im Regelfall auch eine auf § 242 BGB gestützte Verpflichtung zur Anpassung laufender Leistungen aus. Die auf § 242 BGB beruhende vorgesetzliche Rechtsprechung des Senats hat in der abschließenden Regelung des § 16 BetrAVG ihre konkrete gesetzliche Ausprägung gefunden.

▶ Anpassung von Betriebsrenten durch den PSV   2137

BAG, Urt. v. 08.06.1999 – 3 AZR 39/98 Fundstelle: DB 1999, 2071= BB 1999, 1983 = NZA 1999, 1215

Leitsätze:

1. Unter § 7 Abs. 1 BetrAVG fallen alle **Versorgungsempfänger** unabhängig davon, ob ihr Arbeitsverhältnis bis zum Versorgungsfall fortbestand oder schon vorher endete.
2. Lediglich der Insolvenzschutz der **Versorgungsanwärter** ist durch die Veränderungssperre des § 7 Abs. 2 Satz 3 i. V. m. § 2 Abs. 5 BetrAVG begrenzt. Für Versorgungsempfänger fehlt eine derartige Einschränkung. Sieht die Versorgungsordnung auch für ausgeschiedene Arbeitnehmer eine von § 16 BetrAVG losgelöste Dynamisierung der laufenden Betriebsrente vor, so hat der Pensions-Sicherungs-Verein nach § 7 Abs. 1 BetrAVG hierfür einzustehen (Fortführung des Urteils vom 22.11.1994 – 3 AZR 767/93 – BAGE 78, S. 279 (286) = DB 1995, S. 582).

2138 ▶ **Anpassung von Betriebsrenten nach Stilllegung eines einzelkaufmännischen Unternehmens**

BAG, Urt. v. 09.11.1999 – 3 AZR 420/98 Fundstellen: BAGE 92, 349 = DB 2000, 1867 = ZIP 2000, 1505 = BetrAV 2000, 605 (LS) = NZA 2000, 1057 = VersR 2000, 1171

Leitsätze:

1. Die Pflicht zur Anpassung einer Betriebsrente nach § 16 BetrAVG trifft auch den Erben des ehemals einzelkaufmännisch tätigen früheren Arbeitgebers, selbst wenn er dessen Geschäft nicht weiterführt.
2. Für die Bewertung seiner Leistungsfähigkeit kommt es ebenso wie für die des einzelkaufmännisch tätigen früheren Arbeitgebers grundsätzlich nur auf die Erträge und Wertzuwächse des dem Unternehmen gewidmeten Vermögens an.
3. Auch nach Einstellung seiner unternehmerischen Aktivitäten sind der frühere Arbeitgeber und sein Rechtsnachfolger nicht verpflichtet, die Anpassungslasten durch Eingriffe in die Vermögenssubstanz zu finanzieren (Klarstellung zu BAG v. 23.10.1996 – 3 AZR 514/95 – BAGE 84/246).
4. Ein Versorgungsschuldner, der seine unternehmerischen Aktivitäten beendet hat, kann ebenso wie ein aktiver Unternehmer eine angemessene Verzinsung seines Eigenkapitals in Anspruch nehmen, bevor er zusätzliche Versorgungslasten durch Anpassung der Betriebsrenten an die Kaufkraftentwicklung übernimmt. Als angemessene Eigenkapitalverzinsung kommt jedoch nur der Zinssatz in Betracht, der sich bei einer langfristigen Anlage festverzinslicher Wertpapiere erzielen lässt. Für einen Risikozuschlag besteht nur bei einem aktiven Unternehmer Anlass. Zum maßgeblichen Eigenkapital zählt nicht das zur Begleichung der Versorgungsverbindlichkeiten erforderliche Kapital. Soweit hieraus Erträge erwirtschaftet werden, sind sie in vollem Umfang zur Finanzierung der Anpassungslast heranzuziehen.

2139 ▶ **Ruhegeldanpassung im Bochumer Verband**

BAG, Urt. v. 09.11.1999 – 3 AZR 432/98 Fundstellen: BAGE 92, 358 = NZA 2001, 221 = DB 2001, 876

Leitsätze:

1. Die Leistungsordnung des Bochumer Verbandes 1985 (LO 1985) hat die in der Leistungsordnung 1974 (LO 1974) enthaltenen Regelungen über die Anpassung laufender Ruhegelder wirksam geändert (Bestätigung des Urteil des Senats vom 27. August 1996 – 3 AZR 466/95 – BAGE 84, 38, 53 ff.).
2. Auch für die Ruhegeldanpassungen nach § 20 LO 1985 gilt die reallohnbezogene Obergrenze, wobei folgendes zu beachten ist:
   a) § 20 LO 1985 schreibt eine branchenweite Betrachtung der reallohnbezogenen Obergrenze vor. Dies verstößt nicht gegen § 16 BetrAVG.

b) Der Bochumer Verband darf bei der Ermittlung der reallohnbezogenen Obergrenze nicht von der Entwicklung des ruhegeldfähigen Einkommens im Sinne des § 3 LO 1985 ausgehen, sondern muss auf den Gesamtverdienst der aktiven Arbeitnehmer abstellen.
3. Der Bochumer Verband darf für Bergbauunternehmen einerseits und die übrigen Mitgliedsunternehmen andererseits unterschiedliche Anpassungssätze beschließen (Fortführung des Urteils vom 27. August 1996 – 3 AZR 466/95 – BAGE 84, 38, 46 ff). Ordnet der Vorstand des Bochumer Verbandes die Mitgliedsunternehmen in einer Aufstellung einer der beiden Branchen zu, so unterliegt auch diese Liste einer gerichtlichen Kontrolle. Die Zuordnung kann nur dann gebilligt werden, wenn der Aufstellung ein sachgerechtes, branchenbezogenes System zugrunde liegt und dieses System bei den betroffenen Unternehmen berücksichtigt wird.
4. Entspricht die Anpassungsentscheidung des Bochumer Verbandes nicht billigem Ermessen, so ist sie unverbindlich. Die erforderliche Leistungsbestimmung erfolgt durch Urteil, wenn nicht der Bochumer Verband bis zur letzten mündlichen Verhandlung in der Tatsacheninstanz eine neue unternehmensfehlerfreie Anpassungsentscheidung trifft.

▶ **Betriebsrentenanpassung – reallohnbezogene Obergrenze** 2140

BAG, Urt. v. 23.05.2000 – 3 AZR 103/99 Fundstellen: AP BetrAVG § 16 Nr. 44 = EzA BetrAVG § 16 Nr. 36 = DB 2001, 2506

Leitsätze:
1. Bei der Gruppenbildung zur Anwendung der reallohnbezogenen Obergrenze hat der Arbeitgeber einen weitgehenden Entscheidungsspielraum. Es genügt, dass klare, verdienstbezogene Abgrenzungskriterien die Einteilung als sachgerecht erscheinen lassen.
2. Der auf dem Wegfall der Berlinzulage beruhende geringere Anstieg der Nettolöhne kann bei der Ermittlung der reallohnbezogenen Obergrenze zu berücksichtigen sein.

▶ **Betriebsrentenanpassung – Eigenkapitalverzinsung** 2141

BAG, Urt. v. 23.05.2000 – 3 AZR 146/99 Fundstelle: DB 2001, 2255 = NZA 2001, 1251

Leitsatz:

Eine angemessene Eigenkapitalverzinsung, die für die Anpassung der Betriebsrenten nach § 16 BetrAVG von entscheidender Bedeutung ist, besteht aus einem Basiszins und einem Risikozuschlag. Der Basiszins entspricht der Umlaufrendite öffentlicher Anleihen. Der Risikozuschlag beträgt für alle Unternehmen einheitlich 2 %. Ein Geldentwertungsabschlag darf unterbleiben.

▶ **Betriebsrentenanpassung – Eigenkapitalauszehrung** 2142

BAG, Urt. v. 23.05.2000 – 3 AZR 83/99 Fundstelle: DB 2002, 155 = NZA 2002, 554

Leitsätze:
1. Verdiensteinbußen, die sich am Anpassungsstichtag nicht mehr auswirken, spielen für die reallohnbezogene Obergrenze nach § 16 BetrAVG keine Rolle.
2. Die Höhe der Eigenkapitalverzinsung richtet sich nach dem vorhandenen Eigenkapital. Eine unzureichende Eigenkapitalverzinsung ist aber nicht der einzige Grund, der nach § 16 BetrAVG eine Nichterhöhung der Betriebsrente rechtfertigen kann. Die fehlende Belastbarkeit des Unternehmens kann sich auch aus einer Eigenkapitalauszehrung ergeben. Verlustvorträge sind dabei zu berücksichtigen.

▶ **Ruhegeldanpassung in Konditionenkartellen** 2143

BAG, Urt. v. 25.07.2000 – 3 AZR 676/99 Fundstelle: DB 2002, 2444 = AP Nr 31 zu § 1 BetrAVG Ablösung

Leitsätze:

1. Der am 1.1.1997 in Kraft getretene § 5 Abs. 1 Satz 2 der Satzung des Essener Verbandes hat die Bindungswirkung von Anpassungsbeschlüssen des Vorstandes eingeschränkt und die Versorgungsberechtigten mit nicht insolvenzgesicherten Risiken belastet. Diese Änderung ist unwirksam, weil die für einen solchen Eingriff erforderlichen branchenbezogenen triftigen Änderungsgründe nicht vorgelegen haben.
2. Die am 1.1.1997 in Kraft getretene Neufassung der Leistungsordnung A des Essener Verbandes hat die Anpassung der laufenden Betriebsrenten wirksam von der Anpassung der Gruppenbeträge abgekoppelt.

2144 ▶ **Keine Betriebsrentenanpassung bei mangelnder Eigenkapitalausstattung**

BAG, Urt. v. 23.01.2001 – 3 AZR 287/00 Fundstellen: BB 2001, 2325 = DB 2001, 2507

Leitsatz:

Der Arbeitgeber darf jedenfalls dann von einer Anpassung der Betriebsrente nach § 16 BetrAVG absehen, wenn das Eigenkapital unter das Stammkapital der Gesellschaft sank, daraufhin die Gesellschafter durch zusätzliche Einlagen eine Kapitalrücklage bildeten, die anschließend erzielten Gewinne nicht ausgeschüttet, sondern zur Verbesserung der Eigenkapitalausstattung verwandt wurden und trotzdem das Stammkapital bis zum nächsten Anpassungsstichtag ohne die Kapitalrücklage voraussichtlich nicht wieder erreicht wird.

2145 ▶ **Betriebsrentenanpassung bei reallohnbezogener Obergrenze**

BAG, Urt. v. 21.08.2001 – 3 AZR 589/00 Fundstellen: BAGE 98, 349 = BB 2002, 1271 = DB 2002, 1331 = NZA 2003, 561

Leitsatz:

Jedenfalls bis zum 31. Dezember 1998 kommt es sowohl für den Anpassungsbedarf als auch für die reallohnbezogene Obergrenze auf die Entwicklung vom Rentenbeginn bis zum Anpassungsstichtag an.

2146 ▶ **Anpassungsprüfung bei einer Abwicklungsgesellschaft**

BAG, Urt. v. 25.06.2002 – 3 AZR 226/01 Fundstelle: BetrAV 2003, 271 = AP Nr. 51 zu § 16 BetrAVG

Leitsatz (nicht amtlich):

Auch eine Abwicklungsgesellschaft ist verpflichtet, gemäß § 16 BetrAVG eine Anpassungsprüfung vorzunehmen und gegebenenfalls die Betriebsrenten nach dem zwischenzeitlich eingetretenen Kaufkraftverlust anzupassen. Sinn und Zweck des § 16 BetrAVG erfordern jedoch bei Abwicklungsgesellschaften keinen Eingriff in die Vermögenssubstanz. Das Gesetz sichert nur einen Anspruch auf Anpassungsprüfung, welche auch die wirtschaftliche Lage des Versorgungsschuldners berücksichtigt, nicht dagegen einen in der ursprünglichen Versorgungszusage angelegten Rechtsanspruch auf unbedingte Anpassung.

2147 ▶ **Reallohnbezogene Begrenzung der Rentenanpassung**

BAG, Urt. v. 10.09.2002 – 3 AZR 593/01 Fundstellen: AP Nr. 52 zu § 16 BetrAVG = EZA § 16 BetrAVG Nr. 41 = DB 2003, 1800 (LS)

Leitsätze:

1. Eine gebündelte Anpassungsprüfung nach § 16 BetrAVG ist statthaft. Auch dann, wenn hiernach im Einzelfall nach Eintritt des Versorgungsfalles bis zum ersten Anpassungsstichtag etwas mehr oder etwas weniger als drei Jahre vergangen sind, kommt es für die Feststellung des

Anpassungsbedarfs des Betriebsrentners auf die Entwicklung seit dem Eintritt des Versorgungsfalles und nicht etwa auf die Entwicklung in den letzen drei Jahren vor dem Anpassungsstichtag an.
2. Der nach § 16 BetrAVG im Rahmen seiner wirtschaftlichen Möglichkeiten vom Arbeitgeber auszugleichende Anpassungsbedarf der Betriebsrentner wird der Höhe nach begrenzt durch den Anstieg der Nettoentgelte der aktiven Arbeitnehmer im Prüfungszeitraum.
3. Dabei war der Arbeitgeber jedenfalls auf der Grundlage des § 16 BetrAVG aF berechtigt, diesen Anstieg anhand der Entwicklung der Nettoarbeitsentgelte einer in einer bestimmten Entgeltgruppe eingruppierten repräsentativen Arbeitnehmergruppe mit mittlerem Einkommen zu ermitteln. Der Senat hat nicht entschieden, ob eine solche Berechnungsweise ausnahmsweise dann unzulässig ist, wenn andere dem Einzelfall näherliegende Berechnungsmethoden zu einem deutlich anderem Ergebnis führen.
4. Es ist unentschieden geblieben, ob eine solche Berechnungsmethode auch auf der Grundlage von § 16 Abs. 2 Nr. 2 BetrAVG nF statthaft ist.

▶ **Betriebsrentenanpassung bei Wertzuwächsen** 2148

BAG, Urt. v. 18.02.2003 – 3 AZR 172/02 Fundstellen: BAGE 105, 77 = BB 2003, 2293 = DB 2003, 2606

Leitsatz:

Bei der Anpassungsentscheidung nach § 16 BetrAVG sind Wertzuwächse des Unternehmens nur insoweit zu berücksichtigen, als sie zu bilanzieren sind und ohne Gefährdung der Wettbewerbsfähigkeit und der Arbeitsplätze verwertet werden können.

▶ **Anpassung durch Gerichtsurteil und Versicherungsmissbrauch** 2149

BAG, Urt. v. 18.03.2003 – 3 AZR 120/02 Fundstellen: BAGE 105, 224 = BAGReport 2003, 295 = BB 2003, 2241 = DB 2004, 84

Leitsatz:

Erfolgt eine Betriebsrentenanpassung gemäß § 16 BetrAVG durch streitiges, rechtskräftiges Urteil, das die Rente zu einem länger als zwei Jahre vor dem Sicherungsfall liegenden Zeitpunkt erhöht, so ist dies keine »vereinbarte Verbesserung« im Sinne des § 7 Abs. 5 Satz 3 BetrAVG in der ab 1. Januar 1999 gültigen Fassung.

▶ **Reallohnbezogene Obergrenze bei Versorgungskartellen (Bochumer Verband)** 2150

BAG, Urt. v. 20.05.2003 – 3 AZR 179/02 Fundstellen: AP Nr. 1 zu § 1 BetrAVG (Auslegung) = NZA 2004, 944

Leitsätze:

1. Eine einheitliche, unternehmensübergreifende reallohnbezogene Obergrenze für alle »übrigen Mitgliedsunternehmen« trägt dem Konditionenkartell Rechnung und verstößt nicht gegen § 16 BetrAVG.
2. Der Arbeitgeber ist dafür darlegungspflichtig, dass die Anpassungsentscheidung nach § 20 der Leistungsordnung des Bochumer Verbandes in der seit dem 1. Januar 1985 gültigen Fassung billigem Ermessen entspricht. Die Anpassungsentscheidung erstreckt sich auf alle die Anpassungsentscheidung beeinflussenden Umstände und damit auch auf die reallohnbezogene Obergrenze.
3. Entspricht eine Ruhegeldanpassung nicht dem billigen Ermessen, erfolgt nach § 315 Abs. 3 S. 2 BGB die erforderliche Leistungsbestimmung durch Urteil.
4. Bestätigung der bisherigen Rechtsprechung zu den für die Beschlussfassung des Bochumer Verbandes maßgeblichen Verfahrensvorschriften (Vergleiche dazu BAG v. 9. November 1999 3 AZR 432/98 = NZA 2001, 221).

5. Bestätigung der bisherigen Rechtsprechung zur zweigeteilten Anpassungsentscheidung (Vergleiche dazu BAG v. 27. August 1996 3 AZR 466/95 = NZA 1997, 535).

2151 ▶ Nachholende Anpassung

LAG Düsseldorf, Urt. v. 11.06.2004 – 18 Sa 1605/03 Fundstelle: DB 2005, 59

Leitsatz:

Ungeachtet ihrer Auswirkungen auf den Fall der zu Recht unterbliebenen Anpassung i. S. d. § 16 Abs. 4 BetrAVG nF gibt die dem Gesetz zur Reform der gesetzlichen Rentenversicherung (RRG 1999) zum 01.01.1999 in Kraft getretene Änderung des § 16 BetrAVG keinen Anlass, die bisherige Rechtsprechung des Bundesarbeitsgerichts zur sog nachholenden Anpassung generell aufzugeben. Vielmehr kommt es auch für Anpassungsentscheidungen nach dem 31.12.1998 grundsätzlich auf die Entwicklung vom Rentenbeginn bis zum Anpassungsstichtag an.

2152 ▶ Begrenzung der Verpflichtung zur nachträglichen Anpassung

BAG, Urt. v. 17.08.2004 – 3 AZR 367/03 Fundstellen: DB 2005, 732 = NZA-RR 2005, 672 = AP Nr. 55 zu § 16 BetrAVG

Leitsatz:

Die streitbeendende Wirkung einer früheren, nicht gerügten Anpassungsentscheidung begrenzt die Verpflichtung zur nachträglichen Anpassung der laufenden Leistungen der betrieblichen Altersversorgung. Eine nachträgliche Anpassung liegt vor, wenn die Anpassungsentscheidung zu einem früheren Anpassungsstichtag als dem aktuellen getroffen werden soll. Wenn der Versorgungsempfänger die Anpassungsentscheidung des Arbeitgebers für unrichtig hält, muss er dies grundsätzlich vor dem nächsten Anpassungsstichtag dem Arbeitgeber gegenüber wenigstens außergerichtlich geltend machen. Mit dem nächsten Anpassungsstichtag entsteht ein neuer Anspruch auf Anpassungsentscheidung. Der Anspruch auf Korrektur einer früheren Anpassungsentscheidung erlischt.

2153 ▶ Rentenanpassung nach der Neufassung von § 16 BetrAVG

BAG, Urt. v. 30.08.2005 – 3 AZR 395/04 Fundstellen: DB 2006, 732 = BB 2006, 1228 = AP Nr. 56 zu § 16 BetrAVG = BetrAV 2006, 290

Leitsätze:

1. § 16 BetrAVG verbietet es grundsätzlich nicht, mehrere Versorgungsleistungen zusammenzufassen und für die Anpassung als Einheit zu betrachten. Ob eine getrennte Anpassung geboten ist, hängt in erster Linie von der Auslegung der Versorgungszusagen und der ihnen zugrunde liegenden Versorgungsregelungen ab.
2. Es ist rechtlich nicht zu beanstanden, wenn der Arbeitgeber zwar nicht in jedem Kalenderjahr, sondern lediglich alle drei Jahre eine gebündelte Anpassungsentscheidung trifft, den einheitlichen Anpassungsstichtag aber dadurch erreicht, dass die Betriebsrenten der neuen Versorgungsempfänger bei der nächsten alle drei Jahre stattfindenden, gemeinsamen Anpassungsentscheidung erhöht werden. Soweit die erste Anpassung vorverlegt und daran die Dreijahresfrist geknüpft wird, bringt dies dem einzelnen Versorgungsempfänger – auf die gesamte Laufzeit der Betriebsrente gesehen – mehr Vor- als Nachteile. Soweit sich die erste Anpassungsentscheidung um höchstens sechs Monate verzögert, sind die Grenzen der Bündelung von Anpassungsentscheidungen nicht überschritten.
3. Für den Anpassungsbedarf (eingetretene Teuerung) und die reallohnbezogene Obergrenze gilt derselbe Prüfungszeitraum. Er umfasst die gesamte Zeit vom Rentenbeginn bis zum Anpassungsstichtag.
4. Bei der Ermittlung des Kaufkraftverlustes ist auf die in der einschlägigen Fachpresse veröffentlichten Indexwerte der Monate abzustellen, die dem erstmaligen Rentenbezug und den jeweiligen Anpassungsstichtagen unmittelbar vorausgehen.

5. Nach wie vor ist es Sache der Praxis, handhabbare und sachgerechte Modelle zu entwickeln, nach denen die reallohnbezogene Obergrenze ermittelt wird. Wahl und Ausgestaltung dieser Modelle liegen jedoch nicht im freien Belieben des Arbeitgebers. Die gesetzlichen Vorgaben und die Grenzen billigen Ermessens sind zu beachten.
   a) Bei der Festlegung der maßgeblichen Vergleichsgruppe aktiver Arbeitnehmer muss der Arbeitgeber den Interessen der Versorgungsberechtigten und dem Anpassungszweck ausreichend Rechnung tragen. Zwischen dem Kreis der Versorgungsempfänger und der Vergleichsgruppe aktiver Arbeitnehmer muss ein genügender Zusammenhang bestehen.
   b) § 16 Abs. 2 Nr. 2 BetrAVG verbietet nicht eine konzernweit ermittelte, einheitliche reallohnbezogene Obergrenze. Sie unterliegt jedoch einer Billigkeitskontrolle.
   c) Die Abweichung von der in § 16 Abs. 2 BetrAVG vorgesehenen, vom Gesetzgeber für interessengerecht erachteten Berechnungsmethode bedarf einer tragfähigen Begründung, an die keine zu hohen Anforderungen gestellt werden dürfen. Dabei ist von wesentlicher Bedeutung, inwieweit sich das Anpassungsmodell in die Gesamtkonzeption des Versorgungswerks einfügt und den Interessen der Versorgungsempfänger Rechnung trägt. Die Vor- und Nachteile sind nicht punktuell zu einem einzelnen Anpassungsstichtag, sondern langfristig und generalisierend festzustellen.
   d) Die Vergleichsgruppe muss alle Unternehmen erfassen, auf die sich die konzernweite Anpassungsentscheidung erstrecken soll.
6. Der Versorgungsempfänger hat keinen Anspruch auf höhere Anpassung seiner Betriebsrente, wenn die vom Arbeitgeber zur Ermittlung der reallohnbezogenen Obergrenze angewandte Berechnungsmethode zwar unzulänglich ist, sich die aufgetretenen Fehler aber auf die Höhe der Anpassung nicht auswirken.

▶ **Beurteilung der wirtschaftlichen Lage einer Gewerkschaft** 2154

BAG, Urt. v. 13.12.2005 – 3 AZR 217/05 Fundstellen: DB 2006, 1687 = BetrAV 2006, 484

Leitsätze:

1. Zur Beurteilung der »wirtschaftlichen Lage« i.S. von § 16 Abs. 1 BetrAVG kann auf die Grundsätze zurückgegriffen werden, die der Senat zu Eingriffen in die »erdiente Dynamik« aufgestellt hat. Liegen infolge der wirtschaftlichen Lage Gründe vor, die solche Eingriffe rechtfertigen, so kann der Arbeitgeber auch die Anpassung laufender Betriebsrenten ablehnen.
2. Gewerkschaften dürfen die ihnen zur Verfügung stehenden Mittel nur zu den satzungsgemäßen koalitionspolitischen Zwecken verwenden. Bei der Festlegung und Erfüllung ihrer Aufgaben sind sie durch das Grundrecht der Koalitionsfreiheit (Art. 9 Abs. 3 GG) geschützt. Eine Überprüfung und Bewertung solcher Entscheidungen steht den Gerichten für Arbeitssachen jedenfalls dann nicht zu, wenn es nur um die Aufrechterhaltung der bisherigen Aktivitäten geht.

▶ **Anpassung einer Betriebsrente bei Betriebsübergang** 2155

BAG, Urt. v. 21.02.2006 – 3 AZR 216/05 Fundstelle: BAGE 117, 112 = BetrAV 2006, 684 = NZA 2007, 931

Leitsatz:

Geht ein Arbeitsverhältnis im Wege eines Betriebsübergangs auf einen Betriebserwerber über, tritt dieser in die Anpassungsprüfungsverpflichtung nach § 16 BetrAVG ein.

▶ **Erlöschen des Anspruchs auf nachträgliche Ruhegeldanpassung** 2156

LAG Düsseldorf, Urt. v. 07.03.2006 – 16 Sa 1334/05 Fundstellen: EzA-SD 2006, Nr. 9, Nr. 15

Leitsatz:

Der Anspruch auf Korrektur einer früheren Anpassung erlischt mit dem nächsten Anpassungsstichtag, wenn er nicht zuvor geltend gemacht worden ist (im Anschluss an BAG, Urt. v. 17.08.2004 – 3 AZR 367/03).

2157 ▶ **Verwirkung des Klagerechts**

BAG, Urt. v. 25.04.2006 – 3 AZR 372/05 Fundstelle: BAGE 118, 51 = BetrAV 2006, 782 = NZA-RR 2007, 374 = DB 2006, 2527

Leitsatz:

Hat der Versorgungsempfänger die Anpassungsentscheidung nach § 16 BetrAVG rechtzeitig gerügt, so muss er grundsätzlich bis zum Ablauf des nächsten auf die Rügefrist folgenden Anpassungszeitraums Klage erheben. Andernfalls ist das Klagerecht verwirkt.

2158 ▶ **Anpassungsbedarf: Anpassungszeitraum und Prüfungszeitraum**

BAG, Urt. v. 25.04.2006 – 3 AZR 159/05 Fundstellen: NZA-RR 2007, 376 = DB 2006, 2639 = EzA § 16 BetrAVG Nr. 47

Leitsätze:

1. Die Beschlüsse des Bochumer Verbandes unterliegen einer uneingeschränkten Billigkeitskontrolle gemäß § 315 Abs. 1 und 3 BGB.
2. Da § 20 der Leistungsordnung des Bochumer Verbandes mit Wirkung zum 01.01.1985 (LO 1985) sich nach Wortlaut und Inhalt an § 16 BetrAVG anlehnt, sind die zur gesetzlichen Anpassungspflicht entwickelten Grundsätze der Senatsrechtsprechung auf Anpassungen im Konditionenkartell des Bochumer Verbandes anwendbar. Soweit sich Abweichungen zu § 16 BetrAVG ergeben, ist dies jedenfalls insoweit zulässig, als die Anpassung nicht ungünstiger ausfällt als nach § 16 BetrAVG.
3. Auch nach der seit dem 01.01.1999 geltenden Fassung des § 16 BetrAVG reicht der für den Anpassungsbedarf und die reallohnbezogene Obergrenze maßgebliche Prüfungszeitraum grundsätzlich vom Rentenbeginn bis zum Anpassungsstichtag.
4. Anders als nach § 16 BetrAVG ist im Konditionenkartell des Bochumer Verbandes für die Ermittlung des Anpassungsbedarfs nicht auf den individuellen Rentenbeginn des einzelnen Betriebsrentners abzustellen. Die Versorgungsregelungen des Bochumer Verbandes sehen eine zeitlich aufeinander abgestimmte Anpassung sowohl der laufenden Betriebsrenten als auch der Versorgungsanwartschaften vor. Damit wird die von § 16 BetrAVG angestrebte Werterhaltung nicht nur erreicht, sondern sogar auf das Anwartschaftsstadium ausgedehnt. Dies führt dazu, dass für den maßgeblichen Anpassungszeitraum auf die vom Bochumer Verband für die Anpassungen zu Grunde gelegten Stichtage abzustellen ist. Das gilt jedenfalls für die bis zum Versorgungsfall betriebstreuen Arbeitnehmer.

2159 ▶ **Voraussetzungen für einen Berechnungsdurchgriff im Konzern**

LAG Köln, Urt. v. 08.06.2007 – 11 Sa 235/07 Fundstellen: JurionRS 2007, 50798

Leitsätze:

1. Gemäß § 16 Abs. 1 BetrAVG hat der Arbeitgeber alle drei Jahre eine Anpassung der laufenden Leistungen der betrieblichen Altersversorgung zu prüfen und hierüber nach billigem Ermessen zu entscheiden. Dabei sind insbesondere die Belange des Versorgungsempfängers und die wirtschaftliche Lage des Arbeitgebers zu berücksichtigen. In entsprechender Anwendung des § 315 BGB haben die Gerichte für Arbeitssachen zu überprüfen, ob der Arbeitgeber bei seiner Anpassungsentscheidung den ihm eingeräumten Ermessensspielraum überschritten hat.

2. Sind laufende Leistungen nach § 16 Abs. 1 BetrAVG nicht oder nicht in vollem Umfang anzupassen (zu Recht unterbliebene Anpassungen), ist der Arbeitgeber nach § 16 Abs. 4 Satz 1 BetrAVG nicht verpflichtet, die Anpassung zu einem späteren Zeitpunkt nachzuholen, wobei dies – wie in der Übergangsregelung des § 30c Abs. 2 BetrAVG ausdrücklich klargestellt wurde – nicht für vor dem 01.01.1999 zu Recht unterbliebene Anpassungen gilt. Wurde in der Vergangenheit wegen der wirtschaftlichen Lage des Unternehmens kein voller Teuerungsausgleich gewährt, so war nach der bis zum 31.12.1998 geltenden Fassung des § 16 BetrAVG der noch offene Anpassungsbedarf bei den späteren Anpassungsentscheidungen zu berücksichtigen. Eine Verpflichtung zu dieser sog. nachholenden Anpassung entfiel erst durch den am 01.01.1999 in Kraft getretenen § 16 Abs. 4 BetrAVG. Diese Gesetzesänderung gilt unabhängig von der Übergangsregelung des § 30c Abs. 2 BetrAVG nicht für die vor dem 01.01.1999 zu treffenden Anpassungsentscheidungen. Bei einer vor dem 01.01.1999 aus wirtschaftlichen Gründen zu Recht unterbliebenen Anpassung ist daher der Arbeitgeber weiterhin verpflichtet, die Anpassung zu einem späteren Zeitpunkt nachzuholen (im Anschluss an BAG, Urteil vom 13.12.2005 – 3 AZR 217/05, NZA 2007, 39).

3. Im Rahmen des § 16 BetrAVG ist grundsätzlich auf die wirtschaftliche Lage des Versorgungsschuldners abzustellen. Auf die wirtschaftlichen Verhältnisse eines anderen konzernrechtlich verbundenen Unternehmens kann es nur dann ankommen, wenn ein entsprechender Vertrauenstatbestand geschaffen wurde, oder die konzernrechtlichen Verflechtungen einen sog. Berechnungsdurchgriff rechtfertigen. Die Voraussetzungen hierfür hat der Betriebsrentner darzulegen und im Streitfall zu beweisen (wie BAG, Urteil vom 25.04.2006 – 3 AZR 50/05, DB 2007, 580, 581).

▶ **Anpassung nach Unternehmensverschmelzung** 2160

BAG, Urt. v. 31.07.2007 – 3 AZR 810/05 Fundstellen: BAGE 123, 319 = BB 2008, 58 = DB 2008, 135 = BetrAV 2008, S. 101

Leitsatz:

Ist Versorgungsschuldner ein verschmolzenes Unternehmen, kann es bei der Anpassungsprüfung nach § 16 BetrAVG auch auf die wirtschaftliche Entwicklung der ursprünglich selbständigen Unternehmen ankommen.

▶ **Nachträgliche Anpassung im Konditionenkartell** 2161

BAG, Urt. v. 21.08.2007 – 3 AZR 330/06 Fundstellen: DB 2007, 2720 = NZA-RR 2008, 198 = EzA § 16 BetrAVG Nr. 51

Leitsätze:

1. Da sich § 20 LO 1985 nach Wortlaut und Inhalt an § 16 BetrAVG anlehnt, sind die zu dieser gesetzlichen Vorschrift entwickelten Grundsätze bei Betriebsrentenanpassungen des Bochumer Verbandes an sich anwendbar. Dies gilt auch für das Erlöschen des Anspruchs auf nachträgliche Anpassung bei nicht rechtzeitiger außergerichtlicher Rüge für die Verwirkung des Klagerechts.
2. Wenn der Versorgungsempfänger die ausdrückliche Anpassungsentscheidung des Arbeitgebers für unrichtig hält, muss er dies grundsätzlich vor dem nächsten Anpassungsstichtag dem Arbeitgeber gegenüber wenigstens außergerichtlich geltend machen. Wenn die Anpassungsentscheidung rechtzeitig gerügt worden ist, muss der Arbeitgeber mit einer umfassenden gerichtlichen Überprüfung rechnen. Weder die dem § 16 BetrAVG zu entnehmende Befriedigungsfunktion noch der Grundsatz der Verwirkung (§ 242 BGB) liefern eine tragfähige Grundlage dafür, nur die geltend gemachten Fehler zu berücksichtigen.
3. Wenn der Versorgungsberechtigte nach einer rechtzeitigen außergerichtlichen Rüge nicht bis zum nächsten auf den Rügezeitraum folgenden Anpassungsstichtag Klage erhebt, ist grundsätzlich sein Klagerecht verwirkt.

4. Nach Ablauf der Rügefrist muss der Versorgungsberechtigte gegen seinen früheren Arbeitgeber (nicht gegen den Bochumer Verband) Klage erheben. Die Klage anderer Versorgungsberechtigter verhindert eine Verwirkung des Klagerechts grundsätzlich nicht, es sei denn, es wurde eine Musterprozessvereinbarung geschlossen oder der Versorgungsberechtigte wies seinen früheren Arbeitgeber darauf hin, er wolle die Klärung bestimmter Rechtsfragen in einem von Dritten geführten Rechtsstreit abwarten.
5. Der Klage muss nicht eine außergerichtliche Rüge vorausgehen. Es genügt, dass die Rügefrist eingehalten ist.

2162 ▶ **Nachträgliche Anpassung – Voraussetzungen für die Korrektur einer Anpassungsentscheidung**

BAG, Urt. v. 10.02.2009 – 3 AZR 610/07 Fundstellen: NZA-RR 2010, 42

Orientierungssätze des Autors:
1. Wenn der Versorgungsempfänger eine ausdrückliche Anpassungsentscheidung des Arbeitgebers nach § 16 BetrAVG für unrichtig hält, muss er dies grundsätzlich vor dem nächsten Anpassungsstichtag dem Arbeitgeber gegenüber wenigstens außergerichtlich geltend machen. Mit dem nächsten Anpassungsstichtag erlischt der Anspruch auf Korrektur einer früheren Anpassungsentscheidung. Dies ergibt sich aus der § 16 BetrAVG zu entnehmenden Befriedungsfunktion.
2. Das Erlöschen des Anspruchs auf nachträgliche Betriebsrentenanpassung bei Versäumung der Rügefrist verletzt weder das durch Art 14 Abs. 1 GG geschützte Eigentum des Arbeitnehmers noch erschwert die Rügefrist den Zugang zu den Gerichten in unzumutbarer Weise.

2163 ▶ **Betriebsrentenanpassung im Konzern**

BAG, Urt. v. 10.02.2009 – 3 AZR 727/07 Fundstellen: BB 2009, 2763 = DB 2009, 2554 = ZIP 2009, 2213

Leitsätze:

1. Bei der Anpassung der Betriebsrenten nach § 16 BetrAVG ist die wirtschaftliche Lage des versorgungspflichtigen Arbeitgebers entscheidend. Die Einbindung in einen Konzern ändert daran grundsätzlich nichts.
2. Auf eine schlechte wirtschaftliche Lage der Konzernobergesellschaft oder des Gesamtkonzerns kann es nur dann ankommen, wenn am Anpassungsstichtag ausreichend konkrete Anhaltspunkte dafür bestehen, dass in den nächsten drei Jahren die im Konzern bestehenden Schwierigkeiten mit hoher Wahrscheinlichkeit auf das Tochterunternehmen »durchschlagen« werden, und zwar in einem für die Betriebsrentenanpassung relevanten Umfang.

2164 ▶ **Abweichungen von § 16 BetrAVG bei Organmitgliedern**

BAG, Urt. v. 21.04.2009 – 3 AZR 285/07 Fundstellen: DB 2010, 2004 (LS)

Leitsatz:

...

Organmitglieder können in demselben Maße von den Schutzbestimmungen des Betriebsrentengesetzes abweichen, wie dies für Arbeitnehmer die Tarifparteien dürfen. Der Anspruch nach § 16 BetrAVG ist deshalb für diesen Personenkreis grundsätzlich abdingbar.

2164a ▶ **Konzernrechtlicher Berechnungsdurchgriff**

LArbG Stuttgart, Urt. v. 03.09.2010 – 17 Sa 58/09 Fundstellen: DB 2010, 2004 (LS)

Anpassung   D.

Leitsatz:

Haftungsvoraussetzung für eine interne Haftung ist ein missbräuchlicher Eingriff in das Vermögen des Arbeitgebers, der eine Anpassung der Renten verhindert.

▶ **Maßgeblichkeit der wirtschaftlichen Lage des Versorgungsschuldners auch bei konzernangehörigen Unternehmen** 2164b

BAG, Urt. v. 29.09.2010 – 3 AZR 427/08 Fundstellen: BAGE 135, 344 = NZA 2011, 1416 = DB 2011, 362 = ZIP 2011, 191

Leitsätze:

1. Für die Anpassung der Betriebsrenten nach § 16 BetrAVG ist grundsätzlich die wirtschaftliche Lage des Versorgungsschuldners maßgeblich. Dies gilt auch dann, wenn dieser in einen Konzern eingebunden ist.
2. Ausnahmsweise kann ein Berechnungsdurchgriff auf die günstige wirtschaftliche Lage eines anderen Konzernunternehmens in Betracht kommen. In dem Fall muss ein Unternehmen, das selbst wirtschaftlich nicht zur Anpassung der Betriebsrenten in der Lage ist, gleichwohl eine Anpassung des Ruhegeldes vornehmen, wenn die wirtschaftliche Lage des anderen Konzernunternehmens dies zulässt. Deshalb setzt der Berechnungsdurchgriff einen Gleichlauf von Zurechnung und Innenhaftung im Sinne einer Einstandspflicht/Haftung des anderen Konzernunternehmens gegenüber dem Versorgungsschuldner voraus.
3. Verpflichtet sich die Konzernmutter gegenüber einem Gläubiger des konzernangehörigen Versorgungsschuldners, diesen finanziell so auszustatten, dass sein Geschäftsbetrieb aufrechterhalten werden kann (sog. konzernexterne harte Patronatserklärung), begründet dies keinen Berechnungsdurchgriff.

▶ **Wirtschaftliche Leistungsfähigkeit einer Abwicklungs- oder Rentnergesellschaft** 2164c

BAG, Urt. v. 26.10.2010 – 3 AZR 502/08 Fundstellen: BetrAV 2011, 174 = BB 2011, 700 = ZIP 2011, 632

Leitsätze:

1. Auch Rentner- und Abwicklungsgesellschaften haben eine Anpassung der Betriebsrenten nach § 16 Abs. 1 BetrAVG zu prüfen.
2. Dabei sind auch Rentner- und Abwicklungsgesellschaften nicht verpflichtet, die Kosten für die Betriebsrentenanpassung aus ihrem Vermögen aufzubringen. Auch ihnen ist eine angemessene Eigenkapitalverzinsung zuzubilligen. Allerdings ist bei Rentner- und Abwicklungsgesellschaften bereits eine Eigenkapitalverzinsung angemessen, die der Umlaufrendite öffentlicher Anleihen entspricht. Für einen Zuschlag, wie er aktiven Arbeitgebern zugebilligt wird, deren in das Unternehmen investiertes Eigenkapital einem erhöhten Risiko ausgesetzt ist, besteht kein Anlass.
3. Die wirtschaftliche Lage eines Unternehmens wird durch dessen Ertragskraft im Ganzen geprägt. Der Arbeitgeber ist nicht schon dann zur Anpassung der Betriebsrenten verpflichtet, wenn einzelne Einkünfte den Umfang der Anpassungslast übersteigen. Entscheidend kommt es auf eine angemessene Eigenkapitalverzinsung und eine hinreichende Eigenkapitalausstattung an.
4. Ein Berechnungsdurchgriff setzt im qualifiziert faktischen Konzern voraus, dass die Muttergesellschaft die Geschäfte des Tochterunternehmens tatsächlich dauernd und umfassend führt und sich eine konzerntypische Gefahr verwirklicht hat.

▶ **Keine Anwendung der 1 %-Regelung des § 16 Abs. 3 BetrAVG auf Altzusagen** 2164d

BAG, Urt. v. 28.06.2011 – 3 AZR 282/09 Fundstellen: BetrAV 2011, 739 = NZA 2012, 1229 = DB 2011, 2923 = ZIP 2011, 2164

Leitsätze:

1. § 16 Abs. 1 und Abs. 2 BetrAVG schreiben vor, dass der Arbeitgeber alle drei Jahre eine Anpassung der laufenden Betriebsrenten zu prüfen und hierüber nach billigem Ermessen zu entscheiden hat. § 16 Abs. 3 Nr. 1 BetrAVG legt fest, dass diese Verpflichtung entfällt, wenn sich der Arbeitgeber verpflichtet, die Leistungen jährlich um wenigstens 1% anzupassen. Dies gilt nach § 30c Abs. 1 BetrAVG nur, wenn die Versorgungszusage nach dem 31. Dezember 1998 erteilt wurde.
2. Eingriffe in Versorgungsregelungen hinsichtlich laufender Leistungen bedürfen tragfähiger Gründe. In der Regel können nur noch geringfügige Verschlechterungen gerechtfertigt sein. Dazu bedarf es sachlich nachvollziehbarer, Willkür ausschließender Gründe. Ein mehr als geringfügiger Eingriff bedarf darüber hinausgehender Gründe.

2164e ▶ **Ermittlung des Kaufkraftverlustes bei Betriebsrentenanpassung**

BAG, Urt. v. 11.10.2011 – 3 AZR 527/09 Fundstellen: BetrAV 2012, 267 = NZA 2012, 454 = DB 2012, 809

Leitsätze:

1. Der für die Anpassung von Betriebsrenten maßgebliche Kaufkraftverlust ist gem. § 16 Abs. 2 Nr. 1 BetrAVG grundsätzlich nach dem Verbraucherpreisindex für Deutschland zu ermitteln. Für Zeiträume vor dem 1. Januar 2003 ist jedoch nach § 30c Abs. 4 BetrAVG der Preisindex für die Lebenshaltung von Vier-Personen-Haushalten von Arbeitern und Angestellten mit mittlerem Einkommen zugrunde zu legen.
2. Bei der Berechnung des Anpassungsbedarfs vom individuellen Rentenbeginn bis zum aktuellen Anpassungsstichtag kann die sog. Rückrechnungsmethode angewendet werden. Danach wird die Teuerungsrate zwar nach dem Verbraucherpreisindex für Deutschland berechnet; für Zeiträume vor dem 1. Januar 2003 wird der Verbraucherpreisindex für Deutschland jedoch in dem Verhältnis umgerechnet, in dem sich dieser Index und der Preisindex für die Lebenshaltung von Vier-Personen-Haushalten von Arbeitern und Angestellten mit mittlerem Einkommen im Dezember 2002 gegenüberstanden.

2164f ▶ **Voraussetzungen für eine zu Recht unterbliebene Betriebsrentenanpassung nach § 16 Abs. 4 BetrAVG**

BAG, Urt. v. 11.10.2011 – 3 AZR 732/09 Fundstellen: BetrAV 2012, 172 = NZA 2012, 337 = DB 2012, 1278 = ZIP 2012, 644

Leitsatz:

Die Fiktion der zu Recht unterbliebenen Anpassung der Betriebsrente nach § 16 Abs. 4 Satz 2 BetrAVG kann nur eintreten, wenn der Arbeitgeber dem Versorgungsempfänger in nachvollziehbarer Weise schriftlich dargelegt hat, aus welchen Gründen davon auszugehen ist, dass das Unternehmen voraussichtlich nicht in der Lage sein wird, die Anpassungsleistungen aufzubringen. Die Darlegungen des Arbeitgebers müssen so detailliert sein, dass der Versorgungsempfänger in der Lage ist, die Entscheidung des Arbeitgebers auf ihre Plausibilität zu überprüfen.

2164g ▶ **Prüfungszeitraum für die Anpassungsprüfung**

BAG, Urt. v. 19.06.2012 – 3 AZR 464/11 Fundstellen: BetrAV 2012, 529 = NZA 2012, 1291

Leitsatz:

Nach § 16 Abs. 1 Halbs. 1 BetrAVG hat der Arbeitgeber alle drei Jahre eine Anpassung der laufenden Leistungen der betrieblichen Altersversorgung zu prüfen und hierüber nach billigem Ermessen zu entscheiden. Dabei hat er insbesondere die Belange des Versorgungsempfängers und seine eigene wirtschaftliche Lage zu berücksichtigen. Die Belange des Versorgungsempfängers werden durch den Anpassungsbedarf bestimmt. Dieser richtet sich nach dem seit Rentenbeginn eingetretenen Kaufkraftverlust. Der Anpassungsbedarf wird durch die Nettoverdienstentwicklung bei den aktiven Arbeitnehmern (reallohnbezogene Obergrenze) begrenzt. Für die Ermittlung sowohl des Kaufkraftverlustes als auch der reallohnbezogenen Obergrenze kommt es auf die Entwicklung vom Rentenbeginn bis zum jeweils aktuellen Anpassungsstichtag an. Der Prüfungszeitraum steht nicht zur Disposition des Arbeitgebers. Dies ist von Verfassungs wegen nicht zu beanstanden

Anrechnung

▶ Anrechnung von Renten der gesetzlichen Unfallversicherung 2165

BAG, Urt. v. 17.01.1980 – 3 AZR 504/78 Fundstellen: AuR 1980, 218 = BetrAV 1980, 206 = BB 1980, 1328 = DB 1980, 1354 = NJW 1980, 1975

Leitsatz:

Die Anrechnung von Renten der gesetzlichen Unfallversicherung auf betriebliche Versorgungsleistungen ist **grundsätzlich unzulässig**, weil damit das Gebot der Gleichbehandlung verletzt würde.

▶ Anrechnung von Renten der gesetzlichen Unfallversicherung 2166

BVerfG, Urt. v. 15.07.1980 – 1 BvR 510/80 Fundstelle: AP Nr. 4 zu § 5 BetrAVG

Leitsatz:

Die Rechtsauffassung des Bundesarbeitsgerichts, dass Renten der gesetzlichen Unfallversicherung auf Ansprüche aus der betrieblichen Altersversorgung nicht anzurechnen sind, verstößt nicht gegen Grundrechte.

▶ Anrechnung eines Kinderzuschusses 2167

BAG, Urt. v. 21.08.1980 – 3 AZR 63/79 Fundstellen: AuR 1980, 379 = BetrAV 1981, 15 = BB 1980, 1862 = DB 1981, 114

Leitsatz:

Die Anrechnung des **Kinderzuschusses**, der als Teil **gesetzlichen Rentenversicherung** gewährt wird, auf betriebliche Versorgungsleistungen ist **unzulässig**, weil sie das Gebot der Gleichbehandlung verletzt.

▶ Anrechnung von Renten der gesetzlichen Unfallversicherung 2168

BAG, Urt. v. 19.07.1983 – 3 AZR 88/81 Fundstellen: AuR 1983, 312 = BetrAV 1983, 232 = BB 1983, 1922 = DB 1983, 2423 = NJW 1984, 2720

Leitsätze:

1. Die Zusage einer Betriebsrente auf der Grundlage eines **Gesamtversorgungssystems** kann die Anrechnung des **Verletztengeldes** der gesetzlichen Unfallversicherung vorsehen.
2. Das gilt auch bei **Schwerbehinderten**. § 42 SchwbG verbietet nicht die Anrechnung von sozialversicherungsrechtlichen Bezügen auf Betriebsrenten.
3. Hingegen dürfen **Unfallrenten** nur insoweit bei der Berechnung betrieblicher Versorgungsleistungen berücksichtigt werden, wie sie dem **Ausgleich der unfallbedingten Verdienstminderung** dienen. Unbillig und unwirksam ist eine betriebliche Versorgungsregelung, die sich darauf beschränkt, bei der Anrechnung von Unfallrenten die Höchstrente der Gesamtversorgung um 10 % der ruhegeldfähigen Bezüge anzuheben.

D. Rechtsprechungslexikon

2169 ▶ Anrechnung von Renten der gesetzlichen Unfallversicherung

BAG, Urt. v. 19.07.1983 – 3 AZR 241/82 Fundstellen: AuR 1983, 282 = BetrAV 1983, 181 = BB 1983, 1474 = DB 1983, 1768 = NJW 1984, 83

Leitsätze:

1. Werden Betriebsrenten danach berechnet, welche Versorgungslücke zwischen sonstigen Versorgungsbezügen und einer angestrebten Gesamtversorgung besteht (**Gesamtversorgungssystem**), so können Verletztenrenten aus der gesetzlichen Unfallversicherung nur **anteilig berücksichtigt** werden.
   a) Anrechenbar ist die **Unfallrente**, soweit sie dazu bestimmt ist, **Verdienstminderungen** zu ersetzen.
   b) Hingegen verstößt es gegen das Gebot der Gleichbehandlung, wenn auch der Teil der Unfallrente zur Gesamtversorgung gezählt wird, der immaterielle Schäden und sonstige Einbußen ausgleicht.
2. Da die gesetzliche Unfallversicherung keine Aufteilung der Verletztenrente je nach dem Zweck der Bezüge kennt, kommt es auf die **Aufteilung** durch die betriebliche Versorgungsregelung an. Ist diese unbillig oder schweigt sie, ist der **Maßstab** des **Bundesversorgungsgesetzes** entsprechend anzuwenden: **Anrechnungsfrei** ist dann derjenige Teil der Verletztenrente, der der **Grundrente** eines Versorgungsberechtigten nach dem Bundesversorgungsgesetz bei vergleichbarer Minderung der Erwerbsfähigkeit entspricht.

2170 ▶ Anrechnung von Leistungen einer Krankentagegeldversicherung

BAG, Urt. v. 25.10.1983 – 3 AZR 137/81 Fundstellen: AuR 1984, 217 = BetrAV 1984, 179 = BB 1984, 1167 = DB 1984, 1484

Leitsatz:

Leistungen einer Krankentagegeldversicherung dürfen auf eine wegen Berufsunfähigkeit gewährte Betriebsrente dann nicht angerechnet werden, wenn die Beiträge zur Krankentagegeldversicherung vom Arbeitnehmer allein erbracht werden. Die Vorschrift einer Versorgungsordnung, die eine entsprechende Anrechnung vorsieht, ist wegen Verstoßes gegen den Gleichbehandlungsgrundsatz unwirksam.

2171 ▶ Anrechnung von Renten der gesetzlichen Unfallversicherung

BAG, Urt. v. 08.11.1983 – 3 AZR 64/82 Fundstellen: AuR 1984, 88 = BetrAV 1984, 46 = BB 1984, 1984 = DB 1984, 352

Leitsätze:

1. Dem Arbeitgeber ist es untersagt, die Unfallrente im Rahmen von Gesamtversorgungssystemen voll zu berücksichtigen. Die **uneingeschränkte Anrechnung verstößt** gegen den **Gleichbehandlungsgrundsatz**.
2. Der Arbeitgeber muss mindestens den **Teil der Verletztenrente** bei der Bemessung der Gesamtversorgung **unberücksichtigt** lassen, der der **Grundrente** eines Versorgungsberechtigten nach dem Bundesversorgungsgesetz entspricht.
3. Das **Anrechnungsverbot** für einen Teil der Verletztenrente darf allerdings nicht dazu führen, dass die anrechenbaren Bezüge bei einem unfallverletzten Arbeitnehmer geringer sind als bei einem vergleichbaren Arbeitnehmer, der keine Rente der gesetzlichen Unfallversicherung bezieht.

2172 ▶ Anrechnung von Renten der gesetzlichen Unfallversicherung

BAG, Urt. v. 10.04.1984 – 3 AZR 39/83 Fundstellen: AuR 1984, 313 = BB 1984, 1491 = DB 1984, 1887

| Anrechnung | D. |

Leitsatz:

Eine betriebliche Versorgungsordnung, die bestimmt, dass **Verletztenrenten** der gesetzlichen Unfallversicherung im Rahmen einer Gesamtversorgung **zur Hälfte angerechnet** werden, ist im allgemeinen **rechtlich nicht zu beanstanden**.

▶ Anrechnung von gesetzlichen Unfallwitwenrenten — 2173

BAG, Urt. v. 06.08.1985 – 3 AZR 393/82 Fundstellen: AuR 1986, 183 = BetrAV 1986, 184 = BB 1986, 1226 = DB 1986, 1181 = NZA 1986, 748

Leitsatz:

Die Anrechnung von gesetzlichen Unfallwitwenrenten auf Leistungen der betrieblichen Hinterbliebenenversorgung **verstößt** im allgemeinen **nicht** gegen den Gleichbehandlungsgrundsatz; das gilt zumindest dann, wenn Unfallwitwen wenigstens ein **Versorgungsvorsprung** im Vergleich zu solchen Hinterbliebenen, die keine Ansprüche aus der gesetzlichen Unfallversicherung haben, zugebilligt wird. Die **Grundsätze der beschränkten Anrechenbarkeit** von Verletztenrenten sind im Bereich der Hinterbliebenenversorgung **nicht anwendbar**.

▶ Anrechnung eines Kinderzuschusses — 2174

BAG, Urt. v. 16.08.1988 – 3 AZR 52/87 Fundstellen: AuR 1988, 385 = BetrAV 1989, 47 = BB 1988, 2392 = DB 1988, 2514 = FamRZ 1989, 275 = NZA 1989, 314

Leitsätze:

1. In einem Versorgungstarifvertrag kann vorgesehen werden, dass der **Kinderzuschuss aus der gesetzlichen Rentenversicherung** (§ 39 AVG; § 1262 RVO) auf betriebliche Altersversorgung angerechnet wird, wenn zugleich in dem Versorgungstarifvertrag ein **Familienzuschlag** vorgesehen ist, der den Kinderzuschuss übersteigt.
2. Die Anrechnung des Kinderzuschusses verstößt jedoch dann gegen den von den Tarifvertragsparteien zu beachtenden Gleichheitssatz (Art. 3 Abs. 1 GG), wenn der Versorgungstarifvertrag für nach dem 1.1.1984 in den Ruhestand getretene Versorgungsberechtigte eine **Anrechnung des Kindergeldes** nicht vorsieht.
3. Hat ein Arbeitgeber während der bestehenden Regelungslücke das Kindergeld nicht angerechnet, muss er nach dem Gleichbehandlungsgrundsatz auch den Kinderzuschuss anrechnungsfrei lassen.

▶ Anrechnung und Besitzstandsschutz — 2175

BAG, Urt. v. 09.05.1989 – 3 AZR 348/88 Fundstellen: AuR 1989, 320 = BetrAV 1990, 54 = BB 1989, 1984 = DB 1989, 2618 = MDR 1989, 1128

Leitsätze:

1. Eine Unterstützungskasse, die ihre Versorgungsrichtlinien dahin ändert, dass **Abgeordnetenpensionen** auf die betrieblichen Versorgungsleistungen angerechnet werden, muss die im Zeitpunkt der Änderung **erreichten Besitzstände** der versorgungsberechtigten Arbeitnehmer wahren.
2. Die Anrechnung ist nicht unbillig, wenn dem Arbeitnehmer der bei der Änderung der Versorgungsrichtlinien **erdiente Teilbetrag** nach § 2 Abs. 1 BetrAVG erhalten bleibt.

▶ Voraussetzungen für eine Anrechnungsklausel — 2176

BAG, Urt. v. 05.09.1989 – 3 AZR 654/87 Fundstellen: AuR 1990, 27 = BB 1990, 143 = DB 1990, 1143 = NZA 1990, 269

Leitsatz:

Sollen auf Leistungen der betrieblichen Altersversorgung andere Leistungen angerechnet werden, müssen die **Anrechnungstatbestände** für den Vertragspartner (Arbeitnehmer) **eindeutig** und **unmissverständlich** beschrieben werden. [...]

2177 ▶ **Verletzung der Mitwirkungspflichten durch den Arbeitnehmer**

BAG, Urt. v. 27.03.1990 – 3 AZR 187/88 Fundstellen: AuR 1990, 328 = BetrAV 1990, 230 = BB 1991, 211 = DB 1990, 2123 = NZA 1990, 776

Leitsätze:

1. Kommt ein Ruhegeldberechtigter schuldhaft seiner **Auskunftsverpflichtung** über den Bezug anderweitiger öffentlicher Renten nicht nach, die der Versorgungsträger anrechnen darf, so ist er zum **Schadensersatz** verpflichtet. Der Schadensersatz entspricht der Ruhegeldüberzahlung.
2. Hat der Versorgungsberechtigte seine Auskunftspflicht nur fahrlässig verletzt, so ist der Erstattungsanspruch nicht schon deshalb ausgeschlossen, weil Erstattungsforderungen aus ungerechtfertigter Bereicherung nach § 819 Abs. 1 BGB nur bei Kenntnis des Empfängers vom mangelnden Rechtsgrund ausgeschlossen wären.
3. Erstattungsansprüche des Arbeitgebers wegen Verletzung der Auskunftspflichten des Versorgungsberechtigten **verjähren** in **30 Jahren**.

2178 ▶ **Anrechnung ausländischer Sozialversicherungsrenten**

BAG, Urt. v. 24.04.1990 – 3 AZR 309/88 Fundstellen: AuR 1990, 328 = BetrAV 1990, 231 = BB 1990, 1776 = DB 1990, 2172 = NZA 1990, 936

Leitsätze:

1. Eine betriebliche Versorgungsordnung kann bestimmen, dass **ausländische Sozialversicherungsrenten** auf betriebliche Versorgungsleistungen anzurechnen sind. Das gilt jedenfalls dann, wenn die ausländische Rente ebenso wie die deutsche Sozialversicherungsrente auf einer **Pflichtversicherung** beruht, **dienstzeit- und beitragsabhängig** ist und je **zur Hälfte vom Arbeitgeber** und Versicherten **finanziert** wird (hier: österreichische Rente).
2. Der Anrechnung steht nicht entgegen, dass der Arbeitnehmer (Versicherte) erst durch freiwillige Beiträge (Nachversicherung) die Voraussetzungen für den Bezug der Rente schafft. Anrechnungsfrei muss nur der Teil der Sozialversicherungsrente bleiben, der allein auf den Nachversicherungsbeiträgen des Arbeitnehmers beruht.

2179 ▶ **Anrechnung einer befreienden Lebensversicherung**

BAG, Urt. v. 03.07.1990 – 3 AZR 85/89 Fundstellen: BB 1990, 2414 = DB 1990, 2332 = NZA 1991, 66

Leitsatz:

Zuschüsse des Arbeitgebers zu den Prämien einer befreienden Lebensversicherung können nach § 26 Abs. 10 des Ruhegeldgesetzes in Hamburg ohne zeitliche Beschränkung angerechnet werden.

2180 ▶ **Anrechnung von Versorgungsbezügen aus einem früheren Arbeitsverhältnis**

BAG, Urt. v. 20.11.1990 – 3 AZR 31/90 Fundstellen: AuR 1991, 282 = BetrAV 1991, 188 = BB 1991, 1718 = DB 1991, 1837 = NZA 1991, 850

Leitsätze:

1. Setzt sich die betriebliche Altersrente aus einem dienstzeitunabhängigen Sockelbetrag und aus dienstzeitabhängigen Steigerungsbeträgen zusammen, dürfen Versorgungsleistungen aus vorausgegangenen Arbeitsverhältnissen auf den Sockelbetrag angerechnet werden.

2. Eine solche Anrechnungsbestimmung verstößt nicht gegen § 5 Abs. 2 BetrAVG und den Gleichbehandlungsgrundsatz. Versorgungsansprüche des Arbeitnehmers gegen eine vom früheren Arbeitgeber finanzierte Unterstützungskasse beruhen nicht auf eigenen Beiträgen des Arbeitnehmers. Es ist nicht willkürlich, wenn derjenige Arbeitnehmer ein höheres Ruhegeld erhält, dem es nicht gelungen ist, in früheren Arbeitsverhältnissen eine betriebliche Altersversorgung mindestens in Höhe des kürzbaren Sockelbetrages zu erwerben.

▶ **Anrechnung von Erwerbseinkünften** 2181

BAG, Urt. v. 09.07.1991 – 3 AZR 337/90 Fundstellen: AuR 1991, 347 = BetrAV 1992, 51 = BB 1991, 2164 = DB 1991, 2447 = MDR 1992, 60 = NZA 1992, 65 = ZAP Fach 17 R, S. 23

Leitsätze:
1. Eine Versorgungszusage kann vorsehen, dass Einkünfte des Versorgungsberechtigten aus **selbständiger und unselbständiger Tätigkeit** auf die Versorgungsleistungen angerechnet werden. Eine solche Zusage verstößt nicht gegen § 5 Abs. 2 BetrAVG.
2. Die Anrechnung von Erwerbsbezügen auf betriebliche Versorgungsleistungen kann im Einzelfall gegen das Verbot der Willkür oder den Grundsatz der Gleichbehandlung verstoßen.

▶ **Umfang einer anrechenbaren Sozialversicherungsrente** 2182

BAG, Urt. v. 10.03.1992 – 3 AZR 352/91 Fundstellen: AuR 1992, 280 = BetrAV 1992, 222 = BB 1992, 1432 = DB 1993, 283 = NZA 1992, 935

Leitsätze:
1. Sieht eine Versorgungsordnung vor, dass die »Rente aus der gesetzlichen Rentenversicherung« bei der Ermittlung einer Gesamtversorgungsobergrenze berücksichtigt werden soll, so ist damit im Zweifel der Betrag der **Bruttorente** gemeint.
2. Bei einer solchen Regelung bleibt ein vom Rentner aufzubringender und von der gesetzlichen Rente einzubehaltender **Krankenversicherungsbeitrag** ohne Einfluss auf die Höhe der Gesamtversorgung.

▶ **Anrechnung anderweitiger Versorgungsbezüge** 2183

LAG Köln, Urt. v. 17.06.1993 – 6 Sa 321/91 Fundstellen: BetrAV 1994, 26 = DB 1993, 2391

Leitsatz:

Klauseln in Betriebsrentenzusagen über die Anrechnung anderweitiger Versorgungsbezüge sind unwirksam, wenn sie dazu führen, dass eine Betriebsrente keinem oder fast keinem Arbeitnehmer gezahlt wird.

▶ **Keine Anrechnung späterer Betriebsrente auf den Ausgleichsanspruch des Handelsvertreters** 2184

BGH, Urt. v. 23.02.1994 – VIII ZR 94/93 Fundstelle: BB 1994, 594 = DB 1994, 881

Leitsatz:

Freiwillige Leistungen des Unternehmers für die Altersversorgung des Handelsvertreters sind mangels entsprechender Vereinbarung jedenfalls dann nicht auf den Ausgleichsanspruch anzurechnen, wenn der Versorgungsanspruch erst 21 Jahre nach dem Ende des Handelsvertreterverhältnisses fällig wird.

▶ **Keine Anrechnung späterer Betriebsrente auf den Ausgleichsanspruch des Handelsvertreters** 2185

OLG Köln, Urt. v. 19.09.1996 – 18 U 14/96 Fundstelle: VersR 1997, 615

Leitsatz:

Der Handelsvertreter hat Anspruch auf ungekürzte Ausgleichszahlung, wenn zwischen seinem Ausscheiden und dem Einsetzen der Zahlung von Altersrente aus einer vom Unternehmer finanzierten Direktversicherung ein Zeitraum von 13 Jahren liegt (Fortführung von BGH VersR 1984, 184).

2186 ▶ Anrechnung der gesetzlichen Rente bei Teilzeitkräften

BAG, Urt. v. 14.10.1998 – 3 AZR 385/97 Fundstelle: DB 1999, 1123 = BB 1999, 1558 = NZA 1999, 874 = VersR 1999, 1520

Leitsatz:

Nach der VBL-Satzung steht Teilzeitkräften entsprechend ihrer geringeren Arbeitszeit eine niedrigere Gesamtversorgung zu als den Vollzeitkräften. Auf diese Gesamtversorgung ist die Sozialversicherungsrente auch insoweit anzurechnen, wie sie auf früheren Vollzeitbeschäftigungen beruht. Die Anrechnungsregelung verstößt nicht gegen § 5 Abs. 2 BetrAVG. Ebensowenig ergibt sich ein Anrechnungsverbot aus dem Gleichheitssatz (Art. 3 Abs. 1 GG), dem Verbot der Diskriminierung von Teilzeitbeschäftigten (§ 2 Abs. 1 BeschFG) oder dem Eigentumsschutz des Art. 14 Abs. 1 GG. Die Anrechnung der vollen Sozialversicherungsrente entspricht dem Versorgungsziel und der Ergänzungsfunktion der Zusatzversorgung.

2187 ▶ Betriebsrentenberechnung nach Durchführung eines Versorgungsausgleichs

BAG, Urt. v. 20.03.2001 – 3 AZR 264/00 Fundstellen: BB 2001, 2009 = DB 2001, 2355 = VersR 2002, 381

Leitsatz:

Sieht ein Gesamtversorgungssystem die Berücksichtigung »der Sozialrente« vor, so ist die vom Arbeitnehmer erdiente und nicht die infolge eines Versorgungsausgleichs geminderte oder erhöhte gesetzliche Rente anzurechnen.

2188 ▶ Anrechnung von Abgeordnetenpensionen auf eine Gesamtversorgung

BAG, Urt. v. 23.09.2003 – 3 AZR 465/02 Fundstelle: BAGE 107, 369 = NZA 2004, 850 = DB 2004, 1215

Leitsatz:

Im Rahmen von Gesamtversorgungssystemen können auch die Altersentschädigungen ehemaliger Abgeordneter der Bremischen Bürgerschaft auf Leistungen der betrieblichen Altersversorgung angerechnet werden. Aus dem Teilzeitcharakter der Mandatsausübung folgt kein Anrechnungsverbot.

2188a ▶ Prinzipielle Zulässigkeit der Anrechnung der Witwenrente aus der gesetzlichen Rentenversicherung auf betriebliche Versorgungsleistungen

BAG, Urt. v. 18.05.2010 – 3 AZR 97/08 Fundstelle: DB 2010, 2114 = BetrAV 2010, 696 = NZA 2011, 581

Leitsätze:

1. Die Berücksichtigung anderweitiger Bezüge bei der Berechnung der betrieblichen Altersversorgung darf nicht zur unverhältnismäßigen wirtschaftlichen Entwertung dieser Bezüge führen.
2. Keine unverhältnismäßige wirtschaftliche Entwertung liegt vor, wenn eine Witwenrente aus der gesetzlichen Rentenversicherung auf eine Hinterbliebenenrente angerechnet wird, die auf dem Ableben derjenigen Person beruht, deren Versterben den Anspruch auf Witwenrente ausgelöst hat. Demgegenüber darf die Berücksichtigung einer eigenen Altersrente der hinterbliebenen Person lediglich zu einer wirtschaftlichen Entwertung der Altersrente um bis zu 80 % führen.

Auslegungsregeln   D.

3. Betriebsvereinbarungen sind insoweit unwirksam, als sie die Grenze der zulässigen wirtschaftlichen Entwertung überschreiten

▶ **Wirtschaftliche Auszehrung anderer Ansprüche** 2188b

BAG, Urt. v. 18.05.2010 – 3 AZR 80/08 Fundstelle: BB 2011, 443 = AP Nr 51 zu § 5 BetrAVG

Leitsätze:

1. Die Berücksichtigung anderweitiger Bezüge bei der Berechnung der betrieblichen Altersversorgung darf nicht zur unverhältnismäßigen wirtschaftlichen Entwertung dieser Bezüge führen.
2. Keine unverhältnismäßige wirtschaftliche Entwertung liegt vor, wenn eine Witwenrente aus der gesetzlichen Rentenversicherung auf eine Hinterbliebenenrente angerechnet wird, die auf dem Ableben derjenigen Person beruht, deren Versterben den Anspruch auf Witwenrente ausgelöst hat. Demgegenüber darf die Berücksichtigung einer eigenen Altersrente der hinterbliebenen Person lediglich zu einer wirtschaftlichen Entwertung der Altersrente um bis zu 80 % führen.
3. Betriebsvereinbarungen sind insoweit unwirksam, als sie die Grenze der zulässigen wirtschaftlichen Entwertung überschreiten

Auslegungsregeln

▶ **Unklarheitenregelung** 2189

BAG, Urt. v. 25.05.1973 – 3 AZR 405/72 Fundstellen: AuR 1973, 380 = BetrAV 1973, 237 = BB 1973, 1171 = DB 1973, 1355 = MDR 1973, 965 = NJW 1973, 1948

Leitsatz (nicht amtlich):

Unklarheiten einer Versorgungsordnung gehen im Zweifel **zulasten des Arbeitgebers**.

▶ **Ruhegeldfähiges Gehalt und vermögenswirksame Leistungen** 2190

LAG Hamm, Urt. v. 06.04.1982 – 6 Sa 412/81 Fundstelle: DB 1982, 1523

Leitsätze:

1. Vermögenswirksame Leistungen sind keine Bestandteile des Tariflohns.
2. Richtet sich die Höhe einer betrieblichen Altersversorgung nach dem Tariflohn, den der Arbeitnehmer zuletzt vor Eintritt des Versorgungsfalls erhalten hat, sind dem Arbeitnehmer gewährte vermögenswirksame Leistungen deshalb bei der Berechnung der Betriebsrente nicht mit einzubeziehen.

▶ **Wechsel zwischen Voll- und Teilzeitbeschäftigung** 2191

BAG, Urt. v. 27.09.1983 – 3 AZR 297/81 Fundstellen: AuR 1984, 313 = BB 1984, 1430 = DB 1984, 1940 = NZA 1994, 794

Leitsätze:

1. Macht eine Versorgungsordnung die Höhe der Betriebsrente von den letzten Bezügen des Versorgungsberechtigten abhängig, so muss sie auch den Fall regeln, dass ein Arbeitnehmer in den Jahren vor dem Ruhestand zwischen Voll- und Teilzeitbeschäftigung gewechselt hat. Eine entsprechende Lücke ist im Wege der **ergänzenden Vertragsauslegung** zu schließen.
2. Für diesen Fall kann eine **Durchschnittsberechnung** der ruhegeldfähigen Bezüge in den Jahren vor dem Ruhestand in Betracht kommen. Eine solche Regelung verstößt weder gegen den Gleichbehandlungsgrundsatz noch gegen das Lohngleichheitsgebot.

D. Rechtsprechungslexikon

2192 ▶ Berechnung der vorgezogenen Altersrente

BAG, Urt. v. 24.06.1986 – 3 AZR 630/84 Fundstellen: AuR 1986, 33 = BetrAV 1987, 64 = BB 1987, 692 = DB 1987, 691 = NZA 1987, 200

Leitsätze:

1. Sieht eine Versorgungsordnung Festrenten in Verbindung mit einer **Gesamtversorgungsobergrenze** vor, wird jedoch der Sonderfall der **flexiblen Altersgrenze** nicht geregelt, so ist folgende ergänzende Auslegung geboten:
2. Der Arbeitgeber darf die Renten der vorzeitig pensionierten Arbeitnehmer **zeitanteilig kürzen**, jedoch **keinen versicherungsmathematischen Abschlag** vornehmen (ständige Rechtsprechung). Eine weitere Kürzung auf Grund der Höchstbegrenzungsklausel kommt bei einer solchen Fallgestaltung im Zweifel nur in Betracht, wenn die zeitanteilig gekürzte Festrente die Gesamtversorgungsobergrenze übersteigt.

2193 ▶ Ruhegeldfähiges Gehalt und Überstundenpauschale

BAG, Urt. v. 05.08.1986 – 3 AZR 515/85 Fundstelle: NZA 1987, 312 = BetrAV 1987, 193

Leitsätze:

1. Ist dem Arbeitnehmer eine **gehaltsabhängige halbdynamische Versorgungszusage** erteilt worden, so ist im Normalfall davon auszugehen, dass **alle regelmäßigen Leistungen** bei der Berechnung der Betriebsrente erfasst sein sollen, **die nicht ausgenommen** wurden.
2. Gehört zum Entgelt eine im Arbeitsvertrag ausgewiesene **Überstundenpauschale**, so ist diese bei Fehlen entsprechender Nichtanrechnungsbestimmungen **ruhegeldfähig**, auch wenn es der Arbeitnehmer zuvor hingenommen hat, dass die Überstundenpauschale nicht mit dem Grundgehalt angehoben worden und bei Sonderzahlungen unberücksichtigt geblieben ist.

2194 ▶ Auslegung einer Höchstbegrenzungsklausel

BAG, Urt. v. 08.05.1990 – 3 AZR 341/88 Fundstellen: AuR 1990, 361 = BetrAV 1991, 18 = BB 1990, 2052 = DB 1991, 99 = NZA 1991, 15 = VersR 1991, 1433

Leitsatz:

Eine Höchstbegrenzungsklausel in einer Versorgungsordnung ist im Zweifel dahin auszulegen, dass Voll- oder Teilrenten zunächst unabhängig von der Höchstbegrenzungsklausel zu berechnen sind, und dass diese Renten erst bei Überschreiten der Höchstgrenzen zu kürzen sind.

2195 ▶ Auslegung einer Jeweiligkeitsklausel

BAG, Urt. v. 29.01.1991 – 3 AZR 44/90 Fundstellen: AuR 1991, 250 = BetrAV 1992, 49 = BB 1991, 1200 = DB 1991, 1836 = NZA 1991, 563

Leitsatz:

1. Verweist ein Arbeitsvertrag auf die jeweils gültigen tariflichen Versorgungsvereinbarungen, handelt es sich um eine **dynamische Verweisung**. Anzuwenden sind die **beim Ausscheiden** des Arbeitnehmers aus dem Arbeitsverhältnis **maßgeblichen** tariflichen **Bestimmungen**.
2. Wollen die Parteien des Arbeitsvertrages keine dynamische Verweisung, sondern bestimmte tarifliche Versorgungsregelungen zum Inhalt des Arbeitsvertrages machen (**statische Verweisung**), müssen sie dies wegen der weitreichenden Folgen einer solchen Verweisung (keine betriebseinheitlichen Versorgungsregelungen) **eindeutig klarstellen**.

2196 ▶ Unklarheitenregelung

BAG, Urt. v. 16.04.1997 – 3 AZR 28/96 Fundstellen: BetrAV 1997, 204 = BB 1997, 1903 = DB 1997, 1575

Auslegungsregeln D.

Leitsatz (nicht amtlich):

Die sog. Unklarheitenregelung ist nur dann anwendbar, wenn alle in Betracht kommenden Auslegungsmethoden erschöpft sind und trotzdem nicht behebbare Zweifel bleiben.

▶ Berechnung der Teilrente bei vorzeitigem Ausscheiden und Inanspruchnahme nach § 6 BetrAVG — 2197

BAG, Urt. v. 29.07.1997 – 3 AZR 134/96 Fundstellen: BB 1998, 377 = DB 1998, 935 = BetrAV 1998, 51

Leitsatz:

Für die Berechnung der im Falle eines vorzeitigen Bezuges nach § 6 BetrAVG erreichbaren Betriebsrente kommt es in erster Linie auf die getroffenen Vereinbarungen an. Die vom Senat hierzu aufgestellten Berechnungsregeln (zuletzt: Urteil vom 8. Mai 1990 – 3 AZR 341/88 – AP Nr. 18 zu § 16 BetrAVG) gelten nur, wenn die Versorgungsordnung insoweit lückenhaft ist.

▶ Berechnung der vorgezogenen Altersrente — 2198

BAG, Urt. v. 29.07.1997 – 3 AZR 114/96 Fundstellen: NZA 1998, 543 = DB 1998, 319 = BB 1997, 2487

Leitsätze:

1. Nach § 6 BetrAVG kann der Arbeitnehmer unter den im Gesetz genannten Voraussetzungen eine betriebliche Altersrente vorzeitig, vor Vollendung des 65. Lebensjahres, in Anspruch nehmen.
2. Das BetrAVG enthält zur Berechnung dieser vorzeitigen Altersrente keine zwingenden Bestimmungen. Deshalb kommt es in erster Linie auf die Regelungen in der Versorgungsordnung an.
3. Eine Versorgungsregelung, die für die Berechnung der vorzeitigen Altersrente auf die tatsächlich im Zeitpunkt des Ausscheidens erdiente Rente abstellt und auf versicherungsmathematische Abschläge und auf eine zeitratierliche Kürzung verzichtet, ist rechtlich nicht zu beanstanden.
4. Nur wenn die Versorgungsregelung nicht näher bestimmt, wie die vorzeitige Altersrente im Sinne von § 6 BetrAVG zu berechnen ist, müssen die **Auslegungsregeln**, die der Senat für diese Fälle entwickelt hat (vgl. zuletzt Urteil vom 28. März 1995 – 3 AZR 900/94 – AP Nr. 21 zu § 6 BetrAVG), herangezogen werde.

▶ Auslegung von Versorgungsrichtlinien einer Gruppenunterstützungskasse — 2199

BAG, Urt. v. 27.01.1998 – 3 AZR 444/96 Fundstellen: DB 1998, 1671 = BetrAV 1998, 219

Leitsatz:

Bei der Auslegung von Versorgungsrichtlinien einer vom Arbeitgeber zur Durchführung der von ihm versprochenen betrieblichen Altersversorgung eingeschalteten Gruppenunterstützungskasse gilt die Unklarheitenregelung. Bleiben nach der Auslegung von Bestimmungen zum Geltungsbereich der Richtlinien Zweifel, welches von mehreren Auslegungsergebnissen gilt, muss sich der Arbeitgeber an der für ihn ungünstigeren Auslegung festhalten lassen, soweit er nicht die Betroffenen über einen hiervon abweichenden Inhalt belehrt hat.[...]

▶ Ergänzende Auslegung eines Versorgungstarifvertrages — 2200

BAG, Urt. v. 03.11.1998 – 3 AZR 432/97 Fundstellen: BB 1999, 1334 = DB 1999, 1809

Leitsätze:

1. Ein Versorgungstarifvertrag, der eine **endgehaltsbezogene** Versorgungsleistung verspricht und deren Berechnung auf das Grundgehalt des letzten Abrechnungsmonats abstellt, ist regelmäßig lückenhaft, soweit es um die Behandlung von Versorgungsberechtigten geht, die während nicht

unwesentlicher Teile ihres Beschäftigungsverhältnisses in einem **anderen zeitlichen Umfang** für ihren Arbeitgeber tätig waren als während des letzten Beschäftigungsmonats.
2. Die Gerichte für Arbeitssachen sind jedenfalls befugt, diese Regelungslücke zu schließen, wenn der tatsächliche Regelungswille der Tarifvertragsparteien feststeht.

2201 ▶ **Auslegung von Betriebsvereinbarungen**

LAG Niedersachsen, Urt. v. 08.02.1999 – 4 Sa 1966/98 Fundstellen: n. v.

Leitsatz (nicht amtlich):

Betriebsvereinbarungen sind wie Tarifverträge und diese wiederum wie Gesetze auszulegen. Danach ist maßgeblich auf den im Wortlaut der Betriebsvereinbarung zum Ausdruck gelangten Willen der Betriebspartner abzustellen und der von diesen beabsichtigte Sinn und Zweck der Regelung zu berücksichtigen, soweit diese in den Regelungen der Betriebsvereinbarung noch ihren Niederschlag gefunden haben. Die Anwendung der »Unklarheitenregelung« ist insoweit nicht zulässig.

2202 ▶ **Höhe der Betriebsrente (Durchschnittsgehaltsplan)**

LAG Hessen, Urt. v. 26.01.2000 – 8 Sa 1821/98 Fundstelle: DB 2000, 1923

Leitsätze:

1. Ist eine Betriebsrente nach dem monatlichen Durchschnitt des Arbeitsentgelts für einen längeren Zeitraum zu berechnen, ist der Durchschnitt nur aus den Monaten zu bilden, für die Entgeltansprüche bestanden.
2. Die gesamten Entgeltansprüche des Zeitraums sind durch die Anzahl der Monate zuzüglich Monatsbruchteile zu dividieren, für die Entgeltansprüche bestanden.

2203 ▶ **Ausgleichsklausel; Versorgungsschaden durch Verletzung einer Hinweispflicht**

BAG, Urt. v. 17.10.2000 – 3 AZR 69/99 Fundstellen: BB 2001, 315 = DB 2001, 391 = ZIP 2001, 168

Leitsatz:

Die Auslegungsregel, wonach allgemeine Ausgleichsklauseln im Zweifel Ansprüche auf betriebliche Altersversorgung nicht mit umfassen, ist auch dann anzuwenden, wenn der Verzicht auf einen als Schadensersatz geschuldeten Versorgungsverschaffungsanspruch in Rede steht.

2204 ▶ **Auslegung von Willenserklärungen**

BAG, Urt. v. 20.03.2001 – 3 AZR 229/00 Fundstellen: BetrAV 2002, 407

Leitsätze:

[...]
3. Nach der ständigen Rechtsprechung des Bundesarbeitsgerichts ist die Auslegung von Willenserklärungen in der Revisionsinstanz nach unterschiedlichen Maßstäben vorzunehmen, je nach dem, ob es sich um Willenserklärungen individueller Art oder sog. typische Vertragsklauseln handelt. Im ersten Fall kann das Revisionsgericht nur überprüfen, ob das Berufungsgericht fehlerhaft eine Auslegung völlig unterlassen hat, ob es bei seiner Auslegung Auslegungsregeln verletzt, also einen Rechtsverstoß begangen hat, und ob bei der Auslegung gegen Denkgesetze oder Erfahrungssätze verstoßen oder der Tatsachenstoff unvollständig verwertet worden ist. Demgegenüber sind typische Vertragsklauseln vom Revisionsgericht selbständig und unbeschränkt auszulegen, wenn dies der festgestellte Sachverhalt ermöglicht. Dies gilt insbesondere dann, wenn es um die Auslegung von Urkunden geht und besondere Umstände des Einzelfalls, die der Auslegung eine bestimmte Richtung geben können, nicht in Frage stehen.

Auslegungsregeln D.

▶ Betriebsrentenberechnung nach Durchführung eines Versorgungsausgleichs   2205

> BAG, Urt. v. 20.03.2001 – 3 AZR 264/00 Fundstellen: BB 2001, 2009 = DB 2001, 2355 = VersR 2002, 381

Leitsatz:

Sieht ein Gesamtversorgungssystem die Berücksichtigung »der Sozialrente« vor, so ist die vom Arbeitnehmer erdiente und nicht die infolge eines Versorgungsausgleichs geminderte oder erhöhte gesetzliche Rente anzurechnen.

▶ Geschäftswagen als rentenfähiges Einkommen   2206

> BAG, Urt. v. 21.08.2001 – 3 AZR 746/00 Fundstellen: BetrAV 2002, 418 = NZA 2002, 394 = BB 2002, 735 = DB 2002, 851

Leitsatz:

Es hängt vom Inhalt der Versorgungszusage ab, ob die (erlaubte) Privatnutzung eines Geschäftswagens bei der Betriebsrentenberechnung zu berücksichtigen ist.

▶ Versorgungsansprüche bei Arbeitnehmerüberlassung   2207

> BAG, Urt. v. 18.02.2003 – 3 AZR 160/02 Fundstelle: BAGE 105, 59 = BAGReport 2003, 289 = BetrAV 2003, 663 = DB 2003, 2181

Leitsatz:

Ist nach Art. 1 § 1 Abs. 2, § 3 Abs. 1 Nr. 6, § 13 AÜG aF für einen bestimmten Zeitraum ein Arbeitsverhältnis zwischen Entleiher und Leiharbeitnehmer entstanden, nimmt der Leiharbeitnehmer auch an einem in dieser Zeit durch Betriebsvereinbarung begründeten betrieblichen Versorgungswerk teil.

▶ Abgrenzung Brutto-/Nettozusage   2208

> BAG, Urt. v. 20.07.2004 – 3 AZR 316/03 Fundstelle: DB 2005, 508

Leitsätze:

1. Verspricht der Arbeitgeber ein Ruhegehalt in bestimmter Höhe, handelt es sich im Zweifel um die Zusage einer Bruttorente.
2. [...]

▶ Auslegung einer Inbezugnahmeklausel   2209

> BAG, Urt. v. 12.10.2004 – 3 AZR 432/03 Fundstellen: DB 2005, 1338 = NZA 2005, 1320

Leitsätze:

1. Werden in einer Versorgungszusage außerhalb des Arbeitsvertrags liegende Regelwerke (wie Richtlinien einer Unterstützungskasse) in Bezug genommen, so wird üblicherweise dynamisch auf die Richtlinien in ihrer jeweiligen Fassung verwiesen.
2. Ohne nähere Bestimmung stehen Vorschriften eines in Bezug genommenen Regelwerks unter dem Vorbehalt ihrer Änderung.
3. Bei einer Stichtagsregelung bedeutet die Nähe zur Schnittgrenze als solche keinen Härtefall, der zur teleologischen Reduktion der anspruchseinschränkenden Regelung führen müsste.

▶ Begriff des ruhegeldfähigen Einkommens   2210

> BAG, Urt. v. 18.10.2005 – 3 AZR 48/05 Fundstelle: DB 2006, 224 = AuA 2006, 113

Leitsatz:

Knüpft eine als Betriebsvereinbarung ergangene Versorgungsordnung eine zusätzliche Versorgung an den Teil des Einkommens des Arbeitnehmers, »der die Beitragsbemessungsgrenze der gesetzlichen Angestelltenversicherung übersteigt« und sieht sie gleichzeitig vor, dass »in der Höhe schwankende Zuwendungen« bei der Zusatzversorgung nicht zu berücksichtigen sind, erfordert der Zweck der Regelung nicht die Einbeziehung von Zuschlägen zur Sonntags-, Feiertags- und Nachtarbeit in die Berechnung der betrieblichen Altersversorgung. Diese Zuschläge sind in der gesetzlichen Altersversorgung weitgehend beitragsfrei und stehen insoweit von vornherein neben der Systematik der Beitragszahlung und damit der gesetzlichen Altersversorgung.

2211 ▶ **Auslegung einer Höchstbegrenzungsklausel**

BAG, Urt. v. 21.03.2006 – 3 AZR 374/05 Fundstellen: DB 2006, 2354 = BetrAV 2006, 677 = NZA 2006, 1220

Leitsätze:

1. An der zu § 6 BetrAVG entwickelten Auslegungsregel, dass Höchstbegrenzungsklauseln im Zweifel erst auf den zeitanteilig gekürzten Betrag anzuwenden sind, hält der Senat nicht mehr fest (Aufgabe von Senat 24. Juni 1986 – 3 AZR 630/84 –; 8. Mai 1990 – 3 AZR 341/88).
2. Soweit bei der Berechnung der Betriebsrente des vorzeitig ausgeschiedenen Arbeitnehmers eine Rente der gesetzlichen Rentenversicherung zu berücksichtigen ist, sind Zeiten bis zum Ausscheiden nach der tatsächlichen Rentenbiografie und fiktive Zeiten bis zur festen Altersgrenze nach dem letzten Einkommen beim Ausscheiden zu berechnen. Dabei ist das letzte Monatseinkommen zugrunde zu legen. Etwas anderes gilt, wenn dieses für das Einkommen des Arbeitnehmers nicht typisch ist, weil Jahressonderleistungen zu berücksichtigen sind oder das Einkommen schwankt. In diesen Fällen ist nach den Umständen des Einzelfalles auf Grund eines Durchschnittszeitraumes das typische Arbeitsentgelt zu ermitteln.

2212 ▶ **Dynamische Verweisung auf tarifvertragliche Regelungen**

BAG, Urt. v. 27.06.2006 – 3 AZR 212/05 Fundstellen: AP Nr. 12 zu § 1 BetrAVG Überversorgung = DB 2007, 2491

Leitsätze:

1. [...]
2. [...]
3. Wenn die Arbeitsvertragsparteien außerhalb des Arbeitsvertrages liegende Versorgungsvorschriften in Bezug nehmen, handelt es sich – auch ohne ausdrückliche Jeweiligkeitsklausel – i. d. R. nicht um eine statische, sondern um eine dynamische Verweisung.
4. Eine arbeitsvertragliche dynamische Verweisung auf die jeweils geltenden tariflichen Regelungen gilt auch über den Eintritt des Arbeitnehmers in den Ruhestand hinaus.
5. Zur Auslegung einer tarifvertraglichen Günstigkeitsklausel und des Anwendungsbereichs einer später eingeführten nettoentgeltbezogenen Gesamtversorgungsobergrenze.
6. [...]

2213 ▶ **Ruhegehaltsfähiges Einkommen bei Frühpensionierung**

BAG, Urt. v. 27.03.2007 – 3 AZR 60/06 Fundstellen: AP Nr. 57 zu § 2 BetrAVG = NZA 2008, 133 = BB 2007, 2522 = DB 2008, 536

Leitsätze:

1. Die Veränderungssperre (§ 2 Abs. 5 Satz 1 BetrAVG) führt dazu, dass sich spätere Erhöhungen des ruhegeldfähigen Einkommens auf die Höhe der Versorgungsanwartschaft vorzeitig ausgeschiedener Arbeitnehmer nicht auswirken (§ 2 Abs. 5 BetrAVG).

Auslegungsregeln D.

2. Gebrauchen die Betriebspartner in einer Betriebsvereinbarung einen Begriff, der in den einschlägigen Tarifverträgen in einer bestimmten Bedeutung verwandt wird, so ist grundsätzlich davon auszugehen, dass sie ihn gleichfalls in diesem Sinne verstanden haben.
3. Ebenso wie der Gesetzgeber und die Tarifvertragsparteien dürfen die Betriebspartner Unklarheiten bei der Auslegung des Regelwerks durch eine authentische Interpretation auch rückwirkend beseitigen. Eine rückwirkende Regelung verstößt nicht gegen den aus dem Rechtsstaatsprinzip (Art. 20 Abs. 3, Art. 28 Abs. 1 Satz 1 GG) folgenden Vertrauensgrundsatz, wenn es an einem schutzwürdigen Vertrauen in den Fortbestand der begünstigenden Rechtslage fehlt.

▶ **Auslegung einer Versorgungsvereinbarung – Beitragszusage oder Zusage nach BetrAVG** 2214

BAG, Urt. v. 13.11.2007 – 3 AZR 635/06 Fundstellen: JurionRS 2007, 45713 = AP Nr. 49 zu § 1 BetrAVG

Leitsätze:

1. Unterbreitet der Arbeitgeber dem Arbeitnehmer das Angebot, als Versicherungsnehmer für den Arbeitnehmer als Versicherten eine kombinierte kapitalbildende Lebens- und Berufsunfähigkeitsversicherung abzuschließen und einen jährlichen Beitrag zu leisten, ist dies nicht nur als Angebot zu verstehen, für den Arbeitnehmer die Beiträge zu einer Lebensversicherung zu übernehmen, sondern auch als Verpflichtung, dem Arbeitnehmer bei Eintritt des Versicherungsfalls einen Anspruch auf die Versicherungsleistung zu verschaffen, so dass sich die Parteien auf die Zusage einer arbeitgeberfinanzierten Direktversicherung im Sinne des BetrAVG verständigt haben.
2. Da der Begriff der »Direktversicherung« i. S. d. § 40b EStG dem Begriff der »Direktversicherung« im Sinne des BetrAVG entspricht, lässt sich aus einer von Arbeitgeber und Arbeitnehmer gewollten Pauschalversteuerung unmittelbar der Rückschluss auf den Willen des Arbeitgebers zur Abgabe einer Versorgungszusage entsprechend den Vorschriften des BetrAVG ziehen.

▶ **Auslegung einer Betriebsvereinbarung – Begriff des pensionsfähigen Gehalts** 2215

BAG, Urt. v. 19.08.2008 – 3 AZR 1101/06 Fundstellen: AP Nr 43 zu § 77 BetrVG 1972 Betriebsvereinbarung = DB 2009, 855 = NZA-RR 2009, 274

Orientierungssatz des Autors:

Sieht eine Betriebsvereinbarung über eine Gesamtversorgung die Anrechnung der gesetzlichen Rente auf die Betriebsrente vor, so spricht dies dafür, dass der vom Arbeitgeber übernommene Arbeitnehmeranteil an den Beiträgen zur gesetzlichen Rentenversicherung nicht zum »pensionsfähigen Gehalt« i.S. der Pensionsordnung gehört.

▶ **Begriff der festen Altersgrenze in der betrieblichen Altersversorgung** 2216

BAG, Urt. v. 17.09.2008 – 3 AZR 865/06 Fundstellen: NZA 2009, 440 = BetrAV 2009, 165 = MDR 2009, 395 = ZIP 2009, 237 = EzA § 1 BetrAVG Nr. 91

Orientierungssätze des Autors:
(1) Die feste Altersgrenze bezeichnet den Zeitpunkt, zu dem nach der Versorgungszusage im Regelfall – und zwar unabhängig von den Voraussetzungen des § 6 BetrAVG – mit einer Inanspruchnahme der Betriebsrente und dem altersbedingten Ausscheiden aus dem Berufs- und Erwerbsleben zu rechnen ist. Nicht erforderlich ist, dass das Ende des Arbeitsverhältnisses von vornherein bindend festgelegt wird.
(2) Gegen die Festlegung einer festen Altersgrenze von 60 Jahren bestehen regelmäßig keine Bedenken.
(3) Für den gesetzlichen Insolvenzschutz ist die in der betrieblichen Versorgungsordnung vorgesehene feste Altersgrenze nur verbindlich, soweit die vorgesehenen Leistungen als Altersversorgung i. S. d. § 1 Abs. 1 S. 1 BetrAVG anzusehen sind. Dies ist der Fall, wenn sie dazu dienen sollen, die

Versorgung des Arbeitnehmers nach dessen Ausscheiden aus dem Berufs- und Erwerbsleben zu sichern oder zu verbessern.

(4) Entscheidend für die Beantwortung der Frage, ob es sich um Leistungen der betrieblichen Altersversorgung handelt, ist die Versorgungszusage und nicht die spätere tatsächliche Entwicklung. Es kommt nicht darauf an, ob der Arbeitnehmer, wenn er denn gesetzlich versichert ist, zum vorgesehenen Zeitpunkt die gesetzliche Altersrente in Anspruch nimmt oder Arbeitslosengeld beantragt oder weiter arbeitet.

2217 ▶ **Begriff des pensionsfähigen Gehalts**

LAG Hessen, Urt. v. 12.11.2008 – 8 Sa 188/08 Fundstellen: BetrAV 2009, 475 = NZA-RR 2009, 444

Orientierungssätze des Autors:
1. Der geldwerte Vorteil der privaten Nutzung eines vom Arbeitgeber zur Verfügung gestellten Dienstwagens gehört nicht zum vertraglichen oder tariflichen Bruttomonatsgehalt.
2. Der Begriff »Bruttomonatsgehalt« umfasst nach dem allgemeinen Sprachgebrauch nur Geldleistungen, nicht aber geldwerte Vorteile und Sachleistungen (Hess. LAG v. 08.09.2004 – 8 Sa 2110/03; BAG v. 14.08.1990 – 3 AZR 321/89 – zu 5.a) d.Gr., AP Nr. 12 zu § 1 BetrAVG Berechnung; LAG Rheinland-Pfalz v. 07.12.2006 – 11 Sa 629/06; LAG Köln v. 09.02.2006 – 10 Sa 1027/05).
3. Unter »Zulage« ist nach allgemeinem Sprachgebrauch nur eine Geldzahlung zu verstehen und nicht eine Sachleistung.

2218 ▶ **Zuordnung von Übergangsbezügen**

BAG, Urt. v. 28.10.2008 – 3 AZR 317/07 Fundstellen: DB 2009, 1714 = NZA 2009, 844 = BetrAV 2009, 370 = MDR 2009, 1052

Leitsatz:

Wird das »Pensionsalter« von der Vollendung des 65. Lebensjahres auf die Vollendung des 60. Lebensjahres herabgesetzt und werden zum Ausgleich für die frühere Beendigung des Arbeitsverhältnisses »Übergangsbezüge« ab Eintritt in den Ruhestand bis zur Vollendung des 65. Lebensjahres gezahlt, so handelt es sich bei dieser Leistung um eine zeitlich befristete betriebliche Altersversorgung. Dies gilt jedenfalls dann, wenn die Vertragspartner die Altersgrenze von 60 Jahren bei einer typisierenden Betrachtung für sachgerecht halten durften.

2219 ▶ **Ergänzende Auslegung einer Versorgungsordnung bei außerplanmäßiger Erhöhung der Beitragsbemessungsgrenze**

BAG, Urt. v. 21.04.2009 – 3 AZR 695/08 Fundstellen: DB 2009, 2162 = BetrAV 2009, 267

Leitsätze:

1. Versorgungsordnungen mit einer »gespaltenen Rentenformel« sind durch die außerplanmäßige Erhöhung der Beitragsbemessungsgrenze um 500,00 Euro im Jahre 2003 nach § 275c SGB VI regelmäßig lückenhaft geworden und entsprechend dem ursprünglichen Regelungsplan zu ergänzen.
2. Danach berechnet sich die Betriebsrente ohne Berücksichtigung der außerplanmäßigen Anhebung der Beitragsbemessungsgrenze. Von dieser Rente ist sodann der Betrag in Abzug zu bringen, um den sich die gesetzliche Rente infolge höherer Beitragszahlungen erhöht hat.

2220 ▶ **Berücksichtigung der Beitragsbemessungsgrenze West und Ost**

BAG, Urt. v. 21.04.2009 – 3 AZR 640/07 Fundstellen: DB 2009, 2499

D. Auslegungsregeln

Leitsatz:

Versorgungsordnungen, die für Entgeltbestandteile oberhalb der Beitragsbemessungsgrenze West höhere Leistungen der betrieblichen Altersversorgung als für Bestandteile bis zu dieser Grenze vorsehen, tragen dem unterschiedlichen Versorgungsbedarf Rechnung. Sie sind für Fälle, in denen der Arbeitnehmer tatsächlich auch unter Geltung der Beitragsbemessungsgrenze Ost arbeitet, ergänzend auszulegen. Es ist dann bei Anwendung der Rentenformel statt der Beitragsbemessungsgrenze West ein nach zeitlichen Anteilen gewichteter Wert zwischen den beiden Beitragsbemessungsgrenzen zugrunde zu legen.

▶ **Kein Verfall von Betriebsrenten durch Gesamterledigungsklauseln; Voraussetzungen für eine Verwirkung**   2220a

BAG, Urt. v. 20.04.2010 – 3 AZR 225/08 Fundstellen: BAGE 134, 111 = NZA 2010, 883 = DB 2010, 1589

Orientierungssätze:
1. (...)
2. Welche Rechtsqualität und welchen Umfang eine Ausgleichsklausel hat, ist durch Auslegung nach den Regeln der §§ 133, 157 BGB zu ermitteln. Als rechtstechnische Mittel zur Bereinigung der Rechtsbeziehungen der Parteien kommen insbes. der Erlassvertrag (§ 397 Abs. 1 BGB), das konstitutive negative Schuldanerkenntnis (§ 397 Abs. 2 BGB) und das deklaratorische negative Schuldanerkenntnis in Betracht.
3. Gesamterledigungsklauseln haben eine besondere Funktion. Sie sollen nach Beendigung des Arbeitsverhältnisses klare Verhältnisse schaffen und künftige Streitigkeiten unter den ehemaligen Arbeitsvertragsparteien verhindern. Deshalb sind Gesamterledigungsklauseln im Regelfall weit auszulegen.
4. Für Versorgungsansprüche gelten aber Besonderheiten. Diese haben meist einen hohen Wert; ihre Erhaltung und Erfüllung ist für den daraus Berechtigten von großer Bedeutung. Kein Arbeitnehmer wird ohne besonderen Grund auf derartige Rechte verzichten wollen. Diese Bedeutung der Versorgungsansprüche erfordert deshalb eine unmissverständliche Erklärung; ein Verzicht muss eindeutig und zweifelsfrei zum Ausdruck gebracht werden. Vor diesem Hintergrund sind Gesamterledigungsklauseln im Regelfall dahin auszulegen, dass sie Betriebsrentenansprüche nicht erfassen.
5. Die Verwirkung ist ein Sonderfall der unzulässigen Rechtsausübung. Deshalb kann allein der Zeitablauf (Zeitmoment) die Verwirkung eines Rechts nicht rechtfertigen. Zu dem Zeitmoment müssen besondere Umstände sowohl im Verhalten des Berechtigten als auch des Verpflichteten hinzutreten (Umstandsmoment), die es rechtfertigen, die späte Geltendmachung des Rechts als mit Treu und Glauben unvereinbar und für den Verpflichteten als unzumutbar anzusehen.
6. Eine Verwirkung scheidet von vornherein aus, solange das geltend gemachte Recht noch nicht besteht. Für Betriebsrentenansprüche bedeutet dies, dass bereits das Zeitmoment nicht vor Fälligkeit der sich aus dem Rentenstammrecht ergebenden Leistung beginnt.
7. Der Senat hat offen gelassen, ob für das Umstandsmoment an Geschehnisse angeknüpft werden kann, die sich vor dem Beginn des Zeitmoments ereignet haben.
8. Ist ein zwischen dem Übernehmer und dem Arbeitnehmer geschlossener Arbeitsvertrag wegen Umgehung des § 613a BGB unwirksam, kommt eine Verwirkung von Betriebsrentenansprüchen gegen den Erwerber regelmäßig nicht in Betracht.

▶ **Auslegung einer Versorgungsordnung hinsichtlich versicherungsmathematischer Abschläge**   2220b

BAG, Urt. v. 29.09.2010 – 3 AZR 557/08 Fundstellen: BetrAV 2011, 287 = NZA 2011, 206 = BB 2011, 764 = ZIP 2011, 680

Leitsatz:

Eine Versorgungsordnung, die für den Fall der vorgezogenen Inanspruchnahme einer Betriebsrente eine »versicherungsmathematische Herabsetzung« vorsieht, ohne deren Höhe genau anzugeben, ist zumindest bei Eintritt des Versorgungsfalls bis zum Jahr 2002 dahingehend auszulegen, dass ein Abschlag von 0,5 % pro Monat der vorgezogenen Inanspruchnahme vorzunehmen ist.

2220c ▶ **Berücksichtigung von Altersteilzeitarbeit bei der Ermittlung des rentenfähigen Arbeitsverdienstes**

BAG, Urt. v. 17.04.2012 – 3 AZR 280/10 Fundstellen: BetrAV 2012, 632 = NZA-RR 2012, 489

Orientierungssatz:

Eine aus dem Jahr 1981 stammende Versorgungsordnung, die bezweckt, den zuletzt vor dem Ausscheiden aus dem Arbeitsverhältnis durch den Arbeitsverdienst bestimmten Lebensstandard des Versorgungsempfängers zu gewährleisten und die bei Teilzeitbeschäftigten den rentenfähigen Arbeitsverdienst entsprechend dem Verhältnis der individuellen Arbeitszeit zur tariflichen Vollarbeitszeit bestimmt, erfasst nicht die Altersteilzeitverhältnisse. Der durch das Arbeitsentgelt geprägte Lebensstandard von Altersteilzeitbeschäftigten ist ein anderer als der von »normalen« Teilzeitbeschäftigten. Durch die gesetzlichen Aufstockungsleistungen und ggf. zusätzliche tarifliche und einzelvertragliche Aufstockungsleistungen wird ein deutlich höherer monatlicher Verdienst während der Altersteilzeit erzielt und ist für den Lebensstandard prägend, als dies bei einem anderen teilzeitbeschäftigten Arbeitnehmer der Fall ist.

2220d ▶ **Auswirkung der Anhebung der Regelaltersgrenze in der gRV auf eine betriebliche Versorgungsordnung**

BAG, Urt. v. 15.05.2012 – 3 AZR 11/10 Fundstellen: BetrAV 2012, 524 = NZA-RR 2012, 433 = BB 2012, 2630 = DB 2012, 1756

Leitsatz:

Stellt eine vor dem RV-Altersgrenzenanpassungsgesetz (RVAltGrAnpG) entstandene Versorgungsordnung für den Eintritt des Versorgungsfalles auf die Vollendung des 65. Lebensjahres ab, so ist diese Versorgungsordnung regelmäßig dahingehend auszulegen, dass damit auf die Regelaltersgrenze in der gesetzlichen Rentenversicherung nach §§ 35, 235 Abs. 2 Satz 2 SGB VI Bezug genommen wird.

Ausschlussfristen

2221 ▶ **Betriebliche Versorgungsleistungen und Ausschlussfristen**

BAG, Urt. v. 27.02.1990 – 3 AZR 216/88 Fundstellen: AuR 1990, 231 = BetrAV 1990, 227 = DB 1990, 1572 = NZA 1990, 627

Leitsatz:

Ansprüche auf Leistungen der betrieblichen Altersversorgung unterliegen nur dann **tariflichen Ausschlussfristen**, wenn sich dies **eindeutig** und **unmissverständlich** aus dem Tarifvertrag ergibt. Im Zweifel ist davon auszugehen, dass die Tarifvertragsparteien Versorgungsansprüche keinen tariflichen Ausschlussfristen unterwerfen.

2222 ▶ **Zur Bedeutung tariflicher Ausschlussklauseln**

BAG, Urt. v. 14.10.1998 – 3 AZR 377/97 Fundstelle: DB 1999, 1808

Leitsatz (nicht amtlich):

Tarifliche Ausschlussfristen gelten grundsätzlich nicht für den Anspruch des Arbeitnehmers gegen den Arbeitgeber auf Verschaffung einer Altersversorgung und auch nicht für einen Schadensersatzanspruch gegen den Arbeitgeber wegen unterlassener Anmeldung zu einem Versorgungswerk. Tarifliche Verfallfristen sollen eine kurzfristige Abwicklung der Ansprüche aus dem Arbeitsverhältnis sicherstellen. Sie sollen dagegen keine Ansprüche beschneiden, die erst entstehen, wenn das Arbeitsverhältnis beendet wurde und der Ruhestand beginnt.

▶ **Kein Verfall laufender Rentenzahlungen aufgrund tarifvertraglicher Ausschlussfristen** 2223

LAG Hamm, Urt. v. 15.06.1999 – 6 Sa 1423/98 Fundstellen: DB 1999, 1806 = BB 1999, 2088

Leitsatz:

Ansprüche auf Leistungen der betrieblichen Altersversorgung unterliegen nur dann tariflichen Ausschlussfristen, wenn sich dies eindeutig und unmissverständlich aus dem Tarifvertrag ergibt. Die Ausschlussklauseln des Tarifvertrages des Baugewerbes enthalten keine derartige Regelung. [...]

▶ **Ausschlussfrist für die Anmeldung von Versorgungsansprüchen oder -anwartschaften** 2224

BAG, Urt. v. 21.03.2000 – 3 AZR 72/99 Fundstelle: BAGE 94, 98 = NZA 2000, 835 = DB 2000, 1236 = BB 2000, 1356 = ZIP 2000, 935

Leitsätze:

1. Der Pensions-Sicherungs-Verein hat die dem Berechtigten zustehenden Versorgungsansprüche oder -anwartschaften schriftlich mitzuteilen (§ 9 Abs. 1 S. 1 BetrAVG). Unterbleibt die Mitteilung, so sind nicht nur Ansprüche, sondern auch Anwartschaften spätestens ein Jahr nach dem Sicherungsfall vom Berechtigten anzumelden (§ 9 Abs. 1 S. 2 Hs. 1 BetrAVG). Auf den eintritt des Versorgungsfalls kommt es nicht an.
2. Hat der Berechtigte einen Anwartschaftsausweis erhalten, ist der Pensions-Sicherungs-Verein durch die Verjährungsvorschriften (§ 196 Abs. 1 Nr. 8, 9 BGB) vor der Geltendmachung von Ansprüchen für lange zurückliegende Zeiträume geschützt.

Auszehrungsverbot

▶ **Absenkung tariflicher Zusatzrente bei Änderung der Bemessungsgrundlage** 2225

BAG, Urt. v. 05.10.1999 – 3 AZR 230/98 Fundstellen: BB 2000, 1248 = DB 2000, 1671 = BetrAV 2000, 397 (LS)

Leitsätze:

1. Eine Auszehrung im Sinne des § 5 Abs. 1 BetrAVG liegt nur dann vor, wenn die Betriebsrenten unter den bei Eintritt des Versorgungsfalls festgesetzten Betrag sinken. Die vom selben Arbeitgeber gewährten Versorgungsleistungen sind dabei in der Regel auch dann als Einheit anzusehen, wenn sie auf verschiedene Versorgungsformen verteilt sind.
2. Nach § 17 Abs. 3 Satz 1 BetrAVG kann in Tarifverträgen vom Auszehrungsverbot des § 5 Abs. 1 BetrAVG abgewichen werden. Eine derartige Abweichung muss nicht als solche gekennzeichnet werden. Es genügt, dass sich dies zweifelsfrei aus den tarifvertraglichen Regelungen ergibt.
3. Abweichungen vom Auszehrungsverbot berühren nicht die Unverfallbarkeitsregelung des § 1 Abs. 1 BetrAVG, an die auch die Tarifvertragsparteien gebunden sind.
4. Wenn bei einer Gesamtversorgungsobergrenze nicht die Brutto-, sondern die Nettovergütung maßgebend sein soll, muss dies in der Versorgungsordnung Ausdruck finden (Bestätigung der bisherigen Rechtsprechung, BAG v. 10.3.1992 – 3 AZR 352/91 – BAGE 70, 36, 39 f.).

Begriffsbestimmungen

2226 ▶ **Betriebliche Altersversorgung und Sachleistungen**

LAG Düsseldorf, Urt. v. 05.05.1977 – 14 Sa 1374/76 Fundstelle: DB 1977, 2054

Leitsätze:

1. Der Begriff der Leistungen der betrieblichen Altersversorgung kann sowohl Geldleistungen als auch Sachleistungen umfassen.
2. Ob eine Deputatleistung jedoch eine Leistung der betrieblichen Altersversorgung darstellt, muss anhand der gegebenen Zusage oder des bestehenden Tarifvertrages im Wege der Einzelauslegung entschieden werden.
3. Beim Kohlebezugsrecht ist das in der Altersversorgung enthaltene Entgeltprinzip nahezu vollständig beseitigt.
4. Atypisch für Leistungen der betrieblichen Altersversorgung ist schon, dass die Sozialzuwendung nur geleistet wird, wenn der Berechtigte vom Kohlebezugsrecht überhaupt Gebrauch macht.

2227 ▶ **Betriebliche Altersversorgung bei Gewinngutschriften**

BAG, Urt. v. 30.10.1980 – 3 AZR 805/79 Fundstellen: BB 1981, 1153 = DB 1981, 644 = NJW 1981, 1470

Leitsatz:

Eine Leistung der betrieblichen Altersversorgung kann auch dann vorliegen, wenn der Arbeitgeber **Gewinnbeteiligungen** eines Arbeitnehmers auf einem **Darlehenskonto** des Arbeitnehmers gutschreibt. Dies ist dann der Fall, wenn die Gewinnbeteiligungen der Altersversorgung des Arbeitnehmers dienen, grundsätzlich erst bei Eintritt eines Versorgungsfalls rückzahlbar werden und durch die Gewinnbeteiligung ohne Bezug auf eine bestimmte Vergütungsperiode die Betriebstreue des Arbeitnehmers abgegolten werden soll.

2228 ▶ **Zum Begriff der Altersversorgung**

LAG Köln, Urt. v. 25.01.1983 – 7 Sa 1130/83 Fundstellen: BB 1984, 474 = DB 1984, 1788

Leitsätze:

1. Eine Versorgung, die ein ehemaliger Arbeitnehmer von seinem Arbeitgeber erhält, kann nicht schon deswegen als Altersversorgung im Sinne von § 7 BetrAVG angesehen werden, weil sie von den Vertragsparteien so bezeichnet wird. § 7 BetrAVG stellt nur solche Versorgungen unter den Insolvenzschutz, die wirklich **der Sache nach** Altersversorgungen sind, nicht dagegen solche, die nur so heißen. Davon ganz abgesehen wäre andernfalls einem Missbrauch des § 7 BetrAVG Tür und Tor geöffnet.
2. Eine Versorgung kann nur dann mit Recht als Altersversorgung bezeichnet werden, wenn sie eine Zeit betrifft, in der dem ehemaligen Arbeitnehmer wegen seines Alters eine berufliche Tätigkeit nicht mehr zuzumuten ist. Dies wird gegenwärtig allgemein **frühestens erst ab dem 63. Lebensjahr** angenommen. Versorgungen, die früher (hier: 54. Lebensjahr) gewährt werden, werden nicht wegen dieser besonderen altersbedingten Unzumutbarkeit zugestanden.

2229 ▶ **Entschädigungen für den Verlust des Arbeitsplatzes als betriebliche Versorgungsleistungen**

BAG, Urt. v. 28.01.1986 – 3 AZR 312/84 Fundstellen: AuR 1987, 34 = BetrAV 1987, 62 = BB 1987, 690 = DB 1987, 52 = NZA 1987, 126

Leitsätze:

1. Rentenansprüche sind nur dann als betriebliche Altersversorgung i.S. des BetrAVG vereinbart worden, wenn sie dazu dienen sollten, die **Versorgung** des Arbeitnehmers nach dessen Ausscheiden aus dem Beruf oder aus dem Erwerbsleben zu **sichern**.
2. Ergibt der Inhalt des Vertrages i. V. m. den Begleitumständen, dass der Arbeitnehmer die Rentenleistungen als Entschädigung für den Verlust des Arbeitsplatzes zusätzlich zu seinem Verdienst aus beruflicher Tätigkeit verlangen kann, so liegt keine betriebliche Altersversorgung vor; dass der Arbeitsvertrag die Renten als »Ruhegeld« bezeichnet, ist dann unerheblich.

▶ Merkmale einer betrieblichen Altersversorgung 2230

BAG, Urt. v. 08.05.1990 – 3 AZR 121/89 Fundstellen: AuR 1990, 361 = BetrAV 1991, 18 = BB 1990, 2410 = DB 1990, 2375 = NZA 1990, 931

Leitsätze:

1. Zu den Merkmalen einer betrieblichen Altersversorgung gehören das **Versprechen einer Leistung zum Zwecke der Versorgung**, ein den Versorgungsanspruch **auslösendes Ereignis** wie Alter, Invalidität oder Tod, sowie die Zusage an einen Arbeitnehmer durch einen Arbeitgeber **aus Anlass des Arbeitsverhältnisses**.
   a) Für die rechtliche Beurteilung der Zusage kommt es darauf an, welches **Ereignis** den Anspruch **auslöst**; es kommt nicht darauf an, aus welchem Grund die Zusage erteilt wurde.
   b) Leistungen der betrieblichen Altersversorgung unterscheiden sich durch ihre **Zwecksetzung** von sonstigen Leistungen, etwa zur Vermögensbildung, zur Überbrückung von Arbeitslosigkeit und Abfindungen für den Verlust des Arbeitsplatzes. Wird eine Leistung zur Deckung des Versorgungsmehrbedarfs nach Ausscheiden aus dem Berufsleben (Versorgungsfall Altersrente) zugesagt, dient sie der Altersversorgung.
2. Es gehört **nicht** zu den Merkmalen der betrieblichen Altersversorgung, dass Leistungen in Erwartung erst künftig zu erbringender **Betriebstreue** versprochen werden. Eine insolvenzgeschützte Zusage kann auch dann Vorliegen, wenn der Arbeitgeber eine Rente unabhängig von einer schon erbrachten oder noch zu erbringenden Betriebstreue zusagt.

▶ Betriebliche Altersversorgung durch Gehaltsumwandlung 2231

BAG, Urt. v. 26.06.1990 – 3 AZR 641/88 Fundstellen: AuR 1991, 27 = BetrAV 1991, 67 = BB 1991, 482 = DB 1990, 2475 = MDR 1991, 281 = NJW 1991, 717 = NZA 1991, 144 = ZAP Fach 17 R, S. 13

Leitsätze:

1. Eine betriebliche Altersversorgung in Form einer Direktversicherung (§ 1 Abs. 2 Satz 1 BetrAVG) kann auch dann vorliegen, wenn die Prämien der Versicherung auf das Leben des Arbeitnehmers vereinbarungsgemäß anstelle einer Vergütung gezahlt werden sollen (Versicherung nach Gehaltsumwandlung). Auch diese Form der betrieblichen Altersversorgung ist nach § 7 Abs. 2 Satz 1 Nr. 2 BetrAVG insolvenzgeschützt.
2. Zu den Merkmalen einer betrieblichen Altersversorgung gehören das Versprechen einer Leistung zum Zweck der Versorgung, ein den Versorgungsanspruch auslösendes Ereignis wie Alter, Invalidität oder Tod sowie die Zusage an einen Arbeitnehmer durch den Arbeitgeber aus Anlass des Arbeitsverhältnisses (st. Rspr. des Senats, vgl. zuletzt, Urteil vom 8.5.1990 – 3 AZR 121/89, DB 1990, S. 2375). Es gibt kein weiteres einschränkendes, ungeschriebenes Tatbestandsmerkmal »zusätzlich zum Barlohn entrichtete, freiwillige Arbeitgeberleistung«. [...]

▶ Krankenversicherungsbeiträge als betriebliche Altersversorgung 2232

LAG Hessen, Urt. v. 22.04.1998 – 8 Sa 2150/96 Fundstellen: BB 1999, 591 = BetrAV 1999, 101

Leitsatz:

Trägt ein Arbeitgeber die Krankenversicherungsbeiträge seiner Pensionäre, so kann das eine Leistung der betrieblichen Altersversorgung gemäß §§ 1, 2 BetrAVG sein.

2233 ▶ **Überbrückungshilfen keine insolvenzgesicherten Leistungen**

BAG, Urt. v. 03.11.1998 – 3 AZR 454/97 Fundstellen: BB 1999, 905 = NZA 1999, 594 = ZIP 1999, 1145

Leitsätze:

1. Überbrückungshilfen bis zum Erreichen eines in der Versorgungszusage festgelegten Versorgungsfalles »Alter« sind keine insolvenzgesicherten Leistungen der betrieblichen Altersversorgung im Sinne des Betriebsrentengesetzes, selbst wenn sie in der Zusage als Ruhegehälter bezeichnet worden sind.
2. Von einer Überbrückungshilfe, nicht einer Leistung der betrieblichen Altersversorgung, ist auszugehen, wenn die betreffenden Zahlungen zwar nur für den Fall versprochen werden, dass das Arbeitsverhältnis nach Vollendung des 60. Lebensjahres des Arbeitnehmers aufgehoben worden ist, zugleich aber unter die Bedingung gestellt werden, dass das Arbeitsverhältnis unter Mitwirkung der Arbeitgeberin aufgelöst wurde und die Leistungen davon abhängig sind, dass weder Gehälter noch Übergangsgelder gezahlt werden.

2234 ▶ **Abgrenzung zu Hilfeleistungen bei wirtschaftlichen Notlagen**

LAG Berlin, Urt. v. 15.11.1999 – 6 Sa 1602/99 Fundstelle: DB 2000, 481

Leitsatz:

Hilfeleistungen, die von einer Unterstützungskasse bei einer wirtschaftlichen Notlage von Arbeitnehmern oder deren Hinterbliebenen gewährt werden, sind keine Leistungen der betrieblichen Altersversorgung i.S. von § 1 Abs. 1 BetrAVG.

2235 ▶ **Abgrenzung betriebliche Altersversorgung und Übergangsversorgung**

BAG, Urt. v. 18.03.2003 – 3 AZR 315/02 Fundstelle: DB 2004, 1624

Leitsätze (nicht amtlich):

1. Sieht eine Versorgungsordnung als Voraussetzung für einen »Übergangszuschuss« den Eintritt in den Ruhestand vor, so ist Zweck der Zusage die Versorgung im Alter. Ungeachtet der missverständlichen Bezeichnung dienen solche Zusagen nicht der Überbrückung einer Arbeitslosigkeit oder der Erleichterung eines Wechsels des Arbeitsplatzes, sondern sind Bestandteil der betrieblichen Altersversorgung
2. Ist dagegen für ein »Übergangsgeld« Voraussetzung das Ausscheiden »im Einvernehmen mit der Firma«, so ist die Zusage von einer Mitwirkungshandlung des Arbeitgebers bei Auflösung des Arbeitsverhältnisses abhängig. Solche Zusagen begründen keine Ansprüche auf betriebliche Altersversorgung.

2235a ▶ **Zusage aus Anlass eines Arbeitsverhältnisses als Voraussetzung für betriebliche Altersversorgung**

BAG, Urt. v. 19.01.2010 – 3 AZR 42/08 Fundstelle: BAGE 133, 83 = DB 2010, 1411 = NZA 2010, 1066

Leitsätze:

1. Eine Versorgungszusage ist nur dann »aus Anlass« eines Arbeitsverhältnisses oder Beschäftigungsverhältnisses i.S. des § 17 Abs. 1 Satz 2 BetrAVG erteilt, wenn zwischen ihr und dem Arbeits-/

Betriebliche Übung — D.

Beschäftigungsverhältnis ein ursächlicher Zusammenhang besteht. Erforderlich ist eine Kausalitätsprüfung, die alle Umstände des Einzelfalls berücksichtigt.
2. Sagt ein Unternehmen allen Gesellschaftern und nur ihnen eine Versorgung zu, ist das ein Indiz dafür, dass dies nicht »aus Anlass« des Arbeits-/Beschäftigungsverhältnisses geschah.

▶ Sachleistungen als betriebliche Altersversorgung 2235b

BAG, Urt. v. 16.03.2010 – 3 AZR 594/09 Fundstelle: BetrAV 2010, 592 = DB 2010, 1834 = NZA-RR 2011, 146 = ZIP 2010, 1867

Leitsätze:

1. Betriebliche Altersversorgung, für die der Pensionssicherungsverein als Träger der gesetzlichen Insolvenzsicherung im Sicherungsfall einzustehen hat, sind nur Leistungen, mit denen die biometrischen Risiken »Langlebigkeit«, Todesfall oder Invalidität abgedeckt werden. Maßgeblich ist auf das Ereignis abzustellen, an das die Versorgung anknüpft.
2. Hausbrandleistungen für ausgeschiedene Arbeitnehmer nach dem MTV sind betriebliche Altersversorgung, soweit die Leistungspflicht im Einzelfall auf einem tariflichen Tatbestand beruht, der seinerseits an biometrische Risiken im Sinne des Betriebsrentengesetzes anknüpft.
3. Eine Werksrente, die gezahlt wird, weil der ausgeschiedene Arbeitnehmer Anpassungsleistungen wegen Umstrukturierungen im Bergbau erhält, ist keine betriebliche Altersversorgung.

Betriebliche Übung

▶ 13. Ruhegehalt kraft betrieblicher Übung 2236

BAG, Urt. v. 30.10.1984 – 3 AZR 236/82 Fundstellen: AuR 1985, 259 = BetrAV 1985, 176 = BB 1985, 1605 = DB 1985, 1747 = MDR 1985, 873 = NJW 1986, 95 = NZA 1985, 531

Leitsatz:

Zahlt ein Arbeitgeber **jahrelang** (hier 8 Jahre) ein **13. Ruhegehalt**, das in der Versorgungsordnung nicht vorgesehen war, so begründet er damit eine betriebliche Übung zugunsten der Versorgungsberechtigten. Diese erwerben eine entsprechende Anwartschaft schon vor Eintritt des Versorgungsfalls.

▶ Versorgungsverpflichtung kraft betrieblicher Übung 2237

LAG Köln, Urt. v. 17.01.1985 – 8 Sa 1019/84 Fundstellen: BetrAV 1985, 68 = BB 1985, 664 = NZA 1985, 398

Leitsatz:

Eine Versorgungsverpflichtung kann durch betriebliche Übung begründet werden, d. h. durch regelmäßige Wiederholung gleichförmiger Verhaltensweisen im Betrieb, die denjenigen, der sich gleichförmig verhält, gegenüber seinen Vertragspartnern rechtlich bindet. Dabei beginnt die in § 1 bestimmte 10-Jahres-Frist für den einzelnen Arbeitnehmer in dem Zeitpunkt, in dem sein Arbeitsverhältnis von einer betrieblichen Übung, die entweder die Zahlung oder entsprechend der Rechtsprechung des Bundesarbeitsgerichts die Zusage von Ruhegeld betrifft, erfasst wird. Ist die betriebliche Übung jünger als das Arbeitsverhältnis, entscheidet der Zeitpunkt der Entstehung der Übung, ist sie älter, entsteht die Bindungswirkung mit dem Eintritt in den Betrieb.

▶ Versorgungsverpflichtung kraft betrieblicher Übung 2238

BAG, Urt. v. 29.10.1985 – 3 AZR 462/83 Fundstellen: BB 1986, 1647 = DB 1986, 2189 = NZA 1986, 786

Leitsatz:

Eine betriebliche Übung, wonach alle Arbeitnehmer innerhalb bestimmter Fristen übereinstimmende Versorgungszusagen erhalten, begründet eine Versorgungsanwartschaft und setzt die Unverfallbarkeitsfristen des § 1 Abs. 1 in Lauf. Ob und wann die schriftliche Zusage im Einzelfall erteilt wird, ist unerheblich.

2239 ▶ Betriebliche Übung im öffentlichen Dienst

BAG, Urt. v. 16.07.1996 – 3 AZR 352/95 Fundstelle: BetrAV 1997, 70 = NZA 1997, 664

Leitsatz:

Hat der Vorstand einer Anstalt des öffentlichen Rechts in einem internen Beschluss festgelegt, dass jeder Arbeitnehmer von einer bestimmten Eingruppierung an nach vierjähriger Bewährung in der Verbandstätigkeit nach beamtenrechtlichen Grundsätzen versorgt wird, und setzt er diesen Beschluss mehr als acht Jahre lang auch tatsächlich um, entsteht dadurch eine betriebliche Übung. Sie kann Ansprüche auf betriebliche Altersversorgung begründen. In einem solchen Fall stehen einer Anspruchsbegründung weder die einschränkenden Rechtsgrundsätze über die Anwendbarkeit dieses Rechtsinstituts im öffentlichen Dienst noch der Schriftformzwang des § 4 Abs. 2 BAT entgegen.

2240 ▶ Weihnachtsgratifikation für Betriebsrentner

BAG, Urt. v. 16.04.1997 – 10 AZR 705/96 Fundstelle: NZA 1998, 423 = DB 1997, 1927 = BB 1997, 1798

Leitsätze:

1. Eine – für den Arbeitnehmer erkennbar – auf das jeweilige Kalenderjahr bezogene Zusage einer Leistung begründet keine Ansprüche der Leistungsempfänger aus einer betrieblichen Übung.
2. Ein Widerrufsvorbehalt bzw. die Mitteilung, dass die Leistung freiwillig erfolgt, ist in diesem Fall nicht erforderlich, um Ansprüche für die Zukunft zu beseitigen bzw. überhaupt nicht entstehen zu lassen.

2241 ▶ Betriebliche Übung: Verhältnis zur Versorgungsordnung

BAG, Urt. v. 23.04.2002 – 3 AZR 224/01 Fundstellen: BAGE 101, 122 = AP Nr. 22 zu § 1 BetrAVG = DB 2002, 2603

Leitsatz:

Berücksichtigt der Arbeitgeber bei der Berechnung von Betriebsrenten entgegen der Versorgungsordnung auch das tarifliche Urlaubsgeld, bezieht er sich dabei aber jeweils ausdrücklich auf diese Versorgungsordnung, so entsteht dadurch in aller Regel keine davon abweichende Betriebliche Übung.

2242 ▶ Voraussetzungen für das Entstehen und die Beendigung einer betrieblichen Übung

LAG Hessen, Urt. v. 02.06.2004 – 8 Sa 1771/03 Fundstelle: DB 2004, 2647

Leitsätze:

1. Für die Anpassung von Faktoren, von denen die Höhe des Ruhegeldes abhängt, gelten die gleichen Grundsätze wie für die Anpassung von Gehältern.
2. Es führt nicht ohne weiteres zu einer betrieblichen Übung, wenn ein Arbeitgeber die Höchstbeträge des Ruhegelds für außertarifliche Angestellte über längere Zeit entsprechend der Gehaltsentwicklung erhöht. Es bedarf konkreter Anhaltspunkte dafür, dass sich der Arbeitgeber habe verpflichten wollen auch in Zukunft dieselben Bemessungsfaktoren beizubehalten.
3. Ist eine Regelung der betrieblichen Altersversorgung durch betriebliche Übung entstanden, kann sie in gleicher Weise abgeändert werden, wenn dies den Mitarbeitern erkennbar ist. Es bedarf hierzu nicht der Mitbestimmung des Betriebsrats.

Betriebliche Übung   D.

▶ **Betriebliche Übung zugunsten von Betriebsrentnern**   2243

BAG, Urt. v. 19.05.2005 – 3 AZR 660/03 Fundstelle: NZA 2005, 889

Leitsätze:
1. Gibt es eine langjährige betriebliche Praxis, wonach Arbeitnehmer und Betriebsrentner Beihilfen im Krankheitsfall erhalten, liegt es nahe, dass sich beide Gruppen darauf einrichten, indem sie auf den Abschluss von Zusatzversicherungen verzichten, weil sie darauf vertrauen, dass eine entsprechende einheitlich praktizierte Leistungsgewährung nur nach Abwägung aller maßgeblichen Gesichtspunkte und schonend für alle verschlechtert wird und nicht von einzelnen Gruppen Sonderopfer verlangt werden. Dies gilt insbesondere für die Betriebsrentner, für die es mit wirtschaftlich vertretbarem Aufwand in aller Regel nicht möglich ist, nachträglich Zusatzversicherungen abzuschließen.
2. Angesichts dessen kann ein Betriebsrentner grundsätzlich davon ausgehen, dass der Arbeitgeber die betriebliche Übung gegenüber den Betriebsrentnern auch nach seinem Ausscheiden bei Eintritt des Versorgungsfalles fortführen wird.

▶ **Betriebliche Übung für Rentnerweihnachtsgeld**   2244

BAG, Urt. v. 31.07.2007 – 3 AZR 189/06 Fundstelle: NZA-RR 2008, 263 = NZA 2008, 1320 = AP Nr. 79 zu § 242 BGB Betriebliche Übung

Orientierungssätze des Autors:
1. In § 1b Abs. 1 Satz 4 BetrAVG erkennt der Gesetzgeber für den Bereich der betrieblichen Altersversorgung die betriebliche Übung als Rechtsquelle ausdrücklich an.
2. Da es bei der Entstehung einer betrieblichen Übung lediglich darauf ankommt, ob der Arbeitnehmer bzw. Betriebsrentner dem Verhalten des Arbeitgebers einen Verpflichtungswillen entnehmen konnte, und die speziellen Kenntnisse und das Verständnis des einzelnen Versorgungsanwärters oder Versorgungsempfängers nicht maßgeblich sind, spielen etwaige zusätzliche Informationen eines Betriebsrentners, der im Aufsichtsrat und im Gesamtbetriebsrat tätig war, unabhängig von den Benachteiligungsverboten des § 78 Satz 2 BetrVG und § 26 Satz 2 MitbestG keine Rolle.
3. Die in Aufsichtsratsbeschlüssen vorgesehenen Einschränkungen eines Rentnerweihnachtsgeldes hindern das Entstehen einer betrieblichen Übung nicht, denn Aufsichtsratsbeschlüsse sind Teil der internen Willensbildung und noch keine Willenserklärung gegenüber der Belegschaft (vgl. BAG v. 19.01.1999 – 9 AZR 667/97).
4. Erwähnen betriebliche Bekanntmachungen, die als Freiwilligkeitsvorbehalt die Entstehung einer betrieblichen Übung verhindern sollen, entgegen früherer Formulierungen nur noch die Jahresvergütung der aktiven Mitarbeiter und fehlt die bisherige Einbeziehung der Versorgungsempfänger, lässt dies den Schluss zu, dass sich die Bekanntmachungen nicht mehr auf deren Weihnachtsgelder, sondern ausschließlich auf die Weihnachtsgelder der aktiven Mitarbeiter beziehen.
5. Da aufgrund einer bisherigen betrieblichen Übung entstandene vertragliche Ansprüche des Arbeitnehmers nur dann durch eine entgegenstehende oder abändernde neue betriebliche Übung eingeschränkt oder beseitigt werden können, wenn die Neuregelung zumindest stillschweigend Inhalt des Arbeitsvertrags geworden ist, schafft der Arbeitgeber durch die Mitteilung an Betriebsrentner, dass sich „wie schon bisher" nichts gegenüber dem bisherigen Rechtszustand ändern werde, keine gegenläufige betriebliche Übung. Der Arbeitgeber will in diesem Fall lediglich das Entstehen einer betrieblichen Übung verhindern, sodass ein stillschweigendes Angebot zum Abschluss eines Änderungsvertrages fehlt.
6. Es bleibt offen, ob an der ständigen Rechtsprechung des BAG, wonach die Betriebspartner durch Betriebsvereinbarung nicht Rechte und Pflichten derjenigen Mitarbeiter begründen oder modifizieren können, die bereits aus dem aktiven Arbeitsverhältnis ausgeschieden und in den Ruhestand eingetreten sind (vgl. u. a. BAG v. 16.03.1956 – GS 1/55, und BAG v.

D.

13.05.1997 – 1 AZR 75/97), festzuhalten ist (so auch BAG v. 28.07.1998 – 3 AZR 100/98 und BAG v. 12.12.2006 – 3 AZR 475/05).

2244a ▶ **Anspruch eines Betriebsrentners auf Weihnachtsgeld aufgrund betrieblicher Übung**

BAG, Urt. v. 16.02.2010 – 3 AZR 118/08 Fundstelle: DB 2010, 1947

Leitsätze:

1. Betriebsrentenansprüche aus betrieblicher Übung lassen sich nicht deshalb verneinen, weil zur Abänderung oder Ablösung derartiger Ansprüche das Instrumentarium der Änderungskündigung oder der kollektivvertraglichen Abänderung regelmäßig nicht zur Verfügung steht.
2. Will der Arbeitgeber vermeiden, dass aus der Stetigkeit seines Verhaltens aufgrund betrieblicher Übung eine in die Zukunft wirkende Bindung entsteht, muss er den einschränkenden Vorbehalt zwar nicht ausdrücklich formulieren, aber klar und deutlich zum Ausdruck bringen.
3. Für den Bereich der betrieblichen Altersversorgung war eine gegenläufige Übung nicht anzuerkennen. Die unterschiedliche Struktur der Rechtsbeziehung verbot es, den für das Arbeitsverhältnis entwickelten Rechtsgedanken der gegenläufigen Übung auf das Versorgungsverhältnis zu übertragen.
4. Gemäß Art. 229 § 5 Satz 2 EGBGB sind auf Dauerschuldverhältnisse, die vor dem 1.1.2002 begründet wurden, vom 1.1.2003 an die Vorschriften in der dann geltenden (Neu-)Fassung anzuwenden. Durch die Einräumung einer einjährigen Übergangsfrist hat der Gesetzgeber dem Vertrauensschutz des Arbeitgebers im Regelfall genügt.

2244b ▶ **Anspruch eines Betriebsrentners auf Weihnachtsgeld aufgrund betrieblicher Übung**

BAG, Urt. v. 16.02.2010 – 3 AZR 123/08 Fundstelle: BetrAV 2010, 589 = NZA 2011, 104 = DB 2010, 1947

▶ **Hinweis:**

Parallelentscheidung zum Urteil des Gerichts vom 16.02.2010, 3 AZR 118/08, s. o. Rdn. 2244a

Betriebsübergang

2245 ▶ **Umfang der Haftung des Betriebserwerbers**

BAG, Urt. v. 24.03.1977 – 3 AZR 649/76 Fundstellen: BB 1977, 1202 = DB 1977, 1466 = NJW 1977, 1791

Leitsätze:

1. Der Erwerber eines Betriebs muss nach § 613 a BGB in die Versorgungsanwartschaften der **übernommenen Arbeitnehmer** eintreten. Er ist jedoch nicht gesetzlich verpflichtet, auch die Versorgungsansprüche solcher Arbeitnehmer zu erfüllen, die bereits **vor** dem Betriebsinhaberwechsel in den Ruhestand getreten sind.
2. Zugunsten der Pensionäre bedarf es einer **vertraglichen Schuldübernahme** oder eines **Schuldbeitritts**. Den Schuldbeitritt kann der Betriebserwerber mit dem bisherigen Arbeitgeber und unter Umständen auch mit dem Betriebsrat des übernommenen Betriebes vereinbaren. Eine solche Vereinbarung ist jedoch nicht ohne weiteres zu vermuten.
3. Übernimmt der Betriebserwerber auch die **Firma**, unter der der Betrieb bisher am Rechtsverkehr teilnahm, so haftet er den bereits in den Ruhestand getretenen Pensionären gemäß **§ 25 HGB** für deren Versorgungsansprüche.
4. Das gleiche gilt nach **§ 419 BGB**, wenn die Betriebsübernahme eine **Vermögensübernahme** darstellt. Das ist dann anzunehmen, wenn bei einer wirtschaftlichen Betrachtungsweise die dem Veräußerer bleibenden Vermögenswerte im Verhältnis zu den übertragenen Vermögensteilen unbedeutend sind.

▶ Keine Übernahme der Unterstützungskasse 2246

BAG, Urt. v. 05.05.1977 – 3 AZR 34/76 Fundstellen: AuR 1978, 93 = BetrAV 1977, 193 = BB 1977, 1251 = DB 1977, 1803 = NJW 1977, 2236

Leitsätze:

1. Der Erwerber eines Betriebes **erwirbt nicht kraft Gesetzes** auch **Rechte an einer Unterstützungskasse**, mit deren Hilfe der Betriebsveräußerer Versorgungsleistungen erbracht hatte.
2. Er tritt jedoch gemäß § 613a BGB in die **arbeitsvertraglichen Pflichten** ein, die den Betriebsveräußerer selbst bei einer solchen Form der betrieblichen Altersversorgung den übernommenen Arbeitnehmern gegenüber trafen. Soweit die Unterstützungskasse nicht zahlt, muss der neue Arbeitgeber für Versorgungsleistungen einstehen, die die übernommenen Arbeitnehmer aufgrund der Zusage des alten Arbeitgebers erwarten durften.

▶ Versorgungsschuldner beim Betriebsübergang 2247

BAG, Urt. v. 22.06.1978 – 3 AZR 832/76 Fundstellen: AuR 1979, 122 = BetrAV 1979, 12 = BB 1978, 1418 = DB 1978, 1795

Leitsätze:

1. Bei der Veräußerung eines Betriebes bleiben Versorgungsanwartschaften bestehen, wenn das Arbeitsverhältnis gemäß § 613a BGB fortbesteht.
2. **Schuldner** der übernommenen Versorgungsanwartschaften wird der **Erwerber** des Betriebes.
3. Der **Veräußerer** kann nur noch in den **engen Grenzen des § 613a Abs. 2 BGB** neben dem Erwerber in Anspruch genommen werden.
4. An den **alten Arbeitgeber** können sich nur noch diejenigen **Arbeitnehmer** halten, die zur Zeit der Betriebsübernahme bereits in den **Ruhestand** getreten oder mit einer **unverfallbaren Versorgungsanwartschaft** ausgeschieden waren.

▶ Keine Übernahme der Unterstützungskasse kraft Gesetzes beim Betriebsübergang 2248

BAG, Urt. v. 15.03.1979 – 3 AZR 859/77 Fundstellen: AuR 1980, 218 = BetrAV 1979, 201 = BB 1979, 1455 = DB 1979, 1462 = NJW 1979, 2533

Leitsätze:

1. Der **Erwerber eines Betriebes** wird gemäß § 613a BGB **Schuldner der Versorgungsansprüche**, die den übernommenen Arbeitnehmern vom Betriebsveräußerer zugesagt worden sind (Bestätigung des Urteils vom 22.6.1978 – 3 AZR 832/76).
2. Sollten die Versorgungsleistungen ursprünglich von **einer Unterstützungskasse des Betriebsveräußerers** erbracht werden, wird aber diese Versorgungseinrichtung **nicht zusammen mit dem Betrieb veräußert**, so wird sie zur gleichen Zeit und im gleichen Umfang von der **Haftung frei** wie ihr Träger als Betriebsveräußerer.

▶ Betriebsübergang und Unterstützungskassenversorgung beim Betriebserwerber 2249

BAG, Urt. v. 30.08.1979 – 3 AZR 58/78 Fundstellen: AuR 1980, 90 = BetrAV 1979, 228 = BB 1979, 1719 = DB 1979, 2431 = NJW 1980, 416

Leitsatz:

Bei einer Betriebsübernahme gemäß § 613a BGB wird die **Unterstützungskasse des Erwerbers nicht Schuldnerin** der übernommenen Versorgungsansprüche. Denn nach ihrer Bestimmung kann und muss sie nur diejenigen Leistungen erbringen, die sich aus ihrem Leistungsplan ergeben. Eine weitergehende Aufgabe ist ihr nicht zugewiesen worden. Deshalb würde sie ihre satzungsmäßigen Rechte überschreiten, wollte sie Versorgungsansprüche erfüllen, in die das Trägerunternehmen aufgrund einer Betriebsübernahme kraft Gesetzes eingetreten ist. Allerdings könnte das Trägerunternehmen seiner Unterstützungskasse auch solche Versorgungslasten zur Abwicklung übertragen.

2250 ▶ **Haftung des Betriebserwerbers im Konkurs**

BAG, Urt. v. 17.01.1980 – 3 AZR 160/79 Fundstellen: AuR 1980, 90 = BetrAV 1980, 46 = BB 1980, 319 = DB 1980, 308 = MDR 1980, 523 = NJW 1980, 1124

Leitsätze:

1. Wird ein **Betrieb** im Rahmen eines **Konkursverfahrens veräußert**, ist § 613 a BGB soweit **nicht anwendbar**, wie diese Vorschrift die **Haftung des Betriebserwerbers für bereits entstandene Ansprüche** vorsieht. Insoweit haben die Verteilungsgrundsätze des Konkursverfahrens Vorrang.
2. Das bedeutet für die betriebliche Altersversorgung:
   a) Der **Betriebserwerber** tritt in die Versorgungsanwartschaften der übernommenen Belegschaft ein, er **schuldet** jedoch im Versorgungsfall **nicht die volle Betriebsrente**.
   b) War die übernommene **Versorgungsanwartschaft** schon bei der Eröffnung des Konkurses **unverfallbar**, haftet der **Träger der Insolvenzsicherung** für den bereits erdienten Teil zeitanteilig (§ 7 Abs. 2 BetrAVG).
   c) Wie der Teil der Versorgungsanwartschaft zu beurteilen ist, der bei der Konkurseröffnung noch verfallbar war, bleibt unentschieden.
3. Wenn ein ausreichender sachlicher Grund vorliegt, kann der Erwerber eines notleidenden Betriebes mit den übernommenen Arbeitnehmern wirksam vereinbaren, dass die betrieblichen Versorgungsgrundsätze für die Zukunft eingeschränkt oder aufgehoben sein sollen.

2251 ▶ **Unzulässige Übertragung von Versorgungsverbindlichkeiten**

BAG, Urt. v. 14.07.1981 – 3 AZR 517/80 Fundstellen: AuR 1982, 191 = BetrAV 1982, 166 = BB 1982, 1117 = DB 1982, 1067 = NJW 1982, 1607

Leitsätze:

1. Eine **Vereinbarung**, wonach der **Veräußerer** eines Betriebes gegenüber der Belegschaft **alleiniger Schuldner** aller Versorgungsverpflichtungen bleibt, verstößt gegen § 613 a BGB in Verbindung mit § 4 BetrAVG und ist auch dann **nichtig**, wenn die versorgungsberechtigten Arbeitnehmer zustimmen.
2. Ob eine solche Regelung von dem Träger der gesetzlichen Insolvenzsicherung ermöglicht werden kann, bleibt offen.

2252 ▶ **Berechnung der Unverfallbarkeitsfristen nach einem Betriebsübergang**

BAG, Urt. v. 08.02.1983 – 3 AZR 229/81 Fundstellen: AuR 1984, 89 = BetrAV 1984, 44 = BB 1984, 279 = DB 1984, 301 = NJW 1984, 1254

Leitsatz:

Soweit die Unverfallbarkeit einer Versorgungsanwartschaft von der Dauer der Betriebszugehörigkeit abhängt (§ 1 Abs. 1 Satz 1 BetrAVG), müssen bei einem Betriebsinhaberwechsel die **Beschäftigungszeiten** beim Veräußerer und beim Erwerber **zusammengerechnet** werden, selbst wenn der Betriebsveräußerer keine Versorgungszusage erteilt hatte und diese erst vom Erwerber erteilt worden ist.

2253 ▶ **Betriebsübergang und Insolvenzschutz**

BAG, Urt. v. 11.11.1986 – 3 AZR 194/85 Fundstellen: AuR 1987, 276 = BB 1987, 1392 = DB 1987, 1696 = NZA 1987, 559

Betriebsübergang   D.

Leitsatz:

Bei einer Betriebsveräußerung gehen nach § 613a BGB die **Versorgungslasten** der bereits **ausgeschiedenen Arbeitnehmer** (Renten und unverfallbare Anwartschaften) **nicht** auf den Betriebserwerber über (st. Rspr.). Deshalb richtet sich der gesetzliche Insolvenzschutz nach der wirtschaftlichen Lage des Betriebsveräußerers, und zwar auch dann, wenn dieser keine Arbeitnehmer mehr beschäftigt, also nicht mehr Arbeitgeber ist.

▶ Unzulässige Übertragung von Versorgungsverbindlichkeiten   2254

BAG, Urt. v. 17.03.1987 – 3 AZR 605/85 Fundstellen: AuR 1987, 417 = BetrAV 1988, 20 = BB 1987, 2233 = DB 1988, 122 = NZA 1988, 21

Leitsätze:

1. Soweit § 4 BetrAVG die Übernahme von Versorgungsschulden beschränkt, geht es nicht um die **Erhaltung des Insolvenzschutzes**, sondern um die Sicherung der Haftungsmasse. Die Regelung dient dem Schutze des PSV vor unerwünschten Haftungsrisiken.
2. Während der versorgungsberechtigte Arbeitnehmer eine private Schuldübernahme nur in den Grenzen des § 4 BetrAVG genehmigen kann, ist der PSV insoweit nicht beschränkt. Seine **Genehmigung** ist möglich, aber auch **erforderlich**, wenn eine Schuldübernahme abweichend von § 4 BetrAVG Wirksamkeit erlangen soll.
3. Wird in einem Betriebsübernahmevertrag vereinbart, dass der Betriebserwerber den bereits fälligen Versorgungsschulden beitritt und danach die Betriebsrentner veranlassen muss, den Betriebsveräußerer von der **Haftung freizustellen**, so handelt es sich um eine **Umgehung** von § 4 BetrAVG. Die vorgesehenen **Erlassverträge** zugunsten des Betriebsveräußerers sind nur wirksam, wenn der PSV zustimmt.

▶ Umfang der Haftung des Betriebserwerbers   2255

BAG, Urt. v. 24.03.1987 – 3 AZR 384/85 Fundstellen: BB 1987, 2235 = DB 1988, 123

Leitsätze:

1. Der Erwerber eines Betriebs wird nicht nach **§ 613 a BGB** Schuldner von Versorgungsverpflichtungen des Betriebsveräußerers gegenüber bereits ausgeschiedenen Arbeitnehmern (st. Rspr.).
2. Übernimmt er jedoch die **Firma** des Betriebsveräußerers, so haftet er neben diesem nach **§ 25 HGB**.

▶ Unzulässigkeit von Eigenkündigungen und Auflösungsverträgen   2256

BAG, Urt. v. 28.04.1987 – 3 AZR 75/86 Fundstellen: BetrAV 1988, 70 = BB 1988, 831 = DB 1988, 400 = MDR 1988, 344 = NZA 1988, 198

Leitsätze:

1. Werden Arbeitnehmer mit dem Hinweis auf eine geplante Betriebsveräußerung und Arbeitsplatzgarantien des Erwerbers veranlasst, ihre Arbeitsverhältnisse mit dem Betriebsveräußerer **selbst fristlos zu kündigen** oder **Auflösungsverträgen** zuzustimmen, so liegt darin eine **Umgehung** des **§ 613a Abs. 4 Satz 1 BGB**. Soweit unverfallbare Versorgungsanwartschaften betroffen sind, wird darüber hinaus **§ 4 Abs. 1 Satz 2 BetrAVG** umgangen. Die fristlosen Kündigungen und Aufhebungsverträge sind unwirksam.
2. Für die speziellen Haftungsgrundsätze der Betriebsveräußerung im Konkurs kommt es nicht darauf an, wann der Besitz an den Betriebsmitteln übertragen und damit der Tatbestand des § 613a BGB erfüllt wird. Maßgebend ist vielmehr, ob bei wirtschaftlicher Betrachtungsweise die Betriebsveräußerung als Masseverwertung anzusehen ist.
3. Hat der Betriebserwerber schon vor Konkurseröffnung nicht nur die tatsächliche Leitungsmacht übernommen, sondern auch mit allen Arbeitnehmern unter Umgehung von § 613a BGB neue

Arbeitsverträge abgeschlossen, so kann er sich nicht auf haftungsbeschränkende Grundsätze des Konkursrechts berufen.

2257 ▶ **Haftung des Betriebserwerbers vor Eröffnung des Konkursverfahrens**

BAG, Urt. v. 08.11.1988 – 3 AZR 85/87 Fundstellen: AuR 1989, 185 = BetrAV 1989, 176 = BB 1989, 1127 = DB 1989, 1526 = MDR 1989, 846 = NZA 1989, 679

Leitsätze:

1. Wird ein **Betriebsteil** eines Produktionsunternehmens **vor Eröffnung** des **Konkursverfahrens** auf einen Betriebsnachfolger übertragen, so muss dieser in die Versorgungszusagen eintreten. Dies gilt für die Zusagen aus einer Direktzusage ebenso wie für Zusagen einer Versorgung über eine Unterstützungskasse und durch eine Lebensversicherung.
2. Das Rechtsgeschäft, das nach § 613a Abs. 1 BGB der Betriebsübergabe zugrunde liegen muss, ist die einverständliche Übertragung der Leitungsmacht auf den Betriebserwerber.

2258 ▶ **Haftungsbeschränkung des Betriebserwerbers im Konkurs**

BAG, Urt. v. 11.02.1992 – 3 AZR 117/91 Fundstellen: AuR 1992, 280 = BetrAV 1992, 220 = BB 1992, 1648 = DB 1992, 2559 = NJW 1993, 157 = NZA 1993, 20 = ZAP Fach 17 R, S. 41 = ZIP 1992, 1247

Leitsätze:

1. Wird ein Betrieb im Rahmen eines Konkursverfahrens veräußert, ist § 613a BGB insoweit nicht anwendbar, wie die Vorschrift die Haftung des Betriebserwerbers für schon entstandene Ansprüche vorsieht. Das bedeutet für Versorgungsansprüche, dass der **Betriebserwerber nur den Teil der Leistung schuldet**, den der Arbeitnehmer bei ihm erdient hat; für die beim Veräußerer bis zum Insolvenzfall erdienten unverfallbaren Anwartschaften haftet der Träger der gesetzlichen Insolvenzsicherung (ständige Rspr. des Senats seit dem Urteil vom 17.1.1980, BAGE 32, 326 = AP Nr. 18 zu § 613a BGB; zuletzt BAGE 62, 224 = AP Nr. 10 zu § 1 BetrAVG Betriebsveräußerung).
2. Diese durch die Eröffnung des Konkursverfahrens eingetretene Haftungsbeschränkung des Betriebserwerbers wird durch die spätere Einstellung des Konkursverfahrens mangels einer die Kosten des Verfahrens deckenden Masse (§ 204 KO) nicht berührt.

2259 ▶ **Erlass betrieblicher Versorgungsanwartschaften bei einem geplanten Betriebsübergang**

BAG, Urt. v. 12.05.1992 – 3 AZR 247/91 Fundstellen: AuR 1992, 312 = BetrAV 1993, 26 = BB 1993, 145 = DB 1993, 145 = MDR 1993, 59 = NZA 1992, 1080 = VersR 1993, 82 = ZAP Fach 17 R, S. 43

Leitsätze:

1. § 613a Abs. 1 Satz 1 BGB schützt Arbeitnehmer vor einer unberechtigten Änderung ihrer Arbeitsbedingungen durch Änderungs- und Erlassverträge.
2. Werden Arbeitnehmer mit dem Hinweis auf eine geplante Betriebsveräußerung veranlasst, Erlassverträge über ihre beim Veräußerer erdienten Versorgungsanwartschaften abzuschließen, um dann mit dem Erwerber neue Arbeitsverträge ohne Zusagen einer betrieblichen Altersversorgung abzuschließen, so liegt darin eine Umgehung des § 613a Abs. 1 Satz 1 BGB. Die Erlassverträge sind unwirksam (im Anschluss an BAGE 55, 229 = AP Nr. 5 zu § 1 BetrAVG Betriebsveräußerung).

2260 ▶ **Unverfallbarkeitsfristen nach Betriebsinhaberwechsel**

BAG, Urt. v. 20.07.1993 – 3 AZR 99/93 Fundstellen: AuR 1994, 32 = BetrAV 1994, 51 = BB 1994, 220 = DB 1994, 151 = NJW 1994, 2373 = NZA 1994, 121

Betriebsübergang D.

Leitsatz:

Tritt ein Betriebserwerber nach einem Betriebsübergang im Sinne von § 613a Abs. 1 Satz 1 BGB in die Rechte und Pflichten aus diesem Arbeitsverhältnis ein, rechnet die beim Betriebsveräußerer zurückgelegte Dauer der Betriebszugehörigkeit zur Unverfallbarkeitsfrist § 1 Abs. 1 BetrAVG. Die **Dauer der Betriebszugehörigkeit** wird durch den **Betriebsinhaberwechsel nicht unterbrochen**.

▶ Zeitpunkt des Betriebserwerbs im Konkurs 2261

BAG, Urt. v. 26.03.1996 – 3 AZR 965/94 Fundstellen: BetrAV 1997, 95 = BB 1997, 421 = DB 1997, 331

Leitsätze:

1. Ein Betriebserwerb i. S. d. § 613a Abs. 1 BGB liegt vor, sobald der Betriebserwerber aufgrund rechtsgeschäftlicher Übereinkunft in der Lage ist, die **Leitungsmacht** im Betrieb mit dem Ziel der Betriebsfortführung **auszuüben**. Es ist nicht entscheidend, dass die Betriebsleitungsmacht zu diesem Zeitpunkt bereits tatsächlich ausgeübt worden ist.
2. Der Umstand, dass alle für den Betriebsübergang erforderlichen Rechtsgeschäfte bereits vor Konkurseröffnung abschließend verhandelt waren, kann ein **Indiz** dafür sein, dass die tatsächliche Leitungsmacht übertragen worden ist, der Betriebserwerber also rechtlich nicht mehr gehindert ist, die betriebliche Leitungs- und Organisationsgewalt anstelle des Betriebsveräußerers auszuüben.

▶ Versorgungsverschaffung nach Betriebsübergang 2262

BAG, Urt. v. 18.09.2001 – 3 AZR 689/00 Fundstellen: BAGE 99, 92 = BetrAV 2003, 77 = DB 2002, 1279 = NZA 2002, 1391

Leitsätze:

1. Verlässt ein Betriebsteil mit seiner Veräußerung (§ 613 a BGB) den Geltungsbereich eines Zusatzversorgungssystems, erlischt damit ein zuvor begründetes Recht auf Zusatzversorgung nicht. Der Betriebserwerber muss vielmehr dem weiterbeschäftigten Arbeitnehmer aus dem arbeitsrechtlichen Grundverhältnis im Versorgungsfall die Leistungen verschaffen, die er erhalten hätte, wenn er bei dem ursprünglichen Arbeitgeber verblieben und entsprechend den ursprünglich vereinbarten Bedingungen versichert worden wäre (Bestätigung von BAG 5. Oktober 1993 – 3 AZR 586/92 – AP BetrAVG § 1 Zusatzversorgungskassen Nr. 42 = EzA BetrAVG § 1 Zusatzversorgung Nr. 6).
2. Dieser Versorgungsverschaffungsanspruch wird erst mit Eintritt des Versorgungsfalles fällig. Er kann deshalb vorher weder verfallen noch verjähren oder verwirken.

▶ Besitzstandswahrung beim Betriebsübergang 2263

BAG, Urt. v. 24.07.2001 – 3 AZR 660/00 Fundstellen: BB 2002, 1100 = DB 2002, 955 = ZIP 2002, 773 = NZA 2002, 520 = BetrAV 2002, 718

Leitsätze:

1. Auch bei der Verdrängung einer im veräußerten Betrieb geltenden Betriebsvereinbarung über Leistungen der Betrieblichen Altersversorgung durch eine beim Erwerber geltende Betriebsvereinbarung nach § 613 a Abs. 1 Satz 3 BGB ist der bis zum Betriebsübergang erdiente Versorgungsbesitzstand aufrecht zu erhalten.
2. Dies bedeutet nicht, daß der bis zum Betriebsübergang erdiente Besitzstand vom Betriebsübernehmer stets zusätzlich zu der bei ihm erdienten Altersversorgung geschuldet wäre. Die gebotene Besitzstandswahrung führt grundsätzlich nur insoweit zu einem erhöhten Versorgungsanspruch, wie die Ansprüche aus der Neuregelung im Versorgungsfall hinter dem zurückbleiben, was bis zum Betriebsübergang erdient war.

2264 ▶ Wartezeiten und Unverfallbarkeitsfristen beim Betriebsübergang

BAG, Urt. v. 19.04.2005 – 3 AZR 469/04 Fundstellen: DB 2005, 1748 = BetrAV 2005, 798

Leitsätze:

1. Wartezeiten mit anspruchsausschließender Funktion können grundsätzlich wirksam in einer Versorgungsordnung vorgesehen werden (§ 1b Abs. 1 Satz 2 und Satz 5 BetrAVG).
2. Soweit die Unverfallbarkeit von Versorgungsanwartschaften von der Dauer der Betriebszugehörigkeit abhängt (§ 30f BetrAVG), sind die Beschäftigungszeiten beim Veräußerer und beim Erwerber zusammenzurechnen.
3. Erhalten Arbeitnehmer nach einem Betriebsübergang erstmals eine Versorgungszusage, so kann der neue Arbeitgeber bei der Aufstellung von Berechnungsregeln die Beschäftigungszeit beim früheren Arbeitgeber als wertbildenden Faktor außer Ansatz lassen.

2265 ▶ Einstandspflicht für Versorgungsanwartschaften bei Betriebsübergang in der Insolvenz

BAG, Urt. v. 19.05.2005 – 3 AZR 649/03 Fundstellen: BB 2005, 943 = DB 2005, 2362

Leitsätze:

1. Ein Arbeitsverhältnis geht auch dann auf einen Betriebserwerber über, wenn es wirksam auf das Ende des Tages vor dem Betriebsübergang befristet ist und der Erwerber es nahtlos durch Abschluss eines neuen Arbeitsverhältnisses fortsetzt.
2. In Rentenanwartschaften, die ein Arbeitnehmer für Zeiten nach Eröffnung eines insolvenzrechtlichen Verfahrens erwirbt, tritt im Falle eines späteren Betriebsübergangs der Betriebserwerber ein. Die Masse haftet für derartige Ansprüche nur insoweit, als die besonderen Voraussetzungen einer Mithaftung des Betriebserwerbers vorliegen.

2266 ▶ Auskunft über Versorgungsanwartschaft bei Betriebsübergang

BAG, Urt. v. 22.05.2007 – 3 AZR 834/05 Fundstellen: BAGE 122, 365 = AP N.r 1 zu § 613a BGB Unterrichtung = DB 2008, 191 = BetrAV 2007, 783 = NZA 2007, 1283 = AuA 2007, 688 = ZIP 2007, 1964 = VersR 2008, 944 = EzA § 2 BetrAVG Nr. 29

Leitsatz:

§ 613a Abs. 5 BGB gibt keinen Anspruch auf Auskunft über die zum Zeitpunkt des Betriebsübergangs erworbenen Anwartschaften auf betriebliche Altersversorgung. Ein derartiger Anspruch auch gegen den Veräußerer kann jedoch aus Treu und Glauben (§ 242 BGB) entstehen.

2267 ▶ Auskunft über Versorgungsanwartschaft bei Betriebsübergang

BAG, Urt. v. 22.05.2007 – 3 AZR 357/06 Fundstellen: AP Nr. 5 zu § 1 BetrAVG Auskunft = DB 2008, 192 = NZA 2007, 1285 = VersR 2008, 946 = BetrAV 2007, 389

Leitsatz:

Hat nach einem Betriebsübergang ein Arbeitnehmer einen Anspruch gegen den Betriebserwerber auf Auskunft über die Höhe der erworbenen Anwartschaft auf betriebliche Altersversorgung, scheidet ein entsprechender Anspruch gegen den Veräußerer aus Treu und Glauben in aller Regel aus.

Betriebszugehörigkeit

2268 ▶ Keine Zusammenrechnung von Betriebszugehörigkeitszeiten

BAG, Urt. v. 14.08.1980 – 3 AZR 1123/78 Fundstellen: AuR 1981, 91 = BetrAV 1981, 37 = BB 1981, 367 = DB 1981, 429 = NJW 1981, 1112

Leitsatz:

Die Frist für die Berechnung der Unverfallbarkeit einer Versorgungsanwartschaft nach § 1 Abs. 1 Satz 1 BetrAVG wird unterbrochen, wenn das Arbeitsverhältnis beendet und danach mit zeitlichem Abstand von dem bisherigen Arbeitsverhältnis ein neues begründet worden ist. Die von Versorgungszusagen begleiteten Dienstzeiten im ersten und zweiten Arbeitsverhältnis können **ohne besondere Absprache** dann **nicht zusammengerechnet** werden.

▶ Anrechnung von Dienstzeiten in einer Vorgründungs-GmbH   2269

BAG, Urt. v. 21.08.1990 – 3 AZR 429/89 Fundstellen: BetrAV 1991, 187 = BB 1991, 420 = DB 1991, 601 = NJW 1991, 1197 = NZA 1991, 311 = ZAP 1991, 17 R, S. 21

Leitsätze:

1. Als anwartschaftsbegründende Zeiten der Betriebszugehörigkeit kommen Zeiten in Betracht, in denen ein Mitarbeiter für eine **Vorgründungs-GmbH** tätig geworden ist.
2. Diese berücksichtigungsfähige Tätigkeit muss **auf Dauer angelegt** sein, einen **nicht ganz unerheblichen Umfang** erreichen und aufgrund einer **vertraglichen Bindung** erbracht worden sein.
3. Tätigkeiten dieser Art sind bei der Ermittlung der Dauer der Betriebszugehörigkeit **zusammenzurechnen**, sofern keine Unterbrechung stattgefunden hat. Es ist unerheblich, ob der Begünstigte als Geschäftsführer der GmbH oder als Arbeitnehmer tätig geworden ist.

▶ Keine Zusammenrechnung von Betriebszugehörigkeitszeiten   2270

BAG, Urt. v. 17.12.1991 – 3 AZR 89/91 Fundstellen: BetrAV 1992, 199 = BB 1992, 862

Leitsatz:

Die Grundsätze über die Zusammenrechnung der Betriebszugehörigkeiten bei **kurzfristigen Unterbrechungen** zur Erfüllung der sechsmonatigen Wartezeit für den Kündigungsschutz können auf die Betriebszugehörigkeitszeiten des BetrAVG gemäß § 1 nicht entsprechend angewendet werden.

▶ Betriebszugehörigkeit im Konzern   2271

LAG Hessen, Urt. v. 27.06.2001 – 8 Sa 393/99 Fundstelle: DB 2002, 2116

Leitsätze:

1. Beendet ein Arbeitnehmer sein Arbeitsverhältnis zu einer Konzerngesellschaft und wechselt zu einer anderen, unterbricht dies nicht notwendig die Betriebszugehörigkeit i.S. des § 1 Abs. 1 BetrAVG.
2. Die Betriebszugehörigkeit setzt sich jedenfalls fort, wenn im Arbeitsvertrag ein solcher Wechsel (Versetzung) vorgesehen ist und zum bisherigen Arbeitgeber im Konzernverbund eine Verbindung bestehen bleibt (z. B. weiterbestehende Leitungsfunktion der Konzernspitze, Rückkehrrecht).
3. Abweichende Vereinbarungen können daran für die Unverfallbarkeit nichts ändern (§ 17 Abs. 3 Satz 3 BetrAVG). Für die Berechnung der Betriebsrente und Wartezeiten bleiben die Regelungen der jeweiligen Versorgungszusage verbindlich.

Blankettzusagen

▶ Ausfüllung einer Blankettzusage   2272

BAG, Urt. v. 23.11.1978 – 3 AZR 708/77 Fundstellen: AuR 1979, 316 = BetrAV 1979, 63 = BB 1979, 273 = DB 1979, 364

Leitsätze:

1. Die Wirksamkeit einer Versorgungszusage wird nicht dadurch beeinträchtigt, dass die **Voraussetzungen** und die **Höhe** der Versorgungsleistungen zunächst noch **offen bleiben**. In einem solchen Fall ist von einer Blankett-Zusage auszugehen. Der **Arbeitgeber** kann die **Einzelheiten einseitig bestimmen**, muss sich dabei aber gemäß § 315 BGB eine **gerichtliche Billigkeitskontrolle** gefallen lassen. Bleibt er untätig, so wird die Blankett-Zusage durch Urteil ausgefüllt.
2. Maßgebend für die Ausfüllung der Blankett-Zusage ist, welche Vorstellungen und Erwartungen durch die Zusage bei den Arbeitnehmern geweckt worden sind.

2273 ▶ **Ausfüllung einer Blankettzusage – gerichtliche Überprüfung**

BAG, Urt. v. 19.11.2002 – 3 AZR 406/01 Fundstellen: EZA § 1 BetrAVG Nr. 85 = NZA 2003, 1424

Leitsatz (nicht amtlich):

Bei einer sogenannten Blankettzusage verpflichtet sich der Arbeitgeber, eine Altersversorgung zu gewähren, behält sich jedoch vor, die Versorgungsleistungen noch im einzelnen zu regeln. Die spätere Ausgestaltung der Versorgungsregelungen muss billigem Ermessen genügen (§ 315 Abs. 1 BGB) und unterliegt demgemäß einer gerichtlichen Billigkeitskontrolle (§ 315 Abs. 3 BGB). Bei der Ausfüllung der Blankettzusage sind nicht nur rechtsgeschäftlich verbindliche Vorgaben, sondern auch die vom Arbeitgeber geweckten Vorstellungen und Erwartungen zu berücksichtigen.

2274 ▶ **Konkretisierung einer Blankettzusage durch betriebliche Übung und Mitbestimmungsfragen**

BAG, Urt. v. 19.07.2005 – 3 AZR 472/04 Fundstelle: DB 2006, 343

Leitsätze:

1. Aus betrieblicher Übung können sich auch Ansprüche auf eine bestimmte Berechnungsweise der Betriebsrente ergeben.
2. Ist eine Versorgungszusage in Form einer Blankettzusage geregelt, hat die spätere Ausgestaltung billigem Ermessen (§ 315 Abs. 1 BGB) zu genügen. Neben den rechtsgeschäftlich verbindlichen Vorgaben sind bei der Ausfüllung auch vom Arbeitgeber geweckte Vorstellungen und Erwartungen zu berücksichtigen.
3. Der Betriebsrat hat nach § 87 Abs. 1 Nr. 10 BetrVG mitzubestimmen, wenn der Arbeitgeber die von ihm für die betriebliche Altersversorgung zur Verfügung gestellten Mittel anders als bisher verteilen will.
4. Eine Verletzung des Mitbestimmungsrechts begründet jedoch keine über die bestehende Vertragsgrundlage hinausgehenden Ansprüche des Arbeitnehmers. Der Arbeitgeber ist auch nicht verpflichtet, wegen der Verletzung der Mitbestimmungsrechte sein billiges Ermessen in bestimmter Weise auszuüben.

Direktversicherung

2275 ▶ **Einbeziehung von Überschussanteilen bei der Berechnung der unverfallbaren Anwartschaft**

BAG, Urt. v. 29.07.1986 – 3 AZR 15/85 Fundstellen: AuR 1987, 148 = BetrAV 1987, 41 = BB 1987, 692 = DB 1987, 743 = NZA 1987, 349

Leitsätze:

1. Sieht eine Versorgungszusage vor, dass dem begünstigten Arbeitnehmer zusätzlich zu einer Rente oder einem Versicherungskapitalbetrag auch die **Überschussanteile** einer Lebensversicherung

Direktversicherung D.

zustehen sollen, so darf dies nicht unberücksichtigt bleiben, wenn der Arbeitnehmer mit einer unverfallbaren Versorgungsanwartschaft vorzeitig ausscheidet.

2. Wählt der Arbeitgeber nicht die versicherungsförmige Erhaltung der Versorgungsanwartschaft nach § 2 Abs. 2 Satz 2 BetrAVG, sondern sieht die Versorgungszusage vor, dass sich die Höhe der aufrecht erhaltenen Versorgungsleistungen ausschließlich nach § 2 Abs. 1 Satz 1 BetrAVG richtet, so muss der Arbeitgeber die vorgesehene **Vollversorgung ermitteln**, diese **zeitanteilig kürzen** und die entsprechende **Teilanwartschaft aufrecht erhalten**, u. U. mit Hilfe einer Aufstockung nach § 2 Abs. 2 Satz 1 BetrAVG.

3. Bei diesem »**Quotierungsverfahren**« bleiben **Überschussanteile** zunächst außer Ansatz. Sie stehen **dem Arbeitnehmer** vielmehr **ungekürzt zu**, soweit sie während der Dauer des Arbeitsverhältnisses durch das Versicherungsunternehmen **erwirtschaftet** wurden. Überschussanteile aus der Zeit nach Beendigung des Arbeitsverhältnisses kann der Arbeitnehmer hingegen nicht beanspruchen.

▶ Widerruf des Bezugsrechts durch Konkursverwalter   2276

LAG München, Urt. v. 22.07.1987 – 4 Sa 60/87 Fundstellen: BetrAV 1988, 194 = BB 1988, 837

Leitsätze:

1. Der Konkursverwalter kann einen zur betrieblichen Altersversorgung bestimmten Lebensversicherungsvertrag kündigen und den Rückkaufswert zur Konkursmasse einziehen, auch wenn die **Versicherungsbeiträge voll vom Gehalt des Arbeitnehmers** einbehalten wurden, dieser aber **weder ein unwiderrufliches Bezugsrecht noch eine unverfallbare Versorgungsanwartschaft** hatte.
2. Der Arbeitnehmer hat in diesem Fall keine Masseschuldforderung nach § 59 Abs. 1 Nr. 1 KO, sondern nur eine **einfache Konkursforderung**.

▶ Anspruch auf Gewinnbeteiligung   2277

LAG Hamm, Urt. v. 10.11.1987 – 6 Sa 2047/86 Fundstellen: BetrAV 1988, 72 = BB 1988, 1532 = DB 1988, 507

Leitsatz:

Enthält das in Form einer Direktversicherung abgegebene betriebliche Versorgungsversprechen keine Regelung darüber, wem die Überschussanteile (Gewinnanteile, Dividenden) aus einer Lebensversicherung zufallen, kommt der entsprechende Summenzuwachs dem versorgungsberechtigten Arbeitnehmer zugute.

▶ Aussonderung der Direktversicherung im Konkurs des Arbeitgebers   2278

BAG, Urt. v. 26.06.1990 – 3 AZR 2/89 Fundstellen: BB 1991, 72 = NZA 1991, 144

Leitsätze:

1. Der Arbeitgeber kann als Versicherungsnehmer dem Arbeitnehmer, seinen Angehörigen und Erben ein **unwiderrufliches Bezugsrecht** auf Versicherungsleistungen aus einem Lebensversicherungsvertrag einräumen. Im Konkurs des Arbeitgebers gehört der **Anspruch auf die Versicherungsleistungen nicht zur Konkursmasse** (§ 1 Abs. 1 KO). Der Arbeitnehmer oder der an seiner Stelle unwiderruflich Bezugsberechtigte kann **Aussonderung** dieses Vermögensgegenstandes aus der Konkursmasse verlangen (§ 43 KO).
2. Das unwiderrufliche Bezugsrecht kann durch Vorbehalte eingeschränkt werden (**eingeschränkt unwiderrufliches Bezugsrecht**), wenn die Voraussetzungen der Vorbehalte nicht erfüllt sind, hat der eingeschränkt unwiderruflich Bezugsberechtigte im Konkurs des Arbeitgebers die **gleiche Rechtsstellung** wie ein uneingeschränkt unwiderruflich Bezugsberechtigter.
3. Die dem Arbeitgeber vom Arbeitnehmer eingeräumte Ermächtigung, Vorauszahlungen des Versicherers auf die Versicherungsleistungen »während der Dauer des Arbeitsverhältnisses«

entgegenzunehmen, erlischt mit der Beendigung des Arbeitsverhältnisses und kann nicht in die Konkursmasse fallen, wenn das Arbeitsverhältnis vorher beendet wurde.

2279 ▶ **Inanspruchnahme der Versicherungsleistung durch den Arbeitgeber**

BAG, Urt. v. 23.10.1990 – 3 AZR 305/89 Fundstellen: AuR 1991, 282 = BetrAV 1991, 244 = BB 1991, 2226 = DB 1991, 2241 = NZA 1991, 848

Leitsatz:

Räumt der Arbeitgeber dem Arbeitnehmer zwar ein unwiderrufliches Bezugsrecht ein, behält er sich aber vor, alle Versicherungsleistungen für sich in Anspruch zu nehmen, wenn das Arbeitsverhältnis vor Unverfallbarkeit der Versorgungsanwartschaft endet (sog. **eingeschränkt unwiderrufliches Bezugsrecht**), so trifft er mit der Ausübung dieses bereits vertraglich fest umrissenen Rechts keine Leistungsbestimmung i.S. des § 315 BGB. Die Inanspruchnahme der Versicherungsleistungen durch den Arbeitgeber unterliegt daher **keiner Billigkeitskontrolle**.

2280 ▶ **Kein Insolvenzschutz für beitragsgeschädigte Direktversicherungen**

BAG, Urt. v. 17.11.1992 – 3 AZR 51/92 Fundstellen: BetrAV 1993, 196 = BB 1993, 943 = DB 1993, 986 = ZIP 1993, 696

Leitsätze:

1. Einbußen bei einer Direktversicherung nach § 1 Abs. 2 BetrAVG (hier: Kapitallebensversicherung), die dem durch ein unwiderrufliches Bezugsrecht begünstigten Arbeitnehmer entstanden sind, weil der Arbeitgeber die Beiträge an den Versicherer nicht vertragsgemäß entrichtet hat, sind nicht insolvenzgesichert.
2. Die Arbeitnehmer haben gegen ihren Arbeitgeber einen Anspruch auf Auskunft, wenn Beiträge zu den genannten Direktversicherungen nicht bei Fälligkeit gezahlt werden. Sie können bei Insolvenz ihres Arbeitgebers vorübergehend die Beiträge selbst zahlen und sie als Konkursausfallgeld geltend machen. Zum Arbeitsentgelt gehören auch Beiträge des Arbeitgebers zur Zukunftssicherung des Arbeitnehmers.
3. Es bleibt offen, ob auch der Versicherer in einem solchen Fall verpflichtet ist, den Arbeitnehmer über Beitragsrückstände und eine bevorstehende außerordentliche Kündigung des Versicherungsvertrages (§ 39 VVG) zu unterrichten und dem Arbeitnehmer das Recht einzuräumen, die Versicherung durch Zahlung eigener Beiträge fortzuführen.

2281 ▶ **Unverfallbarkeit einer Direktversicherung**

BAG, Urt. v. 08.06.1993 – 3 AZR 670/92 Fundstellen: AuR 1994, 32 = BetrAV 1994, 25 = BB 1994, 73 = DB 1993, 2538 = MDR 1994, 1130 = NZA 1994, 507 = ZAP Fach 17 R, S. 61

Leitsatz:

Werden bei einer betrieblichen Altersversorgung in Form einer Direktversicherung (§ 1 Abs. 2 Satz 1 BetrAVG) die Prämien der Versicherung vereinbarungsgemäß anstelle einer Vergütung gezahlt (**Versicherung nach Gehaltsumwandlung**), so ist in der Regel davon auszugehen, dass der Arbeitgeber dem Arbeitnehmer eine **von vornherein unentziehbare Rechtsposition** einräumen und damit die Unverfallbarkeit der Anwartschaft zusagen wollte.

2282 ▶ **Behandlung der Direktversicherung im Konkurs des Arbeitgebers**

BAG, Urt. v. 28.03.1995 – 3 AZR 373/94 Fundstellen: BetrAV 1996, 88 = BB 1995, 2663 DB 1995, 2174

Leitsätze:
1. Hat der Arbeitgeber als Versicherungsnehmer in einem Lebensversicherungsvertrag dem Arbeitnehmer lediglich ein **widerrufliches Bezugsrecht** auf die Versicherungsleistungen eingeräumt, so gehört der **Anspruch auf die Versicherungsleistung** im **Konkurs des Arbeitgebers zur Konkursmasse** (§ 1 Abs. 1 KO). Dies gilt auch dann, wenn der Arbeitnehmer nach § 6 BetrAVG vorzeitiges Altersruhegeld aus der gesetzlichen Rentenversicherung in Anspruch nimmt (Fortführung der bisherigen Rechtsprechung des Senats; vgl. Urteil vom 26. Februar 1991 – 3 AZR 213/90, AP Nr. 15 zu § 1 BetrAVG Lebensversicherung).
2. Das Bundesaufsichtsamt für das Versicherungswesen hat zwar den Versicherern empfohlen, auf den sonst üblichen Stornoabschlag wegen vorzeitiger Auflösung des Versicherungsvertrages zu verzichten und auch den regelmäßig anfallenden Schlussüberschussanteil zu gewähren, wenn der Versicherte das 60. Lebensjahr vollendet hat und der Versicherungsvertrag innerhalb der letzten drei Versicherungsjahre aufgelöst wird. Setzt der zwischen dem Arbeitgeber und dem Versicherer geschlossene Versicherungsvertrag diese Empfehlung um, so ist damit noch **kein zusätzlicher Versicherungsfall** eingeführt und dem versicherten Arbeitnehmer bei vorzeitiger Inanspruchnahme des Altersruhegeldes **kein unmittelbarer Anspruch gegen den Versicherer** auf Auszahlung der Versicherungsleistungen eingeräumt worden.
3. § 6 BetrAVG regelt das arbeitsrechtliche Versorgungsverhältnis, **schafft** jedoch **keinen weiteren Versicherungsfall** im Sinne des § 166 VVG. Dem Arbeitnehmer steht aus dem arbeitsrechtlichen Versorgungsverhältnis lediglich ein **schuldrechtlicher Verschaffungsanspruch** gegen den Arbeitgeber zu.

▶ Direktversicherung nach Gehaltsumwandlung im Konkurs 2283

BAG, Urt. v. 17.10.1995 – 3 AZR 622/94 Fundstellen: AuR 1996, 279 = BetrAV 1996, 288 = DB 1996, 1240 = RdA 1996, 258 = ZIP 1996, 965

Leitsatz:

Hat der Arbeitgeber als Versicherungsnehmer in einem Lebensversicherungsvertrag dem Arbeitnehmer lediglich ein **widerrufliches Bezugsrecht** auf die Versicherungsleistungen eingeräumt, so gehört auch bei einer sogenannten Gehaltsumwandlung der **Anspruch auf die Versicherungsleistung** im Konkurs des Arbeitgebers **zur Konkursmasse** (Fortführung der bisherigen Rechtsprechung des Senats, zuletzt im Urteil vom 28. März 1995 – 3 AZR 373/94, EzA § 1 BetrAVG Lebensversicherung). Der Konkursverwalter kommt auch in diesem Fall mit dem Widerruf des Bezugsrechts seinen konkursrechtlichen Pflichten nach (§ 117 Abs. 1 KO) und haftet deshalb nicht nach § 82 KO.

▶ Insolvenzschutz bei Beleihung einer Direktversicherung 2284

BAG, Urt. v. 17.10.1995 – 3 AZR 420/94 Fundstellen: BetrAV 1996, 258 = BB 1996, 1389 = DB 1996, 1426 = ZIP 1996, 1052

Leitsätze:
1. Ist dem Arbeitnehmer ein sog. **eingeschränkt widerrufliches Bezugsrecht** eingeräumt worden, so kann der Arbeitgeber bereits aufgrund der mit dem Bezugsrecht verbundenen Vorbehalte die Ansprüche aus dem Versicherungsvertrag beleihen. Eine **weitere Zustimmung** des Arbeitnehmers ist **nicht erforderlich**. Auf die Wirksamkeit und damit auch auf die Anfechtbarkeit einer zusätzlich erteilten Zustimmung des Arbeitnehmers zur Beleihung kommt es nicht an.
2. Allein die **Zustimmung des Arbeitnehmers** zur Beleihung der Ansprüche aus dem Versicherungsvertrag **führt nicht zum Wegfall des Insolvenzschutzes**. Die Voraussetzungen eines Versicherungsmissbrauchs sind in § 7 Abs. 5 BetrAVG geregelt (Bestätigung der bisherigen Rechtsprechung des Senats; vgl. BAGE 65, 215, 223 = AP Nr. 11 zu § 1 BetrAVG Lebensversicherung, zu II 2 der Gründe).

3. Nach § 7 Abs. 5 Satz 1 BetrAVG verliert der Arbeitnehmer nur dann den Insolvenzschutz, wenn er mit dem Arbeitgeber **missbräuchlich zusammenwirkt** und den missbilligten Zweck der Beleihung zumindest erkennen kann. Diese Voraussetzung ist nicht erfüllt, wenn dem Arbeitnehmer zwar wirtschaftliche Schwierigkeiten seines Arbeitgebers bekannt sind, er aber angenommen hat und auch annehmen durfte, dass die vorgesehene Sanierung erfolgreich sein werde und die Insolvenzsicherung nicht in Anspruch genommen werden müsse (Fortführung von BAGE 65, 215, 224 = AP Nr. 11 zu § 1 BetrAVG Lebensversicherung, zu III 1 der Gründe).
4. Die **Missbrauchsvermutungen** des § 7 Abs. 5 Sätze 2 und 3 BetrAVG sind auf Beleihungen der Ansprüche aus Direktversicherungsverträgen **nicht anwendbar** (Bestätigung von BAGE 65, 215, 224 = AP Nr. 11 zu § 1 BetrAVG Lebensversicherung, zu III der Gründe).

2285 ▶ Unwirksame Beleihung durch den Arbeitgeber

BGH, Urt. v. 19.06.1996 – IV ZR 243/95 Fundstellen: BetrAV 1996, 284 = BB 1996, 1579

Leitsätze:

1. Hat der Versicherungsnehmer ein unwiderrufliches Bezugsrecht dahin eingeschränkt, dass er sich die Beleihung der Versicherung mit Zustimmung des Bezugsberechtigten vorbehalten hat, steht dieses **eingeschränkt widerrufliche Bezugsrecht** einem uneingeschränkten rechtlich gleich, solange die Voraussetzungen des Vorbehalts nicht erfüllt sind.
2. Wenn dem Versicherer die eingeschränkte Unwiderruflichkeit des Bezugsrechts mitgeteilt wurde, ist die **Beleihung** der Versicherung durch ihn gegenüber dem Bezugsberechtigten **unwirksam**, wenn dessen **Zustimmung fehlt**.

2286 ▶ Zum Begriff des »ersten Dienstverhältnisses« i. S. d. § 40b Abs. 2 Satz 1 EStG

BFH, Urt. v. 12.08.1996 – VI R 27/96 Fundstellen: BetrAV 1997, 67 = BB 1997, 134

Leitsatz:

Beiträge für eine Direktversicherung des Arbeitnehmers werden nicht aus »seinem ersten Dienstverhältnis« bezogen und dürfen nicht pauschal versteuert werden, wenn der Arbeitnehmer dem Arbeitgeber eine Lohnsteuerkarte mit der Lohnsteuerklasse VI vorgelegt hat.

2287 ▶ Überschussanteile in der betrieblichen Altersversorgung

LAG Hamm, Urt. v. 20.01.1998 – 6 Sa 992/97 Fundstellen: BB 1998, 542 = DB 1998, 631 = BetrAV 1998, 98

Leitsätze:

1. Gewährt der Arbeitgeber Leistungen der betrieblichen Altersversorgung in Form einer **Lebensversicherung**, stehen ihm grundsätzlich darauf anfallende Überschussanteile und Sondergewinne zu.
2. Bei Fehlen einer anderweitigen Vereinbarung kann der versorgungsberechtigte Arbeitnehmer die vorgenannten Erträge nur dann beanspruchen, wenn sie zur Erhöhung der Versicherungssumme verwendet werden oder ihre verzinsliche Ansammlung vorgesehen ist, ohne eine Bestimmung über das Bezugsrecht zu treffen.

2288 ▶ Pfändbarkeit einer Direktversicherungsprämie nach Gehaltsumwandlung

BAG, Urt. v. 17.02.1998 – 3 AZR 611/97 Fundstellen: BB 1998, 1009 = DB 1998, 1039

Leitsatz:

Ändern Arbeitgeber und Arbeitnehmer ihre ursprüngliche Lohnvereinbarung dahin, dass in Zukunft anstelle eines Teils des monatlichen Barlohns vom Arbeitgeber eine Versicherungsprämie auf einen Lebensversicherungsvertrag zugunsten des Arbeitnehmers (Direktversicherung) gezahlt werden soll (Gehaltsumwandlung), entstehen insoweit **keine** pfändbaren Ansprüche auf Arbeitseinkommen (§ 850 Abs. 2 ZPO) mehr.

▶ **Tragung der Pauschallohnsteuer** 2289

LAG Hessen, Urt. v. 06.07.1998 – 16 Sa 2267/97 Fundstelle: BB 1999, 269

Leitsatz:

Hat der Arbeitgeber jahrelang die Pauschallohnsteuer zu einer Direktversicherung des Arbeitnehmers (§ 40b EStG) im Innenverhältnis zwischen den Arbeitsvertragsparteien übernommen, so kann er sich hiervon nicht wegen der zum 1. Januar 1996 erfolgten Erhöhung des Pauschsteuersatzes auf 20% ganz oder teilweise wegen Wegfalls bzw. Änderung der Geschäftsgrundlage durch einseitige Erklärung lösen.

▶ **Widerruf des Bezugsrechts im Konkurs** 2290

BAG, Urt. v. 08.06.1999 – 3 AZR 136/98 Fundstellen: DB 1999, 2069 = BB 1999, 2195 = NZA 1999, 1103

Leitsätze:

1. Wenn der Konkursverwalter das Bezugsrecht des Versorgungsberechtigten versicherungsvertraglich wirksam widerrufen hat, kann er nach §§ 985, 952 BGB die Herausgabe des Versicherungsscheins verlangen.
2. Der Senat hält daran fest, dass das Versicherungsverhältnis und das zwischen dem Unternehmer und dem Beschäftigten bestehende Versorgungsverhältnis voneinander **unterschieden** werden müssen. Welche Rechte dem Konkursverwalter und dem begünstigten Beschäftigten aus dem Versicherungsverhältnis zustehen, hängt allein von der Ausgestaltung des Versicherungsverhältnisses ab. Auch bei einer Entgeltumwandlung erfüllt der Konkursverwalter mit dem im Versicherungsvertrag vorbehaltenen Widerruf seine konkursrechtlichen Pflichten nach § 117 Abs. 1 KO (Fortführung des Urteils vom 17.10.1995 – 3 AZR 622/94, DB 1996, 1240).
3. Eine Entgeltumwandlung i. S. d. § 1 Abs. 5 BetrAVG setzt voraus, dass im Umwandlungszeitpunkt bereits eine Rechtsgrundlage für den betroffenen Entgeltanspruch bestand.

▶ **Kein Anspruch auf den Rückkaufswert einer Direktversicherung im Konkurs des Arbeitgebers** 2291

ArbG Frankfurt am Main, Urt. v. 07.07.1999 – 7 Ca 9502/98 Fundstelle: BetrAV 1999, 344

Leitsatz (nicht amtlich):

Sehen die Versorgungsbestimmungen vor, dass dem Arbeitgeber das Recht vorbehalten bleibt, alle Versorgungsleistungen in Anspruch zu nehmen, wenn das Arbeitsverhältnis vor Eintritt des Versorgungsfalls und vor Erfüllung der gesetzlichen Unverfallbarkeitsfristen endet, so steht dem Versorgungsberechtigten vor Erfüllung der Unverfallbarkeitsfristen auch kein Aussonderungsrecht an den Ansprüchen aus einem Direktversicherungsvertrag zu. Daran ändert auch die Tatsache nichts, dass die Prämien für die Direktversicherung im Wege der Entgeltumwandlung finanziert worden sind.

▶ **Direktversicherung nach Arbeitgeberkonkurs** 2292

OLG Düsseldorf, Urt. v. 30.01.2001 – 4 U 93/00 Fundstellen: NVersZ 2001, 504 = NZA-RR 2001, 601 = VersR 2002, 86

Leitsätze:

1. Hat der Arbeitgeber als Versicherungsnehmer für seinen Arbeitnehmer als versicherte Person eine Direktversicherung i.S. von § 1 II BetrAVG bei einem Lebensversicherer abgeschlossen und fällt der Arbeitgeber in Konkurs, so wird das im Rahmen der Versorgungszusage eingeräumte

eingeschränkt widerrufliche Bezugsrecht des Arbeitnehmers strikt unwiderruflich. Die Erklärung des Konkursverwalters, er trete in den Versicherungsvertrag nicht ein und kündige ich, führt zwar zur Beendigung des Versicherungsvertrags; das unwiderrufliche Bezugsrecht des Arbeitnehmers setzt sich jedoch an dem Auflösungsguthaben (Rückkaufswert) fort.

2. Regeln die Vereinbarungen, dass der Arbeitnehmer die Versicherung nach Ausscheiden aus den Diensten des Arbeitgebers nach Vollendung des 59. Lebensjahres oder – zuvor – bei Erwerb einer unverfallbaren Anwartschaft fortführen kann, so liegt für den Fall des Ausscheidens infolge Konkurses vor Vollendung des 59. Lebensjahres und ohne unverfallbare Anwartschaft, jedoch mit einem unwiderruflichem Bezugsrecht für den rückkaufswert, eine planwidrige Lücke der Direktversicherungsvereinbarung vor. Sie ist im Wege der ergänzenden Vertragsauslegung dahin zu schließen, dass der Arbeitnehmer den Lebensversicherungsvertrag als Versicherungsnehmer auf eigene Kosten unter der Voraussetzung fortführen darf, dass er die zwischenzeitlich aufgelaufenen Prämien nachzahlt.

2293 ▶ **Direktversicherung in der Insolvenz des Arbeitgebers**

BGH, Urt. v. 18.07.2002 – IX ZR 264/01 Fundstellen: BB 2002, 2350 = BetrAV 2003, 475 = DB 2002, 2104 = NJW 2002, 3253 = NZA-RR 2003, 154 = VersR 2002, 1294 = ZInsO 2002, 878 = ZIP 2002, 1697

Leitsatz:

Hat die Gesellschaft in der zugunsten ihres Geschäftsführers abgeschlossenen Direktversicherung für ihn nur ein widerrufliches Bezugsrecht begründet, steht diesem vor Eintritt des Versicherungsfalls im Konkurs der Gesellschaft selbst dann kein Aussonderungsrecht an den Rechten aus dem Versicherungsvertrag zu, wenn die Prämien aus der ihm zustehenden Vergütung von ihm selbst im Wege der Entgeltumwandlung bezahlt worden sind (im Ergebnis wie BAGE 99,1).

2294 ▶ **Informationspflichten des Lebensversicherers**

OLG Düsseldorf, Urt. v. 17.12.2002 – 4 U 78/02 Fundstellen: VersR 2003, 627 (m. Anm. Langohr-Plato) = BB 2003, 2019 = BetrAV 2003, 476 = NJW-RR 2003, 1539

Leitsatz:

Vor Kündigung einer Direktversicherung nach § 1 Abs. 2 BetrAVG ist der Versicherer nach Treu und Glauben verpflichtet, den unwiderruflich bezugsberechtigten Arbeitnehmer rechtzeitig über den Prämienverzug des Arbeitgebers zu unterrichten, um ihm die Möglichkeit zu verschaffen, durch eigene Beitragsleistung den Versicherungsschutz zu erhalten.

2295 ▶ **Keine Anzeigepflicht des Lebensversicherers beim Prämienverzug des Arbeitgebers**

LG Berlin, Urt. v. 06.05.2003 – 7 S 65/02 Fundstellen: NJW-RR 2003, 1261 = VersR 2004, 101

Leitsatz:

Bei einer betrieblichen Rentenversicherung ist der Versicherer im Falle einer Direktversicherung mit einem nur eingeschränkt unwiderruflichen Bezugsrecht nicht verpflichtet, den Prämienverzug des Versicherungsnehmers dem Bezugsberechtigten anzuzeigen.

2296 ▶ **Anfechtungsfrist bei Direktversicherung**

BAG, Urt. v. 19.11.2003 – 10 AZR 110/03 Fundstellen: BB 2004, 332 = BetrAV 2004, 190 = DB 2004, 494 = NJW 2004, 1196 = ZInsO 2004, 190 = ZIP 2004, 229

Leitsätze:

1. Überträgt der Arbeitgeber innerhalb des letzten Monats vor dem Antrag auf Eröffnung des Insolvenzverfahrens über sein Vermögen seine Rechte als Versicherungsnehmer aus einer

Direktversicherung, so kann der Insolvenzverwalter im Wege der Insolvenzanfechtung die Zurückgewährung zur Insolvenzmasse verlangen, wenn dem Arbeitnehmer noch keine unverfallbare Anwartschaft im Sinne des Gesetzes zur Verbesserung der betrieblichen Altersversorgung zustand.
2. Dieser Anspruch des Insolvenzverwalters unterfällt keiner tarifvertraglichen Ausschlussfrist.

▶ **Verweigerung der Zustimmung eines Direktversicherers zur Vertragsübernahme durch neuen Arbeitgeber nur in Ausnahmefällen** 2297

OLG Karlsruhe, Urt. v. 17.02.2006 – 12 U 246/05 Fundstellen: OLGR Karlsruhe 2006, 293 = NZA-RR 2006, 318 = NJW-RR 2006, 817

Leitsatz:

Bei einer zur Erfüllung einer beitragsorientierten Leistungszusage i. S. v. § 1 Abs. 2 Nr. 1 BetrAVG genommenen Direktversicherung kann der Versicherer die Zustimmung zur Vertragsübernahme durch einen neuen Arbeitgeber des versicherten Arbeitnehmers nur in Ausnahmefällen verweigern.

▶ **Direktversicherung mit eingeschränkt unwiderruflichem Bezugsrecht bei Insolvenz des Arbeitgebers** 2298

LAG Köln, Urt. v. 11.05.2006 – 10 Sa 1636/05 Fundstelle: ArbRB 2006, 328

Leitsatz:

Zur Behandlung des eingeschränkt unwiderruflichen Bezugsrechts zugunsten des Arbeitnehmers aus einer Direktversicherung des Arbeitgebers (Lebensversicherung) in der Insolvenz des Arbeitgebers.

Hier: Anspruch des Arbeitnehmers auf Übertragung der Rechte aus der Lebensversicherung gegen den Insolvenzverwalter.

▶ **Direktversicherung mit eingeschränkt unwiderruflichem Bezugsrecht bei Insolvenz des Arbeitgebers** 2299

BAG, Urt. v. 31.07.2007 – 3 AZR 446/05 Fundstelle: DB 2008, 939 = NZA-RR 2008, 32

Orientierungssätze:
1. Enthalten die allgemeinen Versicherungsbedingungen einer Lebensversicherung, die der Arbeitgeber als Gruppenlebensversicherung i. R. d. betrieblichen Altersversorgung abschließt, die Regelung, dass »die versicherte Person ... aus der auf ihr Leben genommenen Versicherung sowohl für den Todes- als auch für den Erlebensfall unter ... nachstehenden Vorbehalten unwiderruflich bezugsberechtigt« ist, so sind bei deren Auslegung entsprechend dem Zweck dieser Versicherung auch die Interessen der versicherten Beschäftigten zu berücksichtigen, die eine grundsätzlich unwiderrufliche Bezugsberechtigung erwerben sollen und von den einschränkenden Vorbehalten unmittelbar betroffen sind (ständige Rechtsprechung des BGH, zuletzt vom 03.05.2006, IV ZR 134/05).
2. Sowohl für die gesetzliche Unverfallbarkeit als auch für die Dauer des Arbeitsverhältnisses, ist es unerheblich, ob der Mitarbeiter die erforderliche Beschäftigungszeit als Arbeitnehmer oder durch eine unter § 17 Abs 1 S. 2 BetrAVG fallende Tätigkeit erreichte (hier: Genossenschaftsverhältnis). Die für dasselbe Unternehmen geleistete Tätigkeit kann nicht nach dem unterschiedlichen Status des Mitarbeiters im Zeitablauf aufgespalten werden (vgl. BAG vom 21.08.1990, 3 AZR 429/89). Erforderlich und ausreichend ist, dass die Tätigkeit für ein und denselben Vertragspartner erbracht wurde, was auch bei einer Gesamtrechtsnachfolge der Fall ist (BAG vom 20.04.2004, 3 AZR 297/03).
3. Solange die Voraussetzungen eines Widerrufsvorbehalts nicht erfüllt sind, steht das eingeschränkt unwiderrufliche Bezugsrecht wirtschaftlich und rechtlich einem uneingeschränkt unwiderruflichen Bezugsrecht gleich und gehört in der Insolvenz des Arbeitgebers zum Vermögen

des Bezugsberechtigten. Die Ansprüche auf die Versicherungsleistungen fallen nicht in die Insolvenzmasse (BAG vom 26.06.1990, 3 AZR 651/88; BGH vom 03.05.2006, IV ZR 134/05).

2299a ▶ Voraussetzungen für ein Ersatzaussonderungsrecht des Arbeitnehmers hinsichtlich einer Direktversicherung bei Insolvenz des Arbeitgebers

BAG, Urt. v. 15.06.2010 – 3 AZR 31/07 Fundstelle: DB 2010, 2678 = ZIP 2010, 2260 = BB 2011, 253

Orientierungssätze:

1. Ein Ersatzaussonderungsrecht nach § 48 InsO setzt voraus, dass der Insolvenzverwalter eine gegenüber dem Aussonderungsberechtigten wirksame Verfügung getroffen hat. Ist die Verfügung unwirksam, können Rechte nicht gegenüber dem Insolvenzverwalter, sondern nur gegenüber Dritten geltend gemacht werden. Hat sich der Insolvenzverwalter den Rückkaufwert einer Lebensversicherung zur Durchführung der betrieblichen Altersversorgung (Direktversicherung) vom Versicherer auszahlen lassen, kann dies ein Ersatzaussonderungsrecht des Arbeitnehmers daher nur dann begründen, wenn ihm dadurch Rechte gegenüber dem Versicherer verloren gehen, die Versicherung also mit Erfüllungswirkung leisten konnte.

2. Enthält der Versicherungsvertrag ein eingeschränkt unwiderrufliches Bezugsrecht, wonach der Arbeitgeber das Bezugsrecht widerrufen kann, falls das Arbeitsverhältnis endet, ohne dass dem Arbeitnehmer eine gesetzlich unverfallbare Versorgungsanwartschaft zusteht, kann der Versicherer nicht mit Erfüllungswirkung leisten, soweit die Voraussetzungen dieses Widerrufsrechts nicht vorliegen.

3. Ein derartig eingeschränkt unwiderrufliches Bezugsrecht ist i. d. R. dann, wenn nacheinander mehrere Arbeitgeber in den Vertrag eintreten, dahin gehend auszulegen, dass es endgültig unwiderruflich werden soll, sobald bei einem Arbeitgeber eine gesetzlich unverfallbare Versorgungsanwartschaft entsteht. Auf den weiteren Verlauf der Versorgungszusage beim späteren Arbeitgeber kommt es dann nicht mehr an.

4. Hinsichtlich der Berechnung der gesetzlichen Unverfallbarkeit gilt beim Eintritt mehrerer Arbeitgeber als Versicherungsnehmer in einen Versicherungsvertrag zur Durchführung der betrieblichen Altersversorgung Folgendes:

    a) Bei der Berechnung der gesetzlichen Unverfallbarkeit ist grundsätzlich auf jedes Arbeitsverhältnis getrennt abzustellen. Eine Ausnahme gilt in den Fällen, in denen ein Arbeitgeber die Anrechnung von Dienstzeiten bei einem früheren Arbeitgeber zusagt. Es muss jedoch die frühere Betriebszugehörigkeit beim vorhergehenden Arbeitgeber an die Betriebszugehörigkeit beim neuen Arbeitgeber heranreichen.

    b) Tritt ein nachfolgender Arbeitgeber als Versicherungsnehmer in einen Lebensversicherungsvertrag zur Durchführung der betrieblichen Altersversorgung ein, erteilt er damit i. d. R. nicht nur eine Versorgungszusage, die – wenn kein Gruppenversicherungsvertrag vorliegt – so zu verstehen ist, dass der Versicherungsanspruch auch bei Ausscheiden vor gesetzlicher Unverfallbarkeit aufrechterhalten bleiben soll, sondern verpflichtet sich auch, vorangegangene Beschäftigungszeiten hinsichtlich der Versorgungszusage anzurechnen.

2299b ▶ Widerruflichkeit des Bezugsrechts einer Direktversicherung durch den Insolvenzverwalter

BAG, Urt. v. 15.06.2010 – 3 AZR 334/06 Fundstelle: BetrAV 2010, 699 = BB 2011, 127 = DB 2010, 2814 = NZI 2011, 30 = NZA-RR 2011, 260 = ZIP 2010, 1915

Leitsätze:

1. Ob die Rechte aus einem Versicherungsvertrag zur Durchführung einer betrieblichen Altersversorgung in der Insolvenz des Arbeitgebers dem Arbeitnehmer oder der Masse zustehen, richtet sich danach, ob das Bezugsrecht nach den Regelungen im Versicherungsvertrag noch widerrufen werden kann. Nur wenn eine Widerrufsmöglichkeit besteht, stehen die Rechte der Masse zu.

2. Enthält der Versicherungsvertrag ein eingeschränkt unwiderrufliches Bezugsrecht, nach dem ein an sich unwiderrufliches Bezugsrecht unter bestimmten Bedingungen doch widerrufen werden kann, ist bei der Auslegung auf die betriebsrentenrechtlichen Wertungen abzustellen.
3. Soll das Bezugsrecht widerruflich sein, falls der Arbeitnehmer aus dem Arbeitsverhältnis ausscheidet, ohne dass die Voraussetzungen einer gesetzlichen Unverfallbarkeit der Versorgungszusage vorliegen, kommt es darauf an, ob das Arbeitsverhältnis im betriebsrentenrechtlichen Sinne endet und ob zum Zeitpunkt der Beendigung eine gesetzlich unverfallbare Anwartschaft vorliegt.
4. Geht das Arbeitsverhältnis aufgrund eines Betriebsübergangs auf einen anderen Arbeitgeber über, endet es nicht. Der Arbeitnehmer scheidet nicht aus dem Arbeitsverhältnis aus.

▶ **Pfändbarkeit des Anspruchs aus einer Direktversicherung** 2299c

BGH, Beschluss v. 11.11.2010 – VII ZB 87/09 Fundstelle: BetrAV 2011, 104 = NJW-RR 2011, 283 = DB 2010, 2799 = MDR 2011, 67 = ZIP 2011, 350 = VersR 2011, 371

Leitsatz:

Der Anspruch des Arbeitnehmers auf Auszahlung der Versicherungssumme aus einer Firmendirektversicherung ist bereits vor Eintritt des Versicherungsfalls als zukünftige Forderung pfändbar.

▶ **Aussonderung einer Direktversicherung in der Insolvenz des Arbeitgebers** 2299d

BAG, Urt. v. 18.09.2012 – 3 AZR 176/10 Fundstelle: BetrAV 2012, 716 = ZIP 2012, 2269 = juris PR-ArbR 48/2012 Anm. 4 Langohr-Plato

Orientierungssätze:

Hat der Arbeitgeber zum Zwecke der betrieblichen Altersversorgung eine Direktversicherung abgeschlossen und dem Arbeitnehmer ein bis zum Ablauf der gesetzlichen Unverfallbarkeitsfrist widerrufliches Bezugsrecht eingeräumt, steht dem Arbeitnehmer in der Insolvenz des Arbeitgebers kein Aussonderungsrecht nach § 47 InsO an der Versicherung zu, wenn der Insolvenzverwalter das Bezugsrecht wirksam widerrufen hat.

2. Die Zulässigkeit des Widerrufs richtet sich allein nach der versicherungsrechtlichen Rechtslage im Verhältnis zwischen Arbeitgeber und Versicherung, nicht nach den arbeitsrechtlichen Vereinbarungen zwischen Arbeitgeber und Arbeitnehmer. Verstößt der Insolvenzverwalter mit dem Widerruf des Bezugsrechts gegen seine arbeitsvertragliche Verpflichtung, so kann dies grundsätzlich einen Schadensersatzanspruch des Arbeitnehmers begründen.

Ehegattenversorgung

▶ **Angemessenheit einer Pensionszusage im Ehegatten-Arbeitsverhältnis** 2300

BFH, Urt. v. 15.07.1976 – I R 124/73 Fundstellen: BFHE 120, 167 = BStBl. II 1977, S. 112 = BB 1976, 1643 = DB 1977, 892 = BetrAV 1977, 26

Leitsätze:

1. Eine im Rahmen eines Ehegatten-Arbeitsverhältnisses erteilte Pensionszusage kann dem Grunde nach auch dann steuerlich anzuerkennen sein, wenn sie für den Fall gewährt wird, dass mit der Beendigung der selbständigen Tätigkeit des Arbeitgeber-Ehegatten auch das Arbeitsverhältnis des Arbeitnehmer-Ehegatten erlischt.
2. Bei der Prüfung der Angemessenheit einer solchen Pensionszusage der Höhe nach ist zu berücksichtigen, dass bei Betrieben, deren Bestand von der persönlichen Arbeitskraft des Inhabers abhängt, Pensionszusagen an fremde Arbeitnehmer nur in eingeschränktem Umfange erteilt zu werden pflegen.

3. Ist die Pensionszusage dem Arbeitnehmer-Ehegatten an Stelle eines Eintritts in die gesetzliche Sozialversicherung erteilt worden, so können die hierdurch veranlassten Aufwendungen des Arbeitgeber-Ehegatten den betrieblichen Gewinn nur in der Höhe mindern, in der sich die im Falle der Sozialversicherungspflicht zu erbringenden Arbeitgeberbeiträge ausgewirkt hätten.

2301 ▶ **Zulässigkeit einer Pensionszusage im Ehegatten-Arbeitsverhältnis**

BFH, Urt. v. 14.07.1989 – III R 97/86 Fundstellen: BFHE 157, 565 = BStBl. II 1989, s.969 = BB 1989, 2080 = DB 1989, 2308 = BetrAV 1990, 27

Leitsätze:

1. Weder die neuere Rechtsprechung des BVerfG noch das BFH-Urteil vom 08.10.1986 – I R 220/82 (BFHE 148, 37; BStBl. II 1987, S. 205) stehen der Zulässigkeit eines Fremdvergleichs zum Nachweis der betrieblichen Veranlassung einer Pensionszusage an den Arbeitnehmer-Ehegatten entgegen.
2. Wird einem 36-jährigen Arbeitnehmer-Ehegatten eine dienstzeitunabhängige Invalidenrente in Höhe von 75 % der Aktivbezüge zugesagt, so ist die Pensionszusage nicht betrieblich veranlasst.
3. Gilt die Pensionszusage insoweit als betrieblich veranlasst, als sie an die Stelle einer fehlenden Anwartschaft aus der gesetzlichen Rentenversicherung getreten ist, so können fiktive Arbeitgeberbeiträge in der Zeit zwischen dem Beginn des steuerlich anerkannten Arbeitsverhältnisses und der Erteilung der Pensionszusage nicht berücksichtigt werden.

2302 ▶ **Ernsthaftigkeit von Verträgen zwischen nahen Angehörigen**

BVerfG, Beschl. v. 16.07.1991 – 2 BvR 769/90 Fundstelle: HFR 1992, 23

Leitsatz:

Auch wenn die Gefahr des Missbrauchs zivilrechtlicher Gestaltungsmöglichkeiten bei Verträgen unter nahen Angehörigen nicht überbewertet werden darf, ist es verfassungsrechtlich grundsätzlich nicht zu beanstanden, dass an den Nachweis der Ernsthaftigkeit des Vertragsabschlusses strenge Anforderungen gestellt werden. Art. 6 Abs. 1 und Art. 3 Abs. 1 GG werden daher nicht verletzt, wenn die Finanzgerichte im Einzelfall prüfen, ob klare und eindeutige Regelungen, wie zwischen Fremden üblich, getroffen und die Vereinbarungen auch tatsächlich durchgeführt worden sind.

2303 ▶ **Pensionszusage einer GmbH an die Ehefrau des beherrschenden Gesellschafters**

BFH, Urt. v. 16.12.1992 – I R 2/92 Fundstellen: BFHE 170, 175 = BStBl. II. 1993, S. 455 = BB 1993, 918 = DB 1993, 913 = BetrAV 1993, 226

Leitsatz:

Erteilt die GmbH der als Geschäftsführerin angestellten Ehefrau des beherrschenden Gesellschafters unmittelbar nach der Anstellung eine vom ersten Tag des Anstellungsverhältnisses an unverfallbare Pensionszusage, so ist diese und damit die entsprechende Pensionsrückstellung in aller Regel durch das Gesellschaftsverhältnis veranlasst.

2304 ▶ **Fremdvergleich bei Versorgungszusagen im Ehegatten-Arbeitsverhältnis**

BFH, Urt. v. 10.03.1993 – I R 118/91 Fundstellen: BFHE 171, 53 = BStBl. II 1993, S. 604 = DB 1993, 1599 = BetrAV 1994, 79

Leitsatz:

Eine Versorgungszusage kann im Rahmen eines Ehegatten-Arbeitsverhältnisses steuerlich nicht anerkannt werden, wenn der Arbeitgeber-Ehegatte vergleichbaren anderen Angestellten seines Betriebs keine vergleichbaren Versorgungszusagen erteilt hat.

Einigungsstelle D.

▶ Prüfung der Angemessenheit auch bei Umwandlung von Barlohn in Prämien für eine Direktversicherung 2305

BFH, Urt. v. 16.05.1995 – XI R 87/93 Fundstellen: BFHE 178, 129 = BStBl. 1995, S. 873 = BB 1996, 191 = DB 1995, 2249 = BetrAV 1996, 117

Leitsatz:

Aufwendungen für eine Direktversicherung, die im Rahmen eines steuerrechtlich anzuerkennenden Ehegatten-Arbeitsverhältnisses im Wege der Umwandlung von Barlohn geleistet werden, sind der Höhe nach nur insoweit betrieblich veranlasst, als sie zu keiner **Überversorgung** führen.

▶ Steuerrechtliche Anerkennung von Ehegatten-Arbeitsverhältnissen 2306

BFH, Urt. v. 20.04.1999 – VIII R 81/94 Fundstelle: BetrAV 2000, 230

Leitsatz:

Dem Arbeitsverhältnis zwischen einer Personengesellschaft und der Ehefrau ihres beherrschenden Gesellschafters kann die steuerliche Anerkennung **nicht** mit der Begründung versagt werden, der aufgrund mündlicher Abrede geänderte Arbeitslohn sei nicht wirksam vereinbart, weil für Vertragsänderungen im Arbeitsvertrag Schriftform vereinbart worden sei.

▶ Pensionsrückstellung für und Tantiemezusage an eine nahestehende Person 2307

BFH, Urt. v. 18.12.2001 – VIII R 69/98 Fundstellen: BetrAV 2002, 402 = BFHE 197, 475 = BStBl. II 2002, S. 353 = DB 2002, 667 = DStR 2002, 538 = FR 2002, 580 = GmbHR 2002, 498 = NJW 2002, 1741

Leitsatz:

Eine betriebliche Veranlassung von Pensions- und Tantiemezusagen an Arbeitnehmer, die nahe Angehörige des Arbeitgebers sind, ist nicht allein deshalb zu verneinen, weil keine fremden Arbeitnehmer mit vergleichbaren Tätigkeitsmerkmalen im Betrieb beschäftigt werden und auch bei anderen Betrieben gleicher Größenordnung keine vergleichbaren Beschäftigungsverhältnisse ermittelt werden können (Klarstellung der Rechtsprechung in dem BFH-Urteil vom 31.05.1989 – III R 154/86, DB 1989, 1902).

Einigungsstelle

▶ Verschlechternde Ablösung einer Gesamtzusage durch Spruch der Einigungsstelle; Überversorgung 2308

BAG, Beschl. v. 23.09.1997 – 3 ABR 85/96 Fundstellen: DB 1998, 779 = BB 1998, 849

Leitsätze:

1. Wenn ein Arbeitgeber wegen des von ihm behaupteten **Wegfalls der Geschäftsgrundlage** eines durch **Gesamtzusage** errichteten Versorgungswerks eine verschlechternde Neuregelung schaffen will, ist die **Einigungsstelle zuständig**, falls sich Arbeitgeber und Betriebsrat nicht einigen. **Der Betriebsrat darf seine Mitwirkung an einer Neuregelung nicht verweigern.** Er muss mit dem Arbeitgeber notfalls unter dem **Vorbehalt** der **vertragsrechtlich zulässigen Umsetzung** der Regelung verhandeln (im Anschluss an BAG, Großer Senat, Beschluss vom 16.9.1986 – GS 1/82).
2. Die Frage, ob die Geschäftsgrundlage einer Gesamtzusage über betriebliche Altersversorgung weggefallen ist, ist entscheidend für den **Umfang** der der Einigungsstelle zustehenden **Regelungsbefugnis**. Ist die Geschäftsgrundlage weggefallen, kann die Einigungsstelle eine vorbehaltlose Neuregelung treffen.

a) Die Geschäftsgrundlage einer Versorgungszusage ist weggefallen, wenn sich die zugrunde gelegte **Rechtslage nach Erteilung der Zusage** ganz **wesentlich** und **unerwartet geändert** hat, und dies beim Arbeitgeber zu **erheblichen Mehrbelastungen** geführt hat.

b) Die Geschäftsgrundlage ist auch weggefallen, wenn der bei der Versorgungszusage erkennbare **Versorgungszweck** dadurch **verfehlt** wird, dass die unveränderte Anwendung der Versorgungszusage zu einer gegenüber dem ursprünglichen Versorgungsziel **planwidrig eintretenden Überversorgung** führen würde.

3. Ist die Geschäftsgrundlage weggefallen, kann die anpassende Neuregelung auch in zeitanteilig erdiente Besitzstände eingreifen. Sie muss sich dabei an den Zielen der ursprünglichen Regelung orientieren, auf deren Einhaltung die Arbeitnehmer vertrauen durften.

2309 ▶ **Zuständigkeit der Einigungsstelle für die Neuordnung eines Versorgungswerkes**

LAG Düsseldorf, Beschl. v. 10.12.1997 – 12 Ta BV 61/97 Fundstelle: DB 1998, 933

Leitsätze (nicht amtlich):

1. Haben die Betriebspartner über eine zu regelnde mitbestimmungspflichtige Angelegenheit ernsthaft miteinander verhandelt und hat dabei die eine Seite die Kernelemente ihrer künftigen Verhandlungsposition gegenüber der anderen Seite dargestellt, kann sie vom Scheitern des innerbetrieblichen Einigungsversuchs ausgehen, wenn die andere Seite keine Verhandlungsbereitschaft zeigt.
2. Die Einigungsstelle ist zur Entscheidung über die Meinungsverschiedenheiten der Betriebspartner offensichtlich unzuständig, wenn ein Mitbestimmungsrecht des Betriebsrats unter keinem rechtlichen Gesichtspunkt in Betracht kommt.
3. Der dem Einigungsstellenverfahren zugrundeliegende Sachverhalt ist **von Amts wegen** zu erforschen. Das entbindet den Antragsteller nicht davon, konkrete Tatsachen vorzutragen, aus denen er sein Begehren herleitet.
4. Nach dem festgestellten Sachverhalt und seiner möglichen mitbestimmungsrechtlichen Relevanz kann sich ergeben, dass die Einigungsstelle nur für Teilbereiche eines Streitkomplexes einzurichten ist.

Entgeltumwandlung

2310 ▶ **Unverfallbarkeit einer Direktversicherung**

BAG, Urt. v. 08.06.1993 – 3 AZR 670/92 Fundstellen: AuR 1994, 32 = BetrAV 1994, 25 = BB 1994, 73 = DB 1993, 2538 = MDR 1994, 1130 = NZA 1994, 507

Leitsatz:

Werden bei einer betrieblichen Altersversorgung in Form einer Direktversicherung (§ 1 Abs. 2 Satz 1 BetrAVG) die Prämien der Versicherung vereinbarungsgemäß anstelle einer Vergütung gezahlt (**Versicherung nach Gehaltsumwandlung**), so ist in der Regel davon auszugehen, dass der Arbeitgeber dem Arbeitnehmer eine **von vornherein unentziehbare Rechtsposition** einräumen und damit die Unverfallbarkeit der Anwartschaft zusagen wollte.

2311 ▶ **Widerruf des Bezugsrechts im Konkurs**

BAG, Urt. v. 08.06.1999 – 3 AZR 136/98 Fundstellen: DB 1999, 2069 = BB 1999, 2195 = NZA 1999, 1103

Leitsätze:

1. Wenn der Konkursverwalter das Bezugsrecht des Versorgungsberechtigten versicherungsvertraglich wirksam widerrufen hat, kann er nach §§ 985, 952 BGB die Herausgabe des Versicherungsscheins verlangen.

Entgeltumwandlung D.

2. Der Senat hält daran fest, dass das Versicherungsverhältnis und das zwischen dem Unternehmer und dem Beschäftigten bestehende Versorgungsverhältnis voneinander **unterschieden** werden müssen. Welche Rechte dem Konkursverwalter und dem begünstigten Beschäftigten aus dem Versicherungsverhältnis zustehen, hängt allein von der Ausgestaltung des Versicherungsverhältnisses ab. Auch bei einer Entgeltumwandlung erfüllt der Konkursverwalter mit dem im Versicherungsvertrag vorbehaltenen Widerruf seine konkursrechtlichen Pflichten nach § 117 Abs. 1 KO (Fortführung des Urteils vom 17.10.1995 – 3 AZR 622/94, DB 1996, 1240).
3. Eine Entgeltumwandlung i.S. des § 1 Abs. 5 BetrAVG setzt voraus, dass **im Umwandlungszeitpunkt bereits eine Rechtsgrundlage für den betroffenen Entgeltanspruch bestand.**

▶ Kein Anspruch auf den Rückkaufswert einer Direktversicherung im Konkurs des Arbeitgebers   2312

ArbG Frankfurt am Main, Urt. v. 07.07.1999 – 7 Ca 9502/98 Fundstelle: BetrAV 1999, 344

Leitsatz (nicht amtlich):

Sehen die Versorgungsbestimmungen vor, dass dem Arbeitgeber das Recht vorbehalten bleibt, alle Versorgungsleistungen in Anspruch zu nehmen, wenn das Arbeitsverhältnis vor Eintritt des Versorgungsfalls und vor Erfüllung der gesetzlichen Unverfallbarkeitsfristen endet, so steht dem Versorgungsberechtigten vor Erfüllung der Unverfallbarkeitsfristen auch kein Aussonderungsrecht an den Ansprüchen aus einem Direktversicherungsvertrag zu. Daran ändert auch die Tatsache nichts, dass die Prämien für die Direktversicherung im Wege der Entgeltumwandlung finanziert worden sind.

▶ Direktversicherung: Kein Widerrufsrecht des Konkursverwalters   2313

LG Freiburg, Urt. v. 19.08.1999 – 10 O 53/99 Fundstelle: VersR 2000, 1221

Leitsatz:

Beruht eine vom Arbeitgeber zugunsten des Arbeitnehmers vorgenommene Direktversicherung auf einer Gehaltsumwandlung, so steht die Versicherung im Konkurs des Arbeitgebers auch dann dem Arbeitnehmer zu, wenn diesem nur ein widerrufliches Bezugsrecht eingeräumt worden war.

▶ Inhalt und Umfang einer Entgeltumwandlung   2314

ArbG Limburg, Urt. v. 23.02.2000 – 1 Ca 156/99 Fundstelle: DB 2000, 1823

Leitsätze:

1. Vereinbaren Arbeitgeber und Arbeitnehmer die Umwandlung eines Gehaltsbestandteils in eine Direktversicherung, ist der Bestand der an Erfüllung statt gegebenen Versorgungszusage vorbehaltlich anderweitiger vertraglicher Vereinbarungen davon abhängig, ob dem Arbeitnehmer weiterhin ein Anspruch auf den entsprechenden Entgeltbestandteil zugestanden hätte.
2. Der Arbeitgeber kann, nachdem er mit dem Arbeitnehmer eine andere Leistung als ein 13. Monatsgehalt vereinbart hat, sich nicht mehr darauf berufen, dass er möglicherweise dieses 13. Gehalt nicht mehr zu zahlen brauchte, wenn er diese Vereinbarung nicht abgeschlossen hätte.
3. Die Nachwirkung des § 4 Abs. 5 TVG erstreckt sich auch auf einen Arbeitgeber, der aus einem Arbeitgeberverband austritt und bei dem die Tarifbindung lediglich über § 3 Abs. 3 TVG aufrechterhalten wird.

▶ Auswahl des Versicherungsträgers   2315

BAG, Beschl. v. 19.07.2005 – 3 ABR 502/04 (A) Fundstellen: DB 2005, 2252 = BetrAV 2006, 96

D.   Rechtsprechungslexikon

Leitsätze:

1. Ein Arbeitnehmer kann im Rahmen einer Entgeltumwandlung nach § 1a BetrAVG nicht den Versicherungsträger wählen, über den eine Direktversicherung durchgeführt werden soll.
2. Es ist problematisch, kann aber offen bleiben, ob Versicherungsverträge, die eine garantierte Mindestlaufzeit vorsehen, betriebliche Altersversorgung im Sinne des Betriebsrentengesetzes darstellen.

2316   ▶ **Unwirksamkeit einer Entgeltumwandlungsvereinbarung bei Verwendung gezillmerter Lebensversicherungsverträge**

LAG München, Urt. v. 15.03.2007 – 4 Sa 1152/06 Fundstelle: DB 2007, 1143 m. Anm. Kollroß/Frank = BetrAV 2007, 370 = NZA 2007, 813 = VersR 2007, 968 = ZIP 2007, 978

Leitsätze:

1. Die »Zillmerung« von Lebensversicherungsverträgen, mit denen eine Versorgungszusage im Rahmen einer betrieblichen Altersversorgung auf der Grundlage einer Entgeltumwandlungsvereinbarung nach dem BetrAVG abgesichert wird, ist unzulässig, weil sie u. a. gegen das zwingende gesetzliche Gebot der Umwandlung in eine den umgewandelten Entgeltansprüchen »wertgleiche Anwartschaft« auf Versorgungsleistungen (§ 1 Abs. 2 Nr. 3 BetrAVG) verstößt. Damit ist die Entgeltumwandlungsvereinbarung zwischen den Arbeitsvertragsparteien rechtsunwirksam.
2. Eine »Zillmerung« verstößt des Weiteren gegen die zum 01.01.2005 neu und verbessert geregelte Portabilität der Betriebsrentenansprüche (§ 4 BetrAVG n. F.) und, zumal bei einer rein arbeitnehmerfinanzierten betrieblichen Altersversorgung, gegen die Grundsätze der neueren Rechtsprechung des BVerfG (zuletzt Beschl. v. 15.02.2006 – 1 BvR 1317/96, NJW 2006, 1783) und des BGH (etwa Urt. v. 12.10.2005 – IV ZR 162/03, DB 2006, 2686) zu den Grenzen der Zulässigkeit einer »Zillmerung« von Lebensversicherungsverträgen.

2317   ▶ **Kein Schadensersatz wegen Aufklärungspflichtverletzung bei Entgeltumwandlungsvereinbarung**

LAG München, Urt. v. 11.07.2007 – 10 Sa 12/07 Fundstelle: NZA 2008, 362

Leitsatz (des Verf.):

Der Arbeitgeber ist nicht verpflichtet, den Arbeitnehmer über die mit der Zillmerung verbundenen Konsequenzen einer vorzeitigen Auflösung des Versicherungsvertrages, der zur Finanzierung einer betrieblichen Altersversorgung im Wege der Entgeltumwandlung abgeschlossen worden ist, zu informieren.

2318   ▶ **Zulässigkeit der Zillmerung im Rahmen einer Entgeltumwandlungsvereinbarung**

ArbG Siegburg, Urt. v. 27.02.2008 – 2 Ca 2831/07 (n.rkr.) Fundstelle: BetrAV 2008, 629

Leitsatz:

Entgegen dem Urteil des LAG München vom 15.3.2007 (4 Sa 1152/06) führt die Verwendung gezillmerter Tarife im Rahmen einer betrieblichen Altersversorgung auf der Grundlage einer Entgeltumwandlungsvereinbarung nicht zu deren Unwirksamkeit.

2319   ▶ **Zulässigkeit der Zillmerung im Rahmen einer Entgeltumwandlungsvereinbarung**

LAG Köln, Urt. v. 13.08.2008 – 7 Sa 454/08 (Berufungsurteil zu Rdn. 2193b; Revision eingelegt unter dem Aktenzeichen 3 AZR 17/09) Fundstelle: BetrAV 2009, 81 = DB 2009, 237 = VersR 2009, 851 = ZIP 2009, 285

Erziehungsurlaub   D.

Leitsätze:

1. Es bestehen keine grundsätzlichen Bedenken dagegen, eine Entgeltumwandlungsvereinbarung mit dem Abschluss einer Altersrenten-, bzw. Lebensversicherung zu kombinieren, für die sogenannte gezillmerte Tarife gelten (entgegen LAG München vom 15.03.2007, 4 Sa 1152/06, NZA 2007, 813 ff.).
2. Maßgeblicher Bezugspunkt für eine Bestimmung des Begriffs »wertgleich« gemäß § 1 Abs. 2 Nr. 3 BetrAVG in solchen Fällen ist nicht der vertragszweckwidrige Störfall des vorzeitigen Rückkaufs der Lebensversicherung, sondern die Leistung, die der Arbeitnehmer bei zweckentsprechender Durchführung des Vertrages aufgrund des vollständigen Einsatzes der von ihm finanzierten Versicherungsbeiträge im Versorgungsfall zu erwarten hat.
3. Als »wertgleich« im Sinne von § 1 Abs. 2 Nr. 3 BetrAVG sind daher Versorgungsanwartschaften zu bezeichnen, in die die vom Arbeitnehmer zur Verfügung gestellten Entgeltanteile in vollem Umfang eingeflossen sind und die im bestimmungsgemäßen Versorgungsfall Leistungen bieten, die in einem marktüblichen und versicherungsmathematisch bedenkenfrei ermittelten Wertverhältnis zur Summe der eingesetzten Beträge stehen.

▶ **Keine Unwirksamkeit einer Entgeltumwandlungsvereinbarung wegen Verwendung eines gezillmerten Versicherungstarifs**   2320

BAG, Urt. v. 15.09.2009 – 3 AZR 17/09 Fundstelle: BetrAV 2010, 72 = NZA 2010, 164 = DB 2010, 61 = ZIP 2009, 2401

Leitsätze:

1. Es ist rechtlich problematisch, wenn der Arbeitgeber bei einer Entgeltumwandlung dem Arbeitnehmer anstelle von Barlohn eine Direktversicherung mit (voll)gezillmerten Tarifen zusagt. Die Zillmerung verstößt zwar nicht gegen das Wertgleichheitsgebot des § 1 Abs. 2 Nr. 3 BetrAVG. Es spricht jedoch einiges dafür, dass die auf gezillmerte Versicherungstarife abstellende betriebliche Altersversorgung eine unangemessene Benachteiligung i. S. d. § 307 BGB enthält. Angemessen könnte es sein, die bei der Direktversicherung anfallenden einmaligen Abschluss- und Vertriebskosten auf fünf Jahre zu verteilen.
2. Soweit die Verwendung gezillmerter Versicherungstarife bei einer Entgeltumwandlung der Rechtskontrolle nicht standhält, führt dies nicht zur Unwirksamkeit der Entgeltumwandlungsvereinbarung und nicht zur Nachzahlung von Arbeitsentgelt, sondern zu einer höheren betrieblichen Altersversorgung

Erziehungsurlaub

▶ **Auswirkungen des Erziehungsurlaubs auf die Höhe der Betriebsrente**   2321

LAG Düsseldorf, Urt. v. 21.07.1993 – 4 Sa 219/93 Fundstelle: BB 1993, 2093

Leitsatz:

Ruht das Arbeitsverhältnis wegen der Inanspruchnahme von Erziehungsurlaub, liegt in der Änderung der Bestimmungen einer Unterstützungsrichtlinie dahingehend, dass Zeiten eines ruhenden Arbeitsverhältnisses **nicht** mehr **anspruchserhöhend** berücksichtigt werden, keine mittelbare Frauendiskriminierung im Sinne von Art. 3 Abs. 2 GG, Art. 119 EWG-Vertrag, da hierfür ein gewichtiger Grund besteht. Dieser Grund liegt darin, dass es dem Arbeitgeber unbenommen bleiben muss, den Maßstab für den Umfang der betrieblichen Versorgungsleistungen an dem Grad der erbrachten Arbeitsleistungen der Beschäftigten auszurichten und als Folge hiervon die Zeiten, in denen ein Arbeitsverhältnis ruht, unberücksichtigt zu lassen.

D.

2322 ▶ **Auswirkungen des Erziehungsurlaubs auf die Höhe der Betriebsrente**

BAG, Urt. v. 15.02.1994 – 3 AZR 708/93 Fundstellen: AuR 1994, 310 = BetrAV 1994, 222 = BB 1994, 1360 = DB 1994, 1479 = MDR 1994, 924 = NZA 1994, 794

Leitsätze:

Zeiten des gesetzlichen Erziehungsurlaubs (§§ 15 ff. BErzGG) lassen den Bestand des Arbeitsverhältnisses unberührt; sie führen nur zum Ruhen des Arbeitsverhältnisses.

Daraus folgt für die betriebliche Altersversorgung, dass Zeiten des Erziehungsurlaubs den Lauf der **Unverfallbarkeitsfristen** gem. § 1 BetrAVG und die **Dauer der Betriebszugehörigkeit** i. S. d. § 2 BetrAVG **nicht unterbrechen**.

Der Arbeitgeber ist nicht gehindert, Zeiten des Erziehungsurlaubs von Steigerungen einer Anwartschaft auf Leistungen der betrieblichen Altersversorgung (**dienstzeitabhängige Berechnung**) auszunehmen. Eine solche Versorgungszusage stellt keine durch Art. 119 EWG-Vertrag verbotene Diskriminierung der Frauen dar.

2323 ▶ **Aufwendungsersatzanspruch des Arbeitgebers für während des Erziehungsurlaubs gezahlte Versicherungsprämien**

BAG, Urt. v. 15.12.1998 – 3 AZR 251/97 Fundstelle: NZA 1999, 834 = DB 1999, 1507

Leitsätze:

1. Nach § 1 Abs. 3, § 4 Abs. 2 und § 6 Abs. 1 des Tarifvertrags Übergangsversorgung Flugbegleiter haben die Arbeitnehmer und Arbeitnehmerinnen auch während eines Erziehungsurlaubs die Versicherungsprämien für die von ihnen abgeschlossene Kapital-Lebensversicherung zu tragen. Dies verstößt weder gegen § 15 Abs. 3 BErzGG noch gegen Art. 6 GG.
2. Die Arbeitgeberin hat nach § 5 Abs. 4 des Tarifvertrags Übergangsversorgung Flugbegleiter lediglich für die ordnungsgemäße Abwicklung des Zahlungsverkehrs mit dem Versicherer zu sorgen. Soweit die Arbeitgeberin die Versicherungsprämien vorfinanziert, steht ihr ein tarifvertraglicher Aufwendungsersatzanspruch zu

Flexible Altersgrenze

2324 ▶ **Berechnung der vorgezogenen Altersrente**

BAG, Urt. v. 01.06.1978 – 3 AZR 216/77 Fundstellen: AuR 1979, 155 = BetrAV 1978, 227 = BB 1978, 1312 = DB 1978, 1793 = NJW 1979, 124

Leitsätze:

1. Bei **vorzeitig** in Anspruch genommenen betrieblichen **Altersrenten** ist der Arbeitgeber berechtigt, eine **Kürzung** vorzunehmen. Der Umfang der Kürzung ist danach zu bemessen, was der Arbeitgeber zusätzlich erbringt. Es ist gerechtfertigt, dass der Arbeitgeber nicht mehr belastet wird, als in den Fällen, wo die betriebliche Altersrente erst mit Vollendung des 65. Lebensjahres des Arbeitnehmers gewährt wird.
2. Fehlt es an einer Abrede der Vertragsparteien, so kann die § 2 BetrAVG vorgesehene **ratierliche Berechnungsmethode** angewendet werden. Die Parteien können auch einen **versicherungsmathematischen Wertausgleich** vereinbaren. Es können auch Erfahrungs- bzw. Näherungswerte benutzt werden.

2325 ▶ **Berechnung der vorgezogenen Altersrente**

BAG, Urt. v. 11.09.1980 – 3 AZR 185/80 Fundstellen: AuR 1981, 140 = BB 1981, 737 = DB 1981, 944

Flexible Altersgrenze D.

Leitsätze:

1. Sieht eine Versorgungsordnung ein betriebliches Ruhegeld bei Vollendung des 65. Lebensjahres vor, so kann der Arbeitgeber nach Einführung des flexiblen Altersruhegeldes die Versorgungsordnung ergänzen und Kürzungen für das vorgezogene Ruhegeld nach billigem Ermessen vorsehen. Dabei ist der Betriebsrat zu beteiligen (§ 87 Abs. 1 Nr. 10 BetrVG).
2. Unterlässt es der Arbeitgeber, die Versorgungsordnung zu ergänzen, so kann er das betriebliche Ruhegeld nur **nach** dem **Maßstab** des **§ 2 BetrAVG** kürzen.

▶ Berechnung der vorgezogenen Altersrente im Insolvenzfalle 2326

BAG, Urt. v. 20.04.1982 – 3 AZR 1137/79 Fundstellen: AuR 1982, 291 = BetrAV 1982, 239 = BB 1982, 1795 = DB 1982, 1830 = NJW 1982, 1015

Leitsätze:

1. Beansprucht der Arbeitnehmer das vorgezogene Altersruhegeld nach § 6 BetrAVG und nimmt er dabei gemäß § 7 BetrAVG den Träger der gesetzlichen Insolvenzsicherung in Anspruch, weil sein Arbeitgeber schon vor Eintritt des Versorgungsfalls zahlungsunfähig geworden war, so muss er hinnehmen, dass der monatliche Rentenbetrag um einen **versicherungsmathematischen Abschlag** gekürzt wird.
2. Eine Kürzung **um 0,5 % für jeden Monat** des vorgezogenen Rentenbezugs entspricht den allgemeinen Versicherungsbedingungen für die Insolvenzsicherung der betrieblichen Altersversorgung und erscheint **nicht unbillig**.

▶ Berechnung der vorgezogenen Altersrente bei unverfallbaren Anwartschaften 2327

BAG, Urt. v. 22.02.1983 – 3 AZR 546/80 Fundstellen: AuR 1983, 312 = BetrAV 1983, 206 = BB 1983, 1668 = DB 1983, 2680 = NJW 1984, 996

Leitsätze:

1. Scheidet ein Arbeitnehmer mit einer **unverfallbaren Versorgungsanwartschaft** aus dem Arbeitsverhältnis aus und macht er später von der Möglichkeit des **vorgezogenen Ruhestands** Gebrauch, so sind bei der zeitanteiligen Kürzung seiner Betriebsrente nach § 2 BetrAVG auch **Abschläge zu berücksichtigen**, die die betriebliche Versorgungsordnung für den Fall der Pensionierung zwischen dem 60. und 65. Lebensjahr vorsieht.
2. Solche Kürzungsregelungen bestimmen keine Altersgrenze. Eine »**feste Altersgrenze**« § 2 Abs. 1 Satz 1 BetrAVG ist nur dann gegeben, wenn die Versorgungszusage vorsieht, dass der Arbeitnehmer zu einem bestimmten Zeitpunkt vor Vollendung des 65. Lebensjahres mit einer ungekürzten Betriebsrente in den Ruhestand treten soll.

▶ Einführung der flexiblen Altersgrenze 2328

BAG, Urt. v. 26.03.1985 – 3 AZR 236/83 Fundstellen: BB 1986, 877 = DB 1985, 2617 = NZA 1986, 232

Leitsätze:

1. Enthält eine Versorgungsordnung keine Regelung für den Fall, dass der Arbeitnehmer die Möglichkeit der flexiblen Altersgrenze nutzt, und will der Arbeitgeber diese Lücke schließen, indem er einen **versicherungsmathematischen Abschlag** einführt, so ist dafür die **Zustimmung des Betriebsrats** erforderlich (ständige Rechtsprechung).
2. Die **einseitige Einführung** eines versicherungsmathematischen Abschlags ist **unwirksam**. Auch eine entsprechende Übung kann diesen Mangel nicht heilen.

▶ Vorgezogene Altersrente vor Erfüllung der Unverfallbarkeitsfristen 2329

LAG Hamm, Urt. v. 26.03.1985 – 6 Sa 1840/84 Fundstelle: NZA 1985, 502

Leitsatz:

Ein Arbeitnehmer, der unverzüglich nach Beendigung des Arbeitsverhältnisses flexibles Altersruhegeld aus der gesetzlichen Rentenversicherung in Anspruch nimmt, ohne zu diesem Zeitpunkt die Unverfallbarkeitsfristen des § 1 Abs. 1 Satz 1 BetrAVG erfüllt zu haben, kann gleichwohl eine vorzeitige betriebliche Altersrente verlangen. Wie sich aus dem Wortlaut, der Entstehungsgeschichte und dem Normzweck des § 6 BetrAVG ergibt, besteht **kein Junktim zwischen den Unverfallbarkeitsfristen und dem Anspruch auf die vorzeitige Altersleistung.**

2330 ▶ Auslegungsregel

BAG, Urt. v. 24.06.1986 – 3 AZR 630/84 Fundstellen: AuR 1986, 33 = BetrAV 1987, 64 = BB 1987, 692 = DB 1987, 691 = NZA 1987, 200

Leitsatz:

Sieht eine Versorgungsordnung Festrenten in Verbindung mit einer **Gesamtversorgungsobergrenze** vor, wird jedoch der Sonderfall der flexiblen Altersgrenze nicht geregelt, so ist folgende ergänzende Auslegung geboten:

Der Arbeitgeber darf die Renten der vorzeitig pensionierten Arbeitnehmer **zeitanteilig kürzen**, jedoch **keinen versicherungsmathematischen Abschlag** vornehmen (ständige Rechtsprechung). Eine weitere Kürzung auf Grund der Höchstbegrenzungsklausel kommt bei einer solchen Fallgestaltung im Zweifel nur in Betracht, wenn die zeitanteilig gekürzte Festrente die Gesamtversorgungsobergrenze übersteigt.

2331 ▶ Vorgezogene Altersrente im Insolvenzfalle

BAG, Urt. v. 26.04.1988 – 3 AZR 411/86 Fundstellen: BetrAV 1988, 220 = BB 1988, 1671 = DB 1988, 1019 = NZA 1989, 182

Leitsatz:

Beantragt der Arbeitnehmer, der mit einer unverfallbaren Versorgungsanwartschaft aus dem Arbeitsverhältnis ausgeschieden ist, nach Eröffnung des Konkursverfahrens über das Vermögen seines Arbeitgebers **vorgezogenes Altersruhegeld**, kann der PSV bei der Bemessung der Versorgungsleistungen **Erhöhungen des Gehalts** nach Beendigung des Arbeitsverhältnisses **außer Acht lassen** und den in der Leistungsordnung vorgesehenen **versicherungsmathematischen Abschlag** wegen vorzeitigen Bezugs des Altersruhegeldes vornehmen.

2332 ▶ Vorgezogene Altersrente nach vorheriger, nicht abgesicherter Invalidität

LAG Hamm, Urt. v. 08.11.1988 – 6 Sa 531/88 Fundstellen: BB 1989, 292 = DB 1989, 179 = NZA 1989, 216

Leitsatz:

Ein Arbeitnehmer, dem betriebliche Versorgungsleistungen lediglich in Form eines Altersruhegeldes zugesagt worden sind, kann bei Eintritt des Versorgungsfalls eine **anteilige Altersrente** auch dann fordern, wenn er zuvor wegen Invalidität ausgeschieden ist. Die Fälligkeit der Betriebsrente wird nicht dadurch berührt, dass eine bisher bezogene Erwerbsunfähigkeitsrente in ein flexibles Altersruhegeld umgewandelt wird.

2333 ▶ Versorgungsfall kraft Gesetzes

BAG, Urt. v. 28.02.1989 – 3 AZR 470/87 Fundstelle: BAGE 60, 354 = NZA 1989, 935 = DB 1989, 1579

Flexible Altersgrenze   D.

Leitsätze:

1. Ein Arbeitnehmer hat nur dann Anspruch auf vorzeitige Altersleistungen nach § 6 BetrAVG, wenn er bei weiterer Fortsetzung des Arbeitsverhältnisses einen Anspruch auf endgültiges Altersruhegeld erwerben konnte.
2. Der Arbeitnehmer kann das vorzeitige Altersruhegeld erst nach Erfüllung der Wartezeit und der sonstigen Leistungsvoraussetzungen verlangen, von denen der Bezug des Altersruhegeldes nach der jeweiligen Versorgungsordnung abhängig ist.
3. Der Arbeitnehmer kann diese Anspruchsvoraussetzungen – etwa die Wartezeit – auch nach seinem vorzeitigen Ausscheiden aus dem Arbeitsverhältnis erfüllen.
4. Der Anspruch auf vorzeitiges Altersruhegeld ist nicht davon abhängig, dass die Anwartschaft des Arbeitnehmers auf Leistungen der betrieblichen Altersversorgung beim Ausscheiden aus dem Arbeitsverhältnis und Eintritt in den Ruhestand unverfallbar ist. Das vorzeitige Ausscheiden aus dem Erwerbsleben mit Altersruhegeld aus der gesetzlichen Rentenversicherung ist ein Versorgungsfall.

▶ **Berechnung der vorgezogenen Altersrente bei unverfallbarer Anwartschaften**   2334

BAG, Urt. v. 13.03.1990 – 3 AZR 338/89 Fundstellen: AuR 1990, 231 = BetrAV 1990, 227 = BB 1991, 480 = DB 1990, 1619 = NZA 1990, 692

Leitsätze:

1. Der Arbeitgeber darf die Renten der vorzeitig in Ruhestand getretenen Arbeitnehmer kürzen. Regelt die Versorgungsordnung nicht den Umfang der Kürzung, darf der Arbeitgeber die Renten **zeitanteilig kürzen**; er darf **keinen versicherungsmathematischen Abschlag** vornehmen.
2. Das gilt auch dann, wenn der Arbeitnehmer vorher mit einer unverfallbaren Versorgungsanwartschaft aus dem Arbeitsverhältnis ausgeschieden war. Die ihm bei vorzeitiger Inanspruchnahme zustehende Rente darf dann **noch einmal zeitanteilig** um den Unverfallbarkeitsfaktor (§ 2 Abs. 1 BetrAVG) **gekürzt werden**, weil der Arbeitnehmer die erwartete Betriebstreue nur zum Teil erbracht hat.

▶ **Vorgezogene Altersrente bei nicht rentenversicherungspflichtigen Arbeitnehmern**   2335

LAG Rheinland-Pfalz, Urt. v. 24.07.1990 – 3 Sa 245/90 Fundstellen: BetrAV 1991, 44 = NZA 1991, 939

Leitsatz:

Ein Arbeitnehmer, der von der Beitragspflicht zur Rentenversicherung befreit ist und vorzeitig in den Ruhestand tritt, ohne seine Lebensversicherung in Anspruch zu nehmen, kann nicht verlangen, dass ihm Leistungen der betrieblichen Altersversorgung gewährt werden. Eine analoge Anwendung des § 6 Satz 1 BetrAVG kommt nicht in Betracht.

▶ **Berechnung der vorgezogenen Altersrente bei unverfallbarer Anwartschaften**   2336

BAG, Urt. v. 12.03.1991 – 3 AZR 102/90 Fundstellen: AuR 1991, 78 = BetrAV 1992, 49 = BB 1991, 1420 = DB 1991, 1784 = NZA 1991, 771

Leitsatz:

Scheidet ein Arbeitnehmer vorzeitig mit einer **unverfallbaren Versorgungsanwartschaft** aus dem Arbeitsverhältnis aus und macht der Versorgungsberechtigte später einen Anspruch auf vorzeitige Versorgungsleistungen geltend (wegen Bezugs des vorgezogenen oder flexiblen Altersruhegeldes in der gesetzlichen Rentenversicherung, Invalidität oder Tod), so kann das im (vorzeitigen) Versorgungsfall erreichbare Ruhegeld im Verhältnis von erreichter zu der nach der Versorgungsordnung erreichbaren Dienstzeit gekürzt werden (**Unverfallbarkeitsfaktor**). Maßgebliche Bezugsgröße für die zeitanteilige Kürzung ist damit die **im vorzeitigen Versorgungsfall erreichbare Rente** und nicht die mit Vollendung des 65. Lebensjahres erreichbare Rente.

2337 ▶ **Höhe der Betriebsrente bei vorzeitiger Inanspruchnahme**

BAG, Urt. v. 28.03.1995 – 3 AZR 900/94 Fundstellen: AuR 1995, 329 = BB 1995, 1853 = DB 1995, 1969

Leitsätze:

1. Das Betriebsrentengesetz trifft keine Bestimmung dazu, wie die Betriebsrente zu berechnen ist, wenn ein Arbeitnehmer sie nach § 6 BetrAVG mit Eintritt in den vorzeitigen Ruhestand in Anspruch nimmt. Es kommt deshalb darauf an, welche **Regelungen** die jeweiligen **Versorgungsordnungen** hierzu treffen.
2. Die **Auslegungsregeln**, die der Senat für die Berechnung einer nach § 6 BetrAVG vorzeitig in Anspruch genommenen Betriebsrente und die Behandlung einer in einer Versorgungsordnung enthaltenen **Höchstbegrenzungsklausel** aufgestellt hat (vgl. zuletzt Urteil vom 24. Juni 1986 – 3 AZR 630/84 – AP Nr. 12 zu § 6 BetrAVG; Urteil vom 8. Mai 1990 – 3 AZR 341/88 – AP Nr. 18 zu § 6 BetrAVG; Urteil vom 12. November 1991, BAGE 69, 19, 25 = AP Nr. 26 zu § 2 BetrAVG, zu II 3 b der Gründe), gelten nur insoweit, wie die betriebliche Versorgungsregelung keine **eigene billigenswerte Bestimmung** getroffen hat.

2338 ▶ **Berechnung der vorgezogenen Altersrente**

BAG, Urt. v. 29.07.1997 – 3 AZR 134/96 Fundstelle: BetrAV 1998, 51 = DB 1998, 935 = NZA 1998, 544 = BB 1997, 2487

Leitsätze:

1. Nach § 6 BetrAVG kann der Arbeitnehmer unter den im Gesetz genannten Voraussetzungen eine betriebliche Altersrente vorzeitig, vor Vollendung des 65. Lebensjahres, in Anspruch nehmen.
2. Das BetrAVG enthält zur Berechnung dieser vorzeitigen Altersrente keine zwingenden Bestimmungen. Deshalb kommt es in erster Linie auf die Regelungen in der Versorgungsordnung an.
3. Eine Versorgungsregelung, die für die Berechnung der vorzeitigen Altersrente auf die tatsächlich im Zeitpunkt des Ausscheidens erdiente Rente abstellt und auf versicherungsmathematische Abschläge und auf eine zeitratierliche Kürzung verzichtet, ist rechtlich nicht zu beanstanden.
4. Nur wenn die Versorgungsregelung nicht näher bestimmt, wie die vorzeitige Altersrente im Sinne von § 6 BetrAVG zu berechnen ist, müssen die **Auslegungsregeln**, die der Senat für diese Fälle entwickelt hat (vgl. zuletzt Urteil vom 28. März 1995 – 3 AZR 900/94 – AP Nr. 21 zu § 6 BetrAVG), herangezogen werden.

2339 ▶ **Berechnung einer vorgezogenen Betriebsrente bei zuvor im Rahmen einer Ablösung garantiertem Versorgungsbesitzstand**

BAG, Urt. v. 21.03.2000 – 3 AZR 93/99 Fundstellen: BetrAV 2001, 190 = NZA 2001, 387 = DB 2001, 206 = BB 2001, 836 (m. Anm. Neumann)

Leitsätze:

1. Ist in einer ablösenden Versorgungsordnung der bis zum Ablösungszeitpunkt erdiente unverfallbare und nach § 2 Abs. 1 BetrAVG berechnete Versorgungsbesitzstand als Mindestrente garantiert worden, ist diese Mindestrente in einem späteren Insolvenzfall insolvenzgeschützt. Ihre zeitratierliche Kürzung nach § 7 Abs. 2, § 2 Abs. 1 BetrAVG auf den Zeitpunkt der Eröffnung des Insolvenzverfahrens ist ausgeschlossen (Bestätigung von BAG, Urt. v. 22.9.1987 – 3 AZR 662/85 – BAGE 56, 138, 143 f.).
2. Nach der bisherigen Senatsrechtsprechung ist dann, wenn die Versorgungsregelung keine billigenswerte Bestimmung hierzu enthält, der Betriebsrentenanspruch eines vorzeitig ausgeschiedenen

Arbeitnehmers, den dieser nach § 6 BetrAVG vorgezogen in Anspruch nimmt, zweifach zeitratierlich zu kürzen; der Unverfallbarkeitsfaktor des § 2 Abs. 1 BetrAVG, der sich aus dem Verhältnis der Dauer der tatsächlichen Betriebszugehörigkeit zur erreichbaren Betriebszugehörigkeit bis zum Erreichen der festen Altersgrenze ergibt, ist mit der zum Zeitpunkt der vorgezogenen Inanspruchnahme erreichbaren Betriebsrente zu multiplizieren. Die fehlende Dienstzeit zwischen der vorgezogenen Inanspruchnahme und der festen Altersgrenze wird damit zweifach anspruchsmindernd berücksichtigt (Senat 13.3.1990 – 3 AZR 338/89 – AP BetrAVG § 6 Nr. 17; 12.3.1991 – 3 AZR 102/90 – BAGE 67, 301, 307 ff.). Der Senat erwägt, diese Rechtsprechung aufzugeben.

▶ **Die vorgezogene Betriebsrente nach vorzeitigem Ausscheiden mit unverfallbarer Versorgungsanwartschaft**   2340

BAG, Urt. v. 23.01.2001 – 3 AZR 164/00 Fundstellen: BetrAV 2001, 677= NZA 2002, 93 = DB 2001, 1887 = ZIP 2001, 1971

Leitsätze:

1. Das BetrAVG enthält keine Regel zur Berechnung der vorgezogen in Anspruch genommenen Rente des vorzeitig ausgeschiedenen Arbeitnehmers.
2. Bei der Berechnung der vorgezogen in Anspruch genommenen Betriebsrente des vorzeitig ausgeschiedenen Arbeitnehmers darf die fehlende Betriebstreue zwischen dem vorgezogenen Ruhestand und der in der Versorgungsordnung festgelegten festen Altersgrenze grundsätzlich nicht zweifach mindernd berücksichtigt werden (insoweit Aufgabe der Rechtsprechung des Senats Urteile vom 13. März 1990 – 3 AZR 338/89 – AP BetrAVG § 6 Nr. 17 = EzA BetrAVG § 6 Nr. 13; 12. März 1991 – 3 AZR 102/90 – BAGE 67, 301, 307 ff.).
3. Ausgangspunkt für die Anspruchsberechnung ist die bis zum Erreichen der festen Altersgrenze erreichbare Vollrente. Sie ist im Hinblick auf das vorzeitige Ausscheiden wegen der deshalb fehlenden Betriebstreue nach § 2 BetrAVG zu kürzen, falls die Versorgungsordnung keine für den Arbeitnehmer günstigere Berechnungsweise vorsieht.
4. Der so ermittelte Besitzstand zum Zeitpunkt des vorzeitigen Ausscheidens kann ein zweites Mal wegen des früheren und längeren Bezuges der Altersrente gekürzt werden. Soweit die Versorgungsordnung das vorsieht, kann ein versicherungsmathematischer Abschlag vorgenommen werden. Fehlt eine solche Bestimmung, kann die Kürzung statt dessen in der Weise erfolgen, dass die fehlende Betriebstreue zwischen vorgezogener Inanspruchnahme und fester Altersgrenze zusätzlich mindernd berücksichtigt wird. Diese Kürzung ist als »unechter versicherungsmathematischer Abschlag« anzusehen.

▶ **Ungleichbehandlung bei vorgezogener Betriebsrente eines vorzeitig Ausgeschiedenen**   2341

BAG, Urt. v. 23.01.2001 – 3 AZR 562/99 Fundstelle: BAGReport 2002, 49 = DB 2002, 1168

Leitsatz:

Der arbeitsrechtliche Gleichbehandlungsgrundsatz verpflichtet einen Arbeitgeber nicht, eine besonders günstige Anspruchsberechnung für Arbeitnehmer, die vorgezogen Betriebsrente in Anspruch nehmen, nachdem sie bis zu diesem Zeitpunkt betriebstreu geblieben sind, auch anteilig an Arbeitnehmer weiterzugeben, die vorzeitig aus dem Betrieb ausgeschieden sind.

▶ **Auslegung einer Versorgungszusage für den Fall der vorgezogenen Inanspruchnahme einer Betriebsrente**   2342

BAG, Urt. v. 20.03.2001 – 3 AZR 229/00 Fundstelle: BetrAV 2002, 407

Leitsätze:

1. Die Aussage des Bundesarbeitsgerichts, bei der Berechnung der vorgezogen in Anspruch genommenen Betriebsrente (§ 6 BetrAVG) sei eine zeitanteilige Kürzung ohne weiteres möglich,

ein versicherungsmathematischer Abschlag aber nur dann, wenn die Versorgungszusage ihn vorsieht, ist eine Auslegungsregel, die nur dann greift, wenn die betriebliche Versorgungsregelung lückenhaft ist, weil sie für den Fall des § 6 BetrAVG keine eigene billigenswerte Bestimmung zur Berechnung der vorgezogenen Betriebsrente getroffen hat (zuletzt BAG v. 29.7.1997 – 3 AZR 134/96 – BB 1997, S. 2487).
2. Regelungen in einer Versorgungszusage dazu, welcher Teilanspruch sich aus einer unverfallbaren Versorgungszusage ergibt, betreffen grundsätzlich nicht den Fall des § 6 BetrAVG. Bei der vorgezogenen Inanspruchnahme einer Betriebsrente nach dieser Bestimmung kommt es auf die Erfüllung der Unverfallbarkeitsvoraussetzungen des § 1 BetrAVG nicht an.
3. [...]

2343 ▶ **Vorgezogene Betriebsrente eines vorzeitig Ausgeschiedenen**

BAG, Urt. v. 24.07.2001 – 3 AZR 567/00 Fundstellen: BAGE 98, 212 = DB 2002, 588 = BB 2002, 997 = BetrAV 2002, 409

Leitsätze:

1. Die vorgezogene Betriebsrente (§ 6 BetrAVG) des vorzeitig mit einer unverfallbaren Versorgungsanwartschaft aus dem Arbeitsverhältnis ausgeschiedenen Arbeitnehmers ist unter Rückgriff auf die Grundsätze des Betriebsrentengesetzes zu errechnen. Eine gesetzliche Berechungsregel gibt es hierfür nicht.
2. Dies bedeutet für den Regelfall, dass wegen seines vorzeitigen Ausscheidens die von dem Arbeitnehmer bis zum Erreichen der festen Altersgrenze erreichbare Vollrente in unmittelbarer Anwendung von § 2 BetrAVG zeitanteilig zu kürzen ist. Im zweiten Schritt kann der so zum Zeitpunkt des vorzeitigen Ausscheidens ermittelte erdiente Versorgungsbesitzstand wegen des früheren und längeren Bezuges ein zweites Mal gekürzt werden. Soweit die Versorgungsordnung dies vorsieht, kann deshalb ein versicherungsmathematischer Abschlag vorgenommen werden. In diesem Falle scheidet eine weitere mindernde Berücksichtigung der fehlenden Betriebstreue zwischen dem vorgezogenen Ruhestand und der in der Versorgungsordnung festgelegten festen Altersgrenze grundsätzlich aus (Bestätigung des Senatsurteils vom 23. Januar 2001 – 3 AZR 164/00 – DB 2001, 1887 = ZIP 2001, 1971; Aufgabe der Senatsrechtsprechung vom 13. März 1990 – 3 AZR 338/89 – AP BetrAVG § 6 Nr. 17 = EzA BetrAVG § 6 Nr. 13; 12. März 1991 – 3 AZR 102/90 – BAGE 67, 301, 307 ff.).
3. Sieht eine Versorgungsordnung keine versicherungsmathematischen Abschläge vor, kann die Kürzung zum Ausgleich für den früheren und längeren Bezug des Erdienten statt dessen in der Weise erfolgen, dass die fehlende Betriebstreue zwischen vorgezogener Inanspruchnahme und fester Altersgrenze entsprechend der früheren Rechtsprechung des Senats zusätzlich mindernd berücksichtigt wird (»unechter versicherungsmathematischer Abschlag«).
4. Sieht eine Versorgungsordnung bei einem Arbeitnehmer, der im Arbeitsverhältnis sowohl vollzeit- als auch teilzeitbeschäftigt war, vor, daß die Vollrente unter Berücksichtigung eines Herabsetzungsfaktors berechnet wird, der sich aus dem Verhältnis der insgesamt vereinbarten zur tariflichen Arbeitszeit ergibt, ist die Teilrente des vorzeitig mit einer unverfallbaren Versorgungsanwartschaft ausgeschiedenen Arbeitnehmers auf der Grundlage des bis zu dessen vorzeitigem Ausscheiden tatsächlich erreichten durchschnittlichen Beschäftigungsgrades zu ermitteln. In einem solchen Fall ist es unzulässig, die zuletzt vereinbarte Teilzeit für die Zeit bis zum Erreichen der festen Altersgrenze zu fingieren und auf dieser Grundlage den Herabsetzungsfaktor zu ermitteln.

2344 ▶ **Berechnung der vorgezogen in Anspruch genommenen tariflichen Betriebsrente**

BAG, Urt. v. 24.07.2001 – 3 AZR 681/00 Fundstellen: BAGE 98, 234 = DB 2002, 590 = BetrAV 2002, 413 = NZA 2002, 1291

Flexible Altersgrenze   D.

Leitsatz:

Ein Tarifvertrag kann für die Berechnung einer vorgezogen in Anspruch genommenen Betriebsrente des vorzeitig ausgeschiedenen Arbeitnehmers die fehlende Betriebstreue zwischen dem vorgezogenen Ruhestand und der festen Altersgrenze grundsätzlich auch zweifach mindernd berücksichtigen.

▶ **Maßgeblicher Zeitpunkt für die Ermittlung versicherungsmathematischer Abschläge**   2345

LAG Düsseldorf, Urt. v. 03.04.2003 – 5 Sa 1489/02 Fundstellen: DB 2004, 195 = NZA-RR 2003, 553

Leitsatz:

Die Veränderungssperre des § 2 Abs. 5 Satz 1 BetrAVG bezieht sich auch auf die Höhe eines in der einschlägigen Versorgungsordnung (hier: Leistungsordnung des Bochumer Verbandes) festgelegten versicherungsmathematischen Abschlags. Maßgebend für die Berechnung des Altersruhegeldes ist deshalb der in der Versorgungsordnung vorgesehene Abschlag zum Zeitpunkt des Ausscheidens des Arbeitnehmers aus dem Arbeitsverhältnis.

▶ **Vorgezogene Betriebsrente nach vorzeitigem Ausscheiden**   2346

BAG, Urt. v. 28.05.2002 – 3 AZR 358/01 Fundstellen: BAGE 101, 163 = AP Nr 29 zu § 6 BetrAVG = ArbuR 2002, 437

Leitsatz:

Es ist Sache der Versorgungsordnung, die Regeln für die Berechnung der nach § 6 BetrAVG zu zahlenden vorgezogenen Betriebsrente aufzustellen. Die Berechnungsregeln müssen aber billigenswert sein. Dies ist insbesondere dann nicht der Fall, wenn die getroffene Regelung die vom Gesetzgeber eröffnete Möglichkeit, die Wahl des vorgezogenen Bezuges der Betriebsrente kostenneutral auszugestalten, wesentlich überschreitet.

▶ **Ratierliche Berechnung einer vorgezogenen Betriebsrente nur bei Vorliegen besonderer Anhaltspunkte**   2347

BAG, Urt. v. 23.09.2003 – 3 AZR 304/02 Fundstelle: BAGE 107, 358 = DB 2004, 2645 = VersR 2004, 1291

Leitsatz:

Soweit es um Beschäftigungszeiten bis zum 17. Mai 1990 geht, ist es bei der Berechnung der vorgezogen in Anspruch genommenen Betriebsrente von Rechts wegen nicht zu beanstanden, wenn nach der Versorgungsordnung zwar für Männer und Frauen dieselbe feste Altersgrenze (Vollendung des 65. Lebensjahres), für Frauen aber ein niedrigerer versicherungsmathematischer Abschlag als für Männer anzusetzen ist.

▶ **Berechnung der vorgezogenen Betriebsrente eines vorzeitig Ausgeschiedenen**   2348

BAG, Urt. v. 18.11.2003 – 3 AZR 517/02 Fundstelle: BB 2004, 1455 = DB 2004, 1375

Leitsätze:

1. Nach den insbesondere § 2 und § 6 BetrAVG zu entnehmenden gesetzlichen Grundwertungen ist es von Rechts wegen ausgeschlossen, die fehlende Betriebstreue eines vorzeitig mit einer unverfallbaren Anwartschaft ausgeschiednen Arbeitnehmers, der die erdiente Betriebsrente nach § 6 BetrAVG vorgezogen in Anspruch nimmt, neben versicherungsmathematischen Abschlägen zweifach mindernd zu berücksichtigen. Dem entgegenstehende Regelungen sind unwirksam, es sei denn, sie finden sich in einem auf das Arbeitsverhältnis anwendbaren Tarifvertrag (§ 17 Abs. 3 BetrAVG; Bestätigung der ständigen Senatsrechtsprechung, u. a. 24.7.2001 – 3 AZR 567/00 – BAGE 98, 212 und 3 AZR 681/00 – BAGE 98, 234 = BB 2002, 997).

2. Es bleibt unentschieden, ob dann, wenn eine Versorgungsordnung für die Berechnung der vorgezogenen Betriebsrente eine aufsteigende Berechnung vorsieht, dem bis zum vorgezogenen Wechsel in den Ruhestand Betriebstreuen also Anteile oder Beträge zuerkennt, die nach der Versorgungsordnung bis zu diesem Zeitpunkt angewachsen sind, die folgende Berechnungsweise statthaft oder sogar geboten ist: Die bis zur vorgezogenen Inanspruchnahme erreichbare Betriebsrente könnte im Verhältnis der tatsächlich erreichten Beschäftigungszeit zu der bis zum vorgezogenen Ruhestand erreichbaren zu kürzen sein.

2349 ▶ Höhe der vorgezogenen Betriebsrente bei vorzeitigem Ausscheiden

BAG, Urt. v. 07.09.2004 – 3 AZR 524/03 Fundstelle: DB 2005, 839

Leitsätze:

1. Das Betriebsrentengesetz enthält keine Regelung zur Berechnung der vorgezogenen Betriebsrente (§ 6 BetrAVG) eines Betriebsrentners, der vorzeitig mit einer unverfallbaren Versorgungsanwartschaft aus dem Arbeitsverhältnis ausgeschieden ist.
2. Wenn eine Versorgungsordnung die Berechnung der vorgezogenen Betriebsrente eines bis zum vorgezogenen Ruhestand betriebstreuen Arbeitnehmers regelt, wegen des Eintritts der Unverfallbarkeit aber nur dem Grunde nach auf die Regelungen des BetrAVG verweist, sind die erstgenannten Regeln (hier: »aufsteigende« Berechnung) nicht ohne weiteres auch auf die Berechnung des Anwartschaftswerts zu übertragen.
3. Der Arbeitgeber kann in einem solchen Fall auf die Rechtsgedanken des § 2 Abs. 1 BetrAVG zurückgreifen, darf die fehlende Betriebstreue des Arbeitnehmers zwischen dem Eintritt in den vorgezogenen Ruhestand und dem Erreichen der festen Altersgrenze aber nicht zweimal mindernd berücksichtigen.

2350 ▶ Berechnung der vorgezogenen Betriebsrente

LAG Köln, Urt. v. 25.07.2005 – 2 Sa 1196/04 Fundstelle: DB 2005, 2699

Leitsatz:

Es erscheint zweifelhaft, ob ein Arbeitgeber, der in seinem Versorgungsversprechen keine Aussage darüber macht, wie sich die Betriebsrente im Fall der vorgezogenen Inanspruchnahme berechnet, ein zweites Mal nach dem m/n-tel Prinzip kürzen kann. Jedenfalls erscheint es nur zulässig, den statistisch geschuldeten Gesamtbetrag der Rente anteilig auf die längere Bezugsdauer zu verteilen. Die Betriebszugehörigkeit ist kein Maßstab für die Mehrkosten, die durch den früheren Rentenbezug ausgelöst werden.

2351 ▶ Auslegung einer Höchstbegrenzungsklausel

BAG, Urt. v. 21.03.2006 – 3 AZR 374/05 Fundstelle: BAGE 117, 268 = NZA 2006, 1220 = BetrAV 2006, 677

Leitsätze:

1. An der zu § 6 BetrAVG entwickelten Auslegungsregel, dass Höchstbegrenzungsklauseln im Zweifel erst auf den zeitanteilig gekürzten Betrag anzuwenden sind, hält der Senat nicht mehr fest (Aufgabe von Senat 24. Juni 1986 – 3 AZR 630/84 –; 8. Mai 1990 – 3 AZR 341/88).
2. Soweit bei der Berechnung der Betriebsrente des vorzeitig ausgeschiedenen Arbeitnehmers eine Rente der gesetzlichen Rentenversicherung zu berücksichtigen ist, sind Zeiten bis zum Ausscheiden nach der tatsächlichen Rentenbiografie und fiktive Zeiten bis zur festen Altersgrenze nach dem letzten Einkommen beim Ausscheiden zu berechnen. Dabei ist das letzte Monatseinkommen zugrunde zu legen. Etwas anderes gilt, wenn dieses für das Einkommen des Arbeitnehmers nicht typisch ist, weil Jahressonderleistungen zu berücksichtigen sind oder das Einkommen schwankt. In diesen Fällen ist nach den Umständen des Einzelfalles auf Grund eines Durchschnittszeitraumes das typische Arbeitsentgelt zu ermitteln.

Flexible Altersgrenze D.

▶ **Berechnung der vorgezogenen Altersrente** 2352

LAG Niedersachsen, Urt. v. 10.11.2006 – 10 Sa 546/06 (B) Fundstellen: LAGE, § 2 BetrAVG, Nr. 12 = EzA-SD 2006, Nr. 25, 9

Leitsätze:

1. Scheidet der Arbeitnehmer mit einer unverfallbaren Anwartschaft aus dem Arbeitsverhältnis aus und nimmt er zusätzlich die Betriebsrente vor dem 65. Lebensjahr in Anspruch, so sind bei der Berechnung der Betriebsrente im Hinblick auf die fehlende Betriebstreue und den früheren und längeren Bezug des Erdienten zwei ausgleichende Korrekturen vorzunehmen.
   a) Im ersten Rechenschritt ist entsprechend der gesetzlichen Wertung des § 2 Abs. 1 Satz 1 BetrAVG die bis zum Erreichen der festen Altersgrenze erreichbare Vollrente im Verhältnis der tatsächlichen Dauer der Betriebszugehörigkeit zu der bis zur Vollendung des 65. Lebensjahres erreichbaren Beschäftigungszeit zu kürzen.
   b) Im zweiten Rechenschritt sind etwaige in der Versorgungsordnung enthaltene versicherungsmathematische Abschläge zum Ausgleich für den früheren und längeren Bezug der Betriebsrente der bis zum vorgezogenen Ruhestand im Betrieb verbliebenen Arbeitnehmer neben der Kürzung entsprechend § 2 Abs. 1 BetrAVG wegen des vorzeitigen Ausscheidens anzuwenden. Fehlt es an einer derartigen Kürzungsregelung, ist die Rente erneut zeitanteilig zu kürzen (unechter versicherungsmathematischer Abschlag).
2. Verstößt die Versorgungsordnung für die Zeit nach dem 17.05.1990 gegen Art. 141 EG, soweit sie die Anwartschaft auf eine betriebliche Altersversorgung für Männer und Frauen unterschiedlich berechnet und nur Frauen erlaubt, ohne Abschläge mit Vollendung des 60. Lebensjahres aus dem Arbeitsverhältnis auszuscheiden, ist der männliche Arbeitnehmer aber länger als bis zur Vollendung des 60. Lebensjahres betriebstreu geblieben, so ist bei der Berechnung der auf die Beschäftigungszeit bis zum 17.05.1990 (Vor-Barber-Zeit) entfallenden Teilrente die tatsächliche Beschäftigungszeit bis zu diesem Stichtag fiktiv um die Zeit, die der Arbeitnehmer nach Vollendung des 60. Lebensjahres noch im Arbeitsverhältnis gestanden hat, zu erhöhen.

Bei der Berechnung der auf die Beschäftigungszeit nach dem 17.05.1990 (Nach-Barber-Zeit) entfallenden Teilrente findet die tatsächliche Beschäftigungszeit nach Vollendung des 60. Lebensjahres dagegen keine Berücksichtigung mehr.

1. Bei einem männlichen Arbeitnehmer, der nach Vollendung des 60. Lebensjahres, aber vor Vollendung des 65. Lebensjahres die Betriebsrente in Anspruch nimmt, sind versicherungsmathematische Abschläge bei der Berechnung der auf die Beschäftigungszeit nach dem 17.05.1990 (Nach-Barber-Zeit) entfallenden Teilrente nicht vorzunehmen.

▶ **Berechnung der vorgezogenen Betriebsrente bei vorzeitigem Ausscheiden** 2353

BAG, Urt. v. 12.12.2006 – 3 AZR 716/05 Fundstellen: DB 2007, S. 2546 = NZA-RR 2007, 434 = AP Nr. 32 zu § 1 BetrAVG Berechnung = EzA § 1 BetrAVG Nr. 88

Leitsätze:

1. Scheidet ein Arbeitnehmer vorzeitig – vor Erreichen des Versorgungsfalls – aus dem Arbeitsverhältnis aus und nimmt er seine Betriebsrente vorgezogen – vor der festen Altersgrenze – in Anspruch, so errechnet sich, wenn die Versorgungsordnung diesen Fall nicht regelt, seine Betriebsrente nach folgender Auffanglösung:
   a) Zunächst ist die bei Betriebstreue bis zur festen Altersgrenze erreichbare Vollrente nach den Grundsätzen des § 2 Abs. 1 und 5 BetrAVG zeitratierlich, d. h. entsprechend dem Verhältnis der tatsächlichen zu der bis zur festen Altersgrenze möglichen Betriebszugehörigkeit zu kürzen. Damit wird die nicht erbrachte Betriebstreue berücksichtigt.
   b) Die sich danach ergebende Rente ist unter Heranziehung eines in der Versorgungsordnung für den Fall der Betriebstreue bis zur vorgezogenen Inanspruchnahme vorgesehenen versicherungsmathematischen Abschlags zu kürzen. Enthält die Versorgungsordnung keinen

solchen Abschlag, findet ein »unechter versicherungsmathematischer Abschlag« in Gestalt einer zweiten zeitratierlichen Kürzung statt. Diese erfolgt in der Weise, dass die Zeit zwischen dem Beginn der Betriebszugehörigkeit und der vorgezogenen Inanspruchnahme der Betriebsrente in Bezug gesetzt wird zu der Zeit vom Beginn der Betriebszugehörigkeit bis zum Erreichen der festen Altersgrenze. Damit werden die wirtschaftlichen Belastungen des Arbeitgebers durch die längere Inanspruchnahme der Betriebsrente berücksichtigt.
2. Zeiten des Vorruhestands sind betriebsrentenrechtlich ein Rechtsverhältnis eigener Art, nicht die Fortsetzung des Arbeitsverhältnisses in anderer äußerer Gestalt. Mit dem Eintritt in das Vorruhestandsverhältnis endet das Arbeitsverhältnis. Nach § 1b Abs. 1 Satz 2 BetrAVG hindert allerdings die Inanspruchnahme von Vorruhestandsleistungen unter den dort genannten Voraussetzungen nicht den Eintritt der gesetzlichen Unverfallbarkeit.

2354 ▶ **Berechnung einer vorgezogenen Betriebsrente**

BAG, Urt. v. 29.04.2008 – 3 AZR 266/06 Fundstellen: BetrAV 2009, 75 = NZA 2008, 1417 = AP Nr. 58 zu § 2 BetrAVG = EzA § 2 BetrAVG Nr. 30

Orientierungssätze:
1. Eine Übernahme der Sozialversicherungsbeiträge durch den Arbeitgeber, entgegen der Regel der sozialversicherungsrechtlichen Lastenverteilung muss deutlich zum Ausdruck kommen (hier: in einer auf einer Gesamtzusage beruhenden Verordnung zur Regelung der betrieblichen Altersvorsorge). Kommt man wie hier zu dem klaren Ergebnis, dass eine Übernahme der Beitragslast durch den Arbeitgeber nicht gewollt ist, kommt die Unklarheitenregelung aus § 305c Abs. 2 BGB nicht zum Zuge.
2. Unterschiedliche Altersgrenzen für Männer und Frauen können durch Art 3 Abs. 2 S. 2 GG gerechtfertigt sein. Solche Regelungen verstoßen dann auch nicht gegen den arbeitsrechtlichen Gleichbehandlungsgrundsatz. Daran hat das AGG nichts geändert, obwohl § 2 Abs. 2 S. 2 AGG keine Bereichsausnahme für die betriebliche Altersversorgung enthält.
3. Geschlechtsspezifische Altersgrenzen stellen einen nicht zu rechtfertigenden Verstoß gegen Art. 141 EG dar. Allerdings genießen Regelungen mit geschlechtsspezifischen Altersgrenzen (hier: unterschiedliches Renteneintrittsalter für Männer und Frauen bei einer Regelung zur betrieblichen Altersversorgung) bis zum 17.05.1990 europarechtlichen Vertrauensschutz (EuGH, Urt. v. 17.05.1990 – C-262/88 (Barber) = ABl. EG 1990, Nr. C 146, 8-9) und sind anwendbar.
4. Bei einer vorgezogenen Inanspruchnahme einer betrieblichen Altersversorgung ist ein versicherungsmathematischer Abschlag von bis zu 0,5 % pro Monat zulässig (BAG vom 23.03.2004 – 3 AZR 279/03 = AP Nr. 28 zu § 1 BetrAVG Berechnung). Ein höherer Abschlag als Ausgleich der geringeren Betriebszugehörigkeit (hier: 0,6 %) kann zulässig sein, wenn auf eine ratierliche Kürzung analog § 2 Abs. 1 BetrAVG verzichtet wurde.
5. Es ist nicht zu beanstanden, wenn es bei einem vom Arbeitgeber für die vorzeitige Inanspruchnahme von Betriebsrente gewählten Kürzungsmodell im Gegensatz zu § 2 Abs 1 BetrAVG nicht auf die individuellen Verhältnisse des einzelnen Arbeitnehmers ankommt, sondern eine generalisierende Betrachtung vorgenommen wird. Dies liegt innerhalb des von § 6 BetrAVG eingeräumten Spielraums.
6. Bestehen unterschiedliche Altersgrenzen nach dem 17.05.1990 weiter, kommt Art. 141 EG unmittelbar zur Anwendung. Dies hat zur Konsequenz, dass den Angehörigen der benachteiligten Gruppe dieselben Vergünstigungen zu gewähren sind, wie sie den Angehörigen der bevorzugten Gruppe zustehen (EuGH, Urt. v. 28.09.1994 – C-200/91 (Coloroll) = ABl EG 1994, Nr C 304, 5-6) (hier: Für Männer ist bei der Berechnung der Höhe einer Betriebsrente dieselbe Altersgrenze zugrunde zu legen, wie für Frauen).

Gesellschafter-Geschäftsführer-Versorgung

Geltungsbereich

▶ **Arbeitnehmerähnliche Personen** 2355

BAG, Urt. v. 20.04.2004 – 3 AZR 297/03 Fundstelle: BAGE 110, 176 = BetrAV 2005, 87 = NZA 2005, 927 = DB 2004, 2432

Leitsatz:

Nach § 17 Abs. 1 Satz 2 BetrAVG gelten die §§ 1 bis 16 entsprechend für Personen, die nicht Arbeitnehmer sind, wenn ihnen Leistungen der Altersversorgung »aus Anlass ihrer Tätigkeit für ein Unternehmen« zugesagt worden sind. Das gilt jedoch nur dann, wenn die Tätigkeit aufgrund von vertraglichen Beziehungen zwischen dem Begünstigten und dem Unternehmen erbracht wird. Es reicht nicht aus, dass sie diesem wirtschaftlich zugute kommt.

▶ **Pensionszusage an Freiberufler** 2356

BGH, Urt. v. 13.07.2006 – IX ZR 90/05 Fundstellen: DB 2006, 1951 = BetrAV 2006, 682

Leitsatz:

Auf Rechtsanwälte und Steuerberater, denen aus Anlass ihrer Tätigkeit für ein fremdes Unternehmen von diesem Leistungen der Altersversorgung zugesagt worden sind, finden die §§ 1 bis 16 BetrAVG entsprechende Anwendung.

Gesellschafter-Geschäftsführer-Versorgung

▶ **Beurteilung der Angemessenheit** 2357

BFH, Urt. v. 04.01.1981 – I R 141/77 Fundstellen: n. v.

Leitsatz (nicht amtlich):

Für die Frage, ob das einem Gesellschafter-Geschäftsführer gewährte Gehalt überhöht ist und ob insoweit eine verdeckte Gewinnausschüttung vorliegt, ist allein maßgebend, ob die gewährte Vergütung sich im Rahmen des Angemessenen hält. **Beurteilungskriterien** dafür sind: Art und Umfang der Tätigkeit, künftige Ertragsaussichten des Unternehmens, Verhältnis zum Gesamtgewinn und zur Kapitalverzinsung, Geschäftsführergehälter gleichartiger Betriebe, sowie wirtschaftliche Entwicklung des Unternehmens in Vergangenheit und Zukunft. Dabei gibt es keinen Rechts- und Erfahrungssatz, Gehaltserhöhungen während des ersten Wirtschaftsjahres seien undenkbar.

▶ **Schätzung des unangemessenen Vergütungsteils durch das Finanzamt** 2358

BFH, Urt. v. 28.06.1989 – I R 89/85 Fundstellen: BStBl. 1989, S. 854 = GmbHR 1989, 475 = DB 1989, 2049

Leitsatz (nicht amtlich):

Im Rahmen der Feststellung von verdeckten Gewinnausschüttungen wegen Unangemessenheit der Bezüge von Gesellschafter-Geschäftsführern einer GmbH muss das Finanzamt die Höhe des seiner Auffassung nach unangemessenen Teils der Vergütungen im Wege der Schätzung ermitteln. Hierbei sind Art und Umfang der Tätigkeit, die künftige Ertragsaussicht des Unternehmens, das Verhältnis des Geschäftsführergehalts zum Gesamtgewinn und zur verbleibenden Kapitalverzinsung sowie Art und Höhe der Vergütungen, welche gleichartige Betriebe ihren Geschäftsführern für entsprechende Leistungen gewähren, zu berücksichtigen.

2359 ▶ Pensionsrückstellungen für beherrschenden GmbH-Gesellschafter-Geschäftsführer nur auf das 65. Lebensjahr

BFH, Urt. v. 23.01.1991 – I R 113/88 Fundstellen: BFHE 163, 207 = BStBl. II 1991, S. 379 = BB 1991, 587 = DB 1991, 785 = BetrAV 1991, 73

Leitsatz:

Pensionsrückstellungen für beherrschende Gesellschafter-Geschäftsführer sind auch dann grundsätzlich nach einem Ruhestandsalter von 65 Jahren zu berechnen, wenn der Begünstigte auf Antrag bereits ab dem 63. Lebensjahr seine Tätigkeit aufgeben und Pensionsbezüge beanspruchen könnte.

2360 ▶ Auf 60. Lebensjahr der Gesellschafter-Geschäftsführerin abgestellte Pensionszusage einer GmbH als verdeckte Gewinnausschüttung

FG Düsseldorf, Urt. v. 07.03.1991 – 6 K 274/86 Fundstelle: EFG 1992, 36

Leitsätze:

1. Rückstellungen für Pensionszusagen an die Gesellschafter-Geschäftsführerin auf das 60. Lebensjahr sind insoweit als verdeckte Gewinnausschüttungen anzusetzen, als regelmäßig von einem Pensionsalter auch für weibliche Geschäftsführer vom 65. Lebensjahr auszugehen ist.
2. Ein geringeres Pensionsalter als 65 Jahre ist nur anzuerkennen, wenn der vorzeitige Eintritt der Geschäftsführerin in den Ruhestand aufgrund konkreter Umstände schlüssig dargetan wird.

2361 ▶ Nicht erfüllbare Pensionszusage als verdeckte Gewinnausschüttung

FG Düsseldorf, Urt. v. 04.07.1991 – 6 K 324/85 Fundstelle: EFG 1992, 38

Leitsatz:

Ist eine GmbH, die ihrem Gesellschafter-Geschäftsführer eine Pension zusagt, (mangels Rückdeckungsversicherung) wirtschaftlich nicht in der Lage, bei Eintritt des Versorgungsfalls den Pensionsanspruch auch zu erfüllen, liegt in Höhe der Zuführungen zur Pensionsrückstellung eine verdeckte Gewinnausschüttung vor.

2362 ▶ Verdeckte Gewinnausschüttung bei Zusageerteilung im ersten Jahr nach GmbH-Gründung

BFH, Urt. v. 30.09.1992 – I R 75/91 Fundstelle: BFH/NV 1993, 330

Leitsatz (nicht amtlich):

Die von einer GmbH ihrem Gesellschafter-Geschäftsführer rund 11 Monate nach Gründung der Gesellschaft erteilte Pensionszusage stellt eine verdeckte Gewinnausschüttung dar, da sich ein ordentlicher und gewissenhafter Geschäftsleiter zunächst angemessene Zeit nehmen würde, um die Eignung, Befähigung und fachliche Leistung des Geschäftsführers beurteilen zu können. Zumindest würde er das Risiko eines frühzeitigen Ausfalls des Geschäftsführers durch den Abschluss einer Rückdeckungsversicherung absichern. Auch würde ein ordentlicher und gewissenhafter Geschäftsleiter dafür Sorge tragen, dass der GmbH ein angemessener Teil des erwirtschafteten Gewinns verbleibt und deshalb mit einer Pensionszusage einige Jahre warten, bis er die Ertragsaussichten der Gesellschaft zuverlässig abschätzen kann.

2363 ▶ Unzulässigkeit von Rentenzahlungen neben laufendem Gehalt

BFH, Urt. v. 02.12.1992 – I R 54/91 Fundstellen: BFHE 170, 119 = BStBl. II 1993, S. 311 = BetrAV 1993, 230 = BB 1993, 849 = DB 1993, 715 = GmbHR 1993, 232

Gesellschafter-Geschäftsführer-Versorgung   D.

Leitsatz (nicht amtlich):

Arbeitet der Gesellschafter-Geschäftsführer über die ursprünglich vertraglich vereinbarte Altersgrenze hinaus weiter für die GmbH, so schließen sich die Zahlung eines Gehaltes für die aktive Tätigkeit und einer Pension für den Ruhestand grundsätzlich gegenseitig aus.

▶ **10-jährige Mindestlaufzeit einer Zusage an einen Gesellschafter-Geschäftsführer (GGF)**   2364

BFH, Urt. v. 21.12.1994 – I R 98/93 Fundstellen: BFHE 176, 413 = BStBl. II 1995, S. 419 = BB 1995, 861 = DB 1995, 1005

Leitsatz:

Die Zusage einer Pension an einen beherrschenden Gesellschafter-Geschäftsführer ist eine verdeckte Gewinnausschüttung, wenn der Zeitraum zwischen dem Zeitpunkt der Zusage der Pension und dem vorgesehenen Zeitpunkt des Eintritts in den Ruhestand weniger als 10 Jahre beträgt.

▶ **Unzulässigkeit der Zusage an einen 64-jährigen Gesellschafter-Geschäftsführer (GGF)**   2365

BFH, Urt. v. 05.04.1995 – I R 138/93 Fundstellen: BFHE 177, 427 = BStBl. II 1995, S. 478 = BB 1995, 1276 = DB 1995, 1255

Leitsatz:

Die einem beherrschenden GGF einer GmbH im Alter von 64 Jahren erstmals erteilte Pensionszusage ist auch dann als verdeckte Gewinnausschüttung zu beurteilen, wenn der Geschäftsführer noch rüstig ist und eine aktive Arbeitszeit vertraglich bis zur Vollendung des 75. Lebensjahres vorgesehen ist.

▶ **Verdeckte Gewinnausschüttung bei Verstoß des Anstellungsvertrages gegen § 181 BGB**   2366

FG Hessen, Urt. v. 10.05.1995 – 4 K 3361/94 (Rev.-Az.: I R 71/95) Fundstelle: EFG 1995, 849

Leitsätze:

1. Hat eine GmbH ihren einzigen Gesellschafter nach Bekanntwerden des BGH-Urteils vom 28.2.1983 (II ZB 8/82 = BGHZ 87, 59) als Geschäftsführer angestellt, so muss ein ordentlicher und gewissenhafter Geschäftsleiter wissen, dass ein solcher Anstellungsvertrag zivilrechtlich grundsätzlich dann unwirksam ist, wenn im Gesellschaftsvertrag (in der Satzung) keine Befreiung vom Selbstkontrahierungsverbot des § 181 BGB verankert ist. Trotz Unwirksamkeit des Anstellungsvertrages sind von der GmbH geleistete Geschäftsführervergütungen verdeckte Gewinnausschüttungen.
2. Für eine unter Verletzung des § 181 BGB erteilte Pensionszusage einer GmbH an ihren einzigen Gesellschafter darf keine Rückstellung gebildet werden. Diese Pensionszusage darf auch nicht nach den Regeln über den »faktischen Geschäftsführer« so behandelt werden, als wäre sie wirksam.

▶ **Rückstellungsfähigkeit und Angemessenheit einer erteilten Pensionszusage**   2367

BFH, Urt. v. 17.05.1995 – I R 105/94 Fundstellen: BFHE 178, 313 = BB 1995, 2470 = DB 1995, 2399

Leitsätze (nicht amtlich):

1. Eine fest zugesagte prozentuale Rentenerhöhung ist keine ungewisse Erhöhung i. S. v. § 6a Abs. 3 S. 4 EStG und damit rückstellungsfähig, wenn sie durch reine Multiplikation aus den letzten Aktivgehältern des Begünstigten zu errechnen ist.
2. Aus dem Fehlen von Versorgungszusagen für andere Betriebsangehörige ist nicht zwingend auf eine Veranlassung der Zusage durch das Gesellschaftsverhältnis zu schließen. Ein interner

Betriebsvergleich ist nur möglich, wenn Stellung und Tätigkeit des GGF und der übrigen Beschäftigten vergleichbar sind. Das ist jedoch bei einem kleineren Betrieb nicht möglich.

2368 ▶ **Unzulässigkeit einer Überversorgung (75 %-Grenze)**

BFH, Urt. v. 17.05.1995 – I R 16/94 Fundstellen: BFHE 178, 134 = BB 1995, 2053 = DB 1995, 1992

Leitsätze:

1. Sind Versorgungsbezüge in Höhe eines festen Betrages zugesagt, der wegen der Annahme eines steigenden säkularen Einkommenstrends im Verhältnis zu den Aktivenbezügen am Bilanzstichtag überhöht ist, so sind die nach § 6a EStG zulässigen Rückstellungen für Pensionsanwartschaften so zu ermitteln, wie wenn Versorgungsbezüge in Höhe eines angemessenen Prozentsatzes der jeweiligen letzten Aktivbezüge zugesagt worden wären.
2. Sollen sich von den jeweils letzten Aktivbezügen abhängige Pensionsanwartschaften wegen der Annahme eines steigenden säkularen Einkommenstrends außerdem jährlich um feste Prozentsätze erhöhen und ergeben sich dadurch Pensionsansprüche, die im Verhältnis zu den Aktivenbezügen am Bilanzstichtag überhöht ist, so sind die nach § 6a EStG zulässigen Rückstellungen für Pensionsanwartschaften so zu ermitteln, wie wenn Versorgungsbezüge in Höhe eines angemessenen Prozentsatzes der jeweiligen letzten Aktivbezüge zugesagt worden wären.

2369 ▶ **Unzulässigkeit einer Nur-Pension**

BFH, Urt. v. 17.05.1995 – I R 147/93 Fundstellen: BFHE 178, 203 = BB 1995, 2054 = DB 1995, 2296

Leitsatz (nicht amtlich):

Die Zusage einer sog. Nur-Pension an den beherrschenden GGF einer Kapitalgesellschaft ist unüblich und damit regelmäßig gesellschaftlich und nicht betrieblich veranlasst. Die für die Versorgungszusage gebildete Rückstellung ist steuerlich nicht anzuerkennen.

2370 ▶ **Renten- und Anwartschaftsdynamik**

BFH, Urt. v. 25.10.1995 – I R 34/95 Fundstellen: BFHE 179, 274 = BB 1996, 582 = DB 1996, 657 = FR 1996, 250

Leitsatz:

Fest zugesagte prozentuale Erhöhungen von Renten und Rentenanwartschaften sind keine ungewissen Erhöhungen i. S. v. § 6a Abs. 3 Nr. 1 S.4 EStG. Eine vorgesehene Erhöhung der Renten und Rentenanwartschaften um 1 und 2 v. H. jährlich ist nicht ungewiss, sondern klar und fest vereinbart.

2371 ▶ **Erdienbarkeit einer einem nicht beherrschenden GGF erteilten Pensionszusage**

BFH, Urt. v. 24.01.1996 – I R 41/95 Fundstellen: BB 1996, 1713 = DB 1996, 1853

Leitsatz:

Die Zusage einer Pension an einen nicht beherrschenden GGF ist eine verdeckte Gewinnausschüttung,
– wenn der Zeitraum zwischen dem Zeitpunkt der Zusage der Pension und dem vorgesehenen Zeitpunkt des Eintritts in den Ruhestand weniger als zehn Jahre beträgt

oder

– wenn dieser Zeitraum zwar mindestens drei Jahre beträgt, der GGF dem Betrieb aber weniger als zwölf Jahre angehörte.

Gesellschafter-Geschäftsführer-Versorgung   D.

▶ **Nachträglicher Abschluss einer Rückdeckungsversicherung**   2372

FG Nürnberg, Urt. v. 28.03.1996 – IV (II) 96/94 Fundstellen: n. v.

Leitsatz (nicht amtlich):

Eine Pensionszusage ohne entsprechende Absicherung durch eine Rückdeckungsversicherung oder sonstige Mittel ist steuerlich nicht anzuerkennen. Auch der nachträgliche Abschluss einer Rückdeckungsversicherung kann den bei Zusageerteilung vorliegenden Mangel der Ernsthaftigkeit der Versorgungsvereinbarung nicht heilen.

▶ **Insolvenzschutz für einen Gesellschafter-Geschäftsführer**   2373

BAG, Urt. v. 16.04.1997 – 3 AZR 869/95 Fundstelle: NZA 1998, 101 = DB 1997, 2495 = BB 1997, 2486

Leitsätze:

1. Versorgungsansprüche eines Geschäftsführers und **Minderheitsgesellschafters** einer GmbH sind jedenfalls dann nach § 1 Abs. 1, § 7, § 17 Abs. 1 Satz 2 BetrAVG insolvenzgeschützt, wenn der Geschäftsführer und Gesellschafter bei der Führung des Unternehmens keine rechtliche Möglichkeit zu beherrschendem Einfluss hatte.
2. Dies ist nicht nur dann der Fall, wenn dem Versorgungsberechtigten während seiner Tätigkeit für das Unternehmen ein Mehrheitsgesellschafter gegenüberstand. § 17 Abs. 1 Satz 2 BetrAVG bezieht auch die Minderheitsgesellschafter in den Geltungsbereich des Gesetzes ein, denen ein anderer Minderheitsgesellschafter gegenübersteht, der aber aufgrund einer Stimmrechtsverteilungsregelung im Gesellschaftsvertrag die Mehrheit der Stimmen auf sich vereint (Abgrenzung zu BGHZ 108, 330).

▶ **Insolvenzsicherung bei lediglich mittelbarer Beteiligung des Geschäftsführers an der GmbH** 2374

BGH, Urt. v. 02.06.1997 – II ZR 181/96 Fundstelle: NJW 1997, 2882 = DB 1997, 1611 = BB 1997, 1653 = GmbHR 1997, 843

Leitsatz:

Der Geschäftsführer einer GmbH, welcher an dieser Gesellschaft nicht unmittelbar, sondern als Mitglied einer BGB-Gesellschaft und einer Erbengemeinschaft nur mittelbar in Höhe von weniger als 8 % beteiligt ist und obendrein die Willensbildung in diesen Gesamthandsgemeinschaften nicht allein bestimmen kann, ist nicht Mitunternehmer, sondern genießt wegen der ihm erteilten Versorgungszusage der Gesellschaft Insolvenzschutz i. S. v. § 17 Abs. 1 Satz 2 BetrAVG.

▶ **Forderungsverzicht: steuerliche Konsequenzen**   2375

BFH, Urt. v. 09.06.1997 – GrS 1/94 Fundstellen: BetrAV 1998, 27 = DB 1997, 1693 = NJW 1997, 2837

Leitsätze:

1. Ein auf dem Gesellschaftsverhältnis beruhender Verzicht eines Gesellschafters auf seine nicht mehr vollwertige Forderung gegenüber seiner Kapitalgesellschaft führt bei dieser zu einer Einlage in Höhe des Teilwerts der Forderung. Dies gilt auch dann, wenn die entsprechende Verbindlichkeit auf abziehbare Aufwendungen zurückgeht.
2. Der Verzicht des Gesellschafters auf eine Forderung gegenüber seiner Kapitalgesellschaft im Wege der verdeckten Einlage führt bei ihm zum Zufluss des noch werthaltigen Teils der Forderung.
3. Eine verdeckte Einlage bei der Kapitalgesellschaft kann auch dann anzunehmen sein, wenn der Forderungsverzicht von einer dem Gesellschafter nahestehenden Person ausgesprochen wird.

2376 ▶ **Verdeckte Gewinnausschüttung: Pensionszusage an den Geschäftsführer und Ehegatten der Alleingesellschafterin**

BFH, Urt. v. 15.10.1997 – I R 42/97 Fundstellen: BetrAV 1998, 88 = BB 1998, 628 = DB 1998, 652 = GmbHR 1998, 340 = BStBl. II 1999, S. 316 = DStR 1998, 418

Leitsätze:

1. Die Zuführung zu einer Rückstellung wegen einer Pensionszusage kann eine vGA sein, wenn die Zusage auf einer Vereinbarung beruht, die Bedingungen enthält, die fremde Dritte bei im Übrigen vergleichbaren oder ähnlichen Verhältnissen nicht abgeschlossen hätten.
2. Die Prüfung der Frage, ob eine Passivierung der sich aus der Pensionszusage ergebenden ungewissen Verbindlichkeit zu einer buchmäßigen Überschuldung der Kapitalgesellschaft führen würde, kann sich immer nur auf den Betrag beziehen, für den eine vGA in Betracht gezogen wird.
3. Es ist mit dem Fremdvergleich unvereinbar, eine Pensionszusage stets dann als nicht ernstlich gemeint zu behandeln, wenn keine Rückdeckungsversicherung abgeschlossen wurde.
4. Ein Zeitraum von fünf Jahren reicht aus, um die Eignung, Befähigung und fachliche Leistung eines Geschäftsführers als Voraussetzung für die Erteilung einer Pensionszusage zu prüfen.
5. Eine Widerrufsklausel, die der Regelung in Abschn. 41 Abs. 4 EStR entspricht, ist kein Indiz für die Annahme einer vGA.

2377 ▶ **Verzicht eines GmbH-Gesellschafters auf seine Pensionszusage**

BFH, Urt. v. 15.10.1997 – I R 58/93 Fundstellen: BetrAV 1998, 53 = BB 1998, 419 = DB 1998, 346

Leitsätze:

1. Verzichtet ein Gesellschafter auf eine Pensionszusage gegenüber seiner Kapitalgesellschaft, so ist eine Einlage in Höhe des Teilwerts der Pensionsanwartschaft anzunehmen. Abzustellen ist auf den Teilwert der Pensionsanwartschaft des Gesellschafters und nicht auf den gemäß §6a EStG ermittelten »Teilwert« der Pensionsverbindlichkeit der Kapitalgesellschaft.
2. Der Teilwert ist unter Beachtung der allgemeinen Teilwertermittlungsgrundsätze im Zweifel nach den Wiederbeschaffungskosten zu ermitteln. Demnach kommt es darauf an, welchen Betrag der Gesellschafter zu dem Zeitpunkt des Verzichts hätte aufwenden müssen, um eine gleich hohe Pensionsanwartschaft gegen einen vergleichbaren Schuldner zu erwerben. Dabei kann die Bonität des Forderungsschuldners berücksichtigt werden. Außerdem kann von Bedeutung sein, ob die Pension unverfallbar ist oder ob sie voraussetzt, dass der Berechtigte bis zum Pensionsfall für den Verpflichteten nichtselbständig tätig ist.
3. Sollte der Teilwert der Pensionsanwartschaft unter dem Buchwert der Pensionsanwartschaft liegen, so ergibt sich in Höhe des Differenzbetrages ein laufender Gewinn der Kapitalgesellschaft, der sachlich steuerpflichtig ist. Sollte der Teilwert der Pensionsanwartschaft über dem Buchwert der Pensionsanwartschaft liegen, so ist der Differenzbetrag zum Stichtag des Forderungsverzichts gleichzeitig als Aufwand der Kapitalgesellschaft und als Einlage zu behandeln.

2378 ▶ **Voraussetzungen einer Pensionszusage an Gesellschafter-Geschäftsführer einer Kapitalgesellschaft**

BFH, Urt. v. 29.10.1997 – I R 52/97 Fundstellen: BB 1998, 730 = BetrAV 1998, 92 = DB 1998, 706 = GmbHR 1998, 338 = BStBl. II 1999, S. 318 = DStR 1998, 487

Leitsätze:

1. Sagt eine Kapitalgesellschaft ihrem Gesellschafter-Geschäftsführer eine Pension zu, so hält diese Zusage dem **Fremdvergleich** im Allgemeinen stand, wenn aus Sicht des Zusagezeitpunktes
   – die Pension noch **erdient** werden kann,

- die **Qualifikation** des Geschäftsführers, insbesondere aufgrund einer **Probezeit** feststeht,
- die voraussichtliche **Ertragsentwicklung** die Zusage erlaubt und
- keine anderen betrieblichen Besonderheiten der Zusage entgegenstehen (z. B. Wahrung des sozialen Friedens).
2. **Erdient** werden kann eine Pension von einem beherrschenden Gesellschafter, wenn zwischen Zusagezeitpunkt und dem vorgesehenen Zeitpunkt des Eintritts in den Ruhestand mindestens 10 Jahre liegen, und von einem nicht beherrschenden Gesellschafter, wenn im vorgesehenen Zeitpunkt des Eintritts in den Ruhestand der Beginn der Betriebszugehörigkeit mindestens 12 Jahre zurückliegt und die Zusage für mindestens 3 Jahre bestanden hat (Klarstellung BFH-Urteil vom 24. Januar 1996 I R 41/95, BFHE 180, 272, BStBl. II 1997, 440).
3. Wird ein **Einzelunternehmen** in eine Kapitalgesellschaft **umgewandelt** o. ä. und führt der bisherige, bereits erprobte Geschäftsleiter des Einzelunternehmens als Geschäftsführer der Kapitalgesellschaft das Unternehmen fort, so bedarf es vor Erteilung einer Pensionszusage **keiner (erneuten) Probezeit** für den Geschäftsführer.
4. Aus dem **Fehlen einer Rückdeckungsversicherung** für eine Pensionszusage allein ergibt sich noch nicht, dass die Zusage eine vGA ist.

▶ **Pensionszusage bei Personengesellschaften** 2379

BFH, Urt. v. 02.12.1997 – VIII R 12/96 Fundstelle: DStR 1998, 482

Leitsatz:

Der »Gesamtgewinn der Mitunternehmerschaft« wird bei Sondervergütungen einer Personengesellschaft an einen ihrer Gesellschafter in der Weise ermittelt, dass die in der Steuerbilanz der Gesellschaft passivierte Verbindlichkeit durch einen gleichhohen Aktivposten in der Sonderbilanz des begünstigten Gesellschafters ausgeglichen wird.

▶ **Steuerliche Behandlung von Abfindungszahlungen an einen GGF** 2380

FG Düsseldorf, Urt. v. 30.01.1998 – 6 V 5644/97 A Fundstelle: EFG 1998, 878

Leitsätze (nicht amtlich):

1. Die Kapitalabfindung des Pensionsanspruchs eines GGF kann eine tarifbegünstigte Entschädigung/Abfindung im Sinne der §§ 24 Nr. 1, 34 Abs. 1, 2 EStG sein. Voraussetzung hierfür ist, dass
   - die Abfindung auf der Basis einer neuen Rechtsgrundlage erfolgt,
   - als Gegenleistung für unmittelbar entgehende konkrete Einnahmen gezahlt wird und
   - der Steuerpflichtige bei der Aufgabe seiner Rechte unter erheblichem wirtschaftlichen, rechtlichen oder tatsächlichen Druck gehandelt hat.

   Dies ist jedenfalls dann zu bejahen, wenn der GGF keine wirkliche Alternative zur Abfindung seiner Pensionsansprüche hat, z. B. dann, wenn nach dem Ausscheiden des GGF aus dem Unternehmen eine Fortsetzung des Geschäftsbetriebes nicht mehr erfolgt und das Unternehmen liquidiert werden soll.
2. Soweit allerdings an den GGF, der bereits das Pensionsalter erreicht hat, Abfindungszahlungen anlässlich der Beendigung des Beschäftigungsverhältnisses geleistet werden, sind diese als verdeckte Gewinnausschüttung zu werten, da solche Abfindungen üblicherweise nur bei vorzeitiger Beendigung des Arbeitsverhältnisses, nicht aber im Falle der vertragsgemäßen Pensionierung erfolgen.

▶ **Verdeckte Gewinnausschüttung bei Pensionszusage an beherrschende GGF – Bedeutung einer Rückdeckungsversicherung** 2381

BFH, Urt. v. 11.02.1998 – I R 73/97 Fundstellen: DB 1998, 2094 = BFH/NV 1998, 1262

Leitsätze:

1. Der ordentliche und gewissenhafte Geschäftsleiter einer GmbH wird dem Geschäftsführer eine Pension erst dann zusagen, wenn er die **künftige wirtschaftliche Entwicklung** und damit die **künftige wirtschaftliche Leistungsfähigkeit** der GmbH zuverlässig abzuschätzen vermag. Wann dies der Fall ist, richtet sich nach den Umständen des Einzelfalls.
2. Im Regelfall ist davon auszugehen, dass 15 Monate nach Gründung einer GmbH noch keine gesicherten Erkenntnisse über die **künftige Ertragsentwicklung** einer GmbH vorliegen.
3. Die Tatsache der Rückdeckung kann allein nicht die Annahme rechtfertigen, ein ordentlicher und gewissenhafter Geschäftsleiter eines jungen Unternehmens hätte die Pension gleichermaßen einem Gesellschaftsfremdem zugesagt.

2382 ▶ Pensionsrückstellung: Anrechnung einer Direktversicherung auf die 75 %-Grenze

FG Baden-Württemberg, Urt. v. 18.02.1998 – 5 K 255/97 Fundstellen: BB 1998, 945 = BetrAV 1998, 225

Leitsätze (nicht amtlich):

1. Für die Ermittlung der steuerlich zulässigen Gesamtversorgung zur Bemessung einer Pensionsrückstellung müssen Direktversicherungen einer GmbH zugunsten ihrer Gesellschafter-Geschäftsführer angerechnet werden.
2. Die feste Zusage einer Erhöhung der Pensionsbezüge ab Rentenbeginn um 3 % p.a. ist steuerlich bei der Bemessung der Pensionsrückstellung zu berücksichtigen.

2383 ▶ Unverfallbarkeitsfristen und Erdienbarkeit

BFH, Urt. v. 04.05.1998 – I R 131/97 Fundstelle: BFH/NV 1998, 1530

Leitsätze:

1. In den gesetzlichen Unverfallbarkeitsfristen in § 1 Abs. 1 BetrAVG kann allenfalls ein Anhaltspunkt dafür gesehen werden, zu welchem Zeitpunkt ein ordentlicher und gewissenhafter Geschäftsleiter üblicherweise eine Versorgungszusage erteilen wird.
2. Die Unverfallbarkeitsfristen in § 1 Abs. 1 BetrAVG sind (nur) als Maßstab für die Arbeitszeit heranzuziehen, die dem begünstigten Gesellschafter-Geschäftsführer verbleiben muss, um die ihm zugesagte Versorgung erdienen zu können. Es ist dennoch möglich, in Einzelfällen vertraglich kürzere Zeiträume bis zum Eintritt der Unverfallbarkeit zu vereinbaren.

2384 ▶ Pensionsverpflichtung und verdeckte Gewinnausschüttung

BFH, Urt. v. 19.05.1998 – I R 36/97 Fundstellen: BB 1998, 1877 = DB 1998, 1893 = BStBl. II 1998, S. 689 = BetrAV 1998, 264

Leitsätze:

1. Wird dem beherrschenden Gesellschafter-Geschäftsführer kurz vor Vollendung des 60. Lebensjahres eine Altersrente ab Vollendung des 65. Lebensjahres zugesagt und verpflichtet sich dieser drei Jahre später zur Dienstleistung bis zur Vollendung seines 70. Lebensjahres, so steht das Erfordernis eines zehnjährigen Erdienenszeitraums jedenfalls für die Folgezeit einer steuerlichen Anerkennung der Pensionszusage nicht entgegen.
2. Der Grundsatz, dass bei der Beurteilung der gesellschaftlichen Veranlassung einer Vermögensminderung auch die Interessenlage eines gesellschaftsfremden Vertragspartners zu berücksichtigen ist, hat nur indizielle Bedeutung. Es besagt nicht, dass jede für einen Gesellschaftsfremden ungünstige, für die Kapitalgesellschaft aber günstige Vereinbarung zu einer vGA führen muss.

2385 ▶ Anforderungen an die steuerliche Zulässigkeit einer GGF-Versorgungszusage

BFH, Urt. v. 22.10.1998 – I R 29/98 Fundstelle: BFH/NV 1999, 972

Gesellschafter-Geschäftsführer-Versorgung   D.

Leitsätze:
1. Fehlt es an einer klaren Vereinbarung zwischen einer Kapitalgesellschaft und ihrem beherrschenden Gesellschafter, so kann deswegen eine verdeckte Gewinnausschüttung anzunehmen sein. Die Mehrdeutigkeit einer Vereinbarung schließt es aber nicht aus, ihren Inhalt dennoch durch **Auslegung** oder **Beweiserhebung** zweifelsfrei zu ermitteln.
2. Die übereinstimmende Erteilung von Pensionszusagen an Mitgeschäftsführer, von denen der eine Gesellschafter und der andere Nichtgesellschafter ist, spricht im Rahmen des **Fremdvergleichs** für die betriebliche Veranlassung beider Zusagen.
3. Maßgebender Zeitpunkt für die Beurteilung der Frage, ob eine Pensionszusage im Versorgungsfall erfüllt werden kann, ist der **Zeitpunkt der Zusageerteilung**.
4. Das Fehlen einer **Rückdeckungsversicherung** spricht nicht gegen die Ernsthaftigkeit der Pensionszusage.

▶ Abfindungsvorbehalt bei Pensionszusagen   2386

BFH, Urt. v. 10.11.1998 – I R 49/97 Fundstellen: DB 1999, 617 = StuB 1999, 319 = BetrAV 1999, 102 = DStR 1999, 313

Leitsatz:

Eine Pensionszusage, bei der die Versorgungsverpflichtung in Höhe des Teilwerts gem. §6a Abs. 3 EStG abgefunden werden darf, steht unter einem gem. §6a Abs. 1 Nr. 2 EStG steuerlich schädlichen Vorbehalt.

▶ Mangelnde Erdienbarkeit nach Vollendung des 60. Lebensjahres   2387

BFH, Urt. v. 16.12.1998 – I R 96/95 Fundstellen: GmbHR 1999, 667 = BFH/NV 1999, 1125

Leitsatz:

Die Erdienbarkeit einer Pensionszusage ist grundsätzlich zu verneinen, sobald der Geschäftsführer das 60. Lebensjahr überschritten hat.

▶ Insolvenzschutz bei Kommanditistenstellung   2388

BGH, Urt. v. 01.02.1999 – II ZR 276/97 Fundstelle: NZA 1999, 380 = NJW 1999, 1263 = NZI 1999, 154 = BetrAV 1999, 98

Leitsatz:

Ein Kommanditist mit 50% Kommanditanteil und Gesamtprokura ist als Berechtigter im Sinne von §17 Abs. 1 Satz 2 BetrAVG anzusehen, wenn er nicht eigenverantwortlicher Leiter des Unternehmens ist.

▶ Probezeit vor Erteilung einer Pensionszusage   2389

BFH, Urt. v. 18.02.1999 – I R 51/98 Fundstelle: DStR 1999, 631

Leitsätze:

1. Mehrere geschäftsführende Minderheitsgesellschafter können eine GmbH im Einzelfall dadurch beherrschen, dass sie **gleichgelagerte Interessen** verfolgen. An einer derartigen Übereinstimmung fehlt es regelmäßig, wenn ihnen eine Pensionszusage zwar zeitgleich erteilt wird, ohne dass die Zusagen aber wechselseitig von der Zustimmung des jeweils anderen abhängig wären, und wenn die Zusagen ihrer Höhe nach nicht dem Verhältnis der jeweiligen Beteiligungen entsprechen (Abgrenzung zum Senatsurteil vom 25.5.1988 –I R 107/84 – BFH-NV 1989, S. 195).
2. Wird ein Einzelunternehmen in eine Kapitalgesellschaft umgewandelt und führt ein bisheriger, erprobter Arbeitnehmer des Einzelunternehmens seinen bisherigen Tätigkeitsbereich in der nunmehrigen Kapitalgesellschaft fort, so bedarf es vor Erteilung der Pensionszusage auch dann

keiner erneuten Probezeit, wenn der Arbeitnehmer zugleich zum Geschäftsführer bestellt wird (Bestätigung und Fortführung des Senatsurteils vom 29.10.1997 –I R 52/97 – BStBl II 1999, S. 318).
3. Auf die Frage, ob ein Geschäftsführer im Vergleich zu einem Mitgeschäftsführer über eine hinreichende Befähigung verfügt, kann bei Erteilung einer Pensionszusage allenfalls im Rahmen der Frage nach der Dauer der Probezeit abgestellt werden.

2390 ▶ **Auslegung der Pensionszusage bei fehlender Eindeutigkeit**

BFH, Urt. v. 24.03.1999 – I R 20/98 Fundstelle: DStR 1999, 1393

Leitsätze:
1. Ist ein Vertrag zwischen einem beherrschenden Gesellschafter und seiner Kapitalgesellschaft nicht klar und eindeutig, so ist dieser anhand der allgemein geltenden Auslegungsregeln auszulegen. Ggf. kann Beweis erhoben werden.
2. Sagt eine Kapitalgesellschaft ihrem beherrschenden Gesellschafter eine Pension zu, die aus einer genau bezifferten fiktiven Jahresnettoprämie zu errechnen ist, ist aber in der Zusage der zur Errechnung der Jahresrente notwendige Rechnungszinsfuß nicht angegeben und wird die Jahresrente von einem Versicherungsmathematiker (zeitnah) errechnet, so kann die Höhe des nach dem Parteiwillen anzusetzenden Rechnungszinsfußes auch durch außerhalb des schriftlichen Vertrages liegende Umstände, sei es im Wege der Auslegung, sei es im Wege der Einvernahme des Versicherungsmathematikers, festgestellt werden.

2391 ▶ **Sozialversicherungsrechtliche Beurteilung**

BSG, Urt. v. 30.06.1999 – B 2 U 35/98 R Fundstelle: NZS 2000, 147

Leitsatz (nicht amtlich):

Der Umkehrschluss, dass mangels eines durch die Kapitalbeteiligung hervorgerufenen beherrschenden Einflusses auf die Gesellschaft regelmäßig ein Abhängigkeitsverhältnis des Gesellschafter-Geschäftsführers anzunehmen ist, ist von der Rechtsprechung des BSG nicht gebilligt worden (vgl BSG vom 13.12.1960 – 3 RK 2/56 = BSGE 13, 196, 200). In solchen Fällen hängt das Vorliegen eines versicherungspflichtigen Beschäftigungsverhältnisses nach allgemeinen Grundsätzen wesentlich davon ab, ob der Geschäftsführer nach dem Gesamtbild seiner Tätigkeit einem seine persönliche Abhängigkeit begründenden Weisungsrecht der GmbH unterliegt.

2392 ▶ **Angemessenheit eines Gesellschafter-Geschäftsführergehalts**

BFH, Beschl. v. 14.07.1999 – I B 91/98 R Fundstelle: BetrAV 2000, 232

Leitsätze:
1. Die Frage, ob das einem Gesellschafter-Geschäftsführer gezahlte Gehalt angemessen ist, ist keine Rechtsfrage i.S. des § 115 Abs. 2 Nr. 1 FGO.
2. Gegen die Heranziehung von Gehaltsstrukturuntersuchungen zur Beurteilung der Angemessenheit des Gehalts bestehen grundsätzlich keine Bedenken.

2393 ▶ **Sozialversicherungsrechtliche Beurteilung**

BSG, Urt. v. 14.12.1999 – B 2 U 48/98 R Fundstellen: BB 2000, 674 = GmbHR 2000, 618

Leitsätze (nicht amtlich):
1. Die Versicherungspflicht eines Geschäftsführers einer GmbH, der zugleich deren Gesellschafter ist, hängt davon ab, ob wegen seiner Kapitalbeteiligung noch ein Verhältnis der persönlichen Abhängigkeit vorliegt. Hat ein solcher Geschäftsführer aufgrund seiner Kapitalbeteiligung einen so maßgeblichen Einfluss auf die Entscheidungen der Gesellschaft, dass er jeden ihm nicht

genehmen Beschluss verhindern kann, so fehlt die das versicherungspflichtige Beschäftigungsverhältnis wesentlich kennzeichnende persönliche Abhängigkeit. Dies ist der Fall, wenn der Geschäftsführer Mehrheitsgesellschafter ist, er also über die Hälfte des Stammkapitals der Gesellschaft oder mehr verfügt, und zwar auch dann, wenn er von der ihm zustehenden Rechtsmacht tatsächlich keinen Gebrauch macht und die Entscheidung anderen überlässt. Unter Umständen genügt auch schon ein geringerer Kapitalanteil, insbesondere wenn er über eine Sperrminorität verfügt, die sich u. a. darauf erstreckt, ihm nicht genehme Weisungen gerade hinsichtlich Zeit, Dauer, Umfang und Ort der Tätigkeit zu verhindern.

2. Der Umkehrschluss, dass mangels eines durch die Kapitalbeteiligung hervorgerufenen beherrschenden Einflusses auf die Gesellschaft regelmäßig ein Abhängigkeitsverhältnis des Gesellschafter-Geschäftsführers anzunehmen ist, ist allerdings von der Rechtsprechung des BSG nicht gebilligt worden (vgl. BSG vom 13.12.1960 – 3 RK 2/56 = BSGE 13, 196, 200 = SozR Nr 5 zu § 1 BVG). In solchen Fällen hängt das Vorliegen eines versicherungspflichtigen Beschäftigungsverhältnisses nach allgemeinen Grundsätzen wesentlich davon ab, ob der Geschäftsführer nach dem Gesamtbild seiner Tätigkeit einem seine persönliche Abhängigkeit begründenden Weisungsrecht der GmbH unterliegt

3. Insbesondere kommt bei einem Geschäftsführer einer Familiengesellschaft, sofern dieser mit den Gesellschaftern familiär verbunden ist, eine selbständige Tätigkeit in Betracht, da die in einer derartigen Familiengesellschaft vorliegende Verbundenheit zwischen Gesellschaftern und Geschäftsführer zwischen ihnen ein Gefühl erhöhter Verantwortung füreinander schaffen und einen Einklang der Interessen bewirken kann.

▶ **Insolvenzsicherung – Minderheitsgesellschafter einer GmbH** 2394

BAG, Urt. v. 25.01.2000 – 3 AZR 769/98 Fundstellen: DB 2001, 2102 = NZA 2001, 959 = AP Nr. 38 zu § 1 BetrAVG

Leitsatz:

Eine Altersversorgung ist dann nicht »aus Anlass« des Arbeitsverhältnisses oder der Tätigkeit für ein Unternehmen i. S. d. § 1 Abs. 1 Satz 1, § 17 Abs. 1 Satz 2 BetrAVG zugesagt, wenn eine GmbH nur ihren Gesellschaftern eine Versorgung verspricht und wenn Art und Höhe bei Beschäftigten, die nicht Gesellschafter sind, wirtschaftlich nicht vertretbar wäre.

▶ **Erdienensdauer für eine einem nicht beherrschenden GGF erteilte Pensionszusage** 2395

BFH, Urt. v. 15.03.2000 – I R 40/99 Fundstellen: BB 2000, 1504 = DB 2000, 1495 = BetrAV 2000, 493

Leitsatz:

Dem Erfordernis der Erdienensdauer bei der Zusage einer Pension an den nicht beherrschenden Gesellschafter-Geschäftsführer einer GmbH ist jedenfalls dann genügt, wenn im vorgesehenen Zeitpunkt des Eintritts in den Ruhestand der Beginn der Betriebszugehörigkeit mindestens 12 Jahre zurückliegt und die Zusage für mindestens 3 Jahre bestanden hat. In diese Mindestbetriebszugehörigkeit von 12 Jahren sind nicht nur Zeiträume im Betrieb der GmbH einzubeziehen, sondern auch solche, in denen der Gesellschafter-Geschäftsführer zuvor in einem Einzelunternehmen tätig war, das in die GmbH eingebracht oder das er an diese veräußert hat.

▶ **Pensionszusage zugunsten einer nichtehelichen Lebensgefährtin** 2396

BFH, Urt. v. 29.11.2000 – I R 90/99 Fundstelle: BB 2001, 554

Leitsatz:

Erteilt eine Kapitalgesellschaft ihrem Gesellschafter-Geschäftsführer eine Pensionszusage, die eine Hinterbliebenenversorgung zugunsten der nichtehelichen Lebensgefährtin des Geschäftsführers beinhaltet, so sind die Zuführungen zu der entsprechenden Pensionsrückstellung nicht notwendig verdeckte Gewinnausschüttungen. Vielmehr ist im Einzelfall zu prüfen, ob die Zusage der Hinterbliebenenversorgung durch das Gesellschaftsverhältnis oder durch das Anstellungsverhältnis veranlasst ist.

2397 ▶ Finanzierbarkeit einer GGF-Pensionszusage

BFH, Urt. v. 20.12.2000 – I R 15/00 Fundstellen: DB 2001, 1119 = BB 2001, 1135 = DStR 2001, 893 = BFHE 194, 191 = BFH/NV 2002, 287

Leitsätze:

1. Sagt eine Kapitalgesellschaft ihrem Gesellschafter-Geschäftsführer eine Alters- und/oder eine Invaliditätsversorgung zu, so ist diese Zusage im Gesellschaftsverhältnis veranlasst, wenn die Versorgungsverpflichtung im Zeitpunkt der Zusage für die Gesellschaft nicht finanzierbar ist. In diesem Fall stellen die Zuführungen zu der zu bildenden Pensionsrückstellung eine vGA dar.
2. Eine Versorgungszusage ist nicht finanzierbar, wenn die Passivierung des Barwertes der Pensionsverpflichtung zu einer Überschuldung der Gesellschaft führen würde.
3. Auch bei der Beurteilung der Finanzierbarkeit einer im Invaliditätsfall eintretenden Versorgungsverpflichtung ist nur deren im Zusagezeitpunkt gegebener versicherungsmathematischer Barwert (§ 6a Abs. 3 Satz 2 Nr. 2 EStG) anzusetzen. Es ist nicht von demjenigen Wert auszugehen, der sich bei einem Eintritt des Versorgungsfalls ergeben würde (gegen Abschnitt 2.2 des BMF-Schreibens vom 14.5.1999 – IV C 6 – S 2742 – 9/99, BStBl. I 1999, S. 512).
4. Die Finanzierbarkeit einer Zusage, die sowohl eine Altersversorgung als auch vorzeitige Versorgungsfälle abdeckt, ist hinsichtlich der einzelnen Risiken jeweils gesondert zu prüfen.
5. (nicht amtlich) Soweit eine Zusage im Zeitpunkt ihrer Erteilung nicht finanzierbar und damit als vGA zu werten war, kann dieser Mangel nicht durch den späteren Abschluss einer Rückdeckungsversicherung rückwirkend geheilt werden.

2398 ▶ Kein Insolvenzschutz für Unternehmer

BAG, Urt. v. 25.01.2000 – 3 AZR 769/98 Fundstelle: NZA 2001, 959 = DB 2001, 2102

Leitsatz:

Eine Altersversorgung ist dann nicht »aus Anlass« des Arbeitsverhältnisses oder der Tätigkeit für ein Unternehmen i.S. des § 1 Abs. 1 Satz 1, § 17 Abs. 1 Satz 2 BetrAVG zugesagt, wenn eine GmbH nur ihren Gesellschaftern eine Versorgung verspricht und wenn deren Art und Höhe bei Beschäftigten, die nicht Gesellschafter sind, wirtschaftlich nicht vertretbar wäre.

2399 ▶ Sozialversicherungsrechtliche Beurteilung

BSG, Urt. v. 17.05.2001 – B 12 KR 34/00 Fundstellen: GmbHR 2001, 668 = NZS 2001, 644 = HFR 2002, 149

Leitsatz:

Bei einer Tätigkeit für eine GmbH kann es an einer versicherungspflichtigen Beschäftigung auch dann fehlen, wenn der Beschäftigte zwar nicht Geschäftsführer, aber neben seinem Ehegatten alleiniger und gleichberechtigter Gesellschafter der GmbH ist.

2400 ▶ Finanzierbarkeit der Pensionszusage

BFH, Urt. v. 07.11.2001 – I R 79/00 Fundstellen: DB 2002, 123 = BB 2002, 394 = DStR 2002, 127 = BFHE 197, 164 = BFH/NV 2002, 287

Leitsätze:

1. Sagt eine Kapitalgesellschaft ihrem Gesellschafter-Geschäftsführer eine Alters- und/oder eine Invaliditätsversorgung zu, so ist diese Zusage im Gesellschaftsverhältnis veranlasst, wenn die

Versorgungsverpflichtung im Zeitpunkt der Zusage nicht finanzierbar ist. In diesem Fall stellen die Zuführungen zu der zu bildenden Pensionsrückstellung vGA dar (Bestätigung des Senatsurteils vom 20.12.2000 – I R 15/00 – DB 2001, S. 1119).
2. Eine Versorgungszusage ist nicht finanzierbar, wenn die Passivierung des Barwerts der Pensionsverpflichtung zu einer Überschuldung der Gesellschaft im insolvenzrechtlichen Sinne führen würde.
3. Auch bei der Beurteilung der Finanzierbarkeit einer im Invaliditätsfall eintretenden Versorgungsverpflichtung ist nur deren im Zusagezeitpunkt gegebener versicherungsmathematischer Barwert (§ 6a Abs. 3 Satz 2 Nr. 2 EStG) anzusetzen. Es ist nicht von demjenigen Wert auszugehen, der sich bei einem alsbaldigen Eintritt des Versorgungsfalls ergeben würde (Bestätigung des Senatsurteils vom 20.12.2000 – I R 15/00 – DB 2001, S. 1119).
4. Ist eine Versorgungsverpflichtung in ihrer Gesamtheit nicht finanzierbar, so ist im Allgemeinen davon auszugehen, dass ein ordentlicher und gewissenhafter Geschäftsleiter statt der unfinanzierbaren eine finanzierbare Verpflichtung eingegangen wäre.

▶ **Kürzung des Vorwegabzuges bei Anwartschaftsrecht auf betriebliche Altersversorgung** 2401

FG Köln, Urt. v. 09.11.2001 – 7 K 7206/97 Fundstelle: EFG 2002, E.-Nr. 138

Leitsatz:

Ein zur Kürzung des Vorwegabzuges bei den Sonderausgaben führendes Anwartschaftsrecht auf eine Altersversorgung ohne eigene Beitragsleistung liegt bereits dann vor, wenn dem Steuerpflichtigen für den Fall der Berufsunfähigkeit eine lebenslänglich zahlbare Rente zugesagt wird; es ist nicht erforderlich, dass zusätzlich noch Rechte auf eine reguläre Altersrente erworben werden (Anschluss an BFH-Urteil vom 29.11.1989 – X R 183/87 – BFHE 159, S. 80 und Abgrenzung zum BFH-Urteil vom 28.5.1998 – X R 7/96 – BFHE 186, S. 521).

▶ **Keine Kürzung des Vorwegabzuges bei vom Arbeitgeber pauschal versteuerten Direktversicherungen** 2402

FG Rheinland-Pfalz, Urt. v. 15.11.2001 – 4 K 2670/99 Fundstelle: EFG 2002, E.-Nr. 137

Leitsatz:

Die pauschal versteuerten Beiträge des Arbeitgebers zur Direktversicherung stellen Arbeitslohn des nicht rentenversicherten Arbeitnehmers dar und berechtigt nicht, den Vorwegabzug um 16 v. H. der Summe der Einnahmen zu kürzen. Ein Fall des § 10 Abs. 3 Nr. 2 Satz 2 i. V. m. § 10c Abs. 3 Nr. 2 EStG liegt in diesem Fall nicht vor.

▶ **Ablösung einer Pensionszusage durch Zahlung an eine neu gegründete GmbH ist kein Zufluss von Arbeitslohn** 2403

FG Rheinland-Pfalz, Urt. v. 25.11.2001 – 2 K 2605/00 Fundstellen: EFG 2002, 275 = DB 2002, 763 = GmbHR 2002, 504

Leitsatz:

Wird eine Pensionszusage mit der Maßgabe abgelöst, dass der Pensionsberechtigte das Recht hat, die Zahlung des Ablösungsbetrages an sich selbst oder an eine GmbH gegen Übernahme der Pensionsverpflichtung durch diese zu verlangen, führt die Ausübung des Wahlrechts zugunsten einer neu gegründeten GmbH nicht zu einem Zufluss von Arbeitslohn beim Pensionsberechtigten.

▶ **Finanzierbarkeit: versicherungsmathematische Wahrscheinlichkeit** 2404

BFH, Urt. v. 28.11.2001 – I R 86/00 Fundstelle: BFH/NV 2002, 675

Leitsätze:
1. Eine Pensionszusage einer Kapitalgesellschaft zugunsten ihres Gesellschafter-Geschäftsführers ist im Regelfall durch das Gesellschaftsverhältnis (mit)veranlasst, wenn die eingegangene Versorgungsverpflichtung für die Gesellschaft nicht finanzierbar ist. In diesem Fall können die Zuführungen zu der Pensionsrückstellung ganz oder teilweise verdeckte Gewinnausschüttungen sein.
2. Eine Pensionszusage ist nicht bereits dann unfinanzierbar, wenn im ungünstigsten Fall – bei Verwirklichung des größten denkbaren Risikos – die zu bildende Pensionsrückstellung auf einen Wert aufgestockt werden müsste, der zu einer bilanziellen Überschuldung der Gesellschaft führen würde.

2405 ▶ Sozialversicherungspflicht von Fremdgeschäftsführern

BSG, Urt. v. 18.12.2001 – B 12 KR 10/01 R Fundstellen: GmbHR 2002, 324 = NJW-RR 2002, 758 = NZA-RR 2003, 325

Leitsatz:

Der Geschäftsführer einer GmbH, der am Stammkapital nicht beteiligt ist (Fremdgeschäftsführer), ist grundsätzlich abhängig Beschäftigter der GmbH und versicherungspflichtig.

2406 ▶ Steuerliche Anerkennung einer Pensionszusage auch bei sofortiger Unverfallbarkeit

BFH, Beschl. v. 22.01.2002 – I B 75/01 Fundstellen: BetrAV 2002, 719 = BFH/NV 2002, 952

Leitsatz:

Unter welchen (zeitlichen) Umständen dem Gesellschafter-Geschäftsführer einer Kapitalgesellschaft eine unverfallbare Pensionszusage erteilt werden kann, erweist sich nicht an den gesetzlichen Unverfallbarkeitsfristen, sondern am jeweiligen Einzelfall. Auch die Zusage einer Pension mit sofortiger Unverfallbarkeit kann deshalb steuerlich anerkannt werden (Bestätigung des Senatsbeschlusses vom 4. Mai 1998 I B 131/97, BFH/NV 1998, 1530).

2407 ▶ Erdienbarkeit bei Unterbrechung des Dienstverhältnisses

BFH, Urt. v. 30.01.2002 – I R 56/01 Fundstellen: BFH/NV 2002, 1055 = BetrAV 2002, 719

Leitsatz:

Der beherrschende Gesellschafter-Geschäftsführer einer GmbH kann die ihm zugesagte Pension auch dann noch erdienen, wenn nach einer Unterbrechung seines Dienstverhältnisses und seiner anschließenden Neueinstellung der Zeitraum zwischen dem Zeitpunkt der Zusage bis zum vorgesehenen Zeitpunkt des Eintritts in den Ruhestand zwar weniger als 10 Jahre beträgt, wenn aufgrund der Gegebenheiten des Einzelfalls aber anderweitig sichergestellt ist, dass mit der Zusage die künftige Arbeitsleistung des Geschäftsführers abgegolten werden soll.

2408 ▶ Entgeltliche Herabsetzung einer Pensionszusage

BFH, Urt. v. 06.03.2002 – XI R 36/01 Fundstellen: BFH/NV 2002, 1144 = BetrAV 2002, 720

Leitsatz:

Die entgeltliche Herabsetzung einer Pensionszusage ohne weitere Änderung des Dienstverhältnisses führt nicht zu einer steuerbegünstigten Abfindung.

2409 ▶ Einbeziehung von Vordienstzeiten bei der Pensionsrückstellung für einen Gesellschafter-Geschäftsführer

BFH, Urt. v. 18.04.2002 – III R 43/00 Fundstellen: DB 2002, 1742 = BetrAV 2002, 719 = BFH/NV 2002, 1264

Gesellschafter-Geschäftsführer-Versorgung D.

Leitsatz:

Bezieht eine GmbH für eine ihrem Gesellschafter-Geschäftsführer gegebene Pensionszusage bei der Berechnung der Pensionsrückstellung zu Unrecht Vordienstzeiten des Pensionsberechtigten ein, führt dies zu keiner vGA, wenn die Pensionszusage dem Grund und der Höhe nach einem Fremdvergleich standhält.

▶ **Anforderungen an die Probezeit bei einem Management-buy-out (MBO)**　　2410

BFH, Urt. v. 24.04.2002 – I R 18/01 Fundstellen: BB 2002, 1999 = DB 2002, 1973 = DStR 2002, 1614 = BetrAV 2003, 160

Leitsätze:

1. Die Erteilung einer Pensionszusage an einen Gesellschafter-Geschäftsführer einer Kapitalgesellschaft setzt im Allgemeinen die Einhaltung einer Probezeit voraus, um die Leistungsfähigkeit des neu bestellten Geschäftsführers beurteilen zu können. Handelt es sich um eine neu gegründete Kapitalgesellschaft, ist die Zusage überdies erst dann zu erteilen, wenn die künftige wirtschaftliche Entwicklung der Gesellschaft verlässlich abgeschätzt werden kann (Bestätigung der ständigen Rechtsprechung).
2. Die Dauer dieser Probezeit hängt von den Besonderheiten des Einzelfalls ab. Wird ein Unternehmen durch seine bisherigen leitenden Angestellten »aufgekauft« und führen diese Angestellten den Betrieb in Gestalt einer neu gegründeten Kapitalgesellschaft als Geschäftsführer fort (sog. Management-buy-out), so kann ausreichen, wenn bis zur Erteilung der Zusagen nur rund ein Jahr abgewartet wird (Anschluss an Senatsurteil vom 29.10.1997 – I R 52/97 – DB 1998, S. 706; vom 18.2. 1999 – I R 51/98 – BFH/NV 1999, S. 1384; vom 18.8.1999 – I R 10/99 – BFH/NV 2000, S. 225).

▶ **Erdienbarkeit der Versorgung: Ausnahmen von der 10-Jahres-Frist**　　2411

BFH, Urt. v. 24.04.2002 – I R 43/01 Fundstellen: BFHE 199, 157 = BStBl. II 2003, S. 416 = BetrAV 2003, 90 = BB 2002, 2319 = DB 2002, 2248 = DStR 2002, 1854

Leitsatz:

Verspricht eine GmbH ihrem 56 Jahre alten beherrschenden Gesellschafter-Geschäftsführer ein Altersruhegeld für die Zeit nach Vollendung des 65. Lebensjahres, so führt dies nicht notwendig zur Annahme einer verdeckten Gewinnausschüttung. Das gilt insbesondere dann, wenn die Pensionszusage auch deshalb erteilt wurde, weil der Geschäftsführer nicht anderweitig eine angemessene Altersversorgung aufbauen konnte.

▶ **Beiträge zu einer Rückdeckungsversicherung sind keine vGA**　　2412

BFH, Urt. v. 07.08.2002 – I R 2/02 Fundstellen: BB 2003, 32 = BetrAV 2003, 164

Leitsätze:

1. Eine vGA setzt voraus, dass die Unterschiedsbetragsminderung bei der Körperschaft die Eignung hat, beim Gesellschafter einen sonstigen Bezug i.S. des § 20 Abs. 1 Nr. 2 Satz 2 EStG auszulösen.
2. Beiträge, die eine GmbH für eine Lebensversicherung entrichtet, die sie zur Rückdeckung einer ihrem Gesellschafter-Geschäftsführer zugesagten Pension abgeschlossen hat, stellen auch dann keine vGA dar, wenn die Pensionszusage durch das Gesellschaftsverhältnis veranlasst ist.

▶ **Nichtfinanzierbarkeit einer GGF-Zusage erst bei Überschuldung im insolvenzrechtlichen Sinn**　　2413

BFH, Urt. v. 04.09.2002 – I R 7/01 Fundstellen: BB 2003, 467 = BetrAV 2003, 161

Leitsätze:
1. Sagt eine GmbH ihrem Gesellschafter-Geschäftsführer eine Alters- und/oder Invaliditätsversorgung zu, so ist die Versorgungsverpflichtung nicht finanzierbar, wenn ihre Passivierung zur Überschuldung der GmbH im insolvenzrechtlichen Sinne führen würde. Bei der Beurteilung dieses Merkmals ist auf den Zeitpunkt der Zusageerteilung abzustellen (Bestätigung der Senatsurteile vom 20.12.2000 – I R 15/00 – BFHE 194, 191 und vom 7.11.2001 – I R 79/00 – BFHE 197, 164).
2. Für die Prüfung der insolvenzrechtlichen Überschuldung sind diejenigen Bilanzansätze maßgeblich, die in eine Überschuldungsbilanz aufzunehmen wären. Dabei ist die Pensionsverpflichtung grundsätzlich mit dem nach § 6a Abs. 3 Satz 2 Nr. 2 EStG zu bestimmenden Barwert der Pensionsanwartschaft anzusetzen. Weist jedoch die GmbH nach, dass der handelsrechtlich maßgebliche Teilwert der Pensionsanwartschaft niedriger ist als der Anwartschaftsbarwert, so ist dieser Teilwert anzusetzen.

2414 ▶ Abfindung von Versorgungsansprüchen bei Unternehmensliquidation

BFH, Urt. v. 04.09.2002 – I R 53/01 Fundstelle: BB 2003, 83

Leitsatz:

Erhält der anlässlich der Liquidation einer Gesellschaft entlassene Arbeitnehmer, der zugleich deren Gesellschafter ist, für die Aufgabe seiner Versorgungsansprüche eine Abfindung, so ist u. a. Voraussetzung für die Annahme einer Entschädigung i.S. des § 24 Nr. 1 Buchst. a EStG, dass ein Zwang zur Liquidation der Gesellschaft bestand. Dieser kann im Allgemeinen bejaht werden, wenn auch ein gesellschaftsfremder Unternehmer im Hinblick auf die wirtschaftliche Situation der Gesellschaft die Liquidation beschlossen hätte.

2415 ▶ Vorwegabzug für Vorsorgeaufwendungen beim Alleingesellschafter und Geschäftsführer einer GmbH

BFH, Urt. v. 16.10.2002 – XI R 25/01 Fundstellen: BFHE 200, 554 = BFH/NV 2003, 252 = BetrAV 2003, 164 = BB 2003, 293 = NJW-RR 2003, 325 = NZA-RR 2003, 375

Leitsatz:

Der Vorwegabzug für Vorsorgeaufwendungen des Alleingesellschafters und Geschäftsführers einer GmbH ist nicht nach § 10 Abs. 3 Satz 2 Buchst. a i. V. m. § 10c Abs. 3 Nr. 2 EStG zu kürzen, wenn diese ihm eine Altersversorgung zugesagt hat.

2416 ▶ Verdeckte Gewinnausschüttung an Mehrheitsaktionär einer AG

BFH, Urt. v. 18.12.2002 – I R 93/01 Fundstellen: BFH/NV 2003, 946 = GmbHR 2003, 846

Leitsätze:
1. Ist ein Vorstandsmitglied einer AG zugleich deren Mehrheitsaktionär, so kann eine Pensionsvereinbarung zwischen ihm und der AG zu einer verdeckten Gewinnausschüttung führen, wenn sie einseitig an den Interessen des Vorstandsmitglieds ausgerichtet ist und nicht auf einen gerechten Ausgleich der beiderseitigen Interessen abzielt.
2. Bei »Familiengesellschaften« i.S. des Betriebsverfassungsgesetzes 1952 kann nicht ohne weiteres angenommen werden, dass die Zusammensetzung des Aufsichtsrats auch dann die Wahrung der Interessen der AG bei Verträgen mit ihrem Vorstandsmitglied gewährleistet, wenn das Vorstandsmitglied zugleich Mehrheitsaktionär ist (Abgrenzung zu den Senatsurteilen vom 15. Dezember 1971 I R 76/68, BFHE 104, 530, BStBl II 1972, 436; vom 15. Dezember 1971 I R 5/69, BFHE 104, 524, BStBl II 1972, 438).

▸ Abfindung für Pensionsansprüche als steuerbegünstigte Entschädigung   2417

BFH, Urt. v. 10.04.2003 – XI R 4/02 Fundstellen: BFHE 202, 290 = BFH/NV 2003, 1366 = BStBl. II 2003, S. 748 = BB 2003, 1938 = DB 2003, 1937 = DStR 2003, 1566 = NZA-RR 2003, 599

Leitsätze:

1. Die Abfindung, die der Gesellschafter-Geschäftsführer, der seine GmbH-Anteile veräußert, für den Verzicht auf seine Pensionsansprüche gegen die GmbH erhält, kann eine Entschädigung § 24 Nr. 1 Buchst. a EStG sein.
2. Eine an die Geschäftsführertätigkeit anschließende Beratungstätigkeit kann im Einzelfall nicht als Fortsetzung des ursprünglichen Arbeitsverhältnisses angesehen werden.

▸ Gesamtausstattung und Angemessenheit der GGF-Vergütung   2418

BFH, Urt. v. 04.06.2003 – I R 24/02 Fundstellen: BFHE 202, 494 = BStBl. II 2004, S. 136 = DB 2003, 2258 = BFH/NV 2003, 1501 = GmbHR 2003, 1365

Leitsätze:

1. Die Angemessenheit der Gesamtausstattung eines Gesellschafter-Geschäftsführers muss grundsätzlich anhand derjenigen Umstände und Erwägungen beurteilt werden, die im Zeitpunkt der Gehaltsvereinbarung vorgelegen haben und angestellt worden sind.
2. Die Höhe der angemessenen Bezüge ist im Einzelfall durch Schätzung zu ermitteln. Dabei ist zu berücksichtigen, dass der Bereich des Angemessenen sich auf eine Bandbreite von Beträgen erstrecken kann. Unangemessen sind nur diejenigen Beträge, die den oberen Rand dieser Bandbreite übersteigen.
3. Die Entscheidung darüber, wie ein ordentlicher Geschäftsführer eine gewinnabhängige Vergütung bemessen und ggf. nach oben begrenzt hätte, obliegt im gerichtlichen Verfahren grundsätzlich dem FG. Dessen Würdigung ist im Revisionsverfahren nur eingeschränkt nachprüfbar.
4. Ist die Gesamtausstattung eines Gesellschafter-Geschäftsführers angemessen, so muss nicht schon deshalb eine vGA vorliegen, weil die Vergütung zu mehr als 25 v. H. aus variablen Anteilen besteht.
5. Die Zahlung einer Gewinntantieme zugunsten eines Gesellschafter-Geschäftsführers ist insoweit, als sie 50 v. H. des Jahresgewinns übersteigt, in der Regel vGA. Bemessungsgrundlage dieser Regelvermutung ist der steuerliche Gewinn vor Abzug der Steuern und der Tantieme.

▸ Angemessenheit der GGF-Vergütung bei mehreren Geschäftsführern   2419

BFH, Urt. v. 04.06.2003 – I R 38/02 Fundstellen: DB 2003, 2260 = BB 2004, 756

Leitsätze:

1. Die Angemessenheit der Gesamtausstattung eines Gesellschafter-Geschäftsführers muss grundsätzlich anhand derjenigen Umstände und Erwägungen beurteilt werden, die im Zeitpunkt der Gehaltsvereinbarung vorgelegen haben und angestellt worden sind.
2. Die Höhe der angemessenen Bezüge ist im Einzelfall durch Schätzung zu ermitteln. Dabei ist zu berücksichtigen, dass der Bereich des Angemessenen sich auf eine Bandbreite von Beträgen erstrecken kann. Unangemessen sind nur diejenigen Beträge, die den oberen Rand dieser Bandbreite übersteigen.
3. Die Entscheidung darüber, wie ein ordentlicher Geschäftsführer eine gewinnabhängige Vergütung bemessen und ggf. nach oben begrenzt hätte, obliegt im gerichtlichen Verfahren grundsätzlich dem FG. Dessen Würdigung ist im Revisionsverfahren nur eingeschränkt nachprüfbar.
4. Die als angemessen anzusehende Gesamtausstattung bezieht sich regelmäßig auf die Gesamtgeschäftsführung. Bei Bestellung mehrerer Gesellschafter-Geschäftsführer müssen deswegen insbesondere bei einer sog. kleineren GmbH ggf. Vergütungsabschläge vorgenommen werden, die

von den Unterschieden in den Aufgabenstellungen, in der zeitlichen Beanspruchung und i der für den betrieb der GmbH zu tragenden Verantwortung abhängen. In Ausnahmefällen können auch Gehaltszuschläge gerechtfertigt sein. Es kann jedoch bei einer kleineren GmbH nicht pauschal von den Vergleichswerten ausgegangen werden, die sich für einen Geschäftsführer und einen leitenden Angestellten ergeben.

2420 ▶ **Erdienbarkeit bei nachträglicher Änderung des Pensionierungsalters**

BFH, Urt. v. 23.07.2003 – I R 80/02 Fundstellen: BFHE 203, 114 = BStBl. II 2003, S. 926 = BFH/NV 2003, 1670 = DB 2003, 2575 = BB 2003, 2549 = DStR 2003, 2012 = GmbHR 2003, 1505 = NJW 2004, 391 = BetrAV 2004, 87

Leitsätze:

1. Erteilt eine Kapitalgesellschaft ihrem beherrschenden Gesellschafter-Geschäftsführer kurz vor Vollendung seines 64. Lebensjahres eine Pensionszusage, nach der der Versorgungsfall mit Vollendung des 70. Lebensjahres eintreten soll, so sind die Zuführungen zu einer deshalb gebildeten Pensionsrückstellung regelmäßig verdeckte Gewinnausschüttungen. Da gilt auch dann, wenn die Gesellschaft in den neuen Bundesländern ansässig ist und die Zusage im Jahr 1991 erteilt hat (Abgrenzung zum Senatsurteil vom 24.4.2001 – I R 43/1 – BFHE 199, 157; BStBl. II 2003, S. 416; BB 2002, S. 2319).
2. Wird der in einer Pensionszusage vorgesehene Eintritt des Versorgungsfalls durch eine spätere Änderung der Zusage hinausgeschoben, so ist für die Zeit bis zum Wirksamwerden der Änderung die Erdienbarkeit des Versorgungsanspruchs nach Maßgabe der ursprünglichen Zusage zu beurteilen (Abgrenzung zum Senatsurteil vom 19.5.1998 – I R 36/97 – BFHE 186, 226; BStBl. II 1998, S. 689; BB 1998, S. 1877).

2421 ▶ **Probezeit bei einer sofort unverfallbaren Pensionszusage an einen beherrschenden Gesellschafter-Geschäftsführer**

BFH, Urt. v. 20.08.2003 – I R 99/02 Fundstellen: BFH/NV 2004, 373 = DStRE 2004, 273 = GmbHR 2004, 261

Leitsätze:

1. Die Erteilung einer Pensionszusage an den Gesellschafter-Geschäftsführer einer Kapitalgesellschaft setzt im Allgemeinen die Einhaltung einer Probezeit voraus, um die Leistungsfähigkeit des neu bestellten Geschäftsführers beurteilen zu können (Bestätigung der ständigen Rechtsprechung). Die Dauer dieser Probezeit hängt von den Besonderheiten des Einzelfalles ab. Die Zeitspanne von 2 1/4 Jahren wird aber jedenfalls bei einer einschlägig berufserfahrenen Person ausreichen.
2. Auch die Zusage sofort unverfallbarer, aber zeitanteilig bemessener Rentenansprüche kann steuerlich anerkannt werden (Bestätigung des BFH-Beschlusses vom 22. Januar 2002 I B 75/01, BFH/NV 2002, 952 und vom 4. Mai 1998 I B 131/97, BFH/NV 1998, 1530). Bei Zusagen an beherrschende Gesellschafter-Geschäftsführer darf die unverfallbare Anwartschaft sich jedoch wegen des für diesen Personenkreis geltenden Nachzahlungsverbots nur auf den Zeitraum zwischen Erteilung der Versorgungszusage und der gesamten tatsächlich erreichbaren Dienstzeit erstrecken, nicht aber unter Berücksichtigung des Diensteintritts (Bestätigung des BMF-Schreiben vom 9. Dezember 2002, BStBl I 2002, 1393 unter 1.).

2422 ▶ **Besteuerung einer im Zuge einer GmbH-Liquidation gezahlten Abfindung**

BFH, Urt. v. 15.10.2003 – XI R 37/02 Fundstelle: BetrAV 2004, 550

Leitsatz:

Die im Zuge der Liquidation einer GmbH gezahlte Kapitalabfindung zur Abgeltung der Witwenpensionsansprüche ist dann als Entschädigung i.S. von § 24 Nr. 1a EStG ermäßigt zu besteuern, wenn für die Alleingesellschafter-Geschäftsführerin, die die GmbH-Anteile nach dem Tod ihres Ehemannes geerbt hatte, ein Zwang zur Liquidation bestanden hat. Das ist dann der Fall, wenn auch ein gesellschaftsfremder Geschäftsführer keine Alternative zur Betriebsstillegung gehabt hätte.

▶ **Dienstzeitunabhängige Invalidenrente als vGA** 2423

BFH, Urt. v. 28.01.2004 – I R 21/03 Fundstellen: BFHE 205, 186 = DStR 2004, 816 = DB 2004, 1073 = GmbHR 2004, 804 = BB 2004, 1329 = HFR 2004, 678

Leitsätze:

1. Die Zusage einer dienstzeitunabhängigen Invaliditätsversorgung durch eine GmbH zugunsten ihres beherrschenden Gesellschafter-Geschäftsführers in Höhe von 75 v. H. des Bruttogehalts kann wegen ihrer Unüblichkeit auch dann zu vGA führen, wenn die Versorgungsanwartschaft von der GmbH aus Sicht des Zusagezeitpunktes finanziert werden kann.
2. Die Rückstellung wegen einer Versorgungszusage, die den Wert einer fehlenden Anwartschaft des Gesellschafter-Geschäftsführers auf gesetzliche Rentenleistungen ersetzt, ist steuerlich nur in jenem Umfang anzuerkennen, in dem sich die im Falle der Sozialversicherungspflicht zu erbringenden Arbeitgeberbeiträge ausgewirkt hätten (Anschluss an Senatsurteil vom 15. Juli 1976 I R 124/73, BFHE 120, 167, BStBl II 1977, 112).
3. Ist eine Pensionszusage durch das Gesellschaftsverhältnis veranlasst, so rechtfertigt dies nicht die gewinnerhöhende Auflösung der Pensionsrückstellung. Vielmehr sind nur die im jeweiligen Veranlagungszeitraum erfolgten Zuführungen zur Pensionsrückstellung außerbilanziell rückgängig zu machen. Eine nachträgliche Korrektur von Zuführungen, die früheren Veranlagungszeiträumen zuzuordnen sind, ist nicht zulässig.

▶ **Finanzierbarkeit von Pensionszusagen: Bedeutung des Abschlusses einer Rückdeckungsversicherung** 2424

BFH, Urt. v. 31.03.2004 – I R 65/03 Fundstelle: DB 2004, 1536

Leitsätze:

1. Eine Pensionszusage einer GmbH zugunsten ihres Gesellschafter-Geschäftsführers ist im Regelfall durch das Gesellschaftsverhältnis (mit)veranlasst, wenn die eingegangene Versorgungsverpflichtung aus Sicht des Zusagezeitpunktes für die Gesellschaft nicht finanzierbar ist. In diesem Fall können die Zuführungen zu der Pensionsrückstellung ganz oder teilweise verdeckte Gewinnausschüttungen sein.
2. Eine Pensionszusage ist nicht bereits dann unfinanzierbar, wenn im ungünstigsten Fall – bei Verwirklichung des größten denkbaren Risikos – die zu bildende Pensionsrückstellung auf einen Wert aufgestockt werden müsste, der zu einer bilanziellen Überschuldung der Gesellschaft führen würde. Sie ist erst dann nicht finanzierbar, wenn ihre Passivierung zur Überschuldung der GmbH im insolvenzrechtlichen Sinne führen würde (Bestätigung der ständigen Senatsrechtsprechung, z. B. Senatsurteile vom 20. Dezember 2000 I R 15/00, BFHE 194, 191; vom 7. November 2001 I R 79/00, BFHE 197, 164; vom 4. September 2002 I R 7/01, BFHE 200, 259).
3. Wird auf das Leben des durch die Versorgungszusage begünstigten Gesellschafter-Geschäftsführers eine (voll- oder teilkongruente) Rückdeckungsversicherung abgeschlossen, ist die Finanzierbarkeitsprüfung auf die jährlichen Versicherungsbeiträge zu beziehen.
4. Ist eine Pensionszusage durch das Gesellschaftsverhältnis veranlasst, so rechtfertigt dies nicht die gewinnerhöhende Auflösung der Pensionsrückstellung. Vielmehr sind nur die im jeweiligen Veranlagungszeitraum erfolgten Zuführungen zur Pensionsrückstellung außerbilanziell rückgängig zu machen. Eine nachträgliche Korrektur von Zuführungen, die früheren Veranlagungszeiträumen zuzuordnen sind, ist nicht zulässig (Bestätigung der ständigen Senatsrechtsprechung, z. B. Senatsurteil in BFHE 197, 164).

D.

2425 ▶ **Korrektur der Pensionsrückstellung bei einer Überversorgung**

BFH, Urt. v. 31.03.2004 – I R 70/03 Fundstellen: DB 2004, 1647 = BetrAV 2004, 674

Leitsätze:

1. Sind Versorgungsbezüge in Höhe eines festen Betrages zugesagt, der im Verhältnis zu den Aktivbezügen am Bilanzstichtag überhöht ist (sog. Überversorgung), so ist die nach § 6a EStG zulässige Rückstellung für Pensionsanwartschaften nach Maßgabe von § 6a Abs. 3 Satz 2 Nr. 1 Satz 4 EStG unter Zugrundelegung eines angemessenen Vomhundertsatzes der jeweiligen letzten Aktivbezüge zu ermitteln (Bestätigung der ständigen Rechtsprechung des BFH seit dem Urteil vom 13. November 1975 IV R 170/73, BFHE 117, 367, BStBl. II 1976, S. 142).
2. Eine Überversorgung ist regelmäßig anzunehmen, wenn die Versorgungsanwartschaft zusammen mit der Rentenanwartschaft aus der gesetzlichen Rentenversicherung 75 v. H. der am Bilanzstichtag bezogenen Aktivbezüge übersteigt (ebenfalls Bestätigung der ständigen Rechtsprechung des BFH).
3. In die hierbei anzusetzenden letzten Aktivbezüge sind die fiktiven Jahresnettoprämien für die Versorgungszusage nicht einzubeziehen.
4. Eine überhöhte Rückstellung ist nach den Grundsätzen des formellen Bilanzenzusammenhangs in der ersten noch offen Schlussbilanz aufzulösen (Abgrenzung zu den Senatsurteilen vom 22. November 1995 I R 37/95, BFH/NV 1996, 596; vom 4. September 2002 I R 48/01, BFH/NV 2003, 347).

2426 ▶ **Verdeckte Gewinnausschüttung bei Überversorgung**

BFH, Urt. v. 31.03.2004 – I R 79/03 Fundstellen: DB 2004, 1913 = BB 2004, 1956

Leitsätze:

1. Sind Versorgungsbezüge in Höhe eines festen Betrages zugesagt, der wegen der Annahme eines ansteigenden säkularen Einkommenstrends im Verhältnis zu den Aktivbezügen am Bilanzstichtag überhöht ist (sog. Überversorgung), so ist die nach § 6a EStG zulässige Rückstellung für Pensionsanwartschaften nach Maßgabe von § 6a Abs. 3 Satz 2 Nr. 1 Satz 4 EStG unter Zugrundelegung eines angemessenen Vomhundertsatzes der jeweiligen letzten Aktivbezüge zu ermitteln (Bestätigung der ständigen Rechtsprechung des BFH seit dem Urteil vom 13. November 1975 IV R 170/73, BFHE 117, 367, BStBl II 1976, 142).
2. Eine Überversorgung ist regelmäßig anzunehmen, wenn die Versorgungsanwartschaft zusammen mit der Rentenanwartschaft aus der gesetzlichen Rentenversicherung 75 v. H. der am Bilanzstichtag bezogenen Aktivbezüge übersteigt (ebenfalls Bestätigung der ständigen Rechtsprechung des BFH).
3. Bei der Prüfung, ob eine Überversorgung vorliegt, sind in die Versorgungsbezüge jene Sozialversicherungsrenten einzubeziehen, die der Begünstigte aus Sicht des Zeitpunktes der Zusage der betrieblichen Altersversorgung aufgrund der bis dahin geleisteten Beiträge in die (nicht freiwillig fortgeführte) gesetzliche Rentenversicherung bei Eintritt in den Ruhestand voraussichtlich zu erwarten hat. In die letzten Aktivbezüge sind die fiktiven Jahresnettoprämien für die Versorgungszusage nicht einzubeziehen.
4. Fest zugesagte prozentuale Rentenerhöhungen sind keine ungewisse Erhöhung i.S. des § 6a Abs. 3 Satz 2 Nr. 1 Satz 4 EStG (Bestätigung der Senatsurteile vom 17. Mai 1995 I R 16/94, BFHE 178, 134, BStBl II 1996, 420; vom 25. Oktober 1995 I R 34/95, BFHE 179, 274, BStBl II 1996, 403). Solange solche Rentenerhöhungen im Rahmen angemessener jährlicher Steigerungsraten von regelmäßig max. 3 v. H. bleiben, nehmen sie auch keinen Einfluss auf das Vorliegen einer Überversorgung.

Gesellschafter-Geschäftsführer-Versorgung D.

▶ **Verdeckte Gewinnausschüttung bei fehlender Erprobungszeit vor Erteilung einer Pensionszusage an Gesellschafter-Geschäftsführer** 2427

BFH, Urt. v. 23.02.2005 – I R 70/04 Fundstelle: DB 2005, 11

Leitsatz:

Die Erteilung einer Pensionszusage an den Gesellschafter-Geschäftsführer einer Kapitalgesellschaft setzt im Allgemeinen die Einhaltung einer Probezeit voraus, um die Leistungsfähigkeit des neu bestellten Geschäftsführers beurteilen zu können. Handelt es sich um eine neu gegründete Kapitalgesellschaft, ist die Zusage überdies erst dann zu erteilen, wenn die künftige wirtschaftliche Entwicklung der Gesellschaft verlässlich abgeschätzt werden kann (Bestätigung der ständigen Rechtsprechung).

▶ **Zusage einer Nur-Pension ohne Barlohnumwandlung als Überversorgung** 2428

BFH, Urt. v. 09.11.2005 – I R 89/04 Fundstelle: BetrAV 2006, 188

Leitsatz:

Erteilt eine GmbH ihrem Gesellschafter-Geschäftsführer eine sog. Nur-Pensionszusage, ohne dass dem eine Umwandlung anderweitig vereinbarten Barlohns zugrunde liegt, zieht die Zusage der Versorgungsanwartschaft eine sog. Überversorgung nach sich (Anschluss an Senatsurteil vom 17.5.1995 – I R 147/93 – BFHE 178, S. 203).

▶ **Rentenversicherungspflicht von beherrschenden Gesellschafter-Geschäftsführern** 2429

BSG, Urt. v. 24.11.2005 – B 12 RA 1/04 R Fundstelle: BetrAV 2006, 285

Leitsatz:

GmbH-Geschäftsführer sind als selbstständig Erwerbstätige rentenversicherungspflichtig, wenn sie selbst keinen versicherungspflichtig tätigen Arbeitnehmer beschäftigen und im Wesentlichen nur für die GmbH tätig sind.

▶ **Angemessene unternehmensbezogene Warte-(Probe-)zeit vor Erteilung einer Pensionszusage an GGF** 2430

FG Mecklenburg-Vorpommern, Urt. v. 22.02.2006 – I K 372/02 Fundstelle: DStRE 2006, 607

Leitsätze:

1. Ein ordentlicher und gewissenhafter Geschäftsleiter einer neu gegründeten GmbH wird einem Geschäftsführer erst dann eine Pension zusagen, wenn er die künftige wirtschaftliche Entwicklung und damit die künftige wirtschaftliche Leistungsfähigkeit der Kapitalgesellschaft zuverlässig abschätzen kann.
2. Abweichend von der Auffassung der Finanzverwaltung (BMF-Schreiben in BStBl I 1999, 512) bedarf es hierzu nicht generell eines Zeitraums von wenigstens fünf Jahren. Eine unternehmensbezogene Wartezeit von drei Jahren und elf Monaten von der Neugründung bis zur zeitgleichen Erteilung von Pensionszusagen an drei Gesellschafter-Geschäftsführer kann ausreichend sein, wenn sowohl die Umsatzerlöse als auch die Gewinne (vor Sonderabschreibungen) eine deutlich positive Aufwärtsentwicklung gezeigt haben (hier: jährliche Verdopplung der Umsätze) und die Finanzierbarkeit der Pensionszusagen durch den Abschluss von Rückdeckungsversicherungen gesichert ist.

▶ **Zusage einer sofort unverfallbaren Altersrente für einen beherrschenden GGF** 2431

BFH, Urt. v. 05.03.2008 – I R 12/07 Fundstelle: BetrAV 2008, 419

Leitsätze:

1. Es ist aus körperschaftsteuerrechtlicher Sicht grundsätzlich nicht zu beanstanden, wenn eine GmbH ihrem beherrschenden Gesellschafter-Geschäftsführer die Anwartschaft auf eine Altersversorgung zusagt und ihm dabei das Recht einräumt, anstelle der Altersrente eine bei Eintritt des Versorgungsfalls fällige, einmalige Kapitalabfindung in Höhe des Barwerts der Rentenverpflichtung zu fordern.
2. Es ist aus körperschaftsteuerrechtlicher Sicht grundsätzlich auch nicht zu beanstanden, wenn die Zusage der Altersversorgung nicht von dem Ausscheiden des Begünstigten aus dem Dienstverhältnis als Geschäftsführer mit Eintritt des Versorgungsfalls abhängig gemacht wird (Abgrenzung zum Senatsurteil vom 2. Dezember 1992 –I R 54/91, BFHE 170, 119, BStBl II 1993, 311). In diesem Fall würde ein ordentlicher und gewissenhafter Geschäftsleiter allerdings verlangen, dass das Einkommen aus der fortbestehenden Tätigkeit als Geschäftsführer auf die Versorgungsleistung angerechnet wird. Das ist im Rahmen eines versicherungsmathematischen Abschlags auch bei der Kapitalabfindung zu berücksichtigen.
3. Die Kapitalabfindung der Altersrente und die gleichzeitige Fortführung des Dienstverhältnisses als Gesellschafter-Geschäftsführer unter Aufrechterhaltung des Invaliditätsrisikos können einen weiteren versicherungsmathematischen Abschlag rechtfertigen.
4. Die Zusage sofort unverfallbarer, aber zeitanteilig bemessener Rentenansprüche kann steuerlich anerkannt werden. Bei Zusagen an beherrschende Gesellschafter-Geschäftsführer darf die unverfallbare Anwartschaft sich jedoch wegen des für diesen Personenkreis geltenden Nachzahlungsverbots nur auf den Zeitraum zwischen Erteilung der Versorgungszusage und der gesamten tatsächlich erreichbaren Dienstzeit erstrecken, nicht aber unter Berücksichtigung des Diensteintritts (Bestätigung des Senatsurteils vom 20. August 2003 I R 99/02, BFH/NV 2004, 373, sowie des BMF-Schreibens vom 9. Dezember 2002, BStBl I 2002, 1393, unter 1).
5. Billigkeitsmaßnahmen der Verwaltung zur Anpassung der Verwaltungspraxis an eine von der bisherigen Verwaltungsmeinung abweichende Rechtsauffassung sind von den Gerichten jedenfalls dann zu beachten, wenn sie vom FA im Rahmen der Steuerfestsetzung getroffen wurden und bestandskräftig geworden sind.

2432 ▶ 10 Jahre Erdienbarkeitsfrist

BFH, Urt. v. 06.11.2008 – I B 95/07 Fundstelle: JurionRS 2007, 45957

Leitsätze:

1. Die von der Klägerin aufgeworfenen Fragen, ob die »Erdienbarkeitsgrundsätze« angesichts der in 2001 erfolgten Änderungen im Gesetz zur Verbesserung der betrieblichen Altersversorgung (BetrAVG) und angesichts einer Finanzierung der Zusage durch eine Entgeltumwandlung noch Bestand haben können, sind von der Rechtsprechung geklärt bzw. im Streitfall nicht klärungsfähig.
2. Wenn das FG in seiner Entscheidung auf der Grundlage eines »indiziellen Charakters« der Erdienensfrist in Erwägung zieht, dass eine Finanzierung der Zusage durch den Geschäftsführer auf die Zeitbemessung Einfluss haben könnte, es im konkreten Streitfall aber für das Risiko des Streitjahres den Umstand einer »Arbeitnehmerfinanzierung« ablehnt, liegt darin keine Divergenz zur BFH-Rechtsprechung.

2433 ▶ Weiterhin 10 Jahre Erdienbarkeitsfrist

BFH, Urt. v. 19.11.2008 – I B 108/08 Fundstelle: BFH/NV 2009, 608 = GmbHR 2009, 440

Leitsatz:

Der regelmäßige Erdienenszeitraum für Versorgungszusagen an beherrschende Gesellschafter-Geschäftsführer beträgt auch bei ab Januar 2001 erteilten Versorgungszusagen zehn Jahre.

Gesellschafter-Geschäftsführer-Versorgung   D.

Orientierungssatz des Autors:

Die Verkürzung der arbeitsrechtlichen Unverfallbarkeitsfristen für betriebliche Versorgungszusagen durch Einfügung des § 1b Abs. 1 Satz 1 BetrAVG mit dem AVmG vom 26.6.2001 (BGBl. I 2001, 1310) von zehn auf fünf Jahre führt nicht zur Verkürzung des Erdienenszeitraums für Versorgungszusagen.

▶ **Herabsetzung oder Widerruf der Pensionszusage nur in engen Grenzen möglich**   2434

OLG München, Urt. v. 04.02.2009 – 7 U 3686/08 Fundstelle: DB 2009, 951 = BetrAV 2009, 477

Leitsätze:

1. Die monatliche Betriebspension eines ausgeschiedenen Geschäftsführers einer GmbH kann nach dem Eintritt des Versorgungsfalls oder nach Eintritt der Unverfallbarkeit nur ganz ausnahmsweise herabgesetzt oder durch die Gesellschaft widerrufen werden. Voraussetzung ist hierfür, dass die Zahlung bei Abwägung der Interessen aller Beteiligten unter keinem sachlichen Grund mehr zu rechtfertigen und der Gesellschaft zumutbar ist (h. M. und st. höchstrichterl. Rspr., z. B. BGH, Urt. v. 13.12.1999 – II ZR 152/98, DB 2000, 1328 = NJW 2000, 1197).
2. Haben die von der Gesellschaft behaupteten erheblichen Pflichtverstöße des Geschäftsführers ihre wirtschaftliche Existenz nicht bedroht, kann im Hinblick auf den Entgeltcharakter der Versorgungszusage und bei der vorzunehmenden Gesamtbetrachtung das Verhalten des Geschäftsführers während seiner Tätigkeit für die Gesellschaft bezogen auf den konkreten Einzelfall ein Widerruf bzw. eine Reduzierung der Versorgungszusage nicht bejaht werden.

▶ **Abfindung und Ablösung von (überversorgenden) Pensionsrückstellungen für GGF anlässlich der Veräußerung der Kapitalzusage; Nur-Pensionszusage; Einhaltung einer Probezeit**   2434a

BFH, Urt. v. 28.04.2010 – I R 78/08 Fundstelle: BFHE 229, 234 = BFH/NV 2010, 1709 = BetrAV 2010, 583 = BB 2010, 2167 = GmbHR 2010, 924

Leitsätze:

1. Nach dem Eintritt des Versorgungsfalls ist eine Pensionsrückstellung mit dem Barwert der künftigen Pensionsleistungen am Schluss des Wirtschaftsjahres zu bewerten. Ein Verstoß gegen § 6a Abs. 3 Satz 2 Nr. 1 Satz 4 i. V. m. Nr. 2 Halbsatz 2 EStG und die daraus abzuleitenden sog. Überversorgungsgrundsätze liegt nur vor, wenn künftige Pensionssteigerungen oder -minderungen am Bilanzstichtag berücksichtigt werden, nicht jedoch, wenn die zugesagte Pension höher als der zuletzt gezahlte Aktivlohn ist (Bestätigung des BMF-Schreibens vom 3. November 2004, BStBl I 2004, 1045 Tz. 6).
2. Bei der Prüfung, ob eine sog. Überversorgung vorliegt, sind in die Berechnung der Aktivbezüge auch bei einer Betriebsaufspaltung nur diejenigen Gehälter einzubeziehen, welche von der die Altersversorgung zusagenden Betriebs-Kapitalgesellschaft gezahlt werden.
3. Erteilt eine GmbH ihrem Gesellschafter-Geschäftsführer eine sog. Nur-Pensionszusage, ohne dass dem eine ernstlich vereinbarte Umwandlung anderweitig vereinbarten Barlohns zugrunde liegt, zieht die Zusage der Versorgungsanwartschaft regelmäßig eine sog. Überversorgung nach sich (Bestätigung des Senatsurteils vom 9. November 2005 I R 89/04, BFHE 211, 287, BStBl II 2008, 523; entgegen BMF-Schreiben vom 16. Juni 2008, BStBl I 2008, 681).
4. Die Erteilung einer Pensionszusage an den Gesellschafter-Geschäftsführer einer Kapitalgesellschaft setzt im Allgemeinen die Einhaltung einer Probezeit voraus, um die Leistungsfähigkeit des neu bestellten Geschäftsführers beurteilen zu können. Handelt es sich um eine neu gegründete Kapitalgesellschaft, ist die Zusage überdies erst dann zu erteilen, wenn die künftige wirtschaftliche Entwicklung der Gesellschaft verlässlich abgeschätzt werden kann (Bestätigung der ständigen Rechtsprechung). Wird die Pension dem entgegenstehend unmittelbar nach Einstellung

des Gesellschafter-Geschäftsführers oder nach Gründung der Gesellschaft zugesagt, handelt es sich bei den Zuführungen zu einer Rückstellung für die Pensionszusage um vGA. Ausschlaggebend ist die Situation im Zusagezeitpunkt, so dass die Anwartschaft auch nach Ablauf der angemessenen Probe- oder Karenzzeiten nicht in eine fremdvergleichsgerechte Versorgungszusage »hineinwächst« (entgegen BMF-Schreiben vom 14. Mai 1999, BStBl I 1999, 512 Tz. 1.2).

5. Eine Pensionszusage, bei der die Versorgungsverpflichtung für den Fall der vorzeitigen Beendigung des Dienstverhältnisses in Höhe des (quotierten) Teilwerts gemäß § 6a Abs. 3 EStG abgefunden werden darf, steht unter einem gemäß § 6a Abs. 1 Nr. 2 EStG steuerlich schädlichen Vorbehalt (Anschluss an Senatsurteil vom 10. November 1998 I R 49/97, BFHE 187, 474, BStBl II 2005, 261; Bestätigung des BMF-Schreibens vom 6. April 2005, BStBl I 2005, 619).

6. Die Zuführungen zu einer Rückstellung für die Verbindlichkeit aus einer betrieblichen Versorgungszusage, die den Vorgaben des § 6a EStG entspricht, aus steuerlichen Gründen aber als vGA zu behandeln sind, sind außerhalb der Bilanz dem Gewinn hinzuzurechnen. Ist eine Hinzurechnung unterblieben und aus verfahrensrechtlichen Gründen eine Änderung der betreffenden Steuerbescheide nicht mehr möglich, können die rückgestellten Beträge auf der Ebene der Kapitalgesellschaft nicht mehr als vGA berücksichtigt werden (Bestätigung der Senatsrechtsprechung).

7. Gesellschafter-Geschäftsführer, die weniger als 50 v. H. der Anteile an der Kapitalgesellschaft halten, fallen grundsätzlich in den Regelungsbereich des BetrAVG. Dies gilt jedoch nicht, wenn mehrere Gesellschafter-Geschäftsführer nicht ganz unbedeutend an einer GmbH beteiligt sind und zusammen über die Mehrheit der Anteile verfügen (Anschluss an die Zivilrechtsprechung).

8. Die Abfindung oder die entgeltliche Ablösung einer Pensionszusage, um dadurch den Verkauf der Geschäftsanteile der GmbH zu ermöglichen, ist jedenfalls dann regelmäßig nicht durch das Gesellschaftsverhältnis mitveranlasst, wenn die Leistungen vereinbarungsgemäß im Zusammenhang mit der Beendigung des Dienstverhältnisses eines nicht beherrschenden Gesellschafters stehen. Anders verhält es sich jedoch für die Abfindung oder Ablösung in jenem Umfang, in dem die Pensionszusage zu einer Überversorgung des begünstigten Gesellschafter-Geschäftsführers führt (Anschluss an Senatsurteile vom 17. Mai 1995 I R 147/93, BFHE 178, 203, BStBl II 1996, 204; vom 9. November 2005 I R 89/04, BFHE 211, 287, BStBl II 2008, 523).

2434b ▶ **Angemessenheit einer Invaliditätsrentenzusage für GGF**

BFH, Beschluss v. 04.04.2012 – I B 128/11 Fundstelle: BetrAV 2012, 719

Leitsatz:

Eine zugunsten eines GGF zugesagte Invalidenrente ist steuerrechtlich auch dann anzuerkennen, wenn sie über dem Niveau der gesetzlichen Invaliditätsversorgung liegt.

Gleichbehandlung

2435 ▶ **Unzulässigkeit geschlechtsspezifischer Unterschiede beim Eintrittsalter, dem regelmäßigen Pensionsalter sowie der ruhegeldfähigen Dienstzeit**

BAG, Urt. v. 31.08.1978 – 3 AZR 313/77 Fundstellen: AuR 1979, 253 = BB 1979, 890 = DB 1979, 553 = MDR 1979, 523 = NJW 1979, 2223

Leitsätze:

1. Eine Versorgungsordnung verstößt gegen den Gleichbehandlungsgrundsatz des Art. 3 Abs. 2 GG, wenn sie bei Frauen ein Eintrittsalter unter 50 Jahren verlangt und ruhegeldfähige Dienstzeiten nur bis zur Vollendung des 60. Lebensjahres anerkennt, während Männer noch bis zu ihrem 55. Lebensjahr aufgenommen werden und ihre Rente bis zur Vollendung des 65. Lebensjahres verbessern können.

2. Die betriebliche Regelung des Eintrittsalters, des regelmäßigen Pensionsalters und der ruhegeldfähigen Dienstzeit ist wegen Verletzung des Gleichbehandlungsgrundsatzes unwirksam, soweit sie Frauen gegenüber Männern benachteiligt.
3. Das führt jedoch nicht zur Unwirksamkeit der gesamten Betrieblichen Versorgungsregelung. Die Teilnichtigkeit hat zur Folge, dass die im Arbeitsleben übliche Altersgrenze von 65 Jahren als einheitlich vorgesehen gilt.

▶ Zulässige Definition eines Höchsteintrittsalters 2436

BAG, Urt. v. 14.01.1986 – 3 AZR 456/86 Fundstellen: AuR 1986, 280 = BB 1987, 1535 = DB 1986, 2237 = NZA 1987, 23

Leitsatz:

Eine Versorgungsregelung, die Leistungen von der Bedingung abhängig macht, dass die Begünstigten bei Beginn des Arbeitsverhältnisses ein bestimmtes Höchsteintrittsalter noch nicht überschritten haben, verstößt nicht gegen den Gleichbehandlungsgrundsatz.

▶ Mittelbare Diskriminierung von Teilzeitbeschäftigten 2437

EuGH, Urt. v. 13.05.1986 – 170/84 (Bilka) Fundstellen: BetrAV 1986, 195 = BB 1986, 1509 = DB 1986, 1525 = NJW 1986, 3020 = NZA 1986, 599

Leitsätze:

1. Ein Kaufhausunternehmen, das Teilzeitbeschäftigte von der betrieblichen Altersversorgung ausschließt, verletzt Art. 119 EWG-Vertrag, wenn die Maßnahme **wesentlich mehr** Frauen als Männer betrifft, es sei denn, das Unternehmen legt dar, dass diese Maßnahme auf Faktoren beruht, die **objektiv gerechtfertigt** sind und nichts mit einer **Diskriminierung aufgrund des Geschlechts** zu tun haben.
2. Ein Kaufhausunternehmen kann nach Art. 119 EWG-Vertrag die Anwendung einer Lohnpolitik, durch die Teilzeitbeschäftigte unabhängig von ihrem Geschlecht von der betrieblichen Altersversorgung ausgeschlossen werden, damit **rechtfertigen**, dass es möglichst wenig der Teilzeitkräfte beschäftigen will, sofern feststeht, dass die zu diesem **Zweck** gewählten **Mittel** einem **wirklichen Bedürfnis** des Unternehmens dienen und zur Erreichung dieses Ziels **geeignet** und **erforderlich** sind.
3. Der Arbeitgeber ist nach Art. 119 EWG-Vertrag **nicht verpflichtet**, die für seine Beschäftigten vorgesehene Altersversorgung so auszugestalten, dass die für Arbeitnehmer mit familiären Verpflichtungen bestehenden besonderen Schwierigkeiten, die Voraussetzungen für die Gewährung einer Betriebsrente zu erfüllen, berücksichtigt werden.

▶ Mittelbare Diskriminierung von Teilzeitbeschäftigten 2438

BAG, Urt. v. 14.10.1986 – 3 AZR 66/83 Fundstellen: AuR 1987, 180 = BetrAV 1986, 213 = BB 1987, 829 = DB 1987, 994 = NJW 1987, 2183 = NZA 1987, 445

Leitsätze:

1. Nach der Rechtsprechung des Europäischen Gerichtshofs liegt der objektive Tatbestand einer mittelbaren Diskriminierung vor, wenn eine Vergütungsregelung Arbeitnehmer ausnimmt und dabei auf Gruppenmerkmale abstellt, die aus geschlechtsspezifischen Gründen wesentlich mehr Frauen als Männer erfüllen. Das ist z. B. bei einer Versorgungsregelung anzunehmen, wenn sie Teilzeitbeschäftigte generell ausnimmt oder eine 15-jährige Wartezeit verlangt, die nur Vollzeitbeschäftigte erfüllen können.
2. Ist der objektive Tatbestand einer mittelbaren Diskriminierung gegeben, dann muss der Arbeitgeber zur Rechtfertigung seiner Regelung darlegen und beweisen, dass die Differenzierung einem **wirklichen Bedürfnis** des Unternehmens dient und für die Erreichung dieses Ziels **geeignet** und **erforderlich** ist.

3. Verstößt eine Versorgungsordnung gegen das Lohngleichheitsgebot, weil sie Teilzeitbeschäftigte diskriminiert, so ist nicht die gesamte Versorgungsordnung nichtig, sondern nur die diskriminierende Sonderbestimmung. Die Kostensteigerung, die durch die Einbeziehung der Teilzeitbeschäftigten entsteht, kann der Arbeitgeber **nur für die Zukunft** durch eine **anpassende Betriebsvereinbarung** korrigieren; in der Vergangenheit erdiente Versorgungsansprüche und Anwartschaften müssen hingegen nach der alten Versorgungsordnung berechnet werden.

▶ Hinweis:

Die vorgenannte Entscheidung des BAG verstößt nach einer Entscheidung des Bundesverfassungsgerichts (BVerfG, Urt. v. 28.09.1992 – 1 BvR 496/87, BetrAV 1992, 265, NZA 1993, 213) nicht gegen die Grundrechte des Arbeitgebers.

2439 ▶ **Zulässigkeit einer ausschließlichen Versorgung leitender Mitarbeiter**

BAG, Beschl. v. 11.11.1986 – 3 ABR 74/85 Fundstellen: AuR 1987, 180 = BetrAV 1987, 220 = BB 1987, 1116 = DB 1987, 994 = NZA 1987, 449

Leitsätze:

1. Eine Versorgungsordnung, die ausschließlich für Mitarbeiter in gehobenen Positionen gilt, verstößt nicht gegen den Lohngleichheitsgrundsatz. Sie verletzt das verfassungsrechtliche Gleichberechtigungsprinzip oder das Lohngleichheitsgebot des Art. 119 EWG-Vertrag auch dann nicht, wenn sie unverhältnismäßig mehr Männer als Frauen begünstigt, weil Frauen nur in geringerer Zahl in gehobene Positionen gelangt sind.
2. Wenn eine Versorgungsordnung die Gruppe der Begünstigten mit Begriffen kennzeichnet, die nicht **geschlechtsneutral** gefasst sind, sondern nur die männliche Sprachform verwenden (z. B. der Prokurist, Meister, Schichtführer), so sind damit **im Zweifel männliche und weibliche Arbeitnehmer** gleichermaßen gemeint.

2440 ▶ **Mittelbare Diskriminierung von Teilzeitbeschäftigten**

BAG, Urt. v. 14.03.1989 – 3 AZR 490/87 Fundstellen: AuR 1989, 386 = BetrAV 1989, 256 = BB 1989, 2115 = DB 1989, 2336 = NJW 1990, 68 = NZA 1990, 25

Leitsätze:

1. Art. 119 EWG-Vertrag verbietet Entgeltregelungen, bei denen das Entgelt unmittelbar vom Geschlecht der Arbeitnehmer abhängt (**unmittelbare Diskriminierung**). Art. 119 EWG-Vertrag verbietet aber auch Entgeltregelungen, durch die eine Arbeitnehmergruppe **mittelbar benachteiligt** wird.
2. Das Lohngleichheitsgebot des Art. 119 EWG-Vertrag gilt auch für betriebliche Versorgungsleistungen.
3. Der objektive Tatbestand einer mittelbaren Diskriminierung ist erfüllt, wenn eine Versorgungsordnung zwar unterschiedslos auf Männer und Frauen anzuwenden ist, ausschließende Bestimmungen aber für die Person eines Geschlechts wesentlich nachteiligere Wirkungen entfalten als bei Personen des anderen Geschlechts, und diese nachteilige Wirkungen auf dem Geschlecht oder der Geschlechtsrolle beruhen.
4. Eine unterschiedliche Behandlung der Personen eines Geschlechts ist nur dann **gerechtfertigt**, wenn sie einem **unabweisbaren Bedürfnis** des Unternehmens dient, für die Erreichung der unternehmerischen Ziele **geeignet** und unter Berücksichtigung der Bedeutung des Grundsatzes der Lohngleichheit nach den Grundsätzen der **Verhältnismäßigkeit erforderlich** ist. **Der Arbeitgeber hat** Tatsachen vorzutragen und **zu beweisen**, die diese unterschiedliche Behandlung rechtfertigen sollen.
5. Die Versorgungsordnung eines Kaufhauses, die Teilzeitbeschäftigte von Leistungen ausschließt, benachteiligt Frauen.

6. Verstößt eine Versorgungsordnung gegen das Lohngleichheitsgebot, weil sie Teilzeitbeschäftigte von der Versorgung ausschließt, sind nicht die gesamte Versorgungsordnung, sondern nur die ausschließenden, **diskriminierenden Bestimmungen nichtig**.

▶ **Verbot unterschiedlicher Behandlung von Teilzeitbeschäftigten** 2441

BAG, Urt. v. 29.08.1989 – 3 AZR 370/88 Fundstellen: AuR 1989, 384 = BetrAV 1989, 258 = BB 1989, 2116 = DB 1989, 2338 = NZA 1990, 37

Leitsätze:

1. Tarifliche Regelungen, die gegen § 2 Abs. 1 BeschFG verstoßen, sind **nichtig**.
2. Nach § 2 Abs. 1 BeschFG darf der Arbeitgeber einen teilzeitbeschäftigten Arbeitnehmer nicht wegen der Teilzeitarbeit gegenüber vollzeitbeschäftigten Arbeitnehmern unterschiedlich behandeln, es sei denn, dass **sachliche Gründe** eine unterschiedliche Behandlung **rechtfertigen**. Das Verbot unterschiedlicher Behandlung gilt auch gegenüber teilzeitbeschäftigten Arbeitnehmern, die in **unterschiedlich zeitlichem Umfang** beschäftigt werden (etwa unter oder über 50% der regelmäßigen Wochenarbeitszeit). Auch für eine unterschiedliche Behandlung dieser Arbeitnehmer sind sachliche Gründe erforderlich.
3. Der Ausschluss teilzeitbeschäftigter Arbeitnehmer von Leistungen der betrieblichen Altersversorgung bedarf daher sachlicher Gründe.
4. Es ist unerheblich, mit welchen rechtstechnischen Mitteln der Ausschluss derjenigen Arbeitnehmer, die weniger als die Hälfte der regelmäßigen Wochenarbeitszeit tätig sind, erreicht wird. Es ist deshalb unerheblich, ob der Ausschluss erreicht wird durch eine Einschränkung des persönlichen Geltungsbereichs eines Tarifvertrages oder durch ausdrückliche Ausnahmeregelung im Tarifvertrag.
5. § 6 Abs. 1 BeschFG gestattet es den Tarifvertragsparteien nicht, vom Grundsatz der Gleichbehandlung, wie er in § 2 Abs. 2 BeschFG konkretisiert und niedergelegt ist, abzuweichen.

▶ **Anspruch auf Witwerrente** 2442

BAG, Urt. v. 05.09.1989 – 3 AZR 575/89 Fundstellen: AuR 1990, 27 = BetrAV 1989, 259 = BB 1989, 2400 = DB 1989, 2615 = MDR 1990, 276 = NJW 1990, 1008 = NZA 1990, 271

Leitsätze:

1. Sagt der Arbeitgeber seinen Arbeitnehmern eine Witwenversorgung zu, so muss er auch eine **gleich hohe Witwerversorgung** zusagen. Der Ausschluss der Witwerversorgung verstößt gegen den Grundsatz der Lohngleichheit von Männern und Frauen.
2. Eine **Frist zur Einführung** der Witwerversorgung steht dem Arbeitgeber in einem solchen Fall **nicht zu**. Den Frauen kann nicht – übergangsweise – ein Teil des Lohnes vorenthalten werden, der den Männern unter im Übrigen gleichen Voraussetzungen gezahlt wird.

▶ **Zulässigkeit der Altersgrenze 35 als Voraussetzung für die Unverfallbarkeit** 2443

LAG Hamm, Urt. v. 19.12.1989 – 6 Sa 115/89 Fundstellen: BetrAV 1990, 84 = BB 1990, 496 = DB 1990, 590

Leitsatz:

Es ist verfassungsrechtlich nicht zu beanstanden, wenn § 1 Abs. 1 Satz 1 als Voraussetzung für die Unverfallbarkeit von Versorgungsanwartschaften auf die Vollendung des 35. Lebensjahres abstellt. Die Regelung enthält keine mittelbare Diskriminierung von Frauen und ist deshalb sowohl mit dem Grundgesetz als auch mit Artikel 119 EWG-Vertrag vereinbar.

2444 ▶ **Mittelbare Diskriminierung beim Ausschluss Teilzeitbeschäftigter**

BAG, Urt. v. 23.01.1990 – 3 AZR 58/88 Fundstellen: AuR 1990, 230 = BetrAV 1990, 201 = BB 1990, 1202 = DB 1990, 1620 = NZA 1990, 778

Leitsätze:

1. Das Lohngleichheitsgebot des Art. 119 EWG-Vertrag gilt auch für betriebliche Versorgungsleistungen.
2. Der Ausschluss der Teilzeitbeschäftigten von der Versorgung kann Frauen **mittelbar diskriminieren**, wenn die unterschiedliche Behandlung der Voll- und Teilzeitbeschäftigten nicht einem **unabweisbaren Bedürfnis** des Unternehmens dient (Bestätigung der Rechtsprechung des Senats, zuletzt Urteil vom 14. März 1989 – 3 AZR 490/87, BB 1989, 2115).
3. Eine mittelbare Diskriminierung kann auch gegeben sein, wenn nur Teilzeitbeschäftigte mit weniger als 30 Wochenstunden ausgeschlossen werden. Es bleibt offen, ob für den Ausschluss von geringfügig Beschäftigten eine Ausnahme gilt.

2445 ▶ **Unzulässigkeit geschlechtsspezifisch unterschiedlicher Altersgrenzen beim Bezug betrieblicher Versorgungsleistungen**

EuGH, Urt. v. 17.05.1990 – C 262/88 (Barber) Fundstellen: BetrAV 1990, 203 = DB 1990, 1824 = EuZW 1990, 283 = NJW 1991, 2204 = NZA 1990, 775

Leitsätze:

1. Die von einem Arbeitgeber einem Arbeitnehmer bei dessen Entlassung wegen Arbeitsmangels gewährten Leistungen fallen in den Anwendungsbereich des Art. 119 Abs. 2 EWG-Vertrag, gleichgültig, ob sie aufgrund eines Arbeitsvertrages, aufgrund von Rechtsvorschriften oder freiwillig gewährt werden.
2. Die aufgrund eines privaten Betriebsrentensystems gezahlten Renten fallen in den Anwendungsbereich des Art. 119 EWG-Vertrag.
3. Es verstößt gegen Art. 119 EWG-Vertrag, wenn ein wegen Arbeitsmangel entlassener Mann nur einen Anspruch auf eine im normalen Rentenalter fällige Rente hat, während eine Frau unter gleichen Umständen aufgrund der Anwendung einer **nach dem Geschlecht unterschiedlichen Altersvoraussetzung**, wie sie auch im gesetzlichen Altersrentensystem vorgesehen ist, Anspruch auf eine sofort fällige Altersrente hat. Der **Grundsatz des gleichen Entgelts** muss **für jeden Bestandteil** des Entgelts und nicht nur aufgrund einer globalen Beurteilung der den Arbeitnehmern eingeräumten Vorteile gewährleistet sein.
4. Art. 119 EWG-Vertrag kann von den nationalen Gerichten herangezogen werden. Diese Gerichte haben den Schutz der Rechte zu gewährleisten, die diese Bestimmung den einzelnen einräumt, unter anderem auch dann, wenn ein Betriebsrentensystem einem Mann nach seiner Entlassung nicht die sofort fällige Rente gewährt, die einer Frau im gleichen Fall gewährt würde.
5. Die unmittelbare Wirkung des Art. 119 EWG-Vertrag kann nicht ins Feld geführt werden, um mit Wirkung vor einem Zeitpunkt vor Erlass des vorliegenden Urteils einen Rechtsanspruch geltend zu machen; dies gilt nicht für den Arbeitnehmer oder die anspruchsberechtigten Angehörigen, die vor diesem Zeitpunkt nach dem anwendbaren nationalen Recht eine Klage oder eine gleichwertige Forderung erhoben haben.

2446 ▶ **Mittelbare Diskriminierung durch den Ausschluss Teilzeitbeschäftigter im Rahmen einer betrieblichen Versorgungsordnung**

BAG, Urt. v. 20.11.1990 – 3 AZR 613/89 Fundstellen: AuR 1991, 250 = BB 1991, 1570 = DB 1991, 1330 = MDR 1991, 777 = NJW 1991, 2927 = NZA 1991, 635

Gleichbehandlung D.

Leitsätze:

1. Das Lohngleichheitsgebot des Art. 119 Abs. 1 EWG-Vertrag ist **unmittelbar geltendes Recht** in den Mitgliedstaaten der EG. Es verbietet nicht nur die unmittelbare, sondern auch eine mittelbare Diskriminierung der Arbeitnehmer wegen ihres Geschlechts.
2. Schließt eine Versorgungsordnung Teilzeitbeschäftigte von der Versorgung aus, so liegt nach der Rechtsprechung des Europäischen Gerichtshofs der objektive Tatbestand einer mittelbaren Diskriminierung vor, wenn mehr Frauen als Männer betroffen sind und die nachteiligen Folgen auf dem Geschlecht oder der Geschlechtsrolle beruhen.
3. Ist der objektive Tatbestand einer mittelbaren Diskriminierung gegeben, muss der Arbeitgeber zur Rechtfertigung seiner Regelung darlegen und beweisen, dass die Differenzierung einem wirklichen **Bedürfnis** des Unternehmens dient und für die Erreichung dieses Ziels **geeignet** und **erforderlich** ist. Nicht jeder noch so geringfügige finanzielle Vor- oder Nachteil stellt ein wirkliches Bedürfnis dar. Vielmehr müssen **erhebliche** Kostenvor- oder -nachteile die differenzierende Regelung erfordern.
4. Werden Teilzeitbeschäftigte unter Verstoß gegen das Lohngleichheitsgebot von der betrieblichen Altersversorgung ausgeschlossen, so ist nicht die gesamte Versorgungsordnung nichtig. Nur der **Ausschlusstatbestand fällt weg**.
5. Die Arbeitnehmer brauchen den Verstoß gegen das Lohngleichheitsgebot auch **nicht zeitweilig** hinzunehmen. Weder nach dem Recht der Europäischen Gemeinschaften noch aufgrund des Rechtsstaatsprinzips (Art. 20 Abs. 3 GG) oder nach den Grundsätzen des Wegfalls der Geschäftsgrundlage kann der Arbeitgeber eine **Anpassungsfrist** zur Beseitigung der mittelbaren Diskriminierung beanspruchen.
   a) Mit der Erkenntnis, dass auch die mittelbare Diskriminierung verboten ist, wird kein Richterrecht geschaffen. Ebensowenig wird eine Normlücke durch Rechtsfortbildung geschlossen. Es wird lediglich dem durch Art. 119 EWG-Vertrag und Art. 3 Abs. 2 GG gewährleisteten Lohngleichheitsgebot Geltung verschafft. Darin liegt **kein Verstoß gegen** das sich aus dem Rechtsstaatsprinzip ergebende **Rückwirkungsverbot**.
   b) Die Rechtslage in der Bundesrepublik und die bisherige Rechtsprechung ließen **kein schutzwürdiges Vertrauen** darauf entstehen, dass mittelbar diskriminierende Regelungen in betrieblichen Versorgungsordnungen wenigstens zeitweilig wirksam sind.
   c) Mit den Grundsätzen des Wegfalls der Geschäftsgrundlage können Zweck und Geltungsbereich gesetzlicher Verbote nicht unterlaufen werden. Vielmehr sind die **Grenzen der Privatautonomie** zu beachten.

▶ Zusatzversorgung für Teilzeitbeschäftigte 2447

BAG, Urt. v. 28.07.1992 – 3 AZR 173/92 Fundstellen: AuR 1993, 60 = BetrAV 1993, 49 = BB 1993, 437 = DB 1993, 169 = NJW 1993, 874 = NZA 1993, 215

Leitsätze:

1. Der arbeitsrechtliche Gleichbehandlungsgrundsatz verbietet die sachfremde Differenzierung zwischen Arbeitnehmern in einer bestimmten Ordnung. Eine Gruppenbildung muss sachlichen Kriterien entsprechen. Eine Differenzierung ist dann sachfremd, wenn es für die unterschiedliche Behandlung keine billigenswerte Gründe gibt.
2. § 2 Abs. 1 BeschFG konkretisiert das Gebot der Gleichbehandlung für den Bereich der Teilzeitarbeit. Eine unterschiedliche Behandlung von Arbeitnehmern allein wegen der Teilzeitarbeit ist unzulässig. Sachliche Gründe, die eine unterschiedliche Behandlung von Teilzeitkräften gestatten, müssen anderer Art sein, etwa auf Arbeitsleistung, Qualifikation, Berufserfahrung oder unterschiedlichen Anforderungen am Arbeitsplatz beruhen.
3. Das Verbot einer Ungleichbehandlung ohne sachliche Rechtfertigung galt auch in Bezug auf Teilzeitbeschäftigte nicht erst seit dem Inkrafttreten des Beschäftigungsförderungsgesetzes am 1.5.1985. § 2 Abs. 1 BeschFG konkretisiert lediglich ohnehin geltendes Recht.

4. Die Geltung des Gleichbehandlungsgrundsatzes wird nicht durch den Tarifvorrang gem. § 6 Abs. 1 BeschFG aufgehoben.
5. Der allgemeine und vollständige Ausschluss unterhalbzeitig und unter 18 Wochenstunden beschäftigter Arbeitnehmer von tariflich vorgesehenen Leistungen ist unwirksam, wenn dafür nicht sachlich billigenswerte Gründe bestehen.
6. Hat der Arbeitgeber teilzeitbeschäftigte Arbeitnehmer unter Verletzung des Gleichbehandlungsgrundsatzes von der Zusatzversorgung ausgeschlossen, so ist er verpflichtet, den Arbeitnehmern eine gleichwertige Versorgung zu verschaffen. Kann der Arbeitnehmer nicht nachversichert werden, so muss der Arbeitgeber selbst eintreten.
7. Es bleibt offen, ob Arbeitnehmer, deren Arbeitszeit unter der Geringfügigkeitsgrenze gem. § 8 SGB IV lag, eine Zusatzversorgung verlangen können.

2448 ▶ **Einbeziehung sozialversicherungspflichtiger Mitarbeiter**

BAG, Urt. v. 16.03.1993 – 3 AZR 389/92 Fundstellen: AuR 1993, 304 = BetrAV 1994, 242 = BB 1993, 1738 = DB 1993, 1983 = MDR 1993, 1212 = NZA 1993, 991

Leitsätze:

1. Geht ein Arbeitnehmer mehreren Teilzeitbeschäftigungen nach, die jeweils im Sinne des § 8 Abs. 1 SGB IV geringfügig sind, so kann gleichwohl eine Versicherungspflicht in der gesetzlichen Sozialversicherung bestehen, weil die einzelnen geringfügigen Beschäftigungen nach § 8 Abs. 2 SGB IV zusammenzurechnen sind.
2. Der Ausschluss von Arbeitnehmern, die aufgrund der Zusammenrechnung mehrerer geringfügiger Beschäftigungen der gesetzlichen Rentenversicherung unterliegen, von der Zusatzversorgung im öffentlichen Dienst ist sachlich nicht gerechtfertigt.

2449 ▶ **Ausschluss eines geringfügig beschäftigten Studenten aus der Zusatzversorgung**

ArbG Berlin, Urt. v. 18.03.1993 – 92 Ca 34503/92 Fundstelle: BB 1993, 1812

Leitsätze:

1. Eine tarifvertragliche Bestimmung, die den Ausschluss geringfügig beschäftigter studentischer Arbeitnehmer aus der betrieblichen Alters- und Hinterbliebenenversorgung vorsieht, ist unwirksam, weil sie gegen § 2 Abs. 1 BeschFG verstößt.
2. Die Sozialversicherungsfreiheit für Studenten nach § 5 Abs. 3 SGB VI, Nachfolgenorm des § 1228 RVO, ist kein sachlicher Grund im Sinne des § 2 Abs. 1 BeschFG, der eine Schlechterstellung von geringfügig beschäftigten Arbeitnehmern bezüglich der betrieblichen Alters- und Hinterbliebenenversorgung rechtfertigt.

2450 ▶ **Unzulässiger Ausschluss von Außendienstmitarbeitern**

BAG, Urt. v. 20.07.1993 – 3 AZR 52/93 Fundstellen: AuR 1994, 32 = BetrAV 1994, 49 = BB 1993, 2456 = DB 1994, 102 = FamRZ 1994, 308 = MDR 1994, 808 = NZA 1994, 125

Leitsätze:

1. Der Arbeitgeber muss bei Aufstellung einer Ordnung für den Bezug von Leistungen der betrieblichen Altersversorgung (Versorgungsordnung) den arbeitsrechtlichen Gleichbehandlungsgrundsatz beachten.
2. Auch Arbeitgeber und Betriebsrat müssen den arbeitsrechtlichen Gleichbehandlungsgrundsatz beachten, wenn sie in einer Betriebsvereinbarung Ansprüche der Arbeitnehmer des Betriebes begründen.
3. Der Ausschluss einer Gruppe von Arbeitnehmern von Leistungen der betrieblichen Altersversorgung – hier: Mitarbeiter im Außendienst – ist nur dann mit dem arbeitsrechtlichen Gleichbehandlungsgrundsatz vereinbar, wenn er **nach dem Zweck der Leistung gerechtfertigt** ist (im Anschluss an BAGE 33, 57 = AP Nr. 44 zu § 242 BGB Gleichbehandlung).

Gleichbehandlung D.

4. Der Zweck einer betrieblichen Altersversorgung besteht darin, zur Versorgung der Arbeitnehmer im Alter beizutragen, sowie in der Regel Betriebstreue zu fördern und zu belohnen. Der Arbeitgeber darf Außendienstmitarbeiter von Leistungen der betrieblichen Altersversorgung nicht deshalb ausschließen, weil diese ein höheres Entgelt (Fixum und Provision) als Mitarbeiter im Innendienst erhalten.
5. Die Zwecke, die die unterschiedlichen Behandlungen bei Leistungen der betrieblichen Altersversorgung rechtfertigen sollen, müssen **aus der Versorgungsordnung erkennbar** sein. Ist der Grund der Ungleichbehandlung nicht ohne weiteres erkennbar, muss der Arbeitgeber ihn spätestens dann **offenlegen**, wenn ein von der Vergünstigung ausgeschlossener Arbeitnehmer Gleichbehandlung verlangt (Bestätigung von BAGE 33, 57 = AP Nr. 44 zu § 242 BGB Gleichbehandlung).
6. Der arbeitsrechtliche Gleichbehandlungsgrundsatz kann zur Begründung von Ruhegeldansprüchen führen. Der Arbeitgeber muss dem benachteiligten Arbeitnehmer das Ruhegeld zahlen, das er einem vergleichbaren begünstigten Arbeitnehmer schuldet.

▶ Zulässige Gruppenbildung bei einer Differenzierung von Teilzeitbeschäftigten 2451

BAG, Urt. v. 05.10.1993 – 3 AZR 695/92 Fundstellen: AuR 1994, 69 = BetrAV 1994, 54 = BB 1994, 222 = DB 1994, 739 = FamRZ 1994, 439 = MDR 1994, 490 = NZA 1994, 315 = RdA 1994, 125 = ZIP 1994, 554

Leitsätze:

1. Ein Arbeitgeber, der Leistungen der betrieblichen Altersversorgung über eine Lebensversicherung zusagt (Direktversicherung), kann je nach dem Umfang der regelmäßigen Arbeitszeit der begünstigten Arbeitnehmer Gruppen bilden, die die Höhe der Versicherungsleistung und der dafür aufzubringenden Versicherungsprämien bestimmen.
2. Bei einer **versicherungsförmigen Versorgung** wird die Einteilung der Arbeitnehmer in **voll-, überhalbzeitig und unterhalbzeitig Beschäftigte** dem Lohngleichheitsgebot gerecht.

▶ Gleiches Entgelt für Männer und Frauen bei der Gewährung einer Hinterbliebenenversorgung 2452

EuGH, Urt. v. 06.10.1993 – C 101/91 (Ten Oever) Fundstellen: BetrAV 1993, 240 = BB 1993, 2132 = DB 1993, 2132 = NZA 1993, 1125

Leitsätze:

1. Eine im Rahmen eines beruflichen Rentensystems vorgesehene Hinterbliebenenrente, [...], fällt in den Anwendungsbereich von Art. 119 EWGV.
2. Gemäß dem Urteil vom 17.05.1990 in der Rechtssache C 292/88 Barber kann die unmittelbare Wirkung von Art. 119 EWGV zur Stützung der Forderung nach Gleichbehandlung auf dem Gebiet der beruflichen Renten nur für Leistungen geltend gemacht werden, die für **Beschäftigungszeiten nach dem 17.05.1990** geschuldet werden, vorbehaltlich der Ausnahme, die für Arbeitnehmer oder deren anspruchsberechtigte Angehörige vorgesehen ist, die vor diesem Zeitpunkt nach dem anwendbaren innerstaatlichen Recht Klage erhoben oder einen entsprechenden Rechtsbehelf eingelegt haben.

▶ Gleiche Altersgrenzen für Männer und Frauen 2453

EuGH, Urt. v. 14.12.1993 – C 110/91 (Moroni) Fundstellen: AuR 1994, 23 = DB 1994, 228 = NJW 1994, 645 = NZA 1994, 165

Leitsätze:

1. Wie sich aus dem Urteil vom 17.05.1990 in der Rechtssache C 262/88 (Barber) ergibt, verstößt es gegen Art. 119 EWGV, wenn ein Arbeitnehmer im Rahmen eines ergänzenden betrieblichen Versorgungssystems aufgrund der Festsetzung eines je nach Geschlecht unterschiedlichen

Rentenalters erst in einem höheren Alter als eine Arbeitnehmerin in der gleichen Lage Anspruch auf eine Betriebsrente hat.
2. Die Richtlinie 86/378 EWG des Rates vom 24.07.1986 zur Verwirklichung des Grundsatzes der Gleichbehandlung von Männern und Frauen bei den betrieblichen Systemen der sozialen Sicherheit steht [...] der unmittelbaren und sofortigen Geltendmachung von Art. 119 EWGV vor den staatlichen Gerichten nicht entgegen.
3. Gemäß dem Urteil vom 17.05.1990 in der Rechtssache C 262/88 Barber kann die unmittelbare Wirkung von Art. 119 EWGV zur Stützung der Forderung nach Gleichbehandlung auf dem Gebiet der betrieblichen Renten nur für Leistungen geltend gemacht werden, die für **Beschäftigungszeiten nach dem 17.05.1990** geschuldet werden, vorbehaltlich der Ausnahme, die für Arbeitnehmer oder deren anspruchsberechtigte Angehörige vorgesehen ist, die vor diesem Zeitpunkt nach dem anwendbaren innerstaatlichen Recht Klage erhoben oder einen entsprechenden Rechtsbehelf eingelegt haben.

2454 ▶ **Verwendung je nach Geschlecht unterschiedlicher versicherungsmathematischer Faktoren**

EuGH, Urt. v. 22.12.1993 – C 152/91 (Neath) Fundstellen: AuR 1994, 110 = BetrAV 1994, 23 = DB 1994, 484

Leitsätze:

1. Gemäß dem Urteil vom 17.05.1990 in der Rechtssache C 262/88 (Barber) kann die unmittelbare Wirkung von Artikel 119 EWG-Vertrag zur Stützung der Forderung nach Gleichbehandlung auf dem Gebiet der betrieblichen Renten nur für Leistungen geltend gemacht werden, die für Beschäftigungszeiten nach dem 17. Mai 1990 geschuldet werden, vorbehaltlich der Ausnahme, die für Arbeitnehmer oder deren anspruchsberechtigte Angehörige vorgesehen ist, die vor diesem Zeitpunkt nach dem anwendbaren innerstaatlichen Recht Klage erhoben oder einen entsprechenden Rechtsbehelf eingelegt haben. Die gleiche Wirkung ergibt sich für den Wert von Transferleistungen und Kapitalbetragszahlungen.
2. Die Verwendung je nach dem Geschlecht unterschiedlicher versicherungsmathematischer Faktoren im Rahmen der durch Kapitalansammlung erfolgenden Finanzierung von betrieblichen Versorgungssystemen mit feststehenden Leistungen fällt **nicht** in den Anwendungsbereich von Art. 119 EWGV.

2455 ▶ **Unzulässiger Ausschluss von Teilzeitbeschäftigten**

BAG, Urt. v. 25.10.1994 – 3 AZR 149/94 Fundstellen: AuR 1995, 224 = BB 1995, 832 = NZA 1995, 730 = RdA 1995, 187 = ZIP 1995, 409

Leitsätze:

1. Nach dem allgemeinen Gleichbehandlungsgrundsatz, der durch § 2 Abs. 1 BeschFG lediglich eine Konkretisierung erfahren hat, rechtfertigt das unterschiedliche Arbeitspensum der Vollzeit- und der Teilzeitbeschäftigten allein keinen vollständigen Ausschluss des Teilzeitbeschäftigten von Leistungen der betrieblichen Altersversorgung. Die für den Ausschluss der Teilzeitkräfte **maßgeblichen Sachgründe** müssen anderer Art sein, etwa auf Arbeitsleistung, Qualifikation, Berufserfahrung oder unterschiedlichen Anforderungen am Arbeitsplatz beruhen (Fortführung der ständigen Rechtsprechung des BAG, vgl. Urteil vom 28. Juli 1992 – 3 AZR 173/92 – AP Nr. 18 zu § 1 BetrAVG Gleichbehandlung, zu B I 2 a der Gründe).
2. Ausdruck der Gleichbehandlung ist es, dass die Teilzeitarbeit lediglich nach dem **zeitlichen Anteil** der Arbeitsleistung im Vergleich zur Vollzeitarbeit vergütet wird. Dementsprechend können Teilzeitkräfte nicht eine gleich hohe betriebliche Altersversorgung fordern wie Vollzeitkräfte (Bestätigung der bisherigen Senatsrechtsprechung, zuletzt Urteil vom 15. Februar 1994 – 3 AZR 708/93 – AP Nr. 12 zu § 1 BetrAVG Gleichbehandlung, zu III 2 b (3) der Gründe).

Gleichbehandlung D.

▶ **Unzulässiger Ausschluss von Mitarbeitern im zweiten Arbeitsverhältnis** 2456

BAG, Urt. v. 22.11.1994 – 3 AZR 349/94 Fundstellen: AuR 1995, 224 = BetrAV 1995, 219 = BB 1995, 2011 = DB 1995, 930 = MDR 1995, 724 = NZA 1995, 733 = ZIP 1995, 668

Leitsatz:

Es verstößt gegen den arbeitsrechtlichen Gleichbehandlungsgrundsatz, Arbeitnehmer allein deshalb aus einem betrieblichen Versorgungswerk auszunehmen, weil sie in einem zweiten Arbeitsverhältnis stehen. Für eine solche Benachteiligung gibt es keinen sachlich rechtfertigenden Grund.

▶ **Altersversorgung für befristet beschäftigte Arbeitnehmer** 2457

BAG, Urt. v. 13.12.1994 – 3 AZR 367/94 Fundstellen: AuR 1995, 149 = BB 1995, 576 = DB 1995, 931 = NZA 1995, 886 = RdA 1995, 191 = ZIP 1995, 667

Leitsätze:

1. Die Ungleichbehandlung verschiedener Arbeitnehmergruppen bei der Zusage von Leistungen der betrieblichen Altersversorgung ist mit dem Gleichbehandlungsgrundsatz nur dann vereinbar, wenn die Unterscheidung **nach dem Zweck der Leistung gerechtfertigt** ist (Bestätigung des Senatsurteils vom 20. Juli 1993 – 3 AZR 52/93 – AP Nr. 11 zu § 1 BetrAVG Gleichbehandlung).
2. Arbeitnehmer, deren Arbeitsverhältnisse rechtswirksam auf ein Jahr **befristet** sind (hier: ABM-Kräfte nach §§ 91 bis 96 AFG), dürfen von Zusagen auf Leistungen der betrieblichen Altersversorgung ausgenommen werden.

▶ **Unzulässiger Ausschluss von Teilzeitbeschäftigten (Verschaffungsanspruch)** 2458

BAG, Urt. v. 07.03.1995 – 3 AZR 282/94 Fundstellen: BetrAV 1996, 122 = BB 1995, 2217 = DB 1995, 2020 = NZA 1996, 48 = RdA 1995, 377

Leitsätze:

1. § 2 Versorgungs-TV in Verb. mit § 3 Buchst. q BAT in der bis zum 31. Dezember 1987 geltenden Fassung ist wegen Verstoßes gegen den Gleichheitssatz (Art. 3 Abs. 1 GG) jedenfalls insoweit unwirksam, als alle **unterhälftig beschäftigten Teilzeitkräfte** von Leistungen der betrieblichen Altersversorgung ausgeschlossen worden sind. Im Übrigen ist der Versorgungs-TV einschließlich der den Versorgungsanspruch begründenden Grundregel wirksam.
    a) Ein Verstoß gegen den Gleichheitssatz liegt vor, wenn im Wesentlichen gleichliegende Sachverhalte ohne einleuchtende Gründe unterschiedlich behandelt werden. Für die Verletzung des Gleichheitssatzes ist **kein Verschulden erforderlich**. Entscheidend ist die **objektive Sach- und Rechtslage**.
    b) Für den generellen Ausschluss unterhälftig beschäftigter Teilzeitkräfte aus der betrieblichen Altersversorgung gibt es keine sachlich vertretbaren Gründe (Bestätigung der bisherigen Rechtsprechung, vgl. BAGE 71, 29, 38 ff. = AP Nr. 19 zu § 1 BetrAVG Gleichbehandlung, zu B I 3 c der Gründe).
    c) Dem Gleichheitssatz kann im vorliegenden Fall nur dadurch entsprochen werden, dass auch den unterhälftig beschäftigten Teilzeitkräften **für die Vergangenheit** die vorenthaltene betriebliche Altersversorgung **verschafft** wird.
2. Den von der betrieblichen Altersversorgung zu Unrecht ausgeschlossenen Teilzeitkräften steht nicht lediglich ein Schadensersatzanspruch, sondern ein **Erfüllungsanspruch** zu. Im Betriebsrentenrecht ist zwischen der **arbeitsrechtlichen Grundverpflichtung** und dem Durchführungsweg zu unterscheiden. Kann die geschuldete Altersversorgung nicht auf dem vorgesehenen Durchführungsweg erbracht werden, so hat der Arbeitgeber aufgrund seiner **Einstandspflicht** erforderlichenfalls selbst die Versorgungsleistungen zu erbringen.

3. Wenn tarifliche Ausschlussfristen unwirksam sind, ergibt sich der Erfüllungsanspruch der Arbeitnehmer nicht aus dem Gleichbehandlungsgrundsatz, sondern aus den verbleibenden wirksamen Versorgungsregelungen des Tarifvertrages.
4. Der sich aus dem **Rechtsstaatsprinzip** (Art. 20 Abs. 3 GG) ergebende **Vertrauensschutz** gegenüber rückwirkenden Belastungen hat jedenfalls im vorliegenden Fall nicht zum Wegfall oder einer Einschränkung der geltend gemachten Versorgungsrechte geführt: Das Interesse des Arbeitgebers, von zusätzlichen finanziellen Belastungen und Verwaltungsaufwand verschont zu bleiben, verdiente keinen Vorrang gegenüber dem Interesse der benachteiligten Teilzeitkräfte an der uneingeschränkten Beachtung des Gleichheitssatzes. Eine Überforderung der Beklagten durch die **rückwirkende Anwendung des Gleichheitssatzes** war nicht ersichtlich.
5. Die in Maastricht beschlossene Protokollerklärung zu Art. 119 EG-Vertrag hat lediglich den zeitlichen Anwendungsbereich des Art. 119 EG-Vertrag, nicht aber die Geltung daneben anwendbarer nationaler Schutzvorschriften wie Art. 3 Abs. 1 GG eingeschränkt.
6. Die Arbeitnehmer haben schon vor Eintritt des Versorgungsfalles ein rechtliches Interesse an der alsbaldigen Feststellung des Inhalts ihrer Versorgungsrechte. Auch wenn der Versorgungsfall eingetreten und eine Leistungsklage möglich ist, kann noch ein **Feststellungsinteresse** (§ 256 Abs. 1 ZPO) bestehen.

2459 ▶ Gleichbehandlung bei unterschiedlichen Tarifverträgen

BAG, Urt. v. 17.10.1995 – 3 AZR 882/94 Fundstellen: BetrAV 1996, 121 = BB 1996, 380 = NJW 1996, 1980 = NZA 1996, 656

Leitsätze:

1. Die **Tarifvertragsparteien** sind bei ihrer rechtssetzenden Tätigkeit an den **Gleichheitssatz der Verfassung gebunden**. Sie haben vergleichbare Arbeitnehmergruppen gleich zu behandeln. Ein Vergleich kann nicht daran scheitern, dass die Rechtsverhältnisse in **unterschiedlichen Tarifverträgen** geregelt werden (im Anschluss an das Urteil des EuGH vom 27. Oktober 1993 – Rs C 127/92 – AP Nr. 50 zu Art. 119 EWG-Vertrag).
2. Die unterschiedliche Behandlung der Fleischbeschautierärzte in Bezug auf Zusagen der betrieblichen Altersversorgung bedarf eines **sachlichen Grundes**. Die **Vereinbarung einer Stückvergütung** rechtfertigt die unterschiedliche Behandlung, wenn die Tierärzte ihr Entgelt für die geleistete Arbeitsstunde in nicht unerheblichem Umfang selbst bestimmen können, andere Fleischbeschautierärzte wegen des festen Stundenlohns diese Möglichkeit nicht haben. Die Möglichkeit, bedeutend höhere Verdienste je Arbeitsstunde erzielen zu können, ist ein Ausgleich für die fehlende Versorgungszusage. Beide Regelungen gehören zum Regelungsbereich des Arbeitsentgelts; sie sind deshalb in **einen Gesamtvergleich** einzubeziehen.

2460 ▶ Zeitlich unbegrenzt rückwirkende Anwendung des Gleichheitsgrundsatzes

BAG, Urt. v. 16.01.1996 – 3 AZR 767/94 Fundstellen: BetrAV 1996, 260 = BB 1996, 1225 = DB 1996, 939 = NJW 1996, 2052 = NZA 1996, 607

Leitsätze:

1. § 3 des Versorgungstarifvertrages für die Arbeitnehmer der Deutschen Bundespost ist wegen Verstoßes gegen den Gleichheitssatz (Art. 3 Abs. 1 GG) jedenfalls insoweit unwirksam, als alle **unterhälftig beschäftigten Teilzeitkräfte** von Leistungen der betrieblichen Altersversorgung ausgeschlossen worden sind. Im Übrigen ist der Versorgungs-TV einschließlich der den Versorgungsanspruch begründenden Grundregel wirksam.
2. Der sich aus dem **Rechtsstaatsprinzip** (Art. 20 Abs. 3 GG) ergebende **Vertrauensschutz** gegenüber rückwirkenden Belastungen hat jedenfalls im vorliegenden Fall nicht zum Wegfall oder einer Einschränkung der geltend gemachten Versorgungsrechte geführt:
   a) Der Inhalt des Art. 3 Abs. 1 GG hat sich nicht geändert.

b) Es bleibt offen, ob überhaupt ein Vertrauen darauf entstehen kann, dass die Gerichte trotz besserer Rechtserkenntnisse ihre Rechtsprechung nicht mehr für zurückliegende Zeiträume ändern. Zumindest hat eine **Interessenabwägung** zu erfolgen.
c) Die finanziellen Belastungen der Beklagten sind abzuwägen mit den Interessen der Arbeitnehmer an der Beachtung des Art. 3 Abs. 1 GG, der als verfassungsrechtliche Grundentscheidung für alle Bereiche des Rechts Geltung beansprucht.
3. Die in Maastricht beschlossene Protokollerklärung zu Art. 119 EG-Vertrag hat lediglich den zeitlichen Anwendungsbereich des Art. 119 EG-Vertrag, nicht aber die Geltung daneben anwendbarer nationaler Schutzvorschriften wie Art. 3 Abs. 1 GG eingeschränkt (Bestätigung des Senatsurteils vom 7. März 1995 – 3 AZR 282/94).

▶ Ausschluss geringfügig Beschäftigter von der Zusatzversorgung   2461

BAG, Urt. v. 27.02.1996 – 3 AZR 886/94 Fundstellen: BAGE 82, 193 = NZA 1996, 992 = BetrAV 1996, 261 = BB 1996, 1561

Leitsätze:
1. Soweit der Versorgungstarifvertrag für Arbeitnehmer kommunaler Verwaltungen und Betriebe Teilzeitkräfte, die rentenversicherungsrechtlich mehr als nur geringfügig beschäftigt werden, aus der Zusatzversorgung des öffentlichen Dienstes ausgenommen hat, ist diese Einschränkung der Versorgungsverpflichtungen wegen Verstoßes gegen den Gleichheitssatz (Art. 3 Abs. 1 GG) unwirksam.
2. Dies gilt auch für den Ausschluss von Teilzeitkräften, die erst aufgrund der **Zusammenrechnung mehrerer geringfügiger Beschäftigungen** der gesetzlichen Rentenversicherungspflicht unterfallen (Bestätigung der bisherigen Rechtsprechung des Senats, vgl. BAGE 72, 345, 349 f. = AP Nr. 6 zu § 1 BetrAVG Teilzeit, zu 3c der Gründe; Urteil vom 7. März 1995 – 3 AZR 282/94, AP Nr. 26 zu § 1 Gleichbehandlung, zu B II der Gründe; Urteil vom 16. Januar 1996 – 3 AZR 767/94, zu C der Gründe).
3. Soweit die Tarifvertragsparteien jedoch **Teilzeitkräfte**, die nur **geringfügig beschäftigt** werden und deshalb nicht der gesetzlichen Rentenversicherungspflicht unterliegen, von der Zusatzversorgung im öffentlichen Dienst ausgenommen haben, gibt es dafür einleuchtende Gründe. Dieser Ausschluss trägt insbesondere der **Ergänzungsfunktion der Zusatzversorgung** Rechnung. Die Verzahnung mit dem Rentenversicherungsrecht entspricht dem Sinn und Zweck des Gesamtversorgungssystems.
4. Auch für Beschäftigungszeiten bis zum 31. März 1991 kommt es auf die Rentenversicherungspflicht an, obwohl die Versorgungsregelungen damals noch nicht auf die rentenversicherungsrechtliche Geringfügigkeitsgrenze (nunmehr § 8 SGB IV) abstellten, sondern weitergehend Teilzeitbeschäftigte bis zu einer Arbeitszeit von 18 Wochenstunden von der Zusatzversorgung ausnahmen. Die Unwirksamkeitsfolge ist bei Tarifnormen unter Berücksichtigung des zum Ausdruck gebrachten Regelungszwecks auf das rechtlich gebotene zu begrenzen.
5. Solange die Wartezeit von 60 Umlagemonaten (§ 20 Abs. 1 VersTV-G) nicht erfüllt ist, besteht kein **Anspruch auf Verschaffung** einer Zusatzversorgung.

▶ Zusatzversorgung für Teilzeitbeschäftigte bei der Post   2462

BAG, Urt. v. 12.03.1996 – 3 AZR 993/94 Fundstelle: BetrAV 1996, 261 = DB 1996, 2085 = NZA 1996, 939

Leitsätze:
1. § 3 des Versorgungstarifvertrages für die Arbeitnehmer der Deutschen Bundespost in den bis zum 31. März 1991 geltenden Fassungen war wegen Verstoßes gegen Art. 3 Abs. 1 GG **nichtig**, soweit er Arbeitnehmer von der Zusatzversorgung bei der Versorgungsanstalt der Deutschen Bundespost (VAP) ausnahm, deren arbeitsvertraglich vereinbarte durchschnittliche Arbeitszeit

weniger als 18 Stunden oder **weniger als die Hälfte** der jeweils geltenden regelmäßigen Wochenarbeitszeit eines Vollzeitbeschäftigten betrug.
2. Arbeitnehmer, die aufgrund entsprechend geringer Wochenarbeitszeiten nicht bei der VAP versichert worden waren, haben gegen die Deutsche Bundespost und deren Rechtsnachfolger einen **Anspruch auf Verschaffung** von Versorgungsleistungen, wie er ihnen zustünde, wenn sie auch in diesen Zeiten mit geringerer Beschäftigung versichert worden wären (Bestätigung der Senatsurteile vom 7. März 1995 – 3 AZR 282/94, AP Nr. 26 zu § 1 BetrAVG Gleichbehandlung sowie vom 16. Januar 1996 – 3 AZR 767/94).
3. Dies gilt nicht für solche Arbeitnehmer, die im Arbeitsverhältnis bei der Deutschen Bundespost nur in einem derart **geringen Umfang** beschäftigt waren, dass sie dort **nicht in der gesetzlichen Rentenversicherung pflichtversichert** waren, sowie für Zeiten des Arbeitsverhältnisses, in denen aufgrund des Beschäftigungsumfangs keine Rentenversicherungspflicht bestand. Insoweit war und ist der Ausschluss aus dem Versorgungswerk der Deutschen Bundespost rechtswirksam (Bestätigung und Weiterführung des Senatsurteils vom 27. Februar 1996 – 3 AZR 886/94).

2463 ▶ **Gleichbehandlung bei Anschluss an ein Betriebsrentensystem**

EuGH, Urt. v. 24.10.1996 – C 435/93 (Dietz) Fundstellen: BetrAV 1997, 31 = BB 1996, 2692 = DB 1996, 186

Leitsätze:

1. Der Anspruch auf Anschluss an ein Betriebsrentensystem fällt in den Anwendungsbereich des Artikels 119 EWG-Vertrag und somit unter das in diesem Artikel niedergelegte Diskriminierungsverbot. Diese Auslegung hängt weder vom Zweck der nationalen Rechtsvorschriften ab, nach denen der Anschluss an ein solches Rentensystem für obligatorisch erklärt werden kann, noch davon, dass der Arbeitgeber gegen die Entscheidung, diesen Anschluss für obligatorisch zu erklären, Beschwerde eingelegt hat, oder davon, dass bei den Arbeitnehmern eine Untersuchung im Hinblick auf die mögliche Beantragung der Befreiung von der Anschlusspflicht durchgeführt worden ist.
2. Die **zeitliche Beschränkung** der Wirkungen des Urteils Barber (C-262/88) gilt weder für den Anspruch auf Anschluss an ein Betriebsrentensystem wie das im Ausgangsverfahren in Rede stehende noch für den Anspruch auf Zahlung einer Altersrente im Fall eines Arbeitnehmers, der unter Verstoß gegen Artikel 119 des Vertrages vom Anschluss an ein solches System ausgeschlossen worden ist.
3. Die **Verwalter** eines Betriebsrentensystems sind ebenso wie der Arbeitgeber gehalten, Artikel 119 des Vertrages zu beachten, und der diskriminierte Arbeitnehmer kann seine **Ansprüche unmittelbar gegen diese Verwalter** geltend machen.
4. Ein Arbeitnehmer, der Anspruch auf den **rückwirkenden Anschluss** an ein Betriebsrentensystem hat, kann sich der Zahlung der Beiträge für den betreffenden Anschlusszeitraum nicht entziehen. [...]
5. Das dem Vertrag über die Europäische Union beigefügte **Protokoll Nr. 2 zu Artikel 119** des Vertrages zur Gründung der Europäischen Gemeinschaft **hat keine Auswirkungen** auf den Anspruch auf Anschluss an ein Betriebsrentensystem oder auf den Anspruch auf Zahlung einer Altersrente im Fall eines Arbeitnehmers, der unter Verstoß gegen Artikel 119 des Vertrages vom Anschluss an ein Betriebsrentensystem ausgeschlossen worden ist; für diese Ansprüche ist weiterhin das Urteil vom 13. Mai 1986 in der Rechtssache 170/84 (Bilka) maßgebend.

2464 ▶ **Gleichbehandlung bei der Abgrenzung des zu versorgenden Personenkreises**

BAG, Urt. v. 20.11.1996 – 5 AZR 645/95 Fundstellen: BetrAV 1997, 95 = NZA 1997, 312 = ZIP 1997, 375

Leitsatz:

Es verstößt nicht gegen den Grundsatz der Gleichbehandlung, wenn eine Sozialeinrichtung der Post nur ehemaligen Postbeamten, um diese als Arbeitnehmer zu gewinnen, zusätzlich zum Arbeitsentgelt die Prämien für eine Direktversicherung zahlt, anderen Arbeitnehmern aber nicht.

▶ **Unterschiedliches Rentenzugangsalter für Männer und Frauen** 2465

BAG, Urt. v. 18.03.1997 – 3 AZR 759/95 Fundstellen: BB 1997, 1417 = DB 1997, 1475 = NZA 1997, 824

Leitsätze:

1. Versorgungszusagen mit unterschiedlichem Rentenzugangsalter für Männer und Frauen verstoßen für eine Übergangszeit nicht gegen Art. 3 Abs. 3 GG. Nach Art. 3 Abs. 2 GG dürfen die bisher für Frauen bestehenden Nachteile in der beruflichen Entwicklung durch die Festsetzung eines früheren Rentenalters ausgeglichen werden.
2. Auf Art. 119 EG-Vertrag und dem daraus folgenden Verbot eines unterschiedlichen Rentenzugangsalters für Männer und Frauen kann sich ein Mann nur berufen, soweit es um **Dienstzeiten nach dem 17. Mai 1990** geht (Urteil des EuGH vom 17.5.1990 – Rs. C 262/88 – Barber – EuGHE I 1990, 1889 = AP Nr. 20 zu Art. 119 EWG-Vertrag).

▶ **Ausschluss teilzeitbeschäftigter Fleischbeschautierärzte aus der Zusatzversorgung im öffentlichen Dienst** 2466

BAG, Urt. v. 13.05.1997 – 3 AZR 66/96 Fundstelle: DB 1997, 2626 = NZA 1997, 1294

Leitsätze:

1. § 20 des Tarifvertrages über die Rechtsverhältnisse der **nicht vollbeschäftigten** amtlichen Tierärzte und Fleischkontrolleure in öffentlichen Schlachthöfen und Einfuhruntersuchungsstellen, der Arbeitnehmer von der Zusatzversorgung des öffentlichen Dienstes ausschließt, die im jeweils vorangegangenen Kalenderjahr nicht mindestens eine Stundenvergütung für 1.000 Stunden erhalten haben, verstößt gegen Art. 3 Abs. 1 GG und ist deshalb nichtig. Nur der Ausschluss von Angestellten, die geringfügig i. S. v. § 8 SGB IV tätig sind, ist zulässig. Dasselbe gilt ab 1. Januar 1997 für § 5 Abs. 3 des Tarifvertrages über die Versorgung der Arbeiter des Bundes und der Länder sowie von Arbeitnehmern kommunaler Verwaltungen und Betriebe.
2. Den zu Unrecht von der Zusatzversorgung ausgeschlossenen Angestellten muss der Arbeitgeber eine den begünstigten Angestellten entsprechende Zusatzversorgung **verschaffen**.

▶ **Unterschiedliches Rentenzugangsalter für Männer und Frauen** 2467

BAG, Urt. v. 03.06.1997 – 3 AZR 910/95 Fundstellen: BAGE 86, 79 = NZA 1997, 1043 = BB 1997, 1694 = DB 1997, 1778

Leitsätze:

1. Regelungen in Versorgungsverträgen, für Männer und Frauen ein unterschiedliches Rentenzugangsalter (Männer: 65 Jahre; Frauen: 60 Jahre) vorsehen, verstoßen für eine Übergangszeit nicht gegen Art. 3 Abs. 3 GG. Nach Art. 3 Abs. 2 GG dürfen die bisher noch für Frauen bestehenden Nachteile im Berufsleben durch die Festsetzung eines früheren Rentenalters ausgeglichen werden.
2. Solche Regelungen verstoßen jedoch gegen Art. 119 EG-Vertrag. Die Bestimmung **geht** auch deutschen gesetzlichen Regelungen **vor und verdrängt** das entgegenstehende deutsche Recht. Das gilt für die Berechnung einer Invalidenrente, die nach einer theoretischen Altersrente zu berechnen ist, ebenso wie für die Berechnung des Unverfallbarkeitsfaktors nach § 2 Abs. 1 BetrAVG.

3. Auf Art. 119 EG-Vertrag kann sich ein Mann nur mit Erfolg berufen, soweit bei der Berechnung der Betriebsrente und der Anwartschaft **Zeiten nach dem 17. Mai 1990** (Urteil des EuGH vom 17.5.1990 – Rs. C 262/88 – Barber) zu berücksichtigen sind.
4. Der Unverfallbarkeitsfaktor nach § 2 Abs. 1 BetrAVG ist für Beschäftigungszeiten vor und nach dem 17. Mai 1990 unterschiedlich zu berechnen. Für Beschäftigungszeiten vor dem 17. Mai 1990 ist von einer möglichen Betriebszugehörigkeit bis zum 65. Lebensjahr auszugehen, für die Zeit nach dem 17. Mai 1990 von einer möglichen Betriebszugehörigkeit bis zum 60. Lebensjahr (Rentenzugangsalter für Frauen). Entsprechendes gilt für die Berechnung der Invalidenrente, bei deren Berechnung eine erreichbare (»theoretische«) Altersrente zu berücksichtigen ist.

2468 ▶ **Gleichbehandlung bei Witwerrente**

LAG Düsseldorf, Urt. v. 11.06.1997 – 17 Sa 306/97 (Rev.-Az.: 3 AZR 631/97) Fundstelle: BB 1998, 751

Leitsätze:

1. Die Voraussetzung für die Gewährung einer Witwerrente in der Satzung einer Pensionskasse, die verstorbene Angestellte (Ehefrau) müsse »den **Unterhalt** der Familie **überwiegend bestritten** haben«, ist mit **Art. 119 EG-V** unvereinbar, wenn Witwenrenten nicht der gleichen Einschränkung unterliegen.
2. Jedenfalls dann, wenn die Trägerin der Pensionskasse eine Körperschaft des öffentlichen Rechts ist, gilt im Verhältnis zu den versicherten Arbeitnehmern und ihren anspruchsberechtigten Angehörigen auch der **Grundrechtsschutz des Art. 3 Abs. 2, Abs. 3 GG**.
3. Versicherungsrechtliche Grundsätze stehen der **unmittelbaren Inanspruchnahme** der Pensionskasse durch die diskriminierten Arbeitnehmer bzw. Angehörigen nicht entgegen.

2469 ▶ **Teilzeitbeschäftigte: Verfassungswidrigkeit des Ausschlusses »unterhalbzeitig Beschäftigter« von der betrieblichen Altersversorgung**

BVerfG, Beschl. v. 27.11.1997 – 1 BvL 12/91 Fundstelle: BVerfGE 97, 35 = BetrAV 1998, 51 = NZA 1998, 247 = NJW 1998, 1215 = DB 1998, 1571

Leitsatz:

Unterhalbzeitig beschäftigte Arbeitnehmer dürfen von der zusätzlichen Altersversorgung nach dem Hamburger Ruhegeldgesetz nicht ausgeschlossen werden.

2470 ▶ **Gleichbehandlung in der betrieblichen Altersversorgung (Einbeziehung von Außendienstmitarbeitern)**

BAG, Urt. v. 09.12.1997 – 3 AZR 661/96 Fundstelle: DB 1998, 1823 = BB 1998, 2114 = NZA 1998, 1173 = VersR 1998, 1576

Leitsätze:

1. Ein Arbeitgeber kann bei der Gewährung von Leistungen der betrieblichen Altersversorgung insbesondere wegen eines nachvollziehbaren unterschiedlichen Interesses an fortdauernder Betriebstreue oder wegen eines typischerweise unterschiedlichen Versorgungsbedarfs einzelner Arbeitnehmergruppen differenzieren.
2. Der Differenzierungsgrund muss sich aus der betrieblichen Versorgungsordnung selbst ergeben. Das bedeutet zumindest, dass die Versorgungsordnung dem behaupteten Differenzierungsgrund nicht widersprechen darf.
3. Die Unterschiede in der Art der Arbeitsleistung und der besonderen Vergütungsstruktur können es nicht sachlich rechtfertigen, Außendienstmitarbeiter aus einer ausschließlich arbeitgeberfinanzierten betrieblichen Altersversorgung auszuschließen, die sämtlichen Innendienstmitarbeitern zugute kommt.

4. Ein Arbeitgeber kann ohne Verstoß gegen den arbeitsrechtlichen Gleichbehandlungsgrundsatz Arbeitnehmer von der betrieblichen Altersversorgung ausschließen, die ein erheblich höheres Einkommen als die in das Versorgungswerk einbezogene Gruppe haben. Er kann aus sozialen Gründen nur solchen Arbeitnehmern einen Zusatzversorgungsanspruch einräumen, die nicht in vergleichbarer Weise wie die von der Versorgung ausgenommenen Arbeitnehmer zur Eigenvorsorge in der Lage sind.
5. Ein Gesamtvergleich der den verschiedenen Arbeitnehmergruppen in unterschiedlicher Form zufließenden Arbeitsentgelte kann allenfalls dann einen Ausschluss von Versorgungsleistungen rechtfertigen, wenn den betrieblichen Entgeltfestlegungen entnommen werden kann, dass in dem laufenden Entgelt der aus dem ausschließlich arbeitgeberfinanzierten betrieblichen Versorgungswerk ausgenommenen Arbeitnehmergruppe Bestandteile enthalten sind, die einen gleichwertigen Ausgleich für die Benachteiligung im Bereich des Versorgungslohns bezwecken.
6. Ein Verstoß gegen den Gleichbehandlungsgrundsatz führt nicht zur Nichtigkeit der gesamten vom Arbeitgeber geschaffenen Ordnung, sondern nur dazu, dass die einschränkenden Bestimmungen entfallen, die eine Arbeitnehmergruppe ohne sachlichen Grund benachteiligen. Dies gilt jedenfalls für in der Vergangenheit abgeschlossene Sachverhalte, bei denen der Arbeitgeber keine andere Möglichkeit, Gleichbehandlung herbeizuführen hat, als durch eine »Anpassung« nach oben.

▶ Zusatzversorgung Teilzeitbeschäftigter 2471

EuGH, Urt. v. 11.12.1997 – C 246/96 Fundstellen: ArbuR 1998, 125 = BetrAV 1998, 216

Leitsatz:

Die Dienstzeit teilzeitbeschäftigter Arbeitnehmer, die aufgrund ihres Geschlechts mittelbar diskriminiert worden sind, ist ab dem 8.4.1976 – dem Tag des Erlasses des Urteils Defrenne – für die Berechnung der ihnen zustehenden Zusatzleistungen zu berücksichtigen. [...]

▶ Gleichbehandlung unterschiedlicher Arbeitnehmergruppen 2472

BAG, Urt. v. 17.02.1998 – 3 AZR 783/96 Fundstellen: BB 1998, 1319 = DB 1998, 1139 = AuA 1998, 317 = BetrAV 1998, 218

Leitsätze:

1. Der arbeitsrechtliche Gleichbehandlungsgrundsatz verbietet die sachfremde Unterscheidung zwischen Arbeitnehmern eines Betriebs nach bestimmten Merkmalen. Die Gruppenbildung muss – gemessen an den mit der Regelung verfolgten Zwecken – sachlich berechtigt sein (st. Rspr. des BAG, vgl. BAGE 78, 288; Urteil vom 9.12.1997 – 3 AZR 355/96 – zur Veröffentlichung vorgesehen).
2. Mit Zusagen von Leistungen der betrieblichen Altersversorgung kann der Arbeitgeber verschiedene Zwecke verfolgen. Die Förderung und Belohnung von Betriebstreue ist ein zulässiger Zweck. Der Arbeitgeber kann die Zusage auf solche Arbeitnehmer beschränken, die er enger an das Unternehmen binden will.
3. Die Unterscheidung zwischen **Mitarbeitern mit leitenden Aufgaben** und sonstigen Mitarbeitern ist sachlich berechtigt (Bestätigung von BAGE 53, 309).
4. Der Arbeitgeber darf auch **Mitarbeiter im Außendienst** durch Zusagen auf Leistungen der betrieblichen Altersversorgung enger an das Unternehmen binden. Für diese Bevorzugung gibt es gute Gründe.

▶ Berücksichtigung von Provisionen bei der Berechnung der Betriebsrente 2473

BAG, Urt. v. 17.02.1998 – 3 AZR 578/96 Fundstellen: BB 1998, 1267 = DB 1998, 1239 = BetrAV 1998, 216

Leitsätze:

1. Zu den Grundsätzen, die Arbeitnehmer und Betriebsrat bei dem Aufstellen einer Versorgungsordnung durch Betriebsvereinbarung zu beachten haben, gehört der Grundsatz der **Gleichbehandlung**.
2. Der Grundsatz der Gleichbehandlung gilt auch für die Ermittlung der für die Berechnung einer Betriebsrente maßgeblichen Bemessungsgrundlagen (**rentenfähiger Arbeitsverdienst**).
3. Einzelne Lohnbestandteile können unberücksichtigt bleiben, wenn es hierfür **sachliche Gründe** gibt.
    a) Arbeitgeber und Betriebsrat können den Versorgungsbedarf so beschreiben, dass nur das Festgehalt, nicht auch Provisionen, zum rentenfähigen Arbeitsverdienst gehören.
    b) Der Ausschluss von variablen Lohnbestandteilen aus der Bemessungsgrundlage kann auch durch Gründe der Klarheit und der einfacheren Handhabung gerechtfertigt sein.
    c) Die **Grenze der zulässigen Gestaltung** einer Betriebsvereinbarung ist überschritten, wenn die Gruppe der **Außendienstmitarbeiter** tatsächlich keine oder keine angemessene Betriebsrente erhalten kann.

2474 ▶ **Gleichbehandlung von Teilzeitkräften**

LAG Hamm, Urt. v. 14.07.1998 – 6 Sa 2450/97 Fundstellen: BB 1998, 1851 = DB 1998, 1871

Leitsätze:

1. Teilzeitkräfte, die unzulässigerweise aus der betrieblichen Altersversorgung ausgeschlossen worden sind, steht ein auf den Gleichbehandlungsgrundsatz gestützter Erfüllungsanspruch zu. Auf welchem Durchführungsweg der Arbeitgeber den Anspruch verwirklicht, bleibt ihm überlassen.
2. Der Erfüllungsanspruch umfasst in erster Linie die Verpflichtung, dem Arbeitnehmer eine gleichwertige Versorgung zu verschaffen. Sollten dem Versorgungsberechtigten in diesem Zusammenhang Nachteile erwachsen, indem er mit zusätzlich zu entrichtenden Steuern belastet wird, kann er auch ihre Ausgleichung vom Arbeitgeber beanspruchen.

2475 ▶ **Ungleichbehandlung bei der Verfallbarkeit von Betriebsrenten – Verfassungswidrigkeit von § 18 BetrAVG**

BVerfG, Urt. v. 15.07.1998 – 1 BvR 1554/89, 1 BvR 963/94 und 1 BvR 964/94 Fundstelle: ArbuR 1999, 147

Leitsätze:

1. Die Gleichbehandlung unterschiedlich hoher Versorgungszusagen desselben öffentlichen Arbeitgebers durch § 18 BetrAVG bei vorzeitiger Beendigung des Arbeitsverhältnisses ist mit Art. 3 Abs. 2 GG unvereinbar.
2. Die Ungleichbehandlung der Verfallbarkeit von betrieblichen Altersrenten in der Privatwirtschaft und im öffentlichen Dienst durch das BetrAVG verletzt den allgemeinen Gleichheitssatz.
3. Art. 12 Abs. 1 GG schützt Arbeitnehmer vor einem Verfall von betrieblichen Versorgungsanwartschaften, soweit dadurch die frei Wahl eines anderen Arbeitsplatzes in Unverhältnismäßiger Weise eingeschränkt wird.

2476 ▶ **Anrechnung der gesetzlichen Rente bei Teilzeitkräften**

BAG, Urt. v. 14.08.1998 – 3 AZR 385/97 Fundstellen: DB 1999, 1123 = BB 1999, 1558 = NZA 1999, 874 = VersR 1999, 1520

Leitsatz:

Nach der VBL-Satzung steht Teilzeitkräften entsprechend ihrer geringeren Arbeitszeit eine niedrigere Gesamtversorgung zu als den Vollzeitkräften. Auf diese Gesamtversorgung ist die Sozialversicherungsrente auch insoweit anzurechnen, wie sie auf früheren Vollzeitbeschäftigungen beruht.

Gleichbehandlung D.

Die Anrechnungsregelung verstößt nicht gegen § 5 Abs. 2 BetrAVG. Ebensowenig ergibt sich ein Anrechnungsverbot aus dem Gleichheitssatz (Art. 3 Abs. 1 GG), dem Verbot der Diskriminierung von Teilzeitbeschäftigten (§ 2 Abs. 1 BeschFG) oder dem Eigentumsschutz des Art. 14 Abs. 1 GG. Die Anrechnung der vollen Sozialversicherungsrente entspricht dem Versorgungsziel und der Ergänzungsfunktion der Zusatzversorgung.

▶ **Gleichbehandlung im Unternehmen** 2477

BAG, Urt. v. 17.11.1998 – 1 AZR 147/98 Fundstellen: BB 1999, 692 = DB 1999, 637 = AuA 1999, 274 = NZA 1999, 606 = RdA 2000, 94

Leitsatz:

Die Begründung und Ausprägung des arbeitsrechtlichen Gleichbehandlungsgrundsatzes durch den allgemeinen Gleichheitssatz (Art. 3 Abs. 1 GG) spricht dafür, den Anwendungsbereich des Gleichbehandlungsgrundsatzes nicht auf den Betrieb zu beschränken, sondern betriebsübergreifend auf das ganze Unternehmen zu erstrecken.

▶ **Gleichbehandlung bei der Zusatzversorgung im öffentlichen Dienst** 2478

BAG, Urt. v. 25.02.1999 – 3 AZR 113/97 Fundstellen: BAGE 91, 73 = NZA 1999, 986 = DB 1999, 1912 = BB 1999, 2143

Leitsatz:

Eine Gemeinde muss Arbeitnehmern die im öffentlichen Dienst tariflich geregelte Zusatzversorgung nicht verschaffen, wenn sie es ablehnt, die übrigen tariflichen Bedingungen für das Arbeitsverhältnis zu übernehmen und auf einer höheren als der tariflichen Vergütung bestehen.

▶ **Vorzeitige Renteninanspruchnahme und versicherungsmathematische Abschläge** 2479

BAG, Urt. v. 23.03.1999 – 3 AZR 647/97 Fundstellen: BAGE 91, 137 = DB 1999, 2119 = NZA 1999, 1213

Leitsätze:

1. [...]
2. [...]
3. Ein auf Männer beschränkter versicherungsmathematischer Abschlag für die vorzeitige Inanspruchnahme von Altersrente ist wirksam, soweit er Beschäftigungszeiten vor dem 17. Mai 1990 betrifft (im Anschluss an die Urteile des Senats vom 18. März 1998 – 3 AZR 759/95 – BAGE 85, 284, 290 und vom 3. Juni 1997 – 3 AZR 910/95 – BAGE 86, 79, 86).

▶ **Verfassungsrechtliche Zulässigkeit der rückwirkenden Gleichbehandlung unterhälftig Beschäftigter** 2480

BVerfG, Beschl. v. 19.05.1999 – 1 BvR 263/98 Fundstellen: DB 1999, 1611 = NZA 1999, 815 = EWiR 1999, 701

Leitsatz (nicht amtlich):

Die rückwirkende Gleichstellung unterhälftig Beschäftigter mit Vollzeitkräften in der betrieblichen Altersversorgung verletzt den Arbeitnehmer nicht in seinen Grundrechten. Dem Grundsatz des Vertrauensschutzes ist umso mehr hinreichend Rechnung getragen, wenn die mit der Gleichstellung verknüpfte finanzielle Belastung den Kriterien der Verhältnismäßigkeit und Zumutbarkeit entspricht.

▶ **Ausschluss von Teilzeitbeschäftigten; Umfang des Erfüllungsanspruchs** 2481

LAG Hamm, Urt. v. 13.07.1999 – 6 Sa 2544/97 Fundstelle: BB 1999, 1927

Leitsätze:

1. Teilzeitkräfte, die unzulässigerweise aus der betrieblichen Altersversorgung ausgeschlossen worden sind, steht ein auf den Gleichbehandlungsgrundsatz gestützter **Erfüllungsanspruch** zu. Auf welchem Durchführungsweg der Arbeitgeber den Anspruch verwirklicht, bleibt ihm überlassen.
2. Der Erfüllungsanspruch umfasst in erster Linie die Verpflichtung, dem Arbeitnehmer eine **gleichwertige Versorgung** zu **verschaffen**. Sollten dem Versorgungsberechtigten in diesem Zusammenhang Nachteile erwachsen, indem er im Falle der Nachversicherung mit – angeblich – der Zusatzversorgungskasse entstandenen Zinsverlusten belastet wird, kann er ihre Ausgleichung vom Arbeitgeber verlangen.

2482 ▶ Keine Beschränkung der Rückwirkung nationaler Gleichbehandlungsgebote durch die Barber-Formel des EuGH

EuGH, Urt. v. 10. 02.2000 – C 270/97 und C 271/97 Fundstellen: ZIP 2000, 374 = BetrAV 2000, 390

Leitsätze:

1. Die sich aus dem Urteil vom 8.4.1976 in der Rechtssache 43/75 (Defrenne II) ergebende zeitliche Beschränkung der Möglichkeit, sich auf die unmittelbare Wirkung von Art. 119 EGV (die Art. 117 bis 120 EGV sind durch die Art. 136 bis 143 EG ersetzt worden) zu berufen, steht nationalen Vorschriften, in denen ein Gleichheitsgrundsatz aufgestellt wird, aufgrund dessen alle teilzeitbeschäftigten Arbeitnehmer unter Umständen wie denen der Ausgangsverfahren einen Anspruch auf rückwirkenden Anschluss an ein Betriebsrentensystem und auf eine Rente aus diesem System haben, nicht entgegen.
2. Art. 119 EGV steht Vorschriften eines Mitgliedstaats, in denen ein Gleichheitsgrundsatz aufgestellt wird, aufgrund dessen alle teilzeitbeschäftigten Arbeitnehmer unter Umständen wie denen der Ausgangsverfahren einen Anspruch auf rückwirkenden Anschluss an ein Betriebsrentensystem und auf eine Rente aus diesem System haben, ungeachtet der Gefahr von Wettbewerbsverzerrungen zwischen Wirtschaftsteilnehmern der verschiedenen Mitgliedstaaten zum Nachteil der im erstgenannten Mitgliedstaat niedergelassenen Arbeitgeber, nicht entgegen.
3. Das nationale Gericht ist verpflichtet, das nationale Recht soweit wie möglich unter Berücksichtigung von Wortlaut und Zweck der einschlägigen Gemeinschaftsbestimmungen, insbesondere des Art. 119 EGV, auszulegen, um die Anwendung des Grundsatzes des gleichen Entgelts für Männer und Frauen zu gewährleisten.

2483 ▶ Keine Beschränkung der Rückwirkung nationaler Gleichbehandlungsgebote durch die Barber-Formel des EuGH

EuGH, Urt. v. 10.02.2000 – C 50/96 Fundstellen: ZIP 2000, 379 = BB 2000, 983 = NZA 2000, 313 = BetrAV 2000, 385

Leitsätze:

1. Der Ausschluss teilzeitbeschäftigter Arbeitnehmer von einem Betriebsrentensystem wie dem im Ausgangsverfahren fraglichen stellt eine nach Art. 119 EGV (die Art. 117 bis 120 EGV sind durch die Art. 136 bis 143 EG ersetzt worden) verbotene Diskriminierung dar, wenn diese Maßnahme einen wesentlich höheren Prozentsatz weiblicher als männlicher Arbeitnehmer trifft und nicht durch sachliche Gründe gerechtfertigt ist, die nichts mit einer Diskriminierung aufgrund des Geschlechts zu tun haben.
2. In einem Fall, in dem der Ausschluss teilzeitbeschäftigter Arbeitnehmer von einem Betriebsrentensystem eine nach Art. 119 EGV verbotene mittelbare Diskriminierung darstellt, ist die Möglichkeit, sich auf die unmittelbare Wirkung dieses Artikels zu berufen, zeitlich in dem Sinne beschränkt, dass die Beschäftigungszeiten dieser Arbeitnehmer für ihren rückwirkenden Anschluss an ein derartiges System und die Berechnung der ihnen zustehenden Leistungen erst

ab dem 8.4.1976, dem Tag der Verkündung des Urteils in der Rechtssache 43/75 (Defrenne II), berücksichtigt werden dürfen; dies gilt nicht für Arbeitnehmer oder deren anspruchsberechtigte Angehörige, die vor diesem Zeitpunkt Klage erhoben oder einen entsprechenden Rechtsbehelf eingelegt haben.
3. Die sich aus dem Urteil Defrenne II ergebende zeitliche Beschränkung der Möglichkeit, sich auf die unmittelbare Wirkung von Art. 119 EGV zu berufen, steht nationalen Vorschriften, in denen ein Gleichheitsgrundsatz aufgestellt wird, aufgrund dessen teilzeitbeschäftigte Arbeitnehmer unter Umständen wie denen des Ausgangsverfahrens einen Anspruch auf rückwirkenden Anschluss an ein Betriebsrentensystem und auf eine Rente aus diesem System haben, nicht entgegen.
4. Das Gemeinschaftsrecht und insbesondere das Verbot der Diskriminierung aufgrund der Staatsangehörigkeit und Art. 119 EGV stehen Vorschriften eines Mitgliedstaats, in denen ein Gleichheitsgrundsatz aufgestellt wird, aufgrund dessen teilzeitbeschäftigte Arbeitnehmer unter Umständen wie denen des Ausgangsverfahrens einen Anspruch auf rückwirkenden Anschluss an ein Betriebsrentensystem und auf eine Rente aus diesem System haben, ungeachtet der Gefahr von Wettbewerbsverzerrungen zwischen Wirtschaftsteilnehmern der verschiedenen Mitgliedstaaten zum Nachteil der im erstgenannten Mitgliedstaat niedergelassenen Arbeitgeber nicht entgegen.

▶ **Ausschluss geringfügig Beschäftigter aus einem Gesamtversorgungssystem** 2484

BAG, Urt. v. 22.02.2000 – 3 AZR 845/98 Fundstellen: DB 2000, 1083 = BB 2000, 1199 = BetrAV 2000, 398 (LS)

Leitsätze:

1. Der tarifvertragliche Ausschluss von geringfügig Beschäftigten aus der Zusatzversorgung im öffentlichen Dienst ist aufgrund des von den Tarifvertragsparteien gewählten Gesamtversorgungssystems jedenfalls bis zum 31.3.1999 sachlich gerechtfertigt.
2. Dies gilt auch, soweit die Geringfügigkeit der Beschäftigung nach der zum 31.3.1999 geltenden Fassung des § 8 Abs. 1 Nr. 1 SGB IV darauf beruht, dass der Verdienst hieraus ein Sechstel des Gesamteinkommens des Arbeitnehmers nicht überstieg (Ergänzung zu BAG vom 27.2.1996 – 3 AZR 886/94, DB 1996, S. 1827; 12.3.1996 – 3 AZR 993/94, DB 1996, S. 2085).

▶ **Gleichbehandlung in der betrieblichen Altersversorgung – unterschiedliche Altersgrenzen** 2485

BAG, Urt. v. 23.05.2000 – 3 AZR 228/99 Fundstellen: BB 2001, 154 = DB 2001, 767 = NZA 2001, 47 = BetrAV 2001, 93

Leitsatz:

Jedenfalls, soweit ein Betriebsrentenanspruch auf Beschäftigungszeiten vor dem 17. Mai 1990 beruht, ist ein Arbeitgeber nicht aus Gründen der Gleichbehandlung verpflichtet, einem schwerbehinderten Arbeitnehmer ebenso wie einer Arbeitnehmerin die Möglichkeit zu geben, betriebliche Altersrente mit Vollendung des 60. Lebensjahres in Anspruch zu nehmen (Ergänzung zu BAG, 18. März 1997 – 3 AZR 759/95 – BAGE 85, 284).

▶ **Unmittelbarer Gleichbehandlungsanspruch des Arbeitnehmers gegen eine Pensionskasse** 2486

EuGH, Urt. v. 09.10.2001 – C 379/99 Fundstellen: BB 2001, 2322 = NZA 2001, 1301

Leitsatz:

Art. 119 EGV (die Art. 117 bis 120 EGV sind durch die Art. 136 EG bis 143 EG ersetzt worden) ist dahin auszulegen, dass Einrichtungen wie die Pensionskassen deutschen Rechts, die damit betraut sind, Leistungen eines Betriebsrentensystems zu erbringen, die Gleichbehandlung von Männern und Frauen sicherzustellen haben, auch wenn Arbeitnehmern, die aufgrund ihres Geschlechts diskriminiert sind, gegenüber ihren unmittelbaren Versorgungsschuldnern, den Arbeitgebern als

Parteien der Arbeitsverträge, ein insolvenzgeschützter, die Diskriminierung ausschließender Anspruch zusteht.

2487 ▶ **Zulässige Ungleichbehandlung aus wirtschaftlichen Gründen**

BAG, Urt. v. 19.06.2001 – 3 AZR 557/00 Fundstellen: BAGE 98, 90 = NZA 2002, 557 = DB 2002, 436

Leitsatz:

Ein Arbeitgeber, der eine genehmigte Ersatzschule und ein Internat betreibt, verstößt nicht gegen den Gleichbehandlungsgrundsatz, wenn er die Refinanzierungsmöglichkeiten des Ersatzschulfinanzgesetzes ausschöpft und nur den in der Schule, nicht aber den im Internat beschäftigten Arbeitnehmern eine Zusatzversorgung zusagt.

2488 ▶ **Gleichbehandlung im Unternehmen**

LAG Hessen, Urt. v. 15.08.2001 – 8 Sa 1098/00 Fundstelle: DB 2002, 1010

Leitsätze:

1. Der Gleichbehandlungsgrundsatz erstreckt sich betriebsübergreifend auf das gesamte Unternehmen. Sachliche Gründe – wie die Zugehörigkeit zu verschiedenen Branchen oder unterschiedliche wirtschaftliche Situationen – können Differenzierungen zwischen Betrieben rechtfertigen (im Anschluss an BAG v. 17.11.1998, DB 1999, 637/639).
2. Auch aus einer betrieblichen Übung, eine Altersversorgung jeweils erst im Versorgungsfall zuzusagen, kann sich eine unverfallbare Anwartschaft auf betriebliche Altersversorgung ergeben.

2489 ▶ **Keine Gleichbehandlung bei Anreizen zum vorzeitigen Ausscheiden**

BAG, Urt. v. 18.09.2001 – 3 AZR 656/00 Fundstellen: BAGE 99, 53 = BB 2001, 2646 = DB 2002, 225 = NZA 2002, 148 = BetrAV 2002, 320 = MDR 2002, 588

Leitsatz:

Will der Arbeitgeber auch die älteren Arbeitnehmer, die sich mit den Leistungen aus dem bestehenden Sozialplan nicht begnügen wollen, zu einem einvernehmlichen Ausscheiden aus dem Arbeitsverhältnis bewegen, so verstößt er nicht gegen den Gleichbehandlungsgrundsatz, wenn er zusätzliche Leistungen nur den Arbeitnehmern verspricht, die sich nicht schon zuvor mit einem Ausscheiden auf der Basis des bestehenden Sozialplans einverstanden erklärt haben.

2490 ▶ **Diskriminierungsverbot gem. Art. 141 EGV gilt auch für Pensionskassen**

BAG, Urt. v. 19.11.2002 – 3 AZR 631/97 Fundstellen: BB 2003, 370 = DB 2003, 398 = NZA 2003, 380 = MDR 2003, 460 = BetrAV 2003, 269 = SAE 2003, 353

Leitsätze:

1. Eine Regelung, die für Witwen früherer Arbeitnehmer ohne weitere Voraussetzung betriebliche Witwenrente, für Witwer früherer Arbeitnehmerinnen aber nur dann Witwerrente in Aussicht stellt, wenn diese den Unterhalt ihrer Familie überwiegend bestritten haben, stellt eine Entgeltdiskriminierung wegen des Geschlechts dar. Die anspruchseinschränkende Bestimmung ist deshalb nicht anzuwenden.
2. Dies gilt auch zulasten einer vom Arbeitgeber zur Durchführung der betrieblichen Altersversorgung eingeschalteten Pensionskasse (EuGH, 9. Oktober 2001 – Rs C-379/99 – Slg. I 2001, 7275 = AP BetrAVG § 1 Pensionskasse Nr. 5 = EzA EG-Vertrag 1999 Art. 141 Nr. 7).

Gleichbehandlung D.

▶ **Gleichbehandlung von Arbeitern und Angestellten** 2491

BAG, Urt. v. 10.12.2002 – 3 AZR 3/02 Fundstellen: DB 2003, 2018 = BetrAV 2003, 554 = NZA 2004, 321

Leitsätze:

1. Eine allein an den unterschiedlichen Status von Arbeitern und Angestellten anknüpfende Ungleichbehandlung von Arbeitern und Angestellten in der betrieblichen Altersversorgung verletzt den Gleichbehandlungsgrundsatz (§ 1b Abs. 1 Satz 4 BetrAVG).
2. Versorgungsschuldner konnten jedoch bis einschließlich 30.6.1993 darauf vertrauen, eine allein an den unterschiedlichen Status von Arbeitern und Angestellten anknüpfende Differenzierung sei noch zulässig.

▶ **Umfang des Gleichbehandlungsgrundsatzes und des Maßregelungsverbotes** 2492

BAG, Urt. v. 25.05.2004 – 3 AZR 15/03 Fundstellen: BetrAV 2005, 199 = DB 2005, 507

Leitsätze:

1. Der Gleichbehandlungsgrundsatz verbietet nicht die Begünstigung einzelner Arbeitnehmer. Das Gebot der Gleichbehandlung greift erst dann ein, wenn der Arbeitgeber nach bestimmten generalisierenden Prinzipien Leistungen gewährt. Der aus der Summe individuell zugesagter Rentenleistungen ermittelte mathematische Durchschnittswert ersetzt eine solche Regel nicht.
2. Das Maßregelungsverbot des § 612a BGB kann nur dann verletzt sein, wenn die zulässige Rechtsausübung der tragende Grund für die benachteiligende Maßnahme gewesen ist. Diese Voraussetzung war im vorliegenden Fall nicht erfüllt. Der Senat hat deshalb offen gelassen, inwieweit ein Abkehrwille oder frühere Kündigungen des Arbeitnehmers für die Versagung zusätzlicher Versorgungsleistungen eine sachliche Rechtfertigung liefern können, die eine Diskriminierung i. S. d. § 612a BGB ausschließt.

▶ **Ungleichbehandlung von Arbeitnehmergruppen** 2493

BAG, Urt. v. 20.07.2004 – 3 AZR 316/03 Fundstelle: DB 2005, 508

Leitsätze:

1. Verspricht der Arbeitgeber ein Ruhegehalt in bestimmter Höhe, handelt es sich im Zweifel um die Zusage einer Bruttorente.
2. Eine unterschiedliche Behandlung bei der Gewährung betrieblicher Versorgungsleistungen kann aus betrieblichen Gründen (nachvollziehbar unterschiedliches Interesse an fortdauernder Betriebstreue der jeweiligen Arbeitnehmergruppen) oder aus sozialen Gründen (typischerweise unterschiedlicher Versorgungsbedarf) sachlich gerechtfertigt sein.
3. Leitende Angestellte können nicht ohne besondere Anhaltspunkte Gleichbehandlung mit den nicht leitenden Angestellten verlangen.
4. Dies gilt erst recht in den Fällen, in denen es leitenden Angestellten aufgrund ihrer herausgehobenen Stellung während des Dienstverhältnisses möglich war, nur für ihre Gruppe besondere Versorgungszusagen auszuhandeln.

▶ **Mittelbare Diskriminierung durch Pensionskasse** 2494

BAG, Urt. v. 07.09.2004 – 3 AZR 550/03 Fundstellen: DB 2005, 507 = BetrAV 2005, 201

Leitsatz:

Verstößt die Leistungsordnung einer Pensionskasse gegen Art. 141 EG, muss die wegen des Geschlechts benachteiligte Gruppe ebenso behandelt werden wie die begünstigte. Die sich hieraus ergebenden Ansprüche richten sich nicht nur gegen die Pensionskasse (vgl. EuGH 9. Oktober

2001 – Rs. C-379/99 – Menauer – EuGHE I 2001, 7275; BAG 19. November 2002 – 3 AZR 631/97 – BAGE 103. 373), sondern auch gegen den Arbeitgeber.

2495 ▶ **Ungleichbehandlung von Arbeitern und Angestellten bei der betrieblichen Altersversorgung**

LAG Hamburg, Urt. v. 12.12.2004 – 1 Sa 21/03 (Rev.-Az.: 3 AZR 464/04) Fundstellen: n. v.

Leitsatz:

Es verstößt gegen den arbeitsrechtlichen Gleichbehandlungsgrundsatz, die Gruppe der Arbeiter von der betrieblichen Altersversorgung auszuschließen, wenn hierfür keine billigenswerte Gründe vorliegen.

2496 ▶ **Keine Diskriminierung befristet beschäftigter Arbeitnehmer bei fehlender Berücksichtigung ihrer Dienstzeiten vor dem 01.01.2001**

BAG, Urt. v. 19.04.2005 – 3 AZR 128/04 Fundstelle: DB 2005, 1636

Leitsatz:

Die Bestimmungen des am 1.1.2001 in Kraft getretenen TzBfG können auf zurückliegende Sachverhalte nicht angewendet werden.

2497 ▶ **Wirksamkeit einer Spätehenklausel**

BAG, Urt. v. 28.07.2005 – 3 AZR 457/04 Fundstellen: DB 2006, 2018 = BetrAV 2006, 584

Leitsatz:

Eine Spätehenklausel, nach der die Ehe mindestens 10 Jahre bestanden haben muss, wenn sie nach Vollendung des 50. Lebensjahres des verstorbenen Ehegatten geschlossen wurde, ist nach derzeitiger Rechtslage wirksam. Sie dient einer sachlich gerechtfertigten Risikobegrenzung.

2498 ▶ **Keine Pflicht zur Gleichbehandlung nach Betriebsübergang infolge Verschmelzung**

BAG, Urt. v. 31.08.2005 – 5 AZR 517/04 Fundstelle: BetrAV 2006, 295

Leitsatz:

Gehen nach einem Betriebsübergang Arbeitsverhältnisse vom Veräußerer auf den Erwerber über und gewährt der Erwerber den übernommenen Arbeitnehmern die mit dem früheren Arbeitgeber vereinbarten oder sich dort aus einer Betriebsvereinbarung ergebenden Arbeitsbedingungen weiter, können die übernommenen Arbeitnehmer aus dem Gleichbehandlungsgrundsatz keine Anpassung an die beim Erwerber bestehenden besseren Arbeitsbedingungen verlangen.

2499 ▶ **Zulässigkeit der gesetzlichen Mindestaltersgrenze für die Unverfallbarkeit von Versorgungsanwartschaften**

BAG, Urt. v. 18.10.2005 – 3 AZR 506/04 Fundstelle: BAGE 116, 152 = NZA 2006, 1159 = BetrAV 2006, 404 = DB 2006, 1014

Leitsätze:

1. Die gesetzliche Mindestaltersgrenze von 35 Jahren des § 1 Abs. 1 Satz 1 BetrAVG a. F. stellt keine unmittelbare Geschlechterdiskriminierung dar, da allein auf das Alter bei Ausscheiden, nicht aber auf geschlechtsbezogene Merkmale abgestellt wird.
2. Mangels hinreichender tatsächlicher Anhaltspunkte kann auch nicht von einer mittelbaren Diskriminierungswirkung des § 1 Abs. 1 Satz 1 BetrAVG a. F. ausgegangen werden.
3. Unabhängig davon wäre eine mittelbare Diskriminierung durch sachlich einleuchtende Gründe gerechtfertigt. Für die ungleiche Behandlung der unter und über 35-Jährigen gab es nach dem

▶ **Altersdiskriminierung in der betrieblichen Altersversorgung** 2500

BAG, Urt. v. 27.06.2006 – 3 AZR 352/05 (A) Fundstellen: DB 2006, 2524 = BetrAV 2006, 776

Leitsätze:

Dem Gerichtshof der Europäischen Gemeinschaften werden folgende Fragen vorgelegt:
1. a) Enthält das Primärrecht der EG ein Verbot der Diskriminierung wegen des Alters, dessen Schutz die Gerichte der Mitgliedstaaten auch dann zu gewährleisten haben, wenn die möglicherweise diskriminierende Behandlung keinen gemeinschaftsrechtlichen Bezug aufweist?
   b) Falls die Frage zu a) verneint wird:
   Wird ein solcher gemeinschaftsrechtlicher Bezug hergestellt durch Art. 13 EG oder – auch vor Ablauf der Umsetzungsfrist – durch die **Richtlinie** 2000/78/EG des Rates zur Festlegung eines allgemeinen Rahmens für die Verwirklichung der Gleichbehandlung in Beschäftigung und Beruf?
2. Ist ein sich aus der Beantwortung der Frage zu 1. ergebendes gemeinschaftsrechtliches Verbot der Diskriminierung wegen des Alters auch anwendbar zwischen privaten Arbeitgebern einerseits und ihren Arbeitnehmern oder Betriebsrentnern und deren Hinterbliebenen andererseits?
3. Falls die Frage zu 2. bejaht wird:
   a) Wird von einem solchen Verbot der Diskriminierung wegen des Alters eine Regelung der betrieblichen Altersversorgung erfasst, nach der eine Hinterbliebenenversorgung einem hinterbliebenen Ehegatten nicht gewährt wird, wenn er mehr als 15 Jahre jünger ist als der verstorbene ehemalige Arbeitnehmer?
   b) Falls die Frage zu a) bejaht wird:
   Kann es ein Rechtfertigungsgrund für eine derartige Regelung sein, dass der Arbeitgeber ein Interesse an der Begrenzung der aus der betrieblichen Altersversorgung folgenden Risiken hat?
   c) Falls die Frage zu 3 b) verneint wird:
   Kommt dem möglichen Verbot der Diskriminierung wegen des Alters im Betriebsrentenrecht unbegrenzte Rückwirkung zu oder ist es für die Vergangenheit begrenzt und falls ja in welcher Weise?

▶ **Kranken- und Pflegeversicherungsbeitrag bei Betriebsrente** 2501

BAG, Urt. v. 12.12.2006 – 3 AZR 806/05 Fundstellen: BAGE 120, 345 = AP Nr. 1 zu § 256 SGB V = BB 2007, 894 = BetrAV 2007, 273 = DB 2007, 1874 = NZA 2007, 1105 = VersR 2007, 1105

Leitsatz:

Es verstößt nicht gegen den allgemeinen Gleichheitssatz, dass zwar der Arbeitgeber für die Vergangenheit den Arbeitnehmeranteil am Gesamtversicherungsbeitrag grundsätzlich nur durch Abzug vom Arbeitsentgelt bei den drei nächsten Entgeltzahlungen geltend machen kann, die Zahlstelle einer Betriebsrente aber rückständige Beiträge zur gesetzlichen Kranken- und Pflegeversicherung ohne zeitliche Begrenzung von der laufenden Betriebsrente einbehalten kann.

▶ **Gleichbehandlungsgrundsatz – sachliche Gründe für differenzierte Behandlung** 2502

BAG, Urt. v. 21.08.2007 – 3 AZR 269/06 Fundstellen: BAGE 124, 22 = BB 2007, 2576 = DB 2008, 710 = NZA-RR 2008, 649 = AP Nr. 60 zu § 1 BetrAVG Gleichbehandlung = EzA § 1 BetrAVG Gleichbehandlung Nr. 29

D. Rechtsprechungslexikon

Leitsätze:

1. Die Antwort auf die Frage, ob der arbeitsrechtliche Gleichbehandlungsgrundsatz verletzt ist, hängt nicht davon ab, ob die Gründe für die Differenzierung in einer Versorgungsordnung genannt sind, sondern davon, ob die Ungleichbehandlung in der Sache gerechtfertigt war.
2. Es ist nicht erforderlich, dass in dem laufenden Entgelt der Arbeitnehmergruppe, die keine Versorgungszusage erhalten hat, Bestandteile enthalten sind, die einen gleichwertigen Ausgleich für die Benachteiligung in der betrieblichen Altersversorgung bezwecken (Aufgabe von BAG, Urt. v. 09.12.1997 – 3 AZR 661/96, AP BetrAVG § 1 Gleichbehandlung Nr. 40 = EzA BetrAVG § 1 Gleichbehandlung Nr. 16).
3. Unterschiedliche Vergütungssysteme können den Ausschluss von Versorgungsleistungen rechtfertigen, wenn die ausgeschlossene Arbeitnehmergruppe durchschnittlich eine erheblich höhere Vergütung als die begünstigte Arbeitnehmergruppe erhält.

2503 ▶ **Differenzierung von Versorgungsleistungen nach der Flexibilität des Arbeitseinsatzes**

BAG, Urt. v. 18.09.2007 – 3 AZR 639/06 Fundstellen: BAGE 124, 71 = DB 2008, 823 = NZA 2008, 56 = VersR 2008, 1516 = AP Nr. 33 zu § 77 BetrVG 1972 Betriebsvereinbarung = EzA § 1 BetrAVG Gleichbehandlung Nr. 30

Leitsatz:

Der Arbeitgeber darf Leistungen der betrieblichen Altersversorgung davon abhängig machen, dass eine Betriebsvereinbarung über Regelungen zur flexibleren Gestaltung der Arbeitszeit zustande kommt.

2504 ▶ **Anwendbarkeit des AGG auf betriebliche Altersersorgung**

BAG, Urt. v. 11.12.2007 – 3 AZR 249/06 Fundstellen: BetrAV 2008, S. 413 = DB 2008, 766 = NZA 2008, 532

Leitsätze:

1. Das AGG gilt trotz der in § 2 Abs. 2 Satz 2 enthaltenen Verweisung auf das Betriebsrentengesetz auch für die betriebliche Altersversorgung, soweit das Betriebsrentengesetz nicht vorrangige Sonderregelungen enthält.
2. Bei einer dem AGG widersprechenden Diskriminierung ergibt sich aus der Wertung in § 2 Abs. 1 Nr. 2 und § 8 Abs. 2 AGG i.V. mit der zugrunde liegenden diskriminierenden Regelung, dass eine Grundlage für Ansprüche auf gleiches Entgelt für gleiche oder gleichwertige Arbeit gegeben ist.
3. Es bleibt offen, ob bei der zeitlichen Anwendung des AGG auf den Leistungszeitraum für Betriebsrenten oder den Zeitraum des Erwerbs von Anwartschaften im Arbeitsverhältnis abzustellen ist.

2505 ▶ **Witwerrentenanspruch für gleichgeschlechtlichen Lebenspartner**

EuGH, Urt. v. 01.04.2008 – C-267/06 Fundstellen: DB 2008, 996 = NZA 2008, 459 = FamRZ 2008, 957 = NJW 2008, 1649 = EzA Richtlinie 2000/78 EG-Vertrag 1999 Nr. 4 = AP Nr. 9 zu Richtlinie 2000/78/EG

Leitsatz:

Ein gleichgeschlechtlicher Lebenspartner kann Anspruch auf eine Witwerrente aus einem berufsständischen Versorgungssystem haben, sofern er sich in einer mit einem überlebenden Ehegatten vergleichbaren Situation befindet.

Gleichbehandlung D.

▶ **Anforderungen an das Verteilungsermessen des Arbeitgebers bei aufgrund betrieblicher Übung begründeter Versorgungsansprüche** 2506

BAG, Urt. v. 19.08.2008 – 3 AZR 194/07 Fundstellen: DB 2009, 463 = NZA 2009, 196 = ZIP 2009, 635 = AP Nr. 82 zu § 242 BGB Betriebliche Übung = EzA § 1 BetrAVG Gleichbehandlung Nr. 32

Leitsätze:
1. Will der Arbeitgeber im Einzelfall bestimmte Mitglieder einer grundsätzlich begünstigten Gruppe von Leistungen der betrieblichen Altersversorgung ausnehmen, so muss er in einer allgemeinen Ordnung die Voraussetzungen festlegen, nach denen sich die Entscheidung richten soll. Dabei müssen die Voraussetzungen nach sachgerechten und objektiven Merkmalen bestimmt und abgestuft werden. Nur in diesem Rahmen steht dem Arbeitgeber in der Auswahl der Bedingungen ein Ermessensspielraum offen.
2. Nicht objektive oder nicht hinreichend bestimmte Ermessenskriterien sind unverbindlich. Sie sind mit den Anforderungen, die der Gleichbehandlungsgrundsatz stellt, nicht zu vereinbaren.

▶ **Versicherungsmathematische Abschläge nur für Männer als Diskriminierung wegen des Geschlechts** 2507

BAG, Urt. v. 19.08.2008 – 3 AZR 530/06 Fundstellen: DB 2009, 1170 = NZA 2009, 785 = AP Nr. 18 zu Art 141 EG = EzA Art 141 EG-Vertrag 1999 Nr. 22

Orientierungssätze:
1. Die unterschiedliche Festlegung versicherungsmathematischer Abschläge bei vorgezogener Inanspruchnahme der Altersrente verstößt ebenso wie die Festlegung eines unterschiedlichen Rentenalters für Männer und Frauen gegen das Lohngleichheitsgebot des Art. 141 EG. Der Versorgungsschuldner kann sich auch nicht auf eine enge und unmittelbare Verzahnung des gesetzlichen und betrieblichen Rentensystems berufen. Die Renten aus der Rentenversicherung und die Betriebsrenten sind europarechtlich getrennt zu betrachten.
2. Eine zeitliche Einschränkung der unmittelbaren Wirkung des Art. 141 EG aufgrund eines europarechtlichen Vertrauensschutzes kommt hier nicht in Betracht, denn die diskriminierende Regelung wurde erst nach dem Barber-Urteil (vgl. EuGH, Urt. v. 17.05.1990 – C-262/88 (Barber) = Slg 1990, I-1889-1958) geschaffen. Dann konnte und musste der Arbeitgeber bei seinen Planungen die unmittelbare Wirkung des Art. 141 EG aber berücksichtigen.
3. Der gegen Art. 141 EG verstoßende und deshalb unwirksame versicherungsmathematische Abschlag kann nicht mit einem Aufstockungsbetrag für den Ausgleich der durch den Vorruhestand entstandenen sozialversicherungsrechtlichen Nachteile »verrechnet« werden. Damit würde die unmittelbare Diskriminierung nur auf einen anderen Entgeltbestandteil verlagert.
4. Art. 141 EG hat zwingenden Charakter und gilt auch für Verträge zwischen Privatpersonen. Die sich aus Art. 141 EG ergebenden Rechtsfolgen können nicht im Voraus ausgeschlossen oder beschränkt werden. Ob auf bereits entstandene und fällige Ansprüche verzichtet werden könnte, bedarf hier keiner Entscheidung. Der Anspruch auf Zahlung einer ungekürzten Betriebsrente entstand erst mit Eintritt des Versorgungsfalles.

▶ **Zulässigkeit von Altersabstandsklauseln bei Ruhegeldanspruch des überlebenden Ehegatten** 2508

EuGH, Urt. v. 23.09.2008 – C-427/06 (Rs. Bartsch) Fundstellen: BetrAV 2008, 703 = BB 2008, 2353 = NZA 2008, 1119 = NZA 2008, 1119 = AP Nr. 11 zu Richtlinie 2000/78/EG = EzA Richtlinie 2000/78 EG-Vertrag 1999 Nr. 7

Leitsatz (nicht amtlich):

Altersabstandsklauseln, die vor Inkrafttreten des AGG vereinbart wurden und vorsehen, dass betriebliche Versorgungsleistungen an hinterbliebene Ehegatten oder Lebenspartner reduziert werden, wenn der Altersabstand zwischen dem verstorbenen Arbeitnehmer und dem Hinterbliebenen eine bestimmte Anzahl von Jahren überschreiten, können weiterhin als zulässig erachtet werden, solange die Hinterbliebenenleistung nur gekürzt und nicht vollständig ausgeschlossen wird.

2509 ▶ **Einbeziehung eingetragener Lebenspartner in die betriebliche Altersversorgung**

BAG, Urt. v. 14.01.2009 – 3 AZR 20/07 Fundstellen: BetrAV 2009, 259 = NZA 2009, 489 = DB 2009, 1545 = BB 2009, 954

Leitsatz:

Eingetragene Lebenspartner sind in der betrieblichen Altersversorgung hinsichtlich der Hinterbliebenenversorgung Ehegatten gleichzustellen, soweit am 1.1.2005 zwischen dem Versorgungsberechtigten und dem Versorgungsschuldner noch ein Rechtsverhältnis bestand.

2510 ▶ **Einbeziehung eingetragener Lebenspartner bei der betrieblichen Hinterbliebenenrente**

LAG Niedersachsen, Urt. v. 24.02.2009 – 3 Sa 833/08 Fundstellen: BetrAV 2009, 473

Leitsätze:

1. Eingetragene Lebenspartner sind in der betrieblichen Altersversorgung hinsichtlich der Hinterbliebenenversorgung Ehegatten gleichzustellen, soweit am 1. Januar 2005 zwischen dem Versorgungsberechtigten und dem Versorgungsschuldner noch ein Rechtsverhältnis bestand (BAG v. 14.1.2009 – 3 AZR 20/07).
2. Ein solches Rechtsverhältnis ist auch anzunehmen, wenn der Versorgungsberechtigte zu diesem Zeitpunkt nicht mehr Arbeitnehmer war, sondern bereits eine Betriebsrente bezog.

2511 ▶ **Gleichbehandlung von Ehe und eingetragener Lebenspartnerschaft**

BVerfG, Beschl. v. 07.07.2009 – 1 BvR 1164/07 Fundstellen: DB 2009, 2441 = FamRZ 2009, 1977 = VersR 2009, 1607

Leitsätze:

1. Die Ungleichbehandlung von Ehe und eingetragener Lebenspartnerschaft im Bereich der betrieblichen Hinterbliebenenversorgung für Arbeitnehmer des öffentlichen Dienstes, die bei der Versorgungsanstalt des Bundes und der Länder zusatzversichert sind, ist mit Art. 3 Abs. 1 GG unvereinbar.
2. Geht die Privilegierung der Ehe mit einer Benachteiligung anderer Lebensformen einher, obgleich diese nach dem geregelten Lebenssachverhalt und den mit der Normierung verfolgten Zielen der Ehe vergleichbar sind, rechtfertigt der bloße Verweis auf das Schutzgebot der Ehe gemäß Art. 6 Abs. 1 GG eine solche Differenzierung nicht.

2511a ▶ **Rechtswirksamkeit einer Spätehenklausel**

LArbG Baden-Württemberg, Urt. v. 12.11.2009 – 11 Sa 41/09 Fundstellen: BetrAV 2010, 292 = NZA-RR 2010, 315

Leitsätze:

1. Die Spätehenklausel in einer Versorgungsordnung, die einen Witwenrentenanspruch davon abhängig macht, dass die Ehe mit dem Arbeitenden zum Zeitpunkt des Beginns der Rentenzahlung an diesen aus der Versorgungsordnung bereits geschlossen worden sein muss, begegnet keinen rechtlichen Bedenken.
2. Sie verstößt nicht gegen den Gleichbehandlungsgrundsatz, weil der Arbeitgeber zulässigerweise sein Versorgungsrisiko begrenzt.

3. Die Klausel stellt auch keine Diskriminierung wegen des Alters oder des Geschlechts dar; selbst wenn sie eine entsprechende Benachteiligung beinhalten würde, wäre diese im Hinblick auf § 10 AGG unschädlich

▶ **Merkmale für den Anspruch auf Versorgungsleistungen aufgrund einer Gesamtzusage**   2511b

BAG, Urt. v. 22.12.2009 – 3 AZR 136/08 Fundstellen: DB 2010, 1074 = NZA-RR 2010, 541

Leitsätze:

1. Sagt der Arbeitgeber einem Arbeitnehmer eine Versorgung zu, folgt aus der arbeitsvertraglichen Grundverpflichtung, dass der Arbeitgeber die Versicherungsleistungen oder zumindest gleichwertige Leistungen ggf. selbst zu tragen hat, wenn der externe Versorgungsträger, über den die Versorgung der Zusage gemäß durchzuführen ist, die betriebsrentenrechtlichen Ansprüche des Arbeitnehmers nicht erfüllt.
2. Eine Gesamtzusage des Arbeitgebers verlangt die Bekanntgabe eines Leistungsversprechens an die Belegschaft. Akte der internen Willensbildung reichen nicht aus.
3. Allein aus dem Beitritt des Arbeitgebers zu einer selbständigen Versorgungseinrichtung kann der Arbeitnehmer noch nicht das Recht auf Versorgung herleiten.
4. Meldet der Arbeitgeber nach einem unternehmensweiten, generalisierenden Prinzip eine bestimmte Gruppe von Arbeitnehmern bei einer Versorgungseinrichtung an, verlangt der allgemeine Gleichbehandlungsgrundsatz, dass die Gruppenbildung sachlichen Kriterien entspricht. In erster Linie kommt es auf das tatsächliche Verhalten des Arbeitgebers an.
5. Meldet der Arbeitgeber die in einem Verlag tätigen Redakteure zur Versorgung beim Versorgungswerk der Presse, andere Arbeitnehmer hingegen bei der Zusatzversorgungskasse der bayrischen Gemeinden an, kann die unterschiedliche Behandlung unter dem Gesichtspunkt einer verbesserten Portabilität von Versorgungsansprüchen gerechtfertigt sein.

▶ **Sachliche Rechtfertigung der Nichtberücksichtigung von Kindererziehungszeiten**   2511c

BAG, Urt. v. 20.04.2010 – 3 AZR 370/08 Fundstellen: BAGE 134, 71 = NZA 2010, 1188 = DB 2010, 2734

Leitsätze:

1. Der Ausschluss von Erziehungsurlaubszeiten von der Anwartschaftssteigerung stellt weder nach primärem europäischem Gemeinschaftsrecht noch nach deutschem Verfassungsrecht eine mittelbare Diskriminierung wegen des Geschlechts dar.
2. Ein Anspruch auf Berücksichtigung von Erziehungsurlaubszeiten bei der Anwartschaftsberechnung folgt auch nicht aus sekundärem europäischem Gemeinschaftsrecht oder einfachem nationalen Gesetzesrecht.

▶ **Ausschluss der Hinterbliebenenrente bei Eheschluss nach dem Ausscheiden des Versorgungsberechtigten aus dem Arbeitsverhältnis**   2511d

BAG, Urt. v. 20.04.2010 – 3 AZR 509/08 Fundstellen: BetrAV 2010, 798 = DB 2010, 2000 = NZA 2011, 1092

Leitsätze:

1. Eine Versorgungszusage kann den Anspruch auf Witwen-/Witwerversorgung davon abhängig machen, dass die Ehe vor dem (vorzeitigen) Ausscheiden aus dem Arbeitsverhältnis geschlossen wurde.
2. Die einschränkende Voraussetzung, dass die Ehe vor dem Ausscheiden aus dem Arbeitsverhältnis geschlossen wurde, steht weder im Widerspruch zu Art. 6 Abs. 1 GG noch zur gesetzlichen Unverfallbarkeitsbestimmung des § 1b BetrAVG. Sie stellt auch keine unzulässige Benachteiligung/ Diskriminierung wegen des Alters oder des Geschlechts dar.

2511e ▶ **Zwingende Verwendung von Unisex-Tarifen**

EuGH, Urt. v. 01.03.2011 – C-236/09 Fundstellen: BetrAV 2011, 168 = VersR 2011, 377 = NJW 2011, 907 = ZIP 2011, 1475

Leitsatz:

Art. 5 Abs. 2 der Richtlinie 2004/113/EG des Rates vom 13. Dezember 2004 zur Verwirklichung des Grundsatzes der Gleichbehandlung von Männern und Frauen beim Zugang zu und bei der Versorgung mit Gütern und Dienstleistungen ist mit Wirkung vom 21. Dezember 2011 ungültig.

Härtefallregelung

2512 ▶ **Rechtliche Bedeutung von Härtefallregelungen**

BAG, Urt. v. 29.03.1983 – 3 AZR 26/81

Fundstellen: AuR 1983, 248 = BetrAV 1984, 21 = BB 1983, 2119 = DB 1983, 1879

Leitsätze:

1. Härteklauseln in Versorgungsordnungen haben den Zweck, auch für **außergewöhnliche Sonderfälle** befriedigende Lösungswege zu öffnen. Sie begründen keine Pflicht des Arbeitgebers, tragende Entscheidungen der Versorgungsordnung abzuändern.
2. Das Erlöschen einer verfallbaren Versorgungsanwartschaft wenige Monate vor der Altersgrenze ist für sich noch kein Härtefall, und zwar auch dann nicht, wenn das Arbeitsverhältnis aus betrieblichen Gründen beendet wurde.

Hinterbliebenenversorgung

2513 ▶ **Zulässigkeit sog. »Spätehenklauseln«**

BAG, Urt. v. 09.11.1978 – 3 AZR 784/77

Fundstellen: AuR 1979, 283 = BetrAV 1979, 63 = BB 1979, 273 = DB 1979, 410

Leitsätze:

Es ist rechtlich zulässig, eine Witwenversorgung an die Bedingung zu knüpfen, dass der Arbeitnehmer bei seiner Heirat noch nicht pensioniert oder nicht 25 Jahre älter als seine Ehefrau sein dürfe.

Behält sich der Arbeitgeber vor, in Ausnahmefällen von einer solchen Spätehenklausel abzuweichen, so unterliegt seine Entscheidung einer Billigkeitskontrolle. Dabei muss der Ausnahmecharakter dieser Härteregelung respektiert werden. Dem Anspruchsteller obliegt es, besondere Umstände darzulegen, die mit Rücksicht auf die Billigkeit eine Durchbrechung der Regel gebieten.

2514 ▶ **Zulässigkeit sog. »Getrenntlebensklauseln«**

BAG, Urt. v. 06.09.1979 – 3 AZR 358/78

Fundstellen: AuR 1980, 90 = BetrAV 1980, 19 = BB 1979, 1719 = DB 1980, 112 = FamRZ 1980, 135

Leitsatz:

Eine Versorgungszusage, derzufolge die Zahlung einer Witwenrente davon abhängt, dass die Ehepartner vor dem Tode des Arbeitnehmers nicht dauernd getrennt gelebt haben (**Getrenntlebensklausel**), ist mit Art. 6 Abs. 1 GG vereinbar. Eine Berücksichtigung des Verschuldens am Getrenntleben in einer Getrenntlebensklausel wäre sachwidrig.

Hinterbliebenenversorgung an eine Lebensgefährtin

2515

BAG, Urt. v. 16.08.1983 – AZR 34/81

Fundstellen: AuR 1984, 155 = BetrAV 1984, 179 = BB 1984, 1168 = DB 1984, 887 = NJW 1984, 1712

Leitsatz:

Eine vertragliche Regelung, wonach Hinterbliebenenversorgung nicht an die ursprünglich begünstigte Ehefrau, sondern an eine Lebensgefährtin ausgezahlt werden soll, **kann** – je nach den Umständen des Einzelfalls – gegen die **guten Sitten verstoßen**. Es gelten ähnliche Grundsätze, wie sie der Bundesgerichtshof für letztwillige Verfügungen bei nichtehelichen Lebensgemeinschaften entwickelt hat.

Ausschluss von Versorgungsehen

2516

BAG, Urt. v. 11.08.1987 – 3 AZR 6/86

Fundstellen: AuR 1988, 57 = BetrAV 1988, 50 = BB 1988, 834 = DB 1988, 347 = FamRZ 1988, 498 = NZA 1988, 158

Leitsätze:

1. Eine Versorgungsordnung kann wirksam vorsehen, dass Hinterbliebenenversorgung nur geleistet wird, wenn die Ehe des versorgungsberechtigten Arbeitnehmers zur Zeit seines Todes **mindestens 2 Jahre** bestanden hat.
2. Ob diese Regelung ohne weiteres auch dann gilt, wenn der versorgungsberechtigte Arbeitnehmer seine Frau nach einer Scheidung erneut geheiratet hat, bleibt offen. Jedenfalls müsste eine ergänzende Vertragsauslegung davon ausgehen, dass die Betriebspartner für eine solche Fallgestaltung einen geeigneten Vermögenstatbestand geschaffen hätten, um sog. »**Versorgungsehen**« in der Hinterbliebenenversorgung auszuschließen.

Anspruch auf Hinterbliebenenversorgung bei gleichzeitigem eigenen Anspruch auf Altersrente

2517

BAG, Urt. v. 10.01.1989 – 3 AZR 308/87

Fundstellen: AuR 1989, 257 = BetrAV 1989, 177 = BB 1989, 1556 = DB 1989, 1472 = FamRZ 1989, 968 = MDR 1989, 864 = NZA 1989, 683

Leitsatz:

Sind **beide Ehepartner** bei einem Arbeitgeber beschäftigt, so darf nicht einer von der betrieblichen Altersversorgung ausgeschlossen werden, weil er nach dem anderen eine Hinterbliebenenversorgung erhält.

Nachweis einer Versorgungsehe

2518

BAG, Urt. v. 04.07.1989 – 3 AZR 772/87

Fundstellen: AuR 1989, 352 = BetrAV 1990, 57 = BB 1990, 494 = DB 1989, 2435 = NJW 1990, 1008 = NZA 1990, 273

Leitsätze:

Sieht eine betriebliche Versorgungsordnung den Ausschluss von Bezug des Witwengeldes vor, »wenn der **Verdacht einer Versorgungsehe** naheliegt«, so muss der Verdacht auf **objektiven** und **nachprüfbaren Tatsachen** beruhen. Der Verdacht kann durch ebenfalls objektive und nachprüfbare Tatsachen erschüttert werden.

Die **Darlegungs- und Beweislast obliegt** dem **Versorgungsberechtigten**.

2519 ▶ **Anspruch auf Witwerrente**

BAG, Urt. v. 05.09.1989 – 3 AZR 575/88

Fundstellen: AuR 1990, 27 = BetrAV 1989, 259 = BB 1989, 2400 = DB 1989, 2615 = MDR 1990, 276 = NJW 1990, 1008 = NZA 1990, 271

Leitsätze:

Sagt der Arbeitgeber seinen Arbeitnehmern eine Witwenversorgung zu, so muss er auch eine **gleich hohe Witwerversorgung** zusagen. Der Ausschluss der Witwerversorgung verstößt gegen den Grundsatz der Lohngleichheit von Männern und Frauen.

Eine **Frist zur Einführung** der Witwerversorgung steht dem Arbeitgeber in einem solchen Fall **nicht zu**. Den Frauen kann nicht – übergangsweise – ein Teil des Lohnes vorenthalten werden, der den Männern unter im Übrigen gleichen Voraussetzungen gezahlt wird.

2520 ▶ **Ausschluss von Versorgungsehen; Umfang der Hinterbliebenenversorgung bei nichtehelichen Lebensgemeinschaften**

LAG Hamm, Urt. v. 17.12.1991 – 6 Sa 1212/91

Fundstellen: BB 1992, 862 = DB 1992, 535

Leitsätze:

1. Es bestehen keine Bedenken gegen die Wirksamkeit einer Versorgungsordnung, in der für eine Witwenversorgung vorausgesetzt wird, dass die **Ehe** des versorgungsberechtigten Arbeitnehmers **mindestens drei Monate bestanden** hat.
2. Das gilt auch dann, wenn der versorgungsberechtigte Arbeitnehmer seine Frau erneut geheiratet hat und die zweite Ehe die Mindestdauer nicht erreicht.
3. Eine Erstreckung der Witwenversorgung auf die **nichteheliche Lebenspartnerin** im Wege der Vertragsergänzung **kommt nicht in Betracht**.

2521 ▶ **Ausschluss der Witwenrente trotz Scheidung der Zweitehe**

BAG, Urt. v. 16.04.1997 – 3 AZR 28/96

Fundstellen: BetrAV 1997, 204 = BB 1997, 1903 = DB 1997, 1575

Leitsätze:

1. Bestimmt eine Versorgungsordnung, dass der Anspruch auf Witwen- oder Witwerrente mit **Wiederverheiratung endet**, ist aber im Gegensatz zu § 46 Abs. 3 SGB VI (früher: § 1291 Abs. 2 RVO und § 68 Abs. 2 AVG) **kein Wiederaufleben** des Anspruchs nach Auflösung der zweiten Ehe vorgesehen, liegt keine Regelungslücke vor.
2. Die Wertmaßstäbe des Art. 3 Abs. 1 und Art. 6 Abs. 1 GG gebieten keine Wiederauflebensvorschrift. Betriebliche Altersversorgungen müssen nicht die in § 46 Abs. 3 SGB VI enthaltene familienpolitische Maßnahme ergänzen.

2522 ▶ **Keine Hinterbliebenenrente für zweite Ehefrau**

LAG Hamm, Urt. v. 29.07.1997 – 6 Sa 167/97

Fundstelle: BB 1997, 1904

Hinterbliebenenversorgung D.

Leitsatz:

Ist in einer Versorgungszusage eine Witwenrente für die namentlich genannte Ehefrau des Versorgungsberechtigten vorgesehen, kann er nach Versterben der Ehefrau und seiner Wiederverheiratung keine Witwenrente für seine zweite Ehefrau beanspruchen, es sei denn, die Umstände bei Abschluss der Versorgungsregelung rechtfertigen eine andere Auslegung.

▶ Zulässigkeit sog. »Spätehenklauseln« auch bei nachträglicher Einführung 2523

BAG, Urt. v. 26.08.1997 – 3 AZR 235/96

Fundstellen: BB 1998, 1114 = DB 1998, 1190 = BetrAV 1998, 222

Leitsätze:

1. Der Arbeitnehmer hat i.S. des § 256 Abs. 1 ZPO ein rechtliches Interesse an der alsbaldigen Feststellung, dass seiner Ehefrau nach seinem Tod eine Witwenrente zusteht.
2. Der Senat hat für Eingriffe in die Höhe der Versorgungsanwartschaften ein dreiteiliges Prüfungsschema entwickelt (st. Rspr. seit dem Urt. v. 17.04.1985 – 3 AZR 72/83 – BAGE 49, 57, 66 ff.). Es lässt sich nicht ohne weiteres auf die Schaffung neuer Ausschlusstatbestände in der Hinterbliebenenversorgung übertragen (Fortführung der Rechtsprechung des Senats in den Urteilen vom 16.07.1996 – 3 AZR 398 – AP Nr. 21 zu § 1 BetrAVG Ablösung, und vom 27.08.1996 – 3 AZR 466/95 – AP Nr. 22 zu § 1 BetrAVG Ablösung). Um festzustellen, welcher Stufe des Prüfungsschemas der Eingriff am ehesten entspricht, ist auf die **allgemeinen Grundsätze** des **Vertrauensschutzes** und der **Verhältnismäßigkeit** zurückzugreifen.
3. Eine **Spätehenklausel**, wonach der Hinterbliebene Ehegatte keine Unterstützung erhält, wenn die Ehe erst nach Eintritt des Arbeitnehmers in den Ruhestand geschlossen wird, ist **rechtlich nicht zu beanstanden**. Soll sie sich auch auf bereits erteilte Versorgungszusagen und schon zurückgelegte Beschäftigungszeiten erstrecken, so reichen dafür **sachliche Gründe** aus. Sie können vorliegen, wenn der Arbeitnehmer im Zusammenhang mit der verfassungsrechtlich und europarechtlich notwendigen Verbesserung der Witwerversorgung zur Verringerung des damit verbundenen Mehraufwandes diese Spätehenklausel einführt.

▶ Versorgungsleistungen nur für Hinterbliebene des »Haupternährers« 2524

LAG Hamm, Urt. v. 08.12.1998 – 6 Sa 674/98

Fundstellen: DB 1999, 915 = BB 1999, 907

Leitsätze:

1. Es steht mit dem Grundgedanken der betrieblichen Altersversorgung im Einklang, wenn die Gewährung einer betrieblichen Hinterbliebenenrente davon abhängig gemacht wird, dass der Verstorbene den Unterhalt seiner Familie überwiegend bestritten hat. Eine derartige Regelung beinhaltet keine mittelbare Diskriminierung.
2. Hinsichtlich der Feststellung der Haupternährereigenschaft ist nicht auf einen Stichtag wie das Ausscheiden aus dem Betrieb oder den Eintritt des Versorgungsfalles abzustellen, sondern auf den Zeitraum, in dem die Familie bestanden hat.

▶ Versorgungsleistungen nur für Hinterbliebene des »Haupternährers« 2525

LAG Düsseldorf, Urt. v. 15.04.1999 – 2 (12) Sa 12/99

Fundstelle: DB 1999, 1912

Leitsätze:

1. Die Haupternährereigenschaft als Anspruchsvoraussetzung für die Witwenrente liegt vor, wenn der verstorbene Betriebsrentner während des ganz überwiegenden Zeitraums des Bestehens der

Ehe (hier 23 ½ Jahre) durch sein Einkommen zum Lebensunterhalt der Familie beigetragen, während seine Ehefrau den Haushalt geführt hat.
2. Dass die Ehefrau nach anschließender Trennung eigenes, aber unter dem Einkommen des Ehemanns liegendes Erwerbseinkommen erzielt hat, schadet nicht.

2526 ▶ Umfang einer Hinterbliebenenversorgung

LAG Hessen, Urt. v. 03.11.1999 – 8 Sa 1808/98

Fundstelle: DB 2001, 712

[Revision vom BAG mit Urt. v. 19.12.2000 – 3 AZR 186/00 zurückgewiesen.]

Leitsatz:

Aus § 1 Abs. 1 BetrAVG ergibt sich kein Anspruch darauf, dass auch Angehörige bei der Hinterbliebenenversorgung berücksichtigt werden, die erst nach Beendigung des Arbeitsverhältnisses hinzukamen. Diese können in einer Versorgungsordnung von der Hinterbliebenenversorgung ausgeschlossen werden.

2527 ▶ Beschränkung der Hinterbliebenenversorgung auf Anwärtertod

BAG, Urt. v. 21.11.2000 – 3 AZR 91/00

Fundstelle: DB 2001, 2455 = NZA 2002, 851

Leitsatz:

Wenn durch Änderung einer Betriebsvereinbarung die betriebliche Altersversorgung von Rentenleistungen auf Kapitalleistungen umgestellt wird, rechtfertigt dies noch nicht, die Hinterbliebenenversorgung in der neuen Betriebsvereinbarung dahingehend zu beschränken, dass sie nur noch beim Tode eines Versorgungsanwärters und nicht mehr beim Tode eines Betriebsrentners gewährt wird.

2528 ▶ Einschränkung des Anspruchs auf Hinterbliebenenversorgung

BAG, Urt. v. 19.12.2000 – 3 AZR 186/00

Fundstelle: DB 2001, 2303 = NZA 2001, 1260

Leitsatz:

Es ist von Rechts wegen nicht zu beanstanden, wenn eine Versorgungsordnung Ansprüche für Hinterbliebene nur einräumt, soweit deren familienrechtliche Beziehungen zu den begünstigten Arbeitnehmern bereits während des Arbeitsverhältnisses bestanden.

2529 ▶ Hinterbliebenenversorgung – Anspruchsbegrenzung

BAG, Urt. v. 19.02.2002 – 3 AZR 99/01

Fundstellen: BB 2002, 1051 = DB 2002, 1459 = NJW 2002, 2339 = NZA 2002, 1286

Leitsätze:

1. Die Regelung in einer Pensionsordnung, die den Anspruch auf Witwenrente davon abhängig macht, daß die Begünstigte im Zeitpunkt des Todes des Arbeitnehmers das 50. Lebensjahr vollendet hat, ist von Rechts wegen nicht zu beanstanden.
2. Von der wortlautgetreuen Anwendung dieser Regelung kann nicht allein unter Berufung darauf abgesehen werden, daß die Witwe beim Tode ihres Mannes nur wenige Monate weniger als 50 Jahre alt war oder dass die Ehe bis dahin viele Jahre gedauert hatte. Beide Sachverhalte rechtfertigen nicht die Annahme einer planwidrigen und deshalb im Wege der teleologischen Reduktion der anspruchseinschränkenden Regelung zu beseitigenden Härte im Einzelfall.

Hinweis- und Auskunftspflichten   D.

▶ **Zulässigkeit von Altersdifferenzierungsklauseln**   2530

LAG Düsseldorf, Urt. v. 19.05.2005 – 5 Sa 509/05

Fundstelle: DB 2005, 2143

Leitsatz:

Die Regelung in einer betrieblichen Versorgungsordnung, wonach Leistungen an die Witwe oder den Witwer nicht in Betracht kommen, wenn diese über 15 Jahre jünger als der Mitarbeiter sind, verstößt nicht gegen Art. 3 und 6 GG.

▶ **Voraussetzungen für die Anerkennung der Hinterbliebeneneigenschaft**   2531

BAG, Urt. v. 18.11.2008 – 3 AZR 277/07

Fundstelle: FamRZ 2009, 422 = DB 2009, 294 = NZA-RR 2009, 153 = FamRZ 2009, 422 = EzA § 1 BetrAVG Hinterbliebenenversorgung Nr. 13 = jurisPR-ArbR 7/2009 Anm. 4, Langohr-Plato

Leitsätze:

1. Der Kreis der potenziellen Hinterbliebenen im Sinne der betriebsrentenrechtlichen Vorschriften ist nicht auf den Ehegatten und die Kinder des Arbeitnehmers begrenzt (in Abgrenzung zu BAG v. 19.09.2006 – 1 ABR 58/05). Voraussetzung für die Anerkennung der Hinterbliebeneneigenschaft ist jedoch, dass dem Arbeitnehmer bezogen auf die begünstigte Person bei typisierender Betrachtung ein Versorgungsinteresse unterstellt werden kann (vgl. BAG v. 28.03.1995 – 3 AZR 343/94).
2. Der Arbeitgeber kann den Kreis der berechtigten Hinterbliebenen gegenüber dem gesetzlich Möglichen einschränken. Er ist berechtigt, an – typisiert – unterschiedliche Versorgungsinteressen des Arbeitnehmers und dabei an ein Näheverhältnis zwischen dem Arbeitnehmer und der berechtigten Person anzuknüpfen.
3. Die Nichteinbeziehung von Geschwistern in den Hinterbliebenenschutz stellt keinen Verstoß gegen den arbeitsrechtlichen Gleichbehandlungsgrundsatz dar, wenn sich die betriebliche Regelung der Hinterbliebenenversorgung auf das gesetzlich angelegte Versorgungsinteresse des Arbeitnehmers bezieht.
4. Eine solche Regelung verstößt auch nicht gegen § 1 AGG. Dies gilt selbst dann, wenn der Arbeitnehmer aus religiösen oder weltanschaulichen Gründen eine Ehe oder eine eingetragene Lebensgemeinschaft ablehnt und deshalb auch keine Nachkommen hat.
5. Die Möglichkeit des Verfalls der Hinterbliebenenversorgung widerspricht nicht dem in § 1 Abs. 2 Nr. 3 BetrAVG niedergelegten Grundsatz der Wertgleichheit bei Entgeltumwandlung.
6. In betriebsverfassungsrechtlichen Zusammenhängen handelt das Mitglied eines Betriebsverfassungsorgans nicht im Namen der Arbeitnehmer, sondern ausschließlich für den Betriebsrat als Organ. Aus Verhandlungen zwischen einem Betriebsratsmitglied und der Geschäftsleitung kann ein Arbeitnehmer keine eigenen Ansprüche herleiten. [...]

Hinweis- und Auskunftspflichten

▶ **Rechtsqualität einer Auskunft nach § 2 Abs. 6 BetrAVG**   2532

BAG, Urt. v. 08.11.1983 – 3 AZR 511/81

Fundstellen: AuR 1984, 120 = BetrAV 1984, 75 = BB 1984, 601 = DB 1984, 836

Leitsätze:

1. Erteilt der Arbeitgeber eine Auskunft nach § 2 Abs. 6 BetrAVG, so stellt diese **kein** abstraktes oder deklaratorisches **Schuldanerkenntnis** dar.

2. Erteilt der Arbeitgeber eine **unrichtige Auskunft** und richtet sich der Arbeitnehmer im Vertrauen darauf bei der Planung seiner Altersversorgung ein, so können ihm unter bestimmten Voraussetzungen **Schadensersatzansprüche** erwachsen.

2533 ▶ **Hinweispflichten bei Auflösung des Arbeitsverhältnisses**

BAG, Urt. v. 03.07.1990 – 3 AZR 382/89

Fundstellen: AuR 1990, 387 = BetrAV 1991, 22 = BB 1991, 142 = DB 1990, 2431 = NZA 1990, 971

Leitsätze:

1. Vor dem Abschluss eines Auflösungsvertrages muss sich der **Arbeitnehmer**, dessen Arbeitsverhältnis aufgelöst werden soll, **selbst** über die rechtlichen Folgen dieses Schrittes **Klarheit verschaffen**. Dies gilt auch für den Verlust einer Versorgungsanwartschaft.
2. **Ausnahmsweise** kann der Arbeitgeber verpflichtet sein, den Arbeitnehmer über den Verlust einer Versorgungsanwartschaft zu belehren. Eine solche Verpflichtung kommt dann in Betracht, wenn der Arbeitnehmer aufgrund **besonderer Umstände** darauf vertrauen darf, der Arbeitgeber werde bei der vorzeitigen Beendigung des Arbeitsverhältnisses die Interessen des Arbeitnehmers wahren und in redlicher Weise vor unbedachten nachteiligen Folgen des vorzeitigen Ausscheidens, insbesondere bei der Versorgung bewahren.

2534 ▶ **Haftung des Arbeitgebers des öffentlichen Dienstes wegen unterlassener Aufklärung über Zusatzversorgungsmöglichkeiten**

BAG, Urt. v. 17.12.1991 – 3 AZR 44/91

Fundstelle: NZA 1992, 973 = BB 1992, 2081 = DB 1992, 1938

Leitsätze:

1. Der Arbeitgeber des öffentlichen Dienstes ist verpflichtet, den Arbeitnehmer bei der Begründung des Arbeitsverhältnisses über die bestehenden Zusatzversorgungsmöglichkeiten und die Mittel und Wege zu ihrer Ausschöpfung zu belehren (st. Rspr. Des Senats, vgl. zuletzt Urt. v. 23.5.1989 – 3 AZR 257/88, DB 1989, S. 2492).
2. Dieser Hinweis- und Aufklärungspflicht wird der Arbeitgeber des öffentlichen Dienstes in der Regel dadurch genügen, dass er die Vorschriften der Versorgungsregelung bei Beginn des Arbeitsverhältnisses dem Arbeitnehmer zur Kenntnis bringt, insbesondere ihm ein entsprechendes Satzungsexemplar aushändigt (BAG, Urt. v. 15.10.1985 – 3 AZR 612/83, AP Nr. 12 zu § 1 BetrAVG ZVK).
3. Im Einzelfall kann der Arbeitgeber des öffentlichen Dienstes auch verpflichtet sein, den Arbeitnehmer nach Ablauf einer zweijährigen Betriebszugehörigkeit darauf aufmerksam zu machen, dass er nunmehr innerhalb einer Frist von einem Monat den Antrag auf Aufnahme in die Pensionskasse stellen müsse. Von einem Arbeitnehmer kann nicht erwartet werden, dass er sich zwei Jahre im Voraus den Beginn der Antragsfrist notiert oder sich merkt. Dem Arbeitgeber kann die Überwachung einer solchen Frist jedenfalls dann zugemutet werden, wenn er für andere Arbeitnehmer, die Pflichtmitglieder bei der Pensionskasse werden, ohnehin die Frist überwachen muss und wenn der Arbeitnehmer sich bereits zu Beginn des Arbeitsverhältnisses bereit erklärt hat, der Pensionskasse beizutreten.

2535 ▶ **Gesteigerte Hinweispflicht des Arbeitgebers bei drohenden Versorgungsschäden**

BAG, Urt. v. 17.10.2000 – 3 AZR 605/99

Fundstellen: NZA 2001, 206 = DB 2001, 286 = ZIP 2001, 472

Leitsätze:

1. Den Arbeitgeber treffen jedenfalls dann erhöhte Hinweis- und Aufklärungspflichten, wenn er im betrieblichen Interesse den Abschluss eines Aufhebungsvertrags vorschlägt, der Arbeitnehmer offensichtlich mit den Besonderheiten der ihm zugesagten Zusatzversorgung des öffentlichen Dienstes nicht vertraut ist, sich der baldige Eintritt eines Versorgungsfalls (Berufs- oder Erwerbsunfähigkeit nach längerer Krankheit) bereits abzeichnet und durch die vorzeitige Beendigung des Arbeitsverhältnisses außergewöhnlich hohe Versorgungseinbußen drohen (Versicherungsrente statt Versorgungsrente).
2. Unter diesen Umständen reichen der allgemeine Hinweis auf mögliche Versorgungsnachteile und die bloße Verweisung an die Zusatzversorgungskasse unter Einräumung einer Bedenkzeit nicht aus. In einem solchen Fall ist der Arbeitnehmer darauf hinzuweisen, dass sich seine Zusatzversorgung bei Abschluss des Aufhebungsvertrags beträchtlich verringern kann. Auch über die Ursache dieses Risikos (Ausscheiden aus dem Arbeitsverhältnis vor Eintritt eines Versorgungsfalls) hat der Arbeitgeber den Arbeitnehmer in groben Umrissen zu unterrichten.

▶ **Voraussetzungen und Grenzen von Hinweis- und Aufklärungspflichten** 2536

BAG, Urt. v. 11.12.2001 – 3 AZR 339/00

Fundstellen: DB 2002, 2387 = NZA 2002, 1150

Leitsatz:

Jeder Vertragspartner hat grundsätzlich selbst für die Wahrnehmung seiner Interessen zu sorgen. Hinweis- und Aufklärungspflichten beruhen auf den besonderen Umständen des Einzelfalls und sind das Ergebnis einer umfassenden Interessenabwägung.

Insolvenzsicherung

▶ **Anrechnung von Vordienstzeiten und Insolvenzschutz** 2537

BAG, Urt. v. 03.08.1978 – 3 AZR 19/77

Fundstellen: AuR 1979, 155 = BetrAV 1978, 244 = BB 1978, 1571 = DB 1978, 2127 = NJW 1979, 446

Leitsätze:

1. Versorgungsanwartschaften sind nach § 7 Abs. 2 Satz 1 BetrAVG nur insolvenzgeschützt, wenn sie nach § 1 Abs. 1 Satz 1 BetrAVG unverfallbar sind.
2. Wird **vertraglich** eine Betriebszugehörigkeit aus einem Arbeitsverhältnis **angerechnet**, bei dem eine **Versorgungszusage bestand**, so wirkt sich dies für die Betriebszugehörigkeit im Sinne von § 1 Abs. 1 Satz 1 BetrAVG und damit zugleich für ihren Insolvenzschutz nach § 7 Abs. 2 Satz 1 BetrAVG aus.

▶ **Unzulässigkeit eines Vergleichs zulasten des PSV** 2538

ArbG Köln, Urt. v. 29.09.1978 – 12 Ca 5326/78

Fundstelle: BB 1979, 837

Leitsätze:

1. Ein Vergleich zwischen Ruhegeldempfängern und dem Arbeitgeber zulasten des PSV ist nicht möglich.
2. Sinn und Zweck des § 7 BetrAVG ist, zu verhindern, dass die Parteien auf eventuelle Einstandspflichten verzichten und zu Lasten des PSV disponieren, z. B. Betriebsrenten einvernehmlich kürzen.

2539 ▶ Insolvenzschutz bei einer Gruppen-Unterstützungskasse

BAG, Urt. v. 24.01.1980 – 3 AZR 502/79

Fundstellen: BAGE 32, 373 = BetrAV 1980, 183 = BB 1980, 941 = DB 1980, 1400

Leitsatz:

Wenn eine Unterstützungskasse mehrere Trägerunternehmen hat (**Konzern- oder Gruppenkasse**) und nur bei einem Trägerunternehmen ein Sicherungsfall im Sinne von § 7 Abs. 1 BetrAVG eintritt, so genießen nur die Mitarbeiter dieses Trägerunternehmens Insolvenzschutz.

2540 ▶ Kein Insolvenzschutz für Unternehmer

BGH, Urt. v. 09.06.1980 – II ZR 255/78

Fundstellen: BetrAV 1980, 213 = BB 1980, 1215 = DB 1980, 1588 = MDR 1980, 688 = NJW 1980, 2257

Leitsätze:

1. **Persönlich haftende Gesellschafter** genießen grundsätzlich nicht den Schutz des Betriebsrentengesetzes.
2. Sind mehrere **Gesellschafter-Geschäftsführer** nicht ganz unbedeutend an einer GmbH beteiligt und verfügen sie zusammen über die Mehrheit, so sind ihre Versorgungsansprüche nicht insolvenzgesichert. Das gilt entsprechend in einer GmbH & Co. KG bei gemeinsamer (unmittelbarer oder mittelbarer) Beteiligung an der KG für eine von dieser versprochenen Pension.
3. Für die Frage, ob einem geschäftsführenden Gesellschafter wegen seiner Unternehmereigenschaft der Insolvenzschutz zu versagen ist, kommt es grundsätzlich nicht auf den Zeitpunkt der Versorgungszusage, sondern darauf an, **inwieweit das Ruhegeld** durch eine **Tätigkeit als Arbeitnehmer** und inwieweit es durch eine solche als Unternehmer **verdient** worden ist. Der insolvenzgesicherte Rentenanteil ergibt sich daher aus einer Gegenüberstellung des Zeitraums vom Beginn der Betriebszugehörigkeit bis zum Eintritt des Versorgungsfalles mit der Summe der Zeiten, in denen der Versorgungsberechtigte als Arbeitnehmer oder in ähnlicher Eigenschaft tätig gewesen ist.

2541 ▶ Anrechnung von Vordienstzeiten und Insolvenzschutz

BAG, Urt. v. 11.01.1983 – 3 AZR 212/80

Fundstellen: AuR 1984, 53 = BetrAV 1984, 20 = BB 1984, 65 = DB 1984, 195 = NJW 1984, 1199

Leitsatz:

Der **gesetzliche Insolvenzschutz** erstreckt sich **ausnahmsweise** auch auf solche Versorgungsanwartschaften, deren Unverfallbarkeit auf der Anrechnung von Vordienstzeiten beruht. Voraussetzung ist aber, dass die angerechnete Betriebszugehörigkeit bereits von einer **Versorgungszusage begleitet** war und **an das Arbeitsverhältnis heranreicht**, das eine neue Versorgungsanwartschaft begründet. War die verfallbare Versorgungsanwartschaft aus einem früheren Arbeitsverhältnis schon geraume Zeit erloschen, so kann die Anrechnung der entsprechenden Betriebszugehörigkeit zwar zur Unverfallbarkeit, nicht aber zum Insolvenzschutz der neuen Versorgungsanwartschaft führen.

2542 ▶ Zeitpunkt der Fälligkeit und Begrenzung der Einstandspflicht des PSV

BGH, Urt. v. 21.03.1983 – II ZR 174/82

Fundstellen: BetrAV 1984, 79 = DB 1983, 1261 = MDR 1983, 912 = NJW 1984, 980

Insolvenzsicherung D.

Leitsätze:

1. Der Anspruch gegen den Pensions-Sicherungs-Verein wird mit dem **Eintritt des Sicherungsfalles** fällig, soweit nicht die Fälligkeit nach der Pensionszusage erst später eintritt.
2. Nach § 7 Abs. 3 BetrAVG bestimmt sich der **Höchstbetrag** des insolvenzgesicherten Anspruchs nicht nach der bei Fälligkeit der einzelnen Rentenbeträge jeweils geltenden Beitragsbemessungsgrenze, sondern nach der **Beitragsbemessungsgrenze in dem Zeitpunkt, in dem ein Anspruch gegen den Pensions-Sicherungs-Verein erstmals fällig** wird. Der so ermittelte Rentenbetrag ist für den Fall, dass die Pensionszusage eine **Anpassungsklausel** enthält, Ausgangspunkt für die Berechnung einer bei Eingreifen dieser Klausel geschuldeten erhöhten Rente. Ist er höher als die dreifache Beitragsbemessungsgrenze im Zeitpunkt der ersten Fälligkeit und deshalb der Anspruch gegen den Pensions-Sicherungs-Verein um den Mehrbetrag zu kürzen, so ist der so ermittelte Ausgangsbetrag bei späterer (vertraglicher) Anpassung in dem selben Verhältnis zu erhöhen, in dem die vertraglich versprochene Rente anzupassen ist, wobei die im Zeitpunkt der Anpassung geltende dreifache Beitragsbemessungsgrenze die Obergrenze bildet.

▶ **Umfang der Einstandspflicht des PSV** 2543

BAG, Urt. v. 22.03.1983 – 3 AZR 574/81

Fundstellen: AuR 1983, 313 = BetrAV 1983, 207 = BB 1983, 1730 = DB 1983, 1982 = NJW 1983, 2902

Leitsatz:

Im Sicherungsfall besteht ein gesetzlicher Anspruch gegen den Pensions-Sicherungs-Verein in der Höhe, wie sie sich aus der **Versorgungsordnung** ergibt. Dieser Anspruch erstreckt sich nicht nur auf die von vornherein zur Höhe bestimmten Versorgungsansprüche, die Einstandspflicht des PSV erstreckt sich auch auf solche Leistungen, deren **künftige angemessene Anpassung** der Arbeitgeber **zugesagt** hatte. Allerdings erstreckt sich die Einstandspflicht **nicht auf die Anpassungsregelung nach § 16 BetrAVG**.

▶ **Kein Insolvenzschutz für richterrechtlich unverfallbare Anwartschaften einer Unterstützungskasse** 2544

BVerfG, Beschl. v. 19.10.1983 – 2 BvR 298/81

Fundstellen: BetrAV 1984, 49 = BB 1984, 341 = DB 1984, 190 = NJW 1984, 476

Leitsatz:

Ist der Arbeitnehmer bereits **vor Inkrafttreten des BetrAVG** am 22.12.1974 mit einem **kraft Richterrechts unverfallbaren** Versorgungsanspruch gegen eine **Unterstützungskasse** bei dem Trägerunternehmen ausgeschieden, dann können diese **Altfälle nicht in die Insolvenzregelung** des BetrAVG **einbezogen werden**.

▶ **Umfang des gesetzlichen Insolvenzschutzes** 2545

BAG, Urt. v. 08.05.1984 – 3 AZR 68/82

Fundstellen: AuR 1984, 379 = BetrAV 1985, 23 = BB 1984, 2194 = DB 1984, 2518 = NZA 1985, 155

Leitsätze:

1. Die Höhe des insolvenzgeschützten Anspruchs gemäß § 7 Abs. 2 Satz 3 BetrAVG richtet sich nach der Höhe der unverfallbaren Anwartschaft im Sinne des § 2 Abs. 1 BetrAVG. Der **gesetzliche Insolvenzschutz steht insgesamt nicht zur Disposition**, mithin sind auch über die gesetzliche Regelung hinausgehende Erweiterungen des Insolvenzschutzes vom Träger der Insolvenzsicherung nicht zu beachten.

2. Das gilt auch für die zeitanteilige Berechnung der insolvenzgeschützten Anwartschaften nach § 2 Abs. 1 BetrAVG. Ist aber die Vorschrift des § 7 Abs. 2 Satz 3 BetrAVG zwingend, so kann der Träger der Insolvenzsicherung grundsätzlich auch die Anerkennung von **rentensteigernden Vordienstzeiten** durch den letzten Arbeitgeber ablehnen.
3. Dieser Grundsatz verlangt indes eine Ausnahme, soweit die angerechnete Zeit von einer Versorgungszusage begleitet war.

2546 ▶ **Umfang des gesetzlichen Insolvenzschutzes**

BGH, Urt. v. 02.07.1984 – II ZR 259/83

Fundstellen: BetrAV 1984, 245 = BB 1985, 338 = DB 1984, 2558 = MDR 1985, 298 = NJW 1985, 385 = NZA 1984, 356

Leitsatz:

Nach der eindeutigen Regelung des § 7 Abs. 2 BetrAVG greift die Insolvenzsicherung nur bei Versorgungsanwartschaften ein, bei denen die gesetzlichen Voraussetzungen des § 1 Abs. 1 BetrAVG erfüllt sind. Die vertraglich vereinbarte Unverfallbarkeit führt bei Nichtvorliegen dieser gesetzlichen Voraussetzungen nicht zur Insolvenzsicherung.

2547 ▶ **Insolvenzschutz im Konzern**

BAG, Urt. v. 06.08.1985 – 3 AZR 185/83

Fundstellen: BetrAV 1986, 72 = BB 1986, 1506 = DB 1986, 131

Leitsätze:

1. Der gesetzliche Insolvenzschutz erstreckt sich auf alle Formen der betrieblichen Altersversorgung. Soweit die §§ 7 und 10 BetrAVG den Arbeitgeber nennen, meinen sie ganz allgemein denjenigen, der selbst oder über Versorgungseinrichtungen Leistungen der betrieblichen Altersversorgung zusagt und erbringt.
2. Um betriebliche Altersversorgung handelt es sich auch dann, wenn der Versorgungsschuldner nicht der unmittelbare Arbeitsvertragspartner des berechtigten Arbeitnehmers ist, weil eine **Konzern-Muttergesellschaft** eine zentrale Unterstützungskasse führt, die konzerneinheitliche Versorgungsleistungen an die Arbeitnehmer ihrer Tochtergesellschaften erbringt.
3. Wird ein Arbeitnehmer von der Konzern-Muttergesellschaft mit einer Versorgungszusage zu einer ausländischen Verkaufsgesellschaft entsandt, die zwar ihrerseits einen Arbeitsvertrag schließt, aber nicht in die Versorgungsverpflichtung eintritt und fällt die Konzern-Muttergesellschaft später in Konkurs, so muss der Pensions-Sicherungs-Verein die Versorgungsanwartschaft übernehmen.

2548 ▶ **Insolvenzschutz für richterrechtlich unverfallbare Anwartschaften**

BGH, Urt. v. 07.07.1986 – II ZR 238/85

Fundstellen: BetrAV 1987, 46 = BB 1986, 199 = DB 1986, 2239 = MDR 1987, 121

Leitsätze:

1. Die Frage, ob es gegen die Grundsätze der Verfassung verstößt, wenn **kraft Richterrechts unverfallbare Versorgungsanwartschaften** der Insolvenzsicherung des § 7 BetrAVG unterworfen werden, hat das Bundesverfassungsgericht für Unterstützungskassen bejaht.
2. Wenn dagegen eine Versorgungszusage ohne die Klausel »Ausschluss des Rechtsanspruchs«, sondern von vornherein verbindlich erteilt worden ist und nur unter der strengen Voraussetzung widerrufen werden konnte, dass der Arbeitgeber sich in einer den Bestand seines Unternehmens gefährdenden Notlage befand, dann gilt für diesen Sachverhalt die Entscheidung des

Bundesverfassungsgerichts nicht. In derartigen Fällen bestehen **keine verfassungsrechtlichen Bedenken**, Versorgungsanwartschaften kraft Richterrechts in den Insolvenzschutz mit einzubeziehen.

▶ **Insolvenzschutz für richterrechtlich unverfallbare Anwartschaften** 2549

BAG, Urt. v. 20.01.1987 – 3 AZR 503/85

Fundstellen: AuR 1987, 310 = BetrAV 1987, 222 = BB 1987, 1465 = DB 1987, 1793 = NJW 1988, 1044

Leitsätze:

1. Der gesetzliche Insolvenzschutz erstreckt sich auf **unverfallbare Versorgungsanwartschaften**, soweit deren Unverfallbarkeit nicht nur auf einer vertraglichen Zusage, sondern auf zwingenden Rechtsgrundsätzen beruht. Auch die **kraft Richterrechts** unverfallbaren Anwartschaften sind § 7 Abs. 2 Satz 1 BetrAVG insolvenzgeschützt.
2. Diese Auslegung des Betriebsrentengesetzes verstößt nicht gegen die Grundsätze der Verfassung und ist mit dem Beschluss des Bundesverfassungsgerichts vom 19.10.1983 – 2 BvR 298/81 – vereinbar.

▶ **Umfang einer Anpassungsverpflichtung kraft betrieblicher Übung** 2550

BAG, Urt. v. 03.02.1987 – 3 AZR 330/85

Fundstellen: AuR 1987, 310 = BetrAV 1987, 228 = BB 1987, 1673 = DB 1987, 2046 = NZA 1987, 666

Leitsätze:

1. Überprüft ein Arbeitgeber die laufenden Rentenzahlungen in regelmäßigen Abständen, um sie an die Lohn- oder Gehaltsentwicklung anzupassen, obwohl seine Versorgungszusagen das nicht vorsehen, so kann dadurch eine **betriebliche Übung** entstehen (Bestätigung des Urteils vom 3.12.1985 – 3 AZR 577/83).
2. Wie weit die daraus folgenden **Pflichten** reichen, hängt von der Art der Anpassungspraxis ab:
   a) Ist es nur üblich, nach billigem Ermessen zu prüfen, ob eine Anpassung der Betriebsrenten möglich ist, so geht die **Anpassungspflicht nicht weiter als § 16 BetrAVG**. Das ist der **Regelfall**.
   b) Denkbar ist aber auch, dass die Übung **ausnahmsweise** dahin geht, die Betriebsrenten unter feststehenden Voraussetzungen an bestimmte Bezugsgrößen anzupassen; in diesem Falle entsprechen die entstandenen Pflichten denjenigen einer **Spannenklausel**.
3. Im **Insolvenzfall** muss der Pensions-Sicherungs-Verein die Anpassungspflicht nur dann übernehmen, wenn diese auf einer Spannenklausel oder einer entsprechenden betrieblichen Übung beruht (ständige Rechtsprechung).

▶ **Insolvenzschutz für richterrechtlich unverfallbare Anwartschaften** 2551

BVerfG, Beschl. v. 10.03.1988 – 1 BvR 894/87

Fundstelle: BB 1988, 2469

Leitsatz:

Die Rechtsprechung des BAG, wonach richterrechtlich unverfallbare Anwartschaften in die Insolvenzsicherung einzubeziehen sind, verstößt nicht gegen das Grundgesetz.

▶ **Vorgezogene Altersrente im Insolvenzfalle** 2552

BAG, Urt. v. 26.04.1988 – 3 AZR 411/86

Fundstellen: BetrAV 1988, 220 = BB 1988, 1671 = DB 1988, 1019 = NZA 1989, 182

Leitsatz:

Beantragt der Arbeitnehmer, der mit einer unverfallbaren Versorgungsanwartschaft aus dem Arbeitsverhältnis ausgeschieden ist, nach Eröffnung des Konkursverfahrens über das Vermögen seines Arbeitgebers **vorgezogenes Altersruhegeld**, kann der PSV bei der Bemessung der Versorgungsleistungen **Erhöhungen des Gehalts** nach Beendigung des Arbeitsverhältnisses **außer Acht lassen** und den in der Leistungsordnung vorgesehenen **versicherungsmathematischen Abschlag** wegen vorzeitigen Bezugs des Altersruhegeldes vornehmen.

2553 ▶ Insolvenzschutz im Konzern

BAG, Urt. v. 25.10.1988 – 3 AZR 64/87

Fundstellen: AuR 1989, 59 = BetrAV 1989, 65 = BB 1989, 360 = DB 1989, 278 = NZA 1989, 177

Leitsätze:

1. Nach § 7 Abs. 2 Satz 2 BetrAVG erhalten Arbeitnehmer, die zum Kreis der Begünstigten einer **Unterstützungskasse** gehören und im Zeitpunkt der Eröffnung des Konkursverfahrens über das Vermögen des Trägerunternehmens eine unverfallbare Anwartschaft haben, einen Anspruch gegen den Träger der Insolvenzsicherung (PSV).
2. Trägerunternehmen i. S. v. § 7 Abs. 2 Satz 2 BetrAVG ist in der Regel der Arbeitgeber als Gläubiger des Anspruchs auf Arbeitsleistung.
3. Innerhalb eines Konzerns kann die **Konzernobergesellschaft**, die zunächst alleiniger Arbeitgeber war, Trägerunternehmen im Sinne dieser Bestimmung bleiben, wenn der Arbeitnehmer in ihrem Interesse und auf ihre Veranlassung ein Arbeitsverhältnis zu einer Tochtergesellschaft begründet und die Konzernobergesellschaft die Versorgungszusage aufrechterhält.
4. Das gilt auch, wenn das Arbeitsverhältnis zu einer **ausländischen Tochtergesellschaft** begründet wird. In die Berechnung der Unverfallbarkeit nach § 1 BetrAVG werden auch Zeiten einbezogen, in denen der Arbeitnehmer bei einer ausländischen Tochtergesellschaft beschäftigt wurde, die Versorgungsanwartschaft jedoch von der inländischen Konzernobergesellschaft aufrechterhalten wurde.

2554 ▶ Missbrauchskontrolle bei Anpassungsprüfung vor Insolvenzeintritt

BAG, Urt. v. 29.11.1988 – 3 AZR 184/87

Fundstellen: AuR 1989, 152 = BetrAV 1989, 65 = BB 1989, 636 = DB 1989, 786 = NZA 1989, 426

Leitsätze:

1. Zusagen eines Arbeitgebers auf Leistungen der betrieblichen Altersversorgung unterliegen der Kontrolle auf Missbrauch der Insolvenzsicherung nach Maßgabe des § 7 Abs. 5 BetrAVG.
2. Zu den Verbesserungen einer Zusage gehören auch Vereinbarungen zwischen Arbeitgeber und Arbeitnehmer über eine Erhöhung laufender Betriebsrenten, die auf Entscheidungen des Arbeitgebers nach § 16 BetrAVG (Anpassungsprüfung für laufende Leistungen) beruhen.
3. Der Versicherungsschutz entfällt nicht, wenn die Entscheidung des Arbeitgebers, die laufende Rente zu erhöhen, vertretbar ist. Dem Arbeitgeber steht bei seinen Entscheidungen nach § 16 BetrAVG ein **Beurteilungsspielraum** hinsichtlich der unbestimmten Rechtsbegriffe und darüber hinaus noch ein **Ermessensspielraum** zu.
4. § 7 Abs. 5 Satz 2 BetrAVG enthält eine **widerlegbare Vermutung**. Der Versicherungsschutz scheidet nicht schon dann aus, wenn die wirtschaftliche Lage des Arbeitgebers im Zeitpunkt der Verbesserung schlecht war. Entscheidend kommt es nach § 7 Abs. 5 Satz 1 BetrAVG darauf an, ob beabsichtigt war, den gesetzlichen Insolvenzschutz zu missbrauchen. Dieser Zweck kann nur unter den Voraussetzungen des § 7 Abs. 5 Satz 2 BetrAVG vermutet werden.

Insolvenzsicherung D.

▶ **Übernahme des Vermögens einer Unterstützungskasse** 2555

LAG Köln, Urt. v. 18.10.1989 – 5 Sa 427/89

Fundstelle: DB 1990, 1043

Leitsatz:

Das Vermögen einer Unterstützungskasse geht auch dann gemäß § 9 Abs. 3 BetrAVG auf den Träger der Insolvenzsicherung über, wenn bei Eintritt des Sicherungsfalls die Kasse weder vermögenslos noch zahlungsunfähig ist.

▶ **Anspruchs- und Vermögensübergang** 2556

BAG, Urt. v. 12.12.1989 – 3 AZR 540/88

Fundstellen: AuR 1990, 163 = BetrAV 1990, 179 = BB 1990, 857 = DB 1990, 895 = NZA 1990, 475

Leitsätze:

1. Mit der Eröffnung des Konkursverfahrens über das Vermögen eines Arbeitgebers **gehen Ansprüche** eines Arbeitnehmers auf Leistungen der betrieblichen Altersversorgung **auf den PSV über**, soweit der Arbeitnehmer den PSV in Anspruch nehmen kann (§ 9 Abs. 2 Satz 1 BetrAVG).
2. Mit dem Anspruch des Arbeitnehmers auf Betriebsrente gehen auch die zur **Sicherung der Betriebsrente eingeräumten Rechte** auf den neuen Gläubiger, den PSV, über. Die durch den **Schuldbeitritt** eines Dritten entstandene Forderung ist ein solches zur Sicherung der Betriebsrente eingeräumtes Recht.
3. Nach § 7 Abs. 1 Satz 1 BetrAVG hat der PSV bei Eröffnung des Konkursverfahrens über das Vermögen des Arbeitgebers dem Arbeitnehmer die Betriebsrente so zu zahlen, wie sie dem Arbeitnehmer zugesagt worden ist. Der Anspruch des versorgungsberechtigten Arbeitnehmers gegen den PSV **mindert sich nicht** um die Ansprüche des Arbeitnehmers aus dem Schuldbeitritt. Die Ansprüche eines Arbeitnehmers mindern sich im Fall des Konkurses des ursprünglichen Versorgungsschuldners nur um die Leistungen, die ein sonstiger Träger der Versorgung tatsächlich erbringt (§ 7 Abs. 4 BetrAVG).
4. Der Arbeitnehmer erhält mit der Eröffnung des Konkursverfahrens über das Vermögen des Arbeitgebers mit dem PSV **einen neuen, zahlungsfähigen Schuldner**. Dieser Schuldner (PSV) kann sich nach dem Übergang der Forderungen aus dem Versorgungsversprechen und dem Schuldbeitritt an den Versorgungsschuldner und an den dieser Schuld beigetretenen Dritten halten.

▶ **Voraussetzungen für einen Versicherungsmissbrauch** 2557

BAG, Urt. v. 08.05.1990 – 3 AZR 121/89

Fundstellen: AuR 1990, 361 = BetrAV 1991, 18 = BB 1990, 2410 = DB 1990, 2375 = NZA 1990, 931

Leitsatz:

Ein Versicherungsmissbrauch nach § 7 Abs. 5 Satz 1 BetrAVG kommt nur in Betracht, wenn nach **objektiver Beurteilung** der wirtschaftlichen Lage des Arbeitgebers die Annahme gerechtfertigt ist, der alleinige oder überwiegende **Zweck der Zusage** sei es gewesen, den **Träger der Insolvenzsicherung in Anspruch** zu nehmen.

2558 ▶ **Auswirkungen einer Klageabweisung**

BAG, Urt. v. 12.06.1990 – 3 AZR 524/88

Fundstellen: AuR 1990, 361 = BetrAV 1991, 22 = BB 1990, 2052 = DB 1990, 2271 = FamRZ 1991, 57 = NZA 1991, 20

Leitsatz:

Wird die Klage eines Arbeitnehmers gegen den PSV auf Gewährung von Insolvenzschutz abgewiesen, so kann auch ein Hinterbliebener keinen Insolvenzschutz verlangen. **Der Versorgungsanspruch der Hinterbliebenen teilt das Schicksal der Hauptrente.**

2559 ▶ **Insolvenzschutz bei einer durch Gehaltsumwandlung finanzierten und beliehenen Direktversicherung**

BAG, Urt. v. 26.06.1990 – 3 AZR 641/88

Fundstellen: AuR 1991, 27 = BetrAV 1991, 67 = BB 1991, 482 = DB 1990, 2475 = MDR 1991, 281 = NJW 1991, 717 = NZA 1991, 144 = ZAP Fach 17 R, S. 13

Leitsätze:

1. Eine betriebliche Altersversorgung in Form einer Direktversicherung (§ 1 Abs. 2 Satz 1 BetrAVG) kann auch dann vorliegen, wenn die Prämien der Versicherung auf das Leben des Arbeitnehmers vereinbarungsgemäß anstelle einer Vergütung gezahlt werden sollen (**Versicherung nach Gehaltsumwandlung**). Auch diese Form der betrieblichen Altersversorgung ist nach § 7 Abs. 2 Satz 1 Nr. 2 BetrAVG insolvenzgeschützt.
2. Zu den **Merkmalen einer betrieblichen Altersversorgung** gehören das Versprechen einer Leistung zum Zweck der Versorgung, ein den Versorgungsanspruch auslösendes Ereignis wie Alter, Invalidität oder Tod sowie die Zusage an einen Arbeitnehmer durch den Arbeitgeber aus Anlass des Arbeitsverhältnisses (st. Rspr. des Senats, vgl. zuletzt, Urteil vom 8.5.1990 – 3 AZR 121/89, DB 1990, S. 2375). Es gibt **kein** weiteres einschränkendes, ungeschriebenes **Tatbestandsmerkmal** »zusätzlich zum Barlohn entrichtete, freiwillige Arbeitgeberleistung«.
3. Erteilt ein unwiderruflich bezugsberechtigter Arbeitnehmer **nachträglich** dem Arbeitgeber die **Zustimmung zur Beleihung** der Ansprüche aus dem Lebensversicherungsvertrag und entsteht durch die Beleihung eine Versorgungslücke, so schließt dies allein den Insolvenzschutz noch nicht wegen fehlender Schutzbedürftigkeit aus.
4. Nach § 7 Abs. 5 BetrAVG besteht dann kein Insolvenzschutz wegen missbräuchlicher Beleihung, wenn der Arbeitnehmer am Missbrauch beteiligt war. Ein **missbräuchliches Zusammenwirken** des Arbeitnehmers mit dem Arbeitgeber ergibt sich nicht allein daraus, dass der Arbeitnehmer dem Arbeitgeber eine Zustimmung zur Beleihung der Ansprüche aus dem Lebensversicherungsvertrag erteilt.
5. § 7 Abs. 5 Satz 3 BetrAVG kann auf Beleihungen einer Lebensversicherung nicht entsprechend angewandt werden.

2560 ▶ **Aussonderung der Direktversicherung im Konkurs des Arbeitgebers**

BAG, Urt. v. 26.06.1990 – 3 AZR 2/89

Fundstellen: BB 1991, 72 = NZA 1991, 144 = VersR 1991, 942

Leitsätze:

1. Der Arbeitgeber kann als Versicherungsnehmer dem Arbeitnehmer, seinen Angehörigen und Erben ein **unwiderrufliches Bezugsrecht** auf Versicherungsleistungen aus einem Lebensversicherungsvertrag einräumen. Im Konkurs des Arbeitgebers gehört der **Anspruch auf die Versicherungsleistungen nicht zur Konkursmasse** (§ 1 Abs. 1 KO). Der Arbeitnehmer oder der an seiner

Stelle unwiderruflich Bezugsberechtigte kann **Aussonderung** dieses Vermögensgegenstandes aus der Konkursmasse verlangen (§ 43 KO).
2. Das unwiderrufliche Bezugsrecht kann durch Vorbehalte eingeschränkt werden (**eingeschränkt unwiderrufliches Bezugsrecht**). Wenn die Voraussetzungen der Vorbehalte nicht erfüllt sind, hat der eingeschränkt unwiderruflich Bezugsberechtigte im Konkurs des Arbeitgebers die **gleiche Rechtsstellung** wie ein uneingeschränkt unwiderruflich Bezugsberechtigter.
3. Die dem Arbeitgeber vom Arbeitnehmer eingeräumte Ermächtigung, Vorauszahlungen des Versicherers auf die Versicherungsleistungen »während der Dauer des Arbeitsverhältnisses« entgegenzunehmen, erlischt mit der Beendigung des Arbeitsverhältnisses und kann nicht in die Konkursmasse fallen, wenn das Arbeitsverhältnis vorher beendet wurde.

▶ **Vermögensübergang einer Unterstützungskasse**   2561

BAG, Urt. v. 12.02.1991 – 3 AZR 30/90

Fundstellen: AuR 1991, 282 = BetrAV 1992, 49 = BB 1991, 1420 = DB 1991, 1735 = NZA 1991, 723

Leitsätze:
1. Das Vermögen der (deutschen) Unterstützungskasse eines ausländischen Trägerunternehmens geht kraft Gesetzes (§ 9 Abs. 3 Satz 1 BetrAVG) auf den Träger der gesetzlichen Insolvenzsicherung über, wenn über das inländische Vermögen des Trägerunternehmens das Konkursverfahren eröffnet wird.
2. Dies gilt auch dann, wenn die Unterstützungskasse noch über **hinreichende finanzielle Mittel verfügt**, um die bestehenden Versorgungsverbindlichkeiten zu erfüllen.

▶ **Widerrufliches Bezugsrecht im Konkurs des Arbeitgebers**   2562

BAG, Urt. v. 26.02.1991 – 3 AZR 213/90

Fundstellen: AuR 1991, 317 = BetrAV 1992, 49 = BB 1991, 1796 = DB 1991, 2242 = NZA 1991, 845

Leitsätze:
1. Hat der Arbeitgeber als Versicherungsnehmer dem Arbeitnehmer lediglich ein **widerrufliches Bezugsrecht** auf Versicherungsleistungen aus einem Lebensversicherungsvertrag eingeräumt, so gehört der Anspruch auf die Versicherungsleistungen im Konkurs des Arbeitgebers zur **Konkursmasse** (§ 1 Abs. 1 KO). Der Arbeitnehmer ist **nicht zur Aussonderung** dieses Vermögensgegenstandes aus der Konkursmasse **berechtigt**, § 43 KO.
2. § 1 Abs. 2 Satz 1 BetrAVG ist keine dem Konkursrecht vorgehende Sonderregelung. Diese Vorschrift ist nicht anwendbar, wenn das Bezugsrecht nicht wegen Beendigung des Arbeitsverhältnisses, sondern zur gemeinschaftlichen Befriedigung der Konkursgläubiger widerrufen wird. § 1 Abs. 2 Satz 1 BetrAVG enthält auch kein gesetzliches Verbot im Sinne des § 134 BGB.
3. Wenn der Konkursverwalter das Bezugsrecht zur Verwertung der Konkursmasse widerruft, kommt er seinen konkursrechtlichen Pflichten nach (§ 117 Abs. 1 KO) und haftet deshalb nicht nach § 82 KO.
4. Schadensersatzansprüche der Arbeitnehmer, die durch den Widerruf des Bezugsrechts entstehen, sind keine Masseschulden im Sinne des § 59 Abs. 1 Nr. 1 und 2 KO.
5. Arbeitnehmer, die im Sicherungsfall (hier Konkurs des Arbeitgebers) eine unverfallbare Versorgungsanwartschaft haben, erhalten bei Eintritt des Versorgungsfalls einen Anspruch gegen den Pensions-Sicherungs-Verein (§ 7 Abs. 2 Satz 1 BetrAVG).

▶ **Berechnung der Insolvenzsicherung**   2563

BAG, Urt. v. 12.03.1991 – 3 AZR 63/90

Fundstellen: AuR 1991, 380 = BetrAV 1992, 27 = BB 1991, 2532 = DB 1991, 2552 = NZA 1992, 132

Leitsätze:

1. Bei der Berechnung der Insolvenzsicherung kommt es auf die tatsächlichen Verhältnisse im Zeitpunkt des Sicherungsfalles und nicht auf die tatsächlichen Verhältnisse im Zeitpunkt des Versorgungsfalls an.
2. Nach §7 Abs.2 Satz3 Halbsatz 2 i.V.m. §2 Abs.5 Satz1 Halbsatz 1 BetrAVG sind die im Zeitpunkt des Sicherungsfalles bestehenden Bemessungsgrundlagen auf den Zeitpunkt des Versorgungsfalls hochzurechnen. Diese Vorschriften gehen von einem unveränderten Fortbestand des Arbeitsverhältnisses und der Bemessungsgrundlagen aus. Das Risiko, kein gleichwertiges Arbeitsverhältnis mehr eingehen und keine gleichwertige Altersversorgung für die Zeit nach dem Sicherungsfall mehr erwerben zu können, trägt der Arbeitnehmer. Insoweit genießt er keinen Insolvenzschutz.

2564 ▶ **Sicherungsfall der wirtschaftlichen Notlage**

BAG, Urt. v. 17.09.1991 – 3 AZR 413/90

Fundstellen: AuR 1992, 26 = BetrAV 1992, 52 = BB 1991, 2536 = DB 1992, 97 = NZA 1992, 219

Leitsätze:

1. Der Sicherungsfall der wirtschaftlichen Notlage des Versorgungsschuldners setzt voraus, dass vor dem **Widerruf der Versorgungszusagen** der **PSV eingeschaltet** worden ist (§7 Abs.1 Satz 3 Nr. 5, Satz 4 BetrAVG). Ein **vorher erklärter Widerruf** ist **unwirksam** (st. Rspr. des Senats zuletzt vom 24.1.1989 – 3 AZR 519/88).
2. Die gebotene Einschaltung des PSV kann **nicht** mit Wirkung für die Zeit vor der Erklärung des Widerrufs **nachgeholt werden**.

2565 ▶ **Insolvenzrechtliche Besonderheiten bei einer Gruppen-Unterstützungskasse**

BAG, Urt. v. 22.10.1991 – 3 AZR 1/91

Fundstellen: AuR 1992, 184 = BetrAV 1992, 178 = BB 1992, 864 = DB 1992, 996

Leitsätze:

1. Gemäß §9 Abs. 3 BetrAVG hat der PSV gegen eine **Unterstützungskasse mit mehreren Trägerunternehmen** einen Anspruch auf Zahlung eines Betrags, der dem **Teil des Vermögens** der Kasse entspricht, der auf das Trägerunternehmen entfällt, bei dem der Sicherungsfall eingetreten ist.
2. Welche Vermögensanteile den einzelnen Trägerunternehmen zustehen, bestimmt sich nach den von den Beteiligten getroffenen Vereinbarungen.
3. Wird der Verpflichtungsumfang der Kasse und die Höhe der Forderungen der Kasse gegen die einzelnen Trägerunternehmen **buchmäßig getrennt** und **gesondert verwaltet**, so entspricht der Vermögensanteil der einzelnen Trägerunternehmen im Zweifel der Höhe des betreffenden Dotierungsanspruchs. Die übrigen Trägerunternehmen **haften** dann **nicht solidarisch** mit ihren Vermögensanteilen für den Ausgleichsanspruch des PSV.

2566 ▶ **Insolvenz nach verschlechternder Neuordnung**

BAG, Urt. v. 21.01.1992 – 3 AZR 21/91

Fundstellen: AuR 1992, 157 = BetrAV 1992, 199 = BB 1992, 860 = DB 1992, 1051 = NZA 1992, 659

Insolvenzsicherung D.

Leitsätze:

1. Der unverfallbare Teil einer Versorgungsanwartschaft ist gegen Insolvenz des Arbeitgebers geschützt. Dieser Schutz wird nicht dadurch geschmälert, dass eine **ablösende Betriebsvereinbarung** schon **vor** dem **Insolvenzfall** verringerte Steigerungsraten und dadurch eine gekürzte Vollrente einführt (Bestätigung von BAG vom 22.9.1987 – 3 AZR 662/85).
2. Die ablösende Betriebsvereinbarung muss die Grundsätze der **Verhältnismäßigkeit** und des **Vertrauensschutzes** beachten.
3. Eine ablösende Betriebsvereinbarung braucht jedenfalls dann keine besonderen Regelungen für rentennahe Jahrgänge zu enthalten, wenn eine **allgemeine Härteklausel** vorgesehen ist.
4. Die Verweisung im Arbeitsvertrag eines leitenden Angestellten auf eine in einer Betriebsvereinbarung niedergelegte Versorgungsordnung ist im Zweifel als **dynamische Verweisung** auf die jeweils für die Arbeitnehmer des Betriebs geltende Betriebsvereinbarung (Versorgungsordnung) zu verstehen. Eine solche Verweisung wird in der Regel den Interessen beider Parteien eher gerecht als eine Verweisung auf einen im Zeitpunkt der Vereinbarung bestehenden Rechtszustand.

▶ Anrechnung von »Nachdienstzeiten« und Insolvenzschutz 2567

BAG, Urt. v. 10.03.1992 – 3 AZR 140/91

Fundstellen: AuR 1992, 280 = BetrAV 1992, 222 = BB 1992, 2220 = DB 1992, 2251 = MDR 1993, 59 = NZA 1992, 932

Leitsätze:

1. Der Pensions-Sicherungs-Verein muss **Verbesserungen** der Versorgungszusage durch den Arbeitgeber hinnehmen und für eine unverfallbare Versorgungsanwartschaft Insolvenzschutz leisten, sofern nicht einer der Fälle des Versicherungsmissbrauchs im Sinne des § 7 Abs. 5 BetrAVG vorliegt.
2. Das gilt auch, wenn der Arbeitnehmer vorzeitig aus dem Arbeitsverhältnis ausscheidet, um mit Vollendung des 60. Lebensjahres die vorgezogene Altersrente in der gesetzlichen Rentenversicherung in Anspruch nehmen zu können (§ 25 Abs. 2 AVG; § 1248 Abs. 2 RVO), und der Arbeitgeber die Zeit vom vorzeitigen Ausscheiden bis zur Vollendung des 60. Lebensjahres als versorgungssteigernde Dienstzeit anerkennt.

▶ Behandlung einer Unterstützungskasse bei Insolvenz des Trägerunternehmens 2568

BAG, Urt. v. 06.10.1992 – 3 AZR 41/92

Fundstellen: BB 1993, 368 = DB 1993, 987 = NZA 1993, 455

Leitsätze:

1. Wird eine betriebliche Altersversorgung über eine **Unterstützungskasse** zugesagt, gehen im **Konkurs des Arbeitgebers** (Trägerunternehmens) die Forderungen der Arbeitnehmer gegen den Arbeitgeber nach § 9 Abs. 2 BetrAVG auf den PSV über (Bestätigung von BAG vom 26.8.1986 – 3 AZR 98/85).
2. Daneben geht nach § 9 Abs. 3 BetrAVG auch das **Vermögen der Unterstützungskasse** einschließlich der Verbindlichkeiten auf den PSV über. Zum Vermögen der Unterstützungskasse kann eine Darlehensforderung gegen das Trägerunternehmen gehören.
   a) Forderungs- und Vermögensübergang dienen demselben Zweck; der PSV soll schadlos gestellt werden, soweit er Versorgungsleistungen erbringt, die das Trägerunternehmen der Unterstützungskasse nicht mehr sicherstellen kann.
   b) Es geht das **gesamte Vermögen** der Unterstützungskasse auf den PSV über. Bei der Berechnung der nach § 9 Abs. 2 BetrAVG übergehenden Forderungen der Arbeitnehmer ist derjenige Betrag abzusetzen, der tatsächlich aus dem Vermögen der Unterstützungskasse erzielt werden kann.

c) Im Konkurs des Trägerunternehmens ist daher zunächst das Kassenvermögen festzustellen. Seine Höhe – evtl. in Höhe der Konkursquote – bestimmt die Höhe der von den Arbeitnehmern nach § 9 Abs. 2 BetrAVG auf den PSV übergegangenen Forderungen.

2569 ▶ **Kein Insolvenzschutz für beitragsgeschädigte Direktversicherung**

BAG, Urt. v. 17.11.1992 – 3 AZR 51/92

Fundstellen: AuR 1993, 185 = BetrAV 1993, 196 = BB 1993, 943 = DB 1993, 986 = NJW 1994, 276 = NZA 1993, 843

Leitsätze:

1. Einbußen bei einer Direktversicherung nach § 1 Abs. 2 BetrAVG (hier: Kapitallebensversicherung), die dem durch ein unwiderrufliches Bezugsrecht begünstigten Arbeitnehmer entstanden sind, weil der Arbeitgeber die Beiträge an den Versicherer nicht vertragsgemäß entrichtet hat, sind nicht insolvenzgesichert.
2. Die Arbeitnehmer haben gegen ihren Arbeitgeber einen Anspruch auf Auskunft, wenn Beiträge zu den genannten Direktversicherungen nicht bei Fälligkeit gezahlt werden. Sie können bei Insolvenz ihres Arbeitgebers vorübergehend die Beiträge selbst zahlen und sie als Konkursausfallgeld geltend machen. Zum Arbeitsentgelt gehören auch Beiträge des Arbeitgebers zur Zukunftssicherung des Arbeitnehmers.
3. Es bleibt offen, ob auch der Versicherer in einem solchen Fall verpflichtet ist, den Arbeitnehmer über Beitragsrückstände und eine bevorstehende außerordentliche Kündigung des Versicherungsvertrages (§ 39 VVG) zu unterrichten und dem Arbeitnehmer das Recht einzuräumen, die Versicherung durch Zahlung eigener Beiträge fortzuführen.

2570 ▶ **Insolvenzschutz bei wirtschaftlicher Notlage**

BAG, Urt. v. 16.03.1993 – 3 AZR 299/92

Fundstellen: AuR 1993, 355 = BetrAV 1993, 277 = BB 1993, 2090 = DB 1993, 1927 = MDR 1994, 179 = NZA 1993, 942

Leitsätze:

1. Der Widerruf einer Versorgungszusage wegen wirtschaftlicher Notlage (§ 7 Abs. 1 Satz 3 Nr. 5 BetrAVG) setzt voraus, dass der **Bestand** des Unternehmens aus wirtschaftlichen Gründen **gefährdet** und die Einstellung oder Kürzung der Versorgungsleistungen ein **geeignetes Mittel** ist, zur Sanierung beizutragen.
2. Die wirtschaftliche Notlage muss durch die **Betriebsanalyse** eines **Sachverständigen** unter Darstellung ihrer Ursachen belegt werden. Ferner muss ein **Sanierungsplan** erstellt werden, der eine **gerechte Lastenverteilung** unter Heranziehung sämtlicher Beteiligten vorsieht.
3. Für die Beurteilung der Frage, ob eine wirtschaftliche Notlage vorliegt, ist der **Zeitpunkt** maßgebend, in dem der Versorgungsschuldner den Pensions-Sicherungs-Verein zur Übernahme der Versorgungsschuld auffordert.
4. Handelt es sich bei dem notleidenden Unternehmen um eine **konzernabhängige** Gesellschaft, so ist die wirtschaftliche Notlage dieser Gesellschaft dem beherrschenden Unternehmen dann **nicht zuzurechnen**, wenn bei der Entstehung der Verluste das **Konzerninteresse keine Rolle** gespielt hat, insbesondere bei der Entstehung der wirtschaftlichen Krise noch **keine Leitungsmacht** der Konzernobergesellschaft bestand.
5. Übernimmt die Konzernobergesellschaft sämtliche Geschäftsanteile eines notleidenden Unternehmens, um dieses weiterzuführen, so muss sich die **Obergesellschaft** in einem **angemessenen Umfang an der Sanierung beteiligen**. Sie wird im Regelfall die Hauptlast der Sanierung zu tragen haben. Die Entscheidung für die Sanierung führt aber nicht dazu, dass die Obergesellschaft bis zur eigenen wirtschaftlichen Erschöpfung Finanzierungsbeiträge leisten muss.

Insolvenzsicherung D.

6. Eine im Sanierungsplan vorzusehende gerechte Lastenverteilung scheitert nicht daran, dass der Versorgungsschuldner es unterlassen hat, außenstehende Unternehmensgläubiger (z. B. Banken, Lieferanten) zu Forderungsverzichten zu veranlassen.
7. Der **Pensions-Sicherungs-Verein** hat dem Versorgungsschuldner die Chance einzuräumen, die Sanierung zu erreichen. Der Pensions-Sicherungs-Verein ist jedoch **nicht verpflichtet**, dem notleidenden Unternehmen die **Versorgungslast auf Dauer abzunehmen**. Der **Zeitraum**, in dem der Pensions-Sicherungs-Verein Sanierungsbeiträge zu leisten hat, sowie die **Höhe der Sanierungsbeiträge** in dieser Zeit, hängen von den Umständen des einzelnen Falles ab.

▶ **Keine Anpassung durch den PSV** 2571

BAG, Urt. v. 05.10.1993 – 3 AZR 698/92

Fundstellen: AuR 1994, 158 = BetrAV 1994, 194 = BB 1994, 864 = DB 1994, 687 = MDR 1994, 1130 = NJW 1994, 1894 = NZA 1994, 459

Leitsätze:

1. Der Pensions-Sicherungs-Verein **ist grundsätzlich nicht verpflichtet**, laufende Renten an den Kaufkraftverlust anzupassen (Bestätigung der st. Rspr., vgl. BAGE 42, 117 = AP Nr. 14 zu § 16 BetrAVG; BAGE 54, 118 = AP Nr. 20 zu § 16 BetrAVG).
2. Eine **Anpassungspflicht** besteht nur, wenn der Arbeitgeber **nach dem Inhalt der Ruhegeldzusage** zur Anpassung verpflichtet war.

▶ **Insolvenzschutz für dynamisierte Rente** 2572

BAG, Urt. v. 15.02.1994 – 3 AZR 705/93

Fundstellen: AuR 1994, 242 = BetrAV 1994, 196 = BB 1994, 1016 = DB 1994, 1222 = NZA 1994, 943

Leitsatz:

Verspricht der Arbeitgeber ein Ruhegeld nach Maßgabe der Leistungsordnung des Essener Verbandes, muss er nach jeder Änderung der Gruppenbeträge die Ruhegelder seiner Versorgungsempfänger neu berechnen und bei Festsetzung höherer Gruppenbeträge diese höheren Gruppenbeträge jeweils seiner neuen Berechnung der Ruhegelder zugrunde legen. Diese Verpflichtung hat auch der PSV zu erfüllen.

▶ **Insolvenzschutz für Rentenanpassung** 2573

BAG, Urt. v. 26.04.1994 – 3 AZR 981/93

Fundstellen: BetrAV 1994, 274 = BB 1994, 1789 = DB 1994, 1831

Leitsatz:

Rentenerhöhungen nach § 16 BetrAVG im letzten Jahr vor Eintritt des Insolvenzfalles nehmen am Versicherungsschutz nicht teil.

▶ **Insolvenzschutz bei volldynamischer Versorgungszusage** 2574

BAG, Urt. v. 22.11.1994 – 3 AZR 767/93

Fundstellen: AuR 1995, 149 = BB 1995, 679 = DB 1995, 582 = NZA 1995, 887 = RdA 1995, 190 = ZAP 1995, Fach 17 R, S. 127 = ZIP 1995, 584

Leitsätze:

1. Der Umfang des Insolvenzschutzes für Betriebsrentner und Rentenanwartschaftsberechtigte ergibt sich ausschließlich aus dem Betriebsrentengesetz.

2. Trifft der Insolvenzfall einen **Betriebsrentner**, muss der Träger der Insolvenzsicherung nach § 7 Abs. 1 BetrAVG in dem Umfang eintreten, der sich aus der **Versorgungszusage** des Arbeitgebers ergibt. Enthält die Zusage eine unabhängig von § 16 BetrAVG bestehende Anpassungspflicht des Arbeitgebers, wie etwa bei Versorgungsregelungen nach den Richtlinien des Essener Verbandes, besteht diese Pflicht auch für den Pensions-Sicherungs-Verein (Bestätigung der Senatsurteile vom 3.8.1978 – BAGE 31, 45 = AP Nr. 1 zu § 7 BetrAVG; vom 15.2.1994 – 3 AZR 705/93 – AP Nr. 82 zu § 7 BetrAVG).

3. Der Anspruch für den Inhaber einer im Insolvenzfall **unverfallbaren Versorgungsanwartschaft** gegen den Träger der Insolvenzsicherung richtet sich gemäß § 7 Abs. 2 Satz 3 nach § 2 Abs. 1, Abs. 2 und Abs. 5 BetrAVG. Damit sind **Veränderungen der Bemessungsgrundlage** für die Berechnung des Betriebsrentenanspruchs, die nach dem Insolvenzfall eintreten, für die Berechnung des Anspruchs gegen den Träger der Insolvenzsicherung **unerheblich**. Eine **vertraglich versprochene Anpassung** der Rentenanwartschaft **nach variablen Bezugsgrößen**, wie etwa den Gruppenbeträgen des Essener Verbandes, ist damit **nicht insolvenzgesichert**.

4. Die Veränderungssperre des § 2 Abs. 5 BetrAVG wirkt im Rahmen des Insolvenzschutzes nach § 7 Abs. 2 BetrAVG nicht nur bis zum Eintritt des Versorgungsfalls. Auch Veränderungen der Bemessungsgrundlagen nach Eintritt des Versorgungsfalls sind für die Berechnung des Teilanspruchs gegenüber dem Träger der Insolvenzsicherung unbeachtlich (insoweit Aufgabe des Senatsurteils vom 3.8.1978 – BAGE 31, 44, 55 = AP Nr. 1 Zu § 7 BetrAVG, zu II 2 a der Gründe).

2575 ▶ **Insolvenzschutz bei Beleihung einer Direktversicherung**

BAG, Urt. v. 17.10.1995 – 3 AZR 420/94

Fundstellen: BetrAV 1996, 258 = BB 1996, 1389 = DB 1996, 1426 = ZIP 1996, 1052

Leitsätze:

1. Ist dem Arbeitnehmer ein sog. **eingeschränkt widerrufliches Bezugsrecht** eingeräumt worden, so kann der Arbeitgeber bereits aufgrund der mit dem Bezugsrecht verbundenen Vorbehalte die Ansprüche aus dem Versicherungsvertrag beleihen. Eine **weitere Zustimmung** des Arbeitnehmers ist **nicht erforderlich**. Auf die Wirksamkeit und damit auch auf die Anfechtbarkeit einer zusätzlich erteilten Zustimmung des Arbeitnehmers zur Beleihung kommt es nicht an.

2. Allein die **Zustimmung des Arbeitnehmers** zur Beleihung der Ansprüche aus dem Versicherungsvertrag **führt nicht zum Wegfall des Insolvenzschutzes**. Die Voraussetzungen eines Versicherungsmissbrauchs sind in § 7 Abs. 5 BetrAVG geregelt (Bestätigung der bisherigen Rechtsprechung des Senats; vgl. BAGE 65, 215, 223 = AP Nr. 11 zu § 1 BetrAVG Lebensversicherung, zu II 2 der Gründe).

3. Nach § 7 Abs. 5 Satz 1 BetrAVG verliert der Arbeitnehmer nur dann den Insolvenzschutz, wenn er mit dem Arbeitgeber **missbräuchlich zusammenwirkt** und den missbilligten Zweck der Beleihung zumindest erkennen kann. Diese Voraussetzung ist nicht erfüllt, wenn dem Arbeitnehmer zwar wirtschaftliche Schwierigkeiten seines Arbeitgebers bekannt sind, er aber angenommen hat und auch annehmen durfte, dass die vorgesehene Sanierung erfolgreich sein werde und die Insolvenzsicherung nicht in Anspruch genommen werden müsse (Fortführung von BAGE 65, 215, 224 = AP Nr. 11 zu § 1 BetrAVG Lebensversicherung, zu III 1 der Gründe).

4. Die **Missbrauchsvermutungen** des § 7 Abs. 5 Sätze 2 und 3 BetrAVG sind auf Beleihungen der Ansprüche aus Direktversicherungsverträgen **nicht anwendbar** (Bestätigung von BAGE 65, 215, 224 = AP Nr. 11 zu § 1 BetrAVG Lebensversicherung, zu III der Gründe).

2576 ▶ **Kein Anspruch auf Sicherheitsleistung bei Insolvenzsicherung**

BAG, Urt. v. 30.07.1996 – 3 AZR 397/95

Fundstellen: BAGE 83, 356 = NZA 1997, 436 = BetrAV 1997, 91 = DB 1997, 531

Insolvenzsicherung D.

Leitsatz:

Bei der Umwandlung einer Aktiengesellschaft in eine Gesellschaft mit beschränkter Haftung können die Betriebsrentner keine Sicherheitsleistung nach § 374 AktG verlangen, wenn ihre Versorgungsrechte nach § 7 BetrAVG insolvenzgeschützt sind. Dies ergibt sich aus einer entsprechenden Anwendung von § 225 Abs. 1 Satz 3, § 303 Abs. 2, § 321 Abs. 2 und § 347 Abs. 2 AktG. Die Insolvenzsicherung ist den in diesen Vorschriften genannten Sicherheiten gleichwertig und mit ihnen in den wesentlichen Merkmalen vergleichbar.

▶ Insolvenzschutz einer Gehaltsumwandlungs-Versorgungszusage 2577

LAG Köln, Urt. v. 04.12.1996 – 7 Sa 1068/94

Fundstellen: BetrAV 1997, 204 = DB 1997, 987

Leitsatz:

Versorgungsleistungen des Arbeitgebers, die aus einer **Umwandlung von Gehaltsbestandteilen** des Arbeitnehmers **finanziert** werden, sind insolvenzgesichert.

▶ Zwischenfinanzierungslast bei Streit über das Vorliegen einer wirtschaftlichen Notlage 2578

BAG, Urt. v. 16.04.1997 – 3 AZR 862/95

Fundstellen: BAGE 85, 339 = ZIP 1997, 2163 = BB 1998, 166 = DB 1998, 215 = NZA 1998, 255

Leitsätze:

1. Der Arbeitgeber kann gegenüber den versorgungsberechtigten Betriebsrentnern die Versorgungsleistungen wegen wirtschaftlicher Notlage nur einstellen oder kürzen, wenn er **zuvor** den Träger der gesetzlichen Insolvenzsicherung in der gebotenen Form zur Übernahme der Versorgungslast aufgefordert und bei Meinungsverschiedenheiten über den Sicherungsfall Klage erhoben hat. Er braucht ein **rechtskräftiges Urteil**, das das Vorliegen einer wirtschaftlichen Notlage bestätigt, nicht abzuwarten (Bestätigung von BAG Urteil vom 20. Januar 1987 – 3 AZR 313/85 – AP Nr. 12 zu § 7 BetrAVG Widerruf).
2. Im Verhältnis der Arbeitnehmer zum Pensions-Sicherungs-Verein (PSV) gilt:
    a) Die Einstandspflicht des PSV nach § 7 Abs. 1 Satz 3 Nr. 5 BetrAVG setzt grundsätzlich voraus, dass die Kürzung oder Einstellung von Versorgungsleistungen wegen wirtschaftlicher Notlage des Arbeitgebers durch ein **rechtskräftiges Urteil** für zulässig erklärt worden ist.
    b) Der Senat hält eine **Rechtsfortbildung** für möglich: Es spricht viel dafür, dass den PSV eine **vorläufige Einstandspflicht** von dem Augenblick an trifft, zu dem ein Gericht erstmals, wenn auch nicht rechtskräftig, das Vorliegen einer wirtschaftlichen Notlage festgestellt hat. Vor diesem Zeitpunkt ist der PSV nicht zu Zahlungen verpflichtet. Zahlt der Arbeitgeber die Renten vorläufig weiter, kann er vom PSV nicht die Erstattung aufgewendeter Zinsen verlangen.

▶ Keine Verzinsung zu viel gezahlter Insolvenzsicherungsbeiträge 2579

OVG Nordrhein-Westfalen, Urt. v. 30.09.1997 – 24 A 5373/94

Fundstelle: BB 1998, 377

Leitsätze:

1. Ein nach dem Gesetz zur Verbesserung der betrieblichen Altersversorgung Beitragspflichtiger kann mangels Rechtsgrundlage vom PSV keine Verzinsung zuviel gezahlter Beiträge verlangen.
2. Der Anspruch auf Verzinsung kann auch nicht auf den öffentlich-rechtlichen Erstattungsanspruch gestützt werden.

2580 ▶ **Insolvenzschutz bei Betriebseinstellung und offensichtlicher Masselosigkeit**

BAG, Urt. v. 09.12.1997 – 3 AZR 429/96

Fundstellen: NZA 1998, 941 = BetrAV 1998, 219 = ZIP 1998, 1156

Leitsätze:

1. Der Sicherungsfall des § 7 Abs. 1 Satz 3 Nr. 4 BetrAVG setzt voraus, dass der Arbeitgeber seine **Betriebstätigkeit vollständig beendet** und **offensichtlich keine Konkursmasse** vorhanden ist, die zur Deckung der Kosten eines Konkursverfahrens ausreicht.
2. Die **offensichtliche Masselosigkeit** ist eine anspruchsbegründende Tatbestandsvoraussetzung. Es kommt nicht darauf an, über welche Kenntnisse der Betriebsrentner und der PSV verfügen. Entscheidend sind die **objektiven Verhältnisse** (Klarstellung zum Urteil vom 11.9.1980 – 3 AZR 544/79 – BAGE 34, 146).
3. Die Masselosigkeit muss nicht schon bei der Betriebseinstellung vorliegen und offensichtlich sein (Fortführung der bisherigen Rspr., vgl. BAGE 34, 146 und BAGE 47, 229).
4. Die Einstandspflicht des PSV entsteht **in dem Zeitpunkt**, in dem alle Tatbestandsvoraussetzungen des § 7 Abs. 1 Satz 3 Nr. 4 BetrAVG vorliegen. Ein später gestellter Konkursantrag führt nicht dazu, dass der Insolvenzschutz des § 7 Abs. 1 Satz 3 Nr. 4 BetrAVG rückwirkend entfällt.
5. Ansprüche, die nicht gegen den Arbeitgeber oder sonstige Versorgungsträger, sondern gegen Dritte gerichtet sind, wie etwa Schadensersatzansprüche wegen verspäteter Konkursanmeldung, berühren die Insolvenzsicherung nicht (§ 7 Abs. 1 und 4 BetrAVG). Es ist Sache des PSV, sich diese Ansprüche abtreten zu lassen und dann durchzusetzen.

2581 ▶ **Versicherungsmissbrauch**

BAG, Urt. v. 24.11.1998 – 3 AZR 423/97

Fundstellen: DB 1999, 914 = NZA 1999, 650 = ZIP 1999, 892

Leitsätze:

1. Nach § 7 Abs. 5 BetrAVG muss der Pensions-Sicherungs-Verein (PSV) für Zusagen nicht einstehen, die einen **Versicherungsmissbrauch** darstellen.
2. Für Verbesserungen von Versorgungszusagen, die im letzten Jahr vor dem Eintritt eines Sicherungsfalls vereinbart werden, braucht der PSV nicht einzustehen. § 7 Abs. 5 Satz 3 BetrAVG enthält eine **unwiderlegbare Vermutung** (st. Rspr. des Senats, vgl. zuletzt BAGE 76, 299 = DB 1994, 1831).
3. § 7 Abs. 5 Satz 3 BetrAVG schließt Insolvenzschutz nicht nur für Verbesserungen von Versorgungszusagen aus, sondern betrifft auch solche Vereinbarungen, durch die unabhängig von früheren Zusagen eine neue Leistung der betrieblichen Altersversorgung versprochen wird.
4. Eine vom PSV anerkannte wirtschaftliche Notlage des Arbeitgebers (§ 7 Abs. 1 Satz 3 Nr. 5 i. V. m. § 7 Abs. 1 Satz 4 BetrAVG) kann mit der nachfolgenden Eröffnung des gerichtlichen Vergleichsverfahrens zur Abwendung des Konkurses und einem sich nach § 102 VerglO anschließenden Konkursverfahren eine **Einheit** bilden. Die Jahresfrist des § 7 Abs. 5 Satz 3 BetrAVG wird in einem solchen Fall von dem Zeitpunkt an zurückgerechnet, von dem ab der PSV der Kürzung oder Einstellung von Versorgungsleistungen wegen wirtschaftlicher Notlage zugestimmt hat.

2582 ▶ **Insolvenzschutz für Ehegatten des Betriebsinhabers**

LAG Köln, Urt. v. 15.01.1999 – 11 Sa 886/98

Fundstelle: BetrAV 1999, 342

Insolvenzsicherung D.

Leitsätze:
1. Die von der Rechtsprechung vorgenommene teleologische Reduktion des § 17 Abs. 1 BetrAVG führt nicht dazu, dass Organpersonen, die nicht gesellschaftsrechtlich am Unternehmen beteiligt sind, vom Geltungsbereich des Gesetzes ausgenommen werden; hierzu bedarf es zusätzlich einer mitgliedschaftlichen Stellung der Organperson selber; Gesellschaftsanteile ihrer Angehörigen werden hier grundsätzlich selbst dann nicht zugerechnet, wenn ihr Generalvollmacht erteilt worden ist – jedenfalls solange man insoweit vom Grundsatz des § 168 Satz 2 BGB ausgehen muss.
2. Die für erforderlich gehaltene betriebliche Veranlassung einer Versorgungszusage entfällt noch nicht dadurch, dass zusätzlich familiäre Motive im Spiel waren.
3. Der Insolvenzschutz entfällt auch nicht dann, wenn durch den Tod des Versorgungsempfängers eine Witwe bezugsberechtigt wird, die als seinerzeit hundertprozentige Anteilseignerin eine unternehmerähnliche Stellung im Sinne der BGH-Rechtsprechung innehatte und die wirtschaftliche Veranlasserin der Versorgungszusage gewesen ist. Es ist unschädlich, dass in diesem Fall Veranlasser und Nutznießer in einer Person zusammenfallen.

▶ **Versorgungsempfänger im Sinne der Insolvenzsicherung** 2583

BAG, Urt. v. 26.01.1999 – 3 AZR 464/97

Fundstellen: DB 1999, 1563 = NZA 1999, 711 = ZIP 1999, 1018

Leitsätze:
1. Arbeitnehmer, die bei Eintritt eines Sicherungsfalls im Sinne von § 7 Abs. 1 BetrAVG alle Voraussetzungen für den Bezug einer Leistung der betrieblichen Altersversorgung erfüllt haben, genießen bei Insolvenz ihres Schuldners Versicherungsschutz nach Maßgabe des § 7 Abs. 1 BetrAVG. Diese Arbeitnehmer sind Versorgungsempfänger im Sinne dieser Vorschrift.
2. Nach § 2 der Leistungsordnung des Essener Verbandes ist Voraussetzung für ein Ruhegeld wegen Dienstunfähigkeit nur der Eintritt der Dienstunfähigkeit. Die Zahlungspflicht des Arbeitgebers beginnt mit dem Ende der Lohnzahlungspflicht im Arbeitsverhältnis.

▶ **Insolvenzschutz bei Kommanditistenstellung** 2584

BGH, Urt. v. 01.02.1999 – II ZR 276/97

Fundstelle: NZA 1999, 380 = DB 1999, 630 = BetrAV 1999, 98

Leitsatz:

Ein Kommanditist mit 50 % Kommanditanteil und Gesamtprokura ist als Berechtigter im Sinne von § 17 Abs. 1 Satz 2 BetrAVG anzusehen, wenn er nicht eigenverantwortlicher Leiter des Unternehmens ist.

▶ **Feststellungsklage gegen den PSV** 2585

LAG Köln, Urt. v. 19.03.1999 – 4 Sa 1652/98 (rkr.)

Fundstelle: DB 1999, 1964

Leitsatz:

Eine gegen den PSV gerichtete Feststellungsklage auf Feststellung, dass der klagende Arbeitgeber zum Widerruf der Versorgungszusage berechtigt und der PSV zur Zahlung der Leistungen aus der Zusage verpflichtet sei, weil ein Fall des § 7 Abs. 1 Nr. 3 BetrAVG n. F. (vollständige Betriebseinstellung im offensichtlich masselosen Unternehmen) vorliege, ist **unzulässig**.

D. Rechtsprechungslexikon

2586 ▶ **Insolvenzschutz nach rechtskräftigem Versorgungsprozess**

BAG, Urt. v. 23.03.1999 – 3 AZR 625/97

Fundstellen: BB 1999, 1169 = DB 1999, 2015 = NZA 1999, 652

Leitsatz:

Steht aufgrund eines rechtskräftigen Urteils fest, dass der Arbeitnehmer von seinem Arbeitgeber keine Leistungen der betrieblichen Altersversorgung fordern kann, wirkt sich das Urteil auch auf die Einstandspflicht des Pensions-Sicherungs-Vereins nach § 7 BetrAVG aus. Die Insolvenz des Arbeitgebers führt zu keinem Ausfall von Versorgungsansprüchen. Es fehlt an der in § 7 Abs. 1 und 2 BetrAVG erforderlichen Ursächlichkeit.

2587 ▶ **Anpassung von Betriebsrenten durch den PSV**

BAG, Urt. v. 08.06.1999 – 3 AZR 39/98

Fundstellen: NZA 1999, 1215 = BB 1999, 1983 = DB 1999, 2071

Leitsätze:

1. Unter § 7 Abs. 1 BetrAVG fallen alle **Versorgungsempfänger** unabhängig davon, ob ihr Arbeitsverhältnis bis zum Versorgungsfall fortbestand oder schon vorher endete.
2. Lediglich der Insolvenzschutz der **Versorgungsanwärter** ist durch die Veränderungssperre des § 7 Abs. 2 Satz 3 i. V. m. § 2 Abs. 5 BetrAVG begrenzt. Für Versorgungsempfänger fehlt eine derartige Einschränkung. Sieht die Versorgungsordnung auch für ausgeschiedene Arbeitnehmer eine von § 16 BetrAVG losgelöste Dynamisierung der laufenden Betriebsrente vor, so hat der Pensions-Sicherungs-Verein nach § 7 Abs. 1 BetrAVG hierfür einzustehen (Fortführung des Urteils vom 22.11.1994 – 3 AZR 767/93 – BAGE 78, S. 279 (286) = DB 1995, S. 582).

2588 ▶ **Haftung des PSV für rückständige Ruhegelder**

LAG Köln, Urt. v. 10.06.1999 – 10 Sa 1647/98

Fundstelle: NZA 1999, 1106

Leitsätze:

1. Die Beschränkung der Haftung des PSV für rückständige Ruhegelder auf 6 Monate verstößt nicht gegen die Richtlinie des Rates 80/987/EWG vom 20.10.1980.
2. Weder die Richtlinie noch die Entscheidung des EuGH vom 10.7.1997 (NZA 1997, 988 = NJW 1997, 2586 – Maso) gebieten es, dass der Referenzzeitraum für rückständige Ruhegelder bereits mit dem Zeitpunkt der Stellung des Antrags auf Eröffnung des Insolvenzverfahrens statt mit der Entscheidung über diesen Antrag beginnt.

2589 ▶ **Keine Enthaftung von Betriebsrente bei Statuswechsel des Arbeitgebers**

LAG Düsseldorf, Urt. v. 09.07.1999 – 9 Sa 188/99

Fundstelle: BB 1999, 2514

Leitsätze:

1. Die Verpflichtung eines Arbeitgebers für die von ihm begründete Versorgungsschuld gegenüber einem bereits im Ruhestand befindlichen Arbeitnehmer erlischt nicht dadurch, dass der Arbeitgeber sein Unternehmen in eine neu gegründete KG einbringt.
2. Scheidet der frühere Arbeitgeber anschließend aus der KG als Kommanditist und Geschäftsführer aus der Komplementärin aus der Gesellschaft aus und wird über diese das Insolvenzverfahren eröffnet, bleibt der frühere Arbeitgeber weiterhin Versorgungsschuldner des Betriebsrentners.

Eine Enthaftung auf der Grundlage des Nachhaftungsbegrenzungsgesetzes kommt nicht in Betracht. Insoweit bedarf es einer teleologischen Reduktion der §§ 26, 28 HGB.

▶ **Insolvenzsicherungspflicht kommunaler Eigenbetriebe nach Umwandlung** 2590

BVerwG, Urt. v. 13.07.1999 – 1 C 13/98

Fundstellen: DB 1999, 2271 = ZIP 1999, 1816 = NVersZ 1999, 590 = NZI 2000, 43 = NZA 1999, 1217

Leitsätze:

1. Wandelt eine Kommune einen Eigenbetrieb, dessen Arbeitnehmern eine betriebliche Altersversorgung unmittelbar zugesagt war, in eine Aktiengesellschaft um, ist diese Gesellschaft verpflichtet, Beiträge zur Insolvenzsicherung zu erbringen; § 17 Abs. 2 BetrAVG findet keine Anwendung.
2. In die Beitragsbemessungsgrundlage sind auch solche Teilwerte einzubeziehen, die auf im Umwandlungszeitpunkt bereits gezahlte Betriebsrenten oder unverfallbare Anwartschaften entfallen, wenn nach dem Umwandlungsgesetz diese Versorgungsverpflichtungen auf die Aktiengesellschaft übergegangen sind.

▶ **Durchgriffshaftung nach Unternehmensaufspaltung** 2591

BAG, Urt. v. 08.09.1999 – 3 AZR 185/97

Fundstellen: NZA 1999, 543 = ZIP 1999, 723 = DB 1999, 1068 = GmbHR 1999, 658 = NJW 1999, 2612 = RdA 2000, 235

Leitsätze:

1. Die Regeln über die konzernrechtliche Durchgriffshaftung gelten auch im Falle einer Unternehmensaufspaltung in einem GmbH & Co. KG-Konzern, wenn die Betriebsgesellschaft von der Besitzgesellschaft umfassend gesteuert wird, die Betriebsgesellschaft nicht für ihre Liquidität vorsorgen kann und die Besitzgesellschaft nicht darzulegen vermag, dass sich eine unabhängige Gesellschaft auf eine derartige Verhaltensweise hätte einlassen können.
2. Bei einer Aufspaltung in eine Vertriebs- und eine Produktions-KG, welche dieselbe Verwaltungs-GmbH als Komplementärin haben, kann neben der Verwaltungs-GmbH auch die Vertriebsgesellschaft wegen Verbindlichkeiten der Produktionsgesellschaft im Wege der Durchgriffshaftung in Anspruch genommen werden, wenn sich die Verwaltungs-GmbH bei ihrer beherrschenden, auf die Interessen der Produktionsgesellschaft unzureichende Rücksicht nehmende Leitung der Vertriebsgesellschaft bedient und bei ihr ihre unternehmerischen und ihre Vermögensinteressen konzentriert hat.

▶ **Rahmenbedingungen für einen außergerichtlichen Vergleich durch den PSV** 2592

BAG, Urt. v. 09.11.1999 – 3 AZR 361/98

Fundstellen: NZA 2000, 1290 = VersR 2001, 263

Leitsätze:

1. Ein außergerichtlicher Vergleich i. S. d. § 7 Abs. 1 S. 3 Nr. 3 BetrAVG a. F. (= § 7 Abs. 1 S. 3 Nr. 2 BetrAVG n. F.) besteht aus einer Vielzahl von Einzelverträgen zwischen dem Schuldner und seinen Gläubigern. Dies gilt auch im Betriebsrentenrecht. Der PSV hat weder eine gesetzliche Vertretungsmacht noch eine Verfügungsbefugnis für den Abschluss außergerichtlicher Vergleiche über Versorgungsrechte der Arbeitnehmer.
2. § 7 Abs. 2 BetrAVG begrenzt lediglich die gesetzliche Einstandspflicht des PSV. Das Versorgungsverhältnis bleibt unverändert fortbestehen. Den nicht insolvenzgesicherten Teil der Altersversorgung können die Betriebsrentner von ihrem früheren Arbeitgeber verlangen.

3. Eine vertragliche Übernahme der nach § 7 Abs. 2 BetrAVG nicht insolvenzgeschützten Versorgungsverpflichtungen durch den PSV bedarf der Genehmigung des Versorgungsberechtigten gem. § 415 BGB.
4. Die Versorgungsansprüche gehen nach § 9 Abs. 2 BetrAVG nur insoweit auf den PSV über, als er nach § 7 BetrAVG einstandspflichtig ist (Fortführung von BAG vom 12.4.1983 – 3 AZR 607/80 – BAGE, 42, 188, 191).

2593 ▶ **Umfang des Insolvenzschutzes bei Weiterarbeit des Versorgungsberechtigten über die feste Altersgrenze hinaus**

BAG, Urt. v. 14.12.1999 – 3 AZR 722/98

Fundstellen: NZA 2000, 1001 = BB 2000, 1789 = DB 2000, 1924 = BetrAV 2000, 606

Leitsatz:

Bei der Berechnung der Versorgungsanwartschaft nach § 7 Abs. 2, § 2 BetrAVG ist von dem bis zur festen Altersgrenze erreichbaren Versorgungsanspruch auszugehen. Eine Weiterarbeit des Versorgungsanwärters über die feste Altersgrenze hinaus kann den Versorgungsanspruch nicht mehr mindern.

2594 ▶ **Umfang der Insolvenzsicherung bei Versorgungsanwartschaften**

BAG, Urt. v. 14.12.1999 – 3 AZR 684/98

Fundstellen: DB 2000, 2536 = ZIP 2000, 2220 = NZI 2000, 609 = NZA 2001, 33

Leitsätze:

1. Für die Insolvenzsicherung der Versorgungsanwärter gelten die nicht zur Disposition der Vertragspartner stehenden Berechnungsgrundsätze des § 7 Abs. 2 BetrAVG (Bestätigung der bisherigen Rspr., zuletzt BAG v. 9.11.1999 – 3 AZR 361/98, zu IV 2, m. w. N.). Soweit die Berechnungsregel des § 7 Abs. 2 i.V. mit § 2 Abs. 1 BetrAVG jedoch – wie bei der Dauer des Arbeitsverhältnisses – an vertragliche Vereinbarungen anknüpft, sind sie auch vom Pensions-Sicherungs-Verein zu beachten.
2. Eine feste Altersgrenze legt den Zeitpunkt fest, bis zu dem das Arbeitsverhältnis fortbestehen soll. Anlässlich einer Beendigung des Arbeitsverhältnisses vor Eintritt eines Versorgungsfalls kann die feste Altersgrenze nicht mehr herabgesetzt werden.

2595 ▶ **Kein Insolvenzschutz für Versorgungsanwärter bei vertraglicher Unverfallbarkeit**

BAG, Urt. v. 22.02.2000 – 3 AZR 4/99

Fundstellen: DB 2001, 2203 = NZA 2001, 1310 = NZI 2001, 607

Leitsatz:

Für den Insolvenzschutz eines Versorgungsanwärters reicht eine lediglich arbeitsvertragliche Unverfallbarkeit nicht aus. Bei rechtlichen Unterbrechungen des Arbeitsverhältnisses muss die gesetzliche Unverfallbarkeit nach § 1 Abs. 1 BetrAVG neu erworben werden. Auf den Grund und die Dauer der Unterbrechung kommt es nicht an.

2596 ▶ **Ausschlussfrist für die Anmeldung von Versorgungsansprüchen oder -anwartschaften**

BAG, Urt. v. 21.03.2000 – 3 AZR 72/99

Fundstellen: ZIP 2000, 935 = BB 2000, 1356 = DB 2000, 1236 = BetrAV 2000, 398 (LS)

Insolvenzsicherung D.

Leitsätze:

1. Der Pensions-Sicherungs-Verein hat die dem Berechtigten zustehenden Versorgungsansprüche oder -anwartschaften schriftlich mitzuteilen (§ 9 Abs. 1 S. 1 BetrAVG). Unterbleibt die Mitteilung, so sind nicht nur Ansprüche, sondern auch Anwartschaften spätestens ein Jahr nach dem Sicherungsfall vom Berechtigten anzumelden (§ 9 Abs. 1 S. 2 Hs. 1 BetrAVG). Auf den Eintritt des Versorgungsfalls kommt es nicht an.
2. Hat der Berechtigte einen Anwartschaftsausweis erhalten, ist der Pensions-Sicherungs-Verein durch die Verjährungsvorschriften (§ 196 Abs. 1 Nr. 8, 9 BGB) vor der Geltendmachung von Ansprüchen für lange zurückliegende Zeiträume geschützt.

▶ **Dynamisierung laufender Betriebsrenten** 2597

BAG, Urt. v. 04.04.2000 – 3 AZR 458/98

Fundstellen: BetrAV 2001, 685 = AP Nr. 32 zu § 2 BetrAVG

Leitsatz:

Der Insolvenzschutz für Versorgungsanwärter (§ 7 Abs. 2 BetrAVG) umfasst nicht eine dem Arbeitnehmer zugesagte, nach variablen Größen bemessene Dynamisierung der laufenden Betriebsrente. Diese Begrenzung der Insolvenzsicherung ist verfassungsrechtlich nicht zu beanstanden.

▶ **Versicherungsmissbrauch in der betrieblichen Altersversorgung** 2598

BAG, Urt. v. 19.02.2002 – 3 AZR 137/01

Fundstellen: BAGE 100, 271 = DB 2002, 2115 = BB 2002, 2233 = MDR 2002, 1378 = NZA 2003, 282

Leitsatz:

Die Vermutung des Versicherungsmissbrauchs nach § 7 Abs. 5 Satz 2 BetrAVG ist gerechtfertigt, wenn auf Grund der wirtschaftlichen Lage des Arbeitgebers ernsthaft damit zu rechnen war, dass die erteilte Versorgungszusage nicht erfüllt werde.

▶ **Kein Insolvenzschutz bei vertraglicher Unverfallbarkeit** 2599

BAG, Urt. v. 21.01.2003 – 3 AZR 121/02

Fundstellen: DB 2003, 2711 = BB 2004, 334 = ZIP 2003, 1996 = NZI 2004, 51 = NZA 2004, 152

Leitsatz:

Endet das Arbeitsverhältnis durch eine Eigenkündigung des Arbeitnehmers und beginnt nach drei Monaten ein neues Arbeitsverhältnis, so sind die gesetzlichen Unverfallbarkeitsfristen (§ 1 Abs. 1 BetrAVG a. F., § 1b Abs. 1 BetrAVG nF) unterbrochen. Eine nach Ausspruch der Eigenkündigung abgeschlossene Vereinbarung über die Rückkehr des Arbeitnehmers und über die Anrechnung der früheren Beschäftigungs- und Zusagezeiten löst nicht den Insolvenzschutz nach § 7 Abs. 2 BetrAVG aus.

▶ **Anpassung durch Gerichtsurteil und Versicherungsmissbrauch** 2600

BAG, Urt. v. 18.03.2003 – 3 AZR 120/02

Fundstellen: BAGE 105, 224 = BAGReport 2003, 295 = BB 2003, 2241 = DB 2004, 84

Leitsatz:

Erfolgt eine Betriebsrentenanpassung gemäß § 16 BetrAVG durch streitiges, rechtskräftiges Urteil, das die Rente zu einem länger als zwei Jahre vor dem Sicherungsfall liegenden Zeitpunkt erhöht, so ist dies keine »vereinbarte Verbesserung« im Sinne des § 7 Abs. 5 Satz 3 BetrAVG in der ab 1. Januar 1999 gültigen Fassung.

2601 ▶ Insolvenzschutz für »technische Rentner«

BAG, Urt. v. 18.03.2003 – 3 AZR 313/02

Fundstellen: BAGE 105, 240 = NZA 2004, 848 = BB 2004, 269 = BetrAV 2004, 80

sowie

BGH, Urt. v. 11.10.2004 – II ZR 403/02

Fundstellen: DB 2005, 344 = DStR 2004, 2208 = NZI 2005, 50 = NZA 2005, 113 = VersR 2005, 1414

Leitsätze:

1. Nimmt ein von einer Versorgungszusage Begünstigter die vollen Leistungen der gesetzlichen Rentenversicherung in Anspruch, ist damit der betriebsrentenrechtliche Versorgungsfall »Alter« eingetreten. Dies gilt auch dann, wenn der Begünstigte in rentenversicherungsrechtlich zulässigem geringfügigem Umfang für seinen Arbeitgeber weiterarbeitet und die Versorgungsleistungen bis zu seinem endgültigen Ausscheiden nicht in Anspruch nimmt. Das den Versorgungsanspruch vermittelnde Arbeitsverhältnis ist beendet, der Arbeitnehmer aus dem Erwerbsleben ausgeschieden.
2. Setzt ein solcher »technischer Rentner« sein geringfügiges Beschäftigungsverhältnis auch bei einem Betriebserwerber noch einige Zeit fort, geht das bereits begründete Ruhestandsverhältnis auf diesen nicht über. Der Betriebserwerber kann auch die Versorgungsansprüche des »technischen Rentners« nicht schuldbefreiend nach § 4 Abs. 1 BetrAVG ohne Zustimmung des Trägers der gesetzlichen Insolvenzsicherung übernehmen.

2602 ▶ Umfang des Insolvenzschutzes bei der Hinterbliebenenversorgung

BGH, Urt. v. 11.10.2004 – II ZR 369/02

Fundstellen: BB 2004, 2639 = BetrAV 2005, 196 = ZIP 2004, 2297 = FamRZ 2005, 103 = MDR 2005, 293 = BGHReport 2005, 289

Leitsätze:

1. Der Träger der Insolvenzsicherung hat gemäß § 7 Abs.1 BetrAVG im Sicherungsfall seine Leistung an den berechtigten Versorgungsempfänger oder dessen Hinterbliebenen grundsätzlich so zu erbringen, wie sie der Arbeitgeber aufgrund seiner Versorgungszusage schuldet.
2. Erst die nach § 7 Abs. 1 BetrAVG ermittelte, grundsätzlich in dieser Höhe an den Versorgungsempfänger oder dessen Hinterbliebene zu erbringende Versicherungsleistung wird nach § 7 Abs. 3 BetrAVG begrenzt auf höchstens das Dreifache der im Zeitpunkt der ersten Fälligkeit maßgeblichen Bezugsgröße i.S. von § 18 SGB IV.

2603 ▶ Umfang des Insolvenzschutzes bei der Hinterbliebenenversorgung

BGH, Urt. v. 11.10.2004 – II ZR 403/02

Fundstellen: DB 2005, 344 = DStR 2004, 2208 = NZI 2005, 50 = NZA 2005, 113 = VersR 2005, 1414

Leitsätze:

1. Der Träger der Insolvenzsicherung hat gemäß § 7 Abs.1 BetrAVG im Sicherungsfall seine Leistung an den berechtigten Versorgungsempfänger oder dessen Hinterbliebenen grundsätzlich so zu erbringen, wie sie der Arbeitgeber aufgrund seiner Versorgungszusage schuldet.

Insolvenzsicherung D.

2. Erst die nach § 7 Abs. 1 BetrAVG ermittelte, grundsätzlich in dieser Höhe an den Versorgungsempfänger oder dessen Hinterbliebene zu erbringende Versicherungsleistung wird nach § 7 Abs. 3 BetrAVG begrenzt auf höchstens das Dreifache der im Zeitpunkt der ersten Fälligkeit maßgeblichen Bezugsgröße i.S. von § 18 SGB IV.

▶ Zulässigkeit einer Feststellungsklage gegen den PSV bereits vor Eintritt des Sicherungsfalls 2604

BGH, Urt. v. 25.10.2004 – II ZR 413/02

Fundstellen: DB 2005, 1227 = BetrAV 2005, 195 = NZI 2005, 176 = NJW-RR 2005, 637 = NZA 2005, 782

Leitsatz:

Zwischen dem Versorgungsempfänger oder –anwärter einer betrieblichen Altersversorgung und dem Pensions-Sicherungs-Verein als Träger der gesetzlichen Insolvenzsicherung besteht bereits vor Eintritt des Sicherungsfalls (§ 7 Abs. 1 BetrAVG) ein feststellungsfähiges Rechtsverhältnis i.S. von § 256 Abs. 1 ZPO.

▶ Voraussetzungen für den gesetzlichen Insolvenzschutz 2605

LAG Köln, Urt. v. 13.01.2005 – 6 (11) Sa 1137/04

Fundstelle: BB 2005, 1396

Leitsatz:

Der gesetzliche Insolvenzschutz des § 7 Abs. 2 BetrAVG greift nur ein, wenn eine unverfallbare Versorgungsanwartschaft zum Zeitpunkt des Sicherungsfalls besteht. Das Vorliegen der Voraussetzungen im Zeitpunkt einer späteren Beendigung des Arbeitsverhältnisses durch den Insolvenzverwalter genügt nicht.

▶ Anspruchszeitraum der Einstandspflicht des PSV 2606

LAG Köln, Urt. v. 16.03.2005 – 7 Sa 1260/04

Fundstelle: BetrAV 2006, 97

Leitsätze:

1. Gemäß § 7 Abs. 1a S. 3 BetrAV haftet der Pensionssicherungsverein nicht für rückständige Ansprüche auf eine betriebliche Invalidenrente, die früher als sechs Monate vor dem Eintritt der regulären Einstandspflicht des Pensionssicherungsvereins nach § 7 Abs. 1a S. 1 BetrAVG entstanden sind.
2. Das gilt auch dann, wenn die Betriebsrentenordnung vorsieht, dass der Tatbestand der Erwerbsunfähigkeit u. a. durch eine entsprechende Anerkennung seitens des Sozialversicherungsträgers nachgewiesen werden kann und diese Anerkennung erst innerhalb eines Sozialgerichtsverfahrens innerhalb von sechs Monaten vor er Insolvenz des Arbeitgebers erfolgt.

▶ Beitragspflicht zur gesetzlichen Insolvenzsicherung einer rückgedeckten Unterstützungskasse 2607

Düsseldorf, Urt. v. 06.12.2005 – 16 K 180/04

Fundstelle: BetrAV 2006, 297

Leitsätze:

1. Es gibt einen sachlichen einleuchtenden Grund, warum der Gesetzgeber Arbeitgeber, die ihre betriebliche Altersversorgung in Form einer kongruent rückgedeckten Unterstützungskasse

organisieren, grundsätzlich der Beitragspflicht zur Insolvenzsicherung unterwirft und Arbeitgeber, die den Durchführungsweg einer Pensionskasse (§ 1b Abs. 3 BetrAVG) oder einer Direktversicherung (§ 1b Abs. 2 BetrAVG) mit unwiderruflichem Bezugsrecht wählen, auf die der Arbeitgeber nicht mehr zugreifen kann, von der Beitragspflicht ausnimmt.
2. Das grundsätzlich bei Unterstützungskassen im Vergleich zu den Durchführungswegen der Pensionskasse und der Direktversicherung höhere Insolvenzrisiko wird nicht durch den Umstand ausgeglichen, dass die Unterstützungskasse eine Rückdeckungsversicherung bei einer Lebensversicherung abgeschlossen hat, die ihrerseits bei der Anlage ihrer Mittel der staatlichen Versicherungsaufsicht unterliegt.
3. Das erhöhte Insolvenzrisiko bleibt auch dann bestehen, wenn die Ansprüche aus der Rückdeckungsversicherung an den Arbeitnehmer verpfändet werden.
4. Auch die unterschiedliche Ausgestaltung der Beitragsbemessungsgrundlage bei dem Durchführungsweg der Unterstützungskasse im Vergleich zum Pensionsfonds stellt keinen Verstoß gegen Art. 3 Abs. 1 GG dar.

2608 ▶ **Anrechnung von Nachdienstzeiten**

BAG, Urt. v. 30.05.2006 – 3 AZR 205/05

Fundstellen: AuA 2006, 423 = FA 2006, Heft 8, 111 = NZA 2007, 288 = EWiR 2007, 195 (LS)

Leitsatz (nicht amtlich):

Der Pensions-Sicherungs-Verein (PSV) ist als Träger der gesetzlichen Insolvenzsicherung im Rahmen seiner gesetzlichen Einstandspflicht grundsätzlich nicht an die vertragliche Vereinbarung der Anrechnung von Dienstzeiten nach Beendigung des Arbeitsverhältnisses (sog. »Nachdienstzeitenvereinbarung«) und die damit verbundene Erhöhung betrieblicher Versorgungsansprüche gebunden.

2609 ▶ **Insolvenzschutz für monatliche Rente**

LAG Köln, Urt. v. 01.08.2006 – 9 Sa 303/06

Fundstellen: juris PR-ArbR 12/2007 Anm. 3 Langohr-Plato

Leitsätze:

1. Wird einem 37-jährigen Arbeitnehmer eine »Altersrente« ab Vollendung des 55. Lebensjahres zugesagt, dann dient sie bei Fehlen weiterer Umstände der betrieblichen Altersversorgung des Arbeitnehmers im Sinne von § 1 Abs. 1 BetrAVG erst ab dem Zeitpunkt, an dem der Arbeitnehmer die frühestmögliche gesetzliche Altersgrenze erreicht hat.
2. Bei vernünftiger Lebensplanung kann sich ein Arbeitnehmer in diesem Alter mit Unterhaltspflichten gegenüber Ehefrau und Kind regelmäßig nicht auf einen Beginn des Ruhestandes mit Vollendung des 55. Lebensjahres festlegen, sondern muss seine Planung von der weiteren privaten und beruflichen Entwicklung abhängig machen.
3. Für den davor liegenden Zeitraum dient sie dem Arbeitnehmer als sonstige Zuwendung, z. B. zur Vermögensbildung, Überbrückung einer Arbeitslosigkeit oder Abfindung für den Verlust des Arbeitsplatzes.

2610 ▶ **Insolvenzschutz für betriebliche Altersversorgung**

LAG Köln, Urt. v. 10.09.2007 – 14 Sa 343/07

Fundstellen: AuR 2008, 161 (amtl. Leitsatz), JurionRS 2007, 42872

Leitsätze:

1. Der Insolvenzschutz für Betriebsrenten greift nur bei gesetzlicher Unverfallbarkeit der Anwartschaft ein.

2. Es steht nicht zur Disposition der Betriebspartner, in einer Betriebsvereinbarung durch Anrechnungsklauseln einen günstigeren Insolvenzschutz zu Lasten des Pensions-Sicherungsvereins herbeizuführen (*im Anschluss an BAG v. 25.04.2006 – 3 AZR 78/05 – NJOZ 2007, 1498*).

▶ **Auskunftspflicht einer Gruppen-Unterstützungskasse gegenüber dem PSVaG**   2610a

OVG Hamburg, Beschluss v. 03.02.2010 – 4 Bf 352/09.Z

Fundstellen: BetrAV 2010, 186

Leitsatz:

§ 11 Abs. 1 S. 2 BetrAVG verpflichtet eine Gruppen-Unterstützungskasse dazu, dem PSVaG Auskunft über ihre Trägerunternehmen und die von diesen gewährte insolvenzsicherungspflichtige betriebliche Altersversorgung zu erteilen.

▶ **Umfang der Beitragspflicht zur Insolvenzsicherung von Direktzusagen**   2610b

BVerwG, Urt. v. 25.08.2010 – 8 C 40/09

Fundstellen: BetrAV 2011, 98 = DB 2011, 181 = VersR 2011, 94 = ZIP 2010, 2363

Leitsatz:

Unmittelbare Versorgungszusagen (Direktzusagen) unterfallen der Insolvenzsicherungs- und Beitragspflicht nach dem Betriebsrentengesetz auch, wenn sie durch den Abschluss einer Rückdeckungsversicherung und die Verpfändung des Versicherungsanspruchs an den Versorgungsberechtigten gesichert sind. Die für Pensionsfonds geltende Regelung zur Reduzierung der Beitragsbemessungsgrundlage ist auf solche Zusagen nicht entsprechend anzuwenden.

▶ **Umfang der Beitragspflicht zur Insolvenzsicherung von Direkt- und Unterstützungskassenzusagen**   2610c

BVerwG, Urt. v. 25.08.2010 – 8 C 23/09

Fundstellen: DB 2011, 184 = VersR 2011, 94 = NVwZ-RR 2011, 160

Leitsatz:

Unmittelbare Versorgungszusagen (Direktzusagen) und Unterstützungskassenzusagen unterfallen der Insolvenzsicherungs- und Beitragspflicht nach dem Betriebsrentengesetz auch, wenn sie durch den Abschluss einer Rückdeckungsversicherung und die Verpfändung des Versicherungsanspruchs an den Versorgungsberechtigten gesichert sind. Die für Pensionsfonds geltende Regelung zur Reduzierung der Beitragsbemessungsgrundlage ist auf solche Zusagen nicht entsprechend anzuwenden.

▶ **Zulässigkeit der Erhebung eines Einmalbeitrags zur Insolvenzsicherung von Versorgungsanwartschaften**   2610d

BVerwG, Urt. v. 15.09.2010 – 8 C 35/09

Fundstellen: BetrAV 2010, 782 = DB 2011, 121 = VersR 2011, 239 = NVwZ-RR 2011, 156

Leitsätze:

1. Die Pflicht zur Zahlung des Einmalbeitrags nach § 30i Abs. 1 BetrAVG setzt voraus, dass eine Beitragspflicht nach § 10 Abs. 1 BetrAVG im Jahre 2005 und bei Inkrafttreten des § 30i BetrAVG bestand.
2. Die Erhebung des Einmalbeitrags verletzt weder den Gleichheitssatz noch das rechtsstaatliche Rückwirkungsverbot.

2610e ▶ **Rückgedeckte Unterstützungskasse – Kein Anspruch des Insolvenzverwalters auf Auskehrung des Rückkaufswertes einer Rückdeckungsversicherung im Fall der Arbeitgeberinsolvenz**

BAG, Urt. v. 29.09.2010 – 3 AZR 107/08

Fundstellen: BetrAV 2011, 290 = NZA-RR 2011, 208 = NZI 2011, 152 = ZIP 2011, 347 = juris PR-ArbR 13/2011 Anm. 6 Langohr-Plato

Leitsätze:

Wenn ein Arbeitgeber eine Unterstützungskasse mit der Durchführung der Altersversorgung beauftragt und diese eine Rückdeckungsversicherung abschließt, kann im Fall einer Insolvenz des Arbeitgebers der Insolvenzverwalter keine Auskehrung des Rückkaufswertes der Rückdeckungsversicherung verlangen. Versicherungsnehmerin ist die Unterstützungskasse selbst und nur ihr stehen Rechte aus dem Versicherungsvertrag zu und nicht dem Arbeitgeber.

2610f ▶ **Insolvenzschutz für Versorgungsanwartschaften bei Anfechtung eines mehrseitigen Vertrages**

BAG, Urt. v. 24.02.2011 – 6 AZR 626/09

Fundstellen: BetrAV 2011, 568 = NZA-RR 2012, 148

Orientierungssätze:
1. Für eine nach § 4 Abs. 2 BetrAVG übernommene Versorgungsanwartschaft besteht grundsätzlich sofort Insolvenzschutz. Durch § 7 Abs. 5 BetrAVG wird dieser zugunsten des Pensionssicherungsvereins (PSV) begrenzt. Übertragungen, die ausschließlich den Zweck verfolgen, die Versorgungslast auf den PSV zu verlagern, sollen eingeschränkt werden. Rechtsfolge einer missbräuchlichen Zusage ist ein Leistungsausschluss des PSV.
2. § 7 Abs. 5 S 3 Nr. 2 BetrAVG gewährt dem Arbeitnehmer, dessen Versorgung in den letzten beiden Jahren vor dem Sicherungsfall auf einen anderen Arbeitgeber übertragen worden ist, einen besonderen Insolvenzschutz. Die Einstandspflicht des PSV ist auf die Höhe der Beitragsbemessungsgrenze der gesetzlichen Rentenversicherung begrenzt. Der diesen Grenzwert übersteigende Mehrbetrag kann lediglich vertraglich insolvenzgeschützt werden.
3. Der mit einer mehrseitigen Vertragsübernahme erstrebte Erfolg der Rechtsnachfolge in ein Schuldverhältnis ist nur durch das Zusammenwirken aller drei Parteien erreichbar. Eine Anfechtungserklärung hat daher gegenüber den beiden anderen Vertragspartnern zu erfolgen.
4. Dies gilt auch für die Anfechtung eines (zweiseitigen) Aufhebungsvertrags, wenn dieser mit der Übertragung einer Versorgungsanwartschaft im unmittelbaren zeitlichen Zusammenhang steht und in derselben Urkunde geschlossen worden ist und somit zu einer engen Verflechtung der Rechtsbeziehungen aller Vertragsparteien führt.
5. Eine Teilanfechtung scheidet aus, wenn bei isolierter Anfechtung des Aufhebungsvertrages der verbleibende Vertrag über die Übertragung der Versorgungsanwartschaften wegen der Regelung des § 4 Abs. 2 BetrAVG nicht als selbstständiges Rechtsgeschäft möglich ist.
6. Aufklärungspflichten über die wirtschaftliche Situation des neuen, den Vertrag übernehmenden Arbeitgebers bestehen seitens des alten Arbeitgebers nicht.
7. Die Beseitigung eines Aufhebungsvertrages unter Wiederbegründung dieses Arbeitsverhältnisses ist nicht im Wege des Schadensersatzes zu erlangen. (Lediglich finanzielle Entschädigungsansprüche sind zu erreichen.)

2610g ▶ **Mitteilungspflicht des PSVaG**

BAG, Urt. v. 28.06.2011 – 3 AZR 385/09

Fundstellen: BetrAV 2011, 662 = ZIP 2011, 1835 = NZI 2012, 91

Insolvenzsicherung D.

Leitsatz:

Die Mitteilungspflicht nach § 9 Abs. 1 BetrAVG dient dazu, Ansprüche und Anwartschaften nach Eintritt der Insolvenz des Arbeitgebers möglichst rasch festzustellen. Der Träger der Insolvenzsicherung hat den Versorgungsberechtigten die Ansprüche und Anwartschaften nicht nur dem Grunde, sondern auch der Höhe nach mitzuteilen. § 9 Abs. 1 BetrAVG begründet einen Auskunftsanspruch der Versorgungsberechtigten.

▶ **Keine Altersdiskriminierung durch § 7 BetrAVG** 2610h

BAG, Urt. v. 19.07.2011 – 3 AZR 434/09

Fundstellen: BetrAV 2012, 168 = NZA 2012, 155 = BB 2012, 2219 = DB 2012, 294 = ZIP 2012, 44

Leitsatz:

Die Regelungen in § 7 Abs. 2 Satz 3 und Satz 4, § 2 Abs. 1 Satz 1 BetrAVG zur Berechnung der insolvenzgeschützten Betriebsrentenanwartschaft und der gesetzlich unverfallbaren Anwartschaft bei vorzeitigem Ausscheiden aus dem Arbeitsverhältnis verstoßen nicht gegen das unionsrechtliche Verbot der Diskriminierung wegen des Alters.

▶ **Hinweis:**

Die unter dem Aktenzeichen 1 BvR 3201/11 eingelegte Verfassungsbeschwerde wurde durch Beschluss des BVerfG vom 29.05.2012 nicht zur Entscheidung angenommen.

▶ **Zugehörigkeit des Rückkaufswertes einer Rückdeckungsversicherung zur Insolvenzmasse** 2610i

BAG, Urt. v. 17.01.2012 – 3 AZR 10/10

Fundstellen: BetrAV 2012, 368 = ZInsO 2012, 1265 = juris PR-ArbR 18/2012 Anm. 6 Langohr-Plato

Orientierungssätze:
1. ...
2. Für Leistungsklagen, mit denen Masseverbindlichkeiten im Sinne der § 55 Abs. 1, § 209 Abs. 1 Nr. 3 InsO verfolgt werden, fehlt das Rechtsschutzbedürfnis. Nach § 210 InsO ist, sobald der Insolvenzverwalter die Masseunzulänglichkeit angezeigt hat, die Vollstreckung wegen einer Masseverbindlichkeit im Sinne der § 55 Abs. 1 Nr. 3, § 209 Abs. 1 Nr. 3 InsO unzulässig.
3. Die Rückdeckungsversicherung ist kein Durchführungsweg der betrieblichen Altersversorgung, sondern eine Finanzierungsmaßnahme für eine unmittelbare Versorgungszusage (Direktzusage). Ist eine Direktzusage erteilt, die in voller Höhe der Versicherungsleistung entspricht, liegt eine sog. kongruente Rückversicherung vor. Gleichwohl ist Versicherungsnehmer und Bezugsberechtigter der Arbeitgeber/Dienstgeber. Dieser kann über die vertraglichen Ansprüche aus dem Versicherungsvertrag verfügen, insbesondere sie auch verpfänden und abtreten. Der Arbeitnehmer/Dienstnehmer ist lediglich versicherte Person. Diesem stehen damit keine eigenen Rechte gegen den Versicherer zu, die er in der Insolvenz aussondern könnte.
4. Eine der Versicherung nicht angezeigte Abtretung ist nach § 13 Abs. 4 ALB 86 (Allgemeine Lebensversicherungsbedingungen 1986) absolut unwirksam.
5. Die Verpfändung einer Lebensversicherung zur Sicherung einer Versorgungszusage gewährt Rechte nur, wenn der Versorgungsfall eingetreten ist. Das Pfandrecht ist daher nur aufschiebend bedingt und berechtigt in der Insolvenz nur zur Hinterlegung einer Sicherheitsleistung bis die Bedingung eingetreten ist.

Invalidenversorgung

2611 ▶ **Unverfallbare Anwartschaft auf Invalidenversorgung**

BAG, Urt. v. 14.08.1980 – 3 AZR 437/79

Fundstellen: AuR 1981, 122 = BB 1981, 979 = DB 1981, 750

Leitsatz:

Eine Unterstützungskasse muss die in ihrer Satzung vorgesehene Versorgung bei **Invalidität** auch dann gewähren, wenn der Arbeitnehmer mit einer unverfallbar gewordenen Anwartschaft ausgeschieden und der Versorgungsfall bei einem **Folgearbeitgeber** eingetreten ist.

2612 ▶ **Invaliditätsrente nach Auflösungsvertrag**

BAG, Urt. v. 13.07.1982 – 3 AZR 34/80

Fundstellen: BB 1982, 1859 = DB 1982, 2251 = NJW 1983, 359

Leitsatz:

Wird eine betriebliche Invaliditätsrente für den Fall zugesagt, dass der Arbeitnehmer infolge Berufsunfähigkeit ausscheidet, so kommt es auf die **Form der Vertragsbeendigung** nicht an. Stimmt ein schwerbehinderter Arbeitnehmer einem Auflösungsvertrag zu, weil er sich nicht mehr ausreichend leistungsfähig fühlt, und führt sein Leiden schließlich zur Anerkennung der Berufsunfähigkeit, so sind damit die vertraglichen Voraussetzungen der betrieblichen Invaliditätsrente erfüllt.

2613 ▶ **Begriff der Erwerbsunfähigkeit**

BAG, Urt. v. 19.04.1983 – 3 AZR 4/81

Fundstellen: AuR 1983, 312 = BetrAV 1984, 44 = BB 1984, 279 = DB 1983, 2255 = NJW 1983, 2959

Leitsatz:

Bestimmt eine Versorgungsordnung, dass die Anwartschaft auf Altersrente unverfallbar sein soll, wenn ein Arbeitnehmer wegen Erwerbsunfähigkeit vorzeitig ausscheiden muss, ist damit im Zweifel die Erwerbsunfähigkeit i.S. des § 1247 Abs. 2 Satz 1 RVO gemeint. Das Arbeitsrecht kennt keinen eigenständigen Begriff der Erwerbsunfähigkeit. Daher wird dieser Begriff auch im Arbeitsrecht im Sinne der sozialversicherungsrechtlichen Definition verstanden und angewandt. Erwerbsunfähig ist ein Arbeitnehmer, der nur noch geringfügig tätig sein kann, für den aber entsprechende Teilzeitarbeitsplätze auf dem Arbeitsmarkt nicht verfügbar sind.

2614 ▶ **Eintritt des Versorgungsfalls**

BAG, Urt. v. 05.06.1984 – 3 AZR 376/82

Fundstellen: AuR 1984, 346 = BetrAV 1984, 211 = BB 1984, 2006 = DB 1984, 2412 = NZA 1985, 60

Leitsatz:

Eine betriebliche Ruhegeldordnung kann den Versorgungsfall der Invalidität von der doppelten Voraussetzung abhängig machen, dass nicht nur Berufs- oder Erwerbsunfähigkeit eingetreten ist, sondern darüber hinaus das **Arbeitsverhältnis geendet** hat.

2615 ▶ **Fälligkeit der Invalidenrente bei Zahlung von Krankengeld**

LAG Köln, Urt. v. 22.05.1985 – 2 Sa 160/85

Fundstellen: BetrAV 1985, 203 = BB 1985, 1535

Invalidenversorgung

Leitsatz:

Soll nach dem Wortlaut einer Versorgungsordnung eine betriebliche Invalidenrente ruhen »... bis zum Ablauf des Monats, für den noch andere Bezüge aus dem Arbeitsverhältnis, wie Gehalt oder Lohn, gewährt werden ...«, dann ruht sie auch, wenn der Versorgungsberechtigte Krankengeld bezieht, da das Krankengeld **Lohnersatzcharakter** hat.

▶ **Eintritt des Versorgungsfalls** 2616

BAG, Urt. v. 06.06.1989 – 3 AZR 401/87

Fundstellen: AuR 1989, 352 = BB 1989, 2119 = DB 1989, 2618 = NZA 1990, 147

Leitsätze:

1. Eine betriebliche Versorgungsordnung kann vorsehen, dass der Versorgungsfall der Invalidität (Berufs- oder Erwerbsunfähigkeit) erst dann eintritt, wenn die **Pflicht** des Arbeitgebers, wegen einer Krankheit des Arbeitnehmers den **Lohn fortzuzahlen, endet**.
2. In einem solchen Fall hat die Feststellung des Rentenversicherungsträgers, Berufs- oder Erwerbsunfähigkeit sei zu einem früheren Zeitpunkt eingetreten, für den Eintritt des Versorgungsfalls keine Bedeutung.

▶ **Fälligkeit der Invalidenrente bei Zahlung eines tariflichen Krankengeldzuschusses** 2617

BAG, Urt. v. 26.03.1991 – 3 AZR 47/90

Fundstellen: AuR 1991, 281 = BetrAV 1992, 51 = BB 1991, 1796 = DB 1991, 1991 = NZA 1991, 849

Leitsatz:

Bei einer Zusage auf Erwerbsunfähigkeitsunterstützung »ab Beginn der Rentenzahlung aus der gesetzlichen Rentenversicherung, wenn von diesem Zeitpunkt an kein Anspruch auf Arbeitsentgelt besteht«, entsteht der Anspruch auf Betriebsrente erst dann, wenn der Arbeitgeber den tariflich zu zahlenden Krankengeldanspruch in Höhe des Unterschiedsbetrags zum letzten Nettoverdienst nicht mehr zahlt. Dieser Zuschuss ist als Arbeitsentgelt i.S. der Versorgungszusage zu verstehen; eine **Doppelversorgung** soll **verhindert** werden.

▶ **Unverfallbarkeit einer Invaliditätsrente** 2618

BAG, Urt. v. 24.06.1998 – 3 AZR 288/97

Fundstellen: BAGE 89, 180 = DB 1998, 1969 = BetrAV 1998, 260 = BB 1998, 2529 = NZA 1999, 318

Leitsätze:

1. Anwartschaften auf eine Invaliditätsrente werden unter den Voraussetzungen des § 1 Abs. 1 BetrAVG unverfallbar.
2. Die Parteien können in einem Versorgungsvertrag die Voraussetzungen für die Entstehung eines Anspruchs auf Invaliditätsrente näher bestimmen. Stellen sie auf die Berufsunfähigkeit ab, sind die Voraussetzungen gemeint, die nach dem Recht der gesetzlichen Rentenversicherung zur Berufsunfähigkeit führen (im Anschluss an das Urteil des Senats vom 14. April 1983 – 3 AZR 4/81 – AP Nr. 6 zu § 6 BetrAVG).
3. Vereinbarungen, die den Anspruch auf Invaliditätsrente davon abhängig machen, dass das Arbeitsverhältnis bei Eintritt der Berufsunfähigkeit noch besteht, sind nichtig; sie verstoßen gegen § 17 Abs. 3 Satz 3 BetrAVG.

2619 ▶ Invaliditätsrente bei dauernder Berufsunfähigkeit

BAG, Urt. v. 14.12.1999 – 3 AZR 742/98

Fundstellen: NZA 2001, 326 = BB 2001, 366 = DB 2001, 823

Leitsätze:

1. Sagt der Arbeitgeber einer Betriebsrente wegen Berufsunfähigkeit zu, ohne die Berufsunfähigkeit zu definieren, so will er damit in der Regel den sozialversicherungsrechtlichen Begriff übernehmen. Dies gilt auch insoweit, als in der gesetzlichen Rentenversicherung die Berufsunfähigkeit von den Verhältnissen auf dem Arbeitsmarkt abhängt. Eine ausschließlich medizinische Betrachtung der Berufsunfähigkeit scheidet jedenfalls dann aus, wenn die Versorgungszusage nach Bekanntwerden der Beschlüsse des Großen Senats des Bundessozialgerichts vom 11. Dezember 1969 (GS 4/69, BSGE 30, 167 und – GS 2/68, BSGE 30,192) erteilt wurde.
2. Ist ein Arbeitnehmer erwerbsunfähig, so ist er auch berufsunfähig.
3. In einem Gesamtversorgungssystem sind die Sozialversicherungsrenten im Zweifel mit ihrem Bruttobetrag anzurechnen (Fortführung der bisherigen Rechtsprechung vgl. u.a. BAG v. 10.3.1992 – 3 AZR 352/91 – BAGE 70, 36, 39f. m.w.N.). Der Zuschuss des Rentenversicherungsträgers zur Kranken- und Pflegeversicherung erhöht den Bruttobetrag nicht.

2620 ▶ Zulässigkeit von Wartezeiten als Anspruchsvoraussetzung für Invalidenrenten

BAG, Urt. v. 19.12.2000 – 3 AZR 174/00

Fundstelle: DB 2002, 226

Leitsatz:

Von der Ausgestaltung der Versorgungsregelungen hängt es ab, welche Bedeutung einer Wartezeit zukommt. Nach dem Tarifvertrag über die Altersversorgung im Bayrischen Rundfunk ist die Wartezeit eine Anspruchsvoraussetzung für Erwerbsunfähigkeitsrenten. Sie kann nach dem Eintritt des Versorgungsfalls nicht mehr erfüllt werden.

2621 ▶ Höhe der betrieblichen Invalidenrente für einen vorzeitig ausgeschiedenen Arbeitnehmer

BAG, Urt. v. 21.08.2001 – 3 AZR 649/00

Fundstellen: BB 2002, 518 = DB 2002, 644 = ZIP 2002, 450 = BetrAV 2002, 416

Leitsatz:

Die Invalidenrente des vorzeitig ausgeschiedenen Arbeitnehmers ist nach § 2 Abs. 1 BetrAVG zu berechnen. Die Anwendung dieser gesetzlichen Berechnungsregel kann dazu führen, dass die zwischen Versorgungsfall und fester Altersgrenze fehlende Betriebstreue zweifach anspruchsmindernd berücksichtigt wird.

2622 ▶ Invaliditätsrente bei vorzeitigem Ausscheiden

BAG, Urt. v. 20.11.2001 – 3 AZR 550/00

Fundstellen: DB 2002, 1510 = BetrAV 2003, 80

Leitsätze:

1. Der Arbeitgeber muss bei der Ausgestaltung der betrieblichen Invaliditätsversorgung insbesondere die Unverfallbarkeitsvorschriften der §§ 1 und 2 BetrAVG beachten. Die betriebliche Invaliditätsversorgung kann nicht davon abhängig gemacht werden, dass bei Eintritt der Invalidität das Arbeitsverhältnis noch besteht.
2. Erhält ein Versorgungsberechtigter aus der Sozialversicherung lediglich wegen Ausübung einer selbständigen Tätigkeit statt einer Erwerbsunfähigkeitsrente die niedrigere Berufsunfähigkeitsrente,

so kann eine ergänzende Vertragsauslegung dazu führen, dass er sich auf seine betriebliche Invaliditätsversorgung die gesetzliche Erwerbsminderungsrente anrechnen lassen muss.

Krankenversicherung der Rentner

▶ **Versorgungsbezüge aus einer Direktversicherung** 2623

BSG, Urt. v. 26.03.1996 – 12 RK 21/95

Fundstellen: BetrAV 1997, 33 = DB 1996, 1829 = NZA 1997, 119

Leitsatz:

Renten der betrieblichen Altersversorgung sind auch Bezüge aus einer Lebensversicherung, die als Direktversicherung (§ 1 Abs. 2 Satz 1 BetrAVG) abgeschlossen und von dem Arbeitnehmer **durch Verzicht** auf einen Teil seiner Abfindung wegen vorzeitiger Beendigung des Arbeitsverhältnisses **finanziert** worden sind.

▶ **Beitragspflicht für auf einem Sozialplan beruhende betriebliche Versorgungsleistungen** 2624

BSG, Urt. v. 26.03.1996 – 12 RK 44/94

Fundstellen: BetrAV 1997, 33 = DB 1996, 1987 = NZA 1996, 1064

Leitsatz:

Eine Rente der betrieblichen Altersversorgung ist als Versorgungsbezug auch dann beitragspflichtig, wenn sie auf einem Sozialplan beruht, der Leistungen für den Fall des vorzeitigen Ausscheidens aus dem Betrieb vorsieht.

▶ **Keine Beitragspflicht für Kapitalleistungen einer Direktversicherung aus einer vom Arbeitnehmer privat fortgeführten Direktversicherung** 2624a

BVerfG, Beschl. v. 28.09.2010 – 1 BvR 1660/08

Fundstellen: VersR 2011, 417 = NZS 2011, 539 = DB 2010, 2343 = juris PR-ArbR 49/2010
Anm. 6 Langohr-Plato

Leitsätze:

1. Grundsätzlich stellt die Unterscheidung der beitragspflichtigen Leistungen nach dem Versicherungstyp (Direktversicherung im Sinne von § 1 Abs. 2 BetrAVG) ein geeignetes Kriterium darstellt, um beitragspflichtige Versorgungsbezüge und beitragsfreie private Lebensversicherungen voneinander abzugrenzen. Kapitalleistungen aus einer Direktversicherung können daher den Versorgungsbezügen nach § 229 Abs. 1 SGB 5 gleichgestellt und damit der Beitragspflicht unterworfen werden.
2. Auch bei Beiträgen, die ein Arbeitnehmer nach dem Ausscheiden aus dem Arbeitsverhältnis auf die Direktversicherung einzahlt, ist der Berufsbezug noch gewahrt, solange der Arbeitgeber die Direktversicherung als Versicherungsnehmer und damit innerhalb der institutionellen Vorgaben des Betriebsrentengesetzes fortführt. Solche Beiträge auf einen vom Arbeitgeber abgeschlossenen und auf diesen als Versicherungsnehmer laufenden Versicherungsvertrag lassen sich trotz des Ausscheidens des Versicherten aus dem Arbeitsverhältnis bei typisierender Betrachtungsweise noch als mit diesem in Verbindung stehend betrachten.
3. Die Grenzen zulässiger Typisierung werden aber jedenfalls dann überschritten, soweit auch Kapitalleistungen, die auf Beiträgen beruhen, die ein Arbeitnehmer nach Beendigung seiner Erwerbstätigkeit auf den Lebensversicherungsvertrag unter Einrücken in die Stellung des Versicherungsnehmers eingezahlt hat, der Beitragspflicht nach § 229 SGB 5 unterworfen werden. Denn mit der Vertragsübernahme durch den Arbeitnehmer ist der Kapitallebensversicherungsvertrag vollständig aus dem betrieblichen Bezug gelöst worden und unterscheidet sich hinsichtlich der

dann noch erfolgenden Einzahlungen nicht mehr von anderen privaten Lebensversicherungen, die nicht der Beitragspflicht unterliegen.

Werden solche Lebensversicherungsverträge allein deshalb der Beitragspflicht Pflichtversicherter unterworfen, weil sie ursprünglich vom Arbeitgeber des Bezugsberechtigten abgeschlossen wurden und damit dem Regelwerk des Betriebsrentenrechts unterlagen, widerspricht dies der gesetzgeberischen Grundsatzentscheidung, die private Altersvorsorge beitragsfrei zu stellen.

Auf die Einzahlungen des Bezugsberechtigten auf einen von ihm als Versicherungsnehmer fortgeführten Kapitallebensversicherungsvertrag finden hinsichtlich der von ihm nach Vertragsübernahme eingezahlten Beiträge keine Bestimmungen des Betriebsrentenrechts mehr Anwendung. Es begegnet auch keinen praktischen Schwierigkeiten, bei der Auszahlung einer Lebensversicherung den auf privater Vorsorge beruhenden Anteil des Zahlbetrags getrennt auszuweisen.

2624b ▶ **Beitragspflicht für Kapitalleistungen einer Direktversicherung trotz teilweiser Eigenleistung des Arbeitnehmers**

BVerfG, Beschl. v. 06.10.2010 – 1 BvR 739/08

Fundstellen: VersR 2011, 416 = NZS 2011, 463

Leitsätze:

1. Kapitalleistungen aus einer Direktversicherung können den Versorgungsbezügen nach § 229 Abs. 1 SGB 5 gleichgestellt und damit der Beitragspflicht unterworfen werden.
2. Die vorliegend beanstandete Beitragspflicht aufgrund von Leistungen einer betrieblichen Direktversicherung ist auch mit Art 3 Abs. 1 GG vereinbar. Dabei bleibt es insbesondere auch dann, wenn diese Direktversicherung nach Beendigung des Arbeitsverhältnisses teilweise durch Eigenleistungen des versicherten Arbeitgebers finanziert wurde. Das BSG durfte typisierend auch solche Beiträge als noch betrieblich veranlasst einstufen, solange der institutionelle Rahmen des Betriebsrentenrechts genutzt wird. Die Abgrenzung der beitragspflichtigen Leistungen nach dem Vertragstyp stellt grundsätzlich ein geeignetes Kriterium dar, um beitragspflichtige Versorgungsbezüge und beitragsfreie private Lebensversicherungen voneinander abzugrenzen.

2624c ▶ **Beitragspflicht für Kapitalleistungen aus einer Direktversicherung**

BSG, Urt. v. 30.03.2011 – B 12 KR 24/09 R

Fundstellen: BetrAV 2012, 456 = VersR 2012, 776

Leitsatz:

Die Grundsätze zur Abgrenzung beitragspflichtiger von beitragsfreien Kapitalleistungen aus einem Kapitallebensversicherungsvertrag kommen auch dann zur Anwendung, wenn ein zunächst als private Lebensversicherung geschlossener Vertrag vom Arbeitgeber als Versicherungsnehmer im Wege der Direktversicherung fortgeführt wird.

2624d ▶ **Beitragspflicht von Leistungen der betrieblichen Altersversorgung an einen Hinterbliebenen**

BSG, Urt. v. 25.04.2012 – B 12 KR 19/10 R

Fundstellen: BetrAV 2012, 460 = NZA-RR 2012, 590

Leitsätze:

1. Für die Beitragspflicht von Leistungen der betrieblichen Altersversorgung in der gesetzlichen Krankenversicherung kommt es nicht darauf an, ob der Arbeitnehmer, zu dessen Gunsten die Versorgung begründet wurde, während des Anspruchserwerbs gesetzlich krankenversichert war (Bestätigung von BSG vom 30.3.2011- B 12 KR 16/10 R = BSGE 108, 63).

Limitierungsklauseln

2. Der Versorgungszweck einer im Rahmen der betrieblichen Altersversorgung zugesagten Leistung ist in Bezug auf die überlebende versicherte Ehefrau des Arbeitnehmers auch dann zu bejahen, wenn die Bezugsberechtigung des Arbeitnehmers für seinen Erlebens- und Todesfall vereinbart wurde, im Falle seines Todes aber die Leistungen primär der überlebenden Ehefrau und erst dann anderen Personen auszuzahlen sind.

▶ Beitragspflicht bei vorzeitiger Auszahlung einer Betriebsrente   2624e

BSG, Urt. v. 25.04.2012 – B 12 KR 26/10 R

Fundstellen: BetrAV 2012, 538 = NZS 2012, 855

Leitsatz:

Wegen Beendigung des Arbeitsverhältnisses vor Eintritt des vereinbarten Versicherungsfalls in einem Einmalbetrag ausgezahlte Abfindungen einer unverfallbaren Anwartschaft auf Leistungen aus einer Direktversicherung sind als kapitalisierte Versorgungsleistungen in der Krankenversicherung beitragspflichtig.

Limitierungsklauseln

▶ Berechnung der unverfallbaren Anwartschaft   2625

BAG, Urt. v. 25.10.1983 – 3 AZR 357/81

Fundstellen: BAGE 44, 176 = AuR 1984, 53 = BB 1984, 213 = DB 1984, 193

Leitsätze:

Sieht eine Versorgungsordnung vor, dass die Betriebsrente zusammen mit der Sozialversicherungsrente eine bestimmte Obergrenze nicht übersteigen darf, so hängt vom Sinn und Zweck einer solchen **Höchstbegrenzungsklausel** ab, wie sie sich bei vorzeitigem Ausscheiden des Arbeitnehmers auf die Berechnung der erdienten Teilrente auswirkt.
a) Handelt es sich um eine **Berechnungsvorschrift** (z. B. im Rahmen eines **Gesamtversorgungssystems**), so muss zunächst die Gesamtversorgung an der Höchstgrenze gemessen und der entsprechend geminderte Betrag nochmals zeitanteilig gekürzt werden.
b) Handelt es sich jedoch um eine **Begrenzung**, die von der eigentlichen Rentenberechnung unabhängig ist und nur dann korrigierend eingreifen soll, wenn eine unerwünschte »Überversorgung« auftritt, so bleibt die Höchstbegrenzungsklausel bei der Berechnung der Vollrente außer Betracht; nur wenn sogar die zeitanteilig gekürzte Teilrente zusammen mit der Sozialversicherungsrente eine überhöhte Gesamtversorgung ergibt, ist dann eine nochmalige Kürzung gerechtfertigt.

▶ Berechnung der unverfallbaren Anwartschaft   2626

BAG, Urt. v. 10.01.1984 – 3 AZR 411/81

Fundstellen: AuR 1984, 313 = BetrAV 1984, 238 = BB 1984, 2134 = DB 1984, 2255 = NZA 1984, 354

Leitsätze:

1. Sieht eine Versorgungsordnung vor, dass die Betriebsrente zusammen mit anderen Versorgungsbestandteilen eine bestimmte Obergrenze nicht übersteigen darf, so hängt vom Sinn und Zweck einer solchen **Höchstbegrenzungsklausel** ab, wie sie sich bei vorzeitigem Ausscheiden des Arbeitnehmers auf die Berechnung der erdienten Teilrente auswirkt.
2. Dient der Gesamtversorgungsbedarf als **Berechnungsfaktor** unabhängig davon, ob der Arbeitnehmer eine hohe oder eine niedrige Betriebsrente erhält, gilt z. B. neben der Höchstgrenze auch

eine Mindestgrenze, so muss die zeitanteilig zu kürzende Vollrente an solchen Gesamtversorgungsgrenzen gemessen werden.
3. Dagegen sind Gesamtversorgungsgrenzen **im Zweifel erst auf den zeitanteilig gekürzten Betrag anzuwenden**, wenn die Berechnung der Betriebsrenten grundsätzlich nicht von anderen Versorgungsbezügen abhängen soll, die Obergrenze also nur der **Vermeidung von Überversorgungen** dienen kann.

Mitbestimmung

2627 ▶ Umfang des Mitbestimmungsrechts

BAG, Beschl. v. 12.06.1975 – 3 ABR 137/73

Fundstellen: AuR 1975, 377 = BetrAV 1975, 162 = BB 1975, 1064

sowie

BAG, Beschl. v. 12.06.1975 – 3 ABR 13/74

Fundstellen: AuR 1975, 377 = BetrAV 1975, 159 = BB 1975, 1062 = DB 1975, 1559

sowie

BAG, Beschl. v. 12.06.1975 – 3 ABR 66/74

Fundstellen: AuR 1975, 377 = BetrAV 1975, 162 = BB 1975, 1065

Leitsätze:
1. Eine Sozialeinrichtung mit dem Ziel der betrieblichen Altersversorgung, bei deren Verwaltung der Betriebsrat gem. § 87 Abs. 1 Nr. 8 BetrAVG zu beteiligen ist, liegt dann vor, wenn die Altersversorgung aus einem **zweckgebundenen Sondervermögen** geleistet wird, z. B. durch **Pensions-** oder **Unterstützungskassen**.
2. Wird die betriebliche Altersversorgung durch generelle **Direktzusagen** oder -versicherungen gewährt, so unterliegt diese Art der Altersversorgung dem Mitbestimmungsrecht des Betriebsrats nach § 87 Abs. 1 Nr. 10 BetrVG mit folgendem Inhalt:
   a) Der **Arbeitgeber** ist in **vierfacher Beziehung frei**: Nämlich darin, **ob** er finanzielle Mittel für die betriebliche Altersversorgung zur Verfügung stellen will, in welchem **Umfang** er das tun will, welche **Versorgungsform** er wählen will und welchen **Arbeitnehmerkreis** er versorgen will.
   b) Für ein Mitbestimmungsrecht nach § 87 Abs. 1 Nr. 10 BetrVG ist insoweit kein Raum, als eine gesetzliche oder tarifliche Regelung besteht.
   c) In jedem Fall sind bei der Durchführung einer betrieblichen Altersversorgung Arbeitgeber und Betriebsrat an die Grundsätze von Recht und Billigkeit gebunden, und sie müssen die freie Entfaltung der im Betrieb beschäftigten Arbeitnehmer schützen.
3. Innerhalb des vorstehend abgegrenzten Rahmens hat der Betriebsrat bei der **Gestaltung** der betrieblichen Altersversorgung mitzubestimmen. Dazu gehört auch die Gestaltung des »**Leistungsplans**«, soweit nicht der Dotierungsrahmen, die Grundform der Altersversorgung und die Abgrenzung des begünstigten Personenkreises berührt werden. Über den vorstehend gekennzeichneten Rahmen hinaus hat der Betriebsrat das Recht, jede Versorgungsordnung auf ihre Vereinbarkeit mit § 75 BetrVG zu überprüfen. **Vor Einführung** einer betrieblichen Versorgungsordnung muss der Arbeitgeber den Betriebsrat so **rechtzeitig und sachgerecht unterrichten**, dass der Betriebsrat sein Mitbestimmungs- und Überwachungsrecht in der gebotenen Weise sorgfältig ausüben kann.

2628 ▶ Durchführung der Mitbestimmung bei Unterstützungskassen

BAG, Beschl. v. 13.07.1978 – 3 ABR 108/77

Fundstellen: AuR 1979, 154 = BetrAV 1978, 244 = BB 1978, 1617 = DB 1978, 2129 = NJW 1979, 2534

Leitsätze:

1. Unterstützungskassen sind Sozialeinrichtungen i.S. des § 87 Abs. 1 Nr. 8 BetrVG. Sollen die Leistungen einer Unterstützungskasse gekürzt werden, so ist die Festsetzung des neuen Dotierungsrahmens mitbestimmungsfrei, die Aufstellung des neuen Leistungsplans jedoch mitbestimmungspflichtig. Ob das Trägerunternehmen der Unterstützungskasse die Versorgungszusagen gegenüber denjenigen Arbeitnehmern widerrufen oder kürzen kann, die bereits Versorgungsansprüche oder -anwartschaften erworben haben, richtet sich nicht nach dem Betriebsverfassungsgesetz, sondern nach Vertragsrecht.
2. Bei rechtlich selbständigen, tatsächlich aber abhängigen Sozialeinrichtungen kann das Mitbestimmungsrecht auf zwei Wegen verwirklicht werden:
   a) Wenn nichts anderes vereinbart ist, müssen mitbestimmungspflichtige Fragen zunächst zwischen Arbeitgeber und Betriebsrat ausgehandelt werden; der Arbeitgeber hat dann dafür zu sorgen, dass seine Sozialeinrichtung die getroffene Regelung übernimmt (**zweistufige Lösung**).
   b) Die Betriebspartner können aber auch vereinbaren, dass der Betriebsrat Vertreter in die Organe der Sozialeinrichtung entsendet und mitbestimmungspflichtige Fragen nur noch in den Beschlussgremien der Sozialeinrichtung behandelt werden (**organschaftliche Lösung**).
3. Duldet der Betriebsrat jahrelang stillschweigend, dass nach der organschaftlichen Lösung verfahren wird, so hängen die **rechtlichen Folgen** einer solchen Praxis davon ab, wie die Organe der Sozialeinrichtung besetzt sind:
   a) Ist der Betriebsrat in den Entscheidungsgremien **paritätisch** vertreten, so muss er dass jahrelang praktizierte Verfahren bis zu einer Neuregelung gelten lassen.
   b) **Fehlt** es an einer **paritätischen Leitung** der Sozialeinrichtung, kann der Betriebsrat jeden aktuellen Streitfall zum Anlass nehmen, **unmittelbare Verhandlungen** mit dem Arbeitgeber zu **verlangen**.
4. Die Beschlüsse der Organe einer rechtlich selbständigen Sozialeinrichtung, die mitbestimmungspflichtige Fragen betreffen, sind nicht schon allein deshalb unwirksam, weil der Betriebsrat übergangen wurde.

▶ **Mitbestimmungsumfang bei einer Unterstützungskasse** 2629

BAG, Beschl. v. 08.12.1981 – 3 ABR 518/80

Fundstellen: AuR 1982, 98 = BetrAV 1982, 46 = BB 1981, 2139 = DB 1982, 336 = NJW 1982, 1773

Leitsätze:

1. Die Leistungsrichtlinien einer Unterstützungskasse stehen unter dem **Vorbehalt** einer **generellen Änderung** und können deshalb in der gleichen Form, in der sie erlassen werden, durch neue Leistungsrichtlinien ersetzt werden (ständige BAG-Rechtsprechung).
2. Der Betriebsrat hat dabei ein **Mitbestimmungsrecht** nach § 87 Abs. 1 Nr. 8 BetrAVG, das er durch Vertreter in den Organen in der Unterstützungskasse ausüben kann.
3. Bei der Abänderung von Leistungsrichtlinien sind **Recht und Billigkeit**, insbesondere der **Vertrauensschutzgedanke** zu beachten. Die Gründe, die für die Änderung sprechen, sind gegen die Belange derjenigen Arbeitnehmer abzuwägen, deren Besitzstände geschmälert werden.

▶ **Mitbestimmungsrechte bei externer Konzeption des Versorgungswerkes** 2630

BAG, Beschl. v. 04.05.1982 – 3 ABR 1202/79

Fundstellen: AuR 1982, 388 = BetrAV 1983, 61 = BB 1983, 697 = DB 1982, 2579

D.

Leitsätze:

1. Regelt eine Betriebsvereinbarung nur die grundlegenden Fragen der betrieblichen Altersversorgung, während sie die »Ausarbeitung des kompletten Vertragswerkes« einem Beratungsinstitut überlässt, so ist das Mitbestimmungsrecht des Betriebsrats nach § 87 Abs. 1 Nr. 10 BetrVG damit noch nicht ausgeschöpft. Vielmehr bedeutet ein solches **zweistufiges Regelungsverfahren** im Zweifel, dass auch die **endgültige Fassung** der Versorgungsordnung vom Betriebsrat gebilligt werden muss.
2. Verteilt der Arbeitgeber die ausgearbeitete Fassung der Versorgungsordnung an die Belegschaft, bevor der Betriebsrat zugestimmt hat, so können dadurch vertragliche Ansprüche regelmäßig nicht entstehen.

2631 ▶ Einführung der flexiblen Altersgrenze

BAG, Urt. v. 26.03.1985 – 3 AZR 236/83

Fundstellen: BetrAV 1986, 70 = BB 1986, 877 = DB 1985, 2617 = NZA 1986, 232

Leitsätze:

1. Enthält eine Versorgungsordnung keine Regelung für den Fall, dass der Arbeitnehmer die Möglichkeit der flexiblen Altersgrenze nutzt, und will der Arbeitgeber diese Lücke schließen, indem er einen **versicherungsmathematischen Abschlag** einführt, so ist dafür die **Zustimmung des Betriebsrats** erforderlich (ständige Rechtsprechung).
2. Die **einseitige Einführung** eines versicherungsmathematischen Abschlags ist **unwirksam**. Auch eine entsprechende Übung kann diesen Mangel nicht heilen.

2632 ▶ Mitbestimmung im Rahmen einer überbetrieblichen Versorgungseinrichtung

BAG, Urt. v. 22.04.1986 – 3 AZR 100/83

Fundstellen: AuR 1986, 219 = BetrAV 1986, 207 = BB 1986, 1989 = DB 1986, 1343 = NZA 1986, 574

Leitsatz:

Betreiben **mehrere Trägerunternehmen** gemeinsam eine **Gruppen-Unterstützungskasse**, deren satzungsmäßige Organe über Form, Ausgestaltung und Verwaltung mehrheitlich entscheiden, so besteht insoweit kein Mitbestimmungsrecht nach § 87 Abs. 1 Nr. 8 BetrVG. Vielmehr haben die Betriebsräte der einzelnen Trägerunternehmen gem. § 87 Abs. 1 Nr. 10 BetrVG mitzubestimmen, soweit das **Abstimmungsverhalten** ihres Unternehmens bei Beschlüssen der satzungsmäßigen Unterstützungskassen-Organe über Fragen der Lohngestaltung (insbesondere des Leistungsplans) festzulegen ist. Wird der Betriebsrat eines Trägerunternehmens bei mitbestimmungspflichtigen Fragen übergangen, führt das nicht zur Unwirksamkeit der Beschlüsse, die von den Organen der Gruppen-Unterstützungskasse satzungsgemäß gefasst wurden. welche Folgen die Rechtsverletzung im Verhältnis des Trägerunternehmens zu seinen versorgungsberechtigten Arbeitnehmern hat, bleibt unentschieden.

2633 ▶ Umfang des Mitbestimmungsrechts bei einschränkender Neuordnung der Leistungsrichtlinien einer Unterstützungskasse

BAG, Urt. v. 26.04.1988 – 3 AZR 168/86

Fundstellen: AuR 1988, 184 = BetrAV 1989, 44 = BB 1988, 2249 = DB 1988, 2411 = NZA 1989, 219

Mitbestimmung D.

Leitsätze:

1. Nach § 87 Abs. 1 Nr. 8 BetrVG hat der Betriebsrat bei der **Ausgestaltung der Sozialeinrichtung** mitzubestimmen. Zur Ausgestaltung gehört die **Aufstellung von Grundsätzen**, nach denen die zur Verfügung stehenden Mittel den begünstigten Arbeitnehmern zugewendet werden sollen.
2. Der **Arbeitgeber** kann die **Mittel** für die Sozialeinrichtung **mitbestimmungsfrei einschränken**; er kann die Unterstützungskasse teilweise **schließen**.
3. Nach der Kürzung der Mittel und der teilweisen Schließung einer Unterstützungskasse müssen die gekürzten Mittel auf die begünstigten Arbeitnehmer nach einem **neuen Leistungsplan** verteilt werden. Bei der Aufstellung dieses neuen Leistungsplans hat der Betriebsrat mitzubestimmen.
4. Das Mitbestimmungsrecht entfällt nicht deshalb, weil es sich um freiwillige, jederzeit widerrufliche Leistungen handelt.
5. Der vollständige oder teilweise Widerruf von Leistungen oder Anwartschaften der betrieblichen Altersversorgung ist eine **individual-rechtliche Erklärung** des Arbeitgebers. Diese Erklärung zur Durchsetzung eines neuen Leistungsplans ist unwirksam, wenn der Arbeitgeber bei der Aufstellung des Leistungsplans das Mitbestimmungsrecht des Betriebsrates verletzt hat.
6. Der Widerruf ist auch dann unwirksam, wenn er von einer rechtsfähigen Versorgungseinrichtung im Sinne von § 1 Abs. 4 BetrAVG ausgesprochen wird. Die rechtliche Selbständigkeit dieser Einrichtung, der sich der Arbeitgeber als Träger der Unterstützungskasse für Leistungen der betrieblichen Altersversorgung bedient, findet ihre Grenze in den **zwingenden Mitbestimmungsrechten** des Betriebsrates.

▶ Zuständigkeit des Gesamtbetriebsrats 2634

LAG Düsseldorf, Beschl. v. 06.02.1991 – 4 TaBV 106/90

Fundstellen: BB 1991, 1991 = DB 1991, 1330

Leitsätze:

1. Nach der Regelung in § 50 Abs. 1 BetrVG erfordert eine vom Arbeitgeber erstrebte Neuordnung einer **unternehmenseinheitlichen** betrieblichen Altersversorgung, welche die in den Betrieben bisher geltenden unterschiedlichen Altersversorgungssysteme ablösen soll, **zwingend die Zuständigkeit des Gesamtbetriebsrats** und nicht der einzelnen Betriebsräte.
2. Dies gilt auch dann, wenn sich der Gesamtbetriebsrat unter Hinweis auf die Zuständigkeit der einzelnen Betriebsräte weigert, dem Arbeitgeber als Verhandlungspartner für eine Neuregelung einer unternehmenseinheitlichen betrieblichen Altersversorgung zur Verfügung zu stehen.

▶ Mitbestimmungsrechte bei Teilschließung einer Unterstützungskasse 2635

BAG, Urt. v. 10.03.1992 – 3 AZR 221/91

Fundstellen: AuR 1992, 281 = BetrAV 1992, 263 = BB 1992, 1431 = DB 1992, 1885 = NJW 1992, 3190 = NZA 1992, 949

Leitsätze:

1. Bei der Teilschließung einer Unterstützungskasse hat der Arbeitgeber die Mitbestimmungsrechte des Betriebsrats nach § 87 Abs. 1 Nr. 8 BetrVG zu beachten.
    a) Der Arbeitgeber kann die Mittel, die er für die Altersversorgung seiner Mitarbeiter über eine Unterstützungskasse zur Verfügung stellen will (Umfang der finanziellen Verpflichtungen, Dotierungsrahmen) mitbestimmungsfrei kürzen. Das führt dazu, dass für die zur Verfügung stehenden Mittel ein neuer Verteilungsplan aufzustellen ist.
    b) Der Betriebsrat hat bei der Aufstellung von Grundsätzen mitzubestimmen, nach denen die vom Arbeitgeber (Trägerunternehmen) zur Verfügung gestellten Mittel an die begünstigten Arbeitnehmer verteilt werden sollen.

2. Das Mitbestimmungsrecht des Betriebsrates kann **ausnahmsweise entfallen**, wenn es an einem **Regelungsspielraum** für die Verteilung der verbleibenden Mittel **fehlt**. Werden jedoch im Rahmen einer Übergangsregelung weitere Mittel verteilt, ist das Mitbestimmungsrecht des Betriebsrats zu beachten.
3. Ein vom Arbeitgeber oder von einer Unterstützungskasse erklärter Widerruf von Versorgungszusagen ist unwirksam, wenn der Arbeitgeber die **Mitbestimmungsrechte** des Betriebsrates **nicht beachtet** hat.
4. Es bleibt offen, ob der Arbeitgeber verpflichtet ist, im Falle einer wirtschaftlichen Notlage (§ 7 Abs. 1 Nr. 5 BetrAVG den PSV in Anspruch zu nehmen.

2636 ▶ Mitbestimmung bei der Auswahl von Versicherungsunternehmen

BAG, Beschl. v. 16.02.1993 – 3 ABR 29/92

Fundstellen: AuR 1993, 186 = BetrAV 1993, 215 = BB 1993, 1291 = DB 1993, 1240 = NZA 1993, 953

Leitsätze:

1. Schließt ein Arbeitgeber im Rahmen der betrieblichen Altersversorgung Lebensversicherungsverträge zugunsten seiner Arbeitnehmer bei einem Versicherungsunternehmen ab, unterliegen der **Leistungsplan** und die **Regelungen** über die **Heranziehung der Arbeitnehmer zu Versicherungsbeiträgen** der **Mitbestimmung** des Betriebsrats nach § 87 Abs. 1 Nr. 10 BetrVG. Dagegen gehört die **Auswahl des Versicherungsunternehmens**, mit dem der Arbeitgeber diese Lebensversicherungsverträge abschließt, **nicht** zu den mitbestimmungspflichtigen Angelegenheiten nach § 87 Abs. 1 Nr. 10 BetrVG.
2. Der **Wechsel der Versicherungsgesellschaft** ist **keine mitbestimmungspflichtige** Angelegenheit im Sinne von § 87 Abs. 1 Nr. 10 BetrVG, solange der Verteilungsplan und die Beitragsbelastung der Arbeitnehmer davon unberührt bleibt.
3. Gegen die Ablösung von Versorgungszusagen, die auf einer betrieblichen Einheitsregelung beruhen, durch einen Tarifvertrag, bestehen jedenfalls dann keine Bedenken, wenn in dem Tarifvertrag die vertraglich bereits erworbene Rente aufrechterhalten und die Leistungen insgesamt verbessert werden.
4. Die tarifliche Regelung schließt ein Mitbestimmungsrecht des Betriebsrats immer dann aus, wenn sie den Bestimmungstatbestand abschließend und aus sich heraus anwendbar regelt (im Anschluss an den Beschluss des 1. Senats vom 5.5.1992 – 1 ABR 69/91 – n. v.). Haben die Arbeitnehmer Anspruch auf Leistungen in bestimmter Höhe (Versicherungssumme) und sollen die etwa anfallenden Gewinnanteile mit Versicherungsbeiträgen des Arbeitgebers verrechnet werden, besteht kein Mitbestimmungsrecht hinsichtlich der Verwendung der Gewinnanteile.

2637 ▶ Ablösende Betriebsvereinbarung für Ruheständler

BAG, Urt. v. 13.05.1997 – 1 AZR 75/97

Fundstellen: BB 1997, 2328 = NZA 1998, 160 = ZIP 1998, 119

Leitsätze:

1. Gewährt eine Betriebsvereinbarung Ansprüche auf Beihilfen im Krankheitsfall gleichermaßen für aktive Arbeitnehmer und Pensionäre, so kann eine ablösende Betriebsvereinbarung, die nur noch die aktive Belegschaft begünstigt, nicht mehr in die **Besitzstände** derjenigen Pensionäre eingreifen, die sich bei Inkrafttreten der ablösenden Regelung bereits im Ruhestand befanden.
2. Diese erwerben bei Eintritt in den Ruhestand einen entsprechenden **Individualanspruch**, der betrieblicher Gestaltung nur noch insoweit zugänglich ist, als auch die aktive Belegschaft Kürzungen hinnehmen muss.

| Mitbestimmung | D. |

▶ **Erlassvertrag, Zustimmung des Betriebsrates** 2638

BAG, Urt. v. 03.06.1997 – 3 AZR 25/96

Fundstellen: BetrAV 1998, 53 = DB 1998, 267 = ZIP 1998, 218

Leitsätze:
1. Die nach § 77 Abs. 2 Satz 1 BetrVG für Betriebsvereinbarungen vorgeschriebene Schriftform ist gewahrt, wenn die Betriebsvereinbarung auf eine schriftliche, den Arbeitnehmern bekannt gemachte Gesamtzusage des Arbeitgebers verweist. Der Text der Gesamtzusage muss weder in der Betriebsvereinbarung wiederholt noch als Anlage angeheftet sein.
2. Der Betriebsrat kann seine nach § 77 Abs. 4 Satz 2 BetrVG erforderliche Zustimmung zu dem Verzicht eines Arbeitnehmers auf Rechte aus einer Betriebsvereinbarung formlos erteilen. Er muss aber unmissverständlich zum Ausdruck bringen, dass er mit dem Verzicht einverstanden ist. Es genügt nicht, dass sich der Betriebsrat aus der Angelegenheit heraushalten will und »eine neutrale Haltung« einnimmt.

▶ **Mitbestimmung beim Abbau einer Überversorgung** 2639

BAG, Urt. v. 28.07.1998 – 3 AZR 357/97

Fundstellen: DB 1999, 750 = BetrAV 1999, 100 = NZA 1999, 780

Leitsätze:
1. Der Gesamtpersonalrat einer kommunalen Gebietskörperschaft hat nach § 79 Abs. 1 Nr. 5 des Personalvertretungsgesetzes für das Land Baden-Württemberg mitzubestimmen, wenn zum Ausbau einer planwidrigen Überversorgung die bisherige Gesamtversorgungsobergrenze in einer Ruhegeldordnung geändert werden soll.
2. Das Mitbestimmungsrecht setzt – wie im Betriebsverfassungsgesetz – einen kollektiven Tatbestand voraus. Er liegt vor, wenn das Versorgungswerk bereits geschlossen war und deshalb der betroffene Personenkreis individualisierbar ist.
3. [...]
4. Wenn eine planwidrige Überversorgung abgebaut werden soll, müssen sich die Anpassungsregelungen an den Grundprinzipien der bisherigen Versorgungsordnung ausrichten. Das Anpassungsrecht des Arbeitgebers dient nicht dazu, die Versorgungsordnung umzustrukturieren und veränderte Gerechtigkeitsvorstellungen zu verwirklichen. Billigte die Versorgungsordnung allen Versorgungsberechtigten unabhängig von ihrer Dienstzeit einen bestimmten Versorgungsgrad zu, so darf eine neue nach Dienstzeit gestaffelte Gesamtversorgungsobergrenze bei Versorgungsberechtigten mit kürzerer Dienstzeit nicht zu einem geringeren Versorgungsgrad als ursprünglich vorgesehen führen.

▶ **Mitbestimmung des Betriebsrats bei Gruppenunterstützungskassen** 2640

LAG Hamm, Urt. v. 10.08.1999 – 6 Sa 332/99

Fundstelle: DB 1999, 2371

Leitsätze:
1. Der Betriebsrat des Unternehmens, das zusammen mit anderen Unternehmen Leistungen der betrieblichen Altersversorgung über eine Gruppenunterstützungskasse gewährt, hat nach § 87 Abs. 1 Nr. 10 BetrVG über das Abstimmungsverhalten des Unternehmens bei Beschlüssen der Organe der Kasse hinsichtlich der Ausgestaltung des Leistungsplans mitzubestimmen. Der Widerruf von Leistungen oder Anwartschaften ist unwirksam, wenn das Unternehmen das Mitbestimmungsrecht des Betriebsrats bei der Aufstellung des Leistungsplans verletzt.
2. Eine andere Beurteilung ist nur dann gerechtfertigt, wenn feststeht, dass die mitbestimmungspflichtige Entscheidung des Trägerunternehmens in der Gruppenunterstützungskasse nicht

durchsetzbar gewesen wäre. Eine derartige Feststellung kann nicht getroffen werden, wenn vernünftige Gründe für eine anderweitige Ausgestaltung des Leistungsplans vorliegen.
3. Ein Nachweis, dass die Organe der Kasse entsprechend entschieden hätten, ist nicht zu verlangen. Es genügt, wenn mit einiger Wahrscheinlichkeit anzunehmen ist, dass die Ablehnung der Änderung des Leistungsplans durch das einzelne Trägerunternehmen die Änderung insgesamt verhindert hätte.

2641 ▶ **Zustimmung des Betriebsrates**

LAG Hamm, Urt. v. 31.08.1999 – 13 Sa 402/99

Fundstelle: HwB AR news 3/00, 21

Leitsätze:

1. Die Zustimmung des Betriebsrats zum Verzicht eines Arbeitnehmers auf Rechte aus einer Betriebsvereinbarung über eine betriebliche Altersversorgung muss klar und unmissverständlich erklärt werden und die Möglichkeit ausschließen, dass sich der Betriebsrat lediglich aus der Angelegenheit heraushalten und eine neutrale Haltung einnehmen will. Wirksamkeitsvoraussetzung ist ferner eine ordnungsgemäße interne Beschlussfassung (BAG v. 3.6.1997, EzA Nr. 59 zu § 77 BetrVG).
2. Dem PSV können Erleichterungen seiner Darlegungs- und Beweisführungslast bezüglich einer Zustimmung des Betriebsrates nach § 77 Abs. 4 S. 2 BetrVG jedenfalls dann nicht zugestanden werden, wenn die Darlegungs- und Beweisschwierigkeiten nicht auf seiner besonderen Stellung als Träger der Insolvenzsicherung beruhen, sondern darauf, dass die Geschäftsleitung der Gemeinschuldnerin seinerzeit naheliegende Beweissicherungsobliegenheiten verletzt hat.

2642 ▶ **Mitbestimmung bei der Auswahl des Durchführungsweges**

LAG Hamm, Urt. v. 08.05.2002 – 10 TaBV 132/01

Fundstelle: NZA-RR 2003, 99

Leitsatz:

Schließt der Arbeitgeber im Rahmen der betrieblichen Altersversorgung zu Gunsten seiner sämtlichen Arbeitnehmer einen Gruppenversicherungsvertrag bei einem Versicherungsunternehmen ab, so besteht weder hinsichtlich der Auswahl des Versicherungsunternehmens noch hinsichtlich der Durchführungsform der betrieblichen Altersversorgung ein Mitbestimmungsrecht des Betriebsrates nach § 87 Abs. 1 Nr. 8 und 10 BetrVG.

2643 ▶ **Reichweite des Mitbestimmungsrechts des Betriebsrates**

BAG, Urt. v. 29.07.2003 – 3 ABR 34/02

Fundstellen: DB 2004, 883 = BetrAV 2004, 276 = BB 2004, 943 = ZIP 2004, 922

Leitsatz:

Im Rahmen des Mitbestimmungsrechts nach § 87 Abs. 1 Nr. 10 BetrVG besteht kein Recht des Betriebsrats, bei der Auswahl der »Versorgungseinrichtung« mitzubestimmen. Wählt der Arbeitgeber den Durchführungsweg »Direktversicherung«, so gehört auch die Auswahl des Versicherungsunternehmens zu den mitbestimmungsfreien Entscheidungen des Arbeitgebers.

2644 ▶ **Konkretisierung einer Blankettzusage durch betriebliche Übung und Mitbestimmungsfragen**

BAG, Urt. v. 19.07.2005 – 3 AZR 472/04

Fundstelle: DB 2006, 343

Nachhaftung D.

Leitsätze:

1. Aus betrieblicher Übung können sich auch Ansprüche auf eine bestimmte Berechnungsweise der Betriebsrente ergeben.
2. Ist eine Versorgungszusage in Form einer Blankettzusage geregelt, hat die spätere Ausgestaltung billigem Ermessen (§ 315 Abs. 1 BGB) zu genügen. Neben den rechtsgeschäftlich verbindlichen Vorgaben sind bei der Ausfüllung auch vom Arbeitgeber geweckte Vorstellungen und Erwartungen zu berücksichtigen.
3. Der Betriebsrat hat nach § 87 Abs. 1 Nr. 10 BetrVG mitzubestimmen, wenn der Arbeitgeber die von ihm für die betriebliche Altersversorgung zur Verfügung gestellten Mittel anders als bisher verteilen will.
4. Eine Verletzung des Mitbestimmungsrechts begründet jedoch keine über die bestehende Vertragsgrundlage hinausgehenden Ansprüche des Arbeitnehmers. Der Arbeitgeber ist auch nicht verpflichtet, wegen der Verletzung der Mitbestimmungsrechte sein billiges Ermessen in bestimmter Weise auszuüben.

Nachhaftung

▶ **Nachhaftung des Komplementärs für Betriebsrenten nach Erlöschen der KG** 2645

BAG, Urt. v. 24.03.1998 – 9 AZR 57/97

Fundstellen: BAGE 88, 229 = ZIP 1998, 1973 = DB 1998, 2426 = NZA 1999, 145

Leitsätze:

1. Gehen die Gesellschaftsanteile ohne Liquidation der Gesellschaft auf eine Person über, so haftet der Übernehmer für die Schulden der Gesellschaft nicht nur als früherer Gesellschafter, sondern auch als neuer Schuldner der Gesellschaftsgläubiger (Anschluss an BGH-Urteil vom 10.12.1990 – II ZR 256/89, DB 1991, 327).
2. Die Rechtsprechung des Bundesgerichtshofs zur Abkürzung der Sonderverjährungsfrist nach § 159 Abs. 3 HGB a. F. (DB 1983, 1437) rechtfertigt keine allgemeine Haftungsbegrenzung.

▶ **Nachhaftung früherer Geschäftsinhaber für Versorgungsansprüche** 2646

BAG, Urt. v. 27.06.2006 – 3 AZR 85/05

Fundstellen: DB 2007, 2658 = NZA-RR 2008, 35 = EzA § 28 nF HGB Nr. 1

Leitsätze:

1. Der Versorgungsempfänger kann nach §§ 241, 242 BGB von seinem früheren Arbeitgeber eine nachprüfbare Rentenberechnung verlangen. Dies führt dazu, dass der Versorgungsempfänger seiner Darlegungspflicht nachgekommen ist, wenn er vorträgt, dass er lediglich die vom Arbeitgeber selbst ermittelte Versorgung verlangt. Bestreitet der Arbeitgeber die Richtigkeit seiner eigenen Berechnung, muss er darlegen, welche konkreten Fehler ihm unterlaufen sind.
2. Nach der Übergangsregelung des Art. 37 Abs. 1 EGHGB hängt die Anwendbarkeit der am 26.3.1994 in Kraft getretenen Haftungsbegrenzung des § 28 Abs. 3 HGB n. F. davon ab, ob die Verbindlichkeit vor oder ab dem 26.3.1994 »entstanden« ist. Als Entstehungszeitpunkt ist die Erteilung der Versorgungszusage anzusehen, und zwar unabhängig davon, wann der Anspruch auf betriebliche Altersversorgung erdient wurde.
3. Die Übergangsvorschrift des Art. 37 Abs. 2 EGHGB enthält eine Sonderregelung für Verbindlichkeiten aus fortbestehenden Arbeitsverhältnissen. Ruhestandsverhältnisse sind keine fortbestehenden Arbeitsverhältnisse in diesem Sinne.
4. Erbringt bei einem Schuldbeitritt aufgrund des § 28 HGB der Mithaftende wegen seiner Insolvenz keine Leistungen, so muss sich der Versorgungsberechtigte an den halten, der sein

Arbeitgeber war, bevor er in den Ruhestand trat und kann sich erst, wenn auch dieser insolvent ist, an den Pensions-Sicherungs-Verein wenden (vgl. BAG v. 23.01.1990 – 3 AZR 171/88).
5. §7 BetrAVG eröffnet nicht die Möglichkeit, durch eine Haftungsbegrenzung in einer Betriebsvereinbarung oder individualrechtlichen Vereinbarung den Insolvenzschutz zu verändern und die Einstandsrisiken des Pensions-Sicherungs-Verein zu erhöhen.

Neue Bundesländer

2647 ▶ **Insolvenzschutz für Versorgungsversprechen, die in den neuen Bundesländern vor dem 01.01.1992 erteilt wurden**

LAG Köln, Urt. v. 30.04.1997 – 2 Sa 1186/96

Fundstelle: NZA-RR 1997, 442

Leitsätze:

1. Die Regelung im Einigungsvertrag, wonach die §§ 1 bis 18 des Betriebsrentengesetzes in den neuen Bundesländern erst am 1.1.1992 in Kraft getreten sind und demgemäß nur Versorgungsversprechen, die nach dem 31.12.1991 erteilt wurden, gegen Insolvenz geschützt sind, verletzt einen Arbeitnehmer, der sich auf eine vor dem Stichtag erteilte Versorgungszusage beruft, **nicht** in seinen Grundrechten.
2. Die schlichte **Weiterzahlung** einer im Dezember 1991 zugesagten und rückwirkend ab 1.7.1991 gewährten Altersversorgung über den Stichtag hinaus stellt **kein erneutes Versorgungsversprechen** im Sinne des Betriebsrentengesetzes dar.

2648 ▶ **Altersübergang und Zusatzrente aus der AO 54**

BAG, Urt. v. 29.07.1997 – 3 AZR 72/97

Fundstellen: DB 1998, 2123 = AuA 1998, 96 = NZA-RR 1998, 175

Leitsätze:

1. Ein Arbeitnehmer, der bis zum 31. Dezember 1991, die Voraussetzungen eines Zusatzrentenanspruchs nach der Anordnung zur Einführung einer Zusatzrentenversorgung für die Arbeiter und Angestellten in den wichtigsten volkseigenen Betrieben vom 9. März 1954 (Anordnung 54) nicht erfüllt hat, hat weder einen Voll- noch einen Teilrentenanspruch erworben (Bestätigung der Senatsurteile vom 27. Februar 1996 – 3 AZR 242/95 – und vom 17. Dezember 1996 – 3 AZR 800/95 – AP Nrn. 4, 5 zu Einigungsvertrag Anlage II Kap. VIII).
2. Ein Arbeitnehmer, der vor dem 31. Dezember 1991 betriebsbedingt aus dem Arbeitsverhältnis ausgeschieden ist und Altersübergangsgeld bezogen hat, erfüllt die Anspruchsvoraussetzungen der Anordnung 54 nicht. Er hat jedenfalls dann keinen Anspruch auf Zusatzrente, wenn er nicht auch vor dem 31. Dezember 1991 in den gesetzlichen Ruhestand gewechselt ist.

2649 ▶ **Bei Einzelvereinbarung kein Anspruch nach der AO 54**

LAG Brandenburg, Urt. v. 25.11.1997 – 2 Sa 407/97

Fundstellen: BetrAV 1998, 224 = AuA 1998, 179

Leitsätze (nicht amtlich):

1. Bei Unsicherheiten über das Bestehen eines betriebsrentenrechtlichen Versorgungsanspruchs ist auch eine vergleichsweise Einigung dahingehend statthaft, dass keine Versorgungsansprüche bestehen und eine entsprechende Abfindung gezahlt wird.
2. Wer eine Einzelvereinbarung unterschrieben und wie vereinbart Ausgleichsleistungen entgegengenommen hat, hat damit auf alle weiteren Ansprüche aus der AO 54 verzichtet. Die abgeschlossene Vereinbarung ist auch weder sittenwidrig noch nichtig.

3. Nur ausnahmsweise können ein besonders grobes Missverhältnis zwischen Leistung und Gegenleistung oder eine verwerfliche Gesinnung des Arbeitgebers bei Abschluss der Vereinbarung zu ihrer Nichtigkeit führen.

▶ Anpassung von Betriebsrenten im Beitrittsgebiet   2650

BAG, Urt. v. 24.03.1998 – 3 AZR 778/96

Fundstellen: BB 1998, 1485 = DB 1998, 1621 = AuA 1998, 318 = BetrAV 1998, 222

Leitsätze:

1. Das BetrAVG mit seiner Regelung über die Anpassung laufender Betriebsrenten (§ 16 BetrAVG) ist im Beitrittsgebiet nur anzuwenden, wenn die Zusagen auf Leistungen der betrieblichen Altersversorgung nach dem 31.12.1991 erteilt wurden.
2. Die Erteilung einer Zusage setzt bei vertraglicher Grundlage der Zusage den Abschluss eines Vertrages voraus. Die Erfüllung bereits entstandener Verpflichtung ist keine Begründung eines Anspruchs.
3. Für die bis zum 31.12.1991 erteilten Zusagen schließt der Einigungsvertrag (Anlage I Kap. VIII Sachgebiet A Abschnitt III Nr. 16) nicht nur eine auf § 16 BetrAVG, sondern im Regelfall auch eine auf § 242 BGB gestützte Verpflichtung zur Anpassung laufender Leistungen aus. Die auf § 242 BGB beruhende vorgesetzliche Rechtsprechung des Senats hat in der abschließenden Regelung des § 16 BetrAVG ihre konkrete gesetzliche Ausprägung gefunden.

▶ AO 54 und Abfindungsvereinbarungen   2651

BAG, Urt. v. 11.05.1999 – 3 AZR 106/98

Fundstellen: DB 2000, 99 = NZA 2000, 99 = BB 1999, 1066

Leitsätze:

1. Ein im Jahre 1993 erklärter Verzicht auf etwaige Ansprüche auf Zusatzrente nach der Anordnung zur Einführung einer Zusatzrentenversorgung für die Arbeiter und Angestellten in den wichtigsten volkseigenen Betrieben vom 9. März 1954 (GBl. DDR I 1954 Nr. 30, S. 301 [AO 54]) auf der Grundlage der Rahmenvereinbarungen zwischen der Treuhandanstalt und der Industriegewerkschaft Metall, der Industriegewerkschaft Chemie und der Industriegewerkschaft Bergbau und Energie ist regelmäßig rechtswirksam.
2. Eine solche Vereinbarung ist auch dann nicht sittenwidrig, wenn der Abfindungsbetrag erheblich unterhalb des Kapitalwertes des jeweiligen Zusatzrentenanspruchs liegt. Bei der Bewertung der jeweils erbrachten Leistungen muss wesentlich mitberücksichtigt werden, wie bei Abschluss der Vereinbarung die Chance des Rentners einzuschätzen war, einen Anspruch auf Zusatzrente nach der AO 54 jetzt und auf Dauer durchzusetzen.

▶ Zusatzrente nach der AO 54   2652

BAG, Urt. v. 14.09.1999 – 3 AZR 655/98

Fundstellen: DB 2000, 579 = BetrAV 2000, 219 = NZA 2000, 595

Leitsatz:

Ein Arbeitnehmer, der vor dem 31.12.1991 betriebsbedingt aus dem Arbeitsverhältnis ausgeschieden ist und Vorruhestandsgeld nach der Verordnung über die Gewährung von Vorruhestandsgeld vom 8.2.1990 bezogen hat, hat keinen Anspruch auf Zusatzrente nach der Anordnung über die Einführung einer Zusatzrente für die Arbeiter und Angestellten in den wichtigsten volkseigenen Betrieben vom 9.3.1954, wenn er erst nach dem 31.12.1991 in den gesetzlichen Ruhestand gewechselt ist.

2653 ▶ **Verjährung von Ansprüchen auf Zusatzrente nach der AO 54**

BAG, Urt. v. 25.01.2000 – 3 AZR 780/98

Fundstellen: DB 2000, 1234 = BetrAV 2000, 398 (LS)

Leitsätze:

1. Ansprüche auf betriebliche Versorgungsleistungen aus einem privatrechtlich organisierten abhängigen Beschäftigungsverhältnis verjähren nach § 196 Abs. 1 Nr. 8 oder 9 BGB in zwei Jahren.
2. Zu den Ansprüchen zählen auch Zusatzrentenansprüche nach der AO 54, deren Verjährung sich seit dem 3. Oktober 1990 nach den Bestimmungen des Bürgerlichen Gesetzbuches richtet (Art. 231 § 6 Abs. 1 EGBGB).

2654 ▶ **Berücksichtigung von Vordienstzeiten bei einem übernommenen Betrieb der früheren DDR**

BAG, Urt. v. 19.12.2000 – 3 AZR 451/99

Fundstellen: DB 2001, 2406 = BB 2002, 363 = NZA 2002, 615

Leitsatz:

Verspricht der Erwerber eines Betriebes aus dem Beitrittsgebiet einem dort beschäftigten Arbeitnehmer nach dem 31.12.1991 Leistungen der betrieblichen Altersversorgung, so sind bei der Prüfung der Unverfallbarkeit nach § 1 Abs. 1 Satz 1 Zweite Alt. BetrAVG auch Beschäftigungszeiten im übernommenen Betrieb vor dem 3.10.1990 zu berücksichtigen.

2655 ▶ **Geltung des Betriebsrentengesetzes in den neuen Bundesländern**

BAG, Urt. v. 29.01.2008 – 3 AZR 522/06

Fundstellen: BetrAV 2008, 627 = DB 2008, 1867 = NZA-RR 2008, 426 = AP Nr. 11 zu Einigungsvertrag Anlage I Kap VIII = EzA § 7 BetrAVG Nr. 73

Leitsätze:

1. Das Betriebsrentengesetz gilt in der ehemaligen DDR nur für Zusagen über Leistungen der betrieblichen Altersversorgung, die nach dem 31. Dezember 1991 erteilt wurden.
2. Eine Zusage ist in diesem Sinne nur erteilt, wenn Ansprüche auf Leistungen der betrieblichen Altersversorgung einzelvertraglich begründet werden oder kollektivvertraglich entstehen. Dies setzt eine neue Verpflichtung voraus. Die bloße Erfüllung einer vorher entstandenen Rechtspflicht reicht ebenso wenig aus wie die Beschreibung der Folgen einer bestehenden Rechtslage, auch wenn die daraus folgenden Verpflichtungen den Versorgungsschuldner kraft Rechtsnachfolge binden.

Pfändungsschutz

2656 ▶ **Pfändbarkeit einer Versicherungsprämie nach Gehaltsumwandlung**

BAG, Urt. v. 17.02.1998 – 3 AZR 611/97

Fundstellen: BB 1998, 1009 = DB 1998, 1039 = BetrAV 1998, 219

Leitsatz:

Ändern Arbeitgeber und Arbeitnehmer ihre ursprüngliche Lohnvereinbarung dahin, dass in Zukunft anstelle eines Teils des monatlichen Barlohns vom Arbeitgeber eine Versicherungsprämie auf einen Lebensversicherungsvertrag zugunsten des Arbeitnehmers (Direktversicherung) gezahlt werden soll (Gehaltsumwandlung), entstehen insoweit **keine pfändbaren Ansprüche** auf Arbeitseinkommen (§ 850 Abs. 2 ZPO) mehr.

▶ **Pfändbarkeit des Anspruchs aus einer Direktversicherung** 2656a

BGH, Urt. v. 11.11.2010 – VII ZB 87/09

Fundstellen: BetrAV 2011, 104 = DB 2010, 2799 = NJW-RR 2011, 283 = VersR 2011, 371 = ZIP 2011, 350

Leitsatz:

Der Anspruch des Arbeitnehmers auf Auszahlung der Versicherungssumme aus einer Firmendirektversicherung ist bereits vor Eintritt des Versicherungsfalls als zukünftige Forderung pfändbar.

Prozessrecht

▶ **Feststellungsinteresse** 2657

BAG, Urt. v. 26.08.1997 – 3 AZR 235/96

Fundstellen: BB 1998, 1111 = DB 1998, 1190 = BetrAV 1998, 222

Leitsatz:

Der Arbeitnehmer hat i.S. des § 256 Abs. 1 ZPO ein rechtliches Interesse an der alsbaldigen Feststellung, dass seiner Ehefrau nach seinem Tod eine Witwenrente zusteht.

▶ **Konsequenzen aus der Erledigungserklärung eines Rechtsstreits** 2658

LAG Hamm, Urt. v. 24.11.1998 – 6 Sa 416/98

Fundstellen: DB 1998, 491 = BetrAV 1999, 67

Leitsätze:

1. Versorgungsanwartschaften oder -ansprüche werden wegen ihres hohen Werts und Gewichts für die Versorgungsberechtigten von Ausgleichsquittungen oder Ausgleichsklauseln in Vergleichen nicht erfasst. Aus den genannten Gründen gilt dasselbe für Erledigungserklärungen, es sei denn, die Versorgungsanwartschaften oder -ansprüche sind in der Erklärung ausdrücklich bezeichnet oder haben nachweisbar den Gegenstand vorangegangener Erörterungen gebildet.
2. Erachtet das Arbeitsgericht einen Rechtsstreit für erledigt, obwohl sich die entsprechende Erklärung der Parteien nur auf einen Teil der gerichtlichen Auseinandersetzung bezieht, ist der Rechtsstreit zur erneuten Verhandlung und Entscheidung zurückzuverweisen, falls eine Sachentscheidung des Berufungsgerichts nicht sachdienlich ist.

▶ **Rechtsschutzbedürfnis für ausschließlich vergangenheitsbezogene Statusfeststellungsklage** 2659

BAG, Urt. v. 03.03.1999 – 5 AZR 275/98

Fundstellen: DB 1999, 1224 = NZA 1999, 669 = NJW 1999, 2918 = AP Nr. 53 zu § 256 ZPO, 1977

Leitsätze:

1. Für eine Klage, die ausschließlich auf die Feststellung gerichtet ist, dass in der Vergangenheit ein Arbeitsverhältnis bestanden hat, ist ein Feststellungsinteresse nur gegeben, wenn sich aus der Feststellung Folgen für Gegenwart oder Zukunft ergeben.
2. Die bloße Möglichkeit, dass dem Kläger, wenn er Arbeitnehmer war, Ansprüche auf eine betriebliche Altersversorgung zustehen, reicht zur Bejahung des Feststellungsinteresses nicht aus (Weiterführung von BAGE 85, 347 = AP Nr. 40 zu § 256 ZPO 1977).

2660 ▶ Beweislast des Arbeitgebers für Erreichen des Barwerts einer unverfallbaren Versorgungszusage auch bei Prozessvergleich über Verzicht gegen Abfindungszahlung

BGH, Urt. v. 15.07.2002 – II ZR 192/00

Fundstellen: ZIP 2002, 1701 = DB 2002, 2268 = DStR 2002, 1870 = NJW 2002, 3632 = BetrAV 2003, 473

Leitsätze:

1. Beansprucht der Kläger eine Altersrente aus einer unverfallbar gewordenen Versorgungszusage, so obliegt dem Beklagten nach allgemeinen Grundsätzen die Darlegungs- und Beweislast für ein vorzeitiges Erlöschen der Versorgungsanwartschaft durch eine gem. § 3 Abs. 1, 2 a. F. BetrAVG wirksame Abfindungsvereinbarung.
2. § 3 Abs. 2 BetrAVG verlangt in jedem Fall, dass die Abfindung dem Barwert der nach § 2 BetrAVG bemessenen künftigen Versorgungsleistung im Zeitpunkt der Beendigung des Dienstverhältnisses entspricht; eine hiervon zu Ungunsten des Dienstverpflichteten abweichende Abfindungsregelung ist – auch wenn sie in einem Prozessvergleich getroffen wird – unwirksam (im Anschluss an BAGE 53, S. 131, 137).

2661 ▶ Beweislast bei Verzicht auf ratierliche Kürzung der betrieblichen Altersversorgung

BGH, Urt. v. 13.01.2003 – II ZR 254/00

Fundstellen: BB 2003, 851 = DB 2003, 881 = DStR 2003, 1176 = VersR 2003, 1059 = NJW 2003, 2908

Leitsätze:

1. Das Mitglied des Vorstandes eines Versicherungsvereins auf Gegenseitigkeit ist für die Zusage einer von § 2 Abs. 1 BetrAVG abweichenden, ihm günstigeren Berechnung der unverfallbaren Versorgungsanwartschaft (Verzicht auf ratierliche Kürzung) darlegungs- und beweispflichtig.
2. Eine solche vom »Mindestschutz« des BetrAVG zugunsten des Dienstverpflichteten abweichende Vereinbarung unterliegt grundsätzlich keinen erhöhten formalen Anforderungen und muss daher nicht »ausdrücklich« getroffen werden.
3. Zur Berücksichtigung des Inhalts der Vertragsverhandlungen bei der Auslegung einer individuell ausgehandelten, an das Beamtenversorgungsrecht angelehnten Versorgungsregelung im Dienstvertrag des Vorstandes eines Versicherungsvereins auf Gegenseitigkeit.

2662 ▶ Zuständigkeit der Arbeitsgerichte

LAG Köln, Urt. v. 12.07.2004 – 3 Ta 220/04

Fundstelle: ArbuR 2004, 399

Leitsatz:

Für den Anspruch eines Geschäftsführers auf betriebliche Altersversorgung ist der Rechtsweg zu den Arbeitsgerichten eröffnet, wenn es sich um eine Versorgungszusage aus einem früheren Arbeitsverhältnis handelt, die Kraft ausdrücklicher Vereinbarung im Anstellungsvertrag des Geschäftsführers fortgilt.

2663 ▶ Zulässigkeit einer Feststellungsklage gegen den PSV bereits vor Eintritt des Sicherungsfalls

BGH, Urt. v. 25.10.2004 – II ZR 413/02

Fundstellen: DB 2005, 1227 = BetrAV 2005, 195

Schadensersatz   D.

Leitsatz:

Zwischen dem Versorgungsempfänger oder -anwärter einer betrieblichen Altersversorgung und dem Pensions-Sicherungs-Verein als Träger der gesetzlichen Insolvenzsicherung besteht bereits vor Eintritt des Sicherungsfalls (§ 7 Abs. 1 BetrAVG) ein feststellungsfähiges Rechtsverhältnis i.S. von § 256 Abs. 1 ZPO

Schadensersatz

▶ Rechtsqualität einer Auskunft nach § 2 Abs. 6 BetrAVG   2664

BAG, Urt. v. 08.11.1983 – 3 AZR 511/81

Fundstellen: AuR 1984, 120 = BetrAV 1984, 75 = BB 1984, 601 = DB 1984, 836

Leitsätze:

1. Erteilt der Arbeitgeber eine Auskunft nach § 2 Abs. 6 BetrAVG, so stellt diese **kein** abstraktes oder deklaratorisches **Schuldanerkenntnis** dar.
2. Erteilt der Arbeitgeber eine **unrichtige Auskunft** und richtet sich der Arbeitnehmer im Vertrauen darauf bei der Planung seiner Altersversorgung ein, so können ihm unter bestimmten Voraussetzungen **Schadensersatzansprüche** erwachsen.

▶ Widerruf des Bezugsrechts einer Direktversicherung   2665

BAG, Urt. v. 28.07.1987 – 3 AZR 694/85

Fundstellen: AuR 1988, 57 = BetrAV 1988, 50 = DB 1988, 507 = NZA 1988, 159

Leitsätze:

1. **Widerruft** ein Arbeitgeber das **Bezugsrecht** aus einem Lebensversicherungsvertrag, weil das Arbeitsverhältnis mit dem begünstigten Arbeitnehmer geendet hat, und war die entsprechende Versorgungsanwartschaft bereits **unverfallbar**, so kann der Arbeitnehmer **Schadenersatz** verlangen.
2. Nach dem Grundsatz der **Naturalrestitution** muss der Arbeitgeber dem Arbeitnehmer eine beitragsfreie Versicherungsanwartschaft verschaffen, deren Wert dem widerrufenen Bezugsrecht bei Beendigung des Arbeitsverhältnisses entspricht.

▶ Unterlassene Aufklärung über Nachversicherungsmöglichkeiten in der VBL   2666

BAG, Urt. v. 13.12.1988 – 3 AZR 252/87

Fundstellen: AuR 1989, 185 = BetrAV 1989, 177 = BB 1989, 1274 = DB 1989, 1527 = NZA 1989, 690

Leitsätze:

1. **Versäumt ein Arbeitgeber**, den Arbeitnehmer über die versicherungsrechtlichen Vorteile einer rückwirkenden Versicherung in der VBL **zu belehren**, so ist er wegen der dem Arbeitnehmer daraus erwachsenden Nachteile zum **Schadenersatz** verpflichtet.
2. Der **Schadensersatzanspruch** wegen gebotener, aber unterbliebener Hinweise auf die versicherungsrechtlichen Vorteile einer rückwirkenden Versicherung, **unterliegt nicht** der **tariflichen Ausschlussfrist** des § 67 MTA (§ 70 BAT).

▶ Verletzung der Mitwirkungspflichten durch den Arbeitnehmer   2667

BAG, Urt. v. 27.03.1990 – 3 AZR 187/88

Fundstellen: AuR 1990, 90 = BetrAV 1990, 230 = BB 1991, 211 = DB 1990, 2123 = NZA 1990, 776

Leitsätze:
1. Kommt ein Ruhegeldberechtigter schuldhaft seiner **Auskunftsverpflichtung** über den Bezug anderweitiger öffentlicher Renten nicht nach, die der Versorgungsträger anrechnen darf, so ist er zum **Schadensersatz** verpflichtet. Der Schadensersatz entspricht der Ruhegeldüberzahlung.
2. Hat der Versorgungsberechtigte seine Auskunftspflicht nur fahrlässig verletzt, so ist der Erstattungsanspruch nicht schon deshalb ausgeschlossen, weil Erstattungsforderungen aus ungerechtfertigter Bereicherung nach § 819 Abs. 1 BGB nur bei Kenntnis des Empfängers vom mangelnden Rechtsgrund ausgeschlossen wären.
3. Erstattungsansprüche des Arbeitgebers wegen Verletzung der Auskunftspflichten des Versorgungsberechtigten **verjähren** in **30 Jahren**.

2668 ▶ Umfang der Aufrechnung mit Schadenersatzansprüchen

BAG, Urt. v. 18.03.1997 – 3 AZR 756/95

Fundstellen: BB 1997, 1639 = DB 1997, 1474 = ZIP 1997, 935

Leitsätze:
1. Die Berufung eines Betriebsrentners auf das **Aufrechnungsverbot** des § 394 Satz 1 BGB ist wegen Rechtsmissbrauchs regelmäßig **unzulässig**, wenn der Arbeitgeber gegen eine Ruhegehaltsforderung mit einer Schadensersatzforderung aus vorsätzlicher unerlaubter Handlung aufrechnen will.
2. Es ist aber stets anhand der Umstände des Einzelfalls zu untersuchen, ob und inwieweit der den gesetzlichen Aufrechnungsgrenzen zu entnehmende **Sozialschutz** gegenüber den schützenswerten **Interessen** des Geschädigten zurücktreten muss. Hierbei sind die Interessen des Versorgungsberechtigten und seiner Angehörigen sowie die Interessen der Allgemeinheit auf der einen und das Ausgleichsinteresse des geschädigten Arbeitgebers auf der anderen Seite miteinander **abzuwägen**.
3. Die individuellen Schutzinteressen des Schädigers müssen jedenfalls dann zurücktreten, wenn der **vorsätzlich verursachte Schaden so hoch ist**, dass er ihn unter normalen Umständen nicht ausgleichen kann, falls ihm der pfändungsfreie Teil seines Einkommens verbleibt.
4. Im **Interesse der Allgemeinheit** darf der Geschädigte regelmäßig jedoch durch Aufrechnung nicht so weit in Versorgungsansprüche eingreifen, dass der Anspruchsberechtigte auf Sozialhilfe angewiesen ist, so dass die Schadensersatzansprüche bei wirtschaftlicher Betrachtung teilweise aus Mitteln der öffentlichen Hand befriedigt werden. Dem Schädiger muss deshalb das **Existenzminimum** verbleiben, das in Anlehnung an § 850d ZPO unter Berücksichtigung sonstiger Einkünfte zu ermitteln ist.

2669 ▶ Verschaffungsanspruch des Arbeitnehmers bei fehlerhaften Angaben des Arbeitgebers gegenüber dem Versorgungsträger

BAG, Urt. v. 14.10.1998 – 3 AZR 377/98

Fundstelle: DB 1999, 1808

Leitsatz:

Hat ein Arbeitgeber durch unrichtige Angaben gegenüber der Versorgungsanstalt des Bundes und der Länder zunächst eine mit Tarifvertrag und Satzung in Widerspruch stehende nachteilige Versorgungslage für seinen früheren Arbeitnehmer geschaffen, muss er diese durch Übermittlung einer inhaltlich richtigen Mitteilung auch noch nach Ende des Arbeitsverhältnisses beseitigen.

2670 ▶ Zeitpunkt des Angebots auf Abschluss betrieblicher Altersversorgung

LAG Hamm, Urt. v. 13.07.1999 – 6 Sa 2407/98

Fundstelle: BB 1999, 2615

Schadensersatz D.

Leitsätze:

1. Gewährt der Arbeitgeber Leistungen der betrieblichen Altersversorgung aufgrund eines mit dem Arbeitnehmer zu schließenden Versorgungsvertrages, ist er nach der ihm obliegenden **Fürsorgepflicht** gehalten, dem Arbeitnehmer den Abschluss des Vertrages zum frühestmöglichen Zeitpunkt anzubieten.
2. Kommt er dieser Verpflichtung nicht nach, kann der Arbeitnehmer im Wege des **Schadenersatzes** verlangen, so gestellt zu werden, als ob der Vertrag zu diesem Zeitpunkt geschlossen worden wäre.

▶ Steuernachteile durch Nachversicherung 2671

BAG, Urt. v. 14.12.1999 – 3 AZR 713/98

Fundstellen: BAGE 93, 105 = NZA 2000, 1348 = BB 2000, 2209 = DB 2000, 2534

Leitsätze:

1. Wenn der Arbeitgeber die bisher zu Unrecht aus der Altersversorgung ausgeschlossenen Teilzeitkräfte bei der zuständigen Zusatzversorgungskasse nachversichert und die Umlagen nachentrichtet, ist deren Verschaffungsanspruch erfüllt. Den Ausgleich steuerlicher Nachteile umfasst der Verschaffungsanspruch nicht.
2. § 10 VersTV-G verpflichtet den Arbeitgeber nur bei einer Pauschalversteuerung zur Übernahme der Lohn- und Kirchensteuer. Diese Verpflichtung erlischt, wenn die Pauschalversteuerung rechtlich nicht mehr möglich ist.
3. Führt der Arbeitgeber Umlagen aufgrund eines unverschuldeten Rechtsirrtums verspätet ab, so steht dem Arbeitnehmer nach §§ 285, 286 BGB kein Schadensersatzanspruch wegen Verzugs zu. Der Arbeitgeber verletzt nicht seine Sorgfaltspflichten, wenn er bei einer unklaren Rechtslage von der Wirksamkeit der tarifvertraglichen Regelungen ausgeht.
4. Soweit der Arbeitgeber durch die verspätete Abführung der Umlage von seiner Verpflichtung zur Übernahme der Pauschalsteuer frei wird, steht dem Arbeitnehmer ein Bereicherungsanspruch nach § 812 Abs. 1 Satz 1 Alt. 2 BGB zu.

▶ Schadensersatz wegen fehlerhafter Auskünfte über Versorgungsansprüche 2672

BAG, Urt. v. 21.11.2000 – 3 AZR 13/00

Fundstellen: DB 2002, 227 = NZA 2002, 618 = BetrAV 2001, 683

Leitsatz:

Ein Arbeitgeber, der einem Arbeitnehmer eine vergleichende Modellrechnung voraussichtlicher Versorgungsansprüche anbietet, um dessen tarifvertraglich eingeräumte Wahlentscheidung zu unterstützen, aus einer bestehenden Versorgungszusage in ein anderes Versorgungssystem zu wechseln, haftet für eine etwaige Unrichtigkeit dieser Modellrechnung. Ergibt sich aus einer unrichtigen Modellrechnung zu Unrecht, dass die Versorgungsalternative günstiger ist als die bestehende Zusage, und wechselt der Arbeitnehmer daraufhin in dieses Versorgungssystem, muss der Arbeitgeber ihn so stellen, wie er nach der ursprünglichen Versorgungszusage gestanden hätte.

▶ Versorgungsschaden durch fehlerhafte Auskunft 2673

LAG Hessen, Urt. v. 22.08.2001 – 8 Sa 146/00

Fundstelle: BB 2002, 416

Leitsätze:

1. Erteilt ein Arbeitgeber einem Arbeitnehmer eine fehlerhafte Auskunft über die zu erwartende betriebliche Altersversorgung, ist er dem Arbeitnehmer zum Ersatz des daraus entstehenden Schadens verpflichtet.
2. Als Schadensersatz ist nicht notwendig die fehlerhaft zu hoch berechnete Rente zu zahlen. Vielmehr ist festzustellen, welche Versorgung der Arbeitnehmer bei richtiger Auskunft nach dem gewöhnlichen Lauf der Dinge oder nach den besonderen Umständen, insbesondere nach den getroffenen Vorkehrungen durch Abschluss einer zusätzlichen privaten Versorgung erhalten hätte.
3. In welcher Höhe ein Arbeitnehmer sich bei zutreffender Auskunft versichert hätte, kann gemäß § 287 Abs. 1 ZPO vom Gericht unter Würdigung aller Umstände nach freier Überzeugung geschätzt werden.

2674 ▶ **Verletzung der Fürsorgepflicht des Arbeitgebers durch mangelnde Information über gezillmerten Tarif**

ArbG Stuttgart, Urt. v. 17.01.2005 – 19 Ca 3152/04

Fundstelle: BetrAV 2005, 692

Leitsatz:

Die arbeitsvertragliche Fürsorgepflicht des Arbeitgebers, der im Rahmen der Entgeltumwandlung gezillmerte Versicherungstarife wählt bzw. einen Stornoabschlag vereinbart, gebietet es, den Arbeitnehmer vor dem Abschluss der Entgeltumwandlungsvereinbarung über das Risiko, das damit verbunden ist, zu informieren, damit dieser den möglicherweise entstehenden Schaden kalkulieren und ggf. von einer Entgeltumwandlung Abstand nehmen kann. Anderenfalls macht der Arbeitgeber sich schadensersatzpflichtig.

Sozialversicherungsrecht

2675 ▶ **Abführung rückständiger Sozialversicherungsbeiträge**

LAG Schleswig-Holstein, Urt. v. 04.07.2006 – 5 Sa 119/06

Fundstellen: n. v.

Leitsätze:

1. Der Arbeitgeber, als Schuldner/Träger der Betriebsrente, hat als so genannte Zahlstelle auch rückständige Beiträge zur Kranken- und Pflegeversicherung von den laufenden Betriebsrenten einzubehalten und an die Krankenkasse zu zahlen, §§ 256 Abs. 2 S. 1; 255 Abs. 2 S. 1 SGB V. Der Arbeitgeber kommt hierdurch seiner öffentlich-rechtlichen Verpflichtung als Zahlstelle nach. Er wird dadurch nicht zum Beitragsschuldner.
2. Dies gilt selbst dann, wenn der Arbeitgeber den rechtzeitgen Einbehalt schuldhaft versäumt hat. Er hat lediglich zu beachten, dass der Betragsschuldner/Betriebsrentner durch den nachträglichen Einbehalt nicht oder nicht stärker sozialhilfebedürftig wird, § 255 Abs. 2 S. 1 SGB V i. V. m. § 51 Abs. 2 SGB I.
3. Der nachträgliche Einbehalt rückständiger Sozialversicherungsbeiträge nach §§ 255 Abs. 2 S. 1; 256 Abs. 2 S. 1 SGB V ist kein bereicherungsrechtlicher Anspruch des Arbeitgebers nach §§ 812 ff. BGB. Der Arbeitgeber kann sich nicht auf die Einrede der Entreicherung nach § 818 Abs. 3 BGB berufen.

2675a ▶ **Beitragspflicht von Versorgungsbezügen in der Kranken- und Pflegeversicherung bei Durchführung der versicherungsvertraglichen Lösung (Direktversicherung) ohne Wechsel der Versicherungsnehmerstellung**

BVerfG, Beschl. v. 06.09.2010 – 1 BvR 739/08

Fundstellen: VersR 2011, 416 = NZS 2011, 463

Orientierungssätze:
1. § 229 Abs. 1 S 3 SGB 5 i. d. F. vom 14.11.2003 ist mit Art 2 Abs. 1 GG i. V. m. dem Grundsatz des Vertrauensschutzes vereinbar. Kapitalleistungen aus betrieblichen Direktversicherungen können den Versorgungsbezügen nach § 229 Abs. 1 SGB 5 gleichgestellt und damit der Beitragspflicht unterworfen werden (zur näheren Begründung siehe auch BVerfG, 07.04.2008, 1 BvR 1924/07, BVerfGK 13, 431).
2. Die Heranziehung von Versorgungsbezügen zu Krankenversicherungsbeiträgen verletzt auch nicht den Verhältnismäßigkeitsgrundsatz. Der steuerrechtliche Grundsatz, wonach steuerbares Einkommen nur beim erstmaligen Zufluss bzw. bei der erstmaligen Realisierung zu besteuern sei (vgl. BVerfG, 06.03.2002, 2 BvL 17/99, BVerfGE 105, 73 <122>), ist nicht auf den vorliegend berührten Problemkreis der Finanzierung der gesetzlichen Krankenversicherung übertragbar.
3. Die vorliegend beanstandete Beitragspflicht aufgrund von Leistungen einer betrieblichen Direktversicherung ist auch mit Art 3 Abs. 1 GG vereinbar (vgl. dazu bereits aaO, BVerfGK 13, 431).
4. Dabei bleibt es insbesondere auch dann, wenn diese Direktversicherung nach Beendigung des Arbeitsverhältnisses teilweise durch Eigenleistungen des versicherten Arbeitgebers finanziert wurde. Das BSG durfte typisierend auch solche Beiträge als noch betrieblich veranlasst einstufen, solange der institutionelle Rahmen des Betriebsrentenrechts genutzt wird.
5. Die Abgrenzung der beitragspflichtigen Leistungen nach dem Vertragstyp stellt grundsätzlich ein geeignetes Kriterium dar, um beitragspflichtige Versorgungsbezüge und beitragsfreie private Lebensversicherungen voneinander abzugrenzen (vgl. auch BSG, 12.11.2008, B 12 KR 6/08 R <Rn 26, 30>).

▶ **Beitragspflicht in der gesetzlichen Kranken- und Pflegeversicherung bei Kapitalleistungen aus teilweise privat finanzierten Direktversicherungen** 2675b

BVerfG, Beschl. v. 06.09.2010 – 1 BvR 1660/08

Fundstellen: DB 2010, 2343 = VersR 2011, 417 = NZS 2011, 539

Orientierungssätze:
1. Grundsätzlich stellt die Unterscheidung der beitragspflichtigen Leistungen nach dem Versicherungstyp (Direktversicherung i. S. v. § 1 Abs. 2 BetrAVG) ein geeignetes Kriterium dar, um beitragspflichtige Versorgungsbezüge und beitragsfreie private Lebensversicherungen voneinander abzugrenzen (vgl. hierzu BSG v. 12.11.2008 – B 12 KR 6/08 R Rn. 30).
2. Auch bei Beiträgen, die ein Arbeitnehmer nach dem Ausscheiden aus dem Arbeitsverhältnis auf die Direktversicherung einzahlt, ist der Berufsbezug noch gewahrt, solange der Arbeitgeber die Direktversicherung als Versicherungsnehmer und damit innerhalb der institutionellen Vorgaben des Betriebsrentengesetzes fortführt. Solche Beiträge auf einen vom Arbeitgeber abgeschlossenen und auf diesen als Versicherungsnehmer laufenden Versicherungsvertrag lassen sich trotz des Ausscheidens des Versicherten aus dem Arbeitsverhältnis bei typisierender Betrachtungsweise noch als mit diesem in Verbindung stehend betrachten (vgl. BVerfG v. 06.09.2010 – 1 BvR 739/08).
3. Die Grenzen zulässiger Typisierung werden aber jedenfalls dann überschritten, soweit auch Kapitalleistungen, die auf Beiträgen beruhen, die ein Arbeitnehmer nach Beendigung seiner Erwerbstätigkeit auf den Lebensversicherungsvertrag unter Einrücken in die Stellung des Versicherungsnehmers eingezahlt hat, der Beitragspflicht nach § 229 SGB V unterworfen werden. Denn mit der Vertragsübernahme durch den Arbeitnehmer ist der Kapitallebensversicherungsvertrag vollständig aus dem betrieblichen Bezug gelöst worden und unterscheidet sich hinsichtlich der dann noch erfolgenden Einzahlungen nicht mehr von anderen privaten Lebensversicherungen, die nicht der Beitragspflicht unterliegen. Werden solche Lebensversicherungsverträge allein deshalb der Beitragspflicht Pflichtversicherter unterworfen, weil sie ursprünglich vom Arbeitgeber des Bezugsberechtigten abgeschlossen wurden und damit dem Regelwerk des Betriebsrentenrechts

unterlagen, widerspricht dies der gesetzgeberischen Grundsatzentscheidung, die private Altersvorsorge beitragsfrei zu stellen. Auf die Einzahlungen des Bezugsberechtigten auf einen von ihm als Versicherungsnehmer fortgeführten Kapitallebensversicherungsvertrag finden hinsichtlich der von ihm nach Vertragsübernahme eingezahlten Beiträge keine Bestimmungen des Betriebsrentenrechts mehr Anwendung. Es begegnet auch keinen praktischen Schwierigkeiten, bei der Auszahlung einer Lebensversicherung den auf privater Vorsorge beruhenden Anteil des Zahlbetrags getrennt auszuweisen.

4. Der Verstoß gegen den Gleichheitssatz ist vorliegend intensiv, weil die Beitragsbelastung mit dem vollen Beitragssatz zur gesetzlichen Krankenversicherung erheblich ist. Ein Umgehungsproblem zulasten der Krankenversicherung der Rentner besteht nicht. Denn der Gesetzgeber des Betriebsrentengesetzes verfolgt mit dem Fortsetzungsrecht des Arbeitnehmers explizit den Zweck, einen Anreiz zur Eigenvorsorge in Ergänzung der betrieblichen Altersversorgung zu setzen.

2675c ▶ Beitragspflicht von Kapitalleistungen aus einer Direktversicherung

BSG, Urt. v. 30.03.2011 – B 12 KR 24/09 R

Fundstellen: BetrAV 2012, 456

Leitsatz:

Die Grundsätze zur Abgrenzung beitragspflichtiger von beitragsfreien Kapitalleistungen aus einem Kapitallebensversicherungsvertrag kommen auch dann zur Anwendung, wenn ein zunächst als private Lebensversicherung geschlossener Vertrag vom Arbeitgeber als Versicherungsnehmer im Wege der Direktversicherung übernommen wird.

2675d ▶ Beitragspflicht von Leistungen der betrieblichen Altersversorgung an einen Hinterbliebenen

BSG, Urt. v. 25.04.2012 – B 12 KR 19/10 R

Fundstellen: BetrAV 2012, 456

Leitsatz:

Leistungen aus einer Direktversicherung an einen gesetzlich krankenversicherten Hinterbliebenen sind auch bei durchgehend privater Krankenversicherung des begünstigten Verstorbenen beitragspflichtig in der gesetzlichen Krankenversicherung.

Steuerrecht

2676 ▶ Kappungsgrenze und Nachholungsverbot bei Pensionszusagen

FG Berlin, Urt. v. 26.03.1997 – VIII 236/93

Fundstelle: EFG 1998, 28

Leitsätze:

1. Soweit dem Pensionsberechtigten mehr als 75 v. H. seines laufenden Gehalts als Ruhegehalt zugesagt werden ist die Passivierung der Pensionsrückstellung regelmäßig nach § 6a Abs. 3 Nr. 1 Satz 4 EStG unzulässig.
2. Auf diese 75 v. H.-Grenze sind Ansprüche aus der gesetzlichen Rentenversicherung anzurechnen.
3. Bestimmungen in Pensionszusagen, nach denen die Versorgungsansprüche ausgehend von den Steigerungsraten der gesetzlichen Rentenversicherung gesteigert werden, sind unberücksichtigt zu lassen, da sie nicht hinreichend bestimmt sind.

4. Gemäß § 6a Abs. 2 Nr. 1 EStG ist eine Pensionsrückstellung auch dann zu passivieren, wenn am Bilanzstichtag eine sog. Wartezeit noch nicht verstrichen war. Die rechtsirrtümlich unterlassene Passivierung unterliegt dem Nachholungsverbot gem. § 6a Abs. 4 EStG.
5. Der Steuerpflichtige kann in den Fällen, in denen das Nachholverbot (§ 6a Abs. 4 Satz 1 EStG) eingreift, nachträglich von der Drittelmöglichkeit des § 6a Abs. 4 Satz 2 EStG Gebrauch machen.

▶ **Vorbehalt der Übertragung einer Pensionszusage auf eine Unterstützungskasse**   2677

BFH, Urt. v. 19.08.1998 – I R 92/95

Fundstellen: BStBl. II 1999, S. 387 = DB 1999, S. 73

Leitsatz:

Räumt ein Arbeitgeber seinen Betriebsangehörigen einen unmittelbaren Rechtsanspruch auf Invalidenrente ein und wird diese Pensionsverpflichtung aufgrund der getroffenen Vereinbarungen bei Eintritt des Versorgungsfalles aufgehoben und auf eine Unterstützungskasse übertragen, so kann der Arbeitgeber für die bis zum Eintritt des Versorgungsfalles bestehende unmittelbare Verpflichtung eine Pensionsrückstellung bilden.

▶ **Abfindungsvorbehalt bei Pensionszusagen**   2678

BFH, Urt. v. 10.11.1998 – I R 49/97

Fundstellen: DB 1999, 617 = StuB 1999, 319 = BetrAV 1999, 102 = DStR 1999, 313

Leitsatz:

Eine Pensionszusage, bei der die Versorgungsverpflichtung in Höhe des Teilwerts gem. § 6a Abs. 3 EStG abgefunden werden darf, steht unter einem gem. § 6a Abs. 1 Nr. 2 EStG steuerlich schädlichen Vorbehalt.

▶ **Kapitalzuführung an Pensionskasse ist kein steuerpflichtiger Arbeitslohn**   2679

BFH, Urt. v. 12.09.2001 – VI R 154/99

Fundstellen: BFHE 196, 539 = BStBl. II 2002, S. 22 = DB 2001, 2631 = FR 2002, 88 = BB 2002, 439 = DStRE 2002, 147 = BetrAV 2002, 95/404

Leitsatz:

Zur Frage, ob Zuwendungen des Trägerunternehmens an eine Pensionskasse zur Bildung der gesetzlich vorgeschriebenen Solvabilitätsspanne als Arbeitslohn der aktiven oder ehemaligen Arbeitnehmer zu qualifizieren sind.

▶ **Betriebsausgabenabzug von Zuwendungen an eine Unterstützungskasse; Beleihungsverbot**   2680

BFH, Urt. v. 28.02.2002 – IV R 26/00

Fundstellen: BFHE 198, 452 = BStBl. II 2002, S. 358 = DB 2002, 975 = DStR 2002, 797 = BFH/NV 2002, 858 = FR 2002, 674 = HFR 2002, 595 = NZA-RR 2003, 35 = BetrAV 2002, 818

Leitsatz:

Eine Unterstützungskasse »verschafft« sich durch Abschluss einer Rückdeckungsversicherung nicht die Mittel für ihre Versorgungsleistungen, wenn sie die ihr zustehenden Rechte aus der Versicherung beleiht oder abtritt. Einer Beleihung steht die Inanspruchnahme von Vorauszahlungen gleich.

2681 ▶ **Entgeltliche Herabsetzung einer Pensionszusage**

BFH, Urt. v. 06.03.2002 – XI R 36/01

Fundstellen: BFH/NV 2002, 1144 = BetrAV 2002, 720

Leitsatz:

Die entgeltliche Herabsetzung einer Pensionszusage ohne weitere Änderung des Dienstverhältnisses führt nicht zu einer steuerbegünstigten Abfindung.

2682 ▶ **Voraussetzungen des Betriebsausgabenabzugs (Segmentierungspflicht) bei einer Gruppenunterstützungskasse**

BFH, Urt. v. 29.01.2003 – XI R 10/02

Fundstellen: BFHE 202, 65 = BStBl. II 2003, S. 599 = BB 2003, 1476 = DStRE 2003, 835 = DB 2003, 1549 = FR 2003, 781 = BetrAV 2003, 561 = HFR 2003, 957

Leitsatz:

Beschäftigt ein Trägerunternehmen einer Gruppenunterstützungskasse, die noch keine Leistungen gewährt, keine Leistungsanwärter, die älter als 55 Jahre sind, kann es nach § 4d Abs. 1 Nr. 1 Buchstabe b Satz 2 EStG 1990 seine Zuwendungen an die Gruppenunterstützungskasse nicht (als Betriebsausgabe) abziehen.

2683 ▶ **Abfindung für Pensionsansprüche als steuerbegünstigte Entschädigung**

BFH, Urt. v. 10.04.2003 – XI R 4/02

Fundstellen: BFHE 202, 290 = BStBl. II 2003, S. 748 = DB 2003, 1937 = DStR 2003, 1566 = BB 2003, 1938 = DStZ 2003, 701 = FR 2003, 1025 = BFH/NV 2003, 1366 = GmbHR 2003, 1136 = HFR 2003, 1054 = NZA-RR 2003, 599

Leitsätze:

1. Die Abfindung, die der Gesellschafter-Geschäftsführer, der seine GmbH-Anteile veräußert, für den Verzicht auf seine Pensionsansprüche gegen die GmbH erhält, kann eine Entschädigung i.S. des § 24 Nr. 1 Buchst. a EStG sein.
2. Eine an die Geschäftsführertätigkeit anschließende Beratungstätigkeit kann im Einzelfall nicht als Fortsetzung des ursprünglichen Arbeitsverhältnisses angesehen werden.

2684 ▶ **Anwendung der 75%-Grenze zur Beschränkung des Betriebsausgabenabzugs bei Zahlungen an eine Unterstützungskasse**

FG München, Urt. v. 23.04.2003 – 7 K 3089/01 (Rev.-Az.: I R 45/03)

Fundstelle: DStRE 2003, 836

Leitsätze:

1. Die Zuführungen zu einer Unterstützungsasse, die zu einer Überversorgung im Alter führen, sind nicht als Betriebsausgaben absetzbar. Eine Überversorgung ist anzunehmen, wenn die gesamten Altersbezüge – die Altersrente aus der Unterstützungskasse, der gesetzlichen Rentenversicherung sowie aus Direktversicherungen – 75 % des Gehalts am Bilanzstichtag übersteigen. Die 75 %-Regelung für Pensionsrückstellungen ist auch auf die Zuführungen zur Unterstützungskasse anzuwenden.
2. Künftige ungewisse Änderungen der Altersbezüge wie z. B. ein noch ungewisses Absinken des Rentenniveaus in späteren Jahren sind bei der Anwendung der 75 %-Regelung nicht zu berücksichtigen.

Steuerrecht D.

▶ **Umfang des Schriftformerfordernisses bei einer Pensionszusage** 2685

BFH, Beschl. v. 21.07.2004 – I B 186/03

Fundstellen: BetrAV 2005, 198 = BFH/NV 2005, 40

Leitsatz:

Es ist klärungsbedürftig, ob es für die »Schriftlichkeit« einer Pensionszusage i.S. des § 6a EStG einer sowohl vom Pensionsverpflichteten als auch vom Pensionsberechtigten unterzeichneten Erklärung bedarf.

▶ **Kürzung des Vorwegabzugs für Vorsorgeaufwendungen trotz nicht unverfallbarer oder nicht gesicherter Anwartschaftsrechte** 2686

BFH, Urt. v. 28.07.2004 – XI R 67/03

Fundstellen: BFHE 207, 209 = BStBl. II 2005, S. 94 = DStR 2004, 2141 = DB 2004, 2676 = BFH/NV 2005, 110 = DStZ 2005, 46 = FR 2005, 157 = BetrAV 2005, 197 = GmbHR 2005, 115 = HFR 2005, 241

Leitsätze:

1. Der Vorwegabzug für Vorsorgeaufwendungen ist auch dann gemäß § 10 Abs. 3 Nr. 2 Satz 2 Buchst. a Doppelbuchst. cc EStG a. F. bzw. § 10 Abs. 3 Nr. 2 Satz 2 Buchst. a i. V. m. § 10c Abs. 3 Nr. 2 EStG n. F. zu kürzen, wenn das Anwartschaftsrecht auf Altersversorgung noch nicht unverfallbar ist oder diese im Hinblick auf die wirtschaftliche Situation des Arbeitgebers nicht gesichert erscheint.
2. Die Kürzung des Vorwegabzugs ist nicht rückgängig zu machen, wenn eine Pensionszusage in späteren Jahren widerrufen wird

▶ **Beiträge für eine Direktversicherung** 2686a

BFH, Urt. v. 11.03.2010 – VI R 9/08

Fundstellen: BetrAV 2010, 476 = DB 2010, 1268

Leitsatz:

Beiträge zu Direktversicherungen können nur dann in die Durchschnittsberechnung nach § 40b Abs. 2 Satz 2 EStG einbezogen werden, wenn ein gemeinsamer Versicherungsvertrag vorliegt. Direktversicherungen, die nach einem Wechsel des Arbeitgebers beim neuen Arbeitgeber als Einzelversicherungen fortgeführt werden, erfüllen diese Voraussetzung nicht.

▶ **Überversorgung bei dauerhafter Reduzierung der Aktivbezüge** 2686b

BFH, Urt. v. 27.03.2012 – I R 56/11

Fundstellen: BetrAV 2012, 451

Leitsätze:

1. Sind Versorgungsbezüge in Höhe eines festen Betrags zugesagt, der im Verhältnis zu den Aktivbezügen am Bilanzstichtag überhöht ist (sog. Überversorgung), so ist die nach § 6a EStG 2002 zulässige Rückstellung für Pensionsanwartschaften nach Maßgabe von § 6a Abs. 3 Satz 2 Nr. 1 Satz 4 EStG 2002 unter Zugrundelegung eines angemessenen Vomhundertsatzes der jeweiligen letzten Aktivbezüge zu ermitteln. Eine Überversorgung ist hiernach regelmäßig anzunehmen, wenn die Versorgungsanwartschaft zusammen mit der Rentenanwartschaft aus der gesetzlichen Rentenversicherung 75% der am Bilanzstichtag bezogenen Aktivbezüge übersteigt (Bestätigung der ständigen Rechtsprechung des BFH).

2. Eine Überversorgung ist aus steuerrechtlicher Sicht regelmäßig auch dann gegeben, wenn die Versorgungsanwartschaft trotz dauerhaft gesenkter Aktivbezüge unverändert beibehalten und nicht ihrerseits gekürzt wird. Darauf, ob die Kürzung der Anwartschaft nach arbeitsrechtlichen Maßgaben zulässig ist, kommt es nicht an.

2686c ▶ **Schuldbeitritt mit interner Haftungsfreistellung – Rückstellungen für Pensionsverpflichtungen**

BFH, Urt. v. 26.04.2012 – IV R 43/09

Fundstellen: DStR 2012, 1128 = BetrAV 2012, 453

Leitsätze:

1. Rückstellungen für Pensionsverpflichtungen sind nicht zu bilden, wenn eine Inanspruchnahme am maßgeblichen Bilanzstichtag infolge eines Schuldbeitritts nicht (mehr) wahrscheinlich ist.
2. Ein Freistellungsanspruch wegen des Schuldbeitritts zu den Pensionsverpflichtungen in einem solchen Fall nicht zu aktivieren (gegen BMF-Schreiben vom 16. Dezember 2005 – IV B 2 – S 2176 – 103/05, BStBl I 2005, 1052).

Tarifrecht

2687 ▶ **Keine Nachwirkung von Versorgungstarifverträgen bei Branchenwechsel**

BAG, Urt. v. 09.11.1999 – 3 AZR 690/98

Fundstellen: BB 2000, 1999 = DB 2000, 776 = BetrAV 2000, 217

Leitsatz:

Die tarifvertragliche Pflicht eines Arbeitgebers, seinen Arbeitnehmern Leistungen der betrieblichen Altersversorgung seitens der Zusatzversorgungskasse zu verschaffen, erlischt, wenn der Arbeitgeber die Branche wechselt und so aus dem betrieblichen Geltungsbereich der Versorgungstarifverträge des Baugewerbes ausscheidet (Abgrenzung zu BAG v. 5.10.1993 – 3 AZR 586/92 – DB 1994, S. 1683).

2688 ▶ **Absenkung tariflicher Zusatzrente bei Änderung der Bemessungsgrundlage**

BAG, Urt. v. 05.10.1999 – 3 AZR 230/98

Fundstellen: BB 2000, 1248 = BetrAV 2000, 397 (LS)

Leitsätze:

1. Eine Auszehrung im Sinne des § 5 Abs. 1 BetrAVG liegt nur dann vor, wenn die Betriebsrenten unter den bei Eintritt des Versorgungsfalls festgesetzten Betrag sinken. Die vom selben Arbeitgeber gewährten Versorgungsleistungen sind dabei in der Regel auch dann als Einheit anzusehen, wenn sie auf verschiedene Versorgungsformen verteilt sind.
2. Nach § 17 Abs. 3 Satz 1 BetrAVG kann in Tarifverträgen vom Auszehrungsverbot des § 5 Abs. 1 BetrAVG abgewichen werden. Eine derartige Abweichung muss nicht als solche gekennzeichnet werden. Es genügt, dass sich dies zweifelsfrei aus den tarifvertraglichen Regelungen ergibt.
3. Abweichungen vom Auszehrungsverbot berühren nicht die Unverfallbarkeitsregelung des § 1 Abs. 1 BetrAVG, an die auch die Tarifvertragsparteien gebunden sind.
4. Wenn bei einer Gesamtversorgungsobergrenze nicht die Brutto-, sondern die Nettovergütung maßgebend sein soll, muss dies in der Versorgungsordnung Ausdruck finden (Bestätigung der bisherigen Rechtsprechung, BAG v. 10.3.1992 – 3 AZR 352/91 – BAGE 70, 36, 39 f.).

2689 ▶ **Vorrang tariflicher Regelungen zum Status des Versorgungsberechtigten**

BAG, Urt. v. 18.02.2003 – 3 AZR 46/02

Fundstellen: DB 2003, 2554 = NZA-RR 2004, 97

Leitsatz:

Ein Tarifvertrag kann bestimmen, dass für alle Rechte der bisher als freie Mitarbeiter Beschäftigten, die von der Möglichkeit Gebrauch machen, nach den tariflichen Bedingungen in ein unbefristetes Arbeitsverhältnis übernommen zu werden, grundsätzlich der Zeitpunkt des abzuschließenden Einzelarbeitsvertrages maßgebend ist. Das Abstellen auf den formellen Status der Beschäftigten ist bei einem derartigen vergleichsähnlichen Regelungsmodell nicht gleichheitswidrig.

▶ Tarifvertragliche Abweichung von § 2 Abs. 5 BetrAVG (Veränderungssperre)   2690

BAG, Urt. v. 21.11.2006 – 3 AZR 586/04

Fundstellen: DB 2008, 2203 = AP Nr. 56 zu § 2 BetrAVG

Leitsätze:

1. Die Veränderungssperre des § 2 Abs. 5 BetrAVG hindert die Tarifvertragsparteien nicht, die Versorgungsbedingungen bereits ausgeschiedener Arbeitnehmer zu regeln. § 17 Abs. 3 Satz 1 BetrAVG ermöglicht es, in Tarifverträgen von der Veränderungssperre abzuweichen.
2. [...]

▶ Regelungsbefugnis der Tarifvertragsparteien für Betriebsrentner   2690a

BAG, Urt. v. 11.08.2009 – 3 AZR 23/08

Fundstellen: BAGE 131, 298 = BetrAV 2010, 172 = DB 2010, 341 = NZA 2010, 408

Leitsätze:

1. Die Regelungsbefugnis der Tarifvertragsparteien erfasst auch Betriebsrentner. Das gilt auch dann, wenn die Betriebsrentner nach der Satzung der Gewerkschaft nur (noch) außerordentliche Mitglieder ohne Stimmrecht sind.
2. § 10 Sätze 1 und 2, Satz 3 Nr. 4 AGG sind gemeinschaftsrechtskonform. Aus Art. 6 Abs. 2 der Richtlinie 2000/78/EG folgt, dass die Mitgliedstaaten, soweit es um die dort genannten betrieblichen Systeme der sozialen Sicherheit geht, bei der Umsetzung in nationales Recht nicht verpflichtet sind, die Voraussetzungen des Art. 6 Abs. 1 der Richtlinie einzuhalten. Die Festsetzung von Altersgrenzen in den betrieblichen Systemen der sozialen Sicherheit ist somit europarechtlich in der Regel zulässig.
3. Das vom nationalen Gesetzgeber verfolgte Ziel der Förderung der betrieblichen Altersversorgung ist ein legitimes Ziel i. S. d. § 10 Satz 1 AGG.

Teilrente

▶ Berechnung der Teilrente bei vorzeitigem Ausscheiden und Inanspruchnahme nach § 6 BetrAVG   2691

BAG, Urt. v. 29.07.1997 – 3 AZR 134/96

Fundstellen: BB 1998, 377 = BetrAV 1998, 51 = DB 1998, 935

Leitsätze:

1. Für die Berechnung der im Falle eines vorzeitigen Bezuges nach § 6 BetrAVG erreichbaren Betriebsrente kommt es in erster Linie auf die getroffenen Vereinbarungen an. Die vom Senat hierzu aufgestellten Berechnungsregeln (zuletzt: Urteil vom 8. Mai 1990 – 3 AZR 341/88 – AP Nr. 18 zu § 16 BetrAVG) gelten nur, wenn die Versorgungsordnung insoweit lückenhaft ist.

2. Ist die Zulässigkeit einer Revision zweifelhaft, kann sie ausnahmsweise zugunsten des Rechtsmittelführers unterstellt werden, wenn sie jedenfalls unbegründet ist und eine Klärung der Zulässigkeit die Entscheidung des Rechtsstreits erheblich verzögern würde.

Übernahme von Versorgungsverpflichtungen

2692 ▶ **Inhalt des gesetzlichen Übertragungsverbots**

BAG, Urt. v. 26.06.1980 – 3 AZR 156/79

Fundstellen: AuR 1980, 379 = BetrAV 1980, 260 = BB 1980, 1641 = DB 1980, 2141 = NJW 1981, 189

Leitsätze:
1. Bereits erwachsene Ruhegeldverbindlichkeiten können in entsprechender Anwendung von § 4 BetrAVG auch mit Zustimmung des Ruheständlers nur durch solche Versorgungsträger übernommen werden, bei denen ein **ausreichender Insolvenzschutz** besteht. Hierzu gehören regelmäßig nur die in § 4 Abs. 1 Satz 1 BetrAVG genannten Versorgungsträger.
2. Mit Zustimmung des Arbeitnehmers können auch sonstige Versorgungsträger Ruhegeldverbindlichkeiten übernehmen, wenn sich der **Träger der gesetzlichen Insolvenzsicherung** mit der Übernahme durch den Versorgungsträger **einverstanden erklärt**.

2693 ▶ **Übertragung einer nicht insolvenzgeschützten Versorgungsverpflichtung**

BAG, Urt. v. 04.08.1981 – 3 AZR 441/80

Fundstellen: AuR 1982, 69 = BetrAV 1982, 16 = BB 1982, 51 = DB 1981, 2544

Leitsatz:

Der Schuldner einer nicht insolvenzgeschützten Ruhegeldverbindlichkeit oder Versorgungsanwartschaft kann nach dem Belieben der Vertragsparteien ohne die Einschränkungen des § 4 Abs. 1 BetrAVG ausgetauscht werden.

2694 ▶ **Inhalt des gesetzlichen Übertragungsverbots**

BAG, Urt. v. 17.03.1987 – 3 AZR 605/85

Fundstellen: AuR 1987, 417 = BetrAV 1988, 20 = BB 1987, 2233 = DB 1988, 122 = NZA 1988, 21

Leitsätze:
1. Soweit § 4 BetrAVG die Übernahme von Versorgungsschulden beschränkt, geht es nicht um die **Erhaltung des Insolvenzschutzes**, sondern um die Sicherung der Haftungsmasse. Die Regelung dient dem Schutze des PSV vor unerwünschten Haftungsrisiken.
2. Während der versorgungsberechtigte Arbeitnehmer eine private Schuldübernahme nur in den Grenzen des § 4 BetrAVG genehmigen kann, ist der PSV insoweit nicht beschränkt. Seine **Genehmigung** ist möglich, aber auch **erforderlich**, wenn eine Schuldübernahme abweichend von § 4 BetrAVG Wirksamkeit erlangen soll.
3. Wird in einem Betriebsübernahmevertrag vereinbart, dass der Betriebserwerber den bereits fälligen Versorgungsschulden beitritt und danach die Betriebsrentner veranlassen muss, den Betriebsveräußerer von der **Haftung freizustellen**, so handelt es sich um eine **Umgehung** von § 4 BetrAVG. Die vorgesehenen **Erlassverträge** zugunsten des Betriebsveräußerers sind nur wirksam, wenn der PSV zustimmt.

2695 ▶ **Anspruch auf Übertragung einer Versorgungsverpflichtung**

BAG, Urt. v. 21.01.1992 – 3 AZR 82/91

Fundstellen: AuR 1992, 281 = BetrAV 1992, 261 = BB 1992, 1648 = DB 1992, 2094 = NZA 1992, 975

Leitsätze:

1. **§ 4 Abs. 1 BetrAVG** gibt dem ausgeschiedenen Arbeitnehmer **keinen Anspruch** gegen den bisherigen Versorgungsschuldner, die Versorgungsverpflichtung auf einen anderen Versorgungsschuldner zu übertragen.
2. Ein solcher Anspruch kann sich aus dem Rechtsverhältnis zwischen dem Versorgungsberechtigten und seinem Arbeitgeber (**Arbeitsverhältnis**) oder aus dem Rechtsverhältnis zwischen dem Versorgungsberechtigten und dem Versorgungsträger (**Versicherungsverhältnis**) ergeben.

▶ Übertragung eines Versicherungsbestandes 2696

BAG, Urt. v. 14.12.1999 – 3 AZR 675/98

Fundstellen: DB 2000, 1719 = BB 2000, 1892 = VersR 2000, 1394 = NZA 2001, 96

Leitsatz:

Die satzungsgemäße Übertragung eines Teilbestands von Pensionsversicherungen von einer Pensionskasse auf ein Unternehmen der Lebensversicherung bedarf nach § 14 VAG der Genehmigung des Bundesaufsichtsamts für das Versicherungswesen. Ist diese Genehmigung bestandskräftig erteilt, bedarf es zum Wirksamwerden der Übertragung nicht mehr der Zustimmung der einzelnen Versorgungsanwärter.

Umwandlungsrecht

▶ Haftung für Versorgungsverpflichtungen nach Umwandlung durch Ausgliederung 2697

LAG Düsseldorf, Urt. v. 05.06.2003 – 11 (1) Sa 1/03

Fundstellen: DB 2004, 196 = NZA-RR 2004, 255

Leitsätze:

1. Die Umwandlung eines öffentlich-rechtlich organisierten Unternehmens in eine private Rechtsform durch Ausgliederung ist nach der Systematik des UmwG ein Unterfall der Spaltung. Die §§ 123 bis 137 UmwG finden im Hinblick auf die Sonderregelungen der §§ 168 bis 173 UmwG jedoch nur Anwendung, soweit sie die Ausgliederung betreffen.
2. Bei einer Ausgliederung nach § 123 Abs. 3 Nr. 2 UmwG geht gem. § 131 Abs. 1 Nr. 1 Satz 1 UmwG das Vermögen des ausgegliederten Teils des übertragenden Rechtsträgers einschließlich der Verbindlichkeiten entsprechend der im Spaltungsvertrag vorgesehenen Aufteilung jeweils als Gesamtheit auf den übernehmenden Rechtsträger über (sog. partielle Gesamtrechtsnachfolge).
3. [...]
4. Im Spaltungs- und Übernahmevertrag bzw. im Spaltungsplan kann grundsätzlich frei festgelegt werden, auf welchen Rechtsträger nach der Spaltung Gegenstände des Aktiv- und Passivvermögens übergehen sollen. Die Möglichkeit einer privatautonomen Regelung der Zuordnung von Verbindlichkeiten umfasst damit auch laufende Versorgungsverbindlichkeiten von Mitarbeitern, die vor der Spaltung aus den Diensten des Unternehmens ausgeschieden sind.
5. Die Ausgliederung der von einer Kommune eingegangenen Versorgungsverpflichtungen auf einen privaten Rechtsträger setzt wegen der fortbestehenden Haftung der Kommune nach § 172 Satz 1 UmwG nicht die Zustimmung des Versorgungsempfängers nach § 415 Abs. 1 Satz 1 BGB voraus.
6. Mit dem besonderen Haftungssystem der §§ 133, 134 UmwG hat der Gesetzgeber eine gegenüber § 4 BetrAVG vorrangige Ordnung geschaffen.
7. Auch wenn eine Kommune dem Arbeitnehmer eine Versorgungszusage »nach beamten-ähnlichen Grundsätzen« versprochen hat, ist weder Art. 3 Abs. 1 GG noch Art. 14 Abs. 1 GG dadurch

verletzt, dass die Versorgungszusage nach ihrem Übergang auf einen privaten Rechtsträger infolge Ausgliederung nicht mehr insolvenzgeschützt ist.

2698 ▶ **Kein Zustimmungserfordernis beim Übergang von Versorgungsverbindlichkeiten durch Spaltungsplan im Rahmen einer Umwandlung**

BAG, Urt. v. 22.02.2005 – 3 AZR 499/03 (A)

Fundstellen: BAGE 114, 1 = BB 2005, 2414 = BetrAV 2005, 404 = DB 2005, 954 = NZA 2005, 639 = NJW 2005, 3371 = ZIP 2005, 957 = MDR 2005, 875

Leitsatz:

Der Übergang einer Versorgungsverbindlichkeit durch Spaltungsplan im Rahmen einer Umwandlung ist nicht von einer Zustimmung des Versorgungsberechtigten und/oder des Pensions-Sicherungs-Vereins abhängig. Er wird auch nicht durch einen ausdrücklichen Widerspruch des Berechtigten verhindert. Das gilt auch im Falle der Privatisierung kommunaler Einrichtungen.

2699 ▶ **Finanzielle Ausstattung einer durch Ausgliederung entstandenen Rentnergesellschaft**

BAG, Urt. v. 11.03.2008 – 3 AZR 358/06

Fundstellen: BetrAV 2008, 800 = BB 2009, 329 = DB 2008, 2369 = GmbHR 2008, 1326 = NZA 2009, 329 = ZIP 2008, 1935 = AP Nr. 1 zu § 131 UmwG = EzA § 4 BetrAVG Nr. 7

Leitsätze:

1. Versorgungsverbindlichkeiten können durch umwandlungsrechtliche Ausgliederung auch auf eine Rentnergesellschaft übertragen werden. Einer Zustimmung der Versorgungsempfänger bedarf es nicht. Ihnen steht auch kein Widerspruchsrecht zu.
2. Eine unzureichende Ausstattung der Rentnergesellschaft führt zwar nicht zur Unwirksamkeit der partiellen Gesamtrechtsnachfolge, kann aber Schadensersatzansprüche auslösen. Den versorgungspflichtigen Arbeitgeber trifft grundsätzlich die arbeitsvertragliche Nebenpflicht, die Gesellschaft, auf die Versorgungsverbindlichkeiten ausgegliedert werden, so auszustatten, dass sie nicht nur die laufenden Betriebsrenten zahlen kann, sondern auch zu den gesetzlich vorgesehenen Anpassungen in der Lage ist.

Unterstützungskasse

2700 ▶ **Bedeutung des Freiwilligkeitsvorbehalts; Subsidiärhaftung des Arbeitgebers**

BAG, Urt. v. 17.05.1973 – 3 AZR 381/72

Fundstellen: AuR 1973, 380 = BetrAV 1973, 237 = BB 1973, 1309 = DB 1973, 1704 = MDR 1973, 965 = NJW 1973, 1946

Leitsatz:

1. Im Bereich der betrieblichen Altersversorgung bedeutet »**Ausschluss des Rechtsanspruchs**« ein **Widerrufsrecht**, das an **Treu und Glauben**, d. h. an **billiges Ermessen** und damit an **sachliche Gründe** gebunden ist.
2. Deshalb ist die Kürzung von Altersrenten, die eine Unterstützungskasse unter Ausschluss des Rechtsanspruchs zahlt, nur dann zulässig, wenn sachliche Gründe eine Kürzung unumgänglich erscheinen lassen.
3. Der Pensionär oder die Unterstützungskasse haben **keinen Rechtsanspruch** darauf, dass das **Trägerunternehmen der Kasse** bestimmte **Zuwendungen macht**. Es steht dem Trägerunternehmen frei, auf andere Weise dafür Sorge zu tragen, dass die Pensionäre die Leistungen weiter erhalten, mit denen sie entweder aufgrund einer ausdrücklichen Zusage oder aufgrund der bisherigen Handhabung rechnen durften (z. B. Ausgleich von Zinsersparnissen durch Zuschüsse, falls die

Kasse ihr Vermögen dem Unternehmer als Darlehen zur Verfügung stellt; Übernahme eines Teils der Renten durch das Trägerunternehmen).
4. Reichen die Erträgnisse der Unterstützungskasse nicht aus, um die an die Pensionäre gezahlten Renten ungekürzt weiterzuzahlen, muss die Unterstützungskasse zunächst ihr **Trägerunternehmen veranlassen**, den **Verpflichtungen** nachzukommen, die es durch sein früheres Verhalten den Pensionären gegenüber übernommen hat. Solange die Kasse diese Möglichkeit nicht ausgeschöpft hat, darf sie die Renten ihrer Pensionäre nicht mit der Begründung kürzen, die Erträge ihres Vermögens reichten nicht aus und die Vermögenssubstanz anzugreifen sei ihr durch die Satzung verwehrt. Dies gilt jedenfalls dann, wenn die Kasse mit dem Trägerunternehmen so eng verflochten ist, dass sie, obwohl rechtlich selbständig, von der Funktion her nur ein Instrument des Unternehmens ist.

▶ **Bedeutung des Freiwilligkeitsvorbehalts** 2701

BAG, Urt. v. 28.04.1977 – 3 AZR 300/76

Fundstellen: AuR 1978, 123 = BetrAV 1977, 191 = BB 1977, 1202 = DB 1977, 1665

Leitsatz:
1. Der Vorbehalt, dass die Leistungen **freiwillig** und **ohne Rechtsanspruch** gewährt werden, **berechtigt** eine Unterstützungskasse **nicht zum Widerruf** der Leistungen mit der Begründung, sie sei vermögenslos. Es kommt vielmehr auf die wirtschaftliche Lage des Trägerunternehmens an.
2. Der Pensionär kann das **Trägerunternehmen anstelle der Unterstützungskasse** in Anspruch nehmen, wenn diese vermögenslos und vom Trägerunternehmen aufgelöst worden ist.

▶ **Keine Übernahme der Unterstützungskasse kraft Gesetzes beim Betriebsübergang** 2702

BAG, Urt. v. 05.05.1977 – 3 AZR 34/76

Fundstellen: AuR 1978, 93 = BetrAV 1977, 193 = BB 1977, 1251 = DB 1977, 1803 = NJW 1977, 2236

Leitsätze:
1. Der Erwerber eines Betriebes **erwirbt nicht kraft Gesetzes** auch **Rechte an einer Unterstützungskasse**, mit deren Hilfe der Betriebsveräußerer Versorgungsleistungen erbracht hatte.
2. Er tritt jedoch gemäß § 613a BGB in die **arbeitsvertraglichen Pflichten** ein, die den Betriebsveräußerer selbst bei einer solchen Form der betrieblichen Altersversorgung den übernommenen Arbeitnehmern gegenüber trafen. Soweit die Unterstützungskasse nicht zahlt, muss der neue Arbeitgeber für Versorgungsleistungen einstehen, die die übernommenen Arbeitnehmer aufgrund der Zusage des alten Arbeitgebers erwarten durften.

▶ **Keine Übernahme der Unterstützungskasse kraft Gesetzes beim Betriebsübergang** 2703

BAG, Urt. v. 15.03.1979 – 3 AZR 859/77

Fundstellen: AuR 1980, 218 = BetrAV 1979, 201 = BB 1979, 1455 = DB 1979, 1462 = NJW 1979, 2533

Leitsätze:
1. Der **Erwerber eines Betriebes** wird gemäß § 613a **BGB Schuldner der Versorgungsansprüche**, die den übernommenen Arbeitnehmern vom Betriebsveräußerer zugesagt worden sind (Bestätigung des Urteils vom 22.6.1978 – 3 AZR 832/76).
2. Sollten die Versorgungsleistungen ursprünglich von **einer Unterstützungskasse des Betriebsveräußerers** erbracht werden, wird aber diese Versorgungseinrichtung **nicht zusammen mit dem Betrieb veräußert**, so wird sie zur gleichen Zeit und im gleichen Umfang von der **Haftung frei** wie ihr Träger als Betriebsveräußerer.

D.

2704 ▶ **Einbeziehung von Versorgungslasten aus einem Betriebsübergang**

BAG, Urt. v. 30.8.1979 – 3 AZR 58/78

Fundstellen: AuR 1980, 90 = BetrAV 1979, 228 = BB 1979, 1719 = DB 1979, 2431 = NJW 1980, 416

Leitsatz:

Bei einer Betriebsübernahme gemäß § 613a BGB wird die **Unterstützungskasse des Erwerbers nicht Schuldnerin** der übernommenen Versorgungsansprüche. Denn nach ihrer Bestimmung kann und muss sie nur diejenigen Leistungen erbringen, die sich aus ihrem Leistungsplan ergeben. Eine weitergehende Aufgabe ist ihr nicht zugewiesen worden. Deshalb würde sie ihre satzungsmäßigen Rechte überschreiten, wollte sie Versorgungsansprüche erfüllen, in die das Trägerunternehmen aufgrund einer Betriebsübernahme kraft Gesetzes eingetreten ist. Allerdings könnte das Trägerunternehmen seiner Unterstützungskasse auch solche Versorgungslasten zur Abwicklung übertragen.

2705 ▶ **Ausschluss des Rechtsanspruchs**

BVerfG, Beschl. v. 19.10.1983 – 2 BvR 298/81

Fundstellen: BetrAV 1984, 49 = BB 1984, 341 = DB 1984, 190 = NJW 1984, 476

Leitsatz:

Das BAG hält sich im Rahmen zulässiger richterlicher Auslegung, wenn es den **Ausschluss des Rechtsanspruchs** bei Unterstützungskassen in ständiger Rechtsprechung in **ein an sachliche Gründe gebundenes Widerrufsrecht** umdeutet.

2706 ▶ **Versorgungsschuldner bei einer Gruppenunterstützungskasse**

BAG, Urt. v. 03.02.1987 – 3 AZR 208/85

Fundstellen: AuR 1987, 377 = BetrAV 1987, 228 = BB 1987, 2307 = DB 1987, 2414

Leitsatz:

Eine **Gruppenunterstützungskasse**, die das satzungsmäßige Ziel verfolgt, Arbeitnehmer ihrer Trägerunternehmen zu versorgen, muss die entsprechenden Renten nur so lange zahlen, wie die Arbeitgeber der versorgungsberechtigten Arbeitnehmer zu ihren Trägerunternehmen gehören. **Scheidet ein Arbeitgeber** aus dem Kreis der Trägerunternehmen **aus**, so muss er die laufenden Rentenzahlungen anstelle der Gruppenunterstützungskasse **selbst übernehmen**.

2707 ▶ **Widerruf und Bestandsschutz von Unterstützungskassenleistungen**

BAG, Urt. v. 18.04.1989 – 3 AZR 299/87

Fundstellen: AuR 1989, 288 = BetrAV 1990, 79 = BB 1989, 1984 = DB 1989, 1876 = NZA 1989, 845 = VersR 1989, 1171 = ZIP 1990, 195 = Stbg. 1990, 188

Leitsätze:

1. Verspricht ein Arbeitgeber Altersversorgung über eine **Unterstützungskasse**, die auf ihre Leistungen keinen Rechtsanspruch gewährt (§ 1 Abs. 4 BetrAVG), können Unterstützungskasse und Arbeitgeber die Versorgungszusage nicht nach freiem Belieben widerrufen. Der Widerruf der Versorgungszusagen ist nur aus **sachlichen Gründen** berechtigt.
2. Je stärker der **Besitzstand** ist, den die Arbeitnehmer erworben haben, um so gewichtiger muss der Grund sein, der einen Eingriff gestattet. Es gelten die Grundsätze des **Vertrauensschutzes** und der **Verhältnismäßigkeit**.
3. Bei Besitzständen des Arbeitnehmers ist zu unterscheiden zwischen den nur ausnahmsweise antastbaren **insolvenzgeschützten Teilbeträgen**, die sich aus der Berechnung nach § 2 Abs. 1

BetrAVG ergeben, der sog. »**zeitanteilig erdienten Dynamik**« (Schutz des Berechnungsfaktors »ruhegehaltsfähiges Entgelt«) und den **Steigerungsbeträgen**, die ausschließlich von der weiteren Betriebszugehörigkeit des Arbeitnehmers abhängen.

4. Bei den Eingriffsgründen des Arbeitgebers ist zu unterscheiden zwischen **zwingenden, triftigen** und **sachlich-proportionalen Gründen**.
5. Bei der Beurteilung dieser Gründe kommt es im Regelfall auf die **wirtschaftliche Lage des Trägerunternehmens** einer Unterstützungskasse an. Dagegen ist auf die **wirtschaftliche Lage des Konzerns** abzustellen, wenn das Trägerunternehmen mit seiner wirtschaftlichen Betätigung in einem Konzern eingebunden und speziell auf die Bedürfnisse des Konzerns zugeschnitten ist.

▶ **Versorgungsschuldner bei einer Gruppenunterstützungskasse** 2708

BAG, Urt. v. 22.10.1991 – 3 AZR 486/90

Fundstellen: AuR 1992, 280 = BetrAV 1992, 219 = BB 1992, 1432 = DB 1992, 2095 = MDR 1992, 1160 = NJW 1992, 86 = NZA 1992, 934

Leitsatz:

Scheidet ein Arbeitgeber, der den Arbeitnehmern eine Altersversorgung über eine Unterstützungskasse versprochen hat, aus dem Kreis der Trägerunternehmen der Unterstützungskasse **aus**, so endet die Leistungspflicht der Kasse. Stattdessen muss **der Arbeitgeber** die Versorgungszusage **unmittelbar erfüllen**.

▶ **Bedeutung des Freiwilligkeitsvorbehalts** 2709

BAG, Urt. v. 26.08.1997 – 3 AZR 235/96

Fundstellen: BAGE 86, 216 = NZA 1998, 817 = BB 1998, 1114 = DB 1998, 1190 = BetrAV 1998, 222

Leitsatz (nicht amtlich):

Die bei Unterstützungskassen übliche Ausschlussklausel »ohne Rechtsanspruch« ist wegen des **Entgeltcharakters** der Altersversorgung und wegen des **Vertrauensschutzes** der Arbeitnehmer nur als ein an ausreichende Gründe gebundenes Widerrufsrecht auszulegen, so dass im Ergebnis ein **Rechtsanspruch auf Versorgung** besteht.

▶ **Verschlechternde Neuordnung einer Unterstützungskassen-Richtlinie** 2710

BAG, Urt. v. 10.09.2002 – 3 AZR 635/01

Fundstellen: BB 2003, 2749 = DB 2003, 1525 = SAE 2004, 26

Leitsätze:

1. Der in der Satzung einer Unterstützungskasse für ein betriebliches Versorgungswerk vorbehaltene Ausschluss der Unterstützungsleistung muss dahin gehend verstanden werden, dass ein Versorgungsanspruch unter dem Vorbehalt des Widerrufs aus sachlichem Grund steht.
2. Verschlechternde Eingriffe in Versorgungsregelungen, welche der Regelungsmacht Dritter unter Ausschluss des begünstigten Arbeitnehmers unterliegen, bedürfen umso gewichtigerer Gründe, je schützenswerter das Vertrauen des Arbeitnehmers in seine bisher erlangte Rechtsposition ist. Dabei gilt ein dreistufiges Rechtfertigungsschema:
   a) Eingriffe in bereits erdiente und entsprechend § 2 Abs. 1, § 2 Abs. 5 Satz 1 BetrAVG ermittelte Teilbeträge können nur aus zwingenden Gründen teilweise oder ganz entzogen werden.
   b) Eingriffe in die erdiente Dynamik sind nur aus triftigen Gründen zulässig; solche liegen insbesondere vor, wenn die bisherige Dynamik den Fortbestand des Unternehmens gefährden würde, etwa weil ohne den Eingriff künftige Versorgungsansprüche voraussichtlich nicht

aus den Erträgen des Unternehmens finanziert werden könnten und für den Ausgleich auch kein hinreichender Wertzuwachs des Unternehmens zur Verfügung stünde.

c) Bei Eingriffen in noch nicht erdiente Zuwächse reichen sachlich-proportionale Gründe aus, soweit diese nachvollziehbar und nicht willkürlich sind.

3. Bei einem Eingriff in noch zu erdienende Zuwächse besteht keine Pflicht des Arbeitgebers, zuvor einen Sanierungsplan vorzulegen. Allerdings sind die wirtschaftlichen Schwierigkeiten, die den Eingriff rechtfertigen sollen, im Einzelnen darzulegen. Eine durch unveränderte Zuwächse verursachte Unterdeckung der betrieblichen Altersversorgung beim Trägerunternehmen ist ein sachlich-proportionaler Grund. Dieser Grund entfällt nicht dadurch, weil es unterlassen wurde, in der Vergangenheit Rückstellungen zu bilden, obwohl ein vorsichtiger Kaufmann eventuell anders gehandelt hätte.

4. Vertrauensschutz auf Besitzstandswahrung bezüglich der erdienten Dynamik bedeutet nur, dass der Arbeitnehmer mit seinem Versorgungsanspruch insgesamt nicht hinter den höchsten Anwartschaftswert zurückfallen darf, auf den er im Laufe des Arbeitsverhältnisses einmal vertraut hat. Verbleibt dem Arbeitnehmer nach dem Eingriff zum Ablösungsstichtag im Ergebnis das, worauf er vertrauen durfte, ist sein schützenswertes Vertrauen nicht verletzt. Dies kann z. B. der Fall sein, wenn zum Ablösungsstichtag in den Faktor »Endgehalt« verschlechternd eingegriffen wird, zugleich aber die Möglichkeit eröffnet wird, nach anderen Bewertungsmaßstäben (z. B. festbetrags- oder beitragsorientierte Zusage) Zuwächse zu erwerben.

2711 ▶ **Widerruf einer Versorgungszusage durch Unterstützungskasse**

BAG, Urt. v. 31.07.2007 – 3 AZR 372/06

Fundstellen: DB 2008, 1505

Leitsätze:

1. Nach der Streichung des § 7 Abs 1 S 3 Nr 5 BetrAVG i. d. F. vom 19.12.1974 durch Art 91 EGInsO ist eine wirtschaftliche Notlage kein sachlicher Grund für den Widerruf einer Betriebsrente.
2. Die Beschränkung der Berücksichtigung einer wirtschaftlichen Notlage beim Widerruf von Betriebsrenten auf Sicherungsfälle vor dem 01.01.1999 durch § 31 BetrAVG verstößt nicht gegen das aus dem Rechtsstaatsprinzip (Art 20 Abs. 3 GG) folgende Gebot des Vertrauensschutzes, denn vor dem Hintergrund des Sicherungsfalls »außergerichtlicher Vergleich« gem. § 7 Abs. 1 S 4 Nr 2 BetrAVG stellt sich die gesetzliche Änderung nicht als schwerwiegend dar.

2711a ▶ **Rückgedeckte Unterstützungskasse und Insolvenz des Trägerunternehmens**

BAG, Urt. v. 29.09.2010 – 3 AZR 107/08

Fundstellen: BetrAV 2011, 290 = NZA-RR 2011, 208 = NZI 2011, 152 = ZIP 2011, 347

Orientierungssatz:

Wenn ein Arbeitgeber eine Unterstützungskasse mit der Durchführung der Altersversorgung beauftragt und diese eine Rückdeckungsversicherung abschließt, kann im Fall einer Insolvenz des Arbeitgebers der Insolvenzverwalter keine Auskehrung des Rückkaufswertes der Rückdeckungsversicherung verlangen. Versicherungsnehmerin ist die Unterstützungskasse selbst und nur ihr stehen Rechte aus dem Versicherungsvertrag zu und nicht dem Arbeitgeber.

2711b ▶ **Änderungen von Versorgungszusagen bei dynamischer Bezugnahme auf Versorgungsrichtlinien einer Unterstützungskasse**

BGH, Urt. v. 16.02.2010 – 3 AZR 181/08

Fundstellen: BetrAV 2011, 691 = NZA 2011, 42

Leitsätze:

1. Werden Satzung und Richtlinien einer Unterstützungskasse – ausdrücklich oder stillschweigend – in Bezug genommen, müssen die Arbeitnehmer schon aufgrund des Ausschlusses des Rechtsanspruchs stets mit einer Abänderung der Versorgungsordnung rechnen.
2. Bei der dynamischen Bezugnahme auf die Versorgungsrichtlinien einer Unterstützungskasse handelt es sich nicht um eine überraschende Klausel i. S. d. § 305c Abs. 1 BGB.
3. Die dynamische Bezugnahme auf die Versorgungsrichtlinien einer Unterstützungskasse ist auch nicht wegen Verstoßes gegen das Transparenzgebot des § 307 Abs. 1 Satz 2 BGB unwirksam.

▶ **Steuerliche Behandlung einer partiell steuerpflichtigen Unterstützungskassen GmbH** 2711c

BFH, Urt. v. 22.12.2010 – I R 110/09

Fundstellen: BetrAV 2011, 411

Leitsätze:

1. Bei der Ermittlung des Einkommens einer partiell steuerpflichtigen Unterstützungskasse in der Rechtsform der GmbH sind
    a) die Kassenleistungen an die begünstigten Arbeitnehmer des Trägerunternehmens abziehbare Betriebsausgaben und
    b) die geleisteten Gewerbesteuern – soweit abziehbar – nur anteilig in Bezug auf den steuerpflichtigen Teil des Einkommens als Betriebsausgaben zu berücksichtigen.
2. Bei der Berechnung des Reservepolsters einer Unterstützungskasse nach der sog. Pauschalmethode des § 4d Abs. 1 Satz 1 Nr. 1 Buchstabe b Satz 3 EStG 1997 sind nur jene Leistungsanwärter einzubeziehen, denen schriftlich Versorgungsleistungen zugesagt worden sind.

▶ **Beitragsbemessungsgrundlage für die Insolvenzsicherung bei Unterstützungskassen** 2711d

BVerwG, Urt. v. 12.10.201 – 8 C 19.10

Fundstellen: BetrAV 2012, 82 = NZI 2012, 107 = ZIP 2012, 691

Leitsätze:

1. Die Bemessung des Insolvenzsicherungsbeitrags für Unterstützungskassenanwartschaften gemäß § 10 Abs. 3 Nr. 3 BetrAVG i. V. m. § 4d Abs. 1 Nr. 1 Satz 1 Buchst. b Satz 1 und 2 EStG verletzt weder das Äquivalenzprinzip noch den allgemeinen Gleichheitssatz.
2. Die für Anwartschaften aus Direktzusagen geltenden Vorschriften zur Beitragsbemessung nach dem Teilwert der Pensionsverpflichtung oder dem Barwert der Anwartschaft (§ 10 Abs. 3 Nr. 1 BetrAVG i. V. m. § 6a Abs. 3 EStG) sind auf Unterstützungskassenanwartschaften nicht entsprechend anzuwenden. Dies gilt auch, wenn die Unterstützungskassenanwartschaft rückgedeckt ist oder durch Entgeltumwandlung finanziert wird.

Unverfallbarkeit

▶ **Unverfallbarkeit vor Inkrafttreten des BetrAVG** 2712

BAG, Urt. v. 10.03.1972 – 3 AZR 278/71

Fundstellen: AuR 1972, 382 = BetrAV 1973, 3 = BB 1972, 403 = DB 1972, 1486 = MDR 1972, 899

Leitsätze:

1. Einem Arbeitnehmer, der mehr als **20 Jahre** einem Betrieb angehört hat und dem vor dem 65. Lebensjahr vom Arbeitgeber ordentlich gekündigt wird, bleibt die bis zu seinem Ausscheiden erdiente Versorgungsanwartschaft erhalten.

2. Dieser Rechtssatz gilt auch für solche Fälle, in denen **nach dem 1. Januar 1969** derartige Arbeitnehmer ausgeschieden sind und die bis dahin erdiente Versorgungsanwartschaft vom Arbeitgeber klar und eindeutig verlangt haben.
3. Für Fälle, in denen das Arbeitsverhältnis vor dem 1. Januar 1969 geendet hat, gilt der vom Senat aufgestellte Rechtssatz nicht.

2713 ▶ **Unverfallbarkeit vor Inkrafttreten des BetrAVG**

BAG, Urt. v. 20.02.1975 – 3 AZR 514/73

Fundstellen: AuR 1975, 378 = BetrAV 1975, 155 = BB 1975, 881 = DB 1975, 1274 = MDR 1975, 788

Leitsatz:

Ein Arbeitnehmer, der einem Betrieb mehr als 20 Jahre angehört hat und **nach dem 10.3.1972**, aber vor Inkrafttreten des Gesetzes zur Verbesserung der betrieblichen Altersversorgung aufgrund **eigener Kündigung** ausscheidet, behält die bis zu seinem Ausscheiden erdiente Versorgungsanwartschaft.

2714 ▶ **Unverfallbarkeit und Betriebszugehörigkeit**

BAG, Urt. v. 07.08.1975 – 3 AZR 12/75

Fundstellen: AuR 1976, 29 = BetrAV 1975, 226 = BB 1975, 1437 = DB 1975, 2088

Leitsatz:

Die für die Unverfallbarkeit einer Versorgungsanwartschaft erforderliche Betriebszugehörigkeit muss voll erreicht sein. Rechtssicherheit und Rechtsklarheit lassen es nicht zu, **geringfügige Unterschreitungen** als unschädlich anzusehen. Nur wenn der Arbeitgeber wider Treu und Glauben verhindert, dass die notwendige Betriebszugehörigkeit erreicht wird, gilt diese Bedingung nach § 162 BGB als eingetreten.

2715 ▶ **Unverfallbarkeit vor Inkrafttreten des BetrAVG**

BAG, Urt. v. 20.05.1976 – 3 AZR 518/75

Fundstellen: AuR 1976, 347 = BetrAV 1976, 173 = BB 1976, 1076 = DB 1976, 1531 = NJW 1976, 1863

Leitsatz:

Das BetrAVG regelt nicht die Unverfallbarkeit von Versorgungsanwartschaften aus Arbeitsverhältnissen, die **vor dem 22.12.1974** geendet haben. Insoweit bleibt es bei den Grundsätzen, die das Bundesarbeitsgericht entwickelt hat.

2716 ▶ **Unverfallbarkeit bei Blankettzusagen**

BAG, Urt. v. 23.11.1978 – 3 AZR 708/77

Fundstellen: AuR 1979, 316 = BetrAV 1979, 63 = BB 1979, 273 = DB 1979, 364

Leitsatz:

Die Wirksamkeit einer Versorgungszusage wird nicht dadurch beeinträchtigt, dass die Voraussetzungen und die Höhe der Versorgungsleistungen zunächst noch offen bleiben. In einem solchen Fall ist von einer Blankett-Zusage auszugehen. Der Arbeitgeber kann die Einzelheiten einseitig bestimmen, muss sich dabei aber gem. § 315 BGB eine gerichtliche Billigkeitskontrolle gefallen lassen. Bleibt er untätig, so wird die Blankett-Zusage durch Urteil ausgefüllt. Maßgebend für die Ausfüllung der Blankett-Zusage ist, welche Vorstellungen und Erwartungen durch die Zusage bei den Arbeitnehmern geweckt worden sind.

D. Unverfallbarkeit

▶ **Erhöhung einer bestehenden Versorgungszusage** 2717

BAG, Urt. v. 12.02.1981 – 3 AZR 163/80

Fundstellen: AuR 1981, 250 = BetrAV 1981, 174 = BB 1981, 1338 = DB 1981, 1622 = NJW 1982, 463

Leitsätze:

1. Werden die Leistungsbeiträge einer Versorgungszusage im Laufe des Arbeitsverhältnisses erhöht, so handelt es sich um eine Änderung im Sinne des § 1 Abs. 1 Satz 2, die keine neue Unverfallbarkeitsfrist in Lauf setzt. Der Eintritt der Unverfallbarkeit richtet sich nach dem Alter der ursprünglichen Versorgungszusage.
2. Das gleiche gilt bei einer versicherungsförmigen Altersversorgung auch dann, wenn der Arbeitgeber nicht die zunächst abgeschlossene Direktversicherung selbst erhöht, sondern im Laufe des Arbeitsverhältnisses weitere Direktversicherungen für denselben Arbeitnehmer abschließt.
3. Eine Vereinbarung, die vorsieht, dass mit jedem späteren Versicherungsabschluss eine neue Unverfallbarkeitsfrist beginnt, ist nichtig.

▶ **Erteilung einer weiteren Versorgungszusage** 2718

BAG, Urt. v. 28.04.1981 – 3 AZR 184/80

Fundstellen: AuR 1982, 163 = BetrAV 1982, 165 = BB 1982, 677 = DB 1982, 856

Leitsatz:

Gehört ein Arbeitnehmer seit Beginn seines Arbeitsverhältnisses zum Kreis der Begünstigten einer Unterstützungskasse und erhält er später eine Direktzusage des Arbeitgebers auf eine wesentlich höhere »**Gesamtpension**«, so beginnt mit der späteren Zusage keine neue Unverfallbarkeitsfrist. Das gilt auch dann, wenn die ursprünglich zugesagte Unterstützungskassenrente nicht weggefallen, sondern nur angerechnet werden sollte.

▶ **Versorgungsverpflichtung kraft betrieblicher Übung** 2719

LAG Köln, Urt. v. 17.01.1985 – 8 Sa 1019/84

Fundstellen: BetrAV 1985, 68 = BB 1985, 664 = NZA 1985, 398

Leitsatz:

Eine Versorgungsverpflichtung kann durch betriebliche Übung begründet werden, d. h. durch regelmäßige Wiederholung gleichförmiger Verhaltensweisen im Betrieb, die denjenigen, der sich gleichförmig verhält, gegenüber seinen Vertragspartnern rechtlich bindet. Dabei beginnt die in § 1 bestimmte 10-Jahres-Frist für den einzelnen Arbeitnehmer in dem Zeitpunkt, in dem sein Arbeitsverhältnis von einer betrieblichen Übung, die entweder die Zahlung oder entsprechend der Rechtsprechung des Bundesarbeitsgerichts die Zusage von Ruhegeld betrifft, erfasst wird. Ist die betriebliche Übung jünger als das Arbeitsverhältnis, entscheidet der Zeitpunkt der Entstehung der Übung, ist sie älter, entsteht die Bindungswirkung mit dem Eintritt in den Betrieb.

▶ **Versorgungsverpflichtung kraft betrieblicher Übung** 2720

BAG, Urt. v. 29.10.1985 – 3 AZR 462/83

Fundstellen: BB 1986, 1647 = DB 1986, 2189 = NZA 1986, 786

Leitsatz:

Eine betriebliche Übung, wonach alle Arbeitnehmer innerhalb bestimmter Fristen übereinstimmende Versorgungszusagen erhalten, begründet eine Versorgungsanwartschaft und setzt die

D. Rechtsprechungslexikon

Unverfallbarkeitsfristen des § 1 Abs. 1 in Lauf. Ob und wann die schriftliche Zusage im Einzelfall erteilt wird, ist unerheblich.

2721 ▶ **Anwartschaftsbegründende Zeiten der Betriebszugehörigkeit**

BAG, Urt. v. 21.08.1990 – 3 AZR 429/89

Fundstellen: BB 1991, 420 = DB 1991, 601= NZA 1991, 311 = ZAP Fach 17 R, S. 21

Leitsätze:

1. Als anwartschaftsbegründende Zeiten der Betriebszugehörigkeit und als berücksichtigungsfähige Zeiten der Tätigkeit für ein fremdes Unternehmen im Sinne der §§ 1 Abs. 1 Satz 1, 17 Abs. 1 Satz 2 BetrAVG kommen Zeiten in Betracht, in denen ein Mitarbeiter für eine **Vorgründungs-GmbH** tätig geworden ist.
2. Diese berücksichtigungsfähige Tätigkeit muss **auf Dauer angelegt** sein, einen **nicht ganz unerheblichen Umfang** erreichen und aufgrund einer **vertraglichen Bindung** erbracht worden sein.
3. Tätigkeiten dieser Art sind bei der Ermittlung der Dauer der Betriebszugehörigkeit **zusammenzurechnen**, sofern **keine Unterbrechung** stattgefunden hat. Es ist unerheblich, ob der Begünstigte als Geschäftsführer der GmbH oder als Arbeitnehmer tätig geworden ist.

2722 ▶ **Berechnung der unverfallbaren Anwartschaft (Anrechnung der SV-Rente)**

BAG, Urt. v. 12.11.1991 – 3 AZR 520/90

Fundstellen: AuR 1992, 123 = BetrAV 1992, 179 = BB 1992, 360 = DB 1992, 638 = NZA 1992, 466

Leitsätze:

1. Bei der Berechnung der unverfallbaren Anwartschaft eines aus dem Arbeitsverhältnis ausscheidenden Arbeitnehmers auf Leistungen der betrieblichen Altersversorgung können **Renten aus der gesetzlichen Rentenversicherung zu berücksichtigen** sein. Das ist u. a. der Fall, wenn Betriebsrente und Renten aus der gesetzlichen Rentenversicherung eine **Obergrenze** nicht übersteigen dürfen.
2. Maßgebend für die Berechnung der Anwartschaft sind die **Verhältnisse im Zeitpunkt des Ausscheidens**. Das gilt auch für die Berechnung der zu erwartenden Sozialversicherungsrente.
3. Für die Berechnung der zu erwartenden Sozialversicherungsrente kann der Arbeitgeber auf das in § 2 Abs. 5 Satz 2 BetrAVG beschriebene **Näherungsverfahren** zurückgreifen.
4. Der auf diese Weise ermittelte Wert der Anwartschaft ist mit dem **Zeitwertfaktor** i.S. von § 2 Abs. 1 BetrAVG (Verhältnis von tatsächlicher zu möglicher Betriebszugehörigkeit) zu multiplizieren.
5. Tritt der Versorgungsfall »Alter 65« ein, wird aus der so berechneten Anwartschaft ein Anspruch. Für die Berechnung von Renten für andere Versorgungsfälle gelten diese Grundsätze entsprechend.

2723 ▶ **Unverfallbarkeit bei verschiedenen, unabhängig voneinander erteilten Versorgungsversprechen**

BAG, Urt. v. 28.04.1992 – 3 AZR 354/91

Fundstelle: BetrAV 1992, 229

Leitsatz:

Sagt der Arbeitgeber einem Arbeitnehmer, der bereits Versorgungsanwartschaften aus einer betrieblichen Versorgungsordnung hat, später eine **zusätzliche Versorgung** mit dem **Hinweis** zu, »dass bestehende weitere Ansprüche oder Anwartschaften von der neuen Zusage **nicht berührt werden**«,

Unverfallbarkeit   D.

dann kann von einem Zusammenhang der Neuzusage mit der alten Versorgungsordnung keine Rede sein. Es handelt sich um eine **neue Zusage** mit **eigenen Unverfallbarkeitsfristen**.

▶ **Unverfallbarkeit einer Direktversicherung**   2724

   BAG, Urt. v. 08.06.1993 – 3 AZR 670/92

   Fundstellen: AuR 1994, 32 = BetrAV 1994, 25 = BB 1994, 73 = DB 1993, 2538 = MDR 1994, 1130 = NZA 1994, 507

Leitsatz:

Werden bei einer betrieblichen Altersversorgung in Form einer Direktversicherung (§ 1 Abs. 2 Satz 1 BetrAVG) die Prämien der Versicherung vereinbarungsgemäß anstelle einer Vergütung gezahlt (**Versicherung nach Gehaltsumwandlung**), so ist in der Regel davon auszugehen, dass der Arbeitgeber dem Arbeitnehmer eine **von vornherein unentziehbare Rechtsposition** einräumen und damit die Unverfallbarkeit der Anwartschaft zusagen wollte.

▶ **Auskunft nach § 2 Abs. 6 BetrAVG – Näherungsverfahren**   2725

   BAG, Urt. v. 09.12.1997 – 3 AZR 695/96

   Fundstellen: BAGE 87, 250 = NZA 1998, 1171 = DB 1998, 2331 = BB 1998, 1537 = BetrAV 1998, 220

Leitsätze:

1. Nach § 2 Abs. 6 BetrAVG hat der Arbeitgeber dem ausgeschiedenen Arbeitnehmer Auskunft darüber zu erteilen, **ob** für ihn die Voraussetzungen einer unverfallbaren betrieblichen Altersversorgung erfüllt sind **und in welcher Höhe** er Versorgungsleistungen bei Erreichen der in der Versorgungsordnung vorgesehenen Altersgrenze beanspruchen kann.
2. Sind bei der Berechnung der Anwartschaft Renten der gesetzlichen Rentenversicherung zu berücksichtigen, so kann nach § 2 Abs. 5 Satz 2 BetrAVG das bei der Berechnung von Pensionsrückstellungen allgemein zulässige Verfahren (sog. **Näherungsverfahren**) zugrunde gelegt werden, wenn nicht der ausgeschiedene Arbeitnehmer die Anzahl der im Zeitpunkt des Ausscheidens erreichten Entgeltpunkte nachweist.
3. **Weder der Arbeitgeber noch die ausgeschiedenen Arbeitnehmer können das Näherungsverfahren gegen den Willen ihres Vertragspartners durchsetzen.**
   a) Wenn der Arbeitnehmer die Anzahl der im Zeitpunkt seines Ausscheidens erreichten sozialversicherungsrechtlichen Entgeltpunkte nachweist, darf der Arbeitgeber das Näherungsverfahren nicht mehr anwenden.
   b) Wenn der Arbeitnehmer diesen Nachweis nicht erbringt, steht dem Arbeitgeber ein Wahlrecht zu, das er gemäß § 315 BGB nach billigem Ermessen ausüben muss (Fortführung des Urteils des Senats vom 12.11.1991 – 3 AZR 520/90 – BAGE 69, 19, 27 zu II 4 der Gründe).
4. Hat der Arbeitgeber die individuelle Berechnung gewählt, so trifft den Arbeitnehmer die arbeitsvertragliche Nebenpflicht, dem Arbeitgeber die benötigten sozialversicherungsrechtlichen Unterlagen auf dessen Kosten zu beschaffen. Solange der Arbeitnehmer dieser Pflicht nicht nachkommt, kann der Arbeitgeber die Auskunft nach § 2 Abs. 6 BetrAVG verweigern.
5. Streiten ausgeschiedene Arbeitnehmer mit dem Arbeitgeber über den Inhalt ihrer Versorgungsansprüche, so darf der Arbeitgeber bei der Auskunft nach § 2 Abs. 6 BetrAVG von den seiner Ansicht nach geltenden Bestimmungen ausgehen. Ein Anspruch auf Erteilung einer neuen Auskunft kommt erst in Betracht, wenn der Inhalt der Versorgungsansprüche durch rechtskräftige gerichtliche Entscheidung oder durch Einigung der Parteien geklärt ist.

▶ **Berechnung einer Versorgungsanwartschaft**   2726

   LAG Hamm, Urt. v. 03.03.1998 – 6 Sa 1800/97

Fundstellen: BB 1998, 959 = BetrAV 1998, 98 = DB 1998, 1621

Leitsätze:

1. Scheidet ein Arbeitnehmer vor Eintritt des Versorgungsfalls mit einer unverfallbaren Versorgungsanwartschaft aus dem Arbeitsverhältnis aus, so ist seine Anwartschaft auf die in der Versorgungsordnung vorgesehene limitierte Versorgungsleistung auch dann nach einer dem § 2 Abs. 1 BetrAVG nachgebildeten Bestimmung der Versorgungsregelung ratierlich zu kürzen, wenn er nach den Steigerungssätzen zu diesem Zeitpunkt die Höchstbegrenzung überschritten hat.
2. Ein Verzicht auf eine zeitanteilige Kürzung des Höchstbetrages kann nur angenommen werden, wenn dies eindeutig in der Versorgungsregelung zum Ausdruck kommt.

2727 ▶ **Unverfallbarkeit einer Invaliditätsrente**

BAG, Urt. v. 24.06.1998 – 3 AZR 288/97

Fundstelle: BAGE 89, 180 = NZA 1999, 318 = BetrAV 1998, 260 = DB 1998, 1969

Leitsätze:

1. Anwartschaften auf eine Invaliditätsrente werden unter den Voraussetzungen des § 1 Abs. 1 BetrAVG unverfallbar.
2. Die Parteien können in einem Versorgungsvertrag die Voraussetzungen für die Entstehung eines Anspruchs auf Invaliditätsrente näher bestimmen. Stellen sie auf die Berufsunfähigkeit ab, sind die Voraussetzungen gemeint, die nach dem Recht der gesetzlichen Rentenversicherung zur Berufsunfähigkeit führen (im Anschluss an das Urteil des Senats vom 14. April 1983 – 3 AZR 4/81 – AP Nr. 6 zu § 6 BetrAVG).
3. Vereinbarungen, die den Anspruch auf Invaliditätsrente davon abhängig machen, dass das Arbeitsverhältnis bei Eintritt der Berufsunfähigkeit noch besteht, sind nichtig; sie verstoßen gegen § 17 Abs. 3 Satz 3 BetrAVG.

2728 ▶ **Unverfallbarkeit einer Anwartschaft auf Hinterbliebenenversorgung**

BAG, Urt. v. 15.01.1999 – 3 AZN 816/98

Fundstellen: BB 1999, 592 = BetrAV 1999, 101 = DB 1999, 916 = NZA 1999, 488

Leitsätze:

1. Anwartschaften auf eine Hinterbliebenenversorgung werden unter den Voraussetzungen des § 1 Abs. 1 BetrAVG unverfallbar (im Anschluss an das Urteil des Senats vom 24. Juni 1998 – 3 AZR 288/97 – betr. Invalidenrente).
2. Die Höhe der Hinterbliebenenrente ergibt sich aus der Versorgungsvereinbarung. Die Hinterbliebenen eines vorzeitig ausgeschiedenen Arbeitnehmers haben Anspruch auf eine Teilrente, die beim Fehlen günstigerer Vereinbarungen nach § 2 Abs. 1 BetrAVG berechnet wird.

2729 ▶ **Verbindlichkeit einer Unverfallbarkeitsbescheinigung**

LAG Hamm, Urt. v. 09.03.1999 – 6 Sa 1521/97

Fundstellen: BB 1999, 1015 = DB 1999, 1024

Leitsätze:

1. Der Arbeitgeber ist berechtigt, die Höhe einer unverfallbaren Versorgungsanwartschaft nach dem **Näherungsverfahren** zu berechnen. Die Berechnungsmethode ist für die endgültige Festsetzung der Versorgungsleistung nur verbindlich, wenn der ausgeschiedene Arbeitnehmer sich mit ihr einverstanden erklärt und der Arbeitgeber sich keine anderweitige Berechnung vorbehält.
2. Der Vorbehalt kann sich darauf beschränken, dass eine Neuberechnung nur im Falle der Invalidität oder bei der Inanspruchnahme vorgezogenen Altersruhegeldes erfolgen soll.

▶ Grenzen einer vertraglichen vorgesetzlichen Unverfallbarkeit 2730

BAG, Urt. v. 11.12.2001 – 3 AZR 334/00

Fundstellen: BAGReport 2002, 347 = DB 2002, 2335 = AP Nr. 11 zu § 1 BetrAVG

Leitsatz:

Erklärte eine Versorgungsordnung die Betriebsrentenanwartschaften nur dann für unverfallbar, wenn der Arbeitnehmer 15 Dienstjahre zurückgelegt und das 45. Lebensjahr vollendet hatte, und erreichte der Arbeitnehmer bei seinem Ausscheiden vor Inkrafttreten des Betriebsrentengesetzes zwar die vorgesehene Betriebszugehörigkeit von 15 Jahren, aber weder das vorgeschriebene Mindestalter noch eine Betriebszugehörigkeit von 20 Jahren, so ist seine Versorgungsanwartschaft auch unter Berücksichtigung der vorgesetzlichen Rechtsfortbildung des Senats verfallen.

▶ Erklärungswert einer Unverfallbarkeitsbescheinigung 2731

BAG, Urt. v. 17.06.2003 – 3 AZR 462/02

Fundstelle: EzA § 2 BetrAVG Nr 20

Leitsätze:

1. Einem als solchem erkennbaren Begleitschreiben zu einer Rentenauskunft nach § 2 Abs. 6 BetrAVG kommt regelmäßig kein eigener Erklärungswert zu.
2. Weder einen irrtümlichen noch einen bewussten Verzicht auf eine zeitratierliche Berechnung (§ 2 Abs. 1 BetrAVG) des die Versorgung Versprechenden muss der Träger der gesetzlichen Insolvenzsicherung gegen sich gelten lassen, wenn der Sicherungsfall vor dem Versorgungsfall eingetreten ist (§ 7 Abs. 2 Satz 3 BetrAVG).

▶ Anwendungsbereich und Inhalt der Veränderungssperre des § 2 Abs. 5 BetrAVG 2732

BAG, Urt. v. 17.08.2004 – 3 AZR 318/03

Fundstellen: BB 2005, 720 = DB 2005, 563 = BetrAV 2005, 205

Leitsatz:

Die Veränderungssperre des § 2 Abs. 5 BetrAVG gilt auch für Regelungen über versicherungsmathematische Abschläge bei vorgezogener Inanspruchnahme von Altersrente unabhängig davon, ob diese Abschläge erhöht oder abgesenkt werden.

▶ Berechnung für eine insolvenzbedingte unverfallbare Anwartschaft 2733

BAG, Urt. v. 24.10.2006 – 3 AZR 362/05

Fundstellen: NZA 2007, 1392 = EzA § 2 BetrAVG Nr. 28

Leitsätze:

1. § 2 Abs. 1 BetrAVG sieht die Errechnung einer fiktiven Vollrente vor, also eine Hochrechnung auf die nach der Versorgungsordnung geltende feste Altersgrenze.
2. Auch eine aus der gesetzlichen Rentenversicherung zu berücksichtigende Altersrente ist auf die feste Altersgrenze hochzurechnen. § 2 Abs. 5 S. 2 BetrAVG setzt die Errechnung einer fiktiven Sozialversicherungsrente voraus. Nicht abzustellen ist auf die zum Zeitpunkt des Ausscheidens oder – im Rahmen der Insolvenzsicherung – bei Eintritt des Sicherungsfalls erworbene Rentenanwartschaft.
3. Nach § 2 Abs. 5 S. 1 BetrAVG bleiben Veränderungen der Bemessungsgrundlagen, soweit sie nach dem Ausscheiden des Arbeitnehmers eintreten, außer Betracht. Für die Berechnung der fiktiven Sozialversicherungsrente ist daher das im Zeitpunkt des Ausscheidens oder des Eintritts des Sicherungsfalls geltende Sozialversicherungsrecht anzuwenden.

2734 ▶ Ablauf der Unverfallbarkeitsfrist

LAG Chemnitz, Urt. v. 12.09.2007 – 2 Sa 80/07

Fundstellen: jurisPR-ArbR 9/2008, Anm. 6, Langohr-Plato

Leitsatz:

Ein Anspruch auf Schadensersatz wegen Pflichtverletzung aus § 280 Abs. 1 Satz 1 BGB wegen Widerrufs des Bezugsrechts für eine betriebliche Altersversorgung ist ausgeschlossen, wenn der Arbeitnehmer mit Beendigung seines Arbeitsverhältnisses noch keine unverfallbare Anwartschaft für die betriebliche Altersversorgung erworben hatte (Revision eingelegt unter dem Aktenzeichen 3 AZR 816/07).

2734a ▶ Verfassungsmäßigkeit der zeitratierlichen Berechnung unverfallbarer Versorgungsanwartschaften

BVerfG, Beschl. v. 29.05.2012 – 1 BvR 3201/11

Fundstellen: BetrAV 2012, 625 = ZIP 2012, 1876

Leitsatz:

Es bestehen keine vernünftigen Zweifel daran, dass die vom BAG vertretbar angenommene mittelbare Altersdiskriminierung infolge der zeitratierlichen Berechnung nach § 7 Abs. 2 S 3, S 4 BetrAVG iVm § 2 Abs. 1 S 1 BetrAVG mit Art 2 Abs. 2 Buchst b Zif.i EGRL 78/2000 vereinbar ist.

Verdeckte Gewinnausschüttung

2735 ▶ Definition der verdeckten Gewinnausschüttung

BFH, Urt. v. 07.12.1983 – I R 70/77

Fundstellen: BFHE 140, 221 = BB 1984, 1084

sowie

BFH, Urt. v. 23.05.1984 – I R 294/81

Fundstellen: BFHE 141, 266 = BB 1984, 1731

sowie

BFH, Urt. v. 24.05.1984 – I R 166/78

Fundstellen: BFHE 141, 176 = BB 1984, 1531

sowie

BFH, Urt. v. 11.12.1985 – I R 164/82

Fundstellen: BFHE 146, 126 = BB 1986, 995

sowie

BFH, Urt. v. 28.10.1987 – I R 22/84

Fundstellen: BB 1989, 463 = BetrAV 1989, 76

Definition:

Unter dem Begriff der verdeckten Gewinnausschüttung sind alle Vermögenszuwendungen der Gesellschaft an ihren Gesellschafter-Geschäftsführer oder ihm nahestehenden Personen zu verstehen, die die Gesellschaft bei Anwendung der Sorgfalt eines ordentlichen und gewissenhaften Geschäftsleiters einem Nichtgesellschafter nicht gewährt hätte.

Verjährung   D.

▶ **Fehlerhafte Berechnung einer Pensionsrückstellung führt nicht zwangsläufig zu einer verdeckten Gewinnausschüttung**   2736

BFH, Urt. v. 18.04.2002 – III R 43/00

Fundstellen: BFHE 199, 140 = BStBl. II 2003, S. 149 = BFH/NV 2002, 1264 = DB 2002, 1742 = DStR 2002, 1388 = DStZ 2002, 648 = BB 2002, 1851 = BetrAV 2002, 719 = FR 2002, 928 = GmbHR 2002, 860 = HFR 2002, 1028 = NJW-RR 2002, 1463

Leitsatz:

Bezieht eine GmbH für eine ihrem Gesellschafter-Geschäftsführer gegebene Pensionszusage bei der Berechnung der Pensionsrückstellung zu Unrecht Vordienstzeiten des Pensionsberechtigten ein, führt dies zu keiner vGA, wenn die Pensionszusage dem Grund und der Höhe nach einem Fremdvergleich standhält.

▶ **Verdeckte Gewinnausschüttung bei fehlender Erprobungszeit vor Erteilung einer Pensionszusage an Gesellschafter-Geschäftsführer**   2737

BFH, Urt. v. 23.02.2005 – I R 70/04

Fundstellen: BFHE 209, 252 = BStBl. II 2005, S. 882 = BFH/NV 2005, 1203 = DStR 2005, 918 = DB 2005, 1145 = GmbHR 2005, 775 = HFR 2005, 679 = FR 2005, 890 = BB 2005, 1947 = BetrAV 2005, 592

Leitsatz:

Die Erteilung einer Pensionszusage an den Gesellschafter-Geschäftsführer einer Kapitalgesellschaft setzt im Allgemeinen die Einhaltung einer Probezeit voraus, um die Leistungsfähigkeit des neu bestellten Geschäftsführers beurteilen zu können. Handelt es sich um eine neu gegründete Kapitalgesellschaft, ist die Zusage überdies erst dann zu erteilen, wenn die künftige wirtschaftliche Entwicklung der Gesellschaft verlässlich abgeschätzt werden kann (Bestätigung der ständigen Rechtsprechung).

Verjährung

▶ **Verletzung der Mitwirkungspflichten durch den Arbeitnehmer**   2738

BAG, Urt. v. 27.03.1990 – 3 AZR 187/88

Fundstellen: AuR 1990, 328 = BetrAV 1990, 230 = BB 1991, 211 = DB 1990, 2123 = NZA 1990, 776

Leitsätze:

1. Kommt ein Ruhegeldberechtigter schuldhaft seiner **Auskunftsverpflichtung** über den Bezug anderweitiger öffentlicher Renten nicht nach, die der Versorgungsträger anrechnen darf, so ist er zum **Schadensersatz** verpflichtet. Der Schadensersatz entspricht der Ruhegeldüberzahlung.
2. Hat der Versorgungsberechtigte seine Auskunftspflicht nur fahrlässig verletzt, so ist der Erstattungsanspruch nicht schon deshalb ausgeschlossen, weil Erstattungsforderungen aus ungerechtfertigter Bereicherung nach § 819 Abs. 1 BGB nur bei Kenntnis des Empfängers vom mangelnden Rechtsgrund ausgeschlossen wären.
3. Erstattungsansprüche des Arbeitgebers wegen Verletzung der Auskunftspflichten des Versorgungsberechtigten **verjähren** in **30 Jahren**.

▶ **Verjährung des Anspruchs auf Anpassungsprüfung**   2739

LAG Hamm, Urt. v. 19.03.1991 – 6 Sa 697/90

Fundstellen: BetrAV 1991, 178 = BB 1991, 1126 = DB 1991, 1121 = NZA 1991, 938

Leitsätze:

1. Unterlässt es der Arbeitgeber, die laufenden Leistungen der betrieblichen Altersversorgung gemäß § 16 BetrAVG anzupassen oder widerspricht seine Entscheidung, nach der die Steigerung der Lebenshaltungskosten nicht voll ausgeglichen wird, billigem Ermessen, unterliegen die Ansprüche des Versorgungsempfängers auf Erhöhung der Betriebsrente der **zweijährigen Verjährung** nach § 196 Abs. 1 Nr. 8 BGB. Der Beginn der Verjährung wird nicht dadurch gehemmt, dass der Arbeitgeber es unterlässt, dem Versorgungsempfänger das Ergebnis der Anpassungsprüfung und -entscheidung mitzuteilen.
2. Zur Mitteilung und Begründung der Anpassungsentscheidung ist der Arbeitgeber nur aufgrund eines entsprechenden **Auskunftsbegehrens** des Versorgungsempfängers verpflichtet.

2740 ▶ Erhebung und Verjährung von Beiträgen zur Insolvenzsicherung

BVerwG, Urt. v. 17.08.1995 – 1 C 15/94

Fundstellen: BetrAV 1997, 33 = NJW 1996, 1073

Leitsätze:

1. Eine vom Träger der Insolvenzsicherung der betrieblichen Altersversorgung erstellte »Beitragsrechnung und -abrechnung« der bisher gebräuchlichen Art ist **kein Verwaltungsakt**.
2. Erstattungsansprüche nach Entrichtung nicht geschuldeter Beiträge zur Insolvenzsicherung unterliegen der Verjährung in entsprechender Anwendung der §§ 228 ff. AO 1977. Der Einrede der Verjährung bedarf es nicht.

2741 ▶ Verjährung von Renten nach Insolvenzschutz

LAG Köln, Urt. v. 04.11.1998 – 7 Sa 132/98

Fundstelle: BB 1999, 591

Leitsatz:

Rentenansprüche von Arbeitnehmern an den PSV verjähren in zwei Jahren.

2742 ▶ Verjährung von Ansprüchen auf Zusatzrente nach der AO 54

BAG, Urt. v. 25.01.2000 – 3 AZR 780/98

Fundstellen: BAGE 93, 289 = DB 2000, 1234 = NZA 2001, 504

Leitsätze:

1. Ansprüche auf betriebliche Versorgungsleistungen aus einem privatrechtlich organisierten abhängigen Beschäftigungsverhältnis verjähren nach § 196 Abs. 1 Nr. 8 oder 9 BGB in zwei Jahren.
2. Zu den Ansprüchen zählen auch Zusatzrentenansprüche nach der AO 54, deren Verjährung sich seit dem 3. Oktober 1990 nach den Bestimmungen des Bürgerlichen Gesetzbuches richtet (Art. 231 § 6 Abs. 1 EGBGB).

Verpfändung

2743 ▶ Unzulässigkeit einer aufschiebend bedingten Verpfändung

BAG, Urt. v. 16.06.1978 – 3 AZR 783/76

Fundstellen: AuR 1979, 122 = BetrAV 1978, 228 = BB 1978, 1363 = DB 1978, 1843

Leitsatz:

Die **Übertragung von Rechten** aus einer **Rückdeckungsversicherung**, die zur Finanzierung einer Versorgungszusage abgeschlossen worden ist, auf den begünstigten Arbeitnehmer unter der

Verschaffungsanspruch D.

aufschiebenden Bedingung, dass ein Vergleichs- oder Konkursantrag gestellt wird, **verstößt** gegen konkursrechtlich zwingende Bestimmungen.

▶ **Privatrechtlicher Insolvenzschutz durch verpfändete Rückdeckungsversicherung** 2744

OLG Hamm, Urt. v. 12.05.1995 – 20 U 37/95

Fundstellen: BB 1995, 2083 = VersR 1996, 878 = NJW-RR 1996, 1312

Leitsatz:

Verpfändete Ansprüche aus der Lebensversicherung werden zwar mit der Konkurseröffnung über das Vermögen des Versicherungsnehmers gemäß §§ 17, 65 Abs. 1 KO fällig, dürfen aber nicht vom Konkursverwalter zur Masse eingezogen werden, wenn der Pfändungsgläubiger zur Einziehung gemäß § 1282 Abs. 1 BGB berechtigt ist.

▶ **Privatrechtlicher Insolvenzschutz durch verpfändete Rückdeckungsversicherung** 2745

LG Frankfurt am Main, Urt. v. 24.10.1995 – 2/14 O 199/95

Fundstellen: ZIP 1996, 340 = NZA-RR 1996, 346 = VersR 1996, 739

Leitsatz (nicht amtlich):

Die Verpfändung von Ansprüchen aus einer Rückdeckungsversicherung zur Absicherung einer Zusage auf betriebliche Altersversorgung ist konkursfest, und zwar selbst dann, wenn die gesicherte Versorgungszusage noch nicht unverfallbar i. S. v. § 1 BetrAVG ist.

▶ **Privatrechtlicher Insolvenzschutz durch verpfändete Rückdeckungsversicherung** 2746

BGH, Urt. v. 10.07.1997 – IX ZR 161/96

Fundstellen: BGHZ 136, 220 = ZIP 1997, 1596 = GmbHR 1997, 936 = NZA 1997, 1113 = DB 1997, 2113 = BetrAV 1997, 282 = NJW 1998, 312 = BB 1997, 2656 = VersR 1998, 329

Leitsätze (nicht amtlich):

1. Die Verpfändung einer zur Finanzierung einer betrieblichen Pensionszusage abgeschlossenen Rückdeckungsversicherung ist nicht schon deshalb unzulässig, weil der Versorgungsberechtigte zugleich mitbeherrschender Gesellschafter ist. Der Grundsatz der Gleichbehandlung aller Gläubiger verbietet es diesem Geschäftsführer nicht schlechthin, seinen Anspruch auf die geschuldete Gegenleistung für einen eigenen, gleichwertigen Einsatz rechtzeitig insolvenzfest zu sichern.
2. Unwiderrufliche Versorgungsanwartschaften, die durch das **Pfandrecht** an einer zu ihrer Finanzierung abgeschlossenen **Rückdeckungsversicherung** privatrechtlich abgesichert sind, deren Erstarken zu einem Versorgungsanspruch aber noch vom Eintritt künftiger ungewisser Ereignisse (Versorgungsfall) abhängt, berechtigten außerhalb des Anwendungsbereiches des Betriebsrentengesetzes nach § 67 KO nur zu einer **Hinterlegung**.

Verschaffungsanspruch

▶ **Umfang des Versorgungs-Verschaffungsanspruchs** 2747

BAG, Urt. v. 29.08.2000 – 3 AZR 201/00

Fundstellen: BB 2000, 2527 = DB 2001, 932 = NZA 2001, 163 = BetrAV 2001, 196

Leitsätze:

1. § 46 BAT/BAT-O gibt den nach dem Versorgungstarifvertrag versicherungspflichtigen Arbeitnehmern einen Anspruch auf Verschaffung einer Versorgung nach Maßgabe des Versorgungstarifvertrages und der Satzung der Zusatzversorgungskasse. Er richtet sich zwar in erster Linie

darauf, dass der Arbeitgeber den Arbeitnehmer in der Zusatzversorgungskasse versichert. Geschieht dies nicht, kann der Arbeitnehmer aber zumindest verlangen, dass der Arbeitgeber ihm die tarifvertraglich geschuldete Zusatzversorgung selbst verschafft oder in anderer Weise für eine nach Art und Umfang gleiche Versorgung sorgt. Auch insoweit handelt es sich um einen **insolvenzgeschützten** tarifvertraglichen **Erfüllungsanspruch.**

2. Die Versicherungspflicht bei einer öffentlich-rechtlichen Zusatzversorgungskasse kann nach § 5 Abs. 2b VersTV-G dann entfallen, wenn der Arbeitnehmer eine Anwartschaft oder einen Anspruch auf lebenslängliche Versorgung und Hinterbliebenenversorgung hat. Diese Voraussetzungen sind nicht erfüllt, wenn der Arbeitgeber eine Versorgung außerhalb des Versorgungstarifvertrages unter Einschaltung einer Unterstützungskasse verspricht, die zudem alternativ Alterskapital oder eine wertgleiche monatlich lebenslänglich zahlbare Altersrente sowie nur im Fall des Todes des Arbeitnehmers während der aktiven Dienstzeit ein einmalig zu zahlendes Hinterbliebenenkapital vorsieht.

2748 ▶ **Ausgleichsklausel; Versorgungsschaden durch Verletzung einer Hinweispflicht**

BAG, Urt. v. 17.10.2000 – 3 AZR 69/99

Fundstellen: NZA 2001, 203 = BB 2001, 315 = DB 2001, 391

Leitsatz:

Die Auslegungsregel, wonach allgemeine Ausgleichsklauseln im Zweifel Ansprüche auf betriebliche Altersversorgung nicht mit umfassen, ist auch dann anzuwenden, wenn der Verzicht auf einen als Schadensersatz geschuldeten Versorgungsverschaffungsanspruch in Rede steht.

2749 ▶ **Versorgungsverschaffung nach Betriebsübergang**

BAG, Urt. v. 18.09.2001 – 3 AZR 689/00

Fundstellen: BAGE 99, 92 = AP Nr 230 zu § 613a BGB = DB 2002, 1279 = NZA 2002, 1391 = BetrAV 2003, 77

Leitsätze:

1. Verlässt ein Betriebsteil mit seiner Veräußerung (§ 613 a BGB) den Geltungsbereich eines Zusatzversorgungssystems, erlischt damit ein zuvor begründetes Recht auf Zusatzversorgung nicht. Der Betriebserwerber muss vielmehr dem weiterbeschäftigten Arbeitnehmer aus dem arbeitsrechtlichen Grundverhältnis im Versorgungsfall die Leistungen verschaffen, die er erhalten hätte, wenn er bei dem ursprünglichen Arbeitgeber verblieben und entsprechend den ursprünglich vereinbarten Bedingungen versichert worden wäre (Bestätigung von BAG 5. Oktober 1993 – 3 AZR 586/92 – AP BetrAVG § 1 Zusatzversorgungskassen Nr. 42 = EzA BetrAVG § 1 Zusatzversorgung Nr. 6).
2. Dieser Versorgungsverschaffungsanspruch wird erst mit Eintritt des Versorgungsfalles fällig. Er kann deshalb vorher weder verfallen noch verjähren oder verwirken.

2750 ▶ **Anspruch auf Einhaltung des zugesagten Durchführungsweges**

BAG, Urt. v. 12.06.2007 – 3 AZR 186/06

Fundstellen: BAGE 123, 82 = BB 2007, 2410 = DB 2008, 2034 = BetrAV 2008, 625 = NZA-RR 2008, 537 = AP Nr. 47 zu § 1 BetrAVG = EzA § 1 BetrAVG Nr. 90 = SAE 2008, 129

Leitsätze

1. Soweit sich das aus der Versorgungszusage ergibt, hat der Arbeitnehmer auch einen Anspruch auf Einhaltung des (externen) Durchführungswegs der betrieblichen Altersversorgung.
2. [...]

▶ **Merkmale für den Anspruch auf Versorgungsleistungen aufgrund einer Gesamtzusage** 2750a

BAG, Urt. v. 22.12.2009 – 3 AZR 136/08

Fundstellen: DB 2010, 1074 = NZA-RR 2010, 541

Leitsätze:
1. Sagt der Arbeitgeber einem Arbeitnehmer eine Versorgung zu, folgt aus der arbeitsvertraglichen Grundverpflichtung, dass der Arbeitgeber die Versicherungsleistungen oder zumindest gleichwertige Leistungen ggf. selbst zu tragen hat, wenn der externe Versorgungsträger, über den die Versorgung der Zusage gemäß durchzuführen ist, die betriebsrentenrechtlichen Ansprüche des Arbeitnehmers nicht erfüllt.
2. [...]

▶ **Einstandspflicht des Arbeitgebers bei reduzierter Leistung einer Pensionskasse** 2750b

LAG Hessen, Urt. v. 03.03.2010 – 8 Sa 187/09

Fundstellen: BetrAV 2010, 486

Leitsatz:

Setzt eine Pensionskasse wegen eines aufgetretenen Fehlbetrages satzungsgemäß ihre Leistungen herab, hat der Arbeitgeber gemäß § 1 Abs. 1 S. 3 BetrAVG dem Arbeitnehmer, dem er Versorgung über diese Pensionskasse versprochen hat, die Minderung auszugleichen.

Orientierungssätze:
1. Hat der Arbeitgeber sich arbeitsvertraglich verpflichtet, den Arbeitnehmer bei einer Pensionskasse anzumelden und bestimmte Beiträge an diese abzuführen, liegt weder eine reine Beitragszusage, noch eine Beitragszusage mit Mindestleistung vor. Vielmehr handelt es sich um eine typische betriebsverfassungsrechtliche Versorgungszusage in Form einer beitragsorientierten Leistungszusage i.S.v § 1 Abs. 2 Nr. 1 BetrAVG.
2. Die Regelung des § 16 Abs. 3 Nr. 2 BetrAVG, wonach der Arbeitgeber im Fall einer leistungswirksamen Verwendung der Überschussanteile auf die Versicherungsleistung von einer regelmäßigen Anpassung der laufenden Leistungen der betrieblichen Altersvorsorge absehen darf, gilt nicht für Versorgungszusagen, die vor der Einführung des Versicherungsaufsichtsgesetzes (VAG) im Jahr 1994 abgegeben wurden.

▶ **Einstandspflicht des Arbeitgebers bei Kürzung der Leistung einer Pensionskasse** 2750c

BAG, Urt. v. 19.06.2012 – 3 AZR 408/10

Fundstellen: BetrAV 2012, 710 = DB 2012, 2818 = ZIP 2012, 2456 = juris PR-ArbR 49/2012 Anm. 2 Langohr-Plato

Leitsätze:
1. Hat der Arbeitgeber dem Arbeitnehmer Leistungen der betrieblichen Altersversorgung zugesagt, die über eine Pensionskasse durchgeführt werden, und macht die Pensionskasse von ihrem satzungsmäßigen Recht Gebrauch, Fehlbeträge durch Herabsetzung ihrer Leistungen auszugleichen, hat der Arbeitgeber nach § 1 Abs. 1 Satz 3 BetrAVG dem Versorgungsempfänger im Umfang der Leistungskürzung einzustehen.
2. Von dieser Einstandspflicht kann der Arbeitgeber sich durch vertragliche Abreden nicht zum Nachteil der Arbeitnehmer befreien. Deshalb begründet eine in der Versorgungszusage enthaltene (dynamische) Verweisung auf die Satzung der Pensionskasse kein akzessorisches Recht des Arbeitgebers zur Kürzung laufender Leistungen der betrieblichen Altersversorgung.

Versorgungsausgleich

2751 ▶ **Berechnung des Ehezeitanteils**

BGH, Beschl. v. 13.11.1996 – XII ZB 131/94

Fundstelle: BetrAV 1997, 69

Leitsatz:

Der Ehezeitanteil von Leistungen oder Anwartschaften einer betrieblichen Altersversorgung ist grundsätzlich **pro rata temporis** zu berechnen, auch wenn die Berechnung der Rente nicht nach Anrechnungszeiten erfolgt.

2752 ▶ **Ausgleich der betrieblichen Altersversorgung (Weihnachtsgeld)**

OLG Hamm, Beschl. v. 16.05.1997 – 5 UF 269/96

Fundstellen: BetrAV 1998, 227 = FamRZ 1998, 628

Leitsatz (nicht amtlich):

Bei einer Anwartschaft der betrieblichen Altersversorgung ist auch die in der Versorgungsordnung zugesagte jährliche Leistung eines Weihnachtsgeldes und einer Treueprämie in die Bewertung der Zusatzversorgung mit einzubeziehen.

2753 ▶ **Keine Versorgungszahlungen vor Vollendung des 65. Lebensjahres**

OLG Karlsruhe, Beschl. v. 10.06.1997 – 2 UF 71/96

Fundstellen: BetrAV 1998, 228 = FamRZ 1998, 629

Leitsatz:

Erhält ein Arbeitnehmer aufgrund der Beendigung seines Arbeitsverhältnisses durch Kündigung Versorgungszahlungen bereits vor dem 60. Lebensjahr (hier: mit Vollendung des 55. Lebensjahres), sind diese erst dann bei der Wertermittlung als laufende Leistungen in den Versorgungsausgleich einzubeziehen, wenn der Versorgungsberechtigte das nach der jeweiligen Verkehrsanschauung niedrigste Eingangsalter für einen Ruhestand erreicht hat. Das betriebliche Ruhegeld stellt in diesem Fall in der Regel eine Überbrückungszahlung dar, die dem Leistungsbegriff einer betrieblichen Altersversorgung nicht entspricht. [...]

2754 ▶ **Versorgungsausgleich im Gesamtversorgungssystem**

BAG, Urt. v. 20.3.2001 – 3 AZR 264/00

Fundstellen: BB 2001, 2009 = DB 2001, 2355 = VersR 2002, 381

Leitsatz:

Sieht ein Gesamtversorgungssystem die Berücksichtigung »der Sozialrente« vor, so ist die vom Arbeitnehmer erdiente und nicht die in Folge eines Versorgungsausgleichs geminderte oder erhöhte gesetzliche Rente anzurechnen.

2755 ▶ **Beschränkung des verlängerten schuldrechtlichen Versorgungsausgleichs durch Wiederverheiratungsklausel**

BGH, Beschl. v. 07.12.2005 – XII ZB 39/01

Fundstelle: BetrAV 2006, 190

Leitsatz:

Enthält eine Versorgungsordnung die Regelung, dass ein Anspruch auf Hinterbliebenenversorgung wegfällt, wenn der Witwer oder die Witwe wieder heiratet (sog. Wiederverheiratungsklausel), kann ein geschiedener, wieder verheirateter Ehegatte vom Träger der Versorgung nicht die Zahlung einer Ausgleichsrente im Wege des verlängerten schuldrechtlichen Versorgungsausgleichs gemäß § 3a VAHRG verlangen.

▶ **Tenorierung bei interner Teilung im Versorgungsausgleich** 2755a

   BGH, Beschl. v. 26.01.2011 – XII ZB 504/10

   Fundstelle: BetrAV 2011, 179

Leitsatz:

Bei der internen Teilung nach § 10 VersAusglG ist es geboten, im Tenor der gerichtlichen Entscheidung die Fassung oder das Datum der Versorgungsregelung zu benennen, die dieser Entscheidung zugrunde liegt.

▶ **Höhe des Ausgleichswertes bei externer Teilung** 2755b

   OLG Bamberg, Beschl. v. 08.02.2011 – 2 UF 175/10 (rkr.)

   Fundstelle: BetrAV 2011, 574

Leitsatz:

Bei der externen Teilung nach § 14 VersAusglG hat der Versorgungsträger der ausgleichspflichtigen Person an die die Zielversorgung nur den Ausgleichswert als Kapitalbetrag, nicht aber zusätzliche Zinsen für den Zeitraum zwischen der Rechtskraft des Scheidungsausspruchs und der Erfüllung der Zahlungsverpflichtung zu zahlen.

▶ **Begrenzung der Teilungskosten durch einen Höchstbetrag** 2755c

   OLG Celle, Beschl. v. 12.04.2011 – 15 UF 308/10

   Fundstelle: BetrAV 2011, 489

Leitsatz:

Eine prozentuale Berechnung von Teilungskosten, die durch die Festlegung von Mindest- und Höchstbeträgen bestimmt bzw. begrenzt wird, ist grundsätzlich zulässig. Im Einzelfall müssen die Gründe für die Festsetzung des Höchstbetrages jedoch dezidiert dargelegt werden.

▶ **Ermittlung eines ausgleichspflichtigen Ehezeitanteils** 2755d

   BGH, Beschl. v. 01.06.2011 – XII ZB 186/08

   Fundstelle: BetrAV 2011, 566

Leitsatz:

Wurde der die Versorgungszusage enthaltende Arbeitsvertrag noch innerhalb der Ehezeit abgeschlossen, die Beschäftigung aber erst nach der Ehezeit aufgenommen, ist grundsätzlich kein ausgleichspflichtiger Ehezeitanteil an der betrieblichen Altersversorgung entstanden.

▶ **Verzinsung des Ausgleichswertes bei externer Teilung** 2755e

   BGH, Beschl. v. 07.09.2011 – XII ZB 546/10

   Fundstelle: BetrAV 2011, 652

Leitsatz:

Der zum Vollzug der externen Teilung nach § 14 Abs. 4 VersAusglG i. V. m. § 222 Abs. 3 FamFG vom Versorgungsträger der ausgleichspflichtigen Person an den Versorgungsträger der ausgleichsberechtigten Person zu zahlende Ausgleichsbetrag ist grundsätzlich ab Ende der Ehezeit bis zur Rechtskraft der Entscheidung über den Versorgungsausgleich in Höhe des Rechnungszinses der auszugleichenden Versorgung zu verzinsen.

2755f ▶ **Halbteilungsgrundsatz als Maßstab bei Entscheidung über Geringfügigkeit eines Ausgleichswerts**

BGH, Beschl. v. 30.11.2011 – XII ZB 79/11

Fundstelle: BetrAV 2012, 167

Leitsätze:

1. Setzt sich eine betriebliche Altersversorgung aus verschiedenen Bausteinen mit unterschiedlichen wertbildenden Faktoren zusammen, ist jeder Baustein im Versorgungsausgleich wie ein einzelnes Anrecht gesondert zu behandeln und auszugleichen.
2. Die Regelung des § 18 Abs. 2 VersAusglG soll einen unverhältnismäßig hohen Verwaltungsaufwand des Versorgungsträgers durch die Teilung und Aufnahme eines neuen Anwärters ersparen, wenn der geringe Ausgleichswert des Anrechts diesen Aufwand nicht lohnt. Kann die mit der Regelung des § 18 Abs. 2 VersAusglG bezweckte Verwaltungsvereinfachung nicht in einem den Ausschluss des Ausgleichs rechtfertigenden Maße erreicht werden, gebührt dem Habteilungsgrundsatz der Vorrang.

2755g ▶ **Versorgungsausgleich bei fondsgebundenen Rentenversicherungen**

BGH, Beschl. v. 29.02.2012 – XII ZB 609/10

Fundstelle: BetrAV 2012, 264

Leitsätze:

1. Für die konkrete Bewertung einer fondsgebundenen Rentenversicherung, bei der kein Deckungskapital im eigentlichen Sinne gebildet wird, ist im Versorgungsausgleich der nach § 46 VersAusglG i. V. m. § 169 Abs. 4 Satz 1 VVG relevante Rückkaufswert nach anerkannten Regeln der Versicherungsmathematik als zeitwert der Versicherung zu berechnen, soweit nicht der Versicherer eine bestimmte Leistung garantiert.
2. Ein nachehezeitlicher Zuwachs im Wert einer fondsgebundenen privaten Rentenversicherung ist bei der gebotenen Halbteilung nicht zu berücksichtigen. Demgegenüber handelt es sich bei einem nachehezeitlichen Wertverlust der fondsgebundenen privaten Rentenversicherung um eine tatsächliche nachehezeitliche Veränderung, die auf den Ehezeitanteil zurückwirkt. Ein solcher nachehezeitlicher Wertverlust kann allerdings nur insoweit gemäß § 5 Abs. 2 Satz 2 VersAusglG berücksichtigt werden, als der Tatrichter diesen konkret festgestellt hat.

2755h ▶ **Pauschalierung von Teilungskosten und Angemessenheitsprüfung des Gerichts**

BGH, Beschl. v. 04.04.2012 – XII ZB 310/11

Fundstelle: BetrAV 2012, 365

Leitsätze:

1. Gegen eine Pauschalierung der Teilungskosten im Sinne des § 13 VersAusglG bestehen keine grundsätzlichen Bedenken. In diesem Fall sind die pauschalen Teilungskosten für jedes Anrecht allerdings durch einen Höchstbetrag zu begrenzen (im Anschluss an den Senatsbeschluss vom 01.02.2012 – XII ZB 172/11 – FamRZ 2012, 610).

2. Die Möglichkeit zur Pauschalierung der Teilungskosten ersetzt jedoch in Fällen, in denen der Versorgungsträger konkret höhere Kosten darlegt, nicht die Angemessenheitsprüfung durch das Gericht. Dann sind die Besonderheiten des Einzelfalls und das Vorbringen des Versorgungsträgers zu berücksichtigen (im Anschluss an den Senatsbeschluss vom 01.02.2012 – XII ZB 172/11 – FamRZ 2012, 610).

▶ **Umfang der Teilungskosten nach § 13 VersAusglG** 2755i

BGH, Beschl. v. 11.07.2012 – XII ZB 459/11

Fundstelle: BetrAV 2012, 629

Leitsatz:

Mit den Teilungskosten gem. § 13 VersAusglG kann der Versorgungsträger den Aufwand ersetzt verlangen, der ihm durch die Aufnahme des zusätzlichen Versorgungsberechtigten in sein Versorgungssystem entsteht. erfasst werden daher auch die im Rahmen der Kontenverwaltung erwachsenden Mehrkosten.

Verzicht

▶ **Verzicht auf Versorgungsansprüche im laufenden Arbeitsverhältnis** 2756

BAG, Urt. v. 21.01.2003 – 3 AZR 30/02

Fundstellen: DB 2003, 2130 = BetrAV 2003, 782 = VersR 2004, 356 = NZA 2004, 331

Leitsätze:

1. Im laufenden Arbeitsverhältnis kann der Arbeitnehmer auch auf in der Vergangenheit erdiente, verfallbare oder unverfallbare Anwartschaften wirksam verzichten.
2. Erfolgte der Verzicht im Zusammenhang mit einer Veränderung der Versorgungsgrundsätze, so bedarf es zu seiner Wirksamkeit der ordnungsgemäßen Beteiligung des Betriebsrats gem. § 87 Abs. 1 Nr. 10 BetrVG.
3. Das Recht, sich auf die Unwirksamkeit eines früheren Verzichts wegen nicht ordnungsgemäßer Beteiligung des Betriebsrats zu berufen, kann verwirkt werden, wenn vertrauensbildende Umstandsmomente in Bezug auf die Ordnungsgemäßheit des Mitbestimmungsverfahrens vorliegen. Im Einzelfall können solche Umstandsmomente dazu führen, dass der Versorgungsberechtigte die Umstände zu beweisen hat, die zur Unwirksamkeit des von ihm früher erklärten Verzichts führen.

▶ **Zulässiger Verzicht auf eine Versorgungsanwartschaft** 2757

BAG, Urt. v. 14.06.2005 – 3 AZR 185/04

Fundstelle: DB 2006, 959

Leitsätze:

1. Ein Teilverzicht auf eine Versorgungsanwartschaft, der nicht im Zusammenhang mit der Beendigung des Arbeitsverhältnisses, sondern im laufenden Arbeitsverhältnis vereinbart wird, verstößt nicht gegen § 3 BetrAVG.
2. Richtet sich eine Anfechtungserklärung nicht gegen den gesamten Vertrag, sondern nur gegen die darin enthaltene Verschlechterung seiner Versorgungsrechte, ist eine Teilanfechtung nur dann wirksam, wenn die Parteien den Vertrag auch ohne die angefochtene Erklärung angeschlossen hätten.
3. Eine salvatorische Klausel regelt lediglich, wie sich die Unwirksamkeit einzelner Bestimmungen des Vertrags auf die Gültigkeit der übrigen Bestimmungen auswirkt. Sie schafft aber nicht die Möglichkeit, den Vertrag durch Teilanfechtung aufzuspalten und durch eine derartige

rechtsgeschäftliche Willenserklärung die Unwirksamkeit einzelner Bestimmungen herbeizuführen.

Vordienstzeiten

2758 ▶ **Anrechnung von Vordienstzeiten und Insolvenzschutz**

BAG, Urt. v. 03.08.1978 – 3 AZR 19/77

Fundstellen: AuR 1979, 155 = BetrAV 1978, 244 = BB 1978, 1571 = DB 1978, 2127 = NJW 1979, 446

Leitsätze:

1. Versorgungsanwartschaften sind nach § 7 Abs. 2 Satz 1 nur insolvenzgeschützt, wenn sie nach § 1 Abs. 1 Satz 1 unverfallbar sind.
2. Wird **vertraglich** eine Betriebszugehörigkeit aus einem Arbeitsverhältnis **angerechnet**, bei dem eine **Versorgungszusage bestand**, so wirkt sich dies für die Betriebszugehörigkeit im Sinne von § 1 Abs. 1 Satz 1 und damit zugleich für ihren Insolvenzschutz nach § 7 Abs. 2 Satz 1 aus.

2759 ▶ **Anrechnung von Vordienstzeiten vor Inkrafttreten des BetrAVG**

BAG, Urt. v. 25.01.1979 – 3 AZR 1096/77

Fundstellen: AuR 1980, 183 = BetrAV 1979, 164 = BB 1979, 784 = DB 1979, 1183

Leitsätze:

1. Wenn einem Arbeitnehmer vor der Bejahung der Unverfallbarkeit durch die Rechtsprechung (Entscheidung des BAG vom 10.3.1972) Vordienstzeiten für die betriebliche Altersversorgung angerechnet worden sind, ist in der Regel davon auszugehen, dass die Parteien die Bedeutung der Betriebszugehörigkeit für die Unverfallbarkeit nicht bedacht haben.
2. Wenn Beschäftigungszeiten angerechnet worden sind, die von einer **Versorgungszusage begleitet** waren, sind diese in der Regel auch als Zeiten der Betriebszugehörigkeit als Voraussetzung für die Unverfallbarkeit zu bewerten.

2760 ▶ **Anrechnung von Vordienstzeiten**

BAG, Urt. v. 09.03.1982 – 3 AZR 389/79

Fundstellen: AuR 1982, 291 = BetrAV 1982, 238 = BB 1982, 1733 = DB 1982, 2089

Leitsätze:

1. Eine Versorgungsordnung, die eine ununterbrochene Beschäftigung von 20 Jahren als Wartezeit fordert, ist nicht unbillig.
2. Mit der Beendigung des Arbeitsverhältnisses werden die Unverfallbarkeitsfristen des § 1 unterbrochen, wenn die Parteien nichts anderes vereinbaren.
3. Die Parteien können bei Begründung eines neuen Arbeitsverhältnisses die Anrechnung von Vordienstzeiten bei der betrieblichen Altersversorgung vorsehen. Eine solche Vereinbarung kann sich auch aus den Umständen ergeben. Eine entsprechende Verpflichtung des Arbeitgebers besteht jedoch im Allgemeinen nicht.

2761 ▶ **Anrechnung von Vordienstzeiten und Unverfallbarkeit**

BAG, Urt. v. 16.03.1982 – 3 AZR 843/79

Fundstellen: AuR 1982, 291 = BetrAV 1982, 211 = BB 1982, 1490 = DB 1982, 1728

Leitsatz:

Die **Anrechnung von Vordienstzeiten** in einer Versorgungszusage **betrifft im Zweifel** auch die **Betriebszugehörigkeit** i.S. von § 1 Abs. 1 Satz 1. Soll die Unverfallbarkeitsfrist trotz der Anrechnung nicht abgekürzt werden, so muss das zum Ausdruck gebracht werden.

▶ Anrechnung von Vordienstzeiten und Insolvenzschutz   2762

BAG, Urt. v. 11.01.1983 – 3 AZR 212/80

Fundstellen: AuR 1984, 53 = BetrAV 1984, 20 = BB 1984, 65 = DB 1984, 195 = NJW 1984, 1199

Leitsatz:

Der **gesetzliche Insolvenzschutz** erstreckt sich **ausnahmsweise** auch auf solche Versorgungsanwartschaften, deren Unverfallbarkeit auf der Anrechnung von Vordienstzeiten beruht. Voraussetzung ist aber, dass die angerechnete Betriebszugehörigkeit bereits von einer **Versorgungszusage begleitet** war und **an das Arbeitsverhältnis heranreicht**, das eine neue Versorgungsanwartschaft begründet. War die verfallbare Versorgungsanwartschaft aus einem früheren Arbeitsverhältnis schon geraume Zeit erloschen, so kann die Anrechnung der entsprechenden Betriebszugehörigkeit zwar zur Unverfallbarkeit, nicht aber zum Insolvenzschutz der neuen Versorgungsanwartschaft führen.

Vorschaltzeit

▶ Keine Verlängerung der Unverfallbarkeitsfrist   2763

BAG, Urt. v. 07.07.1977 – 3 AZR 572/76

Fundstellen: AuR 1978, 123 = BetrAV 1977, 222 = BB 1979, 1305 = DB 1977, 1704 = MDR 1977, 1051 = NJW 1977, 2376

Leitsätze:

1. Eine Versorgungsordnung, wonach alle Betriebsangehörigen nach 2-jähriger Mindestdienstzeit (Vorschaltzeit) eine Versorgungszusage erhalten und nach einer weiteren Wartezeit im Versorgungsfall bestimmte Alters- bzw. Invalidenrenten beanspruchen können, begründet **von Anfang an** Versorgungsanwartschaften, die gem. § 1 Abs. 1 Satz 1 BetrAVG spätestens nach 10 Jahren unverfallbar werden. Die **förmliche Zusage nach Ablauf der Mindestdienstzeit** ist für den Zeitpunkt der Unverfallbarkeit **ohne Bedeutung**.
2. Der Arbeitgeber kann nicht verlangen, dass das aufschiebend bedingte Versprechen eines Ruhegeldes nur deshalb nicht als Versorgungszusage behandelt wird, weil er eine andere Bezeichnung gewählt hat und den Eintritt der Unverfallbarkeit hinausschieben möchte.

▶ Keine Verlängerung der Unverfallbarkeitsfrist   2764

BAG, Urt. v. 13.07.1978 – 3 AZR 278/77

Fundstellen: AuR 1979, 218 = BetrAV 1979, 38 = BB 1979, 477 = DB 1979, 551

Leitsatz:

Auch bei Unterstützungskassen sind die sog. Vorschaltzeiten ohne Bedeutung für die Unverfallbarkeit, wenn dem Arbeitgeber für die Erteilung einer förmlichen individuellen Zusage kein Entscheidungsspielraum verbleibt.

▶ Keine Verlängerung der Unverfallbarkeitsfrist   2765

BAG, Urt. v. 20.03.1980 – 3 AZR 697/78

Fundstellen: BAGE 33, 65 = BetrAV 1980, 207 = NJW 1980, 2428 = BB 1980, 1048 = DB 1980, 1352

Leitsatz:

Wenn einem Arbeitnehmer zugesagt wird, er werde eine Versorgungszusage erhalten, falls er eine bestimmte Dauer im Arbeitsverhältnis verbleibt, dann beginnt für die Berechnung der Unverfallbarkeit die in § 1 Abs. 1 Satz 1 Alternative 1 BetrAVG genannte Zehnjahresfrist bereits mit der Vereinbarung der Vorschaltzeit. Das gilt auch dann, wenn eine Unterstützungskasse so verfährt.

2766 ▶ **Keine Verlängerung der Unverfallbarkeitsfrist**

BAG, Urt. v. 21.08.1980 – 3 AZR 143/80

Fundstellen: BetrAV 1980, 207 = BB 1981, 671 = DB 1981, 430 = NJW 1980, 2428

Leitsatz:

Auch wenn sogenannte Vorschaltzeiten vereinbart sind, beginnt mit deren Vereinbarung die in § 1 Abs. 1 Satz 1 Alternative 1 BetrAVG geregelte Zehnjahresfrist für die Berechnung der Unverfallbarkeit von Versorgungsanwartschaften.

2767 ▶ **Keine Verlängerung der Unverfallbarkeitsfrist**

BAG, Urt. v. 15.12.1981 – 3 AZR 1100/78

Fundstellen: AuR 1982, 163 = BetrAV 1982, 188 = BB 1982, 1488 = DB 1982, 855

Leitsatz:

Sieht eine betriebliche Versorgungsordnung vor, dass unter bestimmten zeitlichen Voraussetzungen genau bezeichnete Einzelzusagen förmlich zu erteilen sind, so beginnt der Lauf der Unverfallbarkeitsfrist i.S. des § 1 Abs. 1 BetrAVG nicht erst dann, wenn eine förmliche Einzelzusage tatsächlich erteilt wird. Schon die betriebliche Versorgungsordnung selbst enthält in einem solchen Fall eine Versorgungszusage i.S. des § 1 Abs. 1 BetrAVG (ständige Rechtsprechung).

2768 ▶ **Merkmale der Vorschaltzeit: Abgrenzung zur Wartezeit und Unverfallbarkeitsfrist**

BAG, Urt. v. 24.02.2004 – 3 AZR 5/03

Fundstellen: BAGE 109, 354 = NZA 2004, 789 = DB 2004, 1158 = BetrAV 2004, 281

Leitsatz:

Sagt der Arbeitgeber dem Arbeitnehmer im Arbeitsverhältnis zu, ihm nach einer festgelegten Zeitspanne eine Versorgungszusage zu erteilen, und verbleibt dem Arbeitgeber nach deren Ablauf kein Entscheidungsspielraum, ob er die Zusage erteilt oder nicht, so beginnt die Unverfallbarkeitsfrist schon mit dem Zeitpunkt der »Zusage der Zusage«.

Wartezeit

2769 ▶ **Rechtliche Konsequenzen einer vereinbarten Wartezeit**

BAG, Urt. v. 07.07.1977 – 3 AZR 570/76

Fundstellen: AuR 1978, 123 = BetrAV 1977, 196 = BB 1977, 1251 = DB 1977, 1608 = MDR 1977, 962

Wartezeit D.

Leitsätze:

1. Sieht eine Versorgungsregelung vor, dass Altersversorgung nur Betriebszugehörige erhalten, die bis zum 65. Lebensjahr eine bestimmte Zeit dem Betrieb angehört haben, so ergeben sich folgende Auswirkungen:
   a) Für die Betriebsangehörigen, die die Voraussetzung (Wartezeit) erfüllen können, entsteht eine Versorgungsanwartschaft.
   b) Für die Betriebsangehörigen, die bei ihrem Eintritt in das Arbeitsverhältnis die erforderliche Betriebszugehörigkeit nicht mehr erreichen können, bedeutet eine solche Klausel, dass sie **nicht versorgungsberechtigt** sind.
   a) Eine derartige Abgrenzung des begünstigten Personenkreises durch Wartezeiten istzulässig.
   b) Betriebsangehörige, die nicht zu den Versorgungsberechtigten gehören, haben auch dann keinen Teilanspruch, wenn ihr Arbeitsverhältnis endet, nachdem bereits eine unverfallbare Anwartschaft entstanden ist.
3. Die in § 1 Abs. 1 Satz 4 BetrAVG vorgesehene Möglichkeit, die Wartezeit nach Entstehen der Unverfallbarkeitsvoraussetzungen auch außerhalb des Betriebes zurückzulegen, gilt nur für die Fälle, in denen die Wartezeit bei Fortbestehen des Arbeitsverhältnisses erreichbar war.

▶ Zulässigkeit einer 20-jährigen Wartezeit   2770

BAG, Urt. v. 09.03.1982 – 3 AZR 389/79

Fundstellen: AuR 1982, 291 = BetrAV 1982, 238 = BB 1982, 1733 = DB 1982, 2089

Leitsätze:

1. Eine Versorgungsordnung, die eine ununterbrochene Beschäftigung von 20 Jahren als Wartezeit fordert, ist nicht unbillig.
2. Mit der Beendigung des Arbeitsverhältnisses werden die Unverfallbarkeitsfristen des § 1 BetrAVG unterbrochen, wenn die Parteien nichts anderes vereinbaren.
3. Die Parteien können bei Begründung eines neuen Arbeitsverhältnisses die Anrechnung von Vordienstzeiten bei der betrieblichen Altersversorgung vorsehen. Eine solche Vereinbarung kann sich auch aus den Umständen ergeben. Eine entsprechende Verpflichtung des Arbeitgebers besteht jedoch im Allgemeinen nicht.

▶ Erfüllbarkeit einer Wartezeit   2771

BAG, Urt. v. 03.05.1983 – 3 AZR 1263/79

Fundstellen: AuR 1983, 217 = BetrAV 1983, 177 = BB 1983, 1539 = DB 1983, 1259 = NJW 1983, 2283

Leitsätze:

1. Kann ein Arbeitnehmer die geforderte **Wartezeit** erst **nach Vollendung des 65. Lebensjahres erreichen**, so ist bei seinem vorzeitigen Ausscheiden der Teilwert der Betriebsrente so zu berechnen, dass nicht das 65. Lebensjahr, sondern der Ablauf der vorgesehenen Wartezeit als Höchstdauer des Arbeitsverhältnisses i.S. von § 2 BetrAVG anzusetzen ist.
2. Wird in einer Versorgungszusage die Erfüllung einer bestimmten Wartezeit gefordert, so ist im Zweifel nicht anzunehmen, dass diese bis zum Erreichen einer Altersgrenze erfüllt sein muss. Schweigt die Versorgungsregelung, so ist davon auszugehen, dass keine feste Altersgrenze und keine Begrenzung für die Erfüllung der Wartezeit vorgesehen sind.

▶ Erfüllung der Wartezeit nach Beendigung des Arbeitsverhältnisses   2772

BAG, Urt. v. 18.03.1986 – 3 AZR 641/84

Fundstellen: AuR 1986, 315 = BetrAV 1986, 206 = BB 1986, 1578 = DB 1986, 1930 = NZA 1986, 715

D. Rechtsprechungslexikon

Leitsatz:

Ein Arbeitnehmer, der mit einer unverfallbaren Versorgungsanwartschaft vorzeitig ausscheidet, kann eine vorgesehene Wartezeit noch nach Beendigung des Arbeitsverhältnisses erfüllen (§ 1 Abs. 1 Satz 5 BetrAVG). Das gilt auch dann, wenn das Arbeitsverhältnis wegen Erwerbsunfähigkeit des Arbeitnehmers vorzeitig beendet wurde, eine betriebliche Invalidenrente jedoch mit Rücksicht auf die unerfüllte Wartezeit ausscheidet. Bei Erreichen der Altersgrenze entsteht dann ein Anspruch auf zeitanteilig gekürzte Altersrente.

2773 ▶ **Zulässigkeit einer 25-jährigen Wartezeit**

LAG Hessen, Urt. v. 20.04.1988 – 8 Sa 923/87

Fundstellen: BB 1988, 2179 = DB 1988, 2650

Leitsätze:

1. Soweit eine Versorgungsordnung eine Versorgung im Falle der Erwerbsunfähigkeit erst nach einer Wartezeit von 25 Jahren vorsieht, ist dies rechtlich nicht zu beanstanden.
2. Wartezeiten für Leistungen aus einer betrieblichen Alters- oder Invalidenversorgung kann der Arbeitgeber grundsätzlich beliebig lang festsetzen und damit die Wahrscheinlichkeit einer Inanspruchnahme wesentlich herabsetzen.

2774 ▶ **Erfüllung der Wartezeit nach Beendigung des Arbeitsverhältnisses**

BAG, Urt. v. 28.02.1989 – 3 AZR 470/87

Fundstellen: AuR 1989, 257 = BetrAV 1990, 78 = BB 1989, 1348 = DB 1989, 1579 = NZA 1989, 676

Leitsätze:

1. Der Arbeitnehmer kann die Anspruchsvoraussetzungen – etwa die Wartezeit – auch nach seinem vorzeitigen Ausscheiden aus dem Arbeitsverhältnis erfüllen.
2. Der Anspruch auf das vorzeitige Altersruhegeld ist nicht davon abhängig, dass die Anwartschaft des Arbeitnehmers auf Leistungen der betrieblichen Altersversorgung beim Ausscheiden aus dem Arbeitsverhältnis und Eintritt in den Ruhestand unverfallbar ist. Das **vorzeitige Ausscheiden aus dem Erwerbsleben mit Altersruhegeld aus der gesetzlichen Rentenversicherung ist ein Versorgungsfall.**

Wegfall der Geschäftsgrundlage

2775 ▶ **Unzulässiger Eingriff in die Dynamisierungsformel eines betrieblichen Gesamtversorgungssystems**

LAG Köln, Urt. v. 03.08.2005 – 7 (9) Sa 1589/04 (Rev.-Az.: 3 AZR 49/06)

Fundstellen: n. v.

Leitsätze (nicht amtlich):

1. Eine Gesamtversorgungszusage dient typischerweise dazu, dem Arbeitnehmer Versorgungsleistungen zu garantieren, die in einer vorher festgelegten Relation zu einer definierten Richtgröße stehen. Dabei geht es regelmäßig um eine feste Relation zwischen der Gesamtrente (= Betriebsrente + SV-Rente) und den Bezügen der aktiven Beschäftigten und gerade nicht um eine feste Relation zwischen der Betriebsrente und den Aktiven-Bezügen.
2. Es liegt in der Natur der Sache, dass dynamisch ausgestaltete Rechnungsfaktoren fortlaufenden Schwankungen unterworfen sein können. Wenn ein Arbeitgeber seinen Mitarbeitern zugesagt hat, durch Zahlung einer Betriebsrente die Lücke zwischen letztem Gehalt und SV-Rente zu schließen, so hat er dadurch vertraglich ein entsprechendes Schwankungsrisiko übernommen.

Realisieren sich derartige vertraglich übernommene Risiken, so liegt grundsätzlich keine Äquivalenzstörung i. S. v. § 313 BGB vor.

▶ **Änderungen im Recht der gesetzlichen Rentenversicherung** 2776

LAG München, Urt. v. 30.03.2006 – 3 Sa 1036/05

Fundstellen: juris Datenbank

Leitsätze:

1. Der Zweck oder das Motiv einer vertraglichen Vereinbarung ist nicht ohne weiteres Bestandteil des Vertragsinhalts. Bei einer Verfehlung des Zwecks oder Nichtverwirklichung des Motivs kann ein Wegfall der Geschäftsgrundlage gegeben sein. Eine Einstandspflicht einer Vertragspartei für die Erreichung des Vertragszwecks besteht nur, wenn eine solche Verpflichtung vertraglich übernommen wurde.
2. Änderungen im Recht der gesetzlichen Rentenversicherung und sich daraus ergebende Nachteile in Bezug auf Betriebsrentenansprüche gehören grundsätzlich zum Risikobereich des Arbeitnehmers. Eine Vertragsanpassung wegen Wegfalls der Geschäftsgrundlage kommt insoweit regelmäßig nicht in Betracht.

▶ **Störung der Geschäftsgrundlage bei Gesamtversorgung** 2777

BAG, Urt. v. 19.02.2008 – 3 AZR 290/06

Fundstellen: AP Nr. 5 zu § 313 BGB = DB 2008, 1387 = NZA-RR 2008, 600 = EzA § 1 BetrAVG Geschäftsgrundlage Nr. 4

Leitsatz:

Bei Gesamtversorgungszusagen kann eine Anpassung wegen Äquivalenzstörung nur dann verlangt werden, wenn der bei Schaffung des Versorgungssystems zugrunde gelegte Dotierungsrahmen auf Grund von Änderungen der Rechtslage zum Anpassungsstichtag um mehr als 50 % überschritten wird.

Wettbewerbsverbot

▶ **Wirksamkeit eines Wettbewerbsverbots im Rahmen einer Versorgungszusage** 2778

BGH, Urt. v. 03.07.2000 – II ZR 381/98

Fundstellen: BetrAV 2000, 604 = DStR 2000, 1783 = MDR 2000, 1197 = NJW-RR 2000, 1277 = NZA 2001, 612 = ZIP 2000, 1452

Leitsätze:

1. Ein Übergangsgeld, das für die Zeit bis zum Eintritt des Versorgungsfalls versprochen worden ist und nicht dem Schutz der §§ 1, 17 BetrAVG untersteht, kann unter die Bedingung gestellt werden, dass der Begünstigte von jeder nicht genehmigten Tätigkeit absieht, die geeignet ist, dem Zahlungspflichtigen Konkurrenz zu machen. Die Rechtsprechungsgrundsätze für die rechtlichen Grenzen nachvertraglicher Wettbewerbsverbote sind auf solche Vereinbarungen nicht anzuwenden.
2. Eine entsprechende Bedingung ist jedoch unwirksam, soweit sie nach Eintritt des Versorgungsfalles auch die unverfallbar gewordenen Versorgungsansprüche erfassen soll.

Widerruf

▶ **Allgemeine Widerrufsvoraussetzungen für Eingriffe in laufende Rentenzahlungen** 2779

BAG, Urt. v. 10.12.1971 – 3 AZR 190/71

Fundstellen: AuR 1972, 222 = BetrAV 1972, 49 = BB 1972, 317 = DB 1972, 491 = MDR 1972, 450 = NJW 1972, 733

Leitsätze:

1. Auch bei **vorbehaltloser** Versorgungszusage kann der Arbeitgeber unter Umständen berechtigt sein, die Versorgungsleistung zu **verweigern**, wenn und solange bei ungekürzter Weiterzahlung der **Bestand des Unternehmens gefährdet** ist. Ein Opfer kann dem Pensionär allerdings nur dann zugemutet werden, wenn Aussicht besteht, dass das Unternehmen mit dieser Hilfe saniert wird.
2. Von dem Pensionär können Zugeständnisse jeweils nur in dem Umfang verlangt werden, wie sie zur Rettung des Unternehmens unerlässlich erscheinen. Das bedeutet, dass – wenigstens zunächst – nur eine **Stundung** in Betracht kommt.
3. Ob die geschilderten Voraussetzungen im Einzelfall vorliegen, muss der Arbeitgeber mit den Mitteln der modernen Betriebswirtschaft prüfen und dem Gericht nachweisen.
4. Zu einem solchen Nachweis gehört, dass eine von einem **unparteiischen** Sachverständigen erstellte **Betriebsanalyse** die wirtschaftliche Notlage des Betriebs und deren Ursachen im einzelnen darlegt. Der Arbeitgeber muss ferner einen **wirtschaftlichen Sanierungsplan** ausarbeiten, der nach vernünftiger Beurteilung einer dafür sachkundigen Stelle einen Erfolg erwarten lässt.
5. Schließlich muss der Arbeitgeber, evtl. zusammen mit dem Betriebsrat, einen **Sozialplan** ausarbeiten, der die etwa notwendigen Einschränkungen sozial gerecht verteilt und der erkennen lässt, in welcher Weise auch der Arbeitgeber und die aktiven Belegschaftsmitglieder einschließlich der Spitzenkräfte das ihre beitragen.

2780 ▶ **Widerruf wegen wirtschaftlicher Schwierigkeiten**

BAG, Urt. v. 18.05.1977 – 3 AZR 371/76

Fundstellen: AuR 1978, 123 = BetrAV 1977, 194 = BB 1977, 1353 = DB 1977, 1655 = MDR 1977, 962 = NJW 1977, 1982

Leitsätze:

1. Ein **Widerruf** von Versorgungszusagen wegen **wirtschaftlicher Schwierigkeiten** des Unternehmens kann auch dann gerechtfertigt sein, wenn die dadurch eingesparten Beträge neben den außerdem erforderlichen Sanierungsmaßnahmen gering erscheinen.
2. Ein Widerruf aus wirtschaftlichen Gründen ist immer nur in der **mildesten Form** zulässig, die zur Rettung des Unternehmens unerlässlich erscheint. In der Regel muss eine **vorübergehende Kürzung** oder **Aussetzung** der Leistungen genügen, wenn nicht sogar eine **Stundung** ausreicht.
3. Der Widerruf darf nicht zu einer Umstrukturierung des betrieblichen Versorgungssystems genutzt werden, die mit der wirtschaftlichen Notlage und deren Folgen nichts zu tun hat.
4. Eine **Betriebsvereinbarung** kann **nicht** die Rechte derjenigen **Pensionäre** beschneiden, die sich zur Zeit des Zustandekommens der Neuregelung bereits im Ruhestand befinden.

2781 ▶ **Widerruf von Versorgungsleistungen einer Unterstützungskasse**

BAG, Urt. v. 10.11.1977 – 3 AZR 705/76

Fundstellen: AuR 1978, 317 = BetrAV 1978, 58 = BB 1978, 762 = DB 1978, 939 = MDR 1978, 434 = NJW 1978, 1069

Leitsätze:

1. Versorgungsleistungen einer **Unterstützungskasse** können nur widerrufen werden, wenn dafür sachliche Gründe vorliegen. Das gilt auch dann, wenn nach Satzung oder Richtlinien auf die Leistungen **kein Rechtsanspruch** besteht.
2. Wird ein Widerruf darauf gestützt, dass das Vermögen und die Erträgnisse der Unterstützungskasse nicht ausreichen, um die Versorgungsleistungen ungekürzt weiterzuzahlen, so hängt die

Berechtigung des Widerrufs davon ab, ob die **wirtschaftliche Lage des Trägerunternehmens** es nicht zulässt, der Unterstützungskasse die für die Fortführung der begonnenen Leistungen notwendigen Mittel zur Verfügung zu stellen oder selbst einzutreten. Dabei sind die wirtschaftlichen Verhältnisse des Trägerunternehmens nach den **gleichen Maßstäben** zu prüfen und zu berücksichtigen **wie beim Widerruf** von Versorgungsleistungen auf Grund **von Direktzusagen**.

▶ **Voraussetzungen und Umfang eines Eingriffs in Anwartschaftsrechte** 2782

BAG, Urt. v. 24.11.1977 – 3 AZR 732/76

Fundstellen: AuR 1978, 317 = BetrAV 1978, 58 = BB 1978, 450 = DB 1978, 545 = MDR 1978, 434 = NJW 1978, 1069

Leitsätze:

1. Liegen die Voraussetzungen vor, die nach der Rechtsprechung des Bundesarbeitsgerichts den Widerruf von Versorgungszusagen rechtfertigen, so können sich die erforderlichen Kürzungsmaßnahmen auch auf die **Versorgungsanwartschaften** der noch aktiven Belegschaft erstrecken.
2. Wie für die Pensionen gilt auch für die Anwartschaften, dass nur der **mildeste Eingriff** zulässig ist, der zur Rettung des Unternehmens unerlässlich erscheint.
3. Die mildeste Form der Kürzung von Versorgungsanwartschaften besteht regelmäßig darin, lediglich den **erreichten Teilwert** (§ 2 BetrAVG) aufrechtzuerhalten, hingegen auf Zeit oder für dauernd die **Steigerungsbeträge auszuschließen**, die der Arbeitnehmer im Laufe des weiteren Arbeitsverhältnisses erwarten durfte.
4. Zu einer Umstrukturierung oder Nivellierung eines Versorgungssystems darf der Widerruf wegen einer wirtschaftlichen Notlage nicht benutzt werden.
5. Vor einer Kürzung von Pensionen und unverfallbaren Pensionsanwartschaften wegen Liquiditätsschwierigkeiten muss der Arbeitgeber den **Pensions-Sicherungs-Verein** einschalten.
6. Eine **Betriebsvereinbarung** kann **nicht** in Versorgungsanwartschaften eingreifen, die die berechtigten Arbeitnehmer auf Grund einer **individuellen Zusage** erworben haben.

▶ **Widerruf wegen Treuepflichtverletzung** 2783

BAG, Urt. v. 18.10.1979 – 3 AZR 550/78

Fundstellen: AuR 1980, 90 = BetrAV 1980, 90 = BB 1980, 470 = DB 1980, 500 = MDR 1980, 435 = NJW 1980, 1127

Leitsätze:

1. Die Rechtsprechung des BAG zum Widerruf von Versorgungszusagen wegen **grober Treuepflichtverletzung** des Arbeitnehmers (zusammenfassend: BAG vom 10.2.1968 – 3 AZR 4/67) ist unter der Geltung des BetrAVG nicht mehr uneingeschränkt aufrecht zu erhalten.
2. Verstöße eines Arbeitnehmers können die Verweigerung von Versorgungsleistungen nur noch dann rechtfertigen, wenn sie so **schwer wiegen**, dass die Berufung auf die Versorgungszusage **arglistig** erscheint (BGH vom 7.1.1971 – II ZR 23/70).
3. Der Einwand der Arglist liegt nahe, wenn eine **fristlose Kündigung** möglich gewesen wäre, bevor eine Versorgungsanwartschaft **unverfallbar** wurde, der Arbeitgeber diese Möglichkeit jedoch nur deshalb nicht rechtzeitig genutzt hat, weil der Arbeitnehmer seine Verfehlungen verheimlichen konnte.

▶ **Eigentumsschutz unverfallbarer Versorgungsanwartschaften** 2784

BAG, Urt. v. 17.01.1980 – 3 AZR 456/78

Fundstellen: AuR 1980, 250 = BetrAV 1980, 182 = BB 1980, 941 = DB 1980, 1399 = NJW 1980, 1976

Leitsätze:

1. Unverfallbar gewordene Versorgungsanwartschaften haben **eigentumsähnlichen Vermögenswert**, ihre Wegnahme käme einer Enteignung gleich. Durch Betriebsvereinbarung können Ruhegeldordnungen für die Zukunft in gewissem Rahmen abgeändert werden, der Entzug unverfallbar gewordener Anwartschaften durch Betriebsvereinbarung ist dagegen nicht ohne besonderen Grund möglich.
2. Betriebsvereinbarungen gelten jedoch nur für betriebsangehörige Arbeitnehmer, nicht für bereits ausgeschiedene ehemalige Mitarbeiter. Etwas anderes gilt jedoch, wenn die Voraussetzungen vorliegen, unter denen die Versorgungszusagen wegen besonderer Gründe, insbesondere wegen wirtschaftlicher Notlage des Unternehmens, eingegriffen werden kann.

2785 ▶ **Widerruf wegen Treuepflichtverletzung**

BAG, Urt. v. 19.06.1980 – 3 AZR 137/79

Fundstellen: AuR 1980, 346 = BetrAV 1980, 259 = BB 1980, 1799 = DB 1980, 2143 = NJW 1981, 188

Leitsätze:

1. Der Widerruf von Versorgungszusagen wegen **Treuepflichtverletzungen** ist nur insoweit zulässig, wie die Berufung des Arbeitnehmers auf die Versorgungszusage **rechtsmissbräuchlich** ist (Bestätigung der Entscheidung vom 18.10.1979 – 3 AZR 550/78).
2. Nach den Umständen des Einzelfalls kann ein **teilweiser Widerruf** mit dem Inhalt gerechtfertigt sein, dass die **Zeit der Treuepflichtverletzung** für die Versorgungshöhe unberücksichtigt bleibt.

2786 ▶ **Zustimmung des PSV**

BAG, Urt. v. 26.06.1980 – 3 AZR 156/79

Fundstellen: AuR 1980, 379 = BetrAV 1980, 260 = BB 1980, 1641 = DB 1980, 2141 = NJW 1981, 189

Leitsätze:

1. Ein Arbeitgeber, der die Kürzung oder Einstellung von Versorgungsleistungen wegen wirtschaftlicher Notlage anstrebt, muss **vor der Kürzung den PSV** als Träger der Insolvenzsicherung **einschalten**.
2. Wenn der **PSV** einer Kürzung oder Einstellung von Ruhegeldzahlungen **nicht zustimmt**, muss der Arbeitgeber vor Kürzung oder Einstellung im Wege der **Feststellungsklage** vor den Gerichten für Arbeitssachen auch gegen den PSV feststellen lassen, ob sein Kürzungsverlangen gerechtfertigt ist oder nicht.

2787 ▶ **Wiederaufleben widerrufener Versorgungsrechte**

BAG, Urt. v. 10.11.1981 – 3 AZR 1134/78

Fundstellen: AuR 1982, 227 = BetrAV 1982, 187 = BB 1982, 994 = DB 1982, 1330 = NJW 1982, 1829

Leitsatz:

Der Widerruf einer Versorgungszusage wegen wirtschaftlicher Schwierigkeiten ist nur insoweit und so lange wirksam, wie die geplante Sanierung Erfolg verspricht. Wenn Sanierungsmaßnahmen, die ursprünglich aussichtsreich zu sein schienen, später scheitern, leben die widerrufenen Versorgungsrechte wieder auf (ständige Rechtsprechung).

D. Widerruf

▶ Widerruf wegen Treuepflichtverletzung 2788

BAG, Urt. v. 11.05.1982 – 3 AZR 1239/79

Fundstellen: AuR 1982, 354 = BetrAV 1983, 45 = BB 1983, 198 = DB 1982, 2411

Leitsatz:

Hat ein leitender Angestellter durch weisungswidriges Verhalten **hohen Schaden** verursacht, so rechtfertigt das allein noch nicht den Widerruf einer Versorgungszusage wegen grober **Treuepflichtverletzung**. Vielmehr kommt es darauf an, ob die gesamten Umstände einen so schwerwiegenden Vorwurf ergeben, dass die Berufung auf die Versorgungszusage als **Rechtsmissbrauch** erschiene.

▶ Widerruf wegen Treuepflichtverletzung 2789

BAG, Urt. v. 08.02.1983 – 3 AZR 463/80

Fundstellen: AuR 1983, 248 = BetrAV 1983, 181 = BB 1983, 1416 = DB 1983, 1770 = MDR 1983, 961 = NJW 1984, 141

Leitsatz:

Ein Pförtner, der nach über 20 Dienstjahren seinen Arbeitsplatz verliert, weil er in den letzten 9 Monaten Unterschlagungen in einer Gesamthöhe von etwa 30.000,- DM gedeckt hat, handelt nicht arglistig, wenn er sich auf seine unverfallbare Versorgungsanwartschaft beruft. Auch ein Teilwiderruf kommt nicht in Betracht.

▶ Kürzungen von Leistungen einer Unterstützungskasse 2790

BAG, Urt. v. 05.06.1984 – 3 AZR 33/84

Fundstellen: DB 1984, 2461 = BB 1984, 2067 = BetrAV 1984, 241 = ZIP 1985, 50 = VersR 1985, 190 = ZfA 1985, 619

Leitsätze:

1. Versorgungsleistungen, die durch eine Unterstützungskasse erbracht werden sollen, können aus einem »triftigen Grund« gekürzt werden, wenn der begünstigte Arbeitnehmer schon vor Inkrafttreten des Betriebsrentengesetzes mit einer unverfallbaren Versorgungsanwartschaft aus den Diensten des Trägerunternehmens ausgeschieden war. Insoweit besteht kein Insolvenzschutz (Beschluss des Bundesverfassungsgerichts vom 19. Oktober 1983 – 2 BvR 298/81 = BVerfGE 65, 196).
2. Ob diese Grundsätze des Bundesverfassungsgerichts über die sogenannten »Altfälle« hinausreichen und den Bestandsschutz aller Unterstützungskassenleistungen gegenüber der bisherigen Rechtsprechung abschwächen, bleibt unentschieden.
3. Ein »triftiger Grund« ist u. a. dann anzuerkennen, wenn eine ungekürzte Versorgungslast langfristig die Substanz des Trägerunternehmens gefährden könnte und mildere Mittel nicht ausreichend.
4. Werden die Leistungen einer Unterstützungskasse generell gekürzt, muss ein neuer Leistungsplan aufgestellt werden. Diese Regelung ist mitbestimmungspflichtig und unterliegt einer gerichtlichen Billigkeitskontrolle (ständige Rechtsprechung).

▶ Zustimmung der Versorgungsberechtigten 2791

BAG, Urt. v. 12.02.1985 – 3 AZR 183/83

Fundstellen: AuR 1985, 369 = BetrAV 1985, 201 = BB 1985, 1668 = DB 1985, 2055 = NZA 1986, 64

Leitsätze:

1. Ein Arbeitgeber, der durch Rundschreiben seinen Arbeitnehmern eine **verschlechternde Versorgungsregelung** anträgt, darf die **widerspruchslose** Fortsetzung des Arbeitsverhältnisses allein noch **nicht als Annahme** seines Änderungsangebots verstehen. Etwas anderes kann jedoch für einzelne Arbeitnehmer dann gelten, wenn besondere Umstände vorliegen, die nach Treu und Glauben einen ausdrücklichen Widerspruch erwarten lassen.
2. Ein Personalleiter, der Rundschreiben mit Vertragsänderungsangeboten formuliert und mitunterschreibt, stimmt damit der eigenen Vertragsänderung noch nicht zu. Sein Arbeitgeber wird aber u. U. erwarten dürfen, dass er, will er das Änderungsangebot für seine Person ablehnen, darauf ausdrücklich hinweist. Entscheidend ist die Frage, ob er durch sein ganzes Verhalten für den Arbeitgeber einen Vertrauenstatbestand begründet hat, dass er mit dem Inhalt des Rundschreibens einverstanden sei. Dabei kann eine Rolle spielen, von wem die Rundschreiben veranlasst wurden, über welchen Zeitraum er sie versandt hat und inwieweit sie im Allgemeinen hingenommen worden sind.

2792 ▶ **Widerruf und Besitzstandsschutz bei Unterstützungskassenleistungen**

BAG, Urt. v. 17.04.1985 – 3 AZR 72/83

Fundstellen: BAGE 49, 57 = AuR 1986, 57 = BB 1986, 1159 = DB 1986, 228 = NZA 1986, 57

Leitsätze:

1. Der Ausschluss des Rechtsanspruchs bei Unterstützungskassen ist nur als Vorbehalt des **Widerrufs aus sachlichen Gründen** anzuerkennen. Der Widerruf muss in genereller Form ausgeübt werden und der Billigkeit entsprechen. Daraus folgt das Gebot einer **Interessenabwägung**: Die Widerrufsgründe müssen um so schwerer wiegen, je stärker die betroffenen **Besitzstände** sind und je tiefer in diese eingegriffen werden soll.
2. Am stärksten geschützt ist der **Teilbetrag** einer Versorgungsanwartschaft, der sich zur Zeit der Neuregelung nach den **Berechnungsgrundsätzen des § 2 BetrAVG** ergibt. Diese Teilanwartschaft ist nach Erreichen der Fristen des § 1 BetrAVG unverfallbar und insolvenzgeschützt. Sie kann nur noch in seltenen Ausnahmefällen gekürzt werden.
3. Die Zuwachsraten sind unterschiedlich stark geschützt je nachdem, ob der Arbeitnehmer bereits seine Gegenleistung für diese erbracht hat:
   a) Soll die Anwartschaft der Gehaltsentwicklung folgen, so erdient der Arbeitnehmer mit seiner Betriebstreue nicht nur den zeitanteilig errechneten Festbetrag, sondern auch die darauf entfallende Dynamik. Diese zeitanteilig erdiente Dynamik kann nur aus »triftigen Gründen« eingeschränkt werden.
   b) Hingegen sind Eingriffe in die dienstzeitunabhängigen Steigerungsraten, die der Arbeitnehmer zur Zeit der Neuregelung noch nicht erdient hat, aus weniger gewichtigen sachlichen Gründen zulässig.
4. Steht die verschlechternde Versorgungsregelung der Unterstützungskasse erkennbar im Zusammenhang mit dem Angebot einer neuen zusätzlichen Versorgung, so kann die ausdrückliche Annahme dieses Angebots als stillschweigende Zustimmung zu den gleichzeitigen Verschlechterungen der Unterstützungskasse zu verstehen sein.

2793 ▶ **Anforderungen an einen sachlich begründeten Widerruf**

BAG, Urt. v. 22.04.1986 – 3 AZR 496/83

Fundstellen: AuR 1986, 315 = BetrAV 1986, 210 = BB 1986, 1506 = DB 1986, 1526 = NZA 1986, 746

Leitsätze:
1. Eine **Unterstützungskasse**, die gehalts- und dienstzeitabhängige Betriebsrenten gewährt, kann die dienstzeitabhängigen Zuwachsraten im Rahmen der Billigkeit aus **sachlichen Gründen** kürzen.
2. **Sachliche Gründe** liegen vor, wenn nach Erlass der alten Versorgungsordnung **Änderungen der Sach- und Rechtslage** eingetreten sind, die bei grundsätzlichem Festhalten am Versorgungsziel Kürzungen nahelegen.
3. Diese Gründe müssen im Streitfall so dargelegt werden, dass die **Verhältnismäßigkeit** der Kürzung im Hinblick auf das angestrebte Regelungsziel überprüft werden kann.
4. Wird die Kürzung mit Änderungen der versorgungsrechtlichen Lage und daraus folgenden Kostensteigerungen begründet, so gilt folgendes:
   a) Die gesetzlichen Regelungen der Unverfallbarkeit von Versorgungsanwartschaften (§ 1 BetrAVG) und des Teuerungsausgleichs (§ 16 BetrAVG) sind regelmäßig kein sachlicher Grund für Rentenkürzungen.
   b) Hingegen sind die Einführung einer vorgezogenen Altersgrenze (§ 6 BetrAVG) und die Schaffung eines gesetzlichen Insolvenzschutzes (§ 7 ff. BetrAVG) mit Mehrkosten verbunden, die eine ausgleichende Kürzung der Unterstützungskassenrente nahelegen können.
   c) Änderungen des Sozialversicherungsrechts können sich bei Anrechnungsklauseln mittelbar auf die Kosten der betrieblichen Altersversorgung auswirken, jedoch Kürzungsmaßnahmen nur ausnahmsweise sachlich begründen. Erforderlich ist, dass sich die Rechtslage in grundlegender Weise geändert hat und dass die mittelbar verursachte Mehrbelastung sehr erheblich ist.

▶ **Eingriffsmöglichkeiten bei individual-rechtlich begründeten Sozialleistungen mit kollektivrechtlichem Bezug** 2794

BAG, Urt. v. 16.09.1986 – GS 1/82

Fundstellen: AuR 1987, 115 = BetrAV 1987, 64 = BB 1987, 265 = DB 1987, 383 = NZA 1987, 168

Leitsätze:
1. Vertraglich begründete Ansprüche der Arbeitnehmer auf Sozialleistungen, die auf eine vom Arbeitgeber gesetzte **Einheitsregelung** oder eine **Gesamtzusage** zurückgehen, können durch eine **nachfolgende Betriebsvereinbarung** in den Grenzen von Recht und Billigkeit beschränkt werden, wenn die Neuregelung insgesamt bei **kollektiver Betrachtung nicht ungünstiger** ist (sog. »**umstrukturierende Neuordnung**«).
2. Ist demgegenüber die nachfolgende Betriebsvereinbarung insgesamt ungünstiger (sog. »**verschlechternde Neuordnung**«), ist sie **nur zulässig**, soweit der Arbeitgeber wegen eines **vorbehaltenen Widerrufs** oder **Wegfalls der Geschäftsgrundlage** die Kürzung oder Streichung der Sozialleistungen verlangen kann.
3. Es kommt nicht darauf an, ob die in einer solchen Betriebsvereinbarung geregelten Angelegenheiten der erzwingbaren Mitbestimmung unterliegen (§ 87 Abs. 1 BetrVG) oder nur als freiwillige Betriebsvereinbarung (§ 88 BetrVG) zustande kommen.

▶ **Zustimmung des PSV** 2795

BAG, Urt. v. 20.01.1987 – 3 AZR 313/85

Fundstellen: AuR 1987, 310 = BetrAV 1987, 222 = BB 1987, 2307 = DB 1987, 1947 = NZA 1987, 664

Leitsatz:

Der Widerruf einer insolvenzgeschützten Versorgungszusage wegen wirtschaftlicher Notlage setzt voraus, dass der Arbeitgeber **zuvor** den Träger der gesetzlichen Insolvenzsicherung in der erforderlichen Form **zur Übernahme** der Versorgungslast **aufgefordert** und bei Meinungsverschiedenheiten über den Sicherungsfall **Klage erhoben** hat. Ein rechtskräftiges Urteil muss zur Zeit des Widerrufs noch nicht vorliegen.

2796 ▶ Ablösende Betriebsvereinbarung und Besitzstandsschutz (3-Stufen-Theorie)

BAG, Urt. v. 17.03.1987 – 3 AZR 64/84

Fundstellen: AuR 1987, 310 = BetrAV 1987, 225 = BB 1987, 1673 = DB 1987, 1639 = NJW 1987, 2607 = NZA 1987, 855

Leitsätze:

1. Wird eine Betriebsvereinbarung geschlossen, die eine ältere Betriebsvereinbarung ablösen soll, so gilt nicht das Günstigkeitsprinzip, sondern die **Zeitkollisionsregel**: Die jüngere Norm ersetzt die ältere.
2. Führt die **ablösende Betriebsvereinbarung** zu einer Kürzung von Versorgungsanwartschaften, so unterliegt sie einer **Billigkeitskontrolle**. Abzuwägen sind die Änderungsgründe gegen die **Besitzstandsschutzinteressen** der betroffenen Arbeitnehmer. Je stärker in Besitzstände eingegriffen wird, desto schwerer müssen die Änderungsgründe wiegen.
3. Wie der Senat bereits für Unterstützungskassen entschieden hat (zuletzt BAG vom 30.4.1985 – 3 AZR 611/83), lassen sich Versorgungsbesitzstände und die für entsprechende Eingriffe erforderlichen Änderungsgründe wie folgt abstufen:
    a) Der bereits **erdiente** und nach den Grundsätzen des § 2 BetrAVG errechnete **Teilbetrag** darf nur in seltenen Ausnahmefällen gekürzt werden.
    b) **Zuwächse**, die sich aus **variablen Berechnungsfaktoren** ergeben, können nur aus **triftigen Gründen** geschmälert werden, soweit sie zeitanteilig erdient sind.
    c) Für Eingriffe in **Zuwachsraten**, die noch **nicht erdient** sind, genügen **sachliche Gründe**.
4. Durch das 20. und das 21. Rentenanpassungsgesetz ist nicht so stark in das System des Sozialversicherungsrechts eingegriffen worden, dass dadurch allein die Aufgabe einer betrieblichen Gesamtversorgungsregelung ohne Rücksicht auf vorhandene Besitzstände sachlich begründet werden könnte.

2797 ▶ Widerruf des Bezugsrechts einer Direktversicherung

BAG, Urt. v. 28.07.1987 – 3 AZR 694/85

Fundstellen: AuR 1988, 57 = BetrAV 1988, 50 = DB 1988, 507 = NZA 1988, 159

Leitsätze:

1. **Widerruft** ein Arbeitgeber das **Bezugsrecht** aus einem Lebensversicherungsvertrag, weil das Arbeitsverhältnis mit dem begünstigten Arbeitnehmer geendet hat, und war die entsprechende Versorgungsanwartschaft bereits **unverfallbar**, so kann der Arbeitnehmer **Schadenersatz** verlangen.
2. Nach dem Grundsatz der **Naturalrestitution** muss der Arbeitgeber dem Arbeitnehmer eine beitragsfreie Versicherungsanwartschaft verschaffen, deren Wert dem widerrufenen Bezugsrecht bei Beendigung des Arbeitsverhältnisses entspricht.

2798 ▶ Rechtliche Bedeutung eines vertraglichen Widerrufsvorbehaltes

BAG, Urt. v. 26.04.1988 – 3 AZR 277/87

Fundstellen: AuR 1988, 347 = BetrAV 1989, 46 = BB 1988, 2112 = DB 1988, 2311 = NZA 1989, 305

Leitsätze.
1. Der Arbeitgeber kann eine Versorgungsvereinbarung, nach der ein Arbeitnehmer bei weiterer Betriebstreue eine höhere Versorgung erreichen kann, nur widerrufen, wenn er sich den Widerruf **vertraglich vorbehalten** hatte, oder wenn die **Geschäftsgrundlage** für diese Vereinbarung **weggefallen** ist.
2. Der **allgemeine Vorbehalt**, die zugesagten Leistungen zu kürzen oder einzustellen, wenn die wirtschaftliche Lage des Unternehmens sich nachhaltig so wesentlich verschlechtert, dass dem Unternehmen eine Aufrechterhaltung der zugesagten Leistungen nicht mehr zugemutet werden kann, enthält nur den Hinweis auf Kürzungs- oder Widerrufsmöglichkeiten wegen Wegfalls der Geschäftsgrundlage.
3. Der Wegfall der Geschäftsgrundlage wegen wirtschaftlicher Schwierigkeiten ist gleichbedeutend mit dem Sicherungsfall der wirtschaftlichen Notlage nach § 7 Abs. 1 Satz 3 Nr. 5 BetrAVG.
4. Danach ist der Widerruf nur berechtigt, wenn die Belastung des Arbeitgebers infolge einer wirtschaftlichen Notlage so groß wird, dass ihm als Schuldner der Versorgungszusage nicht mehr zugemutet werden kann, seine vertraglichen Verpflichtungen zu erfüllen.
5. **Sachliche Gründe reichen nicht aus**, den Widerruf einer Versorgungszusage zu rechtfertigen, die dem Arbeitnehmer einen Rechtsanspruch auf die zugesagten Leistungen einräumt.

▶ **Einschaltung des PSV** 2799

BAG, Urt. v. 24.01.1989 – 3 AZR 519/88

Fundstellen: AuR 1989, 92 = BetrAV 1989, 229 = BB 1989, 1128 = DB 1989, 1291 = NZA 1989, 682

Leitsatz:

Der Widerruf von Leistungen einer Unterstützungskasse wegen einer Bestandsgefährdung des Trägerunternehmens (Widerruf in Alt- und Übergangsfällen) ist nur wirksam, wenn das Trägerunternehmen **zuvor** den Pensions-Sicherungs-Verein eingeschaltet hat.

▶ **Widerruf und Bestandsschutz von Unterstützungskassenleistungen** 2800

BAG, Urt. v. 18.04.1989 – 3 AZR 299/87

Fundstellen: AuR 1989, 288 = BetrAV 1990, 79 = BB 1989, 1984 = DB 1989, 1876 = NZA 1989, 845 = VersR 1989, 1171 = ZIP 1990, 195 = Stbg. 1990, 188

Leitsätze:

1. Verspricht ein Arbeitgeber Altersversorgung über eine **Unterstützungskasse**, die auf ihre Leistungen keinen Rechtsanspruch gewährt (§ 1 Abs. 4 BetrAVG), können Unterstützungskasse und Arbeitgeber die Versorgungszusage nicht nach freiem Belieben widerrufen. Der Widerruf der Versorgungszusagen ist nur aus **sachlichen Gründen** berechtigt.
2. Je stärker der **Besitzstand** ist, den die Arbeitnehmer erworben haben, um so gewichtiger muss der Grund sein, der einen Eingriff gestattet. Es gelten die Grundsätze des **Vertrauensschutzes** und der **Verhältnismäßigkeit**.
3. Bei Besitzständen des Arbeitnehmers ist zu unterscheiden zwischen den nur ausnahmsweise antastbaren **insolvenzgeschützten Teilbeträgen**, die sich aus der Berechnung nach § 2 Abs. 1 BetrAVG ergeben, der sog. »zeitanteilig erdienten Dynamik« (Schutz des Berechnungsfaktors »ruhegehaltsfähiges Entgelt«) und den **Steigerungsbeträgen**, die ausschließlich von der weiteren Betriebszugehörigkeit des Arbeitnehmers abhängen.
4. Bei den Eingriffsgründen des Arbeitgebers ist zu unterscheiden zwischen **zwingenden, triftigen** und **sachlich-proportionalen Gründen**.
5. Bei der Beurteilung dieser Gründe kommt es im Regelfall auf die **wirtschaftliche Lage des Trägerunternehmens** einer Unterstützungskasse an. Dagegen ist auf die **wirtschaftliche Lage des**

Konzerns abzustellen, wenn das Trägerunternehmen mit seiner wirtschaftlichen Betätigung in einem Konzern eingebunden und speziell auf die Bedürfnisse des Konzerns zugeschnitten ist.

2801 ▶ **Kündigung einer Betriebsvereinbarung und Besitzstandsschutz (3-Stufen-Theorie)**

BAG, Urt. v. 18.04.1989 – 3 AZR 688/87

Fundstellen: AuR 1989, 352 = BetrAV 1990, 79 = BB 1990, 781 = DB 1989, 2232 = NZA 1990, 67

Leitsätze:

1. Der Arbeitgeber kann eine **Betriebsvereinbarung** über eine betriebliche Altersversorgung, soweit nichts anderes vereinbart ist, mit einer **Frist von drei Monaten kündigen** (§ 77 Abs. 5 BetrVG). Eine **Nachwirkung** (§ 77 Abs. 6 BetrVG) tritt **nicht** ein.
2. Die aufgrund der gekündigten Betriebsvereinbarung erworbenen **Besitzstände** der betroffenen Arbeitnehmer werden kraft Gesetzes nach den Grundsätzen der Verhältnismäßigkeit und des Vertrauensschutzes **geschützt**. Je stärker in Besitzstände eingegriffen wird, desto gewichtiger müssen die Änderungsgründe sein.
3. Die Änderungsgründe sind ebenso abzustufen wie bei der Ablösung einer Betriebsvereinbarung durch eine neue Betriebsvereinbarung.
   a) Der bereits **erdiente** und nach den Grundsätzen des § 2 BetrAVG errechnete **Teilbetrag** kann nur in seltenen Ausnahmefällen entzogen werden.
   b) **Zuwächse**, die sich aus **variablen Berechnungsfaktoren** ergeben, können nur aus **triftigen Gründen** geschmälert werden, soweit sie zeitanteilig erdient sind.
   c) Für Eingriffe in **Zuwachsraten**, die noch **nicht erdient** sind, genügen **sachliche Gründe**.

2802 ▶ **Abänderbarkeit einer Gesamtzusage**

LAG Köln, Urt. v. 10.08.1989 – 10/11 Sa 320/89

Fundstelle: DB 1990, 130

Leitsatz:

Versorgungszusagen, die auf einer **Gesamtzusage** beruhen, können durch eine **nachfolgende Betriebsvereinbarung** auch **zum Nachteil der Arbeitnehmer** abgelöst werden, wenn sich der Arbeitgeber eine Änderung durch eine betriebsverfassungsrechtliche Regelung ausdrücklich vorbehalten hat oder wenn aus den Umständen, die den Werdegang des Versorgungswerks und seine weitere Entwicklung begleitet haben, auf eine **Betriebsvereinbarungsoffenheit** zu schließen ist.

2803 ▶ **Ablösende Betriebsvereinbarung und Besitzstandsschutz**

BAG, Urt. v. 22.05.1990 – 3 AZR 128/89

Fundstellen: AuR 1990, 330 = BetrAV 1991, 37 = BB 1990, 2047 = DB 1990, 2174 = MDR 1990, 1145 = NZA 1990, 813

Leitsätze:

1. Wird eine Betriebsvereinbarung geschlossen, die eine ältere Betriebsvereinbarung ablösen soll, so gilt die **Zeitkollisionsregel**: Die jüngere Norm ersetzt die ältere.
2. Führt die **ablösende Betriebsvereinbarung** zu einer Kürzung der Versorgungsanwartschaften, so unterliegt sie einer **Rechtskontrolle**. Die Betriebsparteien müssen die Grundsätze des **Vertrauensschutzes** und der **Verhältnismäßigkeit** beachten. Abzuwägen sind die Änderungsgründe gegen die **Besitzstandsschutzinteressen** der betroffenen Arbeitnehmer. Je stärker in Besitzstände eingegriffen wird, desto schwerer müssen die Änderungsgründe wiegen.

3. Sind Eingriffe in Versorgungsanwartschaften aus wirtschaftlichen Gründen notwendig, müssen sie in sich ausgewogen und verhältnismäßig sein. Bei den notwendigen Anpassungen haben Arbeitgeber und Betriebsrat einen **Gestaltungsspielraum**.

▶ **Kürzung dienstzeitunabhängiger Rentenanteile** 2804

BAG, Urt. v. 11.09.1990 – 3 AZR 380/89

Fundstellen: BetrAV 1991, 42 = BB 1991, 72 = DB 1991, 503 = MDR 1991, 280 = NZA 1991, 176

Leitsätze:

1. Bei einer Versorgung über eine Unterstützungskasse darf in **zeitanteilig erdiente dienstzeitunabhängige Zuwächse** einer Versorgungsanwartschaft nur aus **triftigen Gründen** eingegriffen werden.
2. Dringende betriebliche **Bedürfnisse nichtwirtschaftlicher Art** können triftige Gründe sein, wenn ohne Schmälerung des Gesamtaufwands für die Versorgung Leistungskürzungen durch Verbesserungen des Versorgungsschutzes aufgewogen werden.
3. Hat der Betriebsrat einer solchen Änderung der Versorgungsordnung zugestimmt, so kann dies ein Anzeichen dafür sein, dass ein Bedürfnis für die Neuregelung besteht und die Neuregelung ausgewogen ist.

▶ **Abbau einer Überversorgung** 2805

BAG, Urt. v. 23.10.1990 – 3 AZR 470/87

Fundstellen: ZAP Fach 17 R, S. 23

sowie

BAG, Urt. v. 23.10.1990 – 3 AZR 260/89

Fundstellen: AuR 1991, 92 = BetrAV 1991, 69 = BB 1991, 699 = DB 1991, 449 = MDR 1991, 564 = NZA 1991, 242

Leitsätze:

1. Durch eine Betriebsvereinbarung kann eine ältere Betriebsvereinbarung abgelöst werden (st. Rspr. des Senats, BAGE 54, 261 = AP Nr. 9 zu § 1 BetrAVG-Ablösung).
2. Bei der Änderung steht den Betriebsparteien ein Regelungsspielraum zu.
3. Führt die **ablösende Betriebsvereinbarung** zu einer Kürzung von Versorgungsrechten, so unterliegt sie einer **Rechtskontrolle**: Die Grundsätze der **Verhältnismäßigkeit** und des **Vertrauensschutzes** sind zu beachten (st. Rspr. des Senats, zuletzt Urteil vom 22.5.1990 – 3 AZR 128/89 – DB 1990, S. 2174).
4. Der erdiente Teilwert einer Versorgungsanwartschaft (§ 2 Abs. 1 BetrAVG) darf nur in seltenen Ausnahmefällen gekürzt werden (sog. **zwingende Gründe**).
   a) Wird die Kürzung auf wirtschaftliche Gründe gestützt, so muss sich der Arbeitgeber in einer schweren, konkursgleichen wirtschaftlichen Notlage befinden.
   b) Auch der Abbau einer **planwidrig eingetretenen Überversorgung** rechtfertigt es, den erdienten Teilwert zu schmälern (im Anschluss an BAGE 54, 261, 273).
   c) Das Vertrauen der Arbeitnehmer auf eine **Gesamtversorgung von mehr als 100 % des letzten Nettoeinkommens** ist in einem solchen Fall nicht schutzwürdig (im Anschluss an BAGE 36, 327, 340 f.). Das gilt auch für rentennahe Jahrgänge.

▶ **Abbau einer planwidrig eingetretenen Überversorgung** 2806

BAG, Urt. v. 09.04.1991 – 3 AZR 598/89

Fundstellen: AuR 1991, 281 = BetrAV 1991, 245 = BB 1991, 2161 = DB 1991, 2040 = NZA 1991, 730

Leitsätze:

1. Der Abbau einer **planwidrig** eingetretenen **Überversorgung** rechtfertigt es, den erdienten Teilwert zu schmälern.
2. Das Vertrauen rentennaher Arbeitnehmer auf eine Gesamtversorgung von mehr als **100 % des letzten Nettoeinkommens** ist in einem solchen Fall nicht schutzwürdig.
3. Eine Begrenzung der Gesamtversorgung auf 100 % der letzten Nettobezüge als aktiver Arbeitnehmer verstößt nicht deshalb gegen das Übermaßverbot, weil bei der Berechnung der maßgeblichen Bezüge das dem aktiven Arbeitnehmer gezahlte Urlaubsgeld unberücksichtigt bleibt.

2807 ▶ Abbau einer Überversorgung im öffentlichen Dienst

BAG, Urt. v. 03.09.1991 – 3 AZR 369/90

Fundstellen: AuR 1992, 157 = BetrAV 1992, 175 = BB 1992, 572 = DB 1992, 994 = MDR 1992, 591 = NZA 1992, 515

Leitsatz:

Die Zusage einer **Überversorgung** ist einer **öffentlich-rechtlichen Anstalt** (GEZ), anders als einem privaten Arbeitgeber, **nicht gestattet** und begründet kein schutzwürdiges Vertrauen der begünstigten Arbeitnehmer in den Fortbestand der Zusage. Sie müssen sich entgegenhalten lassen, dass ihr Arbeitgeber den **Grundsätzen sparsamer und wirtschaftlicher Haushaltsführung** verpflichtet ist und hinnehmen, dass ihm die rechtliche Möglichkeit eingeräumt wird, Verstöße gegen diese Prinzipien zu korrigieren und in maßvoller Weise die erteilten Versorgungszusagen zurückzunehmen.

2808 ▶ Kündbarkeit einer Betriebsvereinbarung

BAG, Urt. v. 10.03.1992 – 3 AZR 54/91

Fundstellen: AuR 1992, 282 = BetrAV 1992, 220 = BB 1992, 1928 = DB 1992, 1735 = MDR 1992, 974 = NZA 1993, 234

Leitsätze:

1. **Betriebsvereinbarungen** über eine betriebliche Altersversorgung sind **kündbar**. Die Kündbarkeit wird durch Vereinbarung eines allgemeinen steuerunschädlichen Widerrufsvorbehalts nicht ausgeschlossen.
2. Der Senat unterscheidet zwischen der Kündbarkeit einer Betriebsvereinbarung und den **Rechtsfolgen einer Kündigung**. Betriebsvereinbarungen über Leistungen der betrieblichen Altersversorgung unterscheiden sich von den Betriebsvereinbarungen über andere freiwillige Leistungen:
    a) Leistungen der betrieblichen Altersversorgung erhält der Arbeitnehmer erst, wenn er seinerseits vorgeleistet hat. Die Leistung, die durch Versorgung entgolten wird, ist die dem Arbeitgeber während der gesamten Dauer des Arbeitsverhältnisses erwiesene **Betriebstreue**, die Gesamtheit der ihm erbrachten Dienste. Die vom Arbeitgeber zugesagte Gegenleistung kann nicht wegfallen, ohne dass es dafür rechtlich billigenswerte Gründe gibt.
    b) Das gilt auch dann, wenn die betriebliche Altersversorgung in einer Betriebsvereinbarung zugesagt wird. Deshalb werden die aufgrund einer Betriebsvereinbarung erworbenen **Besitzstände** der betroffenen Arbeitnehmer kraft Gesetzes nach den Grundsätzen der Verhältnismäßigkeit und des Vertrauensschutzes **geschützt**. Je stärker in Besitzstände eingegriffen wird, desto gewichtiger müssen die Änderungsgründe sein.

2809 ▶ Widerruf und Mitbestimmung

BAG, Urt. v. 10.03.1992 – 3 AZR 221/91

Fundstellen: AuR 1992, 281 = BetrAV 1992, 263 = BB 1992, 1431 = DB 1992, 1885 = NJW 1992, 3190 = NZA 1992, 949

Leitsatz:

Ein vom Arbeitgeber oder von der Unterstützungskasse erklärter **Widerruf** von Versorgungszusagen ist **unwirksam**, wenn der Arbeitgeber die **Mitbestimmungsrechte** des Betriebsrats **nicht beachtet** hat.

▶ Abbau einer Überversorgung im öffentlichen Dienst 2810

BAG, Urt. v. 17.11.1992 – 3 AZR 432/89

Fundstellen: ZAP Fach 17 R, S. 49 = ZTR 1993, 167

Leitsätze:

1. Eine Dienstvereinbarung über die Gewährung betrieblicher Versorgungsleistungen kann durch eine nachfolgende Dienstvereinbarung aufgehoben und inhaltlich verändert werden. Insoweit gilt die Zeitkollisionsregelung.
2. Auch eine nachfolgende Dienstvereinbarung darf **nicht schrankenlos** in die Rechte der bislang begünstigten Mitarbeiter eingreifen. Die Neuregelung muss einer **abstrakten Billigkeitskontrolle** anhand der Maßstäbe der **Verhältnismäßigkeit** und des **Vertrauensschutzes** genügen; im Einzelfall auftretende Härten sind auszugleichen.
3. Der Abbau einer **planwidrig eingetretenen Überversorgung** ist ein gewichtiger Grund, Versorgungszusagen zu schmälern. Aber auch eine **bewusst zugesagte Überversorgung** rechtfertigt einen Eingriff in die bereits erdiente Anwartschaft und die erdiente Dynamik, wenn es sich um einen Arbeitnehmer des öffentlichen Dienstes oder einer öffentlich-rechtlichen Rundfunkanstalt handelt. Einrichtungen des öffentlichen Dienstes sind nämlich zu einem wirtschaftlichen und sparsamen Haushalten verpflichtet, was eine zu einer **Überversorgung** führende Versorgungszusage **generell verbietet**.

▶ Widerruf betrieblicher Versorgungsleistungen einer Unterstützungskasse 2811

BAG, Urt. v. 17.11.1992 – 3 AZR 76/92

Fundstellen: BB 1993, 1292 = DB 1993, 1241 = MDR 1994, 246 = NZA 1993, 939

Leitsätze:

1. Verspricht der Arbeitgeber seinen Arbeitnehmern eine betriebliche Altersversorgung nach den Regelungen einer Unterstützungskasse, sind spätere **Eingriffe** in die Versorgungszusagen **nicht beliebig zulässig**. Erworbene Rechte können nur aus besonderem Grund entzogen werden. Es gelten die **Grundsätze** des **Vertrauensschutzes** und der **Verhältnismäßigkeit**. Je stärker der **Besitzstand** ist, den die Arbeitnehmer erworben haben, um so gewichtiger muss der Grund sein, der den Eingriff rechtfertigt (ständige Rechtsprechung des Senats, vgl. zuletzt BAGE 61, 273).
2. Der Ausschluss des Rechtsanspruchs auf Leistungen der Unterstützungskasse ist nach ständiger, durch das Bundesverfassungsgericht gebilligter Rechtsprechung (BVerfGE 74, 129) nur als ein **an sachliche Gründe gebundenes Widerrufsrecht** anzuerkennen (Bestätigung von BAGE 61, 273).
3. Den Grundsätzen der Verhältnismäßigkeit und des Vertrauensschutzes wird dann genügt, wenn den **abgestuften Besitzständen unterschiedlich gewichtige Eingriffsgründe** des Arbeitgebers gegenübergestellt werden. Das Gewicht des Eingriffsgrundes muss der **Stärke des Besitzstandes** entsprechen. Bei den Besitzständen des Arbeitnehmers ist zu unterscheiden zwischen den nur ausnahmsweise antastbaren, **insolvenzgeschützten Teilbeträgen**, die sich aus der Berechnung nach § 2 Abs. 1 BetrAVG ergeben, der sogenannten »**zeitanteilig erdienten Dynamik**« (Schutz des Berechnungsfaktors »ruhegehaltfähiges Entgelt«) und den **Steigerungsbeträgen**, die ausschließlich von der weiteren Betriebszugehörigkeit des Arbeitnehmers abhängen. Bei den

Eingriffsgründen ist zu unterscheiden zwischen **zwingenden, triftigen** und **sachlich proportionalen** Gründen (Bestätigung von BAGE 61, 273).
4. Auch für Eingriffe in Versorgungszusagen im Jahre 1968 ist bei der Prüfung aus heutiger Sicht von der vom Senat vorgenommenen **Dreiteilung der Besitzstände** auszugehen. Die Prüfungsmaßstäbe haben sich inhaltlich nicht verändert, sie werden durch die neuere Rechtsprechung nur konkretisiert (Bestätigung von BAGE 66, 39, 43 f.).
5. Wird aus wirtschaftlichen Gründen in die zugesagte Dynamik eingegriffen, ist dieser Eingriff nur berechtigt, wenn der Unternehmer die **Rente nicht** mehr **aus Erträgen und Wertzuwächsen erwirtschaften** kann und deshalb die Gefahr besteht, dass die Entwicklung des Unternehmens beeinträchtigt und seine **Substanz aufgezehrt** wird (Bestätigung von BAGE 61, 273, 280).

2812 ▶ Abbau einer Überversorgung durch Tarifvertrag

BAG, Urt. v. 24.08.1993 – 3 AZR 313/93

Fundstellen: DB 1994, 891 = BB 1994, 1076 = BetrAV 1994, 192 = NZA 1994, 807 = ZTR 1994, 201

Leitsätze:

1. Eine betriebliche Altersversorgung, die aufgrund eines Tarifvertrags zu gewähren ist, steht unter dem Vorbehalt der Änderung des Tarifvertrags. Das gilt im Zweifel auch, wenn der Versorgungsfall bereits eingetreten ist.
2. Ein Tarifvertrag über eine betriebliche Altersversorgung kann durch einen neuen Tarifvertrag auch zum Nachteil der Versorgungsempfänger geändert werden.
3. Eingriffe in bestehende Versorgungsrechte müssen den Grundsätzen der Verhältnismäßigkeit und des Vertrauensschutzes genügen.
4. Soll eine planwidrig eingetretene Überversorgung abgebaut werden, darf auch in Ansprüche auf Zahlung der laufenden Rente eingegriffen werden.
5. Die Umstellung der Berechnungsgrundlage von einer bruttolohnbezogenen auf eine nettolohnbezogene Gesamtversorgung ist nicht zu beanstanden.
6. Die Belange der Bezieher einer dynamischen Rente werden hinreichend geschützt, wenn die Umstellung schrittweise so vorgenommen wird, dass Lohnerhöhungen der aktiven Arbeitnehmer solange nicht zur Anpassung der Rente führen, bis der Betrag der nettolohnbezogenen Obergrenze erreicht ist.

2813 ▶ Eingriff in eine zugesagte Rentendynamik durch ablösende Betriebsvereinbarung

BAG, Urt. v. 16.07.1996 – 3 AZR 398/95

Fundstellen: BetrAV 1997, 96 = BB 1997, 632 = DB 1997, 631 = NZA 1997, 533 = ZIP 1997, 428

Leitsätze:

1. Betriebsvereinbarungen, die Versorgungsansprüche aus früheren Betriebsvereinbarungen einschränken, unterliegen einer **Rechtskontrolle** nach den Maßstäben der **Verhältnismäßigkeit** und des **Vertrauensschutzes**. Das gilt auch für Betriebsvereinbarungen, in denen eine Rentenanpassung entsprechend der Entwicklung der tariflichen Entgelte der aktiven Arbeitnehmer ersetzt wird durch eine Regelung, nach der die Betriebsrente nur noch entsprechend der Entwicklung der Lebenshaltungskosten steigt.
2. Auf einen solchen nur die Rentenentwicklung betreffenden Eingriff sind **nicht** die konkretisierenden Grundsätze anzuwenden, die für den Eingriff in Versorgungsanwartschaften entwickelt worden sind. Der Eingriff ist regelmäßig bereits dann gerechtfertigt und rechtswirksam, wenn es für ihn **sachlich nachvollziehbare** und **Willkür ausschließende** Gründe gibt.

Widerruf   D.

▶ **Ablösende Betriebsvereinbarung**   2814

LAG Hamm, Urt. v. 17.12.1996 – 6 Sa 643/96

Fundstellen: BetrAV 1997, 98 = BB 1997, 528

Leitsätze:

1. Anwartschaften auf Leistungen der betrieblichen Altersversorgung können durch eine Betriebsvereinbarung eingeschränkt werden, wenn die Neuregelung bei **kollektiver Betrachtung** für die Versorgungsberechtigten insgesamt nicht ungünstiger ist.
2. Im Rahmen der vorzunehmenden **Rechtskontrolle** ist es daher nicht zu beanstanden, wenn der Arbeitgeber in einem Versorgungswerk vorgesehene Steigerungsbeträge durch andere vergleichbare Zuwendungen ersetzt, die die erdiente Versorgungsanwartschaft wertmäßig zumindest ausgleichen.
3. Nicht verrechenbare, dynamisierte feste Zulagen zur tariflichen Vergütung sind geeignet, den erforderlichen Ausgleich herbeizuführen.

▶ **Ablösende Betriebsvereinbarung für Ruheständler**   2815

BAG, Urt. v. 13.05.1997 – 1 AZR 75/97

Fundstellen: BB 1997, 2328 = ZIP 1998, 119 = NZA 1998, 160 = SAE 1999, 72

Leitsätze:

1. Gewährt eine Betriebsvereinbarung Ansprüche auf Beihilfen im Krankheitsfall gleichermaßen für aktive Arbeitnehmer und Pensionäre, so kann eine ablösende Betriebsvereinbarung, die nur noch die aktive Belegschaft begünstigt, nicht mehr in die **Besitzstände** derjenigen Pensionäre eingreifen, die sich bei Inkrafttreten der ablösenden Regelung bereits im Ruhestand befanden.
2. Diese erwerben bei Eintritt in den Ruhestand einen entsprechenden **Individualanspruch**, der betrieblicher Gestaltung nur noch insoweit zugänglich ist, als auch die aktive Belegschaft Kürzungen hinnehmen muss.

▶ **Zulässigkeit einer nachträglich eingeführten Spätehenklausel**   2816

BAG, Urt. v. 26.08.1997 – 3 AZR 235/96

Fundstellen: BAGE 86, 216 = DB 1998, 1190 = BB 1998, 1114 = NZA 1998, 817

Leitsätze:

1. Der Arbeitnehmer hat i.S. des § 256 Abs. 1 ZPO ein rechtliches Interesse an der alsbaldigen Feststellung, dass seiner Ehefrau nach seinem Tod eine Witwenrente zusteht.
2. Der Senat hat für Eingriffe in die Höhe der Versorgungsanwartschaften ein dreiteiliges Prüfungsschema entwickelt (ständige Rechtsprechung seit dem Urteil vom 17. April 1985 – 3 AZR 72/83 – BAGE 49, 57, 66 f. = AP Nr. 4 zu § 1 BetrAVG Unterstützungskassen, zu B II 3c der Gründe). Es lässt sich nicht ohne weiteres auf die Schaffung neuer Ausschlusstatbestände in der Hinterbliebenenversorgung übertragen (Fortführung der Rechtsprechung des Senats in den Urteilen vom 16. Juli 1996 – 3 AZR 398/95 – AP Nr. 21 zu § 1 BetrAVG Ablösung, und vom 27. August 1996 – 3 AZR 466/95 – AP Nr. 22 zu § 1 BetrAVG Ablösung). Um festzustellen, welcher Stufe des Prüfungsschemas der Eingriff am ehesten entspricht, ist auf die allgemeinen Grundsätze des Vertrauensschutzes und der Verhältnismäßigkeit zurückzugreifen.
3. Eine Spätehenklausel, wonach der hinterbliebene Ehegatte keine Unterstützung erhält, wenn die Ehe erst nach Eintritt des Arbeitnehmers in den Ruhestand geschlossen wird, ist rechtlich nicht zu beanstanden. Soll sie sich auch auf bereits erteilte Versorgungszusagen und schon zurückgelegte Beschäftigungszeiten erstrecken, so reichen dafür sachliche Gründe aus. Sie können vorliegen, wenn der Arbeitgeber im Zusammenhang mit der verfassungsrechtlich und europarechtlich

notwendigen Verbesserung der Witwerversorgung zur Verringerung des damit verbundenen Mehraufwandes diese Spätehenklausel einführt.

2817 ▶ **Änderung der Anrechnung befreiender Lebensversicherungen**

BAG, Urt. v. 26.08.1997 – 3 AZR 213/96

Fundstellen: NZA 1998, 605 = DB 1998, 2330 = BB 1998, 1369 = BetrAV 1998, 222 = ZIP 1998, 1008

Leitsätze:

1. Bei einem Eingriff in Versorgungsanwartschaften ist das vom Senat entwickelte Dreistufenmodell zu beachten (st. Rspr. seit dem Urteil vom 17.04.1985, BAGE 49, 57, 66 ff.). Ob ein Eingriff in den bereits erdienten Teilbetrag vorliegt, ist nach § 2 BetrAVG zu ermitteln. Veränderungen der Bemessungsgrundlagen nach dem Ablösungszeitpunkt bleiben entsprechend § 2 Abs. 5 BetrAVG unberücksichtigt. Diese Grundsätze gelten auch bei einer Änderung der Leistungsordnung des Bochumer Verbandes. § 4 der Leistungsordnung in der bis zum 31.12.1972 geltenden Fassung ändert daran nichts. Diese Vorschrift soll die Nachteile mildern, die älteren Arbeitnehmern bei einer Kündigung des Arbeitsverhältnisses durch den Arbeitgeber entstehen.
2. Nach § 10 der seit dem 01.01.1973 geltenden Leistungsordnung des Bochumer Verbandes sind bei der Anrechnung befreiender Lebensversicherungen auch Ausfall- und Ersatzzeiten im Sinne des Rentenversicherungsrechts zu berücksichtigen. Für die Einführung der erweiterten Anrechnung genügen sachlich proportionale Gründe. Sie ergeben sich daraus, dass eine bisher bestehende Ungleichbehandlung beseitigt wird. Die Versorgungsempfänger, die eine befreiende Lebensversicherung abgeschlossen haben, sollen nicht besser gestellt werden als die Versorgungsempfänger, die sozialversichert waren.

2818 ▶ **Umstellung des Zahlungstermins für Betriebsrenten**

BAG, Urt. v. 23.09.1997 – 3 AZR 529/96

Fundstellen: BB 1998, 326 = BetrAV 1998, 96 = ZIP 1998, 517 = RdA 1998, 64 = AP Nr. 23 zu § 1 BetrAVG Ablösung

Leitsatz:

[...] Für die Umstellung des Zahlungstermins einer Betriebsrente (vom Anfang auf das Ende eines Monats) in einer Dienst(Betriebs-)vereinbarung genügen **sachliche Gründe**.

2819 ▶ **Verschlechternde Ablösung einer Gesamtzusage durch Spruch der Einigungsstelle; Überversorgung**

BAG, Beschl. v. 23.09.1997 – 3 ABR 85/96

Fundstellen: BAGE 86, 312 = NZA 1998, 719 = DB 1998, 779 = BB 1998, 849 = BetrAV 1998, 221

Leitsätze:

1. Wenn ein Arbeitgeber wegen des von ihm behaupteten **Wegfalls der Geschäftsgrundlage** eines durch **Gesamtzusage** errichteten Versorgungswerks eine verschlechternde Neuregelung schaffen will, ist die **Einigungsstelle zuständig**, falls sich Arbeitgeber und Betriebsrat nicht einigen. **Der Betriebsrat darf seine Mitwirkung an einer Neuregelung nicht verweigern.** Er muss mit dem Arbeitgeber notfalls unter dem **Vorbehalt** der **vertragsrechtlich zulässigen Umsetzung** der Regelung verhandeln (im Anschluss an BAG, Großer Senat, Beschluss vom 16.9.1986 – GS 1/82).
2. Die Frage, ob die Geschäftsgrundlage einer Gesamtzusage über betriebliche Altersversorgung weggefallen ist, ist entscheidend für den **Umfang** der der Einigungsstelle zustehenden

Regelungsbefugnis. Ist die Geschäftsgrundlage weggefallen, kann die Einigungsstelle eine vorbehaltlose Neuregelung treffen.
- a) Die Geschäftsgrundlage einer Versorgungszusage ist weggefallen, wenn sich die zugrunde gelegte **Rechtslage nach Erteilung der Zusage** ganz **wesentlich** und **unerwartet geändert** hat, und dies beim Arbeitgeber zu **erheblichen Mehrbelastungen** geführt hat.
- b) Die Geschäftsgrundlage ist auch weggefallen, wenn der bei der Versorgungszusage erkennbare **Versorgungszweck** dadurch **verfehlt** wird, dass die unveränderte Anwendung der Versorgungszusage zu einer gegenüber dem ursprünglichen Versorgungsziel **planwidrig eintretenden Überversorgung** führen würde.

3. Ist die Geschäftsgrundlage weggefallen, kann die anpassende Neuregelung auch in zeitanteilig erdiente Besitzstände eingreifen. Sie muss sich dabei an den Zielen der ursprünglichen Regelung orientieren, auf deren Einhaltung die Arbeitnehmer vertrauen durften.

▶ Tragung der Pauschallohnsteuer   2820

LAG Hessen, Urt. v. 06.07.1998 – 16 Sa 2267/97

Fundstellen: BB 1999, 269 = BetrAV 1999, 67

Leitsatz:

Hat der Arbeitgeber jahrelang die Pauschallohnsteuer zu einer Direktversicherung des Arbeitnehmers (§ 40 b EStG) im Innenverhältnis zwischen den Arbeitsvertragsparteien übernommen, so kann er sich hiervon nicht wegen der zum 1. Januar 1996 erfolgten Erhöhung des Pauschsteuersatzes auf 20 % ganz oder teilweise wegen Wegfalls bzw. Änderung der Geschäftsgrundlage durch einseitige Erklärung lösen.

▶ Abbau einer Überversorgung   2821

BAG, Urt. v. 28.07.1998 – 3 AZR 100/98

Fundstellen: BAGE 89, 262 = AP Nr. 4 zu § 1 BetrAVG Überversorgung = NZA 1999, 444 = DB 1999, 389 = BB 1999, 536 = BetrAV 1999, 66

Leitsätze:

1. Der Wegfall der Geschäftsgrundlage wegen planwidriger Überversorgung löst ein Anpassungsrecht des Arbeitgebers aus. Es besteht auch gegenüber den mit einer unverfallbaren Versorgungsanwartschaft ausgeschiedenen Arbeitnehmern. Die Veränderungssperre des § 2 Abs. 5 BetrAVG steht nicht entgegen.
2. Der Arbeitgeber ist nicht gehindert, bei der Ausübung seines Anpassungsrechts gegenüber den mit einer unverfallbaren Versorgungsanwartschaft ausgeschiedenen Arbeitnehmern die zulässigen Anpassungsregelungen einer Betriebsvereinbarung oder eines Spruchs der Einigungsstelle zu übernehmen. Wie weit die Regelungsbefugnis der Betriebspartner und der Einigungsstelle reicht konnte der Senat offenlassen.
3. Ob eine planwidrige Überversorgung vorliegt, hängt von dem in der jeweiligen Versorgungsordnung angestrebten Versorgungsgrad ab. Wenn das Versorgungsziel einer Gesamtzusage festgestellt werden soll, kommt es nicht auf die tatsächlichen Verhältnisse bei Beginn des einzelnen Arbeitsverhältnisses an. Maßgeblicher Zeitpunkt ist die Erteilung der Gesamtzusage.
4. Scheidet ein Arbeitnehmer vorzeitig aus dem Arbeitsverhältnis aus, so sind die in der Versorgungsordnung festgelegten Gesamtversorgungsobergrenzen bereits bei der Berechnung des Teilanspruchs nach § 2 Abs. 1 BetrAVG zu berücksichtigen. Sie sind nicht erst auf die zeitanteilig ermittelte Rente anzuwenden (Bestätigung der bisherigen Rechtsprechung des Senats, vgl. Urteil vom 12.11.1991 – § AZR 520/90 – BAGE 69, 19, 23 ff., zu II 3 der Gründe).

▶ Abbau einer Überversorgung: Grenzen des Änderungsrechtes   2822

BAG, Urt. v. 28.07.1998 – 3 AZR 357/97

Fundstellen: BAGE 89, 279 = DB 1999, 750 = BetrAV 1999, 100 = PersR 1999, 218 = NZA 1999, 780

Leitsätze:

1. [...]
4. Wenn eine planwidrige Überversorgung abgebaut werden soll, müssen sich die Anpassungsregelungen an den Grundprinzipien der bisherigen Versorgungsordnung ausrichten. Das Anpassungsrecht des Arbeitgebers dient nicht dazu, die Versorgungsordnung umzustrukturieren und veränderte Gerechtigkeitsvorstellungen zu verwirklichen. Billigte die Versorgungsordnung allen Versorgungsberechtigten unabhängig von ihrer Dienstzeit einen bestimmten Versorgungsgrad zu, so darf eine neue nach Dienstzeit gestaffelte Gesamtversorgungsobergrenze bei Versorgungsberechtigten mit kürzerer Dienstzeit nicht zu einem geringeren Versorgungsgrad als ursprünglich vorgesehen führen.

2823 ▶ **Bindungswirkung der Leistungsordnung eines Konditionenkartells**

LAG Köln, Urt. v. 25.08.1998 – 13 Sa 194/98

Fundstelle: DB 1999, 697

Leitsätze (nicht amtlich):

1. Die im Aufhebungsvertrag gemachte Zusage, den ausscheidenden Arbeitnehmer hinsichtlich seiner Versorgungszusage so zu behandeln, als bestehe das Arbeitsverhältnis fort, unterliegt dem Widerrufsvorbehalt der Geschäftsgrundlage wie jedes andere Versorgungsversprechen.
2. Bei einer Versorgungszusage nach Maßgabe eines Konditionenkartells (hier: Essener Verband) ist auf die in der Leistungsordnung festgesetzte Höhe der Versorgungsleistungen zum Zeitpunkt des Widerrufs abzustellen.

2824 ▶ **Kündigung einer Betriebsvereinbarung über betriebliche Altersversorgung**

BAG, Urt. v. 11.05.1999 – 3 AZR 21/98

Fundstellen: BB 2000, 517 = DB 2000, 525 = BetrAV 2000, 210 = ZIP 2000, 421 = NZA 2000, 322

Leitsätze:

1. Betriebsvereinbarungen sind nach § 77 Abs. 5 BetrVG kündbar. Die Ausübung des Kündigungsrechts bedarf keiner Rechtfertigung und unterliegt keiner inhaltlichen Kontrolle. Dies gilt unabhängig vom Regelungsgegenstand, also auch dann, wenn es um eine betriebliche Altersversorgung geht (Bestätigung von BAG, 18.4.1989 – 3 AZR 688/87, BAGE 61, 323, 328; 10.3.1992 – 3 ABR 54/91, BAGE 70, 41, 45).
2. Die Kündigung einer Betriebsvereinbarung über betriebliche Altersversorgung bewirkt nicht lediglich eine Schließung des Versorgungswerkes für die Zukunft. Auch Arbeitnehmer, die zum Zeitpunkt des Ausspruchs der Kündigung durch die Betriebsvereinbarung begünstigt wurden, sind von der Kündigung betroffen.
3. Die Wirkung der Kündigung einer Betriebsvereinbarung über betriebliche Altersversorgung ist mit Hilfe der Grundsätze des Vertrauensschutzes und der Verhältnismäßigkeit zu begrenzen. Je weiter der Arbeitgeber mit seiner Kündigung in Besitzstände und Erwerbschancen eingreifen will, um so gewichtigere Eingriffsgründe braucht er. Dabei ist auf das Prüfungsschema zurückzugreifen, das der Senat für ablösende Betriebsvereinbarungen entwickelt hat (zuletzt BAG, 26.8.1997 – 3 AZR 235/96, BAGE 86, 216, 221 f.).
4. Soweit hiernach die Wirkungen der Kündigung einer Betriebsvereinbarung über betriebliche Altersversorgung beschränkt sind, bleibt die Betriebsvereinbarung als Rechtsgrundlage erhalten. Die nach der Kündigung der Betriebsvereinbarung verbleibenden Rechtspositionen genießen unverändert den Schutz des § 77 Abs. 4 BetrVG.

▶ Widerruf des Bezugsrechts im Konkurs   2825

BAG, Urt. v. 08.06.1999 – 3 AZR 136/98

Fundstellen: DB 1999, 2069 = BB 1999, 2195 = NZA 1999, 1103

Leitsätze:

1. Wenn der Konkursverwalter das Bezugsrecht des Versorgungsberechtigten versicherungsvertraglich wirksam widerrufen hat, kann er nach §§ 985, 952 BGB die Herausgabe des Versicherungsscheins verlangen.
2. Der Senat hält daran fest, dass das Versicherungsverhältnis und das zwischen dem Unternehmer und dem Beschäftigten bestehende Versorgungsverhältnis voneinander **unterschieden** werden müssen. Welche Rechte dem Konkursverwalter und dem begünstigten Beschäftigten aus dem Versicherungsverhältnis zustehen, hängt allein von der Ausgestaltung des Versicherungsverhältnisses ab. Auch bei einer Entgeltumwandlung erfüllt der Konkursverwalter mit dem im Versicherungsvertrag vorbehaltenen Widerruf seine konkursrechtlichen Pflichten nach § 117 Abs. 1 KO (Fortführung des Urteils vom 17.10.1995 – 3 AZR 622/94 – DB 1996, S. 1240).
3. Eine Entgeltumwandlung i.S. des § 1 Abs. 5 BetrAVG setzt voraus, dass **im Umwandlungszeitpunkt bereits eine Rechtsgrundlage für den betroffenen Entgeltanspruch bestand**.

▶ Kündigung einer Betriebsvereinbarung über betriebliche Altersversorgung   2826

BAG, Urt. v. 17.08.1999 – 3 ABR 55/98

Fundstellen: BB 2000, 774 = DB 2000, 777 = BetrAV 2000, 214 = NZA 2000, 498

Leitsätze:

1. Betriebsvereinbarungen über betriebliche Altersversorgung sind nach § 77 Abs. 5 BetrVG kündbar. Die Ausübung des Kündigungsrechts bedarf keiner Rechtfertigung und unterliegt keiner inhaltlichen Kontrolle. Die Grundsätze des Vertrauensschutzes und der Verhältnismäßigkeit begrenzen aber die Kündigungswirkungen. Je weiter der Arbeitgeber mit seiner Kündigung in Besitzstände und Erwerbschancen eingreifen will, um so gewichtigere Eingriffsgründe braucht er. Soweit hiernach Versorgungsbesitzstände unangetastet bleiben, ist deren Rechtsgrundlage weiterhin die gekündigte Betriebsvereinbarung (Bestätigung des BAG-Urteils vom 11.5.1999 – 3 AZR 21/98, BB 2000, S. 517).
2. Der Betriebsrat ist befugt, im arbeitsgerichtlichen Beschlussverfahren feststellen zu lassen, welche Wirkungen die Kündigung hat und in welchem Umfang die Betriebsvereinbarung noch fortgilt. Es spricht alles dafür, dass die Entscheidung über einen solchen Antrag auch den Arbeitgeber und die betroffenen Arbeitnehmer im Verhältnis zueinander bindet. Eine konkrete Billigkeitskontrolle im Individualverfahren ist hierdurch nicht ausgeschlossen.

▶ Widerruf einer nach beamtenrechtlichen Grundsätzen zugesagten Versorgungszusage 2827

BAG, Urt. v. 09.11.1999 – 3 AZR 553/98

Fundstellen: NZA 2000, 1288 = BB 2000, 1578 = DB 2000, 2533

Leitsatz:

Ist dem Angestellten Versorgung entsprechend den beamtenrechtlichen Bestimmungen zugesagt, die ihm außer bei Kündigung aus wichtigem Grund auch bei vorzeitigem Ausscheiden zustehen soll, so verliert er seine Versorgungsansprüche nicht schon allein aufgrund einer rechtskräftigen strafrechtlichen Verurteilung, die bei Beamten zur Beendigung des Beamtenverhältnisses und zum Verlust der Versorgungsansprüche führen würde (§§ 49 ff. BremBG; §§ 48 f. BBG; § 24 BRRG). Diese Rechtsfolge tritt vielmehr nur dann ein, wenn dem Angestellten deshalb aus wichtigem Grund wirksam gekündigt wird.

2828 ▶ **Abbau einer Überversorgung durch mehrere Maßnahmen**

BAG, Urt. v. 09.11.1999 – 3 AZR 502/98

Fundstellen: DB 2001, 440 = AP Nr. 8 zu § 1 BetrAVG Überversorgung = NZA 2001, 98

Leitsatz:

Haben die Arbeitsvertragsparteien zur Vermeidung einer zusätzlichen Überversorgung vereinbart, dass eine neu gewährte übertarifliche Zulage abweichend von der Versorgungsordnung nicht zum ruhegeldfähigen Gehalt zählt, so steht dem Arbeitgeber nur noch wegen der verbleibenden Überversorgung ein Anpassungsrecht zu. Wenn er später die Überversorgung durch Absenkung der Gesamtversorgungsobergrenze vollständig abbaut und bei der Festsetzung der neuen Prozentsätze die bereits vereinbarte Eindämmung der Überversorgung unberücksichtigt lässt, muss er auch die übertarifliche Zulage wieder zum pensionsfähigen Gehalt rechnen.

2829 ▶ **Verschlechterung der Hinterbliebenenversorgung**

LAG Köln, Urt. v. 19.11.1999 – 11 Sa 805/99

Fundstelle: HwB AR news 202/00

Leitsätze:

1. Die Verschlechterung der Hinterbliebenenversorgung durch Ausschluss der bisher begünstigten Rentnerwitwen/-witwer und Beschränkung auf die Hinterbliebenen der im aktiven Dienst verstorbenen Anwärter in einer ablösenden Betriebsvereinbarung unterliegt der richterlichen Inhaltskontrolle. Rechtsverkürzende Eingriffe auch in die Hinterbliebenenversorgung durch Reduzierung des Begünstigtenkreises bedürfen mindestens eines sachlichen Grundes. Daran fehlt es, wenn sich die Betriebspartner einer Rechtsverkürzung gar nicht bewusst waren.
2. Es gehört zur Darlegungslast des Arbeitgebers, die sachlichen Gründe vorzutragen. Diese Darlegungslast geht auf den PSV über; sein Vortrag, wegen der Ferne zum betrieblichen Geschehen die Gründe nicht zu kennen, die die Betriebspartner zur Rechtsverkürzung veranlasst haben, befreit ihn nicht von der Darlegungslast.

2830 ▶ **Widerruf unverfallbarer Versorgungsansprüche bei treuwidrigem Verhalten**

BGH, Urt. v. 13.12.1999 – II ZR 152/98

Fundstellen: ZIP 2000, 380 = DStR 2000, 255 = NJW 2000, 1197 = MDR 2000, 466 = BetrAV 2000, 289 = DB 2000, 1328

Leitsätze:

1. Der »Widerruf« einer Versorgungszusage ist kein fristgebunden auszuübendes Gestaltungsrecht, sondern findet seine Grundlage in dem Einwand rechtsmissbräuchlichen Verhaltens, den der Verpflichtete dem Begehren des Berechtigten mit Rücksicht auf dessen schwerwiegendes Fehlverhalten entgegensetzen kann.
2. Nur in besonderen Ausnahmefällen, wenn ein besonders gewichtiger Verstoß gegen Dienstpflichten vorliegt und sich wegen der Zuführung eines schweren, die Existenz bedrohenden Schadens die Betriebstreue des Dienstverpflichteten als wertlos oder erheblich entwertet erweist, kann auch eine unverfallbare Versorgungszusage ganz oder teilweise »widerrufen« werden.

2831 ▶ **Entzug unverfallbarer Versorgungsansprüche durch Vertragsklausel**

BGH, Urt. v. 29.05.2000 – II ZR 380/98

Fundstellen: BetrAV 2000, 488 = DStR 2000, 1149 = NZA 2001, 266 = NJW-RR 2000, 1275

Leitsatz:

Unverfallbare Versorgungsansprüche eines Sparkassendirektors können nicht durch Vertragsklausel entzogen werden, nach welcher der Begünstigte jede Versorgung verliert, wenn er nach Ablauf der Amtsperiode eine Wiederbesetzung ablehnt.

▶ **Kürzung von Zusatzkassenversorgungsleistungen bei schwerwiegenden arbeitsvertraglichen Pflichtverletzungen** 2832

BVerfG, Beschl. v. 28.06.2000 – 1 BvR 387/00

Fundstellen: DB 2001, 339 = NZA 2000, 999 = NZS 2000, 509

Leitsatz (nicht amtlich):

Die geheimdienstliche Tätigkeit eines Referenten einer Parlamentsfraktion für einen anderen Staat beinhaltet eine massive und schwerwiegende arbeitsvertragliche Pflichtverletzung. Es bedeutet keinen Verstoß gegen den Gleichbehandlungsgrundsatz oder die Eigentumsgarantie und ist deshalb aus verfassungsrechtlichen Gründen nicht zu beanstanden, wenn die Zusatzversorgungskassenleistungen des Arbeitnehmers nach seiner strafrechtlichen Verurteilung gekürzt werden.

▶ **Beschränkung der Hinterbliebenenversorgung auf Anwärtertod** 2833

BAG, Urt. v. 21.11.2000 – 3 AZR 91/00

Fundstellen: DB 2001, 2455 = VersR 2001, 1537 = NZA 2002, 851

Leitsatz:

Wenn durch Änderung einer Betriebsvereinbarung die betriebliche Altersversorgung von Rentenleistungen auf Kapitalleistungen umgestellt wird, rechtfertigt dies noch nicht, die Hinterbliebenenversorgung in der neuen Betriebsvereinbarung dahingehend zu beschränken, dass sie nur noch beim Tode eines Versorgungsanwärters und nicht mehr beim Tode eines Betriebsrentners gewährt wird.

▶ **Widerruf einer Versorgungszusage wegen wirtschaftlicher Notlage** 2834

BAG, Urt. v. 24.04.2001 – 3 AZR 402/00

Fundstellen: BB 2001, 1687 = DB 2001, 1787 = ZIP 2001, 1886 = NZA 2001, 1306

Leitsätze:

1. Die einseitige Einstellung der Kürzung von Versorgungsleistungen wegen wirtschaftlicher Notlage nach § 7 Abs. 1 Satz 3 Nr. 5 BetrAVG a. F. setzt voraus, dass der Not leidende Versorgungsschuldner einen Sanierungsplan vorlegt, der eine gerechte Verteilung der Sanierungskosten vorsieht und geeignete Wege zur Überwindung der Unternehmenskrise aufzeigt.
2. Ist der Versorgungsschuldner konzerngebunden, wird das herrschende Unternehmen als Anteilseigner, wenn es sich zur Fortsetzung der Betriebstätigkeit des Tochterunternehmens und zu dessen Sanierung entschließt, die Hauptlast der Sanierung zu tragen haben. Neben den Betriebsrentnern und den vorzeitig ausgeschiedenen Versorgungsanwärtern sind auch die weiteren Gläubiger des Versorgungsschuldners und dessen aktive Arbeitnehmer an den Sanierungslasten zu beteiligen (Bestätigung von BAG, 16. März 1993 – 3 AZR 299/92 – BAGE 72, 329, 340 ff.).
3. Ein Sanierungsplan genügt den Anforderungen an eine gerechte Verteilung der Sanierungslasten nicht, wenn sich der Beitrag der Anteilseigner zur Sanierung des Not leidenden Unternehmens auf den Verzicht auf einen Teil der Sanierungsgewinne beschränkt.
4. Ein Sanierungsplan genügt den Anforderungen auch dann nicht, wenn zumindest ein teil der aktiven Arbeitnehmer weiterhin Zuwächse bei ihren Versorgungsanwartschaften erdienen kann.

2835 ▶ **Änderung einer Gesamtzusage durch ablösende Betriebsvereinbarung**

LAG Hessen, Urt. v. 27.06.2001 – 8 Sa 678/00

Fundstelle: BB 2002, 1321

Leitsätze:

1. Gibt ein Arbeitgeber bekannt, dass er »in Abstimmung mit dem Gesamtbetriebsrat« die Pauschalsteuer auf die Arbeitgeberbeiträge zu einer Pensionskasse übernimmt, erteilt er damit eine Gesamtzusage, die »betriebsvereinbarungsoffen« ist. Sie kann von einer späteren Betriebsvereinbarung abgelöst werden, ohne dass es auf die Gültigkeit ankommt.
2. Eine Gesamtzusage gilt mit dem Inhalt, mit dem sie bekannt gemacht wurde auch für später eintretende Arbeitnehmer unabhängig davon, ob ihnen der Inhalt mitgeteilt wurde.
3. Eine Betriebsvereinbarung, die die in einer Gesamtzusage enthaltene Verpflichtung des Arbeitgebers beendet, die Pauschalsteuer auf Arbeitgeberbeiträge zu einer Pensionskasse zu tragen, ist nicht unbillig, wenn darin ein steuerlich günstiger Wechsel in eine Unterstützungskasse mit gleichen Versorgungsleistungen vorgesehen ist.

2836 ▶ **Verpflichtung des Arbeitgebers zur Tragung der Pauschalsteuer**

LAG Hessen, Urt. v. 27.06.2001 – 8 Sa 926/00

Fundstelle: DB 2002, 1784

Leitsätze:

1. Die Geschäftsgrundlage für eine Gesamtzusage, die Pauschalversteuerung von Arbeitgeberbeiträgen zu einer Pensionskasse zu übernehmen, entfällt nicht dadurch, dass der Arbeitgeber sich einer Unterstützungskasse anschließt, solange die Mitgliedschaft in der Pensionskasse bestehen bleibt.
2. Die Treuepflicht gebietet dem Arbeitnehmer nicht von einer Pensionskasse zu einer Unterstützungskasse zu wechseln und statt Beitragszahlungen eine entsprechende Gehaltsumwandlung vorzunehmen, um dem Arbeitgeber die Einsparung der Pauschalsteuer auf die Arbeitgeberbeiträge zur Pensionskasse zu ermöglichen.

2837 ▶ **Wirksamkeit und Umfang der Kündigung einer Betriebsvereinbarung über Betriebsrenten**

BAG, Beschl. v. 21.08.2001 – 3 ABR 44/00

Fundstellen: BAGE 98, 354 = AP Nr. 8 zu § 1 BetrAVG Betriebsvereinbarung = NZA 2002, 575 = DB 2002, 952 = ZIP 2002, 1305 = BB 2002, 1319 = VersR 2002, 1262 = BetrAV 2002, 606

Leitsatz:

Die Kündigung einer Betriebsvereinbarung über betriebliche Altersversorgung kann eine dienstzeitunabhängige Dynamik der bestehenden Versorgungsanwartschaften nur bei Vorliegen triftiger Gründe beseitigen. Wirtschaftlich triftige Gründe fehlen, wenn bereits nach der vereinbarten Dynamisierungsregelung bei einer langfristigen Substanzgefährdung des Unternehmens eine Erhöhung der Versorgungsanwartschaften unterbleiben darf.

2838 ▶ **Widerruf eines betrieblichen Versorgungsanspruchs aufgrund wirtschaftlicher Notlage des Mutterunternehmens des konzerngebundenen Versorgungsschuldners**

LAG Köln, Urt. v. 21.08.2001 – 13 (8) Sa 14/01

Fundstelle: ZIP 2002, 183

Widerruf D.

Leitsätze:

1. Wenn die wirtschaftliche Lage für den Bestand und die Entwicklung eines betrieblichen Versorgungsanspruchs von Bedeutung ist, kommt es grundsätzlich auf die Situation beim Versorgungsschuldner an, auch wenn dieser konzerngebunden ist.
2. Eine wirtschaftliche Notlage des Mutterunternehmens kann dann zu einer wirtschaftlichen Notlage der Tochter führen, wenn die Versorgungsschuldnerin aufgrund einer durch Arbeitsteilung begründeten Abhängigkeit vom Mutterunternehmen bei dessen Konkurs oder Liquidation nicht mehr lebensfähig wäre.
3. Eine wirtschaftliche Notlage des Tochterunternehmens kann aufgrund der wirtschaftlichen Situation des Mutterunternehmens auch bei anderweitiger sehr enger wirtschaftlicher Verknüpfung der beiden Unternehmen entstehen (vgl. dazu BAG v. 25.1.2000 – 3 AZR 851/98).

▶ **Vertrauensschutz für eine die Gesamtversorgungszusage ablösende Betriebsvereinbarung** 2839

BAG, Urt. v. 18.09.2001 – 3 AZR 679/00

Fundstelle: EzA § 1 BetrAVG Ablösung Nr. 29

Leitsatz (des Verf.):

Soweit das Bundesarbeitsgericht in seiner Entscheidung vom 20. November 1990 (3 AZR 573/89 – BAGE 66, 228) entschieden hat, dass die verschlechternde Neuregelung eines Versorgungswerks in der Form einer Gesamtzusage durch eine ablösende Betriebsvereinbarung wirksam sein kann, wenn die Betriebspartner zum Zeitpunkt der Ablösung auf die Geeignetheit des Ablösungsmittels Betriebsvereinbarung gegenüber einer Gesamtzusage vertrauen durften, ergibt sich dieser Vertrauensschutz aufgrund der vorangegangenen ständigen Rechtsprechung des Bundesarbeitsgerichts jedenfalls bis zum Bekanntwerden des Urteils des Sechsten Senats des Bundesarbeitsgerichts vom 12. August 1982 (*6 AZR 1117/79 – BAGE 39, 295*). Eine solche zeitliche Beschränkung der Wirkung der Rechtsprechungsänderung durch die Entscheidung des Großen Senats ist aufgrund des Rechtsstaatsprinzips und des daraus abzuleitenden Verfassungsgrundsatzes des Vertrauensschutzes zwingend.

▶ **Voraussetzungen für die Wirksamkeit ablösender Betriebsvereinbarungen** 2840

BAG, Urt. v. 18.09.2001 – 3 AZR 728/00

Fundstellen: DB 2002, 1114 = ZIP 2002, 907 = BetrAV 2002, 718 = NZA 2002, 1165

Leitsätze:

1. Die Neuregelung eines betrieblichen Versorgungswerks durch Betriebsvereinbarung, die in künftige Zuwächse eingreift, die auf der Grundlage der abgelösten Betriebsvereinbarung hätten erdient werden können, bedarf sachlich proportionaler Gründe. Es geht darum, die Willkürfreiheit des Eingriffs zu belegen. Dafür wird regelmäßig der allgemeine Hinweis auf wirtschaftliche Schwierigkeiten nicht ausreichen. Diese sind im Einzelnen darzulegen. Anderweitige naheliegende Einsparmöglichkeiten müssen zumindest erwogen werden und ihre Unterlassung plausible erklärt werden. Eines ausgewogenen Sanierungsplans bedarf es indes nicht.
2. Sachlich-proportionale Gründe liegen bereits dann vor, wenn ein unabhängiger Sachverständiger Feststellungen getroffen hat, die einen dringenden Sanierungsbedarf begründen. Allenfalls offensichtliche und ergebnisrelevante Fehler oder die Erstellung der Bilanz entgegen der anerkannten Regeln können die Annahme entgegenstehen, ein Eingriff zu Sanierungszwecken sei nicht willkürlich erfolgt.

▶ **Ablösung einer vertraglichen Einheitsregelung durch eine Betriebsvereinbarung** 2841

BAG, Urt. v. 23.10.2001 – 3 AZR 74/01

Fundstellen: BAGE 99, 183 = AP Nr. 33 zu § 1 BetrAVG Ablösung = DB 2002, 1382 = BetrAV 2002, 718 = NZA 2003, 987

Leitsätze:

1. Eine vertragliche Einheitsregelung kann durch eine Betriebsvereinbarung abgelöst werden, wenn die Neuregelung insgesamt bei kollektiver Betrachtungsweise nicht ungünstiger ist (kollektiver Günstigkeitsvergleich). Ist eine Ablösung durch Betriebsvereinbarung auf Grund eines kollektiven Günstigkeitsvergleichs oder eines Abänderungsvorbehalts grundsätzlich möglich, ist in einem zweiten Schritt stets zu prüfen, ob die Ablösung auch einer materiellen Rechtskontrolle stand hält, z. B. nach den Grundsätzen der Verhältnismäßigkeit und des Vertrauensschutzes (BAG GS v. 16.9.1986 – GS 1/82 – BAGE 53/42).
2. Eine Neuregelung hält nicht immer schon dann einem kollektiven Günstigkeitsvergleich stand, wenn der Arbeitgeber gleich hohe Beträge wie bisher aufwendet. Bei einer Ablösung durch ein System (Entgeltumwandlung) mit Arbeitgeberzuschüssen ist auch zu berücksichtigen, inwieweit der Arbeitgeber durch die Entgeltumwandlung Sozialversicherungsbeiträge einspart.

2842 ▶ **Widerruf einer unverfallbaren Versorgungszusage nur bei Rechtsmissbrauch**

BGH, Urt. v. 17.12.2001 – II ZR 222/99

Fundstellen: ZIP 2002, 364 = DStR 2002, 412 = GmbHR 2002, 380 = NZA 2002, 511

Leitsatz (nicht amtlich):

Die vertraglich einem Geschäftsführer unverfallbar gewährte Versorgungszusage kann auch im Falle eines zum Schadensersatz verpflichtenden Verhaltens des Geschäftsführers nicht »widerrufen« werden. Der Einwand des Rechtsmissbrauchs kann nur dann gegen eine solche Zusage durchgreifen, wenn sich bereits die in der Vergangenheit, vor Gewährung der Zusage bewiesene Betriebstreue des Geschäftsführers als erheblich entwertet herausstellt.

2843 ▶ **Verschlechternde Neuordnung einer Unterstützungskassen-Richtlinie**

BAG, Urt. v. 10.09.2002 – 3 AZR 635/01

Fundstellen: BB 2003, 2749 = DB 2003, 1525 = SAE 2004, 26 = AP Nr. 37 zu § 1 BetrAVG Ablösung

Leitsätze:

1. Der in der Satzung einer Unterstützungskasse für ein betriebliches Versorgungswerk vorbehaltene Ausschluss der Unterstützungsleistung muss dahin gehend verstanden werden, dass ein Versorgungsanspruch unter dem Vorbehalt des Widerrufs aus sachlichem Grund steht.
2. Verschlechternde Eingriffe in Versorgungsregelungen, welche der Regelungsmacht Dritter unter Ausschluss des begünstigten Arbeitnehmers unterliegen, bedürfen umso gewichtigerer Gründe, je schützenswerter das Vertrauen des Arbeitnehmers in seine bisher erlangte Rechtsposition ist. Dabei gilt ein dreistufiges Rechtfertigungsschema:
   a) Eingriffe in bereits erdiente und entsprechend § 2 Abs. 1, § 2 Abs. 5 Satz 1 BetrAVG ermittelte Teilbeträge können nur aus zwingenden Gründen teilweise oder ganz entzogen werden.
   b) Eingriffe in die erdiente Dynamik sind nur aus triftigen Gründen zulässig; solche liegen insbesondere vor, wenn die bisherige Dynamik den Fortbestand des Unternehmens gefährden würde, etwa weil ohne den Eingriff künftige Versorgungsansprüche voraussichtlich nicht aus den Erträgen des Unternehmens finanziert werden könnten und für den Ausgleich auch kein hinreichender Wertzuwachs des Unternehmens zur Verfügung stünde.
   c) Bei Eingriffen in noch nicht erdiente Zuwächse reichen sachlich-proportionale Gründe aus, soweit diese nachvollziehbar und nicht willkürlich sind.
3. Bei einem Eingriff in noch zu erdienende Zuwächse besteht keine Pflicht des Arbeitgebers, zuvor einen Sanierungsplan vorzulegen. Allerdings sind die wirtschaftlichen Schwierigkeiten, die

den Eingriff rechtfertigen sollen, im Einzelnen darzulegen. Eine durch unveränderte Zuwächse verursachte Unterdeckung der betrieblichen Altersversorgung beim Trägerunternehmen ist ein sachlich-proportionaler Grund. Dieser Grund entfällt nicht dadurch, weil es unterlassen wurde, in der Vergangenheit Rückstellungen zu bilden, obwohl ein vorsichtiger Kaufmann eventuell anders gehandelt hätte.
4. Vertrauensschutz auf Besitzstandswahrung bezüglich der erdienten Dynamik bedeutet nur, dass der Arbeitnehmer mit seinem Versorgungsanspruch insgesamt nicht hinter den höchsten Anwartschaftswert zurückfallen darf, auf den er im Laufe des Arbeitsverhältnisses einmal vertraut hat. Verbleibt dem Arbeitnehmer nach dem Eingriff zum Ablösungsstichtag im Ergebnis das, worauf er vertrauen durfte, ist sein schützenswertes Vertrauen nicht verletzt. Dies kann z. B. der Fall sein, wenn zum Ablösungsstichtag in den Faktor »Endgehalt« verschlechternd eingegriffen wird, zugleich aber die Möglichkeit eröffnet wird, nach anderen Bewertungsmaßstäben (z. B. festbetrags- oder beitragsorientierte Zusage) Zuwächse zu erwerben.

▶ **Änderung von Versorgungsregelungen** 2844

BAG, Urt. v. 22.10.2002 – 3 AZR 496/01

Fundstellen: AP Nr. 10 zu § 1 BetrAVG Überversorgung = EzA § 1 BetrAVG Ablösung Nr. 36

Leitsatz:

Die Störung der Geschäftsgrundlage wegen planwidriger Überversorgung löst ein Anpassungsrecht des Arbeitgebers aus.

▶ **Betriebsvereinbarungsoffenheit einer Gesamtzusage** 2845

BAG, Urt. v. 10.12.2002 – 3 AZR 92/02

Fundstellen: BB 2003, 1903 = BetrAV 2003, 661 = NZA 2004, 271 = DB 2004, 1566

Leitsatz:

Wird eine freiwillige Leistung im Wege der Gesamtzusage versprochen und dabei darauf hingewiesen, die Leistungsgewährung sei »im Einvernehmen mit dem Gesamtbetriebsrat beschlossen« worden, so liegt darin in aller Regel der Vorbehalt einer künftigen Änderung durch Betriebsvereinbarung.

▶ **Verschlechterung eines »Rentnerweihnachtsgeldes«** 2846

BAG, Urt. v. 18.02.2003 – 3 AZR 81/02

Fundstellen: BB 2003, 1841 = DB 2003, 2395 = BetrAV 2003, 665 = NZA 2004, 98 = AP Nr. 38 zu § 1 BetrAVG Ablösung

Leitsatz:

Erhalten Empfänger von betrieblichen Versorgungsleistungen »ein Weihnachtsgeld in Höhe ihrer Bruttoversorgungsbezüge« eines Bezugsmonats, handelt es sich regelmäßig auch insoweit um eine Leistung der betrieblichen Altersversorgung. Eine entsprechende Regelung in einer Betriebsvereinbarung ist nach den für eine Rechtskontrolle ablösender Neuregelungen entwickelten Grundsätzen gegen eine Verschlechterung geschützt.

▶ **Verschlechternde Neuregelung eines betrieblichen Versorgungssystems** 2847

BAG, Urt. v. 18.03.2003 – 3 AZR 101/02

Fundstellen: BAGE 105, 212 = BAGReport 2004, 14 = NZA 2004, 1099 = BB 2004, 945 = DB 2004, 327

Leitsatz:

Sachlich-proportionale Gründe für Eingriffe in dienstzeitabhängige Zuwächse können dann fehlen, wenn sich aus der ablösenden Versorgungsordnung auch nach Anwendung der Unklarheitenregel nicht ergibt, wie hoch die erreichbare Vollrente ist.

2848 ▶ **Keine Kürzung der im Rahmen einer Neuordnung gewährten Mindestrente bei vorzeitigem Ausscheiden (Besitzstandsschutz)**

BAG, Urt. v. 18.03.2003 – 3 AZR 221/02

Fundstellen: BAGE 105, 228 = BB 2003, 2625 = DB 2003, 2794

Leitsätze:
1. Hat ein Arbeitgeber im Zuge einer ablösenden Neuregelung des bei ihm bestehenden Versorgungswerks einen bestimmten bis zur Ablösung erdienten Versorgungsbesitzstand als Mindestrente garantiert, kann diese nach einem späteren Ausscheiden des begünstigten Arbeitnehmers vor Eintritt des Versorgungsfalles nicht mehr nach § 2 Abs. 1 BetrAVG zeitanteilig gekürzt werden (Bestätigung von BAG v. 22. September 1987 – 3 AZR 662/85 – BAGE 56, 138; 21. März 2000 – 3 AZR 93/99 – AP BetrAVG § 6 Nr. 25 = EzA BetrAVG § 6 Nr. 21).
2. Dies gilt auch dann, wenn der Arbeitgeber bei einer endgehaltsbezogenen Versorgungszusage nicht nur den bis zum Ablösungsstichtag erdienten, nach § 2 Abs. 1, Abs. 5 BetrAVG errechneten Besitzstand, sondern darüber hinaus auch die weitere Entwicklung dieses Besitzstandes entsprechend der individuellen Gehaltsentwicklung garantiert hat.

2849 ▶ **Widerruf wegen wirtschaftlicher Notlage**

BAG, Urt. v. 17.06.2003 – 3 AZR 396/02

Fundstellen: BAGE 106, 327 = BAGReport 2004, 42 = DB 2004, 324 = BetrAV 2004, 82

Leitsätze:
1. Seit der Streichung des Sicherungsfalls der wirtschaftlichen Notlage (§ 7 Abs. 1 Satz 3 Nr. 5 BetrAVG a. F.) durch Art. 91 EGInsO besteht das von der Rechtsprechung aus den Grundsätzen über den Wegfall der Geschäftsgrundlage entwickelte Recht zum Widerruf insolvenzgeschützter betrieblicher Versorgungsrechte wegen wirtschaftlicher Notlage (seit BAG 10. Dezember 1971 – 3 AZR 190/71 – BAGE 24, 63, 71 f.) nicht mehr.
2. Ein solches Recht kann auch nicht auf die in einer Versorgungsordnung aufgenommenen steuerunschädlichen Vorbehalte gestützt werden. Diese Vorbehalte wirken nur deklaratorisch; sie begründen kein eigenständiges Recht zum Widerruf (Bestätigung von BAG 8. Juli 1972 – 3 AZR 481/71 – AP BGB § 242 Ruhegehalt Nr. 157 = EzA BGB § 242 Ruhegeld Nr. 15; 26. April 1988 – 3 AZR 277/87 – BAGE 58, 167, 173).

2850 ▶ **Unwirksamkeit der Ablösung einer Gesamtzusage durch verschlechternde Betriebsvereinbarung**

BAG, Urt. v. 17.06.2003 – 3 ABR 43/02

Fundstelle: BAGE 106, 301 = BAGReport 2004, 125 = NZA 2004, 1110 = BetrAV 2004, 794 = DB 2004, 714

Leitsätze:
1. Zu den betriebsverfassungsrechtlichen Angelegenheiten i.S. des § 2a Abs. 1 Nr. 1 ArbGG gehört auch der Streit darüber, ob eine Gesamtzusage durch eine Betriebsvereinbarung wirksam abgelöst worden ist.
2. Ein kollektiver Günstigkeitsvergleich (BAG v. 16.9.1986 – GS 1/82 – DB 1986, S. 2027) zwischen einem durch Gesamtzusage begründeten Versorgungswerk, das durch Widerruf für neu

in den Betrieb eintretende Mitarbeiter geschlossen worden war, und einer geänderten Versorgungsordnung, die wieder für alle Mitarbeiter geöffnet ist, kann nicht ohne weiteres in der Weise vorgenommen werden, dass dem Aufwand für das geschlossene Versorgungswerk mit der naturgemäß sinkenden Zahl von Versorgungsberechtigten der Aufwand gegenübergestellt wird, der auf unbestimmte Zeit für das wieder geöffnete Versorgungswerk aufzubringen ist.

▶ **Widerruf einer betrieblichen Altersversorgung** 2851

LAG Nürnberg, Urt. v. 29.10.2003 – 2 Sa 398/03

Fundstellen: NZA-RR 2004, 320 = BB 2004, 1284 (LS)

Leitsatz:

Auch nach der Neufassung des § 7 Abs. 1 Satz 4 Nr. 2 BetrAVG kommt gegenüber Versorgungsempfängern ein Widerruf betrieblicher Versorgungsleistungen nur in Betracht, wenn eine vorherige Zustimmung des PSV vorliegt oder eine gerichtliche Entscheidung über die Einstandspflicht des PSV vom Versorgungsschuldner erstritten wurde.

▶ **Betriebsrentenberechnung nach Garantie eines Versorgungsbesitzstandes** 2852

BAG, Urt. v. 16.12.2003 – 3 AZR 39/03

Fundstellen: BAGE 109, 121 = BetrAV 2004, 278 = DB 2004, 1051

Leitsatz:

Die Betriebsrente eines vorzeitig aus dem Arbeitsverhältnis ausgeschiedenen Arbeitnehmers darf nicht niedriger sein als der ihm vor seinem Ausscheiden im Zusammenhang mit einer ablösenden Neuregelung des Versorgungswerks garantierte Versorgungsbesitzstand (Bestätigung und Weiterführung der Senatsrechtsprechung, zuletzt 18. März 2003 – 3 AZR 221/02 – BB 2003, 2625).

▶ **Abbau einer tariflichen Überversorgung im öffentlichen Dienst** 2853

BAG, Urt. v. 25.05.2004 – 3 AZR 123/03

Fundstellen: AP Nr 11 zu § 1 BetrAVG Überversorgung = DB 2005, 1801 = ZTR 2005, 263

Leitsätze:

1. Art. 14 Abs. 1 GG verpflichtet die Tarifvertragsparteien nicht zur Schaffung einer statischen Zusatzversorgung.
2. Die Tarifvertragsparteien müssen die dem Rechtsstaatsprinzip des Art. 20 Abs. 3 GG zu entnehmenden grundlegenden Wertentscheidungen beachten. Dazu zählen vor allem die Grundsätze des Vertrauensschutzes und der Verhältnismäßigkeit.
3. Das Regelungsziel des Abbaus von Überversorgungen in § 16 der Tarifvereinbarung »Bündnis für Arbeit und Programm«, abgeschlossen zwischen dem Norddeutschen Rundfunk und der IG Medien, Druck und Papier, Publizistik und Kunst, der Deutschen Angestellten-Gewerkschaft (DAG), der Deutschen Orchestervereinigung (DOV) und dem Deutschen Journalistenverband vom 13. März 1997 rechtfertigt einen Eingriff in den zeitanteilig erdienten Besitzstand.
4. Im öffentlichen Dienst kann auch eine sog. planmäßige Überversorgung abgebaut werden.

▶ **Teilwiderruf einer Versorgungszusage** 2854

BAG, Urt. v. 12.10.2004 – 3 AZR 432/03

Fundstellen: DB 2005, 1338 = NZA 2005, 1320

Leitsätze:

1. Bei ausdrücklicher oder stillschweigender Inbezugnahme von außerhalb des Arbeitsvertrages liegenden Regelwerken wie den Richtlinien einer Unterstützungskasse wird üblicherweise und regelmäßig dynamisch auf die Richtlinien in ihrer jeweiligen Fassung verwiesen.
2. Ohne nähere Bestimmung stehen Vorschriften eines in Bezug genommenen Regelwerks unter dem Vorbehalt ihrer nachträglichen Änderung.
3. Bei einer Stichtagsregelung bedeutet die Nähe zur Schnittgrenze als solche keinen Härtefall, der zur teleologischen Reduktion der anspruchseinschränkenden Regelung führen müsste.

2855 ▶ Eingriff in die einem Betriebsrentner zugesagte Witwenrente

BAG, Urt. v. 12.10.2004 – 3 AZR 557/03

Fundstellen: BAGE 112, 155 = BB 2005, 945 = DB 2005, 783 = BetrAV 2005, 297 = NZA 2005, 580 = MDR 2005, 638

Leitsatz:

Die Grundsätze der Verhältnismäßigkeit und des Vertrauensschutzes führen dazu, dass nach Eintritt eines Versorgungsfalles in der Regel nur noch geringfügige Verschlechterungen der zugesagten Hinterbliebenenversorgung gerechtfertigt sein können

2856 ▶ Voraussetzungen für den Widerruf einer Versorgungszusage wegen grober Treuepflichtverletzung

OLG München, Urt. v. 25.01.2005 – 18 U 3299/03

Fundstelle: DB 2005, 2198

Leitsatz:

Der Widerruf einer Versorgungszusage kommt lediglich in Betracht, wenn die Pflichtverletzung des Versorgungsberechtigten so schwer wiegt, dass eine Berufung auf den Bestand der Versorgungsleistung arglistig erscheint. Das ist der Fall, wenn sich die erbrachte Betriebstreue rückschauend als wertlos erweist. Grobe Pflichtverletzungen oder Verstöße gegen strafrechtliche Vorschriften reichen dafür nicht aus. Ein vom Versorgungsberechtigten zugefügter Schaden berechtigt den Arbeitgeber allerdings dann zum Widerruf, wenn dadurch seine Existenz gefährdet wird.

2857 ▶ Eingriff in dienstzeitabhängige Steigerungsbeträge eines betrieblichen Versorgungssystems durch ablösende Betriebsvereinbarung

BAG, Urt. v. 19.04.2005 – 3 AZR 468/04

Fundstellen: DB 2005, 1527 = NZA-RR 2005, 598

Leitsätze:

1. Steht fest, dass durch Betriebsvereinbarung eine bestehende Versorgungsordnung abgelöst werden kann, sind Eingriffe in künftige und damit noch nicht erdiente dienstzeitabhängige Zuwächse bereits aus sachlich-proportionalen Gründen möglich.
2. Wird der Eingriff mit der Notwendigkeit von Einsparungen begründet, muss diese in der ablösenden Betriebsvereinbarung nicht ausdrücklich erwähnt sein.
3. Der Arbeitgeber muss, um Eingriffe in künftige dienstzeitabhängige Zuwächse zu rechtfertigen, keinen Sanierungsplan vorlegen. Es ist auch nicht erforderlich, dass Maßnahmen zur Kosteneinsparung ausgeschöpft sein müssen, bevor eine ablösende Betriebsvereinbarung Eingriffe in künftige Zuwächse vornehmen darf. Es geht lediglich darum, die Willkürfreiheit des Eingriffs in noch nicht erdiente Zuwächse zu belegen. Es genügt daher, wenn sich die Kürzungen bei der betrieblichen Altersversorgung in einen Zusammenhang anderer Maßnahmen einfügen, die insgesamt der Kostenersparnis dienen.

▶ Eingriffe in Betriebsrenten durch Tarifvertrag   2858

BAG, Urt. v. 28.07.2005 – 3 AZR 549/04

Fundstellen: JurionRS 2005, 26921

Leitsatz (nicht amtlich):

Wird in einem Arbeitsvertrag auf kollektivrechtliche Regelungen – hier: Haustarifvertrag – in ihrer jeweils gültigen Fassung Bezug genommen, so können sich (nachteilige) Änderungen des Kollektivvertrages auch auf Betriebsrentner und ausgeschiedene Mitarbeiter auswirken.

▶ Eingriffe in Betriebsrenten durch Tarifvertrag   2859

BAG, Urt. v. 28.07.2005 – 3 AZR 14/05

Fundstellen: BAGE 115, 304 = DB 2006, 166 = BetrAV 2006, 192 = NZA 2006, 335 = ZTR 2006, 205 = MDR 2006, 523

Leitsatz:

Das vom Senat für die Überprüfung von Eingriffen in Versorgungsanwartschaften entwickelte dreistufige Prüfungsschema (ständige Rechtsprechung seit 17. April 1985 – 3 AZR 72/83 – BAGE 49, 57, 66 ff.) kann nicht unbesehen auf Tarifverträge angewandt werden. Die Tarifvertragsparteien sind bei derartigen Eingriffen aber an die Grundsätze des Vertrauensschutzes und der Verhältnismäßigkeit gebunden.

nicht besetzt   2860

▶ Verschlechterung der Versorgungsregelung durch Tarifänderung nach Ausscheiden des   2861
Versorgungsberechtigten? – Wirksamkeit der tariflichen Neuregelung

BAG, Urt. v. 13.12.2005 – 3 AZR 478/04

Fundstellen: DB 2006, 1013 = BetrAV 2006, 487

Leitsatz:
1. Durch Tarifverträge kann die Änderungssperre des § 2 Abs. 5 Satz 1 BetrAVG abbedungen werden (§ 17 Abs. 3 Satz 1 BetrAVG).
2. Ob ein Tarifwerk an der Veränderungssperre festhalten will oder die neuen Tarifbestimmungen auf die Anwartschaften schon ausgeschiedener Beschäftigter angewendet werden sollen, ergibt sich aus dem Wortlaut und der Systematik des gesamten Tarifwerks. Bleibt dies im Ergebnis unklar, sind weitere Kriterien wie Tarifauskunft, Tarifpraxis und ggf. Tarifgeschichte zu prüfen.
3. Tarifnormen, die in die Anwartschaft bereits ausgeschiedener Arbeitnehmer eingreifen, werden nach den allgemeinen Prinzipien der Verhältnismäßigkeit und des Vertrauensschutzes und des darauf beruhenden Rückwirkungsverbotes überprüft.

▶ Voraussetzungen für den Widerruf einer Gesamtversorgungszusage   2862

BAG, Urt. v. 24.01.2006 – 3 AZR 583/04

Fundstelle: DB 2006, 1621

Leitsätze:

1. Gesamtzusagen dürfen so widerrufen werden, wie sie erteilt werden können. Es reicht aus, wenn der Widerruf gegenüber den Arbeitnehmern in einer Form verlautbart wird, die den einzelnen Arbeitnehmer typischerweise in die Lage versetzt, von der Erklärung Kenntnis zu nehmen.
2. Im Rahmen der betrieblichen Altersversorgung ist dieses Zugangserfordernis auch nicht abdingbar. Der Arbeitgeber darf eine Leistungsordnung nicht ändern, ohne es dem Arbeitnehmer zu

ermöglichen, von dem Inhalt der Änderung Kenntnis zu nehmen (§ 242 BGB; nunmehr § 307 BGB).
3. Nimmt ein Arbeitgeber Arbeitnehmer, die bei der Versorgungsanstalt des Bundes und der Länder (VBL) versichert sind, von einer eigenen Gesamtversorgungszusage ab einem Zeitpunkt aus, zu dem das Versorgungsniveau der VBL seiner eigenen Gesamtzusage entspricht, so führt der nachträgliche Abbau einer Überversorgung bei der VBL nicht dazu, dass Ansprüche gegen den Arbeitgeber unter dem Gesichtspunkt des Wegfalls der Geschäftsgrundlage (nunmehr Störung der Geschäftsgrundlage, § 313 BGB) entstehen können.
4. Tatbestandliche Voraussetzung der Anwendung des arbeitsrechtlichen Gleichbehandlungsgrundsatzes ist eine verteilende Entscheidung durch den Arbeitgeber. Tut der Arbeitgeber nichts, liegt eine verteilende Entscheidung grundsätzlich nicht vor. Etwas anderes kann lediglich bei einer Veränderung der Umstände von solchem Gewicht, dass sie eine Anpassungspflicht auslösen, gelten. Der bloße Abbau einer Überversorgung in einem Altersversorgungssystem, dem ein Teil der Arbeitnehmer angeschlossen ist, löst eine derartige Anpassungspflicht nicht aus.

2863 nicht besetzt

2864 ▶ **Einführung einer nettolohnbezogenen Obergrenze**

BAG, Urt. v. 27.06.2006 – 3 AZR 212/05

Fundstellen: DB 2007, S. 2491 = AP Nr. 12 zu § 1 BetrAVG Überversorgung

Leitsätze:

[...]
1. Zur Auslegung einer tarifvertraglichen Günstigkeitsklausel und des Anwendungsbereichs einer später eingeführten nettoentgeltbezogenen Gesamtversorgungsobergrenze.
2. Wegen des haushaltsrechtlichen Gebots des sparsamen und wirtschaftlichen Handelns darf im öffentlichen Dienst auch eine sogenannte planmäßige Überversorgung abgebaut werden. Sie liegt vor, wenn die Versorgungsberechtigten mehr erhalten als eine volle Sicherung ihres bisherigen Lebensstandards. Dabei ist das Ausscheiden aus dem Erwerbsleben zu berücksichtigen. Die sich aus der Tarifautonomie ergebende sog. Einschätzungsprärogative führt dazu, dass die Tarifvertragsparteien bei der Festlegung der maßgeblichen Vollversorgung einen Beurteilungs- und Bewertungsspielraum haben.
3. Der Eintritt des Versorgungsfalls ist ein sachgerechter Anknüpfungspunkt für versorgungsrechtliche Übergangsvorschriften.

2865 ▶ **Wegfall der Geschäftsgrundlage – Äquivalenzstörung**

LAG Berlin, Urt. v. 01.11.2006 – 9 Sa 1084/06

Fundstellen: jurisPR-ArbR 23/2007 Anm. 5, Langohr-Plato

Leitsatz:

Sagt der Arbeitgeber dem Arbeitnehmer eine Gesamtversorgung zu, so tritt eine einen Eingriff in die Versorgungszusage rechtfertigende Störung der Geschäftsgrundlage wegen Äquivalenzstörung noch nicht ein, wenn die Steigerung der Versorgungslast – gemessen am Barwert aller Versorgungsansprüche – weniger als 40 % beträgt.

2866 ▶ **Tariflicher Eingriff in laufende Betriebsrenten**

BAG, Urt. v. 27.02.2007 – 3 AZR 734/05

Fundstellen: BAGE 121, 321 = BetrAV 2007, 486 = NZA 2007, 1371 = AP Nr. 44 zu § 1 BetrAVG = EzA Art 9 GG Nr. 90

Leitsätze:
1. Die Regelungsmacht der Tarifvertragsparteien erfasst auch Betriebsrentner. Das folgt aus Art. 9 Abs. 3 GG, der in § 1 TVG lediglich aktualisiert wird. Diese Verfassungsnorm gewährleistet die Tarifautonomie als teil der Koalitionsfreiheit und gilt für »jedermann«.
2. Das vom Senat für die materielle Überprüfung von Eingriffen in Versorgungsanwartschaften entwickelte dreistufige Prüfungsschema ist wegen der Tarifautonomie nicht auf tarifvertragliche Regelungen übertragbar.
3. Die Tarifvertragsparteien sind jedoch – ebenso wie der Gesetzgeber – bei Eingriffen in laufende Betriebsrenten an die Grundsätze des Vertrauensschutzes und der Verhältnismäßigkeit gebunden. Insoweit gilt:
Eingriffe in künftige Betriebsrenten bedürfen besonderer rechtfertigender Gründe. Dabei ist das Interesse der Tarifvertragsparteien, die beanstandete Regelung auch auf Betriebsrentner anzuwenden, mit dem Interesse der Betriebsrentner am Fortbestand der bisherigen Regelung abzuwägen. Den Tarifvertragsparteien kommt dabei ein Gestaltungsspielraum zu.
In die zum Zeitpunkt des Versorgungsfalls geschuldete Ausgangsrente, die durch die Arbeitsleistung der Arbeitnehmer bereits verdient wurde, dürfen die Vertragsparteien in der Regel nicht eingreifen, soweit nicht bereits vor Entstehung des Anspruchs Anhaltspunkte dafür bestanden, dass die Tarifvertragsparteien verschlechternd eingreifen würden. Es bleibt offen, wann eine Ausnahme von diesem Regelfall vorliegt. Eine solche wäre in Anlehnung an die Regeln über die Störung der Geschäftsgrundlage (§ 313 BGB) denkbar. [...]

▶ **Ablösende Betriebsvereinbarung – tarifliche Alterssicherung** 2867

BAG, Urt. v. 13.03.2007 – 1 AZR 232/06

Fundstellen: NZA-RR 2007, 411 = AP Nr. 32 zu § 77 BetrVG 1972 Betriebsvereinbarung

Leitsätze:
1. Die Betriebsparteien können eine Angelegenheit, die sie durch Betriebsvereinbarung geregelt haben, für die Zukunft auch zu Ungunsten der Arbeitnehmer neu regeln.
2. Eine tarifliche Alterssicherung schützt Arbeitnehmer regelmäßig nur davor, dass sie durch altersbedingte Leistungsabnahme Verdiensteinbußen erleiden. Dagegen nimmt sie ältere Arbeitnehmer nicht von allgemeinen Lohneinbußen aus, die von Alter und Leistungsfähigkeit unabhängig sind.

▶ **Tarifliche Ablösung einer umlagefinanzierten Versorgung** 2868

BAG, Urt. v. 21.08.2007 – 3 AZR 102/06

Fundstellen: BAGE 124, 1 = DB 2007, 2850 = NZA 2008, 182 = AP Nr. 69 zu § 1 BetrAVG Zusatzversorgungskassen = EzA Art 9 GG Nr. 92

Leitsatz:
Die Tarifvertragsparteien dürfen in die bei Beendigung des Arbeitsverhältnisses erdiente Ausgangsrente in der Regel nicht eingreifen, soweit nicht bereits vor Entstehung des Anspruchs besondere Anhaltspunkte für verschlechternde Eingriffe der Tarifvertragsparteien bestehen.

▶ **Wirksamkeit eines (Teil-) Widerrufs einer Versorgungszusage** 2869

LAG Köln, Urt. v. 19.04.2007 – 10 Sa 692/06

Fundstellen: JurionRS 2007, 35959

Leitsätze:

1. Der steuerunschädliche Widerrufsvorbehalt wegen wirtschaftlicher Notlage im Sinne des BdF-Schreibens vom 30.06.1975 – BStBl I, 716 – und der ESt-RiL 2005 zu § 6a EStG in einer Versorgungszusage hat keine weiter gehende Bedeutung als die Berufung auf eine Störung der Geschäftsgrundlage nach allgemeinen Grundsätzen des Schuldrechts.
2. Darauf kann sich der Arbeitgeber bei einer auf individualrechtlicher Grundlage erteilten Versorgungszusage grundsätzlich auch dann nicht berufen, wenn er lediglich in Anwartschaftszuwächse eingreifen will (Weiterführung von BAG v. 17.06.2003).
3. Der sog. Mustervorbehalt kann nicht in dem Sinne umgedeutet werden, dass sich seine Anforderungen an den Eingriffszielen im Sinne der Drei-Stufen-Theorie des BAG jeweils variabel ausrichten.

2870 ▶ **Grenzen des Eingriffs in eine Versorgungszusage wegen Störung der Geschäftsgrundlage bei planwidriger Überversorgung**

BAG, Urt. v. 13.11.2007 – 3 AZR 455/06

Fundstellen: BetrAV 2008, 313 = DB 2008, 994 = BB 2008, S. 1012 = NZA-RR 2008, 520 = AP Nr. 3 zu § 313 BGB = EzA § 1 BetrAVG Geschäftsgrundlage Nr. 3

Leitsätze:

1. Enthält eine Versorgungsordnung eine Bruttogesamtversorgungsobergrenze, nach der die Betriebsrente niedriger ist als das Nettoeinkommen vergleichbarer Arbeitnehmer, tritt eine Störung der Geschäftsgrundlage jedenfalls dann ein, wenn dieses Nettoeinkommen durch spätere tatsächliche oder rechtliche Änderungen überschritten wird.
2. Die Störung der Geschäftsgrundlage löst ein nach billigem Ermessen auszuübendes Anpassungsrecht des Arbeitgebers aus. Die Anpassung darf in die geltende Vereinbarung nicht stärker eingreifen, als es durch die Anpassung an die Grundlagen der ursprünglichen Vereinbarung geboten ist. Bei Versorgungsregelungen mit kollektiver Wirkung darf der Arbeitgeber eine pauschalierende Anpassung vornehmen. Weitergehende Eingriffe können auch nicht durch Betriebsvereinbarung vorgenommen werden.
3. § 315 Abs. 3 BGB ist einschränkend dahingehend auszulegen, dass bei komplexen Versorgungssystemen mit kollektiver Wirkung zwar die Anpassungsentscheidung gerichtlicher Kontrolle unterliegt, das Gericht jedoch nicht seine Entscheidung an die Stelle einer unwirksamen Anpassungsentscheidung setzen kann.

2871 ▶ **Ablösung einer tarifvertraglichen Altersversorgung durch eine beim Erwerber bestehende Betriebsvereinbarung**

BAG, Urt. v. 13.11.2007 – 3 AZR 191/06

Fundstellen: BetrAV 2008, 410 = DB 2008, 1506 = NZA 2008, 600 = VersR 2009, 524 = MDR 2008, 752 = ZIP 2008, 890 = AP Nr. 336 zu § 613a BGB = EzA § 613a BGB 2002 Nr. 87

Leitsätze:

1. Tariflich geregelte Ansprüche auf Versorgung können nicht im Wege der sog. Über-Kreuz-Ablösung durch eine beim Erwerber bestehende Betriebsvereinbarung abgelöst werden.
2. Der Regelungsgegenstand »Altersversorgung« ist nur teilmitbestimmt. Damit fehlt es für diesen Regelungsgegenstand an der notwendigen Kongruenz des Umfangs der »erzwingbaren« Regelungsmacht der Tarifpartner auf der einen und der Betriebspartner auf der anderen Seite.

2872 ▶ **Abänderbarkeit vertraglicher Einheitsregelungen**

BAG, Urt. v. 17.06.2008 – 3 AZR 254/07

Fundstellen: DB 2008, 2491 = AP Nr. 53 zu § 1 BetrAVG

Leitsatz:

Ein Eingriff in vertragliche Einheitsregelungen durch Betriebsvereinbarung kommt in Betracht, wenn die Betriebsvereinbarung entweder kollektiv für die Arbeitnehmer günstiger ist oder die Einheitsregelung »betriebsvereinbarungsoffen« ist. Wird in einem Arbeitsvertragsformular eine Regelung zur betrieblichen Altersversorgung getroffen und in einer anderen Bestimmung »im Übrigen« auf Betriebsvereinbarungen verwiesen, ist die Regelung zur betrieblichen Altersversorgung nicht betriebsvereinbarungsoffen.

▶ **Regelungsbefugnis der Tarifvertragsparteien**

BAG, Urt. v. 17.06.2008 – 3 AZR 409/06

Fundstellen: BetrAV 2008, 806 = DB 2008, 2314 = NZA 2008, 1244 = AP Nr. 136 zu Art 9 GG

Leitsätze:

1. Die Regelungsbefugnis der Tarifvertragsparteien erstreckt sich auch auf Betriebsrentner.
2. Gewerkschaftsmitglieder, die Betriebsrentner sind, haben einen Anspruch darauf, an den sie betreffenden Entscheidungen tarifpolitisch ebenso mitzuwirken, wie Gewerkschaftsmitglieder, die noch aktive Arbeitnehmer sind.

Orientierungssatz des Autors:

Das vom BAG im Zusammenhang mit einschränkenden Neuordnungen betrieblicher Versorgungssysteme entwickelte dreistufige Prüfungssystem (»3-Stufen-Theorie«) findet auf Eingriffe der Tarifvertragsparteien in Versorgungsregelungen keine Anwendung.

▶ **Teilwiderruf einer Unterstützungskassenversorgung**

BAG, Urt. v. 09.12.2008 – 3 AZR 384/07

Fundstellen: NZA 2009, 1341 = AP Nr 22 zu § 9 BetrAVG

Orientierungssätze des Autors:

1. Eine vom Arbeitgeber zum Zwecke der betrieblichen Altersversorgung gegründete Unterstützungskasse stellt eine Sozialeinrichtung i. S. d. § 87 Abs 1 Nr 8 BetrVG dar. Der Arbeitgeber darf jedoch die Mittel für die Sozialeinrichtung mitbestimmungsfrei einschränken und ein Versorgungswerk teilweise schließen. Ein Mitbestimmungsrecht besteht nur für Regelungen, mit denen die zur Verfügung stehenden Mittel auf die Begünstigten verteilt werden, sowie für die Verwaltung der Sozialeinrichtung.
2. Der Ausschluss des Rechtsanspruchs auf Leistungen der Unterstützungskasse ist nur als ein an sachliche Gründe gebundenes Widerrufsrecht anzuerkennen. Triftige wirtschaftliche Gründe für den Teilwiderruf einer Unterstützungskassenversorgung liegen vor, wenn bei Weitergeltung der bisherigen Versorgungsregelung der Bestand des Unternehmens der Versorgungsschuldnerin gefährdet ist.
3. Es reicht im Fall der Änderung von Versorgungsrichtlinien einer Unterstützungskasse aus, wenn diese Änderungen im Betrieb oder Unternehmen allgemein bekannt gemacht werden. Es genügt, dass der betroffene Arbeitnehmer die Möglichkeit hat, von der Änderung Kenntnis zu nehmen. Eine konkrete Kenntnisnahme ist nicht erforderlich.
4. § 77 Abs 6 BetrVG ordnet die Nachwirkung nur für Betriebsvereinbarungen über Gegenstände der erzwingbaren Mitbestimmung an. Betriebsvereinbarungen über Leistungen der betrieblichen Altersversorgung unterliegen dem Mitbestimmungsrecht nach § 87 Abs 1 Nr. 8 oder 10 BetrVG nur insoweit, als es um die Verteilung der zur Verfügung stehenden Mittel geht. Soweit kein Verteilungsspielraum besteht, scheidet ein Mitbestimmungsrecht des Betriebsrats und damit auch eine Nachwirkung aus.

2875 ▶ **Widerruf der Versorgungszusage gegenüber einem ausgeschiedenen GmbH-Geschäftsführer**

OLG München, Urt. v. 04.02.2009 – 7 U 3686/08 (n. rkr.)

Fundstellen: VersR 2009, 1290

Leitsätze:

1. Die monatliche Betriebspension eines ausgeschiedenen Geschäftsführers einer GmbH kann nach dem Eintritt des Versorgungsfalls oder nach Eintritt der Unverfallbarkeit nur ganz ausnahmsweise herabgesetzt oder durch die Gesellschaft widerrufen werde. Voraussetzung ist hierfür, Dass die Zahlung bei Abwägung der Interessen aller Beteiligter unter keinem sachlichen Grund mehr zu rechtfertigen ist (h. M. und ständige höchstrichterliche Rechtsprechung, z. B. BGH, NJW 2000, 1197).
2. Haben die von der Gesellschaft behaupteten erheblichen Pflichtverstöße des Geschäftsführers ihre wirtschaftliche Existenz nicht bedroht, kann im Hinblick auf den Entgeltcharakter der Versorgungszusage und bei der vorzunehmenden Gesamtbetrachtung des Verhaltens des Geschäftsführers während seiner Tätigkeit für die Gesellschaft bezogen auf den konkreten Einzelfall ein Widerruf bzw. eine Reduzierung der Versorgungszusage nicht bejaht werden.

2876 ▶ **Maßgeblichkeit der 3-Stufen-Theorie**

BAG, Urt. v. 21.04.2009 – 3 AZR 674/07

Fundstellen: DB 2009, 2386 = NZA-RR 2009, 548

Orientierungssätze des Autors:
1. Vertraglich geregelte Ansprüche von Arbeitnehmern auf Sozialleistungen können durch eine nachfolgende Betriebsvereinbarung wirksam abgelöst werden. Voraussetzung dafür ist, dass sich der Arbeitgeber bei der Zusage eine Abänderung durch Betriebsvereinbarung vorbehalten hat. Ein derartiger Änderungsvorbehalt kann sich auch ohne ausdrückliche Formulierung aus den Gesamtumständen ergeben.
2. Die Ablösung einer betriebsvereinbarungsoffenen vertraglichen Einheitsregelung der betrieblichen Altersversorgung ist so zu behandeln wie die Ablösung einer Betriebsvereinbarung und unterliegt daher derselben Inhaltskontrolle. Die Grundsätze des Vertrauensschutzes und der Verhältnismäßigkeit dürfen nicht verletzt werden. Es ist deshalb das für Eingriffe in Versorgungsanwartschaften maßgebliche Prüfungsschema anzuwenden.
3. Zu berücksichtigen ist, dass das grundsätzlich maßgebliche Prüfungsschema eine Konkretisierung der Grundsätze des Vertrauensschutzes und der Verhältnismäßigkeit ist. Das bedeutet, dass dort, wo das Vertrauen abweichend von einer typischen Fallgestaltung nicht schutzbedürftig ist, die Grundsätze des Vertrauensschutzes und der Verhältnismäßigkeit auch abweichend vom Prüfungsschema Eingriffe zulassen können.

2876a ▶ **Besondere Rechtfertigung bei Umstellung von Renten- auf Kapitalzusage**

BAG, Urt. v. 15.05.2012 – 3 AZR 11/10

Fundstellen: BetrAV 2012, 524 = NZA-RR 2012, 433 = BB 2012, 2630 = DB 2012, 1756

Leitsatz:

Die Umstellung eines Versprechens laufender Betriebsrentenleistungen in ein Kapitalleistungsversprechen bedarf wegen der damit für den Arbeitnehmer verbundenen Nachteile einer eigenständigen Rechtfertigung anhand der Grundsätze des Vertrauensschutzes und der Verhältnismäßigkeit

Zusatzversorgung im öffentlichen Dienst

▶ **Unterlassene Aufklärung über Nachversicherungsmöglichkeiten in der VBL** 2877

BAG, Urt. v. 13.12.1988 – 3 AZR 252/87

Fundstellen: AuR 1989, 185 = BetrAV 1989, 177 = BB 1989, 1274 = DB 1989, 1527 = NZA 1989, 690

Leitsätze:

1. **Versäumt ein Arbeitgeber**, den Arbeitnehmer über die versicherungsrechtlichen Vorteile einer rückwirkenden Versicherung in der VBL **zu belehren**, so ist er wegen der dem Arbeitnehmer daraus erwachsenden Nachteile zum **Schadenersatz** verpflichtet.
2. Der **Schadensersatzanspruch** wegen gebotener, aber unterbliebener Hinweise auf die versicherungsrechtlichen Vorteile einer rückwirkenden Versicherung, **unterliegt nicht** der **tariflichen Ausschlussfrist** des § 67 MTA (§ 70 BAT).

▶ **Altersversorgung für befristet beschäftigte Arbeitnehmer** 2878

BAG, Urt. v. 12.05.1992 – 3 AZR 226/91

Fundstellen: AuR 1992, 377 = BetrAV 1992, 265 = BB 1992, 2296 = DB 1992, 2512 = NZA 1993, 232

Leitsätze:

1. Nach § 6 des Tarifvertrages über die Versorgung der Arbeitnehmer des Bundes und der Länder sowie von Arbeitnehmern kommunaler Verwaltung und Betrieb (Vers-TV) braucht der Arbeitgeber des öffentlichen Dienstes Arbeitnehmer nicht bei der Versorgungsanstalt des Bundes und der Länder (VBL) zu versichern, wenn die Arbeitnehmer für nicht mehr als zwölf Monate eingestellt werden.
2. Wird das Arbeitsverhältnis über zwölf Monate hinaus verlängert oder fortgesetzt, ist der Arbeitnehmer nach § 6 Abs. 1 Satz 2 Vers-TV **vom Beginn des Arbeitsverhältnisses an**, also **rückwirkend**, zu versichern.
3. Zu dieser rückwirkenden Versicherung ist der Arbeitgeber nicht verpflichtet, wenn der Arbeitnehmer aus anderen Gründen, die nichts mit der zeitlichen Beschränkung des Arbeitsverhältnisses zu tun haben, nicht zu versichern war. Dies ist der Fall, wenn der Arbeitnehmer zunächst im Rahmen einer Arbeitsbeschaffungsmaßnahme beschäftigt wurde und deshalb nicht unter den **persönlichen Geltungsbereich** des Versorgungstarifvertrags fiel.

▶ **Ausschluss geringfügig Beschäftigter von der Zusatzversorgung** 2879

BAG, Urt. v. 27.02.1996 – 3 AZR 886/94

Fundstellen: BAGE 82, 193 = AP Nr. 28 zu § 1 BetrAVG Gleichbehandlung = BB 1996, 1561 = DB 1996, 1827 = NZA 1996, 992 = MDR 1996, 1157 = DB 1996, 583 = BetrAV 1996, 261

Leitsätze:

1. Soweit der Versorgungstarifvertrag für Arbeitnehmer kommunaler Verwaltungen und Betriebe Teilzeitkräfte, die rentenversicherungsrechtlich mehr als nur geringfügig beschäftigt werden, aus der Zusatzversorgung des öffentlichen Dienstes ausgenommen hat, ist diese Einschränkung der Versorgungsverpflichtungen wegen Verstoßes gegen den Gleichheitssatz (Art. 3 Abs. 1 GG) unwirksam.
2. Dies gilt auch für den Ausschluss von Teilzeitkräften, die erst aufgrund der **Zusammenrechnung mehrerer geringfügiger Beschäftigungen** der gesetzlichen Rentenversicherungspflicht unterfallen (Bestätigung der bisherigen Rechtsprechung des Senats, vgl. BAGE 72, 345, 349 f. = AP Nr. 6 zu § 1 BetrAVG Teilzeit, zu 3c der Gründe; Urteil vom 7. März 1995 – 3 AZR 282/94,

AP Nr. 26 zu § 1 Gleichbehandlung, zu B II der Gründe; Urteil vom 16. Januar 1996 – 3 AZR 767/94, zu C der Gründe).

3. Soweit die Tarifvertragsparteien jedoch **Teilzeitkräfte**, die nur **geringfügig beschäftigt** werden und deshalb nicht der gesetzlichen Rentenversicherungspflicht unterliegen, von der Zusatzversorgung im öffentlichen Dienst ausgenommen haben, gibt es dafür einleuchtende Gründe. Dieser Ausschluss trägt insbesondere der **Ergänzungsfunktion der Zusatzversorgung** Rechnung. Die Verzahnung mit dem Rentenversicherungsrecht entspricht dem Sinn und Zweck des Gesamtversorgungssystems.
4. Auch für Beschäftigungszeiten bis zum 31. März 1991 kommt es auf die Rentenversicherungspflicht an, obwohl die Versorgungsregelungen damals noch nicht auf die rentenversicherungsrechtliche Geringfügigkeitsgrenze (nunmehr § 8 SGB IV) abstellten, sondern weitergehend Teilzeitbeschäftigte bis zu einer Arbeitszeit von 18 Wochenstunden von der Zusatzversorgung ausnahmen. Die Unwirksamkeitsfolge ist bei Tarifnormen unter Berücksichtigung des zum Ausdruck gebrachten Regelungszwecks auf das rechtlich gebotene zu begrenzen.
5. Solange die Wartezeit von 60 Umlagemonaten (§ 20 Abs. 1 VersTV-G) nicht erfüllt ist, besteht kein **Anspruch auf Verschaffung** einer Zusatzversorgung.

2880 ▶ **Zusatzversorgung für Teilzeitbeschäftigte bei der Post**

BAG, Urt. v. 12.03.1996 – 3 AZR 993/94

Fundstellen: BetrAV 1996, 261 = NZA 1996, 939 = DB 1996, 2085 = EzA § 1 BetrAVG Gleichbehandlung Nr. 11

Leitsätze:

1. § 3 Versorgungstarifvertrages für die Arbeitnehmer der Deutschen Bundespost in den bis zum 31. März 1991 geltenden Fassungen war wegen Verstoßes gegen Art. 3 Abs. 1 GG **nichtig**, soweit er Arbeitnehmer von der Zusatzversorgung bei der Versorgungsanstalt der Deutschen Bundespost (VAP) ausnahm, deren arbeitsvertraglich vereinbarte durchschnittliche Arbeitszeit **weniger als 18 Stunden** oder **weniger als die Hälfte** der jeweils geltenden regelmäßigen Wochenarbeitszeit eines Vollzeitbeschäftigten betrug.
2. Arbeitnehmer, die aufgrund entsprechend geringer Wochenarbeitszeiten nicht bei der VAP versichert worden waren, haben gegen die Deutsche Bundespost und deren Rechtsnachfolger einen **Anspruch auf Verschaffung** von Versorgungsleistungen, wie er ihnen zustünde, wenn sie auch in diesen Zeiten mit geringerer Beschäftigung versichert worden wären (Bestätigung der Senatsurteile vom 7. März 1995 – 3 AZR 282/94, AP Nr. 26 zu § 1 BetrAVG Gleichbehandlung sowie vom 16. Januar 1996 – 3 AZR 767/94).
3. Dies gilt nicht für solche Arbeitnehmer, die im Arbeitsverhältnis bei der Deutschen Bundespost nur in einem derart **geringen Umfang** beschäftigt waren, dass sie dort **nicht in der gesetzlichen Rentenversicherung pflichtversichert** waren, sowie für Zeiten des Arbeitsverhältnisses, in denen aufgrund des Beschäftigungsumfangs keine Rentenversicherungspflicht bestand. Insoweit war und ist der Ausschluss aus dem Versorgungswerk der Deutschen Bundespost rechtswirksam (Bestätigung und Weiterführung des Senatsurteils vom 27. Februar 1996 – 3 AZR 886/94).

2881 ▶ **Versorgungsanwartschaften von Arbeitnehmern des öffentlichen Dienstes**

BVerfG, Beschl. v. 15.07.1998 – 1 BvR 1554/89 und 1 BvR 963/94 und 1 BvR 964/94

Fundstellen: BVerfGE 98, 365 = EzA § 18 BetrAVG Nr. 10 = AP Nr. 26 zu § 18 BetrAVG = ArbuR 1999, 147 = NZA 1999, 194 = NVwZ 1999, 519 = BetrAV 1999, 27

Leitsätze:

1. Die Gleichbehandlung unterschiedlich hoher Versorgungszusagen desselben öffentlichen Arbeitgebers durch § 18 Betriebsrentengesetz bei vorzeitiger Beendigung des Arbeitsverhältnisses ist mit Art. 3 Abs. 1 GG unvereinbar.

2. Die Ungleichbehandlung der Verfallbarkeit von betrieblichen Altersrenten in der Privatwirtschaft und im öffentlichen Dienst durch das Betriebsrentengesetz verletzt den allgemeinen Gleichheitssatz.
3. Art. 12 Abs. 1 GG schützt den Arbeitnehmer vor einem Verfall von betrieblichen Versorgungsanwartschaften, soweit dadurch die freie Wahl eines anderen Arbeitsplatzes in unverhältnismäßiger Weise eingeschränkt wird.

▶ **Steuernachteile durch Nachversicherung** 2882

BAG, Urt. v. 14.12.1999 – 3 AZR 713/98

Fundstellen: BAGE 93, 105 = BB 2000, 2209 = DB 2000, 2534 = NZA 2000, 1348 = HFR 2001, 508

Leitsätze:

1. Wenn der Arbeitgeber die bisher zu Unrecht aus der Altersversorgung ausgeschlossenen Teilzeitkräfte bei der zuständigen Zusatzversorgungskasse nachversichert und die Umlagen nachentrichtet, ist deren Verschaffungsanspruch erfüllt. Den Ausgleich steuerlicher Nachteile umfasst der Verschaffungsanspruch nicht.
2. § 10 VersTV-G verpflichtet den Arbeitgeber nur bei einer Pauschalversteuerung zur Übernahme der Lohn- und Kirchensteuer. Diese Verpflichtung erlischt, wenn die Pauschalversteuerung rechtlich nicht mehr möglich ist.
3. Führt der Arbeitgeber Umlagen aufgrund eines unverschuldeten Rechtsirrtums verspätet ab, so steht dem Arbeitnehmer nach §§ 285, 286 BGB kein Schadensersatzanspruch wegen Verzugs zu. Der Arbeitgeber verletzt nicht seine Sorgfaltspflichten, wenn er bei einer unklaren Rechtslage von der Wirksamkeit der tarifvertraglichen Regelungen ausgeht.
4. Soweit der Arbeitgeber durch die verspätete Abführung der Umlage von seiner Verpflichtung zur Übernahme der Pauschalsteuer frei wird, steht dem Arbeitnehmer ein Bereicherungsanspruch nach § 812 Abs. 1 Satz 1 Alt. 2 BGB zu.

▶ **Berechnung der von der VBL gewährten Zusatzrente** 2883

BVerfG, Beschl. v. 22.03.2000 – 1 BvR 1136/96

Fundstellen: BetrAV 2000, 394 = VersR 2000, 835 = NZA 2000, 996 = NJW 2000, 3341 = AP Nr. 27 zu § 18 BetrAVG

Leitsätze (nicht amtlich):

1. Die Benachteiligung von Rentnern durch die volle Anrechnung der in den Vordienstzeiten erworbenen Rentenansprüche bei hälftiger Berücksichtigung dieses Teils ihrer Lebensarbeitszeit bei der Berechnung der gesamtversorgungsfähigen Dienstzeit kann nicht über den 31.12.2000 hinaus hingenommen werden.
2. Spätestens im Jahr 2001 wird der Satzungsgeber der VBL die Frage der Dynamisierung der Versichertenrente unter dem Gesichtspunkt der Gleichstellung mit dem allgemeinen Betriebsrentenrecht zu überprüfen haben.
3. Im Hinblick auf die anstehenden Neuregelungen ist zu berücksichtigen, dass die Komplexität des Satzungswerkes der VBL bei weiterer Zunahme an verfassungsrechtliche Grenzen stoßen kann, sei es weil die Arbeitnehmer dadurch in der freien Wahl ihres Arbeitsplatzes in unzumutbarer Weise behindert werden, sei es weil sich die sachliche Rechtfertigung für Ausdifferenzierungen im Normengeflecht nicht mehr nachvollziehen lässt und somit die Beachtung des allgemeinen Gleichheitssatzes nicht mehr gewährleistet werden kann.

▶ **Umfang der Versicherungspflicht in der ZVK** 2884

BAG, Urt. v. 29.08.2000 – 3 AZR 201/00

Fundstellen: BB 2000, 2527 = NZA 2001, 163 = BetrAV 2001, 196

Leitsätze:

1. § 46 BAT/BAT-O gibt den nach dem Versorgungstarifvertrag versicherungspflichtigen Arbeitnehmern einen Anspruch auf Verschaffung einer Versorgung nach Maßgabe des Versorgungstarifvertrages und der Satzung der Zusatzversorgungskasse. Er richtet sich zwar in erster Linie darauf, dass der Arbeitgeber den Arbeitnehmer in der Zusatzversorgungskasse versichert. Geschieht dies nicht, kann der Arbeitnehmer aber zumindest verlangen, dass der Arbeitgeber ihm die tarifvertraglich geschuldete Zusatzversorgung selbst verschafft oder in anderer Weise für eine nach Art und Umfang gleiche Versorgung sorgt. Auch insoweit handelt es sich um einen **insolvenzgeschützten** tarifvertraglichen **Erfüllungsanspruch.**
2. Die Versicherungspflicht bei einer öffentlich-rechtlichen Zusatzversorgungskasse kann nach § 5 Abs. 2 Buchst. B VersTV-G dann entfallen, wenn der Arbeitnehmer eine Anwartschaft oder einen Anspruch auf lebenslängliche Versorgung und Hinterbliebenenversorgung hat. Diese Voraussetzungen sind nicht erfüllt, wenn der Arbeitgeber eine Versorgung außerhalb des Versorgungstarifvertrages unter Einschaltung einer Unterstützungskasse verspricht, die zudem alternativ Alterskapital oder eine wertgleiche monatlich lebenslänglich zahlbare Altersrente sowie nur im Falle des Todes des Arbeitnehmers während der aktiven Dienstzeit ein einmalig zu zahlendes Hinterbliebenenkapital vorsieht.

2885 ▶ Begrenzung des zusatzversorgungspflichtigen Entgelts

BAG, Urt. v. 21.11.2000 – 3 AZR 442/99

Fundstelle: DB 2002, 1059

Leitsatz:

Die einem Oberarzt zusätzlich zur Vergütung nach Vergütungsgruppe I a BAT gezahlten jährlichen Zuwendungen von 24.000 DM können aus ärztlichen Liquidationserlösen zufließende Einkünfte sein. Sie zählen nach § 8 Abs. 5 Satz 3 Buchstabe s Versorgungs-TV und § 29 Abs. 7 Satz 3 Buchstabe s VBL-Satzung nicht zum zusatzversorgungspflichtigen Entgelt.

2886 ▶ Volle Berücksichtigung von Vordienstzeiten bei der Berechnung der gesamtversorgungsfähigen Zeit im öffentlichen Dienst ab 1.1.2001

LG Karlsruhe, Urt. v. 09.01.2001 – 6 S 23/00

Fundstelle: DB 2001, 1099

Leitsatz:

Die nach § 42 Abs. 2a VBLS lediglich zur Hälfte berücksichtigten gesamtversorgungsfähigen Zeiten müssen ab dem 1.1.2001 bis zur Wirksamkeit einer neuen Satzungsregelung zu den Vordienstzeiten zur Berechnung einer gesamtversorgungsfähigen Zeit in vollem Umfang herangezogen werden (im Anschluss an BVerfG-Beschluss vom 22.03.2000 – NJW 2000, S. 3341).

E. Arbeits- und Beratungshilfen

Die nachfolgend aufgeführten Checklisten, Mustertexte und Arbeitshilfen sind Beispiele aus der Praxis, die lediglich als Anregung für die Gestaltung betrieblicher Versorgungsvereinbarungen und sonstiger Vereinbarungen im Zusammenhang mit der Einrichtung und Abwicklung betrieblicher Versorgungsvereinbarungen zu verstehen sind. Insbesondere ersetzen diese Muster nicht die inhaltliche Prüfung und Feinabstimmung der Vertragstexte im konkreten Einzelfall. 2887

Für eine individuelle Ausgestaltung der Beitrags- und Leistungsbestimmungen sowie der sonstigen rechtlichen Rahmenbedingungen sind die jeweiligen Verhältnisse im konkreten Einzelfall, insbesondere die betriebswirtschaftlichen, finanzpolitischen, bilanziellen und personalpolitischen Verhältnisse des die Versorgung zusagenden Unternehmens als maßgebliche Entscheidungskriterien zu berücksichtigen.

Ferner ist zu beachten, dass durch neue Gesetze oder aufgrund neuer Rechtsprechung inhaltliche Anpassungen/Korrekturen erforderlich werden können.

Inhaltsübersicht		Rdn.
I.	Checkliste/Kriterien: Auswahl des »geeigneten« Durchführungsweges zur Umsetzung der betrieblichen Altersversorgung	2888
II.	Aufbau/Checkliste: Versorgungsordnung für eine leistungsorientierten Versorgungsplan	2889
III.	Muster: Versorgungsordnung (arbeitgeberfinanzierte Gesamtzusage, dienstzeit- und gehaltsabhängiges Renteneckwertsystem)	2890
IV.	Muster: Pensionszusage (Einzelzusage)	2891
V.	Muster: Verpfändungsvereinbarung	2892
VI.	Muster: Direktversicherung (arbeitgeberfinanzierte Versicherungszusage)	2893
VII.	Muster: Direktversicherung (arbeitnehmerfinanzierte Versicherungszusage; Entgeltumwandlung)	2894
VIII.	Muster: Unterstützungskasse (Satzung einer Firmen-Unterstützungskasse)	2895
IX.	Muster: Unterstützungskasse (Leistungsplan, Festrentenzusage)	2896
X.	Muster: Pensionskasse (Satzung einer Firmen-Pensionskasse)	2897
XI.	Checkliste: Pensionsfonds (Gründung)	2898
XII.	Muster: Entgeltumwandlung (Rahmenrichtlinie)	2899
XIII.	Muster: Entgeltumwandlungsvereinbarung	2900
XIV.	Muster: Unverfallbarkeitsbescheinigung (positiv)	2901
XV.	Muster: Unverfallbarkeitsbescheinigung (negativ)	2902
XVI.	Muster: Abfindungsvereinbarung (unverfallbare Anwartschaft)	2903
XVII.	Muster: Mitteilungsschreiben zur Anpassungsprüfung gem. § 16 BetrAVG	2904–2906
XVIII.	Muster: Schließungsbeschluss für ein betriebliches Versorgungssystem	2907
XIX.	Muster: Ablösende Betriebsvereinbarung	2908
XX.	Muster: Kündigung einer Betriebsvereinbarung	2909
XXI.	PSV-Merkblätter	2910

E. Arbeits- und Beratungshilfen

I. Checkliste/Kriterien: Auswahl des »geeigneten« Durchführungsweges zur Umsetzung der betrieblichen Altersversorgung

2888
- ☐ betriebswirtschaftliche Effizienz des Durchführungsweges; Finanzierungseffekte,
- ☐ Sicherheit, Liquidität und Rentabilität der Vermögensanlage,
- ☐ Flexibilität der Dotierung,
- ☐ Haftung/Haftungsbegrenzung des Arbeitgebers,
- ☐ Beurteilung biometrischer Risiken und Zinsrisiken,
- ☐ gewünschte Zusageform (Leistungszusage/beitragsorientierte Leistungszusage/Beitragszusage mit Mindestleistung),
- ☐ steuer- und sozialversicherungsrechtliche Behandlung von Versorgungsaufwand und Versorgungsleistungen (vor-/nachgelagerte Besteuerung; steuerliche Freibeträge in der Leistungsphase; Verbeitragung/KVdR),
- ☐ Renten-/Kapitalzusage,
- ☐ bilanzielle Konsequenzen,
- ☐ Verwaltungsaufwand,
- ☐ Insolvenzsicherungspflicht,
- ☐ Behandlung unverfallbarer Versorgungsanwartschaften.

II. Aufbau/Checkliste: Versorgungsordnung für einen leistungsorientierten Versorgungsplan

2889 I. Personenkreis und Leistungsvoraussetzungen

§ 1 Kreis der Versorgungsberechtigten
- ☐ Mindest-/Höchstaufnahmealter,
- ☐ Ausschluss/Einbeziehung geringfügig Beschäftigter,
- ☐ Einbeziehung teilzeitbeschäftigter Arbeitnehmer
- ☐ Einbeziehung von Auszubildenden
- ☐ Geschiedene Ehegatten/Lebenspartner

§ 2 Versorgungsleistungen
- ☐ Altersversorgung und/oder Invaliditätsabsicherung und/oder Hinterbliebenenversorgung
- ☐ Rente oder Kapital
- ☐ mit/ohne Rechtsanspruch?

§ 3 Allgemeine Leistungsvoraussetzungen
- ☐ Wartezeit,
- ☐ feste Altersgrenze
- ☐ Beendigung des Dienstverhältnisses bei/nach Eintritt des Versorgungsfalles
- ☐ Bezug der gesetzlichen Rente

II. Bemessungsgrößen für die Leistungen

§ 4 Anrechnungsfähige Dienstzeit
- ☐ maximal anrechenbare Dienstjahre,
- ☐ Berücksichtigung von Ausbildungszeiten/Erziehungszeiten/entgeltfreien Zeiten,
- ☐ Dienstjahresrundung

§ 5 Ruhegeldfähiges Einkommen
- ☐ genaue Definition,
- ☐ evtl. Durchschnittsbildung,
- ☐ Sonderregelung für Teilzeitbeschäftigte bzw. Wechsel zwischen Teilzeit- und Vollzeitarbeitsverhältnissen

II. Aufbau/Checkliste: Versorgungsordnung für einen leistungsorientierten Versorgungsplan   E.

☐ Sonderregelung für gesetzliche oder vertragliche Freistellungszeiten (Elternzeit, Krankheit nach Ablauf der Entgeltfortzahlung, Altersteilzeit, Zeitwertkonto)

III. Versorgungsfälle und jeweils ausgelöste Leistungen

§ 6 Altersrente
☐ Festlegung der Altersgrenze,
☐ einheitliche Altersgrenze für Männer und Frauen,
☐ Ausscheiden aus dem Unternehmen; Bezug der gesetzlichen Altersrente

§ 7 Vorzeitige Altersrente
☐ Kopplung an die gesetzliche Rente (§ 6 BetrAVG),
☐ keine Teilbetriebsrente,
☐ Ruhen des Anspruchs bei Wegfall der gesetzlichen Rente,
☐ Berücksichtigung nicht sozialversicherungspflichtiger Mitarbeiter

§ 8 Invaliditätsabsicherung
☐ Begriffsbestimmung BU-/EU-Rente oder Abstellen auf SGB (Erwerbsminderungsrente),
☐ Vorlage SV-Bescheid oder Attest,
☐ jederzeitige Überprüfbarkeit,
☐ Sonderregelung für zeitlich begrenzte Invalidität

§ 9 Hinterbliebenenrenten
☐ Witwen- und Witwerrente, Lebenspartner als Hinterbliebene
☐ Ausdehnung auf Lebenspartner/Lebensgefährten?
☐ Spätehenklausel, Altersabstandsklausel
☐ Erlöschen bei Wiederverheiratung,
☐ Waisenrente bis 18, mindestens bis Ende Berufsausbildung, höchstens bis Kindergeld aufhört.

IV. Höhe der Leistungen

§ 10 Höhe der Altersrente/vorzeitigen Altersrente
☐ genaue Definition,
☐ versicherungsmathematische Kürzung bei vorzeitiger Altersrente?

§ 11 Höhe der Invalidenrente
☐ erdiente/erdienbare Anwartschaft auf Altersrente,
☐ evtl. Zurechnungszeit

§ 12 Höhe der Hinterbliebenenrenten
☐ Prozentsätze, z. B. 60 % (Witwen bzw. Witwer), 10 % Halbwaisen, 20 % Vollwaisen
☐ Summe höchstens = 100 % der Berechtigtenrente

§ 13 Teilzeitbeschäftigte
☐ Teilzeitgrad über die gesamte oder einen Teil der Dienstzeit,
☐ Wechsel von Voll- in Teilzeitbeschäftigung bzw. umgekehrt

§ 14 Anrechnungen
☐ regelmäßige geschäftliche oder berufliche Einkünfte, Schadenersatzansprüche

V. Beendigung des Dienstverhältnisses aus anderen Gründen

§ 15 Teilrente
- ☐ Teilrente nach vorherigem Ausscheiden: kein Leistungszwang,
- ☐ Teilrente während des Dienstverhältnisses:
- ☐ Teilrentenzeit anrechnungsfähig, Berechnung der Leistung gemäß § 13

§ 16 Unverfallbare Anwartschaften
- ☐ Verweis auf oder Zitat von BetrAVG §§ 1b, 2

VI. Finanzierung der Leistungen

§ 17 Träger der Versorgung
- ☐ Beschreibung des Durchführungsweges

§ 18 Rückdeckungsversicherung
- ☐ Berechtigung der Firma, Verpflichtung der Mitarbeiter zur Zustimmung,
- ☐ ggf. Anspruch auf Verpfändung der Rückdeckungsversicherung

VII. Bestimmungen für den Leistungsfall

§ 19 Beginn, Ende und Auszahlung der Leistungen

§ 20 Pflichten der Versorgungsberechtigten

VIII. Vorbehalte

§ 21 Sonderfälle
- ☐ Abweichung zugunsten einzelner Berechtigter (Härtefallregelung)

§ 22 Widerrufsvorbehalte
- ☐ Steuerliche Mustertexte

IX. Weitere Bestimmungen des Betriebsrentengesetzes

§ 23 Insolvenzsicherung

§ 24 Anpassung der laufenden Leistungen

X. Schlussbestimmungen

§ 25 Datenschutzklausel
- ☐ Übermittlung personenbezogener Daten an einen externen Sachverständigen

§ 26 Erfüllungsort und Gerichtsstand

§ 27 Inkrafttreten/Übergangsregelung

III. Muster: Versorgungsordnung (arbeitgeberfinanzierte Gesamtzusage; dienstzeit- und gehaltsabhängiges Renteneckwertsystem)

§ 1
Kreis der Versorgungsberechtigten

(1) Jeder regelmäßig beschäftigte Mitarbeiter (weiblich oder männlich), der bei Inkrafttreten dieser Versorgungsordnung (VO) in einem Arbeitsverhältnis zu unserem Unternehmen steht oder danach mit ihm ein Arbeitsverhältnis begründet, nimmt, mit Ausnahme der in § 1 Abs. 3 dieser Versorgungsordnung genannten Mitarbeiter, vom Zeitpunkt des Inkrafttretens dieser Versorgungsordnung an den betrieblichen Versorgungsleistungen nach Maßgabe dieser Versorgungsordnung teil.

(2) Von der Aufnahme in das Versorgungswerk sind ausgeschlossen:
a) aushilfsweise oder unregelmäßig Beschäftigte;
b) geringfügig Beschäftigte, sofern sie nicht in der gesetzlichen Rentenversicherung versichert sind.

(3) Wechselt ein versorgungsberechtigter Mitarbeiter in eine nicht versorgungsberechtigte Tätigkeit i. S. v. § 1 Abs. 2b VO über, so erlischt die Zugehörigkeit zum Kreis der Versorgungsberechtigten. Sind in diesem Zeitpunkt die zeitlichen Voraussetzungen (Betriebszugehörigkeit, Zusagedauer, Mindestalter) nach § 1b Abs. 1 BetrAVG erfüllt, so bleibt der Versorgungsanspruch aufrechterhalten. Die Höhe der Versorgungsleistungen wird dann entsprechend § 14 VO ermittelt.

(5) Tritt ein Wechsel i. S. v. § 1 Abs. 3 VO nach Erfüllung der Wartezeit (§ 3 Abs. 1a VO) ein und wird der dann nicht mehr versorgungsberechtigte Mitarbeiter zu einem späteren Zeitpunkt erneut in einer versorgungsberechtigten Tätigkeit beschäftigt, so gilt die Zeit der nicht versorgungsberechtigten Tätigkeit als Unterbrechung der anrechnungsfähigen Dienstzeit i. S. v. § 4 Abs. 1 VO.

§ 2
Versorgungsleistungen

(1) Nach Aufnahme in das Versorgungswerk und nach Erfüllung der jeweiligen Anspruchsvoraussetzungen werden als Versorgungsleistungen gewährt:
a) Altersrenten (§ 6 VO);
b) vorzeitige Altersrenten (§ 7 VO);
c) Berufs- und Erwerbsunfähigkeitsrenten (§ 8 VO);
d) Hinterbliebenenrenten (§ 9 VO).

(2) Die Höhe der Versorgungsleistungen richtet sich nach der anrechnungsfähigen Dienstzeit (§ 4 VO), dem ruhegeldfähigen Einkommen (§ 5 VO) und dem persönlichen Rentenfaktor (§ 10 VO).

(3) Auf diese Versorgungsleistungen besteht ein Rechtsanspruch.

§ 3
Allgemeine Leistungsvoraussetzungen

(1) Versorgungsleistungen werden nur gewährt, wenn die bei den einzelnen Leistungsarten vorgesehenen besonderen Leistungsvoraussetzungen erfüllt sind und der Mitarbeiter
a) bis zum Eintritt des Versorgungsfalls eine anrechnungsfähige Dienstzeit von mindestens zwei Jahren (**Wartezeit**) gemäß § 4 VO bei unserem Unternehmen abgeleistet hat und
b) nach Eintritt des Versorgungsfalls aus den Diensten des Unternehmens ausgeschieden ist. Als Ausscheidezeitpunkt gilt die rechtliche Beendigung des Arbeitsverhältnisses.

(2) Ist der Versorgungsfall auf einen Arbeitsunfall oder eine im Unternehmen zugezogene Berufskrankheit zurückzuführen, so entsteht der Anspruch auf die Berufs- bzw. Erwerbsunfähigkeitsrente sowie die Hinterbliebenenrente(n) ohne die in § 3 Abs. 1a VO geregelte Wartezeit.

(3) Vor Eintritt des Versorgungsfalls ausgeschiedene Mitarbeiter erhalten Versorgungsleistungen nach Maßgabe von § 14 VO.

§ 4
Anrechnungsfähige Dienstzeit

(1) Anrechenbare Dienstzeiten sind alle Jahre und vollen Monate, in denen der Mitarbeiter ununterbrochen in einem Arbeitsverhältnis zum Unternehmen gestanden hat, längstens bis zum normalen Pensionierungstag.

Im Falle der Berufs- bzw. der Erwerbsunfähigkeit (= Erwerbsminderung) oder des Todes werden die Zeiten bis zum vollendeten 55. Lebensjahres ebenfalls als anrechnungsfähige Dienstzeit angerechnet (**Zurechnungszeit**).

Zeiten, in denen der Mitarbeiter kein Gehalt vom Unternehmen bezieht (= nicht entgeltpflichtige Dienstzeiten), werden nicht als anrechenbare Dienstzeiten berücksichtigt. Ausgenommen hiervon sind jedoch Zeiten, in denen der gesetzlich vorgeschriebene Wehrdienst bzw. ein gleichgestellter Ersatzdienst abgeleistet werden, sowie Ausfallzeiten infolge von Krankheit und Unfall, wenn das Beschäftigungsverhältnis hierdurch nicht unterbrochen wird.

(2) Beschäftigungsjahre in einem Ausbildungsverhältnis zählen nicht bei der Bestimmung der anrechnungsfähigen Dienstzeit.

(3) Die anrechnungsfähige Dienstzeit ist zeitlich nicht begrenzt.

(4) In begründeten Ausnahmefällen kann das Unternehmen zugunsten des Mitarbeiters eine abweichende anrechnungsfähige Dienstzeit festsetzen. Insbesondere können unverschuldete Unterbrechungen als Dienstzeit angerechnet oder nicht als Unterbrechung angesehen werden. Voraussetzung hierfür ist jedoch stets eine schriftliche Erklärung des Unternehmens.

(5) In Zweifelsfällen hat der Mitarbeiter anrechnungsfähige Dienstzeiten nachzuweisen.

§ 5
Ruhegeldfähiges Einkommen

Als ruhegeldfähiges Einkommen gelten die durchschnittlichen Festbezüge (Grundgehalt, Urlaubs- und Weihnachtsgeld, ohne Tantiemen, Provisionen und sonstige variablen Vergütungsbestandteile sowie ohne Sachbezüge) im letzten Jahr vor Eintritt des Versorgungsfalls.

§ 6
Altersrente

(1) Scheidet ein Mitarbeiter nach Erreichen der Altersgrenze aus den Diensten des Unternehmens aus, so erhält er lebenslänglich eine Altersrente.

(2) Altersgrenze ist das vollendete 67. Lebensjahr für Männer und Frauen.

§ 7
Vorzeitige Altersrente

(1) Ein Mitarbeiter, der vor Erreichen der Altersgrenze durch die Vorlage des Rentenbescheides eines bundesdeutschen Sozialversicherungsträgers nachweist, dass er Altersrente aus der gesetzlichen Rentenversicherung in voller Höhe bezieht und aus den Diensten des Trägerunternehmens ausgeschieden ist, hat Anspruch auf vorzeitige Altersrente.

(2) Fällt die volle Altersrente aus der gesetzlichen Rentenversicherung wieder weg, so wird auch die Zahlung der vorzeitigen Altersrente eingestellt.

(3) Wird anstelle einer Rente aus der gesetzlichen Rentenversicherung eine Rente aus einem berufsständischen Versorgungswerk bezogen oder liegt eine anderweitige Befreiung von der gesetzlichen Rentenversicherung vor, sind die vorstehenden Absätze analog anzuwenden.

§ 8
Berufs- und Erwerbsunfähigkeitsrente

(1) Weist ein Mitarbeiter vor seinem normalen Pensionierungstag nach, dass er berufs- oder erwerbsunfähig (= teilweise oder voll erwerbsgemindert) ist, so erhält er für die Dauer der Berufs- oder Erwerbsunfähigkeit (= teilweise/volle Erwerbsminderung) nach Ablauf der Gehaltszahlung eine Invalidenrente.

(2) Dauert die Berufs- bzw. Erwerbsunfähigkeit (= teilweise/volle Erwerbsminderung) bis zum Erreichen der Altersgrenze an, so erhält der Mitarbeiter ab diesem Termin eine Altersrente in gleicher Höhe.

(3) Ein Anspruch auf Berufs- oder Erwerbsunfähigkeitsrente (= teilweise/volle Erwerbsminderung) besteht nicht, wenn der Mitarbeiter die Invalidität vorsätzlich oder grob fahrlässig herbeigeführt hat oder wenn er bereits bei seinem letzten Eintritt in das Unternehmen berufs- oder erwerbsunfähig (= teilweise oder voll erwerbsgemindert) war.

(4) Die Invalidität ist durch Vorlage des Rentenbescheides des Sozialversicherungsträgers oder durch ein ärztliches Attest nachzuweisen. Von jeder Änderung der Feststellung durch den Sozialversicherungsträger bzw. durch den Arzt hat der Versorgungsempfänger dem Unternehmen Kenntnis zu geben. Bei ausländischen Bescheiden, sowohl eines Sozialversicherungsträgers als auch eines Arztes, ist eine beglaubigte Übersetzung beizufügen.

(5) Das Unternehmen kann jederzeit den Grad der Invalidität durch ein ärztliches Gutachten überprüfen lassen. Der Versorgungsempfänger hat sich innerhalb der vom Unternehmen gesetzten angemessenen Frist der Untersuchung zu unterziehen. Die Kosten einer solchen Untersuchung trägt das Unternehmen.

§ 9
Hinterbliebenenrenten

(1) Beim Tode eines versorgungsberechtigten Mitarbeiters oder eines versorgungsberechtigten ehemaligen Mitarbeiters hat der überlebende Ehegatte bzw. Lebenspartner Anspruch auf eine Witwen- bzw. Witwerrente.

Die hinterlassenen Kinder haben Anspruch auf Waisenrente.

(2) Der Anspruch auf Witwen- bzw. Witwerrente erlischt mit Ablauf des Monats der Wiederverheiratung. Im Falle der Wiederverheiratung erhält der überlebende Ehegatte eine einmalige Abfindung in Höhe von 24 Monatsrenten. Diese Regelung gilt entsprechend für das Eingehen einer neuen Lebenspartnerschaft. Damit sind alle Ansprüche des überlebenden Ehegatten oder Lebenspartners abgegolten.

(3) Die Witwen- bzw. Witwerrente wird nicht gezahlt, wenn
a) die Ehe oder Lebenspartnerschaft mit dem Verstorbenen weniger als drei Monate gedauert hat;
b) die Ehe oder Lebenspartnerschaft nach Vollendung des 60. Lebensjahres des versorgungsberechtigten Mitarbeiters bzw. nach Eintritt eines Versorgungsfalls geschlossen worden ist.

(4) Waisenrentenberechtigt sind vor Rentenbeginn bzw. vor dem vorzeitigen Ausscheiden eines Mitarbeiters geborene leibliche (§ 1592 BGB gilt entsprechend) oder adoptierte Kinder, wenn an sie eine entsprechende Rente aus der gesetzlichen Rentenversicherung geleistet wird, oder eine solche Rente geleistet würde, wenn der Verstorbene in der gesetzlichen Rentenversicherung versichert gewesen wäre und dort die Wartezeit erfüllt gehabt hätte.

(5) Waisenrenten werden bis zum vollendeten 18. Lebensjahr gezahlt, darüber hinaus nur, sofern die steuerrechtlichen Voraussetzungen für die Gewährung von Kindergeld nach § 32 Abs. 3 und 4 Satz 1 Nr. 1 bis 3 EStG erfüllt sind.

§ 10
Höhe der Alters-, Berufs- oder Erwerbsunfähigkeitsrente

(1) Die Höhe der monatlichen Altersrente, vorzeitigen Altersrente, Berufs- oder Erwerbsunfähigkeitsrente ergibt sich aus der Multiplikation der folgenden Bemessungsgrundlagen:
a) Verhältnis des ruhegeldfähigen Einkommens (§ 5 Abs. 1 VO) zu der bei Eintritt des Versorgungsfalls für die Rentenberechnung maßgeblichen Beitragsbemessungsgrundlage (BBG) in der gesetzlichen Rentenversicherung;

b) Renteneckwert (§ 10 Abs. 2 VO);
c) anrechnungsfähige Dienstjahre (§ 4 VO).

Für die Ermittlung der Höhe der vorgezogenen Altersrente gelten zusätzlich die nachfolgenden Abs. 4 und 5.

(2) Der Renteneckwert beträgt für jedes anrechnungsfähige Dienstjahr 25,00 €

(3) Der Renteneckwert gem. § 10 Abs. 2 VO gilt, sofern das ruhegeldfähige Einkommen der bei Eintritt des Versorgungsfalls maßgeblichen BBG in der gesetzlichen Rentenversicherung entspricht. Bei einem von dieser BBG abweichenden ruhegeldfähigem Einkommen wird der persönliche Rentenfaktor verändert, wobei die Bezügeteile oberhalb der maßgeblichen BBG 2-fach gewichtet werden.

(4) Für die Berechnung der Höhe der vorzeitigen Altersrente werden anrechnungsfähige Dienstjahre nur bis zum Zeitpunkt der Inanspruchnahme der vorzeitigen Altersrente berücksichtigt. Die so ermittelte Rente wird für jeden Monat der vorzeitigen Inanspruchnahme um 0,3 % ihres Wertes gekürzt, und zwar für die gesamte Dauer des Rentenbezugs.

(5) Bei der Ermittlung der Höhe der Berufs- oder Erwerbsunfähigkeitsrente werden zusätzlich zu den bei Eintritt des Versorgungsfalls abgeleisteten anrechnungsfähigen Dienstzeiten die dem Mitarbeiter bis zur Vollendung des 55. Lebensjahres noch fehlenden Dienstzeiten hinzugerechnet. Durch diese Zurechnungszeit darf jedoch die Höchstgrenze von 40 anrechnungsfähigen Dienstjahren nicht überschritten werden.

§ 11
Höhe der Hinterbliebenenrente

(1) Die Witwen- bzw. Witwerrente beträgt 60 % der Rente, die der Versorgungsberechtigte bezog bzw. die er bezogen hätte, wenn er zum Zeitpunkt seines Todes berufs- oder erwerbsunfähig geworden wäre.

(2) Die Halbwaisenrente beträgt 10 %, die Vollwaisenrente 20 % der Rente, die der Versorgungsberechtigte bezog bzw. die er bezogen hätte, wenn er zum Zeitpunkt seines Todes berufs- oder erwerbsunfähig geworden wäre.

(3) Sind mehrere Hinterbliebene versorgungsberechtigt, so dürfen ihre zusammengerechneten Renten die Altersrente des Verstorbenen nicht übersteigen; andernfalls sind die einzelnen Renten im gleichen Verhältnis zu kürzen.

§ 12
Teilzeitbeschäftigung

(1) Die Höhe der Versorgungsleistungen für Mitarbeiter, die ganz oder teilweise während der versorgungsfähigen Dienstzeit teilzeitbeschäftigt waren, bestimmt sich ebenfalls bei sämtlichen Rentenarten nach der anrechnungsfähigen Dienstzeit (§ 4 VO) und dem ruhegeldfähigen Einkommen (§ 5 VO), allerdings unter den folgenden Modifizierungen.

(2) Bei der Berechnung des ruhegeldfähigen Einkommens (§ 5 VO) wird für die Zeit der Teilzeitbeschäftigung im letzten Jahr vor Eintritt des Versorgungsfalls bzw. vor dem vorzeitigen Ausscheiden des Mitarbeiters das ruhegeldfähige Einkommen eines vergleichbaren vollzeitbeschäftigten Mitarbeiters zugrunde gelegt.

(3) Der in § 10 Abs. 2 VO genannte Renteneckwert wird in dem Verhältnis gekürzt, in dem die vertragliche Arbeitszeit des Mitarbeiters zu der vertraglichen Arbeitszeit eines vollzeitbeschäftigten Mitarbeiters während der gesamten anrechnungsfähigen Dienstzeit gestanden hat.

§ 13
Teilrente

(1) Der Bezug von Teilrente aus der gesetzlichen Rentenversicherung nach Ausscheiden aus dem Arbeitsverhältnis berechtigt grds. **nicht** zum Bezug von Altersrente aus dieser Versorgungsordnung.

(2) Nimmt der Versorgungsberechtigte jedoch unter gleichzeitiger Beibehaltung seines Arbeitsverhältnisses die Teilrente aus der gesetzlichen Rentenversicherung in Anspruch, so gilt der Zeitraum des Teilrentenbezugs als anrechnungsfähige Dienstzeit i. S. v. § 4 VO. Beim Eintritt des Versorgungsfalls wird die anrechnungsfähige Dienstzeit in diesen Fällen nach dem Berechnungsfaktor des § 12 Abs. 3 VO bewertet.

§ 14
Unverfallbare Anwartschaften bei vorzeitigem Ausscheiden

(1) Scheidet ein Mitarbeiter vor Eintritt des Versorgungsfalles aus den Diensten des Unternehmens aus, behält er seine Anwartschaften auf Versorgungsleistungen, sofern die in § 1b Abs. 1 Satz 1 BetrAVG geregelten Voraussetzungen erfüllt sind. Danach behält ein ausscheidender Mitarbeiter seine Anwartschaft, wenn er mindestens das 25. Lebensjahr vollendet hat und die Versorgungszusage mindestens fünf Jahre bestanden hat.

(2) Die Renten werden jedoch erst vom Eintritt des Versorgungsfalles an gezahlt, sofern die besonderen Leistungsvoraussetzungen erfüllt sind.

(3) Die Höhe der Versorgungsleistung wird gemäß § 2 Abs. 1 BetrAVG aus der Leistung ermittelt, die dem Mitarbeiter bzw. seinen Hinterbliebenen im Versorgungsfall zustände, wenn der Mitarbeiter nicht vorzeitig ausgeschieden wäre. Von dieser Leistung wird der Teil als Rente gezahlt, der dem Verhältnis der Dauer der tatsächlichen Betriebszugehörigkeit zu der Zeit vom Beginn der Betriebszugehörigkeit bis zum Erreichen der Regelaltersgrenze in der gesetzlichen Rentenversicherung entspricht.

(4) Veränderungen der Versorgungsordnung und der Bemessungsgrundlagen für die Versorgungsleistungen, soweit sie nach dem Ausscheiden des Mitarbeiters eingetreten sind, bleiben bei der Bestimmung der Höhe der Versorgungsleistung außer Betracht.

(5) Scheiden Mitarbeiter vor Eintritt des Versorgungsfalls aus dem Unternehmen aus, so teilt ihnen die Personalabteilung mit, ob sie die Voraussetzungen der Unverfallbarkeit erfüllt haben und wie hoch ihre Altersrente bei Erreichen der Altersgrenze sein wird.

(6) Wird die Altersrente aus der unverfallbaren Anwartschaft vorzeitig in Anspruch genommen (§ 7 VO), so erfolgt eine neue Berechnung. Zum Ausgleich der vorzeitigen Inspruchnahme wird die erreichbare Altersrente auf Basis der Verhältnisse zum Ausscheidestichtag neu auf den Zeitpunkt der tatsächlichen Inspruchnahme bestimmt. Der Unverfallbarkeitsfaktor nach § 14 Abs. 3 VO bleibt unverändert. Die danach neu ermittelte unverfallbare Anwartschaft wird entsprechend § 10 Abs. 4 VO versicherungsmathematisch gekürzt.

§ 15
Anrechnungsklausel

(1) Soweit sich der Versorgungsempfänger (ehemalige Mitarbeiter) als Bezieher einer betrieblichen Invaliditätsrente durch das Eingehen von Dienstverhältnissen oder durch regelmäßige geschäftliche oder berufliche Tätigkeit vor Erreichen der Altersgrenze bzw. vor Inspruchnahme der vorgezogenen Altersrente Einnahmen verschafft, werden diese vom Unternehmen ganz oder teilweise auf die Versorgungsleistungen angerechnet.

(2) Ist die Invalidität oder der Tod eines Mitarbeiters auf das schadenersatzpflichtige Verhalten eines Dritten zurückzuführen, so werden die dem Mitarbeiter oder seinen Hinterbliebenen zustehenden Schadenersatzansprüche auf die betrieblichen Versorgungsleistungen angerechnet. Der Mitarbeiter kann stattdessen diese Ansprüche jedoch auch an das Unternehmen abtreten.

§ 16
Rückdeckungsversicherung

(1) Das Unternehmen ist berechtigt, zur Finanzierung der Versorgungsverpflichtungen aus dieser Versorgungsordnung Rückdeckungsversicherungen mit einem deutschen Lebensversicherungsunternehmen abzuschließen. Sämtliche Ansprüche aus diesen Versicherungsverträgen stehen ausschließlich dem Unternehmen zu.

(2) Die Mitarbeiter sind verpflichtet, dem Unternehmen sämtliche für den Abschluss des Versicherungsvertrages erforderlichen Unterlagen und Angaben zur Verfügung zustellen. Insbesondere sind sie verpflichtet, ihre Einwilligung zum Abschluss der Versicherungen (§ 159 VVG) zu erklären und sich ggf. ärztlich untersuchen zu lassen. Die Einwilligung gilt als erteilt, wenn der Mitarbeiter nicht unverzüglich nach Bekanntgabe der Versorgungsordnung ausdrücklich widerspricht. Auf Verlangen des Versicherers ist die Einwilligung schriftlich zu bestätigen.

§ 17
Beginn, Ende und Auszahlung der Leistungen

(1) Der Anspruch auf Zahlung der Versorgungsleistungen entsteht bei Vorliegen der allgemeinen und besonderen Leistungsvoraussetzungen, frühestens jedoch mit der rechtlichen Beendigung des Arbeitsverhältnisses, der Vorlage des Rentenbescheides bzw. des amtsärztlichen Attestes und der Einstellung von Lohnfortzahlungen (wie z. B. Überbrückungsgelder, Karenzentschädigungen etc.). Der Anspruch auf Invalidenrente entsteht frühestens mit der Einstellung von Zahlungen wegen Maßnahmen der Rehabilitation bzw. der Zahlung von Übergangsgeldern oder Vorruhestandsleistungen.

(2) Der Anspruch auf Versorgungszahlungen erlischt mit dem Ablauf des Monats, in dem die Voraussetzungen für die Versorgungszahlungen weggefallen sind. Invalidenrenten bleiben auch bei Erreichen der Altersgrenze unverändert bestehen.

(3) Die Renten werden am Letzten eines jeden Monats gezahlt, und zwar erstmals für den Monat, der dem Versorgungsfall folgt, letztmalig für den Monat, in dem die Voraussetzungen für die Versorgungszahlungen wegfallen, nach Abzug etwaiger einzubehaltender Steuern sowie sonstiger Abgaben.

(4) Die Überweisung erfolgt nach Abzug etwaiger Steuern und Krankenkassenbeiträge bargeldlos nur auf ein Inlandskonto, das von dem Versorgungsberechtigten dem Unternehmen mitgeteilt werden muss.

§ 18
Pflichten der Versorgungsberechtigten

(1) Die Versorgungsempfänger haben für die Dauer der Versorgungszahlungen dem Unternehmen die Lohnsteuerkarte vorzulegen und jede Änderung des Personen- oder Familienstandes oder der Feststellung der Invalidität durch den Sozialversicherungsträger bzw. durch das berufsständische Versorgungswerk der Personalabteilung unverzüglich anzuzeigen. Weiterhin haben sie dem unternehmen Auskunft über die Höhe der anrechenbaren Einkünfte nach § 15 VO zu erteilen.

(2) Ist die Invalidität oder der Tod eines Mitarbeiters auf das schadenersatzpflichtige Verhalten eines Dritten zurückzuführen, so haben die Versorgungsberechtigten dem Unternehmen unverzüglich Art und Umfang der Schadenersatzansprüche mitzuteilen.

(3) Kommt ein Versorgungsberechtigter seinen Verpflichtungen nicht nach, so ruht der Rentenzahlungsanspruch. Nach Erfüllung der Auflagen erfolgt die Nachzahlung ohne Zinsen zum nächsten Abrechnungstermin.

(4) Die zugesagten Ansprüche dürfen weder abgetreten noch beliehen oder verpfändet werden. Dennoch erfolgte Abtretungen, Beleihungen oder Verpfändungen sind dem Arbeitgeber gegenüber unwirksam.

(5) Bei Eintritt des Versorgungsfalles hat der Versorgungsberechtigte dem Arbeitgeber unverzüglich den Rentenbescheid des zuständigen Rentenversicherungsträgers bzw. die Sterbeurkunde vorzulegen.

(6) Die Versorgungsberechtigten sind verpflichtet, bei Eintritt des Versorgungsfalles die erforderlichen Angaben zur Gewährung von Versorgungsleistungen zu erbringen und die entsprechenden Unterlagen zur Verfügung zu stellen.

§ 19
Sonderfälle

(1) Das Unternehmen ist berechtigt, von den vorstehenden Bestimmungen zugunsten einzelner Versorgungsberechtigter abzuweichen.

(2) Auf hierdurch gewährte zusätzliche Leistungen besteht nur dann ein Rechtsanspruch, wenn er ausdrücklich schriftlich zugestanden ist.

§ 20
Vorbehalte

(1) Das Unternehmen behält sich vor, die zugesagten Leistungen zu kürzen oder einzustellen, wenn
a) die wirtschaftliche Lage des Unternehmens sich nachhaltig so wesentlich verschlechtert hat, dass ihm eine Aufrechterhaltung der zugesagten Leistungen nicht mehr zugemutet werden kann, oder
b) der Personenkreis, die Beiträge, die Leistungen oder das Pensionierungsalter bei der gesetzlichen Sozialversicherung oder bei anderen Versorgungseinrichtungen mit Rechtsanspruch sich wesentlich ändern, oder
c) die rechtliche, insbesondere die steuerrechtliche Behandlung der Aufwendungen, die zur planmäßigen Finanzierung der Versorgungsleistungen vom Unternehmen gemacht werden oder gemacht worden sind, sich so wesentlich ändert, dass dem Unternehmen die Aufrechterhaltung der zugesagten Leistungen nicht mehr zugemutet werden kann, oder
d) der Versorgungsberechtigte Handlungen begeht, die in grober weise gegen treu und Glauben verstoßen oder zu einer fristlosen Entlassung berechtigen würden.

(2) Im übrigen behält sich das Unternehmen vor, die Leistungen zu kürzen oder einzustellen, wenn die bei Erteilung der Versorgungszusage maßgeblichen Verhältnisse sich nachhaltig so wesentlich geändert haben, dass dem Unternehmen die Aufrechterhaltung der zugesagten Leistungen auch unter objektiver Beachtung der Belange der Versorgungsberechtigten nicht mehr zugemutet werden kann.

§ 21
Insolvenzsicherung

Die laufenden Leistungen und die unverfallbar gewordenen Versorgungsanwartschaften sind nach Maßgabe der §§ 7 bis 15 BetrAVG und der Versicherungsbedingungen des Pensions-Sicherungs-Vereins a.G. gegen eine eventuelle Zahlungsunfähigkeit des Unternehmens abgesichert.

§ 22
Anpassung der laufenden Leistungen

Die Anpassung der laufenden Renten wird entsprechend der gesetzlichen Regelung des § 16 BetrAVG vorgenommen.

§ 23
Datenschutzklausel

Das betriebliche Versorgungswerk wird von einem unabhängigen Sachverständigen (versicherungsmathematischen Gutachter) beraten und betreut. Dieser Gutachter speichert die zur Erfüllung seines Auftrages benötigten personenbezogenen Daten der Versorgungsanwärter und Leistungsempfänger. Hierbei handelt es sich ausschließlich um solche Daten, die zur Erstellung bilanzieller Gutachten, zur Berechnung der dem Pensions-Sicherungs-Verein (PSV) mitzuteilenden Bemessungsgrundlage für die gesetzliche Insolvenzsicherung oder zur internen Renten- bzw. Anwartschaftsberechnung erforderlich sind. Der Gutachter hat sich vertraglich zur vertraulichen Behandlung dieser Daten verpflichtet und ist an die Bestimmungen des Bundesdatenschutzgesetzes gebunden.

§ 24
Erfüllungsort und Gerichtsstand

Erfüllungsort für alle Ansprüche aus dieser Versorgungsordnung ist der Sitz des Unternehmens, bei dem der betroffene Mitarbeiter beschäftigt war. Verlegen Versorgungsberechtigte ihren Wohnsitz oder gewöhnlichen Aufenthaltsort ins Ausland, so ist Gerichtsstand für alle Streitigkeiten aus dieser Versorgungsordnung der Sitz des Unternehmens.

§ 25
Inkrafttreten

(1) Diese Versorgungsordnung tritt mit Wirkung vom ..... in Kraft und ist erstmals anzuwenden auf Versorgungsfälle, die nach dem Zeitpunkt des Inkrafttretens eintreten.

(2) Das Rechtsverhältnis zu ehemaligen Mitarbeitern, die zum Zeitpunkt des Inkrafttretens dieser Versorgungsordnung bereits ausgeschieden sind, wird von dieser Versorgungsordnung nicht berührt.

(3) Auf diese Versorgungsordnung findet ergänzend das Betriebsrentengesetz (BetrAVG) in seiner jeweils geltenden Fassung Anwendung.

(4) Diese als Gesamtzusage ausgestaltete Versorgungsordnung kann jederzeit durch eine nachfolgende Betriebsvereinbarung auch zum Nachteil der Versorgungsberechtigten abgeändert werden.

....
Ort, Datum   Unterschrift Arbeitgeber

IV. Muster: Pensionszusage (Einzelzusage)

Sehr geehrte(r) Frau/Herr .....,

in Ergänzung Ihres Anstellungsvertrages vom ..... gewähren wir Ihnen eine Alters-, Invaliden- und Hinterbliebenenversorgung (Anm. 1) mit Rechtsanspruch nach Maßgabe der folgenden Bestimmungen:

(1) Das Unternehmen gewährt Ihnen eine lebenslänglich zahlbare monatliche Rente, sofern Sie
a) das 67. Lebensjahr vollendet haben oder
b) berufs- oder erwerbsunfähig sind

und aus den Diensten des Unternehmens ausscheiden (Anm. 2).

(2) Im Falle der Invalidität ist der Grad der Invalidität durch Vorlage des Rentenbescheides eines Sozialversicherungsträgers oder durch ein amtsärztliches Attest nachzuweisen. Von jeder Änderung der Feststellung der Erwerbsminderung durch den Sozialversicherungsträger ist uns Kenntnis zu geben.

Ein Anspruch auf Berufs- oder Erwerbsunfähigkeitsrente besteht nicht, wenn Sie die Berufs- oder Erwerbsunfähigkeit vorsätzlich oder grob fahrlässig herbeigeführt haben.

Wir können jederzeit den Grad der Invalidität durch ein ärztliches Gutachten überprüfen lassen. Sie haben sich innerhalb der von uns gesetzten Frist der Untersuchung zu unterziehen. Die Kosten hierfür trägt das Unternehmen.

(3) Die Altersrente kann abweichend von Ziffer 1 bereits vor Vollendung des 65. Lebensjahres gewährt werden, sofern Sie durch Vorlage des Rentenbescheides eines Sozialversicherungsträgers nachweisen, dass Sie vorgezogenes Altersruhegeld aus der gesetzlichen Rentenversicherung beziehen, § 6 BetrAVG (Anm. 3).

Sofern Sie von der Versicherungspflicht in der gesetzlichen Rentenversicherung befreit sind, kann die vorgezogene Altersrente mit Vollendung des 63. Lebensjahres gezahlt werden, sofern Sie aus den Diensten des Unternehmens ausgeschieden sind.

(4) Die monatliche Altersrente, vorgezogene Altersrente, Berufs- oder Erwerbsunfähigkeitsrente beträgt ..... % des ruhegeldfähigen Einkommens (Anm. 4/Anm. 5).

(5) Als ruhegeldfähiges Einkommen gelten 13/12 des monatlichen Brutto-Festgehaltes, das Sie von uns im letzten Monat vor Eintritt des Versorgungsfalles bzw. vor Ihrem vorzeitigen Ausscheiden bezogen haben. Sonstige Vergütungsbestandteile wie z. B. Tantiemen, Sachbezüge und sonstige außerordentliche Zuwendungen zählen nicht zum ruhegeldfähigen Einkommen. Sind im letzten Monat vor Ihrem Ausscheiden keine oder keine vollen Bezüge gezahlt worden, wird der letzte Monat mit vollen Bezügen zugrunde gelegt.

(6) Bei Ihrem Ableben erhält Ihr/Ihre Ehegatte/Ehefrau ....., geborene ....., geb. am ....., eine lebenslange Witwer-/Witwenrente in Höhe von 60 % der Ihnen in Ziffer 4 zugesagten Rente. Voraussetzung ist, dass die Ehe bis zu Ihrem Tode bestanden hat.

IV. Muster: Pensionszusage (Einzelzusage)

Die Witwer-/Witwenrente erlischt mit Ablauf des Monats, in dem die Witwe stirbt oder sich wieder verheiratet. Im letzteren Fall erhält die Witwe-/der Witwer eine einmalige Abfindung in Höhe des 24-fachen Betrages der Witwen-/Witwerrente.

(7) Scheiden Sie vor Eintritt des Versorgungsfalles aus unseren Diensten aus, so behalten Sie Ihre Anwartschaft auf Versorgungsleistungen, sofern diese Zusage mindestens fünf Jahre bestanden hat. § 1b Abs. 1 Satz 1 BetrAVG gilt entsprechend (Anm. 6).

Die Renten werden jedoch erst vom Eintritt des Versorgungsfalles an gezahlt, sofern die Leistungsvoraussetzungen erfüllt sind.

Die Höhe der Rente wird in diesem Fall aus der Leistung ermittelt, die Ihnen bzw. Ihren Hinterbliebenen im Versorgungsfall zustände, wenn Sie nicht vorzeitig ausgeschieden wären. Dabei bleiben Veränderungen der Bemessungsgrundlagen für die Leistung der betrieblichen Altersversorgung, soweit sie nach Ihrem Ausscheiden eingetreten sind, außer Betracht. Von dieser Leistung wird der Teil als Rente gezahlt, der dem Verhältnis der Dauer der tatsächlichen Betriebszugehörigkeit zu der Zeit vom Beginn der Betriebszugehörigkeit bis zur Vollendung des 67. Lebensjahres entspricht (§ 2 Abs. 1 BetrAVG).

Scheiden Sie vor Eintritt des Versorgungsfalles aus unseren Diensten aus, so teilen wir Ihnen mit, wie hoch Ihre Altersrente bei Erreichen der Altersgrenze sein wird.

(8) Soweit Sie sich als Bezieher einer betrieblichen Berufs- oder Erwerbsunfähigkeitsrente durch das Eingehen von Dienstverhältnissen oder durch regelmäßige geschäftliche oder betriebliche Tätigkeiten vor Erreichen der Altersgrenze bzw. vor Inanspruchnahme der vorgezogenen Altersrente Einnahmen verschaffen, werden diese vom Unternehmen ganz oder teilweise auf die Rente angerechnet.

Ist die Invalidität oder der Tod auf das schuldhafte Verhalten eines Dritten zurückzuführen, so können die Ihnen oder Ihren Hinterbliebenen zustehenden Schadenersatzansprüche auf die Rentenleistungen angerechnet werden. Sie können diese Ansprüche jedoch auch an das Unternehmen abtreten.

(9) Die Firma ist berechtigt, zur Rückdeckung dieser Pensionsverpflichtung einen entsprechenden Vertrag mit einem Versicherungsunternehmen abzuschließen. Sämtliche Rechte aus diesem Vertrag stehen ausschließlich der Firma zu.

Sie sind verpflichtet, der Firma sämtliche für den Versicherungsabschluss erforderlichen Unterlagen und Angaben zu überlassen und sich ärztlich untersuchen zu lassen.

Auf Verlangen des Versicherers ist diesem die Einwilligung zum Abschluss einer Versicherung auf Ihr Leben schriftlich zu erteilen.

(10) Der Anspruch auf Zahlung der Renten entsteht mit dem Versorgungsfall.

Der Anspruch auf Rentenzahlung erlischt mit dem Ablauf des Monats, in dem die Voraussetzungen für die Rentenzahlung weggefallen sind.

Die Renten werden am Ersten eines jeden Monats gezahlt, und zwar erstmals für den Monat, für den Ihnen keine Bezüge mehr gezahlt werden, letztmalig für den Monat, in dem die Voraussetzungen für die Rentenzahlung wegfallen, nach Abzug etwaiger vom Unternehmen einzubehaltender Steuern und Sozialabgaben.

(11) Die zugesagten Ansprüche dürfen weder abgetreten noch beliehen oder verpfändet werden. Dennoch erfolgte Abtretungen, Beleihungen oder Verpfändungen sind dem Unternehmen gegenüber unwirksam.

(12) Die Firma behält sich vor, die Leistungen zu kürzen oder einzustellen, wenn die bei Erteilung der Pensionszusage maßgebenden Verhältnisse sich nachhaltig so wesentlich geändert haben, dass der Firma die Aufrechterhaltung der zugesagten Leistungen auch unter objektiver Beachtung Ihrer Belange nicht mehr zugemutet werden kann.

(13) Die Rente verändert sich nach Eintritt des Versorgungsfalles im gleichen Verhältnis und zum gleichen Zeitpunkt, wie sich das monatliche Grundgehalt eines verheirateten Bundesbeamten der Besoldungsgruppe A 13 in der höchsten Dienstaltersstufe verändert (Anm. 7).

(14) Diese Pensionszusage tritt mit Wirkung vom ..... in Kraft.

E.   Arbeits- und Beratungshilfen

....., den .....

....
(Unterschrift aller Gesellschafter)   (Unterschrift des Versorgungsberechtigten)

Anmerkungen zum Inhalt der Musterzusage:

(1) Der Mustertext umfasst den im Regelfall üblichen Leistungskatalog. Selbstverständlich wäre auch eine Regelung zulässig, die nur eine Alters- und Invalidenversorgung (z. B. unverheirateter Mitarbeiter), eine Alters- und Hinterbliebenenversorgung oder nur eine Altersversorgung vorsieht. Im Bereich der Invaliditätsversorgung wurde bewusst auf die Absicherung der Berufs- und Erwerbsunfähigkeitrisiken abgestellt. Zulässig wäre natürlich auch eine Absicherung nur der sog. »Erwerbsminderung«.

(2) Von einer Wartezeit-Regelung wurde bewusst abgesehen. Sie ist bei einer Belegschaftsversorgung unter Fluktuationsaspekten sinnvoll und angebracht; diese Situation ist aber beim Gesellschafter-Geschäftsführer nicht gegeben.

(3) Hinsichtlich der Inanspruchnahme vorgezogener Altersrente wäre auch eine Regelung denkbar, wonach die zu zahlende vorgezogene Altersrente für jeden Monat der früheren Inanspruchnahme um einen bestimmten Prozentsatz (z. B. 0,3 % – 0,5 %) gekürzt wird.

(4) Soll statt einer dynamischen Rentenformel ein €-Festbetrag zugesagt werden, so wäre der Zusagetext in Ziffer 4 wie folgt zu ändern:

»Die monatliche Altersrente, vorgezogene Altersrente, Berufs- oder Erwerbsunfähigkeitsrente beträgt ..... €.«

Ziffer 5 wäre ersatzlos zu streichen.

(5) Die Rentenformel bestimmt sich anhand eines Prozentsatzes zum ruhegeldfähigen Einkommen des Versorgungsberechtigten. Hierdurch wird sichergestellt, dass zukünftige Einkommenssteigerungen gleichzeitig zu einer Erhöhung des Versorgungsanspruchs führen. Viel wichtiger ist aber noch, dass durch eine von vornherein vertraglich vereinbarte Rentendynamik das steuerliche Nachzahlungsverbot nicht tangiert wird.

(6) Hinsichtlich der Unverfallbarkeit der Versorgungszusage ist im Mustertext auf die gesetzliche Regelung des § 1b Abs. 1 BetrAVG abgestellt worden. Dabei handelt es sich um eine gesetzliche Mindestnorm, von der **zugunsten** des betroffenen Mitarbeiters durchaus abgewichen werden kann. Hier wäre also im Einzelfall zu überlegen, ob nicht durch eine entsprechende vertragliche Regelung die gesetzliche Unverfallbarkeitsfrist verkürzt oder gänzlich ausgeschlossen werden soll. Eine entsprechende Formulierung könnte wie folgt lauten:

»Abweichend von den in § 1b BetrAVG geregelten gesetzlichen Unverfallbarkeitsfristen gestalten wir Ihre Versorgungszusage mit Wirkung vom Zeitpunkt ihrer Erteilung sofort als unverfallbar. Im Falle Ihres Ausscheidens aus der Gesellschaft bleibt Ihnen somit eine Versorgungsanwartschaft unabhängig von Ihrer Dienstzeit und dem Bestehen der Versorgungszusage erhalten.«

(7) Der zur Anpassung laufender Renten vorgeschlagene Index ist eine in der Praxis übliche Festlegung der Kriterien, anhand der die Anpassung vollzogen werden kann. Stattdessen kann auch fester Dynamiksatz (in der Regel 2 % – 3 %) vereinbart werden.

V. Verpfändungsvereinbarung

Verpfändung der Rückdeckungsversicherung   2892

Pfandgläubiger: .....

Gläubigerin: .....

(1) Zur **Sicherung aller Ansprüche des Pfandgläubigers und seiner Hinterbliebenen** (Anm. 1) aus der ihm am ..... erteilten Pensionszusage verpfändet die Gläubigerin aus der mit Wirkung vom ..... bei der ..... Lebensversicherungs-AG in ..... abgeschlossenen Rückdeckungsversicherung Nr. ..... ihre Rechte und Ansprüche auf alle im Versicherungsschein genannten Leistungen einschließlich etwaiger Zusatzversicherungen.

(2) Ist die Gläubigerin mit einer fälligen Leistung aus der Pensionszusage länger als zwei Wochen rückständig (Pfandreife), so ist der Pfandgläubiger nach Maßgabe der §§ 1282, 1283 BGB berechtigt, sich aus der verpfändeten Versicherung zu befriedigen. Bei Fälligkeit der Leistung aus dem verpfändeten Versicherungsvertrag vor Pfandreife verbleibt es bei der Regelung des § 1281 BGB, d.h. die Auszahlung erfolgt an die Gläubigerin und den Pfandgläubiger gemeinschaftlich. Die ausgezahlte Versicherungsleistung ist verzinslich anzulegen und dem Pfandgläubiger hieran ein Pfandrecht zu bestellen (§ 1288 BGB).

(3) Die Verpfänderin verpflichtet sich, die Verpfändung dem Versicherer unverzüglich unter Übersendung einer Ausfertigung der Verpfändungserklärung schriftlich anzuzeigen. Mit Eingang der Anzeige bei der ..... Lebensversicherungsgesellschaft wird das Pfandrecht wirksam (Anm. 2).

....., den .....

....
Unterschrift der Gläubigerin   Unterschrift des Pfandgläubigers (Anm. 3)

Anmerkungen zur Verpfändungserklärung:

(1) Für den Ehepartner des Versorgungsberechtigten ist hinsichtlich der Witwen(r)rente eine **gesonderte** inhaltsgleiche Verpfändungserklärung zur Sicherung der Ansprüche auf Witwen(r)rente abzufassen.

(2) Möchte der Arbeitgeber seine Verpfändungserklärung rückgängig machen, so ist dies nur möglich, wenn er sich in der Verpfändungserklärung ein Widerrufsrecht vorbehält oder mit Zustimmung des Pfandgläubigers (=Arbeitnehmer) einen Aufhebungsvertrag schließt. Ansonsten kann der Arbeitgeber als Verpfänder gem. §§ 1279, 1273 Abs. 2, 1223 BGB nur gegen Befriedigung des Pfandgläubigers die Rückgabe bzw. Aufhebung der Verpfändungserklärung verlangen, sobald der Schuldner (=Versicherungsgesellschaft) zur Leistung berechtigt ist.

(3) Die Verpfändungserklärung ist vom Versorgungsberechtigten als Pfandgläubiger zu unterschreiben. Die Unterschrift des Unternehmens als Gläubigerin erfolgt entsprechend der Regelung im Gesellschaftsvertrag durch seine/seinen Gesellschafter. Dabei ist zu berücksichtigen, dass bei Personenidentität (z.B. Ein-Mann-GmbH) der unterzeichnende Gesellschafter vom Verbot der Selbstkontrahierung (§ 181 BGB) befreit sein muss.

Besteht in der Gesellschaft ein Aufsichtsrat, so ist die Verpfändungserklärung von diesem zu unterzeichnen.

VI. Muster: Direktversicherung (arbeitgeberfinanzierte Versicherungszusage)

Vereinbarung

zwischen

der ..... GmbH (Arbeitgeber)

und

Herrn ..... (Mitarbeiter)

Diese Vereinbarung wird in Ergänzung des Arbeitsvertrages vom ..... getroffen.

Der Arbeitgeber schließt auf das Leben des versorgungsberechtigten Mitarbeiters eine Lebensversicherung in Form einer Direktversicherung (§ 1b Abs. 2 BetrAVG) über eine monatliche Alters- und Invalidenrente in Höhe von ..... € und einer Witwen-/Witwerrente in Höhe von 60% der zugesagten Altersrente bei der XY-Lebensversicherungs-AG ab.

1. Umfang der Direktversicherung

(1) Der Umfang der Direktversicherung und die Voraussetzungen für die Inanspruchnahme der Versicherungsleistungen ergeben sich aus den nachfolgenden Bestimmungen sowie dem unter der Versicherungsschein-Nr. ..... dokumentierten Versicherungsvertrag, von dem der versorgungsberechtigte Mitarbeiter eine Abschrift erhält.

(2) Die von der Versicherungsgesellschaft für diesen Versicherungsvertrag erwirtschafteten Gewinnanteile werden ausschließlich zur Erhöhung der versicherten Leistungen verwendet.

(3) Die vorgesehenen Leistungen werden allerdings nur dann gewährt, wenn die Versicherungsprämien während der im Versicherungsvertrag vorgesehenen Beitragszahlungsdauer ohne Unterbrechung und in voller Höhe gezahlt werden. Während einer Beitragsfreistellung haben Sie im Leistungsfall nur einen Anspruch auf die sich nach versicherungsmathematischen Grundsätzen ggf. ergebende beitragsfreie Versicherungssumme bzw. Rente zzgl. etwaiger bis zu diesem Zeitpunkt erwirtschafteter Gewinnanteile. Nach Wiederaufnahme der Beitragszahlung entsprechend den versicherungsvertraglichen Vereinbarungen besteht wieder ein erhöhter Versicherungsschutz, der jedoch unter Berücksichtigung des zeitlichen Umfangs der Beitragsfreistellung gegenüber der ursprünglich vorgesehenen Versicherungsleistung reduziert ist. Gleiches gilt für den Fall einer zeitlich begrenzten Prämienreduktion.

2. Versicherungsnehmer

Der Arbeitgeber ist Versicherungsnehmer der auf das Leben des versorgungsberechtigten Mitarbeiters abgeschlossenen Direktversicherung. Dem Arbeitgeber stehen daher allein und ausschließlich sämtliche Gestaltungsrechte an dem Versicherungsvertrag und den sich aus dem Versicherungsvertrag ergebenden Leistungen zu.

3. Bezugsberechtigung

(1) Das Bezugsrecht bezüglich sämtlicher Versicherungsleistungen aus diesem Versicherungsvertrag wird unter Berücksichtigung der nachfolgenden Vorbehalte zu Ihren Gunsten unwiderruflich ausgestaltet.

(2) Soweit die Versicherung auf einer Beitragszahlung des Arbeitgebers beruht, hat dieser das Recht, die künftig fällig werdenden Versicherungsleistungen für sich in Anspruch zu nehmen, wenn das Arbeitsverhältnis vor Eintritt des Versicherungsfalls endet und der versorgungsberechtigte Mitarbeiter zu diesem Zeitpunkt noch keine unverfallbare Versorgungsanwartschaft nach § 1b Abs. 1 BetrAVG erworben hat.

(3) Nach dieser Vorschrift wird eine Versorgungsanwartschaft dann gesetzlich unverfallbar, wenn der versorgungsberechtigte Mitarbeiter im Zeitpunkt des Ausscheidens das 25. Lebensjahr vollendet hat und die Direktversicherung fünf Jahre bestanden hat.

(4) I. Ü. ist der Arbeitgeber berechtigt, den Teil der Versicherung, der auf seiner Beitragszahlung beruht, während der Dauer des Arbeitsverhältnisses mit Ihrer Zustimmung sowie der Zustimmung der XY-Lebensversicherungs-AG zu beleihen. Bei Eintritt des Versicherungsfalls wird der versorgungsberechtigte Mitarbeiter jedoch so gestellt, als ob die Beleihung nicht erfolgt wäre.

(5) Werden beim Tod des versorgungsberechtigten Mitarbeiters Leistungen aus dem Versicherungsvertrag fällig, so sind folgende Personen widerruflich bezugsberechtigt:
– der bei Eintritt des Versicherungsfalls mit dem versorgungsberechtigten Mitarbeiter in gültiger Ehe lebende Ehegatte oder eingetragene Ehepartner (ggf. auch Lebensgefährte, der dann namentlich zu benennen ist).
– falls ein anspruchsberechtigter Ehegatte nicht vorhanden ist, die ehelichen und die diesen gesetzlich gleichgestellten Kinder des versorgungsberechtigten Mitarbeiters zu gleichen Teilen, allerdings nur solange sie die steuerrechtlichen Voraussetzungen für die Gewährung von Kindergeld nach § 32 Abs. 3 und 4 Satz 1 Nr. 1 bis 3 EStG erfüllen.

Sämtliche Bezugsrechte sind nicht übertragbar und nicht beleihbar.

4. Laufzeit des Vertrages, Dauer der Prämienzahlungsverpflichtung

(1) Der Vertrag wird für die Dauer des Arbeitsverhältnisses abgeschlossen.

(2) Die Beiträge zur Direktversicherung, d. h. die Prämienzahlung an den Lebensversicherer trägt ausschließlich und in vollem Umfang der Arbeitgeber. Diese Zahlungsverpflichtung besteht allerdings nur insoweit ein entgeltpflichtiges Arbeitsverhältnis besteht. Das hat zur Konsequenz, dass in allen Fällen, in denen die Pflichten aus dem Arbeitsverhältnis kraft Gesetzes oder kraft vertraglicher Vereinbarung suspendiert sind und eine Entgeltfortzahlungspflicht des Arbeitgebers nicht besteht, so z. B. bei der Inanspruchnahme von Erziehungsurlaub oder sonstigem unbezahlten Urlaub, sowie nach Ablauf der gesetzlichen/tarifvertraglichen Lohnfortzahlungsverpflichtung im Krankheitsfall für die Dauer der Krankheit, der Arbeitgeber für den Zeitraum des ruhenden Arbeitsverhältnisses nicht zur Fortzahlung der Versicherungsprämie verpflichtet ist. Der versorgungsberechtigte Arbeitnehmer hat in einem derartigen Fall allerdings das Recht, den Versicherungsvertrag mit eigenen Beiträgen fortzuführen; andernfalls wird der Versicherungsvertrag für den Zeitraum, in dem der Arbeitnehmer keine Gehaltszahlungen erhält, beitragsfrei gestellt. Hierdurch würde sich der aus dem Versicherungsvertrag bei Versicherungsabschluss ergebende Versicherungsschutz ebenso reduzieren, wie die sich aus der Versicherungszusage ergebenden Versorgungsleistungen.

5. Vorzeitige Beendigung des Arbeitsverhältnisses

(1) Scheiden Sie vor Eintritt des Versicherungsfalls mit einer unverfallbaren Anwartschaft aus den Diensten unseres Unternehmens aus, so erklären wir bereits zum jetzigen Zeitpunkt sowohl Ihnen als auch der XY-Lebensversicherungs-AG gegenüber, dass Ihre Versorgungsansprüche aus dieser Zusage auf die Leistungen begrenzt sind, die aufgrund der bis zur Vertragsbeendigung geleisteten Versicherungsprämien fällig werden (§ 2 Abs. 2 Satz 2 BetrAVG). Eine eventuelle Abtretung oder Beleihung der Versicherung werden wir innerhalb von drei Monaten nach Ihrem Ausscheiden rückgängig machen und ggf. auch etwaige Beitragsrückstände ausgleichen. Die Versicherung wird auf Sie übertragen. Sie kann dann von Ihnen oder einem neuen Arbeitgeber nach dem hierfür im Zeitpunkt Ihres Ausscheidens geltenden Versicherungstarif der XY-Lebensversicherungs-AG gegen laufende Beitragszahlung fortgeführt werden.

(2) Sofern Sie bei Ihrem Ausscheiden die gesetzlichen Unverfallbarkeitsfristen (s. o. Ziffer 3) noch nicht erfüllt haben, stehen die Ansprüche aus dem Versicherungsvertrag, soweit sie auf unserer Beitragszahlung beruhen, der Firma zu. Wir werden dann nur den ggf. vorhandenen restlichen, von Ihnen finanzierten Anteil der Versicherung auf Sie übertragen.

(3) Nach Ihrem Ausscheiden ist eine Abtretung, Beleihung und ein Rückkauf der übertragenen Versicherung durch Sie nach § 2 Abs. 2 Satz 4 und 5 BetrAVG insoweit unzulässig, als die Versicherung auf von der Firma als Versicherungsnehmer gezahlten Beiträgen beruht.

6. Vorgezogene Versorgungsleistung, Auskunftsrecht

(1) Nehmen Sie die vorgezogene Altersrente aus der gesetzlichen Rentenversicherung in voller Höhe in Anspruch und wollen Sie gemäß § 6 BetrAVG auch die Leistungen aus der Direktversicherung vorzeitig erhalten, so vermindert sich die Versicherungsleistung nach versicherungsmathematischen Grundsätzen.

(2) Nach Vollendung Ihres 58. Lebensjahres haben Sie das Recht, die Höhe der versicherten Leistungen bei der XY-Lebensversicherungs-AG abzufragen.

7. Geltung des Betriebsrentengesetzes

Für die Ansprüche des versorgungsberechtigten Mitarbeiters aus dieser Versicherungszusage gelten ergänzend die Bestimmungen des Gesetzes zur Verbesserung der betrieblichen Altersversorgung (Betriebsrentengesetz, BetrAVG) in seiner jeweils gültigen Fassung.

.....
Unterschrift Arbeitgeber

.....
Unterschrift Arbeitnehmer

VII. Muster: Direktversicherung (arbeitnehmerfinanzierte Versicherungszusage; Entgeltumwandlung)

2894 Vereinbarung

zwischen

der ..... GmbH (Arbeitgeber)

und

Herrn ..... (Mitarbeiter)

Diese Vereinbarung wird in Abänderung des bestehenden Arbeitsvertrages vom ..... und mit Wirkung vom ..... getroffen.

1. Gehaltsverzichtsvereinbarung

Der Anspruch des Mitarbeiters auf
- ☐ laufendes Arbeitsentgelt
- ☐ ..... (Anm. 1) (Sonderbezüge)

wird in Höhe eines Betrages von
- ☐ ..... € monatlich/jährlich (Anm. 2) oder
- ☐ bis zu 4% der jeweiligen Beitragsbemessungsgrundlage in der gesetzlichen Rentenversicherung

zahlbar jeweils zum ....., erstmals zum ..... letztmals zum ..... in einen Anspruch auf Versicherungsschutz in Form von Prämienzahlungen zu einer Rentendirektversicherung i.S.v. §§ 1 Abs. 2 Nr. 3; 1a BetrAVG umgewandelt (Entgeltumwandlung).

Der Arbeitgeber wird diese Beiträge zur Direktversicherung so lange zahlen, wie der Mitarbeiter einen Anspruch auf Arbeitsentgelt hat. Die Beitragszahlungspflicht des Arbeitgebers entfällt insbesondere auch dann, wenn die Pflichten aus dem Arbeitsverhältnis kraft Gesetzes oder kraft vertraglicher Vereinbarung suspendiert sind und eine Entgeltfortzahlungspflicht des Arbeitgebers nicht besteht, so z. B. bei der Inanspruchnahme von Erziehungsurlaub oder sonstigem unbezahlten Urlaub, sowie nach Ablauf der gesetzlichen/tarifvertraglichen Lohnfortzahlungsverpflichtung im Krankheitsfall für die Dauer der Krankheit. Der versorgungsberechtigte Arbeitnehmer hat in einem derartigen Fall allerdings einen gesetzlichen Rechtsanspruch darauf, den Versicherungsvertrag mit eigenen Beiträgen fortzuführen; andernfalls wird der Versicherungsvertrag für den Zeitraum, in dem der Arbeitnehmer keine Gehaltszahlungen erhält, beitragsfrei gestellt. Hierdurch würde sich der aus dem Versicherungsvertrag bei Versicherungsabschluss ergebende Versicherungsschutz ebenso reduzieren, wie die sich aus der Versicherungszusage ergebenden Versorgungsleistungen.

Der Versicherungsbeitrag ist im Rahmen von § 3 Nr. 63 EStG in Höhe von bis zu 4% der Beitragsbemessungsgrenze in der gesetzlichen Rentenversicherung (BBG) steuerfrei.

Für Gehaltserhöhungen sowie die Bemessung aller sonstigen vom Gehalt abhängigen Leistungen (z. B. Weihnachtsgeld, Urlaubsgeld, Gratifikationen, Jubiläumszuwendungen, sonstige betriebliche Altersversorgung etc.) wird das Arbeitsentgelt zuzüglich des umgewandelten Versicherungsbeitrages herangezogen.

2. Umfang der Direktversicherung

Der Umfang der Direktversicherung und die Voraussetzungen für die Inanspruchnahme der Versicherungsleistungen ergeben sich aus den nachfolgenden Bestimmungen sowie dem unter der Versicherungsschein-Nr. ...... dokumentierten Versicherungsvertrag der XY-Lebensversicherungs-AG, von dem der versorgungsberechtigte Mitarbeiter eine Abschrift erhält.

Die von der Versicherungsgesellschaft für diesen Versicherungsvertrag erwirtschafteten Gewinnanteile werden ausschließlich zur Erhöhung der versicherten Leistungen verwendet.

3. Versicherungsnehmer

Der Arbeitgeber ist Versicherungsnehmer der auf das Leben des versorgungsberechtigten Mitarbeiters abgeschlossenen Direktversicherung. Dem Arbeitgeber stehen daher allein und ausschließlich sämtliche Gestaltungsrechte an dem Versicherungsvertrag und den sich aus dem Versicherungsvertrag ergebenden Leistungen zu.

Im Versicherungsvertrag wird unwiderruflich vereinbart, dass während der Dauer des Arbeitsverhältnisses eine Übertragung der Versicherungsnehmerstellung sowie eine Abtretung von Rechten aus diesem Versicherungsvertrag an den versicherten Mitarbeiter bis zu dem Zeitpunkt, in dem dieser das 59. Lebensjahr vollendet, insoweit ausgeschlossen ist, als die Beiträge vom Arbeitgeber entrichtet worden sind. Im Versicherungsvertrag wird des Weiteren vereinbart, dass die Abtretung oder Beleihung des unwiderruflichen Bezugsrechts durch den versicherten Mitarbeiter insoweit ebenfalls ausgeschlossen ist.

4. Bezugsberechtigung

Das Bezugsrecht bezüglich sämtlicher Versicherungsleistungen aus diesem Versicherungsvertrag wird zu Ihren Gunsten unwiderruflich ausgestaltet.

Werden beim Tod des versorgungsberechtigten Mitarbeiters Leistungen aus dem Versicherungsvertrag fällig, so sind folgende Personen widerruflich bezugsberechtigt:
- der bei Eintritt des Versicherungsfalls mit dem versorgungsberechtigten Mitarbeiter in gültiger Ehe lebende Ehegatte (ggf. Lebenspartner oder auch Lebensgefährte, der dann namentlich zu benennen ist);
- falls ein anspruchsberechtigter Ehegatte nicht vorhanden ist, die ehelichen und die diesen gesetzlich gleichgestellten Kinder des versorgungsberechtigten Mitarbeiters zu gleichen Teilen, allerdings nur solange sie die steuerrechtlichen Voraussetzungen für die Gewährung von Kindergeld nach § 32 Abs. 3 und 4 Satz 1 Nr. 1 bis 3 EStG erfüllen.

Sämtliche Bezugsrechte sind nicht übertragbar und nicht beleihbar.

5. Vorzeitige Beendigung des Arbeitsverhältnisses

Scheiden Sie vor Eintritt des Versicherungsfalls aus den Diensten unseres Unternehmens aus, so erklären wir bereits zum jetzigen Zeitpunkt sowohl Ihnen als auch der XY-Lebensversicherungs-AG gegenüber, dass Ihre Versorgungsansprüche aus dieser Zusage auf die Leistungen begrenzt sind, die aufgrund der bis zur Vertragsbeendigung geleisteten Versicherungsprämien fällig werden (§ 2 Abs. 2 Satz 2 BetrAVG), und zwar auch dann, wenn Sie zu diesem Zeitpunkt die gesetzlichen Unverfallbarkeitsfristen des § 1 Abs. 1 BetrAVG noch nicht erfüllt haben sollten (vertragliche Unverfallbarkeit). Eine eventuelle Abtretung oder Beleihung der Versicherung werden wir innerhalb von drei Monaten nach Ihrem Ausscheiden rückgängig machen und ggf. auch etwaige Beitragsrückstände ausgleichen. Die Versicherung wird auf Sie übertragen. Sie kann dann von Ihnen oder einem neuen Arbeitgeber nach dem hierfür im Zeitpunkt

Ihres Ausscheidens geltenden Versicherungstarif der XY-Lebensversicherungs-AG gegen laufende Beitragszahlung fortgeführt werden.

6. Vorgezogene Versorgungsleistung, Auskunftsrecht

Nehmen Sie die vorgezogene Altersrente aus der gesetzlichen Rentenversicherung in voller Höhe in Anspruch und wollen Sie gemäß § 6 BetrAVG auch die Leistungen aus der Direktversicherung vorzeitig erhalten, so vermindert sich die Versicherungsleistung nach versicherungsmathematischen Grundsätzen.

Nach Vollendung Ihres 58. Lebensjahres haben Sie das Recht, die Höhe der versicherten Leistungen bei der XY-Lebensversicherungs-AG abzufragen.

7. Geltung des Betriebsrentengesetzes

Für die Ansprüche des versorgungsberechtigten Mitarbeiters aus dieser Versicherungszusage gelten ergänzend die Bestimmungen des Gesetzes zur Verbesserung der betrieblichen Altersversorgung (Betriebsrentengesetz, BetrAVG) in seiner jeweils gültigen Fassung.

8. Schlussbestimmungen

Weitere zwischen den Vertragsparteien bestehende oder zukünftig zu vereinbarende Versorgungsregelungen bleiben von dieser Vereinbarung unberührt.

Sollten sich die bei Abschluss dieser Vereinbarung maßgeblichen Verhältnisse nachhaltig ändern, so kann die Vereinbarung von jedem Vertragspartner unter Einhaltung einer Frist von ..... Monaten für die Zukunft gekündigt werden. Soweit der Mitarbeiter nach Wirksamkeit der Kündigung nicht die Zahlung der Versicherungsbeiträge selbst übernimmt und die Vertragsparteien diesbezüglich auch keine andere Regelung treffen, wird die Direktversicherung beitragsfrei gestellt.

.....
Unterschrift Arbeitgeber

.....
Unterschrift Arbeitnehmer

Anmerkungen:

(1) Z. B. Weihnachtsgeld, Urlaubsgeld, Bonifikation, Leistungsprämie, Gewinnbeteiligung etc.

(2) Nichtzutreffendes bitte streichen.

VIII. Muster: Unterstützungskasse (Satzung einer Firmen-Unterstützungskasse)

§ 1
Name und Sitz

(1) Der Verein führt den Namen:

»..... Unterstützungskasse e. V.«

(2) Sitz des Vereins ist .....

(3) Der Verein soll in das Vereinsregister beim AG in ..... eingetragen werden.

(4) Geschäftsjahr ist das Kalenderjahr.

§ 2
Vereinszweck

(1) Der ausschließliche und unabänderliche Zweck des Vereins ist die Führung einer Unterstützungskasse, die im Alter und bei Invalidität freiwillige, einmalige, wiederholte und laufende Unterstützungen an ehemalige Mitarbeiter der Max Mustermann GmbH (Trägerunternehmen) sowie beim Tode von Mitarbeitern an deren Angehörige nach Maßgabe dieser Satzung gewährt.

(2) Im Falle der Durchführung eines Versorgungsausgleichs im Rahmen einer Scheidung oder Aufhebung einer Eingetragenen Lebenspartnerschaft i. S. d. Lebenspartnerschaftsgesetzes (LPartG) erstreckt sich der Vereinszweck auch auf die Versorgung des ehemaligen Ehegatten oder Lebenspartners i. S. d. LPartG der (ehemaligen) Betriebsangehörigen.

(3) Den Versorgungsberechtigten gleichgestellt sind die von. § 17 Abs. 1 S. 2 BetrAVG erfassten Personen sowie deren ehemaligen Ehegatten oder Lebenspartner i. S. d. LPartG im Falle eines Versorgungsausgleichs.

(4) Ein wirtschaftlicher Geschäftsbetrieb ist ausgeschlossen

§ 3
Mitgliedschaft

(1) Mitglieder können neben den Gründungsmitgliedern diejenigen Mitarbeiter des Trägerunternehmens werden, denen im Rahmen des Versorgungskonzeptes des Vereins Leistungen der betrieblichen Altersversorgung gewährt werden sollen, sowie des Gesellschafter des Unternehmens.

(2) Über den Antrag auf Aufnahme in den Verein entscheidet der Vorstand nach freiem Ermessen. Dabei hat er zu beachten, dass die Geschäftsleitung und die Arbeitnehmervertretung des Trägerunternehmens die gleiche Anzahl an Mitgliedern zu stellen hat (§ 5 Abs. 1).

(3) Die Mitgliedschaft endet bei Ausscheiden aus dem Trägerunternehmen, Austritt oder Ausschluss aus dem Verein, beim Tod des Mitglieds sowie bei Abberufung durch den, der das Mitglied entsandt hat, wenn gleichzeitig ein neues Mitglied in den Verein entsandt wird.

(4) Der Austritt aus dem Verein kann durch schriftliche Erklärung gegenüber dem Vorstand unter Einhaltung einer Frist von drei Monaten zum Schluss eines jeden Jahres erklärt werden.

(5) Ein Mitglied kann durch einstimmigen Vorstandsbeschluss aus wichtigem Grund ausgeschlossen werden. Der Ausschluss bedarf zu seiner Wirksamkeit der Bestätigung durch die Mitgliederversammlung. Bei der Abstimmung ist das betroffene Mitglied nicht stimmberechtigt.

§ 4
Organe des Vereins

Organe des Vereins sind:
1. die Mitgliederversammlung
2. der Vorstand.

§ 5
Mitgliederversammlung

(1) Geschäftsleitung und Arbeitnehmervertretung stellen die gleiche Anzahl an Mitgliedern.

(2) Die ordentliche Mitgliederversammlung findet einmal jährlich statt. Außerordentliche Mitgliederversammlungen finden statt, wenn dies im Interesse des Vereins erforderlich ist oder wenn die Einberufung einer derartigen Versammlung von einem Drittel der Mitglieder schriftlich unter Angaben von Gründen gefordert wird.

(3) Die Mitgliederversammlung wird vom Vorstand unter Angabe der Tagesordnung eingeladen. Die Einladung erfolgt schriftlich mindestens vier Wochen vor dem Versammlungstermin.

Erweiterungen der vom Vorstand vorgeschlagenen Tagesordnung sind auf Antrag eines Mitglieds vorzunehmen. Ist die Erweiterung bis zu drei Wochen vor dem Termin der Mitgliederversammlung beim Vorstand beantragt worden und mit einem Antrag zur Beschlussfassung an die Mitgliederversammlung verbunden, so hat der Vorstand die Ergänzung der Tagesordnung den Mitgliedern bis zwei Wochen vor dem Termin der Mitgliederversammlung mitzuteilen.

(4) Die Mitgliederversammlung ist beschlussfähig, wenn sie form- und fristgerecht einberufen worden ist.

(5) Der Vorstand oder ein von ihm benannter Vertreter leitet die Mitgliederversammlung.

§ 6
Zuständigkeit der Mitgliederversammlung

(1) Die Mitgliederversammlung beschließt über die Nachwahl und die Entlastung des Vorstandes.

(2) Vorstandsmitglieder, die ihre Pflichten gegenüber dem Verein gröblich verletzen, können von der Mitgliederversammlung unter gleichzeitiger Wahl eines neuen Vorstandes abberufen werden.

(3) Über die Beschlüsse der Mitgliederversammlung ist eine Niederschrift aufzunehmen, die vom Vorstand, der die Versammlung leitet, zu unterzeichnen ist.

(4) Soweit nicht Gesetz oder Bestimmungen dieser Satzung eine andere Regelung enthalten, entscheidet die Mitgliederversammlung mit der Mehrheit der abgegebenen Stimmen. Zur Feststellung einer gröblichen Pflichtverletzung i. S. v. Abs. 2 dieser Bestimmung bedarf es einer Mehrheit von 3/4 der abgegebenen Stimmen. Eine Stimmenthaltung zählt nicht als abgegebene Stimme.

(5) Die Mitgliederversammlung kann Beschlüsse nur zu solchen Themen fassen, die Gegenstand der den Mitgliedern mitgeteilten Tagesordnung sind.

§ 7
Vorstand

(1) Der Vorstand kann aus mehreren Personen bestehen.

(2) Der Vorstand wird von der Gründerversammlung für unbestimmte Zeit gewählt. Wählt die Gründerversammlung mehrere Personen zum Vorstand, so bestimmt sie, welche der Personen geschäftsführender Vorstand ist.

(3) Scheidet ein Vorstandsmitglied aus dem Vorstand aus, so erfolgt durch die Mitgliederversammlung eine Nachwahl.

(4) Der Vorstand führt die Geschäfte des Vereins und vertritt den Verein gerichtlich und außergerichtlich. Soweit mehrere Vorstandsmitglieder gewählt sind, ist das geschäftsführende Vorstandsmitglied zur alleinigen Vertretung berechtigt. Ein jedes der anderen Vorstandsmitglieder vertritt den Verein mit dem geschäftsführenden Vorstandsmitglied gemeinsam.

(5) Der Vorstand ist ermächtigt, auf Grundlage von § 11 Abs. 2 Versorgungsausgleichsgesetz eine »Teilungsordnung« zu erlassen, die Regelungen zur Behandlung von Anwartschaften und Leistungen aus Zusagen auf betriebliche Altersversorgung über die Unterstützungskasse zwischen Eheleuten oder eingetragenen Lebenspartnern i. S. d. LPartG im Falle deren Ehescheidung oder Partnerschaftsauflösung trifft. Die Teilungsordnung richtet sich nach den einschlägigen gesetzlichen Normierungen und der höchstrichterlichen Rechtsprechung. Sie kann bei Bedarf vom Vorstand der Unterstützungskasse an geänderte Verhältnisse angepasst werden.

§ 8
Einnahmen des Vereins

(1) Die Einnahmen des Vereins bestehen aus:
a) Freiwilligen Zuwendungen des Trägerunternehmens
sowie
b) den Erträgen des Vereinsvermögens.

Darüber hinaus erzielt der Verein keine weiteren Einnahmen; insbesondere werden keine Mitgliedsbeiträge erhoben.

(2) Der Verein erwirbt gegen das Trägerunternehmen auch dann keinen Rechtsanspruch auf die Gewährung von Zuwendungen, wenn das Trägerunternehmen entsprechende Leistungen über einen längeren Zeitraum hinweg oder regelmäßig erbracht hat.

(3) Die Mitarbeiter oder früheren Zugehörigen des Trägerunternehmens bzw. deren Angehörige dürfen zu Leistungen an den Verein weder unmittelbar noch mittelbar verpflichtet werden. Bei einem Verstoß gegen diese Vorschrift kann der betreffende Mitarbeiter nicht zum Kreis der Leistungsempfänger gehören.

(4) Das Trägerunternehmen kann von dem Verein keine Zuwendungen zurückfordern, soweit die künftigen Versorgungsleistungen nicht ersatzlos entfallen. Sobald künftige Versorgungsleistungen ersatzlos entfallen, entsteht unter den Voraussetzungen von § 9 Abs. 1 dieser Satzung ein Rückforderungsrecht in Höhe der um etwaige Steuern und öffentlichen Abgaben gekürzten Rückkaufswerte der gemäß § 9 Abs. 3 dieser Satzung abgeschlossenen Rückdeckungsversicherungen.

(5) Können aus dem gemäß § 9 Abs. 1 definierten überdotierten Kassenvermögen nicht alle nach dem vorstehenden Abs. 3 entstandenen Rückforderungsansprüche erfüllt werden, wird der Rückforderungsanspruch nach Bestimmung des Trägerunternehmens mit künftigen freiwilligen Zuwendungen verrechnet.

§ 9
Vermögen des Vereins

(1) Die Einnahmen und das Vermögen des Vereins dürfen nur für die in § 2 der Satzung genannten Zwecke verwandt werden. Dies gilt insoweit nicht, als das Gesellschaftsvermögen das um 25 v. H. erhöhte zulässige Kassenvermögen i. S. d. § 4d EStG übersteigt und für den übersteigenden Betrag die steuerliche Zweckbindung entfällt (§ 5 Abs. 1 Nr. 3 i. V. m. § 6 Abs. 6 KStG).

(2) Der Vorstand hat das Vermögen unter Beachtung der in der Satzung festgelegten Zwecke der Unterstützungskasse gewinnbringend und sicher anzulegen.

(3) Der Verein ist gehalten, zur Finanzierung der im individuellen Leistungsplan vorgesehenen Leistungen Rückdeckungsversicherungen abzuschließen und alle Zuwendungen des Trägerunternehmens als Prämien für Rückdeckungsversicherungen zu verwenden. Das Trägerunternehmen bestimmt die Aufteilung seiner Zuwendungen auf die jeweiligen versicherten Personen.

(4) Die aus den abgeschlossenen Rückdeckungsversicherungsverträgen erwirtschafteten Überschussanteile sind während der Anwartschaftsphase zur Erhöhung der Versicherungsleistung oder zur Anrechnung auf die Prämien, während der Rentenbezugsphase zur Finanzierung einer evtl. gem. § 16 BetrAVG erforderlichen Anpassung zu verwenden.

(5) Die vom Trägerunternehmen der Unterstützungskasse erbrachten Zuwendungen bzw. die Rechte aus den nach Abs. 3 dieser Bestimmung abgeschlossenen Rückdeckungsversicherungen dürfen nicht zugunsten des Trägerunternehmens beliehen, verpfändet oder abgetreten werden. Dies schließt auch eine Darlehensgewährung des Vereins an das Trägerunternehmen aus.

(6) Übersteigen im Fall des § 9 Abs. 3 Satz 2 BetrAVG die auf den Träger der Insolvenzsicherung (Pensions-Sicherungs-Verein) übergegangenen Vermögenswerte die Ansprüche und Anwartschaften gegen den Träger der Insolvenzsicherung, so ist der übersteigende Teil anteilig an die Anwärter, die keine gesetzlich unverfallbare Anwartschaft erreicht haben, entsprechend der ihnen erteilten Versorgungszusage zu verteilen. Soweit sämtliche Versorgungsanwärter gesetzlich unverfallbare Anwartschaften haben, ist der übersteigende Teil zur Verbesserung dieser Versorgungsverpflichtungen zu verwenden.

§ 10
Rechnungslegung

Der Vortand hat für jedes Geschäftsjahr der dem Geschäftsjahr nächstfolgenden Mitgliederversammlung über die Einnahmen und Ausgaben des Vereins sowie dessen Vermögensbestand Rechnung zu legen.

§ 11
Leistungen des Vereins

(1) Der Verein wird im Rahmen der für die Trägerunternehmen geltenden Leistungspläne Alters-, Invaliden- und Hinterbliebenenleistungen gewähren, soweit das Trägerunternehmen dem Verein die hierfür erforderlichen Mittel zur Verfügung gestellt hat.

(2) Werden derartige Leistungen gewährt, so sind die in der Steuergesetzgebung festgelegten Mindest- und Höchstgrenzen (§ 2 Abs. 1, 2 i. V. m. § 3 Nr. 3 KStDV) zwingend zu beachten. Über- bzw. Unterschreitungen, die sich entgegen dieser Bestimmung aus Leistungsplänen ergeben, sind dem Verein gegenüber unwirksam.

(3) Für die Gewährung der Leistungen ist ein Leistungsplan zwischen dem Verein und dem Trägerunternehmen zu vereinbaren.

(4) Die Leistungen der Unterstützungskasse dürfen von den Leistungsempfängern nicht abgetreten oder verpfändet werden.

§ 12
Freiwilligkeit der Leistungen

(1) Die Versorgungsberechtigten haben keinen Rechtsanspruch auf Leistungen des Vereins. Auch durch wiederholte oder regelmäßige Zahlungen von Alters-, Invaliden- oder Hinterbliebenenrenten und anderen Unterstützungen kann weder ein Rechtsanspruch gegen den Verein noch gegen dessen Vorstände begründet werden. Alle Zahlungen erfolgen freiwillig und mit der Möglichkeit des jederzeitigen Widerrufs.

(2) Jeder Versorgungsberechtigte hat bei Anmeldung durch das Trägerunternehmen eine schriftliche Erklärung mit folgendem Inhalt abzugeben:

»*Mir ist bekannt, dass es sich bei der ..... Unterstützungskasse e.V. um eine Versorgungseinrichtung handelt, die auf Leistungen keinen Rechtsanspruch gewährt (Unterstützungskasse) und für die die besonderen Bestimmungen des Gesetzes zur Verbesserung der betrieblichen Altersversorgung v. 19.12.1974 (BGBl. I, S. 3610) gelten.*

Es ist mir ferner bekannt, dass mir auch durch wiederholte oder regelmäßig laufende Leistungen weder ein Anspruch gegen die Unterstützungskasse noch gegen deren Vorstand erwächst. Mit dieser Regelung erkläre ich mich ausdrücklich einverstanden.

Leistungsansprüche werde ich daher auch im Falle eventueller Leistungseinstellungen oder -kürzungen nicht gegenüber der Unterstützungskasse, sondern nur gegenüber meinem Arbeitgeber geltend machen.

Mir ist bekannt, dass die Unterstützungskasse zur Finanzierung ihrer Leistungen Rückdeckungsversicherungen auf das Leben der künftigen Leistungsempfänger abschließen kann. Mit dem Abschluss einer solchen Versicherung auf mein Leben erkläre ich mich einverstanden.

Ich willige ein, dass der Arbeitgeber im erforderlichen Umfang Daten, die der ordnungsgemäßen Abwicklung meiner betrieblichen Altersversorgung dienen, an den mit der vertragsgemäßen Durchführung beauftragten versicherungsmathematischen Gutachter weitergibt und dieser unter Wahrung der Bestimmungen geltender Datenschutzgesetze die Daten in Datensammlungen führt und verarbeitet.«

Das Trägerunternehmen verpflichtet sich, von jedem Versorgungsberechtigten vor Anmeldung eine entsprechende Erklärung einzuholen und das Vorliegen dieser Erklärung gegenüber der Unterstützungskasse zu bestätigen.

§ 13
Satzungsänderung und Auflösung des Vereins

Die Mitgliederversammlung beschließt über Satzungsänderungen mit einer Mehrheit von drei Vierteln der abgegebenen Stimmen. Eine Stimmenthaltung zählt nicht als abgegebene Stimme.

Der Verein kann durch Beschluss der Mitgliederversammlung aufgelöst werden. Zu dem Beschluss ist die Zustimmung aller anwesenden Mitglieder erforderlich. Mitglieder, die sich der Stimme enthalten, zählen insoweit als nicht anwesend.

§ 14
Auflösung und Vermögensverwendung

(1) Im Falle der Auflösung des Vereins erfolgt die Liquidation durch den Vorstand als Liquidator. Die Mitgliederversammlung ist berechtigt, die Durchführung der Liquidation anderen Personen zu übertragen. Ein Auflösungsgrund ist außer in den durch Gesetz geregelten Fällen gegeben, wenn sich die steuerlichen Rahmenbedingungen derart ändern, dass die mit dem Gegenstand des Vereins verfolgten Ziele nicht mehr sinnvoll erreichbar sind.

IX. Muster: Unterstützungskasse (Leistungsplan, Festrentenzusage) E.

(2) Im Falle der Auflösung des Vereins ist das Vereinsvermögen – soweit es nicht der steuerlichen Zweckbindung unterfällt – entweder gemäß § 2 dieser Satzung nach einem vom Liquidator aufzustellenden Plan zu verteilen oder zu steuerlich anerkannten gemeinnützigen oder mildtätigen Zwecken i. S. v. §§ 52, 53 der Abgabenordnung zu verwenden. Insoweit wird als gemeinnützige Einrichtung die Deutsche Krebshilfe e. V., Thomas-Mann-Str. 40, 53111 Bonn, bestimmt.

(3) Der Verteilung des Vereinsvermögens auf die Begünstigten i. S. v. Abs. 2 dieser Bestimmung steht es gleich, wenn der Verein unter Wahrung steuerrechtlicher Bestimmungen in eine andere Rechtsform derselben Zweckbestimmung überführt wird oder wenn das Trägerunternehmen im Rahmen eines Wechsels des Durchführungsweges das Kassenvermögen unter Wahrung steuerrechtlicher Bestimmungen von der Unterstützungskasse auf einen anderen im BetrAVG normierten Durchführungsweg der betrieblichen Altersversorgung (unmittelbare Pensionszusage, Pensionskasse, Direktversicherung oder Pensionsfonds) überträgt. Dabei ist in jedem Fall sicher zu stellen. Dass das zu übertragende Kassenvermögen ausschließlich zweckgebunden zur Finanzierung der übertragenden Versorgungsverpflichtungen verwendet und jeder Zugriff auf dieses Vermögen zumindest solange ausgeschlossen ist, wie diese Versorgungsverpflichtungen noch nicht endgültig erfüllt bzw. erloschen sind. Dies kann z. B. durch Einräumung eines unwiderruflichen Bezugsrechts oder die Verpfändung von Rückdeckungsversicherungen oder Fondsanteile oder die Einrichtung eines Treuhandvermögens (CTA) erfolgen. Entsprechendes gilt, wenn eine Umwandlung des Vereins i. S. d. UmwG unter Wahrung der Zweckbindung gem. § 2 der Satzung erfolgt.

(4) Jeder Beschluss des Liquidators über die Verwendung des Vereinsvermögens darf erst nach Zustimmung durch das zuständige Finanzamt durchgeführt werden.

§ 15
Schlussbestimmung

(1) Sollten einzelne Bestimmungen dieser Satzung, gleich aus welchem Grunde, ganz oder teilweise unwirksam oder nichtig sein, so wird die Gültigkeit der Satzung im Übrigen hierdurch nicht berührt. An die Stelle der ungültigen oder nichtigen Bestimmung tritt eine solche, die dem erstrebten Sinn und Zweck der ungültigen oder nichtigen Bestimmung am nächsten kommt.

(2) Die mit der Gründung des Vereins verbundenen Kosten trägt das Trägerunternehmen.

.....

Unterschrift des Vorstandes

IX. Muster: Unterstützungskasse (Leistungsplan, Festrentenzusage)

Aufgabe der Unterstützungskasse ist es, für die versorgungsberechtigten Mitarbeiter der Firma ..... die betriebliche Altersversorgung durchzuführen. Zu diesem Zweck wird in Übereinstimmung mit der Vereinssatzung und dem Betriebsrat nachstehender Leistungsplan vereinbart:

2896

§ 1
Allgemeine Leistungsvoraussetzungen

(1) Jeder regelmäßig beschäftigte Mitarbeiter (weiblich oder männlich), der bei Inkrafttreten dieses Leistungsplans in einem Arbeitsverhältnis zur Firma ..... (= Trägerunternehmen) steht oder danach mit ihr ein Arbeitsverhältnis begründet, nimmt an den betrieblichen Versorgungsleistungen nach Maßgabe dieses Leistungsplans teil.

(2) Versorgungsleistungen werden gewährt, wenn der Mitarbeiter bei Eintritt des Versorgungsfalls in einem Arbeitsverhältnis zu der Firma ..... gestanden hat.

(3) Vor Eintritt des Versorgungsfalls ausgeschiedene Mitarbeiter erhalten Versorgungsleistungen nach Maßgabe des § 11 dieses Leistungsplans.

§ 2
Versorgungsfall und Versorgungsleistungen

(1) Der Versorgungsfall im Sinne dieses Leistungsplanes tritt ein, wenn

a) der Versorgungsberechtigte das 67. Lebensjahr vollendet (§ 4 Altersrente), oder die Voraussetzungen für den Bezug der vorzeitigen Altersrente erfüllt hat (§ 5 vorzeitige Altersrente),
b) der Versorgungsberechtigte berufs- oder erwerbsunfähig i. S. d. Vorschriften der gesetzlichen Rentenversicherung (§ 6) oder,
c) der Versorgungsberechtigte verstorben ist.

(2) Nach Aufnahme in das Versorgungswerk und nach Erfüllung der Anspruchsvoraussetzungen werden im Versorgungsfall als Versorgungsleistungen gewährt:
a) Altersrenten
b) vorzeitige Altersrenten
c) Berufs- und Erwerbsunfähigkeitsrenten
d) Witwen- und Witwerrenten
e) Waisenrenten.

§ 3
Altersgrenze

Normaler Pensionierungstag (Altersgrenze) ist der Erste des Monats, der auf die Vollendung des 67. Lebensjahres folgt.

§ 4
Altersrente

Scheidet ein Mitarbeiter zu oder nach seinem normalen Pensionierungstag aus den Diensten des Trägerunternehmens aus, so erhält er lebenslänglich eine Altersrente.

§ 5
Vorzeitige Altersrente

(1) Ein Mitarbeiter, der vor Erreichen des normalen Pensionierungstages durch die Vorlage des Rentenbescheides eines bundesdeutschen Sozialversicherungsträgers nachweist, dass er Altersrente aus der gesetzlichen Rentenversicherung in voller Höhe bezieht und aus den Diensten des Trägerunternehmens ausgeschieden ist, hat Anspruch auf vorzeitige Altersrente.

(2) Fällt die volle Altersrente aus der gesetzlichen Rentenversicherung wieder weg, so wird auch die Zahlung der vorzeitigen Altersrente eingestellt.

(3) Zum Ausgleich des früheren Zahlungsbeginns vermindert sich die Altersrente für jeden Monat der vorzeitigen Inanspruchnahme um 0,5 %.

(4) Wird anstelle einer Rente aus der gesetzlichen Rentenversicherung eine Rente aus einem berufsständischen Versorgungswerk bezogen oder liegt eine anderweitige Befreiung von der gesetzlichen Rentenversicherung vor, sind die Absätze (1) bis (3) analog anzuwenden.

§ 6
Berufs- und Erwerbsunfähigkeitsrente

(1) Weist ein Mitarbeiter vor seinem normalen Pensionierungstag nach, dass er berufs- oder erwerbsunfähig (=teilweise oder voll erwerbsgemindert) ist, so erhält er für die Dauer der Berufs- oder Erwerbsunfähigkeit (=teilweise/volle Erwerbsminderung) nach Ablauf der Gehaltszahlung eine Invalidenrente.

(2) Dauert die Berufs- bzw. Erwerbsunfähigkeit (=teilweise/volle Erwerbsminderung) bis zum normalen Pensionierungstag an, so erhält der Mitarbeiter ab diesem Termin eine Altersrente in gleicher Höhe.

(3) Ein Anspruch auf Berufs- oder Erwerbsunfähigkeitsrente (=teilweise/volle Erwerbsminderungsrente) besteht nicht, wenn der Mitarbeiter die Invalidität vorsätzlich oder grob fahrlässig herbeigeführt hat oder wenn er bereits bei seinem letzten Eintritt in das Krankenhaus berufs- oder erwerbsunfähig (=teilweise/voll erwerbsgemindert) war.

(4) Die Invalidität ist durch Vorlage des Rentenbescheides des Sozialversicherungsträgers oder durch ein ärztliches Attest nachzuweisen. Von jeder Änderung der Feststellung durch den Sozialversicherungsträger bzw. durch den Arzt hat der Versorgungsempfänger dem Trägerunternehmen und der

Unterstützungskasse Kenntnis zu geben. Bei ausländischen Bescheiden, sowohl eines Sozialversicherungsträgers als auch eines Arztes, ist eine beglaubigte Übersetzung beizufügen.

(5) Die Unterstützungskasse kann jederzeit den Grad der Invalidität durch ein ärztliches Gutachten überprüfen lassen. Der Versorgungsempfänger hat sich innerhalb der von der Unterstützungskasse gesetzten angemessenen Frist der Untersuchung zu unterziehen.

§ 7
Hinterbliebenenrenten

(1) Beim Tode eines versorgungsberechtigten Mitarbeiters oder eines versorgungsberechtigten ehemaligen Mitarbeiters hat der überlebende Ehegatte bzw. Lebenspartner einen Anspruch auf eine Witwen- bzw. Witwerrente.

(2) Die hinterlassenen Kinder haben Anspruch auf Waisenrente.

(3) Der Anspruch auf Witwen- bzw. Witwerrente erlischt mit Ablauf des Monats der Wiederverheiratung.

Die Witwen- bzw. Witwerrente wird nicht gezahlt, wenn
a) die Ehe/Lebenspartnerschaft mit dem Verstorbenen weniger als drei Monate gedauert hat.
b) die Ehe/Lebenspartnerschaft nach Rentenbeginn geschlossen worden ist und der Verstorbene zur Zeit der Eheschließung das 65. Lebensjahr vollendet hatte.

(4) Waisenrentenberechtigt sind vor Rentenbeginn bzw. vor dem vorzeitigen Ausscheiden eines Mitarbeiters geborene leibliche (§ 1592 BGB gilt entsprechend) oder adoptierte Kinder, wenn an sie eine entsprechende Rente aus der gesetzlichen Rentenversicherung geleistet wird, oder eine solche Rente geleistet würde, wenn der Verstorbene in der gesetzlichen Rentenversicherung versichert gewesen wäre und dort die Wartezeit erfüllt gehabt hätte.

(5) Waisenrenten werden bis zum vollendeten 18. Lebensjahr gezahlt, darüber hinaus nur, sofern die steuerrechtlichen Voraussetzungen für die Gewährung von Kindergeld nach § 32 Abs. 3 und 4 Satz 1 Nr. 1 bis 3 EStG erfüllt sind.

§ 8
Höhe der Versorgungsleistungen

(1) Die Alters- und Invalidenrente beträgt 1.000,00 €.

(2) Die Witwen- bzw. Witwerrente beträgt 60 % der Rente, die der Versorgungsberechtigte bezog bzw. die er bezogen hätte, wenn er zum Zeitpunkt seines Todes berufs- oder erwerbsunfähig geworden wäre.

(3) Die Halbwaisenrente beträgt 10 %, die Vollwaisenrente 20 % der Rente aus der Unterstützungskasse, die der Versorgungsberechtigte bezog bzw. die er bezogen hätte, wenn er zum Zeitpunkt seines Todes berufs- oder erwerbsunfähig geworden wäre.

(4) Sind mehrere Hinterbliebene versorgungsberechtigt, so dürfen ihre zusammengerechneten Renten die Altersrente des Verstorbenen nicht übersteigen. In diesem Falle sind die einzelnen Renten im gleichen Verhältnis zu kürzen.

§ 9
Anrechnungsklausel

Auf die Leistungen der Unterstützungskasse werden keine anderweitigen Leistungen angerechnet.

§ 10
Teilzeitbeschäftigung

Die Höhe der Versorgungsleistungen für Mitarbeiter, die ganz oder teilweise teilzeitbeschäftigt waren, bestimmt sich unter den folgenden Modifizierungen: Der zugesagte Rentenbetrag wird um den Teilzeitfaktor, der sich aus dem Verhältnis von tatsächlicher Arbeitszeit zur Arbeitszeit eines Vollzeitbeschäftigten vom Beginn der anrechnungsfähigen Dienstzeit bis zum Ausscheiden ergibt, gekürzt.

§ 11
Leistungen bei vorzeitigem Ausscheiden/Unverfallbarkeit der Versorgungsansprüche

(1) Scheidet ein Mitarbeiter vor Eintritt des Versorgungsfalles aus den Diensten des Trägerunternehmens aus, behält er seine Anwartschaften auf Versorgungsleistungen, sofern die in § 1b Abs. 1 BetrAVG geregelten Voraussetzungen erfüllt sind. Danach behält ein ausscheidender Mitarbeiter seine Anwartschaft, wenn er mindestens das 25. Lebensjahr vollendet hat und die Versorgungszusage mindestens fünf Jahre bestanden hat

(2) Die Renten werden jedoch erst vom Eintritt des Versorgungsfalles an gezahlt, sofern die Leistungsvoraussetzungen erfüllt sind.

(3) Die Höhe der Versorgungsleistung wird aus der Leistung ermittelt, die dem Mitarbeiter bzw. seinen Hinterbliebenen im Versorgungsfall zustände, wenn der Mitarbeiter nicht vorzeitig ausgeschieden wäre. Von dieser Leistung wird der Teil als Rente gezahlt, der dem Verhältnis der Dauer der tatsächlichen Betriebszugehörigkeit zu der Zeit vom Beginn der Betriebszugehörigkeit bis zur Erreichung der Regelaltersgrenze in der gesetzlichen Rentenversicherung entspricht.

(4) Veränderungen der Versorgungsordnung und der Bemessungsgrundlagen für die Versorgungsleistungen, soweit sie nach dem Ausscheiden des Mitarbeiters eingetreten sind, bleiben bei der Bestimmung der Höhe der Versorgungsleistung außer Betracht.

(5) Scheiden Mitarbeiter vor Eintritt des Versorgungsfalls aus dem Trägerunternehmen aus, so teilt ihnen die Unterstützungskasse mit, ob sie die Voraussetzungen der Unverfallbarkeit erfüllt haben und wie hoch ihre Altersrente bei Erreichen der Altersgrenze sein wird.

§ 12
Insolvenzsicherung

Die laufenden Leistungen und die unverfallbar gewordenen Versorgungsanwartschaften sind nach Maßgabe der §§ 7 bis 15 BetrAVG und der Versicherungsbedingungen des Pensions-Sicherungs-Vereins a.G. gegen eine eventuelle Zahlungsunfähigkeit des Trägerunternehmens abgesichert.

§ 13
Anpassung der laufenden Leistungen

Die Anpassung der laufenden Renten wird entsprechend der gesetzlichen Regelung des § 16 BetrAVG vorgenommen.

§ 14
Rückdeckungsversicherung

(1) Die Unterstützungskasse ist satzungsgemäß gehalten, Rückdeckungsversicherungen abzuschließen, um die Finanzierung der Versorgungsleistungen sicherzustellen. Sämtliche Ansprüche aus diesen Versicherungsverträgen stehen ausschließlich der Unterstützungskasse zu.

(2) Die Mitarbeiter sind verpflichtet, ihrem Arbeitgeber sämtliche für den Abschluss des Versicherungsvertrages erforderlichen Unterlagen und Angaben zur Verfügung zustellen. Insbesondere sind sie verpflichtet, ihre Einwilligung zum Abschluss der Versicherungen (§ 159 VVG) zu erklären und sich ggf. ärztlich untersuchen zu lassen. Die Einwilligung gilt als erteilt, wenn der Mitarbeiter nicht unverzüglich nach Bekanntgabe des Leistungsplans ausdrücklich widerspricht. Auf Verlangen des Versicherers ist die Einwilligung schriftlich zu bestätigen.

§ 15
Freiwilligkeit der Leistungen

Dem Versorgungsberechtigten und seinen Angehörigen steht weder gegen die Unterstützungskasse noch gegen deren Vorstand ein Rechtsanspruch auf die zugesagten Leistungen zu. Ein solcher Rechtsanspruch wird auch nicht durch wiederholte oder regelmäßige Gewährung von Leistungen erworben.

§ 16
Beginn, Ende und Auszahlung der Leistungen

(1) Der Anspruch auf Zahlung der Versorgungsleistungen entsteht bei Vorliegen der Leistungsvoraussetzungen.

(2) Der Anspruch auf Versorgungszahlungen erlischt mit dem Ablauf des Monats, in dem die Voraussetzungen für die Versorgungszahlungen weggefallen sind.

(3) Die Renten werden am Letzten eines jeden Monats gezahlt, und zwar erstmals für den Monat, der dem Versorgungsfall folgt, letztmalig für den Monat, in dem die Voraussetzungen für die Versorgungszahlungen wegfallen. Die auf die Versorgungsbezüge entfallenden Steuern und Abgaben trägt jeder Versorgungsberechtigte selbst. Die Leistungsempfänger sind insoweit verpflichtet, der Unterstützungskasse ihre Lohnsteuerkarte rechtzeitig vor der ersten Auszahlung und anschließend jährlich nach Erhalt unverzüglich vorzulegen.

(4) Die Überweisung erfolgt bargeldlos nur auf ein Inlandskonto, das von dem Versorgungsberechtigten der Unterstützungskasse mitgeteilt werden muss.

§ 17
Pflichten der Versorgungsberechtigten

(1) Jeder Leistungsempfänger hat folgende schriftliche Erklärung darüber abzugeben, dass ihm der Ausschluss des Rechtsanspruches sowie die Freiwilligkeit der Leistungen bekannt sind:

»Mir ist bekannt, dass es sich bei der ...... Unterstützungskasse e. V. um eine Versorgungseinrichtung handelt, die auf Leistungen keinen Rechtsanspruch gewährt (Unterstützungskasse) und für die die besonderen Bestimmungen des Gesetzes zur Verbesserung der betrieblichen Altersversorgung vom 19.12.1974 (BGBl. I, S. 3610) gelten.

Es ist mir ferner bekannt, dass mir auch durch wiederholte oder regelmäßig laufende Leistungen weder ein Anspruch gegen die Unterstützungskasse noch gegen deren Vorstand erwächst. Mit dieser Regelung erkläre ich mich ausdrücklich einverstanden. Leistungsansprüche werde ich daher auch im Falle evtl. Leistungseinstellungen oder -kürzungen nicht gegenüber der Unterstützungskasse, sondern nur gegenüber dem Trägerunternehmen geltend machen.

Mir ist bekannt, dass die Unterstützungskasse zur Finanzierung ihrer Leistungen satzungsgemäß gehalten ist, Rückdeckungsversicherungen auf das Leben der künftigen Leistungsempfänger abzuschließen. Mit dem Abschluss einer solchen Versicherung auf mein Leben erkläre ich mich einverstanden. Ich verpflichte mich, die von der Versicherungsgesellschaft für den Versicherungsabschluss etwa verlangten Auskünfte zu erteilen und mich einer evtl. als notwendig erachteten ärztlichen Untersuchung zu unterziehen.

Ich willige ein, dass das Trägerunternehmen im erforderlichen Umfang Daten, die der ordnungsgemäßen Abwicklung meiner betrieblichen Altersversorgung dienen, an den mit der vertragsgemäßen Durchführung beauftragten versicherungsmathematischen Gutachter weitergibt und dieser oder eine andere beauftragte Stellen – unter Wahrung der Bestimmungen geltender Datenschutzgesetze – die Daten in Datensammlungen führt und verarbeitet.«

(2) Die Versorgungsempfänger haben jede Änderung des Personen- oder Familienstandes oder der Feststellung der Invalidität durch den Sozialversicherungsträger bzw. durch das berufsständische Versorgungswerk der Unterstützungskasse unverzüglich anzuzeigen.

(3) Kommt ein Versorgungsberechtigter seinen Verpflichtungen nicht nach, so ruht der Rentenzahlungsanspruch. Nach Erfüllung der Auflagen erfolgt die Nachzahlung ohne Zinsen zum nächsten Abrechnungstermin.

(4) Die zugesagten Ansprüche dürfen weder abgetreten noch beliehen oder verpfändet werden. Dennoch erfolgte Abtretungen, Beleihungen oder Verpfändungen sind der Unterstützungskasse gegenüber unwirksam.

(5) Bei Eintritt des Versorgungsfalles hat der Versorgungsberechtigte der Unterstützungskasse unverzüglich den Rentenbescheid des zuständigen Rentenversicherungsträgers bzw. die Sterbeurkunde vorzulegen.

(6) Die Versorgungsberechtigten sind verpflichtet, bei Eintritt des Versorgungsfalles die erforderlichen Angaben zur Gewährung von Versorgungsleistungen zu erbringen und die entsprechenden Unterlagen zur Verfügung zu stellen.

§ 18
Schlussbestimmungen

(1) Ergänzend finden die Regelungen des Betriebsrentengesetzes (BetrAVG) in seiner jeweilig geltenden Fassung Anwendung.

(2) Die Leistungen nach diesen Versorgungsrichtlinien werden unabhängig von etwa schon bestehenden oder künftigen Versorgungszusagen erteilt. Rechte, Anwartschaften und Unverfallbarkeitsfristen aus verschiedenen Versorgungsversprechen sind voneinander unabhängig.

(3) Sollten eine oder mehrere Bestimmungen dieses Leistungsplans unwirksam sein oder werden, bleiben die übrigen Bestimmungen hiervon unberührt. Anstelle der unwirksamen Regelungen oder zur Ausfüllung einer Regelungslücke ist eine Vereinbarung zu treffen, die dem wirtschaftlich Gewollten am nächsten kommt.

§ 19
Erfüllungsort und Gerichtsstand

Erfüllungsort für alle Ansprüche aus diesem Leistungsplan ist der Sitz des Trägerunternehmens, bei dem der betroffene Mitarbeiter beschäftigt war. Verlegen Versorgungsberechtigte ihren Wohnsitz oder gewöhnlichen Aufenthaltsort ins Ausland, so ist Gerichtsstand für alle Streitigkeiten aus diesem Leistungsplan der Sitz des Trägerunternehmens.

§ 20
Inkrafttreten

Dieser Leistungsplan tritt mit Wirkung vom ..... in Kraft.

....
Ort, Datum   Unterschrift U-Kasse

....
Unterschrift Arbeitgeber   Unterschrift Betriebsrat

X. Muster: Pensionskasse (Satzung einer Firmen-Pensionskasse)

§ 1
Name und Sitz

(1) Die Kasse führt den Namen:

»Pensionskasse für die Betriebsangehörigen der Firma .....« und hat ihren Sitz in .....

(2) Geschäftsjahr ist das Kalenderjahr.

(3) Die Kasse ist ein kleiner Versicherungsverein auf Gegenseitigkeit (VVaG) i. S. v. § 53 VAG.

(4) Das Geschäftsgebiet der Kasse ist die Bundesrepublik Deutschland.

§ 2
Zweck der Kasse

(1) Der ausschließliche und unabänderliche Zweck der Pensionskasse ist die Gewährung betrieblicher Versorgungsleistungen im Alter und bei Invalidität an ehemalige Mitarbeiter der Firma ..... sowie beim Tode von Mitarbeitern an deren Angehörige nach Maßgabe dieser Satzung. Einkünfte und Vermögen der Kasse dürfen nur ausschließlich und unmittelbar für diesen Zweck verwendet werden.

(2) Im Falle der Durchführung eines Versorgungsausgleichs im Rahmen einer Scheidung oder Aufhebung einer Eingetragenen Lebenspartnerschaft i. S. d. Lebenspartnerschaftsgesetzes (LPartG) erstreckt sich der Zweck der Pensionskasse auch auf die Versorgung des ehemaligen Ehegatten oder Lebenspartners i. S. d. LPartG der (ehemaligen) Betriebsangehörigen.

§ 3
Mitgliedschaft

(1) Mitglieder der Kasse können alle Mitarbeiter der Firma ..... werden, die bei Beginn der Mitgliedschaft das 18. Lebensjahr vollendet und ein Höchstbeitrittsalter von 55 Jahren noch nicht überschritten haben.

(2) Über den Antrag auf Aufnahme in den Verein entscheidet der Vorstand durch schriftlichen Bescheid.

(3) Der Vorstand kann vor der Aufnahme eine ärztliche Untersuchung fordern und bei nicht einwandfreiem Befund erschwerende Bedingungen festsetzen. Die Kasse trägt die Kosten der Untersuchung.

(4) Jedem Mitglied wird mit erfolgter Aufnahme, die vom Vorstand schriftlich bestätigt wird, ein Abdruck der Satzung und ein Mitgliedsausweis ausgestellt.

(5) Die Mitgliedschaft beginnt grds. mit dem ersten Tag des Monats, der auf die Mitteilung über die Aufnahme erfolgt, frühestens jedoch mit Ablauf der bei Einstellung vereinbarten Probezeit.

(6) Die Mitgliedschaft endet bei Ausscheiden aus der Firma ..... mit Beginn der Rentenzahlungen, beim Tod des Mitglieds oder bei seinem Ausschluss.

(7) Der Ausschluss kann nur vom Vorstand beschlossen werden, und zwar auch nur dann, wenn das Mitglied die Kasse in rechtswidriger Absicht getäuscht oder zu täuschen versucht hat oder mit eigenen Beiträgen auch nach Durchführung des Mahnverfahrens im Rückstand ist.

Über den Beschluss ist das Mitglied schriftlich zu benachrichtigen. Gegen den Ausschluss steht dem betroffenen Mitglied innerhalb einer Frist von vier Wochen nach Zugang der Mitteilung das Rechtsmittel des Einspruchs an die Mitgliederversammlung zu, die vorbehaltlich des Rechtsweges endgültig entscheidet.

§ 4
Organe der Pensionskasse

Organe der Kasse sind:
1. die Mitgliederversammlung
2. der Vorstand
3. der Verwaltungsleiter.

§ 5
Mitgliederversammlung

(1) Die ordentliche Mitgliederversammlung findet einmal jährlich statt. Außerordentliche Mitgliederversammlungen finden statt, wenn dies im Interesse der Kasse erforderlich ist oder wenn die Einberufung einer derartigen Versammlung von einem Drittel der Mitglieder schriftlich unter Angabe von Gründen oder von der Aufsichtsbehörde gefordert wird.

(2) Die Mitgliederversammlung wird vom Vorstand unter Angabe der Tagesordnung eingeladen. Die Einladung erfolgt schriftlich mindestens vier Wochen vor dem Versammlungstermin. Regelmäßige Gegenstände der Beratung und Beschlussfassung durch die Mitgliederversammlung sind der Rechnungsabschluss, der Rechnungsbericht, die Entlastung des Vorstandes, die Wahl des Vorstandes sowie die Wahl des Rechnungsprüfers.

(3) Erweiterungen der vom Vorstand vorgeschlagenen Tagesordnung sind auf Antrag eines Mitglieds vorzunehmen. Ist die Erweiterung bis zu drei Wochen vor dem Termin der Mitgliederversammlung beim Vorstand beantragt worden und mit einem Antrag zur Beschlussfassung an die Mitgliederversammlung verbunden, so hat der Vorstand die Ergänzung der Tagesordnung den Mitgliedern bis zwei Wochen vor dem Termin der Mitgliederversammlung mitzuteilen.

(4) Die Mitgliederversammlung ist beschlussfähig, wenn sie form- und fristgerecht einberufen worden ist.

Über Anträge – mit Ausnahme des Antrags auf Satzungsänderung – wird mit einfacher Mehrheit der abgegebenen Stimmen entschieden. Jedes Mitglied hat das Recht, sich bei der Abstimmung durch ein anderes Mitglied vertreten zu lassen. Eine entsprechende schriftliche Vollmacht ist dem Versammlungsleiter bis spätestens zum Beginn der Mitgliederversammlung auszuhändigen.

(5) Der Vorstand oder ein von ihm benannter Vertreter leitet die Mitgliederversammlung.

§ 6
Vorstand

(1) Der Vorstand wird von der Mitgliederversammlung für unbestimmte Zeit gewählt. Der Vorstand besteht aus fünf Mitgliedern der Kasse. Davon müssen drei der Geschäftsleitung des Unternehmens angehören. Ein Vorstand muss Mitglied des Betriebsrates sein. Ein weiteres Vorstandsmitglied wird aus dem Kreis der Kassenmitglieder gewählt.

(2) Der Vorstand wählt aus seiner Mitte einen Vorsitzenden und dessen Stellvertreter sowie einen Schriftführer und dessen Stellvertreter.

(3) Scheidet ein Vorstandsmitglied aus dem Vorstand aus, so erfolgt durch die nächstfolgende Mitgliederversammlung eine Nachwahl.

(4) Der Vorstand führt die Geschäfte der Kasse einschließlich ihrer Vermögensverwaltung und vertritt die Kasse gerichtlich und außergerichtlich. Schriftliche Willenserklärungen des Vorstandes sind gültig, wenn sie die Unterschrift von mindestens zwei Vorstandsmitgliedern, darunter dem Vorstandsvorsitzenden oder dessen Stellvertreter, erhalten.

(5) Der Vorstand hat regelmäßige Vorstandssitzungen abzuhalten. Er ist beschlussfähig, wenn drei seiner Mitglieder und unter diesen der Vorsitzende oder sein Stellvertreter anwesend sind. Die Beschlüsse werden nach Stimmenmehrheit gefasst; bei Stimmengleichheit entscheidet die Stimme des Vorsitzenden.

(6) Der Schriftführer hat über jede Vorstandssitzung und der Mitgliederversammlung ein schriftliches Protokoll zu führen, das vom Vorstandsvorsitzenden und vom Schriftführer zu unterzeichnen ist.

(7) Der Vorstand kann sich bei den mit der Pensionskasse verbundenen administrativen Tätigkeiten und der Vermögensverwaltung durch einen von ihm bestellten Verwaltungsleiter vertreten lassen.

§ 7
Geschäftsgrundsätze

(1) Nach Schluss eines jeden Geschäftsjahres hat der Vorstand der Kasse gemäß den Rechnungslegungsvorschriften den Rechnungsabschluss und den Jahresbericht nach den vorgeschriebenen Formblättern und Nachweisungen sowie den hierzu ergangenen Richtlinien der Aufsichtsbehörde aufzustellen und der Mitgliederversammlung vorzulegen.

(2) Alle drei Jahre, auf Verlangen der Aufsichtsbehörde auch zu anderen Zeitpunkten, hat der Vorstand durch einen versicherungsmathematischen Sachverständigen im Rahmen eines der Aufsichtsbehörde einzureichenden Gutachtens eine versicherungstechnische Prüfung der Vermögenslage der Kasse vornehmen zu lassen und in den nach Abs. 1 zu erstellenden Rechnungsabschluss die hierfür ermittelten versicherungstechnischen Werte zu übernehmen. Ergibt die versicherungstechnische Bilanz einen Überschuss, so fließt dieser Überschuss in eine Verlustrücklage, bis diese 2 % der Deckungsrückstellung erreicht oder nach Inanspruchnahme wieder erreicht hat. Ein weiterer Überschuss ist der Rückstellung für Überschussbeteiligung zuzuführen. Die Überschussverteilung erfolgt durch Erhöhung der Leistungen oder Herabsetzung der Beiträge; näheres hierzu ist im Geschäftsplan der Kasse zu regeln.

(3) Übersteigen die in der versicherungstechnischen Bilanz unter Berücksichtigung der Einnahmen gemäß § 9 der Satzung die Passiva die Aktiva, so gleicht die Firma den Unterschiedsbetrag aus. Soweit jedoch die Unterdeckung durch eine Änderung der Rechnungsgrundlagen entstanden ist, ist die Verlustrücklage zunächst hierfür zu verwenden. Reicht diese nicht aus, so bleibt die Deckung des Unterschiedsbetrages einer anderen Regelung im Einvernehmen mit der Aufsichtsbehörde vorbehalten.

(4) Bekanntmachungen der Kasse an ihre Mitglieder erfolgen durch Rundschreiben.

(5) Das Kassenvermögen ist nach den Bestimmungen der §§ 54 ff. VAG und der von der Aufsichtsbehörde hierzu erlassenen Richtlinien anzulegen.

(6) Das Vermögen der Kasse und deren Erträge sind ausschließlich und unmittelbar für die Zwecke der Kasse zur Verwenden.

(7) Alle Verwaltungs- und Personalkosten der Kasse, einschließlich der Kosten für ärztliche Untersuchungen erstattet die Firma der Kasse.

§ 8
Einnahmen des Vereins

Die Einnahmen des Vereins bestehen aus:
a) Beiträgen des Unternehmens;
b) Beiträgen der Mitglieder sowie
c) den Vermögenserträgen.

§ 9
Beitragsgrundsätze

(1) Die Firma ..... sowie jedes Kassenmitglied zahlen einen monatlichen Beitrag i. H. v. 3 % des auf das jeweilige Kassenmitglied entfallenden monatlichen Bruttogehaltes (Vertragsgehalt ohne Zulagen, Zuschläge, Sonderleistungen und Sachbezüge). Die vom Mitglied zu entrichtenden Beitragsanteile werden von der Firma im Rahmen der monatlichen Lohn- und Gehaltsabrechnung einbehalten und an die Kasse abgeführt. Mit diesem Einzugsverfahren hat sich das Mitglied mit Stellung seines Aufnahmeantrages einverstanden erklärt.

(2) Die Erhebung von Nachschüssen ist den Mitgliedern gegenüber ausgeschlossen.

(3) Für die Verbindlichkeiten der Kasse haftet ausschließlich deren Vermögen.

§ 10
Austrittsvergütung

(1) Scheidet ein Mitglied durch Beendigung des Dienstverhältnisses aus der Kasse aus, so erhält es, sofern keine Rentenzahlungen erfolgen und auch keine unverfallbare Anwartschaft nach den Vorschriften des BetrAVG aufrecht zu erhalten ist, die eingezahlten Beiträge einschließlich einer Verzinsung von 3 % zurück.

(2) Wird die Austrittsvergütung aufgrund eines Ausschlusses nach § 3 Abs. 7 dieser Satzung fällig, so erfolgt die Rückzahlung der vom Mitglied eingezahlten Beiträge ohne Verzinsung.

§ 11
Beitragsfreie Mitgliedschaft

Hat das aus den Diensten der Firma vor Eintritt eines Versicherungsfalls ausscheidende Mitglied die Voraussetzungen der gesetzlichen Unverfallbarkeit nach § 1b Abs. 1 BetrAVG erfüllt, so wird eine beitragsfreie Versicherung in Höhe der nach § 17 dieser Satzung erreichten Anwartschaft gewährt.

§ 12
Versicherte Leistungen

(1) Die Kasse gewährt als betriebliche Versorgungsleistungen Alters-, Invaliden- und Hinterbliebenenrenten.

(2) Die Leistungen der Pensionskasse sind für die Altersversorgung zweckgebunden und dürfen daher von den Versorgungsberechtigten nicht abgetreten, beliehen oder verpfändet werden.

§ 13
Altersrente

(1) Scheidet ein Mitarbeiter nach Erreichen der Altersgrenze aus den Diensten des Unternehmens aus, so erhält er lebenslänglich eine Altersrente.

(2) Altersgrenze ist das vollendete 67. Lebensjahr für Männer und Frauen.

§ 14
Vorzeitige Altersrente

(1) Ein Mitarbeiter, der vor Erreichen der Altersgrenze durch die Vorlage des Rentenbescheides eines bundesdeutschen Sozialversicherungsträgers nachweist, dass er Altersrente aus der gesetzlichen Rentenversicherung in voller Höhe bezieht und aus den Diensten des Trägerunternehmens ausgeschieden ist, hat Anspruch auf vorzeitige Altersrente.

(2) Fällt die volle Altersrente aus der gesetzlichen Rentenversicherung wieder weg, so wird auch die Zahlung der vorzeitigen Altersrente eingestellt.

(3) Wird anstelle einer Rente aus der gesetzlichen Rentenversicherung eine Rente aus einem berufsständischen Versorgungswerk bezogen oder liegt eine anderweitige Befreiung von der gesetzlichen Rentenversicherung vor, sind die vorstehenden Absätze analog anzuwenden.

§ 15
Berufs- und Erwerbsunfähigkeitsrente

(1) Weist ein Mitarbeiter vor seinem normalen Pensionierungstag nach, dass er berufs- oder erwerbsunfähig (=teilweise oder voll erwerbsgemindert) ist, so erhält er für die Dauer der Berufs- oder Erwerbsunfähigkeit (=teilweise oder volle Erwerbsminderung) nach Ablauf der Gehaltszahlung eine Invalidenrente.

(2) Dauert die Berufs- bzw. Erwerbsunfähigkeit (=teilweise oder volle Erwerbsminderung) bis zum Erreichen der Altersgrenze an, so erhält der Mitarbeiter ab diesem Termin eine Altersrente in gleicher Höhe.

(3) Ein Anspruch auf Berufs- oder Erwerbsunfähigkeitsrente (=teilweise oder volle Erwerbsminderungsrente) besteht nicht, wenn der Mitarbeiter die Invalidität vorsätzlich oder grob fahrlässig herbeigeführt hat oder wenn er bereits bei seinem letzten Eintritt in das Krankenhaus berufs- oder erwerbsunfähig (=teilweise oder voll erwerbsgemindert) war.

(4) Die Invalidität ist durch Vorlage des Rentenbescheides des Sozialversicherungsträgers oder durch ein ärztliches Attest nachzuweisen. Von jeder Änderung der Feststellung durch den Sozialversicherungsträger bzw. durch den Arzt hat der Versorgungsempfänger der Kasse Kenntnis zu geben. Bei ausländischen Bescheiden, sowohl eines Sozialversicherungsträgers als auch eines Arztes, ist eine beglaubigte Übersetzung beizufügen.

(5) Die Kasse kann jederzeit den Grad der Invalidität durch ein ärztliches Gutachten überprüfen lassen. Der Versorgungsempfänger hat sich innerhalb der vom Unternehmen gesetzten angemessenen Frist der Untersuchung zu unterziehen. Die Kosten einer solchen Untersuchung trägt die Kasse.

§ 16
Hinterbliebenenrenten

(1) Beim Tode eines versorgungsberechtigten Mitarbeiters oder eines versorgungsberechtigten ehemaligen Mitarbeiters hat der überlebende Ehegatte oder Lebenspartner Anspruch auf eine Witwen- bzw. Witwerrente.

Die hinterlassenen Kinder haben Anspruch auf Waisenrente.

(2) Der Anspruch auf Witwen- bzw. Witwerrente erlischt mit Ablauf des Monats der Wiederverheiratung. Im Falle der Wiederverheiratung erhält der überlebende Ehegatte eine einmalige Abfindung in

Höhe von 24 Monatsrenten. Diese Regelung gilt entsprechend für das Eingehen einer neuen Lebenspartnerschaft/Lebensgemeinschaft. Damit sind alle Ansprüche des überlebenden Ehegatten/Lebenspartners abgegolten.

(3) Die Witwen- bzw. Witwerrente wird nicht gezahlt, wenn
a) die Ehe/Lebenspartnerschaft mit dem Verstorbenen weniger als drei Monate gedauert hat;
b) die Ehe/Lebenspartnerschaft nach Vollendung des 60. Lebensjahres des versorgungsberechtigten Mitarbeiters bzw. nach Eintritt eines Versorgungsfalls geschlossen worden ist.

(4) Waisenrentenberechtigt sind vor Rentenbeginn bzw. vor dem vorzeitigen Ausscheiden eines Mitarbeiters geborene leibliche (§ 1592 BGB gilt entsprechend) oder adoptierte Kinder, wenn an sie eine entsprechende Rente aus der gesetzlichen Rentenversicherung geleistet wird, oder eine solche Rente geleistet würde, wenn der Verstorbene in der gesetzlichen Rentenversicherung versichert gewesen wäre und dort die Wartezeit erfüllt gehabt hätte.

(5) Waisenrenten werden bis zum vollendeten 18. Lebensjahr gezahlt, darüber hinaus nur, sofern die steuerrechtlichen Voraussetzungen für die Gewährung von Kindergeld nach § 32 Abs. 3 und 4 Satz 1 Nr. 1 bis 3 EStG erfüllt sind.

§ 17
Höhe der Alters-, Berufs- oder Erwerbsunfähigkeitsrente

(1) Die Höhe der monatlichen Altersrente, vorzeitigen Altersrente, Berufs- oder Erwerbsunfähigkeitsrente richtet sich nach dem versorgungsberechtigten Monatseinkommen während der gesamten Dienstzeit, der Zahl der Beitragsjahre und dem Beitrittsalter zur Kasse. Als versorgungsberechtigtes Monatseinkommen gilt das jeweilige der Beitragszahlung zugrundeliegende Monatsgehalt gemäß § 9 Abs. 1 dieser Satzung.

(2) Für die Berechnung der Höhe der vorzeitigen Altersrente werden anrechnungsfähige Dienstjahre nur bis zum Zeitpunkt der Inanspruchnahme der vorzeitigen Altersrente berücksichtigt. Die so ermittelte Rente wird für jeden Monat der vorzeitigen Inanspruchnahme um 0,4 % ihres Wertes gekürzt, und zwar für die gesamte Dauer des Rentenbezugs.

(3) Das Ruhegehalt ergibt sich aus dem nach versicherungsmathematischen Grundsätzen kalkulierten Tarif der Pensionskasse und der nachfolgenden, hieraus abgeleiteten und nach Beitragsjahren gestaffelten Rententabelle (Anm. 1).

§ 18
Höhe der Hinterbliebenenrente

(1) Die Witwen- bzw. Witwerrente beträgt 60 % der Rente, die der Versorgungsberechtigte bezog bzw. die er bezogen hätte, wenn er zum Zeitpunkt seines Todes berufs- oder erwerbsunfähig geworden wäre.

(2) Die Halbwaisenrente beträgt 10 %, die Vollwaisenrente 20 % der Rente, die der Versorgungsberechtigte bezog bzw. die er bezogen hätte, wenn er zum Zeitpunkt seines Todes berufs- oder erwerbsunfähig geworden wäre.

(3) Sind mehrere Hinterbliebene versorgungsberechtigt, so dürfen ihre zusammengerechneten Renten die Altersrente des Verstorbenen nicht übersteigen; andernfalls sind die einzelnen Renten im gleichen Verhältnis zu kürzen.

§ 19
Beginn, Ende und Auszahlung der Leistungen

(1) Der Anspruch auf Zahlung der Versorgungsleistungen entsteht bei Vorliegen der allgemeinen und besonderen Leistungsvoraussetzungen, frühestens jedoch mit der rechtlichen Beendigung des Arbeitsverhältnisses, der Vorlage des Rentenbescheides bzw. des amtsärztlichen Attestes und der Einstellung von Lohnfortzahlungen (wie z. B. Überbrückungsgelder, Karenzentschädigungen etc.). Der Anspruch auf Invalidenrente entsteht frühestens mit der Einstellung von Zahlungen wegen Maßnahmen der Rehabilitation bzw. der Zahlung von Übergangsgeldern oder Vorruhestandsleistungen.

(2) Der Anspruch auf Versorgungszahlungen erlischt mit dem Ablauf des Monats, in dem die Voraussetzungen für die Versorgungszahlungen weggefallen sind. Invalidenrenten bleiben auch bei Erreichen der Altersgrenze unverändert bestehen.

(3) Die Renten werden am Letzten eines jeden Monats gezahlt, und zwar erstmals für den Monat, der dem Versorgungsfall folgt, letztmalig für den Monat, in dem die Voraussetzungen für die Versorgungszahlungen wegfallen.

(4) Die Überweisung erfolgt bargeldlos nur auf ein Inlandskonto, das von dem Versorgungsberechtigten der Kasse mitgeteilt werden muss.

§ 20
Pflichten der Versorgungsberechtigten

(1) Die Versorgungsempfänger haben für die Dauer der Versorgungszahlungen jede Änderung des Personen- oder Familienstandes oder der Feststellung der Invalidität durch den Sozialversicherungsträger bzw. durch das berufsständische Versorgungswerk der Unterstützungskasse unverzüglich anzuzeigen.

(2) Kommt ein Versorgungsberechtigter seinen Verpflichtungen nicht nach, so ruht der Rentenzahlungsanspruch. Nach Erfüllung der Auflagen erfolgt die Nachzahlung ohne Zinsen zum nächsten Abrechnungstermin.

(3) Die zugesagten Ansprüche dürfen weder abgetreten noch beliehen oder verpfändet werden. Dennoch erfolgte Abtretungen, Beleihungen oder Verpfändungen sind der Pensionskasse gegenüber unwirksam.

(4) Bei Eintritt des Versorgungsfalles hat der Versorgungsberechtigte der Pensionskasse unverzüglich den Rentenbescheid des zuständigen Rentenversicherungsträgers bzw. die Sterbeurkunde vorzulegen.

(5) Die Versorgungsberechtigten sind verpflichtet, bei Eintritt des Versorgungsfalles die erforderlichen Angaben zur Gewährung von Versorgungsleistungen zu erbringen und die entsprechenden Unterlagen zur Verfügung zu stellen.

§ 21
Satzungsänderung und Auflösung des Vereins

(1) Die Mitgliederversammlung beschließt über Satzungsänderungen mit einer Mehrheit von drei Vierteln der abgegebenen Stimmen. Eine Stimmenthaltung zählt nicht als abgegebene Stimme. Satzungsänderungen bedürfen zu ihrer Rechtswirksamkeit daneben der Genehmigung durch die Aufsichtsbehörde.

(2) Satzungsänderungen, die sich auf die §§ 9 bis 18 der Satzung erstrecken, haben auch für die bestehenden Versicherungsverhältnisse Gültigkeit, sofern der Beschluss nicht etwas anderes besagt.

(3) Die Auflösung der Kasse kann nur durch einen Beschluss der eigens zu diesem Zweck einberufenen außerordentlichen Mitgliederversammlung erfolgen. Zu dem Beschluss ist eine Mehrheit von 3/4 der abgegebenen Stimmen sowie die Zustimmung der Geschäftsleitung erforderlich.

(4) Im Falle der Auflösung des Vereins erfolgt die Liquidation durch den Vorstand als Liquidator. Die Mitgliederversammlung ist berechtigt, die Durchführung der Liquidation anderen Personen zu übertragen. Jeder Beschluss des Liquidators über die Verwendung des Vereinsvermögens darf erst nach Zustimmung durch die Aufsichtsbehörde durchgeführt werden. Das vorhandene Kassenvermögen darf nur zur Sicherung der Ansprüche der Kassenmitglieder und der Betriebsrentner verwendet werden.

§ 22
Schlussbestimmung

(1) Sollten einzelne Bestimmungen dieser Satzung, gleich aus welchem Grunde, ganz oder teilweise unwirksam oder nichtig sein, so wird die Gültigkeit der Satzung i.Ü. hierdurch nicht berührt. An die Stelle der ungültigen oder nichtigen Bestimmung tritt eine solche, die dem erstrebten Sinn und Zweck der ungültigen oder nichtigen Bestimmung am nächsten kommt.

(2) Die mit der Gründung der Pensionskasse Kosten trägt das Trägerunternehmen.

XI. Checkliste: Pensionsfonds (Gründung) E.

(3) Für den Gerichtsstand ist der Sitz der Kasse maßgebend. Die sachliche Zuständigkeit richtet sich nach § 2 Abs. 4 ArbGG.

.....

Ort, Datum

.....

Unterschrift des Vorstandes

Anmerkung:

(1) Die Rententabelle ist versicherungsmathematisch zu berechnen; der hierfür maßgebliche Versicherungstarif ist im Geschäftsplan der Pensionskasse niederzulegen.

XI. Checkliste: Pensionsfonds (Gründung)

1. **Wahl der Rechtsform: Aktiengesellschaft (AG) oder Pensionsfondsverein (PfVaG)**   2898
   - ☐ Bereitstellung von Eigenkapital,
   - ☐ Aufstellung von Satzung, Geschäftsplan und Pensionsplänen,
   - ☐ Notarielle Beurkundung der Satzung,
   - ☐ Bestimmung der maßgeblichen Gremien (Vorstand, Aufsichtsrat),
   - ☐ Anmeldung und Eintragung zum Handelsregister,
   - ☐ Bestellung des verantwortlichen Aktuars

2. **Anforderungen an die Pensionspläne**
   - ☐ Leistungszusage/Beitragszusage mit Mindestgarantie,
   - ☐ ausschließliche Erbringung von Altersversorgungsleistungen, ggf. inklusive Invaliditäts- und Todesfallabsicherung,
   - ☐ Lebenslage Altersrenten

3. **Beantragung der Erlaubnis zur Aufnahme des Geschäftsbetrieb bei der zuständigen Aufsichtsbehörde (= Bundesaufsichtsamt für das Versicherungswesen)**
   - ☐ Vorlage der Geschäftsunterlagen (Satzung, Geschäftsplan und Pensionspläne),
   - ☐ Angaben über Zweck und Einrichtung des Unternehmens (betriebsbezogen/ überbetrieblich); Nachweis der dauerhaften Erfüllbarkeit der künftigen Verpflichtungen,
   - ☐ Nachweis von Eigenmitteln in Höhe des Mindestgarantiefonds,
   - ☐ Vorlage des Businessplans; Schätzung über die ersten drei Geschäftsjahre (Geschäftsentwicklung, Aufwendungen, Liquiditätslage),
   - ☐ Unternehmensverträge und Funktionsausgliederungsverträge,
   - ☐ Angaben über beabsichtigte Rückdeckungsversicherungen,
   - ☐ Angaben über der benötigten Orga-Fonds,
   - ☐ Angaben über Vorstand und Aktuar die für die Beurteilung der fachlichen Qualifikation (Fit and Proper Test) erforderlich sind,
   - ☐ Angaben über bedeutende Beteiligungen und enge Verbindungen zu anderen natürlichen oder juristischen Personen,
   - ☐ Anzeige der Grundsätze der Anlagepolitik einschließlich der Verfahren zur Risikobewertung und zum Risikomanagement sowie der Grundlagen der Berechnung von Prämien und Deckungsrückstellung,
   - ☐ Mitteilung des vom Aufsichtsrats zu bestimmenden Abschlussprüfers

XII. Muster: Entgeltumwandlung (Rahmenrichtlinie)

§ 1
Kreis der Versorgungsberechtigten

Anspruch auf die zusätzliche betriebliche Altersversorgung erwerben alle in der gesetzlichen Rentenversicherung pflichtversicherten Mitarbeiter, die eine entsprechende vertragliche Regelung zur zusätzlichen betrieblichen Altersversorgung (Entgeltumwandlung) mit der Firma ..... vereinbart haben. Für nicht in der gesetzlichen Rentenversicherung pflichtversicherte Mitarbeiter gelten die nachfolgenden Regelungen auf freiwilliger Basis entsprechend.

§ 2
Leistungskatalog

(1) Die zusätzliche betriebliche Altersversorgung gewährt
a) nach Vollendung des 65. Lebensjahres oder zu einem vereinbarten späteren Fälligkeitstermin ein einmaliges Altersversorgungskapital;
b) ein vorzeitiges einmaliges Altersversorgungskapital, sofern der Mitarbeiter die vorzeitige Altersrente aus der gesetzlichen Rentenversicherung in Anspruch nimmt und aus dem Unternehmen ausscheidet oder für den Fall, dass er nicht in der gesetzlichen Rentenversicherung pflichtversichert ist, nach Vollendung des 60. Lebensjahres aus dem Unternehmen ausscheidet, in den Ruhestand tritt und die vorgezogene Altersrente schriftlich beantragt;
c) ein einmaliges Todesfallkapital, sofern der Mitarbeiter vor Inanspruchnahme des zugesagten (vorzeitigen) Altersversorgungskapitals verstirbt.

(2) Auf die Versorgungsleistungen besteht ein Rechtsanspruch.

§ 3
Höhe der zugesagten Versorgungsleistungen

(1) Die zugesagten Versorgungsleistungen ergeben sich aus einer Tabelle, die altersabhängig für je 1.000,00 € der Entgeltumwandlung die einmalige Alters- bzw. Hinterbliebenenleistung ausweist.

(2) Sofern der Mitarbeiter das vorzeitige Altersversorgungskapital beantragt, wird das zugesagte Altersversorgungskapital gemäß Abs. 1 unter entsprechender Kürzung ausgezahlt. Bei der Berechnung des gekürzten Anspruchs sind die anerkannten Regeln der Versicherungsmathematik anzuwenden. Hierbei ist ein Rechnungszinsfuß von 6,0 % sowie als fiktiver Finanzierungsbeginn der Zeitpunkt der Erteilung der Zusage zugrunde zu legen.

(3) Sofern der Mitarbeiter die Voraussetzungen nach § 2 Abs. 1 Nr. 1 bzw. 2 dieser Vereinbarung erfüllt, kann er das zugesagte Altersversorgungskapital als Ratenzahlung beantragen. Die Ratenzahlung ist auf das Jahr der Inanspruchnahme und die folgenden vier Kalenderjahre begrenzt. Der Ratenzahlungsbetrag entspricht pro Kalenderjahr jeweils 1/5 des zugesagten Altersversorgungskapitals.

(4) Auf Wunsch des Mitarbeiters können die zugesagten Leistungen in eine wertgleiche Altersrente, auf Wunsch mit oder ohne Witwen-/Witwerrentenanwartschaft, umgewandelt werden. Die Verrentung erfolgt unter Zugrundelegung der für Rentenversicherungen gebräuchlichen Rechnungsgrundlagen der deutschen Lebensversicherungswirtschaft und den anerkannten Regeln der Versicherungsmathematik.

(5) Der Antrag auf Ratenzahlung bzw. das Rentenwahlrecht ist spätestens ein Jahr vor der in § 1 Abs. 1 Nr. 1 dieser Vereinbarung geregelten Altersgrenze geltend zu machen.

(6) Bei Tod des Mitarbeiters vor Inanspruchnahme des Altersversorgungskapitals wird das zugesagte Altersversorgungskapital dem hinterbliebenen Ehegatte, mit dem der versorgungsberechtigte Mitarbeiter im Zeitpunkt seines Todes in gültiger Ehe verheiratet war, ausgezahlt. Sofern der Mitarbeiter von den Wahlmöglichkeiten nach § 3 Abs. 3 bis 5 dieser Vereinbarung Gebrauch gemacht hat, stehen dem hinterbliebenen Ehegatten die noch offenen Ratenzahlungen zu bzw. wird die Hinterbliebenenrente fällig.

§ 4
Leistungshöhe bei vorzeitigem Ausscheiden

(1) Scheidet ein Versorgungsberechtigter vor Eintritt eines Versorgungsfalles aus den Diensten des Unternehmens aus, so bleiben die zugesagten Versorgungsleistungen gemäß §§ 1b Abs. 5, 2 Abs. 5a BetrAVG für alle vereinbarten Leistungsfälle in voller Höhe bestehen.

(2) Die Versorgungsleistungen werden jedoch erst nach Eintritt eines Versorgungsfalles gewährt, d. h. sofern die Voraussetzungen nach § 2 dieser Vereinbarung erfüllt sind.

§ 5
Rückdeckungsversicherung

(1) Das Unternehmen ist berechtigt, zur Rückdeckung der Versorgungsleistungen aus dieser Rahmenrichtlinie einen oder mehrere entsprechende Verträge mit einem Lebensversicherungsunternehmen abzuschließen. Sämtliche Rechte aus diesen Verträgen stehen ausschließlich dem Unternehmen zu.

(2) Der Versorgungsberechtigte ist verpflichtet, dem Unternehmen sämtliche für den Versicherungsabschluss erforderlichen Unterlagen und Angaben zur Verfügung zu stellen. Insbesondere ist er verpflichtet, die Einwilligung zum Abschluss der Versicherungen zu erklären und sich ggf. ärztlich untersuchen zu lassen. Die Einwilligung gilt als erteilt, wenn der Versorgungsberechtigte nicht unverzüglich nach Bekanntgabe der Rahmenrichtlinie ausdrücklich widerspricht. Auf Verlangen des Versicherers ist die Einwilligung diesem schriftlich zu erklären.

§ 6
Insolvenzsicherung

Die Firma verpflichtet sich, die Versorgungsansprüche des Mitarbeiters durch eine Verpfändung der abgeschlossenen Rückdeckungsversicherung gegen Fälle der Insolvenz oder sonstiger Zahlungsunfähigkeit abzusichern.

§ 7
Abtretung, Beleihung, Verpfändung

Die zugesagten Versorgungsleistungen dürfen vom Mitarbeiter weder abgetreten, noch beliehen oder verpfändet werden. Dennoch erfolgte Abtretungen, Beleihungen oder Verpfändungen sind dem Unternehmen gegenüber unwirksam.

§ 8
Datenschutzklausel

Das Unternehmen ist berechtigt, das Versorgungswerk von einem unabhängigen Sachverständigen gutachterlich betreuen zu lassen. Im Rahmen dieses Auftrages verarbeitet der Sachverständige personenbezogene Daten der Versorgungsberechtigten. Hierbei handelt es sich ausschließlich um solche Daten, die in einem unmittelbaren Zusammenhang mit zwingenden steuerrechtlichen Bewertungsvorschriften stehen und für die entsprechenden Berechnungen erforderlich sind.

Der Sachverständige wird vom Unternehmen auf das Datengeheimnis verpflichtet und hat sämtliche ihm anvertrauten Daten vertraulich und ausschließlich im durch die einschlägigen Datenschutzgesetze vorgegebenen Rahmen zu verarbeiten.

§ 9
Inkrafttreten

(1) Diese Rahmenrichtlinie tritt mit Wirkung vom ..... in Kraft.

(2) Auf die Rahmenrichtlinie findet das Betriebsrentengesetz in seiner jeweils gültigen Fassung Anwendung

.....
Ort, Datum

.....
Unterschrift Firmenleitung

XIII. Muster: Entgeltumwandlungsvereinbarung

2900 Die ..... GmbH – im Folgenden kurz Firma genannt –

und

Herr/Frau .....

schließen in Ergänzung des Arbeitsvertrages vom ..... folgende Vereinbarung zur

Gewährung betrieblicher Versorgungsleistungen

im Rahmen der Entgeltumwandlung

(1) Herr/Frau ..... erklärt sich damit einverstanden, dass sein/ihr Gehalt für den Monat ..... in Höhe von ..... Euro einmalig/laufend herabgesetzt wird. Die Entgeltumwandlung ist letztmalig in dem Jahr möglich, das dem Versorgungsfall vorausgeht.

Diese Entgeltumwandlungsvereinbarung gilt bis auf Widerruf. Der Widerruf kann nur einmal jährlich mit einer Frist von vier Wochen zum Jahresende erklärt werden. In begründeten Ausnahmefällen kann zur Vermeidung individueller Härten mit Zustimmung der Geschäftsleitung auf die Einhaltung der Widerrufsfrist verzichtet werden.

(2) Die Firma erteilt auf der Grundlage dieser Entgeltumwandlungsvereinbarung eine unmittelbare, mit Rechtsanspruch ausgestattete betriebliche Versorgungsleistung nach der Rahmenrichtlinie zur Entgeltumwandlung vom ..... Das danach zugesagte Versorgungskapital wird spätestens bei Vollendung des 65. Lebensjahres fällig. Der Mitarbeiter hat allerdings das Recht, mit der Firma einen späteren Fälligkeitstermin zu vereinbaren.

(3) Bei vorzeitiger Beendigung des Arbeitsverhältnisses vor Eintritt eines Versorgungsfalls bleiben die zugesagten Versorgungsleistungen für alle vereinbarten Leistungsfälle in voller Höhe bestehen.

(4) Alle betrieblichen Leistungen, für die die vertraglich vereinbarten Bezüge die Bemessungsgrundlage bilden, sind von dieser Vereinbarung nicht betroffen.

(5) Die aus dieser Vereinbarung resultierenden Versorgungsleistungen werden in einem gesonderten Leistungsausweis dokumentiert.

(6) Die zugesagten Versorgungsleistungen stehen ausschließlich für Versorgungszwecke zur Verfügung. Eine Abtretung, Beleihung oder Verpfändung der Versorgungsansprüche ist nicht zulässig.

(7) Die Parteien sind sich darüber einig, dass der steuerliche Zufluss der vereinbarten Versorgungsleistungen erst nach Eintritt des Versorgungsfalls erfolgt. Eine Lohnversteuerung ist demnach erst vorzunehmen, wenn die Versorgungsleistungen gezahlt werden.

.....

Ort, Datum

....
Unterschrift Firmenleitung   Unterschrift Mitarbeiter

XIV. Muster: Unverfallbarkeitsbescheinigung (positiv)

2901 Berechnung der unverfallbaren Versorgungsanwartschaft

Sehr geehrte(r) Herr/Frau .....,

wir bescheinigen Ihnen hiermit nach § 4a Abs. 1 Nr. 1 BetrAVG, dass Sie aus dem betrieblichen Versorgungswerk unseres Unternehmens eine unverfallbare Versorgungsanwartschaft auf Ruhegeldleistungen erworben haben.

Diese Versorgungsanwartschaft wird mit Vollendung des 65. Lebensjahres fällig. Die Höhe der dann zu zahlenden Versorgungsleistung bestimmt sich nach § 2 Abs. 1 BetrAVG. Danach haben Sie einen Anspruch in Höhe des Teils der Versorgungsleistung, die Sie bekommen würden, wenn Sie die Vollendung des 65. Lebensjahres in Diensten unseres Unternehmens erleben würden, der dem Verhältnis der Dauer Ihrer tatsächlichen Betriebszugehörigkeit zu der Dauer Ihrer bis zur Vollendung des 65. Lebensjahres rechnerisch möglichen Betriebszugehörigkeit entspricht.

Danach sind für die Berechnung der unverfallbaren Versorgungsanwartschaft folgende Faktoren maßgeblich:
1. Geburtsdatum
2. Eintrittsdatum
3. Austrittsdatum
4. Effektive Betriebszugehörigkeit:
5. Theoretisch mögliche Betriebszugehörigkeit bis zur Vollendung des 65. Lebensjahres
6. Kürzungsfaktor (= Ziff. 4 : Ziff. 5)
7. Anspruch auf monatlich Altersrente bei Vollendung des 65. Lebensjahres ohne vorzeitiges Ausscheiden
8. Teilanspruch auf monatliche Altersrente nach § 2 BetrAVG (= Ziffer 7 x Ziff. 6)

Sollten Sie das vorzeitige Altersruhegeld aus der gesetzlichen Rentenversicherung in Anspruch nehmen und aufgrund dessen nach § 6 BetrAVG auch das betriebliche Altersruhegeld vorzeitig beziehen wollen, oder sollte ein sonstiger vorzeitiger Versorgungsfall (Tod, Invalidität) eintreten, müsste der vorgenannte Teilanspruch bei Eintritt des Versorgungsfalls neu berechnet werden, da die Höhe der Versorgungsleistungen vom jeweiligen Zeitpunkt der vorgesehenen Leistung abhängt. Darüber hinaus sieht unsere Versorgungsordnung für den vorzeitigen Bezug von Versorgungsleistungen auch einen versicherungsmathematischen Abschlag vor, der ebenfalls zu berücksichtigen wäre. Der in Ziffer 6 ausgewiesene Kürzungsfaktor kommt bei allen vorgenannten Versorgungsleistungen zur Anwendung.

I. Ü. gelten die Bestimmungen unserer Versorgungsordnung in der derzeit gültigen Fassung vom ....

Wir bitten Sie, sich zu gegebener Zeit wegen der Zahlung der Altersrente an unsere Personalabteilung zu wenden. Gleiches gilt entsprechend für einen etwaigen Anspruch auf Invaliden- oder Hinterbliebenenrenten.

Den Empfang dieser Auskunft, von der wir eine Abschrift dem Betriebsrat zur Kenntnis übersandt haben, bitten wir auf der beigefügten Zweitschrift zu bestätigen.

.....

Ort, Datum

.....

Unterschrift ArbG

Zusatz für Arbeitnehmer-Duplikat:

Hiermit bestätige ich, die vorstehende Auskunft über meine unverfallbare Versorgungsanwartschaft nach § 4a Abs. 1 Nr. 1 BetrAVG erhalten zu haben.

.....

Ort, Datum

.....

Unterschrift Arbeitnehmer

XV. Muster: Unverfallbarkeitsbescheinigung (negativ)

Ablehnung einer unverfallbaren Versorgungsanwartschaft   2902

Sehr geehrte(r) Herr/Frau .....,

nach § 4a Abs. 1 Nr. 1 BetrAVG teilen wir Ihnen hiermit mit, dass Sie aus dem betrieblichen Versorgungswerk unseres Unternehmens keine unverfallbare Versorgungsanwartschaft auf Ruhegeldleistungen erworben haben, da Sie die gesetzlichen Voraussetzungen nach § 1b Abs. 1 BetrAVG im Zeitpunkt Ihres

Ausscheidens aus unserem Unternehmen nicht erfüllt haben und ein Anspruch auf eine vertragliche Unverfallbarkeit nicht besteht.

Voraussetzungen für die gesetzliche Unverfallbarkeit sind nach § 1b Abs. 1 BetrAVG, dass der Arbeitnehmer bei Beendigung des Arbeitsverhältnisses
☐ mindestens das 25. Lebensjahr vollendet hat **und**
☐ die Versorgungszusage für ihn mindestens fünf Jahre bestanden hat.

Ausgehend von den für Sie maßgeblichen Daten:
1. Geburtsdatum
2. Eintrittsdatum (Beginn der Betriebszugehörigkeit)
3. Austrittsdatum (Ende der Betriebszugehörigkeit)
4. Erteilung der Versorgungszusage

aus denen folgt:

→ Alter bei Austritt   Jahre

→ Dauer des Bestehens der Versorgungszusage   Jahre

→ Dauer der Betriebszugehörigkeit   Jahre

sind die oben genannten gesetzlichen Voraussetzungen für die Unverfallbarkeit nicht erfüllt, weil Sie im Zeitpunkt des Ausscheidens ..... (Begründung).

Wir bitten Sie, den Empfang dieser Auskunft, von der wir eine Abschrift dem Betriebsrat zur Kenntnis übersandt haben, auf der beigefügten Zweitschrift zu bestätigen.

....
Ort, Datum   Unterschrift Arbeitgeber

Zusatz für Arbeitnehmer-Duplikat:

Hiermit bestätige ich, die vorstehende Auskunft nach § 4a Abs. 1 Nr. 1 BetrAVG erhalten zu haben.

....
Ort, Datum   Unterschrift Arbeitnehmer

XVI. Muster: Abfindungsvereinbarung (unverfallbare Anwartschaft)

2903 Abfindungsvereinbarung

Zwischen

..... (Firma)

und

..... (Versorgungsanwärter)

(1) Dem Versorgungsanwärter ist eine Versorgungsanwartschaft entsprechend der betrieblichen Versorgungsordnung vom ..... erteilt worden. Mit Datum vom ..... ist der Anwärter mit einer gesetzlich unverfallbaren Anwartschaft auf eine monatliche Betriebsrente in Höhe von ..... € (brutto) aus der Firma ausgeschieden.

(2) Der unter Ziffer 1 genannte Betrag der unverfallbaren Versorgungsanwartschaft liegt im Rahmen der in § 3 Abs. 2 Satz 1 BetrAVG definierten Bagatellgrenze, innerhalb derer eine Abfindung durch einseitiges des Arbeitgebers und damit ohne Zustimmung des Versorgungsberechtigten erfolgen kann.

(3) Die Firma macht von dem ihr gesetzlich eingeräumten Abfindungsrecht Gebrauch.

(4) Zur Abfindung der in Ziffer 1 ausgewiesenen Anwartschaft auf die betriebliche Altersversorgung einschließlich der damit verbundenen Anwartschaften auf Invaliden- und Hinterbliebenenrenten erhält der Anwärter von der Firma eine einmalige Kapitalzahlung von

..... € (brutto).

Dieser Betrag entspricht dem (in Anlehnung an §§ 3 Abs. 5, § 4 Abs. 5 BetrAVG iVm. den z.Z. gültigen steuerlichen Bewertungsgrundsätzen, insbesondere § 6a EStG) ermittelten versicherungsmathematischen Barwert der unverfallbaren Anwartschaft auf die betriebliche Rente einschließlich der Anwartschaften auf Invaliden- und Hinterbliebenenrenten, ermittelt

zum .....

(5) Die auf die vorgenannte Kapitalzahlung entfallenden gesetzlichen Abzüge (Lohnsteuer, Sozialabgaben) hat der Anwärter selbst zu tragen. Die Firma wird allerdings bei der Auszahlung des Abfindungsbetrages die hierauf entfallende Steuern (Lohnsteuer, Solidaritätszuschlag, Kirchensteuer) nach Maßgabe der gesetzlichen Vorschriften einbehalten.

Der Kapitalbetrag und der Auszahlungsbetrag werden auf der Lohnsteuerkarte ausgewiesen. Wir haben Sie daher aufzufordern, uns unverzüglich, spätestens jedoch bis zum ..... ihre Lohnsteuerkarte vorzulegen. Sollte uns die Steuerkarte nicht bis zum vorgenannten Zeitpunkt vorliegen, müssten wir eine Versteuerung nach Steuerklasse VI durchführen, was zu einem niedrigeren Nettozahlbetrag führen wird. Von daher liegt die fristgerechte Übersendung der Steuerkarte in Ihrem eigenen Interesse. Nach erfolgter Bearbeitung erhalten Sie die Lohnsteuerkarte umgehend zurück.

Vorsorglich wird darauf hingewiesen, dass die steuerliche Belastung im Einzelfall aufgrund von Einkünften, die nicht beim Lohnsteuerabzugsverfahren zu berücksichtigen sind, von den vorstehenden Angaben abweichen kann. Dies ist im Rahmen der Steuerveranlagung zu klären.

(6) Die Überweisung des nach Abzug der Lohnsteuern verbleibenden Kapitals erfolgt nach Übersendung der Lohnsteuerkarte im Rahmen der nächsten Gehaltsabrechnung (d. h. zum Monatsende) auf das uns bekannte Bankkonto des Versorgungsberechtigten:

Bankverbindung: .....

BLZ: .....

Konto-Nummer: .....

(7) Mit der Zahlung des Kapitals sind alle gegenseitigen Rechte und Pflichten aus dem zwischen den Vertragspartnern (einschließlich möglicher Hinterbliebener) bestehenden Versorgungsverhältnis, auch hinsichtlich der Anpassungspflichten aus § 16 des Gesetzes zur Verbesserung des Gesetzes zur Verbesserung der betrieblichen Altersversorgung (BetrAVG), vollständig abgegolten..

....., den ...., den .....

....

(Firma)   (Versorgungsanwärter)

XVII. Muster: Mitteilungsschreiben zur Anpassungsprüfung gem. § 16 BetrAVG

1. Nettolohnlimitierung

Sehr geehrte(r) Frau/Herr .....,   2904

als ehemalige(r) Mitarbeiter(in) der Firma ..... GmbH beziehen Sie eine Betriebsrente. Diese Betriebsrente ist durch uns gemäß § 16 BetrAVG alle drei Jahre auf eine mögliche Anpassung hin zu überprüfen.

Gemäß § 16 Abs. 2 BetrAVG sind Ihre Interessen als Versorgungsberechtigter dann ausreichend gewahrt, wenn die Anpassung in Höhe der Inflation gewährt wird (Inflationsausgleich) oder zumindest dem Anstieg der Nettolöhne vergleichbarer aktiver Mitarbeiter im Unternehmen entspricht (Nettolohnlimitierung). Demgegenüber ist eine niedrigere Anpassung oder gar ein vollständiger Verzicht auf die Anpassung nur dann zulässig, wenn die wirtschaftliche Lage unseres Unternehmens uns hierzu berechtigt.

Unter Berücksichtigung dieser rechtlichen Rahmenbedingungen hat die von uns turnusmäßig, d. h. alle drei Jahre zum 01.01. durchgeführte Prüfung, ob die Versorgungsleistungen nach § 16 BetrAVG zu erhöhen sind, zum aktuellen Prüfungsstichtag 01.01.2013 Folgendes ergeben:

Im maßgeblichen Anpassungszeitraum (Rentenbeginn bis Dezember 2012) belief sich die Inflationsrate nach den Angaben des statistischen Bundesamtes auf »x« %. Demgegenüber betrug die Nettolohnentwicklung vergleichbarer Mitarbeiter in unserem Unternehmen im gleichen Zeitraum lediglich »y« %.

Unter Berücksichtigung der Ihnen in der Vergangenheit bereits gewährten Rentenanpassungen (=z%) werden wir Ihre Betriebsrente daher mit Wirkung zum **01.01.2013** um »y - z« % (=..... Euro) erhöhen.

Das bedeutet, dass Sie ab dem 01.01.2013 eine monatliche Rente i. H. v.

..... Euro

erhalten werden. Hinsichtlich der Differenz zu der seit Januar d.J. tatsächlich gezahlten Rente erhalten Sie eine entsprechende Nachzahlung mit Ihrer Aprilrente.

Mit der schriftlichen Begründung unserer Anpassungsentscheidung haben wir unsere gesetzliche Mitteilungspflicht nach § 16 BetrAVG erfüllt. Sollten Sie nicht binnen drei Monaten nach Zugang dieser Mitteilung schriftlich gegen diese Anpassungsentscheidung widersprochen haben, wird dieser Bescheid gemäß § 16 Abs. 4 BetrAVG unwiderruflich wirksam. Dies hat zur Konsequenz, dass wir nach widerspruchslosem Ablauf der vorgenannten Frist nicht verpflichtet sind, eine über die hier gewährte Anpassung hinausgehende Anpassung nachzuholen.

Mit freundlichen Grüßen

Firma .....

2. Anpassungsverzicht

2905 Sehr geehrte(r) Frau / Herr .....,

als ehemalige(r) Mitarbeiter(in) der Firma Mustermann GmbH beziehen Sie eine Betriebsrente. Diese Betriebsrente ist durch uns gemäß § 16 BetrAVG alle drei Jahre auf eine mögliche Anpassung hin zu überprüfen.

Gemäß § 16 Abs. 2 BetrAVG sind Ihre Interessen als Versorgungsberechtigter dann ausreichend gewahrt, wenn die Anpassung in Höhe der Inflation gewährt wird (Inflationsausgleich) oder zumindest dem Anstieg der Nettolöhne vergleichbarer aktiver Mitarbeiter im Unternehmen entspricht (Nettolohnlimitierung). Demgegenüber ist eine niedrigere Anpassung oder gar ein vollständiger Verzicht auf die Anpassung nur dann zulässig, wenn die wirtschaftliche Lage unseres Unternehmens uns hierzu berechtigt. Dies ist insbesondere dann der Fall, wenn durch eine Anpassung nachhaltig die Substanz des Unternehmens gefährdet würde. Insoweit hat die Rechtsprechung einen Anpassungsverzicht legitimiert, wenn das Unternehmen keine angemessene Eigenkapitalverzinsung erzielt, wobei auf die bei festverzinslichen Wertpapieren langfristig zu erzielende Verzinsung abzustellen ist. Dieser Vergleichszins erhöht sich noch um einen Risikozuschlag von 2%. Damit ist eine angemessene Eigenkapitalverzinsung derzeit nur bei einem Zinsergebnis von rund ... % gegeben.

Unter Berücksichtigung dieser rechtlichen Rahmenbedingungen hat die von uns turnusmäßig, d. h. alle drei Jahre zum 1. Januar durchgeführte Prüfung, ob die Versorgungsleistungen nach § 16 BetrAVG zu erhöhen sind, zum aktuellen prüfungsstichtag 01.01.2013 folgendes ergeben:

Im maßgeblichen Anpassungszeitraum (Dezember 2009 bis Dezember 2012) belief sich die Inflationsrate nach den Angaben des statistischen Bundesamtes auf »x« %. Eine darüber hinausgehende Berücksichtigung der Inflation seit Rentenbeginn und damit auch für Zeiten vor Dezember 2012 konnte vorliegend unterbleiben, da wir in der Vergangenheit die Betriebsrenten immer entweder entsprechend der jeweils eingetretenen Inflation angepasst oder aber die Anpassung nach § 16 Abs. 4 BetrAVG zu Recht unterlassen haben.

Angesichts der wirtschaftlichen Lage unseres Unternehmens sehen wir uns allerdings außerstande, Ihnen eine entsprechende oder auch geringere Rentenanpassung gewähren zu können.

(Anm. An dieser Stelle muss eine **detaillierte individuelle** Begründung für die Ablehnung erfolgen, z. B.: Aufgrund eines erheblichen Umsatzrückgangs, bedingt durch den Wegfall des osteuropäischen Marktes sowie der Auftragskündigung durch zwei Großkunden, mussten wir den Produktionsstandort Musterkleinstadt schließen. Um überhaupt weiter existieren zu können, mussten diverse Rationalisierungsmaßnahmen umgesetzt werden. U. a. mussten wir 35 Mitarbeiter in Mustergroßstadt entlassen. Vor diesem Hintergrund erklärt sich auch das seit 2003 stetig sinkende Geschäftsergebnis, das 2007 erstmalig zu einem 6-stelligen Bilanzverlust geführt hat. Hierdurch ist auch die schlechte Eigenkapitalverzinsung, die im Anpassungsprüfungszeitraum durchschnittlich nur 1,5% betragen hat, zu erklären.)

Die vorstehend genannten betriebswirtschaftlichen Angaben zur Entwicklung des Eigenkapitals bzw. zur Eigenkapitalauszehrung sind in der beigefügten Anlage noch einmal näher dargestellt. Auf entsprechende Anforderung hin übersenden wir Ihnen auch das diese Zahlen bestätigende Wirtschaftsprüfer-Gutachten.

Mit der schriftlichen Begründung unserer Anpassungsentscheidung haben wir unsere gesetzliche Mitteilungspflicht nach § 16 BetrAVG erfüllt. Sollten Sie nicht binnen drei Monaten nach Zugang dieser Mitteilung schriftlich gegen diese Anpassungsentscheidung widersprochen haben, wird dieser Bescheid gemäß § 16 Abs. 4 BetrAVG unwiderruflich wirksam. Dies hat zur Konsequenz, dass wir nach widerspruchslosem Ablauf der vorgenannten Frist nicht verpflichtet sind, die unterlassene Anpassung nachzuholen.

Mit freundlichen Grüßen

Firma .....

3. Widerspruchsbescheid

Sehr geehrte/r Frau/Herr,

wir bestätigen Ihnen hiermit den fristgerechten Eingang Ihres Widerspruchs gegen die Ihnen mit unserem Schreiben vom ..... mitgeteilte Entscheidung, Ihre Betriebsrente zum Prüfungsstichtag 1. Januar 2013 nicht anzupassen. Ihr Widerspruch hat zur Folge, dass nicht bereits auf Grund der gesetzlichen Vorschrift des § 16 Abs. 4 S. 2 BetrAVG eine unwiderlegliche Vermutung dahingehend greift, dass die Anpassung zu Recht unterblieben ist. Die Entscheidung, ob die Anpassung zu Recht unterblieben ist, obliegt damit ggf. einer gerichtlichen Überprüfung.

Eine Anpassung Ihrer Betriebsrente hat der Widerspruch nicht zur Folge. Es bleibt daher bei der Ihnen mitgeteilten Entscheidung, dass eine Anpassung Ihrer Betriebsrente zum jetzigen Zeitpunkt aus den Ihnen bereits ausführlich dargelegten wirtschaftlichen Gründen nicht möglich ist. Von dieser generellen Entscheidung können wir – allein schon aus Gründen der Gleichbehandlung aller unserer Betriebsrentner – auch im Einzelfall keine Ausnahme machen.

Im Hinblick auf die Begründung unserer Anpassungsentscheidung weisen wir nochmals darauf hin, dass es im Rahmen der Berücksichtigung der wirtschaftlichen Lage des Arbeitgebers im Wesentlichen um die Substanzerhaltung des Unternehmens geht. Die Anpassung der laufenden Leistungen an die Kaufkraftentwicklung kann ganz oder teilweise unterbleiben, wenn und soweit hierdurch eine übermäßige Belastung des Unternehmens verursacht würde. Als übermäßig ist eine solche Belastung zu werten, die es mit einiger Wahrscheinlichkeit unmöglich macht, die Anpassung aus dem Wertzuwachs und den Erträgen des Unternehmens in der Zeit nach dem Anpassungsstichtag aufzubringen. Unter Anwendung der vom Bundesarbeitsgericht aufgestellten Prämissen – insbesondere zur ausreichenden Eigenkapitalrendite - sind wir zu dem Ihnen bereits näher dargelegten und dokumentierten Ergebnis gekommen, dass eine Anpassung der laufenden Leistungen eine solche übermäßige Belastung des Unternehmens bedeutet hätte und folglich eine Anpassung der laufenden Leistungen zu unterbleiben hatte.

Wir bitten Sie daher nochmals um Verständnis für unsere Entscheidung.

Mit freundlichen Grüßen

XVIII. Muster: Schließungsbeschluss für ein betriebliches Versorgungssystem

2907 Form: Briefbogen der GmbH, Beschluss der Geschäftsleitung; Aushang am schwarzen Brett; Auslage in der Personalabteilung)

Inhalt: Hiermit gibt die Geschäftsleitung bekannt, dass das betriebliche Versorgungswerk in der Fassung der Gesamtzusage vom 27.02.1997 (Versorgungsordnung – VO 97) mit sofortiger Wirkung für den Neuzugang geschlossen wird. Dies gilt für alle in der Versorgungsordnung geregelten Durchführungswege der betrieblichen Altersversorgung, d.h. sowohl für die Direktversicherung, als auch für die Unterstützungskasse und Pensionszusage.

Die bestehenden Versorgungsrechte der bereits vor dem Schließungsbeschluss in die Firma eingetretenen Mitarbeiter werden von dieser Schließung nicht berührt.

.....

Datum und Unterschrift der Geschäftsleitung

XIX. Muster: Ablösende Betriebsvereinbarung

2908 (Nachtrag zur bestehenden Betriebsvereinbarung)

Präambel

Vor dem Hintergrund der von der Firmenleitung vorgetragenen und dem Betriebsrat bekannten betriebswirtschaftlichen Gründe sollen die betrieblichen Versorgungsleistungen auf dem per ..... (Datum der Neuordnung) erdienten Besitzstand eingefroren werden. Dies hat zur Konsequenz, dass die Versorgungsanwartschaften weder durch zukünftige Dienstjahre noch durch zukünftige Gehaltssteigerungen über das zum vorgenannten Termin erreichte Niveau hinaus ansteigen werden. Für die somit als notwendig und unumgänglich erachtete Reduzierung des Leistungsumfangs des betrieblichen Versorgungswerkes in Form

der Versorgungsordnung vom ..... in der zuletzt gültigen Fassung vom .....,

die bereits per Betriebsvereinbarung vom ..... für den Neuzugang geschlossen worden sind, beschließen Firmenleitung und Betriebsrat der ..... (Name des Unternehmens), folgenden

Nachtrag zur Versorgungsordnung:

(1) Das gemäß Ziffer ..... der Versorgungsordnung (VO) für die Berechnung sämtlicher Versorgungsleistungen maßgebliche pensionsfähige Arbeitseinkommen/rentenfähige Arbeitsverdienst wird mit dem Wert des im ..... (Monat vor Neuordnung) gezahlten Gehaltes festgeschrieben, d.h. zukünftige Gehaltssteigerungen führen nicht mehr zu einer Erhöhung der Versorgungsanwartschaften.

(2) Die anrechenbare Dienstzeit gemäß Ziffer ..... der VO endet zum ..... (Datum der Neuordnung). Ferner wird der gemäß Ziffer ..... der VO zu berücksichtigende Versorgungsteilbetrag pro anrechnungsfähigem Dienstjahr für alle zukünftigen Dienstjahre, beginnend mit dem ..... (Datum der Neuordnung), auf 0,00 Euro herabgesetzt; d.h. für zukünftige Dienstjahre erfolgt keine weitere Steigerung der Versorgungsanwartschaften.

(3) Die bis zum Neuordnungsstichtag (.....) nach der für den einzelnen Mitarbeiter maßgeblichen Versorgungsordnung erdienten Versorgungsanwartschaften werden – unter Berücksichtigung der Anrechnungsklausel in Ziffer ..... VO – jeweils als Mindestanwartschaft (€-Festbetrag) aufrechterhalten. Hierüber erhält jeder Mitarbeiter einen entsprechenden Berechnungsnachweis, in dem neben der Anwartschaft auf Altersrente auch die entsprechend aufrechtzuerhaltenden Besitzstände aus der Invaliden- und Hinterbliebenenversorgung zu dokumentieren sind.

(4) Voraussetzung für die Gewährung der den Mitarbeitern nach dieser Besitzstandsregelung verbleibenden Versorgungsleistungen ist jedoch die Erfüllung der in den Pensionsordnungen geregelten jeweiligen allgemeinen und besonderen Leistungsvoraussetzungen. Dies gilt insbesondere für die Erfüllung der vertraglichen Wartezeit und der gesetzlichen Unverfallbarkeitsfristen.

(5) Die Firma behält sich vor, in Abstimmung mit dem Betriebsrat, in besonderen Härtefällen eine von den hier getroffenen Vereinbarungen abweichende Regelung zu treffen. Dies gilt insbesondere für den Fall, dass durch die Neuregelung bei Mitarbeitern eines rentennahen Jahrgangs (im Neuordnungszeitpunkt älter als 57 Jahre) soziale Härten auftreten.

Dieser Nachtrag tritt mit Wirkung zum ..... in Kraft und ersetzt in seinen entsprechenden Passagen die eingangs genannten Versorgungsordnungen, die im übrigen unverändert fortgelten.

.....
Ort/Datum

....
Geschäftsleitung   Betriebsrat

XX. Muster: Kündigung einer Betriebsvereinbarung

Form:	(Form: Briefbogen der GmbH; Beschluss der Geschäftsleitung; Aushändigung/Zustellung an den BR; Frist gem. § 77 Abs. V BetrVG beachten [i. d. R. drei Monate])
Inhalt:	Kündigung der Betriebsvereinbarung über die Gewährung betrieblicher Versorgungsleistungen (*ggf. anderer Name der BV bzw. des Versorgungswerkes*) vom ..... (*Datum der ursprünglichen BV*) in der letzten Fassung vom ..... (*Datum der letzten Änderung*)

2909

Hiermit kündigen wir die o. g. Betriebsvereinbarung fristgerecht zum ..... (*Datum; Frist gem. § 77 V BetrVG*).

Ziel dieser Kündigung ist die betriebliche Altersversorgung zukünftig für die gesamte Unternehmensgruppe einheitlich zu gestalten und insoweit zugleich ein neues, für ein mittelständisches Unternehmen unserer Größenordnung betriebswirtschaftlich kalkulierbares und verwaltbares Versorgungssystem einzuführen (*oder alternative Begründung*).

Diese Kündigung beinhaltet somit das Angebot an den Betriebsrat zu entsprechenden Verhandlungen über eine Neuordnung des betrieblichen Versorgungswerkes. Die Kündigung wirkt sich daher – auch unter Berücksichtigung der höchstrichterlichen Rechtsprechung – ausschließlich als »Schließung des bestehenden Versorgungswerkes« aus.

Die bestehenden Versorgungsrechte der bereits vor dem Kündigungstermin in die Firma eingetretenen Mitarbeiter werden von dieser Schließung nicht berührt.

Sollte es allerdings zu keiner Neuordnung des bestehenden Versorgungssystems kommen, kündigen wir schon jetzt an, dass dann ein weiterer Eingriff in die bestehenden Versorgungsverpflichtungen – unter Berücksichtigung der Besitzstandsrechtsprechung des BAG – unumgänglich ist. Insoweit weisen wir nochmals auf die mit Ihrer Gewerkschaft geführten Gespräche hin, in denen der Gewerkschaftsvertreter ausdrücklich bestätigt hat, dass die bestehende Altersversorgung für ein Unternehmen unserer Größenordnung nicht üblich und nicht finanzierbar ist (*bzw. alternative Begründung*).

.....
Datum und Unterschrift der Geschäftsleitung

XXI. Merkblätter des Pensions-Sicherungs-Vereins

Über die Internetpräsenz des Pensions-Sicherungs-Vereins (http://www.psvag.de) können die in der nachfolgenden Übersicht aufgeführten Merkblätter kostenlos unter der Rubrik »Service« bzw. dem

2910

Quicklink »Merkblätter« als pdf-Datei heruntergeladen werden. Da die Merkblätter des PSV fortlaufend aktualisiert werden, ist von einem Abdruck abgesehen worden.

Lfd. Nr.	Merkblätter Allgemein/300	Stand
300/M 1	Insolvenzsicherung für Versorgungszusagen an (Mit-) Unternehmer (persönlicher und sachlicher Geltungsbereich des BetrAVG)	3.10
300/M 2	Arbeitnehmer-Ehegatten	3.10
300/M 3	Insolvenzsicherung der betrieblichen Altersversorgung	3.12
300/M 4	Sachlicher Geltungsbereich	3.12
300/M 5	Die Betriebszugehörigkeit als Voraussetzung für den Eintritt der Insolvenzgesicherten Unverfallbarkeit	9.09
300/M 6	Arbeitgeberbegriff	3.12
300/M 7	Anwendung des BetrAVG bei inländischen Arbeitsverhältnissen mit Auslandsbeziehungen	12.10
300/M 8	Abwicklung betrieblicher Versorgungsverpflichtungen im Fall der Liquidation	3.10
300/M 9	Der gesetzliche Insolvenzschutz bei Änderung des Durchführungsweges bereits bestehender betrieblicher Altersversorgung in Direktversicherungen	3.02
300/M 10	Schuldbefreiende Übertragung von Versorgungsverpflichtungen auf Dritte – Rechtslage vor 2005	12.04
300/M 12	Auswirkungen der gesetzlichen Unverfallbarkeitsfristen auf die gesetzliche Insolvenzsicherung	3.12
300/M 13	Grenzen der Leistungen der Insolvenzsicherung	3.12
300/M 14	Gesetzliche Insolvenzsicherung bei Pensionsfonds	1.05
300/M 15	Auswirkungen der Übertragung einer Versorgungszusage vom ehemaligen auf den neuen Arbeitgeber	3.12

Lfd. Nr.	Merkblätter Abteilung Mitglieder und Beiträge/210	Stand
210/M 10	Meldungen von Beitragsbemessungsgrundlagen zur Insolvenzsicherung	12.10
210/M 11	Hinweise zur Beurteilung der Melde- und Beitragspflicht von Versorgungszusagen an Gesellschafter durch den PSVaG	1.98
210/M 20	Hinweise zur Insolvenzsicherung der betrieblichen Altersversorgung in den neuen Bundesländern	6.10
210/M 21	Durchführung der Meldepflicht für die Insolvenzsicherung	3.12
210/M 21a	Wichtige Hinweise für die Meldungen der Arbeitgeber	10.08
210/M 21b	Hinweise für den Arbeitgeber bei einer Beitragsbemessungsgrundlage bis 60.000 €	10.08
210/M 22	Durchführung der Melde- und Beitragspflichten zur Insolvenzsicherung der betrieblichen Altersversorgung über Unterstützungskassen	3.12
210/M 23	Durchführung der Melde- und Beitragspflichten zur Insolvenzsicherung bei Pensionsfonds	3.12
210/M 24	Insolvenzsicherungspflicht von betrieblicher Altersversorgung über rückgedeckte Unterstützungskassen	3.11

XXI. Merkblätter des Pensions-Sicherungs-Vereins

Lfd. Nr.	Merkblätter Abteilung Insolvenz und Leistung/110	Stand
110/M 1	Die wesentlichen Grundsätze für die Übernahme betrieblicher Versorgungsleistungen aufgrund eigener Zustimmung des PSVaG im Rahmen eines außergerichtlichen Vergleichs	3.02
110/M 2	Besonderheiten der Insolvenzsicherung durch den PSVaG bei der Durchführung eines Insolvenzplans	3.09
110/M 3	Flexible Altersgrenze in der betrieblichen Altersversorgung	1.05
110/M 4	Hinweise für den Insolvenzverwalter	3.09
110/M 5	Erläuterung zur unmittelbaren Versorgungszusage	3.09
110/M 6	Erläuterung zur Direktversicherung	3.02
110/M 7	Erläuterung zur Unterstützungskasse	1.10
110/M 8	Hinweise zur Abwicklung von Entgeltumwandlungszusagen über eine rückgedeckte Gruppen-Unterstützungskasse nach Eintritt eines Sicherungsfalles gemäß § 7 Abs. 1 BetrAVG	1.06

F. Gesetzestexte

BetrAVG (Auszug)

Gesetz zur Verbesserung der betrieblichen Altersversorgung – Betriebsrentengesetz (BetrAVG)

Vom 19. Dezember 1974 (BGBl. I S. 3610)

Zuletzt geändert durch Artikel 4e des Gesetzes vom 21. Dezember 2008 (BGBl. I S. 2940)

Der Bundestag hat mit Zustimmung des Bundesrates das folgende Gesetz beschlossen:

Erster Teil – Arbeitsrechtliche Vorschriften

Erster Abschnitt – Durchführung der betrieblichen Altersversorgung

§ 1 BetrAVG
Zusage des Arbeitgebers auf betriebliche Altersversorgung

(1) [1]Werden einem Arbeitnehmer Leistungen der Alters-, Invaliditäts- oder Hinterbliebenenversorgung aus Anlass seines Arbeitsverhältnisses vom Arbeitgeber zugesagt (betriebliche Altersversorgung), gelten die Vorschriften dieses Gesetzes. [2]Die Durchführung der betrieblichen Altersversorgung kann unmittelbar über den Arbeitgeber oder über einen der in § 1b Abs. 2 bis 4 genannten Versorgungsträger erfolgen. [3]Der Arbeitgeber steht für die Erfüllung der von ihm zugesagten Leistungen auch dann ein, wenn die Durchführung nicht unmittelbar über ihn erfolgt.

(2) Betriebliche Altersversorgung liegt auch vor, wenn
1. der Arbeitgeber sich verpflichtet, bestimmte Beiträge in eine Anwartschaft auf Alters-, Invaliditäts- oder Hinterbliebenenversorgung umzuwandeln (beitragsorientierte Leistungszusage),
2. der Arbeitgeber sich verpflichtet, Beiträge zur Finanzierung von Leistungen der betrieblichen Altersversorgung an einen Pensionsfonds, eine Pensionskasse oder eine Direktversicherung zu zahlen und für Leistungen zur Altersversorgung das planmäßig zuzurechnende Versorgungskapital auf der Grundlage der gezahlten Beiträge (Beiträge und die daraus erzielten Erträge), mindestens die Summe der zugesagten Beiträge, soweit sie nicht rechnungsmäßig für einen biometrischen Risikoausgleich verbraucht wurden, hierfür zur Verfügung zu stellen (Beitragszusage mit Mindestleistung),
3. künftige Entgeltansprüche in eine wertgleiche Anwartschaft auf Versorgungsleistungen umgewandelt werden (Entgeltumwandlung) oder
4. der Arbeitnehmer Beiträge aus seinem Arbeitsentgelt zur Finanzierung von Leistungen der betrieblichen Altersversorgung an einen Pensionsfonds, eine Pensionskasse oder eine Direktversicherung leistet und die Zusage des Arbeitgebers auch die Leistungen aus diesen Beiträgen umfasst; die Regelungen für Entgeltumwandlung sind hierbei entsprechend anzuwenden, soweit die zugesagten Leistungen aus diesen Beiträgen im Wege der Kapitaldeckung finanziert werden.

§ 1a BetrAVG
Anspruch auf betriebliche Altersversorgung durch Entgeltumwandlung

(1) [1]Der Arbeitnehmer kann vom Arbeitgeber verlangen, dass von seinen künftigen Entgeltansprüchen bis zu 4 vom Hundert der jeweiligen Beitragsbemessungsgrenze in der allgemeinen Rentenversicherung durch Entgeltumwandlung für seine betriebliche Altersversorgung verwendet werden. [2]Die Durchführung des Anspruchs des Arbeitnehmers wird durch Vereinbarung geregelt. [3]Ist der Arbeitgeber zu einer Durchführung über einen Pensionsfonds oder eine Pensionskasse (§ 1b Abs. 3) bereit, ist die betriebliche Altersversorgung dort durchzuführen; andernfalls kann der Arbeitnehmer verlangen, dass der Arbeitgeber für ihn eine Direktversicherung (§ 1b Abs. 2) abschließt. [4]Soweit der Anspruch geltend gemacht wird, muss der Arbeitnehmer jährlich einen Betrag in Höhe von

mindestens einem Hundertsechzigstel der Bezugsgröße nach § 18 Abs. 1 des Vierten Buches Sozialgesetzbuch für seine betriebliche Altersversorgung verwenden. ⁵Soweit der Arbeitnehmer Teile seines regelmäßigen Entgelts für betriebliche Altersversorgung verwendet, kann der Arbeitgeber verlangen, dass während eines laufenden Kalenderjahres gleich bleibende monatliche Beträge verwendet werden.

(2) Soweit eine durch Entgeltumwandlung finanzierte betriebliche Altersversorgung besteht, ist der Anspruch des Arbeitnehmers auf Entgeltumwandlung ausgeschlossen.

(3) Soweit der Arbeitnehmer einen Anspruch auf Entgeltumwandlung für betriebliche Altersversorgung nach Absatz 1 hat, kann er verlangen, dass die Voraussetzungen für eine Förderung nach den §§ 10a, 82 Abs. 2 des Einkommensteuergesetzes erfüllt werden, wenn die betriebliche Altersversorgung über einen Pensionsfonds, eine Pensionskasse oder eine Direktversicherung durchgeführt wird.

(4) ¹Falls der Arbeitnehmer bei fortbestehendem Arbeitsverhältnis kein Entgelt erhält, hat er das Recht, die Versicherung oder Versorgung mit eigenen Beiträgen fortzusetzen. ²Der Arbeitgeber steht auch für die Leistungen aus diesen Beiträgen ein. ³Die Regelungen über Entgeltumwandlung gelten entsprechend.

§ 1b BetrAVG
Unverfallbarkeit und Durchführung der betrieblichen Altersversorgung

(1) ¹Einem Arbeitnehmer, dem Leistungen aus der betrieblichen Altersversorgung zugesagt worden sind, bleibt die Anwartschaft erhalten, wenn das Arbeitsverhältnis vor Eintritt des Versorgungsfalls, jedoch nach Vollendung des 25 Lebensjahres endet und die Versorgungszusage zu diesem Zeitpunkt mindestens fünf Jahre bestanden hat (unverfallbare Anwartschaft). ²Ein Arbeitnehmer behält seine Anwartschaft auch dann, wenn er auf Grund einer Vorruhestandsregelung ausscheidet und ohne das vorherige Ausscheiden die Wartezeit und die sonstigen Voraussetzungen für den Bezug von Leistungen der betrieblichen Altersversorgung hätte erfüllen können. ³Eine Änderung der Versorgungszusage oder ihre Übernahme durch eine andere Person unterbricht nicht den Ablauf der Fristen nach Satz 1. ⁴Der Verpflichtung aus einer Versorgungszusage stehen Versorgungsverpflichtungen gleich, die auf betrieblicher Übung oder dem Grundsatz der Gleichbehandlung beruhen. ⁵Der Ablauf einer vorgesehenen Wartezeit wird durch die Beendigung des Arbeitsverhältnisses nach Erfüllung der Voraussetzungen der Sätze 1 und 2 nicht berührt. ⁶Wechselt ein Arbeitnehmer vom Geltungsbereich dieses Gesetzes in einen anderen Mitgliedstaat der Europäischen Union, bleibt die Anwartschaft in gleichem Umfange wie für Personen erhalten, die auch nach Beendigung eines Arbeitsverhältnisses innerhalb des Geltungsbereichs dieses Gesetzes verbleiben.

(2) ¹Wird für die betriebliche Altersversorgung eine Lebensversicherung auf das Leben des Arbeitnehmers durch den Arbeitgeber abgeschlossen und sind der Arbeitnehmer oder seine Hinterbliebenen hinsichtlich der Leistungen des Versicherers ganz oder teilweise bezugsberechtigt (Direktversicherung), so ist der Arbeitgeber verpflichtet, wegen Beendigung des Arbeitsverhältnisses nach Erfüllung der in Absatz 1 Satz 1 und 2 genannten Voraussetzungen das Bezugsrecht nicht mehr zu widerrufen. ²Eine Vereinbarung, nach der das Bezugsrecht durch die Beendigung des Arbeitsverhältnisses nach Erfüllung der in Absatz 1 Satz 1 und 2 genannten Voraussetzungen auflösend bedingt ist, ist unwirksam. ³Hat der Arbeitgeber die Ansprüche aus dem Versicherungsvertrag abgetreten oder beliehen, so ist er verpflichtet, den Arbeitnehmer, dessen Arbeitsverhältnis nach Erfüllung der in Absatz 1 Satz 1 und 2 genannten Voraussetzungen geendet hat, bei Eintritt des Versicherungsfalles so zu stellen, als ob die Abtretung oder Beleihung nicht erfolgt wäre. ⁴Als Zeitpunkt der Erteilung der Versorgungszusage im Sinne des Absatzes 1 gilt der Versicherungsbeginn, frühestens jedoch der Beginn der Betriebszugehörigkeit.

(3) ¹Wird die betriebliche Altersversorgung von einer rechtsfähigen Versorgungseinrichtung durchgeführt, die dem Arbeitnehmer oder seinen Hinterbliebenen auf ihre Leistungen einen Rechtsanspruch gewährt (Pensionskasse und Pensionsfonds), so gilt Absatz 1 entsprechend. ²Als Zeitpunkt

der Erteilung der Versorgungszusage im Sinne des Absatzes 1 gilt der Versicherungsbeginn, frühestens jedoch der Beginn der Betriebszugehörigkeit.

(4) ¹Wird die betriebliche Altersversorgung von einer rechtsfähigen Versorgungseinrichtung durchgeführt, die auf ihre Leistungen keinen Rechtsanspruch gewährt (Unterstützungskasse), so sind die nach Erfüllung der in Absatz 1 Satz 1 und 2 genannten Voraussetzungen und vor Eintritt des Versorgungsfalles aus dem Unternehmen ausgeschiedenen Arbeitnehmer und ihre Hinterbliebenen den bis zum Eintritt des Versorgungsfalles dem Unternehmen angehörenden Arbeitnehmern und deren Hinterbliebenen gleichgestellt. ²Die Versorgungszusage gilt in dem Zeitpunkt als erteilt im Sinne des Absatzes 1, von dem an der Arbeitnehmer zum Kreis der Begünstigten der Unterstützungskasse gehört.

(5) ¹Soweit betriebliche Altersversorgung durch Entgeltumwandlung erfolgt, behält der Arbeitnehmer seine Anwartschaft, wenn sein Arbeitsverhältnis vor Eintritt des Versorgungsfalles endet; in den Fällen der Absätze 2 und 3
1. dürfen die Überschussanteile nur zur Verbesserung der Leistung verwendet,
2. muss dem ausgeschiedenen Arbeitnehmer das Recht zur Fortsetzung der Versicherung oder Versorgung mit eigenen Beiträgen eingeräumt und
3. muss das Recht zur Verpfändung, Abtretung oder Beleihung durch den Arbeitgeber ausgeschlossen werden.

²Im Fall einer Direktversicherung ist dem Arbeitnehmer darüber hinaus mit Beginn der Entgeltumwandlung ein unwiderrufliches Bezugsrecht einzuräumen.

§ 2 BetrAVG
Höhe der unverfallbaren Anwartschaft

(1) ¹Bei Eintritt des Versorgungsfalles wegen Erreichens der Altersgrenze, wegen Invalidität oder Tod haben ein vorher ausgeschiedener Arbeitnehmer, dessen Anwartschaft nach § 1b fortbesteht, und seine Hinterbliebenen einen Anspruch mindestens in Höhe des Teiles der ohne das vorherige Ausscheiden zustehenden Leistung, der dem Verhältnis der Dauer der Betriebszugehörigkeit zu der Zeit vom Beginn der Betriebszugehörigkeit bis zum Erreichen der Regelaltersgrenze in der gesetzlichen Rentenversicherung entspricht; an die Stelle des Erreichens der Regelaltersgrenze tritt ein früherer Zeitpunkt, wenn dieser in der Versorgungsregelung als feste Altersgrenze vorgesehen ist, spätestens der Zeitpunkt, in dem der Arbeitnehmer ausscheidet und gleichzeitig eine Altersrente aus der gesetzlichen Rentenversicherung für besonders langjährig Versicherte in Anspruch nimmt. ²Der Mindestanspruch auf Leistungen wegen Invalidität oder Tod vor Erreichen der Altersgrenze ist jedoch nicht höher als der Betrag, den der Arbeitnehmer oder seine Hinterbliebenen erhalten hätten, wenn im Zeitpunkt des Ausscheidens der Versorgungsfall eingetreten wäre und die sonstigen Leistungsvoraussetzungen erfüllt gewesen wären.

(2) ¹Ist bei einer Direktversicherung der Arbeitnehmer nach Erfüllung der Voraussetzungen des § 1b Abs. 1 und 5 vor Eintritt des Versorgungsfalles ausgeschieden, so gilt Absatz 1 mit der Maßgabe, dass sich der vom Arbeitgeber zu finanzierende Teilanspruch nach Absatz 1, soweit er über die von dem Versicherer nach dem Versicherungsvertrag auf Grund der Beiträge des Arbeitgebers zu erbringende Versicherungsleistung hinausgeht, gegen den Arbeitgeber richtet. ²An die Stelle der Ansprüche nach Satz 1 tritt auf Verlangen des Arbeitgebers die von dem Versicherer auf Grund des Versicherungsvertrages zu erbringende Versicherungsleistung, wenn
1. spätestens nach 3 Monaten seit dem Ausscheiden des Arbeitnehmers das Bezugsrecht unwiderruflich ist und eine Abtretung oder Beleihung des Rechts aus dem Versicherungsvertrag durch den Arbeitgeber und Beitragsrückstände nicht vorhanden sind,
2. vom Beginn der Versicherung, frühestens jedoch vom Beginn der Betriebszugehörigkeit an, nach dem Versicherungsvertrag die Überschussanteile nur zur Verbesserung der Versicherungsleistung zu verwenden sind und

3. der ausgeschiedene Arbeitnehmer nach dem Versicherungsvertrag das Recht zur Fortsetzung der Versicherung mit eigenen Beiträgen hat.

[3]Der Arbeitgeber kann sein Verlangen nach Satz 2 nur innerhalb von 3 Monaten seit dem Ausscheiden des Arbeitnehmers diesem und dem Versicherer mitteilen. [4]Der ausgeschiedene Arbeitnehmer darf die Ansprüche aus dem Versicherungsvertrag in Höhe des durch Beitragszahlungen des Arbeitgebers gebildeten geschäftsplanmäßigen Deckungskapitals oder, soweit die Berechnung des Deckungskapitals nicht zum Geschäftsplan gehört, das nach § 169 Abs. 3 und 4 des Versicherungsvertragsgesetzes berechneten Wertes weder abtreten noch beleihen. [5]In dieser Höhe darf der Rückkaufswert auf Grund einer Kündigung des Versicherungsvertrages nicht in Anspruch genommen werden; im Falle einer Kündigung wird die Versicherung in eine prämienfreie Versicherung umgewandelt. [6]§ 169 Abs. 1 des Versicherungsvertragsgesetzes findet insoweit keine Anwendung. [7]Eine Abfindung des Anspruchs nach § 3 ist weiterhin möglich.

(3) [1]Für Pensionskassen gilt Absatz 1 mit der Maßgabe, dass sich der vom Arbeitgeber zu finanzierende Teilanspruch nach Absatz 1, soweit er über die von der Pensionskasse nach dem aufsichtsbehördlich genehmigten Geschäftsplan oder, soweit eine aufsichtsbehördliche Genehmigung nicht vorgeschrieben ist, nach den allgemeinen Versicherungsbedingungen und den fachlichen Geschäftsunterlagen im Sinne des § 5 Abs. 3 Nr. 2 Halbsatz 2 des Versicherungsaufsichtsgesetzes (Geschäftsunterlagen) auf Grund der Beiträge des Arbeitgebers zu erbringende Leistung hinausgeht, gegen den Arbeitgeber richtet. [2]An die Stelle der Ansprüche nach Satz 1 tritt auf Verlangen des Arbeitgebers die von der Pensionskasse auf Grund des Geschäftsplanes oder der Geschäftsunterlagen zu erbringende Leistung, wenn nach dem aufsichtsbehördlich genehmigten Geschäftsplan oder den Geschäftsunterlagen

1. vom Beginn der Versicherung, frühestens jedoch vom Beginn der Betriebszugehörigkeit an, Überschussanteile, die auf Grund des Finanzierungsverfahrens regelmäßig entstehen, nur zur Verbesserung der Versicherungsleistung zu verwenden sind oder die Steigerung der Versorgungsanwartschaften des Arbeitnehmers der Entwicklung seines Arbeitsentgeltes, soweit es unter den jeweiligen Beitragsbemessungsgrenzen der gesetzlichen Rentenversicherungen liegt, entspricht und
2. der ausgeschiedene Arbeitnehmer das Recht zur Fortsetzung der Versicherung mit eigenen Beiträgen hat.

[3]Absatz 2 Satz 3 bis 7 gilt entsprechend.

(3a) Für Pensionsfonds gilt Absatz 1 mit der Maßgabe, dass sich der vom Arbeitgeber zu finanzierende Teilanspruch, soweit er über die vom Pensionsfonds auf der Grundlage der nach dem geltenden Pensionsplan im Sinne des § 112 Abs. 1 Satz 2 in Verbindung mit § 113 Abs. 2 Nr. 5 des Versicherungsaufsichtsgesetzes berechnete Deckungsrückstellung hinausgeht, gegen den Arbeitgeber richtet.

(4) Eine Unterstützungskasse hat bei Eintritt des Versorgungsfalles einem vorzeitig ausgeschiedenen Arbeitnehmer, der nach § 1b Abs. 4 gleichgestellt ist, und seinen Hinterbliebenen mindestens den nach Absatz 1 berechneten Teil der Versorgung zu gewähren.

(5) [1]Bei der Berechnung des Teilanspruchs nach Absatz 1 bleiben Veränderungen der Versorgungsregelung und der Bemessungsgrundlagen für die Leistung der betrieblichen Altersversorgung, soweit sie nach dem Ausscheiden des Arbeitnehmers eintreten, außer Betracht; dies gilt auch für die Bemessungsgrundlagen anderer Versorgungsbezüge, die bei der Berechnung der Leistung der betrieblichen Altersversorgung zu berücksichtigen sind. [2]Ist eine Rente der gesetzlichen Rentenversicherung zu berücksichtigen, so kann das bei der Berechnung von Pensionsrückstellungen allgemein zulässige Verfahren zu Grunde gelegt werden, wenn nicht der ausgeschiedene Arbeitnehmer die Anzahl der im Zeitpunkt des Ausscheidens erreichten Entgeltpunkte nachweist; bei Pensionskassen sind der aufsichtsbehördlich genehmigte Geschäftsplan oder die Geschäftsunterlagen maßgebend. [3]Bei Pensionsfonds sind der Pensionsplan und die sonstigen Geschäftsunterlagen maßgebend.

⁴Versorgungsanwartschaften, die der Arbeitnehmer nach seinem Ausscheiden erwirbt, dürfen zu keiner Kürzung des Teilanspruchs nach Absatz 1 führen.

(5a) Bei einer unverfallbaren Anwartschaft aus Entgeltumwandlung tritt an die Stelle der Ansprüche nach Absatz 1, 3a oder 4 die vom Zeitpunkt der Zusage auf betriebliche Altersversorgung bis zum Ausscheiden des Arbeitnehmers erreichte Anwartschaft auf Leistungen aus den bis dahin umgewandelten Entgeltbestandteilen; dies gilt entsprechend für eine unverfallbare Anwartschaft aus Beiträgen im Rahmen einer beitragsorientierten Leistungszusage.

(5b) An die Stelle der Ansprüche nach den Absätzen 2, 3, 3a und 5a tritt bei einer Beitragszusage mit Mindestleistung das dem Arbeitnehmer planmäßig zuzurechnende Versorgungskapital auf der Grundlage der bis zu seinem Ausscheiden geleisteten Beiträge (Beiträge und die bis zum Eintritt des Versorgungsfalls erzielten Erträge), mindestens die Summe der bis dahin zugesagten Beiträge, soweit sie nicht rechnungsmäßig für einen biometrischen Risikoausgleich verbraucht wurden.

§ 3 BetrAVG
Abfindung

(1) Unverfallbare Anwartschaften im Falle der Beendigung des Arbeitsverhältnisses und laufende Leistungen dürfen nur unter den Voraussetzungen der folgenden Absätze abgefunden werden.

(2) ¹Der Arbeitgeber kann eine Anwartschaft ohne Zustimmung des Arbeitnehmers abfinden, wenn der Monatsbetrag der aus der Anwartschaft resultierenden laufenden Leistung bei Erreichen der vorgesehenen Altersgrenze 1 vom Hundert, bei Kapitalleistungen zwölf Zehntel der monatlichen Bezugsgröße nach § 18 des Vierten Buches Sozialgesetzbuch nicht übersteigen würde. ²Dies gilt entsprechend für die Abfindung einer laufenden Leistung. ³Die Abfindung ist unzulässig, wenn der Arbeitnehmer von seinem Recht auf Übertragung der Anwartschaft Gebrauch macht.

(3) Die Anwartschaft ist auf Verlangen des Arbeitnehmers abzufinden, wenn die Beiträge zur gesetzlichen Rentenversicherung erstattet worden sind.

(4) Der Teil der Anwartschaft, der während eines Insolvenzverfahrens erdient worden ist, kann ohne Zustimmung des Arbeitnehmers abgefunden werden, wenn die Betriebstätigkeit vollständig eingestellt und das Unternehmen liquidiert wird.

(5) Für die Berechnung des Abfindungsbetrages gilt § 4 Abs. 5 entsprechend.

(6) Die Abfindung ist gesondert auszuweisen und einmalig zu zahlen.

§ 4 BetrAVG
Übertragung

(1) Unverfallbare Anwartschaften und laufende Leistungen dürfen nur unter den Voraussetzungen der folgenden Absätze übertragen werden.

(2) Nach Beendigung des Arbeitsverhältnisses kann im Einvernehmen des ehemaligen mit dem neuen Arbeitgeber sowie dem Arbeitnehmer
1. die Zusage vom neuen Arbeitgeber übernommen werden oder
2. der Wert der vom Arbeitnehmer erworbenen unverfallbaren Anwartschaft auf betriebliche Altersversorgung (Übertragungswert) auf den neuen Arbeitgeber übertragen werden, wenn dieser eine wertgleiche Zusage erteilt; für die neue Anwartschaft gelten die Regelungen über Entgeltumwandlung entsprechend.

(3) ²Der Arbeitnehmer kann innerhalb eines Jahres nach Beendigung des Arbeitsverhältnisses von seinem ehemaligen Arbeitgeber verlangen, dass der Übertragungswert auf den neuen Arbeitgeber übertragen wird, wenn
1. die betriebliche Altersversorgung über einen Pensionsfonds, eine Pensionskasse oder eine Direktversicherung durchgeführt worden ist und

2. der Übertragungswert die Beitragsbemessungsgrenze in der allgemeinen Rentenversicherung nicht übersteigt.

³Der Anspruch richtet sich gegen den Versorgungsträger, wenn der ehemalige Arbeitgeber die versicherungsförmige Lösung nach § 2 Abs. 2 oder 3 gewählt hat oder soweit der Arbeitnehmer die Versicherung oder Versorgung mit eigenen Beiträgen fortgeführt hat. ⁴Der neue Arbeitgeber ist verpflichtet, eine dem Übertragungswert wertgleiche Zusage zu erteilen und über einen Pensionsfonds, eine Pensionskasse oder eine Direktversicherung durchzuführen. ⁵Für die neue Anwartschaft gelten die Regelungen über Entgeltumwandlung entsprechend.

(4) ¹Wird die Betriebstätigkeit eingestellt und das Unternehmen liquidiert, kann eine Zusage von einer Pensionskasse oder einem Unternehmen der Lebensversicherung ohne Zustimmung des Arbeitnehmers oder Versorgungsempfängers übernommen werden, wenn sichergestellt ist, dass die Überschussanteile ab Rentenbeginn entsprechend § 16 Abs. 3 Nr. 2 verwendet werden. ²§ 2 Abs. 2 Satz 4 bis 6 gilt entsprechend.

(5) ¹Der Übertragungswert entspricht bei einer unmittelbar über den Arbeitgeber oder über eine Unterstützungskasse durchgeführten betrieblichen Altersversorgung dem Barwert der nach § 2 bemessenen künftigen Versorgungsleistung im Zeitpunkt der Übertragung; bei der Berechnung des Barwerts sind die Rechnungsgrundlagen sowie die anerkannten Regeln der Versicherungsmathematik maßgebend. ²Soweit die betriebliche Altersversorgung über einen Pensionsfonds, eine Pensionskasse oder eine Direktversicherung durchgeführt worden ist, entspricht der Übertragungswert dem gebildeten Kapital im Zeitpunkt der Übertragung.

(6) Mit der vollständigen Übertragung des Übertragungswerts erlischt die Zusage des ehemaligen Arbeitgebers.

§ 4a BetrAVG
Auskunftsanspruch

(1) Der Arbeitgeber oder der Versorgungsträger hat dem Arbeitnehmer bei einem berechtigten Interesse auf dessen Verlangen schriftlich mitzuteilen,
1. in welcher Höhe aus der bisher erworbenen unverfallbaren Anwartschaft bei Erreichen der in der Versorgungsregelung vorgesehenen Altersgrenze ein Anspruch auf Altersversorgung besteht und
2. wie hoch bei einer Übertragung der Anwartschaft nach § 4 Abs. 3 der Übertragungswert ist.

(2) Der neue Arbeitgeber oder der Versorgungsträger hat dem Arbeitnehmer auf dessen Verlangen schriftlich mitzuteilen, in welcher Höhe aus dem Übertragungswert ein Anspruch auf Altersversorgung und ob eine Invaliditäts- oder Hinterbliebenenversorgung bestehen würde.

Zweiter Abschnitt – Auszehrungsverbot

§ 5 BetrAVG
Auszehrung und Anrechnung

(1) Die bei Eintritt des Versorgungsfalles festgesetzten Leistungen der betrieblichen Altersversorgung dürfen nicht mehr dadurch gemindert oder entzogen werden, dass Beträge, um die sich andere Versorgungsbezüge nach diesem Zeitpunkt durch Anpassung an die wirtschaftliche Entwicklung erhöhen, angerechnet oder bei der Begrenzung der Gesamtversorgung auf einen Höchstbetrag berücksichtigt werden.

(2) ¹Leistungen der betrieblichen Altersversorgung dürfen durch Anrechnung oder Berücksichtigung anderer Versorgungsbezüge, soweit sie auf eigenen Beiträgen des Versorgungsempfängers beruhen, nicht gekürzt werden. ²Dies gilt nicht für Renten aus den gesetzlichen Rentenversicherungen, soweit sie auf Pflichtbeiträgen beruhen, sowie für sonstige Versorgungsbezüge, die mindestens zur Hälfte auf Beiträgen oder Zuschüssen des Arbeitgebers beruhen.

Dritter Abschnitt – Altersgrenze

§ 6 BetrAVG
Vorzeitige Altersleistung

¹Einem Arbeitnehmer, der die Altersrente aus der gesetzlichen Rentenversicherung als Vollrente in Anspruch nimmt, sind auf sein Verlangen nach Erfüllung der Wartezeit und sonstiger Leistungsvoraussetzungen Leistungen der betrieblichen Altersversorgung zu gewähren. ²Fällt die Altersrente aus der gesetzlichen Rentenversicherung wieder weg oder wird sie auf einen Teilbetrag beschränkt, so können auch die Leistungen der betrieblichen Altersversorgung eingestellt werden. ³Der ausgeschiedene Arbeitnehmer ist verpflichtet, die Aufnahme oder Ausübung einer Beschäftigung oder Erwerbstätigkeit, die zu einem Wegfall oder zu einer Beschränkung der Altersrente aus der gesetzlichen Rentenversicherung führt, dem Arbeitgeber oder sonstigen Versorgungsträger unverzüglich anzuzeigen.

Vierter Abschnitt – Insolvenzsicherung

§ 7 BetrAVG
Umfang des Versicherungsschutzes

(1) ¹Versorgungsempfänger, deren Ansprüche aus einer unmittelbaren Versorgungszusage des Arbeitgebers nicht erfüllt werden, weil über das Vermögen des Arbeitgebers oder über seinen Nachlass das Insolvenzverfahren eröffnet worden ist, und ihre Hinterbliebenen haben gegen den Träger der Insolvenzsicherung einen Anspruch in Höhe der Leistung, die der Arbeitgeber auf Grund der Versorgungszusage zu erbringen hätte, wenn das Insolvenzverfahren nicht eröffnet worden wäre. ²Satz 1 gilt entsprechend,
1. wenn Leistungen aus einer Direktversicherung auf Grund der in § 1b Abs. 2 Satz 3 genannten Tatbestände nicht gezahlt werden und der Arbeitgeber seiner Verpflichtung nach § 1b Abs. 2 Satz 3 wegen der Eröffnung des Insolvenzverfahrens nicht nachkommt,
2. wenn eine Unterstützungskasse oder ein Pensionsfonds die nach ihrer Versorgungsregelung vorgesehene Versorgung nicht erbringt, weil über das Vermögen oder den Nachlass eines Arbeitgebers, der der Unterstützungskasse oder dem Pensionsfonds Zuwendungen leistet (Trägerunternehmen), das Insolvenzverfahren eröffnet worden ist.

³§ 14 des Versicherungsvertragsgesetzes findet entsprechende Anwendung. ⁴Der Eröffnung des Insolvenzverfahrens stehen bei der Anwendung der Sätze 1 bis 3 gleich
1. die Abweisung des Antrags auf Eröffnung des Insolvenzverfahrens mangels Masse,
2. der außergerichtliche Vergleich (Stundungs-, Quoten- oder Liquidationsvergleich) des Arbeitgebers mit seinen Gläubigern zur Abwendung eines Insolvenzverfahrens, wenn ihm der Träger der Insolvenzsicherung zustimmt,
3. die vollständige Beendigung der Betriebstätigkeit im Geltungsbereich dieses Gesetzes, wenn ein Antrag auf Eröffnung des Insolvenzverfahrens nicht gestellt worden ist und ein Insolvenzverfahren offensichtlich mangels Masse nicht in Betracht kommt.

(1a) ¹Der Anspruch gegen den Träger der Insolvenzsicherung entsteht mit dem Beginn des Kalendermonats, der auf den Eintritt des Sicherungsfalles folgt. ²Der Anspruch endet mit Ablauf des Sterbemonats des Begünstigten, soweit in der Versorgungszusage des Arbeitgebers nicht etwas anderes bestimmt ist. ³In den Fällen des Absatzes 1 Satz 1 und 4 Nr. 1 und 3 umfasst der Anspruch auch rückständige Versorgungsleistungen, soweit diese bis zu zwölf Monaten vor Entstehen der Leistungspflicht des Trägers der Insolvenzsicherung entstanden sind.

(2) ¹Personen, die bei Eröffnung des Insolvenzverfahrens oder bei Eintritt der nach Absatz 1 Satz 4 gleichstehenden Voraussetzungen (Sicherungsfall) eine nach § 1b unverfallbare Versorgungsanwartschaft haben, und ihre Hinterbliebenen haben bei Eintritt des Versorgungsfalls einen Anspruch gegen den Träger der Insolvenzsicherung, wenn die Anwartschaft beruht
1. auf einer unmittelbaren Versorgungszusage des Arbeitgebers oder

2. auf einer Direktversicherung und der Arbeitnehmer hinsichtlich der Leistungen des Versicherers widerruflich bezugsberechtigt ist oder die Leistungen auf Grund der in § 1b Abs. 2 Satz 3 genannten Tatbestände nicht gezahlt werden und der Arbeitgeber seiner Verpflichtung aus § 1b Abs. 2 Satz 3 wegen der Eröffnung des Insolvenzverfahrens nicht nachkommt.

²Satz 1 gilt entsprechend für Personen, die zum Kreis der Begünstigten einer Unterstützungskasse oder eines Pensionsfonds gehören, wenn der Sicherungsfall bei einem Trägerunternehmen eingetreten ist. ³Die Höhe des Anspruchs richtet sich nach der Höhe der Leistungen gemäß § 2 Abs. 1, 2 Satz 2 und Abs. 5, bei Unterstützungskassen nach dem Teil der nach der Versorgungsregelung vorgesehenen Versorgung, der dem Verhältnis der Dauer der Betriebszugehörigkeit zu der Zeit vom Beginn der Betriebszugehörigkeit bis zum Erreichen der in der Versorgungsregelung vorgesehenen festen Altersgrenze entspricht, es sei denn, § 2 Abs. 5a ist anwendbar. ⁴Für die Berechnung der Höhe des Anspruchs nach Satz 3 wird die Betriebszugehörigkeit bis zum Eintritt des Sicherungsfalles berücksichtigt. ⁵Bei Pensionsfonds mit Leistungszusagen gelten für die Höhe des Anspruchs die Bestimmungen für unmittelbare Versorgungszusagen entsprechend, bei Beitragszusagen mit Mindestleistung gilt für die Höhe des Anspruchs § 2 Abs. 5b.

(3) ¹Ein Anspruch auf laufende Leistungen gegen den Träger der Insolvenzsicherung beträgt im Monat höchstens das Dreifache der im Zeitpunkt der ersten Fälligkeit maßgebenden monatlichen Bezugsgröße gemäß § 18 des Vierten Buches Sozialgesetzbuch. ²Satz 1 gilt entsprechend bei einem Anspruch auf Kapitalleistungen mit der Maßgabe, dass zehn vom Hundert der Leistung als Jahresbetrag einer laufenden Leistung anzusetzen sind.

(4) ¹Ein Anspruch auf Leistungen gegen den Träger der Insolvenzsicherung vermindert sich in dem Umfang, in dem der Arbeitgeber oder sonstige Träger der Versorgung die Leistungen der betrieblichen Altersversorgung erbringt. ²Wird im Insolvenzverfahren ein Insolvenzplan bestätigt, vermindert sich der Anspruch auf Leistungen gegen den Träger der Insolvenzsicherung insoweit, als nach dem Insolvenzplan der Arbeitgeber oder sonstige Träger der Versorgung einen Teil der Leistungen selbst zu erbringen hat. ³Sieht der Insolvenzplan vor, dass der Arbeitgeber oder sonstige Träger der Versorgung die Leistungen der betrieblichen Altersversorgung von einem bestimmten Zeitpunkt an selbst zu erbringen hat, entfällt der Anspruch auf Leistungen gegen den Träger der Insolvenzsicherung von diesem Zeitpunkt an. ⁴Die Sätze 2 und 3 sind für den außergerichtlichen Vergleich nach Absatz 1 Satz 4 Nr. 2 entsprechend anzuwenden. ⁵Im Insolvenzplan soll vorgesehen werden, dass bei einer nachhaltigen Besserung der wirtschaftlichen Lage des Arbeitgebers die vom Träger der Insolvenzsicherung zu erbringenden Leistungen ganz oder zum Teil vom Arbeitgeber oder sonstigen Träger der Versorgung wieder übernommen werden.

(5) ¹Ein Anspruch gegen den Träger der Insolvenzsicherung besteht nicht, soweit nach den Umständen des Falles die Annahme gerechtfertigt ist, dass es der alleinige oder überwiegende Zweck der Versorgungszusage oder ihre Verbesserung oder der für die Direktversicherung in § 1b Abs. 2 Satz 3 genannten Tatbestände gewesen ist, den Träger der Insolvenzsicherung in Anspruch zu nehmen. ²Diese Annahme ist insbesondere dann gerechtfertigt, wenn bei Erteilung oder Verbesserung der Versorgungszusage wegen der wirtschaftlichen Lage des Arbeitgebers zu erwarten war, dass die Zusage nicht erfüllt werde. ³Ein Anspruch auf Leistungen gegen den Träger der Insolvenzsicherung besteht bei Zusagen und Verbesserungen von Zusagen, die in den beiden letzten Jahren vor dem Eintritt des Sicherungsfalls erfolgt sind, nur
1. für ab dem 1. Januar 2002 gegebene Zusagen, soweit bei Entgeltumwandlung Beträge von bis zu 4 vom Hundert der Beitragsbemessungsgrenze in der allgemeinen Rentenversicherung für eine betriebliche Altersversorgung verwendet werden oder
2. für im Rahmen von Übertragungen gegebene Zusagen, soweit der Übertragungswert die Beitragsbemessungsgrenze in der allgemeinen Rentenversicherung nicht übersteigt.

(6) Ist der Sicherungsfall durch kriegerische Ereignisse, innere Unruhen, Naturkatastrophen oder Kernenergie verursacht worden, kann der Träger der Insolvenzsicherung mit Zustimmung der

Bundesanstalt für Finanzdienstleistungsaufsicht die Leistungen nach billigem Ermessen abweichend von den Absätzen 1 bis 5 festsetzen.

§ 8 BetrAVG
Übertragung der Leistungspflicht und Abfindung

(1) Ein Anspruch gegen den Träger der Insolvenzsicherung auf Leistungen nach § 7 besteht nicht, wenn eine Pensionskasse oder ein Unternehmen der Lebensversicherung sich dem Träger der Insolvenzsicherung gegenüber verpflichtet, diese Leistungen zu erbringen, und die nach § 7 Berechtigten ein unmittelbares Recht erwerben, die Leistungen zu fordern.

(1a) ¹Der Träger der Insolvenzsicherung hat die gegen ihn gerichteten Ansprüche auf den Pensionsfonds, dessen Trägerunternehmen die Eintrittspflicht nach § 7 ausgelöst hat, im Sinne von Absatz 1 zu übertragen, wenn die Bundesanstalt für Finanzdienstleistungsaufsicht hierzu die Genehmigung erteilt. ²Die Genehmigung kann nur erteilt werden, wenn durch Auflagen der Bundesanstalt für Finanzdienstleistungsaufsicht die dauernde Erfüllbarkeit der Leistungen aus dem Pensionsplan sichergestellt werden kann. ³Die Genehmigung der Bundesanstalt für Finanzdienstleistungsaufsicht kann der Pensionsfonds nur innerhalb von drei Monaten nach Eintritt des Sicherungsfalles beantragen.

(2) ¹Der Träger der Insolvenzsicherung kann eine Anwartschaft ohne Zustimmung des Arbeitnehmers abfinden, wenn der Monatsbetrag der aus der Anwartschaft resultierenden laufenden Leistung bei Erreichen der vorgesehenen Altersgrenze 1 vom Hundert, bei Kapitalleistungen zwölf Zehntel der monatlichen Bezugsgröße nach § 18 des Vierten Buches Sozialgesetzbuch nicht übersteigen würde oder wenn dem Arbeitnehmer die Beiträge zur gesetzlichen Rentenversicherung erstattet worden sind. ²Dies gilt entsprechend für die Abfindung einer laufenden Leistung. ³Die Abfindung ist darüber hinaus möglich, wenn sie an ein Unternehmen der Lebensversicherung gezahlt wird, bei dem der Versorgungsberechtigte im Rahmen einer Direktversicherung versichert ist. ⁴§ 2 Abs. 2 Satz 4 bis 6 und § 3 Abs. 5 gelten entsprechend.

§ 9 BetrAVG
Mitteilungspflicht; Forderungs- und Vermögensübergang

(1) ¹Der Träger der Insolvenzsicherung teilt dem Berechtigten die ihm nach § 7 oder § 8 zustehenden Ansprüche oder Anwartschaften schriftlich mit. ²Unterbleibt die Mitteilung, so ist der Anspruch oder die Anwartschaft spätestens ein Jahr nach dem Sicherungsfall bei dem Träger der Insolvenzsicherung anzumelden; erfolgt die Anmeldung später, so beginnen die Leistungen frühestens mit dem Ersten des Monats der Anmeldung, es sei denn, dass der Berechtigte an der rechtzeitigen Anmeldung ohne sein Verschulden verhindert war.

(2) ¹Ansprüche oder Anwartschaften des Berechtigten gegen den Arbeitgeber auf Leistungen der betrieblichen Altersversorgung, die den Anspruch gegen den Träger der Insolvenzsicherung begründen, gehen im Falle eines Insolvenzverfahrens mit dessen Eröffnung, in den übrigen Sicherungsfällen dann auf den Träger der Insolvenzsicherung über, wenn dieser nach Absatz 1 Satz 1 dem Berechtigten die ihm zustehenden Ansprüche oder Anwartschaften mitteilt. ²Der Übergang kann nicht zum Nachteil des Berechtigten geltend gemacht werden. ³Die mit der Eröffnung eines Insolvenzverfahrens übergegangenen Anwartschaften werden im Insolvenzverfahren als unbedingte Forderungen nach § 45 der Insolvenzordnung geltend gemacht.

(3) ¹Ist der Träger der Insolvenzsicherung zu Leistungen verpflichtet, die ohne den Eintritt des Sicherungsfalles eine Unterstützungskasse erbringen würde, geht deren Vermögen einschließlich der Verbindlichkeiten auf ihn über; die Haftung für die Verbindlichkeiten beschränkt sich auf das übergegangene Vermögen. ²Wenn die übergegangenen Vermögenswerte den Barwert der Ansprüche und Anwartschaften gegen den Träger der Insolvenzsicherung übersteigen, hat dieser den übersteigenden Teil entsprechend der Satzung der Unterstützungskasse zu verwenden. ³Bei einer Unterstützungskasse mit mehreren Trägerunternehmen hat der Träger der Insolvenzsicherung einen Anspruch gegen die Unterstützungskasse auf einen Betrag, der dem Teil des Vermögens der Kasse entspricht,

der auf das Unternehmen entfällt, bei dem der Sicherungsfall eingetreten ist. ⁴Die Sätze 1 bis 3 gelten nicht, wenn der Sicherungsfall auf den in § 7 Abs. 1 Satz 4 Nr. 2 genannten Gründen beruht, es sei denn, dass das Trägerunternehmen seine Betriebstätigkeit nach Eintritt des Sicherungsfalls nicht fortsetzt und aufgelöst wird (Liquidationsvergleich).

(3a) Absatz 3 findet entsprechende Anwendung auf einen Pensionsfonds, wenn die Bundesanstalt für Finanzdienstleistungsaufsicht die Genehmigung für die Übertragung der Leistungspflicht durch den Träger der Insolvenzsicherung nach § 8 Abs. 1a nicht erteilt.

(4) ¹In einem Insolvenzplan, der die Fortführung des Unternehmens oder eines Betriebes vorsieht, kann für den Träger der Insolvenzsicherung eine besondere Gruppe gebildet werden. ²Sofern im Insolvenzplan nichts anderes vorgesehen ist, kann der Träger der Insolvenzsicherung, wenn innerhalb von drei Jahren nach der Aufhebung des Insolvenzverfahrens ein Antrag auf Eröffnung eines neuen Insolvenzverfahrens über das Vermögen des Arbeitgebers gestellt wird, in diesem Verfahren als Insolvenzgläubiger Erstattung der von ihm erbrachten Leistungen verlangen.

(5) Dem Träger der Insolvenzsicherung steht gegen den Beschluss, durch den das Insolvenzverfahren eröffnet wird, die sofortige Beschwerde zu.

§ 10 BetrAVG
Beitragspflicht und Beitragsbemessung

(1) Die Mittel für die Durchführung der Insolvenzsicherung werden auf Grund öffentlich-rechtlicher Verpflichtung durch Beiträge aller Arbeitgeber aufgebracht, die Leistungen der betrieblichen Altersversorgung unmittelbar zugesagt haben oder eine betriebliche Altersversorgung über eine Unterstützungskasse, eine Direktversicherung der in § 7 Abs. 1 Satz 2 und Absatz 2 Satz 1 Nr. 2 bezeichneten Art oder einen Pensionsfonds durchführen.

(2) ¹Die Beiträge müssen den Barwert der im laufenden Kalenderjahr entstehenden Ansprüche auf Leistungen der Insolvenzsicherung decken zuzüglich eines Betrages für die aufgrund eingetretener Insolvenzen zu sichernden Anwartschaften, der sich aus dem Unterschied der Barwerte dieser Anwartschaften am Ende des Kalenderjahres und am Ende des Vorjahres bemisst. ²Der Rechnungszinsfuß bei der Berechnung des Barwerts der Ansprüche auf Leistungen der Insolvenzsicherung bestimmt sich nach § 65 des Versicherungsaufsichtsgesetzes; soweit keine Übertragung nach § 8 Abs. 1 stattfindet, ist der Rechnungszinsfuß bei der Berechnung des Barwerts der Anwartschaften um ein Drittel höher. ³Darüber hinaus müssen die Beiträge die im gleichen Zeitraum entstehenden Verwaltungskosten und sonstigen Kosten, die mit der Gewährung der Leistungen zusammenhängen, und die Zuführung zu einem von der Bundesanstalt für Finanzdienstleistungsaufsicht festgesetzten Ausgleichsfonds decken; § 37 des Versicherungsaufsichtsgesetzes bleibt unberührt. ⁴Auf die am Ende des Kalenderjahres fälligen Beiträge können Vorschüsse erhoben werden. ⁵Sind die nach den Sätzen 1 bis 3 erforderlichen Beiträge höher als im vorangegangenen Kalenderjahr, so kann der Unterschiedsbetrag auf das laufende und die folgenden vier Kalenderjahre verteilt werden. ⁶In Jahren, in denen sich außergewöhnlich hohe Beiträge ergeben würden, kann zu deren Ermäßigung der Ausgleichsfonds in einem von der Bundesanstalt für Finanzdienstleistungsaufsicht zu genehmigenden Umfang herangezogen werden.

(3) ¹Die nach Absatz 2 erforderlichen Beiträge werden auf die Arbeitgeber nach Maßgabe der nachfolgenden Beträge umgelegt, soweit sie sich auf die laufenden Versorgungsleistungen und die nach § 1b unverfallbaren Versorgungsanwartschaften beziehen (Beitragsbemessungsgrundlage); diese Beträge sind festzustellen auf den Schluss des Wirtschaftsjahres des Arbeitgebers, das im abgelaufenen Kalenderjahr geendet hat:
1. Bei Arbeitgebern, die Leistungen der betrieblichen Altersversorgung unmittelbar zugesagt haben, ist Beitragsbemessungsgrundlage der Teilwert der Pensionsverpflichtung (§ 6a Abs. 3 des Einkommensteuergesetzes).
2. ¹Bei Arbeitgebern, die eine betriebliche Altersversorgung über eine Direktversicherung mit widerruflichem Bezugsrecht durchführen, ist Beitragsbemessungsgrundlage das geschäftsplanmäßige

Deckungskapital oder, soweit die Berechnung des Deckungskapitals nicht zum Geschäftsplan gehört, die Deckungsrückstellung. ²Für Versicherungen, bei denen der Versicherungsfall bereits eingetreten ist, und für Versicherungsanwartschaften, für die ein unwiderrufliches Bezugsrecht eingeräumt ist, ist das Deckungskapital oder die Deckungsrückstellung nur insoweit zu berücksichtigen, als die Versicherungen abgetreten oder beliehen sind.

3. Bei Arbeitgebern, die eine betriebliche Altersversorgung über eine Unterstützungskasse durchführen, ist Beitragsbemessungsgrundlage das Deckungskapital für die laufenden Leistungen (§ 4d Abs. 1 Nr. 1 Buchstabe a des Einkommensteuergesetzes) zuzüglich des Zwanzigzigfachen der nach § 4d Abs. 1 Nr. 1 Buchstabe b Satz 1 des Einkommensteuergesetzes errechneten jährlichen Zuwendungen für Leistungsanwärter im Sinne von § 4d Abs. 1 Nr. 1 Buchstabe b Satz 2 des Einkommensteuergesetzes.

4. Bei Arbeitgebern, soweit sie betriebliche Altersversorgung über einen Pensionsfonds durchführen, ist Beitragsbemessungsgrundlage 20 vom Hundert des entsprechend Nummer 1 ermittelten Betrages.

(4) ¹Aus den Beitragsbescheiden des Trägers der Insolvenzsicherung findet die Zwangsvollstreckung in entsprechender Anwendung der Vorschriften der Zivilprozessordnung statt. ²Die vollstreckbare Ausfertigung erteilt der Träger der Insolvenzsicherung.

§ 10a BetrAVG
Säumniszuschläge; Zinsen; Verjährung

(1) Für Beiträge, die wegen Verstoßes des Arbeitgebers gegen die Meldepflicht erst nach Fälligkeit erhoben werden, kann der Träger der Insolvenzsicherung für jeden angefangenen Monat vom Zeitpunkt der Fälligkeit an einen Säumniszuschlag in Höhe von bis zu eins vom Hundert der nacherhobenen Beiträge erheben.

(2) ¹Für festgesetzte Beiträge und Vorschüsse, die der Arbeitgeber nach Fälligkeit zahlt, erhebt der Träger der Insolvenzsicherung für jeden Monat Verzugszinsen in Höhe von 0,5 vom Hundert der rückständigen Beiträge. ²Angefangene Monate bleiben außer Ansatz.

(3) ¹Vom Träger der Insolvenzsicherung zu erstattende Beiträge werden vom Tage der Fälligkeit oder bei Feststellung des Erstattungsanspruchs durch gerichtliche Entscheidung vom Tage der Rechtshängigkeit an für jeden Monat mit 0,5 vom Hundert verzinst. ²Angefangene Monate bleiben außer Ansatz.

(4) ¹Ansprüche auf Zahlung der Beiträge zur Insolvenzsicherung gemäß § 10 sowie Erstattungsansprüche nach Zahlung nicht geschuldeter Beiträge zur Insolvenzsicherung verjähren in sechs Jahren. ²Die Verjährungsfrist beginnt mit Ablauf des Kalenderjahres, in dem die Beitragspflicht entstanden oder der Erstattungsanspruch fällig geworden ist. ³Auf die Verjährung sind die Vorschriften des Bürgerlichen Gesetzbuchs anzuwenden.

§ 11 BetrAVG
Melde-, Auskunfts- und Mitteilungspflichten

(1) ¹Der Arbeitgeber hat dem Träger der Insolvenzsicherung eine betriebliche Altersversorgung nach § 1b Abs. 1 bis 4 für seine Arbeitnehmer innerhalb von 3 Monaten nach Erteilung der unmittelbaren Versorgungszusage, dem Abschluss einer Direktversicherung oder der Errichtung einer Unterstützungskasse oder eines Pensionsfonds mitzuteilen. ²Der Arbeitgeber, der sonstige Träger der Versorgung, der Insolvenzverwalter und die nach § 7 Berechtigten sind verpflichtet, dem Träger der Insolvenzsicherung alle Auskünfte zu erteilen, die zur Durchführung der Vorschriften dieses Abschnitts erforderlich sind, sowie Unterlagen vorzulegen, aus denen die erforderlichen Angaben ersichtlich sind.

(2) ¹Ein beitragspflichtiger Arbeitgeber hat dem Träger der Insolvenzsicherung spätestens bis zum 30. September eines jeden Kalenderjahres die Höhe des nach § 10 Abs. 3 für die Bemessung des Beitrages maßgebenden Betrages bei unmittelbaren Versorgungszusagen und Pensionsfonds auf Grund

eines versicherungsmathematischen Gutachtens, bei Direktversicherungen auf Grund einer Bescheinigung des Versicherers und bei Unterstützungskassen auf Grund einer nachprüfbaren Berechnung mitzuteilen. ²Der Arbeitgeber hat die in Satz 1 bezeichneten Unterlagen mindestens 6 Jahre aufzubewahren.

(3) ¹Der Insolvenzverwalter hat dem Träger der Insolvenzsicherung die Eröffnung des Insolvenzverfahrens, Namen und Anschriften der Versorgungsempfänger und die Höhe ihrer Versorgung nach § 7 unverzüglich mitzuteilen. ²Er hat zugleich Namen und Anschriften der Personen, die bei Eröffnung des Insolvenzverfahrens eine nach § 1 unverfallbare Versorgungsanwartschaft haben, sowie die Höhe ihrer Anwartschaft nach § 7 mitzuteilen.

(4) Der Arbeitgeber, der sonstige Träger der Versorgung und die nach § 7 Berechtigten sind verpflichtet, dem Insolvenzverwalter Auskünfte über alle Tatsachen zu erteilen, auf die sich die Mitteilungspflicht nach Absatz 3 bezieht.

(5) In den Fällen, in denen ein Insolvenzverfahren nicht eröffnet wird (§ 7 Abs. 1 Satz 4) oder nach § 207 der Insolvenzordnung eingestellt worden ist, sind die Pflichten des Insolvenzverwalters nach Absatz 3 vom Arbeitgeber oder dem sonstigen Träger der Versorgung zu erfüllen.

(6) Kammern und andere Zusammenschlüsse von Unternehmern oder anderen selbstständigen Berufstätigen, die als Körperschaften des öffentlichen Rechts errichtet sind, ferner Verbände und andere Zusammenschlüsse, denen Unternehmer oder andere selbständige Berufstätige kraft Gesetzes angehören oder anzugehören haben, haben den Träger der Insolvenzsicherung bei der Ermittlung der nach § 10 beitragspflichtigen Arbeitgeber zu unterstützen.

(7) Die nach den Absätzen 1 bis 3 und 5 zu Mitteilungen und Auskünften und die nach Absatz 6 zur Unterstützung Verpflichteten haben die vom Träger der Insolvenzsicherung vorgesehenen Vordrucke zu verwenden.

(8) ¹Zur Sicherung der vollständigen Erfassung der nach § 10 beitragspflichtigen Arbeitgeber können die Finanzämter dem Träger der Insolvenzsicherung mitteilen, welche Arbeitgeber für die Beitragspflicht in Betracht kommen. ²Die Bundesregierung wird ermächtigt, durch Rechtsverordnung mit Zustimmung des Bundesrates das Nähere zu bestimmen und Einzelheiten des Verfahrens zu regeln.

§ 12 BetrAVG
Ordnungswidrigkeiten

(1) Ordnungswidrig handelt, wer vorsätzlich oder fahrlässig
1. entgegen § 11 Abs. 1 Satz 1, Abs. 2 Satz 1, Abs. 3 oder Abs. 5 eine Mitteilung nicht, nicht richtig, nicht vollständig oder nicht rechtzeitig vornimmt,
2. entgegen § 11 Abs. 1 Satz 2 oder Abs. 4 eine Auskunft nicht, nicht richtig, nicht vollständig oder nicht rechtzeitig erteilt oder
3. entgegen § 11 Abs. 1 Satz 2 Unterlagen nicht, nicht richtig, nicht vollständig oder nicht rechtzeitig vorlegt oder entgegen § 11 Abs. 2 Satz 2 Unterlagen nicht aufbewahrt.

(2) Die Ordnungswidrigkeit kann mit einer Geldbuße bis zu zweitausendfünfhundert Euro geahndet werden.

(3) Verwaltungsbehörde im Sinne des § 36 Abs. 1 Nr. 1 des Gesetzes über Ordnungswidrigkeiten ist die Bundesanstalt für Finanzdienstleistungsaufsicht.

§ 13 BetrAVG

(weggefallen)

§ 14 BetrAVG
Träger der Insolvenzsicherung

(1) ¹Träger der Insolvenzsicherung ist der Pensions-Sicherungs-Verein Versicherungsverein auf Gegenseitigkeit. ²Er ist zugleich Träger der Insolvenzsicherung von Versorgungszusagen Luxemburger Unternehmen nach Maßgabe des Abkommens vom 22. September 2000 zwischen der Bundesrepublik Deutschland und dem Großherzogtum Luxemburg über Zusammenarbeit im Bereich der Insolvenzsicherung betrieblicher Altersversorgung. ³Er unterliegt der Aufsicht durch die Bundesanstalt für Finanzdienstleistungsaufsicht. ⁴Die Vorschriften des Versicherungsaufsichtsgesetzes gelten, soweit dieses Gesetz nichts anderes bestimmt.

(2) ¹Der Bundesminister für Arbeit und Sozialordnung weist durch Rechtsverordnung mit Zustimmung des Bundesrates die Stellung des Trägers der Insolvenzsicherung der Kreditanstalt für Wiederaufbau zu, bei der ein Fonds zur Insolvenzsicherung der betrieblichen Altersversorgung gebildet wird, wenn
1. bis zum 31. Dezember 1974 nicht nachgewiesen worden ist, dass der in Absatz 1 genannte Träger die Erlaubnis der Aufsichtsbehörde zum Geschäftsbetrieb erhalten hat,
2. der in Absatz 1 genannte Träger aufgelöst worden ist oder
3. die Aufsichtsbehörde den Geschäftsbetrieb des in Absatz 1 genannten Trägers untersagt oder die Erlaubnis zum Geschäftsbetrieb widerruft.

²In den Fällen der Nummern 2 und 3 geht das Vermögen des in Absatz 1 genannten Trägers einschließlich der Verbindlichkeiten auf die Kreditanstalt für Wiederaufbau über, die es dem Fonds zur Insolvenzsicherung der betrieblichen Altersversorgung zuweist.

(3) ¹Wird die Insolvenzsicherung von der Kreditanstalt für Wiederaufbau durchgeführt, gelten die Vorschriften dieses Abschnittes mit folgenden Abweichungen:
1. In § 7 Abs. 6 entfällt die Zustimmung der Bundesanstalt für Finanzdienstleistungsaufsicht.
2. ¹§ 10 Abs. 2 findet keine Anwendung. ²Die von der Kreditanstalt für Wiederaufbau zu erhebenden Beiträge müssen den Bedarf für die laufenden Leistungen der Insolvenzsicherung im laufenden Kalenderjahr und die im gleichen Zeitraum entstehenden Verwaltungskosten und sonstigen Kosten, die mit der Gewährung der Leistungen zusammenhängen, decken. ³Bei einer Zuweisung nach Absatz 2 Nr. 1 beträgt der Beitrag für die ersten 3 Jahre mindestens 0,1 vom Hundert der Beitragsbemessungsgrundlage gemäß § 10 Abs. 3; der nicht benötigte Teil dieses Beitragsaufkommens wird einer Betriebsmittelreserve zugeführt. ⁴Bei einer Zuweisung nach Absatz 2 Nr. 2 oder 3 wird in den ersten 3 Jahren zu dem Beitrag nach Nummer 2 Satz 2 ein Zuschlag von 0,08 vom Hundert der Beitragsbemessungsgrundlage gemäß § 10 Abs. 3 zur Bildung einer Betriebsmittelreserve erhoben. ⁵Auf die Beiträge können Vorschüsse erhoben werden.
3. In § 12 Abs. 3 tritt an die Stelle der Bundesanstalt für Finanzdienstleistungsaufsicht die Kreditanstalt für Wiederaufbau.

²Die Kreditanstalt für Wiederaufbau verwaltet den Fonds im eigenen Namen. ³Für Verbindlichkeiten des Fonds haftet sie nur mit dem Vermögen des Fonds. ⁴Dieser haftet nicht für die sonstigen Verbindlichkeiten der Bank. 5§ 11 Abs. 1 Satz 1 des Gesetzes über die Kreditanstalt für Wiederaufbau in der Fassung der Bekanntmachung vom 23. Juni 1969 (BGBl. I S. 573), das zuletzt durch Artikel 14 des Gesetzes vom 21. Juni 2002 (BGBl. I S. 2010) geändert worden ist, ist in der jeweils geltenden Fassung auch für den Fonds anzuwenden.

§ 15 BetrAVG
Verschwiegenheitspflicht

¹Personen, die bei dem Träger der Insolvenzsicherung beschäftigt oder für ihn tätig sind, dürfen fremde Geheimnisse, insbesondere Betriebs- oder Geschäftsgeheimnisse, nicht unbefugt offenbaren oder verwerten. ²Sie sind nach dem Gesetz über die förmliche Verpflichtung nichtbeamteter Personen vom 2. März 1974 (Bundesgesetzbl. I S. 469, 547) von der Bundesanstalt für Finanzdienstleistungsaufsicht auf die gewissenhafte Erfüllung ihrer Obliegenheiten zu verpflichten.

Fünfter Abschnitt – Anpassung

§ 16 BetrAVG
Anpassungsprüfungspflicht

(1) Der Arbeitgeber hat alle drei Jahre eine Anpassung der laufenden Leistungen der betrieblichen Altersversorgung zu prüfen und hierüber nach billigem Ermessen zu entscheiden; dabei sind insbesondere die Belange des Versorgungsempfängers und die wirtschaftliche Lage des Arbeitgebers zu berücksichtigen.

(2) Die Verpflichtung nach Absatz 1 gilt als erfüllt, wenn die Anpassung nicht geringer ist als der Anstieg
1. des Verbraucherpreisindexes für Deutschland oder
2. der Nettolöhne vergleichbarer Arbeitnehmergruppen des Unternehmens

im Prüfungszeitraum.

(3) Die Verpflichtung nach Absatz 1 entfällt, wenn
1. der Arbeitgeber sich verpflichtet, die laufenden Leistungen jährlich um wenigstens eins vom Hundert anzupassen,
2. die betriebliche Altersversorgung über eine Direktversicherung im Sinne des § 1b Abs. 2 oder über eine Pensionskasse im Sinne des § 1b Abs. 3 durchgeführt wird, ab Rentenbeginn sämtliche auf den Rentenbestand entfallende Überschussanteile zur Erhöhung der laufenden Leistungen verwendet werden und zur Berechnung der garantierten Leistung der nach § 65 Abs. 1 Nr. 1 Buchstabe a des Versicherungsaufsichtsgesetzes festgesetzte Höchstzinssatz zur Berechnung der Deckungsrückstellung nicht überschritten wird oder
3. eine Beitragszusage mit Mindestleistung erteilt wurde; Absatz 5 findet insoweit keine Anwendung.

(4) ¹Sind laufende Leistungen nach Absatz 1 nicht oder nicht in vollem Umfang anzupassen (zu Recht unterbliebene Anpassung), ist der Arbeitgeber nicht verpflichtet, die Anpassung zu einem späteren Zeitpunkt nachzuholen. ²Eine Anpassung gilt als zu Recht unterblieben, wenn der Arbeitgeber dem Versorgungsempfänger die wirtschaftliche Lage des Unternehmens schriftlich dargelegt, der Versorgungsempfänger nicht binnen drei Kalendermonaten nach Zugang der Mitteilung schriftlich widersprochen hat und er auf die Rechtsfolgen eines nicht fristgemäßen Widerspruchs hingewiesen wurde.

(5) Soweit betriebliche Altersversorgung durch Entgeltumwandlung finanziert wird, ist der Arbeitgeber verpflichtet, die Leistungen mindestens entsprechend Absatz 3 Nr. 1 anzupassen oder im Falle der Durchführung über eine Direktversicherung oder eine Pensionskasse sämtliche Überschussanteile entsprechend Absatz 3 Nr. 2 zu verwenden.

(6) Eine Verpflichtung zur Anpassung besteht nicht für monatliche Raten im Rahmen eines Auszahlungsplans sowie für Renten ab Vollendung des 85. Lebensjahres im Anschluss an einen Auszahlungsplan.

Sechster Abschnitt – Geltungsbereich

§ 17 BetrAVG
Persönlicher Geltungsbereich und Tariföffnungsklausel

(1) ¹Arbeitnehmer im Sinne der §§ 1 bis 16 sind Arbeiter und Angestellte einschließlich der zu ihrer Berufsausbildung Beschäftigten; ein Berufsausbildungsverhältnis steht einem Arbeitsverhältnis gleich. ²Die §§ 1 bis 16 gelten entsprechend für Personen, die nicht Arbeitnehmer sind, wenn ihnen Leistungen der Alters-, Invaliditäts- oder Hinterbliebenenversorgung aus Anlass ihrer Tätigkeit für ein Unternehmen zugesagt worden sind. ³Arbeitnehmer im Sinne von § 1a Abs. 1 sind nur Personen nach den Sätzen 1 und 2, soweit sie auf Grund der Beschäftigung oder Tätigkeit bei dem

Arbeitgeber, gegen den sich der Anspruch nach § 1a richten würde, in der gesetzlichen Rentenversicherung pflichtversichert sind.

(2) Die §§ 7 bis 15 gelten nicht für den Bund, die Länder, die Gemeinden sowie die Körperschaften, Stiftungen und Anstalten des öffentlichen Rechts, bei denen das Insolvenzverfahren nicht zulässig ist, und solche juristische Personen des öffentlichen Rechts, bei denen der Bund, ein Land oder eine Gemeinde kraft Gesetzes die Zahlungsfähigkeit sichert.

(3) ¹Von den §§ 1a, 2 bis 5, 16, 18a Satz 1, §§ 27 und 28 kann in Tarifverträgen abgewichen werden. ²Die abweichenden Bestimmungen haben zwischen nichttarifgebundenen Arbeitgebern und Arbeitnehmern Geltung, wenn zwischen diesen die Anwendung der einschlägigen tariflichen Regelung vereinbart ist. ³Im Übrigen kann von den Bestimmungen dieses Gesetzes nicht zu Ungunsten des Arbeitnehmers abgewichen werden.

(4) Gesetzliche Regelungen über Leistungen der betrieblichen Altersversorgung werden unbeschadet des § 18 durch die §§ 1 bis 16 und 26 bis 30 nicht berührt.

(5) Soweit Entgeltansprüche auf einem Tarifvertrag beruhen, kann für diese eine Entgeltumwandlung nur vorgenommen werden, soweit dies durch Tarifvertrag vorgesehen oder durch Tarifvertrag zugelassen ist.

§ 18 BetrAVG
Sonderregelungen für den öffentlichen Dienst

(1) Für Personen, die
1. bei der Versorgungsanstalt des Bundes und der Länder (VBL) oder einer kommunalen oder kirchlichen Zusatzversorgungseinrichtung pflichtversichert sind, oder
2. bei einer anderen Zusatzversorgungseinrichtung pflichtversichert sind, die mit einer der Zusatzversorgungseinrichtungen nach Nummer 1 ein Überleitungsabkommen abgeschlossen hat oder auf Grund satzungsrechtlicher Vorschriften der Zusatzversorgungseinrichtungen nach Nummer 1 ein solches Abkommen abschließen kann, oder
3. unter das Gesetz über die zusätzliche Alters- und Hinterbliebenenversorgung für Angestellte und Arbeiter der Freien und Hansestadt Hamburg (Erstes Ruhegeldgesetz - 1. RGG), das Gesetz zur Neuregelung der zusätzlichen Alters- und Hinterbliebenenversorgung für Angestellte und Arbeiter der Freien und Hansestadt Hamburg (Zweites Ruhegeldgesetz - 2. RGG) oder unter das Bremische Ruhelohngesetz in ihren jeweiligen Fassungen fallen oder auf die diese Gesetze sonst Anwendung finden,

gelten die §§ 2, 5, 16, 27 und 28 nicht, soweit sich aus den nachfolgenden Regelungen nichts Abweichendes ergibt; § 4 gilt nicht, wenn die Anwartschaft oder die laufende Leistung ganz oder teilweise umlage- oder haushaltsfinanziert ist.

(2) ¹Bei Eintritt des Versorgungsfalles erhalten die in Absatz 1 Nr. 1 und 2 bezeichneten Personen, deren Anwartschaft nach § 1b fortbesteht und deren Arbeitsverhältnis vor Eintritt des Versorgungsfalles geendet hat, von der Zusatzversorgungseinrichtung eine Zusatzrente nach folgenden Maßgaben:
1. ²Der monatliche Betrag der Zusatzrente beträgt für jedes Jahr der auf Grund des Arbeitsverhältnisses bestehenden Pflichtversicherung bei einer Zusatzversorgungseinrichtung 2,25 vom Hundert, höchstens jedoch 100 vom Hundert der Leistung, die bei dem höchstmöglichen Versorgungssatz zugestanden hätte (Voll-Leistung). ³Für die Berechnung der Voll-Leistung
    a) ist der Versicherungsfall der Regelaltersrente maßgebend,
    b) ist das Arbeitsentgelt maßgebend, das nach der Versorgungsregelung für die Leistungsbemessung maßgebend wäre, wenn im Zeitpunkt des Ausscheidens der Versicherungsfall im Sinne der Versorgungsregelung eingetreten wäre,
    c) finden § 2 Abs. 5 Satz 1 und § 2 Abs. 6 entsprechend Anwendung,
    d) ist im Rahmen einer Gesamtversorgung der im Falle einer Teilzeitbeschäftigung oder Beurlaubung nach der Versorgungsregelung für die gesamte Dauer des Arbeitsverhältnisses

maßgebliche Beschäftigungsquotient nach der Versorgungsregelung als Beschäftigungsquotient auch für die übrige Zeit maßgebend,

    e) finden die Vorschriften der Versorgungsregelung über eine Mindestleistung keine Anwendung und

    f) ist eine anzurechnende Grundversorgung nach dem bei der Berechnung von Pensionsrückstellungen für die Berücksichtigung von Renten aus der gesetzlichen Rentenversicherung allgemein zulässigen Verfahren zu ermitteln. [4]Hierbei ist das Arbeitsentgelt nach Buchstabe b zu Grunde zu legen und - soweit während der Pflichtversicherung Teilzeitbeschäftigung bestand - diese nach Maßgabe der Versorgungsregelung zu berücksichtigen.

2. [5]Die Zusatzrente vermindert sich um 0,3 vom Hundert für jeden vollen Kalendermonat, den der Versorgungsfall vor Vollendung des 65. Lebensjahres eintritt, höchstens jedoch um den in der Versorgungsregelung für die Voll-Leistung vorgesehenen Vomhundertsatz.

3. [6]Übersteigt die Summe der Vomhundertsätze nach Nummer 1 aus unterschiedlichen Arbeitsverhältnissen 100, sind die einzelnen Leistungen im gleichen Verhältnis zu kürzen.

4. [7]Die Zusatzrente muss monatlich mindestens den Betrag erreichen, der sich auf Grund des Arbeitsverhältnisses nach der Versorgungsregelung als Versicherungsrente aus den jeweils maßgeblichen Vomhundertsätzen der zusatzversorgungspflichtigen Entgelte oder der gezahlten Beiträge und Erhöhungsbeträge ergibt.

5. [8]Die Vorschriften der Versorgungsregelung über das Erlöschen, das Ruhen und die Nichtleistung der Versorgungsrente gelten entsprechend. [9]Soweit die Versorgungsregelung eine Mindestleistung in Ruhensfällen vorsieht, gilt dies nur, wenn die Mindestleistung der Leistung im Sinne der Nummer 4 entspricht.

6. [10]Verstirbt die in Absatz 1 genannte Person, erhält eine Witwe oder ein Witwer 60 vom Hundert, eine Witwe oder ein Witwer im Sinne des § 46 Abs. 1 des Sechsten Buches Sozialgesetzbuch 42 vom Hundert, eine Halbwaise 12 vom Hundert und eine Vollwaise 20 vom Hundert der unter Berücksichtigung der in diesem Absatz genannten Maßgaben zu berechnenden Zusatzrente; die §§ 46, 48, 103 bis 105 des Sechsten Buches Sozialgesetzbuch sind entsprechend anzuwenden. [11]Die Leistungen an mehrere Hinterbliebene dürfen den Betrag der Zusatzrente nicht übersteigen; gegebenenfalls sind die Leistungen im gleichen Verhältnis zu kürzen.

7. [12]Versorgungsfall ist der Versicherungsfall im Sinne der Versorgungsregelung.

(3) Personen, auf die bis zur Beendigung ihres Arbeitsverhältnisses die Regelungen des Ersten Ruhegeldgesetzes, des Zweiten Ruhegeldgesetzes oder des Bremischen Ruhelohngesetzes in ihren jeweiligen Fassungen Anwendung gefunden haben, haben Anspruch gegenüber ihrem ehemaligen Arbeitgeber auf Leistungen in sinngemäßer Anwendung des Absatzes 2 mit Ausnahme von Absatz 2 Nr. 3 und 4 sowie Nr. 5 Satz 2; bei Anwendung des Zweiten Ruhegeldgesetzes bestimmt sich der monatliche Betrag der Zusatzrente abweichend von Absatz 2 nach der nach dem Zweiten Ruhegeldgesetz maßgebenden Berechnungsweise.

(4) Die Leistungen nach den Absätzen 2 und 3 werden, mit Ausnahme der Leistungen nach Absatz 2 Nr. 4, jährlich zum 1. Juli um 1 vom Hundert erhöht, soweit in diesem Jahr eine allgemeine Erhöhung der Versorgungsrenten erfolgt.

(5) Besteht bei Eintritt des Versorgungsfalles neben dem Anspruch auf Zusatzrente oder auf die in Absatz 3 oder Absatz 7 bezeichneten Leistungen auch Anspruch auf eine Versorgungsrente oder Versicherungsrente der in Absatz 1 Satz 1 Nr. 1 und 2 bezeichneten Zusatzversorgungseinrichtungen oder Anspruch auf entsprechende Versorgungsleistungen der Versorgungsanstalt der deutschen Kulturorchester oder der Versorgungsanstalt der deutschen Bühnen oder nach den Regelungen des Ersten Ruhegeldgesetzes, des Zweiten Ruhegeldgesetzes oder des Bremischen Ruhelohngesetzes, in deren Berechnung auch die der Zusatzrente zu Grunde liegenden Zeiten berücksichtigt sind, ist nur die im Zahlbetrag höhere Rente zu leisten.

(6) Eine Anwartschaft auf Zusatzrente nach Absatz 2 oder auf Leistungen nach Absatz 3 kann bei Übertritt der anwartschaftsberechtigten Person in ein Versorgungssystem einer überstaatlichen

Einrichtung in das Versorgungssystem dieser Einrichtung übertragen werden, wenn ein entsprechendes Abkommen zwischen der Zusatzversorgungseinrichtung oder der Freien und Hansestadt Hamburg oder der Freien Hansestadt Bremen und der überstaatlichen Einrichtung besteht.

(7) [1]Für Personen, die bei der Versorgungsanstalt der deutschen Kulturorchester oder der Versorgungsanstalt der deutschen Bühnen pflichtversichert sind, gelten die §§ 2 bis 5, 16, 27 und 28 nicht. [2]Bei Eintritt des Versorgungsfalles treten an die Stelle der Zusatzrente und der Leistungen an Hinterbliebene nach Absatz 2 und an die Stelle der Regelung in Absatz 4 die satzungsgemäß vorgesehenen Leistungen; Absatz 2 Nr. 5 findet entsprechend Anwendung. [3]Die Höhe der Leistungen kann nach dem Ausscheiden aus dem Beschäftigungsverhältnis nicht mehr geändert werden. [4]Als pflichtversichert gelten auch die freiwillig Versicherten der Versorgungsanstalt der deutschen Kulturorchester und der Versorgungsanstalt der deutschen Bühnen.

(8) Gegen Entscheidungen der Zusatzversorgungseinrichtungen über Ansprüche nach diesem Gesetz ist der Rechtsweg gegeben, der für Versicherte der Einrichtung gilt.

(9) Bei Personen, die aus einem Arbeitsverhältnis ausscheiden, in dem sie nach § 5 Abs. 1 Satz 1 Nr. 2 des Sechsten Buches Sozialgesetzbuch versicherungsfrei waren, dürfen die Ansprüche nach § 2 Abs. 1 Satz 1 und 2 nicht hinter dem Rentenanspruch zurückbleiben, der sich ergeben hätte, wenn der Arbeitnehmer für die Zeit der versicherungsfreien Beschäftigung in der gesetzlichen Rentenversicherung nachversichert worden wäre; die Vergleichsberechnung ist im Versorgungsfall auf Grund einer Auskunft der Deutschen Rentenversicherung Bund vorzunehmen.

§ 18a BetrAVG
Verjährung

[1]Der Anspruch auf Leistungen aus der betrieblichen Altersversorgung verjährt in 30 Jahren. [2]Ansprüche auf regelmäßig wiederkehrende Leistungen unterliegen der regelmäßigen Verjährungsfrist nach den Vorschriften des Bürgerlichen Gesetzbuchs.

Dritter Teil – Übergangs- und Schlussschlussvorschriften

§ 26 BetrAVG
(Beendigung des Arbeits-/Dienstverhältnisses)

Die §§ 1 bis 4 und 18 gelten nicht, wenn das Arbeitsverhältnis oder Dienstverhältnis vor dem In-Kraft-Treten des Gesetzes beendet worden ist.

§ 27 BetrAVG
(Höhe der unverfallbaren Anwartschaft)

§ 2 Abs. 2 Satz 2 Nr. 2 und 3 und Abs. 3 Satz 2 Nr. 1 und 2 gelten in Fällen, in denen vor dem In-Kraft-Treten des Gesetzes die Direktversicherung abgeschlossen worden ist oder die Versicherung des Arbeitnehmers bei einer Pensionskasse begonnen hat, mit der Maßgabe, dass die in diesen Vorschriften genannten Voraussetzungen spätestens für die Zeit nach Ablauf eines Jahres seit dem In-Kraft-Treten des Gesetzes erfüllt sein müssen.

§ 28 BetrAVG
(Auszehrung und Anrechnung)

§ 5 gilt für Fälle, in denen der Versorgungsfall vor dem In-Kraft-Treten des Gesetzes eingetreten ist, mit der Maßgabe, dass diese Vorschrift bei der Berechnung der nach dem In-Kraft-Treten des Gesetzes fällig werdenden Versorgungsleistungen anzuwenden ist.

§ 29 BetrAVG
(Vorzeitige Altersleistung)

§ 6 gilt für die Fälle, in denen das Altersruhegeld der gesetzlichen Rentenversicherung bereits vor dem In-Kraft-Treten des Gesetzes in Anspruch genommen worden ist, mit der Maßgabe, dass die

Leistungen der betrieblichen Altersversorgung vom In-Kraft-Treten des Gesetzes an zu gewähren sind.

§ 30 BetrAVG
(Insolvenzsicherung)

¹Ein Anspruch gegen den Träger der Insolvenzsicherung nach § 7 besteht nur, wenn der Sicherungsfall nach dem In-Kraft-Treten der §§ 7 bis 15 eingetreten ist; er kann erstmals nach dem Ablauf von sechs Monaten nach diesem Zeitpunkt geltend gemacht werden. ²Die Beitragspflicht des Arbeitgebers beginnt mit dem In-Kraft-Treten der §§ 7 bis 15.

§ 30a BetrAVG
(Leistungen der betrieblichen Altersversorgung für nach dem 17. 5. 1990 zurückgelegte Beschäftigungszeiten)

(1) ¹Männlichen Arbeitnehmern,
1. die vor dem 1. Januar 1952 geboren sind,
2. die das 60. Lebensjahr vollendet haben,
3. die nach Vollendung des 40. Lebensjahres mehr als 10 Jahre Pflichtbeiträge für eine in der gesetzlichen Rentenversicherung versicherte Beschäftigung oder Tätigkeit nach den Vorschriften des Sechsten Buches Sozialgesetzbuch haben,
4. die die Wartezeit von 15 Jahren in der gesetzlichen Rentenversicherung erfüllt haben und
5. deren Arbeitsentgelt oder Arbeitseinkommen die Hinzuverdienstgrenze nach § 34 Abs. 3 Nr. 1 des Sechsten Buches Sozialgesetzbuch nicht überschreitet,

sind auf deren Verlangen nach Erfüllung der Wartezeit und sonstiger Leistungsvoraussetzungen der Versorgungsregelung für nach dem 17. Mai 1990 zurückgelegte Beschäftigungszeiten Leistungen der betrieblichen Altersversorgung zu gewähren. ²§ 6 Satz 3 gilt entsprechend.

(2) Haben der Arbeitnehmer oder seine anspruchsberechtigten Angehörigen vor dem 17. Mai 1990 gegen die Versagung der Leistungen der betrieblichen Altersversorgung Rechtsmittel eingelegt, ist Absatz 1 für Beschäftigungszeiten nach dem 8. April 1976 anzuwenden.

(3) Die Vorschriften des Bürgerlichen Gesetzbuchs über die Verjährung von Ansprüchen aus dem Arbeitsverhältnis bleiben unberührt.

§ 30b BetrAVG
(Übertragung)

§ 4 Abs. 3 gilt nur für Zusagen, die nach dem 31. Dezember 2004 erteilt wurden.

§ 30c BetrAVG
(Anpassungsprüfungspflicht)

(1) § 16 Abs. 3 Nr. 1 gilt nur für laufende Leistungen, die auf Zusagen beruhen, die nach dem 31. Dezember 1998 erteilt werden.

(2) § 16 Abs. 4 gilt nicht für vor dem 1. Januar 1999 zu Recht unterbliebene Anpassungen.

(3) § 16 Abs. 5 gilt nur für laufende Leistungen, die auf Zusagen beruhen, die nach dem 31. Dezember 2000 erteilt werden.

(4) Für die Erfüllung der Anpassungsprüfungspflicht für Zeiträume vor dem 1. Januar 2003 gilt § 16 Abs. 2 Nr. 1 mit der Maßgabe, dass an die Stelle des Verbraucherpreisindexes für Deutschland der Preisindex für die Lebenshaltung von 4-Personen-Haushalten von Arbeitern und Angestellten mit mittlerem Einkommen tritt.

§ 30d BetrAVG
(Übergangsregelung zu § 18)

(1) ¹Ist der Versorgungsfall vor dem 1. Januar 2001 eingetreten oder ist der Arbeitnehmer vor dem 1. Januar 2001 aus dem Beschäftigungsverhältnis bei einem öffentlichen Arbeitgeber ausgeschieden und der Versorgungsfall nach dem 31. Dezember 2000 eingetreten, sind für die Berechnung der Voll-Leistung die Regelungen der Zusatzversorgungseinrichtungen nach § 18 Abs. 1 Satz 1 Nr. 1 und 2 oder die Gesetze im Sinne des § 18 Abs. 1 Satz 1 Nr. 3 sowie die weiteren Berechnungsfaktoren jeweils in der am 31. Dezember 2000 geltenden Fassung maßgebend; § 18 Abs. 2 Nr. 1 Buchstabe b bleibt unberührt. ²Die Steuerklasse III/0 ist zu Grunde zu legen. ³Ist der Versorgungsfall vor dem 1. Januar 2001 eingetreten, besteht der Anspruch auf Zusatzrente mindestens in der Höhe, wie er sich aus § 18 in der Fassung vom 16. Dezember 1997 (BGBl. I S. 2998) ergibt.

(2) Die Anwendung des § 18 ist in den Fällen des Absatzes 1 ausgeschlossen, soweit eine Versorgungsrente der in § 18 Abs. 1 Satz 1 Nr. 1 und 2 bezeichneten Zusatzversorgungseinrichtungen oder eine entsprechende Leistung auf Grund der Regelungen des Ersten Ruhegeldgesetzes, des Zweiten Ruhegeldgesetzes oder des Bremischen Ruhelohngesetzes bezogen wird, oder eine Versicherungsrente abgefunden wurde.

(3) ²Für Arbeitnehmer im Sinne des § 18 Abs. 1 Satz 1 Nr. 4, 5 und 6 in der bis zum 31. Dezember 1998 geltenden Fassung, für die bis zum 31. Dezember 1998 ein Anspruch auf Nachversicherung nach § 18 Abs. 6 entstanden ist, gilt Absatz 1 Satz 1 für die auf Grund der Nachversicherung zu ermittelnde Voll-Leistung entsprechend mit der Maßgabe, dass sich der nach § 2 zu ermittelnde Anspruch gegen den ehemaligen Arbeitgeber richtet. ³Für den nach § 2 zu ermittelnden Anspruch gilt § 18 Abs. 2 Nr. 1 Buchstabe b entsprechend; für die übrigen Bemessungsfaktoren ist auf die Rechtslage am 31. Dezember 2000 abzustellen. ⁴Leistungen der gesetzlichen Rentenversicherung, die auf einer Nachversicherung wegen Ausscheidens aus einem Dienstordnungsverhältnis beruhen, und Leistungen, die die zuständige Versorgungseinrichtung auf Grund von Nachversicherungen im Sinne des § 18 Abs. 6 in der am 31. Dezember 1998 geltenden Fassung gewährt, werden auf den Anspruch nach § 2 angerechnet. ⁵Hat das Arbeitsverhältnis im Sinne des § 18 Abs. 9 bereits am 31. Dezember 1998 bestanden, ist in die Vergleichsberechnung nach § 18 Abs. 9 auch die Zusatzrente nach § 18 in der bis zum 31. Dezember 1998 geltenden Fassung einzubeziehen.

§ 30e BetrAVG
(Zusage des Arbeitgebers auf betriebliche Altersversorgung)

(1) § 1 Abs. 2 Nr. 4 zweiter Halbsatz gilt für Zusagen, die nach dem 31. Dezember 2002 erteilt werden.

(2) ¹§ 1 Abs. 2 Nr. 4 zweiter Halbsatz findet auf Pensionskassen, deren Leistungen der betrieblichen Altersversorgung durch Beiträge der Arbeitnehmer und Arbeitgeber gemeinsam finanziert und die als beitragsorientierte Leistungszusage oder als Leistungszusage durchgeführt werden, mit der Maßgabe Anwendung, dass dem ausgeschiedenen Arbeitnehmer das Recht zur Fortführung mit eigenen Beiträgen nicht eingeräumt werden und eine Überschussverwendung gemäß § 1b Abs. 5 Nr. 1 nicht erfolgen muss. ²Wird dem ausgeschiedenen Arbeitnehmer ein Recht zur Fortführung nicht eingeräumt, gilt für die Höhe der unverfallbaren Anwartschaft § 2 Abs. 5a entsprechend. ³Für die Anpassung laufender Leistungen gelten die Regelungen nach § 16 Abs. 1 bis 4. ⁴Die Regelung in Absatz 1 bleibt unberührt.

§ 30f BetrAVG
(Unverfallbarkeit der betrieblichen Altersversorgung)

(1) ¹Wenn Leistungen der betrieblichen Altersversorgung vor dem 1. Januar 2001 zugesagt worden sind, ist § 1b Abs. 1 mit der Maßgabe anzuwenden, dass die Anwartschaft erhalten bleibt, wenn das Arbeitsverhältnis vor Eintritt des Versorgungsfalles, jedoch nach Vollendung des 35. Lebensjahres endet und die Versorgungszusage zu diesem Zeitpunkt

1. mindestens zehn Jahre oder
2. bei mindestens zwölfjähriger Betriebszugehörigkeit mindestens drei Jahre

bestanden hat; in diesen Fällen bleibt die Anwartschaft auch erhalten, wenn die Zusage ab dem 1. Januar 2001 fünf Jahre bestanden hat und bei Beendigung des Arbeitsverhältnisses das 30. Lebensjahr vollendet ist. ²§ 1b Abs. 5 findet für Anwartschaften aus diesen Zusagen keine Anwendung.

(2) Wenn Leistungen der betrieblichen Altersversorgung vor dem 1. Januar 2009 und nach dem 31. Dezember 2000 zugesagt worden sind, ist § 1b Abs. 1 Satz 1 mit der Maßgabe anzuwenden, dass die Anwartschaft erhalten bleibt, wenn das Arbeitsverhältnis vor Eintritt des Versorgungsfalls, jedoch nach Vollendung des 30. Lebensjahres endet und die Versorgungszusage zu diesem Zeitpunkt fünf Jahre bestanden hat; in diesen Fällen bleibt die Anwartschaft auch erhalten, wenn die Zusage ab dem 1. Januar 2009 fünf Jahre bestanden hat und bei Beendigung des Arbeitsverhältnisses das 25. Lebensjahr vollendet ist.

§ 30g BetrAVG
(Höhe der unverfallbaren Anwartschaft, Abfindung)

(1) ¹§ 2 Abs. 5a gilt nur für Anwartschaften, die auf Zusagen beruhen, die nach dem 31. Dezember 2000 erteilt worden sind. ²Im Einvernehmen zwischen Arbeitgeber und Arbeitnehmer kann § 2 Abs. 5a auch auf Anwartschaften angewendet werden, die auf Zusagen beruhen, die vor dem 1. Januar 2001 erteilt worden sind.

(2) § 3 findet keine Anwendung auf laufende Leistungen, die vor dem 1. Januar 2005 erstmals gezahlt worden sind.

§ 30h BetrAVG
(Tariföffnungsklausel)

§ 17 Abs. 5 gilt für Entgeltumwandlungen, die auf Zusagen beruhen, die nach dem 29. Juni 2001 erteilt werden.

§ 30i BetrAVG
(Umstellung auf vollständige Kapitaldeckung für Anwartschaften aus früheren Insolvenzen)

(1) ¹Der Barwert der bis zum 31. Dezember 2005 aufgrund eingetretener Insolvenzen zu sichernden Anwartschaften wird einmalig auf die beitragspflichtigen Arbeitgeber entsprechend § 10 Abs. 3 umgelegt und vom Träger der Insolvenzsicherung nach Maßgabe der Beträge zum Schluss des Wirtschaftsjahres, das im Jahr 2004 geendet hat, erhoben. ²Der Rechnungszinsfuß bei der Berechnung des Barwerts beträgt 3,67 vom Hundert.

(2) ¹Der Betrag ist in 15 gleichen Raten fällig. ²Die erste Rate wird am 31. März 2007 fällig, die weiteren zum 31. März der folgenden Kalenderjahre. ³Bei vorfälliger Zahlung erfolgt eine Diskontierung der einzelnen Jahresraten mit dem zum Zeitpunkt der Zahlung um ein Drittel erhöhten Rechnungszinsfuß nach § 65 des Versicherungsaufsichtsgesetzes, wobei nur volle Monate berücksichtigt werden.

(3) Der abgezinste Gesamtbetrag ist gemäß Absatz 2 am 31. März 2007 fällig, wenn die sich ergebende Jahresrate nicht höher als 50 Euro ist.

(4) Insolvenzbedingte Zahlungsausfälle von ausstehenden Raten werden im Jahr der Insolvenz in die erforderlichen jährlichen Beiträge gemäß § 10 Abs. 2 eingerechnet.

§ 31 BetrAVG
(Anwendbarkeit auf Sicherungsfälle)

Auf Sicherungsfälle, die vor dem 1. Januar 1999 eingetreten sind, ist dieses Gesetz in der bis zu diesem Zeitpunkt geltenden Fassung anzuwenden.

§ 32 BetrAVG
(Inkrafttreten)

¹Dieses Gesetz tritt vorbehaltlich des Satzes 2 am Tage nach seiner Verkündung in Kraft. ²Die §§ 7 bis 15 treten am 1. Januar 1975 in Kraft.

EStG (Auszug)

Einkommensteuergesetz (EStG)

In der Fassung der Bekanntmachung vom 8. Oktober 2009 (BGBl. I S. 3366, 3862)

Zuletzt geändert durch Artikel 1 des Gesetzes vom 20. Februar 2013 (BGBl. I S. 285)

II. Einkommen

2. Steuerfreie Einnahmen

§ 3 EStG
Arten der steuerfreien Einnahmen

Steuerfrei sind
1. a) Leistungen aus einer Krankenversicherung, aus einer Pflegeversicherung und aus der gesetzlichen Unfallversicherung,
   b) Sachleistungen und Kinderzuschüsse aus den gesetzlichen Rentenversicherungen einschließlich der Sachleistungen nach dem Gesetz über die Alterssicherung der Landwirte,
   c) Übergangsgeld nach dem Sechsten Buch Sozialgesetzbuch und Geldleistungen nach den §§ 10, 36 bis 39 des Gesetzes über die Alterssicherung der Landwirte,
   d) das Mutterschaftsgeld nach dem Mutterschutzgesetz, der Reichsversicherungsordnung und dem Gesetz über die Krankenversicherung der Landwirte, die Sonderunterstützung für im Familienhaushalt beschäftigte Frauen, der Zuschuss zum Mutterschaftsgeld nach dem Mutterschutzgesetz sowie der Zuschuss bei Beschäftigungsverboten für die Zeit vor oder nach einer Entbindung sowie für den Entbindungstag während einer Elternzeit nach beamtenrechtlichen Vorschriften;
2. das Arbeitslosengeld, das Teilarbeitslosengeld, das Kurzarbeitergeld, das Winterausfallgeld, die Arbeitslosenhilfe, der Zuschuss zum Arbeitsentgelt, das Übergangsgeld, das Unterhaltsgeld, die Eingliederungshilfe, das Überbrückungsgeld, der Gründungszuschuss, der Existenzgründungszuschuss nach dem Dritten Buch Sozialgesetzbuch oder dem Arbeitsförderungsgesetz sowie das aus dem Europäischen Sozialfonds finanzierte Unterhaltsgeld und die aus Landesmitteln ergänzten Leistungen aus dem Europäischen Sozialfonds zur Aufstockung des Überbrückungsgeldes nach dem Dritten Buch Sozialgesetzbuch oder dem Arbeitsförderungsgesetz und die übrigen Leistungen nach dem Dritten Buch Sozialgesetzbuch oder dem Arbeitsförderungsgesetz und den entsprechenden Programmen des Bundes und der Länder, soweit sie Arbeitnehmern oder Arbeitsuchenden oder zur Förderung der Ausbildung oder Fortbildung der Empfänger gewährt werden, sowie Leistungen auf Grund der in § 141m Absatz 1 und § 141n Absatz 2 des Arbeitsförderungsgesetzes oder § 169 und § 175 Absatz 2 des Dritten Buches Sozialgesetzbuch genannten Ansprüche, Leistungen auf Grund der in § 115 Absatz 1 des Zehnten Buches Sozialgesetzbuch in Verbindung mit § 117 Absatz 4 Satz 1 oder § 134 Absatz 4, § 160 Absatz 1 Satz 1 und § 166a des Arbeitsförderungsgesetzes oder in Verbindung mit § 157 Absatz 3 oder § 198 Satz 2 Nummer 6, § 335 Absatz 3 des Dritten Buches Sozialgesetzbuch genannten Ansprüche, wenn über das Vermögen des ehemaligen Arbeitgebers des Arbeitslosen das Konkursverfahren, Gesamtvollstreckungsverfahren oder Insolvenzverfahren eröffnet worden ist oder einer der Fälle des § 141b Absatz 3 des Arbeitsförderungsgesetzes oder des § 165 Absatz 1 Nummer 2 oder 3 des Dritten Buches Sozialgesetzbuch vorliegt, und der Altersübergangsgeld-Ausgleichsbetrag nach

§ 249e Absatz 4a des Arbeitsförderungsgesetzes in der bis zum 31. Dezember 1997 geltenden Fassung;

2a. die Arbeitslosenbeihilfe und die Arbeitslosenhilfe nach dem Soldatenversorgungsgesetz;

2b. Leistungen zur Sicherung des Lebensunterhalts und zur Eingliederung in Arbeit nach dem Zweiten Buch Sozialgesetzbuch;

3. a) Rentenabfindungen nach § 107 des Sechsten Buches Sozialgesetzbuch, nach § 21 des Beamtenversorgungsgesetzes oder entsprechendem Landesrecht und nach § 43 des Soldatenversorgungsgesetzes in Verbindung mit § 21 des Beamtenversorgungsgesetzes,

   b) Beitragserstattungen an den Versicherten nach den §§ 210 und 286d des Sechsten Buches Sozialgesetzbuch sowie nach den §§ 204, 205 und 207 des Sechsten Buches Sozialgesetzbuch, Beitragserstattungen nach den §§ 75 und 117 des Gesetzes über die Alterssicherung der Landwirte und nach § 26 des Vierten Buches Sozialgesetzbuch,

   c) Leistungen aus berufsständischen Versorgungseinrichtungen, die den Leistungen nach den Buchstaben a und b entsprechen,

   d) Kapitalabfindungen und Ausgleichszahlungen nach § 48 des Beamtenversorgungsgesetzes oder entsprechendem Landesrecht und nach den §§ 28 bis 35 und 38 des Soldatenversorgungsgesetzes;

4. bei Angehörigen der Bundeswehr, der Bundespolizei, des Zollfahndungsdienstes, der Bereitschaftspolizei der Länder, der Vollzugspolizei und der Berufsfeuerwehr der Länder und Gemeinden und bei Vollzugsbeamten der Kriminalpolizei des Bundes, der Länder und Gemeinden

   a) der Geldwert der ihnen aus Dienstbeständen überlassenen Dienstkleidung,

   b) Einkleidungsbeihilfen und Abnutzungsentschädigungen für die Dienstkleidung der zum Tragen oder Bereithalten von Dienstkleidung Verpflichteten und für dienstlich notwendige Kleidungsstücke der Vollzugsbeamten der Kriminalpolizei, und der Zollfahndungsbeamten,

   c) im Einsatz gewährte Verpflegung oder Verpflegungszuschüsse,

   d) der Geldwert der auf Grund gesetzlicher Vorschriften gewährten Heilfürsorge;

5. die Geld- und Sachbezüge sowie die Heilfürsorge, die Soldaten auf Grund des § 1 Absatz 1 Satz 1 des Wehrsoldgesetzes und Zivildienstleistende auf Grund des § 35 des Zivildienstgesetzes erhalten;

6. Bezüge, die auf Grund gesetzlicher Vorschriften aus öffentlichen Mitteln versorgungshalber an Wehrdienstbeschädigte und Zivildienstbeschädigte oder ihre Hinterbliebenen, Kriegsbeschädigte, Kriegshinterbliebene und ihnen gleichgestellte Personen gezahlt werden, soweit es sich nicht um Bezüge handelt, die auf Grund der Dienstzeit gewährt werden;

7. Ausgleichsleistungen nach dem Lastenausgleichsgesetz, Leistungen nach dem Flüchtlingshilfegesetz, dem Bundesvertriebenengesetz, dem Reparationsschädengesetz, dem Vertriebenenzuwendungsgesetz, dem NS-Verfolgtenentschädigungsgesetz sowie Leistungen nach dem Entschädigungsgesetz und nach dem Ausgleichsleistungsgesetz, soweit sie nicht Kapitalerträge im Sinne des § 20 Absatz 1 Nummer 7 und Absatz 2 sind;

8. Geldrenten, Kapitalentschädigungen und Leistungen im Heilverfahren, die auf Grund gesetzlicher Vorschriften zur Wiedergutmachung nationalsozialistischen Unrechts gewährt werden. ²Die Steuerpflicht von Bezügen aus einem aus Wiedergutmachungsgründen neu begründeten oder wieder begründeten Dienstverhältnis sowie von Bezügen aus einem früheren Dienstverhältnis, die aus Wiedergutmachungsgründen neu gewährt oder wieder gewährt werden, bleibt unberührt;

8a. Renten wegen Alters und Renten wegen verminderter Erwerbsfähigkeit aus der gesetzlichen Rentenversicherung, die an Verfolgte im Sinne des § 1 des Bundesentschädigungsgesetzes gezahlt werden, wenn rentenrechtliche Zeiten auf Grund der Verfolgung in der Rente enthalten sind. ²Renten wegen Todes aus der gesetzlichen Rentenversicherung, wenn der verstorbene Versicherte Verfolgter im Sinne des § 1 des Bundesentschädigungsgesetzes war und wenn rentenrechtliche Zeiten auf Grund der Verfolgung in dieser Rente enthalten sind;

9. Erstattungen nach § 23 Absatz 2 Satz 1 Nummer 3 und 4 sowie nach § 39 Absatz 4 Satz 2 des Achten Buches Sozialgesetzbuch;

10. Einnahmen einer Gastfamilie für die Aufnahme eines behinderten oder von Behinderung bedrohten Menschen nach § 2 Absatz 1 des Neunten Buches Sozialgesetzbuch zur Pflege, Betreuung, Unterbringung und Verpflegung, die auf Leistungen eines Leistungsträgers nach dem Sozialgesetzbuch beruhen. ²Für Einnahmen im Sinne des Satzes 1, die nicht auf Leistungen eines Leistungsträgers nach dem Sozialgesetzbuch beruhen, gilt Entsprechendes bis zur Höhe der Leistungen nach dem Zwölften Buch Sozialgesetzbuch. ³Überschreiten die auf Grund der in Satz 1 bezeichneten Tätigkeit bezogenen Einnahmen der Gastfamilie den steuerfreien Betrag, dürfen die mit der Tätigkeit in unmittelbarem wirtschaftlichen Zusammenhang stehenden Ausgaben abweichend von § 3c nur insoweit als Betriebsausgaben abgezogen werden, als sie den Betrag der steuerfreien Einnahmen übersteigen;
11. Bezüge aus öffentlichen Mitteln oder aus Mitteln einer öffentlichen Stiftung, die wegen Hilfsbedürftigkeit oder als Beihilfe zu dem Zweck bewilligt werden, die Erziehung oder Ausbildung, die Wissenschaft oder Kunst unmittelbar zu fördern. ²Darunter fallen nicht Kinderzuschläge und Kinderbeihilfen, die auf Grund der Besoldungsgesetze, besonderer Tarife oder ähnlicher Vorschriften gewährt werden. ³Voraussetzung für die Steuerfreiheit ist, dass der Empfänger mit den Bezügen nicht zu einer bestimmten wissenschaftlichen oder künstlerischen Gegenleistung oder zu einer bestimmten Arbeitnehmertätigkeit verpflichtet wird. ⁴Den Bezügen aus öffentlichen Mitteln wegen Hilfsbedürftigkeit gleichgestellt sind Beitragsermäßigungen und Prämienrückzahlungen eines Trägers der gesetzlichen Krankenversicherung für nicht in Anspruch genommene Beihilfeleistungen;
12. aus einer Bundeskasse oder Landeskasse gezahlte Bezüge, die in einem Bundesgesetz oder Landesgesetz oder einer auf bundesgesetzlicher oder landesgesetzlicher Ermächtigung beruhenden Bestimmung oder von der Bundesregierung oder einer Landesregierung als Aufwandsentschädigung festgesetzt sind und als Aufwandsentschädigung im Haushaltsplan ausgewiesen werden. ²Das Gleiche gilt für andere Bezüge, die als Aufwandsentschädigung aus öffentlichen Kassen an öffentliche Dienste leistende Personen gezahlt werden, soweit nicht festgestellt wird, dass sie für Verdienstausfall oder Zeitverlust gewährt werden oder den Aufwand, der dem Empfänger erwächst, offenbar übersteigen;
13. die aus öffentlichen Kassen gezahlten Reisekostenvergütungen, Umzugskostenvergütungen und Trennungsgelder. ²Die als Reisekostenvergütungen gezahlten Vergütungen für Verpflegungsmehraufwendungen sind nur insoweit steuerfrei, als sie die Pauschbeträge nach § 4 Absatz 5 Satz 1 Nummer 5 nicht übersteigen; Trennungsgelder sind nur insoweit steuerfrei, als sie die nach § 9 Absatz 1 Satz 3 Nummer 5 und Absatz 5 sowie § 4 Absatz 5 Satz 1 Nummer 5 abziehbaren Aufwendungen nicht übersteigen;
14. Zuschüsse eines Trägers der gesetzlichen Rentenversicherung zu den Aufwendungen eines Rentners für seine Krankenversicherung und von dem gesetzlichen Rentenversicherungsträger getragene Anteile (§ 249a des Fünften Buches Sozialgesetzbuch) an den Beiträgen für die gesetzliche Krankenversicherung;
15. (weggefallen)
16. die Vergütungen, die Arbeitnehmer außerhalb des öffentlichen Dienstes von ihrem Arbeitgeber zur Erstattung von Reisekosten, Umzugskosten oder Mehraufwendungen bei doppelter Haushaltsführung erhalten, soweit sie die beruflich veranlassten Mehraufwendungen, bei Verpflegungsmehraufwendungen die Pauschbeträge nach § 4 Absatz 5 Satz 1 Nummer 5 und bei Familienheimfahrten mit dem eigenen oder außerhalb des Dienstverhältnisses zur Nutzung überlassenen Kraftfahrzeug die Pauschbeträge nach § 9 Absatz 1 Satz 3 Nummer 4 nicht übersteigen ; Vergütungen zur Erstattung von Mehraufwendungen bei doppelter Haushaltsführung sind nur insoweit steuerfrei, als sie die nach § 9 Absatz 1 Satz 3 Nummer 5 und Absatz 5 sowie § 4 Absatz 5 Satz 1 Nummer 5 abziehbaren Aufwendungen nicht übersteigen;
17. Zuschüsse zum Beitrag nach § 32 des Gesetzes über die Alterssicherung der Landwirte;
18. das Aufgeld für ein an die Bank für Vertriebene und Geschädigte (Lastenausgleichsbank) zugunsten des Ausgleichsfonds (§ 5 des Lastenausgleichsgesetzes) gegebenes Darlehen, wenn das Darlehen nach § 7f des Gesetzes in der Fassung der Bekanntmachung vom 15. September 1953 (BGBl. I S. 1355) im Jahr der Hingabe als Betriebsausgabe abzugsfähig war;

19. (weggefallen)
20. die aus öffentlichen Mitteln des Bundespräsidenten aus sittlichen oder sozialen Gründen gewährten Zuwendungen an besonders verdiente Personen oder ihre Hinterbliebenen;
21. (weggefallen)
22. (weggefallen)
23. die Leistungen nach dem Häftlingshilfegesetz, dem Strafrechtlichen Rehabilitierungsgesetz, dem Verwaltungsrechtlichen Rehabilitierungsgesetz und dem Beruflichen Rehabilitierungsgesetz;
24. Leistungen, die auf Grund des Bundeskindergeldgesetzes gewährt werden;
25. Entschädigungen nach dem Infektionsschutzgesetz vom 20. Juli 2000 (BGBl. I S. 1045);
26. Einnahmen aus nebenberuflichen Tätigkeiten als Übungsleiter, Ausbilder, Erzieher, Betreuer oder vergleichbaren nebenberuflichen Tätigkeiten, aus nebenberuflichen künstlerischen Tätigkeiten oder der nebenberuflichen Pflege alter, kranker oder behinderter Menschen im Dienst oder im Auftrag einer juristischen Person des öffentlichen Rechts, die in einem Mitgliedstaat der Europäischen Union oder in einem Staat belegen ist, auf den das Abkommen über den Europäischen Wirtschaftsraum Anwendung findet, oder einer unter § 5 Absatz 1 Nummer 9 des Körperschaftsteuergesetzes fallenden Einrichtung zur Förderung gemeinnütziger, mildtätiger und kirchlicher Zwecke (§§ 52 bis 54 der Abgabenordnung) bis zur Höhe von insgesamt 2.100 Euro im Jahr. ²Überschreiten die Einnahmen für die in Satz 1 bezeichneten Tätigkeiten den steuerfreien Betrag, dürfen die mit den nebenberuflichen Tätigkeiten in unmittelbarem wirtschaftlichen Zusammenhang stehenden Ausgaben abweichend von § 3c nur insoweit als Betriebsausgaben oder Werbungskosten abgezogen werden, als sie den Betrag der steuerfreien Einnahmen übersteigen;
26a. Einnahmen aus nebenberuflichen Tätigkeiten im Dienst oder Auftrag einer juristischen Person des öffentlichen Rechts, die in einem Mitgliedstaat der Europäischen Union oder in einem Staat belegen ist, auf den das Abkommen über den Europäischen Wirtschaftsraum Anwendung findet, oder einer unter § 5 Absatz 1 Nummer 9 des Körperschaftsteuergesetzes fallenden Einrichtung zur Förderung gemeinnütziger, mildtätiger und kirchlicher Zwecke (§§ 52 bis 54 der Abgabenordnung) bis zur Höhe von insgesamt 500 Euro im Jahr. ²Die Steuerbefreiung ist ausgeschlossen, wenn für die Einnahmen aus der Tätigkeit - ganz oder teilweise - eine Steuerbefreiung nach § 3 Nummer 12, 26 oder 26b gewährt wird. ³Überschreiten die Einnahmen für die in Satz 1 bezeichneten Tätigkeiten den steuerfreien Betrag, dürfen die mit den nebenberuflichen Tätigkeiten in unmittelbarem wirtschaftlichen Zusammenhang stehenden Ausgaben abweichend von § 3c nur insoweit als Betriebsausgaben oder Werbungskosten abgezogen werden, als sie den Betrag der steuerfreien Einnahmen übersteigen;
26b. Aufwandsentschädigungen nach § 1835a des Bürgerlichen Gesetzbuchs, soweit sie zusammen mit den steuerfreien Einnahmen im Sinne der Nummer 26 den Freibetrag nach Nummer 26 Satz 1 nicht überschreiten. ²Nummer 26 Satz 2 gilt entsprechend;
27. der Grundbetrag der Produktionsaufgaberente und das Ausgleichsgeld nach dem Gesetz zur Förderung der Einstellung der landwirtschaftlichen Erwerbstätigkeit bis zum Höchstbetrag von 18.407 Euro;
28. die Aufstockungsbeträge im Sinne des § 3 Absatz 1 Nummer 1 Buchstabe a sowie die Beiträge und Aufwendungen im Sinne des § 3 Absatz 1 Nummer 1 Buchstabe b und des § 4 Absatz 2 des Altersteilzeitgesetzes, die Zuschläge, die versicherungsfrei Beschäftigte im Sinne des § 27 Absatz 1 Nummer 1 bis 3 des Dritten Buches Sozialgesetzbuch zur Aufstockung der Bezüge bei Altersteilzeit nach beamtenrechtlichen Vorschriften oder Grundsätzen erhalten sowie die Zahlungen des Arbeitgebers zur Übernahme der Beiträge im Sinne des § 187a des Sechsten Buches Sozialgesetzbuch, soweit sie 50 Prozent der Beiträge nicht übersteigen;
29. das Gehalt und die Bezüge,
    a) die die diplomatischen Vertreter ausländischer Staaten, die ihnen zugewiesenen Beamten und die in ihren Diensten stehenden Personen erhalten. ²Dies gilt nicht für deutsche Staatsangehörige oder für im Inland ständig ansässige Personen;
    b) der Berufskonsuln, der Konsulatsangehörigen und ihres Personals, soweit sie Angehörige des Entsendestaates sind. ²Dies gilt nicht für Personen, die im Inland ständig ansässig sind oder

außerhalb ihres Amtes oder Dienstes einen Beruf, ein Gewerbe oder eine andere gewinnbringende Tätigkeit ausüben;
30. Entschädigungen für die betriebliche Benutzung von Werkzeugen eines Arbeitnehmers (Werkzeuggeld), soweit sie die entsprechenden Aufwendungen des Arbeitnehmers nicht offensichtlich übersteigen;
31. die typische Berufskleidung, die der Arbeitgeber seinem Arbeitnehmer unentgeltlich oder verbilligt überlässt; dasselbe gilt für eine Barablösung eines nicht nur einzelvertraglichen Anspruchs auf Gestellung von typischer Berufskleidung, wenn die Barablösung betrieblich veranlasst ist und die entsprechenden Aufwendungen des Arbeitnehmers nicht offensichtlich übersteigt;
32. die unentgeltliche oder verbilligte Sammelbeförderung eines Arbeitnehmers zwischen Wohnung und Arbeitsstätte mit einem vom Arbeitgeber gestellten Beförderungsmittel, soweit die Sammelbeförderung für den betrieblichen Einsatz des Arbeitnehmers notwendig ist;
33. zusätzlich zum ohnehin geschuldeten Arbeitslohn erbrachte Leistungen des Arbeitgebers zur Unterbringung und Betreuung von nicht schulpflichtigen Kindern der Arbeitnehmer in Kindergärten oder vergleichbaren Einrichtungen;
34. zusätzlich zum ohnehin geschuldeten Arbeitslohn erbrachte Leistungen des Arbeitgebers zur Verbesserung des allgemeinen Gesundheitszustands und der betrieblichen Gesundheitsförderung, die hinsichtlich Qualität, Zweckbindung und Zielgerichtetheit den Anforderungen der §§ 20 und 20a des Fünften Buches Sozialgesetzbuch genügen, soweit sie 500 Euro im Kalenderjahr nicht übersteigen;
35. die Einnahmen der bei der Deutsche Post AG, Deutsche Postbank AG oder Deutsche Telekom AG beschäftigten Beamten, soweit die Einnahmen ohne Neuordnung des Postwesens und der Telekommunikation nach den Nummern 11 bis 13 und 64 steuerfrei wären;
36. Einnahmen für Leistungen zur Grundpflege oder hauswirtschaftlichen Versorgung bis zur Höhe des Pflegegeldes nach § 37 des Elften Buches Sozialgesetzbuch, wenn diese Leistungen von Angehörigen des Pflegebedürftigen oder von anderen Personen, die damit eine sittliche Pflicht im Sinne des § 33 Absatz 2 gegenüber dem Pflegebedürftigen erfüllen, erbracht werden. ²Entsprechendes gilt, wenn der Pflegebedürftige Pflegegeld aus privaten Versicherungsverträgen nach den Vorgaben des Elften Buches Sozialgesetzbuch oder eine Pauschalbeihilfe nach Beihilfevorschriften für häusliche Pflege erhält;
37. (weggefallen)
38. Sachprämien, die der Steuerpflichtige für die persönliche Inanspruchnahme von Dienstleistungen von Unternehmen unentgeltlich erhält, die diese zum Zwecke der Kundenbindung im allgemeinen Geschäftsverkehr in einem jedermann zugänglichen planmäßigen Verfahren gewähren, soweit der Wert der Prämien 1.080 Euro im Kalenderjahr nicht übersteigt;
39. der Vorteil des Arbeitnehmers im Rahmen eines gegenwärtigen Dienstverhältnisses aus der unentgeltlichen oder verbilligten Überlassung von Vermögensbeteiligungen im Sinne des § 2 Absatz 1 Nummer 1 Buchstabe a, b und d bis l und Absatz 2 bis 5 des Fünften Vermögensbildungsgesetzes in der Fassung der Bekanntmachung vom 4. März 1994 (BGBl. I S. 406), zuletzt geändert durch Artikel 2 des Gesetzes vom 7. März 2009 (BGBl. I S. 451), in der jeweils geltenden Fassung, am Unternehmen des Arbeitgebers, soweit der Vorteil insgesamt 360 Euro im Kalenderjahr nicht übersteigt. ²Voraussetzung für die Steuerfreiheit ist, dass die Beteiligung mindestens allen Arbeitnehmern offensteht, die im Zeitpunkt der Bekanntgabe des Angebots ein Jahr oder länger ununterbrochen in einem gegenwärtigen Dienstverhältnis zum Unternehmen stehen. ³Als Unternehmen des Arbeitgebers im Sinne des Satzes 1 gilt auch ein Unternehmen im Sinne des § 18 des Aktiengesetzes. ⁴Als Wert der Vermögensbeteiligung ist der gemeine Wert anzusetzen;
40. 40 Prozent
   a) der Betriebsvermögensmehrungen oder Einnahmen aus der Veräußerung oder der Entnahme von Anteilen an Körperschaften, Personenvereinigungen und Vermögensmassen, deren Leistungen beim Empfänger zu Einnahmen im Sinne des § 20 Absatz 1 Nummer 1 und 9 gehören, oder an einer Organgesellschaft im Sinne der §§ 14, 17 oder 18 des Körperschaftsteuergesetzes, oder aus deren Auflösung oder Herabsetzung von deren Nennkapital

oder aus dem Ansatz eines solchen Wirtschaftsguts mit dem Wert, der sich nach § 6 Absatz 1 Nummer 2 Satz 3 ergibt, soweit sie zu den Einkünften aus Land- und Forstwirtschaft, aus Gewerbebetrieb oder aus selbständiger Arbeit gehören. ²Dies gilt nicht, soweit der Ansatz des niedrigeren Teilwerts in vollem Umfang zu einer Gewinnminderung geführt hat und soweit diese Gewinnminderung nicht durch Ansatz eines Werts, der sich nach § 6 Absatz 1 Nummer 2 Satz 3 ergibt, ausgeglichen worden ist. ³Satz 1 gilt außer für Betriebsvermögensmehrungen aus dem Ansatz mit dem Wert, der sich nach § 6 Absatz 1 Nummer 2 Satz 3 ergibt, ebenfalls nicht, soweit Abzüge nach § 6b oder ähnliche Abzüge voll steuerwirksam vorgenommen worden sind,

b) des Veräußerungspreises im Sinne des § 16 Absatz 2, soweit er auf die Veräußerung von Anteilen an Körperschaften, Personenvereinigungen und Vermögensmassen entfällt, deren Leistungen beim Empfänger zu Einnahmen im Sinne des § 20 Absatz 1 Nummer 1 und 9 gehören, oder an einer Organgesellschaft im Sinne der §§ 14, 17 oder 18 des Körperschaftsteuergesetzes. ²Satz 1 ist in den Fällen des § 16 Absatz 3 entsprechend anzuwenden. ³Buchstabe a Satz 3 gilt entsprechend,

c) des Veräußerungspreises oder des gemeinen Werts im Sinne des § 17 Absatz 2. Satz 1 ist in den Fällen des § 17 Absatz 4 entsprechend anzuwenden,

d) der Bezüge im Sinne des § 20 Absatz 1 Nummer 1 und der Einnahmen im Sinne des § 20 Absatz 1 Nummer 9. ²Dies gilt für sonstige Bezüge im Sinne des § 20 Absatz 1 Nummer 1 Satz 2 und der Einnahmen im Sinne des § 20 Absatz 1 Nummer 9 Satz 1 zweiter Halbsatz nur, soweit sie das Einkommen der leistenden Körperschaft nicht gemindert haben (§ 8 Absatz 3 Satz 2 des Körperschaftsteuergesetzes). ³Satz 1 Buchstabe d Satz 2 gilt nicht, soweit die verdeckte Gewinnausschüttung das Einkommen einer dem Steuerpflichtigen nahe stehenden Person erhöht hat und § 32a des Körperschaftsteuergesetzes auf die Veranlagung dieser nahe stehenden Person keine Anwendung findet,

e) der Bezüge im Sinne des § 20 Absatz 1 Nummer 2,

f) der besonderen Entgelte oder Vorteile im Sinne des § 20 Absatz 3, die neben den in § 20 Absatz 1 Nummer 1 und Absatz 2 Satz 1 Nummer 2 Buchstabe a bezeichneten Einnahmen oder an deren Stelle gewährt werden,

g) des Gewinns aus der Veräußerung von Dividendenscheinen und sonstigen Ansprüchen im Sinne des § 20 Absatz 2 Satz 1 Nummer 2 Buchstabe a,

h) des Gewinns aus der Abtretung von Dividendenansprüchen oder sonstigen Ansprüchen im Sinne des § 20 Absatz 2 Satz 1 Nummer 2 Buchstabe a in Verbindung mit § 20 Absatz 2 Satz 2,

i) der Bezüge im Sinne des § 22 Nummer 1 Satz 2, soweit diese von einer nicht von der Körperschaftsteuer befreiten Körperschaft, Personenvereinigung oder Vermögensmasse stammen. ²Dies gilt für Satz 1 Buchstabe d bis h nur in Verbindung mit § 20 Absatz 8. ³Satz 1 Buchstabe a, b und d bis h ist nicht anzuwenden für Anteile, die bei Kreditinstituten und Finanzdienstleistungsinstituten nach § 1a des Kreditwesengesetzes dem Handelsbuch zuzurechnen sind; Gleiches gilt für Anteile, die von Finanzunternehmen im Sinne des Gesetzes über das Kreditwesen mit dem Ziel der kurzfristigen Erzielung eines Eigenhandelserfolges erworben werden. ⁴Satz 3 zweiter Halbsatz gilt auch für Kreditinstitute, Finanzdienstleistungsinstitute und Finanzunternehmen mit Sitz in einem anderen Mitgliedstaat der Europäischen Gemeinschaft oder in einem anderen Vertragsstaat des EWR-Abkommens;

40a. 40 Prozent der Vergütungen im Sinne des § 18 Absatz 1 Nummer 4;

41. a) Gewinnausschüttungen, soweit für das Kalenderjahr oder Wirtschaftsjahr, in dem sie bezogen werden, oder für die vorangegangenen sieben Kalenderjahre oder Wirtschaftsjahre aus einer Beteiligung an derselben ausländischen Gesellschaft Hinzurechnungsbeträge (§ 10 Absatz 2 des Außensteuergesetzes) der Einkommensteuer unterlegen haben, § 11 Absatz 1 und 2 des Außensteuergesetzes in der Fassung des Artikels 12 des Gesetzes vom 21. Dezember 1993 (BGBl. I S. 2310) nicht anzuwenden war und der Steuerpflichtige dies nachweist; § 3c Absatz 2 gilt entsprechend;

b) Gewinne aus der Veräußerung eines Anteils an einer ausländischen Kapitalgesellschaft sowie aus deren Auflösung oder Herabsetzung ihres Kapitals, soweit für das Kalenderjahr oder Wirtschaftsjahr, in dem sie bezogen werden, oder für die vorangegangenen sieben Kalenderjahre oder Wirtschaftsjahre aus einer Beteiligung an derselben ausländischen Gesellschaft Hinzurechnungsbeträge (§ 10 Absatz 2 des Außensteuergesetzes) der Einkommensteuer unterlegen haben, § 11 Absatz 1 und 2 des Außensteuergesetzes in der Fassung des Artikels 12 des Gesetzes vom 21. Dezember 1993 (BGBl. I S. 2310) nicht anzuwenden war, der Steuerpflichtige dies nachweist und der Hinzurechnungsbetrag ihm nicht als Gewinnanteil zugeflossen ist. ²Die Prüfung, ob Hinzurechnungsbeträge der Einkommensteuer unterlegen haben, erfolgt im Rahmen der gesonderten Feststellung nach § 18 des Außensteuergesetzes;

42. die Zuwendungen, die auf Grund des Fulbright-Abkommens gezahlt werden;
43. der Ehrensold für Künstler sowie Zuwendungen aus Mitteln der Deutschen Künstlerhilfe, wenn es sich um Bezüge aus öffentlichen Mitteln handelt, die wegen der Bedürftigkeit des Künstlers gezahlt werden;
44. Stipendien, die aus öffentlichen Mitteln oder von zwischenstaatlichen oder überstaatlichen Einrichtungen, denen die Bundesrepublik Deutschland als Mitglied angehört, zur Förderung der Forschung oder zur Förderung der wissenschaftlichen oder künstlerischen Ausbildung oder Fortbildung gewährt werden. ²Das Gleiche gilt für Stipendien, die zu den in Satz 1 bezeichneten Zwecken von einer Einrichtung, die von einer Körperschaft des öffentlichen Rechts errichtet ist oder verwaltet wird, oder von einer Körperschaft, Personenvereinigung oder Vermögensmasse im Sinne des § 5 Absatz 1 Nummer 9 des Körperschaftsteuergesetzes gegeben werden. ³Voraussetzung für die Steuerfreiheit ist, dass
    a) die Stipendien einen für die Erfüllung der Forschungsaufgabe oder für die Bestreitung des Lebensunterhalts und die Deckung des Ausbildungsbedarfs erforderlichen Betrag nicht übersteigen und nach den von dem Geber erlassenen Richtlinien vergeben werden,
    b) der Empfänger im Zusammenhang mit dem Stipendium nicht zu einer bestimmten wissenschaftlichen oder künstlerischen Gegenleistung oder zu einer bestimmten Arbeitnehmertätigkeit verpflichtet ist;
45. die Vorteile des Arbeitnehmers aus der privaten Nutzung von betrieblichen Datenverarbeitungsgeräten und Telekommunikationsgeräten sowie deren Zubehör, aus zur privaten Nutzung überlassenen System- und Anwendungsprogrammen, die der Arbeitgeber auch in seinem Betrieb einsetzt, und aus den im Zusammenhang mit diesen Zuwendungen erbrachten Dienstleistungen;
46. (weggefallen)
47. Leistungen nach § 14a Absatz 4 und § 14b des Arbeitsplatzschutzgesetzes;
48. Leistungen nach dem Unterhaltssicherungsgesetz, soweit sie nicht nach dessen § 15 Absatz 1 Satz 2 steuerpflichtig sind;
49. (weggefallen)
50. die Beträge, die der Arbeitnehmer vom Arbeitgeber erhält, um sie für ihn auszugeben (durchlaufende Gelder), und die Beträge, durch die Auslagen des Arbeitnehmers für den Arbeitgeber ersetzt werden (Auslagenersatz);
51. Trinkgelder, die anlässlich einer Arbeitsleistung dem Arbeitnehmer von Dritten freiwillig und ohne dass ein Rechtsanspruch auf sie besteht, zusätzlich zu dem Betrag gegeben werden, der für diese Arbeitsleistung zu zahlen ist;
52. (weggefallen)
53. die Übertragung von Wertguthaben nach § 7f Absatz 1 Satz 1 Nummer 2 des Vierten Buches Sozialgesetzbuch auf die Deutsche Rentenversicherung Bund. ²Die Leistungen aus dem Wertguthaben durch die Deutsche Rentenversicherung Bund gehören zu den Einkünften aus nichtselbständiger Arbeit im Sinne des § 19. ³Von ihnen ist Lohnsteuer einzubehalten;
54. Zinsen aus Entschädigungsansprüchen für deutsche Auslandsbonds im Sinne der §§ 52 bis 54 des Bereinigungsgesetzes für deutsche Auslandsbonds in der im Bundesgesetzblatt Teil III, Gliederungsnummer 4139-2, veröffentlichten bereinigten Fassung, soweit sich die Entschädigungsansprüche gegen den Bund oder die Länder richten. ²Das Gleiche gilt für die Zinsen aus Schuldverschreibungen und Schuldbuchforderungen, die nach den §§ 9, 10 und 14 des Gesetzes zur

näheren Regelung der Entschädigungsansprüche für Auslandsbonds in der im Bundesgesetzblatt Teil III, Gliederungsnummer 4139-3, veröffentlichten bereinigten Fassung vom Bund oder von den Ländern für Entschädigungsansprüche erteilt oder eingetragen werden;

55. der in den Fällen des § 4 Absatz 2 Nummer 2 und Absatz 3 des Betriebsrentengesetzes vom 19. Dezember 1974 (BGBl. I S. 3610), das zuletzt durch Artikel 8 des Gesetzes vom 5. Juli 2004 (BGBl. I S. 1427) geändert worden ist, in der jeweils geltenden Fassung geleistete Übertragungswert nach § 4 Absatz 5 des Betriebsrentengesetzes, wenn die betriebliche Altersversorgung beim ehemaligen und neuen Arbeitgeber über einen Pensionsfonds, eine Pensionskasse oder ein Unternehmen der Lebensversicherung durchgeführt wird. ²Satz 1 gilt auch, wenn der Übertragungswert vom ehemaligen Arbeitgeber oder von einer Unterstützungskasse an den neuen Arbeitgeber oder eine andere Unterstützungskasse geleistet wird. ³Die Leistungen des neuen Arbeitgebers, der Unterstützungskasse, des Pensionsfonds, der Pensionskasse oder des Unternehmens der Lebensversicherung auf Grund des Betrags nach Satz 1 und 2 gehören zu den Einkünften, zu denen die Leistungen gehören würden, wenn die Übertragung nach § 4 Absatz 2 Nummer 2 und Absatz 3 des Betriebsrentengesetzes nicht stattgefunden hätte;

55a. die nach § 10 des Versorgungsausgleichsgesetzes vom 3. April 2009 (BGBl. I S. 700) in der jeweils geltenden Fassung (interne Teilung) durchgeführte Übertragung von Anrechten für die ausgleichsberechtigte Person zu Lasten von Anrechten der ausgleichspflichtigen Person. ²Die Leistungen aus diesen Anrechten gehören bei der ausgleichsberechtigten Person zu den Einkünften, zu denen die Leistungen bei der ausgleichspflichtigen Person gehören würden, wenn die interne Teilung nicht stattgefunden hätte;

55b. der nach § 14 des Versorgungsausgleichsgesetzes (externe Teilung) geleistete Ausgleichswert zur Begründung von Anrechten für die ausgleichsberechtigte Person zu Lasten von Anrechten der ausgleichspflichtigen Person, soweit Leistungen aus diesen Anrechten zu steuerpflichtigen Einkünften nach den §§ 19, 20 und 22 führen würden. ²Satz 1 gilt nicht, soweit Leistungen, die auf dem begründeten Anrecht beruhen, bei der ausgleichsberechtigten Person zu Einkünften nach § 20 Absatz 1 Nummer 6 oder § 22 Nummer 1 Satz 3 Buchstabe a Doppelbuchstabe bb führen würden. ³Der Versorgungsträger der ausgleichspflichtigen Person hat den Versorgungsträger der ausgleichsberechtigten Person über die für die Besteuerung der Leistungen erforderlichen Grundlagen zu informieren. ⁴Dies gilt nicht, wenn der Versorgungsträger der ausgleichsberechtigten Person die Grundlagen bereits kennt oder aus den bei ihm vorhandenen Daten feststellen kann und dieser Umstand dem Versorgungsträger der ausgleichspflichtigen Person mitgeteilt worden ist;

55c. Übertragungen von Altersvorsorgevermögen im Sinne des § 92 auf einen anderen auf den Namen des Steuerpflichtigen lautenden Altersvorsorgevertrag (§ 1 Absatz 1 Satz 1 Nummer 10 Buchstabe b des Altersvorsorgeverträge-Zertifizierungsgesetzes), soweit die Leistungen zu steuerpflichtigen Einkünften nach § 22 Nummer 5 führen würden. ²Dies gilt entsprechend
   a) wenn Anwartschaften der betrieblichen Altersversorgung abgefunden werden, soweit das Altersvorsorgevermögen zugunsten eines auf den Namen des Steuerpflichtigen lautenden Altersvorsorgevertrages geleistet wird,
   b) wenn im Fall des Todes des Steuerpflichtigen das Altersvorsorgevermögen auf einen auf den Namen des Ehegatten lautenden Altersvorsorgevertrag übertragen wird, wenn die Ehegatten im Zeitpunkt des Todes des Zulageberechtigten nicht dauernd getrennt gelebt haben (§ 26 Absatz 1) und ihren Wohnsitz oder gewöhnlichen Aufenthalt in einem Mitgliedstaat der Europäischen Union oder einem Staat hatten, auf den das Abkommen über den Europäischen Wirtschaftsraum anwendbar ist;

55d. Übertragungen von Anrechten aus einem nach § 5a Altersvorsorgeverträge-Zertifizierungsgesetz zertifizierten Vertrag auf einen anderen auf den Namen des Steuerpflichtigen lautenden nach § 5a Altersvorsorgeverträge-Zertifizierungsgesetz zertifizierten Vertrag;

55e. die auf Grund eines Abkommens mit einer zwischen- oder überstaatlichen Einrichtung übertragenen Werte von Anrechten auf Altersversorgung, soweit diese zur Begründung von Anrechten auf Altersversorgung bei einer zwischen- oder überstaatlichen Einrichtung dienen.

²Die Leistungen auf Grund des Betrags nach Satz 1 gehören zu den Einkünften, zu denen die Leistungen gehören, die die übernehmende Versorgungseinrichtung im Übrigen erbringt;

56. Zuwendungen des Arbeitgebers nach § 19 Absatz 1 Satz 1 Nummer 3 Satz 1 aus dem ersten Dienstverhältnis an eine Pensionskasse zum Aufbau einer nicht kapitalgedeckten betrieblichen Altersversorgung, bei der eine Auszahlung der zugesagten Alters-, Invaliditäts- oder Hinterbliebenenversorgung in Form einer Rente oder eines Auszahlungsplans (§ 1 Absatz 1 Satz 1 Nummer 4 des Altersvorsorgeverträge-Zertifizierungsgesetzes) vorgesehen ist, soweit diese Zuwendungen im Kalenderjahr 1 Prozent der Beitragsbemessungsgrenze in der allgemeinen Rentenversicherung nicht übersteigen. ²Der in Satz 1 genannte Höchstbetrag erhöht sich ab 1. Januar 2014 auf 2 Prozent, ab 1. Januar 2020 auf 3 Prozent und ab 1. Januar 2025 auf 4 Prozent der Beitragsbemessungsgrenze in der allgemeinen Rentenversicherung. ³Die Beträge nach den Sätzen 1 und 2 sind jeweils um die nach § 3 Nummer 63 Satz 1, 3 oder Satz 4 steuerfreien Beträge zu mindern;

57. die Beträge, die die Künstlersozialkasse zugunsten des nach dem Künstlersozialversicherungsgesetz Versicherten aus dem Aufkommen von Künstlersozialabgabe und Bundeszuschuss an einen Träger der Sozialversicherung oder an den Versicherten zahlt;

58. das Wohngeld nach dem Wohngeldgesetz, die sonstigen Leistungen aus öffentlichen Haushalten oder Zweckvermögen zur Senkung der Miete oder Belastung im Sinne des § 11 Absatz 2 Nummer 4 des Wohngeldgesetzes sowie öffentliche Zuschüsse zur Deckung laufender Aufwendungen und Zinsvorteile bei Darlehen, die aus öffentlichen Haushalten gewährt werden, für eine zu eigenen Wohnzwecken genutzte Wohnung im eigenen Haus oder eine zu eigenen Wohnzwecken genutzte Eigentumswohnung, soweit die Zuschüsse und Zinsvorteile die Vorteile aus einer entsprechenden Förderung mit öffentlichen Mitteln nach dem Zweiten Wohnungsbaugesetz, dem Wohnraumförderungsgesetz oder einem Landesgesetz zur Wohnraumförderung nicht überschreiten, der Zuschuss für die Wohneigentumsbildung in innerstädtischen Altbauquartieren nach den Regelungen zum Stadtumbau Ost in den Verwaltungsvereinbarungen über die Gewährung von Finanzhilfen des Bundes an die Länder nach Artikel 104a Absatz 4 des Grundgesetzes zur Förderung städtebaulicher Maßnahmen;

59. die Zusatzförderung nach § 88e des Zweiten Wohnungsbaugesetzes und nach § 51f des Wohnungsbaugesetzes für das Saarland und Geldleistungen, die ein Mieter zum Zwecke der Wohnkostenentlastung nach dem Wohnraumförderungsgesetz oder einem Landesgesetz zur Wohnraumförderung erhält, soweit die Einkünfte dem Mieter zuzurechnen sind, und die Vorteile aus einer mietweisen Wohnungsüberlassung im Zusammenhang mit einem Arbeitsverhältnis, soweit sie die Vorteile aus einer entsprechenden Förderung nach dem Zweiten Wohnungsbaugesetz, nach dem Wohnraumförderungsgesetz oder einem Landesgesetz zur Wohnraumförderung nicht überschreiten;

60. Leistungen aus öffentlichen Mitteln an Arbeitnehmer des Steinkohlen-, Pechkohlen- und Erzbergbaues, des Braunkohlentiefbaues und der Eisen- und Stahlindustrie aus Anlass von Stilllegungs-, Einschränkungs-, Umstellungs- oder Rationalisierungsmaßnahmen;

61. Leistungen nach § 4 Absatz 1 Nummer 2, § 7 Absatz 3, §§ 9, 10 Absatz 1, §§ 13, 15 des Entwicklungshelfer-Gesetzes;

62. Ausgaben des Arbeitgebers für die Zukunftssicherung des Arbeitnehmers, soweit der Arbeitgeber dazu nach sozialversicherungsrechtlichen oder anderen gesetzlichen Vorschriften oder nach einer auf gesetzlicher Ermächtigung beruhenden Bestimmung verpflichtet ist, und es sich nicht um Zuwendungen oder Beiträge des Arbeitgebers nach den Nummern 56 und 63 handelt. ²Den Ausgaben des Arbeitgebers für die Zukunftssicherung, die auf Grund gesetzlicher Verpflichtung geleistet werden, werden gleichgestellt Zuschüsse des Arbeitgebers zu den Aufwendungen des Arbeitnehmers
    a) für eine Lebensversicherung,
    b) für die freiwillige Versicherung in der gesetzlichen Rentenversicherung,
    c) für eine öffentlich-rechtliche Versicherungs- oder Versorgungseinrichtung seiner Berufsgruppe,
    wenn der Arbeitnehmer von der Versicherungspflicht in der gesetzlichen Rentenversicherung befreit worden ist. ³Die Zuschüsse sind nur insoweit steuerfrei, als sie insgesamt bei Befreiung von

der Versicherungspflicht in der allgemeinen Rentenversicherung die Hälfte und bei Befreiung von der Versicherungspflicht in der knappschaftlichen Rentenversicherung zwei Drittel der Gesamtaufwendungen des Arbeitnehmers nicht übersteigen und nicht höher sind als der Betrag, der als Arbeitgeberanteil bei Versicherungspflicht in der allgemeinen Rentenversicherung oder in der knappschaftlichen Rentenversicherung zu zahlen wäre. [4]Die Sätze 2 und 3 gelten sinngemäß für Beiträge des Arbeitgebers zu einer Pensionskasse, wenn der Arbeitnehmer bei diesem Arbeitgeber nicht im Inland beschäftigt ist und der Arbeitgeber keine Beiträge zur gesetzlichen Rentenversicherung im Inland leistet; Beiträge des Arbeitgebers zu einer Rentenversicherung auf Grund gesetzlicher Verpflichtung sind anzurechnen;

63. Beiträge des Arbeitgebers aus dem ersten Dienstverhältnis an einen Pensionsfonds, eine Pensionskasse oder für eine Direktversicherung zum Aufbau einer kapitalgedeckten betrieblichen Altersversorgung, bei der eine Auszahlung der zugesagten Alters-, Invaliditäts- oder Hinterbliebenenversorgungsleistungen in Form einer Rente oder eines Auszahlungsplans (§ 1 Absatz 1 Satz 1 Nummer 4 des Altersvorsorgeverträge-Zertifizierungsgesetzes vom 26. Juni 2001 (BGBl. I S. 1310, 1322), das zuletzt durch Artikel 7 des Gesetzes vom 5. Juli 2004 (BGBl. I S. 1427) geändert worden ist, in der jeweils geltenden Fassung) vorgesehen ist, soweit die Beiträge im Kalenderjahr 4 Prozent der Beitragsbemessungsgrenze in der allgemeinen Rentenversicherung nicht übersteigen. [2]Dies gilt nicht, soweit der Arbeitnehmer nach § 1a Absatz 3 des Betriebsrentengesetzes verlangt hat, dass die Voraussetzungen für eine Förderung nach § 10a oder Abschnitt XI erfüllt werden. [3]Der Höchstbetrag nach Satz 1 erhöht sich um 1.800 Euro, wenn die Beiträge im Sinne des Satzes 1 auf Grund einer Versorgungszusage geleistet werden, die nach dem 31. Dezember 2004 erteilt wurde. [4]Aus Anlass der Beendigung des Dienstverhältnisses geleistete Beiträge im Sinne des Satzes 1 sind steuerfrei, soweit sie 1.800 Euro vervielfältigt mit der Anzahl der Kalenderjahre, in denen das Dienstverhältnis des Arbeitnehmers zu dem Arbeitgeber bestanden hat, nicht übersteigen; der vervielfältigte Betrag vermindert sich um die nach den Sätzen 1 und 3 steuerfreien Beiträge, die der Arbeitgeber in dem Kalenderjahr, in dem das Dienstverhältnis beendet wird, und in den sechs vorangegangenen Kalenderjahren erbracht hat; Kalenderjahre vor 2005 sind dabei jeweils nicht zu berücksichtigen;

64. bei Arbeitnehmern, die zu einer inländischen juristischen Person des öffentlichen Rechts in einem Dienstverhältnis stehen und dafür Arbeitslohn aus einer inländischen öffentlichen Kasse beziehen, die Bezüge für eine Tätigkeit im Ausland insoweit, als sie den Arbeitslohn übersteigen, der dem Arbeitnehmer bei einer gleichwertigen Tätigkeit am Ort der zahlenden öffentlichen Kasse zustehen würde. [2]Satz 1 gilt auch, wenn das Dienstverhältnis zu einer anderen Person besteht, die den Arbeitslohn entsprechend den im Sinne des Satzes 1 geltenden Vorschriften ermittelt, der Arbeitslohn aus einer öffentlichen Kasse gezahlt wird und ganz oder im Wesentlichen aus öffentlichen Mitteln aufgebracht wird. [3]Bei anderen für einen begrenzten Zeitraum in das Ausland entsandten Arbeitnehmern, die dort einen Wohnsitz oder gewöhnlichen Aufenthalt haben, ist der ihnen von einem inländischen Arbeitgeber gewährte Kaufkraftausgleich steuerfrei, soweit er den für vergleichbare Auslandsdienstbezüge nach § 55 des Bundesbesoldungsgesetzes zulässigen Betrag nicht übersteigt;

65. a) Beiträge des Trägers der Insolvenzsicherung (§ 14 des Betriebsrentengesetzes) zugunsten eines Versorgungsberechtigten und seiner Hinterbliebenen an eine Pensionskasse oder ein Unternehmen der Lebensversicherung zur Ablösung von Verpflichtungen, die der Träger der Insolvenzsicherung im Sicherungsfall gegenüber dem Versorgungsberechtigten und seinen Hinterbliebenen hat,

b) Leistungen zur Übernahme von Versorgungsleistungen oder unverfallbaren Versorgungsanwartschaften durch eine Pensionskasse oder ein Unternehmen der Lebensversicherung in den in § 4 Absatz 4 des Betriebsrentengesetzes bezeichneten Fällen und

c) der Erwerb von Ansprüchen durch den Arbeitnehmer gegenüber einem Dritten im Fall der Eröffnung des Insolvenzverfahrens oder in den Fällen des § 7 Absatz 1 Satz 4 des Betriebsrentengesetzes, soweit der Dritte neben dem Arbeitgeber für die Erfüllung von Ansprüchen auf Grund bestehender Versorgungsverpflichtungen oder Versorgungsanwartschaften gegenüber dem Arbeitnehmer und dessen Hinterbliebenen einsteht; dies gilt entsprechend,

wenn der Dritte für Wertguthaben aus einer Vereinbarung über die Altersteilzeit nach dem Altersteilzeitgesetz vom 23. Juli 1996 (BGBl. I S. 1078), zuletzt geändert durch Artikel 234 der Verordnung vom 31. Oktober 2006 (BGBl. I S. 2407), in der jeweils geltenden Fassung oder auf Grund von Wertguthaben aus einem Arbeitszeitkonto in den im ersten Halbsatz genannten Fällen für den Arbeitgeber einsteht.
²In den Fällen nach Buchstabe a, b und c gehören die Leistungen der Pensionskasse, des Unternehmens der Lebensversicherung oder des Dritten zu den Einkünften, zu denen jene Leistungen gehören würden, die ohne Eintritt eines Falles nach Buchstabe a, b und c zu erbringen wären. ³Soweit sie zu den Einkünften aus nichtselbständiger Arbeit im Sinne des § 19 gehören, ist von ihnen Lohnsteuer einzubehalten. ⁴Für die Erhebung der Lohnsteuer gelten die Pensionskasse, das Unternehmen der Lebensversicherung oder der Dritte als Arbeitgeber und der Leistungsempfänger als Arbeitnehmer;

66. Leistungen eines Arbeitgebers oder einer Unterstützungskasse an einen Pensionsfonds zur Übernahme bestehender Versorgungsverpflichtungen oder Versorgungsanwartschaften durch den Pensionsfonds, wenn ein Antrag nach § 4d Absatz 3 oder § 4e Absatz 3 gestellt worden ist;

67. das Erziehungsgeld nach dem Bundeserziehungsgeldgesetz und vergleichbare Leistungen der Länder, das Elterngeld nach dem Bundeselterngeld- und Elternzeitgesetz und vergleichbare Leistungen der Länder sowie Leistungen für Kindererziehung an Mütter der Geburtsjahrgänge vor 1921 nach den §§ 294 bis 299 des Sechsten Buches Sozialgesetzbuch und die Zuschläge nach den §§ 50a bis 50e des Beamtenversorgungsgesetzes oder den §§ 70 bis 74 des Soldatenversorgungsgesetzes;

68. die Hilfen nach dem Gesetz über die Hilfe für durch Anti-D-Immunprophylaxe mit dem Hepatitis-C-Virus infizierte Personen vom 2. August 2000 (BGBl. I S. 1270);

69. die von der Stiftung »Humanitäre Hilfe für durch Blutprodukte HIV-infizierte Personen« nach dem HIV-Hilfegesetz vom 24. Juli 1995 (BGBl. I S. 972) gewährten Leistungen;

70. die Hälfte
    a) der Betriebsvermögensmehrungen oder Einnahmen aus der Veräußerung von Grund und Boden und Gebäuden, die am 1. Januar 2007 mindestens fünf Jahre zum Anlagevermögen eines inländischen Betriebsvermögens des Steuerpflichtigen gehören, wenn diese auf Grund eines nach dem 31. Dezember 2006 und vor dem 1. Januar 2010 rechtswirksam abgeschlossenen obligatorischen Vertrages an eine REIT-Aktiengesellschaft oder einen Vor-REIT veräußert werden,
    b) der Betriebsvermögensmehrungen, die auf Grund der Eintragung eines Steuerpflichtigen in das Handelsregister als REIT-Aktiengesellschaft im Sinne des REIT-Gesetzes vom 28. Mai 2007 (BGBl. I S. 914) durch Anwendung des § 13 Absatz 1 und 3 Satz 1 des Körperschaftsteuergesetzes auf Grund und Boden und Gebäude entstehen, wenn diese Wirtschaftsgüter vor dem 1. Januar 2005 angeschafft oder hergestellt wurden, und die Schlussbilanz im Sinne des § 13 Absatz 1 und 3 des Körperschaftsteuergesetzes auf einen Zeitpunkt vor dem 1. Januar 2010 aufzustellen ist.

²Satz 1 ist nicht anzuwenden,
    a) wenn der Steuerpflichtige den Betrieb veräußert oder aufgibt und der Veräußerungsgewinn nach § 34 besteuert wird,
    b) soweit der Steuerpflichtige von den Regelungen der §§ 6b und 6c Gebrauch macht,
    c) soweit der Ansatz des niedrigeren Teilwerts in vollem Umfang zu einer Gewinnminderung geführt hat und soweit diese Gewinnminderung nicht durch den Ansatz eines Werts, der sich nach § 6 Absatz 1 Nummer 1 Satz 4 ergibt, ausgeglichen worden ist,
    d) wenn im Fall des Satzes 1 Buchstabe a der Buchwert zuzüglich der Veräußerungskosten den Veräußerungserlös oder im Fall des Satzes 1 Buchstabe b der Buchwert den Teilwert übersteigt. ²Ermittelt der Steuerpflichtige den Gewinn nach § 4 Absatz 3, treten an die Stelle des Buchwerts die Anschaffungs- oder Herstellungskosten verringert um die vorgenommenen Absetzungen für Abnutzung oder Substanzverringerung,

e) soweit vom Steuerpflichtigen in der Vergangenheit Abzüge bei den Anschaffungs- oder Herstellungskosten von Wirtschaftsgütern im Sinne des Satzes 1 nach § 6b oder ähnliche Abzüge voll steuerwirksam vorgenommen worden sind,
f) wenn es sich um eine Übertragung im Zusammenhang mit Rechtsvorgängen handelt, die dem Umwandlungssteuergesetz unterliegen und die Übertragung zu einem Wert unterhalb des gemeinen Werts erfolgt.

³Die Steuerbefreiung entfällt rückwirkend, wenn
a) innerhalb eines Zeitraums von vier Jahren seit dem Vertragsschluss im Sinne des Satzes 1 Buchstabe a der Erwerber oder innerhalb eines Zeitraums von vier Jahren nach dem Stichtag der Schlussbilanz im Sinne des Satzes 1 Buchstabe b die REIT-Aktiengesellschaft den Grund und Boden oder das Gebäude veräußert,
b) der Vor-REIT oder ein anderer Vor-REIT als sein Gesamtrechtsnachfolger den Status als Vor-REIT gemäß § 10 Absatz 3 Satz 1 des REIT-Gesetzes verliert,
c) die REIT-Aktiengesellschaft innerhalb eines Zeitraums von vier Jahren seit dem Vertragsschluss im Sinne des Satzes 1 Buchstabe a oder nach dem Stichtag der Schlussbilanz im Sinne des Satzes 1 Buchstabe b in keinem Veranlagungszeitraum die Voraussetzungen für die Steuerbefreiung erfüllt,
d) die Steuerbefreiung der REIT-Aktiengesellschaft innerhalb eines Zeitraums von vier Jahren seit dem Vertragsschluss im Sinne des Satzes 1 Buchstabe a oder nach dem Stichtag der Schlussbilanz im Sinne des Satzes 1 Buchstabe b endet,
e) das Bundeszentralamt für Steuern dem Erwerber im Sinne des Satzes 1 Buchstabe a den Status als Vor-REIT im Sinne des § 2 Satz 4 des REIT-Gesetzes vom 28. Mai 2007 (BGBl. I S. 914) bestandskräftig aberkannt hat.

⁴Die Steuerbefreiung entfällt auch rückwirkend, wenn die Wirtschaftsgüter im Sinne des Satzes 1 Buchstabe a vom Erwerber an den Veräußerer oder eine ihm nahe stehende Person im Sinne des § 1 Absatz 2 des Außensteuergesetzes überlassen werden und der Veräußerer oder eine ihm nahe stehende Person im Sinne des § 1 Absatz 2 des Außensteuergesetzes nach Ablauf einer Frist von zwei Jahren seit Eintragung des Erwerbers als REIT-Aktiengesellschaft in das Handelsregister an dieser mittelbar oder unmittelbar zu mehr als 50 Prozent beteiligt ist. ⁵Der Grundstückserwerber haftet für die sich aus dem rückwirkenden Wegfall der Steuerbefreiung ergebenden Steuern.

3. Gewinn

§ 4 EStG
Gewinnbegriff im Allgemeinen

(1) ¹Gewinn ist der Unterschiedsbetrag zwischen dem Betriebsvermögen am Schluss des Wirtschaftsjahres und dem Betriebsvermögen am Schluss des vorangegangenen Wirtschaftsjahres, vermehrt um den Wert der Entnahmen und vermindert um den Wert der Einlagen. ²Entnahmen sind alle Wirtschaftsgüter (Barentnahmen, Waren, Erzeugnisse, Nutzungen und Leistungen), die der Steuerpflichtige dem Betrieb für sich, für seinen Haushalt oder für andere betriebsfremde Zwecke im Laufe des Wirtschaftsjahres entnommen hat. ³Einer Entnahme für betriebsfremde Zwecke steht der Ausschluss oder die Beschränkung des Besteuerungsrechts der Bundesrepublik Deutschland hinsichtlich des Gewinns aus der Veräußerung oder der Nutzung eines Wirtschaftsguts gleich. ⁴Ein Ausschluss oder eine Beschränkung des Besteuerungsrechts hinsichtlich des Gewinns aus der Veräußerung eines Wirtschaftsguts liegt insbesondere vor, wenn ein bisher einer inländischen Betriebsstätte des Steuerpflichtigen zuzuordnendes Wirtschaftsgut einer ausländischen Betriebsstätte zuzuordnen ist. ⁵Satz 3 gilt nicht für Anteile an einer Europäischen Gesellschaft oder Europäischen Genossenschaft in den Fällen
1. einer Sitzverlegung der Europäischen Gesellschaft nach Artikel 8 der Verordnung (EG) Nr. 2157/2001 des Rates vom 8. Oktober 2001 über das Statut der Europäischen Gesellschaft (SE) (ABl. EG Nr. L 294 S. 1), zuletzt geändert durch die Verordnung (EG) Nr. 885/2004 des Rates vom 26. April 2004 (ABl. EU Nr. L 168 S. 1), und

2. einer Sitzverlegung der Europäischen Genossenschaft nach Artikel 7 der Verordnung (EG) Nr. 1435/2003 des Rates vom 22. Juli 2003 über das Statut der Europäischen Genossenschaft (SCE) (ABl. EU Nr. L 207 S. 1).

⁶Ein Wirtschaftsgut wird nicht dadurch entnommen, dass der Steuerpflichtige zur Gewinnermittlung nach § 13a übergeht. ⁷Eine Änderung der Nutzung eines Wirtschaftsguts, die bei Gewinnermittlung nach Satz 1 keine Entnahme ist, ist auch bei Gewinnermittlung nach § 13a keine Entnahme. ⁸Einlagen sind alle Wirtschaftsgüter (Bareinzahlungen und sonstige Wirtschaftsgüter), die der Steuerpflichtige dem Betrieb im Laufe des Wirtschaftsjahres zugeführt hat; einer Einlage steht die Begründung des Besteuerungsrechts der Bundesrepublik Deutschland hinsichtlich des Gewinns aus der Veräußerung eines Wirtschaftsguts gleich. ⁹Bei der Ermittlung des Gewinns sind die Vorschriften über die Betriebsausgaben, über die Bewertung und über die Absetzung für Abnutzung oder Substanzverringerung zu befolgen.

(2) ¹Der Steuerpflichtige darf die Vermögensübersicht (Bilanz) auch nach ihrer Einreichung beim Finanzamt ändern, soweit sie den Grundsätzen ordnungsmäßiger Buchführung unter Befolgung der Vorschriften dieses Gesetzes nicht entspricht; diese Änderung ist nicht zulässig, wenn die Vermögensübersicht (Bilanz) einer Steuerfestsetzung zugrunde liegt, die nicht mehr aufgehoben oder geändert werden kann. ²Darüber hinaus ist eine Änderung der Vermögensübersicht (Bilanz) nur zulässig, wenn sie in einem engen zeitlichen und sachlichen Zusammenhang mit einer Änderung nach Satz 1 steht und soweit die Auswirkung der Änderung nach Satz 1 auf den Gewinn reicht.

(3) ¹Steuerpflichtige, die nicht auf Grund gesetzlicher Vorschriften verpflichtet sind, Bücher zu führen und regelmäßig Abschlüsse zu machen, und die auch keine Bücher führen und keine Abschlüsse machen, können als Gewinn den Überschuss der Betriebseinnahmen über die Betriebsausgaben ansetzen. ²Hierbei scheiden Betriebseinnahmen und Betriebsausgaben aus, die im Namen und für Rechnung eines anderen vereinnahmt und verausgabt werden (durchlaufende Posten). ³Die Vorschriften über die Bewertungsfreiheit für geringwertige Wirtschaftsgüter (§ 6 Absatz 2), die Bildung eines Sammelpostens (§ 6 Absatz 2a) und über die Absetzung für Abnutzung oder Substanzverringerung sind zu befolgen. ⁴Die Anschaffungs- oder Herstellungskosten für nicht abnutzbare Wirtschaftsgüter des Anlagevermögens, für Anteile an Kapitalgesellschaften, für Wertpapiere und vergleichbare nicht verbriefte Forderungen und Rechte, für Grund und Boden sowie Gebäude des Umlaufvermögens sind erst im Zeitpunkt des Zuflusses des Veräußerungserlöses oder bei Entnahme im Zeitpunkt der Entnahme als Betriebsausgaben zu berücksichtigen. ⁵Die Wirtschaftsgüter des Anlagevermögens und Wirtschaftsgüter des Umlaufvermögens im Sinne des Satzes 4 sind unter Angabe des Tages der Anschaffung oder Herstellung und der Anschaffungs- oder Herstellungskosten oder des an deren Stelle getretenen Werts in besondere, laufend zu führende Verzeichnisse aufzunehmen.

(4) Betriebsausgaben sind die Aufwendungen, die durch den Betrieb veranlasst sind.

(4a) ¹Schuldzinsen sind nach Maßgabe der Sätze 2 bis 4 nicht abziehbar, wenn Überentnahmen getätigt worden sind. ²Eine Überentnahme ist der Betrag, um den die Entnahmen die Summe des Gewinns und der Einlagen des Wirtschaftsjahres übersteigen. ³Die nicht abziehbaren Schuldzinsen werden typisiert mit 6 Prozent der Überentnahme des Wirtschaftsjahres zuzüglich der Überentnahmen vorangegangener Wirtschaftsjahre und abzüglich der Beträge, um die in den vorangegangenen Wirtschaftsjahren der Gewinn und die Einlagen die Entnahmen überstiegen haben (Unterentnahmen), ermittelt; bei der Ermittlung der Überentnahme ist vom Gewinn ohne Berücksichtigung der nach Maßgabe dieses Absatzes nicht abziehbaren Schuldzinsen auszugehen. ⁴Der sich dabei ergebende Betrag, höchstens jedoch der um 2.050 Euro verminderte Betrag der im Wirtschaftsjahr angefallenen Schuldzinsen, ist dem Gewinn hinzuzurechnen. ⁵Der Abzug von Schuldzinsen für Darlehen zur Finanzierung von Anschaffungs- oder Herstellungskosten von Wirtschaftsgütern des Anlagevermögens bleibt unberührt. ⁶Die Sätze 1 bis 5 sind bei Gewinnermittlung nach § 4 Absatz 3 sinngemäß anzuwenden; hierzu sind Entnahmen und Einlagen gesondert aufzuzeichnen.

(5) ¹Die folgenden Betriebsausgaben dürfen den Gewinn nicht mindern:
1. Aufwendungen für Geschenke an Personen, die nicht Arbeitnehmer des Steuerpflichtigen sind. ²Satz 1 gilt nicht, wenn die Anschaffungs- oder Herstellungskosten der dem Empfänger im Wirtschaftsjahr zugewendeten Gegenstände insgesamt 35 Euro nicht übersteigen;
2. Aufwendungen für die Bewirtung von Personen aus geschäftlichem Anlass, soweit sie 70 Prozent der Aufwendungen übersteigen, die nach der allgemeinen Verkehrsauffassung als angemessen anzusehen und deren Höhe und betriebliche Veranlassung nachgewiesen sind. ²Zum Nachweis der Höhe und der betrieblichen Veranlassung der Aufwendungen hat der Steuerpflichtige schriftlich die folgenden Angaben zu machen: Ort, Tag, Teilnehmer und Anlass der Bewirtung sowie Höhe der Aufwendungen. ³Hat die Bewirtung in einer Gaststätte stattgefunden, so genügen Angaben zu dem Anlass und den Teilnehmern der Bewirtung; die Rechnung über die Bewirtung ist beizufügen;
3. Aufwendungen für Einrichtungen des Steuerpflichtigen, soweit sie der Bewirtung, Beherbergung oder Unterhaltung von Personen, die nicht Arbeitnehmer des Steuerpflichtigen sind, dienen (Gästehäuser) und sich außerhalb des Orts eines Betriebs des Steuerpflichtigen befinden;
4. Aufwendungen für Jagd oder Fischerei, für Segeljachten oder Motorjachten sowie für ähnliche Zwecke und für die hiermit zusammenhängenden Bewirtungen;
5. Mehraufwendungen für die Verpflegung des Steuerpflichtigen, soweit in den folgenden Sätzen nichts anderes bestimmt ist. ²Wird der Steuerpflichtige vorübergehend von seiner Wohnung und dem Mittelpunkt seiner dauerhaft angelegten betrieblichen Tätigkeit entfernt betrieblich tätig, ist für jeden Kalendertag, an dem der Steuerpflichtige wegen dieser vorübergehenden Tätigkeit von seiner Wohnung und seinem Tätigkeitsmittelpunkt
   a) 24 Stunden abwesend ist, ein Pauschbetrag von 24 Euro,
   b) weniger als 24 Stunden, aber mindestens 14 Stunden abwesend ist, ein Pauschbetrag von 12 Euro,
   c) weniger als 14 Stunden, aber mindestens 8 Stunden abwesend ist, ein Pauschbetrag von 6 Euro
   abzuziehen; eine Tätigkeit, die nach 16 Uhr begonnen und vor 8 Uhr des nachfolgenden Kalendertags beendet wird, ohne dass eine Übernachtung stattfindet, ist mit der gesamten Abwesenheitsdauer dem Kalendertag der überwiegenden Abwesenheit zuzurechnen. ³Wird der Steuerpflichtige bei seiner individuellen betrieblichen Tätigkeit typischerweise nur an ständig wechselnden Tätigkeitsstätten oder auf einem Fahrzeug tätig, gilt Satz 2 entsprechend; dabei ist allein die Dauer der Abwesenheit von der Wohnung maßgebend. ⁴Bei einer Tätigkeit im Ausland treten an die Stelle der Pauschbeträge nach Satz 2 länderweise unterschiedliche Pauschbeträge, die für die Fälle der Buchstaben a, b und c mit 120, 80 und 40 Prozent der höchsten Auslandstagegelder nach dem Bundesreisekostengesetz vom Bundesministerium der Finanzen im Einvernehmen mit den obersten Finanzbehörden der Länder aufgerundet auf volle Euro festgesetzt werden; dabei bestimmt sich der Pauschbetrag nach dem Ort, den der Steuerpflichtige vor 24 Uhr Ortszeit zuletzt erreicht, oder, wenn dieser Ort im Inland liegt nach dem letzten Tätigkeitsort im Ausland. ⁵Bei einer längerfristigen vorübergehenden Tätigkeit an derselben Tätigkeitsstätte beschränkt sich der pauschale Abzug nach Satz 2 auf die ersten drei Monate. ⁶Die Abzugsbeschränkung nach Satz 1, die Pauschbeträge nach den Sätzen 2 und 4 sowie die Dreimonatsfrist nach Satz 5 gelten auch für den Abzug von Verpflegungsmehraufwendungen bei einer aus betrieblichem Anlass begründeten doppelten Haushaltsführung; dabei ist für jeden Kalendertag innerhalb der Dreimonatsfrist, an dem gleichzeitig eine Tätigkeit im Sinne des Satzes 2 oder 3 ausgeübt wird, nur der jeweils höchste in Betracht kommende Pauschbetrag abzuziehen und die Dauer einer Tätigkeit im Sinne des Satzes 2 an dem Beschäftigungsort, der zur Begründung der doppelten Haushaltsführung geführt hat, auf die Dreimonatsfrist anzurechnen, wenn sie ihr unmittelbar vorausgegangen ist;
6. Aufwendungen für die Wege des Steuerpflichtigen zwischen Wohnung und Betriebsstätte und für Familienheimfahrten, soweit in den folgenden Sätzen nichts anderes bestimmt ist. ²Zur Abgeltung dieser Aufwendungen ist § 9 Absatz 1 Satz 3 Nummer 4 und 5 Satz 1 bis 6 und Absatz 2 entsprechend anzuwenden. ³Bei der Nutzung eines Kraftfahrzeugs dürfen die Aufwendungen

in Höhe des positiven Unterschiedsbetrags zwischen 0,03 Prozent des inländischen Listenpreises im Sinne des § 6 Absatz 1 Nummer 4 Satz 2 des Kraftfahrzeugs im Zeitpunkt der Erstzulassung je Kalendermonat für jeden Entfernungskilometer und dem sich nach § 9 Absatz 1 Satz 3 Nummer 4 oder Absatz 2 ergebenden Betrag sowie Aufwendungen für Familienheimfahrten in Höhe des positiven Unterschiedsbetrags zwischen 0,002 Prozent des inländischen Listenpreises im Sinne des § 6 Absatz 1 Nummer 4 Satz 2 für jeden Entfernungskilometer und dem sich nach § 9 Absatz 1 Satz 3 Nummer 5 Satz 4 bis 6 oder Absatz 2 ergebenden Betrag den Gewinn nicht mindern; ermittelt der Steuerpflichtige die private Nutzung des Kraftfahrzeugs nach § 6 Absatz 1 Nummer 4 Satz 1 oder Satz 3, treten an die Stelle des mit 0,03 oder 0,002 Prozent des inländischen Listenpreises ermittelten Betrags für Fahrten zwischen Wohnung und Betriebsstätte und für Familienheimfahrten die auf diese Fahrten entfallenden tatsächlichen Aufwendungen;

6a. (weggefallen)

6b. Aufwendungen für ein häusliches Arbeitszimmer sowie die Kosten der Ausstattung. ²Dies gilt nicht, wenn für die betriebliche oder berufliche Tätigkeit kein anderer Arbeitsplatz zur Verfügung steht. ³In diesem Fall wird die Höhe der abziehbaren Aufwendungen auf 1.250 Euro begrenzt; die Beschränkung der Höhe nach gilt nicht, wenn das Arbeitszimmer den Mittelpunkt der gesamten betrieblichen und beruflichen Betätigung bildet;

7. andere als die in den Nummern 1 bis 6 und 6b bezeichneten Aufwendungen, die die Lebensführung des Steuerpflichtigen oder anderer Personen berühren, soweit sie nach allgemeiner Verkehrsauffassung als unangemessen anzusehen sind;

8. von einem Gericht oder einer Behörde im Geltungsbereich dieses Gesetzes oder von Organen der Europäischen Gemeinschaften festgesetzte Geldbußen, Ordnungsgelder und Verwarnungsgelder. ²Dasselbe gilt für Leistungen zur Erfüllung von Auflagen oder Weisungen, die in einem berufsgerichtlichen Verfahren erteilt werden, soweit die Auflagen oder Weisungen nicht lediglich der Wiedergutmachung des durch die Tat verursachten Schadens dienen. ³Die Rückzahlung von Ausgaben im Sinne der Sätze 1 und 2 darf den Gewinn nicht erhöhen. ⁴Das Abzugsverbot für Geldbußen gilt nicht, soweit der wirtschaftliche Vorteil, der durch den Gesetzesverstoß erlangt wurde, abgeschöpft worden ist, wenn die Steuern vom Einkommen und Ertrag, die auf den wirtschaftlichen Vorteil entfallen, nicht abgezogen worden sind; Satz 3 ist insoweit nicht anzuwenden;

8a. Zinsen auf hinterzogene Steuern nach § 235 der Abgabenordnung;

9. Ausgleichszahlungen, die in den Fällen der §§ 14, 17 und 18 des Körperschaftsteuergesetzes an außenstehende Anteilseigner geleistet werden;

10. die Zuwendung von Vorteilen sowie damit zusammenhängende Aufwendungen, wenn die Zuwendung der Vorteile eine rechtswidrige Handlung darstellt, die den Tatbestand eines Strafgesetzes oder eines Gesetzes verwirklicht, das die Ahndung mit einer Geldbuße zulässt. ²Gerichte, Staatsanwaltschaften oder Verwaltungsbehörden haben Tatsachen, die sie dienstlich erfahren und die den Verdacht einer Tat im Sinne des Satzes 1 begründen, der Finanzbehörde für Zwecke des Besteuerungsverfahrens und zur Verfolgung von Steuerstraftaten und Steuerordnungswidrigkeiten mitzuteilen. ³Die Finanzbehörde teilt Tatsachen, die den Verdacht einer Straftat oder einer Ordnungswidrigkeit im Sinne des Satzes 1 begründen, der Staatsanwaltschaft oder der Verwaltungsbehörde mit. ⁴Diese unterrichten die Finanzbehörde von dem Ausgang des Verfahrens und den zugrundeliegenden Tatsachen;

11. Aufwendungen, die mit unmittelbaren oder mittelbaren Zuwendungen von nicht einlagefähigen Vorteilen an natürliche oder juristische Personen oder Personengesellschaften zur Verwendung in Betrieben in tatsächlichem oder wirtschaftlichem Zusammenhang stehen, deren Gewinn nach § 5a Absatz 1 ermittelt wird;

12. Zuschläge nach § 162 Absatz 4 der Abgabenordnung;

13. Jahresbeiträge nach § 12 Absatz 2 des Restrukturierungsfondsgesetzes.

²Das Abzugsverbot gilt nicht, soweit die in den Nummern 2 bis 4 bezeichneten Zwecke Gegenstand einer mit Gewinnabsicht ausgeübten Betätigung des Steuerpflichtigen sind. ³§ 12 Nummer 1 bleibt unberührt.

(5a) (weggefallen)

(5b) Die Gewerbesteuer und die darauf entfallenden Nebenleistungen sind keine Betriebsausgaben.

(6) Aufwendungen zur Förderung staatspolitischer Zwecke (§ 10b Absatz 2) sind keine Betriebsausgaben.

(7) [1]Aufwendungen im Sinne des Absatzes 5 Satz 1 Nummer 1 bis 4, 6b und 7 sind einzeln und getrennt von den sonstigen Betriebsausgaben aufzuzeichnen. [2]Soweit diese Aufwendungen nicht bereits nach Absatz 5 vom Abzug ausgeschlossen sind, dürfen sie bei der Gewinnermittlung nur berücksichtigt werden, wenn sie nach Satz 1 besonders aufgezeichnet sind.

(8) Für Erhaltungsaufwand bei Gebäuden in Sanierungsgebieten und städtebaulichen Entwicklungsbereichen sowie bei Baudenkmalen gelten die §§ 11a und 11b entsprechend.

(9) Aufwendungen des Steuerpflichtigen für seine erstmalige Berufsausbildung oder für ein Erststudium, das zugleich eine Erstausbildung vermittelt, sind keine Betriebsausgaben.

§ 4b EStG
Direktversicherung

[1]Der Versicherungsanspruch aus einer Direktversicherung, die von einem Steuerpflichtigen aus betrieblichem Anlass abgeschlossen wird, ist dem Betriebsvermögen des Steuerpflichtigen nicht zuzurechnen, soweit am Schluss des Wirtschaftsjahres hinsichtlich der Leistungen des Versicherers die Person, auf deren Leben die Lebensversicherung abgeschlossen ist, oder ihre Hinterbliebenen bezugsberechtigt sind. [2]Das gilt auch, wenn der Steuerpflichtige die Ansprüche aus dem Versicherungsvertrag abgetreten oder beliehen hat, sofern er sich der bezugsberechtigten Person gegenüber schriftlich verpflichtet, sie bei Eintritt des Versicherungsfalls so zu stellen, als ob die Abtretung oder Beleihung nicht erfolgt wäre.

§ 4c EStG
Zuwendungen an Pensionskassen

(1) [1]Zuwendungen an eine Pensionskasse dürfen von dem Unternehmen, das die Zuwendungen leistet (Trägerunternehmen), als Betriebsausgaben abgezogen werden, soweit sie auf einer in der Satzung oder im Geschäftsplan der Kasse festgelegten Verpflichtung oder auf einer Anordnung der Versicherungsaufsichtsbehörde beruhen oder der Abdeckung von Fehlbeträgen bei der Kasse dienen. [2]Soweit die allgemeinen Versicherungsbedingungen und die fachlichen Geschäftsunterlagen im Sinne des § 5 Absatz 3 Nummer 2 Halbsatz 2 des Versicherungsaufsichtsgesetzes nicht zum Geschäftsplan gehören, gelten diese als Teil des Geschäftsplans.

(2) Zuwendungen im Sinne des Absatzes 1 dürfen als Betriebsausgaben nicht abgezogen werden, soweit die Leistungen der Kasse, wenn sie vom Trägerunternehmen unmittelbar erbracht würden, bei diesem nicht betrieblich veranlasst wären.

§ 4d EStG
Zuwendungen an Unterstützungskassen

(1) [1]Zuwendungen an eine Unterstützungskasse dürfen von dem Unternehmen, das die Zuwendungen leistet (Trägerunternehmen), als Betriebsausgaben abgezogen werden, soweit die Leistungen der Kasse, wenn sie vom Trägerunternehmen unmittelbar erbracht würden, bei diesem betrieblich veranlasst wären und sie die folgenden Beträge nicht übersteigen:
1. bei Unterstützungskassen, die lebenslänglich laufende Leistungen gewähren:
    a) das Deckungskapital für die laufenden Leistungen nach der dem Gesetz als Anlage 1 beigefügten Tabelle. [2]Leistungsempfänger ist jeder ehemalige Arbeitnehmer des Trägerunternehmens, der von der Unterstützungskasse Leistungen erhält; soweit die Kasse Hinterbliebenenversorgung gewährt, ist Leistungsempfänger der Hinterbliebene eines ehemaligen Arbeitnehmers des Trägerunternehmens, der von der Kasse Leistungen erhält. [3]Dem

ehemaligen Arbeitnehmer stehen andere Personen gleich, denen Leistungen der Alters-, Invaliditäts- oder Hinterbliebenenversorgung aus Anlass ihrer ehemaligen Tätigkeit für das Trägerunternehmen zugesagt worden sind;
b) in jedem Wirtschaftsjahr für jeden Leistungsanwärter,
   aa) wenn die Kasse nur Invaliditätsversorgung oder nur Hinterbliebenenversorgung gewährt, jeweils 6 Prozent,
   bb) wenn die Kasse Altersversorgung mit oder ohne Einschluss von Invaliditätsversorgung oder Hinterbliebenenversorgung gewährt, 25 Prozent
   der jährlichen Versorgungsleistungen, die der Leistungsanwärter oder, wenn nur Hinterbliebenenversorgung gewährt wird, dessen Hinterbliebene nach den Verhältnissen am Schluss des Wirtschaftsjahres der Zuwendung im letzten Zeitpunkt der Anwartschaft, spätestens zum Zeitpunkt des Erreichens der Regelaltersgrenze der gesetzlichen Rentenversicherung erhalten können. ²Leistungsanwärter ist jeder Arbeitnehmer oder ehemalige Arbeitnehmer des Trägerunternehmens, der von der Unterstützungskasse schriftlich zugesagte Leistungen erhalten kann und am Schluss des Wirtschaftsjahres, in dem die Zuwendung erfolgt, das 27. Lebensjahr vollendet hat; soweit die Kasse nur Hinterbliebenenversorgung gewährt, gilt als Leistungsanwärter jeder Arbeitnehmer oder ehemalige Arbeitnehmer des Trägerunternehmens, der am Schluss des Wirtschaftsjahres, in dem die Zuwendung erfolgt, das 27. Lebensjahr vollendet hat und dessen Hinterbliebene die Hinterbliebenenversorgung erhalten können. ³Das Trägerunternehmen kann bei der Berechnung nach Satz 1 statt des dort maßgebenden Betrags den Durchschnittsbetrag der von der Kasse im Wirtschaftsjahr an Leistungsempfänger im Sinne des Buchstabens a Satz 2 gewährten Leistungen zugrunde legen. ⁴In diesem Fall sind Leistungsanwärter im Sinne des Satzes 2 nur die Arbeitnehmer oder ehemaligen Arbeitnehmer des Trägerunternehmens, die am Schluss des Wirtschaftsjahres, in dem die Zuwendung erfolgt, das 50. Lebensjahr vollendet haben. ⁵Dem Arbeitnehmer oder ehemaligen Arbeitnehmer als Leistungsanwärter stehen andere Personen gleich, denen schriftlich Leistungen der Alters-, Invaliditäts- oder Hinterbliebenenversorgung aus Anlass ihrer Tätigkeit für das Trägerunternehmen zugesagt worden sind;
c) den Betrag des Beitrages, den die Kasse an einen Versicherer zahlt, soweit sie sich die Mittel für ihre Versorgungsleistungen, die der Leistungsanwärter oder Leistungsempfänger nach den Verhältnissen am Schluss des Wirtschaftsjahres der Zuwendung erhalten kann, durch Abschluss einer Versicherung verschafft. ²Bei Versicherungen für einen Leistungsanwärter ist der Abzug des Beitrages nur zulässig, wenn der Leistungsanwärter die in Buchstabe b Satz 2 und 5 genannten Voraussetzungen erfüllt, die Versicherung für die Dauer bis zu dem Zeitpunkt abgeschlossen ist, für den erstmals Leistungen der Altersversorgung vorgesehen sind, mindestens jedoch bis zu dem Zeitpunkt, an dem der Leistungsanwärter das 55. Lebensjahr vollendet hat, und während dieser Zeit jährlich Beiträge gezahlt werden, die der Höhe nach gleich bleiben oder steigen. ³Das Gleiche gilt für Leistungsanwärter, die das 27. Lebensjahr noch nicht vollendet haben, für Leistungen der Invaliditäts- oder Hinterbliebenenversorgung, für Leistungen der Altersversorgung unter der Voraussetzung, dass die Leistungsanwartschaft bereits unverfallbar ist. ⁴Ein Abzug ist ausgeschlossen, wenn die Ansprüche aus der Versicherung der Sicherung eines Darlehens dienen. ⁵Liegen die Voraussetzungen der Sätze 1 bis 4 vor, sind die Zuwendungen nach den Buchstaben a und b in dem Verhältnis zu vermindern, in dem die Leistungen der Kasse durch die Versicherung gedeckt sind;
d) den Betrag, den die Kasse einem Leistungsanwärter im Sinne des Buchstabens b Satz 2 und 5 vor Eintritt des Versorgungsfalls als Abfindung für künftige Versorgungsleistungen gewährt, den Übertragungswert nach § 4 Absatz 5 des Betriebsrentengesetzes oder den Betrag, den sie an einen anderen Versorgungsträger zahlt, der eine ihr obliegende Versorgungsverpflichtung übernommen hat.

²Zuwendungen dürfen nicht als Betriebsausgaben abgezogen werden, wenn das Vermögen der Kasse ohne Berücksichtigung künftiger Versorgungsleistungen am Schluss des Wirtschaftsjahres das zulässige Kassenvermögen übersteigt. ³Bei der Ermittlung des Vermögens der Kasse ist am

Schluss des Wirtschaftsjahres vorhandener Grundbesitz mit 200 Prozent der Einheitswerte anzusetzen, die zu dem Feststellungszeitpunkt maßgebend sind, der dem Schluss des Wirtschaftsjahres folgt; Ansprüche aus einer Versicherung sind mit dem Wert des geschäftsplanmäßigen Deckungskapitals zuzüglich der Guthaben aus Beitragsrückerstattung am Schluss des Wirtschaftsjahres anzusetzen, und das übrige Vermögen ist mit dem gemeinen Wert am Schluss des Wirtschaftsjahres zu bewerten. [4]Zulässiges Kassenvermögen ist die Summe aus dem Deckungskapital für alle am Schluss des Wirtschaftsjahres laufenden Leistungen nach der dem Gesetz als Anlage 1 beigefügten Tabelle für Leistungsempfänger im Sinne des Satzes 1 Buchstabe a und dem Achtfachen der nach Satz 1 Buchstabe b abzugsfähigen Zuwendungen. [5]Soweit sich die Kasse die Mittel für ihre Leistungen durch Abschluss einer Versicherung verschafft, ist, wenn die Voraussetzungen für den Abzug des Beitrages nach Satz 1 Buchstabe c erfüllt sind, zulässiges Kassenvermögen der Wert des geschäftsplanmäßigen Deckungskapitals aus der Versicherung am Schluss des Wirtschaftsjahres; in diesem Fall ist das zulässige Kassenvermögen nach Satz 4 in dem Verhältnis zu vermindern, in dem die Leistungen der Kasse durch die Versicherung gedeckt sind. [6]Soweit die Berechnung des Deckungskapitals nicht zum Geschäftsplan gehört, tritt an die Stelle des geschäftsplanmäßigen Deckungskapitals der nach § 176 Absatz 3 des Gesetzes über den Versicherungsvertrag berechnete Zeitwert, beim zulässigen Kassenvermögen ohne Berücksichtigung des Guthabens aus Beitragsrückerstattung. [7]Gewährt eine Unterstützungskasse anstelle von lebenslänglich laufenden Leistungen eine einmalige Kapitalleistung, so gelten 10 Prozent der Kapitalleistung als Jahresbetrag einer lebenslänglich laufenden Leistung;

2. bei Kassen, die keine lebenslänglich laufenden Leistungen gewähren, für jedes Wirtschaftsjahr 0,2 Prozent der Lohn- und Gehaltssumme des Trägerunternehmens, mindestens jedoch den Betrag der von der Kasse in einem Wirtschaftsjahr erbrachten Leistungen, soweit dieser Betrag höher ist als die in den vorangegangenen fünf Wirtschaftsjahren vorgenommenen Zuwendungen abzüglich der in dem gleichen Zeitraum erbrachten Leistungen. [2]Diese Zuwendungen dürfen nicht als Betriebsausgaben abgezogen werden, wenn das Vermögen der Kasse am Schluss des Wirtschaftsjahres das zulässige Kassenvermögen übersteigt. [3]Als zulässiges Kassenvermögen kann 1 Prozent der durchschnittlichen Lohn- und Gehaltssumme der letzten drei Jahre angesetzt werden. [4]Hat die Kasse bereits 10 Wirtschaftsjahre bestanden, darf das zulässige Kassenvermögen zusätzlich die Summe der in den letzten zehn Wirtschaftsjahren gewährten Leistungen nicht übersteigen. [5]Für die Bewertung des Vermögens der Kasse gilt Nummer 1 Satz 3 entsprechend. [6]Bei der Berechnung der Lohn- und Gehaltssumme des Trägerunternehmens sind Löhne und Gehälter von Personen, die von der Kasse keine nicht lebenslänglich laufenden Leistungen erhalten können, auszuscheiden.

[2]Gewährt eine Kasse lebenslänglich laufende und nicht lebenslänglich laufende Leistungen, so gilt Satz 1 Nummer 1 und 2 nebeneinander. [3]Leistet ein Trägerunternehmen Zuwendungen an mehrere Unterstützungskassen, so sind diese Kassen bei der Anwendung der Nummern 1 und 2 als Einheit zu behandeln.

(2) [1]Zuwendungen im Sinne des Absatzes 1 sind von dem Trägerunternehmen in dem Wirtschaftsjahr als Betriebsausgaben abzuziehen, in dem sie geleistet werden. [2]Zuwendungen, die bis zum Ablauf eines Monats nach Aufstellung oder Feststellung der Bilanz des Trägerunternehmens für den Schluss eines Wirtschaftsjahres geleistet werden, können von dem Trägerunternehmen noch für das abgelaufene Wirtschaftsjahr durch eine Rückstellung gewinnmindernd berücksichtigt werden. [3]Übersteigen die in einem Wirtschaftsjahr geleisteten Zuwendungen die nach Absatz 1 abzugsfähigen Beträge, so können die übersteigenden Beträge im Wege der Rechnungsabgrenzung auf die folgenden drei Wirtschaftsjahre vorgetragen und im Rahmen der für diese Wirtschaftsjahre abzugsfähigen Beträge als Betriebsausgaben behandelt werden. 4§ 5 Absatz 1 Satz 2 ist nicht anzuwenden.

(3) [1]Abweichend von Absatz 1 Satz 1 Nummer 1 Satz 1 Buchstabe d und Absatz 2 können auf Antrag die insgesamt erforderlichen Zuwendungen an die Unterstützungskasse für den Betrag, den die Kasse an einen Pensionsfonds zahlt, der eine ihr obliegende Versorgungsverpflichtung ganz oder teilweise übernommen hat, nicht im Wirtschaftsjahr der Zuwendung, sondern erst in den dem

Wirtschaftsjahr der Zuwendung folgenden zehn Wirtschaftsjahren gleichmäßig verteilt als Betriebsausgaben abgezogen werden. ²Der Antrag ist unwiderruflich; der jeweilige Rechtsnachfolger ist an den Antrag gebunden.

§ 4e EStG
Beiträge an Pensionsfonds

(1) Beiträge an einen Pensionsfonds im Sinne des § 112 des Versicherungsaufsichtsgesetzes dürfen von dem Unternehmen, das die Beiträge leistet (Trägerunternehmen), als Betriebsausgaben abgezogen werden, soweit sie auf einer festgelegten Verpflichtung beruhen oder der Abdeckung von Fehlbeträgen bei dem Fonds dienen.

(2) Beiträge im Sinne des Absatzes 1 dürfen als Betriebsausgaben nicht abgezogen werden, soweit die Leistungen des Fonds, wenn sie vom Trägerunternehmen unmittelbar erbracht würden, bei diesem nicht betrieblich veranlasst wären.

(3) ¹Der Steuerpflichtige kann auf Antrag die insgesamt erforderlichen Leistungen an einen Pensionsfonds zur teilweisen oder vollständigen Übernahme einer bestehenden Versorgungsverpflichtung oder Versorgungsanwartschaft durch den Pensionsfonds erst in den dem Wirtschaftsjahr der Übertragung folgenden zehn Wirtschaftsjahren gleichmäßig verteilt als Betriebsausgaben abziehen. ²Der Antrag ist unwiderruflich; der jeweilige Rechtsnachfolger ist an den Antrag gebunden. ³Ist eine Pensionsrückstellung nach § 6a gewinnerhöhend aufzulösen, ist Satz 1 mit der Maßgabe anzuwenden, dass die Leistungen an den Pensionsfonds im Wirtschaftsjahr der Übertragung in Höhe der aufgelösten Rückstellung als Betriebsausgaben abgezogen werden können; der die aufgelöste Rückstellung übersteigende Betrag ist in den dem Wirtschaftsjahr der Übertragung folgenden zehn Wirtschaftsjahren gleichmäßig verteilt als Betriebsausgaben abzuziehen. ⁴Satz 3 gilt entsprechend, wenn es im Zuge der Leistungen des Arbeitgebers an den Pensionsfonds zu Vermögensübertragungen einer Unterstützungskasse an den Arbeitgeber kommt.

4. Überschuss der Einnahmen über die Werbungskosten

§ 9 EStG
Werbungskosten

(1) ¹Werbungskosten sind Aufwendungen zur Erwerbung, Sicherung und Erhaltung der Einnahmen. ²Sie sind bei der Einkunftsart abzuziehen, bei der sie erwachsen sind. ³Werbungskosten sind auch
1. Schuldzinsen und auf besonderen Verpflichtungsgründen beruhende Renten und dauernde Lasten, soweit sie mit einer Einkunftsart in wirtschaftlichem Zusammenhang stehen. ²Bei Leibrenten kann nur der Anteil abgezogen werden, der sich nach § 22 Nummer 1 Satz 3 Buchstabe a Doppelbuchstabe bb ergibt;
2. Steuern vom Grundbesitz, sonstige öffentliche Abgaben und Versicherungsbeiträge, soweit solche Ausgaben sich auf Gebäude oder auf Gegenstände beziehen, die dem Steuerpflichtigen zur Einnahmeerzielung dienen;
3. Beiträge zu Berufsständen und sonstigen Berufsverbänden, deren Zweck nicht auf einen wirtschaftlichen Geschäftsbetrieb gerichtet ist;
4. Aufwendungen des Arbeitnehmers für die Wege zwischen Wohnung und regelmäßiger Arbeitsstätte. ²Zur Abgeltung dieser Aufwendungen ist für jeden Arbeitstag, an dem der Arbeitnehmer die regelmäßige Arbeitsstätte aufsucht, eine Entfernungspauschale für jeden vollen Kilometer der Entfernung zwischen Wohnung und regelmäßiger Arbeitsstätte von 0,30 Euro anzusetzen, höchstens jedoch 4.500 Euro im Kalenderjahr; ein höherer Betrag als 4.500 Euro ist anzusetzen, soweit der Arbeitnehmer einen eigenen oder ihm zur Nutzung überlassenen Kraftwagen benutzt. ³Die Entfernungspauschale gilt nicht für Flugstrecken und Strecken mit steuerfreier Sammelbeförderung nach § 3 Nummer 32. ⁴Für die Bestimmung der Entfernung ist die kürzeste Straßenverbindung zwischen Wohnung und regelmäßiger Arbeitsstätte maßgebend; eine andere als die

kürzeste Straßenverbindung kann zugrunde gelegt werden, wenn diese offensichtlich verkehrsgünstiger ist und vom Arbeitnehmer regelmäßig für die Wege zwischen Wohnung und regelmäßiger Arbeitsstätte benutzt wird. [5]Nach § 8 Absatz 3 steuerfreie Sachbezüge für Fahrten zwischen Wohnung und regelmäßiger Arbeitsstätte mindern den nach Satz 2 abziehbaren Betrag; ist der Arbeitgeber selbst der Verkehrsträger, ist der Preis anzusetzen, den ein dritter Arbeitgeber an den Verkehrsträger zu entrichten hätte. [6]Hat ein Arbeitnehmer mehrere Wohnungen, so sind die Wege von einer Wohnung, die nicht der regelmäßigen Arbeitsstätte am nächsten liegt, nur zu berücksichtigen, wenn sie den Mittelpunkt der Lebensinteressen des Arbeitnehmers bildet und nicht nur gelegentlich aufgesucht wird;

5. notwendige Mehraufwendungen, die einem Arbeitnehmer wegen einer aus beruflichem Anlass begründeten doppelten Haushaltsführung entstehen, und zwar unabhängig davon, aus welchen Gründen die doppelte Haushaltsführung beibehalten wird. [2]Eine doppelte Haushaltsführung liegt nur vor, wenn der Arbeitnehmer außerhalb des Ortes, in dem er einen eigenen Hausstand unterhält, beschäftigt ist und auch am Beschäftigungsort wohnt. [3]Aufwendungen für die Wege vom Beschäftigungsort zum Ort des eigenen Hausstands und zurück (Familienheimfahrten) können jeweils nur für eine Familienheimfahrt wöchentlich abgezogen werden. [4]Zur Abgeltung der Aufwendungen für eine Familienheimfahrt ist eine Entfernungspauschale von 0,30 Euro für jeden vollen Kilometer der Entfernung zwischen dem Ort des eigenen Hausstands und dem Beschäftigungsort anzusetzen. [5]Nummer 4 Satz 3 bis 5 ist entsprechend anzuwenden. [6]Aufwendungen für Familienheimfahrten mit einem dem Steuerpflichtigen im Rahmen einer Einkunftsart überlassenen Kraftfahrzeug werden nicht berücksichtigt;

6. Aufwendungen für Arbeitsmittel, zum Beispiel für Werkzeuge und typische Berufskleidung. [2]Nummer 7 bleibt unberührt;

7. Absetzungen für Abnutzung und für Substanzverringerung und erhöhte Absetzungen. [2]§ 6 Absatz 2 Satz 1 bis 3 ist in Fällen der Anschaffung oder Herstellung von Wirtschaftsgütern entsprechend anzuwenden.

(2) [1]Durch die Entfernungspauschalen sind sämtliche Aufwendungen abgegolten, die durch die Wege zwischen Wohnung und regelmäßiger Arbeitsstätte und durch die Familienheimfahrten veranlasst sind. [2]Aufwendungen für die Benutzung öffentlicher Verkehrsmittel können angesetzt werden, soweit sie den im Kalenderjahr insgesamt als Entfernungspauschale abziehbaren Betrag übersteigen. [3]Behinderte Menschen,

1. deren Grad der Behinderung mindestens 70 beträgt,
2. deren Grad der Behinderung weniger als 70, aber mindestens 50 beträgt und die in ihrer Bewegungsfähigkeit im Straßenverkehr erheblich beeinträchtigt sind,

können anstelle der Entfernungspauschalen die tatsächlichen Aufwendungen für die Wege zwischen Wohnung und regelmäßiger Arbeitsstätte und für die Familienheimfahrten ansetzen. [4]Die Voraussetzungen der Nummern 1 und 2 sind durch amtliche Unterlagen nachzuweisen.

(3) Absatz 1 Satz 3 Nummer 4 und 5 und Absatz 2 gelten bei den Einkunftsarten im Sinne des § 2 Absatz 1 Satz 1 Nummer 5 bis 7 entsprechend.

(4) (weggefallen)

(5) [1]§ 4 Absatz 5 Satz 1 Nummer 1 bis 5, 6b bis 8a, 10, 12 und Absatz 6 gilt sinngemäß. [2]§ 6 Absatz 1 Nummer 1a gilt entsprechend.

(6) Aufwendungen des Steuerpflichtigen für seine erstmalige Berufsausbildung oder für ein Erststudium, das zugleich eine Erstausbildung vermittelt, sind keine Werbungskosten, wenn diese Berufsausbildung oder dieses Erststudium nicht im Rahmen eines Dienstverhältnisses stattfinden.

§ 9a EStG
Pauschbeträge für Werbungskosten

¹Für Werbungskosten sind bei der Ermittlung der Einkünfte die folgenden Pauschbeträge abzuziehen, wenn nicht höhere Werbungskosten nachgewiesen werden:
1. a) von den Einnahmen aus nichtselbständiger Arbeit vorbehaltlich Buchstabe b:
      ein Arbeitnehmer-Pauschbetrag von 1.000 Euro;
   b) von den Einnahmen aus nichtselbständiger Arbeit, soweit es sich um Versorgungsbezüge im Sinne des § 19 Absatz 2 handelt:
      ein Pauschbetrag von 102 Euro;
2. (weggefallen)
3. von den Einnahmen im Sinne des § 22 Nummer 1, 1a, 1b, 1c und 5:
   ein Pauschbetrag von insgesamt 102 Euro.

²Der Pauschbetrag nach Satz 1 Nummer 1 Buchstabe b darf nur bis zur Höhe der um den Versorgungsfreibetrag einschließlich des Zuschlags zum Versorgungsfreibetrag (§ 19 Absatz 2) geminderten Einnahmen, die Pauschbeträge nach Satz 1 Nummer 1 Buchstabe a und Nummer 3 dürfen nur bis zur Höhe der Einnahmen abgezogen werden.

5. Sonderausgaben

§ 10 EStG
Art der Aufwendungen

(1) ¹Sonderausgaben sind die folgenden Aufwendungen, wenn sie weder Betriebsausgaben noch Werbungskosten sind oder wie Betriebsausgaben oder Werbungskosten behandelt werden:
1. Unterhaltsleistungen an den geschiedenen oder dauernd getrennt lebenden unbeschränkt einkommensteuerpflichtigen Ehegatten, wenn der Geber dies mit Zustimmung des Empfängers beantragt, bis zu 13.805 Euro im Kalenderjahr. 2Der Höchstbetrag nach Satz 1 erhöht sich um den Betrag der im jeweiligen Veranlagungszeitraum nach Absatz 1 Nummer 3 für die Absicherung des geschiedenen oder dauernd getrennt lebenden unbeschränkt einkommensteuerpflichtigen Ehegatten aufgewandten Beiträge. 3Der Antrag kann jeweils nur für ein Kalenderjahr gestellt und nicht zurückgenommen werden. 4Die Zustimmung ist mit Ausnahme der nach § 894 Absatz 1 der Zivilprozessordnung als erteilt geltenden bis auf Widerruf wirksam. 5Der Widerruf ist vor Beginn des Kalenderjahres, für das die Zustimmung erstmals nicht gelten soll, gegenüber dem Finanzamt zu erklären. 6Die Sätze 1 bis 5 gelten für Fälle der Nichtigkeit oder der Aufhebung der Ehe entsprechend;
1a. auf besonderen Verpflichtungsgründen beruhende, lebenslange und wiederkehrende Versorgungsleistungen, die nicht mit Einkünften in wirtschaftlichem Zusammenhang stehen, die bei der Veranlagung außer Betracht bleiben, wenn der Empfänger unbeschränkt einkommensteuerpflichtig ist. ²Dies gilt nur für
   a) Versorgungsleistungen im Zusammenhang mit der Übertragung eines Mitunternehmeranteils an einer Personengesellschaft, die eine Tätigkeit im Sinne der §§ 13, 15 Absatz 1 Satz 1 Nummer 1 oder des § 18 Absatz 1 ausübt,
   b) Versorgungsleistungen im Zusammenhang mit der Übertragung eines Betriebs oder Teilbetriebs, sowie
   c) Versorgungsleistungen im Zusammenhang mit der Übertragung eines mindestens 50 Prozent betragenden Anteils an einer Gesellschaft mit beschränkter Haftung, wenn der Übergeber als Geschäftsführer tätig war und der Übernehmer diese Tätigkeit nach der Übertragung übernimmt.
   ³Satz 2 gilt auch für den Teil der Versorgungsleistungen, der auf den Wohnteil eines Betriebs der Land- und Forstwirtschaft entfällt;
1b. Ausgleichszahlungen im Rahmen des Versorgungsausgleichs nach den §§ 20, 21, 22 und 26 des Versorgungsausgleichsgesetzes, §§ 1587f, 1587g, 1587i des Bürgerlichen Gesetzbuchs und § 3a des Gesetzes zur Regelung von Härten im Versorgungsausgleich, soweit die ihnen zu Grunde

liegenden Einnahmen bei der ausgleichspflichtigen Person der Besteuerung unterliegen, wenn die ausgleichsberechtigte Person unbeschränkt einkommensteuerpflichtig ist;

2. a) Beiträge zu den gesetzlichen Rentenversicherungen oder zur landwirtschaftlichen Alterskasse sowie zu berufsständischen Versorgungseinrichtungen, die den gesetzlichen Rentenversicherungen vergleichbare Leistungen erbringen;

   b) Beiträge des Steuerpflichtigen zum Aufbau einer eigenen kapitalgedeckten Altersversorgung, wenn der Vertrag nur die Zahlung einer monatlichen auf das Leben des Steuerpflichtigen bezogenen lebenslangen Leibrente nicht vor Vollendung des 60. Lebensjahrs oder die ergänzende Absicherung des Eintritts der Berufsunfähigkeit (Berufsunfähigkeitsrente), der verminderten Erwerbsfähigkeit (Erwerbsminderungsrente) oder von Hinterbliebenen (Hinterbliebenenrente) vorsieht; Hinterbliebene in diesem Sinne sind der Ehegatte des Steuerpflichtigen und die Kinder, für die er Anspruch auf Kindergeld oder auf einen Freibetrag nach § 32 Absatz 6 hat; der Anspruch auf Waisenrente darf längstens für den Zeitraum bestehen, in dem der Rentenberechtigte die Voraussetzungen für die Berücksichtigung als Kind im Sinne des § 32 erfüllt; die genannten Ansprüche dürfen nicht vererblich, nicht übertragbar, nicht beleihbar, nicht veräußerbar und nicht kapitalisierbar sein und es darf darüber hinaus kein Anspruch auf Auszahlungen bestehen.

   ²Zu den Beiträgen nach den Buchstaben a und b ist der nach § 3 Nummer 62 steuerfreie Arbeitgeberanteil zur gesetzlichen Rentenversicherung und ein diesem gleichgestellter steuerfreier Zuschuss des Arbeitgebers hinzuzurechnen. ³Beiträge nach § 168 Absatz 1 Nummer 1b oder 1c oder nach § 172 Absatz 3 oder 3a des Sechsten Buches Sozialgesetzbuch werden abweichend von Satz 2 nur auf Antrag des Steuerpflichtigen hinzugerechnet;

3. Beiträge zu

   a) Krankenversicherungen, soweit diese zur Erlangung eines durch das Zwölfte Buch Sozialgesetzbuch bestimmten sozialhilfegleichen Versorgungsniveaus erforderlich sind. ²Für Beiträge zur gesetzlichen Krankenversicherung sind dies die nach dem Dritten Titel des Ersten Abschnitts des Achten Kapitels des Fünften Buches Sozialgesetzbuch oder die nach dem Sechsten Abschnitt des Zweiten Gesetzes über die Krankenversicherung der Landwirte festgesetzten Beiträge. ³Für Beiträge zu einer privaten Krankenversicherung sind dies die Beitragsanteile, die auf Vertragsleistungen entfallen, die, mit Ausnahme der auf das Krankengeld entfallenden Beitragsanteile, in Art, Umfang und Höhe den Leistungen nach dem Dritten Kapitel des Fünften Buches Sozialgesetzbuch vergleichbar sind, auf die ein Anspruch besteht; § 12 Absatz 1d des Versicherungsaufsichtsgesetzes in der Fassung der Bekanntmachung vom 17. Dezember 1992 (BGBl. 1993 I S. 2), das zuletzt durch Artikel 4 und 6 Absatz 2 des Gesetzes vom 17. Oktober 2008 (BGBl. I S. 1982) geändert worden ist, gilt entsprechend. ⁴Wenn sich aus den Krankenversicherungsbeiträgen nach Satz 2 ein Anspruch auf Krankengeld oder ein Anspruch auf eine Leistung, die anstelle von Krankengeld gewährt wird, ergeben kann, ist der jeweilige Beitrag um 4 Prozent zu vermindern;

   b) gesetzlichen Pflegeversicherungen (soziale Pflegeversicherung und private Pflege-Pflichtversicherung).

   ²Als eigene Beiträge des Steuerpflichtigen werden auch die vom Steuerpflichtigen im Rahmen der Unterhaltsverpflichtung getragenen eigenen Beiträge im Sinne des Buchstaben a oder des Buchstaben b eines Kindes behandelt, für das ein Anspruch auf einen Freibetrag nach § 32 Absatz 6 oder auf Kindergeld besteht. ³Hat der Steuerpflichtige in den Fällen des Absatzes 1 Nummer 1 eigene Beiträge im Sinne des Buchstaben a oder des Buchstaben b zum Erwerb einer Krankenversicherung oder gesetzlichen Pflegeversicherung für einen geschiedenen oder dauernd getrennt lebenden unbeschränkt einkommensteuerpflichtigen Ehegatten geleistet, dann werden diese abweichend von Satz 1 als eigene Beiträge des geschiedenen oder dauernd getrennt lebenden unbeschränkt einkommensteuerpflichtigen Ehegatten behandelt. ⁴Beiträge, die für nach Ablauf des Veranlagungszeitraums beginnende Beitragsjahre geleistet werden und in der Summe das Zweieinhalbfache der auf den Veranlagungszeitraum entfallenden Beiträge überschreiten, sind in dem Veranlagungszeitraum

anzusetzen, für den sie geleistet wurden; dies gilt nicht für Beiträge, soweit sie der unbefristeten Beitragsminderung nach Vollendung des 62. Lebensjahrs dienen;

3a. Beiträge zu Kranken- und Pflegeversicherungen, soweit diese nicht nach Nummer 3 zu berücksichtigen sind; Beiträge zu Versicherungen gegen Arbeitslosigkeit, zu Erwerbs- und Berufsunfähigkeitsversicherungen, die nicht unter Nummer 2 Satz 1 Buchstabe b fallen, zu Unfall- und Haftpflichtversicherungen sowie zu Risikoversicherungen, die nur für den Todesfall eine Leistung vorsehen; Beiträge zu Versicherungen im Sinne des § 10 Absatz 1 Nummer 2 Buchstabe b Doppelbuchstabe bb bis dd in der am 31. Dezember 2004 geltenden Fassung, wenn die Laufzeit dieser Versicherungen vor dem 1. Januar 2005 begonnen hat und ein Versicherungsbeitrag bis zum 31. Dezember 2004 entrichtet wurde; § 10 Absatz 1 Nummer 2 Satz 2 bis 6 und Absatz 2 Satz 2 in der am 31. Dezember 2004 geltenden Fassung ist in diesen Fällen weiter anzuwenden;

4. gezahlte Kirchensteuer; dies gilt nicht, soweit die Kirchensteuer als Zuschlag zur Kapitalertragsteuer oder als Zuschlag auf die nach dem gesonderten Tarif des § 32d Absatz 1 ermittelte Einkommensteuer gezahlt wurde;

5. zwei Drittel der Aufwendungen, höchstens 4.000 Euro je Kind, für Dienstleistungen zur Betreuung eines zum Haushalt des Steuerpflichtigen gehörenden Kindes im Sinne des § 32 Absatz 1, welches das 14. Lebensjahr noch nicht vollendet hat oder wegen einer vor Vollendung des 25. Lebensjahres eingetretenen körperlichen, geistigen oder seelischen Behinderung außerstande ist, sich selbst zu unterhalten. ²Dies gilt nicht für Aufwendungen für Unterricht, die Vermittlung besonderer Fähigkeiten sowie für sportliche und andere Freizeitbetätigungen. ³Ist das zu betreuende Kind nicht nach § 1 Absatz 1 oder Absatz 2 unbeschränkt einkommensteuerpflichtig, ist der in Satz 1 genannte Betrag zu kürzen, soweit es nach den Verhältnissen im Wohnsitzstaat des Kindes notwendig und angemessen ist. ⁴Voraussetzung für den Abzug der Aufwendungen nach Satz 1 ist, dass der Steuerpflichtige für die Aufwendungen eine Rechnung erhalten hat und die Zahlung auf das Konto des Erbringers der Leistung erfolgt ist;

6. (weggefallen)

7. Aufwendungen für die eigene Berufsausbildung bis zu 6.000 Euro im Kalenderjahr. ²Bei Ehegatten, die die Voraussetzungen des § 26 Absatz 1 Satz 1 erfüllen, gilt Satz 1 für jeden Ehegatten. ³Zu den Aufwendungen im Sinne des Satzes 1 gehören auch Aufwendungen für eine auswärtige Unterbringung. ⁴§ 4 Absatz 5 Satz 1 Nummer 5 und 6b, § 9 Absatz 1 Satz 3 Nummer 4 und 5 und Absatz 2 sind bei der Ermittlung der Aufwendungen anzuwenden;

8. (weggefallen)

9. 30 Prozent des Entgelts, höchstens 5.000 Euro, das der Steuerpflichtige für ein Kind, für das er Anspruch auf einen Freibetrag nach § 32 Absatz 6 oder auf Kindergeld hat, für dessen Besuch einer Schule in freier Trägerschaft oder einer überwiegend privat finanzierten Schule entrichtet, mit Ausnahme des Entgelts für Beherbergung, Betreuung und Verpflegung. ²Voraussetzung ist, dass die Schule in einem Mitgliedstaat der Europäischen Union oder in einem Staat belegen ist, auf den das Abkommen über den Europäischen Wirtschaftsraum Anwendung findet, und die Schule zu einem von dem zuständigen inländischen Ministerium eines Landes, von der Kultusministerkonferenz der Länder oder von einer inländischen Zeugnisanerkennungsstelle anerkannten oder einem inländischen Abschluss an einer öffentlichen Schule als gleichwertig anerkannten allgemein bildenden oder berufsbildenden Schul-, Jahrgangs- oder Berufsabschluss führt. ³Der Besuch einer anderen Einrichtung, die auf einen Schul-, Jahrgangs- oder Berufsabschluss im Sinne des Satzes 2 ordnungsgemäß vorbereitet, steht einem Schulbesuch im Sinne des Satzes 1 gleich. ⁴Der Besuch einer Deutschen Schule im Ausland steht dem Besuch einer solchen Schule gleich, unabhängig von ihrer Belegenheit. ⁵Der Höchstbetrag nach Satz 1 wird für jedes Kind, bei dem die Voraussetzungen vorliegen, je Elternpaar nur einmal gewährt.

(2) ¹Voraussetzung für den Abzug der in Absatz 1 Nummer 2, 3 und 3a bezeichneten Beträge (Vorsorgeaufwendungen) ist, dass sie

1. nicht in unmittelbarem wirtschaftlichen Zusammenhang mit steuerfreien Einnahmen stehen; steuerfreie Zuschüsse zu einer Kranken- oder Pflegeversicherung stehen insgesamt in

unmittelbarem wirtschaftlichen Zusammenhang mit den Vorsorgeaufwendungen im Sinne des Absatzes 1 Nummer 3,
2. a) an Versicherungsunternehmen, die ihren Sitz oder ihre Geschäftsleitung in einem Mitgliedstaat der Europäischen Gemeinschaft oder einem anderen Vertragsstaat des Europäischen Wirtschaftsraums haben und das Versicherungsgeschäft im Inland betreiben dürfen, und Versicherungsunternehmen, denen die Erlaubnis zum Geschäftsbetrieb im Inland erteilt ist,
   b) an berufsständische Versorgungseinrichtungen,
   c) an einen Sozialversicherungsträger oder
   d) an einen Anbieter im Sinne des § 80
   geleistet werden.

²Vorsorgeaufwendungen nach Absatz 1 Nummer 2 Buchstabe b werden nur berücksichtigt, wenn
1. die Beiträge zugunsten eines Vertrags geleistet wurden, der nach § 5a des Altersvorsorgeverträge-Zertifizierungsgesetzes zertifiziert ist, wobei die Zertifizierung Grundlagenbescheid im Sinne des § 171 Absatz 10 der Abgabenordnung ist, und
2. der Steuerpflichtige gegenüber dem Anbieter in die Datenübermittlung nach Absatz 2a eingewilligt hat.

³Vorsorgeaufwendungen nach Absatz 1 Nummer 3 werden nur berücksichtigt, wenn der Steuerpflichtige gegenüber dem Versicherungsunternehmen, dem Träger der gesetzlichen Kranken- und Pflegeversicherung oder der Künstlersozialkasse in die Datenübermittlung nach Absatz 2a eingewilligt hat; die Einwilligung gilt für alle sich aus dem Versicherungsverhältnis ergebenden Zahlungsverpflichtungen als erteilt, wenn die Beiträge mit der elektronischen Lohnsteuerbescheinigung (§ 41b Absatz 1 Satz 2) oder der Rentenbezugsmitteilung (§ 22a Absatz 1 Satz 1 Nummer 5) übermittelt werden.

(2a) ¹Der Steuerpflichtige hat in die Datenübermittlung nach Absatz 2 gegenüber der übermittelnden Stelle schriftlich einzuwilligen, spätestens bis zum Ablauf des zweiten Kalenderjahres, das auf das Beitragsjahr (Kalenderjahr, in dem die Beiträge geleistet worden sind) folgt; übermittelnde Stelle ist bei Vorsorgeaufwendungen nach Absatz 1 Nummer 2 Buchstabe b der Anbieter, bei Vorsorgeaufwendungen nach Absatz 1 Nummer 3 das Versicherungsunternehmen, der Träger der gesetzlichen Kranken- und Pflegeversicherung oder die Künstlersozialkasse. ²Die Einwilligung gilt auch für die folgenden Beitragsjahre, es sei denn, der Steuerpflichtige widerruft diese schriftlich gegenüber der übermittelnden Stelle. ³Der Widerruf muss vor Beginn des Beitragsjahres, für das die Einwilligung erstmals nicht mehr gelten soll, der übermittelnden Stelle vorliegen. ⁴Die übermittelnde Stelle hat bei Vorliegen einer Einwilligung
1. nach Absatz 2 Satz 2 Nummer 2 die Höhe der im jeweiligen Beitragsjahr geleisteten und erstatteten Beiträge nach Absatz 1 Nummer 2 Buchstabe b und die Zertifizierungsnummer,
2. nach Absatz 2 Satz 3 die Höhe der im jeweiligen Beitragsjahr geleisteten und erstatteten Beiträge nach Absatz 1 Nummer 3, soweit diese nicht mit der elektronischen Lohnsteuerbescheinigung oder der Rentenbezugsmitteilung zu übermitteln sind,

unter Angabe der Vertrags- oder Versicherungsdaten, des Datums der Einwilligung und der Identifikationsnummer (§ 139b der Abgabenordnung) nach amtlich vorgeschriebenem Datensatz durch Datenfernübertragung an die zentrale Stelle (§ 81) bis zum 28. Februar des dem Beitragsjahr folgenden Kalenderjahres zu übermitteln; sind Versicherungsnehmer und versicherte Person nicht identisch, sind zusätzlich die Identifikationsnummer und das Geburtsdatum des Versicherungsnehmers anzugeben. ⁵§ 22a Absatz 2 gilt entsprechend. ⁶Wird die Einwilligung nach Ablauf des Beitragsjahres, jedoch innerhalb der in Satz 1 genannten Frist abgegeben, sind die Daten bis zum Ende des folgenden Kalendervierteljahres zu übermitteln. ⁷Stellt die übermittelnde Stelle fest, dass
1. die an die zentrale Stelle übermittelten Daten unzutreffend sind oder
2. der zentralen Stelle ein Datensatz übermittelt wurde, obwohl die Voraussetzungen hierfür nicht vorlagen,

ist dies unverzüglich durch Übermittlung eines Datensatzes an die zentrale Stelle zu korrigieren oder zu stornieren. ⁸Ein Steuerbescheid ist zu ändern, soweit

1. Daten nach den Sätzen 4, 6 oder Satz 7 vorliegen oder
2. eine Einwilligung in die Datenübermittlung nach Absatz 2 Satz 2 Nummer 2 oder nach Absatz 2 Satz 3 nicht vorliegt

und sich hierdurch eine Änderung der festgesetzten Steuer ergibt. [9]Die übermittelnde Stelle hat den Steuerpflichtigen über die Höhe der nach den Sätzen 4, 6 oder Satz 7 übermittelten Beiträge für das Beitragsjahr zu unterrichten. [10]§ 150 Absatz 6 der Abgabenordnung gilt entsprechend. [11]Das Bundeszentralamt für Steuern kann die bei Vorliegen der Einwilligung nach Absatz 2 Satz 3 zu übermittelnden Daten prüfen; die §§ 193 bis 203 der Abgabenordnung sind sinngemäß anzuwenden. [12]Wer vorsätzlich oder grob fahrlässig eine unzutreffende Höhe der Beiträge im Sinne des Absatzes 1 Nummer 3 übermittelt, haftet für die entgangene Steuer. [13]Diese ist mit 30 Prozent des zu hoch ausgewiesenen Betrags anzusetzen.

(3) [1]Vorsorgeaufwendungen nach Absatz 1 Nummer 2 Satz 2 sind bis zu 20.000 Euro zu berücksichtigen. [2]Bei zusammenveranlagten Ehegatten verdoppelt sich der Höchstbetrag. [3]Der Höchstbetrag nach Satz 1 oder 2 ist bei Steuerpflichtigen, die
1. Arbeitnehmer sind und die während des ganzen oder eines Teils des Kalenderjahres
   a) in der gesetzlichen Rentenversicherung versicherungsfrei oder auf Antrag des Arbeitgebers von der Versicherungspflicht befreit waren und denen für den Fall ihres Ausscheidens aus der Beschäftigung auf Grund des Beschäftigungsverhältnisses eine lebenslängliche Versorgung oder an deren Stelle eine Abfindung zusteht oder die in der gesetzlichen Rentenversicherung nachzuversichern sind oder
   b) nicht der gesetzlichen Rentenversicherungspflicht unterliegen, eine Berufstätigkeit ausgeübt und im Zusammenhang damit auf Grund vertraglicher Vereinbarungen Anwartschaftsrechte auf eine Altersversorgung erworben haben, oder
2. Einkünfte im Sinne des § 22 Nummer 4 erzielen und die ganz oder teilweise ohne eigene Beitragsleistung einen Anspruch auf Altersversorgung erwerben,

um den Betrag zu kürzen, der, bezogen auf die Einnahmen aus der Tätigkeit, die die Zugehörigkeit zum genannten Personenkreis begründen, dem Gesamtbeitrag (Arbeitgeber- und Arbeitnehmeranteil) zur allgemeinen Rentenversicherung entspricht. [4]Im Kalenderjahr 2005 sind 60 Prozent der nach den Sätzen 1 bis 3 ermittelten Vorsorgeaufwendungen anzusetzen. [5]Der sich danach ergebende Betrag, vermindert um den nach § 3 Nummer 62 steuerfreien Arbeitgeberanteil zur gesetzlichen Rentenversicherung und einen diesem gleichgestellten steuerfreien Zuschuss des Arbeitgebers, ist als Sonderausgabe abziehbar. [6]Der Prozentsatz in Satz 4 erhöht sich in den folgenden Kalenderjahren bis zum Kalenderjahr 2025 um je 2 Prozentpunkte je Kalenderjahr. [7]Beiträge nach § 168 Absatz 1 Nummer 1b oder 1c oder nach § 172 Absatz 3 oder 3a des Sechsten Buches Sozialgesetzbuch vermindern den abziehbaren Betrag nach Satz 5 nur, wenn der Steuerpflichtige die Hinzurechnung dieser Beiträge zu den Vorsorgeaufwendungen nach § 10 Absatz 1 Nummer 2 Satz 3 beantragt hat.

(4) [1]Vorsorgeaufwendungen im Sinne des Absatzes 1 Nummer 3 und 3a können je Kalenderjahr insgesamt bis 2.800 Euro abgezogen werden. [2]Der Höchstbetrag beträgt 1.900 Euro bei Steuerpflichtigen, die ganz oder teilweise ohne eigene Aufwendungen einen Anspruch auf vollständige oder teilweise Erstattung oder Übernahme von Krankheitskosten haben oder für deren Krankenversicherung Leistungen im Sinne des § 3 Nummer 9, 14, 57 oder 62 erbracht werden. [3]Bei zusammen veranlagten Ehegatten bestimmt sich der gemeinsame Höchstbetrag aus der Summe der jedem Ehegatten unter den Voraussetzungen von Satz 1 und 2 zustehenden Höchstbeträge. [4]Übersteigen die Vorsorgeaufwendungen im Sinne des Absatzes 1 Nummer 3 die nach den Sätzen 1 bis 3 zu berücksichtigenden Vorsorgeaufwendungen, sind diese abzuziehen und ein Abzug von Vorsorgeaufwendungen im Sinne des Absatzes 1 Nummer 3a scheidet aus.

(4a) [1]Ist in den Kalenderjahren 2005 bis 2019 der Abzug der Vorsorgeaufwendungen nach Absatz 1 Nummer 2 Buchstabe a, Absatz 1 Nummer 3 und Nummer 3a in der für das Kalenderjahr 2004 geltenden Fassung des § 10 Absatz 3 mit folgenden Höchstbeträgen für den Vorwegabzug

Kalenderjahr	Vorwegabzug für den Steuerpflichtigen	Vorwegabzug im Fall der Zusammenveranlagung von Ehegatten
2005	3.068	6.136
2006	3.068	6.136
2007	3.068	6.136
2008	3.068	6.136
2009	3.068	6.136
2010	3.068	6.136
2011	2.700	5.400
2012	2.400	4.800
2013	2.100	4.200
2014	1.800	3.600
2015	1.500	3.000
2016	1.200	2.400
2017	900	1.800
2018	600	1.200
2019	300	600

zuzüglich des Erhöhungsbetrags nach Satz 3 günstiger, ist der sich danach ergebende Betrag anstelle des Abzugs nach Absatz 3 und 4 anzusetzen. ²Mindestens ist bei Anwendung des Satzes 1 der Betrag anzusetzen, der sich ergeben würde, wenn zusätzlich noch die Vorsorgeaufwendungen nach Absatz 1 Nummer 2 Buchstabe b in die Günstigerprüfung einbezogen werden würden; der Erhöhungsbetrag nach Satz 3 ist nicht hinzuzurechnen. ³Erhöhungsbetrag sind die Beiträge nach Absatz 1 Nummer 2 Buchstabe b, soweit sie nicht den um die Beiträge nach Absatz 1 Nummer 2 Buchstabe a und den nach § 3 Nummer 62 steuerfreien Arbeitgeberanteil zur gesetzlichen Rentenversicherung und einen diesem gleichgestellten steuerfreien Zuschuss verminderten Höchstbetrag nach Absatz 3 Satz 1 bis 3 überschreiten; Absatz 3 Satz 4 und 6 gilt entsprechend.

(4b) ¹Erhält der Steuerpflichtige für die von ihm für einen anderen Veranlagungszeitraum geleisteten Aufwendungen im Sinne des Satzes 2 einen steuerfreien Zuschuss, ist dieser den erstatteten Aufwendungen gleichzustellen. ²Übersteigen bei den Sonderausgaben nach Absatz 1 Nummer 2 bis 3a die im Veranlagungszeitraum erstatteten Aufwendungen die geleisteten Aufwendungen (Erstattungsüberhang), ist der Erstattungsüberhang mit anderen im Rahmen der jeweiligen Nummer anzusetzenden Aufwendungen zu verrechnen. ³Ein verbleibender Betrag des sich bei den Aufwendungen nach Absatz 1 Nummer 3 und 4 ergebenden Erstattungsüberhangs ist dem Gesamtbetrag der Einkünfte hinzuzurechnen.

(5) Durch Rechtsverordnung wird bezogen auf den Versicherungstarif bestimmt, wie der nicht abziehbare Teil der Beiträge zum Erwerb eines Krankenversicherungsschutzes im Sinne des Absatzes 1 Nummer 3 Buchstabe a Satz 3 durch einheitliche prozentuale Abschläge auf die zugunsten des jeweiligen Tarifs gezahlte Prämie zu ermitteln ist, soweit der nicht abziehbare Beitragsteil nicht bereits als gesonderter Tarif oder Tarifbaustein ausgewiesen wird.

§ 10a EStG
Zusätzliche Altersvorsorge

(1) ¹In der inländischen gesetzlichen Rentenversicherung Pflichtversicherte können Altersvorsorgebeiträge (§ 82) zuzüglich der dafür nach Abschnitt XI zustehenden Zulage jährlich bis zu 2.100 Euro als Sonderausgaben abziehen ; das Gleiche gilt für

1. Empfänger von inländischer Besoldung nach dem Bundesbesoldungsgesetz oder einem Landesbesoldungsgesetz,
2. Empfänger von Amtsbezügen aus einem inländischen Amtsverhältnis, deren Versorgungsrecht die entsprechende Anwendung des § 69e Absatz 3 und 4 des Beamtenversorgungsgesetzes vorsieht,
3. die nach § 5 Absatz 1 Satz 1 Nummer 2 und 3 des Sechsten Buches Sozialgesetzbuch versicherungsfrei Beschäftigten, die nach § 6 Absatz 1 Satz 1 Nummer 2 oder nach § 230 Absatz 2 Satz 2 des Sechsten Buches Sozialgesetzbuch von der Versicherungspflicht befreiten Beschäftigten, deren Versorgungsrecht die entsprechende Anwendung des § 69e Absatz 3 und 4 des Beamtenversorgungsgesetzes vorsieht,
4. Beamte, Richter, Berufssoldaten und Soldaten auf Zeit, die ohne Besoldung beurlaubt sind, für die Zeit einer Beschäftigung, wenn während der Beurlaubung die Gewährleistung einer Versorgungsanwartschaft unter den Voraussetzungen des § 5 Absatz 1 Satz 1 des Sechsten Buches Sozialgesetzbuch auf diese Beschäftigung erstreckt wird, und
5. Steuerpflichtige im Sinne der Nummern 1 bis 4, die beurlaubt sind und deshalb keine Besoldung, Amtsbezüge oder Entgelt erhalten, sofern sie eine Anrechnung von Kindererziehungszeiten nach § 56 des Sechsten Buches Sozialgesetzbuch in Anspruch nehmen könnten, wenn die Versicherungsfreiheit in der inländischen gesetzlichen Rentenversicherung nicht bestehen würde,

wenn sie spätestens bis zum Ablauf des zweiten Kalenderjahres, das auf das Beitragsjahr (§ 88) folgt, gegenüber der zuständigen Stelle (§ 81a) schriftlich eingewilligt haben, dass diese der zentralen Stelle (§ 81) jährlich mitteilt, dass der Steuerpflichtige zum begünstigten Personenkreis gehört, dass die zuständige Stelle der zentralen Stelle die für die Ermittlung des Mindesteigenbeitrags (§ 86) und die Gewährung der Kinderzulage (§ 85) erforderlichen Daten übermittelt und die zentrale Stelle diese Daten für das Zulageverfahren verwenden darf. ²Bei der Erteilung der Einwilligung ist der Steuerpflichtige darauf hinzuweisen, dass er die Einwilligung vor Beginn des Kalenderjahres, für das sie erstmals nicht mehr gelten soll, gegenüber der zuständigen Stelle widerrufen kann. ³Versicherungspflichtige nach dem Gesetz über die Alterssicherung der Landwirte stehen Pflichtversicherten gleich; dies gilt auch für Personen, die eine Anrechnungszeit nach § 58 Absatz 1 Nummer 3 oder Nummer 6 des Sechsten Buches Sozialgesetzbuch in der gesetzlichen Rentenversicherung erhalten und unmittelbar vor der Arbeitslosigkeit einer der in Satz 1 oder der im ersten Halbsatz genannten begünstigten Personengruppen angehörten. ⁴Die Sätze 1 und 2 gelten entsprechend für Steuerpflichtige, die nicht zum begünstigten Personenkreis nach Satz 1 oder 3 gehören und eine Rente wegen voller Erwerbsminderung oder Erwerbsunfähigkeit oder eine Versorgung wegen Dienstunfähigkeit aus einem der in Satz 1 oder 3 genannten Alterssicherungssysteme beziehen, wenn unmittelbar vor dem Bezug der entsprechenden Leistungen der Leistungsbezieher einer der in Satz 1 oder 3 genannten begünstigten Personengruppen angehörte; dies gilt nicht, wenn der Steuerpflichtige das 67. Lebensjahr vollendet hat. ⁵Bei der Ermittlung der dem Steuerpflichtigen zustehenden Zulage nach Satz 1 bleibt die Erhöhung der Grundzulage nach § 84 Satz 2 außer Betracht.

(1a) ¹Sofern eine Zulagenummer (§ 90 Absatz 1 Satz 2) durch die zentrale Stelle oder eine Versicherungsnummer nach § 147 des Sechsten Buches Sozialgesetzbuch noch nicht vergeben ist, haben die in Absatz 1 Satz 1 Nummer 1 bis 5 genannten Steuerpflichtigen über die zuständige Stelle eine Zulagenummer bei der zentralen Stelle zu beantragen. ²Für Empfänger einer Versorgung im Sinne des Absatzes 1 Satz 4 gilt Satz 1 entsprechend.

(2) ¹Ist der Sonderausgabenabzug nach Absatz 1 für den Steuerpflichtigen günstiger als der Anspruch auf die Zulage nach Abschnitt XI, erhöht sich die unter Berücksichtigung des Sonderausgabenabzugs ermittelte tarifliche Einkommensteuer um den Anspruch auf Zulage. ²In den anderen Fällen scheidet der Sonderausgabenabzug aus. ³Die Günstigerprüfung wird von Amts wegen vorgenommen.

(2a) ¹Der Sonderausgabenabzug setzt voraus, dass der Steuerpflichtige gegenüber dem Anbieter (übermittelnde Stelle) in die Datenübermittlung nach Absatz 5 Satz 1 eingewilligt hat. ²§ 10

Absatz 2a Satz 1 bis Satz 3 gilt entsprechend. ³In den Fällen des Absatzes 3 Satz 2 und 5 ist die Einwilligung nach Satz 1 von beiden Ehegatten abzugeben. ⁴Hat der Zulageberechtigte den Anbieter nach § 89 Absatz 1a bevollmächtigt, gilt die Einwilligung nach Satz 1 als erteilt. ⁵Eine Einwilligung nach Satz 1 gilt auch für das jeweilige Beitragsjahr als erteilt, für das dem Anbieter ein Zulageantrag nach § 89 für den mittelbar Zulageberechtigten (§ 79 Satz 2) vorliegt.

(3) ¹Der Abzugsbetrag nach Absatz 1 steht im Fall der Veranlagung von Ehegatten nach § 26 Absatz 1 jedem Ehegatten unter den Voraussetzungen des Absatzes 1 gesondert zu. ²Gehört nur ein Ehegatte zu dem nach Absatz 1 begünstigten Personenkreis und ist der andere Ehegatte nach § 79 Satz 2 zulageberechtigt, sind bei dem nach Absatz 1 abzugsberechtigten Ehegatten die von beiden Ehegatten geleisteten Altersvorsorgebeiträge und die dafür zustehenden Zulagen bei der Anwendung der Absätze 1 und 2 zu berücksichtigen. ³Der Höchstbetrag nach Absatz 1 Satz 1 erhöht sich in den Fällen des Satzes 2 um 60 Euro. ⁴Dabei sind die von dem Ehegatten, der zu dem nach Absatz 1 begünstigten Personenkreis gehört, geleisteten Altersvorsorgebeiträge vorrangig zu berücksichtigen, jedoch mindestens 60 Euro der von dem anderen Ehegatten geleisteten Altersvorsorgebeiträge. ⁵Gehören beide Ehegatten zu dem nach Absatz 1 begünstigten Personenkreis und liegt ein Fall der Veranlagung nach § 26 Absatz 1 vor, ist bei der Günstigerprüfung nach Absatz 2 der Anspruch auf Zulage beider Ehegatten anzusetzen.

(4) ¹Im Fall des Absatzes 2 Satz 1 stellt das Finanzamt die über den Zulageanspruch nach Abschnitt XI hinausgehende Steuerermäßigung gesondert fest und teilt diese der zentralen Stelle (§ 81) mit; § 10d Absatz 4 Satz 3 bis 5 gilt entsprechend. ²Sind Altersvorsorgebeiträge zugunsten von mehreren Verträgen geleistet worden, erfolgt die Zurechnung im Verhältnis der nach Absatz 1 berücksichtigten Altersvorsorgebeiträge. ³Ehegatten ist der nach Satz 1 festzustellende Betrag auch im Fall der Zusammenveranlagung jeweils getrennt zuzurechnen; die Zurechnung erfolgt im Verhältnis der nach Absatz 1 berücksichtigten Altersvorsorgebeiträge. ⁴Werden Altersvorsorgebeiträge nach Absatz 3 Satz 2 berücksichtigt, die der nach § 79 Satz 2 zulageberechtigte Ehegatte zugunsten eines auf seinen Namen lautenden Vertrages geleistet hat, ist die hierauf entfallende Steuerermäßigung dem Vertrag zuzurechnen, zu dessen Gunsten die Altersvorsorgebeiträge geleistet wurden. ⁵Die Übermittlung an die zentrale Stelle erfolgt unter Angabe der Vertragsnummer und der Identifikationsnummer (§ 139b der Abgabenordnung) sowie der Zulage- oder Versicherungsnummer nach § 147 des Sechsten Buches Sozialgesetzbuch.

(5) ¹Die übermittelnde Stelle hat bei Vorliegen einer Einwilligung nach Absatz 2a die Höhe der im jeweiligen Beitragsjahr zu berücksichtigenden Altersvorsorgebeiträge unter Angabe der Vertragsdaten, des Datums der Einwilligung nach Absatz 2a, der Identifikationsnummer (§ 139b der Abgabenordnung) sowie der Zulage- oder der Versicherungsnummer nach § 147 des Sechsten Buches Sozialgesetzbuch nach amtlich vorgeschriebenem Datensatz durch Datenfernübertragung an die zentrale Stelle bis zum 28. Februar des dem Beitragsjahr folgenden Kalenderjahres zu übermitteln. ²§ 10 Absatz 2a Satz 6 bis 8 und § 22a Absatz 2 gelten entsprechend. ³Die Übermittlung erfolgt auch dann, wenn im Fall der mittelbaren Zulageberechtigung keine Altersvorsorgebeiträge geleistet worden sind. ⁴Die übrigen Voraussetzungen für den Sonderausgabenabzug nach den Absätzen 1 bis 3 werden im Wege der Datenerhebung und des automatisierten Datenabgleichs nach § 91 überprüft. ⁵Erfolgt eine Datenübermittlung nach Satz 1 und wurde noch keine Zulagenummer (§ 90 Absatz 1 Satz 2) durch die zentrale Stelle oder keine Versicherungsnummer nach § 147 des Sechsten Buches Sozialgesetzbuch vergeben, gilt § 90 Absatz 1 Satz 2 und 3 entsprechend.

§ 10c EStG
Sonderausgaben-Pauschbetrag

¹Für Sonderausgaben nach § 10 Absatz 1 Nummer 1, 1a, 4, 5, 7 und 9 und nach § 10b wird ein Pauschbetrag von 36 Euro abgezogen (Sonderausgaben-Pauschbetrag), wenn der Steuerpflichtige nicht höhere Aufwendungen nachweist. ²Im Fall der Zusammenveranlagung von Ehegatten verdoppelt sich der Sonderausgaben-Pauschbetrag.

7. Nicht abzugsfähige Ausgaben

§ 12 EStG

¹Soweit in 10 Absatz 1 Nummer 1, 2 bis 5, 7 und 9, den §§ 10a, 10b und den §§ 33 bis 33b nichts anderes bestimmt ist, dürfen weder bei den einzelnen Einkunftsarten noch vom Gesamtbetrag der Einkünfte abgezogen werden

1. die für den Haushalt des Steuerpflichtigen und für den Unterhalt seiner Familienangehörigen aufgewendeten Beträge. ²Dazu gehören auch die Aufwendungen für die Lebensführung, die die wirtschaftliche oder gesellschaftliche Stellung des Steuerpflichtigen mit sich bringt, auch wenn sie zur Förderung des Berufs oder der Tätigkeit des Steuerpflichtigen erfolgen;
2. freiwillige Zuwendungen, Zuwendungen auf Grund einer freiwillig begründeten Rechtspflicht und Zuwendungen an eine gegenüber dem Steuerpflichtigen oder seinem Ehegatten gesetzlich unterhaltsberechtigte Person oder deren Ehegatten, auch wenn diese Zuwendungen auf einer besonderen Vereinbarung beruhen;
3. die Steuern vom Einkommen und sonstige Personensteuern sowie die Umsatzsteuer für Umsätze, die Entnahmen sind, und die Vorsteuerbeträge auf Aufwendungen, für die das Abzugsverbot der Nummer 1 oder des § 4 Absatz 5 Satz 1 Nummer 1 bis 5, 7 oder Absatz 7 gilt; das gilt auch für die auf diese Steuern entfallenden Nebenleistungen;
4. in einem Strafverfahren festgesetzte Geldstrafen, sonstige Rechtsfolgen vermögensrechtlicher Art, bei denen der Strafcharakter überwiegt, und Leistungen zur Erfüllung von Auflagen oder Weisungen, soweit die Auflagen oder Weisungen nicht lediglich der Wiedergutmachung des durch die Tat verursachten Schadens dienen;
5. Aufwendungen des Steuerpflichtigen für seine erstmalige Berufsausbildung oder für ein Erststudium, das zugleich eine Erstausbildung vermittelt, wenn diese Berufsausbildung oder dieses Erststudium nicht im Rahmen eines Dienstverhältnisses stattfinden.

8. Die einzelnen Einkunftsarten d) Nichtselbständige Arbeit (§ 2 Absatz 1 Satz 1 Nummer 4)

§ 19 EStG

(1) ¹Zu den Einkünften aus nichtselbständiger Arbeit gehören

1. Gehälter, Löhne, Gratifikationen, Tantiemen und andere Bezüge und Vorteile für eine Beschäftigung im öffentlichen oder privaten Dienst;
2. Wartegelder, Ruhegelder, Witwen- und Waisengelder und andere Bezüge und Vorteile aus früheren Dienstleistungen, auch soweit sie von Arbeitgebern ausgleichspflichtiger Personen an ausgleichsberechtigte Personen infolge einer nach § 10 oder § 14 des Versorgungsausgleichsgesetzes durchgeführten Teilung geleistet werden;
3. laufende Beiträge und laufende Zuwendungen des Arbeitgebers aus einem bestehenden Dienstverhältnis an einen Pensionsfonds, eine Pensionskasse oder für eine Direktversicherung für eine betriebliche Altersversorgung. 2Zu den Einkünften aus nichtselbständiger Arbeit gehören auch Sonderzahlungen, die der Arbeitgeber neben den laufenden Beiträgen und Zuwendungen an eine solche Versorgungseinrichtung leistet, mit Ausnahme der Zahlungen des Arbeitgebers zur Erfüllung der Solvabilitätsvorschriften nach den §§ 53c und 114 des Versicherungsaufsichtsgesetzes, Zahlungen des Arbeitgebers in der Rentenbezugszeit nach § 112 Absatz 1a des Versicherungsaufsichtsgesetzes oder Sanierungsgelder; Sonderzahlungen des Arbeitgebers sind insbesondere Zahlungen an eine Pensionskasse anlässlich
   a) seines Ausscheidens aus einer nicht im Wege der Kapitaldeckung finanzierten betrieblichen Altersversorgung oder
   b) des Wechsels von einer nicht im Wege der Kapitaldeckung zu einer anderen nicht im Wege der Kapitaldeckung finanzierten betrieblichen Altersversorgung.

³Von Sonderzahlungen im Sinne des Satzes 2 Buchstabe b ist bei laufenden und wiederkehrenden Zahlungen entsprechend dem periodischen Bedarf nur auszugehen, soweit die Bemessung der Zahlungsverpflichtungen des Arbeitgebers in das Versorgungssystem nach dem Wechsel die Bemessung der Zahlungsverpflichtung zum Zeitpunkt des Wechsels übersteigt. ⁴Sanierungsgelder

sind Sonderzahlungen des Arbeitgebers an eine Pensionskasse anlässlich der Systemumstellung einer nicht im Wege der Kapitaldeckung finanzierten betrieblichen Altersversorgung auf der Finanzierungs- oder Leistungsseite, die der Finanzierung der zum Zeitpunkt der Umstellung bestehenden Versorgungsverpflichtungen oder Versorgungsanwartschaften dienen; bei laufenden und wiederkehrenden Zahlungen entsprechend dem periodischen Bedarf ist nur von Sanierungsgeldern auszugehen, soweit die Bemessung der Zahlungsverpflichtungen des Arbeitgebers in das Versorgungssystem nach der Systemumstellung die Bemessung der Zahlungsverpflichtung zum Zeitpunkt der Systemumstellung übersteigt.

[2]Es ist gleichgültig, ob es sich um laufende oder um einmalige Bezüge handelt und ob ein Rechtsanspruch auf sie besteht.

(2) [1]Von Versorgungsbezügen bleiben ein nach einem Prozentsatz ermittelter, auf einen Höchstbetrag begrenzter Betrag (Versorgungsfreibetrag) und ein Zuschlag zum Versorgungsfreibetrag steuerfrei. [2]Versorgungsbezüge sind
1. das Ruhegehalt, Witwen- oder Waisengeld, der Unterhaltsbeitrag oder ein gleichartiger Bezug
    a) auf Grund beamtenrechtlicher oder entsprechender gesetzlicher Vorschriften,
    b) nach beamtenrechtlichen Grundsätzen von Körperschaften, Anstalten oder Stiftungen des öffentlichen Rechts oder öffentlich-rechtlichen Verbänden von Körperschaften
    oder
2. in anderen Fällen Bezüge und Vorteile aus früheren Dienstleistungen wegen Erreichens einer Altersgrenze, verminderter Erwerbsfähigkeit oder Hinterbliebenenbezüge; Bezüge wegen Erreichens einer Altersgrenze gelten erst dann als Versorgungsbezüge, wenn der Steuerpflichtige das 63. Lebensjahr oder, wenn er schwerbehindert ist, das 60. Lebensjahr vollendet hat.

[3]Der maßgebende Prozentsatz, der Höchstbetrag des Versorgungsfreibetrags und der Zuschlag zum Versorgungsfreibetrag sind der nachstehenden Tabelle zu entnehmen:

Jahr des Versorgungsbeginns	Versorgungsfreibetrag		Zuschlag zum Versorgungsfreibetrag in Euro
	in % der Versorgungsbezüge	Höchstbetrag in Euro	
bis 2005	40,0	3.000	900
ab 2006	38,4	2.880	864
2007	36,8	2.760	828
2008	35,2	2.640	792
2009	33,6	2.520	756
2010	32,0	2.400	720
2011	30,4	2.280	684
2012	28,8	2.160	648
2013	27,2	2.040	612
2014	25,6	1.920	576
2015	24,0	1.800	540
2016	22,4	1.680	504
2017	20,8	1.560	468
2018	19,2	1.440	432
2019	17,6	1.320	396
2020	16,0	1.200	360

2021	15,2	1.140	342
2022	14,4	1.080	324
2023	13,6	1.020	306
2024	12,8	960	288
2025	12,0	900	270
2026	11,2	840	252
2027	10,4	780	234
2028	9,6	720	216
2029	8,8	660	198
2030	8,0	600	180
2031	7,2	540	162
2032	6,4	480	144
2033	5,6	420	126
2034	4,8	360	108
2035	4,0	300	90
2036	3,2	240	72
2037	2,4	180	54
2038	1,6	120	36
2039	0,8	60	18
2040	0,0	0	0

[4]Bemessungsgrundlage für den Versorgungsfreibetrag ist
 a) bei Versorgungsbeginn vor 2005
  das Zwölffache des Versorgungsbezugs für Januar 2005,
 b) bei Versorgungsbeginn ab 2005
  das Zwölffache des Versorgungsbezugs für den ersten vollen Monat,

jeweils zuzüglich voraussichtlicher Sonderzahlungen im Kalenderjahr, auf die zu diesem Zeitpunkt ein Rechtsanspruch besteht. [5]Der Zuschlag zum Versorgungsfreibetrag darf nur bis zur Höhe der um den Versorgungsfreibetrag geminderten Bemessungsgrundlage berücksichtigt werden. [6]Bei mehreren Versorgungsbezügen mit unterschiedlichem Bezugsbeginn bestimmen sich der insgesamt berücksichtigungsfähige Höchstbetrag des Versorgungsfreibetrags und der Zuschlag zum Versorgungsfreibetrag nach dem Jahr des Beginns des ersten Versorgungsbezugs. [7]Folgt ein Hinterbliebenenbezug einem Versorgungsbezug, bestimmen sich der Prozentsatz, der Höchstbetrag des Versorgungsfreibetrags und der Zuschlag zum Versorgungsfreibetrag für den Hinterbliebenenbezug nach dem Jahr des Beginns des Versorgungsbezugs. [8]Der nach den Sätzen 3 bis 7 berechnete Versorgungsfreibetrag und Zuschlag zum Versorgungsfreibetrag gelten für die gesamte Laufzeit des Versorgungsbezugs. [9]Regelmäßige Anpassungen des Versorgungsbezugs führen nicht zu einer Neuberechnung. [10]Abweichend hiervon sind der Versorgungsfreibetrag und der Zuschlag zum Versorgungsfreibetrag neu zu berechnen, wenn sich der Versorgungsbezug wegen Anwendung von Anrechnungs-, Ruhens-, Erhöhungs- oder Kürzungsregelungen erhöht oder vermindert. [11]In diesen Fällen sind die Sätze 3 bis 7 mit dem geänderten Versorgungsbezug als Bemessungsgrundlage im Sinne des Satzes 4 anzuwenden; im Kalenderjahr der Änderung sind der höchste Versorgungsfreibetrag und Zuschlag zum Versorgungsfreibetrag maßgebend. [12]Für jeden vollen Kalendermonat, für den keine Versorgungsbezüge gezahlt werden, ermäßigen sich der Versorgungsfreibetrag und der Zuschlag zum Versorgungsfreibetrag in diesem Kalenderjahr um je ein Zwölftel.

e) Kapitalvermögen (§ 2 Absatz 1 Satz 1 Nummer 5)

§ 20 EStG

(1) ¹Zu den Einkünften aus Kapitalvermögen gehören
1. Gewinnanteile (Dividenden), Ausbeuten und sonstige Bezüge aus Aktien, Genussrechten, mit denen das Recht am Gewinn und Liquidationserlös einer Kapitalgesellschaft verbunden ist, aus Anteilen an Gesellschaften mit beschränkter Haftung, an Erwerbs- und Wirtschaftsgenossenschaften sowie an bergbautreibenden Vereinigungen, die die Rechte einer juristischen Person haben. ²Zu den sonstigen Bezügen gehören auch verdeckte Gewinnausschüttungen. ³Die Bezüge gehören nicht zu den Einnahmen, soweit sie aus Ausschüttungen einer Körperschaft stammen, für die Beträge aus dem steuerlichen Einlagekonto im Sinne des § 27 des Körperschaftsteuergesetzes als verwendet gelten. ⁴Als sonstige Bezüge gelten auch Einnahmen, die anstelle der Bezüge im Sinne des Satzes 1 von einem anderen als dem Anteilseigner nach Absatz 5 bezogen werden, wenn die Aktien mit Dividendenberechtigung erworben, aber ohne Dividendenanspruch geliefert werden;
2. Bezüge, die nach der Auflösung einer Körperschaft oder Personenvereinigung im Sinne der Nummer 1 anfallen und die nicht in der Rückzahlung von Nennkapital bestehen; Nummer 1 Satz 3 gilt entsprechend. ²Gleiches gilt für Bezüge, die auf Grund einer Kapitalherabsetzung oder nach der Auflösung einer unbeschränkt steuerpflichtigen Körperschaft oder Personenvereinigung im Sinne der Nummer 1 anfallen und die als Gewinnausschüttung im Sinne des § 28 Absatz 2 Satz 2 und 4 des Körperschaftsteuergesetzes gelten;
3. (weggefallen)
4. Einnahmen aus der Beteiligung an einem Handelsgewerbe als stiller Gesellschafter und aus partiarischen Darlehen, es sei denn, dass der Gesellschafter oder Darlehensgeber als Mitunternehmer anzusehen ist. ²Auf Anteile des stillen Gesellschafters am Verlust des Betriebes sind § 15 Absatz 4 Satz 6 bis 8 und § 15a sinngemäß anzuwenden;
5. Zinsen aus Hypotheken und Grundschulden und Renten aus Rentenschulden. ²Bei Tilgungshypotheken und Tilgungsgrundschulden ist nur der Teil der Zahlungen anzusetzen, der als Zins auf den jeweiligen Kapitalrest entfällt;
6. der Unterschiedsbetrag zwischen der Versicherungsleistung und der Summe der auf sie entrichteten Beiträge (Erträge) im Erlebensfall oder bei Rückkauf des Vertrags bei Rentenversicherungen mit Kapitalwahlrecht, soweit nicht die lebenslange Rentenzahlung gewählt und erbracht wird, und bei Kapitalversicherungen mit Sparanteil, wenn der Vertrag nach dem 31. Dezember 2004 abgeschlossen worden ist. ²Wird die Versicherungsleistung nach Vollendung des 60. Lebensjahres des Steuerpflichtigen und nach Ablauf von zwölf Jahren seit dem Vertragsabschluss ausgezahlt, ist die Hälfte des Unterschiedsbetrags anzusetzen. ³Bei entgeltlichem Erwerb des Anspruchs auf die Versicherungsleistung treten die Anschaffungskosten an die Stelle der vor dem Erwerb entrichteten Beiträge. ⁴Die Sätze 1 bis 3 sind auf Erträge aus fondsgebundenen Lebensversicherungen, auf Erträge im Erlebensfall bei Rentenversicherungen ohne Kapitalwahlrecht, soweit keine lebenslange Rentenzahlung vereinbart und erbracht wird, und auf Erträge bei Rückkauf des Vertrages bei Rentenversicherungen ohne Kapitalwahlrecht entsprechend anzuwenden. ⁵Ist in einem Versicherungsvertrag eine gesonderte Verwaltung von speziell für diesen Vertrag zusammengestellten Kapitalanlagen vereinbart, die nicht auf öffentlich vertriebene Investmentfondsanteile oder Anlagen, die die Entwicklung eines veröffentlichten Indexes abbilden, beschränkt ist, und kann der wirtschaftlich Berechtigte unmittelbar oder mittelbar über die Veräußerung der Vermögensgegenstände und die Wiederanlage der Erlöse bestimmen (vermögensverwaltender Versicherungsvertrag), sind die dem Versicherungsunternehmen zufließenden Erträge dem wirtschaftlich Berechtigten aus dem Versicherungsvertrag zuzurechnen; Sätze 1 bis 4 sind nicht anzuwenden. ⁶Satz 2 ist nicht anzuwenden, wenn
    a) in einem Kapitallebensversicherungsvertrag mit vereinbarter laufender Beitragszahlung in mindestens gleichbleibender Höhe bis zum Zeitpunkt des Erlebensfalls die vereinbarte Leistung bei Eintritt des versicherten Risikos weniger als 50 Prozent der Summe der für die gesamte Vertragsdauer zu zahlenden Beiträge beträgt und

b) bei einem Kapitallebensversicherungsvertrag die vereinbarte Leistung bei Eintritt des versicherten Risikos das Deckungskapital oder den Zeitwert der Versicherung spätestens fünf Jahre nach Vertragsabschluss nicht um mindestens 10 Prozent des Deckungskapitals, des Zeitwerts oder der Summe der gezahlten Beiträge übersteigt. ²Dieser Prozentsatz darf bis zum Ende der Vertragslaufzeit in jährlich gleichen Schritten auf Null sinken;
7. Erträge aus sonstigen Kapitalforderungen jeder Art, wenn die Rückzahlung des Kapitalvermögens oder ein Entgelt für die Überlassung des Kapitalvermögens zur Nutzung zugesagt oder geleistet worden ist, auch wenn die Höhe der Rückzahlung oder des Entgelts von einem ungewissen Ereignis abhängt. ²Dies gilt unabhängig von der Bezeichnung und der zivilrechtlichen Ausgestaltung der Kapitalanlage. ³Erstattungszinsen im Sinne des § 233a der Abgabenordnung sind Erträge im Sinne des Satzes 1;
8. Diskontbeträge von Wechseln und Anweisungen einschließlich der Schatzwechsel;
9. Einnahmen aus Leistungen einer nicht von der Körperschaftsteuer befreiten Körperschaft, Personenvereinigung oder Vermögensmasse im Sinne des § 1 Absatz 1 Nummer 3 bis 5 des Körperschaftsteuergesetzes, die Gewinnausschüttungen im Sinne der Nummer 1 wirtschaftlich vergleichbar sind, soweit sie nicht bereits zu den Einnahmen im Sinne der Nummer 1 gehören; Nummer 1 Satz 2, 3 und Nummer 2 gelten entsprechend. ²Satz 1 ist auf Leistungen von vergleichbaren Körperschaften, Personenvereinigungen oder Vermögensmassen, die weder Sitz noch Geschäftsleitung im Inland haben, entsprechend anzuwenden;
10. a) Leistungen eines nicht von der Körperschaftsteuer befreiten Betriebs gewerblicher Art im Sinne des § 4 des Körperschaftsteuergesetzes mit eigener Rechtspersönlichkeit, die zu mit Gewinnausschüttungen im Sinne der Nummer 1 Satz 1 wirtschaftlich vergleichbaren Einnahmen führen; Nummer 1 Satz 2, 3 und Nummer 2 gelten entsprechend;
   b) der nicht den Rücklagen zugeführte Gewinn und verdeckte Gewinnausschüttungen eines nicht von der Körperschaftsteuer befreiten Betriebs gewerblicher Art im Sinne des § 4 des Körperschaftsteuergesetzes ohne eigene Rechtspersönlichkeit, der den Gewinn durch Betriebsvermögensvergleich ermittelt oder Umsätze einschließlich der steuerfreien Umsätze, ausgenommen die Umsätze nach § 4 Nummer 8 bis 10 des Umsatzsteuergesetzes, von mehr als 350.000 Euro im Kalenderjahr oder einen Gewinn von mehr als 30.000 Euro im Wirtschaftsjahr hat, sowie der Gewinn im Sinne des § 22 Absatz 4 des Umwandlungssteuergesetzes. ²Die Auflösung der Rücklagen zu Zwecken außerhalb des Betriebs gewerblicher Art führt zu einem Gewinn im Sinne des Satzes 1; in Fällen der Einbringung nach dem Sechsten und des Formwechsels nach dem Achten Teil des Umwandlungssteuergesetzes gelten die Rücklagen als aufgelöst. ³Bei dem Geschäft der Veranstaltung von Werbesendungen der inländischen öffentlich-rechtlichen Rundfunkanstalten gelten drei Viertel des Einkommens im Sinne des § 8 Absatz 1 Satz 3 des Körperschaftsteuergesetzes als Gewinn im Sinne des Satzes 1. ⁴Die Sätze 1 und 2 sind bei wirtschaftlichen Geschäftsbetrieben der von der Körperschaftsteuer befreiten Körperschaften, Personenvereinigungen oder Vermögensmassen entsprechend anzuwenden. ⁵Nummer 1 Satz 3 gilt entsprechend;
11. Stillhalterprämien, die für die Einräumung von Optionen vereinnahmt werden; schließt der Stillhalter ein Glattstellungsgeschäft ab, mindern sich die Einnahmen aus den Stillhalterprämien um die im Glattstellungsgeschäft gezahlten Prämien.

(2) ¹Zu den Einkünften aus Kapitalvermögen gehören auch
1. der Gewinn aus der Veräußerung von Anteilen an einer Körperschaft im Sinne des Absatzes 1 Nummer 1. ²Anteile an einer Körperschaft sind auch Genussrechte im Sinne des Absatzes 1 Nummer 1, den Anteilen im Sinne des Absatzes 1 Nummer 1 ähnliche Beteiligungen und Anwartschaften auf Anteile im Sinne des Absatzes 1 Nummer 1;
2. der Gewinn aus der Veräußerung
   a) von Dividendenscheinen und sonstigen Ansprüchen durch den Inhaber des Stammrechts, wenn die dazugehörigen Aktien oder sonstigen Anteile nicht mitveräußert werden. ²Diese Besteuerung tritt an die Stelle der Besteuerung nach Absatz 1;

b) von Zinsscheinen und Zinsforderungen durch den Inhaber oder ehemaligen Inhaber der Schuldverschreibung, wenn die dazugehörigen Schuldverschreibungen nicht mitveräußert werden. 2Entsprechendes gilt für die Einlösung von Zinsscheinen und Zinsforderungen durch den ehemaligen Inhaber der Schuldverschreibung.

²Satz 1 gilt sinngemäß für die Einnahmen aus der Abtretung von Dividenden- oder Zinsansprüchen oder sonstigen Ansprüchen im Sinne des Satzes 1, wenn die dazugehörigen Anteilsrechte oder Schuldverschreibungen nicht in einzelnen Wertpapieren verbrieft sind. ³Satz 2 gilt auch bei der Abtretung von Zinsansprüchen aus Schuldbuchforderungen, die in ein öffentliches Schuldbuch eingetragen sind;

3. der Gewinn
   a) bei Termingeschäften, durch die der Steuerpflichtige einen Differenzausgleich oder einen durch den Wert einer veränderlichen Bezugsgröße bestimmten Geldbetrag oder Vorteil erlangt;
   b) aus der Veräußerung eines als Termingeschäft ausgestalteten Finanzinstruments;
4. der Gewinn aus der Veräußerung von Wirtschaftsgütern, die Erträge im Sinne des Absatzes 1 Nummer 4 erzielen;
5. der Gewinn aus der Übertragung von Rechten im Sinne des Absatzes 1 Nummer 5;
6. der Gewinn aus der Veräußerung von Ansprüchen auf eine Versicherungsleistung im Sinne des Absatzes 1 Nummer 6. Das Versicherungsunternehmen hat nach Kenntniserlangung von einer Veräußerung unverzüglich Mitteilung an das für den Steuerpflichtigen zuständige Finanzamt zu machen und auf Verlangen des Steuerpflichtigen eine Bescheinigung über die Höhe der entrichteten Beiträge im Zeitpunkt der Veräußerung zu erteilen;
7. der Gewinn aus der Veräußerung von sonstigen Kapitalforderungen jeder Art im Sinne des Absatzes 1 Nummer 7;
8. der Gewinn aus der Übertragung oder Aufgabe einer die Einnahmen im Sinne des Absatzes 1 Nummer 9 vermittelnden Rechtsposition.

²Als Veräußerung im Sinne des Satzes 1 gilt auch die Einlösung, Rückzahlung, Abtretung oder verdeckte Einlage in eine Kapitalgesellschaft; in den Fällen von Satz 1 Nummer 4 gilt auch die Vereinnahmung eines Auseinandersetzungsguthabens als Veräußerung. ³Die Anschaffung oder Veräußerung einer unmittelbaren oder mittelbaren Beteiligung an einer Personengesellschaft gilt als Anschaffung oder Veräußerung der anteiligen Wirtschaftsgüter.

(3) Zu den Einkünften aus Kapitalvermögen gehören auch besondere Entgelte oder Vorteile, die neben den in den Absätzen 1 und 2 bezeichneten Einnahmen oder an deren Stelle gewährt werden.

(3a) ¹Korrekturen im Sinne des § 43a Absatz 3 Satz 7 sind erst zu dem dort genannten Zeitpunkt zu berücksichtigen. ²Weist der Steuerpflichtige durch eine Bescheinigung der auszahlenden Stelle nach, dass sie die Korrektur nicht vorgenommen hat und auch nicht vornehmen wird, kann der Steuerpflichtige die Korrektur nach § 32d Absatz 4 und 6 geltend machen.

(4) ¹Gewinn im Sinne des Absatzes 2 ist der Unterschied zwischen den Einnahmen aus der Veräußerung nach Abzug der Aufwendungen, die im unmittelbaren sachlichen Zusammenhang mit dem Veräußerungsgeschäft stehen, und den Anschaffungskosten; bei nicht in Euro getätigten Geschäften sind die Einnahmen im Zeitpunkt der Veräußerung und die Anschaffungskosten im Zeitpunkt der Anschaffung in Euro umzurechnen. ²In den Fällen der verdeckten Einlage tritt an die Stelle der Einnahmen aus der Veräußerung der Wirtschaftsgüter ihr gemeiner Wert; der Gewinn ist für das Kalenderjahr der verdeckten Einlage anzusetzen. ³Ist ein Wirtschaftsgut im Sinne des Absatzes 2 in das Privatvermögen durch Entnahme oder Betriebsaufgabe überführt worden, tritt an die Stelle der Anschaffungskosten der nach § 6 Absatz 1 Nummer 4 oder § 16 Absatz 3 angesetzte Wert. ⁴In den Fällen des Absatzes 2 Satz 1 Nummer 6 gelten die entrichteten Beiträge im Sinne des Absatzes 1 Nummer 6 Satz 1 als Anschaffungskosten; ist ein entgeltlicher Erwerb vorausgegangen, gelten auch die nach dem Erwerb entrichteten Beiträge als Anschaffungskosten. ⁵Gewinn bei einem Termingeschäft ist der Differenzausgleich oder der durch den Wert einer veränderlichen Bezugsgröße

bestimmte Geldbetrag oder Vorteil abzüglich der Aufwendungen, die im unmittelbaren sachlichen Zusammenhang mit dem Termingeschäft stehen. ⁶Bei unentgeltlichem Erwerb sind dem Einzelrechtsnachfolger für Zwecke dieser Vorschrift die Anschaffung, die Überführung des Wirtschaftsguts in das Privatvermögen, der Erwerb eines Rechts aus Termingeschäften oder die Beiträge im Sinne des Absatzes 1 Nummer 6 Satz 1 durch den Rechtsvorgänger zuzurechnen. ⁷Bei vertretbaren Wertpapieren, die einem Verwahrer zur Sammelverwahrung im Sinne des § 5 des Depotgesetzes in der Fassung der Bekanntmachung vom 11. Januar 1995 (BGBl. I S. 34), das zuletzt durch Artikel 4 des Gesetzes vom 5. April 2004 (BGBl. I S. 502) geändert worden ist, in der jeweils geltenden Fassung anvertraut worden sind, ist zu unterstellen, dass die zuerst angeschafften Wertpapiere zuerst veräußert wurden.

(4a) ¹Werden Anteile an einer Körperschaft, Vermögensmasse oder Personenvereinigung gegen Anteile an einer anderen Körperschaft, Vermögensmasse oder Personenvereinigung getauscht und wird der Tausch auf Grund gesellschaftsrechtlicher Maßnahmen vollzogen, die von den beteiligten Unternehmen ausgehen, treten abweichend von Absatz 2 Satz 1 und den §§ 13 und 21 des Umwandlungssteuergesetzes die übernommenen Anteile steuerlich an die Stelle der bisherigen Anteile, wenn das Recht der Bundesrepublik Deutschland hinsichtlich der Besteuerung des Gewinns aus der Veräußerung der erhaltenen Anteile nicht ausgeschlossen oder beschränkt ist oder die Mitgliedstaaten der Europäischen Union bei einer Verschmelzung Artikel 8 der Richtlinie 90/434/EWG anzuwenden haben; in diesem Fall ist der Gewinn aus einer späteren Veräußerung der erworbenen Anteile ungeachtet der Bestimmungen eines Abkommens zur Vermeidung der Doppelbesteuerung in der gleichen Art und Weise zu besteuern, wie die Veräußerung der Anteile an der übertragenden Körperschaft zu besteuern wäre, und § 15 Absatz 1a Satz 2 entsprechend anzuwenden. ²Erhält der Steuerpflichtige in den Fällen des Satzes 1 zusätzlich zu den Anteilen eine Gegenleistung, gilt diese als Ertrag im Sinne des Absatzes 1 Nummer 1. ³Besitzt bei sonstigen Kapitalforderungen im Sinne des Absatzes 1 Nummer 7 der Inhaber das Recht, bei Fälligkeit anstelle der Zahlung eines Geldbetrags vom Emittenten die Lieferung von Wertpapieren zu verlangen oder besitzt der Emittent das Recht, bei Fälligkeit dem Inhaber anstelle der Zahlung eines Geldbetrags Wertpapiere anzudienen und macht der Inhaber der Forderung oder der Emittent von diesem Recht Gebrauch, ist abweichend von Absatz 4 Satz 1 das Entgelt für den Erwerb der Forderung als Veräußerungspreis der Forderung und als Anschaffungskosten der erhaltenen Wertpapiere anzusetzen; Satz 2 gilt entsprechend. ⁴Werden Bezugsrechte veräußert oder ausgeübt, die nach § 186 des Aktiengesetzes, § 55 des Gesetzes betreffend die Gesellschaften mit beschränkter Haftung oder eines vergleichbaren ausländischen Rechts einen Anspruch auf Abschluss eines Zeichnungsvertrags begründen, wird der Teil der Anschaffungskosten der Altanteile, der auf das Bezugsrecht entfällt, bei der Ermittlung des Gewinns nach Absatz 4 Satz 1 mit 0 Euro angesetzt. ⁵Werden einem Steuerpflichtigen Anteile im Sinne des Absatzes 2 Satz 1 Nummer 1 zugeteilt, ohne dass dieser eine gesonderte Gegenleistung zu entrichten hat, werden der Ertrag und die Anschaffungskosten dieser Anteile mit 0 Euro angesetzt, wenn die Voraussetzungen der Sätze 3 und 4 nicht vorliegen und die Ermittlung der Höhe des Kapitalertrags nicht möglich ist. ⁶Soweit es auf die steuerliche Wirksamkeit einer Kapitalmaßnahme im Sinne der vorstehenden Sätze 1 bis 5 ankommt, ist auf den Zeitpunkt der Einbuchung in das Depot des Steuerpflichtigen abzustellen.

(5) ¹Einkünfte aus Kapitalvermögen im Sinne des Absatzes 1 Nummer 1 und 2 erzielt der Anteilseigner. ²Anteilseigner ist derjenige, dem nach § 39 der Abgabenordnung die Anteile an dem Kapitalvermögen im Sinne des Absatzes 1 Nummer 1 im Zeitpunkt des Gewinnverteilungsbeschlusses zuzurechnen sind. ³Sind einem Nießbraucher oder Pfandgläubiger die Einnahmen im Sinne des Absatzes 1 Nummer 1 oder 2 zuzurechnen, gilt er als Anteilseigner.

(6) ¹Verbleibende positive Einkünfte aus Kapitalvermögen sind nach der Verrechnung im Sinne des § 43a Absatz 3 zunächst mit Verlusten aus privaten Veräußerungsgeschäften nach Maßgabe des § 23 Absatz 3 Satz 9 und 10 zu verrechnen. ²Verluste aus Kapitalvermögen dürfen nicht mit Einkünften aus anderen Einkunftsarten ausgeglichen werden; sie dürfen auch nicht nach § 10d abgezogen werden. ³Die Verluste mindern jedoch die Einkünfte, die der Steuerpflichtige in den folgenden Veranlagungszeiträumen aus Kapitalvermögen erzielt. ⁴§ 10d Absatz 4 ist sinngemäß anzuwenden. ⁵Verluste

aus Kapitalvermögen im Sinne des Absatzes 2 Satz 1 Nummer 1 Satz 1, die aus der Veräußerung von Aktien entstehen, dürfen nur mit Gewinnen aus Kapitalvermögen im Sinne des Absatzes 2 Satz 1 Nummer 1 Satz 1, die aus der Veräußerung von Aktien entstehen, ausgeglichen werden; die Sätze 3 und 4 gelten sinngemäß. ⁶Verluste aus Kapitalvermögen, die der Kapitalertragsteuer unterliegen, dürfen nur verrechnet werden oder mindern die Einkünfte, die der Steuerpflichtige in den folgenden Veranlagungszeiträumen aus Kapitalvermögen erzielt, wenn eine Bescheinigung im Sinne des § 43a Absatz 3 Satz 4 vorliegt.

(7) ¹§ 15b ist sinngemäß anzuwenden. ²Ein vorgefertigtes Konzept im Sinne des § 15b Absatz 2 Satz 2 liegt auch vor, wenn die positiven Einkünfte nicht der tariflichen Einkommensteuer unterliegen.

(8) ¹Soweit Einkünfte der in den Absätzen 1, 2 und 3 bezeichneten Art zu den Einkünften aus Land- und Forstwirtschaft, aus Gewerbebetrieb, aus selbständiger Arbeit oder aus Vermietung und Verpachtung gehören, sind sie diesen Einkünften zuzurechnen. ²Absatz 4a findet insoweit keine Anwendung.

(9) ¹Bei der Ermittlung der Einkünfte aus Kapitalvermögen ist als Werbungskosten ein Betrag von 801 Euro abzuziehen (Sparer-Pauschbetrag); der Abzug der tatsächlichen Werbungskosten ist ausgeschlossen. ²Ehegatten, die zusammen veranlagt werden, wird ein gemeinsamer Sparer-Pauschbetrag von 1.602 Euro gewährt. ³Der gemeinsame Sparer-Pauschbetrag ist bei der Einkunftsermittlung bei jedem Ehegatten je zur Hälfte abzuziehen; sind die Kapitalerträge eines Ehegatten niedriger als 801 Euro, so ist der anteilige Sparer-Pauschbetrag insoweit, als er die Kapitalerträge dieses Ehegatten übersteigt, bei dem anderen Ehegatten abzuziehen. ⁴Der Sparer-Pauschbetrag und der gemeinsame Sparer-Pauschbetrag dürfen nicht höher sein als die nach Maßgabe des Absatzes 6 verrechneten Kapitalerträge.

g) Sonstige Einkünfte (§ 2 Absatz 1 Satz 1 Nummer 7)

§ 22 EStG
Arten der sonstigen Einkünfte

¹Sonstige Einkünfte sind
1. Einkünfte aus wiederkehrenden Bezügen, soweit sie nicht zu den in § 2 Absatz 1 Nummer 1 bis 6 bezeichneten Einkunftsarten gehören; § 15b ist sinngemäß anzuwenden. ²Werden die Bezüge freiwillig oder auf Grund einer freiwillig begründeten Rechtspflicht oder einer gesetzlich unterhaltsberechtigten Person gewährt, so sind sie nicht dem Empfänger zuzurechnen; dem Empfänger sind dagegen zuzurechnen
    a) Bezüge, die von einer Körperschaft, Personenvereinigung oder Vermögensmasse außerhalb der Erfüllung steuerbegünstigter Zwecke im Sinne der §§ 52 bis 54 der Abgabenordnung gewährt werden, und
    b) Bezüge im Sinne des § 1 der Verordnung über die Steuerbegünstigung von Stiftungen, die an die Stelle von Familienfideikommissen getreten sind, in der im Bundesgesetzblatt Teil III, Gliederungsnummer 611-4-3, veröffentlichten bereinigten Fassung.
    ³Zu den in Satz 1 bezeichneten Einkünften gehören auch
    a) Leibrenten und andere Leistungen,
        aa) die aus den gesetzlichen Rentenversicherungen, der landwirtschaftlichen Alterskasse, den berufsständischen Versorgungseinrichtungen und aus Rentenversicherungen im Sinne des § 10 Absatz 1 Nummer 2 Buchstabe b erbracht werden, soweit sie jeweils der Besteuerung unterliegen. ²Bemessungsgrundlage für den der Besteuerung unterliegenden Anteil ist der Jahresbetrag der Rente. ³Der der Besteuerung unterliegende Anteil ist nach dem Jahr des Rentenbeginns und dem in diesem Jahr maßgebenden Prozentsatz aus der nachstehenden Tabelle zu entnehmen:

Jahr des Rentenbeginns	Besteuerungsanteil in %
bis 2005	50
ab 2006	52
2007	54
2008	56
2009	58
2010	60
2011	62
2012	64
2013	66
2014	68
2015	70
2016	72
2017	74
2018	76
2019	78
2020	80
2021	81
2022	82
2023	83
2024	84
2025	85
2026	86
2027	87
2028	88
2029	89
2030	90
2031	91
2032	92
2033	93
2034	94
2035	95
2036	96
2037	97
2038	98
2039	99
2040	100

[4]Der Unterschiedsbetrag zwischen dem Jahresbetrag der Rente und dem der Besteuerung unterliegenden Anteil der Rente ist der steuerfreie Teil der Rente. [5]Dieser gilt ab dem Jahr, das dem Jahr des Rentenbeginns folgt, für die gesamte Laufzeit des Rentenbezugs.

⁶Abweichend hiervon ist der steuerfreie Teil der Rente bei einer Veränderung des Jahresbetrags der Rente in dem Verhältnis anzupassen, in dem der veränderte Jahresbetrag der Rente zum Jahresbetrag der Rente steht, der der Ermittlung des steuerfreien Teils der Rente zugrunde liegt. ⁷Regelmäßige Anpassungen des Jahresbetrags der Rente führen nicht zu einer Neuberechnung und bleiben bei einer Neuberechnung außer Betracht. ⁸Folgen nach dem 31. Dezember 2004 Renten aus derselben Versicherung einander nach, gilt für die spätere Rente Satz 3 mit der Maßgabe, dass sich der Prozentsatz nach dem Jahr richtet, das sich ergibt, wenn die Laufzeit der vorhergehenden Renten von dem Jahr des Beginns der späteren Rente abgezogen wird; der Prozentsatz kann jedoch nicht niedriger bemessen werden als der für das Jahr 2005;

bb) die nicht solche im Sinne des Doppelbuchstaben aa sind und bei denen in den einzelnen Bezügen Einkünfte aus Erträgen des Rentenrechts enthalten sind. ²Dies gilt auf Antrag auch für Leibrenten und andere Leistungen, soweit diese auf bis zum 31. Dezember 2004 geleisteten Beiträgen beruhen, welche oberhalb des Betrags des Höchstbetrags zur gesetzlichen Rentenversicherung gezahlt wurden; der Steuerpflichtige muss nachweisen, dass der Betrag des Höchstbetrags mindestens zehn Jahre überschritten wurde; soweit hiervon im Versorgungsausgleich übertragene Rentenanwartschaften betroffen sind, gilt § 4 Absatz 1 und 2 des Versorgungsausgleichsgesetzes entsprechend. ³Als Ertrag des Rentenrechts gilt für die gesamte Dauer des Rentenbezugs der Unterschiedsbetrag zwischen dem Jahresbetrag der Rente und dem Betrag, der sich bei gleichmäßiger Verteilung des Kapitalwerts der Rente auf ihre voraussichtliche Laufzeit ergibt; dabei ist der Kapitalwert nach dieser Laufzeit zu berechnen. ⁴Der Ertrag des Rentenrechts (Ertragsanteil) ist aus der nachstehenden Tabelle zu entnehmen:

Bei Beginn der Rente vollendetes Lebensjahr des Rentenberechtigten	Ertragsanteil in %
0 bis 1	59
2 bis 3	58
4 bis 5	57
6 bis 8	56
9 bis 10	55
11 bis 12	54
13 bis 14	53
15 bis 16	52
17 bis 18	51
19 bis 20	50
21 bis 22	49
23 bis 24	48
25 bis 26	47
27	46
28 bis 29	45
30 bis 31	44
32	43
33 bis 34	42
35	41
36 bis 37	40

38	39
39 bis 40	38
41	37
42	36
43 bis 44	35
45	34
46 bis 47	33
48	32
49	31
50	30
51 bis 52	29
53	28
54	27
55 bis 56	26
57	25
58	24
59	23
60 bis 61	22
62	21
63	20
64	19
65 bis 66	18
67	17
68	16
69 bis 70	15
71	14
72 bis 73	13
74	12
75	11
76 bis 77	10
78 bis 79	9
80	8
81 bis 82	7
83 bis 84	6
85 bis 87	5
88 bis 91	4
92 bis 93	3
94 bis 96	2
ab 97	1

⁵Die Ermittlung des Ertrags aus Leibrenten, die vor dem 1. Januar 1955 zu laufen begonnen haben, und aus Renten, deren Dauer von der Lebenszeit mehrerer Personen oder einer anderen Person als des Rentenberechtigten abhängt, sowie aus Leibrenten, die auf eine bestimmte Zeit beschränkt sind, wird durch eine Rechtsverordnung bestimmt;

b) Einkünfte aus Zuschüssen und sonstigen Vorteilen, die als wiederkehrende Bezüge gewährt werden;

1a. Einkünfte aus Unterhaltsleistungen, soweit sie nach § 10 Absatz 1 Nummer 1 vom Geber abgezogen werden können;

1b. Einkünfte aus Versorgungsleistungen, soweit beim Zahlungsverpflichteten die Voraussetzungen für den Sonderausgabenabzug nach § 10 Absatz 1 Nummer 1a erfüllt sind;

1c. Einkünfte aus Ausgleichszahlungen im Rahmen des Versorgungsausgleichs nach den §§ 20, 21, 22 und 26 des Versorgungsausgleichsgesetzes, §§ 1587f, 1587g, 1587i des Bürgerlichen Gesetzbuchs und § 3a des Gesetzes zur Regelung von Härten im Versorgungsausgleich , soweit bei der ausgleichspflichtigen Person die Voraussetzungen für den Sonderausgabenabzug nach § 10 Absatz 1 Nummer 1b erfüllt sind;

2. Einkünfte aus privaten Veräußerungsgeschäften im Sinne des § 23;

3. ¹Einkünfte aus Leistungen, soweit sie weder zu anderen Einkunftsarten (§ 2 Absatz 1 Satz 1 Nummer 1 bis 6) noch zu den Einkünften im Sinne der Nummern 1, 1a, 2 oder 4 gehören, z. B. Einkünfte aus gelegentlichen Vermittlungen und aus der Vermietung beweglicher Gegenstände. ²Solche Einkünfte sind nicht einkommensteuerpflichtig, wenn sie weniger als 256 Euro im Kalenderjahr betragen haben. ³Übersteigen die Werbungskosten die Einnahmen, so darf der übersteigende Betrag bei Ermittlung des Einkommens nicht ausgeglichen werden; er darf auch nicht nach § 10d abgezogen werden. ⁴Die Verluste mindern jedoch nach Maßgabe des § 10d die Einkünfte, die der Steuerpflichtige in dem unmittelbar vorangegangenen Veranlagungszeitraum oder in den folgenden Veranlagungszeiträumen aus Leistungen im Sinne des Satzes 1 erzielt hat oder erzielt; § 10d Absatz 4 gilt entsprechend. ⁵Verluste aus Leistungen im Sinne des § 22 Nummer 3 in der bis zum 31. Dezember 2008 anzuwendenden Fassung können abweichend von Satz 3 auch mit Einkünften aus Kapitalvermögen im Sinne des § 20 Absatz 1 Nummer 11 ausgeglichen werden. ⁶Sie mindern abweichend von Satz 4 nach Maßgabe des § 10d auch die Einkünfte, die der Steuerpflichtige in den folgenden Veranlagungszeiträumen aus § 20 Absatz 1 Nummer 11 erzielt;

4. ¹Entschädigungen, Amtszulagen, Zuschüsse zu Kranken- und Pflegeversicherungsbeiträgen, Übergangsgelder, Überbrückungsgelder, Sterbegelder, Versorgungsabfindungen, Versorgungsbezüge, die auf Grund des Abgeordnetengesetzes oder des Europaabgeordnetengesetzes, sowie vergleichbare Bezüge, die auf Grund der entsprechenden Gesetze der Länder gezahlt werden, und die Entschädigungen, das Übergangsgeld, das Ruhegehalt und die Hinterbliebenenversorgung, die auf Grund des Abgeordnetenstatuts des Europäischen Parlaments von der Europäischen Union gezahlt werden. ²Werden zur Abgeltung des durch das Mandat veranlassten Aufwandes Aufwandsentschädigungen gezahlt, so dürfen die durch das Mandat veranlassten Aufwendungen nicht als Werbungskosten abgezogen werden. ³Wahlkampfkosten zur Erlangung eines Mandats im Bundestag, im Europäischen Parlament oder im Parlament eines Landes dürfen nicht als Werbungskosten abgezogen werden. ⁴Es gelten entsprechend

a) für Nachversicherungsbeiträge auf Grund gesetzlicher Verpflichtung nach den Abgeordnetengesetzen im Sinne des Satzes 1 und für Zuschüsse zu Kranken- und Pflegeversicherungsbeiträgen § 3 Nummer 62,

b) für Versorgungsbezüge § 19 Absatz 2 nur bezüglich des Versorgungsfreibetrags; beim Zusammentreffen mit Versorgungsbezügen im Sinne des § 19 Absatz 2 Satz 2 bleibt jedoch insgesamt höchstens ein Betrag in Höhe des Versorgungsfreibetrags nach § 19 Absatz 2 Satz 3 im Veranlagungszeitraum steuerfrei,

c) für das Übergangsgeld, das in einer Summe gezahlt wird, und für die Versorgungsabfindung § 34 Absatz 1,

d) für die Gemeinschaftssteuer, die auf die Entschädigungen, das Übergangsgeld, das Ruhegehalt und die Hinterbliebenenversorgung auf Grund des Abgeordnetenstatuts des

Europäischen Parlaments von der Europäischen Union erhoben wird, § 34c Absatz 1; dabei sind die im ersten Halbsatz genannten Einkünfte für die entsprechende Anwendung des § 34c Absatz 1 wie ausländische Einkünfte und die Gemeinschaftssteuer wie eine der deutschen Einkommensteuer entsprechende ausländische Steuer zu behandeln;

5. ¹Leistungen aus Altersvorsorgeverträgen, Pensionsfonds, Pensionskassen und Direktversicherungen. ²Soweit die Leistungen nicht auf Beiträgen, auf die § 3 Nummer 63, § 10a oder Abschnitt XI angewendet wurde, nicht auf Zulagen im Sinne des Abschnitts XI, nicht auf Zahlungen im Sinne des § 92a Absatz 2 Satz 4 Nummer 1 und des § 92a Absatz 3 Satz 9 Nummer 2, nicht auf steuerfreien Leistungen nach § 3 Nummer 66 und nicht auf Ansprüchen beruhen, die durch steuerfreie Zuwendungen nach § 3 Nummer 56 oder die durch die nach § 3 Nummer 55b Satz 1 oder § 3 Nummer 55c steuerfreie Leistung aus einem neu begründeten Anrecht erworben wurden,

   a) ist bei lebenslangen Renten sowie bei Berufsunfähigkeits-, Erwerbsminderungs- und Hinterbliebenenrenten Nummer 1 Satz 3 Buchstabe a entsprechend anzuwenden,

   b) ist bei Leistungen aus Versicherungsverträgen, Pensionsfonds, Pensionskassen und Direktversicherungen, die nicht solche nach Buchstabe a sind, § 20 Absatz 1 Nummer 6 in der jeweils für den Vertrag geltenden Fassung entsprechend anzuwenden,

   c) unterliegt bei anderen Leistungen der Unterschiedsbetrag zwischen der Leistung und der Summe der auf sie entrichteten Beiträge der Besteuerung; § 20 Absatz 1 Nummer 6 Satz 2 gilt entsprechend.

³In den Fällen des § 93 Absatz 1 Satz 1 und 2 gilt das ausgezahlte geförderte Altersvorsorgevermögen nach Abzug der Zulagen im Sinne des Abschnitts XI als Leistung im Sinne des Satzes 2. ⁴Als Leistung im Sinne des Satzes 1 gilt auch der Verminderungsbetrag nach § 92a Absatz 2 Satz 5 und der Auflösungsbetrag nach § 92a Absatz 3 Satz 5. ⁵Der Auflösungsbetrag nach § 92a Absatz 2 Satz 6 wird zu 70 Prozent als Leistung nach Satz 1 erfasst. ⁶Tritt nach dem Beginn der Auszahlungsphase zu Lebzeiten des Zulageberechtigten der Fall des § 92a Absatz 3 Satz 1 ein, dann ist

   a) innerhalb eines Zeitraums bis zum zehnten Jahr nach dem Beginn der Auszahlungsphase das Eineinhalbfache,

   b) innerhalb eines Zeitraums zwischen dem zehnten und 20. Jahr nach dem Beginn der Auszahlungsphase das Einfache

des nach Satz 5 noch nicht erfassten Auflösungsbetrags als Leistung nach Satz 1 zu erfassen; § 92a Absatz 3 Satz 9 gilt entsprechend mit der Maßgabe, dass als noch nicht zurückgeführter Betrag im Wohnförderkonto der noch nicht erfasste Auflösungsbetrag gilt. ⁷Bei erstmaligem Bezug von Leistungen, in den Fällen des § 93 Absatz 1 sowie bei Änderung der im Kalenderjahr auszuzahlenden Leistung hat der Anbieter (§ 80) nach Ablauf des Kalenderjahres dem Steuerpflichtigen nach amtlich vorgeschriebenem Vordruck den Betrag der im abgelaufenen Kalenderjahr zugeflossenen Leistungen im Sinne der Sätze 1 bis 6 je gesondert mitzuteilen. ⁸In den Fällen des § 92a Absatz 2 Satz 10 erster Halbsatz erhält der Steuerpflichtige die Angaben nach Satz 7 von der zentralen Stelle (§ 81). ⁹Werden dem Steuerpflichtigen Abschluss- und Vertriebskosten eines Altersvorsorgevertrages erstattet, gilt der Erstattungsbetrag als Leistung im Sinne des Satzes 1. ¹⁰In den Fällen des § 3 Nummer 55a richtet sich die Zuordnung zu Satz 1 oder Satz 2 bei der ausgleichsberechtigten Person danach, wie eine nur auf die Ehezeit bezogene Zuordnung der sich aus dem übertragenen Anrecht ergebenden Leistung zu Satz 1 oder Satz 2 bei der ausgleichspflichtigen Person im Zeitpunkt der Übertragung ohne die Teilung vorzunehmen gewesen wäre. ¹¹Dies gilt sinngemäß in den Fällen des § 3 Nummer 55 und 55e.

§ 22a EStG
Rentenbezugsmitteilungen an die zentrale Stelle

(1) ¹Die Träger der gesetzlichen Rentenversicherung, die landwirtschaftliche Alterskasse, die berufsständischen Versorgungseinrichtungen, die Pensionskassen, die Pensionsfonds, die Versicherungsunternehmen, die Unternehmen, die Verträge im Sinne des § 10 Absatz 1 Nummer 2 Buchstabe b anbieten, und die Anbieter im Sinne des § 80 (Mitteilungspflichtige) haben der zentralen Stelle

(§ 81) bis zum 1. März des Jahres, das auf das Jahr folgt, in dem eine Leibrente oder andere Leistung nach § 22 Nummer 1 Satz 3 Buchstabe a und § 22 Nummer 5 einem Leistungsempfänger zugeflossen ist, unter Beachtung der im Bundessteuerblatt veröffentlichten Auslegungsvorschriften der Finanzverwaltung folgende Daten zu übermitteln (Rentenbezugsmitteilung):
1. Identifikationsnummer (§ 139b der Abgabenordnung), Familienname, Vorname und Geburtsdatum des Leistungsempfängers. ²Ist dem Mitteilungspflichtigen eine ausländische Anschrift des Leistungsempfängers bekannt, ist diese anzugeben. ³In diesen Fällen ist auch die Staatsangehörigkeit des Leistungsempfängers, soweit bekannt, mitzuteilen;
2. je gesondert den Betrag der Leibrenten und anderen Leistungen im Sinne des § 22 Nummer 1 Satz 3 Buchstabe a Doppelbuchstabe aa, bb Satz 4 und Doppelbuchstabe bb Satz 5 in Verbindung mit § 55 Absatz 2 der Einkommensteuer-Durchführungsverordnung sowie im Sinne des § 22 Nummer 5. ²Der im Betrag der Rente enthaltene Teil, der ausschließlich auf einer Anpassung der Rente beruht, ist gesondert mitzuteilen;
3. Zeitpunkt des Beginns und des Endes des jeweiligen Leistungsbezugs; folgen nach dem 31. Dezember 2004 Renten aus derselben Versicherung einander nach, ist auch die Laufzeit der vorhergehenden Renten mitzuteilen;
4. Bezeichnung und Anschrift des Mitteilungspflichtigen;
5. die Beiträge im Sinne des § 10 Absatz 1 Nummer 3 Buchstabe a Satz 1 und 2 und Buchstabe b, soweit diese vom Mitteilungspflichtigen an die Träger der gesetzlichen Kranken- und Pflegeversicherung abgeführt werden;
6. die dem Leistungsempfänger zustehenden Beitragszuschüsse nach § 106 des Sechsten Buches Sozialgesetzbuch.

²Die Datenübermittlung hat nach amtlich vorgeschriebenem Datensatz durch Datenfernübertragung zu erfolgen. ³Im Übrigen ist § 150 Absatz 6 der Abgabenordnung entsprechend anzuwenden.

(2) ¹Der Leistungsempfänger hat dem Mitteilungspflichtigen seine Identifikationsnummer mitzuteilen. ²Teilt der Leistungsempfänger die Identifikationsnummer dem Mitteilungspflichtigen trotz Aufforderung nicht mit, übermittelt das Bundeszentralamt für Steuern dem Mitteilungspflichtigen auf dessen Anfrage die Identifikationsnummer des Leistungsempfängers; weitere Daten dürfen nicht übermittelt werden. ³In der Anfrage dürfen nur die in § 139b Absatz 3 der Abgabenordnung genannten Daten des Leistungsempfängers angegeben werden, soweit sie dem Mitteilungspflichtigen bekannt sind. ⁴Die Anfrage des Mitteilungspflichtigen und die Antwort des Bundeszentralamtes für Steuern sind über die zentrale Stelle zu übermitteln. ⁵Die zentrale Stelle führt eine ausschließlich automatisierte Prüfung der ihr übermittelten Daten daraufhin durch, ob sie vollständig und schlüssig sind und ob das vorgeschriebene Datenformat verwendet worden ist. ⁶Sie speichert die Daten des Leistungsempfängers nur für Zwecke dieser Prüfung bis zur Übermittlung an das Bundeszentralamt für Steuern oder an den Mitteilungspflichtigen. ⁷Die Daten sind für die Übermittlung zwischen der zentralen Stelle und dem Bundeszentralamt für Steuern zu verschlüsseln. ⁸Für die Anfrage gilt Absatz 1 Satz 2 und 3 entsprechend. ⁹Der Mitteilungspflichtige darf die Identifikationsnummer nur verwenden, soweit dies für die Erfüllung der Mitteilungspflicht nach Absatz 1 Satz 1 erforderlich ist.

(3) Der Mitteilungspflichtige hat den Leistungsempfänger jeweils darüber zu unterrichten, dass die Leistung der zentralen Stelle mitgeteilt wird.

(4) ¹Die zentrale Stelle (§ 81) kann bei den Mitteilungspflichtigen ermitteln, ob sie ihre Pflichten nach Absatz 1 erfüllt haben. ²Die §§ 193 bis 203 der Abgabenordnung gelten sinngemäß. ³Auf Verlangen der zentralen Stelle haben die Mitteilungspflichtigen ihre Unterlagen, soweit sie im Ausland geführt und aufbewahrt werden, verfügbar zu machen.

(5) ¹Wird eine Rentenbezugsmitteilung nicht innerhalb der in Absatz 1 Satz 1 genannten Frist übermittelt, so ist für jeden angefangenen Monat, in dem die Rentenbezugsmitteilung noch aussteht, ein Betrag in Höhe von 10 Euro für jede ausstehende Rentenbezugsmitteilung an die zentrale Stelle zu entrichten (Verspätungsgeld). ²Die Erhebung erfolgt durch die zentrale Stelle im Rahmen ihrer Prüfung nach Absatz 4. ³Von der Erhebung ist abzusehen, soweit die Fristüberschreitung auf

Gründen beruht, die der Mitteilungspflichtige nicht zu vertreten hat. ⁴Das Handeln eines gesetzlichen Vertreters oder eines Erfüllungsgehilfen steht dem eigenen Handeln gleich. ⁵Das von einem Mitteilungspflichtigen zu entrichtende Verspätungsgeld darf 50.000 Euro für alle für einen Veranlagungszeitraum zu übermittelnden Rentenbezugsmitteilungen nicht übersteigen.

h) Gemeinsame Vorschriften

§ 24a EStG
Altersentlastungsbetrag

¹Der Altersentlastungsbetrag ist bis zu einem Höchstbetrag im Kalenderjahr ein nach einem Prozentsatz ermittelter Betrag des Arbeitslohns und der positiven Summe der Einkünfte, die nicht solche aus nichtselbständiger Arbeit sind. ²Bei der Bemessung des Betrags bleiben außer Betracht:
1. Versorgungsbezüge im Sinne des § 19 Absatz 2;
2. Einkünfte aus Leibrenten im Sinne des § 22 Nummer 1 Satz 3 Buchstabe a;
3. Einkünfte im Sinne des § 22 Nummer 4 Satz 4 Buchstabe b;
4. Einkünfte im Sinne des § 22 Nummer 5 Satz 1, soweit § 52 Absatz 34c anzuwenden ist;
5. Einkünfte im Sinne des § 22 Nummer 5 Satz 2 Buchstabe a.

³Der Altersentlastungsbetrag wird einem Steuerpflichtigen gewährt, der vor dem Beginn des Kalenderjahres, in dem er sein Einkommen bezogen hat, das 64. Lebensjahr vollendet hatte. ⁴Im Fall der Zusammenveranlagung von Ehegatten zur Einkommensteuer sind die Sätze 1 bis 3 für jeden Ehegatten gesondert anzuwenden. ⁵Der maßgebende Prozentsatz und der Höchstbetrag des Altersentlastungsbetrags sind der nachstehenden Tabelle zu entnehmen:

Das auf die Vollendung des 64. Lebensjahres folgende Kalenderjahr	Altersentlastungsbetrag	
	in % der Einkünfte	Höchstbetrag in Euro
2005	40,0	1.900
2006	38,4	1.824
2007	36,8	1.748
2008	35,2	1.672
2009	33,6	1.596
2010	32,0	1.520
2011	30,4	1.444
2012	28,8	1.368
2013	27,2	1.292
2014	25,6	1.216
2015	24,0	1.140
2016	22,4	1.064
2017	20,8	988
2018	19,2	912
2019	17,6	836
2020	16,0	760
2021	15,2	722
2022	14,4	684
2023	13,6	646

2024	12,8	608
2025	12,0	570
2026	11,2	532
2027	10,4	494
2028	9,6	456
2029	8,8	418
2030	8,0	380
2031	7,2	342
2032	6,4	304
2033	5,6	266
2034	4,8	228
2035	4,0	190
2036	3,2	152
2037	2,4	114
2038	1,6	76
2039	0,8	38
2040	0,0	0

IV. Tarif

§ 31 EStG
Familienleistungsausgleich

[1]Die steuerliche Freistellung eines Einkommensbetrags in Höhe des Existenzminimums eines Kindes einschließlich der Bedarfe für Betreuung und Erziehung oder Ausbildung wird im gesamten Veranlagungszeitraum entweder durch die Freibeträge nach § 32 Absatz 6 oder durch Kindergeld nach Abschnitt X bewirkt. [2]Soweit das Kindergeld dafür nicht erforderlich ist, dient es der Förderung der Familie. [3]Im laufenden Kalenderjahr wird Kindergeld als Steuervergütung monatlich gezahlt. [4]Bewirkt der Anspruch auf Kindergeld für den gesamten Veranlagungszeitraum die nach Satz 1 gebotene steuerliche Freistellung nicht vollständig und werden deshalb bei der Veranlagung zur Einkommensteuer die Freibeträge nach § 32 Absatz 6 vom Einkommen abgezogen, erhöht sich die unter Abzug dieser Freibeträge ermittelte tarifliche Einkommensteuer um den Anspruch auf Kindergeld für den gesamten Veranlagungszeitraum; bei nicht zusammenveranlagten Eltern wird der Kindergeldanspruch im Umfang des Kinderfreibetrags angesetzt. [5]Satz 4 gilt entsprechend für mit dem Kindergeld vergleichbare Leistungen nach § 65. [6]Besteht nach ausländischem Recht Anspruch auf Leistungen für Kinder, wird dieser insoweit nicht berücksichtigt, als er das inländische Kindergeld übersteigt.

VI. Steuererhebung

2. Steuerabzug vom Arbeitslohn (Lohnsteuer)

§ 39a EStG
Freibetrag und Hinzurechnungsbetrag

(1) ¹Auf Antrag des unbeschränkt einkommensteuerpflichtigen Arbeitnehmers ermittelt das Finanzamt die Höhe eines vom Arbeitslohn insgesamt abzuziehenden Freibetrags aus der Summe der folgenden Beträge:
1. Werbungskosten, die bei den Einkünften aus nichtselbständiger Arbeit anfallen, soweit sie den Arbeitnehmer-Pauschbetrag (§ 9a Satz 1 Nummer 1 Buchstabe a) oder bei Versorgungsbezügen den Pauschbetrag (§ 9a Satz 1 Nummer 1 Buchstabe b) übersteigen,
2. Sonderausgaben im Sinne des § 10 Absatz 1 Nummer 1, 1a, 1b, 4, 5, 7 und 9 und des § 10b, soweit sie den Sonderausgaben-Pauschbetrag von 36 Euro übersteigen,
3. der Betrag, der nach den §§ 33, 33a und 33b Absatz 6 wegen außergewöhnlicher Belastungen zu gewähren ist,
4. die Pauschbeträge für behinderte Menschen und Hinterbliebene (§ 33b Absatz 1 bis 5),
5. die folgenden Beträge, wie sie nach § 37 Absatz 3 bei der Festsetzung von Einkommensteuer-Vorauszahlungen zu berücksichtigen sind:
    a) die Beträge, die nach § 10d Absatz 2, §§ 10e, 10f, 10g, 10h, 10i, nach § 15b des Berlinförderungsgesetzes oder nach § 7 des Fördergebietsgesetzes abgezogen werden können,
    b) die negative Summe der Einkünfte im Sinne des § 2 Absatz 1 Satz 1 Nummer 1 bis 3, 6 und 7 und der negativen Einkünfte im Sinne des § 2 Absatz 1 Satz 1 Nummer 5,
    c) das Vierfache der Steuerermäßigung nach den §§ 34f und 35a,
6. die Freibeträge nach § 32 Absatz 6 für jedes Kind im Sinne des § 32 Absatz 1 bis 4, für das kein Anspruch auf Kindergeld besteht. ²Soweit für diese Kinder Kinderfreibeträge nach § 38b Absatz 2 berücksichtigt worden sind, ist die Zahl der Kinderfreibeträge entsprechend zu vermindern. ³Der Arbeitnehmer ist verpflichtet, den nach Satz 1 ermittelten Freibetrag ändern zu lassen, wenn für das Kind ein Kinderfreibetrag nach § 38b Absatz 2 berücksichtigt wird,
7. ein Betrag für ein zweites oder ein weiteres Dienstverhältnis insgesamt bis zur Höhe des auf volle Euro abgerundeten zu versteuernden Jahresbetrags nach § 39b Absatz 2 Satz 5, bis zu dem nach der Steuerklasse des Arbeitnehmers, die für den Lohnsteuerabzug vom Arbeitslohn aus dem ersten Dienstverhältnis anzuwenden ist, Lohnsteuer nicht zu erheben ist. ²Voraussetzung ist, dass
    a) der Jahresarbeitslohn aus dem ersten Dienstverhältnis geringer ist als der nach Satz 1 maßgebende Eingangsbetrag und
    b) in Höhe des Betrags für ein zweites oder ein weiteres Dienstverhältnis zugleich für das erste Dienstverhältnis ein Betrag ermittelt wird, der dem Arbeitslohn hinzuzurechnen ist (Hinzurechnungsbetrag).
    ³Soll für das erste Dienstverhältnis auch ein Freibetrag nach den Nummern 1 bis 6 und 8 ermittelt werden, ist nur der diesen Freibetrag übersteigende Betrag als Hinzurechnungsbetrag zu berücksichtigen. ⁴Ist der Freibetrag höher als der Hinzurechnungsbetrag, ist nur der den Hinzurechnungsbetrag übersteigende Freibetrag zu berücksichtigen,
8. der Entlastungsbetrag für Alleinerziehende (§ 24b) bei Verwitweten, die nicht in Steuerklasse II gehören.

²Der insgesamt abzuziehende Freibetrag und der Hinzurechnungsbetrag gelten mit Ausnahme von Satz 1 Nummer 4 für die gesamte Dauer des Kalenderjahres.

(2) ¹Der Antrag nach Absatz 1 ist nach amtlich vorgeschriebenem Vordruck zu stellen und vom Arbeitnehmer eigenhändig zu unterschreiben. ²Die Frist für die Antragstellung beginnt am 1. Oktober des Vorjahres, für das der Freibetrag gelten soll. ³Sie endet am 30. November des Kalenderjahres, in dem der Freibetrag gilt. ⁴Der Antrag ist hinsichtlich eines Freibetrags aus der Summe der nach Absatz 1 Satz 1 Nummer 1 bis 3 und 8 in Betracht kommenden Aufwendungen und Beträge unzulässig, wenn die Aufwendungen im Sinne des § 9, soweit sie den Arbeitnehmer-Pauschbetrag

übersteigen, die Aufwendungen im Sinne des § 10 Absatz 1 Nummer 1, 1a, 1b, 4, 5, 7 und 9, der §§ 10b und 33 sowie die abziehbaren Beträge nach den §§ 24b, 33a und 33b Absatz 6 insgesamt 600 Euro nicht übersteigen. [5]Das Finanzamt kann auf nähere Angaben des Arbeitnehmers verzichten, wenn er
1. höchstens den Freibetrag beantragt, der für das vorangegangene Kalenderjahr ermittelt wurde, und
2. versichert, dass sich die maßgebenden Verhältnisse nicht wesentlich geändert haben.

[6]Das Finanzamt hat den Freibetrag durch Aufteilung in Monatsfreibeträge, falls erforderlich in Wochen- und Tagesfreibeträge, jeweils auf die der Antragstellung folgenden Monate des Kalenderjahres gleichmäßig zu verteilen. [7]Abweichend hiervon darf ein Freibetrag, der im Monat Januar eines Kalenderjahres beantragt wird, mit Wirkung vom 1. Januar dieses Kalenderjahres an berücksichtigt werden. [8]Ist der Arbeitnehmer beschränkt einkommensteuerpflichtig, hat das Finanzamt den nach Absatz 4 ermittelten Freibetrag durch Aufteilung in Monatsbeträge, falls erforderlich in Wochen und Tagesbeträge, jeweils auf die voraussichtliche Dauer des Dienstverhältnisses im Kalenderjahr gleichmäßig zu verteilen. [9]Die Sätze 5 bis 8 gelten für den Hinzurechnungsbetrag nach Absatz 1 Satz 1 Nummer 7 entsprechend.

(3) [1]Für Ehegatten, die beide unbeschränkt einkommensteuerpflichtig sind und nicht dauernd getrennt leben, ist jeweils die Summe der nach Absatz 1 Satz 1 Nummer 2 bis 5 und 8 in Betracht kommenden Beträge gemeinsam zu ermitteln; der in Absatz 1 Satz 1 Nummer 2 genannte Betrag ist zu verdoppeln. [2]Für die Anwendung des Absatzes 2 Satz 4 ist die Summe der für beide Ehegatten in Betracht kommenden Aufwendungen im Sinne des § 9, soweit sie jeweils den Arbeitnehmer-Pauschbetrag übersteigen, und der Aufwendungen im Sinne des § 10 Absatz 1 Nummer 1, 1a, 1b, 4, 5, 7 und 9, der §§ 10b und 33 sowie der abziehbaren Beträge nach den §§ 24b, 33a und 33b Absatz 6 maßgebend. [3]Die nach Satz 1 ermittelte Summe ist je zur Hälfte auf die Ehegatten aufzuteilen, wenn für jeden Ehegatten Lohnsteuerabzugsmerkmale gebildet werden und die Ehegatten keine andere Aufteilung beantragen. [4]Für eine andere Aufteilung gilt Absatz 1 Satz 2 entsprechend. [5]Für einen Arbeitnehmer, dessen Ehe in dem Kalenderjahr, für das der Freibetrag gilt, aufgelöst worden ist und dessen bisheriger Ehegatte in demselben Kalenderjahr wieder geheiratet hat, sind die nach Absatz 1 in Betracht kommenden Beträge ausschließlich auf Grund der in seiner Person erfüllten Voraussetzungen zu ermitteln. [6]Satz 1 zweiter Halbsatz ist auch anzuwenden, wenn die tarifliche Einkommensteuer nach § 32a Absatz 6 zu ermitteln ist.

(4) [1]Für einen beschränkt einkommensteuerpflichtigen Arbeitnehmer, für den § 50 Absatz 1 Satz 4 anzuwenden ist, ermittelt das Finanzamt auf Antrag einen Freibetrag, der vom Arbeitslohn insgesamt abzuziehen ist, aus der Summe der folgenden Beträge:
1. Werbungskosten, die bei den Einkünften aus nichtselbständiger Arbeit anfallen, soweit sie den Arbeitnehmer-Pauschbetrag (§ 9a Satz 1 Nummer 1 Buchstabe a) oder bei Versorgungsbezügen den Pauschbetrag (§ 9a Satz 1 Nummer 1 Buchstabe b) übersteigen,
2. Sonderausgaben im Sinne des § 10b, soweit sie den Sonderausgaben-Pauschbetrag (§ 10c) übersteigen, und die wie Sonderausgaben abziehbaren Beträge nach § 10e oder § 10i, jedoch erst nach Fertigstellung oder Anschaffung des begünstigten Objekts oder nach Fertigstellung der begünstigten Maßnahme,
3. den Freibetrag oder den Hinzurechnungsbetrag nach Absatz 1 Satz 1 Nummer 7.

[2]Der Antrag kann nur nach amtlich vorgeschriebenem Vordruck bis zum Ablauf des Kalenderjahres gestellt werden, für das die Lohnsteuerabzugsmerkmale gelten.

(5) Ist zuwenig Lohnsteuer erhoben worden, weil ein Freibetrag unzutreffend als Lohnsteuerabzugsmerkmal ermittelt worden ist, hat das Finanzamt den Fehlbetrag vom Arbeitnehmer nachzufordern, wenn er 10 Euro übersteigt.

§ 39b EStG
Einbehaltung der Lohnsteuer

(1) Bei unbeschränkt und beschränkt einkommensteuerpflichtigen Arbeitnehmern hat der Arbeitgeber den Lohnsteuerabzug nach Maßgabe der Absätze 2 bis 6 durchzuführen.

(2) ¹Für die Einbehaltung der Lohnsteuer vom laufenden Arbeitslohn hat der Arbeitgeber die Höhe des laufenden Arbeitslohns im Lohnzahlungszeitraum festzustellen und auf einen Jahresarbeitslohn hochzurechnen. ²Der Arbeitslohn eines monatlichen Lohnzahlungszeitraums ist mit zwölf, der Arbeitslohn eines wöchentlichen Lohnzahlungszeitraums mit 360/7 und der Arbeitslohn eines täglichen Lohnzahlungszeitraums mit 360 zu vervielfältigen. ³Von dem hochgerechneten Jahresarbeitslohn sind ein etwaiger Versorgungsfreibetrag (§ 19 Absatz 2) und Altersentlastungsbetrag (§ 24a) abzuziehen. ⁴Außerdem ist der hochgerechnete Jahresarbeitslohn um einen etwaigen als Lohnsteuerabzugsmerkmal für den Lohnzahlungszeitraum mitgeteilten Freibetrag (§ 39a Absatz 1) oder Hinzurechnungsbetrag (§ 39a Absatz 1 Satz 1 Nummer 7), vervielfältigt unter sinngemäßer Anwendung von Satz 2, zu vermindern oder zu erhöhen. ⁵Der so verminderte oder erhöhte hochgerechnete Jahresarbeitslohn, vermindert um

1. den Arbeitnehmer-Pauschbetrag (§ 9a Satz 1 Nummer 1 Buchstabe a) oder bei Versorgungsbezügen den Pauschbetrag (§ 9a Satz 1 Nummer 1 Buchstabe b) und den Zuschlag zum Versorgungsfreibetrag (§ 19 Absatz 2) in den Steuerklassen I bis V,
2. den Sonderausgaben-Pauschbetrag (§ 10c Satz 1) in den Steuerklassen I bis V,
3. eine Vorsorgepauschale aus den Teilbeträgen
   a) für die Rentenversicherung bei Arbeitnehmern, die in der gesetzlichen Rentenversicherung pflichtversichert oder von der gesetzlichen Rentenversicherung nach § 6 Absatz 1 Nummer 1 des Sechsten Buches Sozialgesetzbuch befreit sind, in den Steuerklassen I bis VI in Höhe des Betrags, der bezogen auf den Arbeitslohn 50 Prozent des Beitrags in der allgemeinen Rentenversicherung unter Berücksichtigung der jeweiligen Beitragsbemessungsgrenzen entspricht,
   b) für die Krankenversicherung bei Arbeitnehmern, die in der gesetzlichen Krankenversicherung versichert sind, in den Steuerklassen I bis VI in Höhe des Betrags, der bezogen auf den Arbeitslohn unter Berücksichtigung der Beitragsbemessungsgrenze und den ermäßigten Beitragssatz (§ 243 des Fünften Buches Sozialgesetzbuch) dem Arbeitnehmeranteil eines pflichtversicherten Arbeitnehmers entspricht,
   c) für die Pflegeversicherung bei Arbeitnehmern, die in der sozialen Pflegeversicherung versichert sind, in den Steuerklassen I bis VI in Höhe des Betrags, der bezogen auf den Arbeitslohn unter Berücksichtigung der Beitragsbemessungsgrenze und den bundeseinheitlichen Beitragssatz dem Arbeitnehmeranteil eines pflichtversicherten Arbeitnehmers entspricht, erhöht um den Beitragszuschlag des Arbeitnehmers nach § 55 Absatz 3 des Elften Buches Sozialgesetzbuch, wenn die Voraussetzungen dafür vorliegen,
   d) für die Krankenversicherung und für die private Pflege-Pflichtversicherung bei Arbeitnehmern, die nicht unter Buchstabe b und c fallen, in den Steuerklassen I bis V in Höhe der dem Arbeitgeber mitgeteilten Beiträge im Sinne des § 10 Absatz 1 Nummer 3, etwaig vervielfältigt unter sinngemäßer Anwendung von Satz 2 auf einen Jahresbetrag, vermindert um den Betrag, der bezogen auf den Arbeitslohn unter Berücksichtigung der Beitragsbemessungsgrenze und den ermäßigten Beitragssatz in der gesetzlichen Krankenversicherung sowie den bundeseinheitlichen Beitragssatz in der sozialen Pflegeversicherung dem Arbeitgeberanteil für einen pflichtversicherten Arbeitnehmer entspricht, wenn der Arbeitgeber gesetzlich verpflichtet ist, Zuschüsse zu den Kranken- und Pflegeversicherungsbeiträgen des Arbeitnehmers zu leisten;

Entschädigungen im Sinne des § 24 Nummer 1 sind bei Anwendung der Buchstaben a bis c nicht zu berücksichtigen; mindestens ist für die Summe der Teilbeträge nach den Buchstaben b und c oder für den Teilbetrag nach Buchstabe d ein Betrag in Höhe von 12 Prozent des Arbeitslohns, höchstens 1.900 Euro in den Steuerklassen I, II, IV, V, VI und höchstens 3.000 Euro in der Steuerklasse III anzusetzen,

4. den Entlastungsbetrag für Alleinerziehende (§ 24b) in der Steuerklasse II,

ergibt den zu versteuernden Jahresbetrag. [6]Für den zu versteuernden Jahresbetrag ist die Jahreslohnsteuer in den Steuerklassen I, II und IV nach § 32a Absatz 1 sowie in der Steuerklasse III nach § 32a Absatz 5 zu berechnen. [7]In den Steuerklassen V und VI ist die Jahreslohnsteuer zu berechnen, die sich aus dem Zweifachen des Unterschiedsbetrags zwischen dem Steuerbetrag für das Eineinviertelfache und dem Steuerbetrag für das Dreiviertelfache des zu versteuernden Jahresbetrags nach § 32a Absatz 1 ergibt; die Jahreslohnsteuer beträgt jedoch mindestens 14 Prozent des Jahresbetrags, für den 9.550 Euro übersteigenden Teil des Jahresbetrags höchstens 42 Prozent und für den 26.441 Euro übersteigenden Teil des zu versteuernden Jahresbetrags jeweils 42 Prozent sowie für den 200.584 Euro übersteigenden Teil des zu versteuernden Jahresbetrags jeweils 45 Prozent. [8]Für die Lohnsteuerberechnung ist die als Lohnsteuerabzugsmerkmal mitgeteilte Steuerklasse maßgebend. [9]Die monatliche Lohnsteuer ist 1/12, die wöchentliche Lohnsteuer sind 7/360 und die tägliche Lohnsteuer ist 1/360 der Jahreslohnsteuer. [10]Bruchteile eines Cents, die sich bei der Berechnung nach den Sätzen 2 und 9 ergeben, bleiben jeweils außer Ansatz. [11]Die auf den Lohnzahlungszeitraum entfallende Lohnsteuer ist vom Arbeitslohn einzubehalten. [12]Das Betriebsstättenfinanzamt kann allgemein oder auf Antrag zulassen, dass die Lohnsteuer unter den Voraussetzungen des § 42b Absatz 1 nach dem voraussichtlichen Jahresarbeitslohn ermittelt wird, wenn gewährleistet ist, dass die zutreffende Jahreslohnsteuer (§ 38a Absatz 2) nicht unterschritten wird.

(3) [1]Für die Einbehaltung der Lohnsteuer von einem sonstigen Bezug hat der Arbeitgeber den voraussichtlichen Jahresarbeitslohn ohne den sonstigen Bezug festzustellen. [2]Hat der Arbeitnehmer Lohnsteuerbescheinigungen aus früheren Dienstverhältnissen des Kalenderjahres nicht vorgelegt, so ist bei der Ermittlung des voraussichtlichen Jahresarbeitslohns der Arbeitslohn für Beschäftigungszeiten bei früheren Arbeitgebern mit dem Betrag anzusetzen, der sich ergibt, wenn der laufende Arbeitslohn im Monat der Zahlung des sonstigen Bezugs entsprechend der Beschäftigungsdauer bei früheren Arbeitgebern hochgerechnet wird. [3]Der voraussichtliche Jahresarbeitslohn ist um den Versorgungsfreibetrag (§ 19 Absatz 2) und den Altersentlastungsbetrag (§ 24a), wenn die Voraussetzungen für den Abzug dieser Beträge jeweils erfüllt sind, sowie um einen etwaigen als Lohnsteuerabzugsmerkmal mitgeteilten Jahresfreibetrag zu vermindern und um einen etwaigen Jahreshinzurechnungsbetrag zu erhöhen. [4]Für den so ermittelten Jahresarbeitslohn (maßgebender Jahresarbeitslohn) ist die Lohnsteuer nach Maßgabe des Absatzes 2 Satz 5 bis 7 zu ermitteln. [5]Außerdem ist die Jahreslohnsteuer für den maßgebenden Jahresarbeitslohn unter Einbeziehung des sonstigen Bezugs zu ermitteln. [6]Dabei ist der sonstige Bezug, soweit es sich nicht um einen sonstigen Bezug im Sinne des Satzes 9 handelt, um den Versorgungsfreibetrag und den Altersentlastungsbetrag zu vermindern, wenn die Voraussetzungen für den Abzug dieser Beträge jeweils erfüllt sind und soweit sie nicht bei der Steuerberechnung für den maßgebenden Jahresarbeitslohn berücksichtigt worden sind. [7]Für die Lohnsteuerberechnung ist die als Lohnsteuerabzugsmerkmal mitgeteilte Steuerklasse maßgebend. [8]Der Unterschiedsbetrag zwischen den ermittelten Jahreslohnsteuerbeträgen ist die Lohnsteuer, die vom sonstigen Bezug einzubehalten ist. [9]Die Lohnsteuer ist bei einem sonstigen Bezug im Sinne des § 34 Absatz 1 und 2 Nummer 2 und 4 in der Weise zu ermäßigen, dass der sonstige Bezug bei der Anwendung des Satzes 5 mit einem Fünftel anzusetzen und der Unterschiedsbetrag im Sinne des Satzes 8 zu verfünffachen ist; § 34 Absatz 1 Satz 3 ist sinngemäß anzuwenden. [10]Ein sonstiger Bezug im Sinne des § 34 Absatz 1 und 2 Nummer 4 ist bei der Anwendung des Satzes 4 in die Bemessungsgrundlage für die Vorsorgepauschale nach Absatz 2 Satz 5 Nummer 3 einzubeziehen.

(4) In den Kalenderjahren 2010 bis 2024 ist Absatz 2 Satz 5 Nummer 3 Buchstabe a mit der Maßgabe anzuwenden, dass im Kalenderjahr 2010 der ermittelte Betrag auf 40 Prozent begrenzt und dieser Prozentsatz in jedem folgenden Kalenderjahr um je 4 Prozentpunkte erhöht wird.

(5) [1]Wenn der Arbeitgeber für den Lohnzahlungszeitraum lediglich Abschlagszahlungen leistet und eine Lohnabrechnung für einen längeren Zeitraum (Lohnabrechnungszeitraum) vornimmt, kann er den Lohnabrechnungszeitraum als Lohnzahlungszeitraum behandeln und die Lohnsteuer abweichend von § 38 Absatz 3 bei der Lohnabrechnung einbehalten. [2]Satz 1 gilt nicht, wenn der Lohnabrechnungszeitraum fünf Wochen übersteigt oder die Lohnabrechnung nicht innerhalb von drei

Wochen nach dessen Ablauf erfolgt. ³Das Betriebsstättenfinanzamt kann anordnen, dass die Lohnsteuer von den Abschlagszahlungen einzubehalten ist, wenn die Erhebung der Lohnsteuer sonst nicht gesichert erscheint. ⁴Wenn wegen einer besonderen Entlohnungsart weder ein Lohnzahlungszeitraum noch ein Lohnabrechnungszeitraum festgestellt werden kann, gilt als Lohnzahlungszeitraum die Summe der tatsächlichen Arbeitstage oder Arbeitswochen.

(6) Das Bundesministerium der Finanzen hat im Einvernehmen mit den obersten Finanzbehörden der Länder auf der Grundlage der Absätze 2 und 3 einen Programmablaufplan für die maschinelle Berechnung der Lohnsteuer aufzustellen und bekannt zu machen.

§ 40b EStG
Pauschalierung der Lohnsteuer bei bestimmten Zukunftssicherungsleistungen

(1) Der Arbeitgeber kann die Lohnsteuer von den Zuwendungen zum Aufbau einer nicht kapitalgedeckten betrieblichen Altersversorgung an eine Pensionskasse mit einem Pauschsteuersatz von 20 Prozent der Zuwendungen erheben.

(2) ¹Absatz 1 gilt nicht, soweit die zu besteuernden Zuwendungen des Arbeitgebers für den Arbeitnehmer 1.752 Euro im Kalenderjahr übersteigen oder nicht aus seinem ersten Dienstverhältnis bezogen werden. ²Sind mehrere Arbeitnehmer gemeinsam in der Pensionskasse versichert, so gilt als Zuwendung für den einzelnen Arbeitnehmer der Teilbetrag, der sich bei einer Aufteilung der gesamten Zuwendungen durch die Zahl der begünstigten Arbeitnehmer ergibt, wenn dieser Teilbetrag 1.752 Euro nicht übersteigt; hierbei sind Arbeitnehmer, für die Zuwendungen von mehr als 2.148 Euro im Kalenderjahr geleistet werden, nicht einzubeziehen. ³Für Zuwendungen, die der Arbeitgeber für den Arbeitnehmer aus Anlass der Beendigung des Dienstverhältnisses erbracht hat, vervielfältigt sich der Betrag von 1.752 Euro mit der Anzahl der Kalenderjahre, in denen das Dienstverhältnis des Arbeitnehmers zu dem Arbeitgeber bestanden hat; in diesem Fall ist Satz 2 nicht anzuwenden. ⁴Der vervielfältigte Betrag vermindert sich um die nach Absatz 1 pauschal besteuerten Zuwendungen, die der Arbeitgeber in dem Kalenderjahr, in dem das Dienstverhältnis beendet wird, und in den sechs vorangegangenen Kalenderjahren erbracht hat.

(3) Von den Beiträgen für eine Unfallversicherung des Arbeitnehmers kann der Arbeitgeber die Lohnsteuer mit einem Pauschsteuersatz von 20 Prozent der Beiträge erheben, wenn mehrere Arbeitnehmer gemeinsam in einem Unfallversicherungsvertrag versichert sind und der Teilbetrag, der sich bei einer Aufteilung der gesamten Beiträge nach Abzug der Versicherungsteuer durch die Zahl der begünstigten Arbeitnehmer ergibt, 62 Euro im Kalenderjahr nicht übersteigt.

(4) In den Fällen des § 19 Absatz 1 Satz 1 Nummer 3 Satz 2 hat der Arbeitgeber die Lohnsteuer mit einem Pauschsteuersatz in Höhe von 15 Prozent der Sonderzahlungen zu erheben.

(5) ¹§ 40 Absatz 3 ist anzuwenden. ²Die Anwendung des § 40 Absatz 1 Satz 1 Nummer 1 auf Bezüge im Sinne des Absatzes 1, des Absatzes 3 und des Absatzes 4 ist ausgeschlossen.

§ 41b EStG
Abschluss des Lohnsteuerabzugs

(1) ¹Bei Beendigung eines Dienstverhältnisses oder am Ende des Kalenderjahres hat der Arbeitgeber das Lohnkonto des Arbeitnehmers abzuschließen. ²Auf Grund der Eintragungen im Lohnkonto hat der Arbeitgeber spätestens bis zum 28. Februar des Folgejahres nach amtlich vorgeschriebenem Datensatz auf elektronischem Weg nach Maßgabe der Steuerdaten-Übermittlungsverordnung vom 28. Januar 2003 (BGBl. I S. 139), zuletzt geändert durch Artikel 1 der Verordnung vom 26. Juni 2007 (BGBl. I S. 1185), in der jeweils geltenden Fassung, insbesondere folgende Angaben zu übermitteln (elektronische Lohnsteuerbescheinigung):
1. Name, Vorname, Tag der Geburt und Anschrift des Arbeitnehmers, die abgerufenen elektronischen Lohnsteuerabzugsmerkmale oder die auf der entsprechenden Bescheinigung für den Lohnsteuerabzug eingetragenen Lohnsteuerabzugsmerkmale, die Bezeichnung und die Nummer des

Finanzamts, an das die Lohnsteuer abgeführt worden ist, sowie die Steuernummer des Arbeitgebers,
2. die Dauer des Dienstverhältnisses während des Kalenderjahres sowie die Anzahl der nach § 41 Absatz 1 Satz 6 vermerkten Großbuchstaben U,
3. die Art und Höhe des gezahlten Arbeitslohns sowie den nach § 41 Absatz 1 Satz 7 vermerkten Großbuchstaben S,
4. die einbehaltene Lohnsteuer, den Solidaritätszuschlag und die Kirchensteuer,
5. das Kurzarbeitergeld, das Schlechtwettergeld, das Winterausfallgeld, den Zuschuss zum Mutterschaftsgeld nach dem Mutterschutzgesetz, die Entschädigungen für Verdienstausfall nach dem Infektionsschutzgesetz vom 20. Juli 2000 (BGBl. I S. 1045), zuletzt geändert durch Artikel 11 § 3 des Gesetzes vom 6. August 2002 (BGBl. I S. 3082), in der jeweils geltenden Fassung, sowie die nach § 3 Nummer 28 steuerfreien Aufstockungsbeträge oder Zuschläge,
6. die auf die Entfernungspauschale anzurechnenden steuerfreien Arbeitgeberleistungen für Fahrten zwischen Wohnung und Arbeitsstätte,
7. die pauschal besteuerten Arbeitgeberleistungen für Fahrten zwischen Wohnung und Arbeitsstätte,
8. (weggefallen)
9. für die steuerfreie Sammelbeförderung nach § 3 Nummer 32 den Großbuchstaben F,
10. die nach § 3 Nummer 13 und 16 steuerfrei gezahlten Verpflegungszuschüsse und Vergütungen bei doppelter Haushaltsführung,
11. Beiträge zu den gesetzlichen Rentenversicherungen und an berufsständische Versorgungseinrichtungen, getrennt nach Arbeitgeber- und Arbeitnehmeranteil,
12. die nach § 3 Nummer 62 gezahlten Zuschüsse zur Kranken- und Pflegeversicherung,
13. die Beiträge des Arbeitnehmers zur gesetzlichen Krankenversicherung und zur sozialen Pflegeversicherung,
14. die Beiträge des Arbeitnehmers zur Arbeitslosenversicherung,
15. den nach § 39b Absatz 2 Satz 5 Nummer 3 Buchstabe d berücksichtigten Teilbetrag der Vorsorgepauschale.

³Der Arbeitgeber hat dem Arbeitnehmer einen nach amtlich vorgeschriebenem Muster gefertigten Ausdruck der elektronischen Lohnsteuerbescheinigung mit Angabe des lohnsteuerlichen Ordnungsmerkmals (Absatz 2) auszuhändigen oder elektronisch bereitzustellen. ⁴Soweit der Arbeitgeber nicht zur elektronischen Übermittlung nach Absatz 1 Satz 2 verpflichtet ist, hat er nach Ablauf des Kalenderjahres oder wenn das Dienstverhältnis vor Ablauf des Kalenderjahres beendet wird, auf der vom Finanzamt ausgestellten Bescheinigung für den Lohnsteuerabzug (§ 39 Absatz 3, § 39e Absatz 7 oder Absatz 8) eine Lohnsteuerbescheinigung auszustellen. ⁵Er hat dem Arbeitnehmer diese Bescheinigung auszuhändigen. ⁶Nicht ausgehändigte Bescheinigungen für den Lohnsteuerabzug mit Lohnsteuerbescheinigungen hat der Arbeitgeber dem Betriebsstättenfinanzamt einzureichen.

(2) ¹Für die Datenübermittlung nach Absatz 1 Satz 2 hat der Arbeitgeber aus dem Namen, Vornamen und Geburtsdatum des Arbeitnehmers ein Ordnungsmerkmal nach amtlich festgelegter Regel für den Arbeitnehmer zu bilden und zu verwenden. ²Das lohnsteuerliche Ordnungsmerkmal darf nur erhoben, gebildet, verarbeitet oder genutzt werden für die Zuordnung der elektronischen Lohnsteuerbescheinigung oder sonstiger für das Besteuerungsverfahren erforderlicher Daten zu einem bestimmten Steuerpflichtigen und für Zwecke des Besteuerungsverfahrens. ³Nach Vergabe der Identifikationsnummer (§ 139b der Abgabenordnung) hat der Arbeitgeber für die Datenübermittlung anstelle des lohnsteuerlichen Ordnungsmerkmals die Identifikationsnummer des Arbeitnehmers zu verwenden. ⁴Das Bundesministerium der Finanzen teilt den Zeitpunkt der erstmaligen Verwendung durch ein im Bundessteuerblatt zu veröffentlichendes Schreiben mit. ⁵Der nach Maßgabe der Steuerdaten-Übermittlungsverordnung authentifizierte Arbeitgeber kann die Identifikationsnummer des Arbeitnehmers für die Übermittlung der Lohnsteuerbescheinigung 2010 beim Bundeszentralamt für Steuern erheben. ⁶Das Bundeszentralamt für Steuern teilt dem Arbeitgeber die Identifikationsnummer des Arbeitnehmers mit, sofern die übermittelten Daten mit den nach § 139b Absatz 3 der Abgabenordnung beim Bundeszentralamt für Steuern gespeicherten Daten übereinstimmen.

⁷Die Anfrage des Arbeitgebers und die Antwort des Bundeszentralamtes für Steuern sind über die zentrale Stelle (§ 81) zu übermitteln. ⁸§ 22a Absatz 2 Satz 5 bis 8 ist entsprechend anzuwenden.

(3) ¹Ein Arbeitgeber ohne maschinelle Lohnabrechnung, der ausschließlich Arbeitnehmer im Rahmen einer geringfügigen Beschäftigung in seinem Privathaushalt im Sinne des § 8a des Vierten Buches Sozialgesetzbuch beschäftigt und keine elektronische Lohnsteuerbescheinigung erteilt, hat anstelle der elektronischen Lohnsteuerbescheinigung eine entsprechende Lohnsteuerbescheinigung nach amtlich vorgeschriebenem Muster auszustellen. ²Der Arbeitgeber hat dem Arbeitnehmer die Lohnsteuerbescheinigung auszuhändigen. ³In den übrigen Fällen hat der Arbeitgeber die Lohnsteuerbescheinigung dem Betriebsstättenfinanzamt einzureichen.

(4) Die Absätze 1 bis 3 gelten nicht für Arbeitnehmer, soweit sie Arbeitslohn bezogen haben, der nach den §§ 40 bis 40b pauschal besteuert worden ist.

§ 42b EStG
Lohnsteuer-Jahresausgleich durch den Arbeitgeber

(1) ¹Der Arbeitgeber ist berechtigt, seinen unbeschränkt einkommensteuerpflichtigen Arbeitnehmern, die während des abgelaufenen Kalenderjahres (Ausgleichsjahr) ständig in einem zu ihm bestehenden Dienstverhältnis gestanden haben, die für das Ausgleichsjahr einbehaltene Lohnsteuer insoweit zu erstatten, als sie die auf den Jahresarbeitslohn entfallende Jahreslohnsteuer übersteigt (Lohnsteuer-Jahresausgleich). ²Er ist zur Durchführung des Lohnsteuer-Jahresausgleichs verpflichtet, wenn er am 31. Dezember des Ausgleichsjahres mindestens zehn Arbeitnehmer beschäftigt. ³Der Arbeitgeber darf den Lohnsteuer-Jahresausgleich nicht durchführen, wenn
1. der Arbeitnehmer es beantragt oder
2. der Arbeitnehmer für das Ausgleichsjahr oder für einen Teil des Ausgleichsjahres nach den Steuerklassen V oder VI zu besteuern war oder
3. der Arbeitnehmer für einen Teil des Ausgleichsjahres nach den Steuerklassen II, III oder IV zu besteuern war oder
3a. bei der Lohnsteuerberechnung ein Freibetrag oder Hinzurechnungsbetrag zu berücksichtigen war oder
3b. das Faktorverfahren angewandt wurde oder
4. der Arbeitnehmer im Ausgleichsjahr Kurzarbeitergeld, Schlechtwettergeld, Winterausfallgeld, Zuschuss zum Mutterschaftsgeld nach dem Mutterschutzgesetz, Zuschuss bei Beschäftigungsverboten für die Zeit vor oder nach einer Entbindung sowie für den Entbindungstag während einer Elternzeit nach beamtenrechtlichen Vorschriften, Entschädigungen für Verdienstausfall nach dem Infektionsschutzgesetz vom 20. Juli 2000 (BGBl. I S. 1045) oder nach § 3 Nummer 28 steuerfreie Aufstockungsbeträge oder Zuschläge bezogen hat oder
4a. die Anzahl der im Lohnkonto oder in der Lohnsteuerbescheinigung eingetragenen Großbuchstaben U mindestens eins beträgt oder
5. für den Arbeitnehmer im Ausgleichsjahr im Rahmen der Vorsorgepauschale jeweils nur zeitweise Beträge nach § 39b Absatz 2 Satz 5 Nummer 3 Buchstabe a bis d oder der Beitragszuschlag nach § 39b Absatz 2 Satz 5 Nummer 3 Buchstabe c berücksichtigt wurden oder
6. der Arbeitnehmer im Ausgleichsjahr ausländische Einkünfte aus nichtselbständiger Arbeit bezogen hat, die nach einem Abkommen zur Vermeidung der Doppelbesteuerung oder unter Progressionsvorbehalt nach § 34c Absatz 5 von der Lohnsteuer freigestellt waren.

(2) ¹Für den Lohnsteuer-Jahresausgleich hat der Arbeitgeber den Jahresarbeitslohn aus dem zu ihm bestehenden Dienstverhältnis festzustellen. ²Dabei bleiben Bezüge im Sinne des § 34 Absatz 1 und 2 Nummer 2 und 4 außer Ansatz, wenn der Arbeitnehmer nicht jeweils die Einbeziehung in den Lohnsteuer-Jahresausgleich beantragt. ³Vom Jahresarbeitslohn sind der etwa in Betracht kommende Versorgungsfreibetrag und Zuschlag zum Versorgungsfreibetrag und der etwa in Betracht kommende Altersentlastungsbetrag abzuziehen. ⁴Für den so geminderten Jahresarbeitslohn ist die Jahreslohnsteuer nach § 39b Absatz 2 Satz 6 und 7 zu ermitteln nach Maßgabe der Steuerklasse, die die für den letzten Lohnzahlungszeitraum des Ausgleichsjahres als elektronisches Lohnsteuerabzugsmerkmal

abgerufen oder auf der Bescheinigung für den Lohnsteuerabzug oder etwaigen Mitteilungen über Änderungen zuletzt eingetragen wurde. ⁵Den Betrag, um den die sich hiernach ergebende Jahreslohnsteuer die Lohnsteuer unterschreitet, die von dem zugrunde gelegten Jahresarbeitslohn insgesamt erhoben worden ist, hat der Arbeitgeber dem Arbeitnehmer zu erstatten. ⁶Bei der Ermittlung der insgesamt erhobenen Lohnsteuer ist die Lohnsteuer auszuscheiden, die von den nach Satz 2 außer Ansatz gebliebenen Bezügen einbehalten worden ist.

(3) ¹Der Arbeitgeber darf den Lohnsteuer-Jahresausgleich frühestens bei der Lohnabrechnung für den letzten im Ausgleichsjahr endenden Lohnzahlungszeitraum, spätestens bei der Lohnabrechnung für den letzten Lohnzahlungszeitraum, der im Monat März des dem Ausgleichsjahr folgenden Kalenderjahres endet, durchführen. ²Die zu erstattende Lohnsteuer ist dem Betrag zu entnehmen, den der Arbeitgeber für seine Arbeitnehmer für den Lohnzahlungszeitraum insgesamt an Lohnsteuer erhoben hat. 3§ 41c Absatz 2 Satz 2 ist anzuwenden.

(4) ¹Im Lohnkonto für das Ausgleichsjahr ist die im Lohnsteuer-Jahresausgleich erstattete Lohnsteuer gesondert einzutragen. ²In der Lohnsteuerbescheinigung für das Ausgleichsjahr ist der sich nach Verrechnung der erhobenen Lohnsteuer mit der erstatteten Lohnsteuer ergebende Betrag als erhobene Lohnsteuer einzutragen.

VIII. Besteuerung beschränkt Steuerpflichtiger

§ 49 EStG
Beschränkt steuerpflichtige Einkünfte

(1) ¹Inländische Einkünfte im Sinne der beschränkten Einkommensteuerpflicht (§ 1 Absatz 4) sind
1. Einkünfte aus einer im Inland betriebenen Land- und Forstwirtschaft (§§ 13, 14);
2. Einkünfte aus Gewerbebetrieb (§§ 15 bis 17),
   a) für den im Inland eine Betriebsstätte unterhalten wird oder ein ständiger Vertreter bestellt ist,
   b) die durch den Betrieb eigener oder gecharterter Seeschiffe oder Luftfahrzeuge aus Beförderungen zwischen inländischen und von inländischen zu ausländischen Häfen erzielt werden, einschließlich der Einkünfte aus anderen mit solchen Beförderungen zusammenhängenden, sich auf das Inland erstreckenden Beförderungsleistungen,
   c) die von einem Unternehmen im Rahmen einer internationalen Betriebsgemeinschaft oder eines Pool-Abkommens, bei denen ein Unternehmen mit Sitz oder Geschäftsleitung im Inland die Beförderung durchführt, aus Beförderungen und Beförderungsleistungen nach Buchstabe b erzielt werden,
   d) die, soweit sie nicht zu den Einkünften im Sinne der Nummern 3 und 4 gehören, durch im Inland ausgeübte oder verwertete künstlerische, sportliche, artistische, unterhaltende oder ähnliche Darbietungen erzielt werden, einschließlich der Einkünfte aus anderen mit diesen Leistungen zusammenhängenden Leistungen, unabhängig davon, wem die Einnahmen zufließen,
   e) die unter den Voraussetzungen des § 17 erzielt werden, wenn es sich um Anteile an einer Kapitalgesellschaft handelt,
      aa) die ihren Sitz oder ihre Geschäftsleitung im Inland hat oder
      bb) bei deren Erwerb auf Grund eines Antrags nach § 13 Absatz 2 oder § 21 Absatz 2 Satz 3 Nummer 2 des Umwandlungssteuergesetzes nicht der gemeine Wert der eingebrachten Anteile angesetzt worden ist oder auf die § 17 Absatz 5 Satz 2 anzuwenden war,
   f) die, soweit sie nicht zu den Einkünften im Sinne des Buchstaben a gehören, durch
      aa) Vermietung und Verpachtung oder
      bb) Veräußerung
      von inländischem unbeweglichem Vermögen, von Sachinbegriffen oder Rechten, die im Inland belegen oder in ein inländisches öffentliches Buch oder Register eingetragen sind oder deren Verwertung in einer inländischen Betriebsstätte oder anderen Einrichtung erfolgt, erzielt werden. ²Als Einkünfte aus Gewerbebetrieb gelten auch die Einkünfte aus

Tätigkeiten im Sinne dieses Buchstabens, die von einer Körperschaft im Sinne des § 2 Nummer 1 des Körperschaftsteuergesetzes erzielt werden, die mit einer Kapitalgesellschaft oder sonstigen juristischen Person im Sinne des § 1 Absatz 1 Nummer 1 bis 3 des Körperschaftsteuergesetzes vergleichbar ist, oder

g) die aus der Verschaffung der Gelegenheit erzielt werden, einen Berufssportler als solchen im Inland vertraglich zu verpflichten; dies gilt nur, wenn die Gesamteinnahmen 10.000 Euro übersteigen;

3. Einkünfte aus selbständiger Arbeit (§ 18), die im Inland ausgeübt oder verwertet wird oder worden ist, oder für die im Inland eine feste Einrichtung oder eine Betriebsstätte unterhalten wird;

4. Einkünfte aus nichtselbständiger Arbeit (§ 19), die
   a) im Inland ausgeübt oder verwertet wird oder worden ist,
   b) aus inländischen öffentlichen Kassen einschließlich der Kassen des Bundeseisenbahnvermögens und der Deutschen Bundesbank mit Rücksicht auf ein gegenwärtiges oder früheres Dienstverhältnis gewährt werden, ohne dass ein Zahlungsanspruch gegenüber der inländischen öffentlichen Kasse bestehen muss,
   c) als Vergütung für eine Tätigkeit als Geschäftsführer, Prokurist oder Vorstandsmitglied einer Gesellschaft mit Geschäftsleitung im Inland bezogen werden,
   d) als Entschädigung im Sinne des § 24 Nummer 1 für die Auflösung eines Dienstverhältnisses gezahlt werden, soweit die für die zuvor ausgeübte Tätigkeit bezogenen Einkünfte der inländischen Besteuerung unterlegen haben,
   e) an Bord eines im internationalen Luftverkehr eingesetzten Luftfahrzeugs ausgeübt wird, das von einem Unternehmen mit Geschäftsleitung im Inland betrieben wird;

5. Einkünfte aus Kapitalvermögen im Sinne des
   a) § 20 Absatz 1 Nummer 1 mit Ausnahme der Erträge aus Investmentanteilen im Sinne des § 2 des Investmentsteuergesetzes, Nummer 2, 4, 6 und 9, wenn der Schuldner Wohnsitz, Geschäftsleitung oder Sitz im Inland hat oder wenn es sich um Fälle des § 44 Absatz 1 Satz 4 Nummer 1 Buchstabe a Doppelbuchstabe bb dieses Gesetzes handelt; dies gilt auch für Erträge aus Wandelanleihen und Gewinnobligationen,
   b) § 20 Absatz 1 Nummer 1 in Verbindung mit den §§ 2 und 7 des Investmentsteuergesetzes
      aa) bei Erträgen im Sinne des § 7 Absatz 3 des Investmentsteuergesetzes,
      bb) bei Erträgen im Sinne des § 7 Absatz 1, 2 und 4 des Investmentsteuergesetzes, wenn es sich um Fälle des § 44 Absatz 1 Satz 4 Nummer 1 Buchstabe a Doppelbuchstabe bb dieses Gesetzes handelt,
   c) § 20 Absatz 1 Nummer 5 und 7, wenn
      aa) das Kapitalvermögen durch inländischen Grundbesitz, durch inländische Rechte, die den Vorschriften des bürgerlichen Rechts über Grundstücke unterliegen, oder durch Schiffe, die in ein inländisches Schiffsregister eingetragen sind, unmittelbar oder mittelbar gesichert ist. ²Ausgenommen sind Zinsen aus Anleihen und Forderungen, die in ein öffentliches Schuldbuch eingetragen oder über die Sammelurkunden im Sinne des § 9a des Depotgesetzes oder Teilschuldverschreibungen ausgegeben sind, oder
      bb) das Kapitalvermögen aus Genussrechten besteht, die nicht in § 20 Absatz 1 Nummer 1 genannt sind,
   d) § 43 Absatz 1 Satz 1 Nummer 7 Buchstabe a, Nummer 9 und 10 sowie Satz 2, wenn sie von einem Schuldner oder von einem inländischen Kreditinstitut oder einem inländischen Finanzdienstleistungsinstitut im Sinne des § 43 Absatz 1 Satz 1 Nummer 7 Buchstabe b einem anderen als einem ausländischen Kreditinstitut oder einem ausländischen Finanzdienstleistungsinstitut
      aa) gegen Aushändigung der Zinsscheine ausgezahlt oder gutgeschrieben werden und die Teilschuldverschreibungen nicht von dem Schuldner, dem inländischen Kreditinstitut oder dem inländischen Finanzdienstleistungsinstitut verwahrt werden oder
      bb) gegen Übergabe der Wertpapiere ausgezahlt oder gutgeschrieben werden und diese vom Kreditinstitut weder verwahrt noch verwaltet werden.
      ²§ 20 Absatz 3 gilt entsprechend;

6. Einkünfte aus Vermietung und Verpachtung (§ 21), soweit sie nicht zu den Einkünften im Sinne der Nummern 1 bis 5 gehören, wenn das unbewegliche Vermögen, die Sachinbegriffe oder Rechte im Inland belegen oder in ein inländisches öffentliches Buch oder Register eingetragen sind oder in einer inländischen Betriebsstätte oder in einer anderen Einrichtung verwertet werden;
7. sonstige Einkünfte im Sinne des § 22 Nummer 1 Satz 3 Buchstabe a, die von den inländischen gesetzlichen Rentenversicherungsträgern, der inländischen landwirtschaftlichen Alterskasse, den inländischen berufsständischen Versorgungseinrichtungen, den inländischen Versicherungsunternehmen oder sonstigen inländischen Zahlstellen gewährt werden; dies gilt entsprechend für Leibrenten und andere Leistungen ausländischer Zahlstellen, wenn die Beiträge, die den Leistungen zugrunde liegen, nach § 10 Absatz 1 Nummer 2 ganz oder teilweise bei der Ermittlung der Sonderausgaben berücksichtigt wurden;
8. sonstige Einkünfte im Sinne des § 22 Nummer 2, soweit es sich um private Veräußerungsgeschäfte handelt, mit
   a) inländischen Grundstücken oder
   b) inländischen Rechten, die den Vorschriften des bürgerlichen Rechts über Grundstücke unterliegen;
8a. sonstige Einkünfte im Sinne des § 22 Nummer 4;
9. sonstige Einkünfte im Sinne des § 22 Nummer 3, auch wenn sie bei Anwendung dieser Vorschrift einer anderen Einkunftsart zuzurechnen wären, soweit es sich um Einkünfte aus inländischen unterhaltenden Darbietungen, aus der Nutzung beweglicher Sachen im Inland oder aus der Überlassung der Nutzung oder des Rechts auf Nutzung von gewerblichen, technischen, wissenschaftlichen und ähnlichen Erfahrungen, Kenntnissen und Fertigkeiten, zum Beispiel Plänen, Mustern und Verfahren, handelt, die im Inland genutzt werden oder worden sind; dies gilt nicht, soweit es sich um steuerpflichtige Einkünfte im Sinne der Nummern 1 bis 8 handelt;
10. sonstige Einkünfte im Sinne des § 22 Nummer 5; dies gilt auch für Leistungen ausländischer Zahlstellen, soweit die Leistungen bei einem unbeschränkt Steuerpflichtigen zu Einkünften nach § 22 Nummer 5 Satz 1 führen würden oder wenn die Beiträge, die den Leistungen zugrunde liegen, nach § 10 Absatz 1 Nummer 2 ganz oder teilweise bei der Ermittlung der Sonderausgaben berücksichtigt wurden.

(2) Im Ausland gegebene Besteuerungsmerkmale bleiben außer Betracht, soweit bei ihrer Berücksichtigung inländische Einkünfte im Sinne des Absatzes 1 nicht angenommen werden könnten.

(3) [1]Bei Schifffahrt- und Luftfahrtunternehmen sind die Einkünfte im Sinne des Absatzes 1 Nummer 2 Buchstabe b mit 5 Prozent der für diese Beförderungsleistungen vereinbarten Entgelte anzusetzen. [2]Das gilt auch, wenn solche Einkünfte durch eine inländische Betriebsstätte oder einen inländischen ständigen Vertreter erzielt werden (Absatz 1 Nummer 2 Buchstabe a). [3]Das gilt nicht in den Fällen des Absatzes 1 Nummer 2 Buchstabe c oder soweit das deutsche Besteuerungsrecht nach einem Abkommen zur Vermeidung der Doppelbesteuerung ohne Begrenzung des Steuersatzes aufrechterhalten bleibt.

(4) [1]Abweichend von Absatz 1 Nummer 2 sind Einkünfte steuerfrei, die ein beschränkt Steuerpflichtiger mit Wohnsitz oder gewöhnlichem Aufenthalt in einem ausländischen Staat durch den Betrieb eigener oder gecharterter Schiffe oder Luftfahrzeuge aus einem Unternehmen bezieht, dessen Geschäftsleitung sich in dem ausländischen Staat befindet. [2]Voraussetzung für die Steuerbefreiung ist, dass dieser ausländische Staat Steuerpflichtigen mit Wohnsitz oder gewöhnlichem Aufenthalt im Geltungsbereich dieses Gesetzes eine entsprechende Steuerbefreiung für derartige Einkünfte gewährt und dass das Bundesministerium für Verkehr, Bau und Stadtentwicklung die Steuerbefreiung nach Satz 1 für verkehrspolitisch unbedenklich erklärt hat.

IX. Sonstige Vorschriften, Bußgeld-, Ermächtigungs- und Schlussvorschriften

§ 50f EStG
Bußgeldvorschriften

(1) Ordnungswidrig handelt, wer vorsätzlich oder leichtfertig
1. entgegen § 22a Absatz 1 Satz 1 und 2 dort genannte Daten nicht, nicht richtig, nicht vollständig oder nicht rechtzeitig übermittelt oder eine Mitteilung nicht, nicht richtig, nicht vollständig oder nicht rechtzeitig macht oder
2. entgegen § 22a Absatz 2 Satz 9 die Identifikationsnummer für andere als die dort genannten Zwecke verwendet.

(2) Die Ordnungswidrigkeit kann in den Fällen des Absatzes 1 Nummer 1 mit einer Geldbuße bis zu fünfzigtausend Euro und in den übrigen Fällen mit einer Geldbuße bis zu zehntausend Euro geahndet werden.

(3) Verwaltungsbehörde im Sinne des § 36 Absatz 1 Nummer 1 des Gesetzes über Ordnungswidrigkeiten ist die zentrale Stelle nach § 81.

§ 52 EStG
Anwendungsvorschriften

(1) ¹Diese Fassung des Gesetzes ist, soweit in den folgenden Absätzen und § 52a nichts anderes bestimmt ist, erstmals für den Veranlagungszeitraum 2012 anzuwenden. ²Beim Steuerabzug vom Arbeitslohn gilt Satz 1 mit der Maßgabe, dass diese Fassung erstmals auf den laufenden Arbeitslohn anzuwenden ist, der für einen nach dem 31. Dezember 2011 endenden Lohnzahlungszeitraum gezahlt wird, und auf sonstige Bezüge, die nach dem 31. Dezember 2011 zufließen.

(1a) § 1 Absatz 3 Satz 4 in der Fassung des Artikels 1 des Gesetzes vom 20. Dezember 2007 (BGBl. I S. 3150) ist für Staatsangehörige eines Mitgliedstaates der Europäischen Union oder eines Staates, auf den das Abkommen über den Europäischen Wirtschaftsraum anwendbar ist, auf Antrag auch für Veranlagungszeiträume vor 2008 anzuwenden, soweit Steuerbescheide noch nicht bestandskräftig sind.

(2) § 1a Absatz 1 ist für Staatsangehörige eines Mitgliedstaates der Europäischen Union auf Antrag auch für Veranlagungszeiträume vor 1996 anzuwenden, soweit Steuerbescheide noch nicht bestandskräftig sind; für Staatsangehörige und für das Hoheitsgebiet Finnlands, Islands, Norwegens, Österreichs und Schwedens gilt dies ab dem Veranlagungszeitraum 1994.

(3) ¹§ 2a Absatz 1 Satz 1 Nummer 6 Buchstabe b in der Fassung der Bekanntmachung vom 22. Dezember 1999 (BGBl. I S. 2601) ist erstmals auf negative Einkünfte eines Steuerpflichtigen anzuwenden, die er aus einer entgeltlichen Überlassung von Schiffen auf Grund eines nach dem 31. Dezember 1999 rechtswirksam abgeschlossenen obligatorischen Vertrags oder gleichstehenden Rechtsakts erzielt. ²§ 2a Absatz 1 bis 2a in der Fassung des Artikels 1 des Gesetzes vom 19. Dezember 2008 (BGBl. I S. 2794) ist in allen Fällen anzuwenden, in denen die Steuer noch nicht bestandskräftig festgesetzt ist. ³Für negative Einkünfte im Sinne des § 2a Absatz 1 und 2, die vor der ab dem 24. Dezember 2008 geltenden Fassung nach § 2a Absatz 1 Satz 5 bestandskräftig gesondert festgestellt wurden, ist § 2a Absatz 1 Satz 3 bis 5 in der vor dem 24. Dezember 2008 geltenden Fassung weiter anzuwenden. ⁴§ 2a Absatz 3 und 4 in der Fassung der Bekanntmachung vom 16. April 1997 (BGBl. I S. 821) ist letztmals für den Veranlagungszeitraum 1998 anzuwenden. ⁵§ 2a Absatz 3 Satz 3, 5 und 6 in der Fassung der Bekanntmachung vom 16. April 1997 (BGBl. I S. 821) ist für Veranlagungszeiträume ab 1999 weiter anzuwenden, soweit sich ein positiver Betrag im Sinne des § 2a Absatz 3 Satz 3 ergibt oder soweit eine in einem ausländischen Staat belegene Betriebsstätte im Sinne des § 2a Absatz 4 in der Fassung des Satzes 8 in eine Kapitalgesellschaft umgewandelt, übertragen oder aufgegeben wird. ⁶Insoweit ist in § 2a Absatz 3 Satz 5 letzter Halbsatz die Bezeichnung »§ 10d Absatz 3« durch »§ 10d Absatz 4« zu ersetzen. 7§ 2a Absatz 4 ist für die Veranlagungszeiträume 1999 bis 2005 in der folgenden Fassung anzuwenden:

»(4) Wird eine in einem ausländischen Staat belegene Betriebsstätte
1. in eine Kapitalgesellschaft umgewandelt oder
2. entgeltlich oder unentgeltlich übertragen oder
3. aufgegeben, jedoch die ursprünglich von der Betriebsstätte ausgeübte Geschäftstätigkeit ganz oder teilweise von einer Gesellschaft, an der der inländische Steuerpflichtige zu mindestens 10 Prozent unmittelbar oder mittelbar beteiligt ist, oder von einer ihm nahestehenden Person im Sinne des § 1 Absatz 2 des Außensteuergesetzes in der Fassung der Bekanntmachung vom 20. Dezember 1996 (BGBl. I S. 2049) fortgeführt,

so ist ein nach Absatz 3 Satz 1 und 2 abgezogener Verlust, soweit er nach Absatz 3 Satz 3 nicht wieder hinzugerechnet worden ist oder nicht noch hinzuzurechnen ist, im Veranlagungszeitraum der Umwandlung, Übertragung oder Aufgabe in entsprechender Anwendung des Absatzes 3 Satz 3 dem Gesamtbetrag der Einkünfte hinzuzurechnen.«

[8]§ 2a Absatz 4 ist für Veranlagungszeiträume ab 2006 in der folgenden Fassung anzuwenden:

»(4) [1]Wird eine in einem ausländischen Staat belegene Betriebsstätte
1. in eine Kapitalgesellschaft umgewandelt oder
2. entgeltlich oder unentgeltlich übertragen oder
3. aufgegeben, jedoch die ursprünglich von der Betriebsstätte ausgeübte Geschäftstätigkeit ganz oder teilweise von einer Gesellschaft, an der der inländische Steuerpflichtige zu mindestens 10 Prozent unmittelbar oder mittelbar beteiligt ist, oder von einer ihm nahe stehenden Person im Sinne des § 1 Absatz 2 des Außensteuergesetzes fortgeführt,

so ist ein nach Absatz 3 Satz 1 und 2 abgezogener Verlust, soweit er nach Absatz 3 Satz 3 nicht wieder hinzugerechnet worden ist oder nicht noch hinzuzurechnen ist, im Veranlagungszeitraum der Umwandlung, Übertragung oder Aufgabe in entsprechender Anwendung des Absatzes 3 Satz 3 dem Gesamtbetrag der Einkünfte hinzuzurechnen. [2]Satz 1 gilt entsprechend bei Beendigung der unbeschränkten Einkommensteuerpflicht (§ 1 Absatz 1) durch Aufgabe des Wohnsitzes oder des gewöhnlichen Aufenthalts oder bei Beendigung der unbeschränkten Körperschaftsteuerpflicht (§ 1 Absatz 1 des Körperschaftsteuergesetzes) durch Verlegung des Sitzes oder des Orts der Geschäftsleitung sowie bei unbeschränkter Einkommensteuerpflicht (§ 1 Absatz 1) oder unbeschränkter Körperschaftsteuerpflicht (§ 1 Absatz 1 des Körperschaftsteuergesetzes) bei Beendigung der Ansässigkeit im Inland auf Grund der Bestimmungen eines Abkommens zur Vermeidung der Doppelbesteuerung.«

(4) § 2b in der Fassung der Bekanntmachung vom 19. Oktober 2002 (BGBl. I S. 4210, 2003 I S. 179) ist weiterhin für Einkünfte aus einer Einkunftsquelle im Sinne des § 2b anzuwenden, die der Steuerpflichtige nach dem 4. März 1999 und vor dem 11. November 2005 rechtswirksam erworben oder begründet hat.

(4a) [1]§ 3 Nummer 8a in der Fassung des Artikels 2 des Gesetzes vom 7. Dezember 2011 (BGBl. I S. 2592) ist in allen Fällen anzuwenden, in denen die Steuer noch nicht bestandskräftig festgesetzt ist. [2]§ 3 Nummer 9 in der bis zum 31. Dezember 2005 geltenden Fassung ist weiter anzuwenden für vor dem 1. Januar 2006 entstandene Ansprüche der Arbeitnehmer auf Abfindungen oder für Abfindungen wegen einer vor dem 1. Januar 2006 getroffenen Gerichtsentscheidung oder einer am 31. Dezember 2005 anhängigen Klage, soweit die Abfindungen dem Arbeitnehmer vor dem 1. Januar 2008 zufließen. [3]Gleiches gilt für Abfindungen auf Grund eines vor dem 1. Januar 2006 abgeschlossenen Sozialplans, wenn die Arbeitnehmer in dem zugrunde liegenden und vor dem 1. Januar 2006 vereinbarten Interessenausgleich namentlich bezeichnet worden sind (§ 1 Absatz 5 Satz 1 des Kündigungsschutzgesetzes sowie § 125 der Insolvenzordnung in der jeweils am 31. Dezember 2005 geltenden Fassung); ist eine Abfindung in einem vor dem 25. Dezember 2008 ergangenen Steuerbescheid als steuerpflichtige Einnahme berücksichtigt worden, ist dieser Bescheid insoweit auf Antrag des Arbeitnehmers zu ändern. [4]§ 3 Nummer 10 in der bis zum 31. Dezember 2005 geltenden Fassung ist weiter anzuwenden für Entlassungen vor dem 1. Januar 2006, soweit die Übergangsgelder und Übergangsbeihilfen dem Arbeitnehmer vor dem 1. Januar 2008 zufließen, und für an Soldatinnen auf Zeit und Soldaten auf Zeit gezahlte Übergangsbeihilfen, wenn das Dienstverhältnis vor dem 1. Januar 2006 begründet wurde. ⁵§ 3 Nummer 13 und 16 in der Fassung des Gesetzes vom 20. April 2009 (BGBl. I S. 774) ist erstmals ab dem Veranlagungszeitraum 2007 anzuwenden. ⁶Auf fortlaufende Leistungen nach dem Gesetz über die Heimkehrerstiftung vom 21. Dezember 1992 (BGBl. I S. 2094, 2101), das zuletzt durch Artikel 1 des Gesetzes vom 10. Dezember 2007 (BGBl. I S. 2830) geändert worden ist, ist § 3 Nummer 19 in der bis zum 31. Dezember 2010 geltenden Fassung dieses Gesetzes weiter anzuwenden.

(4b) ¹§ 3 Nummer 26 und 26a in der Fassung des Artikels 1 des Gesetzes vom 19. Dezember 2008 (BGBl. I S. 2794) ist in allen Fällen anzuwenden, in denen die Steuer noch nicht bestandskräftig festgesetzt ist. ²§ 3 Nummer 26a Satz 2 und Nummer 26b in der Fassung des Artikels 1 des Gesetzes vom 8. Dezember 2010 (BGBl. I S. 1768) ist erstmals ab dem Veranlagungszeitraum 2011 anzuwenden.

(4c) § 3 Nummer 34 in der Fassung des Artikels 1 des Gesetzes vom 19. Dezember 2008 (BGBl. I S. 2794) ist erstmals auf Leistungen des Arbeitgebers im Kalenderjahr 2008 anzuwenden.

(4d) ¹§ 3 Nummer 40 ist erstmals anzuwenden für
1. Gewinnausschüttungen, auf die bei der ausschüttenden Körperschaft der nach Artikel 3 des Gesetzes vom 23. Oktober 2000 (BGBl. I S. 1433) aufgehobene Vierte Teil des Körperschaftsteuergesetzes nicht mehr anzuwenden ist; für die übrigen in § 3 Nummer 40 genannten Erträge im Sinne des § 20 gilt Entsprechendes;
2. Erträge im Sinne des § 3 Nummer 40 Satz 1 Buchstabe a, b, c und j nach Ablauf des ersten Wirtschaftsjahres der Gesellschaft, an der die Anteile bestehen, für das das Körperschaftsteuergesetz in der Fassung des Artikels 3 des Gesetzes vom 23. Oktober 2000 (BGBl. I S. 1433) erstmals anzuwenden ist.

²§ 3 Nummer 40 Satz 3 und 4 in der am 12. Dezember 2006 geltenden Fassung ist für Anteile, die einbringungsgeboren im Sinne des § 21 des Umwandlungssteuergesetzes in der am 12. Dezember 2006 geltenden Fassung sind, weiter anzuwenden. ³§ 3 Nummer 40 Satz 1 Buchstabe d in der Fassung des Artikels 1 des Gesetzes vom 13. Dezember 2006 (BGBl. I S. 2878) ist erstmals auf Bezüge im Sinne des § 20 Absatz 1 Nummer 1 und auf Einnahmen im Sinne des § 20 Absatz 1 Nummer 9 anzuwenden, die nach dem 18. Dezember 2006 zugeflossen sind.

(4e) ¹§ 3 Nummer 40a in der Fassung des Gesetzes vom 30. Juli 2004 (BGBl. I S. 2013) ist auf Vergütungen im Sinne des § 18 Absatz 1 Nummer 4 anzuwenden, wenn die vermögensverwaltende Gesellschaft oder Gemeinschaft nach dem 31. März 2002 und vor dem 1. Januar 2009 gegründet worden ist oder soweit die Vergütungen in Zusammenhang mit der Veräußerung von Anteilen an Kapitalgesellschaften stehen, die nach dem 7. November 2003 und vor dem 1. Januar 2009 erworben worden sind. ²§ 3 Nummer 40a in der Fassung des Artikels 3 des Gesetzes vom 12. August 2008 (BGBl. I S. 1672) ist erstmals auf Vergütungen im Sinne des § 18 Absatz 1 Nummer 4 anzuwenden, wenn die vermögensverwaltende Gesellschaft oder Gemeinschaft nach dem 31. Dezember 2008 gegründet worden ist.

(4f) § 3 Nummer 41 ist erstmals auf Gewinnausschüttungen oder Gewinne aus der Veräußerung eines Anteils an einer ausländischen Kapitalgesellschaft sowie aus deren Auflösung oder Herabsetzung ihres Kapitals anzuwenden, wenn auf die Ausschüttung oder auf die Gewinne aus der Veräußerung § 3 Nummer 40 Buchstabe a, b, c und d des Einkommensteuergesetzes in der Fassung des Artikels 3 des Gesetzes vom 23. Oktober 2000 (BGBl. I S. 1433) anwendbar wäre.

(4g) § 3 Nummer 45 in der Fassung des Artikels 3 des Gesetzes vom 8. Mai 2012 (BGBl. I S. 1030) ist erstmals anzuwenden auf Vorteile, die in einem nach dem 31. Dezember 1999 endenden Lohnzahlungszeitraum oder als sonstige Bezüge nach dem 31. Dezember 1999 zugewendet werden.

(5) § 3 Nummer 55e in der Fassung des Artikels 2 des Gesetzes vom 7. Dezember 2011 (BGBl. I S. 2592) ist auch auf Übertragungen vor dem 1. Januar 2012, für die noch keine bestandskräftige Steuerfestsetzung erfolgt ist, anzuwenden, es sei denn der Steuerpflichtige beantragt die Nichtanwendung.

(6) ¹§ 3 Nummer 63 ist bei Beiträgen für eine Direktversicherung nicht anzuwenden, wenn die entsprechende Versorgungszusage vor dem 1. Januar 2005 erteilt wurde und der Arbeitnehmer gegenüber dem Arbeitgeber für diese Beiträge auf die Anwendung des § 3 Nummer 63 verzichtet hat. ²Der Verzicht gilt für die Dauer des Dienstverhältnisses; er ist bis zum 30. Juni 2005 oder bei einem späteren Arbeitgeberwechsel bis zur ersten Beitragsleistung zu erklären. ³§ 3 Nummer 63 Satz 3 und 4 ist nicht anzuwenden, wenn § 40b Absatz 1 und 2 in der am 31. Dezember 2004 geltenden Fassung angewendet wird.

(7) § 3 Nummer 65 in der Fassung des Artikels 1 des Gesetzes vom 13. Dezember 2006 (BGBl. I S. 2878) ist in allen Fällen anzuwenden, in denen die Einkommensteuer noch nicht bestandskräftig festgesetzt ist.

(8) § 3 Nummer 70 Satz 3 Buchstabe b in der Fassung des Artikels 7 des Gesetzes vom 22. Juni 2011 (BGBl. I S. 1126) ist erstmals ab dem 1. Januar 2011 anzuwenden.

(8a) ¹§ 3c Absatz 2 ist erstmals auf Aufwendungen anzuwenden, die mit Erträgen im wirtschaftlichen Zusammenhang stehen, auf die § 3 Nummer 40 erstmals anzuwenden ist. ²§ 3c Absatz 2 Satz 3 und 4 in der am 12. Dezember 2006 geltenden Fassung ist für Anteile, die einbringungsgeboren im Sinne des § 21 des Umwandlungssteuergesetzes in der am 12. Dezember 2006 geltenden Fassung sind, weiter anzuwenden. ³§ 3c Absatz 2 Satz 2 in der Fassung des Artikels 1 des Gesetzes vom 8. Dezember 2010 (BGBl. I S. 1768) ist erstmals ab dem Veranlagungszeitraum 2011 anzuwenden.

(8b) ¹§ 4 Absatz 1 in der Fassung des Artikels 1 des Gesetzes vom 7. Dezember 2006 (BGBl. I S. 2782) ist erstmals für nach dem 31. Dezember 2005 endende Wirtschaftsjahre anzuwenden. ²Für Wirtschaftsjahre, die vor dem 1. Januar 2006 enden, gilt § 4 Absatz 1 Satz 3 für Fälle, in denen ein bisher einer inländischen Betriebsstätte eines unbeschränkt Steuerpflichtigen zuzuordnendes Wirtschaftsgut einer ausländischen Betriebsstätte dieses Steuerpflichtigen zuzuordnen ist, deren Einkünfte durch ein Abkommen zur Vermeidung der Doppelbesteuerung freigestellt sind oder wenn das Wirtschaftsgut bei einem beschränkt Steuerpflichtigen nicht mehr einer inländischen Betriebsstätte zuzuordnen ist. ³§ 4 Absatz 1 Satz 4 in der Fassung des Artikels 1 des Gesetzes vom 8. Dezember 2010 (BGBl. I S. 1768) gilt in allen Fällen, in denen § 4 Absatz 1 Satz 3 anzuwenden ist.

(9) § 4 Absatz 2 Satz 2 in der Fassung des Gesetzes vom 22. Dezember 1999 (BGBl. I S. 2601) ist auch für Veranlagungszeiträume vor 1999 anzuwenden.

(10) ¹§ 4 Absatz 3 Satz 4 ist nicht anzuwenden, soweit die Anschaffungs- oder Herstellungskosten vor dem 1. Januar 1971 als Betriebsausgaben abgesetzt worden sind. ²§ 4 Absatz 3 Satz 4 und 5 in der Fassung des Artikels 1 des Gesetzes vom 28. April 2006 (BGBl. I S. 1095) ist erstmals für Wirtschaftsgüter anzuwenden, die nach dem 5. Mai 2006 angeschafft, hergestellt oder in das Betriebsvermögen eingelegt werden. ³Die Anschaffungs- oder Herstellungskosten für nicht abnutzbare Wirtschaftsgüter des Anlagevermögens, die vor dem 5. Mai 2006 angeschafft, hergestellt oder in das Betriebsvermögen eingelegt wurden, sind erst im Zeitpunkt des Zuflusses des Veräußerungserlöses oder im Zeitpunkt der Entnahme als Betriebsausgaben zu berücksichtigen.

(11) ¹§ 4 Absatz 4a in der Fassung des Gesetzes vom 22. Dezember 1999 (BGBl. I S. 2601) ist erstmals für das Wirtschaftsjahr anzuwenden, das nach dem 31. Dezember 1998 endet. ²Über- und Unterentnahmen vorangegangener Wirtschaftsjahre bleiben unberücksichtigt. ³Bei vor dem 1. Januar 1999 eröffneten Betrieben sind im Fall der Betriebsaufgabe bei der Überführung von Wirtschaftsgütern aus dem Betriebsvermögen in das Privatvermögen die Buchwerte nicht als Entnahme anzusetzen; im Fall der Betriebsveräußerung ist nur der Veräußerungsgewinn als Entnahme anzusetzen. ⁴Die Aufzeichnungspflichten im Sinne des § 4 Absatz 4a Satz 6 sind erstmals ab dem 1. Januar 2000 zu erfüllen.

(12) ¹§ 4 Absatz 5 Satz 1 Nummer 1 Satz 2 in der Fassung des Artikels 9 des Gesetzes vom 29. Dezember 2003 (BGBl. I S. 3076) ist erstmals für Wirtschaftsjahre anzuwenden, die nach dem 31. Dezember 2003 beginnen. ²§ 4 Absatz 5 Satz 1 Nummer 2 Satz 1 in der Fassung des Artikels 9 des

Gesetzes vom 29. Dezember 2003 (BGBl. I S. 3076) ist erstmals für Wirtschaftsjahre anzuwenden, die nach dem 31. Dezember 2003 beginnen. ³§ 4 Absatz 5 Satz 1 Nummer 6 Satz 3 in der Fassung des Artikels 1 des Gesetzes vom 28. April 2006 (BGBl. I S. 1095) ist erstmals für Wirtschaftsjahre anzuwenden, die nach dem 31. Dezember 2005 beginnen. ⁴§ 4 Absatz 5 Satz 1 Nummer 6a in der Fassung der Bekanntmachung vom 19. Oktober 2002 (BGBl. I S. 4210) ist letztmals für den Veranlagungszeitraum 2002 anzuwenden. ⁵In den Fällen, in denen die Einkommensteuer für die Veranlagungszeiträume bis einschließlich 2002 noch nicht formell bestandskräftig oder hinsichtlich der Aufwendungen für eine betrieblich veranlasste doppelte Haushaltsführung vorläufig festgesetzt ist, ist § 9 Absatz 1 Satz 3 Nummer 5 in der Fassung des Artikels 1 des Gesetzes vom 15. Dezember 2003 (BGBl. I S. 2645) anzuwenden; dies gilt auch für unter dem Vorbehalt der Nachprüfung ergangene Einkommensteuerbescheide für Veranlagungszeiträume bis einschließlich 2002, soweit nicht bereits Festsetzungsverjährung eingetreten ist. ⁶§ 4 Absatz 5 Satz 1 Nummer 11 in der Fassung des Artikels 1 des Gesetzes vom 22. Dezember 2003 (BGBl. I S. 2840) ist erstmals für das Wirtschaftsjahr anzuwenden, das nach dem 31. Dezember 2003 endet. ⁷§ 4 Absatz 5b in der Fassung des Artikels 1 des Gesetzes vom 14. August 2007 (BGBl. I S. 1912) gilt erstmals für Gewerbesteuer, die für Erhebungszeiträume festgesetzt wird, die nach dem 31. Dezember 2007 enden. ⁸§ 4 Absatz 5 Satz 1 Nummer 6 in der Fassung des Gesetzes vom 20. April 2009 (BGBl. I S. 774) ist erstmals ab dem Veranlagungszeitraum 2007 anzuwenden. ⁹§ 4 Absatz 5 Satz 1 Nummer 6b Satz 2 und 3 in der Fassung des Artikels 1 des Gesetzes vom 8. Dezember 2010 (BGBl. I S. 1768) ist erstmals ab dem Veranlagungszeitraum 2007 anzuwenden. ¹⁰§ 4 Absatz 5 Satz 1 Nummer 13 in der Fassung des Gesetzes vom 9. Dezember 2010 (BGBl. I S. 1900) ist erstmals für Wirtschaftsjahre anzuwenden, die nach dem 30. September 2010 beginnen. ¹¹§ 4 Absatz 9 in der Fassung des Artikels 2 des Gesetzes vom 7. Dezember 2011 (BGBl. I S. 2592) ist für Veranlagungszeiträume ab 2004 anzuwenden.

(12a) ¹§ 4d Absatz 1 Satz 1 Nummer 1 Satz 1 Buchstabe b Satz 1 in der Fassung des Artikels 1 des Gesetzes vom 19. Dezember 2008 (BGBl. I S. 2794) ist erstmals für das Wirtschaftsjahr anzuwenden, das nach dem 31. Dezember 2007 endet. ²§ 4d Absatz 1 Satz 1 Nummer 1 Satz 1 in der Fassung des Artikels 5 Nummer 1 des Gesetzes vom 10. Dezember 2007 (BGBl. I S. 2838) ist erstmals bei nach dem 31. Dezember 2008 zugesagten Leistungen der betrieblichen Altersversorgung anzuwenden.

(12b) § 4e in der Fassung des Artikels 6 des Gesetzes vom 26. Juni 2001 (BGBl. I S. 1310) ist erstmals für das Wirtschaftsjahr anzuwenden, das nach dem 31. Dezember 2001 endet.

(12c) (weggefallen)

(12d) ¹§ 4h in der Fassung des Artikels 1 des Gesetzes vom 14. August 2007 (BGBl. I S. 1912) ist erstmals für Wirtschaftsjahre anzuwenden, die nach dem 25. Mai 2007 beginnen und nicht vor dem 1. Januar 2008 enden. ²§ 4h Absatz 5 Satz 3 in der Fassung des Artikels 1 des Gesetzes vom 19. Dezember 2008 (BGBl. I S. 2794) ist erstmals auf schädliche Beteiligungserwerbe nach dem 28. November 2008 anzuwenden, deren sämtliche Erwerbe und gleichgestellte Rechtsakte nach dem 28. November 2008 stattfinden. ³§ 4h Absatz 2 Satz 1 Buchstabe a in der Fassung des Artikels 1 des Gesetzes vom 16. Juli 2009 (BGBl. I S. 1959) ist erstmals für Wirtschaftsjahre anzuwenden, die nach dem 25. Mai 2007 beginnen und nicht vor dem 1. Januar 2008 enden. ⁴§ 4h Absatz 1, 2 Satz 1 Buchstabe c Satz 2, Absatz 4 Satz 1 und 4 und Absatz 5 Satz 1 und 2 in der Fassung des Artikels 1 des Gesetzes vom 22. Dezember 2009 (BGBl. I S. 3950) ist erstmals für Wirtschaftsjahre anzuwenden, die nach dem 31. Dezember 2009 enden. ⁵Nach den Grundsätzen des § 4h Absatz 1 Satz 1 bis 3 in der Fassung des Artikels 1 des Gesetzes vom 22. Dezember 2009 (BGBl. I S. 3950) zu ermittelnde EBITDA-Vorträge für Wirtschaftsjahre, die nach dem 31. Dezember 2006 beginnen und vor dem 1. Januar 2010 enden, erhöhen auf Antrag das verrechenbare EBITDA des ersten Wirtschaftsjahres, das nach dem 31. Dezember 2009 endet; § 4h Absatz 5 des Einkommensteuergesetzes, § 8a Absatz 1 des Körperschaftsteuergesetzes und § 2 Absatz 4 Satz 1, § 4 Absatz 2 Satz 2, § 9 Satz 3, § 15 Absatz 3, § 20 Absatz 9 des Umwandlungssteuergesetzes in der Fassung des Gesetzes vom 22. Dezember 2009 (BGBl. I S. 3950) sind dabei sinngemäß anzuwenden.

(12e) ¹§ 5 Absatz 1a in der Fassung des Artikels 3 des Bilanzrechtsmodernisierungsgesetzes vom 25. Mai 2009 (BGBl. I S. 1102) ist erstmals für Wirtschaftsjahre anzuwenden, die nach dem 31. Dezember 2009 beginnen. ²§ 5 Absatz 1a in der Fassung des Artikels 3 des Bilanzrechtsmodernisierungsgesetzes vom 25. Mai 2009 (BGBl. I S. 1102) ist erstmals für Wirtschaftsjahre anzuwenden, die nach dem 31. Dezember 2008 beginnen, wenn das Wahlrecht nach Artikel 66 Absatz 3 Satz 6 des Einführungsgesetzes zum Handelsgesetzbuch in der Fassung des Artikels 2 des Bilanzrechtsmodernisierungsgesetzes vom 25. Mai 2009 (BGBl. I S. 1102) ausgeübt wird.

(13) ¹§ 5 Absatz 4a ist erstmals für das Wirtschaftsjahr anzuwenden, das nach dem 31. Dezember 1996 endet. ²Rückstellungen für drohende Verluste aus schwebenden Geschäften, die am Schluss des letzten vor dem 1. Januar 1997 endenden Wirtschaftsjahres zulässigerweise gebildet worden sind, sind in den Schlussbilanzen des ersten nach dem 31. Dezember 1996 endenden Wirtschaftsjahres und der fünf folgenden Wirtschaftsjahre mit mindestens 25 Prozent im ersten und jeweils mindestens 15 Prozent im zweiten bis sechsten Wirtschaftsjahr gewinnerhöhend aufzulösen.

(14) Soweit Rückstellungen für Aufwendungen, die Anschaffungs- oder Herstellungskosten für ein Wirtschaftsgut sind, in der Vergangenheit gebildet worden sind, sind sie in dem ersten Veranlagungszeitraum, dessen Veranlagung noch nicht bestandskräftig ist, in vollem Umfang aufzulösen.

(15) ¹Für Gewerbebetriebe, in denen der Steuerpflichtige vor dem 1. Januar 1999 bereits Einkünfte aus dem Betrieb von Handelsschiffen im internationalen Verkehr erzielt hat, kann der Antrag nach § 5a Absatz 3 Satz 1 auf Anwendung der Gewinnermittlung nach § 5a Absatz 1 in dem Wirtschaftsjahr, das nach dem 31. Dezember 1998 endet, oder in einem der beiden folgenden Wirtschaftsjahre gestellt werden (Erstjahr). ²§ 5a Absatz 3 in der Fassung des Artikels 9 des Gesetzes vom 29. Dezember 2003 (BGBl. I S. 3076) ist erstmals für das Wirtschaftsjahr anzuwenden, das nach dem 31. Dezember 2005 endet. ³§ 5a Absatz 3 Satz 1 in der am 31. Dezember 2003 geltenden Fassung ist weiterhin anzuwenden, wenn der Steuerpflichtige im Fall der Anschaffung das Handelsschiff auf Grund eines vor dem 1. Januar 2006 rechtswirksam abgeschlossenen schuldrechtlichen Vertrags oder gleichgestellten Rechtsaktes angeschafft oder im Fall der Herstellung mit der Herstellung des Handelsschiffs vor dem 1. Januar 2006 begonnen hat. ⁴In Fällen des Satzes 3 muss der Antrag auf Anwendung des § 5a Absatz 1 spätestens bis zum Ablauf des Wirtschaftsjahres gestellt werden, das vor dem 1. Januar 2008 endet. ⁵§ 5a Absatz 5 Satz 3 in der Fassung des Artikels 1 des Gesetzes vom 14. August 2007 (BGBl. I S. 1912) ist erstmals für Wirtschaftsjahre anzuwenden, die nach dem 17. August 2007 enden. ⁶Soweit Ansparabschreibungen im Sinne von § 7g Absatz 3 in der bis zum 17. August 2007 geltenden Fassung zum Zeitpunkt des Übergangs zur Gewinnermittlung nach § 5a Absatz 1 noch nicht gewinnerhöhend aufgelöst worden sind, ist § 5a Absatz 5 Satz 3 in der bis zum 17. August 2007 geltenden Fassung weiter anzuwenden.

(15a) § 5b in der Fassung des Artikels 1 des Gesetzes vom 20. Dezember 2008 (BGBl. I S. 2850) ist erstmals für Wirtschaftsjahre anzuwenden, die nach dem 31. Dezember 2010 beginnen.

(16) ¹§ 6 Absatz 1 in der Fassung des Artikels 1 des Gesetzes vom 7. Dezember 2006 (BGBl. I S. 2782) ist erstmals für nach dem 31. Dezember 2005 endende Wirtschaftsjahre anzuwenden. ²§ 6 Absatz 1 in der Fassung des Gesetzes vom 24. März 1999 (BGBl. I S. 402) ist erstmals für das erste nach dem 31. Dezember 1998 endende Wirtschaftsjahr (Erstjahr) anzuwenden. ³In Höhe von vier Fünfteln des im Erstjahr durch die Anwendung des § 6 Absatz 1 Nummer 1 und 2 in der Fassung des Gesetzes vom 24. März 1999 (BGBl. I S. 402) entstehenden Gewinns kann im Erstjahr eine den steuerlichen Gewinn mindernde Rücklage gebildet werden, die in den dem Erstjahr folgenden vier Wirtschaftsjahren jeweils mit mindestens einem Viertel gewinnerhöhend aufzulösen ist (Auflösungszeitraum). ⁴Scheidet ein der Regelung nach den Sätzen 1 bis 3 unterliegendes Wirtschaftsgut im Auflösungszeitraum ganz oder teilweise aus, ist im Wirtschaftsjahr des Ausscheidens der für das Wirtschaftsgut verbleibende Teil der Rücklage nach Satz 3 in vollem Umfang oder teilweise gewinnerhöhend aufzulösen. ⁵Soweit ein der Regelung nach den Sätzen 1 bis 3 unterliegendes Wirtschaftsgut im Auflösungszeitraum erneut auf den niedrigeren Teilwert abgeschrieben wird, ist der für das Wirtschaftsgut verbleibende Teil der Rücklage nach Satz 3 in Höhe der Abschreibung

gewinnerhöhend aufzulösen. ⁶§ 3 Nummer 40 Satz 1 Buchstabe a Satz 2 in der Fassung des Gesetzes vom 23. Oktober 2000 (BGBl. I S. 1433) und § 8b Absatz 2 Satz 2 des Körperschaftsteuergesetzes in der Fassung des Gesetzes vom 23. Oktober 2000 (BGBl. I S. 1433) sind in den Fällen der Sätze 3 bis 5 entsprechend anzuwenden. ⁷§ 6 Absatz 1 Nummer 1a in der Fassung des Artikels 1 des Gesetzes vom 15. Dezember 2003 (BGBl. I S. 2645) ist erstmals für Baumaßnahmen anzuwenden, mit denen nach dem 31. Dezember 2003 begonnen wird. ⁸Als Beginn gilt bei Baumaßnahmen, für die eine Baugenehmigung erforderlich ist, der Zeitpunkt, in dem der Bauantrag gestellt wird, bei baugenehmigungsfreien Bauvorhaben, für die Bauunterlagen einzureichen sind, der Zeitpunkt, in dem die Bauunterlagen eingereicht werden. ⁹Sämtliche Baumaßnahmen im Sinne des § 6 Absatz 1 Nummer 1a Satz 1 an einem Objekt gelten als eine Baumaßnahme im Sinne des Satzes 7. ¹⁰§ 6 Absatz 1 Nummer 2b und 3a Buchstabe f in der Fassung des Artikels 3 des Bilanzrechtsmodernisierungsgesetzes vom 25. Mai 2009 (BGBl. I S. 1102) sind erstmals für Wirtschaftsjahre anzuwenden, die nach dem 31. Dezember 2009 beginnen; § 6 Absatz 1 Nummer 2b und § 6 Absatz 1 Nummer 3a Buchstabe f in der Fassung des Artikels 3 des Bilanzrechtsmodernisierungsgesetzes vom 25. Mai 2009 (BGBl. I S. 1102) sind erstmals für Wirtschaftsjahre anzuwenden, die nach dem 31. Dezember 2008 beginnen, wenn das Wahlrecht nach Artikel 66 Absatz 3 Satz 6 des Einführungsgesetzes zum Handelsgesetzbuch in der Fassung des Artikels 2 des Bilanzrechtsmodernisierungsgesetzes vom 25. Mai 2009 (BGBl. I S. 1102) ausgeübt wird; für die Hälfte des Gewinns, der sich aus der erstmaligen Anwendung des § 6 Absatz 1 Nummer 2b ergibt, kann eine den Gewinn mindernde Rücklage gebildet werden, die im folgenden Wirtschaftsjahr gewinnerhöhend aufzulösen ist. ¹¹§ 6 Absatz 1 Nummer 4 Satz 2 in der Fassung des Artikels 1 des Gesetzes vom 28. April 2006 (BGBl. I S. 1095) ist erstmals für Wirtschaftsjahre anzuwenden, die nach dem 31. Dezember 2005 beginnen. ¹²§ 6 Absatz 1 Nummer 4 Satz 6 in der am 24. Dezember 2008 geltenden Fassung ist letztmalig für das Wirtschaftsjahr anzuwenden, das vor dem 1. Januar 2009 endet. ¹³§ 6 Absatz 1 Nummer 4 Satz 6 in der Fassung des Artikels 1 des Gesetzes vom 19. Dezember 2008 (BGBl. I S. 2794) ist erstmalig für Wirtschaftsjahre, die nach dem 31. Dezember 2008 beginnen, anzuwenden. ¹⁴§ 6 Absatz 2 und 2a in der Fassung des Artikels 1 des Gesetzes vom 22. Dezember 2009 (BGBl. I S. 3950) ist erstmals bei Wirtschaftsgütern anzuwenden, die nach dem 31. Dezember 2009 angeschafft, hergestellt oder in das Betriebsvermögen eingelegt werden. ¹⁵§ 6 Absatz 6 Satz 2 und 3 ist erstmals für Einlagen anzuwenden, die nach dem 31. Dezember 1998 vorgenommen werden.

(16a) ¹§ 6 Absatz 5 Satz 1 zweiter Halbsatz in der Fassung des Artikels 1 des Gesetzes vom 8. Dezember 2010 (BGBl. I S. 1768) gilt in allen Fällen, in denen § 4 Absatz 1 Satz 3 anzuwenden ist. ²§ 6 Absatz 5 Satz 3 bis 5 in der Fassung des Gesetzes vom 20. Dezember 2001 (BGBl. I S. 3858) ist erstmals auf Übertragungsvorgänge nach dem 31. Dezember 2000 anzuwenden. ³§ 6 Absatz 5 Satz 6 in der Fassung des Gesetzes vom 20. Dezember 2001 (BGBl. I S. 3858) ist erstmals auf Anteilsbegründungen und Anteilserhöhungen nach dem 31. Dezember 2000 anzuwenden.

(16b) § 6a Absatz 2 Nummer 1 erste Alternative und Absatz 3 Satz 2 Nummer 1 Satz 6 erster Halbsatz in der Fassung des Artikels 6 des Gesetzes vom 26. Juni 2001 (BGBl. I S. 1310) ist bei Pensionsverpflichtungen gegenüber Berechtigten anzuwenden, denen der Pensionsverpflichtete erstmals eine Pensionszusage nach dem 31. Dezember 2000 erteilt hat; § 6a Absatz 2 Nummer 1 zweite Alternative sowie § 6a Absatz 3 Satz 2 Nummer 1 Satz 1 und § 6a Absatz 3 Satz 2 Nummer 1 Satz 6 zweiter Halbsatz sind bei Pensionsverpflichtungen anzuwenden, die auf einer nach dem 31. Dezember 2000 vereinbarten Entgeltumwandlung im Sinne von § 1 Absatz 2 des Betriebsrentengesetzes beruhen.

(17) § 6a Absatz 2 Nummer 1 und Absatz 3 Satz 2 Nummer 1 Satz 6 in der Fassung des Artikels 5 Nummer 2 des Gesetzes vom 10. Dezember 2007 (BGBl. I S. 2838) ist erstmals bei nach dem 31. Dezember 2008 erteilten Pensionszusagen anzuwenden.

(18) ¹§ 6b in der Fassung des Gesetzes vom 24. März 1999 (BGBl. I S. 402) ist erstmals auf Veräußerungen anzuwenden, die nach dem 31. Dezember 1998 vorgenommen werden. ²Für Veräußerungen, die vor diesem Zeitpunkt vorgenommen worden sind, ist § 6b in der im Veräußerungszeitpunkt geltenden Fassung weiter anzuwenden.

(18a) ¹§ 6b in der Fassung des Artikels 1 des Gesetzes vom 20. Dezember 2001 (BGBl. I S. 3858) ist erstmals auf Veräußerungen anzuwenden, die nach dem 31. Dezember 2001 vorgenommen werden. ²Für Veräußerungen, die vor diesem Zeitpunkt vorgenommen worden sind, ist § 6b in der im Veräußerungszeitpunkt geltenden Fassung weiter anzuwenden.

(18b) ¹§ 6b in der Fassung des Artikels 1 des Gesetzes vom 26. April 2006 (BGBl. I S. 1091) ist erstmals auf Veräußerungen nach dem 31. Dezember 2005 anzuwenden. ²Für Veräußerungen, die vor diesem Zeitpunkt vorgenommen werden, ist § 6b in der im Veräußerungszeitpunkt geltenden Fassung weiter anzuwenden. ³§ 6b Absatz 10 Satz 11 in der am 12. Dezember 2006 geltenden Fassung ist für Anteile, die einbringungsgeboren im Sinne des § 21 des Umwandlungssteuergesetzes in der am 12. Dezember 2006 geltenden Fassung sind, weiter anzuwenden.

(19) ¹§ 6c in der Fassung des Gesetzes vom 24. März 1999 (BGBl. I S. 402) ist erstmals auf Veräußerungen anzuwenden, die nach dem 31. Dezember 1998 vorgenommen werden. ²Für Veräußerungen, die vor diesem Zeitpunkt vorgenommen worden sind, ist § 6c in der im Veräußerungszeitpunkt geltenden Fassung weiter anzuwenden.

(20) § 6d ist erstmals für das Wirtschaftsjahr anzuwenden, das nach dem 31. Dezember 1998 endet.

(21) ¹§ 7 Absatz 1 Satz 4 in der Fassung des Gesetzes vom 24. März 1999 (BGBl. I S. 402) ist erstmals für Einlagen anzuwenden, die nach dem 31. Dezember 1998 vorgenommen werden. ²§ 7 Absatz 1 Satz 6 in der Fassung des Gesetzes vom 24. März 1999 (BGBl. I S. 402) ist erstmals für das nach dem 31. Dezember 1998 endende Wirtschaftsjahr anzuwenden. ³§ 7 Absatz 1 Satz 4 in der Fassung des Artikels 9 des Gesetzes vom 29. Dezember 2003 (BGBl. I S. 3076) ist erstmals bei Wirtschaftsgütern anzuwenden, die nach dem 31. Dezember 2003 angeschafft oder hergestellt worden sind. ⁴§ 7 Absatz 1 Satz 5 zweiter Halbsatz in der Fassung des Artikels 1 des Gesetzes vom 8. Dezember 2010 (BGBl. I S. 1768) ist erstmals für Einlagen anzuwenden, die nach dem 31. Dezember 2010 vorgenommen werden.

(21a) ¹§ 7 Absatz 2 Satz 2 in der Fassung des Gesetzes vom 23. Oktober 2000 (BGBl. I S. 1433) ist erstmals bei Wirtschaftsgütern anzuwenden, die nach dem 31. Dezember 2000 angeschafft oder hergestellt worden sind. ²Bei Wirtschaftsgütern, die vor dem 1. Januar 2001 angeschafft oder hergestellt worden sind, ist § 7 Absatz 2 Satz 2 des Einkommensteuergesetzes in der Fassung des Gesetzes vom 22. Dezember 1999 (BGBl. I S. 2601) weiter anzuwenden. ³§ 7 Absatz 2 und 3 in der bis zum 31. Dezember 2007 geltenden Fassung ist letztmalig anzuwenden für vor dem 1. Januar 2008 angeschaffte oder hergestellte bewegliche Wirtschaftsgüter.

(21b) ¹Bei Gebäuden, soweit sie zu einem Betriebsvermögen gehören und nicht Wohnzwecken dienen, ist § 7 Absatz 4 Satz 1 und 2 in der Fassung des Gesetzes vom 22. Dezember 1999 (BGBl. I S. 2601) weiter anzuwenden, wenn der Steuerpflichtige im Fall der Herstellung vor dem 1. Januar 2001 mit der Herstellung des Gebäudes begonnen hat oder im Fall der Anschaffung das Objekt auf Grund eines vor dem 1. Januar 2001 rechtswirksam abgeschlossenen obligatorischen Vertrags oder gleichstehenden Rechtsakts angeschafft hat. ²Als Beginn der Herstellung gilt bei Gebäuden, für die eine Baugenehmigung erforderlich ist, der Zeitpunkt, in dem der Bauantrag gestellt wird; bei baugenehmigungsfreien Gebäuden, für die Bauunterlagen einzureichen sind, der Zeitpunkt, in dem die Bauunterlagen eingereicht werden.

(21c) § 7 Absatz 5 in der Fassung des Artikels 1 des Gesetzes vom 8. April 2010 (BGBl. I S. 386) ist auf Antrag auch für Veranlagungszeiträume vor 2010 anzuwenden, soweit Steuerbescheide noch nicht bestandskräftig sind.

(22) § 7a Absatz 6 des Einkommensteuergesetzes 1979 in der Fassung der Bekanntmachung vom 21. Juni 1979 (BGBl. I S. 721) ist letztmals für das Wirtschaftsjahr anzuwenden, das dem Wirtschaftsjahr vorangeht, für das § 15a erstmals anzuwenden ist.

(23) ¹§ 7g Absatz 1 bis 4 und 7 in der Fassung des Artikels 1 des Gesetzes vom 14. August 2007 (BGBl. I S. 1912) ist erstmals für Wirtschaftsjahre anzuwenden, die nach dem 17. August 2007

enden. ²§ 7g Absatz 5 und 6 in der Fassung des Artikels 1 des Gesetzes vom 14. August 2007 (BGBl. I S. 1912) ist erstmals bei Wirtschaftsgütern anzuwenden, die nach dem 31. Dezember 2007 angeschafft oder hergestellt werden. ³Bei Ansparabschreibungen, die in vor dem 18. August 2007 endenden Wirtschaftsjahren gebildet worden sind, und Wirtschaftsgütern, die vor dem 1. Januar 2008 angeschafft oder hergestellt worden sind, ist § 7g in der bis zum 17. August 2007 geltenden Fassung weiter anzuwenden. ⁴Soweit Ansparabschreibungen noch nicht gewinnerhöhend aufgelöst worden sind, vermindert sich der Höchstbetrag von 200.000 Euro nach § 7g Absatz 1 Satz 4 in der Fassung des Artikels 1 des Gesetzes vom 14. August 2007 (BGBl. I S. 1912) um die noch vorhandenen Ansparabschreibungen. ⁵In Wirtschaftsjahren, die nach dem 31. Dezember 2008 und vor dem 1. Januar 2011 enden, ist § 7g Absatz 1 Satz 2 Nummer 1 mit der Maßgabe anzuwenden, dass bei Gewerbebetrieben oder der selbständigen Arbeit dienenden Betrieben, die ihren Gewinn nach § 4 Absatz 1 oder § 5 ermitteln, ein Betriebsvermögen von 335.000 Euro, bei Betrieben der Land- und Forstwirtschaft ein Wirtschaftswert oder Ersatzwirtschaftswert von 175.000 Euro und bei Betrieben, die ihren Gewinn nach § 4 Absatz 3 ermitteln, ohne Berücksichtigung von Investitionsabzugsbeträgen ein Gewinn von 200.000 Euro nicht überschritten wird. 6Bei Wirtschaftsgütern, die nach dem 31. Dezember 2008 und vor dem 1. Januar 2011 angeschafft oder hergestellt werden, ist § 7g Absatz 6 Nummer 1 mit der Maßgabe anzuwenden, dass der Betrieb zum Schluss des Wirtschaftsjahres, das der Anschaffung oder Herstellung vorangeht, die Größenmerkmale des Satzes 5 nicht überschreitet.

(23a) ¹§ 7h Absatz 1 Satz 1 und 3 in der Fassung des Artikels 9 des Gesetzes vom 29. Dezember 2003 (BGBl. I S. 3076) sind erstmals für Modernisierungs- und Instandsetzungsmaßnahmen anzuwenden, mit denen nach dem 31. Dezember 2003 begonnen wird. ²Als Beginn gilt bei Baumaßnahmen, für die eine Baugenehmigung erforderlich ist, der Zeitpunkt, in dem der Bauantrag gestellt wird, bei baugenehmigungsfreien Bauvorhaben, für die Bauunterlagen einzureichen sind, der Zeitpunkt, in dem die Bauunterlagen eingereicht werden.

(23b) ¹§ 7i Absatz 1 Satz 1 und 5 in der Fassung des Artikels 9 des Gesetzes vom 29. Dezember 2003 (BGBl. I S. 3076) sind erstmals für Baumaßnahmen anzuwenden, mit denen nach dem 31. Dezember 2003 begonnen wird. ²Als Beginn gilt bei Baumaßnahmen, für die eine Baugenehmigung erforderlich ist, der Zeitpunkt, in dem der Bauantrag gestellt wird, bei baugenehmigungsfreien Bauvorhaben, für die Bauunterlagen einzureichen sind, der Zeitpunkt, in dem die Bauunterlagen eingereicht werden.

(23c) § 8 Absatz 2 in der Fassung des Gesetzes vom 20. April 2009 (BGBl. I S. 774) ist erstmals ab dem Veranlagungszeitraum 2007 anzuwenden.

(23d) ¹§ 9 Absatz 1 Satz 3 Nummer 4 und 5 und Absatz 2 in der Fassung des Gesetzes vom 20. April 2009 (BGBl. I S. 774) ist erstmals ab dem Veranlagungszeitraum 2007 anzuwenden. ²§ 9 Absatz 1 Satz 3 Nummer 5 in der Fassung des Artikels 1 des Gesetzes vom 15. Dezember 2003 (BGBl. I S. 2645) ist erstmals ab dem Veranlagungszeitraum 2003 anzuwenden und in Fällen, in denen die Einkommensteuer noch nicht formell bestandskräftig oder hinsichtlich der Aufwendungen für eine beruflich veranlasste doppelte Haushaltsführung vorläufig festgesetzt ist. ³§ 9 Absatz 1 Satz 3 Nummer 7 Satz 2 in der Fassung des Artikels 1 des Gesetzes vom 22. Dezember 2009 (BGBl. I S. 3950) ist erstmals für die im Veranlagungszeitraum 2010 angeschafften oder hergestellten Wirtschaftsgüter anzuwenden. ⁴Für die Anwendung des § 9 Absatz 5 Satz 2 in der Fassung des Artikels 1 des Gesetzes vom 15. Dezember 2003 (BGBl. I S. 2645) gilt Absatz 16 Satz 7 bis 9 entsprechend. ⁵§ 9 Absatz 6 in der Fassung des Artikels 2 des Gesetzes vom 7. Dezember 2011 (BGBl. I S. 2592) ist für Veranlagungszeiträume ab 2004 anzuwenden.

(23e) ¹§ 9a Satz 1 Nummer 1 Buchstabe a in der Fassung des Artikels 1 Nummer 5 Buchstabe a des Gesetzes vom 1. November 2011 (BGBl. I S. 2131) ist erstmals für den Veranlagungszeitraum 2011 anzuwenden. ²Beim Steuerabzug vom Arbeitslohn ist er auf laufenden Arbeitslohn, der für einen nach dem 30. November 2011 endenden Lohnzahlungszeitraum gezahlt wird, und auf sonstige Bezüge, die nach dem 30. November 2011 zufließen, erstmals anzuwenden. ³Dies gilt entsprechend für § 39a Absatz 1 Nummer 1, Absatz 2 Satz 4, Absatz 3 Satz 2 und § 39d Absatz 2 Satz 1 Nummer 1.

(23f) § 9c in der Fassung des Artikels 1 des Gesetzes vom 22. Dezember 2008 (BGBl. I S. 2955) gilt auch für Kinder, die wegen einer vor dem 1. Januar 2007 in der Zeit ab Vollendung des 25. Lebensjahres und vor Vollendung des 27. Lebensjahres eingetretenen körperlichen, geistigen oder seelischen Behinderung außerstande sind, sich selbst zu unterhalten.

(23g) [1]§ 10 Absatz 1 Nummer 1a in der Fassung des Artikels 1 des Gesetzes vom 20. Dezember 2007 (BGBl. I S. 3150) ist auf alle Versorgungsleistungen anzuwenden, die auf nach dem 31. Dezember 2007 vereinbarten Vermögensübertragungen beruhen. [2]Für Versorgungsleistungen, die auf vor dem 1. Januar 2008 vereinbarten Vermögensübertragungen beruhen, gilt dies nur, wenn das übertragene Vermögen nur deshalb einen ausreichenden Ertrag bringt, weil ersparte Aufwendungen mit Ausnahme des Nutzungsvorteils eines zu eigenen Zwecken vom Vermögensübernehmer genutzten Grundstücks zu den Erträgen des Vermögens gerechnet werden.

(24) [1]§ 10 Absatz 1 Nummer 2 Buchstabe b Satz 1 ist für Vertragsabschlüsse nach dem 31. Dezember 2011 mit der Maßgabe anzuwenden, dass der Vertrag die Zahlung der Leibrente nicht vor Vollendung des 62. Lebensjahres vorsehen darf. 2Für Verträge im Sinne des § 10 Absatz 1 Nummer 2 Buchstabe b, die vor dem 1. Januar 2011 abgeschlossen wurden, und bei Kranken- und Pflegeversicherungen im Sinne des § 10 Absatz 1 Nummer 3, bei denen das Versicherungsverhältnis vor dem 1. Januar 2011 bestanden hat, ist § 10 Absatz 2 Satz 2 Nummer 2 und Satz 3 mit der Maßgabe anzuwenden, dass
1. die erforderliche Einwilligung zur Datenübermittlung als erteilt gilt, wenn die übermittelnde Stelle den Steuerpflichtigen schriftlich darüber informiert, dass vom Vorliegen einer Einwilligung ausgegangen wird, das in Nummer 2 beschriebene Verfahren Anwendung findet und die Daten an die zentrale Stelle übermittelt werden, wenn der Steuerpflichtige dem nicht innerhalb einer Frist von vier Wochen nach Erhalt dieser schriftlichen Information schriftlich widerspricht;
2. die übermittelnde Stelle, wenn die nach § 10 Absatz 2 Satz 2 Nummer 2 oder Satz 3 erforderliche Einwilligung des Steuerpflichtigen vorliegt oder als erteilt gilt, die für die Datenübermittlung nach § 10 Absatz 2a erforderliche Identifikationsnummer (§ 139b der Abgabenordnung) der versicherten Person und des Versicherungsnehmers abweichend von § 22a Absatz 2 Satz 1 und 2 beim Bundeszentralamt für Steuern erheben kann. 2Das Bundeszentralamt für Steuern teilt der übermittelnden Stelle die Identifikationsnummer der versicherten Person und des Versicherungsnehmers mit, sofern die übermittelten Daten mit den nach § 139b Absatz 3 der Abgabenordnung beim Bundeszentralamt für Steuern gespeicherten Daten übereinstimmen. 3Stimmen die Daten nicht überein, findet § 22a Absatz 2 Satz 1 und 2 Anwendung.

[3]§ 10 Absatz 1 Nummer 3 Satz 4 in der Fassung des Artikels 1 des Gesetzes vom 8. Dezember 2010 (BGBl. I S. 1768) ist erstmals für den Veranlagungszeitraum 2011 anzuwenden. [4]§ 10 Absatz 2 Satz 3 und Absatz 2a Satz 4 in der Fassung des Artikels 1 des Gesetzes vom 8. Dezember 2010 (BGBl. I S. 1768) ist erstmals für die Übermittlung der Daten des Veranlagungszeitraums 2011 anzuwenden. 5§ 10 Absatz 2a Satz 8 in der Fassung des Artikels 2 des Gesetzes vom 7. Dezember 2011 (BGBl. I S. 2592) gilt auch für den Veranlagungszeitraum 2011 sowie für den Veranlagungszeitraum 2010, soweit am 14. Dezember 2011 noch keine erstmalige Steuerfestsetzung erfolgt ist.

(24a) [1]§ 10 Absatz 1 Nummer 4 in der Fassung des Artikels 1 des Gesetzes vom 8. Dezember 2010 (BGBl. I S. 1768) ist erstmals ab dem Veranlagungszeitraum 2011 anzuwenden. [2]§ 10 Absatz 1 Nummer 5 in der Fassung des Artikels 1 des Gesetzes vom 1. November 2011 (BGBl. I S. 2131) gilt auch für Kinder, die wegen einer vor dem 1. Januar 2007 in der Zeit ab Vollendung des 25. Lebensjahres und vor Vollendung des 27. Lebensjahres eingetretenen körperlichen, geistigen oder seelischen Behinderung außerstande sind, sich selbst zu unterhalten. [3]§ 10 Absatz 1 Nummer 7 Satz 1 in der Fassung des Artikels 2 des Gesetzes vom 7. Dezember 2011 (BGBl. I S. 2592) ist für Veranlagungszeiträume ab 2012 anzuwenden.

(24a) [1]§ 10 Absatz 1 Nummer 9 in der Fassung des Artikels 1 des Gesetzes vom 19. Dezember 2008 (BGBl. I S. 2794) ist erstmals für den Veranlagungszeitraum 2008 anzuwenden. [2]Für Schulgeldzahlungen an Schulen in freier Trägerschaft oder an überwiegend privat finanzierte Schulen, die in einem anderen Mitgliedstaat der Europäischen Union oder in einem Staat belegen sind, auf den das Abkommen über den Europäischen Wirtschaftsraum Anwendung findet, und die zu einem von dem zuständigen inländischen Ministerium eines Landes, von der Kultusministerkonferenz der Länder oder von einer inländischen Zeugnisanerkennungsstelle anerkannten oder einem inländischen Abschluss an einer öffentlichen Schule als gleichwertig anerkannten allgemein bildenden oder berufsbildenden Schul-, Jahrgangs- oder Berufsabschluss führen, gilt § 10 Absatz 1 Nummer 9 in der Fassung des Artikels 1 Nummer 7 Buchstabe a Doppelbuchstabe cc des Gesetzes vom 13. Dezember 2006 (BGBl. I S. 2878) für noch nicht bestandskräftige Steuerfestsetzungen der Veranlagungszeiträume vor 2008 mit der Maßgabe, dass es sich nicht um eine gemäß Artikel 7 Absatz 4 des Grundgesetzes staatlich genehmigte oder nach Landesrecht erlaubte Ersatzschule oder eine nach Landesrecht anerkannte allgemein bildende Ergänzungsschule handeln muss.

(24b) § 10 Absatz 5 in der am 31. Dezember 2009 geltenden Fassung ist auf Beiträge zu Versicherungen im Sinne des § 10 Absatz 1 Nummer 2 Buchstabe b Doppelbuchstabe bb bis dd in der am 31. Dezember 2004 geltenden Fassung weiterhin anzuwenden, wenn die Laufzeit dieser Versicherungen vor dem 1. Januar 2005 begonnen hat und ein Versicherungsbeitrag bis zum 31. Dezember 2004 entrichtet wurde.

(24c) [1]§ 10a Absatz 1 Satz 4 in der Fassung des Artikels 1 des Gesetzes vom 19. Dezember 2008 (BGBl. I S. 2794) sowie § 81a Satz 1 Nummer 5 und § 86 Absatz 1 Satz 2 Nummer 4 in der Fassung des Artikels 1 des Gesetzes vom 29. Juli 2008 (BGBl. I S. 1509) sind erstmals für den Veranlagungszeitraum 2008 anzuwenden. [2]Für die Anwendung des § 10a stehen den in der inländischen gesetzlichen Rentenversicherung Pflichtversicherten nach § 10a Absatz 1 Satz 1 die Pflichtmitglieder in einem ausländischen gesetzlichen Alterssicherungssystem gleich, wenn diese Pflichtmitgliedschaft
1. mit einer Pflichtmitgliedschaft in einem inländischen Alterssicherungssystem nach § 10a Absatz 1 Satz 1 oder Satz 3 vergleichbar ist und
2. vor dem 1. Januar 2010 begründet wurde.

[3]Für die Anwendung des § 10a stehen den Steuerpflichtigen nach § 10a Absatz 1 Satz 4 die Personen gleich,
1. die aus einem ausländischen gesetzlichen Alterssicherungssystem eine Leistung erhalten, die den in § 10a Absatz 1 Satz 4 genannten Leistungen vergleichbar ist,
2. die unmittelbar vor dem Bezug der entsprechenden Leistung einer der in § 10a Absatz 1 Satz 1 oder Satz 3 genannten begünstigten Personengruppen angehörten und
3. die noch nicht das 67. Lebensjahr vollendet haben.

[4]Als Altersvorsorgebeiträge (§ 82) sind bei den in den Sätzen 2 und 3 genannten Personengruppen nur diejenigen Beiträge zu berücksichtigen, die vom Abzugsberechtigten zugunsten seines vor dem 1. Januar 2010 abgeschlossenen Vertrags geleistet wurden.

(24d) [1]§ 10a Absatz 5 Satz 3 in der Fassung des Artikels 1 des Gesetzes vom 20. Dezember 2007 (BGBl. I S. 3150) ist auch für Veranlagungszeiträume vor 2008 anzuwenden, soweit
1. sich dies zugunsten des Steuerpflichtigen auswirkt oder
2. die Steuerfestsetzung bei Inkrafttreten des Jahressteuergesetzes 2008 vom 20. Dezember 2007 (BGBl. I S. 3150) noch nicht unanfechtbar war oder unter dem Vorbehalt der Nachprüfung stand.

[2]Für Verträge, auf die bereits vor dem 1. Januar 2010 Altersvorsorgebeiträge im Sinne des § 82 eingezahlt wurden, kann die übermittelnde Stelle, wenn die nach § 10a Absatz 2a erforderliche Einwilligung des Steuerpflichtigen vorliegt, die für die Übermittlung der Daten nach § 10a Absatz 5 Satz 1 in der Fassung des Artikels 1 des Gesetzes vom 16. Juli 2009 (BGBl. I S. 1959) erforderliche Identifikationsnummer (§ 139b der Abgabenordnung) des Steuerpflichtigen abweichend von § 22a Absatz 2 Satz 1 und 2 beim Bundeszentralamt für Steuern erheben. [3]Das Bundeszentralamt für Steuern teilt dem Anbieter die Identifikationsnummer des Steuerpflichtigen mit, sofern die übermittelten Daten mit den nach § 139b Absatz 3 der Abgabenordnung beim Bundeszentralamt für

Steuern gespeicherten Daten übereinstimmen. ⁴Stimmen die Daten nicht überein, findet § 22a Absatz 2 Satz 1 und 2 Anwendung.

(24e) ¹§ 10b Absatz 1 Satz 3 und Absatz 1a in der Fassung des Gesetzes vom 14. Juli 2000 (BGBl. I S. 1034) sind auf Zuwendungen anzuwenden, die nach dem 31. Dezember 1999 geleistet werden. ²§ 10b Absatz 1 und 1a in der Fassung des Artikels 1 des Gesetzes vom 10. Oktober 2007 (BGBl. I S. 2332) ist auf Zuwendungen anzuwenden, die nach dem 31. Dezember 2006 geleistet werden. ³Für Zuwendungen, die im Veranlagungszeitraum 2007 geleistet werden, gilt auf Antrag des Steuerpflichtigen § 10b Absatz 1 in der am 26. Juli 2000 geltenden Fassung. ⁴§ 10b Absatz 1 Satz 2 in der Fassung des Artikels 1 des Gesetzes vom 19. Dezember 2008 (BGBl. I S. 2794) ist auf Mitgliedsbeiträge anzuwenden, die nach dem 31. Dezember 2006 geleistet werden. ⁵§ 10b Absatz 1 Satz 1 bis 5, Absatz 1a Satz 1 und Absatz 4 Satz 4 in der Fassung des Artikels 1 des Gesetzes vom 8. April 2010 (BGBl. I S. 386) ist in allen Fällen anzuwenden, in denen die Einkommensteuer noch nicht bestandskräftig festgesetzt ist; bei Anwendung dieses Satzes gelten jedoch die bisherigen für den jeweiligen Veranlagungszeitraum festgelegten Höchstabzugsgrenzen des § 10b Absatz 1 und 1a unverändert fort. ⁶§ 10b Absatz 1 Satz 6 in der Fassung des Artikels 1 des Gesetzes vom 8. April 2010 (BGBl. I S. 386) ist auf Zuwendungen anzuwenden, die nach dem 31. Dezember 2009 geleistet werden. ⁷§ 10b Absatz 1 Satz 7 in der Fassung des Artikels 1 des Gesetzes vom 8. April 2010 (BGBl. I S. 386) ist in allen Fällen anzuwenden, in denen die Einkommensteuer noch nicht bestandskräftig festgesetzt ist und in denen die Mitgliedsbeiträge nach dem 31. Dezember 2006 geleistet werden. ⁸§ 10b Absatz 1 Satz 7 in der Fassung des Artikels 1 des Gesetzes vom 8. Dezember 2010 (BGBl. I S. 1768) ist in allen Fällen anzuwenden, in denen die Einkommensteuer noch nicht bestandskräftig festgesetzt ist und in denen die Mitgliedsbeiträge nach dem 31. Dezember 2006 geleistet werden. ⁹§ 10b Absatz 1 Satz 8 in der Fassung des Artikels 1 des Gesetzes vom 8. Dezember 2010 (BGBl. I S. 1768) ist in allen Fällen anzuwenden, in denen die Einkommensteuer noch nicht bestandskräftig festgesetzt ist.

(25) ¹Auf den am Schluss des Veranlagungszeitraums 1998 festgestellten verbleibenden Verlustabzug ist § 10d in der Fassung des Gesetzes vom 16. April 1997 (BGBl. I S. 821) anzuwenden. ²Satz 1 ist letztmals für den Veranlagungszeitraum 2003 anzuwenden. ³§ 10d in der Fassung des Artikels 1 des Gesetzes vom 22. Dezember 2003 (BGBl. I S. 2840) ist erstmals für den Veranlagungszeitraum 2004 anzuwenden. ⁴Auf den Verlustrücktrag aus dem Veranlagungszeitraum 2004 in den Veranlagungszeitraum 2003 ist § 10d Absatz 1 in der für den Veranlagungszeitraum 2004 geltenden Fassung anzuwenden. ⁵§ 10d Absatz 4 Satz 4 und 5 in der Fassung des Artikels 1 des Gesetzes vom 8. Dezember 2010 (BGBl. I S. 1768) gilt erstmals für Verluste, für die nach dem 13. Dezember 2010 eine Erklärung zur Feststellung des verbleibenden Verlustvortrags abgegeben wird. ⁶§ 10d Absatz 4 Satz 6 in der Fassung des Artikels 1 des Gesetzes vom 13. Dezember 2006 (BGBl. I S. 2878) gilt für alle bei Inkrafttreten dieses Gesetzes noch nicht abgelaufenen Feststellungsfristen. ⁷§ 10d Absatz 1 Satz 1 in der Fassung des Artikels 1 des Gesetzes vom 20. Februar 2013 (BGBl. I S. 285) ist erstmals auf negative Einkünfte anzuwenden, die bei der Ermittlung des Gesamtbetrags der Einkünfte des Veranlagungszeitraums 2013 nicht ausgeglichen werden können.

(26) ¹Für nach dem 31. Dezember 1986 und vor dem 1. Januar 1991 hergestellte oder angeschaffte Wohnungen im eigenen Haus oder Eigentumswohnungen sowie in diesem Zeitraum fertig gestellte Ausbauten oder Erweiterungen ist § 10e des Einkommensteuergesetzes 1990 in der Fassung der Bekanntmachung vom 7. September 1990 (BGBl. I S. 1898) weiter anzuwenden. ²Für nach dem 31. Dezember 1990 hergestellte oder angeschaffte Wohnungen im eigenen Haus oder Eigentumswohnungen sowie in diesem Zeitraum fertig gestellte Ausbauten oder Erweiterungen ist § 10e des Einkommensteuergesetzes in der durch Gesetz vom 24. Juni 1991 (BGBl. I S. 1322) geänderten Fassung weiter anzuwenden. ³Abweichend von Satz 2 ist § 10e Absatz 1 bis 5 und 6 bis 7 in der durch Gesetz vom 25. Februar 1992 (BGBl. I S. 297) geänderten Fassung erstmals für den Veranlagungszeitraum 1991 bei Objekten im Sinne des § 10e Absatz 1 und 2 anzuwenden, wenn im Fall der Herstellung der Steuerpflichtige nach dem 30. September 1991 den Bauantrag gestellt oder mit der Herstellung begonnen hat oder im Fall der Anschaffung der Steuerpflichtige das Objekt nach dem 30. September 1991 auf Grund eines nach diesem Zeitpunkt rechtswirksam abgeschlossenen

obligatorischen Vertrags oder gleichstehenden Rechtsakts angeschafft hat oder mit der Herstellung des Objekts nach dem 30. September 1991 begonnen worden ist. ⁴§ 10e Absatz 5a ist erstmals bei in § 10e Absatz 1 und 2 bezeichneten Objekten anzuwenden, wenn im Fall der Herstellung der Steuerpflichtige den Bauantrag nach dem 31. Dezember 1991 gestellt oder, falls ein solcher nicht erforderlich ist, mit der Herstellung nach diesem Zeitpunkt begonnen hat, oder im Fall der Anschaffung der Steuerpflichtige das Objekt auf Grund eines nach dem 31. Dezember 1991 rechtswirksam abgeschlossenen obligatorischen Vertrags oder gleichstehenden Rechtsakts angeschafft hat. ⁵§ 10e Absatz 1 Satz 4 in der Fassung des Gesetzes vom 23. Juni 1993 (BGBl. I S. 944) und Absatz 6 Satz 3 in der Fassung des Gesetzes vom 21. Dezember 1993 (BGBl. I S. 2310) ist erstmals anzuwenden, wenn der Steuerpflichtige das Objekt auf Grund eines nach dem 31. Dezember 1993 rechtswirksam abgeschlossenen obligatorischen Vertrags oder gleichstehenden Rechtsakts angeschafft hat. ⁶§ 10e ist letztmals anzuwenden, wenn der Steuerpflichtige im Fall der Herstellung vor dem 1. Januar 1996 mit der Herstellung des Objekts begonnen hat oder im Fall der Anschaffung das Objekt auf Grund eines vor dem 1. Januar 1996 rechtswirksam abgeschlossenen obligatorischen Vertrags oder gleichstehenden Rechtsakts angeschafft hat. ⁷Als Beginn der Herstellung gilt bei Objekten, für die eine Baugenehmigung erforderlich ist, der Zeitpunkt, in dem der Bauantrag gestellt wird; bei baugenehmigungsfreien Objekten, für die Bauunterlagen einzureichen sind, der Zeitpunkt, in dem die Bauunterlagen eingereicht werden.

(27) ¹§ 10f Absatz 1 Satz 1 in der Fassung des Artikels 9 des Gesetzes vom 29. Dezember 2003 (BGBl. I S. 3076) ist erstmals für Baumaßnahmen anzuwenden, die nach dem 31. Dezember 2003 begonnen wurden. ²Als Beginn gilt bei Baumaßnahmen, für die eine Baugenehmigung erforderlich ist, der Zeitpunkt, in dem der Bauantrag gestellt wird, bei baugenehmigungsfreien Bauvorhaben, für die Bauunterlagen einzureichen sind, der Zeitpunkt, in dem die Bauunterlagen eingereicht werden. ³§ 10f Absatz 2 Satz 1 in der Fassung des Artikels 9 des Gesetzes vom 29. Dezember 2003 (BGBl. I S. 3076) ist erstmals auf Erhaltungsaufwand anzuwenden, der nach dem 31. Dezember 2003 entstanden ist.

(27a) ¹§ 10g in der Fassung des Artikels 9 des Gesetzes vom 29. Dezember 2003 (BGBl. I S. 3076) ist erstmals auf Aufwendungen anzuwenden, die auf nach dem 31. Dezember 2003 begonnene Herstellungs- und Erhaltungsmaßnahmen entfallen. ²Als Beginn gilt bei Baumaßnahmen, für die eine Baugenehmigung erforderlich ist, der Zeitpunkt, in dem der Bauantrag gestellt wird, bei baugenehmigungsfreien Bauvorhaben, für die Bauunterlagen einzureichen sind, der Zeitpunkt, in dem die Bauunterlagen eingereicht werden.

(28) ¹§ 10h ist letztmals anzuwenden, wenn der Steuerpflichtige vor dem 1. Januar 1996 mit der Herstellung begonnen hat. ²Als Beginn der Herstellung gilt bei Baumaßnahmen, für die eine Baugenehmigung erforderlich ist, der Zeitpunkt, in dem der Bauantrag gestellt wird; bei baugenehmigungsfreien Baumaßnahmen, für die Bauunterlagen einzureichen sind, der Zeitpunkt, in dem die Bauunterlagen eingereicht werden.

(29) ¹§ 10i in der Fassung der Bekanntmachung vom 16. April 1997 (BGBl. I S. 821) ist letztmals anzuwenden, wenn der Steuerpflichtige im Fall der Herstellung vor dem 1. Januar 1999 mit der Herstellung des Objekts begonnen hat oder im Fall der Anschaffung das Objekt auf Grund eines vor dem 1. Januar 1999 rechtswirksam abgeschlossenen obligatorischen Vertrags oder gleichstehenden Rechtsakts angeschafft hat. ²Als Beginn der Herstellung gilt bei Objekten, für die eine Baugenehmigung erforderlich ist, der Zeitpunkt, in dem der Bauantrag gestellt wird; bei baugenehmigungsfreien Objekten, für die Bauunterlagen einzureichen sind, der Zeitpunkt, in dem die Bauunterlagen eingereicht werden.

(30) ¹§ 11 Absatz 1 Satz 3 und Absatz 2 Satz 3 in der Fassung des Artikels 1 des Gesetzes vom 9. Dezember 2004 (BGBl. I S. 3310) sind im Hinblick auf Erbbauzinsen und andere Entgelte für die Nutzung eines Grundstücks erstmals für Vorauszahlungen anzuwenden, die nach dem 31. Dezember 2003 geleistet wurden. ²§ 11 Absatz 2 Satz 4 in der Fassung des Artikels 1 des Gesetzes vom 13. Dezember 2006 (BGBl. I S. 2878) ist erstmals auf ein Damnum oder Disagio im Zusammenhang mit

einem Kredit für ein Grundstück anzuwenden, das nach dem 31. Dezember 2003 geleistet wurde, in anderen Fällen für ein Damnum oder Disagio, das nach dem 31. Dezember 2004 geleistet wurde.

(30a) § 12 Nummer 5 in der Fassung des Artikels 2 des Gesetzes vom 7. Dezember 2011 (BGBl. I S. 2592) ist für Veranlagungszeiträume ab 2004 anzuwenden.

(30b) ¹Für die Anwendung des § 13 Absatz 7 in der Fassung des Artikels 1 des Gesetzes vom 22. Dezember 2005 (BGBl. I S. 3683) gilt Absatz 33a entsprechend. ²§ 13 Absatz 7, § 15 Absatz 1a sowie § 18 Absatz 4 Satz 2 in der Fassung des Artikels 1 des Gesetzes vom 7. Dezember 2006 (BGBl. I S. 2782) sind erstmals für nach dem 31. Dezember 2005 endende Wirtschaftsjahre anzuwenden.

(31) ¹§ 13a in der Fassung des Gesetzes vom 19. Dezember 2000 (BGBl. I S. 1790) ist erstmals für das Wirtschaftsjahr anzuwenden, das nach dem 31. Dezember 2001 endet. ²§ 13a in der Fassung des Gesetzes vom 20. Dezember 2001 (BGBl. I S. 3794) ist erstmals für Wirtschaftsjahre anzuwenden, die nach dem 31. Dezember 2001 beginnen.

(32) § 14a in der Fassung des Gesetzes vom 19. Dezember 2000 (BGBl. I S. 1790) ist erstmals für das Wirtschaftsjahr anzuwenden, das nach dem 31. Dezember 2001 endet.

(32a) § 15 Absatz 3 Nummer 1 in der Fassung des Artikels 1 des Gesetzes vom 13. Dezember 2006 (BGBl. I S. 2878) ist auch für Veranlagungszeiträume vor 2006 anzuwenden.

(32b) § 15 Absatz 4 Satz 3 bis 5 ist erstmals auf Verluste anzuwenden, die nach Ablauf des ersten Wirtschaftsjahres der Gesellschaft, auf deren Anteile sich die in § 15 Absatz 4 Satz 4 bezeichneten Geschäfte beziehen, entstehen, für das das Körperschaftsteuergesetz in der Fassung des Artikels 3 des Gesetzes vom 23. Oktober 2000 (BGBl. I S. 1433) erstmals anzuwenden ist.

(33) ¹§ 15a ist nicht auf Verluste anzuwenden, soweit sie
1. durch Sonderabschreibungen nach § 82f der Einkommensteuer-Durchführungsverordnung,
2. durch Absetzungen für Abnutzung in fallenden Jahresbeträgen nach § 7 Absatz 2 von den Herstellungskosten oder von den Anschaffungskosten von in ungebrauchtem Zustand vom Hersteller erworbenen Seeschiffen, die in einem inländischen Seeschiffsregister eingetragen sind,

entstehen; Nummer 1 gilt nur bei Schiffen, deren Anschaffungs- oder Herstellungskosten zu mindestens 30 Prozent durch Mittel finanziert werden, die weder unmittelbar noch mittelbar in wirtschaftlichem Zusammenhang mit der Aufnahme von Krediten durch den Gewerbebetrieb stehen, zu dessen Betriebsvermögen das Schiff gehört. ²§ 15a ist in diesen Fällen erstmals anzuwenden auf Verluste, die in nach dem 31. Dezember 1999 beginnenden Wirtschaftsjahren entstehen, wenn der Schiffbauvertrag vor dem 25. April 1996 abgeschlossen worden ist und der Gesellschafter der Gesellschaft vor dem 1. Januar 1999 beigetreten ist; soweit Verluste, die in dem Betrieb der Gesellschaft entstehen und nach Satz 1 oder nach § 15a Absatz 1 Satz 1 ausgleichsfähig oder abzugsfähig sind, zusammen das Einviertelfache der insgesamt geleisteten Einlage übersteigen, ist § 15a auf Verluste anzuwenden, die in nach dem 31. Dezember 1994 beginnenden Wirtschaftsjahren entstehen. ³Scheidet ein Kommanditist oder ein anderer Mitunternehmer, dessen Haftung der eines Kommanditisten vergleichbar ist und dessen Kapitalkonto in der Steuerbilanz der Gesellschaft auf Grund von ausgleiche- oder abzugsfähigen Verlusten negativ geworden ist, aus der Gesellschaft aus oder wird in einem solchen Fall die Gesellschaft aufgelöst, so gilt der Betrag, den der Mitunternehmer nicht ausgleichen muss, als Veräußerungsgewinn im Sinne des § 16. ⁴In Höhe der nach Satz 3 als Gewinn zuzurechnenden Beträge sind bei den anderen Mitunternehmern unter Berücksichtigung der für die Zurechnung von Verlusten geltenden Grundsätze Verlustanteile anzusetzen. ⁵Bei der Anwendung des § 15a Absatz 3 sind nur Verluste zu berücksichtigen, auf die § 15a Absatz 1 anzuwenden ist. ⁶§ 15a Absatz 1a, 2 Satz 1 und Absatz 5 in der Fassung des Artikels 1 des Gesetzes vom 19. Dezember 2008 (BGBl. I S. 2794) ist erstmals auf Einlagen anzuwenden, die nach dem 24. Dezember 2008 getätigt werden.

(33a) ¹§ 15b in der Fassung des Artikels 1 des Gesetzes vom 22. Dezember 2005 (BGBl. I S. 3683) ist nur auf Verluste der dort bezeichneten Steuerstundungsmodelle anzuwenden, denen der

Steuerpflichtige nach dem 10. November 2005 beigetreten ist oder für die nach dem 10. November 2005 mit dem Außenvertrieb begonnen wurde. ²Der Außenvertrieb beginnt in dem Zeitpunkt, in dem die Voraussetzungen für die Veräußerung der konkret bestimmbaren Fondsanteile erfüllt sind und die Gesellschaft selbst oder über ein Vertriebsunternehmen mit Außenwirkung an den Markt herangetreten ist. ³Dem Beginn des Außenvertriebs stehen der Beschluss von Kapitalerhöhungen und die Reinvestition von Erlösen in neue Projekte gleich. ⁴Besteht das Steuerstundungsmodell nicht im Erwerb eines Anteils an einem geschlossenen Fonds, ist § 15b in der Fassung des Artikels 1 des Gesetzes vom 22. Dezember 2005 (BGBl. I S. 3683) anzuwenden, wenn die Investition nach dem 10. November 2005 rechtsverbindlich getätigt wurde.

(34) ¹§ 16 Absatz 1 in der Fassung des Artikels 1 des Gesetzes vom 20. Dezember 2001 (BGBl. I S. 3858) ist erstmals auf Veräußerungen anzuwenden, die nach dem 31. Dezember 2001 erfolgen. ²§ 16 Absatz 2 Satz 3 und Absatz 3 Satz 2 in der Fassung der Bekanntmachung vom 16. April 1997 (BGBl. I S. 821) ist erstmals auf Veräußerungen anzuwenden, die nach dem 31. Dezember 1993 erfolgen. ³§ 16 Absatz 3 Satz 1 und 2 in der Fassung des Gesetzes vom 24. März 1999 (BGBl. I S. 402) ist erstmals auf Veräußerungen und Realteilungen anzuwenden, die nach dem 31. Dezember 1998 erfolgen. ⁴§ 16 Absatz 3 Satz 2 bis 4 in der Fassung des Gesetzes vom 20. Dezember 2001 (BGBl. I S. 3858) ist erstmals auf Realteilungen nach dem 31. Dezember 2000 anzuwenden. ⁵§ 16 Absatz 3a in der Fassung des Artikels 1 des Gesetzes vom 8. Dezember 2010 (BGBl. I S. 1768) ist in allen offenen Fällen anzuwenden. ⁶§ 16 Absatz 4 in der Fassung der Bekanntmachung vom 16. April 1997 (BGBl. I S. 821) ist erstmals auf Veräußerungen anzuwenden, die nach dem 31. Dezember 1995 erfolgen; hat der Steuerpflichtige bereits für Veräußerungen vor dem 1. Januar 1996 Veräußerungsfreibeträge in Anspruch genommen, bleiben diese unberücksichtigt. ⁷§ 16 Absatz 4 in der Fassung des Gesetzes vom 23. Oktober 2000 (BGBl. I S. 1433) ist erstmals auf Veräußerungen und Realteilungen anzuwenden, die nach dem 31. Dezember 2000 erfolgen. ⁸§ 16 Absatz 5 in der Fassung des Gesetzes vom 7. Dezember 2006 (BGBl. I S. 2782) ist erstmals anzuwenden, wenn die ursprüngliche Übertragung der veräußerten Anteile nach dem 12. Dezember 2006 erfolgt ist. ⁹§ 16 Absatz 3b in der Fassung des Artikels 1 des Gesetzes vom 1. November 2011 (BGBl. I S. 2131) ist nur auf Aufgaben im Sinne des § 16 Absatz 3 Satz 1 nach dem 4. November 2011 anzuwenden.

(34a) ¹§ 17 in der Fassung des Artikels 1 des Gesetzes vom 23. Oktober 2000 (BGBl. I S. 1433) ist, soweit Anteile an unbeschränkt körperschaftsteuerpflichtigen Gesellschaften veräußert werden, erstmals auf Veräußerungen anzuwenden, die nach Ablauf des ersten Wirtschaftsjahres der Gesellschaft, deren Anteile veräußert werden, vorgenommen werden, für das das Körperschaftsteuergesetz in der Fassung des Artikels 3 des Gesetzes vom 23. Oktober 2000 (BGBl. I S. 1433) erstmals anzuwenden ist; für Veräußerungen, die vor diesem Zeitpunkt vorgenommen werden, ist § 17 in der Fassung des Gesetzes vom 22. Dezember 1999 (BGBl. I S. 2601) anzuwenden. ²§ 17 Absatz 2 Satz 4 in der Fassung des Gesetzes vom 24. März 1999 (BGBl. I S. 402) ist auch für Veranlagungszeiträume vor 1999 anzuwenden.

(34b) Für die Anwendung des § 18 Absatz 4 Satz 2 in der Fassung des Artikels 1 des Gesetzes vom 22. Dezember 2005 (BGBl. I S. 3683) gilt Absatz 33a entsprechend.

(34c) Wird eine Versorgungsverpflichtung nach § 3 Nummer 66 auf einen Pensionsfonds übertragen und hat der Steuerpflichtige bereits vor dieser Übertragung Leistungen auf Grund dieser Versorgungsverpflichtung erhalten, so sind insoweit auf die Leistungen aus dem Pensionsfonds im Sinne des § 22 Nummer 5 Satz 1 die Beträge nach § 9a Satz 1 Nummer 1 und § 19 Absatz 2 entsprechend anzuwenden; § 9a Satz 1 Nummer 3 ist nicht anzuwenden.

(35) § 19a in der am 31. Dezember 2008 geltenden Fassung ist weiter anzuwenden, wenn
1. die Vermögensbeteiligung vor dem 1. April 2009 überlassen wird oder
2. auf Grund einer am 31. März 2009 bestehenden Vereinbarung ein Anspruch auf die unentgeltliche oder verbilligte Überlassung einer Vermögensbeteiligung besteht sowie die Vermögensbeteiligung vor dem 1. Januar 2016 überlassen wird

und der Arbeitgeber bei demselben Arbeitnehmer im Kalenderjahr nicht § 3 Nummer 39 anzuwenden hat.

(36) [1]§ 20 Absatz 1 Nummer 1 bis 3 in der Fassung des Gesetzes vom 24. März 1999 (BGBl. I S. 402) ist letztmals anzuwenden für Ausschüttungen, für die der Vierte Teil des Körperschaftsteuergesetzes nach § 34 Absatz 10a des Körperschaftsteuergesetzes in der Fassung des Artikels 3 des Gesetzes vom 23. Oktober 2000 (BGBl. I S. 1433) letztmals anzuwenden ist. [2]§ 20 Absatz 1 Nummer 1 in der Fassung des Gesetzes vom 23. Oktober 2000 (BGBl. I S. 1433) und § 20 Absatz 1 Nummer 2 in der Fassung des Artikels 1 des Gesetzes vom 20. Dezember 2001 (BGBl. I S. 3858) sind erstmals für Erträge anzuwenden, für die Satz 1 nicht gilt. [3]§ 20 Absatz 1 Nummer 6 in der Fassung des Gesetzes vom 7. September 1990 (BGBl. I S. 1898) ist erstmals auf nach dem 31. Dezember 1974 zugeflossene Zinsen aus Versicherungsverträgen anzuwenden, die nach dem 31. Dezember 1973 abgeschlossen worden sind. [4]§ 20 Absatz 1 Nummer 6 in der Fassung des Gesetzes vom 20. Dezember 1996 (BGBl. I S. 2049) ist erstmals auf Zinsen aus Versicherungsverträgen anzuwenden, bei denen die Ansprüche nach dem 31. Dezember 1996 entgeltlich erworben worden sind. [5]Für Kapitalerträge aus Versicherungsverträgen, die vor dem 1. Januar 2005 abgeschlossen werden, ist § 20 Absatz 1 Nummer 6 in der am 31. Dezember 2004 geltenden Fassung mit der Maßgabe weiterhin anzuwenden, dass in Satz 3 die Angabe »§ 10 Absatz 1 Nummer 2 Buchstabe b Satz 5« durch die Angabe »§ 10 Absatz 1 Nummer 2 Buchstabe b Satz 6« ersetzt wird. [6]§ 20 Absatz 1 Nummer 1 Satz 4, § 43 Absatz 3, § 44 Absatz 1, 2 und 5 und § 45a Absatz 1 und 3 in der Fassung des Artikels 1 des Gesetzes vom 13. Dezember 2006 (BGBl. I S. 2878) sind erstmals auf Verkäufe anzuwenden, die nach dem 31. Dezember 2006 getätigt werden. [7]§ 20 Absatz 1 Nummer 6 Satz 1 in der Fassung des Artikels 1 des Gesetzes vom 13. Dezember 2006 (BGBl. I S. 2878) ist auf Erträge aus Versicherungsverträgen, die nach dem 31. Dezember 2004 abgeschlossen werden, anzuwenden. [8]§ 20 Absatz 1 Nummer 6 Satz 3 in der Fassung des Artikels 1 des Gesetzes vom 13. Dezember 2006 (BGBl. I S. 2878) ist erstmals anzuwenden auf Versicherungsleistungen im Erlebensfall bei Versicherungsverträgen, die nach dem 31. Dezember 2006 abgeschlossen werden, und auf Versicherungsleistungen bei Rückkauf eines Vertrages nach dem 31. Dezember 2006. [9]§ 20 Absatz 1 Nummer 6 Satz 2 ist für Vertragsabschlüsse nach dem 31. Dezember 2011 mit der Maßgabe anzuwenden, dass die Versicherungsleistung nach Vollendung des 62. Lebensjahres des Steuerpflichtigen ausgezahlt wird. [10]§ 20 Absatz 1 Nummer 6 Satz 5 in der Fassung des Artikels 1 des Gesetzes vom 19. Dezember 2008 (BGBl. I S. 2794) ist für alle Kapitalerträge anzuwenden, die dem Versicherungsunternehmen nach dem 31. Dezember 2008 zufließen. [11]§ 20 Absatz 1 Nummer 6 Satz 6 in der Fassung des Artikels 1 des Gesetzes vom 19. Dezember 2008 (BGBl. I S. 2794) ist für alle Versicherungsverträge anzuwenden, die nach dem 31. März 2009 abgeschlossen werden oder bei denen die erstmalige Beitragsleistung nach dem 31. März 2009 erfolgt. [12]Wird auf Grund einer internen Teilung nach § 10 des Versorgungsausgleichsgesetzes oder einer externen Teilung nach § 14 des Versorgungsausgleichsgesetzes ein Anrecht in Form eines Versicherungsvertrags zugunsten der ausgleichsberechtigten Person begründet, gilt dieser Vertrag insoweit zu dem gleichen Zeitpunkt als abgeschlossen wie derjenige der ausgleichspflichtigen Person.

(36a) Für die Anwendung des § 20 Absatz 1 Nummer 4 Satz 2 in der Fassung des Artikels 1 des Gesetzes vom 22. Dezember 2005 (BGBl. I S. 3683) gilt Absatz 33a entsprechend.

(37) [1]§ 20 Absatz 1 Nummer 9 in der Fassung des Artikels 1 des Gesetzes vom 8. Dezember 2010 (BGBl. I S. 1768) ist erstmals für den Veranlagungszeitraum 2011 anzuwenden. 2§ 20 Absatz 1 Nummer 9 Satz 2 in der Fassung des Artikels 1 des Gesetzes vom 8. Dezember 2010 (BGBl. I S. 1768) ist erstmals für den Veranlagungszeitraum 2009 anzuwenden, soweit in den Einnahmen aus Leistungen zuzurechnende wiederkehrende Bezüge im Sinne des § 22 Nummer 1 Satz 2 Buchstabe a und b enthalten sind.

(37a) [1]§ 20 Absatz 1 Nummer 10 Buchstabe a ist erstmals auf Leistungen anzuwenden, die nach Ablauf des ersten Wirtschaftsjahrs des Betriebs gewerblicher Art mit eigener Rechtspersönlichkeit erzielt werden, für das das Körperschaftsteuergesetz in der Fassung des Artikels 3 des Gesetzes vom 23. Oktober 2000 (BGBl. I S. 1433) erstmals anzuwenden ist. [2]§ 20 Absatz 1 Nummer 10 Buchstabe b ist erstmals auf Gewinne anzuwenden, die nach Ablauf des ersten Wirtschaftsjahres des Betriebs gewerblicher Art ohne eigene Rechtspersönlichkeit oder des wirtschaftlichen Geschäftsbetriebs erzielt werden, für das das Körperschaftsteuergesetz in der Fassung des Artikels 3 des Gesetzes vom 23. Oktober 2000 (BGBl. I S. 1433) erstmals anzuwenden ist. [3]§ 20 Absatz 1 Nummer 10 Buchstabe b Satz 3 ist erstmals für den Veranlagungszeitraum 2001 anzuwenden. [4]§ 20 Absatz 1 Nummer 10 Buchstabe b Satz 1 in der Fassung des Artikels 1 des Gesetzes vom 31. Juli 2003 (BGBl. I S. 1550) ist erstmals ab dem Veranlagungszeitraum 2004 anzuwenden. [5]§ 20 Absatz 1 Nummer 10 Buchstabe b Satz 1 in der am 12. Dezember 2006 geltenden Fassung ist für Anteile, die einbringungsgeboren im Sinne des § 21 des Umwandlungssteuergesetzes in der am 12. Dezember 2006 geltenden Fassung sind, weiter anzuwenden. [6]§ 20 Absatz 1 Nummer 10 Buchstabe b Satz 2 zweiter Halbsatz in der Fassung des Artikels 1 des Gesetzes vom 7. Dezember 2006 (BGBl. I S. 2782) ist erstmals auf Einbringungen oder Formwechsel anzuwenden, für die das Umwandlungssteuergesetz in der Fassung des Artikels 6 des Gesetzes vom 7. Dezember 2006 (BGBl. I S. 2782) anzuwenden ist. [7]§ 20 Absatz 1 Nummer 10 Buchstabe b Satz 2 zweiter Halbsatz ist auf Einbringungen oder Formwechsel, für die das Umwandlungssteuergesetz in der Fassung des Artikels 6 des Gesetzes vom 7. Dezember 2006 (BGBl. I S. 2782) noch nicht anzuwenden ist, in der folgenden Fassung anzuwenden:

»in Fällen der Einbringung nach dem Achten und des Formwechsels nach dem Zehnten Teil des Umwandlungssteuergesetzes gelten die Rücklagen als aufgelöst.«

[8]§ 20 Absatz 1 Nummer 10 Buchstabe b Satz 3 in der Fassung des Artikels 1 des Gesetzes vom 19. Dezember 2008 (BGBl. I S. 2794) ist erstmals für den Veranlagungszeitraum 2009 anzuwenden.

(37b) § 20 Absatz 2 Satz 1 Nummer 4 Sätze 2 und 4 in der Fassung des Gesetzes vom 20. Dezember 2001 (BGBl. I S. 3794) ist für alle Veranlagungszeiträume anzuwenden, soweit Steuerbescheide noch nicht bestandskräftig sind.

(37c) § 20 Absatz 2a Satz 1 in der Fassung des Gesetzes vom 24. März 1999 (BGBl. I S. 402) ist letztmals anzuwenden für Ausschüttungen, für die der Vierte Teil des Körperschaftsteuergesetzes nach § 34 Absatz 10a des Körperschaftsteuergesetzes in der Fassung des Artikels 3 des Gesetzes vom 23. Oktober 2000 (BGBl. I S. 1433) letztmals anzuwenden ist.

(37d) [1]§ 20 Absatz 1 Nummer 4 Satz 2 und Absatz 2b in der Fassung des Artikels 1 des Gesetzes vom 13. Dezember 2006 (BGBl. I S. 2878) ist erstmals für den Veranlagungszeitraum 2006 anzuwenden. [2]Absatz 33a gilt entsprechend.

(37e) Für die Anwendung des § 21 Absatz 1 Satz 2 in der Fassung des Artikels 1 des Gesetzes vom 22. Dezember 2005 (BGBl. I S. 3683) gilt Absatz 33a entsprechend.

(38) [1]§ 22 Nummer 1 Satz 2 ist erstmals auf Bezüge anzuwenden, die nach Ablauf des Wirtschaftsjahres der Körperschaft, Personenvereinigung oder Vermögensmasse erzielt werden, die die Bezüge gewährt, für das das Körperschaftsteuergesetz in der Fassung der Bekanntmachung vom 22. April 1999 (BGBl. I S. 817), zuletzt geändert durch Artikel 4 des Gesetzes vom 14. Juli 2000 (BGBl. I S. 1034), letztmalig anzuwenden ist. [2]Für die Anwendung des § 22 Nummer 1 Satz 1 zweiter Halbsatz in der Fassung des Artikels 1 des Gesetzes vom 22. Dezember 2005 (BGBl. I S. 3683) gilt Absatz 33a entsprechend. [3]§ 22 Nummer 3 Satz 4 zweiter Halbsatz in der Fassung des Artikels 1 des Gesetzes vom 13. Dezember 2006 (BGBl. I S. 2878) ist auch in den Fällen anzuwenden, in denen am 1. Januar 2007 die Feststellungsfrist noch nicht abgelaufen ist. [4]Wird auf Grund einer internen Teilung nach § 10 des Versorgungsausgleichsgesetzes oder einer externen Teilung nach § 14 des Versorgungsausgleichsgesetzes ein Anrecht zugunsten der ausgleichsberechtigten Person begründet, gilt dieser Vertrag insoweit zu dem gleichen Zeitpunkt als abgeschlossen wie derjenige der ausgleichspflichtigen Person, wenn die aus diesem Vertrag ausgezahlten Leistungen zu einer Besteuerung nach § 22 Nummer 5 Satz 2 Buchstabe b in Verbindung mit § 20 Absatz 1 Nummer 6 oder nach § 22 Nummer 5 Satz 2 Buchstabe c in Verbindung mit § 20 Absatz 1 Nummer 6 Satz 2 führen.

(38a) ¹Abweichend von § 22a Absatz 1 Satz 1 kann das Bundeszentralamt für Steuern den Zeitpunkt der erstmaligen Übermittlung von Rentenbezugsmitteilungen durch ein im Bundessteuerblatt zu veröffentlichendes Schreiben mitteilen. ²Der Mitteilungspflichtige nach § 22a Absatz 1 kann die Identifikationsnummer (§ 139b der Abgabenordnung) eines Leistungsempfängers, dem in den Jahren 2005 bis 2008 Leistungen zugeflossen sind, abweichend von § 22a Absatz 2 Satz 1 und 2 beim Bundeszentralamt für Steuern erheben. ³Das Bundeszentralamt für Steuern teilt dem Mitteilungspflichtigen die Identifikationsnummer des Leistungsempfängers mit, sofern die übermittelten Daten mit den nach § 139b Absatz 3 der Abgabenordnung beim Bundeszentralamt für Steuern gespeicherten Daten übereinstimmen. ⁴Stimmen die Daten nicht überein, findet § 22a Absatz 2 Satz 1 und 2 Anwendung. ⁵§ 22a Absatz 1 Satz 1 Nummer 1 Satz 2 und 3 in der Fassung des Artikels 1 des Gesetzes vom 8. Dezember 2010 (BGBl. I S. 1768) ist erstmals für die Rentenbezugsmitteilungen anzuwenden, die für den Veranlagungszeitraum 2011 zu übermitteln sind. ⁶Im Übrigen ist § 22a in der Fassung des Artikels 1 des Gesetzes vom 8. Dezember 2010 (BGBl. I S. 1768) erstmals für die Rentenbezugsmitteilungen anzuwenden, die für den Veranlagungszeitraum 2010 zu übermitteln sind.

(39) § 25 Absatz 4 in der Fassung des Artikels 1 des Gesetzes vom 20. Dezember 2008 (BGBl. I S. 2850) ist erstmals für Einkommensteuererklärungen anzuwenden, die für den Veranlagungszeitraum 2011 abzugeben sind.

(40) ¹§ 32 Absatz 1 Nummer 2 in der Fassung des Artikels 1 des Gesetzes vom 15. Dezember 2003 (BGBl. I S. 2645) ist in allen Fällen anzuwenden, in denen die Einkommensteuer noch nicht bestandskräftig festgesetzt ist. ²§ 32 Absatz 4 Satz 1 Nummer 2 Buchstabe d ist für den Veranlagungszeitraum 2000 in der folgenden Fassung anzuwenden:

»d) ein freiwilliges soziales Jahr im Sinne des Gesetzes zur Förderung eines freiwilligen sozialen Jahres, ein freiwilliges ökologisches Jahr im Sinne des Gesetzes zur Förderung eines freiwilligen ökologischen Jahres oder einen Freiwilligendienst im Sinne des Beschlusses Nr. 1686/98/EG des Europäischen Parlaments und des Rates vom 20. Juli 1998 zur Einführung des gemeinschaftlichen Aktionsprogramms »Europäischer Freiwilligendienst für junge Menschen« (ABl. EG Nr. L 214 S. 1) oder des Beschlusses Nr. 1031/2000/EG des Europäischen Parlaments und des Rates vom 13. April 2000 zur Einführung des gemeinschaftlichen Aktionsprogramms »Jugend« (ABl. EG Nr. L 117 S. 1) leistet oder«.

³§ 32 Absatz 4 Satz 1 Nummer 2 Buchstabe d in der Fassung des Gesetzes vom 16. August 2001 (BGBl. I S. 2074) ist erstmals für den Veranlagungszeitraum 2001 anzuwenden. ⁴§ 32 Absatz 4 Satz 1 Nummer 2 Buchstabe d in der Fassung des Artikels 2 Absatz 5 Buchstabe a des Gesetzes vom 16. Mai 2008 (BGBl. I S. 842) ist auf Freiwilligendienste im Sinne des Beschlusses Nr. 1719/2006/EG des Europäischen Parlaments und des Rates vom 15. November 2006 zur Einführung des Programms »Jugend in Aktion« (ABl. EU Nr. L 327 S. 30), die ab dem 1. Januar 2007 begonnen wurden, ab dem Veranlagungszeitraum 2007 anzuwenden. ⁵Die Regelungen des § 32 Absatz 4 Satz 1 Nummer 2 Buchstabe d in der bis zum 31. Dezember 2007 anzuwendenden Fassung sind, bezogen auf die Ableistung eines freiwilligen sozialen Jahres im Sinne des Gesetzes zur Förderung eines freiwilligen sozialen Jahres oder eines freiwilligen ökologischen Jahres im Sinne des Gesetzes zur Förderung eines freiwilligen ökologischen Jahres auch über den 31. Dezember 2007 hinaus anzuwenden, soweit die vorstehend genannten freiwilligen Jahre vor dem 1. Juni 2008 vereinbart oder begonnen wurden und über den 31. Mai 2008 hinausgehen und die Beteiligten nicht die Anwendung der Vorschriften des Jugendfreiwilligendienstegesetzes vereinbaren. ⁶§ 32 Absatz 4 Satz 1 Nummer 2 Buchstabe d in der Fassung des Artikels 1 des Gesetzes vom 16. Juli 2009 (BGBl. I S. 1959) ist auf einen Freiwilligendienst aller Generationen im Sinne von § 2 Absatz 1a des Siebten Buches Sozialgesetzbuch ab dem Veranlagungszeitraum 2009 anzuwenden. ⁷§ 32 Absatz 4 Satz 1 Nummer 2 in der Fassung des Artikels 1 des Gesetzes vom 19. Juli 2006 (BGBl. I S. 1652) ist für Kinder, die im Veranlagungszeitraum 2006 das 24. Lebensjahr vollendeten, mit der Maßgabe anzuwenden, dass an die Stelle der Angabe »noch nicht das 25. Lebensjahr vollendet hat« die Angabe »noch nicht das 26. Lebensjahr vollendet hat« tritt; für Kinder, die im Veranlagungszeitraum 2006 das 25. oder 26. Lebensjahr vollendeten,

ist § 32 Absatz 4 Satz 1 Nummer 2 weiterhin in der bis zum 31. Dezember 2006 geltenden Fassung anzuwenden. [8]§ 32 Absatz 4 Satz 1 Nummer 3 in der Fassung des Artikels 1 des Gesetzes vom 19. Juli 2006 (BGBl. I S. 1652) ist erstmals für Kinder anzuwenden, die im Veranlagungszeitraum 2007 wegen einer vor Vollendung des 25. Lebensjahres eingetretenen körperlichen, geistigen oder seelischen Behinderung außerstande sind, sich selbst zu unterhalten; für Kinder, die wegen einer vor dem 1. Januar 2007 in der Zeit ab der Vollendung des 25. Lebensjahres und vor Vollendung des 27. Lebensjahres eingetretenen körperlichen, geistigen oder seelischen Behinderung außerstande sind, sich selbst zu unterhalten, ist § 32 Absatz 4 Satz 1 Nummer 3 weiterhin in der bis zum 31. Dezember 2006 geltenden Fassung anzuwenden. [9]§ 32 Absatz 5 Satz 1 in der Fassung des Artikels 1 des Gesetzes vom 19. Juli 2006 (BGBl. I S. 1652) ist für Kinder, die im Veranlagungszeitraum 2006 das 24. Lebensjahr vollendeten, mit der Maßgabe anzuwenden, dass an die Stelle der Angabe »über das 21. oder 25. Lebensjahr hinaus« die Angabe »über das 21. oder 26. Lebensjahr hinaus« tritt; für Kinder, die im Veranlagungszeitraum 2006 das 25., 26. oder 27. Lebensjahr vollendeten, ist § 32 Absatz 5 Satz 1 weiterhin in der bis zum 31. Dezember 2006 geltenden Fassung anzuwenden. [10]Für die nach § 10 Absatz 1 Nummer 2 Buchstabe b und §§ 10a, 82 begünstigten Verträge, die vor dem 1. Januar 2007 abgeschlossen wurden, gelten für das Vorliegen einer begünstigten Hinterbliebenenversorgung die Altersgrenzen des § 32 in der bis zum 31. Dezember 2006 geltenden Fassung. [11]Dies gilt entsprechend für die Anwendung des § 93 Absatz 1 Satz 3 Buchstabe b.

(41) [1]§ 32a Absatz 1 ist für die Veranlagungszeiträume 2010 bis 2012 in der folgenden Fassung anzuwenden:

»(1) [1]Die tarifliche Einkommensteuer bemisst sich nach dem zu versteuernden Einkommen. [2]Sie beträgt vorbehaltlich der §§ 32b, 32d, 34, 34a, 34b und 34c jeweils in Euro für zu versteuernde Einkommen

1. bis 8.004 Euro (Grundfreibetrag):
   0;
2. von 8.005 Euro bis 13.469 Euro:
   $(912{,}17 \cdot y + 1.400) \cdot y$;
3. von 13.470 Euro bis 52.881 Euro:
   $(228{,}74 \cdot z + 2.397) \cdot z + 1.038$;
4. von 52.882 Euro bis 250.730 Euro:
   $0{,}42 \cdot x - 8.172$;
5. von 250.731 Euro an:
   $0{,}45 \cdot x - 15.694$.

[3]»y« ist ein Zehntausendstel des 8.004 Euro übersteigenden Teils des auf einen vollen Euro-Betrag abgerundeten zu versteuernden Einkommens. [4]»z« ist ein Zehntausendstel des 13.469 Euro übersteigenden Teils des auf einen vollen Euro-Betrag abgerundeten zu versteuernden Einkommens. [5]»x« ist das auf einen vollen Euro-Betrag abgerundete zu versteuernde Einkommen. [6]Der sich ergebende Steuerbetrag ist auf den nächsten vollen Euro-Betrag abzurunden.«

[2]Für den Veranlagungszeitraum 2013 ist § 32a Absatz 1 in der Fassung des Artikels 1 Nummer 1 Buchstabe a des Gesetzes vom 20. Februar 2013 (BGBl. I S. 283) anzuwenden.

(42) und (43) (weggefallen)

(43a) [1]§ 32b Absatz 1 Nummer 5 in der Fassung des Artikels 1 des Gesetzes vom 20. Dezember 2007 (BGBl. I S. 3150) ist bei Staatsangehörigen eines Mitgliedstaates der Europäischen Union oder eines Staates, auf den das Abkommen über den Europäischen Wirtschaftsraum anwendbar ist, die im Hoheitsgebiet eines dieser Staaten ihren Wohnsitz oder gewöhnlichen Aufenthalt haben, auf Antrag auch für Veranlagungszeiträume vor 2008 anzuwenden, soweit Steuerbescheide noch nicht bestandskräftig sind. [2]§ 32b Absatz 1 Satz 2 und 3 in der Fassung des Artikels 1 des Gesetzes vom 19. Dezember 2008 (BGBl. I S. 2794) ist erstmals für den Veranlagungszeitraum 2008 anzuwenden. [3]§ 32b Absatz 2 Satz 2 und 3 in der Fassung des Artikels 1 des Gesetzes vom 13. Dezember 2006

(BGBl. I S. 2878) ist letztmals für den Veranlagungszeitraum 2007 anzuwenden. [4]Abweichend von § 32b Absatz 3 kann das Bundesministerium der Finanzen den Zeitpunkt der erstmaligen Übermittlung der Mitteilungen durch ein im Bundessteuerblatt zu veröffentlichendes Schreiben mitteilen. [5]Bis zu diesem Zeitpunkt sind § 32b Absatz 3 und 4 in der am 20. Dezember 2003 geltenden Fassung weiter anzuwenden. [6]Der Träger der Sozialleistungen nach § 32b Absatz 1 Nummer 1 darf die Identifikationsnummer (§ 139b der Abgabenordnung) eines Leistungsempfängers, dem im Kalenderjahr vor dem Zeitpunkt der erstmaligen Übermittlung Leistungen zugeflossen sind, abweichend von § 22a Absatz 2 Satz 1 und 2 beim Bundeszentralamt für Steuern erheben. [7]Das Bundeszentralamt für Steuern teilt dem Träger der Sozialleistungen die Identifikationsnummer des Leistungsempfängers mit, sofern die ihm vom Träger der Sozialleistungen übermittelten Daten mit den nach § 139b Absatz 3 der Abgabenordnung beim Bundeszentralamt für Steuern gespeicherten Daten übereinstimmen. [8]Stimmen die Daten nicht überein, findet § 22a Absatz 2 Satz 1 und 2 Anwendung. [9]Die Anfrage des Trägers der Sozialleistungen und die Antwort des Bundeszentralamtes für Steuern sind über die zentrale Stelle (§ 81) zu übermitteln. [10]Die zentrale Stelle führt eine ausschließlich automatisierte Prüfung der ihr übermittelten Daten daraufhin durch, ob sie vollständig und schlüssig sind und ob das vorgeschriebene Datenformat verwendet worden ist.

(44) § 32c in der Fassung des Artikels 1 des Gesetzes vom 13. Dezember 2006 (BGBl. I S. 2878) ist letztmals für den Veranlagungszeitraum 2007 anzuwenden.

(45) und (46) (weggefallen)

(46a) § 33b Absatz 6 in der Fassung des Artikels 1 des Gesetzes vom 9. Dezember 2004 (BGBl. I S. 3310) ist in allen Fällen anzuwenden, in denen die Einkommensteuer noch nicht bestandskräftig festgesetzt ist.

(47) [1]§ 34 Absatz 1 Satz 1 in der Fassung des Gesetzes vom 23. Oktober 2000 (BGBl. I S. 1433) ist erstmals für den Veranlagungszeitraum 1999 anzuwenden. [2]Auf § 34 Absatz 2 Nummer 1 in der Fassung des Gesetzes vom 23. Oktober 2000 (BGBl. I S. 1433) ist Absatz 4a in der Fassung des Gesetzes vom 23. Oktober 2000 (BGBl. I S. 1433) entsprechend anzuwenden. [3]Satz 2 gilt nicht für die Anwendung des § 34 Absatz 3 in der Fassung des Gesetzes vom 19. Dezember 2000 (BGBl. I S. 1812). [4]In den Fällen, in denen nach dem 31. Dezember eines Jahres mit zulässiger steuerlicher Rückwirkung eine Vermögensübertragung nach dem Umwandlungssteuergesetz erfolgt oder ein Veräußerungsgewinn im Sinne des § 34 Absatz 2 Nummer 1 in der Fassung des Gesetzes vom 23. Oktober 2000 (BGBl. I S. 1433) erzielt wird, gelten die außerordentlichen Einkünfte als nach dem 31. Dezember dieses Jahres erzielt. [5]§ 34 Absatz 3 Satz 1 in der Fassung des Gesetzes vom 19. Dezember 2000 (BGBl. I S. 1812) ist ab dem Veranlagungszeitraum 2002 mit der Maßgabe anzuwenden, dass an die Stelle der Angabe »10 Millionen Deutsche Mark« die Angabe »5 Millionen Euro« tritt. [6]§ 34 Absatz 3 Satz 2 in der Fassung des Artikels 9 des Gesetzes vom 29. Dezember 2003 (BGBl. I S. 3076) ist erstmals für den Veranlagungszeitraum 2004 und für die Veranlagungszeiträume 2005 bis 2008 mit der Maßgabe anzuwenden, dass an die Stelle der Angabe »16 Prozent« die Angabe »15 Prozent« tritt. [7]§ 34 Absatz 3 Satz 2 in der Fassung des Artikels 1 des Gesetzes vom 8. Dezember 2010 (BGBl. I S. 1768) ist erstmals für den Veranlagungszeitraum 2009 anzuwenden. 8Für die Anwendung des § 34 Absatz 3 Satz 4 in der Fassung des Gesetzes vom 19. Dezember 2000 (BGBl. I S. 1812) ist die Inanspruchnahme einer Steuerermäßigung nach § 34 in Veranlagungszeiträumen vor dem 1. Januar 2001 unbeachtlich.

(48) § 34a in der Fassung des Artikels 1 des Gesetzes vom 19. Dezember 2008 (BGBl. I S. 2794) ist erstmals für den Veranlagungszeitraum 2008 anzuwenden.

(49) [1]§ 34c Absatz 1 Satz 1 bis 3 sowie § 34c Absatz 6 Satz 2 in der Fassung des Artikels 1 des Gesetzes vom 19. Dezember 2008 (BGBl. I S. 2794) sind erstmals für den Veranlagungszeitraum 2009 anzuwenden. [2]§ 34c Absatz 1 Satz 2 ist für den Veranlagungszeitraum 2008 in der folgenden Fassung anzuwenden:

»Die auf diese ausländischen Einkünfte entfallende deutsche Einkommensteuer ist in der Weise zu ermitteln, dass die sich bei der Veranlagung des zu versteuernden Einkommens, einschließlich der ausländischen Einkünfte, nach den §§ 32a, 32b, 34, 34a und 34b ergebende deutsche Einkommensteuer im Verhältnis dieser ausländischen Einkünfte zur Summe der Einkünfte aufgeteilt wird.«

³§ 34c Absatz 6 Satz 5 in Verbindung mit Satz 1 in der Fassung des Artikels 1 des Gesetzes vom 13. Dezember 2006 (BGBl. I S. 2878) ist für alle Veranlagungszeiträume anzuwenden, soweit Steuerbescheide noch nicht bestandskräftig sind.

(50) ¹§ 34f Absatz 3 und 4 Satz 2 in der Fassung des Gesetzes vom 25. Februar 1992 (BGBl. I S. 297) ist erstmals anzuwenden bei Inanspruchnahme der Steuerbegünstigung nach § 10e Absatz 1 bis 5 in der Fassung des Gesetzes vom 25. Februar 1992 (BGBl. I S. 297). ²§ 34f Absatz 4 Satz 1 ist erstmals anzuwenden bei Inanspruchnahme der Steuerbegünstigung nach § 10e Absatz 1 bis 5 oder nach § 15b des Berlinförderungsgesetzes für nach dem 31. Dezember 1991 hergestellte oder angeschaffte Objekte.

(50a) ¹§ 35 in der Fassung des Artikels 1 des Gesetzes vom 19. Dezember 2008 (BGBl. I S. 2794) ist erstmals für den Veranlagungszeitraum 2008 anzuwenden. ²Gewerbesteuer-Messbeträge, die Erhebungszeiträumen zuzuordnen sind, die vor dem 1. Januar 2008 enden, sind abweichend von § 35 Absatz 1 Satz 1 nur mit dem 1,8-fachen des Gewerbesteuer-Messbetrags zu berücksichtigen.

(50b) ¹§ 35a in der Fassung des Gesetzes vom 23. Dezember 2002 (BGBl. I S. 4621) ist erstmals für im Veranlagungszeitraum 2003 geleistete Aufwendungen anzuwenden, soweit die den Aufwendungen zu Grunde liegenden Leistungen nach dem 31. Dezember 2002 erbracht worden sind. ²§ 35a in der Fassung des Artikels 1 des Gesetzes vom 13. Dezember 2006 (BGBl. I S. 2878) ist erstmals für im Veranlagungszeitraum 2006 geleistete Aufwendungen anzuwenden, soweit die den Aufwendungen zu Grunde liegenden Leistungen nach dem 31. Dezember 2005 erbracht worden sind. ³§ 35a Absatz 1 Satz 1 und Absatz 2 Satz 1 und 2 in der Fassung des Artikels 1 des Gesetzes vom 20. Dezember 2007 (BGBl. I S. 3150) ist in allen Fällen anzuwenden, in denen die Einkommensteuer noch nicht bestandskräftig festgesetzt ist. ⁴§ 35a in der Fassung des Artikels 1 des Gesetzes vom 21. Dezember 2008 (BGBl. I S. 2896) ist erstmals anzuwenden bei Aufwendungen, die im Veranlagungszeitraum 2009 geleistet und deren zu Grunde liegende Leistungen nach dem 31. Dezember 2008 erbracht worden sind. ⁵§ 35a in der Fassung des Artikels 1 des Gesetzes vom 22. Dezember 2008 (BGBl. I S. 2955) ist erstmals für im Veranlagungszeitraum 2009 geleistete Aufwendungen anzuwenden, soweit die den Aufwendungen zu Grunde liegenden Leistungen nach dem 31. Dezember 2008 erbracht worden sind. ⁶§ 35a Absatz 3 in der Fassung des Artikels 1 des Gesetzes vom 8. Dezember 2010 (BGBl. I S. 1768) ist erstmals für im Veranlagungszeitraum 2011 geleistete Aufwendungen anzuwenden, soweit die den Aufwendungen zu Grunde liegenden Leistungen nach dem 31. Dezember 2010 erbracht worden sind. ⁷§ 35a Absatz 5 Satz 1 in der Fassung des Artikels 1 des Gesetzes vom 8. Dezember 2010 (BGBl. I S. 1768) ist erstmals für im Veranlagungszeitraum 2009 geleistete Aufwendungen anzuwenden, soweit die den Aufwendungen zu Grunde liegenden Leistungen nach dem 31. Dezember 2008 erbracht worden sind.

(50c) § 35b in der Fassung des Artikels 5 des Gesetzes vom 24. Dezember 2008 (BGBl. I S. 3018) ist erstmals für den Veranlagungszeitraum 2009 anzuwenden, wenn der Erbfall nach dem 31. Dezember 2008 eingetreten ist.

(50d) ¹§ 36 Absatz 2 Nummer 2 und 3 und Absatz 3 Satz 1 in der Fassung des Gesetzes vom 24. März 1999 (BGBl. I S. 402) ist letztmals anzuwenden für Ausschüttungen, für die der Vierte Teil des Körperschaftsteuergesetzes nach § 34 Absatz 10a des Körperschaftsteuergesetzes in der Fassung des Artikels 3 des Gesetzes vom 23. Oktober 2000 (BGBl. I S. 1433) letztmals anzuwenden ist. ²§ 36 Absatz 2 Nummer 2 und Absatz 3 Satz 1 in der Fassung des Gesetzes vom 23. Oktober 2000 (BGBl. I S. 1433) ist erstmals für Erträge anzuwenden, für die Satz 1 nicht gilt. ³§ 36 Absatz 5 in der Fassung des Artikels 1 des Gesetzes vom 8. Dezember 2010 (BGBl. I S. 1768) gilt in allen Fällen, in denen § 16 Absatz 3a anzuwenden ist.

(50e) Die §§ 36a bis 36e in der Fassung des Gesetzes vom 24. März 1999 (BGBl. I S. 402) sind letztmals anzuwenden für Ausschüttungen, für die der Vierte Teil des Körperschaftsteuergesetzes nach § 34 Absatz 10a des Körperschaftsteuergesetzes in der Fassung des Artikels 3 des Gesetzes vom 23. Oktober 2000 (BGBl. I S. 1433) letztmals anzuwenden ist.

(50f) ¹§ 37 Absatz 3 ist, soweit die erforderlichen Daten nach § 10 Absatz 2 Satz 3 noch nicht nach § 10 Absatz 2a übermittelt wurden, mit der Maßgabe anzuwenden, dass
1. als Beiträge im Sinne des § 10 Absatz 1 Nummer 3 Buchstabe a die für den letzten Veranlagungszeitraum geleisteten Beiträge zugunsten einer privaten Krankenversicherung vermindert um 20 Prozent oder Beiträge zur gesetzlichen Krankenversicherung vermindert um 4 Prozent,
2. als Beiträge im Sinne des § 10 Absatz 1 Nummer 3 Buchstabe b die bei der letzten Veranlagung berücksichtigten Beiträge zugunsten einer gesetzlichen Pflegeversicherung anzusetzen sind; mindestens jedoch 1.500 Euro. ²Gemessen sich die Vorauszahlungen auf der Veranlagung des Veranlagungszeitraums 2008, dann sind 1.500 Euro als Beiträge im Sinne des § 10 Absatz 1 Nummer ³ anzusetzen, wenn der Steuerpflichtige keine höheren Beiträge gegenüber dem Finanzamt nachweist. ³Bei zusammen veranlagten Ehegatten ist der in den Sätzen 1 und 2 genannte Betrag von 1.500 Euro zu verdoppeln. ⁴§ 37 Absatz 3 Satz 3 in der Fassung des Artikels 1 des Gesetzes vom 1. November 2011 (BGBl. I S. 2131) ist erstmals für Besteuerungszeiträume anzuwenden, die nach dem 31. Dezember 2009 beginnen.

(50g) ¹Das Bundesministerium der Finanzen kann im Einvernehmen mit den obersten Finanzbehörden der Länder in einem Schreiben mitteilen, wann die in § 39 Absatz 4 Nummer 4 und 5 genannten Lohnsteuerabzugsmerkmale erstmals abgerufen werden können (§ 39e Absatz 3 Satz 1). ²Dieses Schreiben ist im Bundessteuerblatt zu veröffentlichen.

(51) ¹§ 39b Absatz 2 Satz 5 Nummer 1 ist auf laufenden Arbeitslohn, der für einen nach dem 30. November 2011 aber vor dem 1. Januar 2012 endenden täglichen, wöchentlichen und monatlichen Lohnzahlungszeitraum gezahlt wird, mit der Maßgabe anzuwenden, dass der verminderte oder erhöhte hochgerechnete Jahresarbeitslohn nicht um den Arbeitnehmer-Pauschbetrag (§ 9a Satz 1 Nummer 1 Buchstabe a), sondern um den lohnsteuerlichen Ausgleichsbetrag 2011 in Höhe von 1.880 Euro vermindert wird. ²Bei sonstigen Bezügen (§ 39b Absatz 3), die nach dem 30. November 2011, aber vor dem 1. Januar 2012 zufließen, beim permanenten Lohnsteuer-Jahresausgleich (§ 39b Absatz 2 Satz 12) für einen nach dem 30. November 2011, aber vor dem 1. Januar 2012 endenden Lohnzahlungszeitraum und beim Lohnsteuer-Jahresausgleich durch den Arbeitgeber (§ 42b) für das Ausgleichsjahr 2011 ist jeweils ein Arbeitnehmer- Pauschbetrag von 1.000 Euro zu berücksichtigen.

(51a) § 39b Absatz 3 Satz 10 ist auf sonstige Bezüge, die nach dem 31. Dezember 2008 und vor dem 1. Januar 2010 zufließen, in folgender Fassung anzuwenden:

»Ein sonstiger Bezug im Sinne des § 34 Absatz 1 und 2 Nummer 2 und Nummer 4 ist bei der Anwendung des Satzes 4 in die Bemessungsgrundlage für die Vorsorgepauschale nach Absatz 2 Satz 5 Nummer 3 einzubeziehen.«

(51b) § 39b Absatz 6 in der am 31. Dezember 2010 geltenden Fassung ist weiterhin anzuwenden, bis das Bundesministerium der Finanzen den Zeitpunkt für den erstmaligen automatisierten Abruf der Lohnsteuerabzugsmerkmale nach § 39 Absatz 4 Nummer 5 mitgeteilt hat (Absatz 50g).

(51c) Für Lohnzahlungszeiträume, die nach dem 31. Dezember 2012 und vor dem 1. Januar 2014 enden, ist § 39b Absatz 2 Satz 7 in der Fassung des Artikels 1 Nummer 2 Buchstabe a des Gesetzes vom 20. Februar 2013 (BGBl. I S. 283) anzuwenden.

(52) Haben Arbeitnehmer im Laufe des Kalenderjahres geheiratet, wird abweichend von § 39e Absatz 3 Satz 3 für jeden Ehegatten automatisiert die Steuerklasse IV gebildet, wenn die Voraussetzungen des § 38b Absatz 1 Satz 2 Nummer 3 oder Nummer 4 vorliegen.

(52a) § 40 Absatz 2 Satz 2 und 3 in der Fassung des Gesetzes vom 20. April 2009 (BGBl. I S. 774) ist erstmals anzuwenden auf den laufenden Arbeitslohn, der für einen nach dem 31. Dezember 2006 endenden Lohnzahlungszeitraum gezahlt wird, und auf sonstige Bezüge, die nach dem 31. Dezember 2006 zufließen.

(52b) ¹§ 40b Absatz 1 und 2 in der am 31. Dezember 2004 geltenden Fassung ist weiter anzuwenden auf Beiträge für eine Direktversicherung des Arbeitnehmers und Zuwendungen an eine Pensionskasse, die auf Grund einer Versorgungszusage geleistet werden, die vor dem 1. Januar 2005 erteilt wurde. ²Sofern die Beiträge für eine Direktversicherung die Voraussetzungen des § 3 Nummer 63 erfüllen, gilt dies nur, wenn der Arbeitnehmer nach Absatz 6 gegenüber dem Arbeitgeber für diese Beiträge auf die Anwendung des § 3 Nummer 63 verzichtet hat. ³§ 40b Absatz 4 in der Fassung des Artikels 1 des Gesetzes vom 13. Dezember 2006 (BGBl. I S. 2878) ist erstmals anzuwenden auf Sonderzahlungen, die nach dem 23. August 2006 gezahlt werden.

(52c) § 41b Absatz 1 Satz 2 Satzteil vor Nummer 1 in der Fassung des Artikels 1 des Gesetzes vom 20. Dezember 2007 (BGBl. I S. 3150) ist erstmals anzuwenden für Lohnsteuerbescheinigungen von laufendem Arbeitslohn, der für einen nach dem 31. Dezember 2008 endenden Lohnzahlungszeitraum gezahlt wird, und von sonstigen Bezügen, die nach dem 31. Dezember 2008 zufließen.

(53) ¹Die §§ 43 bis 45c in der Fassung des Gesetzes vom 22. Dezember 1999 (BGBl. I S. 2601) sind letztmals anzuwenden für Ausschüttungen, für die der Vierte Teil des Körperschaftsteuergesetzes nach § 34 Absatz 10a des Körperschaftsteuergesetzes in der Fassung des Artikels 3 des Gesetzes vom 23. Oktober 2000 (BGBl. I S. 1433) letztmals anzuwenden ist. ²Die §§ 43 bis 45c in der Fassung des Artikels 1 des Gesetzes vom 23. Oktober 2000 (BGBl. I S. 1433), dieses wiederum geändert durch Artikel 2 des Gesetzes vom 19. Dezember 2000 (BGBl. I S. 1812), sind auf Kapitalerträge anzuwenden, für die Satz 1 nicht gilt. ³§ 44 Absatz 6 Satz 3 in der Fassung des Gesetzes vom 20. Dezember 2001 (BGBl. I S. 3858) ist erstmals für den Veranlagungszeitraum 2001 anzuwenden. ⁴§ 45d Absatz 1 Satz 1 in der Fassung des Gesetzes vom 20. Dezember 2001 (BGBl. I S. 3794) ist für Mitteilungen auf Grund der Steuerabzugspflicht nach § 18a des Auslandinvestment-Gesetzes auf Kapitalerträge anzuwenden, die den Gläubigern nach dem 31. Dezember 2001 zufließen. 5§ 44 Absatz 6 in der Fassung des Artikels 1 des Gesetzes vom 13. Dezember 2006 (BGBl. I S. 2878) ist erstmals für Kapitalerträge anzuwenden, für die Satz 1 nicht gilt.

(53a) ¹§ 43 Absatz 1 Satz 1 Nummer 1 Satz 2 und Absatz 3 Satz 2 sind erstmals auf Entgelte anzuwenden, die nach dem 31. Dezember 2004 zufließen, es sei denn, die Veräußerung ist vor dem 29. Juli 2004 erfolgt. ²§ 43 Absatz 1 Satz 1 Nummer 7 Buchstabe b Satz 2 in der Fassung des Artikels 1 des Gesetzes vom 13. Dezember 2006 (BGBl. I S. 2878) ist erstmals auf Verträge anzuwenden, die nach dem 31. Dezember 2006 abgeschlossen werden.

(54) Bei der Veräußerung oder Einlösung von Wertpapieren und Kapitalforderungen, die von der das Bundesschuldbuch führenden Stelle oder einer Landesschuldenverwaltung verwahrt oder verwaltet werden können, bemisst sich der Steuerabzug nach den bis zum 31. Dezember 1993 geltenden Vorschriften, wenn sie vor dem 1. Januar 1994 emittiert worden sind; dies gilt nicht für besonders in Rechnung gestellte Stückzinsen.

(55) § 43a Absatz 2 Satz 7 ist erstmals auf Erträge aus Wertpapieren und Kapitalforderungen anzuwenden, die nach dem 31. Dezember 2001 erworben worden sind.

(55a) Die Anlage 2 (zu § 43b) in der Fassung des Artikels 1 des Gesetzes vom 20. Dezember 2007 (BGBl. I S. 3150) ist auf Ausschüttungen im Sinne des § 43b anzuwenden, die nach dem 31. Dezember 2006 zufließen.

(55b) (weggefallen)

(55c) § 43b Absatz 2 Satz 1 ist auf Ausschüttungen, die nach dem 31. Dezember 2008 zufließen, mit der Maßgabe anzuwenden, dass an die Stelle der Angabe »15 Prozent« die Angabe »10 Prozent« tritt.

(55d) § 43b Absatz 3 ist letztmals auf Ausschüttungen anzuwenden, die vor dem 1. Januar 2009 zugeflossen sind.

(55e) ¹§ 44 Absatz 1 Satz 5 in der Fassung des Gesetzes vom 21. Juli 2004 (BGBl. I S. 1753) ist erstmals auf Ausschüttungen anzuwenden, die nach dem 31. Dezember 2004 erfolgen. ²§ 44 Absatz 6 Satz 2 und 5 in der am 12. Dezember 2006 geltenden Fassung sind für Anteile, die einbringungsgeboren im Sinne des § 21 des Umwandlungssteuergesetzes in der am 12. Dezember 2006 geltenden Fassung sind, weiter anzuwenden.

(55f) ¹Für die Anwendung des § 44a Absatz 1 Nummer 1 und Absatz 2 Satz 1 Nummer 1 auf Kapitalerträge, die nach dem 31. Dezember 2006 zufließen, gilt Folgendes:

Ist ein Freistellungsauftrag vor dem 1. Januar 2007 unter Beachtung des § 20 Absatz 4 in der bis dahin geltenden Fassung erteilt worden, darf der nach § 44 Absatz 1 zum Steuerabzug Verpflichtete den angegebenen Freistellungsbetrag nur zu 56,37 Prozent berücksichtigen. ²Sind in dem Freistellungsauftrag der gesamte Sparer-Freibetrag nach § 20 Absatz 4 in der Fassung des Artikels 1 des Gesetzes vom 19. Juli 2006 (BGBl. I S. 1652) und der gesamte Werbungskosten-Pauschbetrag nach § 9a Satz 1 Nummer 2 in der Fassung des Artikels 1 des Gesetzes vom 19. Juli 2006 (BGBl. I S. 1652) angegeben, ist der Werbungskosten-Pauschbetrag in voller Höhe zu berücksichtigen.

(55g) ¹§ 44a Absatz 7 und 8 in der Fassung des Artikels 1 des Gesetzes vom 15. Dezember 2003 (BGBl. I S. 2645) ist erstmals für Ausschüttungen anzuwenden, die nach dem 31. Dezember 2003 erfolgen. ²Für Ausschüttungen, die vor dem 1. Januar 2004 erfolgen, sind § 44a Absatz 7 und § 44c in der Fassung der Bekanntmachung vom 19. Oktober 2002 (BGBl. I S. 4210, 2003 I S. 179) weiterhin anzuwenden. ³§ 44a Absatz 7 und 8 in der Fassung des Artikels 1 des Gesetzes vom 9. Dezember 2004 (BGBl. I S. 3310) und § 45b Absatz 2a sind erstmals auf Ausschüttungen anzuwenden, die nach dem 31. Dezember 2004 erfolgen.

(55h) § 44b Absatz 1 Satz 2 in der Fassung des Artikels 1 des Gesetzes vom 13. Dezember 2006 (BGBl. I S. 2878) ist erstmals auf Kapitalerträge anzuwenden, die nach dem 31. Dezember 2006 zufließen.

(55i) § 45a Absatz 4 Satz 2 in der Fassung des Artikels 1 des Gesetzes vom 13. Dezember 2006 (BGBl. I S. 2878) ist erstmals ab dem 1. Januar 2007 anzuwenden.

(55j) Für den Veranlagungszeitraum 2013 ist § 46 Absatz 2 Nummer 3 und 4 in der Fassung des Artikels 1 Nummer 3 Buchstabe a und c des Gesetzes vom 20. Februar 2013 (BGBl. I S. 283) anzuwenden.

(56) § 48 in der Fassung des Gesetzes vom 30. August 2001 (BGBl. I S. 2267) ist erstmals auf Gegenleistungen anzuwenden, die nach dem 31. Dezember 2001 erbracht werden.

(57) § 49 Absatz 1 Nummer 2 Buchstabe e und f sowie Nummer 8 in der Fassung des Gesetzes vom 7. Dezember 2006 (BGBl. I S. 2782) ist erstmals für den Veranlagungszeitraum 2006 anzuwenden.

(57a) ¹§ 49 Absatz 1 Nummer 5 Buchstabe a in der Fassung des Gesetzes vom 22. Dezember 1999 (BGBl. I S. 2601) ist letztmals anzuwenden für Ausschüttungen, für die der Vierte Teil des Körperschaftsteuergesetzes nach § 34 Absatz 10a des Körperschaftsteuergesetzes in der Fassung des Artikels 3 des Gesetzes vom 23. Oktober 2000 (BGBl. I S. 1433) letztmals anzuwenden ist. ²§ 49 Absatz 1 Nummer 5 Buchstabe a in der Fassung des Gesetzes vom 23. Oktober 2000 (BGBl. I S. 1433) ist erstmals für Kapitalerträge anzuwenden, für die Satz 1 nicht gilt. ³§ 49 Absatz 1 Nummer 5 Buchstabe b in der Fassung des Gesetzes vom 22. Dezember 1999 (BGBl. I S. 2601) ist letztmals anzuwenden für Ausschüttungen, für die der Vierte Teil des Körperschaftsteuergesetzes nach § 34 Absatz 10a des Körperschaftsteuergesetzes in der Fassung des Artikels 3 des Gesetzes vom 23. Oktober 2000 (BGBl. I S. 1433) letztmals anzuwenden ist. ⁴Für die Anwendung des § 49 Absatz 1 Nummer 5 Buchstabe a in der Fassung des Gesetzes vom 20. Dezember 2001 (BGBl. I S. 3794) gelten bei Kapitalerträgen, die nach dem 31. Dezember 2000 zufließen, die Sätze 1 und 2 entsprechend. 5§ 49 Absatz 1 Nummer 5 Buchstabe a und b in der Fassung des Artikels 1 des Gesetzes vom 9. Dezember 2004 (BGBl. I S. 3310) ist erstmals auf Kapitalerträge, die nach dem 31. Dezember 2003 zufließen, anzuwenden.

(58) ¹§ 50 Absatz 1 in der Fassung des Artikels 1 des Gesetzes vom 20. Dezember 2007 (BGBl. I S. 3150) ist bei Staatsangehörigen eines Mitgliedstaates der Europäischen Union oder eines Staates, auf den das Abkommen über den Europäischen Wirtschaftsraum anwendbar ist, die im Hoheitsgebiet eines dieser Staaten ihren Wohnsitz oder gewöhnlichen Aufenthalt haben, auf Antrag auch für Veranlagungszeiträume vor 2008 anzuwenden, soweit Steuerbescheide noch nicht bestandskräftig sind. ²§ 50 Absatz 5 Satz 2 Nummer 3 in der Fassung der Bekanntmachung vom 19. Oktober 2002 (BGBl. I S. 4210; 2003 I S. 179) ist letztmals anzuwenden auf Vergütungen, die vor dem 1. Januar 2009 zufließen. 3Der Zeitpunkt der erstmaligen Anwendung des § 50 Absatz 2 in der Fassung des Artikels 8 des Gesetzes vom 10. August 2009 (BGBl. I S. 2702) wird durch eine Rechtsverordnung der Bundesregierung bestimmt, die der Zustimmung des Bundesrates bedarf; dieser Zeitpunkt darf nicht vor dem 31. Dezember 2011 liegen.

(58a) ¹§ 50a in der Fassung des Artikels 1 des Gesetzes vom 19. Dezember 2008 (BGBl. I S. 2794) ist erstmals auf Vergütungen anzuwenden, die nach dem 31. Dezember 2008 zufließen. ²Der Zeitpunkt der erstmaligen Anwendung des § 50a Absatz 3 und 5 in der Fassung des Artikels 8 des Gesetzes vom 10. August 2009 (BGBl. I S. 2702) wird durch eine Rechtsverordnung der Bundesregierung bestimmt, die der Zustimmung des Bundesrates bedarf; dieser Zeitpunkt darf nicht vor dem 31. Dezember 2011 liegen.

(58b) § 50a Absatz 7 Satz 3 in der Fassung des Gesetzes vom 20. Dezember 2001 (BGBl. I S. 3794) ist erstmals auf Vergütungen anzuwenden, für die der Steuerabzug nach dem 22. Dezember 2001 angeordnet worden ist.

(58c) § 50b in der Fassung des Artikels 1 des Gesetzes vom 13. Dezember 2006 (BGBl. I S. 2878) ist erstmals anzuwenden für Jahresbescheinigungen, die nach dem 31. Dezember 2004 ausgestellt werden.

(59) § 50c in der Fassung des Gesetzes vom 24. März 1999 (BGBl. I S. 402) ist weiter anzuwenden, wenn für die Anteile vor Ablauf des ersten Wirtschaftsjahres, für das das Körperschaftsteuergesetz in der Fassung des Artikels 3 des Gesetzes vom 23. Oktober 2000 (BGBl. I S. 1433) erstmals anzuwenden ist, ein Sperrbetrag zu bilden war.

(59a) ¹§ 50d in der Fassung des Gesetzes vom 22. Dezember 1999 (BGBl. I S. 2601) ist letztmals anzuwenden für Ausschüttungen, für die der Vierte Teil des Körperschaftsteuergesetzes nach § 34 Absatz 10a des Körperschaftsteuergesetzes in der Fassung des Artikels 3 des Gesetzes vom 23. Oktober 2000 (BGBl. I S. 1433) letztmals anzuwenden ist. ²§ 50d in der Fassung des Gesetzes vom 23. Oktober 2000 (BGBl. I S. 1433) ist erstmals auf Kapitalerträge anzuwenden, für die Satz 1 nicht gilt. ³§ 50d in der Fassung des Gesetzes vom 20. Dezember 2001 (BGBl. I S. 3794) ist ab 1. Januar 2002 anzuwenden; für Anträge auf die Erteilung von Freistellungsbescheinigungen, die bis zum 31. Dezember 2001 gestellt worden sind, ist § 50d Absatz 2 Satz 4 nicht anzuwenden. ⁴§ 50d Absatz 1 in der Fassung des Artikels 1 des Gesetzes vom 15. Dezember 2003 (BGBl. I S. 2645) ist ab 1. Januar 2002 anzuwenden. ⁵§ 50d Absatz 1, 1a, 2 und 4 in der Fassung des Gesetzes vom 2. Dezember 2004 (BGBl. I S. 3112) ist erstmals auf Zahlungen anzuwenden, die nach dem 31. Dezember 2003 erfolgen. ⁶§ 50d Absatz 9 Satz 1 Nummer 1 in der Fassung des Artikels 1 des Gesetzes vom 13. Dezember 2006 (BGBl. I S. 2878) ist für alle Veranlagungszeiträume anzuwenden, soweit Steuerbescheide noch nicht bestandskräftig sind. ⁷§ 50d Absatz 1, 1a, 2 und 5 in der Fassung des Artikels 1 des Gesetzes vom 19. Dezember 2008 (BGBl. I S. 2794) ist erstmals auf Vergütungen anzuwenden, die nach dem 31. Dezember 2008 zufließen. ⁸§ 50d Absatz 10 in der Fassung des Artikels 1 des Gesetzes vom 19. Dezember 2008 (BGBl. I S. 2794) ist in allen Fällen anzuwenden, in denen die Einkommen- und Körperschaftsteuer noch nicht bestandskräftig festgesetzt ist. ⁹§ 50d Absatz 11 in der Fassung des Artikels 3 des Gesetzes vom 8. Mai 2012 (BGBl. I S. 1030) ist erstmals auf Zahlungen anzuwenden, die nach dem 31. Dezember 2011 erfolgen.

(59b) § 50f in der Fassung des Artikels 1 des Gesetzes vom 8. Dezember 2010 (BGBl. I S. 1768) ist erstmals für die Rentenbezugsmitteilungen anzuwenden, die für den Veranlagungszeitraum 2010 zu übermitteln sind.

(59c) Die Anlage 3 (zu § 50g) in der Fassung des Artikels 1 des Gesetzes vom 20. Dezember 2007 (BGBl. I S. 3150) ist auf Zahlungen anzuwenden, die nach dem 31. Dezember 2006 erfolgen.

(59d) § 51 Absatz 4 Nummer 1 in der Fassung des Gesetzes vom 24. März 1999 (BGBl. I S. 402) ist letztmals anzuwenden für Ausschüttungen, für die der Vierte Teil des Körperschaftsteuergesetzes nach § 34 Absatz 10a des Körperschaftsteuergesetzes in der Fassung des Artikels 3 des Gesetzes vom 23. Oktober 2000 (BGBl. I S. 1433) letztmals anzuwenden ist.

(59e) [1]§ 52 Absatz 8 in der Fassung des Artikels 1 Nummer 59 des Jahressteuergesetzes 1996 vom 11. Oktober 1995 (BGBl. I S. 1250) ist nicht anzuwenden. [2]§ 52 Absatz 8 in der Fassung des Artikels 8 Nummer 5 des Dritten Finanzmarktförderungsgesetzes vom 24. März 1998 (BGBl. I S. 529) ist in folgender Fassung anzuwenden:

»(8) § 6b Absatz 1 Satz 2 Nummer 5 und Absatz 4 Satz 1 Nummer 2 ist erstmals auf Veräußerungen anzuwenden, die nach dem Inkrafttreten des Artikels 7 des Dritten Finanzmarktförderungsgesetzes vorgenommen werden.«

(60) § 55 in der Fassung des Gesetzes vom 24. März 1999 (BGBl. I S. 402) ist auch für Veranlagungszeiträume vor 1999 anzuwenden.

(61) Die §§ 62 und 65 in der Fassung des Gesetzes vom 16. Dezember 1997 (BGBl. I S. 2970) sind erstmals für den Veranlagungszeitraum 1998 anzuwenden.

(61a) [1]§ 62 Absatz 2 in der Fassung des Gesetzes vom 30. Juli 2004 (BGBl. I S. 1950) ist erstmals für den Veranlagungszeitraum 2005 anzuwenden. [2]§ 62 Absatz 2 in der Fassung des Artikels 2 Nummer 2 des Gesetzes vom 13. Dezember 2006 (BGBl. I S. 2915) ist in allen Fällen anzuwenden, in denen das Kindergeld noch nicht bestandskräftig festgesetzt ist.

(62) § 66 Absatz 3 in der Fassung der Bekanntmachung vom 16. April 1997 (BGBl. I S. 821) ist letztmals für das Kalenderjahr 1997 anzuwenden, so dass Kindergeld auf einen nach dem 31. Dezember 1997 gestellten Antrag rückwirkend längstens bis einschließlich Juli 1997 gezahlt werden kann.

(62a) § 70 Absatz 4 in der am 31. Dezember 2011 geltenden Fassung ist weiter für Kindergeldfestsetzungen anzuwenden, die Zeiträume betreffen, die vor dem 1. Januar 2012 enden.

(63) § 73 in der Fassung der Bekanntmachung vom 16. April 1997 (BGBl. I S. 821) ist weiter für Kindergeld anzuwenden, das der private Arbeitgeber für Zeiträume vor dem 1. Januar 1999 auszuzahlen hat.

(63a) [1]§ 79 Satz 1 gilt entsprechend für die in Absatz 24c Satz 2 und 3 genannten Personen, sofern sie unbeschränkt steuerpflichtig sind oder für das Beitragsjahr nach § 1 Absatz 3 als unbeschränkt steuerpflichtig behandelt werden. [2]Der Anbieter eines Altersvorsorgevertrages hat seinen Vertragspartner bis zum 31. Juli 2012 in hervorgehobener Weise schriftlich darauf hinzuweisen, dass ab dem Beitragsjahr 2012 eine weitere Voraussetzung für das Bestehen einer mittelbaren Zulageberechtigung nach § 79 Satz 2 die Zahlung von eigenen Altersvorsorgebeiträgen in Höhe von mindestens 60 Euro pro Beitragsjahr ist.

(63b) [1]Der Zulageberechtigte kann für ein abgelaufenes Beitragsjahr bis zum Beitragsjahr 2011 Altersvorsorgebeiträge auf einen auf seinen Namen lautenden Altersvorsorgevertrag leisten, wenn
1. der Anbieter des Altersvorsorgevertrages davon Kenntnis erhält, in welcher Höhe und für welches Beitragsjahr die Altersvorsorgebeiträge berücksichtigt werden sollen,
2. in dem Beitragsjahr, für das die Altersvorsorgebeiträge berücksichtigt werden sollen, ein Altersvorsorgevertrag bestanden hat,

3. im fristgerechten Antrag auf Zulage für dieses Beitragsjahr eine Zulageberechtigung nach § 79 Satz 2 angegeben wurde, aber tatsächlich eine Zulageberechtigung nach § 79 Satz 1 vorliegt,
4. die Zahlung der zurück zu beziehenden Altersvorsorgebeiträge bis zum Ablauf von zwei Jahren nach Erteilung der Bescheinigung nach § 92, mit der zuletzt Ermittlungsergebnisse für dieses Beitragsjahr bescheinigt wurden, längstens jedoch bis zum Beginn der Auszahlungsphase des Altersvorsorgevertrages erfolgt und
5. der Zulageberechtigte vom Anbieter in hervorgehobener Weise darüber informiert wurde oder dem Anbieter seine Kenntnis darüber versichert, dass die Leistungen aus diesen Altersvorsorgebeiträgen der vollen nachgelagerten Besteuerung nach § 22 Nummer 5 Satz 1 unterliegen.

²Wurden die Altersvorsorgebeiträge dem Altersvorsorgevertrag gutgeschrieben und sind die Voraussetzungen nach Satz 1 erfüllt, hat der Anbieter der zentralen Stelle (§ 81) die entsprechenden Daten nach § 89 Absatz 2 Satz 1 für das zurückliegende Beitragsjahr nach einem mit der zentralen Stelle abgestimmten Verfahren mitzuteilen. ³Die Beträge nach Satz 1 gelten für die Ermittlung der zu zahlenden Altersvorsorgezulage nach § 83 als Altersvorsorgebeiträge für das Beitragsjahr, für das sie gezahlt wurden. ⁴Für die Anwendung des § 10a Absatz 1 Satz 1 sowie bei der Ermittlung der dem Steuerpflichtigen zustehenden Zulage im Rahmen des § 2 Absatz 6 und des § 10a sind die nach Satz 1 gezahlten Altersvorsorgebeiträge weder für das Beitragsjahr nach Satz 1 Nummer 2 noch für das Beitragsjahr der Zahlung zu berücksichtigen.

(64) § 86 in der Fassung des Gesetzes vom 15. Januar 2003 ist erstmals für den Veranlagungszeitraum 2002 anzuwenden.

(65) ¹§ 91 Absatz 1 Satz 4 in der Fassung des Artikels 1 des Gesetzes vom 20. Dezember 2007 (BGBl. I S. 3150) ist ab Veranlagungszeitraum 2002 anzuwenden. ²§ 91 Absatz 1 Satz 1 in der Fassung des Artikels 1 des Gesetzes vom 19. Dezember 2008 (BGBl. I S. 2794) ist bis zum 31. Dezember 2008 mit der Maßgabe anzuwenden, dass die Wörter »Spitzenverband der landwirtschaftlichen Sozialversicherung« durch die Wörter »Gesamtverband der landwirtschaftlichen Alterskassen« zu ersetzen sind.

(66) Endet die unbeschränkte Steuerpflicht eines Zulageberechtigten im Sinne des Absatzes 24c Satz 2 und 3 durch Aufgabe des inländischen Wohnsitzes oder gewöhnlichen Aufenthalts und wird die Person nicht nach § 1 Absatz 3 als unbeschränkt einkommensteuerpflichtig behandelt, gelten die §§ 93 und 94 entsprechend; § 95 Absatz 2 und 3 und § 99 Absatz 1 in der am 31. Dezember 2008 geltenden Fassung sind anzuwenden.

(67) ¹Wurde der Rückzahlungsbetrag nach § 95 Absatz 1 in Verbindung mit den §§ 93 und 94 Absatz 2 Satz 1 bis zum 9. September 2009 bestandskräftig festgesetzt oder ist die Frist für den Festsetzungsantrag nach § 94 Absatz 2 Satz 2 in Verbindung mit § 90 Absatz 4 Satz 2 bis zu diesem Zeitpunkt bereits abgelaufen, finden § 95 Absatz 2 und 3 und § 99 Absatz 1 in der am 31. Dezember 2008 geltenden Fassung weiter Anwendung. ²Handelt es sich nicht um einen Fall des Satzes 1 ist § 95 in der Fassung des Artikels 1 des Gesetzes vom 8. April 2010 (BGBl. I S. 386) anzuwenden; bereits vor dem 15. April 2010 erlassene Bescheide können entsprechend aufgehoben oder geändert werden. ³Wurde ein Stundungsbescheid nach § 95 Absatz 2 Satz 2 in der am 31. Dezember 2008 geltenden Fassung bekannt gegeben, ist § 95 Absatz 2 Satz 3 in der am 31. Dezember 2008 geltenden Fassung dieses Gesetzes weiter anzuwenden.

(68) ¹§ 25 Absatz 3, die §§ 26, 26a und 32a Absatz 6 in der Fassung des Artikels 1 des Gesetzes vom 1. November 2011 (BGBl. I S. 2131) sind erstmals für den Veranlagungszeitraum 2013 anzuwenden. ²§ 26c in der am 31. Dezember 2011 geltenden Fassung ist letztmals für den Veranlagungszeitraum 2012 anzuwenden.

XI. Altersvorsorgezulage

§ 79 EStG
Zulageberechtigte

¹Die in § 10a Absatz 1 genannten Personen haben Anspruch auf eine Altersvorsorgezulage (Zulage). ²Leben die Ehegatten nicht dauernd getrennt (§ 26 Absatz 1) und haben sie ihren Wohnsitz oder gewöhnlichen Aufenthalt in einem Mitgliedstaat der Europäischen Union oder einem Staat, auf den das Abkommen über den Europäischen Wirtschaftsraum (EWR-Abkommen) anwendbar ist, und ist nur ein Ehegatte nach Satz 1 begünstigt, so ist auch der andere Ehegatte zulageberechtigt, wenn ein auf seinen Namen lautender Altersvorsorgevertrag besteht und er zugunsten dieses Altersvorsorgevertrages im jeweiligen Beitragsjahr mindestens 60 Euro geleistet hat

§ 81a EStG
Zuständige Stelle

¹Zuständige Stelle ist bei einem
1. Empfänger von Besoldung nach dem Bundesbesoldungsgesetz oder einem Landesbesoldungsgesetz die die Besoldung anordnende Stelle,
2. Empfänger von Amtsbezügen im Sinne des § 10a Absatz 1 Satz 1 Nummer 2 die die Amtsbezüge anordnende Stelle,
3. versicherungsfrei Beschäftigten sowie bei einem von der Versicherungspflicht befreiten Beschäftigten im Sinne des § 10a Absatz 1 Satz 1 Nummer 3 der die Versorgung gewährleistende Arbeitgeber der rentenversicherungsfreien Beschäftigung,
4. Beamten, Richter, Berufssoldaten und Soldaten auf Zeit im Sinne des § 10a Absatz 1 Satz 1 Nummer 4 der zur Zahlung des Arbeitsentgelts verpflichtete Arbeitgeber und
5. Empfänger einer Versorgung im Sinne des § 10a Absatz 1 Satz 4 die die Versorgung anordnende Stelle.

²Für die in § 10a Absatz 1 Satz 1 Nummer 5 genannten Steuerpflichtigen gilt Satz 1 entsprechend.

§ 82 EStG
Altersvorsorgebeiträge

(1) ¹Geförderte Altersvorsorgebeiträge sind im Rahmen der in § 10a genannten Grenzen
1. Beiträge,
2. Tilgungsleistungen,

die der Zulageberechtigte (§ 79) bis zum Beginn der Auszahlungsphase zugunsten eines auf seinen Namen lautenden Vertrags leistet, der nach § 5 des Altersvorsorgeverträge-Zertifizierungsgesetzes zertifiziert ist (Altersvorsorgevertrag). ²Die Zertifizierung ist Grundlagenbescheid im Sinne des § 171 Absatz 10 der Abgabenordnung. ³Als Tilgungsleistungen gelten auch Beiträge, die vom Zulageberechtigten zugunsten eines auf seinen Namen lautenden Altersvorsorgevertrags im Sinne des § 1 Absatz 1a Satz 1 Nummer 3 des Altersvorsorgeverträge-Zertifizierungsgesetzes erbracht wurden und die zur Tilgung eines im Rahmen des Altersvorsorgevertrags abgeschlossenen Darlehens abgetreten wurden. ⁴Im Fall der Übertragung von gefördertem Altersvorsorgevermögen nach § 1 Absatz 1 Satz 1 Nummer 10 Buchstabe b des Altersvorsorgeverträge-Zertifizierungsgesetzes in einen Altersvorsorgevertrag im Sinne des § 1 Absatz 1a Satz 1 Nummer 3 des Altersvorsorgeverträge-Zertifizierungsgesetzes gelten die Beiträge nach Satz 1 Nummer 1 ab dem Zeitpunkt der Übertragung als Tilgungsleistungen nach Satz 3; eine erneute Förderung nach § 10a oder Abschnitt XI erfolgt insoweit nicht. ⁵Tilgungsleistungen nach den Sätzen 1 und 3 werden nur berücksichtigt, wenn das zugrunde liegende Darlehen für eine nach dem 31. Dezember 2007 vorgenommene wohnungswirtschaftliche Verwendung im Sinne des § 92a Absatz 1 Satz 1 eingesetzt wurde.

(2) ¹Zu den Altersvorsorgebeiträgen gehören auch

a) die aus dem individuell versteuerten Arbeitslohn des Arbeitnehmers geleisteten Beiträge an einen Pensionsfonds, eine Pensionskasse oder eine Direktversicherung zum Aufbau einer kapitalgedeckten betrieblichen Altersversorgung und
b) Beiträge des Arbeitnehmers und des ausgeschiedenen Arbeitnehmers, die dieser im Fall der zunächst durch Entgeltumwandlung (§ 1a des Betriebsrentengesetzes) finanzierten und nach § 3 Nummer 63 oder § 10a und diesem Abschnitt geförderten kapitalgedeckten betrieblichen Altersversorgung nach Maßgabe des § 1a Absatz 4 und § 1b Absatz 5 Satz 1 Nummer 2 des Betriebsrentengesetzes selbst erbringt,

wenn eine Auszahlung der zugesagten Altersversorgungsleistung in Form einer Rente oder eines Auszahlungsplans (§ 1 Absatz 1 Satz 1 Nummer 4 des Altersvorsorgeverträge-Zertifizierungsgesetzes) vorgesehen ist. ²Die §§ 3 und 4 des Betriebsrentengesetzes stehen dem vorbehaltlich des § 93 nicht entgegen.

(3) Zu den Altersvorsorgebeiträgen gehören auch die Beitragsanteile, die zur Absicherung der verminderten Erwerbsfähigkeit des Zulageberechtigten und zur Hinterbliebenenversorgung verwendet werden, wenn in der Leistungsphase die Auszahlung in Form einer Rente erfolgt.

(4) Nicht zu den Altersvorsorgebeiträgen zählen
1. Aufwendungen, die vermögenswirksame Leistungen nach dem Fünften Vermögensbildungsgesetz in der jeweils geltenden Fassung darstellen,
2. prämienbegünstigte Aufwendungen nach dem Wohnungsbau-Prämiengesetz in der Fassung der Bekanntmachung vom 30. Oktober 1997 (BGBl. I S. 2678), zuletzt geändert durch Artikel 5 des Gesetzes vom 29. Juli 2008 (BGBl. I S. 1509), in der jeweils geltenden Fassung,
3. Aufwendungen, die im Rahmen des § 10 als Sonderausgaben geltend gemacht werden,
4. Zahlungen nach § 92a Absatz 2 Satz 4 Nummer 1 und Absatz 3 Satz 9 Nummer 2 oder
5. Übertragungen im Sinne des § 3 Nummer 55 bis 55c.

§ 86 EStG
Mindesteigenbeitrag

(1) ¹Die Zulage nach den §§ 84 und 85 wird gekürzt, wenn der Zulageberechtigte nicht den Mindesteigenbeitrag leistet. 2Dieser beträgt jährlich 4 Prozent der Summe der in dem dem Kalenderjahr vorangegangenen Kalenderjahr
1. erzielten beitragspflichtigen Einnahmen im Sinne des Sechsten Buches Sozialgesetzbuch,
2. bezogenen Besoldung und Amtsbezüge,
3. in den Fällen des § 10a Absatz 1 Satz 1 Nummer 3 und Nummer 4 erzielten Einnahmen, die beitragspflichtig wären, wenn die Versicherungsfreiheit in der gesetzlichen Rentenversicherung nicht bestehen würde und
4. bezogenen Rente wegen voller Erwerbsminderung oder Erwerbsunfähigkeit oder bezogenen Versorgungsbezüge wegen Dienstunfähigkeit in den Fällen des § 10a Absatz 1 Satz 4,

jedoch nicht mehr als die in § 10a Absatz 1 Satz 1 genannten Beträge, vermindert um die Zulage nach den §§ 84 und 85; gehört der Ehegatte zum Personenkreis nach § 79 Satz 2, berechnet sich der Mindesteigenbeitrag des nach § 79 Satz 1 Begünstigten unter Berücksichtigung der den Ehegatten insgesamt zustehenden Zulagen. ³Auslandsbezogene Bestandteile nach den §§ 52 ff. des Bundesbesoldungsgesetzes oder entsprechender Regelungen eines Landesbesoldungsgesetzes bleiben unberücksichtigt. ⁴Als Sockelbetrag sind ab dem Jahr 2005 jährlich 60 Euro zu leisten. ⁵Ist der Sockelbetrag höher als der Mindesteigenbeitrag nach Satz 2, so ist der Sockelbetrag als Mindesteigenbeitrag zu leisten. ⁶Die Kürzung der Zulage ermittelt sich nach dem Verhältnis der Altersvorsorgebeiträge zum Mindesteigenbeitrag.

(2) ¹Ein nach § 79 Satz 2 begünstigter Ehegatte hat Anspruch auf eine ungekürzte Zulage, wenn der zum begünstigten Personenkreis nach § 79 Satz 1 gehörende Ehegatte seinen geförderten Mindesteigenbeitrag unter Berücksichtigung der den Ehegatten insgesamt zustehenden Zulagen erbracht hat. ²Werden bei einer in der gesetzlichen Rentenversicherung pflichtversicherten Person beitragspflichtige Einnahmen zu Grunde gelegt, die höher sind als das tatsächlich erzielte Entgelt oder

die Entgeltersatzleistung, ist das tatsächlich erzielte Entgelt oder der Zahlbetrag der Entgeltersatzleistung für die Berechnung des Mindesteigenbeitrags zu berücksichtigen. ³Satz 2 gilt auch in den Fällen, in denen im vorangegangenen Jahr keine der in Absatz 1 Satz 2 genannten Beträge bezogen wurden.

(3) ¹Für Versicherungspflichtige nach dem Gesetz über die Alterssicherung der Landwirte ist Absatz 1 mit der Maßgabe anzuwenden, dass auch die Einkünfte aus Land- und Forstwirtschaft im Sinne des § 13 des zweiten dem Beitragsjahr vorangegangenen Veranlagungszeitraums als beitragspflichtige Einnahmen des vorangegangenen Kalenderjahres gelten. ²Negative Einkünfte im Sinne des Satzes 1 bleiben unberücksichtigt, wenn weitere nach Absatz 1 oder Absatz 2 zu berücksichtigende Einnahmen erzielt werden.

(4) Wird nach Ablauf des Beitragsjahres festgestellt, dass die Voraussetzungen für die Gewährung einer Kinderzulage nicht vorgelegen haben, ändert sich dadurch die Berechnung des Mindesteigenbeitrags für dieses Beitragsjahr nicht.

§ 87 EStG
Zusammentreffen mehrerer Verträge

(1) ¹Zahlt der nach § 79 Satz 1 Zulageberechtigte Altersvorsorgebeiträge zugunsten mehrerer Verträge, so wird die Zulage nur für zwei dieser Verträge gewährt. ²Der insgesamt nach § 86 zu leistende Mindesteigenbeitrag muss zugunsten dieser Verträge geleistet worden sein. ³Die Zulage ist entsprechend dem Verhältnis der auf diese Verträge geleisteten Beiträge zu verteilen.

(2) ¹Der nach § 79 Satz 2 Zulageberechtigte kann die Zulage für das jeweilige Beitragsjahr nicht auf mehrere Altersvorsorgeverträge verteilen. ²Es ist nur der Altersvorsorgevertrag begünstigt, für den zuerst die Zulage beantragt wird.

§ 89 EStG
Antrag

(1) ¹Der Zulageberechtigte hat den Antrag auf Zulage nach amtlich vorgeschriebenem Vordruck bis zum Ablauf des zweiten Kalenderjahres, das auf das Beitragsjahr (§ 88) folgt, bei dem Anbieter seines Vertrages einzureichen. ²Hat der Zulageberechtigte im Beitragsjahr Altersvorsorgebeiträge für mehrere Verträge gezahlt, so hat er mit dem Zulageantrag zu bestimmen, auf welche Verträge die Zulage überwiesen werden soll. ³Beantragt der Zulageberechtigte die Zulage für mehr als zwei Verträge, so wird die Zulage nur für die zwei Verträge mit den höchsten Altersvorsorgebeiträgen gewährt. ⁴Sofern eine Zulagenummer (§ 90 Absatz 1 Satz 2) durch die zentrale Stelle (§ 81) oder eine Versicherungsnummer nach § 147 des Sechsten Buches Sozialgesetzbuch für den nach § 79 Satz 2 berechtigten Ehegatten noch nicht vergeben ist, hat dieser über seinen Anbieter eine Zulagenummer bei der zentralen Stelle zu beantragen. ⁵Der Antragsteller ist verpflichtet, dem Anbieter unverzüglich eine Änderung der Verhältnisse mitzuteilen, die zu einer Minderung oder zum Wegfall des Zulageanspruchs führt.

(1a) ¹Der Zulageberechtigte kann den Anbieter seines Vertrages schriftlich bevollmächtigen, für ihn abweichend von Absatz 1 die Zulage für jedes Beitragsjahr zu beantragen. ²Absatz 1 Satz 5 gilt mit Ausnahme der Mitteilung geänderter beitragspflichtiger Einnahmen entsprechend. ³Ein Widerruf der Vollmacht ist bis zum Ablauf des Beitragsjahres, für das der Anbieter keinen Antrag auf Zulage stellen soll, gegenüber dem Anbieter zu erklären.

(2) ¹Der Anbieter ist verpflichtet,
 a) die Vertragsdaten,
 b) die Versicherungsnummer nach § 147 des Sechsten Buches Sozialgesetzbuch, die Zulagenummer des Zulageberechtigten und dessen Ehegatten oder einen Antrag auf Vergabe einer Zulagenummer eines nach § 79 Satz 2 berechtigten Ehegatten,
 c) die vom Zulageberechtigten mitgeteilten Angaben zur Ermittlung des Mindesteigenbeitrags (§ 86),

d) die für die Gewährung der Kinderzulage erforderlichen Daten,
e) die Höhe der geleisteten Altersvorsorgebeiträge und
f) das Vorliegen einer nach Absatz 1a erteilten Vollmacht

als die für die Ermittlung und Überprüfung des Zulageanspruchs und Durchführung des Zulageverfahrens erforderlichen Daten zu erfassen. ²Er hat die Daten der bei ihm im Laufe eines Kalendervierteljahres eingegangenen Anträge bis zum Ende des folgenden Monats nach amtlich vorgeschriebenem Datensatz durch amtlich bestimmte Datenfernübertragung an die zentrale Stelle zu übermitteln. ³Dies gilt auch im Fall des Absatzes 1 Satz 5.

(3) ¹Ist der Anbieter nach Absatz 1a Satz 1 bevollmächtigt worden, hat er der zentralen Stelle die nach Absatz 2 Satz 1 erforderlichen Angaben für jedes Kalenderjahr bis zum Ablauf des auf das Beitragsjahr folgenden Kalenderjahres zu übermitteln. ²Liegt die Bevollmächtigung erst nach dem im Satz 1 genannten Meldetermin vor, hat der Anbieter die Angaben bis zum Ende des folgenden Kalendervierteljahres nach der Bevollmächtigung, spätestens jedoch bis zum Ablauf der in Absatz 1 Satz 1 genannten Antragsfrist, zu übermitteln. ³Absatz 2 Satz 2 und 3 gilt sinngemäß.

§ 90 EStG
Verfahren

(1) ¹Die zentrale Stelle ermittelt auf Grund der von ihr erhobenen oder der ihr übermittelten Daten, ob und in welcher Höhe ein Zulageanspruch besteht. ²Soweit der zuständige Träger der Rentenversicherung keine Versicherungsnummer vergeben hat, vergibt die zentrale Stelle zur Erfüllung der ihr nach diesem Abschnitt zugewiesenen Aufgaben eine Zulagenummer. ³Die zentrale Stelle teilt im Fall eines Antrags nach § 10a Absatz 1a der zuständigen Stelle, im Fall eines Antrags nach § 89 Absatz 1 Satz 4 dem Anbieter die Zulagenummer mit; von dort wird sie an den Antragsteller weitergeleitet.

(2) ¹Die zentrale Stelle veranlasst die Auszahlung an den Anbieter zugunsten der Zulageberechtigten durch die zuständige Kasse. ²Ein gesonderter Zulagenbescheid ergeht vorbehaltlich des Absatzes 4 nicht. ³Der Anbieter hat die erhaltenen Zulagen unverzüglich den begünstigten Verträgen gutzuschreiben. ⁴Zulagen, die nach Beginn der Auszahlungsphase für das Altersvorsorgevermögen von der zentralen Stelle an den Anbieter überwiesen werden, können vom Anbieter an den Anleger ausgezahlt werden. ⁵Besteht kein Zulageanspruch, so teilt die zentrale Stelle dies dem Anbieter durch Datensatz mit. 6Die zentrale Stelle teilt dem Anbieter die Altersvorsorgebeiträge im Sinne des § 82, auf die § 10a oder dieser Abschnitt angewendet wurde, durch Datensatz mit.

(3) ¹Erkennt die zentrale Stelle nachträglich, dass der Zulageanspruch ganz oder teilweise nicht besteht oder weggefallen ist, so hat sie zu Unrecht gutgeschriebene oder ausgezahlte Zulagen zurückzufordern und dies dem Anbieter durch Datensatz mitzuteilen. ²Bei bestehendem Vertragsverhältnis hat der Anbieter das Konto zu belasten. ³Die ihm im Kalendervierteljahr mitgeteilten Rückforderungsbeträge hat er bis zum zehnten Tag des dem Kalendervierteljahr folgenden Monats in einem Betrag bei der zentralen Stelle anzumelden und an diese abzuführen. ⁴Die Anmeldung nach Satz 3 ist nach amtlich vorgeschriebenem Vordruck abzugeben. 5Sie gilt als Steueranmeldung im Sinne der Abgabenordnung.

(4) ¹Eine Festsetzung der Zulage erfolgt nur auf besonderen Antrag des Zulageberechtigten. ²Der Antrag ist schriftlich innerhalb eines Jahres nach Erteilung der Bescheinigung nach § 92 durch den Anbieter vom Antragsteller an den Anbieter zu richten. ³Der Anbieter leitet den Antrag der zentralen Stelle zur Festsetzung zu. ⁴Er hat dem Antrag eine Stellungnahme und die zur Festsetzung erforderlichen Unterlagen beizufügen. ⁵Die zentrale Stelle teilt die Festsetzung auch dem Anbieter mit. ⁶Im Übrigen gilt Absatz 3 entsprechend.

§ 91 EStG
Datenerhebung und Datenabgleich

(1) ¹Für die Berechnung und Überprüfung der Zulage sowie die Überprüfung des Vorliegens der Voraussetzungen des Sonderausgabenabzugs nach § 10a übermitteln die Träger der gesetzlichen

Rentenversicherung, die landwirtschaftliche Alterskasse, die Bundesagentur für Arbeit, die Meldebehörden, die Familienkassen und die Finanzämter der zentralen Stelle auf Anforderung die bei ihnen vorhandenen Daten nach § 89 Absatz 2 durch Datenfernübertragung; für Zwecke der Berechnung des Mindesteigenbeitrags für ein Beitragsjahr darf die zentrale Stelle bei den Trägern der gesetzlichen Rentenversicherung und der landwirtschaftlichen Alterskasse die bei ihnen vorhandenen Daten zu den beitragspflichtigen Einnahmen sowie in den Fällen des § 10a Absatz 1 Satz 4 zur Höhe der bezogenen Rente wegen voller Erwerbsminderung oder Erwerbsunfähigkeit erheben, sofern diese nicht vom Anbieter nach § 89 übermittelt worden sind. ²Für Zwecke der Überprüfung nach Satz 1 darf die zentrale Stelle die ihr übermittelten Daten mit den ihr nach § 89 Absatz 2 übermittelten Daten automatisiert abgleichen. ³Führt die Überprüfung zu einer Änderung der ermittelten oder festgesetzten Zulage, ist dies dem Anbieter mitzuteilen. ⁴Ergibt die Überprüfung eine Abweichung von dem in der Steuerfestsetzung berücksichtigten Sonderausgabenabzug nach § 10a oder der gesonderten Feststellung nach § 10a Absatz 4, ist dies dem Finanzamt mitzuteilen; die Steuerfestsetzung oder die gesonderte Feststellung ist insoweit zu ändern.

(2) ¹Die zuständige Stelle hat der zentralen Stelle die Daten nach § 10a Absatz 1 Satz 1 zweiter Halbsatz bis zum 31. März des dem Beitragsjahr folgenden Kalenderjahres durch Datenfernübertragung zu übermitteln. ²Liegt die Einwilligung nach § 10a Absatz 1 Satz 1 zweiter Halbsatz erst nach dem im Satz 1 genannten Meldetermin vor, hat die zuständige Stelle die Daten spätestens bis zum Ende des folgenden Kalendervierteljahres nach Erteilung der Einwilligung nach Maßgabe von Satz 1 zu übermitteln.

§ 92 EStG
Bescheinigung

¹Der Anbieter hat dem Zulageberechtigten jährlich eine Bescheinigung nach amtlich vorgeschriebenem Vordruck zu erteilen über
1. die Höhe der im abgelaufenen Beitragsjahr geleisteten Altersvorsorgebeiträge (Beiträge und Tilgungsleistungen),
2. die im abgelaufenen Beitragsjahr getroffenen, aufgehobenen oder geänderten Ermittlungsergebnisse (§ 90),
3. die Summe der bis zum Ende des abgelaufenen Beitragsjahres dem Vertrag gutgeschriebenen Zulagen,
4. die Summe der bis zum Ende des abgelaufenen Beitragsjahres geleisteten Altersvorsorgebeiträge (Beiträge und Tilgungsleistungen),
5. den Stand des Altersvorsorgevermögens,
6. den Stand des Wohnförderkontos (§ 92a Absatz 2 Satz 1) und
7. die Bestätigung der durch den Anbieter erfolgten Datenübermittlung an die zentrale Stelle im Fall des § 10a Absatz 5 Satz 1.

²In den Fällen des § 92a Absatz 2 Satz 10 erster Halbsatz bedarf es keiner jährlichen Bescheinigung, wenn zu Satz 1 Nummer 1 und 2 keine Angaben erforderlich sind, sich zu Satz 1 Nummer 3 bis 5 keine Änderungen gegenüber der zuletzt erteilten Bescheinigung ergeben und der Anbieter dem Zulageberechtigten eine Bescheinigung ausgestellt hat, in der der jährliche Stand des Wohnförderkontos bis zum Beginn der vereinbarten Auszahlungsphase ausgewiesen wurde. ³Der Anbieter kann dem Zulageberechtigten mit dessen Einverständnis die Bescheinigung auch elektronisch bereitstellen.

§ 93 EStG
Schädliche Verwendung

(1) ¹Wird gefördertes Altersvorsorgevermögen nicht unter den in § 1 Absatz 1 Satz 1 Nummer 4 und 10 Buchstabe c des Altersvorsorgeverträge-Zertifizierungsgesetzes oder § 1 Absatz 1 Satz 1 Nummer 4, 5 und 10 Buchstabe c des Altersvorsorgeverträge-Zertifizierungsgesetzes in der bis zum 31. Dezember 2004 geltenden Fassung genannten Voraussetzungen an den Zulageberechtigten ausgezahlt (schädliche Verwendung), sind die auf das ausgezahlte geförderte Altersvorsorgevermögen

entfallenden Zulagen und die nach § 10a Absatz 4 gesondert festgestellten Beträge (Rückzahlungsbetrag) zurückzuzahlen. ²Dies gilt auch bei einer Auszahlung nach Beginn der Auszahlungsphase (§ 1 Absatz 1 Satz 1 Nummer 2 des Altersvorsorgeverträge-Zertifizierungsgesetzes) und bei Auszahlungen im Fall des Todes des Zulageberechtigten. ³Hat der Zulageberechtigte Zahlungen im Sinne des § 92a Absatz 2 Satz 4 Nummer 1 oder § 92a Absatz 3 Satz 9 Nummer 2 geleistet, dann handelt es sich bei dem hierauf beruhenden Altersvorsorgevermögen um gefördertes Altersvorsorgevermögen im Sinne des Satzes 1; der Rückzahlungsbetrag bestimmt sich insoweit nach der für die in das Wohnförderkonto eingestellten Beträge gewährten Förderung. ⁴Eine Rückzahlungsverpflichtung besteht nicht für den Teil der Zulagen und der Steuerermäßigung,

a) der auf nach § 1 Absatz 1 Satz 1 Nummer 2 des Altersvorsorgeverträge-Zertifizierungsgesetzes angespartes gefördertes Altersvorsorgevermögen entfällt, wenn es in Form einer Hinterbliebenenrente an die dort genannten Hinterbliebenen ausgezahlt wird; dies gilt auch für Leistungen im Sinne des § 82 Absatz 3 an Hinterbliebene des Steuerpflichtigen;

b) der den Beitragsanteilen zuzuordnen ist, die für die zusätzliche Absicherung der verminderten Erwerbsfähigkeit und eine zusätzliche Hinterbliebenenabsicherung ohne Kapitalbildung verwendet worden sind;

c) der auf gefördertes Altersvorsorgevermögen entfällt, das im Fall des Todes des Zulageberechtigten auf einen auf den Namen des Ehegatten lautenden Altersvorsorgevertrag übertragen wird, wenn die Ehegatten im Zeitpunkt des Todes des Zulageberechtigten nicht dauernd getrennt gelebt haben (§ 26 Absatz 1) und ihren Wohnsitz oder gewöhnlichen Aufenthalt in einem Mitgliedstaat der Europäischen Union oder einem Staat hatten, auf den das Abkommen über den Europäischen Wirtschaftsraum (EWR-Abkommen) anwendbar ist;

d) der auf den Altersvorsorge-Eigenheimbetrag entfällt.

(1a) ¹Eine schädliche Verwendung liegt nicht vor, wenn gefördertes Altersvorsorgevermögen auf Grund einer internen Teilung nach § 10 des Versorgungsausgleichsgesetzes oder auf Grund einer externen Teilung nach § 14 des Versorgungsausgleichsgesetzes auf einen zertifizierten Altersvorsorgevertrag oder eine nach § 82 Absatz 2 begünstigte betriebliche Altersversorgung übertragen wird; die auf das übertragene Anrecht entfallende steuerliche Förderung geht mit allen Rechten und Pflichten auf die ausgleichsberechtigte Person über. ²Eine schädliche Verwendung liegt ebenfalls nicht vor, wenn gefördertes Altersvorsorgevermögen auf Grund einer externen Teilung nach § 14 des Versorgungsausgleichsgesetzes auf die Versorgungsausgleichskasse oder die gesetzliche Rentenversicherung übertragen wird; die Rechte und Pflichten der ausgleichspflichtigen Person aus der steuerlichen Förderung des übertragenen Anteils entfallen. ³In den Fällen der Sätze 1 und 2 teilt die zentrale Stelle der ausgleichspflichtigen Person die Höhe der auf die Ehezeit im Sinne des § 3 Absatz 1 des Versorgungsausgleichsgesetzes entfallenden gesondert festgestellten Beträge nach § 10a Absatz 4 und die ermittelten Zulagen mit. ⁴Die entsprechenden Beträge sind monatsweise zuzuordnen. ⁵Die zentrale Stelle teilt die geänderte Zuordnung der gesondert festgestellten Beträge nach § 10a Absatz 4 sowie der ermittelten Zulagen der ausgleichspflichtigen und in den Fällen des Satzes 1 auch der ausgleichsberechtigten Person durch Feststellungsbescheid mit. ⁶Nach Eintritt der Unanfechtbarkeit dieses Feststellungsbescheids informiert die zentrale Stelle den Anbieter durch einen Datensatz über die geänderte Zuordnung.

(2) ¹Die Übertragung von gefördertem Altersvorsorgevermögen auf einen anderen auf den Namen des Zulageberechtigten lautenden Altersvorsorgevertrag (§ 1 Absatz 1 Satz 1 Nummer 10 Buchstabe b des Altersvorsorgeverträge-Zertifizierungsgesetzes) stellt keine schädliche Verwendung dar. ²Dies gilt sinngemäß in den Fällen des § 4 Absatz 2 und 3 des Betriebsrentengesetzes, wenn das geförderte Altersvorsorgevermögen auf eine der in § 82 Absatz 2 Buchstabe a genannten Einrichtungen der betrieblichen Altersversorgung zum Aufbau einer kapitalgedeckten betrieblichen Altersversorgung übertragen und eine lebenslange Altersversorgung im Sinne des § 1 Absatz 1 Satz 1 Nummer 4 des Altersvorsorgeverträge-Zertifizierungsgesetzes oder § 1 Absatz 1 Satz 1 Nummer 4 und 5 des Altersvorsorgeverträge-Zertifizierungsgesetzes in der bis zum 31. Dezember 2004 geltenden Fassung vorgesehen wird. ³In den übrigen Fällen der Abfindung von Anwartschaften der betrieblichen

Altersversorgung gilt dies, soweit das geförderte Altersvorsorgevermögen zugunsten eines auf den Namen des Zulageberechtigten lautenden Altersvorsorgevertrages geleistet wird.

(3) ¹Auszahlungen zur Abfindung einer Kleinbetragsrente zu Beginn der Auszahlungsphase gelten nicht als schädliche Verwendung. ²Eine Kleinbetragsrente ist eine Rente, die bei gleichmäßiger Verrentung des gesamten zu Beginn der Auszahlungsphase zur Verfügung stehenden Kapitals eine monatliche Rente ergibt, die 1 Prozent der monatlichen Bezugsgröße nach § 18 des Vierten Buches Sozialgesetzbuch nicht übersteigt. ³Bei der Berechnung dieses Betrags sind alle bei einem Anbieter bestehenden Verträge des Zulageberechtigten insgesamt zu berücksichtigen, auf die nach diesem Abschnitt geförderte Altersvorsorgebeiträge geleistet wurden.

(4) ¹Wird bei einem Altersvorsorgevertrag nach § 1 Absatz 1a des Altersvorsorgeverträge-Zertifizierungsgesetzes das Darlehen nicht wohnungswirtschaftlich im Sinne des § 92a Absatz 1 Satz 1 verwendet oder tritt ein Fall des § 92a Absatz 3 Satz 8 ein, kommt es zum Zeitpunkt der Darlehensauszahlung oder in Fällen des § 92a Absatz 3 Satz 8 zum Zeitpunkt der Aufgabe der Wohnung zu einer schädlichen Verwendung des geförderten Altersvorsorgevermögens, es sei denn, das geförderte Altersvorsorgevermögen wird innerhalb eines Jahres nach Ablauf des Veranlagungszeitraums, in dem das Darlehen ausgezahlt wurde oder der Zulageberechtigte die Wohnung letztmals zu eigenen Wohnzwecken nutzte, auf einen anderen zertifizierten Altersvorsorgevertrag übertragen, der auf den Namen des Zulageberechtigten lautet. ²Der Zulageberechtigte hat dem Anbieter die Absicht zur Kapitalübertragung, den Zeitpunkt der Kapitalübertragung und die Aufgabe der Absicht zur Kapitalübertragung mitzuteilen. ³Wird die Absicht zur Kapitalübertragung aufgegeben, tritt die schädliche Verwendung zu dem Zeitpunkt ein, zu dem die Mitteilung des Zulageberechtigten hierzu beim Anbieter eingeht, spätestens aber am 1. Januar des zweiten Jahres nach dem Jahr, in dem das Darlehen ausgezahlt wurde oder der Zulageberechtigte die Wohnung letztmals zu eigenen Wohnzwecken nutzte.

§ 94 EStG
Verfahren bei schädlicher Verwendung

(1) ¹In den Fällen des § 93 Absatz 1 hat der Anbieter der zentralen Stelle vor der Auszahlung des geförderten Altersvorsorgevermögens die schädliche Verwendung nach amtlich vorgeschriebenem Datensatz durch amtlich bestimmte Datenfernübertragung anzuzeigen. ²Die zentrale Stelle ermittelt den Rückzahlungsbetrag und teilt diesen dem Anbieter durch Datensatz mit. ³Der Anbieter hat den Rückzahlungsbetrag einzubehalten, mit der nächsten Anmeldung nach § 90 Absatz 3 anzumelden und an die zentrale Stelle abzuführen. ⁴Der Anbieter hat die einbehaltenen und abgeführten Beträge der zentralen Stelle nach amtlich vorgeschriebenem Datensatz durch amtlich bestimmte Datenfernübertragung mitzuteilen und diese Beträge sowie die dem Vertrag bis zur schädlichen Verwendung gutgeschriebenen Erträge dem Zulageberechtigten zu bescheinigen. ⁵In den Fällen des § 93 Absatz 3 gilt Satz 1 entsprechend.

(2) ¹Eine Festsetzung des Rückzahlungsbetrags erfolgt durch die zentrale Stelle auf besonderen Antrag des Zulageberechtigten oder sofern die Rückzahlung nach Absatz 1 ganz oder teilweise nicht möglich oder nicht erfolgt ist. ²§ 90 Absatz 4 Satz 2 bis 6 gilt entsprechend; § 90 Absatz 4 Satz 5 gilt nicht, wenn die Geschäftsbeziehung im Hinblick auf den jeweiligen Altersvorsorgevertrag zwischen dem Zulageberechtigten und dem Anbieter beendet wurde. ³Im Rückforderungsbescheid sind auf den Rückzahlungsbetrag die vom Anbieter bereits einbehaltenen und abgeführten Beträge nach Maßgabe der Bescheinigung nach Absatz 1 Satz 4 anzurechnen. ⁴Der Zulageberechtigte hat den verbleibenden Rückzahlungsbetrag innerhalb eines Monats nach Bekanntgabe des Rückforderungsbescheids an die zuständige Kasse zu entrichten. ⁵Die Frist für die Festsetzung des Rückzahlungsbetrags beträgt vier Jahre und beginnt mit Ablauf des Kalenderjahres, in dem die Auszahlung im Sinne des § 93 Absatz 1 erfolgt ist.

§ 95 EStG
Sonderfälle der Rückzahlung

(1) Die §§ 93 und 94 gelten entsprechend, wenn
1. sich der Wohnsitz oder gewöhnliche Aufenthalt des Zulageberechtigten außerhalb der Mitgliedstaaten der Europäischen Union und der Staaten befindet, auf die das Abkommen über den Europäischen Wirtschaftsraum (EWR-Abkommen) anwendbar ist, oder wenn der Zulageberechtigte ungeachtet eines Wohnsitzes oder gewöhnlichen Aufenthaltes in einem dieser Staaten nach einem Abkommen zur Vermeidung der Doppelbesteuerung mit einem dritten Staat als außerhalb des Hoheitsgebiets dieser Staaten ansässig gilt und
2. entweder die Zulageberechtigung endet oder die Auszahlungsphase des Altersvorsorgevertrags begonnen hat.

(2) ¹Auf Antrag des Zulageberechtigten ist der Rückzahlungsbetrag (§ 93 Absatz 1 Satz 1) zunächst bis zum Beginn der Auszahlung (§ 1 Absatz 1 Nummer 2 des Altersvorsorgeverträge-Zertifizierungsgesetzes oder § 92a Absatz 2 Satz 5) zu stunden. ²Die Stundung ist zu verlängern, wenn der Rückzahlungsbetrag mit mindestens 15 Prozent der Leistungen aus dem Altersvorsorgevertrag getilgt wird. ³Die Stundung endet, wenn das geförderte Altersvorsorgevermögen nicht unter den in § 1 Absatz 1 Satz 1 Nummer 4 des Altersvorsorgeverträge-Zertifizierungsgesetzes genannten Voraussetzungen an den Zulageberechtigten ausgezahlt wird. ⁴Der Stundungsantrag ist über den Anbieter an die zentrale Stelle zu richten. ⁵Die zentrale Stelle teilt ihre Entscheidung auch dem Anbieter mit.

(3) Wurde der Rückzahlungsbetrag nach Absatz 2 gestundet und
1. verlegt der ehemals Zulageberechtigte seinen ausschließlichen Wohnsitz oder gewöhnlichen Aufenthalt in einen Mitgliedstaat der Europäischen Union oder einen Staat, auf den das Abkommen über den Europäischen Wirtschaftsraum (EWR-Abkommen) anwendbar ist, oder
2. wird der ehemals Zulageberechtigte erneut zulageberechtigt,

sind der Rückzahlungsbetrag und die bereits entstandenen Stundungszinsen von der zentralen Stelle zu erlassen.

§ 97 EStG
Übertragbarkeit

¹Das nach § 10a oder Abschnitt XI geförderte Altersvorsorgevermögen einschließlich seiner Erträge, die geförderten laufenden Altersvorsorgebeiträge und der Anspruch auf die Zulage sind nicht übertragbar. ²§ 93 Absatz 1a und § 4 des Betriebsrentengesetzes bleiben unberührt.

§ 99 EStG
Ermächtigung

(1) Das Bundesministerium der Finanzen wird ermächtigt, die Vordrucke für die Anträge nach § 89, für die Anmeldung nach § 90 Absatz 3 und für die in den §§ 92 und 94 Absatz 1 Satz 4 vorgesehenen Bescheinigungen und im Einvernehmen mit den obersten Finanzbehörden der Länder den Vordruck für die nach § 22 Nummer 5 Satz 7 vorgesehene Bescheinigung und den Inhalt und Aufbau der für die Durchführung des Zulageverfahrens zu übermittelnden Datensätze zu bestimmen.

(2) ¹Das Bundesministerium der Finanzen wird ermächtigt, im Einvernehmen mit dem Bundesministerium für Arbeit und Soziales und dem Bundesministerium des Innern durch Rechtsverordnung mit Zustimmung des Bundesrates Vorschriften zur Durchführung dieses Gesetzes über das Verfahren für die Ermittlung, Festsetzung, Auszahlung, Rückzahlung und Rückforderung der Zulage sowie die Rückzahlung und Rückforderung der nach § 10a Absatz 4 festgestellten Beträge zu erlassen. ²Hierzu gehören insbesondere
1. Vorschriften über Aufzeichnungs-, Aufbewahrungs-, Bescheinigungs- und Anzeigepflichten des Anbieters,

2. Grundsätze des vorgesehenen Datenaustausches zwischen den Anbietern, der zentralen Stelle, den Trägern der gesetzlichen Rentenversicherung, der Bundesagentur für Arbeit, den Meldebehörden, den Familienkassen, den zuständigen Stellen und den Finanzämtern und
3. Vorschriften über Mitteilungspflichten, die für die Erteilung der Bescheinigungen nach § 22 Nummer 5 Satz 7 und § 92 erforderlich sind.

Anlage 1 EStG (zu § 4d Absatz 1)

Tabelle für die Errechnung des Deckungskapitals für lebenslänglich laufende Leistungen von Unterstützungskassen

Erreichtes Alter des Leistungsempfängers (Jahre)	Die Jahresbeiträge der laufenden Leistungen sind zu vervielfachen bei Leistungen	
an männliche Leistungsempfänger mit	an weibliche Leistungsempfänger mit	
1	2	3
bis 26	11	17
27 bis 29	12	17
30	13	17
31 bis 35	13	16
36 bis 39	14	16
40 bis 46	14	15
47 und 48	14	14
49 bis 52	13	14
53 bis 56	13	13
57 und 58	13	12
59 und 60	12	12
61 bis 63	12	11
64	11	11
65 bis 67	11	10
68 bis 71	10	9
72 bis 74	9	8
75 bis 77	8	7
78	8	6
79 bis 81	7	6
82 bis 84	6	5
85 bis 87	5	4
88	4	4
89 und 90	4	3
91 bis 93	3	3
94	3	2
95 und älter	2	2

Anlage 2 EStG (zu § 43b)

Gesellschaften im Sinne der Richtlinie 90/435/EWG

Gesellschaft im Sinne der genannten Richtlinie ist jede Gesellschaft, die
1. eine der aufgeführten Formen aufweist:
   a) die nach der Verordnung (EG) Nr. 2157/2001 des Rates vom 8. Oktober 2001 über das Statut der Europäischen Gesellschaft (SE) (ABl. EG Nr. L 294 S. 1), zuletzt geändert durch die Verordnung (EG) Nr. 1791/2006 des Rates vom 20. November 2006 (ABl. EU Nr. L 363 S. 1) und der Richtlinie 2001/86/EG des Rates vom 8. Oktober 2001 zur Ergänzung des Statuts der Europäischen Gesellschaft hinsichtlich der Beteiligung der Arbeitnehmer (ABl. EU Nr. L 294 S. 22) gegründeten Gesellschaften sowie die nach der Verordnung (EG) Nr. 1435/2003 des Rates vom 22. Juli 2003 über das Statut der Europäischen Genossenschaft (SCE) (ABl. EU Nr. L 207 S. 1, 2007 Nr. L 49 S. 35) und nach der Richtlinie 2003/72/EG des Rates vom 22. Juli 2003 zur Ergänzung des Statuts der Europäischen Genossenschaft hinsichtlich der Beteiligung der Arbeitnehmer (ABl. EU Nr. L 207 S. 25) gegründeten Genossenschaften;
   b) Gesellschaften belgischen Rechts mit der Bezeichnung »société anonyme«/»naamloze vennootschap«, »société en commandite par actions«/»commanditaire vennootschap op aandelen«, »société privée à responsabilité limitée«/»besloten vennootschap met beperkte aansprakelijkheid«, »société coopérative à responsabilité limitée«/»coöperatieve vennootschap met beperkte aansprakelijkheid«, »société coopérative à responsabilité illimitée«/»coöperatieve vennootschap met onbeperkte aansprakelijkheid«, »société en nom collectif«/»vennootschap onder firma«, »société en commandite simple«/»gewone commanditaire vennootschap«, öffentliche Unternehmen, die eine der genannten Rechtsformen angenommen haben, und andere nach belgischem Recht gegründete Gesellschaften, die der belgischen Körperschaftsteuer unterliegen;
   c) Gesellschaften bulgarischen Rechts mit der Bezeichnung »...«, die nach bulgarischem Recht gegründet wurden und gewerbliche Tätigkeiten ausüben;
   d) Gesellschaften tschechischen Rechts mit der Bezeichnung »akciová spolecnost«, »spolecnost s rucením omezeným«;
   e) Gesellschaften dänischen Rechts mit der Bezeichnung »aktieselskab« oder »anpartsselskab«. 2Weitere nach dem Körperschaftsteuergesetz steuerpflichtige Gesellschaften, soweit ihr steuerbarer Gewinn nach den allgemeinen steuerrechtlichen Bestimmungen für die »aktieselskaber« ermittelt und besteuert wird;
   f) Gesellschaften deutschen Rechts mit der Bezeichnung »Aktiengesellschaft«, »Kommanditgesellschaft auf Aktien«, »Gesellschaft mit beschränkter Haftung«, »Versicherungsverein auf Gegenseitigkeit«, »Erwerbs- und Wirtschaftsgenossenschaft«, »Betrieb gewerblicher Art von juristischen Personen des öffentlichen Rechts«, und andere nach deutschem Recht gegründete Gesellschaften, die der deutschen Körperschaftsteuer unterliegen;
   g) Gesellschaften estnischen Rechts mit der Bezeichnung »täisühing«, »usaldusühing«, »osaühing«, »aktsiaselts«, »tulundusühistu«;
   h) Gesellschaften griechischen Rechts mit der Bezeichnung »...« und andere nach griechischem Recht gegründete Gesellschaften, die der griechischen Körperschaftsteuer unterliegen;
   i) Gesellschaften spanischen Rechts mit der Bezeichnung »sociedad anónima«, »sociedad comanditaria por acciones«, »sociedad de responsabilidad limitada«, die öffentlich-rechtlichen Körperschaften, deren Tätigkeit unter das Privatrecht fällt. 2Andere nach spanischem Recht gegründete Körperschaften, die der spanischen Körperschaftsteuer (»impuesto sobre sociedades«) unterliegen;
   j) Gesellschaften französischen Rechts mit der Bezeichnung »société anonyme«, »société en commandite par actions«, »société à responsabilité limitée«, »sociétés par actions simplifiées«, »sociétés d'assurances mutuelles«, »caisses d'épargne et de prévoyance«, »sociétés civiles«, die automatisch der Körperschaftsteuer unterliegen, »coopératives«, »unions de coopératives«, die öffentlichen Industrie- und Handelsbetriebe und -unternehmen und andere nach

französischem Recht gegründete Gesellschaften, die der französischen Körperschaftsteuer unterliegen;
k) nach irischem Recht gegründete oder eingetragene Gesellschaften, gemäß dem Industrial and Provident Societies Act eingetragene Körperschaften, gemäß dem Building Societies Act gegründete »building societies« und »trustee savings banks« im Sinne des Trustee Savings Banks Act von 1989;
l) Gesellschaften italienischen Rechts mit der Bezeichnung »società per azioni«, »società in accomandita per azioni«, »società a responsibilità limitata«, »società cooperative«, »società di mutua assicurazione« sowie öffentliche und private Körperschaften, deren Tätigkeit ganz oder überwiegend handelsgewerblicher Art ist;
m) Gesellschaften zyprischen Rechts mit der Bezeichnung »...« im Sinne der Einkommensteuergesetze;
n) Gesellschaften lettischen Rechts mit der Bezeichnung »akciju sabiedriba«, »sabiedriba ar ierobezotu atbildibu«;
o) Gesellschaften litauischen Rechts;
p) Gesellschaften luxemburgischen Rechts mit der Bezeichnung »société anonyme«, »société en commandite par actions«, »société à responsabilité limitée«, »société coopérative«, »société coopérative organisée comme une société anonyme«, »association d'assurances mutuelles«, »association d'épargne-pension«, »entreprise de nature commerciale, industrielle ou minière de l'Etat, des communes, des syndicats de communes, des établissements publics et des autres personnes morales de droit public« sowie andere nach luxemburgischem Recht gegründete Gesellschaften, die der luxemburgischen Körperschaftsteuer unterliegen;
q) Gesellschaften ungarischen Rechts mit der Bezeichnung »közkereseti társaság«, »betéti társaság«, »közös vállalat«, »korlátolt felelösségü társaság«, »részvénytársaság«, »egyesülés«, »szövetkezet«;
r) Gesellschaften maltesischen Rechts mit der Bezeichnung »Kumpaniji ta' Responsabilita' Limitata«, »Socjetajiet en commandite li l-kapital taghhom maqsum f'azzjonijiet«;
s) Gesellschaften niederländischen Rechts mit der Bezeichnung »naamloze vennootschap«, »besloten vennootschap met beperkte aansprakelijkheid«, »Open commanditaire vennootschap«, »Coöperatie«, »onderlinge waarborgmaatschappij«, »Fonds voor gemene rekening«, »vereniging op coöperatieve grondslag«, »vereniging welke op onderlinge grondslag als verzekeraar of kredietinstelling optreedt« und andere nach niederländischem Recht gegründete Gesellschaften, die der niederländischen Körperschaftsteuer unterliegen;
t) Gesellschaften österreichischen Rechts mit der Bezeichnung »Aktiengesellschaft«, »Gesellschaft mit beschränkter Haftung«, »Versicherungsvereine auf Gegenseitigkeit«, »Erwerbs- und Wirtschaftsgenossenschaften«, »Betriebe gewerblicher Art von Körperschaften des öffentlichen Rechts«, »Sparkassen« und andere nach österreichischem Recht gegründete Gesellschaften, die der österreichischen Körperschaftsteuer unterliegen;
u) Gesellschaften polnischen Rechts mit der Bezeichnung »spólka akcyjna«, »spólka z ograniczona odpowiedzialnoscia«;
v) die nach portugiesischem Recht gegründeten Handelsgesellschaften oder zivilrechtlichen Handelsgesellschaften, Genossenschaften und öffentlichen Unternehmen;
w) Gesellschaften rumänischen Rechts mit der Bezeichnung »societăți pe acțiuni«, »societăți în comandită pe acțiuni«, »societăți cu răspundere limitată«;
x) Gesellschaften slowenischen Rechts mit der Bezeichnung »delniška druzba«, »komanditna druzba«, »druzba z omejeno odgovornostjo«;
y) Gesellschaften slowakischen Rechts mit der Bezeichnung »akciová spolocnost«, »spolocnost´s rucením obmedzeným«, »komanditná spolocnost«;
z) Gesellschaften finnischen Rechts mit der Bezeichnung »osakeyhtiö«/»aktiebolag«, »osuuskunta«/»andelslag«, »säästöpankki«/»sparbank« und »vakuutusyhtiö«/»försäkringsbolag«;
aa) Gesellschaften schwedischen Rechts mit der Bezeichnung »aktiebolag«, »försäkringsaktiebolag«, »ekonomiska föreningar«, »sparbanker«, »ömsesidiga försäkringsbolag«;
ab) nach dem Recht des Vereinigten Königreichs gegründete Gesellschaften,

2. nach dem Steuerrecht eines Mitgliedstaats in Bezug auf den steuerlichen Wohnsitz als in diesem Staat ansässig und auf Grund eines mit einem dritten Staat geschlossenen Doppelbesteuerungsabkommens in Bezug auf den steuerlichen Wohnsitz nicht als außerhalb der Gemeinschaft ansässig betrachtet wird und
3. ohne Wahlmöglichkeit einer der nachstehenden Steuern
   – vennootschapsbelasting/impot des sociétés in Belgien,
   – selskabsskat in Dänemark,
   – Körperschaftsteuer in Deutschland,
   – Yhteisöjen tulovero/inkomstskatten för samfund in Finnland,
   – »...« in Griechenland,
   – impuesto sobre sociedades in Spanien,
   – impot sur les sociétés in Frankreich,
   – corporation tax in Irland,
   – imposta sul reddito delle persone giuridiche in Italien,
   – impot sur le revenu des collectivités in Luxemburg,
   – vennootschapsbelasting in den Niederlanden,
   – Körperschaftsteuer in Österreich,
   – imposto sobre o rendimento das pessoas colectivas in Portugal,
   – Statlig inkomstskatt in Schweden,
   – corporation tax im Vereinigten Königreich,
   – Dan z prijmu právnických in der Tschechischen Republik,
   – Tulumaks in Estland,
   – »...« in Zypern,
   – uznemumu ienakuma nodoklis in Lettland,
   – Pelno mokestis in Litauen,
   – Társasági adó, osztalékadó in Ungarn,
   – Taxxa fuq l-income in Malta,
   – Podatek dochodowy od osób prawnych in Polen,
   – Davek od dobička pravnih oseb in Slowenien,
   – dan z prijmov právnických osob in der Slowakei,
   – (...) in Bulgarien,
   – impozit pe profit in Rumänien
   oder irgendeiner Steuer, die eine dieser Steuern ersetzt, unterliegt, ohne davon befreit zu sein.

Anlage 3 EStG (zu § 50g)

1. Unternehmen im Sinne von § 50g Absatz 3 Nummer 5 Buchstabe a Doppelbuchstabe aa sind:
   a) Gesellschaften belgischen Rechts mit der Bezeichnung:
      »naamloze vennootschap«/»société anonyme«, »commanditaire vennootschap op aandelen«/»société en commandite par actions«, »besloten vennootschap met beperkte aansprakelijkheid«/»société privée à responsabilité limitée« sowie öffentlich-rechtliche Körperschaften, deren Tätigkeit unter das Privatrecht fällt;
   b) Gesellschaften dänischen Rechts mit der Bezeichnung:
      »aktieselskab« und »anpartsselskab«;
   c) Gesellschaften deutschen Rechts mit der Bezeichnung:
      »Aktiengesellschaft«, »Kommanditgesellschaft auf Aktien« und »Gesellschaft mit beschränkter Haftung«;
   d) Gesellschaften griechischen Rechts mit der Bezeichnung:
      »...«;
   e) Gesellschaften spanischen Rechts mit der Bezeichnung:
      »sociedad anónima«, »sociedad comanditaria por acciones«, »sociedad de responsabilidad limitada« sowie öffentlich-rechtliche Körperschaften, deren Tätigkeit unter das Privatrecht fällt;

f) Gesellschaften französischen Rechts mit der Bezeichnung:
»société anonyme«, »société en commandite par actions«, »société à responsabilité limitée« sowie die staatlichen Industrie- und Handelsbetriebe und -unternehmen;
g) Gesellschaften irischen Rechts mit der Bezeichnung:
»public companies limited by shares or by guarantee«, »private companies limited by shares or by guarantee«, gemäß den »Industrial and Provident Societies Acts« eingetragene Einrichtungen oder gemäß den »Building Societies Acts« eingetragene »building societies«;
h) Gesellschaften italienischen Rechts mit der Bezeichnung:
»società per azioni«, »società in accomandita per azioni«, »società a responsabilità limitata« sowie staatliche und private Industrie- und Handelsunternehmen;
i) Gesellschaften luxemburgischen Rechts mit der Bezeichnung:
»société anonyme«, »société en commandite par actions« und »société à responsabilité limitée«;
j) Gesellschaften niederländischen Rechts mit der Bezeichnung:
»naamloze vennootschap« und »besloten vennootschap met beperkte aansprakelijkheid«;
k) Gesellschaften österreichischen Rechts mit der Bezeichnung:
»Aktiengesellschaft« und »Gesellschaft mit beschränkter Haftung«;
l) Gesellschaften portugiesischen Rechts in Form von Handelsgesellschaften oder zivilrechtlichen Handelsgesellschaften sowie Genossenschaften und öffentliche Unternehmen;
m) Gesellschaften finnischen Rechts mit der Bezeichnung:
»osakeyhtiö/aktiebolag«, »osuuskunta/andelslag«, »säästöpankki/sparbank« und »vakuutusyhtiö/försäkringsbolag«;
n) Gesellschaften schwedischen Rechts mit der Bezeichnung:
»aktiebolag« und »försäkringsaktiebolag«;
o) nach dem Recht des Vereinigten Königreichs gegründete Gesellschaften;
p) Gesellschaften tschechischen Rechts mit der Bezeichnung:
»akciová spolecnost«, »spolecnost s rucením omezeným«, »verejná obchodní spolecnost«, »komanditní spolecnost« und »druzstvo«;
q) Gesellschaften estnischen Rechts mit der Bezeichnung:
»täisühing«, »usaldusühing«, »osaühing«, »aktsiaselts« und »tulundusühistu«;
r) Gesellschaften zyprischen Rechts, die nach dem Gesellschaftsrecht als Gesellschaften bezeichnet werden, Körperschaften des öffentlichen Rechts und sonstige Körperschaften, die als Gesellschaft im Sinne der Einkommensteuergesetze gelten;
s) Gesellschaften lettischen Rechts mit der Bezeichnung:
»akciju sabiedriba« und »sabiedriba ar ierobezotu atbildibu«;
t) nach dem Recht Litauens gegründete Gesellschaften;
u) Gesellschaften ungarischen Rechts mit der Bezeichnung:
»közkereseti társaság«, »betéti társaság«, »közös vállalat«, »korlátolt felelösségü társaság«, »részvénytársaság«, »egyesülés«, »közhasznú társaság« und »szövetkezet«;
v) Gesellschaften maltesischen Rechts mit der Bezeichnung:
»Kumpaniji ta' Responsabilita' Limitata« und »Socjetajiet in akkomandita li l-kapital taghhom maqsum f'azzjonijiet«;
w) Gesellschaften polnischen Rechts mit der Bezeichnung:
»spólka akcyjna« und »spólka z ograniczona odpowiedzialnoscia«;
x) Gesellschaften slowenischen Rechts mit der Bezeichnung:
»delniška druzba«, »komanditna delniška druzba«, »komanditna druzba«, »druzba z omejeno odgovornostjo« und »druzba z neomejeno odgovornostjo«;
y) Gesellschaften slowakischen Rechts mit der Bezeichnung:
»akciová spolocnos«, »spolocnost´s rucením obmedzeným«, »komanditná spolocnos«, »verejná obchodná spolocnos« und »druzstvo«;
aa) Gesellschaften bulgarischen Rechts mit der Bezeichnung
»...«, die nach bulgarischem Recht gegründet wurden und gewerbliche Tätigkeiten ausüben;

ab) Gesellschaften rumänischen Rechts mit der Bezeichnung:
»societati pe actiuni«, »societati în comandita pe actiuni«, »societati cu raspundere limitata«.
2. Steuern im Sinne von § 50g Absatz 3 Nummer 5 Buchstabe a Doppelbuchstabe cc sind:
   - impôt des sociétés/vennootschapsbelasting in Belgien,
   - selskabsskat in Dänemark,
   - Körperschaftsteuer in Deutschland,
   - (...) in Griechenland,
   - impuesto sobre sociedades in Spanien,
   - impôt sur les sociétés in Frankreich,
   - corporation tax in Irland,
   - imposta sul reddito delle persone giuridiche in Italien,
   - impôt sur le revenu des collectivités in Luxemburg,
   - vennootschapsbelasting in den Niederlanden,
   - Körperschaftsteuer in Österreich,
   - imposto sobre o rendimento da pessoas colectivas in Portugal,
   - yhteisöjen tulovero/inkomstskatten för samfund in Finnland,
   - statlig inkomstskatt in Schweden,
   - corporation tax im Vereinigten Königreich,
   - Dan z prijmu právnických osob in der Tschechischen Republik,
   - Tulumaks in Estland,
   - (...) in Zypern,
   - Uznemumu ienakuma nodoklis in Lettland,
   - Pelno mokestis in Litauen,
   - Társasági adó in Ungarn,
   - Taxxa fuq l-income in Malta,
   - Podatek dochodowy od osób prawnych in Polen,
   - Davek od dobicka pravnih oseb in Slowenien,
   - Dan z príjmov právnických osôb in der Slowakei,
   - (...) in Bulgarien,
   - impozit pe profit, impozitul pe veniturile obtinute din România de nerezidenti in Rumänien.

BMF-Schreiben vom 31.03.2010 (Auszug)

BMF-Schreiben vom 31.03.2010   2913

- IV C 3 - S 2222/09/10041 –

- IV C 5 - S 2333/09/10005 –

BstBl. I S. 270

Steuerliche Förderung der privaten Altersvorsorge und betrieblichen Altersversorgung

B. Betriebliche Altersversorgung

I. Allgemeines

247 Betriebliche Altersversorgung liegt vor, wenn dem Arbeitnehmer aus Anlass seines Arbeitsverhältnisses vom Arbeitgeber Leistungen zur Absicherung mindestens eines biometrischen Risikos (Alter, Tod, Invalidität) zugesagt werden und Ansprüche auf diese Leistungen erst mit dem Eintritt des biologischen Ereignisses fällig werden (§ 1 BetrAVG). Werden mehrere biometrische Risiken abgesichert, ist aus steuerrechtlicher Sicht die gesamte Vereinbarung/Zusage nur dann als betriebliche Altersversorgung anzuerkennen, wenn für alle Risiken die Vorgaben der Rz. 247 bis **252** beachtet werden. Keine betriebliche Altersversorgung in diesem Sinne liegt vor, wenn vereinbart ist,

dass ohne Eintritt eines biometrischen Risikos die Auszahlung an beliebige Dritte (z. B. die Erben) erfolgt. Dies gilt für alle Auszahlungsformen (z. B. lebenslange Rente, Auszahlungsplan mit Restkapitalverrentung, Einmalkapitalauszahlung und ratenweise Auszahlung). Als Durchführungswege der betrieblichen Altersversorgung kommen die Direktzusage (§ 1 Abs. 1 Satz 2 BetrAVG), die Unterstützungskasse (§ 1b Abs. 4 BetrAVG), die Direktversicherung (§ 1b Abs. 2 BetrAVG), die Pensionskasse (§ 1b Abs. 3 BetrAVG) oder der Pensionsfonds (§ 1b Abs. 3 BetrAVG, § 112 VAG) in Betracht.

248 Nicht um betriebliche Altersversorgung handelt es sich, wenn der Arbeitgeber oder eine Versorgungseinrichtung dem nicht bei ihm beschäftigten Ehegatten eines Arbeitnehmers eigene Versorgungsleistungen zur Absicherung seiner biometrischen Risiken (Alter, Tod, Invalidität) verspricht, da hier keine Versorgungszusage aus Anlass eines Arbeitsverhältnisses zwischen dem Arbeitgeber und dem Ehegatten vorliegt (§ 1 BetrAVG).

249 Das biologische Ereignis ist bei der Altersversorgung das altersbedingte Ausscheiden aus dem Erwerbsleben, bei der Hinterbliebenenversorgung der Tod des Arbeitnehmers und bei der Invaliditätsversorgung der Invaliditätseintritt. Als Untergrenze für betriebliche Altersversorgungsleistungen bei altersbedingtem Ausscheiden aus dem Erwerbsleben gilt im Regelfall das 60. Lebensjahr. In Ausnahmefällen können betriebliche Altersversorgungsleistungen auch schon vor dem 60. Lebensjahr gewährt werden, so z. B. bei Berufsgruppen wie Piloten, bei denen schon vor dem 60. Lebensjahr Versorgungsleistungen üblich sind. Ob solche Ausnahmefälle vorliegen, ergibt sich aus Gesetz, Tarifvertrag oder Betriebsvereinbarung. Erreicht der Arbeitnehmer im Zeitpunkt der Auszahlung das 60. Lebensjahr, hat aber seine berufliche Tätigkeit noch nicht beendet, so ist dies in der Regel (insbesondere bei Direktversicherung, Pensionskasse und Pensionsfonds) unschädlich; die bilanzielle Behandlung beim Arbeitgeber bleibt davon unberührt. Für Versorgungszusagen, die nach dem 31. Dezember 2011 erteilt werden, tritt an die Stelle des 60. Lebensjahres regelmäßig das 62. Lebensjahr (siehe auch BT-Drucksache 16/3794 vom 12. Dezember 2006, S. 31 unter »IV. Zusätzliche Altersvorsorge« zum RV-Altersgrenzenanpassungsgesetz vom 20. April 2007, BGBl. I 2007 S. 554). **Bei der Invaliditätsversorgung kommt es auf den Invaliditätsgrad nicht an.**

250 Eine Hinterbliebenenversorgung im steuerlichen Sinne darf nur Leistungen an die Witwe des Arbeitnehmers oder den Witwer der Arbeitnehmerin, die Kinder im Sinne des § 32 Abs. 3, 4 Satz 1 Nr. 1 bis 3 und Abs. 5 EStG, den früheren Ehegatten oder die Lebensgefährtin/den Lebensgefährten vorsehen. Der Arbeitgeber hat bei Erteilung oder Änderung der Versorgungszusage zu prüfen, ob die Versorgungsvereinbarung insoweit generell diese Voraussetzungen erfüllt; ob im Einzelfall Hinterbliebene in diesem Sinne vorhanden sind, ist letztlich vom Arbeitgeber/Versorgungsträger erst im Zeitpunkt der Auszahlung der Hinterbliebenenleistung zu prüfen. Als Kind kann auch ein im Haushalt des Arbeitnehmers auf Dauer aufgenommenes Kind begünstigt werden, welches in einem Obhuts- und Pflegeverhältnis zu ihm steht **und nicht die Voraussetzungen des § 32 EStG zu ihm erfüllt** (Pflegekind/Stiefkind und faktisches Stiefkind). Dabei ist es - anders als bei der Gewährung von staatlichen Leistungen - unerheblich, **ob noch ein Obhuts- und Pflegeverhältnis zu einem** leiblichen Elternteil des Kindes besteht , **der ggf. ebenfalls im Haushalt des Arbeitnehmers lebt. Es muss jedoch spätestens zu Beginn der Auszahlungsphase der Hinterbliebenenleistung eine schriftliche Versicherung des Arbeitnehmers vorliegen, in der, neben der geforderten namentlichen Benennung des Pflegekindes/Stiefkindes und faktischen Stiefkindes, bestätigt wird, dass ein entsprechendes Kindschaftsverhältnis besteht.** Entsprechendes gilt, wenn ein Enkelkind auf Dauer im Haushalt der Großeltern aufgenommen und versorgt wird. Bei Versorgungszusagen, die vor dem 1. Januar 2007 erteilt wurden, sind für das Vorliegen einer begünstigten Hinterbliebenenversorgung die Altersgrenzen des § 32 EStG in der bis zum 31. Dezember 2006 geltenden Fassung (27. Lebensjahr) maßgebend. Der Begriff des/der Lebensgefährten/in ist als Oberbegriff zu verstehen, der auch die gleichgeschlechtliche Lebenspartnerschaft mit erfasst. Ob eine gleichgeschlechtliche Lebenspartnerschaft eingetragen wurde oder nicht, ist dabei zunächst unerheblich. Für Partner einer eingetragenen Lebenspartnerschaft besteht allerdings die Besonderheit, dass sie einander nach § 5 Lebenspartnerschaftsgesetz zum Unterhalt verpflichtet sind. Insoweit liegt eine mit der zivilrechtlichen Ehe vergleichbare Partnerschaft vor. Handelt es sich dagegen um eine andere Form

der nicht ehelichen Lebensgemeinschaft, muss anhand der im BMF-Schreiben vom 25. Juli 2002, BStBl I S. 706 genannten Voraussetzungen geprüft werden, ob diese als Hinterbliebenenversorgung anerkannt werden kann. Ausreichend ist dabei regelmäßig, dass spätestens zu Beginn der Auszahlungsphase der Hinterbliebenenleistung eine schriftliche Versicherung des Arbeitnehmers vorliegt, in der neben der geforderten namentlichen Benennung des/der Lebensgefährten/in bestätigt wird, dass eine gemeinsame Haushaltsführung besteht.

251 Die Möglichkeit, andere als die in Rz. **250** genannten Personen als Begünstigte für den Fall des Todes des Arbeitnehmers zu benennen, führt steuerrechtlich dazu, dass es sich nicht mehr um eine Hinterbliebenenversorgung handelt, sondern von einer Vererblichkeit der Anwartschaften auszugehen ist. Gleiches gilt, wenn z. B. bei einer vereinbarten Rentengarantiezeit die Auszahlung auch an andere als die in Rz. **250** genannten Personen möglich ist. Ist die Auszahlung der garantierten Leistungen nach dem Tod des Berechtigten hingegen ausschließlich an Hinterbliebene im engeren Sinne (Rz. **250**) möglich, ist eine vereinbarte Rentengarantiezeit ausnahmsweise unschädlich. Ein Wahlrecht des Arbeitnehmers zur Einmal- oder Teilkapitalauszahlung ist in diesem Fall nicht zulässig. Es handelt sich vielmehr nur dann um unschädliche Zahlungen nach dem Tod des Berechtigten, wenn die garantierte Rente in unveränderter Höhe (einschließlich Dynamisierungen) an die versorgungsberechtigten Hinterbliebenen im engeren Sinne weiter gezahlt wird. Dabei ist zu beachten, dass die Zahlungen einerseits durch die garantierte Zeit und andererseits durch das Vorhandensein von entsprechenden Hinterbliebenen begrenzt werden. Die Zusammenfassung von bis zu 12 Monatsleistungen in einer Auszahlung sowie die gesonderte Auszahlung der zukünftig in der Auszahlungsphase anfallenden Zinsen und Erträge sind dabei unschädlich. Im Fall der(s) Witwe(rs) oder der Lebensgefährtin/des Lebensgefährten wird dabei nicht beanstandet, wenn anstelle der Zahlung der garantierten Rentenleistung in unveränderter Höhe das im Zeitpunkt des Todes des Berechtigten noch vorhandene »Restkapital« ausnahmsweise lebenslang verrentet wird. Die Möglichkeit, ein einmaliges angemessenes Sterbegeld an andere Personen als die in Rz. **250** genannten Hinterbliebenen auszuzahlen, führt nicht zur Versagung der Anerkennung als betriebliche Altersversorgung; bei Auszahlung ist das Sterbegeld gem. § 19 EStG oder § 22 Nr. 5 EStG zu besteuern (vgl. Rz. **326 ff.**). Im Fall der Pauschalbesteuerung von Beiträgen für eine Direktversicherung nach § 40b EStG in der am 31. Dezember 2004 geltenden Fassung (§ 40b EStG a. F.) ist es ebenfalls unschädlich, wenn eine beliebige Person als Bezugsberechtigte für den Fall des Todes des Arbeitnehmers benannt wird.

252 Keine betriebliche Altersversorgung liegt vor, wenn zwischen Arbeitnehmer und Arbeitgeber die Vererblichkeit von Anwartschaften vereinbart ist. Auch Vereinbarungen, nach denen Arbeitslohn gutgeschrieben und ohne Abdeckung eines biometrischen Risikos zu einem späteren Zeitpunkt (z. B. bei Ausscheiden aus dem Dienstverhältnis) ggf. mit Wertsteigerung ausgezahlt wird, sind nicht dem Bereich der betrieblichen Altersversorgung zuzuordnen. Gleiches gilt, wenn von vornherein eine Abfindung der Versorgungsanwartschaft, z. B. zu einem bestimmten Zeitpunkt oder bei Vorliegen bestimmter Voraussetzungen, vereinbart ist und dadurch nicht mehr von der Absicherung eines biometrischen Risikos ausgegangen werden kann. Demgegenüber führt allein die Möglichkeit einer Beitragserstattung einschließlich der gutgeschriebenen Erträge bzw. einer entsprechenden Abfindung für den Fall des Ausscheidens aus dem Dienstverhältnis vor Erreichen der gesetzlichen Unverfallbarkeit und/oder für den Fall des Todes vor Ablauf einer arbeitsrechtlich vereinbarten Wartezeit sowie der Abfindung einer Witwenrente/Witwerrente für den Fall der Wiederheirat noch nicht zur Versagung der Anerkennung als betriebliche Altersversorgung. **Ebenfalls unschädlich für das Vorliegen von betrieblicher Altersversorgung ist die Abfindung vertraglich unverfallbarer Anwartschaften; dies gilt sowohl bei Beendigung als auch während des bestehenden Arbeitsverhältnisses.** Zu den steuerlichen Folgen im Auszahlungsfall siehe Rz. **326 ff.**

F. Gesetzestexte

II. Lohnsteuerliche Behandlung von Zusagen auf Leistungen der betrieblichen Altersversorgung

1. Allgemeines

253 Der Zeitpunkt des Zuflusses von Arbeitslohn richtet sich bei einer arbeitgeberfinanzierten und einer steuerlich anzuerkennenden durch Entgeltumwandlung finanzierten betrieblichen Altersversorgung nach dem Durchführungsweg der betrieblichen Altersversorgung (vgl. auch R 40b.1 LStR zur Abgrenzung). Bei der Versorgung über eine Direktversicherung, eine Pensionskasse oder einen Pensionsfonds liegt Zufluss von Arbeitslohn im Zeitpunkt der Zahlung der Beiträge durch den Arbeitgeber an die entsprechende Versorgungseinrichtung vor. Erfolgt die Beitragszahlung durch den Arbeitgeber vor »Versicherungsbeginn«, liegt ein Zufluss von Arbeitslohn jedoch erst im Zeitpunkt des »Versicherungsbeginns« vor. Die Einbehaltung der Lohnsteuer richtet sich nach § 38a Abs. 1 und 3 EStG (vgl. auch R 39b.2, 39b.5 und 39b.6 LStR). Bei der Versorgung über eine Direktzusage oder Unterstützungskasse fließt der Arbeitslohn erst im Zeitpunkt der Zahlung der Altersversorgungsleistungen an den Arbeitnehmer zu.

2. Entgeltumwandlung zugunsten betrieblicher Altersversorgung

254 Um durch Entgeltumwandlung finanzierte betriebliche Altersversorgung handelt es sich, wenn Arbeitgeber und Arbeitnehmer vereinbaren, künftige Arbeitslohnansprüche zugunsten einer betrieblichen Altersversorgung herabzusetzen (Umwandlung in eine wertgleiche Anwartschaft auf Versorgungsleistungen - Entgeltumwandlung - § 1 Abs. 2 Nr. 3 BetrAVG). Davon zu unterscheiden sind die sog. Eigenbeiträge des Arbeitnehmers (§ 1 Abs. 2 Nr. 4 BetrAVG), bei denen der Arbeitnehmer aus seinem bereits zugeflossenen und versteuerten Arbeitsentgelt Beiträge zur Finanzierung der betrieblichen Altersversorgung leistet.

255 Eine Herabsetzung von Arbeitslohnansprüchen zugunsten betrieblicher Altersversorgung ist steuerlich als Entgeltumwandlung auch dann anzuerkennen, wenn die in § 1 Abs. 2 Nr. 3 BetrAVG geforderte Wertgleichheit außerhalb versicherungsmathematischer Grundsätze berechnet wird. Entscheidend ist allein, dass die Versorgungsleistung zur Absicherung mindestens eines biometrischen Risikos (Alter, Tod, Invalidität) zugesagt und erst bei Eintritt des biologischen Ereignisses fällig wird.

256 Die Herabsetzung von Arbeitslohn (laufender Arbeitslohn, Einmal- und Sonderzahlungen) zugunsten der betrieblichen Altersversorgung wird aus Vereinfachungsgründen grundsätzlich auch dann als Entgeltumwandlung steuerlich anerkannt, wenn die Gehaltsänderungsvereinbarung bereits erdiente, aber noch nicht fällig gewordene Anteile umfasst. Dies gilt auch, wenn eine Einmal- oder Sonderzahlung einen Zeitraum von mehr als einem Jahr betrifft.

257 Bei einer Herabsetzung laufenden Arbeitslohns zugunsten einer betrieblichen Altersversorgung hindert es die Annahme einer Entgeltumwandlung nicht, wenn der bisherige ungekürzte Arbeitslohn weiterhin Bemessungsgrundlage für künftige Erhöhungen des Arbeitslohns oder andere Arbeitgeberleistungen (wie z. B. Weihnachtsgeld, Tantieme, Jubiläumszuwendungen, betriebliche Altersversorgung) bleibt, die Gehaltsminderung zeitlich begrenzt oder vereinbart wird, dass der Arbeitnehmer oder der Arbeitgeber sie für künftigen Arbeitslohn einseitig ändern können.

3. Behandlung laufender Zuwendungen des Arbeitgebers und Sonderzahlungen an umlagefinanzierte Pensionskassen (§ 19 Abs. 1 Satz 1 Nr. 3 EStG)

258 Laufende Zuwendungen sind regelmäßig fortlaufend geleistete Zahlungen des Arbeitgebers für eine betriebliche Altersversorgung an eine Pensionskasse, die nicht im Kapitaldeckungsverfahren, sondern im Umlageverfahren finanziert wird. Hierzu gehören insbesondere Umlagen an die Versorgungsanstalt des Bundes und der Länder - VBL - bzw. an eine kommunale Zusatzversorgungskasse.

259 Sonderzahlungen des Arbeitgebers sind insbesondere Zahlungen, die an die Stelle der bei regulärem Verlauf zu entrichtenden laufenden Zuwendungen treten oder neben laufenden Beiträgen oder

Zuwendungen entrichtet werden und zur Finanzierung des nicht kapitalgedeckten Versorgungssystems dienen. Hierzu gehören beispielsweise Zahlungen, die der Arbeitgeber anlässlich seines Ausscheidens aus einem umlagefinanzierten Versorgungssystem, des Wechsels von einem umlagefinanzierten zu einem anderen umlagefinanzierten Versorgungssystem oder der Zusammenlegung zweier nicht kapitalgedeckter Versorgungssysteme zu leisten hat.

▶ **260 Beispiel zum Wechsel der Zusatzversorgungskasse (ZVK):**

Die ZVK A wird auf die ZVK B überführt. Der Umlagesatz der ZVK A betrug bis zur Überführung 6 % vom zusatzversorgungspflichtigen Entgelt. Die ZVK B erhebt nur 4 % vom zusatzversorgungspflichtigen Entgelt. Der Arbeitgeber zahlt nach der Überführung auf die ZVK B für seine Arbeitnehmer zusätzlich zu den 4 % Umlage einen festgelegten Betrag, durch den die Differenz bei der Umlagenhöhe (6 % zu 4 % vom zusatzversorgungspflichtigen Entgelt) ausgeglichen wird.

Bei dem Differenzbetrag, den der Arbeitgeber nach der Überführung auf die ZVK B zusätzlich leisten muss, handelt es sich um eine steuerpflichtige Sonderzahlung gem. § 19 Abs. 1 Satz 1 Nr. 3 Satz 2 Buchstabe b EStG, die mit 15 % gem. § 40b Abs. 4 EStG pauschal zu besteuern ist.

261 Zu den nicht zu besteuernden Sanierungsgeldern gehören die Sonderzahlungen des Arbeitgebers, die er anlässlich der Umstellung der Finanzierung des Versorgungssystems von der Umlagefinanzierung auf die Kapitaldeckung für die bis zur Umstellung bereits entstandenen Versorgungsverpflichtungen oder -anwartschaften noch zu leisten hat. Gleiches gilt für die Zahlungen, die der Arbeitgeber im Fall der Umstellung auf der Leistungsseite für diese vor Umstellung bereits entstandenen Versorgungsverpflichtungen und -anwartschaften in das Versorgungssystem leistet. Davon ist z. B. auszugehen wenn,
– eine deutliche Trennung zwischen bereits entstandenen und neu entstehenden Versorgungsverpflichtungen sowie -anwartschaften sichtbar wird,
– der finanzielle Fehlbedarf zum Zeitpunkt der Umstellung hinsichtlich der bereits entstandenen Versorgungsverpflichtungen sowie -anwartschaften ermittelt wird und
– dieser Betrag ausschließlich vom Arbeitgeber als Zuschuss geleistet wird.

▶ **262 Beispiel zum Sanierungsgeld:**

Die ZVK A stellt ihre betriebliche Altersversorgung auf der Finanzierungs- und Leistungsseite um. Bis zur Systemumstellung betrug die Umlage 6,2 % vom zusatzversorgungspflichtigen Entgelt. Nach der Systemumstellung beträgt die Zahlung insgesamt 7,7 % vom zusatzversorgungspflichtigen Entgelt. Davon werden 4 % zugunsten der nun im Kapitaldeckungsverfahren finanzierten Neuanwartschaften und 3,7 % für die weiterhin im Umlageverfahren finanzierten Anwartschaften einschließlich eines Sanierungsgeldes geleistet.

Die Ermittlung des nicht zu besteuernden Sanierungsgeldes erfolgt nach § 19 Abs. 1 Satz 1 Nr. 3 Satz 4 2. Halbsatz EStG. Ein solches nicht zu besteuerndes Sanierungsgeld liegt nur vor, soweit der bisherige Umlagesatz überstiegen wird.

Zahlungen nach der Systemumstellung insgesamt	7,7 %
Zahlungen vor der Systemumstellung	6,2 %
Nicht zu besteuerndes Sanierungsgeld	1,5 %

Ermittlung der weiterhin nach § 19 Abs. 1 Satz 1 Nr. 3 Satz 1 EStG grundsätzlich zu besteuernden Umlagezahlung:

Nach der Systemumstellung geleistete Zahlung für das Umlageverfahren einschließlich des Sanierungsgeldes	3,7 %
Nicht zu besteuerndes Sanierungsgeld	1,5 %

grundsätzlich zu besteuernde Umlagezahlung 2,2 %

Eine Differenzrechnung nach § 19 Abs. 1 Satz 1 Nr. 3 Satz 4 zweiter Halbsatz EStG entfällt, wenn es an laufenden und wiederkehrenden Zahlungen entsprechend dem periodischen Bedarf fehlt, also das zu erbringende Sanierungsgeld als Gesamtfehlbetrag feststeht und lediglich ratierlich getilgt wird.

4. Steuerfreiheit nach § 3 Nr. 63 EStG

a) Steuerfreiheit nach § 3 Nr. 63 Satz 1 und 3 EStG

aa) Begünstigter Personenkreis

263 Zu dem durch § 3 Nr. 63 EStG begünstigten Personenkreis gehören alle Arbeitnehmer (§ 1 LStDV), unabhängig davon, ob sie in der gesetzlichen Rentenversicherung pflichtversichert sind oder nicht (z. B. beherrschende Gesellschafter-Geschäftsführer, geringfügig Beschäftigte, in einem berufsständischen Versorgungswerk Versicherte).

264 Die Steuerfreiheit setzt lediglich ein bestehendes erstes Dienstverhältnis voraus. Diese Voraussetzung kann auch erfüllt sein, wenn es sich um ein geringfügiges Beschäftigungsverhältnis oder eine Aushilfstätigkeit handelt. Die Steuerfreiheit ist jedoch nicht bei Arbeitnehmern zulässig, die dem Arbeitgeber eine Lohnsteuerkarte mit der Steuerklasse VI vorgelegt haben.

bb) Begünstigte Aufwendungen

265 Zu den nach § 3 Nr. 63 EStG begünstigten Aufwendungen gehören nur Beiträge an Pensionsfonds, Pensionskassen und Direktversicherungen, die zum Aufbau einer betrieblichen Altersversorgung im Kapitaldeckungsverfahren erhoben werden. Für Umlagen, die vom Arbeitgeber an eine Versorgungseinrichtung entrichtet werden, kommt die Steuerfreiheit nach § 3 Nr. 63 EStG dagegen nicht in Betracht (siehe aber § 3 Nr. 56 EStG Rz. 297 ff.). Werden sowohl Umlagen als auch Beiträge im Kapitaldeckungsverfahren erhoben, gehören letztere nur dann zu den begünstigten Aufwendungen, wenn eine getrennte Verwaltung und Abrechnung beider Vermögensmassen erfolgt (Trennungsprinzip).

266 Steuerfrei sind sowohl die Beiträge des Arbeitgebers, die zusätzlich zum ohnehin geschuldeten Arbeitslohn erbracht werden (rein arbeitgeberfinanzierte Beiträge) als auch die Beiträge des Arbeitgebers, die durch Entgeltumwandlung finanziert werden (vgl. Rz. 254 ff.). Im Fall der Finanzierung der Beiträge durch eine Entgeltumwandlung ist die Beachtung des Mindestbetrages gem. § 1a BetrAVG für die Inanspruchnahme der Steuerfreiheit nicht erforderlich. Eigenbeiträge des Arbeitnehmers (§ 1 Abs. 2 Nr. 4 BetrAVG) sind dagegen vom Anwendungsbereich des § 3 Nr. 63 EStG ausgeschlossen, auch wenn sie vom Arbeitgeber an die Versorgungseinrichtung abgeführt werden.

267 Die Steuerfreiheit nach § 3 Nr. 63 EStG kann nur dann in Anspruch genommen werden, wenn der vom Arbeitgeber zur Finanzierung der zugesagten Versorgungsleistung gezahlte Beitrag nach bestimmten individuellen Kriterien dem einzelnen Arbeitnehmer zugeordnet wird. Allein die Verteilung eines vom Arbeitgeber gezahlten Gesamtbeitrags nach der Anzahl der begünstigten Arbeitnehmer genügt hingegen für die Anwendung des § 3 Nr. 63 EStG nicht. Für die Anwendung des § 3 Nr. 63 EStG ist nicht Voraussetzung, dass sich die Höhe der zugesagten Versorgungsleistung an der Höhe des eingezahlten Beitrags des Arbeitgebers orientiert, da der Arbeitgeber nach § 1 BetrAVG nicht nur eine Beitragszusage mit Mindestleistung oder eine beitragsorientierte Leistungszusage, sondern auch eine Leistungszusage erteilen kann.

268 Maßgeblich für die betragsmäßige Begrenzung der Steuerfreiheit auf 4 % der Beitragsbemessungsgrenze in der allgemeinen Rentenversicherung ist auch bei einer Beschäftigung in den neuen Ländern oder Berlin (Ost) die in dem Kalenderjahr gültige Beitragsbemessungsgrenze (West).

Zusätzlich zu diesem Höchstbetrag können Beiträge, die vom Arbeitgeber aufgrund einer nach dem 31. Dezember 2004 erteilten Versorgungszusage (Neuzusage, vgl. Rz. 306 ff.) geleistet werden, bis zur Höhe von 1.800 € steuerfrei bleiben. Dieser zusätzliche Höchstbetrag kann jedoch nicht in Anspruch genommen werden, wenn für den Arbeitnehmer in dem Kalenderjahr Beiträge nach § 40b Abs. 1 und 2 EStG a. F. pauschal besteuert werden (vgl. Rz. 320). Bei den Höchstbeträgen des § 3 Nr. 63 EStG handelt es sich jeweils um Jahresbeträge. Eine zeitanteilige Kürzung der Höchstbeträge ist daher nicht vorzunehmen, wenn das Arbeitsverhältnis nicht während des ganzen Jahres besteht oder nicht für das ganze Jahr Beiträge gezahlt werden. Die Höchstbeträge können erneut in Anspruch genommen werden, wenn der Arbeitnehmer sie in einem vorangegangenen Dienstverhältnis bereits ausgeschöpft hat. Im Fall der Gesamtrechtsnachfolge und des Betriebsübergangs nach § 613a BGB kommt dies dagegen nicht in Betracht.

269 Soweit die Beiträge die Höchstbeträge übersteigen, sind sie individuell zu besteuern. Für die individuell besteuerten Beiträge kann eine Förderung durch Sonderausgabenabzug nach § 10a und Zulage nach Abschnitt XI EStG in Betracht kommen (vgl. Rz. 289 ff.). Zur Übergangsregelung des § 52 Abs. 52b EStG siehe Rz. 316 ff.

270 Bei monatlicher Zahlung der Beiträge bestehen keine Bedenken, wenn die Höchstbeträge in gleichmäßige monatliche Teilbeträge aufgeteilt werden. Stellt der Arbeitgeber vor Ablauf des Kalenderjahres, z. B. bei Beendigung des Dienstverhältnisses fest, dass die Steuerfreiheit im Rahmen der monatlichen Teilbeträge nicht in vollem Umfang ausgeschöpft worden ist oder werden kann, muss eine ggf. vorgenommene Besteuerung der Beiträge rückgängig gemacht (spätester Zeitpunkt hierfür ist die Übermittlung oder Erteilung der Lohnsteuerbescheinigung) oder der monatliche Teilbetrag künftig so geändert werden, dass die Höchstbeträge ausgeschöpft werden.

271 Rein arbeitgeberfinanzierte Beiträge sind steuerfrei, soweit sie die Höchstbeträge (4 % der Beitragsbemessungsgrenze in der allgemeinen Rentenversicherung sowie 1.800 €) nicht übersteigen. Die Höchstbeträge werden zunächst durch diese Beiträge ausgefüllt. Sofern die Höchstbeträge dadurch nicht ausgeschöpft worden sind, sind die auf Entgeltumwandlung beruhenden Beiträge zu berücksichtigen.

cc) Begünstigte Auszahlungsformen

272 Voraussetzung für die Steuerfreiheit ist, dass die Auszahlung der zugesagten Alters-, Invaliditäts- oder Hinterbliebenenversorgungsleistungen in Form einer lebenslangen Rente oder eines Auszahlungsplans mit anschließender lebenslanger Teilkapitalverrentung (§ 1 Abs. 1 Satz 1 Nr. 4 **Buchstabe a AltZertG**) vorgesehen ist. Im Hinblick auf die entfallende Versorgungsbedürftigkeit z. B. für den Fall der Vollendung des 25. Lebensjahres der Kinder (siehe auch Rz. 250; bei Versorgungszusagen, die vor dem 1. Januar 2007 erteilt wurden, ist grundsätzlich das 27. Lebensjahr maßgebend), der Wiederheirat der Witwe/des Witwers, dem Ende der Erwerbsminderung durch Wegfall der Voraussetzungen für den Bezug (insbesondere bei Verbesserung der Gesundheitssituation oder Erreichen der Altersgrenze) ist es nicht zu beanstanden, wenn eine Rente oder ein Auszahlungsplan zeitlich befristet ist. Von einer Rente oder einem Auszahlungsplan ist auch noch auszugehen, wenn bis zu 30 % des zu Beginn der Auszahlungsphase zur Verfügung stehenden Kapitals außerhalb der monatlichen Leistungen ausgezahlt werden. Die zu Beginn der Auszahlungsphase zu treffende Entscheidung und Entnahme des Teilkapitalbetrags aus diesem Vertrag (Rz. 170) führt zur Besteuerung nach § 22 Nr. 5 EStG. Allein die Möglichkeit, anstelle dieser Auszahlungsformen eine Einmalkapitalauszahlung (100 % des zu Beginn der Auszahlungsphase zur Verfügung stehenden Kapitals) zu wählen, steht der Steuerfreiheit noch nicht entgegen. Die Möglichkeit, eine Einmalkapitalauszahlung anstelle einer Rente oder eines Auszahlungsplans zu wählen, gilt nicht nur für Altersversorgungsleistungen, sondern auch für Invaliditäts- oder Hinterbliebenenversorgungsleistungen. Entscheidet sich der Arbeitnehmer zugunsten einer Einmalkapitalauszahlung, so sind von diesem Zeitpunkt an die Voraussetzungen des § 3 Nr. 63 EStG nicht mehr erfüllt und die Beitragsleistungen zu besteuern. Erfolgt die Ausübung des Wahlrechtes innerhalb des letzten Jahres vor dem altersbedingten Ausscheiden aus dem Erwerbsleben, so ist es aus Vereinfachungsgründen nicht zu beanstanden, wenn die

Beitragsleistungen weiterhin nach § 3 Nr. 63 EStG steuerfrei belassen werden. Für die Berechnung der Jahresfrist ist dabei auf das im Zeitpunkt der Ausübung des Wahlrechts vertraglich vorgesehene Ausscheiden aus dem Erwerbsleben (vertraglich vorgesehener Beginn der Altersversorgungsleistung) abzustellen. Da die Auszahlungsphase bei der Hinterbliebenenleistung erst mit dem Zeitpunkt des Todes des ursprünglich Berechtigten beginnt, ist es in diesem Fall aus steuerlicher Sicht nicht zu beanstanden, wenn das Wahlrecht im zeitlichen Zusammenhang mit dem Tod des ursprünglich Berechtigten ausgeübt wird. Bei Auszahlung oder anderweitiger wirtschaftlicher Verfügung ist der Einmalkapitalbetrag gem. § 22 Nr. 5 EStG zu besteuern (siehe dazu Rz. **329 ff.**)

dd) Sonstiges

273 Eine Steuerfreiheit der Beiträge kommt nicht in Betracht, soweit es sich hierbei nicht um Arbeitslohn im Rahmen eines Dienstverhältnisses, sondern um eine verdeckte Gewinnausschüttung im Sinne des § 8 Abs. 3 Satz 2 KStG handelt. Die allgemeinen Grundsätze zur Abgrenzung zwischen verdeckter Gewinnausschüttung und Arbeitslohn sind hierbei zu beachten.

274 Beiträge an Pensionsfonds, Pensionskassen und - bei Direktversicherungen - an Versicherungsunternehmen in der EU sowie in Drittstaaten, mit denen besondere Abkommen abgeschlossen worden sind (z. B. **DBA USA**) können nach § 3 Nr. 63 EStG begünstigt sein, wenn der ausländische Pensionsfonds, die ausländische Pensionskasse oder das ausländische Versicherungsunternehmen versicherungsaufsichtsrechtlich zur Ausübung ihrer Tätigkeit zugunsten von Arbeitnehmern in inländischen Betriebsstätten befugt sind.

275 Unter den vorgenannten Voraussetzungen sind auch die Beiträge des Arbeitgebers an eine **Zusatzversorgungskasse** (wie z. B. zur Versorgungsanstalt der deutschen Bühnen - VddB -, zur Versorgungsanstalt der deutschen Kulturorchester - VddKO - oder zum Zusatzversorgungswerk für Arbeitnehmer in der Land- und Forstwirtschaft - ZLF -), die er nach der jeweiligen Satzung der Versorgungseinrichtung als Pflichtbeiträge für die Altersversorgung seiner Arbeitnehmer zusätzlich zu den nach § 3 Nr. 62 EStG steuerfreien Beiträgen zur gesetzlichen Rentenversicherung zu erbringen hat, ebenfalls im Rahmen des § 3 Nr. 63 EStG steuerfrei. Die Steuerfreiheit nach § 3 Nr. 62 Satz 1 EStG kommt für diese Beiträge nicht in Betracht. Die Steuerbefreiung des § 3 Nr. 63 (und auch Nr. 56) EStG ist nicht nur der Höhe, sondern dem Grunde nach vorrangig anzuwenden; die Steuerbefreiung nach § 3 Nr. 62 EStG ist bei Vorliegen von Zukunftssicherungsleistungen i. S. d. § 3 Nr. 63 (und auch Nr. 56) EStG daher auch dann ausgeschlossen, wenn die Höchstbeträge des § 3 Nr. 63 (und Nr. 56) EStG bereits voll ausgeschöpft werden.

b) Ausschluss der Steuerfreiheit nach § 3 Nr. 63 Satz 2 EStG

aa) Personenkreis

276 Auf die Steuerfreiheit können grundsätzlich nur Arbeitnehmer verzichten, die in der gesetzlichen Rentenversicherung pflichtversichert sind (§§ 1a, 17 Abs. 1 Satz 3 BetrAVG). Alle anderen Arbeitnehmer können von dieser Möglichkeit nur dann Gebrauch machen, wenn der Arbeitgeber zustimmt.

bb) Höhe und Zeitpunkt der Ausübung des Wahlrechts

277 Soweit der Arbeitnehmer einen Anspruch auf Entgeltumwandlung nach § 1a BetrAVG hat, ist eine individuelle Besteuerung dieser Beiträge bereits auf Verlangen des Arbeitnehmers durchzuführen. In allen anderen Fällen der Entgeltumwandlung (z. B. Entgeltumwandlungsvereinbarung aus dem Jahr 2001 oder früher) ist die individuelle Besteuerung der Beiträge hingegen nur aufgrund einvernehmlicher Vereinbarung zwischen Arbeitgeber und Arbeitnehmer möglich. Bei rein arbeitgeberfinanzierten Beiträgen kann auf die Steuerfreiheit nicht verzichtet werden (vgl. Rz. **271**).

278 Die Ausübung des Wahlrechts nach § 3 Nr. 63 Satz 2 EStG muss bis zu dem Zeitpunkt erfolgen, zu dem die entsprechende Gehaltsänderungsvereinbarung steuerlich noch anzuerkennen ist (vgl. Rz. **256**).

279 Eine nachträgliche Änderung der steuerlichen Behandlung der im Wege der Entgeltumwandlung finanzierten Beiträge ist nicht zulässig.

c) Vervielfältigungsregelung nach § 3 Nr. 63 Satz 4 EStG

280 Beiträge an einen Pensionsfonds, eine Pensionskasse oder für eine Direktversicherung, die der Arbeitgeber aus Anlass der Beendigung des Dienstverhältnisses leistet, können im Rahmen des § 3 Nr. 63 Satz 4 EStG steuerfrei belassen werden. Die Höhe der Steuerfreiheit ist dabei begrenzt auf den Betrag, der sich ergibt aus 1.800 € vervielfältigt mit der Anzahl der Kalenderjahre, in denen das Dienstverhältnis des Arbeitnehmers zu dem Arbeitgeber bestanden hat; der vervielfältigte Betrag vermindert sich um die nach § 3 Nr. 63 EStG steuerfreien Beiträge, die der Arbeitgeber in dem Kalenderjahr, in dem das Dienstverhältnis beendet wird, und in den sechs vorangegangenen Jahren erbracht hat. Sowohl bei der Ermittlung der zu vervielfältigenden als auch der zu kürzenden Jahre sind nur die Kalenderjahre ab 2005 zu berücksichtigen. Dies gilt unabhängig davon, wie lange das Dienstverhältnis zu dem Arbeitgeber tatsächlich bestanden hat. Die Vervielfältigungsregelung steht jedem Arbeitnehmer aus demselben Dienstverhältnis insgesamt nur einmal zu. Werden die Beiträge statt als Einmalbetrag in Teilbeträgen geleistet, sind diese so lange steuerfrei, bis der für den Arbeitnehmer maßgebende Höchstbetrag ausgeschöpft ist. Eine Anwendung der Vervielfältigungsregelung des § 3 Nr. 63 Satz 4 EStG ist nicht möglich, wenn gleichzeitig die Vervielfältigungsregelung des § 40b Abs. 2 Satz 3 und 4 EStG a. F. auf die Beiträge, die der Arbeitgeber aus Anlass der Beendigung des Dienstverhältnisses leistet, angewendet wird (vgl. Rz. **322**). Eine Anwendung ist ferner nicht möglich, wenn der Arbeitnehmer bei Beiträgen für eine Direktversicherung auf die Steuerfreiheit der Beiträge zu dieser Direktversicherung zugunsten der Weiteranwendung des § 40b EStG a. F. verzichtet hatte (vgl. Rz. **316 ff.**).

5. Steuerfreiheit nach § 3 Nr. 66 EStG

281 Voraussetzung für die Steuerfreiheit ist, dass vom Arbeitgeber ein Antrag nach § 4d Abs. 3 EStG oder § 4e Abs. 3 EStG gestellt worden ist. Die Steuerfreiheit nach § 3 Nr. 66 EStG gilt auch dann, wenn beim übertragenden Unternehmen keine Zuwendungen i. S. v. § 4d Abs. 3 EStG oder Leistungen i. S. v. § 4e Abs. 3 EStG im Zusammenhang mit der Übernahme einer Versorgungsverpflichtung durch einen Pensionsfonds anfallen. Bei einer entgeltlichen Übertragung von Versorgungsanwartschaften aktiver Beschäftigter kommt die Anwendung von § 3 Nr. 66 EStG nur für Zahlungen an den Pensionsfonds in Betracht, die für die bis zum Zeitpunkt der Übertragung bereits erdienten Versorgungsanwartschaften geleistet werden (sog. »Past-Service«); Zahlungen an den Pensionsfonds für zukünftig noch zu erdienende Anwartschaften (sog. »Future-Service«) sind ausschließlich in dem begrenzten Rahmen des § 3 Nr. 63 EStG lohnsteuerfrei; zu weiteren Einzelheiten, insbesondere zur Abgrenzung von »Past-« und »Future-Service«, siehe BMF-Schreiben vom 26. Oktober 2006, BStBl I S. 709.

6. Steuerfreiheit nach § 3 Nr. 55 EStG

282 Gem. § 4 Abs. 2 Nr. 2 BetrAVG kann nach Beendigung des Arbeitsverhältnisses im Einvernehmen des ehemaligen mit dem neuen Arbeitgeber sowie dem Arbeitnehmer der Wert der vom Arbeitnehmer erworbenen Altersversorgung (Übertragungswert nach § 4 Abs. 5 BetrAVG) auf den neuen Arbeitgeber übertragen werden, wenn dieser eine wertgleiche Zusage erteilt. § 4 Abs. 3 BetrAVG gibt dem Arbeitnehmer für Versorgungszusagen, die nach dem 31. Dezember 2004 erteilt werden, das Recht, innerhalb eines Jahres nach Beendigung des Arbeitsverhältnisses von seinem ehemaligen Arbeitgeber zu verlangen, dass der Übertragungswert auf den neuen Arbeitgeber übertragen wird, wenn die betriebliche Altersversorgung beim ehemaligen Arbeitgeber über einen Pensionsfonds, eine Pensionskasse oder eine Direktversicherung durchgeführt worden ist und der Übertragungswert die

im Zeitpunkt der Übertragung maßgebliche Beitragsbemessungsgrenze in der allgemeinen Rentenversicherung nicht übersteigt.

283 Die Anwendung der Steuerbefreiungsvorschrift des § 3 Nr. 55 EStG setzt aufgrund des Verweises auf die Vorschriften des Betriebsrentengesetzes die Beendigung des bisherigen Dienstverhältnisses und ein anderes Dienstverhältnis voraus. Die Übernahme der Versorgungszusage durch einen Arbeitgeber, bei dem der Arbeitnehmer bereits beschäftigt ist, ist betriebsrentenrechtlich unschädlich und steht daher der Anwendung der Steuerbefreiungsvorschrift nicht entgegen. § 3 Nr. 55 EStG und Rz. 282 gelten entsprechend für Arbeitnehmer, die nicht in der gesetzlichen Rentenversicherung pflichtversichert sind (z. B. beherrschende Gesellschafter-Geschäftsführer oder geringfügig Beschäftigte).

284 Der geleistete Übertragungswert ist nach § 3 Nr. 55 Satz 1 EStG steuerfrei, wenn die betriebliche Altersversorgung sowohl beim ehemaligen Arbeitgeber als auch beim neuen Arbeitgeber über einen Pensionsfonds, eine Pensionskasse oder eine Direktversicherung durchgeführt wird. Es ist nicht Voraussetzung, dass beide Arbeitgeber auch den gleichen Durchführungsweg gewählt haben. Um eine Rückabwicklung der steuerlichen Behandlung der Beitragsleistungen an einen Pensionsfonds eine Pensionskasse oder eine Direktversicherung vor der Übertragung (Steuerfreiheit nach § 3 Nr. 63, 66 EStG, individuelle Besteuerung, Besteuerung nach § 40b EStG) zu verhindern, bestimmt § 3 Nr. 55 Satz 3 EStG, dass die auf dem Übertragungsbetrag beruhenden Versorgungsleistungen weiterhin zu den Einkünften gehören, zu denen sie gehört hätten, wenn eine Übertragung nach § 4 BetrAVG nicht stattgefunden hätte.

285 Der Übertragungswert ist gem. § 3 Nr. 55 Satz 2 EStG auch steuerfrei, wenn er vom ehemaligen Arbeitgeber oder von einer Unterstützungskasse an den neuen Arbeitgeber oder an eine andere Unterstützungskasse geleistet wird.

286 Die Steuerfreiheit des § 3 Nr. 55 EStG kommt jedoch nicht in Betracht, wenn die betriebliche Altersversorgung beim ehemaligen Arbeitgeber als Direktzusage oder mittels einer Unterstützungskasse ausgestaltet war, während sie beim neuen Arbeitgeber über einen Pensionsfonds, eine Pensionskasse oder eine Direktversicherung abgewickelt wird. Dies gilt auch für den umgekehrten Fall. Ebenso kommt die Steuerfreiheit nach § 3 Nr. 55 EStG bei einem Betriebsübergang nach § 613a BGB nicht in Betracht, da in einem solchen Fall die Regelung des § 4 BetrAVG keine Anwendung findet.

287 Wird die betriebliche Altersversorgung sowohl beim alten als auch beim neuen Arbeitgeber über einen Pensionsfonds, eine Pensionskasse oder eine Direktversicherung abgewickelt, liegt im Fall der Übernahme der Versorgungszusage nach § 4 Abs. 2 Nr. 1 BetrAVG lediglich ein Schuldnerwechsel und damit für den Arbeitnehmer kein lohnsteuerlich relevanter Vorgang vor. Entsprechendes gilt im Fall der Übernahme der Versorgungszusage nach § 4 Abs. 2 Nr. 1 BetrAVG, wenn die betriebliche Altersversorgung sowohl beim alten als auch beim neuen Arbeitgeber über eine Direktzusage oder Unterstützungskasse durchgeführt wird. Zufluss von Arbeitslohn liegt hingegen vor im Fall der Ablösung einer gegenüber einem beherrschenden Gesellschafter-Geschäftsführer erteilten Pensionszusage, bei der nach der Ausübung eines zuvor eingeräumten Wahlrechtes auf Verlangen des Gesellschafter-Geschäftsführers der Ablösungsbetrag zur Übernahme der Pensionsverpflichtung an einen Dritten gezahlt wird (BFH-Urteil vom 12. April 2007 - VI R 6/02 -, BStBl II S. 581).

7. Übernahme von Pensionsverpflichtungen gegen Entgelt durch Beitritt eines Dritten in eine Pensionsverpflichtung (Schuldbeitritt) oder Ausgliederung von Pensionsverpflichtungen

288 Bei der Übernahme von Pensionsverpflichtungen gegen Entgelt durch Beitritt eines Dritten in eine Pensionsverpflichtung (Schuldbeitritt) oder durch Ausgliederung von Pensionsverpflichtungen - ohne inhaltliche Veränderung der Zusage - handelt es sich weiterhin um eine Direktzusage des Arbeitgebers (siehe dazu auch BMF-Schreiben vom 16. Dezember 2005, BStBl I S. 1052). Aus lohnsteuerlicher Sicht bleibt es folglich bei den für eine Direktzusage geltenden steuerlichen Regelungen, d. h. es liegen erst bei Auszahlung der Versorgungsleistungen - durch den Dritten bzw. durch die

Pensionsgesellschaft anstelle des Arbeitgebers - Einkünfte im Sinne des § 19 EStG vor. Der Lohnsteuerabzug kann in diesem Fall mit Zustimmung des Finanzamts anstelle vom Arbeitgeber auch von dem Dritten bzw. der Pensionsgesellschaft vorgenommen werden (§ 38 Abs. 3a Satz 2 EStG).

8. Förderung durch Sonderausgabenabzug nach § 10a EStG und Zulage nach Abschnitt XI EStG

289 Zahlungen im Rahmen der betrieblichen Altersversorgung an einen Pensionsfonds, eine Pensionskasse oder eine Direktversicherung können als Altersvorsorgebeiträge durch Sonderausgabenabzug nach § 10a EStG und Zulage nach Abschnitt XI EStG gefördert werden (§ 82 Abs. 2 EStG). Die zeitliche Zuordnung der Altersvorsorgebeiträge im Sinne des § 82 Abs. 2 EStG richtet sich grundsätzlich nach den für die Zuordnung des Arbeitslohns geltenden Vorschriften (§ 38a Abs. 3 EStG; R 39b.2, 39b.5 und 39b.6 LStR).

290 Um Beiträge im Rahmen der betrieblichen Altersversorgung handelt es sich nur, wenn die Beiträge für eine vom Arbeitgeber aus Anlass des Arbeitsverhältnisses zugesagte Versorgungsleistung erbracht werden (§ 1 BetrAVG). Dies gilt unabhängig davon, ob die Beiträge ausschließlich vom Arbeitgeber finanziert werden, auf einer Entgeltumwandlung beruhen oder es sich um Eigenbeiträge des Arbeitnehmers handelt (§ 1 Abs. 1 und 2 BetrAVG). Im Übrigen sind Rz. **248 ff.** zu beachten.

291 Voraussetzung für die steuerliche Förderung ist neben der individuellen Besteuerung der Beiträge, dass die Auszahlung der zugesagten Altersversorgungsleistung in Form einer lebenslangen Rente oder eines Auszahlungsplans mit anschließender lebenslanger Teilkapitalverrentung (§ 1 Abs. 1 Satz 1 Nr. 4 **Buchstabe a** AltZertG) vorgesehen ist. Die steuerliche Förderung von Beitragsteilen, die zur Absicherung einer Invaliditäts- oder Hinterbliebenenversorgung verwendet werden, kommt nur dann in Betracht, wenn die Auszahlung in Form einer Rente (§ 1 Abs. 1 Satz 1 Nr. 4 **Buchstabe a** AltZertG; vgl. Rz. **272**) vorgesehen ist. Rente oder Auszahlungsplan in diesem Sinne liegt auch dann vor, wenn bis zu 30 % des zu Beginn der Auszahlungsphase zur Verfügung stehenden Kapitals außerhalb der monatlichen Leistungen ausgezahlt werden. Die zu Beginn der Auszahlungsphase zu treffende Entscheidung und Entnahme des Teilkapitalbetrags aus diesem Vertrag (Rz. **170**) führt zur Besteuerung nach § 22 Nr. 5 EStG. Allein die Möglichkeit, anstelle dieser Auszahlungsformen eine Einmalkapitalauszahlung (100 % des zu Beginn der Auszahlungsphase zur Verfügung stehenden Kapitals) zu wählen, steht der Förderung noch nicht entgegen. Die Möglichkeit, eine Einmalkapitalauszahlung anstelle einer Rente oder eines Auszahlungsplans zu wählen, gilt nicht nur für Altersversorgungsleistungen, sondern auch für Invaliditäts- oder Hinterbliebenenversorgungsleistungen. Entscheidet sich der Arbeitnehmer zugunsten einer Einmalkapitalauszahlung, so sind von diesem Zeitpunkt an die Voraussetzungen des § 10a und Abschnitt XI EStG nicht mehr erfüllt und die Beitragsleistungen können nicht mehr gefördert werden. Erfolgt die Ausübung des Wahlrechtes innerhalb des letzten Jahres vor dem altersbedingten Ausscheiden aus dem Erwerbsleben, so ist es aus Vereinfachungsgründen nicht zu beanstanden, wenn die Beitragsleistungen weiterhin nach § 10a/ Abschnitt XI EStG gefördert werden. Für die Berechnung der Jahresfrist ist dabei auf das im Zeitpunkt der Ausübung des Wahlrechts vertraglich vorgesehene Ausscheiden aus dem Erwerbsleben (vertraglich vorgesehener Beginn der Altersversorgungsleistung) abzustellen. Da die Auszahlungsphase bei der Hinterbliebenenleistung erst mit dem Zeitpunkt des Todes des ursprünglich Berechtigten beginnt, ist es in diesem Fall aus steuerlicher Sicht nicht zu beanstanden, wenn das Wahlrecht zu diesem Zeitpunkt ausgeübt wird. Bei Auszahlung des Einmalkapitalbetrags handelt es sich um eine schädliche Verwendung im Sinne des § 93 EStG (vgl. Rz. **347 f.**), soweit sie auf steuerlich gefördertem Altersvorsorgevermögen beruht. Da es sich bei der Teil- bzw. Einmalkapitalauszahlung nicht um außerordentliche Einkünfte im Sinne des § 34 Abs. 2 EStG (weder eine Entschädigung noch eine Vergütung für eine mehrjährige Tätigkeit) handelt, kommt eine Anwendung der Fünftelungsregelung des § 34 EStG auf diese Zahlungen nicht in Betracht.

292 Altersvorsorgebeiträge im Sinne des § 82 Abs. 2 EStG sind auch die Beiträge des ehemaligen Arbeitnehmers, die dieser im Fall einer zunächst ganz oder teilweise durch Entgeltumwandlung

finanzierten und nach § 3 Nr. 63 oder § 10a/§ 1b Abs. 5 Nr. 2 BetrAVG selbst erbringt. Dies gilt entsprechend in den Fällen der Finanzierung durch Eigenbeiträge des Arbeitnehmers.

293 Die vom Steuerpflichtigen nach Maßgabe des § 1b Abs. 5 **Satz 1** Nr. 2 BetrAVG selbst zu erbringenden Beiträge müssen nicht aus individuell versteuertem Arbeitslohn stammen (z. B. Finanzierung aus steuerfreiem Arbeitslosengeld). Gleiches gilt, soweit der Arbeitnehmer trotz eines weiter bestehenden Arbeitsverhältnisses keinen Anspruch auf Arbeitslohn mehr hat und anstelle der Beiträge aus einer Entgeltumwandlung die Beiträge selbst erbringt (z. B. während der Schutzfristen des § 3 Abs. 2 und § 6 Abs. 1 des Mutterschutzgesetzes, der Elternzeit, des Bezugs von Krankengeld oder auch § 1a Abs. 4 BetrAVG) oder aufgrund einer gesetzlichen Verpflichtung Beiträge zur betrieblichen Altersversorgung entrichtet werden (z. B. nach §§ 14a und 14b des Arbeitsplatzschutzgesetzes).

294 Voraussetzung für die Förderung durch Sonderausgabenabzug nach § 10a EStG und Zulage nach Abschnitt XI EStG ist in den Fällen der Rz. **292 f.**, dass der Steuerpflichtige zum begünstigten Personenkreis gehört. Die zeitliche Zuordnung dieser Altersvorsorgebeiträge richtet sich grundsätzlich nach § 11 Abs. 2 EStG.

295 Zu den begünstigten Altersvorsorgebeiträgen gehören nur Beiträge, die zum Aufbau einer betrieblichen Altersversorgung im Kapitaldeckungsverfahren erhoben werden. Für Umlagen, die an eine Versorgungseinrichtung gezahlt werden, kommt die Förderung dagegen nicht in Betracht. Werden sowohl Umlagen als auch Beiträge im Kapitaldeckungsverfahren erhoben, gehören letztere nur dann zu den begünstigten Aufwendungen, wenn eine getrennte Verwaltung und Abrechnung beider Vermögensmassen erfolgt (Trennungsprinzip).

296 Die Versorgungseinrichtung hat dem Zulageberechtigten jährlich eine Bescheinigung zu erteilen (§ 92 EStG). Diese Bescheinigung muss u. a. den Stand des Altersvorsorgevermögens ausweisen (§ 92 Nr. 5 EStG). Bei einer Leistungszusage (§ 1 Abs. 1 Satz 2 Halbsatz 2 BetrAVG) und einer beitragsorientierten Leistungszusage (§ 1 Abs. 2 Nr. 1 BetrAVG) kann stattdessen der Barwert der erdienten Anwartschaft bescheinigt werden.

9. Steuerfreiheit nach § 3 Nr. 56 EStG

a) Begünstigter Personenkreis

297 Rz. **263 f.** gelten entsprechend.

b) Begünstigte Aufwendungen

298 Zu den nach § 3 Nr. 56 EStG begünstigten Aufwendungen gehören nur laufende Zuwendungen des Arbeitgebers für eine betriebliche Altersversorgung an eine Pensionskasse, die nicht im Kapitaldeckungsverfahren, sondern im Umlageverfahren finanziert wird (wie z. B. Umlagen an die Versorgungsanstalt des Bundes und der Länder - VBL - bzw. an eine kommunale oder kirchliche Zusatzversorgungskasse). Soweit diese Zuwendungen nicht nach § 3 Nr. 56 EStG steuerfrei bleiben, können sie individuell oder nach § 40b Abs. 1 und 2 EStG pauschal besteuert werden. Im Übrigen gelten Rz. **266** bis **268** Satz 1 und 4 ff., Rz. **270** bis **272** entsprechend. Danach ist z. B. der Arbeitnehmereigenanteil an einer Umlage nicht steuerfrei nach § 3 Nr. 56 EStG.

299 Werden von der Versorgungseinrichtung sowohl Zuwendungen/Umlagen als auch Beiträge im Kapitaldeckungsverfahren erhoben, ist § 3 Nr. 56 EStG auch auf die im Kapitaldeckungsverfahren erhobenen Beiträge anwendbar, wenn eine getrennte Verwaltung und Abrechnung beider Vermögensmassen (Trennungsprinzip, Rz. **265**) nicht erfolgt.

300 Erfolgt eine getrennte Verwaltung und Abrechnung beider Vermögensmassen, ist die Steuerfreiheit nach § 3 Nr. 63 EStG für die im Kapitaldeckungsverfahren erhobenen Beiträge vorrangig zu berücksichtigen. Dies gilt unabhängig davon, ob diese Beiträge rein arbeitgeberfinanziert sind oder auf einer Entgeltumwandlung beruhen. Die nach § 3 Nr. 63 EStG steuerfreien Beträge mindern den Höchstbetrag des § 3 Nr. 56 EStG (§ 3 Nr. 56 Satz 3 EStG). Zuwendungen nach § 3 Nr. 56 EStG

BMF-Schreiben vom 31.03.2010 (Auszug) F.

sind daher nur steuerfrei, soweit die nach § 3 Nr. 63 EStG steuerfreien Beiträge den Höchstbetrag des § 3 Nr. 56 EStG unterschreiten. Eine Minderung nach § 3 Nr. 56 Satz 3 EStG ist immer nur in dem jeweiligen Dienstverhältnis vorzunehmen; die Steuerfreistellung nach § 3 Nr. 56 EStG bleibt somit unberührt, wenn z. B. erst in einem späteren ersten Dienstverhältnis Beiträge nach § 3 Nr. 63 EStG steuerfrei bleiben.

▶ 301 Beispiel:

Arbeitgeber A zahlt in 2008 an seine **Zusatzversorgungskasse** einen Betrag i. H. v.:
– 240 € (12 × 20 €) zugunsten einer getrennt verwalteten und abgerechneten kapitalgedeckten betrieblichen Altersversorgung und
– 1.680 € (12 × 140 €) zugunsten einer umlagefinanzierten betrieblichen Altersversorgung.

Der Beitrag i. H. v. 240 € ist steuerfrei gem. § 3 Nr. 63 EStG, denn der entsprechende Höchstbetrag wird nicht überschritten. Von der Umlage sind 396 €; steuerfrei gem. § 3 Nr. 56 Satz 1 und 3 EStG (grundsätzlich 1.680 €, aber maximal 1 % der Beitragsbemessungsgrenze 2008 in der allgemeinen Rentenversicherung i. H. v. 636 € abzüglich 240 €). Die verbleibende Umlage i. H. v. 1.284 € (1.680 € abzüglich 396 €) ist individuell oder gem. § 40b Abs. 1 und 2 EStG pauschal zu besteuern.

302 Es bestehen keine Bedenken gegen eine Kalenderjahr bezogene Betrachtung hinsichtlich der gem. § 3 Nr. 56 Satz 3 EStG vorzunehmenden Verrechnung, wenn sowohl nach § 3 Nr. 63 EStG steuerfreie Beiträge als auch nach § 3 Nr. 56 EStG steuerfreie Zuwendungen erbracht werden sollen. Stellt der Arbeitgeber vor Übermittlung der elektronischen Lohnsteuerbescheinigung fest (z. B. wegen einer erst im Laufe des Kalenderjahres vereinbarten nach § 3 Nr. 63 EStG steuerfreien Entgeltumwandlung aus einer Sonderzuwendung), dass die ursprüngliche Betrachtung nicht mehr zutreffend ist, hat er eine Korrektur vorzunehmen.

▶ 303 Beispiel:

Arbeitgeber A zahlt ab dem 1. Januar 2008 monatlich an eine **Zusatzversorgungskasse** 140 € zugunsten einer umlagefinanzierten betrieblichen Altersversorgung; nach § 3 Nr. 63 EStG steuerfreie Beiträge werden nicht entrichtet. Aus dem Dezembergehalt (Gehaltszahlung 15. Dezember 2008) wandelt der Arbeitnehmer einen Betrag i. H. v. € zugunsten einer kapitalgedeckten betrieblichen Altersversorgung um (wobei die Mitteilung an den Arbeitgeber am 5. Dezember 2008 erfolgt).

Der Beitrag i. H. v. 240 € ist vorrangig steuerfrei nach § 3 Nr. 63 EStG.

Von der Umlage wurde bisher ein Betrag i. H. v. 583 € (= 11 × 53 € [1 % der Beitragsbemessungsgrenze 2008 in der allgemeinen Rentenversicherung i. H. v. 636 €, verteilt auf 12 Monate]) nach § 3 Nr. 56 EStG steuerfrei belassen.

Im Monat Dezember 2008 ist die steuerliche Behandlung der Umlagezahlung zu korrigieren, denn nur ein Betrag i. H. v. 396 € (636 € abzüglich 240 €) kann steuerfrei gezahlt werden. Ein Betrag i. H. v. 187 € (583 € abzüglich 396 €) ist noch individuell oder pauschal zu besteuern. Der Arbeitgeber kann wahlweise den Lohnsteuerabzug der Monate 01/2008 bis 11/2008 korrigieren oder im Dezember 2008 den Betrag als sonstigen Bezug behandeln. Der Betrag für den Monat Dezember 2008 i. H. v. 140 € ist individuell oder pauschal zu besteuern.

10. Anwendung des § 40b EStG in der ab 1. Januar 2005 geltenden Fassung

304 § 40b EStG erfasst nur noch Zuwendungen des Arbeitgebers für eine betriebliche Altersversorgung an eine Pensionskasse, die nicht im Kapitaldeckungsverfahren, sondern im Umlageverfahren finanziert wird (wie z. B. Umlagen an die Versorgungsanstalt des Bundes und der Länder - VBL - bzw. an eine kommunale oder kirchliche Zusatzversorgungskasse). Werden für den Arbeitnehmer solche Zuwendungen laufend geleistet, bleiben diese ab 1. Januar 2008 zunächst im Rahmen des § 3

Nr. 56 EStG steuerfrei. Die den Rahmen des § 3 Nr. 56 EStG übersteigenden Zuwendungen können dann nach § 40b Abs. 1 und § 40b EStG grundsätzlich zum 1. Januar 2005 aufgehoben. Werden von einer Versorgungseinrichtung sowohl Umlagen als auch Beiträge im Kapitaldeckungsverfahren erhoben, ist dann § 40b EStG auch auf die im Kapitaldeckungsverfahren erhobenen Beiträge anwendbar, wenn eine getrennte Verwaltung und Abrechnung beider Vermögensmassen (Trennungsprinzip, Rz. **265**) nicht erfolgt.

305 Zuwendungen des Arbeitgebers im Sinne des § 19 Abs. 1 Satz 1 Nr. 3 Satz 2 EStG an eine Pensionskasse sind in voller Höhe pauschal nach § 40b Abs. 4 EStG i. d. F. des § 23 Abs. 2 der Satzung der Versorgungsanstalt des Bundes und der Länder - VBL -. Für die Anwendung des § 40b Abs. 4 EStG ist es unerheblich, wenn an die Versorgungseinrichtung keine weiteren laufenden Beiträge oder Zuwendungen geleistet werden.

11. Übergangsregelungen § 52 Abs. 6 und 52b EStG zur Anwendung der §§ 3 Nr. 63 EStG und 40b EStG a. F.

a) Abgrenzung von Alt- und Neuzusage

306 Für die Anwendung von § 3 Nr. 63 Satz 3 EStG sowie § 40b Abs. 1 und 2 EStG a. F. kommt es darauf an, ob die entsprechenden Beiträge aufgrund einer Versorgungszusage geleistet werden, die vor dem 1. Januar 2005 (Altzusage) oder nach dem 31. Dezember 2004 (Neuzusage) erteilt wurde.

307 Für die Frage, zu welchem Zeitpunkt eine Versorgungszusage erstmalig erteilt wurde, ist grundsätzlich die zu einem Rechtsanspruch führende arbeitsrechtliche bzw. betriebsrentenrechtliche Verpflichtungserklärung des Arbeitgebers maßgebend (z. B. Einzelvertrag, Betriebsvereinbarung oder Tarifvertrag). Entscheidend ist danach nicht, wann Mittel an die Versorgungseinrichtung fließen. Bei kollektiven, rein arbeitgeberfinanzierten Versorgungsregelungen ist die Zusage daher in der Regel mit Abschluss der Versorgungsregelung bzw. mit Beginn des Dienstverhältnisses des Arbeitnehmers erteilt. Ist die erste Dotierung durch den Arbeitgeber erst nach Ablauf einer von vornherein arbeitsrechtlich festgelegten Wartezeit vorgesehen, so wird der Zusagezeitpunkt dadurch nicht verändert. Im Fall der ganz oder teilweise durch Entgeltumwandlung finanzierten Zusage gilt diese regelmäßig mit Abschluss der erstmaligen Gehaltsänderungsvereinbarung (vgl. auch Rz. **254 ff.**) als erteilt. Liegen zwischen der Gehaltsänderungsvereinbarung und der erstmaligen Herabsetzung des Arbeitslohns mehr als 12 Monate, gilt die Versorgungszusage erst im Zeitpunkt der erstmaligen Herabsetzung als erteilt.

308 Die Änderung einer solchen Versorgungszusage stellt aus steuerrechtlicher Sicht unter dem Grundsatz der Einheit der Versorgung insbesondere dann keine Neuzusage dar, wenn bei ansonsten unveränderter Versorgungszusage:
– die Beiträge und/oder die Leistungen erhöht oder vermindert werden,
– die Finanzierungsform ersetzt oder ergänzt wird (rein arbeitgeberfinanziert, Entgeltumwandlung oder Eigenbeiträge im Sinne des § 1 Abs. 1 und 2 BetrAVG),
– der Versorgungsträger/Durchführungsweg gewechselt wird,
– die zu Grunde liegende Rechtsgrundlage gewechselt wird (z. B. bisher tarifvertraglich jetzt einzelvertraglich),
– eine befristete Entgeltumwandlung erneut befristet oder unbefristet fortgesetzt wird.

309 Eine Altzusage liegt auch im Fall der Übernahme der Zusage (Schuldübernahme) nach § 4 Abs. 2 Nr. 1 BetrAVG durch den neuen Arbeitgeber und bei Betriebsübergang nach § 613a BGB vor.

310 Um eine Neuzusage handelt es sich neben den in Rz. **307** aufgeführten Fällen insbesondere,
– soweit die bereits erteilte Versorgungszusage um zusätzliche biometrische Risiken erweitert wird und dies mit einer Beitragserhöhung verbunden ist,
– im Fall der Übertragung der Zusage beim Arbeitgeberwechsel nach § 4 Abs. 2 Nr. 2 und Abs. 3 BetrAVG.

311 Werden einzelne Leistungskomponenten der Versorgungszusage im Rahmen einer von vornherein vereinbarten Wahloption verringert, erhöht oder erstmals aufgenommen (z. B. Einbeziehung der Hinterbliebenenabsicherung nach Heirat) und kommt es infolge dessen nicht zu einer Beitragsanpassung, liegt keine Neuzusage vor; es handelt sich weiterhin um eine Altzusage.

312 Aus steuerlicher Sicht ist es möglich, mehrere Versorgungszusagen nebeneinander, also neben einer Altzusage auch eine Neuzusage zu erteilen (z. B. »alte« Direktversicherung und »neuer« Pensionsfonds).

313 Wurde vom Arbeitgeber vor dem 1. Januar 2005 eine Versorgungszusage erteilt (Altzusage) und im Rahmen eines Pensionsfonds, einer Pensionskasse oder Direktversicherung durchgeführt, bestehen aus steuerlicher Sicht keine Bedenken, wenn auch nach einer Übertragung auf einen neuen Arbeitgeber unter Anwendung des »Abkommens zur Übertragung von Direktversicherungen oder Versicherungen in einer Pensionskasse« oder vergleichbaren Regelungen zur Übertragung von Versicherungen in Pensionskassen oder Pensionsfonds weiterhin von einer Altzusage ausgegangen wird. Dies gilt auch, wenn sich dabei die bisher abgesicherten biometrischen Risiken ändern, ohne dass damit eine Beitragsänderung verbunden ist. Die Höhe des Rechnungszinses spielt dabei für die lohnsteuerliche Beurteilung keine Rolle. Es wird in diesen Fällen nicht beanstandet, wenn die Beiträge für die Direktversicherung oder an eine Pensionskasse vom neuen Arbeitgeber weiter pauschal besteuert werden (§ 52 Abs. 6 und **52b** EStG i. V. m. § 40b EStG a. F.). Zu der Frage der Novation und des Zuflusses von Zinsen siehe Rz. 35 des BMF-Schreibens vom 22. August 2002, BStBl I S. 827 und Rz. 88 ff. des BMF-Schreibens vom **1. Oktober 2009**, BStBl I S. **1172**.

314 Entsprechendes gilt, wenn der (Alt-)Vertrag unmittelbar vom neuen Arbeitgeber fortgeführt wird. Auch insoweit bestehen keine Bedenken, wenn weiterhin von einer Altzusage ausgegangen wird und die Beiträge nach § 40b EStG a. F. pauschal besteuert werden.

315 Wird eine vor dem 1. Januar 2005 abgeschlossene Direktversicherung (Altzusage) oder Versicherung in einer Pensionskasse nach § 2 Abs. 2 oder 3 BetrAVG infolge der Beendigung des Dienstverhältnisses auf den Arbeitnehmer übertragen (versicherungsvertragliche Lösung), dann von diesem zwischenzeitlich privat (z. B. während der Zeit einer Arbeitslosigkeit) und später von einem neuen Arbeitgeber wieder als Direktversicherung oder Pensionskasse fortgeführt, bestehen ebenfalls keine Bedenken, wenn unter Berücksichtigung der übrigen Voraussetzungen bei dem neuen Arbeitgeber weiterhin von einer Altzusage ausgegangen wird. Das bedeutet insbesondere, dass der Versicherungsvertrag trotz der privaten Fortführung und der Übernahme durch den neuen Arbeitgeber - abgesehen von den in Rz. 308 f. genannten Fällen - keine wesentlichen Änderungen erfahren darf. Der Zeitraum der privaten Fortführung sowie die Tatsache, ob in dieser Zeit Beiträge geleistet oder der Vertrag beitragsfrei gestellt wurde, ist insoweit unmaßgeblich. Es wird in diesen Fällen nicht beanstandet, wenn die Beiträge für die Direktversicherung oder Pensionskasse vom neuen Arbeitgeber weiter pauschal besteuert werden (§ 52 Abs. 6 und **52b** EStG i. V. m. § 40b EStG a. F.).

b) Weiteranwendung des § 40b Abs. 1 und 2 EStG a. F.

316 Auf Beiträge zugunsten einer kapitalgedeckten betrieblichen Altersversorgung, die aufgrund von Altzusagen geleistet werden, kann § 40b Abs. 1 und 2 EStG a. F. unter folgenden Voraussetzungen weiter angewendet werden:

317 Beiträge für eine Direktversicherung, die die Voraussetzungen des § 3 Nr. 63 EStG nicht erfüllen, können weiterhin vom Arbeitgeber nach § 40b Abs. 1 und 2 EStG a. F. pauschal besteuert werden, ohne dass es hierfür einer Verzichtserklärung des Arbeitnehmers bedarf.

318 Beiträge für eine Direktversicherung, die die Voraussetzungen des § 3 kNr. 63 EStG erfüllen, können nur dann nach § 40b Abs. 1 und 2 EStG a. F. pauschal besteuert werden, wenn der Arbeitnehmer zuvor gegenüber dem Arbeitgeber für diese Beiträge auf die Anwendung des § 3 Nr. 63 EStG verzichtet hat; dies gilt auch dann, wenn der Höchstbetrag nach § 3 Nr. 63 Satz 1 EStG bereits durch anderweitige Beitragsleistungen vollständig ausgeschöpft wird. Handelt es sich um rein

arbeitgeberfinanzierte Beiträge und wird die Pauschalsteuer nicht auf den Arbeitnehmer abgewälzt, kann von einer solchen Verzichtserklärung bereits dann ausgegangen werden, wenn der Arbeitnehmer der Weiteranwendung des § 40b EStG a. F. bis zum Zeitpunkt der ersten Beitragsleistung in 2005 nicht ausdrücklich widersprochen hat. In allen anderen Fällen ist eine Weiteranwendung des § 40b EStG a. F. möglich, wenn der Arbeitnehmer dem Angebot des Arbeitgebers, die Beiträge weiterhin nach § 40b EStG a. F. pauschal zu versteuern, spätestens bis zum 30. Juni 2005 zugestimmt hat. Erfolgte die Verzichtserklärung erst nach Beitragszahlung, kann § 40b EStG a. F. für diese Beitragszahlung/en nur dann weiter angewendet und die Steuerfreiheit nach § 3 Nr. 63 EStG rückgängig gemacht werden, wenn die Lohnsteuerbescheinigung im Zeitpunkt der Verzichtserklärung noch nicht übermittelt oder ausgeschrieben worden war. Im Fall eines späteren Arbeitgeberwechsels ist in den Fällen des § 4 Abs. 2 Nr. 1 BetrAVG die Weiteranwendung des § 40b EStG a. F. möglich, wenn der Arbeitnehmer dem Angebot des Arbeitgebers, die Beiträge weiterhin nach § 40b EStG a. F. pauschal zu versteuern, spätestens bis zur ersten Beitragsleistung zustimmt.

319 Beiträge an Pensionskassen können nach § 40b EStG a. F. insbesondere dann weiterhin pauschal besteuert werden, wenn die Summe der nach § 3 Nr. 63 EStG steuerfreien Beiträge und der Beiträge, die wegen der Ausübung des Wahlrechts nach § 3 Nr. 63 Satz 2 EStG individuell versteuert werden, 4 % der Beitragsbemessungsgrenze in der allgemeinen Rentenversicherung übersteigt. Wurde im Fall einer Altzusage bisher lediglich § 3 Nr. 63 EStG angewendet und wird der Höchstbetrag von 4 % der Beitragsbemessungsgrenze in der allgemeinen Rentenversicherung erst nach dem 31. Dezember 2004 durch eine Beitragserhöhung überschritten, ist eine Pauschalbesteuerung nach § 40b EStG a. F. für die übersteigenden Beiträge möglich. Der zusätzliche Höchstbetrag von 1.800 € bleibt in diesen Fällen unberücksichtigt, da er nur dann zur Anwendung gelangt, wenn es sich um eine Neuzusage handelt.

c) *Verhältnis von § 3 Nr. 63 Satz 3 EStG und § 40b Abs. 1 und 2 Satz 1 und 2 EStG a. F.*

320 Der zusätzliche Höchstbetrag von 1.800 € nach § 3 Nr. 63 Satz 3 EStG für eine Neuzusage kann dann nicht in Anspruch genommen werden, wenn die für den Arbeitnehmer aufgrund einer Altzusage geleisteten Beiträge bereits nach § 40b Abs. 1 und 2 Satz 1 und 2 EStG a. F. pauschal besteuert werden. Dies gilt unabhängig von der Höhe der pauschal besteuerten Beiträge und somit auch unabhängig davon, ob der Dotierungsrahmen des § 40b Abs. 2 Satz 1 EStG a. F. (1.752 €) voll ausgeschöpft wird oder nicht. Eine Anwendung des zusätzlichen Höchstbetrags von 1.800 € kommt aber dann in Betracht, wenn z. B. bei einem Beitrag zugunsten der Altzusage statt der Weiteranwendung des § 40b Abs. 1 und 2 Satz 1 und 2 EStG a. F. dieser Beitrag individuell besteuert wird.

321 Werden für den Arbeitnehmer im Rahmen einer umlagefinanzierten betrieblichen Altersversorgung Zuwendungen an eine Pensionskasse geleistet und werden diese - soweit sie nicht nach § 3 Nr. 56 EStG steuerfrei bleiben (vgl. Rz. 297 ff.) - pauschal besteuert, ist § 40b Abs. 1 und § 40b EStG grundsätzlich zum 1. Januar 2005 aufgehoben. Werden von einer Versorgungseinrichtung sowohl Umlagen als auch Beiträge im Kapitaldeckungsverfahren erhoben, wird die Inanspruchnahme des zusätzlichen Höchstbetrags von 1.800 € nach § 3 Nr. 63 Satz 3 EStG für getrennt im Kapitaldeckungsverfahren erhobene Beiträge (Rz. 265) somit durch nach § 40b EStG pauschal besteuerte Zuwendungen zugunsten der umlagefinanzierten betrieblichen Altersversorgung nicht ausgeschlossen.

d) *Verhältnis von § 3 Nr. 63 Satz 4 EStG und § 40b Abs. 1 und 2 Satz 3 und 4 EStG a. F.*

322 Begünstigte Aufwendungen (Rz. 265 ff.), die der Arbeitgeber aus Anlass der Beendigung des Dienstverhältnisses nach dem 31. Dezember 2004 leistet, können entweder nach § 3 Nr. 63 Satz 4 EStG steuerfrei belassen oder nach § 40b Abs. 2 Satz 3 und 4 EStG a. F. pauschal besteuert werden. Für die Anwendung der Vervielfältigungsregelung des § 3 Nr. 63 Satz 4 EStG kommt es nicht darauf an, ob die Zusage vor oder nach dem 1. Januar 2005 erteilt wurde; sie muss allerdings die Voraussetzungen des § 3 Nr. 63 EStG erfüllen (vgl. insbesondere Rz. 272 und 392). Die Anwendung von § 3 Nr. 63 Satz 4 EStG ist allerdings ausgeschlossen, wenn gleichzeitig § 40b Abs. 2 Satz 3 und 4 EStG a. F. auf die Beiträge, die der Arbeitgeber aus Anlass der Beendigung des Dienstverhältnisses leistet,

angewendet wird. Eine Anwendung ist ferner nicht möglich, wenn der Arbeitnehmer bei Beiträgen für eine Direktversicherung auf die Steuerfreiheit der Beiträge zu dieser Direktversicherung zugunsten der Weiteranwendung des § 40b EStG a. F. verzichtet hatte (vgl. Rz. **316 ff.**). Bei einer Pensionskasse hindert die Pauschalbesteuerung nach § 40b Abs. 1 und 2 Satz 1 und 2 EStG a. F. die Inanspruchnahme des § 3 Nr. 63 Satz 4 EStG nicht. Für die Anwendung der Vervielfältigungsregelung nach § 40b Abs. 2 Satz 3 und 4 EStG a. F. ist allerdings Voraussetzung, dass die begünstigten Aufwendungen zugunsten einer Altzusage geleistet werden. Da allein die Erhöhung der Beiträge und/oder Leistungen bei einer ansonsten unveränderten Versorgungszusage nach Rz. **308** noch nicht zu einer Neuzusage führt, kann die Vervielfältigungsregelung des § 40b EStG a. F. auch dann genutzt werden, wenn der Arbeitnehmer erst nach dem 1. Januar 2005 aus dem Dienstverhältnis ausscheidet. Die Höhe der begünstigten Beiträge muss dabei nicht bereits bei Erteilung dieser Zusage bestimmt worden sein. Entsprechendes gilt in den Fällen, in denen bei einer Altzusage bisher lediglich § 3 Nr. 63 EStG angewendet wurde und der Höchstbetrag von 4 % der Beitragsbemessungsgrenze in der allgemeinen Rentenversicherung erst durch die Beiträge, die der Arbeitgeber aus Anlass der Beendigung des Dienstverhältnisses nach dem 31. Dezember 2004 leistet, überschritten wird.

e) Keine weitere Anwendung von § 40b Abs. 1 und 2 EStG a. F. auf Neuzusagen

323 Auf Beiträge, die aufgrund von Neuzusagen geleistet werden, kann § 40b Abs. 1 und 2 EStG a. F. nicht mehr angewendet werden. Die Beiträge bleiben bis zur Höhe von 4 % der Beitragsbemessungsgrenze in der allgemeinen Rentenversicherung zuzüglich 1.800 € grundsätzlich nach § 3 Nr. 63 EStG steuerfrei.

f) Verhältnis von § 3 Nr. 63 EStG und § 40b EStG a. F., wenn die betriebliche Altersversorgung nebeneinander bei verschiedenen Versorgungseinrichtungen durchgeführt wird

324 Leistet der Arbeitgeber nach § 3 Nr. 63 Satz 1 EStG begünstigte Beiträge an verschiedene Versorgungseinrichtungen, kann er § 40b EStG a. F. auf Beiträge an Pensionskassen unabhängig von der zeitlichen Reihenfolge der Beitragszahlung anwenden, wenn die Voraussetzungen für die weitere Anwendung der Pauschalbesteuerung dem Grunde nach vorliegen. Allerdings muss zum Zeitpunkt der Anwendung des § 40b EStG a. F. bereits feststehen oder zumindest konkret beabsichtigt sein, die nach § 3 Nr. 63 Satz 1 EStG steuerfreien Beiträge in voller Höhe zu zahlen. Stellt der Arbeitgeber fest, dass die Steuerfreiheit noch nicht oder nicht in vollem Umfang ausgeschöpft worden ist oder werden kann, muss die Pauschalbesteuerung nach § 40b EStG a. F. - ggf. teilweise - rückgängig gemacht werden; spätester Zeitpunkt hierfür ist die Übermittlung oder Erteilung der Lohnsteuerbescheinigung.

325 Im Jahr der Errichtung kann der Arbeitgeber für einen neu eingerichteten Durchführungsweg die Steuerfreiheit in Anspruch nehmen, wenn er die für den bestehenden Durchführungsweg bereits in Anspruch genommene Steuerfreiheit rückgängig gemacht und die Beiträge nachträglich bis zum Dotierungsrahmen des § 40b EStG a. F. (1.752 €) pauschal besteuert hat.

III. Steuerliche Behandlung der Versorgungsleistungen

1. Allgemeines

326 Die Leistungen aus einer Versorgungszusage des Arbeitgebers können Einkünfte aus nichtselbständiger Arbeit oder sonstige Einkünfte sein oder nicht der Besteuerung unterliegen.

2. Direktzusage und Unterstützungskasse

327 Versorgungsleistungen des Arbeitgebers aufgrund einer Direktzusage und Versorgungsleistungen einer Unterstützungskasse führen zu Einkünften aus nichtselbständiger Arbeit (§ 19 EStG).

328 Werden solche Versorgungsleistungen nicht fortlaufend, sondern in einer Summe gezahlt, handelt es sich um Vergütungen (Arbeitslohn) für mehrjährige Tätigkeiten im Sinne des § 34 Abs. 2 Nr. 4 EStG (vgl. BFH-Urteil vom 12. **April** 2007, BStBl II S. 581), die bei Zusammenballung als

außerordentliche Einkünfte nach § 34 Abs. 1 EStG zu besteuern sind. Die Gründe für eine Kapitalisierung von Versorgungsbezügen sind dabei unerheblich. Im Fall von Teilkapitalauszahlungen ist dagegen der Tatbestand der Zusammenballung nicht erfüllt; eine Anwendung des § 34 EStG kommt daher für diese Zahlungen nicht in Betracht.

3. Direktversicherung, Pensionskasse und Pensionsfonds

329 Die steuerliche Behandlung der Leistungen aus einer Direktversicherung, Pensionskasse und Pensionsfonds in der Auszahlungsphase erfolgt nach § 22 Nr. 5 EStG (lex spezialis, vgl. Rz. **114** ff.). Der Umfang der Besteuerung hängt davon ab, inwieweit die Beiträge in der Ansparphase durch die Steuerfreiheit nach § 3 Nr. 63 EStG (vgl. Rz. **263** ff.), nach § 3 Nr. 66 EStG (vgl. Rz. **281**) oder durch Sonderausgabenabzug nach § 10a EStG und Zulage nach § 3 Nr. 56 EStG basieren. Dies gilt auch für Leistungen aus einer ergänzenden Absicherung der Invalidität oder von Hinterbliebenen. Dabei ist grundsätzlich von einer einheitlichen Versorgungszusage und somit für den Aufteilungsmaßstab von einer einheitlichen Behandlung der Beitragskomponenten für Alter und Zusatzrisiken auszugehen. Ist nur die Absicherung von Zusatzrisiken Gegenstand einer Versorgungszusage, ist für den Aufteilungsmaßstab auf die gesamte Beitragsphase und nicht allein auf den letzten geleisteten Beitrag abzustellen. Zu den nicht geförderten Beiträgen gehören insbesondere die nach § 40b EStG a. F. pauschal besteuerten sowie die vor dem 1. Januar 2002 erbrachten Beiträge an eine Pensionskasse oder für eine Direktversicherung. Die Besteuerung erfolgt auch dann nach § 22 Nr. 5 EStG , wenn ein Direktversicherungsvertrag ganz oder teilweise privat fortgeführt wird.

330 Im Fall von Teil- bzw. Einmalkapitalauszahlungen handelt es sich nicht um außerordentliche Einkünfte im Sinne des § 34 Abs. 2 EStG. Es liegt weder eine Entschädigung noch eine Vergütung für eine mehrjährige Tätigkeit vor. Daher kommt eine Anwendung der Fünftelungsregelung des § 34 EStG auf diese Zahlungen nicht in Betracht.

a) Leistungen, die ausschließlich auf nicht geförderten Beiträgen beruhen

331 Leistungen aus Altzusagen (vgl. Rz. **306** ff.), die ausschließlich auf nicht geförderten Beiträgen beruhen, sind, wenn es sich um eine lebenslange Rente, eine Berufsunfähigkeits-, Erwerbsminderungs- oder um eine Hinterbliebenenrente handelt, als sonstige Einkünfte gem. § 22 Nr. 5 Satz 2 Buchstabe a i. V. m. § 22 Nr. 1 Satz 3 Buchstabe a Doppelbuchstabe bb EStG mit dem Ertragsanteil zu besteuern.

332 Handelt es sich um Renten im Sinne der Rz. **331** aus Neuzusagen (vgl. Rz. **306** ff.), die die Voraussetzungen des § 10 Abs. 1 Nr. 2 **Satz 1** Buchstabe b EStG erfüllen, sind diese als sonstige Einkünfte gem. § 22 Nr. 5 Satz 2 Buchstabe a i. V. m. § 22 Nr. 1 Satz 3 Buchstabe a Doppelbuchstabe aa EStG zu besteuern. Liegen die Voraussetzungen des § 10 Abs. 1 Nr. 2 **Satz 1** Buchstabe b EStG nicht vor, erfolgt die Besteuerung gem. § 22 Nr. 5 Satz 2 Buchstabe a i. V. m. § 22 Nr. 1 Satz 3 Buchstabe a Doppelbuchstabe bb EStG mit dem Ertragsanteil.

333 Auf andere als die in Rz. **331** f. genannten Leistungen (z. B. Kapitalauszahlungen, Teilraten aus Auszahlungsplänen, Abfindungen) sind die Regelungen in Rz. **131** entsprechend anzuwenden. Zu Leistungen aus einer reinen Risikoversicherung vgl. insoweit Rz. 7 des BMF-Schreibens vom **1. Oktober 2009**, BStBl I S. 1172.

b) Leistungen, die ausschließlich auf geförderten Beiträgen beruhen

334 Leistungen, die ausschließlich auf geförderten Beiträgen beruhen, unterliegen als sonstige Einkünfte nach § 22 Nr. 5 Satz 1 EStG in vollem Umfang der Besteuerung (vgl. auch Rz. **124** f.).

c) Leistungen, die auf geförderten und nicht geförderten Beiträgen beruhen

335 Beruhen die Leistungen sowohl auf geförderten als auch auf nicht geförderten Beiträgen, müssen die Leistungen in der Auszahlungsphase aufgeteilt werden (vgl. Rz. **126** ff.). Für die Frage des Aufteilungsmaßstabs ist das BMF-Schreiben vom 11. November 2004, BStBl I S. 1061 anzuwenden.

336 Soweit die Leistungen auf geförderten Beiträgen beruhen, unterliegen sie als sonstige Einkünfte nach § 22 Nr. 5 Satz 1 EStG in vollem Umfang der Besteuerung. Dies gilt unabhängig davon, ob sie in Form der Rente oder als Kapitalauszahlung geleistet werden.

337 Soweit die Leistungen auf nicht geförderten Beiträgen beruhen, gelten die Regelungen in Rz. **331** bis **333** entsprechend.

d) Sonderzahlungen des Arbeitgebers nach § 19 Abs. 1 Satz 1 Nr. 3 EStG

338 Sonderzahlungen des Arbeitgebers im Sinne des § 19 Abs. 1 Satz 1 Nr. 3 Satz 2 EStG einschließlich der Zahlungen des Arbeitgebers zur Erfüllung der Solvabilitätsvorschriften nach den §§ 53c und § 112 Abs. 1a VAG und der Sanierungsgelder sind bei der Ermittlung des Aufteilungsmaßstabs nicht zu berücksichtigen.

e) Bescheinigungspflicht

339 Nach § 22 Nr. 5 Satz 7 EStG hat der Anbieter beim erstmaligen Bezug von Leistungen sowie bei Änderung der im Kalenderjahr auszuzahlenden Leistungen dem Steuerpflichtigen nach amtlich vorgeschriebenem Vordruck den Betrag der im abgelaufenen Kalenderjahr zugeflossenen Leistungen zu bescheinigen. In dieser Bescheinigung sind die Leistungen entsprechend den Grundsätzen in Rz. **124** ff. gesondert auszuweisen.

f) Sonderregelungen

aa) Leistungen aus einem Pensionsfonds aufgrund der Übergangsregelung nach § 52 Abs. 34c EStG

340 Haben Arbeitnehmer schon von ihrem Arbeitgeber aufgrund einer Direktzusage oder von einer Unterstützungskasse laufende Versorgungsleistungen erhalten und ist diese Versorgungsverpflichtung nach § 3 Nr. 66 EStG auf einen Pensionsfonds übertragen worden, werden bei den Leistungsempfängern nach § 52 Abs. 34c EStG weiterhin der Arbeitnehmer-Pauschbetrag (§ 9a Satz 1 Nr. 1 Buchstabe a EStG) bzw. der Pauschbetrag für Werbungskosten nach § 9a Satz 1 Nr. 1 Buchstabe b EStG und der Versorgungsfreibetrag sowie der Zuschlag zum Versorgungsfreibetrag (§ 19 Abs. 2 EStG) berücksichtigt. Dies gilt auch, wenn der Zeitpunkt des erstmaligen Leistungsbezugs und der Zeitpunkt der Übertragung der Versorgungsverpflichtung auf den Pensionsfonds in denselben Monat fallen. Die Leistungen unterliegen unabhängig davon als sonstige Einkünfte nach § 22 Nr. 5 Satz 1 EStG der Besteuerung.

341 Handelt es sich bereits beim erstmaligen Bezug der Versorgungsleistungen um Versorgungsbezüge im Sinne des § 19 Abs. 2 EStG, wird der Pauschbetrag nach § 9a Satz 1 Nr. 1 Buchstabe b EStG abgezogen; zusätzlich werden der Versorgungsfreibetrag und der Zuschlag zum Versorgungsfreibetrag mit dem für das Jahr des Versorgungsbeginns maßgebenden Vomhundertsatz und Beträgen berücksichtigt. Handelt es sich beim erstmaligen Bezug der Versorgungsleistungen nicht um Versorgungsbezüge im Sinne des § 19 Abs. 2 EStG, weil z. B. keine der Altersgrenzen in § 19 Abs. 2 EStG erreicht sind, ist lediglich der Arbeitnehmer-Pauschbetrag (§ 9a Satz 1 Nr. 1 Buchstabe a EStG) abzuziehen. Wird eine der Altersgrenzen in § 19 Abs. 2 EStG erst zu einem späteren Zeitpunkt erreicht, sind ab diesem Zeitpunkt der für dieses Jahr maßgebende Versorgungsfreibetrag und der Zuschlag zum Versorgungsfreibetrag abzuziehen sowie anstelle des Arbeitnehmer-Pauschbetrags der Pauschbetrag nach § 9a Satz 1 Nr. 1 Buchstabe b EStG. Ein Abzug des Versorgungsfreibetrags nach § 19 Abs. 2 EStG in der bis zum 31. Dezember 2004 geltenden Fassung kommt nach dem

31. Dezember 2004 nicht mehr in Betracht. Dies gilt unabhängig vom Zeitpunkt der Übertragung der Versorgungsverpflichtung auf den Pensionsfonds.

bb) Arbeitgeberzahlungen infolge der Anpassungsprüfungspflicht nach § 16 BetrAVG

342 Leistungen des Arbeitgebers aufgrund der Anpassungsprüfungspflicht nach § 16 Abs. 1 BetrAVG, mit der die Leistungen einer Versorgungseinrichtung ergänzt werden, gehören zu den Einkünften nach § 19 Abs. 1 Satz 1 Nr. 2 EStG. Rz. **341** gilt entsprechend. Als Versorgungsbeginn im Sinne des § 19 Abs. 2 EStG ist der Beginn der Zahlung durch den Arbeitgeber anzusehen.

343 Erhöhen sich die Zahlungen des Arbeitgebers infolge der Anpassungsprüfungspflicht nach § 16 BetrAVG, liegt eine regelmäßige Anpassung vor, die nicht zu einer Neuberechnung des Versorgungsfreibetrags und des Zuschlags zum Versorgungsfreibetrag führen.

344 Ändert sich die Höhe der Arbeitgeberzahlung unabhängig von der Anpassungsprüfungspflicht, gilt Folgendes:

Übernimmt die Versorgungseinrichtung die Arbeitgeberzahlung nur zum Teil, ist dies als Anrechnungs-/Ruhensregelung im Sinne des § 19 Abs. 2 Satz 10 EStG anzusehen und führt zu einer Neuberechnung. Gleiches gilt für den Fall, dass die Versorgungseinrichtung die Zahlungen nicht mehr erbringen kann und sich die Arbeitgeberzahlung wieder erhöht.

345 Kann die Versorgungseinrichtung die Arbeitgeberzahlungen zunächst vollständig übernehmen und stellt diese später (z. B. wegen Liquiditätsproblemen) wieder ein, so dass der Arbeitgeber die Zahlungsverpflichtung wieder vollständig erfüllen muss, lebt der Anspruch wieder auf. Dies führt nicht zu einem neuen Versorgungsbeginn, so dass für die (Neu-)Berechnung des Versorgungsfreibetrags und des Zuschlags zum Versorgungsfreibetrag die »alte« Kohorte maßgebend ist.

cc) Beendigung einer betrieblichen Altersversorgung

346 Bei Beendigung einer nach § 3 Nr. 63 EStG geförderten betrieblichen Altersversorgung gilt Folgendes:

Liegt eine betriebliche Altersversorgung im Sinne des BetrAVG vor und wird diese lediglich mit Wirkung für die Zukunft beendet, z. B. durch eine Abfindung (ggf. auch in Form der Beitragsrückerstattung), dann handelt es sich bei der Zahlung der Versorgungseinrichtung an den Arbeitnehmer um sonstige Einkünfte im Sinne des § 22 Nr. 5 EStG und nicht um Einkünfte nach § 19 EStG.

Im Fall einer kompletten Rückabwicklung des Vertragsverhältnisses mit Wirkung für die Vergangenheit handelt es sich bei der Zahlung der Versorgungseinrichtung an den Arbeitnehmer um eine Arbeitslohnzahlung im Sinne des § 19 Abs. 1 EStG, die im Zeitpunkt des Zuflusses nach den allgemeinen lohnsteuerlichen Grundsätzen behandelt wird.

IV. Schädliche Auszahlung von gefördertem Altersvorsorgevermögen

1. Allgemeines

347 Wird das nach § 10a/Abschnitt XI EStG steuerlich geförderte Altersvorsorgevermögen an den Arbeitnehmer nicht als Rente oder im Rahmen eines Auszahlungsplans ausgezahlt, handelt es sich grundsätzlich um eine schädliche Verwendung (§ 93 Abs. 1 EStG; Rz. **159 ff**.). Im Bereich der betrieblichen Altersversorgung kann eine solche schädliche Verwendung dann gegeben sein, wenn Versorgungsanwartschaften abgefunden oder übertragen werden. Entsprechendes gilt, wenn der Arbeitnehmer im Versorgungsfall ein bestehendes Wahlrecht auf Einmalkapitalauszahlung ausübt (vgl. Rz. **291**).

348 Liegt eine schädliche Verwendung von gefördertem Altersvorsorgevermögen vor, gelten Rz. **163 ff.** sowie **177** bis **199**.

2. Abfindungen von Anwartschaften, die auf nach § 10a/ Abschnitt XI EStG geförderten Beiträgen beruhen

349 Im Fall der Abfindung von Anwartschaften der betrieblichen Altersversorgung gem. § 3 BetrAVG handelt es sich gem. § 93 Abs. 2 Satz 3 EStG um keine schädliche Verwendung, soweit das nach § 10a/Abschnitt XI EStG geförderte Altersvorsorgevermögen zugunsten eines auf den Namen des Zulageberechtigten lautenden zertifizierten privaten Altersvorsorgevertrags geleistet wird. Der Begriff der Abfindung umfasst außerdem auch Abfindungen, die in arbeitsrechtlich zulässiger Weise außerhalb des Regelungsbereiches des § 3 BetrAVG erfolgen, wie z. B. den Fall der Abfindung ohne Ausscheiden aus dem Arbeitsverhältnis. Liegen die übrigen Voraussetzungen des § 93 Abs. 2 Satz 3 EStG vor, kann somit auch in anderen Abfindungsfällen als denen des § 3 BetrAVG gefördertes Altersvorsorgevermögen aus der betrieblichen Altersversorgung auf einen zertifizierten privaten Altersvorsorgevertrag übertragen werden, ohne dass eine schädliche Verwendung vorliegt.

3. Abfindungen von Anwartschaften, die auf steuerfreien und nicht geförderten Beiträgen beruhen

350 Wird eine Anwartschaft der betrieblichen Altersversorgung abgefunden, die ganz oder teilweise auf nach § 3 Nr. 63 EStG, § 3 Nr. 66 EStG steuerfreien oder nicht geförderten Beiträgen beruht und zugunsten eines auf den Namen des Steuerpflichtigen lautenden zertifizierten Altersvorsorgevertrags geleistet, unterliegt der Abfindungsbetrag im Zeitpunkt der Abfindung nicht der Besteuerung.

351 Wird der Abfindungsbetrag nicht entsprechend der Rz. 350 verwendet, erfolgt eine Besteuerung des Abfindungsbetrags im Zeitpunkt der Abfindung entsprechend den Grundsätzen der Rz. **331 bis 337**.

4. Portabilität

352 Bei einem Wechsel des Arbeitgebers kann der Arbeitnehmer für Versorgungszusagen, die nach dem 31. Dezember 2004 erteilt werden, gem. § 4 Abs. 3 BetrAVG verlangen, dass der bisherige Arbeitgeber den Übertragungswert (§ 4 Abs. 5 BetrAVG) auf eine Versorgungseinrichtung des neuen Arbeitgebers überträgt. Die Übertragung ist gem. § 93 Abs. 2 Satz 2 EStG dann keine schädliche Verwendung, wenn auch nach der Übertragung eine lebenslange Altersversorgung des Arbeitnehmers im Sinne des § 1 Abs. 1 Satz 1 Nr. 4 **Buchstabe a** AltZertG gewährleistet wird. Dies gilt auch, wenn der alte und neue Arbeitgeber sowie der Arbeitnehmer sich gem. § 4 Abs. 2 Nr. 2 BetrAVG freiwillig auf eine Übertragung der Versorgungsanwartschaften mittels Übertragungswert von einer Versorgungseinrichtung im Sinne des § 82 Abs. 2 EStG auf eine andere Versorgungseinrichtung im Sinne des § 82 Abs. 2 EStG verständigen.

353 Erfüllt die Versorgungseinrichtung des neuen Arbeitgebers nicht die Voraussetzungen des § 1 Abs. 1 Satz 1 Nr. 4 **Buchstabe a** AltZertG, gelten Rz. **331 bis 337** entsprechend.

5. Entschädigungsloser Widerruf eines noch verfallbaren Bezugsrechts

354 Hat der Arbeitnehmer für arbeitgeberfinanzierte Beiträge an eine Direktversicherung, eine Pensionskasse oder einen Pensionsfonds die Förderung durch Sonderausgabenabzug nach § 10a EStG und Zulage nach Abschnitt XI EStG erhalten und verliert er vor Eintritt der Unverfallbarkeit sein Bezugsrecht durch einen entschädigungslosen Widerruf des Arbeitgebers, handelt es sich um eine schädliche Verwendung im Sinne des § 93 Abs. 1 EStG. Das Versicherungsunternehmen oder die Pensionskasse hat der ZfA die schädliche Verwendung nach § 94 Abs. 1 EStG anzuzeigen. Die gutgeschriebenen Zulagen sind vom Anbieter einzubehalten. Darüber hinaus hat die ZfA den steuerlichen Vorteil aus dem Sonderausgabenabzug nach § 10a EStG beim Arbeitnehmer nach § 94 Abs. 2 EStG zurückzufordern. Der maßgebliche Zeitpunkt für die Rückforderung der Zulagen und des steuerlichen Vorteils ist der Zeitpunkt, in dem die den Verlust des Bezugsrechts begründenden Willenserklärungen (z. B. Kündigung oder Widerruf) wirksam geworden sind. Im Übrigen gilt R 40b.1 Abs. 13 ff. LStR.

355 Zahlungen, die das Versicherungsunternehmen, die Pensionskasse oder der Pensionsfonds an den Arbeitgeber leistet, weil der Arbeitnehmer für eine arbeitgeberfinanzierte betriebliche Altersversorgung vor Eintritt der Unverfallbarkeit sein Bezugsrecht verloren hat (z. B. bei vorzeitigem Ausscheiden aus dem Dienstverhältnis), stellen Betriebseinnahmen dar. § 43 EStG ff. ist in diesem Fall zu beachten.

C. Besonderheiten beim Versorgungsausgleich

I. Allgemeines

1. Gesetzliche Neuregelung des Versorgungsausgleichs

356 Mit dem VersAusglG vom 3. April 2009 wurden die Vorschriften zum Versorgungsausgleich grundlegend geändert. Es gilt künftig für alle ausgleichsreifen Anrechte auf Altersversorgung der Grundsatz der internen Teilung, der bisher schon bei der gesetzlichen Rentenversicherung zur Anwendung kam. Bisher wurden alle von den Ehegatten während der Ehe erworbenen Anrechte auf eine Versorgung wegen Alter und Invalidität bewertet und im Wege eines Einmalausgleichs ausgeglichen, vorrangig über die gesetzliche Rentenversicherung.

357 Das neue VersAusglG sieht dagegen die interne Teilung als Grundsatz des Versorgungsausgleichs auch für alle Systeme der betrieblichen Altersversorgung und privaten Altersvorsorge vor. Hierbei werden die von den Ehegatten in den unterschiedlichen Altersversorgungssystemen erworbenen Anrechte zum Zeitpunkt der Scheidung innerhalb des jeweiligen Systems geteilt und für den ausgleichsberechtigten Ehegatten eigenständige Versorgungsanrechte geschaffen, die unabhängig von den Versorgungsanrechten des ausgleichspflichtigen Ehegatten im jeweiligen System gesondert weitergeführt werden.

358 Zu einem Ausgleich über ein anderes Versorgungssystem (externe Teilung) kommt es nur noch in den in §§ 14 bis 17 VersAusglG geregelten Ausnahmefällen. Bei einer externen Teilung entscheidet die ausgleichsberechtigte Person über die Zielversorgung. Sie bestimmt also, in welches Versorgungssystem der Ausgleichswert zu transferieren ist (ggf. Aufstockung einer bestehenden Anwartschaft, ggf. Neubegründung einer Anwartschaft). Dabei darf die Zahlung des Kapitalbetrags an die gewählte Zielversorgung nicht zu nachteiligen steuerlichen Folgen bei der ausgleichspflichtigen Person führen, es sei denn, sie stimmt der Wahl der Zielversorgung zu.

359 Die gesetzliche Rentenversicherung ist Auffang-Zielversorgung, wenn die ausgleichsberechtigte Person ihr Wahlrecht nicht ausübt und es sich nicht um eine betriebliche Altersversorgung handelt. Bei einer betrieblichen Altersversorgung wird bei fehlender Ausübung des Wahlrechts ein Anspruch in der Versorgungsausgleichskasse begründet.

360 Verbunden ist die externe Teilung mit der Leistung eines Kapitalbetrags in Höhe des Ausgleichswerts, der vom Versorgungsträger der ausgleichspflichtigen Person an den Versorgungsträger der ausgleichsberechtigten Person gezahlt wird. (Ausnahme: Externe Teilung von Beamtenversorgungen nach § 16 VersAusglG; hier findet wie nach dem bisherigen Quasi-Splitting zwischen der gesetzlichen Rentenversicherung und dem Träger der Beamtenversorgung ein Erstattungsverfahren im Leistungsfall statt.)

361 Kommt in Einzelfällen weder die interne Teilung noch die externe Teilung in Betracht, etwa weil ein Anrecht zum Zeitpunkt des Versorgungsausgleichs nicht ausgleichsreif ist (§ 19 VersAusglG), z. B. ein Anrecht bei einem ausländischen, zwischenstaatlichen oder überstaatlichen Versorgungsträger oder ein Anrecht im Sinne des BetrAVG das noch verfallbar ist, kommt es zu Ausgleichsansprüchen nach der Scheidung (§ 20 ff. VersAusglG). Zur steuerlichen Behandlung der Ausgleichsansprüche nach der Scheidung vgl. BMF-Schreiben vom 30. Januar 2008, BStBl I S. 390.

362 Nach § 20 des Lebenspartnerschaftsgesetzes - LPartG - (BGBl. I 2001 S. 266) findet, wenn eine Lebenspartnerschaft aufgehoben wird, in entsprechender Anwendung des VersAusglG mit Ausnahme der §§ 32 bis 38 VersAusglG ein Ausgleich von im In- oder Ausland bestehenden Anrechten (§ 2 Abs. 1 VersAusglG) statt, soweit sie in der Lebenspartnerschaftszeit begründet oder aufrechterhalten worden sind. Schließen die Lebenspartner in einem Lebenspartnerschaftsvertrag (§ 7 LPartG) Vereinbarungen über den Versorgungsausgleich, so sind die §§ 6 bis 8 VersAusglG entsprechend anzuwenden. Die Ausführungen zum VersAusglG gelten dementsprechend auch in diesen Fällen.

363 Von den nachfolgenden Ausführungen unberührt bleiben steuerliche Auswirkungen, die sich in Zusammenhang mit Pensionszusagen ergeben, die durch Körperschaften an ihre Gesellschafter erteilt wurden und die ganz oder teilweise gesellschaftsrechtlich veranlasst sind.

2. Besteuerungszeitpunkte

364 Bei der steuerlichen Beurteilung des Versorgungsausgleichs ist zwischen dem Zeitpunkt der Teilung eines Anrechts im Versorgungsausgleich durch gerichtliche Entscheidung und dem späteren Zufluss der Leistungen aus den unterschiedlichen Versorgungssystemen zu unterscheiden.

365 Bei der internen Teilung wird die Übertragung der Anrechte auf die ausgleichsberechtigte Person zum Zeitpunkt des Versorgungsausgleichs für beide Ehegatten nach § 3 Nr. 55a EStG steuerfrei gestellt, weil auch bei den im Rahmen eines Versorgungsausgleichs übertragenen Anrechten auf eine Alters- und Invaliditätsversorgung das Prinzip der nachgelagerten Besteuerung eingehalten wird. Die Besteuerung erfolgt erst während der Auszahlungsphase. Die später zufließenden Leistungen gehören dabei bei beiden Ehegatten zur gleichen Einkunftsart, da die Versorgungsanrechte innerhalb des jeweiligen Systems geteilt wurden. Ein Wechsel des Versorgungssystems und ein damit möglicherweise verbundener Wechsel der Besteuerung weg von der nachgelagerten Besteuerung hat nicht stattgefunden. Lediglich die individuellen Merkmale für die Besteuerung sind bei jedem Ehegatten gesondert zu ermitteln.

366 Bei einer externen Teilung kann dagegen die Übertragung der Anrechte zu einer Besteuerung führen, da sie mit einem Wechsel des Versorgungsträgers und damit regelmäßig mit einem Wechsel des Versorgungssystems verbunden ist. § 3 Nr. 55b Satz 1 EStG stellt deshalb die Leistung des Ausgleichswerts in den Fällen der externen Teilung für beide Ehegatten steuerfrei, soweit das Prinzip der nachgelagerten Besteuerung insgesamt eingehalten wird. Soweit die späteren Leistungen bei der ausgleichsberechtigten Person jedoch nicht der nachgelagerten Besteuerung unterliegen werden (z. B. Besteuerung nach § 20 Abs. 1 Nr. 6 EStG oder nach § 22 Nr. 1 Satz 3 Buchstabe a Doppelbuchstabe bb EStG mit dem Ertragsanteil), greift die Steuerbefreiung gem. § 3 Nr. 55b Satz 2 EStG nicht, und die Leistung des Ausgleichswerts ist bereits im Zeitpunkt der Übertragung beim ausgleichspflichtigen Ehegatten zu besteuern. Die Besteuerung der später zufließenden Leistungen erfolgt bei jedem Ehegatten unabhängig davon, zu welchen Einkünften die Leistungen beim jeweils anderen Ehegatten führen, und richtet sich danach, aus welchem Versorgungssystem sie jeweils geleistet werden.

II. Interne Teilung (§ 10 VersAusglG)

1. Steuerfreiheit nach § 3 Nr. 55a EStG

367 § 3 Nr. 55a EStG stellt klar, dass die aufgrund einer internen Teilung durchgeführte Übertragung von Anrechten steuerfrei ist; dies gilt sowohl für die ausgleichspflichtige als auch für die ausgleichsberechtigte Person.

2. Besteuerung

368 Die Leistungen aus den übertragenen Anrechten gehören bei der ausgleichsberechtigten Person zu den Einkünften, zu denen die Leistungen bei der ausgleichspflichtigen Person gehören

würden, wenn die interne Teilung nicht stattgefunden hätte. Die (späteren) Versorgungsleistungen sind daher (weiterhin) Einkünfte aus nichtselbständiger Arbeit (§ 19 EStG) oder aus Kapitalvermögen (§ 20 EStG) oder sonstige Einkünfte (§ 22 EStG). Ausgleichspflichtige Person und ausgleichsberechtigte Person versteuern beide die ihnen jeweils zufließenden Leistungen. Liegen Einkünfte aus nichtselbständiger Arbeit vor, gilt Rz. 328 auch für die ausgleichsberechtigte Person.

369 Für die Ermittlung des Versorgungsfreibetrags und des Zuschlags zum Versorgungsfreibetrag nach § 19 Abs. 2 EStG, des Besteuerungsanteils nach § 22 Nr. 1 Satz 3 Buchstabe a Doppelbuchstabe aa EStG sowie des Ertragsanteils nach § 22 Nr. 1 Satz 3 Buchstabe a Doppelbuchstabe bb EStG bei der ausgleichsberechtigten Person ist auf deren Versorgungsbeginn, deren Rentenbeginn bzw. deren Lebensalter abzustellen. Die Art einer Versorgungszusage (Alt-/Neuzusage) bei der ausgleichsberechtigten Person entspricht grundsätzlich der Art der Versorgungszusage der ausgleichspflichtigen Person. Dies gilt auch bei einer Änderung des Leistungsspektrums nach § 11 Abs. 1 Nr. 3 VersAusglG. Bei einer Hinterbliebenenversorgung zugunsten von Kindern ändert sich die bisher maßgebende Altersgrenze (Rz. 250) nicht. Die Aufstockung eines zugesagten Sterbegeldes (vgl. Rz. 251) ist möglich. Sofern die Leistungen bei der ausgleichsberechtigten Person nach § 22 Nr. 5 EStG zu besteuern sind, ist für die Besteuerung auf die der ausgleichspflichtigen Person gewährten Förderung abzustellen, soweit diese auf die übertragene Anwartschaft entfällt (vgl. Rz. 117).

370 Wird das Anrecht aus einem Altersvorsorgevertrag oder einem Direktversicherungsvertrag intern geteilt und somit ein eigenes Anrecht der ausgleichsberechtigten Person begründet, gilt der Altersvorsorge- oder Direktversicherungsvertrag der ausgleichsberechtigten Person insoweit zu dem gleichen Zeitpunkt als abgeschlossen wie derjenige der ausgleichspflichtigen Person (§ 52 Abs. 36 Satz 12 EStG). Dies gilt entsprechend, wenn die Leistungen bei der ausgleichsberechtigten Person nach § 22 Nr. 5 Satz 2 Buchstabe c i. V. m. § 20 Abs. 1 Nr. 6 EStG zu besteuern sind.

III. Externe Teilung (§ 14 VersAusglG)

1. Steuerfreiheit nach § 3 Nr. 55b EStG

371 Nach § 3 Nr. 55b Satz 1 EStG ist der aufgrund einer externen Teilung an den Träger der Zielversorgung geleistete Ausgleichswert grundsätzlich steuerfrei, soweit die späteren Leistungen aus den dort begründeten Anrechten zu steuerpflichtigen Einkünften bei der ausgleichsberechtigten Person führen würden. Soweit die Übertragung von Anrechten im Rahmen des Versorgungsausgleichs zu keinen Einkünften im Sinne des § 3 Nr. 55b EStG. Die Steuerfreiheit nach § 3 Nr. 55b Satz 1 EStG greift gemäß § 3 Nr. 55b Satz 2 EStG nicht, soweit Leistungen, die auf dem begründeten Anrecht beruhen, bei der ausgleichsberechtigten Person zu Einkünften nach § 20 Abs. 1 Nr. 6 EStG oder § 22 Nr. 1 Satz 3 Buchstabe a Doppelbuchstabe bb EStG führen würden.

372 Wird bei der externen Teilung einer betrieblichen Altersversorgung für die ausgleichsberechtigte Person ein Anrecht in einer betrieblichen Altersversorgung begründet, richtet sich die Art der Versorgungszusage (Alt-/Neuzusage) bei der ausgleichsberechtigten Person grundsätzlich nach der Art der Versorgungszusage der ausgleichspflichtigen Person. Dies gilt auch bei einer Änderung des Leistungsspektrums nach § 11 Abs. 1 Satz 2 Nr. 3 VersAusglG. Bei einer Hinterbliebenenversorgung zugunsten von Kindern ändert sich die bisher maßgebende Altersgrenze (Rz. 250) nicht. Die Aufstockung eines zugesagten Sterbegeldes (vgl. Rz. 251) ist möglich. Wird im Rahmen der externen Teilung eine bestehende Versorgungszusage der ausgleichsberechtigten Person aufgestockt, richtet sich die Art der Versorgungszusage nach den Rz. 306 ff.

2. Besteuerung bei der ausgleichsberechtigten Person

373 Für die Besteuerung bei der ausgleichsberechtigten Person ist unerheblich, zu welchen Einkünften die Leistungen aus dem übertragenen Anrecht bei der ausgleichspflichtigen Person geführt hätten, da mit der externen Teilung ein neues Anrecht begründet wird. Bei der

ausgleichsberechtigten Person unterliegen Leistungen aus Altersvorsorgeverträgen, Pensionsfonds, Pensionskassen oder Direktversicherungen, die auf dem nach § 3 Nr. 55b Satz 1 EStG steuerfrei geleisteten Ausgleichswert beruhen, insoweit in vollem Umfang der nachgelagerten Besteuerung nach § 22 Nr. 5 Satz 1 EStG.

3. Beispiele

▶ 374 Beispiel 1:

Im Rahmen einer externen Teilung zahlt das Versicherungsunternehmen X, bei dem der Arbeitnehmerehegatte A eine betriebliche Altersversorgung über eine Direktversicherung (Kapitalversicherung mit Sparanteil) aufgebaut hat, den vom Familiengericht festgesetzten Ausgleichswert an das Versicherungsunternehmen Y zugunsten von Ehegatte B in einen zertifizierten Altersvorsorgevertrag in Form einer Rentenversicherung. Die Beiträge an das Versicherungsunternehmen X wurden in der Vergangenheit ausschließlich pauschal besteuert (§ 40b Abs. 1 und 2 EStG in der am 31. Dezember 2004 geltenden Fassung i. V. m. § 52 Abs. 52b EStG).

Der Ausgleichswert führt nicht zu steuerbaren Einkünften, da kein Erlebensfall oder Rückkauf vorliegt (§ 22 Nr. 5 Satz 2 Buchstabe b i. V. m. § 20 Abs. 1 Nr. 6 EStG). Der Steuerbefreiung nach § 3 Nr. 55b EStG bedarf es daher nicht. Die spätere durch die externe Teilung gekürzte Kapitalleistung unterliegt bei A der Besteuerung nach § 22 Nr. 5 Satz 2 Buchstabe b i. V. m. § 20 Abs. 1 Nr. 6 EStG (ggf. steuerfrei wenn die Direktversicherung vor dem 1. Januar 2005 abgeschlossen wurde, § 52 Abs. 36 Satz 5 EStG i. V. m. § 20 Abs. 1 Nr. 6 Satz 2 EStG a. F.). Die Leistungen aus dem zertifizierten Altervorsorgevertrag, die auf dem eingezahlten Ausgleichswert beruhen, unterliegen bei B der Besteuerung nach § 22 Nr. 5 Satz 2 EStG (vgl. Rz. 129 bis 134).

▶ 375 Beispiel 2:

Im Rahmen einer externen Teilung zahlt ein Versicherungsunternehmen X, bei der der Arbeitnehmerehegatte A eine betriebliche Altersversorgung über eine Direktversicherung (Rentenversicherung) aufgebaut hat, einen Ausgleichswert an das Versicherungsunternehmen Y zugunsten von Ehegatte B in einen zertifizierten Altersvorsorgevertrag. Die Beiträge an das Versicherungsunternehmen X waren steuerfrei (§ 3 Nr. 63 EStG).

Der Ausgleichswert ist steuerfrei nach § 3 Nr. 55b EStG. Die spätere geminderte Leistung unterliegt bei A der Besteuerung nach § 22 Nr. 5 Satz 1 EStG. Die Leistung bei B unterliegt - soweit diese auf dem eingezahlten Ausgleichswert beruht - ebenfalls der Besteuerung nach § 22 Nr. 5 Satz 1 EStG (vgl. Rz. 124 ff.).

▶ 376 Beispiel 3:

Im Rahmen einer externen Teilung zahlt der Arbeitgeber des Arbeitnehmerehegatten A mit dessen Zustimmung (§§ 14 Abs. 4 i. V. m. 15 Abs. 3 VersAusglG) den hälftigen Kapitalwert aus einer Direktzusage in einen privaten Rentenversicherungsvertrag mit Kapitalwahlrecht des Ehegatten B ein.

Der Ausgleichswert ist steuerpflichtig, da die späteren Leistungen aus dem Rentenversicherungsvertrag zu lediglich mit dem Ertragsanteil steuerpflichtigen Einkünften beim Ehegatten B führen (§ 3 Nr. 55b Satz 2 EStG). Beim Ausgleichswert handelt es sich um steuerpflichtigen - ggf. nach der Fünftelregelung ermäßigt zu besteuernden - Arbeitslohn des Arbeitnehmerehegatten A.

4. Verfahren

377 Der Versorgungsträger der ausgleichspflichtigen Person hat grundsätzlich den Versorgungsträger der ausgleichsberechtigten Person über die für die Besteuerung der Leistungen erforderlichen

Grundlagen zu informieren. Andere Mitteilungs-, Informations- und Aufzeichnungspflichten bleiben hiervon unberührt.

IV. Steuerunschädliche Übertragung im Sinne des § 93 Absatz 1a EStG

378 Eine steuerunschädliche Übertragung im Sinne des § 93 Abs. 1a Satz 1 EStG liegt vor, wenn auf Grund einer Entscheidung des Familiengerichts im Wege der internen Teilung nach § 10 VersAusglG oder externen Teilung nach § 14 VersAusglG während der Ehezeit (§ 3 Abs. 1 VersAusglG) gebildetes gefördertes Altersvorsorgevermögen auf einen zertifizierten Altersvorsorgevertrag oder in eine nach § 82 Abs. 2 EStG begünstigte betriebliche Altersversorgung (einschließlich der Versorgungsausgleichskasse) übertragen wird. Dies ist bei der internen Teilung immer der Fall. Es ist unerheblich, ob die ausgleichsberechtigte Person selbst zulageberechtigt ist. Werden die bei einer internen Teilung entstehenden Kosten mit dem Altersvorsorgevermögen verrechnet (§ 13 VersAusglG), liegt insoweit keine schädliche Verwendung vor. Im Falle der Verrechnung reduziert sich die Beitragszusage (§ 1 Abs. 1 Satz 1 Nr. 3 AltZertG) des Anbieters entsprechend dem Verhältnis von Verrechnungsbetrag zu dem unmittelbar vor der Verrechnung vorhandenen Altersvorsorgekapital.

379 Die Übertragung auf Grund einer internen Teilung nach § 10 VersAusglG oder einer externen Teilung nach § 14 VersAusglG auf einen Altersvorsorgevertrag oder eine nach § 82 Abs. 2 EStG begünstigte betriebliche Altersversorgung (einschließlich Versorgungsausgleichskasse) der ausgleichsberechtigten Person führt nicht zu steuerpflichtigen Einnahmen.

380 Beruht das auf die Ehezeit entfallende, aufzuteilende Altersvorsorgevermögen auf geförderten und ungeförderten Beiträgen, ist das zu übertragende Altersvorsorgevermögen entsprechend dem Verhältnis der hierin enthaltenen geförderten und ungeförderten Beiträge aufzuteilen und anteilig zu übertragen.

381 Im Fall der Übertragung im Sinne des § 93 Abs. 1a Satz 1 EStG erfolgt die Mitteilung über die Durchführung der Kapitalübertragung nach dem Verfahren gemäß § 11 AltvDV. Bei der internen Teilung entfällt der Datenaustausch zwischen den Anbietern nach § 11 Abs. 1 bis 3 AltvDV. Der Anbieter der ausgleichspflichtigen Person teilt der ZfA in seiner Meldung zur Kapitalübertragung (§ 11 Abs. 4 AltvDV) neben dem Prozentsatz des geförderten Altersvorsorgekapitals, das übertragen wird, auch die vom Familiengericht angegebene Ehezeit im Sinne des § 3 Abs. 1 VersAusglG mit.

382 Erfolgt die interne Teilung und damit verbunden die Übertragung eines Anrechts im Bereich der betrieblichen Altersversorgung, erlangt die ausgleichsberechtigte Person die versorgungsrechtliche Stellung eines ausgeschiedenen Arbeitnehmers im Sinne des § 12 VersAusglG). Damit erlangt sie bei einem Pensionsfonds, einer Pensionskasse oder einer Direktversicherung auch das Recht zur Fortsetzung der betrieblichen Versorgung mit eigenen Beiträgen, die nach § 82 Abs. 2 Buchstabe b EStG zu den Altersvorsorgebeiträgen gehören können, wenn ein Fortsetzungsrecht bei der ausgleichspflichtigen Person für die Versorgung bestanden hätte. Rz. 292 ff. gelten entsprechend.

383 Die ZfA teilt der ausgleichspflichtigen Person den Umfang der auf die Ehezeit entfallenden steuerlichen Förderung nach § 10a/Abschnitt XI EStG mit. Diese Mitteilung beinhaltet die beitragsjahrbezogene Auflistung der ermittelten Zulagen sowie die nach § 10a Abs. 4 EStG gesondert festgestellten Beträge, soweit der ZfA diese bekannt sind, für die innerhalb der Ehezeit liegenden Beitragsjahre. Für die Beitragsjahre, in die der Beginn oder das Ende der Ehezeit fällt, wird die Förderung monatsweise zugeordnet, indem jeweils ein Zwölftel der für das betreffende Beitragsjahr gewährten Förderung den zu der Ehezeit zählenden Monaten zugerechnet wird. Die monatsweise Zuordnung erfolgt unabhängig davon, ob die für diese Beitragsjahre gezahlten Beiträge vor, nach oder während der Ehezeit auf den Altersvorsorgevertrag eingezahlt wurden. Die Mitteilung der Höhe der für den Vertrag insgesamt gewährten Förderung ist kein Verwaltungsakt.

384 Soweit das während der Ehezeit gebildete geförderte Altersvorsorgevermögen im Rahmen des § 93 Abs. 1a Satz 1 EStG übertragen wird, geht die steuerliche Förderung mit allen Rechten und Pflichten auf die ausgleichsberechtigte Person über. Dies hat zur Folge, dass im Falle einer schädlichen Verwendung des geförderten Altersvorsorgevermögens derjenige Ehegatte die Förderung zurückzahlen muss, der über das ihm zugerechnete geförderte Altersvorsorgevermögen schädlich verfügt. Leistungen aus dem geförderten Altersvorsorgevermögen sind beim Leistungsempfänger nachgelagert zu besteuern. Die Feststellung der geänderten Zuordnung der steuerlichen Förderung erfolgt beitragsjahrbezogen durch die ZfA. Sie erteilt sowohl der ausgleichspflichtigen als auch der ausgleichsberechtigten Person einen Feststellungsbescheid über die Zuordnung der nach § 10a Abs. 4 EStG gesondert festgestellten Beträge sowie der ermittelten Zulagen. Einwände gegen diese Bescheide können nur erhoben werden, soweit sie sich gegen die geänderte Zuordnung der steuerlichen Förderung richten. Nach Eintritt der Unanfechtbarkeit dieser Feststellungsbescheide werden auch die Anbieter durch einen Datensatz nach § 90 Abs. 2 Satz 6 EStG von der ZfA über die geänderte Zuordnung informiert.

385 Die ZfA kann die Mitteilung über den Umfang der auf die Ehezeit entfallenden steuerlichen Förderung (§ 93 Abs. 1a Satz 2 EStG, vgl. Rz. 383) und den Feststellungsbescheid über die geänderte Zuordnung (§ 93 Abs. 1a Satz 5 EStG, vgl. Rz. 384) an die ausgleichspflichtige Person in einem Schreiben zusammenfassen, sofern deutlich wird, dass ein Einspruch nur zulässig ist, soweit er sich gegen die Zuordnung der steuerlichen Förderung richtet.

386 Stellt die ausgleichspflichtige Person nach der Übertragung im Sinne des § 93 Abs. 1a Satz 1 EStG einen Antrag auf Altersvorsorgezulage für ein Beitragsjahr in der Ehezeit, sind bei der Ermittlung des Zulageanspruchs die gesamten von der ausgleichspflichtigen Person gezahlten Altersvorsorgebeiträge des Beitragsjahrs - also auch der übertragene Teil der Altersvorsorgebeiträge - zugrunde zu legen. Die Zulage wird vollständig dem Vertrag der ausgleichspflichtigen Person gutgeschrieben. Die Zuordnung der Steuerverstrickung auf die ausgleichspflichtige und die ausgleichsberechtigte Person erfolgt, als wenn die Zulage bereits vor der Übertragung dem Vertrag gutgeschrieben worden wäre.

387 Werden nach Erteilung der Mitteilung über den Umfang der auf die Ehezeit entfallenden steuerlichen Förderung und der Feststellungsbescheide über die geänderte Zuordnung der steuerlichen Förderung für die Ehezeit Ermittlungsergebnisse getroffen, aufgehoben oder geändert, so hat die ZfA eine geänderte Mitteilung über den Umfang der auf die Ehezeit entfallenden steuerlichen Förderung zu erteilen und die Feststellungsbescheide über die geänderte Zuordnung der steuerlichen Förderung nach § 175 AO zu ändern. Nach Eintritt der Unanfechtbarkeit dieser geänderten Feststellungsbescheide werden auch die Anbieter durch einen Datensatz nach § 90 Abs. 2 Satz 6 EStG von der ZfA über die geänderte Zuordnung informiert.

V. Leistungen an die ausgleichsberechtigte Person als Arbeitslohn

388 Nach § 19 Abs. 1 Nr. 2 EStG sind Leistungen, die die ausgleichsberechtigte Person auf Grund der internen oder externen Teilung später aus einer Direktzusage oder von einer Unterstützungskasse erhält, Einkünfte aus nichtselbständiger Arbeit; Rz. 328 gilt entsprechend. Sie unterliegen der Lohnsteuererhebung nach den allgemeinen Regelungen. Bei der ausgleichspflichtigen Person liegen Einkünfte aus nichtselbständiger Arbeit nur hinsichtlich der durch die Teilung gekürzten Leistungen vor.

389 Sowohl bei der ausgleichspflichtigen Person als auch bei der ausgleichsberechtigten Person werden der Arbeitnehmer-Pauschbetrag (§ 9a Satz 1 Nr. 1 Buchstabe a EStG) oder, soweit die Voraussetzungen dafür jeweils vorliegen, der Pauschbetrag für Werbungskosten (§ 9a Satz 1 Nr. 1 Buchstabe b EStG), der Versorgungsfreibetrag und der Zuschlag zum Versorgungsfreibetrag (§ 19 Abs. 2 EStG) berücksichtigt. Die steuerlichen Abzugsbeträge sind nicht auf die ausgleichspflichtige Person und die ausgleichsberechtigte Person aufzuteilen.

390 Zur Neuberechnung des Versorgungsfreibetrags und des Zuschlags zum Versorgungsfreibetrag vgl. Rz. 369.

D. Anwendungsregelung

391 Dieses Schreiben ist mit Wirkung ab **1. Januar 2010** anzuwenden. Soweit die Regelungen den ab dem 1. September 2009 geltenden Versorgungsausgleich betreffen, sind die entsprechenden Rz. bereits ab diesem Zeitpunkt anzuwenden.

392 Bei Versorgungszusagen, die vor dem 1. Januar 2005 erteilt wurden (Altzusagen, vgl. Rz. 306 ff.), ist es nicht zu beanstanden, wenn in den Versorgungsordnungen in Abweichung von Rz. 247 ff. die Möglichkeit einer Elternrente oder der Beitragserstattung einschließlich der gutgeschriebenen Erträge an die in Rz. 250 genannten Personen im Fall des Versterbens vor Erreichen der Altersgrenze und in Abweichung von Rz. 272 lediglich für die zugesagte Altersversorgung, nicht aber für die Hinterbliebenen- oder Invaliditätsversorgung die Auszahlung in Form einer Rente oder eines Auszahlungsplans vorgesehen ist. Dagegen sind Versorgungszusagen, die nach dem 31. Dezember 2004 (Neuzusagen, vgl. Rz. 306 ff.) aufgrund von Versorgungsordnungen erteilt werden, die die Voraussetzungen dieses Schreibens nicht erfüllen, aus steuerlicher Sicht nicht mehr als betriebliche Altersversorgung anzuerkennen und eine steuerliche Förderung ist hierfür nicht mehr möglich. Im Fall der nach § 40b EStG a. F. pauschal besteuerten (Alt-)Direktversicherungen gilt nach Rz. 251 weiterhin keine Begrenzung bezüglich des Kreises der Bezugsberechtigten.

393 Das BMF-Schreiben vom **20. Januar 2009 - IV C 3 - S 2496/08/10011 / IV C 5 - S 2333/07/0003 -**, BStBl I S. 273 wird mit Wirkung ab **1. Januar 2010** aufgehoben.

Dieses Schreiben steht für eine Übergangszeit auf den Internetseiten des Bundesministeriums der Finanzen (www.bundesfinanzministerium.de) zur Ansicht und zum Abruf bereit.

Altersvorsorgeverträge-Zertifizierungsgesetz (AltZertG)

2914 **Gesetz über die Zertifizierung von Altersvorsorge- und Basisrentenverträgen (Altersvorsorgeverträge-Zertifizierungsgesetz - AltZertG)**

Vom 26. Juni 2001 (BGBl. I S. 1310, 1322)

Zuletzt geändert durch Artikel 12 des Gesetzes vom 8. Dezember 2010 (BGBl. I S. 1768)

§ 1 AltZertG
Begriffsbestimmungen zum Altersvorsorgevertrag

(1) ¹Ein Altersvorsorgevertrag im Sinne dieses Gesetzes liegt vor, wenn zwischen dem Anbieter und einer natürlichen Person (Vertragspartner) eine Vereinbarung in deutscher Sprache geschlossen wird,
1. (weggefallen)
2. die für den Vertragspartner eine lebenslange und unabhängig vom Geschlecht berechnete Altersversorgung vorsieht, die nicht vor Vollendung des 60. Lebensjahres oder einer vor Vollendung des 60. Lebensjahres beginnenden Leistung aus einem gesetzlichen Alterssicherungssystem des Vertragspartners (Beginn der Auszahlungsphase) gezahlt werden darf; Leistungen aus einer ergänzenden Absicherung der verminderten Erwerbsfähigkeit oder Dienstunfähigkeit und einer zusätzlichen Absicherung der Hinterbliebenen können vereinbart werden; Hinterbliebene in diesem Sinne sind der Ehegatte und die Kinder, für die dem Vertragspartner zum Zeitpunkt des Eintritts des Versorgungsfalles ein Anspruch auf Kindergeld oder ein Freibetrag nach § 32 Abs. 6 des Einkommensteuergesetzes zugestanden hätte; der Anspruch auf Waisenrente oder Waisengeld darf längstens für den Zeitraum bestehen, in dem der Rentenberechtigte die Voraussetzungen für die Berücksichtigung als Kind im Sinne des § 32 des Einkommensteuergesetzes erfüllt;
3. in welcher der Anbieter zusagt, dass zu Beginn der Auszahlungsphase zumindest die eingezahlten Altersvorsorgebeiträge für die Auszahlungsphase zur Verfügung stehen und für die

Leistungserbringung genutzt werden; sofern Beitragsanteile zur Absicherung der verminderten Erwerbsfähigkeit oder Dienstunfähigkeit oder zur Hinterbliebenenabsicherung verwendet werden, sind bis zu 15 vom Hundert der Gesamtbeiträge in diesem Zusammenhang nicht zu berücksichtigen;

4. die monatliche Leistungen für den Vertragspartner in Form einer
   a) lebenslangen Leibrente oder Ratenzahlungen im Rahmen eines Auszahlungsplans mit einer anschließenden Teilkapitalverrentung ab spätestens dem 85. Lebensjahr vorsieht; die Leistungen müssen während der gesamten Auszahlungsphase gleich bleiben oder steigen; Anbieter und Vertragspartner können vereinbaren, dass bis zu zwölf Monatsleistungen in einer Auszahlung zusammengefasst werden oder eine Kleinbetragsrente nach § 93 Abs. 3 des Einkommensteuergesetzes abgefunden wird; bis zu 30 Prozent des zu Beginn der Auszahlungsphase zur Verfügung stehenden Kapitals kann an den Vertragspartner außerhalb der monatlichen Leistungen ausgezahlt werden; die gesonderte Auszahlung der in der Auszahlungsphase anfallenden Zinsen und Erträge ist zulässig;
   b) lebenslangen Verminderung des monatlichen Nutzungsentgelts für eine vom Vertragspartner selbst genutzte Genossenschaftswohnung vorsieht oder eine zeitlich befristete Verminderung mit einer anschließenden Teilkapitalverrentung ab spätestens dem 85. Lebensjahr vorsieht; die Leistungen müssen während der gesamten Auszahlungsphase gleich bleiben oder steigen; die Ansparleistung muss in diesem Fall durch die Einzahlung auf weitere Geschäftsanteile an einer eingetragenen Genossenschaft erfolgen; die weiteren Geschäftsanteile gelten mit Beginn der Auszahlungsphase als gekündigt; Buchstabe a Teilsatz 3 bis 5 gilt entsprechend;

5. die einen Erwerb weiterer Geschäftsanteile an einer eingetragenen Genossenschaft nur zulässt, wenn der Vertragspartner im Zeitpunkt des Erwerbs eine Genossenschaftswohnung des Anbieters selbst nutzt und bei Erwerb weiterer Geschäftsanteile an einer eingetragenen Genossenschaft vorsieht, dass
   a) im Fall der Aufgabe der Selbstnutzung der Genossenschaftswohnung, des Ausschlusses, des Ausscheidens des Mitglieds oder der Auflösung der Genossenschaft die Möglichkeit eingeräumt wird, dass mindestens die eingezahlten Altersvorsorgebeiträge und die gutgeschriebenen Erträge auf einen vom Vertragspartner zu bestimmenden Altersvorsorgevertrag übertragen werden, und
   b) die auf die weiteren Geschäftsanteile entfallenden Erträge nicht ausgezahlt, sondern für den Erwerb weiterer Geschäftsanteile verwendet werden;

6. (weggefallen)
7. (weggefallen)
8. die vorsieht, dass die angesetzten Abschluss- und Vertriebskosten gleichmäßig mindestens auf die ersten fünf Vertragsjahre verteilt werden, soweit sie nicht als Prozentsatz von den Altersvorsorgebeiträgen abgezogen werden;
9. (weggefallen)
10. die dem Vertragspartner bis zum Beginn der Auszahlungsphase einen Anspruch gewährt,
    a) den Vertrag ruhen zu lassen,
    b) den Vertrag mit einer Frist von drei Monaten zum Ende eines Kalendervierteljahres zu kündigen, um das gebildete Kapital auf einen anderen auf seinen Namen lautenden Altersvorsorgevertrag mit einer Vertragsgestaltung nach diesem Absatz desselben oder eines anderen Anbieters übertragen zu lassen, oder
    c) mit einer Frist von drei Monaten zum Ende eines Kalendervierteljahres eine Auszahlung des gebildeten Kapitals für eine Verwendung im Sinne des § 92a des Einkommensteuergesetzes zu verlangen;
    soweit es sich um den Erwerb weiterer Geschäftsanteile an einer Genossenschaft handelt, gilt der erste Halbsatz mit der Maßgabe, dass die weiteren Geschäftsanteile mit einer Frist von drei Monaten zum Ende des Geschäftsjahres gekündigt werden können und die Auszahlung des auf die weiteren Geschäftsanteile entfallenden Geschäftsguthabens binnen sechs Monaten nach Wirksamwerden der Kündigung verlangt werden kann;

11. die im Fall der Verminderung des monatlichen Nutzungsentgelts für eine vom Vertragspartner selbst genutzte Genossenschaftswohnung dem Vertragspartner bei Aufgabe der Selbstnutzung der Genossenschaftswohnung in der Auszahlungsphase einen Anspruch gewährt, den Vertrag mit einer Frist von nicht mehr als drei Monaten zum Ende des Geschäftsjahres zu kündigen, um spätestens binnen sechs Monaten nach Wirksamwerden der Kündigung das noch nicht verbrauchte Kapital auf einen anderen auf seinen Namen lautenden Altersvorsorgevertrag desselben oder eines anderen Anbieters übertragen zu lassen.

²Ein Altersvorsorgevertrag im Sinne dieses Gesetzes kann zwischen dem Anbieter und dem Vertragspartner auch auf Grundlage einer rahmenvertraglichen Vereinbarung mit einer Vereinigung geschlossen werden, wenn der begünstigte Personenkreis die Voraussetzungen des § 10a des Einkommensteuergesetzes erfüllt.

(1a) ¹Als Altersvorsorgevertrag gilt auch ein Vertrag,
1. der für den Vertragspartner einen Rechtsanspruch auf Gewährung eines Darlehens vorsieht,
2. der dem Vertragspartner einen Rechtsanspruch auf Gewährung eines Darlehens einräumt, sowie der darauf beruhende Darlehensvertrag; der Vertrag kann auch mit einer Vertragsgestaltung nach Absatz 1 zu einem einheitlichen Vertrag zusammengefasst werden,
3. der dem Vertragspartner einen Rechtsanspruch auf Gewährung eines Darlehens einräumt und bei dem unwiderruflich vereinbart wird, dass dieses Darlehen durch Altersvorsorgevermögen getilgt wird, welches in einem Altersvorsorgevertrag nach Absatz 1 oder Nummer 2 gebildet wird; beide Vertragsbestandteile (Darlehensvertrag und Altersvorsorgevertrag nach Absatz 1 oder Nummer 2) gelten als einheitlicher Vertrag.

²Das Darlehen ist für eine wohnungswirtschaftliche Verwendung im Sinne des § 92a Abs. 1 Satz 1 des Einkommensteuergesetzes einzusetzen und ist spätestens bis zur Vollendung des 68. Lebensjahres des Vertragspartners zu tilgen. ³Absatz 1 Satz 1 Nr. 8 gilt entsprechend.

(2) ¹Anbieter eines Altersvorsorgevertrages im Sinne dieses Gesetzes sind
1. mit Sitz im Inland:
   a) Lebensversicherungsunternehmen, soweit ihnen hierfür eine Erlaubnis nach dem Versicherungsaufsichtsgesetz in der Fassung der Bekanntmachung vom 17. Dezember 1992 (BGBl. 1993 I S. 2), zuletzt geändert durch Artikel 11 des Gesetzes vom 28. Mai 2008 (BGBl. I S. 874), in der jeweils geltenden Fassung erteilt worden ist,
   b) Kreditinstitute, die eine Erlaubnis zum Betreiben des Einlagengeschäfts im Sinne des § 1 Abs. 2 Satz 2 Nr. 1 des Kreditwesengesetzes haben,
   c) Bausparkassen im Sinne des Gesetzes über Bausparkassen in der Fassung der Bekanntmachung vom 15. Februar 1991 (BGBl. I S. 454), zuletzt geändert durch Artikel 13a Nr. 3 des Gesetzes vom 16. Juli 2007 (BGBl. I S. 1330), in der jeweils geltenden Fassung,
   d) Kapitalanlagegesellschaften mit Sitz im Inland;
2. mit Sitz in einem anderen Staat des Europäischen Wirtschaftsraums:
   a) Lebensversicherungsunternehmen im Sinne der Richtlinie 2002/83/EG des Europäischen Parlaments und des Rates vom 5. November 2002 über Lebensversicherungen (ABl. EG Nr. L 345 S. 1), zuletzt geändert durch die Richtlinie 2007/44/EG des Europäischen Parlaments und des Rates vom 5. September 2007 (ABl. EU Nr. L 247 S. 1), soweit sie nach § 110a Abs. 2 und 2a des Versicherungsaufsichtsgesetzes entsprechende Geschäfte im Inland betreiben dürfen,
   b) Kreditinstitute im Sinne der Richtlinie 2006/48/EG des Europäischen Parlaments und des Rates vom 14. Juni 2006 über die Aufnahme und Ausübung der Tätigkeit der Kreditinstitute (ABl. EU Nr. L 177 S. 1), zuletzt geändert durch die Richtlinie 2007/64/EG des Europäischen Parlaments und des Rates vom 13. November 2007 (ABl. EU Nr. L 319 S. 1), soweit sie nach § 53b Abs. 1 Satz 1 des Kreditwesengesetzes entsprechende Geschäfte im Inland betreiben dürfen,

c) Verwaltungs- oder Investmentgesellschaften im Sinne der Richtlinie 85/611/EWG des Rates vom 20. Dezember 1985 zur Koordinierung der Rechts- und Verwaltungsvorschriften betreffend bestimmte Organismen für gemeinsame Anlagen in Wertpapieren (OGAW) (ABl. EG Nr. L 375 S. 3), zuletzt geändert durch die Richtlinie 2005/1/EG des Europäischen Parlaments und des Rates vom 9. März 2005 (ABl. EU Nr. L 79 S. 9);
3. mit Sitz außerhalb des Europäischen Wirtschaftsraums, soweit die Zweigstellen die Voraussetzungen des § 105 Abs. 1 des Versicherungsaufsichtsgesetzes oder des § 53, auch in Verbindung mit § 53c, des Kreditwesengesetzes erfüllen, inländische Zweigstellen von Lebensversicherungsunternehmen oder Kreditinstituten, die eine Erlaubnis zum Betreiben des Einlagengeschäfts im Sinne von § 1 Abs. 1 Satz 2 Nr. 1 des Kreditwesengesetzes haben;
4. in das Genossenschaftsregister eingetragene Genossenschaften,
   a) bei denen nach einer gutachterlichen Äußerung des Prüfungsverbands, von dem die Genossenschaft geprüft wird, keine Feststellungen zur Einschränkung der Ordnungsmäßigkeit der Geschäftsführung zu treffen sind, keine Tatsachen vorliegen, die den Bestand der Genossenschaft gefährden oder ihre Entwicklung wesentlich beeinträchtigen könnten und keine Anhaltspunkte dafür vorliegen, dass die von der Genossenschaft abgeschlossenen Altersvorsorgeverträge nicht ordnungsgemäß erfüllt werden,
   b) die entweder eine Erlaubnis nach dem Kreditwesengesetz besitzen oder wenn sie Leistungen nach Absatz 1 Satz 1 Nr. 4 Buchstabe b anbieten, deren Satzungszweck ist, ihren Mitgliedern Wohnraum zur Verfügung zu stellen, und die Erfüllung der Verpflichtungen nach Absatz 1 Satz 1 Nr. 3 und 10 durch eine Versicherung bei einem im Geltungsbereich dieses Gesetzes zum Geschäftsbetrieb befugten Versicherungsunternehmen oder durch ein Zahlungsversprechen eines im Geltungsbereich dieses Gesetzes zum Geschäftsbetrieb befugten Kreditinstituts gesichert ist; die Sicherung kann auf 20.000 Euro pro Vertrag begrenzt werden; und
   c) deren Satzung zum einen eine Beteiligung mit mehreren Geschäftsanteilen erlaubt und zum anderen für Mitglieder, die weitere Geschäftsanteile zum Zwecke der Durchführung eines Altersvorsorgevertrages angeschafft haben, hinsichtlich dieser weiteren Geschäftsanteile keine Verpflichtung zu Nachschüssen zur Insolvenzmasse oder zu weiteren Einzahlungen nach § 87a Abs. 2 des Genossenschaftsgesetzes oder zur Verlustzuschreibung im Sinne des § 19 Absatz 1 des Genossenschaftsgesetzes sowie keine längere Kündigungsfrist als die des § 65 Abs. 2 Satz 1 des Genossenschaftsgesetzes und keine abweichenden Regelungen für die Auszahlung des Auseinandersetzungsguthabens im Sinne des § 73 Abs. 4 des Genossenschaftsgesetzes vorsieht; das Vorliegen dieser Voraussetzungen ist durch den Prüfungsverband, von dem die Genossenschaft geprüft wird, zu bestätigen.

²Finanzdienstleistungsinstitute sowie Kreditinstitute mit Sitz im Inland, die keine Erlaubnis zum Betreiben des Einlagengeschäfts im Sinne des § 1 Abs. 1 Satz 2 Nr. 1 des Kreditwesengesetzes haben, und Wertpapierdienstleistungsunternehmen im Sinne der Richtlinie 2004/39/EG des Europäischen Parlaments und des Rates vom 21. April 2004 über Märkte für Finanzinstrumente, zur Änderung der Richtlinien 85/611/EWG und 93/6/EWG des Rates und der Richtlinie 2000/12/EG des Europäischen Parlaments und des Rates und zur Aufhebung der Richtlinie 93/22/EWG des Rates (ABl. EU Nr. L 145 S. 1, 2005 Nr. L 45 S. 18), zuletzt geändert durch die Richtlinie 2007/44/EG des Europäischen Parlaments und des Rates vom 5. September 2007 (ABl. EU Nr. L 247 S. 1), mit Sitz in einem anderen Staat des Europäischen Wirtschaftsraums können Anbieter sein, wenn sie
1. nach ihrem Erlaubnisumfang nicht unter die Ausnahmeregelungen nach § 2 Abs. 7 oder Abs. 8 des Kreditwesengesetzes fallen oder im Fall von Wertpapierdienstleistungsunternehmen vergleichbaren Einschränkungen der Solvenzaufsicht in dem anderen Staat des Europäischen Wirtschaftsraums unterliegen,
2. ein Anfangskapital im Sinne von § 10 Abs. 2a Satz 1 Nr. 1 bis 7 des Kreditwesengesetzes (Anfangskapital) in Höhe von mindestens 730.000 Euro nachweisen und
3. nach den Bedingungen des Altersvorsorgevertrages die Gelder nur anlegen bei Kreditinstituten im Sinne des Satzes 1.

(3) ¹Die Zertifizierung eines Altersvorsorgevertrages nach diesem Gesetz ist die Feststellung, dass die Vertragsbedingungen des Altersvorsorgevertrages dem Absatz 1, 1a oder beiden Absätzen entsprechen und der Anbieter den Anforderungen des Absatzes 2 entspricht. ²Eine Zertifizierung im Sinne des § 4 Abs. 2 Satz 1 stellt ausschließlich die Übereinstimmung des Vertrages mit den Anforderungen des Absatzes 1 oder 1a oder beiden fest.

(4) (weggefallen)

(5) ¹Gebildetes Kapital im Sinne dieses Gesetzes ist
a) bei Versicherungsverträgen das nach den anerkannten Regeln der Versicherungsmathematik mit den Rechnungsgrundlagen der Beitragskalkulation berechnete Deckungskapital der Versicherung zuzüglich bereits zugeteilter Überschussanteile, des übertragungsfähigen Werts aus Schlussüberschussanteilen sowie der nach § 153 Abs. 1 und 3 des Versicherungsvertragsgesetzes zuzuteilenden Bewertungsreserven, § 169 Abs. 6 des Versicherungsvertragsgesetzes gilt entsprechend; bei fondsgebundenen Versicherungen und anderen Versicherungen, die Leistungen der in § 54b des Versicherungsaufsichtsgesetzes bezeichneten Art vorsehen, abweichend hiervon die Summe aus dem vorhandenen Wert der Anteilseinheiten und der im sonstigen Vermögen angelegten verzinsten Beitrags- und Zulagenteile, abzüglich der tariflichen Kosten, zuzüglich zugeteilter Überschussanteile, des übertragungsfähigen Werts aus Schlussüberschussanteilen und der nach § 153 Abs. 1 und 3 des Versicherungsvertragsgesetzes zuzuteilenden Bewertungsreserven,
b) bei Investmentsparverträgen der Wert der Fondsanteile zum Stichtag,
c) bei Sparverträgen der Wert des Guthabens einschließlich der bis zum Stichtag entstandenen, aber noch nicht fälligen Zinsen,
d) bei Geschäftsanteilen an einer Genossenschaft der jeweilige Anschaffungspreis; bei Verträgen nach Absatz 1a Satz 1 Nummer 3 jeweils abzüglich des Darlehens, soweit es noch nicht getilgt ist.

²Abzüge, soweit sie nicht in diesem Gesetz vorgesehen sind, sind nicht zulässig.

§ 2 AltZertG
Begriffsbestimmungen zum Basisrentenvertrag

(1) ¹Ein Basisrentenvertrag im Sinne dieses Gesetzes liegt vor, wenn zwischen dem Anbieter und einer natürlichen Person (Vertragspartner) eine Vereinbarung in deutscher Sprache geschlossen wird, die die Voraussetzungen des § 10 Abs. 1 Nr. 2 Buchstabe b des Einkommensteuergesetzes erfüllt. ²Dies gilt entsprechend, wenn zum Aufbau einer kapitalgedeckten betrieblichen Altersversorgung eine Vereinbarung, die die Anforderungen des § 10 Abs. 1 Nr. 2 Buchstabe b des Einkommensteuergesetzes erfüllt, zwischen dem Anbieter und dem Arbeitgeber zugunsten des Arbeitnehmers geschlossen wird.

(2) Anbieter eines Basisrentenvertrages im Sinne dieses Gesetzes sind die Anbieter im Sinne des § 1 Abs. 2, einschließlich der Pensionskassen im Sinne des § 118a des Versicherungsaufsichtsgesetzes, sowie der Pensionsfonds im Sinne des § 112 des Versicherungsaufsichtsgesetzes.

(3) ¹Die Zertifizierung eines Basisrentenvertrages nach diesem Gesetz ist die Feststellung, dass die Vertragsbedingungen des Basisrentenvertrages die Voraussetzungen des § 10 Abs. 1 Nr. 2 Buchstabe b des Einkommensteuergesetzes erfüllen und der Anbieter den Anforderungen des § 2 Abs. 2 entspricht. ²Eine Zertifizierung im Sinne des § 4 Abs. 2 Satz 1 stellt ausschließlich die Übereinstimmung des Vertrages mit den Voraussetzungen des § 10 Abs. 1 Nr. 2 Buchstabe b des Einkommensteuergesetzes fest.

§ 3 AltZertG
Zertifizierungsstelle, Aufgaben

(1) Zertifizierungsstelle ist das Bundeszentralamt für Steuern.

(2) Die Zertifizierungsstelle entscheidet durch Verwaltungsakt über die Zertifizierung sowie über die Rücknahme und den Widerruf der Zertifizierung.

(3) Die Zertifizierungsstelle prüft nicht, ob ein Altersvorsorge- oder ein Basisrentenvertrag wirtschaftlich tragfähig und die Zusage des Anbieters erfüllbar ist und ob die Vertragsbedingungen zivilrechtlich wirksam sind.

(4) Die Zertifizierungsstelle nimmt die ihr nach diesem Gesetz zugewiesenen Aufgaben nur im öffentlichen Interesse wahr.

§ 4 AltZertG
Antrag, Ergänzungsanforderungen, Ergänzungsanzeigen, Ausschlussfristen

(1) ¹Die Zertifizierung erfolgt auf Antrag des Anbieters. ²Mit dem Antrag sind vorzulegen:
1. Unterlagen, die belegen, dass die Vertragsbedingungen nach § 1 Abs. 3 oder § 2 Abs. 3 zertifizierbar sind;
2. eine Bescheinigung der zuständigen Aufsichtsbehörde über den Umfang der Erlaubnis und bei Unternehmen im Sinne des § 1 Abs. 2 Satz 3 zusätzlich über den Umfang der Aufsicht und die Höhe des Anfangskapitals (§ 1 Abs. 2 Satz 3 Nr. 1 und 2); bei einem Anbieter im Sinne des § 1 Abs. 2 Satz 1 Nr. 4 sind anstelle der Bescheinigung ein Registerauszug, die Satzung und die gutachterliche Äußerung des Prüfungsverbands nach § 1 Abs. 2 Satz 1 Nr. 4 beizufügen.

(2) ¹Auf Antrag eines Spitzenverbandes der in § 1 Abs. 2 genannten Anbieter kann die Zertifizierung eines ausschließlich als Muster verwendbaren Vertrages erfolgen. ²Mit dem Antrag sind die Unterlagen vorzulegen, die belegen, dass die Vertragsbedingungen des Mustervertrags nach § 1 Abs. 3 oder § 2 Abs. 3 zertifizierbar sind.

(3) ¹Ein Spitzenverband der in § 1 Abs. 2 genannten Anbieter kann als Bevollmächtigter seiner Mitgliedsunternehmen für diese die Anträge nach Absatz 1 stellen. ²Von der Vorlage der Unterlagen nach
1. Absatz 1 Satz 2 Nr. 1 kann abgesehen werden, wenn es sich bei dem Vertrag um einen bereits zertifizierten Mustervertrag nach Absatz 2 handelt;
2. Absatz 1 Satz 2 Nr. 2 kann abgesehen werden, wenn der Spitzenverband schriftlich versichert, dass ihm für sein Mitgliedsunternehmen die dort genannte Bescheinigung vorliegt.

³Der Bevollmächtigte hat auf Verlangen der Zertifizierungsstelle seine Vollmacht schriftlich nachzuweisen sowie die Unterlagen nach Absatz 1 Satz 2 Nr. 1 und 2 vorzulegen.

(4) Die Gebühr nach § 12 ist bei Stellung des Antrags zu entrichten.

(5) ¹Fehlende Angaben oder Unterlagen fordert die Zertifizierungsstelle innerhalb von drei Monaten als Ergänzungsanzeige an (Ergänzungsanforderung). Innerhalb von drei Monaten nach Zugang der Ergänzungsanforderung ist die Ergänzungsanzeige der Zertifizierungsstelle zu erstatten; andernfalls lehnt die Zertifizierungsstelle den Zertifizierungsantrag ab. ²Die Frist nach Satz 2 ist eine Ausschlussfrist.

§ 5 AltZertG
Zertifizierung von Altersvorsorgeverträgen

Die Zertifizierungsstelle erteilt die Zertifizierung nach § 1 Abs. 3, wenn ihr die nach diesem Gesetz erforderlichen Angaben und Unterlagen vorliegen sowie die Vertragsbedingungen des Altersvorsorgevertrags dem § 1 Absatz 1, 1a oder beiden Absätzen entsprechen und der Anbieter den Anforderungen des § 1 Absatz 2 entspricht.

§ 5a AltZertG
Zertifizierung von Basisrentenverträgen

Die Zertifizierungsstelle erteilt die Zertifizierung nach § 2 Abs. 3, wenn ihr die nach diesem Gesetz erforderlichen Angaben und Unterlagen vorliegen sowie die Vertragsbedingungen des

Basisrentenvertrags die Voraussetzungen des § 10 Absatz 1 Nummer 2 Buchstabe b des Einkommensteuergesetzes erfüllen und der Anbieter den Anforderungen des § 2 Absatz 2 entspricht.

§ 6 AltZertG
Rechtsverordnung

¹Das Bundesministerium der Finanzen kann durch Rechtsverordnung, die nicht der Zustimmung des Bundesrates bedarf, nähere Bestimmungen über das Zertifizierungsverfahren und die Informationspflichten gemäß § 7 Abs. 4 treffen. ²Das Bundesministerium der Finanzen kann die Ermächtigung durch Rechtsverordnung, die nicht der Zustimmung des Bundesrates bedarf, auf das Bundeszentralamt für Steuern übertragen.

§ 7 AltZertG
Informationspflicht des Anbieters; Sicherungsschein

(1) ¹Der Anbieter von Altersvorsorgeverträgen informiert den Vertragspartner vor Abgabe von dessen Vertragserklärung in Textform über
1. die Höhe und zeitliche Verteilung der in die Zahlungen zugunsten des Altersvorsorgevertrags einkalkulierten Kosten,
2. die Kosten für die Verwaltung des gebildeten Kapitals, soweit sie nicht in Nummer 1 enthalten sind oder des nach § 1 Abs. 1a zu gewährenden Darlehens,
3. die Einwilligung nach § 10a Abs. 1 Satz 1 zweiter Halbsatz oder Satz 4 des Einkommensteuergesetzes als Voraussetzung der Förderberechtigung für den dort genannten Personenkreis.

²Erfüllt der Altersvorsorgevertrag die Voraussetzungen des § 1 Abs. 1, gilt Satz 1 auch hinsichtlich
1. der Kosten, die dem Vertragspartner im Fall eines Wechsels in ein anderes begünstigtes Anlageprodukt oder zu einem anderen Anbieter unter Mitnahme des gebildeten Kapitals entstehen,
2. des Guthabens, das dem Vertragspartner bei Zahlung gleich bleibender Beiträge am jeweiligen Jahresende über einen Zeitraum von zehn Jahren maximal bis zum Beginn der Auszahlungsphase vor und nach Abzug der Wechselkosten zur Übertragung auf ein anderes Anlageprodukt oder einen anderen Anbieter zustünde, und die Summe der bis dahin insgesamt gezahlten gleich bleibenden Beiträge, wobei sich das gebildete Guthaben und die zu zahlenden Beiträge jeweils um einen Satz von 2, 4 oder 6 Prozent jährlich verzinsen. 2Sind für einen Teil des Zeitraums oder für den gesamten Zeitraum bis zum Beginn der Auszahlungsphase bereits unterschiedliche Beiträge oder eine bestimmte Verzinsung vertraglich vereinbart, sind diese anstelle der zuvor genannten Beträge zur Berechnung heranzuziehen,
3. der Anlagemöglichkeiten und der Struktur des Anlagenportfolios sowie des Risikopotentials und der Berücksichtigung ethischer, sozialer und ökologischer Belange bei der Verwendung der eingezahlten Beiträge.

³Bei Altersvorsorgeverträgen im Sinne des § 1 Abs. 1a Nr. 3 sind die Gesamtkosten als jährlicher Prozentsatz des Kredits nach § 6 Abs. 1 der Preisangabenverordnung in der Fassung der Bekanntmachung vom 18. Oktober 2002 (BGBl. I S. 4197), die zuletzt durch § 20 Abs. 9 des Gesetzes vom 3. Juli 2004 (BGBl. I S. 1414) geändert worden ist, anzugeben. ⁴Für das Altersvermögen, mit dem das Darlehen getilgt wird, ist der vertraglich garantierte Betrag dieses Vermögens zum Zeitpunkt der Darlehenstilgung anzusetzen. ⁵In die Berechnung des Prozentsatzes sind alle Kosten für den Vertragspartner einschließlich aller auf den Vertrag zu leistenden Altersvorsorgebeiträge mit Ausnahme der in § 6 Abs. 3 der Preisangabenverordnung aufgeführten Kosten einzubeziehen.

(2) In der Information nach Absatz 1 hat der Anbieter von Altersvorsorgeverträgen die Zertifizierungsstelle mit ihrer Postanschrift, die Zertifizierungsnummer, das Datum, zu dem die Zertifizierung wirksam geworden ist, und einen deutlich hervorgehobenen Hinweis folgenden Wortlauts aufzunehmen:

»Der Altersvorsorgevertrag ist zertifiziert worden und damit im Rahmen des § 10a des Einkommensteuergesetzes steuerlich förderungsfähig. Bei der Zertifizierung ist nicht geprüft worden, ob der

Altersvorsorgeverträge wirtschaftlich tragfähig, die Zusage des Anbieters erfüllbar ist und die Vertragsbedingungen zivilrechtlich wirksam sind.«

(3) Erfüllt der Anbieter von Altersvorsorgeverträgen die ihm gemäß den Absätzen 1 und 2 obliegenden Verpflichtungen nicht, kann der Vertragspartner binnen eines Monats nach Zahlung des ersten Beitrages vom Vertrag zurücktreten.

(4) Der Anbieter von Altersvorsorgeverträgen ist, sofern kein Fall des § 92a Abs. 2 Satz 10 des Einkommensteuergesetzes vorliegt, verpflichtet, den Vertragspartner jährlich schriftlich über die Verwendung der eingezahlten Altersvorsorgebeiträge, das bisher gebildete Kapital, die einbehaltenen anteiligen Abschluss- und Vertriebskosten, die Kosten für die Verwaltung des gebildeten Kapitals oder des gewährten Darlehens sowie die erwirtschafteten Erträge zu informieren; im Rahmen der jährlichen Berichterstattung muss der Anbieter von Altersvorsorgeverträgen auch darüber schriftlich informieren, ob und wie ethische, soziale und ökologische Belange bei der Verwendung der eingezahlten Altersvorsorgebeiträge berücksichtigt werden.

(5) ¹Soweit sich die in Absatz 1 Satz 1 Nr. 1 und 2 sowie Satz 2 sowie Absatz 4 mitzuteilenden Informationen auf Geldleistungen, Erträge oder Kosten beziehen, sind die jeweiligen Beträge für den angebotenen Vertrag in Euro auszuweisen. ²Informationspflichten nach anderen Gesetzen bleiben unberührt; die Angabe nach Absatz 1 Satz 2 Nr. 2 tritt an die Stelle der Modellrechnung nach § 154 des Versicherungsvertragsgesetzes vom 23. November 2007 (BGBl. I S. 2631), das zuletzt durch Artikel 9 des Gesetzes vom 28. Mai 2008 (BGBl. I S. 874) geändert worden ist, in der jeweils geltenden Fassung.

(6) ¹Zur Erfüllung ihrer Verpflichtung aus § 1 Abs. 2 Satz 1 Nr. 4 Buchstabe b hat die Genossenschaft dem Vertragspartner einen unmittelbaren Anspruch gegen den Sicherungsgeber zu verschaffen und durch Übergabe einer von diesem oder auf dessen Veranlassung ausgestellten Bestätigung (Sicherungsschein) nachzuweisen; auf eine betragsmäßige Begrenzung der Sicherung ist in hervorgehobener Weise hinzuweisen. ²Der Sicherungsgeber kann sich gegenüber einem Vertragspartner, dem ein Sicherungsschein ausgehändigt worden ist, weder auf Einwendungen aus dem Sicherungsvertrag noch darauf berufen, dass der Sicherungsschein erst nach Beendigung des Sicherungsvertrags ausgestellt worden ist. ³In den Fällen des Satz 2 geht der Anspruch des Vertragspartners gegen die Genossenschaft auf den Sicherungsgeber über, soweit dieser den Forderungen des Vertragspartners nachkommt.

(7) Der Anbieter von Basisrentenverträgen informiert den Vertragspartner schriftlich über die Zertifizierungsstelle mit ihrer Postanschrift, die Zertifizierungsnummer, das Datum, zu dem die Zertifizierung wirksam geworden ist, und nimmt dabei einen deutlich hervorgehobenen Hinweis folgenden Wortlauts mit auf:

»Der Basisrentenvertrag ist zertifiziert worden und damit im Rahmen des § 10 Abs. 1 Nr. 2 Buchstabe b des Einkommensteuergesetzes steuerlich förderungsfähig. Bei der Zertifizierung ist nicht geprüft worden, ob der Basisrentenvertrag wirtschaftlich tragfähig, die Zusagen des Anbieters erfüllbar und die Vertragsbedingungen zivilrechtlich wirksam sind.«

§ 8 AltZertG
Rücknahme, Widerruf und Verzicht

(1) ¹Die Zertifizierungsstelle kann den Antrag auf Zertifizierung eines Altersvorsorgevertrages ablehnen oder die Zertifizierung eines Altersvorsorgevertrages gegenüber dem Anbieter widerrufen, wenn Tatsachen die Annahme rechtfertigen, dass der Anbieter die für die Beachtung der Vorschriften dieses Gesetzes sowie der §§ 10a, 22 Nr. 5, § 22a und des Abschnitts XI des Einkommensteuergesetzes erforderliche Zuverlässigkeit nicht besitzt. ²Die Zertifizierungsstelle kann den Antrag auf Zertifizierung eines Basisrentenvertrages ablehnen oder die Zertifizierung eines Basisrentenvertrages gegenüber dem Anbieter widerrufen, wenn Tatsachen die Annahme rechtfertigen, dass der Anbieter die für die Beachtung der Vorschriften dieses Gesetzes sowie der §§ 10 und 22a des

Einkommensteuergesetzes erforderliche Zuverlässigkeit nicht besitzt. ³Die Zertifizierungsstelle hat die Zertifizierung gegenüber dem Anbieter zu widerrufen, wenn der Anbieter die Voraussetzungen des § 1 Absatz 2 oder des § 112 des Versicherungsaufsichtsgesetzes nicht mehr erfüllt. ⁴Die Aufhebung der Zertifizierung nach den allgemeinen Verfahrensvorschriften der Abgabenordnung bleibt unberührt. ⁵Bei einem Anbieter im Sinne des § 1 Abs. 2 Satz 1 Nr. 4 (Genossenschaften) ist der Prüfungsverband, von dem die Genossenschaft geprüft wird, verpflichtet, die Zertifizierungsstelle zu unterrichten, soweit er im Rahmen einer Prüfung nach § 53 Abs. 1 des Genossenschaftsgesetzes Tatsachen im Sinne des Satzes 1 oder einen Widerrufsgrund im Sinne des Satzes 2 feststellt oder dem Prüfungsverband anderweitig bekannt werden oder ihm bekannt wird, dass die Satzung der Genossenschaft in der Weise geändert werden soll oder geändert wurde, dass die Voraussetzungen des § 1 Absatz 2 Satz 1 Nummer 4 Buchstabe b nicht mehr erfüllt werden. ⁶Satz 4 gilt entsprechend für die nach § 81 des Genossenschaftsgesetzes zuständige oberste Landesbehörde.

(2) Der Anbieter kann auf die Zertifizierung unbeschadet seiner vertraglichen Verpflichtungen für die Zukunft durch schriftliche Erklärung gegenüber der Zertifizierungsstelle verzichten.

(3) Der Anbieter ist verpflichtet, den Vertragspartner, mit dem er einen Altersvorsorgevertrag oder einen Basisrentenvertrag abgeschlossen hat, über Rücknahme oder Widerruf der Zertifizierung oder über den Verzicht auf die Zertifizierung unverzüglich zu unterrichten.

(4) ¹Die Zertifizierungsbehörde unterrichtet die zentrale Stelle im Sinne des § 81 des Einkommensteuergesetzes unverzüglich über Rücknahme oder Widerruf der Zertifizierung eines Altersvorsorgevertrages oder über den Verzicht auf die Zertifizierung eines Altersvorsorgevertrages. ²Die Zertifizierungsstelle unterrichtet die obersten Finanzbehörden der Länder unverzüglich über Rücknahme oder Widerruf der Zertifizierung eines Basisrentenvertrages oder über den Verzicht auf die Zertifizierung eines Basisrentenvertrages. ³Dabei ist auch mitzuteilen, ab welchem Zeitpunkt Rücknahme, Widerruf oder Verzicht wirksam sind. ⁴Im Fall einer Antragsablehnung oder eines Widerrufs nach Absatz 1 Satz 1 ist die für den Anbieter zuständige Aufsichtsbehörde sowie bei einem Anbieter im Sinne des § 1 Abs. 2 Satz 1 Nr. 4 der Prüfungsverband, von dem die Genossenschaft geprüft wird, zu unterrichten. ⁵Ein Anbieter im Sinne des § 1 Abs. 2 Satz 1 Nr. 4 muss die Zertifizierungsstelle unterrichten, wenn in Zukunft ein anderer als der bisherige Prüfungsverband die Prüfung nach § 53 Abs. 1 des Genossenschaftsgesetzes vornehmen wird.

§ 9 AltZertG
Rechtsbehelf und sofortige Vollziehung

¹Einspruch und Klage richten sich nach den Vorschriften der Abgabenordnung und der Finanzgerichtsordnung. ²Sie haben keine aufschiebende Wirkung.

§ 10 AltZertG
Veröffentlichung

¹Die Zertifizierungsstelle macht die Zertifizierung sowie den Widerruf, die Rücknahme oder den Verzicht durch eine Veröffentlichung des Namens und der Anschrift des Anbieters und dessen Zertifizierungsnummer im Bundessteuerblatt bekannt. ²Das Gleiche gilt sinngemäß für die Zertifizierung von Verträgen im Sinne des § 4 Abs. 2 Satz 1.

§ 11 AltZertG
Verschwiegenheitspflicht und Datenschutz

(1) ¹Die bei der Zertifizierungsbehörde beschäftigten oder von ihr beauftragten Personen dürfen bei ihrer Tätigkeit erhaltene vertrauliche Informationen nicht unbefugt offenbaren oder verwerten, auch wenn sie nicht mehr im Dienst sind oder ihre Tätigkeit beendet ist (Schweigepflicht). ²Dies gilt auch für andere Personen, die durch dienstliche Berichterstattung Kenntnis von den in Satz 1 bezeichneten Tatsachen erhalten.

(2) ¹Ein unbefugtes Offenbaren oder Verwerten im Sinne des Absatzes 1 liegt insbesondere nicht vor, wenn Tatsachen weitergegeben werden an
1. kraft Gesetzes oder im öffentlichen Auftrag mit der Überwachung oder Prüfung von Versicherungsunternehmen, Kreditinstituten, Finanzdienstleistungsinstituten, Investmentgesellschaften, Genossenschaften oder Bausparkassen betraute Stellen sowie von diesen beauftragte Personen,
2. andere Finanzbehörden oder
3. den Prüfungsverband, der die Genossenschaft prüft, bei einem Anbieter im Sinne des § 1 Abs. 2 Satz 1 Nr. 4,

soweit diese Stellen die Informationen zur Erfüllung ihrer Aufgaben benötigen. ²Für die bei diesen Stellen beschäftigten Personen gilt die Verschwiegenheitspflicht nach Absatz 1 Satz 1 entsprechend.

(3) (weggefallen)

(4) Sofern personenbezogene Daten erhoben, verarbeitet oder genutzt werden, gelten die Vorschriften des Bundesdatenschutzgesetzes.

§ 12 AltZertG
Gebühren

(1) ¹Zertifizierungsstelle erhebt für die Bearbeitung eines Antrags, einen Altersvorsorgevertrag oder einen Basisrentenvertrag zu zertifizieren, Gebühren in Höhe von 5.000 Euro. ²Für Anbieter, die ihrem Antrag nach § 4 Abs. 1 einen zertifizierten Vertrag eines Spitzenverbands zugrunde legen, beträgt die Gebühr 500 Euro, wenn der Vertrag des Anbieters bezüglich der Anforderungen des § 1 Abs. 1 oder Abs. 1a, der Anforderungen des § 1 Abs. 1 und 1a oder der Anforderungen des § 10 Abs. 1 Nr. 2 Buchstabe b des Einkommensteuergesetzes von dem zertifizierten Muster in Reihenfolge und Inhalt nicht abweicht und wenn der Anbieter bei seinem Antrag zusätzlich die Zertifizierungsstelle mit ihrer Postanschrift, die Zertifizierungsnummer und das Datum, zu dem die Zertifizierung wirksam geworden ist, mitteilt. ³Für Anträge nach § 4 Abs. 3 Satz 1 und 2 beträgt die Gebühr 250 Euro.

(2) ¹Die Gebühr ist durch schriftlichen Bescheid gegenüber dem Antragsteller festzusetzen; Bekanntgabevollmachten sind zu beachten. ²Der Antragsteller hat die Gebühr innerhalb eines Monats nach Bekanntgabe dieses Bescheides zu entrichten. ³Auf die Gebühr sind die Vorschriften der Abgabenordnung sinngemäß anzuwenden. ⁴Die Gebührenfestsetzung kann nach den §§ 129 bis 131 der Abgabenordnung korrigiert werden. ⁵Gegen die Gebührenfestsetzung ist der Einspruch gegeben.

§ 13 AltZertG
Bußgeldvorschriften

(1) Ordnungswidrig handelt, wer vorsätzlich oder fahrlässig den vertraglichen Pflichten nach § 7 Abs. 4 nicht, nicht richtig, nicht rechtzeitig oder nicht vollständig nachkommt.

(2) Die Ordnungswidrigkeit kann mit einer Geldbuße bis zu 2.500 Euro geahndet werden.

(3) Verwaltungsbehörde im Sinne des § 36 Abs. 1 Nr. 1 des Gesetzes über Ordnungswidrigkeiten ist die Zertifizierungsstelle.

§ 14 AltZertG
Übergangsvorschrift

(1) ¹Für Verträge, die nach § 5 in der am 31. Dezember 2004 geltenden Fassung zertifiziert wurden und die alle die in Artikel 7 Nr. 1 des Gesetzes vom 5. Juli 2004 (BGBl. I S. 1427) enthaltenen Änderungen insgesamt bis zum 31. Dezember 2005 nachvollziehen, ist eine erneute Zertifizierung des Vertrags nicht erforderlich. ²Satz 1 gilt ohne zeitliche Beschränkung entsprechend, soweit der Anbieter unter Beibehaltung der vertraglichen Ausgestaltung nach § 1 Abs. 1 Satz 1 Nr. 8 in der bis 31. Dezember 2004 geltenden Fassung mit seinen Bestandskunden die einvernehmliche Übernahme der in Artikel 7 Nr. 1 Buchstabe a Doppelbuchstabe aa bis cc und ee des Gesetzes vom 5. Juli 2004

(BGBl. I S. 1427) enthaltenen Änderungen ganz oder teilweise vereinbart. ³Die Änderung des Vertrags ist der Zertifizierungsstelle gegenüber schriftlich anzuzeigen.

(2) ¹Für Altersvorsorgeverträge, die nach dem 31. Dezember 2011 abgeschlossen werden, ist § 1 Abs. 1 Satz 1 Nr. 2 mit der Maßgabe anzuwenden, dass die Vereinbarung für den Vertragspartner eine lebenslange und unabhängig vom Geschlecht berechnete Altersversorgung vorsieht, die nicht vor Vollendung des 62. Lebensjahres oder einer vor Vollendung des 62. Lebensjahres beginnenden Leistung aus einem gesetzlichen Alterssicherungssystem des Vertragspartners (Beginn der Auszahlungsphase) gezahlt werden darf. ²Die übrigen in § 1 Abs. 1 Satz 1 genannten Voraussetzungen bleiben unberührt. ³Die Zertifizierung für Verträge, auf die Satz 1 Anwendung findet, kann frühestens zum 1. Januar 2012 erteilt werden. ⁴Für Verträge, die nach § 5 in der am 31. Dezember 2011 geltenden Fassung zertifiziert wurden und die die in Satz 1 enthaltenen Änderungen bis zum 31. Dezember 2012 nachvollziehen, ist eine erneute Zertifizierung des Vertrags nicht erforderlich. ⁵Satz 4 gilt ohne zeitliche Beschränkung entsprechend, soweit der Anbieter mit seinen Bestandskunden die einvernehmliche Übernahme der in Satz 1 enthaltenen Änderungen vereinbart. ⁶Absatz 2 Satz 3 ist anzuwenden.

(3) ¹Die Zertifizierung für Verträge, deren Vertragsgestaltung sich auf die in Artikel 2 Nr. 1 Buchstabe a bis c des Gesetzes vom 29. Juli 2008 (BGBl. I S. 1509) vorgenommenen Änderungen beziehen, kann frühestens zum 1. November 2008 erteilt werden. ²Bis zu dem Zeitpunkt, der sich aus Satz 1 ergibt, können Zertifizierungen auf Grundlage des bis zum 31. Dezember 2007 geltenden Rechts erteilt werden. ³Verträge, die nach § 4 Abs. 1, 2 oder Abs. 3 in Verbindung mit § 5 in der am 31. Dezember 2007 geltenden Fassung zertifiziert wurden, können um die Regelungen in Artikel 2 Nr. 1 Buchstabe b des Gesetzes vom 29. Juli 2008 (BGBl. I S. 1509) ergänzt werden. ⁴Die Gebühren für die Zertifizierung nach Satz 3 richten sich nach § 12 Satz 3. Die durch Artikel 2 Nr. 4 Buchstabe d des Gesetzes vom 29. Juli 2008 (BGBl. I S. 1509) geänderten jährlichen Informationspflichten sind erstmals für nach dem 31. Dezember 2008 beginnende Beitragsjahre anzuwenden.

(4) Für Altersvorsorgeverträge, die bis zum 31. Dezember 2009 nach § 4 Abs. 1 zertifiziert werden, gilt § 1 Abs. 1 Satz 1 Nr. 10 Buchstabe b und c mit der Maßgabe, dass Bausparkassen im Sinne des Gesetzes über Bausparkassen jeweils eine Frist von nicht mehr als sechs Monaten zum Monatsende vereinbaren können.

(5) ¹Bis zum 30. Juni 2010 ist abweichend von § 3 Abs. 1 Zertifizierungsstelle die Bundesanstalt für Finanzdienstleistungsaufsicht. ²Ab dem 1. Juli 2010 sind auf Verwaltungsverfahren nach diesem Gesetz die Vorschriften der Abgabenordnung anzuwenden. ³Auf am 30. Juni 2010 anhängige Verfahren bleiben weiterhin die Vorschriften des Verwaltungsverfahrensgesetzes anwendbar. ⁴Dies gilt auch für zu diesem Zeitpunkt anhängige Rechtsbehelfe.

KStG (Auszug)

2915 Körperschaftsteuergesetz (KStG)

In der Fassung der Bekanntmachung vom 15. Oktober 2002 (BGBl. I S. 4144)

Zuletzt geändert durch Artikel 2 des Gesetzes vom 20. Februar 2013 (BGBl. I S. 285)

Erster Teil – Steuerpflicht

§ 5 KStG
Befreiungen

(1) ¹Von der Körperschaftsteuer sind befreit
1. das Bundeseisenbahnvermögen, die Monopolverwaltungen des Bundes, die staatlichen Lotterieunternehmen und der Erdölbevorratungsverband nach § 2 Abs. 1 des Erdölbevorratungsgesetzes vom 25. Juli 1978 (BGBl. I S. 1073);

2. die Deutsche Bundesbank, die Kreditanstalt für Wiederaufbau, die Landwirtschaftliche Rentenbank, die Bayerische Landesanstalt für Aufbaufinanzierung, die Niedersächsische Gesellschaft für öffentliche Finanzierungen mit beschränkter Haftung, die Bremer Aufbau-Bank GmbH, die Landeskreditbank Baden-Württemberg-Förderbank, die Bayerische Landesbodenkreditanstalt, die Investitionsbank Berlin, die Hamburgische Wohnungsbaukreditanstalt, die NRW. Bank, die Investitions- und Förderbank Niedersachsen, die Saarländische Investitionskreditbank Aktiengesellschaft, die Investitionsbank Schleswig-Holstein, die Investitionsbank des Landes Brandenburg, die Sächsische Aufbaubank - Förderbank -, die Thüringer Aufbaubank, die Investitionsbank Sachsen-Anhalt - Anstalt der Norddeutschen Landesbank - Girozentrale -, die Investitions- und Strukturbank Rheinland-Pfalz, das Landesförderinstitut Mecklenburg-Vorpommern - Geschäftsbereich der Norddeutschen Landesbank Girozentrale -, die Wirtschafts- und Infrastrukturbank Hessen - rechtlich unselbständige Anstalt in der Landesbank Hessen-Thüringen Girozentrale und die Liquiditäts-Konsortialbank Gesellschaft mit beschränkter Haftung;
2a. die Bundesanstalt für vereinigungsbedingte Sonderaufgaben;
3. rechtsfähige Pensions-, Sterbe- und Krankenkassen, die den Personen, denen die Leistungen der Kasse zugute kommen oder zugute kommen sollen (Leistungsempfängern), einen Rechtsanspruch gewähren, und rechtsfähige Unterstützungskassen, die den Leistungsempfängern keinen Rechtsanspruch gewähren,
   a) wenn sich die Kasse beschränkt
      aa) auf Zugehörige oder frühere Zugehörige einzelner oder mehrerer wirtschaftlicher Geschäftsbetriebe oder
      bb) auf Zugehörige oder frühere Zugehörige der Spitzenverbände der freien Wohlfahrtspflege (Arbeiterwohlfahrt-Bundesverband e. V., Deutscher Caritasverband e. V., Deutscher Paritätischer Wohlfahrtsverband e. V., Deutsches Rotes Kreuz, Diakonisches Werk - Innere Mission und Hilfswerk der Evangelischen Kirche in Deutschland sowie Zentralwohlfahrtsstelle der Juden in Deutschland e. V.) einschließlich ihrer Untergliederungen, Einrichtungen und Anstalten und sonstiger gemeinnütziger Wohlfahrtsverbände oder
      cc) auf Arbeitnehmer sonstiger Körperschaften, Personenvereinigungen und Vermögensmassen im Sinne der §§ 1 und 2; den Arbeitnehmern stehen Personen, die sich in einem arbeitnehmerähnlichen Verhältnis befinden, gleich;
      zu den Zugehörigen oder Arbeitnehmern rechnen jeweils auch deren Angehörige;
   b) wenn sichergestellt ist, dass der Betrieb der Kasse nach dem Geschäftsplan und nach Art und Höhe der Leistungen eine soziale Einrichtung darstellt. 2Diese Voraussetzung ist bei Unterstützungskassen, die Leistungen von Fall zu Fall gewähren, nur gegeben, wenn sich diese Leistungen mit Ausnahme des Sterbegeldes auf Fälle der Not oder Arbeitslosigkeit beschränken;
   c) wenn vorbehaltlich des § 6 die ausschließliche und unmittelbare Verwendung des Vermögens und der Einkünfte der Kasse nach der Satzung und der tatsächlichen Geschäftsführung für die Zwecke der Kasse dauernd gesichert ist;
   d) wenn bei Pensions-, Sterbe- und Krankenkassen am Schluss des Wirtschaftsjahrs, zu dem der Wert der Deckungsrückstellung versicherungsmathematisch zu berechnen ist, das nach den handelsrechtlichen Grundsätzen ordnungsmäßiger Buchführung unter Berücksichtigung des Geschäftsplans sowie der allgemeinen Versicherungsbedingungen und der fachlichen Geschäftsunterlagen im Sinne des § 5 Abs. 3 Nr. 2 Halbsatz 2 des Versicherungsaufsichtsgesetzes auszuweisende Vermögen nicht höher ist als bei einem Versicherungsverein auf Gegenseitigkeit die Verlustrücklage und bei einer Kasse anderer Rechtsform der dieser Rücklage entsprechende Teil des Vermögens. 2Bei der Ermittlung des Vermögens ist eine Rückstellung für Beitragsrückerstattung nur insoweit abziehbar, als den Leistungsempfängern ein Anspruch auf die Überschussbeteiligung zusteht. 3Übersteigt das Vermögen der Kasse den bezeichneten Betrag, so ist die Kasse nach Maßgabe des § 6 Abs. 1 bis 4 steuerpflichtig; und
   e) wenn bei Unterstützungskassen am Schluss des Wirtschaftsjahrs das Vermögen ohne Berücksichtigung künftiger Versorgungsleistungen nicht höher ist als das um 25 Prozent erhöhte zulässige Kassenvermögen. 2Für die Ermittlung des tatsächlichen und des zulässigen

Kassenvermögens gilt § 4d des Einkommensteuergesetzes. ³Übersteigt das Vermögen der Kasse den in Satz 1 bezeichneten Betrag, so ist die Kasse nach Maßgabe des § 6 Abs. 5 steuerpflichtig;
4. kleinere Versicherungsvereine auf Gegenseitigkeit im Sinne des § 53 des Versicherungsaufsichtsgesetzes, wenn
   a) ihre Beitragseinnahmen im Durchschnitt der letzten drei Wirtschaftsjahre einschließlich des im Veranlagungszeitraum endenden Wirtschaftsjahrs die durch Rechtsverordnung festzusetzenden Jahresbeträge nicht überstiegen haben oder
   b) sich ihr Geschäftsbetrieb auf die Sterbegeldversicherung beschränkt und die Versicherungsvereine nach dem Geschäftsplan sowie nach Art und Höhe der Leistungen soziale Einrichtungen darstellen;
5. Berufsverbände ohne öffentlich-rechtlichen Charakter sowie kommunale Spitzenverbände auf Bundes- oder Landesebene einschließlich ihrer Zusammenschlüsse, wenn der Zweck dieser Verbände nicht auf einen wirtschaftlichen Geschäftsbetrieb gerichtet ist. ²Die Steuerbefreiung ist ausgeschlossen,
   a) soweit die Körperschaften oder Personenvereinigungen einen wirtschaftlichen Geschäftsbetrieb unterhalten oder
   b) wenn die Berufsverbände Mittel von mehr als 10 Prozent der Einnahmen für die unmittelbare oder mittelbare Unterstützung oder Förderung politischer Parteien verwenden.
   ³Die Sätze 1 und 2 gelten auch für Zusammenschlüsse von juristischen Personen des öffentlichen Rechts, die wie die Berufsverbände allgemeine ideelle und wirtschaftliche Interessen ihrer Mitglieder wahrnehmen. ⁴Verwenden Berufsverbände Mittel für die mittelbare oder unmittelbare Unterstützung oder Förderung politischer Parteien, beträgt die Körperschaftsteuer 50 Prozent der Zuwendungen.
6. Körperschaften oder Personenvereinigungen, deren Hauptzweck die Verwaltung des Vermögens für einen nichtrechtsfähigen Berufsverband der in Nummer 5 bezeichneten Art ist, sofern ihre Erträge im Wesentlichen aus dieser Vermögensverwaltung herrühren und ausschließlich dem Berufsverband zufließen;
7. politische Parteien im Sinne des § 2 des Parteiengesetzes und ihre Gebietsverbände sowie kommunale Wählervereinigungen und ihre Dachverbände. ²Wird ein wirtschaftlicher Geschäftsbetrieb unterhalten, so ist die Steuerbefreiung insoweit ausgeschlossen;
8. öffentlich-rechtliche Versicherungs- und Versorgungseinrichtungen von Berufsgruppen, deren Angehörige auf Grund einer durch Gesetz angeordneten oder auf Gesetz beruhenden Verpflichtung Mitglieder dieser Einrichtung sind, wenn die Satzung der Einrichtung die Zahlung keiner höheren jährlichen Beiträge zulässt als das Zwölffache der Beiträge, die sich bei einer Beitragsbemessungsgrundlage in Höhe der doppelten monatlichen Beitragsbemessungsgrenze in der allgemeinen Rentenversicherung ergeben würden. ²Ermöglicht die Satzung der Einrichtung nur Pflichtmitgliedschaften sowie freiwillige Mitgliedschaften, die unmittelbar an eine Pflichtmitgliedschaft anschließen, so steht dies der Steuerbefreiung nicht entgegen, wenn die Satzung die Zahlung keiner höheren jährlichen Beiträge zulässt als das Fünfzehnfache der Beiträge, die sich bei einer Beitragsbemessungsgrundlage in Höhe der doppelten monatlichen Beitragsbemessungsgrenze in der allgemeinen Rentenversicherung ergeben würden;
9. Körperschaften, Personenvereinigungen und Vermögensmassen, die nach der Satzung, dem Stiftungsgeschäft oder der sonstigen Verfassung und nach der tatsächlichen Geschäftsführung ausschließlich und unmittelbar gemeinnützigen, mildtätigen oder kirchlichen Zwecken dienen (§§ 51 bis 68 der Abgabenordnung). ²Wird ein wirtschaftlicher Geschäftsbetrieb unterhalten, ist die Steuerbefreiung insoweit ausgeschlossen. ³Satz 2 gilt nicht für selbstbewirtschaftete Forstbetriebe;
10. Erwerbs- und Wirtschaftsgenossenschaften sowie Vereine, soweit sie
    a) Wohnungen herstellen oder erwerben und sie den Mitgliedern auf Grund eines Mietvertrags oder auf Grund eines genossenschaftlichen Nutzungsvertrags zum Gebrauch überlassen; den Wohnungen stehen Räume in Wohnheimen im Sinne des § 15 des Zweiten Wohnungsbaugesetzes gleich;

b) im Zusammenhang mit einer Tätigkeit im Sinne des Buchstabens a Gemeinschaftsanlagen oder Folgeeinrichtungen herstellen oder erwerben und sie betreiben, wenn sie überwiegend für Mitglieder bestimmt sind und der Betrieb durch die Genossenschaft oder den Verein notwendig ist.

²Die Steuerbefreiung ist ausgeschlossen, wenn die Einnahmen des Unternehmens aus den in Satz 1 nicht bezeichneten Tätigkeiten 10 Prozent der gesamten Einnahmen übersteigen;

11. (weggefallen)
12. die von den zuständigen Landesbehörden begründeten oder anerkannten gemeinnützigen Siedlungsunternehmen im Sinne des Reichssiedlungsgesetzes in der jeweils aktuellen Fassung oder entsprechender Landesgesetze, soweit diese Landesgesetze nicht wesentlich von den Bestimmungen des Reichssiedlungsgesetzes abweichen, und im Sinne der Bodenreformgesetze der Länder, soweit die Unternehmen im ländlichen Raum Siedlungs-, Agrarstrukturverbesserungs- und Landentwicklungsmaßnahmen mit Ausnahme des Wohnungsbaus durchführen. ²Die Steuerbefreiung ist ausgeschlossen, wenn die Einnahmen des Unternehmens aus den in Satz 1 nicht bezeichneten Tätigkeiten die Einnahmen aus den in Satz 1 bezeichneten Tätigkeiten übersteigen;
13. (weggefallen)
14. Erwerbs- und Wirtschaftsgenossenschaften sowie Vereine, soweit sich ihr Geschäftsbetrieb beschränkt
    a) auf die gemeinschaftliche Benutzung land- und forstwirtschaftlicher Betriebseinrichtungen oder Betriebsgegenstände,
    b) auf Leistungen im Rahmen von Dienst- oder Werkverträgen für die Produktion land- und forstwirtschaftlicher Erzeugnisse für die Betriebe der Mitglieder, wenn die Leistungen im Bereich der Land- und Forstwirtschaft liegen; dazu gehören auch Leistungen zur Erstellung und Unterhaltung von Betriebsvorrichtungen, Wirtschaftswegen und Bodenverbesserungen,
    c) auf die Bearbeitung oder die Verwertung der von den Mitgliedern selbst gewonnenen land- und forstwirtschaftlichen Erzeugnisse, wenn die Bearbeitung oder die Verwertung im Bereich der Land- und Forstwirtschaft liegt, oder
    d) auf die Beratung für die Produktion oder Verwertung land- und forstwirtschaftlicher Erzeugnisse der Betriebe der Mitglieder.

    ²Die Steuerbefreiung ist ausgeschlossen, wenn die Einnahmen des Unternehmens aus den in Satz 1 nicht bezeichneten Tätigkeiten 10 Prozent der gesamten Einnahmen übersteigen. ³Bei Genossenschaften und Vereinen, deren Geschäftsbetrieb sich überwiegend auf die Durchführung von Milchqualitäts- und Milchleistungsprüfungen oder auf die Tierbesamung beschränkt, bleiben die auf diese Tätigkeiten gerichteten Zweckgeschäfte mit Nichtmitgliedern bei der Berechnung der 10-Prozentgrenze außer Ansatz;
15. der Pensions-Sicherungs-Verein Versicherungsverein auf Gegenseitigkeit,
    a) wenn er mit Erlaubnis der Versicherungsaufsichtsbehörde ausschließlich die Aufgaben des Trägers der Insolvenzsicherung wahrnimmt, die sich aus dem Gesetz zur Verbesserung der betrieblichen Altersversorgung vom 19. Dezember 1974 (BGBl. I S. 3610) ergeben, und
    b) wenn seine Leistungen nach dem Kreis der Empfänger sowie nach Art und Höhe den in den §§ 7 bis 9, 17 und 30 des Gesetzes zur Verbesserung der betrieblichen Altersversorgung bezeichneten Rahmen nicht überschreiten.
16. Körperschaften, Personenvereinigungen und Vermögensmassen, die als Entschädigungseinrichtungen im Sinne des Einlagensicherungs- und Anlegerentschädigungsgesetzes vom 16. Juli 1998 (BGBl. I S. 1842) oder als Sicherungseinrichtung eines Verbandes der Kreditinstitute nach ihrer Satzung oder sonstigen Verfassung ausschließlich den Zweck haben, bei Gefahr für die Erfüllung der Verpflichtungen eines Kreditinstituts im Sinne des § 1 Abs. 1 des Gesetzes über das Kreditwesen oder eines Finanzdienstleistungsinstituts im Sinne des § 1 Abs. 1a Satz 2 Nr. 1 bis 4 des Gesetzes über das Kreditwesen Hilfe zu leisten. ²Voraussetzung ist, dass das Vermögen und etwa erzielte Überschüsse nur zur Erreichung des gesetzlichen oder satzungsmäßigen Zwecks verwendet werden. ³Die Sätze 1 und 2 gelten entsprechend für Sicherungsfonds im Sinne der §§ 126 und 127 des Versicherungsaufsichtsgesetzes sowie für Einrichtungen zur Sicherung von Einlagen

bei Wohnungsgenossenschaften mit Spareinrichtung. 4Die Steuerbefreiung ist für wirtschaftliche Geschäftsbetriebe ausgeschlossen, die nicht ausschließlich auf die Erfüllung der begünstigten Aufgaben gerichtet sind;

17. Bürgschaftsbanken (Kreditgarantiegemeinschaften), deren Tätigkeit sich auf die Wahrnehmung von Wirtschaftsförderungsmaßnahmen insbesondere in Form der Übernahme und Verwaltung von staatlichen Bürgschaften und Garantien oder von Bürgschaften und Garantien mit staatlichen Rückbürgschaften oder auf der Grundlage staatlich anerkannter Richtlinien gegenüber Kreditinstituten, Versicherungsunternehmen, Leasinggesellschaften und Beteiligungsgesellschaften für Kredite, Leasingforderungen und Beteiligungen an mittelständischen Unternehmen zu ihrer Gründung und zur Erhaltung und Förderung ihrer Leistungsfähigkeit beschränkt. 2Voraussetzung ist, dass das Vermögen und etwa erzielte Überschüsse nur zur Erreichung des in Satz 1 genannten Zwecks verwendet werden;

18. Wirtschaftförderungsgesellschaften, deren Tätigkeit sich auf die Verbesserung der sozialen und wirtschaftlichen Struktur einer bestimmten Region durch Förderung der Wirtschaft insbesondere durch Industrieansiedlung, Beschaffung neuer Arbeitsplätze und der Sanierung von Altlasten beschränkt, wenn an ihnen überwiegend Gebietskörperschaften beteiligt sind. 2Voraussetzung ist, dass das Vermögen und etwa erzielte Überschüsse nur zur Erreichung des in Satz 1 genannten Zwecks verwendet werden;

19. Gesamthafenbetriebe im Sinne des § 1 des Gesetzes über die Schaffung eines besonderen Arbeitgebers für Hafenarbeiter vom 3. August 1950 (BGBl. I S. 352), soweit sie Tätigkeiten ausüben, die in § 2 Abs. 1 dieses Gesetzes bestimmt und nach § 2 Abs. 2 dieses Gesetzes genehmigt worden sind. 2Voraussetzung ist, dass das Vermögen und etwa erzielte Überschüsse nur zur Erfüllung der begünstigten Tätigkeiten verwendet werden. 3Wird ein wirtschaftlicher Geschäftsbetrieb unterhalten, dessen Tätigkeit nicht ausschließlich auf die Erfüllung der begünstigten Tätigkeiten gerichtet ist, ist die Steuerbefreiung insoweit ausgeschlossen;

20. Zusammenschlüsse von juristischen Personen des öffentlichen Rechts, von steuerbefreiten Körperschaften oder von steuerbefreiten Personenvereinigungen,
    a) deren Tätigkeit sich auf den Zweck beschränkt, im Wege des Umlageverfahrens die Versorgungslasten auszugleichen, die den Mitgliedern aus Versorgungszusagen gegenüber ihren Arbeitnehmern erwachsen,
    b) wenn am Schluss des Wirtschaftsjahrs das Vermögen nicht höher ist als 60 Prozent der im Wirtschaftsjahr erbrachten Leistungen an die Mitglieder;

21. die nicht in der Rechtsform einer Körperschaft des öffentlichen Rechts errichteten Arbeitsgemeinschaften Medizinischer Dienst der Krankenversicherung im Sinne des § 278 des Fünften Buches Sozialgesetzbuch und der Medizinische Dienst der Spitzenverbände der Krankenkassen im Sinne des § 282 des Fünften Buches Sozialgesetzbuch, soweit sie die ihnen durch Gesetz zugewiesenen Aufgaben wahrnehmen. 2Voraussetzung ist, dass das Vermögen und etwa erzielte Überschüsse nur zur Erreichung der in Satz 1 genannten Zwecke verwendet werden;

22. gemeinsame Entrichtungen der Tarifvertragsparteien im Sinne des § 4 Abs. 2 des Tarifvertragsgesetzes vom 25. August 1969 (BGBl. I S. 1323), die satzungsmäßige Beiträge auf der Grundlage des § 186a des Arbeitsförderungsgesetzes vom 25. Juni 1969 (BGBl. I S. 582) oder tarifvertraglicher Vereinbarungen erheben und Leistungen ausschließlich an die tarifgebundenen Arbeitnehmer des Gewerbezwigs oder an deren Hinterbliebene erbringen, wenn sie dabei zu nicht steuerbegünstigten Betrieben derselben oder ähnlicher Art nicht in größerem Umfang in Wettbewerb treten, als es bei Erfüllung ihrer begünstigten Aufgaben unvermeidlich ist. 2Wird ein wirtschaftlicher Geschäftsbetrieb unterhalten, dessen Tätigkeit nicht ausschließlich auf die Erfüllung der begünstigten Tätigkeiten gerichtet ist, ist die Steuerbefreiung insoweit ausgeschlossen;

23. die Auftragsforschung öffentlich-rechtlicher Wissenschafts- und Forschungseinrichtungen; ist die Tätigkeit auf die Anwendung gesicherter wissenschaftlicher Erkenntnisse, die Übernahme von Projektträgerschaften sowie wirtschaftliche Tätigkeiten ohne Forschungsbezug gerichtet, ist die Steuerbefreiung insoweit ausgeschlossen.

(2) Die Befreiungen nach Absatz 1 und nach anderen Gesetzen als dem Körperschaftsteuergesetz gelten nicht
1. für inländische Einkünfte, die dem Steuerabzug vollständig oder teilweise unterliegen; Entsprechendes gilt für die in § 32 Abs. 3 Satz 1 zweiter Halbsatz genannten Einkünfte,
2. für beschränkt Steuerpflichtige im Sinne des § 2 Nr. 1, es sei denn, es handelt sich um Steuerpflichtige im Sinne des Absatzes 1 Nr. 9, die nach den Rechtsvorschriften eines Mitgliedstaats der Europäischen Union oder nach den Rechtsvorschriften eines Staates, auf den das Abkommen über den Europäischen Wirtschaftsraum vom 3. Januar 1994 (ABl. EG Nr. L 1 S. 3), zuletzt geändert durch den Beschluss des Gemeinsamen EWR-Ausschusses Nr. 91/2007 vom 6. Juli 2007 (ABl. EU Nr. L 328 S. 40), in der jeweiligen Fassung Anwendung findet, gegründete Gesellschaften im Sinne des Artikels 48 des Vertrags zur Gründung der Europäischen Gemeinschaft oder des Artikels 34 des Abkommens über den Europäischen Wirtschaftsraum sind, deren Sitz und Ort der Geschäftsleitung sich innerhalb des Hoheitsgebiets eines dieser Staaten befindet, und mit diesen Staaten ein Amtshilfeabkommen besteht,
3. soweit § 38 Abs. 2 anzuwenden ist.

§ 6 KStG
Einschränkung der Befreiung von Pensions-, Sterbe-, Kranken- und Unterstützungskassen

(1) Übersteigt am Schluss des Wirtschaftsjahrs, zu dem der Wert der Deckungsrückstellung versicherungsmathematisch zu berechnen ist, das Vermögen einer Pensions-, Sterbe- oder Krankenkasse im Sinne des § 5 Abs. 1 Nr. 3 den in Buchstabe d dieser Vorschrift bezeichneten Betrag, so ist die Kasse steuerpflichtig, soweit ihr Einkommen anteilig auf das übersteigende Vermögen entfällt.

(2) Die Steuerpflicht entfällt mit Wirkung für die Vergangenheit, soweit das übersteigende Vermögen innerhalb von 18 Monaten nach dem Schluss des Wirtschaftsjahrs, für das es festgestellt worden ist, mit Zustimmung der Versicherungsaufsichtsbehörde zur Leistungserhöhung, zur Auszahlung an das Trägerunternehmen, zur Verrechnung mit Zuwendungen des Trägerunternehmens, zur gleichmäßigen Herabsetzung künftiger Zuwendungen des Trägerunternehmens oder zur Verminderung der Beiträge der Leistungsempfänger verwendet wird.

(3) Wird das übersteigende Vermögen nicht in der in Absatz 2 bezeichneten Weise verwendet, so erstreckt sich die Steuerpflicht auch auf die folgenden Kalenderjahre, für die der Wert der Deckungsrückstellung nicht versicherungsmathematisch zu berechnen ist.

(4) ¹Bei der Ermittlung des Einkommens der Kasse sind Beitragsrückerstattungen oder sonstige Vermögensübertragungen an das Trägerunternehmen außer in den Fällen des Absatzes 2 nicht abziehbar. ²Das Gleiche gilt für Zuführungen zu einer Rückstellung für Beitragsrückerstattung, soweit den Leistungsempfängern ein Anspruch auf die Überschussbeteiligung nicht zusteht.

(5) ¹Übersteigt am Schluss des Wirtschaftsjahrs das Vermögen einer Unterstützungskasse im Sinne des § 5 Abs. 1 Nr. 3 den in Buchstabe e dieser Vorschrift bezeichneten Betrag, so ist die Kasse steuerpflichtig, soweit ihr Einkommen anteilig auf das übersteigende Vermögen entfällt. ²Bei der Ermittlung des Einkommens sind Vermögensübertragungen an das Trägerunternehmen nicht abziehbar.

(6) ¹Auf den Teil des Vermögens einer Pensions-, Sterbe-, Kranken- oder Unterstützungskasse, der am Schluss des Wirtschaftsjahrs den in § 5 Abs. 1 Nr. 3 Buchstabe d oder e bezeichneten Betrag übersteigt, ist Buchstabe c dieser Vorschrift nicht anzuwenden. ²Bei Unterstützungskassen gilt dies auch, soweit das Vermögen vor dem Schluss des Wirtschaftsjahrs den in § 5 Abs. 1 Nr. 3 Buchstabe e bezeichneten Betrag übersteigt.

F. Gesetzestexte

Zweiter Teil – Einkommen

Erstes Kapitel – Allgemeine Vorschriften

§ 8 KStG
Ermittlung des Einkommens

(1) ¹Was als Einkommen gilt und wie das Einkommen zu ermitteln ist, bestimmt sich nach den Vorschriften des Einkommensteuergesetzes und dieses Gesetzes. ²Bei Betrieben gewerblicher Art im Sinne des § 4 sind die Absicht, Gewinn zu erzielen, und die Beteiligung am allgemeinen wirtschaftlichen Verkehr nicht erforderlich. ³Bei den inländischen öffentlich-rechtlichen Rundfunkanstalten beträgt das Einkommen aus dem Geschäft der Veranstaltung von Werbesendungen 16 Prozent der Entgelte (§ 10 Abs. 1 des Umsatzsteuergesetzes) aus Werbesendungen.

(2) Bei unbeschränkt Steuerpflichtigen im Sinne des § 1 Abs. 1 Nr. 1 bis 3 sind alle Einkünfte als Einkünfte aus Gewerbebetrieb zu behandeln.

(3) ¹Für die Ermittlung des Einkommens ist es ohne Bedeutung, ob das Einkommen verteilt wird. ²Auch verdeckte Gewinnausschüttungen sowie Ausschüttungen jeder Art auf Genussrechte, mit denen das Recht auf Beteiligung am Gewinn und am Liquidationserlös der Kapitalgesellschaft verbunden ist, mindern das Einkommen nicht. ³Verdeckte Einlagen erhöhen das Einkommen nicht. ⁴Das Einkommen erhöht sich, soweit eine verdeckte Einlage das Einkommen des Gesellschafters gemindert hat. ⁵Satz 4 gilt auch für eine verdeckte Einlage, die auf einer verdeckten Gewinnausschüttung einer dem Gesellschafter nahe stehenden Person beruht und bei der Besteuerung des Gesellschafters nicht berücksichtigt wurde, es sei denn, die verdeckte Gewinnausschüttung hat bei der leistenden Körperschaft das Einkommen nicht gemindert. ⁶In den Fällen des Satzes 5 erhöht die verdeckte Einlage nicht die Anschaffungskosten der Beteiligung.

(4) (weggefallen)

(5) Bei Personenvereinigungen bleiben für die Ermittlung des Einkommens Beiträge, die auf Grund der Satzung von den Mitgliedern lediglich in ihrer Eigenschaft als Mitglieder erhoben werden, außer Ansatz.

(6) Besteht das Einkommen nur aus Einkünften, von denen lediglich ein Steuerabzug vorzunehmen ist, so ist ein Abzug von Betriebsausgaben oder Werbungskosten nicht zulässig.

(7) ¹Die Rechtsfolgen einer verdeckten Gewinnausschüttung im Sinne des Absatzes 3 Satz 2 sind
1. bei Betrieben gewerblicher Art im Sinne des § 4 nicht bereits deshalb zu ziehen, weil sie ein Dauerverlustgeschäft ausüben;
2. bei Kapitalgesellschaften nicht bereits deshalb zu ziehen, weil sie ein Dauerverlustgeschäft ausüben. ²Satz 1 gilt nur bei Kapitalgesellschaften, bei denen die Mehrheit der Stimmrechte unmittelbar oder mittelbar auf juristische Personen des öffentlichen Rechts entfällt und nachweislich ausschließlich diese Gesellschafter die Verluste aus Dauerverlustgeschäften tragen.

³Ein Dauerverlustgeschäft liegt vor, soweit aus verkehrs-, umwelt-, sozial-, kultur-, bildungs- oder gesundheitspolitischen Gründen eine wirtschaftliche Betätigung ohne kostendeckendes Entgelt unterhalten wird oder in den Fällen von Satz 1 Nr. 2 das Geschäft Ausfluss einer Tätigkeit ist, die bei juristischen Personen des öffentlichen Rechts zu einem Hoheitsbetrieb gehört.

(8) ¹Werden Betriebe gewerblicher Art zusammengefasst, ist § 10d des Einkommensteuergesetzes auf den Betrieb gewerblicher Art anzuwenden, der sich durch die Zusammenfassung ergibt. ²Nicht ausgeglichene negative Einkünfte der einzelnen Betriebe gewerblicher Art aus der Zeit vor der Zusammenfassung können nicht beim zusammengefassten Betrieb gewerblicher Art abgezogen werden. ³Ein Rücktrag von Verlusten des zusammengefassten Betriebs gewerblicher Art auf die einzelnen Betriebe gewerblicher Art vor Zusammenfassung ist unzulässig. ⁴Ein bei einem Betrieb gewerblicher Art vor der Zusammenfassung festgestellter Verlustvortrag kann nach Maßgabe des § 10d des

Einkommensteuergesetzes vom Gesamtbetrag der Einkünfte abgezogen werden, den dieser Betrieb gewerblicher Art nach Beendigung der Zusammenfassung erzielt. ⁵Die Einschränkungen der Sätze 2 bis 4 gelten nicht, wenn gleichartige Betriebe gewerblicher Art zusammengefasst oder getrennt werden.

(9) ¹Wenn für Kapitalgesellschaften Absatz 7 Satz 1 Nr. 2 zur Anwendung kommt, sind die einzelnen Tätigkeiten der Gesellschaft nach folgender Maßgabe Sparten zuzuordnen:
1. Tätigkeiten, die als Dauerverlustgeschäfte Ausfluss einer Tätigkeit sind, die bei juristischen Personen des öffentlichen Rechts zu einem Hoheitsbetrieb gehören, sind jeweils gesonderten Sparten zuzuordnen;
2. Tätigkeiten, die nach § 4 Abs. 6 Satz 1 zusammenfassbar sind oder aus den übrigen, nicht in Nummer 1 bezeichneten Dauerverlustgeschäften stammen, sind jeweils gesonderten Sparten zuzuordnen, wobei zusammenfassbare Tätigkeiten jeweils eine einheitliche Sparte bilden;
3. alle übrigen Tätigkeiten sind einer einheitlichen Sparte zuzuordnen.

²Für jede sich hiernach ergebende Sparte ist der Gesamtbetrag der Einkünfte getrennt zu ermitteln. ³Die Aufnahme einer weiteren, nicht gleichartigen Tätigkeit führt zu einer neuen, gesonderten Sparte; Entsprechendes gilt für die Aufgabe einer solchen Tätigkeit. ⁴Ein negativer Gesamtbetrag der Einkünfte einer Sparte darf nicht mit einem positiven Gesamtbetrag der Einkünfte einer anderen Sparte ausgeglichen oder nach Maßgabe des § 10d des Einkommensteuergesetzes abgezogen werden. ⁵Er mindert jedoch nach Maßgabe des § 10d des Einkommensteuergesetzes die positiven Gesamtbeträge der Einkünfte, die sich in dem unmittelbar vorangegangenen und in den folgenden Veranlagungszeiträumen für dieselbe Sparte ergeben. ⁶Liegen die Voraussetzungen des Absatzes 7 Satz 1 Nr. 2 Satz 2 ab einem Zeitpunkt innerhalb eines Veranlagungszeitraums nicht mehr vor, sind die Sätze 1 bis 5 ab diesem Zeitpunkt nicht mehr anzuwenden; hiernach nicht ausgeglichene oder abgezogene negative Beträge sowie verbleibende Verlustvorträge aus den Sparten, in denen Dauerverlusttätigkeiten ausgeübt werden, entfallen. ⁷Liegen die Voraussetzungen des Absatzes 7 Satz 1 Nr. 2 Satz 2 erst ab einem bestimmten Zeitpunkt innerhalb eines Veranlagungszeitraums vor, sind die Sätze 1 bis 5 ab diesem Zeitpunkt anzuwenden; ein bis zum Eintritt der Voraussetzungen entstandener Verlust kann nach Maßgabe des § 10d des Einkommensteuergesetzes abgezogen werden; ein danach verbleibender Verlust ist der Sparte zuzuordnen, in denen keine Dauerverlustgeschäfte ausgeübt werden. ⁸Der am Schluss eines Veranlagungszeitraums verbleibende negative Gesamtbetrag der Einkünfte einer Sparte ist gesondert festzustellen; § 10d Absatz 4 des Einkommensteuergesetzes gilt entsprechend.

(10) ¹Bei Einkünften aus Kapitalvermögen ist § 2 Absatz 5b des Einkommensteuergesetzes nicht anzuwenden. ²§ 32d Abs. 2 Satz 1 Nr. 1 Satz 1 und Nr. 3 Satz 1 und Satz 3 bis 6 des Einkommensteuergesetzes ist entsprechend anzuwenden; in diesen Fällen ist § 20 Abs. 6 und 9 des Einkommensteuergesetzes nicht anzuwenden.

F.

KStDV 1994 (Auszug)

2916 **Körperschaftsteuer-Durchführungsverordnung 1994 (KStDV 1994)**

In der Fassung der Bekanntmachung vom 22. Februar 1996 (BGBl. I S. 365)

Zuletzt geändert durch Artikel 3 der Verordnung vom 17. November 2010 (BGBl. I S. 1544)

Zu § 5 Abs. 1 Nr. 3 des Gesetzes

§ 1 KStDV 1994
Allgemeines

Rechtsfähige Pensions-, Sterbe-, Kranken- und Unterstützungskassen sind nur dann eine soziale Einrichtung im Sinne des § 5 Abs. 1 Nr. 3 Buchstabe b des Gesetzes, wenn sie die folgenden Voraussetzungen erfüllen:

1. Die Leistungsempfänger dürfen sich in der Mehrzahl nicht aus dem Unternehmer oder dessen Angehörigen und bei Gesellschaften in der Mehrzahl nicht aus den Gesellschaftern oder deren Angehörigen zusammensetzen.
2. Bei Auflösung der Kasse darf ihr Vermögen vorbehaltlich der Regelung in § 6 des Gesetzes satzungsmäßig nur den Leistungsempfängern oder deren Angehörigen zugute kommen oder für ausschließlich gemeinnützige oder mildtätige Zwecke verwendet werden.
3. Außerdem müssen bei Kassen mit Rechtsanspruch der Leistungsempfänger die Voraussetzungen des § 2, bei Kassen ohne Rechtsanspruch der Leistungsempfänger die Voraussetzungen des § 3 erfüllt sein.

§ 2 KStDV 1994
Kassen mit Rechtsanspruch der Leistungsempfänger

(1) Bei rechtsfähigen Pensions- oder Sterbekassen, die den Leistungsempfängern einen Rechtsanspruch gewähren, dürfen die jeweils erreichten Rechtsansprüche der Leistungsempfänger vorbehaltlich des Absatzes 2 die folgenden Beträge nicht übersteigen:

als Pension	25.769 Euro	jährlich,
als Witwengeld	17.179 Euro	jährlich,
als Waisengeld	5.154 Euro	jährlich für jede Halbwaise,
	10.308 Euro	jährlich für jede Vollwaise,
als Sterbegeld	7.669 Euro	als Gesamtleistung.

(2) ¹Die jeweils erreichten Rechtsansprüche, mit Ausnahme des Anspruchs auf Sterbegeld, dürfen in nicht mehr als 12 vom Hundert aller Fälle auf höhere als die in Absatz 1 bezeichneten Beträge gerichtet sein. ²Dies gilt in nicht mehr als 4 vom Hundert aller Fälle uneingeschränkt. ³Im Übrigen dürfen die jeweils erreichten Rechtsansprüche die folgenden Beträge nicht übersteigen:

als Pension	38.654 Euro	jährlich,
als Witwengeld	25.769 Euro	jährlich,
als Waisengeld	7.731 Euro	jährlich für jede Halbwaise,
	15.461 Euro	jährlich für jede Vollwaise.

§ 3 KStDV 1994
Kassen ohne Rechtsanspruch der Leistungsempfänger

Rechtsfähige Unterstützungskassen, die den Leistungsempfängern keinen Rechtsanspruch gewähren, müssen die folgenden Voraussetzungen erfüllen:
1. Die Leistungsempfänger dürfen zu laufenden Beiträgen oder zu sonstigen Zuschüssen nicht verpflichtet sein.
2. Den Leistungsempfängern oder den Arbeitnehmervertretungen des Betriebs oder der Dienststelle muss satzungsgemäß und tatsächlich das Recht zustehen, an der Verwaltung sämtlicher Beträge, die der Kasse zufließen, beratend mitzuwirken.
3. Die laufenden Leistungen und das Sterbegeld dürfen die in § 2 bezeichneten Beträge nicht übersteigen.

SGB IV (Auszug)

Viertes Buch Sozialgesetzbuch – Gemeinsame Vorschriften für die Sozialversicherung – (SGB IV)

In der Fassung der Bekanntmachung vom 12. November 2009 (BGBl. I S. 3710, 3973, 2011 I S. 363)

Zuletzt geändert durch Artikel 1 des Gesetzes vom 5. Dezember 2012 (BGBl. I S. 2474)

Erster Abschnitt – Grundsätze und Begriffsbestimmungen

Dritter Titel – Arbeitsentgelt und sonstiges Einkommen

§ 14 SGB IV
Arbeitsentgelt

(1) ¹Arbeitsentgelt sind alle laufenden oder einmaligen Einnahmen aus einer Beschäftigung, gleichgültig, ob ein Rechtsanspruch auf die Einnahmen besteht, unter welcher Bezeichnung oder in welcher Form sie geleistet werden und ob sie unmittelbar aus der Beschäftigung oder im Zusammenhang mit ihr erzielt werden. ²Arbeitsentgelt sind auch Entgeltteile, die durch Entgeltumwandlung nach § 1 Absatz 2 Nummer 3 des Betriebsrentengesetzes für betriebliche Altersversorgung in den Durchführungswegen Direktzusage oder Unterstützungskasse verwendet werden, soweit sie 4 vom Hundert der jährlichen Beitragsbemessungsgrenze der allgemeinen Rentenversicherung übersteigen. ³Steuerfreie Aufwandsentschädigungen und die in § 3 Nummer 26 und 26a des Einkommensteuergesetzes genannten steuerfreien Einnahmen gelten nicht als Arbeitsentgelt.

(2) ¹Ist ein Nettoarbeitsentgelt vereinbart, gelten als Arbeitsentgelt die Einnahmen des Beschäftigten einschließlich der darauf entfallenden Steuern und der seinem gesetzlichen Anteil entsprechenden Beiträge zur Sozialversicherung und zur Arbeitsförderung. ²Sind bei illegalen Beschäftigungsverhältnissen Steuern und Beiträge zur Sozialversicherung und zur Arbeitsförderung nicht gezahlt worden, gilt ein Nettoarbeitsentgelt als vereinbart.

(3) Wird ein Haushaltsscheck (§ 28a Absatz 7) verwendet, bleiben Zuwendungen unberücksichtigt, die nicht in Geld gewährt worden sind.

Vierter Titel – Einkommen beim Zusammentreffen mit Renten wegen Todes

§ 18a SGB IV
Art des zu berücksichtigenden Einkommens

(1) ¹Bei Renten wegen Todes sind als Einkommen zu berücksichtigen
1. Erwerbseinkommen,
2. Leistungen, die erbracht werden, um Erwerbseinkommen zu ersetzen (Erwerbsersatzeinkommen),

3. Vermögenseinkommen und
4. Elterngeld.

²Nicht zu berücksichtigen sind
1. steuerfreie Einnahmen nach § 3 des Einkommensteuergesetzes mit Ausnahme der Aufstockungsbeträge und Zuschläge nach dessen Nummer 28 und der Einnahmen nach dessen Nummer 40 sowie Erwerbsersatzeinkommen nach Absatz 3 Satz 1 Nummer 1 und 8 und
2. Einnahmen aus Altersvorsorgeverträgen, soweit sie nach § 10a oder Abschnitt XI des Einkommensteuergesetzes gefördert worden sind.

³Die Sätze 1 und 2 gelten auch für vergleichbare ausländische Einkommen.

(2) ¹Erwerbseinkommen im Sinne des Absatzes 1 Satz 1 Nummer 1 sind Arbeitsentgelt, Arbeitseinkommen und vergleichbares Einkommen. ²Nicht als Erwerbseinkommen im Sinne des Absatzes 1 Satz 1 Nummer 1 gelten Arbeitsentgeltteile, die durch Entgeltumwandlung bis zu 4 vom Hundert der Beitragsbemessungsgrenze in der allgemeinen Rentenversicherung für betriebliche Altersversorgung verwendet werden, sowie das Arbeitsentgelt, das eine Pflegeperson von dem Pflegebedürftigen erhält, wenn das Entgelt das dem Umfang der Pflegetätigkeit entsprechende Pflegegeld im Sinne des § 37 des Elften Buches nicht übersteigt.

(2a) Arbeitseinkommen im Sinne des Absatzes 2 Satz 1 ist die positive Summe der Gewinne oder Verluste aus folgenden Arbeitseinkommensarten:
1. Gewinne aus Land- und Forstwirtschaft im Sinne der §§ 13, 13a und 14 des Einkommensteuergesetzes in Verbindung mit § 15 Absatz 2,
2. Gewinne aus Gewerbebetrieb im Sinne der §§ 15, 16 und 17 des Einkommensteuergesetzes und
3. Gewinne aus selbständiger Arbeit im Sinne des § 18 des Einkommensteuergesetzes.

(3) ¹Erwerbsersatzeinkommen im Sinne des Absatzes 1 Satz 1 Nummer 2 sind
1. das Krankengeld, das Verletztengeld, das Versorgungskrankengeld, das Mutterschaftsgeld, das Übergangsgeld, das Kurzarbeitergeld, das Arbeitslosengeld, das Insolvenzgeld, das Krankentagegeld und vergleichbare Leistungen,
2. Renten der Rentenversicherung wegen Alters oder verminderter Erwerbsfähigkeit, die Erziehungsrente, die Knappschaftsausgleichsleistung, das Anpassungsgeld für entlassene Arbeitnehmer des Bergbaus und Leistungen nach den §§ 27 und 28 des Sozialversicherungs-Angleichungsgesetzes Saar,
3. Altersrenten und Renten wegen Erwerbsminderung der Alterssicherung der Landwirte, die an ehemalige Landwirte oder mitarbeitende Familienangehörige gezahlt werden,
4. die Verletztenrente der Unfallversicherung, soweit sie einen der Grundrente nach dem Bundesversorgungsgesetz entsprechenden Betrag übersteigt; eine Kürzung oder ein Wegfall der Verletztenrente wegen Anstaltspflege oder Aufnahme in ein Alters- oder Pflegeheim bleibt unberücksichtigt; bei einer Minderung der Erwerbsfähigkeit um 20 vom Hundert ist ein Betrag in Höhe von zwei Dritteln, bei einer Minderung der Erwerbsfähigkeit um 10 vom Hundert ist ein Betrag in Höhe von einem Drittel der Mindestgrundrente anzusetzen,
5. das Ruhegehalt und vergleichbare Bezüge aus einem öffentlich-rechtlichen Dienst- oder Amtsverhältnis oder aus einem versicherungsfreien Arbeitsverhältnis mit Anspruch auf Versorgung nach beamtenrechtlichen Vorschriften oder Grundsätzen sowie vergleichbare Bezüge aus der Versorgung der Abgeordneten,
6. das Unfallruhegehalt und vergleichbare Bezüge aus einem öffentlich-rechtlichen Dienst- oder Amtsverhältnis oder aus einem versicherungsfreien Arbeitsverhältnis mit Anspruch auf Versorgung nach beamtenrechtlichen Vorschriften oder Grundsätzen sowie vergleichbare Bezüge aus der Versorgung der Abgeordneten; wird daneben kein Unfallausgleich gezahlt, gilt Nummer 4 letzter Teilsatz entsprechend,
7. Renten der öffentlich-rechtlichen Versicherungs- oder Versorgungseinrichtungen bestimmter Berufsgruppen wegen Minderung der Erwerbsfähigkeit oder Alters,

8. der Berufsschadensausgleich nach § 30 Absatz 3 bis 11 des Bundesversorgungsgesetzes und anderen Gesetzen, die die entsprechende Anwendung der Leistungsvorschriften des Bundesversorgungsgesetzes vorsehen,
9. Renten wegen Alters oder verminderter Erwerbsfähigkeit, die aus Anlass eines Arbeitsverhältnisses zugesagt worden sind,
10. Renten wegen Alters oder verminderter Erwerbsfähigkeit aus privaten Lebens- und Rentenversicherungen, allgemeinen Unfallversicherungen sowie sonstige private Versorgungsrenten.

²Kinderzuschuss, Kinderzulage und vergleichbare kindbezogene Leistungen bleiben außer Betracht. ³Wird eine Kapitalleistung oder anstelle einer wiederkehrenden Leistung eine Abfindung gezahlt, ist der Betrag als Einkommen zu berücksichtigen, der bei einer Verrentung der Kapitalleistung oder als Rente ohne die Abfindung zu zahlen wäre.

(4) ¹Vermögenseinkommen im Sinne des Absatzes 1 Satz 1 Nummer 3 ist die positive Summe der positiven oder negativen Überschüsse, Gewinne oder Verluste aus folgenden Vermögenseinkommensarten:
1. a) Einnahmen aus Kapitalvermögen im Sinne des § 20 des Einkommensteuergesetzes; Einnahmen im Sinne des § 20 Absatz 1 Nummer 6 des Einkommensteuergesetzes in der ab dem 1. Januar 2005 geltenden Fassung sind auch bei einer nur teilweisen Steuerpflicht jeweils die vollen Unterschiedsbeträge zwischen den Versicherungsleistungen einerseits und den auf sie entrichteten Beiträgen oder den Anschaffungskosten bei entgeltlichem Erwerb des Anspruchs auf die Versicherungsleistung andererseits,
   b) Einnahmen aus Versicherungen auf den Erlebens- oder Todesfall im Sinne des § 10 Absatz 1 Nummer 2 Buchstabe b Doppelbuchstabe cc und dd des Einkommensteuergesetzes in der am 1. Januar 2004 geltenden Fassung, wenn die Laufzeit dieser Versicherungen vor dem 1. Januar 2005 begonnen hat und ein Versicherungsbeitrag bis zum 31. Dezember 2004 entrichtet wurde, es sei denn, sie werden wegen Todes geleistet; zu den Einnahmen gehören außerrechnungsmäßige und rechnungsmäßige Zinsen aus den Sparanteilen, die in den Beiträgen zu diesen Versicherungen enthalten sind, im Sinne des § 20 Absatz 1 Nummer 6 des Einkommensteuergesetzes in der am 21. September 2002 geltenden Fassung.
   ²Bei der Ermittlung der Einnahmen ist als Werbungskostenpauschale der Sparer-Pauschbetrag abzuziehen,
2. Einnahmen aus Vermietung und Verpachtung im Sinne des § 21 des Einkommensteuergesetzes nach Abzug der Werbungskosten und
3. Gewinne aus privaten Veräußerungsgeschäften im Sinne des § 23 des Einkommensteuergesetzes, soweit sie mindestens 600 Euro im Kalenderjahr betragen.

SGB V (Auszug)

Sozialgesetzbuch (SGB) - Fünftes Buch (V) - Gesetzliche Krankenversicherung 2918

Vom 20. Dezember 1988 (BGBl. I S. 2477, 2482)

Zuletzt geändert durch Artikel 2 des Gesetzes vom 20. Februar 2013 (BGBl. I S. 277)

Achtes Kapitel – Finanzierung – Erster Abschnitt – Beiträge

Zweiter Titel – Beitragspflichtige Einnahmen der Mitglieder

§ 229 SGB V
Versorgungsbezüge als beitragspflichtige Einnahmen

(1) ¹Als der Rente vergleichbare Einnahmen (Versorgungsbezüge) gelten, soweit sie wegen einer Einschränkung der Erwerbsfähigkeit oder zur Alters- oder Hinterbliebenenversorgung erzielt werden,

1. Versorgungsbezüge aus einem öffentlich-rechtlichen Dienstverhältnis oder aus einem Arbeitsverhältnis mit Anspruch auf Versorgung nach beamtenrechtlichen Vorschriften oder Grundsätzen; außer Betracht bleiben
   a) lediglich übergangsweise gewährte Bezüge,
   b) unfallbedingte Leistungen und Leistungen der Beschädigtenversorgung,
   c) bei einer Unfallversorgung ein Betrag von 20 vom Hundert des Zahlbetrags und
   d) bei einer erhöhten Unfallversorgung der Unterschiedsbetrag zum Zahlbetrag der Normalversorgung, mindestens 20 vom Hundert des Zahlbetrags der erhöhten Unfallversorgung,
2. Bezüge aus der Versorgung der Abgeordneten, Parlamentarischen Staatssekretäre und Minister,
3. Renten der Versicherungs- und Versorgungseinrichtungen, die für Angehörige bestimmter Berufe errichtet sind,
4. Renten und Landabgaberenten nach dem Gesetz über die Alterssicherung der Landwirte mit Ausnahme einer Übergangshilfe,
5. Renten der betrieblichen Altersversorgung einschließlich der Zusatzversorgung im öffentlichen Dienst und der hüttenknappschaftlichen Zusatzversorgung.

²Satz 1 gilt auch, wenn Leistungen dieser Art aus dem Ausland oder von einer zwischenstaatlichen oder überstaatlichen Einrichtung bezogen werden. ³Tritt an die Stelle der Versorgungsbezüge eine nicht regelmäßig wiederkehrende Leistung oder ist eine solche Leistung vor Eintritt des Versicherungsfalls vereinbart oder zugesagt worden, gilt ein Einhundertzwanzigstel der Leistung als monatlicher Zahlbetrag der Versorgungsbezüge, längstens jedoch für einhundertzwanzig Monate.

(2) Für Nachzahlungen von Versorgungsbezügen gilt § 228 Abs. 2 entsprechend.

Dritter Titel – Beitragssätze, Zusatzbeitrag

§ 248 SGB V
Beitragssatz aus Versorgungsbezügen und Arbeitseinkommen

¹Bei Versicherungspflichtigen gilt für die Bemessung der Beiträge aus Versorgungsbezügen und Arbeitseinkommen der allgemeine Beitragssatz. ²Abweichend von Satz 1 gilt bei Versicherungspflichtigen für die Bemessung der Beiträge aus Versorgungsbezügen nach § 229 Abs. 1 Satz 1 Nr. 4 die Hälfte des allgemeinen Beitragssatzes zuzüglich 0,45 Beitragssatzpunkte.

SvEV (Auszug)

2919 Verordnung über die sozialversicherungsrechtliche Beurteilung von Zuwendungen des Arbeitgebers als Arbeitsentgelt (Sozialversicherungsentgeltverordnung - SvEV)

Vom 21. Dezember 2006 (BGBl. I S. 3385)

Zuletzt geändert durch die Verordnung vom 19. Dezember 2012 (BGBl. I S. 2714)

§ 1 SvEV
Dem sozialversicherungspflichtigen Arbeitsentgelt nicht zuzurechnende Zuwendungen

(1) ¹Dem Arbeitsentgelt sind nicht zuzurechnen:
1. einmalige Einnahmen, laufende Zulagen, Zuschläge, Zuschüsse sowie ähnliche Einnahmen, die zusätzlich zu Löhnen oder Gehältern gewährt werden, soweit sie lohnsteuerfrei sind; dies gilt nicht für Sonntags-, Feiertags- und Nachtarbeitszuschläge, soweit das Entgelt, auf dem sie berechnet werden, mehr als 25 Euro für jede Stunde beträgt,
2. sonstige Bezüge nach § 40 Abs. 1 Satz 1 Nr. 1 des Einkommensteuergesetzes, die nicht einmalig gezahltes Arbeitsentgelt nach § 23a des Vierten Buches Sozialgesetzbuch sind,
3. Einnahmen nach § 40 Abs. 2 des Einkommensteuergesetzes,
4. Beiträge nach § 40b des Einkommensteuergesetzes in der am 31. Dezember 2004 geltenden Fassung, die zusätzlich zu Löhnen und Gehältern gewährt werden; dies gilt auch für darin

enthaltene Beiträge, die aus einer Entgeltumwandlung (§ 1 Abs. 2 Nr. 3 des Betriebsrentengesetzes) stammen,
4a. Zuwendungen nach § 3 Nr. 56 und § 40b des Einkommensteuergesetzes, die zusätzlich zu Löhnen und Gehältern gewährt werden und für die Satz 3 und 4 nichts Abweichendes bestimmen,
5. Beträge nach § 10 des Entgeltfortzahlungsgesetzes,
6. Zuschüsse zum Mutterschaftsgeld nach § 14 des Mutterschutzgesetzes,
7. in den Fällen des § 3 Abs. 3 der vom Arbeitgeber insoweit übernommene Teil des Gesamtsozialversicherungsbeitrags,
8. Zuschüsse des Arbeitgebers zum Kurzarbeitergeld und Saison-Kurzarbeitergeld, soweit sie zusammen mit dem Kurzarbeitergeld 80 Prozent des Unterschiedsbetrages zwischen dem Sollentgelt und dem Ist-Entgelt nach § 106 des Dritten Buches Sozialgesetzbuch nicht übersteigen,
9. steuerfreie Zuwendungen an Pensionskassen, Pensionsfonds oder Direktversicherungen nach § 3 Nr. 63 Satz 1 und 2 des Einkommensteuergesetzes im Kalenderjahr bis zur Höhe von insgesamt 4 Prozent der Beitragsbemessungsgrenze in der allgemeinen Rentenversicherung; dies gilt auch für darin enthaltene Beträge, die aus einer Entgeltumwandlung (§ 1 Abs. 2 Nr. 3 des Betriebsrentengesetzes) stammen,
10. Leistungen eines Arbeitgebers oder einer Unterstützungskasse an einen Pensionsfonds zur Übernahme bestehender Versorgungsverpflichtungen oder Versorgungsanwartschaften durch den Pensionsfonds, soweit diese nach § 3 Nr. 66 des Einkommensteuergesetzes steuerfrei sind,
11. steuerlich nicht belastete Zuwendungen des Beschäftigten zugunsten von durch Naturkatastrophen im Inland Geschädigten aus Arbeitsentgelt einschließlich Wertguthaben,
12. Sanierungsgelder der Arbeitgeber zur Deckung eines finanziellen Fehlbetrages an die Einrichtungen, für die Satz 3 gilt,
13. Sachprämien nach § 37a des Einkommensteuergesetzes,
14. Zuwendungen nach § 37b Abs. 1 des Einkommensteuergesetzes, soweit die Zuwendungen an Arbeitnehmer eines Dritten erbracht werden und diese Arbeitnehmer nicht Arbeitnehmer eines mit dem Zuwendenden verbundenen Unternehmens sind,
15. vom Arbeitgeber getragene oder übernommene Studiengebühren für ein Studium des Beschäftigten, soweit sie steuerrechtlich kein Arbeitslohn sind.

²Die in Satz 1 Nr. 2 bis 4 genannten Einnahmen, Beiträge und Zuwendungen sind nicht dem Arbeitsentgelt zuzurechnen, soweit der Arbeitgeber die Lohnsteuer mit einem Pauschsteuersatz erheben kann und er die Lohnsteuer nicht nach den Vorschriften des § 39b oder § 39c des Einkommensteuergesetzes erhebt. ³Die Summe der in Satz 1 Nr. 4a genannten Zuwendungen nach § 3 Nr. 56 und § 40b des Einkommensteuergesetzes, höchstens jedoch monatlich 100 Euro, sind bis zur Höhe von 2,5 Prozent des für ihre Bemessung maßgebenden Entgelts dem Arbeitsentgelt zuzurechnen, wenn die Versorgungsregelung mindestens bis zum 31. Dezember 2000 vor der Anwendung etwaiger Nettobegrenzungsregelungen eine allgemein erreichbare Gesamtversorgung von mindestens 75 Prozent des gesamtversorgungsfähigen Entgelts und nach dem Eintritt des Versorgungsfalles eine Anpassung nach Maßgabe der Entwicklung der Arbeitsentgelte im Bereich der entsprechenden Versorgungsregelung oder gesetzlicher Versorgungsbezüge vorsieht; die dem Arbeitsentgelt zuzurechnenden Beiträge und Zuwendungen vermindern sich um monatlich 13,30 Euro. ⁴Satz 3 gilt mit der Maßgabe, dass die Zuwendungen nach § 3 Nr. 56 und § 40b des Einkommensteuergesetzes dem Arbeitsentgelt insoweit zugerechnet werden, als sie in der Summe monatlich 100 Euro übersteigen.

(2) In der gesetzlichen Unfallversicherung und in der Seefahrt sind auch lohnsteuerfreie Zuschläge für Sonntags-, Feiertags- und Nachtarbeit dem Arbeitsentgelt zuzurechnen; dies gilt in der Unfallversicherung nicht für Erwerbseinkommen, das bei einer Hinterbliebenenrente zu berücksichtigen ist.

VAG (Auszug)

Gesetz über die Beaufsichtigung der Versicherungsunternehmen (Versicherungsaufsichtsgesetz - VAG)

In der Fassung der Bekanntmachung vom 17. Dezember 1992 (BGBl. 1993 I S. 2)

Zuletzt geändert durch Artikel 4 des Gesetzes vom 13. Februar 2013 (BGBl. I S. 174)

VII. Einrichtungen der betrieblichen Altersversorgung

1. Pensionsfonds

§ 112 VAG
Definition

(1) [1]Ein Pensionsfonds ist eine rechtsfähige Versorgungseinrichtung, die
1. im Wege des Kapitaldeckungsverfahrens Leistungen der betrieblichen Altersversorgung für einen oder mehrere Arbeitgeber zu Gunsten von Arbeitnehmern erbringt,
2. die Höhe der Leistungen oder die Höhe der für diese Leistungen zu entrichtenden künftigen Beiträge nicht für alle vorgesehenen Leistungsfälle durch versicherungsförmige Garantien zusagen darf,
3. den Arbeitnehmern einen eigenen Anspruch auf Leistung gegen den Pensionsfonds einräumt und
4. verpflichtet ist, die Altersversorgungsleistung als lebenslange Zahlung zu erbringen.

[2]Als Altersversorgungsleistung im Sinne des Satzes 1 gilt eine Leibrente oder ein Auszahlungsplan, die den Anforderungen des § 1 Abs. 1 Satz 1 Nr. 4 des Altersvorsorgeverträge-Zertifizierungsgesetzes genügen.

(1a) [1]Pensionsfonds können Altersversorgungsleistungen abweichend von Absatz 1 Satz 1 Nr. 4 erbringen, solange Beitragszahlungen durch den Arbeitgeber auch in der Rentenbezugszeit vorgesehen sind. [2]Ein fester Termin für das Zahlungsende darf nicht vorgesehen werden. [3]Satz 1 gilt nicht für Zusagen im Sinne des § 1 Abs. 2 Nr. 2 des Betriebsrentengesetzes.

(2) Pensionsfonds bedürfen zum Geschäftsbetrieb der Erlaubnis der Aufsichtsbehörde.

(3) Als Arbeitnehmer im Sinne dieser Vorschrift gelten auch ehemalige Arbeitnehmer sowie die unter § 17 Abs. 1 Satz 2 des Gesetzes zur Verbesserung der betrieblichen Altersversorgung fallenden Personen

§ 113 VAG
Anzuwendende Vorschriften

(1) Für Pensionsfonds im Sinne des § 112 gelten die auf die Lebensversicherungsunternehmen anzuwendenden Vorschriften dieses Gesetzes entsprechend, soweit dieses Gesetz keine abweichenden Regelungen oder Maßgaben enthält.

(2) Von den auf die Lebensversicherungsunternehmen anzuwendenden Vorschriften dieses Gesetzes gelten für Pensionsfonds die folgenden Vorschriften nur mit einer Maßgabe entsprechend:
1. § 5 Abs. 3 Nr. 2 mit der Maßgabe, dass mit dem Antrag auf Erlaubnis die Pensionspläne einzureichen sind; Pensionspläne sind die im Rahmen des Geschäftsplanes ausgestalteten Bedingungen zur planmäßigen Leistungserbringung im Versorgungsfall;
2. § 5 Abs. 4 mit der Maßgabe, dass § 114 Abs. 2 an die Stelle des § 53c Abs. 2 tritt;
3. § 7 Abs. 1 mit der Maßgabe, dass die Erlaubnis nur Aktiengesellschaften einschließlich der Europäischen Gesellschaft (SE) und Pensionsfondsvereinen auf Gegenseitigkeit erteilt werden darf; für Pensionsfondsvereine auf Gegenseitigkeit gelten die Vorschriften über Versicherungsvereine auf Gegenseitigkeit entsprechend, soweit nichts anderes bestimmt ist;

4. § 10a mit der Maßgabe, dass der Arbeitnehmer die Angaben der Anlage Teil D erhält;
4a. § 11a Abs. 3 mit der Maßgabe, dass jeweils § 116 Abs. 1 an die Stelle des § 65 Abs. 1 tritt;
4b. § 11b Satz 2 mit der Maßgabe, dass der unabhängige Treuhänder zudem ausreichende Kenntnisse im Bereich der betrieblichen Altersversorgung erworben haben muss;
5. § 13 Abs. 1 mit der Maßgabe, dass die Genehmigungspflicht nicht für Pensionspläne gilt; Änderungen und die Einführung neuer Pensionspläne werden erst nach drei Monaten wirksam, falls die Aufsichtsbehörde nicht vorher die Unbedenklichkeit feststellt;
6. (weggefallen)
7. § 81 mit der Maßgabe, dass an die Stelle der Belange der Versicherten die Belange der Versorgungsanwärter und Versorgungsempfänger treten und dass Gegenstand der rechtlichen Aufsicht auch die Einhaltung der im Bereich der betrieblichen Altersversorgung von den Einrichtungen zu beachtenden arbeits- und sozialrechtlichen Vorschriften ist;
8. § 81a mit der Maßgabe, dass an die Stelle der Belange der Versicherten die Belange der Versorgungsanwärter und Versorgungsempfänger und an die Stelle der Versicherungsverhältnisse die Versorgungsverhältnisse treten;
8a. § 81b Abs. 4 mit der Maßgabe, dass § 115 Abs. 2 an die Stelle des § 54 Abs. 3 tritt;
9. § 81c mit der Maßgabe, dass an die Stelle der Belange der Versicherten die Belange der Versorgungsanwärter und Versorgungsempfänger tritt;
10. § 81e mit der Maßgabe, dass an die Stelle der Versicherungsnehmer die Versorgungsanwärter und Versorgungsempfänger treten;
11. § 101 mit der Maßgabe, dass an Stelle der Versicherungsentgelte die Pensionsfondsbeiträge maßgeblich sind.

(3) Nicht anwendbar sind § 6 Abs. 1 Satz 2, Abs. 4, § 9, §§ 13a bis 13c, § 14 Abs. 2, §§ 53, 53b und 53c Abs. 1 bis 3c, § 54 Abs. 1 bis 3, §§ 54b und 54c, §§ 64, 65, 66 Abs. 7, §§ 80c bis 80f, § 85 Satz 2, § 88 Abs. 1 Satz 2, Abs. 3 Satz 1, und 4, Abs. 4 Satz 2, §§ 88a und 89b, §§ 110a und 110b, §§ 111 bis 111g sowie §§ 122, 123.

(4) Hängt die Höhe der ersorgungsleistungen von der Wertentwicklung eines nach Maßgabe des Pensionsplans gebildeten Sondervermögens ab, ist für dieses Sondervermögen entsprechend § 44 des Investmentgesetzes gesondert Rechnung zu legen; § 44 Abs. 2 des Investmentgesetzes ist nicht anzuwenden.

(5) Die Aufsichtsbehörde hat die Europäische Aufsichtsbehörde für das Versicherungswesen und die betriebliche Altersversorgung über jede Untersagung der Geschäftstätigkeit eines Pensionsfonds zu unterrichten.

§ 114 VAG
Kapitalausstattung

(1) ¹Pensionsfonds sind verpflichtet, zur Sicherstellung der dauernden Erfüllbarkeit der Verträge stets über freie unbelastete Eigenmittel mindestens in Höhe der geforderten Solvabilitätsspanne zu verfügen, die sich nach dem gesamten Geschäftsumfang bemisst. ²Ein Drittel der Solvabilitätsspanne gilt als Garantiefonds.

(2) Das Bundesministerium der Finanzen wird ermächtigt, durch Rechtsverordnung, die nicht der Zustimmung des Bundesrates bedarf, zur Sicherstellung einer ausreichenden Solvabilität von Pensionsfonds Vorschriften zu erlassen
1. über die Berechnung und die Höhe der Solvabilitätsspanne;
2. über den für Pensionsfonds maßgeblichen Mindestbetrag des Garantiefonds seine Berechnung sowie damit zusammenhängende Genehmigungsbefugnisse einschließlich des Verfahrens,
3. darüber, was als Eigenmittel im Sinne von Absatz 1 anzusehen ist und in welchem Umfang sie auf die Solvabilitätsspanne angerechnet werden dürfen,
4. darüber, dass der Aufsichtsbehörde über die Solvabilitätsspanne und die Eigenmittel zu berichten ist, sowie über Form und Inhalt dieses Berichts

§ 115 VAG
Vermögensanlage

(1) [1]Pensionsfonds haben unter Berücksichtigung der jeweiligen Pensionspläne Sicherungsvermögen zu bilden. [2]Die Bestände der Sicherungsvermögen und des sonstigen gebundenen Vermögens sind in einer der Art und Dauer der zu erbringenden Altersversorgung entsprechenden Weise unter Berücksichtigung der Festlegungen des jeweiligen Pensionsplans anzulegen. [3]Die gesamten Vermögenswerte eines Pensionsfonds sind so anzulegen, dass möglichst große Sicherheit und Rentabilität bei ausreichender Liquidität des Pensionsfonds unter Wahrung angemessener Mischung und Streuung insgesamt erreicht wird.

(2) [1]Die Bundesregierung wird ermächtigt, durch Rechtsverordnung, die nicht der Zustimmung des Bundesrates bedarf, zur Sicherstellung der dauernden Erfüllbarkeit des jeweiligen Pensionsplans unter Berücksichtigung der Anlageformen des Artikels 23 der Richtlinie über Lebensversicherungen und der Festlegungen im Pensionsplan hinsichtlich des Anlagerisikos und des Trägers dieses Risikos Einzelheiten nach Maßgabe des Absatzes 1 festzulegen. [2]Dies beinhaltet insbesondere quantitative und qualitative Vorgaben nach Maßgabe des Artikels 23 der Richtlinie über Lebensversicherungen zur Anlage des gebundenen Vermögens, zu seiner Kongruenz und Belegenheit festzulegen sowie Anlagen beim Trägerunternehmen zu beschränken.

(2a) [1]Die dauernde Erfüllbarkeit eines Pensionsplans kann auch bei einer vorübergehenden Unterdeckung als gewährleistet angesehen werden, wenn diese 5 vom Hundert des Betrags der Rückstellungen nicht übersteigt und die Belange der Versorgungsanwärter und -empfänger gewährleistet sind. [2]In diesem Fall ist ein zwischen Arbeitgeber und Pensionsfonds vereinbarter Sanierungsplan erforderlich, der der Genehmigung der Aufsichtsbehörde bedarf. [3]Der Plan muss folgende Bedingungen erfüllen:

a) aus dem Plan muss hervorgehen, wie die zur vollständigen Bedeckung der versicherungstechnischen Rückstellungen erforderliche Höhe der Vermögenswerte innerhalb eines angemessenen Zeitraums erreicht werden soll; der Zeitraum darf drei Jahre nicht überschreiten;

b) bei der Erstellung des Plans ist die besondere Situation des Pensionsfonds zu berücksichtigen, insbesondere die Struktur seiner Aktiva und Passiva, sein Risikoprofil, sein Liquiditätsplan, das Altersprofil der Versorgungsberechtigten, oder die Tatsache, dass es sich um ein neu geschaffenes System handelt.

[4]Die Genehmigung ist zu erteilen, wenn durch den Arbeitgeber die Erfüllung der Nachschusspflicht zur vollständigen Bedeckung der Rückstellungen durch Bürgschaft oder Garantie eines geeigneten Kreditinstituts oder in anderer geeigneter Weise sichergestellt ist. [5]Der Pensionsfonds hat dem Pensionssicherungsverein die Vereinbarung unverzüglich zur Kenntnis zu geben.

(2b) [1]Für Pensionspläne nach § 112 Abs. 1a gilt Absatz 2a mit der Maßgabe, dass die Unterdeckung 10 vom Hundert des Betrags der Rückstellungen nicht übersteigt. [2]Die Frist, bis zu der die vollständige Bedeckung wieder erreicht werden soll, kann von der Aufsichtsbehörde verlängert werden; sie darf insgesamt zehn Jahre nicht überschreiten.

(3) [1]Die Pensionsfonds sind verpflichtet, jährlich, nach einer wesentlichen Änderung der Anlagepolitik zudem unverzüglich, ihre Anlagepolitik gegenüber der Aufsichtsbehörde darzulegen. [2]Hierzu haben sie eine Erklärung über die Grundsätze der Anlagepolitik zu übersenden, die Angaben über das Verfahren zur Risikobewertung und zum Risikomanagement sowie zur Strategie in Bezug auf den jeweiligen Pensionsplan, insbesondere die Aufteilung der Vermögenswerte je nach Art und Dauer der Altersversorgungsleistungen, enthält.

(4) Der Pensionsfonds muss die Versorgungsberechtigten grundsätzlich schriftlich bei Vertragsschluss sowie jährlich schriftlich darüber informieren, ob und wie er ethische, soziale und ökologische Belange bei der Verwendung der eingezahlten Beiträge berücksichtigt

§ 116 VAG
Deckungsrückstellung

(1)¹Das Bundesministerium der Finanzen wird ermächtigt, durch Rechtsverordnung zur Berechnung der Deckungsrückstellung unter Beachtung der Grundsätze ordnungsmäßiger Buchführung
1. einen oder mehrere Höchstwerte für den Rechnungszins festzusetzen;
2. die Grundsätze der versicherungsmathematischen Rechnungsgrundlagen für die Berechnung der Deckungsrückstellung festzulegen.

²In der Verordnung nach Satz 1 kann der Bundesanstalt die Befugnis übertragen werden, bei bestimmten, nicht auf Euro lautenden Versicherungsverträgen den Höchstzinssatz sowie Näheres hierzu nach pflichtgemäßem Ermessen festzusetzen. ³Die Ermächtigung kann durch Rechtsverordnung auf die Bundesanstalt übertragen werden.⁴Diese erlässt die Vorschriften im Benehmen mit den Aufsichtsbehörden der Länder.

(2) Die Rechtsverordnungen nach Absatz 1 sind im Einvernehmen mit dem Bundesministerium der Justiz zu erlassen; sie bedürfen nicht der Zustimmung des Bundesrates.

§ 117 VAG
Grenzüberschreitende Tätigkeit von Pensionsfonds

(1)¹Pensionsfonds dürfen nach Maßgabe der Absätze 2 bis 6 in anderen Mitglied- und Vertragsstaaten Geschäft betreiben.²Auf dieses Geschäft sind § 112 Abs. 1 Satz 1 Nr. 2 bis 4, Satz 2, Abs. 1a und § 115 Abs. 2a und 2b nicht anzuwenden. ³Die Aufsichtsbehörde kann für dieses Geschäft die Bildung eines gesonderten Sicherungsvermögens verlangen.

(2)¹Pensionsfonds haben ihre Absicht, betriebliche Altersversorgung für ein Trägerunternehmen mit Sitz in einem anderen Mitglied- oder Vertragsstaat durchzuführen, unter Angabe des betreffenden Mitglied- oder Vertragsstaats anzuzeigen.²Gleichzeitig sind der Name des Trägerunternehmens und die Hauptmerkmale des für das Trägerunternehmen zu betreibenden Altersversorgungssystems anzugeben.

(3)¹Nach Eingang der Anzeige prüft die Aufsichtsbehörde die rechtliche Zulässigkeit der beabsichtigten Tätigkeit, insbesondere die Angemessenheit der Verwaltungsstruktur, der Finanzlage und der Qualifikation der Geschäftsleiter im Verhältnis zu der beabsichtigten Tätigkeit.²Bei Unbedenklichkeit übermittelt sie die nach Absatz 2 vorgelegten Angaben binnen drei Monaten nach Erhalt den zuständigen Behörden des anderen Mitglied- oder Vertragsstaats und benachrichtigt hierüber den Pensionsfonds.

(4)¹Die Aufsichtsbehörde übermittelt dem Pensionsfonds die von den zuständigen Behörden des anderen Mitglied- oder Vertragsstaats binnen zwei Monaten nach Erhalt der Mitteilung nach Absatz 3 Satz 2 erteilten Informationen über die einschlägigen sozial- und arbeitsrechtlichen Vorschriften im Bereich der betrieblichen Altersversorgung sowie über die Vorschriften des Tätigkeitslandes, die nach Artikel 18 Abs. 7 und Artikel 20 Abs. 7 der Richtlinie 2003/41/EG des Europäischen Parlaments und des Rates vom 3. Juni 2003 über die Tätigkeiten und die Beaufsichtigung von Einrichtungen der betrieblichen Altersversorgung (ABl. EU Nr. L 235 S. 10) anzuwenden sind.²Nach Erhalt der Mitteilung nach Satz 1 oder bei Nichtäußerung der zuständigen Behörden nach Ablauf der in Satz 1 genannten Frist darf der Pensionsfonds die Tätigkeit im Einklang mit den in Satz 1 genannten Vorschriften aufnehmen.³Die Aufsichtsbehörde teilt der Europäischen Aufsichtsbehörde für das Versicherungswesen und die betriebliche Altersversorgung mit, in welchen Mitglied- oder Vertragsstaaten der Pensionsfonds tätig ist.⁴Die Aufsichtsbehörde unterrichtet diese Behörde unverzüglich über die dem betreffenden Pensionsfonds erteilte Erlaubnis zum Geschäftsbetrieb, wenn dieser erstmals berechtigt ist, grenzüberschreitend tätig zu werden.

(5)¹Die Aufsichtsbehörde trifft gegebenenfalls in Abstimmung mit den zuständigen Behörden des anderen Mitglied- oder Vertragsstaats die erforderlichen Maßnahmen, um sicherzustellen, dass der Pensionsfonds die von diesen Behörden festgestellten Verstöße gegen sozial- und arbeitsrechtliche

Vorschriften unterbindet.²Verstößt das Unternehmen weiterhin gegen die in Satz 1 genannten Vorschriften, kann die Aufsichtsbehörde die Tätigkeit des Unternehmens untersagen oder einschränken.

(6)¹Bei Pensionsfonds, die der Landesaufsicht unterliegen, informiert die zuständige Landesaufsichtsbehörde die Bundesanstalt über die Anzeige des Unternehmens.²Die Bundesanstalt leistet der Landesaufsichtsbehörde auf Anforderung Unterstützung bei der Durchführung des Notifikationsverfahrens und von Maßnahmen nach Absatz 5.

(7) Für die Erweiterung des Geschäftsbetriebs auf ein Gebiet außerhalb der Mitglied- und Vertragsstaaten gilt § 13 Abs. 3 entsprechend.

§ 117a VAG
Zusammenarbeit mit der Europäischen Aufsichtsbehörde für das Versicherungswesen und die betriebliche Altersversorgung im Bereich der betrieblichen Altersversorgung

(1) Die Aufsichtsbehörde arbeitet gemäß der Verordnung (EU) Nr. 1094/2010 für die Zwecke der Richtlinie 2003/41/EG mit der Europäischen Aufsichtsbehörde für das Versicherungswesen und die betriebliche Altersversorgung zusammen.

(2)¹Die Aufsichtsbehörde unterrichtet die Europäische Aufsichtsbehörde für das Versicherungswesen und die betriebliche Altersversorgung über nationale Aufsichtsvorschriften, die für den Bereich der betrieblichen Altersversorgungssysteme relevant sind, soweit es sich nicht um nationale sozial- oder arbeitsrechtliche Vorschriften handelt.²Änderungen des Inhalts von Angaben, die gemäß Satz 1 übermittelt werden, teilt die Aufsichtsbehörde regelmäßig, spätestens alle zwei Jahre der Behörde mit.

(3) Die Aufsichtsbehörde stellt der Europäischen Aufsichtsbehörde für das Versicherungswesen und die betriebliche Altersversorgung gemäß Artikel 35 der Verordnung (EU) Nr. 1094/2010 auf Verlangen unverzüglich alle für die Erfüllung ihrer Aufgaben aufgrund der Richtlinie 2003/41/EG und der Verordnung (EU) Nr. 1094/2010 erforderlichen Informationen zur Verfügung.

§ 118 VAG
Gesonderte Verordnungen

¹§ 5 Abs. 6, § 11a Abs. 6, § 55a, § 57 Abs. 2, § 81c Abs. 3, § 104 Abs. 6 und § 104g Abs. 2 finden mit der Maßgabe Anwendung, dass das Bundesministerium der Finanzen ermächtigt wird, auf ihrer Grundlage gesonderte Rechtsverordnungen für Pensionsfonds zu erlassen.²Die Rechtsverordnungen bedürfen nicht der Zustimmung des Bundesrates

Anlage 1

A. Einteilung der Risiken nach Sparten

1. Unfall
    a) Summenversicherung
    b) Kostenversicherung
    c) kombinierte Leistungen
    d) Personenbeförderung

2. Krankheit
    a) Tagegeld
    b) Kostenversicherung
    c) kombinierte Leistungen

3. Landfahrzeug-Kasko (ohne Schienenfahrzeuge)
    Sämtliche Schäden an:
    a) Kraftfahrzeugen
    b) Landfahrzeugen ohne eigenen Antrieb

4. Schienenfahrzeug-Kasko
   Sämtliche Schäden an Schienenfahrzeugen

5. Luftfahrzeug-Kasko
   Sämtliche Schäden an Luftfahrzeugen

6. See-, Binnensee- und Flussschifffahrts-Kasko
   Sämtliche Schäden an:
   a) Flussschiffen
   b) Binnenseeschiffen
   c) Seeschiffen

7. Transportgüter
   Sämtliche Schäden an transportierten Gütern, unabhängig von dem jeweils verwendeten Transportmittel

8. Feuer- und Elementarschäden
   Sämtliche Sachschäden (soweit sie nicht unter die Nummern 3 bis 7 fallen), die verursacht werden durch:
   a) Feuer
   b) Explosion
   c) Sturm
   d) andere Elementarschäden außer Sturm
   e) Kernenergie
   f) Bodensenkungen und Erdrutsch

9. Hagel-, Frost- und sonstige Sachschäden
   Sämtliche Sachschäden (soweit sie nicht unter die Nummern 3 bis 7 fallen), die außer durch Hagel oder Frost durch Ursachen aller Art (wie beispielsweise Diebstahl) hervorgerufen werden, soweit diese Ursachen nicht unter Nummer 8 erfasst sind

10. Haftpflicht für Landfahrzeuge mit eigenem Antrieb
    a) Kraftfahrzeughaftpflicht
    b) Haftpflicht aus Landtransporten
    c) sonstige

11. Luftfahrzeughaftpflicht
    Haftpflicht aller Art (einschließlich derjenigen des Frachtführers), die sich aus der Verwendung von Luftfahrzeugen ergibt

12. See-, Binnensee- und Flussschifffahrtshaftpflicht
    Haftpflicht aller Art (einschließlich derjenigen des Frachtführers), die sich aus der Verwendung von Flussschiffen, Binnenseeschiffen und Seeschiffen ergibt

13. Allgemeine Haftpflicht
    Alle sonstigen Haftpflichtfälle, die nicht unter die Nummern 10 bis 12 fallen

14. Kredit
    a) allgemeine Zahlungsunfähigkeit
    b) Ausfuhrkredit
    c) Abzahlungsgeschäfte
    d) Hypothekendarlehen
    e) landwirtschaftliche Darlehen

15. Kaution

16. Verschiedene finanzielle Verluste
    a) Berufsrisiken

b) ungenügende Einkommen (allgemein)
c) Schlechtwetter
d) Gewinnausfall
e) laufende Unkosten allgemeiner Art
f) unvorhergesehene Geschäftsunkosten
g) Wertverluste
h) Miet- oder Einkommensausfall
i) indirekte kommerzielle Verluste außer den bereits erwähnten
j) nichtkommerzielle Geldverluste
k) sonstige finanzielle Verluste

17. Rechtsschutz

18. Beistandsleistungen zu Gunsten von Personen, die sich in Schwierigkeiten befinden
    a) auf Reisen oder während der Abwesenheit von ihrem Wohnsitz oder ständigem Aufenthaltsort,
    b) unter anderen Bedingungen, sofern die Risiken nicht unter andere Versicherungssparten fallen

19. Leben
    (soweit nicht unter den Nummern 20 und 24 aufgeführt)

20. Heirats- und Geburtenversicherung

21. Fondsgebundene Lebensversicherung

22. Tontinengeschäfte

23. Kapitalisierungsgeschäfte

24. Geschäfte der Verwaltung von Versorgungseinrichtungen

25. Pensionsfondsgeschäfte

B. Bezeichnung der Zulassung, die gleichzeitig für mehrere Sparten erteilt wird

Umfasst die Zulassung zugleich
a) die Nummern 1 Buchstabe d, 3, 7 und 10 Buchstabe a, so wird sie unter der Bezeichnung »Kraftfahrtversicherung« erteilt;
b) die Nummern 1 Buchstabe d, 4, 6, 7 und 12, so wird sie unter der Bezeichnung »See- und Transportversicherung« erteilt;
c) die Nummern 1 Buchstabe d, 5, 7 und 11, so wird sie unter der Bezeichnung »Luftfahrtversicherung« erteilt;
d) die Nummern 8 und 9, so wird sie unter der Bezeichnung »Feuer- und andere Sachschäden« erteilt;
e) die Nummern 10 bis 13, so wird sie unter der Bezeichnung »Haftpflicht« erteilt;
f) die Nummern 14 und 15, so wird sie unter der Bezeichnung »Kredit und Kaution« erteilt;
g) die Nummern 1, 3 bis 13 und 16, so wird sie unter der Bezeichnung »Schaden- und Unfallversicherung« erteilt.

C. Kongruenzregeln

1. Ist die Deckung eines Versicherungsvertrages in einer bestimmten Währung ausgedrückt, so gelten die Verpflichtungen als in dieser Währung bestehend.
2. [1]Ist die Deckung eines Vertrages nicht in einer Währung ausgedrückt, so gelten die Verpflichtungen als in der Währung des Landes bestehend, in dem das Risiko belegen ist. Die Währung, in der die Prämie ausgedrückt ist, kann zu Grunde gelegt werden, wenn besondere Umstände dies rechtfertigen, insbesondere wenn es bereits bei Vertragsschluss wahrscheinlich ist, dass ein Schaden in dieser Währung geregelt werden wird.

3. Die Währung, die ein Versicherungsunternehmen nach seinen Erfahrungen als die wahrscheinlichste für die Erfüllung betrachtet oder mangels solcher Erfahrungen die Währung des Landes, in dem es sich niedergelassen hat, kann, sofern nicht besondere Umstände dagegen sprechen, bei folgenden Risiken zu Grunde gelegt werden:
    a) bei den in der Anlage Teil A Nr. 4 bis 7, 11 bis 13 (nur Herstellerhaftpflicht) genannten Versicherungssparten,
    b) bei anderen Versicherungssparten, wenn entsprechend der Art der Risiken die Erfüllung in einer anderen Währung als derjenigen erfolgen muss, die sich aus der Anwendung der vorgenannten Regeln ergeben würde.
4. Wird einem Versicherungsunternehmen ein Schaden gemeldet und ist dieser in einer anderen als der sich aus der Anwendung der vorstehenden Regeln ergebenden Währung zu regeln, so gelten die Verpflichtungen als in dieser Währung bestehend, insbesondere in der Währung, in welcher die von dem Versicherungsunternehmen zu erbringende Leistung auf Grund einer gerichtlichen Entscheidung oder einer Vereinbarung zwischen Versicherungsunternehmen und Versicherungsnehmer bestimmt worden ist.
5. Wird ein Schaden in einer dem Versicherungsunternehmen vorher bekannten Währung festgestellt, kann die Verpflichtung als in dieser Währung bestehend angesehen werden, auch wenn sie nicht die sich aus der Anwendung der vorstehenden Regeln ergebende Währung ist.
6. Das gebundene Vermögen braucht nicht in Vermögenswerten angelegt zu werden, die auf die gleiche Währung lauten, in der die Verpflichtungen bestehen, wenn
    a) es sich nicht um eine Währung eines Mitgliedstaats der Europäischen Gemeinschaft handelt und sich die betreffende Währung nicht zur Anlage eignet, insbesondere weil sie Transferbeschränkungen unterliegt,
    b) das anzulegende Sicherungsvermögen und das anzulegende sonstige gebundene Vermögen nicht mehr als jeweils 20 vom Hundert, bei Einrichtungen der betrieblichen Altersversorgung insgesamt nicht mehr als 30 vom Hundert, der Verpflichtungen in einer bestimmten Währung betrifft oder
    c) bei Anwendung der nach den Nummern 1 bis 5 geltenden Regeln in einer bestimmten Währung Vermögenswerte angelegt werden müssten, die nicht mehr als 7 vom Hundert der in anderen Währungen vorhandenen Vermögenswerte des Unternehmens ausmachen.
7. Soweit nach den vorstehenden Regeln das übrige gebundene Vermögen in Vermögenswerten anzulegen ist, die auf die Währung eines Mitgliedstaates der Europäischen Gemeinschaft, dessen Währung nicht der Euro ist, oder eines anderen Vertragsstaates des Abkommens über den Europäischen Wirtschaftsraum lauten, kann die Anlage bis zu 50 vom Hundert in auf Euro lautenden Vermögenswerten erfolgen, soweit dies nach vernünftiger kaufmännischer Beurteilung gerechtfertigt ist.

D. Informationen bei betrieblicher Altersvorsorge

Gegenüber Versorgungsanwärtern und Versorgungsempfängern müssen mindestens die nachfolgend aufgeführten Informationen erteilt werden; die Informationen müssen ausführlich und aussagekräftig sein:
1. Bei Beginn des Versorgungsverhältnisses
    a) Name, Anschrift, Rechtsform und Sitz des Anbieters und der etwaigen Niederlassung, über die der Vertrag abgeschlossen werden soll;
    b) die Vertragsbedingungen einschließlich der Tarifbestimmungen, soweit sie für das Versorgungsverhältnis gelten, sowie die Angabe des auf den Vertrag anwendbaren Rechts;
    c) Angaben zur Laufzeit;
    d) allgemeine Angaben über die für diese Versorgungsart geltende Steuerregelung;
    e) die mit dem Altersversorgungssystem verbundenen finanziellen, versicherungstechnischen und sonstigen Risiken sowie die Art und Aufteilung dieser Risiken.
2. Während der Laufzeit des Versorgungsverhältnisses
    a) Änderungen von Namen, Anschrift, Rechtsform und Sitz des Anbieters und der etwaigen Niederlassung, über die der Vertrag abgeschlossen wurde;

b) jährlich, erstmals bei Beginn des Versorgungsverhältnisses
   aa) die voraussichtliche Höhe der den Versorgungsanwärtern zustehenden Leistungen;
   bb) die Anlagemöglichkeiten und die Struktur des Anlageportfolios sowie Informationen über das Risikopotenzial und die Kosten der Vermögensverwaltung und sonstige mit der Anlage verbundene Kosten, sofern der Versorgungsanwärter das Anlagerisiko trägt;
   cc) die Information nach § 115 Abs. 4;
   dd) eine Kurzinformation über die Lage der Einrichtung sowie den aktuellen Stand der Finanzierung der individuellen Versorgungsansprüche;
c) auf Anfrage
   aa) den Jahresabschluss und den Lagebericht des vorhergegangenen Geschäftsjahres; sofern sich die Leistung aus dem Versorgungsverhältnis in Anteilen an einem nach Maßgabe der Vertragsbedingungen gebildeten Sondervermögen bestimmt, zusätzlich den Jahresbericht für dieses Sondervermögen (§ 113 Abs. 4, § 118b Abs. 1);
   bb) die Erklärung über die Grundsätze der Anlagepolitik gemäß § 115 Abs. 3;
   cc) die Höhe der Leistungen im Falle der Beendigung der Erwerbstätigkeit;
   dd) die Modalitäten der Übertragung von Anwartschaften auf eine andere Einrichtung der betrieblichen Altersversorgung im Falle der Beendigung des Arbeitsverhältnisses.

BGB (Auszug)

2921 **Bürgerliches Gesetzbuch (BGB)**

In der Fassung der Bekanntmachung vom 2. Januar 2002 (BGBl. I S. 42, 2909, 2003 I S. 738)

Zuletzt geändert durch Artikel 1 des Gesetzes vom 20. Februar 2013 (BGBl. I S. 277)

Titel 8 – Dienstvertrag und ähnliche Verträge

Untertitel 1 – Dienstvertrag

§ 613a BGB
Rechte und Pflichten bei Betriebsübergang

(1) ¹Geht ein Betrieb oder Betriebsteil durch Rechtsgeschäft auf einen anderen Inhaber über, so tritt dieser in die Rechte und Pflichten aus den im Zeitpunkt des Übergangs bestehenden Arbeitsverhältnissen ein. ²Sind diese Rechte und Pflichten durch Rechtsnormen eines Tarifvertrags oder durch eine Betriebsvereinbarung geregelt, so werden sie Inhalt des Arbeitsverhältnisses zwischen dem neuen Inhaber und dem Arbeitnehmer und dürfen nicht vor Ablauf eines Jahres nach dem Zeitpunkt des Übergangs zum Nachteil des Arbeitnehmers geändert werden. ³Satz 2 gilt nicht, wenn die Rechte und Pflichten bei dem neuen Inhaber durch Rechtsnormen eines anderen Tarifvertrags oder durch eine andere Betriebsvereinbarung geregelt werden. ⁴Vor Ablauf der Frist nach Satz 2 können die Rechte und Pflichten geändert werden, wenn der Tarifvertrag oder die Betriebsvereinbarung nicht mehr gilt oder bei fehlender beiderseitiger Tarifgebundenheit im Geltungsbereich eines anderen Tarifvertrags dessen Anwendung zwischen dem neuen Inhaber und dem Arbeitnehmer vereinbart wird.

(2) ¹Der bisherige Arbeitgeber haftet neben dem neuen Inhaber für Verpflichtungen nach Absatz 1, soweit sie vor dem Zeitpunkt des Übergangs entstanden sind und vor Ablauf von einem Jahr nach diesem Zeitpunkt fällig werden, als Gesamtschuldner. ²Werden solche Verpflichtungen nach dem Zeitpunkt des Übergangs fällig, so haftet der bisherige Arbeitgeber für sie jedoch nur in dem Umfang, der dem im Zeitpunkt des Übergangs abgelaufenen Teil ihres Bemessungszeitraums entspricht.

(3) Absatz 2 gilt nicht, wenn eine juristische Person oder eine Personenhandelsgesellschaft durch Umwandlung erlischt.

(4) ¹Die Kündigung des Arbeitsverhältnisses eines Arbeitnehmers durch den bisherigen Arbeitgeber oder durch den neuen Inhaber wegen des Übergangs eines Betriebs oder eines Betriebsteils ist

unwirksam. ²Das Recht zur Kündigung des Arbeitsverhältnisses aus anderen Gründen bleibt unberührt.

(5) Der bisherige Arbeitgeber oder der neue Inhaber hat die von einem Übergang betroffenen Arbeitnehmer vor dem Übergang in Textform zu unterrichten über:
1. den Zeitpunkt oder den geplanten Zeitpunkt des Übergangs,
2. den Grund für den Übergang,
3. die rechtlichen, wirtschaftlichen und sozialen Folgen des Übergangs für die Arbeitnehmer und
4. die hinsichtlich der Arbeitnehmer in Aussicht genommenen Maßnahmen.

(6) ¹Der Arbeitnehmer kann dem Übergang des Arbeitsverhältnisses innerhalb eines Monats nach Zugang der Unterrichtung nach Absatz 5 schriftlich widersprechen. ²Der Widerspruch kann gegenüber dem bisherigen Arbeitgeber oder dem neuen Inhaber erklärt werden.

HGB (Auszug)

Handelsgesetzbuch

In der im Bundesgesetzblatt Teil III, Gliederungsnummer 4100-1, veröffentlichten bereinigten Fassung
Zuletzt geändert durch Artikel 1 des Gesetzes vom 20. Dezember 2012 (BGBl. I S. 2751)

Drittes Buch – Handelsbücher

Erster Abschnitt – Vorschriften für alle Kaufleute

Zweiter Unterabschnitt – Eröffnungsbilanz. Jahresabschluss

Ansatzvorschriften

§ 246 HGB
Vollständigkeit. Verrechnungsverbot

(1) ¹Der Jahresabschluss hat sämtliche Vermögensgegenstände, Schulden, Rechnungsabgrenzungsposten sowie Aufwendungen und Erträge zu enthalten, soweit gesetzlich nichts anderes bestimmt ist. ²Vermögensgegenstände sind in der Bilanz des Eigentümers aufzunehmen; ist ein Vermögensgegenstand nicht dem Eigentümer, sondern einem anderen wirtschaftlich zuzurechnen, hat dieser ihn in seiner Bilanz auszuweisen. ³Schulden sind in die Bilanz des Schuldners aufzunehmen. ⁴Der Unterschiedsbetrag, um den die für die Übernahme eines Unternehmens bewirkte Gegenleistung den Wert der einzelnen Vermögensgegenstände des Unternehmens abzüglich der Schulden im Zeitpunkt der Übernahme übersteigt (entgeltlich erworbener Geschäfts- oder Firmenwert), gilt als zeitlich begrenzt nutzbarer Vermögensgegenstand.

(2) ¹Posten der Aktivseite dürfen nicht mit Posten der Passivseite, Aufwendungen nicht mit Erträgen, Grundstücksrechte nicht mit Grundstückslasten verrechnet werden. ²Vermögensgegenstände, die dem Zugriff aller übrigen Gläubiger entzogen sind und ausschließlich der Erfüllung von Schulden aus Altersversorgungsverpflichtungen oder vergleichbaren langfristig fälligen Verpflichtungen dienen, sind mit diesen Schulden zu verrechnen; entsprechend ist mit den zugehörigen Aufwendungen und Erträgen aus der Abzinsung und aus dem zu verrechnenden Vermögen zu verfahren. ³Übersteigt der beizulegende Zeitwert der Vermögensgegenstände den Betrag der Schulden, ist der übersteigende Betrag unter einem gesonderten Posten zu aktivieren.

(3) ¹Die auf den vorhergehenden Jahresabschluss angewandten Ansatzmethoden sind beizubehalten. ²§ 252 Abs. 2 ist entsprechend anzuwenden.

§ 249 HGB
Rückstellungen

(1) ¹Rückstellungen sind für ungewisse Verbindlichkeiten und für drohende Verluste aus schwebenden Geschäften zu bilden. ²Ferner sind Rückstellungen zu bilden für
1. im Geschäftsjahr unterlassene Aufwendungen für Instandhaltung, die im folgenden Geschäftsjahr innerhalb von drei Monaten, oder für Abraumbeseitigung, die im folgenden Geschäftsjahr nachgeholt werden,
2. Gewährleistungen, die ohne rechtliche Verpflichtung erbracht werden.

(2) ¹Für andere als die in Absatz 1 bezeichneten Zwecke dürfen Rückstellungen nicht gebildet werden. ²Rückstellungen dürfen nur aufgelöst werden, soweit der Grund hierfür entfallen ist.

Dritter Titel – Bewertungsvorschriften

§ 252 HGB
Allgemeine Bewertungsgrundsätze

(1) ¹Bei der Bewertung der im Jahresabschluss ausgewiesenen Vermögensgegenstände und Schulden gilt insbesondere Folgendes:
1. ¹Die Wertansätze in der Eröffnungsbilanz des Geschäftsjahrs müssen mit denen der Schlussbilanz des vorhergehenden Geschäftsjahrs übereinstimmen.
2. ¹Bei der Bewertung ist von der Fortführung der Unternehmenstätigkeit auszugehen, sofern dem nicht tatsächliche oder rechtliche Gegebenheiten entgegenstehen.
3. ¹Die Vermögensgegenstände und Schulden sind zum Abschlussstichtag einzeln zu bewerten.
4. ¹Es ist vorsichtig zu bewerten, namentlich sind alle vorhersehbaren Risiken und Verluste, die bis zum Abschlussstichtag entstanden sind, zu berücksichtigen, selbst wenn diese erst zwischen dem Abschlussstichtag und dem Tag der Aufstellung des Jahresabschlusses bekannt geworden sind; Gewinne sind nur zu berücksichtigen, wenn sie am Abschlussstichtag realisiert sind.
5. ¹Aufwendungen und Erträge des Geschäftsjahrs sind unabhängig von den Zeitpunkten der entsprechenden Zahlungen im Jahresabschluss zu berücksichtigen.
6. ¹Die auf den vorhergehenden Jahresabschluss angewandten Bewertungsmethoden sind beizubehalten.

(2) Von den Grundsätzen des Absatzes 1 darf nur in begründeten Ausnahmefällen abgewichen werden.

§ 253 HGB
Zugangs- und Folgebewertung

(1) ¹Vermögensgegenstände sind höchstens mit den Anschaffungs- oder Herstellungskosten, vermindert um die Abschreibungen nach den Absätzen 3 bis 5, anzusetzen. ²Verbindlichkeiten sind zu ihrem Erfüllungsbetrag und Rückstellungen in Höhe des nach vernünftiger kaufmännischer Beurteilung notwendigen Erfüllungsbetrages anzusetzen. ³Soweit sich die Höhe von Altersversorgungsverpflichtungen ausschließlich nach dem beizulegenden Zeitwert von Wertpapieren im Sinn des § 266 Abs. 2 A. III. 5 bestimmt, sind Rückstellungen hierfür zum beizulegenden Zeitwert dieser Wertpapiere anzusetzen, soweit er einen garantierten Mindestbetrag übersteigt. ⁴Nach § 246 Abs. 2 Satz 2 zu verrechnende Vermögensgegenstände sind mit ihrem beizulegenden Zeitwert zu bewerten. ⁵Kleinstkapitalgesellschaften (§ 267a) dürfen eine Bewertung zum beizulegenden Zeitwert nur vornehmen, wenn sie von keiner der in § 264 Absatz 1 Satz 5, § 266 Absatz 1 Satz 4, § 275 Absatz 5 und § 326 Absatz 2 vorgesehenen Erleichterungen Gebrauch machen. ⁶In diesem Fall erfolgt die Bewertung der Vermögensgegenstände nach Satz 1, auch soweit eine Verrechnung nach § 246 Absatz 2 Satz 2 vorgesehen ist.

(2) ¹Rückstellungen mit einer Restlaufzeit von mehr als einem Jahr sind mit dem ihrer Restlaufzeit entsprechenden durchschnittlichen Marktzinssatz der vergangenen sieben Geschäftsjahre

abzuzinsen. ²Abweichend von Satz 1 dürfen Rückstellungen für Altersversorgungsverpflichtungen oder vergleichbare langfristig fällige Verpflichtungen pauschal mit dem durchschnittlichen Marktzinssatz abgezinst werden, der sich bei einer angenommenen Restlaufzeit von 15 Jahren ergibt. ³Die Sätze 1 und 2 gelten entsprechend für auf Rentenverpflichtungen beruhende Verbindlichkeiten, für die eine Gegenleistung nicht mehr zu erwarten ist. ⁴Der nach den Sätzen 1 und 2 anzuwendende Abzinsungszinssatz wird von der Deutschen Bundesbank nach Maßgabe einer Rechtsverordnung ermittelt und monatlich bekannt gegeben. ⁵In der Rechtsverordnung nach Satz 4, die nicht der Zustimmung des Bundesrates bedarf, bestimmt das Bundesministerium der Justiz im Benehmen mit der Deutschen Bundesbank das Nähere zur Ermittlung der Abzinsungszinssätze, insbesondere die Ermittlungsmethodik und deren Grundlagen, sowie die Form der Bekanntgabe.

(3) ¹Bei Vermögensgegenständen des Anlagevermögens, deren Nutzung zeitlich begrenzt ist, sind die Anschaffungs- oder die Herstellungskosten um planmäßige Abschreibungen zu vermindern. ²Der Plan muss die Anschaffungs- oder Herstellungskosten auf die Geschäftsjahre verteilen, in denen der Vermögensgegenstand voraussichtlich genutzt werden kann. ³Ohne Rücksicht darauf, ob ihre Nutzung zeitlich begrenzt ist, sind bei Vermögensgegenständen des Anlagevermögens bei voraussichtlich dauernder Wertminderung außerplanmäßige Abschreibungen vorzunehmen, um diese mit dem niedrigeren Wert anzusetzen, der ihnen am Abschlussstichtag beizulegen ist. ⁴Bei Finanzanlagen können außerplanmäßige Abschreibungen auch bei voraussichtlich nicht dauernder Wertminderung vorgenommen werden.

(4) ¹Bei Vermögensgegenständen des Umlaufvermögens sind Abschreibungen vorzunehmen, um diese mit einem niedrigeren Wert anzusetzen, der sich aus einem Börsen- oder Marktpreis am Abschlussstichtag ergibt. ²Ist ein Börsen- oder Marktpreis nicht festzustellen und übersteigen die Anschaffungs- oder Herstellungskosten den Wert, der den Vermögensgegenständen am Abschlussstichtag beizulegen ist, so ist auf diesen Wert abzuschreiben.

(5) ¹Ein niedrigerer Wertansatz nach Absatz 3 Satz 3 oder 4 und Absatz 4 darf nicht beibehalten werden, wenn die Gründe dafür nicht mehr bestehen. ²Ein niedrigerer Wertansatz eines entgeltlich erworbenen Geschäfts- oder Firmenwertes ist beizubehalten.

§ 254 HGB
Bildung von Bewertungseinheiten

¹Werden Vermögensgegenstände, Schulden, schwebende Geschäfte oder mit hoher Wahrscheinlichkeit erwartete Transaktionen zum Ausgleich gegenläufiger Wertänderungen oder Zahlungsströme aus dem Eintritt vergleichbarer Risiken mit Finanzinstrumenten zusammengefasst (Bewertungseinheit), sind § 249 Abs. 1, § 252 Abs. 1 Nr. 3 und 4, § 253 Abs. 1 Satz 1 und § 256a in dem Umfang und für den Zeitraum nicht anzuwenden, in dem die gegenläufigen Wertänderungen oder Zahlungsströme sich ausgleichen. ²Als Finanzinstrumente im Sinn des Satzes 1 gelten auch Termingeschäfte über den Erwerb oder die Veräußerung von Waren.

Zweiter Abschnitt – Ergänzende Vorschriften für Kapitalgesellschaften (Aktiengesellschaften, Kommanditgesellschaften auf Aktien und Gesellschaften mit beschränkter Haftung) sowie bestimmte Personenhandelsgesellschaften

Erster Unterabschnitt – Jahresabschluss der Kapitalgesellschaften und Lagebericht

Fünfter Titel – Anhang

§ 285 HGB
Sonstige Pflichtangaben

¹Ferner sind im Anhang anzugeben:
1. zu den in der Bilanz ausgewiesenen Verbindlichkeiten
   a) der Gesamtbetrag der Verbindlichkeiten mit einer Restlaufzeit von mehr als fünf Jahren,

b) der Gesamtbetrag der Verbindlichkeiten, die durch Pfandrechte oder ähnliche Rechte gesichert sind, unter Angabe von Art und Form der Sicherheiten;
2. die Aufgliederung der in Nummer 1 verlangten Angaben für jeden Posten der Verbindlichkeiten nach dem vorgeschriebenen Gliederungsschema;
3. Art und Zweck sowie Risiken und Vorteile von nicht in der Bilanz enthaltenen Geschäften, soweit dies für die Beurteilung der Finanzlage notwendig ist;
3a. der Gesamtbetrag der sonstigen finanziellen Verpflichtungen, die nicht in der Bilanz enthalten und nicht nach § 251 oder Nummer 3 anzugeben sind, sofern diese Angabe für die Beurteilung der Finanzlage von Bedeutung ist; davon sind Verpflichtungen gegenüber verbundenen Unternehmen gesondert anzugeben;
4. die Aufgliederung der Umsatzerlöse nach Tätigkeitsbereichen sowie nach geografisch bestimmten Märkten, soweit sich, unter Berücksichtigung der Organisation des Verkaufs von für die gewöhnliche Geschäftstätigkeit der Kapitalgesellschaft typischen Erzeugnissen und der für die gewöhnliche Geschäftstätigkeit der Kapitalgesellschaft typischen Dienstleistungen, die Tätigkeitsbereiche und geografisch bestimmten Märkte untereinander erheblich unterscheiden;
5. (weggefallen)
6. in welchem Umfang die Steuern vom Einkommen und vom Ertrag das Ergebnis der gewöhnlichen Geschäftstätigkeit und das außerordentliche Ergebnis belasten;
7. die durchschnittliche Zahl der während des Geschäftsjahrs beschäftigten Arbeitnehmer getrennt nach Gruppen;
8. bei Anwendung des Umsatzkostenverfahrens (§ 275 Abs. 3)
   a) der Materialaufwand des Geschäftsjahrs, gegliedert nach § 275 Abs. 2 Nr. 5,
   b) der Personalaufwand des Geschäftsjahrs, gegliedert nach § 275 Abs. 2 Nr. 6;
9. für die Mitglieder des Geschäftsführungsorgans, eines Aufsichtsrats, eines Beirats oder einer ähnlichen Einrichtung jeweils für jede Personengruppe
   a) die für die Tätigkeit im Geschäftsjahr gewährten Gesamtbezüge (Gehälter, Gewinnbeteiligungen, Bezugsrechte und sonstige aktienbasierte Vergütungen, Aufwandsentschädigungen, Versicherungsentgelte, Provisionen und Nebenleistungen jeder Art). ²In die Gesamtbezüge sind auch Bezüge einzurechnen, die nicht ausgezahlt, sondern in Ansprüche anderer Art umgewandelt oder zur Erhöhung anderer Ansprüche verwendet werden. ³Außer den Bezügen für das Geschäftsjahr sind die weiteren Bezüge anzugeben, die im Geschäftsjahr gewährt, bisher aber in keinem Jahresabschluss angegeben worden sind. ⁴Bezugsrechte und sonstige aktienbasierte Vergütungen sind mit ihrer Anzahl und dem beizulegenden Zeitwert zum Zeitpunkt ihrer Gewährung anzugeben; spätere Wertveränderungen, die auf einer Änderung der Ausübungsbedingungen beruhen, sind zu berücksichtigen. ⁵Bei einer börsennotierten Aktiengesellschaft sind zusätzlich unter Namensnennung die Bezüge jedes einzelnen Vorstandsmitglieds, aufgeteilt nach erfolgsunabhängigen und erfolgsbezogenen Komponenten sowie Komponenten mit langfristiger Anreizwirkung, gesondert anzugeben. ⁶Dies gilt auch für:
   aa) Leistungen, die dem Vorstandsmitglied für den Fall einer vorzeitigen Beendigung seiner Tätigkeit zugesagt worden sind;
   bb) Leistungen, die dem Vorstandsmitglied für den Fall der regulären Beendigung seiner Tätigkeit zugesagt worden sind, mit ihrem Barwert, sowie den von der Gesellschaft während des Geschäftsjahrs hierfür aufgewandten oder zurückgestellten Betrag;
   cc) während des Geschäftsjahrs vereinbarte Änderungen dieser Zusagen;
   dd) Leistungen, die einem früheren Vorstandsmitglied, das seine Tätigkeit im Laufe des Geschäftsjahrs beendet hat, in diesem Zusammenhang zugesagt und im Laufe des Geschäftsjahrs gewährt worden sind.
   ⁷Leistungen, die dem einzelnen Vorstandsmitglied von einem Dritten im Hinblick auf seine Tätigkeit als Vorstandsmitglied zugesagt oder im Geschäftsjahr gewährt worden sind, sind ebenfalls anzugeben. ⁸Enthält der Jahresabschluss weitergehende Angaben zu bestimmten Bezügen, sind auch diese zusätzlich einzeln anzugeben;

b) die Gesamtbezüge (Abfindungen, Ruhegehälter, Hinterbliebenenbezüge und Leistungen verwandter Art) der früheren Mitglieder der bezeichneten Organe und ihrer Hinterbliebenen. 2Buchstabe a Satz 2 und 3 ist entsprechend anzuwenden. 3Ferner ist der Betrag der für diese Personengruppe gebildeten Rückstellungen für laufende Pensionen und Anwartschaften auf Pensionen und der Betrag der für diese Verpflichtungen nicht gebildeten Rückstellungen anzugeben;

c) die gewährten Vorschüsse und Kredite unter Angabe der Zinssätze, der wesentlichen Bedingungen und der gegebenenfalls im Geschäftsjahr zurückgezahlten Beträge sowie die zu Gunsten dieser Personen eingegangenen Haftungsverhältnisse;

10. alle Mitglieder des Geschäftsführungsorgans und eines Aufsichtsrats, auch wenn sie im Geschäftsjahr oder später ausgeschieden sind, mit dem Familiennamen und mindestens einem ausgeschriebenen Vornamen, einschließlich des ausgeübten Berufs und bei börsennotierten Gesellschaften auch der Mitgliedschaft in Aufsichtsräten und anderen Kontrollgremien in Sinne des § 125 Abs. 1 Satz 5 des Aktiengesetzes. 2Der Vorsitzende eines Aufsichtsrats, seine Stellvertreter und ein etwaiger Vorsitzender des Geschäftsführungsorgans sind als solche zu bezeichnen;

11. Name und Sitz anderer Unternehmen, von denen die Kapitalgesellschaft oder eine für Rechnung der Kapitalgesellschaft handelnde Person mindestens den fünften Teil der Anteile besitzt; außerdem sind die Höhe des Anteils am Kapital, das Eigenkapital und das Ergebnis des letzten Geschäftsjahrs dieser Unternehmen anzugeben, für das ein Jahresabschluss vorliegt; auf die Berechnung der Anteile ist § 16 Abs. 2 und 4 des Aktiengesetzes entsprechend anzuwenden; ferner sind von börsennotierten Kapitalgesellschaften zusätzlich alle Beteiligungen an großen Kapitalgesellschaften anzugeben, die fünf vom Hundert der Stimmrechte überschreiten;

11a. Name, Sitz und Rechtsform der Unternehmen, deren unbeschränkt haftender Gesellschafter die Kapitalgesellschaft ist;

12. Rückstellungen, die in der Bilanz unter dem Posten »sonstige Rückstellungen« nicht gesondert ausgewiesen werden, sind zu erläutern, wenn sie einen nicht unerheblichen Umfang haben;

13. die Gründe, welche die Annahme einer betrieblichen Nutzungsdauer eines entgeltlich erworbenen Geschäfts- oder Firmenwertes von mehr als fünf Jahren rechtfertigen;

14. Name und Sitz des Mutterunternehmens der Kapitalgesellschaft, das den Konzernabschluss für den größten Kreis von Unternehmen aufstellt, und ihres Mutterunternehmens, das den Konzernabschluss für den kleinsten Kreis von Unternehmen aufstellt, sowie im Falle der Offenlegung der von diesen Mutterunternehmen aufgestellten Konzernabschlüsse der Ort, wo diese erhältlich sind;

15. soweit es sich um den Anhang des Jahresabschlusses einer Personenhandelsgesellschaft im Sinne des § 264a Abs. 1 handelt, Name und Sitz der Gesellschaften, die persönlich haftende Gesellschafter sind, sowie deren gezeichnetes Kapital;

16. dass die nach § 161 des Aktiengesetzes vorgeschriebene Erklärung abgegeben und wo sie öffentlich zugänglich gemacht worden ist;

17. das von dem Abschlussprüfer für das Geschäftsjahr berechnete Gesamthonorar, aufgeschlüsselt in das Honorar für
   a) die Abschlussprüfungsleistungen,
   b) andere Bestätigungsleistungen,
   c) Steuerberatungsleistungen,
   d) sonstige Leistungen,
   soweit die Angaben nicht in einem das Unternehmen einbeziehenden Konzernabschluss enthalten sind;

18. für zu den Finanzanlagen (§ 266 Abs. 2 A. III.) gehörende Finanzinstrumente, die über ihrem beizulegenden Zeitwert ausgewiesen werden, da eine außerplanmäßige Abschreibung nach § 253 Abs. 3 Satz 4 unterblieben ist,
   a) der Buchwert und der beizulegende Zeitwert der einzelnen Vermögensgegenstände oder angemessener Gruppierungen sowie
   b) die Gründe für das Unterlassen der Abschreibung einschließlich der Anhaltspunkte, die darauf hindeuten, dass die Wertminderung voraussichtlich nicht von Dauer ist;

19. für jede Kategorie nicht zum beizulegenden Zeitwert bilanzierter derivativer Finanzinstrumente
    a) deren Art und Umfang,
    b) deren beizulegender Zeitwert, soweit er sich nach § 255 Abs. 4 verlässlich ermitteln lässt, unter Angabe der angewandten Bewertungsmethode,
    c) deren Buchwert und der Bilanzposten, in welchem der Buchwert, soweit vorhanden, erfasst ist, sowie
    d) die Gründe dafür, warum der beizulegende Zeitwert nicht bestimmt werden kann;
20. für gemäß § 340e Abs. 3 Satz 1 mit dem beizulegenden Zeitwert bewertete Finanzinstrumente
    a) die grundlegenden Annahmen, die der Bestimmung des beizulegenden Zeitwertes mit Hilfe allgemein anerkannter Bewertungsmethoden zugrunde gelegt wurden, sowie
    b) Umfang und Art jeder Kategorie derivativer Finanzinstrumente einschließlich der wesentlichen Bedingungen, welche die Höhe, den Zeitpunkt und die Sicherheit künftiger Zahlungsströme beeinflussen können;
21. zumindest die nicht zu marktüblichen Bedingungen zustande gekommenen Geschäfte, soweit sie wesentlich sind, mit nahe stehenden Unternehmen und Personen, einschließlich Angaben zur Art der Beziehung, zum Wert der Geschäfte sowie weiterer Angaben, die für die Beurteilung der Finanzlage notwendig sind; ausgenommen sind Geschäfte mit und zwischen mittel- oder unmittelbar in 100-prozentigem Anteilsbesitz stehenden in einen Konzernabschluss einbezogenen Unternehmen; Angaben über Geschäfte können nach Geschäftsarten zusammengefasst werden, sofern die getrennte Angabe für die Beurteilung der Auswirkungen auf die Finanzlage nicht notwendig ist;
22. im Fall der Aktivierung nach § 248 Abs. 2 der Gesamtbetrag der Forschungs- und Entwicklungskosten des Geschäftsjahrs sowie der davon auf die selbst geschaffenen immateriellen Vermögensgegenstände des Anlagevermögens entfallende Betrag;
23. bei Anwendung des § 254,
    a) mit welchem Betrag jeweils Vermögensgegenstände, Schulden, schwebende Geschäfte und mit hoher Wahrscheinlichkeit erwartete Transaktionen zur Absicherung welcher Risiken in welche Arten von Bewertungseinheiten einbezogen sind sowie die Höhe der mit Bewertungseinheiten abgesicherten Risiken,
    b) für die jeweils abgesicherten Risiken, warum, in welchem Umfang und für welchen Zeitraum sich die gegenläufigen Wertänderungen oder Zahlungsströme künftig voraussichtlich ausgleichen einschließlich der Methode der Ermittlung,
    c) eine Erläuterung der mit hoher Wahrscheinlichkeit erwarteten Transaktionen, die in Bewertungseinheiten einbezogen wurden,
    soweit die Angaben nicht im Lagebericht gemacht werden;
24. zu den Rückstellungen für Pensionen und ähnliche Verpflichtungen das angewandte versicherungsmathematische Berechnungsverfahren sowie die grundlegenden Annahmen der Berechnung, wie Zinssatz, erwartete Lohn- und Gehaltssteigerungen und zugrunde gelegte Sterbetafeln;
25. im Fall der Verrechnung von Vermögensgegenständen und Schulden nach § 246 Abs. 2 Satz 2 die Anschaffungskosten und der beizulegende Zeitwert der verrechneten Vermögensgegenstände, der Erfüllungsbetrag der verrechneten Schulden sowie die verrechneten Aufwendungen und Erträge; Nummer 20 Buchstabe a ist entsprechend anzuwenden;
26. zu Anteilen oder Anlageaktien an inländischen Investmentvermögen im Sinn des § 1 des Investmentgesetzes oder vergleichbaren ausländischen Investmentanteilen im Sinn des § 2 Abs. 9 des Investmentgesetzes von mehr als dem zehnten Teil, aufgegliedert nach Anlagezielen, deren Wert im Sinn des § 36 des Investmentgesetzes oder vergleichbarer ausländischer Vorschriften über die Ermittlung des Marktwertes, die Differenz zum Buchwert und die für das Geschäftsjahr erfolgte Ausschüttung sowie Beschränkungen in der Möglichkeit der täglichen Rückgabe; darüber hinaus die Gründe dafür, dass eine Abschreibung gemäß § 253 Abs. 3 Satz 4 unterblieben ist, einschließlich der Anhaltspunkte, die darauf hindeuten, dass die Wertminderung voraussichtlich nicht von Dauer ist; Nummer 18 ist insoweit nicht anzuwenden;

27. für nach § 251 unter der Bilanz oder nach § 268 Abs. 7 Halbsatz 1 im Anhang ausgewiesene Verbindlichkeiten und Haftungsverhältnisse die Gründe der Einschätzung des Risikos der Inanspruchnahme;
28. der Gesamtbetrag der Beträge im Sinn des § 268 Abs. 8, aufgegliedert in Beträge aus der Aktivierung selbst geschaffener immaterieller Vermögensgegenstände des Anlagevermögens, Beträge aus der Aktivierung latenter Steuern und aus der Aktivierung von Vermögensgegenständen zum beizulegenden Zeitwert;
29. auf welchen Differenzen oder steuerlichen Verlustvorträgen die latenten Steuern beruhen und mit welchen Steuersätzen die Bewertung erfolgt ist.

Anlage 1 HGB – Bestimmungen über die Beförderung von Reisenden und ihrem Gepäck auf See

Anlage

(zu § 664)

Artikel 1
Begriffsbestimmungen

In den Bestimmungen dieser Anlage sind die folgenden Ausdrücke in dem nachstehend angegebenen Sinn verwendet:
1. a) »Beförderer« bedeutet eine Person, durch oder für die ein Beförderungsvertrag geschlossen worden ist, gleichgültig, ob die Beförderung tatsächlich von ihr oder von einem ausführenden Beförderer durchgeführt wird;
   b) »ausführender Beförderer« bedeutet eine andere Person als den Beförderer, gleichgültig, ob es sich um den Schiffseigentümer, den Charterer, den Reeder oder Ausrüster eines Schiffes handelt, welche die Beförderung ganz oder teilweise tatsächlich durchführt;
2. »Beförderungsvertrag« bedeutet einen durch oder für einen Beförderer geschlossenen Vertrag über die Beförderung eines Reisenden oder über die Beförderung eines Reisenden und seines Gepäcks auf See;
3. »Schiff« bedeutet ausschließlich ein Seeschiff;
4. »Reisender« bedeutet eine auf einem Schiff beförderte Person,
   a) die auf Grund eines Beförderungsvertrags befördert wird oder
   b) die mit Zustimmung des Beförderers ein Fahrzeug oder lebende Tiere begleitet, die Gegenstand eines Vertrags über die Beförderung von Gütern sind, für den diese Anlage nicht gilt;
5. »Gepäck« bedeutet alle Gegenstände oder Fahrzeuge, die der Beförderer auf Grund eines Beförderungsvertrags befördert, ausgenommen
   a) Gegenstände oder Fahrzeuge, die auf Grund eines Chartervertrags, eines Konnossements oder eines anderen Vertrags befördert werden, der in erster Linie die Beförderung von Gütern betrifft, und
   b) lebende Tiere;
6. »Kabinengepäck« bedeutet Gepäck, das der Reisende in seiner Kabine oder sonst in seinem Besitz, seiner Obhut oder unter seiner Aufsicht hat. Ausgenommen bei der Anwendung von Nummer 8 dieses Artikels und von Artikel 6 schließt das Kabinengepäck das Gepäck ein, das der Reisende in oder auf seinem Fahrzeug hat;
7. »Verlust oder Beschädigung von Gepäck« schließt einen Vermögensschaden ein, der sich daraus ergibt, dass das Gepäck dem Reisenden nicht innerhalb einer angemessenen Frist nach Ankunft des Schiffes, auf dem das Gepäck befördert worden ist oder hätte befördert werden sollen, wieder ausgehändigt worden ist, schließt aber keine Verspätungen ein, die durch Arbeitsstreitigkeiten entstanden sind;
8. »Beförderung« umfasst folgende Zeiträume:
   a) hinsichtlich des Reisenden und seines Kabinengepäcks den Zeitraum, während dessen sich der Reisende und/oder sein Kabinengepäck an Bord des Schiffes befinden oder ein- oder ausgeschifft werden, und den Zeitraum, während dessen der Reisende und sein Kabinengepäck

auf dem Wasserweg vom Land auf das Schiff oder umgekehrt befördert werden, wenn die Kosten dieser Beförderung im Beförderungspreis inbegriffen sind oder wenn das für diese zusätzliche Beförderung benutzte Wasserfahrzeug dem Reisenden vom Beförderer zur Verfügung gestellt worden ist. Hinsichtlich des Reisenden umfasst die Beförderung jedoch nicht den Zeitraum, während dessen er sich in einer Hafenstation, auf einem Kai oder in oder auf einer anderen Hafenanlage befindet;

b) hinsichtlich des Kabinengepäcks auch den Zeitraum, während dessen sich der Reisende in einer Hafenstation, auf einem Kai oder in oder auf einer anderen Hafenanlage befindet, wenn dieses Gepäck von dem Beförderer oder seinen Bediensteten oder Beauftragten übernommen und dem Reisenden nicht wieder ausgehändigt worden ist;

c) hinsichtlich anderen Gepäcks als Kabinengepäck den Zeitraum von der Übernahme durch den Beförderer oder seine Bediensteten oder Beauftragten an Land oder an Bord bis zur Wiederaushändigung durch den Beförderer oder seine Bediensteten oder Beauftragten.

Artikel 2
Haftung des Beförderers

(1) Der Beförderer haftet für den Schaden, der durch den Tod oder die Körperverletzung eines Reisenden und durch Verlust oder Beschädigung von Gepäck entsteht, wenn das den Schaden verursachende Ereignis während der Beförderung eingetreten ist und auf einem Verschulden des Beförderers oder seiner in Ausübung ihrer Verrichtungen handelnden Bediensteten oder Beauftragten beruht.

(2) Die Beweislast dafür, dass das den Schaden verursachende Ereignis während der Beförderung eingetreten ist, und für das Ausmaß des Schadens liegt beim Kläger.

(3) Verschulden des Beförderers oder seiner in Ausübung ihrer Verrichtungen handelnden Bediensteten oder Beauftragten wird bis zum Beweis des Gegenteils vermutet, wenn der Tod oder die Körperverletzung des Reisenden oder der Verlust oder die Beschädigung von Kabinengepäck durch Schiffbruch, Zusammenstoß, Strandung, Explosion, Feuer oder durch einen Mangel des Schiffes entstanden ist oder mit einem dieser Ereignisse in Zusammenhang steht. Bei Verlust oder Beschädigung anderen Gepäcks wird das Verschulden bis zum Beweis des Gegenteils ungeachtet der Art des den Verlust oder die Beschädigung verursachenden Ereignisses vermutet. In allen anderen Fällen obliegt dem Kläger der Beweis, dass dieser Verlust oder diese Beschädigung auf Verschulden beruht.

Artikel 3
Ausführender Beförderer

(1) Ist die Beförderung ganz oder teilweise einem ausführenden Beförderer übertragen worden, so bleibt der Beförderer dennoch für die gesamte Beförderung nach den Bestimmungen dieser Anlage haftbar. Daneben unterliegt der ausführende Beförderer in Bezug auf den von ihm durchgeführten Teil der Beförderung den Bestimmungen dieser Anlage und kann sich auf sie berufen.

(2) Der Beförderer haftet hinsichtlich der von dem ausführenden Beförderer durchgeführten Beförderung für die Handlungen und Unterlassungen des ausführenden Beförderers sowie der in Ausübung ihrer Verrichtungen handelnden Bediensteten oder Beauftragten des ausführenden Beförderers.

(3) Jede besondere Vereinbarung, durch welche der Beförderer Verpflichtungen übernimmt, die ihm durch die Bestimmungen dieser Anlage nicht auferlegt werden, oder auf Rechte verzichtet, die diese Bestimmungen ihm gewähren, wird hinsichtlich des ausführenden Beförderers nur wirksam, wenn dieser ihr ausdrücklich und schriftlich zugestimmt hat.

(4) Soweit sowohl der Beförderer als auch der ausführende Beförderer haftbar sind, haften sie gesamtschuldnerisch.

(5) Dieser Artikel berührt das Rückgriffsrecht zwischen Beförderer und ausführendem Beförderer nicht.

Artikel 4
Wertsachen

Der Beförderer haftet nicht für den Verlust oder die Beschädigung von Geld, begebbaren Wertpapieren, Gold, Silber, Juwelen, Schmuck, Kunstgegenständen oder sonstigen Wertsachen, es sei denn, dass solche Wertsachen bei dem Beförderer zur sicheren Aufbewahrung hinterlegt worden sind; in diesem Fall haftet der Beförderer bis zu dem in Artikel 6 Abs. 3 festgelegten Höchstbetrag, sofern nicht nach Artikel 7 Abs. 1 ein höherer Betrag vereinbart worden ist.

Artikel 5
Haftungsbeschränkung bei Körperverletzung

Die Haftung des Beförderers bei Tod oder Körperverletzung eines Reisenden ist in jedem Fall auf einen Betrag von 320.000 Deutsche Mark je Beförderung beschränkt. Dies gilt auch für den Kapitalwert einer als Entschädigung festgesetzten Rente.

Artikel 6
Haftungsbeschränkung für Verlust oder Beschädigung von Gepäck

(1) Die Haftung des Beförderers für Verlust oder Beschädigung von Kabinengepäck ist in jedem Fall auf einen Betrag von 4.000 Deutsche Mark je Reisenden und je Beförderung beschränkt.

(2) Die Haftung des Beförderers für Verlust oder Beschädigung von Fahrzeugen, einschließlich des in oder auf dem Fahrzeug beförderten Gepäcks, ist in jedem Fall auf 16.000 Deutsche Mark je Fahrzeug und je Beförderung beschränkt.

(3) Die Haftung des Beförderers für Verlust oder Beschädigung allen anderen als des in den Absätzen 1 und 2 erwähnten Gepäcks ist in jedem Fall auf 6.000 Deutsche Mark je Reisenden und je Beförderung beschränkt.

(4) Der Beförderer und der Reisende können vereinbaren, dass der Beförderer nur unter Abzug eines Betrags haftet, der bei Beschädigung eines Fahrzeugs 600 Deutsche Mark und bei Verlust oder Beschädigung anderen Gepäcks 60 Deutsche Mark je Reisenden nicht übersteigen darf. Dieser Betrag wird von der Schadenssumme abgezogen.

Artikel 7
Ergänzungsbestimmungen über Haftungshöchstbeträge

(1) Der Beförderer und der Reisende können ausdrücklich und schriftlich höhere Haftungshöchstbeträge als die in den Artikeln 5 und 6 vorgeschriebenen vereinbaren.

(2) Zinsen und Verfahrenskosten fallen nicht unter die in den Artikeln 5 und 6 vorgeschriebenen Haftungshöchstbeträge.

Artikel 8
Einreden und Beschränkungen für die Bediensteten des Beförderers

Wird ein Bediensteter oder Beauftragter des Beförderers oder des ausführenden Beförderers wegen eines Schadens, der unter die Bestimmungen dieser Anlage fällt, in Anspruch genommen, so kann er sich, sofern er beweist, dass er in Ausübung seiner Verrichtungen gehandelt hat, auf die Einreden und Haftungsbeschränkungen berufen, die nach den Bestimmungen dieser Anlage für den Beförderer oder den ausführenden Beförderer gelten.

Artikel 9
Mehrere Ansprüche

(1) Werden die Haftungshöchstbeträge nach den Artikeln 5 und 6 wirksam, so beziehen sie sich auf den Gesamtbetrag aller Schadensersatzansprüche, die durch Tod oder Körperverletzung eines Reisenden oder durch Verlust oder Beschädigung seines Gepäcks entstehen.

(2) Bei der Beförderung durch einen ausführenden Beförderer darf der Gesamtbetrag des Schadensersatzes, der von dem Beförderer und dem ausführenden Beförderer sowie von ihren in Ausübung ihrer Verrichtungen handelnden Bediensteten und Beauftragten erlangt werden kann, den Höchstbetrag nicht übersteigen, der dem Beförderer oder dem ausführenden Beförderer nach den Bestimmungen dieser Anlage auferlegt werden kann, mit der Maßgabe, dass keine der erwähnten Personen für mehr als den für sie zutreffenden Höchstbetrag haftet.

(3) In allen Fällen, in denen sich Bedienstete oder Beauftragte des Beförderers oder des ausführenden Beförderers nach Artikel 8 auf die Haftungshöchstbeträge nach den Artikeln 5 und 6 berufen können, darf der Gesamtbetrag des Schadensersatzes, der von dem Beförderer oder dem ausführenden Beförderer sowie von diesen Bediensteten oder Beauftragten erlangt werden kann, diese Höchstbeträge nicht übersteigen.

Artikel 10
Verlust des Rechts auf Haftungsbeschränkung

(1) Der Beförderer verliert das Recht auf Haftungsbeschränkung nach den Artikeln 5, 6 und 7 Abs. 1, wenn der Schaden von ihm oder einem seiner Bediensteten oder Beauftragten in Ausübung ihrer Verrichtungen vorsätzlich oder grob fahrlässig herbeigeführt worden ist.

(2) Ein Bediensteter oder Beauftragter des Beförderers oder des ausführenden Beförderers verliert das Recht auf Haftungsbeschränkung, wenn ihm Vorsatz oder grobe Fahrlässigkeit zur Last fällt.

Artikel 11
Grundlage für Ansprüche

Eine Schadensersatzklage wegen Tod oder Körperverletzung eines Reisenden oder wegen Verlust oder Beschädigung von Gepäck kann gegen einen Beförderer oder ausführenden Beförderer nur auf der Grundlage der Bestimmungen dieser Anlage erhoben werden.

Artikel 12
Anzeige des Verlusts oder der Beschädigung von Gepäck

(1) Der Reisende hat an den Beförderer oder dessen Beauftragten eine schriftliche Anzeige zu richten
a) bei äußerlich erkennbarer Beschädigung des Gepäcks:
    i) bei Kabinengepäck vor oder in dem Zeitpunkt der Ausschiffung des Reisenden,
    ii) bei anderem Gepäck vor oder in dem Zeitpunkt, zu dem es wieder ausgehändigt wird;
b) bei äußerlich nicht erkennbarer Beschädigung oder Verlust des Gepäcks innerhalb von fünfzehn Tagen nach dem Tag der Ausschiffung oder Aushändigung oder nach dem Zeitpunkt, zu dem die Aushändigung hätte erfolgen sollen.

(2) Hält der Reisende die Vorschriften dieses Artikels nicht ein, so wird bis zum Beweis des Gegenteils vermutet, dass er sein Gepäck unbeschädigt erhalten hat.

(3) Einer schriftlichen Anzeige bedarf es nicht, wenn der Zustand des Gepäcks im Zeitpunkt seines Empfangs von den Parteien gemeinsam festgestellt oder geprüft worden ist.

Artikel 13
Verjährung von Schadensersatzansprüchen

(1) Ansprüche auf Schadensersatz wegen Tod oder Körperverletzung eines Reisenden oder wegen Verlust oder Beschädigung von Gepäck verjähren in zwei Jahren.

(2) Die Verjährungsfrist beginnt
a) bei Körperverletzung mit dem Tag der Ausschiffung des Reisenden;
b) bei Tod während der Beförderung mit dem Tag, an dem der Reisende hätte ausgeschifft werden sollen, und bei Körperverletzung während der Beförderung, wenn diese den Tod des Reisenden nach der Ausschiffung zur Folge hat, mit dem Tag des Todes, jedoch kann die Verjährungsfrist einen Zeitraum von dreißig Jahren vom Tag der Ausschiffung an nicht überschreiten;

c) bei Verlust oder Beschädigung von Gepäck mit dem Tag der Ausschiffung oder mit dem Tag, an dem die Ausschiffung hätte erfolgen sollen, je nachdem, welches der spätere Zeitpunkt ist.

(3) Ungeachtet der Absätze 1 und 2 kann die Verjährungsfrist durch Erklärung des Beförderers oder durch Vereinbarung der Parteien nach der Entstehung des Anspruchsgrunds verlängert werden. Erklärung und Vereinbarung bedürfen der Schriftform.

Artikel 14
Zuständiges Gericht

Für Klagen, die auf Grund der Bestimmungen dieser Anlage erhoben werden, ist auch das Gericht zuständig, in dessen Bezirk sich der in dem Beförderungsvertrag bestimmte Abgangs- oder Bestimmungsort befindet.

Artikel 15
Nichtige Vereinbarungen

Jede vor Eintritt des Ereignisses, das den Tod oder die Körperverletzung eines Reisenden oder den Verlust oder die Beschädigung seines Gepäcks verursacht hat, getroffene Vereinbarung, die bezweckt, den Beförderer von seiner Haftung gegenüber dem Reisenden zu befreien oder einen niedrigeren als den in den Bestimmungen dieser Anlage festgelegten Haftungshöchstbetrag zu bestimmen, mit Ausnahme der in Artikel 6 Abs. 4 vorgesehenen Vereinbarung, sowie jede solche Vereinbarung, die bezweckt, die beim Beförderer liegende Beweislast umzukehren oder die Zuständigkeit des in Artikel 14 bezeichneten Gerichts auszuschließen, ist nichtig; die Nichtigkeit dieser Vereinbarung hat jedoch nicht die Nichtigkeit des Beförderungsvertrags zur Folge; dieser bleibt den Bestimmungen dieser Anlage unterworfen.

Artikel 16
Gewerbsmäßige Beförderung durch öffentlich-rechtliche Körperschaften

Die Bestimmungen dieser Anlage gelten auch für gewerbsmäßige Beförderungen, die ein Staat oder eine sonstige öffentlich-rechtliche Körperschaft oder Anstalt auf Grund eines Beförderungsvertrags nach Artikel 1 vornimmt.

EGHGB (Auszug)

Einführungsgesetz zum Handelsgesetzbuch

In der im Bundesgesetzblatt Teil III, Gliederungsnummer 4101-1, veröffentlichten bereinigten Fassung

Zuletzt geändert durch Artikel 2 des Gesetzes vom 20. Dezember 2012 (BGBl. I S. 2751)

Zweiter Abschnitt – Übergangsvorschriften zum Bilanzrichtlinien-Gesetz

Art. 28 EGHGB
(Pensionsrückstellung)

(1) ¹Für eine laufende Pension oder eine Anwartschaft auf eine Pension auf Grund einer unmittelbaren Zusage braucht eine Rückstellung nach § 249 Abs. 1 Satz 1 des Handelsgesetzbuchs nicht gebildet zu werden, wenn der Pensionsberechtigte seinen Rechtsanspruch vor dem 1. Januar 1987 erworben hat oder sich ein vor diesem Zeitpunkt erworbener Rechtsanspruch nach dem 31. Dezember 1986 erhöht. ²Für eine mittelbare Verpflichtung aus einer Zusage für eine laufende Pension oder eine Anwartschaft auf eine Pension sowie für eine ähnliche unmittelbare oder mittelbare Verpflichtung braucht eine Rückstellung in keinem Fall gebildet zu werden.

(2) Bei Anwendung des Absatzes 1 müssen Kapitalgesellschaften die in der Bilanz nicht ausgewiesenen Rückstellungen für laufende Pensionen, Anwartschaften auf Pensionen und ähnliche Verpflichtungen jeweils im Anhang und im Konzernanhang in einem Betrag angeben.

Neunundzwanzigster Abschnitt – Übergangsvorschriften zum Bilanzrechtsmodernisierungsgesetz

Art. 66 EGHGB
(Übergangsvorschrift)

(1) Die §§ 241a, 242 Abs. 4, § 267 Abs. 1 und 2 sowie § 293 Abs. 1 des Handelsgesetzbuchs in der Fassung des Bilanzrechtsmodernisierungsgesetzes vom 25. Mai 2009 (BGBl. I S. 1102) sind erstmals auf Jahres- und Konzernabschlüsse für das nach dem 31. Dezember 2007 beginnende Geschäftsjahr anzuwenden.

(2) ¹§ 285 Nr. 3, 3a, 16, 17 und 21, § 288 soweit auf § 285 Nr. 3, 3a, 17 und 21 Bezug genommen wird, § 289 Abs. 4 und 5, die §§ 289a, 292 Abs. 2, § 314 Abs. 1 Nr. 2, 2a, 8, 9 und 13, § 315 Abs. 2 und 4, § 317 Abs. 2 Satz 2, Abs. 3 Satz 2, Abs. 5 und 6, § 318 Abs. 3 und 8, § 319a Abs. 1 Satz 1 Nr. 4, Satz 4 und 5, Abs. 2 Satz 2, die §§ 319b, 320 Abs. 4, § 321 Abs. 4a, § 340k Abs. 2a, § 340l Abs. 2 Satz 2 bis 4, § 341a Abs. 2 Satz 5 und § 341j Abs. 1 Satz 3 des Handelsgesetzbuchs in der Fassung des Bilanzrechtsmodernisierungsgesetzes vom 25. Mai 2009 (BGBl. I S. 1102) sind erstmals auf Jahres- und Konzernabschlüsse für das nach dem 31. Dezember 2008 beginnende Geschäftsjahr anzuwenden. ²§ 285 Satz 1 Nr. 3, 16 und 17, § 288 soweit auf § 285 Nr. 3 und 17 Bezug genommen wird, § 289 Abs. 4, § 292 Abs. 2, § 314 Abs. 1 Nr. 2, 8 und 9, § 315 Abs. 4, § 317 Abs. 3 Satz 2 und 3, § 318 Abs. 3, § 319a Abs. 1 Satz 1 Nr. 4, Satz 4, § 341a Abs. 2 Satz 5 sowie § 341j Abs. 1 Satz 3 des Handelsgesetzbuchs in der bis zum 28. Mai 2009 geltenden Fassung sind letztmals auf Jahres- und Konzernabschlüsse für vor dem 1. Januar 2009 beginnende Geschäftsjahre anzuwenden.

(3) ¹§ 172 Abs. 4 Satz 3, die §§ 246, 248 bis 250, § 252 Abs. 1 Nr. 6, die §§ 253 bis 255 Abs. 2a und 4, § 256 Satz 1, die §§ 256a, 264 Abs. 1 Satz 2, die §§ 264d, 266, 267 Abs. 3 Satz 2, § 268 Abs. 2 und 8, § 272 Abs. 1, 1a, 1b und 4, die §§ 274, 274a Nr. 5, § 277 Abs. 3 Satz 1, Abs. 4 Satz 3, Abs. 5, § 285 Nr. 13, 18 bis 20, 22 bis 29, § 286 Abs. 3 Satz 3, § 288 soweit auf § 285 Nr. 19, 22 und 29 Bezug genommen wird, die §§ 290, 291 Abs. 3, § 293 Abs. 4 Satz 2, Abs. 5, § 297 Abs. 3 Satz 2, § 298 Abs. 1, § 300 Abs. 1 Satz 2, § 301 Abs. 3 Satz 1, Abs. 4, die §§ 306, 308a, 310 Abs. 2, § 313 Abs. 3 Satz 3, § 314 Abs. 1 Nr. 10 bis 12, 14 bis 21, § 315a Abs. 1, § 319a Abs. 1 Halbsatz 1, § 325 Abs. 4, § 325a Abs. 1 Satz 1, § 327 Nr. 1 Satz 2, die §§ 334, 336 Abs. 2, die §§ 340a, 340c, 340e, 340f, 340h, 340n, 341a Abs. 1 Satz 1, Abs. 2 Satz 1 und 2, die §§ 341b, 341e, 341l und 341n des Handelsgesetzbuchs in der Fassung des Bilanzrechtsmodernisierungsgesetzes vom 25. Mai 2009 (BGBl. I S. 1102) sind erstmals auf Jahres- und Konzernabschlüsse für das nach dem 31. Dezember 2009 beginnende Geschäftsjahr anzuwenden. ²§ 253 des Handelsgesetzbuchs in der Fassung des Bilanzrechtsmodernisierungsgesetzes findet erstmals auf Geschäfts- oder Firmenwerte im Sinne des § 246 Abs. 1 Satz 4 des Handelsgesetzbuchs in der Fassung des Bilanzrechtsmodernisierungsgesetzes Anwendung, die aus Erwerbsvorgängen herrühren, die in Geschäftsjahren erfolgt sind, die nach dem 31. Dezember 2009 begonnen haben. ³§ 255 Abs. 2 des Handelsgesetzbuchs in der Fassung des Bilanzrechtsmodernisierungsgesetzes findet erstmals auf Herstellungsvorgänge Anwendung, die in dem in Satz 1 bezeichneten Geschäftsjahr begonnen wurden. ⁴§ 294 Abs. 2, § 301 Abs. 1 Satz 2 und 3, Abs. 2, § 309 Abs. 1 und § 312 in der Fassung des Bilanzrechtsmodernisierungsgesetzes finden erstmals auf Erwerbsvorgänge Anwendung, die in Geschäftsjahren erfolgt sind, die nach dem 31. Dezember 2009 begonnen haben. ⁵Für nach § 290 Abs. 1 und 2 des Handelsgesetzbuchs in der Fassung des Bilanzrechtsmodernisierungsgesetzes erstmals zu konsolidierende Tochterunternehmen oder bei erstmaliger Aufstellung eines Konzernabschlusses für nach dem 31. Dezember 2009 beginnende Geschäftsjahre finden § 301 Abs. 1 Satz 2 und 3, Abs. 2 und § 309 Abs. 1 des Handelsgesetzbuchs in der Fassung des Bilanzrechtsmodernisierungsgesetzes auf Konzernabschlüsse für nach dem 31. Dezember 2009 beginnende Geschäftsjahre Anwendung. ⁶Die neuen Vorschriften können bereits auf nach dem 31. Dezember 2008 beginnende Geschäftsjahre angewandt werden, dies jedoch nur insgesamt; dies ist im Anhang und Konzernanhang anzugeben.

(4) Die §§ 324, 340k Abs. 5 sowie § 341k Abs. 4 des Handelsgesetzbuchs in der Fassung des Bilanzrechtsmodernisierungsgesetzes vom 25. Mai 2009 (BGBl. I S. 1102) sind erstmals ab dem 1. Januar

2010 anzuwenden; § 12 Abs. 4 des Einführungsgesetzes zum Aktiengesetz ist entsprechend anzuwenden.

(5) § 246 Abs. 1 und 2, § 247 Abs. 3, die §§ 248 bis 250, § 252 Abs. 1 Nr. 6, die §§ 253, 254, 255 Abs. 2 und 4, § 256 Satz 1, § 264c Abs. 4 Satz 3, § 265 Abs. 3 Satz 2, die §§ 266, 267 Abs. 3 Satz 2, § 268 Abs. 2, die §§ 269, 270 Abs. 1 Satz 2, § 272 Abs. 1 und 4, die §§ 273, 274, 274a Nr. 5, § 275 Abs. 2 Nr. 7 Buchstabe a, § 277 Abs. 3 Satz 1, Abs. 4 Satz 3, die §§ 279 bis 283, 285 Satz 1 Nr. 2, 5, 13, 18 und 19, Sätze 2 bis 6, § 286 Abs. 3 Satz 3, die §§ 287, 288 soweit auf § 285 Satz 1 Nr. 2, 5 und 18 Bezug genommen wird, die §§ 290, 291 Abs. 3 Nr. 1 und 2 Satz 2, § 293 Abs. 4 Satz 2, Abs. 5, § 294 Abs. 2 Satz 2, § 297 Abs. 3 Satz 2, § 298 Abs. 1, § 300 Abs. 1 Satz 2, § 301 Abs. 1 Satz 2 bis 4, Abs. 2, 3 Satz 1 und 3, Abs. 4, die §§ 302, 306, 307 Abs. 1 Satz 2, § 309 Abs. 1, § 310 Abs. 2, § 312 Abs. 1 bis 3, § 313 Abs. 3 Satz 3, Abs. 4, § 314 Abs. 1 Nr. 10 und 11, § 315a Abs. 1, § 319a Abs. 1 Satz 1 Halbsatz 1, § 325 Abs. 4, § 325a Abs. 1 Satz 1, § 327 Nr. 1 Satz 2, die §§ 334, 336 Abs. 2, § 340a Abs. 2 Satz 1, die §§ 340c, 340e, 340f, 340h, 340n, 341a Abs. 1 und 2 Satz 1 und 2, § 341b Abs. 1 und 2, § 341e Abs. 1, § 341l Abs. 1 und 3 und § 341n des Handelsgesetzbuchs in der bis zum 28. Mai 2009 geltenden Fassung sind letztmals auf Jahres- und Konzernabschlüsse für das vor dem 1. Januar 2010 beginnende Geschäftsjahr anzuwenden.

(6) § 248 Abs. 2 und § 255 Abs. 2a des Handelsgesetzbuchs in der Fassung des Bilanzrechtsmodernisierungsgesetzes vom 25. Mai 2009 (BGBl. I S. 1102) finden nur auf die selbst geschaffenen immateriellen Vermögensgegenstände des Anlagevermögens Anwendung, mit deren Entwicklung in Geschäftsjahren begonnen wird, die nach dem 31. Dezember 2009 beginnen.

Art. 67 EGHGB
(Weitere Übergangsvorschrift)

(1) ¹Soweit auf Grund der geänderten Bewertung der laufenden Pensionen oder Anwartschaften auf Pensionen eine Zuführung zu den Rückstellungen erforderlich ist, ist dieser Betrag bis spätestens zum 31. Dezember 2024 in jedem Geschäftsjahr zu mindestens einem Fünfzehntel anzusammeln. ²Ist auf Grund der geänderten Bewertung von Verpflichtungen, die die Bildung einer Rückstellung erfordern, eine Auflösung der Rückstellungen erforderlich, dürfen diese beibehalten werden, soweit der aufzulösende Betrag bis spätestens zum 31. Dezember 2024 wieder zugeführt werden müsste. ³Wird von dem Wahlrecht nach Satz 2 kein Gebrauch gemacht, sind die aus der Auflösung resultierenden Beträge unmittelbar in die Gewinnrücklagen einzustellen. ⁴Wird von dem Wahlrecht nach Satz 2 Gebrauch gemacht, ist der Betrag der Überdeckung jeweils im Anhang und im Konzernanhang anzugeben.

(2) Bei Anwendung des Absatzes 1 müssen Kapitalgesellschaften, Kreditinstitute und Finanzdienstleistungsinstitute im Sinn des § 340 des Handelsgesetzbuchs, Versicherungsunternehmen und Pensionsfonds im Sinn des § 341 des Handelsgesetzbuchs, eingetragene Genossenschaften und Personenhandelsgesellschaften im Sinn des § 264a des Handelsgesetzbuchs die in der Bilanz nicht ausgewiesenen Rückstellungen für laufende Pensionen, Anwartschaften auf Pensionen und ähnliche Verpflichtungen jeweils im Anhang und im Konzernanhang angeben.

(3) ¹Waren im Jahresabschluss für das letzte vor dem 1. Januar 2010 beginnende Geschäftsjahr Rückstellungen nach § 249 Abs. 1 Satz 3, Abs. 2 des Handelsgesetzbuchs, Sonderposten mit Rücklageanteil nach § 247 Abs. 3, § 273 des Handelsgesetzbuchs oder Rechnungsabgrenzungsposten nach § 250 Abs. 1 Satz 2 des Handelsgesetzbuchs in der bis zum 28. Mai 2009 geltenden Fassung enthalten, können diese Posten unter Anwendung der für sie geltenden Vorschriften in der bis zum 28. Mai 2009 geltenden Fassung, Rückstellungen nach § 249 Abs. 1 Satz 3, Abs. 2 des Handelsgesetzbuchs auch teilweise, beibehalten werden. ²Wird von dem Wahlrecht nach Satz 1 kein Gebrauch gemacht, ist der Betrag unmittelbar in die Gewinnrücklagen einzustellen; dies gilt nicht für Beträge, die der Rückstellung nach § 249 Abs. 1 Satz 3, Abs. 2 des Handelsgesetzbuchs in der bis zum 28. Mai 2009 geltenden Fassung im letzten vor dem 1. Januar 2010 beginnenden Geschäftsjahr zugeführt wurden.

(4) ¹Niedrigere Wertansätze von Vermögensgegenständen, die auf Abschreibungen nach § 253 Abs. 3 Satz 3, § 253 Abs. 4 des Handelsgesetzbuchs oder nach den §§ 254, 279 Abs. 2 des Handelsgesetzbuchs in der bis zum 28. Mai 2009 geltenden Fassung beruhen, die in Geschäftsjahren vorgenommen wurden, die vor dem 1. Januar 2010 begonnen haben, können unter Anwendung der für sie geltenden Vorschriften in der bis zum 28. Mai 2009 geltenden Fassung fortgeführt werden. ²Wird von dem Wahlrecht nach Satz 1 kein Gebrauch gemacht, sind die aus der Zuschreibung resultierenden Beträge unmittelbar in die Gewinnrücklagen einzustellen; dies gilt nicht für Abschreibungen, die im letzten vor dem 1. Januar 2010 beginnenden Geschäftsjahr vorgenommen worden sind.

(5) ¹Ist im Jahresabschluss für ein vor dem 1. Januar 2010 beginnendes Geschäftsjahr eine Bilanzierungshilfe für Aufwendungen für die Ingangsetzung und Erweiterung des Geschäftsbetriebs nach § 269 des Handelsgesetzbuchs in der bis zum 28. Mai 2009 geltenden Fassung gebildet worden, so darf diese unter Anwendung der für sie geltenden Vorschriften in der bis zum 28. Mai 2009 geltenden Fassung fortgeführt werden. ²Ist im Konzernabschluss für ein vor dem 1. Januar 2010 beginnendes Geschäftsjahr eine Kapitalkonsolidierung gemäß § 302 des Handelsgesetzbuchs in der bis zum 28. Mai 2009 geltenden Fassung vorgenommen worden, so darf diese unter Anwendung der für sie geltenden Vorschriften in der bis zum 28. Mai 2009 geltenden Fassung beibehalten werden.

(6) ¹Aufwendungen oder Erträge aus der erstmaligen Anwendung der §§ 274, 306 des Handelsgesetzbuchs in der Fassung des Bilanzrechtsmodernisierungsgesetzes vom 25. Mai 2009 (BGBl. I S. 1102) sind unmittelbar mit den Gewinnrücklagen zu verrechnen. ²Werden Beträge nach Absatz 1 Satz 3, nach Absatz 3 Satz 2 oder nach Absatz 4 Satz 2 unmittelbar mit den Gewinnrücklagen verrechnet, sind daraus nach den §§ 274, 306 des Handelsgesetzbuchs in der Fassung des Bilanzrechtsmodernisierungsgesetzes entstehende Aufwendungen und Erträge ebenfalls unmittelbar mit den Gewinnrücklagen zu verrechnen.

(7) Aufwendungen aus der Anwendung des Artikels 66 sowie der Absätze 1 bis 5 sind in der Gewinn- und Verlustrechnung gesondert unter dem Posten »außerordentliche Aufwendungen« und Erträge hieraus gesondert unter dem Posten »außerordentliche Erträge« anzugeben.

(8) ¹Ändern sich bei der erstmaligen Anwendung der durch die Artikel 1 bis 11 des Bilanzrechtsmodernisierungsgesetzes vom 25. Mai 2009 (BGBl. I S. 1102) geänderten Vorschriften die bisherige Form der Darstellung oder die bisher angewandten Bewertungsmethoden, so sind § 252 Abs. 1 Nr. 6, § 265 Abs. 1, § 284 Abs. 2 Nr. 3 und § 313 Abs. 1 Nr. 3 des Handelsgesetzbuchs bei der erstmaligen Aufstellung eines Jahres- oder Konzernabschlusses nach den geänderten Vorschriften nicht anzuwenden. ²Außerdem brauchen die Vorjahreszahlen bei erstmaliger Anwendung nicht angepasst zu werden; hierauf ist im Anhang und Konzernanhang hinzuweisen.

Allgemeines Gleichbehandlungsgesetz (AGG)

2924 Allgemeines Gleichbehandlungsgesetz (AGG)

Vom 14. August 2006 (BGBl. I S. 1897)

Zuletzt geändert durch Artikel 15 Absatz 66 des Gesetzes vom 5. Februar 2009 (BGBl. I S. 160)

Abschnitt 1 – Allgemeiner Teil

§ 1 AGG
Ziel des Gesetzes

Ziel des Gesetzes ist, Benachteiligungen aus Gründen der Rasse oder wegen der ethnischen Herkunft, des Geschlechts, der Religion oder Weltanschauung, einer Behinderung, des Alters oder der sexuellen Identität zu verhindern oder zu beseitigen.

§ 2 AGG
Anwendungsbereich

(1) Benachteiligungen aus einem in § 1 genannten Grund sind nach Maßgabe dieses Gesetzes unzulässig in Bezug auf:
1. die Bedingungen, einschließlich Auswahlkriterien und Einstellungsbedingungen, für den Zugang zu unselbstständiger und selbstständiger Erwerbstätigkeit, unabhängig von Tätigkeitsfeld und beruflicher Position, sowie für den beruflichen Aufstieg,
2. die Beschäftigungs- und Arbeitsbedingungen einschließlich Arbeitsentgelt und Entlassungsbedingungen, insbesondere in individual- und kollektivrechtlichen Vereinbarungen und Maßnahmen bei der Durchführung und Beendigung eines Beschäftigungsverhältnisses sowie beim beruflichen Aufstieg,
3. den Zugang zu allen Formen und allen Ebenen der Berufsberatung, der Berufsbildung einschließlich der Berufsausbildung, der beruflichen Weiterbildung und der Umschulung sowie der praktischen Berufserfahrung,
4. die Mitgliedschaft und Mitwirkung in einer Beschäftigten- oder Arbeitgebervereinigung oder einer Vereinigung, deren Mitglieder einer bestimmten Berufsgruppe angehören, einschließlich der Inanspruchnahme der Leistungen solcher Vereinigungen,
5. den Sozialschutz, einschließlich der sozialen Sicherheit und der Gesundheitsdienste,
6. die sozialen Vergünstigungen,
7. die Bildung,
8. den Zugang zu und die Versorgung mit Gütern und Dienstleistungen, die der Öffentlichkeit zur Verfügung stehen, einschließlich von Wohnraum.

(2) ¹Für Leistungen nach dem Sozialgesetzbuch gelten § 33c des Ersten Buches Sozialgesetzbuch und § 19a des Vierten Buches Sozialgesetzbuch. ²Für die betriebliche Altersvorsorge gilt das Betriebsrentengesetz.

(3) ¹Die Geltung sonstiger Benachteiligungsverbote oder Gebote der Gleichbehandlung wird durch dieses Gesetz nicht berührt. ²Dies gilt auch für öffentlich-rechtliche Vorschriften, die dem Schutz bestimmter Personengruppen dienen.

(4) Für Kündigungen gelten ausschließlich die Bestimmungen zum allgemeinen und besonderen Kündigungsschutz.

§ 3 AGG
Begriffsbestimmungen

(1) ¹Eine unmittelbare Benachteiligung liegt vor, wenn eine Person wegen eines in § 1 genannten Grundes eine weniger günstige Behandlung erfährt, als eine andere Person in einer vergleichbaren Situation erfährt, erfahren hat oder erfahren würde. ²Eine unmittelbare Benachteiligung wegen des Geschlechts liegt in Bezug auf § 2 Abs. 1 Nr. 1 bis 4 auch im Falle einer ungünstigeren Behandlung einer Frau wegen Schwangerschaft oder Mutterschaft vor.

(2) Eine mittelbare Benachteiligung liegt vor, wenn dem Anschein nach neutrale Vorschriften, Kriterien oder Verfahren Personen wegen eines in § 1 genannten Grundes gegenüber anderen Personen in besonderer Weise benachteiligen können, es sei denn, die betreffenden Vorschriften, Kriterien oder Verfahren sind durch ein rechtmäßiges Ziel sachlich gerechtfertigt und die Mittel sind zur Erreichung dieses Ziels angemessen und erforderlich.

(3) Eine Belästigung ist eine Benachteiligung, wenn unerwünschte Verhaltensweisen, die mit einem in § 1 genannten Grund in Zusammenhang stehen, bezwecken oder bewirken, dass die Würde der betreffenden Person verletzt und ein von Einschüchterungen, Anfeindungen, Erniedrigungen, Entwürdigungen oder Beleidigungen gekennzeichnetes Umfeld geschaffen wird.

(4) Eine sexuelle Belästigung ist eine Benachteiligung in Bezug auf § 2 Abs. 1 Nr. 1 bis 4, wenn ein unerwünschtes, sexuell bestimmtes Verhalten, wozu auch unerwünschte sexuelle Handlungen und

Aufforderungen zu diesen, sexuell bestimmte körperliche Berührungen, Bemerkungen sexuellen Inhalts sowie unerwünschtes Zeigen und sichtbares Anbringen von pornographischen Darstellungen gehören, bezweckt oder bewirkt, dass die Würde der betreffenden Person verletzt wird, insbesondere wenn ein von Einschüchterungen, Anfeindungen, Erniedrigungen, Entwürdigungen oder Beleidigungen gekennzeichnetes Umfeld geschaffen wird.

(5) ¹Die Anweisung zur Benachteiligung einer Person aus einem in § 1 genannten Grund gilt als Benachteiligung. ²Eine solche Anweisung liegt in Bezug auf § 2 Abs. 1 Nr. 1 bis 4 insbesondere vor, wenn jemand eine Person zu einem Verhalten bestimmt, das einen Beschäftigten oder eine Beschäftigte wegen eines in § 1 genannten Grundes benachteiligt oder benachteiligen kann.

§ 4 AGG
Unterschiedliche Behandlung wegen mehrerer Gründe

Erfolgt eine unterschiedliche Behandlung wegen mehrerer der in § 1 genannten Gründe, so kann diese unterschiedliche Behandlung nach den §§ 8 bis 10 und 20 nur gerechtfertigt werden, wenn sich die Rechtfertigung auf alle diese Gründe erstreckt, derentwegen die unterschiedliche Behandlung erfolgt.

§ 5 AGG
Positive Maßnahmen

Ungeachtet der in den §§ 8 bis 10 sowie in § 20 benannten Gründe ist eine unterschiedliche Behandlung auch zulässig, wenn durch geeignete und angemessene Maßnahmen bestehende Nachteile wegen eines in § 1 genannten Grundes verhindert oder ausgeglichen werden sollen.

Abschnitt 2 – Schutz der Beschäftigten vor Benachteiligung

Unterabschnitt 1 – Verbot der Benachteiligung

§ 6 AGG
Persönlicher Anwendungsbereich

(1) ¹Beschäftigte im Sinne dieses Gesetzes sind
1. Arbeitnehmerinnen und Arbeitnehmer,
2. die zu ihrer Berufsbildung Beschäftigten,
3. Personen, die wegen ihrer wirtschaftlichen Unselbstständigkeit als arbeitnehmerähnliche Personen anzusehen sind; zu diesen gehören auch die in Heimarbeit Beschäftigten und die ihnen Gleichgestellten.

²Als Beschäftigte gelten auch die Bewerberinnen und Bewerber für ein Beschäftigungsverhältnis sowie die Personen, deren Beschäftigungsverhältnis beendet ist.

(2) ¹Arbeitgeber (Arbeitgeber und Arbeitgeberinnen) im Sinne dieses Abschnitts sind natürliche und juristische Personen sowie rechtsfähige Personengesellschaften, die Personen nach Absatz 1 beschäftigen. ²Werden Beschäftigte einem Dritten zur Arbeitsleistung überlassen, so gilt auch dieser als Arbeitgeber im Sinne dieses Abschnitts. ³Für die in Heimarbeit Beschäftigten und die ihnen Gleichgestellten tritt an die Stelle des Arbeitgebers der Auftraggeber oder Zwischenmeister.

(3) Soweit es die Bedingungen für den Zugang zur Erwerbstätigkeit sowie den beruflichen Aufstieg betrifft, gelten die Vorschriften dieses Abschnitts für Selbstständige und Organmitglieder, insbesondere Geschäftsführer oder Geschäftsführerinnen und Vorstände, entsprechend.

§ 7 AGG
Benachteiligungsverbot

(1) Beschäftigte dürfen nicht wegen eines in § 1 genannten Grundes benachteiligt werden; dies gilt auch, wenn die Person, die die Benachteiligung begeht, das Vorliegen eines in § 1 genannten Grundes bei der Benachteiligung nur annimmt.

(2) Bestimmungen in Vereinbarungen, die gegen das Benachteiligungsverbot des Absatzes 1 verstoßen, sind unwirksam.

(3) Eine Benachteiligung nach Absatz 1 durch Arbeitgeber oder Beschäftigte ist eine Verletzung vertraglicher Pflichten.

§ 8 AGG
Zulässige unterschiedliche Behandlung wegen beruflicher Anforderungen

(1) Eine unterschiedliche Behandlung wegen eines in § 1 genannten Grundes ist zulässig, wenn dieser Grund wegen der Art der auszuübenden Tätigkeit oder der Bedingungen ihrer Ausübung eine wesentliche und entscheidende berufliche Anforderung darstellt, sofern der Zweck rechtmäßig und die Anforderung angemessen ist.

(2) Die Vereinbarung einer geringeren Vergütung für gleiche oder gleichwertige Arbeit wegen eines in § 1 genannten Grundes wird nicht dadurch gerechtfertigt, dass wegen eines in § 1 genannten Grundes besondere Schutzvorschriften gelten.

§ 9 AGG
Zulässige unterschiedliche Behandlung wegen der Religion oder Weltanschauung

(1) Ungeachtet des § 8 ist eine unterschiedliche Behandlung wegen der Religion oder der Weltanschauung bei der Beschäftigung durch Religionsgemeinschaften, die ihnen zugeordneten Einrichtungen ohne Rücksicht auf ihre Rechtsform oder durch Vereinigungen, die sich die gemeinschaftliche Pflege einer Religion oder Weltanschauung zur Aufgabe machen, auch zulässig, wenn eine bestimmte Religion oder Weltanschauung unter Beachtung des Selbstverständnisses der jeweiligen Religionsgemeinschaft oder Vereinigung im Hinblick auf ihr Selbstbestimmungsrecht oder nach der Art der Tätigkeit eine gerechtfertigte berufliche Anforderung darstellt.

(2) Das Verbot unterschiedlicher Behandlung wegen der Religion oder der Weltanschauung berührt nicht das Recht der in Absatz 1 genannten Religionsgemeinschaften, der ihnen zugeordneten Einrichtungen ohne Rücksicht auf ihre Rechtsform oder der Vereinigungen, die sich die gemeinschaftliche Pflege einer Religion oder Weltanschauung zur Aufgabe machen, von ihren Beschäftigten ein loyales und aufrichtiges Verhalten im Sinne ihres jeweiligen Selbstverständnisses verlangen zu können.

§ 10 AGG
Zulässige unterschiedliche Behandlung wegen des Alters

[1]Ungeachtet des § 8 ist eine unterschiedliche Behandlung wegen des Alters auch zulässig, wenn sie objektiv und angemessen und durch ein legitimes Ziel gerechtfertigt ist. [2]Die Mittel zur Erreichung dieses Ziels müssen angemessen und erforderlich sein. [3]Derartige unterschiedliche Behandlungen können insbesondere Folgendes einschließen:
1. die Festlegung besonderer Bedingungen für den Zugang zur Beschäftigung und zur beruflichen Bildung sowie besonderer Beschäftigungs- und Arbeitsbedingungen, einschließlich der Bedingungen für Entlohnung und Beendigung des Beschäftigungsverhältnisses, um die berufliche Eingliederung von Jugendlichen, älteren Beschäftigten und Personen mit Fürsorgepflichten zu fördern oder ihren Schutz sicherzustellen,
2. die Festlegung von Mindestanforderungen an das Alter, die Berufserfahrung oder das Dienstalter für den Zugang zur Beschäftigung oder für bestimmte mit der Beschäftigung verbundene Vorteile,

3. die Festsetzung eines Höchstalters für die Einstellung auf Grund der spezifischen Ausbildungsanforderungen eines bestimmten Arbeitsplatzes oder auf Grund der Notwendigkeit einer angemessenen Beschäftigungszeit vor dem Eintritt in den Ruhestand,
4. die Festsetzung von Altersgrenzen bei den betrieblichen Systemen der sozialen Sicherheit als Voraussetzung für die Mitgliedschaft oder den Bezug von Altersrente oder von Leistungen bei Invalidität einschließlich der Festsetzung unterschiedlicher Altersgrenzen im Rahmen dieser Systeme für bestimmte Beschäftigte oder Gruppen von Beschäftigten und die Verwendung von Alterskriterien im Rahmen dieser Systeme für versicherungsmathematische Berechnungen,
5. eine Vereinbarung, die die Beendigung des Beschäftigungsverhältnisses ohne Kündigung zu einem Zeitpunkt vorsieht, zu dem der oder die Beschäftigte eine Rente wegen Alters beantragen kann; § 41 des Sechsten Buches Sozialgesetzbuch bleibt unberührt,
6. Differenzierungen von Leistungen in Sozialplänen im Sinne des Betriebsverfassungsgesetzes, wenn die Parteien eine nach Alter oder Betriebszugehörigkeit gestaffelte Abfindungsregelung geschaffen haben, in der die wesentlich vom Alter abhängenden Chancen auf dem Arbeitsmarkt durch eine verhältnismäßig starke Betonung des Lebensalters erkennbar berücksichtigt worden sind, oder Beschäftigte von den Leistungen des Sozialplans ausgeschlossen haben, die wirtschaftlich abgesichert sind, weil sie, gegebenenfalls nach Bezug von Arbeitslosengeld, rentenberechtigt sind.

Unterabschnitt 2 – Organisationspflichten des Arbeitgebers

§ 11 AGG
Ausschreibung

Ein Arbeitsplatz darf nicht unter Verstoß gegen § 7 Abs. 1 ausgeschrieben werden.

§ 12 AGG
Maßnahmen und Pflichten des Arbeitgebers

(1) ¹Der Arbeitgeber ist verpflichtet, die erforderlichen Maßnahmen zum Schutz vor Benachteiligungen wegen eines in § 1 genannten Grundes zu treffen. ²Dieser Schutz umfasst auch vorbeugende Maßnahmen.

(2) ¹Der Arbeitgeber soll in geeigneter Art und Weise, insbesondere im Rahmen der beruflichen Aus- und Fortbildung, auf die Unzulässigkeit solcher Benachteiligungen hinweisen und darauf hinwirken, dass diese unterbleiben. ²Hat der Arbeitgeber seine Beschäftigten in geeigneter Weise zum Zwecke der Verhinderung von Benachteiligung geschult, gilt dies als Erfüllung seiner Pflichten nach Absatz 1.

(3) Verstoßen Beschäftigte gegen das Benachteiligungsverbot des § 7 Abs. 1, so hat der Arbeitgeber die im Einzelfall geeigneten, erforderlichen und angemessenen Maßnahmen zur Unterbindung der Benachteiligung wie Abmahnung, Umsetzung, Versetzung oder Kündigung zu ergreifen.

(4) Werden Beschäftigte bei der Ausübung ihrer Tätigkeit durch Dritte nach § 7 Abs. 1 benachteiligt, so hat der Arbeitgeber die im Einzelfall geeigneten, erforderlichen und angemessenen Maßnahmen zum Schutz der Beschäftigten zu ergreifen.

(5) ¹Dieses Gesetz und § 61b des Arbeitsgerichtsgesetzes sowie Informationen über die für die Behandlung von Beschwerden nach § 13 zuständigen Stellen sind im Betrieb oder in der Dienststelle bekannt zu machen. ²Die Bekanntmachung kann durch Aushang oder Auslegung an geeigneter Stelle oder den Einsatz der im Betrieb oder der Dienststelle üblichen Informations- und Kommunikationstechnik erfolgen.

Unterabschnitt 3 – Rechte der Beschäftigten

§ 13 AGG
Beschwerderecht

(1) ¹Die Beschäftigten haben das Recht, sich bei den zuständigen Stellen des Betriebs, des Unternehmens oder der Dienststelle zu beschweren, wenn sie sich im Zusammenhang mit ihrem Beschäftigungsverhältnis vom Arbeitgeber, von Vorgesetzten, anderen Beschäftigten oder Dritten wegen eines in § 1 genannten Grundes benachteiligt fühlen. ²Die Beschwerde ist zu prüfen und das Ergebnis der oder dem beschwerdeführenden Beschäftigten mitzuteilen.

(2) Die Rechte der Arbeitnehmervertretungen bleiben unberührt.

§ 14 AGG
Leistungsverweigerungsrecht

¹Ergreift der Arbeitgeber keine oder offensichtlich ungeeignete Maßnahmen zur Unterbindung einer Belästigung oder sexuellen Belästigung am Arbeitsplatz, sind die betroffenen Beschäftigten berechtigt, ihre Tätigkeit ohne Verlust des Arbeitsentgelts einzustellen, soweit dies zu ihrem Schutz erforderlich ist. ²§ 273 des Bürgerlichen Gesetzbuchs bleibt unberührt.

§ 15 AGG
Entschädigung und Schadensersatz

(1) ¹Bei einem Verstoß gegen das Benachteiligungsverbot ist der Arbeitgeber verpflichtet, den hierdurch entstandenen Schaden zu ersetzen. ²Dies gilt nicht, wenn der Arbeitgeber die Pflichtverletzung nicht zu vertreten hat.

(2) ¹Wegen eines Schadens, der nicht Vermögensschaden ist, kann der oder die Beschäftigte eine angemessene Entschädigung in Geld verlangen. ²Die Entschädigung darf bei einer Nichteinstellung drei Monatsgehälter nicht übersteigen, wenn der oder die Beschäftigte auch bei benachteiligungsfreier Auswahl nicht eingestellt worden wäre.

(3) Der Arbeitgeber ist bei der Anwendung kollektivrechtlicher Vereinbarungen nur dann zur Entschädigung verpflichtet, wenn er vorsätzlich oder grob fahrlässig handelt.

(4) ¹Ein Anspruch nach Absatz 1 oder 2 muss innerhalb einer Frist von zwei Monaten schriftlich geltend gemacht werden, es sei denn, die Tarifvertragsparteien haben etwas anderes vereinbart. ²Die Frist beginnt im Falle einer Bewerbung oder eines beruflichen Aufstiegs mit dem Zugang der Ablehnung und in den sonstigen Fällen einer Benachteiligung zu dem Zeitpunkt, in dem der oder die Beschäftigte von der Benachteiligung Kenntnis erlangt.

(5) Im Übrigen bleiben Ansprüche gegen den Arbeitgeber, die sich aus anderen Rechtsvorschriften ergeben, unberührt.

(6) Ein Verstoß des Arbeitgebers gegen das Benachteiligungsverbot des § 7 Abs. 1 begründet keinen Anspruch auf Begründung eines Beschäftigungsverhältnisses, Berufsausbildungsverhältnisses oder einen beruflichen Aufstieg, es sei denn, ein solcher ergibt sich aus einem anderen Rechtsgrund.

§ 16 AGG
Maßregelungsverbot

(1) ¹Der Arbeitgeber darf Beschäftigte nicht wegen der Inanspruchnahme von Rechten nach diesem Abschnitt oder wegen der Weigerung, eine gegen diesen Abschnitt verstoßende Anweisung auszuführen, benachteiligen. ²Gleiches gilt für Personen, die den Beschäftigten hierbei unterstützen oder als Zeuginnen oder Zeugen aussagen.

(2) ¹Die Zurückweisung oder Duldung benachteiligender Verhaltensweisen durch betroffene Beschäftigte darf nicht als Grundlage für eine Entscheidung herangezogen werden, die diese Beschäftigten berührt. ²Absatz 1 Satz 2 gilt entsprechend.

(3) § 22 gilt entsprechend.

Unterabschnitt 4 – Ergänzende Vorschriften

§ 17 AGG
Soziale Verantwortung der Beteiligten

(1) Tarifvertragsparteien, Arbeitgeber, Beschäftigte und deren Vertretungen sind aufgefordert, im Rahmen ihrer Aufgaben und Handlungsmöglichkeiten an der Verwirklichung des in § 1 genannten Ziels mitzuwirken.

(2) ¹In Betrieben, in denen die Voraussetzungen des § 1 Abs. 1 Satz 1 des Betriebsverfassungsgesetzes vorliegen, können bei einem groben Verstoß des Arbeitgebers gegen Vorschriften aus diesem Abschnitt der Betriebsrat oder eine im Betrieb vertretene Gewerkschaft unter der Voraussetzung des § 23 Abs. 3 Satz 1 des Betriebsverfassungsgesetzes die dort genannten Rechte gerichtlich geltend machen; § 23 Abs. 3 Satz 2 bis 5 des Betriebsverfassungsgesetzes gilt entsprechend. ²Mit dem Antrag dürfen nicht Ansprüche des Benachteiligten geltend gemacht werden.

§ 18 AGG
Mitgliedschaft in Vereinigungen

(1) Die Vorschriften dieses Abschnitts gelten entsprechend für die Mitgliedschaft oder die Mitwirkung in einer
1. Tarifvertragspartei,
2. Vereinigung, deren Mitglieder einer bestimmten Berufsgruppe angehören oder die eine überragende Machtstellung im wirtschaftlichen oder sozialen Bereich innehat, wenn ein grundlegendes Interesse am Erwerb der Mitgliedschaft besteht,

sowie deren jeweiligen Zusammenschlüssen.

(2) Wenn die Ablehnung einen Verstoß gegen das Benachteiligungsverbot des § 7 Abs. 1 darstellt, besteht ein Anspruch auf Mitgliedschaft oder Mitwirkung in den in Absatz 1 genannten Vereinigungen.

Abschnitt 3 – Schutz vor Benachteiligung im Zivilrechtsverkehr

§ 19 AGG
Zivilrechtliches Benachteiligungsverbot

(1) Eine Benachteiligung aus Gründen der Rasse oder wegen der ethnischen Herkunft, wegen des Geschlechts, der Religion, einer Behinderung, des Alters oder der sexuellen Identität bei der Begründung, Durchführung und Beendigung zivilrechtlicher Schuldverhältnisse, die
1. typischerweise ohne Ansehen der Person zu vergleichbaren Bedingungen in einer Vielzahl von Fällen zustande kommen (Massengeschäfte) oder bei denen das Ansehen der Person nach der Art des Schuldverhältnisses eine nachrangige Bedeutung hat und die zu vergleichbaren Bedingungen in einer Vielzahl von Fällen zustande kommen oder
2. eine privatrechtliche Versicherung zum Gegenstand haben,

ist unzulässig.

(2) Eine Benachteiligung aus Gründen der Rasse oder wegen der ethnischen Herkunft ist darüber hinaus auch bei der Begründung, Durchführung und Beendigung sonstiger zivilrechtlicher Schuldverhältnisse im Sinne des § 2 Abs. 1 Nr. 5 bis 8 unzulässig.

(3) Bei der Vermietung von Wohnraum ist eine unterschiedliche Behandlung im Hinblick auf die Schaffung und Erhaltung sozial stabiler Bewohnerstrukturen und ausgewogener Siedlungsstrukturen sowie ausgeglichener wirtschaftlicher, sozialer und kultureller Verhältnisse zulässig.

(4) Die Vorschriften dieses Abschnitts finden keine Anwendung auf familien- und erbrechtliche Schuldverhältnisse.

(5) ¹Die Vorschriften dieses Abschnitts finden keine Anwendung auf zivilrechtliche Schuldverhältnisse, bei denen ein besonderes Nähe- oder Vertrauensverhältnis der Parteien oder ihrer Angehörigen begründet wird. ²Bei Mietverhältnissen kann dies insbesondere der Fall sein, wenn die Parteien oder ihre Angehörigen Wohnraum auf demselben Grundstück nutzen. ³Die Vermietung von Wohnraum zum nicht nur vorübergehenden Gebrauch ist in der Regel kein Geschäft im Sinne des Absatzes 1 Nr. 1, wenn der Vermieter insgesamt nicht mehr als 50 Wohnungen vermietet.

§ 20 AGG
Zulässige unterschiedliche Behandlung

(1) ¹Eine Verletzung des Benachteiligungsverbots ist nicht gegeben, wenn für eine unterschiedliche Behandlung wegen der Religion, einer Behinderung, des Alters, der sexuellen Identität oder des Geschlechts ein sachlicher Grund vorliegt. ²Das kann insbesondere der Fall sein, wenn die unterschiedliche Behandlung
1. der Vermeidung von Gefahren, der Verhütung von Schäden oder anderen Zwecken vergleichbarer Art dient,
2. dem Bedürfnis nach Schutz der Intimsphäre oder der persönlichen Sicherheit Rechnung trägt,
3. besondere Vorteile gewährt und ein Interesse an der Durchsetzung der Gleichbehandlung fehlt,
4. an die Religion eines Menschen anknüpft und im Hinblick auf die Ausübung der Religionsfreiheit oder auf das Selbstbestimmungsrecht der Religionsgemeinschaften, der ihnen zugeordneten Einrichtungen ohne Rücksicht auf ihre Rechtsform sowie der Vereinigungen, die sich die gemeinschaftliche Pflege einer Religion zur Aufgabe machen, unter Beachtung des jeweiligen Selbstverständnisses gerechtfertigt ist.

(2) ¹Eine unterschiedliche Behandlung wegen des Geschlechts ist im Falle des § 19 Abs. 1 Nr. 2 bei den Prämien oder Leistungen nur zulässig, wenn dessen Berücksichtigung bei einer auf relevanten und genauen versicherungsmathematischen und statistischen Daten beruhenden Risikobewertung ein bestimmender Faktor ist. ²Kosten im Zusammenhang mit Schwangerschaft und Mutterschaft dürfen auf keinen Fall zu unterschiedlichen Prämien oder Leistungen führen. ³Eine unterschiedliche Behandlung wegen der Religion, einer Behinderung, des Alters oder der sexuellen Identität ist im Falle des § 19 Abs. 1 Nr. 2 nur zulässig, wenn diese auf anerkannten Prinzipien risikoadäquater Kalkulation beruht, insbesondere auf einer versicherungsmathematisch ermittelten Risikobewertung unter Heranziehung statistischer Erhebungen.

§ 21 AGG
Ansprüche

(1) ¹Der Benachteiligte kann bei einem Verstoß gegen das Benachteiligungsverbot unbeschadet weiterer Ansprüche die Beseitigung der Beeinträchtigung verlangen. ²Sind weitere Beeinträchtigungen zu besorgen, so kann er auf Unterlassung klagen.

(2) ¹Bei einer Verletzung des Benachteiligungsverbots ist der Benachteiligende verpflichtet, den hierdurch entstandenen Schaden zu ersetzen. ²Dies gilt nicht, wenn der Benachteiligende die Pflichtverletzung nicht zu vertreten hat. ³Wegen eines Schadens, der nicht Vermögensschaden ist, kann der Benachteiligte eine angemessene Entschädigung in Geld verlangen.

(3) Ansprüche aus unerlaubter Handlung bleiben unberührt.

(4) Auf eine Vereinbarung, die von dem Benachteiligungsverbot abweicht, kann sich der Benachteiligende nicht berufen.

(5) ¹Ein Anspruch nach den Absätzen 1 und 2 muss innerhalb einer Frist von zwei Monaten geltend gemacht werden. ²Nach Ablauf der Frist kann der Anspruch nur geltend gemacht werden, wenn der Benachteiligte ohne Verschulden an der Einhaltung der Frist verhindert war.

Abschnitt 4 – Rechtsschutz

§ 22 AGG
Beweislast

Wenn im Streitfall die eine Partei Indizien beweist, die eine Benachteiligung wegen eines in § 1 genannten Grundes vermuten lassen, trägt die andere Partei die Beweislast dafür, dass kein Verstoß gegen die Bestimmungen zum Schutz vor Benachteiligung vorgelegen hat.

§ 23 AGG
Unterstützung durch Antidiskriminierungsverbände

(1) ¹Antidiskriminierungsverbände sind Personenzusammenschlüsse, die nicht gewerbsmäßig und nicht nur vorübergehend entsprechend ihrer Satzung die besonderen Interessen von benachteiligten Personen oder Personengruppen nach Maßgabe von § 1 wahrnehmen. ²Die Befugnisse nach den Absätzen 2 bis 4 stehen ihnen zu, wenn sie mindestens 75 Mitglieder haben oder einen Zusammenschluss aus mindestens sieben Verbänden bilden.

(2) ¹Antidiskriminierungsverbände sind befugt, im Rahmen ihres Satzungszwecks in gerichtlichen Verfahren als Beistände Benachteiligter in der Verhandlung aufzutreten. ²Im Übrigen bleiben die Vorschriften der Verfahrensordnungen, insbesondere diejenigen, nach denen Beiständen weiterer Vortrag untersagt werden kann, unberührt.

(3) Antidiskriminierungsverbänden ist im Rahmen ihres Satzungszwecks die Besorgung von Rechtsangelegenheiten Benachteiligter gestattet.

(4) Besondere Klagerechte und Vertretungsbefugnisse von Verbänden zu Gunsten von behinderten Menschen bleiben unberührt.

Abschnitt 5 – Sonderregelungen für öffentlich-rechtliche Dienstverhältnisse

§ 24 AGG
Sonderregelung für öffentlich-rechtliche Dienstverhältnisse

Die Vorschriften dieses Gesetzes gelten unter Berücksichtigung ihrer besonderen Rechtsstellung entsprechend für
1. Beamtinnen und Beamte des Bundes, der Länder, der Gemeinden, der Gemeindeverbände sowie der sonstigen der Aufsicht des Bundes oder eines Landes unterstehenden Körperschaften, Anstalten und Stiftungen des öffentlichen Rechts,
2. Richterinnen und Richter des Bundes und der Länder,
3. Zivildienstleistende sowie anerkannte Kriegsdienstverweigerer, soweit ihre Heranziehung zum Zivildienst betroffen ist.

Abschnitt 6 – Antidiskriminierungsstelle

§ 25 AGG
Antidiskriminierungsstelle des Bundes

(1) Beim Bundesministerium für Familie, Senioren, Frauen und Jugend wird unbeschadet der Zuständigkeit der Beauftragten des Deutschen Bundestages oder der Bundesregierung die Stelle des Bundes zum Schutz vor Benachteiligungen wegen eines in § 1 genannten Grundes (Antidiskriminierungsstelle des Bundes) errichtet.

(2) ¹Der Antidiskriminierungsstelle des Bundes ist die für die Erfüllung ihrer Aufgaben notwendige Personal- und Sachausstattung zur Verfügung zu stellen. ²Sie ist im Einzelplan des Bundesministeriums für Familie, Senioren, Frauen und Jugend in einem eigenen Kapitel auszuweisen.

§ 26 AGG
Rechtsstellung der Leitung der Antidiskriminierungsstelle des Bundes

(1) ¹Die Bundesministerin oder der Bundesminister für Familie, Senioren, Frauen und Jugend ernennt auf Vorschlag der Bundesregierung eine Person zur Leitung der Antidiskriminierungsstelle des Bundes. ²Sie steht nach Maßgabe dieses Gesetzes in einem öffentlichrechtlichen Amtsverhältnis zum Bund. ³Sie ist in Ausübung ihres Amtes unabhängig und nur dem Gesetz unterworfen.

(2) Das Amtsverhältnis beginnt mit der Aushändigung der Urkunde über die Ernennung durch die Bundesministerin oder den Bundesminister für Familie, Senioren, Frauen und Jugend.

(3) ¹Das Amtsverhältnis endet außer durch Tod
1. mit dem Zusammentreten eines neuen Bundestages,
2. durch Ablauf der Amtszeit mit Erreichen der Altersgrenze nach § 51 Abs. 1 und 2 des Bundesbeamtengesetzes,
3. mit der Entlassung.

²Die Bundesministerin oder der Bundesminister für Familie, Senioren, Frauen und Jugend entlässt die Leiterin oder den Leiter der Antidiskriminierungsstelle des Bundes auf deren Verlangen oder wenn Gründe vorliegen, die bei einer Richterin oder einem Richter auf Lebenszeit die Entlassung aus dem Dienst rechtfertigen. ³Im Falle der Beendigung des Amtsverhältnisses erhält die Leiterin oder der Leiter der Antidiskriminierungsstelle des Bundes eine von der Bundesministerin oder dem Bundesminister für Familie, Senioren, Frauen und Jugend vollzogene Urkunde. ⁴Die Entlassung wird mit der Aushändigung der Urkunde wirksam.

(4) ¹Das Rechtsverhältnis der Leitung der Antidiskriminierungsstelle des Bundes gegenüber dem Bund wird durch Vertrag mit dem Bundesministerium für Familie, Senioren, Frauen und Jugend geregelt. ²Der Vertrag bedarf der Zustimmung der Bundesregierung.

(5) ¹Wird eine Bundesbeamtin oder ein Bundesbeamter zur Leitung der Antidiskriminierungsstelle des Bundes bestellt, scheidet er oder sie mit Beginn des Amtsverhältnisses aus dem bisherigen Amt aus. ²Für die Dauer des Amtsverhältnisses ruhen die aus dem Beamtenverhältnis begründeten Rechte und Pflichten mit Ausnahme der Pflicht zur Amtsverschwiegenheit und des Verbots der Annahme von Belohnungen oder Geschenken. ³Bei unfallverletzten Beamtinnen oder Beamten bleiben die gesetzlichen Ansprüche auf das Heilverfahren und einen Unfallausgleich unberührt.

§ 27 AGG
Aufgaben

(1) Wer der Ansicht ist, wegen eines in § 1 genannten Grundes benachteiligt worden zu sein, kann sich an die Antidiskriminierungsstelle des Bundes wenden.

(2) ¹Die Antidiskriminierungsstelle des Bundes unterstützt auf unabhängige Weise Personen, die sich nach Absatz 1 an sie wenden, bei der Durchsetzung ihrer Rechte zum Schutz vor Benachteiligungen. ²Hierbei kann sie insbesondere
1. über Ansprüche und die Möglichkeiten des rechtlichen Vorgehens im Rahmen gesetzlicher Regelungen zum Schutz vor Benachteiligungen informieren,
2. Beratung durch andere Stellen vermitteln,
3. eine gütliche Beilegung zwischen den Beteiligten anstreben.

³Soweit Beauftragte des Deutschen Bundestages oder der Bundesregierung zuständig sind, leitet die Antidiskriminierungsstelle des Bundes die Anliegen der in Absatz 1 genannten Personen mit deren Einverständnis unverzüglich an diese weiter.

(3) Die Antidiskriminierungsstelle des Bundes nimmt auf unabhängige Weise folgende Aufgaben wahr, soweit nicht die Zuständigkeit der Beauftragten der Bundesregierung oder des Deutschen Bundestages berührt ist:
1. Öffentlichkeitsarbeit,

2. Maßnahmen zur Verhinderung von Benachteiligungen aus den in § 1 genannten Gründen,
3. Durchführung wissenschaftlicher Untersuchungen zu diesen Benachteiligungen.

(4) ¹Die Antidiskriminierungsstelle des Bundes und die in ihrem Zuständigkeitsbereich betroffenen Beauftragten der Bundesregierung und des Deutschen Bundestages legen gemeinsam dem Deutschen Bundestag alle vier Jahre Berichte über Benachteiligungen aus den in § 1 genannten Gründen vor und geben Empfehlungen zur Beseitigung und Vermeidung dieser Benachteiligungen. ²Sie können gemeinsam wissenschaftliche Untersuchungen zu Benachteiligungen durchführen.

(5) Die Antidiskriminierungsstelle des Bundes und die in ihrem Zuständigkeitsbereich betroffenen Beauftragten der Bundesregierung und des Deutschen Bundestages sollen bei Benachteiligungen aus mehreren der in § 1 genannten Gründe zusammenarbeiten.

§ 28 AGG
Befugnisse

(1) Die Antidiskriminierungsstelle des Bundes kann in Fällen des § 27 Abs. 2 Satz 2 Nr. 3 Beteiligte um Stellungnahmen ersuchen, soweit die Person, die sich nach § 27 Abs. 1 an sie gewandt hat, hierzu ihr Einverständnis erklärt.

(2) ¹Alle Bundesbehörden und sonstigen öffentlichen Stellen im Bereich des Bundes sind verpflichtet, die Antidiskriminierungsstelle des Bundes bei der Erfüllung ihrer Aufgaben zu unterstützen, insbesondere die erforderlichen Auskünfte zu erteilen. ²Die Bestimmungen zum Schutz personenbezogener Daten bleiben unberührt.

§ 29 AGG
Zusammenarbeit mit Nichtregierungsorganisationen und anderen Einrichtungen

Die Antidiskriminierungsstelle des Bundes soll bei ihrer Tätigkeit Nichtregierungsorganisationen sowie Einrichtungen, die auf europäischer, Bundes-, Landes- oder regionaler Ebene zum Schutz vor Benachteiligungen wegen eines in § 1 genannten Grundes tätig sind, in geeigneter Form einbeziehen.

§ 30 AGG
Beirat

(1) ¹Zur Förderung des Dialogs mit gesellschaftlichen Gruppen und Organisationen, die sich den Schutz vor Benachteiligungen wegen eines in § 1 genannten Grundes zum Ziel gesetzt haben, wird der Antidiskriminierungsstelle des Bundes ein Beirat beigeordnet. ²Der Beirat berät die Antidiskriminierungsstelle des Bundes bei der Vorlage von Berichten und Empfehlungen an den Deutschen Bundestag nach § 27 Abs. 4 und kann hierzu sowie zu wissenschaftlichen Untersuchungen nach § 27 Abs. 3 Nr. 3 eigene Vorschläge unterbreiten.

(2) ¹Das Bundesministerium für Familie, Senioren, Frauen und Jugend beruft im Einvernehmen mit der Leitung der Antidiskriminierungsstelle des Bundes sowie den entsprechend zuständigen Beauftragten der Bundesregierung oder des Deutschen Bundestages die Mitglieder dieses Beirats und für jedes Mitglied eine Stellvertretung. ²In den Beirat sollen Vertreterinnen und Vertreter gesellschaftlicher Gruppen und Organisationen sowie Expertinnen und Experten in Benachteiligungsfragen berufen werden. ³Die Gesamtzahl der Mitglieder des Beirats soll 16 Personen nicht überschreiten. ⁴Der Beirat soll zu gleichen Teilen mit Frauen und Männern besetzt sein.

(3) Der Beirat gibt sich eine Geschäftsordnung, die der Zustimmung des Bundesministeriums für Familie, Senioren, Frauen und Jugend bedarf.

(4) ¹Die Mitglieder des Beirats üben die Tätigkeit nach diesem Gesetz ehrenamtlich aus. ²Sie haben Anspruch auf Aufwandsentschädigung sowie Reisekostenvergütung, Tagegelder und Übernachtungsgelder. ³Näheres regelt die Geschäftsordnung.

Abschnitt 7 – Schlussvorschriften

§ 31 AGG
Unabdingbarkeit

Von den Vorschriften dieses Gesetzes kann nicht zu Ungunsten der geschützten Personen abgewichen werden.

§ 32 AGG
Schlussbestimmung

Soweit in diesem Gesetz nicht Abweichendes bestimmt ist, gelten die allgemeinen Bestimmungen.

§ 33 AGG
Übergangsbestimmungen

(1) Bei Benachteiligungen nach den §§ 611a, 611b und 612 Abs. 3 des Bürgerlichen Gesetzbuchs oder sexuellen Belästigungen nach dem Beschäftigtenschutzgesetz ist das vor dem 18. August 2006 maßgebliche Recht anzuwenden.

(2) [1]Bei Benachteiligungen aus Gründen der Rasse oder wegen der ethnischen Herkunft sind die §§ 19 bis 21 nicht auf Schuldverhältnisse anzuwenden, die vor dem 18. August 2006 begründet worden sind. [2]Satz 1 gilt nicht für spätere Änderungen von Dauerschuldverhältnissen.

(3) [1]Bei Benachteiligungen wegen des Geschlechts, der Religion, einer Behinderung, des Alters oder der sexuellen Identität sind die §§ 19 bis 21 nicht auf Schuldverhältnisse anzuwenden, die vor dem 1. Dezember 2006 begründet worden sind. [2]Satz 1 gilt nicht für spätere Änderungen von Dauerschuldverhältnissen.

(4) [1]Auf Schuldverhältnisse, die eine privatrechtliche Versicherung zum Gegenstand haben, ist § 19 Abs. 1 nicht anzuwenden, wenn diese vor dem 22. Dezember 2007 begründet worden sind. [2]Satz 1 gilt nicht für spätere Änderungen solcher Schuldverhältnisse.

VersAusglG (Auszug)

Gesetz über den Versorgungsausgleich (Versorgungsausgleichsgesetz - VersAusglG)

Vom 3. April 2009 (BGBl. I S. 700)

Zuletzt geändert durch Artikel 25 des Gesetzes vom 8. Dezember 2010 (BGBl. I S. 1768)

Teil 1 – Der Versorgungsausgleich

Kapitel 1 – Allgemeiner Teil

§ 1 VersAusglG
Halbteilung der Anrechte

(1) Im Versorgungsausgleich sind die in der Ehezeit erworbenen Anteile von Anrechten (Ehezeitanteile) jeweils zur Hälfte zwischen den geschiedenen Ehegatten zu teilen.

(2) [1]Ausgleichspflichtige Person im Sinne dieses Gesetzes ist diejenige, die einen Ehezeitanteil erworben hat. [2]Der ausgleichsberechtigten Person steht die Hälfte des Werts des jeweiligen Ehezeitanteils (Ausgleichswert) zu.

§ 2 VersAusglG
Auszugleichende Anrechte

(1) Anrechte im Sinne dieses Gesetzes sind im In- oder Ausland bestehende Anwartschaften auf Versorgungen und Ansprüche auf laufende Versorgungen, insbesondere aus der gesetzlichen

Rentenversicherung, aus anderen Regelsicherungssystemen wie der Beamtenversorgung oder der berufsständischen Versorgung, aus der betrieblichen Altersversorgung oder aus der privaten Alters- und Invaliditätsvorsorge.

(2) Ein Anrecht ist auszugleichen, sofern es
1. durch Arbeit oder Vermögen geschaffen oder aufrechterhalten worden ist,
2. der Absicherung im Alter oder bei Invalidität, insbesondere wegen verminderter Erwerbsfähigkeit, Berufsunfähigkeit oder Dienstunfähigkeit, dient und
3. auf eine Rente gerichtet ist; ein Anrecht im Sinne des Betriebsrentengesetzes oder des Altersvorsorgeverträge-Zertifizierungsgesetzes ist unabhängig von der Leistungsform auszugleichen.

(3) Eine Anwartschaft im Sinne dieses Gesetzes liegt auch vor, wenn am Ende der Ehezeit eine für das Anrecht maßgebliche Wartezeit, Mindestbeschäftigungszeit, Mindestversicherungszeit oder ähnliche zeitliche Voraussetzung noch nicht erfüllt ist.

(4) Ein güterrechtlicher Ausgleich für Anrechte im Sinne dieses Gesetzes findet nicht statt.

§ 3 VersAusglG
Ehezeit, Ausschluss bei kurzer Ehezeit

(1) Die Ehezeit im Sinne dieses Gesetzes beginnt mit dem ersten Tag des Monats, in dem die Ehe geschlossen worden ist; sie endet am letzten Tag des Monats vor Zustellung des Scheidungsantrags.

(2) In den Versorgungsausgleich sind alle Anrechte einzubeziehen, die in der Ehezeit erworben wurden.

(3) Bei einer Ehezeit von bis zu drei Jahren findet ein Versorgungsausgleich nur statt, wenn ein Ehegatte dies beantragt.

§ 4 VersAusglG
Auskunftsansprüche

(1) Die Ehegatten, ihre Hinterbliebenen und Erben sind verpflichtet, einander die für den Versorgungsausgleich erforderlichen Auskünfte zu erteilen.

(2) Sofern ein Ehegatte, seine Hinterbliebenen oder Erben die erforderlichen Auskünfte von dem anderen Ehegatten, dessen Hinterbliebenen oder Erben nicht erhalten können, haben sie einen entsprechenden Auskunftsanspruch gegen die betroffenen Versorgungsträger.

(3) Versorgungsträger können die erforderlichen Auskünfte von den Ehegatten, deren Hinterbliebenen und Erben sowie von den anderen Versorgungsträgern verlangen.

(4) Für die Erteilung der Auskunft gilt § 1605 Abs. 1 Satz 2 und 3 des Bürgerlichen Gesetzbuchs entsprechend.

§ 5 VersAusglG
Bestimmung von Ehezeitanteil und Ausgleichswert

(1) Der Versorgungsträger berechnet den Ehezeitanteil des Anrechts in Form der für das jeweilige Versorgungssystem maßgeblichen Bezugsgröße, insbesondere also in Form von Entgeltpunkten, eines Rentenbetrags oder eines Kapitalwerts.

(2) ¹Maßgeblicher Zeitpunkt für die Bewertung ist das Ende der Ehezeit. ²Rechtliche oder tatsächliche Veränderungen nach dem Ende der Ehezeit, die auf den Ehezeitanteil zurückwirken, sind zu berücksichtigen.

(3) Der Versorgungsträger unterbreitet dem Familiengericht einen Vorschlag für die Bestimmung des Ausgleichswerts und, falls es sich dabei nicht um einen Kapitalwert handelt, für einen korrespondierenden Kapitalwert nach § 47.

(4) ¹In Verfahren über Ausgleichsansprüche nach der Scheidung nach den §§ 20 und 21 oder den §§ 25 und 26 ist grundsätzlich nur der Rentenbetrag zu berechnen. ²Allgemeine Wertanpassungen des Anrechts sind zu berücksichtigen.

(5) Die Einzelheiten der Wertermittlung ergeben sich aus den §§ 39 bis 47.

Kapitel 2 – Ausgleich

Abschnitt 1 – Vereinbarungen über den Versorgungsausgleich

§ 6 VersAusglG
Regelungsbefugnisse der Ehegatten

(1) ¹Die Ehegatten können Vereinbarungen über den Versorgungsausgleich schließen. ²Sie können ihn insbesondere ganz oder teilweise
1. in die Regelung der ehelichen Vermögensverhältnisse einbeziehen,
2. ausschließen sowie
3. Ausgleichsansprüchen nach der Scheidung gemäß den §§ 20 bis 24 vorbehalten.

(2) Bestehen keine Wirksamkeits- und Durchsetzungshindernisse, ist das Familiengericht an die Vereinbarung gebunden.

§ 7 VersAusglG
Besondere formelle Wirksamkeitsvoraussetzungen

(1) Eine Vereinbarung über den Versorgungsausgleich, die vor Rechtskraft der Entscheidung über den Wertausgleich bei der Scheidung geschlossen wird, bedarf der notariellen Beurkundung.

(2) § 127a des Bürgerlichen Gesetzbuchs gilt entsprechend.

(3) Für eine Vereinbarung über den Versorgungsausgleich im Rahmen eines Ehevertrags gilt die in § 1410 des Bürgerlichen Gesetzbuchs bestimmte Form.

§ 8 VersAusglG
Besondere materielle Wirksamkeitsvoraussetzungen

(1) Die Vereinbarung über den Versorgungsausgleich muss einer Inhalts- und Ausübungskontrolle standhalten.

(2) Durch die Vereinbarung können Anrechte nur übertragen oder begründet werden, wenn die maßgeblichen Regelungen dies zulassen und die betroffenen Versorgungsträger zustimmen.

Abschnitt 2 – Wertausgleich bei der Scheidung

Unterabschnitt 1 – Grundsätze des Wertausgleichs bei der Scheidung

§ 9 VersAusglG
Rangfolge der Ausgleichsformen, Ausnahmen

(1) Dem Wertausgleich bei der Scheidung unterfallen alle Anrechte, es sei denn, die Ehegatten haben den Ausgleich nach den §§ 6 bis 8 geregelt oder die Ausgleichsreife der Anrechte nach § 19 fehlt.

(2) Anrechte sind in der Regel nach den §§ 10 bis 13 intern zu teilen.

(3) Ein Anrecht ist nur dann nach den §§ 14 bis 17 extern zu teilen, wenn ein Fall des § 14 Abs. 2 oder des § 16 Abs. 1 oder Abs. 2 vorliegt.

(4) Ist die Differenz beiderseitiger Ausgleichswerte von Anrechten gleicher Art gering oder haben einzelne Anrechte einen geringen Ausgleichswert, ist § 18 anzuwenden.

Unterabschnitt 2 – Interne Teilung

§ 10 VersAusglG
Interne Teilung

(1) Das Familiengericht überträgt für die ausgleichsberechtigte Person zulasten des Anrechts der ausgleichspflichtigen Person ein Anrecht in Höhe des Ausgleichswerts bei dem Versorgungsträger, bei dem das Anrecht der ausgleichspflichtigen Person besteht (interne Teilung).

(2) ¹Sofern nach der internen Teilung durch das Familiengericht für beide Ehegatten Anrechte gleicher Art bei demselben Versorgungsträger auszugleichen sind, vollzieht dieser den Ausgleich nur in Höhe des Wertunterschieds nach Verrechnung. ²Satz 1 gilt entsprechend, wenn verschiedene Versorgungsträger zuständig sind und Vereinbarungen zwischen ihnen eine Verrechnung vorsehen.

(3) Maßgeblich sind die Regelungen über das auszugleichende und das zu übertragende Anrecht.

§ 11 VersAusglG
Anforderungen an die interne Teilung

(1) ¹Die interne Teilung muss die gleichwertige Teilhabe der Ehegatten an den in der Ehezeit erworbenen Anrechten sicherstellen. ²Dies ist gewährleistet, wenn im Vergleich zum Anrecht der ausgleichspflichtigen Person
1. für die ausgleichsberechtigte Person ein eigenständiges und entsprechend gesichertes Anrecht übertragen wird,
2. ein Anrecht in Höhe des Ausgleichswerts mit vergleichbarer Wertentwicklung entsteht und
3. der gleiche Risikoschutz gewährt wird; der Versorgungsträger kann den Risikoschutz auf eine Altersversorgung beschränken, wenn er für das nicht abgesicherte Risiko einen zusätzlichen Ausgleich bei der Altersversorgung schafft.

(2) Für das Anrecht der ausgleichsberechtigten Person gelten die Regelungen über das Anrecht der ausgleichspflichtigen Person entsprechend, soweit nicht besondere Regelungen für den Versorgungsausgleich bestehen.

§ 12 VersAusglG
Rechtsfolge der internen Teilung von Betriebsrenten

Gilt für das auszugleichende Anrecht das Betriebsrentengesetz, so erlangt die ausgleichsberechtigte Person mit der Übertragung des Anrechts die Stellung eines ausgeschiedenen Arbeitnehmers im Sinne des Betriebsrentengesetzes.

§ 13 VersAusglG
Teilungskosten des Versorgungsträgers

Der Versorgungsträger kann die bei der internen Teilung entstehenden Kosten jeweils hälftig mit den Anrechten beider Ehegatten verrechnen, soweit sie angemessen sind.

Unterabschnitt 3 – Externe Teilung

§ 14 VersAusglG
Externe Teilung

(1) Das Familiengericht begründet für die ausgleichsberechtigte Person zulasten des Anrechts der ausgleichspflichtigen Person ein Anrecht in Höhe des Ausgleichswerts bei einem anderen Versorgungsträger als demjenigen, bei dem das Anrecht der ausgleichspflichtigen Person besteht (externe Teilung).

(2) Eine externe Teilung ist nur durchzuführen, wenn
1. die ausgleichsberechtigte Person und der Versorgungsträger der ausgleichspflichtigen Person eine externe Teilung vereinbaren oder

VersAusglG (Auszug)

2. der Versorgungsträger der ausgleichspflichtigen Person eine externe Teilung verlangt und der Ausgleichswert am Ende der Ehezeit bei einem Rentenbetrag als maßgeblicher Bezugsgröße höchstens 2 Prozent, in allen anderen Fällen als Kapitalwert höchstens 240 Prozent der monatlichen Bezugsgröße nach § 18 Abs. 1 des Vierten Buches Sozialgesetzbuch beträgt.

(3) § 10 Abs. 3 gilt entsprechend.

(4) Der Versorgungsträger der ausgleichspflichtigen Person hat den Ausgleichswert als Kapitalbetrag an den Versorgungsträger der ausgleichsberechtigten Person zu zahlen.

(5) Eine externe Teilung ist unzulässig, wenn ein Anrecht durch Beitragszahlung nicht mehr begründet werden kann.

§ 15 VersAusglG
Wahlrecht hinsichtlich der Zielversorgung

(1) Die ausgleichsberechtigte Person kann bei der externen Teilung wählen, ob ein für sie bestehendes Anrecht ausgebaut oder ein neues Anrecht begründet werden soll.

(2) Die gewählte Zielversorgung muss eine angemessene Versorgung gewährleisten.

(3) Die Zahlung des Kapitalbetrags nach § 14 Abs. 4 an die gewählte Zielversorgung darf nicht zu steuerpflichtigen Einnahmen oder zu einer schädlichen Verwendung bei der ausgleichspflichtigen Person führen, es sei denn, sie stimmt der Wahl der Zielversorgung zu.

(4) Ein Anrecht in der gesetzlichen Rentenversicherung, bei einem Pensionsfonds, einer Pensionskasse oder einer Direktversicherung oder aus einem Vertrag, der nach § 5 des Altersvorsorgeverträge-Zertifizierungsgesetzes zertifiziert ist, erfüllt stets die Anforderungen der Absätze 2 und 3.

(5) [1]Übt die ausgleichsberechtigte Person ihr Wahlrecht nicht aus, so erfolgt die externe Teilung durch Begründung eines Anrechts in der gesetzlichen Rentenversicherung. [2]Ist ein Anrecht im Sinne des Betriebsrentengesetzes auszugleichen, ist abweichend von Satz 1 ein Anrecht bei der Versorgungsausgleichskasse zu begründen.

§ 16 VersAusglG
Externe Teilung von Anrechten aus einem öffentlich-rechtlichen Dienst- oder Amtsverhältnis

(1) Solange der Träger einer Versorgung aus einem öffentlich-rechtlichen Dienst- oder Amtsverhältnis keine interne Teilung vorsieht, ist ein dort bestehendes Anrecht zu dessen Lasten durch Begründung eines Anrechts bei einem Träger der gesetzlichen Rentenversicherung auszugleichen.

(2) Anrechte aus einem Beamtenverhältnis auf Widerruf sowie aus einem Dienstverhältnis einer Soldatin oder eines Soldaten auf Zeit sind stets durch Begründung eines Anrechts in der gesetzlichen Rentenversicherung auszugleichen.

(3) [1]Das Familiengericht ordnet an, den Ausgleichswert in Entgeltpunkte umzurechnen. [2]Wurde das Anrecht im Beitrittsgebiet erworben, ist die Umrechnung in Entgeltpunkte (Ost) anzuordnen.

§ 17 VersAusglG
Besondere Fälle der externen Teilung von Betriebsrenten

Ist ein Anrecht im Sinne des Betriebsrentengesetzes aus einer Direktzusage oder einer Unterstützungskasse auszugleichen, so darf im Fall des § 14 Abs. 2 Nr. 2 der Ausgleichswert als Kapitalwert am Ende der Ehezeit höchstens die Beitragsbemessungsgrenze in der allgemeinen Rentenversicherung nach den §§ 159 und 160 des Sechsten Buches Sozialgesetzbuch erreichen.

Unterabschnitt 4 – Ausnahmen

§ 18 VersAusglG
Geringfügigkeit

(1) Das Familiengericht soll beiderseitige Anrechte gleicher Art nicht ausgleichen, wenn die Differenz ihrer Ausgleichswerte gering ist.

(2) Einzelne Anrechte mit einem geringen Ausgleichswert soll das Familiengericht nicht ausgleichen.

(3) Ein Wertunterschied nach Absatz 1 oder ein Ausgleichswert nach Absatz 2 ist gering, wenn er am Ende der Ehezeit bei einem Rentenbetrag als maßgeblicher Bezugsgröße höchstens 1 Prozent, in allen anderen Fällen als Kapitalwert höchstens 120 Prozent der monatlichen Bezugsgröße nach § 18 Abs. 1 des Vierten Buches Sozialgesetzbuch beträgt.

§ 19 VersAusglG
Fehlende Ausgleichsreife

(1) ¹Ist ein Anrecht nicht ausgleichsreif, so findet insoweit ein Wertausgleich bei der Scheidung nicht statt. ²§ 5 Abs. 2 gilt entsprechend.

(2) Ein Anrecht ist nicht ausgleichsreif,
1. wenn es dem Grund oder der Höhe nach nicht hinreichend verfestigt ist, insbesondere als noch verfallbares Anrecht im Sinne des Betriebsrentengesetzes,
2. soweit es auf eine abzuschmelzende Leistung gerichtet ist,
3. soweit sein Ausgleich für die ausgleichsberechtigte Person unwirtschaftlich wäre oder
4. wenn es bei einem ausländischen, zwischenstaatlichen oder überstaatlichen Versorgungsträger besteht.

(3) Hat ein Ehegatte nicht ausgleichsreife Anrechte nach Absatz 2 Nr. 4 erworben, so findet ein Wertausgleich bei der Scheidung auch in Bezug auf die sonstigen Anrechte der Ehegatten nicht statt, soweit dies für den anderen Ehegatten unbillig wäre.

(4) Ausgleichsansprüche nach der Scheidung gemäß den §§ 20 bis 26 bleiben unberührt.

Abschnitt 3 – Ausgleichsansprüche nach der Scheidung

Unterabschnitt 1 – Schuldrechtliche Ausgleichszahlungen

§ 20 VersAusglG
Anspruch auf schuldrechtliche Ausgleichsrente

(1) ¹Bezieht die ausgleichspflichtige Person eine laufende Versorgung aus einem noch nicht ausgeglichenen Anrecht, so kann die ausgleichsberechtigte Person von ihr den Ausgleichswert als Rente (schuldrechtliche Ausgleichsrente) verlangen. ²Die auf den Ausgleichswert entfallenden Sozialversicherungsbeiträge oder vergleichbaren Aufwendungen sind abzuziehen. ³§ 18 gilt entsprechend.

(2) Der Anspruch ist fällig, sobald die ausgleichsberechtigte Person
1. eine eigene laufende Versorgung im Sinne des § 2 bezieht,
2. die Regelaltersgrenze der gesetzlichen Rentenversicherung erreicht hat oder
3. die gesundheitlichen Voraussetzungen für eine laufende Versorgung wegen Invalidität erfüllt.

(3) Für die schuldrechtliche Ausgleichsrente gelten § 1585 Abs. 1 Satz 2 und 3 sowie § 1585b Abs. 2 und 3 des Bürgerlichen Gesetzbuchs entsprechend.

§ 21 VersAusglG
Abtretung von Versorgungsansprüchen

(1) Die ausgleichsberechtigte Person kann von der ausgleichspflichtigen Person verlangen, ihr den Anspruch gegen den Versorgungsträger in Höhe der Ausgleichsrente abzutreten.

(2) Für rückständige Ansprüche auf eine schuldrechtliche Ausgleichsrente kann keine Abtretung verlangt werden.

(3) Eine Abtretung nach Absatz 1 ist auch dann wirksam, wenn andere Vorschriften die Übertragung oder Pfändung des Versorgungsanspruchs ausschließen.

(4) Verstirbt die ausgleichsberechtigte Person, so geht der nach Absatz 1 abgetretene Anspruch gegen den Versorgungsträger wieder auf die ausgleichspflichtige Person über.

§ 22 VersAusglG
Anspruch auf Ausgleich von Kapitalzahlungen

¹Erhält die ausgleichspflichtige Person Kapitalzahlungen aus einem noch nicht ausgeglichenen Anrecht, so kann die ausgleichsberechtigte Person von ihr die Zahlung des Ausgleichswerts verlangen. ²Im Übrigen sind die §§ 20 und 21 entsprechend anzuwenden.

Unterabschnitt 2 – Abfindung

§ 23 VersAusglG
Anspruch auf Abfindung, Zumutbarkeit

(1) ¹Die ausgleichsberechtigte Person kann für ein noch nicht ausgeglichenes Anrecht von der ausgleichspflichtigen Person eine zweckgebundene Abfindung verlangen. ²Die Abfindung ist an den Versorgungsträger zu zahlen, bei dem ein bestehendes Anrecht ausgebaut oder ein neues Anrecht begründet werden soll.

(2) Der Anspruch nach Absatz 1 besteht nur, wenn die Zahlung der Abfindung für die ausgleichspflichtige Person zumutbar ist.

(3) Würde eine Einmalzahlung die ausgleichspflichtige Person unbillig belasten, so kann sie Ratenzahlung verlangen.

§ 24 VersAusglG
Höhe der Abfindung, Zweckbindung

(1) ¹Für die Höhe der Abfindung ist der Zeitwert des Ausgleichswerts maßgeblich. ²§ 18 gilt entsprechend.

(2) Für das Wahlrecht hinsichtlich der Zielversorgung gilt § 15 entsprechend.

Unterabschnitt 3 – Teilhabe an der Hinterbliebenenversorgung

§ 25 VersAusglG
Anspruch gegen den Versorgungsträger

(1) Stirbt die ausgleichspflichtige Person und besteht ein noch nicht ausgeglichenes Anrecht, so kann die ausgleichsberechtigte Person vom Versorgungsträger die Hinterbliebenenversorgung verlangen, die sie erhielte, wenn die Ehe bis zum Tod der ausgleichspflichtigen Person fortbestanden hätte.

(2) Der Anspruch ist ausgeschlossen, wenn das Anrecht wegen einer Vereinbarung der Ehegatten nach den §§ 6 bis 8 oder wegen fehlender Ausgleichsreife nach § 19 Abs. 2 Nr. 2 oder Nr. 3 oder Abs. 3 vom Wertausgleich bei der Scheidung ausgenommen worden war.

(3) ¹Die Höhe des Anspruchs ist auf den Betrag beschränkt, den die ausgleichsberechtigte Person als schuldrechtliche Ausgleichsrente verlangen könnte. ²Leistungen, die sie von dem Versorgungsträger als Hinterbliebene erhält, sind anzurechnen.

(4) § 20 Abs. 2 und 3 gilt entsprechend.

(5) Eine Hinterbliebenenversorgung, die der Versorgungsträger an die Witwe oder den Witwer der ausgleichspflichtigen Person zahlt, ist um den nach den Absätzen 1 und 3 Satz 1 errechneten Betrag zu kürzen.

§ 26 VersAusglG
Anspruch gegen die Witwe oder den Witwer

(1) Besteht ein noch nicht ausgeglichenes Anrecht bei einem ausländischen, zwischenstaatlichen oder überstaatlichen Versorgungsträger, so richtet sich der Anspruch nach § 25 Abs. 1 gegen die Witwe oder den Witwer der ausgleichspflichtigen Person, soweit der Versorgungsträger an die Witwe oder den Witwer eine Hinterbliebenenversorgung leistet.

(2) § 25 Abs. 2 bis 4 gilt entsprechend.

Abschnitt 4 – Härtefälle

§ 27 VersAusglG
Beschränkung oder Wegfall des Versorgungsausgleichs

^{1}Ein Versorgungsausgleich findet ausnahmsweise nicht statt, soweit er grob unbillig wäre. ^{2}Dies ist nur der Fall, wenn die gesamten Umstände des Einzelfalls es rechtfertigen, von der Halbteilung abzuweichen.

Teil 2 – Wertermittlung

Kapitel 1 – Allgemeine Wertermittlungsvorschriften

§ 39 VersAusglG
Unmittelbare Bewertung einer Anwartschaft

(1) Befindet sich ein Anrecht in der Anwartschaftsphase und richtet sich sein Wert nach einer Bezugsgröße, die unmittelbar bestimmten Zeitabschnitten zugeordnet werden kann, so entspricht der Wert des Ehezeitanteils dem Umfang der auf die Ehezeit entfallenden Bezugsgröße (unmittelbare Bewertung).

(2) Die unmittelbare Bewertung ist insbesondere bei Anrechten anzuwenden, bei denen für die Höhe der laufenden Versorgung Folgendes bestimmend ist:
1. die Summe der Entgeltpunkte oder vergleichbarer Rechengrößen wie Versorgungspunkten oder Leistungszahlen,
2. die Höhe eines Deckungskapitals,
3. die Summe der Rentenbausteine,
4. die Summe der entrichteten Beiträge oder
5. die Dauer der Zugehörigkeit zum Versorgungssystem.

§ 40 VersAusglG
Zeitratierliche Bewertung einer Anwartschaft

(1) Befindet sich ein Anrecht in der Anwartschaftsphase und richtet sich der Wert des Anrechts nicht nach den Grundsätzen der unmittelbaren Bewertung gemäß § 39, so ist der Wert des Ehezeitanteils auf der Grundlage eines Zeit-Zeit-Verhältnisses zu berechnen (zeitratierliche Bewertung).

(2) ^{1}Zu ermitteln ist die Zeitdauer, die bis zu der für das Anrecht maßgeblichen Altersgrenze höchstens erreicht werden kann (n). ^{2}Zudem ist der Teil dieser Zeitdauer zu ermitteln, der mit der Ehezeit übereinstimmt (m). ^{3}Der Wert des Ehezeitanteils ergibt sich, wenn das Verhältnis der in die Ehezeit fallenden Zeitdauer und der höchstens erreichbaren Zeitdauer (m/n) mit der zu erwartenden Versorgung (R) multipliziert wird (m/n × R).

(3) ¹Bei der Ermittlung der zu erwartenden Versorgung ist von den zum Ende der Ehezeit geltenden Bemessungsgrundlagen auszugehen. ²§ 5 Abs. 2 Satz 2 bleibt unberührt.

(4) Die zeitratierliche Bewertung ist insbesondere bei Anrechten anzuwenden, bei denen die Höhe der Versorgung von dem Entgelt abhängt, das bei Eintritt des Versorgungsfalls gezahlt werden würde.

(5) Familienbezogene Bestandteile des Ehezeitanteils, die die Ehegatten nur auf Grund einer bestehenden Ehe oder für Kinder erhalten, dürfen nicht berücksichtigt werden.

§ 41 VersAusglG
Bewertung einer laufenden Versorgung

(1) Befindet sich ein Anrecht in der Leistungsphase und wäre für die Anwartschaftsphase die unmittelbare Bewertung maßgeblich, so gilt § 39 Abs. 1 entsprechend.

(2) ¹Befindet sich ein Anrecht in der Leistungsphase und wäre für die Anwartschaftsphase die zeitratierliche Bewertung maßgeblich, so gilt § 40 Abs. 1 bis 3 entsprechend. ²Hierbei sind die Annahmen für die höchstens erreichbare Zeitdauer und für die zu erwartende Versorgung durch die tatsächlichen Werte zu ersetzen.

§ 42 VersAusglG
Bewertung nach Billigkeit

Führt weder die unmittelbare Bewertung noch die zeitratierliche Bewertung zu einem Ergebnis, das dem Grundsatz der Halbteilung entspricht, so ist der Wert nach billigem Ermessen zu ermitteln.

Kapitel 2 – Sondervorschriften für bestimmte Versorgungsträger

§ 45 VersAusglG
Sondervorschriften für Anrechte nach dem Betriebsrentengesetz

(1) ¹Bei einem Anrecht im Sinne des Betriebsrentengesetzes ist der Wert des Anrechts als Rentenbetrag nach § 2 des Betriebsrentengesetzes oder der Kapitalwert nach § 4 Abs. 5 des Betriebsrentengesetzes maßgeblich. ²Hierbei ist anzunehmen, dass die Betriebszugehörigkeit der ausgleichspflichtigen Person spätestens zum Ehezeitende beendet ist.

(2) ¹Der Wert des Ehezeitanteils ist nach den Grundsätzen der unmittelbaren Bewertung zu ermitteln. ²Ist dies nicht möglich, so ist eine zeitratierliche Bewertung durchzuführen. ³Hierzu ist der nach Absatz 1 ermittelte Wert des Anrechts mit dem Quotienten zu multiplizieren, der aus der ehezeitlichen Betriebszugehörigkeit und der gesamten Betriebszugehörigkeit bis zum Ehezeitende zu bilden ist.

(3) Die Absätze 1 und 2 gelten nicht für ein Anrecht, das bei einem Träger einer Zusatzversorgung des öffentlichen oder kirchlichen Dienstes besteht.

Kapitel 3 – Korrespondierender Kapitalwert als Hilfsgröße

§ 47 VersAusglG
Berechnung des korrespondierenden Kapitalwerts

(1) Der korrespondierende Kapitalwert ist eine Hilfsgröße für ein Anrecht, dessen Ausgleichswert nach § 5 Abs. 3 nicht bereits als Kapitalwert bestimmt ist.

(2) Der korrespondierende Kapitalwert entspricht dem Betrag, der zum Ende der Ehezeit aufzubringen wäre, um beim Versorgungsträger der ausgleichspflichtigen Person für sie ein Anrecht in Höhe des Ausgleichswerts zu begründen.

(3) Für Anrechte im Sinne des § 44 Abs. 1 sind bei der Ermittlung des korrespondierenden Kapitalwerts die Berechnungsgrundlagen der gesetzlichen Rentenversicherung entsprechend anzuwenden.

(4) ¹Für ein Anrecht im Sinne des Betriebsrentengesetzes gilt der Übertragungswert nach § 4 Abs. 5 des Betriebsrentengesetzes als korrespondierender Kapitalwert. ²Für ein Anrecht, das bei einem Träger einer Zusatzversorgung des öffentlichen oder kirchlichen Dienstes besteht, ist als korrespondierender Kapitalwert der Barwert im Sinne des Absatzes 5 zu ermitteln.

(5) Kann ein korrespondierender Kapitalwert nach den Absätzen 2 bis 4 nicht ermittelt werden, so ist ein nach versicherungsmathematischen Grundsätzen ermittelter Barwert maßgeblich.

(6) Bei einem Wertvergleich in den Fällen der §§ 6 bis 8, 18 Abs. 1 und § 27 sind nicht nur die Kapitalwerte und korrespondierenden Kapitalwerte, sondern auch die weiteren Faktoren der Anrechte zu berücksichtigen, die sich auf die Versorgung auswirken.

Teil 3 – Übergangsvorschriften

§ 48 VersAusglG
Allgemeine Übergangsvorschrift

(1) In Verfahren über den Versorgungsausgleich, die vor dem 1. September 2009 eingeleitet worden sind, ist das bis dahin geltende materielle Recht und Verfahrensrecht weiterhin anzuwenden.

(2) Abweichend von Absatz 1 ist das ab dem 1. September 2009 geltende materielle Recht und Verfahrensrecht anzuwenden in Verfahren, die
1. am 1. September 2009 abgetrennt oder ausgesetzt sind oder deren Ruhen angeordnet ist oder
2. nach dem 1. September 2009 abgetrennt oder ausgesetzt werden oder deren Ruhen angeordnet wird.

(3) Abweichend von Absatz 1 ist in Verfahren, in denen am 31. August 2010 im ersten Rechtszug noch keine Endentscheidung erlassen wurde, ab dem 1. September 2010 das ab dem 1. September 2009 geltende materielle Recht und Verfahrensrecht anzuwenden.

FamFG (Auszug)

2926 Gesetz über das Verfahren in Familiensachen und in den Angelegenheiten der freiwilligen Gerichtsbarkeit (FamFG)

Vom 17. Dezember 2008 (BGBl. I S. 2586, 2587)

Zuletzt geändert durch Artikel 2 des Gesetzes vom 18. Februar 2013 (BGBl. I S. 266)

Buch 2 – Verfahren in Familiensachen

Abschnitt 8 – Verfahren und Versorgungsausgleichssachen

§ 219 FamFG
Beteiligte

Zu beteiligen sind
1. die Ehegatten,
2. die Versorgungsträger, bei denen ein auszugleichendes Anrecht besteht,
3. die Versorgungsträger, bei denen ein Anrecht zum Zweck des Ausgleichs begründet werden soll, und
4. die Hinterbliebenen und die Erben der Ehegatten.

§ 222 FamFG
Durchführung der externen Teilung

(1) Die Wahlrechte nach § 14 Abs. 2 und § 15 Abs. 1 des Versorgungsausgleichsgesetzes sind in den vom Gericht zu setzenden Fristen auszuüben.

(2) Übt die ausgleichsberechtigte Person ihr Wahlrecht nach § 15 Abs. 1 des Versorgungsausgleichsgesetzes aus, so hat sie in der nach Absatz 1 gesetzten Frist zugleich nachzuweisen, dass der ausgewählte Versorgungsträger mit der vorgesehenen Teilung einverstanden ist.

(3) Das Gericht setzt in der Endentscheidung den nach § 14 Abs. 4 des Versorgungsausgleichsgesetzes zu zahlenden Kapitalbetrag fest.

(4) Bei einer externen Teilung nach § 16 des Versorgungsausgleichsgesetzes sind die Absätze 1 bis 3 nicht anzuwenden.

§ 224 FamFG
Entscheidung über den Versorgungsausgleich

(1) Endentscheidungen, die den Versorgungsausgleich betreffen, werden erst mit Rechtskraft wirksam.

(2) Die Endentscheidung ist zu begründen.

(3) Soweit ein Wertausgleich bei der Scheidung nach § 3 Abs. 3, den §§ 6, 18 Abs. 1 oder Abs. 2 oder § 27 des Versorgungsausgleichsgesetzes nicht stattfindet, stellt das Gericht dies in der Beschlussformel fest.

(4) Verbleiben nach dem Wertausgleich bei der Scheidung noch Anrechte für Ausgleichsansprüche nach der Scheidung, benennt das Gericht diese Anrechte in der Begründung.

Stichwortverzeichnis

Die Zahlen verweisen auf die Randnummern.

Abfindungsverbot 475 ff.
- Abfindungsbetrag 493 ff.
- Abfindungsverbot 475 ff., 479 ff., 499 ff.
- Abfindungsvereinbarung 476 ff., 504 ff.
- Ausgleichsquittung 489, 1311
- Bagatellanwartschaft 476
- Besteuerung der Abfindungszahlung 501 ff.
- gerichtlicher Vergleich 488
- Kapitalwahlrecht 492 ff.
- sozialversicherungsrechtliche Konsequenzen 521 ff.
- Steuerermäßigung 512 ff.
- Übertragung der Leistungspflicht 871
- Verzicht 1310
- Vorrang der Portabilität 478

Abfindungsklausel 1920

Abspaltung 636 ff., 1724

Abwicklungsgesellschaft 1033 ff.

Allgemeine Geschäftsbedingung 82 ff.
- Unklarheitenregel 83 f.

Allgemeines Gleichbehandlungsgesetz 1471 ff.
- Diskriminierungstatbestand 1471 ff.
- Fallgestaltung 1472 ff.

Altersdiskriminierung 1474 ff.

Altersgrenze, Aufhebungsvertrag 33
- einheitliche 1395
- feste 424
- Gleichbehandlung 1395

Altersleistung 310

Altersrente 691 ff.
- vorgezogene 691 ff.

Alterssicherungssystem 7

Altersvermögensgesetz 13

Anlagerisiko 192 ff.

Anordnung 54 1299 ff.

Anpassung 929 ff.
- Abwicklungsgesellschaft 1033 ff.
- Anpassungsmaßstab 967 ff.
- Anpassungsprüfungsverfahren 1066
- Anpassungsrhythmus 963
- Beherrschungsvertrag 1040
- Belange des Versorgungsempfängers 929, 983 ff.
- Berechnungsdurchgriff zulasten des Versorgungsberechtigten 1048 ff.
- betriebliche Übung 1098 ff.
- Bochumer Verband 1002 f., 1052, 1060
- Eigenkapitalverzinsung 1022 ff.
- Entwicklungsklausel 1096
- Essener Verband 1060
- freiwillige 974, 1097
- Gesamtversorgungsbetrachtung 982
- gesetzlicher Mindestschutz 1067
- Holschuld 980
- Indexklausel 1094
- Indexwert 972
- Inflationsausgleich 983 ff.
- Informationspflicht 1076 ff.
- Insolvenz 1069 ff.
- Konditionenkartell 1003 ff., 1060
- Konzern 1038 ff.
- laufende Leistungen 929, 938, 953
- Loyalitätsklausel 1096
- Maßstab 967 ff.
- Mitbestimmung 1074 f.
- Musterprozessvereinbarung 979
- nachholende 973 ff., 1006, 1032,
- nachträgliche 973 ff., 979 ff.
- Nettolohnbegrenzung 983 ff.
- Nettolohnlimitierung 1005 ff.
- Pensionssicherungsverein 937
- prozessuale Besonderheit 1107 ff.
- Prüfungspflicht 932 ff.
- Prüfungszeitraum 955 ff., 959, 965 ff.
- reallohnbezogene Obergrenze 1001 ff.
- Rentnergesellschaft 1033 ff.
- Richtlinienverband 1060
- Schicksalsgemeinschaft 1051
- Spannungsklausel 1095
- Splittingmethode 971
- Substanzerhaltung 1009, 1017
- Überschussanteil 940
- Überschussbeteiligung 943
- Überschussverwendung 941
- unterlassene Prüfung 1086
- Unternehmensverschmelzung 1057 ff.
- Verflechtung 1050
- Verjährung 1087 ff.
- Versorgungskartell 1003 ff., 1060 ff.
- vertragliche 1090 ff.
- Verwirkung 980
- Wertsicherungsklausel 1097
- Widerspruchsrecht 976
- wirtschaftliche Lage des Arbeitgebers 929, 1009 ff., 1028 ff.
- Wirtschaftsprüfergutachten 1018

Anpassungsprüfung im Konzern 1038 ff.

Anpassungsstichtag 1009 ff.

Anrechnung 667 ff.
- Anrechnungsklausel 678
- Anrechnungsverbot 667 ff., 676 ff.
- Ausgleichsanspruch 687
- Gesamtversorgungssystem 668, 680
- Höherversicherung 680
- Nullleistung 669

Stichwortverzeichnis

Anrechnungssystem 261
Antidiskriminierungsverband 1462
Anwartschaft 214 ff.
– Übertragung 214 ff.
Arbeitgeberleistung 76 ff.
Arbeitnehmerschutzgesetz 1109, 1845
Arbeitslosigkeit 1292 ff.
Aufrechnung 1323
Aufsichtrecht 192 ff.
Ausgleichsquittung 489
Auskunftspflicht 473 ff.
Ausschlussfrist 1332 ff.
Auszehrungsverbot 667 ff., 1118
– Inhalt 670 ff.
– Umfang 670 ff.

Bagatellanwartschaft 476
Bausteinsystem 283 ff.
Beamtenpension 6
Beitragsidentität 1449 ff.
Beitragsorientierte Leistungszusage 293, 329
Beitragsorientierter Versorgungsplan 280 ff.
Beitragspflicht 1280 ff.
Beitragszusage mit Mindestleistung 294 ff., 329, 702
– Altersleistung 310
– Eintritt vorzeitiger Risiken 311 f.
– Entgeltumwandlung 301
– Gesellschafter-Geschäftsführer 1941
– Insolvenzsicherung 852 ff.
– Kapitalanlagerisiko 460
– Mindestleistungsgarantie 295
– Pensionsfonds 191
– Umfang 305 ff.
– Unverfallbarkeit 460 ff.
– Verschaffungsanspruch 313 ff.
– vorgezogene Altersgrenze 729 ff.
Beraterhaftung 1986
Berufsunfähigkeit 39 ff.
Besitzstand 1579 ff.
Besitzstandsrentner 1155
Betriebliche Altersversorgung 1 ff., 1222 ff.
– Allgemeines Gleichbehandlungsgesetz 1463 ff.
– Arbeitslosigkeit 1292 ff.
– arbeitsrechtlicher Verschaffungsanspruch 290
– Arbeitsverhältnis 73 ff.
– beitragsorientierte Leistungszusage 292 ff.
– Beitragszusage mit Mindestleistung 293 ff.
– Besteuerung 1222 ff.
– Betriebstreue 86
– Bleibeprämie 72
– Doppelcharakter 86
– Durchführung 290 ff.
– Durchführungsweg 71, 89 ff.
– Eigenbetrag 346
– freiwillige Sozialleistung 222
– Fürsorgepflicht 85, 221
– Gleichbehandlung 1349 ff.

– Haftung des Arbeitgebers 290
– Handgeld 72
– historischer Überblick 1 ff.
– Jubiläumszuwendung 79
– Leistungszweck 72 ff.
– neue Bundesländer 1297 ff.
– Nutzungsrecht 70 ff.
– öffentlicher Dienst 1137 ff.
– Rechtsnatur 85 ff.
– Risikoabsicherung 53
– Sozialversicherungsrecht 1261 ff.
– steuerrechtliche Rahmenbedingung 1173 ff.
– Treueprämie 79
– Überbrückungshilfe 37 f.
– Übergangszuschuss 38
– Unverfallbarkeit 372 ff.
– Versorgungscharakter 86
– Vollversorgung 7
– Zusage des Arbeitgebers 290 ff.
– Zweckgebundenheit 87
Betriebliche Übung 223, 245 ff.
– Anpassung 1098 ff.
– Bindungswirkung 248
– Neuordnung 1542
– Unverfallbarkeitsfrist 384
– Vertrauenshaftung 245
Betriebsrente 10
– durchschnittliche 10
Betriebsrentengesetz 1, 289 ff.
– Regelungsbereich 289 ff.
Betriebsrentner 1611
Betriebsübergang 1682 ff.
– Aufhebungsvertrag 1688
– Bestandsschutzfunktion 1682
– Eigenkündigung 1688
– Einzelrechtsnachfolge 1682
– Elternzeit 1684
– Erlassvertrag 1689
– Freistellungsphase 1684
– Haftungsfunktion 1682
– Informationspflichten 1706 ff.
– Insolvenz 1716 ff.
– Konkurrenzverhältnis 1709 ff.
– Konsequenzen des Unternehmensverkaufs 1720
– Mitbestimmungsfunktion 1682
– Nachhaftung 1714 f.
– Pensionsrückstellung 1699
– Rechtsfolgen 1682 ff.
– Unterstützungskasse 1698 ff.
– Unverfallbarkeitsfrist 1687, 1703
– Versorgungsanwartschaft 1703 ff.
Betriebsvereinbarung 223, 229 ff.
– Betriebsvereinbarungsoffenheit 231 f.
– Dotierungsrahmen 231
– Günstigkeitsprinzip 230 f.
– kollektiver Günstigkeitsvergleich 231
– nachfolgende 231
– umstrukturierende Neuordnung 231

Stichwortverzeichnis

- verschlechternde 231
- Betriebsvereinbarungsoffenheit 243
- Bilanzrichtliniengesetz 111
- Bilanzsprungrisiko 105
- Bilanzverlängerung 135
- Bilanzrechtmodernisierungsgesetz 113 ff., 141
  - Aktivposten 124
  - Angaben zu Pensionsverpflichtung 130
  - Pensionsrückstellung 114 ff.
  - PUC-Methode 119
  - Rückdeckungsversicherung 127
  - umgekehrte Maßgeblichkeit 116
  - Zinsbestimmung 118 ff.
- Bleibeprämie 72

- Cafeteriamodell 1278
- Claim assets 622
- CTA – Contractual Trust Arrangement 126, 879
  - Einrichtung 128 ff.

- Datenschutz 1337 ff.
- Datenschutzklausel 1339
- Deckungsmittel 4
- Deckungsverhältnis 90
- Direktversicherung 145 ff.
  - Beleihung 772
  - Bezugsrecht 399
  - Definition 145
  - Ehegattenarbeitsverhältnis 2086 ff.
  - Gehaltsumwandlung 399
  - Insolvenzsicherung 759 ff.
  - Kündigung 437
  - Mitbestimmung 1654
  - Prämienaufwand 152
  - Rechtsbeziehung 146 f.
  - Schadensersatz 399
  - Überschussanteil 399
  - Unverfallbarkeit 399
  - Verjährung 1330
  - Vervielfältigungsregelung 151 ff.
  - vorgezogene Altersrente 701 ff.
- Direktzusage 92, 133
- Doppelseitige Treuhand 879
- Drei-Säulen-Konzept 7, 257, 1840
- Durchführungsweg 89 ff.
  - versicherungsförmiger 1189
- Durchführungszeitpunkt 153 ff.
  - Vervielfältigungsregelung 153 ff.
- Durchgriffshaftung 291
- Durchschnittsgehaltsplan 274 ff.

- Ehegattenarbeitsverhältnis 2065 ff.
  - Angemessenheit 2071
  - Betriebsausgabenabzug 2065
  - Direktversicherung 2086 ff.
  - Ernsthaftigkeit 2081
  - Fremdvergleich 2070 f., 2076
  - Pensionsfonds 2091

- Pensionskasse 2091
- Pensionszusage 2073 ff.
- Rückdeckungsversicherung 2084
- Teilzeitbeschäftigung 2082
- Überversorgung 2079
- Unterstützungskasse 2091
- Eigenbeitrag 346 ff.
  - echter 346
- Eigenkapitalverzinsung 1022 ff.
- Eigenvorsorge 1246 ff.
- Einmal-Verzichtsvereinbarung 1135
- Einzelzusage 235 ff.
- Entgehaltsplan 271 ff., 1377
- Entgeltcharakter 86
- Entgeltfreies Arbeitsverhältnis 362 ff.
  - Recht auf Fortsetzung der Versicherung/Versorgung 362 ff.
  - Rechtsfolge 365 ff.
  - Voraussetzung 363 ff.
- Entgeltprinzip 61
- Entgeltumwandlung 317 ff., 1267
  - Abgrenzung 1274
  - Arbeitnehmereigenbeitrag 348
  - arbeitsrechtliche Voraussetzung 318 ff.
  - Aufklärungspflicht 340 ff.
  - Beitragsfreistellung 1265
  - Beitragszusage mit Mindestleistung 301, 328
  - Insolvenzsicherung 848 ff.
  - künftige 330 ff.
  - Mitbestimmung 1665
  - Nettolohnentwicklung 990
  - Pensionsrückstellung 99
  - Rechtsanspruch 351 ff.
  - Steuerrecht 1266 ff.
  - steuerrechtliche Rahmenbedingung 343 ff.
  - unechte 1269
  - Unterstützungskasse 180
  - Unverfallbarkeit 397 ff.
  - Verfallrisiko 341
  - Wertgleichheit 319 ff.
  - Zusatzversorgung 1151 ff.
- Entgeltumwidmung 1266 ff.
- Entwicklungsklausel 1096
- Erdienbarkeit 1987 ff.
- Erwerbsminderung 40 ff.
- Erwerbsunfähigkeit 39 ff.
- Excedentenversicherung 883

- Festrentenzusage 264 ff.
  - Charakter 265
  - Kalkulationssicherheit 266
  - Mitarbeitermotivation 268
- Feststellungsklage 1347 f.
- Finanzierte Anwartschaft 451
- Freiwillige Sozialleistung 1494
- Fremdkapital 133 ff.
- Fremdvergleich 1997
- Fürsorgepflicht 85

939

Stichwortverzeichnis

Future-Service 2029

Gehaltsabhängige Zusage 270 ff., 274 ff.
- Durchschnittsgehaltsplan 274 ff.
- Entgehaltsplan 271 ff.
- Renteneckwertsystem 277 ff.

Geldentwertungsrate 1062
Geringfügige Beschäftigung 1411 ff.
Gesamtpension 389
Gesamtvergütung 1278
Gesamtversorgung 8, 258 ff.
Gesamtversorgungssystem 259 ff., 416, 735 ff., 1620
- Kalkulationsunsicherheit 263
- Vorteile/Nachteile 263

Gesamtzusage 241 ff.
- Betriebsvereinbarungsoffenheit 243
- kollektiver Einschlag 243
- Systematik 242

Gesellschafter-Geschäftsführer 1114 ff.
- Abfindung 2031 ff.
- arbeitsrechtliche Besonderheit 1844 ff.
- Beitragszusage mit Mindestleistung 1941
- Berücksichtigung der Dienstzeit 1854
- Bilanzsprungrisiko 1972
- Bilanzstichtag 1937
- Erdienbarkeit 1987 ff.
- Ernsthaftigkeit 1969 ff.
- Finanzierbarkeit 2008
- Gesamtbezüge 1974 ff.
- Gesellschafterversammlung 1903 ff.
- GmbH & Co. KG 2059 f.
- Insolvenzsicherung 1861 ff.
- Kapitalgesellschaft 1840 ff.
- Nachzahlungsverbot 1963 ff.
- Näherungsverfahren 1943
- Nur-Pension 1926
- Personengesellschaft 2053 ff.
- Quotierungsverfahren 2024
- Rückdeckungsversicherung 1873 f., 1972 f., 2013
- Selbstkontrahierungsverbot 1900 ff.
- Statuswechsel 1115
- steuerrechtliche Rahmenbedingung 1888 ff.
- Überversorgung 1924 ff.
- Umwandlungsfälle 2061 ff.
- Unverfallbarkeit 1860a ff., 2020 ff.
- Verböserungsverbot 1927
- verdeckte Gewinnausschüttung 1911 ff., 1955 ff.
- Verpfändung der Rückdeckungsversicherung 1874 ff.
- versorgungsfähige Bezüge 1851 ff.
- Versorgungsziel 1855 ff.
- Versorgungsregelung 1850a
- Verzicht 2028 ff.
- Vorwegabzug 2041 ff.
- Wartezeit 1997 ff.
- Widerrufsvorbehalt 1917 f.

Gesetz zur Überarbeitung des Lebenspartnerschaftsrechts 1482
Gleichbehandlung 223, 252 ff., 1277, 1349 ff.
- Altersdifferenzklausel 1478 ff.
- Altersgrenze 1387 ff., 1395
- Anspruchsgrundlage 1349 ff.
- Arbeiter und Angestellte 1428 ff.
- Art. 141 EGV 1387 ff.
- befristet beschäftigter Arbeitnehmer 1405 ff.
- Benachteiligungsverbot 1359
- Differenzierungsverbot 1357
- Diskriminierungsschutz 1468 ff.
- Diskriminierungsverbot 1364, 1380 f., 1388
- geringfügig beschäftigter Arbeitnehmer 1405 ff.
- Gruppenbildung 1350a
- leitender Mitarbeiter 1427
- Lohngleichheitsgrundsatz 253 f., 1349
- mittelbare Diskriminierung 1363
- Pensionsrückstellung 1386
- Rechtsgrundlage 1356 ff.
- sachfremde Gruppenbildung 1350
- sachfremde Schlechterstellung 1350
- Schließung Versorgungswerk 1491 ff.
- Teilzeitbeschäftigter 1356, 1374 ff.
- Übergangszeit 1391
- Unverfallbarkeit 1474 ff.
- Unverfallbarkeitsfrist 385
- Verhältnismäßigkeitsgrundsatz 1365
- Verschaffungsanspruch 1373, 1383
- Vertrauensschutz 1393
- Witwerrente 1356, 1385 ff.

Grundsatz der Unteilbarkeit von Betriebsrenten 1286
Gruppenunterstützungskasse 173

Handgeld 72
Härtefallregelung 61
Hinterbliebenenversorgung 51 ff., 420
- Angehöriger 1184
- Entgeltprinzip 61
- gleichgeschlechtliche Lebenspartnerschaft 65, 1481 ff.
- Härtefallklausel 61
- Insolvenzsicherung 820 ff.
- Kind 1186
- Lebenspartner 65
- nichtehelicher Lebensgefährte 63
- Risikoabsicherung 53
- Selbstmordklausel 61
- Spätehenklausel 57
- steuerliche Definition 1180
- Vererblichkeit 1187
- versorgungsberechtigter Lebenspartner 1183
- Versorgungsehe 57
- Vertrag zugunsten Dritter 56
- Waisenrente 55 ff., 59
- Wiederverheiratungsklausel 59
- Witwen-/Witwerrente 54

Stichwortverzeichnis

Individualzusage 235 ff., 1507 ff.
- Schriftform 236

Informationsanspruch
Insolvenzschutz 866
- sofortiger 866

Insolvenzsicherung 748 ff.
- Abfindung 846 f.
- Abzinsung 895
- akzessorisches Sicherungsrecht 878 f.
- Anmeldeverfahren 917 ff.
- Anspruchsminderung 828
- Anspruchsübergang 873 ff.
- anzurechnende Leistung 828
- Beitragspflicht 891
- Besserungsklausel 845
- Datenschutz 928
- Direktversicherung 759 ff., 808 ff.
- Durchführungsweg 755 ff.
- einschränkende Neuordnung 807
- Entgeltumwandlung 848 ff.
- Excedentenversicherung 883
- Finanzierung 891 ff.
- Finanzierungsverfahren 892
- Forderungsübergang 873 ff.
- Gefährdung der Deckungsmittel 755
- Gesellschafter-Geschäftsführer 1861 ff.
- Haftung des Pensionssicherungsvereins 784
- horizontale Leistungsübernahme 840 ff.
- Insolvenzmasse 760
- Insolvenzschutz 776, 802
- Insolvenzstichtag 784
- Kappungsgrenze 906
- Katastrophenfall 839
- Leistungsausschluss 829 ff.
- Leistungsbegrenzung 816 ff.
- Leistungshöchstgrenze 816 f.
- Leistungsklage 912
- Minderheitsgesellschafter 814
- Missbrauchsvermutung 833, 836, 867
- Mitteilungspflicht 917 ff., 920 ff.
- Mitwirkungspflicht 917 ff.
- Nachdienstzeit 799
- Nachfinanzierung von Altlasten 896
- Nachfinanzierungsbetrag 897 ff.
- Nutzungsrechte 811
- Ordnungswidrigkeit 926 f.
- Pensionsfonds 775, 810
- Pensionskasse 758
- Pensionssicherungsverein (PSV) 749 f.
- Pensionszusage 757
- persönlicher Geltungsbereich 812 ff.
- Portabilität 865 ff.
- rückständiger Versorgungsanspruch 877
- Sachleistung 811
- Schadensersatz 926 ff.
- Schuldnerwechsel 749 f.
- Übertragung der Leistungspflicht 888
- Unterstützungskasse 754, 757, 884
- Unverfallbarkeit 766 ff.
- Veränderungssperre 804 ff.
- Verjährung 909
- Vermögensübergang 873 ff.
- versicherungsvertragliche Lösung 767
- versicherungsvertraglicher Sollwert 809
- Versorgungsanwartschaft 790 ff.
- Versorgungsleistung 780 ff.
- vertikale Leistungsübernahme 840 ff.
- Vordienstzeit 793
- Wertsteigerung 846 f.
- widerrufliches Bezugsrecht 760 f.
- Zahlungsunfähigkeit 752
- Zwangsvollstreckung 914

Invalidenrente 39 ff.
- Berufsunfähigkeit 39 ff.
- Bewilligung 41
- Erwerbsminderung 40 ff.
- Erwerbsunfähigkeit 39 ff.
- lebenslange 309
- Zurechnungszeit 50

Invalidenversorgung 420

Jeweiligkeitsklausel 1627 ff.
Jubiläumszuwendung 79

Kalkulationsfreiheit 191
Kapitalgedecktes System 1191
Kapitalwahlrecht 492 ff.
Kindererziehungszeiten 1455a
Konkurrenzklausel 1563
Konstanz der Bemessungsgrundlage 448
Kostenneutralität 1385

Lebenspartner 65
Leistungsidentität 1449 ff.
Leistungszusage 329
Leistungszweck 72 ff.
Lemgoer Modell 1688
Limitierungssystem 262, 416, 737 ff.
Liquidation 568 ff.
Liquiditätsaspekt 132 ff.
Liquiditätshilfe 842
Lohngleichheitsgebot 380, 692
Lohngleichheitsgrundsatz 1349
Loyalitätsklausel 1096

M/n-tel-Verfahren 413
Mindestleistungsgarantie 305 ff.
Minirente 438
Mischfinanziertes Versorgungssystem 369
Mitbestimmung 1653 ff.
- Abstimmungsverhalten 1678
- Betriebsrat 1653 ff.
- Direktversicherung 1654
- Dotierungsrahmen 1670
- Einheitsprinzip 1679
- Einigungsstelle 1673

Stichwortverzeichnis

- Entgeltumwandlung 1665
- freiwillige 1671
- Gesamtbetriebsrat 1679
- gezillmerter Tarif 1668 ff.
- Gleichbehandlung 1666
- Konzernbetriebsrat 1679
- Mitbestimmungstatbestände 1654
- Mitbestimmungsverfahren 1673 ff.
- Neuordnung 1503 f., 1648 ff.
- organschaftliche Lösung 1676 ff.
- Pensionszusage 1654
- Recht und Billigkeit 1666
- Rechtsfolgen 1680 f.
- Schließung Versorgungswerk 1494 ff.
- Sozialeinrichtung 1653
- überbetriebliche 1678
- Umfang 1659
- Unterstützungskasse 1655
- Verletzung 1680 f.
- Wechsel des Durchführungswegs 1662

Nachhaftung 1759 ff.
- Ausschlussfrist 1773, 1779
- Dauerschuldverhältnis 1762
- Endloshaftung 1762
- Haftungsgrundsätze 1760 ff., 1774 ff.
- Nachhaftungsbegrenzung 1766 ff.
- Sonderverjährung 1773
- Übergangsregelung 1776 ff.
- Verjährung 1760, 1762, 1779

Nachhaftungsbegrenzungsgesetz 1755, 1759, 1773 ff.

Nachholungsverbot 96

Nachweisgesetz 237
- Zusammensetzung des Arbeitsentgelts 238

Näherungsverfahren 416

Nettolohnbegrenzung 983 ff.

Nettoversorgung 9

Neue Bundesländer 1297 ff.
- Altzusage 1304 ff.
- Anordnung 54 1299 ff.
- Betriebsrentengesetz 1302 ff.
- Insolvenzschutz 1306
- Neuzusage 1306 ff.
- Unverfallbarkeit 1306

Neuordnung 1485 ff.
- ablösende Vertriebsvereinbarung 1523
- Änderungskündigung 1510
- betriebliche Übung 1542
- Billigkeitskontrolle 1524
- Dienstvereinbarung 1525
- einschränkende 1500 ff.
- Erzwingbarkeit 1540
- Gleichbehandlung 1640 ff.
- Günstigkeitsvergleich 1513
- individualrechtliche Versorgungszusage 1507 ff.
- Jeweiligkeitsklausel 1627 ff.
- kollektivrechtliche Zusage 1522 ff.

- konzernrechtlicher Aspekt 1643 ff.
- Kündigung 1522 f., 1526 ff.
- Leitsätze 1641 f.
- Mitbestimmung 1503 f., 1648 ff.
- Rechtsfolge 1632 ff.
- Steigerungsbetrag 1639
- umstrukturierende Neuordnung 1514
- verschlechternde 1514
- Wegfall der Geschäftsgrundlage 1515
- Widerruf 1543 ff.
- Willkürverbot 1502
- wirtschaftliche Notlage 1515

Notfallleistung 76

Öffentlicher Dienst 1117 ff., 1137 ff.
- Leistungsrecht 1144 ff.
- tarifliches Sonderrecht 1119 ff.
- Tariföffnungsklausel 1119 ff.
- Tarifvorbehalt 1119 ff.
- Übergangsregelung 1154 f.
- Unverfallbarkeit 1118
- Zusatzversorgungskasse 1137

Past-Service 205, 280

Pauschalversteuerung 1191 ff.

Pensionsfonds 189 ff.
- Anlagerisiko 192 ff.
- Aufsichtsrecht 190 ff.
- Beitragszusage mit Mindestleistung 191, 200
- Betriebsrentenrecht 199 f.
- Deckungsrückstellung 198
- Definition 191
- Ehegattenarbeitsverhältnis 2091
- Entgeltumwandlung 205
- Kalkulationsfreiheit 191
- Kapitalausstattung 196
- Pensionsplan 191 ff.
- Rechtsbeziehung 191
- Solvabilität 195
- Sozialversicherungsrecht 202 ff.
- steuerfreie Zuwendung 209 ff.
- Steuerrecht 202 ff.
- Übernahme der Pensionszusage 204
- Übertragungsverbot 592 ff.
- Verordnungsermächtigung 196 ff.
- Verschaffungsanspruch 191
- vorgezogene Altersrente 702 ff.

Pensionskasse 156 ff., 430
- Beitrag 158 f.
- Besteuerung 162
- Deckungskapital 701
- Definition 156
- Ehegattenarbeitsverhältnis 2091
- Grundlage 157
- Insolvenzsicherung 758
- Lohnsteuerfreiheit 161
- Rechtsanspruch 156
- Rechtsform 165 f.

Stichwortverzeichnis

- Verjährung 1330
- vorgezogene Altersrente 701 ff.
- Zuwendungen 160

Pensionsplan 191 ff.
- Beitragszusage 191
- Definition 191

Pensionsrückstellung 96 ff.
- Altersgrenze 99
- Auflösung 123
- Bewertung 117 ff.
- Bilanzsprungrisiko 105
- Bilanzverlängerung 135
- Bilanzrechtsmodernisierungsgesetz 114 ff.
- Eilzusage 98
- Fehlbetrag 96
- Fremdkapital 133, 136 ff.
- Grundsätze der Rückstellungsbildung 97 ff.
- Passivierungsrecht 96
- Passivierungswahlrecht 96
- PUC-Methode 119
- Schriftform 101
- steuerliche Anerkennung 100 ff.
- Überversorgung 102
- Versicherungsmathematik 107 ff.
- Zinsbestimmung 118 ff.

Pensionssicherungsverein (PSV) 749 ff.
- Eintrittspflicht 752
- Sicherungsfall 752 ff.

Pensionszusage 92 ff., 101
- Aktivierungswahlrecht 96
- betriebswirtschaftlicher Aspekt 133 ff.
- Definition 92
- Ehegattenarbeitsverhältnis 2073 ff.
- Empfehlung für Arbeitgeber 141 f.
- Konsequenz für Versorgungsberechtigten 143 ff.
- Liquiditätsaspekt 132 ff.
- Mitbestimmung 1654
- Rechtsanspruch 93
- Rückdeckungsversicherung 127
- vorgezogene Altersrente 703 ff.

Persönlicher Anwendungsbereich 1111
- Nichtarbeitnehmer 1111

Persönlicher Geltungsbereich 1109 ff.
- arbeitnehmerähnliche Personen 1113
- Arbeitnehmerbegriff 1109 ff.
- Freiberufler 1113
- Gesellschafter 1112
- Gesellschafter-Geschäftsführer 1114 ff.
- Organ von Gesellschaft 1126
- Unternehmer 1112

Pfändungsfreigrenze 1317
Pfändungsschutz 1315 ff.
Pflegefall 69
Pflegeversicherung 1291
Plan assets 142
Planvermögen 125
Portabilität 528 ff.
- Abfindung 546

- Auskunftsanspruch 659 ff.
- freiwillige 532 f.
- Insolvenzsicherung 865 ff.
- Rechtsanspruch 534 ff.
- Rechtsfolge 541
- steuerrechtliche Flankierung 1213 ff.
- Übertragswert 529
- Übertragungswert 541, 548 ff.
- Zusatzversorgung 1172

Pro rata temporis-Verfahren 413
PUC-Methode 119 ff.

Quasi-Arbeitnehmer 1831
Quotierungsprinzip 412

Ratierliches Berechnungsverfahren 412 ff.
Regelaltersgrenze 425
Renteneckwertsystem 277 ff.
Rentenformel 255
Rentengruppenplan 266
Rentenindexierung 974
Rentnergesellschaft 1033 ff., 1055
Riesterförderung 67
Riesterrente, Zusatzversorgung 1151 ff.
Riestervertrag 1820
Rückdeckungsversicherung 127, 132
- kongruente 180
- Pensionszusage 127

Rückgedeckte Unterstützungskasse 179 ff.
Ruhegehalt 247
Rüruprente 1222

Schadensersatz 1335 f.
Schattengehalt 344, 1276
Schließung Versorgungswerk 1490 ff.
- Mitbestimmung 1494 ff.
- Stichtagsregelung 1491 ff.

Schlussüberschussanteil 556
Schuldbeitritt 614 ff.
- Schuldbeitrittsvereinbarung 1694

Schuldübernahme 1694
- befreiende 1694
- kumulative 617, 1695
- private 1693

Selbstkontrahierungsverbot 1900 ff.
Selbstmordklausel 61
Sicherungsfall 752 ff.
- Zeitpunkt 752 ff.

Sofortgewinnverrechnung 432
Sozialabgabenpflicht 1193
Sozialeinrichtung 185 ff.
Sozialleistung 1
- freiwillige 1

Sozialmarketing 268
Spannungsklausel 1095
Spätehenklausel 57
Splitting-Methode 971
Sprecherausschuss 223, 233 ff.

943

Stichwortverzeichnis

- kollektivrechtliche Interessenvertretung 233
- Mitwirkungsrecht 234

Sterbegeld 1185

Steuerrecht 1173 ff.
- Abfindungszahlung 501 ff., 1203 ff.
- Altersentlastungsbetrag 1237 ff.
- Altersrente 1178
- Arbeitgeberaufwendung 1174
- Beitragsbemessungsgrundlage 905
- Beitragsfeststellungsverfahren 905
- Bilanzsprungrisiko 105
- Direktversicherung 149 ff., 1209 f.
- Entgeltumwandlung 332 ff., 1266 ff.
- Entschädigung 515 ff.
- Erhöhungsbetrag 1200 ff.
- Gesellschafter-Geschäftsführer 1888 ff.
- Insolvenzsicherung 904 ff.
- Kapitalwahlrecht 1197 f.
- Kleinbetragsrente 1196
- Liquidation 583 ff.
- Lohnbesteuerung 1174
- Nachfinanzierung 904
- Näherungsverfahren 417 ff., 1943
- Pauschalbesteuerung 1174
- Pauschbetrag für Werbungskosten 1235 ff.
- Pensionsfonds 202 ff., 610 ff.,
- Pensionskasse 160, 1211 f.
- Pensionsrückstellung 92 ff.
- Pensionszusage 92 ff.
- Portabilität 565 ff., 1213 ff.
- Rentenbezugsmitteilungsverfahren 1240 ff.
- Steuerfreibetrag 511
- steuerfreie Dotierung 1195 ff.
- Teilkapitalauszahlung 1196
- umgekehrte Maßgeblichkeit 116
- Unterstützungskasse 175 ff., 1216 ff.
- Versorgungsfreibetrag 1225 ff.
- Vervielfältigungsregelung 508 ff., 1203 ff.
- Widerrufsvorbehalt 1573 ff.

Steuerstundungseffekt 134

Stichtagsregelung 1491 ff.

Tarifvertrag 223, 224 ff., 1119 ff.
- allgemeines Tarifvertragsrecht 226
- Entgeltumwandlung 1136

Teilrente 1377

Teilungsordnung 1835

Teilzeitbeschäftigter 1374 ff.
- Beschäftigungsgrad 1376 f.
- Gleichbehandlung 1374 ff.

Teilzeitbeschäftigung 287 ff.

Trägerunternehmen 183 ff.
- Definition 184

Treuepflichtverletzung 1557 ff.

Treueprämie 79

Treuhandkonstruktion 126

Treuhandkonzept 626 ff.

Überbrückungshilfe 37 ff.

Übergangszuschuss 38

Übertragung 604 ff.
- Anrechnungsverfahren 604 ff.
- Handlungsalternative 612 f.
- mittelbare 604 ff.
- Pensionsfonds 592 ff.
- Rentnerbestände aus einer Unterstützungskasse 630 ff.
- Schuldbeitritt 614 ff.
- steuerrechtliche Rahmenbedingung 1213 ff.
- Überkreuzübertragung 1215
- Übertragungsverbot 591 ff.
- Unternehmensliquidation 566 ff.

Übertragungswert 548 ff.
- Bestimmung 548 ff.
- Definition 563
- Direktversicherung 554 ff.
- Pensionsfonds 554 ff.
- Pensionskasse 554 ff.
- Unterstützungskasse 549 ff.
- Zillmerung 564

Überversorgung 102, 1588 ff., 1619

Umfassungszusage 346

Umwandlungsrecht 1721 ff.
- Aufspaltung 1735
- Betriebsrentengesetz 1726 ff.
- Betriebsübergang 1724 ff.
- Dispositionsfreiheit 1725
- einheitliche Modifizierung 1722
- geschlossenes Haftungssystem 1734
- Gläubigerschutz 1736 ff., 1754 ff.
- Haftungsaufteilung 1725
- Haftungsfrage 1754 ff.
- Nachhaftungsbegrenzungsgesetz 1755
- Nichtanpassung 1751
- Rücksichtnahmepflicht 1746 f.
- Schutzbedürfnis 1745
- Sonderhaftungsrecht 1756 ff.
- Spaltungsvertrag 1725
- Übernahmevertrag 1725

Umwandlungssteuerrecht 1721

Unisex-Tarife 1449

Unternehmensliquidation 566 ff.

Unternehmensumwandlung 1682 ff.

Unternehmensverkauf 1682 ff.

Unternehmensverschmelzung 1057 ff.

Unterstützungskasse 167 ff.
- Betriebsausgaben 177
- Betriebsbezogenheit 182
- Betriebsübergang 174, 1698 ff.
- Definition 167
- Ehegattenarbeitsverhältnis 2091
- Einkommensteuer 188
- Entgeltumwandlung 180
- Gesamtschuldner 171
- Gruppenunterstützungskasse 173
- Insolvenzsicherung 757

Stichwortverzeichnis

- Leistungsempfänger 178, 181, 187
- Leistungsgrenze 187
- Liquidation 177
- Mitbestimmung 1655
- mittelbare Versorgungszusage 169
- Mitwirkung 187
- Prämie 179
- Rechtsform 168
- rückgedeckte 179 ff.
- Sozialeinrichtung 185 ff.
- Steuerfreiheit 176, 185, 218
- steuerrechtliche Rahmenbedingung 175 ff.
- Subsidiärhaftung des Arbeitgebers 172
- Trägerunternehmen 183 ff.
- Übertragung auf einen Pensionsfond 214 ff.
- Vermögensverwendung 187
- Versorgungseinrichtung 168
- vorgezogene Altersrente 703 ff.
- Widerruf 1570 ff.
- Zuwendung 177 f.
- Zweckbindung 187

Unverfallbarkeit 372 ff.
- Abfindungsmöglichkeit 481 ff.
- Abfindungsverbot 475 ff.
- Altersgrenze 421 ff.
- Auskunftsansprüche 639 ff.
- Auskunftspflicht 473 ff.
- Ausscheiden 379
- Beendigung des Arbeitsverhältnisses 377 ff.
- Beitragszusage mit Mindestleistung 460 ff.
- Berechnungsbeispiel 429 ff.
- Direktversicherung 430
- Eintritt 376
- Entgeltumwandlung 397 ff., 451 ff.
- Höchstbegrenzungsklausel 421
- Höhe 411 ff.
- Informationsanspruch 642 ff.
- Insolvenzschutz 776 ff.
- Insolvenzsicherung 766 ff., 790 ff.
- Lohngleichheitsgebot 380
- Quotierungsprinzip 412
- ratierliches Berechnungsverfahren 412
- Regelaltersgrenze 41
- signifikante Schlechterstellung 380
- Übertragung 524 ff.
- Unverfallbarkeitsfristen 373 ff.
- Unverfallbarkeitsquotient 429
- Veränderungssperre 415, 448 ff.
- versicherungsvertragliche Lösung 430
- Versorgungsanwartschaft 776
- Zusagedauer 381
- Zusatzversorgung 1166 ff.

Unverfallbarkeitsfaktor 413 ff., 429

Unverfallbarkeitsfrist 373 ff.
- Abschluss der Versorgungsvereinbarung 382
- Altersdiskriminierung 1474 ff.
- arbeitgeberfinanzierte Zusage 374 ff.
- Aufklärungspflicht 410

- betriebliche Übung 384
- Betriebsübergang 1687, 1703
- Blankettzusage 409
- Direktversicherung 399 ff.
- Eilzusage 375
- Fristberechnung 391
- Gleichbehandlung 385
- Pensionskasse 400 f.
- Unterstützungskasse 400 f.
- Versorgungsausgleich 1793
- Vordienstzeit 386
- Vorschaltzeit 402 ff.
- Wartezeit 402 ff.

Unverfallbarkeitsquotient 429

Veränderungssperre 448 ff.
Verdeckte Gewinnausschüttung 1955 ff.
Vereinheitlichungsinteresse 1606
Verjährung 1324 ff.
- Anpassung 1087 ff.

Verpfändungsmodell 864
Verschaffungsanspruch 91, 191
Versicherungsmathematik 107 ff.
- Kriterien 108

Versicherungsmathematisches Gutachten 905
Versicherungsverein auf Gegenseitigkeit VVaG 165
Versicherungsvertragliche Lösung 430
- Gestaltungsrecht 436
- Pensionskasse 430
- Sofortgewinnverrechnung 432
- Verfügungsbeschränkung 437, 439 ff.
- Wahlrecht 435

Versorgungsanwartschaft 372, 378, 1321
Versorgungsausgleich 1786 ff.
- Angemessenheit 1817
- Ausgleichswert 1795 ff.
- Ausschluss 1822 ff.
- auszugleichende Anrechte 1790 ff.
- Bewertungsmethode 1836 f.
- Ehezeitanteil 1795 ff.
- externe Teilung 1810 ff., 1838 ff.
- gesetzliche Grundlage 1786 ff.
- Grundsätze 1801 ff.
- Halbteilungsgrundsatz 1788 f.
- interne Teilung 1802 ff., 1838 f.
- Kapitalbetrag 1798
- Konsequenz für Arbeitgeber 1831 ff.
- Kosten 1808
- Rentenbetrag 1798
- schuldrechtlicher 1794
- Trennungszeit 1797
- Übergangsregelung 1829 f.
- Unverfallbarkeitsfrist 1793
- Verfahrensfragen 1826 ff.
- Versorgungsausgleichskasse 1821
- Wahl der Zielversorgung 1817 ff.

Versorgungsbedarf 7, 8 ff., 257

Stichwortverzeichnis

Versorgungsehe 57
Versorgungskonzept 255 ff.
Versorgungsleistung 1 ff., 780 ff., 1177
– allgemeine Geschäftsbedingung 82 ff.
– allgemeine Grundlage 1 ff.
– arbeitgeberfinanzierte 1261 ff.
– Arbeitgeberleistung 76 ff.
– Auslegungsgrundsätze 81 ff.
– Ausschluss 62
– betriebliche Veranlassung 1183
– biologisches Risiko 69
– Einkommensteuer 1177
– Entwicklung 1 ff.
– Finanzierungsaufwand 1188 ff.
– freiwillige Sozialleistung 1
– Hinterbliebenenbegriff 1180 ff.
– Hinterbliebenenversorgung 51 ff.
– Insolvenzsicherung 780 ff.
– Invalidität 39 ff.
– Kapitalzahlung 70
– Körperschaftssteuergesetz 1177
– lohnsteuerliche Behandlung 1188
– Notfallleistung 76
– Rente 70
– Übergangsgeld 76
– Vermögensbildung 77 f.
– Versorgungsfallalter 1178
– Zahlung 221
Versorgungslücke 9 f., 259
Versorgungsniveau 9
Versorgungspläne, inhaltliche Umstellung 1607a
Versorgungspunktemodell 1145
Versorgungstarifvertrag 225
Versorgungsversprechen 221 ff.
– Zahlung 221
Versorgungsvertragsverhältnis 88
Versorgungswerk, Schließung 1490 ff.
Versorgungsziel 8
Versorgungszusage 1485 ff.
– Einheit 92 ff., 388 ff.
– fehlender Sachzusammenhang 388
– unmittelbare 92 ff.
Vertragliche Einheitsregelung 244
Vertragsfreiheit 34, 63, 255, 404, 744
Vertrauensschutz 240, 1393
Vervielfältigungsregelung 151 ff., 508 ff., 1203 ff.
– Anwendungsbereich 151
Verwirkung 1331
Verzicht 1309 ff., 2028 ff.
Volldynamische Rentenzusage 1093
Vorgezogene Altersgrenze 729 ff.
– Beitragszusage mit Mindestleistung 729 ff.
Vorgezogene Altersrente 691 ff.
– Antrag 697
– befreiende Lebensversicherung 695
– Berechnungsbeispiel 728 ff.
– Berechnungsgrundlage 704 ff.
– berufsständisches Versorgungswerk 695

– doppelte Kürzung 709
– Gesamtversorgungssystem 735 ff.
– Leistungsbegehren 697
– Leistungskürzung 704 ff.
– Leistungsumfang 700 ff.
– Leistungsvoraussetzung 693 ff.
– Limitierungssystem 737 ff.
– Lohngleichheitsgebot 692
– Mitbestimmung 708
– Pensionsfonds 702 ff.
– Pensionskasse 701
– Pensionszusage 703 ff.
– Teilrente 693
– Unterstützungskasse 703 ff.
– versicherungsmathematischer Abschlag 705
– Vollrente 691, 693
– Wahlrecht 699
– Wartezeit 696

Wahlvorrecht 354
Waisenrente 59
Wegfall der Geschäftsgrundlage 1544 ff.
Widerruf 1485 ff., 1543 ff.
– Äquivalenzstörung 1553
– Berechnungsfaktor der Betriebsrente 1554
– Besitzstandswahrung 1579 ff.
– Drei-Stufen-Theorie 1552 ff.
– Eingriffsgrund 1586 ff.
– Eingriffsumfang 1577 f.
– kollektive Gesamtzusage 1555
– Konkurrenzklausel 1563
– Pfändungsschutz 1563
– Schadensersatz 1563
– steuerrechtliche Aspekte 1573 ff.
– Treuepflichtverletzung 1557 ff.
– Unterstützungskasse 1570 ff.
– Wegfall der Geschäftsgrundlage 1544 ff.
– Widerrufsvorbehalt 1566 ff.
– wirtschaftliche Notlage 1485 ff.
– Zweckverfehlung 1556
Wiederverheiratungsklausel 59
Wirtschaftliche Lage
– Darlegungs- und Beweislast 1028 ff.
Wirtschaftliche Notlage 1485 ff.
– Neuordnung 1515

Zeitkollisionsregelung 1524
Zillmerung 322 ff., 464
Zusatzversorgung 6, 1138 ff.
– Angestellte im öffentlichen Dienst 6
– Ausgleichszahlung 1143
– Austritt 1143
– Besteuerung der Versorgungsleistung 1156 ff.
– Entgeltumwandlung 1151 ff.
– Finanzierung 1156 ff.
– Mitgliedschaftsvoraussetzung 1140 ff.
– Pflichtversicherung 1140
– Portabilität 1172

– Riesterrente 1151 ff.
– Übergangsregelung 1154 f.

– Unverfallbarkeit 1166 ff.
Zuwendungsverhältnis 90